Digital Business

Bernd W. Wirtz

Digital Business

Strategien, Geschäftsmodelle und Technologien

8., überarbeitete und erweiterte Auflage

Bernd W. Wirtz
Lehrstuhl für Informations- und Kommunikationsmanagement
Deutsche Universität für Verwaltungswissenschaften Speyer
Speyer, Deutschland

ISBN 978-3-658-41466-5 ISBN 978-3-658-41467-2 (eBook)
https://doi.org/10.1007/978-3-658-41467-2

Die Deutsche Nationalbibliothek verzeichnet diese Publikation in der Deutschen National-bibliografie; detaillierte bibliografische Daten sind im Internet über https://portal.dnb.de abrufbar.

Die 1.-7. Auflage erschien bei Springer Gabler unter dem Titel „Electronic Business".

Planung/Lektorat: Susanne Kramer
Springer Gabler ist ein Imprint der eingetragenen Gesellschaft Springer Fachmedien Wiesbaden GmbH und ist ein Teil von Springer Nature.
Die Anschrift der Gesellschaft ist: Abraham-Lincoln-Str. 46, 65189 Wiesbaden, Germany

Vorwort

Eines der wesentlichen Kennzeichen der Internetökonomie und des Digital Business ist die erhebliche Dynamik und Veränderungsgeschwindigkeit. Seit der 1. Auflage des Lehrbuches Electronic Business im Jahre 2000 hat ein grundlegender Bedeutungszuwachs des Internets stattgefunden. Der Wandel zur Informationsgesellschaft und die hiermit verbundene Digitalisierung einer Vielzahl von Lebensbereichen unterstreichen die besondere Bedeutung des Digital Business.

Vor dem Hintergrund der sehr dynamischen Digitalisierungsentwicklung und der englischsprachigen Ausgabe des Buches bei Springer wurde der Titel des deutschen Buches in Digital Business umbenannt. Zudem wurden umfangreiche Aktualisierungen vorgenommen und innovative Bereiche wie etwa das Quantum Computing oder die digitale Automatisierung insbesondere durch KI-Anwendungen aufgenommen.

Bei der Überarbeitung dieses Buches erhielt ich vielfältige Unterstützung. Mein besonderer Dank gilt den vorherigen Mitarbeitern und Doktoranden des Lehrstuhls und den aktuellen Mitarbeitern Frau Johanna K. Heckeroth (M.Sc.), Herrn Pascal R. M. Kubin (LL.M.), Herrn Dr. Paul F. Langer, Herrn Manuel R. Mühleisen (M.Sc.) und Frau Tirza F. Müller (M.A.). Schließlich gilt mein Dank dem Springer Gabler Verlag für die gute Zusammenarbeit bei der Drucklegung des Buches.

Die wissenschaftliche Entwicklung eines Themenbereiches lebt wesentlich von der kritischen Auseinandersetzung und Diskussion der Konzepte und Inhalte. Vor diesem Hintergrund wäre ich für Verbesserungsvorschläge dankbar.

Speyer, Deutschland
März 2023

Bernd W. Wirtz

Inhaltsverzeichnis

Teil I Grundlagen der Digitalisierung

1 Digital Business 3
1.1 Entwicklung des Digital Business 7
1.2 Akteure, Interaktionsmuster und Leistungsaustausch 23
1.3 Entwicklung des Nutzungsverhaltens 33
1.4 Erfolgsfaktoren des Digital Business 38
1.5 Inhaltliche Kernpunkte des Digital Business 42
Literatur 43

2 Mobile Business 47
2.1 Grundlagen des Mobile Business 48
2.2 Definition und Einordnung des Mobile Business 54
2.3 Anwendungen und Nutzungsverhalten im Mobile Business 57
2.4 Erfolgsfaktoren des Mobile Business 69
2.5 Inhaltliche Kernpunkte des Mobile Business 72
Literatur 73

3 Social Media Business 77
3.1 Grundlagen des Social Media Business 78
3.2 Definition und Einordnung des Social Media Business 80
3.3 Anwendungen und Nutzungsverhalten im Social Media Business 86
3.4 Digitale Desinformation in Social Media 111
3.5 Erfolgsfaktoren im Social Media Business 118
3.6 Inhaltliche Kernpunkte des Social Media Business 121
Literatur 123

4 Digital Government 127
4.1 Grundlagen des Digital Government 129
4.2 Open Government und E-Partizipation 139
4.3 Smart Cities 145

4.4 Services und Nutzerstruktur des Digital Government 156
4.5 Servicekanäle 165
4.6 Erfolgsfaktoren des Digital Government 173
4.7 Inhaltliche Kernpunkte des Digital Governments 179
Literatur 181

Teil II Technologie, digitale Märkte und digitale Geschäftsmodelle

5 Grundlagen der Internettechnologie und Mensch-Maschine-Anwendungen 187
5.1 Internet- und Digital-Business-Architektur 188
5.2 Webservices und Webentwicklung 197
5.3 Entwicklung der Mensch-Maschine-Schnittstelle 210
5.4 Mensch-Maschine-Interaktion und Erfolgsfaktoren 220
5.5 Inhaltliche Kernpunkte der Grundlagen der Internettechnologie und Mensch-Maschine-Anwendungen 224
Literatur 226

6 Digitale Zahlungssysteme, Sicherheit und Regulierung 229
6.1 Digitale Zahlungssysteme und Anwendungen 230
6.2 Sicherheit im Digital Business 239
6.3 Regulierung im Digital Business 249
6.4 Inhaltliche Kernpunkte von digitalen Zahlungssystemen, Sicherheit und Regulierung 257
Literatur 258

7 Internet of Things 261
7.1 Grundlagen des Internet of Things 263
7.2 Anwendungsbereiche des Internet of Things 271
7.3 Industrial Metaverse und Digital Twins 281
7.4 Nutzungsverhalten 288
7.5 Erfolgsfaktoren des Internet of Things 293
7.6 Inhaltliche Kernpunkte des Internet of Things 295
Literatur 296

8 Artificial Intelligence und Quantum Computing 301
8.1 Artificial-Intelligence-Konzept 303
8.2 Artificial Intelligence Services und Applikationen 336
8.3 Chancen und Risiken von AI 343
8.4 Governance von Artificial Intelligence 348
8.5 Quantum Computing 368
8.6 Inhaltliche Kernpunkte von Artificial Intelligence und Quantum Computing 382
Literatur 385

9 Big Data, Cloud Computing und Blockchain-Technologie 395
9.1 Big Data 396
9.2 Cloud Computing 402
9.3 Blockchain 409
9.4 Inhaltliche Kernpunkte von Big Data, Cloud Computing und Blockchain-Technologie 419
Literatur 421

10 Digitale Automatisierung und Robotik 425
10.1 Konzept der digitalen Automatisierung und Robotik 426
10.2 Entwicklung der digitalen Automatisierung und Robotik 430
10.3 Anwendungen der digitalen Automatisierung und Robotik 439
10.4 Prozesse und Funktionsweisen der digitalen Automatisierung und Robotik 450
10.5 Das 5-Komponenten-Modell der digitalen Automatisierung 461
10.6 Chancen, Risiken und Governance der digitalen Automatisierung und Robotik 472
10.7 Inhaltliche Kernpunkte von digitaler Automatisierung und Robotik 475
Literatur 477

11 Digitale Plattformen, Sharing Economy und Crowd Strategien 481
11.1 Grundlagen der digitalen Plattformökonomie 482
11.2 Sharing Economy 494
11.3 Crowd-Strategien 502
11.4 Inhaltliche Kernpunkte von digitalen Plattformen, Sharing Economy und Crowd-Strategien 506
Literatur 508

12 Digital Ecosystems, Disintermediation und Disruption 511
12.1 Digital Ecosystems 512
12.2 Digitale Disintermediation 520
12.3 Digitale Disruption 527
12.4 Inhaltliche Kernpunkte von Digital Ecosystems, Disintermediation und digitaler Disruption 553
Literatur 554

13 B2C-Geschäftsmodelle im Digital Business 559
13.1 Grundlagen des Leistungssystems im Digital Business 561
13.1.1 Core Assets und Kernkompetenzen 563
13.1.2 Wertschöpfungskette 571
13.1.3 Geschäftsmodelle 573
13.2 Content 583
13.2.1 Wertschöpfungskette 586
13.2.2 Core Assets und Kernkompetenzen 590

13.2.3 Leistungsangebote . . . 593
13.2.3.1 Digital Information . . . 594
13.2.3.2 Digital Entertainment . . . 595
13.2.3.3 Digital Infotainment . . . 599
13.2.3.4 Digital Education . . . 601
13.2.4 Fallbeispiel Content: Wikipedia . . . 603
13.3 Commerce . . . 609
13.3.1 Wertschöpfungskette . . . 611
13.3.2 Core Assets und Kernkompetenzen . . . 615
13.3.3 Leistungsangebote . . . 619
13.3.3.1 E-Attraction . . . 619
13.3.3.2 E-Bargaining/E-Negotiation . . . 619
13.3.3.3 E-Transaction . . . 622
13.3.3.4 E-Tailing . . . 623
13.3.4 Fallbeispiel Commerce: eBay . . . 624
13.4 Context . . . 629
13.4.1 Wertschöpfungskette . . . 631
13.4.2 Core Assets und Kernkompetenzen . . . 638
13.4.3 Leistungsangebote . . . 641
13.4.3.1 Digital Search . . . 642
13.4.3.2 Digital Catalogs . . . 643
13.4.3.3 Social Bookmarking . . . 644
13.4.4 Fallbeispiel Context: Bing . . . 645
13.5 Connection . . . 651
13.5.1 Wertschöpfungskette . . . 653
13.5.2 Core Assets und Kernkompetenzen . . . 658
13.5.3 Leistungsangebote . . . 661
13.5.3.1 Intra-Connection . . . 661
13.5.3.2 Inter-Connection . . . 664
13.5.4 Fallbeispiel Connection: LinkedIn . . . 666
13.6 Hybride Geschäftsmodelle . . . 671
13.6.1 Entwicklung hybrider Geschäftsmodelle . . . 671
13.6.2 Hybridisierung des Google-Geschäftsmodells . . . 674
13.7 Inhaltliche Kernpunkte von B2C-Geschäftsmodellen im Digital Business . . . 683
Literatur . . . 684

14 B2B-Geschäftsmodelle im Digital Business . . . 693
14.1 Sourcing . . . 694
14.2 Sales . . . 700
14.3 Supportive Collaboration . . . 704
14.4 Service Broker . . . 708

14.5 Inhaltliche Kernpunkte von B2B-Geschäftsmodellen im Digital Business 712
Literatur 714

Teil III Digitale Strategie, digitale Organisation und digitales Marketing

15 Digital Business Strategie 719
15.1 Grundlagen der Digital Business Strategie 721
15.2 Konvergenz 729
15.2.1 Konvergenz im IuK-Bereich 732
15.2.2 Konvergenz im Breitband-Internet 735
15.3 Digitalisierung und Innovationsdynamik 736
15.3.1 Zunahme der Innovationsgeschwindigkeit und Open Innovation 736
15.3.2 Zunahme des Digitalisierungsgrades 742
15.4 Komplexität von Markt und Wettbewerb 747
15.4.1 Zunahme der Markttransparenz 747
15.4.2 Fragmentierung der Märkte 750
15.4.3 Abbau von Markteintrittsbarrieren 752
15.5 Customer Empowerment und Social Networking 755
15.5.1 Abbau von Wechselbarrieren 756
15.5.2 Zunahme der Marktmacht der Nachfrager 758
15.6 Strategieentwicklung im Digital Business 762
15.6.1 Digital Business-Zielplanung 762
15.6.2 Digital Business-Analyse 767
15.6.3 Digital Business-Strategieformulierung 774
15.6.4 Digital Business-Strategieimplementierung 786
15.6.5 Digital Business-Strategieaudit 790
15.7 Inhaltliche Kernpunkte der Digital Business Strategie 791
Literatur 793

16 Digitale Transformation und digitale Organisation 799
16.1 Digitale Transformation 801
16.2 Digital Leadership 809
16.3 Digitale Organisation 813
16.4 Digitale Teams 821
16.5 Inhaltliche Kernpunkte der digitalen Transformation und digitalen Organisation 830
Literatur 832

17 Digitales Marketing und Electronic Commerce 835
17.1 Digitale Marketingstrategie 838
17.1.1 Kernaspekte des digitalen Marketing 838

17.1.2 Marktsegmentierung/Zielgruppenanalyse 844
17.1.3 Kundenwertmessung 847
17.1.4 Gestaltung der digitalen Marketingstrategie 851
17.2 Digital Distribution und Multi-Channel-Marketing. 856
17.2.1 Grundlagen der Digital Distribution 857
17.2.2 Strukturrahmen der Digital Distribution 860
17.2.2.1 Absatzwege 860
17.2.2.2 Intermediation und Disintermediation. 864
17.2.2.3 Substitutionsbeziehungen in der Distribution 866
17.2.2.4 Akteure in der digitalen Distribution. 868
17.2.3 Aktionsparameter der Digital Distribution 870
17.2.4 Potenziale der Digital Distribution 871
17.2.5 Implementierung der Digital Distribution 875
17.2.6 Multi-Channel-Marketing 877
17.2.7 Fallbeispiel Digital Distribution und Multi-Channel-Marketing: Otto. 884
17.3 Digital Pricing 891
17.3.1 Grundlagen des Preismanagements 892
17.3.2 Strukturrahmen des Digital Pricing 894
17.3.3 Aktionsparameter des Digital Pricing 896
17.3.3.1 Preisdifferenzierung. 896
17.3.3.2 Nicht lineare Preisbildung 900
17.3.3.3 Preisbündelung. 903
17.3.3.4 Dynamic Pricing 906
17.3.4 Potenziale des Digital Pricing 910
17.3.5 Implementierung von Digital Pricing 912
17.3.6 Fallbeispiel Digital Pricing: eBay 914
17.4 Digital Products und Digital Services 915
17.4.1 Grundlagen von Digital Products und Digital Services. 916
17.4.2 Strukturrahmen von Digital Products und Digital Services. . . . 917
17.4.2.1 Produkt- und Dienstleistungskategorien 918
17.4.2.2 Besonderheiten von Digital Services. 920
17.4.2.3 Positionierung, Produkt- und Programmevaluation 921
17.4.3 Aktionsparameter. 922
17.4.3.1 Produktinnovation 923
17.4.3.2 Produktvariation und -differenzierung. 931
17.4.3.3 Produktelimination 938
17.4.3.4 Besondere Aktionsparameter von Digital Services . . . 939
17.4.4 Potenziale von Digital Products und Digital Services 940
17.4.5 Implementierung von Digital Products und Digital Services. . . . 944
17.4.6 Fallbeispiel Digital Products und Digital Services: Spreadshirt 945

17.5 Digital Communication 948
17.5.1 Grundlagen von Digital Communication 949
17.5.1.1 Grundlagen der Kommunikation 950
17.5.1.2 Definition der Digital Communication 951
17.5.1.3 Ziele von Digital Communication 952
17.5.2 Strukturrahmen von Digital Communication 953
17.5.2.1 Charakteristika von Digital Communication 953
17.5.2.2 Kommunikation über digitale Kanäle 956
17.5.3 Aktionsparameter der Digital Communication 959
17.5.3.1 Kommunikationsinstrumente 959
17.5.3.2 Digital Branding 983
17.5.4 Potenziale der Digital Communication 990
17.5.5 Implementierung von Digital Communication 995
17.5.5.1 Webseitengestaltung und Navigation 997
17.5.5.2 Digitaler Markenaufbau 1001
17.5.6 Fallbeispiel Digital Communication: Yahoo 1002
17.6 Digital-Customer-Relationship-Management (DCRM) 1009
17.6.1 Kundenbindungsdimensionen im Digital-Customer-Relationship-Management 1012
17.6.2 Kundenbeziehungsprozess im DCRM 1014
17.6.3 Instrumente des Digital-Customer-Relationship-Management 1016
17.6.4 Erfolgs- und Kontrollgrößen des DCRM 1023
17.6.5 Fallbeispiel Digital-Customer-Relationship-Management:Amazon 1025
17.7 Inhaltliche Kernpunkte von digitalem Marketing und Electronic Commerce 1028
Literatur 1030

18 Digital Supply Chain Management und Digital Procurement 1039
18.1 Grundlagen des Digital Procurements 1041
18.2 Strukturrahmen des Digital Procurements 1053
18.3 Potenziale des Digital Procurements 1079
18.4 Implementierung des Digital Procurements 1086
18.5 Inhaltliche Kernpunkte von Digital Supply Chain Management und Digital Procurement 1094
Literatur 1096

19 Digital Business Implementierung 1101
19.1 Analysephase 1102
19.2 Implementierungsphase 1105
19.3 3+3-Prüfungs- und Evaluationssystem für das Digital Business 1113
19.4 Inhaltliche Kernpunkte der Digital Business Implementierung 1116
Literatur 1118

Teil IV Ausblick

20 Google/Alphabet Fallstudie 1121
20.1 Google Unternehmensentwicklung 1122
20.1.1 Gründungs- und Entwicklungsphase von Google 1998. 1122
20.1.2 Expansionsphase von Google 1123
20.2 Google Business Model 1125
20.2.1 Google als Internet Gatekeeper 1126
20.2.2 Kernkompetenzen und Ressourcen von Google 1128
20.2.3 Die Entwicklung des Google-Geschäftsmodells 1130
20.2.4 Entwicklung der Einnahmen 1133
20.3 Marktstruktur und Wettbewerb 1137
20.4 Fallstudien und Lösungsansätze 1139
20.4.1 Charakteristik von Fallstudien 1139
20.4.2 Situationsanalyse und SWOT-Analyse 1140
20.4.3 Spezifizierung des Problems 1142
20.4.4 Ableitung von strategischen Handlungsoptionen 1142
20.4.5 Bestimmung der entscheidenden Erfolgsfaktoren 1143
20.4.6 Entscheidung über strategische Alternativen 1143
20.4.7 Ableitung von Empfehlungen 1143
20.5 Aufgaben zur Google Fallstudie 1144
20.6 Lösungshinweise zur Google Fallstudie 1144
20.7 Diskussionsthemen 1153
Literatur. 1153

21 Digital-Business-Ausblick. 1155
Literatur. 1159

Über den Autor

Bernd W. Wirtz studierte Betriebswirtschaftslehre in Köln, London und Dortmund. Die Promotion erfolgte im Bereich strategisches Management im Medienmarkt (TU Dortmund) und die Habilitation erfolgte mit einem Thema zu den Erfolgsfaktoren des Geschäftsbeziehungsmanagements an der Universität Zürich. Von 1999 bis 2004 war Bernd Wirtz Universitätsprofessor für Betriebswirtschaftslehre (Deutsche Bank-Lehrstuhl für Unternehmensführung an der Universität Witten/Herdecke) sowie Privat-Dozent für Betriebswirtschaftslehre an der Universität Zürich. Univ.-Prof. Dr. Bernd W. Wirtz ist seit 2004 Inhaber des Lehrstuhls für Informations- und Kommunikationsmanagement an der Deutschen Universität für Verwaltungswissenschaften in Speyer.

Vor seiner wissenschaftlichen Laufbahn war Bernd Wirtz als Unternehmensberater für Roland Berger & Partners, München, und als Manager für Andersen Consulting (Accenture), Strategic Competency Group, Frankfurt, tätig. Bernd W. Wirtz hat bisher ca. 350 Publikationen veröffentlicht, darunter mehr als 20 Bücher, und ist Editorial Board Member bei Long Range Planning, beim International Journal on Media Management, Journal of Media Business Studies, International Journal of Business Environment, Public Organization Review und International Review on Public and Nonprofit Marketing.

Univ.-Prof. Dr. Bernd W. Wirtz bietet besonders qualifizierten Interessenten eine Promotion am Lehrstuhl an (ls-wirtz@uni-speyer.de).

Teil I

Grundlagen der Digitalisierung

Digital Business

1

Inhaltsverzeichnis

1.1 Entwicklung des Digital Business ... 7
1.2 Akteure, Interaktionsmuster und Leistungsaustausch ... 23
1.3 Entwicklung des Nutzungsverhaltens ... 33
1.4 Erfolgsfaktoren des Digital Business ... 38
1.5 Inhaltliche Kernpunkte des Digital Business ... 42
Literatur ... 43

Wissensziele

Wenn Sie dieses Kapitel gelesen haben, werden Sie in der Lage sein:

1. die Entwicklung der wichtigsten Informations- und Kommunikationsanwendungen zu skizzieren,
2. das Fünf-Phasen-Modell der digitalen Transformation darzustellen,
3. die Entwicklungsstufen des Digital Business zu beschreiben und zu diskutieren,
4. das Leistungsaustauschmodell in der Internetökonomie zu beschreiben,
5. grundlegende Erfolgsfaktoren des Digital Business zu identifizieren.

Seit geraumer Zeit ist ein grundlegender, informationstechnologieinduzierter Wandel in Wirtschaft und Gesellschaft zu beobachten.[1] Dieser Wandel wird insbesondere durch die Digitalisierung hervorgerufen: „Das durch die Entwicklung des Multimedia-Marktes beginnende „digitale Zeitalter", auch als „digitale Revolution" bezeichnet, wird einen funda-

[1] Vgl. Wirtz (1995), S. 46.

B. W. Wirtz, *Digital Business*, https://doi.org/10.1007/978-3-658-41467-2_1

mentalen Wandel bestehender Strukturen in der Telekommunikation, der Computer-, der Unterhaltungs- und der Medienindustrie bewirken."[2] Diese Einschätzung aus dem Jahr 1995 verdeutlicht treffend den weitreichenden Einfluss der Digitalisierung.[3]

Für die Gesellschaft stellen vernetzte digitale Anwendungen die Chance einer nachhaltigen Vereinfachung und Individualisierung der Kommunikation und Informationsvermittlung dar. Bereits 1970 prägte der Harvard-Soziologe Daniel Bell den Begriff der „Postindustrial Society", der postmodernen Industriegesellschaft, für den damals antizipierten Wandel durch Technik. In dieser Gesellschaft verliert der sekundäre Bereich der Wirtschaft an Bedeutung zugunsten einer Wirtschaftsordnung, die nicht mehr primär durch den Faktor Produktion, sondern zunehmend durch den Faktor Information geprägt wird.

Die akademische und abstrakte Formulierung Bells fand bereits zu Beginn der achtziger Jahre ihre Konkretisierung in dem Begriff „Informationsgesellschaft". Der soziologische Terminus versteht darunter eine Verlagerung menschlicher Arbeit und gesamtwirtschaftlicher Bedeutung auf den tertiären Sektor in einer höher industrialisierten Gesellschaft. Der skizzierte Wandel wird vor allem durch die technologische Entwicklungsdynamik bewirkt. Das zugrunde liegende Prinzip dieser Entwicklung kann mit dem Kondratieff-Zyklus-Theorem erklärt werden, das in Abb. 1.1 dargestellt ist.

Dem Kondratieff-Zyklus-Theorem folgend bestimmen technologische Innovationen im Wesentlichen die Zustandsform gesellschaftlicher Entwicklungen durch sinusförmige Innovationsphasen.[4] Demnach eröffnen Innovationen wie beispielsweise die Dampfmaschine neue wirtschaftliche Möglichkeiten, die sich in einer Zunahme an Investitionen zeigen.

Sobald die Innovation sich in Gesellschaft und Industrie durchgesetzt hat, gehen die verbundenen Investitionen erheblich zurück. In dieser Phase entwickeln Pioniere jedoch bereits den nächsten technologischen Fortschritt für einen weiteren Investitionsanschub. Dieser Wandel wird gegenwärtig von der Entwicklungsdynamik der Informations- und Kommunikationstechnologie vorangetrieben und führt zu einer umfassenden digitalen Informationsgesellschaft.

Aufbau des Buches

Mit diesem Buch soll ein Beitrag zur Betrachtung des Themas Digital Business aus betriebswirtschaftlicher Sicht geleistet werden. Es zielt darauf ab, einen grundlegenden Überblick über die Aspekte und Facetten des Digital Business zu geben. Dabei wird neben den Grundlagen insbesondere auf die Implikationen für das Management eingegangen. Es werden daher beispielsweise die Geschäftsmodelle des Digital Business dargestellt und Erfolgsfaktoren des Managements analysiert.

---

[2] Denger/Wirtz (1995), S. 20.

[3] Vgl. zu Kap. 1 Digital Business im Folgenden Wirtz (2020), S. 3 ff.; Wirtz (2021), S. 3 ff.

[4] Vgl. Schumpeter (1939).

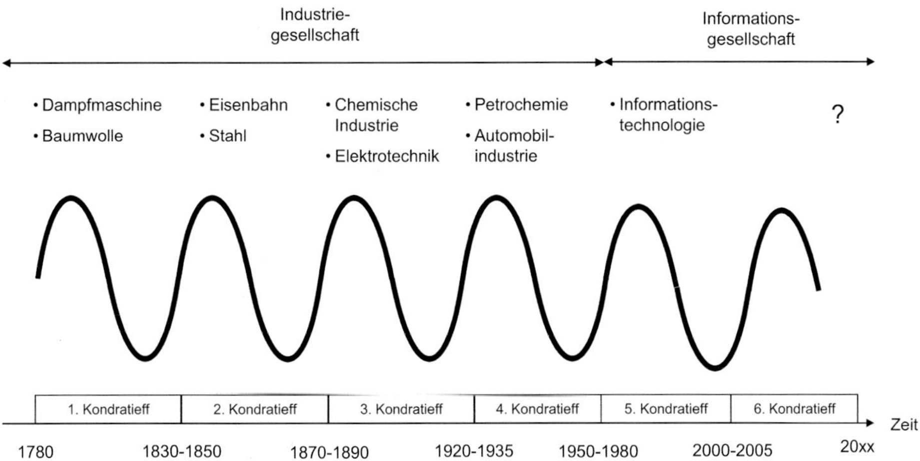

Abb. 1.1 Kondratieff-Zyklen. (Inhalte basierend auf Nefiodow/Nefiodow (2014), S. 3; vgl. Wirtz (2000b), S. 2; Wirtz (2020), S. 4; Wirtz (2022), S. 39)

Teil I stellt zunächst die zunehmende Bedeutung des Digital Business dar. Darüber hinaus werden die Konzepte des Mobile Business und Social Media Business betrachtet. Anschließend wird der Themenkomplex des Digital Government dargestellt.

Teil II widmet sich den technologischen Grundlagen des Digital Business, den digitalen Märkten und digitalen Geschäftsmodellen. Dies beinhaltet die Grundlagen der Internetkommunikation und die informationstechnologischen Anwendungen der Mensch-Maschine-Schnittstelle. Darüber hinaus betrachtet dieser Teil digitale Zahlungssysteme und die Regulierung des Digital Business. Hinsichtlich technologischer Entwicklungen im Digital Business werden die Themenfelder Internet of Things, Artificial Intelligence und Quantum Computing, Big Data, Cloud Computing und die Blockchain-Technologie dargestellt.

Anschließend werden die Kernaspekte der Automatisierung und der Robotik aufgezeigt. Zudem werden digitale Plattformen, die Sharing Economy und Crowd-Strategien dargestellt. Ferner werden Digital Ecosystems, Disintermediation und Disruption erläutert. Abschließend werden die B2C- und B2B-Geschäftsmodelle im Digital Business dargestellt.

Teil III befasst sich mit der digitalen Strategie, der digitalen Organisation und dem E-Commerce. Hier wird zunächst die Digital Business Strategie dargestellt. Anschließend werden die digitale Transformation und Organisation und das digitale Marketing und der E-Commerce thematisiert. Darüber hinaus wird das Digital Supply Chain Management, Digital Procurement und die Digital Business Implementierung dargestellt. Im Teil IV wird die Digital Business Fallstudie von Google/Alphabet dargestellt und es werden Herausforderungen sowie Zukunftsperspektiven der digitalen Entwicklung aufgezeigt. Abb. 1.2 veranschaulicht den Aufbau des Buches.

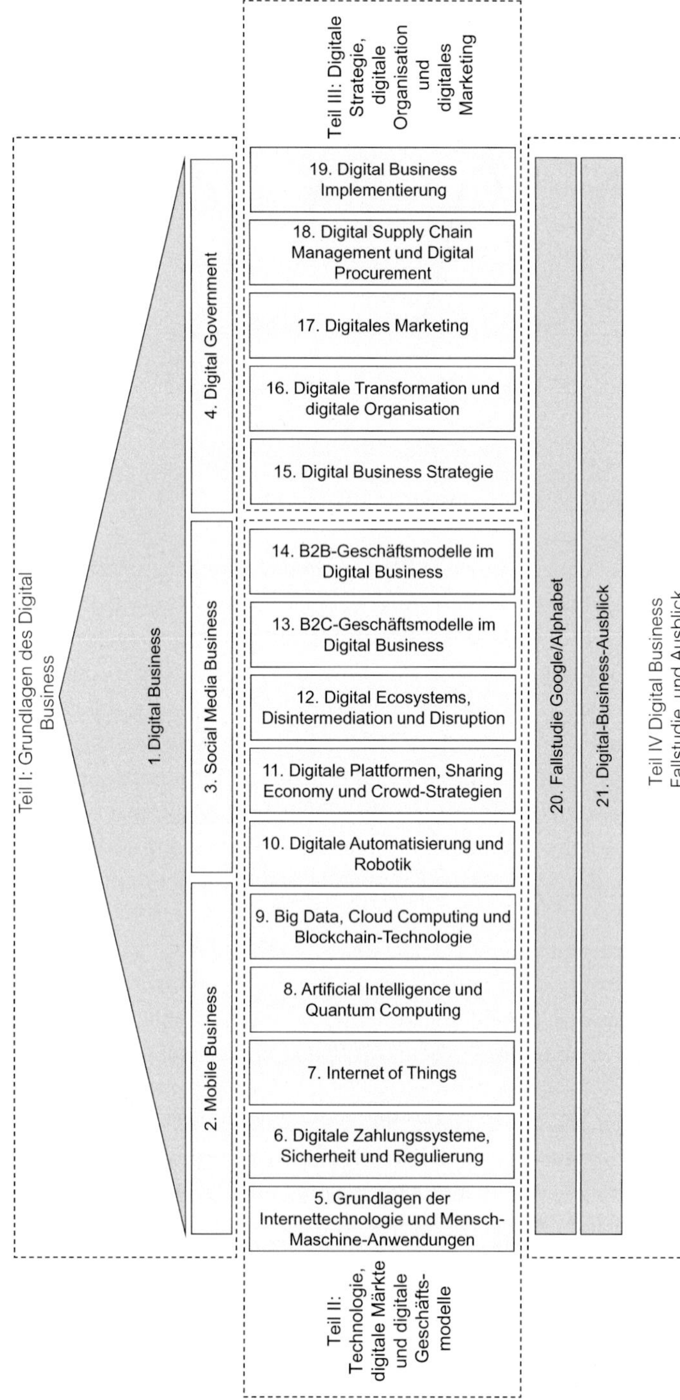

Abb. 1.2 Aufbau des Lehrbuches

Entwicklung	Akteure, Interaktionsmuster und Leistungsaustausch	Nutzungsverhalten	Erfolgsfaktoren
• Informations- und Kommunikationsanwendungen • Fünf-Phasen-Modell der digitalen Transformation • Informationsgesellschaft • Definition und Einordnung des Digital Business	• Interaktionsmustermatrix • Entwicklungsstufen des Digital Business • Koordinations-/Transaktionsphasen des Digital Business • Digitaler Markt • Aktivitäten des Digital Business	• Soziodemografische Strukturen der Internetnutzung • Reichweiten von Internet-Anwendungen • Digitale Nutzer-Typologie	• Digitale Innovations- und AI-Fähigkeit • Strategische und organisatorische Flexibilität • Fähigkeit zur Vernetzung, Integration und Automatisierung • Kundenorientierung/Bedienungsfreundlichkeit

Abb. 1.3 Struktur des Kapitels

Im ersten Kapitel wird nun die Entwicklung von Informations- und Kommunikationsanwendungen aufgezeigt. Die Akteure, Interaktionsmuster sowie der Leistungsaustausch im Digital Business werden nachfolgend dargestellt. Das Internetnutzungsverhalten von Konsumenten sowie eine Erläuterung der wichtigsten Erfolgsfaktoren im Digital Business schließen das Kapitel ab. Abb. 1.3 stellt die Struktur des Kapitels dar.

1.1 Entwicklung des Digital Business

Die Entwicklung der Informations- und Kommunikationsanwendungen blickt auf eine weitreichende Vergangenheit zurück.[5] Bereits in der Antike und dem Mittelalter wurden grundlegende Voraussetzungen für die heutigen Medien- und Kommunikationsanwendungen geschaffen.

Entwicklung der Informations- und Kommunikationsanwendungen bis 1956

Die ersten Grundlagen der Informations- und Kommunikationsanwendungen im weitesten Sinne traten bereits in der Antike auf. Rund 250 v. Chr. wurde der erste Algorithmus zur Bestimmung von Primzahlen als „Sieb des Eratosthenes" bekannt. Bei dem Algorithmus handelt es sich um eine Handlungsvorschrift, die aus endlich vielen Schritten besteht und zur Lösung eines Problems dient.

1623 erfand der deutsche Astronom und Mathematiker Wilhelm Schickard den ersten 4-Funktionen Rechner zum Addieren und Subtrahieren von Zahlen. Knapp 50 Jahre später, 1672, baute Gottfried Leibnitz die erste mechanische Rechenmaschine, die die vier Grundrechenarten beherrschte.

Im Jahr 1854 publizierte George Boole die unter seinem Namen bekannte „Bool'sche Algebra" zur Darstellung von logischen Operatoren und der Mengenlehre, die die wesentliche Grundlage der technischen Informatik bildet. Im Zuge der Entwicklung technischer

[5] Vgl. im Folgenden Wirtz (2013), S. 27 ff.

Kommunikationsinfrastrukturen nahm Alexander Graham Bell auf Basis der Grundlagenforschung von Philipp Reis 1867 das erste Telefon in Betrieb.

Nach einem Patent für die drahtlose Energieübertragung ließ sich Nikola Tesla 1903 den elektrischen Schaltkreis patentieren. Damit war der Grundstein für die Funktechnik gelegt, sodass Signale mithilfe elektromagnetischer Wellen drahtlos übertragen werden konnten. Drei Dekaden später wurde ein entscheidender Ausgangspunkt der theoretischen Informatik gebildet. Alan M. Turing entwickelte mit der Turingmaschine ein Modell zur Berechnung von Funktionen zur Lösung verschiedener Entscheidungsprobleme.

1941 erfand der deutsche Bauingenieur, Erfinder und Unternehmer Konrad Ernst Otto Zuse den ersten vollautomatischen, programmgesteuerten und frei programmierbaren Computer der Welt, der primär zur Verarbeitung von Zahlen diente. Nur wenige Jahre später, als Erweiterung der Funktechnik, erfolgte 1946 die Inbetriebnahme des weltweit ersten Mobilfunknetzes in den USA.

Im Zuge der zunehmenden Digitalisierung der Medien- und Kommunikationstechnologie wurden neue Kommunikationsmittel unterstützt und die Nachrichtenübertragung verbessert. Darüber hinaus patentierte 1948 William Bradford Shockley den Transistor, der zum Schalten und Verstärken von elektrischen Signalen dient. 1953 erfolgte die Einführung des Farbfernsehens in den USA.

1956 stellte IBM die erste magnetische Festplatte (IBM 350) als Festplattenlaufwerk zur Speicherung von Daten vor. Diese technische Erneuerung ermöglichte eine schnellere Zugriffszeit und größere Speicherkapazität und legte den Grundstein für eine sichere Datenspeicherung. Abb. 1.4 stellt die Entwicklung der Informations- und Kommunikationsanwendungen bis 1956 dar.

Entwicklung der Informations- und Kommunikationsanwendungen bis 1994

Das Disk Operating System/360 (DOS) wurde ab 1966 als Betriebssystem für IBM Mainframes ausgeliefert. Hierdurch konnte erstmals das Potenzial der magnetischen Festplatten wie der IBM 350 vollständig ausgenutzt werden. DOS ermöglichte die quasi parallele Verarbeitung von Programmabläufen basierend auf den direktadressierbaren Magnetplatten-Speichermedien.

Als Vorläufer des heutigen Internets entwickelten Paul Baran und Donald Watts Davies 1969 das erste dezentrale Netzwerk namens ARPANET (Advanced Research Projects Agency Network). Intel brachte 1971 mit dem 4004 den ersten Mikroprozessor auf den Markt, der als erster Chip in Serie produziert wurde. Zehn Jahre später, 1981, stellte IBM den ersten „Personal Computer" vor und eröffnete den Informations- und Kommunikationsanwendungen neue Entwicklungsmöglichkeiten.

1982 wurde der Bildschirmtext, oder auch kurz BTX, in Österreich eingeführt. Dieser Onlinedienst war in der Lage, Telefon und Fernsehen zu kombinieren und somit das Leistungsspektrum der bisherigen Technologien in dieser Kombination zu erweitern. Wiederum ein Jahr später stellte 1983 Motorola das weltweit erste kommerzielle Mobiltelefon Dynatac 8000x vor. Kurz darauf veröffentlichte Microsoft Windows 1.0 als grafische Benutzeroberfläche zur vereinfachten Nutzung verschiedener Geräte. 1985 gründete Steve

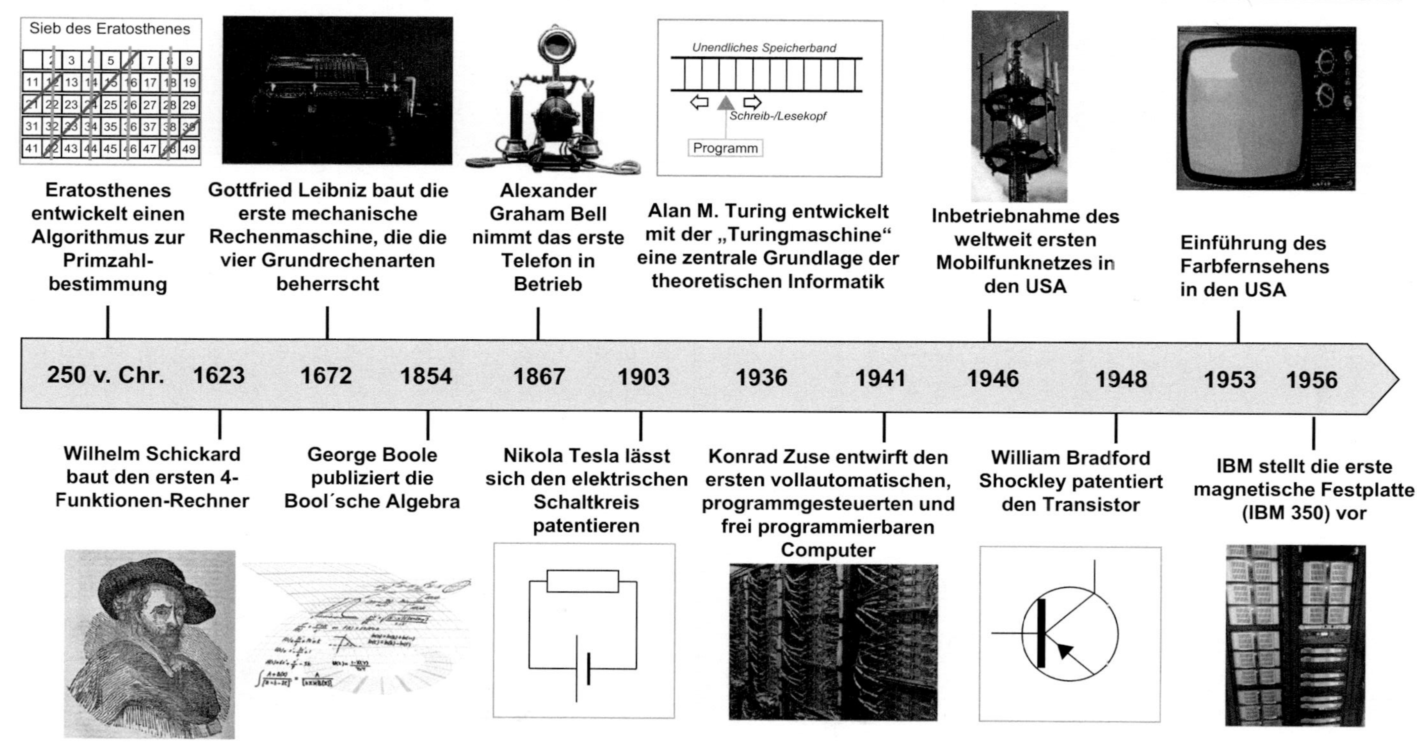

Abb. 1.4 Entwicklung der Informations- und Kommunikationsanwendungen (250 v. Chr. bis 1956). (Vgl. Wirtz (2013), S. 28; Wirtz (2020), S. 9; Wirtz (2021), S. 11)

Case den Onlinedienst Quantum Computer Services, der drei Jahre später in AOL umbenannt wurde.

Mit dem Start des World-Wide-Webs im Jahre 1989 prägte das Internet in zunehmendem Maße die Medienausgestaltung und löste einen Digitalisierungstrend aus, der bis heute anhält. Diesem Trend folgend entwickelte SAP sein Unternehmensinformationssystem weiter zu einer Client-Server-System-Lösung. Das sogenannte SAP R/3, der Vorläufer des heutigen SAP S/4HANA, das in Echtzeit verschiedene Unternehmensteile miteinander verbindet, erschien 1993. Im selben Jahr stellte Toshiba mit dem DynaPad T100X den ersten Tablet-PC vor und bot somit den Kunden eine flexible Nutzung. 1994 gründete Jeff Bezos den Internet-Versandhändler Amazon und revolutionierte damit den weltweiten Online-Warenhandel. Ein Jahr nach der Einführung von Amazon, gründete Pierre Omidyar das Internetauktionshaus eBay Inc. und bot nach kurzer Zeit den weltweit größten Online-Marktplatz für private und kommerzielle Händler an. Zu diesem Zeitpunkt lassen sich bereits eine Vielzahl von Dienstleistungen aus den Bereichen Elektronik, Elektrotechnik, Informationstechnik und Informatik unter dem Oberbegriff Informations- und Kommunikationsanwendungen subsumieren. Sie sind häufig durch eine Digitalisierung ihrer Komponenten und die Möglichkeit der interaktiven Nutzung gekennzeichnet.[6] Abb. 1.5 stellt die Entwicklung der Informations- und Kommunikationsanwendungen von 1966 bis 1994 dar.

Neuere Entwicklungen der Informations- und Kommunikationsanwendungen
Die Informationsgesellschaft befindet sich in einer dynamischen Entwicklungsphase. Diese stellt hohe Anforderungen an die hier agierenden Unternehmen hinsichtlich ihrer Innovationskraft und Flexibilität. Ein wichtiger Trend in der Entwicklung der Medien- und Kommunikationstechnologie begann mit der Einführung des ersten Smartphones, das 1996 von Nokia entwickelt und vertrieben wurde. Obwohl Smartphones anfangs nur wenig verbreitet waren, nehmen sie heutzutage als mobile Begleiter einen festen Platz im Leben der Menschen ein.

1998 gründeten Lawrence Edward Page und Sergei Brin den Internetdienstleister Google Inc. und boten mit der gleichnamigen Suchmaschine ein umfangreiches Suchportal an. Heute ist Google auch aufgrund des inzwischen vielfältigen Service- und Produktangebots aus dem Alltag vieler Internet-Nutzer nicht mehr wegzudenken. 1999 begann die Deutsche Telekom unter dem Produktnamen T-DSL mit der Vermarktung der Breitbandanschlüsse und ermöglichte damit hohe Datenübertragungsraten.

Insbesondere durch die Entwicklung der Internetökonomie erfuhr die Informationsgesellschaft ab Ende der 1990er-Jahre einen erheblichen Bedeutungszuwachs. Dies kann auf die Veränderungen von Markt und Wettbewerb zurückgeführt werden, die zu großen Teilen von der Internetökonomie ausgelöst wurden.

Der Entwicklungstrend der Medien- und Kommunikationsanwendungen wird unterstützt von der Weiterentwicklung der Mobilfunknetze und damit der allgegenwärtigen

[6] Vgl. Wirtz (1995), S. 46 ff.

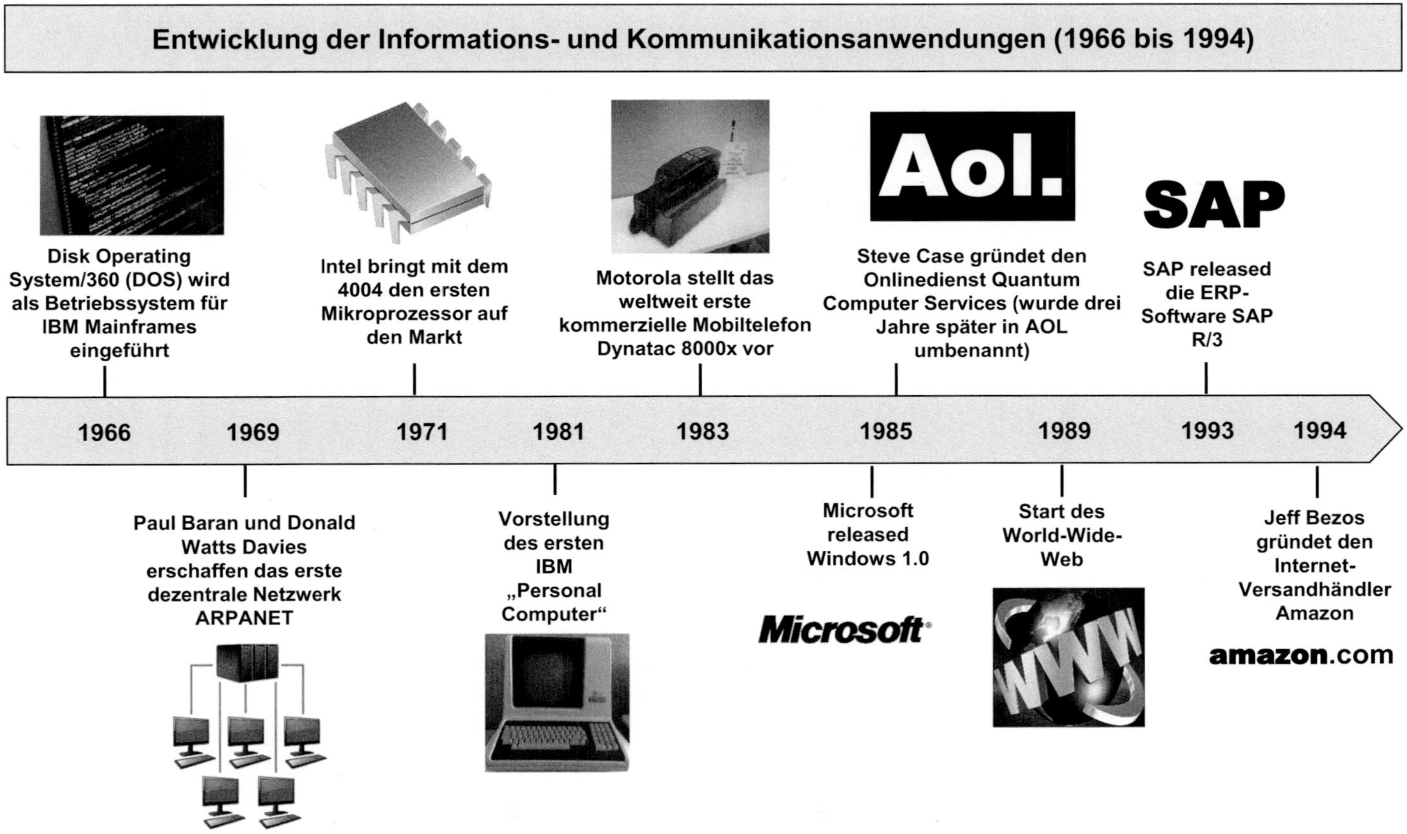

Entwicklung der Informations- und Kommunikationsanwendungen (1966 bis 1994)

1966 – Disk Operating System/360 (DOS) wird als Betriebssystem für IBM Mainframes eingeführt

1969 – Paul Baran und Donald Watts Davies erschaffen das erste dezentrale Netzwerk ARPANET

1971 – Intel bringt mit dem 4004 den ersten Mikroprozessor auf den Markt

1981 – Vorstellung des ersten IBM „Personal Computer“

1983 – Motorola stellt das weltweit erste kommerzielle Mobiltelefon Dynatac 8000x vor

1985 – Steve Case gründet den Onlinedienst Quantum Computer Services (wurde drei Jahre später in AOL umbenannt)

1985 – Microsoft released Windows 1.0

1989 – Start des World-Wide-Web

1993 – SAP released die ERP-Software SAP R/3

1994 – Jeff Bezos gründet den Internet-Versandhändler Amazon

Aol.

SAP

Microsoft

amazon.com

Abb. 1.5 Entwicklung der Informations- und Kommunikationsanwendungen (1966 bis 1994). (Vgl. Wirtz (2013), S. 32.; Wirtz (2020), S. 11; Wirtz (2022), S. 33)

Verbreitung des Internets. So gilt beispielsweise die 2001 stattgefundene Inbetriebnahme des weltweit ersten UMTS-Netzes auf der Isle of Man durch die dort ansässige Firma Manx Telecom als ein wesentlicher Meilenstein für die mobile Informations- und Kommunikationstechnologie.

Bedingt durch die wachsenden Bandbreiten der Kommunikationsnetze (DSL/UMTS) wurden zunehmend neue Internetdienste ermöglicht. So etablierte sich in der Folge beispielsweise das Internet als Distributionskanal in der Musikindustrie. Ein Meilenstein in der Online-Musik Distribution stellte das im Jahr 2001 von Apple vorgestellte Musikverwaltungsprogramm iTunes dar, das sich zu einem der führenden Onlineshops für digitale Musik entwickeln konnte.

Schon zum Ende des Jahres 2000 zeigte sich jedoch, dass viele der im Digital Business anzutreffenden Geschäftsmodelle deutliche strategische und strukturelle Defizite aufwiesen.[7] Nach der marktlichen Bereinigung im Bereich der Internetökonomie bis 2002 fand erneut eine allmähliche Wachstumsphase statt.

2004 gründete Mark Zuckerberg das soziale Online-Netzwerk Facebook. Ein zweiter großer Boom der Internetökonomie begann 2005 mit Web 2.0 beziehungsweise Social-Media-Anwendungen. Dabei wurden Plattformen wie Facebook oder Twitter zum Ausdruck der neuen, vernetzten Wachstumsentwicklung im Internet. Inzwischen haben sich Web 2.0-Technologien als ein fester Bestandteil der Informationsgesellschaft etabliert.

Aufgrund der stetig wachsenden Informationsfülle im Internet wurde ein Mechanismus benötigt, der die Bedürfnisse der Nutzer, speziell bei Suchanfragen, befriedigt. Die Basis dessen ist Web 3.0. Hierbei wird darauf geachtet, dass den generierten Inhalten Bedeutungen beigemessen werden. Aus diesem Grund wird Web 3.0 auch semantisches Web genannt.

Gleichzeitig ist bereits das Web 4.0 präsent. Unter Web 4.0 wird der Übergang zum mobilen Web als auch eine Verbindung zwischen physischer und virtueller Welt, wie zum Beispiel bei Internet of Things, verstanden. Die nächste Entwicklungsstufe wird das Web 5.0 sein. Web 5.0 wird auch als sensorisches und emotionales Web bezeichnet, da es hier zu physischen und emotionalen Interaktionen zwischen Computern und Menschen kommen soll.

Im Jahr 2006 bot die Deutsche Telekom in Deutschland erstmals VDSL2 an. Die schwedische Firma TeliaSonera nahm bereits am 15. Dezember 2009 in Stockholm (Schweden) und Oslo (Norwegen) die ersten kommerziellen LTE-Netzwerke in Betrieb.

2016 schließlich vermarktete Oculus VR erstmals VR-Brillen an Konsumenten. Seit 2019 wird das 5G-Breitband-Internet, das teilweise bereits 2018 in den Vereinigten Staaten zugänglich war, in großem Umfang angeboten. Weltweit wird die Zahl der Nutzer bis zum Jahr 2027 auf 4,3 Mrd. geschätzt.[8] Die künstliche Intelligenz ChatGPT als Sprachmodell wurde Ende 2022 von OpenAI der Öffentlichkeit zur Verfügung gestellt. Diese leistungsfähige AI-Anwendung wurde nach kurzer Zeit schon sehr intensiv genutzt und zeigt die Perspektive der zukünftigen AI-Entwicklung auf. Abb. 1.6 stellt die Entwicklung der Informations- und Kommunikationsanwendungen von 1995 bis 2022 dar.

---

[7] Vgl. Wirtz (2000c), S. 108.

[8] Vgl. Ericsson (2022).

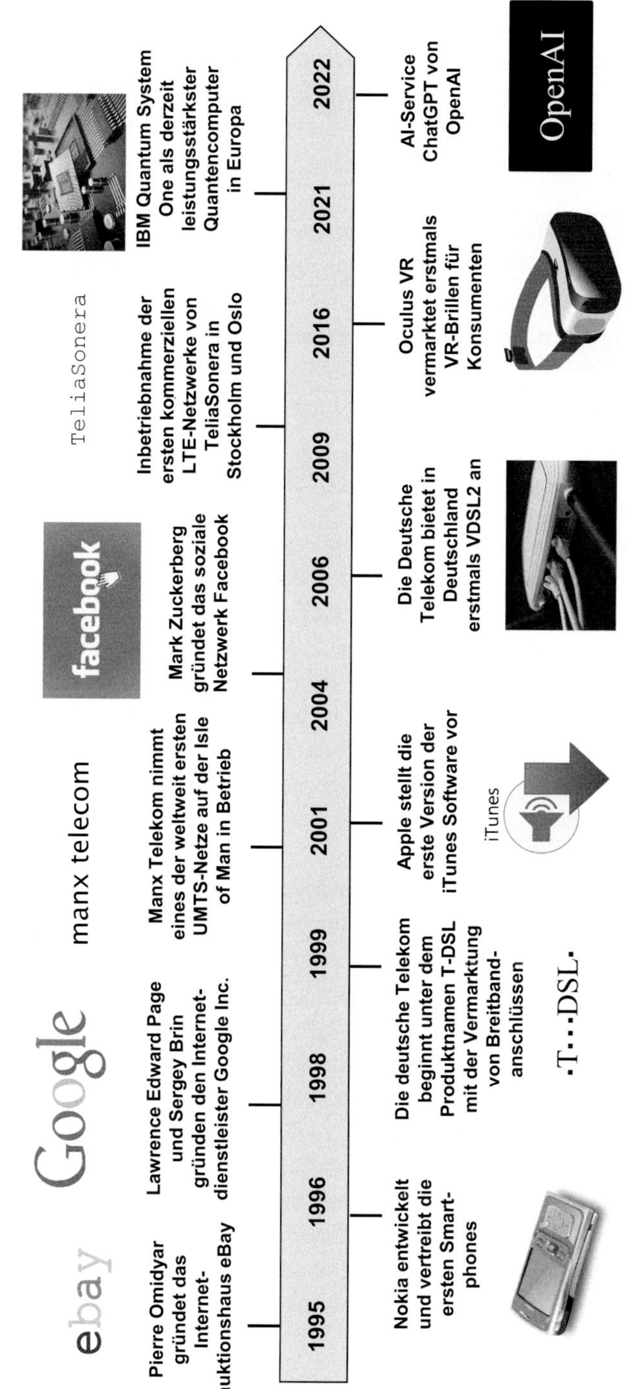
Entwicklung der Informations- und Kommunikationsanwendungen (1995 bis 2022)
ebay
Google
manx telecom
facebook
TeliaSonera
Pierre Omidyar gründet das Internet-auktionshaus eBay
Lawrence Edward Page und Sergey Brin gründen den Internet-dienstleister Google Inc.
Manx Telekom nimmt eines der weltweit ersten UMTS-Netze auf der Isle of Man in Betrieb
Mark Zuckerberg gründet das soziale Netzwerk Facebook
Inbetriebnahme der ersten kommerziellen LTE-Netzwerke von TeliaSonera in Stockholm und Oslo
IBM Quantum System One als derzeit leistungsstärkster Quantencomputer in Europa
1995
1996
1998
1999
2001
2004
2006
2009
2016
2021
2022
Nokia entwickelt und vertreibt die ersten Smart-phones
Die deutsche Telekom beginnt unter dem Produktnamen T-DSL mit der Vermarktung von Breitband-anschlüssen
Apple stellt die erste Version der iTunes Software vor
Die Deutsche Telekom bietet in Deutschland erstmals VDSL2 an
Oculus VR vermarktet erstmals VR-Brillen für Konsumenten
AI-Service ChatGPT von OpenAI
·T···DSL·
iTunes
OpenAI

Abb. 1.6 Entwicklung der Informations- und Kommunikationsanwendungen (1995 bis 2022). (Vgl. Wirtz (2013), S. 34; Wirtz (2020), S. 14; Wirtz (2022), S. 36)

Es ist ersichtlich, dass technologische Innovationen den Bereich der Informations- und Kommunikationsanwendungen in erheblichem Maße geprägt haben. Die Digitalisierung und die hiermit in den letzten zwei Dekaden verbundene digitale Transformation von Wirtschaft und Gesellschaft ist dabei von erheblicher Relevanz für die zukünftige Entwicklung des Digital Business. Diese kann mit dem Fünf-Phasen-Modell der digitalen Transformation veranschaulicht werden.

Das Fünf-Phasen-Modell der digitalen Transformation
Die Entwicklung der digitalen Transformation begann um 1985 und hat seither deutlich an Geschwindigkeit gewonnen. Sie lässt sich in fünf Phasen einteilen, wobei die letzte Phase entwicklungsoffen ist und die weitere Entwicklung in den Bereichen Artificial Intelligence und Biotechnologie nicht absehbar ist. Abb. 1.7 zeigt die verschiedenen Phasen und wichtige technologische Entwicklungen und Innovationen auf.

Erste Entwicklungsphase: Entwicklung digitaler Technologie- und Service-Innovationen
Die erste Phase dauerte etwa von 1985 bis zum Jahr 2000 und konzentrierte sich auf die technologische Entwicklung der Digitaltechnik und die Bereitstellung grundlegender digitaler Service-Innovationen – darunter auch die wohl wichtigste, das World Wide Web. Darauf aufbauende Innovationen wie die E-Mail oder Location-based Services, die Nutzern standortbezogene Informationen – häufig über das Internet – zur Verfügung stellen, sind inzwischen etablierte Standards im Alltag. Digitale Konzerne, die mit ihren Geschäftsmodellen einen prägenden Einfluss auf die Wirtschaft und auf das Online-Verhalten der Bevölkerung nehmen, wie Amazon und Google, wurden ebenfalls in dieser ersten Phase gegründet.

Zweite Entwicklungsphase: Mobile und soziale Medien-Diffusion
Die zweite Phase wurde durch das Aufkommen mobiler Technologie und die soziale Komponente der digitalen Transformation geprägt. Sie war von großer Bedeutung für die erste Dekade nach der Jahrtausendwende. Insbesondere die Etablierung des Web 2.0 – also die Möglichkeit für Nutzer des Internets, selbst Informationen bereitzustellen und sich so sozial miteinander zu vernetzen – wurde hier wichtig.

Die Gründung der freien Internet-Enzyklopädie Wikipedia im Jahr 2001 fällt in diesen Zeitraum. Hinzu kam die zunehmende Verfügbarkeit von mobilen Endgeräten, die über die Telefonie hinaus digitale Dienste anbieten konnten. Die Einführung des iPhones und die Etablierung von Facebook als globales soziales Netzwerk kennzeichneten diese zweite Entwicklungsphase der digitalen Transformation. Mit der Etablierung von automatischer Spracherkennung und maschinellem Lernen fallen wichtige Innovationen, die für spätere Phasen prägend sein werden, in diese zweite Entwicklungsphase.

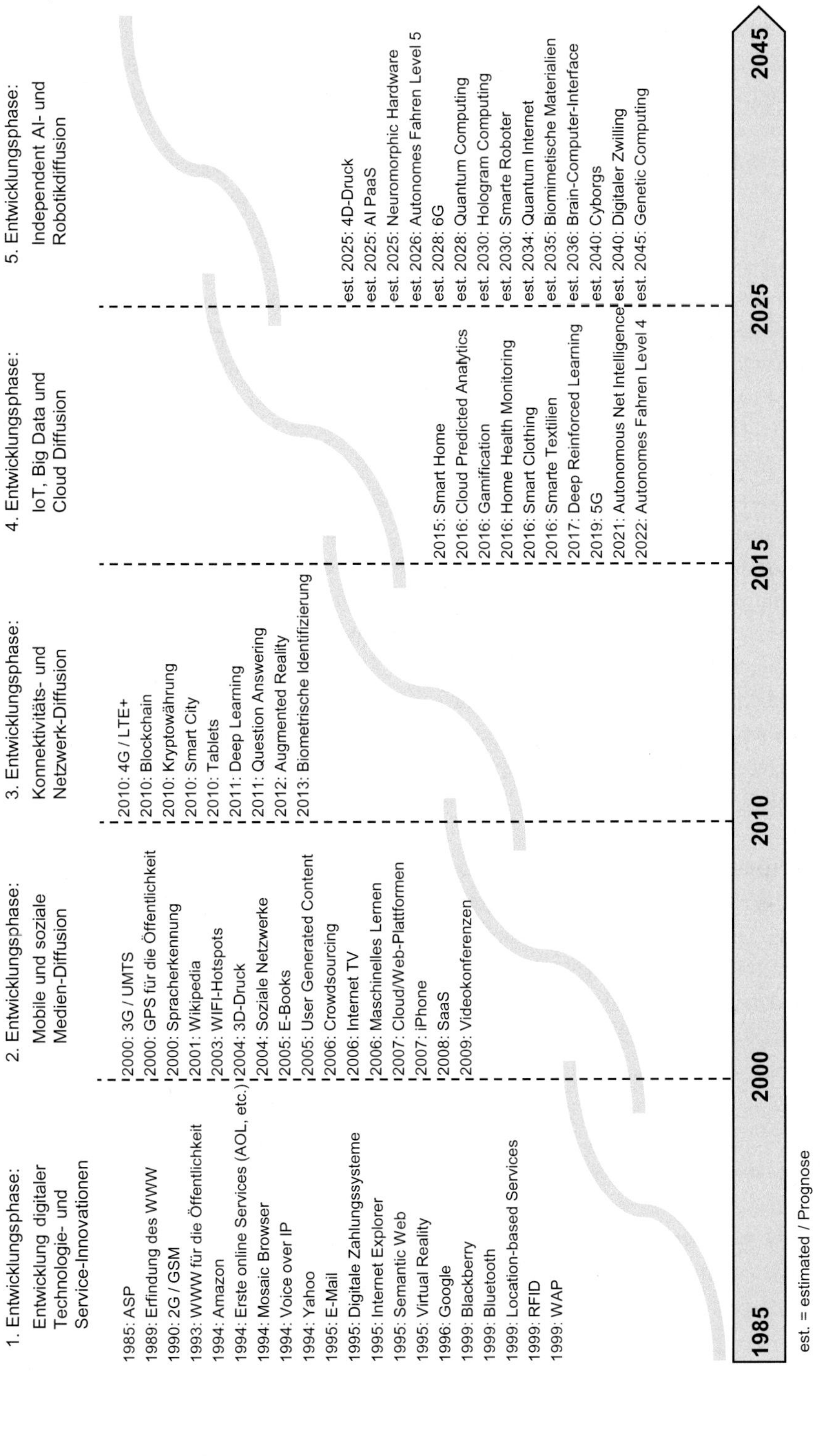

1. Entwicklungsphase:
Entwicklung digitaler Technologie- und Service-Innovationen

1985: ASP
1989: Erfindung des WWW
1990: 2G / GSM
1993: WWW für die Öffentlichkeit
1994: Amazon
1994: Erste online Services (AOL, etc.)
1994: Mosaic Browser
1994: Voice over IP
1994: Yahoo
1995: E-Mail
1995: Digitale Zahlungssysteme
1995: Internet Explorer
1995: Semantic Web
1995: Virtual Reality
1996: Google
1999: Blackberry
1999: Bluetooth
1999: Location-based Services
1999: RFID
1999: WAP

2. Entwicklungsphase:
Mobile und soziale Medien-Diffusion

2000: 3G / UMTS
2000: GPS für die Öffentlichkeit
2000: Spracherkennung
2001: Wikipedia
2003: WIFI-Hotspots
2004: 3D-Druck
2004: Soziale Netzwerke
2005: E-Books
2005: User Generated Content
2006: Crowdsourcing
2006: Internet TV
2006: Maschinelles Lernen
2007: Cloud/Web-Plattformen
2007: iPhone
2008: SaaS
2009: Videokonferenzen

3. Entwicklungsphase:
Konnektivitäts- und Netzwerk-Diffusion

2010: 4G / LTE+
2010: Blockchain
2010: Kryptowährung
2010: Smart City
2010: Tablets
2011: Deep Learning
2011: Question Answering
2012: Augmented Reality
2013: Biometrische Identifizierung

4. Entwicklungsphase:
IoT, Big Data und Cloud Diffusion

2015: Smart Home
2016: Cloud Predicted Analytics
2016: Gamification
2016: Home Health Monitoring
2016: Smart Clothing
2016: Smarte Textilien
2017: Deep Reinforced Learning
2019: 5G
2021: Autonomous Net Intelligence
2022: Autonomes Fahren Level 4

5. Entwicklungsphase:
Independent AI- und Robotikdiffusion

est. 2025: 4D-Druck
est. 2025: AI PaaS
est. 2025: Neuromorphic Hardware
est. 2026: Autonomes Fahren Level 5
est. 2028: 6G
est. 2028: Quantum Computing
est. 2030: Hologram Computing
est. 2030: Smarte Roboter
est. 2034: Quantum Internet
est. 2035: Biomimetische Materialien
est. 2036: Brain-Computer-Interface
est. 2040: Cyborgs
est. 2040: Digitaler Zwilling
est. 2045: Genetic Computing

1985 2000 2010 2015 2025 2045

est. = estimated / Prognose

Abb. 1.7 Fünf-Phasen-Modell der digitalen Transformation. (Vgl. Wirtz (2022), S. 142)

Dritte Entwicklungsphase: Konnektivitäts- und Netzwerk-Diffusion

Die dritte Phase ist vor allem als Vertiefungsphase zu verstehen, in der alle Endgeräte zunehmend mit dem globalen Informationsnetz verbunden wurden. Sie dauerte von ca. 2010 bis etwa 2015 und bereitete die Grundlage für den Siegeszug des mobilen Internets und der IoT-Konzepte.

Der Mobilfunkstandard 4G ermöglichte höhere Datenübertragungsraten und sorgte insbesondere in Kombination mit Konzepten wie Smart City dafür, dass die digitale Transformation immer umfassendere Bereiche von Wirtschaft und Gesellschaft veränderte. Die Einführung von Blockchain und die Weiterentwicklung des Deep Learning bilden die Grundlage für viele Innovationen der vierten Entwicklungsphase.

Vierte Entwicklungsphase: IoT, Big Data und Cloud Diffusion

Die vierte Phase ist die Phase der strukturellen Anpassung und der Nutzung der Möglichkeiten der verbesserten Infrastruktur und Rechenkapazität. Sie beginnt etwa um das Jahr 2015 und kann mindestens eine Dekade andauern. Diese Phase ist gekennzeichnet durch fortschrittliche und automatisierte Datenanalyseansätze, die in dezentralen Serverzentren umgesetzt werden. In dieser Phase der digitalen Transformation werden zunehmend autonome Prozesse implementiert.

Hier sind etwa Smart Home Geräte für viele Menschen aus ihrem Alltag nicht mehr wegzudenken und mit 5G gewinnt ein noch leistungsstärkerer Mobilfunkstandard an Verbreitung. Darüber hinaus sind seit dem Jahr 2022 auf deutschen Autobahnen hochautomatisierte Fahrzeuge unterwegs und in den USA ist es in einigen Staaten bereits möglich, sich von fahrerlosen Robotertaxis transportieren zu lassen.[9] Die Diffusion weitgehend selbstständiger Artificial Intelligence und Robotisierung wird jedoch erst in der fünften Entwicklungsphase erwartet.

Fünfte Entwicklungsphase: Independent AI- und Robotikdiffusion

Die fünfte Phase der digitalen Transformation wird voraussichtlich Mitte bis Ende der zwanziger Jahre beginnen und die Etablierung von Artificial Intelligence nach sich ziehen. Künstliche Intelligenz wird viele bestehende Rahmenbedingungen grundlegend in Frage stellen und den Menschen in eine neue Rolle bringen.

Es ist relativ wahrscheinlich, dass in dieser Phase auch das Quantencomputing und die Biotechnologie stark in die digitale Transformation einbezogen werden. Mit dem Brain-Computer-Interface wird erwartet, dass eine Schnittstelle zwischen menschlichem Gehirn und Computer etabliert wird. Insbesondere im medizinischen Bereich sind hier vielfältige Anwendungsmöglichkeiten denkbar.

Bedeutung der Internetökonomie und des Digital Business

Im Zuge des gesellschaftlichen Wandels von der postmodernen Industriegesellschaft hin zur Informationsgesellschaft nimmt die Quantität und Qualität von Informationen völlig

[9] Vgl. Rudschies/Kroher (2022).

neue Dimensionen an. Nie zuvor waren Informationen so umfangreich und gleichzeitig konzentriert verfügbar.

So lässt insbesondere das Internet als Kristallisationspunkt dieser Entwicklung den orts- und zeitunabhängigen sowie punktgenauen Zugriff auf ein bisher ungeahntes Ausmaß an Wissen zu, das zuvor in der postmodernen Industriegesellschaft nur eingeschränkt und heterogen verteilt vorlag. Darüber hinaus erlaubt die dynamische Entwicklung der Informations- und Kommunikationstechnologien den Zugriff zu vergleichsweise geringen Kosten.

Schalenmodell der Informationsgesellschaft und Internetökonomie

Die Ubiquität von Informationen und Wissen ist zu dem kennzeichnenden Merkmal der Informationsgesellschaft geworden. Dass es sich bei der Informationsgesellschaft um ein mehrdimensionales und sehr komplexes Gebilde handelt, verdeutlicht Abb. 1.8. Sie stellt die Informationsgesellschaft als Schalenmodell dar.

In diesem Zusammenhang stellen die Internetökonomie und Digital Business die beiden Hauptdimensionen dar, die die heutige Informationsgesellschaft bestimmen. Digital Business umfasst die Bereiche E-Commerce, Digital Collaboration, Digital Communication, Digital Information/Entertainment und Digital Education. Dies zeigt, dass gesellschaftspolitische, volkswirtschaftliche und betriebswirtschaftliche Bereiche zunehmend von der Informationsgesellschaft betroffen sind.

Die Internetökonomie verändert durch die dynamische Verbreitung von Informations- und Kommunikationstechnologien bestehende Strukturen und Verflechtungen in erheblichem Maße. Gewohnte Strukturen und Wirkungszusammenhänge werden in Frage gestellt, weil Transaktionen und Interaktionen zwischen Akteuren zum Teil neuen beziehungsweise geänderten Regeln und Prozessen folgen.

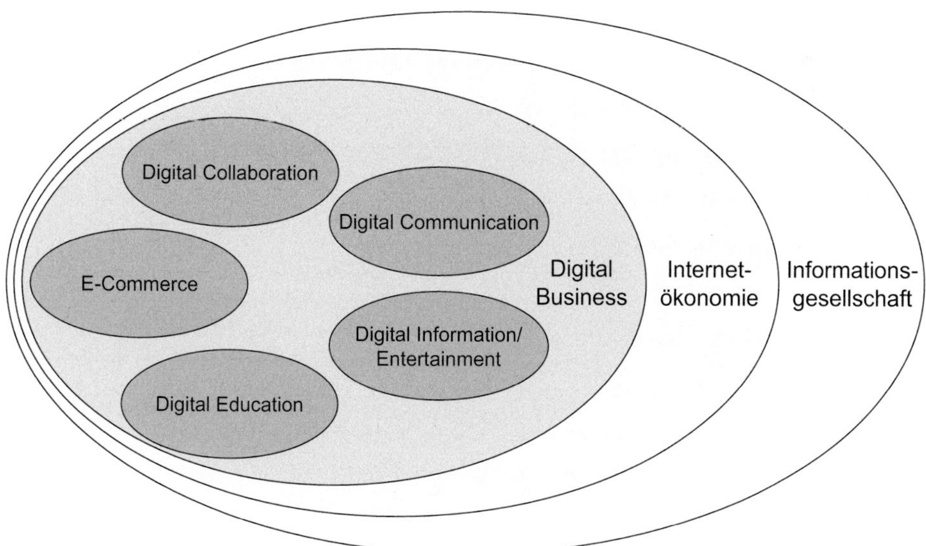

Abb. 1.8 Schalenmodell der Informationsgesellschaft. (Vgl. Wirtz (2000b), S. 4; Wirtz (2020), S. 15; Wirtz (2021), S. 5)

Internetnutzung aus Konsumentensicht
Die Internet-Nutzung hat dabei Einfluss auf ein breites Spektrum von Bereichen des täglichen Lebens. Dies ist in Abb. 1.9 anhand einer Nutzerbefragung zur Bedeutung der Internet-Nutzung für verschiedene Nutzungsbereiche exemplarisch dargestellt.

Konsumenten werden zunehmend neue und vorwiegend informationsbasierte Produkte und Dienstleistungen offeriert, die ihren Ursprung in den Innovationen der modernen Informations- und Kommunikationstechnologie haben.

Darüber hinaus werden auch die Bedingungen, in deren Rahmen beispielsweise Personen und Organisationen miteinander in Interaktion treten, in verstärktem Ausmaß durch moderne Technologien determiniert. Wechselbeziehungen finden überwiegend elektronisch, vernetzt und in Echtzeit statt.

Diese Tendenzen lassen sich auf die drei wesentlichen Charakteristika der Internetökonomie zurückführen: Digitalität, Vernetzung und Globalität. Mit dem Voranschreiten der Internetökonomie ändern sich insbesondere auch die wirtschaftlichen Strukturen.

Es entwickeln sich neue Formen von Geschäftsbeziehungen. Diese Veränderungen tangieren sowohl strategische als auch operative Aspekte. Dabei ergibt sich ein Aktions- beziehungsweise Reaktionspotenzial aufgrund einer Vielzahl von Entwicklungen: Durch das Eintreten neuer Marktteilnehmer und durch die Globalisierung geraten die etablierten lokalen und regionalen Märkte in die Gefahr, an Bedeutung zu verlieren.

Strategische Allianzen werden zunehmend auf internationaler Ebene geschlossen und weiter ausgebaut. Darüber hinaus stellt die Internettechnologie mittlerweile eine Voraussetzung für alle Unternehmen dar, selbst wenn diese klassische Offline-Leistungen anbieten. Sie ist heutzutage grundlegend auf verschiedenen Ebenen in wirtschaftlichen Prozessen verankert.

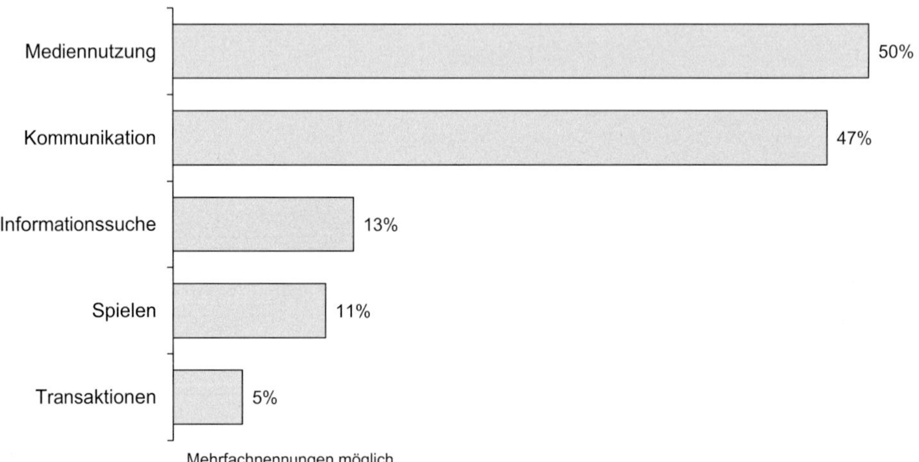

Abb. 1.9 Nutzung des Internets im Alltag aus Konsumentensicht. (Datenquelle: Beisch/Schäfer (2020), S. 468)

Definition und Einordnung des Digital Business

Digital Business gehört zu den bedeutendsten Anwendungsgebieten der neuen digitalen Informations- und Kommunikationstechnologien. Allein im E-Commerce, einem Teilgebiet des Digital Business, stieg der Umsatz innerhalb des letzten Jahrzehnts von 24,4 Mrd. Euro (2011) auf 86,7 Mrd. Euro (2021) und damit um mehr als das Dreifache an.[10]

Vor dem Hintergrund des erheblichen Wachstums hat sich das Verkehrsvolumen im Internet deutlich gesteigert. Die ständige Leistungssteigerung, die zunehmende Verbreitung sowie die fallenden Kosten im Bereich der Breitband- und Glasfaserzugänge haben dafür gesorgt, dass völlig neue Produkte und Services angeboten werden können. Abb. 1.10 stellt das Verkehrsvolumen im Breitband-Internet im Zeitverlauf dar.

Das Wachstum des Datenvolumens impliziert für Unternehmen die zunehmende Bedeutung der elektronischen Netze und zeigt gleichzeitig auch die Notwendigkeit, sich der neuen Marktsituation anzupassen. Technische Innovationen beeinflussen daher den Markt, können jedoch andererseits auch durch diesen Markt entstehen.

Vor diesem Hintergrund wird die Struktur des Digital Business beschrieben und analysiert. Dazu wird zunächst eine definitorische Einordnung des Digital Business vorgenommen. Daran anschließend werden die Akteure, Interaktionsmuster und der Leistungsaustausch des Digital Business beschrieben. Auf dieser Grundlage erfolgt eine Darstellung spezifischer Aktivitäten des Digital Business und des Nutzungsverhaltens. Abschließend findet eine Analyse der Erfolgsfaktoren statt.

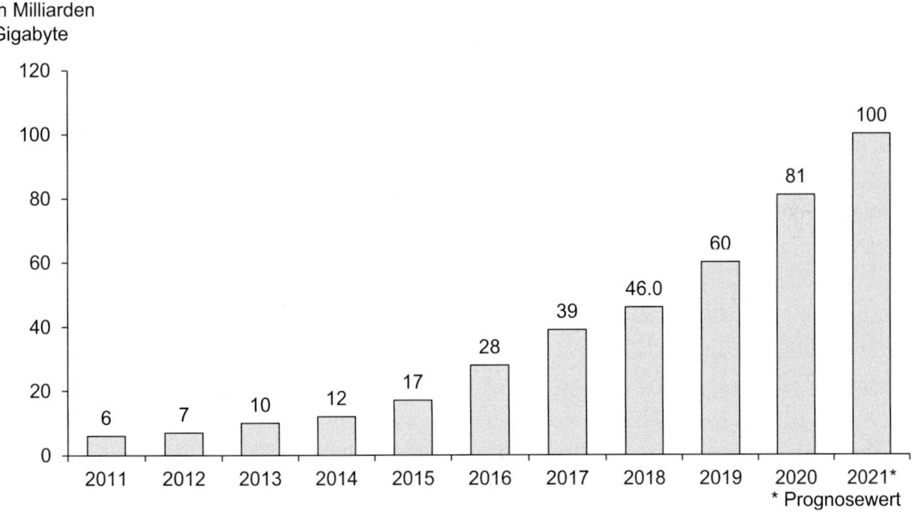

Abb. 1.10 Verkehrsvolumen Breitband-Internet. (Datenquelle: Bundesnetzagentur (2022), S. 57)

[10] Vgl. Statista (2022).

Definition des Digital Business/E-Business
Die im Zusammenhang mit der Internetökonomie verwendeten Begriffe und Definitionen sind vielfältig. Sie finden in der Regel keine einheitliche Verwendung. Darüber hinaus sind die bestehenden Definitionen oft von Überschneidungen gekennzeichnet. Häufig werden im Schrifttum etablierte Begriffe lediglich um Zusätze wie „E“, „I“, „New“, „Digital“ oder „Internet“ ergänzt.

Im Folgenden wird spezifisch auf den Begriff des Digital Business eingegangen. In den 90er- und 2000er-Jahren wurde für den Begriff des Digital Business zumeist die Bezeichnung E-Business verwendet. Erst in der letzten Dekade hat sich zunehmend der Begriff Digital Business durchgesetzt. Exemplarisch für die Unschärfe der terminologischen Verwendung sind in Tab. 1.1 einige Definitionen für Digital Business und E-Business aufgeführt.

Um eine systematische Definition des Begriffs Digital Business ableiten zu können, ist es notwendig, die dargestellten Definitionsansätze nach subjektbezogenen, funktionalen und teleologischen Aspekten zu untergliedern. Während subjektbezogene Aspekte sich mit dem Gegenstand und der Struktur der jeweils zu erläuternden Begriffsinhalte beschäftigen, beziehen sich funktionale Aspekte auf deren Wirkungsweise. In Bezug auf teleologische Aspekte stehen die Zielsetzung und Zweckbestimmung im Mittelpunkt der Betrachtung.

Bei dem Vergleich der verschiedenen Definitionen hinsichtlich ihrer subjektbezogenen Aspekte fällt die überwiegend durchgängige Übereinstimmung einiger zentraler Definitionscharakteristika auf. Viele Definitionen sehen in der Gestaltung von Geschäftsprozessen beziehungsweise Transaktionen einen zentralen Aspekt. Insofern wird hier auf instrumentelle Gesichtspunkte im Sinne einer gestaltungsorientierten Wirkung Bezug genommen. Explikative Aussagen sind dagegen nicht Bestandteil der Definitionen.

Die Inanspruchnahme elektronischer Netze wird als expliziter oder impliziter Bestandteil der Definitionen genannt, um die Gestaltung von Geschäftsbeziehungen beziehungsweise Transaktionen zu realisieren. Ein Verweis auf die Nutzung innovativer Informationstechnologien ist in vielen Definitionen vorzufinden. IBM (1997) hat in seiner Ursprungsdefinition für Digital Business Ende der 1990er den Begriff der „Internet Technology“ genutzt, der in späteren Definitionen vielfach zu „Information Technology“ oder auch Informations- und Kommunikationstechnologie vereinheitlicht worden ist.

Auch Bezeichnungen wie „use of electronic means“ sowie „by means of electronic communications networks“ sind in den Definitionen synonym zum Einsatz von elektronischen Informationstechnologien verwendet worden.[11]

Während auf der subjektbezogenen Ebene grundsätzlich Einigkeit bezüglich der Gestaltung von Geschäftsprozessen beziehungsweise Transaktionen durch die Nutzung innovativer Informationstechnologien herrscht, besteht auf der funktionalen Ebene Unklarheit bezüglich des Umfangs und der Intensität der gestaltungsorientierten Aspekte. So begrenzen einige Definitionen die Anzahl der beteiligten Akteure, indem Digital Business auf den interorganisationalen Geschäftsbereich beschränkt wird.

[11] Vgl. Jelassi/Enders (2005), S. 4; Papazoglou/Ribbers (2006), S. 2.

Tab. 1.1 Definitionen Digital Business/E-Business. (Vgl. Wirtz (2000b), S. 28; Wirtz (2020), S. 20 f.; Wirtz (2021), S. 16)

Autor	Definition
IBM (1997)	A secure, flexible and integrated approach to delivering differentiated business value by combining the systems and processes that run core business operations with the simplicity and reach made possible by internet technology.
PricewaterhouseCoopers (1999)	Hereafter, e-business will be defined as the application of information technologies to facilitate buying and selling of products, services, and information over public standard-based networks.
Wirtz (2000b)	[...] bezeichnet die über Telekommunikationsnetzwerke elektronisch realisierte Anbahnung, Aushandlung und/oder Abwicklung von Geschäftstransaktionen zwischen Wirtschaftssubjekten.
Kersten (2001)	Electronic Business ist ein Überbegriff für die strategische Anwendung von computergestützten Informations- und Kommunikationstechnologien zur Erreichung der Unternehmensziele einschließlich der entsprechenden Ausgestaltung und Neuordnung von Geschäftsprozessen.
Alt (2004)	Electronic Business (E-Business) ist ein Sammelbegriff für die Unterstützung geschäftlicher Prozesse durch Informationstechnologie (IT).
Jelassi/Enders (2005)	The use of electronic means to conduct an organization's business internally and/or externally.
Chen (2005)	Business that is conducted using electronic networks or electronic media. Sometimes used synonymously with e-commerce and sometimes used more widely to include other business activities in addition to buying and selling.
Papazoglou/Ribbers (2006)	E-Business can be defined as the conduct of automated business transactions by means of electronic communications networks (e.g., via the Internet and/or possibly private networks) end-to-end.
Kollmann (2007)	E-Business ist die Nutzung der Informationstechnologien für die Vorbereitung (Informationsphase), Verhandlung (Kommunikationsphase) und Durchführung (Transaktionsphase) von Geschäftsprozessen zwischen ökonomischen Partnern über innovative Kommunikationsnetzwerke.
Chaffey (2015)	All electronically mediated information exchanges, both within an organization and with external stakeholders supporting the range of business processes.
Schneider (2017)	The term electronic commerce or (e-commerce) […] includes all business activities that use Internet technologies. Internet technologies include the Internet, the World Wide Web and other technologies such as wireless transmissions on mobile telephone networks.

Dieser Rahmen führt dabei zu einem eng gefassten Begriffsverständnis. Andere Definitionen erweitern den Kreis der beteiligten Akteure, indem sie das Digital Business um intraorganisationale und konsumentenbezogene Perspektiven erweitern. Darüber hinaus besteht kein Konsens bezüglich des Umfangs der Geschäftsprozesse. So reicht das Spektrum der Definitionen von der ausschließlichen Unterstützung von Handelsaktivitäten durch elektronische Netze bis zur elektronischen Durchführung sämtlicher geschäftlicher Aktivitäten.

Hinsichtlich der teleologischen Aspekte weisen die Definitionen eine gewisse Heterogenität auf. Während beispielsweise PricewaterhouseCoopers (1999) den Bezugspunkt auf die Unterstützung von Kauf- und Verkaufsprozessen von Produkten, Services und Informationen legt, betont Kersten (2001) eine weiter gefasste „Erreichung der Unternehmensziele einschließlich der entsprechenden Ausgestaltung und Neuordnung von Geschäftsprozessen."[12]

Aus diesem Überblick geht die unterschiedliche Fokussierung der Autoren bezüglich der Inhalte und des Umfangs hervor. Zudem weisen viele der aufgeführten Definitionsansätze einen spezialisierten Charakter und damit ein eng gefasstes Begriffsverständnis auf. Vor diesem Hintergrund wird an dieser Stelle eine weit gefasste, integrierte Definition des Digital Business verwendet (vgl. Tab. 1.2).

Als Leistungsaustauschprozesse sollen an dieser Stelle Prozesse verstanden werden, bei denen materielle und immaterielle Güter sowie Dienstleistungen zumeist gegen kompensatorische Leistungen transferiert werden. Bei elektronischen Netzen handelt es sich um die Kombination und Agglomeration physischer und mobiler Verbindungen, durch die elektronische Datentransfers durchgeführt werden können.

Insbesondere die Entwicklungen auf dem Gebiet der Informations- und Kommunikationstechnologie vollziehen sich mit einer erheblichen Dynamik und haben sowohl in der wissenschaftlichen Diskussion als auch in der Unternehmenspraxis inzwischen eine zentrale Bedeutung erlangt.

Insbesondere die multifunktionalen Kommunikations- und Transaktionsformen machen die Attraktivität des Internets aus. Vor diesem Hintergrund legen die folgenden Ausführungen zum Digital Business ihren Schwerpunkt auf das Internet und dessen am häufigsten genutzte Anwendung, das World Wide Web (WWW).

Tab. 1.2 Definition Digital Business. (Vgl. Wirtz (2000b), S. 29; Wirtz (2020), S. 23; Wirtz (2021), S. 17)

Unter dem Begriff Digital Business wird die Anbahnung sowie die teilweise respektive vollständige Unterstützung, Abwicklung und Aufrechterhaltung von Leistungsaustauschprozessen zwischen ökonomischen Partnern mittels Informationstechnologie (elektronischer Netze) verstanden. Das Ziel ist ökonomische Prozesse effizienter und effektiver durchzuführen.

[12] Kersten (2001), S. 23 f.

Aufbauend auf der Definition des Digital Business werden im Folgenden eine Systematisierung und Klassifizierung des Digital Business anhand der Kriterien Akteure und Interaktionsmuster, Leistungsaustausch sowie Aktivitäten, Nutzerverhalten und Erfolgsfaktoren des Digital Business vorgenommen.

1.2 Akteure, Interaktionsmuster und Leistungsaustausch

Zu den Akteuren des Digital Business zählen alle Anbieter oder Empfänger von elektronisch basierten beziehungsweise induzierten Leistungsaustauschprozessen. Praktisch treten somit im wesentlichen Unternehmen (Business), öffentliche Institutionen (Administration) und private Konsumenten (Consumer) als Akteure auf.

Diese treten in Interaktion und bilden damit die Interaktionsmustermatrix des Digital Business, die noch um eine Intra-Ebene ergänzt werden kann. Die Intra-Ebene bildet in diesem Kontext den Leistungsaustausch innerhalb eines Akteurs beziehungsweise einer Akteursgruppe ab.

Die Matrix ist in Abb. 1.11 dargestellt.[13] Die Anbieter von Leistungsaustauschprozessen schaffen die Möglichkeit eines Leistungsaustausches innerhalb elektronischer Netze. Sie

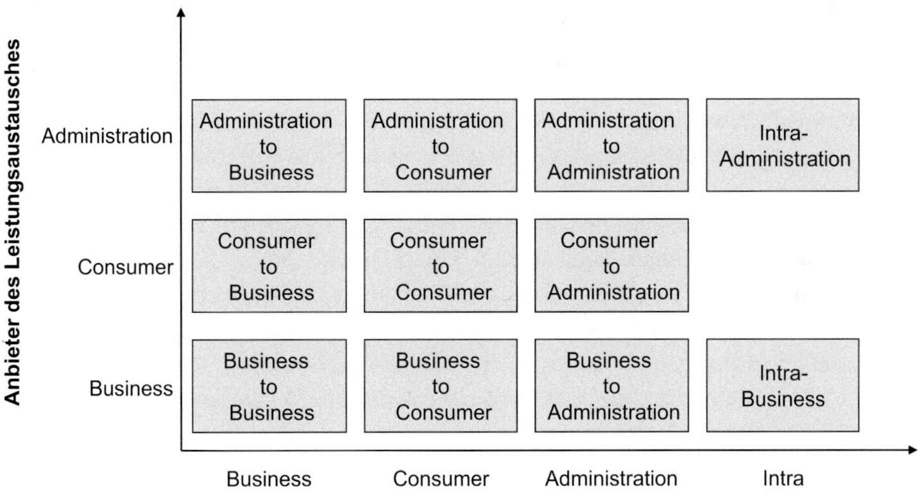

Abb. 1.11 Interaktionsmustermatrix des Digital Business. (Vgl. Wirtz (2000b), S. 30; Wirtz (2020), S. 24; Wirtz (2021), S. 18)

[13] Inhalte basierend auf Hermanns/Sauters (1999), S. 23; Wirtz (2000b), S. 30; Wirtz (2020), S. 24; Wirtz (2021), S. 18.

stellen dabei Güter oder Dienstleistungen bereit, die auf Initiative oder Verlangen der Empfänger in Anspruch genommen werden können. In der Praxis haben der B2B- sowie der B2C-Bereich die größte Bedeutung.

Unterschiedliche Interaktionsmuster im Electronic Business
Im Bereich B2B wird der elektronische Leistungsaustausch zwischen mehreren Unternehmen zusammengefasst. Dabei können die Unternehmen sowohl die Rolle des Nachfragers als auch des Anbieters einnehmen. Als Beispiel kann das Betreiben einer internetbasierten Handelsplattform genannt werden. Die Möglichkeiten betriebswirtschaftlichen Handelns im B2B-Kontext sind jedoch wesentlich vielfältiger und reichen von Onlineshops über B2B-Marktplätze bis hin zur Kunden- und Lieferantenintegration.

Bei der Wertschöpfung im B2C-Bereich stehen sich Unternehmen als Anbieter und Konsumenten als Nachfrager gegenüber. Der Leistungsaustausch kann wie im B2B-Bereich physische Güter, digitale Güter oder Dienstleistungen umfassen. Ein Beispiel für den Leistungsaustausch in Bezug auf physische Güter im B2C-Bereich ist der Kauf von Textilien über den Onlineshop eines Warenhauses. Im Bereich der digitalen Güter kann die Abwicklung eines Voice-Over-IP-Gesprächs und der zugehörige Verkauf kostenpflichtiger Inhalte genannt werden. Dienstleistungen können dagegen von Beratungen, Verkaufsempfehlungen, Aufbereitung von Nutzerkommentaren bis hin zu Verkehrsinformationen reichen.

B2A bezeichnet im Digital Business die Abwicklung von Verwaltungsaufgaben zwischen Unternehmen und öffentlichen Institutionen über elektronische Informations- und Kommunikationsmedien. Dazu zählen beispielsweise Transaktionen mit Verwaltungsorganen, wie die Abwicklung von Steuerangelegenheiten von Unternehmen (zum Beispiel Umsatzsteuer, Einkommensteuer). Eine Transaktion im Sinne von B2A liegt jedoch ebenfalls vor, wenn beispielsweise eine öffentliche Behörde einen Rahmenvertrag mit einem Unternehmen geschlossen hat und dieses ein Portal für die elektronische Beschaffung von Büroartikeln für die Behörde bereitstellt.

Der Bereich des Intra-Business bezieht sich auf interne Digital Business-Anwendungen eines Unternehmens. Als Beispiel kann in diesem Zusammenhang das Angebot von netzwerkbasierten, intraorganisationalen Weiterbildungsmöglichkeiten genannt werden. So wird etwa den Mitarbeitern des Volkswagen-Konzerns die Möglichkeit geboten, Digital-Education-Sprachkurse zu besuchen, um ihre Fremdsprachenkenntnisse aufzubessern.

C2B, C2C und C2A
Die C2B-Konstellation ist vor allem durch den freiwilligen Austausch beziehungsweise die Weitergabe von Daten von Privatpersonen an ein Unternehmen gekennzeichnet. Dies kann beispielsweise mittels Datenbanken für Stellengesuche geschehen, bei denen Privatpersonen Unternehmen ihre Arbeitskraft anbieten. Beispiele dafür sind etwa Monster.de oder Stepstone.de.

Eine weitere Anwendung stellt die Plattform Threadless.com dar, bei der Personen ihre Designvorschläge für T-Shirts einreichen können. Diese werden bewertet und dann gegebenenfalls von Threadless gedruckt und verkauft. Die interaktive Wertschöpfung geht bei diesem Geschäftsmodell vom Kunden aus.

Transaktionen zwischen Privatpersonen sind im Digital Business dem Bereich C2C zuzuordnen. Dabei muss es sich nicht ausschließlich um einen direkten Kauf-Verkauf-Prozess handeln, wie beispielsweise bei der Onlineauktionsplattform eBay, sondern auch der Tausch von digitalen Gütern wird davon erfasst. Insbesondere dem Web 2.0 beziehungsweise den Social Media kommen in diesem Kontext eine besondere Stellung zu. Das Internet stellt ein Medium dar, das umfassend durch die Interaktion und Vernetzung seiner Nutzer geprägt ist.[14]

Als Beispiel für einen Kauf-Verkauf-Prozess im C2C-Bereich ist die Onlineauktionsplattform eBay zu nennen, die ihren Nutzern die Möglichkeit bietet, Sachen privat zu er- und versteigern. Der digitale Austausch von Gütern zwischen Privatpersonen erfolgt beispielsweise auf dem Videoportal YouTube, das seinen Nutzern erlaubt, kostenlos Videoclips hochzuladen sowie anzusehen. Der Austausch kann jedoch nicht nur zentral über ein Portal stattfinden, sondern auch dezentral über direkte Verbindungen zwischen Nutzern erfolgen. Mehrere Nutzer verwenden dabei gleichzeitig eine Peer-to-Peer-Verbindung (P2P).

Im Bereich C2A ist der Staat Empfänger eines Leistungsaustausches. Die Konsumenten, die in diesem Fall Bürger darstellen, nutzen elektronische vernetzte Hilfsmittel, um Informationen an staatliche Institutionen zu übermitteln. Ein Beispiel hierfür ist die elektronische Steuererklärung (ELSTER) von Lohn- und Einkommensteuer. Die Akzeptanz von C2A ist, speziell in diesem Bereich, in den letzten Jahren stetig gestiegen. So wurden etwa 2021 insgesamt 43,9 Mio. Steuererklärungen in elektronischer Form übermittelt.[15]

A2B, A2C und A2A

Im Bereich A2B kann exemplarisch auf die Online-Ausschreibung von Aufträgen der öffentlichen Verwaltung verwiesen werden. Unternehmen werden befähigt, einen Leistungsaustauschprozess auszulösen, indem sie die Bedingungen und Spezifika der Ausschreibung online beziehen. Ein Beispiel stellt die gesetzlich erforderliche öffentliche Ausschreibung von Bauaufträgen auf den Internetseiten eines öffentlichen Trägers dar.

Die Transaktionen im A2C-Bereich haben einen eher geringen kommerziellen Charakter, weshalb sie als Service vom Staat an den Bürger verstanden werden können. Ein Anbieter eines Leistungsaustausches im A2C-Bereich ist etwa die Bundesanstalt für Arbeit. Diese stellt eine Vermittlungsbörse für Bewerber bereit und betreut Stellenangebote im Internet.

Dennoch gibt es auch im A2C-Bereich kostenpflichtige Angebote, wie zum Beispiel Verbraucherinformationen zu bestimmten Produkten oder Unternehmen. Ein weiterer Service, der auf einer Handelstransaktion zwischen Administration und Consumer beruht,

[14] Vgl. Wirtz/Elsäßer (2012), S. 574.

[15] Vgl. ELSTER (2022).

sind Zoll-Auktionen vom Bundesministerium der Finanzen, bei denen Privatpersonen online vom Zoll beschlagnahmte Waren ersteigern können.[16]

Der A2A-Bereich im Digital Business sieht vor, bestimmte Informationsaufgaben zwischen nationalen und internationalen Behörden elektronisch abzuwickeln. So sind einige Behörden, beispielsweise das Bundesverwaltungsamt, als Dienstleister für andere Behörden tätig.

Das Bundesverwaltungsamt ist für Personal- und IT-Angelegenheiten des Bundes zuständig und stellt entsprechende elektronische Dienstleistungen bereit. Aber auch international ist eine zunehmende Vernetzung innerhalb der Behörden erkennbar. So arbeiten nationale Polizeibehörden unter der Leitung von Europol zusammen und tauschen Informationen auf elektronischem Weg grenzüberschreitend aus.

Die Intra-Administration-Konstellation ist mit dem Intra-Business vergleichbar, da es sich um einen internen Bereich von öffentlichen Einrichtungen oder Institutionen handelt. Auch hier werden beispielsweise netzwerkbasierte, intraorganisationale Weiterbildungsangebote für Mitarbeiter der entsprechenden administrativen Einrichtungen angeboten. Insgesamt ist zu berücksichtigten, dass die Eigenschaft, „Anbieter" oder „Empfänger" eines Leistungsaustauschprozesses zu sein, nicht fixiert ist.

Kundenintegration

Insbesondere durch Web 2.0- beziehungsweise Social-Media-Anwendungen werden klassische Rollengefüge aufgebrochen. War ein Verbraucher früher lediglich ein Leistungsempfänger im Internet, so kann er heute durch das Bereitstellen von Problemlösungsinformationen im Zuge der Kundenintegration ein Anbieter von Leistungen werden. Akteure können aufgrund der Tatsache, dass Digital Business alle Bereiche einer Wertschöpfungskette tangiert, simultan Anbieter und Empfänger des Leistungsaustausches sein. Darüber hinaus ist es während einer Digital Business-Leistungsaustauschsequenz möglich, dass die Eigenschaft „Nachfrager" und „Empfänger" alternieren.

Ein privater Konsument ist dabei zunächst Anbieter eines Leistungsaustauschprozesses im Bereich C2B, wenn er etwa einem Unternehmen proaktiv eine Initiativstellenbewerbung via E-Mail übersendet. Das Unternehmen ist in diesem Kontext der Leistungsempfänger. Antwortet das Unternehmen wiederum elektronisch durch die Übersendung eines detaillierten Online-Bewerberformulars, wechseln Bewerber und Unternehmen die Rollen.

Entwicklungsstufen des Digital Business

Vor dem Hintergrund dieser Interaktionsformen können grundsätzlich vier Entwicklungsstufen des Digital Business in Organisationen und Institutionen unterschieden werden, die sich insbesondere hinsichtlich ihrer Komplexität und der Wertschöpfung unterscheiden. In ihrer einfachsten Form beschränkt sich eine Digital Business-Lösung auf eine reine Organisations- und Produkt-/Dienstleistungspräsentation sowie die Veröffentlichung von Infor-

[16] Vgl. Generalzolldirektion (2023).

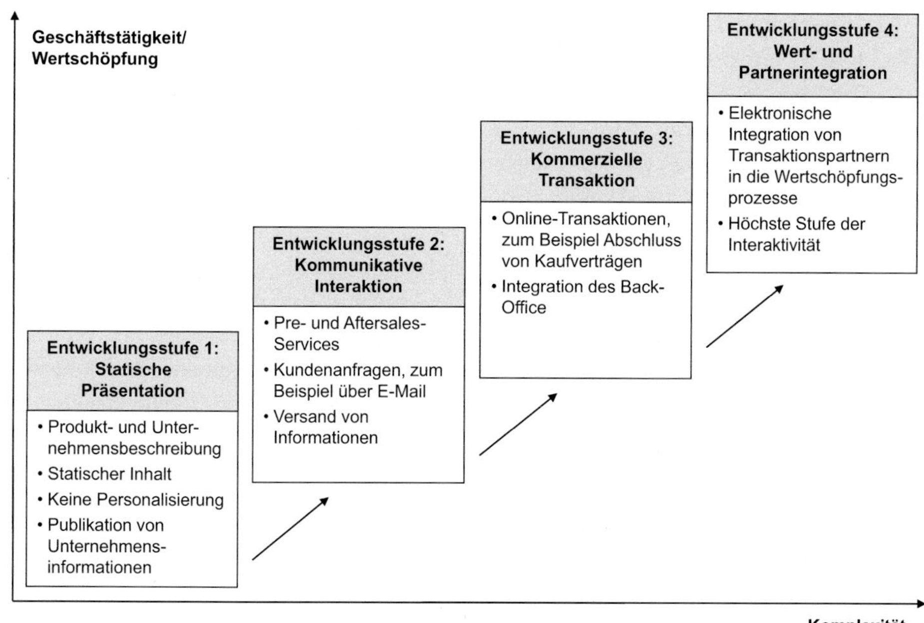

Abb. 1.12 Entwicklungsstufen des Digital Business. (In Anlehnung an KPMG (1999), S. 5; AMS (2000), S. 8; Wirtz (2000a), S. 95; Wirtz (2020), S. 28; Wirtz (2021), S. 21)

mationen für relevante Zielgruppen, wie beispielsweise potenzielle Kunden oder Investoren.

Auf einer weiteren Entwicklungsstufe wird das Internetangebot personalisiert sowie im Falle von kommerziellen Unternehmen um Pre- und Aftersales-Aktivitäten ergänzt. Dazu gehören beispielsweise Kundenanfragen, Kommunikation per E-Mail, allgemeine Angebote oder das Versenden von Informationen. In einer dritten Stufe kommt die Möglichkeit eines Online-Abschlusses von Transaktionen hinzu. Auf der vierten Entwicklungsstufe besteht schließlich die Möglichkeit einer elektronischen Integration von Transaktionspartnern in die Wertschöpfungsprozesse. Die verschiedenen Entwicklungsstufen des Digital Business sind in Abb. 1.12 dargestellt.

Die einzelnen Entwicklungsstufen des Digital Business werden dabei durch verschiedene Koordinations- beziehungsweise Transaktionsphasen geprägt. Hierbei können grundsätzlich vier verschiedene Phasen unterschieden werden.

Koordinations-/Transaktionsphasen des Digital Business

Die erste Phase kann als Informationsphase (Anbahnung) bezeichnet werden. Dabei kommt dem Abgleich von Angebots- und Nachfragepräsentation, als Benutzerschnittstelle für die Ermöglichung einer Interaktion zwischen Anbietern und Nachfragern, eine übergeordnete Rolle zu.

Die darauf folgende Phase wird als Vereinbarungsphase (Aushandlung) bezeichnet. Dabei geht es im Wesentlichen um die Aushandlung von zwei Teilproblemen. Einerseits muss eine Einigung der beteiligten Transaktionspartner über die zu erbringenden Leistungen und Gegenleistungen sowie weitere Vertragskonditionen erfolgen. Andererseits muss auch der Abschluss eines rechtlich bindenden Vertrags sichergestellt werden. In der Vereinbarungsphase wird der Rolle einer Drittinstitution (zum Beispiel Zertifizierungsstellen, Treuhänder oder Intermediäre, wie eBays Zusammenarbeit mit PayPal) im digitalen Koordinations-/Transaktionsprozess besondere Bedeutung zuteil.

Schließlich bildet die Abwicklungsphase den Abschluss des elektronischen Geschäfts, in der es um die Abwicklung der elektronischen Verträge geht. Diese kann auf der Anbieter-Seite bei digitalen Waren elektronisch erfolgen oder bei nicht digitalisierbaren Waren durch die Nutzung von Logistikdiensten sichergestellt werden. Zur Erbringung der Gegenleistung seitens des Nachfragers wird vorwiegend auf elektronische Zahlungssysteme, wie zum Beispiel kreditkartenbasierte Verfahren, Online-Bezahlsysteme oder Guthabenkarten, zurückgegriffen.

Digitaler Markt

Neben den Besonderheiten von Leistungsaustauschprozessen und den Entwicklungsstufen des Digital Business treten auch hinsichtlich der grundsätzlichen Prozessstruktur Veränderungen im Vergleich zur traditionellen Wirtschaft auf. In Abb. 1.13 ist ein stark vereinfachter Leistungsaustauschprozess dargestellt. Im Mittelpunkt von Digital-Business-Transaktionen steht der digitale Marktplatz. Dort wird, wie in der traditionellen Ökonomie, Angebot und Nachfrage zusammengeführt. Dagegen gestaltet sich der Zutritt zum Marktplatz in Teilen anders.

Auf einer Seite des Marktplatzes stehen die Anbieter von Produkten oder Dienstleistungen. Sie benötigen dafür einen Marktzugang, um auf dem digitalen Marktplatz agieren zu können. Dabei sind insbesondere technische Aspekte von Bedeutung. Produktspezifische Informationen müssen so aufbereitet werden, dass sie in den Markt übermittelt werden können.

Dazu bedarf es spezieller Hard- und Software. Sind diese Voraussetzungen erfüllt, kann der Anbieter zwischen einem direkten Zugang oder einem zwischengeschalteten Agenten beziehungsweise Aggregator wählen, um im digitalen Markt tätig zu werden. Im ersten Fall müssen die Anbieter selbst Kundenbedürfnisse generieren, Nachfrageprofile bündeln oder einen Kundendienst anbieten. Im zweiten Fall übernimmt der Agent beziehungsweise Aggregator diese Aufgaben.

Auf der anderen Seite stehen die Nachfrager. Auch sie benötigen einen Marktzugang, mit dessen Hilfe sie Transaktionen durchführen können. In diesem Kontext gibt es verschiedene Dienstleister, die Internet-Zugänge für Privatpersonen anbieten. Für die Nachfrager ist es dabei ebenfalls wichtig, Informationen, zum Beispiel über Produktwünsche, in den Markt übermitteln zu können.

Auch für die Nachfrager besteht die Möglichkeit, einen direkten Marktzugang zu wählen oder auf einen Agent beziehungsweise Aggregator zurückzugreifen. Letztgenannte

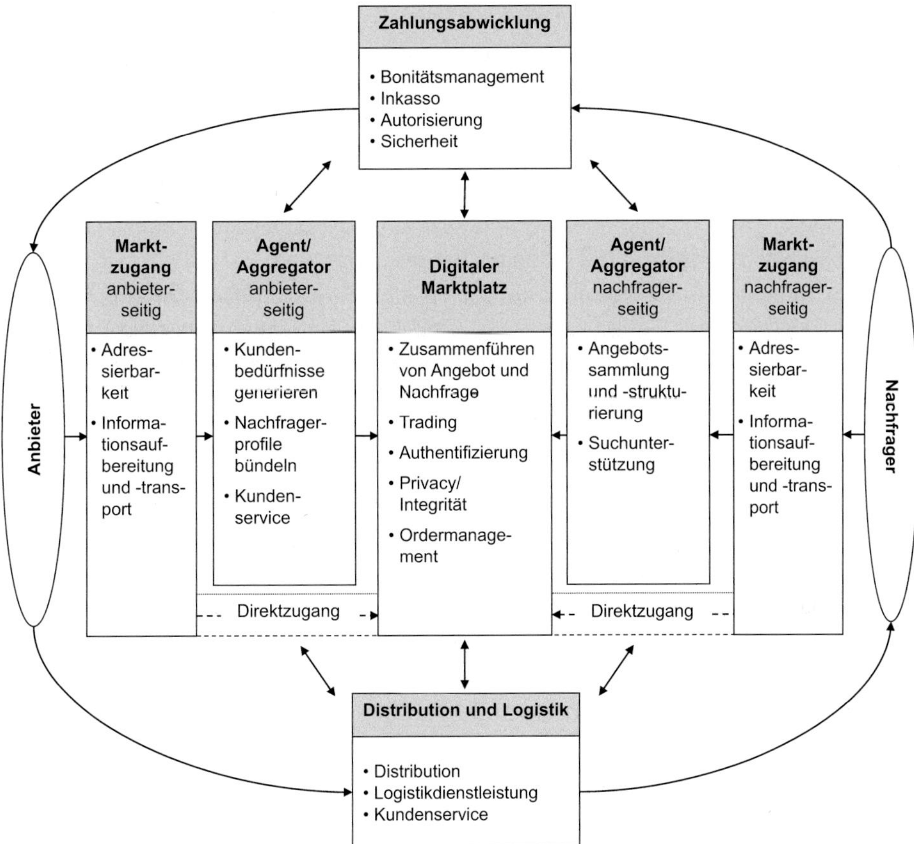

Abb. 1.13 Leistungsaustauschmodell in der Internetökonomie. (Vgl. Wirtz (2000b), S. 32; Wirtz (2020), S. 29; Wirtz (2021), S. 22)

haben die Aufgabe, Angebote zu sammeln, zu strukturieren und die Nachfrager bei ihrer Suche nach den geeigneten Produkten beziehungsweise Dienstleistungen zu unterstützen.

Zur Zahlungsabwicklung und Distribution werden zum Teil Dritte benötigt. So müssen die von den Nachfragern georderten Waren vom Anbieter physisch zum Kunden geliefert werden. Dies wird von Distributoren wie zum Beispiel UPS oder DHL übernommen. Das zur Zahlungsabwicklung gehörende Bonitätsmanagement, das Inkasso, die Autorisierung und die Sicherheit werden ebenfalls von darauf spezialisierten Unternehmen, wie zum Beispiel Kreditkartengesellschaften und Online-Zahlungsdiensten (z. B. PayPal oder Amazon Payments), durchgeführt.

Digitale Intermediäre

Sowohl die Entwicklungsstufen als auch die Koordinations-/Transaktionsphasen verdeutlichen, dass das Internet eine hohe Komplexität aufweist, mit einer großen Anzahl an Akteuren und Services. Die Koordination der verschiedenen Nachfrage- und Angebotselemente kommt vielfach nur durch Handels- oder Informationsmittler, sogenannte digitale Intermediäre oder auch Cybermediaries, zustande.

Diese umfassen unter anderem Suchwerkzeuge (insbesondere Kataloge und Suchmaschinen), wie zum Beispiel Google und Bing, sowie Inhaltspaketierer (insbesondere Online-Dienste und elektronische Einkaufszentren), wie zum Beispiel T-Online und AOL. Darüber hinaus können auch Intelligente Software-Agenten als Intermediäre dienen (insbesondere Searchbots, Nachrichtenanalysatoren, Kaufagenten und Preissuchmaschinen), wie zum Beispiel Check24.de und Guenstiger.de.

Diese Handels- oder Informationsmittler erfüllen die Funktionen der Komplexitätsreduktion, Optimierung, Vertrauensbildung, Transparenzbildung sowie Standardisierung, um die Koordination von Angebot und Nachfrage auf elektronischen Märkten nachhaltig zu unterstützen.

Aktivitäten des Digital Business

Die Aktivitäten des Digital Business systematisieren das Konzept in funktionaler Hinsicht. Dabei wird das Digital Business in die Aktivitäten E-Commerce, Digital Collaboration, Digital Communication, Digital Education und Digital Information/Entertainment unterteilt. Diese funktionale Trennung erfolgt aufgrund der divergierenden Charakteristika und Intentionen der Aktivitäten. Abb. 1.14 kombiniert die Aktivitäten mit den Akteuren des Digital Business.

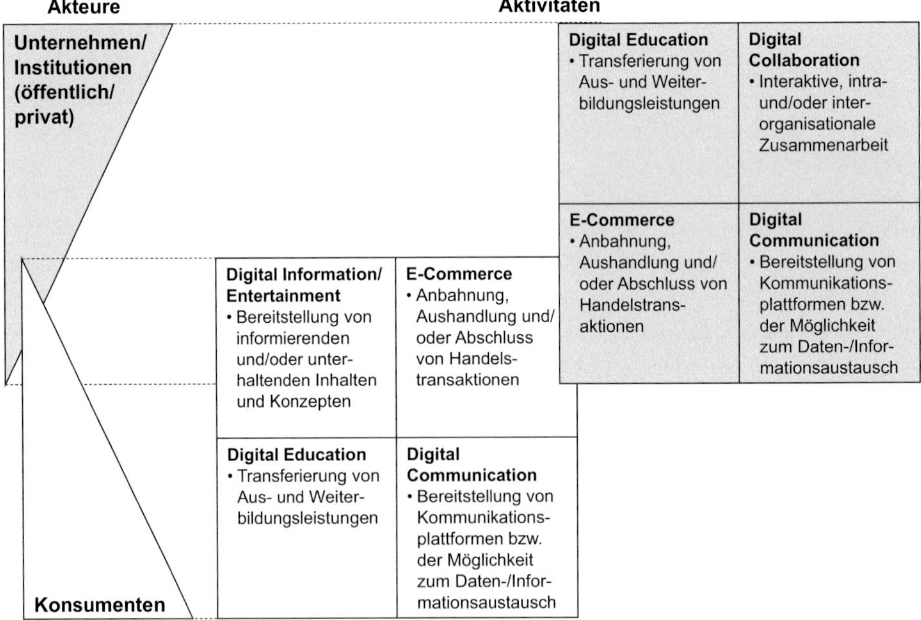

Abb. 1.14 Akteure und Aktivitäten des Digital Business. (Vgl. Wirtz (2000b), S. 33; Wirtz (2020), S. 31; Wirtz (2021), S. 23)

E-Commerce

E-Commerce umfasst die Leistungsaustauschprozesse Anbahnung, Aushandlung und Abschluss von Handelstransaktionen zwischen Wirtschaftssubjekten mittels elektronischer Netze. Die Möglichkeiten der Informations- und Kommunikationstechnologie werden genutzt, um Güter und Dienstleistungen zu verkaufen und gleichzeitig die Kosten einer physischen Präsenz zu vermeiden.

Das Ziel des E-Commerce ist die Realisierung von Effizienzsteigerungen, Kostensenkungspotenzialen und Bequemlichkeitsvorteilen während einer (Handels-) Transaktion. Dies gilt sowohl für den intraorganisationalen und den interorganisationalen Bereich als auch für die effiziente Gestaltung von Unternehmen-Endkunden-Beziehungen.

Als Beispiel können E-Commerce-Aktivitäten wie das elektronische Aushandeln von Preisen oder die Unterzeichnung von Lieferantenrechnungen mittels digitaler Signatur angeführt werden. Digital Business-Unternehmen betreiben daher in vielen Fällen E-Commerce.

Dennoch handelt es sich bei Digital Business um das umfassendere Konzept, da es auch Prozesse beinhaltet, die über den An- und Verkauf von Produkten hinausgehen, wie zum Beispiel das Bereithalten von produktbezogenen Informationen und die Vermittlung von (entgeltfreien) Lehrinhalten mittels elektronischer Netzwerke. E-Commerce kann folglich unter den weiteren Oberbegriff des Digital Business subsumiert werden (vgl. Tab. 1.3).

Digital Collaboration

Digital Collaboration ermöglicht die zeit- und entfernungsunabhängige Zusammenarbeit, indem es die Prozesse der Zusammenarbeit unterstützt und flexibilisiert.[17] Darüber hinaus können aufgrund der Möglichkeit der zeitlichen Zwischenspeicherung die Resultate der Zusammenarbeit koordiniert sowie informationsbasierte Bestandteile transferiert werden.

Ziel von Digital Collaboration ist die Optimierung von Prozessen, Anwendungen und Datentransfers, die mit Leistungserstellungs- oder Leistungsaustauschprozessen verbunden sind. Dabei wird die Realisierung von Größenvorteilen (Economies-of-Scale) und Verbundvorteilen (Economies-of-Scope) durch die Integration und Nutzung komplementärer organisationsspezifischer Ressourcen angestrebt. Zusätzlich begünstigt wird Digital Collaboration durch Entbündelung bestehender Güter und Dienstleistungen bei der gleichzeitigen Möglichkeit, diese in veränderter Form neu zu kombinieren (Tab. 1.4).

Tab. 1.3 Definition E-Commerce. (Vgl. Wirtz (2000b), S. 33 f.; Wirtz (2020), S. 32; Wirtz (2021), S. 24)

E-Commerce beinhaltet die elektronische Unterstützung von Aktivitäten, die in direktem Zusammenhang mit dem Kauf und Verkauf von Gütern und Dienstleistungen via elektronischer Netze stehen.

[17] Vgl. Wirtz/Vogt (2003), S. 265 ff.

Tab. 1.4 Definition Digital Collaboration. (Vgl. Wirtz (2000b), S. 34; Wirtz (2020), S. 32; Wirtz (2021), S. 24)

Digital Collaboration bezeichnet die elektronische, netzwerkbasierte, interaktive, intra- oder interorganisationale Zusammenarbeit.

Tab. 1.5 Definition Digital Communication. (Vgl. Wirtz (2000b), S. 34; Wirtz (2020), S. 32; Wirtz (2021), S. 24)

Digital Communication umfasst die entgeltliche und unentgeltliche Bereitstellung und Nutzung netzwerkbasierter und elektronischer Kommunikationsplattformen

Digital Communication

Die Intention von Digital Communication ist die Bereitstellung von Kommunikationsmöglichkeiten zur aufgabenbezogenen beziehungsweise interessensbezogenen Verständigung. Auch in diesem Kontext kann aufgrund der Möglichkeit der zeitlichen Zwischenspeicherung die Kommunikation koordiniert beziehungsweise flexibilisiert werden.

Die Kommunikation kann dabei auf intra- und interorganisationaler sowie auf Endkundenebene erfolgen. Durch den Einsatz von Informations- und Kommunikationstechnologien, wie zum Beispiel E-Mail, Videokonferenzen oder Social Media, erfolgt der einbeziehungsweise wechselseitige Kommunikationsprozess (Tab. 1.5).

Digital Education

Das Ziel der Digital Education ist die ressourceneffiziente Bereitstellung von Bildungsleistungen durch die raum- und zeitunabhängige Inanspruchnahmemöglichkeiten elektronischer Netze. Die netzwerkbasierte Ausbildung kann dabei sowohl innerhalb der Unternehmung als auch von unternehmensexternen Dritten angeboten werden. Hinsichtlich der Empfänger der Aus- und Weiterbildungsleistungen ist zwischen individualisierter Ausbildung und den für ein Massenpublikum bestimmten Konzepten zu unterscheiden.

Insbesondere vor dem Hintergrund wachsender finanzieller Restriktionen sind Anbieter von Bildungsleistungen in verstärktem Maße gezwungen, ihre Leistungen kosteneffizient bereitzustellen. Zudem sind sie jedoch auch gefordert, sich einer erhöhten Wettbewerbsintensität aufgrund der zunehmenden Nachfrage nach Bildungsleistungen zu stellen. Digital Education ist vor allem durch die technologischen Möglichkeiten der Internetökonomie in der Lage, diesen Restriktionen und Herausforderungen zu begegnen.

Die digitale Bildungsinfrastruktur ermöglicht zum einen die Entwicklung neuer Bildungsinstrumente und -konzepte, wie zum Beispiel multimediale Lernmodule zur Selbststeuerung der Lernfortschritte oder Online-Austauschprozesse mit Lehrern und Ausbildern für die Rückmeldung und Verbesserung der Lernprozesse. Zum anderen können bereits existierende Funktionen, wie Aggregation und Distribution von Lehrinhalten, effizienter gestaltet werden (Tab. 1.6).

Tab. 1.6 Definition Digital Education. (Vgl. Wirtz (2000b), S. 34; Wirtz (2020), S. 34; Wirtz (2021), S. 25)

Digital Education umfasst die Transferierung von Aus- und Weiterbildungsleistungen an Dritte mittels elektronischer Netzwerke.

Tab. 1.7 Definition Digital Information/Entertainment. (Vgl. Wirtz (2000b), S. 35; Wirtz (2020), S. 34; Wirtz (2021), S. 25)

Digital Information/Entertainment beinhaltet die Bereitstellung von informierenden und/oder unterhaltenden Inhalten und Konzepten für Dritte mittels elektronischer Netze.

Digital Information/Entertainment

Im Rahmen von Digital Information/Entertainment werden die Applikationen der Informations- und Kommunikationstechnologie genutzt, um einer Vielzahl von Empfängern den Zugang zu entscheidungsrelevanten, zeitsensitiven oder anregenden Inhalten zu ermöglichen. Diese Inhalte können aufgrund ihrer Eigenschaften als immaterielles Gut charakterisiert werden, das auch bei mehrfacher Nutzung nicht verbraucht wird. Bei der Produktion, Reproduktion und Distribution der Inhalte können Effizienz- und Kostenvorteile realisiert werden, die sich aus den Charakteristika der Internetökonomie ergeben (Tab. 1.7).

Die genannten Definitionen grenzen die Aktivitäten des Digital Business voneinander ab und beschreiben deren „Reinformen". Die Abgrenzung der Aktivitäten E-Commerce, Digital Collaboration, Digital Communication, Digital Education und Digital Information/Entertainment stellt somit das Phänomen des Digital Business aus einer theoretisch-konzeptionellen Perspektive dar. In der Unternehmenspraxis werden diese in der Regel jedoch kombiniert angewendet. Zudem ist eine eindeutige Abgrenzung nicht immer möglich, sodass es durchaus zu Überlappungen kommen kann.

1.3 Entwicklung des Nutzungsverhaltens

Das Verständnis des Nutzerverhaltens im Sektor der Informations- und Kommunikationstechnologie (IuK-Sektor) stellt eine wesentliche Voraussetzung für erfolgreiche Digital Business-Anwendungen dar. Die Verbreitung von Endgeräten und Netzzugängen sowie die Akzeptanz gegenüber bestimmten grundlegenden Services bestimmen den Umfang der Digital Business-Teilmärkte. Daher wird im Folgenden ein Überblick zu demografischen Daten der Internet-Nutzer gegeben und darauf aufbauend eine Nutzertypologie des Digital Business dargestellt.

Soziodemografische Strukturen der Internet-Nutzung in Deutschland

Die Nutzung des Internets in Deutschland ist im Laufe der letzten zehn Jahre kontinuierlich gestiegen. Mittlerweile gehen nun auch verstärkt Altersgruppen online, die das Internet in der Vergangenheit kaum genutzt haben. Begründet werden kann dies mit der mittlerweile umfassenden Akzeptanz des Internets, dem kostengünstigen Zugang zu schnellen Breitband-Leitungen und der hohen Bedienungsfreundlichkeit sowie dem hohen Nutzwert.

Aufgrund dieser Entwicklung erscheint es sinnvoll, die soziodemografischen Charakteristika der Internet-Nutzung in der Bundesrepublik Deutschland näher zu betrachten. Einen entsprechenden ersten Überblick anhand ausgewählter Eigenschaften gibt Tab. 1.8.

Es lässt sich erkennen, dass das Internet mittlerweile in allen Bevölkerungsgruppen zu einem hohen Grad akzeptiert ist. Im Jahr 2021 nutzten 91 % der deutschen Bevölkerung über 14 Jahren das Internet. Dabei handelt es sich um die allgemeine Internetnutzung.

Hinsichtlich der Geschlechterverteilung bei der allgemeinen Internetnutzung sind nach wie vor mehr Männer als Frauen im Internet aktiv. Allerdings ist darauf hinzuweisen, dass der Anteil der weiblichen Internet-Nutzer über die Jahre hinweg kontinuierlich gestiegen ist. Ähnliches lässt sich auch bei der Altersstruktur beobachten. Immer mehr Personen der Generation 50+, die oft auch als „Silver Surfer" bezeichnet werden, entdecken das Internet für sich.

Im Hinblick auf den Bildungsstand der Nutzer fällt auf, dass der überwiegende Anteil der Personen auf einer weiterbildenden Schule als auch Personen mit Abitur das Internet regelmäßig nutzen. Für beide Gruppen dürfte das Bedürfnis nach aktuellen und einfach zugänglichen Informationen für Schule, Studium oder Beruf sowie die soziale Vernetzung und soziale Interaktion ein wesentlicher Nutzungsgrund sein. Im Jahr 2021 nutzten bereits 82 % der über 14-jährigen Deutschen regelmäßig mobile Internetan-

Tab. 1.8 Klassifizierung der Internet-Nutzer. (Datenquelle: TNS Infratest (2014), S. 56 ff.; TNS Infratest (2015), S. 58 f.; TNS Infratest (2016), S. 58; TNS Infratest (2019), S. 14 f.; TNS Infratest (2022), S. 15 f.; Wirtz (2021), S. 26)

	2014	2016	2018	2021
Internet-Nutzer gesamt	76 %	79 %	84 %	91 %
Männlich	81 %	84 %	88 %	94 %
Weiblich	71 %	75 %	80 %	88 %
14–19	97 %	99 %	98 %	-
20–29	98 %	98 %	99 %	-
30–39	94 %	97 %	98 %	-
40–49	90 %	91 %	97 %	-
50–59	79 %	93 %	91 %	-
60–69	64 %	69 %	79 %	-
70+	29 %	36 %	45 %	-
Schüler	97 %	99 %	-	-
Volks-/Hauptschule	60 %	62 %	60 %	76 %
Weiterbildende Schule/Mittlere Reife	81 %	85 %	89 %	95 %
Abitur/Fachhochschulreife	92 %	96 %	96 %	98 %
Studium	92 %	93 %	-	-

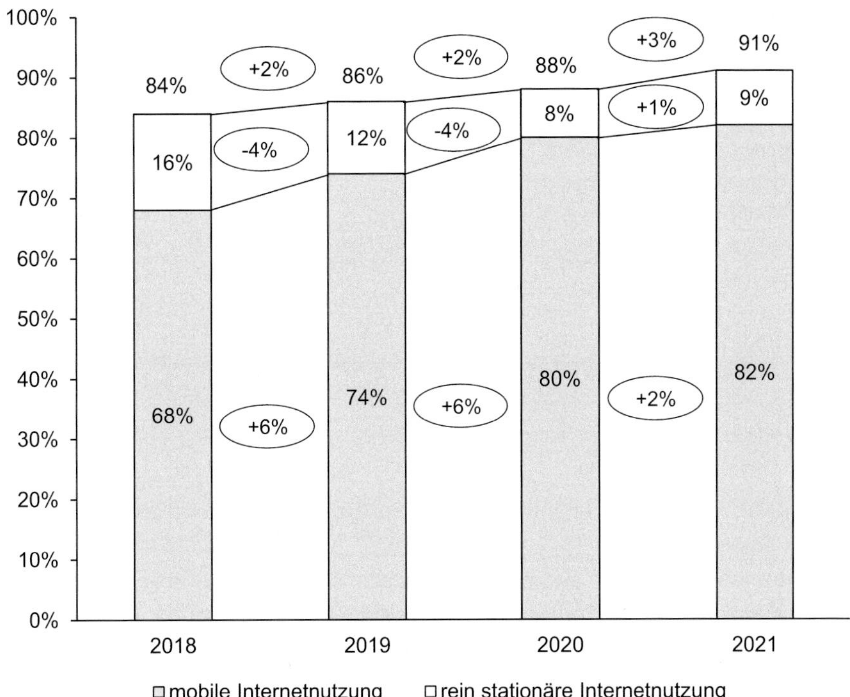

Abb. 1.15 Entwicklung mobiler und stationärer Internetnutzung. (Datenquelle: TNS Infratest (2022), S. 15)

wendungen.[18] Abb. 1.15 stellt die Entwicklung der Internetnutzung sowie der Nutzung mobiler Internetanwendung seit 2018 dar.

Seit 2018 ist der Anteil derer, die das Internet mobil nutzen deutlich angestiegen. Der Anstieg erfolgte stärker als der Gesamtanstieg der Internetnutzung seit 2018. Dieses Ergebnis verdeutlicht die steigende Relevanz mobiler Internetanwendungen und eine umfassende Verlagerung der Internetnutzung in den mobilen Bereich. Eine detaillierte Betrachtung dessen erfolgt im Kapitel Mobile Business.

Online-Aktivitäten

Während das Internet in seinen Anfangszeiten primär zum Abrufen von Informationen oder als Kommunikationsinstrument im geschäftlichen und privaten Bereich genutzt wurde, wird es heute verstärkt zur Unterhaltung und zur privaten Freizeitgestaltung genutzt.

Tab. 1.9 stellt die von deutschen Internet-Nutzern mindestens 15 min pro Tag (Tagesreichweiten) in Anspruch genommenen Anwendungen unabhängig davon dar, ob diese

[18] Vgl. TNS Infratest (2022), S. 15.

Tab. 1.9 Tagesreichweiten genutzter Internet-Anwendungen nach Alter. (Datenquelle: Beisch/Schäfer (2020), S. 467)

in %	Gesamt	14–29	30–49	50–69	70+
Chatten, E-Mail, Messenger, WhatsApp	47	69	57	38	21
Kurz im Internet informiert, schnelle Suche	13	13	17	12	5
Artikel/Berichte digital im Internet gelesen	17	25	21	14	7
Musik bei Spotify oder YouTube gehört	20	58	21	6	1
Filme/Videos bei Netflix, Maxdome, Amazon usw. gesehen	17	42	23	6	0
Onlinespiele gespielt	11	24	11	6	4
Filme/Videos bei YouTube, MyVideo etc. gesehen	10	28	10	3	1
Etwas im Internet erledigt/eingekauft	5	4	7	5	2
Sendungen in Mediatheken/YouTube gesehen	5	6	8	4	2
Podcasts oder Radiosendungen zeitversetzt gehört	3	4	5	2	0
Videos bei Facebook, auf Nachrichtenportalen gesehen	5	14	4	2	0

Anwendungen über mobile Endgeräte wie Smartphones oder klassisch über einen Computer genutzt werden.

Obwohl mittlerweile auch ältere Personen regelmäßig Internet-Anwendungen nutzen, nimmt die Nutzung mit zunehmenden Alter grundsätzlich ab. Darüber hinaus schwankt die Verwendung bestimmter Anwendungen innerhalb der einzelnen Altersgruppen teilweise erheblich. Während beispielsweise Chatten, E-Mails schreiben und die Nutzung von Messengern und WhatsApp von allen Altersgruppen in hohem Umfang genutzt wird, ist bei unterhaltungs- und kommunikationsorientierten Angeboten wie Filme oder Videos bei Streamingdiensten wie Netflix oder Maxdome nur eine sehr geringe Nutzung durch ältere Personen festzustellen.

In diesem Zusammenhang spielen auch die Anwendungen des interaktiven und kollaborativen Web 2.0 eine wichtige Rolle. Den Internet-Nutzern eröffnen sich Angebote wie zum Beispiel soziale Netzwerke oder Videoportale. Angesichts des heterogenen Nutzungsverhaltens der deutschen Bevölkerung wird im Folgenden eine Nutzer-Typologie vorgestellt, die eine Klassifizierung der deutschen Internet-Nutzer anhand ihrer wesentlichen Charakteristika vornimmt.

Innerhalb der Gesamtheit der Internet-Nutzer lassen sich verschiedene Ausprägungen des Nutzungsverhaltens feststellen. Während von einem Teil der Nutzer das Internet beispielsweise zum Zweck der selektiven Informationssuche verwendet wird, stehen für den anderen Teil unterhaltsame und multimediale Angebote im Mittelpunkt des Interesses.

Digitale Nutzer-Typologie

Das Internet-Nutzungsverhalten der Bevölkerung der Bundesrepublik Deutschland wurde im Rahmen der jährlich durchgeführten D21-Digital-Index-Studie im Auftrag der Initiative D21 untersucht. Dabei wurden für das Jahr 2022/23 sechs Nutzertypen identifiziert.[19]

[19] Vgl. im Folgenden Initiative D21 (2023), S. 14 ff.

Als Parameter für die Einordnung werden der digitale Zugang, die digitale Kompetenz, die digitale Nutzung sowie die digitale Offenheit herangezogen, die wiederum zu den Dimensionen „Zugang und Kompetenz“ sowie „Grundeinstellung und Nutzung“ zusammengefasst werden.

Die deutsche Bevölkerung kann anhand der Typologie für das Jahr 2022/23 in die sechs Nutzertypen „Offliner“, „Zufriedene Aussitzer“, „Ablehnende Mitte“, „Aufgeschlossene Mitte“, „Ambivalente Profis“ und „Zuversichtliche Profis“ unterteilt werden.

Darüber hinaus können diese Typen auf dem sogenannten „D21-Digital-Index“ eingeordnet werden. Dieser Index stellt den Digitalisierungsgrad auf einer Skala von 0 bis 100 dar. Über alle Gruppen hinweg wird in Deutschland für 2022/23 ein Indexwert von 57 erreicht. Bevor genauer auf die einzelnen Typen eingegangen wird, erfolgt in Abb. 1.16 ein erster Überblick anhand des „D21-Digital-Index“.

Der Nutzertyp „Offliner“ weist mit 10 von 100 Index-Punkten den niedrigsten Digitalisierungsgrad auf und repräsentiert 7 % der deutschen Internetnutzer.[20] „Offliner“ nehmen das Internet kaum als nützlich wahr. Die Gruppe besteht zum Großteil aus älteren Menschen, die nicht mehr berufstätig sind. Der Typ „Zufriedener Aussitzer“ hat 33 Indexpunkte und repräsentiert weitere 7 % der Bevölkerung. Er arrangiert sich mit der digitalen Welt so gut er kann, versucht jedoch so viel Zeit wie möglich offline zu verbringen.

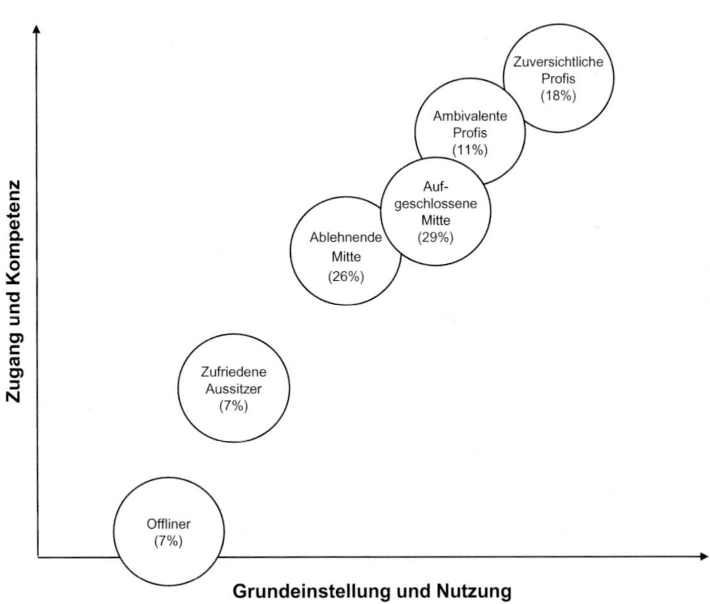

Abb. 1.16 Nutzertypen der digitalen Gesellschaft im Überblick. (Vgl. TNS Infratest (2022), S. 44; Initiative D21 (2023), S. 15)

[20] Vgl. Initiative D21 (2023), S. 16 ff.

Die „Ablehnende Mitte“ weist mit 55 Indexpunkten einen leicht unterdurchschnittlichen Digitalisierungsgrad auf und repräsentiert 26 % der Internetnutzer. Der Bevölkerungsteil in dieser Gruppe bemüht sich ebenfalls, möglichst viel Zeit offline zu verbringen. Er nimmt ein hohes gesellschaftliches Risiko durch die Digitalisierung wahr und fühlt sich auch persönlich von der Digitalisierung unter Druck gesetzt. Die „Aufgeschlossene Mitte“ hat mit 61 Indexpunkten einen leicht überdurchschnittlichen Digitalisierungsgrad und repräsentiert 29 % der Internetnutzer. Die aufgeschlossene Mitte hat Spaß an der Digitalisierung und erleichtert sich das Leben mit Hilfe digitaler Anwendungen. Für digitale Anwendungen mit geringer Komplexität hat diese Gruppe eine hohe Kompetenz, komplexere Anwendungen übersteigen jedoch ihre Fähigkeiten.

Der typische „Ambivalente Profi“ ist ein Gewinner der Digitalisierung. Er hat jedoch auch eine hohe Skepsis gegenüber der digitalen Welt und fühlt sich von der Digitalisierung unter Druck gesetzt. Mit 71 Indexpunkten verfügt er über eine hohe Digitalisierungskompetenz. Diese Gruppe macht ca. 11 % der deutschen Bevölkerung aus und gehört zum überwiegenden Teil den Generationen Y und Z an. Mit einem Digital-Index von 77 weisen die „Zuversichtlichen Profis“ den höchsten Indexwert in der Bevölkerung auf. Sie sind zufrieden damit, dass die Digitalisierung alle Bereiche ihres Lebens durchdringt und bilden sich regelmäßig zu digitalen Themen weiter. Mit ca. 18 % machen sie beinahe ein Fünftel der deutschen Bevölkerung aus.

Digitale Nutzertypologien wie die vorliegende Typologie der Initiative 21 für die deutsche Bevölkerung lassen sich in vergleichbarer Weise auch für andere Länder erstellen. Die Typologien unterscheiden sich je nach Grundgesamtheit und sind auch im Zeitablauf einem ständigen Wandel unterworfen. Eine solche Typologie macht jedoch sehr deutlich, mit welchen Nutzern sich Unternehmen im Digital Business in einem bestimmten Land auseinandersetzen müssen und welche Fähigkeiten und persönliche Einstellung diese zur Digitalisierung haben. Der nächste Abschnitt beschäftigt sich mit den Erfolgsfaktoren des Digital Business.

1.4 Erfolgsfaktoren des Digital Business

Aufgrund der Entwicklungen innovativer Informations- und Kommunikationstechnologien sind grundlegende neue Geschäftsansätze im Internet entstanden. Zahlreiche Faktoren wirken auf die Entwicklung und den Erfolg des Digital Business.[21] Diese Faktoren können zum einen als Voraussetzungen für die Entstehung des Digital Business aufgefasst werden. Zum anderen besitzen einige der Faktoren jedoch auch katalytische Eigenschaften, die die gegenwärtige Entwicklung des Digital Business weiter beschleunigen.

Erfolgsrelevante Fähigkeiten und Ressourcen im Digital Business
Grundsätzlich sind in dem von technologischen Innovationen geprägten Umfeld des Digital Business die dynamischen Fähigkeiten und Ressourcen einer Unternehmung gefordert.

[21] Vgl. Wirtz/Olderog/Schwarz (2003), S. 60 ff.

Die Definition sowie Umsetzung einer Digital-Business-Strategie trägt wesentlich zur Erfolgssteigerung bei und kann unter diesen sich ständig wechselnden Bedingungen den Langzeiterfolg eines Unternehmens sichern.[22]

In einer solchen Strategie finden vier dynamische Fähigkeiten besondere Berücksichtigung: digitale Innovations- und AI-Fähigkeit, strategische und organisatorische Flexibilität, Vernetzungs-, Integrations- und Automatisierungsfähigkeit sowie Kundenorientierung/Bedienungsfreundlichkeit.

Digitale Innovations- und AI-Fähigkeit

Bedingt durch eine Vielzahl von technologischen Innovationen der Informations- und Kommunikationstechnologie müssen Unternehmen den Markt aufmerksam verfolgen und die Chancen beziehungsweise Risiken dieser Innovationen abschätzen. Die reine Fähigkeit zur Innovation sichert nicht den dauerhaften Erfolg am Markt.

Vielmehr muss eine Kombination von Preisstrategie, Nutzen für den Kunden sowie Handelbarkeit des Gutes im Rahmen des Digital Business Berücksichtigung bei der Produkt- und Prozessgestaltung finden. Dabei müssen nicht nur physische, sondern auch digitale Güter beziehungsweise Inhalte betrachtet werden.

Diesen wird eine Schlüsselrolle für den Erfolg von Digital Business zugesprochen. Anbieter von interessanten Inhalten werden im Digital Business leichter Kunden gewinnen können, wenn die Konsumenten die Inhalte als neuartig empfinden.

Sie müssen sich aus der Masse der insgesamt im World Wide Web angebotenen Inhalte positiv hervorheben, denn die Nutzungshäufigkeit ist oft entscheidend für den Erfolg. Dazu müssen sie sich auch gegenüber herkömmlichen Distributionswegen, zum Beispiel durch eine innovative, erlebnisorientierte Gestaltung der Einkaufsmöglichkeiten, abheben.

Neben der digitalen Innovationsfähigkeit ist die Fähigkeit zur Entwicklung und Anwendung von Artificial Intelligence von erheblicher Bedeutung. Artificial Intelligence wird in den nächsten Dekaden zu einem zentralen Erfolgsfaktor des Digital Business werden. Hierbei wird Artificial Intelligence insbesondere eine zentrale Bedeutung bei der digitalen Automatisierung einer Vielzahl von Geschäftsprozessen zukommen.

Daher ist es besonders wichtig, sowohl im Bereich der Entwicklung, der Integration und der Anwendung von AI-Services einen wesentlichen Schwerpunkt unternehmerischer Aktivitäten zu legen. Durch die AI-bedingte Automatisierung einer Vielzahl von Geschäftsprozessen werden erhebliche Kosten- und Automatisierungsvorteile erreicht, die sich letztendlich in deutlichen unternehmerischen Vorteilen niederschlagen.

Strategische und organisatorische Flexibilität

Im Digital Business ist die strategische und organisatorische Flexibilität ein wesentlicher Erfolgsfaktor für Unternehmen. Während in der klassischen Ökonomie Unternehmen oft von einem relativ starren Umfeld umgeben waren, werden sie in der Internetökonomie mit einem stetigen Wandel konfrontiert.

[22] Vgl. Wirtz/Vogt (2004), S. 15 ff.

Dies muss entsprechende Berücksichtigung in den Prozessen und der Organisation der Unternehmen finden, um so möglichst schnell den Anforderungen des Marktes gerecht zu werden. Es sollte daher eine wesentlich stärkere Fokussierung auf den Kunden erfolgen und damit eine neue Qualität in der Kundenbeziehung erreicht werden.

Die Möglichkeiten des Digital Business bedeuten dabei mehr als einen weiteren Vertriebsweg für traditionelle Produkte. Einerseits ist das Potenzial für die Entwicklung und den Absatz von neuen Angeboten in der digitalisierten Welt gegeben, andererseits kann mittels digitaler Zusatzleistungen und Services der Wert eines physischen beziehungsweise klassischen Produkts gesteigert und somit ein Wettbewerbsvorteil generiert werden.

Darüber hinaus eröffnet Digital Business die Möglichkeit, zahlreiche Produktvarianten in Massenmärkten anzubieten, wobei die Flexibilität der Unternehmen, auch auf aktuelle Trends reagieren zu können, als ein entscheidender Erfolgsfaktor des Digital Business anzusehen ist.

Fähigkeit zur Vernetzung, Integration und Automatisierung

Die effiziente Vernetzung von Informationen, Services, Produkten und Prozessen stellt einen Grundgedanken des Digital Business dar. Durch elektronische Netze werden Medienbrüche vermieden und eine Vielzahl von Nutzern verbunden. Dementsprechend ist die Fähigkeit zur Vernetzung und Integration eine kritische Komponente der Geschäftstätigkeit im Digital Business.

Unternehmen müssen auf technologischer und inhaltlicher Ebene ein Angebot erstellen, das funktional relevante Informationen und Prozesse so kombiniert, dass ein Zusatznutzen gegenüber einer klassischen Abwicklung entsteht. Dabei kann die Vernetzung, zum Beispiel in Form von Netzwerkeffekten, als Treiber der Entwicklung von Digital-Business-Geschäftsprozessen fungieren oder durch plattformabhängige Lock-in-Effekte als Kundenbindungsinstrument eingesetzt werden.

Als Beispiel für einen Netzwerkeffekt kann die Verbreitung des Instant-Messaging-Dienstes WhatsApp angeführt werden. Durch die steigende Zahl vernetzter Anwender erhöht sich der Nutzen für jeden Einzelnen. Die Anzahl der Anwender muss jedoch eine bestimmte kritische Masse erreichen, damit diese aus ihrem Netzwerk einen Nutzen ziehen können (positiver Netzwerkeffekt).

Ein Lock-in-Effekt lässt sich auch anhand Apples Mobilfunkplattform AppStore für das iPhone beziehungsweise das iPad aufzeigen. Die plattforminterne Vernetzung der Kunden schafft die Grundlage für einen Markt von Drittanbietern, die zusätzliche Funktionalitäten für die Geräte anbieten. Dadurch erhöht sich die Attraktivität der Endgeräte. Dies führt dazu, dass sich mehr Kunden für die Apple-Plattform entscheiden. Zusätzlich bindet dieses Ökosystem die Kunden dauerhaft an die Plattform.

Die Fähigkeit zur digitalen Automatisierung von Geschäftsprozessen im Digital Business wird in den nächsten Dekaden wesentlich durch die Integration und Anwendung von AI-Services bestimmt. Dabei ist die Integrationsfähigkeit insbesondere von drei wesentlichen Technologieanwendungen in Form von künstlicher Intelligenz, Big Data und Cloud Computing als Grundlage der Automatisierung von besonderer Bedeutung.

Hierbei werden für digitale Geschäftsaktivitäten eine systemübergreifende Integrationsbereitschaft und -fähigkeit und in Folge eine umfassende digitale Automatisierung im Digital Business als wesentlicher Erfolgsfaktor angesehen. Gleichzeitig steigt mit der digitalen Automatisierung der Anteil an maschinell-bedingter Wertschöpfung und damit einhergehend entsteht ein erhebliches Rationalisierungspotenzial bezüglich humaner Arbeitskraft.

Kundenorientierung/Bedienungsfreundlichkeit

Die Kundenorientierung/Bedienungsfreundlichkeit von Digital Business-Anwendungen stellt einen weiteren zentralen Erfolgsfaktor dar. Dabei wird das Design von Geschäftsprozessen und Navigationsschnittstellen unter den Aspekten der Effizienz, der Kundenfokussierung und der allgemeinen Zugänglichkeit betrachtet. Da ein relevantes Ziel von Digital-Business-Anwendungen eine Vereinfachung von wirtschaftlichen Transaktionen darstellt, ist ihre elektronische Abwicklung so zu gestalten, dass sie alte Probleme nicht durch neue ersetzt.

So ist es beispielsweise sinnvoll, die grundlegende Logik einzelner Geschäftsprozesse als Metapher auch im Digital Business beizubehalten. Der digitale Warenkorb, der von Onlineshops eingesetzt wird, ist in diesem Kontext ein gutes Beispiel. Aus Offline-Warentransaktionen sind es Konsumenten gewöhnt, dass sie bis zum Verlassen des Geschäfts einzelne Produkte für einen Kauf zurücklegen können und erst beim Verlassen an der Kasse bezahlen müssen.

Diese Funktionalität wird daher auch bei Online-Transaktionen erwartet. Insgesamt ist es von erheblicher Bedeutung, dass Unternehmen sich an den Bedürfnissen der Kunden und Nutzer orientieren, wenn es um Aspekte der Bedienungsfreundlichkeit und der Kundenpräferenzausrichtung geht. Eine Zusammenfassung der vier beschriebenen Erfolgsfaktoren ist in Abb. 1.17 dargestellt.

Digitale Innovations-/AI-Fähigkeit	Strategische & organisatorische Flexibilität
• Kundenorientierte Innovationsgenerierung • Marktorientierte Bewertung von Chancen & Risiken einer Innovation • AI-Fähigkeit als zentrale Basis im Digital Business	• Dynamische Umwelt der Internetökonomie • Fokussierung auf Kundenbeziehungen • Fähigkeit zur Anpassung an Marktstrukturen auf verschiedenen Unternehmensebenen
Vernetzungs-, Integrations- und Automatisierungsfähigkeit	**Kundenorientierung/ Bedienungsfreundlichkeit**
• Prozesse und Informationen werden digital kombiniert und verarbeitet, digitale Zwillinge • Netzwerkeffekt, Lock-in-Effekt • Digitale Automatisierung mit AI, Big Data und Cloud Services	• Effizienz und Zugänglichkeit von Business-Schnittstellen • Übertragung von Offline-Handlungslogiken in das Digital Business • Ausrichtung an Kundenbedürfnissen

Abb. 1.17 Erfolgsfaktoren des Digital Business. (Vgl. Wirtz (2010), S. 39; Wirtz (2020), S. 46; Wirtz (2021), S. 32)

1.5 Inhaltliche Kernpunkte des Digital Business

- Entsprechend dem Kondratieff-Zyklus-Theorem bestimmen technologische Innovationen die Zustandsform gesellschaftlicher Entwicklungen durch sinusförmige Innovationsphasen.
- Die Informationsgesellschaft befindet sich in einer dynamischen Entwicklungsphase, die Diffusion weitgehend selbstständiger Artificial Intelligence und Robotisierung wird in den kommenden Dekaden erwartet.
- Unter dem Begriff Digital Business wird die Anbahnung sowie die teilweise respektive vollständige Unterstützung, Abwicklung und Aufrechterhaltung von Leistungsaustauschprozessen zwischen ökonomischen Partnern mittels Informationstechnologie (elektronischer Netze) verstanden.
- Die vier Entwicklungsstufen des Digital Business lassen sich unterteilen in statische Präsentation, kommunikative Interaktion, kommerzielle Transaktion, sowie Wert- und Partnerintegration. Sie lassen sich hinsichtlich ihrer wirtschaftlichen Wertschöpfung und ihrer Komplexität unterscheiden.
- Das Leistungsaustauschmodell in der Internetökonomie besteht aus der Angebotsseite, welche den Marktzugang, sowie die Agenten/Aggregatoren beinhaltet und der Nachfragerseite, welche ebenfalls über einen Marktzugang und Agenten/Aggregatoren verfügt. Diese Parteien interagieren auf dem digitalen Marktplatz. Die Funktionalität dieses digitalen Marktplatzes hängt von der konsequenten Unterstützung und Koordination durch Zahlungsanbieter sowie Vertriebs- und Logistikdienstleister ab.
- Das Internet wird inzwischen von allen Altersgruppen gleichermaßen genutzt. Lediglich die Bevölkerung über 70 Jahre hat einen vergleichsweise geringen Nutzeranteil von 45 % gegenüber den jüngeren Altersgruppen.
- Zu den Aktivitäten des Digital Business gehören E-Commerce, Digital Collaboration, Digital Communication, Digital Education und Digital Information/Entertainment
- Die Nutzerstruktur des Digital Business kann in die folgenden sechs Gruppen unterteilt werden: „Offliner“, „Zufriedene Aussitzer“, „Ablehnende Mitte“, „Aufgeschlossene Mitte“, „Ambivalente Profis“ und „Zuversichtliche Profis“.
- Die wesentlichen Erfolgsfaktoren des Digital Business sind die digitale Innovations- und AI-Fähigkeit, die strategische und organisatorische Flexibilität, die Vernetzungs-, Integrations- und Automatisierungsfähigkeit sowie die Kundenorientierung/Bedienungsfreundlichkeit.

Kapitel 1
Wissensfragen und Diskussionsthemen

Wissensfragen

1. Skizzieren Sie die Entwicklung der Informations- und Kommunikationsanwendungen bis zum heutigen Zeitpunkt.
2. Beschreiben Sie das Fünf-Phasen-Modell der digitalen Transformation.
3. Erklären Sie die vier Entwicklungsstufen des Digital Business.
4. Erläutern Sie das Leistungsaustauschmodell der Internetökonomie.
5. Beschreiben Sie die vier Erfolgsfaktoren des Digital Business.

Diskussionsthemen

1. Diskutieren Sie, wie sich das Leistungsaustauschmodell der Internetökonomie in Zukunft verändern wird. Wer wird wirtschaftlich und gesellschaftlich davon profitieren und wer nicht?
2. Diskutieren Sie, inwieweit die mobile Internetnutzung auf mittlere Sicht die stationäre Internetnutzung ersetzen wird.
3. Ist ein digitales Always-on ein gesellschaftlich und individuell wünschenswerter Zustand?

Literatur

Alt, R. (2004), E-Business und Logistik, in: Klaus, P./Krieger, W. (Hrsg.): Gabler Lexikon Logistik, Bd. 3, Wiesbaden 2004, S. 114–118.

AMS (2000), eBusiness in the European Telecommunications Industry, Den Haag 2000.

Beisch, N./Schäfer, C. (2020), Ergebnisse der ARD/ZDF-Onlinestudie 2020 Internetnutzung mit großer Dynamik: Medien, Kommunikation, Social Media, in: Media Perspektiven, Nr. 9, 2020, S. 462–481.

Benito-Osorio, D./Peris-Ortiz, M./Armengot, C.R./Colino, A. (2013), Web 5.0: the future of emotional competences in higher education, in: Global Business Perspectives, 1. Jg., Nr. 3, 2013, S. 274–287.

Bundesnetzagentur (2022), Jahresbericht 2021- Unsere Zukunft sicher vorbereiten, https://www.bundesnetzagentur.de/SharedDocs/Mediathek/Jahresberichte/JB2021.pdf;jsessionid=CD91AE5A8256FA47372EFE10364EDDCE?__blob=publicationFile&v=5, Abruf: 27.10.2022.

Chaffey, D. (2015), Digital business and e-commerce management- Strategy, implementation and practice, 6. Auflage, Harlow 2015.

Chen, S. (2005), Strategic Management of e-Business, Chichester 2005.

Denger, K.S./Wirtz, B.W. (1995), Innovatives Wissensmanagement und Multimedia, in: Gablers Magazin, 9. Jg., Nr. 3, 1995, S. 20–24.

ELSTER (2022), Presse, https://www.elster.de/eportal/infoseite/presse, Abruf: 26.10.2022.

Ericsson (2022), Ericsson Mobility Visualizer- World Total – 5G – all devices, https://www.ericsson.com/en/reports-and-papers/mobility-report/mobility-visualizer?f=1&ft=1&r=4,3,5,6,2,7,8,9&t=1&s=4&u=1&y=2019,2027&c=1, Abruf: 24.01.2023.

Generalzolldirektion (2023), Zoll-Auktion- Das Auktionshaus von Bund, Ländern und Gmeinden, https://www.zoll-auktion.de/auktion/, Abruf: 24.01.2023.

Hermanns, A./Sauters, M. (1999), Management Handbuch Electronic Commerce. Grundlagen, Strategien, Praxisbeispiele, München: Vahlen.

IBM (1997), Werbekampagne „E-Business“, in: Wall Street Journal, 1997.

Initiative D21 (2023), D21-Digital-Index 2022/23. Jährliches Lagebild zur Digitalen Gesellschaft. Online verfügbar unter https://initiatived21.de/uploads/03_Studien-Publikationen/D21-Digital-Index/2022-23/d21digitalindex_202223.pdf, zuletzt geprüft am 19.07.2023.

Jelassi, T./Enders, A. (2005), Strategies for e-Business- Creating Value through Electronic and Mobile Commerce, 1. Auflage, Edinburgh 2005.

Kersten, W. (2001), Geschäftsmodelle und Perspektiven des industriellen Einkaufs im Electronic Business, in: Zeitschrift für Betriebswirtschaft (ZfB), Nr. 3, 2001, S. 21–37.

Kollmann, T. (2007), E-Business. Grundlagen elektronischer Geschäftsprozesse in der Net Economy, 2. Auflage, Wiesbaden 2007.

Kollmann, T. (2018), Grundlagen des Web 1.0, Web 2.0, Web 3.0 und Web 4.0, in: Handbuch Digitale Wirtschaft, 2018, S. 1–23.

KPMG (1999), Electronic Commerce: Status Quo und Perspektiven ’99, Berlin 1999.

Nefiodow, L.A./Nefiodow, S. (2014), Der sechste Kondratieff- Die neue, lange Welle der Weltwirtschaft: die langen Wellen der weltwirtschaftlichen Entwicklung, 7. Auflage, Sankt Augustin 2014.

Papazoglou, M./Ribbers, P. (2006), E-Business- Organizational and technical foundations, Hoboken, NJ 2006.

PricewaterhouseCoopers (1999), E-Business Technology Forecast, Menlo Park 1999.

Rudschies, W./Kroher, T. (2022), Autonomes Fahren: So fahren wir in Zukunft, https://www.adac.de/rund-ums-fahrzeug/ausstattung-technik-zubehoer/autonomes-fahren/technik-vernetzung/aktuelle-technik/, Abruf: 07.11.2022, Abruf: 27.10.2022.

Schneider, G.P. (2017), Electronic commerce, 12. Auflage, Boston 2017.

Schumpeter, J. (1939), Business Cycles: A Theoretical, Historical and Statistical Analysis of the Capitalist Process, New York 1939.

Statista (2022), Umsatz durch E-Commerce (B2C) in Deutschland in den Jahren 1999 bis 2021 sowie eine Prognose für 2022, https://de.statista.com/statistik/daten/studie/3979/umfrage/e-commerce-umsatz-in-deutschland-seit-1999/, Abruf: 26.10.2022.

TNS Infratest (2014), D21-Digital-Index 2014- Die Entwicklung der digitalen Gesellschaft in Deutschland, 2014, http://www.initiatived21.de/wp-content/uploads/2014/11/141107_digitalindex_WEB_FINAL.pdf, Abruf: 19.12.2014.

TNS Infratest (2015), D21-Digital-Index 2015- Die Gesellschaft in der digitalen Transformation, 2015, http://www.initiatived21.de/wp-content/uploads/2015/10/D21_Digital-Index2015_WEB.pdf, Abruf: 09.12.2016.

TNS Infratest (2016), D21-DIGITAL-INDEX 2016- Jährliches Lagebild zur Digitalen Gesellschaft, 2016, http://www.initiatived21.de/wp-content/uploads/2016/11/Studie-D21-Digital-Index-2016.pdf, Abruf: 12.12.2016.

TNS Infratest (2019), D21 Digital Index 2018/2019- Jährliches Lagebild zur Digitalen Gesellschaft, 2019, https://initiatived21.de/app/uploads/2019/01/d21_index2018_2019.pdf, Abruf: 23.07.2019.

TNS Infratest (2022), D21 Digital Index 2021/2022- Jährliches Lagebild zur Digitalen Gesellschaf, 2022, https://initiatived21.de/app/uploads/2022/02/d21-digital-index-2021_2022.pdf, Abruf: 18.07.2022.

Wirtz, B.W. (1995), Technologieinnovationen, Marketingstrategie und Preismanagement im Handel, in: THEXIS, 12. Jg., Nr. 4, 1995, S. 46–51.

Wirtz, B.W. (2000a), eCommerce: Die Zukunft Ihres Unternehmens von @ bis z, in: Mittelstandsschriftenreihe der Deutschen Bank, Nr. 19, 2000.

Wirtz, B.W. (2000b), Electronic Business, 1. Auflage, Wiesbaden 2000.

Wirtz, B.W. (2000c), Schöne neue Welt. Über den Aufstieg und Fall der dotcom-Unternehmen, in: Wirtschaftswoche, Nr. 24, 2000, S. 108–109.

Wirtz, B.W. (2010), Electronic Business, 3. Auflage, Wiesbaden 2010.

Wirtz, B.W. (2013), Medien- und Internetmanagement, 8. Auflage, Wiesbaden 2013.

Wirtz, B.W. (2020), Electronic Business, 7. Auflage, Wiesbaden 2020.

Wirtz, B.W. (2021), Digital business and electronic commerce- Strategy, business models and technology, Cham 2021.

Wirtz, B.W. (2022), Digital Government- Strategy, government models and technology, 1. Auflage, Cham 2022.

Wirtz, B.W./Elsäßer, M. (2012), Prozess im Social Media Marketing, in: Wirtschaftswissenschaftliches Studium (WiSt), 41. Jg., Nr. 11, 2012, S. 572–576.

Wirtz, B.W./Olderog, T./Schwarz, J. (2003), Strategische Erfolgsfaktoren in der Internetökonomie. Eine empirische Analyse, in: Zeitschrift für betriebswirtschaftliche Forschung (ZfbF), 55. Jg., Nr. 2, 2003, S. 60–77.

Wirtz, B.W./Vogt, P. (2003), E-Collaboration im B2B-Bereich, in: Bütgen, M. (Hrsg.): Online-Kooperationen. Erfolg im E-Business durch strategische Partnerschaften, Wiesbaden 2003, S. 265–284.

Wirtz, B.W./Vogt, P. (2004), Electronic Business und Unternehmenserfolg. Eine empirische Analyse der Erfolgsrelevanz der E-Potentialnutzung, in: Der Betriebswirt, 45. Jg., Nr. 3, 2004, S. 15–23.

Mobile Business 2

Inhaltsverzeichnis

2.1 Grundlagen des Mobile Business ... 48
2.2 Definition und Einordnung des Mobile Business ... 54
2.3 Anwendungen und Nutzungsverhalten im Mobile Business ... 57
2.4 Erfolgsfaktoren des Mobile Business ... 69
2.5 Inhaltliche Kernpunkte des Mobile Business ... 72
Literatur ... 73

Wissensziele
Wenn Sie dieses Kapitel gelesen haben, werden Sie in der Lage sein:

1. die Marktdynamik des Mobile Business zu verstehen und seine Bedeutung in der Informationsgesellschaft zu erläutern,
2. die Positionen und Strategien von Marktführern im Mobile Business zu analysieren,
3. die verschiedenen mobilen Anwendungen und Dienste zu unterscheiden,
4. die wesentlichen Nutzerpräferenzen und Strukturen des Mobile Business zu kennen,
5. die Erfolgsfaktoren des Mobile Business zu identifizieren.

Im Zuge der schnellen Entwicklung von Übertragungstechnologien und drahtlosen Endgeräten ist Mobile Business als neue Anwendung in den 2000er-Jahren entstanden. Sowohl in wissenschaftlichen als auch in praxisorientierten Publikationen werden seit geraumer Zeit die ortsunabhängige Form des Digital Business und seine Auswirkungen

B. W. Wirtz, *Digital Business*, https://doi.org/10.1007/978-3-658-41467-2_2

Abb. 2.1 Struktur des Kapitels

betrachtet.[1] Das Mobile Business hat inzwischen eine überragende Bedeutung in der Internetökonomie erhalten.[2]

Um der zunehmenden Relevanz des Mobile Business Rechnung zu tragen, werden im Folgenden zunächst die Grundlagen dargestellt, bevor Definitionsansätze aufgezeigt werden und eine inhaltliche Einordnung vorgenommen wird. Darüber hinaus werden Anwendungsmöglichkeiten und das Nutzungsverhalten näher beleuchtet. Abschließend werden die Erfolgsfaktoren des Mobile Business betrachtet. Abb. 2.1 stellt die Struktur des Kapitels dar.

2.1 Grundlagen des Mobile Business

Die Grundlage für jede Form des Mobile Business stellen entsprechend performante Mobilfunknetze, Endgeräte sowie eine ausreichend hohe Anzahl an Nutzern dar. Abb. 2.2 gibt einen Überblick zur Nutzung von Mobilfunkanschlüssen in Deutschland.

Relevanz des Mobile Business

In Bezug auf die Verbreitung von internetfähigen Handys und vergleichbaren Mobilfunkgeräten ist zu konstatieren, dass der deutsche Markt in den letzten Jahren eine gewisse Reife erlangt hat. Im Jahr 2016 haben etwa 66 % der Deutschen ein Smartphone besessen.[3] Im Jahre 2021 haben bereits 87 % der Deutschen ein Smartphone genutzt.[4]

[1] Vgl. Wirtz/Mathieu (2001), S. 615.

[2] Vgl. zu Kap. 2 Mobile Business im Folgenden Wirtz (2020), S. 47 ff.; Wirtz (2021), S. 35 ff.

[3] Vgl. ARD/ZDF (2017).

[4] Vgl. TNS Infratest (2022), S. 22.

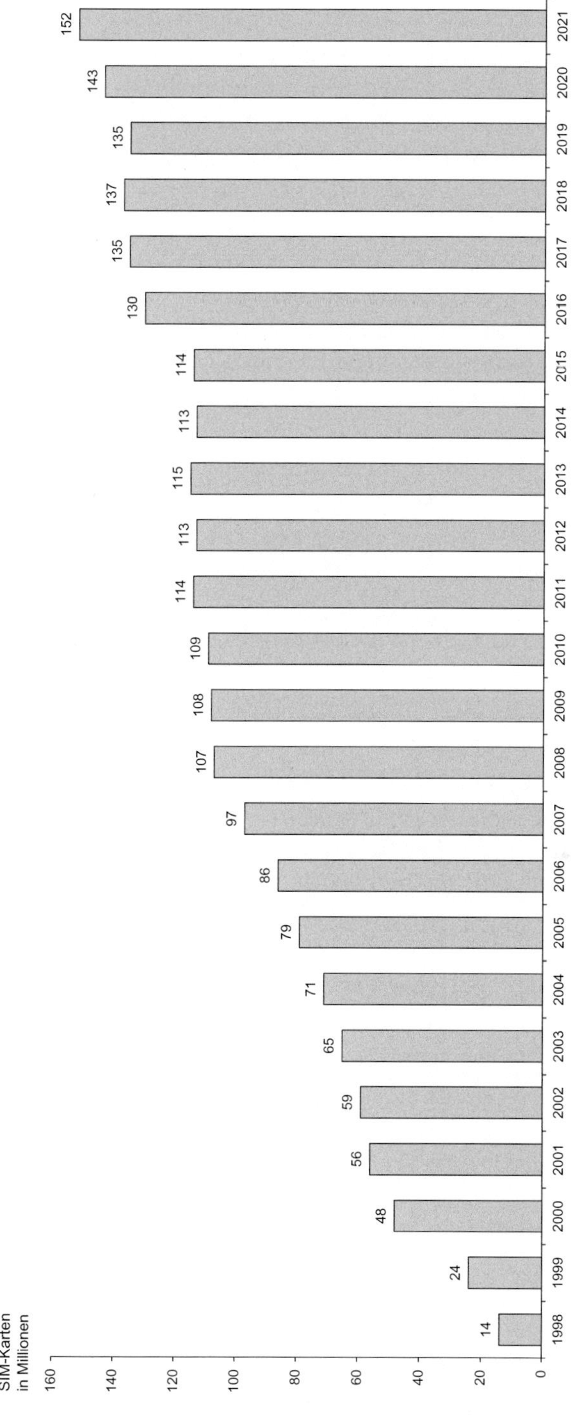

Abb. 2.2 Entwicklung Mobilfunkanschlüsse in Deutschland. (Datenquelle: Bundesnetzagentur (2009), S. 50; Bundesnetzagentur (2019), S. 56; Bundesnetzagentur (2022), S. 61)

Die wachsende Begeisterung für datenintensive mobile Anwendungen kann dabei als Treiber dieser Entwicklung angesehen werden. Dabei steht insbesondere die Möglichkeit im Vordergrund, wichtige Informationen zeit- und ortsunabhängig abrufen zu können.

Zur genaueren Abschätzung von Potenzialen und Risiken der Geschäftsfelder und Anwendungen im Mobile Business ist neben dem Verständnis zur Verbreitung von technischen Voraussetzungen auch Wissen für die Nutzung von mobilen Diensten unabdingbar.

Innerhalb des Bereichs des mobilen Internets weisen die Nutzer den einzelnen Services eine unterschiedlich stark ausgeprägte Attraktivität zu. Während Instant-Messaging-Dienste bereits eine sehr hohe Nutzung aufweisen, werden die Potenziale digitaler Lernangebote weniger genutzt. Abb. 2.3 stellt die Nutzung verschiedener Angebote im mobilen Internet dar (ein- oder mehrmals pro Woche).

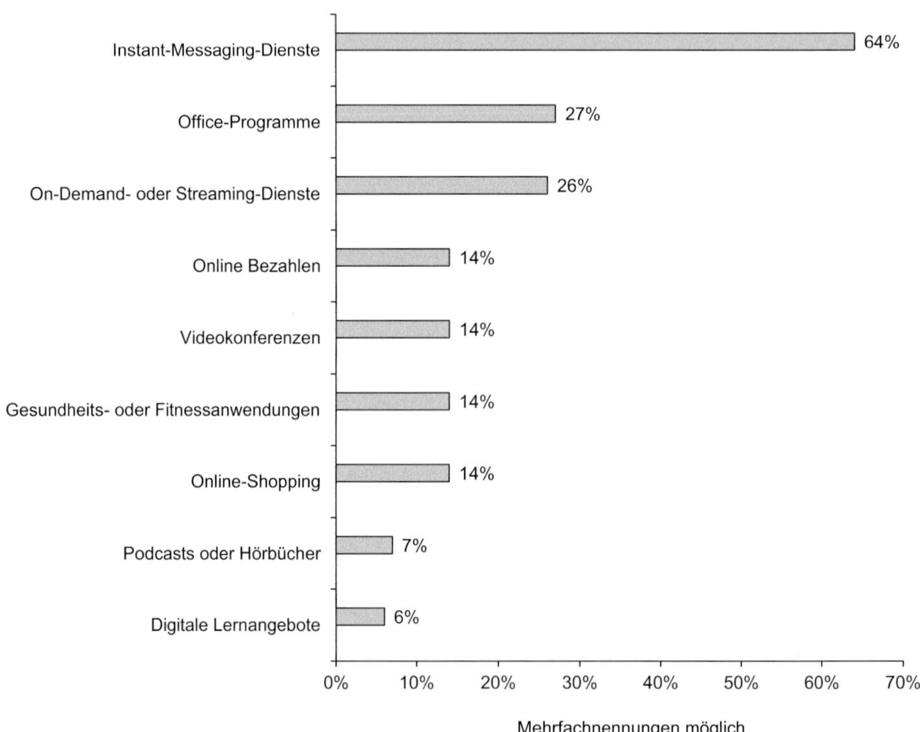

Abb. 2.3 Nutzung mobiler Angebote im Jahr 2021 (ein- oder mehrmals pro Woche). (Datenquelle:TNS Infratest (2022), S. 27)

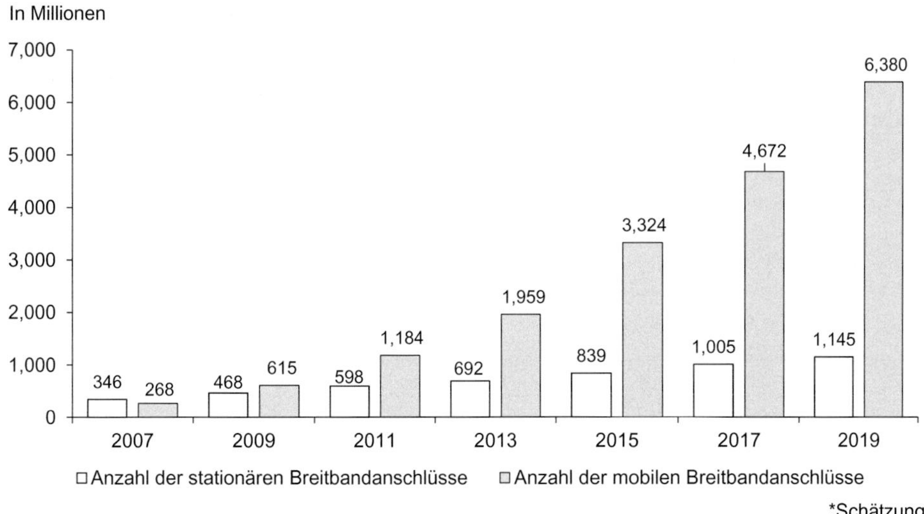

Abb. 2.4 Entwicklung der mobilen und stationären Breitbandanschlüsse weltweit. (Datenquelle: International Telecommunication Union (2019))

Infrastruktur von Mobile Business

Abb. 2.4 verdeutlicht die Entwicklung von mobilen und stationären Breitbandanschlüssen weltweit. Dabei ist die Anzahl der mobilen Breitbandanschlüsse (6380 Mio.) um mehr als das Fünffache höher als die Anzahl der stationären Breitbandanschlüssen (1145 Mio.).

Insgesamt ist ein merklich langsameres Wachstum an Festnetzanschlüssen im Vergleich zu den Mobilfunkanschlüssen zu beobachten. Auch übersteigt die tatsächliche Anzahl der Mobilfunkanschlüsse deutlich die der Festnetz-Internet-Nutzer. Mobiltelefone ermöglichen auch denjenigen potenziellen Nutzern Zugang zum Internet, die bislang über keinen stationären Anschluss verfügt haben. Die Prognosen verschiedener Studien bezüglich der umgesetzten Waren und Dienstleistungen in diesem Bereich kommen zu stark unterschiedlichen Ergebnissen, sind jedoch durchgehend positiv.

Mobile-Business-Markt

Es finden sich sowohl breite Massenmärkte, wie etwa mobiles Browsen oder mobile Musik, als auch kleinere Märkte, die, wie die Fernüberwachung von Vitalfunktionen, eher von Nischenanbietern bearbeitet werden können. In allen Teilmärkten findet ein Wettbewerb von spezialisierten Anbietern statt, die jedoch nicht zwingend aus den gleichen Branchen stammen müssen. Im Mobile-Business-Markt streben Apple, Microsoft, Google/Alphabet und Facebook/Meta jeweils eine dominante Stellung an.

Sie verfügen dabei über spezifische Stärken und Schwächen, die verschiedene Potenziale und Strategien ermöglichen. In Tab. 2.1 werden die Unternehmenspositionen exemplarisch anhand dieser vier wichtigen Player dargestellt.

Tab. 2.1 Unternehmenspositionen im Bereich Mobile Business. (Vgl. Wirtz (2010), S. 45; Wirtz (2016), S. 72; Wirtz (2021), S. 40 sowie auf Basis eigener Analysen und Abschätzungen)

	Stärken	Schwächen	Ziele
Apple	• Integrierte Produkt- und Servicepalette mit hervorragendem Schnittstellen-Design • Erfolgreiche Content- Plattform iTunes • Hohes Maß an Kontrolle durch proprietäres System • Marke • Lifestyle-Design	• Premium-Preis Image-/Kosten-Nutzen-Verhältnis • Fehlende Kompatibilität mit Android	• Erweiterung und partielle Öffnung der proprietären Plattform auf neue Anwendungen & Nutzergruppen
Microsoft	• Ressourcen & Kompetenzen aus der Entwicklung von PC- (Windows) Betriebssystemen • Große Skalen- und Verbundvorteile • Mit OpenAI Vorreiter in der AI-Integration	• Lizenzmodell bedroht	• Vernetzung zwischen stationärem und mobilem Internet durch AI und Windows-Technologie (Cloud-Services)
Google/ Alphabet	• Erfolgreiche Online-Suche & Online-Dienste • Plattformübergreifende Nutzung möglich • Umfassende Datengrundlage für AI-Services • Führender Anbieter von Standortdiensten (Google Maps)	• Keine Vertragsbindung zu Endkunden	• Vormachtstellung im Bereich Online-Suche erhalten und ausbauen, im mobilen Sektor ausbauen • Integration von AI Services
Facebook/ Meta	• Erfolgreiche mobile Facebook-App • WhatsApp als ein führender mobiler Instant-Messenger • Instagram als mobiler Social-Media-Service • starke Nutzerbasis	• Keine Vertragsbindung • Steigendes negatives Image wegen Monopolstellung & Akquisitionen	• Vormachtstellung im Bereich Mobile Social Media erhalten & ausbauen

Voraussetzung für Erfolg im Mobile Business ist die Verbreitung von Mobiltelefonen, Tablets und Smartphones. Das weltweite Marktpotenzial für mobiles Breitband ist sehr groß.[5]

Für einen langfristigen Erfolg im Mobile Business ist ein strategisches Alignement von Ressourcen und Kompetenzen in Bezug auf Kundenbedürfnisse, technologische Möglichkeiten und Marketing im Kontext mobiler Produkte und Dienstleistungen unerlässlich.

[5] Vgl. Ericsson (2019), S. 7.

Dies kann anhand von Apple exemplarisch dargestellt werden, das mit dem iPhone, dem AppStore sowie iTunes ein integriertes Angebot geschaffen hat, das Kunden langfristig bindet und hohe Renditen ermöglicht. Diese Strategie hatte einen wesentlichen Anteil am Erfolg des Unternehmens, das vor rund 20 Jahren kurz vor der Insolvenz stand.

Mit dem iPhone verfügte Apple über ein technologisch hoch entwickeltes Smartphone, das seinen Wettbewerbern insbesondere in Bezug auf die Bedienungsfreundlichkeit, mobiles Browsen sowie die Darstellung von Fotos lange Zeit überlegen war.

Ein weiterer Wettbewerbsvorteil wurde durch die Plattform AppStore geschaffen, die es Drittanbietern in Form eines Marktplatzes ermöglicht, Zusatzfunktionalitäten als Download anzubieten. Dabei wird der Preis durch die Drittanbieter festgelegt und Apple erhält 30 % Provision für jede verkaufte Einheit.[6] Kunden können die erworbenen Apps bewerten und so zu entsprechenden Rankings beitragen. Diese Community-Elemente erhöhten die Kundenbindung und das Vertrauen in die Plattform.

Darüber hinaus ist das iPhone in Apples Content-Angebot iTunes ein wesentlicher Bestandteil. Die Nutzer können kostenpflichtige Musik- und Videoinhalte mobil auf dem iPhone nutzen und damit auch dessen Multimedia-Fähigkeiten. Durch diese innovative Integration von bereits vorhandenen Konzepten unter einer intuitiven Bedienungsoberfläche konnte Apple einen erheblichen Mehrwert für sein Produkt und bisher ungenutzte Marktpotenziale erschließen, da diese sich damals stark von den Angeboten klassischer Mobilfunkanbieter und Handy-Hersteller unterschieden.

Aus den Eckpunkten des Leistungsangebots von Apple können Rückschlüsse auf die integrierte Mobile-Business-Strategie des Konzerns gezogen werden. Dabei können als relevante Interaktionspartner vor allem Endkunden, Entwickler von Zusatzprogrammen und Audio- sowie Video-Content-Anbieter identifiziert werden. Den Endkunden wird eine integrierte, proprietäre Plattform bereitgestellt, die mobile Kommunikation auf verschiedenen Kanälen erlaubt und zusätzlich umfangreiche Multimediafunktionen bereitstellt.

Inhalte und Zusatzfunktionen werden kostenpflichtig direkt über das Gerät bereitgestellt, wobei Apple als Gatekeeper fungiert, der Kontrolle ausübt und an den Umsätzen beteiligt ist. Dazu werden die Marktplattformen iTunes beziehungsweise AppStore eingesetzt, die wiederum durch die Endkunden einen Zusatznutzen in Form von Bewertungen und Rankings bereitstellen.

Die Preise für die angebotenen Zusatzleistungen sind variabel, wobei der Großteil unter die Kategorie Micropayment fällt. Insgesamt kommt Apple damit die Rolle eines Informationsintermediärs zu. Abb. 2.5 stellt die Mobile-Business-Strategie von Apple im Zusammenhang dar.

---

[6] Vgl. Becker (2019).

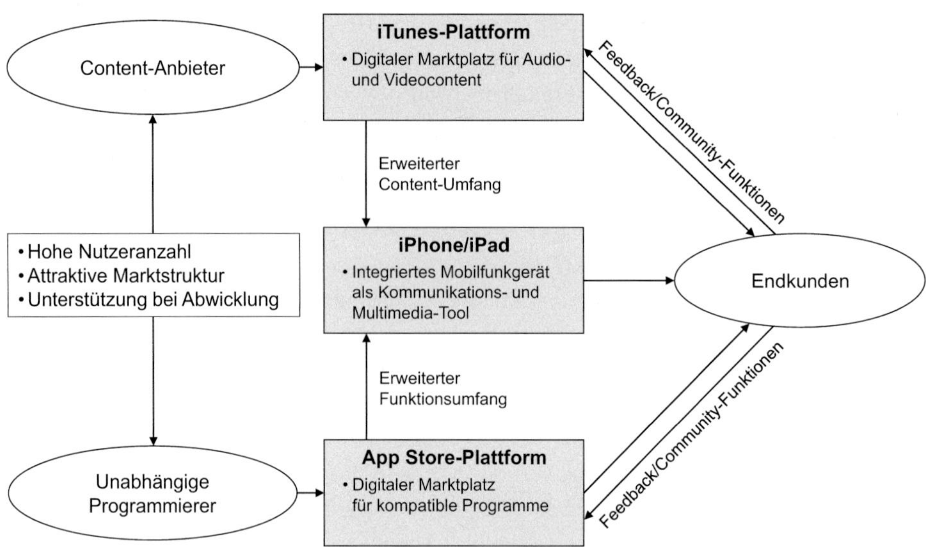

Abb. 2.5 Integrierte Mobile-Business-Strategie von Apple. (Vgl. Wirtz (2010), S. 49; Wirtz (2020), S. 53; Wirtz (2021), S. 42)

2.2 Definition und Einordnung des Mobile Business

Aufgrund der weiten Verbreitung von internetfähigen Mobiltelefonen und Tablets ist der PC nicht mehr das dominierende Zugangsmedium zum Internet und damit nicht mehr eine der Voraussetzungen für das Digital Business aus Endkundensicht. Das Kundenpotenzial und die damit verbundene Möglichkeit zur Einführung neuer Anwendungen und Geschäftsmodelle machen Mobile Business zu einem interessanten Markt.

Bei einem Vergleich verschiedener Publikationen zum Thema Mobile Business fällt auf, dass es bislang keine eindeutige inhaltliche Beschreibung dessen gibt, was als Mobile Business bezeichnet wird. Oftmals wird Mobile Business mit Mobile Commerce gleichgesetzt.

Die Definitionsansätze basieren häufig auf denen des Digital Business oder E-Commerce und werden um die Inanspruchnahme mobiler Zugangsgeräte ergänzt. Damit erklärt sich, weshalb die Definitionen für Mobile Business und Mobile Commerce eine ähnliche Unschärfe in Bezug auf die terminologische Verwendung aufweisen wie die Definitionen für Digital Business. Die in Tab. 2.2 aufgeführten Definitionen verdeutlichen diesen Sachverhalt.

Da die Definitionsansätze des Mobile Business und Mobile Commerce in den Grundzügen auf denen des Digital Business und E-Commerce basieren, beinhalten diese ähnliche, wenn nicht dieselben subjektbezogenen, funktionalen und teleologischen Aspekte. Vor diesem Hintergrund soll die in Tab. 2.3 verwendete Definition für Digital Business um den Zusatz des mobilen Zugangsweges erweitert werden.

Tab. 2.2 Definitionen Mobile Business und Mobile Commerce. (Vgl. Wirtz (2001), S. 45; Wirtz (2020), S. 55; Wirtz (2021), S. 43)

Autor	Definition
Durlacher Research (1999)	The working definition of Mobile Commerce [...] is any transaction with a monetary value that is conducted via a mobile telecommunications network.
Anderson Consulting (2000)	Mobile Commerce is Electronic Commerce based on mobile telephony, short-range wireless lines, voice recognition and interactive digital TV.
Wirtz/Mathieu (2001)	M-Commerce bezeichnet die elektronisch gestützte Abwicklung von Geschäftstransaktionen auf Basis der Nutzung mobiler Endgeräte.
Teichmann/ Lehner (2002)	[Mobile Business wird als eine] Möglichkeit eines Unternehmens definiert, die Anbahnung, Aushandlung und Abwicklung von sämtlichen, das Unternehmen betreffenden Geschäftsprozessen (intern mit Mitarbeitern, extern mit Kunden oder Zulieferern) auf mobiler Basis abzuwickeln.
Jelassi/Enders (2005)	Mobile e-commerce, or m-commerce, is a subset of electronic commerce. While it refers to online activities similar to those mentioned in the electronic commerce category, the underlying technology is different since mobile commerce is limited to mobile telecommunication networks, which are accessed through wireless hand-held devices such as mobile phones, hand-held computers and personal digital assistants (PDAs).
Yasin/Torres/ Gomes (2015)	[…] is an extension of e-commerce, being similar to the latter, except for the underlying technology, since transactions are conducted wirelessly using a mobile device.

Tab. 2.3 Definition Mobile Business. (Vgl. Wirtz (2010), S. 51; Wirtz (2020), S. 56; Wirtz (2021), S. 43)

Unter dem Begriff Mobile Business wird die Anbahnung sowie die Unterstützung, Abwicklung und Aufrechterhaltung von Leistungsaustauschprozessen zwischen ökonomischen Partnern mittels elektronischer Netze und mobiler Zugangsgeräte verstanden.

Als Teil des Mobile Business wird Mobile Commerce in den meisten Definitionsansätzen als eine Transaktion beschrieben, die über ein mobiles Endgerät abgewickelt wird und über einen monetären Wert verfügt. Dagegen ist der Begriff des Mobile Business weiter gefasst und bezeichnet alle über mobile Endgeräte ausgetauschten Leistungen. Er ist also gegenüber dem Mobile Commerce nicht auf reine Transaktionen beschränkt. Daher wird im Folgenden der Begriff Mobile Business verwendet.

Mobile Business ist dem Digital Business untergeordnet. Im Vergleich zum Digital Business erfolgt der Datenfluss im Mobile Business über mobile Kommunikationsgeräte. Durch den Aspekt der Mobilität wird ein Mehrwert generiert, der über einen rein technologischen Mehrwert weit hinausgeht. Daher sind neue Geschäftsmodellinnovationen und die Erhöhung des Kundenmehrwertes von besonderer Bedeutung. Mobile Business kann mithilfe der folgenden vier Kriterien charakterisiert werden: Mobilität, Erreichbarkeit, Lokalisierung und Identifikation von Mobilfunkteilnehmern.[7]

[7] Vgl. Ascari et al. (2000), S. 6; Leitl (2000), S. 33; Bauer et al. (2005), S. 2 f.

Dadurch, dass Nutzer ihr Mobiltelefon jederzeit mit sich führen, haben sie jederzeit und an jedem Ort Zugang zu Netzwerken, Produkten und Dienstleistungen. Dies ist insbesondere im Zusammenhang mit zeitkritischen Informationen, wie zum Beispiel Börsenkursen und aktuellen Lagerbeständen, von Relevanz.

Die dauerhafte Erreichbarkeit der Nutzer ist ein weiterer relevanter Faktor. Die Anbieter von Produkten und Dienstleistungen sind nicht mehr davon abhängig, ob der Internet-Nutzer stationär an seinem PC sitzt und eine Internetverbindung aufgebaut hat, sondern sie können von sich aus jederzeit Angebote an den mobilen Internet-Nutzer richten, soweit dies rechtlich zulässig ist.

Seriöse Anbieter holen sich dabei das Einverständnis des Empfängers vor der Zusendung der Mitteilung ein, auch um so die Akzeptanz zu steigern. Dies wird auch als Permission Based Marketing bezeichnet. Viele der derzeitigen mobilen Services können als Pull-Anwendungen klassifiziert werden. Das bedeutet, dass der Nutzer aktiv Produkte und Dienstleistungen nachfragt.

So kann der Besitzer eines Mobiltelefons über bestimmte Portale Eventnachrichten wie Verkehrsnachrichten, den Wetterbericht, sowie Lotto- und Sportergebnisse abrufen. Als Beispiel für Push-Anwendungen können dahingegen die Verkehrsinformationsdienste der großen Automobilhersteller dienen, bei denen sich Nutzer ständig aktuelle personalisierte Verkehrsmeldungen auf das Mobiltelefon senden lassen können.

Über die Lokalisierung mobiler Endgeräte können dem Nutzer standortbezogene Dienste angeboten werden. Daraus ergibt sich eine ganze Reihe von innovativen Anwendungsmöglichkeiten. Zum Beispiel kann ein Mobiltelefonbesitzer per Messaging Service über aktuelle Angebote eines Geschäfts oder Restaurants informiert werden, während er an diesem vorbei geht. Besonders interessant ist die Lokalisierung auch für Eltern, die mit dem Ortungsdienst „TrackYourKid“ das Handy ihres Kindes durch den Netzbetreiber auf wenige Meter genau lokalisieren lassen können. „TrackYourKid“ ruft die Daten ab und schickt per Messaging Service oder per Web Straßennamen des momentanen Aufenthaltsorts an die Eltern zurück.[8]

Das vierte Abgrenzungskriterium ist die Möglichkeit der Identifikation von Personen über Mobiltelefone. Beim Kauf eines Telefons wird eine persönliche Registrierung vorgenommen, sodass der Mobilfunkteilnehmer über die SIM-Karte zu identifizieren ist. Das Mobiltelefon wird dadurch zu einem persönlichen „Dokument“ und kann beispielsweise die Aufgaben einer Kreditkarte erfüllen. Service-Anbieter haben damit die Möglichkeit, neben standardisierten auch personalisierte Informationen zu versenden. Darüber hinaus liegen dem Mobilfunk-Provider personenbezogene Daten vor, die beispielsweise der Ausgangspunkt für die Erstellung eines Benutzerprofils sein können, auf dessen Grundlage sich personalisierte Anwendungen und Dienstleistungen erstellen lassen.

[8] Vgl. Track Your Kid (2023).

2.3 Anwendungen und Nutzungsverhalten im Mobile Business

Die mobile Kommunikation ist mittlerweile ein zentraler Bestandteil der modernen Informationsgesellschaft. Diese Entwicklung zur mobilen Internetnutzung hat nicht nur Auswirkungen auf die Telekommunikationsbranche, sondern bringt für die gesamte Wirtschaft grundlegende Veränderungen mit sich. Dabei ist das mobile Breitband-Internet eine Schlüsseltechnologie.

Mobile Applikationen

Die Grundlage für Anwendungen im Mobile Business stellen dementsprechend leistungsfähige mobile Endgeräte und schnelle Datenübertragungstechnologien der Mobilfunknetze dar. In diesem Kontext lässt sich in der Praxis eine Vielzahl von Geräteklassen und Übertragungsstandards feststellen, die parallel genutzt werden. Abb. 2.6 gibt einen Überblick, welche Technologien und Geräteklassen eine besondere Relevanz aufweisen.

Die mobilen Dienste lassen sich in diesem Kontext nutzerorientiert in sieben Anwendungsfelder und vier Supportfunktionen unterteilen, die jeweils spezifische Einsatzgebiete aufweisen. Tab. 2.4 und 2.5 stellen diese Anwendungen und Applikationen anhand typischer Beispiele und den entsprechenden Teilfeldern dar und beschreiben den Nutzen beziehungsweise die Vorteile im Mobile Business.

Es werden sieben verschiedene Anwendungsbereiche unterschieden, die im folgenden folgenden Abschnitt anhand von Beispielen erläutert werden.

Mobile Search

Mobile Search wurde insbesondere durch die Geschäftsaktivitäten von Google deutlich verändert. Die Aggregation von Daten, die Bereitstellung von performanten Such-

Zugangsgeräte Mobile Business/Mobile Internet				
Einfache Internethandys	**Smartphones**	**Smart Watches/Glasses**	**E-Reader/Tablets**	**Netbooks**
• Sony Ericsson W995 • Nokia 230 Dual SIM • LG GD900 Crystal • …	• Apple iPhone 14/14 Pro • Samsung Galaxy S 23 Ultra • Google Pixel 7/7 Pro • …	•Apple Watch Series 7 • Ray-Ban Stories Wayfarer • …	• Amazon Kindle • Apple iPad Pro/Air • Galaxy Tab S8 Ultra Wi-Fi • …	• Apple MacBook Pro • Asus VivoBook • Lenovo Ideapad • …
Übertragungsstandards Mobile Internet				
UMTS	**HDSPA**	**HSUPA**	**LTE**	**5G**
• Mobilfunkstandard der 3. Generation • Maximale Übertragungsrate 384 kbit/s	• Erweiterung des Downlink von UMTS • Maximale Übertragungsrate 7,2 Mbit/s • Ermöglicht datenintensive Dienste wie Streaming	• Erweiterung des Uplink von UMTS • Maximale Übertragungsrate 5,8 Mbit/s • Ermöglicht interaktive Dienste wie Google Docs	• Mobilfunkstandard der 4. Generation • Maximale Übertragungsrate 300 Mbit/s im Download und 75 Mbit/s im Upload	• Mobilfunkstandard der 5. Generation • Maximale Übertragungsrate 10.000 Mbits/s • Ermöglicht geringere Reaktionszeiten

Abb. 2.6 Mobile Übertragungsstandards und Geräte. (Vgl. Wirtz (2010), S. 54; Wirtz (2020), S. 59; Wirtz (2021), S. 45)

Tab. 2.4 Mobile Anwendungen und Applikationen im Überblick I. (Vgl. Wirtz (2010), S. 55; Wirtz (2020), S. 60; Wirtz (2021), S. 46)

	Anwendungsbereiche			
	Mobile Search	**Mobile Information**	**Mobile Communication**	**Mobile Advertising**
Kurzbeschreibung	• Mobile Nutzung von Suchmaschinen • Pull-Mechanismus: Anforderung von Informationen • Location-based Anwendungen und Services für mobile search	• Mobile News • Mobiles Wissens-management • Location-based Anwendungen und Services für mobile information	• Ein- oder mehrstufiger Dialog zwischen Kunden und Anbieter über einen mobilen Kanal • Ermöglicht personalisierte Ansprache • Location-based Anwendungen und Services für mobile communication	• Mobile Werbeformen • Push Advertising • Pull Advertising • Permission Based Marketing • Location-based Anwendungen und Services für mobile advertising
Nutzen / Vorteile im Mobile Business	• Nutzen für Nachfrager: Auffinden von Informationen • Vorteil für Anbieter: An Suche angepasstes Direktmarketing durch passende Informations-bereitstellung	• Nutzen für Nachfrager: Direkter mobiler Informations- und Wissensbezug • Vorteil für Anbieter: Übermittlung personali-sierter Produkt-/ Dienst-leistungsinformationen	• Nutzen für Nachfrager: Direkter Kommunikations-kanal • Vorteil für Anbieter: Direct Response und Interaction Möglichkeiten • Direkte Ansprache & Interaktionsmöglichkeiten	• Nutzen für Nachfrager: Werbeangebote mobil verfügbar • Vorteil für Anbieter: Breites Spektrum an mobilen Direktmarketing-instrumenten, Möglichkeit der Multi-Channel-Integration
Instrumente im Mobile Business	• Mobile Suchmaschinen: z. B. Bing Mobile, Google Mobile, Yahoo Mobile, Baidoo Mobile • Mobiles Suchmaschinen-marketing: z. B. Google Ads • …	• Contextual Advertising • Content-targeted Advertising • Portal Subscriptions • …	• Wettbewerbe über mobile Kanäle • SMS-Codes • Bluetooth-Marketing • …	• Mobile Coupons • Mobile Display-Werbung • In App Advertising • Location Based Advertising • Mobiles Telefonmarketing • …

Tab. 2.5 Mobile Anwendungen und Applikationen im Überblick II. (Vgl. Wirtz (2010), S. 56; Wirtz (2020), S. 61; Wirtz (2021), S. 47)

	Anwendungsbereiche			
	Mobile Commerce	**Mobile Payment**	**Mobile Entertainment**	**Support Funktionen**
Kurzbeschreibung	• Mobile Shopping: Mobile Anbahnung und Abwicklung von Shopping-Transaktionen • Mobiler Zugriff auf Auktionen • Location-based Anwendungen und Services für mobile commerce	• Bezahlen von Produkten oder Leistungen mit dem mobilen Endgerät • Schnelle Bezahlung am POS oder mobil möglich • Location-based Anwendungen und Services für mobile payment	• Multimediale Entertainmentanwendungen wie Musik, Videos oder Spiele für mobile Endgeräte • Ermöglicht ubiquitäre Nutzung von Unterhaltung • Location-based Anwendungen und Services für mobile entertainment	• Mobile Software • Mobile Browsing • Mobile Navigation • Mobile Telemetrie
Nutzen / Vorteile im Mobile Business	• Nutzen für Nachfrager: Online-Shopping überall verfügbar • Vorteil für Anbieter: Kunde kann überall auf das Angebot zugreifen, zusätzlicher Vertriebs-kanal	• Nutzen für Nachfrager: Schnelles, unkompliziertes und sicheres Bezahlen • Vorteil für Anbieter: Effizienz der Zahlungsabwicklung	• Nutzen für Nachfrager: Unterhaltungsangebot überall nutzbar • Vorteil für Anbieter: Neuer Vertriebskanal für Entertainment und/oder Verknüpfung von Entertainment mit Mobile Advertising	• Benötigte Funktionen um Anwendungsfelder realisieren zu können • Bilden die Basis für komplexe Mobile-Services
Instrumente im Mobile Business	• Mobile Shopping-Plattformen: z. B. Amazon mobile, Otto-Mobile, Expedia-Mobile • Mobile Auktions-plattformen: z. B. eBay-Mobile • Shopping Apps • …	• Mobile Zahlverfahren z. B. per Near Field Communi-cation (NFC) • Mobiler Kauf von Produkten und Dienstl-eistungen und Direkt-zahlung mit dem gleichen Gerät, z. B. über PayPal • …	• Sponsoring und Pre- / Postrolls von mobilem Entertainment • Mobile Spiele zur Steiger-ung der Markenbekannt-heit, Produktpromotion • Virales Direktmarketing • …	• Betriebssystem für Mobile Geräte: z. B. Google Android, Windows Mobile • Mobile Browser: z. B. Opera Mini, Chrome • Komplexe Instrumente in Telemetrie und Navigation • …

algorithmen sowie die kontextspezifische Vermarktung der Suchergebnisse sind Beispiele hierfür.

Im Jahr 2021 machte die Werbevermarktung von Suchergebnissen den größten Anteil von Desktop- und mobilen Werbeerlösen aus. Im Jahresvergleich zu 2020 beträgt das Wachstum von mobilen Werbeerlösen im Suchmaschinenmarkt 38 %, wohingegen das Wachstum von Desktopwerbeerlösen lediglich 22 % beträgt.[9] Dementsprechend versuchen die Wettbewerber des Suchmaschinenmarkts eine mobile Nutzung möglichst umfassend sicherzustellen. Dabei werden die bestehenden Suchmaschinen nicht nur für mobile Endgeräte optimiert, sondern darüber hinaus auch Kooperationsvereinbarungen mit Geräteherstellern getroffen.

So soll Google beispielsweise im Jahr 2014 etwa eine Milliarde US-Dollar an Apple für den Einsatz der Google-Suche auf dem iPhone gezahlt haben.[10] Konkurrent Microsoft hatte dagegen die Suchmaschine Bing direkt in sein eigenes mobiles Betriebssystem Windows Mobile integriert. Damit standen sowohl die mobilen Plattformen als auch die Suchmaschinen von Google und Microsoft vernetzt in direkter Konkurrenz zueinander.

Mobile Information

Mobile Information umfasst alle Arten von mobilen Informationsangeboten im Internet. Darunter sind folglich Context-Angebote zu verstehen, die vorrangig aus den Bereichen News und Knowledge stammen. Während News-Angebote Informationen zum aktuellen Zeitgeschehen als Text-, Foto-, Audio-, Video- oder Multimediaproduktion bereitstellen, bieten Knowledge-Angebote, in der Regel themenbasierte Wissenssammlungen an.

Dazu zählen beispielsweise Online-Enzyklopädien wie Wikipedia, online Nachrichten wie n-tv oder spezialisierte Fachwissenangebote wie Lifeline.de zum Bereich Gesundheit und Medizin. Die Angebote von n-tv und Wikipedia weisen strukturelle Ähnlichkeiten auf. So sind für beide Kategorien von Informationsangeboten eine interne Suchfunktion, weiterführende Links und eine zentrale Präsentation des Contents von besonderer Bedeutung. Dennoch unterscheidet sich die Präsentation des Inhalts auch in verschiedenen Bereichen. Während das News-Angebot verstärkt auf multimediale Elemente und Teaser zurückgreift, ist das Knowledge-Angebot auf wesentliche Informationselemente zu einem spezifischen Thema beschränkt.

Mobile Communication

Mobile Communication fasst verschiedene kommunikationsbasierte Dienste zuammen, die Text-, Audio- sowie Videomaterial enthalten können. Entscheidend ist dabei die Anpassung von Schnittstellen und Endgeräten auf den mobilen Nutzungskontext.

Mobile Communication stellt einen Kernbereich des Mobile Business dar, dessen Erlöspotenzial vorrangig durch Mobilfunk-Provider verwirklicht wird. In diesem Zu-

[9] Vgl. IAB/PwC (2022), S. 18.

[10] Vgl. Welt Online (2016).

sammenhang wurden daten- und zeitabhängige Nutzungstarife weitgehend von Flatrate-Paketen abgelöst, die sich in Bezug auf die Menge von Freieinheiten und dem zur Verfügung stehenden Datenvolumen unterscheiden.

Zu den Teilfeldern der Mobile Communication gehören E-Mail, Mobile Instant Messaging (MIM), Chat-Anwendungen sowie öffentliche Short Messages. Experten gehen davon aus, dass E-Mail und Instant Messaging die beiden erfolgreichsten Anwendungen im Bereich des Mobile Business sind. Dies wird dadurch begründet, dass E-Mail ein bereits etabliertes Kommunikationsmittel ist, das sowohl im geschäftlichen als auch im privaten Bereich in den letzten Jahren einen erheblichen Bedeutungszuwachs erfahren hat.

Instant Messaging-Services funktionieren ähnlich wie die Kommunikation via E-Mail. Während E-Mails normalerweise zur Kommunikation zwischen zwei Personen benutzt werden, bieten Instant Messaging-Services, wie WhatsApp, die Möglichkeit, wie in einem Chat-Room mit mehreren Personen gleichzeitig zu kommunizieren.

Besondere Benachrichtigungsdienste zeigen einem registrierten Nutzer dabei an, welche Personen online sind. Audio- und Video-Chat stellen um entsprechende Multimedia-Komponenten erweiterte Varianten dieses Konzepts dar, die zum Teil, wie beispielsweise bei Skype, parallel genutzt werden können.

Mobile Advertising

Unter Mobile Advertising wird der Einsatz von mobilen Endgeräten wie Handys oder Tablets als neuer Werbeträger verstanden. Durch Mobile Advertising eröffnet sich ein neuer Kanal der Zielgruppenansprache für die Werbekommunikation, die durch eine integrierte Kommunikation intensiver und effizienter durchgeführt werden kann. Dabei dienen mobile Geräte nicht nur als passiver Werbeträger, sondern bieten durch ihr Interaktionspotenzial auch eine Grundlage für interaktive Werbeinhalte.

Durch die Weiterentwicklung der Endgeräte und die Möglichkeiten zur Lokalisierung sowie Identifizierung können auch im Bereich des One-to-One-Marketings neue Potenziale erschlossen werden. Ein Werbetreibender, der Location Based Advertising einsetzt, erhält beispielsweise im Vergleich zu Mitbewerbern einen Standortvorteil, da er Kunden unmittelbar „vor Ort" erreichen und ihnen personalisierte Werbung zusenden kann.

Mobile Advertising wird sich in Zukunft als innovatives Marketing-Tool verstärkt durchsetzen, da es die Möglichkeit bietet, potenzielle Kunden individuell anzusprechen. Im Vergleich zum Vorjahr sind im Jahr 2021 beispielsweise in den USA die Werbeerlöse von Mobile Advertising um ca. 38 % auf insgesamt ca. 135 Mrd. US Dollar gestiegen.[11]

Mobile Commerce

Durch mobile Endgeräte werden Transaktionen zeit- und ortsunabhängig. Dies ist besonders im Bereich des Mobile Commerce von Bedeutung. Der Reisemarkt kann als Early

[11] Vgl. IAB/PwC (2022), S. 6.

Adopter dieses Mobile-Business-Bereichs bezeichnet werden. Begünstigt wurde der frühe Einstieg der Branche durch die vorherige Etablierung von Online-Buchungen bei Flügen und Reisen im Internet. Mithilfe von internetfähigen Mobiltelefonen können schon länger Flug- und Fahrpläne abgerufen und Tickets reserviert werden.

Als eine der ersten deutschen Airlines hat TUIfly das mobile Buchen von Flugtickets angeboten. Bei der mobilen Buchung von Flügen mit mobilen Endgeräten kann der Nutzer Flüge online auswählen, buchen und bezahlen. Kunden können ihr Flugticket bequem per Handy buchen, von unterwegs aus einchecken und Informationen über Abflug- und Ankunftszeiten, den Flugplan sowie das individuelle Meilenkonto erhalten. Mobile Commerce ist inzwischen zu einem festen Bestandteil des Serviceangebots von Fluggesellschaften und von Versandhändlern geworden.

Seit 2007 hat sich zunehmend der QR-Code als Standardlösung für Mobile-Shopping etabliert. Der Code wurde bereits 1994 von der japanischen Firma Denso entwickelt und ermöglicht unter anderem den direkten Aufruf des Produktes auf der Internetadresse. Darüber hinaus können auch weitere Informationen abgerufen werden, wie beispielsweise Versand- und Adressdaten.[12]

Eine Sonderrolle im Mobile Commerce nehmen zudem mobile Auktionen ein. Durch ihre zeitkritische Komponente bilden sie eine ideale Grundlage für eine mobile Anwendung. Den Nutzern wird es ermöglicht, ortsunabhängig als Bieter teilzunehmen. Der Erlös wird bei dieser Anwendung durch Gebühren generiert, die für die Einstellung der Auktion sowie als Provision auf den erzielten Preis vom Verkäufer erhoben werden.

In der letzten Dekade hat die Möglichkeit der Lokalisierung des Mobiltelefons die Einführung neuer Mobile Commerce Anwendungen begünstigt. Wenn Reisende ein Restaurant aufsuchen möchten, können sie nun entsprechende Informationen über ihre Umgebung abrufen. Eine Reservierung direkt mit dem Mobiltelefon ist ebenfalls möglich. Diese Potenziale setzen eine Vernetzung zwischen Mobile-Commerce-Anwendungen und Location Based Services voraus.

Mobile Payment

Finanzdienstleistungen zählen zu den Pionieren der Mobile-Business-Anwendungen. Bereits 1992 hat die finnisch-schwedische Merita Nordbanken in Europa einen Service zum Begleichen von Rechnungen via GSM angeboten.[13] Neben der Entwicklung reiner Online-Banken in Europa und Nordamerika hat eine Vielzahl etablierter Finanzdienstleister eigene Online-Anwendungen für Internet Banking, Online Broking und Trading Services aufgebaut.

Die Finanzdienstleister befinden sich damit in einer Ausgangssituation, in der das Angebot von Mobile Banking häufig lediglich eine Weiterentwicklung der Online-Anwendungen bedeutet. Mobile Banking wurde bereits 1999 von 94 % der europäischen

[12] Vgl. Denso (2014).

[13] Vgl. SCN Education B.V. (2000), S. 297.

Banken angeboten.[14] Für die Banken stellt Mobile Banking einen zusätzlichen Distributionskanal dar, durch den einerseits neue Erlösformen entstehen und andererseits die mit Geldtransaktionen verbundenen Kosten reduziert werden können.

Kunden können per mobilem Zugangsgerät Kontostände abfragen, Überweisungen tätigen, Informationen über Börsenkurse und Zinsen abrufen sowie Aktien kaufen und verkaufen. Neben Mobile Banking und Mobile Broking existieren mit Mobile Cash und Mobile Payment zwei weitere mobile Finanzdienstleistungen.

Mobile-Payment- und Mobile-Cash-Anwendungen umfassen mobile Bezahlvorgänge an Automaten aller Art (zum Beispiel Getränkeautomaten), das Bezahlen gegenüber einer Person, die als Händler oder Dienstleister auftritt (zum Beispiel im Restaurant, Taxi, Kaufhaus) sowie die Übertragung einer Geldsumme zwischen Endkunden. Es gibt zahlreiche Anbieter, die das Mobile Payment unterstützen.

So können beispielsweise Kino- und Konzertkarten per Mobiltelefon bezahlt werden. Auch Fahrscheine, Maut, Lotto und Wetten können über das Mobiltelefon realisiert werden. Bekannte Systeme zur Zahlung sind in diesem Kontext PayPal, Amazon Payments und Google Wallet.

Mobile Entertainment

Mobile Entertainment umfasst eine Reihe von Dienstkategorien. Dazu zählen beispielsweise Mobile Music, Mobile Video und Mobile Games. Diese Bereiche verfügen in Bezug auf die Akzeptanz von Paid Content (Bezahlinhalte) über das höchste Potenzial im stationären Internet. Daher sollte ihnen auch bei der Betrachtung von mobilen Unterhaltungsangeboten eine besondere Relevanz beigemessen werden.

Unter den Bereich Mobile Music können alle musikbezogenen, mobilen und digitalen Produkte sowie Services gefasst werden. Dies umfasst beispielsweise neben dem Herunterladen oder Streamen von Musikstücken auch sonstige Dienste, wie Klingeltöne oder Song-Erkennung. Die größten Online Music Stores, wie Amazon Music, Apples iTunes oder Google Play, bieten Produkte von vielen unterschiedlichen Musikfirmen an und stellen diese den Nutzern in einem DRM-freien (digitales Rechtemanagement) MP3-Format zur Verfügung.

Hierbei können nicht nur Alben, sondern auch einzelne Musikstücke für einen geringen Preis erworben werden. Von größerer Bedeutung sind mittlerweile jedoch Streaming-Dienste, bei denen man sowohl Musikstücke gegen Zahlung einer monatlichen Gebühr streamen kann als auch bestimmte Lieder in eine eigene Playlist downloaden kann. Diese Dienste werden zum Beispiel von Amazon Music und Spotify angeboten.

Vor dem Hintergrund dieser Entwicklungen steigt sowohl die Bedeutung von digitaler Musik als auch von Mobile Music. Der Anteil digitaler Musik am Gesamtumsatz der Musikbranche liegt im Jahr 2021 bei 76 %. Die derzeitige Entwicklung, jederzeit und von jedem Gerät cloud-basierte Streaming-Dienste abrufen zu können, wird die zukünftige

[14] Vgl. Durlacher Research (1999), S. 40.

Umsatzentwicklung der Musikbranche durch Musikstreaming dauerhaft prägen. Streamingdienste haben im Jahr 2021 auf dem digitalen Musikmarkt einen Umsatzanteil von 89,4 % (beziehungsweise 1,34 Mrd. Euro) und gleichen den Rückgang im traditionellen Musikverkauf und im Download-Bereich mehr als aus.[15]

Mobile Video umfasst Content-Angebote auf Videobasis, die unter Berücksichtigung der technischen und umweltbezogenen Beschränkungen mobiler Videorezeption Unterhaltung vermitteln. Als Beispiel kann in diesem Kontext die Nutzung von YouTube auf dem Apple iPhone angeführt werden. Doch auch die Nutzung von mobilen TV-Inhalten fällt unter diese Kategorie mobiler Anwendungen. Der Value Capture im Erlösmodell der Angebote erfolgt meist entweder durch Werbevermarktung, Paid Content oder durch ein Abonnementmodell.

Der Bereich Mobile Games ist durch mobile, interaktive und digitale Unterhaltungsangebote gekennzeichnet. Die entsprechenden Spiele werden bezüglich ihrer Schnittstellen und der Nutzungsstruktur an die Faktoren der mobilen Nutzungssituation angepasst. Dazu zählen vor allem relativ kleine Ein- und Ausgabegeräte, eine im Vergleich zu PCs geringere Rechenleistung sowie kürzere Nutzungsintervalle, die zudem häufig durch Ablenkungen unterbrochen werden können. Erlöse werden in diesem Bereich entweder durch Einmalzahlungen, Abonnementverträge oder Werbeeinblendungen erzielt.

Mobile Software

Als Enabling-Technologie schafft Mobile Software die Grundlage für verschiedene mobile Anwendungsszenarien. Dabei kann in Betriebssysteme für mobile Geräte und Programme beziehungsweise Zusatzfunktionen unterschieden werden. Während Betriebssysteme die technologische Funktionsfähigkeit des Geräts sicherstellen und die Basis für Applikationen (sogenannte Apps) darstellen, erweitern Programme den Anwendungsumfang mobiler Geräte auf funktionaler Ebene.

Beim Apple iPhone wird beispielsweise durch das Betriebssystem iOS die grundlegende Fotofunktionalität der internen Kamera bereitgestellt. Die kostenlose App „Barcode Scanner & QR Code Reader" ermöglicht es, mit Hilfe der Kamerafunktion Bar- und QR Codes zu lesen, um anschließend hierzu verfügbare Informationen im Internet abzurufen.

Mobile Browsing

Eine weitere Enabling-Technologie für Mobile-Business-Anwendungen stellen mobile Browser dar, die Navigation und Nutzung von WWW-Angeboten auf mobilen Geräten ermöglichen. In diesem Kontext hat in den letzten Jahren eine Entwicklung weg von speziell gestalteten Internetseiten hin zu einer angepassten Darstellung normaler Webseiten auf mobilen Geräten stattgefunden (Responsive Design).

---

[15] Vgl. Bundesverband Musikindustrie (2022), S. 6 ff.

Dazu haben die fortschreitende Entwicklung von Mobilgeräteprozessoren und Verbesserungen im Schnittstellenbereich, wie die Entwicklung hochsensitiver kapazitiver Multi-Touchscreens, maßgeblich beigetragen.

Mobile Navigation

Im Geschäftsfeld der Mobile Navigation können die Teilbereiche Standortbestimmung und Routenplanung identifiziert werden. Beide Aspekte setzen auf Ebene der Endgeräte die technologische Fähigkeit zur Verarbeitung von Informationen zur Standortbestimmung voraus. Dies wird in der aktuellen Generation von Mobilfunkgeräten durch eine Kombination von GPS-Technologie, schnellen Mobilprozessoren sowie teilweise Hard- und Software zur Auswertung von WLAN-Netzen erreicht. Ein kritischer Aspekt vieler Geschäftsmodelle in diesem Bereich ist der Zugang zu möglichst aktuellem Kartenmaterial.

Dies kann von entsprechenden Verlagen lizenziert werden oder aus eigenen Ressourcen stammen. Zusätzliche Informationen, wie spezifische Points-of-Interest oder fotorealistische Darstellungen einzelner Orte, mit denen das Material angereichert wird, können dabei einen Wettbewerbsvorteil erzielen. Im Segment der mobilen Routenplanung erfolgt die Monetarisierung der Erlöse meist über Lizenzabgaben der Gerätehersteller, Einmalzahlungen für Karten-Updates oder Abonnementmodelle.

Mobile Telemetrie

Ein weiteres Mobile-Business-Segment mit hohem Potenzial ist die mobile Telemetrie. Telemetrieanwendungen ermöglichen die mobile Übertragung und Aufbereitung von Messdaten. Dabei haben sich in den letzten Jahren vor allem Navigations- und Flottenmanagement-, Verkehrsinformations-, Straßenzustands- und Wetterinformations-, Kfz-Notruf- und Pannen- (eCall) sowie Fahrerassistenzsysteme am Markt etabliert.

Das Car-Sharing Unternehmen Share Now, ein Joint-Venture von Daimler und BMW, ermöglicht über eine App die Lokalisierung, Abwicklung und Bewertung von mietbaren Autos aus der Flotte des Unternehmens. Das Ziel von mobilen Telemetrieanwendungen ist die automatisierte kontextspezifische Anpassung von Diensten, Prozessen und Objekten.

So ist es unter anderem möglich, mithilfe von Netzwerktechnologien Messwerte industrieller Anlagen zu überwachen und an eine Wartungszentrale zu senden. Die reine Überwachungsfunktion kann je nach Beschaffenheit des Endgerätes ausgedehnt werden, sodass auch Eingriffe über eine Fernwartung möglich werden. Eine besondere Relevanz weist die mobile Telemetrie in den Bereichen des Gesundheitswesens und der Automobilelektronik auf. Die mobile Car-to-Car-Kommunikation sowie Technologien zum mobilen Gesundheitscheck stellen die wesentlichen Treiber der technologischen Weiterentwicklung in diesem Bereich dar. Nachdem die Anwendungen und Anwendergruppen im Rahmen des Mobile Business dargestellt wurden, werden im folgenden Abschnitt die Nutzergruppen im Mobile Business diskutiert.

Nutzergruppen im Mobile Business

Vor dem Hintergrund der umfassenden Verbreitung von Smartphones sowie anderen mobilen Endgeräten verlieren lokale Internetzugänge immer weiter an Bedeutung. Viele Menschen sind sogenannte Mobile-Only-User, die das Internet ausschließlich über mobile Endgeräte nutzen. In Deutschland spielt die Mobile-Only-Nutzung noch eine untergeordnete Rolle, da lediglich 4 % der Deutschen zählen zu den Mobile-Only-Usern. In den USA gehören 12 % der Internetnutzer zu den Mobile-Only-Usern, in Spanien sind es 32 % und Indien ist mit 70 % Mobile-Only-Usern Spitzenreiter.[16]

Da noch immer etwa 45 % der Deutschen regelmäßig ihre Internetaktivitäten am lokalen Computer zu Hause ausführen, ist nicht davon auszugehen, dass die Desktop-Arbeit in Deutschland in naher Zukunft deutlich zurückgeht. Obwohl viele Deutsche nicht vollständig auf ihren lokalen Computer verzichten können, stellt es für 38 % der Deutschen eine große Entbehrung dar, ihr Smartphone für zwei Wochen nicht zu besitzen. Dabei werden in Deutschland durchschnittlich zehn Apps genutzt. Am beliebtesten sind dabei Social Media Apps wie WhatsApp, Facebook und Instagram mit einer Nutzung von 92,6 %. Nachrichten-Apps sind mit 62,4 % der Nutzung deutlich unbeliebter als Social Media Apps. An dritter Stelle der Nutzungsbeliebtheit stehen Spiele mit einer Nutzung von 51,4 %.[17]

In den vergangenen Jahren hat der Anteil der Personen über 14, die regelmäßig mobile Internetanwendungen nutzen deutlich zugenommen. Es erscheint daher sinnvoll, die soziodemografischen Charakteristika der mobilen Internet-Nutzung in der Bundesrepublik Deutschland näher zu betrachten.

Tab. 2.6 stellt einen Überblick über die Entwicklung der mobilen Internetnutzung seit 2015 anhand ausgewählter Eigenschaften dar.

Tab. 2.6 Mobile Internet Nutzung. (Datenquelle: Initiative D21 (2022), S. 15 f.)

	2015	2018	2021
Mobile Internet-Nutzer	54 %	68 %	82 %
Männlich	58 %	73 %	86 %
Weiblich	50 %	64 %	79 %
Niedrige Bildung	38 %	43 %	64 %
Mittlere Bildung	56 %	74 %	87 %
Hohe Bildung	72 %	82 %	90 %

[16] Vgl. comScore, Inc. (2017b), S. 11.

[17] Vgl. Kantar TNS (2018).

Der gesamte Anteil mobiler Internetnutzung ist seit 2015 deutlich angestiegen und mittlerweile in allen Bevölkerungsgruppen verbreitet. Im Jahr 2021 nutzen insgesamt 82 % der deutschen Bevölkerung über 14 Jahren das Internet mobil, während es 2015 noch 54 % waren.

Hinsichtlich der Geschlechterverteilung lässt sich feststellen, dass Männer das mobile Internet aktiver nutzen als Frauen. In beiden Gruppen ist ein kontinuierlicher Anstieg der Nutzung zu verzeichnen. Im Hinblick auf den Bildungsstand fällt auf, dass speziell Personen mit einem niedrigen Bildungsniveau deutlich weniger mobile Internetanwendungen nutzen, als das bei Personen mit mittlerer oder hoher Bildung der Fall ist.

Im Hinblick auf die Verbreitung internetfähiger Mobiltelefone und anderer mobiler Geräte und die entsprechende Zunahme mobiler Anwendungsangebote hat der Markt in den letzten Jahren eine gewisse Reife erreicht. Im Jahr 2017 zeigte ein internationaler Vergleich, dass insgesamt mehr als 24 % der Internetnutzerinnen und -nutzer ausschließlich mobil im Internet unterwegs sind.[18] In der Altersgruppe zwischen 25 und 34 Jahren betrifft dies sogar fast ein Drittel der Nutzer. Ein Großteil der mobilen Nutzungszeit entfällt mit mehr als 80 % auf die Nutzung von Apps. Darüber hinaus werden auch die so genannten On-the-go-Kategorien wie Wetter, Kommunikation oder Jobsuche häufig mobil genutzt. Insbesondere sozial motivierte Zwecke, z. B. die Nutzung von Instant Messengern oder sozialen Medien, machen mehr als 25 % der mobilen Nutzungszeit aus. Es ist jedoch nicht zu erwarten, dass die Desktop-Nutzung in Zukunft wegfallen wird.[19] Abb. 2.7 veranschaulicht die durchschnittliche Nutzung des reinen mobilen Internets.

Insgesamt gehen Expertenbefragungen davon aus, dass die Verbreitung von breitbandfähigen Mobilgeräten weltweit in Zukunft zunehmen wird.[20] In den USA zum Beispiel hat sich die Zahl der Erwachsenen, die ein Smartphone besitzen, von 35 % im Jahr 2011 auf rund 81 % im Jahr 2019 mehr als verdoppelt.[21] Dieser Trend wird sich voraussichtlich fortsetzen. Die wachsende Begeisterung für datenintensive mobile Applikationen ist ein Treiber dieser Entwicklung. Insbesondere der zeit- und ortsunabhängige Abruf von wichtigen Informationen steht im Fokus des Interesses.[22] Neben dem Verständnis für die Verbreitung der technischen Voraussetzungen ist das Wissen über die Nutzung mobiler Dienste unabdingbar für eine genauere Einschätzung der Potenziale und Risiken von Geschäftsaktivitäten und Anwendungen im Mobile Business. Die wachsende Mobil-App-Industrie fördert die Nutzung mobiler Apps zum Nachteil von

[18] Vgl. comScore, Inc. (2017b), S. 12; Umfasst die Länder Brasilien, Kanada, China, Frankreich, Indien, Italien, Malaysia, Spanien, das Vereinigten Königreich und die USA.

[19] Vgl. comScore, Inc. (2017b), S. 8 ff.

[20] Vgl. eMarketer (2022).

[21] Vgl. Pew Research Center (2021).

[22] Vgl. Hayden/Webster (2015).

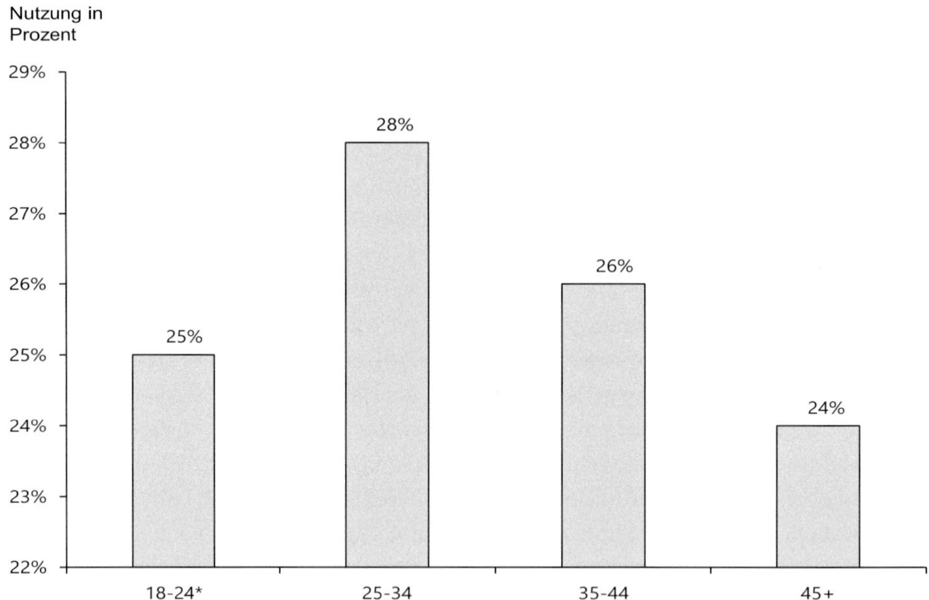

Abb. 2.7 Durchschnittliche Nutzung des reinen mobilen Internets. (Datenquelle: comScore, Inc. (2017b), S. 12)

Browsern. Mittlerweile entfallen bereits 90 % der Zeit, die im mobilen Internet verbracht wird, auf Apps, während der Anteil von Browsern nur 10 % beträgt. Was die Nutzung von Apps betrifft, so verbringen die Nutzer die meiste Zeit mit Facebook, Messaging- und Spiele-Apps. Während die Nutzung von mobilen Kommunikations- und Unterhaltungsdiensten insgesamt recht hoch ist, sind Nachrichten- und andere Informations-Apps noch nicht in dem Maße nachgefragt. Dies wird auch bei der Betrachtung der verschiedenen App-Kategorien deutlich. Abb. 2.8 spiegelt diese Divergenz wider, indem sie den Anteil der mobilen App-Kategorien und die Zeit, die Einzelpersonen weltweit mit diesen Apps verbringen, veranschaulicht.

Die Zeit, die mit verschiedenen mobilen Applikationen verbracht wird, bzw. deren Nutzungsintensität entspricht der Verteilung der mobilen Angebote im Allgemeinen. Gemessen an den Kategorien ist Social Networking das am häufigsten genutzte App-Angebot im mobilen Internet, gefolgt von Radio und Spielen. Interessanterweise wird mobile Musik immer noch nicht so häufig genutzt wie Radio, trotz des wachsenden Erfolgs von mobilen Musik-Apps wie Apple Music und Spotify. Die am wenigsten genutzte Kategorie sind Nachrichten und andere informative mobile App Dienste. Nach der Erläuterung der Anwendungen und Nutzergruppen im Bereich des Mobile Business, erörtert der folgende Abschnitt die Erfolgsfaktoren des Mobile Business.

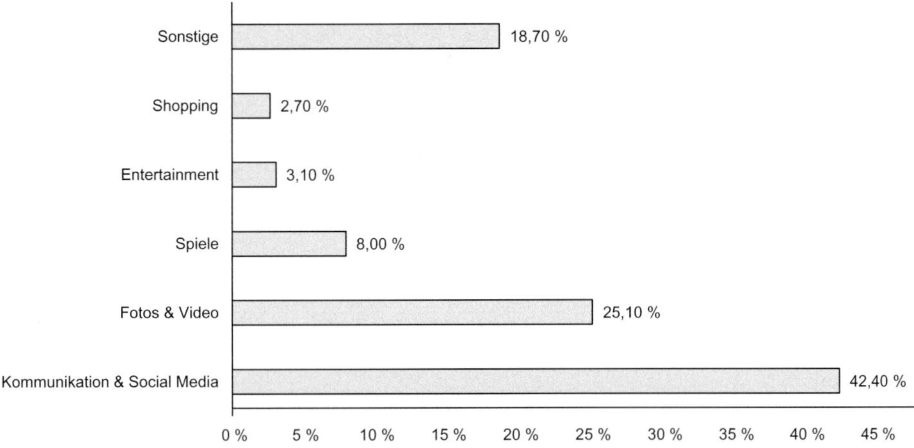

Abb. 2.8 Anteil der Nutzungszeit nach Kategorie der mobilen App. (Datenquelle: Data.ai (2023))

2.4 Erfolgsfaktoren des Mobile Business

Die zukünftige Entwicklung des Mobile Business hängt davon ab, ob Unternehmen die aufgezeigten Chancenpotenziale erfolgreich umsetzen können. Mobile Business darf nicht isoliert betrachtet werden, vielmehr muss eine Integration in einem allgemeinen strategischen Rahmen erfolgen, um erfolgreich zu sein. Bei dieser Strategie sollten die wichtigsten Erfolgsfaktoren für das Mobile Business Berücksichtigung finden.

Mobiltelefone sind einerseits weit verbreitet und andererseits ist der Umgang mit dem Mobiltelefon, verglichen mit der Handhabung eines stationären PCs, einfacher. Dadurch ist die Hemmschwelle bezüglich des Endgeräteeinsatzes im Mobile Business geringer.

Die Erfolgsfaktoren des Mobile Business sind denen des Digital Business ähnlich, wobei die speziellen Charakteristika der Mobilität, Erreichbarkeit, Lokalisierung und Identifizierbarkeit des Mobile Business auch bei den Erfolgsfaktoren berücksichtigt werden sollten.

Die Charakteristika Erreichbarkeit und Mobilität beziehungsweise Ortsunabhängigkeit werden im Zusammenhang mit zeitkritischen Informationen erfolgsrelevant. Vor allem im Bereich der mobilen Finanzdienstleistungen ist es für den Nutzer unerlässlich, Informationen zeitnah zu erhalten und Transaktionen von jedem Ort aus ohne Verzögerung durchführen zu können. Allerdings sind diese beiden Faktoren nicht ausschließlich im Bereich der Finanzdienstleistungen erfolgsbestimmende Elemente. Auch in anderen Bereichen, in denen es auf Aktualität ankommt, wie zum Beispiel bei Nachrichten oder Verkehrsmeldungen, stellt eine zeitnahe Information für den Nutzer ein Zusatznutzen dar.

Customization und Mobile Networking

Die wesentlichen relevanten Erfolgsfaktoren des Mobile Business können vier Kategorien zugeordnet werden. Als erster Erfolgsfaktor kann Customization und Mobile Networking genannt werden. Dieser kann in drei bedeutende Bereiche untergliedert werden. Zunächst ist hier das Mobile Social Networking zwischen Anwendern zu nennen, das in diesem Zusammenhang erheblich an Bedeutung gewonnen hat. Die Anwender können dabei sowohl über ihre mobilen Endgeräte miteinander kommunizieren als auch ihre Standorte innerhalb des sozialen Netzwerks teilen.

Weitere Aspekte beziehen sich auf die Lokalisierung von Angeboten und Präferenzen, sowie auf die Selektion, Personalisierung und Individualisierung von Services und Produkten (z. B. Apps) im Sinne mobiler Präferenzen. Während Personalisierung individuelle Anpassungen an die Nutzerstruktur erfasst, werden unter Lokalisierung standortbezogene Anpassungen von Services verstanden.

Die Personalisierung und Lokalisierung von Produkten und Services ermöglicht es, Kundenbedürfnisse zielgerechter zu befriedigen und damit die Kundenzufriedenheit zu erhöhen. Ein Beispiel hierfür ist die Mobile App Foursquare, die als standortbezogener Empfehlungsservice für Restaurants, Geschäfte und andere Orte den Anwendern entsprechende beliebte Plätze anzeigt auf Basis der Orte, die sie besucht haben und den Dingen, die sie selbst oder ihre Freunde mögen. Die Schwester-App Swarm von Foursquare erlaubt den Anwendern zudem Freunde zu kontaktieren, ihre Standorte zu teilen, an Standorten einzuchecken und zu sehen welche ihrer Freunde sich in der Nähe befinden.[23]

Software-Plattform, Integrationsgrad und AI-Services

Die Bereitstellung eines digitalen Marktes für die Leistungen Dritter, die mobile Produkte und Services um Funktionen und Inhalte erweitern, erhöht dabei die Attraktivität des Ausgangsprodukts beziehungsweise -services. In diesem Kontext werden vor allem proprietäre Plattformen eingesetzt, die für den Anbieter den Vorteil eines hohen Maßes an Kontrollierbarkeit bieten.

Zudem kann durch ein größeres Angebot an verfügbaren Zusatzleistungen ein Lock-in-Effekt erreicht werden, der Kunden dauerhaft an Geräte, Services und Plattformen eines bestimmten Herstellers bindet. Ein Beispiel für eine solche vernetzte Systemlösung ist der Cloud-Speicher und Cloud-Computing-Service iCloud von Apple. Dieser Service ermöglicht Anwendern die Speicherung von Daten beispielsweise in Form von Dokumenten, Fotos, Apps und Kontakten auf Remote-Servern, sowie die Synchronisierung und Aktualisierung von Daten auf allen verbundenen Endgeräten (z. B. iPhone, iPad und MacBook). Zudem wird die Integration und das Angebot von AI Services zukünftig eine erhebliche Relevanz haben. Hier wird eine deutliche Leistungssteigerung von Smartphones durch AI Services stattfinden (z.B. AI Chatbots etc.).

Medienbruchfreiheit und Seamless Connection

Ein weiterer Erfolgsfaktor des Mobile Business ist die Medienbruchfreiheit und Seamless Connection in Bezug auf die angebotenen Produkte und Services. Komplexe vernetzte Informationsprozesse und Dienste (z. B. Multi-Channel-Services) werden dabei über ein

[23] Vgl. Foursquare (2023).

zentrales mobiles Endgerät (in der Regel mit Cloud-Option) abgewickelt, ohne dass ein Wechsel zwischen verschiedenen Geräten oder Medien notwendig wird. Ziel dieser zeit- und standortunabhängigen Verfügbarkeit von Daten und Services ist dabei ein Convenience- und Zeitvorteil auf Seiten des Nutzers.

Darüber hinaus stellen die Software-Plattform und ihr Integrationsgrad einen Erfolgsfaktor im Mobile Business dar. Von großer Bedeutung in diesem Kontext sind Mobile Apps (z. B. WhatsApp, Snapchat oder Uber), die nahezu alle Internetanbieter inzwischen für ihre Produkte oder Services über digitale Marktplätze (z. B. Apple App Store) bereitstellen. Die Breite und Tiefe beziehungsweise Customization des App-Angebots, sowie die Attraktivität des App-Services spielt dabei eine entscheidende Rolle.

Bandbreite und Netzperformance

Schließlich stellt auch die verfügbare Bandbreite und Netzperformance eine kritische Komponente des Mobile Business dar. Sie dient als Voraussetzung für Content-Angebote, wie zum Beispiel mobiles Video Streaming, und begrenzt damit direkt das Nutzungsspektrum von Mobile-Business-Anwendungen. Von erheblicher Bedeutung ist hierbei insbesondere die Abdeckung und Reichweite des Netzes, sowie die Stabilität und Leistungsfähigkeit (z. B. Übertragungsgeschwindigkeit) der Verbindung. Abb. 2.9 stellt die vier grundlegenden Erfolgsfaktoren des Mobile Business dar.

Customization und Mobile Networking	**Software-Plattform, Integrationsgrad und AI-Services**
• Mobile Social Networking zwischen Anwendern (z.B. Swarm) • Lokalisierung von Angeboten und Präferenzen (z.B. Foursquare) • Selektion, Personalisierung und Individualisierung von Services und Produkten (z.B. Apps) gemäß mobiler Präferenzen	• Breite und Tiefe / Customization des App-Angebots / Attraktivität des App-Services und mobile AI-Service-Integration • Vernetzte Systemlösungen (z.B. Apple iCloud) • Integrierte AI Servicers zur Leistungssteigerung von Smartphones
Medienbruchfreiheit und Seamless Connection	**Bandbreite und Netzperformance**
• Universelle zeit- und standortunabhängige Verfügbarkeit von Daten und Services • Neugestaltung von Prozessen und Informationsketten, z.B. Multi-Channel-Services • Ressourcen- und Zeiteinsparungen durch den Einsatz eines zentralen mobilen Geräts mit Cloud-Option	• Verbindungsstabilität • Verbindungsleistungsfähigkeit (z.B. Übertragungsgeschwindigkeit, 5G-Verfügbarkeit) • Netzabdeckung und -reichweite

Abb. 2.9 Erfolgsfaktoren des Mobile Business. (Vgl. Wirtz (2010), S. 69; Wirtz (2020), S. 72; Wirtz (2021), S. 59)

2.5 Inhaltliche Kernpunkte des Mobile Business

- Die umfassende Diffusion von Smartphones hat zu einer dominanten ökonomischen und gesellschaftlichen Bedeutung des Mobile Business beigetragen.
- Unter dem Begriff Mobile Business wird die Anbahnung sowie die Unterstützung, Abwicklung und Aufrechterhaltung von Leistungsaustauschprozessen zwischen ökonomischen Partnern mittels elektronischer Netze und mobiler Zugangsgeräte verstanden.
- Marktführer im Mobile Business wie Apple und Google verfolgen integrierte Marktstrategien, indem sie entsprechende Plattformen anbieten, die in der Regel nur mit ihren Geräten oder zumindest mit ihren Betriebssystemen zugänglich sind. Dementsprechend basieren ihre Marktstrategien auf proprietären Systemen.
- Die Plattformen im Mobile Business bringen Drittanbieter von mobilen Anwendungen oder anderen digitalen mobilen Inhalten mit dem Endkunden zusammen.
- Aufgrund der erheblichen Verbesserungen bei mobiler Hard- und Software nutzen viele Verbraucher in immer stärkerem Maße mobile Applikationen.
- Die primären Aktivitäten des Mobile Business sind Mobile Search, Mobile Information, Mobile Communication, Mobile Advertising, Mobile Commerce, Mobile Payment und Mobile Entertainment.
- Die Erfolgsfaktoren des Mobile Business sind Customization und Mobile Networking, Medienbruchfreiheit und Seamless Connection, eine Softwareplattform, ein hoher Integrationsgrad und AI Services, sowie eine ausreichende Bandbreite und Netzperformance.

Kapitel 2
Wissensfragen und Diskussionsthemen

Wissensfragen

1. Erläutern Sie die Marktdynamik des Mobile Business und dessen Bedeutung in der Informationsgesellschaft.
2. Skizzieren Sie die Positionen und Strategien von Marktführern im Mobile Business.
3. Unterscheiden Sie die verschiedenen mobilen Anwendungen.
4. Erläutern Sie die wesentlichen Nutzerpräferenzen und Strukturen des Mobile Business.
5. Identifizieren Sie die Erfolgsfaktoren des Mobile Business.

Diskussionsthemen

1. Im letzten Jahrzehnt hat das mobile Internet den stationären Internetzugang überholt. Diskutieren Sie, ob jeder Internetzugang in Zukunft mobil sein wird. Was wären die Vor-und Nachteile eines solchen Szenarios?
2. Fast jeder junge Mensch hat heute ein Smartphone. Diskutieren Sie, ob die intensive Nutzung (Always-on / Always-in) für die persönliche Entwicklung sinnvoll ist, insbesondere vor dem Hintergrund der Online-Sucht/Gaming-Sucht.
3. Diskutieren Sie die Vor-und Nachteile der Wettbewerbsstrategie der Walled Gardens. Untergraben proprietäre Systeme wie das Apple-Ökosystem den offenen und kompatiblen Standard des Internets?

Literatur

Anderson Consulting (2000), The next wave- eEurope 2000, London 2000.

ARD/ZDF (2017), ARD-ZDF-Onlinestudie- Geräte für die Internetnutzung 2014 bis 2016, 2017, http://www.ard-zdf-onlinestudie.de/index.php?id=557, Abruf: 17.05.2017.

Ascari, A./Bonomo, P./D'Agnese, L./Perttunen, R. (2000), Mobile Commerce: The next consumer revolution, in: McKinsey Telecommunications, Opportunities in wireless e-commerce, 2000, S. 4–12.

Bauer, H.H./Lippert, I./Reichardt, T./Neumann, M.M. (2005), Effective Mobile Marketing – Eine empirische Untersuchung, Mannheim 2005.

Becker, L. (2019), Entwickler klagt gegen Apples App-Provision- Apple missbrauche das Monopol auf den Vertrieb von iPhone-Apps und schade damit Entwicklern, heißt es in einer US_Sammelklage, 01.07.2019, https://www.heise.de/mac-and-i/meldung/Entwickler-klagt-gegen-Apples-App-Provision-4459613.html.

Bundesnetzagentur (2009), Tätigkeitsbericht 2008/2009 Telekommunikation, 2009, http://www.bundesnetzagentur.de/media/archive/17897.pdf.

Bundesnetzagentur (2019), Jahresbericht 2018- 20 Jahre Verantwortung für Netze, 2019, https://www.bundesnetzagentur.de/SharedDocs/Downloads/DE/Allgemeines/Bundesnetzagentur/Publikationen/Berichte/2019/JB2018.pdf?__blob=publicationFile&v=6, Abruf: 23.07.2019.

Bundesnetzagentur (2022), Jahresbericht 2021- Unsere Zukunft sicher vorbereiten, https://www.bundesnetzagentur.de/SharedDocs/Mediathek/Jahresberichte/JB2021.pdf;jsessionid=CD91AE5A8256FA47372EFE10364EDDCE?__blob=publicationFile&v=5, Abruf: 27.10.2022.

Bundesverband Musikindustrie (2022), Musikindustrie in Zahlen 2021, https://miz.org/de/dokumente/musikindustrie-in-zahlen-2021#:~:text=Wie%20der%20Bundesverband%20Musikindustrie%20in,1%2C96%20Milliarden%20Euro%20verzeichnen., Abruf: 27.10.2022.

comScore, Inc. (2017a), The 2017 U.S. Mobile App Report, 2017, https://static.poder360.com.br/2017/08/2017USMobileAppReport-1.pdf, Abruf: 19.07.2022.

comScore, Inc. (2017b), The Global Mobile Report- comScore's cross-market comparison of mobile trends and behaviours, 2017, https://www.aaaa.org/wp-content/uploads/2017/10/Global-comScore-Global-Mobile-Report-2017.pdf, Abruf: 18.07.2022.

Data.ai (2023), Distribution of global time spent on mobile in 2020 to 2022, by category, https://www.statista.com/statistics/435324/share-app-time-category/, Abruf: 24.07.2023.

Denso (2014), Denso Wave Incorporated, http://www.denso-wave.com/en/solution/typeofuse/picking.html, Abruf: 11.12.2014.

Durlacher Research (1999), Mobile Commerce Report, London 1999.

eMarketer (2022), How mobile users spend their time on their smartphones in 2022, https://www.insiderintelligence.com/insights/mobile-users-smartphone-usage, Abruf: 18.07.2022, Abruf: 14.04.2022.

Ericsson (2019), Ericsson Mobility Report- June 2019, Stockholm, 2019, https://www.ericsson.com/49d1d9/assets/local/mobility-report/documents/2019/ericsson-mobility-report-june-2019.pdf, Abruf: 31.07.2019.

Foursquare (2023), Foursquare Swarm, https://de.swarmapp.com/, Abruf: 21.02.2023.

Hayden, T./Webster, T. (2015), The mobile commerce revolution- Business success in a wireless world, Indianapolis, Ind. 2015.

IAB/PwC (2022), Internet Advertising Revenue Report- Full-year 2021 results, https://www.iab.com/wp-content/uploads/2022/04/IAB_Internet_Advertising_Revenue_Report_Full_Year_2021.pdf, Abruf: 10.10.2022.

Initiative D21 (2022), D21 Digital Index 2021/2022- Jährliches Lagebild zur Digitalen Gesellschaft, https://initiatived21.de/app/uploads/2022/02/d21-digital-index-2021_2022.pdf, Abruf: 10.10.2022.

International Telecommunication Union (2019), Key ICT indicators for developed and developing countries, 2019, https://www.itu.int/en/ITU-D/Statistics/Pages/stat/default.aspx, Abruf: 17.01.2020.

Jelassi, T./Enders, A. (2005), Strategies for e-Business- Creating Value through Electronic and Mobile Commerce, 1. Auflage, Edinburgh 2005.

Kantar TNS (2018), ARAG Trend 2018: Deutsche sind begeisterte App-Nutzer- Luft nach oben bei Kunden-Apps und kostenpflichtigen Anwendungen, 2018, https://www.arag.com/de/presse/pressemitteilungen/group/00463/?cookieSetting=true, Abruf: 19.12.2019.

Leitl, M. (2000), Tragbare Litfaßsäule mit Kaufknopf, in: Net-Business, 6.11.2000, 2000, S. 33.

Pew Research Center (2021), Mobile Fact Sheet, https://www.pewresearch.org/internet/fact-sheet/mobile/, Abruf: 18.07.2022, Abruf: 07.04.2021.

SCN Education B.V. (2000), Mobile networking with WAP- The ultimate guide to the efficient use of wireless application protocol, Braunschweig 2000.

Teichmann, René; Lehner, F. (2002), Mobile Commerce. Strategien, Geschäftsmodelle, Fallstudien. Berlin [u.a.]: Springer.

TNS Infratest (2022), D21 Digital Index 2021/2022- Jährliches Lagebild zur Digitalen Gesellschaf, 2022, https://initiatived21.de/app/uploads/2022/02/d21-digital-index-2021_2022.pdf, Abruf: 18.07.2022.

Track Your Kid (2023), Übersicht über Ihre Lieben!! Dank Handyortung, http://www.trackyourkid.de/, Abruf: 21.02.2023.

Welt Online (2016), So viel zahlt Google für die iPhone-Suchfunktion, 2016, https://www.welt.de/wirtschaft/webwelt/article151336208/So-viel-zahlt-Google-fuer-die-iPhone-Suchfunktion.html, Abruf: 17.05.2017.

Wirtz, B.W. (2001), Electronic Business, 2. Auflage, Wiesbaden 2001.

Wirtz, B.W. (2010), Electronic Business, 3. Auflage, Wiesbaden 2010.

Wirtz, B.W. (2016), Electronic Business, 5. Auflage, Wiesbaden 2016.

Wirtz, B.W. (2020), Electronic Business, 7. Auflage, Wiesbaden 2020.

Wirtz, B.W. (2021), Digital business and electronic commerce- Strategy, business models and technology, 1. Auflage, Cham 2021.

Wirtz, B.W./Mathieu, A. (2001), Mobile Commerce, in: Die Betriebswirtschaft (DBW), 61. Jg., Nr. 5, 2001, S. 615–618.

Yasin, M.M./Torres, P.M./Gomes, C.F. (2015), Enhancing the effectiveness of mobile elecotronic commerce strategy, in: Wei, J. (Hrsg.): Mobile electronic commerce- Foundations, development, and applications, Boca Raton, Fla. [u.a.] 2015, S. 3–20.

Social Media Business

3

Inhaltsverzeichnis

3.1 Grundlagen des Social Media Business 78
3.2 Definition und Einordnung des Social Media Business 80
3.3 Anwendungen und Nutzungsverhalten im Social Media Business 86
3.4 Digitale Desinformation in Social Media 111
3.5 Erfolgsfaktoren im Social Media Business 118
3.6 Inhaltliche Kernpunkte des Social Media Business 121
Literatur 123

Wissensziele

Wenn Sie dieses Kapitel gelesen haben, werden Sie in der Lage sein:

1. soziale Medien und Web 2.0 zu definieren und zu unterscheiden
2. die Komponenten des Four Factors Models für soziale Medien zu erklären,
3. die Arten von Social-Media-Anwendungen sowie die verschiedenen Gruppen von Social-Media-Nutzern und ihre Aktivitäten zu beschreiben,
4. den Metaverse-Ansatz mit seinen Chancen und Risiken darzustellen,
5. das Problem der digitalen Desinformation und mögliche Kontrollmechanismen zu erläutern.

B. W. Wirtz, *Digital Business*, https://doi.org/10.1007/978-3-658-41467-2_3

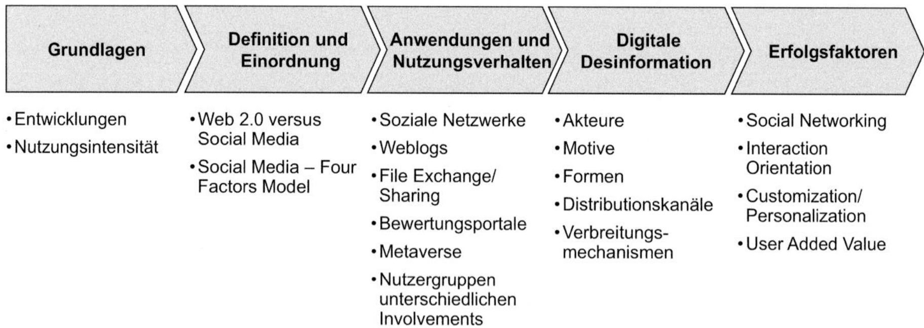

Abb. 3.1 Struktur des Kapitels

Social Media haben seit ihrer Einführung eine überragende Bedeutung in der Informationsgesellschaft erlangt, insbesondere die Vernetzung von Konsumenten über Social Media wie Facebook, Twitter/X oder Instagram stellt eine der weitverbreitetsten Felder im digitalen Kontext dar.[1]

Es handelt sich dabei um innovative Plattformen und Applikationen mit hohem Gestaltungspotenzial im Internet. Durch kooperative Partizipation gestalten Nutzer und Anbieter gemeinsam die Inhalte und bestimmen somit den Aufbau sozialer Netzwerke. Ziel von Social-Media-Anwendungen ist die Verteilung von Inhalten bei gleichzeitiger Vernetzung der Nutzer. Vor diesem Hintergrund kommt dem Social Media Business eine erhebliche Bedeutung zu.

Da Social Media somit eine immer größere Relevanz im Kontext des Digital Business aufweist, werden im Folgenden die Grundlagen des Social Media Business dargestellt, bevor das Social Media Business definiert und eingeordnet wird.

Anschließend werden die zur Verfügung stehenden Social-Media-Anwendungen skizziert und das Nutzungsverhalten beschrieben. Aufbauend hierauf werden die Faktoren digitaler Desinformation im Rahmen von Social Media dargestellt. Abschließend erfolgt eine Betrachtung der Erfolgsfaktoren des Social Media Business. Abb. 3.1 stellt die Struktur des Kapitels dar.

3.1 Grundlagen des Social Media Business

Die zunehmende Bedeutung des Social-Media-Business wird durch einen grundlegenden Anstieg der Nutzer von Social-Media- und Web-2.0-Anwendungen bestimmt. Sowohl die Kunden- als auch die Unternehmensseite haben in den letzten Jahren maßgeblich zur Steigerung der Aufmerksamkeit auf Social Media beigetragen. Dabei ist insbesondere die steigende Werbefinanzierung in Bezug auf beliebte soziale Netzwerke wie Facebook oder Instagram ein verlässlicher Indikator für die steigende Bedeutung von Social Media. Die

[1] Vgl. zu Kap. 3 Social Media Business im Folgenden Wirtz (2020), S. 73 ff.; Wirtz (2021), S. 63 ff.; Wirtz (2022), S. 271 ff.

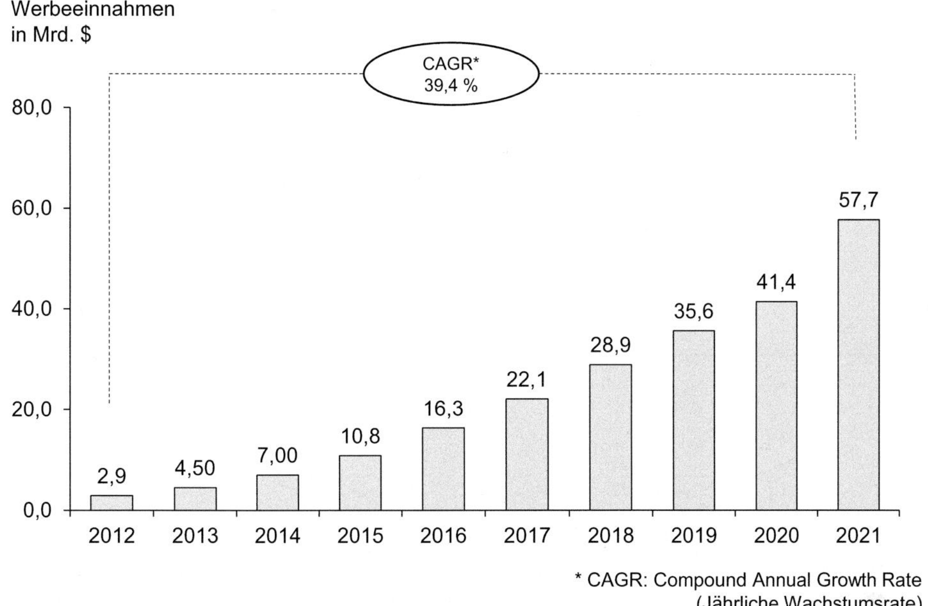

Abb. 3.2 Entwicklung der Werbeeinnahmen in sozialen Medien in den USA. (Datenquelle: IAB/PwC (2020), S. 19; IAB/PwC (2022), S. 22)

dynamische wirtschaftliche Entwicklung der sozialen Medien spiegelt sich daher auch im Wachstum ihrer Werbeeinnahmen in den USA in den letzten Jahren wider. Abb. 3.2 veranschaulicht diese Entwicklung.

Die Werbeeinnahmen in den sozialen Medien in den USA sind von 2,9 Mrd. USD im Jahr 2012 auf 57,7 Mrd. USD im Jahr 2021 stetig gestiegen. Gemessen am Umsatz waren die bevorzugten Social-Media-Plattformen im Jahr 2020 Facebook (94 %), Instagram (76 %), LinkedIn (59 %), Twitter/X (53 %) und YouTube (53 %).[2] Im Jahr 2019 belief sich die Zahl der Social-Media-Nutzer weltweit auf 3,51 Mrd., und es wird davon ausgegangen, dass sie bis 2027 auf 5,85 Mrd. ansteigt und damit zwei Drittel der Weltbevölkerung ausmacht.[3] Angesichts der weiten Verbreitung sozialer Medien haben diese im Kontext von digital-agierenden Unternehmen zunehmend an Bedeutung gewonnen. Die digitale geschäftsorientierte Nutzung sozialer Medien wird im Folgenden als Social Media Business bezeichnet. Tab. 3.1 stellt die am häufigsten genutzten Social Media Dienste der Welt dar.

Der kontinuierliche Anstieg der Zahl der Internetanschlüsse beziehungsweise Breitbandanschlüsse und der damit einhergehende Nutzeranstieg von Social-Media-Anwendungen, sowohl auf Konsumenten- als auch auf Unternehmensseite, haben maßgeblich zu dem Bedeutungszuwachs von Social Media in den letzten Jahren beigetragen.

---

[2] Vgl. Stelzner (2020).

[3] Vgl. Statista (2022).

Tab. 3.1 Nutzungsintensivste Social Media Dienste weltweit. (Datenquelle: We Are Social (2020))

Plattform	Aktivität in %
Facebook	17,2
YouTube	13,8
WhatsApp	13,8
FB Messenger	9
Weixin/WeChat	8
Instagram	6,9
Douyin/Tiktok	5,5
QQ	5
Qzone	3,6
Sina Weibo	3,6
Reddit	3
Kuaishou	2,8
Snapchat	2,7
Twitter/X	2,7
Pinterest	2,5

In Bezug auf den Anteil der Internet-Nutzer in Deutschland ist zu konstatieren, dass dieser seit dem Jahr 2006 von 60 % um etwa 34 % auf 94 % im Jahr 2021 gestiegen ist. Allerdings verlief das Wachstum in den vergangenen 3 Jahren deutlich langsamer als noch zu Beginn der 2000er-Jahre.[4]

Neben dem prozentualen Anteil der Internet-Nutzer ist auch ein deutlicher Anstieg der durchschnittlichen Verweildauer im Internet zu verzeichnen. So waren die Deutschen im Jahr 2021 ca. 227 min täglich online. 2011 waren es insgesamt noch 80 min. Somit stieg die Verweildauer – entgegen der stagnierenden Entwicklung bei der Internetnutzung – innerhalb der letzten Dekade um knapp das Dreifache.[5] Der Anstieg der Verweildauer von Internet-Nutzern impliziert einen Anstieg der Nutzungsraten der spezifischen Anwendungen von Social Media.

3.2 Definition und Einordnung des Social Media Business

Bei der Analyse von Social Media stößt man vielfach auf den Begriff Web 2.0. Da es sich bei Web 2.0 und Social Media um relativ junge Bereiche handelt, hat sich bis heute keine einheitliche Definition der beiden Begriffe durchgesetzt. Vielmehr werden beide im Schrifttum häufig mit ähnlichen Inhalten belegt. Die meisten Definitionen von Social Media und Web 2.0 vereinen Charakteristika wie zum Beispiel Interaktion, Dialog, Vernetzung sowie nutzergenerierte Inhalte.

[4] Vgl. Beisch/Koch (2021), S. 488.

[5] Vgl. ARD/ZDF (2014); Beisch/Koch (2021), S. 491.

Darüber hinaus stehen der Informations-, Erfahrungs- und Sichtweisenaustausch beziehungsweise die Kommunikation in Online-Gemeinschaften sowohl in Social Media als auch im Web 2.0 im Mittelpunkt des Interesses.[6] Vor diesem Hintergrund soll zunächst auf die Abgrenzung von Web 2.0 zu Social Media eingegangen werden.

Im Mittelpunkt von Web 2.0 stehen die Kommunikations- beziehungsweise Interaktionsmöglichkeiten für den Nutzer.[7] Die Nutzung von Web 2.0. erfolgt durch bestimmte Basisfunktionen, die es dem Nutzer ermöglichen, Web-Inhalte kontinuierlich beizutragen und zu modifizieren. Dies können beispielhaft sein:[8]

- Adobe Flash: Gängige Methode zur Programmierung und Darstellung multi-medialer und interaktiver Inhalte, wie Animationen, Audio- und Videostreams.
- RSS (engl. Really Simple Syndication): Ein Web-Feed-Format zur einfachen und strukturierten Veröffentlichung von fortlaufenden Änderungen auf Internetseiten.
- AJAX (engl. Asynchronous Java Script): Eine Technik zum Erhalt der Daten auf Web-Servern, um Webinhalte zu aktualisieren ohne dabei das Layout oder die Funktionsweise der Internetseite zu verändern.

Social Media sind eine Gruppe von Internetanwendungen, die technologisch und konzeptionell auf Web 2.0 basieren. Sie ermöglichen das Einstellen und den Austausch von nutzergenerierten Inhalten (engl. „User Generated Content"). Kennzeichnend für nutzergenerierte Inhalte sind:[9]

- Die Veröffentlichung auf allgemein zugänglichen Social-Media-Anwendungen,
- ein gewisses Maß an kreativer Eigenleistung sowie
- die Kreation außerhalb von professionellen Routinen und Praktiken.

Abb. 3.3 stellt die im Schrifttum verwendeten Charakteristika gegenüber und führt Beispiele für Web 2.0 und Social Media an.[10]

Insbesondere bei Social Media spielen das Social Networking und die Option einer Personalisierung der Service-Angebote eine bedeutende Rolle.[11] Vor diesem Hintergrund soll im Weiteren der Begriff Social Media wie folgt verwendet werden (siehe Tab. 3.2).

Ein geeignetes Konzept zur Beschreibung der Charakteristika und damit einhergehend der Chancen und Möglichkeiten im Digital Business durch soziale Medien stellt das Social Media – Four Factors Model dar.[12] Es handelt sich dabei um eines der

[6] Vgl. Wirtz/Elsäßer (2012), S. 514.

[7] Vgl. O'Reilly (2005); Little (2006).

[8] Vgl. Kaplan/Haenlein (2010), S. 61.

[9] Vgl. Kaplan/Haenlein (2010), S. 61.

[10] Inhalte basierend auf Kaplan/Haenlein (2010), S. 60 f.

[11] Vgl. Wirtz/Nitzsche/Ullrich (2014), S. 65.

[12] Vgl. im Folgenden Wirtz/Schilke/Ullrich (2010), S. 276 ff.

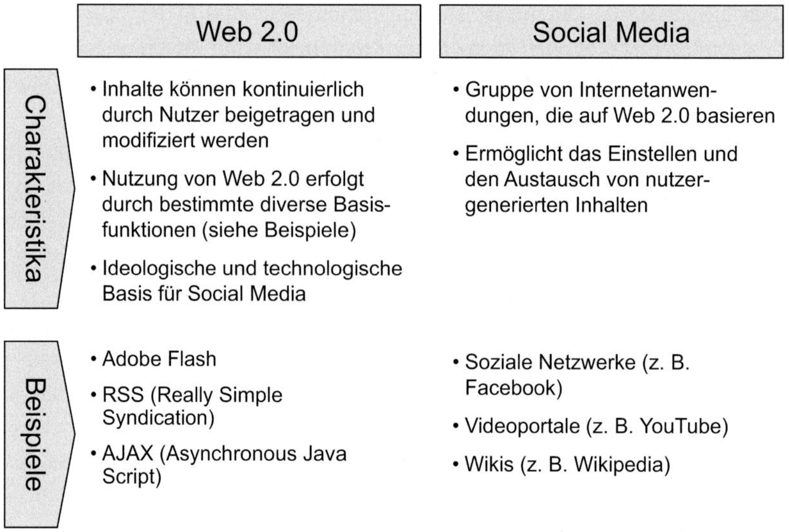

Web 2.0
Social Media
Charakteristika
• Inhalte können kontinuierlich durch Nutzer beigetragen und modifiziert werden
• Nutzung von Web 2.0 erfolgt durch bestimmte diverse Basisfunktionen (siehe Beispiele)
• Ideologische und technologische Basis für Social Media
• Gruppe von Internetanwendungen, die auf Web 2.0 basieren
• Ermöglicht das Einstellen und den Austausch von nutzergenerierten Inhalten
Beispiele
• Adobe Flash
• RSS (Really Simple Syndication)
• AJAX (Asynchronous Java Script)
• Soziale Netzwerke (z. B. Facebook)
• Videoportale (z. B. YouTube)
• Wikis (z. B. Wikipedia)

Abb. 3.3 Web 2.0 vs. Social Media. (Vgl. Wirtz (2016b), S. 48; Wirtz (2021), S. 67; Wirtz (2022), S. 275)

Tab. 3.2 Definition Social Media. (Vgl. Wirtz/Ullrich (2008), S. 22; Wirtz (2021), S. 67; Wirtz (2022), S. 275)

Social Media sind Anwendungen, Dienste, Applikationen und Plattformen im Internet mit hohem, zumeist interaktivem und personalisierbarem Gestaltungspotenzial. Diese zeichnen sich durch die aktive Erstellung und Gestaltung vielfältiger Inhalte durch die kooperative Partizipation der Nutzer aus. Die Nutzerinhalte bilden in Verbindung mit Plattformservices soziale Netzwerke, die eine kommunikative und inhaltliche Vernetzung der Nutzer ermöglichen.

Modelle zu Social Media, das empirisch validiert ist.[13] Die vier Dimensionen des Modells lauten:

- „Social Networking“: Soziale Vernetzung von Gruppen und Individuen über Internetplattformen und -applikationen,
- „Interaction Orientation“: Interaktionen zwischen Unternehmen und Nutzern über Social Media und den Anwendungen,
- „Customization/Personalization“: Segmentspezifische Ausrichtung und Anpassung der Marktangebote an die Bedürfnisse der Nutzer beziehungsweise Nutzergruppen und
- „User-Added Value“: Wertschöpfung durch und von Nutzern über die Anwendungen von Social Media.

Im Kontext des Digital Business spielen die vier Dimensionen des Social Media Four Factors Model eine wichtige Rolle. In Anlehnung an die Definition für Digital Business

[13] Vgl. Wirtz/Piehler/Ullrich (2013).

soll diese deshalb um die Möglichkeit, Geschäftsbeziehungen über Social Media zu initiieren und aufrechtzuerhalten, erweitert werden (siehe Tab. 3.3):

Die vier Dimensionen des Social Media – Four Factors Model setzen sich jeweils aus mehreren Komponenten zusammen. Abb. 3.4 stellt diese Dimensionen und deren Komponenten dar.[14]

Tab. 3.3 Definition Social Media Business. (Vgl. Wirtz (2013), S. 47; Wirtz (2021), S. 68; Wirtz (2022), S. 276)

Unter dem Begriff Social Media Business wird die Anbahnung sowie die Unterstützung, Abwicklung und Aufrechterhaltung von Leistungsaustauschprozessen zwischen ökonomischen Partnern mittels elektronischer Netze und Social-Media-Instrumenten verstanden.

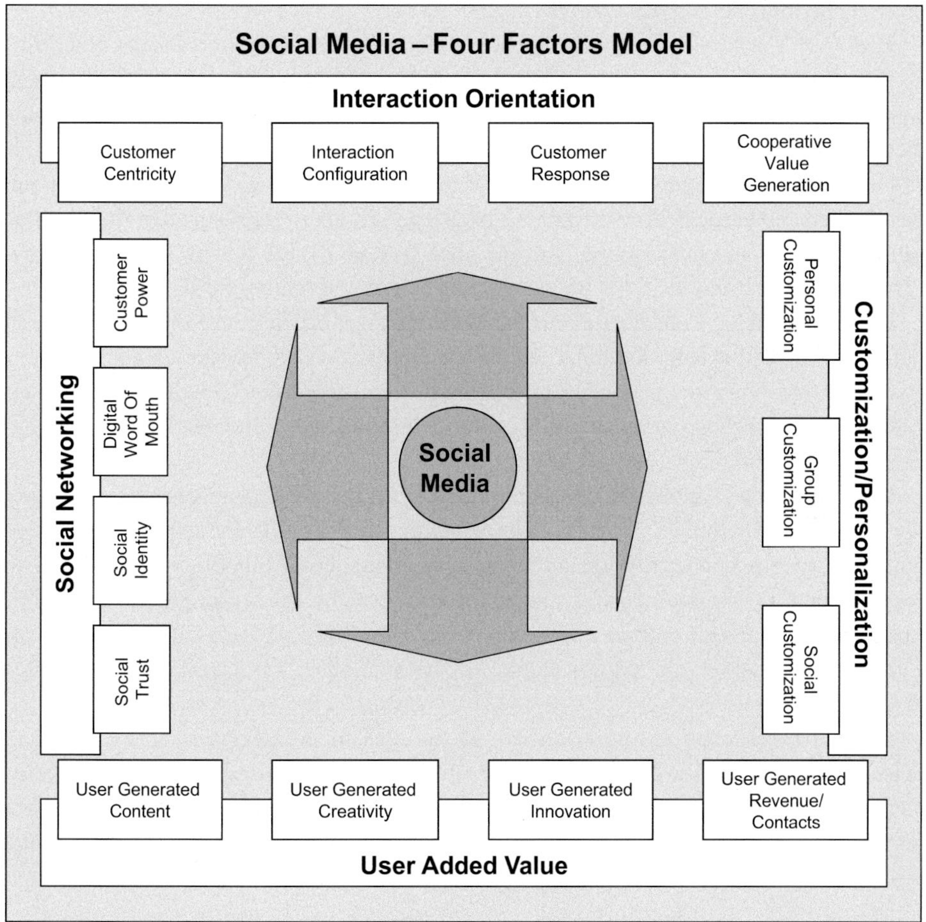

Abb. 3.4 Social Media – Four Factors Model. (Vgl. Wirtz (2016b), S. 50; Wirtz (2021), S. 69; Wirtz (2022), S. 277)

[14] Inhalte basierend auf Wirtz/Schilke/Ullrich (2010), S. 279.

Die Dimension „Social Networking“ beschreibt Strukturen von Online-Interaktionen zwischen Individuen und kann in die Komponenten „Social Trust“, „Social Identity“, „Digital Word Of Mouth“ und „Customer Power“ unterteilt werden. Die Idee hierbei ist die Verbindung von Individuen und sozialen Gruppen über Online-Anwendungen und Plattformen, denen häufig bestimmte Themen zugrunde liegen.[15]

Die Komponente „Social Trust“ bezeichnet im Kontext von sozialen Medien das gegenseitige Vertrauen der Nutzer eines Netzwerks hinsichtlich Empfehlungen und Meinungsäußerungen anderer Nutzer. Beispielhaft sei hier die Social-Media-Plattform Yelp.de genannt. Nutzerpartizipation in sozialen Netzwerken wird hauptsächlich getrieben durch das Bedürfnis nach sozialer Akzeptanz und dem Wunsch nach Zugehörigkeit zu einer sozialen Gruppe. Soziale Netzwerke sind besonders bedeutsam, weil die onlinegestellten Informationen in diesen Netzwerken zu einer vertrauenswürdigen Wissensquelle für verschiedene persönliche Entscheidungen werden.

In diesem Zusammenhang zielt die Komponente „Social Identity“ auf das Bedürfnis ab, sich einer bestimmten sozialen Gruppe zugehörig zu fühlen und ihr Image beziehungsweise Erscheinungsbild in bestimmten Online-Umgebungen zu pflegen. Erfüllen können dies zum Beispiel spezifische Fanpages oder Communities auf Facebook.

Die dritte Komponente „Digital Word Of Mouth“ steht in engem Zusammenhang mit den beiden vorherigen Komponenten, bezieht sich aber eher auf den informellen Informationsaustausch zwischen Nutzern über E-Mail, Blogs und Bewertungsportale. Diese fokussiert somit die hohe Bedeutung von Nutzerempfehlungen für andere Nutzer.

Unter „Increasing Consumer Power“ versteht man den Anstieg der Konsumentenmacht durch Social Media aufgrund einer intensiven Informationsweitergabe und Transparenz zwischen den Nutzern. Dazu bewerten Rezipienten den Social-Media-Auftritt eines Unternehmens und fungieren anschließend als Multiplikatoren, indem sie diesen mit anderen Nutzern teilen oder verlinken.[16]

Die Dimension „Interaction Orientation“ besteht aus vier Komponenten: Im Rahmen der „Customer Centricity“ wird der Kunde als der im Mittelpunkt stehende Ausgangspunkt unternehmerischer Aktivitäten betrachtet. „Interaction Configuration“ bezieht sich vor allem auf die Struktur der Interaktionsprozesse und die Art der ausgetauschten Informationen. „Customer Response Capability“ bildet die Kunden-Dialogfähigkeit ab. Hierzu zählt beispielsweise die Möglichkeit, ein individuelles Kunden-Feedback leisten zu können.

Ein entscheidendes Erfolgskriterium ist in diesem Kontext ein aktives Dialogengagement seitens des Unternehmens: Bei der Kommunikation über soziale Medien kann die Einrichtung von Kontaktpunkten einen zielführenden Umgang mit Kritik, Problemen oder Produktideen der Kunden gewährleisten. Um einen entsprechenden Aufwand leisten zu können, bedarf es dabei einer ausreichenden Anzahl von Mitarbeitern.[17]

---

[15] Vgl. Beynon-Davies (2013), S. 101 ff.

[16] Vgl. Weinberg (2014), S. 8.

[17] Vgl. Hettler (2010), S. 125 ff.

„Cooperative Value Generation" bezeichnet die Fähigkeit von Unternehmen, in Kooperation mit Kunden Geschäftsbeziehungen wertschöpfend zu gestalten. Social-Media-Marketing erfüllt für Unternehmen vor allem im Bereich der Marktforschung und der darauf aufbauenden internen Entscheidungsfindung, Implementierung und Kontrolle in Bezug auf neue Produkte eine wichtige Funktion. Eine Partizipation der Kunden an internen Unternehmensprozessen kann dazu beitragen, das Risiko von Produktflops zu minimieren.[18]

Die Dimension „Customization/Personalization" setzt sich aus den drei Komponenten „Personal Customization", „Group Customization" und „Social Customization" zusammen. „Personal Customization" bietet Nutzern von Social-Media-Anwendungen die Möglichkeit, Modifikationen beziehungsweise Rekonfigurationen der Anwendungen entsprechend eigener Vorlieben und Bedürfnisse vorzunehmen.

Ein Beispiel hierfür ist das soziale Netzwerk Facebook. Mitglieder von Fanseiten können individuell bestimmen, ob sie bei Status-Änderungen oder dem Einstellen neuer Inhalte durch das Unternehmen per E-Mail benachrichtigt werden wollen. „Group Customization" ermöglicht eine gruppenspezifische Gestaltung von Services. „Social Customization" richtet sich im Kontext von Social-Media-Anwendungen primär an soziale Schichten. Soziale Medien bieten Möglichkeiten, maßgeschneiderte Produkte zu konfigurieren. Unternehmen erhalten im Gegenzug Informationen über Vorlieben von Kunden.

Die Dimension „User-Added Value" befasst sich mit der Wertschöpfung durch Einbindung von Nutzern, die Content, Kreativität, Innovation und Kontakte beitragen und somit durch neue Information und Innovation Nutzen stiften. Das Konzept beinhaltet die vier Komponenten „User Generated Content", „User Generated Creativity", „User Generated Innovation" und „User Generated Revenue/Contacts". „User Generated Content" beschreibt dabei von Nutzern in Social Media publizierte Inhalte. Neben Medien wie Audio- und Video-Dateien können dies auch anderer Webseiten-Content (z. B. Produktempfehlungen und -bewertungen) oder Profile sein. In gleicher Weise können Nutzer auch durch „User Generated Creativity" partizipieren.

Hierbei bringen sie eine neue Perspektive und innovative Ideen mit ein, die die zukünftige Unternehmensentwicklung beeinflussen können. Im Kontext der Komponente „User Generated Innovation" wird der Nutzer kritischer Teil der Prozess- und Produktinnovationen.[19] Diese Form der Nutzereinbindung wurde sehr erleichtert durch die Einführung von Open Source-Programmen und APIs (Application Programming Interfaces).[20]

Die Komponente „User Generated Revenue/Contacts" beschreibt die Möglichkeit der Erweiterung des Angebots durch Gewinnung von neuen Nutzern und die dadurch entstehende Wertschöpfung. Unternehmen können auf vielfältige Weise von aktiven Nutzern

[18] Vgl. Hettler (2010), S. 38 f.

[19] Vgl. Wirtz/Nitzsche/Ullrich (2014).

[20] Vgl. Wirtz/Schilke/Ullrich (2010), S. 292.

profitieren, beispielsweise durch Weiterempfehlungen von interessanten Fanseiten von Unternehmen auf Facebook. Die Fähigkeit neue Nutzer zu gewinnen und Nutzen aus diesen zu ziehen ist zu einem wichtigen Treiber der Wertschöpfung für Unternehmen im Bereich Digital Business geworden.

Zusammenfassend lässt sich konstatieren, dass das Social Media – Four Factors Model sowohl eine klare konzeptionelle Orientierung als auch die Kerneigenschaften für die Nutzung und Anpassung geeigneter Social-Media-Anwendungen bietet. Die Leistungsfähigkeit des Social Media Business basiert auf zahlreichen Social-Media-Anwendungen, die den Social-Media-Nutzer miteinbeziehen. Diese Anwendungen ermöglichen die Bewältigung entsprechender Herausforderungen bezüglich der Faktoren der verschiedenen Dimensionen des Social Media – Four Factors Models, um die Anforderungen und Bedürfnisse der Nutzer zu erfüllen. Daher stellt der folgende Abschnitt relevante Social-Media-Anwendungen und die beteiligten Nutzergruppen im Social Media Business dar.

3.3 Anwendungen und Nutzungsverhalten im Social Media Business

Social Media ist ein elementarer Bestandteil der modernen Informationsgesellschaft geworden. Diese Entwicklung hat den Alltag der meisten Menschen stark beeinflusst und dementsprechend auch die gesamte Wirtschaft verändert.[21] Vor diesem Hintergrund wird in diesem Abschnitt zunächst ein Überblick über die unterschiedlichen Social-Media-Anwendungen im Digital Business Bereich gegeben und anschließend die Anwendergruppen im Social Media Business erörtert.

Social Media Anwendungen

Social Media bieten Unternehmen eine Vielzahl unterschiedlicher Anwendungen, um mit Kunden und anderen Anspruchsgruppen zu kommunizieren. Auf Kanalebene existieren zahlreiche Social-Media-Anwendungen, die Berücksichtigung finden.[22] Die Instrumente des Social Media Business lassen sich in verschiedene Formen unterteilen und werden in Tab. 3.4 dargestellt.[23]

Eine bedeutende Rolle nehmen in diesem Kontext soziale Netzwerke wie zum Beispiel Facebook, Instagram und Xing ein. Zusätzlich existiert eine Vielzahl sogenannter Weblogs (Blogs) und Microblogs. Dabei handelt es sich entweder um von Unternehmen realisierte oder private Veröffentlichungen durch Weblogs. Ergänzt werden diese Anwendungen durch File Exchange & Sharing, Bewertungsportale, Instant Messengers, Wikis, Mashups, Social Tagging & Bookmarking, Onlineforen sowie durch Podcasts.

[21] Vgl. Wirtz/Göttel (2016), S. 97 ff.

[22] Vgl. Dahnil et al. (2014), S. 119.

[23] Inhalte basierend auf Enderle/Wirtz (2008), S. 37.

Tab. 3.4 Übersicht Social-Media-Anwendungen. (Vgl. Wirtz (2021), S. 72 f.; Wirtz (2022), S. 281 ff.)

Anwendung	Geschäftsmodell	Leistungsangebot	Kundennutzen
Soziale Netzwerke zum Beispiel Facebook.com	• Sammlung und Bereitstellung von nutzergenerierten Inhalten auf einer Plattform • Umsätze durch Werbung und Data Mining	• Selbstpräsentation der Nutzer • Vernetzung von Nutzern untereinander • Vernetzung von Nutzer und Inhalten	• Mediation sozialer Kontakte durch digitale Interaktion • Gute Verwendung im Mobile-Bereich (Mobile Networking)
Weblogs (Blogs) & RSS-Feeds zum Beispiel Blogger.com	• Systematisierung und Sammlung von Online-Tagebüchern • Umsätze durch Werbung, Premium-Abogebühren und Data Mining	• Bereitstellung eines Authoring-Tools zur Erstellung von Blogs • Hosting von Blogs • Kategorisierung von Blogs	• Ungefilterte und persönliche Publikationsmöglichkeit für „jedermann" • Visuelle Darstellung von Content
Microblogs zum Beispiel Twitter.com	• Sammlung und Bereitstellung von nutzergenerierten Inhalten auf einer einzigen Plattform • Umsätze durch Werbung und Data Mining	• Spezielle Form des Bloggens zum schnellen Veröffentlichen von Kurznachrichten	• Schnelle und bequeme Publikationsmöglichkeit • Gute Verwendung im Mobile-Bereich
File Exchange & Sharing zum Beispiel YouTube.com	• Archivierung und Systematisierung von nutzergenerierten Inhalten (z. B. Videos) • Umsätze durch Werbung und Data Mining	• Bereitstellung von Online-Speicherplatz • Systematisierung von Inhalten, zum Beispiel durch Kategorien und Bewertungen	• Broadcasting für „jedermann" • Zugang zu einem breiten Nutzerkreis bzw. Publikum
Bewertungs-portale zum Beispiel Yelp.com	• Aggregation und Systematisierung von produktbezogenen Informationen • Umsätze durch Agenturprovisionen, Werbung und Data Mining	• Aggregation von Informationen über Produkte und Dienstleistungen • Nutzergenerierte Bewertungen von Produkten und Dienstleistungen • Preisvergleich mit Links zu Onlineshops	• Unabhängige Bewertungen von Produkten und Dienstleistungen durch Nutzer • Vereinfachung und Unterstützung von Entscheidungs- und Kaufprozessen

(Fortsetzung)

Tab. 3.4 (Fortsetzung)

Anwendung	Geschäftsmodell	Leistungsangebot	Kundennutzen
Instant Messengers zum Beispiel WhatsApp.com	• Austausch von Text-, Audio-, und Videonachrichten und Inhalten • Umsätze durch Abogebühren, Unternehmenskooperationen und Data Mining	• Sofortiges Versenden von Nachrichten im Push-Verfahren • Unterstützung von Datei-, Audio- und Video-Streams	• Schneller und bequemer Austausch von Nachrichten • Gute Verwendung im Mobile-Bereich
Podcasts zum Beispiel Podcast.de	• Bereitstellung von Audio- und Videoinhalten • Umsätze durch Nutzungsgebühren, Abogebühren und Werbung	• Themenspezifische Audio- und Videoinhalte • Möglichkeit eines Abonnements	• Orts- und zeitungebundener Konsum von Inhalten • Automatische Aktualisierung
Wikis zum Beispiel Wikipedia.org	• Sammlung, Systematisierung und Weiterentwicklung von Informationen • Umsätze durch Spenden	• Tools zur Erstellung und Editierung von Inhalten durch die Nutzer • Bereitstellung einer Plattform zur Suche und Darstellung von Informationen/Wissen	• Aggregation themenspezifischer Informationen • Freiheit hinsichtlich der Inhalte und Autoren • Nutzer als kollektive Redaktion
Social Tagging & Bookmarking zum Beispiel LinkArena.com	• Klassifizierung und Systematisierung von Internet-angeboten • Umsätze durch Verkauf von Click-Streams und Data Mining	• Zentrale Archivierung und ubiquitäre Verfügbarkeit von Bookmarks • Verschlagwortung von Bookmarks und Zugriff auf Links anderer User	• Individuelle redaktionelle Aufarbeitung des Internets
Onlineforen zum Beispiel Spiegel.de/forum	• Sammlung, Klassifizierung und Bereitstellung von nutzergenerierten Inhalten auf einer einzigen Plattform • Umsätze durch Werbung und Data Mining	• Austausch und Archivierung von Gedanken, Meinungen und Erfahrungen	• Erweiterung Wissensstand • Problemlösungen durch Community • Strukturiertes Erfassen von Themen und Meinungen
Mashups zum Beispiel w2g.tv/de Watch2Gether	• Kombination verschiedener Online-Software-produkte/API-Services • Umsätze durch Werbung und Mitgliedsbeiträge	• Erstellung neuer Medieninhalte durch Rekombination bereits bestehender Inhalte	• Nutzung von Synergien zwischen diversen Social-Media-Anwendungen • Zeitersparnis

Im Kontext von Social Media Business weisen soziale Netzwerke wie zum Beispiel Facebook sowie File Exchange & Sharing-Anwendungen wie beispielsweise YouTube hohe Nutzerzahlen auf. Besonders starke Zuwächse bestehen bei den Microblogs und den Instant Messengern. Dahinter folgen Blogs, Wikis und Bewertungsportale. Social Tagging & Bookmarking-Dienste sowie Podcasts werden dagegen weniger stark von Nutzern frequentiert und bieten dementsprechend wenig Business-Potenzial.

Soziale Netzwerke sind Plattformen, die computervermittelte Kommunikation anwenden um Individuen in Gruppen oder Communities miteinander zu verbinden.[24] Ihr Geschäftsmodell besteht darin nutzergenerierte Inhalte auf einer Plattform zu sammeln und bereitzustellen, wobei Umsätze auf Basis von Werbung und Data Mining generiert werden.

Das Leistungsangebot von sozialen Netzwerken erlaubt Nutzern ihre individualisierten Profile im Internet zu präsentieren und darüber zu interagieren oder sich mit anderen Nutzern zu vernetzen. Der Kundennutzen besteht dabei sowohl in der Mediation sozialer Kontakte durch digitale Interaktion als auch in der guten Verwendung der Services im mobilen Bereich.

Aufgrund ihrer Reichweite und ihres Wachstums in der letzten Dekade gehören soziale Netzwerke zu den populärsten Anwendungen im Social Media Business. Die in Deutschland bei seinen Nutzern beliebteste Social-Media-Anwendung ist WhatsApp mit über 50 Mio. aktiven Nutzern.

Damit weist WhatsApp noch größere Nutzerzahlen auf als Facebook mit rund 18 Mio. aktiven Nutzern.[25] Aber auch Instagram mit rund 14 Mio. und Snapchat mit 6 Mio. weisen hohe Nutzerzahlen auf. Das Business-Netzwerk Xing nutzen circa 19 Mio. Mitglieder.[26]

Social-Media-Anwendungen können schnell und einfach zur Interaktion eingerichtet werden und sind somit sehr relevant im Digital Business Kontext. Sie können zur Präsentation von Produkt- und Dienstleistungsangeboten verwendet werden. Darüber hinaus besitzen Unternehmen die Möglichkeit durch einen adäquaten Auftritt das Interesse einer großen Nutzergemeinde zu wecken.

Weblogs (Kurzform: Blogs) und RSS-Feeds bewegen sich zwischen den traditionellen Printmedien und Rundfunkmedien und dienen hauptsächlich Informationszwecken. Blogs stellen Individuen, Unternehmen und Organisationen Möglichkeiten bereit eigene Inhalte im Internet zu veröffentlichen und visuell darzustellen. Zu den bekanntesten Blogging-Plattformen zählen beispielsweise Blogger.com und Jimdo.com.

Das Geschäftsmodell eines Blogs besteht in der Systematisierung und Sammlung von Online-Tagebüchern, wobei Umsätze auf Basis von Werbung, Premium-Abogebühren und Data Mining erzielt werden können. Ein Blog stellt somit eine Art Online-Tagebuch dar und kann definiert werden als eine Webseite mit regelmäßigen Aktualisierungen, deren

[24] Vgl. Laudon/Traver (2017), S. 689.

[25] Vgl. Buggisch (2021).

[26] Vgl. Buggisch (2021).

Inhalte chronologisch geordnet und in absteigender Reihenfolge angezeigt werden.[27] Dabei tritt ein Blog typischerweise in der Gestalt eines Tagebuches, einer What's-New-Page, einer Linksammlung anderer Webseiten oder eines Journals auf. Autoren sind dabei entweder einzelne Personen oder Gruppen.

Alle Inhalte können unmittelbar durch die Leser kommentiert werden und sind mit anderen Webseiten durch Links verknüpft. Das Leistungsangebot von Blog-Anbietern besteht im Wesentlichen in der Bereitstellung eines Authoring-Tools zur Erstellung von Blogs, sowie dem Hosting und der Kategorisierung von Blogs hinsichtlich des Themenschwerpunktes. Der Nutzen für den Kunden liegt dabei insbesondere in der visuellen Darstellung, sowie ungefilterten und persönlichen Publikationsmöglichkeit eigener Inhalte.

RSS-Feeds (Really Simple Syndication-Feeds) sind im Zusammenhang mit Blogs im Besonderen, aber auch Webseiten im Allgemeinen, ein nützliches Tool für Anwender, um über Aktualisierungen oder Entwicklungen auf sozialen Plattformen informiert zu werden. Die schnelle und einfache Einrichtung von Blogs und RSS-Feeds macht beide Anwendungen zu einem nützlichen Instrument für Unternehmen, um Kunden mit aktuellen Informationen zu versorgen. RSS-Feeds weisen jedoch keine Möglichkeiten zur Gewinnung von nutzergenerierten Inhalten beziehungsweise Feedback auf.

Eine speziellere Form des Bloggens stellen Microblogs dar. Hierbei ist Twitter/X der weltweit führende und mit Abstand meistgenutzte Microblogging-Dienst. Das Geschäftsmodell eines Microblogs besteht in der Sammlung und Bereitstellung von nutzergenerierten Inhalten auf einer einzigen Plattform, wobei Umsätze auf der Basis von Werbung und Data Mining generiert werden können.

Das Leistungsangebot stellt eine spezielle Form des Bloggens zur schnellen Veröffentlichung kurzer Textnachrichten im Internet dar, die oft weniger als 140 Zeichen lang sind und je nach Bedarf öffentlich oder einem ausgewählten Nutzerkreis zugänglich gemacht werden können. Der Nutzen für den Kunden liegt dabei vor allem in der schnellen und bequemen Publikationsmöglichkeit und der guten Verwendung im mobilen Bereich. Für Unternehmen kann dieser Dienst ein wichtiges Mittel sein, um ein breites Publikum anzusprechen, Kunden zu binden und die eigene Marken und Produkte bekannt zu machen.

Neben Blogs und sozialen Netzwerken existieren weitere Ausprägungen von Social Media, wie beispielsweise File-Exchange & Sharing-Dienste. Zu den beliebtesten Angeboten in diesem Bereich zählen beispielsweise YouTube, Flickr und SlideShare. Das Geschäftsmodell von File Exchange & Sharing-Anbietern liegt in der Archivierung und Systematisierung von nutzergenerierten Inhalten (z. B. Videos), wobei Umsätze auf Basis von Werbung und Data Mining erzielt werden.

Das Leistungsangebot umfasst dabei im Wesentlichen die Bereitstellung von Online-Speicherplatz und die Systematisierung von Inhalten beispielsweise anhand von Kategorien und Bewertungen.

[27] Vgl. im Folgenden Przepiorka (2006), S. 14.

File Exchange & Sharing-Plattformen verbreiten die in der Regel von ihren Nutzern hochgeladenen multimedialen Inhalten wie zum Beispiel Bilder oder Videos über das Internet. Viele Nutzer solcher Seiten besitzen keine Mitgliedschaft, sondern besuchen diese Seiten lediglich, um Videos und Fotos passiv zu rezipieren. Dennoch bieten solche Anwendungen Mitgliedern auch soziale Funktionen. YouTube gilt als mit Abstand populärste File Exchange & Sharing-Plattform im Internet.

Beispielsweise können von Unternehmen auf YouTube publizierte Videos von Nutzern der Plattform angesehen, bewertet und kommentiert werden. Die Kommentarfunktion ermöglicht zusätzlich einen Dialog zwischen Unternehmen und Rezipienten. Besitzen Unternehmen einen eigenen Kanal auf YouTube, erhalten Nutzer durch dessen Abonnement regelmäßig Informationen und direkten Zugriff auf weitere Video-Beiträge des Unternehmens. Diese Beiträge können zum Beispiel auch Produkt- und Dienstleistungsangebote enthalten. In diesem Kontext sind unter anderem Informationen bezüglich Rabattaktionen und Neuprodukterscheinungen denkbar.

Auch Bewertungsportale wie Yelp.de oder Ciao.de zählen zu den Erscheinungsformen von Social Media. Das Geschäftsmodell von Bewertungsportalen liegt in der Aggregation und Systematisierung von produkt- und dienstleistungsbezogenen Informationen, wobei Umsätze durch Agenturprovisionen, sowie auf Basis von Werbung und Data Mining generiert werden können. Das Leistungsangebot von Bewertungsportalen umfasst die Aggregation von Informationen über Produkte und Dienstleistungen, nutzergenerierte Bewertungen zu Produkten und Dienstleistungen, sowie oftmals auch die Bereitstellung eines Preisvergleichs mit Links zu Onlineshops.

Der Nutzen für den Kunden ergibt sich aus den meist unabhängigen Bewertungen von Produkten und Dienstleistungen, die eine gewisse Markttransparenz schaffen und die Entscheidungsprozesse von Konsumenten vereinfachen und unterstützen. Besonders diese Eigenschaft macht Bewertungsportale zu einem divergierenden Instrument, da Empfehlungen über digitales Word-of-Mouth einerseits großes Vertrauen unter Nutzern schafft beziehungsweise genießt, andererseits jedoch negative Eindrücke die Bereitstellung von Digital Business Produkten und Services hemmen kann.

Bewertungsportale informieren nicht nur Konsumenten über Unternehmen und deren Produkte, sondern besitzen auch als Informationsquellen für Unternehmen großes Potenzial. Kritischem Feedback der Konsumenten kann frühzeitig durch entsprechende Reaktionen begegnet werden. Das Feedback der Kunden kann darüber hinaus für etwaige Adaptionen des Produktsortiments einen wertvollen Beitrag liefern.

Instant Messengers sind Social-Media-Anwendungen, deren Geschäftsmodell darin besteht Nutzern einen schnellen und bequemen Austausch von Text-, Audio- und Videonachrichten zu ermöglichen. Umsätze werden dabei auf Basis von Abogebühren, Unternehmenskooperationen und Data Mining generiert. Der Nutzen für den Kunden liegt insbesondere in der Schnelligkeit und Bequemlichkeit, mit der Nachrichten ausgetauscht werden können, sowie der guten Verwendung im mobilen Bereich. Die mit Abstand populärste Anwendung weltweit in diesem Bereich ist der mobile Instant-Messaging-Dienst WhatsApp.

WhatsApp ist eine plattformübergreifende mobile Nachrichten-App, die inzwischen weitgehend die SMS-Nutzung auf mobilen Endgeräten ersetzt hat. Neben gewöhnlichen Textnachrichten sowie Audio- und Videotelefonie, können WhatsApp-Nutzer Gruppen erstellen und sich gegenseitig unbegrenzt Bilder, sowie Video- und Audiodateien zuschicken.

Diese Funktionen können auch Unternehmen nutzen. So können diese via WhatsApp direkt mit ihren Kunden in Kontakt treten, Newsletter-Funktionen nutzen oder als Ansprechpartner zur Verfügung stehen und dabei Nachrichten sowie Inhalte austauschen.

Podcasts sind nützliche Tools zur standort- und zeitunabhängigen Nutzung von Onlineinhalten. Populäre Podcast-Anbieter sind beispielsweise Libsyn oder Podcast.de. Ihr Geschäftsmodell liegt in der Bereitstellung und Verbreitung von Audio- und Videoinhalten, wobei Umsätze durch Nutzungs- beziehungsweise Abogebühren und Werbung generiert werden.

Das Leistungsangebot von Podcasts umfasst themenspezifische Audio- und Videoinhalte und bietet die Möglichkeit eines Abonnements. Der Nutzen für den Kunden liegt dabei in der orts- und zeitungebundenen Nutzung dieser Inhalte und deren automatischer Aktualisierung.

Podcasts weisen rudimentäre Ähnlichkeiten mit Weblogs und RSS-Feeds auf, da sie dem Nutzer eine schnelle und einfache Einrichtung eines zusätzlichen Online-Informationsdienstes ermöglichen. Nutzer können diese Podcasts abonnieren und so mit wichtigen Informationen zu den entsprechenden Inhalten versorgt werden. Als Option zur einseitigen Informationsvermittlung von Unternehmen weisen sie jedoch keine Möglichkeiten zur Gewinnung von nutzergenerierten Inhalten beziehungsweise Feedback auf.

Wikis ermöglichen das Veröffentlichen und Teilen von Wissen. Das bekannteste Wiki ist Wikipedia. Das Geschäftsmodell von Wikis besteht in der Sammlung, Systematisierung und Weiterentwicklung von Informationen, wobei Umsätze über Spenden erzielt werden.

Ihr Leistungsangebot umfasst die Bereitstellung eines Tools zur Erstellung und Editierung von Inhalten durch die Nutzer, sowie die Bereitstellung einer Plattform zur Suche und Darstellung von Informationen beziehungsweise Wissen. Der Kundennutzen liegt dabei in der Aggregation themenspezifischer Informationen, der Freiheit hinsichtlich der Inhalte und Autoren, sowie der redaktionellen Tätigkeit der Nutzer im Kollektiv.

Charakteristisch für alle Wikis ist die Möglichkeit der Anwender, neue Beiträge selbst zu verfassen oder bestehende Themen zu modifizieren beziehungsweise zu erweitern. Wikis können nützlich sein, wenn Unternehmen dadurch als Experten auf ihrem Gebiet wahrgenommen werden. Zusätzlich kann mit einem anerkannten Wiki auch das Interesse an Unternehmen und Produkten gesteigert werden.

Der Nachteil an dieser Form von Social Media besteht in einem hohen zeitlichen Aufwand für das Unternehmen: Von Anwendern eingestellte Informationen müssen überprüft und eventuell auftretender Spam gefiltert werden. Außerdem bedarf es einer ansprechenden

Gestaltung und einer durchweg hohen Qualität der Wikis, um die Aktivität der Anwender dauerhaft zu gewährleisten.[28]

Social Bookmarking beschreibt Anwendungen, die es dem Nutzer ermöglichen, seine Lesezeichen online zu speichern und mit Freunden zu teilen. Zudem kann der Nutzer von jedem Computer aus und browserunabhängig auf seine zentral gespeicherten Bookmarks zugreifen, sie weiterempfehlen und mit Schlagwörtern, sogenannten Tags, versehen. Beispiele solcher Anwendungen sind Webseiten wie LinkArena.com, Digg und Mister Wong.

Das Geschäftsmodell von Social Tagging & Bookmarking-Anwendungen besteht in der Klassifizierung und Systematisierung von Internetangeboten, wobei Umsätze auf dem Verkauf von Click-Streams (Bewegungspfad eines Nutzers der beispielsweise Verweildauer und aufgerufene Inhalte erfasst) und Data Mining basieren. Das Leistungsangebot umfasst dabei neben der zentralen Archivierung und ubiquitären Verfügbarkeit von Lesezeichen auch deren Verschlagwortung und den Zugriff auf Links anderer Nutzer. Der Nutzen für den Kunden liegt dabei in der individuellen redaktionellen Aufarbeitung des Internets.

Social Tagging & Bookmarking-Anwendungen lassen sich durch einfache Benutzerschnittstellen und eine starke Beteiligung der Nutzer charakterisieren. Dadurch können weitere Nutzer gewonnen werden, die dem System zusätzlichen Inhalt liefern. Dies trägt zu einer Steigerung der Attraktivität bei. Unternehmen profitieren von Social Tagging & Bookmarking vor allem durch ein besseres Suchmaschinen-Ranking und damit einhergehend über höhere Besucherzahlen auf der Webseite oder anderen unternehmensspezifischen Internetauftritten.

Onlineforen wie beispielsweise das Forum von Spiegel.de sind technisch basierte, thematisch orientierte Diskussionsräume im Internet. Hier können Nutzer Inhalte im Internet veröffentlichen und mit anderen Nutzern Gedanken, Meinungen und Erfahrungen austauschen. Der Nachrichtenaustausch erfolgt nach dem Prinzip eines „schwarzen Bretts" beziehungsweise beginnt mit einem Eröffnungsbeitrag auf den mit weiteren Beiträgen geantwortet wird. Der sich daraus ergebende Diskussionsfaden (Thread) wird häufig chronologisch sortiert dargestellt. Online Foren werden zudem häufig von Moderatoren administriert.

Das Geschäftsmodell von Onlineforen besteht in der Sammlung, Klassifizierung und Bereitstellung von nutzergenerierten Inhalten auf einer einzigen Plattform, wobei Umsätze auf Basis von Werbung und Data Mining erzielt werden.

Das Leistungsangebot beinhaltet dabei den Austausch und die Archivierung von Gedanken, Meinungen und Erfahrungen. Der Nutzen für den Kunden liegt in der Erweiterung des Wissensstandes, der Bereitstellung von Problemlösungen durch die Community und in der strukturierten Erfassung von Themen und Meinungen.

Mashups (z. B. Parkingcarma.com) beschreiben die Erstellung neuer Inhalte durch Kombination bereits bestehender Inhalte. Im Kontext des Digital Business besteht ihr Ge-

[28] Vgl. Evans (2010), S. 20.

schäftsmodell in der Kombination verschiedener Online-Softwareprodukte beziehungsweise API-Services.

Hierbei werden Umsätze durch Werbung und Mitgliedsbeiträge erzielt. Ihr Leistungsangebot beinhaltet die Erstellung neuer Medieninhalte durch Rekombination bereits bestehender Inhalte. Der Nutzen für den Kunden ergibt sich dabei insbesondere durch die Nutzung von Synergien zwischen diversen Social-Media-Anwendungen und der damit verbundenen Zeitersparnis.

In Anbetracht dieser Eigenschaften von Social-Media-Anwendungen ist zu erwarten, dass Social Media zunehmend wichtiger wird im Rahmen der B2C-Kommunikation und -Interaktion. Vor diesem Hintergrund wird die Einführung von Social Media kontinuierlich zunehmen und hohe Priorität auf jeder Digital Business Agenda haben.[29]

Social Media Microtargeting und Social Media Multiplikatoreffekt

In diesem Zusammenhang hat auch das Mikrotargeting eine zunehmend bedeutende Rolle im Social-Media-Kontext eingenommen. Unter Mikrotargeting versteht man dabei die Sammlung von Daten beziehungsweise Informationen über Personen mithilfe von Social-Media-Anwendungen, um spezifische Zielgruppen anzuvisieren und diese mit personalisierten Nachrichten anzusprechen.

Mikrotargeting wurde beispielsweise als wichtiger Treiber für den Erfolg des US-Präsidenten Donald Trump bei der US-Präsidentschaftswahl 2016 angesehen. Trumps Wahlkampagne wurde dabei von einem Unternehmen unterstützt, das persönliche Profile potenzieller Wähler auf Basis ihrer Likes auf der Social-Media-Plattform Facebook erstellte und diese dann mit personalisierten Marketingbotschaften ansprach.[30]

Insgesamt betrachtet ist es wichtig die gewünschten Social-Media-Absichten im Hinblick auf ihr entsprechendes Nutzenpotenzial zu beurteilen. Vor diesem Hintergrund lässt sich festhalten, dass Blogs und Content-Communities hauptsächlich zu Informationszwecken verwendet werden sollten, während soziale Online-Netzwerke eher für die B2C-Interaktion geeignet sind.

Zudem stellen Wikis und Podcasts nützliche Instrumente dar, um Wissensbildungsplattformen aufzubauen. Darüber hinaus sind File Exchange & Sharing-Plattformen von großem Nutzen, wenn es um die Verbreitung von Informationen geht.

Charakteristisch für soziale Medien ist, dass nahezu alle Instrumente miteinander verknüpft beziehungsweise integriert werden können. Dies stellt vor dem Hintergrund, dass die Mitglieder eines bestimmten sozialen Netzwerkes häufig in weiteren Plattformen aktiv sind ein wichtiges Leistungsmerkmal dar. Beispiele für Integrationen (oder auch: Mashups) sind:

[29] Vgl. Wirtz/Göttel (2016), S. 112 f.

[30] Vgl. Forbes (2016).

- Die Facebook-Seite eines Unternehmens kann mit dessen Twitter/X-Konto verknüpft werden, um die eigenen Tweets auch außerhalb von Twitter/X darzustellen.
- YouTube-Videos können in den unternehmenseigenen Blog oder die Facebook-Seite eingebettet werden.
- Hinterlegt ein Unternehmen auf LinkArena diverse Links als Bookmarks, kann der eigene Blog davon automatisch Posts publizieren.[31]

Soziale Medien besitzen spezifische Charakteristika, die sie gegenüber anderen Medien abgrenzen. Nicht jedes Instrument eignet sich gleichermaßen für die Erfüllung unterschiedlicher unternehmerischer Zielsetzungen.

Prinzipiell jedoch machen sich die Unternehmen im Social Media Business jedoch bei allen Instrumenten den Multiplikatoreffekt zunutze, den soziale Medien mit hohen Nutzerzahlen versprechen. Abb. 3.5 beschreibt diesen Effekt.

Im Digital Business bahnen Unternehmen gezielt auf wichtigen Communities, Plattformen und Portalen Handelstransaktionen an und verfolgen deren Aushandlung und Abschluss. Bei dem Verkauf physischer Güter und Dienstleistungen unter Vermeidung der Kosten einer physischen Präsenz stellt die gezielte Ansprache von Meinungsführern ein wichtiges Ziel dar.

Diese sind als sogenannte „Opinion Leader" beziehungsweise „Attitude Influencer" in vielen Foren oder anderen sozialen Netzwerken als Experten auf einem bestimmten Fachgebiet und somit innerhalb einer sozialen Community bekannt und können auf-

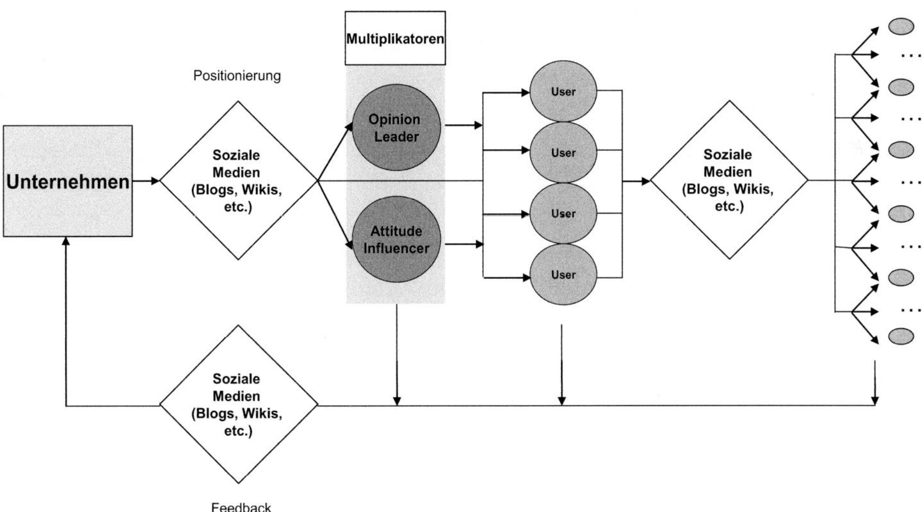

Abb. 3.5 Multiplikatoreffekt durch Social Media. (Vgl. Wirtz (2012), S. 381; Wirtz (2021), S. 94; Wirtz (2022), S. 290)

[31] Vgl. Zarrella (2013), S. 221.

grund einer überdurchschnittlich hohen Anzahl verfasster Beiträge oder Bewertungen identifiziert werden.[32]

Social Media Konvergenz und Integration

In der letzten Dekade haben sich in der Social-Media-Landschaft zwei wesentliche Entwicklungen herauskristallisiert. Zum einen ist aufgrund strategischer Akquisitionen zunehmend eine Konzentration der verschiedenen Social-Media-Dienste innerhalb weniger Unternehmen zu beobachten. So hat beispielsweise Facebook seit seiner Gründung im Jahre 2004 mehr als 50 Unternehmen akquiriert. Zu den bekanntesten Übernahmen zählen dabei zum einen der Online-Dienst Instagram zum Teilen von Fotos und Videos für eine Milliarde US-Dollar im Jahre 2012.[33]

Zum anderen zählt dazu der mobile Instant Messaging-Dienst WhatsApp für 19 Mrd. US-Dollar im Jahre 2014.[34] Darüber hinaus scheiterte im Jahr 2013 die Übernahme des Instant Messaging-Dienstes Snapchat durch Facebook, da Snap Inc. das Kaufangebot von Facebook in Höhe von 3 Mrd. US-Dollar ablehnte.[35]

Zum anderen zeichnet sich eine Entwicklung ab, in der Social-Media-Angebote sich zunehmend aneinander angleichen beziehungsweise konvergieren in Bezug auf ihre Funktionsmerkmale und ihren Leistungsumfang. Facebook und Twitter/X beispielsweise haben in der Vergangenheit wiederholt bestimmte Funktionen voneinander nachgeahmt. Während Facebook die sogenannte Hashtag-Funktion von Twitter/X übernommen hat, führte letzteres Unternehmen zusätzlich zum Profilbild ein Titelbild ein, unmittelbar nachdem Facebook diese Funktion auf den Markt gebracht hatte.

Andere Social-Media-Anbieter verfolgen eine ähnliche Strategie. Snapchat zum Beispiel war ursprünglich eine Nachrichtenapp durch die Nutzer sich gegenseitig Bilder schicken konnten, die nach kurzer Zeit automatisch wieder gelöscht wurden. Inzwischen hat sich Snapchat immer stärker zu einem massentauglichen Service wie WhatsApp entwickelt. So können Snapchat-Nutzer mittlerweile genau wie bei WhatsApp sich gegenseitig Text-, Video- und Audionachrichten schicken sowie Sprach- und Videoanrufe tätigen.

Diese Konvergenz der Social-Media-Angebote und Erscheinung von Me-Too-Produkten ereignet sich insbesondere, wenn eine Akquisition nicht möglich ist. Wenn ein Unternehmen andere Wettbewerber nicht übernehmen kann, muss es deren Produkte entweder nachahmen oder ähnliche Produkte erschaffen, um den Erfolg der Wettbewerber zu kannibalisieren und eine Maximierung ihrer Marktanteile zu verhindern.

Darüber hinaus versuchen Unternehmen ihre Nutzer beziehungsweise Kunden in ihrer eigenen Welt zu halten und eine Abwanderung dieser insbesondere zu Wettbewerbern mit

---

[32] Vgl. Wirtz (2016a), S. 382.

[33] Vgl. Scholz (2017), S. 8.

[34] Vgl. Scholz (2017), S. 109.

[35] Vgl. Anderson (2015), S. 6.

einem ähnlichen Nutzenversprechen zu verhindern. Aus strategischer Sicht war ein Hauptgrund für die Übernahme von Instagram und den Übernahmeversuch von Snapchat durch Facebook nicht nur die Tatsache, dass beide Unternehmen zu diesem Zeitpunkt innovative Start-Ups mit ähnlichen Nutzenversprechen waren, sondern vor allem eine Reaktion auf die Abwanderung junger Nutzer, die zunehmend die Nutzung von Instagram und Snapchat bevorzugten. Ein weiterer wichtiger Grund für solche strategischen Akquisitionen ist Nutzerwachstum.

Durch die Übernahme von WhatsApp beispielsweise, gewann Facebook etwa 500 Mio. aktive WhatsApp-Nutzer.[36] Unternehmen versuchen eine große Nutzerbasis zu erreichen, um diese als strategische Markteintrittsbarriere zu benutzen und so ihre Marktmacht zu erhöhen.

Schlussendlich stellen die beschriebenen Akquisitions- und Konvergenzstrategien auch Maßnahmen dar, um das Ziel eines integrierten Produkt- und Serviceportfolios zu erreichen. Wenn es Unternehmen gelingt, die ganze Breite an Nutzerbedürfnissen abzudecken, besteht für den Nutzer grundsätzlich kein Anlass oder Wunsch abzuwandern.

In diesem Zusammenhang zeigt Abb. 3.6 die Entwicklung des integrierten Produkt- und Serviceangebots von Meta/Facebook und veranschaulicht die organischen Funktionserweiterungen und Übernahmen im Laufe der Zeit.[37]

Exkurs: Metaverse

Die digitale Transformation und die damit einhergehenden technologischen Weiterentwicklungen haben auch einen erheblichen Einfluss auf das Social Media Business. Digitale Technologien wie Virtual Reality, Augmented Reality und Mixed Reality weisen mittlerweile einen technologischen Reifegrad auf, der erste Social Media Anwendungen auf der Basis dieser Technologien ermöglicht.

Während die Virtual Reality die reale Welt durch eine simulierte, digitale Umgebung ersetzt, ermöglicht die Augmented Reality die Koexistenz einer realen und einer digitalen bzw. virtuellen Welt. Demgegenüber geht die sogenannte Mixed Reality über die Augmented Reality hinaus, indem sie die reale Welt durch virtuelle bzw. digitale Elemente ergänzt.

Das eröffnet ganz neue Möglichkeiten für das Social Media Business. Mit diesen neuen technologischen Möglichkeiten steigt auch die Erwartungshaltung der Nutzer kontinuierlich an. Vor diesem Hintergrund hat das Unternehmen Facebook im Jahr 2021 eine umfassende strategische Neuausrichtung vorgenommen, die unter anderem die Umbenennung der Konzernmutter von Facebook zu Meta zur Folge hatte. Dabei möchte sich Meta/Facebook in strategischer Hinsicht verstärkt auf das sogenannte Metaverse bzw. Metaversum fokussieren.

Bei dem Metaverse handelt es sich um eine Multiuser-Umgebung, in der die physische Realität mit der digitalen Fiktion verschmilzt.[38] Das Metaverse basiert auf einer Vielzahl unterschiedlicher Technologien, die Interaktionen zwischen Menschen und artifiziellen

---

[36] Vgl. iTech Post (2016).

[37] Datenquelle: Meta (2023).

[38] Vgl. Mystakidis (2022), S. 486.

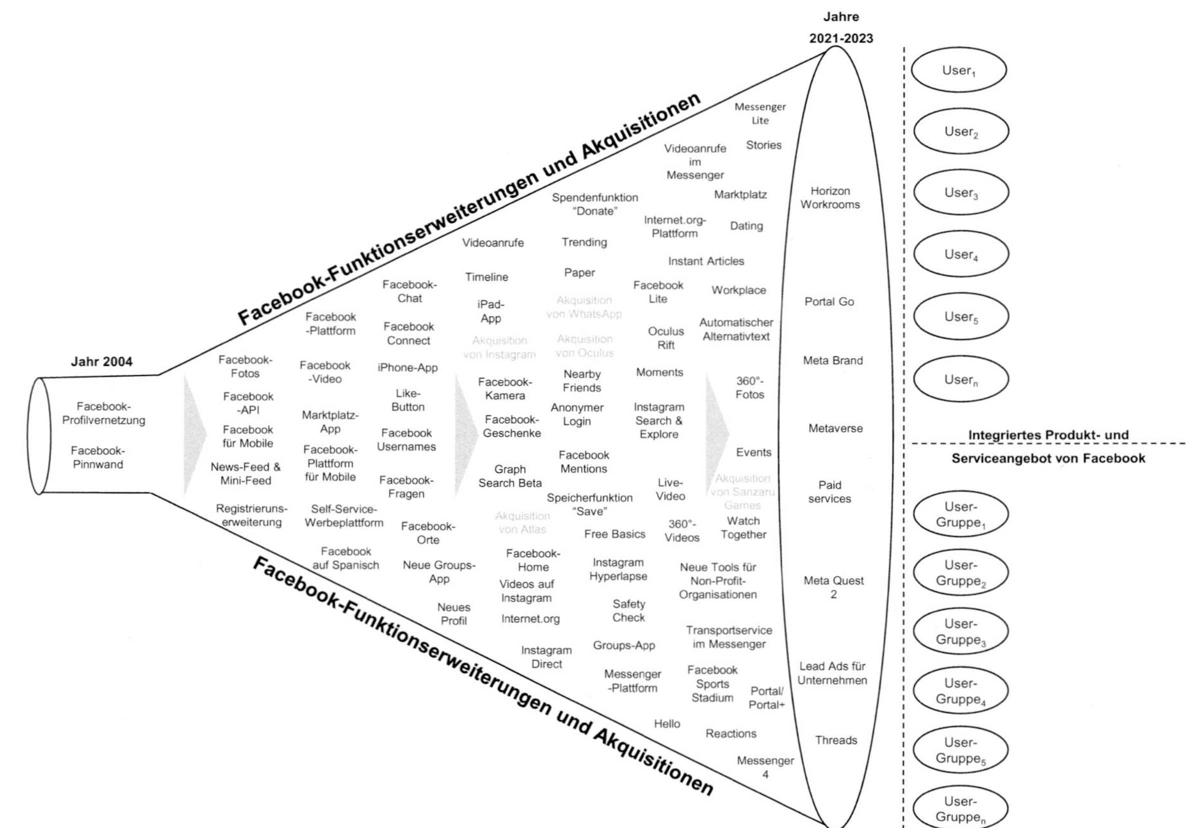

Abb. 3.6 Entwicklung des integrierten Produkt- und Dienstleistungsangebots von Facebook. (Vgl. Wirtz (2019), S. 839; Wirtz (2021), S. 79 sowie Aktualisierungen)

Figuren in einer virtuellen Umgebung ermöglichen.[39] Insgesamt lässt sich also konstatieren, dass es sich bei dem Metaverse um ein kohärentes soziales Netzwerk vernetzter zunehmend immersiver Welten handelt, deren Entwicklung sich allerdings noch in einem Anfangsstadium befindet.

In terminologischer Hinsicht setzt sich der Begriff Metaverse aus dem Wort „Jenseits" (Meta) und dem Wort „Universum" (Verse) zusammen. Ursprünglich stammt der Begriff des Metaverse aus dem Science-Fiction Bereich und wurde bereits im Jahr 1992 von dem Autor Neal Stephenson in dem Roman Snow Crash verwendet. Aufgrund der technologischen Weiterentwicklungen im Bereich der Virtual, Augmented und Mixed Realities sowie der strategischen Neuausrichtung von Meta/Facebook hat der Begriff in den vergangenen Jahren eine Renaissance erfahren.

Bereits Anfang der Zweitausender Jahre gab es mit der Social Media Plattform Second Life einen ähnlich gelagerten Versuch mit einem Metaverse-Ansatz. Die Plattform wird von dem Unternehmen Linden Lab betrieben und ist bis heute aktiv. Die Möglichkeiten für die Nutzer reichen von interaktiven Marktplätzen bis hin zu virtuellen Meetings.[40]

Meta/Facebook geht davon aus, dass das Metaverse eine neue zeit- und ortsunabhängige Form der sozialen Interaktion darstellen wird. Dabei betrachtet das Unternehmen das Metaverse als fundamentale Weiterentwicklung traditioneller Social Media Anwendungen wie Facebook, Instagram oder Twitter/X. Während diese traditionellen Web 2.0 Social Media Anwendungen eine statische Form der sozialen Interaktion und Kommunikation über das Internet repräsentieren, ermöglicht das Metaverse eine neue dynamische Form sozialer, semi-virtueller Beziehungen.

Nach einer Studie der Unternehmensberatung McKinsey & Company belaufen sich die Gesamtinvestitionen in das Metaverse im Jahr 2022 weltweit bereits auf mehr als 120 Mrd. US Dollar.[41] Zudem prognostiziert McKinsey & Company eine Marktkapitalisierung des Metaverse von etwa 5 Billionen US Dollar im Jahr 2030. Dabei ist diese Schätzung noch vergleichsweise konservativ. So prognostiziert der Finanzdienstleister Citigroup sogar eine Marktkapitalisierung des gesamten Metaverse-Markts von 8 bis 13 Billionen US Dollar bis 2030.[42]

Darüber hinaus sind nach der Studie von McKinsey & Company 59 % der Nutzer dazu bereit ihren persönlichen Alltag ganz oder teilweise in das Metaverse zu übertragen. Eine andere Studie kommt zu dem Ergebnis, dass 51 % der weltweiten Internetnutzer grundsätzlich daran interessiert sind das Metaverse zu verwenden bzw. an Aktivitäten teilzunehmen, die ausschließlich im Metaverse angeboten werden.[43] Zudem zeigt die Studie, dass 25 % der befragten Internetnutzer noch unentschlossen sind, während 24 % eine ablehnende Haltung gegenüber dem Metaverse entwickelt haben. Diese ablehnende Haltung kann unter anderem damit zusammenhängen, dass die Internetnutzer das Unter-

---

[39] Vgl. Mystakidis (2022), S. 486.

[40] Vgl. Linden Research (2022).

[41] Vgl. McKinsey & Company (2022), S. 7.

[42] Vgl. Citi (2022), S. 3.

[43] Vgl. GWI (2022).

nehmen Meta/Facebook mit dem Metaverse assoziieren. Meta/Facebook ist in der Vergangenheit vor allem auch durch einen datenschutzrechtlich zweifelhaften Umgang mit Nutzerdaten medial in Erscheinung getreten.

Internetnutzer versprechen sich von dem Metaverse vor allem die Überwindung von Hindernissen, die mit der realen Welt einhergehen. Sie möchten zusammen mit anderen Menschen im Metaverse Dinge erleben, vor denen sie im realen Leben abschrecken. Hierzu zählen beispielsweise Extremsportarten oder auch die Veränderung des menschlichen Bewusstseins ohne auf Drogen bzw. Alkohol zurückgreifen zu müssen. Zudem versprechen sich die Internetnutzer eine Verbesserung ihrer kreativen und technischen Kompetenzen sowie die Möglichkeit im Metaverse zu verreisen, ohne im realen Leben in den Urlaub fahren zu müssen. Abgesehen davon kann das Metaverse Schülern einen virtuellen Zugang zu Bildung ermöglichen und erwachsenen Menschen neue Jobmöglichkeiten eröffnen. Ähnlich wie die traditionellen Social Media Anwendungen bietet auch das Metaverse eine Plattform zur permanenten Selbstdarstellung, um Aufmerksamkeit bei anderen Nutzern zu generieren.

Die strategische Neuausrichtung von Meta/Facebook hat zu einem erheblichen medialen und gesellschaftlichen Hype rund um das Metaverse und dessen zugrunde liegenden Technologien geführt. Vor diesem Hintergrund wird im Folgenden zunächst dargestellt, welche strategischen Kernaspekte die Metaverse-Strategie von Meta/Facebook aufweist. Anschließend werden die wesentlichen Bestandteile und die Funktionsweise des Metaverse analysiert, bevor dessen Gefahren thematisiert werden.

Die strategische Intention von Meta/Facebook im Hinblick auf das Metaverse lässt sich in drei übergeordnete strategische Bereiche unterteilen. Abb. 3.7 stellt die unterschiedlichen strategischen Kernaspekte in diesen drei Bereichen dar.

Der erste strategische Kernaspekt bezieht sich auf die Etablierung einer profitbasierten digitalen Metaverse Welt. Da Meta/Facebook eine Aktiengesellschaft ist, die den Prinzipien der Gewinnmaximierung unterliegt, betrachtet das Unternehmen das Metaverse in erster Linie als Möglichkeit, um ein profitmaximierendes Geschäftsmodell zu entwickeln und langfristig zu etablieren. Das bedeutet, dass sämtliche Aktivitäten, Einstellungen und

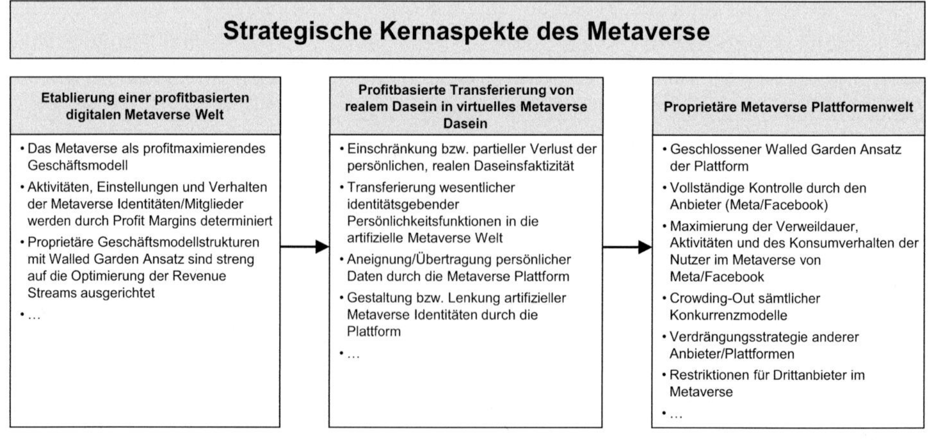

Abb. 3.7 Strategische Kernaspekte des Metaverse

Verhaltensweisen der Metaverse Identitäten/Mitglieder von den Gewinnmargenzielen von Meta/Facebook beeinflusst werden. In strategischer Hinsicht liegt der Fokus von Meta/Facebook also insbesondere darauf die Gestaltung und die Charakteristik des Metaverse an den kommerziellen Gewinnpotenzialen auszurichten. Dabei besteht die wesentliche Herausforderung darin die Bedürfnisse der Nutzer mit den eigenen Gewinnmaximierungsansprüchen in Einklang zu bringen. Diesbezüglich zielt die Strategie von Meta/Facebook darauf ab eine strategische Vormachtstellung im Metaverse zu etablieren. Dadurch kann Meta/Facebook als Intermediär und Gatekeeper des Metaverse die sozialen Verhaltensweisen und Interaktionen der Metaverse Identitäten/Mitglieder entsprechend ihrer Profit Margins beeinflussen. Ein weiterer wichtiger Aspekt im Zusammenhang mit der Etablierung einer profitbasierten Metaverse Welt besteht in der Schaffung von proprietären Geschäftsmodellstrukturen mit Walled Garden Ansatz. Anhand dieser geschlossenen, proprietären Geschäftsmodellstrukturen kann Meta/Facebook sicherstellen, dass sie an sämtlichen Interaktionen und Transaktionen innerhalb der digitalen Metaverse Welt in finanzieller Hinsicht profitieren.

Der zweite strategische Kernaspekt umfasst die profitbasierte Transferierung von realem Dasein in ein virtuelles Metaverse Dasein. Dabei richtet sich der strategische Fokus von Meta/Facebook primär darauf eine vollständige immersive Metaverse Welt zu schaffen. Immersion bedeutet in diesem Zusammenhang, dass die Nutzer des Metaverse gar nicht mehr zwischen der virtuellen und der realen Welt unterscheiden können. Dementsprechend sorgen in einer vollständig immersiven Umgebung Technologien wie Virtual Reality, Augmented Reality, Mixed Reality und künstliche Intelligenz für eine Verschmelzung von realer und virtueller Welt.

Zurzeit ist Meta/Facebook von diesem Ziel noch entfernt. Das liegt insbesondere daran, dass der aktuelle technologische Entwicklungsstand eine vollständige Immersion nicht zulässt. Langfristig kann eine profitbasierte Transferierung von realem Dasein in virtuelles Metaverse Dasein jedoch nur gelingen, sofern Meta/Facebook in der Lage ist eine vollständig immersive Metaverse Umgebung zu schaffen. Durch die strategische Fokussierung auf die Immersion ihrer Metaverse Welt kann Meta/Facebook bei den Nutzern eine Einschränkung bzw. einen partiellen Verlust der persönlichen bzw. realen Daseinsfaktizität herbeiführen. Das führt letztlich dazu, dass das Metaverse eine derart omnipräsente bzw. ubiquitäre Bedeutung einnimmt, dass die Nutzer ihre wesentlichen identitätsgebenden Persönlichkeitsfunktionen in die artifizielle Metaverse Welt übertragen.

Der dritte strategische Kernaspekt des Metaverse bezieht sich auf die Gestaltung und Etablierung einer proprietären Plattformwelt. Ähnlich wie bei den traditionellen Social Media Anwendung wird sich Meta/Facebook auf geschlossene Metaverse-Systeme fokussieren und einen Walled Garden Ansatz verfolgen. Das hat den strategischen Vorteil, dass das Metaverse unter der zentralen Kontrolle von Meta/Facebook verbleibt. Zudem führt die Konzeption des Metaverse als proprietäre Plattformenwelt zu einer Maximierung der Verweildauer und der Aktivitäten sowie zur Veränderung des Konsumverhaltens der Metaverse Nutzer. In wettbewerbsstrategischer Hinsicht ermöglicht die proprietäre Plattformenwelt eine konsequente Verdrängung alternativer Metaverse-Anbieter sowie anderer Konkurrenzmodelle (Crowding-Out). Darüber hinaus kann der proprietären Walled Garden Ansatz von Meta/Facebook zu einer strategischen Abhängigkeit von Seiten der Drittanbietern führen. Sobald Drittanbieter Applikationen für das Metaverse entwickeln möchten, sind sie an die Restriktionen von Meta/Facebook gebunden.

Vor dem Hintergrund dieser strategischen Kernaspekte möchte sich Meta/Facebook als zentraler Akteur bzw. Intermediär des Metaverse etablieren. Der Erfolg dieser strategischen Neuausrichtung hängt jedoch in erheblichem Maße von der operativen Funktionalität der Metaverse Systeme und Technologien sowie der Nutzungsakzeptanz ab. Abb. 3.8 stellt die funktionalen Kernbestandteile des Metaverse dar.

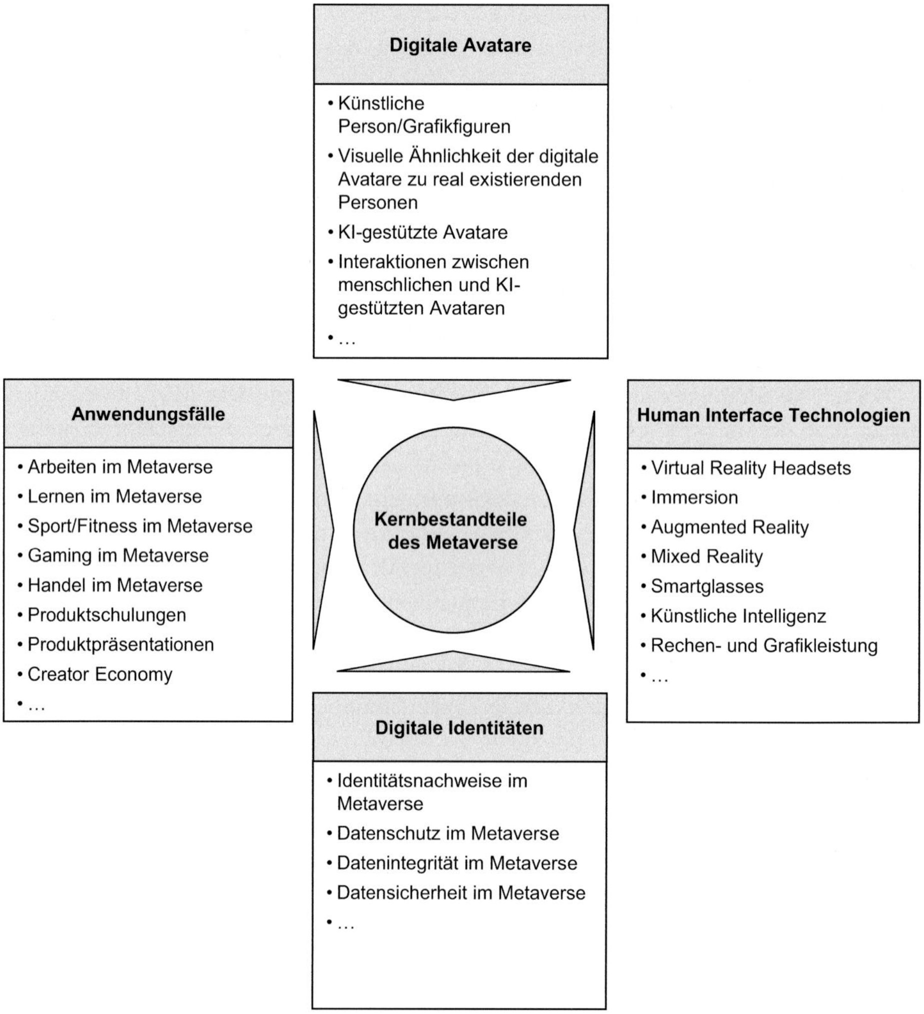

Digitale Avatare

- Künstliche Person/Grafikfiguren
- Visuelle Ähnlichkeit der digitale Avatare zu real existierenden Personen
- KI-gestützte Avatare
- Interaktionen zwischen menschlichen und KI-gestützten Avataren
- …

Anwendungsfälle

- Arbeiten im Metaverse
- Lernen im Metaverse
- Sport/Fitness im Metaverse
- Gaming im Metaverse
- Handel im Metaverse
- Produktschulungen
- Produktpräsentationen
- Creator Economy
- …

Kernbestandteile des Metaverse

Human Interface Technologien

- Virtual Reality Headsets
- Immersion
- Augmented Reality
- Mixed Reality
- Smartglasses
- Künstliche Intelligenz
- Rechen- und Grafikleistung
- …

Digitale Identitäten

- Identitätsnachweise im Metaverse
- Datenschutz im Metaverse
- Datenintegrität im Metaverse
- Datensicherheit im Metaverse
- …

Abb. 3.8 Funktionale Kernbestandteile des Metaverse

Das grundsätzliche Konzept des Metaverse basiert auf sogenannten digitalen Avataren. Dabei handelt es sich um künstliche bzw. artifiziell erstellte Personen/Grafikfiguren, die entweder eine reale Person oder einen fiktiven Charakter repräsentieren. Diese digitalen Avatare ermöglichen unterschiedliche Formen der sozialen Interaktion innerhalb des Metaverse. So können reale Personen, die sich an unterschiedlichen Orten befinden über ihre digitalen Avatare realitätsnah und unmittelbar miteinander interagieren. Digitale Avatare, die einer realexistenten Person zugeordnet sind, weisen typischerweise deren optische und charakterliche Identitätsmerkmale auf.

Darüber hinaus existieren im Metaverse auch KI-gestützte digitale Avatare mit denen die Nutzer ebenfalls interagieren können. Ein Beispiel hierfür sind Zeitreisen im Metaverse. So kann eine reale Person im Metaverse in das alte Ägypten reisen und dort mit fiktiven KI-gestützten digitalen Avataren interagieren.

Darüber hinaus hängt die Funktionalitätsvielfalt des Metaverse in erheblichem Maße von der Nützlichkeit der verfügbaren Anwendungsfälle ab. Nach den strategischen Zielen von Meta/Facebook reichen die Anwendungsfälle des Metaverse von neuen Arbeitsmöglichkeiten über innovative Bildungsangebote bis hin zu realitätsnahen Gaming und Fitnessanwendungen. Zudem bietet das Metaverse insbesondere Unternehmen neue Möglichkeiten bei Produktschulungen und Produktpräsentationen.

Die erfolgreiche Realisierung dieser Anwendungsfälle erfordert eine lebendige Creator Economy. Ähnlich wie im traditionellen Social Media Business wird das Metaverse nur genutzt werden, sofern von den Nutzern selbst immer neue Inhalte und Anwendungsmöglichkeiten geschaffen werden. Vor diesem Hintergrund ist Meta/Facebook davon abhängig, dass sich eine autonome Creator Economy rund um das Metaverse entwickelt. Die Inhalte und Anwendungsmöglichkeiten, die dabei entstehen, können neue Potenziale des Metaverse in verschiedenen Bereichen freisetzen. Hierzu zählen beispielsweise das Arbeiten und Lernen im Metaverse.

Die technologische Infrastruktur des Metaverse ist insbesondere von sogenannten Human Interface Technologien gekennzeichnet. Dabei handelt es sich um Technologien, welche den Nutzern den Zugang zum Metaverse ermöglichen. In Bezug auf das Metaverse kommt vor allem Virtual Reality Headsets und Smartglasses eine erhebliche Bedeutung zu. Während Virtual Reality Brillen den Nutzern den Einblick in eine vollständig virtuelle Welt eröffnen, ermöglichen sogenannte Smartglasses Augmented bzw. Mixed Reality, indem sie verschiedene Inhalte dem Sichtfeld des Nutzers hinzufügen. Meta/Facebook hat mit dem Virtual Reality Headset Meta Quest Pro und den Smartglasses Ray-Ban Stories bereits die entsprechende Hardware entwickelt. Darüber hinaus hat Meta/Facebook mit Meta Horizon eine entsprechende Softwareanwendung für die Nutzung des Virtual Reality Headsets konzipiert.

Neben diesen sogenannten Human Interface Technologien erfordert das Metaverse ein erhebliches Maß an Rechen- und Grafikleistung, um die virtuellen Bestandteile des Metaverse in ihrer gesamten Dynamik und Vielfalt zu erzeugen. Nach dem Senior Vice Präsident von Intel Raja Koduri benötigt ein vollständig immersives Metaverse einen tausendfachen Anstieg der aktuellen Rechenleistung.[44] Darüber hinaus hängt die Funktionalität des Metaverse auch von dem Entwicklungsgrad anderer Technologien wie der künstlichen Intelligenz ab.

Ein weiterer Kernbestandteil des Metaverse ist die digitale Identität. Im Metaverse interagieren die Nutzer mithilfe von digitalen Avatars, die ihre persönliche Identität repräsentieren. Diese Interaktionen betreffen oftmals auch Bereiche wie den Beruf oder den kommerziellen Handel. So entstehen im Metaverse unter anderem auch virtuelle kollaborative Arbeitsräume oder virtuelle Supermärkte, die ein realitätsnahes Einkaufserlebnis im Metaverse ermöglichen. Die damit einhergehenden Interaktionen und Transaktionen erfordern eine klare Identifikation des jeweiligen Nutzers. Anhand dieser digitalen Identitäten kann beispielsweise verhindert werden, dass fremden Personen Zutritt zu einem firmenspezifischen Arbeitsraum im Metaverse gewährt wird.

Bei der technischen Gestaltung dieser digitalen Metaverse Identitäten sollte insbesondere darauf geachtet werden, dass die Daten der Nutzer entsprechend der geltenden Datenschutzvorgaben geschützt werden. Darüber hinaus bedarf es einer adäquaten Datenintegrität und Datensicherheit im Metaverse.

4GR Modell – Gefährdungs-/Risikomodell des Metaverse

Trotz dieser vielfältigen Potenziale, bringt das Metaverse auch erhebliche gesellschaftliche und wirtschaftliche Gefahren mit sich. Diese werden im 4GR Modell – Gefährdungs-/Risikomodell des Metaverse in Abb. 3.9 zusammengefasst. Dabei beziehen sich die dargestellten Gefahren insbesondere auf das Metaverse nach den strategischen Zielen des Unternehmens Meta/Facebook.

Gesellschaftliches Konkurrenzmodell durch das Metaverse

Die erste Gefahr bezieht sich auf die Entstehung eines gesellschaftlichen Konkurrenzmodells durch das Metaverse. So entsteht eine virtuelle Parallelwelt, die über die bisherigen Grenzen von Social Media hinausgeht. Hieraus entsteht das Risiko eines neuen antidemokratischen und regulierungsfreien Raums, der Fake News und Hassrede fördert und im Vergleich zu traditionellen Social Media Anwendungen sogar weiter intensiviert.

Zudem besteht das Risiko, dass sich das Metaverse zu einer Macht- und Kontrollwelt entwickelt, die den Vorstellungen eines Orwellschen Überwachungsstaats wie in dem Buch

[44] Vgl. Takle (2021).

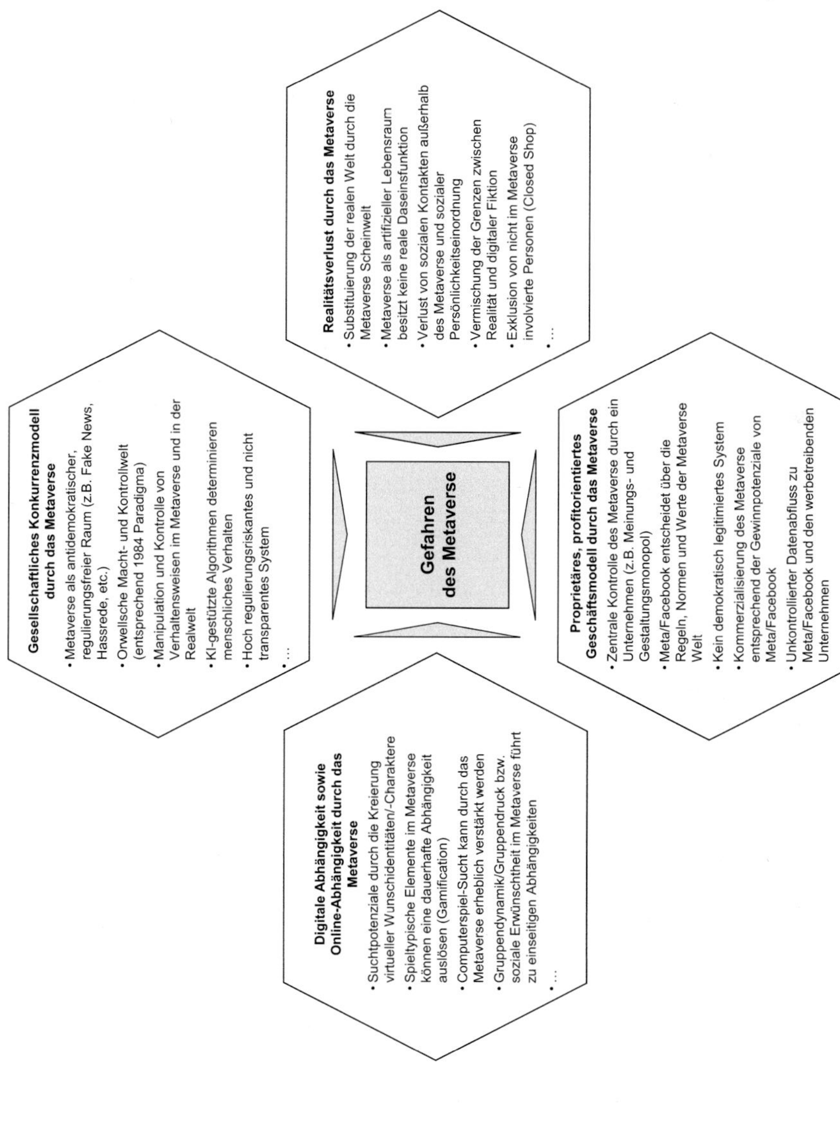

Abb. 3.9 4GR Modell – Gefährdungs-/Risikomodell des Metaverse

„1984" von George Orwell entspricht. Dabei würden einige wenige Akteure das vorherrschende Narrativ im Metaverse bestimmen, wohingegen konträre Meinungen und Ideen durch totalitäre Überwachungs- und Sanktionsmechanismen unterbunden werden könnten.

Ein derart totalitäres Metaverse-System hätte erhebliche negative Konsequenzen für die Nutzer. Es könnte beispielsweise zu einer umfassenden Manipulation und Kontrolle von menschlichen Verhaltensweisen im Metaverse kommen. Dabei beeinflussen KI-gestützte Algorithmen das Verhalten der Metaverse-Nutzer. Diese im Metaverse manipulierten Verhaltensweisen werden von den Nutzern unter Umständen in die reale Welt übertragen.

In seiner frühen Entwicklungsform stellt das Metaverse ein intransparentes und regulierungsriskantes gesellschaftliches Konkurrenzmodell dar. Zurzeit gibt es keine hinreichende Regulierung von Metaverse-Welten und die Regulierung befindet sich auf dem Niveau des Internet-Booms der 2000er-Jahre. Vor diesem Hintergrund bedarf es gezielter Regulationsbestrebungen, um sowohl wettbewerbspolitische als auch gesellschaftliche Fehlentwicklungen zu begrenzen.

Realitätsverlust durch das Metaverse

Neben der Etablierung eines gesellschaftlichen Konkurrenzmodells kann es auch zu einem Realitätsverlust bei Nutzern durch das Metaverse kommen. So geht mit dem Metaverse die Gefahr bzw. das Risiko einher, dass die Nutzer die reale Welt mit einer Metaverse Scheinwelt substituieren. Dieser artifiziellen Scheinwelt fehlt es an einer realen Daseinsfunktion, die für ein stabiles Leben ohne technologiebedingten Realitätsverlust unerlässlich ist.

Dabei besteht die Gefahr insbesondere darin, dass die Nutzer des Metaverse ihre gesellschaftlichen und sozialen Bezüge verlieren und es zunehmend zu einer Vermischung von Realität und digitaler Fiktion kommt. Diesbezügliche Entwicklungen hat es bereits im Online-Gaming Markt gegeben. Darüber hinaus kann das Metaverse auch zu einer Exklusion bestimmter Teile der Gesellschaft führen. Das betrifft vor allem weniger technologieaffine Personen, die keinen bzw. keinen uneingeschränkten Zugang zu den entsprechenden Technologien haben. Dadurch kommt es bei den Nutzern des Metaverse unter Umständen zu einem Realitätsverlust im Hinblick auf die demografische Zusammensetzung und Pluralität der Gesellschaft (In-Peergroup-Phänomen). Vor diesem Hintergrund besteht die Gefahr, dass der Realitätsverlust durch das Metaverse eine Erosion von Gesellschaftsstrukturen herbeiführt.

Proprietäres, profitorientiertes Geschäftsmodell durch das Metaverse

Eine weitere Gefahr des Metaverse liegt in dem proprietären profitorientierten Geschäftsmodell begründet, welches das Unternehmen Meta/Facebook für das Metaverse verfolgt. Dabei liegt ein mögliches Meinungs- bzw. Gestaltungsmonopol im Einfluss- bzw. Machtbereich von Meta/Facebook. Das bedeutet, dass Meta/Facebook das Metaverse kontrolliert und über die Regeln, Normen und Werte der Metaverse Welt entscheidet.

Zudem führt ein proprietäres profitorientiertes Geschäftsmodell zu einer umfassenden Kommerzialisierung des Metaverse. Diese Kommerzialisierung orientiert sich an den Gewinnpotenzialen von Meta/Facebook hinsichtlich der einzelnen Metaverse-Anwendungen. Da Meta/Facebook auch im Metaverse vor allem durch personalisierte Werbung Einnahmen generieren wird, geht mit der Kommerzialisierung des Metaverse ein unkontrollierter Datenabfluss zu Meta/Facebook und den werbetreibenden Unternehmen einher.

Digitale Abhängigkeit sowie Online-Abhängigkeit durch das Metaverse

Darüber hinaus kann durch das Metaverse auch die Gefahr einer digitalen Abhängigkeit bzw. Online-Abhängigkeit entstehen. Im Vergleich zu traditionellen Social Media Anwendungen ist diese Gefahr im Metaverse nochmals deutlich ausgeprägter. Das liegt insbesondere daran, dass die Kreierung virtueller Wunschidentitäten bzw. Charaktere erhebliche Suchtpotenziale aufweisen kann. Nutzer haben im Metaverse über digitale Avatare die Möglichkeit eine Identität zu schaffen, die ihren persönlichen Wünschen entspricht. Sobald sie sich mit dieser fiktiven Identität identifizieren, kann dies zu einer Vernachlässigung und Entfremdung von ihrer realen Persönlichkeit führen. Solch eine Entfremdung von der eigenen Identität kann insbesondere bei Kindern und Jugendlichen erhebliche psychische Folgeschäden hervorrufen.

Hinzu kommt, dass die spieltypischen Elemente des Metaverse zu einer dauerhaften Abhängigkeit der Nutzer führen können. Gerade im Metaverse werden viele Werbetreibende interaktive, spieltypische Elemente verwenden, um über diese Gamification eine gewisse Aufmerksamkeit für ein Produkt oder eine Marke zu generieren. Diese Gamification kann letztendlich dazu führen, dass sich die Gefahr der Computerspiel-Sucht durch das Metaverse weiter verstärkt. Schließlich bietet das Metaverse ein multisensorisches Spielerlebnis, das im Vergleich zu traditionellen Computerspielen mit einem noch höheren Suchtpotenzial einhergehen kann. Darüber hinaus kann es im Metaverse zu einer gefährlichen Gruppendynamik kommen, die wiederum einseitige Abhängigkeiten erzeugen kann.

Nutzergruppen in Social Media Business

Vor dem Hintergrund der Entwicklung vom klassisch geprägten Social Media hin zu einem modern gestalteten Metaverse könnten zukünftig sowohl das Nutzungsverhalten als auch die Nutzergruppen einer Änderung unterworfen sein. Angesichts der frühen Entwicklungsphase des Metaverse sollen im Folgenden jedoch nur das Nutzerverhalten sowie die Nutzergruppen im klassischen Social Media betrachtet werden. Ein wichtiges Kriterium bei der Auswahl eines geeigneten Instrumentariums im Rahmen von Social Media Business stellt darüber hinaus die Verfügbarkeit von Wissen bezüglich der Rezipienten dar, die Unternehmen mit ihren Aktivitäten in Social Media erreichen möchten. Diese lassen sich anhand ihres Involvements differenzieren.

Tab. 3.5 Anwender von Social Media und deren Aktivitäten. (Vgl. Wirtz (2013), S. 57; Wirtz (2021), S. 80; Wirtz (2022), S. 294)

Gruppen unterschiedlichen Involvements	Aktivitäten in Social Media
Inaktive	• Kein Interesse an einer Präsenz in sozialen Medien • Weisen keinerlei Aktivitäten auf
Zuschauer	• Lesen von Blogs • Nutzung von Produktbewertungsportalen • Nutzung von Seiten wie YouTube, um Videos anderer User zu sehen
Neuankömmlinge	• Erstellung eines Nutzerprofils • Besuch der Seiten sozialer Netzwerke
Sammler	• Aktive Partizipation • Erstellung von Beiträgen
Kritiker	• Aktive Partizipation • Modifikation von Artikeln auf Wikis • Kommentierung von Weblogbeiträgen
Kreative	• Veröffentlichung neuer Weblogs • Kreative Gestaltung eigener Webseiten • Upload selbst gedrehter Videos oder eigener Musik • Publikation eigener Artikel

Man unterscheidet zwischen inaktiven, zuschauenden, neu ankommenden, sammelnden, kritisierenden und kreativen Gruppen, die soziale Medien unterschiedlich nutzen. Der Grad der Aktivität ist bei dieser Abgrenzung das entscheidende Kriterium.[45] Er stellt die verschiedenen Gruppierungen dar und beschreibt deren Aktivitäten in Social Media.

Während die „Inaktiven" auf die Nutzung sozialer Medien verzichten, verhalten sich „Zuschauer" passiv und konsumieren ausschließlich Inhalte sozialer Medien, bei denen keine Registrierung erforderlich ist. „Neuankömmlinge" hingegen besitzen eigene Profile auf sozialen Plattformen.

„Sammler" und „Kritiker" weisen verstärkte Aktivitäten auf und tragen aktiv zur Bewertung oder Modifikation von Inhalten bei. „Kreative" Nutzer sozialer Medien betreiben eigene Plattformen und gestalten damit den Inhalt sozialer Medien. Zusammenfassend stellt Tab. 3.5 die beschriebenen unterschiedlichen Anwendergruppen zusammen mit ihren Aktivitäten in aggregierter Form dar.[46]

Ein wichtiges Entscheidungskriterium für Unternehmen, welchem sozialen Medium verstärkt Aufmerksamkeit gewidmet werden sollte, stellt die Nutzungsintensität der verschiedenen Nutzergruppen dar.[47] Diesbezüglich lassen sich erhebliche Differenzen für die verschiedenen Social-Media-Instrumente feststellen.

[45] Vgl. Li/Bernoff (2008), S. 5 ff.

[46] Inhalte basierend auf Li/Bernoff (2008), S. 5.

[47] Vgl. Wirtz/Göttel/Daiser (2017), S. 103 ff.

In diesem Kontext erscheint es zunächst sinnvoll, deren Entwicklung in den letzten Jahren zu analysieren. Abb. 3.10 veranschaulicht die Entwicklung der Nutzungsintensitäten verschiedener Social-Media-Instrumente in den vergangenen Jahren.

Abb. 3.10 impliziert unterschiedliche Nutzungsintensitäten der verschiedenen Social-Media-Anwendungen. Facebook ist seit Jahren die am häufigsten genutzte Social-Network Plattform, jedoch weist Instagram eine deutliche Steigerung der wöchentlichen Nutzungs-

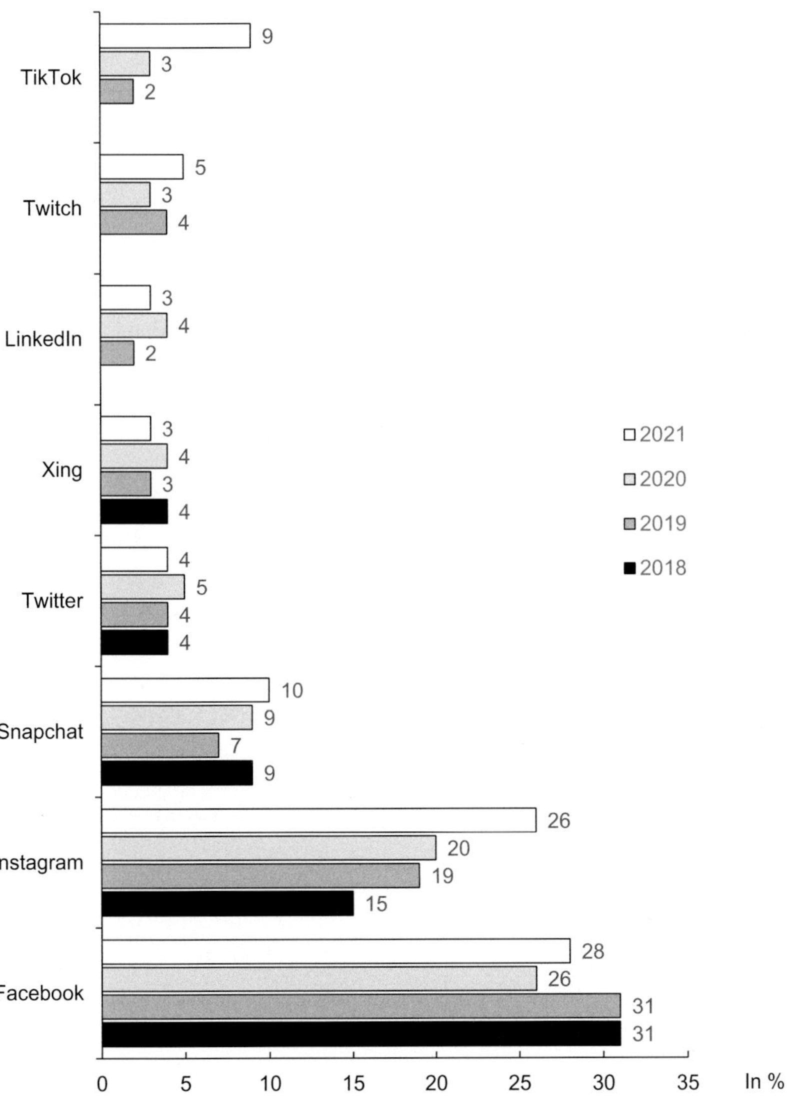

Abb. 3.10 Entwicklung der wöchentlichen Nutzungsintensitäten deutscher Onlinenutzer von Social-Media-Instrumenten. (Datenquelle: Beisch/Koch (2021), S. 500)

zahlen auf. Berufliche Netzwerke und Communities haben dagegen geringe Nutzungszahlen zu verzeichnen.

Neben der Nutzungsintensität der Nachfrager ist auch die Nutzung von Social Media durch die Unternehmen bedeutsam. Circa 78,6 % der Unternehmen nutzen aktiv Social-Media-Marketing. Die übrigen 21,4 % der Unternehmen nennen fehlende Zeit und fehlendes Know-How, aber auch eine fehlende Eignung sozialer Medien als Hauptgründe gegen die Nutzung sozialer Medien an.[48]

Die verschiedenen Erscheinungsformen von Social Media werden unterschiedlich stark von Unternehmen frequentiert. Eine herausragende Stellung im Rahmen der Social-Media-Business-Aktivitäten deutscher Unternehmen haben Facebook, Xing, Twitter/X und YouTube. Dies beruht vor allem auf der großen Anzahl von privaten Nutzern und der damit einhergehenden hohen viralen Reichweite unternehmerischer Social-Media-Kampagnen. Von mittlerer Bedeutung für die Unternehmen sind die Social-Media-Instrumente Blogs, LinkedIn, Nutzer- und Diskussionsforen, Wikis sowie eigene Pod- und Videocasts.

Eine eher geringe Bedeutung haben die Social-Media-Instrumente Flickr, Pinterest, Live-Chats oder Social Bookmarkings. Bei der Wahl der Social-Media-Instrumente konzentrieren sich Unternehmen besonders auf solche Social Media, die auch von der zu erreichenden Zielgruppe häufig genutzt werden.[49]

Soziale Netzwerke, Microblogging-Dienste sowie Multimedia Content Sharing beziehungsweise File Exchange & Sharing-Dienste sind somit für den Interaktionsprozess zwischen Unternehmen und potenziellen oder bereits bestehenden Kunden von erheblicher Bedeutung.

Auch im internationalen Kontext nutzen Unternehmen Social-Media-Instrumente unterschiedlich stark. Nach einer Studie von Hootsuite (2018) nutzen international bedeutsame Unternehmen soziale Netzwerke (Facebook und LinkedIn), File Exchange & Sharing-Seiten (YouTube), Blogs und Microblogging (Twitter/X und Instagram) besonders stark (vgl. Tab. 3.6).

Mehr als 90 % der global agierenden Unternehmen nutzen Facebook. Twitter/X und Instagram wird, abhängig vom Herkunftsland, durchschnittlich von 73 % bis 87 % der Unternehmen genutzt. Zudem besitzt mehr als die Hälfte dieser Unternehmen einen LinkedIn Account. US-amerikanische Unternehmen gelten als die Vorreiter in der Nutzung der unterschiedlichen Social-Media-Erscheinungsformen, dicht gefolgt von Europa und Asien. Deutsche Unternehmen weisen bei einigen Social Media Anwendungen ein vergleichsweise hohes Wachstumspotenzial auf.

---

[48] Vgl. DIM – Deutsches Institut für Marketing (2018), S. 5.

[49] Vgl. DIM – Deutsches Insititut für Marketing (2012), S. 8 f.

Tab. 3.6 Social Media Nutzung von Unternehmen weltweit. (Datenquelle: Hootsuite (2018), S. 14)

Social Media	**NA** (Northern America)	**EMEA** (Europe/Middle-East/Africa)	**APAC** (Asia Pacific)	**Deutschland**
Facebook	96 %	93 %	97 %	93 %
Twitter/X	87 %	86 %	64 %	75 %
Instagram	77 %	69 %	75 %	73 %
LinkedIn	65 %	65 %	62 %	51 %
YouTube	62 %	62 %	57 %	67 %
Google+	31 %	36 %	26 %	37 %
Messenger (Facebook)	31 %	26 %	36 %	20 %
Pinterest	30 %	21 %	16 %	22 %
WhatsApp	5 %	27 %	15 %	21 %
Snapchat	12 %	3 %	8 %	4 %
Wechat	2 %	2 %	9 %	1 %
Xing	0 %	4 %	0 %	49 %

3.4 Digitale Desinformation in Social Media

Das Internet und insbesondere Social Media werden zunehmend für die Verbreitung und Aufnahme von Informationen und Nachrichten genutzt und haben sich innerhalb der beiden letzten Jahrzehnte als wesentliche Informationsquelle und zentrales Nachrichtenmedium in unserer Gesellschaft etabliert.

Die hohe Verbreitung von Social Media hat die Kommunikationsstruktur im Onlinebereich nachhaltig verändert und dazu geführt, dass Internetnutzer nicht nur die klassische Rolle des Empfängers von Informationen beziehungsweise Nachrichten einnehmen, sondern gleichzeitig auch zu Sendern in diesem Zusammenhang geworden sind. In Kombination mit der hohen Verfügbarkeit des mobilen Internets ist somit der Austausch von Informationen und Nachrichten online nahezu jederzeit und überall für jedermann möglich.

Nachrichtenkonsum in Social Media

Das Internet und Social Media dienen dabei nicht nur als Informationsquelle im Hinblick auf Shopping, Gesundheit und Beruf etc., sondern zunehmend auch im Zusammenhang mit Nachrichten zum Weltgeschehen, wodurch es sich in den letzten Jahren verstärkt auch zu einem Instrument der politischen Meinungsbildung entwickelt hat. Abb. 3.11 stellt die Entwicklung der regelmäßig genutzten Nachrichtenquellen in Deutschland dar und veranschaulicht den signifikanten Bedeutungszuwachs den das Internet und Social Media dabei in den letzten Jahren erfahren haben.

Die Entwicklung der regelmäßig genutzten Nachrichtenquellen in den letzten Jahren in Deutschland zeigt, dass die Offline-Nachrichtenkanäle in Form von TV, Radio und Print

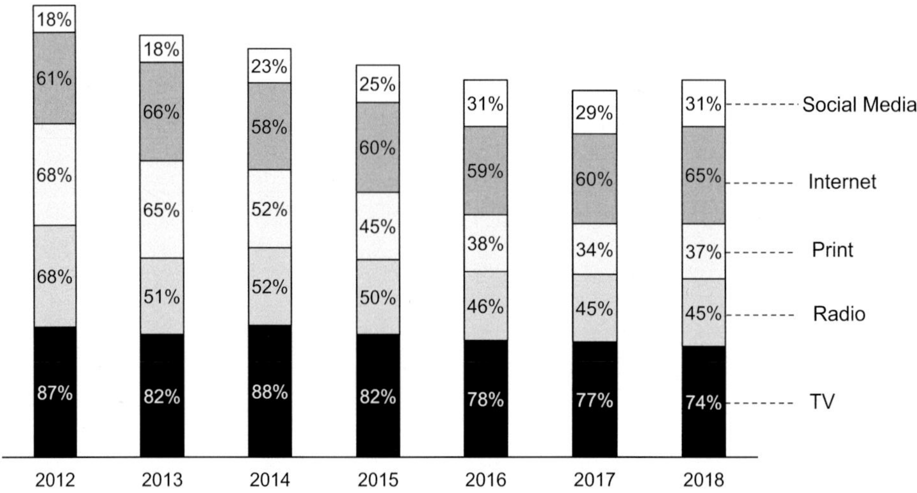

Abb. 3.11 Entwicklung regelmäßig genutzter Nachrichtenquellen. (Datenquelle: Hölig/Hasebrink (2018), S. 17)

seit 2012 zunehmend an Bedeutung verlieren, während das Internet und Social Media als regelmäßig genutzte Nachrichtenquelle immer relevanter werden.

In Deutschland nutzen bereits 65 % der Bevölkerung das Internet als regelmäßige Nachrichtenquelle und es ist zu erwarten, dass das Internet das TV in den nächsten Jahren als wichtigste regelmäßig genutzte Nachrichtenquelle ablösen wird.

Social Media werden von etwa einem Drittel (31 %) der Bevölkerung in Deutschland als regelmäßige Nachrichtenquelle herangezogen und weisen mit einer Steigerung des Nutzungsanteils von 13 Prozentpunkten seit 2012 den größten Bedeutungszuwachs unter allen Nachrichtenquellen auf.[50]

Bei den jüngeren Generationen, d. h. die Altersgruppen zwischen 18 und 44 Jahren stellt der Onlinebereich für die Mehrheit bereits die Hauptnachrichtenquelle dar, aber auch bei den älteren Generationen ist mit einem Anteil von 32 % (45–54-Jährige) beziehungsweise 24 % (55-Jährige und älter) der Onlinebereich als Hauptnachrichtenquelle von Bedeutung (siehe Abb. 3.12).[51]

Vor dem Hintergrund der hohen Relevanz des Internets und Social Media als Nachrichtenmedium für die Meinungsbildung, ist auch der Aspekt der Desinformation und Meinungsmanipulation im digitalen Kontext zunehmend von Bedeutung.

Digitale Desinformation beschreibt dabei die bewusste Verbreitung falscher und irreführender Informationen durch Individuen oder Gruppen unter Verwendung digitaler Me-

[50] Vgl. Hölig/Hasebrink (2018), S. 17.

[51] Vgl. Hölig/Behre/Schulz (2022), S. 21.

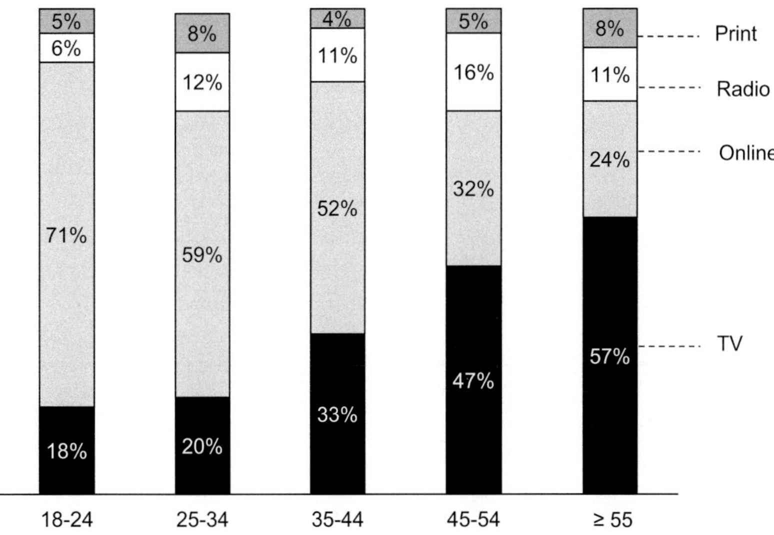

Abb. 3.12 Hauptnachrichtenquellen nach Altersgruppen. (Datenquelle: Hölig/Behre/Schulz (2022), S. 21)

dien und Technologien zum Zwecke der Meinungsmanipulation zum eigenen Vorteil oder zum Nachteil anderer Individuen oder Gruppen.

Das Internet und insbesondere Social-Media-Plattformen wie etwa Facebook, Twitter/X oder WhatsApp spielen dabei eine Schlüsselrolle und wirken als Katalysator bei der Verbreitung von Falschnachrichten und irreführenden Informationen.

Durch die Verschiebung der Informationsweitergabe und Nachrichtenfunktion in den Onlinebereich „ist ein weniger stark reglementierter Raum für Propaganda entstanden",[52] der inzwischen durch groß angelegte digitale Desinformationskampagnen gekennzeichnet ist.

Das Fünf Ebenen Modell der digitalen Desinformation

Die zentralen Aspekte digitaler Desinformation lassen sich in Form eines Prozessmodells darstellen, dem sogenannten Fünf Ebenen Modell der digitalen Desinformation, das sich von den Akteuren und deren Motive, über die Formen digitaler Desinformation bis hin zu deren Distributionskanälen und Verbreitungsmechanismen sowie Ziele erstreckt. Abb. 3.13 stellt das Fünf Ebenen Modell der digitalen Desinformation dar.

Im Bereich der digitalen Desinformation sind sechs wesentliche Dimensionen von Bedeutung: (1) Akteure, (2) deren Motive, (3) die Formen digitaler Desinformation, (4) Distributionskanäle, (5) Verbreitungsmechanismen und (6) Zielgruppen digitaler Desinformation.

---

[52] Riese (2017).

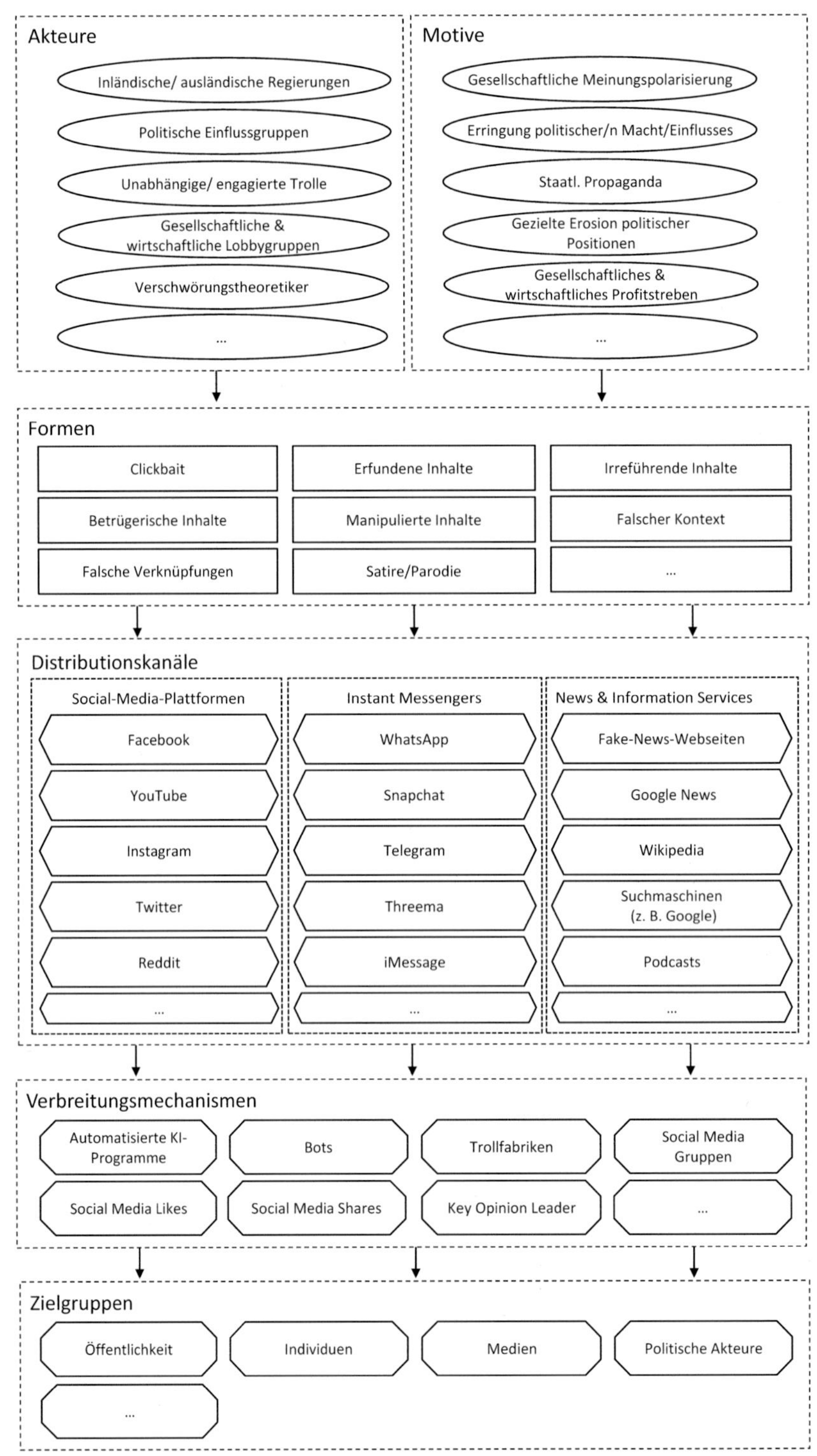

Abb. 3.13 Fünf Ebenen Modell der digitalen Desinformation. (Vgl. Wirtz (2020), S. 103; Wirtz (2021), S. 86; Wirtz (2022), S. 305)

Zu den wichtigsten Akteuren beziehungsweise Initiatoren digitaler Desinformationen zählen staatliche kommunikative Einrichtungen (z. B. Informationsministerien/-agenturen), staatliche Geheimdienste, ausländische Regierungen, politische Einflussgruppen, gesellschaftliche und wirtschaftliche Lobbygruppen, extremistische/radikale Medien, sowie unabhängige oder von Dritten engagierte Trolle, d. h. Personen, die im Internet durch ihre Beiträge gezielt provozieren und Fehlinformationen verbreiten, um anderen Personen, Gruppen oder Unternehmungen zu schaden.

Dem Desinformationsverhalten/-kampagnen dieser Akteure können eine Vielzahl unterschiedlicher Motive zugrunde liegen wie etwa gesellschaftliche Meinungspolarisierung, Erringung politischer Macht beziehungsweise politischen Einflusses, gezielte staatliche Propaganda, gezielte Erosion politischer Positionen, gezielte Meinungsänderung, gesellschaftliche Unterwanderung, sowie gesellschaftliches und wirtschaftliches Profitstreben.

Je nach Motivationslage stehen den Akteuren unterschiedliche Formen digitaler Desinformation zur Verfügung, die sie anwenden können.[53] Clickbait bezieht sich dabei auf Beiträge im Internet mit zweifelhaftem sachlichem Inhalt oder politischen Fehlinformationen, für die versucht wird mit irreführenden Schlagzeilen möglichst viele Nutzer zu gewinnen. Eine weitere Form digitaler Desinformation sind erfundene Inhalte. Dabei handelt es sich um neue Inhalte, die nicht der Wahrheit entsprechen und falsch sind mit der Absicht andere zu täuschen und Schaden herbeizuführen.

Bei irreführenden Inhalten werden Informationen in arglistiger Art und Weise genutzt, um einem Thema etwas zuzuordnen oder eine Person zu manipulieren beziehungsweise zu täuschen. Betrügerische Inhalte als weitere Form digitaler Desinformation liegen vor, wenn echte Quellen mit falschen, erfundenen Quellen imitiert werden. Darüber hinaus stellen manipulierte Inhalte wahre Inhalte oder echte Bilder dar, die überarbeitet wurden mit der Intention andere zu täuschen.

Falscher Kontext als weitere Form digitaler Desinformation liegt vor, wenn wahre Inhalte mit falschen Kontextinformationen in Zusammenhang gebracht und verbreitet werden. Falsche Verknüpfungen treten auf, wenn Überschriften, Bildunterschriften, Untertitel oder visuelle Inhalte nicht mit dem verknüpften Inhalt übereinstimmen.

Schließlich kann auch Satire oder Parodie eine Form digitaler Desinformation darstellen. Dabei handelt es sich um Inhalte in denen Humor, Übertreibung, Spott, Ironie und falsche Informationen verwendet werden,[54] um bestimmte Ereignisse zu kommentieren, wobei die Inhalte in der Regel nicht erstellt werden, um Schaden herbeizuführen, sondern primär einem Unterhaltungszweck dienen sollen.

Die unterschiedlichen Formen digitaler Desinformationen können über eine Vielzahl von Distributionskanälen online an andere Menschen weiterverbreitet werden. Im Wesent-

[53] Vgl. im Folgenden Wardle (2017); Farte/Obada (2018), S. 31 f.; Zimmermann/Kohring (2018), S. 530 ff.

[54] Vgl. Zimdars (2016), S. 2.

lichen können dabei drei Kategorien von Distributionskanälen unterschieden werden: Social-Media-Plattformen, Instant Messengers und News & Information Services.

Im Bereich der Social-Media-Plattformen sind in diesem Zusammenhang insbesondere Facebook, YouTube, Instagram, Twitter/X und Reddit zu nennen, wenn es um die Verbreitung von Desinformation geht. Bei den Instant Messengers sind vor allem Anwendungen wie WhatsApp, Snapchat, Telegram, Threema oder iMessage von besonderer Bedeutung.

Bei der Kategorie News & Information Services sind zunächst insbesondere Fake-News-Webseiten zu nennen (z. B. NYTimes.com.co, ABCnews.com.co, American News), die gezielt Desinformation verbreiten und dabei teilweise versuchen sich als etablierte, vertrauenswürdige Medien (z. B. The New York Times, ABC News etc.) auszugeben.[55] Neben Fake-News-Webseiten stellen im Bereich News & Information Services vor allem auch Online-Nachrichtendienste wie etwa Google News, Wikipedia, Suchmaschinen wie beispielsweise Google oder Podcasts potenzielle Distributionskanäle im Rahmen der digitalen Desinformation dar.

Im Zusammenhang mit der Distribution von Desinformation, kann auch zwischen einer Vielzahl unterschiedlicher Verbreitungsmechanismen unterschieden werden.[56] Von besonderer Bedeutung sind in diesem Zusammenhang AI-basierte Algorithmen und automatisierte AI-Programme, die komplexe Desinformationskampagnen automatisiert steuern.

Durch den schnellen Technologiefortschritt und die sehr dynamische Entwicklung im Bereich der künstlichen Intelligenz, werden diese hoch entwickelten Systeme immer effektiver und effizienter und somit zukünftig noch mehr an Bedeutung gewinnen im Bereich der digitalen Desinformation. Solche AI-basierten Automatisierungstools sind gegenwärtig insbesondere in Form sogenannter Bots präsent, die zunehmend im Social-Media-Bereich zu Desinformationszwecken eingesetzt werden.

Social Media Bots sind automatisierte Identitäten, die bei Desinformationskampagnen unterstützend eingesetzt werden. Sie sind dabei in der Lage automatisiert und auf schnelle Art und Weise insbesondere einfache, repetitive Aufgaben zu erledigen wie etwa Informationen zu sammeln oder Nachrichten bereitzustellen. Gleichzeitig können sie auch mit anderen Menschen und Systemen kommunizieren beziehungsweise mit den Inhalten anderer Nutzer interagieren, während sie sich mittels falscher Nutzerprofile als echte menschliche Nutzer ausgeben.[57]

Vor diesem Hintergrund zeigt eine internationale Studie des Oxford Internet Instituts auf wie Social Media Bots weltweit für gezielte Desinformationskampagnen eingesetzt werden.[58] Im US-Wahlkampf zur Präsidentschaftswahl 2016 wurden beispielsweise in erheblichem Maße Bot-basierte Nutzerprofile zur Beeinflussung der politischen Meinungsbildung verwendet. Eine weitere Studie zeigt in diesem Zusammenhang, dass etwa ein

[55] Vgl. Weissmann (2015); Bump (2016); Murtha (2016).

[56] Vgl. im Folgenden Wardle (2017).

[57] Vgl. Woolley/Howard (2017), S. 6.

[58] Vgl. Woolley/Howard (2017).

Fünftel entsprechender Tweets auf der Social-Media-Plattform Twitter/X auf Social Media Bots zurückzuführen sind, deren Absicht darin bestand falsche Nachrichten zu verbreiten und im Rahmen der politischen Diskussion eine Meinungspolarisierung herbeizuführen.[59]

Neben Bots, stellen sogenannte Trollfabriken einen weiteren wichtigen Verbreitungsmechanismus von Desinformation dar. Wie eingangs erläutert stellen Trolle im Kontext der digitalen Desinformation Personen dar, die im Internet durch ihre Beiträge gezielt provozieren und Fehlinformationen verbreiten, um anderen zu schaden. Trollfabriken oder Trollarmeen sind verdeckte, organisierte Einheiten von Trollen, die im Auftrag von Staaten, Geheimdiensten, Parteien oder politischen Bewegungen gezielte Desinformationskampagnen im Internet beziehungsweise Social Media ausführen und so versuchen die öffentliche Meinung im Sinne des entsprechenden Auftraggebers zu beeinflussen.

Besondere Bekanntheit hat dieses Phänomen insbesondere im Zusammenhang mit der Desinformationspolitik Russlands erfahren. Ein Beispiel sind etwa die Trollfabriken in St. Petersburg in denen mehrere hundert Personen als Trolle fungierend gemeinsam in einem Gebäude gezielt erfundene oder falsche Inhalte über den Westen und die Opposition in Form von Beiträgen, Kommentaren etc. auf Social-Media-Plattformen verbreiten, um die russische Regierung in der öffentlichen Wahrnehmung zu stärken und deren Kontrahenten zu schwächen.[60]

Ein weiterer Verbreitungsmechanismus digitaler Desinformation sind Social-Media-Gruppen, die sich gezielt und systematisch über das Internet organisieren und mobilisieren. Mithilfe bestimmter Tools sind solche Gruppen in der Lage ihre Kampagnen und Aktivitäten einfach und schnell zu arrangieren und in koordinierter und kontinuierlicher Art und Weise ihre gleichförmigen Nachrichten zu verbreiten.[61]

Darüber hinaus stellt auch das Teilen (Social Media Shares) und Liken (Social Media Likes) von Beiträgen und Nachrichten im Social-Media-Kontext einen bedeutenden Verbreitungsmechanismus digitaler Desinformation dar. Dieser Verbreitungsmechanismus ist deutlich subtiler als die anderen Formen, da es sich hierbei nicht nur um gezielte und mutwillige Streuung von Desinformation handeln kann, sondern auch um unabsichtliche, unreflektierte Verbreitung entsprechender Inhalte.

Schließlich können auch Key Opinion Leader oder Influencer eine wichtige Rolle bei der Verbreitung von Desinformation einnehmen. Solche Meinungsführer verfügen in der Öffentlichkeit über großen Einfluss und können als Multiplikatoren fungieren, da viele Menschen ihren Meinungen und Ratschlägen im Rahmen der eigenen Meinungsbildung und Entscheidungsfindung folgen.

Die letzte Ebene bezieht sich auf die Zielgruppen der Desinformationsmaßnahmen. Besonders relevante Zielgruppen sind hierbei Einzelpersonen (z. B. über Microtargeting), Politiker, Medien, Verbände oder die breite Öffentlichkeit.

---

[59] Vgl. Bessi/Ferrara (2016).

[60] Vgl. Berger (2016).

[61] Vgl. Broderick (2017).

Zusammenfassend lässt sich konstatieren, dass sich das Internet und insbesondere Social Media zu einem etablierten Informationsmedium entwickelt haben und insbesondere für die jüngeren Generationen inzwischen die Hauptinformationsquelle darstellen. Vor diesem Hintergrund werden Internet- und Social-Media-Plattformen zunehmend für digitale Desinformationszwecke zur Manipulation der öffentlichen Meinungsbildung instrumentalisiert. Im Fokus stehen dabei nicht nur die Vielzahl unterschiedlicher Akteure und deren vielfältigen Motive, sondern auch die verschiedenen Formen, Distributionskanäle, Verbreitungsmechanismen und Zielgruppen digitaler Desinformation.

3.5 Erfolgsfaktoren im Social Media Business

Social Media Business ist eine umfassende Herausforderung für Unternehmen. Eine flexible und schnelle Anpassung der Aktivitäten in sozialen Medien kann einen wichtigen Wettbewerbsvorteil bedeuten: Werden die vernetzten Strukturen der Zielgruppen und die sich daraus ergebenden Potenziale frühzeitig für eigene Zwecke genutzt, besitzen Unternehmen die Chance zum Aufbau eines Wettbewerbsvorteils.[62] Eine große Herausforderung sozialer Netzwerke ist der Datenschutz. Nutzer, die möglichst viele persönliche Informationen veröffentlichen, erhöhen die Möglichkeit für Unternehmen, ihre Zielgruppen einzugrenzen und eventuell kundenindividuell anzusprechen. Anhaltende Probleme sowohl mit Urheberrechtsverletzungen als auch mit dem Datenschutz können aber in juristischen Auseinandersetzungen mit den Betreibern sozialer Netzwerke und anderen Communities resultieren.

Aufgrund dieser Probleme verwenden die Nutzer sozialer Netzwerke teilweise falsche Informationen bei der Anmeldung und Einrichtung von Profilen. Dabei stellt gerade die Erfassung wahrheitsgetreuer Informationen über die Anwender ein wichtiges Ziel von Unternehmen dar, da eine adäquate Zielgruppendefinition und damit eine auf die Rezipienten abgestimmte Social Media Business-Kampagne auf der Grundlage falscher demografischer Daten der Anwender kaum zu gewährleisten ist.[63]

Kann diese Problematik zur Zufriedenheit der Nutzer sozialer Medien gelöst werden, ergeben sich in der Zukunft auch durch Verknüpfungen zu anderen Formen des Digital Business vielfältige Chancen und Möglichkeiten durch Social Media Business. So weist Social Media Business starke Verknüpfungen zu Mobile Business auf. Leistungsstarke Smartphones bilden zusammen mit mobilen Internetzugängen günstige Voraussetzungen für das Wachstum von mobilem Social Media Business.

[62] Vgl. Kilian/Langner (2010), S. 135.

[63] Vgl. Conard (2009), S. 87.

Dabei nutzen die Besitzer von Smartphones mehrere Plattformen und dies in höherer Frequenz als Menschen ohne entsprechendes mobiles Endgerät.[64] Mit fortschreitender technologischer Entwicklung und zunehmend günstigeren Smartphones wird die mobile Nutzung sozialer Medien weiter ansteigen und dem Social Media Business weitere Möglichkeiten und Chancen eröffnen.

Four Factors Model und Social Media Erfolg

Die Erfolgsfaktoren des Social Media Business basieren im Wesentlichen auf den vier Faktoren des Social Media – Four Factors Model und unterliegen demzufolge einer entsprechenden Kategorisierung. In Bezug auf die Dimension Social Networking erleichtern soziale Netzwerke, Weblogs, Microblogs, File Exchange & Sharing-Seiten, Bewertungsportale, Podcasts, Mash-Ups, Wikis, Social Tagging & Bookmarking-Seiten, sowie Onlineforen den Dialog mit Kunden beziehungsweise Anwendern und bieten zudem die Möglichkeit, über die Ansprache von Multiplikatoren eine für den Unternehmenserfolg kritische Masse von Anwendern zu generieren.[65]

Soziale Netzwerke, Instant Messengers und Onlineforen erlauben zusätzlich ein systematisches Monitoring der Kunden sowie eine höhere Partizipationsmöglichkeit von Unternehmen und weisen deshalb die größte Eignung in Bezug auf den Meta-Erfolgsfaktor Social Networking auf.

Soziale Netzwerke, Instant Messengers und Onlineforen bieten Unternehmen auch im Rahmen der Interaction Orientation vielfältige Chancen, da sie eine starke Interaktion mit Kunden unterstützen. Während die Interaktion via Weblogs, Microblogs oder Bewertungsportalen erfolgversprechend sein kann, ist diese Dimension bei Social-Media-Business-Instrumenten wie File Exchange & Sharing-Anwendungen, Podcasts, Mashups, Wikis oder Social Tagging & Bookmarking-Anwendungen wesentlich geringer ausgeprägt.

Soziale Netzwerke bieten vielfältige Möglichkeiten zur Personalisierung beziehungsweise Rekonfiguration entsprechend individueller Nutzerpräferenzen. Die Mehrheit der Social-Media-Anwendungen wie Weblogs, Microblogs, File Exchange & Sharing-Anwendungen, Bewertungsportale, Instant Messengers, Podcasts, Mash-Ups, Wikis, sowie Onlineforen sind jedoch durch ein mittleres Potenzial in Bezug auf individuelle Anpassungen gekennzeichnet. Social Tagging & Bookmarking-Dienste haben lediglich ein geringes Potenzial für Customization und Personalisierung.

Im Kontext des Meta-Erfolgfaktors User-Added Value vereinen vor allem soziale Netzwerke, Bewertungsportale, Mash-Ups, Wikis, Social Tagging & Bookmarking-

[64] Vgl. Universal McCann (2013), S. 56.

[65] Vgl. Wirtz (2016a), S. 382 f.

	Social Networking	Interaction Orientation	Customization/ Personalization	User-Added Value	Social-Media-Business-Potenzial
Soziale Netzwerke (z. B. Facebook.com)	◕	◕	◕	◕	◕
Weblogs (z. B. Blogger.com)	◔	◑	◑	◑	◑
Microblogs (z. B. Twitter.com)	◔	◕	◑	◑	◑
File Exchange & Sharing (z. B. YouTube.com)	◔	◔	◑	◑	◕
Bewertungsportale (z. B. Yelp.com)	◔	◑	◑	◕	◑
Instant Messengers (z. B. WhatsApp.com)	◕	◕	◑	◔	◑
Podcasts (z. B. Podcast.de)	◔	◔	◑	◔	◑
Mash-Ups (z. B. Parkingcarma.com)	◔	◔	◑	◕	◔
Wikis (z. B. Wikipedia.org)	◔	◔	◑	◕	◑
Social Tagging & Bookmarking (z. B. Delicious.com)	◔	◔	◔	◕	◔
Onlineforen (z. B. Spiegel.de/forum)	◕	◕	◑	◕	◕

Legende: ○ Sehr geringes Potenzial ◕ Sehr hohes Potenzial

Abb. 3.14 Social-Media-Business-Potenzial der Social-Media-Instrumente (Unternehmens-perspektive). (Vgl. Wirtz/Elsäßer (2012), S. 518)

Anwendungen, sowie Onlineforen dessen Attribute und weisen somit diesbezüglich ein sehr hohes Potenzial auf.

Während andere Social-Media-Instrumente wie Weblogs, Microblogs und File Exchange & Sharing-Anwendungen sich hauptsächlich auf die Erstellung von nutzergenerierten Inhalten und User-Know-How konzentrieren und ein mittleres Potenzial bezüglich des User-Added Value haben, weisen Instant Messengers und Podcasts ein geringes Potenzial in diesem Zusammenhang auf.

Abb. 3.14 stellt die Eignung der verschiedenen Social-Media-Instrumente in Bezug auf die Dimensionen des Social Media – Four Factors Model dar und resultiert in der Bewertung des aggregierten Social-Media-Business-Potenzials. Im Ergebnis eignen sich soziale Netzwerke und Onlineforen am besten für das Social Media Business von Unternehmen.

Darüber hinaus lassen sich auch Blogs, Microblogs, Bewertungsportale, Instant Messengers, Mash-Ups und Wikis den erfolgversprechenden Instrumenten zuordnen, wohingegen File Exchange & Sharing-Plattformen, Podcasts und Social Tagging &

Bookmarking-Anwendungen nur ein geringes Social-Media-Business-Potenzial zuerkannt werden kann.

3.6 Inhaltliche Kernpunkte des Social Media Business

- Soziale Medien sind eine Gruppe von Internetanwendungen, die auf der Web 2.0 Technologie basieren und die Erstellung und den Austausch von nutzergenerierten Inhalten ermöglichen. Social Media Business beschreibt die Anbahnung, Unterstützung, Verwaltung und Pflege von Transaktionen zwischen Wirtschaftspartnern über Social Media Tools.
- Das Social Media Four-Factor Model besteht aus den vier Dimensionen: Social Networking, Interaction Orientation, Customization und Personalization sowie User-Added Value. Es liefert konzeptionelle Hinweise und die wichtigsten Merkmale für die Nutzung und Anpassung geeigneter Social-Media-Anwendungen.
- Social Networking beschreibt Strukturen von Online-Interaktionen und besteht aus den Faktoren Social Trust, Social Identity, Digital Word Of Mouth und Customer Power. Treiber für die Beteiligung von Nutzern in sozialen Netzwerken sind insbesondere die Suche nach sozialer Anerkennung und der Wunsch nach Gruppenzugehörigkeit.
- Interaction Orientation bezieht sich auf die Fähigkeit eines sozialen Netzwerks intensive und authentische Zwei-Wege-Kommunikation zu ermöglichen. Dabei besteht die Dimension „Interaction Orientation" aus den Faktoren Customer Centricity, Interaction Configuration, Customer Response Capability und Cooperative Value Generation.
- Die Möglichkeit für die Nutzer, Online-Angebote an ihre Bedürfnisse und Präferenzen anzupassen wird durch den Faktor Customization und Personalization abgebildet. Diese Dimension besteht aus den Faktoren Personal Customization, Group Customization und Social Customization.
- User-Added Value bezieht sich auf die Wertschöpfung durch die Partizipation der Nutzer und umfasst die Faktoren User Generated Content, User Generated Creativity, User Generated Innovation und User Generated Revenue und Contacts.
- Es existiert eine große Vielfalt von Social-Media-Anwendungen, die sich in Bezug auf Geschäftsmodell, Serviceangebot und Nutzwert unterscheiden. Dazu gehören beispielsweise soziale Netzwerke, welche die Verbindung mit anderen Nutzern, Blogs und RSS-Feeds ermöglichen.
- Nutzergruppen in sozialen Medien lassen sich anhand ihres Involvements klassifizieren. Inaktive Nutzer zeigen das geringste Involvement, da sie keine Anzeichen von Aktivität auf Social-Media-Anwendungen zeigen. Im Gegensatz dazu stellen die Kreativen die am stärksten involvierte Nutzergruppe in sozialen Medien dar. Sie veröffentlichen beispielsweise Blogbeiträge oder laden Medieninhalte hoch.
- Da das Internet und die sozialen Medien zu wichtigen Quellen für Nachrichten und Informationen geworden sind, stellt die digitale Desinformation eine zunehmende

Herausforderung dar. Der Prozess der digitalen Desinformation kann im Fünf Ebenen Modell der digitalen Desinformation dargestellt werden. Dieses Modell besteht aus den Akteuren und ihren Motiven, den verschiedenen Formen, den Distributionskanälen, den Verbreitungsmechanismen sowie den jeweiligen Zielgruppen der Desinformation.

Kapitel 3
Wissensfragen und Diskussionsthemen

Wissensfragen

1. Was sind soziale Medien? Beschreiben Sie den Unterschied zwischen sozialen Medien und Web 2.0.
2. Beschreiben Sie das Social Media Four Factors Model.
3. Erläutern Sie die Anwendungen von Social Media mit ihren Serviceangeboten und dem jeweiligen Kundennutzen.
4. Beschreiben Sie den Metaverse-Ansatz und stellen Sie seine Chancen und Risiken dar.
5. Beschreiben Sie das Modell der digitalen Desinformation.

Diskussionsthemen

1. Diskutieren Sie die Auswirkungen der sozialen Medien auf das demokratische Verständnis von offenen Gesellschaften.
2. Diskutieren Sie die Vor- und Nachteile von Social Media für Ihre persönliche Nutzung des Internets und deren Auswirkungen auf Ihr Sozial- und Freizeitverhalten. Machen soziale Medien die Welt wirklich zu einem besseren Ort?
3. Diskutieren Sie die Gefahren von Fake News in den sozialen Medien. Welche sozialen Gefahren gehen von Fake News aus und wie kann ihnen begegnet werden?

Literatur

Anderson, K.E. (2015), Getting acquainted with social networks and apps: Snapchat and the rise of ephemeral communication, in: Library Hi Tech News, 32. Jg., Nr. 10, 2015, S. 6–10.

ARD/ZDF (2014), ARD/ZDF-Online-Studie 2014- Durchschnittliche Nutzungsdauer der Medien 2014, http://www.ard-zdf-onlinestudie.de/index.php?id=483, Abruf: 15.06.2015.

Beisch, N./Koch, W. (2021), Aktuelle Aspekte der Internetnutzung in Deutschland- 25 Jahre ARD/ZDF-Onlinestudie: Unterwegsnutzung steigt wieder und Streaming/Mediatheken sind weiterhin Treiber des medialen Internets, https://www.ard-media.de/fileadmin/user_upload/media-perspektiven/ARD-ZDF-Onlinestudie/25_Jahre_ARD-ZDF-Onlinestudie.pdf, Abruf: 10.10.2022.

Berger, A. (2016), Die Arbeit eines russischen Trolls, https://www.deutschlandfunk.de/russlands-desinformationspolitik-die-arbeit-eines.795.de.html?dram:article_id=347314, Abruf: 25.06.2019.

Bessi, A./Ferrara, E. (2016), Social bots distort the 2016 U.S. Presidential election online discussion, in: First Monday, 21. Jg., Nr. 11, 2016.

Beynon-Davies, P. (2013), eBusiness, 2. Auflage, Houndmills, Basingstoke, New York, NY 2013.

Broderick, R. (2017), Trump Supporters Online Are Pretending To Be French To Manipulate France's Election, https://www.buzzfeednews.com/article/ryanhatesthis/inside-the-private-chatrooms-trump-supporters-are-using-to, Abruf: 28.06.2019.

Buggisch, C. (2021), Social Media, Messenger und Streaming- Nutzerzahlen in Deutschland 2021, https://buggisch.wordpress.com/2021/01/04/social-media-messenger-und-streaming-nutzerzahlen-in-deutschland-2021/, Abruf: 28.10.2022.

Bump, P. (2016), Denzel Washington endorsed Trump, according to AmericaNews, Breitbartt, USANewsHome – and Facebook, https://www.washingtonpost.com/news/the-fix/wp/2016/11/14/denzel-washington-endorsed-trump-according-to-americanews-breitbartt-usanewshome-and-facebook/?utm_term=.a9462682cf68, Abruf: 24.06.2019.

Chaffey, D. (2015), Digital business and e-commerce management- Strategy, implementation and practice, 6. Auflage, Harlow 2015.

Citi (2022), Metaverse and Money- Decrypting the Future, https://ir.citi.com/gps/x5%2BFQJT3BoHXVu9MsqVRoMdiws3RhL4yhF6Fr8us8oHaOe1W9smOy1%2B8aaAgT3SPuQVtwC5B2%2Fc%3D, Abruf: 20.01.2023.

Conard, G. (2009), Friends with benefits- Networking in a new economy, Penryn 2009.

Dahnil, M.I./Marzuki, K.M./Langgat, J./Fabeil, N.F. (2014), Factors influencing SMEs adoption of social media marketing, in: Procedia-Social and Behavioral Sciences, 148. Jg., 2014, S. 119–126.

DIM – Deutsches Insititut für Marketing (2012), Social Media Marketing in Unternehmen- Zusammenfassung der zentralen Studienergebnisse, https://www.marketinginstitut.biz/marktforschung/studien/social-media-marketing-in-unternehmen-2012/, Abruf: 02.12.2014.

DIM – Deutsches Institut für Marketing (2018), Social Media Marketing in Unternehmen 2018, https://www.marketinginstitut.biz/fileadmin/user_upload/DIM/Dokumente/DIM_Kurzzusammenfassung_Studie_Social_Media_Marketing_2018_April_2018.pdf, Abruf: 19.12.2019.

Enderle, M./Wirtz, B.W. (2008), Weitreichende Veränderungen- Marketing im Web 2.0, in: Absatzwirtschaft, 51. Jg., Nr. 1, 2008, S. 36–39.

Evans, L. (2010), Social Media Marketing- Strategies for engaging in Facebook, Twitter & other social media, Indianapolis, Ind 2010.

Farte, G.I./Obada, D.R. (2018), Reactive Public Relations Strategies for Managing Fake News in the Online Environment, in: Postmodern Openings, 9. Jg., Nr. 2, 2018, S. 26–44.

Forbes (2016), Exclusive Interview: How Jared Kushner Won Trump The White House, http://www.forbes.com/sites/stevenbertoni/2016/11/22/exclusive-interview-how-jared-kushner-won-trump-the-white-house/#1564282e2f50, Abruf: 13.12.2016.

GWI (2022), Unsure about the metaverse? Here's what you (might) need to know, https://blog.gwi.com/chart-of-the-week/understanding-the-metaverse/, Abruf: 20.01.2023.

Hettler, U. (2010), Social Media Marketing- Marketing mit Blogs, Sozialen Netzwerken und weiteren Anwendungen des Web 2.0, München 2010.

Hölig, S./Behre, J./Schulz, W. (2022), Reuters Institute Digital News Report 2022 – Ergebnisse für Deutschland, https://leibniz-hbi.de/uploads/media/Publikationen/cms/media/k3u8e8z_AP63_RIDNR22_Deutschland.pdf, Abruf: 23.09.2022.

Hölig, S./Hasebrink, U. (2018), Reuters Institute Digital News Report 2018- Ergebnisse für Deutschland, Hamburg 2018.

Hootsuite (2018), Hootsuite Barometer Report- Social Media-Nutzung in Unternehmen, Report 2018 Deutschland, 2018, https://hootsuite.com/de/ressourcen?page=2&category=&industry=, Abruf: 19.12.2019.

IAB/PwC (2020), Internet advertising revenue report- Full year 2019 results & Q1 2020 revenues, https://www.iab.com/wp-content/uploads/2020/05/FY19-IAB-Internet-Ad-Revenue-Report_Final.pdf, Abruf: 10.10.2022.

IAB/PwC (2022), Internet Advertising Revenue Report- Full-year 2021 results, https://www.iab.com/wp-content/uploads/2022/04/IAB_Internet_Advertising_Revenue_Report_Full_Year_2021.pdf, Abruf: 10.10.2022.

iTech Post (2016), Facebook Loses More Grip of Its Younger Users, Falls Behind Snapchat and Instagram, http://www.itechpost.com/articles/43252/20161019/facebook-loses-more-grip-of-its-younger-users-falls-behind-snapchat-and-instagram.htm, Abruf: 05.12.2016.

Kaplan, A.M./Haenlein, M. (2010), Users of the world, unite! The challenges and opportunities of Social Media, in: Business Horizons, 53. Jg., Nr. 1, 2010, S. 59–68.

Kilian, T./Langner, S. (2010), Online-Kommunikation. Kunden zielsicher verführen und beeinflussen, Wiesbaden 2010.

Laudon, K.C./Traver, C.G. (2017), E-Commerce 2016- business. technology. society, 12. Auflage, Upper Saddle River 2017.

Li, C./Bernoff, J. (2008), Why the Groundswell. and Why Now? Social Technologies Are Here to Stay, Boston 2008.

Linden Research (2022), Erforschen. Entdecken. Schaffen. Eine neue Welt wartet…, https://secondlife.com/, Abruf: 20.01.2023.

Little, A. (2006), Web-reloaded?- Driving convergence in the real world, Cambridge, 2006, http://www.adlittle.de/studien.html?view=191, Abruf: 16.05.2017.

McKinsey & Company (2022), Value creation in the metaverse, https://www.mckinsey.com/~/media/mckinsey/business%20functions/marketing%20and%20sales/our%20insights/value%20creation%20in%20the%20metaverse/Value-creation-in-the-metaverse.pdf, Abruf: 20.01.2023.

Meta (2023), Menschen jeden Tag näher zusammenbringen, https://about.meta.com/de/, Abruf: 23.01.2023.

Murtha, J. (2016), How fake news sites frequently trick big-time journalists, https://www.cjr.org/analysis/how_fake_news_sites_frequently_trick_big-time_journalists.php, Abruf: 24.06.2019.

Mystakidis, S. (2022), Metaverse, in: Encyclopedia, 2. Jg., Nr. 1, 2022, S. 486–497.

O'Reilly, T. (2005), Web 2.0: Compact Definition, 2005, http://radar.oreilly.com/2005/10/web-20-compact-definition.html, Abruf: 27.09.2011.

Przepiorka, S. (2006), Weblogs, Wikis und die dritte Dimension, in: Picot, A./Fischer, T. (Hrsg.): Weblogs. Grundlagen, Konzepte und Praxis im unternehmerischen Umfeld, Heidelberg 2006, S. 13–27.

Riese, D. (2017), Die neue Propaganda, https://www.faz.net/aktuell/feuilleton/medien/studie-untersucht-manipulation-in-sozialen-medien-15071024.html, Abruf: 24.06.2019.

Scholz, H. (2017), Social goes Mobile – Kunden gezielt erreichen 2017.

Statista (2022), Number of social media users worldwide from 2018 to 2027, https://www.statista.com/statistics/278414/number-of-worldwide-social-network-users/, Abruf: 13.07.2022.

Stelzner, M.A. (2020), 2020 social media marketing industry report- How Marketers Are Using Social Media to Grow Their Business, 2020.

Takle, S. (2021), The metaverse will require "A 1,000-times increase in computational efficiency" according to Intel, https://www.beyondgames.biz/18137/the-metaverse-will-require-a-1000-times-increase-in-computational-efficiency-according-to-intel/, Abruf: 23.01.2023.

Universal McCann (2013), Wave 7 – Cracking The Social Code- The Story of Why, http://wave.umww.com/assets/pdf/wave_7-cracking-the-social-code.pdf, Abruf: 12.01.2015.

Wardle, C. (2017), Fake News – Es ist kompliziert., https://de.firstdraftnews.org/fake-news-es-ist-kompliziert/, Abruf: 24.06.2019.

We Are Social (2020), Digital 2020 April global statshot report,, https://www.slideshare.net/DataReportal/digital-2020-april-global-statshot-report-april-2020-v01, Abruf: 13.07.2022.

Weinberg, T. (2014), Social Media Marketing – Strategien für Twitter, Facebook & Co, 4. Auflage, Köln 2014.

Weissmann, C.G. (2015), Watch out for this fake news website masquerading as The New York Times, https://www.businessinsider.com/nytimescomco-posts-fake-news-articles-pretending-to-be-the-new-york-times-2015-6?IR=T, Abruf: 24.06.2019.

Wirtz, B.W. (2012), Direktmarketing-Management- Grundlagen – Instrumente – Prozesse, 3. Auflage, Wiesbaden 2012.

Wirtz, B.W. (2013), Electronic Business, 4. Auflage, Wiesbaden 2013.

Wirtz, B.W. (2016a), Direktmarketing- Grundlagen – Instrumente – Prozesse, 4. Auflage, Wiesbaden: Gabler.

Wirtz, B.W. (2016b), Electronic Business, 5. Auflage, Wiesbaden 2016.

Wirtz, B.W. (2019), Medien- und Internetmanagement, 10. Auflage, Wiesbaden, Heidelberg 2019.

Wirtz, B.W. (2020), Electronic Business, 7. Auflage, Wiesbaden 2020.

Wirtz, B.W. (2021), Digital business and electronic commerce- Strategy, business models and technology, 1. Auflage, Cham 2021.

Wirtz, B.W. (2022), E-Government- Strategie – Organisation – Technologie, 1. Auflage, Wiesbaden 2022.

Wirtz, B.W./Elsäßer, M. (2012), Instrumente im Social Media Marketing, in: Wirtschaftswissenschaftliches Studium (WiSt), 41. Jg., Nr. 10, 2012, S. 512–518.

Wirtz, B.W./Göttel, V. (2016), Technology Acceptance in Social Media- Review, Synthesis and Directions for Future Empirical Research, in: Journal of Electronic Commerce Research, 17. Jg., Nr. 2, 2016, S. 97–115.

Wirtz, B.W./Göttel, V./Daiser, P. (2017), Social Networks- Usage Intensity and Effects on Personalized Advertising, in: Journal of Electronic Commerce Research, 18. Jg., Nr. 2, 2017, S. 103–123.

Wirtz, B.W./Nitzsche, P./Ullrich, S. (2014), User integration in social media: an empirical analysis, in: International Journal of Electronic Business, 11. Jg., Nr. 1, 2014, S. 63–84.

Wirtz, B.W./Piehler, R./Ullrich, S. (2013), Determinants of Social Media Website Attractiveness, in: Journal of Electronic Commerce Research, 14. Jg., Nr. 1, 2013, S. 11–33.

Wirtz, B.W./Schilke, O./Ullrich, S. (2010), Strategic Development of Business Models: Implications of the Web 2.0 for Creating Value on the Internet, in: Long Range Planning, 43. Jg., Nr. 2, 2010, S. 361–398.

Wirtz, B.W./Ullrich, S. (2008), Geschäftsmodelle im Web 2.0 – Erscheinungsformen, Ausgestaltung und Erfolgsfaktoren, in: Praxis der Wirtschaftsinformatik, Nr. 261, 2008, S. 20–31.

Woolley, S.C./Howard, P.N. (2017), Computational Propaganda Worldwide: Executive Summary, http://comprop.oii.ox.ac.uk/wp-content/uploads/sites/89/2017/06/Casestudies-ExecutiveSummary.pdf, Abruf: 24.06.2019.

Zarrella, D. (2013), Das Social Media Marketing Buch, Heidelberg 2013.

Zimdars, M. (2016), False, Misleading, Clickbait-y, and/or Satirical "News"Sources, https://21stcenturywire.com/wp-content/uploads/2017/02/2017-DR-ZIMDARS-False-Misleading-Clickbait-y-and-Satirical-%E2%80%9CNews%E2%80%9D-Sources-Google-Docs.pdf, Abruf: 24.06.2019.

Zimmermann, F./Kohring, M. (2018), „Fake News" als aktuelle Desinformation. Systematische Bestimmung eines heterogenen Begriffs, in: M&K, 66. Jg., Nr. 4, 2018, S. 526–541.

Digital Government

4

Inhaltsverzeichnis

4.1 Grundlagen des Digital Government 129
4.2 Open Government und E-Partizipation 139
4.3 Smart Cities 145
4.4 Services und Nutzerstruktur des Digital Government 156
4.5 Servicekanäle 165
4.6 Erfolgsfaktoren des Digital Government 173
4.7 Inhaltliche Kernpunkte des Digital Governments 179
Literatur 181

Wissensziele

Wenn Sie dieses Kapitel gelesen haben, werden Sie in der Lage sein:

1. Digital Government zu definieren und die Akteure und Interaktionsstrukturen zu beschreiben,
2. die Konzepte von Open Government und E-Partizipation zu definieren,
3. das Smart-City-Konzept zu beschreiben,
4. das NSS-Digital-Government-Nachfragefaktorensystem zu beschreiben,
5. die Erfolgsfaktoren von Digital Government zu erläutern.

Das komplexe Anwendungsgebiet des Digital Government hat sowohl im Schrifttum als auch in der Praxis stetig an Bedeutung gewonnen.[1] Dabei kann unter Digital Government im engeren Sinne die Abwicklung verwaltungsmäßiger Prozesse im Zusammenhang mit

[1] Vgl. Wirtz/Piehler/Daiser (2015), S. 71; Wirtz et al. (2016), S. 49.

B. W. Wirtz, *Digital Business*, https://doi.org/10.1007/978-3-658-41467-2_4

Regieren und Verwalten mithilfe von Informations- und Kommunikationstechniken über elektronische Medien verstanden werden.[2]

Digitalisierung, Vernetzung und Globalisierung verbinden Menschen und Organisationen weltweit. Insbesondere der öffentliche Sektor hat eine besondere Bedeutung bei der digitalen Transformation unserer Gesellschaft. Digital Government ist ein wesentlicher Wettbewerbsfaktor auf globaler Ebene. Das bedeutet, dass die öffentliche Verwaltung zum Wohle der Gesellschaft ihre Leistungen vollständig digitalisieren muss. Hier zeigt sich jedoch, dass insbesondere in Deutschland vor dem Hintergrund weltweiter Digital Government Rankings ein erheblicher Nachholbedarf besteht.[3]

In diesem Kapitel werden die Grundlagen, Akteure, Vorteile und die Entwicklung von Digital Government beschrieben. Die Konzepte von Open Government und E-Partizipation werden in Abschn. 4.2 erläutert. In Abschn. 4.3 wird auf Smart Cities eingegangen. Im Abschn. 4.4 werden digitale Verwaltungsdienste, die Nutzerstruktur und Servicekanäle von Digital Government dargestellt. In Abschn. 4.5 werden die Erfolgsfaktoren von Digital Government beschrieben. Schließlich werden in Abschn. 4.6 die inhaltlichen Kernpunkte Digital Government dargestellt. Abb. 4.1 stellt die Struktur des Kapitels dar.

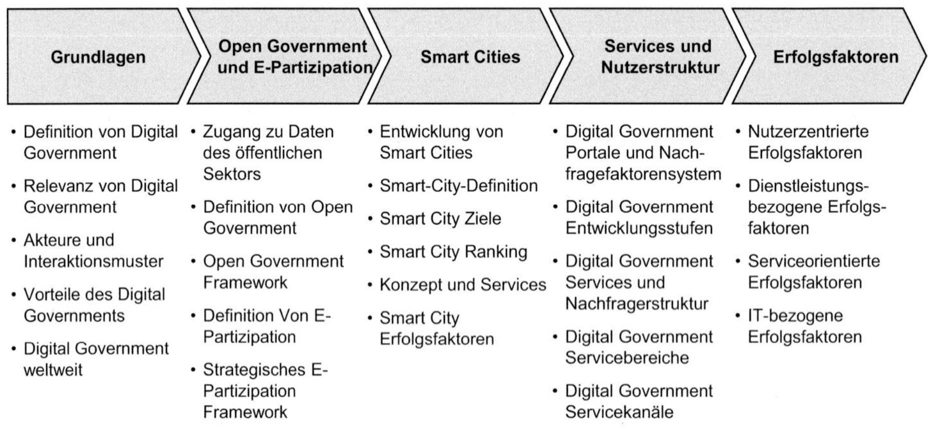

Abb. 4.1 Struktur des Kapitels

[2] Vgl. zu Kap. 4 Digital Government im Folgenden Wirtz (2021), S. 96 ff.; Wirtz (2022a), S. 14 ff.; Wirtz (2022b), S. 3 ff.; Wirtz/Birkmeyer (2015), S. 381 ff.; Wirtz/Daiser (2015), S. 1 ff.; Wirtz/Daiser/Binkowska (2018), S. 1 ff.; Wirtz/Daiser (2017), Wirtz/Kubin (2021), S. 285 ff.

[3] Vgl. Wirtz/Kubin (2021), S. 285 ff.

4.1 Grundlagen des Digital Government

Digital Government kann als ein komplexes, modernes Dienstleistungssystem verstanden werden. Dabei liegt der Fokus von Digital Government auf der Bereitstellung umfassender digitaler Services für Bürger, Unternehmen und sonstige Anspruchsgruppen. Grundsätzlich ist hierbei der Umfang und die Tiefe von Digital Government-Dienstleistungen ein wesentliches, prägendes, definitorisches Merkmal von Digital Government.

Definition von Digital Government

Seit dem Jahr 2000 hat die Zahl der Definitionen von Digital Government und E-Government in der Literatur erheblich zugenommen. Zu Beginn der Digital Government Entwicklung hat sich zunächst der Begriff des E-Governments etabliert. Erst in der letzten Dekade hat sich zunehmend eine Wandlung des Begriffsverständnisses bzw. der Bezeichnung eingestellt. Diese Entwicklung setzt jedoch zumeist E-Government und Digital Government als synonyme Bezeichnungen gleich.

Aufgrund der zunehmenden Integration neuer digitaler Technologiekonzepte, insbesondere IoT, KI, Big Data und Cloud Computing, hat sich der Begriff „Digital Government" in den letzten Jahren immer mehr verbreitet. Tab. 4.1 zeigt ausgewählte Definitionen, die die verschiedenen Aspekte in Bezug auf die digitale Verwaltung veranschaulichen.

Gemeinsamkeiten der Definitionen von Digital Government

Obwohl die Definitionen Unterschiede in der Merkmalsausprägung (Umfang, Gegenstand, Technologie) aufzeigen, existieren auch grundlegende Gemeinsamkeiten. Erstens

Tab. 4.1 Ausgewählte Definitionen von E-Government/Digital Government. (Vgl. Wirtz/Daiser (2015), S. 8 f.; Wirtz/Daiser (2017), S. 8 f.; Wirtz (2022b), S. 11 f.)

Autor	Definition
Silcock (2001)	Simply stated, E-Government is the use of technology to enhance the access to and delivery of government services to benefit citizens, business partners and employees.
UNDPEPA/ASPA (2002)	"[…] E-Government is defined as: utilizing the internet and the world-wide-web for delivering government information and services to citizens."
Carter/Bélanger (2005)	E-Government refers to […] the use of information technology to enable and improve the efficiency with which government services are provided to citizens, employees, businesses and agencies.
Heeks (2005)	[…] E-Government in a broad sense: all use of information technology in the public sector. It covers a broad range of managerial issues: from high-level strategy to detailed tactics; from the technicalities of data flows and process mapping to the politics of Digital Government.
Evans/Yen (2006)	Simply speaking, E-Government means the communication between the government and its citizens via computers and a Web-enabled presence. The advantages in timeliness, responsiveness, and cost containment are outstanding.

(Fortsetzung)

Tab. 4.1 (Fortsetzung)

Autor	Definition
Spirakis/Spiraki/ Nikolopoulos (2010)	Electronic government is the use of Information and Communication Technology in the transformation of government; primarily aiming to the improvement of accessibility, effectiveness and responsibility. It is based on the diffusion of the information and the information policy development. Electronic government guides to increasing citizens' participation and active citizens' development affecting the mechanisms of democracy.
Veit/Huntgeburth (2014)	Digital government is defined as the use of Information and Communication Technologies (ICT), in particular the internet, to transform the relationship between government and society in a positive manner.
Yavwa/ Twinomurinzi (2019)	Digital government is defined as a socio-technical phenomenon or mechanism by which governments provide efficient services using ICT in a seamless and interfaced manner.
Twizeyimana/ Andersson (2019)	E-Government is commonly conceptualized as governments' use of Information and Communication Technologies (ICTs) combined with organizational change to improve the structures and operations of government.

wird in allen Definitionen eine kommunikations- bzw. informationstechnologische Unterstützung des Digital Governments vorausgesetzt. Zweitens erfolgt die Bereitstellung von Informationen und Dienstleistungen im Rahmen des Digital Governments weitgehend online. Drittens werden durch das Digital Government der Zugang, die Effizienz, die Effektivität und die Interaktion positiv beeinflusst.

Definition von Digital Government

Vor diesem Hintergrund stellt Digital Government eine technologiegestützte Abwicklung von öffentlichem Verwaltungshandeln dar, die den Zugang zu Informationen und Dienstleistungen ermöglicht, Interaktionen verbessert, die Rechenschaftspflicht, Effizienz und Effektivität fördert sowie die technologische Grundlage für die E-Demokratie bildet. Somit wird im Folgenden die in Tab. 4.2 dargestellte Definition des Digital Governments verwendet:

Akteure und Interaktionsmuster des Digital Governments

Sämtliche Empfänger und Anbieter von Digital Government Services innerhalb der Digital Government Interaktionsmuster bilden die Gruppe der Akteure. Diese Gruppe kann in Personen (Bürger), Organisationen des privaten Sektors (Organisationen) und Organisationen des öffentlichen Sektors (Verwaltungen) unterteilt werden. Bürger, Organisationen und Verwaltungen interagieren miteinander und bilden somit die Grundlage für die Interaktionsmuster. In Abb. 4.2 sind diese Interaktionen dargestellt.

Grundsätzlich weist die Digital Government Interaktionsmatrix eine große Anzahl an unterschiedlichen Interaktionsmustern auf. Im Folgenden werden die verschiedenen Interaktionsmuster näher beschrieben.

Tab. 4.2 Definition von Digital Government. (Vgl. Wirtz/Piehler (2010), S. 8; Wirtz (2020), S. 204; Wirtz (2022b), S. 13)

Unter dem Begriff Digital Government wird die elektronische Abwicklung von Verwaltungs- und Demokratieprozessen im Rahmen staatlicher Aktivitäten mithilfe von Informations- und Kommunikationstechnologien verstanden, um öffentliche Aufgaben effizient und effektiv zu unterstützen.

Anbieter von Informationen und Dienstleistungen	Organisation	Bürger	Verwaltung	Intra
Verwaltung	Verwaltung an Organisation	Verwaltung an Bürger	Verwaltung an Verwaltung	Innerhalb der Verwaltung
Bürger	entfällt	entfällt	Bürger an Verwaltung	entfällt
Organisation	entfällt	entfällt	Organisation an Verwaltung	entfällt
	Empfänger von Informationen und Dienstleistungen			

Abb. 4.2 Digital Government Interaktionsmatrix. (Vgl. Wirtz (2013a), S. 122; Wirtz/Daiser (2015), S. 147; Wirtz (2020), S. 206; Wirtz (2022b), S. 449)

Verwaltung an Organisation

Das Interaktionsmuster Verwaltung an Organisation ist relevant, da es wichtige Verwaltungsverfahren zur Abwicklung der Interaktion zwischen öffentlichen Verwaltungen und privaten Organisationen umfasst (z. B. Steuerbescheide). Zu privaten Organisationen zählen unter anderem kleine, mittlere und große Unternehmen oder gemeinnützige Organisationen (Non-Profit Organisationen).

Verwaltung an Bürger

Das Interaktionsmuster Verwaltung an Bürger dient der öffentlichen Verwaltung hauptsächlich dazu, den Bürgern Informationen und Dienstleistungen anzubieten. Die meisten dieser Angebote werden kostenlos zur Verfügung gestellt, wie beispielsweise ein Online-

Stellenportal der Arbeitsagentur. Es gibt jedoch auch gebührenpflichtige Interaktionen, bei denen eine Zahlung für den Abschluss der Transaktion erforderlich ist (z. B. Versteigerung beschlagnahmter Waren, Visumantrag).

Verwaltung an Verwaltung
Mit dem zunehmenden Daten- und Dienstleistungsaustausch sowie der verstärkten Zusammenarbeit zwischen öffentlichen Verwaltungen auf nationaler und internationaler Ebene gewinnt das Interaktionsmuster Verwaltung an Verwaltung zunehmend an Bedeutung. Konkrete Beispiele sind das Bundesverwaltungsamt, das Dienstleistungen für andere öffentliche Einrichtungen erbringt, oder die Polizeibehörde Europol, welche die Zusammenarbeit zwischen Justiz- und Polizeibehörden auf europäischer Ebene koordiniert.

Innerhalb der Verwaltung
Darüber hinaus erfordern automatisierte Digital Government Portale einen gut funktionierenden Austausch von Informationen und Diensten innerhalb der Verwaltung. Daher geht es bei dem Interaktionsmuster innerhalb der Verwaltung vor allem um netzbasierte, organisationsinterne Online-Verfahren (z. B. die Vernetzung innerhalb eines Gesundheitsamts).

Bürger an Verwaltung
Bei dem Interaktionsmuster Bürger an Verwaltung ist die öffentliche Verwaltung der Empfänger von Informationen und Dienstleistungen, die von den Bürgern bereitgestellt werden. Dabei senden die Bürger beispielsweise Informationen über Online-Geräte an öffentliche Verwaltungen. Ein Beispiel dafür ist die elektronische Übermittlung von Einkommensteuererklärungen.

Organisation an Verwaltung
Das Interaktionsmuster Organisation an Verwaltung entspricht dem Interaktionsmuster Bürger an Verwaltung. Allerdings dienen in diesem Zusammenhang die privaten Organisationen als Informations- und Dienstleistungsanbieter. Es geht also hauptsächlich um die Abwicklung von Verwaltungsaufgaben (z. B. Steuererklärungen) oder Geschäftsbeziehungsaufgaben (z. B. elektronische Beschaffung) privater Organisationen.

Struktur der Digital Government Akteure und Interaktionen
Die Verflechtungen zwischen den Akteuren des Digital Governments und den damit einhergehenden Interaktionsmustern können zu komplexen Strukturen führen. In Abb. 4.3 wird die Struktur der Digital Government-Akteure und -Interaktionen dargestellt.

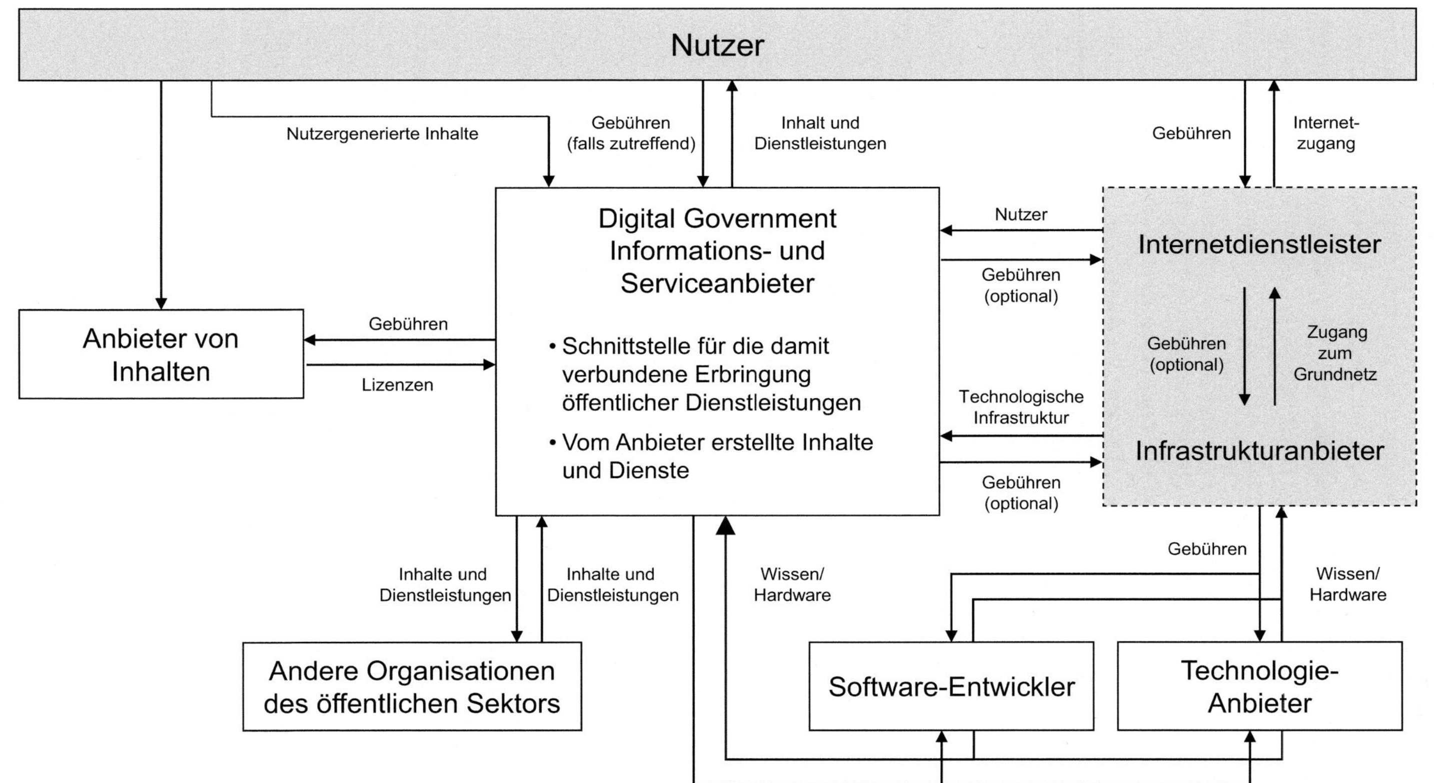

Abb. 4.3 Struktur der Digital Government Akteure und Interaktionen. (Vgl. Wirtz (2013b), S. 414; Wirtz/Daiser (2015), S. 150; Wirtz (2021), S. 99; Wirtz (2022b), S. 451)

Vorteile des Digital Governments

Digital Government hat eine Vielzahl von Vorteilen gegenüber analogen Verwaltungssystemen. Unter anderem soll der Zugang zu Informationen erleichtert und die Interaktionen zwischen öffentlichen Verwaltungen und deren Anspruchsgruppen komfortabler gestaltet werden. Außerdem soll das Digital Government die Serviceorientierung öffentlicher Verwaltungen erheblich erhöhen, indem der strategische Fokus von den Anbietern auf die Nutzer verlagert wird.[4]

Dabei umfasst das Digital Government die Idee, die interne Effizienz, Effektivität und Produktivität in Verwaltungen zu erhöhen, weshalb erhebliche Kosteneinsparungen im Zusammenhang mit dem Digital Government erwartet werden können. Zusätzlich entsteht durch das Digital Government eine erhöhte Rechenschaftspflicht, welche die Forderungen der Bürger nach Transparenz reflektiert. Darüber hinaus bietet Digital Government ein Instrumentarium für E-Demokratie, da es den Wissensaustausch, die Partizipation sowie die Zusammenarbeit und Innovation begünstigt.

Weiterhin ergeben sich durch Digital Government Vorteile bei der sozialen Inklusion, im Arbeitsmarkt sowie im Gesundheits- und im Bildungswesen. Digital Government kann öffentliche Verwaltungen auch dabei unterstützen natürliche Ressourcen effizient zu managen. Zudem kann mit Hilfe des Digital Governments das Ansehen von Regierungen und öffentlichen Verwaltungen verbessert werden. Hierdurch kann wiederum das Vertrauen der Bürger in Regierungen und öffentliche Verwaltungen erhöht werden. Die Vorteile von Digital Government sind in Abb. 4.4 zusammengefasst.

Entwicklung von Digital Government

Die Anwendung neuer Informations- und Kommunikationstechnologien im Bereich des öffentlichen Sektors hat das Potenzial die Produktivität der öffentlichen Verwaltung zu steigern und die Forderungen der Bürger nach Online-Informationen und -Dienstleistungen zu erfüllen. Dies ist der Ausgangspunkt für die zunehmende Integration neuer Technologien in die Verwaltungssysteme und -prozesse. Verwaltungen begannen, schon in den 1990er-Jahre Informationen und Dienstleistungen für Bürger und Unternehmen digital bereitzustellen. Abb. 4.5 zeigt einen Überblick über ausgewählte Digital Government-Gesetze und -Initiativen, von denen einige im Folgenden kurz beschrieben werden.

Digital Government in Südkorea

Ein Vorreiter bezüglich Digital Government ist Südkorea, das bereits 1986 den „Computer Program Protection Act“ und den „Supply and Utilization of Computer Network Act“ zur Sicherung der Netzwerktechnologie und -infrastruktur erließ. Damit setzte das Land frühzeitig einen digitalen Schwerpunkt und wurde so zu einem der Vorreiter bei der Entwicklung einer informations- und kommunikationstechnologischen Infrastruktur.

[4] Vgl. Wirtz/Birkmeyer/Langer (2019), S. 836 ff.

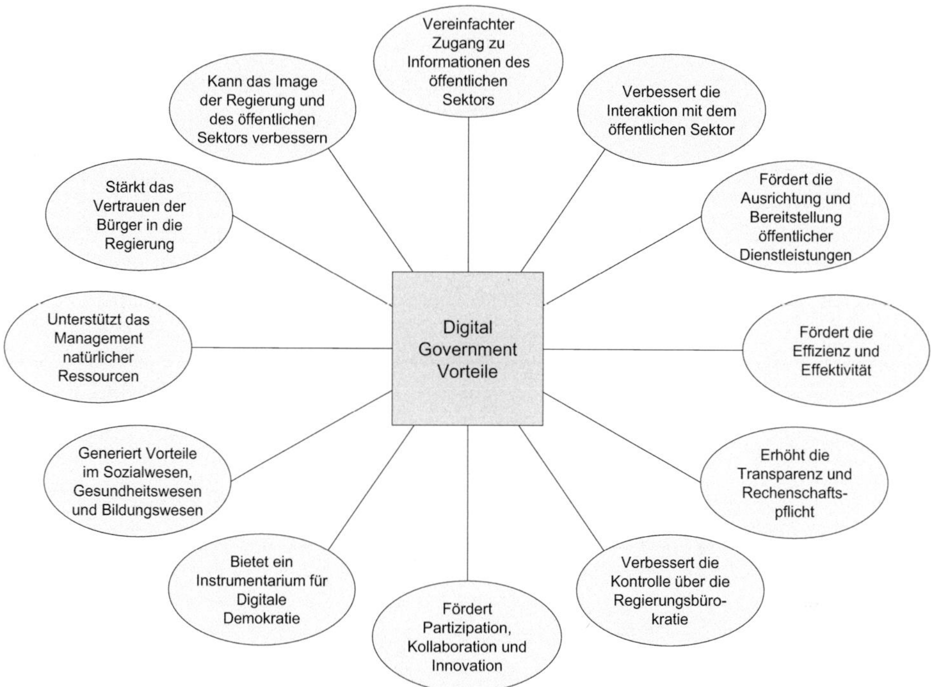

Abb. 4.4 Vorteile von Digital Government. (Vgl. Wirtz/Daiser (2015), S. 6; Wirtz/Daiser (2017), S. 6; Wirtz (2022b), S. 9)

IKT-Entwicklung in der Europäischen Union

Die Europäische Union richtete kurz nach der Schaffung des europäischen Binnenmarktes im Jahr 1992 Projekte und Arbeitsgruppen ein, die sich mit der Anwendung von Informations- und Kommunikationstechnologien befassen. Eine wichtige Arbeitsgruppe war die Bangemann Gruppe, die einen Umsetzungsplan erstellte, der drei Hauptziele beinhaltete: (1) Deregulierung öffentlicher Informationsmonopole, (2) Förderung des Wettbewerbs und (3) Installation von Pilotprojekten zum Abbau gesellschaftlicher Widerstände.[5]

Die Erkenntnisse und anschließenden Maßnahmen dieses Ansatzes stellten die ersten Schritte zu einer grundlegenden Veränderung der Medien- und Informationsregulierung in der Europäischen Union dar. Sie führten zu verschiedenen europäischen Projekten und Initiativen zur Förderung der Informations- und Kommunikationstechnologien.

US Digital Government Gesetz

Am 17. Dezember 2002 wurde in den USA das Digital Government-Gesetz von 2002 erlassen. Dessen Hauptziele waren die Verbesserung der Verwaltung und die Förderung der Bereitstellung öffentlicher Online-Dienste sowie die Einrichtung eines Federal Chief In-

[5] Vgl. Bangemann (1997); Commission of the European Communities (1993).

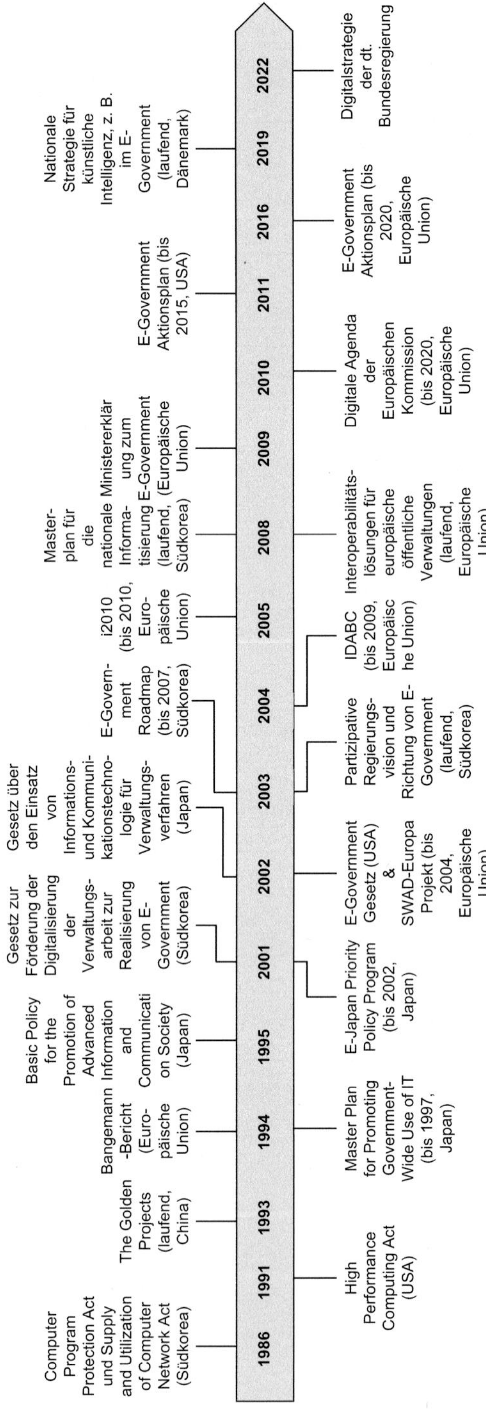

Abb. 4.5 Übersicht ausgewählter Digital Government Gesetze und Initiativen. (Vgl. Wirtz/Daiser (2015), S. 28; Wirtz/Daiser (2017), S. 28; Wirtz (2022b), S. 36 sowie Aktualisierungen)

formation Officers innerhalb des Office of Management and Budget. Dabei stellte das Digital Government Gesetz die politische und rechtliche Grundlage für alle folgenden Digital Government Initiativen in den USA dar.

Im Jahr 2009 unterzeichnete Präsident Barack Obama das „Memorandum for the Heads of Executive Departments and Agencies on Transparency and Open Government". In diesem Dokument formulierte er ein politisches Konzept, das für Transparenz, Partizipation und Zusammenarbeit sowie Effizienz und Effektivität steht.

Außerdem wies er den Chief Technology Officer an, die zuständigen Abteilungen und Behörden zu koordinieren, um die dem Memorandum zugrunde liegenden Prinzipien umzusetzen. In ähnlicher Weise starteten auch andere Länder ihre eigenen Programme zum Aufbau digitaler Kommunikationsnetze.

Digitale Agenda der Europäischen Kommission

Die Digitale Agenda der Europäischen Kommission wurde 2010 angekündigt und bildet eine der sieben Säulen der Strategie Europa 2020. Die Digitale Agenda umfasst wiederum 132 Maßnahmen, die auf sieben Säulen basieren (I. Digitaler Binnenmarkt, II. Interoperabilität und Standards, III. Vertrauen und Sicherheit, IV. Schneller Internetzugang, V. Forschung und Innovation, VI. Verbesserung digitaler Kompetenzen und Fähigkeiten sowie deren Integration, VII. IKT-gestützter Nutzen für die Gesellschaft). In der Digitalen Agenda wird empfohlen die Vorteile und Potenziale der Informations- und Kommunikationstechnologie besser zu nutzen, um Innovation und Wirtschaftswachstum zu fördern. Dabei zielt die Digitale Agenda darauf ab, Barrieren abzubauen, die einen freien Fluss von Informationen und digitalen Diensten blockieren, sowie relevante Marktregeln innerhalb der Europäischen Union zu aktualisieren.[6]

Dänemarks Nationale Strategie für Künstliche Intelligenz

Im Jahr 2019 initiierte die dänische Regierung Dänemarks Nationale Strategie für künstliche Intelligenz, die aus 24 Schlüsselinitiativen besteht, darunter mehrere Initiativen, die sich unmittelbar auf den öffentlichen Sektor beziehen.[7] So soll beispielsweise die Fallbearbeitung schneller und die Verwaltung effizienter werden, indem Bürgeranfragen digital sortiert werden, wodurch die Bürger schnellere Antworten erhalten.[8]

Digital Government Länder-Ranking

Digital Government wird inzwischen von der überwiegenden Mehrheit aller Länder im globalen Kontext angewendet. Bei der Realisierung von Digital Government gibt es je-

[6] Vgl. Bertschek/Ohnemus (2016).

[7] Vgl. OECD (2020).

[8] Vgl. Danish Government (2019).

doch sehr große Effektivitäts- und Effizienzunterschiede. Je nachdem wie das Digital Government realisiert wird, unterscheidet sich auch der Digital Government Implementierungsstand in den einzelnen Ländern. Dieser Erfolg wird anhand bestimmter Indikatoren in internationalen Rankings dargestellt. Das bekannteste Ranking ist das UN E- Government Ranking, das auf dem E-Government Survey der Vereinten Nationen basiert und die 193 Mitgliedsländer der UN umfasst.

E-Government Development Index der Vereinten Nationen

Der E-Government Development Index (EGDI) der Vereinten Nationen basiert auf drei Komponenten: dem Umfang und der Qualität der öffentlichen Online-Dienste, dem Entwicklungsstand der Telekommunikationsinfrastruktur und dem Status des Humankapitals. Darüber hinaus untersucht die Digital Government Umfrage der Vereinten Nationen regionale Trends und Perspektiven sowie wechselnde Schwerpunktthemen, wie Anforderungen an digitale Regierungskapazitäten und Wege zum Aufbau digitaler Kapazitäten für den öffentlichen Sektor.[9] Der Index zeigt einen stetigen globalen Trend zu einem höheren Entwicklungsstand von Digital Government, der von einem durchschnittlichen weltweiten EGDI von 0,47 im Jahr 2014 auf 0,61 im Jahr 2022 anstieg.

Derzeit nehmen die europäischen Länder eine führende Rolle bei der Entwicklung von Digital Government ein.[10] Die Ergebnisse des United Nations Digital Government Survey 2022 sind in Tab. 4.3 dargestellt.

Tab. 4.3 Weltweite Digital Government Vorreiter im Jahr 2022. (Datenquelle: United Nations Department of Economic and Social Affairs (2022), S. 8 sowie vorherige Datensätze)

Nr.	Land	Region	EGDI 2022	Rang 2020	Rang 2018
1	Dänemark	Europa	0,971	1	1
2	Finnland	Europa	0,953	4	6
3	Republik Südkorea	Asien	0,952	2	3
4	Neuseeland	Ozeanien	0,943	8	8
5	Schweden	Europa	0,941	6	5
6	Island	Europa	0,941	12	19
7	Australien	Ozeanien	0,940	5	2
8	Estland	Europa	0,939	3	16
9	Niederlande	Europa	0,938	10	13
10	Vereinigte Staaten von Amerika	Amerika	0,915	9	11
11	Großbritannien	Europa	0,913	7	4
12	Singapur	Asien	0,913	11	7

[9] Vgl. United Nations Department of Economic and Social Affairs (2022).

[10] Vgl. United Nations Department of Economic and Social Affairs (2022), S. 4.

4.2 Open Government und E-Partizipation

Das Themenfeld Open Government, das allgemein die Öffnung des Staates und der Verwaltung gegenüber der Wirtschaft und der Bevölkerung beinhaltet, erfuhr in den letzten Jahren zunehmend Beachtung.[11] Ein wesentlicher Grund für die zunehmende Beachtung in Wissenschaft und Verwaltung war die Initiative der Obama-Regierung zu Transparenz und Open Government. Die globale Bedeutung wird durch das Open Government Partnership unterstrichen, das 2011 gegründet wurde und 78 Mitgliedsländer umfasst.[12]

Der Grundgedanke dieser Initiative ist, eine transparente, partizipative und kollaborative Regierung bzw. Verwaltung zu ermöglichen, indem die öffentlichen Interessensgruppen in die Prozesse der Politik und der öffentlichen Verwaltung eingebunden werden. Darüber hinaus soll dies zu effektiveren und effizienteren Verwaltungsabläufen führen und Regierungen bzw. Verwaltungen auf digitale Herausforderungen vorbereiten.[13]

Zugang zu Daten des öffentlichen Sektors

Der Grundgedanke des Open-Government-Konzepts, Daten des öffentlichen Sektors zugänglich zu machen, ist weder neu noch richtungsweisend. Diese Bestrebungen lassen sich weit in die Vergangenheit zurückverfolgen, zum Beispiel im Rahmen von Informationsfreiheit, Korruptionsbekämpfung oder früheren Transparenzinitiativen.[14] So erklärte US-Präsident Thomas Jefferson bereits 1789, dass ein gewisses Maß an Informationsverfügbarkeit und Offenheit für das Vertrauen der Bevölkerung in die Regierung bzw. Verwaltung notwendig ist.[15]

Vor diesem Hintergrund kann anhand moderner Informations- und Kommunikationstechnologien ein transparenter und partizipativer Dialog zwischen den Regierungen und ihren Bürgern entstehen. Hierdurch ergeben sich vielfältige Möglichkeiten für verschiedene Bereiche, wie z. B. öffentliche Politik, öffentliche Verwaltung, Governance, Wirtschaft und Wissenschaft.

Definition von Open Government

Trotz der zunehmenden Anzahl von Publikationen zu Open Government in den letzten Jahren handelt es sich um ein junges Forschungsfeld. Vor diesem Hintergrund ist es nicht überraschend, dass es eine größere Inhaltsbreite an verschiedenen Definitionen zu Open Government gibt. In Tab. 4.4 sind ausgewählte Definitionen zu Open Government dargestellt.

---

[11] Vgl. Wirtz/Schmitt (2015), S. 46 ff.; Wirtz/Weyerer/Rösch (2018), S. 308 ff.; Wirtz/Becker/Weyerer (2022); Wirtz/Langer (2022).

[12] Vgl. Open Government Partnership (2022).

[13] Vgl. Wirtz/Birkmeyer (2015), S. 381 ff.; Wirtz et al. (2018), S. 359 ff.

[14] Vgl. Nam (2012).

[15] Vgl. Yagoda (2010).

Tab. 4.4 Ausgewählte Definitionen von Open Government. (Vgl. Wirtz/Daiser (2017), S. 101; Wirtz (2021), S. 105; Wirtz (2022b), S. 89)

Autor	Definition
OECD (2009)	"Open and responsive government refers to the transparency of government actions, the accessibility of government services and information, and the responsiveness of government to new ideas, demands and needs."
Geiger/Lucke (2012)	"Open Government acts as an umbrella term for many different ideas and concepts. The narrow definition of Open Government consists of transparency, participation and collaboration of the state towards third actors like the economy or the citizenship."
Harrison et al. (2012)	"Broader access to government data and other documentation, the ability to contribute to decision-making processes within government agencies, and the possibility of responsible engagement with agency leadership in such processes are incrementally more democratic actions that lie at the heart of the open government vision."
Meijer/Curtin/Hillebrandt (2012)	"Openness of government is the extent to which citizens can monitor and influence government processes through access to government information and access to decision-making arenas."
Evans/Campos (2013)	"Open government is widely understood as the leveraging of information technologies to generate participatory, collaborative dialogue between policymakers and citizens."
Wirtz/Birkmeyer (2015)	"Open government is a multilateral, political, and social process, which includes in particular transparent, collaborative, and participatory action by government and administration."

Tab. 4.5 Definition Open Government. (Vgl. Wirtz/Daiser/Birkmeyer (2017), S. 1 ff.; Wirtz (2021), S. 105; Wirtz (2022b), S. 90)

Open Government ist ein Konzept, das ein transparentes, partizipatives, kollaboratives und innovatives Regierungs- bzw. Verwaltungsumfeld generiert, indem vorhandene Daten und Wissen für Dritte zur Verfügung gestellt und externes Wissen in politische und administrative Prozesse integriert werden.

Da Open Government nach dem hier verfolgten Verständnis im Vergleich zu Digital Government (das aus funktionaler und technischer Sicht als eine moderne Regierungs- bzw. Verwaltungsform angesehen werden kann) eher auf einer politischen Basis und auf einer Metaebene zu sehen ist, wird Open Government wie folgt definiert (siehe Tab. 4.5).

Open Government Framework

Open Government ist in der letzten Dekade zu einem bedeutenden Ansatz im gesellschaftlichen Diskurs geworden. Grundsätzlich können die wesentlichen konzeptionellen Eckpfeiler von Open Government in einem Framework abgebildet werden. Ein solches Framework ist in Abb. 4.6 dargestellt.[16]

[16] Inhalte basieren auf Wirtz/Birkmeyer (2015), S. 381 ff.

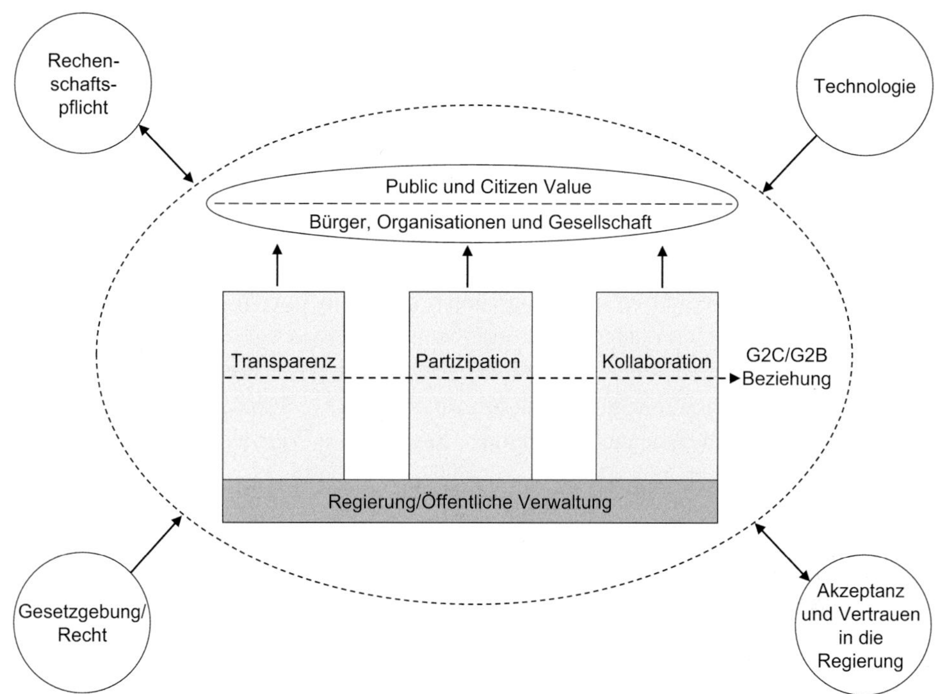

Abb. 4.6 Open Government Framework. (Vgl. Wirtz/Daiser (2015), S. 85; Wirtz/Daiser (2017), S. 103; Wirtz (2022b), S. 91)

Das Open Government Framework besteht aus den drei Säulen Transparenz, Partizipation und Kollaboration, die von den externen Faktoren Rechenschaftspflicht, Technologie, Akzeptanz und Vertrauen in die Regierung bzw. Verwaltung sowie Gesetzgebung und Recht beeinflusst werden. Die Säulen Transparenz, Partizipation und Kollaboration tragen dabei zur Generierung von Public und Citizen Value bei.

Drei Grundbestandteile von Open Government

Transparenz ist einer der am häufigsten genannten Aspekte von Open Government. Transparenz besteht aus drei elementaren Komponenten: (1) der systematischen und rechtzeitigen Freigabe von Informationen, (2) einer effektiven Rolle der Legislative und (3) einer effektiven Rolle der Zivilgesellschaft durch Medien und Nichtregierungsorganisationen. In diesem Zusammenhang erfordert Transparenz einen angemessenen Zugang der Öffentlichkeit zu relevanten Informationen.

Partizipation bedeutet, dass öffentliche Interessengruppen durch Informationsaustausch in die Entscheidungsfindung der öffentlichen Politik und der öffentlichen Verwaltung einbezogen werden. Partizipation stellt einen weiteren Grundbestandteil von Open Government dar. Diese soll das öffentliche Engagement fördern und Regierungs- bzw. Verwaltungsentscheidungen durch zusätzlichen relevanten Input von öffentlichen Interessengruppen verbessern.

Der dritte Grundbestandteil von Open Government ist Kollaboration. Kollaboration bezweckt die aktive Einbindung öffentlicher Akteure in Verwaltungsverfahren und die effektive Zusammenarbeit zwischen Abteilungen und Behörden über alle Ebenen der öffentlichen Verwaltung hinweg sowie mit Bürgern und privaten Organisationen.

Die drei Open Government Grundbestandteile Transparenz, Partizipation und Kollaboration sollen Public Value generieren und steigern, was das Hauptziel des Open Government Konzepts darstellt. Public Value beschreibt den Wert, den die Regierung bzw. Verwaltung für Bürger, Organisationen und die Gesellschaft generiert. Somit erfasst der Public Value den Beitrag öffentlicher Aktivitäten zum Gemeinwohl.[17] Transparenz, Partizipation und Kollaboration haben einen signifikanten Einfluss auf die Beziehungen zwischen Regierungen, Verwaltungen und Bürgern sowie zwischen Regierungen, Verwaltungen und Organisationen, da hohe Transparenz, aktive Partizipation und effektive Kollaboration die Beziehungen zwischen der Regierungen, Verwaltungen und ihren öffentlichen Anspruchsgruppen stärken.[18]

Externe Einflussfaktoren von Open Government

Das Open Government Konzept wird kontinuierlich von den externen Einflussfaktoren Rechenschaftspflicht, Technologie, Akzeptanz und Vertrauen in die Regierung bzw. Verwaltung sowie Gesetzgebung und Recht beeinflusst. Rechenschaftspflicht ist ein entscheidender Einflussfaktor, da eine öffentliche Verwaltung für ihre Handlungen und Entscheidungen verantwortlich ist. Deshalb kann Rechenschaftspflicht als eine Voraussetzung für eine demokratische Regierung bzw. Verwaltung sowie für eine ordnungsgemäße Regierungs- und Verwaltungsführung angesehen werden.[19] Aus diesem Grund wird die Rechenschaftspflicht als ein zentrales Element demokratischer Regierungs- und Verwaltungsführung angesehen.

Technologie ist ein weiterer entscheidender externer Einflussfaktor für das Open Government Konzept. Web 2.0-Technologien und soziale Medien haben beispielsweise einen erheblichen Einfluss auf die Beziehung zwischen der Regierung bzw. Verwaltung und ihren Anspruchsgruppen.[20] Die damit verbundene Verfügbarkeit von Informationen durch moderne Informations- und Kommunikationstechnologien hat zu einer besser informierten Öffentlichkeit geführt.

Akzeptanz und Vertrauen sind weitere bedeutende externe Einflussfaktoren für Open Government. Akzeptanz kann in diesem Zusammenhang als der Grad der Zustimmung der Bürger zur Open Government Strategie und zu den Instrumenten der Regierung/Verwaltung zur Umsetzung dieser Strategie verstanden werden, während Vertrauen das Vertrauen der Bürger in die Arbeit der Regierung bzw. Verwaltung beschreibt.

[17] Vgl. Moore (1995).

[18] Vgl. Geiger/Lucke (2012).

[19] Vgl. Wirtz et al. (2018), S. 359 ff.

[20] Vgl. Wirtz/Daiser/Mermann (2018), S. 590 ff.

Insbesondere Transparenz und öffentlicher Zugang zu Informationen können die Akzeptanz fördern. Partizipation und Kollaboration können die Vertrauensbildung steigern, da es hierdurch öffentlichen Interessengruppen ermöglicht wird, Teil des Verwaltungshandelns zu werden.

Gesetzgebung und Recht setzen den notwendigen Rahmen für ein erfolgreiches Open Government Konzept, da jedes Verwaltungshandeln dieser Gesetzgebung und dem jeweiligen Recht unterliegt. Vor dem Hintergrund, dass Open Government ein länderübergreifendes Konzept ist und jedes Land eigener Gesetzgebung unterliegt, können sich Open Government Konzepte und -Systeme zwischen verschiedenen Ländern erheblich unterscheiden. Partizipative Demokratieformen haben in der letzten Dekade vor dem Hintergrund informationstechnologischer Innovationen erheblich an Bedeutung gewonnen. Daher kommt auch der E-Partizipation im Konzept von Digital Government eine erhebliche Bedeutung zu. Vor diesem Hintergrund soll im Folgenden der Bereich der E-Partizipation näher dargestellt werden.

E-Partizipation

Bürgerbeteiligungen haben im politischen Diskurs eine lange Tradition. Bereits in den sechziger Jahren wurde die Bürgerbeteiligung als Demokratieinstrument thematisiert. Zwei Jahrzehnte später wurden erste Ideen zur E-Demokratie, die Bürger durch den Einsatz von Informations- und Kommunikationstechnologien in politische und demokratische Prozesse einbindet, vorgestellt.[21] Angesichts dieser Entwicklungen sowie der Fortschritte von Digital Government und Open Government gewann E-Partizipation erheblich an Dynamik und wurde zu einem Thema mit hoher wissenschaftlicher und praktischer Relevanz.

Obwohl E-Partizipation noch als ein sich entwickelndes Konzept angesehen wird, gibt es zahlreiche Hinweise dafür, dass E-Partizipation die Möglichkeiten für bürgerschaftliches Engagement erweitert, eine nachhaltige Entwicklung unterstützt und verschiedene politische und gesellschaftliche Vorteile bietet. E-Partizipation generiert einen intrinsischen Wert für Bürger, der die Demokratie stärkt und die Regierungs- bzw. Verwaltungsführung reaktionsfähiger und transparenter machen kann. Darüber hinaus kann die Einbindung von Bürgern in politische Entscheidungen zu funktionsfähigen und demokratischen Gesellschaften führen. Weiterhin kann E-Partizipation die Effektivität der öffentlichen Politik und Dienstleistungserbringung fördern und neue Ressourcen, Kapazitäten und Ideen mobilisieren.[22]

Im Wesentlichen geht es bei E-Partizipation darum, die Interaktion zwischen der Regierung bzw. Verwaltung und den Bürgern sowie andere öffentliche Anspruchsgruppen durch aktive Beteiligung zu verbessern. Den Ausführungen der OECD und der Vereinten Nationen folgend, kann dies durch drei Dimensionen erreicht werden: E-Information,

[21] Vgl. Kim (2008).

[22] Vgl. United Nations (2016).

E-Konsultation und E-Entscheidung.[23] Das bedeutet, dass Regierungen bzw. Verwaltungen sicherstellen müssen, dass die Bürger sowie die öffentlichen Anspruchsgruppen Zugang zu den erforderlichen Informationen erhalten. Zudem sollte darauf geachtet werden, dass Regierungen und Verwaltungen die Bürger sowie andere öffentliche Anspruchsgruppen zum Co-Design und Co-Produktion von politischen und öffentlichen Dienstleistungskomponenten ermutigen.[24]

Definition von E-Partizipation

E-Partizipation kann als ein vergleichsweise neues Phänomen bezeichnet werden. Obwohl weitgehend Konsens darüber besteht, dass E-Partizipation Informations- und Kommunikationstechnologien voraussetzt um Einfluss auf staatliche Entscheidungen und Handlungen zu nehmen, gibt es noch keine allgemein akzeptierte Definition von E-Partizipation (siehe Tab. 4.6).

Auch wenn diese Definitionen Unterschiede aufweisen, gibt es einige wesentliche Überschneidungen im Hinblick auf das allgemeine Verständnis von E-Partizipation. Ein gemeinsames Merkmal ist die Vernetzung zwischen der Regierung bzw. Verwaltung und ihren öffentlichen Anspruchsgruppen mithilfe von Informations- und Kommunikationstechnologien. Darüber hinaus erfahren die Bürger und andere öffentliche Anspruchsgruppe ein Empowerment, das es ihnen ermöglicht, Einfluss auf politische Inhalte und Prozesse zu nehmen, und somit ihr aktives Engagement in der Politikgestaltung unterstützt. Vor diesem Hintergrund lässt sich die E-Partizipation folgendermaßen definieren (siehe Tab. 4.7):

Tab. 4.6 Ausgewählte Definitionen von E-Partizipation. (Vgl. Wirtz/Daiser (2017), S. 106 f.; Wirtz (2021), S. 109; Wirtz (2022b), S. 95)

Autor	Definition
OECD (2003)	E-participation as an electronic form of active participation is "a relationship based on partnership with government in which citizens actively engage in defining the process and content of policy-making. It acknowledges equal standing for citizens in setting the agenda, proposing policy options and shaping the policy dialogue – although the responsibility for the final decision or policy formulation rests with government."
Macintosh (2006)	E-participation is "the use of information and communication technologies to broaden and deepen political participation by enabling citizens to connect with one another and with their elected representatives."
Sæbø/Rose/Skiftenes Flak (2008)	"eParticipation involves the extension and transformation of participation in societal democratic and consultative processes mediated by information and communication technologies (ICT), primarily the Internet. It aims to support active citizenship with the latest technology developments, increasing access to and availability of participation in order to promote fair and efficient society and government."

[23] Vgl. OECD (2001); PADM (2013); United Nations (2016).

[24] Vgl. zu Abschnitt E-Partizipation im Folgenden Wirtz/Daiser/Binkowska (2018), S. 1 ff.

Tab. 4.7 Definition E-Partizipation. (Vgl. Wirtz/Daiser/Binkowska (2018), S. 3; Wirtz (2021), S. 109; Wirtz (2022b), S. 96)

E-Partizipation ist ein partizipativer Prozess, in dem Bürgern und anderen öffentlichen Anspruchsgruppen durch moderne Informations- und Kommunikationstechnologien in die öffentlichen Entscheidungsprozesse einbezogen werden, um eine faire und repräsentative Politikgestaltung zu fördern.

Obwohl Wissenschaftler und Praktiker der E-Partizipation ein erhebliches Potenzial zuschreiben, bleibt sie oft hinter den Erwartungen zurück. Da E-Partizipation Planung, Koordination und Monitoring erfordert, sollte dieser Prozess systematisch vorbereitet werden, um den Erfolg von E-Partizipationsinitiativen zu steigern.[25] Hierfür haben Wirtz/Daiser/Binkowska (2018) ein integriertes strategisches E-Partizipation Framework abgeleitet, das als Leitfaden für die Erklärung des Konzepts der E-Partizipation dient und Behörden unterstützt, relevante E-Partizipationsfaktoren und -treiber zu identifizieren.

Strategisches E-Partizipation Framework
Vor dem Hintergrund der inhaltlichen Konzeption von E-Partizipation können verschiedene Ausgestaltungsmodelle im Schrifttum angetroffen werden. In der Abb. 4.7 werden die identifizierten Faktoren (E-Partizipationsziele, -formen, -strategien, -instrumente und -nachfragergruppen) und Treiber (Rechenschaftspflicht, Transparenz, Anspruchsgruppen und Technologie) dargestellt und konzeptionell in einem integrierten strategischen E-Partizipation Framework zusammengefasst. Dieses integrierte E-Partizipation Framework ist in Abb. 4.7 dargestellt.[26]

4.3 Smart Cities

Mit zunehmender digitaler Transformation in allen Lebensbereichen digitalisieren auch Städte und Kommunen zunehmend ihre Prozesse und Dienstleistungen.[27] In diesem Zusammenhang und insbesondere vor dem Hintergrund der Urbanisierung der letzten Jahrzehnte gewinnt das Thema zunehmend an Relevanz. Vor diesem Hintergrund wird in diesem Abschnitt das Konzept der Smart City dargestellt. Im ersten Teil werden das Konzept und dessen Relevanz erläutert. Anschließend wird auf die Strukturen und Prozesse eingegangen und die Smart-City-Erfolgsfaktoren werden dargestellt.

[25] Vgl. Wirtz/Weyerer/Rösch (2019), S. 566 ff.

[26] Inhalte basieren auf Wirtz/Daiser/Binkowska (2018), S. 8.

[27] Vgl. zu Abschn. 4.3 Smart Cities im Folgenden Piehler/Wirtz/Daiser (2016), S. 163 ff.; Wirtz et al. (2016), S. 48 ff.; Wirtz/Müller/Schmidt (2020), S. 499 ff.; Wirtz/Müller/Schmidt (2021), S. 299 ff.; Wirtz/Müller (2021), S. 18 ff.; Wirtz/Müller (2022a); Wirtz/Müller (2022b); Wirtz (2022b), S. 321 ff.

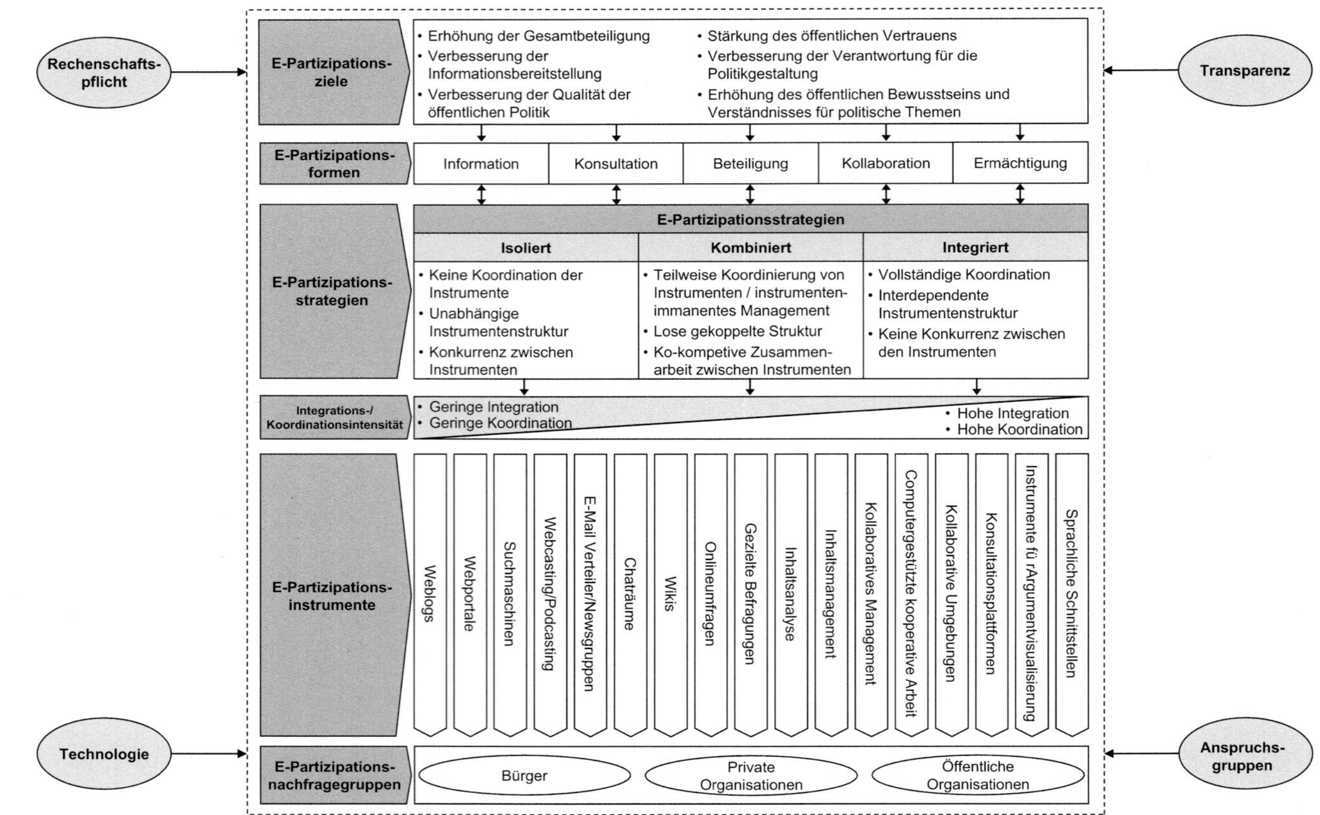

Abb. 4.7 Integriertes strategisches E-Partizipation Framework. (Vgl. Wirtz/Daiser (2017), S. 97; Wirtz (2021), S. 110; Wirtz (2022b), S. 97)

Entwicklung von Smart Cities

Die Smart-City-Entwicklung kann als ein vergleichsweise neues, innovatives Phänomen gekennzeichnet werden. In den letzten 100 Jahren hat eine erhebliche Migration der Bevölkerung in urbane Agglomerationen stattgefunden. Grundsätzlich wird sich diese Entwicklung nach Analysen der Vereinten Nationen auch zukünftig fortsetzen. Vor diesem Hintergrund sollen zuerst konzeptionelle Aspekte von Smart City und deren Relevanz dargestellt werden. Danach wird dezidiert auf die angeführte Migrationsentwicklung in urbanen Agglomerationen eingegangen.

Smart-City-Definition

Im Schrifttum ist das Konzept der Smart City ein vergleichsweise junges Forschungsgebiet.[28] Dem Smart-City-Konzept wird sowohl in der Wissenschaft als auch in der Praxis ein hohes Maß an Relevanz bescheinigt.[29] Vor dem Hintergrund der unterschiedlichen Definitionen und Schwerpunkte ist es von besonderer Relevanz, eine einheitliche Definition für ein klares Verständnis abzuleiten. Daher wird Smart City wie folgt definiert (siehe Tab. 4.8):

Smart-City-Entwicklung im globalen Kontext

Die globale Entwicklung wird zunehmend durch die dynamisch ansteigende Urbanisierung geprägt. Dieser Trend ist schon seit vielen Jahrzehnten zu konstatieren und wird sich auch zukünftig auf Basis von Prognosen fortsetzen. Abb. 4.8 zeigt, wie sich die Anteile der Weltbevölkerung im Laufe der Jahre deutlich verschieben und wie neben der wachsenden Weltbevölkerung der urbane Anteil der Bevölkerung zunehmen und im Jahr 2050 über 70 % sein soll.

Smart-City-Ziele

Smart-City-Ziele weisen einen vielfältigen Charakter auf. Grundsätzlich lassen sich Smart-City-Ziele in drei Dimensionen einteilen. (1) Soziale Smart-City-Ziele umfassen die positiven Auswirkungen auf die Gesellschaft, ihr soziales und kooperatives Miteinander und das grundsätzliche Wohlbefinden. (2) Ökonomische Smart-City-Ziele beinhalten die wirtschaftliche

Tab. 4.8 Definition Smart City. (Vgl. Wirtz (2022a), S. 311; Wirtz (2022b), S. 324)

Eine Smart City ist ein integriertes System, das auf digitalen Informations- und Kommunikationstechnologien basiert und primär zum Gegenstand hat, das Wohlergehen der Gesellschaft durch effiziente und effektive Nutzung von Ressourcen in einem urbanen Kontext zu entwickeln. Insbesondere geht es darum, wichtige Anforderungen der Anspruchsgruppen durch Transparenz, Partizipation und Kollaboration zu erfüllen.

[28] Vgl. Wirtz/Müller (2021), S. 18.

[29] Vgl. Anthopoulos (2015).

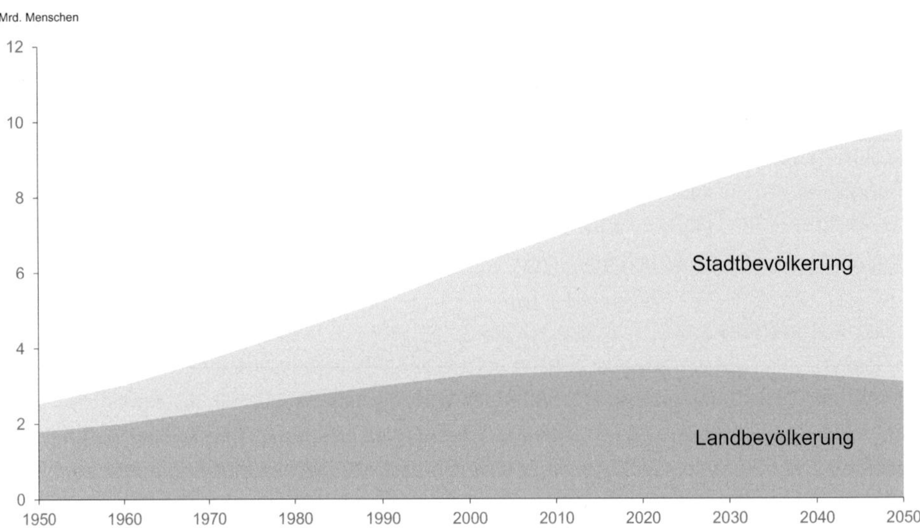

Abb. 4.8 Wachstum und Verhältnis von Stadt- zu Landbevölkerung. (Datenquelle: United Nations (2019))

Entwicklung und den Erfolg von Unternehmen und öffentlichen Organisationen sowie die damit verbundene Einkommenssituation der Bürger. (3) Ökologische Smart-City-Ziele umfassen den Umgang mit der Natur und Ressourcen sowie im Kontext des globalen Klimawandels die Emissionenreduzierung. Abb. 4.9 stellt ausgewählte -City-Ziele dar.

Smart City Ranking

Die verschiedenen Smart City Ziele werden in unterschiedlichem Maße von Städten umgesetzt. Die erfolgreiche Umsetzung dieser Ziele wird meist im Smart City Ranking festgehalten. Das Smart City Ranking des Institute for Management Development zeigt, welche Städte weltweit herausragende Smart City Lösungen anbieten (siehe Tab. 4.9).[30]

Aus dem Ranking wird ersichtlich, dass das Thema Smart City in Europa besondere Aufmerksamkeit erfährt. Von den zehn bestplatzierten Smart Cities befinden sich sechs in Europa, zwei in Asien, eine in Amerika sowie eine in Ozeanien. Dies lässt sich unter anderem damit erklären, dass die Etablierung von Smart-City-Konzepten als ein Mittel zur Bewältigung des Klimawandels gesehen wird, ein Thema, das in Europa politisch stärker diskutiert wird als in vielen anderen Regionen weltweit. Insbesondere die Initiative des Green Deal der EU-Kommission wird zukünftige Smart City Aktivitäten in einem starken Ausmaß unterstützen.[31]

[30] Vgl. Institute for Management Development (2020).

[31] Vgl. Europäische Kommission (2022).

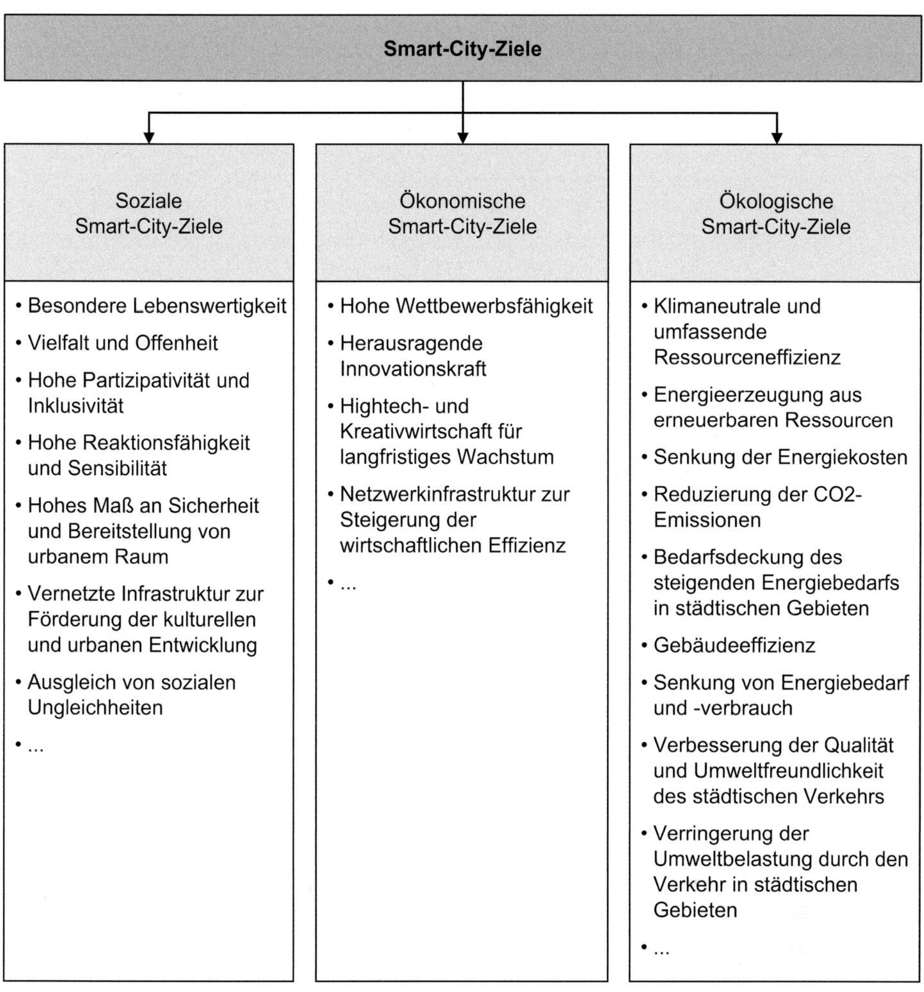

Abb. 4.9 Smart-City-Ziele. (Vgl. Wirtz (2022a), S. 320; Wirtz (2022b), S. 333)

Smart-City-Konzept und Services

Smart Cities werden zukünftig eine überragende Bedeutung für die gesellschaftliche Entwicklung haben. Ein Verständnis darüber, welche konzeptionellen Aspekte und insbesondere welche Services mit der Smart City einhergehen, ist besonders wichtig. Daher werden im Folgenden zuerst die grundsätzlichen konzeptionellen Basisfaktoren und aufbauend hierauf eine differenzierte Smart City Servicestruktur dargestellt.

Smart-City-Servicekonzeption

Smart Cities zeichnen sich insbesondere durch ihr digitales Servicespektrum für Bürger und andere Anspruchsgruppen aus. Grundsätzlich können die Serviceangebote in einem

Tab. 4.9 Smart City Ranking. (Datenquelle: Institute for Management Development (2020); vgl. Wirtz (2022a), S. 323; Wirtz (2022b), S. 335)

Platz	Stadt
1	Singapur
2	Helsinki
3	Zürich
4	Auckland
5	Oslo
6	Kopenhagen
7	Genf
8	Taipeh
9	Amsterdam
10	New York

umfassenden Smart-City-Servicekonzept abgebildet werden. In Abb. 4.10 ist dieses integrierte Servicekonzept dargestellt.[32]

Smart City Services

Aus dem Smart City Service Provision Framework wird ersichtlich, dass es vier grundlegende Servicebereiche gibt: Smart Governance & Digital Government, Smart Social Services, Smart Resources & Smart Environment sowie Smart Mobility & Smart Infrastructure. In Abb. 4.11 sind diese Servicebereiche mit ihren Unterkategorien dargestellt.

Grundsätzlich können die Smart Service Bereiche weiter differenziert werden, sodass man ein Serviceportfolio mit einzelnen Services erhält. In Abb. 4.12 ist ein weiterführendes differenziertes Smart City Portfolio abgebildet, welches eine Vielzahl von einzelnen Services erkennen lässt.[33]

Smart-City-Nachfragestruktur

Der Erfolg von Smart City Services hängt zentral mit der Nachfragestruktur zusammen.[34] Die Nachfragestruktur stellt die Präferenzen und Bedürfnisse der „Smart-City-Kunden" dar. Smart-City-Aktivitäten müssen sich daher grundsätzlich immer an den Nachfragerbedürfnissen und -präferenzen ausrichten. Im Folgenden werden daher die Präferenzen der Smart-City-Nutzer aufgezeigt. Dazu werden Studienergebnisse auf Basis einer umfassenden Lead-User-Befragung in Deutschland dargestellt.[35]

---

[32] Inhalte basieren auf Wirtz/Müller/Schmidt (2021), S. 303 f.

[33] Inhalte basieren auf Wirtz/Müller (2022a).

[34] Vgl. Wirtz/Mory/Ullrich (2012), S. 642 ff.; Piehler/Wirtz/Daiser (2016), S. 163 ff.; Wirtz et al. (2016), S. 48 ff.

[35] Vgl. im Folgenden Wirtz/Müller/Schmidt (2021), S. 299 ff.

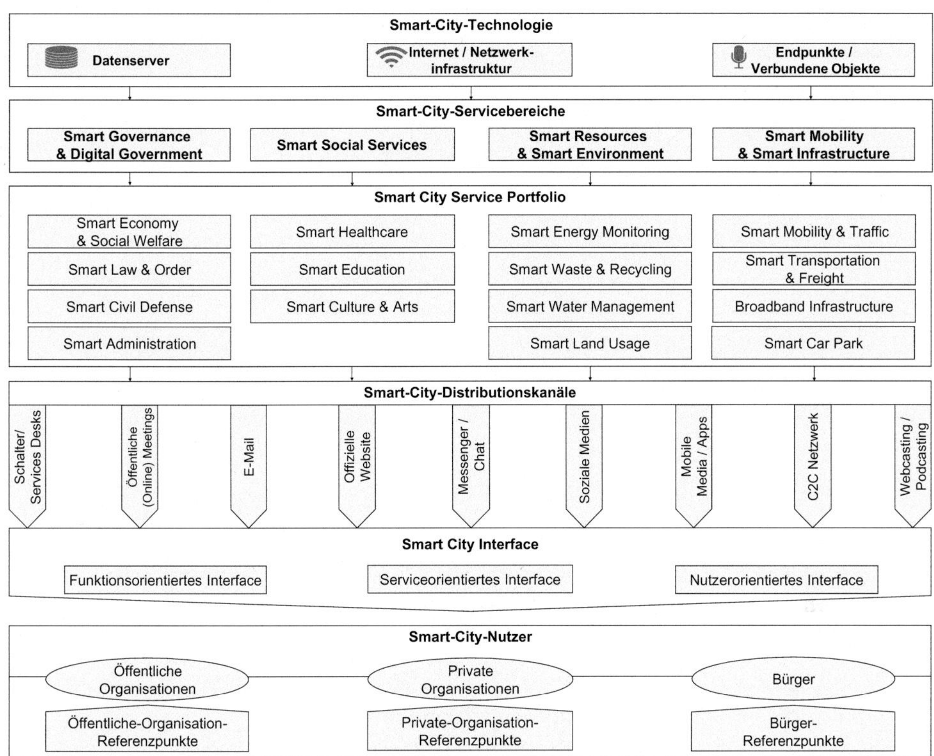

Abb. 4.10 Das Smart City Service Provision Framework. (Vgl. Wirtz (2022a), S. 325; Wirtz (2022b), S. 337)

Smart-City-Servicepräferenzen der Nutzer

Smart-City-Servicepräferenzen der Nutzer unterscheiden sich grundsätzlich hinsichtlich der verschiedenen Smart-City-Portfolios.[36] In Abb. 4.13 wird die durchschnittliche Nutzungsrelevanz der jeweiligen Bereiche der Smart-City-Dienstleistungen dargestellt. Im Durchschnitt stuften die Nutzer den Bereich Smart Mobility & Smart Infrastructure als am wichtigsten ein (51,97 %).

Smart-City-Servicepräferenzen der Nutzer hinsichtlich des Dienstleistungsportfolios

Neben der Betrachtung auf der Bereichsebene kann der jeweilige Smart-City-Bereich in verschiedene Unterbereiche untergliedert werden. In Abb. 4.14 sind die Nutzerpräferenzen für die verschiedenen Smart-City-Portfoliobereiche dargestellt. Es ist ersichtlich, dass der Smart Mobility & Infrastructure Bereich der wichtigste Portfoliobereich ist. Darüber hinaus sind wichtige Einzelportfoliobereiche in den anderen Kategorien Smart Waste & Recycling, Smart Healthcare und Smart Administration.

[36] Vgl. Wirtz/Becker/Schmidt (2021).

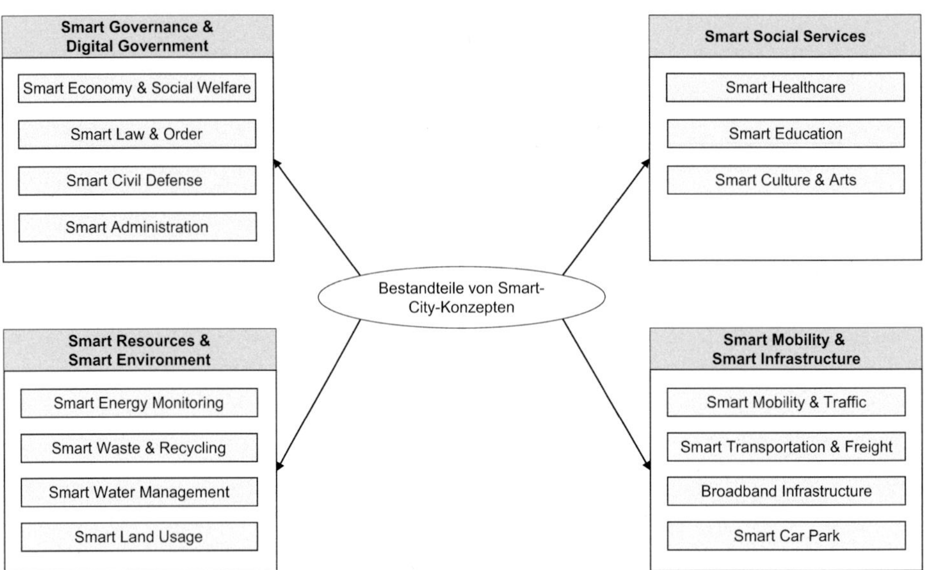

Abb. 4.11 Servicebereiche von Smart City (Digital Government). (Vgl. Wirtz (2022a), S. 329; Wirtz (2022b), S. 342)

Merkmale erfolgreicher Smart-City-Serviceangebote

Grundsätzlich ist die Identifikation von Merkmalen erfolgreicher Smart Cities in Form einer effektiven, effizienten und nutzerzentrierten Servicebereitstellung von hoher Relevanz. Hierbei lassen sich drei Erfolgsdimensionen von Smart City Services unterscheiden: funktionsorientierte, serviceorientierte und technologieorientierte Erfolgsaspekte.

Funktionsorientierte Erfolgsfaktoren

Hinsichtlich der funktionsorientierten Erfolgsfaktoren sind für die Nutzer Benutzerfreundlichkeit und Nutzerorientierung entscheidend für erfolgreiche Smart Services (12,23 %). Darüber hinaus stellen auch die Informations- und Servicequalität (9,08 %) sowie das Eingehen auf Bürgeranliegen (7,99 %) wichtige funktionsorientierte Erfolgsfaktoren für Smart City Services dar.[37] Die funktionalen Erfolgsfaktoren sind in Abb. 4.15 dargestellt.

Serviceorientierte Erfolgsfaktoren

Bei den serviceorientierten Erfolgsfaktoren ist für die Nutzer ein umfangreiches Angebot an vollständigen Online-Diensten einer Smart City (11,40 %) mit einem breiten Spektrum an Smart City Services (7,15 %) besonders wichtig. Abb. 4.16 veranschaulicht die serviceorientierten Erfolgsfaktoren.

[37] Vgl. Wirtz/Müller/Schmidt (2021), S. 309.

Smart City Service Portfolio

Smart Governance & Digital Government

Public Safety Law and Order

- Civil protection services
  - Disaster warning app
  - Emergency detection systems
  - Epidemic plague detection systems
  - Fire monitoring/detection systems
- Law and order services
  - Crime monitoring/detection systems
  - Urban surveillance system
- Open Source Standards
- Smart City Operations Center
- …

Smart Governance

- Crowd-sensing / crowdsourcing
- Digital government apps
  - Automated applications/queries
  - Appointment scheduling app
  - Civic information system
  - Civic reporting/feedback apps
  - E-payment system (taxes, fines, …)
  - Electronic ID / Smart Card
  - Online citizen account/portal
- Electronic public service delivery
- Participation platforms for public debates and civic engagement
- Private-public-partnership for public service provision
- …

Smart Economy

- E-commerce apps
  - Banking apps
  - Price-checking apps
- Knowledge economy and high-tech industry
- Online job portals / job agency app
- Smart industry systems
  - Industrial automation (Industry 4.0)
  - Industry support programs
  - Safety supervision systems
- Trade Facilitation Centers
- …

Smart Social Services

Smart Healthcare

- Electronic medical records
- First aid apps
- Medical services general info app (location, contact, specialist info, make an appointment, etc.)
- Real-time health monitoring
  - Medical check reminder
  - Self-diagnosis/disease detection
  - Smart body meters
  - Vital sign monitoring
- Remote nursing systems for hospitals
- Tele-medicine
- …

Smart Education

- Digital education and technical retraining
- Public Online Libraries / Library apps
- Remote education systems
  - Online campus/university apps
  - Online classroom/school apps
  - Tele-education
- Skill development centers
- …

Arts, Culture, Recreation and Tourism Services

- Cultural Facility Management System
- Digital applications for culture, tourism and recreation
  - Cultural Information App
  - Interactive city guide apps
  - Personal calendar for events in the city/area
- …

Smart People / Smart Community

- Remote child care apps/services
- Smart Home Management System
- Urban social network apps
- …

Smart Resources & Smart Environment

Smart Energy

- Smart energy supply systems
  - Energy consumption monitoring
  - Energy efficiency monitoring
  - Micro grid / smart grids
  - Storage of surplus energy
- Smart city lighting systems
- Smart street lighting systems
- …

Smart Environment

- Aqueduct/water utilization systems
- Environmental monitoring system
- Environmental protection programs
- Quality and Pollution Meters
  - Air quality monitoring system
  - Environment impact meters
  - Real-time quality/pollution info app
  - Water quality monitoring system
- Real-time weather / environmental data
- Waste and Recycling Services
  - Recycling info app
  - Smart waste bins
  - Waste collection systems
  - Waste processing systems
- Smart weather meters
- …

Smart Mobility & Smart Infrastructure

Smart Mobility / Smart Traffic / Parking

- Bike sharing systems
- Pedestrian navigation
- Real-time fuel price information
- Traffic Information System
  - Assisted driving / vehicle navigation
  - Parking information system
  - Parking navigation app
- Traffic Management System
  - Real-time car census
  - Real-time traffic flow status
  - Real-time parking status
  - Traffic congestion control
  - Traffic Light Control Center
  - Vehicle classification & identification
- …

Smart Logistics / Smart Transport

- Call-a-taxi-app
- Delivery Tracking Check
- Electric buses
- Public Transit Information System
  - Bus routes information app
  - Combined e-ticket for urban transit
  - Delay information app
  - Electronic/mobile ticketing
  - Schedule information app
  - Shuttle service for special locations
- Public Transit Management System
  - Delay management system
  - (Bus) route tracking system
  - Passenger counting system
- Smart Loading/Unloading Areas
- …

Smart Infrastructure

- 5G network and connectivity services
- Broadband/high speed internet
- Building maintenance systems
- Car charging infrastructure
- Connected cars
- Connected urban sensor system
- Data Infrastructure
  - Data Management Systems
  - Municipal data analytics
  - Open APIs
  - Open data bases
  - Public data centers
  - Urban computer and server network
- High-tech roads / connected cars
- Public Wi-Fi infrastructure
- Smart home networks
- …

Abb. 4.12 Das Smart City Service Portfolio. (Vgl. Wirtz (2022a), S. 331; Wirtz (2022b), S. 343)

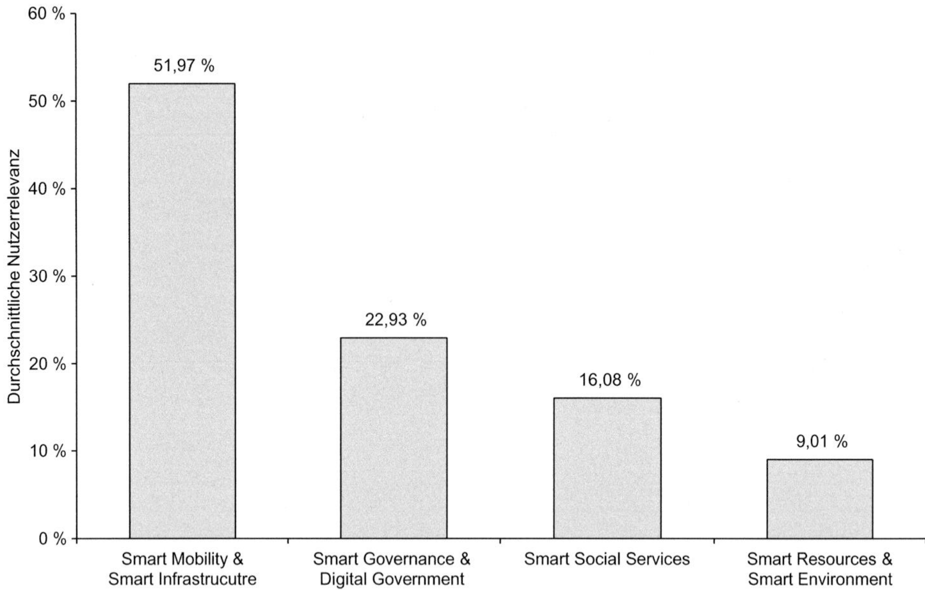

Abb. 4.13 Nutzerrelevanz entsprechend Smart-City-Serviceportfoliobereichen. (Datenquelle: Wirtz/Müller/Schmidt (2021), S. 10 f.)

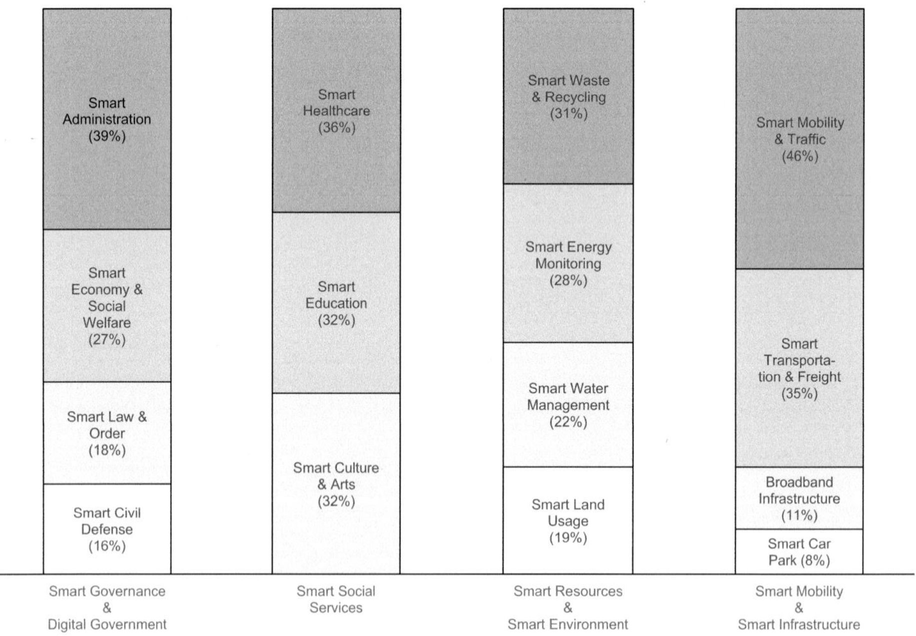

Abb. 4.14 Nutzerpräferenz für verschiedene Smart-City-Portfoliobereiche. (Datenquelle: Wirtz/Müller/Schmidt (2021), S. 307)

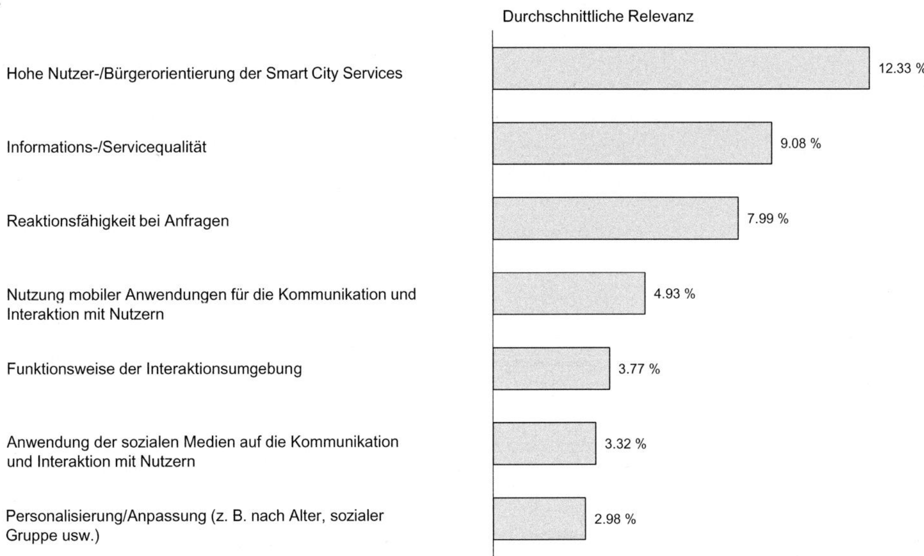

Abb. 4.15 Funktionale Erfolgsfaktoren der Nutzernachfrage von Smart City Services. (Datenquelle: Wirtz/Müller/Schmidt (2021), S. 309)

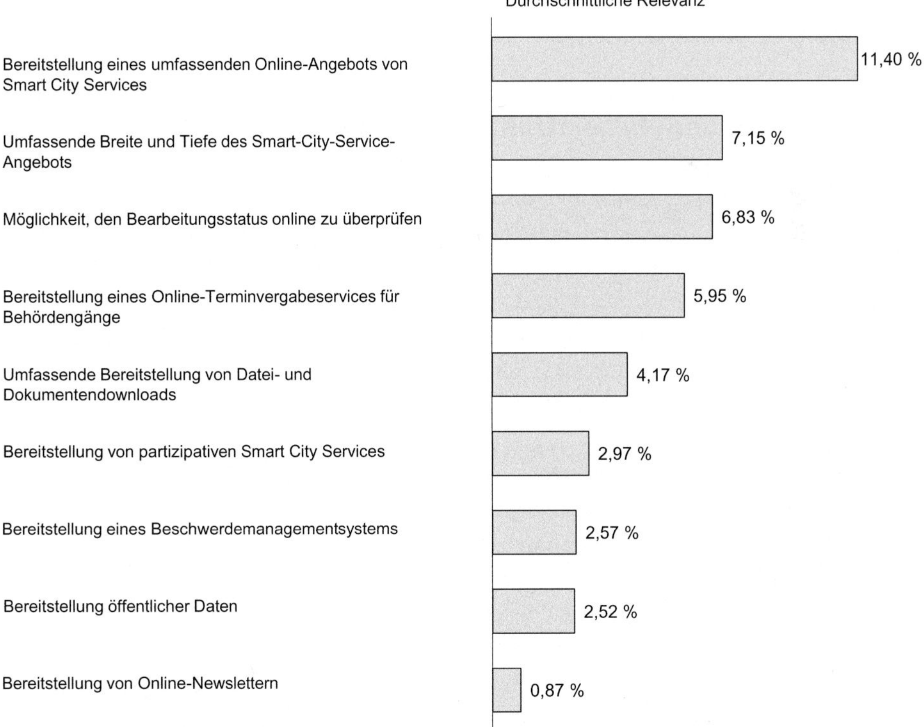

Abb. 4.16 Serviceorientierte Erfolgsfaktoren der Nutzernachfrage von Smart City Services. (Datenquelle: Wirtz/Müller/Schmidt (2021), S. 309)

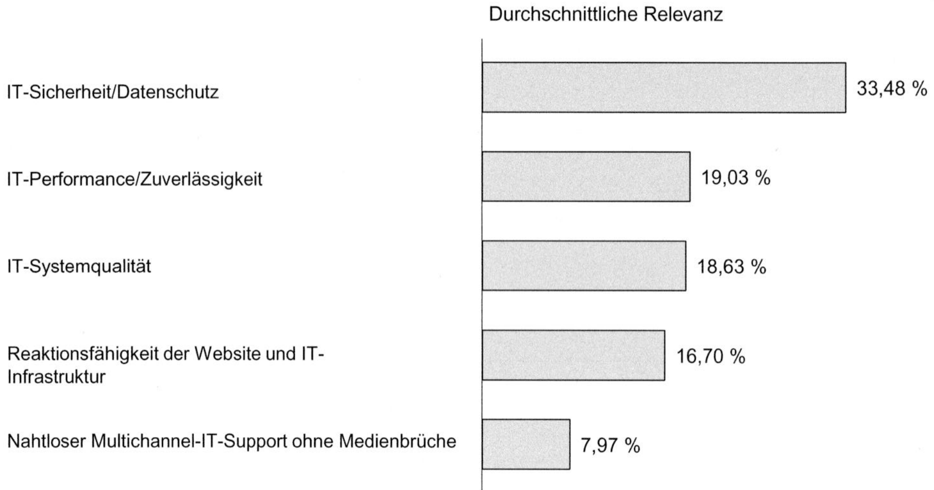

Abb. 4.17 Technologische Erfolgsfaktoren der Nutzernachfrage von Smart City Services. (Datenquelle: Wirtz/Müller/Schmidt (2021), S. 310)

Technologische Erfolgsfaktoren
Die mit der IT-Technologie assoziierten Erfolgsfaktoren sind für den Aufbau eines stadtweiten Datensystems von erheblicher Bedeutung. Die relevantesten technologischen Erfolgsfaktoren der Nutzernachfrage von Smart City Services sind in Abb. 4.17 dargestellt.

4.4 Services und Nutzerstruktur des Digital Government

Grundsätzlich werden Digital Government Services über verschiedene Portalangebote bereitgestellt.[38] In diesem Zusammenhang dienen Digital Government-Portale als Serviceplattformen, die das Leistungsangebot der jeweiligen öffentlichen Einrichtungen kombinieren und eine komfortable Leistungserbringung ermöglichen. Dieser Zugangspunkt reduziert den Suchaufwand für den Nachfrager bzw. Nutzer und ermöglicht effizientere Verwaltungsprozesse, was zu Kosten- und Zeiteinsparungen führt. Abb. 4.18 zeigt die Struktur eines Digital Government Portalsystems.

Digital Government Portalnutzung
Eine Digital Government-Nutzerumfrage zeigte, dass lokale Digital Government-Portale die Hauptschnittstelle im Internet zwischen der öffentlichen Verwaltung und den Bürgern sind. Fast die Hälfte der befragten Bürger (43 %) weisen eine hohe oder sehr hohe Nutzung von Stadtportalen auf, während diese Werte für regionale und nationale Portale bei

[38] Vgl. im Folgenden auch Wirtz (2021), S. 113.

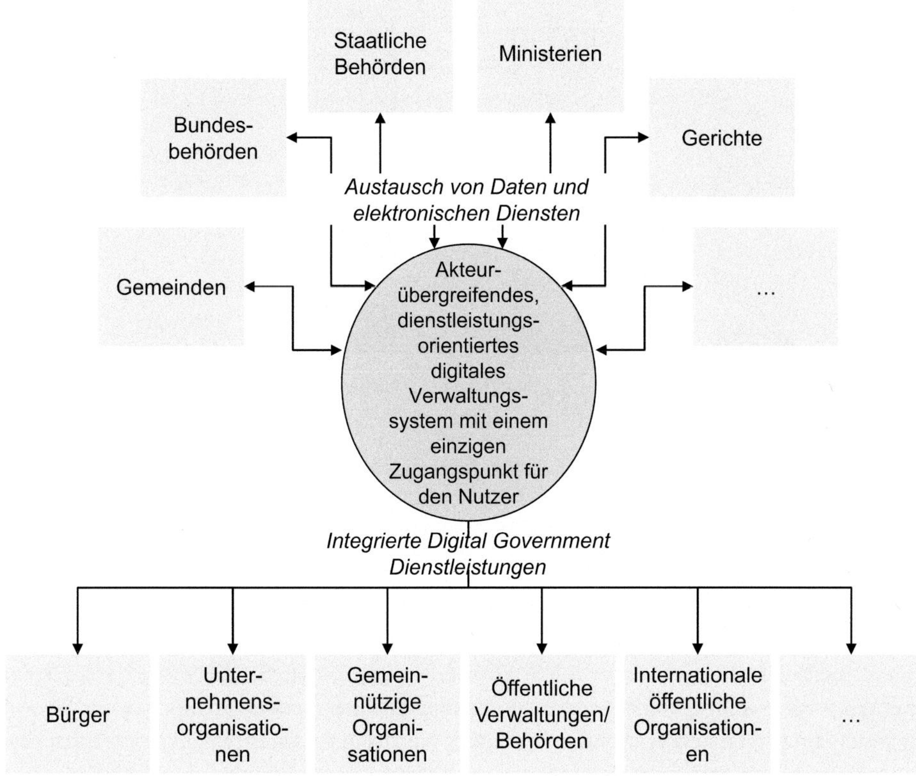

Abb. 4.18 Struktur eines Digital Government Portalsystems. (Vgl. Wirtz/Daiser (2015), S. 80; Wirtz (2020), S. 210; Wirtz (2022b), S. 420)

15 % bzw. 8 % liegen.[39] Der Grund für die intensive Nutzung von Stadtportalen liegt in der Art und Weise der angebotenen Services. Diese haben einen wesentlichen Nutzungsmehrwert für alle Lebensbereiche von Bürgern und werden daher im alltäglichen Leben verstärkt verwendet. Regionale oder nationale Portale haben hingegen einen stärkeren übergreifenden, generellen Charakter, der nicht unmittelbar in die Lebensbereiche einwirkt. Abb. 4.19 zeigt die nutzungsbezogenen Ergebnisse der Studie.

Es lässt sich also konstatieren, dass die Nutzerorientierung von Digital Government Portalen für die Akzeptanz der Bürger von hoher Relevanz ist. Im Folgenden werden die zentralen Nachfrage- bzw. Nutzerfaktoren bezüglich Digitaler Government Portale detaillierter ausgearbeitet.

Digital Government Services und Nachfrager-/Nutzerstruktur

Digital Government hat das Potenzial, die Interaktion zwischen der Verwaltung und seinen Stakeholdern durch eine Fokussierung auf nachfrager-/bzw. nutzerorientierte Aspekte zu ver-

[39] Vgl. Wirtz (2015).

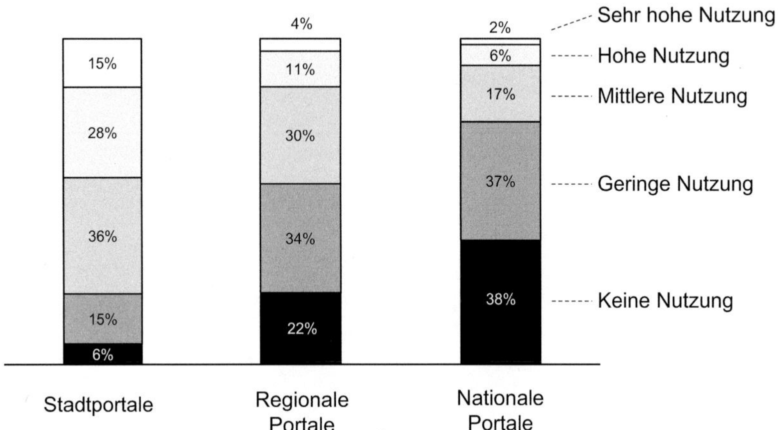

Abb. 4.19 Digital Government Portalnutzung. (Datenquelle: Wirtz (2015), S. 14)

bessern. Um dies zu erreichen, müssen Verwaltungen die Service- und Ressourcenvoraussetzungen ihrer Nachfrager bzw. Nutzer kennen. Hierbei ist die Beantwortung der Frage „Was wollen Nachfrager bzw. Nutzer und was erwarten sie von der digitalen Verwaltung?" wichtig.

Grundsätzlich ist es für die Nachfrager von besonderer Wichtigkeit, dass das Digital Government-Angebot in einem hohen Qualitätsniveau bereitgestellt wird. Hierzu kann man das NSS Nachfragefaktorensystem als strategischen Ausrichtungspunkt der Digital Government-Aktivitäten verwenden. Das NSS Nachfragefaktorensystem besteht aus drei verschiedenen Qualitätsbereichen: Nutzungsqualität, Systemqualität und Servicequalität.

NSS Digital Government Nachfragefaktorensystem
Die Nutzungsqualität bezieht sich auf nutzer- bzw. nachfragerbezogene Faktoren vor, während und nach der Nutzung des Digital Government Systems. System- und Servicequalität beziehen sich auf Faktoren, die mit der allgemeinen Systemqualität oder der Qualität von bereitgestellten Services assoziiert sind. Abb. 4.20 veranschaulicht das NSS Digital Government Nachfragefaktorensystem.

Digital Government-Entwicklungsstufen
Das Digital Government hat seit seiner Institutionalisierung in öffentlichen Verwaltungen mehrere Entwicklungsstufen vollzogen. Dabei werden unterschiedliche Entwicklungsstufen mit dem Reifegrad von Digital Government verbunden. Hierzu werden im Schrifttum verschiedene Reifegradmodelle diskutiert.[40]

Reifegradmodelle werden beispielsweise verwendet, um den Entwicklungsstand verschiedener Digital Government-Portale zu vergleichen, die Weiterentwicklung der Ser-

[40] Vgl. im Folgenden auch Wirtz (2020), S. 206 ff.

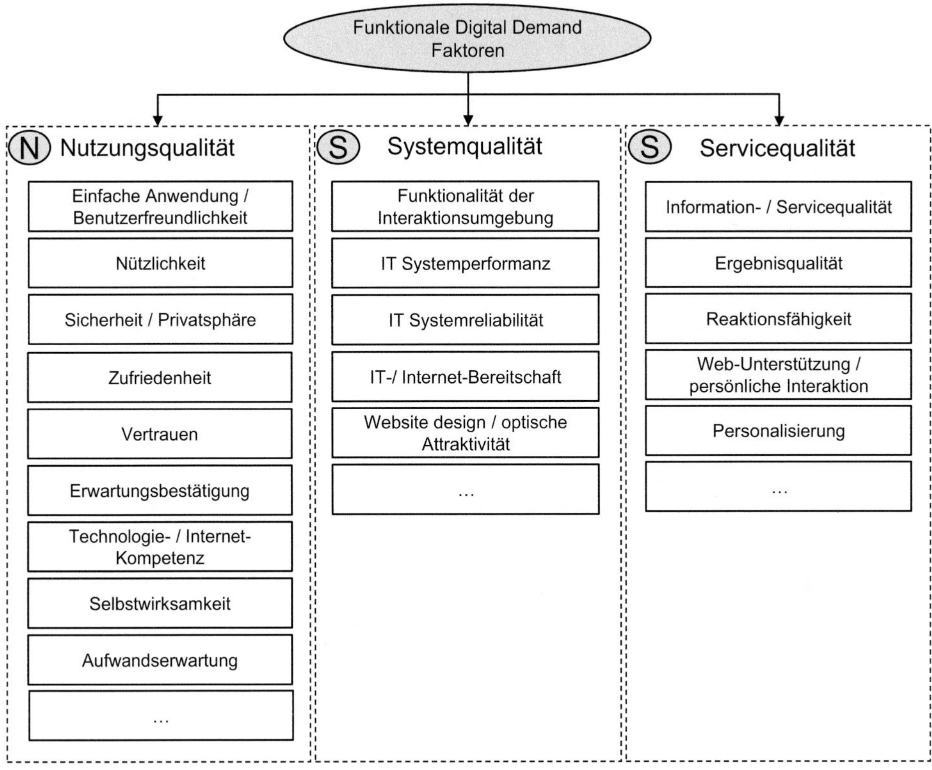

Abb. 4.20 NSS Digital Government Nachfragefaktorensystem. (Vgl. Wirtz/Daiser (2015), S. 118; Wirtz/Daiser (2017), S. 131; Wirtz (2022b), S. 415)

vices zu unterstützen und die Qualität von Digital Government-Portalen zu bewerten und zu verbessern.

Unter Berücksichtigung der Ergebnisse früherer Studien zum Reifegrad des Digital Government lassen sich fünf zentrale Entwicklungsstufen von Digital Government Services identifizieren: (1) Präsentation/Information, (2) Kommunikation, (3) Transaktion, (4) Partizipation und (5) offene Integration. Mit jeder Stufe erreicht der Digital Government Service einen höheren Grad an Interaktion, was wiederum mit einer Zunahme an Komplexität verbunden ist. Abb. 4.21 veranschaulicht diesen grundsätzlichen Zusammenhang.

Digital Government Services und Nachfrager-/Nutzerstruktur

In Abb. 4.22 wird das Digital Government User Relationship Management entsprechend der Nachfragebereiche Information, Kommunikation, Transaktion und Integration und der zeitlichen Häufigkeit dargestellt. Hierbei werden drei Ebenen in Form eines lokalen (New York City), regionalen (Hong Kong) und nationalen (Deutschland) Digital Government Portals herangezogen.

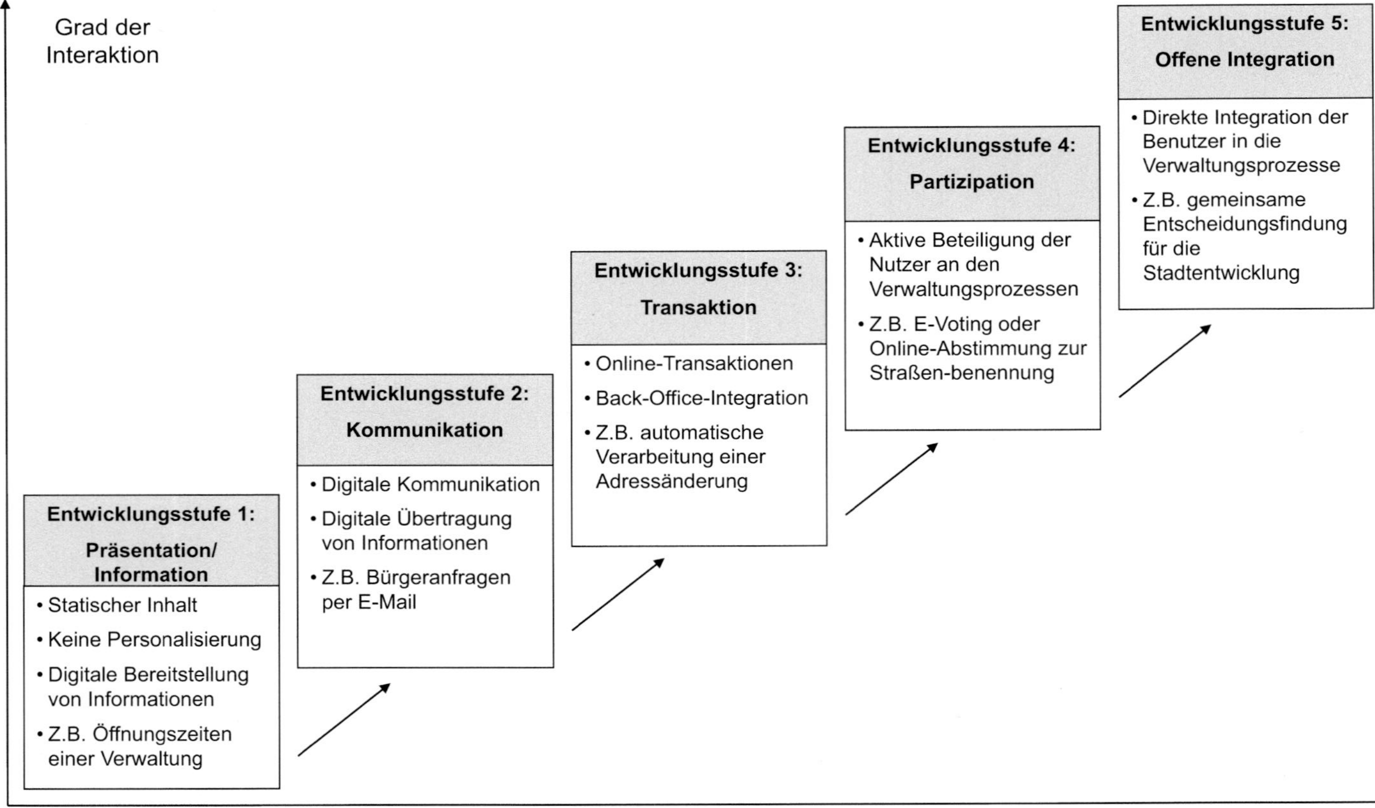

Abb. 4.21 Digital Government Entwicklungsstufenmodell. (Vgl. Wirtz (2013a), S. 100; Wirtz (2020), S. 207; Wirtz (2022b), S. 447)

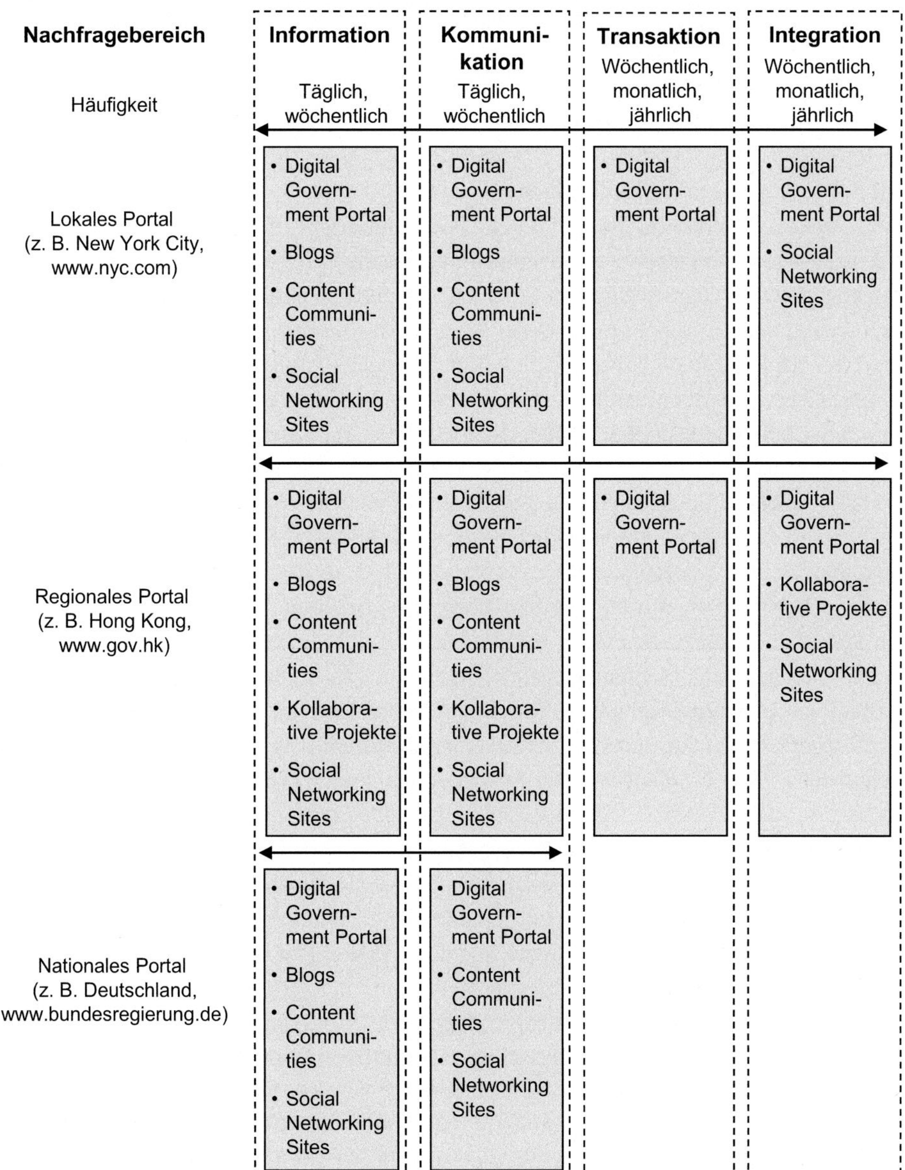

Abb. 4.22 Integriertes Digital Government User Relationship Management. (Vgl. Wirtz (2020), S. 787; Wirtz (2021), S. 570; Wirtz (2022b), S. 440)

In Anbetracht der vier verschiedenen Digital Government-Servicemodelle Information, Kommunikation, Transaktion und Integration fördert eine intelligente Kombination von Web 2.0-Technologien mit dem jeweiligen Servicezweck ein effektives und effizientes Digital Government User Relationship Management. Für ein erfolgreiches Digital Government-Portal ist die Gestaltung eines nachfrager- bzw. nutzerorientierten Digital Government-Service-Portfolios mit öffentlichem Mehrwert von größter Bedeutung. Deshalb ist es wichtig, Digital Government-Services zu analysieren.

Digital Government Servicebereiche

Eine effektive Interaktion mit dem Digital Government-Portal setzt voraus, dass sich die Nachfrager bzw. Nutzer leicht im Digital Government-Portal zurechtfinden und schnell zu den gewünschten Dienstleistungen gelangen. Aus diesem Grund werden die einzelnen angebotenen Dienste gruppiert und in der Regel in bestimmten Servicebereiche für Digital Government-Dienste organisiert, welche auf einem mehrstufigen Design aufbauen.

Diese Servicebereiche sollten in einer logischen Struktur definiert werden, um den Nutzer im Suchprozess nach den gewünschten Dienstleistungen zu unterstützen. Im Rahmen einer Umfrage zu den Präferenzen der Nachfrager bzw. Nutzer von Digital Government-Portalen wurden die Dienstleistungspräferenzen mehrerer Digital Government-Portale analysiert.[41] Die hierauf aufbauende Clusterung von Digital Services ist in Tab. 4.10 dargestellt.

Diese beispielhafte Struktur der Servicebereiche für Digital Government-Dienste bietet ein klares und transparentes Serviceangebot, das den Nachfrager bzw. Nutzer bei der Suche nach den gewünschten Dienstleistungen unterstützt. Durch die Aggregation der Informations- und Serviceangebote in 13 Servicebereiche auf der ersten Ebene wird der Nachfrager bzw. Nutzer zudem nicht mit einer Informationsflut konfrontiert, sondern kann Schritt für Schritt auf die jeweiligen Informationen und Services zugreifen.

Bedeutung der Servicebereiche für Digital Government Dienste

Die Servicebereiche für Digital Government-Dienste unterscheiden sich in ihrer Relevanz für die öffentliche Nachfrage. Laut der Studie über die Präferenzen der Bürger für Digital Government-Dienste können die Servicebereiche in drei Prioritätsbereiche unterteilt werden: hohe, mittlere und niedrige Priorität.[42]

Zu Servicebereichen mit hoher Priorität gehören beispielsweise Steuern und Finanzen sowie Meldewesen. Zu Servicebereichen mit mittlerer Priorität werden beispielsweise Bildungsdienste und Wohnungs- sowie Baudienste gezählt. Servicebereiche mit geringer Priorität sind beispielsweise familien- und erziehungsbezogene Dienstleistungen. Abb. 4.23 stellt die Wichtigkeit der Servicebereiche für Digital Government-Dienste dar.

[41] Vgl. im Folgenden auch Wirtz (2015), S. 13 ff.

[42] Vgl. Wirtz (2015), S. 15 f.

Tab. 4.10 Servicebereiche für Digital Government-Dienste. (Vgl. Wirtz (2015), S. 124; Wirtz (2021), S. 118; Wirtz (2022b), S. 422 f.)

Servicebereiche für Digital Government-Dienste	Informations- und Servicebeispiele
Meldewesen	• Personalausweis • Aufenthaltsgenehmigung • Führerscheinantrag • Scheidungsinformationen • Wählerhilfe • …
Gesundheit und medizinische Dienstleistungen	• Versicherungsleistungen • Informationen über Einrichtungen • Informationen über Ernährung • Informationen über Impfstoffe • …
Arbeitsbezogene Dienstleistungen	• Beantragung von Lizenzen • Finanzdienstleistungen • Rechtsbeistand • Jobportal • Informationen zur Arbeitssuche • …
Dienstleistungen für Steuern und Finanzen	• Steuererklärungsdienst • Steuerzahlungsdienst • Grundsteuerinformationen • …
Auto- und Verkehrsdienste	• Fahrzeugzulassung • Informationen über öffentliche Verkehrsmittel • Parklizenzservice • Unfallinformationen • …
Wohnungswesen und Baudienstleistungen	• Informationen über erschwinglichen Wohnraum • Baugenehmigungsdienste • Informationen über Versorgungsunternehmen • …
Soziale Dienste	• Informationen zur Sozialversicherung • Informationen zu Gemeinschaftsprogrammen • Spendenservice • …
Dienstleistungen für Familien und Erziehung	• Informationen zur Kinderbetreuung • Informationen zur Adoption • Informationen zur Kindertagesstätte • …
Sicherheit-, Ordnungs- und Staatsdienste	• Wahlangelegenheiten • Verbraucherschutz • Kriminalität und Verwaltungsberichte • Informationen der Küstenwache • …

(Fortsetzung)

Tab. 4.10 (Fortsetzung)

Servicebereiche für Digital Government-Dienste	Informations- und Servicebeispiele
Kultur- und Veranstaltungsdienstleistungen	• Standorte • Aktivitäten • Finanzierung und Unterstützung • Besucherinformationen • …
Dienstleistungen im Bereich Freizeit und Sport	• Park- und Naturinformationen • Sportstätten • Sportaktivitäten • Informationen zu Jugendveranstaltungen • …
Bildungsdienste	• Immatrikulation • E-Book-Dienste • Studentenbetreuung • Regeln und Richtlinien • Erwachsenenbildung • …
Umweltdienste	• Informationen zu Müll und Recycling • Tierkontrolle • Luft- und Wasserqualität • …

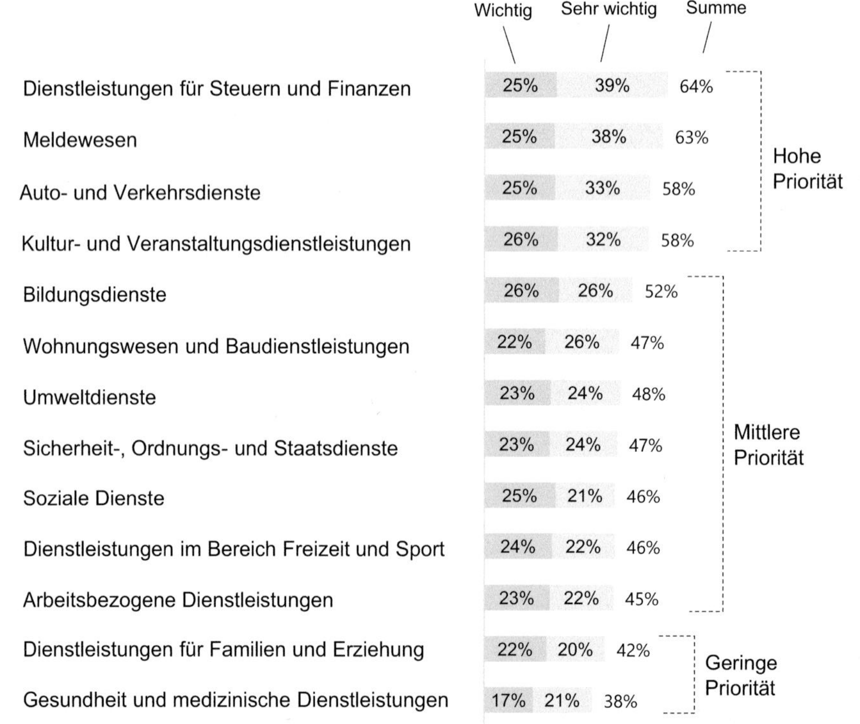

Abb. 4.23 Wichtigkeit der Servicebereiche für Digital Government-Dienste. (Vgl. Wirtz (2015), S. 15 f.; Wirtz (2022a), S. 412; Wirtz (2022b), S. 426)

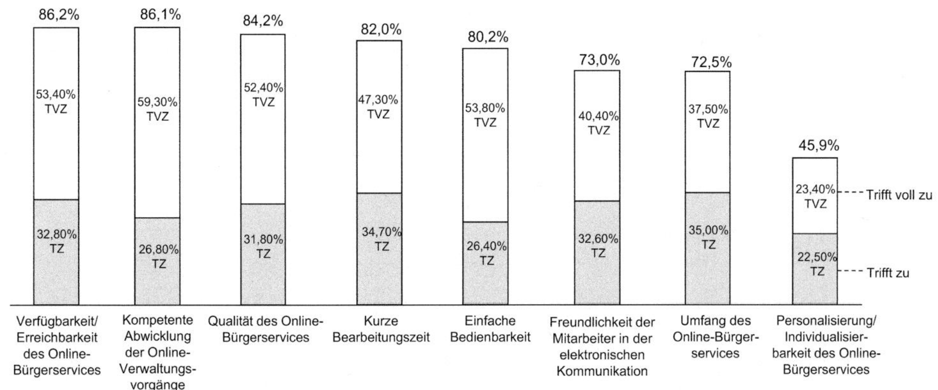

Abb. 4.24 Aspekte eines sehr guten Online-Bürgerservice. (Vgl. Wirtz (2015), S. 14; Wirtz (2020), S. 211)

Qualitativer Online-Bürgerservice
Bürger haben zudem eine klare Vorstellung darüber, was einen guten Bürgerservice im Digital Government auszeichnet. Die Erreichbarkeit, die kompetente Abwicklung und die Qualität des Bürgerservices stehen ganz oben auf der Agenda der Bürger. Abb. 4.24 gibt einen Überblick über die Aspekte, die einen guten Bürgerservice ausmachen.

4.5 Servicekanäle

Grundsätzlich können die Bereitstellung sowie das Kundenbeziehungsmanagement im Bereich des Digital Governments über mehrere Kanäle erfolgen. Abb. 4.25 zeigt die Eigenschaften der verfügbaren Online- und Offline-Kanäle und stellt die verschiedenen Bürger- und Nutzerkontaktpunkte dar.[43]

Unterscheidung zwischen Online- und Offline-Kanälen
Dabei lassen sich relevante Digital Government Services in Online- und Offline-basierte Dienstleistungen unterteilen.[44] Es mag ungewöhnlich erscheinen, Telefon- und Telefaxdienste in der Kategorie der Online-Kanäle zu sehen, da diese lange vor dem Aufkommen des Internets eingerichtet wurden. Da sowohl das Telefon als auch das Telefax mittlerweile auch auf digitaler IP-basierte Technologie basieren, sind sie ebenfalls als Online-Kanäle einzustufen.

[43] Inhalte basierend auf Wirtz/Langer (2017), S. 570.

[44] Vgl. Wirtz/Kleineicken (2005); Wirtz/Lütje/Schierz (2009); Wirtz/Langer (2017).

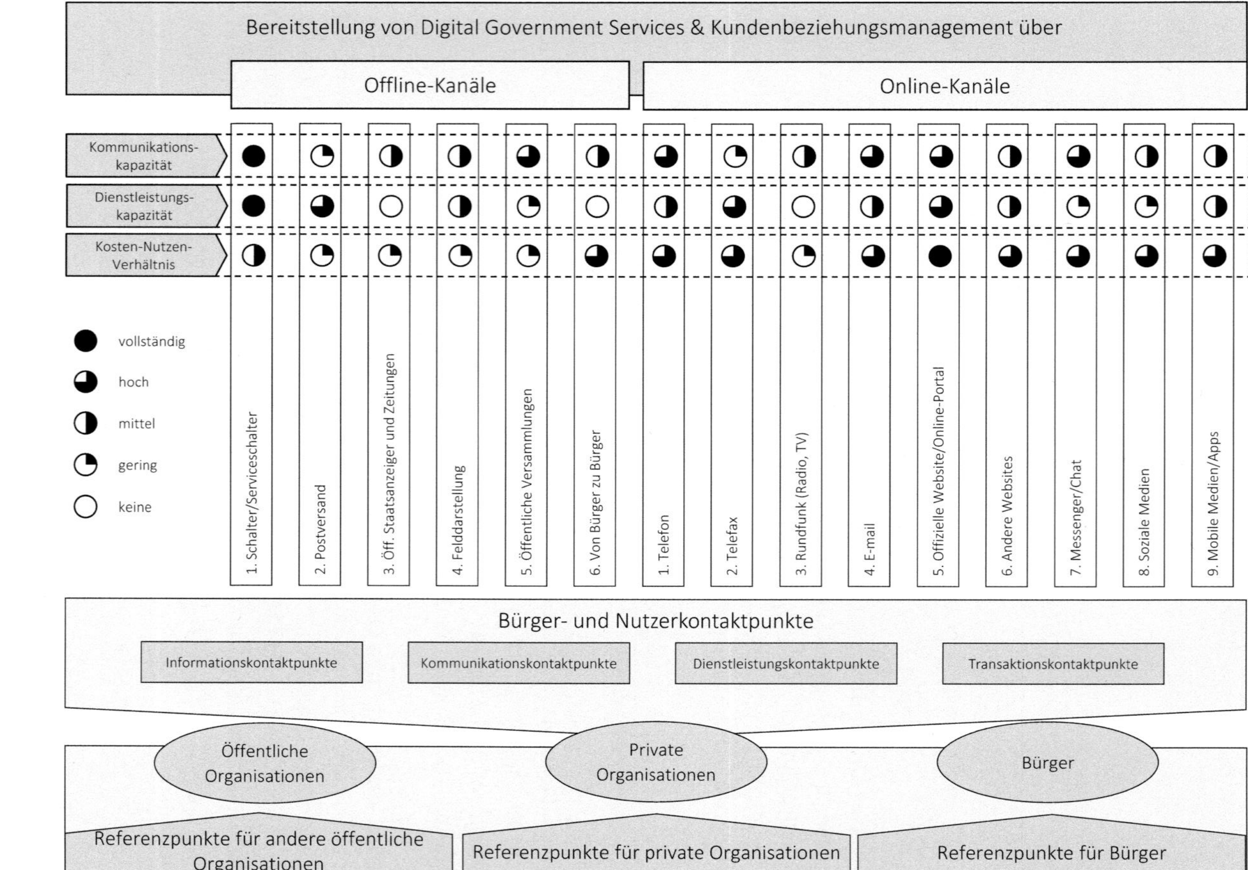

Abb. 4.25 Kanaleigenschaften bei der Multi-Channel-Digital-Service-Bereitstellung. (Vgl. Wirtz (2005), S. 26; vgl. Wirtz/Daiser (2015), S. 171; vgl. Wirtz (2021a), S. 86)

Die aufgezeigten Kanäle (z. B. Schalter/Serviceschalter, Post, soziale Medien etc.) lassen sich nach ihrer Kommunikationskapazität, ihrer Dienstleistungskapazität und ihrem Kosten-Nutzen-Verhältnis bewerten. Ein Kanal bietet einen Mehrwert für das Mehrkanalsystem des Digital Government, wenn er nützlich, effektiv und effizient ist. Diese Dimensionen spiegeln sich in der Kommunikationskapazität, der Dienstleistungskapazität und dem Kosten-Nutzen-Verhältnis wider.

Kommunikationskapazität
Die Kommunikationskapazität bezieht sich auf die kommunikativen Eigenschaften des jeweiligen Kanals. Persönliche Serviceleistungen, z. B. über den Service Desk, ermöglichen eine unmittelbare persönliche Interaktion. Dies bietet im Allgemeinen die höchstmögliche Kommunikationskapazität. Unpersönliche Kanäle wie z. B. der Rundfunk sind hingegen im Hinblick auf ihre Kommunikationsinteraktion begrenzt.

Dienstleistungskapazität
Die Dienstleistungskapazität bezieht sich im Wesentlichen auf den zur Verfügung gestellten Mehrwert der Nutzer hinsichtlich des Dienstleistungsangebots. Die Art und der Umfang der Dienstleistung bilden hier im Wesentlichen die Dienstleistungskapazität ab. Je nach Kanal ist die Dienstleistungskapazität unterschiedlich stark ausgeprägt, wobei generell zu konstatieren ist, dass diese an einem Schalter bzw. Serviceschalter am stärksten ausgeprägt ist.

Kosten-Nutzen-Verhältnis
Das Kosten-Nutzen-Verhältnis bildet primär die ökonomische Struktur in dem jeweiligen Kanal ab. Dabei sind gerade persönliche Offline-Kanäle wie Schalter/Serviceschalter mit deutlich höheren Aufwendungen verbunden. Online-Kanäle reduzieren oftmals die Transaktionskosten gegenüber Offline-Kanälen, insbesondere wenn man automatisierte Online-Kommunikationskanäle berücksichtigt. Derartige automatisierte Online-Kommunikationskanäle weisen insbesondere im Vergleich zu persönlichen Offline-Kanälen ein besseres Kosten-Nutzen-Verhältnis auf.

Bürger- bzw. Nutzerkontaktpunkte
Die Bürger- bzw. Nutzerkontaktpunkte, die als Kundenschnittstellen dienen, stellen die Verbindung zwischen den Offline- und Online-Servicekanälen der öffentlichen Verwaltung und den Nutzern dar. Grundsätzlich können hier vier verschiedene Bürger- bzw. Nutzerkontaktpunkte unterschieden werden: (1) Informationskontaktpunkte, (2) Kommunikationskontaktpunkte, (3) Dienstleistungskontaktpunkte und (4) Transaktionskontaktpunkte.

Informationskontaktpunkte

Informationskontaktpunkte stellen die Schnittstelle mit der geringsten Interaktion zwischen Nutzer und Anbieter dar, da sie nur eine einseitige Kommunikation zulassen und somit keine unmittelbare Rückmeldung oder Kommunikationsmöglichkeit bieten. Beispiele hierfür sind statische Websites, die nur Informationsinhalte zeigen sowie Zeitungen oder das Fernsehen, die im Prinzip keine Zwei-Wege-Kommunikation unterstützen.

Kommunikationskontaktpunkte

Kommunikationskontaktpunkte ermöglichen eine wechselseitige Kommunikation zwischen den Digital-Government-Anbietern und ihren Nutzern. Diese Form der Bürger- und Nutzerkontaktpunkte dient hauptsächlich der persönlichen Beratung. Typische Beispiele sind das Telefon, soziale Medien oder Messenger/Chat-Servicekanäle.

Dienstleistungskontaktpunkte

Dienstleistungskontaktpunkte sind Bürger- bzw. Nutzerkontaktpunkte, die eine physische, nicht rechtliche Interaktion zwischen dem Nutzer und dem Digital-Government-Anbieter ermöglichen. An den Dienstleistungspunkten, die als eine Art öffentlicher Dienstleistungsempfang fungieren, können die Bürger beispielsweise Formulare und Dokumente abholen oder Müllmarken erhalten.

Transaktionskontaktpunkte

Transaktionskontaktpunkte stellen die umfassendste Schnittstelle zwischen dem Nutzer und dem Digital-Government-Anbieter dar. An diesen Transaktionspunkten können öffentliche Akteure Verfahren wie die Beantragung von Ausweisen und Pässen oder Geburts- und Heiratsurkunden abwickeln. Beispiele für Transaktionspunkte sind Schalter/Serviceschalter und Digital Government Portale mit vollständigem Online-Service.

Optimierung der Bürger- bzw. Nutzerkontaktpunkte

Der Erfolg des Digital Governments wird maßgeblich durch das Verhalten an den angesprochenen Bürger- bzw. Nutzerkontaktpunkten (im Folgenden: Nutzerkontaktpunkte) geprägt. Diese Interaktionen sind entscheidend für die Nutzerzufriedenheit, die wiederum eine wichtige Voraussetzung für die Nutzerbindung und letztlich für den langfristigen Erfolg des Digital Governments ist.

Die Optimierung der Nutzerkontaktpunkte ist deswegen in einem Mehrkanalsystem besonders entscheidend, da Nutzer und öffentliche Verwaltungen eine unterschiedliche Perspektive einnehmen. Die öffentliche Verwaltung kann das beobachtbare Verhalten der Nutzer in den einzelnen Kanälen interpretieren oder zielgruppenspezifische, zum Beispiel demografische oder psychografische, Daten analysieren. Der Nutzer hingegen nimmt die öffentliche Verwaltung insbesondere durch kurze Wahrnehmungseindrücke an den Bürger- bzw. Nutzerkontaktpunkten wahr. Aus der Summe vieler Momentaufnahmen setzt sich bei den Nutzern das Gefühl von Zufriedenheit oder Unzufriedenheit zusammen. Da ein Mehrkanalsystem eine Vielzahl verschiedener Nutzerkontaktpunkte besitzt, ist es von großer Bedeutung, diese optimal zu koordinieren, damit die Eindrücke ein konsistentes Bild ergeben.[45] Je mehr Kanäle ein Mehrkanalsystem besitzt, desto komplexer wird das Management der Nutzerkontaktpunkte, da sämtliche Kanäle aufeinander abgestimmt werden müssen.[46]

Durch eine optimale Koordination der Bürger- bzw. Nutzerkontaktpunkte kann den Bürgern bzw. Nutzern die Möglichkeit gegeben werden, verschiedene Nutzerschnittstellen in unterschiedlichen Phasen des Dienstleistungsprozesses in Anspruch zu nehmen. So kann sich ein Nutzer im Internet zunächst über Digital Government Services informieren und sie dann in einer öffentlichen Verwaltung in Anspruch nehmen oder umgekehrt.

Da Bürger bzw. Nutzer die öffentliche Verwaltung nicht in Kanälen, sondern als Einheit wahrnehmen, müssen an jedem Bürger- bzw. Nutzerkontaktpunkt die gleichen Nutzerinformationen vorliegen, um den Erwartungen der Bürger bzw. Nutzer gerecht zu werden.[47] Bei einer Befragung des Beratungsunternehmens Accenture bekräftigten 75 % der Befragten, dass es ihnen wichtig ist, dass wann immer sie für eine Transaktion oder Problemlösung mehrere Kanäle einer Organisation nutzen, dass die Organisation im nächsten Kanal dort mit ihnen weiterarbeiten kann, wo sie aufgehört haben, und sie nicht wieder von vorne anfangen müssen.[48]

Neben den Vorteilen, die ein erfolgreiches Management der Nutzerkontaktpunkte den Nutzern bietet, existieren auch Effizienz- und Effektivitätsvorteile für die öffentliche Verwaltung. Eine einheitliche Gestaltung und integrierte Steuerung der Nutzerkontaktpunkte steigert durch reibungslose Übergänge die Synergieeffekte zwischen den Kanälen und kann gleichzeitig die Konkurrenz zwischen den Kanälen reduzieren.[49]

Durch die erfolgreiche Koordination der Nutzerkontaktpunkte in den einzelnen Marketingkanälen lässt sich auch ein effektiver Ressourceneinsatz erreichen, was wiederum zu einer Steigerung der Effizienz und somit zu einer Senkung der Kosten führt. So können Ressourcen wie beispielsweise Personal, Sach- oder Finanzmittel entsprechend der Auslastung und dem Bedarf an den einzelnen Nutzerkontaktpunkten eingesetzt werden. Darüber hinaus stellt die Schaffung effizienter Prozesse an den Nutzerkontaktpunkten, zum Beispiel verkürzte Prozesslaufzeiten oder geringere Fehlerquoten, eine weitere Möglichkeit dar, Kosten einzusparen.[50]

---

[45] Vgl. Rayport/Jaworski (2004).

[46] Vgl. Rayport/Jaworski (2004); Specht/Fritz (2005), S. 169.

[47] Vgl. Gronover (2003), S. 37.

[48] Vgl. Accenture (2017), S. 5.

[49] Vgl. Gronover (2003), S. 39 ff.

[50] Vgl. Gronover (2003), S. 38.

Die konkrete Ausgestaltung der Nutzerkontaktpunkte hängt maßgeblich von der jeweiligen öffentlichen Verwaltung, den zu bedienenden Zielgruppensegmenten oder den Digital Government Services ab. Jedoch lassen sich einige zentrale Erfolgsfaktoren anführen, die als übergeordnete Erfolgsfaktoren des Nutzerkontaktpunkte-Managements angesehen werden können und im Folgenden näher ausgeführt werden.[51]

Ein erfolgreiches Management der Nutzerkontaktpunkte wird in hohem Maße dadurch bestimmt, wie es in einem Mehrkanalsystem gelingt, zeitnahe und zutreffende Informationen zu gewinnen, zu analysieren, zu bewerten und schließlich an die Nutzerkontaktpunkte weiterzugeben.[52] In diesem Zusammenhang müssen an allen Nutzerkontaktpunkten sämtliche Informationen vorliegen, damit ein detailliertes Bild vom Nutzer und der zu ihm existierenden Beziehung entsteht. Voraussetzung dafür ist eine Datengrundlage, die die Einheitlichkeit der Nutzerinformationen in den unterschiedlichen Marketingkanälen zu unterschiedlichen Zeitpunkten gewährleistet.

Aufgrund der schnell voranschreitenden technologischen Entwicklungen stellt sich für eine öffentliche Verwaltung grundsätzlich die Frage, inwieweit Nutzerkontaktpunkte automatisiert werden können und sollen. In diesem Zusammenhang scheint es notwendig, neben den ökonomischen Überlegungen auch die Nutzerseite bei der konkreten Ausgestaltung der Nutzerkontaktpunkte zu berücksichtigen. Moderne Technologien wie zum Beispiel Online-Messenger sind durchaus geeignet, einen positiven Wertbeitrag sowohl für den Nutzer als auch für die öffentliche Verwaltung zu leisten. Dieser Effekt verkehrt sich jedoch in sein Gegenteil, wenn die Realisierung eines Nutzerkontaktpunktes ausschließlich unter dem Primat der Kostenreduzierung steht. So lässt sich als Beispiel die Umsetzung eines Informationscenter anführen. Ein ausreichend groß dimensioniertes Informationscenter, in dem kompetent Nutzeranfragen beantwortet werden, trägt durchaus positiv zur Zufriedenheit des Nutzers bei.[53]

Die Ansprüche der Nutzer an Nutzerkontaktpunkte variieren mit den Digital Government Services, auf die sich diese beziehen. Diese Ansprüche bestimmen Faktoren wie zum Beispiel die Komplexität einer Dienstleistung oder die individuellen Präferenzen der Nutzer.

Die Präferenzen der Nutzer hinsichtlich der Nutzerkontaktpunkte variieren nicht nur mit den Services, sondern sind darüber hinaus innerhalb des Nutzerstamms unterschiedlich. Die besondere Stärke des Multi-Channel-Marketings liegt in der Erfassung und Berücksichtigung dieser individuellen Präferenzen. Die nutzerindividuelle Optimierung des Nutzerkontaktpunktes, beispielsweise eines Web-Interfaces, trägt so zur Verbesserung der Nutzerzufriedenheit bei.

[51] Vgl. Burke (2002), S. 426 ff.

[52] Vgl. Zentes/Swoboda (2001), S. 352.

[53] Vgl. Rayport/Jaworski (2004).

Einflussnahme auf die Bürger- bzw. Nutzer von Digital Government Services
Neben den Digital-Government-Kanälen sowie Nutzerkontaktpunkten, die von der öffentlichen Verwaltung eingerichtet werden, werden die Nutzer auch durch Effekte beeinflusst, die für die öffentliche Verwaltung schwieriger zu kontrollieren sind. Diese Einflüsse, die beispielsweise durch Mund-zu-Mund-Propaganda und Online-Bewertungen hervorgerufen werden, stammen von unabhängigen Referenzpunkten, die von der dienstleistenden Organisation nicht direkt kontrolliert werden können.[54]

Sämtliche öffentliche Stakeholder – Bürger, private Organisationen und andere öffentliche Organisationen – verfügen über bestimmte Referenzpunkte, die sich der direkten Kontrolle eines Digital-Government-Anbieters entziehen, aber ihre Meinung zu bestimmten Themen beeinflussen. Aus diesem Grund sollten Digital-Government-Anbieter versuchen, die Informationsflüsse zu den Referenzpunkten zu verfolgen, um geeignete Maßnahmen zu ergreifen, falls sich diese als förderliche oder hemmende Kräfte erweisen.

Multi-Channel Strategien
Die Konzeption und Umsetzung eines effizienten Multikanalmanagements erfordert einen strategischen und zielorientierten Ansatz. Abb. 4.26 stellt ein strategisches Mehrkanalsystem dar.[55] Nach diesem strategischen Mehrkanalsystem können Digital-Govern-

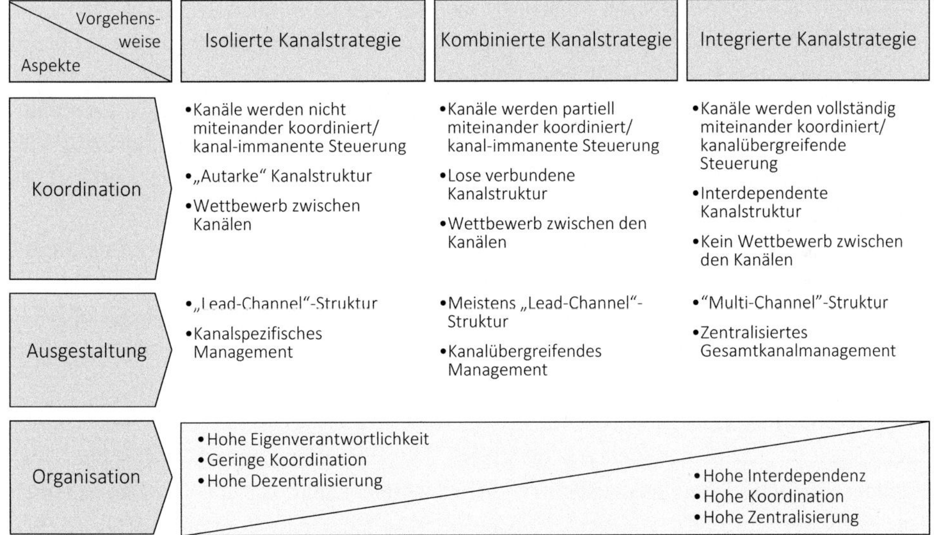

Abb. 4.26 Ein strategisches Mehrkanalsystem. (Vgl. Wirtz (2013), S. 848; vgl. Wirtz/Daiser (2015), S. 172; vgl. Wirtz (2021b), S. 292)

[54] Vgl. Reichheld (2003).

[55] Inhalte basierend auf Wirtz (2013), S. 848; Wirtz/Langer (2017), S. 575.

ment-Anbieter zwischen einer isolierten, kombinierten oder integrierten Kanalstrategie unterscheiden.[56]

Isolierte Kanalstrategie

Unter einer isolierten Kanalstrategie versteht man die Situation, dass die einzelnen Kanäle des Multikanalsystems unabhängig voneinander betrieben werden und nicht miteinander verbunden sind. Das bedeutet, dass die einzelnen Kanäle miteinander konkurrieren, da die Nutzer selbst entscheiden müssen, welchen Kanal sie nutzen wollen.

Diese Struktur ist häufig das Ergebnis eines evolutionären Multikanalmanagements, bei dem im Laufe der Zeit zusätzliche Kanäle hinzugekommen sind.[57] Dabei dient in der Regel ein Kanal (z. B. Schalter/Serviceschalter) als Lead-Channel und die anderen Kanäle (z. B. Post, Mobile Apps, etc.) werden als eine Art add-on Serviceleistung betrieben. Zusammenfassend lässt sich sagen, dass eine isolierte Kanalstrategie den einzelnen Kanälen eine hohe Verantwortung zuweist und zumeist eine dezentrale Struktur aufweist.

Kombinierte Kanalstrategie

Im Rahmen der kombinierten Kanalstrategie werden die verschiedenen Kanäle partiell miteinander koordiniert, die Steuerung erfolgt jedoch noch kanal-immanent. Dies führt zu einer Situation, in der die Kanäle sowohl ineinandergreifen als auch im Wettbewerb zueinander stehen. Diese Konstellation lässt sich als Coopetition unter den Kanälen bezeichnen. Zumeist existiert auch bei dieser Strategie ein übergeordneter Kanal, wobei das Management in der Regel kanalübergreifend erfolgt.

Ein Beispiel für eine kombinierte Kanalstrategie ist eine Online-Terminplanungsplattform, welche die Besucherverwaltung an den Schaltern/Serviceschaltern unterstützt. Obwohl der Schalter der primäre Kanal ist, können Warteschlangen vermieden und die Personalplanung verbessert werden.

Auf diese Weise können die Vorteile der verschiedenen Kanäle in der Gesamtdienstleistung kombiniert werden. Darüber hinaus führt ein zielgerichteter, wertschöpfender Einsatz verschiedener Kanäle zu Kosten- und Komfortvorteilen für den Nutzer und den Digital-Government-Anbieter.

Integrierte Kanalstrategie

Die integrierte Kanalstrategie zielt darauf ab, Digital Government Services über miteinander verbundene und austauschbare Dienstleistungskanäle anzubieten. Das bedeutet, dass die Nutzer im Laufe von Verwaltungsprozessen jederzeit zu einem anderen Dienstleistungskanal wechseln können. Beispielsweise beginnt ein Nutzer eine Dienstleistung online von einem stationären PC aus, und setzt die Bearbeitung der Dienstleistung fort,

[56] Vgl. zum Abschnitt Multi-Channel-Strategien im Folgenden auch Wirtz (2021b), S. 293

[57] Vgl. Kernaghan (2005).

indem bestimmte Dokumente, die der Nutzer nicht per Post oder Internet übermitteln möchte, am Schalter abgegeben werden. Anschließend kann der Nutzer den Status des Verwaltungsverfahrens auf einem mobilen Gerät, wie einem Tablet oder Mobiltelefon verfolgen. Der richtige Mix aus mehrkanaligen Digital Government Services hängt auch stark von der jeweiligen Erfüllung der relevanten Erfolgsfaktoren ab. Wichtige Digital-Government-Erfolgsfaktoren, die aus Anbietersicht beachtet werden sollten, werden im folgenden Abschnitt beschrieben.

4.6 Erfolgsfaktoren des Digital Government

Vor dem Hintergrund der Verbesserungsansätze lassen sich zentrale Erfolgsfaktoren ableiten. Diese Erfolgsfaktoren werden in nutzerzentrierte, dienstleistungsbezogene und IT-bezogene Erfolgsfaktoren unterteilt und im folgenden Abschnitt dargestellt.[58]

Nutzerzentrierte Erfolgsfaktoren

Aus der Sicht der öffentlichen Verwaltung gibt es fünf wichtige nutzerzentrierte Erfolgsfaktoren, die ein Digital Government System auf jeden Fall bieten sollte. Es handelt sich dabei um Benutzerfreundlichkeit/Usability, Nützlichkeit, Website-Design/visuelle Attraktivität, Unterstützung/Support und die Nutzung von Digital Government Services über mehrere Kanäle.

Benutzerfreundlichkeit/Usability

Die Benutzerfreundlichkeit beschreibt den vom Benutzer wahrgenommenen Aufwand, um sich mit einer neuen Technologie vertraut zu machen und sie schlussendlich zu nutzen. Wird der Aufwand für den Nutzer als zu hoch empfunden, sinkt die Wahrscheinlichkeit, dass er die Technologie tatsächlich nutzt.[59] Übertragen auf den Digital Government Kontext bedeutet dies, dass Digital Government Portale so aufgebaut sein müssen, dass sie für die Nutzer leicht zu verstehen und zu nutzen sind.[60]

Nützlichkeit

Die Nützlichkeit erfasst die subjektive Wahrnehmung oder den Eindruck des Nutzers, dass die Verwendung einer bestimmten Technologie Aufgaben erleichtert oder die Leistung verbessert.[61] Nutzer investieren nur in die Erlernung einer neuen Technologie, wenn da-

[58] Vgl. im Folgenden Wirtz/Daiser (2017), S. 202 ff.

[59] Vgl. Davis (1986).

[60] Vgl. Wirtz (2015), S. 5 ff.; Wirtz/Kurtz (2016), S. 265 ff.

[61] Vgl. Piehler/Wirtz/Daiser (2016), S. 163 ff.

durch ein adäquater Mehrwert entsteht.[62] Das Digital Government System muss also einen klaren Mehrwert für den Nutzer bieten.

Website-Design/visuelle Attraktivität
Ein weiterer wichtiger Faktor für den Aufbau eines Digital Government-Systems ist das Design bzw. die visuelle Attraktivität der Website.[63] Dabei geht es um eine nutzerfreundliche, transparente und übersichtliche Struktur des Digital Government Portals oder der Website. Wesentliche Aspekte sind die Präsentation der Inhalte und das Layout der Website, die sich vor allem auf grafische Elemente wie Farbe, Schriftart oder Illustrationen beziehen. Diese Elemente sollten so eingesetzt werden, dass ein professionelles, harmonisches und ansprechendes Design entsteht.

Unterstützung/Support
Obwohl die Erbringung von Digital Government Services in der Regel auf automatisierter Technologie basiert, sind Webunterstützung oder persönliche Interaktion weiterhin wesentliche Faktoren für die Nutzer.[64] Zusätzlich fördern sie das Vertrauen der Nutzer in die Digital Government Services. In diesem Zusammenhang müssen die Anbieter von Digital Government Services sicherstellen, dass die Supportmitarbeiter technisch gut ausgebildet sind und die Nutzer serviceorientiert unterstützen.

Nutzung von Digital Government Services über mehrere Kanäle
Vor dem Hintergrund, dass die die Bereitstellung von Digital Government Services insbesondere durch rationale Argumente wie Kosteneffizienz bestimmt wird, ist die Nutzung von Digital Government Services über mehrere Kanäle zu einem wesentlichen Faktor für das Nutzerbeziehungsmanagement geworden.

Anbieter von Digital Government Services müssen sich der anhaltenden Diskrepanz zwischen den Kanalpräferenzen der Nutzer und der öffentlichen Verwaltung bewusst sein und ihr Dienstleistungsangebot kontinuierlich an die Bedürfnisse und Anforderungen der Nutzer anpassen. Die Herausforderung für die öffentliche Verwaltung besteht darin, Digital Government Services anzubieten, die für alle Bürger und Organisationen geeignet sind. Das erfordert eine klare Ausrichtung auf mehrere Kanäle, die darauf abzielt, alle relevanten Akteure zu erreichen. Abb. 4.27 veranschaulicht die wichtigsten nutzerzentrierten Erfolgsfaktoren.

Eine weitere Gruppe an wesentlichen Erfolgsfaktoren steht in direktem Zusammenhang mit den Digital Government Services und deren Bereitstellung. Während die

[62] Vgl. Wirtz/Birkmeyer/Langer (2019), S. 836 ff.

[63] Vgl. Wirtz et al. (2016), S. 48 ff.

[64] Vgl. Piehler/Wirtz/Daiser (2016), S. 163 ff.

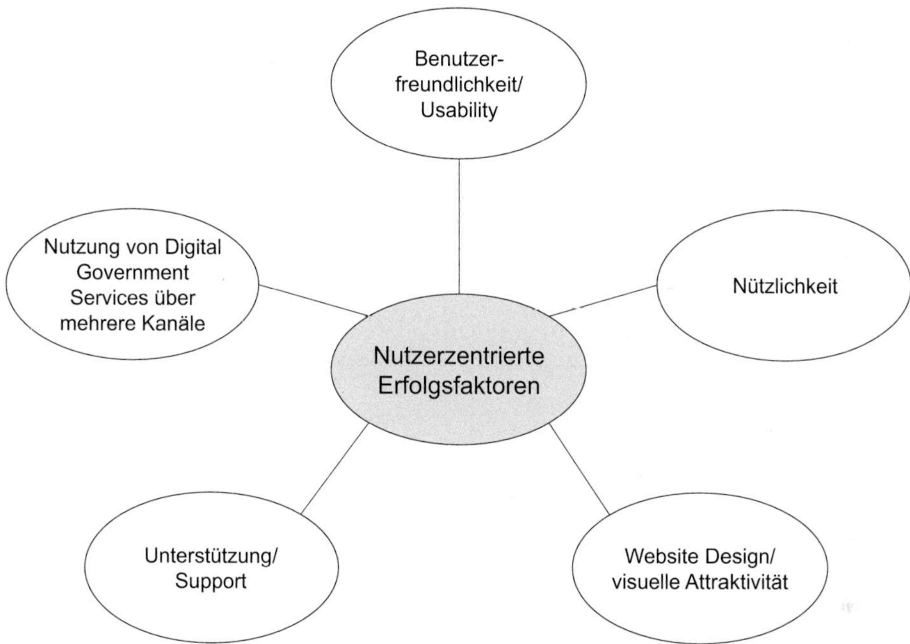

Abb. 4.27 Nutzerzentrierte Erfolgsfaktoren. (Vgl. Wirtz/Daiser (2015), S. 195; Wirtz/Daiser (2017), S. 204; Wirtz (2022b), S. 499)

nutzerzentrierten Erfolgsfaktoren eher bedeutende Rahmenaspekte auf einer Metaebene darstellen, befassen sich die dienstleistungsbezogenen Erfolgsfaktoren speziell mit wesentlichen Faktoren und Merkmalen des Digital Government Dienstleistungsportfolios.

Dienstleistungsbezogene Erfolgsfaktoren

Digital Government Portale bieten eine Vielzahl unterschiedlicher Dienstleistungen an. Diese Dienstleistungen reichen beispielsweise von Themen rund um die Staatsbürgerschaft, das Meldewesen und den Verkehr bis hin zu E-Gesundheitsangeboten oder Online-Jobportalen. Darüber hinaus bieten viele Digital Government Anbieter dienstleistungsbezogene Anwendungen für das Beschwerdemanagement, für die Online-Terminvergabe, für die Online-Abfrage des Bearbeitungsstatus, für die Online-Buchung lokaler Sport- und Freizeitaktivitäten sowie für Online-Newsletter zu lokalen Informationen. Dienstleistungsbezogene Erfolgsfaktoren können grundsätzlich in serviceorientierte und funktionsorientierte Erfolgsfaktoren unterteilt werden (siehe Abb. 4.28).

Dienstleistungsbezogene Erfolgsfaktoren	
Serviceorientiert	**Funktionsorientiert**
• Bereitstellung eines umfassenden Angebots an Digital Government Services im Internet • Große Breite und Tiefe des Angebots an Digital Government Services • Bereitstellung von partizipativen Digital Government Services • Möglichkeit, den Bearbeitungsstatus online abzufragen • Umfassende Bereitstellung von Akten- und Dokumentendownloads • Bereitstellung eines Online-Terminservices für Behördengänge • Bereitstellung eines Beschwerdemanagementsystems • Bereitstellung von öffentlich zugänglichen Daten • Bereitstellung von Online-Newslettern • …	• Hohe Nutzer-/Bürgerorientierung der Digital Government Services • Qualität der Informationen/Dienstleistungen • Reaktionsfähigkeit auf Anfragen • Funktionalität der Interaktionsumgebung • Einsatz mobiler Anwendungen für die Nutzerkommunikation und -interaktion • Einsatz sozialer Medien für die Nutzerkommunikation und -interaktion • Personalisierung/Anpassung (z.B. Alter, soziale Gruppen, etc.) • …

Abb. 4.28 Dienstleistungsbezogene Erfolgsfaktoren. (Vgl. Wirtz/Daiser (2015), S. 197; Wirtz/Daiser (2017), S. 206; Wirtz (2022b), S. 500)

Serviceorientierte Erfolgsfaktoren

Aus einer serviceorientierten Perspektive ist es von entscheidender Bedeutung, ein umfassendes Online-Angebot an Digital Government Services bereitzustellen. Wenn die Nutzer die Möglichkeit haben, von einem weitreichenden digitalen Dienstleistungsangebot zu profitieren, dann erhöht dies den Nutzermehrwert erheblich.

Darüber hinaus ist die Bereitstellung partizipativer Digital Government Services empfehlenswert. Online-Abfragen des Bearbeitungsstandes, Online-Terminvereinbarungen für Behördengänge sowie ein umfassendes Angebot an Akten- und Dokumenten-Downloads sollten auf dem Digital Government Portal verfügbar sein. Weitere wichtige Digital Government Services sind ein Beschwerdemanagementsystem, die Bereitstellung offener Daten und die Möglichkeit, Online-Newsletter zu abonnieren.

Funktionsorientierte Erfolgsfaktoren

Bei funktionsorientierten Erfolgsfaktoren geht es um die Frage, wie die Dienste angeboten werden sollen. Sie berücksichtigen daher auch verhaltensbezogene Aspekte der jeweiligen öffentlichen Verwaltung. Im Hinblick auf funktionsorientierte Erfolgsfaktoren ist es erforderlich, dass Anbieter von Digital Government Services die angebotenen Dienste auf die Bedürfnisse und Anforderungen der Nutzer abstimmen. Daher ist ein ausgeprägter Fokus auf die Nutzer- bzw. Bürgerorientierung bei der Gestaltung und Umsetzung von Digital Government Services geboten. Ein weiterer wichtiger Aspekt ist die Informations- und Servicequalität. Aus diesem Grund müssen sämtliche Digital Government Services und Informationen zuverlässig, relevant, glaubwürdig, hilfreich und nutzbar sein. Die Reaktionsfähigkeit auf Anfragen ist ein weiterer wichtiger Erfolgsfaktor für die Bereitstellung von Digital Government Services. Sie bezieht sich auf die Zeit, die für die Beantwortung von Nutzeranfragen benötigt wird, sowie auf die wahrgenommene Qualität der Antwort. Die zuständigen Mitarbeiter sollten gut geschult sein, um kompetent und mit Nachdruck hilfreiche Unterstützung leisten zu können.

Vor dem Hintergrund der umfassenden Nutzung von Mobilgeräten sollten Anbieter von Digital Government Services mobile Anwendungen und insbesondere Apps für die Kommunikation und Interaktion mit den Nutzern vollumfänglich einsetzen. Auf diese Weise können die Nutzer ohne zeitliche oder örtliche Einschränkung auf Informationen und Dienste der öffentlichen Verwaltung zugreifen. Darüber hinaus bietet die Mobiltechnologie neue Möglichkeiten, die für die Erbringung von öffentlichen Dienstleistungen insbesondere im Location-Based Kontext genutzt werden können. Gleiches gilt für den Einsatz von Social-Media-Anwendungen zur Nutzerkommunikation und -interaktion.

Ein weiterer wichtiger Aspekt der Bereitstellung von Digital Government Services ist die Personalisierung und Individualisierung des Online-Angebots (z. B. nach Alter, sozialen Gruppen, etc.). Dies bezieht sich einerseits auf die Anpassung des Webangebots an die persönlichen Erwartungen der Nutzer und andererseits auf maßgeschneiderte Webangebote auf der Anbieterseite.

IT-bezogene Erfolgsfaktoren

Im Hinblick auf den Erfolg eines Digital Government Systems gibt es eine Reihe wichtiger IT-bezogener Erfolgsfaktoren, die bei der Konzeption, Implementierung und Wartung eines solchen Systems berücksichtigt werden sollten. Da sich diese Faktoren auf technologiebezogene Aspekte beziehen, ist es notwendig, über die entsprechenden technischen IT-Fähigkeiten und -Kompetenzen zu verfügen. Abb. 4.29 fasst die IT-bezogenen Erfolgsfaktoren zusammen.

IT-Sicherheit/Datenschutz

In Bezug auf die IT-bezogenen Erfolgsfaktoren sind die IT-Sicherheit und der Datenschutz zwei wichtige Voraussetzungen für das Vertrauen der Nutzer in das Digital

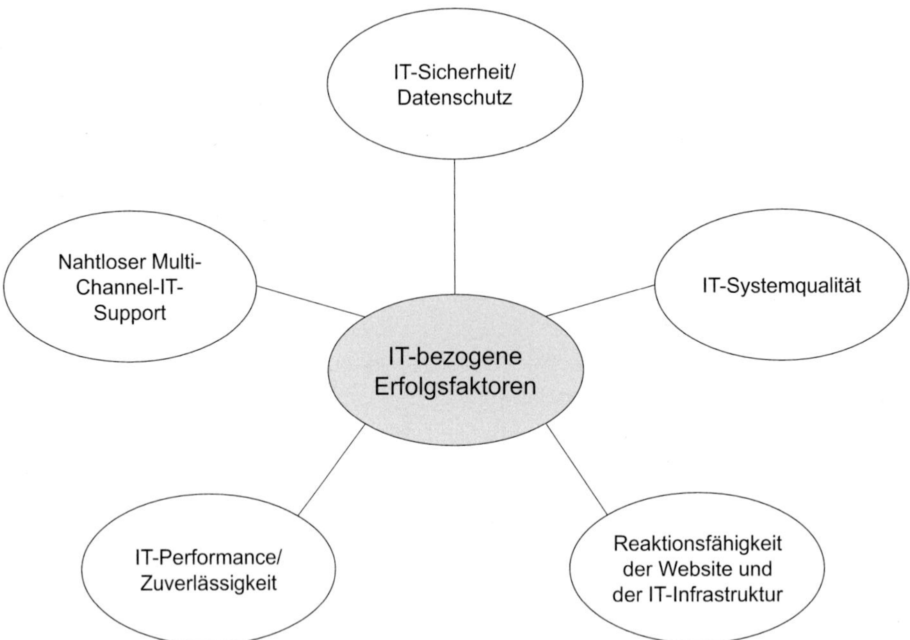

Abb. 4.29 IT-bezogene Erfolgsfaktoren. (Vgl. Wirtz/Daiser (2015), S. 199; Wirtz/Daiser (2017), S. 208; Wirtz (2022b), S. 502)

Government. In diesem Zusammenhang werden Sicherheit und Datenschutz als wahrgenommene Sicherheit, Geheimhaltung und Vertraulichkeit von persönlichen Nutzerdaten und netzbasierter Informationsverarbeitung verstanden. Wenn die Nutzer glauben, dass ihre persönlichen Daten nicht sicher sind, werden sie sich bei der Nutzung von Digital Government Services im Internet eher zurückhalten oder diese gar nicht erst durchführen. Aus diesem Grund müssen öffentliche Verwaltungen dafür sorgen, dass adäquate Sicherheitsrichtlinien vorhanden sind, die ein angemessenes Bewusstsein für IT-Sicherheit und Datenschutz schaffen.

IT-Systemqualität

Die IT-Systemqualität ist ein weiterer wichtiger Erfolgsfaktor für das Digital Government. Sie umfasst sämtliche technologischen Aspekte eines Informationssystems sowie die damit verbundenen Prozesse und Ressourcen. Aus Sicht des Systemmanagements muss der Digital Government Anbieter dafür sorgen, dass eine transparente Leistungsüberwachung mit klarem Fokus auf die Systemqualität eingerichtet wird.

Reaktionsfähigkeit der Website und der IT-Infrastruktur

Die Fehlertoleranz der IT-Infrastruktur, die Leistungsfähigkeit der Server sowie die Kontroll- und Sicherheitsverfahren sind wichtige Aspekte des Qualitätsmanagements von IT-Systemen.

Darüber hinaus müssen die nachteiligen Auswirkungen von Portalausfällen oder unzuverlässiger Leistungserbringung im Vorhinein berücksichtigt werden. Für den Fall eines möglichen IT-Angriffs oder -Ausfalls müssen wirksame Notfallpläne sofort verfügbar sein.

IT-Performance/Zuverlässigkeit
Die wahrgenommene Performance und Zuverlässigkeit der IT ist ein wichtiger Faktor für die Nutzung eines Digital Government Systems. Ähnlich wie bei der Reaktionsfähigkeit der Website und der IT-Infrastruktur hängt auch die IT-Performance und Zuverlässigkeit mit der Qualität des IT-Systems zusammen. Wenn die Leistung oder Zuverlässigkeit des digitalen Verwaltungssystems als schwach wahrgenommen wird, verringert sich die Bereitschaft des Nutzers, die angebotenen Digital Government Services zu nutzen.

Nahtloser Multi-Channel-IT-Support
Ein weiterer wichtiger Faktor aus technologischer Sicht ist der nahtlose Multi-Channel-IT-Support ohne weitere Medienbrüche, d. h. die Nutzer sollten die Möglichkeit haben, sämtliche Digital Government Services über verschiedene Online-Kanäle in Anspruch zu nehmen. Dies erfordert eine ausgeprägte Interoperabilität der eingesetzten Digital Government Systeme und Kanäle.

Zusammenfassend lässt sich konstatieren, dass das Digital Government eine hohe Bedeutung für die Entwicklung hin zur Informationsgesellschaft hat. Ohne eine fortschrittliche digitale Verwaltung lassen sich im internationalen Wettbewerb keine hinreichenden Wettbewerbsvorteile im Rahmen der digitalen Transformation erzielen.

4.7 Inhaltliche Kernpunkte des Digital Governments

- Digital Government bezeichnet die elektronische Abwicklung von Verwaltungsdienstleistungen zur effizienten und effektiven Unterstützung öffentlicher Aufgaben.
- Digital Government bietet viele Vorteile – vor allem erleichtert Digital Government den Zugang zu Informationen des öffentlichen Sektors und macht die Interaktion mit Behörden und öffentlichen Einrichtungen effizienter.
- Open Government ist ein Konzept, das ein transparentes, partizipatives, kollaboratives und innovatives Verwaltungsumfeld schafft, indem es vorhandene Daten und Wissen für Dritte zugänglich macht und externes Wissen in politische und administrative Prozesse integriert.
- E-Partizipation beschreibt die Möglichkeit des aktiven Informationsaustauschs und der Beteiligung von Bürgern mithilfe von Informations- und Kommunikationstechnologien in öffentlichen Entscheidungsprozessen. E-Partizipation ermöglicht die Einbeziehung von Interessengruppen und fördert so eine faire und repräsentative Politikgestaltung.

- Die zentralen Ziele einer Smart City lassen sich in drei Gruppen unterteilen: Soziale Smart City Ziele (z. B. Vielfalt und Offenheit), ökonomische Smart City Ziele (z. B. starke Wettbewerbsfähigkeit) und ökologische Smart City Ziele (z. B. klimaneutrale und umfassende Ressourceneffizienz).
- Prinzipiell lassen sich vier grundlegende Servicebereiche von Smart Cities voneinander unterscheiden: Smart Government & Digital Government, Smart Social Services, Smart Resources & Smart Environment sowie Smart Mobility & Smart Infrastructure. Das Smart City Service Portfolio differenziert innerhalb dieser Servicebereiche weitere Unterkategorien.
- Wichtige Nachfragefaktoren der digitalen Verwaltung sind Nutzungsqualität, Systemqualität und Servicequalität.
- Zu den Erfolgsfaktoren von Digital Government zählen nutzerzentrierte (z. B. Nützlichkeit), dienstleistungsorientierte (z. B. Qualität der Informationen/Dienstleistungen) und IT-bezogene (z. B. IT-Systemqualität) Erfolgsfaktoren.

Kapitel 4
Wissensfragen und Diskussionsthemen

Wissensfragen

1. Definieren Sie Digital Government und beschreiben Sie die Akteure und Interaktionsstrukturen.
2. Definieren Sie die Konzepte Open Government und E-Partizipation.
3. Beschreiben Sie das Smart-City-Konzept.
4. Beschreiben Sie das NSS-Digital-Government-Nachfragefaktorensystem.
5. Erläutern Sie die Erfolgsfaktoren von Digital Government.

Diskussionsthemen

1. In vielen Ländern ist die digitale Verwaltung nicht so fortschrittlich wie private und geschäftliche Internetanwendungen. Erörtern Sie, warum der öffentliche Sektor größere Schwierigkeiten hat, die digitale Verwaltung voranzutreiben.
2. Diskutieren Sie die Auswirkungen der Smart-City-Implementierung auf das öffentliche Leben.
3. Diskutieren Sie, welche Anwendungen im Digital Government für Sie die wichtigsten sind. Können diese Ihr Leben einfacher machen und ohne große Sicherheitsvorkehrungen (Identifizierung und Autorisierung) angeboten werden (Datenschutz!)?

Literatur

Anthopoulos, L.G. (2015), Understanding the Smart City Domain: A Literature Review, in: Rodríguez-Bolívar, M.P. (Hrsg.): Transforming City Governments for Successful Smart Cities, Bd. 8, Cham 2015, S. 9–21.

Bangemann, M. (1997), The Information Society – the EU Framework, in: Business Strategy Review, 8. Jg., Nr. 4, 1997, S. 13–16.

Bertschek, I./Ohnemus, J. (2016), Europe's digital future: Focus on key priorities, http://ftp.zew.de/pub/zew-docs/, Abruf: 16.09.2022.

Carter, L./Bélanger, F. (2005), The utilization of e-government services: citizen trust, innovation and acceptance factors, in: Information Systems Journal, 15. Jg., Nr. 1, 2005, S. 5–25.

Commission of the European Communities (1993), Growth, Competitiveness, Employment – The Challenges and Ways forward into the 21st Century, http://europa.eu/documentation/official-docs/white-papers/pdf/growth_wp_com_93_700_parts_a_b.pdf, Abruf: 21.08.2015.

Danish Government (2019), National strategy for artificial intelligence: Ministry of Finance, Ministry of Industry, Business and Financial Affairs, https://eng.em.dk/media/13081/305755-gb-version_4k.pdf, Abruf: 16.09.2022.

Davis, F.D. (1986), A technology acceptance model for empirically testing new end-user information systems: Theory and results, Massachusetts, 1986.

Europäische Kommission (2022), Europäischer Grüner Deal, https://ec.europa.eu/info/strategy/priorities-2019-2024/european-green-deal_de, Abruf: 14.02.022.

Evans, A.M./Campos, A. (2013), Open Government Initiatives: Challenges of Citizen Participation, in: J. Pol. Anal. Manage, 32. Jg., Nr. 1, 2013, S. 172–185.

Evans, D./Yen, D.C. (2006), E-Government: Evolving relationship of citizens and government, domestic, and international development, in: Government Information Quarterly, 23. Jg., Nr. 2, 2006, S. 207–235.

Geiger, C.P./Lucke, J. von **(2012)**, Open Government and (Linked) (Open) (Government) (Data), in: JeDEM, 4. Jg., Nr. 2, 2012, S. 265–278.

Harrison, T.M./Guerrero, S./Burke, G.B./Cook, M./Cresswell, A./Helbig, N./Hrdinová, J./Pardo, T. (2012), Open government and e-government: Democratic challenges from a public value perspective, in: Information Polity, 17. Jg., Nr. 2, 2012, S. 83–97.

Heeks, R. (2005), Implementing and Managing eGovernment- An International Text, 1. Auflage, London 2005.

Institute for Management Development (2020), Smart City Index 2020, https://www.imd.org/globalassets/wcc/docs/smart_ city/smartcityindex_2020.pdf, Abruf: 20.05.2021.

Kim, J. (2008), A model and case for supporting participatory public decision making in e-democracy, in: Group Decis Negot, 17. Jg., Nr. 3, 2008, S. 179–193.

Macintosh, A. (2006), eParticipation in Policy-making: the Research and the Challenges, Unter Mitarbeit von P. M. Cunningham und M. Cunningham, Amsterdam (Exploiting the knowledge economy – Issues, Applications and Case studies).

Meijer, A.J./Curtin, D./Hillebrandt, M. (2012), Open government: connecting vision and voice, in: International Review of Administrative Sciences, 78. Jg., Nr. 1, 2012, S. 10–29.

Moore, M.H. (1995), Creating Public Value – Strategic Management in Government, Cambridge 1995.

Nam, T. (2012), Citizens' attitudes toward Open Government and Government 2.0, in: International Review of Administrative Sciences, 78. Jg., Nr. 2, 2012, S. 346–368.

OECD (2001), Citizens as Partners – Information, Consultation and Public Participation in Policy-Making, Paris 2001.

OECD (2003), Promises and Problems of E-Democracy- Challenges of Online Citizen Engagement, http://www.oecd.org/gov/digital-government/35176328.pdf, Abruf: 11.05.2016.

OECD (2009), Government at a Glance 2009, Paris 2009.

OECD (2020), Denmark's national strategy for artificial intelligence- National Strategi for Kunstig Intelligens, https://oecd.ai/en/dashboards/policy-initiatives/http:%2F%2Faipo.oecd.org%2F2021-data-policyInitiatives-24241, Abruf: 16.09.2022.

Open Government Partnership (2022), Members, https://www.opengovpartnership.org/our-members/, Abruf: 17.10.2022.

PADM (2013), Developing capacity for participatory governance through e-participation: engaging citizens in policy and decision-making processes using ICTs, http://workspace.unpan.org/sites/Internet/Documents/CONCEPT%20PAPER%20e-Participation%2001.30.13.pdf, Abruf: 24.07.2017.

Piehler, R./Wirtz, B.W./Daiser, P. (2016), An Analysis of Continuity Intentions of eGovernment Portal Users, in: Public Management Review, 18. Jg., Nr. 2, 2016, S. 163–198.

Sæbø, Ø./Rose, J./Skiftenes Flak, L. (2008), The shape of eParticipation: Characterizing an emerging research area, in: Government Information Quarterly, 25. Jg., Nr. 3, 2008, S. 400–428.

Silcock, R. (2001), What is E-government, in: Parliamentary Affairs, 54. Jg., Nr. 1, 2001, S. 88–101.

Spirakis, G./Spiraki, C./Nikolopoulos, K. (2010), The impact of electronic government on democracy: e-democracy through e-participation, in: Electronic Government, an International Journal, 7. Jg., Nr. 1, 2010, S. 75–88.

Twizeyimana, J.D./Andersson, A. (2019), The public value of E-Government – A literature review, in: Government Information Quarterly, 36. Jg., Nr. 2, 2019, S. 167–178.

UNDPEPA/ASPA (2002), Benchmarking E-government: A Global Perspektive – Assessing the Progress of the UN Member States, http://unpan3.un.org/egovkb/Portals/egovkb/Documents/un/, Abruf: 11.03.2015.

United Nations (2016), United Nations E-Government Survey 2016- E-Government in Support of Sustainable Development, http://workspace.unpan.org/sites/Internet/Documents/UNPAN97453.pdf, Abruf: 20.07.2017.

United Nations (2019), World urbanization prospects – The 2018 revision, https://population.un.org/wup/publications/Files/WUP2018-Report.pdf, Abruf: 28.10.2022.

United Nations Department of Economic and Social Affairs (2022), E-Government Survey 2022- The Future of Digital Government, https://desapublications.un.org/sites/default/files/publications/2022-09/Web%20version%20E-Government%202022.pdf, Abruf: 14.10.2022.

Veit, D./Huntgeburth, J. (2014), Foundations of Digital Government – Leading and Managing in the Digital Era, Berlin, Heidelberg 2014.

Wirtz, B.W. (2013a), Electronic Business, 4. Auflage, Wiesbaden 2013.

Wirtz, B.W. (2013b), Medien- und Internetmanagement, 8. Auflage, Wiesbaden 2013.

Wirtz, B.W. (2015), E-Government- Perspektiven des kommunalen E-Government, Mainz 2015.

Wirtz, B.W. (2020), Electronic Business, 7. Auflage, Wiesbaden 2020.

Wirtz, B.W. (2021), Smart city services: an empirical analysis of citizen preferences. In: Public Organizion Review 2022 (4), S. 1063–1080..

Wirtz, B.W. (2022a), Digital Government- Strategy, government models and technology, 1. Auflage, Cham 2022.

Wirtz, B.W. (2022b), E-Government- Strategie – Organisation – Technologie, 1. Auflage, Wiesbaden 2022.

Wirtz, B.W./Becker, M./Schmidt, F.W. (2021), Smart city services: an empirical analysis of citizen preferences. In: Public Organizion Review 2022 (4), S. 1063–1080.

Wirtz, B.W./Becker, M./Weyerer, J.C. (2022), Open Government: Development, Concept, and Future Research Directions. In: International Journal of Public Administration 46 (12), S. 797–812.

Wirtz, B.W./Birkmeyer, S. (2015), Open Government: Origin, Development, and Conceptual Perspectives, in: International Journal of Public Administration, 38. Jg., Nr. 5, 2015, S. 381–396.

Wirtz, B.W./Birkmeyer, S./Langer, P.F. (2019), Citizens and mobile government: an empirical analysis of the antecedents and consequences of mobile government usage, in: International Review of Administrative Sciences, 87. Jg., Nr. 4, 2019, S. 836–854.

Wirtz, B.W./Daiser, P. (2015), E-Government: Strategy Process Instruments, 1. Auflage, Speyer 2015.

Wirtz, B.W./Daiser, P. (2017), E-Government: Strategy Process Instruments, 2. Auflage, Speyer 2017.

Wirtz, B.W./Daiser, P./Binkowska, B. (2018), E-participation- A Strategic Framework, in: International Journal of Public Administration, 41. Jg., Nr. 1, 2018, 1–12.

Wirtz, B.W./Daiser, P./Birkmeyer, S. (2017), Open Government, Cham (Global encyclopedia of public administration, public policy, and governance, 11), 2017, S. 1–5.

Wirtz, B.W./Daiser, P./Thomas, M.J./Schmöe, M. (2018), Open government implementation: an exploratory survey of public administration officials, in: International Journal of Electronic Governance, 10. Jg., Nr. 4, 2018, S. 359–381.

Wirtz, B.W./Daiser, P./Thomas, M.J./Schmöe, M. (2018), Open government implementation: an exploratory survey of public administration officials, in: IJEG, 10. Jg., Nr. 4, 2018, https://doi.org/10.1504/IJEG.2018.097262.

Wirtz, B.W./Kubin, P.R.M. (2021), E-Government in Deutschland: Entwicklung, Barrieren und Verbesserungsansätze, in: Verwaltung & Management – Zeitschrift für moderne Verwaltung, 27. Jg., Nr. 5, 2021, S. 285–294.

Wirtz, B.W./Kurtz, O.T. (2016), Local e-government and user satisfaction with city portals- The citizens' service preference perspective, in: International Review on Public and Nonprofit Marketing, 13. Jg., Nr. 3, 2016, S. 265–287.

Wirtz, B.W./Langer, P.F. (2022), Open Innovation and Digital Government – Dynamic Capabilities and Digital Ideation Methods to Create Public Value, in: International Journal of Public Sector Performance Management, 2022, https://doi.org/10.1504/IJPSPM.2021.10041808.

Wirtz, B.W./Mory, L./Ullrich, S. (2012), eHealth In The Public Sector- An Empirical Analysis Of The Acceptance Of Germany's Electronic Health Card, in: Public Administration, 90. Jg., Nr. 3, 2012, S. 642–663.

Wirtz, B.W./Müller, W.M. (2021), A meta-analysis of smart city research and its future research implications, in: International Public Management Review, 21. Jg., Nr. 2, 2021, S. 18–39.

Wirtz, B.W./Müller, W.M. (2022a), An Integrated Framework for Public Service Provision in Smart Cities, in: International Journal of Public Sector Performance Management, 11. Jg., Nr. 3, 2023, S. 310–340.

Wirtz, B.W./Müller, W.M. (2022b), An Integrative Collaborative Ecosystem for Smart Cities – A Framework for Organizational Governance, in: International Journal of Public Administration, 46. Jg., Nr. 7, 2023, S. 499–518.

Wirtz, B.W./Müller, W.M./Schmidt, F. (2020), Public Smart Service Provision in Smart Cities: A Case-Study-Based Approach, in: International Journal of Public Administration, 43. Jg., Nr. 6, 2020, S. 499–516.

Wirtz, B.W./Müller, W.M./Schmidt, F.W. (2021), Digital Public Services in Smart Cities – an Empirical Analysis of Lead User Preferences, in: Public Organiz Rev, 21. Jg., Nr. 2, 2021, S. 299–315.

Wirtz, B.W./Piehler, R. (2010), E-Government, in: Wirtz, B.W. (Hrsg.): E-Government. Grundlagen, Instrumente, Strategien, Wiesbaden 2010, S. 3–18.

Wirtz, B.W./Piehler, R./Daiser, P. (2015), E-Government Portal Characteristics and Individual Appeal-An Examination of E-Government and Citizen Acceptance in the Context of Local Administration Portals, in: Journal of Nonprofit & Public Sector Marketing, 27. Jg., Nr. 1, 2015, S. 70–98.

Wirtz, B.W./Piehler, R./Rieger, V./Daiser, P. (2016), eGovernment-portal information performance and the role of local community interest- Empirical support for a model of citizen perceptions, in: Public Administration Quarterly, 40. Jg., Nr. 1, 2016, S. 48–83.

Wirtz, B.W./Schmitt, D. (2015), Open Government: Konzeption und Gestaltung im gesellschaftlichen Diskurs, in: Verwaltung & Management – Zeitschrift für moderne Verwaltung, 21. Jg., Nr. 1, 2015, S. 46–54.

Wirtz, B.W./Weyerer, J.C./Rösch, M. (2018), Citizen and Open Government: An Empirical Analysis of Antecedents of Open Government Data, in: International Journal of Public Administration, 41. Jg., Nr. 4, 2018, S. 308–320.

Wirtz, B.W./Weyerer, J.C./Rösch, M. (2019), Open government and citizen participation: an empirical analysis of citizen expectancy towards open government data, in: International Review of Administrative Sciences, 85. Jg., Nr. 3, 2019, S. 566–586.

Yagoda, J.A. (2010), Seeing is Believing: The Detainee Abuse Photos and Open Government's Enduring Resistance to Their Release during an Age of Terror, in: University of Florida Journal of Law & Public Policy, 21. Jg., 2010, S. 273–306.

Yavwa, Y./Twinomurinzi, H. (2019), The moderating effect of spirituality on digital government in low-income countries: A case of SMEs in Zambia, in: Proceedings Annual Workshop of the AIS Special Interest Group for ICT in Global Development, Nr. 12, 2019, S. 1–25.

Teil II

Technologie, digitale Märkte und digitale Geschäftsmodelle

Grundlagen der Internettechnologie und Mensch-Maschine-Anwendungen

5

Inhaltsverzeichnis

5.1 Internet- und Digital-Business-Architektur 188
5.2 Webservices und Webentwicklung 197
5.3 Entwicklung der Mensch-Maschine-Schnittstelle 210
5.4 Mensch-Maschine-Interaktion und Erfolgsfaktoren 220
5.5 Inhaltliche Kernpunkte der Grundlagen der Internettechnologie und Mensch-Maschine-Anwendungen 224
Literatur 226

Wissensziele

Wenn Sie dieses Kapitel gelesen haben, werden Sie in der Lage sein:

1. das Client-Server-Prinzip zu erklären, beispielsweise die Aufgabenverteilung zwischen Client und Server oder die Internetadressierung mit DNS,
2. die wichtigsten Dienste im Internet zu klassifizieren und auf die jeweiligen Anwendungen einzugehen,
3. Grundlagen der Webentwicklung und die Funktionsweise eines Webservice zu beschreiben,
4. die Entwicklung der Mensch-Maschine-Interaktion zu skizzieren,
5. das HMI-Modell der Mensch-Maschine-Interaktion und dessen Erfolgsfaktoren zu erläutern.

Die Entwicklungen im Bereich der modernen IuK-Technologien haben die bestehenden ökonomischen Prozesse grundlegend verändert. Insbesondere die Aspekte der Vernetzung sowie der globalen Kommunikation sind ein fester Bestandteil hinsichtlich wirtschaft-

B. W. Wirtz, *Digital Business*, https://doi.org/10.1007/978-3-658-41467-2_5

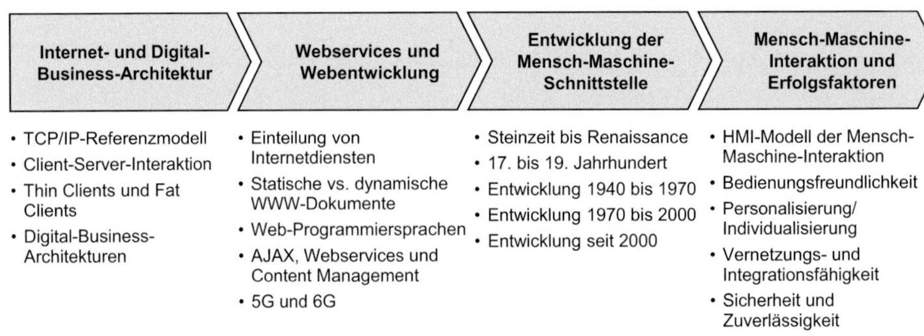

Abb. 5.1 Struktur des Kapitels

lichen Handelns in der heutigen Zeit. Die elektronisch gestützte Abwicklung von Transaktionen hat vor diesem Hintergrund erheblich an Bedeutung gewonnen.[1]

In diesem Kapitel werden die hierzu benötigten grundlegenden Technologien sowie die Mensch-Maschine-Interaktion und ihre Erfolgsfaktoren dargestellt. Dabei werden zunächst die wesentlichen Aspekte der Architektur des Internets behandelt und entsprechende Charakteristika herausgestellt. Weiterführend werden die wichtigsten Technologien zur Webentwicklung ausgeführt sowie ein Ausblick auf spezifische Digital-Business-Architekturen gegeben.

Weiterhin werden in diesem Zusammenhang Mensch-Maschine-Anwendungen dargestellt und es wird ein historischer Überblick über die Entwicklung von Mensch-Maschine-Schnittstellen gegeben. Abschließend werden die wesentlichen Erfolgsfaktoren der Mensch-Maschine-Interaktion im Kontext des Digital Business dargelegt. Abb. 5.1 stellt die Struktur des Kapitels dar.

5.1 Internet- und Digital-Business-Architektur

Das Internet hat sich zum Standard für die Unterstützung, Abwicklung und Aufrechterhaltung von Datenaustauschprozessen zwischen zwei oder mehreren Akteuren über moderne Informations- und Kommunikationstechnologien entwickelt.[2] Grundsätzlich handelt es sich beim Internet um einen weltweiten Verbund von Computernetzwerken, die wiederum in Subnetzwerke aufgegliedert werden können.

[1] Vgl. zu Kap. 5 Grundlagen der Internettechnologie und Mensch-Maschine-Anwendungen im Folgenden Wirtz (2020), S. 217 ff.; Wirtz (2021), S. 133 ff.; Wirtz (2022), S. 145 ff.

[2] Vgl. im Folgenden Wirtz (2013), S. 136 ff.; Wirtz (2020), S. 222 ff.; Wirtz (2022), S. 148 ff.

Die Architektur des Internets basiert auf dem Client Server-Prinzip. Das bedeutet, dass die zur Netzwerk-Kommunikation erforderlichen Aufgaben und Dienste auf Dienstanbieter (Server) und Dienstnutzer (Clients) verteilt werden.

Die physische Verbindung wird durch ein dichtes Netz nationaler, internationaler und interkontinentaler Datenleitungen hergestellt. Permanente Datenleitungen (Standleitungen) mit hoher Übertragungsbreite bilden das Rückgrat (Backbone) des Internets.

Die Nutzung, Lokalisierung und Übermittlung von Daten und Informationen wird im Internet durch die Inanspruchnahme unterschiedlichster Protokolle und Standards ermöglicht.[3] Ein Protokoll ist in diesem Kontext als ein Regelwerk zu verstehen, das sowohl den Ablauf des Datenaustauschs innerhalb eines Netzwerks als auch die zu übertragende Datenstruktur festlegt.

Das dominierende Standardprotokoll in der Internetkommunikation ist das Transmission Control Protocol/Internet Protocol (TCP/IP). TCP/IP ist aufgrund einiger grundlegender Vorteile gegenüber anderen Standards wie beispielsweise Internetwork Packet Exchange/Sequenced Packet Exchange (IPX/SPX) oder auch NetBIOS Extended User Interface (NetBEUI) besonders für den Einsatz als Internettechnologie geeignet.

Hervorzuheben ist in diesem Kontext die Routing-Fähigkeit, die Eignung für sehr große Netzwerke sowie die Trennung zwischen Anwendungslogik und Kommunikationsmedium. Mittels TCP/IP können nahezu alle Arten von Endgeräten durch die Verwendung einer gemeinsamen Kommunikationssprache Daten untereinander austauschen.

TCP/IP-Referenzmodell

Der genaue Ablauf der Internetkommunikation kann anhand des TCP/IP-Referenzmodells abgebildet werden. Bei einem Referenzmodell wird ein Dienst in mehrere Schichten unterteilt, um eine logische Struktur abstrahiert darstellen zu können. Eine Schicht beinhaltet dabei notwendige Teilaufgaben für die Kommunikation und stellt diese den unter- oder übergeordneten Schichten auf Anfrage zur Verfügung. Das TCP/IP-Referenzmodell besitzt mit der Anwendungs-, Transport-, Internet, und Netzwerkschicht vier logisch getrennte Schichten.

Bei der Anwendungsschicht (Application Layer) wird der Ablauf der Kommunikation mittels festgelegter Protokolle (http) zwischen verschiedenen Anwendungen geregelt. Die zu übertragenden Daten werden von der Anwendungsschicht an die Transportschicht übergeben.

Die Transportschicht (Transport Layer) übernimmt folglich die Aufgabe, eine „Ende zu Ende"-Verbindung zwischen zwei Netzwerkteilnehmern aufzubauen und den Transport der Daten zwischen den Kommunikationspartnern zu steuern. Das TCP-Protokoll wird auf dieser Stufe zum zuverlässigen Versenden von Daten verwendet. Sofern während des

[3] Vgl. Laudon/Laudon/Schoder (2016), S. 327 ff.; Chaffey/Hemphill/Edmundson-Bird (2019), S. 102 ff.

Transports Übertragungsfehler auftreten, veranlasst das Protokoll ein erneutes Versenden der Daten.

Der eigentliche Datentransport wird mittels der Internetschicht (Internet Layer) und dem IP-Protokoll realisiert. Hierbei wird sowohl die Weitervermittlung von Datenpaketen als auch das Routing (die Wegewahl) betrachtet, um eine über Netzwerkgrenzen hinaus valide Adressierung sowie die Weiterleitung der Daten bis zum Zielsystem zu gewährleisten. Die darunterliegende Netzwerkschicht (Network Layer) regelt die Zugriffe auf die physischen Übertragungsmedien, um die Signalübertragung der verschiedenen Medien effektiv und effizient zu steuern.

Innerhalb des TCP/IP-Referenzmodells beinhaltet die Netzwerkschicht keine spezifischen Protokolle der TCP/IP-Familie, um eine Unabhängigkeit von den Übertragungsmedien zu erreichen. An dieser Stelle können verschiedene Techniken zur Datenübertragung mit ihren entsprechenden Standards andocken. Sehr weit verbreitet ist in diesem Kontext der Ethernet-Standard IEEE 802.X.

Ein wesentlicher Aspekt in dem skizzierten Kommunikationsprozess und dem TCP/IP-Referenzmodell ist das Prinzip der Paketvermittlung. Da viele einzelne Netzwerke von verschiedenen Netzbetreibern zusammen das Internet bilden, besitzt das Internet daher keine einheitliche Struktur, sondern einen dezentralen Charakter. Dies bedeutet, dass bei einem Datenaustausch zwischen zwei Kommunikationspartnern die Datenströme nicht direkt von Computer/Server zu Computer/Server laufen, sondern von vielen verschiedenen Servern und Subnetzen zwischen den Partnern weitergeleitet werden.

Für diese Datenkommunikation werden die Datenmengen in kleinere Pakete aufgeteilt. Jedes Paket enthält dabei einen Teil der Daten sowie die Zusatzinformationen Paketnummer, Nachrichtennummer und Zieladresse. Jeder Server (Vermittlungsknoten), über den eine Weiterleitung erfolgt, entscheidet beim Empfang des Pakets individuell anhand der Zieladresse über den weiteren Übermittlungskanal/-weg.

Die Entscheidung über den weiteren Weg eines Pakets geschieht anhand des Kriteriums des optimalen Routings, hierbei werden beispielsweise Aspekte wie das Load Balancing berücksichtigt.[4] Die zu einer Datenmenge gehörenden Pakete können im Internet unterschiedliche Wege (Routen) zugewiesen bekommen. Sobald das Empfängersystem alle Datenpakete erhalten hat, wird die Nachricht wieder zusammengesetzt und an die höheren Schichten zur weiteren Verarbeitung übergeben. Abb. 5.2 stellt das TCP/IP-Referenzmodell sowie das Prinzip der Paketvermittlung dar.

Client-Server-Interaktion

Grundlegendes Prinzip der Internetarchitektur ist das Client-Server-Prinzip. Hierbei rufen Dienstnutzer (Clients) Anwendungen auf, die von Servern (Dienstanbietern) bereitgestellt

[4] Vgl. Halabi/McPherson (2000), S. 203 ff.

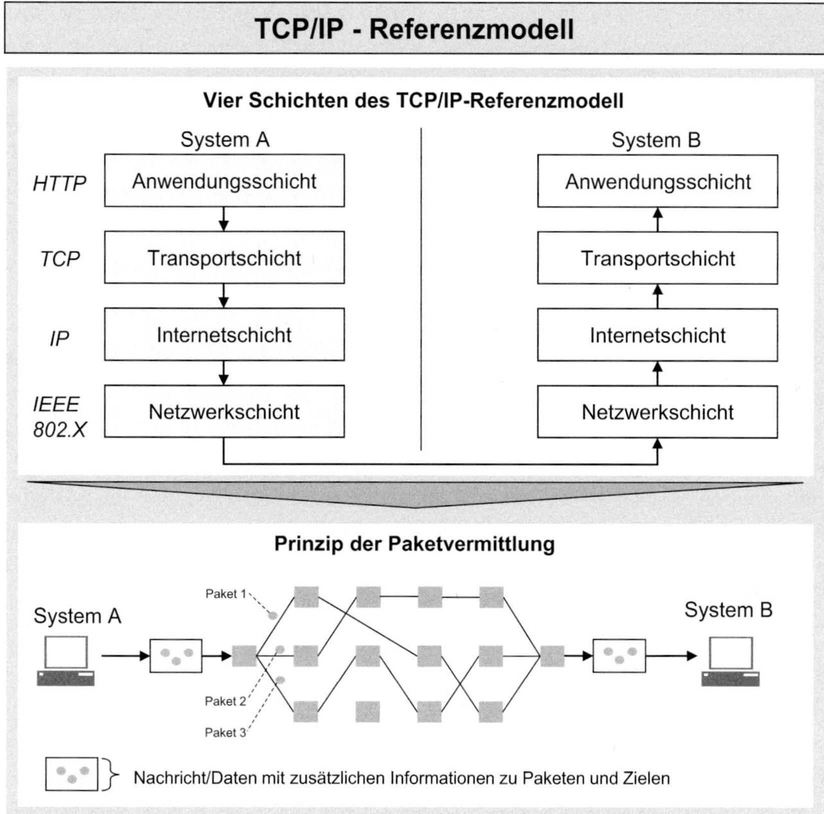

Abb. 5.2 Grundlegende Bausteine der Internetkommunikation. (Vgl. Wirtz (2013), S. 145; Wirtz (2020), S. 225)

werden. Damit die Kommunikation zwischen allen Teilnehmern im Internet stattfinden kann, muss jeder Teilnehmer einzeln und eindeutig identifiziert beziehungsweise adressiert werden können. Dies ist keine triviale Aufgabe, da es sich beim Internet prinzipbedingt um ein loses Netzwerk mit ständig wechselnden Teilnehmern handelt.

Jedem Teilnehmer (sei es Client oder Server) wird bei seinem Beitritt zum Internet mittels des Internetprotokolls eine eindeutige Adresse zugewiesen. Die sogenannte IP-Adresse besteht aus mehreren Zahlenblöcken, die durch einen Punkt getrennt werden. Bei Internet Protocol Version 4 (IPv4) besteht eine Adresse aus vier, durch Punkte getrennte, Zahlenblöcke.

Jeder einzelne Block besteht aus 8 Bit und kann Werte zwischen 0 bis 255 annehmen. Beispiele für eine gültige IP-Adresse sind in diesem Zusammenhang die Zahlenkombinationen 192.124.238.252 oder auch 134.19.39.66, wobei zu beachten ist, dass führende Nullen nicht angegeben werden. Insgesamt ist der Namensraum einer IPv4 Adresse im Bereich von 32 Bit, dies bedeutet, dass maximal $2^{32} = 4.294.967.296$ eindeutige Adressen möglich sind.[5]

Bedingt durch die verstärkte Verbreitung von Smartphones, den Erfolg des mobilen Internets sowie das „Internet der Dinge“ steigt die Anzahl der mit dem Internet verbundenen Geräte stetig an. Aufgrund des erheblichen Wachstums sowie des nur begrenzt verfügbaren Namensraums reichen die vom IPv4 Standard bereitgestellten Adressen nicht mehr aus.[6]

Abgelöst wird IPv4 daher vom Internet Protocol Version 6 (IPv6) Standard, bei welchem die Adressierung über 8 Blöcke mit jeweils 16 Bit realisiert wird. Insgesamt umfasst der Adressraum damit 128 Bit, dies ergibt 2^{128} beziehungsweise $3{,}4 * 10^{38}$ eindeutige Adressen. Im November 2022 lag der Anteil der weltweiten IPv6 Zugriffen bei Google bei etwa 41 %.[7]

Damit sich ein Mensch keine langen Zahlenfolgen merken muss, um einen Dienst oder eine Webseite aufzurufen, wurde zu Beginn des Internets das Prinzip der Domänennamen eingeführt. Jeder Server ist damit nicht mehr nur über eine Zahlenfolge beziehungsweise IP-Adresse, sondern auch über einen Domänennamen beziehungsweise eine WWW-Adresse aufrufbar.

DNS Routing

Analog zu einem Telefonbuch ist hierfür in dem sogenannten Domain Name System (DNS) zu jeder Internet- die passende IP-Adresse verzeichnet. Um eine Webseite aufzurufen, muss ein Nutzer in den Browser seines Clients nur eine WWW-Adresse wie beispielsweise www.uni-speyer.de eingeben.

Der Computer versucht nun die zur Adresse zugehörige IP-Adresse zu ermitteln. Hierzu wendet sich der Client an einen DNS-Server, der die Zuordnung des Adressnamens zur IP-Adresse gespeichert hat. Aufgrund der enormen Größe des Internets existieren viele DNS-Server, welche jeweils nur einen Teil des gesamten Adressraums abbilden können.

Der erste DNS-Server, der vom Client kontaktiert wird, ist der DNS-Server des jeweiligen Internet Service Providers. Sofern dieser DNS-Server den entsprechenden Eintrag in seiner Datenbank oder aufgrund einer früheren Nutzeranfrage im Cache gespeichert hat, kann die zugehörige IP-Adresse direkt an den Client übertragen werden. Sollte die Adresse

[5] Vgl. Chandra/Sravan/Chakravarthy (2019), S. 67.

[6] Vgl. Friedewald (2010), S. 65.

[7] Vgl. Google (2022).

nicht in dem Verzeichnis vorhanden sein, so übernimmt der DNS-Server im DNS-Netzwerk die Rolle des Requesters. Hierbei stellt der Requester eine Anfrage an einen von weltweit 13 Root-DNS-Servern.

Die Root-DNS-Server stellen die oberste Instanz des Adressenverzeichnisses dar und verweisen auf die für die jeweiligen Top-Level-Domains (TLD) zuständigen Nameserver (beispielsweise auf den Nameserver für .de-Domains). Ein Root-DNS-Server liefert also auf Anfrage die Adresse des jeweiligen für die TLD zuständigen Nameserver zurück.

Der Requester wendet sich dann an den entsprechenden Ziel-DNS-Server, um dort die IP-Adresse einer Domain direkt zu erfragen. Nachdem der Requester die IP erhalten hat, leitet er diese an den Client weiter. Der Client kann nun mittels der IP-Adresse direkt die Webseite beziehungsweise Anwendung des Anbieters aufrufen. Abb. 5.3 stellt das Client-Server-Prinzip sowie die Adressierung mit DNS dar.

Aufgabenverteilung zwischen Client und Server

Art und Umfang der Leistungen, die ein Server einem Client zur Verfügung stellt, kann in der Praxis sehr differieren. Prinzipiell kann ein Server einem Client zentrale Dienste wie beispielsweise Speicherung oder Verarbeitung von Daten bereitstellen. Während der Client meist ein Arbeitsplatzrechner oder ein mobiles Internetgerät mit begrenzter Leistungsfähigkeit ist, handelt es sich bei einem Server meist um einen leistungsfähigen Personal Computer oder einen speziellen Server Computer mit einer sehr hohen Speicher- und Rechenkapazität.

Für die Verteilung der Aufgaben zwischen Client und Server stellen die Art der Anwendung sowie die Performance des Clients wesentliche Kriterien dar. Abb. 5.4 stellt fünf Möglichkeiten der Aufgabenverteilung zwischen Client und Server dar.[8]

Die Aufgabenverteilung zwischen Client und Server kann sich hinsichtlich der Darstellung, der Anwendungslogik und des Datenmanagements unterscheiden. Die Darstellungsschicht beschreibt hierbei die visuelle Ausgabe an einen Nutzer beziehungsweise eine Benutzeroberfläche mit der Möglichkeit der Interaktion. Bei der Anwendungslogik steht die Verarbeitung der Benutzereingaben sowie der Anwendungsdaten im Fokus, an dieser Stelle findet die Verarbeitung von Daten im eigentlichen Sinne statt. Das Datenmanagement beschreibt die Verwaltung und Speicherung von Daten, welche im Kontext der Anwendung benötigt werden.

Thin Clients und Fat Clients

Je mehr Aufgaben von einem Client übernommen werden, desto performanter muss dieser sein. Übernimmt der Client lediglich die Aufgabe der Präsentation und besitzt eine geringe Performance, so entspricht er in diesem Zusammenhang einem Thin Client. Besitzt der

[8] Inhalte teilweise basierend auf Krcmar (2015), S. 378; Abts/Mülder (2017), S. 143.

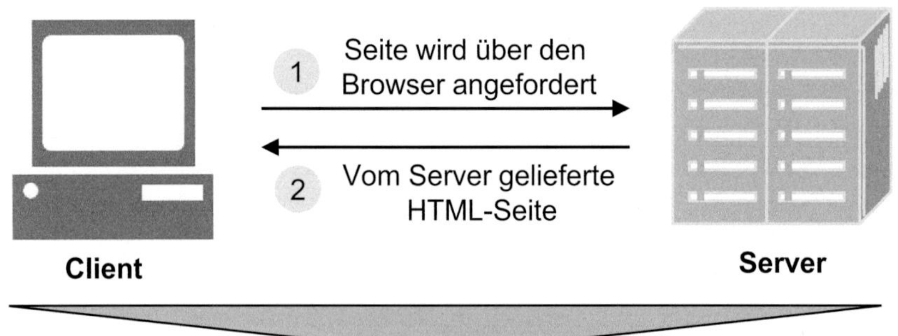

Internet-Adressierung mit DNS

Client

192.124.238.252

192.124.238.252

www.uni-speyer.de

Cache

• uni-speyer.de = 192.124.238.252
• xyz.de = 192.xxx.yyy.zzz
• ....

Target Webserver (uni-speyer.de)

DNS Server (Requester)

Local DNS Server (Target)

Root DNS Server

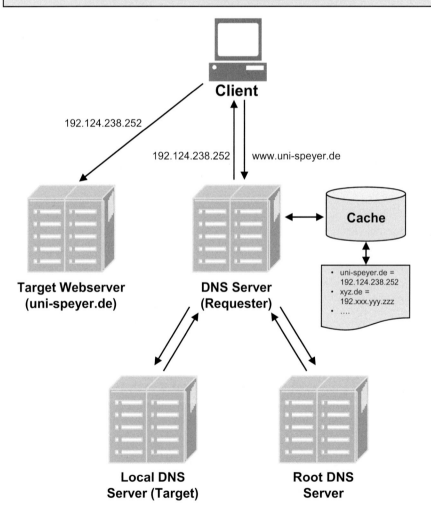

Abb. 5.3 Client-Server-Prinzip sowie Internet-Adressierung mit DNS. (Vgl. Wirtz (2013), S. 142; Wirtz (2020), S. 228; Wirtz (2022), S. 151)

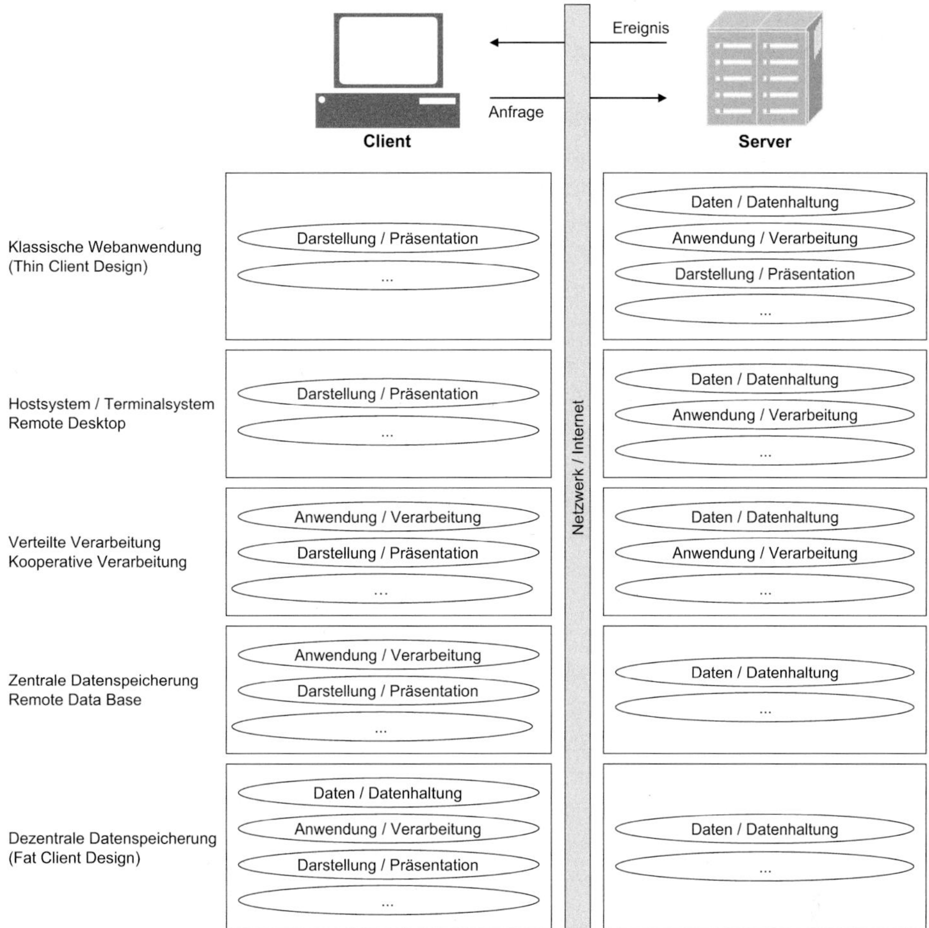

Abb. 5.4 Aufgabenverteilung zwischen Client und Server. (Vgl. Wirtz (2016), S. 285; Wirtz (2020), S. 229; Wirtz (2022), S. 152)

Client jedoch eine performante Hardware und erledigt neben der Darstellung auch die Verarbeitung und das Datenmanagement, so entspricht dieser einem Fat Client.

Die Wahl zwischen Thin und Fat Client sowie die Art der Aufgabenverteilung zwischen Client und Server implizieren jeweils sowohl Vor- als auch Nachteile, die im Einzelfall gegeneinander abgewogen werden müssen. In einigen Fällen kann durch neue Technologien eine andere Wahl der Aufgabenverteilung sinnvoll erscheinen.

Während für anspruchsvolle (Online-)Spiele früher zwingend ein Fat Client sowie das Modell der Distributed Database oder das Remote Data Management notwendig waren, so ist es heutzutage möglich sogar auf Thin Clients anspruchsvolle (Online-)Spiele ausführen.

Cloud Gaming-Anbieter wie beispielsweise NVIDIA GeForce NOW ermöglichen es einem Spieler, aktuelle Spiele mit aufwendiger Grafik beispielsweise auf einem Tablet PC oder einem Netbook zu spielen. Der Client übernimmt nur noch die Aufgabe, dem Nutzer einen Videostream darzustellen und die Benutzereingaben an den Server weiterzuleiten. Die Speicherung, Verarbeitung sowie grafische Berechnungen des Spiels übernehmen in diesem Fall sehr performante Server.

Anhand dieses speziellen Anwendungsfalls können die Vor- und Nachteile der verschiedenen Aufgabenverteilungsmodelle verdeutlicht werden. Während der Nutzer bei dem klassischen Gaming einen sehr performanten (und somit auch teuren) PC kaufen muss, reicht für das Online Cloud Gaming ein günstiger Thin Client aus.

Andererseits kann der Nutzer beim klassischen Gaming auch ohne Internetzugang spielen, während dies beim Cloud Gaming nicht möglich ist. Zudem kann eine niedrige Bandbreite den Spielspaß erheblich schmälern. Die richtige Wahl des Aufgabenverteilungsmodells hängt sowohl von der vorhandenen Hardware als auch von der Kommunikationsinfrastruktur ab.

Digital-Business-Architekturen

Unternehmen des Digital Business nutzen Informationstechnologie zur Unterstützung, Abwicklung und Aufrechterhaltung von Leistungsaustauschprozessen. Der Austausch von Informationen und Daten ermöglicht den reibungslosen Ablauf ihres Geschäftsmodells.

Digital-Business-Architekturen setzen sich daher aus vielen verschiedenen Anwendungssystemen zusammen. In Abhängigkeit von der Art der Geschäftsbeziehung (beispielsweise B2C oder auch B2B) können viele verschiedene Technologien zum Einsatz kommen. Im Rahmen des B2C oder auch Endkundengeschäfts kommen meist die klassischen Internettechnologien zum Einsatz.

Ein Kunde verbindet sich mittels eines Internet Service Providers mit dem Internet, sucht dort nach Informationen beziehungsweise Produkten und tritt so mit einem Unternehmen in Kontakt. Diese Unternehmen sind ebenfalls über einen Internet Service Provider (ISP) mit dem Internet verbunden und stellen Informationen meist über einen eigenen Webserver bereit.

Unternehmen mit einem Digital-Business-Fokus stellen aber im Internet nicht nur statische Informationen bereit, sondern ermöglichen eine dynamische Interaktion sowie eine Bestellmöglichkeit im Internet. Daher besteht die interne IT-Infrastruktur neben einem Webserver häufig aus weiteren Anwendungsservern, Datenbankservern sowie weiteren Backendsystemen. Verknüpft sind diese Systeme mit der innerbetrieblichen Leistungserstellung eines Unternehmens, beziehungsweise der Wertschöpfungskette.

Im B2B oder auch Firmenkundengeschäft verwenden beide Unternehmen über die im B2C-Fall dargestellten Anwendungssysteme hinaus weitere Technologien, um eine effektive und effiziente Transaktion zwischen den Geschäftspartnern zu ermöglichen.

Die bereits dargestellten Webservices werden häufig als Schnittstelle zur Datenübertragung über Unternehmensgrenzen hinweg genutzt. Ebenfalls für die Integration von Geschäftsprozessen und Daten über Unternehmensgrenzen hinweg wird das E-Data-Interchange (EDI) eingesetzt. Im Internet werden die Daten im Rahmen dieses Standards meist per XML oder mit einer speziellen EDIFACT-Nachricht übertragen.

Neben der reinen Datenübertragung kann ein Unternehmen von einem Anbieter auch vollständige IT-Services beziehen. Diese Dienstleistungen werden dynamisch und bedarfsgerecht über ein Netzwerk beziehungsweise das Internet bereitgestellt.

Die technische Infrastruktur des IT-Anbieters ist von dem Nachfrager nicht durchschaubar. Daher wird auch manchmal auf das Cloud Computing als „in einer Wolke verhüllte Services" Bezug genommen. Um nicht nur den Austausch von Daten und Informationen elektronisch durchführen zu können, sondern auch Warenflüsse zwischen den Unternehmen elektronisch darzustellen, wird in der Praxis die Technologie der Radio Frequency Identification (RFID) eingesetzt. Entlang der gesamten logistischen Warenkette können mit RFID Warenbewegungen kontaktlos erfasst werden.

Die Güter werden mit kleinen Transpondern (Tags) ausgestattet, die neben einem Mikrochip eine Antenne beinhalten. Diese Tags können kontaktlos mithilfe elektromagnetischer Wellen ausgelesen und in den Informationssystemen der Unternehmen erfasst werden. Abb. 5.5 stellt eine beispielhafte Digital-Business-Architektur über Unternehmensgrenzen hinweg dar.

Die dargestellten Internetsystem-Architekturen, -Dienste und -entwicklungskonzepte bauen dabei zunehmend auf neuere IuK-Ansätze wie Cloud Computing, Big Data und AI-Analysealgorithmen.

5.2 Webservices und Webentwicklung

Ein wichtiger Aspekt bei dem Austausch zwischen Client und Server beziehungsweise der Kommunikation zwischen Nutzern ist die technische Realisierung. Die Nutzung und Übermittlung von Daten und Informationen wird im Internet durch die Inanspruchnahme unterschiedlichster Dienste ermöglicht. Tab. 5.1 stellt die wichtigsten Dienste im Internet gemäß der verwendeten Protokolle, einer kurzen Beschreibung sowie deren Anwendungen dar.[9]

Internetdienste

Die beiden wichtigsten und bekanntesten Dienste des Internets stellen das World Wide Web (WWW) sowie E-Mail dar. Das WWW brachte den Durchbruch des Internet, indem es eine grafische Benutzeroberfläche und somit eine einfache Navigation ermöglichte. Die Navigation und Informationsbeschaffung wurde dadurch massentauglich. Realisiert wird diese einfache Navigation durch die sogenannten Hyperlinks, welche Querverbindungen zu anderen Dokumenten im Internet darstellen. Als Beispiele können in diesem Kontext die Suchanfragen an bekannte Suchmaschinen wie Google oder Bing genannt werden, die ihre Suchergebnisse in Form von Hyperlinks präsentieren.

Durch Weiterentwicklungen in der WWW-Technologie können verschiedene multimediale Inhalte wie Bilder, Sounds, Animationen und Videos einfach bereitgestellt be-

[9] Inhalte teilweise basierend auf Fritz (2004), S. 56 ff.; Abts/Mülder (2017), S. 121 ff.

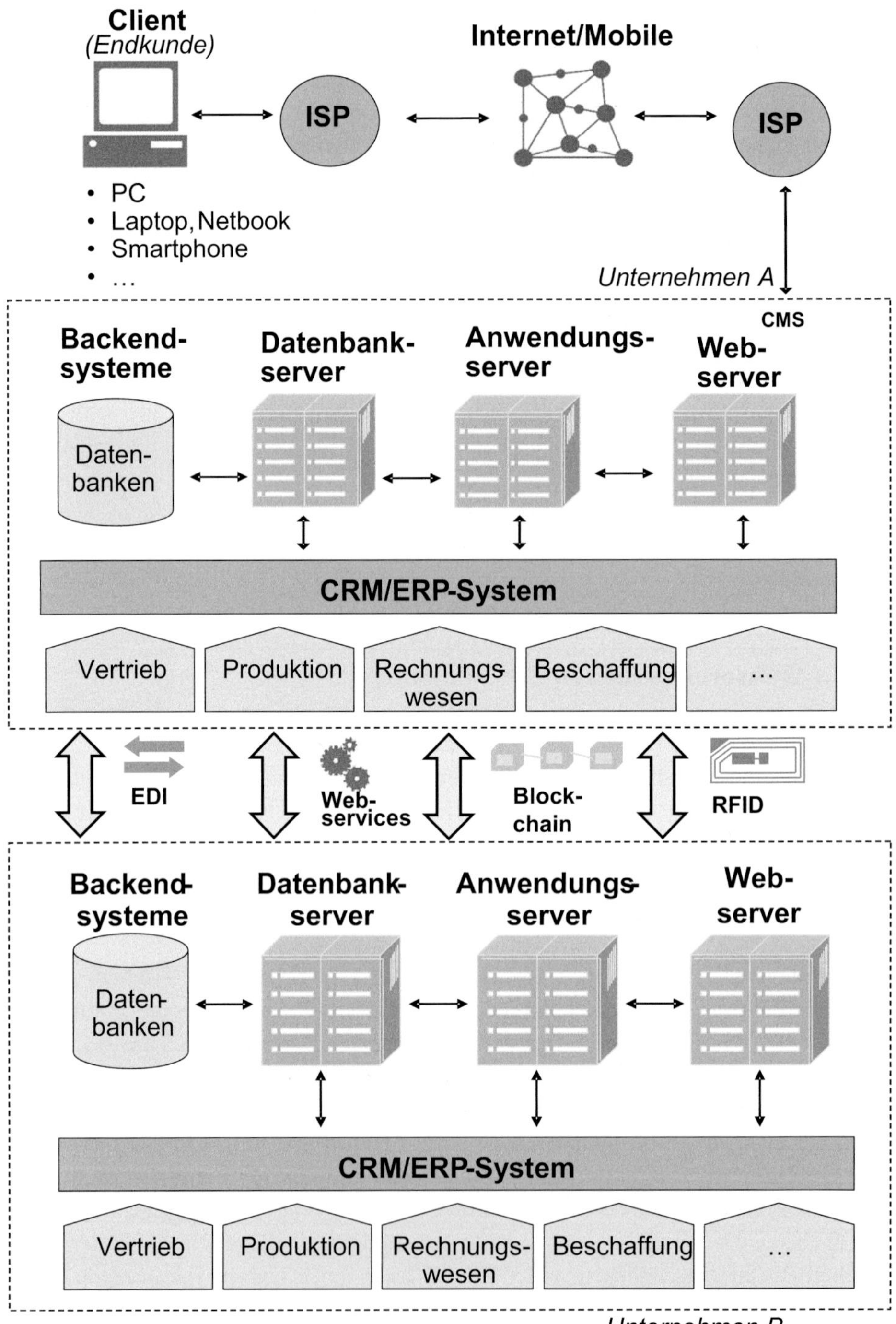

Abb. 5.5 Exemplarische Digital-Business-Architektur. (Vgl. Wirtz (2013), S. 156; Wirtz (2020), S. 244; Wirtz (2022), S. 163)

Tab. 5.1 Klassifikation der wichtigsten Dienste im Internet. (Vgl. Wirtz (2013), S. 145; Wirtz (2020), S. 231; Wirtz (2022), S. 154)

Dienste	Protokoll	Beschreibung	Anwendung
Word Wide Web	HTTP/HTTPS	Übertragung von Webseiten	Webbrowser (Google Chrome, Microsoft Edge, Apple Safari, Mozilla Firefox, etc.)
E-Mail	SMTP/POP3/IMAP	Austausch von elektronischen Briefen (mit Dateianhängen)	E-Mail-Programm (Outlook, Thunderbird etc.) oder Webbased Interface
Dateiübertragung	FTP/FTPS	Datenübertragung auf Internetserver	FTP-Clients (WS-FTP, Filezilla etc.)
Verschlüsselte Netzwerkverbindungen	SSH	Verschlüsselter Zugriff auf andere Rechner	PuTTY, WinSCP etc.
Virtual Private Network (VPN)	IPSec/TSL/SSL/ViPNet/PPTP/PPPD	Sichere Teilnetzwerke mit beschränktem Zugriff im Internet	Verschiedene Clients (OpenVPN, Cisco VPN etc.)
Fernsteuerung	Telnet	Benutzung entfernter Computer	Funktionalität wird vom Betriebssystem bereitgestellt
Verteilter Datenaustausch (Peer-to-Peer)	BitTorrent/Gnutella	Tauschbörsen zum dezentralen Austausch von Dateien	BitTorrent, Soulseek, WinMX etc.
Usenet	NNTP	Diskussionsforen	Newsclients, meistens integriert in E-Mail-Programmen
Internet-Telefonie (VOIP)	SIP/SIPS/H.323/IAX/MGCP/Jingle	Telefonieren über das Internet	Skype etc.
Instant Messaging	OSCAR/Simple/Tencent QQ/XMPP/	Nachrichtensofortversand von Textnachrichten, eine Art des Chats	WhatsApp-Web, Facebook-Messenger, Skype etc.

ziehungsweise abgerufen werden. E-Mail ermöglicht den Nachrichtenaustausch zwischen verschiedenen Personen oder Institutionen. Dabei können zum einen reine Textnachrichten transferiert werden, zum anderen ermöglicht es mittels Anhängen ebenfalls den Austausch von Dateien wie beispielsweise Bild-, Video- und Audiodateien.

Sichere Kommunikation und Datenaustausch

Weiterhin haben sich verschiedene Formate beziehungsweise Möglichkeiten der sicheren Kommunikation und des Datenaustausches entwickelt. Mittels einer SSH-Verbindung (Secure Shell) kann ein verschlüsselter Zugriff auf einen fremden Rechner erfolgen, während mittels eines VPN-Netzwerks (Virtual Private Network) innerhalb des Internets ein sicheres Teilnetzwerk mit beschränktem Zugriff eingerichtet werden kann.

Um Dateien auf einen Server (Host) zu übertragen, wird klassischerweise das FTP-Protokoll (File Transfer Protocol) beziehungsweise das sichere FTPS (File Transfer Protocol Secure) eingesetzt, während sich beim privaten dezentralen Datenaustausch neben E-Mail das Peer-to-Peer-Verfahren durchgesetzt hat. Bei Telnet handelt es sich um einen weiteren Internet-Dienst, mit dessen Hilfe ein Benutzer auf entfernte Programme und Daten zugreifen sowie Computer fernsteuern kann.[10]

Schließlich werden auch die Kommunikationsdienste des Internets immer beliebter. So nutzen viele Internetuser das Usenet-Angebot, um damit bequem an Diskussionsforen teilzunehmen. Insbesondere das Instant Messaging hat sich zu einem beliebten Kommunikationsdienst entwickelt, über den mehrere Nutzer durch eines Nachrichtensofortversand von Textnachrichten, Tonaufnahmen, Bildern oder Videos in Kontakt treten können.

Webentwicklung

Durch das World Wide Web erhält ein Nutzer Zugang zu einer Vielzahl von elektronischen Dokumenten, die entsprechend der vorgesehenen Nutzung entwickelt werden müssen. Diese Dokumente sind mit sogenannten Hyperlinks miteinander verknüpft, durch welche ein Nutzer zwischen den Dokumenten wechseln kann.

Mittels eines Browsers können World-Wide-Web-Dokumente (WWW-Dokumente) aufgerufen und angezeigt werden. Es existieren viele unterschiedliche Formate, in denen sich ein WWW-Dokument manifestieren kann. Weiterhin kann in diesem Kontext zwischen statischen und dynamischen Dokumenten unterschieden werden, worauf im Folgenden eingegangen wird.

Statische und dynamische WWW-Dokumente

Bei den statischen World Wide Web-Dokumenten wird von einem Dienstanbieter eine Webseite entworfen und diese auf einem Server zum Abruf bereitgestellt. Als Analogie kann hier die Methode des Publizierens im Printbereich herangezogen werden, bei dem ein Autor die Inhalte erstellt und ein Layouter das Erscheinungsbild festlegt. Bei statischen WWW-Dokumenten werden ebenfalls die Inhalte sowie das Layout im Vorfeld festgelegt und bei jedem Seitenaufruf werden diese identisch angezeigt. Um solch eine Seite aufzurufen, kann ein Nutzer diese Seite über einen Browser anfordern und anschließend sendet der Server diesem die entsprechende Seite zu.

Bei dynamischen WWW-Dokumenten findet eine Verarbeitung statt und eine Webseite wird entsprechend dieser Verarbeitung individuell angepasst sowie anschließend angezeigt. Grundsätzlich können dynamische WWW-Dokumente hinsichtlich des Orts der

[10] Vgl. Fiebig et al. (2018), S. 602; Sukumara et al. (2018), S. 2 ff.

Verarbeitung unterschieden werden. So ist es einerseits möglich, die Verarbeitung auf dem Endgerät des Nutzers auszuführen (clientseitige Skriptausführung) oder andererseits die Verarbeitung auf Seiten des Dienstanbieters vorzunehmen (serverseitige Skriptausführung).

Bei clientseitiger Dynamik fordert der Nutzer ein WWW-Dokument an und erhält dieses dann von einem entsprechenden Server. Sofern der Nutzer eine bestimmte Eingabe im Browser tätigt oder nach einer entsprechenden Zeit automatisch ein Ereignis ausgelöst wird, startet die Ausführung des Skripts und die angezeigte Webseite wird modifiziert beziehungsweise der Nutzer erhält eine Meldung mit dem Ergebnis der Verarbeitung.

Bei einer serverseitigen Dynamik fordert der Nutzer (gegebenenfalls inklusive spezifischer Parameter) ein WWW-Dokument an. Auf dem Server wird nun ein Skript ausgeführt und dabei auf weitere Serverressourcen, wie beispielsweise Datenbanken, zugegriffen. Anschließend wird die Webseite aufbereitet und dem Nutzer bereitgestellt. Abb. 5.6 stellt die Funktionsweise von statischen sowie dynamischen WWW-Dokumenten dar.

Aus Sicht eines Dienstanbieters sollte die serverseitige Skriptausführung, sofern technisch möglich, bevorzugt werden. Dies ist darauf zurückzuführen, dass bei einer clientseitigen Skriptausführung das Risiko besteht, dass der Nutzer auf seinem System das Ausführen der Skriptsprache deaktiviert hat oder es technisch nicht möglich ist. Dies bedeutet, dass die Webseite nicht den vom Anbieter geplanten Funktionsumfang aufweisen kann.

Als ein Beispiel kann an dieser Stelle die Überprüfung von Formularfeldern angeführt werden. Mittels Formularfeldern kann ein Nutzer mit einem Dienstanbieter in Kontakt treten und Daten übermitteln. Der Dienstanbieter kann die Daten vor einer Speicherung überprüfen und beispielsweise auf Validität (gültige E-Mail-Adresse) oder Vollständigkeit prüfen. Diese Prüfung kann sowohl mit clientseitiger als auch mit serverseitiger Skriptausführung realisiert werden. Jedoch kann ein Nutzer bei der clientseitigen Variante durch das Deaktivieren der Skriptsprache diese Überprüfung umgehen. Die serverseitige Implementierung besitzt jedoch auch gewisse Nachteile.

So muss der Dienstanbieter entsprechende Serverkapazitäten bereitstellen, um den Service mit serverseitiger Verarbeitung in einer ausreichenden Performance bereitstellen zu können. Nutzt ein Dienstanbieter eine clientseitige Dynamik, so können die Server kleiner dimensioniert und somit Kosten eingespart werden.

Web-Programmiersprachen

Für die Erstellung von statischen oder dynamischen WWW-Dokumenten können viele unterschiedliche Sprachen zur Webentwicklung eingesetzt werden. Diese unterscheiden sich hinsichtlich der Syntax, dem Ursprung sowie des Anwendungszwecks. Abb. 5.7 stellt die derzeit verbreiteten statischen und dynamischen Sprachen der Webentwicklung dar.

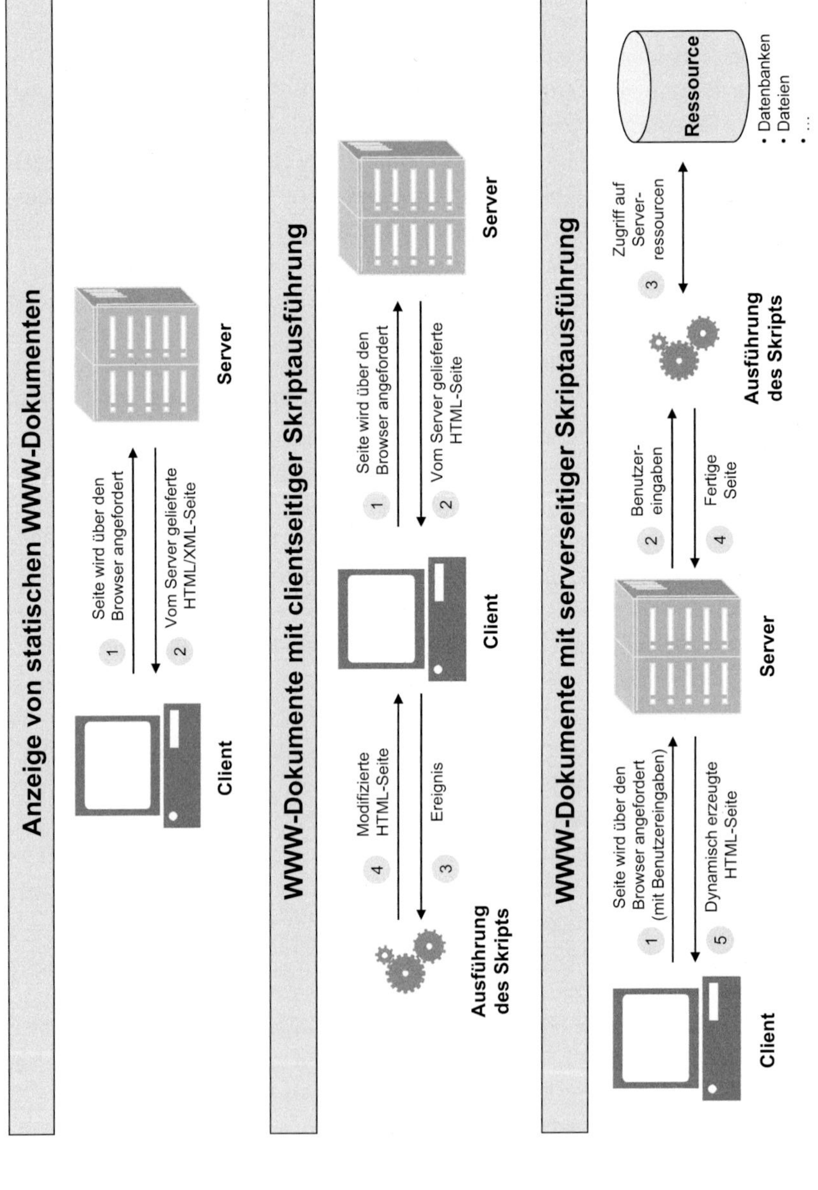

Abb. 5.6 Statische versus dynamische WWW-Dokumente. (Vgl. Wirtz (2013), S. 148; Wirtz (2020), S. 234; Wirtz (2022), S. 157)

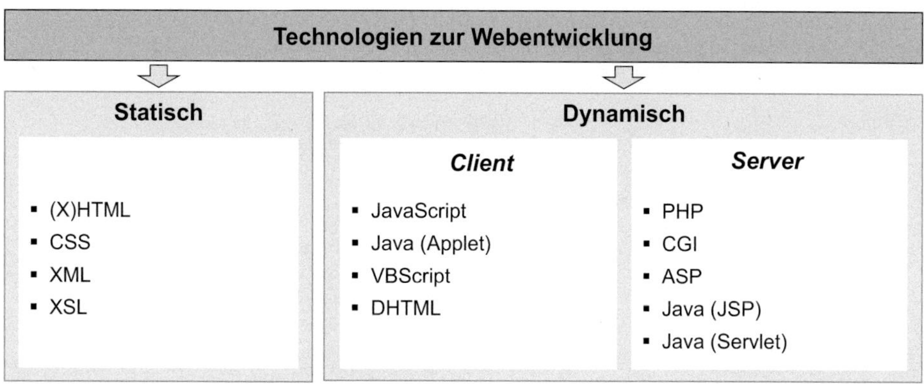

Abb. 5.7 Statische und dynamische Sprachen der Webentwicklung. (Vgl. Wirtz (2013), S. 149; Wirtz (2020), S. 235; Wirtz (2022), S. 158)

Sprachen für die Entwicklung statischer WWW-Dokumente
Sprachen für die Entwicklung statischer WWW-Dokumente sind die Hypertext Markup Language (HTML), die Cascading Style Sheets (CSS), die Extensible Markup Language (XML) sowie die Extensible Stylesheet Language (XSL). Während es sich bei (X)HTML und XML um eine textbasierte Auszeichnungssprache zur Strukturierung von Inhalten handelt, sind CSS und XSL als Formatierungssprachen konzipiert.

Dies bedeutet, dass mittels HTML/XML die Inhalte eines Dokuments beschrieben werden, jedoch keine Vorgaben bezüglich der Darstellung gemacht werden. Die grafische Aufbereitung der Daten wird in einem zweiten Schritt in entsprechenden CSS/XSL-Dateien festgelegt und anschließend in die HTML/XML-Dokumente eingebettet beziehungsweise darauf referenziert.

Die strikte Trennung zwischen Struktur und Layout hat in der letzten Zeit besonders an Relevanz gewonnen, da WWW-Dokumente mittlerweile von vielen unterschiedlichen internetfähigen Geräten wie beispielsweise stationären Computern oder Smartphones abgerufen werden können.

Dabei besteht eine erhebliche Heterogenität bezüglich der Ausgabemöglichkeiten der jeweiligen Geräteklassen. So weist beispielsweise das Display eines Smartphones nur einen Bruchteil der Ausgabefläche eines üblichen Computermonitors auf. Durch die Trennung von Format und Layout kann dies berücksichtigt und für jedes Ausgabegerät ein spezifisches Layout erstellt werden, ohne dass Inhalte mehrfach eingegeben werden müssen.

Jede der diskutierten Formatierungs- beziehungsweise Auszeichnungssprachen verfügt über eine eigene Syntax. Unter einer Syntax kann in diesem Zusammenhang ein System von Regeln verstanden werden, mit deren Hilfe wohlgeformte Ausdrücke zur formalen Darstellung gebildet werden.

HTML-Dokument

```
<html>

    <head>
        Titel, Meta-Informationen, Style-
        Informationen, Skripte,....
    </head>

    <body>
        Text, Links, Tabellen, Bilder,
        Formularfelder, ....
    </body>

</html>
```

XML-Dokument

```
<?xml version="1.0" encoding="UTF-8"
standalone="yes"?>

<auftrag>
    <produkt>
        <nummer>0123456</nummer>
        <name>BlueRay Player ABC</name>
        <preis>249,99</preis>
        <menge>1</menge>
    </produkt>
    <kunde>
        <nummer>87654</nummer>
        <name>Mustermann, Monika</name>
        <adresse>Freiherr-vom-Stein Str. 2,
        67346 Speyer</adresse>
    </kunde>
</auftrag>
```

Abb. 5.8 Syntaxstruktur eines HTML- und eines XML-Dokuments. (Vgl. Wirtz (2013), S. 151; Wirtz (2020), S. 237; Wirtz (2021), S. 144)

Hinsichtlich der HTML und XML Syntax kann konstatiert werden, dass der grundlegende Aufbau sehr ähnlich ist. Bei beiden Sprachen werden verschiedene Elemente dazu verwendet, um einen Inhalt zu strukturieren. Besonderheit bei diesen Sprachen ist, dass jedes Element mit wenigen Ausnahmen bei HTML einmal geöffnet (<Element>) und anschließend wieder geschlossen werden muss (</Element>). Abb. 5.8 stellt die allgemeine Struktur eines HTML- und eines XML-Dokuments dar.

Sprachen für die Entwicklung clientseitiger dynamischer WWW-Dokumente
Sprachen für die Entwicklung clientseitiger dynamischer WWW-Dokumente sind beispielsweise JavaScript, Visual Basic Script oder auch Dynamic HTML (DHTML). Als De-Facto-Standard hat sich bei den clientseitigen Scriptsprachen jedoch nur JavaScript durchgesetzt.

JavaScript bietet hierbei die Möglichkeit, innerhalb von Webseiten eine Nutzerinteraktion zu schaffen sowie Inhalte zu generieren beziehungsweise nachzuladen. Die Syntax ähnelt den Programmiersprachen C oder Java, wobei entscheidende Programmierkonzepte wie beispielsweise die Objektorientierung bei JavaScript anders gestaltet wurden.

Sprachen für die Entwicklung serverseitiger dynamischer WWW-Dokumente
Bei den serverseitigen dynamischen WWW-Dokumenten sind die Sprachen Hypertext Präprozessor (PHP), Common Gateway Interface (CGI), Active Server Pages (ASP) sowie Java Server Pages (JSP) am weitesten verbreitet. Als De-Facto-Standard hat sich bei den serverseitigen Sprachen PHP durchgesetzt. Derzeit verwenden etwa 77 % aller Webseiten PHP als serverseitige Programmiersprache.[11]

Der große Marktanteil lässt sich unter anderem durch die Open Source PHP-Lizenz, die breite Datenbankunterstützung sowie die hohe Verfügbarkeit zahlreicher Funktionsbibliotheken begründen. PHP wurde bei der Syntax sowohl von C als auch von Perl beeinflusst und ermöglicht neben dem imperativen auch die Verwendung eines objektorientierten Programmierparadigmas.

Neben den dargestellten Basis-Technologien existieren einige Erweiterungen beziehungsweise Kombinationen dieser Technologien. Ein Beispiel für eine Kombinationstechnologie, die besonders im Kontext von Web 2.0 zunehmend an Relevanz gewonnen hat, ist das Asynchronous JavaScript and XML oder auch kurz AJAX.

AJAX
Hierbei handelt es sich um eine Kombination von JavaScript und XML, die eine asynchrone Datenübertragung zwischen Server und Client (Browser) realisiert. Durch die asynchrone Datenübertragung beziehungsweise den Einsatz von AJAX ist es möglich, bei einer Webseite das „Look&Feel" einer klassischen Desktopanwendung zu erzeugen.

Hierbei wird im Rahmen einer Nutzerinteraktion nicht mehr die gesamte Webseite vollständig erneut geladen, sondern lediglich die Webseite an den relevanten Stellen modifiziert. Nachdem eine Webseite erstmalig vollständig geladen wurde, übernimmt im Folgenden die AJAX-Engine die clientseitige Verarbeitung und ermöglicht weitere Zugriffe auf den Server. Abb. 5.9 stellt das Funktionsprinzip sowie den zeitlichen Ablauf einer AJAX-Anwendung dar.[12]

Eine weitere häufig genutzte Technologie im Kontext von Web 2.0 und Social Media neben AJAX sind Webservices. Über klar definierte Schnittstellen können Nutzer auf Webservices zugreifen.

Webservices
Insbesondere die im Kontext des Web 2.0 häufig verwendete Mashup-Methode wird mittels eines Webservice realisiert. Der Begriff Mashup bezieht sich in diesem Zusammenhang auf die Integration von externen Diensten in die eigene Plattform oder allgemeiner auf die Unterstützung des Zusammenspiels zwischen verschiedenen Anwendungsprogrammen.

[11] Vgl. W3Techs (2022b).

[12] Inhalte teilweise basierend auf Garrett (2005); Heydenreich (2006); Ravoof (2022).

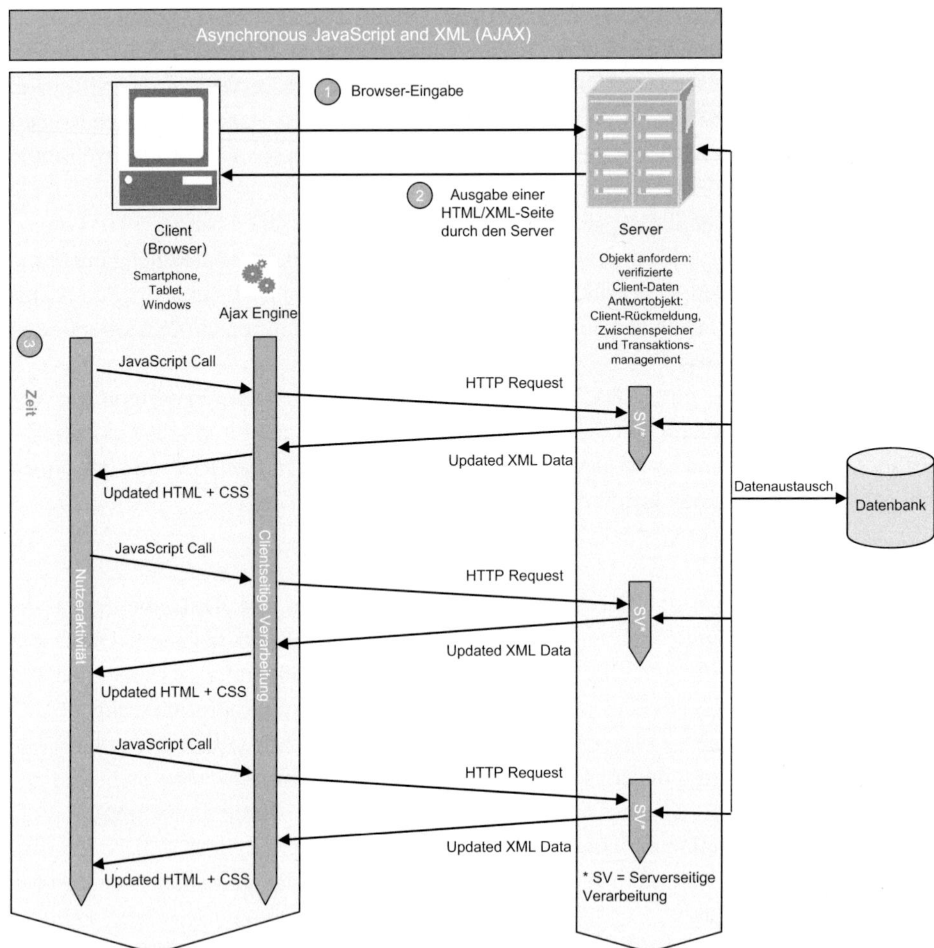

Abb. 5.9 Funktionsprinzip und zeitlicher Ablauf einer AJAX-Anwendung. (Vgl. Wirtz (2013), S. 152; Wirtz (2020), S. 239; Wirtz (2022), S. 160)

Damit ein Webservice abgerufen werden kann, muss dieser von einem Serviceanbieter vorab bekannt gemacht werden. Zu diesem Zweck fertigt der Serviceanbieter nach der Fertigstellung des eigentlichen Webservice eine Beschreibung an. Hierzu verwendet er die Web Services Description Language (WSDL) und definiert das Interface des Dienstes. Bei der WSDL handelt es sich um eine Metasprache, welche die angebotenen Daten, Datentypen, Funktionen sowie die Austauschprotokolle eines Webservice ausdrückt.[13]

[13] Vgl. Yue/Wang/Zhou (2004).

Das Interface beziehungsweise die Beschreibung des Webservice registriert der Serviceanbieter anschließend bei einem sogenannten Servicebroker. Der Servicebroker stellt einen standardisierten Verzeichnisdienst dar, der im Kontext eines Webservice auch als Universal Description, Discovery and Integration-Registry (kurz UDDI-Registry) bezeichnet wird. Der Verzeichnisdienst enthält Informationen über die Identität des Serviceanbieters, die Kategorisierung sowie eine detaillierte Schnittstellenbeschreibung des Dienstes.

Benötigt ein Nutzer einen bestimmten Service, so wendet sich dieser mit einer Anfrage an den Servicebroker. Er durchsucht das Verzeichnis und selektiert einen zu seinen Anforderungen passenden Dienst. Beispielsweise könnte die Anfrage „Wetter München" potenziell von mehreren Webservices abgedeckt beziehungsweise beantwortet werden, in diesem Fall kann der Nutzer eine Auswahl treffen und erhält anschließend vom Servicebroker die Adresse des selektierten Webservice.

Nachdem ein Servicenutzer über den Servicebroker einen passenden Service ermittelt hat, wendet sich dieser direkt an den entsprechenden Serviceanbieter. Auch hierbei erfolgt der Datenaustausch über standardisierte Protokolle, mittels des Simple Object Access Protocol (kurz SOAP) beziehungsweise Extensible Markup Language Remote Procedure Call (kurz XML-RPC) kann der Datenaustausch initiiert beziehungsweise durchgeführt werden. Abb. 5.10 stellt den Ablauf und das Funktionsprinzip eines Webservice dar.

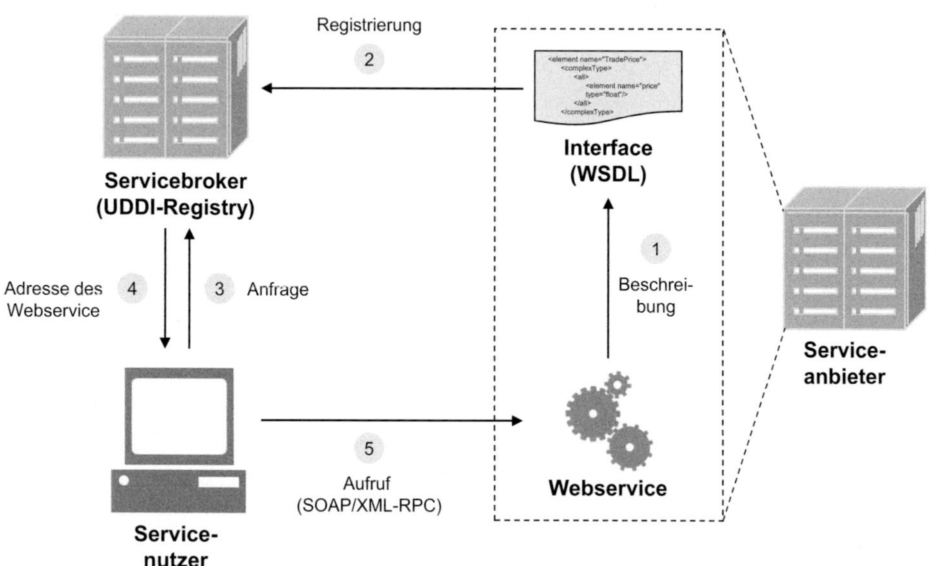

Abb. 5.10 Funktionsprinzip eines Webservice. (Vgl. Wirtz (2013), S. 154; Wirtz (2022), S. 161)

Webservices gewinnen nicht nur im speziellen Kontext von Web 2.0 und Social Media zunehmend an Bedeutung, sondern auch im Rahmen von digitalen Geschäftsanwendungssystemen. So können beispielsweise im Zuge des E-Procurement das beschaffende Unternehmen und der Lieferant über einen Webservice eine automatische Machine-to-Machine-Kommunikation aufbauen. Im Vergleich zu früher, als die Lieferanten die Bestellungen von Hand in verschiedene Anwendungssysteme übertragen mussten, kann ein Webservice diesen Prozessschritt nun automatisieren. Dies bringt erhebliche Effizienzgewinne mit sich und reduziert die Fehleranfälligkeit deutlich.

Content-Management-Systeme

Ein Content-Management-System (CMS), oder Web Content Management System (WCMS), ist eine Softwareanwendung, mit der die Erstellung und Darstellung von digitalen Inhalten verwaltet werden kann.[14] Ein CMS besteht typischerweise aus zwei Hauptkomponenten: einer Content-Management-Anwendung (CMA) als Back-End-Benutzeroberfläche, die es auch einem Benutzer mit begrenztem Fachwissen ermöglicht, Inhalte einer Webseite hinzuzufügen, zu ändern und zu entfernen; und einer Content Delivery-Anwendung (CDA), die den Inhalt für die Nutzeroberfläche der Webseite erstellt.[15]

Ein CMS ermöglicht das kollaborative Bearbeiten von Webseiten-Inhalten hinsichtlich Text, Grafiken, Fotos, Videos, Audio, Karten und Programmcode. Die Kernfunktionen des CMS sind dabei Editierung, Indizierung, Suche und Abruf, Formatverwaltung, Revisionskontrolle und Verwaltung. Diese Funktionen können je nach Systemanwendung variieren, umfassen aber typischerweise die folgenden Aspekte. Intuitive Bearbeitungs-, Indexierungs-, Such- und Retrieval-Funktionen stellen alle Daten für einen einfachen Zugriff über Suchfunktionen dar und ermöglichen es dem Benutzer, nach Attributen wie Veröffentlichungsdatum, Stichwort oder Autor zu suchen.

Das hierdurch abgebildete Layout ermöglicht eine nutzerorientierte Darstellung verschiedenster Inhalte. Überarbeitungsfunktionen ermöglichen die Aktualisierung und Bearbeitung von bestehenden Inhalten. Die Revisionskontrolle verfolgt Änderungen, die von Einzelpersonen an Dateien vorgenommen werden. Rechtevergabefunktionen ermöglichen hingegen personenspezifische Zugänge und Freigaben und kontrollieren und beschränken auf diese Weise unerwünschte Veränderungen hinsichtlich des Inhalts.

Die Veröffentlichungsfunktionalität ermöglicht es Einzelpersonen, eine Vorlage oder einen Satz von Vorlagen zu verwenden, die beispielsweise von einem Unternehmen genehmigt wurde, sowie Assistenten und andere Tools zum Erstellen oder Ändern von Inhalten.

Beliebte Zusatzfunktionen beinhalten zum Beispiel nutzer- und suchmaschinenfreundliche Webadressen (Uniform Resource Locators (URLs)), integrierte Hilfe einschließlich

[14] Vgl. Barker (2016), S. 5 ff.

[15] Vgl. Martinez-Caro et al. (2018), S. 2.

Diskussionsforen, gruppenbasierte Berechtigungssysteme, anpassbare Vorlagen, einfache assistentenbasierte Installations- und Versionierungsverfahren, Administratoren-Panels mit Unterstützung für mehrere Sprachen, Inhaltshierarchien mit großer Tiefe und Größe, minimale Serveranforderungen, integrierte Dateiverwaltung und integrierte Auditprotokolle.

Basierend auf Marktanteilsstatistiken ist WordPress das beliebteste Content-Management-System. 43 % aller Webseiten im Internet und 64 % aller Webseiten mit einem bekannten Content-Management-System greifen auf WordPress zurück, gefolgt von Shopify und Wix mit 6,1 bzw. 3,4 % Marktanteil.[16]

Die mobilen Internetkommunikationstechnologien 5G und 6G

Zu Beginn basierte die Digitalisierung hinsichtlich kommunikativen Austausches noch auf leitungsgebundener Netzwerktechnologie, welche allerdings zunehmend von Funktechnologien abgelöst wird. In Zusammenhang mit der umfassenden Etablierung des Smartphones als zentraler und allgegenwärtiger Gebrauchsgegenstand hat die Bedeutung der Verfügbarkeit von mobilem Internet eine zentrale Bedeutung erlangt. In diesem Zuge wurden verschiedene Generationen an Mobilfunktechnologien eingeführt.

Die innovative 5G-Technologie stellt die jüngste Mobilfunktechnologie dar und wird seit dem Jahr 2019 schrittweise eingeführt. Sie soll insbesondere in Verbindung mit dem IoT (Internet of Things) zum Tragen kommen. Demnach soll die 5G-Technologie den 4G- oder LTE-Standard, der aktuell die schnellste Übertragung von mobilen Internetdaten ermöglicht, ersetzen. Praktisch jede große Telekommunikationsgesellschaft in den Industrieländern setzt 5G bereits ein. Die 5G-Technologie ermöglicht doppelt so schnelle Download-Geschwindigkeiten wie 4G. Über ein besonders schnelles 5G-Netz verfügen Israel und Saudi-Arabien.[17]

Innerhalb der 5G-Mobilfunktechnologien wird zwischen drei Bandbreiten unterschieden: High-, Mid- and Low-band. Zwar ermöglicht die 5G-Millimeterwelle (Highband) die schnellste Datenübertragung im mobilen Bereich, mit Geschwindigkeiten von oft ein bis zwei Gigabit, jedoch ist die Reichweite vergleichsweise gering, sodass mehr Funkzellen als bisher benötigt werden.

Das 5G-Mid-band ist das am weitesten verbreitete. Geschwindigkeiten in einem 100-MHz-Band liegen in der Regel bei 100–400 Megabit. Im Labor und gelegentlich im Feld können die Geschwindigkeiten über ein Gigabit steigen. Die eingesetzten Frequenzen liegen zwischen 2,4 GHz und 4,2 GHz. Wobei Sprint und China Mobile das 2,5-GHz-Spektrum nutzen und andere meist zwischen 3,3 und 4,2 GHz liegen. Das 5G-Low-band bietet eine ähnliche Kapazität wie das fortschrittliche 4G, wodurch viele

[16] Vgl. W3Techs (2022a).

[17] Vgl. Brandt (2022).

Tab. 5.2 Bandbreiten der 5G-Technologie. (Datenquelle: Horwitz (2019))

	Frequenz	5G Reichweite	Geschwindigkeit
Low-band	• 600–700 MHz	• Mehrere 100 km^2	• 30–250 Mbps
Mid-band	• 2,5–3,5 GHz	• Mehrere Kilometer	• 100–900 Mbps
High-band (Millimeterwelle)	• 24–39 GHz	• 1 km Radius oder weniger	• 1–3 Gbps

Bereiche bereits durch die Modernisierung bestehender Türme abgedeckt werden können, was die Kosten senkt.[18] Tab. 5.2 stellt die Bandbreiten der 5G-Technologie dar.

Aufbauend auf 5G soll der 6G-Standard nochmals eine deutliche Leistungssteigerung mit sich bringen. Hier ist geplant etwa ab 2025 die technologische Standardisierung vorzunehmen und ab 2030 wird die kommerzielle Einführung erwartet.

5.3 Entwicklung der Mensch-Maschine-Schnittstelle

Die fortschreitende Digitalisierung aller Wirtschafts- und Lebensbereiche hat zu einer stetigen Integration von digitalbasierten Technologien in die humane Lebenswelt geführt. Diese zunehmende Verschmelzung der Bereiche Mensch und Maschine beziehungsweise Technologie rückt auch den Aspekt der Mensch-Maschine-Interaktion im Kontext des Digital Business in den Fokus.

In diesem Abschnitt werden wesentliche Grundlagen im Zusammenhang mit informationstechnologischen Anwendungen an der Schnittstelle Mensch-Maschine im Digital Business behandelt. Dabei werden zunächst wichtige historische Entwicklungen der Mensch-Maschine-Schnittstelle aufgezeigt. Weiterführend werden wesentliche Dimensionen und Aspekte der Mensch-Maschine-Interaktion mithilfe des Human-Machine-Interaction-Modells beschrieben sowie zentrale Erfolgsfaktoren in Bezug auf das Design und die Konfiguration der Mensch-Maschine-Schnittstelle dargestellt.

Entwicklung der Mensch-Maschine-Schnittstelle (Steinzeit bis Renaissance)
Die Entwicklung der Mensch-Maschine-Schnittstelle blickt auf eine weitreichende Vergangenheit zurück. Bereits in der Steinzeit 300.000 bis 3000 v. Chr. interagierte der Mensch mit physischen maschinenähnlichen Objekten insbesondere in Form von Werkzeugen und Waffen aus Holz und Stein, wie beispielsweise Pfeil und Bogen, die als funktionale Vorläufer von Maschinen angesehen werden können.

Während diese Interaktionen durch manuelle Benutzerschnittstellen gekennzeichnet waren, entstanden mit der Zeit immer fortgeschrittenere technische Erfindungen be-

[18] Vgl. Horwitz (2019); Hashemi/Koksal/Shroff (2018), S. 875 ff.; Zhang/Wang (2015), S. 164 ff.

ziehungsweise Maschinen, die nicht nur mit der Hand, sondern auch mit dem Fuß betrieben werden konnten.

Neben diesen dominierenden haptischen Benutzerschnittstellen, wurden auch vereinzelt mechanische Vorrichtungen entwickelt, die über eine visuelle Benutzerschnittstelle verfügten. In diesem Zusammenhang waren 3000 bis 800 v. Chr. insbesondere Erfindungen wie Rad, Töpferscheibe, Pflug, Webstuhl und Kompass von Bedeutung.

Später kamen bedeutende technische Erfindungen hinzu, die mechanisch immer anspruchsvoller und leistungsfähiger wurden, bei denen sich die grundlegende Form der haptischen beziehungsweise visuellen Benutzerschnittstelle jedoch kaum veränderte, sondern lediglich geringfügig modifiziert beziehungsweise verfeinert wurde.

In der Zeit 800 v. Chr. bis 500 n. Chr. sind dabei insbesondere maschinelle Vorrichtungen wie Flaschenzug, Katapult und Wasserrad zu nennen sowie 500 bis 1500 n. Chr. Erfindungen wie etwa Mühle, Trittwebstuhl und Tribock. Im 15. bis 16. Jahrhundert folgten schließlich Buchdruckmaschine, Uhren, Teleskope, Gewehre und Kanonen. Abb. 5.11 stellt zentrale Aspekte und Meilensteine in Bezug auf die Entwicklung der Mensch-Maschine-Schnittstelle von der Steinzeit bis zur Renaissance dar.

Entwicklung der Mensch-Maschine-Schnittstelle (17. bis 19. Jahrhundert)

1623 entwickelt und baut Wilhelm Schickard die erste Rechenmaschine, die neben Addieren und Subtrahieren auch Multiplizieren und Dividieren mit Hilfe Napierscher Rechenstäbchen erlaubt. Im Jahr 1700 erfindet Thomas Newcomen die erste funktionsfähige Dampfmaschine. 1728 entstehen die ersten mechanischen Webstühle mit Lochkartensteuerung. Im Jahr 1817 wird die erste Laufmaschine als Grundlage des heutigen Fahrrads durch Karl Drais vorgestellt.

Das Jahr 1837 kennzeichnet einen ersten wichtigen Meilenstein in der Geschichte des Computers mit dem von Charles Babbage entwickelten Konzept der Analytical Engine, welche die erste Rechenmaschine für allgemeine Anwendungen darstellt und deren Rechenabläufe mit Lochkarten gesteuert werden.

1861 erfolgt die Erfindung des Telefons und Lautsprechers beziehungsweise der ersten funktionierenden Sprechverbindung durch Philipp Reis, mit der eine neue Schnittstellenform, die auditiv-verbale Benutzerschnittstelle geschaffen wird.

Weitere bedeutende technische Erfindungen bis Ende des 19. Jahrhunderts sind insbesondere die erste serienreife Schreibmaschine durch Rasmus Malling-Hansen 1865, das Mikrofon durch Emil Berliner 1877, das moderne Automobil durch Carl Benz 1886, die erste Datenverarbeitungsanlage mit Lochkarten als Speichermedium durch Herman Hollerith 1888, sowie die Kathodenstrahlröhre als technische Grundlage für das Fernsehen durch Ferdinand Braun 1897. Abb. 5.12 stellt zentrale Aspekte und Meilensteine in Bezug auf die Entwicklung der Mensch-Maschine-Schnittstelle vom 17. bis 19. Jahrhundert dar.

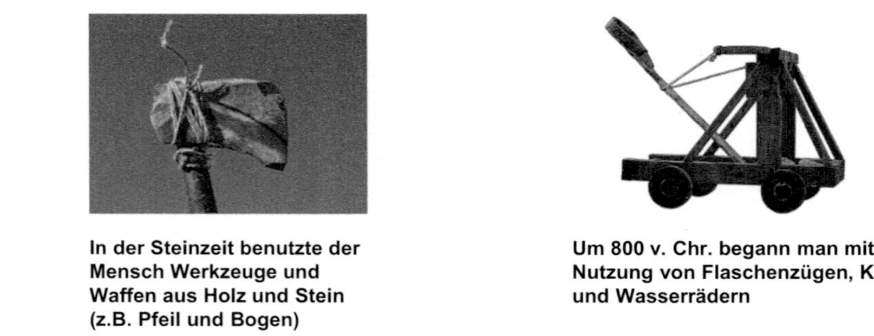

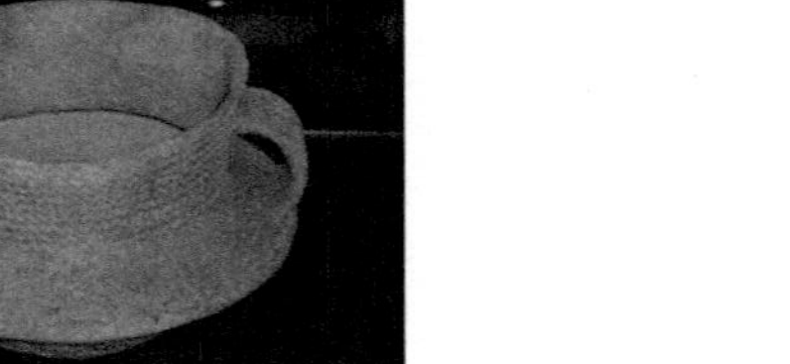

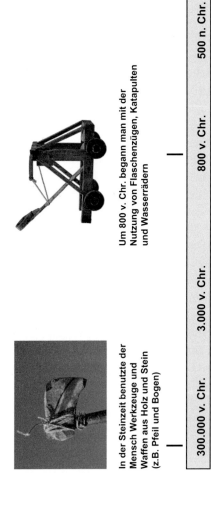

Abb. 5.11 Entwicklung der Mensch-Maschine-Schnittstelle (Steinzeit bis Renaissance). (Vgl. Wirtz (2020), S. 284; Wirtz (2021), S. 150)

Entwicklung der Mensch-Maschine-Schnittstelle (17. bis 19. Jahrhundert)
Brett
Wilhelm Schickard baut eine 4-Funktionen-Rechenmaschine mit Napierschen Rechenstäbchen
Es gibt die ersten mechanischen Webstühle mit Lochkartensteue-rung
Charles Babbage konstruiert die Analytical Engine
Rasmus Malling-Hansen baut die erste serienreife Schreibmaschine
Das erste moderne Automobil wird von Carl Benz gebaut
Erfindung der Kathoden-strahlröhre durch Ferdinand Braun
1623
1700
1728
1817
1837
1861
1865
1877
1886
1888
1897
Thomas Newcomen erfindet die erste Dampfmaschine
Karl Drais entwickelt die Vorstufe des Fahrrades, die Laufmaschine
Philipp Reis entwickelt das Telefon und die Lautsprecher
Das Mikrofon wird von Emil Berliner erfunden
Herman Hollerith arbeitet an der auf Lochkarten basierenden Datenverarbeitungs-anlage

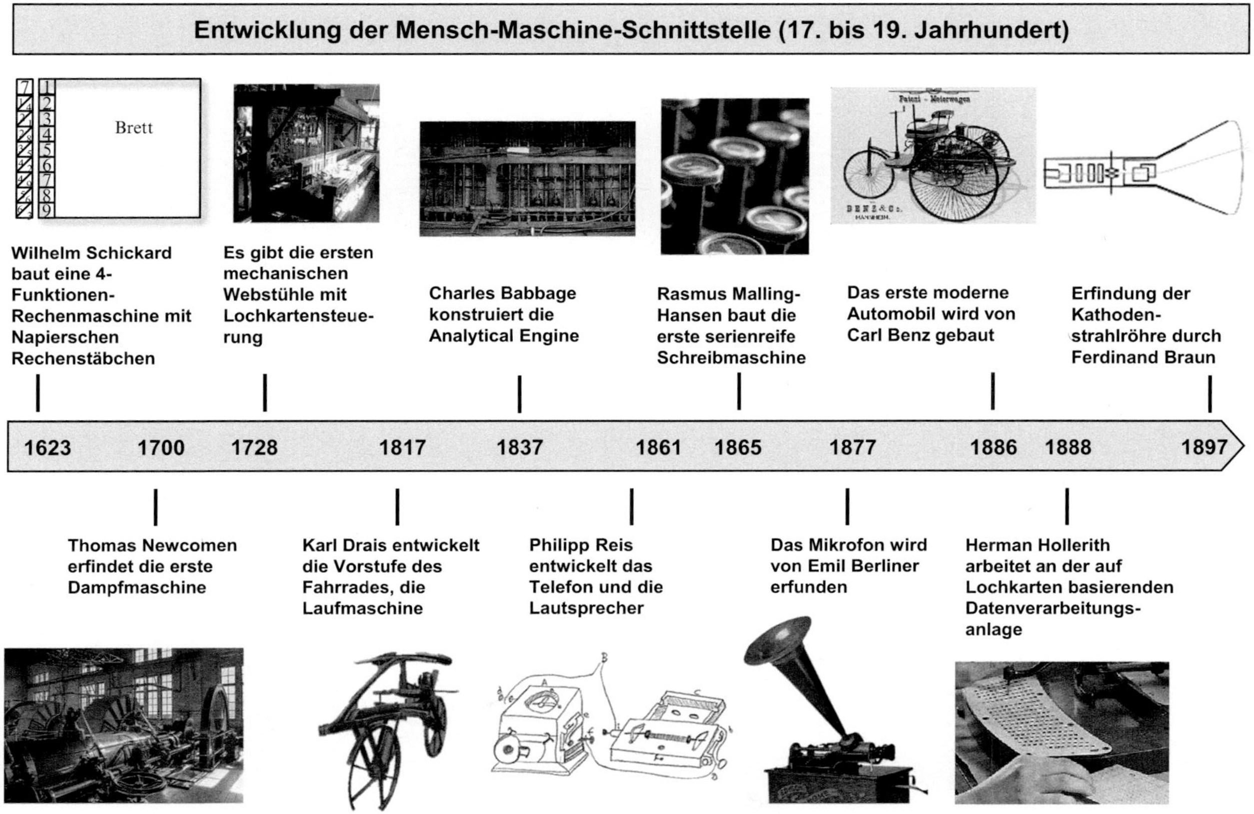

Abb. 5.12 Entwicklung der Mensch-Maschine-Schnittstelle (17. bis 19. Jahrhundert). (Vgl. Wirtz (2020), S. 286; Wirtz (2021), S. 152)

Entwicklung der Mensch-Maschine-Schnittstelle (1940 bis 1970)

In den 1940er-Jahren begründet Norbert Wiener die Kybernetik als allgemeine Theorie der Maschine, die wie ein Mensch in der Lage ist zu lernen, sich selbst zu steuern und zu kontrollieren. Zur gleichen Zeit beginnt auch die wesentliche Entwicklungsgeschichte computerbasierter Maschinen und entsprechender Benutzerschnittstellen. 1941 erfindet Konrad Zuse den ersten vollautomatischen, programmgesteuerten und frei programmierbaren Computer mit Lochstreifenleser und Tastatur.

1946 stellt IBM den ersten Großrechner der Welt „ENIAC" (Electronic Numerical Integrator and Computer) vor mit lochkartenbasierter Dateneingabe. 1952 erfindet Kenyon Taylor mit dem Trackball ein computerbasiertes Eingabegerät, das als Vorläufer der heutzutage besser bekannten Computermaus gilt. 1955 wird am Massachusetts Institute of Technology (MIT) der Lichtgriffel erfunden, ein Computer-Zeigegerät für den Bildschirm.

1957 stellt Morton Heilig die erste Virtual-Reality-Anwendung „Sensorama" vor, die eine visuelle 3D-Darstellung in Kombination mit auditiven, olfaktorischen und haptischen Wahrnehmungsreizen verbindet. Das erste grafische Computersystem mit Lichtgriffel als Eingabegerät wird von IBM und GM im Rahmen ihres Projekts DAC-1 (Design Augmented by Computers) 1958 entwickelt.

Im gleichen Jahr erscheint auch das erste Videospiel „Tennis for Two" von William Higinbotham mit zwei Kästchen und Drehregler als Eingabegeräte. Darüber hinaus gelingt im Jahr 1958 die erste vollständige Implantation eines Herzschrittmachers in einen Menschen durch den Arzt Åke Senning und den Ingenieur Rune Elmqvist. Während 1960 die textbasierte Interaktion durch Kommandozeilenschnittstelle (Command Line Interface – CLI) vorgestellt wird, präsentiert IBM 1961 das erste digitale Spracherkennungstool IBM Shoebox.

Die erste Computermaus erscheint 1963 durch Douglas C. Engelbart. 1964 bauen Donald L. Bitzer und H. Gene Slottow den ersten funktionsfähigen Plasmabildschirm. Im gleichen Jahr stellt Ivan Sutherland das erste Virtual-Reality-System mit Head-Mounted-Display vor. Abb. 5.13 stellt zentrale Aspekte und Meilensteine in Bezug auf die Entwicklung der Mensch-Maschine-Schnittstelle von 1940 bis 1970 dar.

Entwicklung der Mensch-Maschine-Schnittstelle (1970 bis 2000)

1974 entwickelt Sam Hurst den ersten Touchscreen mit transparenter Oberfläche. Ein Jahr später wird 1975 am Forschungszentrum Xerox PARC die erste grafische Benutzerschnittstelle (Graphical User Interface – GUI) mit Icon-Symbolen und Popup-Menü entwickelt. 1977 wird erstmals mit dem Cochlea-Implantat eine von Ingeborg Hochmaier und Erwin Hochmaier entwickelte Hörprothese für Gehörlose in einen menschlichen Körper eingepflanzt.

Im Jahr 1981 mündet diese erste grafische Benutzerschnittstelle mit weiteren entsprechenden Entwicklungen im ersten kommerziellen Computersystem Xerox Star. Im gleichen Jahr wird der erste Personal Computer durch IBM vorgestellt. 1984 wird darauf

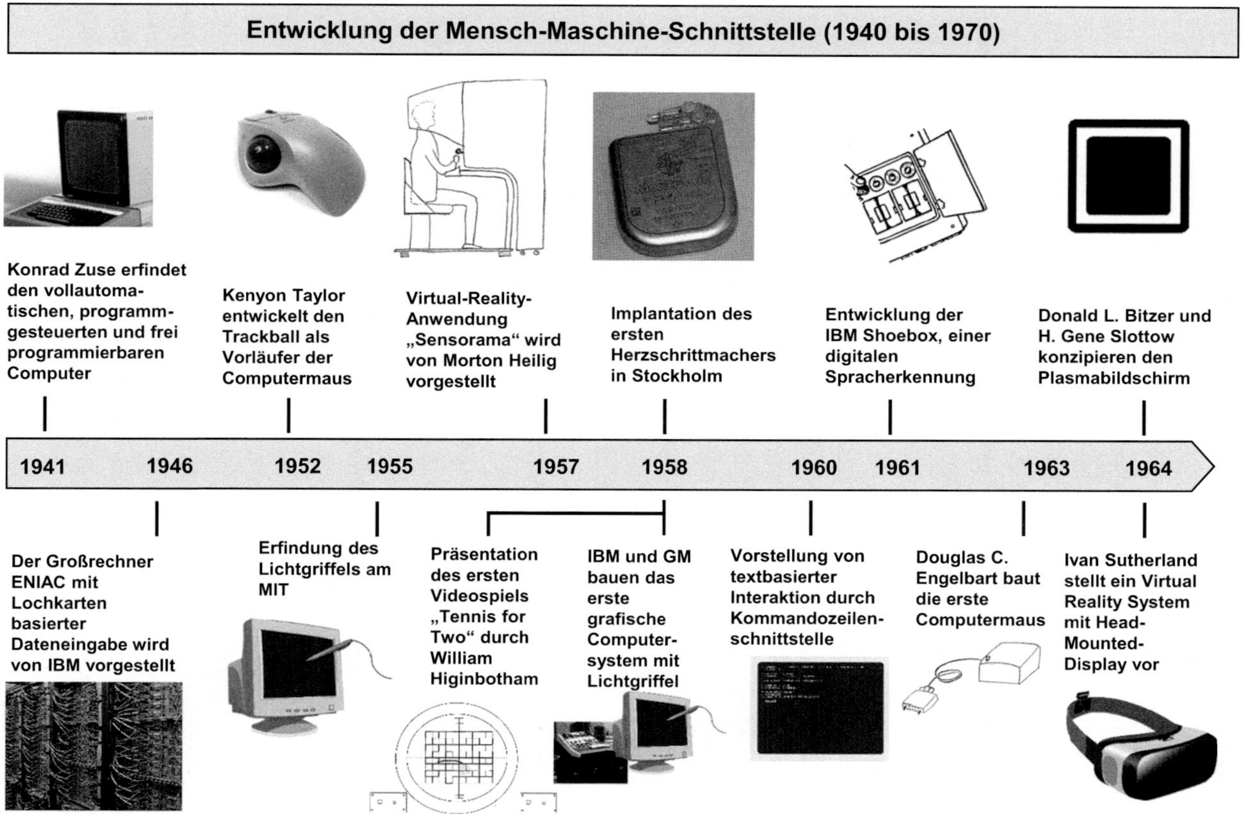

Entwicklung der Mensch-Maschine-Schnittstelle (1940 bis 1970)

1941 – Konrad Zuse erfindet den vollautomatischen, programmgesteuerten und frei programmierbaren Computer

1946 – Der Großrechner ENIAC mit Lochkarten basierter Dateneingabe wird von IBM vorgestellt

1952 – Kenyon Taylor entwickelt den Trackball als Vorläufer der Computermaus

1955 – Erfindung des Lichtgriffels am MIT

1957 – Virtual-Reality-Anwendung „Sensorama" wird von Morton Heilig vorgestellt

1958 – Implantation des ersten Herzschrittmachers in Stockholm

1958 – Präsentation des ersten Videospiels „Tennis for Two" durch William Higinbotham

1958 – IBM und GM bauen das erste grafische Computersystem mit Lichtgriffel

1960 – Vorstellung von textbasierter Interaktion durch Kommandozeilenschnittstelle

1961 – Entwicklung der IBM Shoebox, einer digitalen Spracherkennung

1963 – Douglas C. Engelbart baut die erste Computermaus

1964 – Donald L. Bitzer und H. Gene Slottow konzipieren den Plasmabildschirm

1964 – Ivan Sutherland stellt ein Virtual Reality System mit Head-Mounted-Display vor

Abb. 5.13 Entwicklung der Mensch-Maschine-Schnittstelle (1940 bis 1970). (Vgl. Wirtz (2020), S. 288; Wirtz (2021), S. 154)

hin der erste transparente Multitouch-Screen durch Bob Boie entwickelt und 1988 das Touchpad von George Gerpheide erfunden. Im gleichen Jahr entwickeln Lawrence Farwell und Emanuel Donchin die erste Gehirn-Computer-Schnittstelle.

Die Implementierung des World Wide Web (WWW) 1990 durch Tim Berners-Lee und Robert Cailliau stellt einen weiteren herausragenden Meilenstein in der Entwicklung computerbasierter Maschinen und entsprechender Benutzerschnittstellen dar und ist wesentlicher Ausgangspunkt für die spätere Entwicklung drahtloser Schnittstellen in der Mensch-Maschine-Interaktion, wie etwa in Form von Bluetooth und WLAN.

1991 erscheint mit dem „Digital Desk" eine der ersten Augmented-Reality-Anwendungen, die eine Vielzahl innovativer visueller und haptischer Interaktionselemente in sich vereint. Im gleichen Jahr stellt Mark Weiser das Konzept des Ubiquitous Computing vor, das die Allgegenwärtigkeit der Datenverarbeitung betont und sich in den darauffolgenden Jahren zunächst vor allem durch die Einführung der Personal Digital Assistants (PDA) manifestiert.

Vor dem Hintergrund dieser Entwicklungen sind die 1990er-Jahre auch insbesondere durch die Entwicklung von Benutzerschnittstellen für mobile Endgeräte gekennzeichnet. Darüber hinaus werden 1998 im medizinischen Bereich erstmals Hirnschrittmacher zur Verbesserung der Motorik bei Parkinson-Patienten eingesetzt, die in Form von Tiefenelektroden mit dem menschlichen Gehirn verbunden sind.

Im gleichen Jahr lässt sich der AI-Forscher Kevin Warwick als erster Mensch einen RFID-Mikrochip als Implantat unter die Haut einsetzen, mit dem er unter anderem seine Türschlösser öffnen kann sowie seinen Computer oder das Licht einschalten kann. Abb. 5.14 stellt zentrale Aspekte und Meilensteine in Bezug auf die Entwicklung der Mensch-Maschine-Schnittstelle von 1970 bis 2000 dar.

Entwicklung der Mensch-Maschine-Schnittstelle (seit 2000)

Die darauffolgende Jahrtausendwende stellt den Ausgangspunkt für die zunehmende Einführung natürlicher Benutzerschnittstellen (Natural User Interface – NUI) dar, bei der die Interpretation der menschlichen Körpersprache im Mittelpunkt steht.

2002 bringt beispielsweise die US-Firma VeriChip Corporation den ersten RFID-Mikrochip für den Menschen auf den Markt. Im Jahr 2003 stellt Sony eine Kamera mit Mikrofon namens EyeToy für die PlayStation 2 vor, welche die Körperbewegungen von PlayStation-Spielern aufzeichnet und in das Spiel integriert.

Das Unternehmen Nintendo bringt im Jahr 2005 mit Wii Remote eine Fernbedienung für ihre gleichnamige Spielekonsole Wii auf den Markt, die eine intuitivere Spielsteuerung basierend auf den Armbewegungen der Spieler ermöglicht. Im gleichen Jahr entwickeln Wissenschaftler der Universität Michigan ein künstliches Innenohr auf einem Mikrochip für Gehörlose.

Im Jahr 2007 folgen elektronisch gesteuerte Orthesen für gelähmte Gliedmaßen wie etwa Kniegelenke. Mit der Einführung des iPhones durch Apple im Jahr 2007 erfährt auch das Konzept der Multi-Touch-Bedienung erstmals eine hohe Verbreitung.

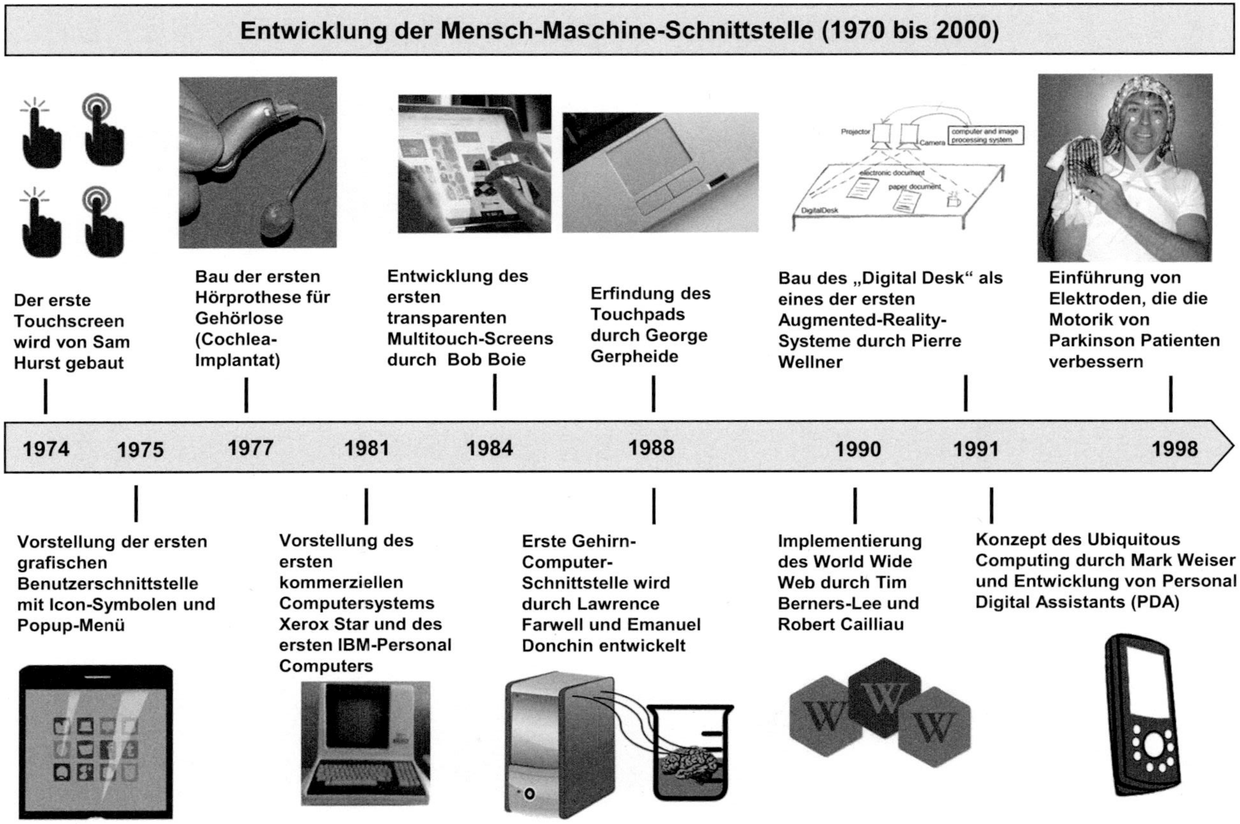

Entwicklung der Mensch-Maschine-Schnittstelle (1970 bis 2000)

1974 – Der erste Touchscreen wird von Sam Hurst gebaut

1975 – Vorstellung der ersten grafischen Benutzerschnittstelle mit Icon-Symbolen und Popup-Menü

1977 – Bau der ersten Hörprothese für Gehörlose (Cochlea-Implantat)

1981 – Vorstellung des ersten kommerziellen Computersystems Xerox Star und des ersten IBM-Personal Computers

1984 – Entwicklung des ersten transparenten Multitouch-Screens durch Bob Boie

1988 – Erfindung des Touchpads durch George Gerpheide

1988 – Erste Gehirn-Computer-Schnittstelle wird durch Lawrence Farwell und Emanuel Donchin entwickelt

1990 – Implementierung des World Wide Web durch Tim Berners-Lee und Robert Cailliau

1991 – Bau des „Digital Desk“ als eines der ersten Augmented-Reality-Systeme durch Pierre Wellner

1991 – Konzept des Ubiquitous Computing durch Mark Weiser und Entwicklung von Personal Digital Assistants (PDA)

1998 – Einführung von Elektroden, die die Motorik von Parkinson Patienten verbessern

Projector
Camera
computer and image processing system
electronic document
paper document
DigitalDesk

Abb. 5.14 Entwicklung der Mensch-Maschine-Schnittstelle (1970 bis 2000). (Vgl. Wirtz (2020), S. 290; Wirtz (2021), S. 156)

Im Jahr 2009 stellt Microsoft ihre Hardware Kinect zur Steuerung der Spielkonsole Xbox 360 vor, die eine Vielzahl innovativer Benutzerschnittstellen vereint und neben visuellen und auditiv-verbalen Interaktionsmechanismen, auch eine bewegungsbasierte Spielsteuerung ermöglicht.

Im Jahr 2010 erscheint mit dem iPad von Apple erstmals ein Tablet-PC mit Multi-Touch-Steuerung. 2011 bringt Apple mit Siri den ersten weitverbreiteten intelligenten Sprachassistenten auf den Markt, der fester Bestandteil von iPhone und iPad im Rahmen der Gerätesteuerung wird. Im gleichen Jahr wird vom Unternehmen Second Sight Medical Products mit der Argus II-Netzhautprothese die erste elektronische Sehprothese eingeführt.

Im Jahr 2012 stellt Google seine Augmented-Reality-Brille Google Glass vor, die über Bewegungs,- Sprach- und Augensteuerung bedient werden kann und somit über mehrere innovative Benutzerschnittstellen verfügt. Im Jahr 2015 wird am DARPA-Forschungszentrum (Defense Advanced Research Projects Agency) des US-Verteidigungsministeriums eine künstliche Hand mit Tast- und Fühlsinn entwickelt.

2016 präsentiert Sony mit dem Sony Concept N ein smartes Halsband. Das Halsband verfügt über Internetzugang sowie einen digitalen Assistenten und kann über eine intelligente auditiv-verbale Benutzerschnittstelle gesteuert werden.

Im Jahr 2018 verpflanzt die US-Forschungsinitiative BrainGate Research einem Menschen erstmals Hirnimplantate, mit denen man per Gedankensteuerung Apps bedienen kann sowie im Internet surfen und Textnachrichten versenden kann.

Angesichts der jüngsten Entwicklungen im Bereich der Mensch-Maschine-Interaktion kann konstatiert werden, dass der Trend in den letzten Jahren eher weg von grafischen beziehungsweise visuellen Benutzerschnittstellen in Richtung text- und sprachbasierte Steuerungselemente (Conversational User Interface – CUI) geht.

So hat Google inzwischen in über fünfzehn Ländern Google Duplex eingeführt, die Technologie ermöglicht dem Google Assistant menschlich klingende Anrufe voll automatisiert durchzuführen. Die sprachbasierte AI-Anwendung agiert dabei ohne menschliches Zutun und kann beispielsweise für Terminbuchungen aller Art genutzt werden.[19]

Von besonderer Bedeutung war die Einführung von ChatGPT im November 2022. ChatGPT war zu diesem Zeitpunkt die leistungsfähigste sprachbasierte AI-Serviceanwendung. Das Sprachmodell ChatGPT hatte innerhalb von zwei Monaten eine noch nie dagewesene Verbreitung bei den Nutzern. Weltweit hatten sich in diesem Zeitraum bereits über 100 Mio. Nutzer registriert.

Gegenüber allen anderen Anwendungen in der Informations- und Kommunikationstechnologie hat sich damit die künstliche Intelligenz ChatGPT als die am schnellsten diffundierende IuK-Technologie etabliert.[20] Abb. 5.15 stellt zentrale Aspekte und Meilensteine in Bezug auf die Entwicklung der Mensch-Maschine-Schnittstelle seit dem Jahr 2000 dar.

---

[19] Vgl. Tillman (2022).

[20] Vgl. Eckert (2023).

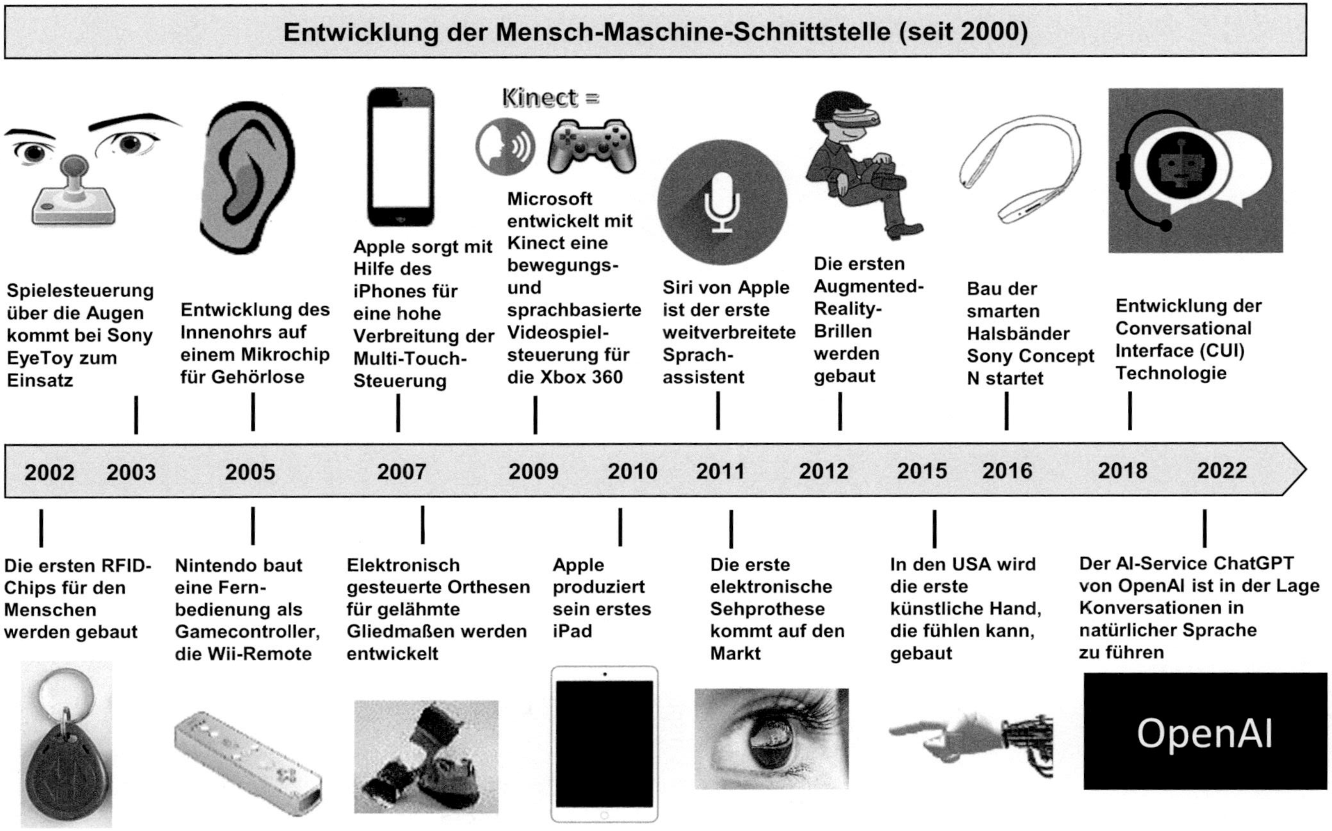

Entwicklung der Mensch-Maschine-Schnittstelle (seit 2000)

2002 – Die ersten RFID-Chips für den Menschen werden gebaut

2003 – Spielesteuerung über die Augen kommt bei Sony EyeToy zum Einsatz

2005 – Entwicklung des Innenohrs auf einem Mikrochip für Gehörlose

2005 – Nintendo baut eine Fernbedienung als Gamecontroller, die Wii-Remote

2007 – Apple sorgt mit Hilfe des iPhones für eine hohe Verbreitung der Multi-Touch-Steuerung

2007 – Elektronisch gesteuerte Orthesen für gelähmte Gliedmaßen werden entwickelt

2009 – Kinect = Microsoft entwickelt mit Kinect eine bewegungs- und sprachbasierte Videospielsteuerung für die Xbox 360

2010 – Apple produziert sein erstes iPad

2011 – Siri von Apple ist der erste weitverbreitete Sprachassistent

2011 – Die erste elektronische Sehprothese kommt auf den Markt

2012 – Die ersten Augmented-Reality-Brillen werden gebaut

2015 – In den USA wird die erste künstliche Hand, die fühlen kann, gebaut

2016 – Bau der smarten Halsbänder Sony Concept N startet

2018 – Entwicklung der Conversational Interface (CUI) Technologie

2022 – Der AI-Service ChatGPT von OpenAI ist in der Lage Konversationen in natürlicher Sprache zu führen

OpenAI

Abb. 5.15 Entwicklung der Mensch-Maschine-Schnittstelle (seit 2000). (Vgl. Wirtz (2020), S. 293; Wirtz (2021), S. 158 und Aktualisierungen)

5.4 Mensch-Maschine-Interaktion und Erfolgsfaktoren

Nachdem die Entwicklung der Mensch-Maschine-Interaktion aufgezeigt wurde, sollen im Folgenden deren wesentliche Dimensionen und Aspekte dargestellt werden. Die Mensch-Maschine-Interaktion kann dabei anhand des Human-Machine-Interaction-Modells (HMI-Modell) abgebildet werden. Das HMI-Modell umfasst fünf zentrale Ebenen: (1) den Mensch, (2) die Eingabeebene, (3) die Schnittstellen, (4) die Maschine (Hardware) und (5) die Software.

Der Mensch

Den Ausgangspunkt der Mensch-Maschine-Interaktion bildet der Mensch. Das menschliche Gehirn und die Sinnesorgane versetzen den Menschen in die Lage nicht nur mit Menschen, sondern auch mit Maschinen zu interagieren. Die Sinnesorgane können dabei sowohl als Sensoren als auch als Aktoren fungieren

Eingabeebene

Die Sensoren beziehen sich vor allem auf die menschlichen Sinne des Sehens, Fühlens und Hörens und ermöglichen eine Wahrnehmung und Empfindung von Impulsen und Informationen, die von der Maschine ausgehen. Gleichzeitig dienen die Sinnesorgane dem Menschen auch als eine Art Aktoren insbesondere in Form des Sehens, Tastens und Sprechens, um selbst Impulse und Informationen an die Maschine zu senden. Die gesendeten Impulse und Informationen stellen dabei den Input der Interaktion dar, die in einen andersartigen Output umgewandelt werden, um eine gewünschte Wirkung zu erzielen.

Schnittstellen

Dieser Prozess erfordert jedoch immer eine Schnittstelle, die zwischen Mensch und Maschine vermittelt. Beispielsweise kann ein Mensch durch seinen Tastsinn und seine Körperkraft (Input) durch Drücken von Knöpfen und Tasten (Schnittstelle) mit einem Computer interagieren, der ihm dann gewünschte Informationen bereitstellt oder Handlungen für ihn ausführt (Output). Die Schnittstelle stellt das Interaktionsinstrument zwischen Mensch und Maschine dar und erfordert eine Steuerung durch den Menschen.

Die Steuerung der Schnittstelle erfolgt dabei mithilfe der verschiedenen menschlichen Sinnesfunktionen auf der Eingabeebene. Dementsprechend kann hierbei zwischen unterschiedlichen Steuerungsformen unterschieden werden, wie etwa der Sprachsteuerung, elektronischer Impulssteuerung, Berührungssteuerung, Gesten- und Bewegungssteuerung oder Blicksteuerung.

Die Schnittstellen selbst können anhand der menschlichen Sinnesfunktionen in drei wesentliche Kategorien eingeteilt werden: visuelle, haptische und auditiv-verbale Schnittstellen. Zu den visuellen Schnittstellen gehören insbesondere Smartphone- und Tablet-Displays, Monitore, Head-Mounted Displays beziehungsweise Hologramme und Kameras.

Die haptischen Schnittstellen umfassen beispielsweise Knöpfe, Tasten, Hebel, Touchpads beziehungsweise Touchscreens, Tastatur und Maus, Gamepads, Joysticks, Fernbedienungen sowie Sensoren und Elektroden. Bei den auditiv-verbalen Schnittstellen sind insbesondere Lautsprecher, Kopfhörer, Mikrofone und Antennen von Bedeutung. Über diese Schnittstelle steuert der Mensch die Maschine und tritt mit ihr in Interaktion und gegenseitigen Austausch von Impulsen und Informationen.

Die Maschine

Die Maschine beziehungsweise bei Daten verarbeitenden Systemen auch Hardware verfügt über einen Prozessor beziehungsweise eine Central Processing Unit (CPU) und Control Unit (CU), die den Ablauf der Befehlsverarbeitung innerhalb der Maschine steuern.

Software

Der Prozessor übernimmt dabei gemeinsam mit potenziell angewendeter Software im Prinzip die Funktion des Gehirns bei Maschinen. Die Software umfasst dabei auch Aspekte, welche die Schnittstellen und die Eingabeebene betreffen. Beispielsweise gibt es Gesichtserkennungssoftware, Grafik- und Monitortreiber sowie spezifische Audio- und Videosoftware.

Vor diesem Hintergrund ist auch die M2M (Machine-to-Machine)-Interaktion von Bedeutung, die ebenso über die jeweiligen IT-Schnittstellen durch Prozessor und Software gesteuert wird. Dabei werden zwischen zwei oder mehreren Maschinen sensorische beziehungsweise elektronische Impulse und Daten ausgetauscht. In Abb. 5.16 wird das HMI-Modell der Mensch-Maschine-Interaktion zusammenfassend dargestellt.

Erfolgsfaktoren der Mensch-Maschine-Interaktion

Im Rahmen der Mensch-Maschine-Interaktion können bezüglich des Designs und der Konfiguration der Schnittstelle vier wesentliche Erfolgsfaktoren angeführt werden, die in Abb. 5.17 dargestellt sind.

Bedienungsfreundlichkeit

Die Bedienungsfreundlichkeit der H2M-Schnittstelle stellt den ersten zentralen Erfolgsfaktor dar. In diesem Zusammenhang sind zunächst die Effizienz und Zugänglichkeit der Schnittstelle von Bedeutung. Die Bedienungsfreundlichkeit ist zudem durch eine intuitive Handhabung der Schnittstelle sowie durch die Berücksichtigung kognitiver Aspekte bei der Ausgestaltung der Schnittstelle gekennzeichnet, um eine bestmögliche Anpassung an den Menschen zu erreichen.

Ein weiterer zentraler Aspekt in diesem Zusammenhang ist die intelligente Automatisierung (mittels künstlicher Intelligenz) insbesondere in Kombination mit einer variablen Interaktionsfähigkeit der Maschine und ihrer Schnittstellen, die nicht nur einheitlich inter-

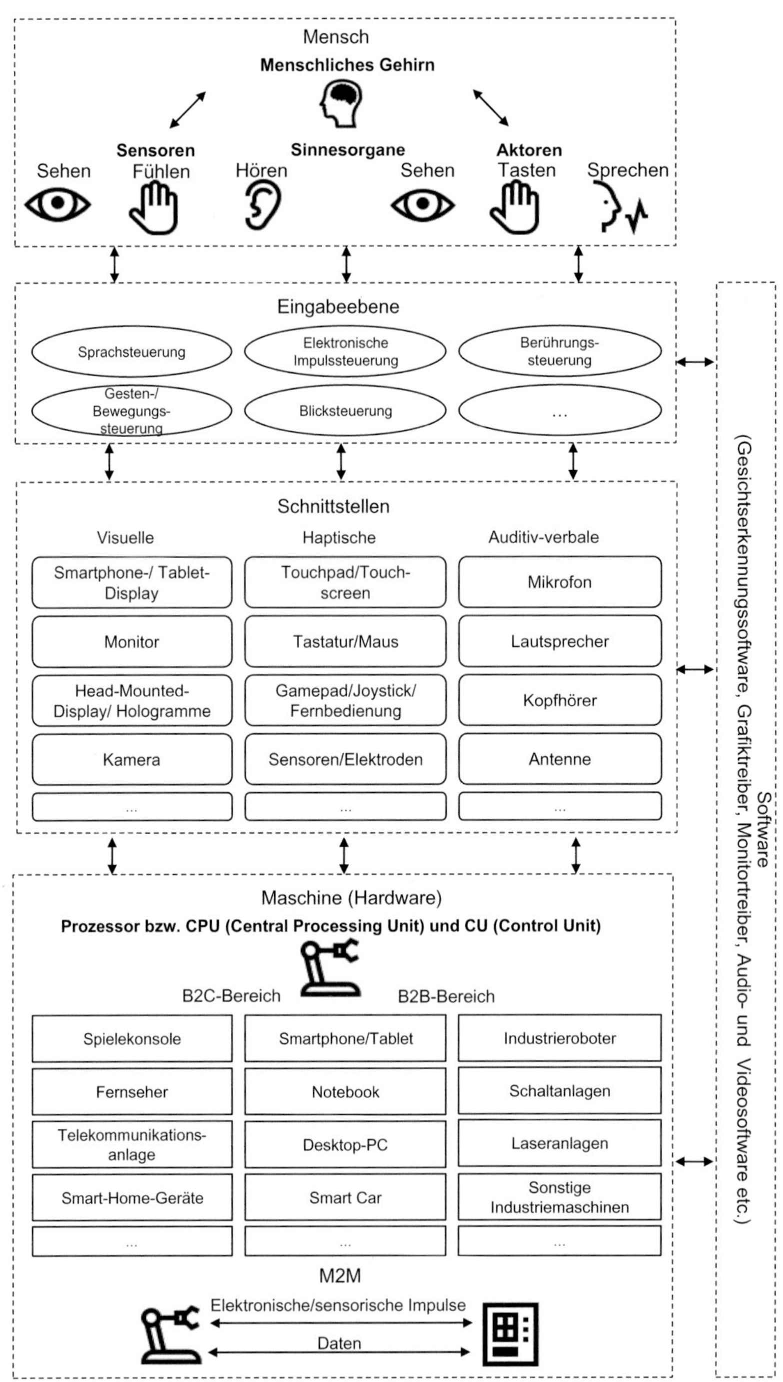

Abb. 5.16 HMI-Modell der Mensch-Maschine-Interaktion. (Vgl. Wirtz (2020), S. 296; Wirtz (2022), S. 168)

Bedienungsfreundlichkeit der H2M-Schnittstelle
• Effizienz und Zugänglichkeit der Schnittstelle
• Intuitive Handhabung und Berücksichtigung kognitiver Aspekte
• Intelligente Automatisierung und variable Interaktionsfähigkeit
• Einfachheit und Zeitvorteile für den Nutzer
Sicherheit und Zuverlässigkeit der Schnittstelle
• Funktionale Sicherheit und Zuverlässigkeit
• Datensicherheit und Schutz der Privatsphäre und Unternehmensdatenbestände
• Widerstandsfähigkeit gegen Manipulationen und Cyberangriffe
• Verbindungsstabilität- und -leistungsfähigkeit
H2M-Schnittstellendesign und -konfiguration
Personalisierung/ Individualisierung der H2M-Schnittstellenkonfiguration
• Individuelle Bedienungsoberflächen
• Personalisierte/individualisierte Interaktionsfähigkeit
• Erstellung und Berücksichtigung von Nutzerprofilen und Nutzerhistorien
Vernetzungs- und Integrationsfähigkeit der Schnittstellenlösung
• Integrative Verknüpfung verschiedener Funktionen, Impulse und Informationen (multiple Schnittstellenlösung)
• Integriertes Service-Schnittstellenangebot
• Horizontale und vertikale Integrationsfähigkeit der Schnittstellen
• AI-Integrationspotenzial

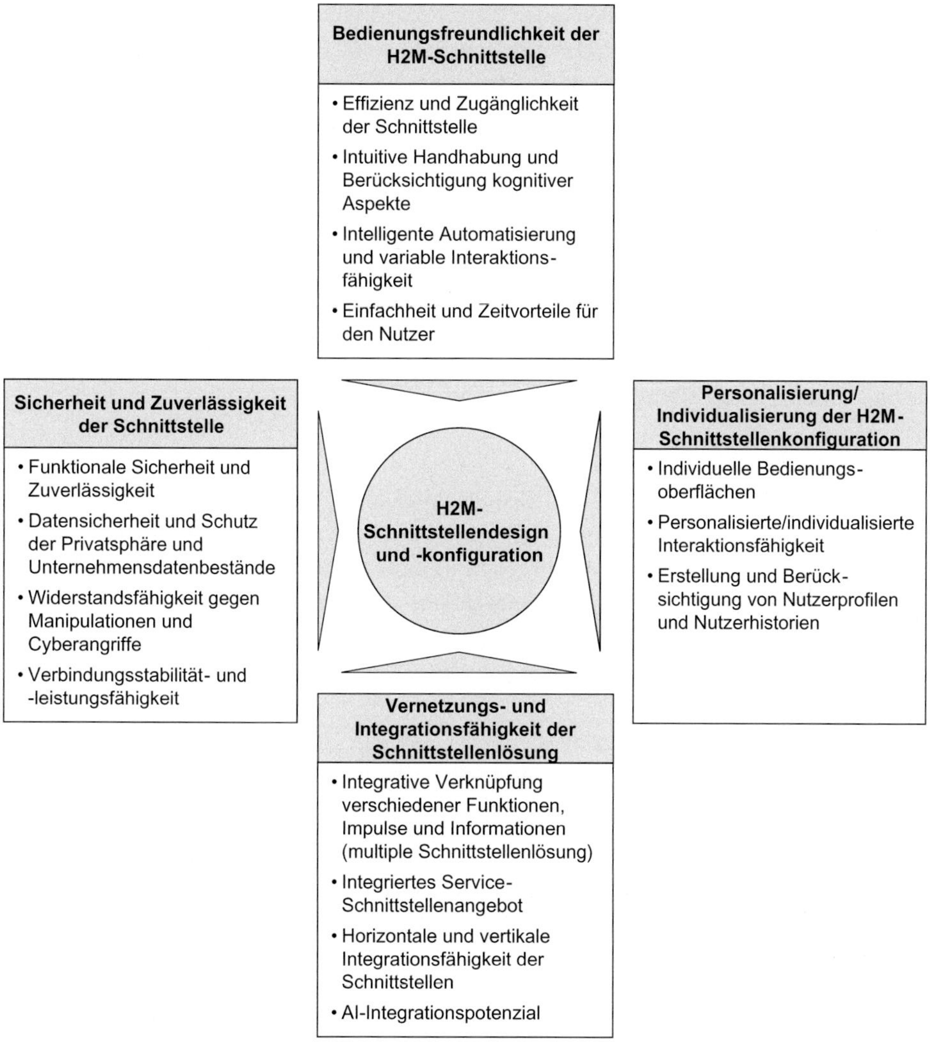

Abb. 5.17 Erfolgsfaktoren von H2M-Schnittstellendesign und -konfiguration. (Vgl. Wirtz (2020), S. 297; Wirtz (2022), S. 169)

agieren, sondern ihre Interaktion an unterschiedliche Bedingungen anpassen sollten. Schließlich bedeutet die Bedienungsfreundlichkeit Einfachheit und Zeitvorteile für den Nutzer.

Personalisierung/Individualisierung

Ein weiterer Erfolgsfaktor im Rahmen der Mensch-Maschine-Interaktion ist die Personalisierung/Individualisierung der H2M-Schnittstellenkonfiguration. Neben individuellen Bedienungsoberflächen, die an den Bedürfnissen und Präferenzen der Nutzer ausgerichtet sind, stellt insbesondere die personalisierte/individualisierte Interaktionsfähigkeit der

Maschine und ihrer Schnittstellen einen Kernaspekt in diesem Kontext dar. Ein weiterer wichtiger Aspekt bezieht sich auf die Erstellung und Berücksichtigung von Nutzerprofilen und Nutzerhistorien durch die Maschine und ihre Schnittstellen im Rahmen der Interaktion.

Vernetzungs- und Integrationsfähigkeit
Darüber hinaus stellt auch die Vernetzungs- und Integrationsfähigkeit der Schnittstellenlösung einen zentralen Erfolgsfaktor dar. Diese spiegelt sich vor allem in der integrativen Verknüpfung verschiedener Funktionen, Impulse und Information im Sinne einer multiplen Schnittstellenlösung wider. Zudem sind auch ein integriertes Service-Schnittstellenangebot sowie die horizontale und vertikale Integrationsfähigkeit der Schnittstellen erfolgsrelevant für die Mensch-Maschine-Interaktion.

Sicherheit und Zuverlässigkeit
Den letzten Erfolgsfaktor von H2M-Schnittstellendesign und -konfiguration bildet die Sicherheit und Zuverlässigkeit der Schnittstelle. Dabei sind neben der funktionalen Sicherheit und Zuverlässigkeit vor allem die Datensicherheit und der Schutz der Privatsphäre beziehungsweise der Organisationsdatenbestände von zentraler Bedeutung für den Erfolg. Um dies zu gewährleisten, ist eine gewisse Widerstandsfähigkeit der Maschine und ihrer Schnittstellen gegen Manipulationen beziehungsweise Cyberangriffe erforderlich.

Schließlich ist insbesondere im Hinblick auf die funktionale Zuverlässigkeit die Leistungsfähigkeit und Stabilität der Verbindung zwischen Mensch, Schnittstelle und Maschine eine zentrale Erfolgskomponente.

5.5 Inhaltliche Kernpunkte der Grundlagen der Internettechnologie und Mensch-Maschine-Anwendungen

- Da es sich beim Internet um ein loses Netzwerk mit ständig wechselnden Teilnehmern handelt, muss jeder Teilnehmer eindeutig identifiziert werden können, um einen korrekten Datenaustausch zu ermöglichen.
- Das Domain Name System (DNS), das die Identifizierung der Teilnehmer ermöglicht, ist eine Datenbank, die jeden Domain-Namen der jeweiligen IP-Adresse zuordnet.
- Der Ablauf der Internetkommunikation kann anhand des TCP/IP-Referenzmodells abgebildet werden, dabei wird ein Dienst in mehrere Schichten unterteilt, um die logische Struktur abstrahiert darstellen zu können. Das TCP/IP-Referenzmodell besitzt mit der Anwendungs-, Transport-, Internet, und Netzwerkschicht vier logisch getrennte Schichten.

- Grundlegendes Prinzip der Internetarchitektur ist das Client-Server-Prinzip, dabei stellen die Art der Anwendung sowie die Performance des Clients wesentliche Kriterien für die Verteilung der Aufgaben zwischen Client und Server stellen dar.
- Organisationen nutzen den elektronischen Datenaustausch (EDI), um Prozesse und Daten zu integrieren. Innerhalb dieses Standards werden die Daten in der Regel mittels XML oder einer speziellen EDIFACT-Nachricht übertragen.
- Durch das World Wide Web erhalten Nutzer Zugang zu einer Vielzahl von elektronischen Dokumenten, diese müssen entsprechend der vorgesehenen Nutzung entwickelt werden. Die Dokumente sind mit sogenannten Hyperlinks miteinander verknüpft, durch welche ein Nutzer zwischen den Dokumenten wechseln kann.
- AJAX stellt eine Kombination von JavaScript und XML dar, die eine asynchrone Datenübertragung zwischen Server und Client (Browser) realisiert. Die asynchrone Datenübertragung beziehungsweise der Einsatz von AJAX ermöglicht, bei einer Webseite das „Look&Feel" einer klassischen Desktopanwendung zu erzeugen.
- Die Entwicklung der Mensch-Maschine-Schnittstelle blickt auf eine lange Geschichte zurück. Mittlerweile zeichnet sich die Mensch-Maschine-Schnittstelle durch einen hohen Automatisierungsgrad und selbstlernende Elemente aus.
- Die Interaktion zwischen Mensch und Maschine findet auf der visuellen, haptischen und auditiv-verbalen Ebene statt.
- Die Erfolgsfaktoren der Gestaltung und Konfiguration der Mensch-Maschine-Schnittstelle (H2M) sind die Bedienungsfreundlichkeit der H2M-Schnittstelle, die Personalisierung/Individualisierung der H2M-Schnittstellenkonfiguration, die Vernetzungs- und Integrationsfähigkeit der Schnittstellenlösung sowie die Sicherheit und Zuverlässigkeit der Schnittstelle.

Kapitel 5
Wissensfragen und Diskussionsthemen

Wissensfragen

1. Stellen Sie das Client-Server-Prinzip sowie die Internet-Adressierung in einer Abbildung dar und erklären Sie deren Zusammenhang.
2. Klassifizieren und beschreiben Sie die wichtigsten Dienste im Internet und gehen Sie insbesondere auf die jeweiligen Anwendungen ein.
3. Erläutern Sie die Grundlagen der Webentwicklung und beschreiben Sie die Funktionsweise eines Webservice.
4. Skizzieren Sie die Entwicklung der Mensch-Maschine-Interaktion.
5. Beschreiben Sie das HMI-Modell der Mensch-Maschine-Interaktion und dessen Erfolgsfaktoren.

Diskussionsthemen

1. Diskutieren Sie die zukünftigen Entwicklungen der Mensch-Maschine-Interaktion und -Konfiguration vor dem Hintergrund der zunehmenden Automatisierung menschlicher Arbeit durch digitale Programme und Schnittstellen. Was sind die Risiken für eine demokratische Gesellschaft und einen freien Arbeitsmarkt?
2. Diskutieren Sie am Beispiel des HMI-Modells der Mensch-Maschine-Interaktion, ob zukünftig beim Menschen implantierte Schnittstellen (bspw. RFID-Mikrochips) nur ein Zukunftsszenario oder eine reale Entwicklungsmöglichkeit sind. Diskutieren Sie insbesondere dabei auch ethische Aspekte.
3. Diskutieren Sie, ob die im Modell dargestellten Erfolgsfaktoren von H2M-Schnittstellendesign und –konfiguration informationstechnologisch zu begrenzt ausgelegt sind. Berücksichtigen Sie dabei, welche zusätzlichen informationstechnologischen Erfolgsfaktoren es geben könnte!

Literatur

Abts, D./Mülder, W. (2017), Grundkurs Wirtschaftsinformatik, 9. Auflage, Wiesbaden 2017.

Barker, D. (2016), Web Content Management- Systems, Features, and Best Practices, Sebastopol, CA 2016.

Brandt, M. (2022), 5G knackt 2022 die Milliarden-Marke, https://de.statista.com/infografik/13074/geschaetzte-anzahl-der-5g-mobilfunkanschluesse-weltweit/#:~:text=Mobilfunkstandard&text=5G%20laut%20Ericsson%20Mobility%20Report,Millionen%20und%20Asien%20897%20Millionen., Abruf: 09.11.2022, Abruf: 28.03.2022.

Chaffey, D./Hemphill, T./Edmundson-Bird, D. (2019), Digital business and e-commerce management, Seventh edition, Harlow, England, New York 2019.

Chandra, P.R./Sravan, K.S./Chakravarthy, M.S. (2019), A New Approach to the Design of a Finite Automaton that accepts Class of IPV4 Addresses, in: IJMSC, 5. Jg., Nr. 1, 2019, S. 65–79.

Eckert, S. (2023), ChatGPT – die wichtigsten Fragen und Antworten zur KI-App, https://www.ndr.de/ratgeber/ChatGPT-die-wichtigsten-Fragen-und-Antworten-zur-KI-App,chatgpt138.html#:~:text=Die%20Zahlen%20zeigen%20zun%C3%A4chst%20einmal,weltweit%20bei%20dem%20Dienst%20angemeldet., Abruf: 13.02.2023.

Fiebig, T./Lichtblau, F./Streibelt, F./Krüger, T./Lexis, P./Bush, R./Feldmann, A. (2018), Learning from the Past: Designing Secure Network Protocols, in: Bartsch, M./Frey, S. (Hrsg.): Cybersecurity Best Practices, Wiesbaden 2018, S. 585–613.

Friedewald, M. (2010), Ubiquitäres Computing- Das „Internet der Dinge" – Grundlagen, Anwendungen, Folgen, Berlin 2010.

Fritz, W. (2004), Internet-Marketing und Electronic Commerce- Grundlagen – Rahmenbedingungen – Instrumente: mit Praxisbeispielen, 3. Auflage, Wiesbaden 2004.

Garrett, J.J. (2005), Ajax: A New Approach to Web Applications, 2005, http://adaptivepath.com/ideas/ajax-new-approach-web-applications, Abruf: 28.11.2011.

Google (2022), Statistiken – IPv6-Einführung, https://www.google.de/ipv6/statistics.html, Abruf: 07.11.2022, Abruf: 07.11.2022.

Halabi, B./McPherson, D. (2000), Internet routing architectures, 2. Auflage, Indianapolis 2000.

Hashemi, M./Koksal, C.E./Shroff, N.B. (2018), Out-of-Band Millimeter Wave Beamforming and Communications to Achieve Low Latency and High Energy Efficiency in 5G Systems, in: IEEE Trans. Commun., 66. Jg., Nr. 2, 2018, S. 875–888.

Heydenreich (2006), Wie Ajax die Praxis verändert, https://www.computerwoche.de/a/wie-ajax-die-praxis-veraendert,1215633, Abruf: 10.02.2020, Abruf: 10.02.2020.

Horwitz, J. (2019), The definitive guide to 5G low, mid, and high band speeds, https://venturebeat.com/2019/12/10/the-definitive-guide-to-5g-low-mid-and-high-band-speeds/, Abruf: 14.02.2023.

Krcmar, H. (2015), Informationsmanagement, 6. Auflage, Berlin 2015.

Laudon, K.C./Laudon, J.P./Schoder, D. (2016), Wirtschaftsinformatik- Eine Einführung, 3., vollständig überarbeitete Auflage, Hallbergmoos 2016.

Martinez-Caro, J.-M./Aledo-Hernandez, A.-J./Guillen-Perez, A./Sanchez-Iborra, R./Cano, M.-D. (2018), A Comparative Study of Web Content Management Systems, in: Information, 9. Jg., Nr. 2, 2018, S. 1–15.

Ravoof, S. (2022), Using AJAX and PHP in Your WordPress Site Creating Your Own Plugin, https://wpmudev.com/blog/using-ajax-with-wordpress/, Abruf: 09.11.2022.

Sukumara, T./Starck, J./Vellore, J./Kumar, E./Harish, G. 2018, Cyber security – Securing the protection and control relay communication in substation, in: 2018 71st Annual Conference for Protective Relay Engineers (CPRE). 2018 71st Annual Conference for Protective Relay Engineers (CPRE). College Station, TX, 26.03.2018–29.03.2018: IEEE, S. 1–7.

Tillman, M. (2022), Was ist Google Duplex, wo ist es verfügbar, und wie funktioniert es?, https://www.pocket-lint.com/de-de/handy/news/google/146008-was-ist-google-duplex-wo-ist-es-verfugbar-und-wie-funktioniert-es, Abruf: 11.11.2022, Abruf: 07.04.2022.

W3Techs (2022a), Market share trends for content management systems, https://w3techs.com/technologies/history_overview/content_management, Abruf: 09.11.2022.

W3Techs (2022b), Usage statistics of server-side programming languages for websites, https://w3techs.com/technologies/overview/programming_language, Abruf: 08.11.2022, Abruf: 08.11.2022.

Wirtz, B.W. (2013), Electronic Business, 4. Auflage, Wiesbaden 2013.

Wirtz, B.W. (2016), Electronic Business, 5. Auflage, Wiesbaden 2016.

Wirtz, B.W. (2020), Electronic Business, 7. Auflage, Wiesbaden 2020.

Wirtz, B.W. (2021), Digital business and electronic commerce- Strategy, business models and technology, 1. Auflage, Cham 2021.

Wirtz, B.W. (2022), E-Government- Strategie – Organisation – Technologie, 1. Auflage, Wiesbaden 2022.

Yue, K./Wang, X./Zhou, A. (2004), Underlying Techniques for Web Services: A Survey, in: Journal of Software, 15. Jg., Nr. 3, 2004, S. 428–442.

Zhang, W./Wang, Y. (2015), Review of the development of China's mobile broadband networks, in: China Commun., 12. Jg., Nr. 6, 2015, S. 164–173.

Digitale Zahlungssysteme, Sicherheit und Regulierung

6

Inhaltsverzeichnis

6.1 Digitale Zahlungssysteme und Anwendungen 230
6.2 Sicherheit im Digital Business 239
6.3 Regulierung im Digital Business 249
6.4 Inhaltliche Kernpunkte von digitalen Zahlungssystemen, Sicherheit und Regulierung 257
Literatur 258

Wissensziele

Wenn Sie dieses Kapitel gelesen haben, werden Sie in der Lage sein:

1. verschiedene digitale Bezahlsysteme und -prozesse zu erläutern,
2. die Erfolgsfaktoren von digitalen Zahlungssystemen zu beschreiben,
3. die grundlegenden Bedrohungen der Cybersicherheit in Computernetzwerken zu benennen,
4. zu erläutern, mit welchen Maßnahmen den Cybersicherheitsrisiken begegnet werden kann,
5. das WGS-Internet-Regulierungsmodell zu erläutern.

B. W. Wirtz, *Digital Business*, https://doi.org/10.1007/978-3-658-41467-2_6

Digitale Zahlungssysteme	Sicherheit im Digital Business	Regulierung der Internetökonomie
• Digitale Bezahlmöglichkeiten • Digitaler Zahlungsprozess • Erfolgsfaktoren digitaler Zahlungssysteme	• Cybersicherheits-Framework • Typische Bedrohungen im Digital Business • Management von Cybersicherheitsrisiken	• Wettbewerbsrechtliche Regulierungsaspekte • Gesellschaftsrechtliche Regulierungsaspekte • Straf- und Zivilrechtliche Regulierungsaspekte

Abb. 6.1 Struktur des Kapitels

Die zunehmende Durchdringung aller Wirtschafts- und Lebensbereiche mit modernen IuK-Technologien rückt in Anbetracht der wachsenden Vernetzung und Komplexität der damit verbundenen Systeme und Daten auch das Thema Sicherheit verstärkt in den Mittelpunkt.[1] Potenzielle Sicherheitsbedrohungen betreffen dabei zunehmend auch wirtschaftlich und gesellschaftlich kritische Infrastrukturen.

Besondere Bedeutung hat das Thema Sicherheit dabei auch für digitale Zahlungen, die insbesondere im Bereich des Digital Business, aber auch darüber hinaus eine zunehmend wichtige Rolle spielen. Im Folgenden werden digitale Zahlungssysteme und das Thema Sicherheit im Digital Business ausführlicher erläutert. Wichtige Aspekte zur Regulierung der Internetökonomie werden darauffolgend behandelt. Abb. 6.1 stellt die Struktur des Kapitels dar.

6.1 Digitale Zahlungssysteme und Anwendungen

Die wachsende Zahl der Internet- und Smartphone-Nutzer sowie die Folgen der Finanzkrise zu Beginn des 21. Jahrhunderts haben zur Digitalisierung verschiedener Finanzprodukte geführt. Die digitale Transformation hat sich auf alle Aspekte des Geschäftslebens ausgewirkt, auch auf den Geldverkehr, der für Unternehmen von zentraler Bedeutung ist und auch in Zukunft Geschäftspotenziale und Effizienzgewinne bietet.

Neben den etablierten Formen des elektronischen Zahlungsverkehrs per Karte sind im Zuge der digitalen Transformation auch neue Formen des Zahlungsverkehrs wie Micro-

[1] Vgl. zu Kap. 6 Digitale Zahlungssysteme, Sicherheit und Regulierung im Folgenden Wirtz/Weyerer (2017b), S. 1085 ff.; Wirtz (2020), S. 190 ff.; Wirtz (2021), S. 173 ff.; Wirtz (2022a), S. 171 ff.; Wirtz (2022b), S. 191 ff.

payments, Mobile Payments oder Blockchain-basierte Transaktionen entstanden, die beispielsweise anonyme und dennoch sichere Möglichkeiten des Wertehandels bieten. Standard-Zahlungskarten wie Debit- und Kreditkarten werden seit den späten 1960er-Jahren ausgegeben und sind seither im Einsatz. Sie sind zum Teil auch Grundlage für heutige Online-Zahlungen, werden aber in moderne Zahlungsansätze wie mobile Zahlungen durch Apple Pay oder Google Pay eingebunden.

Laut dem FinTech Report 2021 von Statista hatte das Segment des digitalen Bezahlens einen globalen Transaktionswert von 5204 Mrd. US-Dollar im Jahr 2020.[2]

Digitale Bezahlmöglichkeiten

Digitale Zahlungssysteme können anhand verschiedener Faktoren unterschiedlich kategorisiert werden. Die Unterscheidung von elektronischen Zahlungen nach dem übertragenen Geldbetrag führt zu den Begriffen Macropayments (ab ca. 5 USD) und Micropayments (bis ca. 5 USD). Im Zusammenhang mit bestimmten Online-Diensten wie Online-Journalismus und Matching-Diensten gab es auch die Strategie sehr kleine Beträge abzurechnen. Allerdings waren diese Geschäftsmodelle in der Vergangenheit aufgrund der mangelnden Bereitschaft der Online-Nutzer so kleine Zahlungen zu akzeptieren nicht erfolgreich.[3]

Eine weitere Unterscheidung betrifft die Zeit. Digitale Bezahlsysteme können nach dem Abrechnungszeitpunkt kategorisiert werden. Dabei gibt es Systeme, die das Kundenkonto nach der Kauftransaktion belasten sowie Systeme, die das Kundenkonto zum Zeitpunkt des Kaufs belasten. Andere Systeme nutzen wiederum kreditbasierte Zahlungen.

Darüber hinaus können elektronische Geld- und Zahlungssysteme auch nach der verwendeten Hard- und Software unterschieden werden. So ist zum Beispiel die Kategorisierung in spezifische Hardware wie bestimmte Kartentypen und entsprechende Lesegeräte, Software- und API-Systeme oder in bestimmte Arten von elektronischem Geld möglich.

Da die etablierte Kategorisierung des elektronischen Zahlungsverkehrs für eine hinreichend adäquate Differenzierung gängiger Anbieter nicht geeignet ist, wird eine Mischform benötigt, um die gesamte Bandbreite digitaler Zahlungssysteme abzubilden. Dieses Schema beinhaltet auch eine Differenzierung hinsichtlich des Bezugs zur realen Welt: während der herkömmliche elektronische Zahlungsverkehr nur Möglichkeiten bot, Barzahlungen elektronisch abzuwickeln, umfasst der heutige Online-Zahlungsverkehr auch Transaktionen verschiedener Formen von E-Geld und Kryptowährungen.

Durch die zunehmende Bedeutung mobiler Geräte und der damit weit verbreiteten Verfügbarkeit von Nahfeldtechnologien wie NFC, Bluetooth und der Darstellung von QR-

---

[2] Vgl. Statista (2021).

[3] Vgl. Mitchell (2007).

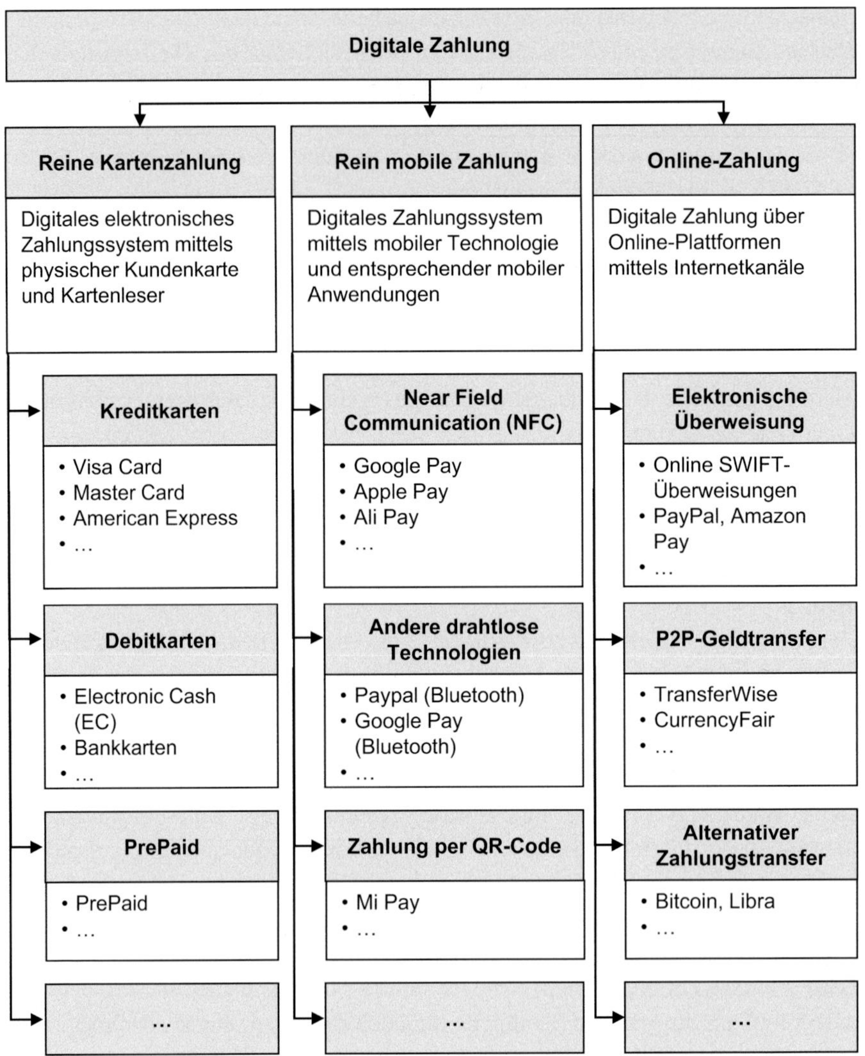

Abb. 6.2 Digitale Zahlungssysteme. (Vgl. Wirtz (2021), S. 175; Wirtz (2022b), S. 194)

Codes, gewinnen mobile Zahlungen immer mehr an Bedeutung. Abb. 6.2 veranschaulicht eine Einteilung von digitalen Zahlungssystemen.

Elektronische Zahlungssysteme sind Systeme, die mit Hilfe einer physischen Kundenkarte und eines Kartenlesegeräts arbeiten. Dabei werden elektronische Geldprodukte je nach Art des Speichermediums in hardwarebasierte und softwarebasierte Produkte unterteilt. Bei hardwarebasierten Produkten ist das Speichermedium in der Regel ein Computerchip, der meist in eine Plastikkarte eingebettet ist, wobei der Zugriff auf die Kaufkraft durch hardwarebasierte Sicherheitsmerkmale geschützt ist.

Zu den hardwarebasierten Transaktionen gehören Zahlungen, die über Telekommunikationsnetze mit einem Kartenlesegerät durchgeführt werden. Solche Systeme lassen sich nach der Funktionalität der Karten in Kreditkarten, Debitkarten und Prepaid-Karten einteilen. Visa, UnionPay und MasterCard sind laut Nilson Report (2020) die wichtigsten Anbieter von Kreditkarten weltweit. Debitkarten sind Karten, die in der Regel einen direkten Bezug zu einem Bankkonto haben. Im Gegensatz dazu sind Prepaid-Karten nicht notwendigerweise mit einem Bankkonto verbunden und enthalten ein Guthaben für verschiedene Unternehmen, wie z. B. Transportdienste, Cafeterias usw.

Das Segment des rein mobilen Zahlungsverkehrs umfasst Transaktionen am Point of Sale (POS), die über Anwendungen für mobile Endgeräte, sogenannte „Mobile Wallets", abgewickelt werden. Bekannte Anbieter von Mobile Wallets sind Apple Pay, Google Pay oder Samsung Pay. Der Bezahlvorgang wird durch eine kontaktlose Interaktion der mobilen App mit einem geeigneten POS-Terminal des Händlers ausgelöst. Die Datenübertragung kann z. B. über den Funkstandard NFC (Near Field Communication), Bluetooth oder durch das Scannen eines QR-Codes initiiert werden.

Über die Mobile-Wallet-Applikation kann der Nutzer den Rechnungsbetrag des Einkaufs digital bezahlen, indem er eine Online-Überweisung auslöst oder digital hinterlegte Kredit- oder Debitkarten als Zahlungsinstrument nutzt (Host-Card-Emulation). Nicht in dieser Definition enthalten sind Zahlungstransaktionen mit physischen Debit- oder Kreditkarten an kontaktlosen Terminals oder mobilen POS-Systemen (z. B. Square, SumUp) sowie die ortsunabhängige Abrechnung mit dem Netzbetreiber (Online Payment).

Mit dem Aufkommen von Smartphones werden Ansätze für mobile Bezahlsysteme für Kunden und Unternehmen im Alltag immer beliebter. Dabei lassen sich die verschiedenen Ansätze hinsichtlich der genutzten Technologie unterscheiden. Der am weitesten verbreitete Ansatz ist die Near Field Communication (NFC) Technologie. NFC ist ein internationaler Übertragungsstandard auf Basis der RFID (Radio-Frequency-Identification)-Technologie zum kontaktlosen Austausch von Daten durch elektromagnetische Induktion mittels lose gekoppelter Spulen über kurze Distanzen von wenigen Zentimetern und einer Datenübertragungsrate von maximal 424 Kbit/s.

NFC ist auch die Technologie, die das kontaktlose Bezahlen mit Karten sowie das Bezahlen mit mobilen Geräten ermöglicht. Sowohl Google, Apple als auch Alibaba nutzen die NFC-Technologie für ihre mobilen Bezahldienste. Weitere Technologien für die Datenübertragung beim mobilen Bezahlen sind Bluetooth, das von PayPal sowie Google Pay genutzt wird. Darüber hinaus gibt es auch optische Datenschnittstellen, die mit QR-Codes (Quick Response) arbeiten. Der chinesische Anbieter Mi Pay beispielsweise bietet Händlern und Kunden an, einen QR-basierten Bezahldienst zu nutzen.

Online-Zahlung bezieht sich auf verschiedene Arten von digitalen Zahlungen, die auf Internetkanälen basieren. Dabei gibt es verschiedene Arten von Online-Überweisungen. Die häufigste Art ist die elektronische Überweisung. Dieser Typ umfasst die standardmäßigen Online-Überweisungen, die in der Regel auf dem SWIFTNet basieren. PayPal und andere Drittanbieter-Zahlungskontodienste bieten jedoch auch standardisierte Geldtransferansätze an, die als elektronischer Geldtransfer betrachtet werden können.

Im Gegensatz zum Vorgehen bei elektronischen Überweisungen sind P2P-Geldtransfer-Services in der Regel Plattformen, die einen kostengünstigen Fremdwährungsaustausch ermöglichen. Herkömmliche internationale elektronische Banküberweisungen sind mit hohen Gebühren, Intransparenz und langen Transferzeiten verbunden. Durch das so genannte Peer-to-Peer-Konzept können die Gebühren deutlich reduziert werden. Das folgende Beispiel verdeutlicht die Funktionsweise des Konzeptes.

Ein Verbraucher möchte US-Dollar von Deutschland in die Vereinigten Staaten überweisen. Der Kunde überweist sein Geld auf ein Euro-Konto eines P2P-Währungstransfer-Anbieters innerhalb der EU. Dieser Anbieter hat auch Konten in vielen anderen Ländern der Welt. Sobald der Betrag ankommt, wird die Zahlung auf das gewünschte Konto in den USA veranlasst, wo der Anbieter ebenfalls ein lokales Konto hat und die US Dollar schnell und günstig auf das Zielkonto auszahlen kann. In diesem Sinne verlässt der Euro keine Grenzen, wie es bei einer traditionellen Bank mit SWIFT-Überweisungen der Fall wäre. Anbieter von P2P-Währungstransfers sind zum Beispiel TransferWise oder CurrencyFair. Abb. 6.3 veranschaulicht das grundlegende Geschäftsmodell hinter diesen Diensten.

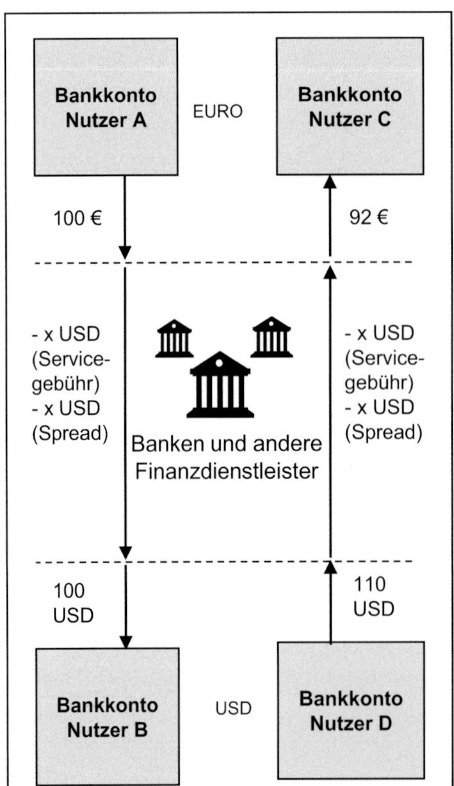

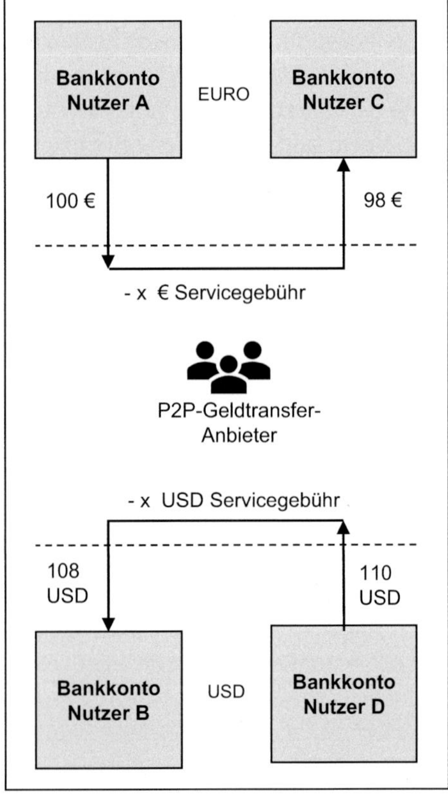

Abb. 6.3 Vergleich internationaler SWIFT-Transfer und P2P-Währungstransfer. (Vgl. Wirtz (2021), S. 177; Wirtz (2022b), S. 196)

Eine weitere Art von Online-Geldtransfers basiert auf anderen digitalen Formen von Währungen oder Wertbeständen. Solches alternatives, elektronisches Geld steht im Gegensatz zu konventionell etablierten Wertträgern und hat somit keine nicht-digitale Form wie offizielle Währungen. Gemäß der Europäischen Zentralbank (EZB) ist E-Geld ein Finanzinstrument, das auf elektronischen Datenträgern gespeicherte Werteinheiten in Form einer Forderung gegenüber der ausgebenden Stelle darstellt. Es wird im Austausch gegen eine Geldsumme ausgegeben und von Dritten als Zahlungsmittel akzeptiert, ohne notwendigerweise gesetzliches Zahlungsmittel zu sein. Dabei erfolgt die Transaktion nicht zwingend über Bankkonten, sondern die Werteinheiten auf dem Speichermedium fungieren als vorausbezahltes Inhaberinstrument.

Elektronisches Geld ist somit ein Zahlungsmittel, bei dem ein beliebiger, in elektronischer oder auch magnetischer Form, gespeicherter Geldwert als Forderung gegenüber dem Emittenten gegen Zahlung eines Geldbetrages ausgegeben wird. Es dient der Durchführung des Zahlungsverkehrs und wird auch von anderen Wirtschaftssubjekten als dem Emittenten des elektronischen Geldes akzeptiert. Ist der Emittent eine Zentralbank, handelt es sich um digitales Zentralbankgeld und könnte je nach Ausgestaltung auch gesetzliches Zahlungsmittel sein. Digitales Zentralbankgeld ist derzeit Gegenstand intensiver Forschung, wurde aber noch in keinem Währungsraum ausgegeben.

Ein Ansatz, alternative Währungen zu schaffen, ist die Verwendung von Blockchain. Blockchain bietet eine technologische Lösung, um Werte sicher zu speichern und zu übertragen. Bitcoin war die erste digitale Währung, die das Problem der Reproduktion ohne eine vertrauenswürdige Autorität oder einen zentralen Server löste. Sie stützt sich auf öffentliche Register (Public Ledger), die alle Transaktionen im Netzwerk aufzeichnen. Im Jahr 2021 erklärte El Salvador als weltweit erstes Land den Bitcoin zum gesetzlichen Zahlungsmittel.[4]

Digitaler Zahlungsprozess

Auch wenn es eine große Bandbreite an digitalen Bezahlverfahren gibt, ist die Wertübertragung zwischen Werthalter und Empfänger immer ähnlich. Jeder Schritt des Zahlungsprozesses kann verschiedene Akteure und Parteien involvieren und bietet Geschäftsmöglichkeiten in einer relativ jungen und dynamischen Branche. Abb. 6.4 veranschaulicht die Wertschöpfungskette für digitale Zahlungen.[5]

Die Wertschöpfungskette für digitale Zahlungen kann in vier Schritte unterteilt werden. Der Zahlungsempfänger gibt den angeforderten Betrag für gekaufte Produkte oder Dienst-

[4] Vgl. Lopez und Livni (2021).

[5] Inhalte teilweise basierend auf Adyen (2018); Deloitte (2019); Deutsche Bank (2020).

Abb. 6.4 Wertschöpfungskette für digitale Zahlungen. (Vgl. Wirtz (2021), S. 178; Wirtz (2022b), S. 197)

leistungen an und bietet für die Zahlung verschiedene digitale Zahlungskanäle an. Im zweiten Schritt nimmt der Zahlungsauftraggeber die Zahlungsanforderung an und wählt einen der Zahlungskanäle aus. Im Folgenden wird eine Karte, ein mobiles Gerät oder ein Online-Konto verwendet. Anschließend wird eine entsprechende Autorisierung des Zugriffs auf das entsprechende Konto durch den Zahlungsauftraggeber erteilt.

Der dritte Schritt bezieht sich auf die Verarbeitung der Zahlung. Er besteht aus der Übertragung der prozeduralen Programmierung: der Schnittstellenübergabe, der Datenverarbeitung und der Datenübermittlung. Der vierte und letzte Schritt ist die Zahlungsabwicklung. Sie befasst sich meist mit dem Genehmigungs- und Bestätigungsprozess, der die endgültige Abwicklung des Zahlungsvorgangs anzeigt.

Der digitale Zahlungsprozess kann als Sender-Empfänger-Schema beschrieben werden, das drei verschiedene Schichten umfasst. Die Zahlungsverkehrsinteraktionsschicht, die die lesbaren Informationen beschreibt, die sowohl an den Zahlungsauftraggeber als auch an den Zahlungsempfänger gesendet werden, die Schnittstellenschicht, die die jeweiligen Benutzeroberflächen für beide Parteien beschreibt und die Übertragungsschicht, die die Zahlung verarbeitet. Der Prozess digitaler Zahlungen ist in Abb. 6.5 dargestellt.

Erfolgsfaktoren digitaler Zahlungssysteme

Für den Erfolg digitaler Zahlungssysteme sind verschiedene Aspekte relevant. Hierzu zählen insbesondere die Kosten im Vergleich zu alternativen Systemen, die technologische

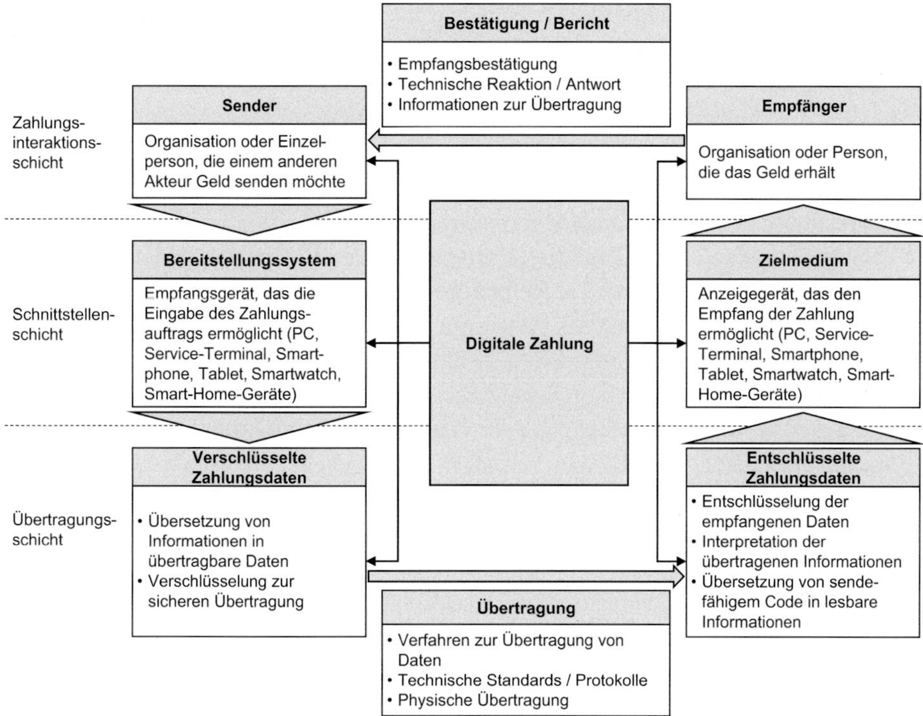

Abb. 6.5 Transaktionsprozess digitaler Zahlungen. (Vgl. Wirtz (2021), S. 179; Wirtz (2022b), S. 198)

Akzeptanz, die Benutzerfreundlichkeit, die Portabilität, die Geschwindigkeit und die Sicherheit.

Für die Nutzung von Online-Zahlungsmethoden verlangen viele Anbieter transaktionsabhängige Gebühren. Zusätzlich sind die auf der Käuferseite anfallenden transaktionsunabhängigen Kosten für eine eventuell notwendige Aufladung des eigenen Online-Kontos oder die Beschaffung der benötigten Hard- oder Software zu berücksichtigen. Auf der Verkäuferseite sind mögliche monatliche Grundgebühren zu berücksichtigen, die der Käufer an den Systemanbieter zu zahlen hat.

Neben dem Preis und der gebotenen Sicherheit muss ein digitales Zahlungssystem von Händlern und Kunden als Zahlungsmethode akzeptiert werden. Grundsätzlich führt die zunehmende Verbreitung von digitalen Zahlungssystemen zu einer Reduzierung oder gar Vermeidung von Kaufabbrüchen durch Kunden im digitalen E-Commerce, da diese den Kaufprozess mit einem Zahlungssystem ihrer Wahl abschließen können.

Dies lässt sich auch auf die gestiegene Anzahl verschiedener angebotener digitaler Zahlungsmethoden zurückführen, da jeder Kunde sein bevorzugtes Zahlungssystem wählen kann. Somit steigt die generelle Akzeptanz der Kunden für digitale Zahlungssysteme.

Insbesondere durch eine intuitivere Bedienung mit erhöhter Benutzerfreundlichkeit ist die Nutzung von digitalen Zahlungssystemen in den letzten Jahren gestiegen.

Ob ein bestimmtes digitales Zahlungssystem die Akzeptanz von Händlern und Kunden findet, lässt sich unter anderem am Ausmaß der Verbreitung des Zahlungssystems ablesen. Ein digitales Zahlungssystem sollte einfach zu bedienen sein und die Funktionsweise sollte für den Anwender nachvollziehbar sein. Online-Bezahlverfahren, die sehr komplex sind, sind in der Vergangenheit am Markt gescheitert.

Zahlungssysteme, die auf einer Vielzahl von digitalen E-Commerce-Plattformen eingesetzt werden können und somit universell einsetzbar sind, haben einen weiteren Vorteil gegenüber Systemen, die nur für eine Anwendung genutzt werden. Eine weitere Anforderung an digitale Zahlungssysteme ist, dass die Zeitspanne zwischen Zahlungsausgang beim Kunden und Zahlungseingang beim Händler so kurz wie möglich gehalten wird, um die kurzfristige Abwicklung einer Transaktion zu gewährleisten.

Sowohl Händler als auch Kunden verlangen von digitalen Zahlungssystemen die Einhaltung von Sicherheitsstandards bei der Transaktionsübermittlung Diese sollen vor ungewollten Manipulationen während einer Transaktion schützen, welche sich im Abfangen, Verändern oder Missbrauch von ausgelösten Transaktionen manifestieren oder durch fehlerhafte maschinelle Verarbeitung verursacht werden können. Hinzu kommt die Gewährleistung einer hohen Zahlungssicherheit, die sich vor allem in einem realen und dauerhaften Geldeingang beim Händler zeigt, im Gegensatz zur unsicheren Zahlung per Kreditkarte, die ein hohes Risiko von Zahlungsausfällen birgt.

Dank der geforderten Sicherheit beim Geldtransfer kann der Kunde mit einer korrekten Warenlieferung rechnen und hat zudem eine einfache Möglichkeit, Reklamationen im Falle einer nicht ordnungsgemäßen Lieferung oder einer fehlerhaften Zahlungsbestätigung zu bearbeiten. Allerdings unterliegt diese Abwicklung den jeweiligen Richtlinien des Zahlungsdienstleisters, die nicht immer vollständig transparent sind, und ist daher mit einem gewissen Restrisiko für beide Seiten behaftet.

Darüber hinaus besteht für den Nutzer auch das Risiko einer möglichen Insolvenz des digitalen Zahlungsanbieters. Digitale Zahlungsanbieter sind nur dann durch das Einlagensicherungssystem vor einer Insolvenz geschützt, wenn es sich um ein offizielles Kreditinstitut handelt. Alle Nicht-Banken unterliegen dieser Einlagensicherung nicht. Daher besteht für Nutzer das Risiko, ihre Einlagen zu verlieren. Abb. 6.6 skizziert die beschriebenen Erfolgsfaktoren.

Auf weitere wichtige Aspekte des erfolgsrelevanten Themas Sicherheit im Digital Business wird im folgenden Abschnitt eingegangen.

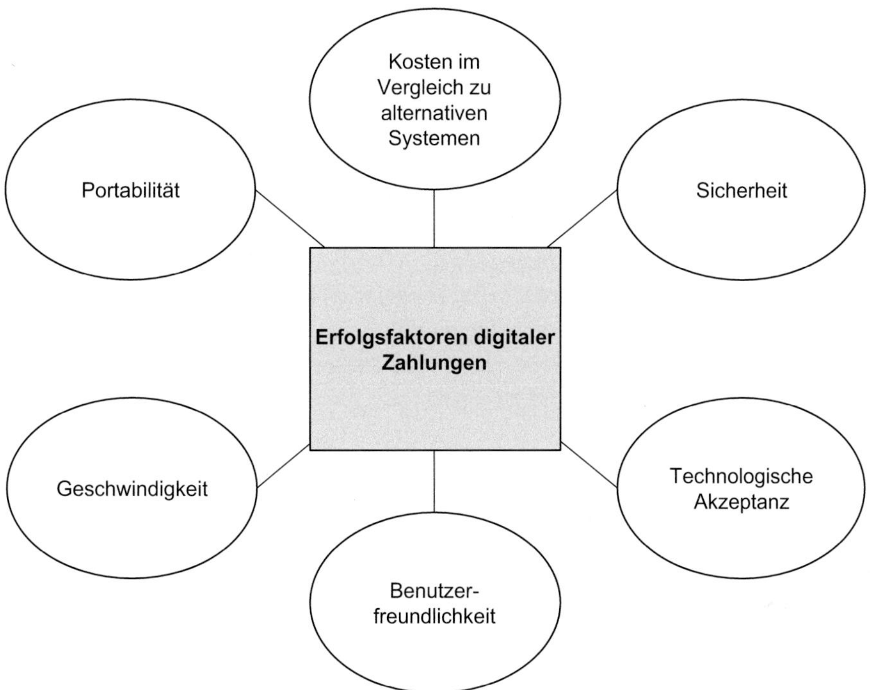

Abb. 6.6 Erfolgsfaktoren digitaler Zahlungssysteme. (Vgl. Wirtz (2021), S. 181; Wirtz (2022b), S. 200)

6.2 Sicherheit im Digital Business

Die fortschreitende Durchdringung moderner Informations- und Kommunikationstechnologien in alle Bereiche der Wirtschaft und des täglichen Lebens sowie die zunehmende Vernetzung und Komplexität der damit verbundenen digitalen Geschäftssysteme und Daten erhöhen die Bedeutung der Cybersicherheit.

Potenzielle Sicherheitsbedrohungen gefährden zunehmend wirtschaftlich und gesellschaftlich kritische Infrastrukturen und beeinträchtigen damit die Menschen und ihre persönliche Privatsphäre. Zudem ist die Cybersicherheit von erheblicher Bedeutung im Kontext von terroristischen Cyberattacken oder internationalen Cyber-War-Auseinandersetzungen: „Der Angreifer ist immer im Vorteil, da man nicht weiß, wo und wie er zuschlagen wird, um dann wieder in den endlosen Tiefen des Internets zu verschwinden. Die hoch entwickelten Industrienationen sind gegen den Cyber-War zugleich besonders anfällig. Dies liegt vor allem darin begründet, dass in unserer Zeit fast alle wirtschaftlichen Transaktionen auf modernen Informations- und Kommunikationstechnologien basieren und dass das weitgehend offene Internet sich inzwischen zum Rückgrat unseres globalen Wirtschaftssystems entwickelt hat. Terroristisch motivierte Hackerangriffe können in sensiblen Zentren ein äußerst effektvolles Aktionsfeld finden.“[6]

Das Zitat aus dem Jahre 2002 zeigt bereits frühzeitig das hohe Gefährdungspotenzial von digitalen Aktivitäten auf. Vor dem Hintergrund der zunehmenden digitalen Hackerangriffe in der vergangenen Dekade, werden auch die nächsten Dekaden von einer hohen Risiko- und Gefährdungsdynamik in diesem Bereich gekennzeichnet sein. In diesem Abschnitt werden die grundlegenden Prinzipien der Sicherheit im Digital Business beschrieben. Zunächst wird ein Cybersecurity-Framework dargestellt, das die zentralen Risiken und Ressourcen in Bezug auf die Sicherheit im Digital Business abbildet. Darüber hinaus werden die wichtigsten Sicherheitstools für das Digital Business diskutiert.

Cybersicherheits-Framework

Die Sicherheit und Verlässlichkeit von elektronischen Transaktionen und Daten hat in den letzten Jahren sowohl im Schrifttum als auch in der Praxis stetig an Bedeutung gewonnen.[7] Wesentliche Gründe für diese Entwicklung sind neben der steigenden Komplexität und Vernetzung von IT-Anwendungen und –Systemen sowie der damit verbundenen Daten, insbesondere die zunehmende Zahl der Cyberangriffe und Datenskandale in den vergangenen Jahren.

Besonders hervorzuheben ist dabei, dass die Cyberangriffe „sowohl in ihrer Häufigkeit zugenommen haben als auch komplexer, professioneller und zielgerichteter geworden sind“.[8] Insbesondere im Kontext des Digital Business sowie der steigenden Relevanz des E-Commerce ist die Sicherheit eine wichtige Determinante für das Vertrauen der Kunden. Vor diesem Hintergrund wird die umfassende Sicherheit ihrer digitalen Infrastrukturen und Daten für Organisationen zunehmend zur Herausforderung.

Der risikobezogene Zustand der Cybersicherheit kann dabei mithilfe des Risiken-Ressourcen-Cybersicherheit-Frameworks beschrieben werden, das mit den Risiken und Ressourcen zwei wesentliche und gegensätzliche Komponenten einander gegenüberstellt.[9] Im Zusammenhang mit den Risiken sind dabei zunächst Cyberattacken und deren Relevanz als wesentlicher Indikator des Zustandes der Cybersicherheit zu nennen, da sie eine zentrale Bedrohung der Cybersicherheit darstellen.

Ein weiterer bedeutender Risikofaktor sind potenzielle Gefahrenquellen, die nicht nur in digitalen Aktivitäten, wie etwa dem Surfen im Internet und Social-Media- oder E-Mail-Kommunikation liegen, sondern sich auch auf organisationsbezogene Aktivitäten

[6] Wirtz (2002), S. 8.

[7] Vgl. Wirtz/Weyerer (2017b), S. 1085.

[8] Wirtz/Weyerer (2017a), S. 154.

[9] Vgl. Wirtz/Weyerer (2017b), S. 1087 ff.

wie etwa die Vergabe von Systemberechtigungen oder das Outsourcing von Tätigkeiten an private Anbieter beziehen.

Da Organisationen je nach Größe und Handlungsbereich durch unterschiedliche Anforderungen an die Cybersicherheit gekennzeichnet sind, spielt auch der Grad des Gefahrenpotenzials eine zentrale Rolle zur Beschreibung des Zustandes der Cybersicherheit. Ein weiterer wichtiger Faktor im Zusammenhang mit den Risiken der Cybersicherheit stellen Sicherheitsbedenken von IT-Experten in der Organisation sowie von Kunden beziehungsweise Bürgern dar. Darüber hinaus ist auch das mangelnde Risikobewusstsein des Top-Managements beziehungsweise der übergeordneten Organisationseinheit als Risikofaktor der Cybersicherheit zu nennen.

In Bezug auf die Ressourcen sind zunächst Schutzmaßnahmen als zentraler Faktor der Cybersicherheit anzuführen, die als Gegenstück zu den auf der Risikoseite zuvor genannten Cyberattacken betrachtet werden können. Schutzmaßnahmen gegen Cyberattacken beinhalten dabei sowohl technologische Instrumente wie Verschlüsselungstechnologien oder Antivirensoftware als auch nicht-technologische Maßnahmen wie Zugangskontrollen oder sicherheitsbezogene Mitarbeiterschulungen.

Ein weiterer bedeutender Ressourcenfaktor für den Fall, dass entsprechende Sicherheitsmaßnahmen versagen, stellt das Notfallmanagement dar. Das Notfallmanagement beinhaltet die Entwicklung und Anwendung von Aktionsplänen zur Reduzierung der Anfälligkeit für Bedrohungen und zur Bewältigung der Auswirkungen von Cyberattacken und daraus potenziell resultierenden Katastrophen. Darüber hinaus stellen Berufserfahrung und Fachwissen des IT-Personals einer Organisation einen wichtigen Ressourcenfaktor im Zusammenhang mit der Cybersicherheit dar, da der erfolgreiche Umgang mit komplexen Cyberattacken und die Aufrechterhaltung der Cybersicherheit ein hohes Maß an IT-Expertise erfordert.

Schließlich ist auch die Ressourcenunterstützung durch das Top-Management beziehungsweise die übergeordnete Organisationseinheit eine bedeutende Ressource in Bezug auf die Cybersicherheit und ein Schlüsselfaktor für die Sicherheit von Informationssystemen. Abb. 6.7 stellt das Risiken-Ressourcen-Cybersicherheit-Framework mit zentralen Faktoren der Cybersicherheit dar.[10]

Typische Bedrohungen im Digital Business

Eine Reihe von Cybersicherheitsrisiken ist für den Digital-Business-Kontext von besonderer Relevanz. Empirische Untersuchungen zeigen ein differenziertes Bild von Sicherheitsrisiken auf. IT-Beauftragte, die im Rahmen der empirischen Analyse befragt wurden, haben unterschiedliche Einschätzungen hinsichtlich potenzieller Gefahrenquellen für die Datensicherheit.

Ein wichtiger Faktor ist die von den IT-Beauftragten eingeschätzte Relevanz von Cyberattacken. Darüber hinaus müssen die Quellen und der Grad der potenziellen Gefahr, die sich aus der Kombination von Schwachstellen, Bedrohungen und/oder potenziellen

[10] Wirtz/Weyerer (2017b).

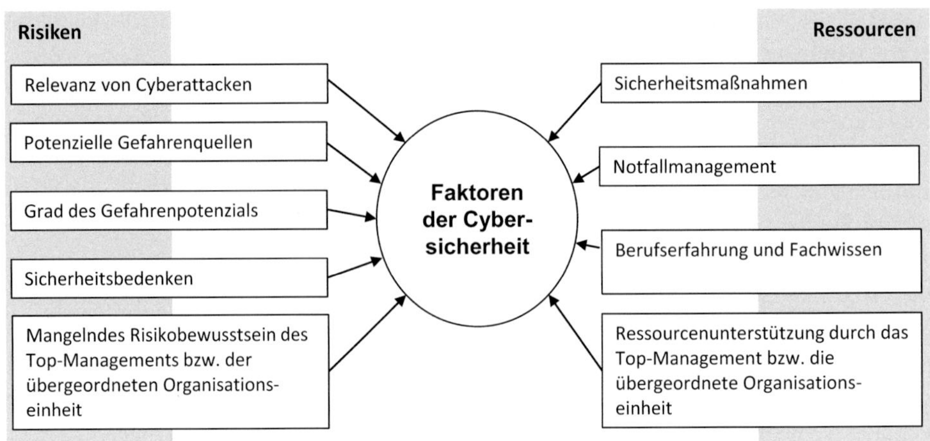

Abb. 6.7 Risiken-Ressourcen-Cybersicherheits-Framework. (Vgl. Wirtz (2020), S. 301; Wirtz (2022b), S. 202)

Cyberangriffen ergeben können, bei der Risikoanalyse berücksichtigt werden. Abb. 6.8 zeigt einen Überblick über die Online-Aktivitäten und deren potenzielle Gefährdung der Sicherheit, wie sie von den IT-Beauftragten der öffentlichen Verwaltung wahrgenommen werden.[11]

Die überwiegende Mehrheit der Befragten sieht ein ernsthaftes Gefährdungspotenzial für die Datensicherheit bei Online-Aktivitäten. Zu diesen Aktivitäten gehören Aspekte wie das Herunterladen von Programmen oder Daten, das Surfen im Internet, die Verbindung mit dem Internet über ein öffentliches drahtloses Netzwerk, die E-Mail-Kommunikation, die Nutzung von sozialen Netzwerken, Online-Chats, Messenger-Programme und Videokonferenzen.

Mit Ausnahme von Videokonferenzen zeigte die Einschätzung aller anderen Online-Aktivitäten eine deutliche Tendenz zu einem hohen oder sehr hohen Gefährdungspotenzial für die Datensicherheit. Neben den Online-Aktivitäten gibt es noch weitere Aktivitäten, die potenzielle Gefahrenquellen für die Datensicherheit darstellen. Abb. 6.9 zeigt eine Übersicht über weitere wichtige Aktivitäten.

Die Aktivitäten, die in der Abbildung zusammengefasst sind, umfassen den Einsatz von Laptops und mobilen Endgeräten, ungesicherte Datenverbindungen zu anderen Online-Nutzern, den Einsatz falscher oder nicht standardisierter Hard- und Software, die Auslagerung von administrativen Tätigkeiten an private Anbieter, die Vergabe und Verwaltung von Systemberechtigungen sowie den System- und Datenzugriff durch Systemadministratoren. Zusammengefasst weisen alle diese Aktivitäten ein relativ hohes Gefährdungspotenzial für die Datensicherheit auf.

[11] Datenquelle: Wirtz/Weyerer (2017b).

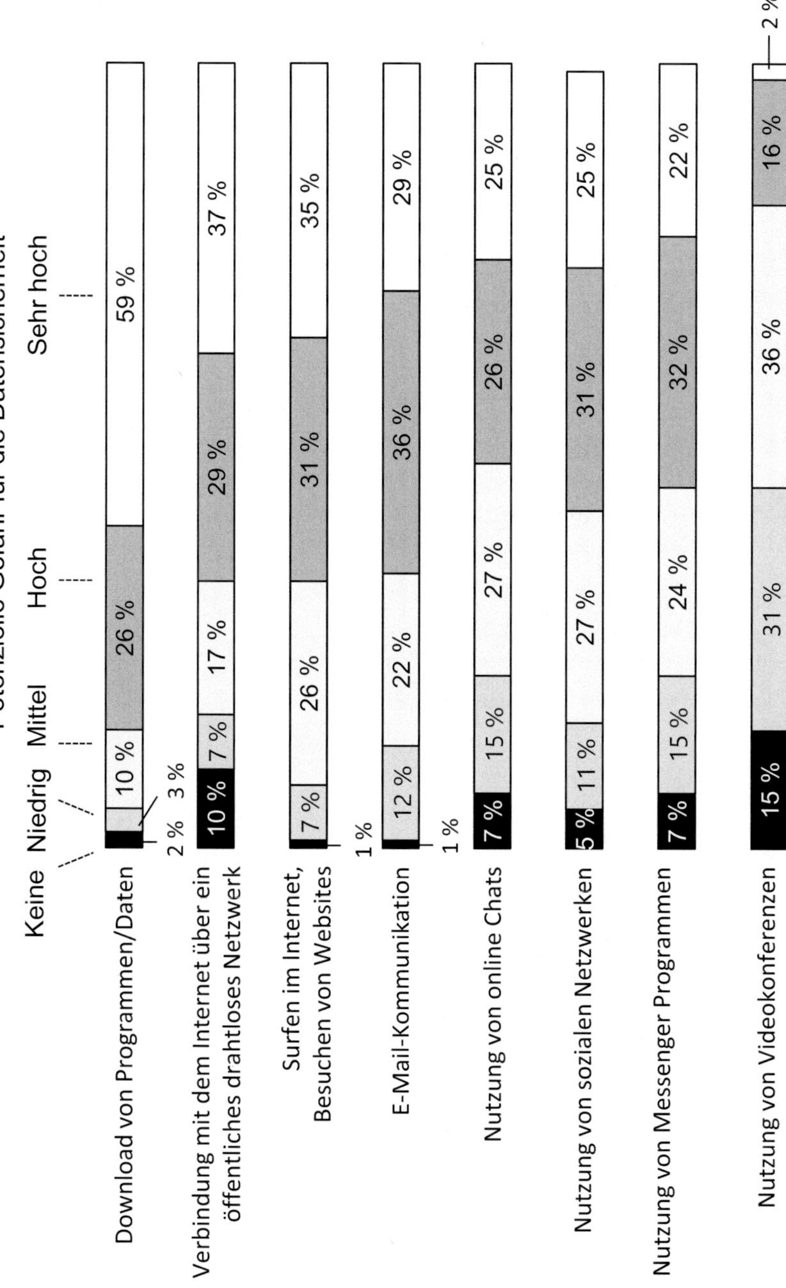

Abb. 6.8 Online-Aktivitäten als potenzielle Gefahrenquellen für die Datensicherheit. (Datenquelle: Wirtz/Weyerer (2017b), Wirtz (2022a), S. 174)

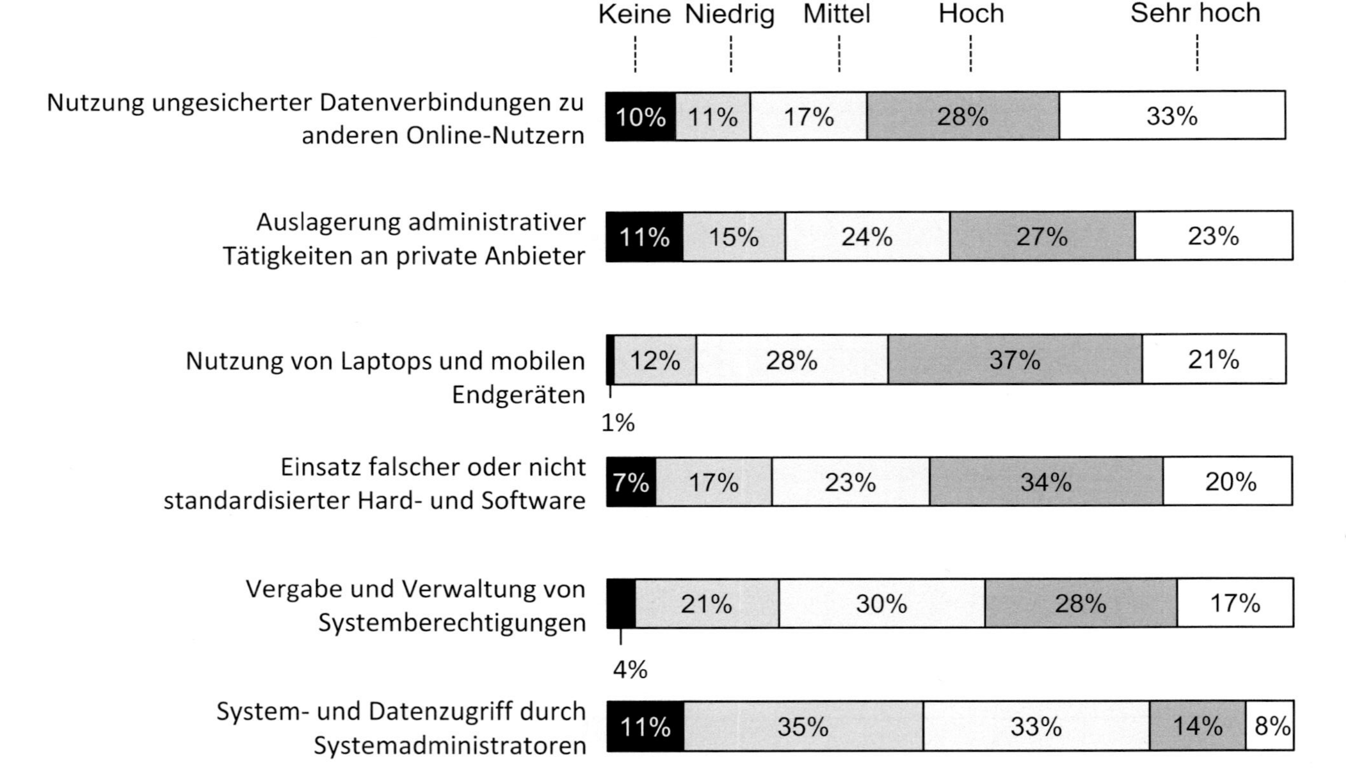

Abb. 6.9 Sonstige Aktivitäten als potenzielle Gefahrenquellen für die Datensicherheit. (Datenquelle: Wirtz/Weyerer (2017b), Wirtz (2022a), S. 176)

Neben der Relevanz, dem Grad und den Quellen des Gefahrenpotenzials sind die sonstigen Sicherheitsbedenken der IT-Beauftragten ein weiterer risikorelevanter Faktor, der den Zustand der Cybersicherheit charakterisiert. Diese Sicherheitsbedenken umfassen Aspekte wie die Angst vor Datendiebstahl, mangelnde Informationen über die Datenverarbeitung und die mangelnde Sicherheit der Datenübertragung.

Schließlich ist das mangelnde Risikobewusstsein der übergeordneten Organisationseinheit ein weiterer Faktor, der berücksichtigt werden muss, da übergeordnete Ebenen nachweislich eine wichtige Rolle im Bereich Cybersicherheit spielen. Im folgenden Abschnitt werden typische Bedrohungen in Computernetzwerken näher erläutert.

Management von Cybersicherheitsrisiken

Das Management von Cybersicherheitsrisiken hat eine grundlegende Bedeutung für alle Aktivitäten im Internet. Im Folgenden sollen zunächst die im Risiken-Ressourcen-Cybersicherheits-Framework abgebildeten Gefahren beschrieben werden, bevor anschließend Sicherheitsziele und –maßnahmen dargestellt werden. Im Zusammenhang mit Informationstechnologie im Allgemeinen und Rechnernetzen im Speziellen existieren eine Vielzahl von Gefahren beziehungsweise Bedrohungen.

Typische Bedrohungen in Computernetzwerken

Zu den wichtigsten Bedrohungen in Rechnernetzen respektive dem Internet gehören der unberechtigte Zugriff, der Datenverlust, die Datenmanipulation, der Datendiebstahl sowie der Identitätsdiebstahl. Die Daten der Kunden beziehungsweise interne Unternehmensdaten müssen geschützt und nicht öffentlich zugänglich sein. Häufig versuchen aber unberechtigte Personen wie beispielsweise Hacker, an geheime Unternehmens- oder auch Kundendaten über das Internet zu gelangen, indem Sie sich unerlaubt Zugriff auf die Unternehmensserver beschaffen.

Hat ein Hacker Zugriff auf einen Unternehmensserver erlangt, so kann er die Daten stehlen oder auch manipulieren. Will ein Hacker nur auf Sicherheitslücken aufmerksam machen, so schickt er die Daten meist an das Unternehmen sclbst, die Presse oder veröffentlicht diese direkt im Internet. Verfolgt ein Hacker finanzielle Interessen, dann verkauft er die gewonnenen Daten meist oder verändert die bestehenden Daten in einer Art und Weise, dass er hieraus einen Vorteil erzielen kann.

Neben einem Datendiebstahl kann im Kontext des Digital Business ebenfalls ein Identitätsdiebstahl erfolgen. Hierbei nutzt eine unberechtigte Person missbräuchlich personenbezogene Daten einer anderen Person (z. B. Name, Geburtsdatum, Kontodaten), um sich einen Vermögensvorteil zu verschaffen oder die andere Person in Misskredit zu bringen. Bei Internetplattformen wie eBay oder Amazon könnte jemand auf diese Weise unberechtigt an fremde Waren oder auch unberechtigt an Geld gelangen.

Eine weitere Gefahr im Internet beziehungsweise in Rechnernetzen ist der Datenverlust. Dieser kann einerseits mutwillig von Hackern herbeigeführt werden, andererseits aber auch durch einen Hardwareschaden entstehen. All diese Risiken müssen bei Digital-Business-Anwendungssystemen berücksichtigt werden. Tab. 6.1 stellt die wichtigsten konkreten Bedrohungen in Rechnernetzen dar.[12]

Bei der Planung eines Digital-Business-Anwendungssystems müssen die potenziellen Bedrohungen ausreichend berücksichtigt werden. Um ein Anwendungssystem prinzipiell als „sicher" zu entwerfen, werden mit der Vertraulichkeit, der Integrität, der Verfügbarkeit, der Verbindlichkeit, der Authentizität und der Verlässlichkeit sechs grundlegende Sicherheitsziele verfolgt.[13]

Ein Anwendungssystem wird als vertraulich angesehen, wenn Informationen nicht durch unautorisierte Personen, Instanzen oder Prozesse eingesehen werden können. Realisiert werden kann die Vertraulichkeit beispielsweise mittels einer Verschlüsselung (asymmetrisch/symmetrisch) oder auch mit der Vergabe von speziellen Zugriffsrechten.

Der Aspekt der Integrität ist sichergestellt, wenn einerseits die Daten nicht unautorisiert geändert wurden (Datenintegrität) und andererseits die Anwendungssysteme als solche mit der gewünschten Leistung beziehungsweise dem vorgesehenen Funktionsumfang zur Verfügung stehen (Systemintegrität).

Ein System wird unter dem Aspekt der Sicherheit als verfügbar angesehen, sofern weder die Funktion noch die Erreichbarkeit auf unbefugte Weise beeinträchtigt wurden. Neben der Verfügbarkeit stellt die Verbindlichkeit einen wesentlichen Aspekt der Internetsicherheit dar.

Kann eine Kommunikationsbeziehung zweifelsfrei nachgewiesen und nicht abgestritten beziehungsweise geleugnet werden, so handelt es sich um eine verbindliche Kommunikation. Von besonderer Relevanz ist hierbei, dass die am Kommunikationsprozess beteiligten Instanzen (Systeme/Benutzer) zweifelsfrei identifiziert beziehungsweise einzelnen Aktionen oder Prozessen zugewiesen werden können.

Kann nicht nur die Instanz in Form eines Benutzernamens oder eines Computers, sondern darüber hinaus auch die tatsächliche Identität eines Menschen zweifelsfrei sichergestellt werden, so spricht man in diesem Kontext von Authentizität. Implizit stellt die Authentizität die Voraussetzung für eine verbindliche Kommunikation dar.

Das letzte Sicherheitsziel der Verlässlichkeit ist gegeben, sofern alle Daten und Systeme konsistente und gewünschte Funktionen bereitstellen. Konkretisiert auf das Digital Business und den Kontext der elektronischen Transaktionen können aus den Sicherheitszielen vier wesentliche Determinanten abgeleitet werden.

Für eine elektronische Transaktion muss die verlässliche gegenseitige Identifizierung sichergestellt werden, um eine Verbindlichkeit der Transaktion zu gewährleisten. Weiterhin muss die Integrität einer übertragenen Nachricht wie beispielsweise einer Bestellung garantiert werden, damit die intendierte Bestellung der tatsächlichen entspricht. Weiterhin

[12] Inhalte teilweise basierend auf Wirtz (2013), S. 159 ff.; Laudon/Laudon/Schoder (2016), S. 965 ff., Chaffey (2015), S. 577 f.

[13] Vgl. Müller (2005), S. 23; Pohlmann/Blumberg (2011), S. 81 ff.

Tab. 6.1 Bedrohungen in Rechnernetzen. (Vgl. Wirtz (2013), S. 158 f.; Wirtz (2020), S. 302 ff., Wirtz (2022b), S. 205)

Angriffsart	Bedrohung	Beschreibung
Malware	Virus	Ein Virus ist ein in ein (Wirts-)Programm integrierter Code, der sich selbst reproduzieren und unbemerkt Manipulationen an Systemumgebungen oder Daten vornehmen kann.
	Wurm	Ein Wurm ist ein eigenständiges Programm, das sich selbst verbreiten und vervielfältigen kann. Im Gegensatz zum Virus benötigt es kein Wirtsprogramm.
	Spyware/ Adware	Als Spyware/Adware wird ein Spähprogramm bezeichnet, welches ohne Wissen und Einverständnis des Nutzers Daten an den Programmierer/Hersteller sendet oder dem Nutzer unerwünscht Produkte anbietet.
	Scareware	Bei einer Scareware wird einem Nutzer der Eindruck vermittelt, dass sein Computer defekt ist beziehungsweise kompromittiert wurde. Danach wird dem Nutzer gegen Bezahlung die Beseitigung der Gefahr angeboten.
	Dialer	Dialer stellen eine Wählverbindung zum Internet (über Modem/ISDN) her. Ein Dialer ist eine Malware, wenn dieser ungewollt vom Nutzer eine Verbindung zu einer sehr teuren kostenpflichtigen Nummer herstellt.
	Trojaner	Als Trojaner werden solche Computerprogramme bezeichnet, die den Eindruck einer nützlichen Anwendung erzeugen aber in Wirklichkeit eine andere beziehungsweise schädliche Funktion erfüllen.
Angriffe auf IT-Infrastrukturen	DoS-Attacke/ DDoS-Attacke	Bei einer Denial of Service-Attacke wird gezielt eine Überlastung eines Systems/eines Netzwerks herbeigeführt, um die Verfügbarkeit eines oder mehrerer Dienste vorübergehend einzuschränken. Erfolgt der Angriff von verschiedenen Systemen aus, so spricht man von einer Distributed DoS-Attacke.
	Scanner	Mit Scannern werden Systeme systematisch auf Sicherheitslücken untersucht (wie ungesicherte Netzwerk-Ports), um anschließend mittels der gefundenen Lücke anzugreifen.

(Fortsetzung)

Tab. 6.1 (Fortsetzung)

Angriffsart	Bedrohung	Beschreibung
Abfangen, lesen und manipulieren von Daten	Sniffer	Mit einem Sniffer können in einem Netzwerk einzelne Datenpakete abgefangen, aufgezeichnet und anschließend analysiert werden. Sniffer werden im Rahmen einer Netzwerkanalyse eingesetzt, jedoch können sie auch zum Missbrauch genutzt und damit unberechtigt Daten gelesen werden.
	Keylogger	Keylogger zeichnen alle Benutzereingaben (Tastatur) eines Nutzers auf, speichern diese oder senden sie an Dritte. Auf diese Weise können Hacker beispielsweise an Passwörter oder auch Pin-Nummern gelangen.
	Passwort Cracker	Passwort Cracker sind Programme, die das Umgehen von Zugriffsbarrieren ermöglichen. Hierbei unterscheiden sich die Passwort-Cracker bezüglich der gewählten Methode. Häufig werden Wörterbuchangriffe (Ermittlung eines Passworts über eine Passwortliste) oder Bruteforce-Attacken (ausprobieren aller möglichen Kombinationen) verwendet.
	Man in the Middle-Attacke (Snarfing)	Bei der Man-in-the-Middle-Attacke stellt sich ein Angreifer logisch zwischen zwei Kommunikationspartner. Er kontrolliert hierbei den Datenverkehr zwischen den Kommunikationspartnern und kann diesen beliebig einsehen oder manipulieren.
	Phishing	Beim Phishing versuchen Hacker eine vertrauenswürdige Seite/Stelle (beispielsweise beim Online Banking) nachzuahmen und den Nutzer durch eine gefälschte Nachricht dazu zu bewegen, sensible beziehungsweise Zugangsdaten, Passwörter etc. anzugeben.
Identitätseinnahme/-verschleierung	Spoofing	Spoofing bezeichnet im Allgemeinen die Verschleierung der eigenen Identität. Es existieren viele verschiedene Spoofing-Arten: Beim IP-Spoofing beispielsweise modifiziert ein Hacker alle IP-Pakete mit einer gefälschten Absender-IP. Hierdurch wird der Eindruck erweckt, dass das Paket von einem anderen Rechner aus verschickt wurde. Darüber hinaus sind noch DNS-, Mail-, Mac-, DHCP-Spoofing etc. gebräuchlich.
	Social Engineering/ Social Hacking	Beim Social Engineering wird das persönliche Umfeld eines Nutzers ausgespäht und mittels dieser Informationen eine falsche Identität vorgetäuscht. Diese persönliche Identität wird im Kontext des Social Hackings genutzt, um vertrauliche Daten einzusehen.

sollte die Kommunikation beziehungsweise die Transaktion nur für die beiden beteiligten Geschäftspartner sichtbar sein, um eine Vertraulichkeit zu gewährleisten.

Schließlich ist noch der Aspekt der Nicht-Abstreitbarkeit oder auch der Non Repudiation von hoher Relevanz, da nur so wirklich eine Verbindlichkeit garantiert werden kann. Beide Geschäftspartner müssen sich über die Identität des anderen sowie die Vertragsinhalte zweifelsfrei sicher sein, um gegebenenfalls rechtliche Ansprüche durchsetzen zu können.

6.3 Regulierung im Digital Business

Die frühe Phase des Internets war zunächst durch eine Nutzung im militärischen Bereich und dann auch im wissenschaftlichen Bereich gekennzeichnet. Diese Zeit war geprägt durch eine Form der Selbstregulierung, in der die Regulierung des Internets vorwiegend ohne staatliche Intervention auf informelle Art und Weise durch Wissenschaftler und IT-Experten erfolgte.

Die zunehmende Öffnung des Internets für den wirtschaftlichen Bereich und die Entstehung der Internetökonomie seit den frühen 1990er-Jahren, brachte nicht nur eine sehr große Bandbreite an Anwendungsmöglichkeiten und Vorteilen für Unternehmen, Staaten und Internetnutzer. Es ergab sich auch eine Vielzahl potenzieller wirtschaftlicher, sozialer, politischer, ethischer, kultureller und rechtlicher Risiken und Herausforderungen, die einer Regulierung beziehungsweise Governance bedürfen.

Die hohe Komplexität der Internetökonomie, die sich insbesondere aus der zunehmenden Verflechtung verschiedener Bereiche und hoch entwickelter Technologien ergibt, führt zu einer immer anspruchsvolleren Form der Aufsicht und Regulierung der Internetökonomie. Vor diesem Hintergrund rückte zunehmend die Notwendigkeit einer globalen Regulierung des Internets in den Mittelpunkt der Aufmerksamkeit genauso wie das Bedürfnis der betroffenen Akteure diese mitzugestalten.

Mark Zuckerberg, der Gründer und Chef des sozialen Netzwerks Facebook stellt in diesem Zusammenhang fest: „I believe we need a more active role for governments and regulators. By updating the rules for the Internet, we can preserve what's best about it — the freedom for people to express themselves and for entrepreneurs to build new things — while also protecting society from broader harms.“[14]

Regulierungskategorien

Im Hinblick auf die darin angedeuteten Risiken und regulatorischen Herausforderungen der Internetökonomie lassen sich im Wesentlichen drei Regulierungskategorien unterscheiden: Wettbewerbsrechtliche, straf- und zivilrechtliche sowie gesellschaftlich-rechtliche Regulierungsaspekte. Diese Regulierungsaspekte lassen sich in einem gemeinsamen konzeptionellen Bezugsrahmen, dem sogenannten WGS-Internet-Regulierungsmodell, zusammenfassen (vgl. Abb. 6.10).

[14] Zuckerberg (2019).

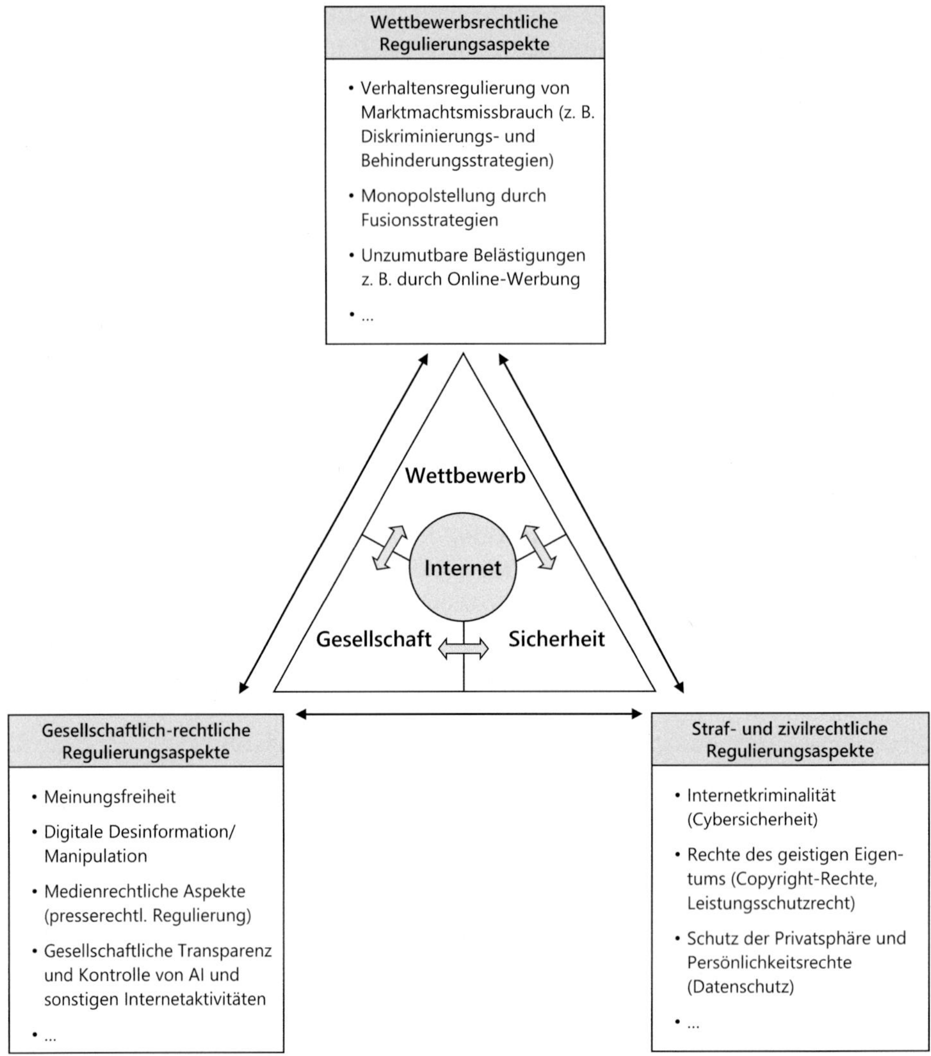

Abb. 6.10 WGS-Internet-Regulierungsmodell. (Vgl. Wirtz (2020), S. 192; Wirtz (2021), S. 182)

Wettbewerbsrechtliche Regulierungsaspekte

Wettbewerbsrechtliche Regulierungsaspekte des Internets umfassen insbesondere die Verhaltensregulierung von Marktmachtmissbrauch etwa durch Diskriminierungs- und Behinderungsstrategien, Monopolstellungen durch Fusionsstrategien sowie unzumutbare Belästigungen beispielsweise durch Online-Werbung. Dieser Regulierungsbereich des Internets ist durch den höchsten Reife- und Formalisierungsgrad gekennzeichnet und Regulierung findet weitgehend durch eindeutige, fortgeschrittene Gesetzgebung im Wesentlichen in Form des Gesetzes gegen unlauteren Wettbewerb (UWG) und des Gesetzes gegen Wettbewerbsbeschränkungen (GWB) statt.

Zentrale wettbewerbspolitische Regulierungsinstrumente in diesem Zusammenhang sind vor allem das allgemeine Kartellverbot (§ 1 GWB), das Missbrauchsverbot bei Marktbeherrschung (§ 19 GWB) das Diskriminierungs- und Behinderungsverbot (§ 20 GWB), die Fusionskontrolle (§§ 35–43 GWB) sowie die Bestimmungen in Bezug auf unzumutbare Belästigungen (§ 7 UWG), die vor allem im Zusammenhang mit Online-Werbung, Spam und Angelegenheiten der Nutzereinwilligung bei Internetangeboten relevant sind.

Gesellschaftlich-rechtliche Regulierungsaspekte

Darüber hinaus sind gesellschaftlich-rechtliche Regulierungsaspekte des Internets zu beachten, die vor allem die Meinungsfreiheit, digitale Desinformation beziehungsweise Manipulation, medienrechtliche Aspekte wie etwa die presserechtliche Regulierung und die gesellschaftliche Transparenz und Kontrolle von AI (künstlicher Intelligenz) und sonstigen Internetaktivitäten betreffen. Regulierung in diesem Bereich zeichnet sich weniger durch konkrete Gesetzgebung, sondern vielmehr durch abstraktere und unspezifischere Regulierungsinstrumente aus.

So unterliegt etwa die Regulierung der Meinungsfreiheit im Internet Artikel 5 des deutschen Grundgesetzes, in dem die allgemeinen Grundrechte der Meinungsäußerungsfreiheit, Informationsfreiheit, Pressefreiheit sowie Rundfunk- und Filmfreiheit formuliert sind. Gesetze bezüglich digitaler Desinformation beziehungsweise Manipulation existieren in Deutschland noch nicht.

Diese beinhalten insbesondere Selbstverpflichtungen für große Online-Plattformen und IT-Konzerne, um die digitale Verbreitung von Desinformation einzuschränken und eine erhöhte Transparenz für die Internetnutzer zu schaffen. Weitere regulatorische Maßnahmen in diesem Zusammenhang stellen beispielsweise die Förderung der allgemeinen Medienkompetenz, die Förderung journalistischer und digitaler Projekte und die Entwicklung eigener Monitoringsysteme und Informationsleistungen (z. B. Faktenchecks) dar, um Desinformationsinhalte im Internet schnell entgegenwirken zu können.[15]

Die Regulierung medienrechtlicher Aspekte des Internets wie etwa den Kinder- und Jugendschutz oder die Sorgfaltspflichten im Zusammenhang mit journalistisch-redaktionellen Internetangeboten geschieht im Wesentlichen mithilfe des Telemediengesetzes (TMG) sowie des Staatsvertrages für Rundfunk und Telemedien (Rundfunkstaatsvertrag – RStV) und des Staatsvertrages über den Schutz der Menschenwürde und den Jugendschutz in Rundfunk und Telemedien (Jugendmedienschutz-Staatsvertrag – JMStV). Die Regulierung der digitalen Märkte, insbesondere großer digitaler Plattformanbieter erfolgt auf EU-Ebene für den Digital Markets Act (DMA) und Digital Services

[15] Vgl. Europäische Kommission (2018a), S. 7 f.; Mündges (2019).

Act (DSA). Darüber hinaus werden mithilfe des Data Governance Acts (DGA) Regelungen zum Austausch von Daten getroffen.

Die Regulierung AI-basierter Internetaktivitäten erfolgt aufgrund des frühen Entwicklungsstadiums der AI-Technologie bisher nicht über die staatliche Gesetzgebung, sondern auf abstraktere Weise wie etwa in Form von Ethikrichtlinien auf EU-Ebene oder durch Einrichtung der Enquete-Kommission „Künstliche Intelligenz – Gesellschaftliche Verantwortung und wirtschaftliche, soziale und ökologische Potenziale" des Deutschen Bundestags.[16]

Neben der Kodifizierung ethischer AI-Normen und –Vorschriften werden im wissenschaftlichen Schrifttum im Kontext der Regulierung auch die Bedeutung von AI-Beschränkungen und Grenzen, AI-Datenvorgaben und Analyseleitlinien sowie die Verbesserung digitaler und AI-bezogener Kompetenzen betont.[17] Schließlich beziehen sich straf- und zivilrechtliche Regulierungsaspekte insbesondere auf die Internetkriminalität und die Gewährleistung der Cybersicherheit, die Rechte des geistigen Eigentums (Copyright-Rechte) sowie den Schutz der Privatsphäre und Persönlichkeitsrechte (Datenschutz).

Zu den verbreiteten Erscheinungsformen der Internetkriminalität zählen laut dem Bundeskriminalamt insbesondere Identitätsdiebstahl/Phishing, Einsatz von Schadsoftware, Schadsoftware für mobile Endgeräte, Datendiebstahl und Datenmissbrauch durch Social Engineering, Digitale Erpressung, Infizierung des Computers, Massenhafte Fernsteuerung von Computern (Botnetze).[18] Zudem sind die Verbreitung terroristischer, volksverhetzender und kinderpornografischer Inhalte, sowie der illegale Waffen- und Drogenhandel insbesondere über das Darknet ein wesentlicher Bestandteil der Internetkriminalität.

Straf- und zivilrechtliche Regulierungsaspekte

Zentrale strafrechtliche Regulierungsinstrumente in Deutschland im Zusammenhang mit der Internetkriminalität stellen etwa die Gesetze zu Computersabotage (§ 303b StGB), Computerbetrug (§ 263a StGB), Datenveränderung (§ 303a StGB) und Ausspähen von Daten (§ 202a StGB) dar. Zudem können rechtswidrige und strafbare Internetinhalte wie beispielsweise terroristische, volksverhetzende oder kinderpornografische Inhalte nicht nur mit den dazugehörigen Strafgesetzen, sondern auch mithilfe staatlicher Zensur reguliert und entsprechenden Filtersystemen (z. B. Child Sexual Abuse Anti Distribution Filter von Europol) gesperrt werden.

In diesem Zusammenhang ist auch das im Jahre 2017 in Kraft getretene Gesetz zur Verbesserung der Rechtsdurchsetzung in sozialen Netzwerken (Netzwerkdurchsetzungsgesetz – NetzDG) von Bedeutung, das Online-Plattformen und Webseiten dazu bringen soll rechtswidrige oder strafbare Inhalte konsequenter zu löschen.

---

[16] Vgl Europäische Kommission (2018b), Deutscher Bundestag (2018).

[17] Vgl. Wirtz/Weyerer (2019), S. 90 f.

[18] Vgl. Bundeskriminalamt (2019b).

Darüber hinaus sind in den vergangenen Jahren sowohl auf europäischer Ebene als auch in Deutschland spezielle Institutionen zur Strafverfolgung im Internet entstanden. Beispielsweise wurden bei Europol das Europäische Zentrum zur Bekämpfung der Cyberkriminalität neu geschaffen und beim Bundeskriminalamt und den Landeskriminalämtern die Zentralen Ansprechstellen Cybercrime zur Bekämpfung von Internetkriminalität.[19]

Die Rechte des geistigen Eigentums im Kontext des Internets werden in Deutschland weitgehend durch das Urheberrechtsgesetz (UrhG) und Patentgesetz (PatG) abgedeckt. Dies betrifft insbesondere Aspekte wie Urheberschutz, die Übertragung und Verwertung von Rechten oder Patentverletzungen. Zudem sind in diesem Zusammenhang vor allem im Hinblick auf die Namensgebung, Registrierung, Nutzung und den Handel von Internet-Domains auch die gesetzlichen Bestimmungen zum Namens- und Markenrecht relevant, die einerseits im Gesetz über den Schutz von Marken und sonstigen Kennzeichen (Markengesetz – MarkenG) sowie im Bürgerlichen Gesetzbuch (BGB) festgehalten sind.

Darüber hinaus ist auch die relevante Urheberrechts- und Patentgesetzgebung durch die EU von Bedeutung. In diesem Zusammenhang trat auf europäischer Ebene im Jahr 2019 die EU-Urheberrechtsform in Kraft, die mit dem Upload-Filter gegen Rechtsverstöße und dem Leistungsschutzrecht für Presseverleger zwei besonders für die Internetökonomie relevante regulatorische Änderungen enthält.[20]

Neben dem Schutz des geistigen Eigentums, stellt auch der Schutz der Privatsphäre und der Persönlichkeitsrechte (Datenschutz) einen zentralen straf- und zivilrechtlichen Regulierungsaspekt dar. Das Recht auf informationelle Selbstbestimmung ist dabei besonders relevant. Obwohl dieses Recht nicht explizit im Grundgesetz (GG) aufgeführt ist, stellt es laut dem Bundesverfassungsgericht ein Datenschutz-Grundrecht dar, das sich aus dem im Grundgesetz verankerten allgemeinen Persönlichkeitsrecht (Art. 2 Abs. 1 GG i. V. m. Art. 1 Abs. 2 GG) ergibt. Auf EU Ebene sind vor allem in neuster Zeit die Bestimmungen im DSA, DMA und DGA von Relevanz.

Explizite datenschutzrechtliche Gesetzesbestimmungen in Deutschland finden sich vor allem im Bundesdatenschutzgesetz (BDSG) sowie im Telemediengesetz (§§ 11–15 Datenschutz). Auf europäischer Ebene sind vor allem Art. 8 der EU-Grundrechtcharta zum Schutz personenbezogener Daten sowie die seit 2018 anzuwendende Datenschutz-Grundverordnung (DSGVO) der EU von zentraler Bedeutung.

Digital Markets Act, Digital Services Act, Data Governance Act

Auf der EU-Ebene haben sich in den letzten Jahren deutliche Veränderungen hinsichtlich der Regulierung des Internets ergeben. Zum einen ist hier der Digital Markets Act zu nennen, der insbesondere die wirtschaftlichen Rahmenbedingungen hinsichtlich wettbewerbsrechtlich angemessenen Verhaltensweisen definiert.

[19] Vgl. Europäische Kommission (2013); Bundeskriminalamt (2019a).

[20] Vgl. Greis (2019).

Der Digital Markets Act (DMA) thematisiert insbesondere die Stärkung und faire Ausgestaltung des Wettbewerbs auf den digitalen Märkten. Hierbei wird die lang vernachlässigte Regulierung von großen Plattformen, wie Google / Alphabet, Amazon oder Facebook/Meta nun stärker in den Blickpunkt von regulierenden Wettbewerbsmaßnahmen gestellt. Dabei werden insbesondere marktbeherrschende Unternehmen hinsichtlich marktmissbräuchlichen Verhaltens stärker reguliert.[21]

Neben dem Digital Markets Act, der im Mai 2023 in Kraft trat, tritt der Digital Services Act (DSA) im Februar 2024 in Kraft. Der Digital Services Act hat das Ziel, insbesondere die Verbraucherrechte hinsichtlich Sicherheit und Vertrauen im digitalen Kontext zu stärken. Dabei werden die Anbieter von digitalen Vermittlungsdiensten, sozialen Netzwerken, Onlineanbietern oder Suchmaschinen u. a. verpflichtet, weitreichende Sorgfaltspflichten bei der Durchführung ihrer Digitalgeschäfte gegenüber dem Nutzer zu berücksichtigen. Die Sorgfaltspflichten thematisieren unter anderem Sicherheits-, Identifikations- und Vertrauensaspekte in die jeweiligen digitalen Services.[22]

Neben dem Digital Markets Act und dem Digital Services Act, tritt im September 2023 der Data Governance Act (DGA) in Kraft, der insbesondere die Data Governance im öffentlichen Bereich zum Gegenstand hat. Der Data Governance Act enthält umfassende Regeln und Standards zum gemeinsamen Teilen von Daten im Binnenmarkt.[23] Zusätzlich plant die EU das weltweit erste KI-Gesetz. In diesem werden KI-Systeme in Risikogruppen eingeteilt und auf deren Basis eingeschränkt. In Tab. 6.2 sind die wesentlichen Kernpunkte des Digital Markets Act, des Digital Services Act und des Data Governance Act wiedergegeben.

ITU-Ansatz und Internet-Governance-Ansatz

Während die vorherigen Ausführungen sich auf die inhaltliche Ebene der Internet-Regulierung in Deutschland beziehungsweise Europa beziehen und die bestehenden zentralen Regulierungsinstrumente darstellen, soll im Folgenden die organisatorische entscheidungs- und zuständigkeitsbezogene Ebene der Internet-Regulierung adressiert werden. Im Hinblick auf die Entscheidungsfindung und die damit verbundene institutionelle Zuständigkeit im Zusammenhang mit der Regulierung des Internets können im Wesentlichen zwei gegensätzliche Ansätze unterschieden werden: Der ITU-Ansatz und der Internet-Governance-Ansatz. Tab. 6.3 stellt die beiden Ansätze einander gegenüber.[24]

Der ITU-Ansatz kann als rein internationaler Regulierungsansatz verstanden werden, da die Regulierung auf zwischenstaatlicher Ebene erfolgt. Dieser Ansatz sieht eine Übertragung der Internet-Regulierung auf die International Telecommunication Union (ITU) vor, bei der es sich um eine Sonderorganisation der Vereinten Nationen handelt, die für Themen der Telekommunikation beziehungsweise Informations- und Kommunikationstechnologie zuständig

[21] Vgl. Europäisches Parlament/Rat der europäischen Union (2022c).

[22] Vgl. Europäisches Parlament/Rat der europäischen Union (2022a).

[23] Vgl. Europäisches Parlament/Rat der europäischen Union (2022b).

[24] Inhalte teilweise basierend auf Hellmys (2015); Esch (2018).

Tab. 6.2 Wesentliche Kernpunkte des DMA, DSA, DGA und KI-Gesetz

Digital Markets Act	Digital Services Act	Data Governance Act	KI-Gesetz
• Anwendbar auf „Gatekeeper", welche bedeutende Plattformdienste darstellen • Aufstellung eines Verhaltenskodex für Gatekeeper • Personalisierte Werbung darf nur noch mit Zustimmung des Nutzers erfolgen • Gatekeeper dürfen sich selbst in Rankings nicht bevorzugen • …	• Gilt für digitale Vermittlungsdienste • Dienste müssen erst bei Kenntnisnahme illegaler Inhalte aktiv werden, es gilt keine allgemeine Überwachungspflicht • Verpflichtung zu Einrichtung eines „Notice-and-Takedown-Verfahrens" bei illegalen Inhalten • Große Onlineplattformen müssen ihre Dienste nach systemischen Risiken untersuchen • …	• Regelt die Weitergabe geschützter Daten an öffentliche Stellen • Geschützte Daten, die mit öffentlichen Geldern gesammelt wurden, sollen der Gesellschaft zugutekommen • Errichtung von „Datenpools" zur gemeinsamen Nutzung von Daten • Erleichtertes Teilen von Daten für Zwecke allgemeinen Interesses • …	• Unterteilung von KI-Systemen in Risikogruppen • Begrenztes Risiko: Transparenzanforderungen an Systeme (z.B. einfache Nutzeranwendungen) • Hochrisiko-Systeme: Bewertung der Systeme vor Inverkehrbringen (z.B. Systeme innerhalb der Luftfahrt) • Unnanehmbares Risiko: Verbot der Systeme innerhalb der EU (z.B. Soziales Scoring)

Tab. 6.3 Wesentliche Ansätze der Regulierung im Digital Business

ITU-Ansatz	Internet-Governance-Ansatz
• Internationaler Ansatz • Übertragung der Regulierung auf die International Telecommunication Union (ITU) • Staatliche Regulierung nach dem Souveränitätsprinzip • Kontrolle des nationalen Internets durch Staat • Geringe Partizipations-möglichkeiten für nicht-staatliche Akteure • Hauptkritikpunkt: Eingeschränkte Effektivität aufgrund der Vielfalt und Macht privatwirtschaftlicher Akteure	• Transnationaler Ansatz • Transnationale Kooperation staatlicher und nicht-staatlicher Akteure • Partizipatorisches Verständnis und Multi-Stakeholder-Prinzip (Staaten, Unternehmen, NGOs, Bürgerinnen und Bürger etc.) • Ziel einer konsensorientierten Regulierung • Bottom-Up-Regulierungsansatz • Hauptkritikpunkt: Legitimationsdefizit durch Einbezug nicht-staatlicher Akteure und Machtgefälle zwischen Stakeholdern

ist. Somit unterliegt die Regulierung des Internets grundsätzlich dem Souveränitätsprinzip von Staaten und folgt dem Verständnis der klassischen staatlichen Regulierung.

Eine Partizipation nicht staatlicher Akteure wie etwa Unternehmen, NGOs oder Bürgerinnen und Bürgern ist somit weitgehend ausgeschlossen. Zu den Befürwortern dieses Regulierungsansatzes zählen beispielsweise die Staaten Russland, China, Indien und Iran. Der Hauptkritikpunkt am ITU-Ansatz stellt die eingeschränkte Effektivität dar, die aufgrund der Vielfalt und großen Macht privatwirtschaftlicher Akteure zu erwarten ist.

Der Internet-Governance-Ansatz zeichnet sich hingegen durch eine transnationale Orientierung aus, wonach die Regulierung der Internetökonomie Ergebnis einer transnationalen Kooperation zwischen staatlichen und nicht-staatlichen Akteuren darstellt. Diesem Ansatz liegt somit ein partizipatorisches Verständnis und eine Multi-Stakeholder-Orientierung zugrunde, die durch „einen offenen, gleichberechtigten und konstruktiven Meinungsbildungs- und Dialogprozess aller gesellschaftlichen Gruppen" gekennzeichnet ist, die sich „über technische Standards, soziale und wirtschaftliche Ziele, politische Verfahren und weitere Regeln, Werte und Normen rund um das Internet austauschen."[25]

Ziel des Internet-Governance-Ansatzes ist somit eine konsensorientierte Bottom-Up-Regulierung der Internetökonomie. Beispielhafte Vertreter dieses Ansatzes sind etwa die USA, Deutschland und die EU. Die wesentliche Kritik am Internet-Governance-Ansatz bezieht sich insbesondere auf das Legitimationsdefizit durch den Einbezug nichtstaatlicher Akteure, sowie das zum Teil sehr große Machtgefälle zwischen den unterschiedlichen Stakeholdern, wodurch die Regulierungsergebnisse überproportional zugunsten besonders mächtiger Stakeholder ausfallen könnten.

Von den beiden Regulierungsansätzen hat das Internet-Governance-Konzept in der Wissenschaft und Praxis besondere Aufmerksamkeit erfahren. Eine weitverbreitete und allgemein anerkannte Definition von Internet Governance stammt von der von den Vereinten Nationen initiierten Working Group on Internet Governance (WGIG).

Danach kann Internet Governance verstanden werden als die Entwicklung und Anwendung gemeinsamer Prinzipien, Normen, Regeln, Entscheidungsverfahren und Programme, welche die Entwicklung und Nutzung des Internets bestimmen, durch Regierungen, den Privatsektor und die Zivilgesellschaft in ihren jeweiligen Rollen.[26] Darüber hinaus wird Internet Governance als wesentliches Element für eine menschenorientierte, integrative, entwicklungsorientierte und diskriminierungsfreie Informationsgesellschaft angesehen.[27]

Zusammenfassend kann konstatiert werden, dass auf inhaltlicher Ebene der Internet-Regulierung insbesondere wettbewerbsrechtliche, gesellschaftlich-rechtliche sowie straf- und zivilrechtliche Regulierungsaspekte und -instrumente von Bedeutung sind. Zudem sind auf organisatorischer Ebene mit dem ITU-Ansatz und dem Internet-Governance-Ansatz zwei wesentliche gegensätzliche Regulierungsansätze vorhanden.

Vor dem Hintergrund der bisherigen Entwicklungen des Internets ist zukünftig eine deutlich gezieltere, systematischere und umfassendere Regulierung der digitalen Aktivitäten verschiedener Akteure notwendig. Hier muss ein gesellschaftlich-rechtlicher und politischer Rahmen, insbesondere im internationalen Kontext, ein dezidiertes und differenziertes Regulierungswerk schaffen, damit eine effektive und effiziente Regulierung nicht-erwünschter digitaler Verhaltensweisen in einem besseren Maße erfolgt.

[25] Bundesministerium für Wirtschaft und Energie (2019), S. 2 f.

[26] Vgl. Working Group on Internet Governance (2005), S. 4.

[27] Vgl. International Telecommunication Union (2015).

6.4 Inhaltliche Kernpunkte von digitalen Zahlungssystemen, Sicherheit und Regulierung

- Erfolgsfaktoren für digitale Zahlungen sind die Kosten im Vergleich zu alternativen Systemen, die Sicherheit der Transaktionen, die technologische Akzeptanz des Systems, die Benutzerfreundlichkeit, die Geschwindigkeit der Transaktionen sowie die Portabilität.
- Risikofaktoren der Cybersicherheit sind die Relevanz von Cyberangriffen, das Gefährdungspotenzial, der Grad des Gefährdungspotenzials, Sicherheitsbedenken sowie das mangelnde Risikobewusstsein des Top-Managements oder der übergeordneten Organisationseinheit. Unter Ressourcenfaktoren zur Vermeidung dieser Risiken sind dagegen Sicherheitsmaßnahmen, Notfallmanagement, Berufserfahrung und Fachwissen sowie Ressourcenunterstützung durch das Top-Management bzw. die übergeordnete Organisationseinheit zu verstehen.
- Im Hinblick auf die formell verbindliche inhaltliche Ebene der Internetregulierung kann das Internet durch das Wettbewerbsrecht, das Straf- und Zivilrecht sowie das gesellschaftliche Recht reguliert werden.
- Auf EU-Ebene finden hinsichtlich der Internetregulierung insbesondere der Digital Markets Act, der Digital Services Act und der Data Governance Act Anwendung. Diese Verordnungen schaffen für große Digitalunternehmen neue Anforderungen hinsichtlich der Transparenz und Compliance. Ein weiteres KI-Gesetz zur Unterteilung von künstlicher Intelligenz in Risikogruppen ist geplant.
- Im Hinblick auf die organisatorische, entscheidungs- und kompetenzbezogene Regulierungsebene sind die beiden wichtigsten Konzepte zur Regulierung des Internet der ITU-Ansatz und der transnationale Internet-Governance-Ansatz.

Kapitel 6
Wissensfragen und Diskussionsthemen

Wissensfragen

1. Erläutern Sie die verschiedenen Arten von Bezahlungssystemen und -prozessen.
2. Beschreiben Sie die Erfolgsfaktoren digitaler Zahlungen.
3. Beschreiben Sie die verschiedenen Arten von Bedrohungen in Rechnernetzen.
4. Erläutern Sie, welche Maßnahmen ergriffen werden können, um Cybersicherheitsrisiken zu begegnen.
5. Beschreiben Sie das WGS-Internet-Regulierungsmodell.

Diskussionsthemen

1. Der Bitcoin ist eine spekulative Blockchain-Währung mit erheblichen Wertschwankungen. Diskutieren Sie die Vor- und Nachteile von digitalen Währungen und deren Gefahren für Wirtschaft und Gesellschaft.
2. Diskutieren Sie die Vor- und Nachteile von umfassenden Cybersicherheitsmaßnahmen zum Schutz staatlicher Infrastruktur vor dem Hintergrund von Hackerangriffen. Sind diese Schutzmechanismen auch für den Verbraucher- und Unternehmens-Sektor wichtig? Diskutieren Sie in diesem Zusammenhang auch die Möglichkeit von Cyber-Kriegen zwischen verschiedenen Staaten.
3. Debattieren Sie über die Notwendigkeit einer stärkeren Regulierung von Märkten und Wettbewerb vor dem Hintergrund der marktbeherrschenden Stellung von Internetunternehmen wie Google/Alphabet, Amazon oder Facebook/Meta.

Literatur

Adyen (2018), Payments: A Brief History and 12 Common Payment Terms, https://www.adyen.com/blog/how-the-payments-industry-evolved, Abruf: 03.02.2021.

Bundeskriminalamt (2019a), Erreichbarkeiten der Zentralen Ansprechstellen Cybercrime der Polizeien für Wirtschaftsunternehmen, https://www.polizei.de/Polizei/DE/Einrichtungen/ZAC/zacErreichbarkeiten.pdf?__blob=publicationFile&v=4, Abruf: 03.07.2019.

Bundeskriminalamt (2019b), Internetkriminalität/Cybercrime, https://www.bka.de/DE/UnsereAufgaben/Deliktsbereiche/Internetkriminalitaet/internetkriminalitaet_node.html, Abruf: 03.07.2019.

Bundesministerium für Wirtschaft und Energie (2019), Das Internet Governance Forum, https://www.bmwi.de/Redaktion/DE/Publikationen/Digitale-Welt/flyer-internet-governace-forum.pdf?__blob=publicationFile&v=12, Abruf: 04.07.2019.

Chaffey, D. (2015), Digital business and e-commerce management- Strategy, implementation and practice, 6. Auflage, Harlow 2015.

Deloitte (2019), The Future of Digital Payments- Choices to Consider for a New Ecosystem, https://www2.deloitte.com/content/dam/Deloitte/sg/Documents/financial-services/sg-fsi-future-of-digital-payments.pdf, Abruf: 03.02.2021.

Deutsche Bank (2020), The Future of Payments Part II- Moving to Digital Wallets and the Extinction of Plastic Cards, https://www.dbresearch.com/PROD/RPS_EN-PROD/PROD0000000000504508/The_Future_of_Payments_-_Part_II__Moving_to_Digita.pdf, Abruf: 03.02.2021.

Deutscher Bundestag (2018), Enquete-Kommission „Künstliche Intelligenz – Gesellschaftliche Verantwortung und wirtschaftliche, soziale und ökologische Potenziale", https://www.bundestag.de/ausschuesse/weitere_gremien/enquete_ki#url=L3ByZXNzZS9oaWIvNTcwNjYyLTU3MDY2Mg==&mod=mod575690, Abruf: 02.072019.

Esch, J. (2018), Internationale Internet-Governance. Das Internet als Herausforderung für etablierte Medienpolitik, http://www.bpb.de/apuz/276561/internationale-internet-governance-das-internet-als-herausforderung-fuer-etablierte-medienpolitik?p=all, Abruf: 27.06.2019.

Europäische Kommission (2013), Europäisches Zentrum zur Bekämpfung der Cyberkriminalität: Eröffnung am 11. Januar, http://europa.eu/rapid/press-release_IP-13-13_de.htm, Abruf: 03.07.2019.

Europäische Kommission (2018a), Bekämpfung von Desinformation im Internet: ein europäisches Konzept, https://eur-lex.europa.eu/legal-content/DE/TXT/PDF/?uri=CELEX:52018DC0236&from=DE, Abruf: 02.07.2019.

Europäische Kommission (2018b), DRAFT ETHICS GUIDELINES FOR TRUSTWORTHY AI-Working Document for stakeholders' consultation, https://ec.europa.eu/newsroom/dae/document.cfm?doc_id=57112, Abruf: 02.07.2019.

Europäisches Parlament/Rat der europäischen Union (2022a), VERORDNUNG (EU) 2022/2065 DES EUROPÄISCHEN PARLAMENTS UND DES RATES vom 19. Oktober 2022 über einen Binnenmarkt für digitale Dienste und zur Änderung der Richtlinie 2000/31/EG (Gesetz über digitale Dienste), https://eur-lex.europa.eu/legal-content/DE/TXT/PDF/?uri=CELEX:32022R2065&from=EN, Abruf: 07.02.2023, Abruf: 27.10.2022.

Europäisches Parlament/Rat der europäischen Union (2022b), VERORDNUNG (EU) 2022/868 DES EUROPÄISCHEN PARLAMENTS UND DES RATES vom 30. Mai 2022 über europäische Daten-Governance und zur Änderung der Verordnung (EU) 2018/1724 (DatenGovernance-Rechtsakt), https://eur-lex.europa.eu/legal-content/DE/TXT/PDF/?uri=CELEX:32022R0868&from=EN, Abruf: 07.02.2023, Abruf: 03.06.2022.

Europäisches Parlament/Rat der europäischen Union (2022c), VERORDNUNG (EU) 2022/1925 DES EUROPÄISCHEN PARLAMENTS UND DES RATES vom 14. September 2022 über bestreitbare und faire Märkte im digitalen Sektor und zur Änderung der Richtlinien (EU) 2019/1937 und (EU) 2020/1828 (Gesetz über digitale Märkte), https://eur-lex.europa.eu/legal-content/DE/TXT/PDF/?uri=CELEX:32022R1925&from=DE, Abruf: 07.02.2023, Abruf: 14.09.2022.

European Central Bank (1998), Report on Electronic Money, https://www.ecb.europa.eu/pub/pdf/other/emoneyen.pdf, Abruf: 03.02.2021.

Greis, F. (2019), EU-Urheberrechtsreform tritt in Kraft, https://www.golem.de/news/leistungsschutzrecht-und-uploadfilter-eu-urheberrechtsreform-tritt-in-kraft-1906-141730.html, Abruf: 03.07.2019.

Hellmys, K. (2015), Internet Governance Agenda 2015, https://politik-digital.de/news/internet-governance-agenda-2015-147473/, Abruf: 27.06.2019.

International Telecommunication Union (2015), Agenda for the Information Society – Tunis 2005, https://www.itu.int/net/wsis/outcome/booklet/tunis-agenda_C.html, Abruf: 27.06.2019.

Laudon, K.C./Laudon, J.P./Schoder, D. (2016), Wirtschaftsinformatik- Eine Einführung, 3., vollständig überarbeitete Auflage, Hallbergmoos 2016.

Lopez, Oscar/Livni, Ephrat (2021), In Global First, El Salvador Adopts Bitcoin as Currency. The New York Times. Online verfügbar unter https://www.nytimes.com/2021/09/07/world/americas/el-salvador-bitcoin.html, zuletzt aktualisiert am 07.10.2021, zuletzt geprüft am 02.08.2023.

Mitchell, D. (2007), In online world, pocket change is not easily spent, in: The New York Times, Nr. 27, 2007.

Müller, K.-R. (2005), IT-Sicherheit mit System- Sicherheitspyramide und Vorgehensmodelle, Sicherheitsprozess und Katastrophenvorsorge, die 10 Schritte zum Sicherheitsmanagement, 2. Auflage, Wiesbaden 2005.

Mündges, S. (2019), Strategien der Europäischen Union gegen Desinformation, https://www.bpb.de/gesellschaft/digitales/digitale-desinformation/290565/strategien-der-europaeischen-union-gegen-desinformation, Abruf: 02.07.2019.

Nilson Report (2020), Global card brands – ranked by purchase transactions, https://nilsonreport.com/research_featured_chart.php, Abruf: 02.02.2021.

Pohlmann, N./Blumberg, H.F. (2011), Der IT-Sicherheitsleitfaden- Das Pflichtenheft zur Implementierung von IT-Sicherheitsstandards im Unternehmen, 3., überarbeitete Aufl. 2011, Heidelberg, Neckar 2011.

Statista (2021), FinTech Report 2021 –Digital Payments, https://www.statista.com/study/41122/fintech-report-digital-payments/, Abruf: 02.02.2023.

Wirtz, B.W. (2002), Der Cyber-Terrorist hat kein Gesicht und keine Heimat, in: Handelsblatt, Wirtschafts- und Finanzzeitung, 2002, Nr. 6, 2002, S. 8.

Wirtz, B.W. (2013), Electronic Business, 4. Auflage, Wiesbaden 2013.

Wirtz, B.W. (2020), Electronic Business, 7. Auflage, Wiesbaden 2020.

Wirtz, B.W. (2021), Digital business and electronic commerce- Strategy, business models and technology, 1. Auflage, Cham 2021.

Wirtz, B.W. (2022a), E-Government- Strategie – Organisation – Technologie, 1. Auflage, Wiesbaden 2022.

Wirtz, B.W. (2022b), Multi-Channel-Marketing- Grundlagen - Instrumente - Prozesse, 3. Auflage, Wiesbaden 2022.

Wirtz, B.W./Weyerer, J.C. (2017a), Cyberangriffe und Datensicherheit in öffentlichen Netzwerken und Dateninfrastrukturen in Deutschland, in: Verwaltung & Management, 23. Jg., Nr. 3, 2017, S. 154–159.

Wirtz, B.W./Weyerer, J.C. (2017b), Cyberterrorism and Cyber Attacks in the Public Sector- How Public Administration Copes with Digital Threats, in: International Journal of Public Administration, 10. Jg., Nr. 3, 2017, S. 1–16.

Wirtz, B.W./Weyerer, J.C. (2019), Ein integratives KI-Leitlinienmodell für die öffentliche Verwaltung, in: Verwaltung & Management, 25. Jg., Nr. 2, 2019, S. 90–95.

Working Group on Internet Governance (2005), Report of the Working Group on Internet Governance, https://www.wgig.org/docs/WGIGREPORT.pdf, Abruf: 27.06.2019.

Zuckerberg, M. (2019), Mark Zuckerberg: The Internet needs new rules. Let's start in these four areas., https://www.washingtonpost.com/opinions/mark-zuckerberg-the-internet-needs-new-rules-lets-start-in-these-four-areas/2019/03/29/9e6f0504-521a-11e9-a3f7-78b7525a8d5f_story.html?utm_term=.32eafddf0752, Abruf: 02.07.2019.

Internet of Things

7

Inhaltsverzeichnis

7.1 Grundlagen des Internet of Things 263
7.2 Anwendungsbereiche des Internet of Things 271
7.3 Industrial Metaverse und Digital Twins 281
7.4 Nutzungsverhalten 288
7.5 Erfolgsfaktoren des Internet of Things 293
7.6 Inhaltliche Kernpunkte des Internet of Things 295
Literatur 296

Wissensziele
Wenn Sie dieses Kapitel gelesen haben, werden Sie in der Lage sein:

1. die technologischen Grundlagen des Internet of Things (IoT) und das IoT-spezifische IT-Infrastrukturmodell zu erklären,
2. die IoT-Interaktionsstruktur am Beispiel des Automobil-IoT zu erklären,
3. die wesentlichen Anwendungsbereiche des IoT zu erläutern,
4. das Industrial Metaverse Framework darzustellen und die Zusammenhänge zu beschreiben,
5. die Erfolgsfaktoren von IoT zu beschreiben.

Das Digital Business wurde in den vergangenen zwei Dekaden vor allem durch informationstechnologische Innovationen geprägt.[1] Invention verstanden als die eigentliche

[1]Vgl. zu Kap. 7 Internet of Things im Folgenden Wirtz (2020), S. 111 ff.; Wirtz (2021), S. 189 ff.; Wirtz (2022), S. 193 ff.

B. W. Wirtz, *Digital Business*, https://doi.org/10.1007/978-3-658-41467-2_7

Erfindung und Innovation als erfolgreiche Marktdurchsetzung der Invention stehen wie in kaum einem anderen Bereich unserer Wirtschaft so im Mittelpunkt wie im Digital Business. Das sogenannte Internet of Things (IoT) ist eine der grundlegendsten innovationsbasierten Entwicklungen der letzten Jahre im Digital Business.

Mit dem IoT werden oft verschiedene Aspekte und Themen wie Big Data, Artificial Intelligence, Cloud Computing, Smart Home oder Industrie 4.0 assoziiert.

Die Basis des IoT stellt die zunehmende informationstechnologische Vernetzung von Produkten, Services, Maschinen oder Sensoren via IP-Netz dar: „IoT will increase the ubiquity of the Internet by integrating every object for interaction via embedded systems, which leads to a highly distributed network of devices communicating with human beings as well as other devices."[2]

In diesem Kapitel werden Grundlagen, Definition, Anwendungsbereiche und Nutzungsverhalten sowie Erfolgsfaktoren des IoT dargestellt. Im folgenden Abschn. 7.1 werden zunächst die Grundlagen des IoT erläutert und dessen Entwicklung skizziert. Es erfolgt eine Definition und Einordnung des IoT, wobei auf Basis ausgewählter Definitionen ein allgemeines Verständnis des IoT entwickelt wird und ein Erklärungsmodell des IoT dargestellt wird. Zudem werden die relevanten Technologiekonzepte im Kontext des IoT aufgezeigt und die IoT-IT-Infrastruktur dargestellt.

Im Anschluss daran werden in Abschn. 7.2 die Anwendungsbereiche sowie das Internet of Robotic Things aufgeführt. In Abschn. 7.3 werden die Themengebiete Industrial Metaverse und Digital Twins erläutert und die Konzepte beschrieben.

In Abschn. 7.4 wird das Nutzungsverhalten von Industrie und Konsumenten anhand von Beispielen beschrieben und ihre jeweilige Bedeutung aufgeführt. Abschließend werden in Abschn. 7.5 Erfolgsfaktoren des IoT abgeleitet. Abb. 7.1 stellt die Struktur des Kapitels dar.

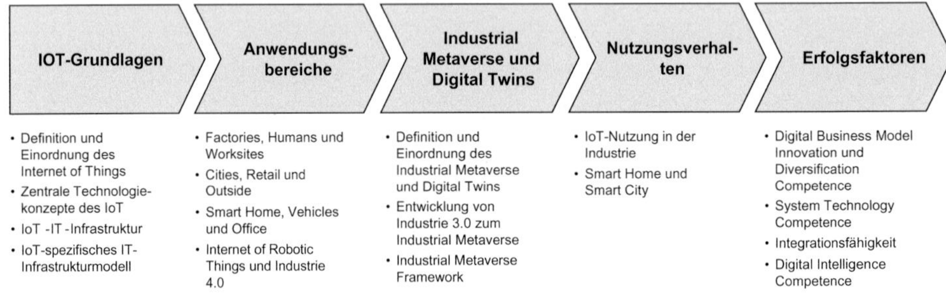

Abb. 7.1 Struktur des Kapitels

[2] Xia et al. (2012), S. 1101.

7.1 Grundlagen des Internet of Things

Die visionäre Idee des IoT wird oftmals Mark Weiser mit seinem Aufsatz „The Computer for the 21st Century" zugeschrieben.[3] Ende der neunziger Jahre wurde die Vision von Mark Weiser durch Kevin Ashton entscheidend weiterentwickelt.

Ashton prägte den Begriff Internet of Things als er am Auto-ID Center des Massachusetts Institute of Technology (inzwischen MIT Auto-ID Labs) unter anderem zum RFID-Ansatz forschte. RFID ermöglicht die internetbasierte Vernetzung von Produkten, Services, Maschinen oder Sensoren und stellt eine Technologie für Sender-Empfänger-Systeme zur radiowellengestützten Identifikation und Lokalisierung dieser dar.

Bedeutung des Internet of Things

Das IoT hat insbesondere in den letzten Jahren einen erheblichen Bedeutungszuwachs erfahren. Durch den grundlegenden Vernetzungscharakter von Produkten, Services, Maschinen oder Sensoren hat IoT eine sehr breite Verwendungsbasis, die in verschiedenen Anwendungskontexten und Branchen herangezogen wird.

IoT-Marktprognosen gehen von einem erheblichen Wachstum in den nächsten Jahren aus. Die globalen IoT-Erlöse betrugen im Jahr 2020 181,5 Mrd. US-Dollar und sollen Expertenschätzungen zufolge bis zum Jahr 2030 auf 621,6 Mrd. US-Dollar ansteigen und sich somit mehr als verdreifachen. Im selben Zeitraum soll sich die Anzahl aktiver Connected IoT-Devices weltweit von 9,8 Mrd. auf 29,4 Mrd. ebenfalls mehr als verdreifachen. Die größte Anzahl an Connected Devices wird dabei im Konsumentensegment in China erwartet.[4]

Von besonderer Bedeutung ist darüber hinaus der industrielle Anwendungsbereich des IoT, Industrie 4.0 und Smart Manufacturing, dessen weltweites jährliches Investitionsvolumen über 1,1 Billionen US-Dollar beträgt.[5] Das Marktpotenzial und die damit verbundene Möglichkeit neue Anwendungen und Geschäftsmodelle einzuführen, machen IoT zu einem sehr bedeutenden Bereich im Digital Business.

Definition und Einordnung des Internet of Things

Ein Vergleich zahlreicher Studien im Bereich IoT zeigt, dass bislang keine einheitliche Definition des IoT vorhanden ist. In diesem Zusammenhang stellt Tab. 7.1 ausgewählte, relevante Definitionen des IoT dar.

Es ist ersichtlich, dass alle Definitionen den Charakter der internetbasierten Vernetzung von vielfältigen Faktoren in einem Netzwerk thematisieren. Vor diesem Hintergrund soll die folgende integrative Definition verwendet werden (vgl. Tab. 7.2).

[3] Vgl. Weiser (1991).

[4] Vgl. Transforma Insights (2022), S. 25 ff.

[5] Vgl. PwC (2022).

Tab. 7.1 Ausgewählte IoT-Definitionen[a]

Autor	Definition
International Telecommunication Union (2012)	A global infrastructure for the information Ky, enabling advanced services by interconnecting (physical and virtual) things based on existing and evolving interoperable information and communication technologies.
Miorandi et al. (2012)	The term „Internet-of-Things" is used as an umbrella keyword for covering various aspects related to the extension of the Internet and the Web into the physical realm, by means of the widespread deployment of spatially distributed devices with embedded identification, sensing and/or actuation capabilities.
Xia et al. (2012)	IoT refers to the networked interconnection of everyday objects, which are often equipped with ubiquitous intelligence.
Gubbi et al. (2013)	Interconnection of sensing and actuating devices providing the ability to share information across platforms through a unified framework, developing a common operating picture for enabling innovative applications. This is achieved by seamless large scale sensing, data analytics and information representation using cutting edge ubiquitous sensing and cloud computing.
McKinsey Global Institute (2015)	We define the Internet of Things as sensors and actuators connected by networks to computing systems. These systems can monitor or manage the health and actions of connected objects and machines. Connected sensors can also monitor the natural world, people, and animals.

[a]Vgl. Wirtz (2018), S. 107; Wirtz (2020), S. 114; Wirtz (2021), S. 191

Tab. 7.2 Definition Internet of Things[a]

Internet of Things stellt die internetbasierte Vernetzung von physischen und digitalen Produkten, Dienstleistungen, Maschinen, Sensoren und Menschen dar. Das Ziel des Internet of Things ist die Verbesserung der Effizienz und Effiktivtät von Geschäftsaktivitäten und die Erzielung eines Wettbewerbsvorteils.

[a]Vgl. Wirtz (2018), S. 108; Wirtz (2020), S. 114; Wirtz (2021), S. 192

IoT-IT-Infrastruktur

Intelligente IoT-Produkte und -Services erfordern eine innovative IT-Infrastruktur, welche die Bewältigung der vielfältigen Herausforderungen und Nutzung der Vorteile des IoT erst möglich macht.[6] Vor dem Hintergrund der verschiedenen F7-11Anwendungsfelder und Wirkungsweisen des IoT ist es ersichtlich, dass IoT insbesondere durch IT-Basistechnologien ermöglicht wird.

In diesem Zusammenhang sind vor allem die Konzepte und Technologien von Big Data, Cloud Computing und Artificial Intelligence relevant, die in den Kap. 8 und 9 näher

[6]Vgl. Porter/Heppelmann (2014).

erläutert werden. Darüber hinaus ist die informationstechnologische Infrastruktur wichtig (siehe Abb. 7.3). Daher werden im Folgenden diese Konzepte und die dazugehörigen Technologien erläutert. Abb. 7.2 gibt einen allgemeinen Überblick über die grundlegenden technologischen Konzepte des IoT.

Das IoT hat ein querschnittsübergreifendes Anwendungsspektrum. Durch die Integration von Big Data, Cloud Computing und Artificial Intelligence im IoT-Kontext nehmen die Komplexität und die verfügbare Datenlage deutlich zu. Für den effektiven und effizienten Datenaustausch im Rahmen des IoT ist daher eine leistungsfähige IT-Infrastruktur unabdingbar. Die wesentliche Ausgestaltung dieser IoT-IT-Infrastruktur ist in Abb. 7.3 dargestellt.

Auf der Erfassungsebene bei den Endpunkten/verbundenen Objekten werden über Sensoren, RFID Tags, Aktoren oder Verbrauchergeräte die notwendigen Informationen und Daten gesammelt. Diese werden dann auf die Netzwerkebene (M2M-Netwerk, Internetinfrastruktur) weitergeleitet.

Hierbei ist aufgrund der Vielzahl an Sensoren und sendenden Endgeräten und der damit verbundenen sehr großen und komplexen Datenmenge eine sehr leistungsfähige Netzwerkinfrastruktur notwendig. Insbesondere durch die hohe Anzahl an mobil sendenden Endgeräten ist ein hoch entwickeltes Mobilfunknetz im 5G-Technologiespektrum mittelfristig erforderlich. Von der Netzwerkebene gelangen die Informationen und Daten auf Server in Rechenzentren.

Dort wird die sehr komplexe und große Datenmenge mithilfe von entsprechender intelligenter Software wie etwa AI-Software oder Big Data Analytics verarbeitet und in Form eines „steuernden" Datenflusses an die verbundenen Objekte zurückgeleitet.

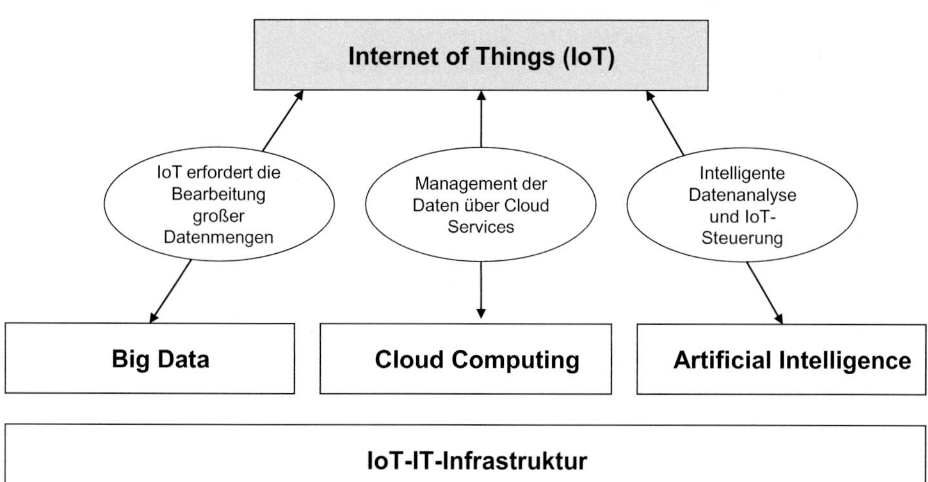

Abb. 7.2 Zentrale Technologiekonzepte des IoT. (Vgl. Wirtz (2018), S. 119; Wirtz (2020), S. 131; Wirtz (2022), S. 246)

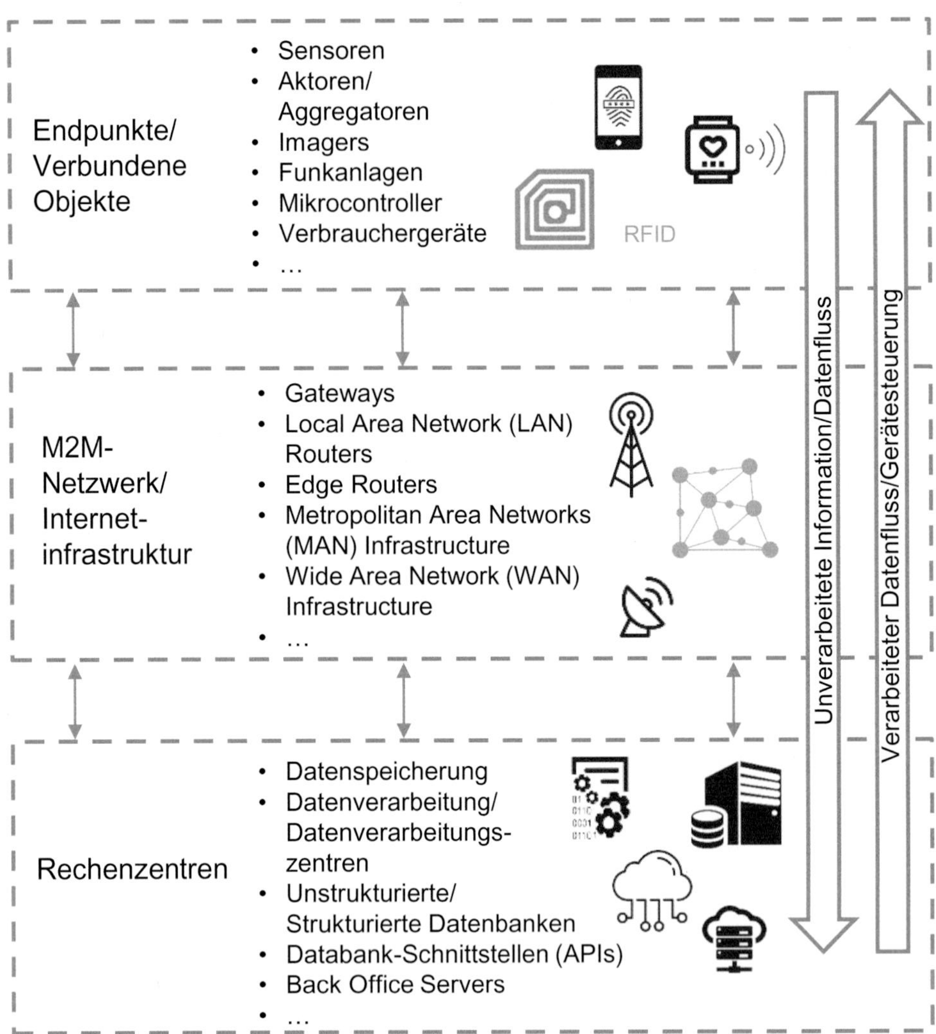

Abb. 7.3 IoT-IT-Infrastruktur. (Vgl. Wirtz (2018), S. 129; Wirtz (2020), S. 132; Wirtz (2022), S. 247)

Es kann somit konstatiert werden, dass das IoT neben einem breiten und heterogenen Anwendungsspektrum auch durch verschiedene Basistechnologien gekennzeichnet ist, die häufig im Verbund miteinander angewendet werden. Abb. 7.4 stellt in diesem Zusammenhang das IoT-spezifische IT-Infrastrukturmodell dar, das die wesentlichen Aspekte der Informationstechnologie im Hinblick auf das IoT enthält.[7]

[7] Inhalte teilweise basierend auf Porter/Heppelmann (2014); Wirtz/Weyerer/Schichtel (2019).

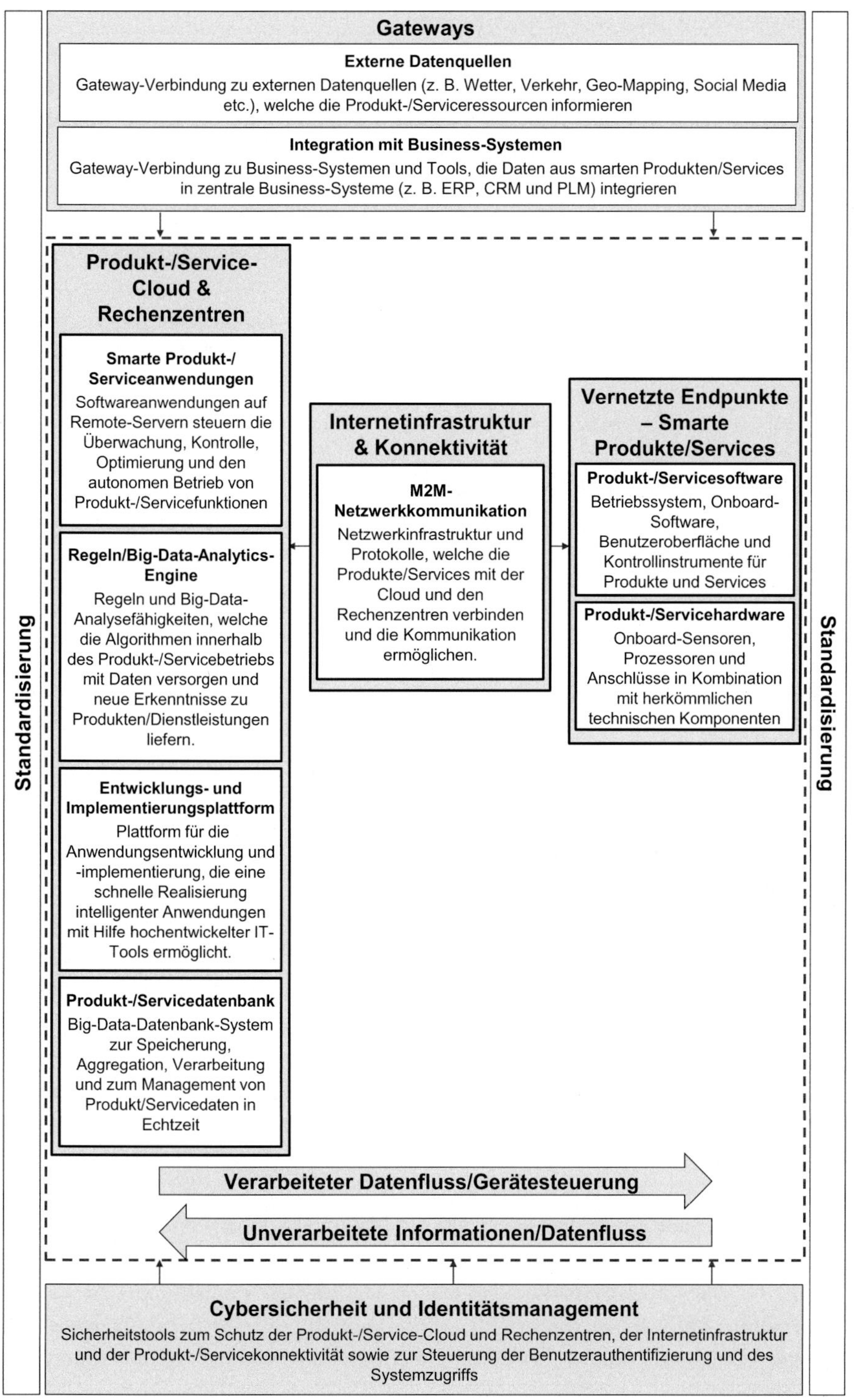

Abb. 7.4 IoT-spezifisches IT-Infrastrukturmodell. (Vgl. Wirtz (2020), S. 116; Wirtz (2022), S. 248)

Produkt-/Service-Cloud und Rechenzentren

Das IoT-spezifische IT-Infrastrukturmodell setzt sich aus unterschiedlichen Ebenen zusammen. Die erste Ebene stellt die Produkt-/Service-Cloud & Rechenzentren dar und kann als analytische Schaltzentrale des Systems verstanden werden. Sie beinhaltet neben smarten Produkt-/Serviceanwendungen, die auf Remote-Servern laufen zur Überwachung und Optimierung sowie zum Betrieb der Produkt- beziehungsweise Servicefunktionen, auch die Regeln und Big-Data-Analytics-Engine, welche die Anwendungslogiken und Big-Data-analytischen Ressourcen (Algorithmen und Codes) zur Generierung neuer Erkenntnisse enthalten.

Darüber hinaus umfasst die Ebene der Produkt/Service-Cloud & Rechenzentren eine Entwicklungs- und Implementierungsplattform zur Softwareentwicklung sowie eine Produkt/Servicedatenbank zur Aggregation und zum Management von Echtzeitdaten und historischen Daten des Produkts beziehungsweise Service.

Internetinfrastruktur und Konnektivität

Die zweite Ebene der IT-Infrastruktur bezieht sich auf die Internetinfrastruktur & Konnektivität und folglich auf die Netzwerkkommunikation zwischen Produkt/Service und der Produkt-/Service-Cloud.

Vernetzte Endpunkte

Schließlich stellt die dritte Ebene die vernetzten Endpunkte beziehungsweise die smarten Produkte/Services dar. Diese umfasst zum einen die Produkt-/Servicesoftware, insbesondere das Betriebssystem und andere Onboard-Software, und zum anderen die Product/Servicehardware speziell in Form von Sensoren, Prozessoren und Schnittstellen.

Cybersicherheit und Identitätsmanagement

Alle drei beschriebenen Ebenen sind von einer Cybersicherheits- und Identitätsmanagementstruktur umgeben, die ein Sicherheitspaket zur Steuerung der Benutzerauthentifizierung und des Systemzugriffs bereitstellt und zum Schutz der einzelnen Ebenen vor Angriffen und unautorisiertem Zugriff dient.

Darüber hinaus existiert ein Gateway, das externe Datenquellen mit den beiden Ebenen Produkt-/Service-Cloud & Rechenzentren und Vernetzte Endpunkte – Smarte Produkte/Services verbindet und somit den Abruf beziehungsweise die Integration externer Daten (z. B. Wetter- und Verkehrsdaten, Geomapping- oder Social-Media-Daten) ermöglicht.

Schließlich erlaubt ein weiteres Gateway die Integration mit Behörden- oder Business-Systemen. Hier werden mithilfe verschiedener Tools entsprechende Organisationssysteme (z. B. ERP- und CRM-Systeme) mit den beiden Ebenen Produkt-/Service Cloud & Rechenzentren und vernetzte Endpunkte – Smarte Produkte/Services verbunden und entsprechende Daten aus beiden Systemen integriert. Eine wichtige Herausforderung im

Rahmen des IoT ist die Kompatibilität der verschiedenen informationstechnologischen Tools und Komponenten, die eine entsprechende Standardisierung über alle Ebenen hinweg erfordert.

Autonomes Fahren als Beispiel für IoT

Im Folgenden soll in Abb. 7.5 das Zusammenspiel und die Anwendungsbereiche der unterschiedlichen Basistechnologien anhand eines IoT-Beispiels im Verkehrsbereich veranschaulicht werden.[8]

Das Beispiel des autonomen Fahrens im Automobilkontext ist dabei besonders gut geeignet, da es alle IoT-Basistechnologien umfasst und von Bedeutung für die gesamte Gesellschaft ist. Die Grundidee des autonomen Fahrens ist, dass die Steuerung dem Fahrzeug selbst überlassen wird und Fahrer so zu Mitfahrern werden.

Grundsätzlich sollen autonome Fahrzeuge durch den Austausch von Informationen mit anderen Fahrzeugen lernen und auf lange Sicht das Gelernte durch Interaktion beziehungsweise über eine zentralisierte Plattform teilen. In diesem Zusammenhang sind AI-basierte Techniken wie Machine-Learning-Ansätze (z. B. neuronale Netze) von besonderer Bedeutung und werden bereits im Rahmen von Fahrerassistenzsystemen verwendet.

Obwohl die umfassende Einführung in den Straßenverkehr von Fahrzeugen mit hohem Automatisierungsgrad für das Jahr 2025 erwartet wird, gibt es bereits erste hybride Systeme, die selbstlernende Elemente integrieren. Hier sind der Automobilhersteller Tesla und seine innovativen Fahrfunktionen zu nennen oder auch der in Deutschland seit 2022 auf Autobahnen bis zu einem Tempo von 60 km/h zugelassene Level-3-Staupilot von Mercedes.[9] Darüber hinaus gibt es vereinzelte Angebote von Waymo One z. B. in San Francisco, Kalifornien. Hierbei handelt es sich um einen versuchsweisen Taxidienst mit selbstfahrenden Fahrzeugen von Jaguar und Chrysler, die von Waymo entsprechend umgerüstet wurden.[10] Es gibt zahlreiche weitere Automobilhersteller, die am Ausbau und der Nutzung von AI arbeiten. Ziel dabei ist es vollintegrierte, lernbasierte Systeme zu entwickeln, die durch AI-Algorithmen optimiert werden.

Das AI-System berechnet dabei die Fahrtstrecke auf Basis von 3D-Bildern, die mithilfe von sogenannten LIDAR-Systemen, d. h. Laserscannern zur optischen Abstands- und Geschwindigkeitsmessung, gemacht werden. Die Ausbildung solcher AI-Systeme erfordert große Mengen an Sensordaten, sowie erhebliche Rechenleistung und -kapazität. Ein cloudbasiertes AI-System dient dabei zur Verarbeitung großer Datenmengen sowie zur Weitergabe von Updates und gelernten Informationen an Fahrzeuge.

Neben grundlegenden Technologien wie beispielsweise GPS, RFID und Internetkonnektivität, sowie den bereits erwähnten AI-Technologien, muss die technologische Infra-

---

[8] Inhalte teilweise basierend auf McKinsey (2017).

[9] Vgl. ADAC (2022).

[10] Vgl. Waymo (2023).

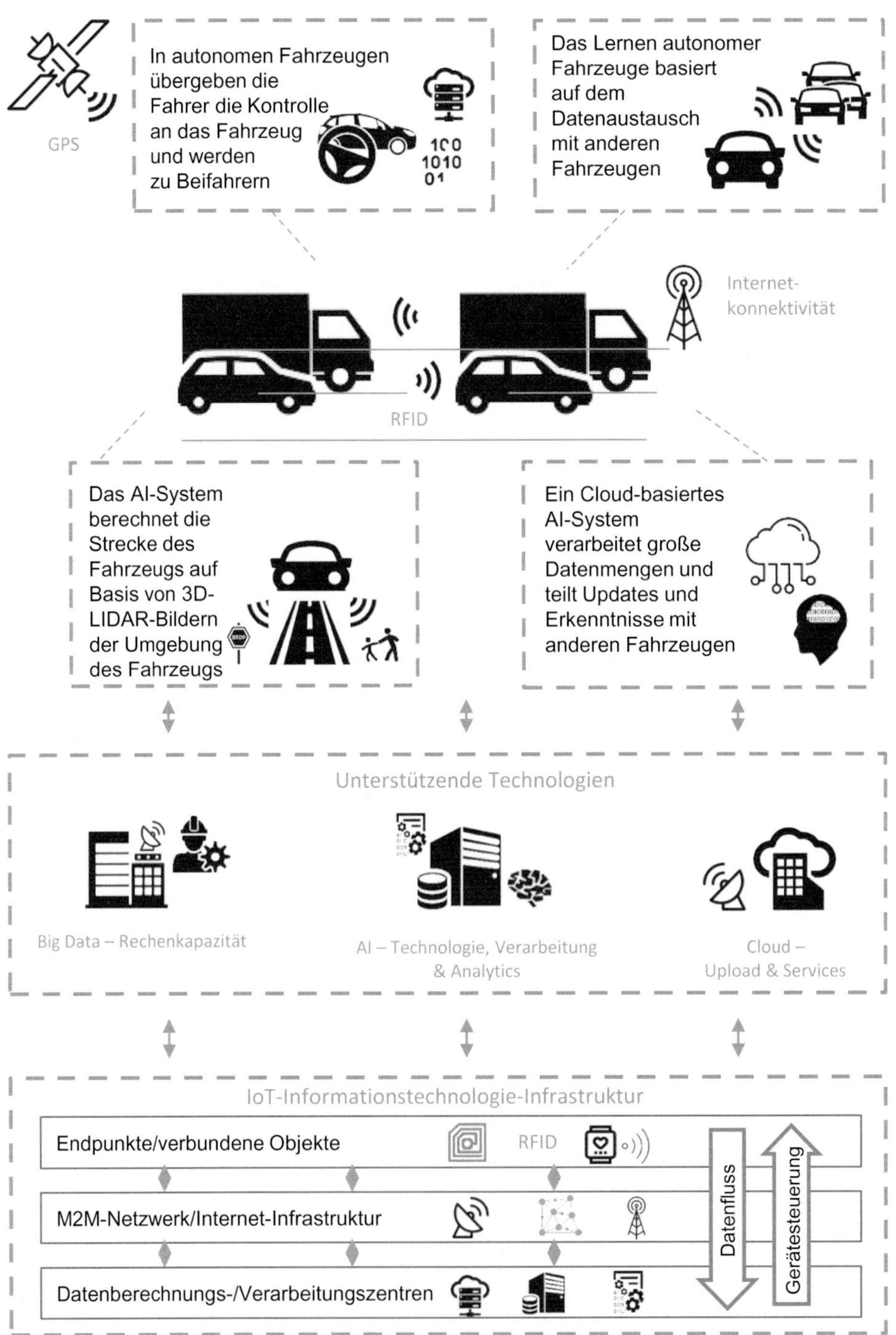

Abb. 7.5 IoT-Beispiel mit Interaktionen und Anwendungsbereichen der Basistechnologien. (Vgl. Wirtz (2018), S. 130; Wirtz (2020), S. 134; Wirtz (2022), S. 250)

struktur somit sowohl über entsprechende Big-Data-Ressourcen verfügen, als auch über eine entsprechende Cloud-Plattform. Nachdem nun die Anwendungen und zentralen Technologiekonzepte des IoT dargestellt wurden, erfolgt im nächsten Abschnitt eine Betrachtung der Anwendungsbereiche des IoT.

7.2 Anwendungsbereiche des Internet of Things

Auf Basis einer hoch entwickelten IoT-Infrastruktur, gibt es vielfältige Anwendungsgebiete des IoT. Der IoT-Anwendungsbereich ist aufgrund des universellen IoT-Anwendungscharakters der internetbasierten Vernetzung, Information und Steuerung besonders groß. Hier reichen die Anwendungsgebiete von Smart Home, Smart Factory, Smart Health bis zu Smart Mobility und Smart Cities.

In diesem Zusammenhang hat die Unternehmensberatung McKinsey & Company in einer Studie zu IoT neun wesentliche Anwendungsbereiche identifiziert, die in absteigender Reihenfolge bezüglich ihres Umsatz- und Marktpotenzials in Abb. 7.6 dargestellt sind.[11]

Factories

Das erste Anwendungsfeld der Nutzung des IoT bezieht sich auf Fabriken und Produktionsstätten, wobei hier alle standardisierten Produktionsumgebungen berücksichtigt werden, d. h. Fertigung, Landwirtschaft und Krankenhäuser.[12] Die Anwendung des IoT im produzierenden Gewerbe wird oft unter den Begriffen Industrial Internet of Things (IIoT), Industrie 4.0 oder Smart Factory subsumiert. Das IIoT kennzeichnet die nächste Phase der digitalen Fertigungsautomation und steht für eine umfassende Digitalisierung des industriellen Sektors und seiner Produktionsprozesse.

Diese Thematik hat in den letzten Jahren eine große Bedeutung erlangt, insbesondere durch die erheblichen Wettbewerbsvorteile für Unternehmen, die damit verbunden sind. Ein gutes Beispiel in diesem Zusammenhang stellt das Unternehmen Siemens dar, das zu den größten Industrieunternehmen der Welt gehört und mit MindSphere ein cloudbasiertes und offenes IoT-Betriebssystem entwickelt hat. MindSphere ermöglicht es Systeme, Anlagen, Maschinen, Geräte und Produkte zu verbinden und somit zur Grundlage einer digital vernetzten Industrie zu machen. Das IoT-Betriebssystem kommt dabei bereits in einer Vielzahl unterschiedlicher Anwendungsfelder zum Einsatz, insbesondere zur vorausschauenden Wartung (Predictive Maintenance) von Industrieanlagen.

Eine solche IIoT-basierte Wartungsplattform enthält Regeln für automatisierte Entscheidungen, um den Zustand einer Maschine mithilfe der Sensoren, die an den Bauteilen angebracht sind, jederzeit zu analysieren, Verschleißmuster zu erkennen und präventiv einen Wartungs- und Reparaturprozess einzuleiten. Steht ein Bauteil kurz vor der Ver-

[11] Inhalte basierend auf McKinsey & Company (2021).

[12] Vgl. McKinsey & Company (2021), S. 30 ff.

Anwendungsbereiche	Beschreibung	Beispiele	Marktvolumen im Jahr 2030*
Factories	Standardisierte Produktionsbereiche	Standorte mit sich wiederholenden Arbeitsabläufen, wie z. B. landwirtschaftliche Betriebe und Krankenhäuser; Betriebseffizienz, Optimierung der Anlagennutzung und Inventur	1430–3320
Humans	Tragbare Vorrichtungen, die am oder im Inneren des menschlichen Körpers angebracht sind	Vorrichtungen (Wearables und Ingestibles) zur Überwachung und Erhaltung der menschlichen Gesundheit und des Wohlbefindens; verbesserte Fitness, Disease Management, erhöhte Produktivität.	550–1760
Worksites	Besondere Produktionsbereiche	Bau, Bergbau, Öl und Gas; Betriebseffizienz, Sicherheit und Gesundheitsschutz, prädiktive Instandhaltung	400–1730
Cities	Stadtgebiete und Ballungsräume	Öffentliche Räume und Infrastruktur im urbanen Umfeld; Ressourcenmanagement, Umweltüberwachung, Smart Meter, adaptives Verkehrssteuerungssystem	970–1700
Retail	Orte, an denen Verbraucher Handel treiben	Geschäfte, Einkaufszentren, Restaurants, Banken, Selbstbedienungskassen	650–1150
Outside	Außerhalb von städtischen und anderen Gebieten	Autonome Fahrzeuge außerhalb der Stadt, Eisenbahngleise, Sendungsverfolgung, Flugnavigation; Echtzeit-Routing	400–930
Home	Bewohnte Gebäude	Sicherheits- und Hausautomationskontrollsysteme	440–830
Vehicles	Innerhalb von Fahrzeugen	Pkw, Lkw, Züge, Schiffe, Flugzeuge, Hubschrauber, prädiktive Instandhaltung, nutzungsorientiertes Design	430–620
Offices	Orte, an denen Wissensarbeiter tätig sind	Sicherheits- und Energiemanagement in Bürogebäuden; Steigerung der Produktivität	240–500

○ Geringes Potenzial ● Hohes Potenzial

*Potenzieller Wirtschaftseffekt des IoT im Jahr 2030 in Milliarden US-Dollar

Abb. 7.6 Anwendungsbereiche des IoT. (Datenquelle: McKinsey & Company (2021), S. 3 ff.)

schleißgrenze oder geht kaputt, wird dies durch den Sensor erkannt und automatisch eine Bestellung des Ersatzteils oder die Beauftragung des Reparaturdienstes ausgelöst.

Es ist auch denkbar, dass eine Maschine bestimmte Bauteile eigenständig ersetzt beziehungsweise repariert, beispielsweise durch selbstreparierendes Material. Das Umsatz- und Marktpotenzial von IoT-Anwendungen in Produktionsumgebungen wird mit einem Wert von 1,4 Billionen bis 3,3 Billionen US-Dollar im Jahr 2030 von McKinsey & Company als sehr hoch eingeschätzt.[13]

Humans

Die Nutzung des IoT im Zusammenhang mit dem menschlichen Körper bezieht sich auf Geräte, die außerhalb und innerhalb des menschlichen Körpers befestigt sind. Im Allgemeinen beinhaltet dieser Anwendungsbereich zwei Arten von IoT-Anwendungen: Geräte zur Verbesserung der Gesundheit und Fitness und Geräte zur Steigerung der menschlichen Produktivität, insbesondere am Arbeitsplatz.[14]

Ein bekanntes Beispiel einer IoT-Anwendung in diesem Bereich ist die weitverbreitete Smartwatch, die zur Kategorie der sogenannten Wearables gehört und im Prinzip eine Armbanduhr mit erweiterten computerbasierten Funktionalitäten darstellt. Neben dem Angebot gewöhnlicher Smartphone-Funktionen, wie beispielsweise Anrufanzeige und Benachrichtigungen, unterstützen Smartwatches in der Regel auch drahtlose Netzwerktechnologien wie beispielsweise Bluetooth, WLAN oder GPS.

Darüber hinaus können sie gewöhnlich auch mit anderen Geräten wie Smartphones oder Tablets vernetzt werden sowie Daten von internen oder externen Sensoren erfassen, beispielsweise in Form von biometrischen Daten wie Herzfrequenz oder physische Aktivitäten und Bewegungen. Insgesamt gehen Schätzungen von McKinsey & Company von einem hohen Umsatz- und Marktpotenzial für IoT-Anwendungen im Kontext des menschlichen Körpers aus und prognostizieren hierbei einen Wert von 550 Mrd. bis 1,76 Billionen US-Dollar im Jahr 2030.[15]

Worksites

Die Anwendung des IoT im Kontext von Worksites bezieht sich auf spezifische Produktionsumgebungen und umfasst die Bereiche Bauwesen, Bergbau sowie Öl- und Gasindustrie, die zu den frühesten Anwendungsfeldern des IoT gehören.[16]

So ist beispielsweise im Bereich Öl- und Gasunternehmen der Einsatz von Sensoren auf Ölfeldern üblich und im Zusammenhang mit der dazugehörigen Ausrüstung (z. B. Pumpen und Ventile) im Einsatz.[17] Diese Sensoren erfassen Daten in Bezug auf Temperatur, Druck und andere Aspekte und übermitteln diese an die zuständigen Ingenieure in den Kontroll-

[13] Vgl. McKinsey & Company (2021), S. 30.

[14] Vgl. McKinsey & Company (2021), S. 37 ff.

[15] Vgl. McKinsey & Company (2021), S. 37.

[16] Vgl. McKinsey & Company (2021), S. 42 ff.

[17] Vgl. MordorIntelligence (2021).

zentren, die auf diese Weise den Produktionsprozess überwachen können und im Bedarfsfall Maßnahmen ergreifen können.

Darüber hinaus nutzt das multinationale Öl- und Gasunternehmen Shell Sensortechnologie insbesondere im Verbund mit Robotertechnik und hat beispielsweise in Kooperation mit spezialisierten Partnerunternehmen autonome Unterwasserfahrzeuge für die Inspektion von Gelände und Pipelines unter Wasser entwickelt, beispielsweise zur Erfassung von seismischen Daten.[18] Im Hinblick auf den wirtschaftlichen Effekt von IoT-Anwendungen im Kontext von Worksites, geht McKinsey & Company von einem hohen Umsatz- und Marktpotenzial aus und prognostiziert diesbezüglich einen Wert von 400 Mrd. bis 1,7 Billionen US-Dollar im Jahr 2030.[19]

Cities

Die Nutzung des IoT im Kontext von Städten oder urbanen Umgebungen bezieht sich allgemein auf das fest etablierte Konzept der Smart City, welches die Anwendung moderner Informations- und Kommunikationstechnologien und IoT auf städtische Infrastrukturen und Dienste beschreibt. Smart Cities haben in den letzten Jahren eine besondere Aufmerksamkeit erhalten, insbesondere vor dem Hintergrund des allgemeinen Urbanisierungstrends weltweit und aufgrund ihrer Fähigkeit die Lebensqualität der Bevölkerung zu verbessern. Die EU hat beispielsweise bereits im Jahre 2012 ihre Initiative „European Innovation Partnership on Smart Cities and Communities" gestartet, um die Entwicklung und Nutzung von intelligenten Technologien im städtischen Raum voranzutreiben.[20]

Vor diesem Hintergrund haben europäische Großstädte wie Amsterdam und Barcelona eine Early-Adopter-Rolle bezüglich Smart-City-Technologien übernommen. Die Stadt Amsterdam begann beispielsweise mit der Einführung von IoT-Technologien im Rahmen der städtischen Abfallentsorgung. Dabei wurden mehr als 2000 öffentliche Abfalleimer mit Sensoren ausgestattet, die den Abfallbeseitigungsunternehmen über das Mobilfunknetz anzeigen, wann die einzelnen Abfalleimer geleert werden müssen.[21]

Inzwischen sind viele weitere Smart-City-Initiativen weltweit entstanden (z. B. in Dänemark, Dubai, Frankreich, Deutschland, Singapur, Großbritannien und den USA), auf deren Basis IoT-Technologien in städtische Infrastrukturen integriert werden. Einen besonders hilfreichen und weitverbreiteten Smart-City-Ansatz findet man im Bereich Verkehr und Parken. Hier haben viele Großstädte (z. B. Amsterdam, Barcelona oder San Francisco) Smart-Parking-Lösungen eingeführt. Beispielsweise bieten einige Städte Stra-

[18] Vgl. Maslin (2020).

[19] Vgl. McKinsey & Company (2021), S. 42.

[20] Vgl. Europäische Union (2012).

[21] Vgl. T-Systems (2017).

ßen und Parkhäuser mit Sensoren an, die parkplatzsuchenden Verkehrsteilnehmern über Smartphone oder Verkehrsleitsysteme den nächsten freien Parkplatz anzeigen.

In Bezug auf das Umsatz- und Marktpotenzial von IoT-Anwendungen im städtischen Kontext erwartet McKinsey & Company einen großen wirtschaftlichen Effekt und prognostiziert ein Volumen von knapp 1 Billion bis 1,7 Billionen US-Dollar im Jahr 2030.[22]

Retail

Die Anwendung des IoT im Bereich Retail bezieht sich auf den Einsatz von IoT-Technologien in allen physischen und wirtschaftlichen Umgebungen, in denen Konsumenten ein Produkt oder eine Dienstleistung in Anspruch nehmen.[23] Ein gutes Beispiel eines Unternehmens, das IoT-Technologie im Verkaufskontext anwendet, ist das Unternehmen Amazon, welches zu den größten Handelsunternehmen der Welt zählt.

Amazon betreibt unter dem Namen Amazon Go Supermärkte, welche ohne klassische Kassen auskommen. Mithilfe von Sensoren und Kameras wird erfasst, welche Produkte vom Kunden in den Einkaufswagen gelegt werden. Mithilfe eines QR-Codes, welcher beim Betreten und Verlassen des Geschäfts gescannt wird, kann der Kunde eindeutig identifiziert werden. Verlässt der Kunde das Geschäft mit seinen gewünschten Waren, muss dieser nicht an einer Kasse bezahlen, sondern der ausstehende Betrag wird automatisiert vom Konto des Kunden abgebucht.[24]

In Bezug auf den wirtschaftlichen Einfluss von IoT-Anwendungen im Einzelhandelsbereich prognostiziert McKinsey & Company ein mittleres Umsatz- und Marktpotenzial und erwartet dabei ein Volumen von 650 Mrd. bis 1,1 Billionen US-Dollar im Jahr 2030.[25]

Outside

Der Anwendungsbereich Outside bezieht sich auf die Nutzung von IoT-Technologie in allen Bereichen, die außerhalb der anderen dargestellten Anwendungsbereiche liegen und betrifft speziell den Außenbereich in außerstädtischen Umgebungen. Spezifischere Anwendungsgebiete in diesem Zusammenhang sind beispielsweise Paketzustellungen, Containerverschiffung und sonstige Bereiche des Transportwesens sowie der Bahn- und Logistikinfrastruktur.[26]

Transport- und Logistikunternehmen gelten als Early Adopters von IoT-Technologien. In der maritimen Industrie beispielsweise sind Schiffe bereits seit Jahrzehnten mit Sensortechnologien wie zum Beispiel Onboard-Sensoren ausgestattet, die große Datenvolumen erfassen können, die inzwischen mittels IoT-Technologie in Echtzeit

---

[22] Vgl. McKinsey & Company (2021), S. 48 ff.

[23] Vgl. McKinsey & Company (2021), S. 54 ff.

[24] Vgl. Amazon (2023).

[25] Vgl. McKinsey & Company (2021), S. 54.

[26] Vgl. McKinsey & Company (2021), S. 59 ff.

analysiert werden können, um den Betrieb zu verbessern. Die beteiligten Akteure im Schiffsverkehr wie Kapitäne, Schiffspersonal und maritime Verkehrskoordinationszentren können eine Mobile App namens REX (Route Exchange) nutzen und damit auf die ausgelesenen Daten der Onboard-Sensoren von Schiffen im Schiffsverkehr in Echtzeit zugreifen.[27]

In Bezug auf die wirtschaftliche Bedeutung von IoT-Anwendungen im Bereich Outside geht McKinsey & Company von einem mittleren Umsatz- und Marktpotenzial aus und erwartet hier einen Wert von 400 Mrd. bis 900 Mrd. US-Dollar im Jahr 2030.[28]

Smart Home

Ein weiteres zentrales Anwendungsfeld des IoT ist der Heimbereich, welcher sich mit dem Aspekt der Hausautomation beschäftigt und sich auf das etablierte Konzept des Smart Home bezieht. Dieses Konzept beschreibt die intelligente Vernetzung, Automation und Kontrolle von Haus- beziehungsweise Gebäudetechnik (z. B. Heizung, Beleuchtung, Klimaanlage und Sicherheit), Haushaltsgeräten (z. B. Waschmaschine, Trockner, Kühlschränke, Gefrierschränke und Öfen) und Unterhaltungselektronik (z. B. Flachbildfernseher, DVD und Mediaplayer) mithilfe von Informationstechnologie, die in vielerlei Formen möglich ist.

Amazon beispielsweise, das weltweit größte internetbasierte Handelsunternehmen, hat mit dem Produkt Amazon Echo einen Smart Speaker für den Heimbereich auf den Markt gebracht. Dieses Gerät kann über acht integrierte Mikrofone akustische Befehle empfangen und verbindet den Nutzer mit dem sprachgesteuerten persönlichen Assistenten Amazon Alexa. Der Nutzer kann so mit Alexa in Interaktion treten und verschiedene Aktionen initiieren, wie beispielsweise das Abspielen von Musik, den Bericht aller möglichen Informationen in Echtzeit (z. B. Nachrichten, Sportergebnisse, Wetter- und Verkehrsinformationen) und die Bestellung von Produkten über Amazon.

Darüber hinaus ist Amazon Echo auch in der Lage mehrere Smart-Home-Geräte wie beispielsweise Thermostate, Lampen oder Lichtschalter zu bedienen und dient somit als Knotenpunkt (Hub) für Hausautomation.[29] Schätzungen von McKinsey & Company gehen insgesamt von einem mittleren Umsatz- und Marktpotenzial von IoT-Anwendungen im Kontext von Smart Home aus und prognostizieren einen Wert von 400 Mrd. bis 800 Mrd. US-Dollar im Jahr 2030.[30]

Vehicles

Die Anwendung von IoT-Technologie auf Transportfahrzeuge (Autos, Lastwagen, Züge und Luftfahrzeuge) bezieht sich primär auf deren digitale Automatisierung und prädiktive

[27] Vgl. Wojnarowicz (2015).

[28] Vgl. McKinsey & Company (2021), S. 60.

[29] Vgl. Amazon (2022).

[30] Vgl. McKinsey & Company (2021), S. 64 ff.

Instandhaltung.[31] Ein bekanntes und viel zitiertes Beispiel in diesem Zusammenhang ist das sogenannte Connected Car, dessen Entwicklung und Design weltweit in den Mittelpunkt der Automobilindustrie gerückt ist. Der deutsche Automobilhersteller BMW vernetzt seine Autos zunehmend über das Connected Cars System mit dem IOT.

BMWs sogenannte ConnectedDrive-Technologie beinhaltet eine Applikationssuite, die darauf abzielt intelligente Vernetzung zwischen dem Auto und seiner Umwelt herzustellen. ConnectedDrive ermöglicht Kunden den Zugriff auf digitale Dienste, wie z. B. Verkehrsinformationen in Echtzeit, Concierge Service, Microsoft Exchange, intelligenter Notruf, Online-Fahrtenbuch etc.

Darüber hinaus können Kunden mithilfe der BMW Connected App diverse Remote-Services nutzen und so beispielsweise ihr Fahrzeug ent- und verriegeln, sich dessen Standort anzeigen lassen oder Fahrzeuginformationen wie Tankstand oder Reichweite prüfen.[32] BMW arbeitet kontinuierlich an der Verbesserung und Ausweitung der Konnektivität seiner Fahrzeuge, in Kooperation mit Bosch Smart Living ist so inzwischen beispielsweise auch eine Vernetzung des Autos mit Smart-Home-Geräten (z. B. Heizsystem) möglich.[33]

Insgesamt prognostiziert McKinsey & Company einen mittleren wirtschaftlichen Effekt von IoT-Anwendungen im Fahrzeugkontext und schätzt das Umsatz- und Marktpotenzial auf einen Wert von 400 Mrd. bis 600 Mrd. US-Dollar im Jahr 2030.[34]

Office

Der letzte Anwendungsbereich des IoT ist die Büroumgebung, welche definiert wird als physische und wirtschaftliche Umgebung, in der primär Wissensarbeiten ausgeübt werden.[35] Die Anwendungen im Bürobereich sind den oben beschriebenen Anwendungen im Heimbereich recht ähnlich. Smart Devices wie Amazon Echo verfügen mittlerweile auch über Funktionen für das Büro und bringen somit für entsprechende Unternehmen einen größeren Nutzen mit sich. Dementsprechend finden Smart Devices auch im Bürobereich immer stärker Anwendung. So unterstützt Amazon Echo beispielsweise inzwischen den Office 365-Kalender und Unternehmen wie Oracle und Box benutzen bereits Amazon Echo mit der Alexa-Sprachsteuerung im Bereich der Konferenzraumbelegung.[36]

Ein weiteres Beispiel für einen Smart Device im Bürobereich ist der Ava 500 Roboter, ein autonomer Telepräsenz-Roboter des Unternehmens iRobot. Dieser Roboter erlaubt es Mitarbeitern, wenn sie nicht im Büro sind, aus der Ferne anwesend zu sein und verbindet

[31] Vgl. McKinsey & Company (2021), S. 69 ff.

[32] Vgl. BMW (2022).

[33] Vgl. Hiltscher (2022).

[34] Vgl. McKinsey & Company (2021), S. 69.

[35] Vgl. McKinsey & Company (2021), S. 75 ff.

[36] Vgl. TechRepublic (2017).

sie aus ihrem digitalen oder mobilen Büro mit dem gewünschten Unternehmensstandort und den Interaktionspartnern.

Der Ava 500 kann mithilfe eines iPads oder iPhones von Mitarbeitern aus der Ferne gesteuert werden oder sich mithilfe seiner Sensoren auch selbstständig ohne menschliche Steuerung zu gewünschten Zielen (z. B. Konferenzräume und Büros) begeben.[37] Insgesamt erwartet McKinsey & Company einen vergleichsweise geringen wirtschaftlichen Effekt von IoT-Anwendungen im Bürobereich und schätzt das Umsatz- und Marktpotenzial in diesem Bereich auf 200 Mrd. bis 500 Mrd. US-Dollar im Jahr 2030.[38]

Vor dem Hintergrund der vielfältigen Anwendungsbereiche hat McKinsey eine dreigeteilte Anwendungslogik in Bezug auf IoT-Anwendungen postuliert:

- „capturing data from the object (for example, simple location data or more complex information),
- aggregating that information across a data network,
- and acting on that information – taking immediate action or collecting data over time to design process improvements."[39]

Der erste Schritt der Anwendungslogik betrifft dabei die Datenerhebung und die verwendete Messtechnologie zur Erfassung der Daten. Letztere bezieht sich insbesondere auf Sensortechnologien, die sowohl einfache Identifizierungs-Tags (z. B. RFID-Tags) als auch hoch entwickelte Sensoren und Aktuatoren (Antriebselemente), wie beispielsweise Micro Electromechanical Systems (MEMS) beinhalten, die über den Aspekt der Standortbestimmung hinausgehen und auch komplexere Daten kommunizieren (z. B. Leistungs- oder Zustandsdaten etc.).

Der zweite Schritt beschreibt die Verarbeitung, Aggregation und Speicherung von Daten sowie ihre Integration in die zentralen Business-Systeme von Unternehmen. Dies erfordert insbesondere eine Rules- und Analytics-Engine sowie ein Big-Data-Datenbanksystem. Der dritte Schritt der Anwendungslogik bezieht sich auf die Nutzung der Information, die mittels IoT-Technologie erhalten wurde und den erzielten Nutzen daraus. Der erzielte Nutzen kann dabei unterschiedliche Formen annehmen (z. B. Effizienzgewinne und operative Verbesserungen) und hängt stark vom jeweiligen Anwendungsbereich ab.

Die zuvor dargestellten Anwendungsgebiete des IoT verdeutlichen, dass das IoT vor allem durch die Industrie geprägt ist und dort das größte Chancenpotenzial besteht. Aufgrund dieser herausragenden Bedeutung des IoT im industriellen Bereich soll im Folgenden die Rolle des IoT, der Robotik und Automation in diesem Zusammenhang dargestellt werden.

---

[37] Vgl. TelepresenceRobots (2022).

[38] Vgl. McKinsey & Company (2021), S. 76.

[39] McKinsey Global Institute (2015), S. 52.

Internet of Robotic Things: IoT, Robotics und Industrial Automation

In den letzten Jahren hat das Internet of Robotic Things im Bereich des IoT stark an Bedeutung gewonnen. Bei der Anwendung des IoT im industriellen Bereich beziehungsweise in der Produktion werden häufig auch die Begriffe Industrial Internet of Things (IIoT) oder Industrie 4.0 verwendet, die im Wesentlichen durch die Merkmale der intelligenten Vernetzung, Automatisierung, kollaborativen Steuerung und der Echtzeitüberwachung gekennzeichnet sind.

Dabei bietet das IoT Industrieunternehmen eine Vielzahl an Vorteilen etwa durch die Entwicklung neuer effizienter Technologielösungen für Probleme in der Produktion, verbesserte Arbeits- und Betriebsabläufe sowie eine erhöhte Produktivität. Das IoT ist insbesondere für die Automatisierungsindustrie und die damit verbundenen Teilbereiche der Industriesteuerung, Messtechnik und Prozessautomatisierung von Bedeutung und stellt für Unternehmen in diesem Zusammenhang einen entscheidenden Erfolgsfaktor dar.

Chancen und Risiken von Industrie 4.0

Eine Vielzahl von Unternehmen im industriellen Bereich haben inzwischen firmeninterne proprietäre IoT-Netze für die Automatisierung in der Produktion implementiert. Das IIoT beziehungsweise Industrie 4.0 geht dabei für Unternehmen mit vielfältigen Chancen und Risiken einher. Aus Unternehmenssicht bestehen die größten Chancen von Industrie 4.0 in einer verbesserten Planung und Steuerung in Produktion und Logistik, einer höheren Kundenzufriedenheit, einer höheren Flexibilität in der Produktion, einer schnelleren Time-to-Market, einer verbesserten Qualität sowie in den Individualisierungsmöglichkeiten hinsichtlich der Produkte.[40]

Die größten Risiken von Industrie 4.0 aus Unternehmenssicht liegen im unklaren wirtschaftlichen Nutzen und zu hohen Investitionen, mangelnden Qualifikationen der Mitarbeiter, fehlenden Normen, Standards und Zertifizierungsmöglichkeiten.

Darüber hinaus bestehen Risiken im Bereich der unklaren Rechtslage hinsichtlich der Verwendung externer Daten, dem geringen Reifegrad erforderlicher Technologien und ungeklärten Fragen bezüglich der Datensicherheit.[41] Tab. 7.3 stellt die zentralen Chancen und Risiken von Industrie 4.0 aus Unternehmenssicht gegenüber.[42]

Im IIoT beziehungsweise der Industrie 4.0 gewinnt der Bereich Robotik im Hinblick auf die Automatisierung der Produktion eine zunehmend wichtige Bedeutung. Das Internet of Robotic Things (IoRT) ist ein neues Konzept, das IoT-Technologien mit robotischen und autonomen Systemen kombiniert und auf diese Weise Fähigkeiten sowohl aktueller IoT-Systeme als auch Robotersysteme verbessert und so die Schaffung

[40] Vgl. PwC (2014), S. 21.

[41] Vgl. PwC (2014), S. 37.

[42] Inhalte basierend auf PwC (2014), S. 21 ff.

Tab. 7.3 Zentrale Chancen und Risiken von Industrie 4.0 aus Unternehmenssicht[a]

Chancen	Risiken
• Verbesserte Planung und Steuerung in Produktion und Logistik • Höhere Kundenzufriedenheit • Höhere Flexibilität in der Produktion • Schnellere Time-to-Market • Verbesserte Qualität • Individualisierung der Produkte • …	• Unklarer wirtschaftlicher Nutzen und zu hohe Investitionen • Mangelnde Qualifikationen der Mitarbeiter • Fehlende Normen, Standards und Zertifizierungsmöglichkeiten • Unklare Rechtslage hinsichtlich Verwendung externer Daten • Geringer Reifegrad erforderlicher Technologien • Ungeklärte Fragen bezüglich Datensicherheit • …

[a]Vgl. Wirtz (2020), S. 127; Wirtz (2022), S. 254.

neuer revolutionärer Anwendungen und Services im Rahmen der industriellen Automatisierung ermöglicht.[43]

5G-Netzwerk

Mit zunehmender Implementierung und Anwendung fortschrittlicher IoT-Technologien und Robotik-Lösungen zur Automatisierung des Produktionsbereichs in Unternehmen werden erhebliche Datenmengen generiert, deren Verarbeitung und Analyse für den Entwicklungsfortschritt und die Qualität der Automatisierung eine entscheidende Rolle spielen.

Allerdings können gegenwärtige Kommunikationstechnologien, wie etwa die Mobilfunknetze 3G und 4G die Anforderungen des IIoT beziehungsweise IoRT, insbesondere in Form geringer Latenzzeiten sowie einer hohen Datenrate, Abdeckung und Zuverlässigkeit nicht erfüllen, was die Automatisierungsentwicklung behindert.

Vor diesem Hintergrund wird vor allem dem 5G-Netz besonderes Wertschöpfungspotenzial zugeschrieben, um die Entwicklung des IIoT und der industriellen Automatisierung weiter voranzutreiben.[44]

Zusammenfassend kann konstatiert werden, dass aus dem breiten Spektrum an Anwendungsfeldern des IoT vor allem dem industriellen Sektor eine besondere Bedeutung zukommt, welcher in diesem Zusammenhang durch vielfältige Chancen und Risiken gekennzeichnet ist.

Dabei führt insbesondere die Kombination von IoT-Technologie und Robotik zu einer fortschreitenden Automatisierung des industriellen Sektors, die sowohl mit effizienteren Problemlösungen, Arbeits- und Betriebsprozessen einhergeht als auch durch eine erhöhte Produktivität der Unternehmen gekennzeichnet ist.

[43]Vgl. Simoens/Dragone/Saffiotti (2018), S. 1.

[44]Vgl. Cheng et al. (2018), S. 10.

IoT, Big Data, Cloud Computing und AI

Vor dem Hintergrund der verschiedenen Anwendungsfelder und Wirkungsweisen des IoT ist ersichtlich, dass IoT insbesondere durch IT-Basistechnologien ermöglicht wird. IoT erfordert dabei vor allem die Bearbeitung großer Datenmengen.

Die im Rahmen des IoT verfügbaren großen Datenmengen und Dateninformationen werden zunehmend über Cloud-Computing-Technologien transferiert und verarbeitet, d. h. das Datenmanagement erfolgt im Wesentlichen über Cloud Services.

Cloud-Dienste werden im Rahmen des IoT zunehmend mit Artificial-Intelligence-Leistungen zusammen genutzt, wobei Artificial Intelligence zukünftig eine besondere Bedeutung hierbei erlangt und insbesondere der intelligenten Datenanalyse und IoT-Steuerung dient. Somit sind die Konzepte und Technologien in Form von Big Data, Cloud Computing und Artificial Intelligence von besonderer Relevanz. Nachdem die technologische Infrastruktur des IoT und die Anwendungsbereiche dargestellt wurden, soll im nächsten Abschnitt auf aktuelle und zukünftige Weiterentwicklungen des Internet of Things eingegangen werden. Hier sind insbesondere das Industrial Internet of Things, Digital Twins und das Industrial Metaverse von Relevanz.

7.3 Industrial Metaverse und Digital Twins

Die Wirtschaft und weite Teile der Industrie befinden sich durch den zunehmenden Einsatz digitaler Technologien in einem tiefgreifenden Wandel. Nicht nur Produktionsprozesse und -ansätze werden digitalisiert, auch die Auswirkungen von Entscheidungen werden zunehmend digital simuliert. Dazu werden Software und zunehmend auch Artificial Intelligence (AI) eingesetzt, die es ermöglicht, virtuelle Kopien der physischen Welt zu erstellen. Objekte wie Maschinen und Gebäude werden dabei nicht nur in ihrer Beschaffenheit, sondern auch in ihrer Reaktion auf äußere Einflüsse realistisch und detailliert simuliert.

Sogenannte Twins (auch: digitale Zwillinge) sind virtuelle Kopien physischer Objekte und ein grundlegendes Instrument zur umfassenden Abbildung der Realität im digitalen beziehungsweise virtuellen Kontext. Sie bilden die Grundlage für die Industrie 4.0 und das Industrial Metaverse.[45]

In folgendem Abschnitt werden das Konzept des Industrial Metaverse und seine Anwendungsmöglichkeiten dargestellt. Dazu wird zunächst eine begriffliche Einordnung vorgenommen, im Anschluss daran die Bedeutung Industrial Metaverse aufgezeigt und die Entwicklung des Industrial Metaverse erläutert. Abschließend werden die grundlegenden Eigenschaften des Industrial Metaverse beschrieben.

[45] Siehe Exkurs Metaverse in Kap. 3, Abschn. 3.3.

Definition und Einordnung des Industrial Metaverse

Ein Vergleich der zahlreichen Veröffentlichungen zum Thema Industrial Metaverse zeigt, dass es große Unterschiede in den Definitionsansätzen gibt. Tab. 7.4 stellt ausgewählte Definitionen zum Begriffsverständnis des Industrial Metaverse dar.

Die Definitionen zeigen, dass das Industrial Metaverse eine neuartige Integration fortschrittlicher virtueller Technologien mit realen industriellen Prozessen darstellt und bedeutende Möglichkeiten für Prozessoptimierung, Zusammenarbeit und datengestützte Entscheidungsfindung bietet. Es wird deutlich, dass alle Definitionen den Charakter des Industrial Metaverse vor dem Hintergrund vielfältiger Komponenten, Perspektiven und Ansätzen im unternehmerischen Kontext in einer virtuellen Umgebung thematisieren. Vor diesem Hintergrund wird eine integrative Definition im Folgenden abgeleitet (vgl. Tab. 7.5).

Tab. 7.4 Ausgewählte Definitionen zum Industrial Metaverse

Autor	Definition
Siemens (2023)	The Industrial Metaverse is a world, which is always on. Where real machines and factories, buildings and cities, grids and transportation systems are mirrored in the virtual world.
Fraunhofer (2023)	The industrial metaverse will be a space where we use the speed of software to drive innovations. Its potential for reshaping our domestic economies and industries is enormous.
Bundesministerium für Wirtschaft und Klimaschutz (2023)	Das Industrial Metaverse meint den Einsatz von virtuellen und erweiterten Realitäten in der industriellen Produktion und Wartung. Das Metaverse könnte man nutzen, um Prozesse zu optimieren und Effizienz in der Produktion zu steigern sowie Remote-Arbeiten und -Schulungen zu unterstützen. Das Konzept ist auf die Bedürfnisse von Unternehmen und Produktionsbetrieben ausgerichtet.
Arthur D. Little/Meige/Eagar (2023)	The Industrial Metaverse is best defined as a „connected whole-system digital twin with functionalities to interact with the real system in its environment, allowing decision makers to better understand the past and forecast the future.“

Tab. 7.5 Definition Industrial Metaverse

Das Industrial Metaverse bildet grundsätzlich reale wirtschaftliche Systeme durch eine oder mehrere digitale Repräsentationen ab. Dabei werden digitale Anwendungen wie Artificial Intelligence, 3D-Visualisierung, Virtual und Augmented Reality Systeme und andere Softwareanwendungen eingesetzt, um Geschäftsprozesse, industrielle Systeme und reale Geschäfts- und Interaktionsstrukturen in der digitalen Welt abzubilden, zu simulieren und zu analysieren. Insbesondere Digital Twins, die die Grundidee des Industrial Metaverse der physisch-digitalen Systeminteraktion, -fusion oder -integration zum Gegenstand haben, werden im Rahmen der Virtualisierung von Geschäftsaktivitäten im Industrial Metaverse eingesetzt. Ziel des Industrial Metaverse ist es, durch die digitale Abbildung, Analyse und Optimierung von Geschäftsaktivitäten einen Wettbewerbsvorteil zu erzielen.

Die Definition zeigt, dass eines der Hauptmerkmale des Industrial Metaverse die Konvergenz der physischen und digitalen Welt ist, die es Menschen ermöglicht, mit virtuellen Darstellungen von Anlagen, Maschinen und Umgebungen zu interagieren. Mit Hilfe tragbarer Augmented-Reality-Geräte können Mitarbeiter auf kontextbezogene Informationen und Visualisierungen zugreifen und so ihr Situationsbewusstsein und ihre Entscheidungsfähigkeit verbessern. Augmented Reality (AR) basiert auf Virtualisierungstechnologien, die die reale Welt mit computergenerierten perzeptiven Informationen anreichern. Mit Hilfe von Soft- und Hardware, wie zum Beispiel AR-Brillen, werden reale Wahrnehmungen mit künstlichen Bildern überlagert, sodass eine erweiterte Realität (Extended Reality, XR) entsteht. Augmented Reality ermöglicht somit die Darstellung digitaler Inhalte in Verbindung mit realen Umgebungen und Objekten und kann beispielsweise Trainingszeiten an realen Industrieanlagen verkürzen, da die Bedienung von Maschinen virtuell erlernt werden kann.

Darüber hinaus erleichtert das Industrial Metaverse die Zusammenarbeit zwischen lokalverteilten Teams oder Experten. Mehrere Parteien können virtuell in demselben digitalen Arbeitsbereich zusammenkommen, um Szenarien zu simulieren, Echtzeitanalysen durchzuführen und gemeinsam Strategien zur Bewältigung von Herausforderungen in industriellen Prozessen zu entwickeln.

Mit Hilfe von Virtual Reality, AI, Big Data Analytics und dem Internet der Dinge schafft das Industrial Metaverse eine umfassende virtuelle Welt physischer industrieller Anlagen und Prozesse, die um digitale Anwendungen erweitert wird. Diese Integration ermöglicht die Analyse und Steuerung komplexer industrieller Systeme in Echtzeit. Dies führt zu höherer Effizienz, geringeren Ausfallzeiten und verbesserten Sicherheitsprotokollen. Darüber hinaus bieten die im Industrial Metaverse generierten und gesammelten Daten bedeutende Möglichkeiten für fortgeschrittene Analysen und maschinelle Lernalgorithmen.

Die Nutzung dieser Daten ermöglicht es Unternehmen, Muster zu erkennen, den Betrieb zu optimieren und den Wartungsbedarf vorherzusagen, wodurch ein effektiver Übergang von einem reaktiven zu einem proaktiven Wartungsmodell ermöglicht wird. Dieser vorausschauende Instandhaltungsansatz führt beispielsweise zu erheblichen Kosteneinsparungen und einer längeren Lebensdauer der Anlagen.

Neben den operativen Vorteilen birgt das Industrial Metaverse auch verschiedene Risiken. Eines davon ist die Datensicherheit. Eine weitere Herausforderung ist die technologische Komplexität und der Implementierungsaufwand.[46]

[46] Vgl. Mourtzis/Angelopoulos/Panopoulos (2023), S. 4.

Bedeutung des Industrial Metaverse

Studien zeigen, dass das Industrial Metaverse ein erhebliches Potenzial für Wirtschaft und Gesellschaft hat und in den kommenden Jahren stark an Bedeutung gewinnen wird. Eine Studie der Unternehmensberatung Boston Consulting Group (BCG) zeigt, dass der weltweite Umsatz mit Dienstleistungen und Technologien, die zum Industrial Metaverse gehören, im Jahr 2021 bereits 122 Mrd. US-Dollar beträgt.[47] Bis 2025 soll dieser Wert auf 244 bis 394 Mrd. US-Dollar anwachsen.

Den größten Anteil an diesem Markt hat die virtuelle Wirtschaft, die den Wert an Kryptografie-basierten Umsätzen darstellt. Dieser Bereich wird 2021 auf 90 Mrd. US-Dollar geschätzt und soll in den kommenden Jahren auf bis zu 300 Mrd. US-Dollar anwachsen. Der zweitgrößte Anteil entfällt auf Soft- und Hardware und Virtual-Reality-Anwendungen sowie entsprechende mobile Anwendungen. Dieser Bereich soll von 16 auf 47 Mrd. US-Dollar wachsen. Die drittgrößte Komponente ist die Netzwerkinfrastruktur, die bis 2025 von 6 Mrd. US-Dollar auf 19 Mrd. US-Dollar wachsen soll. Schließlich erwartet BCG, dass das Cloud-Segment von 9 Mrd. US-Dollar bis 2021 auf 28 Mrd. US-Dollar anwachsen wird. Abb. 7.7 zeigt die Marktprognosen für das Industrial Metaverse.

Entwicklung des Industrial Metaverse

Bereits in den 1950er- und 1960er-Jahren wurden Informationstechnologien eingesetzt, um Geschäftsprozesse effizienter zu gestalten. Die Entwicklungen in den 1970er- und 1980er-Jahren führten zur Industrie 3.0, die durch den Einsatz von digitalen Steuerungen und Computern gekennzeichnet ist. In der Industrie 3.0 wurden Computersysteme in in-

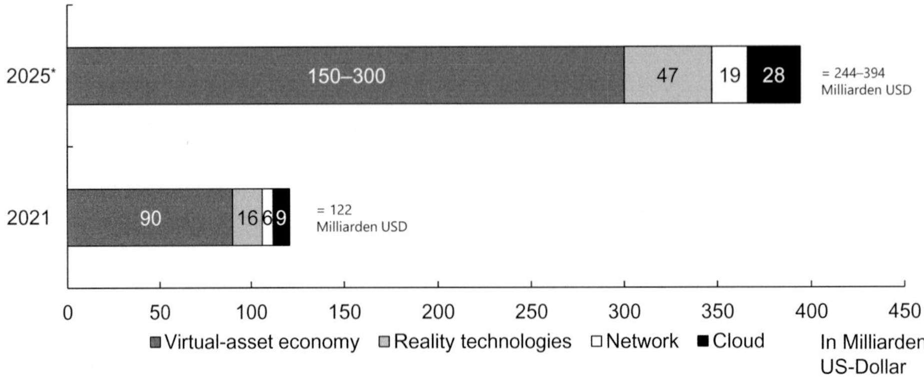

Abb. 7.7 Marktpotenzial des Industrial Metaverse. (Datenquelle: BCG/Bobier et al. (2022), S. 12 ff.)

[47] Vgl. Boston Consulting Group/Bobier et al. (2022), S. 12.

dustrielle Prozesse integriert und trugen dazu bei, die Leistungsfähigkeit und Genauigkeit von Produktionsprozessen zu verbessern. Unternehmen nutzten Informationssysteme, um Produktionsdaten und Prozessinformationen zu verwalten. Konnektivität und Prozessintegration spielten dabei eine zentrale Rolle, da Daten aus verschiedenen Teilen des Fertigungsbetriebs miteinander verknüpft wurden.

Seit den 1990er-Jahren hat die Digitalisierung in Industrieunternehmen einen deutlichen Entwicklungsschub erfahren. Dies ist unter anderem auf die zunehmende Unterstützung des Managements durch Softwareplattformen zurückzuführen. Vor allem integrative Softwaresysteme wie Enterprise Resource Planning (ERP), die von Unternehmen wie SAP und Oracle angeboten werden, konnten sich zunehmend durchsetzen und ermöglichten durch ihre hohe Informationsverarbeitungskapazität ein effizienteres Prozessmanagement. Der systematische und integrierte Einsatz von Informationstechnologien in Unternehmen ermöglichte auch eine weitere Automatisierung von Prozessen, eine detailliertere Datenanalyse und eine systematischere Optimierung. Eine weitere, noch disruptivere Veränderung stellte die Einführung und systematische Nutzung des Internets dar. Vor allem in den 2000er-Jahren wurde mit der Einführung von Breitbandtechnologien der Durchbruch zur Vernetzung von Unternehmen und verschiedenen Akteuren erreicht.

Die fortschreitende Entwicklung digitaler Technologien ermöglicht zunehmend die 3D-Simulation und Virtualisierung von Objekten im digitalen Raum. Diese sogenannten Reality-Technologien haben in Kombination mit Cloud-Computing-Ansätzen und komplexen Datenanalysen (Big Data) zu einem verstärkten Einsatz von Digital Twins in der Produktion geführt und damit den Weg für die Industrie 4.0 geebnet. Digital Twins als virtuelle Repräsentationen von physischen Produkten, Prozessen oder Anlagen können bei der Analyse und Optimierung von Produkten oder Anlagen das Management unterstützen.

Der Übergang von Industrie 4.0 mit der Anwendung von Digital Twins zum beginnenden Industrial Metaverse wird in der nächsten Dekade stattfinden. Im Industrial Metaverse werden Reality-Technologien durch künstliche Intelligenz unterstützt. Dadurch wird die Virtualisierung und damit die Konvergenz von realer und physischer Welt stärker als bisher ermöglicht, wodurch ein hybrides Ökosystem für Unternehmen und ihre Stakeholder entsteht. Der Fokus liegt dabei auf der Vernetzung und Integration von Unternehmen, Partnern und Lieferketten über das Industrial Metaverse.

Im Gegensatz zu Industrie 4.0, bei der Digital Twins im Unternehmen genutzt werden, um die eigenen Prozesse zu optimieren, stellt das Industrial Metaverse eine Verknüpfung der verschiedenen digitalen Zwillinge in gemeinsamen virtuellen Welten dar. Damit geht das Industrial Metaverse über das Konzept von Industrie 4.0 hinaus, da nicht nur intern einzelne Geräte, Maschinen und Prozesse virtualisiert werden, sondern das gesamte Unternehmen in Verbindung mit Kunden und anderen Unternehmen über die eigenen Unternehmensgrenzen hinaus in virtuellen Welten abgebildet und gestaltet wird. Dies stellt eine neue Form der digitalen Integration dar, da der gesamte Wertschöpfungsprozess und das

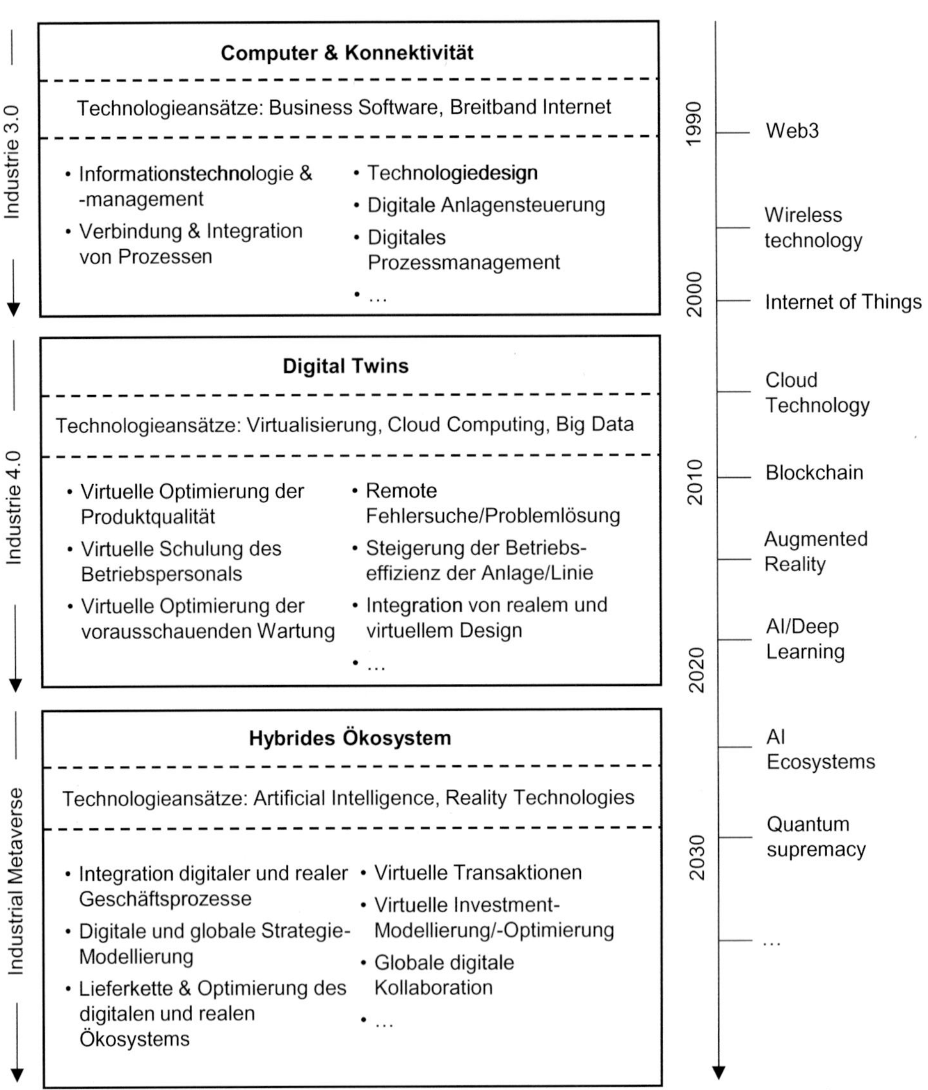

Abb. 7.8 Entwicklung von Industrie 3.0 zum Industrial Metaverse

Geschäftsmodell virtuell modelliert und im Austausch mit anderen Akteuren optimiert werden kann. Abb. 7.8 zeigt die Entwicklung von Industrie 3.0 über Industrie 4.0 zum Industrial Metaverse im Zeitverlauf.[48]

[48] Inhalte teilweise basierend auf Boston Consulting Group/Bobier et al. (2022); Arthur D. Little/Meige/Eagar (2023); Capgemini/Guibert (2021).

Struktur des Industrial Metaverse

Die Grundstruktur des Industrial Metaverse lässt sich in einem konzeptionellen Modell mit drei Ebenen darstellen: der digitalen Welt, der physischen Welt und der Verbindungsebene der Connective Technologies.

Die physische Welt umfasst die natürliche Umwelt mit all ihren Gegebenheiten wie Klima, Wetter, Flora, Fauna und Naturgewalten. Sie umfasst auch die vom Menschen geschaffenen Strukturen und Eigenschaften, wie die nicht-digitale Infrastruktur (Gebäude, Verkehrsmittel, Versorgungseinrichtungen) und die digitale Infrastruktur (Speicher, Computer, Sensoren). Darüber hinaus spielt der Mensch als zentraler Gestaltungsakteur mit seinen Werten, seiner Kultur und die Interaktionen zwischen Menschen eine zentrale Rolle.

Die digitale Welt besteht aus dem Digital Life, das verschiedene Bereiche wie Social Media, eCommerce, Smart City, Gaming, Digital Government und Digital Society umfasst. Eine weitere Komponente der digitalen Welt ist das Metaverse, in dem verschiedene Akteure agieren. Darunter fallen Avatare, die Individuen als Privatpersonen repräsentieren, AI-Bots und professionelle digitale Agenten, die für Unternehmen und Organisationen auftreten. Diese Akteure interagieren in verschiedenen virtuellen Welten wie beispielsweise der virtuellen Arbeitswelt, der virtuellen Shopping Welt und der virtuellen Beschaffungs-Welt.

Die Connective Technology-Ebene dient als Bindeglied zwischen der physischen und der digitalen Welt. Die Metaverse Engine hat hier eine herausragende Bedeutung, da sie die verschiedenen Technologien des Industrial Metaverse zusammenführt. Dazu gehören Realitätstechnologien wie Augmented Reality (AR), Virtual Reality (VR) und Mixed Reality (MR)/Extended Reality (XR). Darüber hinaus werden AI- und Interface-Tools wie AI Machine Scenarios und Brain-Computer Interfaces (BCI) einbezogen. Zudem werden Technologiemodelle wie Data Fusion und 3D Modeling/Simulation sowie Digital Ledger Technology mit Blockchain Tools, Smart Contracts und Non-Fungible Tokens/De-Fi eingesetzt. Für die Integration der verschiedenen Technologien und insbesondere für den Austausch mit der realen Welt ist darüber hinaus der Interface Layer von großer Bedeutung, die sicherstellt, dass die Verarbeitung, Speicherung und Integration der Daten effizient erfolgen kann. Abb. 7.9 zeigt die Interaktion zwischen physischer und digitaler Welt in einer Metaverse-Umgebung.[49]

[49] Inhalte teilweise basierend auf Boston Consulting Group/Bobier et al. (2022); Arthur D. Little/Meige/Eagar (2023); Capgemini/Guibert (2021).

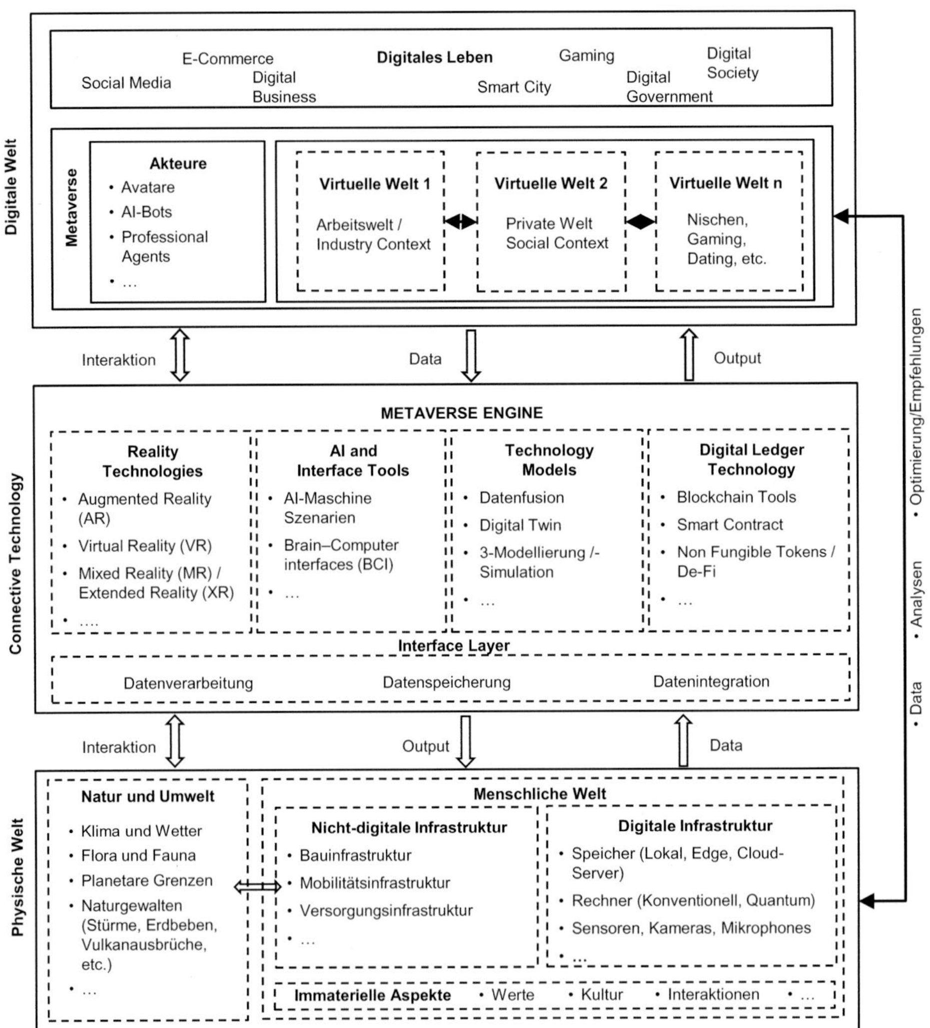

Abb. 7.9 Industrial Metaverse Framework

7.4 Nutzungsverhalten

Die Nutzung des IoT ist in den letzten Jahren erheblich angestiegen und wird in den kommenden Jahren noch stärker zunehmen. Im Zusammenhang mit der IoT-Nutzung lassen sich zwei wesentliche Nutzergruppen unterscheiden: Die Industrie und die Konsumenten. Im Folgenden sollen zentrale Aspekte des IoT-Nutzungsverhaltens für beide Nutzergruppen dargestellt werden.

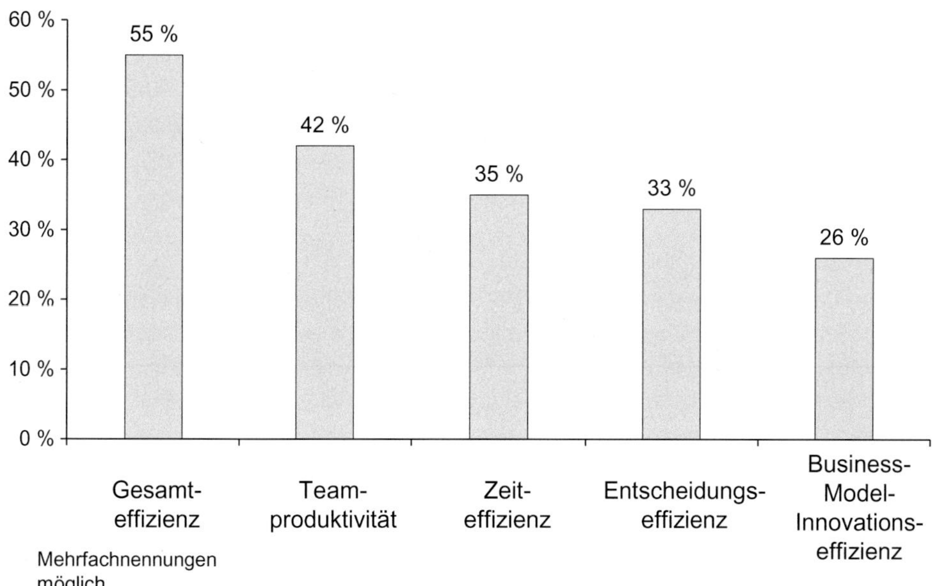

Abb. 7.10 IoT-Nutzen durch Effizienzsteigerung. (Datenquelle: Microsoft (2019))

Industrie

Zunächst wird dem IoT vor allem in der Industrie eine besondere Bedeutung beigemessen. In einer Umfrage unter 3000 Entscheidungsträgern aus sechs Ländern hat Microsoft die Akzeptanz sowie die wichtigsten Vorteile von IoT für Organisationen untersucht. Eine Mehrheit von 85 % der befragten Entscheider nutzt IoT-Technologie und weitere 5 % haben IoT in der Vergangenheit eingesetzt. Branchenbezogene Anwendungsfälle von IoT reichen von den Bereichen Einzelhandel/Großhandel (90 % IoT-Nutzung) oder Transportwesen (86 % IoT-Nutzung) bis hin zu Behörden (83 % IoT-Nutzung) und Gesundheitswesen (82 % IoT-Nutzung). Die Fertigung (87 % IoT-Nutzung) ist selbstverständlich ein weiterer wichtiger Bereich für IoT-Anwendungen im industriellen Kontext.

In Organisationen, die IoT eingeführt haben, gehören zu den wahrgenommenen Vorteilen die Steigerung der Effizienz (91 %), die Erhöhung des Ertrags (91 %) und die Verbesserung der Qualität (85 %).[50] Abb. 7.10 veranschaulicht beispielhaft den IoT-Nutzen Effizienzsteigerung.

Der am häufigsten genannte Nutzen einer IoT-Implementierung in Organisationen ist die Steigerung der Gesamteffizienz, die von 55 % der Entscheider als größter IoT-Nutzen eingeschätzt wird. Im Bereich IoT-Nutzen durch Effizienzsteigerung folgen die Aspekte verbesserte Teamproduktivität und Zeiteffizienz. IoT erleichtert auch die Effizienz von Entscheidungen und kann zu mehr Effizienz bei Business-Model-Innovationen führen und damit zu verschiedenen Effizienzaspekten in einer Organisation beitragen.

[50] Vgl. Microsoft (2019).

Neben der Industrie sind auch die Konsumenten als Nutzergruppe des IoT von zentraler Bedeutung. Das IoT-Nutzungsverhalten zwischen Industrie und Konsumenten unterscheidet sich dabei sehr stark voneinander. Das IoT-Nutzungsspektrum ist auf der Konsumentenseite weitaus kleiner und homogener als in der Industrie beziehungsweise auf Organisationsseite. Zudem ist auch der IoT-Nutzungsanteil deutlich geringer bei den Konsumenten als in der Industrie.

Konsumenten

Zwei wichtige Hauptbereiche der IoT-Nutzung durch Konsumenten sind Smart Homes und Smart Cities. Der Begriff Smart Home bezieht sich auf die Verwendung von IoT-Technologie zu Hause, um elektronische Geräte im Haushalt wie Kühlschrank, Klimaanlage und Beleuchtung sowie andere Haushaltsgeräte wie Heizung, Strom, Türschloss oder eine Sicherheitskamera zu überwachen, zu steuern und zu regeln.[51]

In Deutschland lag der Anteil der Smart-Home-Haushalte im Jahr 2022 bei 37,6 %. Im Vergleich zu anderen führenden Industrienationen nimmt Deutschland damit einen Mittelfeldplatz ein. Ein relativ hoher Anteil an Smart-Home-Haushalten findet sich insbesondere in Großbritannien (53,4 %), aber auch in Südkorea (51,2 %) oder den USA (47,9 %).

Japan weist mit einem Anteil von 31,0 % eine ähnlich hohe Penetrationsrate wie Deutschland auf in Bezug auf die Smart-Home-Nutzung im Konsumentenbereich. China hingegen liegt diesbezüglich mit einem Anteil von 19,1 % mit deutlichem Abstand hinter den anderen führenden Industrienationen zurück.[52]

Betrachtet man den Anteil der Smart-Home-Nutzer in Deutschland nach demografischen Gesichtspunkten, so zeigt sich, dass es Unterschiede in der Nutzung gibt in Abhängigkeit des Alters und des Einkommens der Konsumenten. Abb. 7.11 zeigt in diesem Zusammenhang den Anteil der Smart-Home-Nutzung nach Alter.

Hierbei ist zunächst ersichtlich, dass Smart-Home-Lösungen insbesondere in den jüngeren bis mittleren Alterssegmenten angenommen werden. Die 35–44-Jährigen bilden dabei mit einem Nutzungsanteil von 23 % die Spitzengruppe, gefolgt von den 19–24-Jährigen, den 25–34-Jährigen und den 45–54-Jährigen, jeweils mit einem Nutzungsanteil von 19 %.

Bei den älteren Altersgruppen ist die Smart-Home-Nutzung mit 14 % Nutzungsanteil bei den 55–64-Jährigen und 9 % bei den 65-Jährigen und Älteren hingegen nicht so stark ausgeprägt.

Bei den bisher dargestellten IoT-Lösungen für Konsumenten handelt es sich um IoT-Anwendungen für den Privatgebrauch. Ein weiterer für Konsumenten äußerst bedeut-

[51] Vgl. Kim/Park/Choi (2017).

[52] Vgl. Statista (2022).

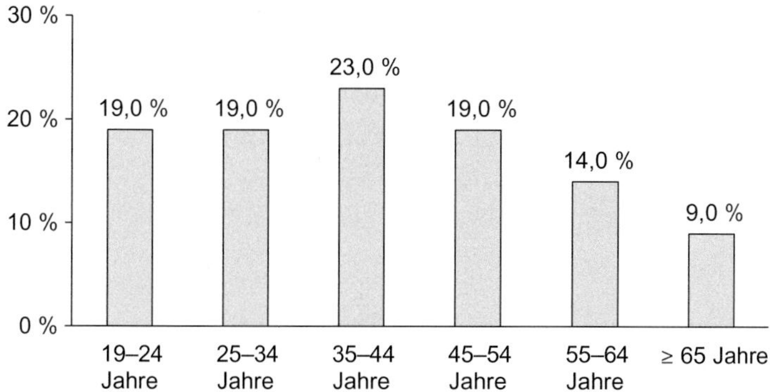

Abb. 7.11 Anteil der Smart-Home-Nutzer in verschiedenen Altersgruppen. (Datenquelle: Deloitte (2018), S. 7)

samer Anwendungsbereich des IoT ist Smart City, der sich jedoch im Wesentlichen auf IoT-Anwendungen für den öffentlichen Gebrauch in der Stadt beziehungsweise im urbanen Raum bezieht.

Vor diesem Hintergrund zeigt eine Nutzerbefragung in Deutschland, dass 34 % der Bürger an Smart-City-Lösungen interessiert sind.[53] Abb. 7.12 stellt deren Interesse in Bezug auf verschiedene Lösungscluster dar.

Das größte Interesse zeigen Bürger an den Clustern Infrastruktur (37 %), Gesundheitswesen (36 %), Verwaltung (36 %) und Mobilität (35 %). Besonders junge Menschen unter 38 Jahren zeigen Interesse an Smart-City-Lösungen.

Insgesamt kann im Hinblick auf das IoT-Nutzungsverhalten von Konsumenten konstatiert werden, dass das Spektrum potenzieller IoT-Anwendungen deutlich geringer ist als für die industrielle Nutzung, wobei auch hier eine zunehmende Nutzung zu verzeichnen ist. Neben dem privaten Nutzungskontext ist auch der öffentliche Nutzungskontext mit Smart-City-Lösungen für Konsumenten im städtischen Raum relevant.

Im Zusammenhang mit der Nutzung von Smart-Home-Lösungen zeigt sich ferner, dass diese insbesondere in den jüngeren bis mittleren Alterssegmenten und hohen Einkommenssegmenten genutzt werden. Für die Akzeptanz und Nutzung von IoT-Lösungen sowohl bei Konsumenten als auch in der Industrie sind bestimmte Erfolgsfaktoren von Bedeutung, die im folgenden Abschnitt dargestellt werden.

[53] Vgl. Wyman (2020).

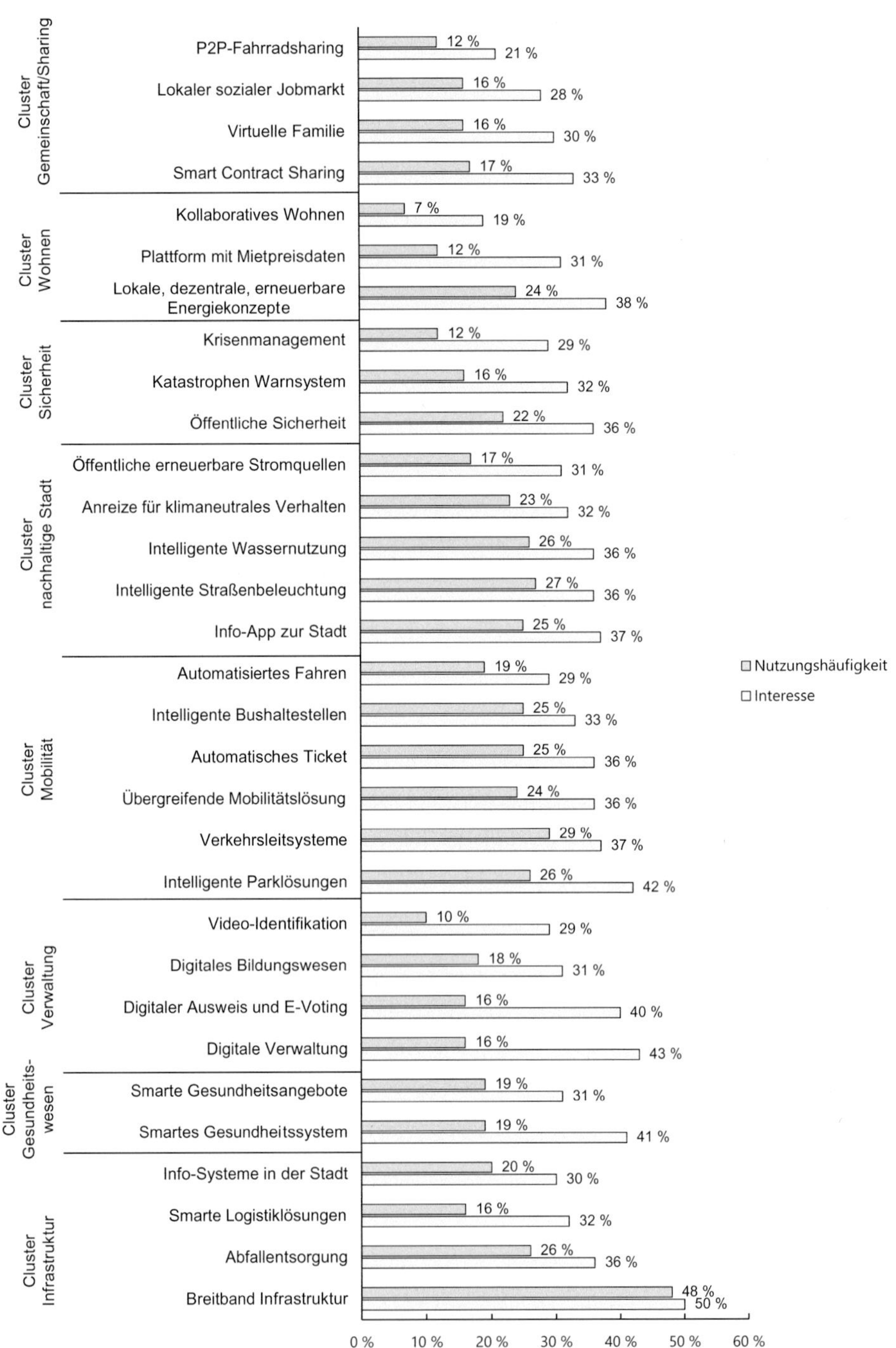

Abb. 7.12 Interesse an Smart-City-Lösungen und Nutzungshäufigkeit. (Datenquelle: Wyman (2020), S. 7 ff.)

7.5 Erfolgsfaktoren des Internet of Things

Das IoT gehört zu den wichtigsten und potenzialstärksten Innovationen im Bereich des Digital Business in den letzten Jahren. Insbesondere sein breites, querschnittsübergreifendes Anwendungsspektrum ist von erheblicher Erfolgsbedeutung für die weitere Entwicklung. Beim IoT können vier wesentliche Erfolgsfaktoren angeführt werden, die in Abb. 7.13 dargestellt sind.

Digital Business Model Innovation und Diversification Competence

Der erste Erfolgsfaktor ist die Digital Business Model Innovation und Diversification Competence. Hierbei ist die systematische Entwicklung des Geschäftsmodells im innovativen IoT-Umfeld wichtig. Dieser Bereich zeichnet sich durch eine hohe Dynamik und Innovationsrate aus, die besondere Anforderungen an das Design des Geschäftsmodells stellt.[54]

Digital Business Model Innovation/ Diversification Competence	System Technology Competence
• Entwicklung des Geschäftsmodells im innovativen IoT-Umfeld • Hervorbringung von Business Model Innovations für IoT • Diversifikationsfähigkeit bestehender IoT-Lösungen in andere Branchen/ Anwendungen	• Kombinationsfähigkeit von Software & Hardware IoT-Lösungen • IoT-Service/Plattform Customization • Management der IT-Plattform & Infrastruktur • Datensicherheit
Integrationsfähigkeit komplexer IoT-Services	**Digital Intelligence Competence**
• Horizontale & vertikale Integrationsfähigkeit der Anwendungsebenen • Integriertes Dienstleistungsangebot • Komplexitätsmanagement	• Entwicklung intelligenter IoT-Servicelösungen • Entwicklung von IoT-Artificial Intelligence/Big Data Software & Analytics • Vernetzungsfähigkeit mit anderen IoT-/ AI-Lösungen

Abb. 7.13 Erfolgsfaktoren des Internet of Things. (Vgl. Wirtz (2018), S. 132; Wirtz (2020), S. 142; Wirtz (2022), S. 262)

[54] Vgl. Wirtz/Göttel/Daiser (2016), S. 16 ff.; Wirtz/Daiser (2017), S. 25 ff.

Insbesondere die Hervorbringung von Business Model Innovations für kundenspezifische IoT-Lösungen ist hierbei wichtig. Zudem ist die Diversifikationsfähigkeit bestehender IoT-Lösungen im Geschäftsmodell in andere Branchen und Anwendungen notwendig, um Skaleneffekte und Verbundvorteile im Geschäftsmodell zu realisieren.

System Technology Competence

Der zweite Erfolgsfaktor ist die System Technology Competence. Hier kann etwa die technologische Kombinationsfähigkeit von Software- und Hardware-IoT-Lösungen angeführt werden. Diese technologische Kombinationsfähigkeit ist besonders relevant, um die IoT-Services und Plattformen entsprechend der unterschiedlichen Kundenbedürfnisse auszurichten und anzupassen (Customization).

Ein wesentlicher Aspekt im Rahmen der System Technology Competence ist das Management der IT-Plattform und Infrastruktur. Das IoT stellt besondere Anforderungen an IT-Plattform und IT-Services aufgrund der Vielzahl und Interaktionsdichte an Devices, Connected Objects, der M2M-Interaktion oder dem komplexen Data Computing.

Bei der System Technology Competence ist die Datensicherheit von herausragender Bedeutung. Da hier oft sensible und proprietäre Daten – etwa aus Unternehmen oder persönliche Daten – in die Verwendung und Analyse fließen, verlangen IoT-Kunden ein besonderes Sicherheitsniveau. Dieses hohe Datensicherheitsniveau ist insbesondere vor dem Hintergrund möglicher Cyberangriffe und –manipulationen zu gewährleisten.

Integrationsfähigkeit komplexer IoT-Services

Der dritte Erfolgsfaktor ist die Integrationsfähigkeit komplexer IoT-Services. Hierbei ist zum einen die horizontale und vertikale Integrationsfähigkeit bei den Anwendungsebenen zu nennen. Bei der horizontalen Integrationsfähigkeit ist die erwähnte technologische Kombinationsfähigkeit relevant, um die IoT-Kernservices mit weiteren für den Kunden wichtigen Services und Technologien zu einem IoT-Gesamtpaket zusammenzuführen und somit ein integriertes Dienstleistungsangebot bereitzustellen.

Dabei gilt es auch die IoT-Lösungen in das vorhandene Ecosystem beim Kunden passgenau zu integrieren. Die vertikale Integrationsfähigkeit kennzeichnet das kompatible und funktionsfähige Zusammenwirken der drei verschiedenen Ebenen der IoT-IT-Infrastruktur, der Erfassungsebene, der Netzwerkebene und der Rechenzentren (siehe hierzu Abb. 7.3).

Zum anderen ist das Komplexitätsmanagement des integrierten Dienstleistungsangebots aufgrund der erwähnten Vielzahl und Interaktionsdichte an Devices, Connected Objects, der M2M-Interaktion oder dem komplexen Data Computing im IoT von Bedeutung.

Digital Intelligence Competence

Der vierte Erfolgsfaktor ist die Digital Intelligence Competence. Hier ist zum einen die Entwicklung intelligenter IoT-Servicelösungen wichtig. Eine überragende Bedeutung kommt bei der Digital Intelligence Competence der Artificial Intelligence zu.

Die forcierte Entwicklung und Anwendung von auf AI-basierter Software und Analytikprogrammen wird erst eine hohe Automatisierung und Steuerung der gesamten IoT-

Prozesslandschaft ermöglichen. Zum anderen ist die Vernetzungsfähigkeit der entwickelten IoT-Artificial Intelligence und Big Data Software & Analytics mit anderen IoT-/AI-Lösungen beim Kunden und in der allgemeinen Prozesslandschaft mit anderen Anbieterlösungen von Bedeutung.

7.6 Inhaltliche Kernpunkte des Internet of Things

- Der Begriff Internet of Things bezeichnet die internetbasierte Vernetzung von physischen und digitalen Produkten, Dienstleistungen, Maschinen, Sensoren und Menschen.
- Wesentlich für das IoT sind eine effiziente IT-Infrastruktur sowie die Integration von Big Data, Cloud Computing und Artificial Intelligence.
- Die IoT-IT-Infrastruktur besteht aus drei Ebenen: Rechenzentren, M2M-Netzwerk/Internet-Infrastruktur und Endpunkte/verbundene Objekte. Unverarbeitete Daten und Informationen werden von den Endpunkten/verbundenen Objekten über die M2M-Netzwerk-/Internet-Infrastruktur an die Rechenzentren weitergeleitet, wo sie verarbeitet und dann an die Endpunkte/verbundenen Objekte zurückgesendet werden.
- Ein gutes Beispiel für eine IoT-Interaktion im Automobilkontext ist dabei das autonome Fahren, da es alle IoT-Basistechnologien umfasst und für die gesamte Gesellschaft von Bedeutung ist.
- Darüber hinaus gibt es zahlreiche Anwendungsbereiche des Internet of Things. So kann IoT-Technologie in den Bereichen Factories, Humans, Worksites, Cities, Retail, Outside, Home, Vehicles und Offices genutzt werden.
- Die größte wirtschaftliche Bedeutung hat IoT im Bereich Smart Factory und Industrie 4.0.
- Bedeutende Chancen, die der Einsatz von IoT-Technologie in Unternehmen bietet, sind unter anderem Verbesserungen im Bereich der Planung und Steuerung, eine größere Flexibilität in der Produktion, eine schnellere Time-to-Market, höhere Qualität und eine gesteigerte Kundenzufriedenheit.
- Nichtsdestotrotz gibt es auch Risiken bei der Implementierung von IoT-Technologie im Unternehmenskontext, wie der zunächst ungewisse wirtschaftliche Nutzen und die hohen Investitionskosten, eine möglicherweise unzureichende Qualifikation der Mitarbeiter und die unsichere Rechtslage bei der Nutzung externer Daten sowie ungelöste Fragen der Datensicherheit.
- Digitale Zwillinge (Digital Twins) und das Industrial Metaverse stellen wesentliche Weiterentwicklungen des Internet of Things dar. Insbesondere das Industrial Metaverse wird zu einer umfassenden digitalen Vernetzung und Integration von realen Geschäftsaktivitäten mit virtuellen Technologien führen.
- Die wichtigsten Bereiche der IoT-Nutzung durch Konsumenten sind Smart Home und Smart City. Vor allem jüngere Altersgruppen zeigen Interesse an der Nutzung von IoT-Technologien in ihrem Alltag.

- Für eine erfolgreiche Integration von IoT-Technologie im Industrie- oder Konsumenten-Kontext sind Diversification Competence, System Technology Competence, die Integrationsfähigkeit komplexer IoT-Systeme und Digital Intelligence Competence wichtig.

Kapitel 7
Wissensfragen und Diskussionsthemen

Wissensfragen

1. Erläutern Sie die technologischen Grundlagen des Internet of Things und das IoT-IT-Infrastrukturmodell.
2. Erklären Sie die IoT-Interaktionsstruktur am Beispiel des autonomen Fahrens.
3. Stellen Sie die wichtigsten Anwendungsbereiche des IoT dar.
4. Stellen Sie das Industrial Metaverse Framework dar und beschreiben Sie die Zusammenhänge.
5. Beschreiben Sie die Erfolgsfaktoren des Internet of Things.

Diskussionsthemen

1. Das IoT bietet erhebliches Potenzial für Veränderungen in unserer Wirtschaft. Diskutieren Sie die Vor- und Nachteile der technologischen Entwicklung des IoT für die Wirtschaft.
2. Diskutieren Sie, ob das IoT eine weitere technologische Revolution in Wirtschaft und Gesellschaft auslösen wird.
3. Wird das IoT zu einer vollständigen Überwachung und digitalen Kontrolle in allen Bereichen des Lebens führen? Diskutieren Sie die damit verbundenen Chancen und Risiken für unsere Wirtschaft und Gesellschaft.

Literatur

ADAC (2022), Automatisiertes Fahren mit Staupilot: Freihändig in der S-Klasse, https://www.adac.de/rund-ums-fahrzeug/ausstattung-technik-zubehoer/autonomes-fahren/technik-vernetzung/autonomes-fahren-staupilot-s-klasse/, Abruf: 30.08.2022.

Amazon (2022), Meet Alexa, https://www.amazon.de/b?ie=UTF8&node=12775495031, Abruf: 18.11.2022.

Amazon (2023), Amazon Go, https://www.amazon.com/b?ie=UTF8&node=16008589011, Abruf: 04.09.2023.

BMW (2022), BMW Connected Drive, https://www.bmw.de/de/topics/service-zubehoer/bmw-connecteddrive/bmw-connected-drive-uebersicht.html?&tl=sea-gl-DE_BMW_NEWCARS_CONNECTED%20DRIVE_GER_BND-mix-miy-Connected%20Drive-sech-Connected%20Drive_BG_%20_PERF-.-e-connected%20drive%20bmw-.-.&clc=sea-gl-DE_BMW_NEWCARS_CONNECTED%20DRIVE_GER_BND-mix-conn&gaw=sea:122653013179_kwd-325129505934&gclid=EAIaIQobChMI1Z_Yq8i3-wIVxYjVCh3ybgV8EAAYASABEgJKlPD_BwE&gclsrc=aw.ds, Abruf: 18.11.2022.

Bobier, J.-F./Merey, T./Robnett, S./Grebe, M./Feng, J./Rehberg, B./Woolsey, K./Hazan, J. (2022), The Corporate Hitchhiker's Guide to the Metaverse, https://web-assets.bcg.com/85/18/a876a489473c98a41f406aa5ddfb/bcg-the-corporate-hitchhikers-guide-to-the-metaverse-27-apr-2022.pdf, Abruf: 08.07.2023.

Bundesministerium für Wirtschaft und Klimaschutz (2023), Trend Thema der Industrie 4.0: Industrial Metaverse, https://www.plattform-i40.de/IP/Redaktion/DE/Newsletter/2023/Ausgabe_40/01Metaverse.html, Abruf: 08.07.2023.

Cheng, J./Chen, W./Tao, F./Lin, C.-L. (2018), Industrial IoT in 5G environment towards smart manufacturing, in: Journal of Industrial Information Integration, Vol. 10, 2018, S. 10–19.

Deloitte (2018), Smart Home Consumer Survey 2018- Ausgewählte Ergebnisse für den deutschen Markt, 2018, https://www2.deloitte.com/de/de/pages/technology-media-and-telecommunications/articles/smart-home-studie-2018.html, Abruf: 02.02.2023.

Europäische Union (2012), Smart Cities and Communities- European Innovation Partnership, 2012, http://ec.europa.eu/eip/smartcities/files/ec_communication_scc.pdf, Abruf: 14.07.2017.

Fraunhofer (2023), The industrial metaverse – fact or fiction?, https://www.fraunhofer.de/en/research/current-research/the-industrial-metaverse-fact-or-fiction.html, Abruf: 08.07.2023.

Gubbi, J./Buyya, R./Marusic, S./Palaniswami, M. (2013), Internet of Things (IoT)- A vision, architectural elements, and future directions, in: Future Generation Computer Systems, Vol. 29, Nr. 7, 2013, S. 1645–1660.

Guibert, S. (2021), The Metaverse Opportunities for Business Operations – Drive Immersive, Augmented Experiences Across Your Organization, https://prod.ucwe.capgemini.com/wp-content/uploads/2022/07/2022-07-22_Invent_Automotive-Metaverse-Pov_A4_Proof.pdf, Abruf: 08.07.2023.

Hiltscher, B. (2022), Haus-Steuerung aus dem Auto: BMW trifft Bosch Smart Home, https://www.bimmertoday.de/2022/04/26/haus-steuerung-aus-dem-auto-bmw-trifft-bosch-smart-home/, Abruf: 18.22.2022, Abruf: 26.04.2022.

International Telecommunication Union (2012), Overview of the Internet of things- Recommendation Y.2060 (06/12), 2012, https://www.itu.int/rec/T-REC-Y.2060-201206-I, Abruf: 25.07.2017.

Kim, Y./Park, Y./Choi, J. (2017), A study on the adoption of IoT smart home service: using Value-based Adoption Model, in: Total Quality Management & Business Excellence, Vol. 28, 9–10, 2017, S. 1149–1165.

Maslin, E. (2020), Das Pipeline Inspection Game ankurbeln, http://de.oedigital.com/news/das-pipeline-inspection-game-ankurbeln-290896, Abruf: 18.11.2022, Abruf: 20.01.2020.

McKinsey (2017), Smartening up with Artificial Intelligence (AI)- What's in it for Germany and its Industrial Sector?, 2017, https://www.mckinsey.de/files/170419_mckinsey_ki_final_m.pdf, Abruf: 29.06.2017.

McKinsey & Company (2021), The Internet of Things: Catching up to an accelerating opportunity, Unter Mitarbeit von Michael Chui, Mark Collins und Mark Patel, San Francisco, 2021, Abruf: 18.11.2022.

McKinsey Global Institute (2015), The Internet Of Things- Mapping The Value Beyond The Hype, 2015, https://www.mckinsey.de/files/unlocking_the_potential_of_the_internet_of_things_full_report.pdf, Abruf: 09.06.2017.

Meige, A./Eagar, R. (2023), The Industrial Metaverse – Making the invisible visible to drive sustainable growth, https://www.adlittle.com/sites/default/files/reports/ADL_BLUE%20SHIFT_Industrial_metaverse_2023_0.pdf, Abruf: 08.07.2023.

Microsoft (2019), IoT signals- Summary of research learnings 2019, https://azure.microsoft.com/%20de-de/resources/iot-signals/, Abruf: 07.07.2020.

Miorandi, D./Sicari, S./Pellegrini, F. de/**Chlamtac, I. (2012)**, Internet of things- Vision, applications and research challenges, in: Ad Hoc Networks, Vol. 10, Nr. 7, 2012, S. 1497–1516.

MordorIntelligence (2021), Sensoren im Öl- und Gasmarkt- Wachstum, Trends, Auswirkungen von Covid-19 und Prognosen (2022–2027), https://www.mordorintelligence.com/de/industry-reports/sensors-in-oil-and-gas-market, Abruf: 21.11.2022.

Mourtzis, D./Angelopoulos, J./Panopoulos, N. (2023), Blockchain integration in the era of industrial metaverse, in: Applied Sciences, Vol. 13, Nr. 3, 2023, S. 1353.

Porter, M.E./Heppelmann, J.E. (2014), Spotlight On Managing The Internet Of Things- How Smart, Connected Products Are Transforming Competition, in: Harvard Business Review, November, 2014, S. 3–23.

PwC (2014), Industrie 4.0- Chancen und Herausforderungen der vierten industriellen Revolution, 2014, https://www.strategyand.pwc.com/media/file/Industrie-4-0.pdf, Abruf: 21.05.2019.

PwC (2022), PwC Digital Factory Transformation Survey 2022- Digital backbone, use cases and technologies, organizational setup, strategy and roadmap, investment focus, 2022, https://www.pwc.de/de/content/0f96ea9c-992c-4ba7-8c4d-b4637cf81d9f/pwc-digital-factory-transformation-survey-2022.pdf.

Siemens (2023), What is the Industrial Metaverse – and why should I care?, https://www.siemens.com/global/en/company/insights/what-is-the-industrial-metaverse-and-why-should-i-care.html, Abruf: 08.07.2023.

Simoens, P./Dragone, M./Saffiotti, A. (2018), The Internet of Robotic Things, in: International Journal of Advanced Robotic Systems, Vol. 15, Nr. 1, 2018, 172988141875942.

Statista (2022), Smart Home- Global Comparison – Household Penetration Comparison, https://www.statista.com/outlook/dmo/smart-home/worldwide#global-comparison, Abruf: 02.02.2023.

TechRepublic (2017), These new features could make Amazon Alexa a true office assistant, 2017, http://www.techrepublic.com/article/these-new-features-could-make-amazon-alexa-a-true-office-assistant/, Abruf: 14.07.2017.

TelepresenceRobots (2022), Ava 500- Enterprise Level, High-End Robotic Telepresence, https://telepresencerobots.com/robots/ava-robotics-ava-500/, Abruf: 18.11.2022.

Transforma Insights (2022), Global IoT Forecast Report, 2021–2030, 25.07.2022, https://transformainsights.com/research/reports/global-iot-forecast-report-2030://transformainsights.com/news/global-iot-connections-294, Abruf: 01.12.2022.

T-Systems (2017), Welcome to the connected city, 2017, https://www.t-systems.com/en/perspectives/internet-of-things/iot5/smart-city-402770, Abruf: 14.07.2017.

Waymo (2023), Moving people, https://waymo.com/waymo-one/, Abruf: 09.03.2023.

Weiser, M. (1991), The Computer for the 21st Century, in: Scientific American, Bd. 265 1991, S. 94–104.

Wirtz, B.W. (2018), Electronic Business, 6. Auflage, Wiesbaden 2018.

Wirtz, B.W. (2020), Electronic Business, 7. Auflage, Wiesbaden 2020.

Wirtz, B.W. (2021), Digital business and electronic commerce- Strategy, business models and technology, 1. Auflage, Cham 2021.

Wirtz, B.W. (2022), E-Government- Strategie – Organisation – Technologie, 1. Auflage, Wiesbaden 2022.

Wirtz, B.W./Daiser, P. (2017), Business Model Innovation- An Integrative Conceptual Framework, in: Journal of Business Models, Vol. 5, Nr. 1, 2017, S. 14–34.

Wirtz, B.W./Göttel, V./Daiser, P. (2016), Business Model Innovation- Development, Concept and Future Research Directions, in: Journal of Business Models, Vol. 4, Nr. 2, 2016, S. 1–28.

Wirtz, B.W./Weyerer, J.C./Schichtel, F.T. (2019), An integrative public IoT framework for smart government, in: Government Information Quarterly, Vol. 36, Nr. 2, 2019, S. 333–345.

Wojnarowicz, K. (2015), On the Radar: Krystyna Wojnarowicz, http://marsec.maritimeservices.com/files/Krystyna_profile_i3.pdf, Abruf: 02.02.2023.

Wyman, O. (2020), Smart City: Schalter umlegen für den Kunden, https://www.oliverwyman.de/content/dam/oliver-wyman/v2-de/publications/2020/Smart%20City_Schalter%20umlegen%20f%C3%BCr%20den%20Kunden_Oliver%20Wyman.pdf, Abruf: 21.11.2022.

Xia, F./Yang, L.T./Wang, L./Vinel, A. (2012), Internet of things, in: International Journal of Communication Systems, Vol. 25, Nr. 9, 2012, S. 1101.

Artificial Intelligence und Quantum Computing

8

Inhaltsverzeichnis

8.1 Artificial-Intelligence-Konzept ... 303
8.2 Artificial Intelligence Services und Applikationen ... 336
8.3 Chancen und Risiken von AI ... 343
8.4 Governance von Artificial Intelligence ... 348
8.5 Quantum Computing ... 368
8.6 Inhaltliche Kernpunkte von Artificial Intelligence und Quantum Computing ... 382
Literatur ... 385

Wissensziele

Wenn Sie dieses Kapitel gelesen haben, werden Sie in der Lage sein:

1. Artificial Intelligence (AI) zu definieren und die verschiedenen Aspekte von AI zu beschreiben,
2. das AI-Framework darzustellen,
3. das 6-Dimensionen-AI-Chancen- und das 6-Dimensionen-AI-Risiko-Modell zu beschreiben,
4. das 6-Dimensionen-AI-Governance-Modell zu erklären,
5. die Funktionsweisen von Quantencomputern und konventionellen Computern darzustellen.

B. W. Wirtz, *Digital Business*, https://doi.org/10.1007/978-3-658-41467-2_8

Artificial Intelligence (AI) und Quantum Computing (QC) gelten als Schlüsseltechnologien des 21. Jahrhunderts und erhalten aufgrund ihres herausragenden Innovations- und Chancenpotenzials eine überragende Bedeutung im Kontext des Digital Business.[1] Als Querschnittstechnologien durchdringen sie dabei sämtliche Branchen und Bereiche des Digital Business und werden die damit verbundenen Strukturen und Prozesse erheblich und nachhaltig verändern.

Artificial Intelligence kann als eines der am schnellsten wachsenden digitalen Anwendungsfelder gekennzeichnet werden. Im Vergleich zu anderen digitalen Diensten wie Instagram, Facebook oder Netflix konnte das AI-Sprachmodell ChatGPT von OpenAI die Schwelle von einer Million Nutzer in nur fünf Tagen nach Start der Anwendung erreichen. Twitter benötigte für die gleiche Nutzerzahl zwei Jahre, Netflix gar 3,5 Jahre. In Abb. 8.1 ist der Marktdiffusionsvergleich der digitalen Anwendungen dargestellt.

In diesem Kapitel wird zunächst in Abschn. 8.1 das Konzept der Artificial Intelligence (auch: Künstliche Intelligenz oder KI) dargestellt sowie in Abschn. 8.2 spezifische AI-Services und -Anwendungen. Abschn. 8.3 beschäftigt sich mit den Chancen und Risiken, die mit der zunehmenden Verbreitung von Artificial Intelligence einhergehen.

Darauf aufbauend werden in Abschn. 8.4 mögliche Governance-Maßnahmen und das 5-Stufen-Modell AI-basierter Governance dargestellt. Im Anschluss beschäftigt sich Abschn. 8.5 mit dem Quantum Computing und geht auf Grundlagen, Funktionsweise sowie Anwendungsbeispiele und Akteure ein. Abb. 8.2 stellt die Struktur des Kapitels dar.

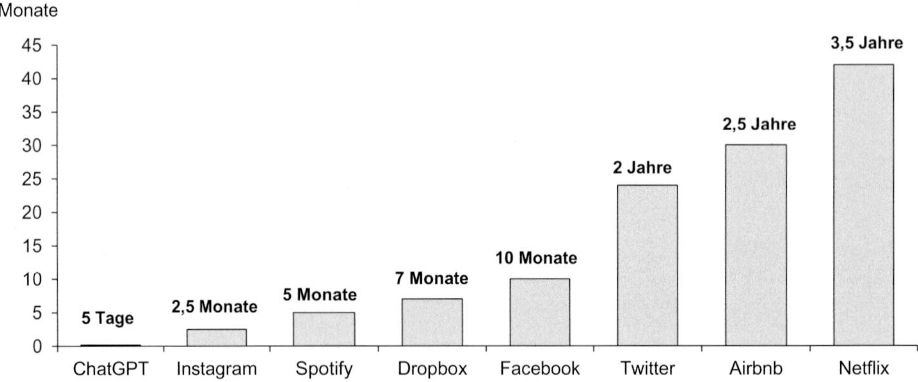

Abb. 8.1 Marktdiffusion zur Erzielung einer Million Nutzer. (Datenquelle: Wirtschaftswoche (2023), S. 8)

[1] Vgl. zu Kap. 8 Artificial Intelligence und Quantum Computing im Folgenden Wirtz (2018), S. 124 ff.; Wirtz (2020), S. 259 ff.; Wirtz (2022a), S. 175 ff.; Wirtz (2022b), S. 193 ff.

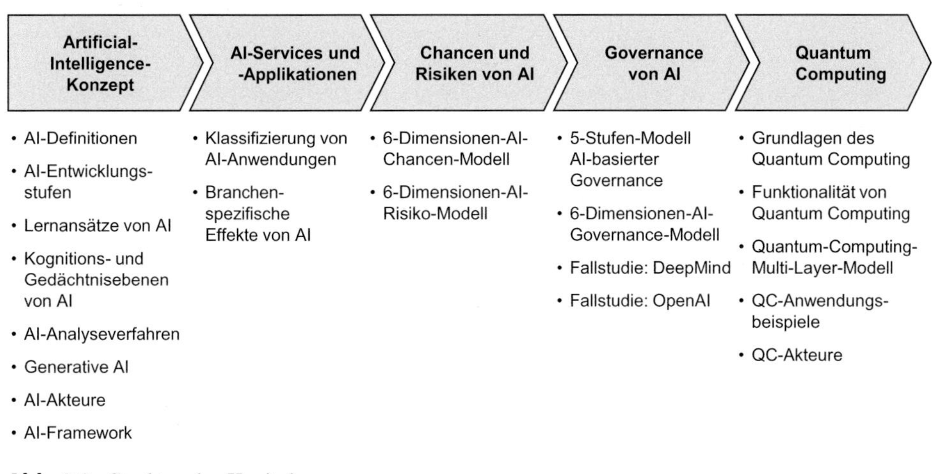

Abb. 8.2 Struktur des Kapitels

8.1 Artificial-Intelligence-Konzept

Artificial Intelligence (AI) ist ein Anwendungsfeld, das schon seit den 1950er-Jahren im Bereich der Informatik diskutiert und entwickelt wird. Dabei steht „intelligente" Hard- und Software im Mittelpunkt der Entwicklung, die in der Lage ist menschliches Denken und Verhalten technologisch abzubilden und zu automatisieren.

Das Ziel ist dabei, die Lösung von Problemen und die Unterstützung von Menschen durch intelligente Analyse und Interaktion zwischen Mensch und Computer.[2] Nahezu alle führenden IT-Unternehmen beschäftigen sich intensiv mit AI. Der Grund dafür ist unter anderem das große Automatisierungspotenzial in der Wirtschaft: In den USA könnte laut einer Studie von Goldman Sachs ein Viertel der heutigen Arbeitsaufgaben durch AI automatisiert werden. Hiervon sind vor allem Büro- und Verwaltungstätigkeiten (Automatisierungspotenzial: 46 %), juristische Tätigkeiten (44 %) und viele weitere, auch komplexe Tätigkeiten, wie in der Wissenschaft, betroffen. Der Anteil der durch AI automatisierbaren Arbeitsplätze in der Industrie in den USA ist in Abb. 8.3 dargestellt.

AI als Querschnittstechnologie

AI hat nicht nur für Suchmaschinen wie Google oder Bing eine erhebliche Bedeutung. Vielmehr bildet AI eine Querschnittstechnologie, die verschiedene Anwendungen in der Mensch-Maschine-Interaktion auf ein neues Niveau hebt. Vor allem sprachgesteuerte Anwendungen wie Siri von Apple, Cortana von Microsoft, Amazons Alexa oder der Google Assistant haben ein erhebliches Potenzial für die Nutzung von AI im Alltag.

[2] Vgl. Wirtz/Weyerer (2019a).

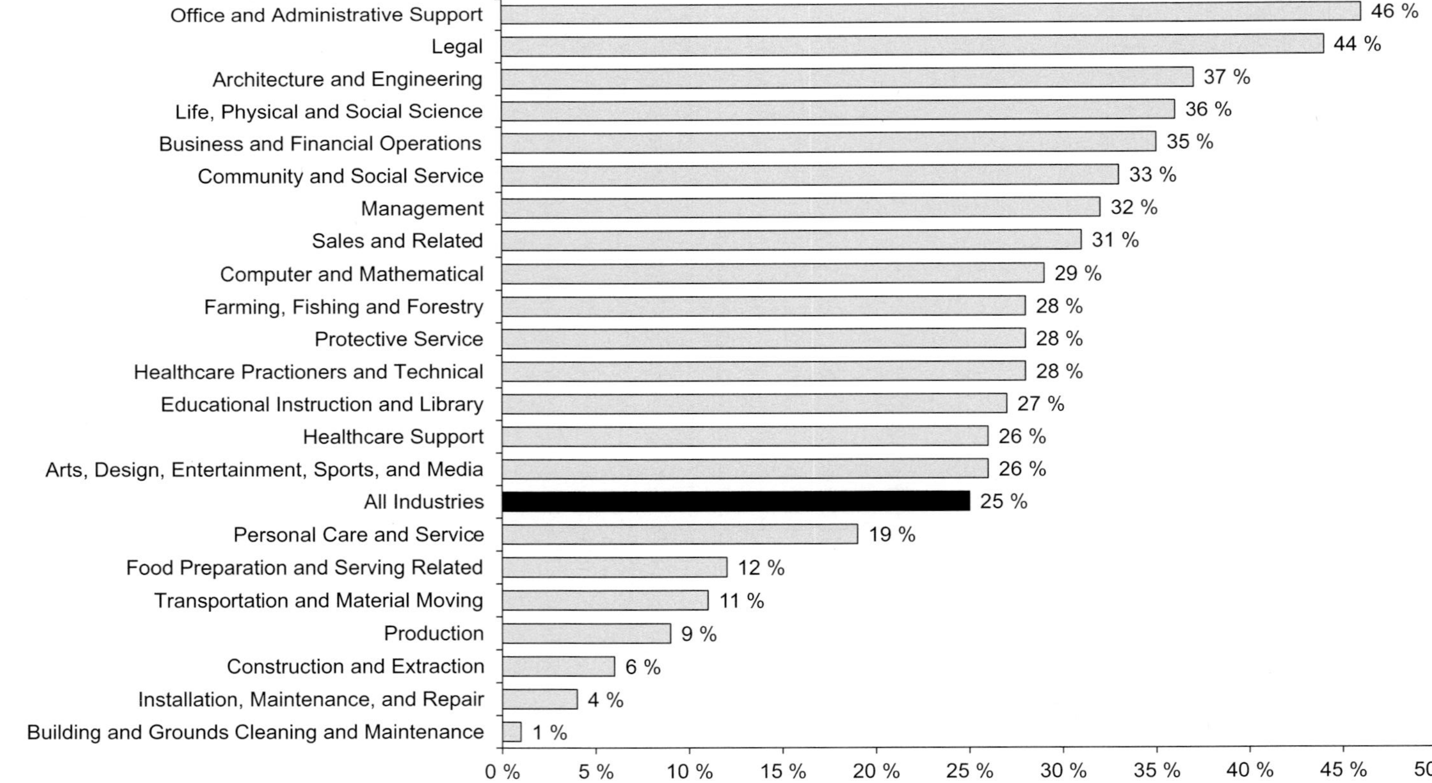

Abb. 8.3 Anteil der durch AI automatisierbaren Arbeitsplätze in der Industrie. (Datenquelle: Briggs/Kodnani (2023), S. 7)

Angesichts der bisher dominierenden textbasierten Eingabe im Rahmen der Mensch-Computer-Interaktion zeigt sich, dass die sprachbasierte Interaktion in vielen Anwendungsbereichen klare Vorteile hat, da sie Multitasking-Ansätze ermöglicht und eine natürliche Ausdrucksform darstellt, die kein weiteres Training erfordert beziehungsweise eine geringe kognitive Belastung darstellt. Darüber hinaus wird AI künftig auch im Kontext der dezentralen Verarbeitung und Speicherung von Daten durch Cloud-Anwendungen, aber auch in praktischen Bereichen wie selbstfahrenden Autos, medizinischen Robotern und der industriellen Produktion eine wichtige Rolle spielen.

AI und Big Data

Aber auch bei Big Data-Anwendungen wird AI benötigt, um die großen Datensätze intelligent zu nutzen. So arbeitet etwa Microsoft schon seit Beginn der 1990er-Jahre an AI, die große Datensätze nutzt. Auch Facebook hat zwei Abteilungen mit der Applied Machine Learning und der Artificial Intelligence Research Unit gegründet, die AI intensiv für Facebook-Anwendungen erforschen und umsetzen.

Auch bei Google/Alphabet kommt AI in mehr als 1000 Projekten zum Einsatz. Die Bedeutung von AI fasste der CEO von Google/Alphabet Sundar Pichai bereits 2017 prägnant zusammen: „Wir sind vor allem anderen ein Künstliche-Intelligenz-Unternehmen".[3] Weiter führte er hierzu aus: „Wir werden alle Produkte überarbeiten. Alles verändert sich dank künstlicher Intelligenz".[4]

Definition von Artificial Intelligence

Um die Entwicklung und Funktionsweise von AI vollständig zu verstehen, ist es wichtig, ein gemeinsames Verständnis für die Terminologie zu schaffen. Die Idee der AI ist auch durch die Arbeit von Alan Turing geprägt. Er formulierte 1950 einen Ansatz, wie man feststellen kann, ob ein Computer eine dem Menschen gleichwertige Denkfähigkeit besitzt.[5]

Dieser Test war zunächst nur eine theoretische Skizze und wurde erst nach Turings Selbstmord 1954 genauer formuliert, nachdem AI als Teilgebiet der Informatik zu einem akademischen Thema geworden war. Seitdem ist dieser Test in der Diskussion um AI sehr präsent und wurde immer wieder dazu genutzt, die Idee der denkenden Maschine für das Computerzeitalter wiederzubeleben.

Der Turing-Test

Bei diesem Test führt ein menschlicher Befrager über eine Tastatur und einen Bildschirm ohne Sicht- und Hörkontakt ein Gespräch mit zwei ihm unbekannten Personen. Dabei wird die eine durch einen Menschen und die andere durch eine Maschine verkörpert. Wenn der Fragesteller nach intensiver Befragung der beiden Personen nicht sagen kann, welche der beiden die Maschine ist, hat die Maschine den Turing-Test bestanden.

---

[3] Manager Magazin (2017).

[4] Handelsblatt (2017).

[5] Vgl. Turing (2009).

Folglich kann dann davon ausgegangen werden, dass die Maschine eine Denkfähigkeit besitzt, die der eines Menschen entspricht. Vor diesem Hintergrund muss eine AI in der Lage sein, zumindest bis zu einem gewissen Grad zu fühlen, zu denken, sich auf eine neue Situation einzulassen und zu lernen. Trotz der besonderen und weitreichenden Bedeutung von AI, ist das Schrifttum weitgehend durch ein heterogenes Verständnis des AI-Begriffs gekennzeichnet. In Tab. 8.1 sind verschiedene AI-Definitionen aufgeführt.

Im Kern beziehen sich alle dargestellten Definitionen auf maschinenbasierte Systeme mit menschenähnlichem intelligentem Verhalten. Die AI versucht dabei menschliches Denken und Lernen zu reproduzieren und insbesondere menschliche Problemlösungsfähigkeiten zur Leistungssteigerung auf effizientere Weise nachzuahmen.

Die meisten Definitionen reichen jedoch nicht aus, um den vollen Umfang des Begriffs abzudecken. Daher kann aus den verschiedenen Definitionen, die in der Literatur zu finden sind, eine integrative Definition von AI abgeleitet werden (vgl. Tab. 8.2).

Tab. 8.1 AI-Definitionen[a]

Autor	Definition
McCarthy et al. (2006)	The study is to proceed on the basis of the conjecture that every aspect of learning or any other feature of intelligence can in principle be so precisely described that a machine can be made to simulate it.
Rich/Knight/ Nair (2009)	[…] the study of how to make computers do things which, at the moment, people do better.
Adams et al. (2012)	[…] a system that could learn, replicate, and possibly exceed human-level performance in the full breadth of cognitive and intellectual abilities.
Russell/Norvig (2016)	AI may be organized into four categories: Systems that think like humans. Systems that act like humans. Systems that think rationally. Systems that act rationally.
Rosa/Feyereisl/ Team (2016)	[…] programs that are able to learn, adapt, be creative and solve problems.
Thierer/Castillo/ Russell (2017)	The exhibition of intelligence by a machine. An AI system is capable of undertaking high-level operations; AI can perform near, at, or beyond the abilities of a human. This concept is further divided into weak and strong AI.
Wirtz/Weyerer/ Geyer (2019)	[…] AI refers to the capability of a computer system to show humanlike intelligent behavior characterized by certain core competencies, including perception, understanding, action, and learning.

[a]Vgl. Wirtz/Weyerer/Geyer (2019), S. 600 ff.; Wirtz (2020), S. 260 f.; Wirtz (2022a), S. 186 f.

Tab. 8.2 Definition Artificial Intelligence[a]

Artificial Intelligence (AI) beschreibt die Fähigkeit eines Computersystems menschenähnliches intelligentes Verhalten wiederzugeben, welches sich durch bestimmte Kernkompetenzen wie etwa Wahrnehmung, Verstehen, Handeln und Lernen auszeichnet, um menschliches und systemisches Verhalten bestmöglich zu unterstützen.

[a]Vgl. Wirtz/Weyerer/Geyer (2019), S. 599; Wirtz (2020), S. 261; Wirtz (2022a), S. 187

Neben der integrativen Definition von AI ist es von Bedeutung, ein Verständnis für die Komplexität von Artificial Intelligence zu entwickeln. Der Begriff der künstlichen Intelligenz ist vielschichtig und kann anhand einer Vielzahl von Kriterien weiter differenziert werden. In Anbetracht der Tatsache, dass sich die Entwicklung von AI noch in einem Anfangsstadium befindet, bezieht sich eine der ersten und sinnvollsten Differenzierungen von Artificial Intelligence auf den Entwicklungsstand von AI.

AI-Entwicklungsstufen

Die Entwicklungsstufen von AI orientieren sich weitgehend an der Unabhängigkeit der AI-Technik von menschlichem Handeln. Das bedeutet, je selbstständiger die Technik agiert, desto unabhängiger ist sie und desto unspezifischer ist dann auch ihr Anwendungsbereich. Kaplan/Haenlein (2019) unterscheiden drei Teilbereiche der AI nach dem Grad ihrer Unabhängigkeit. Die Super AI, die General AI und die Narrow AI. Jede Form von AI ist von konventioneller Datenverarbeitung deutlich zu unterscheiden. Abb. 8.4 veranschaulicht die drei Stufen der AI-Entwicklung.

Narrow Artificial Intelligence

Die Stufe, die als Narrow AI bezeichnet wird, bezieht sich auf hoch entwickelte künstliche Entscheidungsalgorithmen, die bereits in verschiedenen Organisationen eingesetzt werden. Narrow AI wird meist in Bereichen mit klarem Tätigkeitsumfang eingesetzt, die spezifische Entscheidungslösungen erfordern. Es handelt sich bei dieser Entwicklungsstufe um die am wenigsten unabhängige AI-Stufe mit dem geringsten Leistungsumfang.

Die Entscheidungsalgorithmen einer Narrow AI beziehen jedoch einen großen Datenpool ein und erbringen in der Regel bereits bessere Leistungen als gewöhnliche Computerprozesse. Auch die Ergebnisse von Menschen, die mit ähnlichen Aufgaben betraut sind, werden von ihnen übertroffen.

Narrow AI wird meist bei sich wiederholenden Aufgaben eingesetzt. Bei diesem Aufgabentypus tritt bei menschlicher Verarbeitung oft infolge von Unkonzentriertheit oder aufgrund des stark repetitiven Charakters der Aufgabe ein zunehmendes Fehlerpotenzial auf. Darüber hinaus können solche AI-Anwendungen auch eingesetzt werden, um Menschen bei der Ausführung ihrer Arbeit zu unterstützen.

In diesem Zusammenhang ist es wahrscheinlich, dass eine der größten Ängste, die mit der Anwendung von AI verbunden sind, nämlich die Substitution von Arbeitsplätzen, bei Narrow AI nicht so stark zutrifft wie bei anspruchsvolleren AI-Ansätzen. Das hängt auch damit zusammen, dass die AI auf dieser Entwicklungsstufe nicht in der Lage ist, ihre eigenen Fähigkeiten zu erweitern oder zu verbessern. Daher ist sie auf sehr grundlegendes Lernen beschränkt und nicht fähig zu starker Selbstverbesserung.

General Artificial Intelligence

General AI beschreibt eine deutlich autonomere Technologie, deren Leistung und Grad an Unabhängigkeit um einiges umfassender sind als bei der bereits beschriebenen Narrow

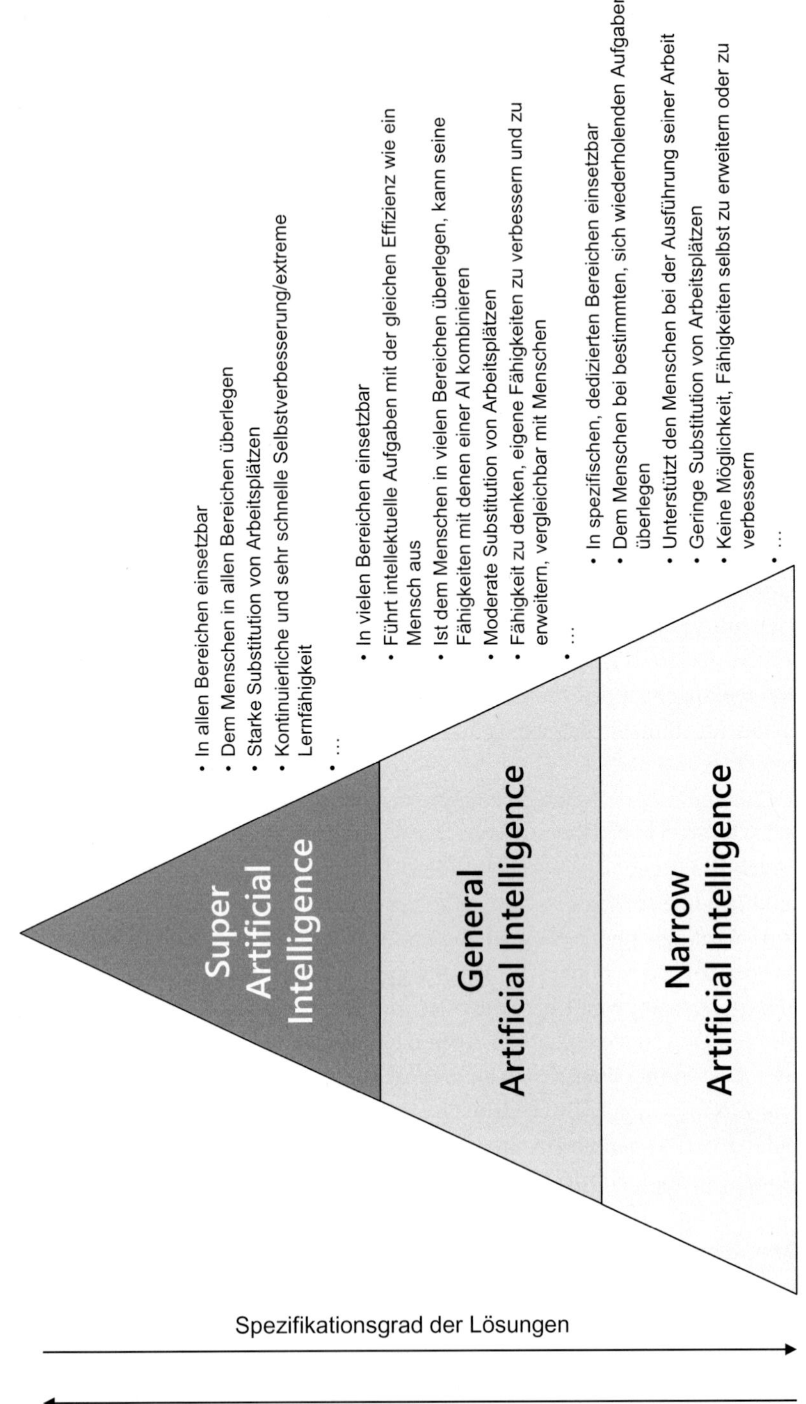

Abb. 8.4 Entwicklungsstufen von AI. (Vgl. Wirtz (2021), S. 221; Wirtz (2022a), S. 188)

AI. Deswegen wird die General AI in Bereichen mit breiterem Tätigkeitsspektrum eingesetzt, in denen automatisierte Entscheidungslösungen gefordert sind.

General AI kann intellektuelle Aufgaben mit der gleichen Effektivität wie ein Mensch ausführen, jedoch auf eine leistungsstärkere und zuverlässigere Weise (somit effizienter als Menschen). Daher wird sie aufgrund ihrer Fähigkeit verschiedene Intelligenzfaktoren zu kombinieren als dem Menschen überlegen angesehen. Sie hat das Potenzial eigene Leistungen zu überdenken, zu verbessern und zu erweitern. Ihre Fähigkeit zu lernen ist damit mit der Lernfähigkeit von Menschen vergleichbar. Aufgrund ihrer Überlegenheit gegenüber Menschen in Bezug auf Effizienz und Zuverlässigkeit wird erwartet, dass sie in Zukunft einen beträchtlichen Teil der entsprechenden Arbeitsplätze ersetzen wird.

Super Artificial Intelligence

Die sogenannte Super AI ist die anspruchsvollste Form maschinellen Denkens. Sie ist der Bereich der AI-Systeme, der über die umfassendste Leistungssteigerung und die größte Unabhängigkeit von menschlichen Eingriffen verfügt. Daher wird davon ausgegangen, dass eine Super AI in der Lage ist, jede beliebige Aufgabe zu erledigen, indem sie große Datenmengen analysiert und entsprechende Lernprozesse durchführt. Eine Super AI kann in nahezu allen Bereichen eingesetzt werden und ist dem Menschen in vielerlei Hinsicht überlegen.

Eine solche Technologie hat den stärksten Einfluss auf den Arbeitsmarkt, da sie in der Lage ist, alle Aufgaben heutiger Mitarbeiter zu erfüllen. Ein entscheidender Faktor hierfür ist in erster Linie ihre Fähigkeit zu kontinuierlicher Selbstverbesserung.

Lernansätze von Artificial Intelligence

Ein weiterer Ansatz der Unterscheidung von AI-Systemen basiert auf dem genutzten Lernansatz auf Basis des maschinellen Lernens. Dabei handelt es sich nicht um eine ausschließliche terminologische Trennung, sondern um eine weitere Spezifizierung des Begriffs AI, der ein automatisiertes repetitives Lernen bezeichnet, das in der Regel auf der Verarbeitung natürlicher Sprache basiert.

Maschinelles Lernen

Das Konzept des maschinellen Lernens kann als ein wesentlicher Teil der künstlichen Intelligenz verstanden werden. Unter maschinellem Lernen versteht man das technologiegestützte, vom Menschen unabhängige Lernen auf der Grundlage eines verfügbaren Datensatzes. Ein grundlegender Ansatz des Lernens ist die Reproduktion von Regelmäßigkeiten. Richtige Lösungen für ein Problem sind durch Naturgesetze oder Expertenwissen bekannt und werden verwendet, um das System zu trainieren. Ein Lernalgorithmus sucht dann nach einer Hypothese, mit der möglichst genaue Vorhersagen getroffen werden können. Eine Hypothese ist eine Näherungsfunktion, die jedem Eingabewert den vermuteten Ausgabewert zuordnet.

Maschinelles Lernen basiert also auf der wiederholten Analyse von Daten. Die Ergebnisse des maschinellen Lernens können mit bekannten, korrekten Ergebnissen verglichen, also überwacht werden (Supervised Machine Learning). In der Regel spricht man von einem Regressionsproblem, wenn die Ausgabewerte eine stetige Verteilung aufweisen. Die Ergebnisse können innerhalb eines vorgegebenen Wertebereichs beliebige quantitative Werte annehmen. Ein Beispiel für ein solches Regressionsproblem ist die Vorhersage der Entwicklung von Preisen aus bestimmten ökonomischen Variablen oder aus weiteren Informationen über Standorte, Kunden oder Trends. Liegen die Ergebnisse des Problems dagegen in diskreter Form vor oder sind die Werte qualitativ, so spricht man von einem Klassifikationsproblem. Ein Beispiel hierfür ist die Frage, ob es sich bei einer E-Mail um Spam handelt.

Nicht-überwachtes Lernen (Unsupervised Machine Learning)
Nicht-überwachtes Lernen (Unsupervised Machine Learning) bezeichnet maschinelles Lernen ohne bekannte Ziele und ohne Umweltbelohnungen. Dabei wird versucht, in den Eingabedaten Muster zu erkennen, die sich vom strukturlosen Rauschen unterscheiden. Ein künstliches neuronales Netz lernt aus der Ähnlichkeit der Eingabewerte und gewichtet entsprechend. Die Art und Weise des Lernens kann dabei unterschiedlich sein. Beliebte Anwendungen des unüberwachten Lernens sind die automatische Clusterung beziehungsweise die Segmentierung von Informationen zur Reduktion der Dimensionalität.

Halbüberwachtes Lernen (Semi-supervised Machine Learning) und bestärkendes Lernen (Reinforcement Learning)
Ein weiterer Ansatz des maschinellen Lernens wird als halbüberwachtes Lernen (Semi-supervised Machine Learning) bezeichnet. Dabei werden Methoden des überwachten sowie des nicht-überwachten Lernens kombiniert. Der Begriff Reinforcement Learning bezieht sich auf verschiedene Verfahren des technologiebasierten Lernens, bei denen eine Software autonom eine Strategie zur Maximierung eines gesetzten Zieles entwickelt.

Die Software bekommt demnach nicht vorgegeben, welches Ergebnis bei gegebener Aufgabe das richtige ist, sondern erhält zu bestimmten Zeitpunkten eine Art Feedback in Form von Belohnungspunkten, die auch negativ sein kann. Mit diesen Feedbacks approximiert der Algorithmus eine Belohnungsfunktion für gegebene Aufgabenstellungen.

Deep Learning
Deep Learning ist eine maschinelle Lernmethode, die durch Software künstlich erzeugte neuronale Netze mit verborgenen Schichten (Hidden Layers) zwischen Eingabe- und Ausgabeschichten verwendet, um eine umfassende interne Struktur aufzubauen. Das Konzept gilt als eine besondere Methode der Informationsverarbeitung und ist vom biologischen Verständnis des Gehirns inspiriert.

Am Anfang der AI-Forschung standen Aufgaben, die für Menschen intellektuell schwer, für Computer aber leicht lösbar waren. Beschreiben ließen sich diese Aufgaben durch formale Regeln der Mathematik. Die eigentliche Herausforderung für die AI liegt jedoch in der Lösung von Aufgaben, die für den Menschen leicht, für den Computer aber schwer beschreibbar waren. Dazu gehören vor allem Aufgaben, die Menschen intuitiv lösen. Beispiele dafür sind das Sprachverstehen oder die Gesichtserkennung.

Beispielsweise kann ein Computer ohne AI die Bedeutung der sensorischen Rohdaten nur schwer erfassen. So ist beispielsweise die Handschrifterkennung, bei der ein Text zunächst nur aus einer Ansammlung von Bildpunkten besteht, ohne aufwendige Programmierung der Decodierung aus der Ansammlung von Pixeln sehr aufwendig. Konventionelle Programmierung gibt vor, wie die Pixel in eine Folge von Zahlen und Buchstaben umgewandelt werden müssen. Es ist mit erheblichem Aufwand verbunden, diese Auswertung durch die jeweils richtigen Verknüpfungen manuell zu programmieren.

Die AI-gestützte Lösung solcher Aufgaben beruht auf der Fähigkeit des Rechners, aus Erfahrungen zu lernen und die Welt als Begriffshierarchie zu verstehen. Jeder Begriff ist dabei durch „is-a-" und „has-parts-Beziehungen" geprägt. So handelt es sich beispielsweise bei Ahornbaum, Birke, Buche und vielen weiteren um Laubbäume. Jeder Laubbaum besteht wiederum aus Wurzeln, Stamm, Zweigen und Blättern. Jedes Konzept ist dabei dadurch definiert, dass andere Konzepte aufeinander aufbauen.

Dieser Ansatz erspart es den Programmierern, das gesamte Wissen, welches zur Erarbeitung und Lösung der Aufgaben benötigt wird, formal zu spezifizieren. Die Konzepthierarchie ermöglicht dem Computer, komplizierte Zusammenhänge zu erlernen, indem er sie aus einfacheren Verbindungen zusammensetzt. Dieser Ansatz wird daher als „Deep Learning" bezeichnet.

Verwendung hierarchischer Ebenen

Die künstlichen neuronalen Netze haben eine ähnliche Struktur wie das natürliche Gehirn, mit Schaltverbindungen, die wie ein Netzwerk miteinander verknüpft sind.

Eine erste Ebene des künstlichen Netzes kann beispielsweise bei der Analyse von Bilddateien als sichtbare Eingabeschicht betrachtet werden. Sie verarbeitet die Rohdaten in Form von Pixeln eines Bildes. Diese Variablen sind durch einfache Betrachtung und Gruppierung der Daten zugänglich. Diese erste Schicht gibt ihre Ausgabewerte geclustert an die nächste Schicht weiter. Die zweite Schicht ist für die Verarbeitung der Informationen aus der vorherigen Schicht und für die Weitergabe des Ergebnisses dieser Verarbeitung an die nächste Schicht zuständig.

Die von der zweiten Ebene erhaltene Information wird wiederum in der nächsten Schicht verarbeitet. Diese informationsverarbeitenden Schichten werden verdeckte Schichten genannt. Die darin enthaltenen Parameter werden zunehmend abstrakter und ihre Werte werden nicht durch die Originaldaten bestimmt. Vielmehr muss die AI modellhaft herausfinden, mit welchen Konzepten die Zusammenhänge in den beobachteten Daten erklärt werden können.

Auf allen Ebenen des künstlichen neuronalen Netzes setzt sich der beschriebene Prozess fort. In der letzten, sichtbaren, Schicht ist das Ergebnis zu sehen. Hier wird die komplexe Analyse von Daten in eine Sequenz von verschachtelten Verbindungen zerlegt. Jede dieser Zuordnungen wird durch eine andere Ebene des Erklärungsansatzes beziehungsweise -models beschrieben. Deep Learning beruht also auf großen neuralen Netzwerken und kann komplexe Muster in großen Datenmengen erkennen.

Grundsätzlich kann vor dem Hintergrund dieser Ausführungen Artificial Intelligence mit den Konzepten des maschinellen Lernens und des Deep Learning in Kontext gestellt werden. In Form eines Kreisschaubildes lassen sich die verschiedenen Konzepte besser verstehen. Abb. 8.5 skizziert die verschiedenen Konzepte.[6]

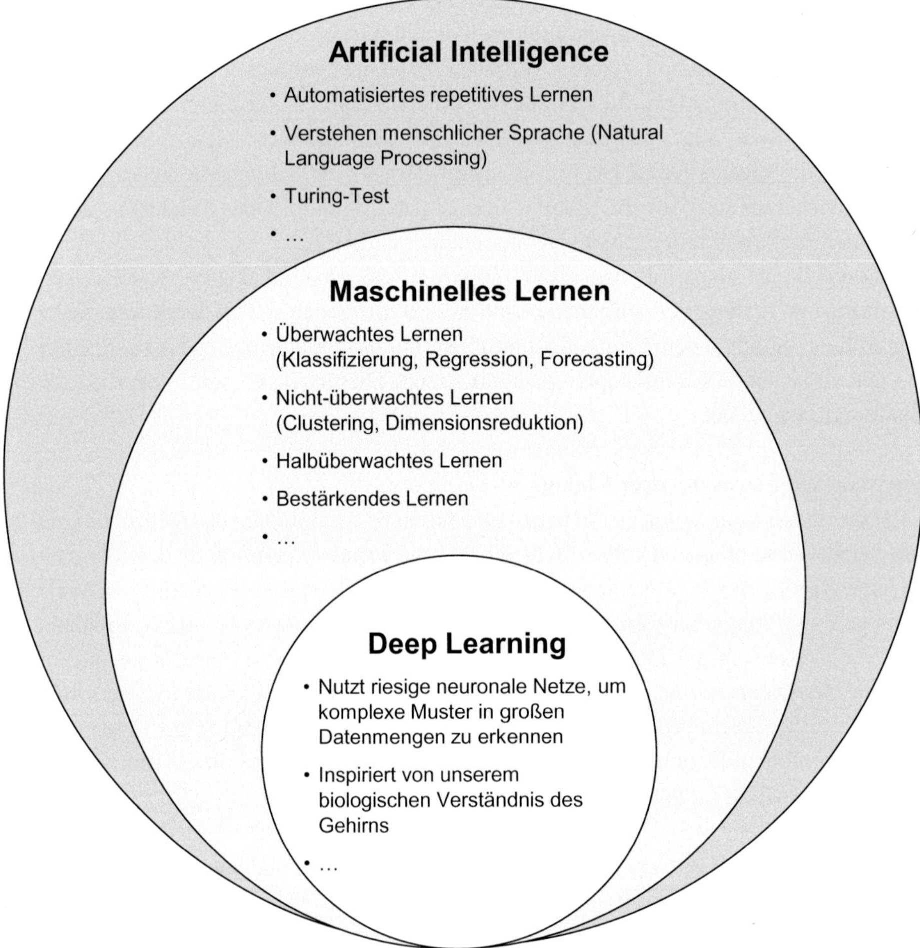

Abb. 8.5 Artificial-Intelligence-Konzepte. (Vgl. Wirtz (2021), S. 225; Wirtz (2022a), S. 193)

[6] Inhalte basierend auf Copeland (2016); Wittpahl (2019).

Kognitions- und Gedächtnisebenen von AI

AI-Technologie kann auch anhand bestimmter Kriterien beschrieben werden, die sich auf die kognitiven Ebenen sowie auf die Gedächtnisebenen der Technologie beziehen. Nach Joshi (2019) gibt es vier Funktionskonzepte, die AI von herkömmlicher digitaler Analytik und Datenverarbeitung abgrenzen: (1) Self-Awareness, (2) Theory of Mind, (3) Limited Memory und (4) reaktive Maschinen.

Self-Awareness

Die Self-Awareness einer AI beschreibt ihre Eigenschaft zu verstehen und ein eigenes Bewusstsein zu haben.[7] Es wird also angenommen, dass diese AI ähnlich wie ein Mensch oder zumindest wie ein hoch entwickeltes Lebewesen denkt. Der Bewusstseinsbegriff bezieht sich auf das aktuelle situative Wissen einer Person oder eines Tieres über seine beziehungsweise ihre Umwelt und die daraus resultierenden Implikationen. Selbstwahrnehmung bezieht sich also nicht nur auf die Wahrnehmung beziehungsweise die Aufmerksamkeit auf sich selbst, sondern auch auf die Wahrnehmung äußerer Vorgänge, zum Beispiel auf die Art und Weise, wie sich andere gegenüber der eigenen Person verhalten.

Bewusstsein

Gemäß dem Konzept der Bewusstseins-Emergenz entsteht Bewusstsein mit zunehmender kognitiver Kompetenz. Eine solche Steigerung der kognitiven Kompetenz kann bei einer AI durch eine Erhöhung der Komplexität der Algorithmen und der Anzahl der verarbeitenden Speicherzellen sowie des Vernetzungsgrades erreicht werden.

Die Analogie zu Gehirnzellen, die die Grundlage für die Schaffung künstlicher neuronaler Netze ist, hilft das Konzept zu verstehen. Durch die Reproduktion einer großen Anzahl künstlicher Neuronen, die in hohem Maße interagieren, kann eine neue Qualität von künstlichem Bewusstsein entstehen.

In Anbetracht des Fortschritts der Verarbeitungskapazität sowie der Vergrößerung der Datenspeicherzentren können moderne Maschinen den menschlichen Intellekt sogar übertreffen, denn technologische Ansätze sind nicht durch die natürlichen Grenzen des menschlichen Verstandes limitiert. Vor diesem Hintergrund macht die Fülle an Daten und die neue Art der Verarbeitung AI potenziell leistungsfähiger als den menschlichen Verstand.

Theory of Mind und Mentalisierung

Der Begriff Theory of Mind (ToM) beschreibt die Fähigkeit, Gefühle, Bedürfnisse, Ideen, Absichten, Erwartungen und Meinungen anderer wahrzunehmen. Es gibt eine affektive und eine kognitive ToM. Affektive ToM beschreibt die Fähigkeit, die Gefühle anderer zu erkennen und zu verstehen. Kognitive ToM hingegen beschreibt die Fähigkeit, Rückschlüsse auf die Absichten anderer zu ziehen. Im Allgemeinen wird ToM als ein Mechanis-

[7] Vgl. Searle (1980), S. 417.

mus der selektiven Aufmerksamkeit gesehen, da Bewusstseinsprozesse bei anderen nur dann wahrgenommen werden, wenn die Aufmerksamkeit auf sie gerichtet ist.[8]

Darüber hinaus gibt es das Konzept der Mentalisierung, das die Fähigkeit beschreibt, das eigene Verhalten oder das Verhalten anderer Menschen zu interpretieren, indem mentale Zustände zugeschrieben werden.[9] Ein Ansatz der angewandten AI besteht darin, Daten zu verarbeiten, die während der Interaktion mit einem Benutzer erzeugt werden, und durch die Analyse Informationen über die Gedanken und Gefühle des Benutzers zu erhalten. Diese können dann verwendet werden, um das zukünftige Verhalten des Nutzers und ähnlicher Nutzer vorherzusagen.

Mentale Artificial Intelligence

Eine mentale AI ist somit die nächste Stufe von AI-Systemen, an welcher derzeit noch geforscht wird. Eine AI, die dem ToM-Konzept gerecht wird, wird in der Lage sein, die Akteure, mit denen sie interagiert, besser zu verstehen, indem sie deren Bedürfnisse, Emotionen, Überzeugungen und Denkprozesse erkennt.

Künstliche emotionale Intelligenz ist bereits ein aufstrebender Anwendungsbereich und ein wachsendes Interessengebiet für führende AI-Forscher. Um menschliche Bedürfnisse wirklich zu begreifen, muss eine AI Menschen darüber hinaus als Individuen wahrnehmen, deren Geist von einer Vielzahl sozialer und emotionaler Faktoren geprägt ist, die nur durch die Fähigkeit zur Empathie verstanden werden können.

Begrenzte Gedächtnisleistung

In diesem Zusammenhang ist auch die begrenzte Gedächtnisleistung (Limited Memory) von Maschinen relevant. Eine solche Kapazitätsgrenze ist von Natur aus sowohl für Menschen als auch für Maschinen vorhanden.

Ähnlich wie der Mensch können auch reaktive Maschinen aus historischen Daten lernen, um Entscheidungen zu treffen. AI-Systeme, die z. B. Deep Learning verwenden, werden durch besonders große Datenmengen trainiert. Diese legen sie in ihrem Speicher ab, um ein Referenzmodell für die Lösung künftiger Probleme zu bilden. So wird beispielsweise eine Bilderkennungs-AI mit Tausenden von Bildern und deren Beschreibungen trainiert. Auf diese Weise wird der AI beigebracht, Objekte korrekt zu benennen.

Wann immer ein Bild von einer solchen AI gescannt wird, verwendet sie die Trainingsbilder als Referenzen, um den Inhalt des Bildes zu verstehen. Basierend auf dieser im Gedächtnis der Maschine abgespeicherten Lernerfahrung ist es möglich, neue Bilder mit zunehmender Genauigkeit zu beschreiben. Abb. 8.6 veranschaulicht die vier Kognitions- und Gedächtnisebenen der AI.[10]

[8] Vgl. Leslie (2000).

[9] Vgl. Fonagy et al. (2019), S. 5.

[10] Inhalte basierend auf Joshi (2019).

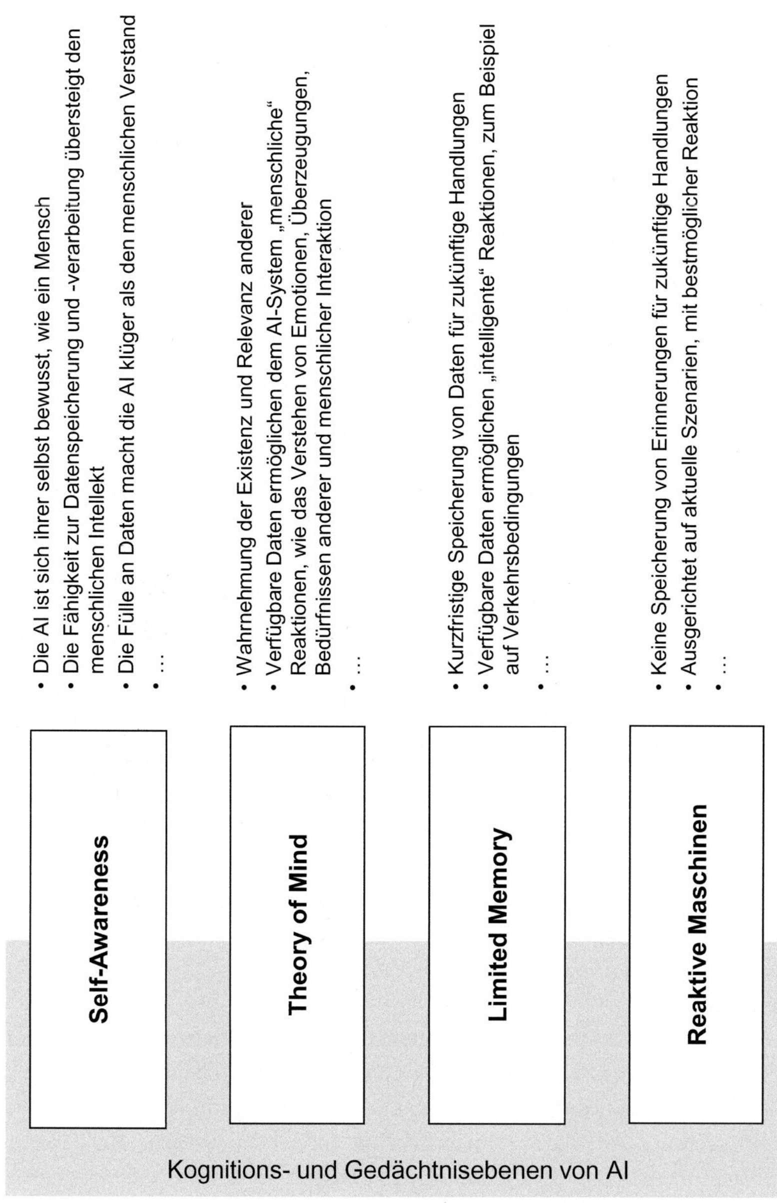

Abb. 8.6 Kognitions- und Gedächtnisebenen von AI. (Vgl. Wirtz (2021), S. 227; Wirtz (2022a), S. 196)

AI-Analytics

Neben den Kognitions- und Gedächtnisebenen von AI gibt es einen weiteren Ansatz, den Einsatz von AI nach der Art der analytischen Tätigkeit zu unterscheiden. Im Bereich des Digital Business werden entsprechende analytische Methoden üblicherweise durch Data Mining und Business Intelligence abgedeckt. AI, die in gewisser Weise als eigenständige Form der Big-Data-Analytik verstanden werden kann, greift dabei auf entsprechende analytische Konzepte zurück.

Deskriptive und diagnostische Analytik

Die Basisaufgabe jeder analytischen Tätigkeit ist es, anhand historischer Informationen zu verstehen, was passiert ist. Das leistet sowohl die deskriptive Analytik, die hilft zu verstehen, was in der Vergangenheit passiert ist, als auch die diagnostische Analytik, die Gründe dafür sucht, warum etwas passiert ist. In diesem Zusammenhang ist die diagnostische Analytik ein Schlüsselkonzept der AI, da sie nicht nur überlieferte Informationen beschreibt, sondern auch in der Lage ist, historische Daten zu interpretieren und Gründe für das, was passiert ist, zu finden.

Die Ebene der fortgeschrittenen Analytik deckt gleich drei Disziplinen ab: Predictive Analytics, Prescriptive Analytics und Cognitive Analytics. Fortgeschrittene Analytik versucht, vorhandenes Wissen zu nutzen und zu ergänzen, um bessere Entscheidungen in der Zukunft zu treffen, und neue Erkenntnisse zu gewinnen.

Predictive Analytics

Predictive Analytics nutzt dabei historische Daten, um zukünftige Ereignisse vorherzusagen, beispielsweise in den Bereichen Finanzen, Sicherheit, Wirtschaft oder Mobilität.

Ein mathematisches Modell wird aus historischen Daten abgeleitet. Dieses Modell erfasst die wichtigsten Trends. Um vorherzusagen, was als nächstes passieren wird, wird dieses Vorhersagemodell dann auf aktuelle Daten angewendet. Die prädiktive Analyse hat in den letzten Jahren viel Aufmerksamkeit auf sich gezogen, da die Technologien, die ihr zugrunde liegen, große Fortschritte gemacht haben, insbesondere in den Bereichen Big Data und Machine Learning.

Prescriptive Analytics

Prescriptive Analytics nutzt maschinelles Lernen, um Entscheidungen auf Basis der Vorhersagen eines Algorithmus zu treffen. Prescriptive Analytics arbeitet auf der Basis von Predictive Analytics, wobei Informationen genutzt werden, um kurzfristige Vorhersagen zu treffen. Prescriptive Analytics kann wiederum verwendet werden, um bessere Entscheidungen auf einem beliebigen Zeithorizont zu treffen. Es handelt sich dabei um einen Ansatz der fortgeschrittenen Analytik, der maschinelles Lernen zur Verbesserung von Entscheidungsprozessen meist im kommerziellen Kontext einsetzt.

Cognitive Analytics

Im Bereich Cognitive Analytics wird versucht, das menschliche Gehirn zu imitieren, indem Schlussfolgerungen auf der Grundlage vorhandener Informationen gezogen werden. Diese neuen Informationen werden dann wiederum für zukünftige Schlussfolgerungen in die Wissensbasis reintegriert. So entsteht eine selbstlernende Feedbackschleife.

Ziel ist es, diese menschenähnliche Intelligenz für bestimmte Aufgaben zu nutzen. Der Prozess des menschlichen Denkens soll insbesondere für die Impulsverarbeitung reproduziert werden. Vor diesem Hintergrund kann Deep Learning als eine Nachahmung menschlichen Denkens betrachtet werden, da es künstliche neuronale Netze aus künstlichen Neuronen verwendet, die interagieren. Abb. 8.7 veranschaulicht die fünf analytischen Arten der AI.[11]

Jede dieser Disziplinen verwendet statistische und mathematische Techniken, um die vorgeschlagenen Ziele zu erreichen. Sie helfen zu verstehen, was und warum etwas passiert, was passieren könnte und was jemand tun könnte, damit etwas Bestimmtes passiert. Darüber hinaus konzentrieren sich diese Techniken auch darauf, wie menschenähnliche Entscheidungen getroffen werden können. AI-Technologien können die Entscheidungsfindung automatisieren, indem sie die Qualität dieser Entscheidungen und deren Beitrag zur Organisation garantieren. Um dies zu ermöglichen, benötigen sie große Mengen an Daten.

Logische Repräsentation

Neben der Verfügbarkeit von Daten und den allgemeinen Konzepten der verschiedenen Aspekte von AI ist es wichtig, die grundlegenden Ansätze der Funktionsweise von AI zu verstehen. Die klassischen Prinzipien der mathematischen Logik bildeten die Grundlage für die ersten Ansätze der AI. In der Aussagenlogik lassen sich einfache Logikoperationen wie UND, NICHT kombinieren und Aussagen Wahrheitsgehalte (WAHR, FALSCH) zuweisen, während in der Prädikatenlogik Argumente formulierbar und überprüfbar sind.

Die ersten Systeme der AI waren solche logischen Repräsentationssysteme, die helfen, einfache Schlussfolgerungen nachzuvollziehen und zu beweisen. Zum Beispiel kann aus den beiden Aussagen 1: „Gestern war Dienstag“ und 2: „Wir haben den Brief gestern erhalten“ gefolgert werden, dass gilt: „Der Brief ist am Dienstag angekommen“.

AI-Systeme, die auf Logik basieren, werden auch für viel komplexere mathematische Beweise und Theoreme verwendet und heute noch in modernen AI-Anwendungen wie IBMs Watson mit Hilfe von logischen Programmiersprachen wie Prolog eingesetzt.[12] Der Vorteil dieser Ansätze ist ein meist einfaches Regelsystem und leicht beschreibbare Handlungsmöglichkeiten bei gleichzeitig fast unbegrenzten Variationen je nach Situation.

[11] Inhalte teilweise basierend auf Decide Soluciones (2017); Ulster University (2020).

[12] Vgl. Colmerauer/Roussel (1996); Lally/Fodor (2011).

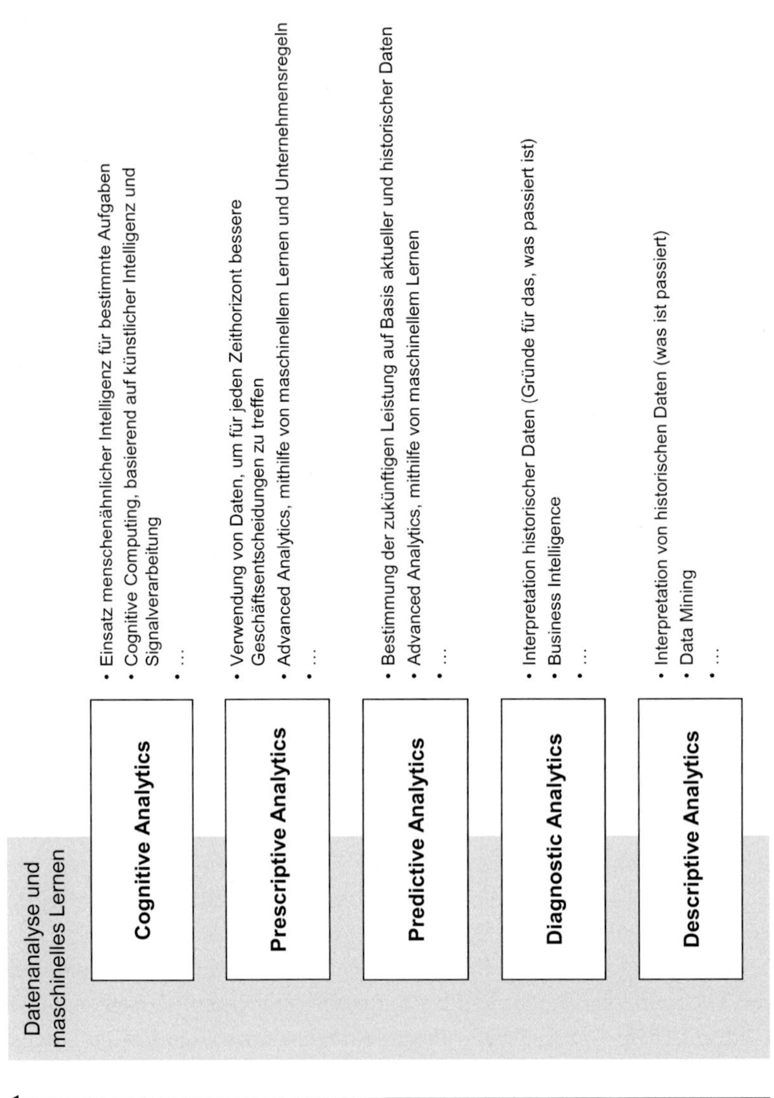

Abb. 8.7 AI-Analyseverfahren. (Vgl. Wirtz (2021), S. 229; Wirtz (2022a), S. 198)

Ähnlich ist es beispielsweise beim Schach, es hat sehr einfache Regeln, aber geschätzte 10^{120} mögliche Spielverläufe. Diese sehr große Zahl liegt jenseits der menschlichen Vorstellungskraft und es ist unmöglich, alle Möglichkeiten zu berechnen, um die perfekte Spielstrategie zu entwickeln. Die große Zahl der Spielverläufe ergibt sich daraus, dass jede Entscheidung, also jeder Zug beim Schachspiel, neue alternative Optionen als Züge hervorbringt.

Entscheidungsbäume

Diese möglichen Spielverläufe können als Entscheidungsbaum beziehungsweise Graph dargestellt werden, in dem jeder Punkt beziehungsweise Knoten eine Entscheidungsmöglichkeit beschreibt, aus der eine Vielzahl neuer Züge abgeleitet werden kann. Wie beim Wachsen eines Baumes ergeben sich mögliche Spielzüge in neuen Verzweigungen aller Züge.

Heuristiken

Sogenannte Heuristiken sind eine sehr effiziente Methode zur Suche in Entscheidungsbäumen. Eine Heuristik ist ein Verfahren, das für jeden Punkt in einem solchen Graphen bestimmt, ob es sinnvoll ist, weiter in die Tiefe zu suchen. Dadurch wird eine lange Suche nach der besten Strategie vermieden. Im Schachspiel wäre dies zum Beispiel die Bewertung der möglichen Züge, um zu vermeiden, dass offensichtlich schlechte Züge in Betracht gezogen werden. Heuristiken sind also ein sehr gezieltes Durchsuchen eines Entscheidungsbaums, bis ein zufriedenstellendes Ergebnis erreicht ist, das nicht unbedingt das bestmögliche Ergebnis sein muss. Im Kontext von AI sind Entscheidungsbäume und Heuristiken sehr effektiv für Probleme, die durch ein eindeutiges, gleichbleibendes Regelsystem beschrieben werden können.

Grundlagen für maschinelles Lernen

Ungeachtet zahlreicher Rückschläge in der Forschung wurden in den 1980er-Jahren die Grundlagen für den heute so zentralen Ansatz des maschinellen Lernens gelegt. Die Grundidee ist einfach: Wie bringt man ein Computerprogramm, das eine bestimmte Aufgabe hat, dazu, aus Erfahrungen zu lernen und diese Erfahrungen zu nutzen, um die Aufgabe in Zukunft besser zu erfüllen?[13]

Der Unterschied zu einem statischen Programm besteht darin, dass sich die Entscheidungsregeln über Feedback an das Gelernte anpassen. Damit ist das grundlegende Merkmal von AI gegenüber einer herkömmlichen Softwareprogrammierung insbesondere der selbstständige Lerncharakter und die selbstständige Eigenverbesserung des Systems. Abb. 8.8 veranschaulicht den Unterschied zwischen konventioneller Softwareprogrammierung und nicht-überwachtem maschinellen Lernen.[14]

[13] Vgl. Mitchell (2008), S. 1.

[14] Inhalte basierend auf Damron (2018); Kirste/Schürholz (2019); Wittpahl (2019); DataRobot Inc. (2020).

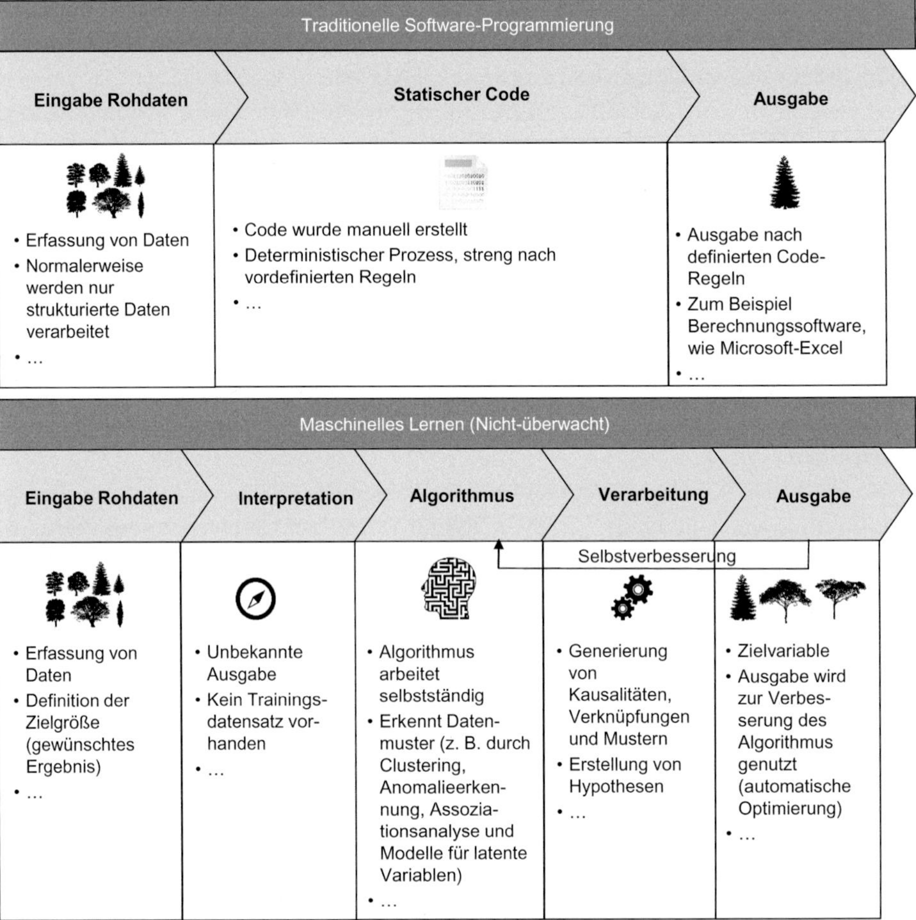

Abb. 8.8 Prozess des maschinellen Lernens vs. traditionelle Software-Programmierung. (Vgl. Wirtz (2021), S. 231; Wirtz (2022a), S. 201)

Es ist ersichtlich, dass es deutliche Unterschiede zwischen der konventionellen Software-Programmierung und dem nicht-überwachten maschinellen Lernen gibt. Das nicht-überwachte maschinelle Lernen ist jedoch nur ein Teilbereich der verschiedenen AI-Formen. In Tab. 8.3 werden die relevantesten AI-Formen, deren Merkmale und Service-Arten dargestellt.

Tab. 8.3 verdeutlicht, dass AI eine größere Anzahl von Ausprägungen bei den AI-Formen aufweist. Diese unterscheiden sich in diversen Merkmalen und hier insbesondere dem Fähigkeitsumfang, den die jeweilige AI-Form an Leistungsvermögen aufweist.

Zudem kann man erkennen, dass sich Anwendungen und Methoden für die AI-Formen zum Teil deutlich unterscheiden. Grundsätzlich sind sowohl die AI-Form, die AI-Merkmale und die AI-Anwendungen für den Endnutzer nur schwer zu identifizieren be-

Tab. 8.3 AI-Formen, -Merkmale, -Anwendungen und -Services

AI-Form	AI-Merkmale	AI-Anwendungen/ AI-Methoden	AI-Services
Artificial Intelligence (AI)/ Künstliche Intelligenz (KI)	• Die Fähigkeit von Maschinen menschenähnliches Verhalten zu imitieren und Aufgaben autonom auszuführen • …	• Maschinelles Lernen • Deep Learning • Reinforcement Learning • …	• Virtuelle Assistenten (z. B Siri, Google Assistant, …) • Produkt-empfehlungs-dienste (z. B. bei Amazon, Google, …) • Betrugserkennung (z. B. bei Danske Bank, Allianz AG …) • Robotik (z. B. KUKA- und ABB-Roboter, …) • …
Schwache künstliche Intelligenz/ Narrow Artificial Intelligence	• AI-Systeme, welche sich auf die Lösung spezifischer Probleme fokussieren • Die Systeme greifen auf spezifische Methoden zurück und besitzen kein tieferes Verständnis für die Struktur und Lösung des Problems • Alle bis 2022 entwickelten AI-Systeme fallen in diese Kategorie • …	• Klassifikationsprobleme • Regressionsprobleme • Clusteranalyse • …	• Bilderkennung (z. B. von Fahrzeugen bei Mapfre, …) • Spracherkennung (z. B. in der Hotline von Vodafone, …) • …
General Artificial Intelligence	• Die Fähigkeit einer künstlichen Intelligenz eine Aufgabe auf einem menschlichen Niveau zu erlernen und zu verstehen • AI-Algorithmus-Innovationen verbessern stetig das Leistungsniveau von Narrow AI hin zu General AI • Noch nicht vollständig realisiert, jedoch bereits erste Ansätze vorhanden • …	• Menschenähnliches Lernen, Planen • Kommunikation in natürlicher Sprache • …	• Virtuelle Assistenten auf menschlichem Niveau (noch nicht realisiert) • AI-Systeme, welche schriftliche Dokumente erkennen (noch nicht realisiert) • …

(Fortsetzung)

Tab. 8.3 (Fortsetzung)

AI-Form	AI-Merkmale	AI-Anwendungen/ AI-Methoden	AI-Services
Super Artificial Intelligence	• Künstliche Intelligenz, welche dem Menschen in vielerlei Hinsicht überlegen ist • AI-Algorithmus-Innovationen verbessern stetig das Leistungsniveau von Narrow AI hin zu Super AI • …	• Übermenschliche Denkfähigkeiten • …	• Begründung neuer wissenschaftlicher Theorien (noch nicht realisiert) • Ersetzen von menschlicher Arbeit in jeder Hinsicht (noch nicht realisiert) • …
Maschinelles Lernen/ Machine Learning (ML)	• Teilbereich der künstlichen Intelligenz • Ein ML-System kann durch Lernen Wissen aus Erfahrung generieren, dies geschieht häufig mithilfe von statistischen Modellen • …	• Überwachtes Lernen • Nicht-überwachtes Lernen • Reinforcement Learning • Deep Learning • …	• Selbstfahrende Autos (z. B. Tesla, Waymo, Mercedes EQS, …) • Gesichtserkennung (z. B. Apple Face ID, …) • Chatbots (z. B. bei DHL, Telekom, …) • …
Überwachtes Lernen/ Supervised Learning	• Teilgebiet des maschinellen Lernens • Beim überwachten Lernen sind sowohl die Eingabe- als auch die Ausgabewerte bekannt, das System versucht Abhängigkeiten zwischen den Ein- und Ausgabewerten zu ermitteln • …	• Regressionsprobleme • Klassifikationsprobleme • …	• Unterscheidung verschiedener Objekte (z. B. verschiedene Fahrzeuge, …) • Erstellung von Prognosen zu zukünftigen Trends (z. B. Preisentwicklungen von Produkten und Rohstoffen, …) • …
Nicht-überwachtes Lernen/ Unsupervised Learning	• Teilgebiet des maschinellen Lernens • Beim nicht-überwachten Lernen existieren keine Ziel- bzw. Ausgabewerte • Das System versucht in den Eingabedaten Muster und Strukturen zu erkennen • …	• Anomalieerkennung • Hauptkomponentenanalyse • Clusteranalyse • …	• Erkennung von Anomalien in der Fertigung (z. B. Smart Monitoring Systeme, …) • Reduktion der Komplexität von Datensätzen (z. B. zur Steuerung von Robotern, …) • …

(Fortsetzung)

Tab. 8.3 (Fortsetzung)

AI-Form	AI-Merkmale	AI-Anwendungen/ AI-Methoden	AI-Services
Halbüberwachtes Lernen/ Semi-supervised Learning	• Kombination von Methoden des überwachten und nicht-überwachten Lernens • Bearbeitung von Daten, bei welchen nur z. T. die Ausgabewerte bekannt sind • …	• Label propagation • Anomalieerkennung • Strukturierte Vorhersage • …	• Feature-Erkennung in Datensätzen, (z. B. von Seismischen 3D-Daten, …) • Fehlerkorrektur in Datensätzen (z. B. bei Hasty, …) • …
Deep Learning	• Teilbereich der künstlichen Intelligenz und Methode des maschinellen Lernens • Nutzung von künstlichen neuronalen Netzen, welche die Eingabewerte mit der Ausgabe verbinden • …	• Convolutional Neural Network • Multilayer Perceptrons • Self Organizing Maps • …	• Chatbots (z. B. HP Virtual Assistant, …) • Trendprognosen z. B. Absatz- und Personalbedarfs-prognosen • Big-Data-Analyse • …
Reinforcement Learning	• Teilbereich der künstlichen Intelligenz und Methode des maschinellen Lernens • Belohnung und Bestrafung des AI-Systems um das Ergebnis sukzessive zu verbessern • …	• Klassifikationsprobleme • Regelungsprobleme • Entscheidungsprobleme • …	• Optimierung von Logistikprozessen • Dynamische Preisgestaltung • Steuerung von Verkehrssystemen • …

ziehungsweise zu erkennen. Der Endnutzer der AI-Formen hat als wesentliche Schnittstelle die verschiedenen AI-Services, die für ihn das Leistungsspektrum der AI erfahrbar machen.

Generative AI

Generative AI ist eine Form der künstlichen Intelligenz, die neue Inhalte wie Texte, Bilder oder andere Medien erzeugen kann, wenn sie auf Basis von Anweisungen („Prompts“) eines Nutzers dazu aufgefordert wird. Im Gegensatz zu anderen Formen der AI, bei denen es um Analyse, Klassifikation, Vorhersage, Empfehlung, Entscheidungsfindung oder Informationsextraktion aus Daten geht, ist die Generative AI in der Lage, realistische und komplexe Inhalte zu erzeugen. Dabei wird die menschliche Kreativität nachgeahmt, was die Generative AI zu einer sehr nutzbaren Anwendung im wirtschaftlichen Kontext macht. Vor diesem Hintergrund setzt sich der Einsatz von generativer AI immer mehr durch und es finden sich zunehmend entsprechende Verwendungen in digitalen Diensten. So wird bereits heute eine Vielzahl von Inhalten mit Hilfe von Generative AI erstellt, beispielsweise Nachrichtenartikel, Blogbeiträge oder Produktbeschreibungen.

Die Generierung von Texten, Bildern, Video- und Audiodaten sind Beispiele für den Einsatz generativer AI. Das Sprachmodell GPT-3 von OpenAI kann beispielsweise Texte erzeugen, die nicht von vom Menschen geschriebenem Text zu unterscheiden sind, und wird zur Generierung von Texten wie Nachrichtenartikeln, Blogbeiträgen und sogar kreativen Texten verwendet. Das Bildgenerierungsmodell DALL-E von OpenAI kann aus Textbeschreibungen Bilder erzeugen. Es wird daher zur Generierung von Nachrichtenbildern, Gemälden und sogar Cartoons benutzt. Das Musikgenerierungsmodell Muse AI ist wiederum in der Lage, Musik zu generieren, die von vom Menschen komponierter Musik nicht zu unterscheiden ist, und dient dazu Jingles, Sprache und sogar Video-Soundeffekte zu erzeugen. Das AI-Videogenerierungsmodell Synthesia kann Videos ohne Kameras, Mikrofone oder Schauspieler erzeugen. Hierbei können auch Synchronstimmen bei der Erstellung des Videos direkt miterzeugt und eingefügt werden.

Die Verbreitung und Integration generativer AI in Software und digitale Dienste wird einen erheblichen Einfluss auf die Art und Weise haben, wie die Gesellschaft mit Technologie umgeht. Sie wird die Gesellschaft in die Lage versetzen, neue und innovative Anwendungen zu schaffen, die Effizienz bestehender Systeme zu verbessern und ein großes Rationalisierungspotenzial zu erschließen.

Die grundlegenden Funktionsprozesse von generativer AI sind für das Verständnis ihrer Einsatzmöglichkeiten und der Rationalisierungspotenziale von großer Bedeutung. Der Ablaufprozess der generativen AI lässt sich in vier Phasen unterteilen: 1. die Programmierung des zugrunde liegenden Algorithmus, 2. das Training des Algorithmus, 3. das Design der Schnittstellen und der Anwendungen und 4. der Rollout und die Nutzung. Abb. 8.9 stellt den Ablaufprozess von generativer AI dar.[15]

In Abb. 8.9 ist zu erkennen, dass die Programmierung von generativer AI häufig auf dem Konzept der Generative Adversarial Networks (GANs) basiert. GANs bestehen aus zwei Teilen: einem generativen Netzwerk, das neue Ergebnisse erzeugt, und einem diskriminativen Netzwerk, das die Ähnlichkeit der Ergebnisse mit den Trainingsdaten bewertet.

[15] Inhalte zum Teil basierend auf Briggs/Kodnani (2023), Jovanović und Campbell 2022, Goodfellow et al. 2014.

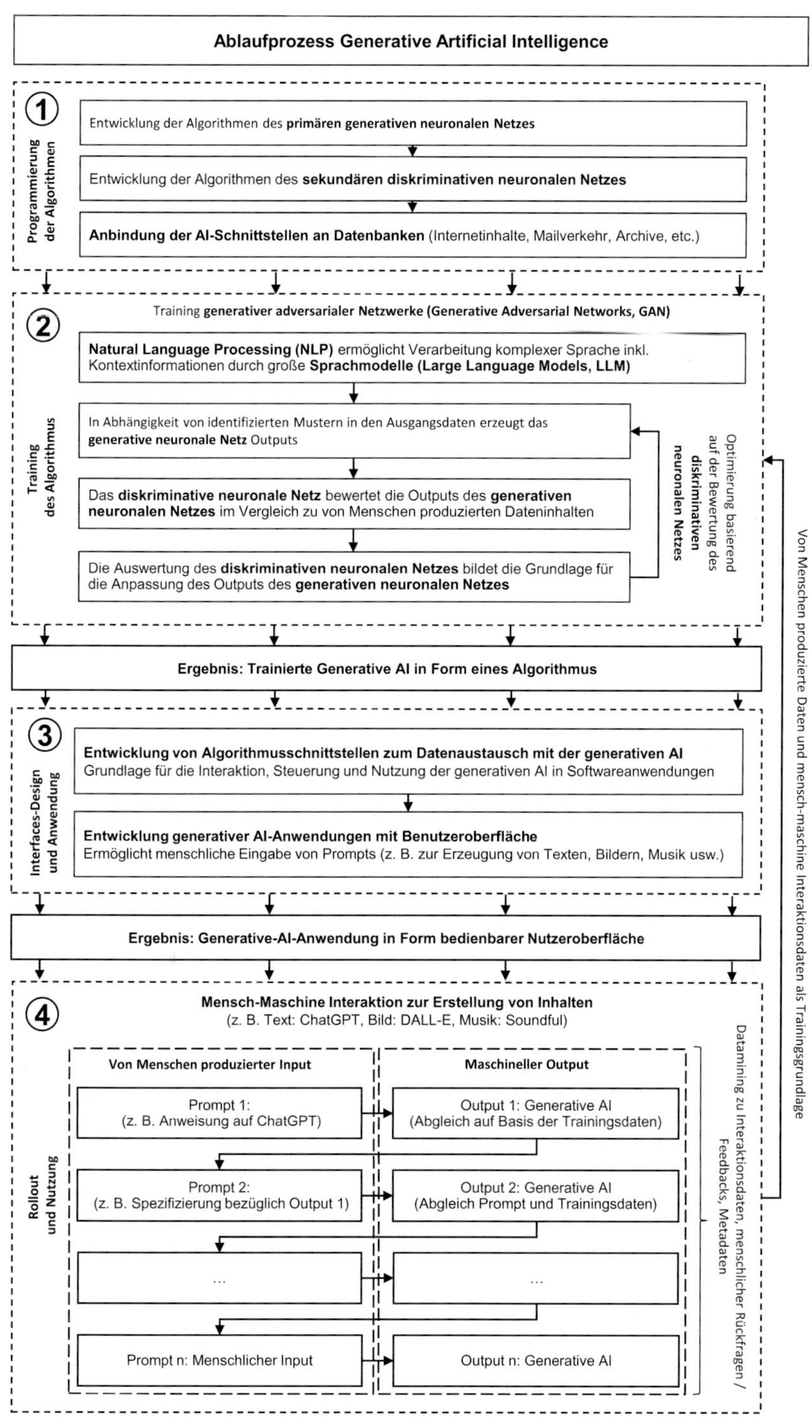

Abb. 8.9 Ablaufprozess Generative Artificial Intelligence

Bei der Entwicklung wird also zunächst das primäre generative neuronale Netz programmiert. Anschließend muss das sekundäre diskriminative neuronale Netz entwickelt werden. Schließlich werden die AI-Schnittstellen mit den Datenbeständen (Internet-Inhalte, E-Mail-Verkehr, Archive usw.) verbunden.

Die zweite Phase betrifft das Training des Algorithmus in Form von Generative Adversarial Networks, wofür insbesondere bei geschriebenen Texten als Datengrundlage Natural Language Processing (NLP) notwendig ist, das die Verarbeitung komplexer Sprache inklusive Kontextinformationen durch Large Language Models (LLM) ermöglicht. Dazu werden die beiden Netze gemeinsam in einem kompetitiven Prozess trainiert, wobei das generative Netz ständig versucht, bessere und realistischere Muster zu erzeugen, während das diskriminative Netz versucht, inkorrekte Muster genau zu identifizieren. Abhängig von den identifizierten Mustern in den Eingabedaten erzeugt das generative neuronale Netz Outputs. Das diskriminative neuronale Netz bewertet die Outputs des generativen neuronalen Netzes im Vergleich zu von Menschen generierten Dateninhalten. Die Bewertung des diskriminativen neuronalen Netzes bildet die Grundlage für die Anpassung des Outputs des generativen neuronalen Netzes. Abschließend erfolgt eine iterative Optimierung auf Basis der Auswertung des diskriminativen neuronalen Netzes. Das Ergebnis dieser Phase ist eine trainierte Generative AI in Form eines Algorithmus.

Die dritte Phase hat das Design von Schnittstellen und Anwendungen zum Gegenstand. Hierbei werden zunächst algorithmische Schnittstellen für den Datenaustausch mit der Generative AI als Grundlage für die Interaktion, Steuerung und Nutzung der Generative AI in Softwareanwendungen entwickelt. Diese Schnittstellen können mit einer Vielzahl von Anwendungen verbunden werden. OpenAI, AWS AI, IBM Watson etc. bieten den Zugang zu ihrer generativen AI bereits kommerziell an.[16] Darüber hinaus ist die Entwicklung von Anwendungen der generativen AI mit Benutzerschnittstellen erforderlich. Damit können Softwareanwendungen geschaffen werden, die eine menschliche Eingabe von Prompts erlauben, um beispielsweise die Generierung von Texten, Bildern, Musik, etc. zu ermöglichen. Das Ergebnis der dritten Phase ist eine Generative-AI-Anwendung mit einer bedienbaren Benutzeroberfläche.

Die vierte Phase betrifft den Rollout beziehungsweise die Nutzung der generativen AI. Gegenstand hier ist die Interaktion zwischen Mensch und Maschine, die eine praktische Nutzung der Generative AI beinhaltet, beispielsweise die Erstellung von Inhalten. Anwendungen wie ChatGPT ermöglichen dabei eine schriftliche Interaktion, die darauf basiert, dass der Mensch Input in Form von Prompts eingibt und die Generative AI daraufhin Output in Form von neu generierten Texten erzeugt. Ein Beispiel für eine Interaktion könnte sich so gestalten: Ein Mensch gibt in die Eingabemaske einen Prompt ein, etwa in Form einer konkreten Anweisung wie „Schreibe eine E-Mail zum Geburtstag". Die Generative AI generiert daraufhin einen Output-Text, der mit den Inhalten der

[16] Vgl. OpenAI 2023a, b, c, d; IBM 2023.

Trainingsdaten abgeglichen wird. Der Mensch hat nun wieder die Möglichkeit mit einem nächsten Prompt zu reagieren und beispielsweise eine Spezifizierung zum vorherigen Output anzufordern. Dieser Interaktionsprozess kann vielfach fortgesetzt werden. Die anfallenden Interaktions- und Rückfragedaten sowie Metadaten wie Zeit, Ort und Informationen über den Nutzer werden wiederum zum Training der Generative AI verwendet, um bei zukünftigen Anfragen noch zufriedenstellendere Outputs generieren zu können.

Generative-AI-Fähigkeiten-Paradoxon

Die Nutzung von generativen AI-Fähigkeiten stellt die Gesellschaft vor neue Herausforderungen. Es kann davon ausgegangen werden, dass die Nutzung generativer AI-Fähigkeiten wahrscheinlich zu einer erheblichen Kompetenzmigration führen wird. Generative AI ist eine technologische Errungenschaft, die der Gesellschaft prinzipiell einen erheblichen generativen Fähigkeitsschub und damit eine umfassende Erweiterung des menschlichen Leistungspotenzials ermöglichen kann.

Neben der Leistungssteigerung ist jedoch auch der Prozess der Veränderung menschlicher Fähigkeiten von erheblicher Bedeutung. In diesem Zusammenhang zeigt Abb. 8.10, dass durch den Einsatz von generativer AI menschliche Fähigkeiten zunehmend durch AI-Maschinen nicht nur ergänzt und verbessert, sondern auch ersetzt werden können. Damit besteht die Gefahr, dass die Fähigkeiten der AI-Maschinen zunehmen und gleichzeitig die Fähigkeiten der Menschen entsprechend abnehmen. Auf den ersten Blick erscheint diese Entwicklungsdynamik paradox. Als ein Paradoxon kann man unsinnige, widersprüchliche oder falsche Aussagen bezeichnen, die bei genauerer Analyse aber auf eine höhere Wahrheit hinweisen.

Beim Generative-AI-Fähigkeiten-Paradoxon ist der Regressionsprozess der Abnahme menschlicher Fähigkeiten durch die Zunahme von AI-Leistungen kennzeichnend. Im Prozess der umfassenden AI-Integration wird also die menschliche Lernfähigkeit zunehmend reduziert, da in großem Umfang auf generative AI-Outputs zurückgegriffen wird. Dadurch realisiert der Mensch weniger eigene Lernprozesse und Fähigkeitsentwicklungen. In Abb. 8.10 wird das Generative-AI-Fähigkeiten-Paradoxon dargestellt.

In Abb. 8.10 sind grundsätzlich zwei Phasen nach der Einführung generativer AI zu erkennen. Zunächst findet in der ersten Phase ein Lernen der generativen AI statt, das weitgehend auf menschlichem Input beziehungsweise von Menschen generierten Daten basiert. Im Laufe der ersten Phase entwickelt sich durch die Interaktion mit dem Menschen eine deutlich verbesserte Generative AI. In dieser Phase wird die Generative AI vor allem als Ergänzung des menschlichen Fähigkeitspotenzials eingesetzt.

Die erste Entwicklungsphase der generativen AI ist durch vielfältige, spezifische und allgemeine Fähigkeiten und Kompetenzen des Menschen gekennzeichnet. Die primäre Steuerungs- und Entscheidungskompetenz auf Basis einer hohen Problemlösungs-

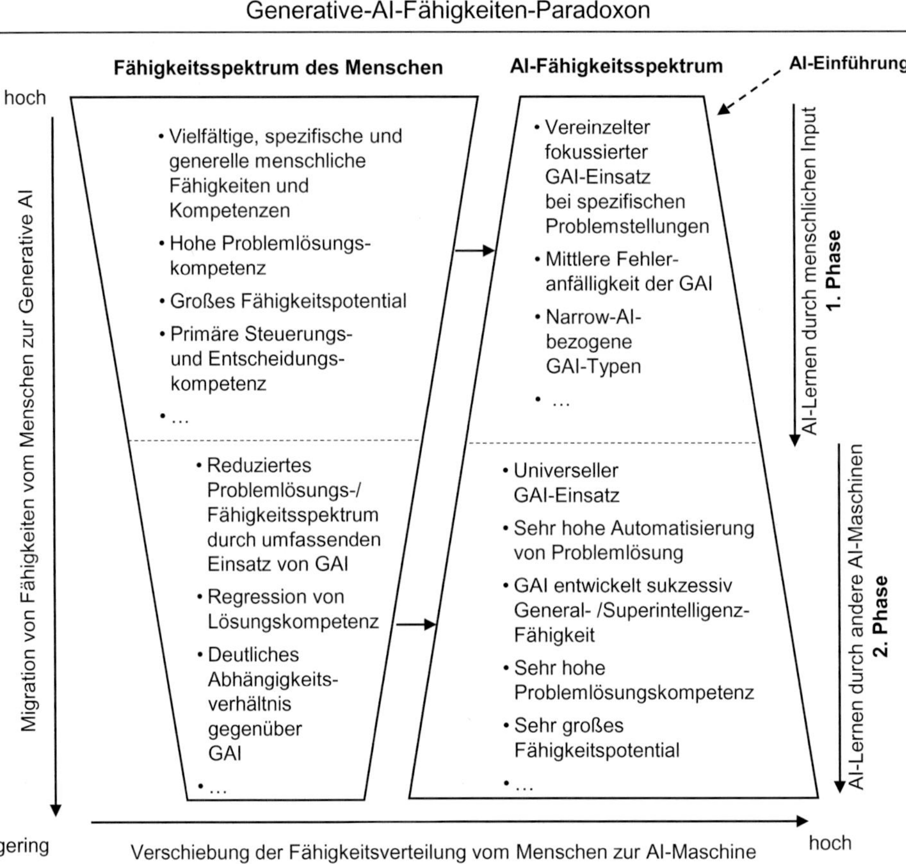

Abb. 8.10 Generative-AI-Fähigkeiten-Paradoxon

kompetenz liegt überwiegend beim Menschen. In dieser ersten Entwicklungsphase zeichnet sich die Generative AI durch eine mittlere Fehleranfälligkeit aufgrund ihres Entwicklungsstadiums aus. Vor dem Hintergrund der frühen Entwicklungsphase kommen hier vor allem Narrow-AI-bezogene AI-Typen für spezifische Problemstellungen zum Einsatz.

Die zweite Phase der Entwicklung generativer AI-Fähigkeiten wird zunehmend durch das Lernen von AI-Maschinen von anderen AI-Maschinen bestimmt. Die Generative AI wird sukzessive in der Lage sein, Problemlösungen auf der Basis von menschlichem und maschinellem Input und Lernprozessen zu automatisieren. Auf diesem Weg wird die Generative AI in vielen Bereichen ein hohes Fähigkeits- und Problemlösungspotenzial entwickeln. Diese Entwicklung wird möglicherweise zu generativen AI-Systemen mit General- oder Superintelligenz-Fähigkeiten (General und

Super Artificial Intelligence) führen. Auf der anderen Seite wird das Fähigkeitsspektrum des Menschen durch die AI-Automatisierung von Problemlösungen zunehmend eingeschränkt.

AI-Maschinen übernehmen in diesem Szenario immer mehr Analyse-, Steuerungs- und Entscheidungsprozesse. Gleichzeitig werden notwendige Lernprozesse beim Menschen durch die dynamische Entwicklung und Expansion der generativen AI und die damit einhergehende steigende AI-Nutzung deutlich reduziert. Im Ergebnis findet eine Migration von Fähigkeitsverteilungen vom Menschen zur AI-Maschine statt.

Grundsätzlich bestünde die Möglichkeit, die freigewordenen menschlichen Kapazitäten und Fähigkeitspotenziale in anderen Bereichen einzusetzen. Zurzeit ist aufgrund der prognostischen Konzeption des Generative-AI-Fähigkeiten-Paradoxons keine verlässliche Aussage hinsichtlich der Erschließung neuer Fähigkeiten des Menschen jenseits des bestehenden Fähigkeitsspektrums möglich.

Das Fähigkeitsparadoxon der Generative AI beschreibt eine Entwicklung, die hohe Risikopotenziale für die Gesellschaft aufweist. Diese Risikopotenziale erfordern eine frühzeitige, umfassende und strategisch ausgerichtete Governance der Entwicklung und des Einsatzes von Generative AI.[17]

AI-Unternehmen

Grundsätzlich ist bei der Betrachtung der verschiedenen AI-Formen anzumerken, dass AI in der nächsten Dekade schnelle Entwicklungsfortschritte hinsichtlich der bisher dominierenden Form der Narrow Artificial Intelligence hin zur General Artificial Intelligence und bis zur Super Artificial Intelligence machen wird. Hier wird sich vor allem durch Unternehmen wie Alphabet, Meta oder Microsoft eine erhebliche Innovationsdynamik entwickeln.

Neben Alphabet, Meta und Microsoft gibt es jedoch noch weitere bedeutende Unternehmen, die die Artificial-Intelligence-Entwicklung nachhaltig verändern. So können hier etwas IBM mit seinem Computerprogramm Watson oder Amazon mit seinen Machine-Learning-Anwendungen bei den Amazon Web Services hervorgehoben werden. In Tab. 8.4 ist eine Auswahl von Unternehmen im Bereich der Artificial Intelligence dargestellt.

Artificial Intelligence Framework

Aufgrund der Funktion als Querschnittstechnologie hat AI ein breites Anwendungsspektrum. Die Beratungsorganisation Accenture hat ein AI-Framework entwickelt, das drei wesentliche Kernfähigkeiten (Sense, Comprehend, Act) von AI beinhaltet und diese

[17] Vergleiche hierzu Abschn. 8.4 Governance von Artificial Intelligence.

Tab. 8.4 Unternehmen im Bereich Artificial Intelligence

Hersteller	Beschreibung und Service
Apple	• Apple ist als führendes Technologieunternehmen bekannt für seine herausragenden Consumer-Products wie iPhone, iMac, iPad etc. • Das iPhone besitzt eine integrierte Sprachassistentin namens Siri, welche durch AI-Unterstützung u. a. Anrufe tätigen, Nachrichten schreiben und Rechenaufgaben lösen kann • Face ID ist eine Technologie, welche Apple einsetzt, um auf Basis von AI den jeweiligen Nutzer durch eine Gesichtserkennung zu identifizieren und das jeweilige Gerät zu entsperren • Apple hat in den Jahren zwischen 2016 und 2020 die meisten Übernahmen im AI-Bereich zu verzeichnen; Apple übernahm z. B. das AI-Startup Vilynx, das in den Bereichen der Bildanalyse arbeitet, oder das Unternehmen Drive.ai, welches Technik für autonomes Fahren entwickelt
Alphabet/ Google	• Das Unternehmen Alphabet ist insbesondere für das Subunternehmen Google und dessen gleichnamige Suchmaschine bekannt, darüber hinaus bietet Google zahlreiche weitere Webservices, wie Gmail und YouTube an • Zudem verfolgt Alphabet weitere Aktivitäten wie etwa Waymo oder DeepMind • Google unterhält mit Google AI eine eigene AI-Abteilung, welche sich insbesondere der Entwicklung von maschineller Lernsoftware widmet • Im Jahr 2014 übernahm der Konzern das Unternehmen DeepMind; DeepMind entwickelte u. a. die künstliche Intelligenz AlphaGo, welche in den Jahren 2015 und 2016 in der Lage war professionelle Spieler im Brettspiel Go zu besiegen • Eine Weiterentwicklung von AlphaGo stellt die AI AlphaZero dar, welche durch Training mit sich selbst in der Lage ist, die Brettspiele Shōgi, Schach und Go auf höchstem Niveau zu spielen • DeepMind beschäftigt sich insbesondere mit AI-Algorithmen, welche in der Lage sind, sich durch Reinforcement Learning selbst zu verbessern und keine durch Menschen initialisierten Trainingsdaten benötigen • Google bietet mit TensorFlow eine kostenlose Plattform für maschinelles Lernen, die Plattform kann z. B. mithilfe der Programmiersprache Python genutzt werden • Google bietet Cloud-basierte AI-Services an, welche insbesondere Unternehmen nutzen können, um AI-Algorithmen zu trainieren; hierbei kommen die von Google eigens entwickelten TPU (Tensor Processing Unit) Prozessoren zum Einsatz, welche speziell für das Arbeiten mit künstlicher Intelligenz entwickelt wurden
IBM	• IBM ist ein führendes Unternehmen für IT- und Beratungsdienstleistungen • IBM Research, die Forschungs- und Entwicklungsabteilung von IBM beschäftigt sich umfassend mit künstlicher Intelligenz • Das bekannteste AI-Projekt von IBM ist das Computerprogramm „Watson", welches Antworten auf Fragen geben soll, welche in natürlicher Sprache verfasst werden; Watson nutzt Algorithmen der Sprachverarbeitung mit dem Ziel eine semantische Suchmaschine zu entwickeln • IBM bietet ebenfalls AI-Lösungen für Unternehmen an, hierbei stehen insbesondere die Automatisierung von Geschäftsprozessen und die Verarbeitung von natürlicher Sprache im Vordergrund

(Fortsetzung)

Tab. 8.4 (Fortsetzung)

Hersteller	Beschreibung und Service
Microsoft	• Microsoft ist ein Hard- und Softwareanbieter und insbesondere für das Betriebssystem Windows bekannt • Neben Betriebssystemen vertreibt das Unternehmen u. a. weitere Anwendungsprogramme, Entwicklungsumgebungen und Serverprodukte • Microsoft Azure stellt eine Cloud-Computing Plattform des Unternehmens dar, welche Unternehmen und Privatkunden diverse Clouddienste zur Verfügung stellt • Die Azure-Plattform bietet zunehmend AI-Lösungen an, welche Organisationen die Möglichkeit bieten, Kosten einzusparen und das Wachstum zu beschleunigen • Neben der AI-Infrastruktur bietet das Unternehmen diverse Tools im Bereich der künstlichen Intelligenz an • Die AI School von Microsoft stellt Einsteigern im Bereich AI Lernmöglichkeiten in Bereichen wie Maschine Learning und Intelligent Edge AI • Über das Portal AI Lab können sich Nutzer über neue Innovationen und Anwendungen von künstlicher Intelligenz informieren und diese z. T. selbst nutzen • Neben Eigenentwicklungen investiert Microsoft in andere AI-Unternehmen, wie z. B. das AI-Forschungsunternehmen OpenAI
OpenAI	• OpenAI ist ein Unternehmen, welches auf die Erforschung von künstlicher Intelligenz spezialisiert ist • Unterstützer und Anteilseigner an OpenAI sind u. a. Mitgründer Elon Musk, die Unternehmen Microsoft und Amazon Web Services • Als Non-Profit-Organisation beschäftigt sich OpenAI vorwiegend mit der Erforschung des Themenfeldes der künstlichen Intelligenz und deren Gefahren • OpenAI verfolgt mehrere AI-Projekte, insbesondere im Bereich der Sprachverarbeitung • Die Projekte „GPT-2" und „GPT-3" sind künstliche Intelligenzen, welche auf Basis von Texteingaben selbstständig Texte verfassen • Im Dezember 2022 veröffentliche das Unternehmen die künstliche Intelligenz „ChatGPT", welche mithilfe von natürlicher Sprachverarbeitung und maschinellem Lernen dazu in der Lage ist, natürlich klingende Konversationen zu führen; die Besonderheit dieser AI besteht zudem darin, dass sie die Eigenschaft besitzt sich an vorherige Konversationen zu erinnern und sich an den Kontext der Konversation anzupassen
Meta/ Facebook	• Der Meta-Konzern ist eines der weltweit führenden Social-Media-Unternehmen • Zum Meta-Konzern gehören die sozialen Netzwerke Facebook, Instagram und WhatsApp • Das Unternehmen nutzt bereits AI-basierte Gesichtsscans, um das Alter der Nutzer von Facebook und Instagram zu verifizieren und so zu verhindern, dass Minderjährige Zugang zu unangemessenen Inhalten erhalten • Meta betreibt ein eigenes Labor für künstliche Intelligenz namens „Meta AI", das Labor arbeitet an diversen Projekten im Bereich der künstlichen Intelligenz • CICERO stellt hierbei einen AI-Agenten dar, welcher in der Lage ist mit Menschen zu verhandeln und zu kooperieren • Galactica ist ein AI-Forschungstool, welches Wissenschaftler bei der Erstellung von wissenschaftlichen Arbeiten unterstützen kann • Meta bietet zahlreiche kostenlos Tools für Entwickler im Bereich der künstlichen Intelligenz an, hierzu zählen Frameworks, Bibliotheken und fertige AI-Modelle

(Fortsetzung)

Tab. 8.4 (Fortsetzung)

Hersteller	Beschreibung und Service
Intel	• Intel ist ein Halbleiterhersteller und Marktführer im Bereich der PC-Mikroprozessoren • Neben Prozessoren werden auch Serverprodukte, Chipsätze, Speichereinheiten und ganze Systeme von Intel vertrieben • Im Bereich der künstlichen Intelligenz bietet Intel sowohl Hardware- als auch Softwareprodukte an, hier werden beispielsweise Grafikkarten, welche für AI-Anwendungen spezialisiert sind, vertrieben • Zusätzlich zu den Hardwarekomponenten bietet das Unternehmen Cloud-Produkte und Softwaretools zur Arbeit mit künstlicher Intelligenz an • Mit BigDL stellt Intel eine Lösung bereit, um AI-Modelle auf Big Data-Cluster zu skalieren und so das Training der Modelle zu verbessern • Die Intel OpenVINO Toolkits bieten Entwicklern u. a. die Möglichkeit, AI-Modelle für verschiedene Geräte durch eine automatische Erkennung zu optimieren • Im Jahr 2019 übernahm Intel den israelischen AI-Chiphersteller Habana Labs für zwei Milliarden US-Dollar • Habana Labs vertreibt speziell für AI-Anwendungen spezialisierte Prozessoren
Amazon	• Amazon ist das größte Einzelhandelsunternehmen der Welt und ist sowohl im Bereich der AI für Verbraucher als auch bei Anwendungen für Unternehmen und deren Prozesse aktiv • Alexa, die AI-Sprachassistentin des Unternehmens, ist in die Echo Smart Services-Serie integriert, die den Nutzer bei der Steuerung seiner digitalen Geräte und bei E-Commerce-Einkäufen unterstützt • Amazon Web Service (AWS), Amazons Cloud-Dienst für Unternehmen, bietet AI-Dienste für Unternehmenskunden an, um deren Datenanalyse und Geschäftsabläufe zu verbessern, beispielsweise durch die Bereitstellung von intelligenten, auf maschinellem Lernen basierenden Chatbots • AWS bietet darüber hinaus vorgefertigte AI-Services, deren Benutzung keine Machine-Learning-Erfahrung voraussetzt • Amazon bietet ebenfalls Lernpläne und Kurse an, um Personen zu ermöglichen, sich in den Bereichen von Machine Learning und künstlicher Intelligenz weiterzubilden • Für Entwickler bietet AWS die Möglichkeit, ihre Fähigkeiten zu verbessern und der AWS-Community beizutreten, um sich über das Themenfeld künstliche Intelligenz auszutauschen

mit sechs grundlegenden AI-Technologieformen kombiniert. In Abb. 8.11 wird dieses Framework dargestellt.[18]

AI umfasst demnach mit (1) Sense, (2) Comprehend und (3) Act drei Kernfähigkeiten, die sich durch eine erfahrungsbasierte Lern- und Anpassungsfähigkeit auszeichnen. Die erste Kernfähigkeit Sense bezieht sich dabei auf die Wahrnehmung der Umwelt.

[18] Inhalte basierend auf Accenture (2016).

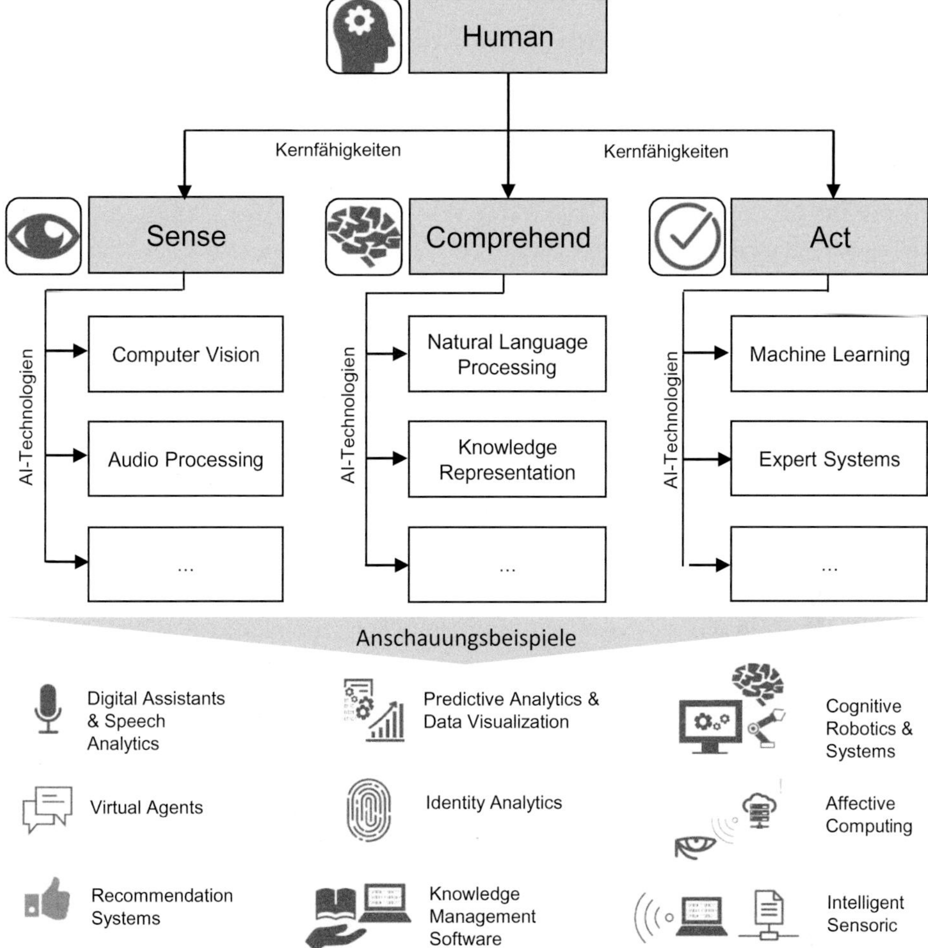

Abb. 8.11 AI-Framework. (Vgl. Wirtz (2018), S. 126; Wirtz (2020), S. 262; Wirtz (2022a), S. 202)

Sense

AI-basierte Technologien wie maschinelles Sehen (Computer Vision) und Audiosignalverarbeitung (Audio Processing) ermöglichen die Wahrnehmung von Aspekten der Umwelt durch Aufnahme und Verarbeitung von Bildern und Geräuschen. Ein Beispiel in diesem Zusammenhang stellt die Nutzung intelligenter Gesichtserkennung im Rahmen von Grenzkontrollen an Selbstabfertigungssystemen (Smart-Border-Kiosks) dar.

Comprehend

Die zweite Kernfähigkeit Comprehend betrifft das Verstehen der aus der Umwelt erfassten Informationen. Technologien wie maschinelle Sprachverarbeitung (Natural Language Processing) und Inferenzmaschinen, die unter Anwendung von Verfahren der Wissensrepräsentation (Knowledge Representation) entwickelt werden, erlauben AI-Systemen erfasste Informationen zu analysieren und zu verstehen. Diese Technologien werden beispielsweise bei Suchmaschinen oder Smart Speakern (z. B. Amazon Echo oder Google Home) im Rahmen der Sprachübersetzung verwendet.

Act

Die dritte Kernfähigkeit Act bezieht sich auf das Handeln im Sinne einer physikalischen Aktivität. Technologien wie etwa Machine Learning, Expertensysteme (Expert Systems) oder Inferenzmaschinen befähigen AI-Systeme in Aktion zu treten und Handlungen in einer physikalischen Umgebung auszuführen. Beispiele in diesem Zusammenhang sind Autopilot-Funktionen und intelligente Bremsassistenten bei Fahrzeugen.[19]

Anwendungsbeispiele von AI

Vor dem Hintergrund der beschriebenen Kernfähigkeiten und AI-basierten Technologien, gibt es ein vielfältiges Anwendungsspektrum von AI. In diesem Zusammenhang stellt der Bereich Digital Assistants & Speech Analytics Software dar, die der intelligenten Erkennung und Verarbeitung von gesprochener Sprache dient. Die digitale Sprachsteuerung bietet dabei die Funktionalität eines persönlichen digitalen Assistenten.

Digitale Assistenten, Virtual Agents und Empfehlungsdienste

Bekannte Beispiele in diesem Zusammenhang sind die Software Siri von Apple, Cortana von Microsoft, Amazon Alexa oder der Google Assistant. Virtual Agents sind animierte grafische Chatbot-Programme mit menschlichem Erscheinungsbild, die gewöhnlich auf Webseiten angezeigt werden und darauf programmiert sind, mit Menschen zu interagieren. Diese werden insbesondere im Bereich Customer Relationship Management als virtuelle Kundendienstmitarbeiter eingesetzt.

Recommendation Systems sind software-basierte Empfehlungsdienste, die Informationen filtern und darauf abzielen, die Präferenzen eines Nutzers vorherzusagen, um ihm auf dieser Basis Empfehlungen zu geben. Ein bekanntes Beispiel in diesem Zusammenhang ist das Unternehmen Amazon, das über ein Recommendation System zur Empfehlung von Buchtiteln und anderen Produkten verfügt.

---

[19] Vgl. Accenture (2016), S. 10.

Predictive Analytics und Data Visualization

Predictive Analytics & Data Visualization ist ein weiterer konkreter Anwendungsbereich von AI und bezieht sich auf die Verarbeitung großer Datenmengen zu Prognosezwecken, sowie deren sinnvolle Visualisierung. Hier spielt beispielsweise Machine Learning als Teilbereich der AI eine wichtige Rolle.

Durch die Anwendung von AI im Rahmen von Predictive Analytics erübrigt sich die Auswahl des richtigen mathematischen Algorithmus, weil die Maschine auf Basis ihrer AI-Algorithmen die richtige Lösung liefert. Als Beispiel kann man in diesem Zusammenhang die Watson-Analytics-Plattform von IBM anführen, die intelligente, automatisierte Predictive Analytics und Datenvisualisierung bietet.

Identity Analytics

Identity Analytics stellt eine Kombination aus Big Data, Advanced Analytics und Identity Access Management (IAM) dar, zur Steuerung des Zugriffs auf IT-Systeme sowie zur Automatisierung risikobasierter Identitätskontrollen. Auch in diesem Bereich werden AI-basierte Machine-Learning-Technologien angewendet, um IT-Systeme und Identitäten besser schützen zu können. Ein besonders relevantes Beispiel in diesem Zusammenhang ist die Anwendung von Identity Analytics im Rahmen der Kreditkartenbetrugserkennung (Fraud Detection), die Kreditkartenunternehmen wie beispielsweise Visa anwenden.

Knowledge Management

Knowledge Management Software dient Unternehmen zur Generierung und Systematisierung von Wissen und beschäftigt sich mit der Art und Weise wie Unternehmen Informationen sammeln, speichern, darauf zugreifen und teilen. Dabei werden AI-basierte Verfahren wie Natural Language Processing, Machine Learning oder Expertensysteme unterstützend eingesetzt, beispielsweise für das automatisierte Erkennen und Verstehen von Informationen beziehungsweise Wörtern oder intelligente Suche. Beispiele für Knowledge-Management-Softwarelösungen sind Bloomfire, IntelligenceBank oder Oxcyon.

Cognitive Robotics and Systems

Cognitive Robotics & Systems beziehen sich auf lernfähige Roboter beziehungsweise Systeme mit kognitiver Intelligenz. AI-basierte Techniken unterstützen dabei die Roboter und Systeme bei der Analyse von Informationen, um daraus eine Wissenskarte zu generieren. Ein Beispiel in diesem Zusammenhang ist der Service-Roboter Relay, der unter anderem in Hotels als Zimmerservice eingesetzt wird.

Affective Computing
Affective Computing bezieht sich auf lernfähige Systeme, die über emotionale Intelligenz verfügen und menschliche Gefühlsäußerungen automatisiert erkennen und verstehen können. AI-basierte Techniken unterstützen dabei beispielsweise im Rahmen der Erkennung von Gesichtsausdrücken und Sprache. In diesem Zusammenhang entwickelt etwa das Unternehmen Affectiva AI-basierte Technologieprodukte zur Erkennung von Emotionen.

Intelligent Sensor Technology
Intelligent Sensor Technology beschreibt die intelligente Erfassung und Verarbeitung von Messwerten mithilfe von Sensoren. AI-basierte Techniken wie etwa Expertensysteme oder neuronale Netze unterstützen dabei die Sensoren in ihrer Lern- und Anpassungsfähigkeit. Intelligent Sensor Technology findet nahezu in allen Bereichen des IoT Anwendung und spielt insbesondere im Rahmen des IIoT eine herausragende Rolle.

Ein Beispiel in diesem Zusammenhang sind intelligente Sensoren, die an Bauteilen von Industriemaschinen angebracht werden und in der Lage sind automatisiert Verschleißmuster zu erkennen sowie präventiv einen Wartungs- und Reparaturprozess einzuleiten.

8.2 Artificial Intelligence Services und Applikationen

Ausgehend von den genannten exemplarischen AI-Lösungen kann eine Einteilung von AI-Anwendungen abgeleitet und zu einem übergeordneten Konzept im Sinne einer Übersicht über AI-Anwendungen zusammengeführt werden. Tab. 8.5 gibt einen solchen Über-

Tab. 8.5 AI-Anwendungen[a]

AI-Anwendung	Funktion und Wertschöpfung	Anwendungsbeispiele
AI-basierte Knowledge-Management-Software	• Generierung und Systematisierung von Wissen – Erfassung, Klassifizierung, Transformation, Speicherung und Teilen von Wissen • Natural Language Processing, Machine Learning und Expertensysteme können bei der Kodifizierung von Wissen unterstützen • Nutzung neuronaler Netzwerke ermöglicht die Analyse, Verbreitung und das Teilen von Wissen mit anderen • …	• Entscheidungsunterstützung der Unternehmensführung im Rahmen von Big-Data-Analysen • Wissensweitergabe bei Einarbeitung von Mitarbeitern • Wissenserhaltung und -management bei Generationenwechsel von Mitarbeitern • …

(Fortsetzung)

Tab. 8.5 (Fortsetzung)

AI-Anwendung	Funktion und Wertschöpfung	Anwendungsbeispiele
AI-basierte Prozessautomatisierungssysteme	• Automatisierung von Standardaufgaben; Ausführung formallogischer Aufgaben bei unvorhersehbaren Bedingungen in gleichbleibender Qualität • Übertragung komplexer menschlicher Handlungsprozesse (formallogische oder gefährliche Aufgaben) auf Automatisierungssysteme zur Unterstützung von Menschen bei der Ausführung der Aufgaben • Kann regelbasierte Bewertung, Arbeitsabläufe, schemabasierte Vorschläge, Data Mining, fallbasiertes Schließen, intelligente Sensortechnologie beinhalten • Roboterhafte Prozessautomatisierung hat sich durch weitere Technologieinnovationen als Teilgebiet herausgebildet. Sie ermöglicht es Softwarerobotern oder AI-gesteuerten Arbeitern, die menschliche Interaktion mit Benutzeroberflächen von Softwaresystemen nachzuahmen • …	• Automatisierte Bilddiagnosen in der Medizin • Automatisierung und Optimierung der Produktentwicklung und Produktion • Optimierung von umwelttechnischen Anlagen • Schnellere und qualitativ hochwertigere Auftragsbearbeitungen • Mensch-Computer-Interaktion für sich wiederholende Aufgaben wie Dateneingabe etc. • …
Virtuelle Agenten	• Computerbasiertes System, das mittels Speech Analytics, maschinellem Sehen und schriftlicher Dateneingabe mit dem Nutzer interagiert • Kann auch universelle Übersetzung in Echtzeit, Natural-Language-Processing-Systeme und Affective Computing beinhalten • Software, die Aufgaben für Menschen ausführen kann • Teilgebiete sind Chatbots und Avatare • …	• Recruiting Chatbot • Automatisierte Kundenkorrespondenz • Einkaufs- und Beratungsassistenten • Virtuelle Pflegehelfer • …

(Fortsetzung)

Tab. 8.5 (Fortsetzung)

AI-Anwendung	Funktion und Wertschöpfung	Anwendungsbeispiele
Predictive Analytics & Datenvisualisierung	• Analytics basieren auf der quantitativen und statistischen Analyse und sinnvollen Visualisierung von großen Datenmengen zu Prognosezwecken • Verarbeitung von Big Data für das Reporting, prädiktive und präskriptive Analysen • Maschinelles Lernen als technisches Teilgebiet basierend auf Algorithmen, die von Daten lernen können • …	• Medizinische Diagnostik • Prädiktive Instandhaltung in der Produktion • Financial Forecasting, Preisoptimierung und Sales Forecasting • Kontrolle und Leistungsüberwachung im öffentlichen Raum für Polizeidienststellen zur Ermittlung von terroristischen Bedrohungen und Kriminalitätshotspots zur Vorbeugung von Straftaten • …
Identity Analytics	• Software in Kombination mit Big Data, Advanced Analytics und Identity Access Management um Zugang zu IT-Systemen zu kontrollieren und risikobasierte Identitätsprüfung zu automatisieren • Kann Deep Learning und maschinelles Lernen, Affective Computing und künstliche Immunsysteme beinhalten • …	• Kundenerkennung in Geschäften • Gesichtserkennung zur Identifikation von Personen • Sicherheitsroboter zur Überwachung von Flughäfen • …
Kognitive Robotik & autonome Systeme	• Systeme mit kognitiven Funktionen auf höherer Ebene, die eine Wissensrepräsentation beinhalten sowie lern- und reaktionsfähig sind • Teilweise in Verbindung mit Affective Computing um menschliches Verhalten zu bestimmen und nachzuempfinden sowie um auf entsprechende Emotionen zu reagieren • …	• Automatisiertes Fahren • Autonome Fahrzeuge mit elektrischem Antrieb für den öffentlichen Verkehr • Roboterassistierte Chirurgie • Pflegeroboter • …
Empfehlungsdienste	• Informationsfilterungssystem • Softwarebasierte Systeme, die personalisierte Informationen zur Vorhersage von Präferenzen von Individuen filtern und ihnen auf dieser Basis Empfehlungen geben • …	• Personalisiertes Marketing • Produktempfehlungen • Bereitstellung personalisierter Informationen für Mitarbeiter • …

(Fortsetzung)

Tab. 8.5 (Fortsetzung)

AI-Anwendung	Funktion und Wertschöpfung	Anwendungsbeispiele
Intelligenter persönlicher Assistent	• Software basierend auf Speech Analytics • Digitale Sprachsteuerung ermöglicht Funktionalität eines persönlichen digitalen Assistenten • Bereitstellung einer intuitiven Schnittstelle zwischen einem Nutzer und einem System bzw. Gerät um Informationen zu suchen oder einfach Aufgaben zu erledigen • …	• Smart-Procurement-Assistenten • Co-Pilot im Auto • Assistenten für sehbehinderte Menschen • Anbindung von Unternehmensservices an digitale Assistenten • …
Speech Analytics	• Software zur intelligenten Erkennung und Verarbeitung von Sprache • Verstehen und Erwidern von natürlicher Sprache • Übersetzung zwischen gesprochener und schriftlicher Sprache oder zwischen unterschiedlichen natürlichen Sprachen • …	• Universelle Echtzeitübersetzung von Sprache und Text in persönlicher Kommunikation • Administrative Workflow-Unterstützung durch Übertragung von Sprache in Text • Bot zur Betreuung von Flüchtlingen • …
Cognitive Security Analytics & Threat Intelligence	• Zusätzliche Anwendung von kognitiven Technologien um Sicherheitsinformationen durch Verarbeitung natürlicher Sprache und maschinelles Lernen zu analysieren • Interpretation und Organisation von Informationen sowie entsprechende Schlussfolgerung • …	• Verhaltensmustererkennung für höhere IT-Sicherheit • Überwachung von Finanztransaktionen • Musterdiagnosen für bessere Betrugserkennung • Anwendungen wie IBM QRadar Advisor with Watson zur Unterstützung menschlicher Sicherheitsanalysen • …

[a]Vgl. Wirtz/Weyerer (2019c), S. 6 f.; Wirtz (2020), S. 265 ff.; Wirtz (2022a), S. 205 ff.

blick und beschreibt die verschiedenen AI-Anwendungen mit ihrer Funktion und Wertschöpfung sowie Anwendungsbeispiele in der Unternehmenspraxis.[20]

Die Vielzahl der dargestellten AI-Anwendungsformen und deren wirtschaftliche Anwendungsvorteile führen zu einer erheblichen Veränderung des Artificial-Intelligence-Marktes. In Abb. 8.12 sind die weltweiten Investitionen in Artificial Intelligence und der

[20] Inhalte basierend auf Wirtz/Weyerer (2019c), S. 6 f.; Wirtz/Weyerer/Geyer (2019).

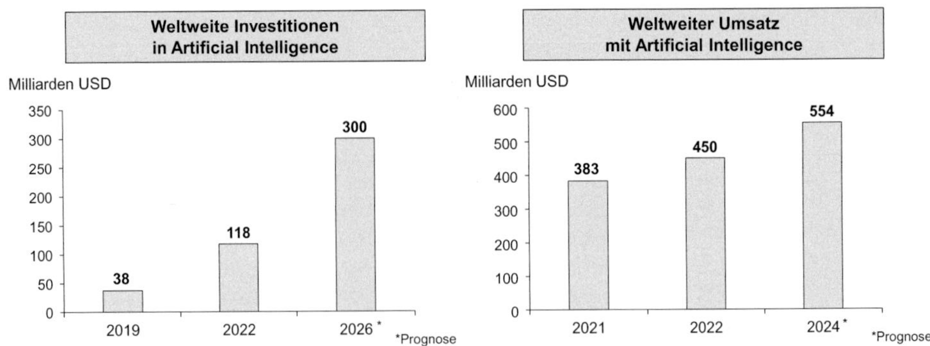

Abb. 8.12 Weltweite Investitionen und Umsatz von Artificial Intelligence. (Datenquelle: Wirtschaftswoche (2023), S. 8)

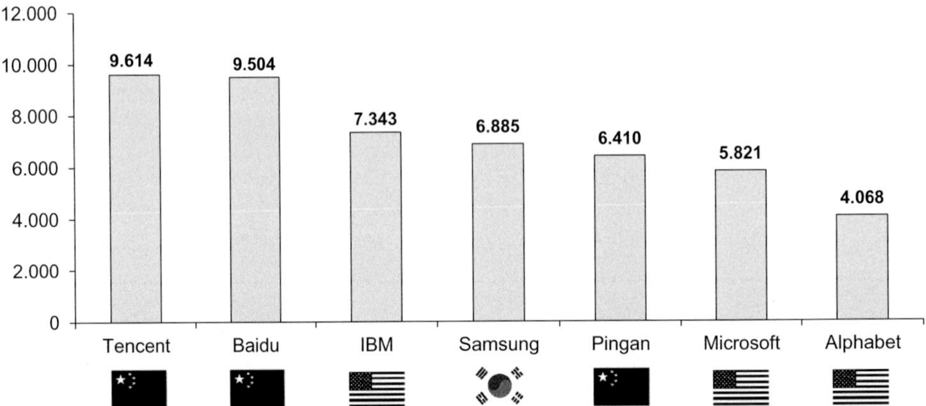

Abb. 8.13 Unternehmen mit den meisten Patentfamilien im Bereich AI. (Datenquelle: Wirtschaftswoche (2023), S. 8)

weltweite Umsatz mit Artificial Intelligence dargestellt. Es ist erkennbar, dass insbesondere die Investitionen in Artificial Intelligence in erheblichem Maße anwachsen werden und mit einer gewissen Zeitverzögerung der weltweite Umsatz mit Artificial Intelligence dem AI-Investitionsparadigma folgen wird.

Artificial Intelligence wird die nächste Dekade zu einem der größten Wachstumsbereiche im digitalen Kontext werden. Betrachtet man die Unternehmen mit den meisten AI-Patenten, so zeigt sich, dass der Bereich der Artificial Intelligence von US-amerikanischen und chinesischen Firmen dominiert wird. Von den sieben Unternehmen mit den meisten Patentfamilien im Bereich AI sind drei US-amerikanischer und drei chinesischer Herkunft. In Abb. 8.13 werden die Unternehmen mit den meisten Patentfamilien im Jahr 2021 abgebildet.

AI hat aufgrund seiner Funktion als Querschnittstechnologie ein breites Anwendungsspektrum. Die zuvor in Tab. 8.5 dargestellten AI-Anwendungen kommen bei Unternehmen in sämtlichen Wirtschaftsbranchen zum Einsatz.

Branchenspezifische Effekte von AI

Der Einsatz von AI-Technologien zeichnet sich durch erhebliche wirtschaftliche Potenziale aus, die in den einzelnen Wirtschaftszweigen unterschiedlich ausgeprägt sind. Aufgrund der vielfältigen Einsatzmöglichkeiten durch die adaptiven Eigenschaften von AI wird AI in den kommenden Jahren in nahezu allen Branchen Tätigkeiten übernehmen oder unterstützen. Allerdings gibt es Branchen, in denen eine stärkere Substitution oder Unterstützung durch AI erwartet wird, und Branchen, in denen diese Effekte weniger zu erwarten sind. Vor diesem Hintergrund zeigt Abb. 8.14 die AI-bezogenen Substitutions- und Unterstützungseffekte durch entsprechende AI-basierte Automatisierung in den USA.

Abb. 8.14 zeigt, dass zunächst in keinem Bereich eine vollständige Substitution von Arbeit durch AI zu erwarten ist. Das Qualifikationsspektrum von AI-Anwendungen ist so breit, dass beispielsweise im Kontext komplexer Tätigkeiten in den Bereichen Informatik und Mathematik, Bildung und Verwaltung, Management und Finanzen, Community Management und Vertrieb ein hoher Grad an Unterstützung durch AI wahrscheinlich ist.

Eine Besonderheit stellt der Bereich der juristischen Tätigkeiten dar, da hier nicht nur eine deutliche Unterstützung durch AI, sondern auch eine erhebliche Substitution juristischer Tätigkeiten zu erwarten ist.

Lediglich in den Bereichen Pflege, Gastronomie, Transport und Logistik, Produktion, Bau und Bergbau, Installation, Wartung und Reparatur sowie Reinigung und Gebäudemanagement sind die Unterstützungs- und Substitutionseffekte durch den Einsatz von AI laut der Studie von Goldman Sachs weniger stark ausgeprägt. Hier ist die körperliche Arbeit von erheblicher Bedeutung, weshalb insbesondere die Kombination von Robotik und AI in Zukunft eine große Rolle spielen wird.[21]

Die Goldman-Sachs-Studie zeigt, dass die Auswirkungen von AI auf den Arbeitsmarkt erheblich sein können. Die meisten Arbeitsplätze und Branchen sind jedoch nur teilweise von der AI-bezogenen Automatisierung betroffen und werden daher wahrscheinlich eher durch AI ergänzt als ersetzt. Das Basisszenario von Goldman Sachs geht davon aus, dass 7 % der derzeitigen Arbeitsplätze in den USA durch AI ersetzt, 63 % ergänzt und 30 % nicht betroffen sein werden.[22]

[21] Vgl. dazu Kap. 10 Digitale Automatisierung und Robotik.

[22] Vgl. Briggs/Kodnani (2023), S. 10.

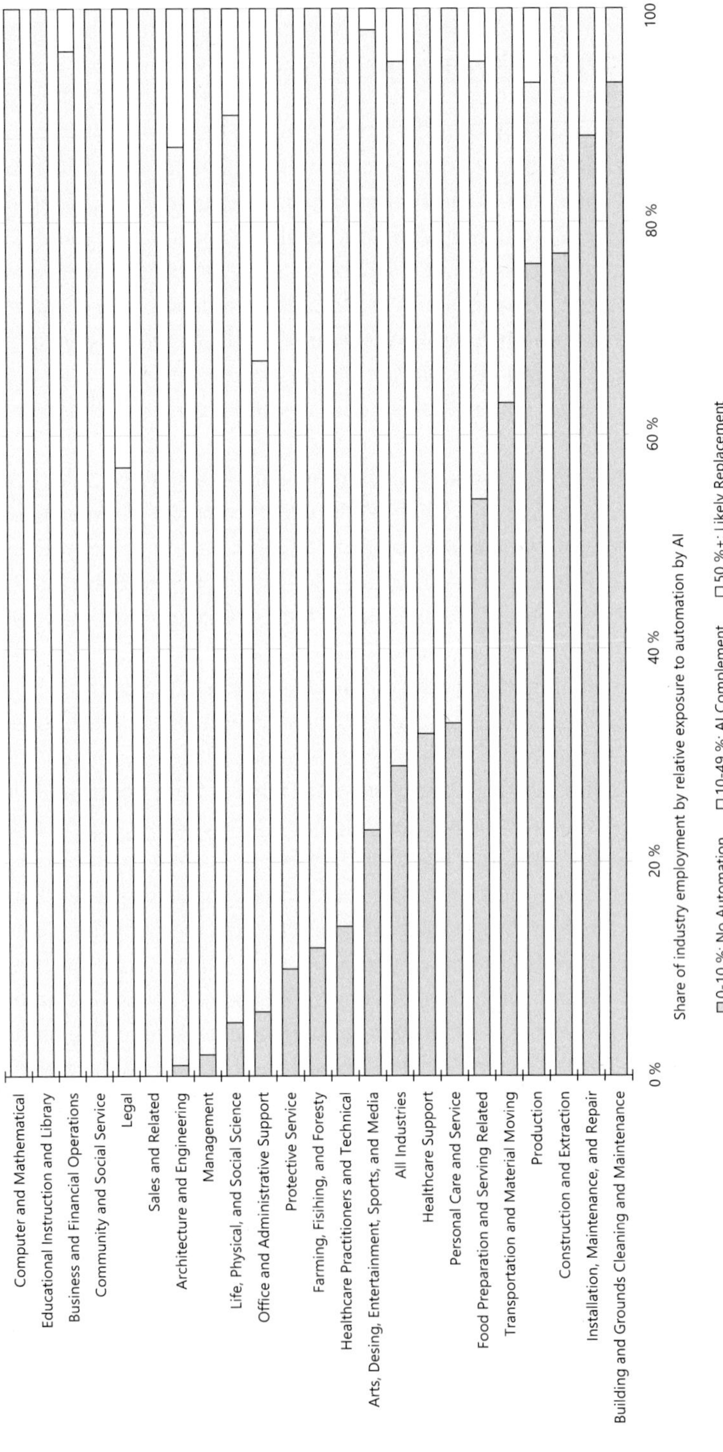

Abb. 8.14 Substitutionseffekte durch AI-basierte Automatisierung. (Datenquelle: Briggs/Kodnani (2023), S. 10)

8.3 Chancen und Risiken von AI

Vor dem Hintergrund der beschriebenen Anwendungsbeispiele von AI ist ersichtlich, dass AI sowohl Unternehmen als auch der Gesellschaft ein erhebliches Chancenpotenzial eröffnet. Gleichzeitig ist die Anwendung von AI jedoch mit erheblichen Risiken behaftet, die Wirtschaft und Gesellschaft erheblich beeinflussen können.

Chancen von Artificial Intelligence

Vor diesem Hintergrund ist ein umfassendes Verständnis der AI-bezogenen Chancen und Risiken insbesondere für Unternehmen notwendig, um eine erfolgreiche und nutzenstiftende Anwendung von AI zu erreichen. Die Chancen von AI werden im 6-Dimensionen-AI-Chancen-Modell in Abb. 8.15 komprimiert dargestellt.[23]

Das 6-Dimensionen-AI-Chancen-Modell fokussiert auf sechs grundsätzliche Anwendungsfelder, in denen Chancen (als auch Risiken) für die Diffusion von AI bestehen.[24] Hier lassen sich die mit AI verbundenen Chancen in technologische/analytische und datenbezogene, informationelle und kommunikative, wirtschaftliche, gesellschaftliche, ethische sowie rechtliche und regulatorische Chancen untergliedern.

Technologische/analytische und datenbezogene AI-Chancen

Die Anwendung von AI-Systemen impliziert eine höhere informationstechnologische Leistungsfähigkeit und geht mit einer verbesserten AI-basierten Daten- und Informationsverarbeitung einher. Diese ermöglicht eine effiziente und nachhaltige Ressourcenallokation. Darüber hinaus beziehen sich technologische und implementierungsorientierte Chancen insbesondere auf die höhere IT-Sicherheit durch verbesserte AI-basierte Verhaltensmustererkennung, sowie auf den verbesserten Zugriff auf das Internet und digitale Services mithilfe AI-basierter persönlicher Assistenten.

Informationelle und kommunikative AI-Chancen

Die Automatisierung von Information und Kommunikation führt zu erheblichen ökonomischen Vorteilen. So lassen sich beispielsweise Informationen effizienter Bereitstellen und der Einsatz von AI ermöglicht insbesondere im Digital Business ein verbessertes Targeting. Darüber hinaus kann AI in der Cyber-Sicherheit zum Einsatz kommen.

Auch beim Identifizieren und gegebenenfalls Löschen von Desinformation und durch Chatbots verbreitete manipulierte Inhalte können AI-Algorithmen Anwendung finden. Die AI-Automatisierung ermöglicht auf der Basis eines effizienten und leistungsfähigen AI-Algorithmus erhebliche Skalen- und Verbundvorteile für verschiedene Anwendungsfelder im Bereich der Kommunikation und Information.

---

[23] Inhalte basierend auf Wirtz/Weyerer (2019b), S. 4 ff.; Wirtz (2020), S. 273 f.; Wirtz/Weyerer/Kehl (2022), S. 3 ff.

[24] Vgl. Wirtz/Weyerer/Kehl (2022), S. 7.

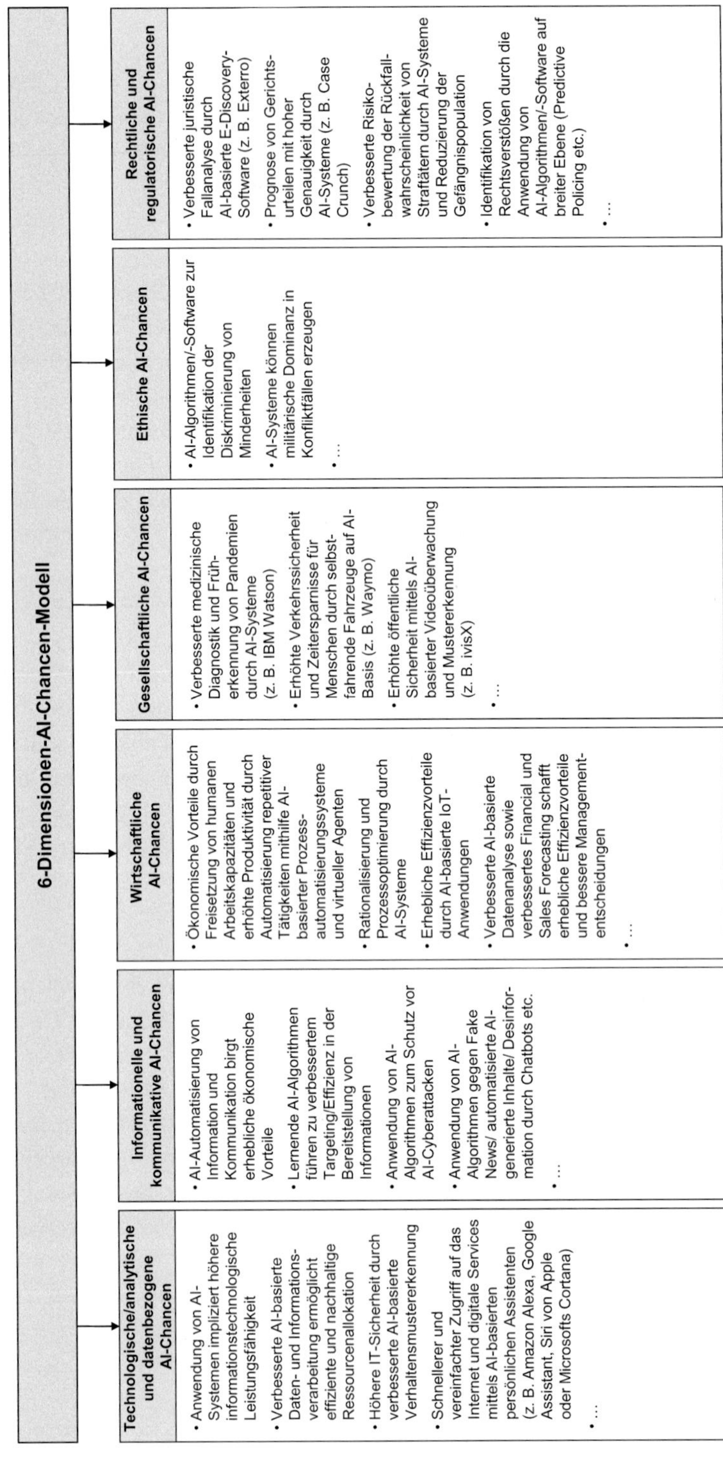

Abb. 8.15 6-Dimensionen-AI-Chancen-Modell

Wirtschaftliche AI-Chancen

Wirtschaftliche AI-Chancen bestehen insbesondere in der Rationalisierung sowie in der Optimierung von Geschäftsprozessen. Durch diese AI-basierte Automatisierung resultieren auch eine erhebliche Freisetzung menschlicher Arbeitskraft und eine Verringerung von Personalkosten. Von zentraler betriebswirtschaftlicher Bedeutung sind auch die Effizienzgewinne durch AI-basierte IoT-Anwendungen sowie die Effizienzvorteile und besseren Managemententscheidungen, die aus den verbesserten Datenanalyse- und Forecasting-Möglichkeiten resultieren.

Gesellschaftliche AI-Chancen

Die gesellschaftlichen AI-Chancen beziehen sich insbesondere auf den medizinischen Bereich. Hier wird die Analyse mittels AI-Algorithmen von Patientendaten und Befunden zu einer erheblichen Verbesserung von medizinischer Behandlung und Gesundheitsfürsorge führen. Darüber hinaus bieten sich erhebliche Chancen im Mobilitätsbereich durch AI-geführte Verkehrsmobilität, die die Verkehrssicherheit deutlich steigern wird.

Ethische AI-Chancen

Ethische AI-Chancen bestehen insbesondere in der Aufdeckung von Diskriminierungsstrukturen durch faire AI-Algorithmen. Zukünftige kriegerische Auseinandersetzungen werden insbesondere durch teil-autonome beziehungsweise autonome AI-basierte militärische Anwendungen durchgeführt. Hier kann die Verteidigungsfähigkeit in erheblichem Maße gesteigert werden und damit gesellschaftliche Stabilität, Sicherheitsvorteile und Wohlfahrtsgewinne erreicht werden bei gleichzeitiger Reduktion humaner Kriegsopfer.

Rechtliche und regulatorische AI-Chancen

Im rechtlichen und regulatorischen Bereich bietet AI ebenfalls viele Chancen. Ein besonders intensiv diskutierter Bereich ist das Predictive Policing, wo durch AI-Algorithmen Rechtsverstöße beziehungsweise Kriminalität im Vorfeld erkannt und bekämpft werden können. Zudem wird die juristische Fallanalyse und Rechtsprechung durch AI-Algorithmen zukünftig in erheblichem Maße verbessert.

Risiken durch den Einsatz von AI

Neben dem erheblichen Chancenpotenzial durch den Einsatz von AI, birgt die Anwendung dieser neuen Technologie auch diverse Risiken. Auch hier lassen sich die mit AI verbundenen Risiken in technologische/analytische und datenbezogene, informationelle und kommunikative, wirtschaftliche, gesellschaftliche, ethische sowie rechtliche und regulatorische Risiken untergliedern. Abb. 8.16 stellt das 6-Dimensionen-AI-Risiken-Modell dar.[25]

[25] Inhalte basierend auf Wirtz/Weyerer (2019b), S. 5; Wirtz (2020), S. 273 f.; Wirtz/Weyerer/Kehl (2022), S. 14.

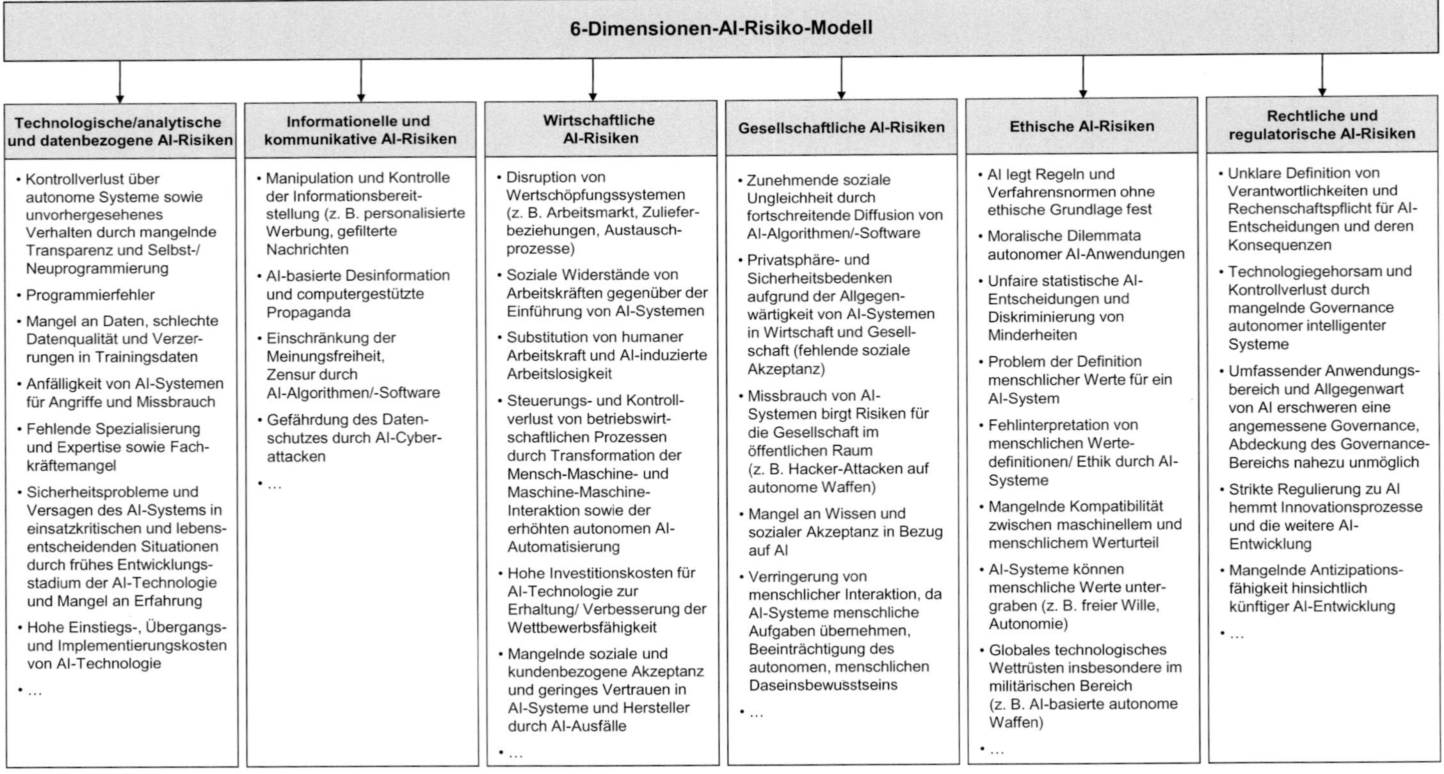

Abb. 8.16 6-Dimensionen-AI-Risiko-Modell

Technologische/analytische und datenbezogene AI-Risiken
Ein besonders hohes Risiko stellt der Kontrollverlust über autonome AI-Systeme dar. Hieraus können erhebliche Auswirkungen auf Wirtschaft und Gesellschaft erfolgen. Da AI als Querschnittstechnologie zukünftig übergreifend eingesetzt wird, sind hier die Manipulations- und Eingriffsrisiken in gesellschaftliche und wirtschaftliche Strukturen in erheblichem Umfang vorhanden. Zentrale technologische und implementierungsorientierte Risiken sind darüber hinaus die mit dem AI-Fachkräftemangel einhergehende fehlende Spezialisierung und Expertise sowie die hohen Einstiegs-, Übergangs- und Implementierungskosten.

Informationelle und kommunikative AI-Risiken
Im Bereich Information und Kommunikation sind erhebliche AI-Risiken anzutreffen. Totalitäre Systeme benutzen schon heute in umfangreichem Maße AI-Algorithmen zur Einschränkung der Meinungsfreiheit und Zensur. Zudem sind erhebliche Risiken durch AI-basierte Desinformation und computergestützte Propaganda schon heute für Gesellschaften zu konstatieren.

Wirtschaftliche AI-Risiken
Die wirtschaftlichen Risiken von AI liegen insbesondere in der Substitution von humaner Arbeitskraft durch AI-Systeme. Auch die Steuerung und Kontrolle von autonomen AI-Systemen in betriebswirtschaftlichen Prozessen ist mit einem hohen Risikopotenzial verbunden.

Gesellschaftliche AI-Risiken
Die erheblichsten AI-Risiken bestehen im gesellschaftlichen Bereich. Hier ist vor allem anzuführen, dass autonome AI-Systeme gesellschaftliche Fehlentwicklungen auslösen können. Diskriminierung aufgrund von Algorithmen oder der Missbrauch von AI-Systemen für kriminelle Zwecke oder Einschränkungen der demokratischen Rechte können hier in besonderem Maße angeführt werden.

Ethische AI-Risiken
Die ethischen AI-Risiken sind gegenwärtig noch nicht in vollem Umfang abzusehen, jedoch kann konstatiert werden, dass autonome AI-Systeme und menschliche Wertevorstellungen sich nicht parallel entwickeln werden. Es besteht hier ein erhebliches Risiko, dass AI-Maschinen-geprägte Wert- und Anwendungsurteile eine nicht erwünschte Faktizität im ethischen Raum von Gesellschaften bilden.

Rechtliche und regulatorische AI-Risiken
Die rechtlichen und regulatorischen AI-Risiken werden zukünftig ganz erhebliche Herausforderungen für die Wirtschaft, Gesellschaft und den Staat darstellen. Durch die hohe Autonomie von AI-Systemen und deren schwierige Nachvollziehbarkeit in deren Analyse und Entscheidungsfindung (Black Box) ist die Regulierung dieser Systeme nur sehr schwer möglich.

Zudem wird es unterschiedliche Regulierungssysteme im internationalen Kontext geben, wobei sich totalitäre Staaten einer für sie sehr vorteilhaften AI-Regulierung bedienen werden. Dies wird zu einseitigen Vorteilen durch AI-Regulierung für sie führen und internationale AI-Standards in erheblichem Maße untergraben.

8.4 Governance von Artificial Intelligence

Aufgrund der vielfältigen und besonders gefährlichen Risiken durch AI für die Gesellschaft, Wirtschaft und staatliche Aktivitäten, ist die Regulierung beziehungsweise strategische Governance von AI von besonderer Relevanz um die Anwendung von AI in einem sinnvollen und verantwortlichen Kontext zu ermöglichen.

5-Stufen-Modell AI-basierter Governance

Ein zentraler Ausgangspunkt in diesem Zusammenhang ist die zunehmende Automatisierung und Unabhängigkeit der AI vom Menschen, die gleichzeitig auch einen Anstieg der AI-basierten Governance bedeutet. Hier kann generell konstatiert werden, dass mit zunehmender Leistungsfähigkeit und Autonomie von AI-Systemen und deren unterschiedlichen Anwendungen zukünftig erhebliche Steuerungs- und Kontrollprobleme einhergehen werden.

Das bedeutet, dass mit der zukünftigen Leistungsfähigkeit von autonomen AI-Systemen entsprechende Governance-Regelungen notwendig sind. In Abb. 8.17 wird das 5-Stufen-Modell AI-basierter Governance dargestellt, bei der es im Wesentlichen um die Kontroll- und Steuerungssouveränität Mensch versus AI-Maschine geht.[26]

Human-Led

Dabei lassen sich im Wesentlichen fünf verschiedene Stufen unterscheiden. Auf der ersten Stufe „Human-Led“ spielt die AI beziehungsweise IT eine untergeordnete Rolle und kommt lediglich im Rahmen der Erkenntnisgewinnung partiell zum Einsatz. Die Entscheidungsfindung und daraus resultierende Handlungen werden ausschließlich durch den Menschen getroffen auf Basis von Erfahrungen und Regeln.[27]

Human-Led Machine-Assisted

Bei der zweiten Stufe „Human-Led Machine-Assisted“ wird im Rahmen der Erkenntnisgewinnung eine Vielzahl an AI/IT-Algorithmen/-Software eingesetzt. Der Mensch wird bei der Entscheidungsfindung durch AI-Maschinen unterstützt, die jedoch noch

[26] Inhalte teilweise basierend auf IDC (2019); Miller (2019); Wirtz (2020), S. 276; Wirtz (2022a), S. 216.

[27] Vgl. im Folgenden IDC (2019); Miller (2019).

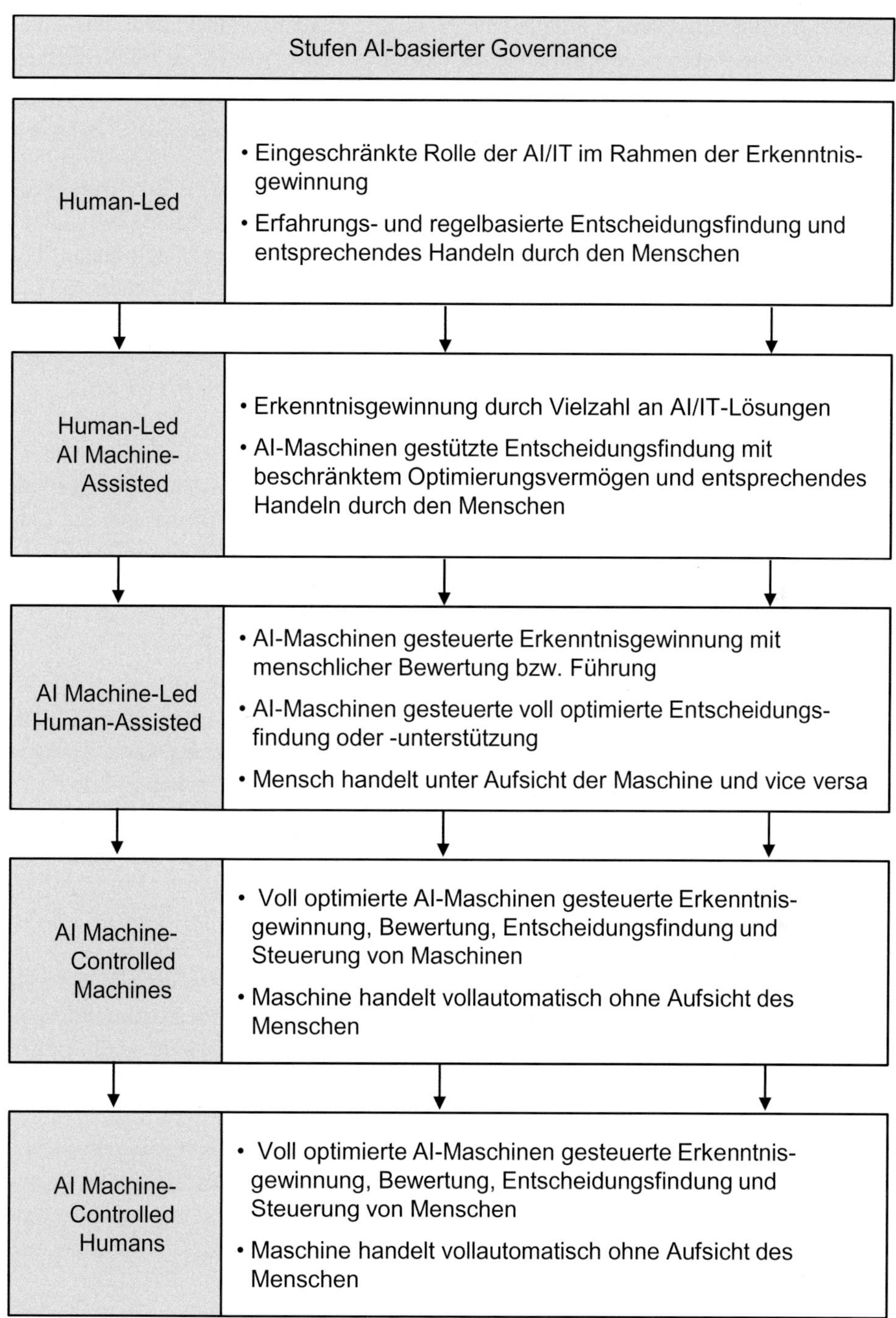

Abb. 8.17 5-Stufen-Modell AI-basierter Governance. (Vgl. Wirtz (2020), S. 276; Wirtz (2022a), S. 216)

durch ein eingeschränktes Optimierungsvermögen gekennzeichnet sind. Die Ausführung daraus resultierender Handlungen liegt dabei nach wie vor ausschließlich in menschlicher Hand.

AI Machine-Led Human-Assisted
Auf der dritten Stufe „AI Machine-Led Human-Assisted" geschieht die Erkenntnisgewinnung durch AI-Maschinen und ist dabei Gegenstand menschlicher Bewertung beziehungsweise Führung. Dabei erfolgt auch eine voll optimierte Entscheidungsfindung beziehungsweise -unterstützung durch AI-Maschinen unter Aufsicht des Menschen. Auf der Handlungsebene kann sowohl die AI-Maschine unter Aufsicht des Menschen als auch der Mensch unter Aufsicht der AI-Maschine agieren.

AI Machine-Controlled Machines
Bei der vierten Stufe der AI-basierten Governance „AI Machine-Controlled Machines" agiert die AI-Maschine vollkommen autonom und sorgt dabei eigenständig für eine voll optimierte Erkenntnisgewinnung sowie einer damit verbundenen Bewertung und Entscheidungsfindung. Auf der Handlungsebene steuert die AI-Maschine eigenständig andere Maschinen und handelt somit vollautomatisch ohne Einfluss und Aufsicht des Menschen.

AI Machine-Controlled Humans
Die fünfte Stufe der AI-basierten Governance „AI Machine-Controlled Humans" entspricht im Hinblick auf den Autonomie- und Automatisierungsgrad der vorangegangen Stufe mit dem bedeutenden Unterschied, dass die AI-Maschine nicht mehr nur andere Maschinen kontrolliert und steuert, sondern auch den Menschen selbst. Hierdurch entsteht ein Paradigmen-Wechsel in Gesellschaften, die dadurch eine erhebliche Transformation erleben.

Gegenwärtige AI-Entwicklung
Eine klare Stufenzuordnung des aktuellen AI-Entwicklungsstandes erweist sich dabei als schwierig. Die Entwicklung von AI steht erst am Anfang und die meisten AI-Anwendungen befinden sich auf der Ebene „Human-Led AI Machine-Assisted", sodass der gegenwärtige Entwicklungsstand im Moment am ehesten auf der zweiten Stufe „Human-Led AI Machine-Assisted" zu verorten ist.

Vereinzelt kommen jedoch bereits auch AI-Anwendungen zum Einsatz wie etwa Chatbots, die der Stufe „AI Machine-Led Human-Assisted" zugeordnet werden können. Aus diesem Grund kann die gegenwärtige AI-Entwicklung im Hinblick auf die Stufen AI-basierter Governance auch als Übergangsphase zur dritten Stufe „AI Machine-Led Human-Assisted" angesehen werden.

Angesichts des erheblichen und sehr schnellen technologischen Fortschritts im AI-Bereich, ist jedoch davon auszugehen, dass sich der Entwicklungsstand der AI in den nächsten Jahren auf der dritten Stufe etablieren wird und auch die Erreichung der nachfolgenden Stufen nur eine Frage der Zeit zu sein scheint.

In Anbetracht dieser Entwicklung und der zuvor dargestellten damit verbundenen Risiken durch AI für Unternehmen und die Gesellschaft, rückt aus Unternehmenssicht insbesondere das Thema strategische Governance von AI zunehmend in den Mittelpunkt, um die Sicherheit und den Erfolg AI-basierter Aktivitäten zu gewährleisten.

Strategische AI-Governance

Die strategische AI-Governance stellt für Wirtschaft, Gesellschaft und den Staat eine Art Managementinstrument in Form eines übergeordneten Handlungsrahmens dar, um die AI-bezogenen Aktivitäten, Systeme und Prozesse sowie deren Auswirkungen zu steuern und zu kontrollieren.

Vor diesem Hintergrund greift das 6-Dimensionen-AI-Governance-Modell in Abb. 8.18 die zuvor dargestellten Risiken auf und stellt hierzu spezifische Governance-Gegenmaßnahmen sowie den AI-Regulierungsprozess dar.[28]

Der AI-Regulierungsprozess

Der AI-Regulierungsprozess umfasst in der Regel vier verschiedene Stufen beziehungsweise Subprozesse.[29]

Die erste Stufe dieses Prozesses ist das Formulieren der Rahmenbedingungen, indem das Regulierungsziel und der Geltungsbereich festgelegt werden.

Die zweite Stufe ist die AI-Chancen/-Risiken- und Leitlinien-Auditierung, die darauf abzielt, das Ausmaß und die Auswirkungen potenzieller Risiken in den jeweiligen Anwendungsfeldern zu ermitteln. Der Schwerpunkt liegt dabei auf der Identifizierung von Schwachstellen durch die Bewertung des Gefahren- und Schadenspotenzials in Form von Eintrittswahrscheinlichkeit und Schadensausmaß. Dies führt zu einer detaillierten Feststellung der potenziellen Risiken und der bestehenden Regulierungsmöglichkeiten.

Die dritte Stufe ist die Evaluation von AI-Chancen/-Risiken und Leitlinien, wobei nicht nur Chancen, Risiken und Leitlinien in Bezug auf betroffene Personen oder Anwendungsbereiche bewertet werden, sondern auch, ob und inwieweit Maßnahmen zur Beseitigung oder Minimierung der identifizierten AI-Risiken erforderlich sind. Diese Bewertung dient dann als Grundlage für die letzte Stufe des Prozesses, die sich mit der Erarbeitung von generellen AI-Leitlinien und Regulierungsansätzen für die definierten AI-Risiken befasst. Diese Leitlinien und Regulierungsansätze umfassen Aspekte der AI-Gesetzgebung und Hinweise für das AI-Monitoring und die AI-Kontrolle. Das Ziel dieser Stufe ist der AI-

[28] Inhalte basierend auf Wirtz/Weyerer (2019b), S. 6 f.; Wirtz (2020), S. 279; Wirtz/Weyerer/Kehl (2022), S. 14.

[29] Vgl. zu den folgenden Ausführungen zum 6-Dimensionen-AI-Governance-Modell Wirtz/Weyerer/Kehl (2022), S. 11 ff.

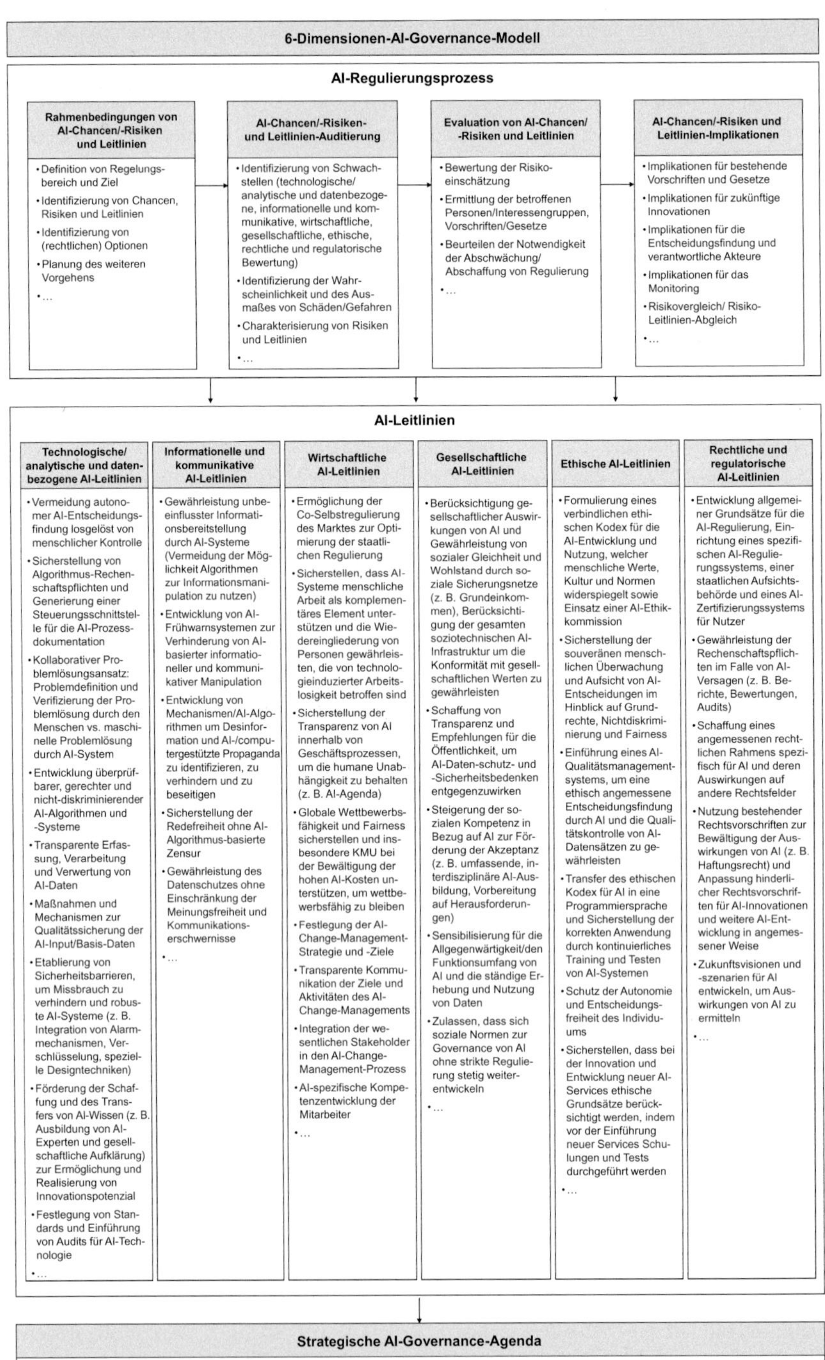

Abb. 8.18 6-Dimensionen-AI-Governance-Modell. (Vgl. Wirtz/Weyerer/Kehl (2022), S. 14)

Risikovergleich und der Abgleich mit geeigneten AI-Leitlinienansätzen. Diese Ergebnisse dienen als Grundlage für die Formulierung von konkreten AI-Leitlinien innerhalb der nachfolgenden AI-Leitlinien-Ebene.

Die spezifischen AI-Leitlinien können wiederum in sechs Bereiche des 6-Dimensio nen-AI-Governance-Modells unterteilt werden. Dies sind die Bereiche technologische/analytische und datenbezogene AI-Leitlinien, informationelle und kommunikative AI-Leitlinien, wirtschaftliche AI-Leitlinien, gesellschaftliche AI-Leitlinien, ethische AI-Leitlinien sowie rechtliche und regulatorische AI-Leitlinien, welche im Folgenden näher ausgeführt werden.

Technologische/analytische und datenbezogene AI-Governance

AI-Leitlinien sind dabei insbesondere in Bezug auf das technisch-funktionale Design des AI-Systems erforderlich, um eine autonome AI-Entscheidungsfindung zu vermeiden, die vollkommen losgelöst ist von menschlicher Kontrolle und humanen Wertvorstellungen. Ein kollaborativer Problemlösungsansatz erscheint in diesem Zusammenhang vielversprechend, bei dem die Problemdefinition und Verifizierung der Problemlösung durch den Menschen und die Findung der Problemlösung durch das AI-System erfolgt.[30]

Eine weitere zentrale Maßnahme im Rahmen der strategischen AI-Governance, die für alle AI-Risikoformen relevant ist, stellt die Festlegung von AI-Datenvorgaben und -Analyseleitlinien dar. Daten sind essenziell für die Lern- und Leistungsfähigkeit von AI-Systemen, da ihre Anwendungslogik und Algorithmen auf der Erfassung, Verarbeitung und Verwertung erheblicher Datenmengen (Big Data) beruhen.

Solche Vorgaben und Leitlinien dienen der Entwicklung überprüfbarer, gerechter und diskriminierungsfreier AI-Algorithmen und -Systeme sowie der transparenten Erfassung, Verarbeitung und Verwertung von AI-Daten.[31] Die Einrichtung einer AI-Steuerungsschnittstelle zur Dokumentation sämtlicher AI-Prozesse erscheint in diesem Zusammenhang vielversprechend.[32] Darüber hinaus sind auch Maßnahmen und Mechanismen zur Qualitätssicherung der Daten erforderlich, um nicht-sinnvolle Ergebnisse aufgrund fehlerhafter Daten zu vermeiden.

Informationelle und kommunikative AI-Governance

Informationelle und kommunikative AI-Leitlinien beziehen sich auf die unbeeinflusste Informationsbereitstellung über jegliche Art von Medien, wodurch sichergestellt wird, dass die Informationsbereitstellung nicht durch Eingriffe oder Manipulationen durch AI-Systeme beeinträchtigt wird. Daher muss der Einsatz von Algorithmen zur manipulierten, gezielten Informationsbereitstellung verhindert und kontinuierlich überwacht werden, um ein „Leben in Filterblasen" zu verhindern.[33]

---

[30] Vgl. Eggers/Fishman/Kishnani (2017), S. 12.

[31] Vgl. Thierer/Castillo/Russell (2017), S. 31 ff.

[32] Vgl. Wirtz/Müller (2019), S. 1089.

[33] Vgl. Rahwan (2018), S. 5.

Das Management von Informations- und Kommunikationsrisiken erfordert die Entwicklung von Mechanismen zur Identifizierung und Vermeidung von Desinformation, Computerpropaganda oder Kriminalität, die durch AI-Systeme erzeugt werden. Im Vordergrund steht dabei die Verhinderung einer gezielten Informationsbereitstellung als Basis von AI-Missbrauch. Zudem muss die Redefreiheit und demokratische Grundrechte ohne algorithmische Zensur oder Manipulation sichergestellt werden, um beispielsweise kritische politische Äußerungen zu ermöglichen.[34]

Einen wichtigen Governance-Beitrag liefert zudem die Entwicklung von AI-basierten Algorithmen zur gezielten Identifizierung, Verhinderung und Beseitigung von AI- beziehungsweise computergestützter Propaganda und Desinformation. Diese Identifikations-/Löschungs-Algorithmen werden auch als Counter-AI bezeichnet.

Darüber hinaus sollten Datenschutz und die damit verbundenen Regelungen die Kommunikationsmöglichkeiten, den Zugang zu Informationen und die Meinungsfreiheit nicht erschweren oder einschränken.[35] Hier ist es relevant, ein akzeptables Maß an Kontrolle über die Auswirkungen von AI auf Information und Kommunikation zu erreichen, ohne den freiheitlich demokratischen Zugang zu Informationen und die Möglichkeiten der Kommunikation zu beeinträchtigen.

Wirtschaftliche AI-Governance

Der Umgang mit den wirtschaftlichen Risiken von AI erfordert Leitlinien sowohl auf mikroökonomischer als auch auf makroökonomischer Ebene. Dabei sollte soweit möglich eine Selbstregulierung des Marktes ohne erhebliche staatliche Eingriffe ermöglicht werden um effiziente Wirtschaftsprozesse zu unterstützen.[36]

Zudem ist es besonders relevant, dass der Einsatz von AI-Systemen eher komplementären Charakter zur Unterstützung menschlicher Arbeit annimmt und entsprechende vollkommene Substitution menschlicher Arbeit durch AI-Systeme nur in sinnvollem Maße durchgeführt wird. Die Wiedereingliederung von Personen, die von AI-technologieinduzierter Arbeitslosigkeit betroffen sind, ist dabei ein weiterer wichtiger Aspekt.

Darüber hinaus ist insbesondere vor dem Hintergrund der betriebswirtschaftlichen Risiken im Zusammenhang mit AI, die Festlegung einer AI-Change-Management-Strategie und entsprechender Ziele von Bedeutung. Dabei geht es vor allem um eine transparente Kommunikation der Ziele und Aktivitäten des AI-Change-Managements sowie die Integration der wesentlichen Stakeholder in den AI-Change-Management-Prozess. Zudem ist die AI-spezifische Kompetenzentwicklung der Mitarbeiter ein wichtiger Governance-Aspekt in diesem Zusammenhang.

[34] Vgl. Thierer/Castillo/Russell (2017).

[35] Vgl. Boyd/Wilson (2017); Thierer/Castillo/Russell (2017); Wirtz/Müller (2019).

[36] Vgl. Thierer/Castillo/Russell (2017).

Gesellschaftliche und ethische AI-Governance

Die gesellschaftlichen und ethischen Risiken im Zusammenhang mit AI erfordern zunächst eine Kodifizierung ethischer AI-Normen und -Vorschriften. Von besonderer Bedeutung sind dabei die Erhaltung menschlicher Kontrolle über ethische Aspekte im Zusammenhang mit dem AI-System, die Einbettung ethischer Werte in die AI-Entscheidungsfindung sowie der Schutz der Autonomie und Entscheidungsfreiheit des Individuums.[37]

Wichtig ist dabei auch, dass Unternehmen die gesamte soziotechnische Infrastruktur und Wertschöpfungskette im Kontext von AI berücksichtigen, da diese auch durch soziale und ethische Aspekte gekennzeichnet ist. Angesichts AI-induzierter gesellschaftlicher Ungleichheit innerhalb der Gesellschaft ist der Staat gefordert, soziale Gleichheit und Wohlstand zu gewährleisten und das Wohlergehen des Einzelnen zu unterstützen, insbesondere in finanzieller Hinsicht.[38]

Darüber hinaus kann öffentlichen Datenschutz- und Sicherheitsbedenken aufgrund eines möglichen Datenmissbrauchs oder gezielter Cyberangriffe durch Transparenzmaßnahmen und klare Empfehlungen an die Gesellschaft begegnet werden, wie der Einzelne seine Privatsphäre schützen kann.

Rechtliche und regulatorische AI-Governance

Im Hinblick auf rechtliche und regulatorische AI-Richtlinien ist zu konstatieren, dass bisher ein nicht ausreichendes Maß an rechtlichen Regulierungssystemen vorhanden ist. Hierfür sollte ein umfassender und integrierter Regulierungsrahmen geschaffen werden, der die allgemeinen Grundsätze für die AI-Regulierung definiert, und eine staatliche Aufsichtsbehörde, die für die Regulierung von Sicherheits-, Transparenz- und Qualitätsfragen von AI-Systemen notwendig ist.[39]

Vor diesem Hintergrund ist es von großer Bedeutung, ein spezifisches AI-Regulierungssystem zu etablieren, das eine klar definierte Regulierungsstrategie beinhaltet und kontinuierlich überwacht und bei Veränderungen in der Regulierungslandschaft angepasst wird.[40] Darüber hinaus erfordern Unklarheiten im Falle eines AI-Versagens ein Regelwerk, das bezüglich Verantwortungen und Rechenschaftspflichten Rechtssicherheit schafft.[41] Dies kann durch die Schaffung eines angemessenen Rechtsrahmens erreicht werden, der Unternehmen und Nutzern als Leitfaden für rechtliche AI-Fragen und -Belange dient.[42]

Auf der Grundlage dieser Rechtsvorschriften kann ein AI-Zertifizierungssystem, bei dem eine zugelassene Stelle die Sicherheit kommerzieller AI-Produkte oder -Dienstleistungen

---

[37] Vgl. Wirtz/Müller (2019), S. 1088.

[38] Vgl. Madiega (2019); Wright/Schultz (2018).

[39] Vgl. Scherer (2016), S. 394; Doneda/Almeida (2016).

[40] Vgl. Reed (2018); Wright/Schultz (2018).

[41] Vgl. Madiega (2019).

[42] Vgl. Whittaker et al. (2018).

überprüft und zertifiziert, ein geeignetes Instrument sein, um die Sicherheit von AI-Services zu fördern und die Nutzer in dieser Hinsicht zu beraten.[43]

Im Hinblick auf eine mögliche Überregulierung durch unnötige, zusätzliche Rechtsvorschriften sollten alle neuen beziehungsweise zusätzlichen AI-Regulierungsregeln zunächst auf deren rechtliche, wirtschaftliche und gesellschaftliche Auswirkungen hin geprüft werden. AI gilt als wesentlicher Innovations- und Wachstumsfaktor und besitzt erhebliches Chancenpotenzial und eine zu strikte Regulierung kann diese Wachstumspotenziale vermindern.[44] Daher ist es notwendig, freie Innovation zu gewährleisten und bestehende Gesetze und Vorschriften nur bei Bedarf anzupassen.

Da AI-Innovation und technologischer Fortschritt stetig weiter voranschreiten, besteht die Möglichkeit, dass bestehende Governance-Ansätze mögliche zukünftige Risiken nicht abdecken. Dementsprechend ist es wichtig, Strategien zur Entwicklung zukünftiger AI-Szenarien zu definieren, die wiederum als Grundlage für eine Risikofolgenanalyse dienen können und somit die Möglichkeit neuer oder angepasster Governance-Ansätze ermöglichen, noch bevor negative Folgen eintreten.[45]

Strategische AI-Governance-Agenda

Zusammenfassend bilden die AI-Leitlinien den grundlegenden Handlungsrahmen der strategischen AI-Governance-Agenda. Diese Agenda bestimmt die AI-bezogenen Anwendungen, Aktivitäten und Verantwortlichkeiten und stellt für Unternehmen eine Art Roadmap und Handlungsplan für die Implementierung und Anwendung von AI-Systemen dar

Es kann insgesamt konstatiert werden, dass die Bedeutung von AI für Unternehmen und ihre Wettbewerbsfähigkeit weiter zunehmen wird. Als Querschnittstechnologie ist AI dabei durch ein besonders breites Anwendungsspektrum und sehr großes Chancenpotenzial gekennzeichnet. Gleichzeitig bestehen jedoch auch erhebliche Risiken und Herausforderungen im Zusammenhang mit AI, die eine systematische und effektive Governance beziehungsweise Regulierung erfordern.

Fallstudie zum AI-Unternehmen DeepMind

DeepMind Technologies ist ein im Jahr 2010 in Großbritannien gegründetes AI-Unternehmen und -Forschungslabor. Das Unternehmen verfolgt einen interdisziplinären Ansatz, der neue Ideen und Fortschritte in den Bereichen maschinelles Lernen, Neurowissenschaften, Ingenieurwesen, Mathematik, Simulation und Computerinfrastruktur sowie neue Wege der Organisation wissenschaftlicher Arbeit zusammenführt, um die technologische Entwicklung von AI voranzutreiben.[46]

---

[43] Vgl. Scherer (2016); Wirtz/Müller/Langer (2022).

[44] Vgl. Gasser/Almeida (2017); Reed (2018).

[45] Vgl. Guihot/Matthew/Suzor (2017); Whittaker et al. (2018).

[46] Vgl. DeepMind (2023).

Im Jahr 2014 wurde DeepMind von Alphabet (damals Google) übernommen, um die Kompetenz von Google im Bereich der künstlichen Intelligenz zu stärken.[47] Durch den Zusammenschluss mit Google im Jahr 2014 konnten die Arbeiten zur Weiterentwicklung der AI-Technologie forciert werden und ab 2016 Resultate der Forschung und Entwicklung der Öffentlichkeit vorgestellt werden.[48] Google hat die AI-Kompetenz von DeepMind nach eigenen Angaben auch bei der Entwicklung von Programmen genutzt, die den Akkugebrauch und die Helligkeit in Android-Systemen und Googles Pixel-Handys intelligent anpassen.[49] Außerdem half DeepMind bei der Entwicklung der Google Cloud Text-to-Speech-Programmierschnittstelle WaveNet, die für die AI-Anwendung Google Assistant verwendet wird.[50] Darüber hinaus konnte DeepMind durch den Einsatz von AI-Auswertungen dazu beitragen, dass die Kühlkosten des Google-Rechenzentrums um 40 % gesenkt wurden.[51]

Hervorzuheben ist dabei, dass DeepMind trotz der Übernahme durch Google/Alphabet weiter als eigenständiges Unternehmen agiert, das neben den Diensten für Google/Alphabet eigene Entwicklungen im Bereich AI vorantreibt. Abb. 8.19 stellt die zeitliche Entwicklung von DeepMind anhand ausgewählter Ereignisse dar.

Im Gegensatz zu anderen AI-Ansätzen wie etwa die von IBM-Watson, welche für einen vordefinierten Zweck entwickelt werden und daher nur innerhalb dieses Rahmens funktionieren, arbeitet DeepMind an AI-Systemen, die nicht eingeschränkt und speziell auf bestimmte Aufgaben vorprogrammiert sind.[52]

DeepMind strebt an, seine AI ausschließlich auf der Grundlage von Erfahrungen zu trainieren und somit nur reine Pixeldaten und von Menschen lesbare Informationen als Dateneingabe zu verwenden. Dadurch sollen DeepMinds Programme einer echten Intelligenz näher kommen, da sie ohne ein bestimmtes Ziel lernen und somit in der Lage sind, auf unvorbereitete/unerwartete Anfragen zu reagieren.[53]

Einer der relevantesten Ansätze von DeepMind besteht darin, digitale neuronale Netze zu schaffen, die ähnlich wie menschliche Gehirne lernen. So wird zum Beispiel das Kurzzeitgedächtnis des menschlichen Gehirns nachgeahmt und das Verstärkungslernen (Reinforcement Learning) verwendet, das dem menschlichen Lernen durch Trial and Error ähnelt. Die Methode belohnt demnach erwünschte und bestraft unerwünschte Ergebnisse.[54]

---

[47] Vgl. Inofuentes (2014).

[48] Vgl. Novet (2018); DeepMind (2023).

[49] Vgl. DeepMind (2018).

[50] Vgl. van Oord et al. (2016).

[51] Vgl. DeepMind (2016).

[52] Vgl. Mnih et al. (2013), S. 1 ff.

[53] Vgl. Pohlen et al. (2018), S. 1 ff.

[54] Vgl. Mnih et al. (2013).

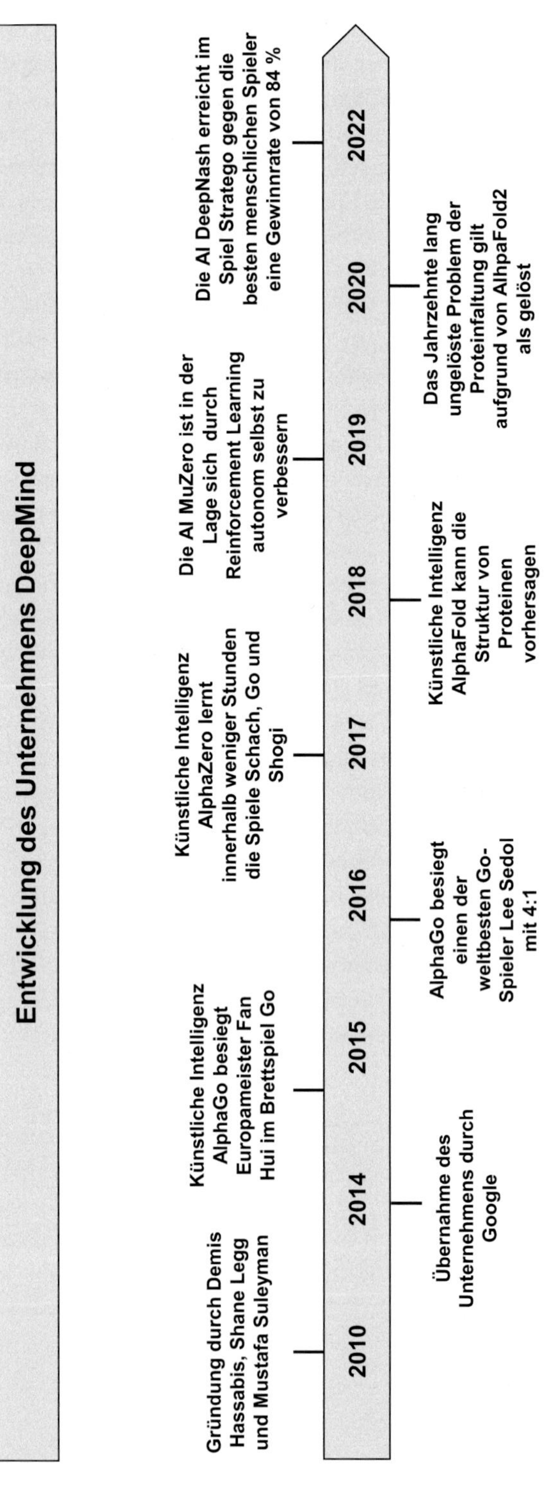

Abb. 8.19 Zeitliche Entwicklung von DeepMind

DeepMind AI in der naturwissenschaftlichen Forschung

DeepMind konnte in den vergangenen Jahren in naturwissenschaftlichen Forschungsbereichen bedeutende Erkenntnisbeiträge liefern. DeepMind begann 2016 mit der Arbeit an der Aufgabe der Proteinfaltung, die als eine der größten Herausforderungen in der Molekularbiologie und auch bei der Entwicklung moderner Arzneimittel angesehen wird.[55] Im Jahr 2018 gewann das DeepMind-Programm AlphaFold den Wettbewerb Critical Assessment of Techniques for Protein Structure Prediction (CASP), da es die Faltungsstruktur von Proteinen am genauesten vorhersagen konnte.[56]

In ähnlicher Weise gewann DeepMind auch den nächsten CASP-Wettbewerb im Jahr 2020. Die Vorhersagen von AlphaFold erreichten dabei eine Genauigkeit, die zum Schluss führte, dass das Problem der Vorhersage der Proteinfaltung durch den Einsatz des Programms AlphaFold als weitgehend gelöst angesehen werden kann.[57]

Infolgedessen veröffentlichte DeepMind ein Open-Source-Programm namens RoseTTAFold, um Wissenschaftlern die Möglichkeit zu geben, ihre eigenen Versionen des AI-Programms zu verwenden.[58] Darüber hinaus veröffentlichte es eine Datenbank namens AlphaFold Protein Structure Database mit den Strukturen von fast allen bekannten 200 Mio. Proteinen.[59]

Neben der Arbeit an der Proteinfaltung hat DeepMind auch einen besonderen Schwerpunkt auf die Bearbeitung konkreter medizinischer Aufgaben gelegt. Dazu arbeitet es mit verschiedenen britischen Krankenhäusern und anderen gesundheitsbezogenen Organisationen wie dem Moorfields Eye Hospital, dem University College London Hospital, dem Royal Free London NHS Foundation Trust und dem Imperial College Healthcare NHS Trust sowie dem Cancer Research UK Centre am Imperial College London zusammen, um nur einige zu nennen.[60]

DeepMind arbeitet im Kontext dieser Kooperationen beispielsweise an der AI-gestützten Analyse von Augenscans und der Suche nach Anzeichen von Krankheiten, die zur Erblindung führen.[61] DeepMind hat AI-Algorithmen entwickelt, die automatisch zwischen gesundem und krebsartigem Gewebe im Kopf- und Halsbereich unterscheiden.[62]

Ferner führt DeepMind im Rahmen ihrer AI-Programme Projekte zur Verbesserung der Auswertung von Scans von Nierenschäden durch.[63] Darüber hinaus arbeitet DeepMind an der automatisierten Auswertung von Mammografiedaten zur Erkennung von Brustkrebs

---

[55] Vgl. Service (2020).

[56] Vgl. Service (2018).

[57] Vgl. Service (2020); Callaway (2020), S. 203 f.

[58] Vgl. Baek et al. (2021), S. 871 ff.

[59] Vgl. AlphaFold Protein Structure Database (2023); Varadi et al. (2022), S. 439 ff.

[60] Vgl. McKinney et al. (2020), S. 89 ff.; Hern (2016); University College London (2018); Moorfields Eye Hospital (2023); Tomašev et al. (2019), S. 116 ff.

[61] Vgl. University College London (2018); Moorfields Eye Hospital (2023).

[62] Vgl. Hern (2016).

[63] Vgl. Tomašev et al. (2019), S. 116 ff.

und an der allgemeinen Analyse der Gesamtverschlechterung von Patienten während eines Krankenhausaufenthalts.[64] Neben der Würdigung der wichtigen Beiträge und Verbesserungen, die durch die Kooperationen hervorgebracht wurden, wurde wiederholt über die illegitime Auswertung personenbezogener Daten von Seiten DeepMinds berichtet.[65]

Neben den Aktivitäten in der Molekularbiologie und Medizin ist DeepMind auch in den Bereichen Archäologie, Sportwissenschaft, AI-basierte Automatisierung von Programmierung und der Sprachsynthese tätig.[66] Besondere Bekanntheit erlangte DeepMind allerdings insbesondere durch die AI-Programme AlphaGo und AlphaZero.

Die Programme AlphaGo und AlphaZero

In der Gründungsphase von DeepMind arbeitete das Team unter anderem an der automatischen Steuerung von Computerspielen. Die Methode des Deep Reinforcement Learning ermöglichte es schon früh, ein DeepMind-Programm zu entwickeln, das nur die Pixel und den Spielzustand berücksichtigte. Dies ermöglichte es den ersten AI-Anwendungen von DeepMind, mehrere Atari-Computerspiele von Grund auf ohne weitere Einführung erfolgreich zu spielen.[67]

Im Jahr 2016 besiegte das Programm AlphaGo von DeepMind in vier von fünf Spielen den südkoreanischen Go-Weltmeister Lee Sedol in einem öffentlich ausgetragenen Match, das zwischen dem 9. und 15. März 2016 in Südkorea stattfand. Nach dem Match verlieh der koreanische Baduk-Verband AlphaGo den höchsten Go-Großmeistertitel, um die aufrichtigen Bemühungen von DeepMind zu würdigen. Ein preisgekrönter Dokumentarfilm namens „AlphaGo" zeigt die Entwicklung der Software und die Ereignisse rund um das historische Duell zwischen Mensch und Maschine.[68]

Das Duell wurde mit dem historischen Schachmatch zwischen dem IBM-Supercomputer Deep Blue und Garry Kasparov im Jahr 1997 verglichen.[69] Während die erste Partie 1996 noch mit 4 zu 2 von Kasparow gewonnen wurde, gewann Deep Blue 1997 das Rematch mit 3½ zu 2½. Allerdings gibt es erhebliche Unterschiede zwischen den beiden Duellen.[70] Zunächst gilt Go als eine Herausforderung im Bereich der AI, da es als ein komplexeres Spiel als Schach gilt, das noch mehr Intuition, Kreativität und strategisches Denken erfordert.[71]

Abgesehen von der Schwierigkeit des Go-Spiels verließ sich Deep Blue von IBM hauptsächlich auf eine sehr hohe Rechenleistung, um Millionen von Positionen zu bewerten und

---

[64] Vgl. McKinney et al. (2020), S. 89 ff.

[65] Vgl. Hodson (2016); BBC (2021).

[66] Vgl. van Oord et al. (2016); Tuyls et al. (2021), S. 41 ff.; Li et al. (2022), S. 1092 ff.; Assael/Sommerschield/Prag (2019).

[67] Vgl. The Physics arXiv Blog (2014); Mnih et al. (2013), S. 1 ff.

[68] Vgl. AlphaGo (2023).

[69] Vgl. Campbell/Hoane Jr/Hsu (2002), S. 57 ff.

[70] Vgl. Bory (2019), S. 627 ff.

[71] Vgl. Yu (2016), S. 42 ff.

alle möglichen Ergebnisse seiner Züge zu vergleichen. AlphaGo hingegen stützte sich stark auf ein neuronales Netzwerk, das durch Reinforcement Learning trainiert wurde.

Das neuronale Netz von DeepMind wurde für das Duell mit verschiedenen Zügen vertraut gemacht, die auf historischen Turnierdaten basierten. Die Anzahl der Züge wurde sukzessive bis auf über 30 Mio. Züge erhöht mit dem Ziel, dass das System den menschlichen Spieler nachahmt und schließlich diesen schlagen kann. Anschließend spielte Alpha Go gegen sich selbst und lernte nicht nur aus seinen eigenen Niederlagen, sondern auch aus seinen Siegen.[72]

Zwei separate Netzwerke haben dabei eine Rolle gespielt: Erstens, das Policy-Netzwerk zur Bewertung der Zugwahrscheinlichkeiten des Gegners und zweitens, das Value-Netzwerk zur Bewertung der Güte der Positionen. Das Policy-Netzwerk wurde durch überwachtes Lernen (Supervised Learning) mit vorherigen Partien trainiert und anschließend durch das Spielen mit sich selbst durch Reinforcement Learning verbessert. Das Value-Netzwerk lernte, die Gewinner von Spielen vorherzusagen, die das Policy-Netzwerk gegen sich selbst spielte.

DeepMind setzte als Analysemittel eine vorausschauende Monte-Carlo-Baumsuche zur Identifizierung von Zugkandidaten mit hoher Gewinn-Wahrscheinlichkeit ein.[73] Die Monte-Carlo-Baumsuche ist ein heuristischer Suchalgorithmus zur Lösung eines Entscheidungsbaums. Er wird unter anderem dazu verwendet, die vielversprechendsten Züge auszuwählen und den Entscheidungsbaum auf der Grundlage von Zufallsstichproben im Suchraum zu erweitern.[74]

Anschließend nutzte DeepMind das Reinforcement Learning zunächst für sein verbessertes Programm AlphaGo Zero und schließlich für das allgemeinere Programm Alpha Zero. Nach einigen Partien in Go und Schach schlug AlphaZero das Programm AlphaGo.[75] Alpha Zeros einzige Vorgabe war es, seine Gewinnrate zu erhöhen. Anders als AlphaGo lernte es nicht von historischen Partien, die von Menschen gespielt wurden: „AlphaZero learns these move probabilities and value estimates entirely from self-play".[76]

Es verwendet lediglich ein neuronales Netz, anstatt getrennte Policy- und Valuenetze. Schließlich benötigte Alpha Zero ein Tausendstel der Rechenleistung von AlphaGo um bessere Ergebnisse zu liefern. So wurde AlphaZero das leistungsstärkste Programm von DeepMind und war in der Lage, eine grundlegende Spielkompetenz zu entwickeln, die menschlichen Spielern weitgehend überlegen ist. Silver et al. (2018) folgerten im Journal Science über die Ergebnisse von Alpha Zero: „These results bring us a step closer to fulfilling a longstanding ambition of artificial intelligence […]: a general game-playing system that can learn to master any game".[77]

[72] Vgl. Yu (2016), S. 45.

[73] Vgl. Yu (2016), S. 42 ff.

[74] Vgl. Brügmann (1993), S. 1 ff.

[75] Vgl. Silver et al. (2017a); Silver et al. (2018), S. 1140 ff.; Silver et al. (2017b), S. 354 ff.

[76] Silver et al. (2018), S. 1140.

[77] Silver et al. (2018), S. 1144.

Fallstudie zum AI-Unternehmen OpenAI

OpenAI ist ein Forschungslabor für künstliche Intelligenz, das aus dem privatwirtschaftlichen Unternehmen OpenAI LP und seiner Muttergesellschaft, der gemeinnützigen OpenAI Inc. besteht. Das Unternehmen betreibt Forschung im Bereich AI mit dem erklärten Ziel: „to ensure that artificial general intelligence benefits all of humanity".[78]

Die Ziele und Prinzipien der Arbeit von OpenAI werden in einer Charta aus dem Jahr 2018 festgehalten.[79] Darin heißt es unter anderem, dass die Arbeit von OpenAI nicht dazu beitragen soll, der Menschheit zu schaden oder Macht unangemessen zu konzentrieren, obwohl dies aufgrund der General Artificial Intelligence denkbar wäre.

Dabei verpflichtet sich OpenAI in seinem gesamten Tätigkeitsbereich: „Our primary fiduciary duty is to humanity."[80] Es lässt sich konstatieren, dass im Vergleich zum Unternehmen DeepMind die Aussagen von OpenAI viel stärker auf die sozialen Auswirkungen des Einsatzes ihrer Technologie und die allgemeinen Auswirkungen von AI auf die Gesellschaft gerichtet sind.

Vor diesem Hintergrund wurde OpenAI von Sam Altman und bekannten Investoren wie Elon Musk und Peter Thiel zunächst als gemeinnütziges Unternehmen gegründet. Insgesamt haben Einzelinvestoren und Unternehmensförderer wie Amazon Web Services (AWS), Microsoft und Infosys zunächst 1 Mrd. Dollar in die Gesellschaft eingebracht.[81]

Berichten der New York Times zufolge hat Microsoft seine Beteiligung an OpenAI über die Jahre hinweg stetig erhöht, ohne die Öffentlichkeit einzubeziehen. Microsoft investierte 3 Mrd. Dollar in die umfangreichen Rechenkapazitäten, die OpenAI zum Aufbau seiner AI-Kapazitäten benötigte, um eigene Produkte auf der Grundlage der OpenAI-Technologie entwickeln und einsetzen zu können.

Im Jahr 2023 ist Microsoft in Gesprächen über eine weitere Investition von 10 Mrd. Dollar in OpenAI.[82] Angesichts der damit einhergehenden weiteren Kommerzialisierung der OpenAI-Anwendungen, wird der gemeinnützige Status der Muttergesellschaft von OpenAI zunehmend kritisch gesehen.[83] Microsoft hat im Jahr 2023 begonnen OpenAI-Programme in seine Cloud-Plattform sowie in die Suchmaschine Bing einzubinden. Die Integration von AI-Services könnte neue Wettbewerbsvorteile für Microsoft schaffen.

Vergleichbar mit dem Ansatz von DeepMind konzentriert sich die Forschung von OpenAI auf das allgemeine Reinforcement Learning, wobei für spezifische Projekte auch mit anderen Ansätzen wie dem Supervised Learning gearbeitet wird, um seine AI-Programme zu trainieren. OpenAI ist an mehreren AI-Forschungsprojekten beteiligt, die sich mit Spielen und

[78] OpenAI (2023a).

[79] Vgl. OpenAI (2018b).

[80] Broadly Distributed Benefits, Absatz 2 OpenAI (2018b).

[81] Vgl. OpenAI (2015).

[82] Vgl. Metz/Weise (2023).

[83] Vgl. Moreno (2022); Salmon (2023).

anderen abstrakten Problemen befassen. Im Gegensatz zu DeepMind befasst sich OpenAI jedoch nicht mit konkreten naturwissenschaftlichen Herausforderungen wie der Analyse von Gesundheitsdaten zur Erkennung von Krankheiten oder der Faltung von Proteinen.

OpenAI konzentriert sich unter anderem auf den Bereich des Meta-Lernens als Teilgebiet des maschinellen Lernens. Die Idee hierbei ist, dass Software lernt, wie sie mit Daten ohne weitere Anweisungen lernen kann. Das Ziel von OpenAI besteht darin, dass der Zugang zu Metadaten dazu führt, dass Lernalgorithmen von selbst mit der Analyse beginnen und so ein autonomes und flexibles Lernen induzieren.[84]

Mit dem Forschungsprogramm Competitive Self-Play wurde beispielsweise ein AI-Programm entwickelt, das virtuelle AI-gesteuerte Personen interagieren lässt, die lernen sich fortzubewegen, und deren Ziel es ist, im Selbstspiel körperliche Fähigkeiten wie Angreifen, Ausweichen, Täuschen, und Fangen zu erlernen, ohne dass das Programm explizit auf diese Fähigkeiten ausgerichtet ist.[85]

Ein weiteres Projekt ist Learning Dexterity, das darauf abzielt, eine AI zu entwickeln, die eine menschenähnliche Roboterhand bedient, um physische Objekte zu bewegen.[86] In diesem Projekt verwendet OpenAI eine physische Roboterhand des Unternehmens Shadow Robot, um eine AI-gestützte Software zu entwickeln, die die Hand steuern und auch auf unerwartete Eingaben reagieren kann.[87] OpenAI geht dabei das Problem der Objektorientierung mit einem Simulationsansatz an, der die AI einer Vielzahl von Einflüssen aussetzt.[88]

OpenAI hat 2019 gezeigt, dass das so trainierte AI-Programm einen Zauberwürfel (Rubik's Cube) lösen kann, ohne dafür spezifisch trainiert worden zu sein.[89] Dies kann als ein wesentlicher Entwicklungsschritt der AI angesehen werden. Abb. 8.20 stellt die zeitliche Entwicklung von OpenAI anhand ausgewählter Ereignisse dar.

OpenAIs Generative Pre-trained Transformer GPT und die Programme ChatGPT und DALL-E

Eine der wichtigsten Entwicklungen von OpenAI ist das Generative Pre-Training Transformationsmodell (Generative Pre-trained Transformer – GPT). Das GPT-Modell von OpenAI ist ein Sprachmodell, das in der Lage ist, umfangreiches allgemeines Wissen zu erwerben und weitreichende Verbindungen und kontextuelle Beziehungen zu erkennen, indem es auf Basis eines umfangreichen Datensatzes von langen zusammenhängenden Texten trainiert wird.[90] GPT wurde mit zwei Arten des Verstärkungslernens trainiert: erstens mit dem Reinforcement Learning from Human Feedback (RLHF) und zweitens mit der Proximal Policy Optimization (PPO).[91]

---

[84] Vgl. Lemke/Budka/Gabrys (2015), S. 117 ff.; OpenAI (2018c); Nichol/Achiam/Schulman (2018).

[85] Vgl. Knight (2017).

[86] Vgl. OpenAI (2018a).

[87] Vgl. Shadow Robot (2023).

[88] Vgl. OpenAI et al. (2018).

[89] Vgl. OpenAI (2018a); OpenAI et al. (2019).

[90] Vgl. Brown et al. (2020).

[91] Vgl. OpenAI (2017).

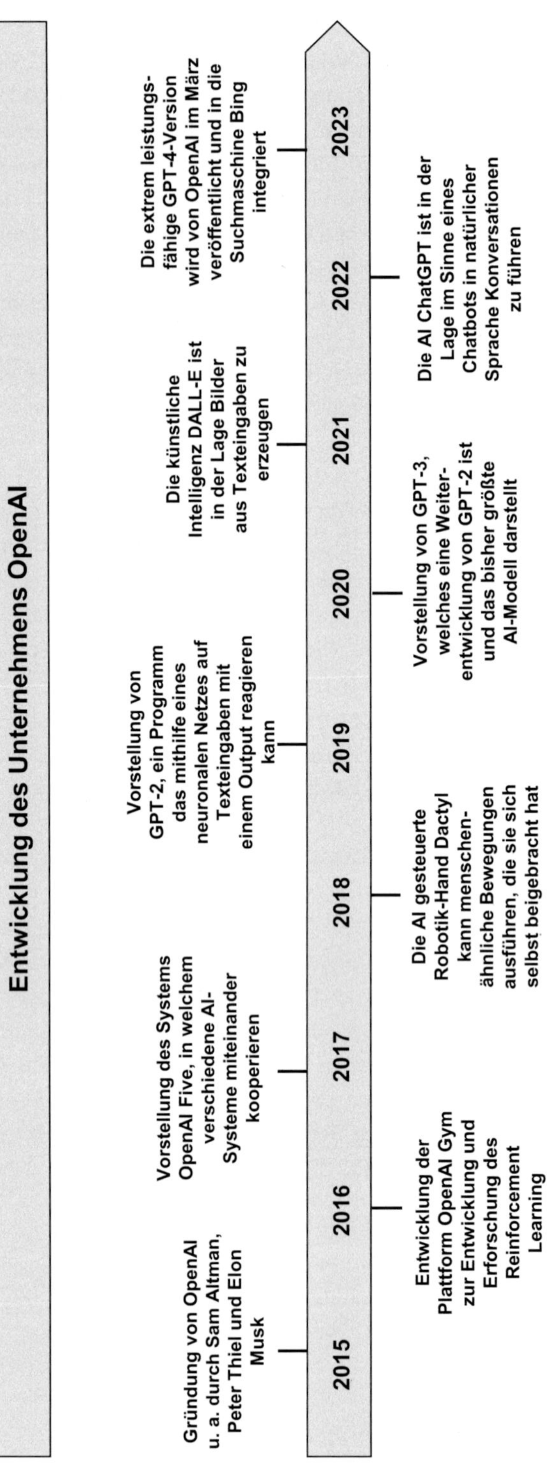

Abb. 8.20 Zeitliche Entwicklung von OpenAI

Das Reinforcement Learning from Human Feedback (RLHF) basiert auf einem System, das eine Textsequenz einer skalaren Bewertung gegenüberstellt, die die menschliche Präferenz numerisch widerspiegelt. Die Ausgabe einer skalaren Punktzahl ist für bestehende Algorithmen des Reinforcement Learning von entscheidender Bedeutung und wurde durch eine Vielzahl von menschlichen Eingaben entwickelt. Konkret wurden Texte von Menschen mithilfe eines Punktesystems bewertet, woraufhin das System in der Lage war, die menschliche Bewertungssystematik zu verallgemeinern.

Zweitens verwendet OpenAI einen bestimmten Policy-Gradient-Algorithmus (PGA) namens Proximal Policy Optimization (PPO). PGAs sind Modelle, die Musteraktionen durchführen, die entsprechenden Belohnungen beobachten und dann die Aktionssteuerung (Policy) entsprechend optimieren.[92]

Der Erfolg von PGAs hängt sehr stark von der Größe der Optimierungsschritte ab. Wenn die Schritte zu klein sind, ist der Lernfortschritt sehr langsam. Wenn die Schritte zu groß sind, wird das Signal von Ungenauigkeiten überlagert oder es kommt zu starken Leistungseinbrüchen.

Außerdem haben GPAs oft eine sehr schlechte Stichprobeneffizienz, da sie übermäßig viele Zeitschritte benötigen, um einfache Aufgaben zu lernen. OpenAI hat daher intensiv an der Entwicklung eines ausgewogenen und effizienten PGAs namens PPO gearbeitet, der nun die Standardeinstellung für das Reinforcement-Learning ihrer AI-Software ist.

Das GPT-Modell von OpenAI hat sich über mehrere Stufen entwickelt und lag im Jahr 2022 in Version 3 (GPT-3) vor. GPT-3 ist ein nicht-überwachtes Transformator-Sprachmodell mit 175 Mrd. Parametern.[93] Bei seiner Entwicklung hat OpenAI auch Meta-Learning- beziehungsweise Unsupervised-Learning-Ansätze angewendet.[94] GPT-3 konnte damit in die Lage versetzt werden, den Zweck einer einzelnen Eingabe zu verallgemeinern und entsprechende Ausgaben zu generieren.

Auf der Grundlage von GPT-3 wurde im Jahr 2022 das frei zugängliche Programm ChatGPT veröffentlicht. Dabei handelt es sich um ein AI-Tool, das es den Nutzern ermöglicht, sprachlich mit dem System zu interagieren. Die Nutzer können in ihrer natürlichen Sprache Fragen stellen und erhalten ausführliche Antworten. Das System beantwortet die Fragen innerhalb von Sekunden mit langen, komplexen und kohärenten Textausgaben. Abb. 8.21 stellt eine AI-generierte Antwort des OpenAI-Dienstes ChatGPT zur Texteingabe „4 c business model“ dar.

ChatGPT weist jedoch eine gewisse Fehleranfälligkeit bei der Generierung der Inhaltsbeschreibungen auf. In unserem Beispiel besteht das 4C-Net Business Modell nicht aus den Komponenten Customers, Channels, Company und Competitors, sondern aus den Bereichen Content, Commerce, Context und Connection.[95] Daher müssen insbesondere in

[92] Vgl. OpenAI (2017).

[93] Vgl. Brown et al. (2020).

[94] Vgl. Brown et al. (2020).

[95] Vgl. zum 4C-Net Business Model Kap. 13 B2C-Geschäftsmodelle im Digital Business.

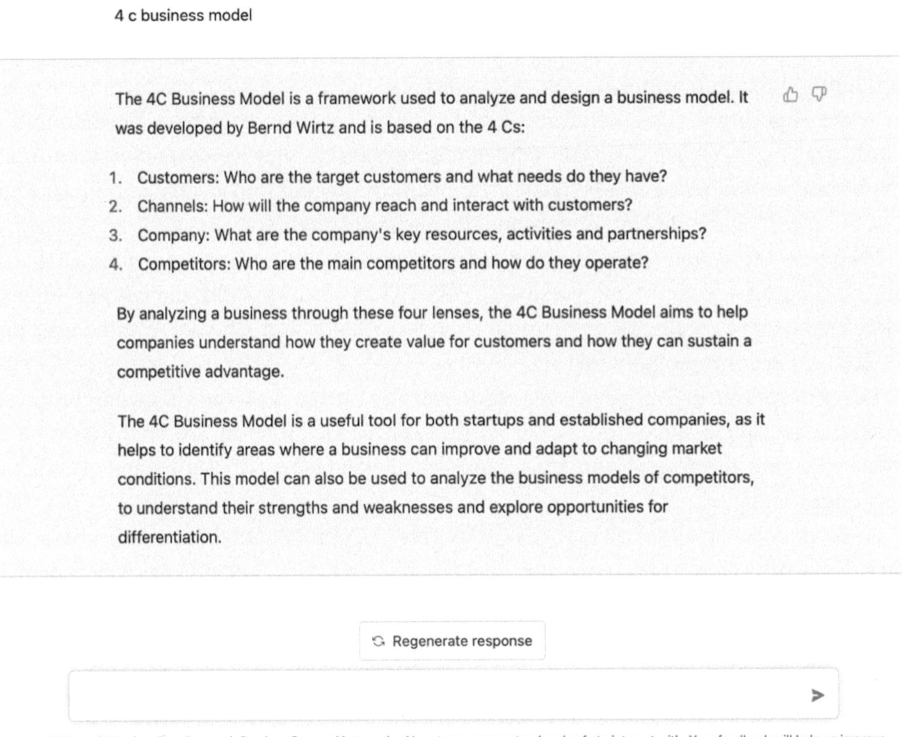

Abb. 8.21 AI-generierte Beispielantwort des OpenAI-Dienstes ChatGPT zur Eingabe „4 c business model" (Vgl. OpenAI (2023b))

der Anfangsentwicklungsphase von ChatGPT die von ChatGPT-generierten Inhalte auf ihre Sinnhaftigkeit und Richtigkeit überprüft werden.

Im Jahr 2020 wurde GPT-3 exklusiv an Microsoft lizenziert.[96] Microsoft plant, ChatGPT als Querschnittstechnologie in sein Leistungsspektrum einzubinden. Für die Zukunft ist davon auszugehen, dass neben der Suchmaschine Bing auch das Windows-Betriebssystem und das Office-Produktpaket zunehmend mit Sprachassistenz auf Basis von ChatGPT-Softwarekomponenten ausgestattet werden.

Darüber hinaus wurde Anfang 2023 die Bezahlversion ChatGPT Plus eingeführt und es ist künftig davon auszugehen, dass nur noch eine eingeschränkte Basisversion kostenfrei verfügbar sein wird. Die zusätzlichen Einnahmen von 20 US-Dollar (März 2023) pro Kunde monatlich sollen den Zugang für möglichst viele Nutzer sichern, in der Vergangenheit war das System zeitweise aufgrund der hohen Nutzerzahlen überlastet. Zahlende Kunden erhalten einen zuverlässigen Zugang zur Software und einen frühzeitigen Zugriff auf neue Funktionen sowie möglicherweise einen höheren Leistungsumfang.[97]

[96] Vgl. Hao (2020).

[97] Vgl. Frankfurter Allgemeine Zeitung (2023).

Im März 2023 wurde die neueste Version GPT-4 gelauncht: „We've created GPT-4, the latest milestone in OpenAI's effort in scaling up deep learning. GPT-4 is a large multimodal model (accepting image and text inputs, emitting text outputs) that, while less capable than humans in many real-world scenarios, exhibits human-level performance on various professional and academic benchmarks."[98]

Die im November 2022 veröffentlichte Vorgängerversion GPT-3.5 hatte 175 Mrd. Parameter an Trainingsdaten als Basis zur Verfügung. GPT-4 wurde mit 17 Billionen Parametern trainiert, was einer Verhundertfachung des Leistungsinputs entspricht. Der Launch der Version GPT-4 zeigt in welch erheblicher Geschwindigkeit die Leistungsfähigkeit von AI-Sprachmodellen zunimmt.

Es ist zu beobachten, dass die Nutzung des ChatGPT-Dienstes bereits jetzt große Herausforderungen mit sich bringt. Insbesondere im Bildungsbereich gibt es eine intensive öffentliche Auseinandersetzung über die Verwendung von AI-basierten Texten, deren Identifizierung als Plagiat kaum möglich ist, da es sich um einmalige Ausgaben der Software handelt. Vor diesem Hintergrund hat die Stadt New York entschieden, dass ChatGPT nicht in Schulen eingesetzt werden darf.[99]

Ein weiteres Anwendungsprogramm, das die AI-Software GPT-3 verwendet, ist DALL-E. Das Programm ist darauf ausgelegt, Bilder aus Textbeschreibungen zu erzeugen. DALL-E stützt sich auf einen Datensatz von Text-Bild-Paaren, der es ihm ermöglicht, diverse Gestaltungsmöglichkeiten für sehr komplexe Bilder zu entwickeln.[100]

Die Anwender können den Dienst anhand konkreter Anweisungen, was die Bilder enthalten und wie sie gestaltet sein sollen, testen. Nach Angaben von OpenAI erstellen mehr als 1,5 Mio. Nutzer täglich über 2 Mio. Bilder mit DALL-E.[101] Abb. 8.22 stellt ein AI-generiertes Bild des OpenAI-Dienstes DALL-E zum Textbefehl „Alien Doing Digital Business by Vermeer" dar. Abb. 8.22 verdeutlicht den möglichen Einsatz von AI auch in Bereichen wie der Kreativwirtschaft und stellt die einst verbreitete Vorstellung in Frage, dass AI-Systeme nur in analytischen und sachlichen Arbeitsbereichen eingesetzt werden könnten.

Da sich die Entwicklung von AI in einem frühen Stadium befindet, können nur begrenzt Aussagen über die weiteren Auswirkungen im Bereich des Digital Business gemacht werden.

Die Fallstudien zu DeepMind und OpenAI zeigen jedoch konkrete Anwendungsfälle auf, die bereits heute eingesetzt werden. Es ist daher absehbar, dass Entwicklungen von DeepMind, OpenAI und anderen Akteuren im Bereich der AI wesentliche, zum Teil disruptive Veränderungen in Gesellschaft, Wirtschaft und Staat bewirken.

---

[98] OpenAI (2023d).

[99] Vgl. Herman (2022); Korn/Kelly (2023).

[100] Vgl. Heaven (2021); Ramesh et al. (2021).

[101] Vgl. OpenAI (2022).

Abb. 8.22 AI-generiertes Beispielbild des OpenAI-Dienstes DALL-E zum Befehl „Alien Doing Digital Business by Vermeer". (Vgl. OpenAI (2023c))

8.5 Quantum Computing

Quantum Computing gilt ebenfalls als Schlüsseltechnologie des 21. Jahrhunderts und beinhaltet ein erhebliches Innovations- und Chancenpotenzial im Kontext des Digital Business. Als Technologie macht sich das Quantum Computing die Gesetze der Quantenmechanik zunutze, um Probleme zu lösen, die für konventionelle Rechensysteme nur schwer oder gar nicht lösbar sind.[102]

[102] Vgl. Ladd et al. (2010), S. 45.

Somit hat Quantum Computing insbesondere im Kontext von komplexen Aufgaben das Potenzial die Strukturen und Prozesse im Digital Business erheblich und nachhaltig zu verändern. Vor diesem Hintergrund nehmen auch die privaten und öffentlichen Investitionen in das Quantum Computing zu.[103] Während der weltweite Umsatz des Geschäftsfelds Quantum Computing im Jahr 2020 bei 410 Mio. US-Dollar lag, wird für das Jahr 2027 bereits ein Umsatz von 8,6 Mrd. US-Dollar erwartet.[104]

Da das Quantencomputing eine Schlüsseltechnologie mit großer Bedeutung für die wirtschaftliche Entwicklung ist, sind auch die öffentlichen Investitionen in diese Technologie beträchtlich. Weltweit hat China für das Jahr 2021 mit 15,3 Mrd. US-Dollar die meisten öffentlichen Mittel aufgewendet, mehr als das Doppelte der Investitionen der EU-Länder (7,2 Mrd. US-Dollar) in das Quantencomputing und mehr als das Achtfache der Investitionen der Vereinigten Staaten (1,9 Mrd. US-Dollar).[105]

Die Erwartungen an das erhebliche Disruptionspotenzial des Quantencomputing lassen sich auch an Investitionen in Start-ups ablesen, die sich auf Quantentechnologien konzentrieren.[106] Die Unternehmensberatung McKinsey veröffentlichte im Jahr 2022 eine Analyse, wonach sich der Markt für Quantentechnologie von 2020 bis 2021 auf 1,4 Mrd. US-Dollar mehr als verdoppelt hat.

Zudem wird davon ausgegangen, dass der Markt für Quantentechnologie bis 2035 einen Wert von fast 700 Mrd. US-Dollar erreichen kann und bis 2040 um schätzungsweise 90 Mrd. US-Dollar pro Jahr wachsen wird.[107] Die zunehmende Relevanz des Quantum Computing zeigt sich auch in der wachsenden Zahl von wissenschaftlichen Veröffentlichungen, Kongressen und Patentanmeldungen im Bereich des Quantencomputing.[108]

Vor diesem Hintergrund werden in diesem Abschnitt zunächst die Grundlagen und die historische Entwicklung des Quantencomputing beschrieben sowie die Bedeutung und das Leistungspotenzial dargestellt. Anschließend wird ein Vergleich zwischen der Funktionsweise von konventionellen und Quantencomputern dargestellt.

Darüber hinaus wird die Nutzung und Funktionsweise der Technologie des Quantencomputing in einem Modell veranschaulicht, das verschiedene Technologie- und Anwendungsebenen beschreibt. Abschließend werden die wichtigsten Akteure im Bereich des Quantencomputing beschrieben und die zentralen Chancen und Risiken des Quantencomputing aufgezeigt.

---

[103] Vgl. Rietsche et al. (2022).

[104] Vgl. Statista (2022a).

[105] Vgl. Statista (2022b).

[106] Vgl. Masiowski et al. (2022).

[107] Vgl. McKinsey & Company (2022).

[108] Vgl. Hassija et al. (2020), S. 42 ff.

Grundlagen des Quantum Computing

Der deutsche Physiker Max Planck hat im Jahr 1900 zum ersten Mal den Begriff der Quanten aufgeworfen, um Eigenschaften und Gesetzmäßigkeiten von Zuständen und Vorgängen der Materie zu beschreiben, die mit Theorien der klassischen Physik nicht erklärbar waren.[109] Bis in die 1930er-Jahre wurde eine Reihe von Theorien der Quantenphysik beziehungsweise der Quantenmechanik entwickelt, die heute als eine der Hauptsäulen der modernen Physik gelten.[110]

Das Quantum Computing macht sich die Quantenmechanik zu Nutze und ist damit ein Anwendungsfeld, das schon seit den 1950er-Jahren im Bereich der Informatik diskutiert und entwickelt wird. Im Mittelpunkt steht dabei die Entwicklung von Hochleistungsrechnern, die anders als konventionelle Computer aufgrund der Parallelität von Zuständen in der Quantenmechanik ein deutlich größeres Rechenpotenzial als herkömmliche Transistoren-basierte Rechner haben können.

Das erste konkrete Modell eines Quantencomputers wurde in den 1980er-Jahren entwickelt. Paul Benioff entwickelte ein theoretisches Quantenmodell, mit dem relevante mathematische Aufgaben gelöst werden können.[111] In den folgenden zwanzig Jahren wurden die Kenntnisse auf dem Gebiet der nutzbaren Quantenmechanik weiterentwickelt und wichtige Ergebnisse wie beispielsweise die Notation von Quantenschaltungen und entsprechende Quantenalgorithmen zur Entschlüsselung gängiger kryptografischer Verfahren vorgestellt.[112]

1998 entwickelten Chuang, Gershenfeld und Kubinec den ersten physikalisch-technischen Quantencomputer, der auf einem Zwei-QBit-Prozessor basiert und mathematische Berechnungen durchführen kann.[113] Seitdem hat die Entwicklung von Quantencomputern deutliche Fortschritte gemacht.

Im Wesentlichen kann jede mathematisch lösbare Aufgabe sowohl von einem herkömmlichen Bit-basierten Computer als auch von einem Quantencomputer gelöst werden. Dies bezieht sich jedoch auf die reine Berechenbarkeit, wobei Quantencomputer in der Lage sind, bestimmte Aufgaben mit einem viel geringeren Zeit- und Energieaufwand zu berechnen.

Quanten-Supremacy

Konkret geht man davon aus, dass Quantencomputer in der Lage sind, Probleme zu lösen, die herkömmliche Computer nicht in relevanter Zeit lösen können. Diese Fähigkeit wird als Quantenüberlegenheit oder „Quanten-Supremacy" bezeichnet.[114]

---

[109] Vgl. Planck (1900); Planck (1969), S. 107 ff.

[110] Vgl. Davisson/Germer (1927), S. 705 ff.; Einstein (1905), S. 132 ff.; Thomson (1927), S. 802 ff.

[111] Vgl. Benioff (1980), S. 563 ff.

[112] Vgl. Mermin (2006), S. 481 ff.; Feynman (1986), S. 507 ff.

[113] Vgl. Nielsen/Chuang/Grover (2002), S. 558 ff.

[114] Vgl. Preskill (2012), S. 1 ff.

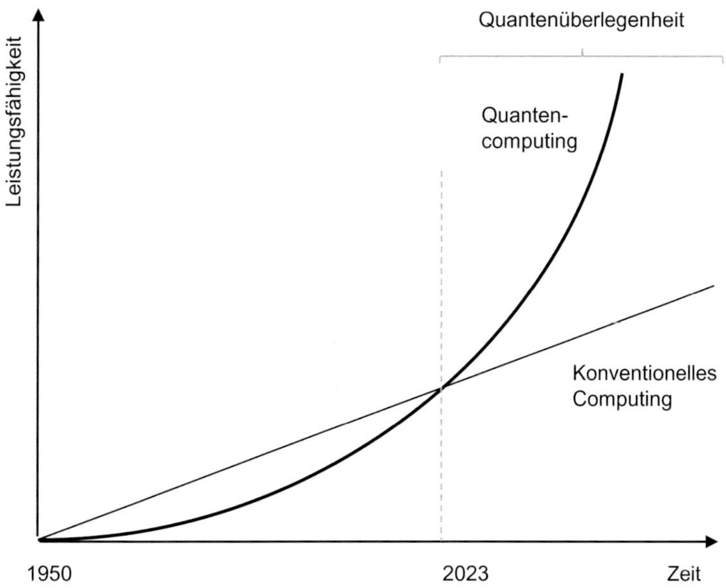

Abb. 8.23 Entwicklung der Leistungsfähigkeit von Quantencomputern

Da Quanten-Supremacy zunächst nur voraussetzt, dass Quantencomputer eine bestimmte Aufgabe schneller oder besser lösen können als herkömmliche Rechner, kann man davon ausgehen, dass die Quanten-Supremacy mit den Berechnungen von Google und der NASA am 23. Oktober 2019 in dieser spezifischen Aufgabenstellung gegeben ist.[115] Demnach hat Google AI gemeinsam mit der NASA eine Berechnung auf einem Quantencomputer durchgeführt, die auf bisherigen Supercomputern nicht umzusetzen war.[116]

Unabhängig von der spezifischen Überlegenheit der Quantencomputer in der Forschung zeigen die zunehmenden Investitionen etablierter Unternehmen und von Start-ups, die sich mit der Quantentechnologie befassen, dass die Technologie auf dem Weg zur praktischen Anwendung ist.[117] Es ist daher davon auszugehen, dass Quantencomputer in den kommenden Jahrzehnten zunehmend in der digitalen Wirtschaft zum Einsatz kommen werden. Abb. 8.23 zeigt die Entwicklung der Leistungsfähigkeit von Quantencomputern hin zur Quanten-Supremacy.[118]

Funktionalität von Quantum Computing

Die Funktionsweise und die Eigenschaften von Quantencomputern unterscheiden sich grundlegend von denen herkömmlicher Computer. Abb. 8.24 zeigt die Unterschiede

[115] Vgl. Aaronson (2019); Metz (2019).

[116] Vgl. Arute et al. (2019), S. 505 f.; Associated Press (2019).

[117] Vgl. McKinsey & Company (2022).

[118] Inhalte basierend auf van Velzen et al. (2022).

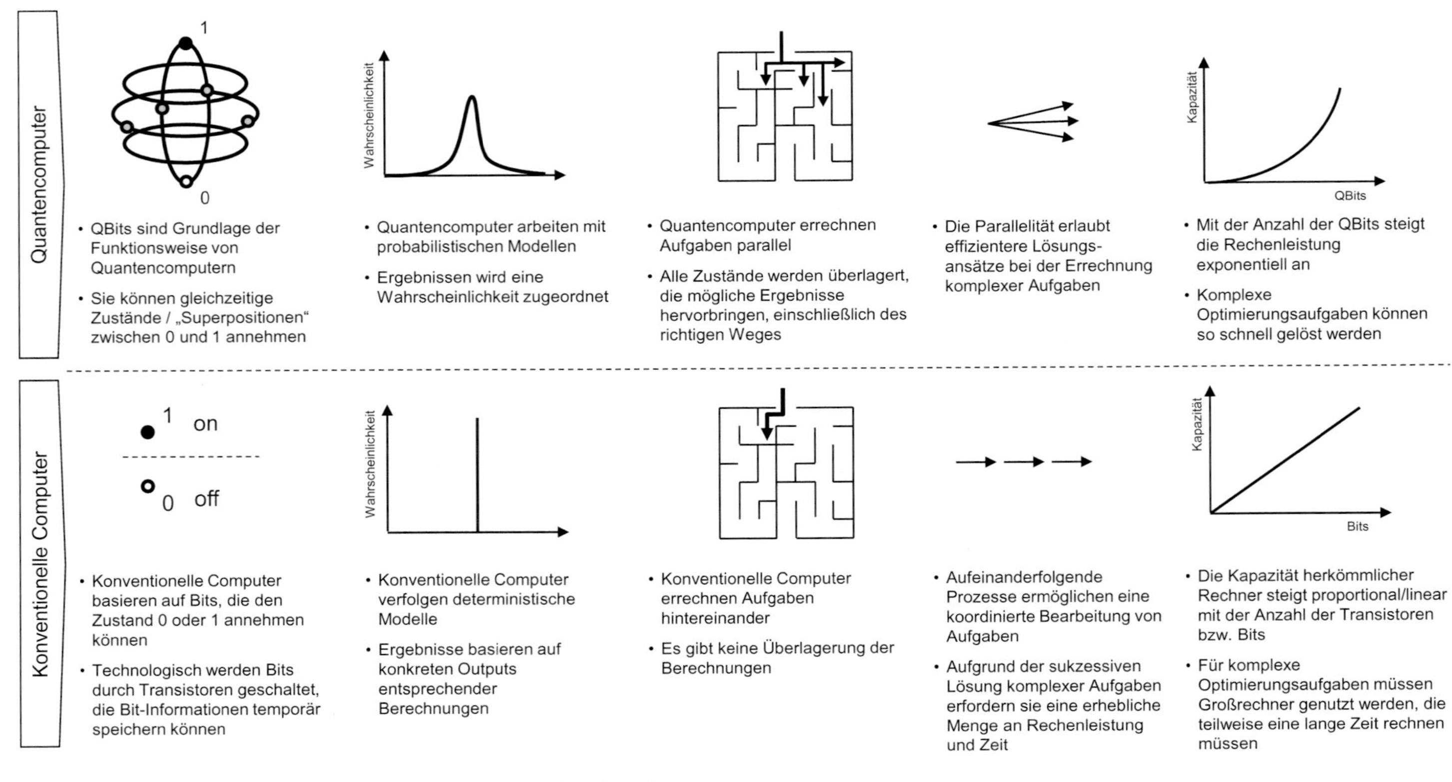

Abb. 8.24 Funktionsweisen von Quanten- und konventionellen Computern

zwischen Quantencomputern und konventionellen Computern anhand spezifischer Merkmale.[119]

Zunächst unterscheidet sich die Art der Datenverarbeitung zwischen Quantencomputern und konventionellen Computern grundlegend. Quantencomputer nutzen die Mechanismen der Quantenphysik um sogenannte Quantenberechnungen durchzuführen. Die meisten Quantenberechnungen basieren auf sogenannten Quantenbits, Qubits oder QBits, welche dem Bit in herkömmlichen Transistoren-basierten Computern entsprechen. Ein QBit kann sich in einem 1 oder 0 Quantenzustand oder in einer Überlagerung der Zustände 1 und 0 befinden.

Wenn ein Zustand im QBit gemessen wird, ist das Ergebnis immer 0 oder 1. Die Wahrscheinlichkeit des einen oder anderen Ergebnisses hängt von dem Quantenzustand des QBit unmittelbar vor der Messung ab. Die Eigenschaften eines QBit hinsichtlich der Überlagerung (eng.: Superposition) und Verschränkung mit anderen QBits (eng.: Entanglement) verleihen Quantencomputern eine inhärente Parallelität in Berechnungen und geben Anwendern die Möglichkeit, deutlich effizienter Ergebnisse zu erzielen als durch die Nutzung konventioneller Bit-basierter Computer.[120]

Verschränkung (Entanglement)

Die Verschränkung (eng.: Entanglement) ist ein Phänomen, das auf einer Fernwirkung von Quanten beruht, bei dem zwei QBits ein verbundenes System bilden. Quantenzustände hängen dabei voneinander ab, unabhängig von der Entfernung, die sie voneinander trennt. Die Verschränkung ist ein quantenmechanischer Effekt, der das Verhalten zweier getrennter Dinge miteinander in Beziehung setzt.

Wenn zwei QBits verschränkt sind, wirken sich Änderungen an einem QBit direkt auf das andere aus. Quantenalgorithmen nutzen diese Beziehungen, um Lösungen für komplexe Probleme zu finden. In Bezug auf die klassische Datenverarbeitung ist dies vergleichbar mit einem logischen Tor, das jedes Bit im Speicher mit jedem anderen Bit verbindet.[121]

Überlagerung (Superposition)

Konventionelle Computer bauen im Gegensatz zu Quantencomputern auf Transistorenschaltungen, die temporär Bits speichern und damit einen fixen Zustand von 0 oder 1 annehmen können. Ein QBit kann die in ihm enthaltene Quanteninformation in einen Überlagerungszustand versetzen, der eine Kombination aller möglichen Zustände des QBits darstellt.

QBits in Überlagerung können somit komplexe, mehrdimensionale Rechenräume schaffen, was für herkömmliche transistorbasierte Computer unmöglich ist. Damit geht

[119] Inhalte teilweise basierend auf Jawade (2018); Haddad et al. (2019), S. 4; Knopf/Funk (2019); Behara (2021); van Velzen et al. (2022), S. 6.

[120] Vgl. Ladd et al. (2010), S. 45 ff.; Friedman et al. (2000), S. 43 ff.; Horodecki et al. (2009), S. 865 ff.

[121] Vgl. Horodecki et al. (2009), S. 865 ff.

einher, dass das Quantencomputing keine konkreten Ergebnisse liefert, sondern auf probabilistischen, das heißt wahrscheinlichkeitsorientierten Problemlösungsansätzen beruht. Das bedeutet Lösungsergebnisse bei Quantencomputern sind mit einer gegebenen Wahrscheinlichkeit richtig. Dies unterscheidet sich von konventionellen Computern, die deterministisch sind und damit Ergebnisse eindeutig bestimmen.[122]

Parallelität

Der Unterschied in der Art und Weise der Berechnung von Lösungen lässt sich anhand eines Labyrinths darstellen. Ein konventioneller Computer wählt an jeder Verzweigung eine Richtung, kehrt um, wenn er das Ende erreicht, und beginnt erneut, bis er den Ausgang gefunden hat. Ein Quantencomputer überlagert die Suche nach einem Ausgang aus dem Labyrinth.

Bei jeder Wegzweigung erkundet ein Quantenzustand jede einzelne weitere Richtung. Der Quantencomputer wählt also alle Wege parallel aus. Er baut eine alle Zustände überlagernde Superposition, die alle möglichen Wege durchläuft, einschließlich desjenigen, der bis zum Ende durchkommt und damit die Lösung darstellt.[123]

Ein Quantencomputer kann somit verschiedene Aufgaben parallel, das heißt gleichzeitig, ausführen. Dies steht im Gegensatz zu einem herkömmlichen Computer, der sie nacheinander ausführen muss. Die Quantentechnologie ist somit in der Lage, jede Lösung in sehr kurzer Zeit zu optimieren. Damit steigt bei Quantencomputern die Rechenleistung exponentiell mit der Anzahl der QBits aufgrund der Überlagerung und der Verschränkung zwischen den QBits.[124]

Bei herkömmlichen Computern, die auf Transistoren basieren, steigt die Rechenleistung proportional mit der Anzahl der Bits. Für komplexe Optimierungsaufgaben müssen daher heute herkömmliche Großrechner eingesetzt werden, die teilweise sehr lange rechnen müssen, um zu entsprechenden Ergebnissen zu kommen. Quantencomputer können solche Aufgaben theoretisch und teilweise bereits heute viel schneller mit deutlich weniger QBits bewältigen.[125]

Anwendung von Quantencomputern

Die Anwendung der Quanten-Computing-Technologie im Kontext der digitalen Wirtschaft lässt sich anhand eines Schichtenmodells veranschaulichen. Dieses zeigt, dass für die Übersetzung von Quantencomputern einige Zwischenstufen notwendig sind, damit auch Akteure im digitalen Kontext die Technologie nutzen können. Abb. 8.25 veranschaulicht die verschiedenen Ebenen anhand eines Quantum-Computing-Multi-Layer-Modells.[126]

[122] Vgl. Duan/Raussendorf (2005), S. 1 ff.

[123] Vgl. Haddad et al. (2019), S. 4 f.

[124] Vgl. Terhal (2018), S. 530 f.

[125] Vgl. Arute et al. (2019), S. 505 ff.

[126] Inhalte teilweise basierend auf Gambetta/Chow/Steffen (2017); Sodhi (2018); Hassija et al. (2020), S. 46; Behara (2021); Nayak (2021); IQM (2022).

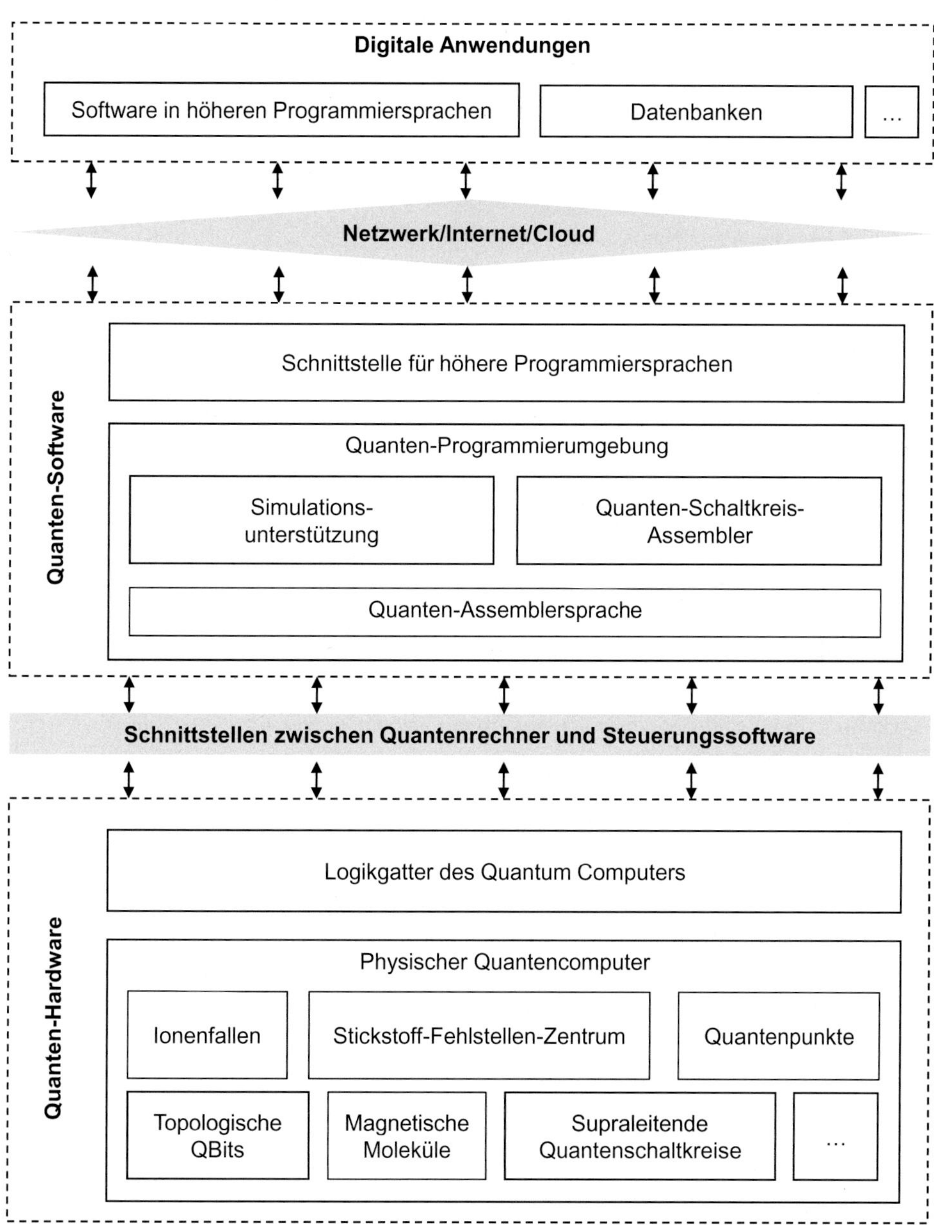

Abb. 8.25 Quantum-Computing-Multi-Layer-Modell

Die allgemeine Architektur eines Quantencomputers, der im Kontext des Digital Business Verwendung findet, lässt sich in verschiedene Ebenen unterteilen. Grundsätzlich lässt sich der Quantencomputer, wie ein herkömmlicher Bit-basierter Rechner, in die zwei Bereiche Hardware und Software unterteilen.[127]

Hardware eines Quantencomputers

Die Hardware eines Quantencomputers beschreibt die physikalisch-technischen Bausteine. Anders als herkömmliche Computer sind diese bei Quantencomputern sehr groß und aufwendig herzustellen.[128] Die Hardware von Quantencomputern besteht in der Regel aus einer Reihe komplexer physikalischer Steuerungs- und Messeinheiten, die bisher weitgehend in Einzelfertigung speziell für den spezifischen Quantencomputer hergestellt werden.

Der Quantencomputer kann sich dabei verschiedener technologischer Ansätze bedienen. In der Regel werden supraleitende Schleifen für die physikalische Realisierung von QBits verwendet, die häufig eine extreme Kälteumgebung verlangen.[129] Darüber hinaus kann der physische Quantencomputer je nach Umsetzungsdesign physikalische Bausteine enthalten, die für die Adressierung und Steuerung von QBits benötigt werden.

Da es verschiedene Ansätze der physikalischen Realisierung von Quantencomputern gibt, sollen hier nur einige vielversprechende technologische Konzepte aufgeführt werden. Dazu gehören Ionenfallen, supraleitende Architekturen, Quantenoptik, Stickstoffvakanzzentren, kernmagnetische Resonanz, topologische Qubits, neutrale Atome und Quantenpunkte.[130]

Darüber hinaus basieren Quantencomputer auf dem Konzept der Quanten-Logik-Gatter. Dabei handelt es sich um grundlegende Quantenschaltungen, die somit zentrale Bausteine von Quantenberechnungen sind, ähnlich wie die klassischen Logikgatter für herkömmliche digitale Schaltungen. Quanten-Logik-Gatter stellen jedoch in der Regel keine physikalischen Komponenten wie Transistoren dar, sondern beruhen auf einer zeitlich steuerbaren Wechselwirkung der QBits untereinander beziehungsweise mit der Umgebung.[131]

Einer der wichtigsten Bausteine eines Quantencomputers ist die Schnittstelle zwischen der Hardware und der Software. Angesichts der hohen Komplexität und des technischen Aufwands bei der Abschirmung von Interferenzen, der Verwendung von Supraleitern und der teilweise erheblichen Kühlung ist es wichtig, dass die Mess- und Steuerungssoftware die Hardware des Quantencomputers möglichst unverfälscht steuern und erfassen kann. Da die Steuerung bisher meist auf konventionellen Hard- und Softwareansätzen beruht, stellt diese Schnittstelle den Übergang zwischen konventioneller Computertechnik und dem quantenbasierten Prozessor (QPU) dar.[132]

---

[127] Vgl. Chong/Franklin/Martonosi (2017), S. 180 ff.; Fingerhuth/Babej/Wittek (2018), S. 1 ff.

[128] Vgl. Sodhi (2018), S. 4.

[129] Vgl. Behara (2021).

[130] Vgl. Cao et al. (2019), S. 10856 ff.

[131] Vgl. Brandl (2017), S. 18 ff.

[132] Vgl. Sodhi (2018), S. 4; Behara (2021); McGeoch et al. (2019), S. 38 ff.

Quantensoftware

Die Quantensoftware basiert größtenteils auf einer Quantenprogrammierumgebung, die Elemente wie die Quantenassemblersprache, die für die Anweisung einer QPU erforderlich ist, sowie Simulationsunterstützung und einen Quantenschaltkreis-Assembler bereitstellt.

Die genaue Gestaltung der Quantenprogrammierumgebung hängt von dem technologischen Ansatz ab, der im Hinblick auf die Quantenhardware verfolgt wird. Für den Einsatz in konkreten Anwendungen ist es jedoch letztlich von erheblicher Bedeutung, dass die Quantensoftware über eine Programmierschnittstelle verfügt, die zum Schreiben von Programmen in einer höheren Programmiersprache notwendig ist.[133]

Quantencomputer können in der Regel nur in speziellen Funktionsumgebungen eingesetzt werden, da sie normalerweise auf extreme Kühlung und aufwendige Abschirmung gegen Strahlungseinflüsse angewiesen sind. Darüber hinaus sind moderne IT-Infrastruktursysteme in der Regel auf einen dezentralen Netzzugang ausgelegt.

Vor diesem Hintergrund ist davon auszugehen, dass auch Quantencomputer im Rahmen des Digital Business in Zukunft dezentral bereitgestellt werden und damit eine Schnittstelle zu Netzwerken, Internet und Cloud nutzen werden. In diesem Zusammenhang ist auch davon auszugehen, dass es Quanten-Ökosysteme geben wird, die mehrere Anwendungen vereinen und Quantenressourcen gemeinsam nutzen.

Anwendungsbeispiele im Kontext des Digital Business

Nachdem die Funktionsweise und der Aufbau von Quantencomputern dargestellt wurden, gibt der folgende Abschnitt einen Einblick in die konkreten Anwendungen auf diesem Gebiet. Bevor Quantencomputing im kommerziellen Maßstab möglich ist, müssen in der Entwicklung noch einige spezifische technologische Herausforderungen überwunden werden. Außerdem weisen die derzeit verfügbaren Versionen von Quantencomputern eine hohe Fehleranfälligkeit in ihren Ergebnissen auf, die verringert werden muss, um sie kommerziell nutzbar zu machen.

Um diese Probleme zu lösen, müssen Quantencomputer insbesondere die Anzahl der QBits, der Informationseinheiten, die diese leistungsstarken Geräte zur Ausführung von Aufgaben verwenden, erhöhen. Es wird davon ausgegangen, dass diese Entwicklungsaufgaben in den kommenden Jahren sukzessive technisch gelöst werden, weshalb sich Unternehmen zunehmend schon im Vorfeld auf die zu erwartende technische Anwendung des Quantencomputing in einem wirtschaftlichen Kontext einstellen.

In Anbetracht der Tatsache, dass Quantencomputing die Möglichkeit bietet, komplexe Optimierungsprobleme zu bewältigen, für die heutige Supercomputer sehr viel Zeit benötigen, gibt es eine Vielzahl konkreter Beispiele, bei denen der Einsatz von Quantencomputing einen erheblichen Nutzen verspricht. Diese reichen von Anwendungen im Bereich der Cybersicherheit beziehungsweise der Kryptografie über chemische Forschung bis hin zum Investmentbereich. Im Folgenden werden diese Anwendungsbereiche beispielhaft beschrieben, da hier die Anwendung von Quantencomputing große Fortschritte verspricht.

[133] Vgl. Sodhi (2018), S. 4 ff.

Quantenanwendungen in der Kryptografie

Einer der vielen Anwendungsfälle für Quantencomputing ist die Kryptografie. Das Quantencomputing hat zwei Auswirkungen auf die Kryptografie: Die beträchtliche Rechenleistung von Quantencomputern ermöglicht es, Sicherheitsmechanismen für Daten zu entschlüsseln, die mit herkömmlichen Computern als unüberwindbar gelten. Zweitens werden Quantencomputer Mittel bereitstellen, um Daten so zu verschlüsseln, dass sie ohne entsprechende Zugangsschlüssel nicht entschlüsselt werden können.[134]

Kryptografie ist die Technik, eine Nachricht für einen Unbefugten unverständlich zu machen. Um dieses Ziel zu erreichen, wird meist ein Algorithmus (auch Kryptosystem oder Chiffre genannt) verwendet, um eine Nachricht mit zusätzlichen Informationen, dem so genannten Schlüssel, zu kombinieren und ein Kryptogramm zu erstellen. Diese Technik wird als Verschlüsselung bezeichnet.

Damit ein Kryptosystem sicher ist, sollte es unmöglich beziehungsweise sehr schwer sein, das Kryptogramm ohne den Schlüssel zu entschlüsseln. Die Idee ist, dass die Nachricht mindestens so lange geschützt bleibt, wie die darin enthaltenen Informationen wertvoll sind. Obwohl die Vertraulichkeit die traditionelle Anwendung der Kryptografie ist, wird sie heutzutage auch zur Erreichung breiterer Ziele eingesetzt, wie beispielsweise zur Authentifizierung, wie für digitale Signaturen.

Die beträchtliche Rechenleistung von Quantencomputern macht es möglich, die heutige Datenverschlüsselung viel einfacher zu entschlüsseln. Vor diesem Hintergrund warnen Experten vor den Risiken der heutigen Dateninfrastruktur angesichts der ausstehenden Verbreitung von Quantencomputern außerhalb von Forschungseinrichtungen.[135]

Die Verschlüsselung mittels Quantentechnologie wird als Quanten-Kryptografie bezeichnet und beschreibt die Nutzung quantenmechanischer Eigenschaften zur Verschlüsselung von Informationen. Der Vorteil der Quantenkryptografie besteht darin, dass sie verschiedene kryptografische Aufgaben ermöglicht, die mit herkömmlichen Ansätzen unmöglich sind.

So ist es beispielsweise unmöglich, in einem Quantenzustand kodierte Daten zu kopieren. In diesem Kontext ist das No-Cloning-Theorem von erheblicher Bedeutung, das besagt, dass es unmöglich ist, eine identische Kopie eines beliebigen unbekannten Quantenzustands zu erstellen.[136] Versucht man, die verschlüsselten Daten zu lesen, wird der Quantenzustand durch den Kollaps der Wellenfunktion verändert.[137]

Quantenanwendungen in der Chemie

Mit der Weiterentwicklung von Quantencomputern werden auch neue Methoden und Techniken entwickelt, die der chemischen Forschung zugutekommen werden. Einer der wichtigsten Anwendungsbereiche wird die Berechnung der expliziten Darstellung der Wellenfunktion sein, entweder weil die simulierten Eigenschaften eine hohe Genauigkeit erfordern oder weil chemische Systeme stark miteinander verschränkt sind.[138]

---

[134] Vgl. Gisin et al. (2002), S. 145 f.; Pirandola et al. (2020), S. 1012 ff.; Portmann/Renner (2022).

[135] Vgl. Savariraj/Simone (2022).

[136] Vgl. Wootters/Zurek (2009), S. 76.

[137] Vgl. Savariraj/Simone (2022); Bennett et al. (1992), S. 3 ff.; Gisin et al. (2002), S. 145 ff.

[138] Vgl. Cao et al. (2019), S. 10856 ff.

In diesen Fällen macht das exponentielle Wachstum der Dimension der Wellenfunktion die Manipulation und Speicherung auf einem klassischen Computer teilweise unmöglich. Selbst für große Systeme ist es schwierig, die vollständige Wellenfunktion explizit zu errechnen.

Vor diesem Hintergrund wird die Nutzung von Quantencomputern die Genauigkeit und Nachvollziehbarkeit chemischer Vorhersagen verbessern. Dies erfordert jedoch die Entwicklung von Quantenalgorithmen für die Quantenchemie. In der Chemie gehören dazu beispielsweise Algorithmen zur Schätzung der Grundzustandsenergien molekularer Hamiltonianer und zur Berechnung thermischer Geschwindigkeitskonstanten.[139]

Quantenanwendungen im Investmentbereich

Die dritte beispielhafte Anwendung des Quantencomputing ist die Berechnung und Modellierung komplexer Finanzmodelle und Anlageportfolios.[140] Es gibt eine Vielzahl von Aufgaben im Investmentbereich wie Prognosen, Portfoliooptimierung und Betrugserkennung, die darauf angewiesen sind erhebliche Rechenleistungen zu nutzen. Viele Probleme im Finanzbereich lassen sich als Optimierungsprobleme formulieren. Es handelt sich dabei um Aufgaben, die für klassische Computer besonders schwierig sind, die aber mit Hilfe von Quantenoptimierungsmethoden deutlich effizienter zu errechnen sind.

In den letzten Jahren hat dieser Bereich ein erhebliches Wachstum erfahren, was zum Teil auf die kommerzielle Verfügbarkeit von Quantenoptimierungsverfahren zurückzuführen ist. Einige Ansätze im Investmentbereich lassen sich direkt in einer quantenmechanischen Form ausdrücken.

So lässt sich beispielsweise die Black-Scholes-Merton-Formel, ein mathematisches Modell für die Dynamik eines Finanzmarktes mit derivativen Anlageinstrumenten, auf die Schrödinger-Gleichung übertragen, eine lineare partielle Differenzialgleichung, die die Wellenfunktion eines quantenmechanischen Systems steuert.[141] In einem Fachartikel, der von einem Team von IBM und JPMorgan verfasst wurde, wird eine Methode zur Bewertung von Optionskontrakten mithilfe eines Quantencomputers vorgestellt.[142]

Eine andere Möglichkeit besteht darin, nach Mustern in Daten zu suchen, was ein gängiger Ansatz ist, um wirtschaftliche Vorhersagen zu treffen. In diesem Bereich haben sich Methoden des maschinellen Lernens als äußerst erfolgreich erwiesen, da sie auch unbekannte Muster durch eine vielfache Auswertung verschiedener Variablen selbstständig erkennen können. Allerdings stellen hier die Grenzen der Rechenleistung von herkömmlichen Computern oft eine erhebliche Einschränkung dar. Daher können der Finanzmarkt und seine Akteure als Quantenprozess modelliert werden, um die Grenzen der Rechenleistung zu überwinden.[143]

---

[139] Vgl. Cao et al. (2019), S. 10856 ff.

[140] Vgl. Herman et al. (2022), S. 1 ff.; Egger et al. (2020), S. 1 ff.; Orús/Mugel/Lizaso (2019).

[141] Vgl. Black/Scholes (1973); Berezin/Shubin (2012).

[142] Vgl. Stamatopoulos et al. (2020), S. 291 ff.

[143] Vgl. Biamonte et al. (2017), S. 195 ff.; Orús/Mugel/Lizaso (2019), S. 2.

QC-Unternehmen

Im Bereich des Quantencomputing gibt es inzwischen eine große Anzahl von Unternehmen. Da sich das Quantencomputing und die entsprechenden Unternehmensaktivitäten noch in einer frühen Phase befinden, sind entsprechende Informationen nur begrenzt verfügbar.

Zudem gibt es nur ein unvollständiges Bild des Marktes in China, der durch erhebliche Forschungsanstrengungen auf dem Gebiet des Quantencomputing gekennzeichnet ist. Allerdings veröffentlichen chinesische kommerzielle Quantenakteure wie Alibaba und Tencent nur wenige Informationen über ihre potenziellen Quanten-Dienstleistungen und -Produkte. Tab. 8.6 stellt eine Auswahl relevanter Unternehmen im Bereich Quantencomputing dar.

Tab. 8.6 Unternehmen im Bereich Quantencomputing

Hersteller	Beschreibung und Service
D-Wave[a]	• D-Wave ist führend in der Entwicklung und Bereitstellung von Quanten-Computing-Systemen, Software und Dienstleistungen • D-Wave-Prozessoren sind programmierbare, supraleitende integrierte Schaltkreise mit bis zu 128 paarweise gekoppelten supraleitenden Flux-Qubits • D-Wave bietet ein Open-Source-Repository mit Software-Tools für Quanten-Annealers, es enthält Qbsolv, ein Stück Open-Source-Software, das Probleme sowohl auf den Quantenprozessoren des Unternehmens als auch auf klassischen Hardware-Architekturen löst • …
Google/ Alphabet[b]	• Google/Alphabet ist eines der führenden Unternehmen in der Forschung und Entwicklung von Quantencomputern und bietet bereits eine Vielzahl von Quantenprodukten und -diensten an • Der Berechnungsdienst Quantum Virtual Machine ermöglicht die Ausführung von Quantenprogrammen auf einem virtuellen Grid auf der Quantenhardware • Der Sycamore-Prozessor von Google/Alphabet verfügt über bis zu 54 supraleitende Qubits und ist für spezifische Algorithmen und maschinelles Lernen geeignet • Das Cirq-Programmier-Framework ist die Open-Source-Python-Plattform von Google/Alphabet, die eine Simulation zum Schreiben, Optimieren und Ausführen von Quantenprogrammen ermöglicht • Googles/Alphabets TensorFlow Quantum stellt dazu eine Bibliothek für maschinelles Lernen bereit • …
IBM[c]	• IBM verfügt über die größte Anzahl der leistungsfähigsten Quantensysteme der Welt und ist einer der Technologieführer im Quantencomputing • Das IBM Quantum System One ist bei der Fraunhofer-Gesellschaft in Deutschland und an der Universität Tokio in Japan installiert, weitere Standorte sollen folgen • IBM zielt darauf ab, nationale Quanten-Ökosysteme aufzubauen und die Forschung und Entwicklung zu beschleunigen • IBMs Ziel ist es, bis 2025 einen 4000-Qubit-Prozessor mit mehreren Clustern modular skalierter Prozessoren zu bauen • …

(Fortsetzung)

Tab. 8.6 (Fortsetzung)

Hersteller	Beschreibung und Service
Intel[d]	• Intel ist der weltgrößte Hersteller von Halbleiterchips und Entwickler der x86-Befehlssätze, die heute in den meisten Personal Computern (PCs) zu finden sind • Intel plant „heiße" Silizium-Spin-Qubits auf Basis seiner Erfahrung in der Massenfertigung von Transistoren zu entwickeln, die bei höheren Temperaturen arbeiten • Intel hat unter anderem zum Ziel auf Prozessoren auf über eine Million QBits zu skalieren und die aktuelle Fragilität von QBits zu überwinden • Der kryogene Quantenkontrollchip Horse Ridge II bietet eine engere Integration für die Kontrolle von Quantensystemen in Bezug auf die Manipulation und das Auslesen von Qubitzuständen, er ist vergleichsweise stromsparend, kann bei einer Temperatur von 4 Grad Kelvin betrieben werden und ermöglicht so Tests in großem Umfang, um die Kommerzialisierung zu beschleunigen • …
Microsoft[e]	• Die Microsoft Corporation ist eines der weltweit größten Technologieunternehmen • Microsoft Quantum plant das weltweit erste Full-Stack-, Open-Cloud-Quantencomputing-Ökosystem anzubieten • Microsofts Entwicklungsabteilung ist an einer Reihe von internationalen Quantenforschungs-projekten beteiligt • In diesem Zusammenhang konnte die Abteilung Azure Quantum Quantenanregungen erzeugen, die normalerweise nicht vorhanden sind, aber bei der Steuerung des Prozessors und der Ausführung von Algorithmen helfen • …
Nvidia[f]	• Die Nvidia Corporation ist ein Technologieunternehmen, das Grafikprozessoren (GPUs), Anwendungsprogrammierschnittstellen (APIs) für Datenwissenschaft und Hochleistungsrechnen sowie System-on-Chip-Einheiten (SoCs) für den Markt der mobilen Datenverarbeitung und die Automobilindustrie entwickelt • Nvidia ist ein weltweit führender Anbieter von Hard- und Software für künstliche Intelligenz und arbeitet an der Entwicklung von Quantencomputing • Nvidia verfügt über eine Quanten-Computing-Plattform namens Quantum Optimized Device Architecture, die entwickelt wurde, um quantenbeschleunigte künstliche Intelligenz und Hochleistungs-Computing zu ermöglichen • …
Rigetti[g]	• Rigetti Computing ist ein Entwickler von integrierten Quantenschaltungen für Quantencomputer • Die Cloud-Computing-Plattform Forest bietet Entwicklern Zugriff auf Quantenprozessoren, um Quantenalgorithmen zu Testzwecken zu schreiben • Die Plattform basiert auf einer Programmiersprache namens QUIL, QUIL erleichtert das Quantencomputing, da die Simulation der Nutzung eines Quantenchips mit 36 Qubits ermöglicht wird • Rigetti betreibt ein Rapid-Prototyping-Fertigungslabor namens Fab-1, um schnell integrierte Schaltkreise zu erstellen • …

Tab. 8.6 (Fortsetzung)

Hersteller	Beschreibung und Service
IQM	• IQM ist ein Entwickler von Quantencomputern und Supercomputer-Rechenzentren • Das Ziel des Unternehmens besteht darin, weltweit führende Quantencomputer zu entwickeln, um den Menschen ein gutes Leben zu ermöglichen • IQM bietet fertige Quantencomputer-Systeme, bestehend aus Hard- und Softwarekomponenten, um spezifische Problemstellungen zu lösen • …

[a]Vgl. D-Wave (2022)
[b]Vgl. Google/Alphabet (2022)
[c]Vgl. IBM (2022)
[d]Vgl. Intel (2022)
[e]Vgl. Microsoft (2022)
[f]Vgl. NVIDIA (2022)
[g]Vgl. Rigetti (2022)

Tab. 8.6 zeigt, dass die bisher führenden Technologieunternehmen in der digitalen Entwicklung, wie Google/Alphabet, IBM, Intel und Microsoft, das Quantencomputing mit erheblichen Anstrengungen vorantreiben. Vor dem Hintergrund, dass sich der Markt für Quantencomputer noch in einem sehr frühen Entwicklungsstadium befindet, sind Aussagen über die weiteren wirtschaftlichen Auswirkungen nur sehr eingeschränkt möglich. Es ist jedoch bereits jetzt absehbar, dass die Kombination von Quanten-Computing mit AI zu erheblichen, disruptiven Veränderungen und neuen Geschäftsmodellen im Rahmen der digitalen Entwicklung führen wird.[144]

8.6 Inhaltliche Kernpunkte von Artificial Intelligence und Quantum Computing

- Das Konzept der Artificial Intelligence (AI) beschreibt die Fähigkeit eines Computersystems, menschenähnliches Verhalten wiederzugeben. Dieses zeichnet sich durch bestimmte Kernkompetenzen wie Wahrnehmung, Verstehen, Handeln und Lernen aus.
- Dabei können drei Entwicklungsstufen künstlicher Intelligenz unterschieden werden: Narrow Artificial Intelligence, General Artificial Intelligence und Super Artificial Intelligence.
- Die sogenannten Super AI ist die anspruchsvollste Form maschinellen Denkens und in der Lage durch Big Data Analyse und maschinelles Lernen jede beliebige Aufgabe zu erledigen. Sie ist dem Menschen durch ihre schnelle Selbstverbesserung in vielerlei Hinsicht überlegen.

[144]Vgl. Wirtz/Müller/Langer (2023).

- Es können vier Kognitions- und Gedächtnisebenen von Artificial Intelligence unterschieden werden: Reaktive Maschinen (ohne Erinnerungsvermögen), Limited Memory (kurzfristige Datenspeicherung), Theory of Mind (Verstehen von Emotionen und Bedürfnissen anderer) und Self-Awareness (die AI ist sich ihrer selbst bewusst, wie ein Mensch, dabei übersteigt ihre Fähigkeit zur Datenverarbeitung den menschlichen Verstand).
- Im Bereich Datenanalyse und maschinelles Lernen lassen sich sechs AI-Analyseverfahren unterscheiden. Nach zunehmender maschineller Unabhängigkeit sortiert sind dies: Descriptive Analytics, Diagnostic Analytics, Predictive Analytics, Prescriptive Analytics und Cognitive Analytics.
- Generative AI ist eine Form der künstlichen Intelligenz, die neue Inhalte wie Texte, Bilder oder andere Medien erzeugen kann, wenn sie auf Basis von Anweisungen („Prompts") eines Nutzers dazu aufgefordert wird. Im Gegensatz zu anderen Formen der AI, bei denen es um Analyse, Klassifikation, Vorhersage, Empfehlung, Entscheidungsfindung oder Informationsextraktion aus Daten geht, ist die Generative AI in der Lage, realistische und komplexe Inhalte zu erzeugen.
- Artificial Intelligence umfasst drei Kernfähigkeiten, die sich durch Lern- und Anpassungsfähigkeit auszeichnen. Die erste Kernfähigkeit „Sense" bezieht sich auf die Wahrnehmung der Umwelt. Die zweite Kernfähigkeit „Comprehend" bezieht sich auf das Verstehen der aus der Umwelt erfassten Informationen. Die dritte Kernfähigkeit „Act" beschreibt wiederum die Fähigkeit zu handeln, im Sinne einer physikalischen Aktivität. Ein Beispiel hierfür sind intelligente Bremsassistenten bei Fahrzeugen.
- Da es sich bei AI um eine Querschnittstechnologie handelt, gibt es zahlreiche Anwendungsbereiche. Beispielhaft können AI-basierte Knowledge-Management-Software, AI-basierte Prozessautomatisierung, Virtuelle Agenten, Predictive Analytics, Kognitive Robotik und Speech Analysis genannt werden.
- Es können sechs grundsätzliche Anwendungsfelder für Chancen und Risiken durch AI-Technologie unterschieden werden: technologisch/analytische und datenbezogene, informationelle und kommunikative, wirtschaftliche, gesellschaftliche, ethische sowie rechtliche und regulatorische AI-Chancen und -Risiken.
- Aufgrund der Vielzahl von Risiken durch AI für die Gesellschaft, Wirtschaft und den Staat ist die strategische Governance von AI von besonderer Relevanz.
- Das 6-Dimensionen-AI-Governance-Modell geht auf spezifische AI-Leitlinien anhand der bestehenden Risiken in den sechs Anwendungsfeldern von AI ein. Beispielhaft kann hier das Einsetzen einer Counter-AI, die durch spezielle Algorithmen AI-basierte Desinformation und Propaganda erkennt und bekämpft genannt werden, das Festlegen einer AI-Change-Management-Strategie insbesondere im betriebswirtschaftlichen Kontext sowie eine Kodifizierung ethischer AI-Normen und das Einführen eines AI-Zertifizierungssystems.

- Einen erheblichen Bedeutungszuwachs im Digital Business haben neben AI auch Quantencomputer. Aufgrund der Parallelität von Zuständen in der Quantenmechanik bieten sie ein deutlich höheres Rechenpotenzial als konventionelle Computer und sind daher in der Lage Probleme zu lösen, die herkömmliche Computer nicht in relevanter Zeit lösen können (Quanten-Supremacy).
- Es ist absehbar, dass die Kombination von Quanten-Computing und Artificial Intelligence zu erheblichen, disruptiven Veränderungen im Bereich der digitalen Wirtschaft führen wird.

Kapitel 8
Wissensfragen und Diskussionsthemen

Wissensfragen

1. Definieren Sie Artificial Intelligence und beschreiben Sie die wesentlichen Aspekte von AI.
2. Skizzieren Sie das AI-Framework.
3. Beschreiben Sie das 6-Dimensionen-AI-Risiko-Modell.
4. Erläutern Sie das 6-Dimensionen-AI-Chancen-Modell.
5. Skizzieren Sie die Funktionsweisen von Quantencomputern und konventionellen Computern und erläutern Sie die wesentlichen Unterschiede.

Diskussionsthemen

1. Diskutieren Sie die Risiken von Artificial Intelligence in Bezug auf eine von digitalen Maschinen geprägte und gesteuerte Gesellschaft. Beachten Sie dabei insbesondere den Aspekt von autonom-agierenden AI-Maschinen und deren Auswirkungen auf das menschliche Zusammenleben.
2. In einer nicht allzu fernen Zukunft wird es AI-Maschinen geben, deren Fähigkeiten menschlichen Fähigkeiten in vielen Bereichen überlegen sind und die die Arbeit von Menschen weitgehend ersetzen werden. Diskutieren Sie die ethischen und gesellschaftlichen Aspekte einer solchen Situation und insbesondere die Auswirkungen auf den Arbeitsmarkt und eine mögliche Massenarbeitslosigkeit.
3. Diskutieren Sie anhand des 5-Stufen-Modells AI-basierter Governance wie gesellschaftlich wünschenswert es ist, dass AI-Maschinen Menschen kontrollieren.

Literatur

Aaronson, S. (2019), Why Google's quantum supremacy milestone matters, in: The New York Times, 2019.

Accenture (2016), Why Artificial Intelligence is the Future of Growth, Unter Mitarbeit von Mark Purdy und P. Daugherty, 2016, https://www.accenture.com/lv-en/_acnmedia/PDF-33/Accenture-Why-AI-is-the-Future-of-Growth.pdf, Abruf: 17.07.2017.

Adams, S./Arel, I./Bach, J./Coop, R./Furlan, R./Goertzel, B./Hall, J.S./Samsonovich, A./Scheutz, M./Schlesinger, M./Shapiro, S.C./Sowa, J. (2012), Mapping the Landscape of Human-Level Artificial General Intelligence, in: AIMag, Vol. 33, Nr. 1, 2012, S. 25.

AlphaFold Protein Structure Database (2023), AlphaFold Protein Structure Database – Developed by DeepMind and EMBL-EBI- AlphaFold DB provides open access to over 200 million protein structure predictions to accelerate scientific research., https://alphafold.ebi.ac.uk/, Abruf: 12.01.2023.

AlphaGo (2023), AlphaGo – the Movie, https://www.alphagomovie.com/, Abruf: 11.01.2023.

Arute, F./Arya, K./Babbush, R./Bacon, D./Bardin, J.C./Barends, R./Biswas, R./Boixo, S./Brandao, F.G./Buell, D.A. (2019), Quantum supremacy using a programmable superconducting processor, in: Nature, Vol. 574, Nr. 7779, 2019, S. 505–510.

Assael, Y./Sommerschield, T./Prag, J. (2019), Restoring ancient text using deep learning: a case study on Greek epigraphy, in: arXiv preprint arXiv:1910.06262, 2019.

Associated Press (2019), Google touts quantum computing milestone, https://www.marketwatch.com/story/google-touts-quantum-computing-milestone-2019-10-23, Abruf: 08.12.2022.

Baek, M./DiMaio, F./Anishchenko, I./Dauparas, J./Ovchinnikov, S./Lee, G.R./Wang, J./Cong, Q./Kinch, L.N./Schaeffer, R.D./Millán, C./Park, H./Adams, C./Glassman, C.R./DeGiovanni, A./Pereira, J.H./Rodrigues, A.V./van Dijk, A.A./Ebrecht, A.C./Opperman, D.J./Sagmeister, T./Buhlheller, C./Pavkov-Keller, T./Rathinaswamy, M.K./Dalwadi, U./Yip, C.K./Burke, J.E./Garcia, K.C./Grishin, N.V./Adams, P.D./Read, R.J./Baker, D. (2021), Accurate prediction of protein structures and interactions using a three-track neural network, in: Science, Vol. 373, Nr. 6557, 2021, S. 871–876.

BBC (2021), DeepMind faces legal action over NHS data use, https://www.bbc.com/news/technology-58761324, Abruf: 12.1.23.

Behara, G.K. (2021), Overview of Quantum Computer Platform, https://www.analyticsinsight.net/overview-of-quantum-computer-platform/, Abruf: 06.12.2022.

Benioff, P. (1980), The computer as a physical system: A microscopic quantum mechanical Hamiltonian model of computers as represented by Turing machines, in: J Stat Phys, Vol. 22, Nr. 5, 1980, S. 563–591.

Bennett, C.H./Bessette, F./Brassard, G./Salvail, L./Smolin, J. (1992), Experimental quantum cryptography, in: J. Cryptology, Vol. 5, Nr. 1, 1992, S. 3–28.

Berezin, F.A./Shubin, M. (2012), The Schrödinger Equation 2012.

Biamonte, J./Wittek, P./Pancotti, N./Rebentrost, P./Wiebe, N./Lloyd, S. (2017), Quantum machine learning, in: Nature, Vol. 549, Nr. 7671, 2017, S. 195–202.

Black, F./Scholes, M. (1973), The Pricing of Options and Corporate Liabilities, in: Journal of Political Economy, Vol. 81, Nr. 3, 1973, S. 637–654.

Bory, P. (2019), Deep new: The shifting narratives of artificial intelligence from Deep Blue to AlphaGo, in: Convergence, Vol. 25, Nr. 4, 2019, S. 627–642.

Boyd, M./Wilson, N. (2017), Rapid developments in Artificial Intelligence: how might the New Zealand government respond?, in: Policy Quarterly, Vol. 13, Nr. 4, 2017.

Brandl, M.F. (2017), A quantum von Neumann architecture for large-scale quantum computing, in: arXiv preprint arXiv:1702.02583, 2017.

Briggs, J./Kodnani, D. (2023), Global Economics Analyst- The Potentially Large Effects of Artificial Intelligence on Economic Growth (Briggs/Kodnani), https://www.gspublishing.com/content/research/en/reports/2023/03/27/d64e052b-0f6e-45d7-967b-d7be35fabd16.html, Abruf: 04.08.2023.

Brown, T.B./Mann, B./Ryder, N./Subbiah, M./Kaplan, J./Dhariwal, P./Neelakantan, A./Shyam, P./Sastry, G./Askell, A./Agarwal, S./Herbert-Voss, A./Krueger, G./Henighan, T./Child, R./Ramesh, A./Ziegler, D.M./Wu, J./Winter, C./Hesse, C./Chen, M./Sigler, E./Litwin, M./Gray, S./Chess, B./Clark, J./Berner, C./McCandlish, S./Radford, A./Sutskever, I./Amodei, D. (2020), Language Models are Few-Shot Learners, 2020.

Brügmann, B. (1993), Monte Carlo Go, in: Max-Planck-Institute of Physics, 1993, S. 1–11.

Callaway, E. (2020), 'It will change everything': DeepMind's AI makes gigantic leap in solving protein structures, in: Nature, Vol. 588, Nr. 7837, 2020, S. 203–204.

Campbell, M./Hoane Jr, A.J./Hsu, F. (2002), Deep blue, in: Artificial intelligence, Vol. 134, 1–2, 2002, S. 57–83.

Cao, Y./Romero, J./Olson, J.P./Degroote, M./Johnson, P.D./Kieferová, M./Kivlichan, I.D./Menke, T./Peropadre, B./Sawaya, N.P.D./Sim, S./Veis, L./Aspuru-Guzik, A. (2019), Quantum Chemistry in the Age of Quantum Computing, in: Chemical reviews, Vol. 119, Nr. 19, 2019, S. 10856–10915.

Chong, F.T./Franklin, D./Martonosi, M. (2017), Programming languages and compiler design for realistic quantum hardware, in: Nature, Vol. 549, Nr. 7671, 2017, S. 180–187.

Colmerauer, A./Roussel, P. (1996), The birth of Prolog, in: History of programming languages II, 1996, S. 331–367.

Copeland, M. (2016), What's the Difference Between Artificial Intelligence, Machine Learning and Deep Learning?, https://blogs.nvidia.com/blog/2016/07/29/whats-difference-artificial-intelligence-machine-learning-deep-learning-ai/, Abruf: 04.02.2021.

Damron, S. (2018), AI Academy: What is machine learning?, https://www.onemodel.co/blog/ai-academy-what-is-machine-learning, Abruf: 12.01.2023.

DataRobot Inc. (2020), Unsupervised machine learning, https://www.datarobot.com/wiki/unsupervised-machine-learning/, Abruf: 02.02.2021.

Davisson, C./Germer, L.H. (1927), Diffraction of Electrons by a Crystal of Nickel, in: Phys. Rev., Vol. 30, Nr. 6, 1927, S. 705–740.

Decide Soluciones (2017), Let's talk about Advanced Analytics: A brief look at Artificial Intelligence, https://becominghuman.ai/lets-talk-about-advanced-analytics-a-brief-look-at-artificial-intelligence-bf1c7a7d3f96, Abruf: 04.02.2021.

DeepMind (2016), DeepMind AI Reduces Google Data Centre Cooling Bill by 4 %, https://www.deepmind.com/blog/deepmind-ai-reduces-google-data-centre-cooling-bill-by-40, Abruf: 13.01.2023, Abruf: 20.07.2016.

DeepMind (2018), DeepMind, meet Android, Abruf: 13.01.2023, Abruf: 08.05.2018.

DeepMind (2023), Deep mind – About- AI could be one of humanity's most useful inventions, https://www.deepmind.com/about, Abruf: 11.01.2023.

Doneda, D./Almeida, V.A. (2016), What Is Algorithm Governance?, in: IEEE Internet Comput., Vol. 20, Nr. 4, 2016, S. 60–63.

Duan, L.-M./Raussendorf, R. (2005), Efficient quantum computation with probabilistic quantum gates, in: Physical review letters, Vol. 95, Nr. 8, 2005, S. 80503.

D-Wave (2022), Unlock the Power of Practical Quantum Computing Today, https://www.dwavesys.com/, Abruf: 22.12.2022.

Egger, D.J./Gambella, C./Marecek, J./McFaddin, S./Mevissen, M./Raymond, R./Simonetto, A./Woerner, S./Yndurain, E. (2020), Quantum computing for finance: State-of-the-art and future prospects, in: IEEE Transactions on Quantum Engineering, Vol. 1, 2020, S. 1–24.

Eggers, W.D./Fishman, T./Kishnani, P. (2017), AI-augmented human services: Using cognitive technologies to transform program delivery, https://www2.deloitte.com/content/dam/insights/us/articles/4152_AI-human-services/4152_AI-human-services.pdf, Abruf: 15.07.2019.

Einstein, A. (1905), Über einen die Erzeugung und Verwandlung des Lichtes betreffenden heuristischen Gesichtspunkt, in: Ann. Phys., Vol. 322, Nr. 6, 1905, S. 132–148.

Feynman, R.P. (1986), Quantum mechanical computers, in: Found Phys, Vol. 16, Nr. 6, 1986, S. 507–531.

Fingerhuth, M./Babej, T./Wittek, P. (2018), Open source software in quantum computing, in: PloS one, Vol. 13, Nr. 12, 2018, e0208561.

Fonagy, P./Gergely, G./Jurist, E.L./Target, M. (2019), Affect regulation, mentalization and the development of the self, London 2019.

Frankfurter Allgemeine Zeitung (2023), ChatGPT bekommt Bezahlversion mit Abo-Modell, https://www.faz.net/aktuell/wirtschaft/chatgpt-bekommt-bezahlversion-mit-abo-modell-18648588.html, Abruf: 03.02.2023.

Friedman, J.R./Patel, V./Chen, W./Tolpygo, S.K./Lukens, J.E. (2000), Quantum superposition of distinct macroscopic states, in: Nature, Vol. 406, Nr. 6791, 2000, S. 43–46.

Gambetta, J.M./Chow, J.M./Steffen, M. (2017), Building logical qubits in a superconducting quantum computing system, in: npj Quantum Inf, Vol. 3, Nr. 1, 2017.

Gasser, U./Almeida, V.A. (2017), A Layered Model for AI Governance, in: IEEE Internet Comput., Vol. 21, Nr. 6, 2017, S. 58–62.

Gisin, N./Ribordy, G./Tittel, W./Zbinden, H. (2002), Quantum cryptography, in: Rev. Mod. Phys., Vol. 74, Nr. 1, 2002, S. 145–195.

Goodfellow, Ian/ Pouget-Abadie, Jean/ Mirza, Mehdi/ Xu, Bing/ Warde-Farley, David/ Ozair, Sherjil et al. (2014), Generative Adversarial Nets. In: Advances in Neural Information Processing Systems 27.

Google/Alphabet (2022), Explore the possibilities of quantum, https://quantumai.google/, Abruf: 22.12.2022.

Guihot, M./Matthew, A./Suzor, N.P. (2017), Nudging Robots: Innovative Solutions to Regulate Artificial Intelligence, in: Vanderbilt Journal of Entertainment & Technology Law, Vol. 20, Nr. 2, 2017, S. 385–456.

Haddad, M./Schinansi-Halet, G./El Mounaouakil, A./Saf, J./Belhouchat, S. (2019), Quantum Computing- A technology of the future already present, https://www.pwc.fr/fr/assets/files/pdf/2019/11/en-france-pwc-point-of-view-quantum-computing-2019.pdf, Abruf: 30.11.2022.

Handelsblatt (2017), Als würde man sich mit Google unterhalten, Nr. 97, 2017, S. 24.

Hao, K. (2020), OpenAI is giving Microsoft exclusive access to its GPT-3 language model, https://www.technologyreview.com/2020/09/23/1008729/openai-is-giving-microsoft-exclusive-access-to-its-gpt-3-language-model/, Abruf: 17.1.23.

Hassija, V./Chamola, V./Saxena, V./Chanana, V./Parashari, P./Mumtaz, S./Guizani, M. (2020), Present landscape of quantum computing, in: IET Quantum Communication, Vol. 1, Nr. 2, 2020, S. 42–48.

Heaven, W.D. (2021), This avocado armchair could be the future of AI- OpenAI has extended GPT-3 with two new models that combine NLP with image recognition to give its AI a better understanding of everyday concepts., https://www.technologyreview.com/2021/01/05/1015754/avocado-armchair-future-ai-openai-deep-learning-nlp-gpt3-computer-vision-common-sense/, Abruf: 17.1.23.

Herman, D. (2022), The End of High-School English, https://www.theatlantic.com/technology/archive/2022/12/openai-chatgpt-writing-high-school-english-essay/672412/, Abruf: 18.1.23.

Herman, D./Googin, C./Liu, X./Galda, A./Safro, I./Sun, Y./Pistoia, M./Alexeev, Y. (2022), A Survey of Quantum Computing for Finance, 2022.

Hern, A. (2016), Google DeepMind and UCLH collaborate on AI-based radiotherapy treatment, https://www.theguardian.com/technology/2016/aug/30/google-deepmind-ucl-ai-radiotherapy-treatment-, Abruf: 12.1.23.

Hodson, H. (2016), Revealed: Google AI has access to huge haul of NHS patient data, Revealed: Google AI has access to huge haul of NHS patient data, Abruf: 12.1.23.

Horodecki, R./Horodecki, P./Horodecki, M./Horodecki, K. (2009), Quantum entanglement, in: Rev. Mod. Phys., Vol. 81, Nr. 2, 2009, S. 865.

IBM (2022), We're building the future of quantum together, https://www.ibm.com/quantum, Abruf: 22.12.2022.

IBM. (2023), What is artificial intelligence (AI)? https://www.ibm.com/topics/artificialintelligence. zuletzt geprüft am 20.07.2023.

IDC (2019), IDC's AI-Based Automation Evolution Framework: a New Way to Think About AI Automation, https://blogs.idc.com/2019/01/09/idcs-ai-based-automation-evolution-framework-a-new-way-to-think-about-ai-automation/?utm_source=LinkedIn&utm_medium=social&utm_campaign=01.09_DV_Blog&utm_content=IDC, Abruf: 17.01.2023.

Inofuentes, J. (2014), Google acquires AI pioneer DeepMind Technologies- An ethics board will regulate Google's use of AI tech., https://arstechnica.com/information-technology/2014/01/google-acquires-ai-pioneer-deepmind-technologies/, Abruf: 12.1.23.

Intel (2022), Discover Quantum Computing, https://www.intel.com/content/www/us/en/research/quantum-computing.html, Abruf: 22.12.2022.

IQM (2022), The Way Forward: Bringing HPC and Quantum Computing Together, https://www.meetiqm.com/articles/blog/the-way-forward-part2/, Abruf: 6.12.22.

Jawade, B. (2018), Quantum Computing ?/!, https://towardsdatascience.com/quantum-computing-5b715976e61d, Abruf: 15.12.2022.

Joshi, N. (2019), 7 Types Of Artificial Intelligence, https://www.forbes.com/sites/cognitiveworld/2019/06/19/7-types-of-artificial-intelligence/#5ce76d7c233e, Abruf: 02.02.2021, Abruf: 19.06.2019.

Jovanovic, Mladan/ Campbell, Mark (2022), Generative Artificial Intelligence: Trends and Prospects. In: Computer 55 (10), S. 107–112. https://doi.org/10.1109/MC.2022.3192720.

Kaplan, A./Haenlein, M. (2019), Siri, Siri, in my hand: Who's the fairest in the land? On the interpretations, illustrations, and implications of artificial intelligence, in: Business Horizons, Vol. 62, Nr. 1, 2019, S. 15–25.

Kirste, M./Schürholz, M. (2019), Einleitung: Entwicklungswege zur KI, in: Wittpahl, V. (Hrsg.): Künstliche Intelligenz, Berlin, Heidelberg 2019, S. 21–35.

Knight, W. (2017), OpenAI's Goofy Sumo-Wrestling Bots Are Smarter Than They Look, https://www.technologyreview.com/2017/10/12/148618/openais-goofy-sumo-wrestling-bots-are-smarter-than-they-look/.

Knopf, I./Funk, S. (2019), So funktioniert ein Quantencomputer, https://www.quarks.de/technik/faq-so-funktioniert-ein-quantencomputer/, Abruf: 15.12.2022.

Korn, J./Kelly, S. (2023), New York City public schools ban access to AI tool that could help students cheat, https://edition.cnn.com/2023/01/05/tech/chatgpt-nyc-school-ban/index.html, Abruf: 18.1.23.

Ladd, T.D./Jelezko, F./Laflamme, R./Nakamura, Y./Monroe, C./O'Brien, J.L. (2010), Quantum computers, in: Nature, Vol. 464, Nr. 7285, 2010, S. 45–53.

Lally, A./Fodor, P. (2011), Natural language processing with prolog in the IBM Watson system, in: The Association for Logic Programming (ALP) Newsletter 9, 2011.

Lemke, C./Budka, M./Gabrys, B. (2015), Metalearning: a survey of trends and technologies, in: Artificial intelligence review, Vol. 44, Nr. 1, 2015, S. 117–130.

Leslie, A.M. (2000), „Theory of mind“ as a mechanism of selective attention, in: Gazzaniga, M.S. (Hrsg.): The new cognitive neurosciences, 2. Auflage 2000, S. 1235–1247.

Li, Y./Choi, D./Chung, J./Kushman, N./Schrittwieser, J./Leblond, R./Eccles, T./Keeling, J./Gimeno, F./Dal Lago, A./Hubert, T./Choy, P./Masson d'Autume, C. de/**Babuschkin, I./Chen, X./Huang, P.-S./Welbl, J./Gowal, S./Cherepanov, A./Molloy, J./Mankowitz, D.J./Sutherland Robson, E./Kohli, P./Freitas, N.** de/**Kavukcuoglu, K./Vinyals, O. (2022)**, Competition-level code generation with AlphaCode, in: Science, Vol. 378, Nr. 6624, 2022, S. 1092–1097.

Madiega, T. (2019), EU guidelines on ethics in artificial intelligence: Context and implementation, https://www.europarl.europa.eu/RegData/etudes/BRIE/2019/640163/EPRS_BRI(2019)640163_EN.pdf, Abruf: 18.01.2023.

Manager Magazin (2017), Schneller als sein Schatten, Nr. 5, 2017, S. 63–66.

Masiowski, M./Mohr, N./Soller, H./Zesko, M. (2022), Quantum computing funding remains strong, but talent gap raises concern, https://www.mckinsey.com/capabilities/mckinsey-digital/our-insights/quantum-computing-funding-remains-strong-but-talent-gap-raises-concern.

McCarthy, J./Minsky, M.L./Rochester, N./Shannon, C.E. (2006), A proposal for the dartmouth summer research project on artificial intelligence, Nr. 4, 2006, S. 12.

McGeoch, C.C./Harris, R./Reinhardt, S.P./Bunyk, P.I. (2019), Practical Annealing-Based Quantum Computing, in: Computer, Vol. 52, Nr. 6, 2019, S. 38–46.

McKinney, S.M./Sieniek, M./Godbole, V./Godwin, J./Antropova, N./Ashrafian, H./Back, T./Chesus, M./Corrado, G.S./Darzi, A./Etemadi, M./Garcia-Vicente, F./Gilbert, F.J./Halling-Brown, M./Hassabis, D./Jansen, S./Karthikesalingam, A./Kelly, C.J./King, D./Ledsam, J.R./Melnick, D./Mostofi, H./Peng, L./Reicher, J.J./Romera-Paredes, B./Sidebottom, R./Suleyman, M./Tse, D./Young, K.C./Fauw, J. de/Shetty, S. (2020), International evaluation of an AI system for breast cancer screening, in: Nature, Vol. 577, Nr. 7788, 2020, S. 89–94.

McKinsey & Company (2022), How quantum computing could change the world- Featured Insights, https://www.mckinsey.com/featured-insights/themes/how-quantum-computing-could-change-the-world, Abruf: 16.06.2023.

Mermin, D. (2006), Breaking rsa encryption with a quantum computer: Shor's factoring algorithm, in: Lecture notes on Quantum computation, 2006, S. 481–681.

Metz, C. (2019), Google claims a quantum breakthrough that could change computing- 2019/10/23, in: The New York Times, 2019.

Metz, C./Weise, K. (2023), Microsoft Bets Big on the Creator of ChatGPT in Race to Dominate A.I., https://www.nytimes.com/2023/01/12/technology/microsoft-openai-chatgpt.html, Abruf: 13.01.2023.

Microsoft (2022), Azure Quantum, https://azure.microsoft.com/en-us/solutions/quantum-computing/, Abruf: 22.12.2022.

Miller, M. (2019), AI: A Slow-Motion Explosion- IDC says spending on AI and automation will reach 95$ billion a year by 2022, but that the real explosion could come later, https://www.pcmag.com/news/ai-a-slow-motion-explosion, Abruf: 17.01.2023.

Mitchell, T.M. (2008), Machine Learning, Boston, MA 2008.

Mnih, V./Kavukcuoglu, K./Silver, D./Graves, A./Antonoglou, I./Wierstra, D./Riedmiller, M. (2013), Playing atari with deep reinforcement learning, in: arXiv preprint arXiv:1312.5602, 2013.

Moorfields Eye Hospital (2023), DeepMind Health research partnership, https://www.moorfields.nhs.uk/landing-page/deepmind-health-research-partnership, Abruf: 12.1.23.

Moreno, J. (2022), OpenAI Positioned Itself As The AI Leader In 2022. But Could Google Supersede It In '23?, https://www.forbes.com/sites/johanmoreno/2022/12/29/openai-positioned-itself-as-the-ai%2D%2Dleader-in-2022-but-could-google-supersede-it-in-23/?sh=18789d945321, Abruf: 17.01.2023.

Nayak, C. (2021), Full stack ahead: Pioneering quantum hardware allows for controlling up to thousands of qubits at cryogenic temperatures- Microsoft Research Blog, https://www.microsoft.com/en-us/research/blog/full-stack-ahead-pioneering-quantum-hardware-allows-for-controlling-up-to-thousands-of-qubits-at-cryogenic-temperatures/, Abruf: 06.12.2022.

Nichol, A./Achiam, J./Schulman, J. (2018), On First-Order Meta-Learning Algorithms, 2018.

Nielsen, M.A./Chuang, I./Grover, L.K. (2002), Quantum Computation and Quantum Information, in: American Journal of Physics, Vol. 70, Nr. 5, 2002, S. 558–559.

Novet, J. (2018), Google is finding ways to make money from Alphabet's DeepMind A.I. technology, https://www.cnbc.com/2018/03/31/how-google-makes-money-from-alphabets-deepmind-ai-research-group.html, Abruf: 13.1.23.

NVIDIA (2022), NVIDIA Quantum-2 InfiniBand Platform, https://www.nvidia.com/en-us/networking/quantum2/, Abruf: 22.12.2022.

OpenAI (2015), Introducing OpenAI, https://openai.com/blog/introducing-openai/, Abruf: 13.01.2023.

OpenAI (2017), Proximal Policy Optimization, https://openai.com/blog/openai-baselines-ppo/, Abruf: 16.01.2023.

OpenAI (2018a), Learning Dexterity- We've trained a human-like robot hand to manipulate physical objects with unprecedented dexterity., https://openai.com/blog/learning-dexterity/, Abruf: 16.01.2023.

OpenAI (2018b), OpenAI Charter, https://openai.com/charter/, Abruf: 13.1.23.

OpenAI (2018c), Reptile: A Scalable Meta-Learning Algorithm, https://openai.com/blog/reptile/, Abruf: 16.1.23.

OpenAI (2022), DALL·E Now Available Without Waitlist, https://openai.com/blog/dall-e-now-available-without-waitlist/, Abruf: 17.1.23.

OpenAI (2023a), About OpenAI- OpenAI is an AI research and deployment company. Our mission is to ensure that artificial general intelligence benefits all of humanity, https://openai.com/about/, Abruf: 13.1.23.

OpenAI (2023b), ChatGPT- Eingabe: 4 c business model, https://chat.openai.com/chat, Abruf: 01.02.2023.

OpenAI (2023c), Dall-E- Eingabe: Alien Doing Digital Business by Vermeer, https://labs.openai.com/, Abruf: 01.02.2023.

OpenAI (2023d), GPT-4, https://openai.com/research/gpt-4, Abruf: 15.03.2023.

OpenAI/Akkaya, I./Andrychowicz, M./Chociej, M./Litwin, M./McGrew, B./Petron, A./Paino, A./Plappert, M./Powell, G./Ribas, R./Schneider, J./Tezak, N./Tworek, J./Welinder, P./Weng, L./Yuan, Q./Zaremba, W./Zhang, L. (2019), Solving Rubik's Cube with a Robot Hand: arXiv, 2019.

OpenAI/Andrychowicz, M./Baker, B./Chociej, M./Józefowicz, R./McGrew, B./Pachocki, J./Petron, A./Plappert, M./Powell, G./Ray, A./Schneider, J./Sidor, S./Tobin, J./Welinder, P./Weng, L./Zaremba, W. (2018), Learning Dexterous In-Hand Manipulation, in: Computing Research Repository (CoRR) in arXiv, 2018.

Orús, R./Mugel, S./Lizaso, E. (2019), Quantum computing for finance: Overview and prospects, in: Reviews in Physics, Vol. 4, 2019, S. 100028.

Pirandola, S./Andersen, U.L./Banchi, L./Berta, M./Bunandar, D./Colbeck, R./Englund, D./Gehring, T./Lupo, C./Ottaviani, C. (2020), Advances in quantum cryptography, in: Advances in optics and photonics, Vol. 12, Nr. 4, 2020, S. 1012–1236.

Planck, M. (1900), Zur Theorie des Gesetzes der Energieverteilung im Normalspektrum, 1900.

Planck, M. (1969), 2. Zur Theorie des Gesetzes der Energieverteilung im Normalspektrum, in: Haar, D. ter (Hrsg.): Quantentheorie 1969, S. 107–117.

Pohlen, T./Piot, B./Hester, T./Azar, M.G./Horgan, D./Budden, D./Barth-Maron, G./van Hasselt, H./Quan, J./Večerík, M. (2018), Observe and look further: Achieving consistent performance on atari, in: arXiv preprint arXiv:1805.11593, 2018.

Portmann, C./Renner, R. (2022), Security in quantum cryptography, in: Rev. Mod. Phys., Vol. 94, Nr. 2, 2022, S. 25008.

Preskill, J. (2012), Quantum computing and the entanglement frontier, https://arxiv.org/pdf/1203.5813.pdf, Abruf: 08.12.2022, Abruf: 2012.

Rahwan, I. (2018), Society-in-the-loop: programming the algorithmic social contract, in: Ethics Inf Technol, Vol. 20, Nr. 1, 2018, S. 5–14.

Ramesh, A./Pavlov, M./Goh, G./Gray, S./Voss, C./Radford, A./Chen, M./Sutskever, I. (2021), Zero-Shot Text-to-Image Generation, 2021.

Reed, C. (2018), How should we regulate artificial intelligence?, in: Philosophical transactions. Series A, Mathematical, physical, and engineering sciences, Vol. 376, Nr. 2128, 2018.

Rich, E./Knight, K./Nair, S.B. (2009), Artificial Intelligence, third edition, India 2009.

Rietsche, R./Dremel, C./Bosch, S./Steinacker, L./Meckel, M./Leimeister, J.-M. (2022), Quantum computing, in: Electron Markets, 2022.

Rigetti (2022), calable quantum systems built from the chip up to power practical applications, https://www.rigetti.com/what-we-build, Abruf: 22.12.2022.

Rosa, M./Feyereisl, J./Team, T.G. (2016), A Framework for Searching for General Artificial Intelligence, 2016, http://arxiv.org/pdf/1611.00685v1.

Russell, S.J./Norvig, P. (2016), Artificial intelligence- A modern approach, 3. edition. Global edition, Upper Saddle River 2016.

Salmon, F. (2023), How a Silicon Valley nonprofit became worth billions, https://www.axios.com/2023/01/10/how-a-silicon-valley-nonprofit-became-worth-billions, Abruf: 17.1.23.

Savariraj, J.S./Simone, S. de **(2022)**, An Introduction to Post-Quantum Public Key Cryptography, https://www.infoq.com/articles/post-quantum-cryptography-introduction/, Abruf: 15.12.2022.

Scherer, M.U. (2016), Regulating Artificial Intelligence Systems: Risks, Challenges, Competencies, and Strategies, in: SSRN Journal, 2016.

Searle, J.R. (1980), Minds, brains, and programs, in: Behav Brain Sci, Vol. 3, Nr. 3, 1980, S. 417–424.

Service, R. (2018), Google's DeepMind aces protein folding, https://www.science.org/content/article/google-s-deepmind-aces-protein-folding, Abruf: 12.1.23.

Service, R. (2020), 'The game has changed.' AI triumphs at solving protein structures, https://www.science.org/content/article/game-has-changed-ai-triumphs-solving-protein-structures, Abruf: 12.1.23.

Shadow Robot (2023), Dexterous Hand Series- The World's Most Dexterous Humanoid Robot Hand Helping the Advances in Robotic Research., https://www.shadowrobot.com/dexterous-hand-series/, Abruf: 16.1.23.

Silver, D./Hubert, T./Schrittwieser, J./Antonoglou, I./Lai, M./Guez, A./Lanctot, M./Sifre, L./Kumaran, D./Graepel, T./Lillicrap, T./Simonyan, K./Hassabis, D. (2017a), Mastering Chess and Shogi by Self-Play with a General Reinforcement Learning Algorithm, 2017.

Silver, D./Hubert, T./Schrittwieser, J./Antonoglou, I./Lai, M./Guez, A./Lanctot, M./Sifre, L./Kumaran, D./Graepel, T./Lillicrap, T./Simonyan, K./Hassabis, D. (2018), A general reinforcement learning algorithm that masters chess, shogi, and Go through self-play, in: Science, Vol. 362, Nr. 6419, 2018, S. 1140–1144.

Silver, D./Schrittwieser, J./Simonyan, K./Antonoglou, I./Huang, A./Guez, A./Hubert, T./Baker, L./Lai, M./Bolton, A. (2017b), Mastering the game of go without human knowledge, in: Nature, Vol. 550, Nr. 7676, 2017, S. 354–359.

Sodhi, B. (2018), Quality attributes on quantum computing platforms, in: arXiv preprint arXiv:1803.07407, 2018.

Stamatopoulos, N./Egger, D.J./Sun, Y./Zoufal, C./Iten, R./Shen, N./Woerner, S. (2020), Option pricing using quantum computers, in: Quantum, Vol. 4, 2020, S. 291.

Statista (2022a), Forecast size of the quantum computing market worldwide in 2020 and 2027- Global quantum computing revenues 2020–2027, https://www.statista.com/statistics/1067216/global-quantum-computing-revenues/, Abruf: 05.12.2022.

Statista (2022b), Planned public funding for quantum computing 2021, by country, https://www.statista.com/statistics/1319273/planned-public-funding-quantum-computing-country/, Abruf: 06.12.2022.

Terhal, B.M. (2018), Quantum supremacy, here we come, in: Nature Phys, Vol. 14, Nr. 6, 2018, S. 530–531.

The Physics arXiv Blog (2014), The Last AI Breakthrough DeepMind Made Before Google Bought It For $400 m, https://medium.com/the-physics-arxiv-blog/the-last-ai-breakthrough-deepmind-made-before-google-bought-it-for-400m-7952031ee5e1, Abruf: 12.1.23.

Thierer, A.D./Castillo, A./Russell, R. (2017), Artificial Intelligence and Public Policy, in: SSRN Journal, 2017.

Thomson, G.P. (1927), The diffraction of cathode rays by thin films of platinum, in: Nature, Vol. 120, Nr. 3031, 1927, S. 802.

Tomašev, N./Glorot, X./Rae, J.W./Zielinski, M./Askham, H./Saraiva, A./Mottram, A./Meyer, C./Ravuri, S./Protsyuk, I./Connell, A./Hughes, C.O./Karthikesalingam, A./Cornebise, J./Montgomery, H./Rees, G./Laing, C./Baker, C.R./Peterson, K./Reeves, R./Hassabis, D./King, D./Suleyman, M./Back, T./Nielson, C./Ledsam, J.R./Mohamed, S. (2019), A clinically applicable approach to continuous prediction of future acute kidney injury, in: Nature, Vol. 572, Nr. 7767, 2019, S. 116–119.

Turing, A.M. (2009), Computing Machinery and Intelligence, in: Epstein, R./Roberts, G./Beber, G. (Hrsg.): Parsing the Turing Test, Dordrecht 2009, S. 23–65.

Tuyls, K./Omidshafiei, S./Muller, P./Wang, Z./Connor, J./Hennes, D./Graham, I./Spearman, W./Waskett, T./Steel, D./Luc, P./Recasens, A./Galashov, A./Thornton, G./Elie, R./Sprechmann, P./Moreno, P./Cao, K./Garnelo, M./Dutta, P./Valko, M./Heess, N./Bridgland, A./Pérolat, J./Vylder, B. de/Eslami, S.M.A./Rowland, M./Jaegle, A./Munos, R./Back, T./Ahamed, R./Bouton, S./Beauguerlange, N./Broshear, J./Graepel, T./Hassabis, D. (2021), Game Plan: What AI can do for Football, and What Football can do for AI, in: jair, Vol. 71, 2021, S. 41–88.

Ulster University (2020), Cognitive Analytics – combining Artificial Intelligence (AI) and Data Analytics, https://www.ulster.ac.uk/cognitive-analytics-research/cognitive-analytics, Abruf: 04.02.2020.

University College London (2018), Artificial intelligence equal to experts in detecting eye diseases, https://www.ucl.ac.uk/news/2018/aug/artificial-intelligence-equal-experts-detecting-eye-diseases, Abruf: 12.1.23.

van Oord, A. den/**Dieleman, S./Zen, H./Simonyan, K./Vinyals, O./Graves, A./Kalchbrenner, N./Senior, A./Kavukcuoglu, K. (2016)**, Wavenet: A generative model for raw audio, in: arXiv preprint arXiv:1609.03499, 2016.

van Velzen, J./Brier, P./Epstein, S./Boreel, M./Genway, S./Yadav, P./Owen, E./Neelakantaiah, G.K./van Son, N./Bheemaiah, K./Draief, M./Buvat, J./Khadikar, A./Aggarwal, G. (2022), Quantum technologies- How to prepare your organization for a quantum advantage now, https://www.capgemini.com/wp-content/uploads/2022/03/Final-Web-Version-Quantum-Technologies.pdf, Abruf: 06.12.2022.

Varadi, M./Anyango, S./Deshpande, M./Nair, S./Natassia, C./Yordanova, G./Yuan, D./Stroe, O./Wood, G./Laydon, A./Žídek, A./Green, T./Tunyasuvunakool, K./Petersen, S./Jumper, J./Clancy, E./Green, R./Vora, A./Lutfi, M./Figurnov, M./Cowie, A./Hobbs, N./Kohli, P./Kley-

wegt, G./Birney, E./Hassabis, D./Velankar, S. (2022), AlphaFold Protein Structure Database: massively expanding the structural coverage of protein-sequence space with high-accuracy models, in: Nucleic acids research, Vol. 50, D1, 2022, D439-D444.

Whittaker, M./Crawford, K./Dobbe, R./Fried, G./Kaziunas, E./Mathur, V./Myers West, S./Richardson, R./Schultz, J./Schwartz, O. (2018), AI Now Report 2018, https://ainowinstitute.org/AI_Now_2018_Report.pdf, Abruf: 18.01.2023.

Wirtschaftswoche (2023), Künstliche Intelligenz – Neuronale Schätze, Düsseldorf, 17.02.2023, Nr. 8, https://emagazin.wiwo.de/read/52/52/2023-02-17/1, Abruf: 15.03.2023.

Wirtz, B.W. (2018), Electronic Business, 6. Auflage, Wiesbaden 2018.

Wirtz, B.W. (2020), Electronic Business, 7. Auflage, Wiesbaden 2020.

Wirtz, B.W. (2021), Digital business and electronic commerce- Strategy, business models and technology, 1. Auflage, Cham 2021.

Wirtz, B.W. (2022a), Digital Government- Strategy, government models and technology, 1. Auflage, Cham 2022.

Wirtz, B.W. (2022b), E-Government- Strategie – Organisation – Technologie, 1. Auflage, Wiesbaden 2022.

Wirtz, B.W./Müller, W.M. (2019), An integrated artificial intelligence framework for public management, in: Public Management Review, Vol. 21, Nr. 7, 2019, S. 1076–1100.

Wirtz, B.W./Müller, W.M./Langer, P.F. (2022), Quo Vadis Business Model Innovation? BMI Status, Development and Research Implications, in: International Journal of Innovation Management, Vol. 26, Nr. 01, 2022, S. 1–54.

Wirtz, B.W./Müller, W.M./Langer, P.F. (2023), The Concept of Business Models – Development and Research Perspectives, in: International Journal of Innovation Management, Vol. 26, Nr. 7, 2023, 1–71.

Wirtz, B.W./Weyerer, J.C. (2019a), Ein integratives KI-Leitlinienmodell für die öffentliche Verwaltung, in: Verwaltung & Management, Vol. 25, Nr. 2, 2019, S. 90–95.

Wirtz, B.W./Weyerer, J.C. (2019b), Künstliche Intelligenz: Chancen, Risiken und strategische Governance, in: Wirtschaftswissenschaftliches Studium (WiSt), Vol. 48, Nr. 11, 2019, S. 4–9.

Wirtz, B.W./Weyerer, J.C. (2019c), Künstliche Intelligenz: Erscheinungsformen, Nutzungspotenziale und Anwendungsbereiche, in: Wirtschaftswissenschaftliches Studium (WiSt), Vol. 48, Nr. 10, 2019, S. 4–10.

Wirtz, B.W./Weyerer, J.C./Geyer, C. (2019), Artificial Intelligence and the Public Sector – Applications and Challenges, in: International Journal of Public Administration, Vol. 42, Nr. 7, 2019, S. 596–615.

Wirtz, B.W./Weyerer, J.C./Kehl, I. (2022), Governance of artificial intelligence: A risk and guideline-based integrative framework, in: Government Information Quarterly, Vol. 39, Nr. 4, 2022, S. 1–18.

Wittpahl, V. (2019), Künstliche Intelligenz, Berlin, Heidelberg: Springer Berlin Heidelberg.

Wootters, W.K./Zurek, W.H. (2009), The no-cloning theorem, in: Physics Today, Vol. 62, Nr. 2, 2009, S. 76–77.

Wright, S.A./Schultz, A.E. (2018), The rising tide of artificial intelligence and business automation: Developing an ethical framework, in: Business Horizons, Vol. 61, Nr. 6, 2018, S. 823–832.

Yu, H. (2016), From Deep Blue to DeepMind: What AlphaGo Tells Us, in: Predictive Analytics and Futurism, Vol. 13, 2016, S. 42–45.

Big Data, Cloud Computing und Blockchain-Technologie

9

Inhaltsverzeichnis

9.1 Big Data ... 396
9.2 Cloud Computing ... 402
9.3 Blockchain ... 409
9.4 Inhaltliche Kernpunkte von Big Data, Cloud Computing und Blockchain-Technologie ... 419
Literatur ... 421

Wissensziele

Wenn Sie dieses Kapitel gelesen haben, werden Sie in der Lage sein:

1. die Einsatzgebiete von Big Data in Unternehmen darzulegen,
2. die sieben Stufen der Big-Data-Architektur zu erläutern,
3. die verschiedenen Arten von Bereitstellungs- und Servicemodellen des Cloud Computing zu beschreiben,
4. die Unterschiede der Bereitstellungs- und Servicemodelle in Bezug auf die organisatorische IT-Infrastruktur zu erläutern und
5. die sechs Schritte einer Transaktion in der Blockchain zu skizzieren.

B. W. Wirtz, *Digital Business*, https://doi.org/10.1007/978-3-658-41467-2_9

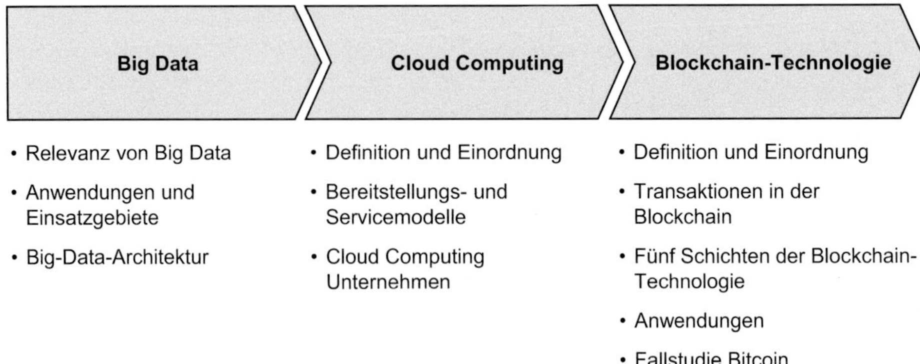

Abb. 9.1 Struktur des Kapitels

Das Digital Business führt auch in nicht unerheblichem Maße zu technologischen Innovationen im Informations- und Kommunikationssektor. Hier sind in den letzten beiden Dekaden insbesondere drei technologische Innovationen beziehungsweise Anwendungen von erheblicher Relevanz für das Digital Business entstanden.[1]

Big Data, Cloud Computing und die Blockchain-Technologie stellen technologische Anwendungsformen mit einem erheblichen Wachstumspotenzial dar. Gerade in der Kombination dieser drei Informationstechnologieformen können erhebliche Vorteile für Wirtschaft und Gesellschaft konstatiert werden. Die Abb. 9.1 stellt die wesentlichen Inhalte des Kapitels dar.

9.1 Big Data

Das Big-Data-Konzept hat in den letzten Jahren einen erheblichen Bedeutungszuwachs erfahren und Big Data gehört weltweit zu den am schnellsten wachsenden informationstechnologischen Bereichen. So wird erwartet, dass das weltweite Marktvolumen im Bereich der Big Data Analytics von 272 Mrd. USD im Jahr 2022 auf 656 Mrd. USD im Jahr 2029 ansteigen wird und damit eine jährliche Wachstumsrate von über 13 % erreicht.[2] Unter Big Data wird die Verarbeitung großer, oft komplexer Datenmengen in Echtzeit verstanden. Hierbei werden große Datenmengen erfasst, gespeichert und unter bestimmten Zielaspekten analysiert, um entscheidungsrelevante Informationen zu gewinnen.

Den Ausgangspunkt für diese Entwicklung und die Etablierung des Big-Data-Konzepts bilden die zunehmende Digitalisierung sämtlicher Lebens- und Geschäftsbereiche und das damit einhergehende weltweit exponentielle Datenwachstum. Expertenschätzungen zu-

[1] Vgl. zu Kap. 9 Big Data, Cloud Computing und Blockchain-Technologie im Folgenden Wirtz (2020), S. 245 ff.; Wirtz (2021), S. 171 ff.; Wirtz (2022), S. 175 ff.

[2] Vgl. Fortune Business Insights (2022).

folge wird sich das globale Datenvolumen in den nächsten Jahren vervielfachen und von 64,2 Zettabytes im Jahre 2020 auf 181 Zettabytes (1 Zettabyte entspricht 1 Billion Gigabytes) im Jahr 2025 ansteigen.[3] Die Analyse dieser sehr großen Datenmengen (Big Data) bietet Unternehmen ein erhebliches Wertschöpfungspotenzial und ist ein entscheidender Wettbewerbsfaktor.

Traditionelle relationale Datenbanksysteme sind nicht in der Lage diese erheblichen Datenmengen sinnvoll zu verarbeiten, die nur mithilfe spezifischer Big-Data-Anwendungen zu bewältigen sind. Big-Data-Anwendungen sind traditionellen relationalen Datenbanksystemen hinsichtlich der Data Velocity, Data Volume und der Data Variety weit überlegen. Während in diesem Zusammenhang Data Velocity (Datengeschwindigkeit) die Geschwindigkeit der Generierung, Verarbeitung und Übertragung von Daten beschreibt, steht Data Volume (Datenvolumen) für die Menge beziehungsweise die Größe der Daten. Data Variety (Datenvielfalt) beschreibt hingegen die Vielfalt der gesammelten Daten und Datenformate.

Anwendungen von Big-Data-Analysen

Vor diesem Hintergrund stellt Big Data für das Digital Business eine wesentliche technologische Grundlage dar, da eine intelligente und systematische Analyse und Auswertung der Dateninformationen erfolgsrelevant für das Digital Business ist. Vor diesem Hintergrund wenden inzwischen eine Vielzahl von Unternehmen Big-Data-Analysen an. In diesem Zusammenhang stellt Abb. 9.2 die Anwendung von Big-Data-Analysen in Unternehmen dar.

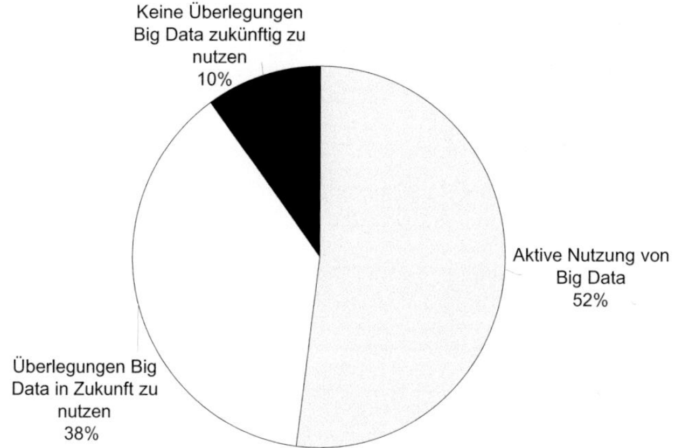

Abb. 9.2 Anwendung der Big-Data-Technologie in der Unternehmenspraxis. (Datenquelle: Statista (2020))

[3] Vgl. Hack (2021).

Hierbei ist ersichtlich, dass bei 52 % der Unternehmen Big-Data-Analysen bereits zum Einsatz kommen. Mehr als ein Drittel der Unternehmen überlegen Big Data in Zukunft zu nutzen und ein kleinerer Anteil von 10 % der Unternehmen verfolgt keine Planung oder Aktivität in Bezug auf die Big-Data-Technologie.

Diese Zahlen zur Anwendung beziehungsweise Verbreitung von Big-Data-Analysen in Unternehmen zeigen, dass sich Big Data in der Praxis noch in einer Entwicklungsphase befindet. Die Nutzung von Big-Data-Analysen in Unternehmen erstreckt sich dabei über verschiedene Einsatzbereiche (vgl. Abb. 9.3).

Hierbei zeigt sich, dass die Hauptanwendungen im Bereich der Kunden- und Marktanalysen bestehen (69 %). Die Bereiche Informationstechnik und E-Commerce sind weitere wichtige Anwendungsfelder von Big Data in Unternehmen (jeweils 52 %) sowie die Betrugsbekämpfung (48 %) und das Risikomanagement (43 %).

Das Digital Business liefert dabei eine Vielzahl an Daten (z. B. Daten aus Geschäftstransaktionen oder Social Media, Sensor- und Logdaten, RFID-gestützte Bewegungsdaten oder Verkehrsdaten), die mit Hilfe von Big-Data-Analysen in wichtige entscheidungsrelevante Erkenntnisse, etwa zu Geschäftsabläufen, verarbeitet werden. In diesem Zusammenhang fasst Abb. 9.4 die wichtigsten Daten in einem Überblick zusammen, die von Unternehmen in Big-Data-Analysen verarbeitet werden.

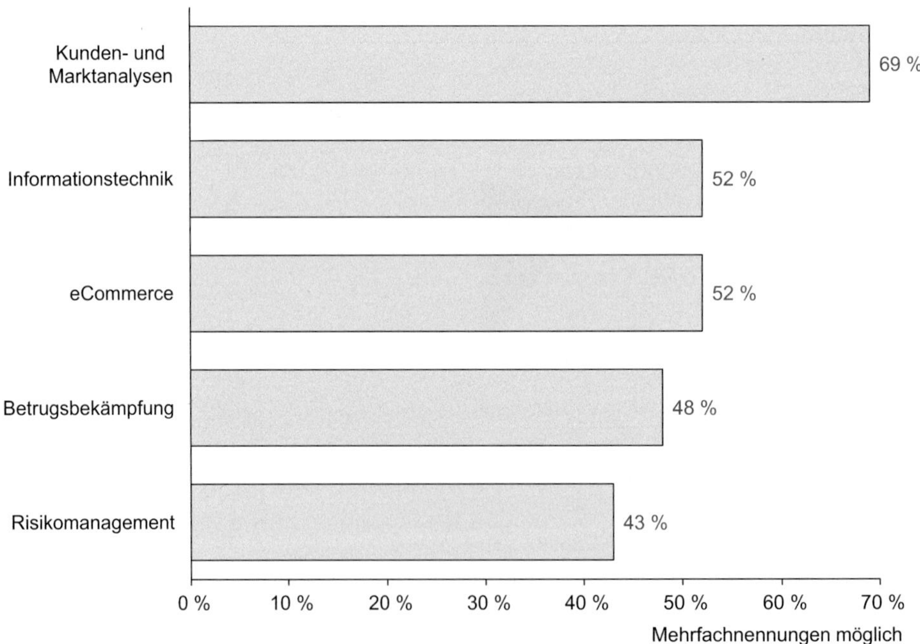

Abb. 9.3 Einsatzgebiete von Big Data in Unternehmen. (Datenquelle: Dilmegani (2020))

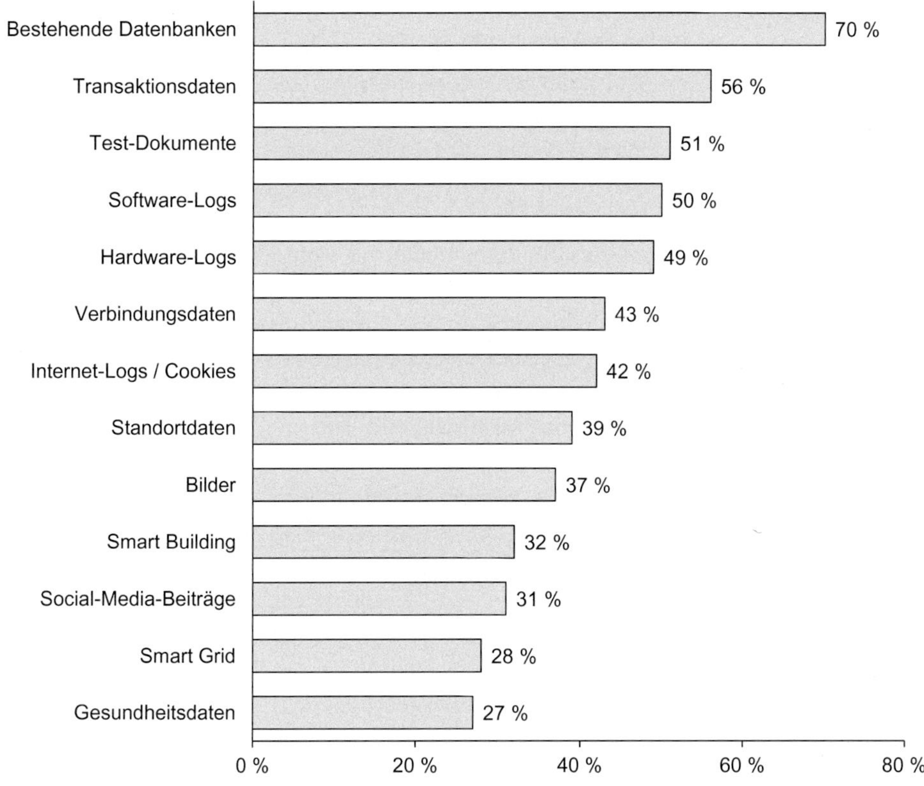

Abb. 9.4 Datenherkunft in Big-Data-Analysen. (Datenquelle: techconsult (2018), S. 7)

Aus der kombinierten Erfassung und Analyse dieser Daten resultiert ein breites Spektrum an Vorteilen, die Unternehmen durch die Anwendung von Big Data erreichen können. Aus Unternehmenssicht gehören dazu insbesondere eine verbesserte Entscheidungsfindung (59 %), eine verbesserte Kontrolle der Betriebsabläufe (51 %), schnellere und detailliertere Analysen (50 % bzw. 43 %) und ein verbesserter Kundenservice (32 %)

Weitere bedeutsame Vorteile für Unternehmen durch die Nutzung von Big Data sind etwa zielgerichtetere Marketingmaßnahmen (31 %), ein besseres Markt- und Wettbewerbsverständnis (28 %) und geringere Kosten (28 %).

Big-Data-Architektur

Um die für Big Data charakteristischen vielfältigen und großen Datenmengen zu erfassen, zu analysieren und die genannten Vorteile daraus zu generieren ist eine leistungsstarke Big-Data-Plattform erforderlich, die in der Lage ist, die Anforderungen im Zusammenhang mit dem Data Volume, sowie der Data Velocity und Data Variety zu bewältigen.

Für die Architektur von Big-Data-Plattformen werden unterschiedliche Anwendungen wie etwa das Open Source Framework Hadoop oder Cloudera verwendet. Eine beispielhafte Big-Data-Architektur ist in Abb. 9.5 dargestellt.[4]

Die Big-Data-Architektur besteht aus sieben Stufen: (1) Datenquellen, (2) Datenformat, (3) Datentyp, (4) Datenerfassung, (5) Datenmanagement, (6) Datenanalyse und (7) Datenvisualisierung. Die erste Stufe beinhaltet alle Datenquellen, die notwendig sind, um Erkenntnisse zu generieren, die für die Verbesserung des operativen Betriebs oder zur Lösung eines Geschäftsproblems erforderlich sind. Im Kontext von Big Data sind die Quellen, Inhaltsformate und Datentypen durch eine besondere Vielfalt gekennzeichnet. Daten können beispielsweise von Sensoren, Anwendungen/Maschinen, Social Media und Geschäftstransaktionen stammen beziehungsweise erhoben werden.

Die zweite Stufe bezieht sich auf das Inhaltsformat in dem Daten vorkommen können. Danach können Daten in strukturierter, unstrukturierter und semi-strukturierter Form vorliegen. Während strukturierte Daten durch ein vordefiniertes Format gekennzeichnet sind und leicht verarbeitet werden können, weisen unstrukturierte Daten keine formalisierte Struktur auf und ihre Verarbeitung ist vergleichsweise schwierig. Semi-strukturierte Daten liegen zwischen diesen beiden Extremen und weisen nur bis zu einem gewissen Grad eine formalisierte Struktur auf.[5]

Die dritte Stufe bezieht sich auf den Datentyp, der durch den Ursprung der Daten bestimmt wird. Grundsätzlich können Daten aus Beobachtungen Transaktionen und Interaktionen entstehen. Beobachtungsdaten sind etwa IoT-basierte Daten wie Streaming-Daten oder maschinell erzeugte Daten, die mit Hilfe von Sensoren, RFID oder GPS-Technologie erfasst werden. Interaktionsdaten sind zum Beispiel Daten, die auf Social-Media-Plattformen (z. B. Facebook, LinkedIn und Twitter) erhoben werden oder Webinhalte wie Bilder, Videos, Blogs und Clickstreams. Transaktionsdaten sind beispielsweise historisch strukturierte Daten aus wichtigen Geschäftsanwendungssystemen.

Die vierte Stufe bezieht sich auf die Datenerfassung und stellt den Ausgangspunkt des Big-Data-Administrationsprozesses dar. Hier werden die Daten, die von verschiedenen Datenkanälen mit unterschiedlicher Geschwindigkeit und in unterschiedlichen Frequenzen, Größen und Formaten kommen, ausgelesen. Je nach Datenquelle kommen dabei unterschiedliche Verarbeitungsmethoden zum Einsatz (z. B. Batch Processing oder Complex Event Processing).

In der fünften Stufe erfolgt das eigentliche Big-Data-Management mittels entsprechender Big-Data-Technologien. Je nach Art der Daten und Datenquellen werden dabei unterschiedliche Technologien eingesetzt, z. B. das Open-Source-Framework Hadoop, die nicht-relationale NoSQL-Datenbank HBASE oder ein traditionelles relationales Datenbankmanagementsystem (RDBMS).

Die sechste Stufe der Big-Data-Architektur bezieht sich auf die Analyse der Daten. Hierbei unterscheidet man zwischen verschiedenen Analytics-Formen, die man je nach

[4] Inhalte basierend auf Singh (2013); Mezghani et al. (2015), S. 2 f.; Wang et al. (2015), S. 3044 ff.
[5] Vgl. Phillips-Wren (2017), S. 3023 ff.

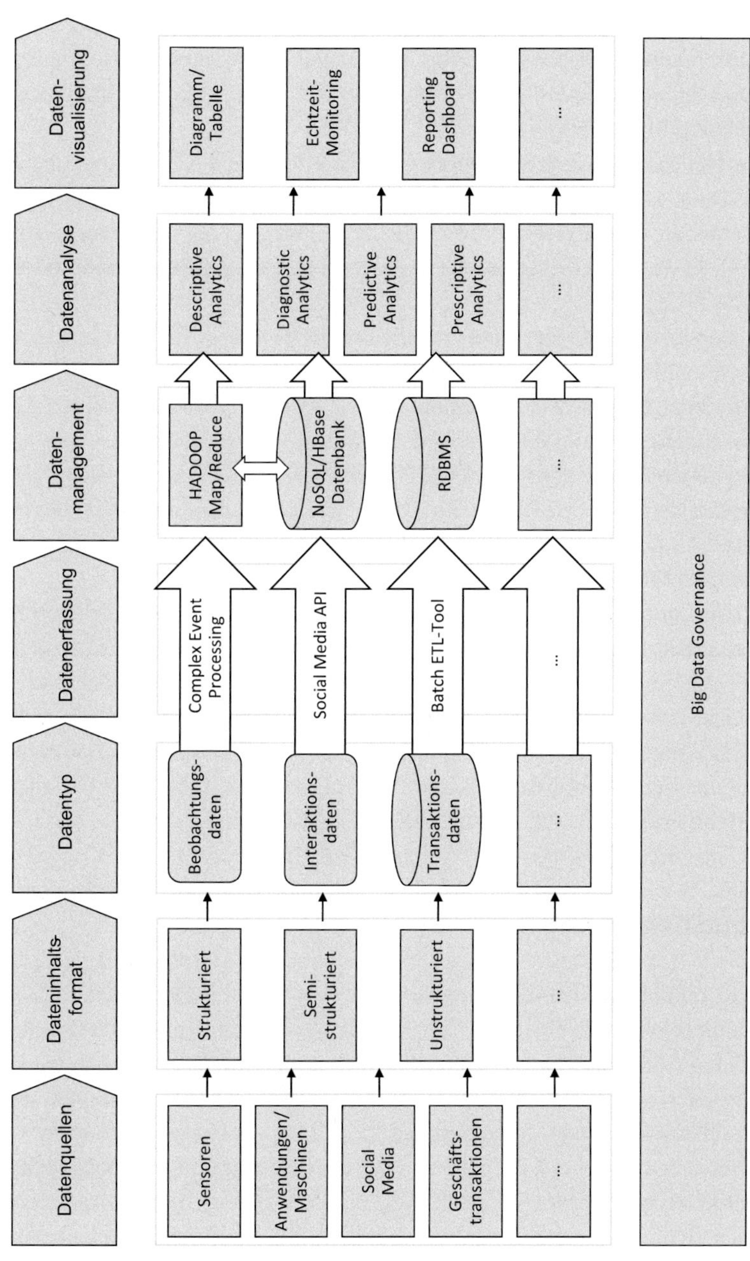

Abb. 9.5 Beispielhafte Darstellung einer Big-Data-Architektur. (Vgl. Wirtz (2018), S. 120; Wirtz (2020), S. 256; Wirtz (2021), S. 251)

Datentyp, Datenquelle und Verarbeitungsmodus wählen kann. Im Zusammenhang mit Big Data haben insbesondere die Bereiche Predictive Analytics und Prescriptive Analytics an Bedeutung gewonnen, die darauf abzielen Zukunftsprognosen zu treffen und insbesondere komplexe wirtschaftliche Zusammenhänge vorherzusagen sowie das daraus gewonnene Wissen zu nutzen, um die Entscheidungsfindung zu optimieren. Prescriptive Analytics legt dabei einen besonderen Wert auf die Bereitstellung von Handlungsempfehlungen im Hinblick auf ein zukünftiges Ereignis.

Die Datenvisualisierung stellt den letzten Schritt des Big-Data-Administrationsprozesses und der Big-Data-Architektur dar. Auch hier kann man je nach Quelle, Art und Verarbeitungsmodus der Daten zwischen verschiedenen Formen und Werkzeugen der Visualisierung wählen, wie etwa Diagrammen und Tabellen, Echtzeit-Monitoring oder einem Reporting Dashboard.

Abschließend ist auch die Big Data Governance als wichtiges Element innerhalb einer Big-Data-Architektur zu nennen. Die Big Data Governance bezieht sich auf alle Stufen der Architektur beziehungsweise das gesamte Big-Data-Management und regelt dabei Aspekte wie die Zugänglichkeit, Verfügbarkeit und Sicherheit der Daten.

Zusammenfassend kann konstatiert werden, dass Big Data eine der wichtigsten und erfolgversprechendsten Technologien im Digital Business darstellt und Unternehmen dazu dient ihre Daten zu analysieren und daraus wertvolle Erkenntnisse zu ziehen, die zur Erhaltung ihrer Wettbewerbsfähigkeit beitragen.

Eng verknüpft mit Big Data ist das Cloud Computing, das auch eine Schlüsseltechnologie im Digital Business darstellt. Das Cloud Computing wird genutzt, um die im Rahmen von Big Data anfallenden Datenmengen zu verarbeiten, aufzubereiten und zu analysieren und kann so dazu beitragen grundlegende Strukturen in den Daten aufzudecken. Aufgrund dieser herausragenden Bedeutung des Cloud Computing im Zusammenhang mit Big Data und dem Digital Business, soll im Folgenden Abschnitt der Cloud-Bereich und dessen Rolle im Digital Business näher dargestellt werden.

9.2 Cloud Computing

Unter Cloud-Computing wird die Bereitstellung von Servern, Datenbanken, Software, Netzwerkkomponenten und -Speicher über das Internet verstanden. Für das Digital Business stellt Cloud Computing eine wesentliche technologische Grundlage dar, da die dezentrale und bedarfsorientierte Bereitstellung von Servern, Datenbanken oder Software für das Digital Business oft erfolgsrelevant ist.

Die verschiedenen Angebotskomponenten des Cloud-Computing werden meist von externen Cloud-Dienstleistern wie Amazon Web Services (AWS), IBM, SAP oder Microsoft, aber auch kleineren Unternehmen, bereitgestellt. Microsoft beispielsweise bietet mit seiner Cloud-Plattform Windows Azure eine Vielzahl verschiedener Produkte und Services im Cloud-Bereich an.[6]

[6] Vgl. Microsoft (2023).

Ein Cloud-Bereitstellungsmodell ist ein Modell zur Umwandlung von Investitionen (z. B. Kauf von Servern) in Betriebskosten und damit zur Senkung der Eintrittsbarrieren. Der Grund dafür ist, dass die Infrastruktur in der Regel von einem Dritten zur Verfügung gestellt wird und nicht für einmalige oder seltene rechenintensive Aufgaben erworben werden muss. Utility-Computing-Preise basieren häufig auf nutzungsabhängigen Abrechnungsmöglichkeiten. Da die eigene Serverinfrastruktur teilweise durch externe Serverdienste ersetzt werden kann, ist für die Umsetzung von Cloud-Computing-Projekten auch weniger internes IT-Know-how erforderlich.

Die Unabhängigkeit von Gerät und Standort ermöglicht Benutzern den Zugriff auf Systeme über einen Webbrowser, unabhängig von ihrem Standort und dem von ihnen verwendeten Gerät (z. B. PC oder Mobiltelefon). Da die Infrastruktur außerhalb des Standorts über das Internet zugänglich ist, können sich die Nutzer von jedem beliebigen Ort aus mit ihr verbinden.

Dadurch ist auch die Wartung von Cloud-Computing-Anwendungen einfacher. Off-Premise-Software wird im Allgemeinen als Software as a Service (SaaS) oder Cloud-Software bezeichnet. Sie unterscheidet sich von der On-Premise-Software (manchmal auch als „Shrinkwrap"-Software bezeichnet), die auf Computern läuft, die sich in den Räumlichkeiten einer Person oder Organisation befinden, und die daher lokal verwaltet wird.[7]

Die Off-Premises-Software ermöglicht durch Mandantenfähigkeit die gemeinsame Nutzung von Ressourcen und Kosten über einen großen Pool von Nutzern hinweg. Hierbei übernimmt die Zentralisierung der Infrastruktur an Standorten mit geringen Kosten eine relevante Rolle. Auf diese Weise können beispielsweise Strom- oder Gebäudekosten für notwendige Infrastrukturelemente minimiert werden. Darüber hinaus wird eine Erhöhung der Spitzenlastkapazität angestrebt.

Infolgedessen müssen Nutzer nicht selbst planen und ihre eigenen Ressourcen und Ausrüstungen vorhalten. Dieser Aspekt führt somit auch zu einer erhöhten Ressourcenauslastung und auf Seiten der Nutzer zu geringeren Kosten, da sie nicht in Materialien und Ausrüstungen investieren müssen. Somit werden insbesondere die Auslastung und die Effizienzsteigerung bei Systemen als relevante Punkte angesehen.[8]

Die Cloud-Performance wird von IT-Experten des Dienstleisters überwacht, und über Webservices werden konsistente, lose gekoppelte Architekturen aufgebaut. Dies führt zu einer Produktivitätssteigerung durch die gleichzeitige Bearbeitung von Daten durch mehrere Benutzer statt zeitaufwändigem Abspeichern und Versenden der Daten per Mail.

Es kommt hierdurch auch zu Zeiteinsparungen, da die Cloud die erneute Eingabe oder den Abgleich von Datenfeldern und die Installation von Software-Upgrades auf den Computern der Nutzerinnen und Nutzer überflüssig macht. Durch die Nutzung mehrerer redundanter Standorte, die ein gut durchdachtes Cloud Computing für Business Continuity und Disaster Recovery geeignet machen, wird die Zuverlässigkeit verbessert. Das Ausmaß eines lokalen Ausfalls kann auf diese Weise auf ein Minimum reduziert werden.

---

[7] Vgl. Godse/Mulik (2009), S. 155 f.; Boillat/Legner (2013), S. 7 f.; Winkler/Brown (2013), S. 13 ff.

[8] Vgl. Metzger/Reitz/Villar (2011), S. 16 ff.

Die dynamische (On-Demand-) Bereitstellung von Ressourcen auf einer granularen Self-Service-Basis ist nahezu in Echtzeit möglich (wobei zu berücksichtigen ist, dass die Startzeit von Servern je nach Servertyp, Standort, Betriebssystem und Cloud-Anbieter variiert), ohne dass für Spitzenlasten geplant werden muss. Diese Skalierbarkeit und Elastizität bietet die Möglichkeit der Skalierung zur Anpassung an steigende oder sinkende Nutzungsanforderungen in Zeiten der Nichtnutzung von Ressourcen. Bei den neuen Ansätzen für das Elastizitätsmanagement kommen Techniken des maschinellen Lernens zum Einsatz, die effiziente Elastizitätsmodelle vorschlagen.

Sicherheit und Vendor-Lock-In

Die Sicherheit im Cloud-Computing kann unter anderem durch die Zentralisierung von Daten und durch strenge sicherheitsorientierte Ressourcen erhöht werden. Zwar bestehen weiterhin Bedenken bezüglich eines möglichen Kontrollverlusts über sensible Daten und die mangelnde Sicherheit für gespeicherte Kernel, doch ist hier die Sicherheit so gut wie oder sogar besser als bei anderen traditionellen Systemen garantiert. Zum Teil liegt dies an Ressourcen der Dienstanbieter, die für die Lösung von Sicherheitsproblemen bereitgestellt werden und die sich viele Kunden sonst nicht leisten könnten.

Einige Nutzer verfügen jedoch nicht über die technischen Fähigkeiten, um komplexere Sicherheitsanforderungen zu erfüllen, da die Daten über ein größeres Gebiet oder eine größere Anzahl von Geräten verteilt sind oder es sich um Mehrmandantensysteme handelt, die von unabhängigen Nutzern gemeinsam genutzt werden. Darüber hinaus kann der Zugang der Nutzer zu Sicherheits-Audit-Protokollen schwierig oder unmöglich sein. Der Wunsch der Nutzer, die Kontrolle über die Infrastruktur zu behalten und einen Kontrollverlust über die gespeicherten Informationen zu vermeiden, ist daher einer der Beweggründe für die Einrichtung privater Clouds.

Neben den Aspekten der operativen Kontrolle besteht allerdings auch die Gefahr einer erhöhten Abhängigkeit hinsichtlich der frei wählbaren Beziehung zwischen Anbieter und Nutzer. Das Vendor-Lock-in-Problem beim Cloud Computing beschreibt in diesem Kontext die Situation, in der Kunden von einer einzigen Technologieimplementierung eines Cloud-Providers abhängig (d. h. eingeschlossen) sind und in Zukunft nicht ohne erhebliche Kosten, rechtliche Beschränkungen oder technische Inkompatibilitäten zu einem anderen Anbieter wechseln können.[9]

Um dies aus der Sicht eines Softwareentwicklers weiter zu untermauern, zeigt sich die Lock-in-Situation darin, dass Anwendungen, die für bestimmte Cloud-Plattformen (z. B. Amazon EC2, Microsoft Azure) entwickelt wurden, nicht ohne weiteres auf andere Cloud-Plattformen migriert werden können und die Benutzer anfällig für Änderungen durch ihre Anbieter werden.[10] Tatsächlich entsteht das Lock-in-Problem, wenn ein Unternehmen beispielsweise beschließt, Cloud-Anbieter zu wechseln (oder vielleicht Dienste

[9] Vgl. Armbrust et al. (2010), S. 54 f.

[10] Vgl. Sitaram/Manjunath (2012), S. 389 ff.

verschiedener Anbieter zu integrieren), aber nicht in der Lage ist, Anwendungen oder Daten über verschiedene Cloud-Services hinweg zu verschieben, da die Semantik von Ressourcen und Diensten von Cloud-Anbietern nicht übereinstimmt.

Diese Heterogenität von Cloud-Semantik und Cloud Application Program Interfaces (APIs) schafft technische Inkompatibilität, die wiederum zu Interoperabilitäts- und Portabilitätsproblemen führt.[11] Dies macht Interoperation, Zusammenarbeit, Portabilität und Verwaltbarkeit von Daten und Diensten zu einer sehr komplexen und schwer fassbaren Aufgabe. Aus diesen Gründen wird es aus Sicht des Unternehmens wichtig, die Flexibilität zu behalten, den Anbieter entsprechend den Geschäftsbedürfnissen zu wechseln oder sogar einige der Komponenten, die aufgrund von sicherheitsrelevanten Risiken weniger geschäftskritisch sind, intern zu halten. Interoperabilität und Portabilität zwischen Cloud-Anbietern können das Problem der Anbieterbindung vermeiden und würden erheblich die Wettbewerbsfähigkeit des Marktes beeinflussen.

So werden etwa Kosteneinsparungen, eine höhere Flexibilität, ein (Orts-)Verteiler und zudem ein mobiler Zugriff auf die IT-Leistungen oder eine höhere Geschwindigkeit und Skalierbarkeit der IT-Leistungen angeführt. Grundsätzlich werden beim Cloud-Computing vier verschiedene Formen der Bereitstellung und drei Arten von Diensten unterschieden. Diese Bereitstellungs- und Servicemodelle werden in Abb. 9.6 dargestellt.[12]

Drei Arten von Cloud-Service-Modellen

Bei der Public Cloud werden die Dienste und Infrastruktur öffentlich angeboten und von einem Cloud-Dienstleister, wie etwa Amazon oder Microsoft, gegen Gebühr bereitgestellt. Ein Beispiel hierfür ist die Public Cloud Azure von Microsoft oder Amazons AWS (Amazon Web Services). Dienste und Infrastruktur sind hierbei im Besitz des Cloud-Dienstleisters und werden von diesem verwaltet.[13]

Bei der Private Cloud werden die Dienste und Infrastruktur der IT zumeist in der eigenen Organisation angesiedelt und nur von dieser verwendet. Hierbei können die Aspekte der Datensicherheit im besonderen Maße an die unternehmensspezifischen Erfordernisse angepasst werden.

Eine Hybrid Cloud stellt meist eine Mischform von Public- und Private Cloud dar. Meistens werden hier sensible Daten auf der Unternehmensseite im Private Cloud-Bereich angesiedelt und die weiteren Ressourcen in der Public Cloud. Hierdurch ist oft ein höheres Maß an IT-Flexibilität mit zusätzlichen Serviceoptionen vorhanden. Bei der Community Cloud werden die Cloud-Ressourcen von mehreren Organisationen betrieben und genutzt. Hier können allerdings nur die Community Cloud-Partner auf die Cloud zugreifen.

[11] Vgl. Loutas et al. (2010), S. 143 ff.; Rodero-Merino et al. (2010), S. 1228 f.

[12] Inhalte basierend auf Chou (2010); Gosh (2013); Digital Technology (2017).

[13] Vgl. Wirtz (2016), S. 97.; Wirtz (2020), S. 249; Wirtz (2022), S. 233.

In Abb. 9.6 bildet die linke Säule „Organisation" die IT-Aufgaben von den Anwendungen bis zur Sicherheit in einem Unternehmen vor Ort ohne Cloud-Bezug ab. Organisationen, die auf die Funktionen der Cloud zurückgreifen, können neben der reinen Cloud-Bereitstellung zwischen drei Arten von Cloud-Diensten unterschieden. Demnach wird bei der zweiten Säule „Infrastructure as a Service" (IaaS) die Rechenzentrumsinfrastruktur (z. B. Server, Speicherung und Netzwerke) von einem externen Cloud-Anbieter gegen Gebühr bereitgestellt. Die Anwendungen werden hierbei jedoch im Unternehmen verwaltet.[14]

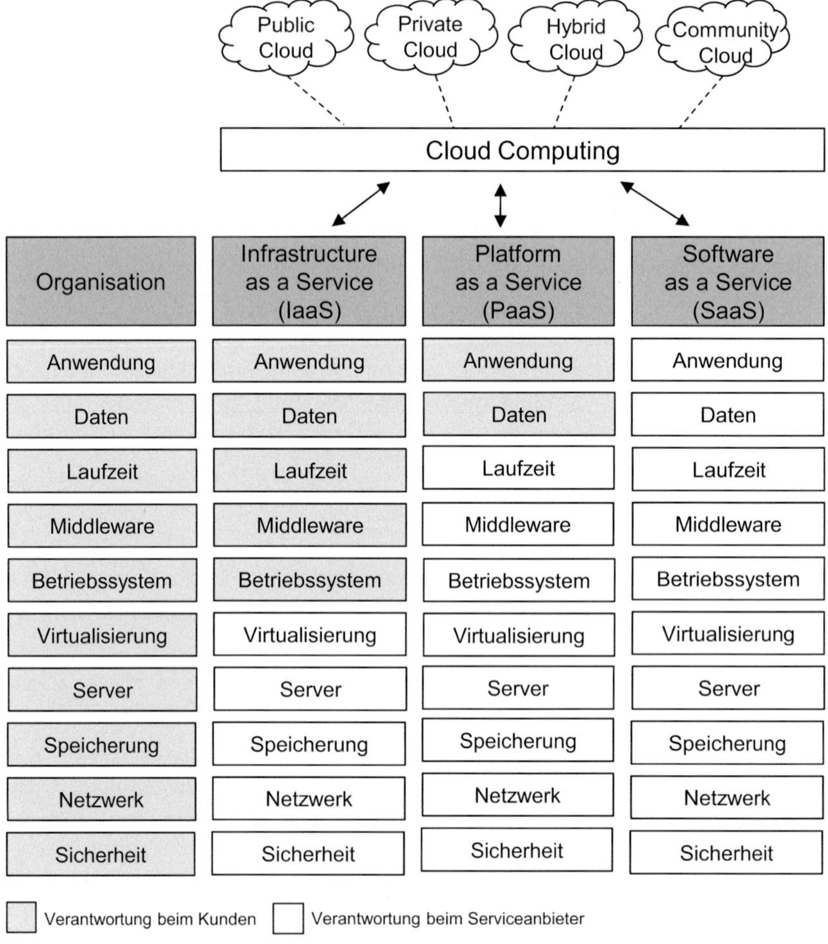

Abb. 9.6 Bereitstellungs- und Servicemodelle des Cloud-Computing. (Vgl. Wirtz (2016), S. 97; Wirtz (2020), S. 249; Wirtz (2022), S. 233)

[14] Vgl. Chou (2010); Gosh (2013); Digital Technology (2017).

Die dritte Säule stellt „Platform as a Service“ (PaaS) dar. Hierbei wird ein deutlich größerer Teil der IT-Leistungen vom Cloud-Dienstleister bezogen, wobei sich Unternehmen primär auf die Anwendungsentwicklung beschränken. Die letzte Säule in Abb. 9.6 bildet den Bereich „Software as a Service“ (SaaS) ab. Hierbei werden alle IT-Leistungen vom Cloud-Dienstleister bezogen und vom Kunden lediglich verwendet. Dies stellt zugleich den höchsten Outsourcing- beziehungsweise Abhängigkeitsgrad zum IT-Dienstleister dar, bei der am wenigsten IT-Leistungen im Unternehmen vorhanden sind.

In Abb. 9.7 sind die weltweiten Umsätze mit den beschriebenen Servicemodellen des Cloud Computing dargestellt. Hierbei ist insbesondere zu erkennen, dass das Modell „Software as a Service“ mit über 140 Mrd. US-Dollar den größten Anteil des Umsatzes ausmacht. Dies ist insbesondere darauf zurückzuführen, dass durch die höhere Verantwortung des Softwareanbieters höhere Servicepreise erzielt werden können.

Cloud-Computing-Unternehmen

Auf dem Cloud-Computing-Markt gibt es zahlreiche Unternehmen, welche die unterschiedlichen Servicemodelle vollständig oder in Teilen anbieten. Insbesondere sind Unterschiede im Angebot von Cloud-Dienstleistungen für Unternehmen und Verbraucher zu verzeichnen. Während Verbraucher häufig lediglich bereitgestellten Speicherplatz nutzen, verwenden Unternehmen z. T. spezialisierte Cloud-Computing-Anwendungen wie z. B. für die Analyse von Unternehmensdaten. In Tab. 9.1 ist eine Auswahl von Unternehmen im Bereich des Cloud Computing dargestellt.

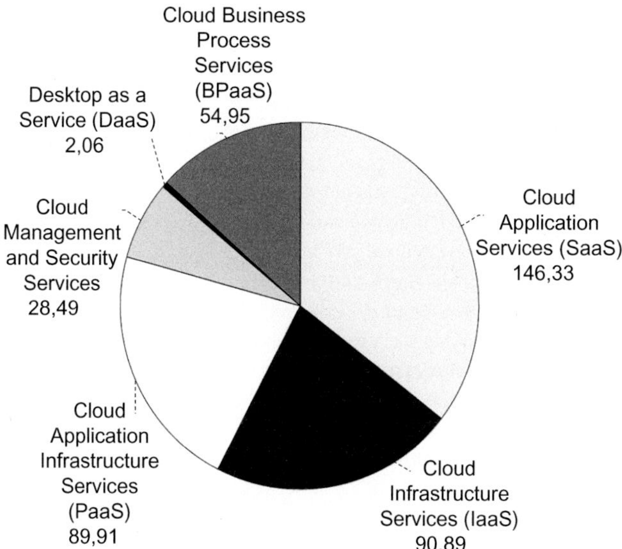

Abb. 9.7 Cloud-Computing-Umsätze weltweit nach Segment in Mrd. US-Dollar. (Datenquelle: Gartner (2022))

Neben Big Data und den Cloud Services ist die dritte technologische Anwendungsform mit einer besonders hohen Relevanz für das Digital Business die Blockchaintechnologie. Diese wird im nächsten Abschnitt dargestellt.

Tab. 9.1 Unternehmen im Bereich des Cloud Computing

Cloud-Services-Unternehmen	Kern-Aspekte
SAP	• SAP ist ein globaler Softwareanbieter und insbesondere für seine Enterprise-Resource-Planning-Produkte bekannt • Neben den On-premise-Produkten setzt SAP vermehrt auf Cloud-Lösungen bei der Implementierung der Produkte beim Kunden • Die SAP S/4HANA Cloud stellt eine vollumfängliche cloudbasierte ERP-Software dar, welche durch ihre Skalierbarkeit mit den Anforderungen des Kunden mitwachsen kann • Mit der SAP Business Technology Platform bietet das Unternehmen seine eigene Cloud-Plattform an, auf welcher die Kunden Anwendungserweiterungen entwickeln und integrieren können
IBM	• IBM ist ein führendes Unternehmen für IT- und Beratungsdienstleistungen • IBM stellt diverse Cloud-Produkte für verschiedene Anwendungsbereiche bereit • Neben der grundsätzlichen Bereitstellung von Speicher und Rechenleistung, bietet das Unternehmen in der Cloud spezifische Anwendungen wie z. B. Automatisierungs- und Analysetools • Eine Besonderheit der IBM-Cloud stellen die Produkte Qiskit bzw. Qiskit Runtime dar, welche für die Quantenentwicklung und das Ausführen von Quantenprogrammen genutzt werden können
Amazon	• Amazon ist das größte Einzelhandelsunternehmen der Welt und ist sowohl im Bereich des Cloud Computing für Endverbraucher als auch für Unternehmenskunden aktiv • Für Privatpersonen bietet Amazon über die Plattform Amazon Photos eine Möglichkeit Fotos in der Cloud zu sichern • Das Tochterunternehmen Amazon Web Services (AWS) zählt zu den weltweit führenden Unternehmen auf dem Gebiet des Cloud Computing • Einige große Webdienste wie Netflix, Reddit und Dropbox nutzten AWS-Dienste und greifen auf AWS-Services zurück
Microsoft	• Microsoft ist ein Hard- und Softwareanbieter und insbesondere für das Betriebssystem Windows bekannt. Neben Betriebssystemen vertreibt das Unternehmen u.a weitere Anwendungsprogramme, Entwicklungsumgebungen und Serverprodukte • Microsoft Azure stellt eine Cloud-Computing-Plattform des Unternehmens mit über 200 Produkten und Dienstleitungen dar • Die Cloud-Plattform bietet u. a. spezielle Lösungen in den Bereichen Handel, Fertigungsindustrie und Gesundheitswesen an • Die Plattform OneDrive bietet Verbrauchern die Möglichkeit Dateien in der Cloud zu sichern, hierbei besteht insbesondere die Möglichkeit den Dienst direkt auf dem eigenen Computer zu installieren und so mit verschiedenen Geräten standortunabhängig auf die gesicherten Dateien zuzugreifen

(Fortsetzung)

Tab. 9.1 (Fortsetzung)

Cloud-Services-Unternehmen	Kern-Aspekte
Alphabet/ Google	• Das Unternehmen Alphabet ist insbesondere für die Suchmaschine Google bekannt. Darüber hinaus bietet Google zahlreiche weitere Webservices, wie Gmail und YouTube an • Google bietet im Bereich des Cloud Computing Lösungen sowohl für Verbraucher als auch für Unternehmen an • Google Drive stellt einen Filehosting-Dienst dar, der es den Benutzern ermöglicht Dateien in der Cloud zu sichern und zu bearbeiten • Eine Besonderheit von Google Drive besteht darin, dass abgelegte Dokumente von mehreren Benutzern gleichzeitig, direkt in der Cloud bearbeitet werden können • Für Unternehmen bietet Google neben der Bereitstellung von Speicherplatz zahlreiche Dienste, z. B. für die Datenanalyse, als Programmierumgebung oder im Bereich des Machine Learning • Anwender der Google-Cloud-Plattform sind Apple, Twitter oder Spotify

9.3 Blockchain

Die Blockchain-Technologie ist ein Verschlüsselungsansatz (Kryptografie) zur sicheren Übertragung von Daten. Eine Blockchain ist eine wachsende Liste von Datensätzen, die als Blöcke bezeichnet werden, die über Kryptografie verknüpft sind. Jeder Block enthält einen kryptografischen Hash des vorherigen Blocks, einen Zeitstempel und Transaktionsdaten. Der Blockchain-Ansatz wurde von einer Person (oder Personengruppe) unter dem Namen Satoshi Nakamoto im Jahr 2008 erfunden wobei die Identität von Satoshi Nakamoto unbekannt bleibt.[15]

Eine Blockchain-Datenbank wird autonom über ein Peer-to-Peer-Netzwerk und einen verteilten Zeitstempel-Server verwaltet. Einmal aufgezeichnet, können die Daten in einem bestimmten Block nicht rückwirkend geändert werden, ohne dass alle nachfolgenden Blöcke geändert werden, was die Zustimmung der Netzwerkmehrheit erfordern würde. Obwohl Blockchain-Records damit prinzipiell nicht unveränderlich sind, können Blockchains als sehr sicher angesehen werden, da ein weitverteiltes Computersystem bei allen Nutzern kaum gleichzeitig unerkannt manipuliert werden kann. Der dezentrale Konsens über die Richtigkeit der Transaktionen wird mit einer Blockkette abgebildet, die kontinuierlich mit jeder Transaktion erweitert wird.[16]

Grundsätzlich erfolgt hierbei im ersten Schritt die Initialisierung einer spezifischen Transaktion. Im zweiten Schritt wird diese Transaktion daraufhin innerhalb eines Blockes abgebildet. Anschließend folgt die Verteilung dieses Blockes an das Netzwerk und die

[15] Vgl. Nakamoto (2008); Lemieux (2013), S. 14.

[16] Vgl. Litchfield/Herbert (2015), S. 28 ff.

Netzwerkteilnehmer. Diese bestätigen im vierten Schritt die Transaktion, wodurch die Grundlage gegeben ist, die Transaktion in die Blockchain aufzunehmen.

Der fünfte Schritt bindet dementsprechend die Transaktion in die Blockchain ein, indem sie den neuen Block kettenartig an die bestehende Blockchain anhängt. Im letzten Schritt werden die auf diese Weise verknüpften Transaktionen durchgeführt, bestätigt und beendet. Abb. 9.8 stellt die sechs Schritte einer Transaktion in der Blockchain dar.[17]

Dieses Vorgehen ermöglicht es Teilnehmern, Transaktionen unabhängig und relativ kostengünstig auf Richtigkeit zu überprüfen. Die Verwendung einer Blockchain entfernt die Eigenschaft der unendlichen Reproduzierbarkeit von einem digitalen Asset. Es bestätigt, dass jede Werteinheit nur einmal übertragen wurde, was das seit langem bestehende Problem der kostengünstigen Vervielfältigung digitaler Produkte löst. Eine Blockchain

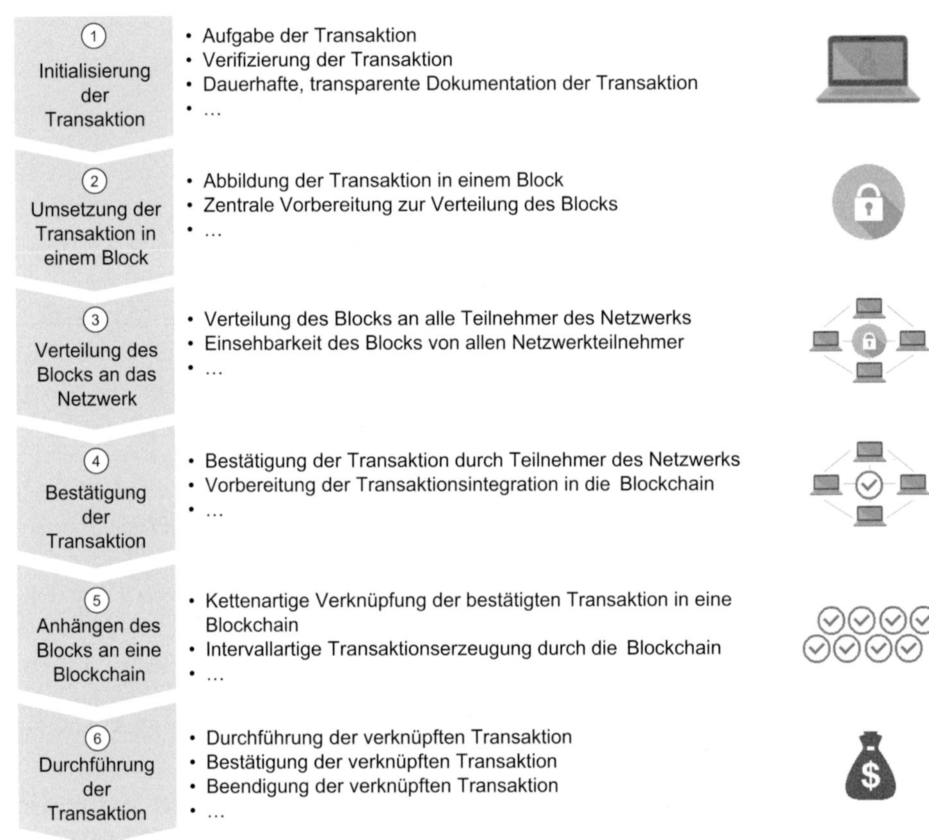

Abb. 9.8 Transaktionen in der Blockchain. (Vgl. Wirtz (2020), S. 310; Wirtz (2022), S. 179)

[17] Inhalte basierend auf Jansen (2016); Digisaurier (2018); Friedemann (2019).

wurde damit als Wertaustauschprotokoll beschrieben und kann so auch Titelrechte wie Wertpapiere oder Geld aufrechterhalten.

Aufbau der Blockchain

Der Aufbau der Blockchain-Technologie kann in fünf Schichten unterteilt werden. Die erste Schicht wird aus den Anwendungen gebildet, welche u. a. für die Gestaltung und Funktionalität der Benutzeroberfläche verantwortlich sind. Die Anwendungen sind an den jeweiligen Zweck der Blockchain angepasst und typischerweise industriespezifisch. Die Implementierung der Softwarebausteine der genutzten Systeme findet in dieser Schicht statt. Die Anwendungen greifen auf die Daten, Protokolle und Plattformen der nachfolgenden Schichten zu.

Die zweite Stufe wird von den DLT-(Distributed-Ledger-Technologie) Services und der Software gebildet, um die Kompatibilität der genutzten Systeme zu gewährleisten. Zusätzlich werden an dieser Stelle die benötigten Berechtigungen verwaltet und das System überwacht. So kann beispielsweise die Sicherheit der Daten, welche sich in der nachfolgenden Schicht befinden, gewährleistet werden.

Diese dritte Schicht der Blockchain-Technologie stellt die Daten den anderen Komponenten des Ecosystems zur Verfügung. Die Daten variieren je nach Anwendungsbereich unterliegen steigen Veränderungen.

Die DLT-Fabric-Plattform bildet die vierte Schicht der Blockchain-Technologie und enthält die Basisprotokolle des Systems. Auf dieser Ebene befinden sich Konfigurationsmöglichkeiten für verschiedene Anwendungen, die mit der Blockchain genutzt werden.

Die letzte Schicht wird von der grundlegenden Entwicklungsplattform und der Infrastruktur der Blockchain gebildet. Hier befindet sich die Hardware des Systems, auf welcher die Blockchain mit all ihren Komponenten betrieben wird. Auf dieser Ebene wird die Infrastruktur zur Entwicklung und Bereitstellung der Blockchain zur Verfügung gestellt. Abb. 9.9 stellt die einzelnen Schichten der Blockchain mit ihren jeweiligen Funktionen dar (Inhalte basierend auf Batra et al. (2019); Bashir (2020); Coinbase (2023a); opengenus (2023)).

Im Digital Business hat neben der Nutzung als Zahlungsmittel insbesondere das Konzept der Smart Contracts eine große Bedeutung. Blockchain-basierte Smart Contracts sind Verträge, die ganz oder teilweise ohne menschliche Interaktion ausgeführt oder durchgesetzt werden.

Eines der Hauptziele eines Smart Contracts ist die Hinterlegung von automatisierten Anleitungen von konkreten Umsetzungen. Beispielsweise können so Rechnungen erstellt werden, die bei Eintreffen einer Sendung automatisch bezahlt werden, oder Wertpapiere erstellt werden, die ihren Eigentümern automatisch Dividenden auszahlen, wenn Gewinne ein bestimmtes Niveau erreichen.[18] Bitcoins stellen eine sehr bekannte und zugleich wichtige Anwendung von Smart Contracts dar. Bitcoin können als erfolgreichstes Beispiel für Smart Contracts angeführt werden.

[18] Vgl. Franco (2015), S. 9.

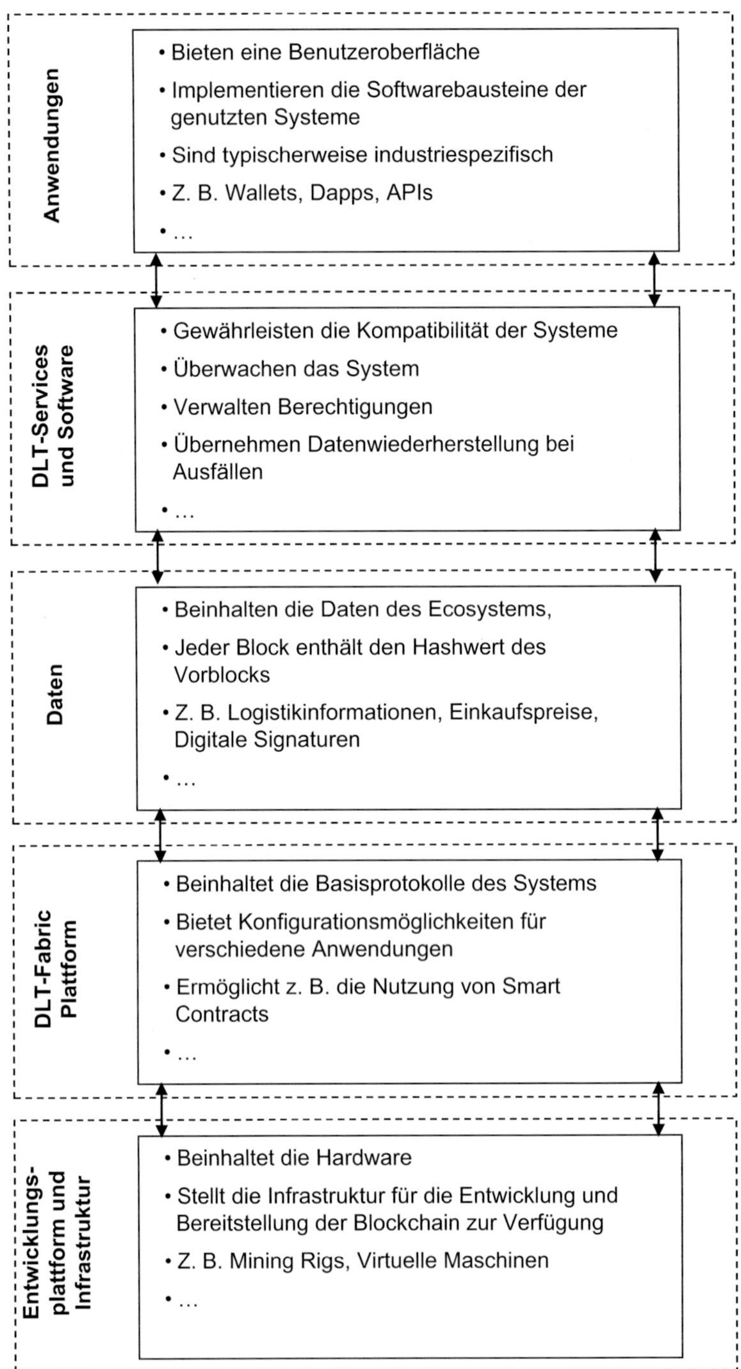

Abb. 9.9 Fünf-Schichten-Modell der Blockchain-Technologie

Der Bitcoin wurde jedoch wegen seines Einsatzes bei illegalen Transaktionen, seines hohen Stromverbrauchs, seiner Preisvolatilität und Diebstahl an Börsen bereits häufig kritisiert. Einige Ökonomen, darunter mehrere Nobelpreisträger, haben es als spekulative Blase bezeichnet.[19]

Trotz dieser Kritik an Bitcoin sind starke Zuwächse auf dem Blockchain-Markt zu verzeichnen. So nutzen bereits Banken, Versicherungen und öffentliche Institutionen die Blockchain, um mithilfe von Smart Contracts die Abwicklung von Geschäftsprozessen zu optimieren. Abb. 9.10 zeigt die weltweite Entwicklung des Marktvolumens der Blockchain-Technologie.

Das zunehmende Marktvolumen der Blockchain-Technologie ist nicht allein auf die wachsende Beliebtheit von Kryptowährungen und Smart Contracts zurückzuführen. Die Blockchain-Technologie wird bereits für zahlreiche weitere Anwendungen genutzt, welche sich nicht nur auf Finanztransaktionen beschränken. In Tab. 9.2 sind beispielhafte Anwendungen der Blockchain-Technologie dargestellt.

Es ist ersichtlich, dass die Blockchain-Technologie ein umfangreiches und vielfältiges Anwendungsspektrum aufweist. In der Vergangenheit ist die Blockchain-Technologie insbesondere durch das starke Wachstum von Kryptowährungen bekannt geworden. Ein besonders markantes Beispiel hierfür ist die Entwicklung des Bitcoin.

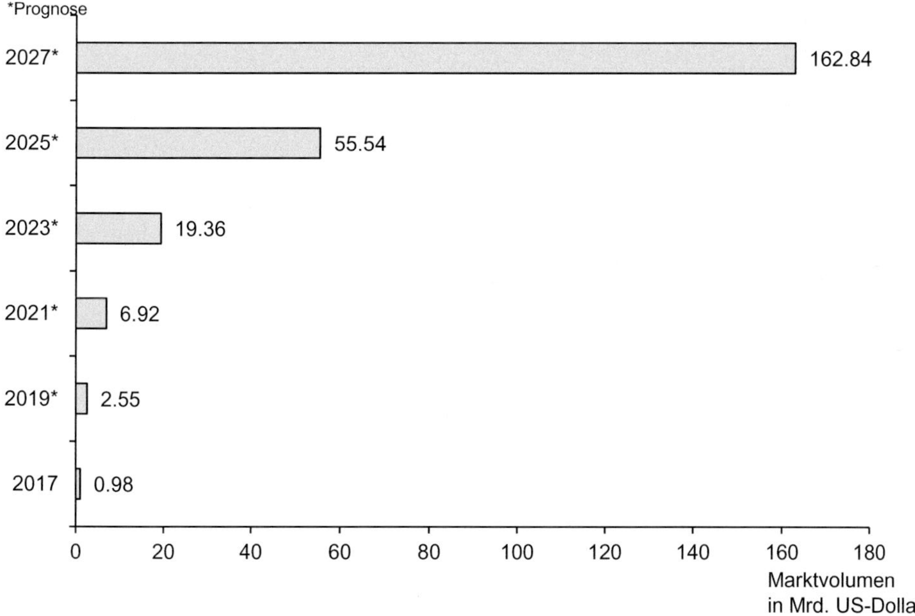

Abb. 9.10 Marktvolumen der Blockchain Technologie weltweit. (Datenquelle: Statista (2018))

[19] Vgl. Krugman (2018).

Tab. 9.2 Anwendungen der Blockchain-Technologie

Blockchain-Anwendungen	Kern-Aspekte
Kryptowährungen	• Kryptowährungen nutzen die Blockchain-Technologie für transparente und manipulationssichere Transaktionen • In jedem Datenblock werden mehrere Transaktionen gespeichert und in einer Prüfsumme zusammengefasst • Durch die Nutzung von mehreren Hashverfahren wird sichergestellt, dass keine Transaktion im Nachhinein verändert werden kann • Die bekanntesten Beispiele für die Nutzung der Blockchain in Kryptowährungen sind Bitcoin, Ethereum und Tether
SCM/Lieferketten	• Die Blockchain-Technologie kann genutzt werden, um die Transaktionen innerhalb von Lieferketten zu dokumentieren • Durch die Nutzung der Blockchain ist es allen beteiligten möglich, jederzeit den aktuellen Status und alle bisherigen Transaktionen zu überprüfen • Aufgrund der Manipulationssicherheit können sich z. B. Endverbraucher über die Herkunft der Produkte und deren Transportwege sicher sein • Eine Qualitätssicherung ist z. B. bei Produkten denkbar, welche eine Kühlung voraussetzen, dies kann mithilfe von Temperatursensoren erfolgen, welche ihre Messdaten in der Blockchain sichern
Smart Contracts	• Smart Contracts sind Programme, die mithilfe der Blockchain-Technologie in der Lage sind nur dann ausgeführt zu werden, sobald bestimmte Bedingungen erfüllt sind • Smart Contracts werden häufig genutzt, um die Ausführung eines Vertrages zu automatisieren • Smart Contracts bieten den Vorteil der Sicherheit der Ausführung eines Vertrages, da alle Parteien sich für die Ausführung an die Bedingungen des Vertrages halten müssen
Sicherheit	• Die Blockchain-Technologie kann aufgrund ihrer Eigenschaften für diverse Anwendungen im Bereich der (Cyber-)Sicherheit eingesetzt werden • Durch die Nutzung von kryptografischen Hashfunktionen wurde bislang kein erfolgreicher Angriff auf die Blockchain-Technologie ausgeführt • Die Blockchain-Technologie kann innerhalb des Zugriffsmanagements genutzt werden, um sicherzustellen, dass nur autorisierte Personen Zugriff auf bestimmte Daten oder Sicherheitsbereiche haben • Mithilfe der Blockchain können Daten verschlüsselt und im Rahmen eine Schlüsselaustauschs anderen Nutzern zugänglich gemacht werden
Finanzwesen	• Im Bereich des Finanzwesens bietet die Blockchain-Technologie die Möglichkeit traditionelle Intermediäre wie z. B. Banken zu überspringen • Decentralized Exchange (DEX) stellt beispielsweise einen peer-to-peer Marktplatz dar, auf welchem Nutzer Kryptowährungen austauschen, leihen und verleihen können • Im Gegensatz zu traditionellen Finanztransaktionen bieten DEXs komplette Transparenz und verringern die Abhängig der Nutzer vom Intermediär

(Fortsetzung)

Tab. 9.2 (Fortsetzung)

Blockchain-Anwendungen	Kern-Aspekte
NFT	• NFTs (Nun-Fungible Token) stellen einzigartige digitale Vermögenswerte dar • Durch das Speichern auf einer Blockchain wird die Einzigartigkeit des Objekts gewährleistet • NFTs können z. B. Bilder, Musik oder Videos darstellen

Fallbeispiel für die Anwendung der Blockchain: Bitcoin

Die Blockchain-Technologie hat in der letzten Dekade vor allem durch die starke Wertsteigerung sogenannter Kryptowährungen und im Zuge einer Reihe von Krisen um Handelsplattformen für Kryptowährungen große mediale Aufmerksamkeit erfahren.[20] Insbesondere die Kryptowährung Bitcoin nimmt dabei eine prominente Rolle ein.[21]

Der Bitcoin ist eine datenbasierte kryptografische Währungseinheit, mit den Währungscodes BTC und XBT und dem offiziellen Währungssymbol ₿.[22] Jeder Bitcoin ist bis zur achten Dezimalstelle teilbar. Diese Teileinheiten werden Satoshi oder Sat genannt und sind demnach ein Hundertmillionstel eines Bitcoins wert (0,00 00 00 01 BTC).[23]

Bitcoin ist die älteste konkrete Anwendung der Blockchain-Technologie, die bereits 2009 entwickelt und im selben Jahr in Umlauf gebracht wurde. Die Idee wurde zusammen mit dem Ansatz der Blockchain-Technologie von Satoshi Nakamoto (Pseudonym einer unbekannten Person oder Personengruppe) entwickelt.[24] Die Veröffentlichung, die Bitcoin als Referenzprojekt für das Blockchain-Modell und die entsprechende Anleitung zur Implementierung darstellt, enthält zugleich den Softwarecode zur technischen Umsetzung der Blockchain. Ziel von Satoshi Nakamoto war es, ein dezentrales Peer-to-Peer-Open-Source-System für den Austausch von Geldwerten unabhängig von Intermediären wie Banken und anderen Zahlungsdienstleistern zu schaffen.[25]

Die Bitcoin-Blockchain ermöglicht es, das Problem der unendlichen Reproduzierbarkeit digitaler Werte, die als fungible immaterielle Güter bezeichnet werden, zu lösen. Die weitgehende Unveränderlichkeit der Bitcoin-Blockchain-Basis bestätigt, dass jede Werteinheit nur einmal existiert. Die Bitcoin-Blockchain ist also ein Wertaustauschprotokoll, das das Eigentum an Bitcoineinheiten aufrechterhält, indem es diesen eindeutig spezifische Nutzeradressen zuordnet. Vor diesem Hintergrund ist Bitcoin die erste digitale

[20] Vgl. Feder et al. (2017), S. 147 ff.; Corbet et al. (2020); Akyildirim et al. (2023).

[21] Vgl. bitcoin.org (2023).

[22] Vgl. Unicode (2011, 2015).

[23] Vgl. Binance (2023).

[24] Vgl. Nakamoto (2008).

[25] Vgl. Sorge/Krohn-Grimberghe (2012, S. 479 ff.; 2013, S. 720 ff.)

Währung, die das Problem der Duplikation ohne eine vertrauensschaffende Instanz oder einen zentralen Intermediär löst. Somit basiert Bitcoin, wie es das Blockchain-Modell vorsieht, auf öffentlichen Registern (public ledgers), die alle Transaktionen im Netzwerk aufzeichnen und alle Wertguthaben den Anwendern eindeutig zurechnen.[26]

Da es keine zentrale Instanz gibt, werden Bitcoins von den Nutzern des BTC-Blockchain-Netzwerks selbst erzeugt. Die Nutzer des Netzwerks setzen ihre Rechenleistung ein, um vom System gestellte Aufgaben zu lösen. Als Gegenleistung für das Lösen der automatischen und arbiträren Aufgaben, erhalten sie Bitcoins. Dieser als „Mining" oder „Schürfen" bezeichnete Prozess wird mit zunehmender Anzahl von Bitcoins aufwendiger. Damit steigt die benötigte Rechenleistung pro zusätzlich generiertem Bitcoin, was zu einem erheblichen globalen Energieverbrauch führt. Die Nutzung der Bitcoin-Blockchain und insbesondere das Mining-Verfahren verursacht einen Stromverbrauch, der mit dem ganzer Länder wie Österreich oder Irland vergleichbar ist.[27] Durch die zunehmende Schwierigkeit des Miningprozesses ist die Ausgabe von Bitcoins auf 21 Mio. Einheiten beschränkt. Das Mining von Bitcoins ist bereits in einem weit fortgeschrittenen Stadium, da bereits 19,3 Mio. BTC durch die Mitwirkung von Nutzern erzeugt wurden.[28]

Für die erstmalige Nutzung von Bitcoins ist die Erstellung einer Bitcoin-Adresse erforderlich. Um eine solche Adresse zu erstellen, muss vom Nutzer ein privater Schlüssel in Form eines Kennworts gesetzt werden, auf dessen Grundlage die Berechnung eines Adresscodes beziehungsweise eines öffentlichen Schlüssels erfolgt. Diese Umwandlung ist relativ schnell und einfach – der umgekehrte Weg, also vom öffentlichen zum privaten Schlüssel, ist rechnerisch nahezu unmöglich.

Um Bitcoins von einem Nutzer zu einem anderen zu transferieren, muss der Besitzer die Transaktion zunächst mit seinem privaten Schlüssel digital signieren. Das Netzwerk verifiziert die Signatur mit dem öffentlichen Schlüssel, wobei der private Schlüssel niemals offengelegt wird. Geht der private Schlüssel verloren, sind alle Bitcoins, die mit der angegebenen Adresse verknüpft sind, für immer verloren, da das Bitcoin-Netzwerk keinen anderen Eigentumsnachweis zulässt.[29]

In seinen Anfängen wurde Bitcoin nur von einer kleinen Gruppe von Insidern genutzt. Im März 2010 wurde die erste Handelsplattform eröffnet, auf der Bitcoins zu 0,003 USD pro Einheit gehandelt wurden.[30] Im selben Jahr kaufte ein amerikanischer Informatiker symbolisch zwei Pizzen für 10.000 BTC (25 USD). Dieses Ereignis gilt als der erste Kauf, der mit Bitcoins erfolgte.[31]

Das Bitcoin-System ermöglicht zwar prinzipiell Transaktionen, ohne auf gesetzliche Zahlungsmittel zurückgreifen zu müssen, und damit auch den Tausch gegen Güter und

[26] Vgl. Sorge/Krohn-Grimberghe (2012, S. 479 ff.; 2013, S. 720 ff.)

[27] Vgl. Vries (2018), S. 801; Neumueller (2022).

[28] Vgl. Coinbase (2023b).

[29] Vgl. Böhme et al. (2015), S. 213 ff.

[30] Vgl. Cryptohopper (2023).

[31] Vgl. O'Dwyer/Malone (2014).

Dienstleistungen. Es zeigt sich jedoch, dass dies bisher nur einen geringen Anteil der Transaktionen ausmacht. Die meisten Eigentümer von BTC nutzen diese nicht als Tauschmittel für andere Güter und Dienstleistungen, sondern ausschließlich als Investition zur Werterhaltung oder Wertsteigerung. Die durchschnittliche Haltedauer eines BTC betrug im Januar 2023 etwa 147 Tage.[32]

Der Preis für Bitcoins ist seit dem Jahr 2009 erheblich gestiegen und erreichte am 10. November 2021 seinen bisherigen Höchststand von 68.789,63 US-Dollar pro Bitcoin. Im Januar 2023 lag er zwischen 16.500 und 20.500 US-Dollar. Bei 19,3 Mio. im Umlauf befindlichen BTC liegt somit die Marktkapitalisierung bei rund 400 Mrd. US-Dollar. Damit ist der Bitcoin die wichtigste Währung, die auf dem Blockchain-Ansatz basiert.[33] Abb. 9.11 zeigt den Kurs des Bitcoin gegenüber dem US-Dollar im zeitlichen Verlauf von 2013 bis

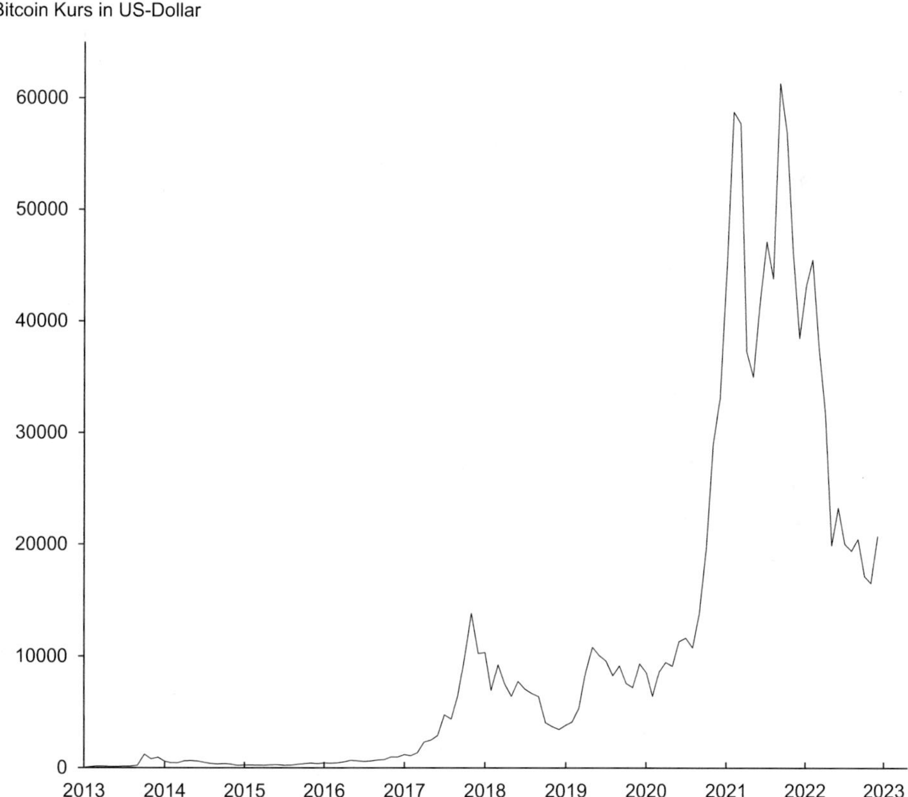

Abb. 9.11 Kurs des Bitcoin gegenüber dem US-Dollar im zeitlichen Verlauf von 2013 bis 2023. (Datenquelle: Investing (2023))

[32] Vgl. Coinbase (2023b).

[33] Vgl. Coinbase (2023b).

2023. Sie verdeutlicht, dass der Kurs erhebliche Volatilität aufweist und der Bitcoin daher keineswegs als wertbeständig bezeichnet werden kann.

Das inhärente Wertversprechen von Kryptowährungen wie Bitcoin besteht darin, unabhängigen Nutzern den sicheren Austausch von Werten zu ermöglichen, ohne sich auf Vermittler wie Banken und andere Zahlungsdienstleister zu verlassen. Darüber hinaus bietet das dezentrale System der Kryptowährungen die Möglichkeit, die Macht der Finanzinstitute und insbesondere die zentralisierte Kontrolle durch die Zentralbanken zu brechen und ihr ein freies, unkontrolliertes Crowd-System entgegenzusetzen. Einige kleine Länder wie El Salvador und die Zentralafrikanische Republik haben Bitcoin bereits als offizielle Währung anerkannt, um ihre Abhängigkeit und ihren Einfluss vom Dollar beziehungsweise dem westafrikanischen CFA-Franc zu verringern.[34]

In diesem Zusammenhang ist jedoch darauf hinzuweisen, dass es auch einen Einfluss einiger weniger großer Akteure im Bitcoin-System gibt, da die Vermögenswerte in Bitcoin stark konzentriert sind und somit Nachfrage und Angebot von diesen Akteuren beeinflusst werden können. Im Jahr 2021 besaßen 0,01 % der Bitcoin-Adressen 27 % der im Umlauf befindlichen Währung.[35]

Neben den zahlreichen Vorteilen, die kryptografische Währungen bieten, gibt es jedoch auch zahlreiche Stimmen, die Kritik an Kryptowährungen üben. So werden Bitcoin und andere Kryptowährungen von Ökonomen, darunter mehrere Nobelpreisträger, als potenzielle Spekulationsblase bezeichnet. Es wird auch befürchtet, dass Bitcoin ein Schneeballsystem ist, das auf kollektiver Täuschung basiert. Laut Weltbank und Schweizer Bundesrat handelt es sich jedoch um ein System ohne Gewinnversprechen, weshalb kein Schneeballsystem im herkömmlichen Sinne vorliegt.[36]

Ein weiterer Kritikpunkt bezieht sich auf die Möglichkeit, Werte weitgehend ohne Kennzeichnung zu handeln und damit eine Vielzahl von Regulierungen zu umgehen. Embargos und Steuervorschriften können oft weitgehend umgangen und illegale Käufe unbemerkt getätigt werden. Schließlich sind die Plattformen, auf denen der Handel stattfindet, nahezu unreguliert. Es gab eine Vielzahl von Skandalen im Zusammenhang mit Kryptowährungsplattformen, wie z. B. der Zusammenbruch von Mt. Gox, der Hackerangriff auf die Plattform Bitfinex und der Konkurs der FTX im Jahr 2022.[37]

Es lässt sich konstatieren, dass die Währung Bitcoin aufgrund ihres Potenzials, deutliche Veränderungen im Finanzsektor bewirken wird. Gleichzeitig weist nicht nur die Kursentwicklung der letzten zehn Jahre auf erhebliche Risiken für Privatanleger hin. Das Bitcoin-System steht stellvertretend für alle Kryptowährungen für einen disruptiven Ansatz, der sich erst noch bewähren muss.

[34] Vgl. BBC (2022).

[35] Vgl. Vigna (2021).

[36] Vgl. Basu (2014); Bundesrat der Schweizer Eidgenossenschaft (2014).

[37] Vgl. Feder et al. (2017); Corbet et al. (2020).

Ähnliches gilt für die Blockchain und auch für abgeleitete Technologien wie Hashgraph und Tangle, die einen anderen Lösungsansatz verfolgen, aber an der Idee einer dezentralen Sicherheits- und Verteilungsarchitektur festhalten.[38] Diese Technologien sind prinzipiell in der Lage, einen Großteil der bestehenden Steuerungs- und Verteilungssysteme, die in der Regel mit Zentralität und vertrauensbildenden Intermediären einhergehen, zu verändern und neue Geschäftsmodelle zu ermöglichen.[39] Vor diesem Hintergrund ist davon auszugehen, dass die Blockchain-Technologie im Kontext des Digital Business zunehmend Einzug halten wird. Allerdings befinden sich die Anwendungen meist noch in einem sehr frühen Stadium, sodass eine abschließende Bewertung nicht vorgenommen werden kann.

9.4 Inhaltliche Kernpunkte von Big Data, Cloud Computing und Blockchain-Technologie

- Big Data stellt eine wesentliche Grundlage für das Digital Business dar, da es eine intelligente und systematische Analyse und Auswertung von Dateninformationen ermöglicht. Dabei sind Big-Data-Anwendungen den traditionellen relationalen Datenbanksystemen Bezug auf Datengeschwindigkeit, Datenvolumen und Datenvielfalt überlegen.
- Die Vorteile in der Nutzung von Big Data liegen u. a. in der Verbesserung der Entscheidungsqualität, der Beschleunigung und Verbesserung von Analysen, der Senkung der Kosten und der Erhöhung der Produkt- und Servicequalität.
- Die Big-Data-Architektur besteht aus sieben Schichten: (1) Datenquellen, (2) Dateninhaltsformat, (3) Datentyp, (4) Datenerfassung, (5) Datenmanagement (6) Datenanalyse und (7) Datenvisualisierung. Ein weiteres wichtiges Element ist die Verwaltung großer Daten, die sich auf alle sieben Schichten der Architektur bezieht und allgemeine Verwaltungs- und Regulierungsaspekte wie Zugänglichkeit, Verfügbarkeit und Sicherheit von Daten umfasst.
- Cloud Computing bezeichnet die Bereitstellung von Servern, Datenbanken, Software, Netzkomponenten und Speicherplatz über das Internet und stellt eine weitere wesentliche technologische Grundlage für das Digital Business dar. Vorteile des Cloud Computing sind z. B. Geräte- und Standortunabhängigkeit, höhere Geschwindigkeit und Skalierbarkeit von IT Services sowie Kosteneinsparungen.
- Innerhalb des Cloud Computing existieren verschiedene Servicemodelle, welche unter die Kategorien „Infrastructure as a Service" (IaaS), „Platform as a Service" (PaaS) und „Software as a Service" (SaaS) fallen. Die Servicemodelle unterscheiden sich im Ausmaß der Dienstleitungen, die der jeweilige Serviceprovider bereitstellt.

---

[38] Vgl. Schueffel (2017).

[39] Vgl. Wirtz und Langer (2021b); Wirtz und Langer (2021a); Wirtz et al. (2022); Wirtz et al. (2023).

- Die Blockchain ist eine Technologie zur Verwaltung von Daten in einem dezentralen Datensatz. Dieser Datensatz besteht aus verschiedenen Blöcken und kann durch die Generierung neuer Blöcke stetig anwachsen. Auf der Blockchain können verschlüsselte Transaktionsdaten abgelegt werden, um beispielsweise Smart Contracts auszuführen.
- Eine Transaktion in der Blockchain beinhaltet die Initialisierung der Interaktion, die Darstellung der Transaktion in einem Block, die Verteilung des Blocks an das Netzwerk, die Bestätigung der Transaktion, das Anhängen des Blocks an die Blockchain, sowie die endgültige Ausführung der Transaktion.

Kapitel 9
Wissensfragen und Diskussionsthemen

Wissensfragen

1. Nennen Sie die Einsatzgebiete von Big Data in Unternehmen.
2. Erklären Sie die sieben Ebenen einer Big-Data-Architektur und welche Aspekte von Big Data Governance in diesem Zusammenhang relevant sind.
3. Beschreiben Sie die verschiedenen Arten von Bereitstellungs- und Servicemodellen des Cloud Computing.
4. Erläutern Sie die Unterschiede der verschiedenen Bereitstellungs- und Servicemodelle in Bezug auf die organisatorische IT-Infrastruktur.
5. Was ist die Blockchain? Beschreiben Sie die Transaktionsphasen und Inhalte von Blockchains.

Diskussionsthemen

1. Diskutieren Sie die Chancen und Risiken von von Big Data. Stehen die Risiken in einem vernünftigen Verhältnis zu den Vorteilen von Big Data?
2. Cloud Services ermöglichen einen Zugriff auf Daten – anytime, anywhere and anyhow. Debattieren Sie diese Zugriffsmöglichkeit insbesondere unter dem Aspekt der Datensicherheit und des Datenschutzes.
3. Diskutieren Sie, ob Blockchain-Technologien nicht zu einer erheblichen Belastung hinsichtlich der Umweltaspekte beitragen. Nehmen Sie hierzu das Beispiel des Schürfens von Bitcoins.

Literatur

Akyildirim, E./Conlon, T./Corbet, S./Goodell, J.W. (2023), Understanding the FTX exchange collapse: A dynamic connectedness approach, in: Finance Research Letters, 2023, S. 103643.

Armbrust, M./Stoica, I./Zaharia, M./Fox, A./Griffith, R./Joseph, A.D./Katz, R./Konwinski, A./ Lee, G./Patterson, D./Rabkin, A. (2010), A view of cloud computing, in: Commun. ACM, 53. Jg., Nr. 4, 2010, S. 50.

Bashir, I. (2020), Mastering blockchain- A deep dive into distributed ledgers, consensus protocols, smart contracts, DApps, cryptocurrencies, Ethereum, and more, Third edition, Birmingham, Mumbai 2020.

Basu, K. (2014), Ponzis: the science and mystique of a class of financial frauds, in: World Bank Policy Research Working Paper, Nr. 6967, 2014.

Batra, G./Olson, R./Pathak, S./Santhanam, N./Soundararajan, H. (2019), Blockchain 2.0: What's in store for the two ends – semiconductors (suppliers) and industrials (consumers)?, https://www.mckinsey.com/industries/industrials-and-electronics/our-insights/blockchain-2-0-whats-in-store-for-the-two-ends-semiconductors-suppliers-and-industrials-consumers, Abruf: 23.01.2023.

BBC (2022), Bitcoin becomes official currency in Central African Republic, https://www.bbc.com/news/world-africa-61248809, Abruf: 19.01.23.

Binance (2023), Satoshi, https://academy.binance.com/en/glossary/satoshi, Abruf: 19.01.2023.

bitcoin.org (2023), Einige Dinge, die Sie wissen müssen, https://bitcoin.org/de/das-sollten-sie-wissen, Abruf: 19.01.2023.

Böhme, R./Christin, N./Edelman, B./Moore, T. (2015), Bitcoin: Economics, Technology, and Governance, in: Journal of Economic Perspectives, 29. Jg., Nr. 2, 2015, S. 213–238.

Boillat, T./Legner, C. (2013), From On-Premise Software to Cloud Services: The Impact of Cloud Computing on Enterprise Software Vendors' Business Models, in: J. theor. appl. electron. commer. res., 8. Jg., Nr. 3, 2013, S. 7–8.

Bundesrat der Schweizer Eidgenossenschaft (2014), Federal Council Report on Virtual Currencies in Response to the Schwaab (13.3687) and Weibel (13.4070) Postulates, 2014.

Chou, Y. (2010), Cloud Computing for IT Pros (2/6)- What is Cloud, https://blogs.technet.microsoft.com/yungchou/2010/12/17/cloud-computing-for-it-pros-26-what-is-cloud/, Abruf: 17.12.2019, Abruf: 2010.

Coinbase (2023a), A beginner's guide to understanding the layers of blockchain technology, Abruf: 01.02.2023.

Coinbase (2023b), Bitcoin BTC, https://www.coinbase.com/de/price/bitcoin, Abruf: 19.01.2023.

Corbet, S./Cumming, D.J./Lucey, B.M./Peat, M./Vigne, S.A. (2020), The destabilising effects of cryptocurrency cybercriminality, in: Economics Letters, 191. Jg., 2020, S. 108741.

Cryptohopper (2023), What Was the First Crypto Exchange?, https://www.cryptohopper.com/blog/449-what-was-the-first-crypto-exchange, Abruf: 19.1.23.

Digisaurier (2018), Blockchain-Prinzip, https://www.digisaurier.de/was-zur-hoelle-hat-oekostrom-mit-der-blockchain-zu-tun/https_media-g2crowd-comwp-contentuploads20180123135723blocks-2/, Abruf: 10.02.2020.

Digital Technology (2017), Cloud Computing: Roles and responsibilities, http://digitaltechnology4u.com/2017/07/18/cloud-computing-roles-and-responsibilities/, Abruf: 22.01.2021, Abruf: 18.07.2017.

Dilmegani, C. (2020), Top 50 Big Data Statistics in '23: Market Size & Benefits, https://research.aimultiple.com/big-data-stats/, Abruf: 20.01.2023.

Feder, A./Gandal, N./Hamrick, J.T./Moore, T. (2017), The impact of DDoS and other security shocks on Bitcoin currency exchanges: Evidence from Mt. Gox, in: Journal of Cybersecurity, 3. Jg., Nr. 2, 2017, S. 137–144.

Fortune Business Insights (2022), Market Research Report, https://www.fortunebusinessinsights.com/big-data-analytics-market-106179, Abruf: 30.01.2023.

Franco, P. (2015), Understanding bitcoin- Cryptography, engineering and economics, Chichester, West Sussex 2015.

Friedemann, B. (2019), Blockchain: Wie funktioniert das?, https://coinspondent.de/2016/09/15/blockchain-fuer-einsteiger-erklaert/, Abruf: 10.02.2020, Abruf: 10.02.2020.

Gartner (2022), Gartner Forecasts Worldwide Public Cloud End-User Spending to Reach Nearly $600 Billion in 2023, https://www.gartner.com/en/newsroom/press-releases/2022-10-31-gartner-forecasts-worldwide-public-cloud-end-user-spending-to-reach-nearly-600-billion-in-2023, Abruf: 19.01.2022.

Godse, M./Mulik, S. 2009, An Approach for Selecting Software-as-a-Service (SaaS) Product, in: 2009 IEEE International Conference on Cloud Computing. 2009 IEEE International Conference on Cloud Computing. Bangalore, India, 9/21/2009–9/25/2009, Piscataway: I E E E, S. 155–158.

Gosh, A. (2013), Security in the Cloud: The Divided Responsibilites, https://thecustomizewindows.com/2013/01/security-in-the-cloud-the-divided-responsibilities/, Abruf: 17.12.2019, Abruf: 2013.

Hack, U. (2021), What's the real story behind the explosive growth of data?, https://www.red-gate.com/blog/database-development/whats-the-real-story-behind-the-explosive-growth-of-data, Abruf: 19.01.2023.

Holicki, R. (2021), SEEOcta Data: Big Data – How Data can Generate Revenue, https://blog.seeburger.com/seeocta-data-big-data-how-data-can-generate-revenue/, Abruf: 20.01.2023.

Investing (2023), Bitcoin – historical data- Monthly Basis 2013–2023, https://www.investing.com/crypto/bitcoin/historical-data, Abruf: 19.01.2023.

Jansen, J. (2016), Wie viel Macht überlässt man den Maschinen?, https://blogs.faz.net/netzwirtschaft-blog/2016/07/19/wie-viel-macht-ueberlaesst-man-den-maschinen-3950/, Abruf: 10.02.2020.

Krugman, P. (2018), Bubble, bubble, fraud and trouble, in: New York Times, 2018.

Lemieux, P. (2013), Who Is Satoshi Nakamoto?, in: Regulation, 36. Jg., Nr. 3, 2013, S. 14–16.

Litchfield, A.T./Herbert, J. (2015), blockchain peer to peer – Google Scholar, https://scholar.google.de/scholar?hl=de&as_sdt=0%2C5&q=blockchain+peer+to+peer&btnG=, Abruf: 16.12.2019.

Loutas, N./Peristeras, V./Bouras, T./Kamateri, E./Zeginis, D./Tarabanis, K. 2010, Towards a Reference Architecture for Semantically Interoperable Clouds, in: IEEE (Hrsg.): 2010 2nd International Conference on Cloud Computing Technology and Science. 2010 IEEE 2nd International Conference on Cloud Computing Technology and Science (CloudCom). Indianapolis, IN, USA, 11/30/2010–12/3/2010. IEEE, [Place of publication not identified]: IEEE, S. 143–150.

Metzger, C./Reitz, T./Villar, J. (2011), Cloud computing 2011.

Mezghani, E./Exposito, E./Drira, K./Da Silveira, M./Pruski, C. (2015), A semantic big data platform for integrating heterogeneous wearable data in healthcare, in: Journal of medical systems, 39. Jg., Nr. 12, 2015, S. 185.

Microsoft (2023), Microsoft Azure, https://azure.microsoft.com/de-de/free, Abruf: 30.01.2023.

Nakamoto, S. (2008), Bitcoin: A peer-to-peer electronic cash system, 2008.

Neumueller, A. (2022), A deep dive into Bitcoin's environmental impact, https://www.jbs.cam.ac.uk/insight/2022/a-deep-dive-into-bitcoins-environmental-impact/, Abruf: 19.01.2023.

O'Dwyer, K.J./Malone, D. (2014), Bitcoin mining and its energy footprint, in: 25th IET Irish Signals and Systems Conference and China-Ireland International Conference on Information and Communications Technologies (ISSC/CIICT 2014), IET Conference Publications 639, 2014.

opengenus (2023), Blockchain Layered Architecture, https://iq.opengenus.org/blockchain-layered-architecture/, Abruf: 01.02.2023.

Phillips-Wren, G. (2017), Intelligent systems to support human decision making, in: Artificial Intelligence: Concepts, Methodologies, Tools, and Applications, S. 3023–3036.

Rodero-Merino, L./Vaquero, L.M./Gil, V./Galán, F./Fontán, J./Montero, R.S./Llorente, I.M. (2010), From infrastructure delivery to service management in clouds, in: Future Generation Computer Systems, 26. Jg., Nr. 8, 2010, S. 1226–1240.

Schueffel, P. (2017), Alternative Distributed Ledger Technologies Blockchain vs. Tangle vs. Hashgraph – A High-Level Overview and Comparison -, in: SSRN Journal, 2017.

Singh, P. (2013), Big Data: What on earth is it?, https://blog.au.fujitsu.com/?p=441, Abruf: 23.01.2020.

Sitaram, D./Manjunath, G. (2012), Moving to the cloud- Developing apps in the new world of cloud computing, Waltham, MA 2012.

Sorge, C./Krohn-Grimberghe, A. (2012), Bitcoin: Eine erste Einordnung, in: Datenschutz und Datensicherheit-DuD, 36. Jg., Nr. 7, 2012, S. 479–484.

Sorge, C./Krohn-Grimberghe, A. (2013), Bitcoin-das Zahlungsmittel der Zukunft?, in: Wirtschaftsdienst, 93. Jg., Nr. 10, 2013, S. 720–722.

Statista (2018), Blockchain technology market size worldwide from 2017 to 2027, https://www.statista.com/statistics/1015362/worldwide-blockchain-technology-market-size/, Abruf: 20.01.2023.

Statista (2020), Big data technology adoption status in organizations worldwide from 2015 to 2019, https://www.statista.com/statistics/919670/worldwide-big-data-adoption-expectations/, Abruf: 19.01.2023.

techconsult (2018), Das hochintelligente Unternehmen: Sind deutsche Enterprise-Rechenzentren in der Lage über Big-Data-Analytics den Unternehmenserfolg zu sichern?, 2018, https://www.intel.de/content/dam/www/public/emea/de/de/documents/pdf/techconsult-studie-das-hochintelligente-unternehmen.pdf, Abruf: 22.01.2021.

Unicode (2011), PROPOSAL SUMMARY FORM TO ACCOMPANY SUBMISSIONS- FOR ADDITIONS TO THE REPERTOIRE OF ISO/IEC 10646, https://unicode.org/L2/L2011/11129-bitcoin.pdf, Abruf: 19.01.2023.

Unicode (2015), Diskussion zum Bitcoin Unicode-Zeichen- Mail-Austausch, http://unicode.org/mail-arch/unicode-ml/y2015-m09/0054.html, Abruf: 19.01.2023.

Vigna, P. (2021), Bitcoin's 'One Percent' Controls Lion's Share of the Cryptocurrency's Wealth, https://www.wsj.com/articles/bitcoins-one-percent-controls-lions-share-of-the-cryptocurrencys-wealth-11639996204, Abruf: 19.01.2023.

Vries, A. de **(2018)**, Bitcoin's growing energy problem, in: Joule, 2. Jg., Nr. 5, 2018, S. 801–805.

Wang, Y./Kung, L./Ting, C./Byrd, T.A. (2015), Beyond a Technical Perspective- Understanding Big Data Capabilities in Health Care, 2015, S. 3044–3053.

Winkler, T.J./Brown, C.V. (2013), Horizontal Allocation of Decision Rights for On-Premise Applications and Software-as-a-Service, in: Journal of Management Information Systems, 30. Jg., Nr. 3, 2013, S. 13–48.

Wirtz, B.W. (2016), Electronic Business, 5. Auflage, Wiesbaden 2016.

Wirtz, B.W. (2018), Electronic Business, 6. Auflage, Wiesbaden 2018.

Wirtz, B.W. (2020), Electronic Business, 7. Auflage, Wiesbaden 2020.

Wirtz, B.W. (2021), Digital business and electronic commerce- Strategy, business models and technology, 1. Auflage, Cham 2021.

Wirtz, B.W. (2022), Digital Government- Strategy, government models and technology, 1. Auflage, Cham 2022.

Wirtz, B.W./Langer, P.F. (2021a), Digitale Disruption- Bedeutung, Auswirkungen und Strategien, in: Wirtschaftswissenschaftliches Studium (WiSt), Nr. 6, 2021, S. 4–11.

Wirtz, B.W./Langer, P.F. (2021b), Digitale Plattformen, in: WIST, 50. Jg., Nr. 12, 2021, S. 19–26.

Wirtz, B.W./Müller, W.M./Langer, P.F. (forthcoming), The Concept of Business Models- Delevopment and Research Perspectives, in: International Journal of Innovation Management, forthcoming.

Wirtz, B.W./Müller, W.M./Langer, P.F. (2022), Quo Vadis Business Model Innovation? BMI Status, Development and Research Implications, in: International Journal of Innovation Management, 26. Jg., Nr. 01, 2022, S. 1–54.

Digitale Automatisierung und Robotik 10

Inhaltsverzeichnis

10.1 Konzept der digitalen Automatisierung und Robotik ... 426
10.2 Entwicklung der digitalen Automatisierung und Robotik ... 430
10.3 Anwendungen der digitalen Automatisierung und Robotik ... 439
10.4 Prozesse und Funktionsweisen der digitalen Automatisierung und Robotik ... 450
10.5 Das 5-Komponenten-Modell der digitalen Automatisierung ... 461
10.6 Chancen, Risiken und Governance der digitalen Automatisierung und Robotik ... 472
10.7 Inhaltliche Kernpunkte von digitaler Automatisierung und Robotik ... 475
Literatur ... 477

Wissensziele

Wenn Sie dieses Kapitel gelesen haben, werden Sie in der Lage sein:

1. die Anwendungsformen der digitalen Automatisierung und Robotik zu beschreiben,
2. die Entwicklungsstufen der digitalen Automatisierung darzustellen,
3. das 3-Ebenen-Modell der Mensch-Roboter-Interaktion zu erklären,
4. das 5-Komponenten-Modell der digitalen Automatisierung zu beschreiben,
5. die Chancen, Risiken und Governance der Automatisierung und Robotik darzustellen.

B. W. Wirtz, *Digital Business*, https://doi.org/10.1007/978-3-658-41467-2_10

Konzept der digitalen Automatisierung und Robotik	Entwicklung der digitalen Automatisierung und Robotik	Anwendungen der digitalen Automatisierung und Robotik	Prozesse und Funktionsweisen der digitalen Automatisierung und Robotik	5-Komponenten-Modell der digitalen Automatisierung	Chancen, Risiken, und Governance der digitalen Automatisierung und Robotik
• Definition und Einordnung • Softwarebasierte Automatisierung • Mechatronische robotergestützte Automatisierung	• Führende Unternehmen im Bereich Robotik • Marktpotenziale der Robotik • Automatisierungspotenzial nach Sektoren und Berufsgruppen	• Einteilung der softwarebasierten Automatisierung • Anwendungsgebiete der robotergestützten mechatronischen Automatisierung • Einteilung der robotergestützten mechatronischen Automatisierung	• Stufen der digitalen Automatisierung und Robotik • Autonomes Fahren • Funktionslogik der softwarebasierten Automatisierung • Systemarchitektur der roboterbasierten Automatisierung • 3-Ebenen-Modell der Mensch-Roboter-Interaktion	• 4-Ebenen-Modell der digitalen Automatisierungsintensität • Fähigkeitspyramide der digitalen Automatisierung • 5-Phasen-Modell der digitalen Automatisierung • Strategietypen der digitalen Automatisierung	• Risiken und Chancen der digitalen Automatisierung • Governance der digitalen Automatisierung • Digital-Business-Strategieformulierung • Digital-Business-Strategie-implementierung • Digital-Business-Strategieaudit

Abb. 10.1 Struktur des Kapitels

Die digitale Automatisierung hat in der letzten Dekade eine erhebliche wirtschaftliche und gesellschaftliche Bedeutung erlangt. Dabei standen zwei wesentliche Entwicklungsrichtungen der digitalen Automatisierung im Vordergrund: Zum einen die softwarebasierte Digitalisierung, zum anderen die beginnende Digitalisierung auf Basis der mechatronischen Robotik. Auf beide Entwicklungsrichtungen wird im folgenden Kapitel näher eingegangen. Dabei werden Anwendungen, Prozesse und Funktionsweisen dargestellt. Darauf aufbauend werden die Chancen, Risiken und Governance der digitalen Automatisierung beschrieben. Abb. 10.1 stellt die Struktur des Kapitels dar.

10.1 Konzept der digitalen Automatisierung und Robotik

Die Begriffe Automatisierung und Robotisierung beschreiben ein breites Spektrum von Technologien, die menschliche Handlungen in Arbeitsprozessen reduzieren. Menschliche Eingriffe werden reduziert, indem Entscheidungskriterien, Beziehungen zwischen Teilprozessen und damit verbundene Arbeitsaufgaben in Planprogrammierungen definiert und in maschinellen Abläufen integriert werden.

Automatisierung und Robotisierung umfassen den Einsatz verschiedener Geräte, Steuerungssysteme und Anwendungen, die alle nur ein reduziertes menschliches Eingreifen erfordern. Die Komplexität der Steuerung kann von einer einfachen Ein/Aus-Steuerung bis hin zu hoch entwickelten multivariablen AI-Algorithmen reichen.

Die Automatisierung wird durch verschiedene Dimensionen erreicht, darunter mechanische, hydraulische, pneumatische, elektrische, elektronische und rechnergestützte Geräte, die häufig in Kombination eingesetzt werden. In komplexen Systemen wie modernen

Fabriken, Flugzeugen und Schiffen werden häufig diese Techniken kombiniert eingesetzt. Zu den Vorteilen der Automatisierung gehören Arbeitsersparnis, Abfallvermeidung, Einsparungen bei Energie- und Materialkosten sowie verbesserte Qualität und Präzision bei der Aufgabenerfüllung. Zudem führen die meisten Automatisierungen zu erheblichen Kosten- und Wettbewerbsvorteilen.

Automatisierung und Robotisierung zielen darauf ab, Probleme zu lösen und Menschen durch intelligente Analyse und Interaktion zwischen Mensch und Computer zu unterstützen. Viele der führenden IT-Unternehmen beschäftigen sich intensiv mit Automatisierung und Robotisierung. Automation und Robotik stellen somit eine Querschnittstechnologie dar, die verschiedene Anwendungen in der Mensch-Maschine-Interaktion thematisieren.

Trotz der weitreichenden Bedeutung von Automatisierung und Robotisierung ist das Schrifttum durch ein heterogenes Begriffsverständnis gekennzeichnet. In Tab. 10.1 sind verschiedene Definitionen für den Begriff Automatisierung aufgeführt.

Grundsätzlich sollte der Begriff der Automatisierung ein integriertes und umfassendes Anwendungsverständnis aufweisen. Auf der Basis der bisherigen Erkenntnisse aus dem Schrifttum, wird in Tab. 10.2 eine entsprechende Definition dargestellt.

Ein wesentlicher Bereich der Automatisierung wird durch die zunehmende mechatronische Robotisierung gebildet. In Tab. 10.3 werden verschiedene Definitionen des Begriffs der Robotik und der Robotisierung dargestellt. Auch hier zeigt sich ein heterogenes Begriffsverständnis.

Es ist ersichtlich, dass sich zwar alle dargestellten Definitionen auf ein ähnliches Verständnis von der mechatronischen Steuerung von Maschinen beziehen. Die Definitionen weisen überwiegend jedoch einen partiellen Definitionsumfang auf. In Tab. 10.4 wird eine entsprechende integrierte Definition dargestellt.

Aus dem definitorischen Kontext wird deutlich, dass es sich bei Robotik und Robotisierung um zwei getrennte Bereiche handelt. Vor diesem Hintergrund lässt sich festhalten, dass im Bereich der digitalen Automatisierung und Robotik grundsätzlich zwischen Software-Automatisierung und Robotik (mechatronische Automatisierung) unterschieden wird. Abb. 10.2 zeigt die wesentlichen Aspekte dieser beiden Automatisierungsformen.

Softwarebasierte Automatisierung ist die Verwendung von nicht-mechatronischen Computerprogrammen zur Automatisierung verschiedener Prozesse in einer Organisation oder einem Unternehmen. Die Software-Mechanismen, die die Automatisierung des jeweiligen Prozesses ermöglichen, stehen dabei im Mittelpunkt. Die zu Grunde liegenden Software-Mechanismen können teilautomatisiert, bedingt automatisiert oder mit Hilfe von künstlicher Intelligenz sogar hoch- bzw. voll automatisiert sein.

Beispiele für softwarebasierte Automatisierung sind die Sprachassistenten Amazon Alexa und Siri von Apple. Im industriellen Kontext kann die robotergestützte Prozessautomatisierung, die SAP seinen Kunden anbietet, genannt werden. Der Begriff der roboter-

Tab. 10.1 Automatisierungs-Definitionen

Autor	Definition
Stockwell (1994)	Automation is the use of combinations of mechanical and instrumental devices to replace, refine, extend or supplement human effort and facilities in the performance of a given process, in which at least one major operation is controlled without human intervention, by a feedback mechanism.
Esdar et al. (2010)	Automation is the operation of machinery without human supervision.
Kaur/Kaur (2014)	Automation is defined as a control system and technologies which reduces the human work in the production field.
Kopte/Pai (2015)	Automation is defined as the usage of machines thus eliminating human efforts to finish a task.
Kamaruddin/ Mohammad/ Mahbub (2016)	Automation can also be defined as a self-regulating process performed by using programmable machines to carry out a series of tasks.
Acemoglu/Restrepo (2019)	Automation is the development and adoption of new technologies that enable capital to be substituted for labor in a range of tasks.
Nakatani (2022)	Automation is a technology that includes the categories of "robot" and "artificial intelligence (AI)".

Tab. 10.2 Definition Automatisierung

Automatisierung stellt die teilweise oder vollständige Substitution menschlicher Arbeit durch maschinengestützte Anwendungen dar. Dies umfasst sowohl die rein softwarebasierte Automatisierung als auch die mechatronische Automatisierung. Kennzeichnend für die Automatisierung ist, dass die Prozesse bzw. Anwendungen in der Regel keine oder nur eine geringe Kontrolle und Steuerung durch den Menschen erfordern. Wesentliches Ziel der Automatisierung ist es, die Qualität menschlicher Arbeitsprozesse zu verbessern oder Kostenvorteile zu erzielen, um letztlich die Wettbewerbsfähigkeit zu erhöhen.

gestützten Prozessautomatisierung (Robotic Process Automation) hat sich in diesem Zusammenhang etabliert.[1] Dabei ist jedoch zu beachten, dass es sich in diesem Fall lediglich um sogenannte Software-Roboter handelt und nicht um ein technisch-mechatronisches Robotersystem, das im herkömmlichen Sprachgebrauch mit dem Begriff „Roboter" verbunden wird.

Neben der softwaregestützten Automatisierung gibt es auch die mechatronische robotergestützte Automatisierung. Im Gegensatz zur softwarebasierten Automatisierung, die zur Automatisierung kognitiver Aufgaben eingesetzt wird, werden technisch-mechatronische Robotersysteme zur Automatisierung physischer Aufgaben eingesetzt.[2]

[1] Vgl. Hofmann/Samp/Urbach (2020).

[2] Vgl. Chemweno/Torn (2022).

Tab. 10.3 Robotik-/Robotisierungs-Definitionen

	Autor	Definition
Robotics	**Visser** (2013)	Robotics is defined as the intelligent transformation of sensing into mechanical action.
	Rajulu/Venkatamuni/ Manimegalai (2016)	Robotics is defined as a creation of intelligent mechanical devices which can cope with the complexities of the real world.
	Cho/Kim (2018)	Robotization is the automation by robots, and an infrastructure that can reduce the burden of repetitive tasks and excessive workload.
Robotization	**Sri et al.** (2019)	Robotization is the utilization of control frameworks and information technologies to decrease the requirement for human work in the production of services and enterprises.
	Hatoum/ Nassereddine (2020)	Robotics is the science of designing, building, and applying robots.
	Chemweno/Torn (2022)	Robotization is when a robot is employed to automate manual tasks.

Tab. 10.4 Definition Robotik/Robotisierung

Robotik umfasst die Entwicklung und Herstellung von mechatronischen Systemen, die menschliche Arbeitskraft teilweise oder vollständig ersetzen können. Robotisierung ist die Einführung und Anwendung mechatronischer Systeme in Form von Robotern. Das Hauptziel der Robotik/Robotisierung ist die Reduzierung menschlicher Arbeitskraft und die Realisierung von Automatisierungsvorteilen mit dem Ziel, Wettbewerbsvorteile zu generieren.

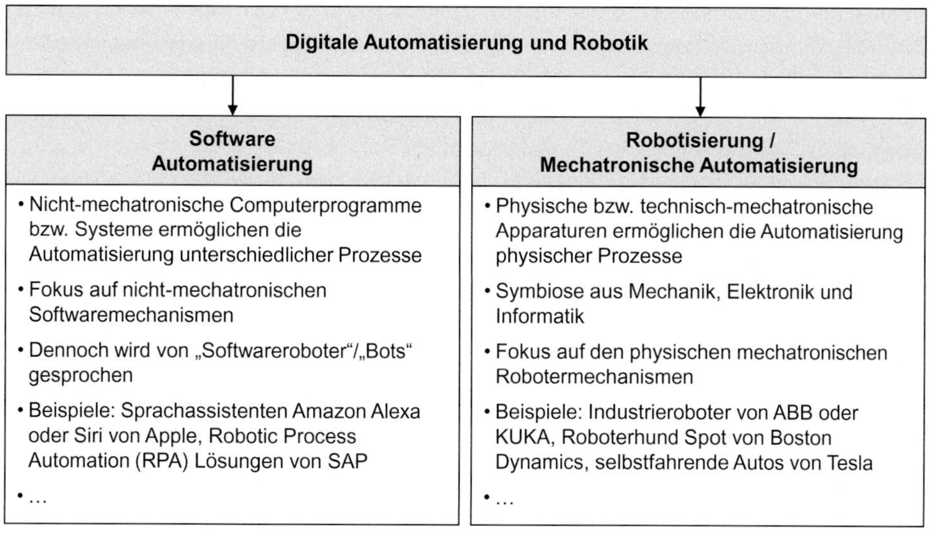

Abb. 10.2 Einteilung der digitalen Automatisierung und Robotik/Robotisierung

Bei diesen Robotersystemen handelt es sich um ein hoch komplexes Zusammenspiel von Mechanik, Elektronik und Informatik.

Mit Hilfe dieser mechatronischen Robotersysteme können physikalische Prozesse in der visuell wahrnehmbaren Realität teilweise oder vollständig automatisiert werden. Dies setzt jedoch voraus, dass Mechanik, Elektronik und Informatik des jeweiligen Robotersystems symbiotisch zusammenwirken.

Ein funktionsfähiges Robotersystem für die digitale roboterbasierte Automation kann nur entstehen, wenn die subsidiären Teilsysteme aufeinander abgestimmt sind. Industrieroboter, die unter anderem von den Firmen ABB und KUKA hergestellt werden, sind Beispiele für roboterbasierte Automatisierung. Auch der Roboterhund Spot von Boston Dynamics oder die selbstfahrenden Autos von Tesla oder Waymo gelten als Beispiele roboterbasierter Automatisierung.

Zusammenfassend kann festgestellt werden, dass Roboter mechatronische Funktionsweisen aufweisen. Das bedeutet, dass die Steuerung der Roboter zwar durch hoch komplexe und teilweise autonome Softwaresysteme erfolgt. Die Softwareimpulse werden jedoch über die jeweilige Elektronik in eine mechanische Bewegung des Roboters umgesetzt. Das konstituierende Element der digitalen roboterbasierten Automation ist somit die mechanische Bewegung des Roboters. Dies unterscheidet sich von der rein softwarebasierten Automatisierung, die durch eine vom Menschen (teil-)autonome Prozess- und Datenverarbeitung gekennzeichnet ist.

10.2 Entwicklung der digitalen Automatisierung und Robotik

Der Einsatz von digitaler Automatisierung und Robotik hat in den letzten Jahrzehnten vor allem in der Industrie zugenommen. Insbesondere in der Produktion und in der IT-Branche wird der Automatisierung seit geraumer Zeit eine wesentliche Bedeutung beigemessen. Die sogenannte Industrie 4.0, auch als vierte industrielle Revolution bezeichnet, beschreibt die Dynamik, mit der durch industrielle Automatisierung und den Einsatz von Robotern erhebliche Effizienzsteigerungen realisiert werden.[3]

Historisch lässt sich der Beginn der Automatisierung nur schwer eingrenzen, da in der Geschichte der Menschheit das Bedürfnis, die Arbeit zu erleichtern, schon früh mit der Substitution durch Geräte aller Art begonnen hat. Abb. 10.3 stellt die zeitliche Entwicklung der Automatisierung und der Anwendung von Robotern anhand ausgewählter Beispiele dar.

Die historische Entwicklung zeigt, dass die Automatisierung und insbesondere die Robotisierung in den letzten Dekaden erhebliche Fortschritte gemacht hat. Insbesondere die neuesten Produkte von Firmen wie Boston Dynamics, ABB oder KUKA zeichnen sich

[3] Vgl. Bauernhansl (2017); Breyer-Mayländer (2022).

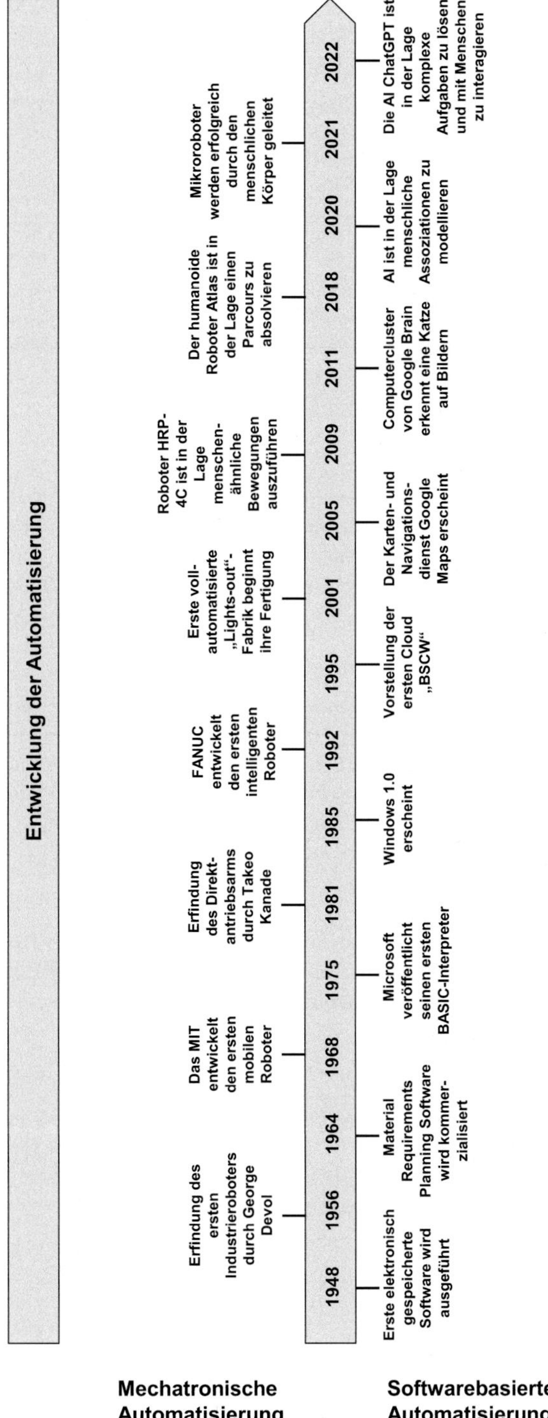

Abb. 10.3 Zeitliche Entwicklung der Automatisierung und Robotisierung

durch hohe Komplexität und Präzision aus. In Tab. 10.5 sind führende Unternehmen der Robotik mit ihrer jeweiligen strategischen Ausrichtung sowie beispielhafte Roboterprodukte aufgeführt.

Tab. 10.5 Führende Unternehmen im Bereich Robotik

Hersteller	Strategische Ausrichtung	Robotertypen
KUKA	• Das Unternehmen KUKA ist ein weltweit agierender Hersteller von Robotersystemen • KUKA bietet insbesondere Roboter für Industrieanwendungen auf dem Themengebiet der Automatisierung an • Neben klassischen Industrierobotern setzt das Unternehmen vermehrt auf den Bereich der Mensch-Roboter-Kollaboration • …	• SCARA-Roboter • Delta-Roboter • Knickarmroboter • Linear-Roboter • Palettier-Roboter • …
ABB	• ABB ist ein führender Konzern im Bereich der Elektrifizierung und Automatisierungstechnik • Das Unternehmen arbeitet in den Bereichen Robotik, Prozessautomation, Elektrifizierung und Antriebstechnik • …	• Delta-Roboter • SCARA-Roboter • Autonome mobile Roboter • Knickarmroboter • Linear-Roboter • …
Boston Dynamics	• Das Robotik-Unternehmen Boston Dynamics gilt als eines der fortschrittlichsten Robotik-Unternehmen weltweit • Boston Dynamics arbeitet insbesondere an der Entwicklung autonomer Laufroboter • Neben Robotersystemen für Industrieanwendungen wie z. B. Logistik, entwickelt das Unternehmen u. a. Roboter für den militärischen Einsatz, wie bspw. Minenräumung • …	• Humanoide Roboter • Laufroboter • Kletter-Roboter • Kleinroboter • …
Universal Robots	• Universal Robots ist ein Hersteller von Leichtbaurobotern • Das Unternehmen fokussiert sich auf die Kollaboration der industriellen Leichtbauroboter zur Lösung übergeordneter Aufgaben • …	• Tischroboter • Palletierroboter • Autonome mobile Roboter • …
FANUC	• FANUC ist ein weltweit agierendes Elektronik- und Maschinenbauunternehmen und der größte Hersteller von Industrierobotern • Neben der Robotik ist das Unternehmen insbesondere auf den Gebieten der Werkzeugmaschinen und IoT-Technologie tätig • …	• Knickarmroboter • Delta-Roboter • Palettierroboter • SCARA-Roboter • …
Yaskawa Denki	• Yaskawa Denki ist einer der führenden Anbieter von Industrierobotern • Das Unternehmen bietet neben Robotern Produkte in den Bereichen Software, Antriebslösungen und Energietechnik • …	• Delta-Roboter • Palettierroboter • Knickarmroboter • SCARA-Roboter • …

Die meisten Robotik-Unternehmen sind im Industriebereich tätig, wo der Einsatz von Robotertechnologie bereits zum Standard moderner Produktionsinfrastrukturen gehört. Eines der führenden Unternehmen in diesem Bereich ist der Industrieroboterhersteller KUKA. Das Unternehmen bietet vor allem Roboter für Fertigungsprozesse und industrienahe Anwendungen an und verfügt über umfangreiche Erfahrungen im Bereich der Automatisierung. Neben den klassischen Industrierobotern setzt das Unternehmen seit einigen Jahren verstärkt auf den Bereich der Mensch-Roboter-Kollaboration.

ABB ist ein führendes Unternehmen auf dem Gebiet der Fertigungs- und Automatisierungstechnik. Das Unternehmen hat sich in den vergangenen Jahren insbesondere in den Bereichen Industrierobotik, Prozessautomatisierung, Elektrifizierung und Antriebstechnik durch innovative und reliable Produkte hervorgetan.

Boston Dynamics wurde durch die Präsentation seiner mobilen Robotereinheiten bekannt. Es arbeitet insbesondere an der Entwicklung von zwei- und vierbeinigen autonomen Laufrobotern. Neben dem Einsatz in der Industrie und im zivilen Kontext entwickelt Boston Dynamics unter anderem Roboter für den militärischen Einsatz, etwa zur Minenräumung. In diesem Kontext sind der Roboterhund Spot und der humanoide Roboter Atlas wegen der flexiblen Anwendungsmöglichkeiten von besonderer Bedeutung.

Auch die Unternehmen Universal Robots, FANUC und Yaskawa Denki sind Hersteller verschiedener Robotertypen, die insbesondere im industriellen Kontext eingesetzt werden. Diese weltweit tätigen Unternehmen sind führend in der Elektronik und im Maschinenbau zur Herstellung und Steuerung von Industrierobotern.

Die Auswahl in Tab. 10.5 zeigt führende Hersteller, die über ein breites Produktportfolio verfügen. Neben diesen breit aufgestellten Anbietern gibt es eine Vielzahl von Anbietern, die sich auf einen bestimmten Bereich spezialisiert haben, wie z. B. der Anbieter Shadowrobot, der sich auf die Herstellung von menschenähnlichen Roboterhänden und deren Sensorik spezialisiert hat, oder Brainlab, der spezielle Operationsroboter anbietet.[4]

Marktpotenziale der Robotik

Die digitale Automatisierung und insbesondere die Robotik haben ein erhebliches Wachstumspotenzial. Die Unternehmensberatung Boston Consulting Group (BCG) prognostiziert einen Anstieg des Gesamtmarktvolumens für Robotik von 25 Mrd. US-Dollar im Jahr 2020 auf 160 Mrd. US-Dollar im Jahr 2030. Insbesondere in den Bereichen Endeffektoren, fahrerlose Transportsysteme, Industrieroboter und mobile Servicerobotik wird ein deutliches Wachstum erwartet.

Endeffektoren stellen in der Robotik das letzte Glied im Antriebsstrang der Roboter dar. Bei Industrierobotern sind dies zum Beispiel Einheiten zum Kleben von Autoteilen,

[4] Vgl. Brainlab (2023); Shadow Robot (2023).

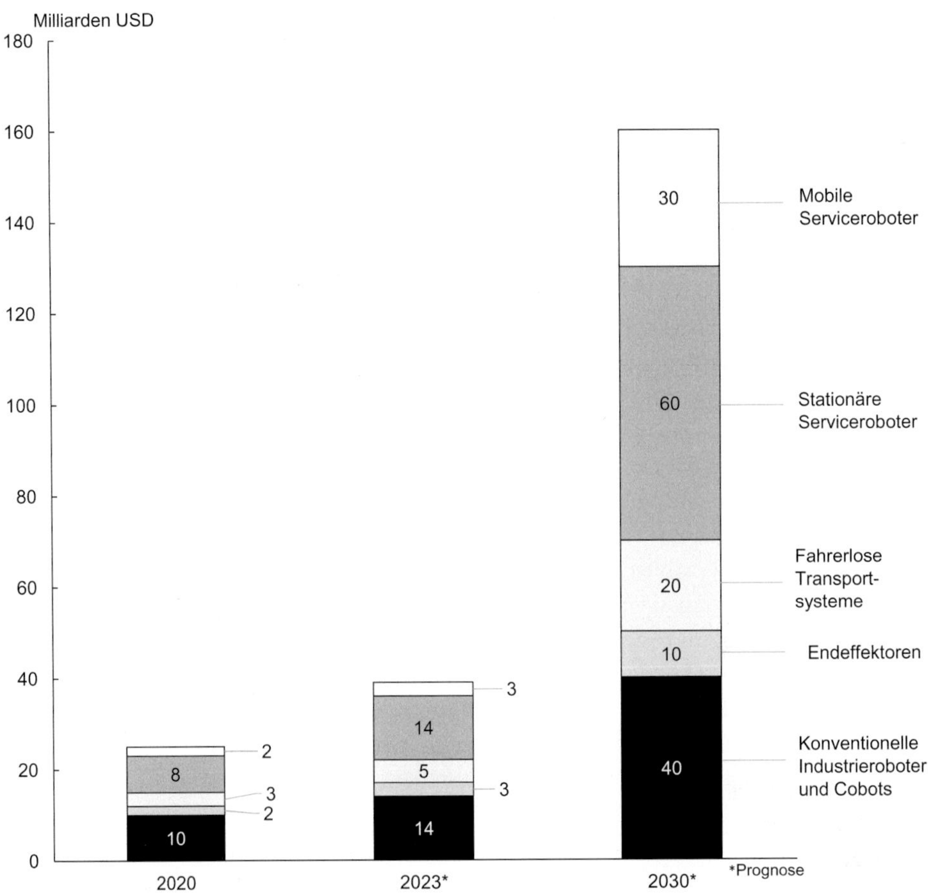

Abb. 10.4 Marktentwicklung nach Roboteranwendungsfeld. (Datenquelle: BCG (2021))

bei humanoiden Robotern zum Beispiel Roboterhände. BCG beziffert das Marktvolumen in diesem Bereich auf 60 Mrd. US-Dollar, für mobile Serviceroboter auf 40 Mrd., für konventionelle Industrieroboter und Cobots auf 30 Mrd. und für fahrerlose Transportsysteme wie autonome Autos auf 20 Mrd. US-Dollar.[5] Abb. 10.4 stellt die Marktentwicklung dar.

Die BCG-Studie zeigt, dass die Marktentwicklung im Bereich der Anwendungsfelder der Robotik ein erhebliches Potenzial aufweist. Allerdings wird sich das Automatisierungspotenzial in Zukunft insbesondere nach Branchen und Berufsgruppen differenziert entwickeln.

[5] Vgl. im Folgenden BCG (2021).

Automatisierungspotenzial nach Sektoren und Berufsgruppen

Die digitale Automatisierung befindet sich in einem frühen Stadium. Trotz der frühen Entwicklungsphase zeigen verschiedene Studien, dass insbesondere der Arbeitsmarkt vor einem tiefgreifenden Wandel steht. Das World Economic Forum (WEF) erwartet, dass rund 50 % der heutigen Arbeitstätigkeiten durch Anpassung der heute verfügbaren Technologien technisch automatisierbar sind.[6]

Vor dem Hintergrund des erheblichen Automatisierungspotenzials hat PricewaterhouseCoopers (PwC) in einer umfassenden Studie die Auswirkungen der Automatisierung auf Wirtschaft und Gesellschaft untersucht. Die Studie behandelt zunächst die erheblichen, zu erwartenden Produktivitätsgewinne. Durch verbesserte Produktion und neue Produkte und Dienstleistungen wird erwartet, dass diese Technologien bis zum Jahr 2030 bis zu 14 % zum weltweiten Bruttoinlandsprodukt beitragen werden.

Ein Schwerpunkt der Studie ist die Analyse der Auswirkungen der Automatisierung auf den Arbeitsmarkt. Die Ergebnisse zeigen, dass hier erhebliche Veränderungen zu erwarten sind. Auf Basis eines OECD-Datensatzes von mehr als 200.000 Beschäftigten in 29 Ländern konnte das Automatisierungspotenzial in den einzelnen Branchen hinsichtlich der Substitution von Arbeitskräften analysiert werden. Abb. 10.5 zeigt das Automatisierungspotenzial nach Wirtschaftszweigen auf.[7]

Der Bereich Logistik und Supply Chain Management weist mit einem Automatisierungspotenzial von 52 % das höchste Automatisierungspotenzial auf.[8] Insbesondere in den Bereichen, in denen Automatisierungstechnologie zum Einsatz kommt, wie Drohnen, selbstfahrenden LKWs und automatisierten Lagern sind Einsparungen von menschlicher Arbeit zu erwarten.

Auch das verarbeitende Gewerbe, das auf erhebliche historische Erfahrungen der Automatisierung zurückblicken kann, weist mit 45 % ein sehr hohes Automatisierungspotenzial auf. Der bereits begonnene Trend zur Automatisierung wird sich hier also im Zuge des technologischen Fortschritts fortsetzen. Ein hoher Automatisierungsgrad in der Fertigung wird auch zukünftig die Produktivität und Effizienz steigern und den Arbeitskräfteeinsatz verringern.

Obwohl im Baugewerbe der Automatisierungsgrad derzeit noch vergleichsweise gering ist, besteht jedoch auch hier ein erhebliches Potenzial für den zukünftigen Einsatz von Automatisierungstechnologien. Dazu gehören z. B. autonome Baumaschinen und das Drucken von Gebäuden mit 3D-Baustoffdruckern. Diese Technologien könnten zu einer Verbesserung der Bauprozesse führen, z. B. durch kürzere Bauzeiten und höhere Sicherheit.

Der Sektor der administrativen und unterstützenden Dienstleistungen weist mit 36 % ein hohes Automatisierungspotenzial auf, insbesondere in Bereichen wie Dateneingabe und Prozessmanagement. Ähnliches gilt für den Sektor Groß- und Einzelhandel, der ins-

[6] Vgl. World Economic Forum (2019).

[7] Vgl. PwC (2018).

[8] Vergleiche im Folgenden auch PwC (2018).

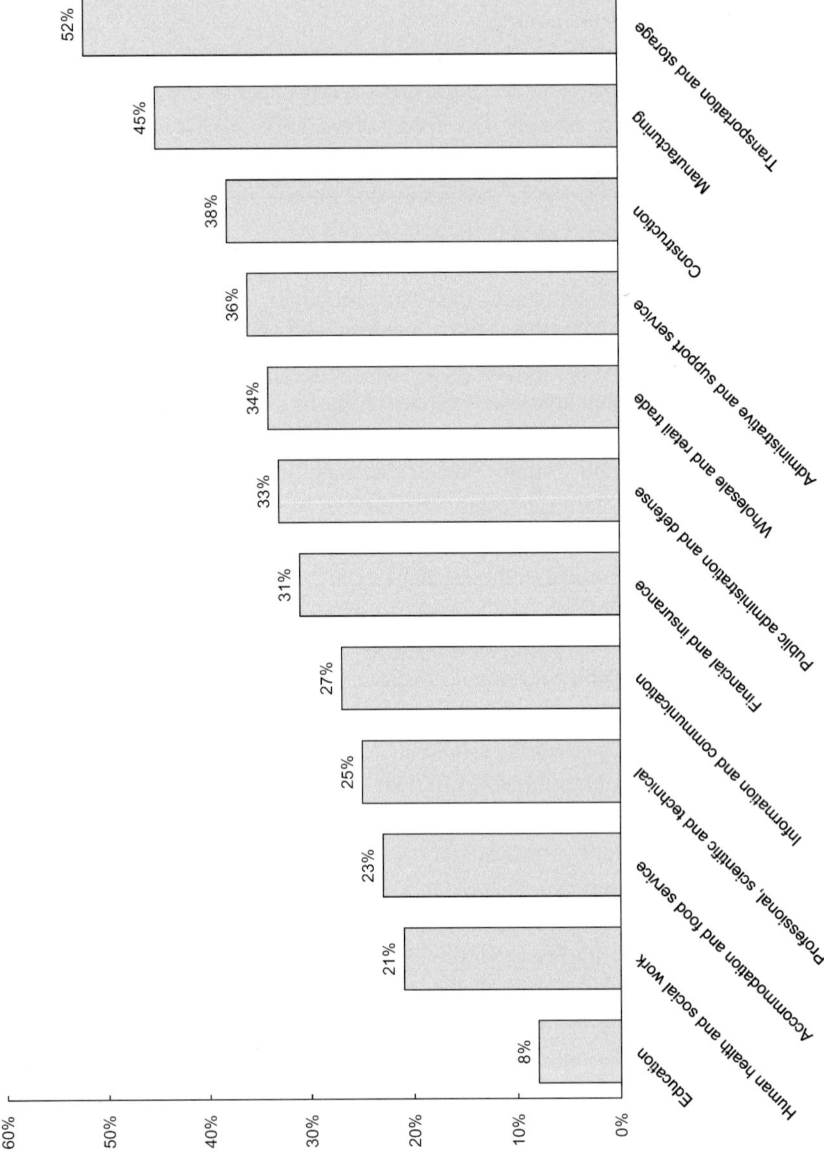

Abb. 10.5 Automatisierungspotenzial nach Wirtschaftszweigen. (Datenquelle: PwC (2018), S. 18)

besondere in Bereichen wie Bestandsmanagement und Kundenservice ebenfalls ein hohes Automatisierungspotenzial aufweist.

Die öffentliche Verwaltung und der Verteidigungssektor haben ebenfalls ein ausgeprägtes Automatisierungspotenzial von 33 %, da viele Aufgaben in diesem Sektor durch automatisierte Interaktion und Entscheidungsfindung möglich sind. Insbesondere Automatisierungstechnologien in Bereichen wie der Datenverwaltung und -verarbeitung werden einen hohen Einfluss auf den Bestand der Mitarbeiter haben. Dies gilt auch für den Finanz- und Versicherungssektor, der mit 31 % ein hohes Automatisierungspotenzial, insbesondere in Bereichen wie Risikomanagement und Rechnungswesen, aufweist.

Auch der Informations- und Kommunikationssektor, der Bereich der freiberuflichen, wissenschaftlichen und technischen Dienstleistungen, das Beherbergungs- und Gaststättengewerbe sowie das Gesundheits- und Sozialwesen weisen mit Automatisierungspotenzialen zwischen 21 % und 27 % ein hohes Rationalisierungspotenzial auf.

Lediglich der Bildungssektor weist ein moderates Automatisierungspotenzial auf, da viele Aufgaben in diesem Sektor menschliche Interaktion und persönlichen Kontakt erfordern. Allerdings können auch hier Automatisierungstechnologien in Bereichen wie Verwaltungsaufgaben und Schüler-/Studentenmanagement eingesetzt werden.

Als ein Kernergebnis der PwC-Untersuchung kann festgehalten werden, dass der Arbeitsmarkt in den nächsten beiden Dekaden vor erheblichen Veränderungen steht. Das Ausmaß und die Geschwindigkeit der Automatisierung in den verschiedenen Berufsgruppen wird von einer Reihe von Faktoren beeinflusst, wie etwa technologischer Fortschritt oder regulative Veränderungen.

Neben den verschiedenen Sektoren bietet die Untersuchung von PwC auch Ergebnisse hinsichtlich der Auswirkungen auf bestimmte Berufsgruppen. Abb. 10.6 stellt das Automatisierungspotenzial in den einzelnen Berufsgruppen dar.

Die Ergebnisse der Studie zeigen, dass das Automatisierungspotenzial in den Berufsgruppen der Industriefacharbeiter, der Bürofachkräfte, der Elementarberufe sowie der Techniker und verwandter Berufe am größten ist. Hier zeigt die Studie ein Automatisierungspotenzial von 48 % bis 65 %. Die Berufsgruppe der Industriefacharbeiter wird am stärksten vom Einsatz von Robotern und automatisierten Anlagen betroffen sein.

Bisher von menschlichen Arbeitskräften ausgeführte Tätigkeiten wie Fließbandarbeit und Maschinenbedienung werden demnach in Zukunft durch entsprechende technische Anwendung weitgehend automatisiert. Die Automatisierung in der Berufsgruppe der Bürokräfte wird den Einsatz von Technologien wie künstlicher Intelligenz beinhalten, um Aufgaben zu automatisieren, die bisher von menschlichen Arbeitskräften ausgeführt wurden, z. B. Dateneingabe, Dokumentenverarbeitung und Kundendienst.

Für die Berufsgruppen Hilfsarbeitskräfte, Techniker und gleichrangige Berufe wird ein Automatisierungspotenzial von 48 % prognostiziert. Roboter und andere automatisierte Anwendungen werden zunehmend komplexere Aufgaben übernehmen, die bisher von menschlichen Arbeitskräften ausgeführt wurden, z. B. manuelle Arbeiten und Materialtransport. Im Handwerk werden Technologien wie der 3D-Druck beispielsweise Produktdesign und Prototyping deutlich verändern.

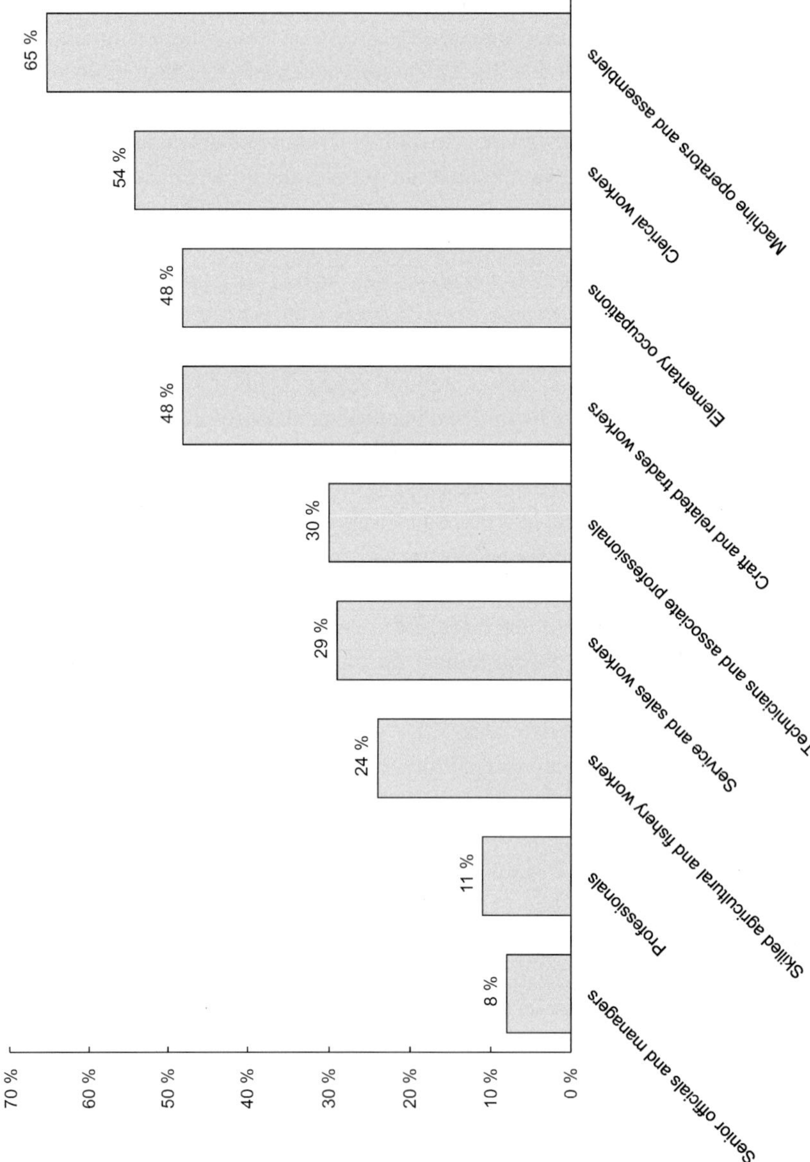

Abb. 10.6 Automatisierungspotenzial in einzelnen Berufsgruppen. (Datenquelle: PwC (2018), S. 23)

Auch bei Technikern, Service- und Verkaufspersonal sowie bei Fachkräften in der Landwirtschaft und Fischerei ist das erwartete Automatisierungspotenzial mit 24 % bis 30 % deutlich ausgeprägt. Der Einsatz von Technologien wie Robotik, Chatbots und virtuellen Assistenten, Drohnen und autonomen Geräten wird eine Vielzahl komplexer Aufgaben automatisieren.

Lediglich in den Berufsgruppen der Facharbeiter sowie der leitenden Angestellten und Manager ist das Automatisierungspotenzial laut PwC-Analyse mit 11 % bzw. 8 % vergleichsweise gering. Dennoch wird auch hier davon ausgegangen, dass insbesondere durch den Einsatz von künstlicher Intelligenz zunehmend Aufgaben wie die Datenanalyse, das Controlling und auch komplexere Aufgaben zukünftig automatisiert werden.

Zusammenfassend lässt sich festhalten, dass die digitale Automatisierung zu erheblichen Veränderungen in Wirtschaft und Gesellschaft führen wird. Die prognostizierte Marktentwicklung und die damit verbundenen Marktpotenziale können dabei disruptive Auswirkungen auf Wirtschaft und Gesellschaft haben. Hier ist vor allem relevant, welche Automatisierungsanwendungen mittel- und langfristig zum Einsatz kommen.

10.3 Anwendungen der digitalen Automatisierung und Robotik

Die digitale Automatisierung kann wie beschrieben in den Bereich der Software-Automatisierung und den Bereich der robotergestützten mechatronischen Automatisierung unterteilt werden. Grundsätzlich kann festgestellt werden, dass die gemeinsame Basis für beide Bereiche insbesondere AI-Algorithmen sind.

Die Automatisierung im Kontext von Software erfolgt zunehmend durch künstliche Intelligenz und beschränkt sich auf den digitalen Bereich. Die roboterbasierte Automatisierung unterscheidet deutlich mehr Anwendungsbereiche als die softwarebasierte Automatisierung. Ihr Schwerpunkt liegt in der mechatronischen Realisierung von Arbeitsprozessen und erfährt insbesondere durch die Etablierung immer komplexerer Sensorik und mechatronischer Funktionskomponenten ein wachsendes Substitutionspotenzial für menschliche Tätigkeiten. Abb. 10.7 stellt die grundsätzliche Einteilung in Software- und Roboterautomatisierung dar.

Digitale Software-Automatisierung

Softwarebasierte Automatisierung kann in digitale Prozessautomatisierung (DPA), Geschäftsprozessautomatisierung (BPA) und robotergestützte Prozessautomatisierung (RPA) unterteilt werden. Für diese unterschiedlichen Ausprägungen der softwarebasierten Automatisierung hat sich in der Literatur bisher kein einheitliches Begriffsverständnis durchgesetzt. Eine Einteilung der verschiedenen Ausprägungen der softwarebasierten Automatisierung ist in Abb. 10.8 dargestellt.

Digitale Prozessautomatisierung, im englischen Sprachgebrauch auch als Digital Process Automation (DPA) bezeichnet, ist eine ganzheitliche Form der softwarebasierten Automatisierung, die sowohl den organisatorischen Prozess als auch die Interaktion zwi-

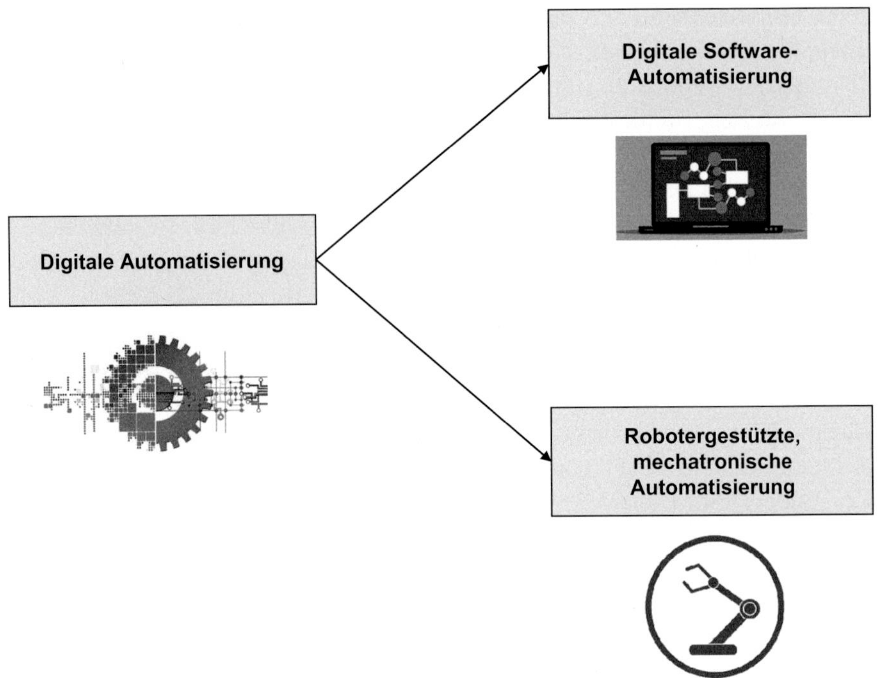

Abb. 10.7 Einteilung in Software- und Roboter-Automatisierung

schen System und Mensch umfasst.[9] Ein Beispiel hierfür ist die Sprachassistentin Alexa von Amazon, die die Steuerung von Maschinen durch eine nutzerorientierte Mensch-Maschine-Interaktion automatisiert.[10]

Amazon-Kunden können über die verbale Kommunikation mit der Sprachassistentin Alexa Informationen abrufen und Bestellprozesse auslösen. Diese Bestellprozesse bzw. Geschäftsprozesse werden durch die digitale Prozessautomatisierung abgedeckt. Das Beispiel Alexa von Amazon verdeutlicht, dass die digitale Prozessautomatisierung sowohl auf einer Automatisierung der User Experience als auch auf einer Automatisierung der zugrunde liegenden Geschäftsprozesse basiert.

Bei der Umsetzung der digitalen Prozessautomatisierung ist es von besonderer Relevanz, dass die einzelnen Prozesselemente entsprechend der Nutzerbedürfnisse strukturiert werden. Auf dieser Basis kann eine durchgehende digitale Prozessautomatisierung gewährleistet werden. Aufgrund dieser Abstimmung zwischen Prozess- und Interaktionsebene zeichnet sich die digitale Prozessautomatisierung durch einen sehr hohen Komplexitätsgrad aus.

Dabei kommen unterschiedliche digitale Softwarelösungen zum Einsatz. Oftmals werden bei der digitalen Prozessautomatisierung die Softwarelösungen der Geschäftsprozess-

[9] Vgl. Suri (2022).

[10] Vgl. Pratt (2021).

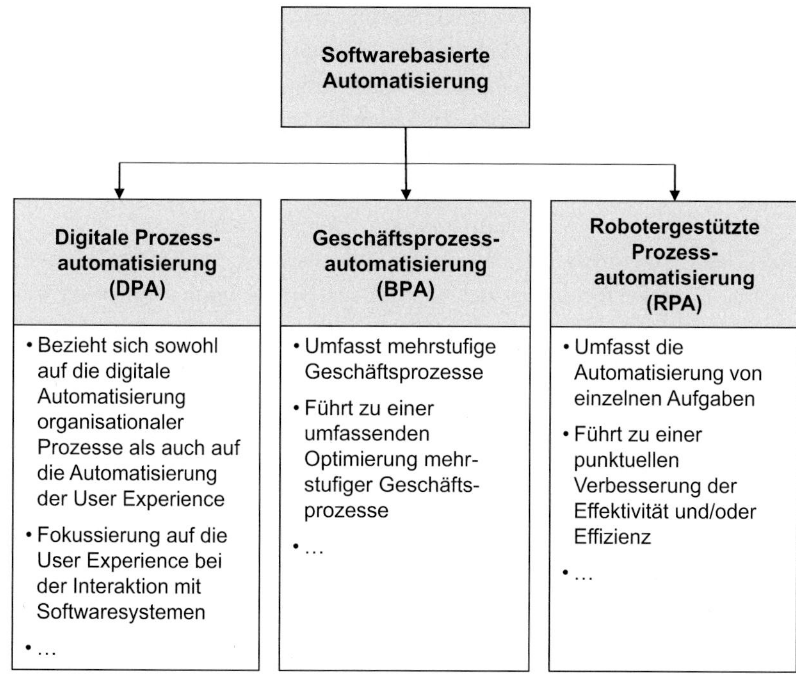

Abb. 10.8 Einteilung der softwarebasierten Automatisierung

automatisierung (BPA) und der robotergestützten Prozessautomatisierung (RPA) kombiniert.[11] Somit lässt sich konstatieren, dass die digitale Prozessautomatisierung als übergeordnete Form der softwarebasierten Automatisierung sowohl die Geschäftsprozessautomatisierung (BPA) als auch die robotergestützte Prozessautomatisierung (RPA) umfasst. Auf diese beiden konkreten Ausprägungen der softwarebasierten Automatisierung wird im Folgenden näher eingegangen.

Die Geschäftsprozessautomatisierung umfasst die Automatisierung mehrstufiger Geschäftsprozesse. Im englischen Sprachgebrauch wird in diesem Zusammenhang auch von Business Process Automation (BPA) gesprochen.[12] Dabei werden komplexe Geschäftsprozesse sowohl mithilfe von spezifischen als auch generellen adaptierbaren Softwarelösungen automatisiert. Das bedeutet, dass die bestehenden Legacy-Systeme durch neue hoch automatisierungsfähige, interoperable Systeme sukzessive substituiert werden.

Diese neuen Systeme werden an die Bedürfnisse und Strukturen der jeweiligen Organisation angepasst und sind typischerweise an unterschiedliche Datenbanksysteme angeschlossen. Ein Legacy-System beschreibt eine Technologie oder ein Anwendungsprogramm, das noch verwendet wird, aber aus einem früheren oder veralteten Computersystem stammt oder sich auf ein früheres oder veraltetes Computersystem bezieht.

[11] Vgl. Business Process Incubator (2019).

[12] Vgl. Rizk et al. (2020).

Die Ziele der Geschäftsprozessautomatisierung bestehen primär in der Abschaffung bzw. Rationalisierung human-manueller Arbeitsprozesse in organisationalen Funktionsbereichen. Zudem zielt die Geschäftsprozessautomatisierung darauf ab die Komplexität bestehender Arbeitsprozesse zu verringern, indem beispielsweise bestimmte organisationale Informations- bzw. Datenübertragungen obsolet werden. Diese Zielsetzungen der Geschäftsprozessautomatisierung sind letztendlich darauf gerichtet die organisationale Effizienz zu verbessern und Kosteneinsparungen herbeizuführen.

Da die Geschäftsprozessautomatisierung eine Vielzahl unterschiedlicher Prozessschritte umfasst, ist ihre technologische und organisationale Implementierung von einem hohen Komplexitätsgrad gekennzeichnet. Neben der Reorganisation der bestehenden Prozessschritte zählt dabei die Integration der verschiedenen IT-Systeme zu den größten Herausforderungen.

Vor diesem Hintergrund hängt der Erfolg der Geschäftsprozessautomatisierung in erheblichem Maße von funktionalen Programmierschnittstellen (APIs) ab, welche einen reibungslosen Informations- und Datenaustausch zwischen den unterschiedlichen Systemen und Anwendungen sicherstellen. Im E-Commerce wird den Kunden beispielsweise unmittelbar auf der Webseite der Bestand eines bestimmten Produkts angezeigt.[13] Damit die Kunden automatisiert über die Verfügbarkeit der jeweiligen Waren informiert werden können, müssen die unterschiedlichen Systeme bzw. Anwendungen über entsprechende Programmierschnittstellen miteinander interagieren.

Dabei lassen sich grundsätzlich interne APIs, Partner/Kunden APIs sowie öffentliche APIs unterscheiden.[14] Interne APIs dienen der Automatisierung von organisationsinternen Geschäftsprozessen, indem sie die Kommunikation zwischen Systemen und Softwareanwendungen innerhalb einer Organisation bzw. eines Unternehmens ermöglichen. Es handelt sich dabei oftmals um Prozessschritte, die sensible Daten betreffen, welche weder für Partner und Kunden noch für die Öffentlichkeit bestimmt sind. Partner und Kunden APIs haben hingegen den Zweck auch Prozessschritte zu verbessern, die externe Partner und Kunden involvieren.

Insgesamt lässt sich konstatieren, dass die Geschäftsprozessautomatisierung sowohl in technologischer als auch in organisationaler Hinsicht eine grundlegende Erneuerung bzw. Reorganisation der bestehenden Systemarchitektur und Prozesssystematik erfordert. Somit geht die Geschäftsprozessautomatisierung über die punktuelle Automatisierung bestehender Legacy-Systeme hinaus.

Die robotergestützte Prozessautomatisierung (RPA), die im englischen Sprachraum als Robotic Process Automation bekannt ist, begründet eine äußerst punktuelle Form der softwarebasierten Automatisierung.[15] Sie umfasst lediglich die Automatisierung einzelner Aufgaben innerhalb eines gesamten Prozesses. Dabei bleiben die bestehenden Legacy-Systeme weitestgehend erhalten.

---

[13] Vgl. Talend (2022).

[14] Vgl. Talend (2022).

[15] Vgl. van der Aalst/Bichler/Heinzl (2018).

Das bedeutet beispielsweise, dass ein neuer Softwareroboter in ein bestehendes System integriert wird. Diese Softwareroboter sind zumeist Standardsoftwaremodule, die nicht an die Anforderungen der jeweiligen Organisation angepasst werden müssen. Somit eignet sich die robotergestützte Prozessautomatisierung vor allem für repetitive Aufgaben, die in vielen unterschiedlichen Organisationen identisch sind.

Beispiele für die robotergestützte Automatisierung sind die Automatisierung von buchhalterischen Aufgaben oder auch die initiale Bearbeitung von eingegangenen Kundenanfragen.[16] Wenn beispielsweise ein Unternehmen Robotic Process Automation für die Bearbeitung einfacher Kundenanfragen verwendet, dann können die zuständigen Mitarbeiter zukünftig ihren Fokus stärker auf komplexere Kundenanfragen richten.

Zusammenfassend kann festgehalten werden, dass die digitale Softwareautomatisierung in die Bereiche der digitalen Prozessautomatisierung (Digital Process Automation, DPA), der Geschäftsprozessautomatisierung (Business Process Automation, BPA) und der robotergestützten Prozessautomatisierung (Robotic Process Automation, RPA) unterteilt werden kann.

In diesen drei Bereichen kommen AI-Algorithmen eine herausragende Bedeutung zu. Da sich die AI noch in einem frühen Stadium der Entwicklung befindet, wird sich auch das dynamische Feld der Software-Automatisierung noch erheblich weiterentwickeln, und es ist mit deutlichen Veränderungen in den dargestellten Bereichen zu rechnen. Ein Beispiel für die sich sehr schnell entwickelnde digitale Softwareautomatisierung ist das Programm ChatGPT von OpenAI.

Robotergestützte mechatronische Automatisierung

Die robotergestützte mechatronische Automation zeichnet sich insbesondere durch ihre stark maschinell geprägte Anwendung aus. Sie wird insbesondere durch die Etablierung immer komplexerer Sensorik und mechatronischer Funktionskomponenten ermöglicht und kann grundsätzlich sowohl nach ihrem Anwendungsgebiet als auch nach ihrer technologischen Typologie unterschieden werden.

Sieben besonders relevante Bereiche lassen sich zunächst im Anwendungsbereich unterscheiden. Diese sind Industrie- und Landwirtschaftsroboter, Polizei- und Rettungsroboter, Medizinroboter, Serviceroboter, Soziale Roboter, autonome Mobilitätsroboter sowie Militär- und Kampfroboter. Abb. 10.9 stellt die Anwendungsgebiete der roboterbasierten Automatisierung dar.

Industrieroboter/Landwirtschaftsroboter

Roboteranwendungen in der Industrie und der Landwirtschaft sollen die menschliche Arbeit in Produktionsbereichen in einem hohen Maße komplementieren, erweitern oder ersetzen. In der Industrie werden Roboter beispielsweise zum Schweißen, Kleben, Schrau-

[16] Vgl. Naveen Reddy et al. (2019); Harrast (2020).

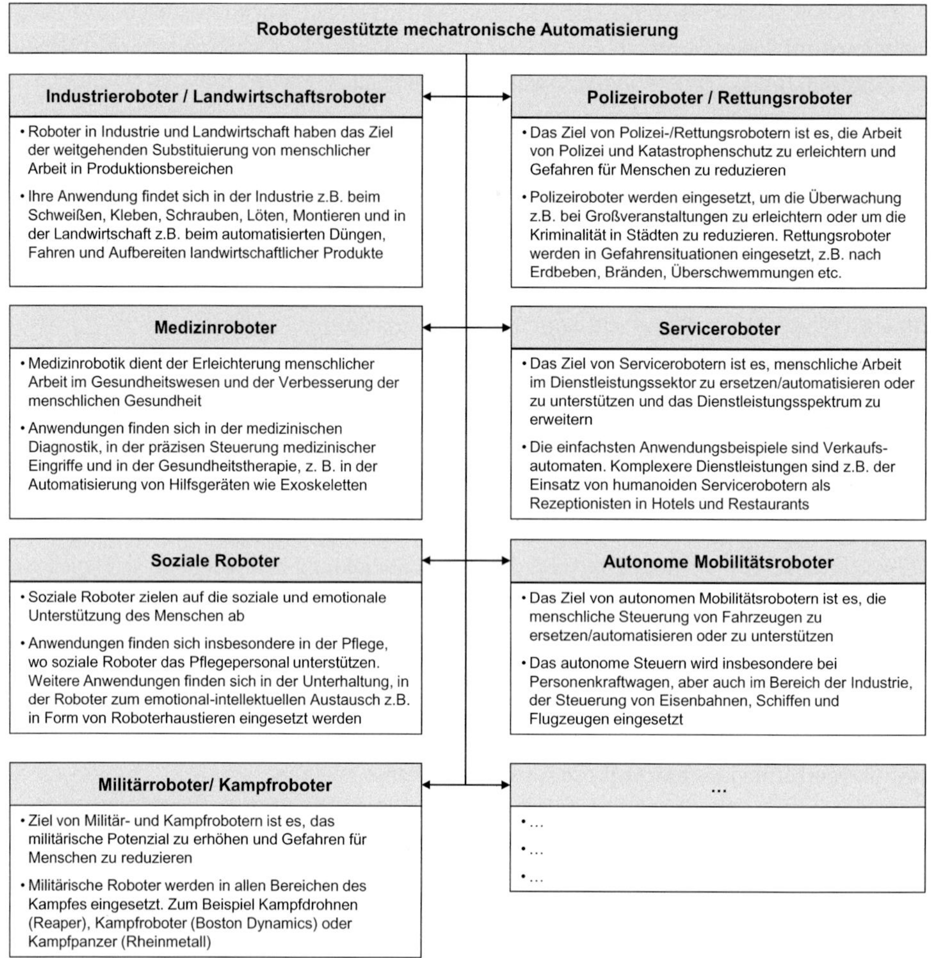

Abb. 10.9 Anwendungsgebiete der robotergestützten mechatronischen Automatisierung

ben, Löten und Montieren eingesetzt. Diese Aufgaben werden in der Regel mit größerer Ausdauer, Geschwindigkeit und Präzision ausgeführt als von Menschenhand.

Ein Beispiel hierfür ist das Robotikunternehmen KUKA. Das Unternehmen ist z. B. in der Automobilindustrie von großer Bedeutung, da es das gesamte Spektrum der Produktionsautomatisierung für das Fügen und Montieren von Karosseriestrukturen anbietet.[17] BMW, GM, Chrysler, Ford, Volvo, Hyundai, Volkswagen und die Daimler AG zählen zu den Kunden in diesem Geschäftsfeld.

In der Landwirtschaft helfen Roboter zum Beispiel bei der automatisierten Düngung, beim Fahren und bei der Aufbereitung landwirtschaftlicher Produkte. Außerdem ernten

[17] Vgl. KUKA (2023).

sie Getreide, Obst und Gemüse und entfernen Unkraut. Landwirtschaftliche Drohnen sammeln Luftbilder, die den Landwirt unterstützen den Reifegrad und die Qualität der Ernte umfassend zu beurteilen. Ein Beispiel ist die israelische Firma FFRobotics, die Roboter für die Obsternte entwickelt. Das Robotersystem des Unternehmens erkennt reife Früchte mit Hilfe von Computervision und erntet diese durch entsprechende Robotertechnik.[18]

Medizinroboter

Die Medizinrobotik hat das Ziel, die Arbeit von Ärzten und Pflegekräfte im Gesundheitswesen zu erleichtern und zu unterstützen. Sie hilft, medizinische Diagnosen zu stellen, medizinische Eingriffe zu steuern und medizinische Therapien durchzuführen. Beispiele sind Exoskelette, Diagnose- und Operationsroboter.

Ein Beispiel ist Ekso Bionics, das tragbare Roboter entwickelt, um dem Mobilitätsverlust von Patienten entgegenzuwirken. Mit Exoskeletten helfen sie Menschen, ihre funktionale Mobilität wiederzuerlangen. Ihre robotischen Exoskelette werden zur Behandlung von Patienten mit Rückenmarksverletzungen, Schlaganfällen, Hirnverletzungen und Multipler Sklerose eingesetzt. Diese Patienten leiden häufig unter Behinderungen der unteren Gliedmaßen und Bewegungseinschränkungen. Mit Hilfe eines tragbaren Exoskeletts von Ekso Bionics können die Patienten das Gleichgewicht halten, ihre Sensibilität und Funktion wiedererlangen und manchmal sogar wieder laufen lernen.[19]

Ein weiteres Beispiel sind chirurgische Roboter, die zur Durchführung von Operationen mit hoher Präzision eingesetzt werden. Ein besonders etablierter Roboter ist das Da Vinci Surgical System, das einen minimalinvasiven chirurgischen Ansatz verwendet. Das System wird von der Firma Intuitive Surgical entwickelt und hergestellt. Das Unternehmen ist führend auf dem Gebiet der chirurgischen Robotik und hat die Verbreitung der minimalinvasiven Chirurgie deutlich vorangetrieben.

Es wird für Prostatektomien und zunehmend für Herzklappenoperationen sowie für chirurgische Eingriffe in der Nieren- und Gynäkologie eingesetzt. In den letzten beiden Jahrzehnten wurde das Da Vinci Surgical System bei mehr als 10 Mio. Operationen eingesetzt, vor allem bei Hysterektomien und Prostataentfernungen.[20]

Soziale Roboter

Soziale Roboter zielen auf die soziale und emotionale Unterstützung des Menschen ab. Anwendungen finden sich insbesondere im Pflegebereich. Hier unterstützen soziale Roboter das Pflegepersonal. Weitere Anwendungen finden sich in der Unterhaltung. Hier werden Roboter zum emotionalen und intellektuellen Austausch eingesetzt (z. B. in Form von

[18] Vgl. FFRobotics (2023).

[19] Vgl. Eksko Bionics (2023).

[20] Vgl. Intuitive (2023).

Roboterhaustieren). Ein Beispiel ist Nao, ein programmierbarer humanoider Roboter, der von Aldebaran Robotics/SoftBank Robotics entwickelt wurde.

Nao-Roboter werden zu Forschungs- und Ausbildungszwecken in zahlreichen akademischen Einrichtungen weltweit eingesetzt, um über Robotik zu lehren und zu lernen, wie man Roboter steuert und programmiert.[21] Ähnlich verhält es sich mit Pepper, einem Roboter, der ebenfalls von SoftBank Robotics hergestellt wird, jedoch über die Fähigkeit verfügt, Emotionen anhand der Analyse von Gesichtsausdrücken und Stimmlage zu lesen.[22]

Militärroboter/Kampfroboter

Militär- und Kampfroboter werden entwickelt, um das militärische Potenzial zu erhöhen und die Gefahren für den Menschen zu verringern. Militärroboter werden zu Lande, in der Luft und auf See eingesetzt. Sie unterstützen wesentliche militärische Bereiche menschlicher Aufgaben, um einen militärtaktischen Vorteil zu erzielen. Es gibt mehrere Unternehmen, die halbautonome oder autonome militärische Geräte wie Drohnen, Panzer und Boote anbieten.

Ein Beispiel ist das türkische unbemannte Kampfflugzeug Bayraktar, das ferngesteuert oder autonom fliegen kann. Die Drohnen werden von einer Crew in einer Bodenkontrollstation überwacht und gesteuert, einschließlich des Waffeneinsatzes. Bayraktar-Drohnen wurden von einer Reihe anderer Nationen weltweit in verschiedenen Kriegen eingesetzt. Die Drohne spielt unter anderem eine große Rolle für die ukrainische Armee beim Vorgehen gegen die russische Invasion im Jahr 2022.[23]

In der Öffentlichkeit wird eine Debatte über tödliche autonome Waffensysteme geführt, die Artificial Intelligence (AI) nutzen, um menschliche Ziele ohne menschliches Eingreifen zu identifizieren, auszuwählen und zu töten. Während bei unbemannten militärischen Drohnen die Entscheidung, Menschen zu töten, von einer Bodencrew aus der Ferne getroffen wird, wird diese Entscheidung bei tödlichen autonomen Waffen allein von Algorithmen getroffen. Die Waffe wird in einer Umgebung eingesetzt, in der ihre AI mit Hilfe von Sensordaten, z. B. Gesichtserkennung, nach einem Zielprofil sucht. Trifft die Waffe auf eine Person, die nach Ansicht des Algorithmus dem Zielprofil entspricht, wird diese automatisch bekämpft.

Polizeiroboter/Rettungsroboter

Das Ziel von Polizei- und Rettungsrobotern ist es, die Arbeit der Polizei und des Katastrophenschutzes zu erleichtern und die Gefahren für den Menschen zu reduzieren. Polizei-

[21] Vgl. School Robots by Robot Lab (2023).

[22] Vgl. Softbank (2023).

[23] Vgl. Baykar (2023).

roboter werden zur Erleichterung der Überwachung z. B. bei Großveranstaltungen oder zur Reduzierung der Kriminalität in Städten eingesetzt.

Die New Yorker Polizei testete den Roboterhund Digidog von Boston Dynamics, um die Straßen zu überwachen und der Polizei zu helfen, den Überblick zu behalten. Er wurde öffentlichkeitswirksam bei verschiedenen Einbrüchen in der Bronx und in öffentlichen Gebäuden in Manhattan eingesetzt. Aufgrund des öffentlichen Widerstands wurde der Einsatz des Roboterhundes in New York jedoch im Jahr 2021 eingestellt.[24] Ein erneuter Einsatz des Roboterhundes in New York ab Sommer 2023 wurde jedoch bereits angekündigt. Er soll künftig in besonders riskanten Situationen wie Geiselnahmen unterstützend tätig werden.[25]

Rettungsroboter kommen in Gefahrensituationen wie Erdbeben, Bränden, Überschwemmungen etc. zum Einsatz. Polizei- und Rettungsroboter sollen die Arbeit von Polizei und Katastrophenschutz erleichtern und die Gefahren für Menschen verringern. Ein weiteres Beispiel liefert die Küstenwache auf Lesbos, Griechenland, die einen Rettungsroboter zur Rettung von Flüchtlingen im Mittelmeer einsetzt. Der Roboter mit dem Namen Emily („Emergency Integrated Lifesaving Lanyard“) ist ein schwimmendes Gerät, das sich mit einer hohen Geschwindigkeit durch das Wasser bewegt.[26]

Serviceroboter

Das Ziel von Servicerobotern ist es, die menschliche Arbeit im Dienstleistungsbereich zu unterstützen und das Spektrum der angebotenen Dienstleistungen zu erweitern. Beispielhaft kann der Einsatz von humanoiden Servicerobotern als Rezeptionisten in Hotels und Restaurants angebracht werden. So werden beispielsweise in einigen japanischen Restaurants Roboter eingesetzt, um Aufgaben zu automatisieren, die traditionell vom Restaurantpersonal ausgeführt werden. Diese Aufgaben können sehr vielfältig sein und umfassen Tätigkeiten, die im Back-End und Front-End eines Restaurants ausgeführt werden.

Automatisierte Tätigkeiten sind für menschliches Personal oft repetitiv, und der Vorteil ist, dass diese Roboter Aufgaben schneller, effizienter und präziser ausführen können. Robotertechnologien können nicht nur Arbeitskräftemangel entgegenwirken, sondern auch das Personal in Restaurants unterstützen, indem sie Schritte in der Küche übernehmen, um das Wohl der Gäste zu gewährleisten.

Es gibt verschiedene Systeme wie BellaBot, das bis zu vier Tische in einem Durchgang ausliefern kann, und KettyBot, das für kleinere Räume konzipiert ist und Speisen und Getränke ausliefern kann und dabei einen großen Bildschirm an der Vorderseite präsentiert, um Angebote, Treueprogramme oder Veranstaltungen zu bewerben.[27]

---

[24] Vgl. New York Times (2021).

[25] Vgl. Associated Press (2023).

[26] Vgl. Pittman (2016).

[27] Vgl. Restaurant Robots by Robot Lab (2023).

Einteilung der roboterbasierten Automatisierung
Neben der Unterscheidung von Robotern nach Anwendungsgebieten können sie auch nach ihrem Typ unterschieden werden. Hierbei wird nach der technologischen Morphologie differenziert. Es zeigt sich, dass bestimmte Robotertypen insbesondere in spezifischen Anwendungsfeldern eingesetzt werden, ohne dass damit ein Ausschluss potenziell anderer Typen verbunden ist. Im Folgenden werden die verschiedenen Typen der roboterbasierten Automatisierung dargestellt. Abb. 10.10 zeigt eine entsprechende Einteilung der roboterbasierten Automatisierung.

Der Anwendungsbereich der Automatisierung in der Landwirtschaft oder für industrielle Fertigungs-, Produktions- und Logistikprozesse umfasst alle Robotertypen. Es handelt sich um mechatronische Robotersysteme mit kollektiven Entscheidungsheuristiken. Da diese Systeme zum Teil im Schwarm agieren, treten diese Roboter auch im Kollektiv auf. Die mechatronischen Abläufe dieser Robotersysteme sind daher aufeinander abgestimmt.

Im Bereich der Landwirtschaft entwickelt beispielsweise die Firma John Deere autonome Robotertraktoren, die im Schwarm Felder bewirtschaften können.[28] Im industriellen Bereich werden Schwarmroboter bisher vor allem in Logistikzentren eingesetzt. Die Prozesse in Logistikzentren erfordern ein hohes Maß an Mobilität und Interaktion der Roboter, da es sonst zu Störungen im Betriebsablauf kommt. Hierfür sind aufeinander abgestimmte Schwarmroboter besonders geeignet.

Neben Schwarmrobotern werden insbesondere in der industriellen Fertigung und Produktion sogenannte modulare Roboter eingesetzt. Der Vorteil dieser Robotersysteme liegt darin, dass sie nach dem Baukastenprinzip aufgebaut sind. Dementsprechend können sie mittels Plug-and-Play-Mechatronik spezifisch an die jeweilige Aufgabe bzw. den jeweiligen Prozess angepasst werden. Ein solcher modularer Aufbau bietet z. B. der Automobilindustrie die nötige Flexibilität, um Fertigungsprozesse zu optimieren.

Eine weitere Art von Robotern sind die sogenannten Cobots, die die Zusammenarbeit von Mensch und Roboter fokussieren (kooperative Roboter). Dabei wird angestrebt, dass eine Trennung zwischen menschlichen und maschinellen Arbeits- bzw. Fertigungsprozessen erreicht wird und Roboter entsprechend ihrer Fähigkeiten spezifische humane Aufgaben übernehmen. Mit adaptiven Robotern werden anpassungsfähige Roboter beschrieben. Dies bedeutet, dass sie die Kompetenz haben, auf den spezifischen Bedarf der Person oder der Ausgangslage einzugehen.

Diagnoseroboter werden insbesondere im Bereich der Analytik eingesetzt. Sie sind vor allem für das Gesundheitswesen relevant. Ein konkretes Beispiel ist PETRA von Merck, ein Roboter zur Diagnose von Krankheiten. Eine weitere Art von Robotern sind Exoskelette. Damit sind Roboteranzüge gemeint, die den menschlichen Bewegungsapparat unterstützen oder verstärken. Ziel ist die robotergestützte Erweiterung menschlicher Fähigkeiten und Fertigkeiten.

---

[28] Vgl. Deter (2021).

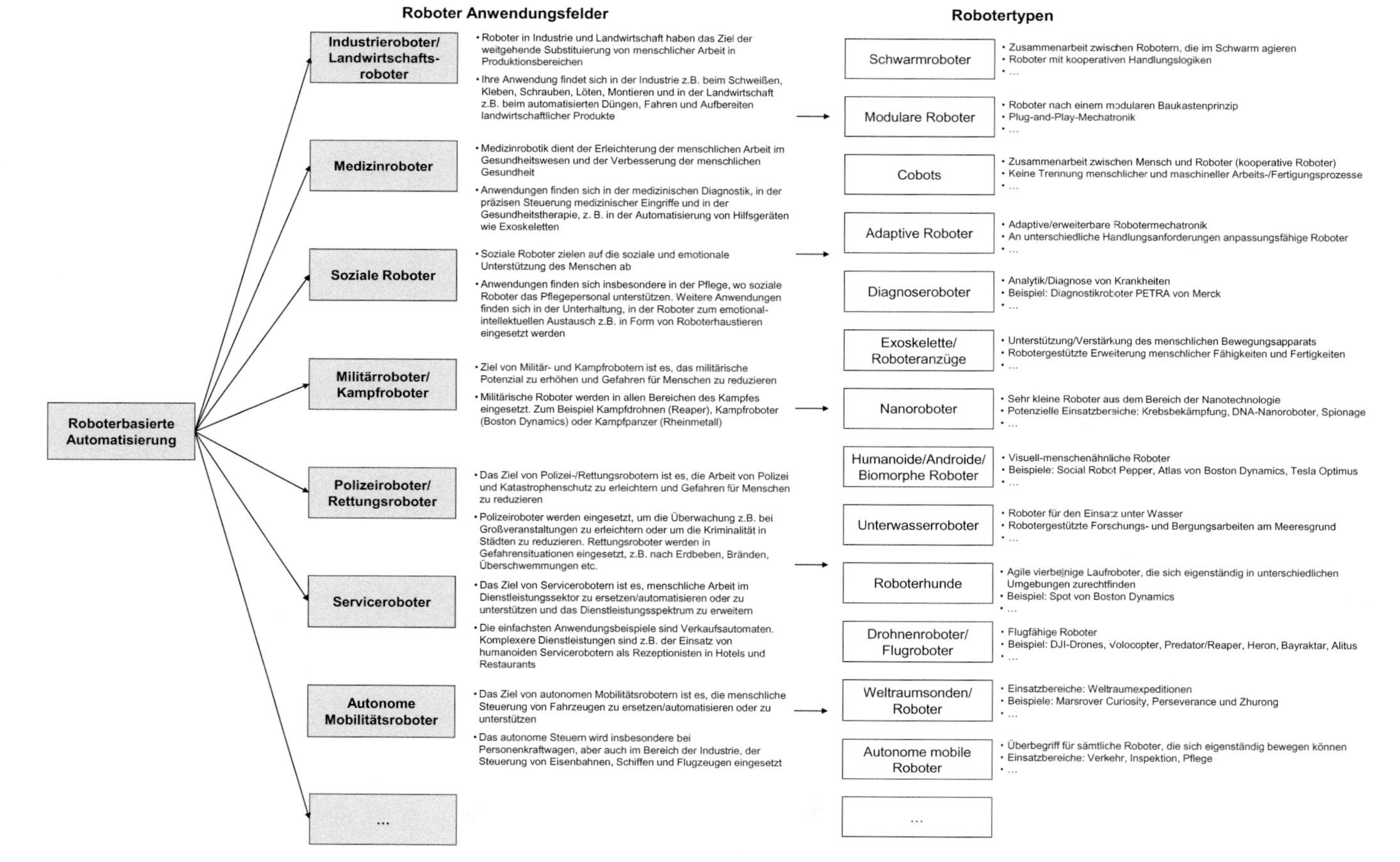

Abb. 10.10 Einteilung der roboterbasierten Automatisierung

Nanoroboter sind sehr kleine Roboter und werden im Bereich der Nanotechnologie eingesetzt. Als mögliche Anwendungsgebiete werden Krebsbekämpfung durch DNA-Nanoroboter oder Spionage genannt. Humanoide, Androide oder biomorphe Roboter sind Roboter, die dem Menschen optisch sehr ähnlich sind. Die technische Nachahmung des menschlichen Erscheinungsbildes wird bereits von verschiedenen Unternehmen verfolgt. Beispiele sind der Sozialroboter Pepper, Atlas von Boston Dynamics oder der Humanoide Optimus der Firma Tesla.

Roboter, die für den Einsatz unter Wasser oder auf dem Meeresboden konzipiert sind, werden als Unterwasserroboter bezeichnet. Mit ihnen werden robotergestützte Erkundungs- und Bergungsarbeiten unter Wasser durchgeführt. Ähnliche Aufgaben übernehmen Roboterhunde an Land. Diese vierbeinigen Laufroboter können sich selbstständig in verschiedenen Umgebungen bewegen. Ein Beispiel ist der Roboterhund Spot von Boston Dynamics.

In der Luft können Roboterdrohnen oder Flugroboter Aufgaben übernehmen, die beispielsweise Polizisten zur Überwachung benötigen. Ein Beispiel ist der Hybridroboter Leonardo des California Institute of Technology. Autonome mobile Roboter schließlich beschreiben alle Roboter, die sich selbstständig fortbewegen können. Ihr Einsatzgebiet liegt beispielsweise in der Inspektion von Bauwerksschäden.

Zusammenfassend kann festgestellt werden, dass es eine Vielzahl unterschiedlicher Automatisierungsformen und Robotertypen gibt. Angesichts des frühen Stadiums der Automatisierung und Robotik befinden sich die hier vorgenommenen Einteilungen und Darstellungen aufgrund der zukünftigen sehr dynamischen Ausrichtung noch in einem dynamischen Entwicklungesprozess, der weitgehend ergebnisoffen ist. Die Begriffe sind in diesem Zusammenhang nicht frei von Überschneidungen und stellen zur Zeit eine erste Orientierung dar.

10.4 Prozesse und Funktionsweisen der digitalen Automatisierung und Robotik

Die digitale Automatisierung und Robotik weisen ähnliche strukturelle Grundlagen auf. Hierbei sind insbesondere die Prozesse und Funktionsweisen der digitalen Automatisierung und Robotik zu nennen. Der Automatisierungsprozess kann dabei in verschiedene Automatisierungsstufen unterteilt werden. Dabei können insbesondere zwei Kriterien zur Unterteilung herangezogen werden. Zum einen ist dies die Leistungsfähigkeit der digitalen Automatisierung und zum anderen der damit verbundene Grad der Autonomie gegenüber der menschlichen Steuerung.

Im Bereich des autonomen Fahrens wurde ein sechsstufiges Klassifikationssystem für die Entwicklung der Automatisierung im Mobilitätsbereich entwickelt. Dieses lässt sich grundsätzlich auch auf die digitale Automatisierung und Robotik übertragen. Die Entwicklungsstufen der digitalen Automatisierung und Robotik sind in Abb. 10.11 dargestellt.

Ausgangspunkt ist ein nicht automatisierter Zustand (Entwicklungsstufe 0), in dem die Steuerung und Kontrolle einer software-/roboterbasierten Maschine vollständig dem Menschen obliegt und kein eingreifendes System aktiv ist. Darauf aufbauend lassen sich fünf

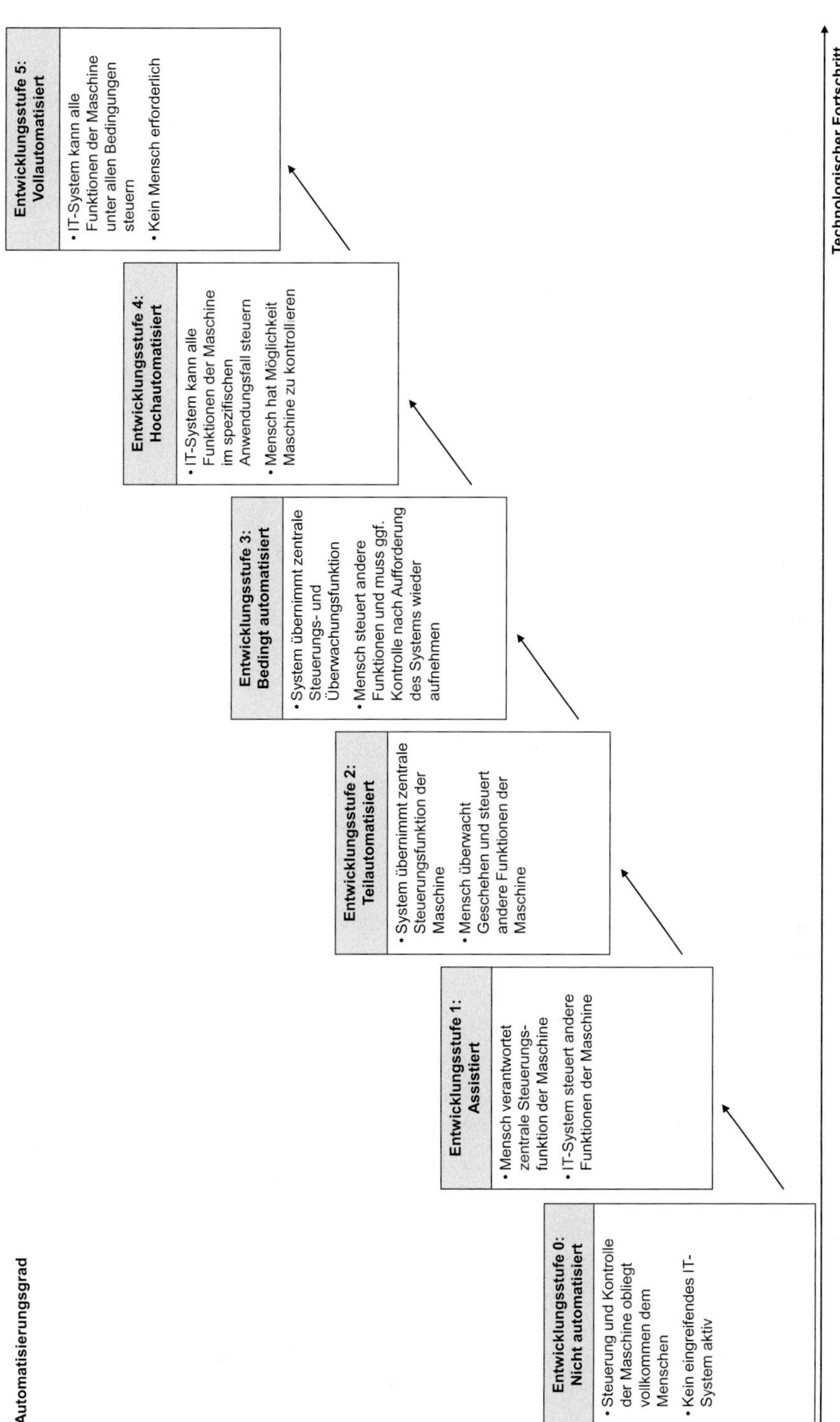

Abb. 10.11 Stufen der digitalen Automatisierung und Robotik. (Vgl. Wirtz (2020), S. 129; Wirtz (2022), S. 256)

Entwicklungsstufen der digitalen Automatisierung unterscheiden: assistiert (Entwicklungsstufe 1), teilautomatisiert (Entwicklungsstufe 2), bedingt automatisiert (Entwicklungsstufe 3), hoch automatisiert (Entwicklungsstufe 4) und voll automatisiert (Entwicklungsstufe 5).[29]

Auf der Entwicklungsstufe 1 unterstützt ein digitales System den Menschen im Arbeitsprozess. Dabei ist der Mensch für die zentrale Steuerungsfunktion der Maschine verantwortlich, während das System die sekundäre Steuerung der übrigen Maschinenfunktionen übernimmt.

Die Entwicklungsstufe 2 ist durch einen teilautomatisierten Automatisierungsgrad gekennzeichnet. Hier übernimmt das System die zentrale Steuerungsfunktion der Maschine, während der Mensch den Prozess überwacht und andere Funktionen der Maschine steuert.

Die Entwicklungsstufe 3 ist durch einen bedingten Automatisierungsgrad gekennzeichnet. Hier übernimmt das System die zentrale Steuerungs- und Überwachungsfunktion, während der Mensch andere Funktionen der Maschine steuert und jederzeit bereit sein muss, auf Anforderung des Systems die Steuerung der Maschine zu übernehmen.

Die Entwicklungsstufe 4 geht mit einer hoch automatisierten Selbststeuerung einher. Dies bedeutet, dass das System in der Lage ist, alle Funktionen der Maschine in einem bestimmten Anwendungsfall zu steuern, während der Mensch bei Bedarf die Möglichkeit hat, die Steuerung der Maschine zu übernehmen. Diese Stufe ist dadurch gekennzeichnet, dass sich die Maschine auch bei sich ändernden Umgebungsbedingungen selbstständig steuern kann. Der Mensch bleibt der Lenker.

Die Entwicklungsstufe 5 stellt die letzte Entwicklungsstufe der Automatisierung dar und beschreibt den Zustand der Vollautomatisierung. Auf dieser Stufe kann das System alle Funktionen der Maschine unter allen Bedingungen steuern, ein menschliches Eingreifen ist nicht mehr erforderlich. Darüber hinaus ist das System in der Lage, sich selbst an veränderte Bedingungen anzupassen und sich weiterzuentwickeln. Auch komplexe Herausforderungen in unbekannten Situationen werden hier beispielsweise von AI-Anwendungen beherrscht.

Autonomes Fahren

Ein Beispiel für die Autonomie von Robotern ist das autonome Fahren von Personenkraftwagen und anderen Fahrzeugen im offenen Straßenverkehr, das eine Interaktion mit anderen Verkehrsteilnehmern und eine automatisierte und unmittelbare Entscheidungsfindung und Reaktion erfordert. Vor diesem Hintergrund ist es notwendig, durch den Einsatz von Sensoren und Kameras eine umfassende technologische Wahrnehmungsfähigkeit zu gewährleisten und fortschrittliche Algorithmen einzusetzen, die es Fahrzeugen ermöglichen, ohne menschliches Eingreifen selbstständig zu fahren.

Der Grad der Autonomie von Fahrzeugen wird in sechs Stufen eingeteilt, die von Stufe 0 (keine Automatisierung) bis Stufe 5 (vollständige Automatisierung) reichen. Auf Stufe 2, die eine Teilautomatisierung wie eine adaptive Geschwindigkeitsregelung und

[29] Vgl. Knott (2016).

einen Spurhalteassistenten umfasst, befinden sich derzeit einige auf dem Markt erhältliche Fahrzeuge. Einzelne Hersteller wie Mercedes bieten bereits Level 3 an, das unter bestimmten Bedingungen ein höheres Maß an Autonomie ermöglicht. Tesla, Waymo, Mercedes und BMW sind einige der wichtigsten Unternehmen im Bereich des autonomen Fahrens und werden im Folgenden kurz beschrieben.

Tesla ist eines der ersten Unternehmen, das autonomes Fahren auf öffentlichen Straßen ermöglicht hat. Die Fahrzeuge von Tesla haben eine Reihe fortschrittlicher Fahrerassistenzfunktionen an Bord, die von Tesla als Autopilot bezeichnet werden. Seit der Einführung des Model S im Jahr 2012 wurde das Autopilot-System schrittweise verbessert. Derzeit sind die Fahrzeuge von Tesla in der Lage, eine Autonomie der Stufe 2 zu erreichen.[30]

Waymo ist die Sparte für autonome Fahrzeuge von Alphabet und gilt als einer der Marktführer in diesem Bereich. Das Unternehmen testet seine Technologie seit mehreren Jahren und hat ein autonomes Fahrzeug der Stufe 4 entwickelt, das in bestimmten Gebieten selbstständig fahren kann. Dabei ist zu beachten, dass die Waymo-Fahrzeuge nicht zum Verkauf stehen und bei der Fahrzeugtechnik auf andere Fahrzeughersteller setzen.

Bisher gibt es nur vereinzelte Angebote von Waymo One in Phoenix, Arizona und San Francisco, Kalifornien. Dabei handelt es sich um einen experimentellen Taxidienst mit selbstfahrenden Fahrzeugen von Jaguar und Chrysler, welche von Waymo entsprechend umgerüstet wurden.[31]

Die Mercedes-Benz Group tätigt ebenfalls erhebliche Investitionen im Bereich autonomes Fahren und ist derzeit mitführend auf diesem Gebiet, da das Unternehmen die behördliche Genehmigung erhalten hat, seine Technologie für autonomes Fahren der Stufe 3 sowohl in Deutschland als auch im US-Bundesstaat Nevada einzusetzen. Dies ist ein Meilenstein auf dem Gebiet des autonomen Fahrens, da Mercedes-Benz der erste Automobilhersteller ist, der eine solche Genehmigung in Europa und den USA erhält. Das Level-3-System (Drive Pilot genannt) überlässt dem Auto in definierten Gebieten die meisten Fahraufgaben, setzt aber voraus, dass der Fahrer jederzeit in der Lage ist, das Steuer zu übernehmen.[32]

Auch BMW ist im Bereich des autonomen Fahrens aktiv. Dazu ist das Unternehmen eine Partnerschaft mit Intel und Mobileye eingegangen, um eine Technologie für autonomes Fahren zu entwickeln, die auf moderner Informationstechnologie und Sensorik basiert. Das Unternehmen arbeitet derzeit an autonomen Fahrzeugen der Stufen 3 und 4 und hat seine Technologie bereits in mehreren Prototypen demonstriert.[33]

Die Beispiele zeigen, dass es eine Reihe von Unternehmen gibt, die sich mit dem Bereich des autonomen Fahrens befassen und wichtige Entwicklungen auf diesem Gebiet vorantreiben. Trotz der Fortschritte gibt es technische, regulatorische und ethische Heraus-

---

[30] Vgl. Tesla (2023).

[31] Vgl. Waymo (2023).

[32] Vgl. Mercedes-Benz (2023).

[33] Vgl. BMW (2023).

forderungen, die bewältigt werden müssen, bevor sich vollautonome Fahrzeuge im Straßenverkehr durchsetzen.

Die Entwicklung des autonomen Fahrens ist durch eine hohe Dynamik gekennzeichnet. Es bleibt abzuwarten, welche Unternehmen sich in diesem Bereich durchsetzen werden, zumal der Mobilitätssektor nicht nur durch die Autonomisierung des Fahrens verändert wird, sondern auch durch andere Entwicklungen wie die Umstellung der Antriebstechnik von Verbrennungsmotor auf Elektroantrieb und eine Ausdifferenzierung der Fahrzeugnutzung im Individualverkehr.

Vor dem Hintergrund des zu erwartenden technologischen Wandels ist es wichtig, die technologische Funktionslogik der Automatisierung nachzuvollziehen. Diese funktionale Logik bildet das Fundament des autonomen Fahrens und ermöglicht den sicheren und effizienten Betrieb der Fahrzeuge im Straßenverkehr. Die Software muss jedoch sorgfältig entwickelt und getestet werden, um sicherzustellen, dass sie mit den komplexen und unvorhersehbaren Situationen im Straßenverkehr umgehen kann. Vor diesem Hintergrund wird im Folgenden zunächst die Funktionslogik der softwarebasierten Automatisierung dargestellt. Anschließend wird die Systemarchitektur der roboterbasierten Automatisierung beschrieben.

Funktionslogik der softwarebasierten Automatisierung

Unter softwarebasierter Automatisierung versteht man den Einsatz von Softwarealgorithmen und Computersystemen zur Automatisierung von Aufgaben, die ohne Automatisierung von Menschen ausgeführt werden. Die Funktionslogik der softwarebasierten Automatisierung umfasst zehn Schritte, die im Folgenden kurz dargestellt werden. Abb. 10.12 zeigt diese zehn Schritte.

Die Funktionslogik beginnt mit der externen Stromversorgung des Rechnersystems, die es dem System ermöglicht, zu starten und Eingaben zu erwarten. Danach kann ein manueller Softwarebefehl erfolgen, der dem System konkrete Aufgaben zuweist. Darüber hinaus kann das System auch automatisch mit entsprechenden Softwarebefehlen durch externe autonome Programme gesteuert werden.

Die automatisierte Software greift diesen Befehl auf und verarbeitet ihn meist im Kontext eines größeren Servernetzwerks mit externen Kapazitäten, um gegebenenfalls auch große Datenmengen einbeziehen zu können. Dies erfolgt durch die Nutzung von Cloud Computing. Je nach konkreter Aufgabenstellung greift das automatisierte Softwaresystem auf ergänzende oder unterstützende Daten zu, um den Auftrag adäquat ausführen zu können. Schließlich wird der Befehl in Form einer Datengenerierung abgeschlossen.

Diese Ergebnisse werden dann in einem weiteren Schritt mit dem Benutzer oder autonom ausgetauscht. Dies bedarf einer Interaktion, die ebenfalls automatisiert gesteuert wird. Dazu erfolgt entweder manuell oder automatisch eine Erfolgs- bzw. Fehleranalyse, die wiederum an das System zur Korrektur bzw. Optimierung zurückgespiegelt wird.

Die dargestellte Funktionslogik der softwarebasierten Automatisierung stellt nur einen vereinfachten Prozess dar, der entsprechend den konkreten Anforderungen angepasst wer-

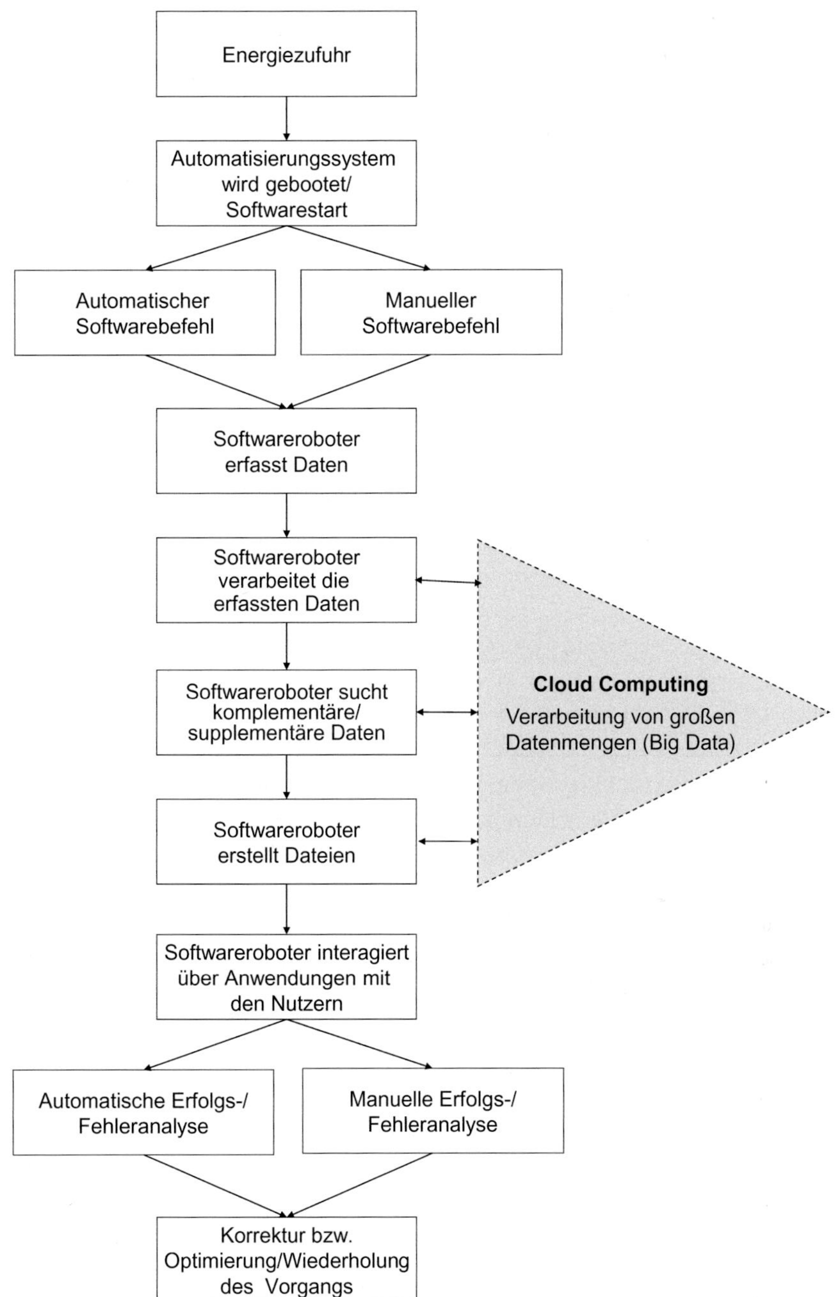

Abb. 10.12 Funktionslogik der softwarebasierten Automatisierung

den kann. Die Prinzipien sind jedoch weitgehend gleich. Diese softwarebasierte Automatisierung ist zudem die Grundlage für die Steuerung von Robotern. Im Folgenden wird daher die Systemarchitektur der roboterbasierten Automatisierung beschrieben, die auf der Software-Automatisierung basiert.

Systemarchitektur der roboterbasierten Automatisierung

Die Systemarchitektur der roboterbasierten Automatisierung ist ein komplexes Zusammenspiel von Hardware- und Softwarekomponenten, die darauf ausgerichtet sind, ursprünglich Menschen obliegende Aufgaben automatisch durchzuführen. Dabei wird ein lokales Robotersystem in seiner Systematik dargestellt. Die Hauptkomponenten einer solchen Architektur bestehen aus einer Roboterumgebung, einer Robotersteuerung und schließlich den Robotern oder Robotermodulen. Diese Architektur ist in Abb. 10.13 dargestellt.

Ein lokales Robotersystem besteht aus den Komponenten Programmierumgebung, Robotersteuerung und der Hardware in Form von Apparaturen und Robotermodulen. Die Programmierumgebung und die Robotersteuerung können dem Bereich der Informatik bzw. der Elektronik zugeordnet werden und sind in ihrer Funktionsweise meist nicht isoliert zu betrachten, da beide Komponenten im Austausch mit weiteren Rechenkapazitäten und Datenzugriffen stehen.

Dazu werden sie dem Cloud Computing zur Verfügung gestellt. Hierbei geht es um die Verarbeitung großer Datenmengen. Ist das System nur mit lokalen Rechen- und Speichersystemen verbunden, spricht man von Edge Computing. Fog Computing stellt die Datenverarbeitungsebene zwischen Cloud Computing und Edge Computing dar.

Die Programmierumgebung ist die Komponente, in der die Software für die Robotersteuerung und die Datenverarbeitung entwickelt wird. Dabei geht es nicht nur um die mechanische Ansteuerung, sondern im Kontext des maschinellen Lernens auch um die Interpretation der Sensordaten, um die Steuerung selbstständig zu verbessern. Dies schließt auch die autonome Steuerung der Softwarewartung ein. Eine weitere Komponente der Programmierumgebung ist die Hardware zur Eingabe der Programmierung.

Die Robotersteuerung ist für die Überwachung und Steuerung des Roboters verantwortlich. Sie ist die Schnittstelle zwischen der Programmierumgebung und der Roboterbewegung. Sie ist somit das System, das die Programmbefehle in Bewegung umsetzt. Dabei kommen Ansätze wie die Punktsteuerung oder die Vierpunkt- und Bahnsteuerung zum Einsatz, die eine präzise Steuerung im 3D-Raum ermöglichen.

Moderne Robotersteuerungen setzen dabei auf vorausschauende und vorbeugende Wartung, um die Lebensdauer des Roboters zu verlängern und Unfälle beziehungsweise Ausfälle zu vermeiden. Die Datenverarbeitungseinheit ist verantwortlich für die Verarbeitung der von den Sensoren gesammelten Daten und für die Übertragung von Befehlen an die Steuerungseinheit.

Schließlich sind die Robotergeräte und -module als Hardware das mechatronische Element der Systemarchitektur. Ein Roboter ist eine Maschine, die mechatronische Aufgaben ausführt, die normalerweise von Menschen ausgeführt werden. Sensoren sind Geräte, die

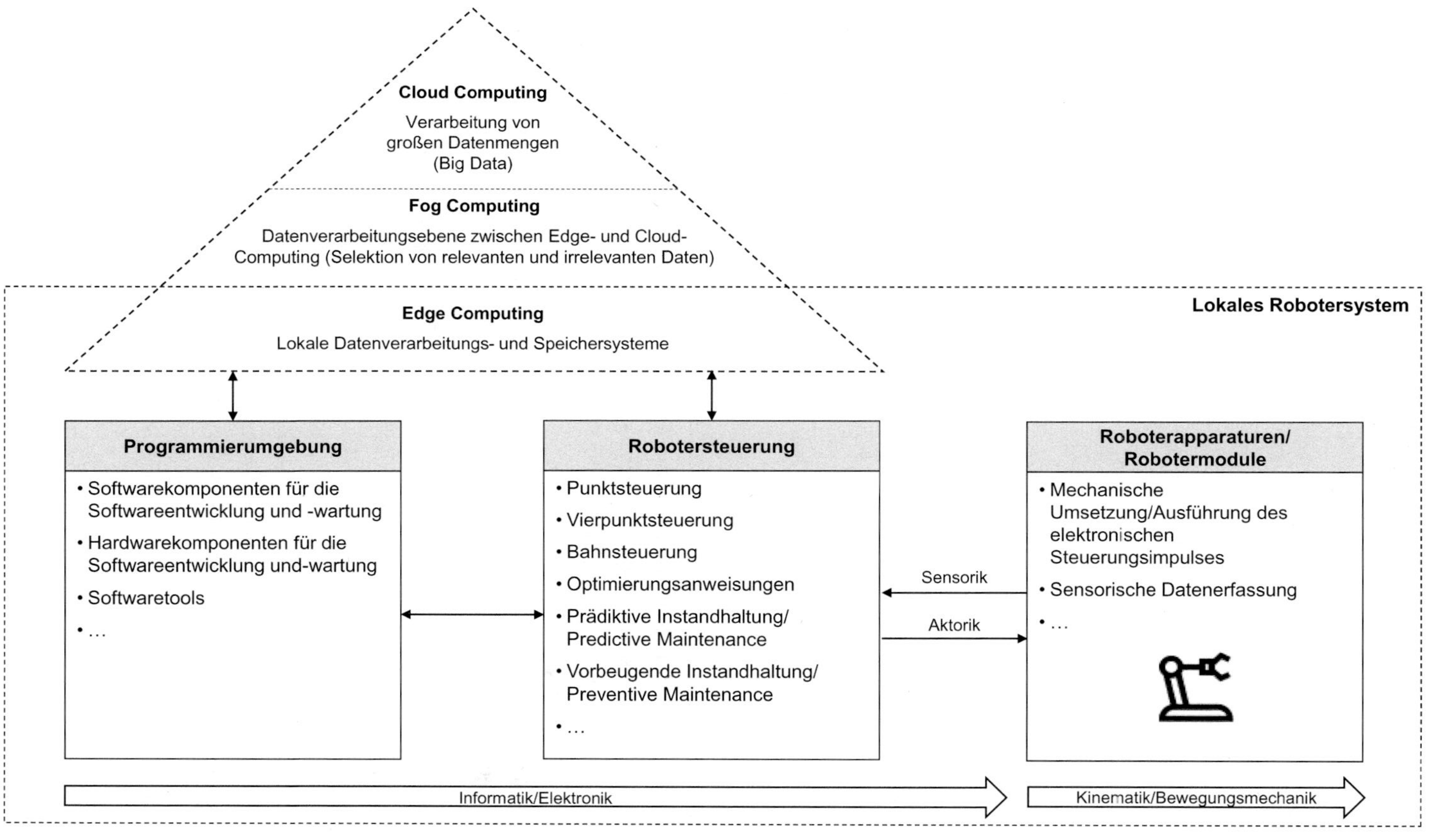

Abb. 10.13 Systemarchitektur der roboterbasierten Automatisierung

Daten über die Umgebung sammeln, in der der Roboter arbeitet. Diese Daten werden verwendet, um den Roboter zu steuern und seine Bewegungen zu kontrollieren. Antriebs- und Aktuatorsysteme sind dabei Systeme, die den Roboter in Bewegung setzen. Dies kann z. B. durch Motoren, Hebel, Zylinder oder Ähnliches geschehen.

Die drei Komponenten arbeiten zusammen, um eine automatisierte Lösung bereitzustellen, die darauf ausgelegt ist, menschliche Arbeit zu übernehmen und/oder zu vereinfachen. Es ist wichtig zu beachten, dass jede robotergestützte Automatisierungslösung speziell auf die Art der Aufgabe, die sie ausführt, und die Umgebung, in der sie arbeitet, zugeschnitten ist. Es gibt viele verschiedene Arten der robotergestützten Automatisierung, die alle ihre eigene Systematik haben. Die dreigliedrige Architektur ist jedoch weitgehend einheitlich.

Da sich Roboter immer im Kontext einer von Menschen geschaffenen oder gestalteten Umgebung bewegen oder von ihnen für spezifische Aufgaben eingesetzt werden, ist es von Bedeutung, die Interaktionsstrukturen mit dem Menschen nachzuvollziehen. Grundsätzlich bildet die Mensch-Roboter-Interaktion eine der wichtigsten Analysebereiche der digitalen Automatisierung. Grundsätzlich kann hierzu das 3-Ebenen-Modell der Mensch-Roboter-Interaktion als Erklärungsmodell herangezogen werden.

3-Ebenen-Modell der Mensch-Roboter-Interaktion

Mit dem zunehmenden Einsatz von Automatisierungstechnik und insbesondere der Robotik steigt auch die Bedeutung der Beziehung und insbesondere der konkreten Austauschbeziehungen zwischen Mensch und Roboter beziehungsweise Maschine. Die Mensch-Roboter-Interaktion (Human-Robot Interaction, HRI) beschreibt den Austausch zwischen Menschen und Robotern in Bezug auf Interaktion und Kooperation bei der Ausführung von Aufgaben. Abb. 10.14 stellt das 3-Ebenen-Modell der Mensch-Roboter-Interaktion dar.

Für eine integrative Betrachtung der Beziehung zwischen Mensch und Roboter ist es von Bedeutung, zunächst auf die Interaktionskomponenten einzugehen und darauf aufbauend die Austauschbeziehung zu betrachten.

Die menschliche Ebene kann durch individuelle persönliche Eigenschaften beschrieben werden. Wichtig sind Fähigkeiten und Fertigkeiten des Menschen, welche sich aus einer Vielzahl von Dispositionen zusammensetzen. Darüber hinaus zeichnet sich der Mensch durch seine Emotionen aus, die ihn grundlegend von Maschinen unterscheiden.

Im Gegensatz zu Robotern haben Menschen zudem normative Wertesysteme. Auch das Situationsbewusstsein ist ein wichtiges Element, das im Kontext der künstlichen Intelligenz bisher oft nicht ausreichend berücksichtigt wurde. Der Mensch zeichnet sich darüber hinaus durch seine spezifischen Verhaltensweisen, Erfahrungen, sozialen und emotionalen Prägungen aus und unterscheidet sich damit insbesondere in seiner individuellen Einzigartigkeit von Maschinen.

Die Funktionslogik und damit der Prozess des Entscheidens und Handelns lassen sich beim Menschen in vier Stufen unterteilen: Zunächst ist der Mensch in der Lage, seine Um-

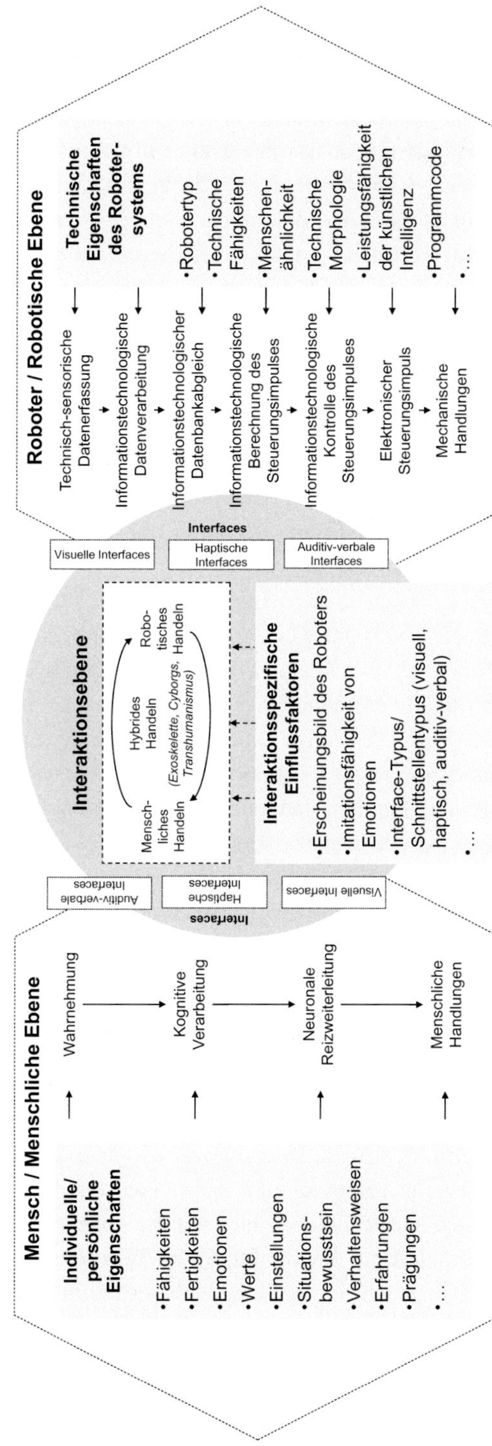

Abb. 10.14 3-Ebenen-Modell der Mensch-Roboter-Interaktion

welt über seine Sinne wahrzunehmen. Diese Sinneseindrücke erfahren eine bewusste oder unbewusste kognitive Verarbeitung. Diese führt wiederum zu einer neuronalen Reizweiterleitung, welche das menschliche Handeln auslöst.

Auf der Interaktionsebene sind als Schnittstellen die Sinnesorgane des Menschen anzuführen. Der Mensch verfügt über fünf klassische Sinne, wobei insbesondere der visuelle Sinn als visuelle Wahrnehmung der Umwelt, der haptische Sinn zum Ertasten der Umwelt und der auditiv-verbale Sinn zur Kommunikation als wichtigste Schnittstellen zu nennen sind. Klassischerweise werden zu den fünf Sinnen Sehen, Tasten, Hören, Riechen und Schmecken auch die Wahrnehmung von Temperatur und Bewegung gezählt, die auch im Kontext der Interaktion mit Robotern eine Rolle spielen.

Die dritte Ebene bildet das Robotersystem, das aus der technischen Realisierung des mechatronischen Robotersystems besteht. Die Eigenschaften des Robotersystems werden durch den Robotertyp und seine technischen Fähigkeiten definiert. Im Kontext der Interaktion mit dem Menschen ist auch der Grad der Menschenähnlichkeit des Roboters von erheblicher Bedeutung, da der Mensch bei der Interaktion mit menschenähnlichen/humanoiden Robotern auf Konventionen, Emotionen und Erfahrungen im Umgang mit Menschen zurückgreift.

Die Leistungsfähigkeit der künstlichen Intelligenz, die auf der Gestaltung des Programmcodes, der Datenbasis und der AI-Algorithmen beruht, ist dabei ebenfalls von erheblicher Bedeutung. Neuere Entwicklungen wie das Sprachmodell ChatGPT zeigen bereits erhebliche Fortschritte und ermöglichen eine menschenähnliche Interaktion durch einen Softwareroboter.

Die Funktionslogik und damit der in Robotern ablaufende Prozess zwischen menschlicher Eingabe und robotischer Handlung lässt sich in einem Ablauf darstellen: Zunächst erfolgt eine technisch-sensorische Datenerfassung. Darauf folgt die informationstechnologische Datenverarbeitung, die in der Regel einen Datenbankabgleich erfordert.

Die anschließende informationstechnologische Berechnung des Steuerimpulses erfolgt auf Basis der vorgegebenen Programmheuristik. Die Steuerung des Steuerimpulses erfolgt durch entsprechende Algorithmen und hängt von der Beschaffenheit des Robotersystems ab. Schließlich folgt der elektronische Steuerimpuls und damit letztlich die mechanische Bewegung.

Als Schnittstellen des Roboters sind alle Sensoren und Datenverbindungen zu nennen. Das Spektrum der Aufnahmemöglichkeiten von Umgebungsinformationen ist beim Roboter wesentlich größer als beim Menschen. Beispielsweise können Kameras heute wesentlich mehr und schärfere visuelle Informationen aufnehmen als das menschliche Auge. Dies bezieht sich auf das Lichtspektrum, aber auch auf die Möglichkeit der Entfernungs- und Größenanpassung. Ähnliches gilt für die haptische Sensorik, die wesentlich feiner sein kann als die des Menschen. Auch auditiv ist die Roboterschnittstelle äußerst leistungsfähig, da sie auch Tonbereiche wahrnehmen kann, die über das menschliche Hörvermögen hinausgehen.

Schließlich geht es um die Interaktion zwischen Mensch und Roboter, die sowohl vom menschlichen als auch vom robotischen Verhalten abhängt, wobei interaktionsspezifische

Einflussfaktoren zu berücksichtigen sind. So ist beispielsweise das Aussehen des Roboters für den Menschen von großer Bedeutung, da es die Beziehung zum Roboter beeinflusst. Dazu gehören auch die Imitierbarkeit von Emotionen seitens des Roboters sowie die Art der Interaktionsschnittstelle des Roboters.

Mit der zunehmenden Etablierung von Robotertechnologien im Alltag wird die hybride Interaktion zwischen Robotern und Menschen zunehmen. Durch den Einsatz von Cobots in Produktionsanlagen und in der Logistik ist diese Zusammenarbeit bereits heute etabliert. Auch das Beispiel von Exoskeletten im Kontext der Medizinrobotik zeigt ein enges Zusammenspiel von Robotik und Mensch. Eine genaue Beschreibung der Interaktion zwischen Mensch und Roboter ist aufgrund der Vielzahl von Anwendungen und Robotertypen nicht umfassend möglich.

Zusammenfassend kann konstatiert werden, dass das 3-Ebenen-Modell der Mensch Roboter-Interaktion die Interaktions- und die Verarbeitungsprozesse von Mensch und Roboter darstellt. Dabei werden relevante Fähigkeiten und Eigenschaften im Kontext der Interaktion bzw. Kollaboration aus humaner und robotischer Perspektive beschrieben. Vor dem Hintergrund der erheblichen Entwicklungsdynamik der künstlichen Intelligenz bei Softwarerobotern als auch bei mechatronischen Robotern wird sich die Mensch-Roboter-Interaktion zukünftig deutlich verändern.

Es wird sich zeigen, wie sich das Verhältnis von Mensch und Maschine in Zukunft gestalten wird. Angesichts der erheblichen Substitutionspotenziale und der zunehmenden Durchdringung unserer Lebenswelt mit Automatisierung und Robotik ergeben sich neben den Chancen auch erhebliche Risiken.

10.5 Das 5-Komponenten-Modell der digitalen Automatisierung

Automatisierung ist ein Phänomen, das die menschliche Entwicklung seit vielen Jahrzehnten prägt. Insbesondere in der letzten Dekade hat sich der Fortschritt durch bedeutende Innovationen im Bereich des maschinellen Lernens, der Vernetzung von Sensoren (Internet of Things, IoT) und der Entwicklung mechatronischer Maschinen erheblich beschleunigt.

Aus den dargestellten Anwendungen, Prozessen und Funktionsweisen der digitalen Automatisierung und der Robotik kann die zukünftige Entwicklung in diesem Bereich näher skizziert werden. Hierzu soll das 5-Komponenten-Modell der digitalen Automatisierung als Basis dienen. Dieses besteht aus folgenden Komponenten: 1. Formen der digitalen Automatisierung, 2. 4-Ebenen-Modell der digitalen Automatisierungsintensität, 3. Fähigkeitspyramide der digitalen Automatisierung, 4. 5-Phasen-Modell der digitalen Automatisierung und 5. Strategietypen der digitalen Automatisierung.

In Abschn. 10.1 wurde beschrieben, dass im Bereich der digitalen Automatisierung grundsätzlich zwischen Software-Automatisierung und Robotik (mechatronische Automatisierung) unterschieden werden kann. Diese beiden Automatisierungsformen haben in unterschiedlichem Ausmaß einen Einfluss auf den Substitutionsgrad menschlicher Arbeit durch die Automatisierung. Im Folgenden wird das Substitutionspotenzial der digitalen Automatisierung anhand eines 4-Ebenen-Modells dargestellt.

4-Ebenen-Modell der digitalen Automatisierungsintensität

Das 4-Ebenen-Modell der digitalen Automatisierungsintensität zeigt den Zusammenhang zwischen der Substitution menschlicher Arbeit und vier Automatisierungsgraden. Abb. 10.15 zeigt, dass die vier Stufen 1. Basis-Automatisierung, 2. moderate Automatisierung, 3. hybride Automatisierung und 4. totale Automatisierung mit einem umfassenden Potenzial für die Ersetzung menschlicher Arbeit einhergehen.

Die erste Ebene bildet die Basis-Automatisierung ab. Sie stellt den Zustand dar, in dem humane Arbeit in geringem Umfang ersetzt wird. Die maschinelle Automatisierung unterstützt überwiegend von Menschen gestaltete Arbeitsprozesse, verändert diese aber nicht wesentlich. Ebene 2 bildet die moderate Automatisierung ab. Sie stellt den Zustand dar, in dem menschliche Arbeit mäßig substituiert wird. Die maschinelle Automatisierung prägt dabei von Menschen gestaltete Arbeitsprozesse und verändert diese in mittlerem Maße.

Die dritte Ebene bildet die hybride Automatisierung ab. Sie stellt den Zustand dar, in dem humane Arbeit im erheblichen Maße substituiert wird. Die AI-Software und Robotik machen fast paritätisch Arbeitsprozesse und Wertschöpfung aus. Auf dieser Ebene ist der Automatisierungsgrad sehr hoch.

Die vierte Ebene bildet die totale Automatisierung ab. Sie stellt den Zustand dar, in dem humane Arbeit umfassend substituiert wird. In dieser Ebene dominieren AI-Software und Robotik die Arbeitsprozesse und die Wertschöpfung vollständig. Auf dieser Ebene ist der Automatisierungsgrad extrem hoch. Mit dem Erreichen der vierten Stufe wird ein Szenario realisiert, in dem Maschinen miteinander interagieren. Die weitgehende Unabhängigkeit vom Menschen steht damit für ein Szenario der „Machine World".

Zusammenfassend kann festgehalten werden, dass mit zunehmender Automatisierung menschliche Arbeitskraft substituiert wird. Dabei ist es von großer Bedeutung, welche konkreten Fähigkeiten des Menschen durch Maschinen ersetzt werden können. Die Fähigkeitspyramide der digitalen Automatisierung geht näher auf die unterschiedlichen Automatisierungsformen von humanen Fähigkeiten ein.

Fähigkeitspyramide der digitalen Automatisierung

Grundsätzlich können verschiedene Fähigkeiten von Menschen unterschieden werden. So können etwa manuelle, kognitive oder emotionale Fähigkeiten in diesem Zusammenhang angeführt werden. McKinsey unterscheidet in fünf Grundformen menschlicher Fähigkeiten: physische und manuelle Fähigkeiten (1), grundlegende kognitive Fähig-

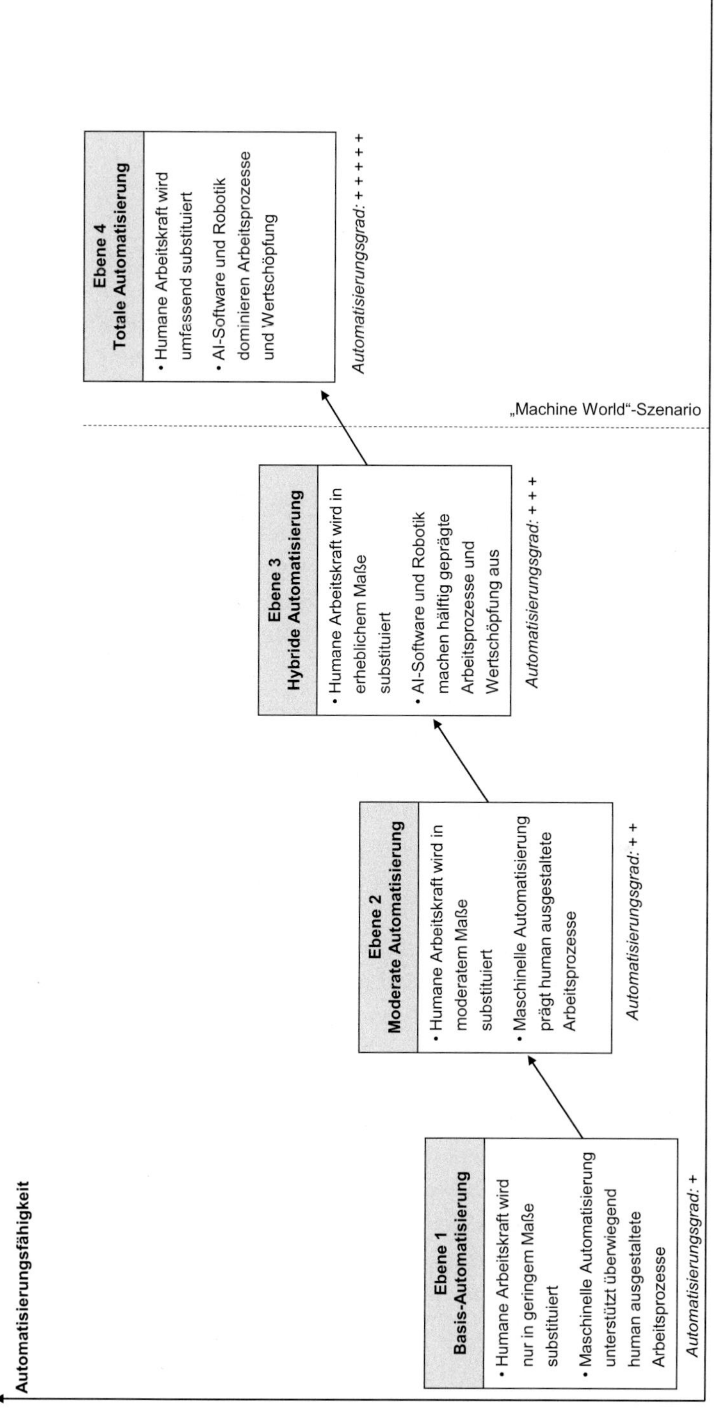

Abb. 10.15 4-Ebenen-Modell der digitalen Automatisierungsintensität

keiten (2), höhere kognitive Fähigkeiten (3), soziale und emotionale Fähigkeiten (4) und technologische Fähigkeiten (5).[34]

Die Unternehmensberatung PwC unterscheidet hingegen sechs Grundformen menschlicher Fähigkeiten, die durch Maschinen automatisiert werden können: Manuelle Aufgaben (1), Routine-Aufgaben (2), Berechnungen (3), Management (4), soziale Fähigkeiten (5) und sprachliche Fähigkeiten (6).[35]

Die Einteilungen und deren Unterschiede von PwC und McKinsey zeigen den Schwierigkeitsgrad auf, menschliche Fähigkeiten in Bezug auf Automatisierung zu definieren und zu kontextualisieren. Aufgrund der Komplexität und mit dem Ziel eines hinreichenden Aggregationsgrades soll im Folgenden eine siebenstufige Fähigkeitspyramide des Menschen in Bezug auf die digitale Automatisierung herangezogen werden. Abb. 10.16 zeigt die siebenstufige Fähigkeitspyramide der digitalen Automatisierung.

Physische und manuelle Grundfertigkeiten (basic physical and manual skills): Diese Stufe der digitalen Automatisierung umfasst Aufgaben, die manuelle Geschicklichkeit, Kraft und Koordination erfordern, wie z. B. manuelle Montage, Verpackung und Be-/Entladen. Die zweite Stufe bilden die kognitiven Grundfähigkeiten (basic cognitive skills): Diese Stufe umfasst Aufgaben, die einfache Problemlösungen, Entscheidungsfindung und die Anwendung von Grundkenntnissen erfordern, z. B. routinemäßige Kundenbetreuung und Dateneingabe.

Die dritte Stufe bilden die fortgeschrittenen körperlichen und manuellen Fertigkeiten (advanced physical and manual skills): Diese Stufe umfasst Aufgaben, die eine fortgeschrittene manuelle Geschicklichkeit erfordern, z. B. komplexe Montage-, Reparatur- und Wartungsarbeiten. Die vierte Stufe bilden die technologischen Fertigkeiten (technological skills): Diese Stufe umfasst den Einsatz von Technologie zur Automatisierung von Aufgaben, wie Programmierung, Netzwerkadministration oder technische Unterstützung.

Die fünfte Stufe bilden die höheren kognitiven Fähigkeiten (higher cognitive skills): Diese Stufe umfasst Aufgaben, die fortgeschrittene Problemlösung, Entscheidungsfindung und die Anwendung von Fachwissen erfordern, z. B. medizinische Diagnose und Finanzanalyse.

Die sechste Stufe bilden kreative und innovative Fähigkeiten (creative and innovative skills): Diese Stufe umfasst Aufgaben, die Kreativität, Innovation und die Fähigkeit zu unkonventionellem Denken erfordern, z. B. Produktdesign/-entwicklung, Werbung und Marketing.

Die siebte Stufe bilden die sozialen und emotionalen Fähigkeiten (social and emotional skills): Diese Ebene umfasst Aufgaben, die zwischenmenschliche Fähigkeiten, emotionale Intelligenz und die Fähigkeit, die Emotionen anderer zu verstehen und darauf zu reagieren, erfordern, z. B. Beratung, Personalwesen oder Verkauf.

Es ist wichtig, darauf hinzuweisen, dass diese Pyramide nicht als starre Struktur angelegt ist und dass sich die einzelnen Stufen nicht gegenseitig ausschließen beziehungsweise auch überschneiden können. Vielmehr dient die Pyramide als erste Basis für das Verständnis der verschiedenen Arten von Aufgaben und Fähigkeiten, die mit der digitalen Automatisierung verbunden sind, und wie sie sich im Laufe der Zeit entwickeln können.

[34] Vgl. McKinsey Global Institute (2018).

[35] Vgl. PwC (2018), S. 1.

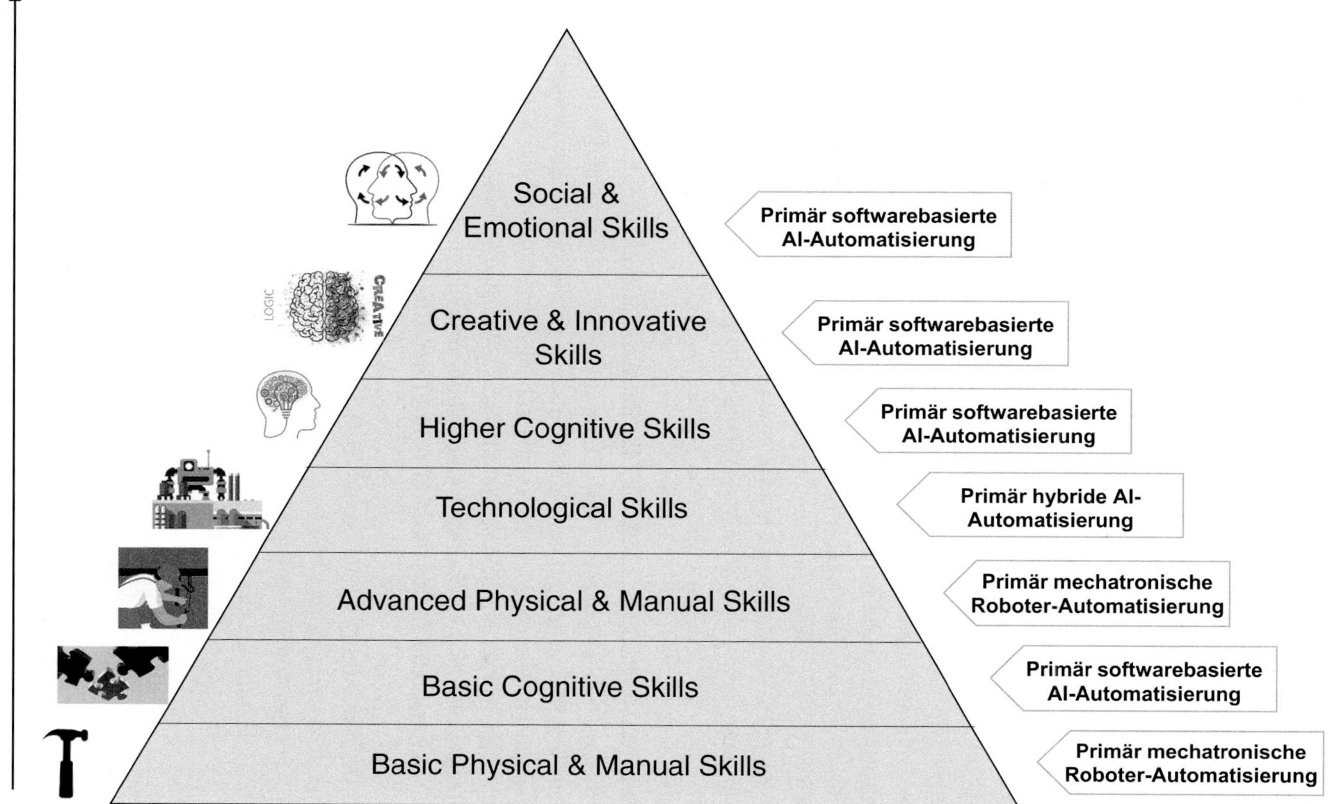

Abb. 10.16 Fähigkeitspyramide der digitalen Automatisierung

Sowohl das 4-Ebenen-Modell der digitalen Automatisierungsintensität als auch die siebenstufige Fähigkeitspyramide der digitalen Automatisierung zeigen die grundsätzliche Entwicklungsdynamik der digitalen Automatisierung auf. An dieser Entwicklungsdynamik ist erkennbar, dass die digitale Automatisierung und Robotik sich in mehreren Phasen vollziehen wird. Zur Skizzierung dieser Phasen kann das 5-Phasen-Modell der digitalen Automatisierung herangezogen werden.

5-Phasen Modell der digitalen Automatisierung

Die Unternehmensberatung PwC hat in ihrer Studie „Will robots really steal our jobs?" drei Phasen der Automatisierungsentwicklung verwendet: „1. Algorithm wave: focused on automation of simple computational tasks and analysis of structured data in areas like finance, information and communications – this is already well underway. 2. Augmentation wave: focused on automation of repeatable tasks such as filling in forms, communicating and exchanging information through dynamic technological support, and statistical analysis of unstructured data in semi-controlled environments such as aerial drones and robots in warehouses – this is also underway, but is likely to come to full maturity in the 2020s. 3. Autonomy wave: focused on automation of physical labour and manual dexterity, and problem solving in dynamic real-world situations that require responsive actions, such as in manufacturing and transport (e.g. driverless vehicles) – these technologies are under development already, but may only come to full maturity on an economy-wide scale in the 2030s."[36]

Vor dem Hintergrund, dass sich die digitale Automatisierung insbesondere auf Basis leistungsfähiger AI-Algorithmen erst in einer frühen Phase befindet, erscheint die PwC-Einteilung sehr aggregiert und zeitlich limitiert auf die nächste Entwicklungsdekade.

Vor diesem Hintergrund soll ein strategisch differenziertes Reifegradmodell herangezogen werden. Dieses besteht aus fünf Phasen: (1) Basic Robot Automation, (2) Advanced Robot Automation, (3) Algorithm Automation, (4) Hybrid Augmentation Automation, (5) Superior Autonomy Automation. Abb. 10.17 stellt die fünf Phasen im zeitlichen Verlauf dar.

Die erste Phase Basic Robot Automation beschreibt die grundlegende Roboterautomatisierung. Sie konzentriert sich auf die Automatisierung grundlegender und sich wiederholender Aufgaben durch den Einsatz von Robotern. Roboter werden programmiert, um bestimmte Handlungen auszuführen, und verfügen über begrenzte Fähigkeiten, wobei der Mensch bei der Ausführung der Aufgaben oder bei der Entscheidungsfindung eingreifen muss, was eine starke menschliche Kontrollkomponente beinhaltet.

Der primäre Fokus liegt daher auf der Automatisierung mit einfachen mechatronischen Industrierobotern, die durch einfache Softwaresysteme gesteuert werden. Diese Phase verwendet noch keine AI-Systeme und weist daher eine vergleichsweise geringere technologische Systemkomplexität auf. Ein prägnantes Beispiel für die erste Phase der digitalen

[36] PwC (2018), S. 1.

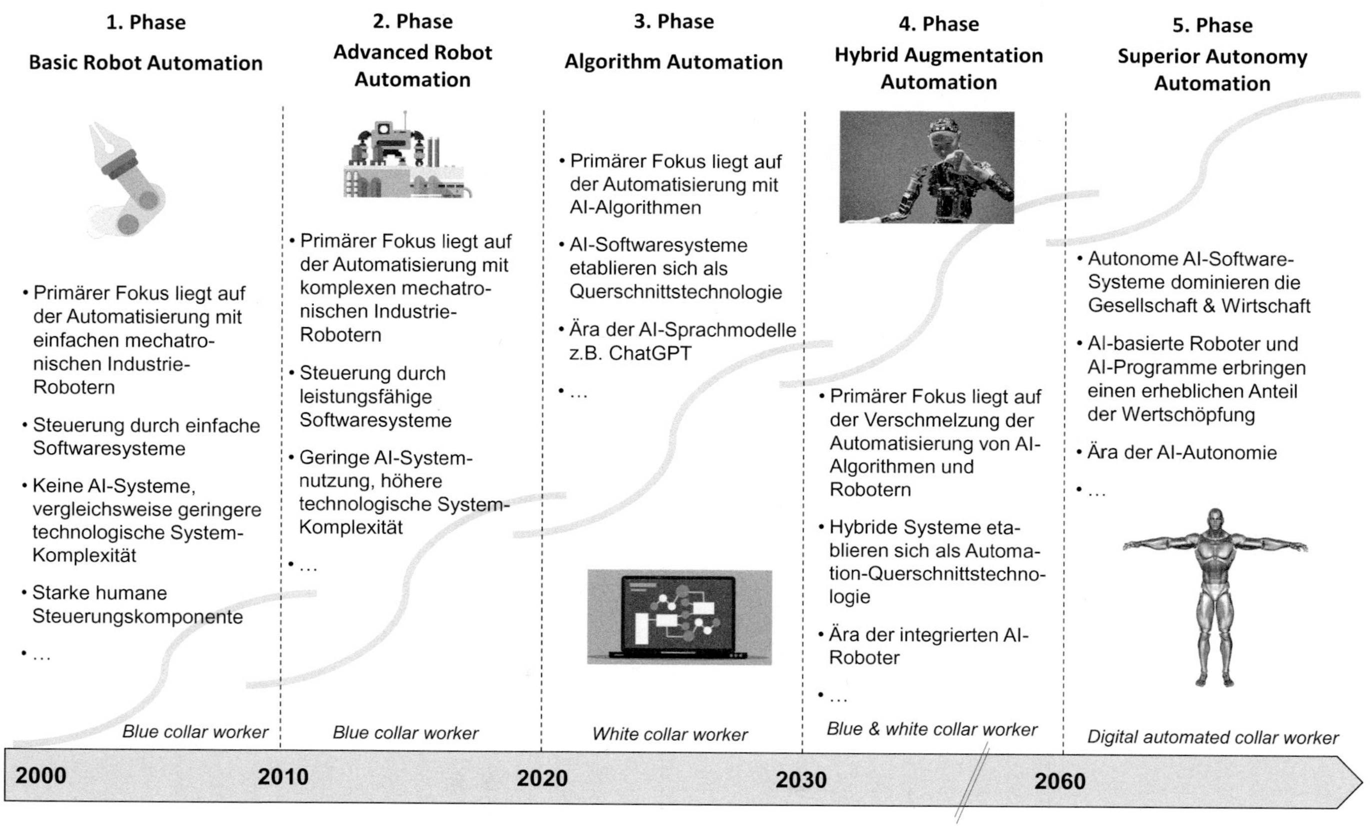

1. Phase
Basic Robot Automation

- Primärer Fokus liegt auf der Automatisierung mit einfachen mechatronischen Industrie-Robotern
- Steuerung durch einfache Softwaresysteme
- Keine AI-Systeme, vergleichsweise geringere technologische System-Komplexität
- Starke humane Steuerungskomponente
- …

Blue collar worker

2. Phase
Advanced Robot Automation

- Primärer Fokus liegt auf der Automatisierung mit komplexen mechatronischen Industrie-Robotern
- Steuerung durch leistungsfähige Softwaresysteme
- Geringe AI-Systemnutzung, höhere technologische System-Komplexität
- …

Blue collar worker

3. Phase
Algorithm Automation

- Primärer Fokus liegt auf der Automatisierung mit AI-Algorithmen
- AI-Softwaresysteme etablieren sich als Querschnittstechnologie
- Ära der AI-Sprachmodelle z.B. ChatGPT
- …

White collar worker

4. Phase
Hybrid Augmentation Automation

- Primärer Fokus liegt auf der Verschmelzung der Automatisierung von AI-Algorithmen und Robotern
- Hybride Systeme etablieren sich als Automation-Querschnittstechnologie
- Ära der integrierten AI-Roboter
- …

Blue & white collar worker

5. Phase
Superior Autonomy Automation

- Autonome AI-Software-Systeme dominieren die Gesellschaft & Wirtschaft
- AI-basierte Roboter und AI-Programme erbringen einen erheblichen Anteil der Wertschöpfung
- Ära der AI-Autonomie
- …

Digital automated collar worker

2000 **2010** **2020** **2030** **2060**

Abb. 10.17 5-Phasen-Modell der digitalen Automatisierung

Automatisierung stellt die Automobilindustrie dar mit ihrer deutlich fortschreitenden Automatisierung seit Mitte der neunziger Jahre.

Die zweite Phase Advanced Robot Automation ist die fortgeschrittene Roboterautomation. In dieser Phase werden bereits zum Teil Roboter mit fortgeschrittenen Technologien wie maschinellem Lernen und künstlicher Intelligenz ausgestattet, um ihre Fähigkeiten zu erweitern. Diese Roboter sind in der Lage, komplexere Aufgaben auszuführen und (teil-) selbstständig Entscheidungen zu treffen.

Der primäre Fokus liegt auf der Automatisierung mit komplexen mechatronischen Industrierobotern, die durch leistungsfähige Softwaresysteme gesteuert werden. Dabei wird im geringen Maße auf selbstlernende AI zurückgegriffen und insbesondere eine höhere technologische Systemkomplexität durch programmierte, vordefinierte Algorithmen erreicht. Die zweite Phase ist ebenso wie die erste Phase im Wesentlichen im Industriebereich angesiedelt und automatisiert in erster Linie physische Arbeitskraft.

Die dritte Phase Algorithm Automation ist die algorithmische Automatisierung. In dieser Phase wird die Automatisierung wesentlich durch selbstlernende AI-Algorithmen vorangetrieben, die in der Lage sind, große Datenmengen zu verarbeiten und zu analysieren. Diese Algorithmen werden verwendet, um Entscheidungen zu treffen und Ergebnisse vorherzusagen, und Roboter und andere automatisierte Systeme führen diese Entscheidungen aus.

AI-Softwaresysteme etablieren sich als Querschnittstechnologie und leiten die Ära der AI-Sprachmodelle ein. Die Software ChatGPT ist ein eindrucksvolles Beispiel für die Leistungsfähigkeit solcher AI-Sprachmodelle. In dieser Phase wird im Gegensatz zum industriellen „Blue Collar"-Fokus der ersten beiden Phasen verstärkt der Dienstleistungsbereich mit „White Collar"-Fokus adressiert.

Die vierte Phase in Form der Hybrid Augmentation Automation konzentriert sich auf die Kombination von fortgeschrittener Robotik und AI-Algorithmen, um Systeme zu schaffen, die mit Menschen zusammenarbeiten können. Ziel ist es, die menschlichen Fähigkeiten zu erweitern und Aufgaben einfacher und effizienter zu gestalten, ohne auf menschliche Eingaben und Entscheidungen verzichten zu müssen.

Der Schwerpunkt liegt auf der Verschmelzung der Automatisierung von AI-Algorithmen und Robotern. Die Hybridsysteme etablieren sich als Querschnittstechnologie der Automatisierung und leiten die Ära der integrierten AI-Roboter ein. Die vierte Phase wird voraussichtlich zu erheblichen Freisetzungen menschlicher Arbeitskraft in vielen Sektoren führen.

Die fünfte Phase ist schließlich die Superior Autonomy Automation. Diese Phase wird auch als Ära der AI-Autonomie bezeichnet. In dieser letzten Entwicklungsphase erreicht die Automatisierung ihren höchsten Reifegrad mit Systemen, die in der Lage sind, autonom ohne menschliches Eingreifen zu arbeiten. Diese Systeme sind in der Lage, komplexe Entscheidungen zu treffen, Probleme zu lösen und aus Erfahrungen zu lernen, was zu erheblichen Effizienz- und Produktivitätssteigerungen führen kann.

Dies führt dazu, dass autonome AI-Software-Systeme Gesellschaft und Wirtschaft dominieren und AI-basierte Roboter einen erheblichen Teil der Wertschöpfung erbringen. Die fünfte Phase wird voraussichtlich mit erheblichen gesellschaftlichen Risiken einhergehen.

Diese werden durch die Gestaltung, Überwachung und Steuerung wesentlicher gesellschaftlicher und wirtschaftlicher Strukturen und Prozesse durch AI-Algorithmen bestimmt.

Es lässt sich konstatieren, dass angesichts der erheblichen Fortschritte insbesondere im Kontext von AI-Systemen mit einer deutlichen Beschleunigung der digitalen Automatisierung zu rechnen ist und in den kommenden Jahrzehnten ein erheblicher Teil von Wirtschaft und Gesellschaft von der digitalen Automatisierung beherrscht sein wird. Mit dieser Entwicklung wird sich auch das strategische Verhalten von Unternehmen deutlich verändern. Es werden sich Strategietypen mit umfassendem Fokus auf die digitale Automatisierung herausbilden.

Strategietypen der digitalen Automatisierung

Die zukünftige Entwicklung der digitalen Automatisierung wird nachhaltig das strategische Management beeinflussen. Traditionelle Strategiemuster wie etwa die von Michael Porter entwickelten klassischen Wettbewerbsstrategien werden zunehmend durch strategisch-digitale ausgerichtete Inhalte ergänzt beziehungsweise verändert.

Entsprechend der Entwicklung der digitalen Automatisierung können auch die strategischen Verhaltensweisen von Akteuren nach den Kernkriterien der digitalen Automatisierungsintensität, des digitalen Wertschöpfungsgrades und dem digitalen Veränderungsgrad der Strategie, dem Geschäftsmodell und der Organisation unterschieden werden. In Abb. 10.18 sind fünf grundsätzliche Strategietypen im Rahmen der digitalen Automatisierung dargestellt.

Die beiden Strategietypen Partial Automation Adapter und Automation Process Optimizer haben sich in den letzten beiden Dekaden als strategischer Phänotyp etabliert. Viele der Unternehmen heute verfolgen eine diesbezügliche strategische Digitalpositionierung. Der Strategietyp Automation Layer Player ist aktuell eher wenig anzutreffen. Mit der umfangreichen Anwendung von AI-Systemen wird sich dieser Strategietyp im Laufe der aktuellen Dekade bis zum Jahr 2030 voraussichtlich etablieren.

Die beiden Strategietypen Automation Leader und Cross Automation Disruptor werden sich wahrscheinlich erst in der vierten und fünften Phase der digitalen Automatisierung stärker herausbilden (siehe hierzu auch das 5-Phasen-Modell der digitalen Automatisierung). Beide Strategietypen sind daher eher dem „Machine World“-Szenario zuzuordnen.

Da die digitale Automatisierungsentwicklung sich zur Zeit noch in einer frühen Phase befindet, sind entsprechende strategische Veränderungen und Neuausrichtungen der Akteure im digitalen Transformationskontext vergleichsweise schwer zu prognostizieren. Vor diesem Hintergrund bilden die fünf Strategietypen der digitalen Automatisierung nur eine erste konzeptionelle Annäherung an die zukünftige Entwicklung in diesem Bereich.

5-Komponenten-Modell der digitalen Automatisierung

Zusammenfassend lässt sich konstatieren, dass das 5-Komponenten-Modell der digitalen Automatisierung eine erste konzeptionelle Annäherung und Einordnung zur Analyse der Entwicklung der digitalen Automatisierung bietet.

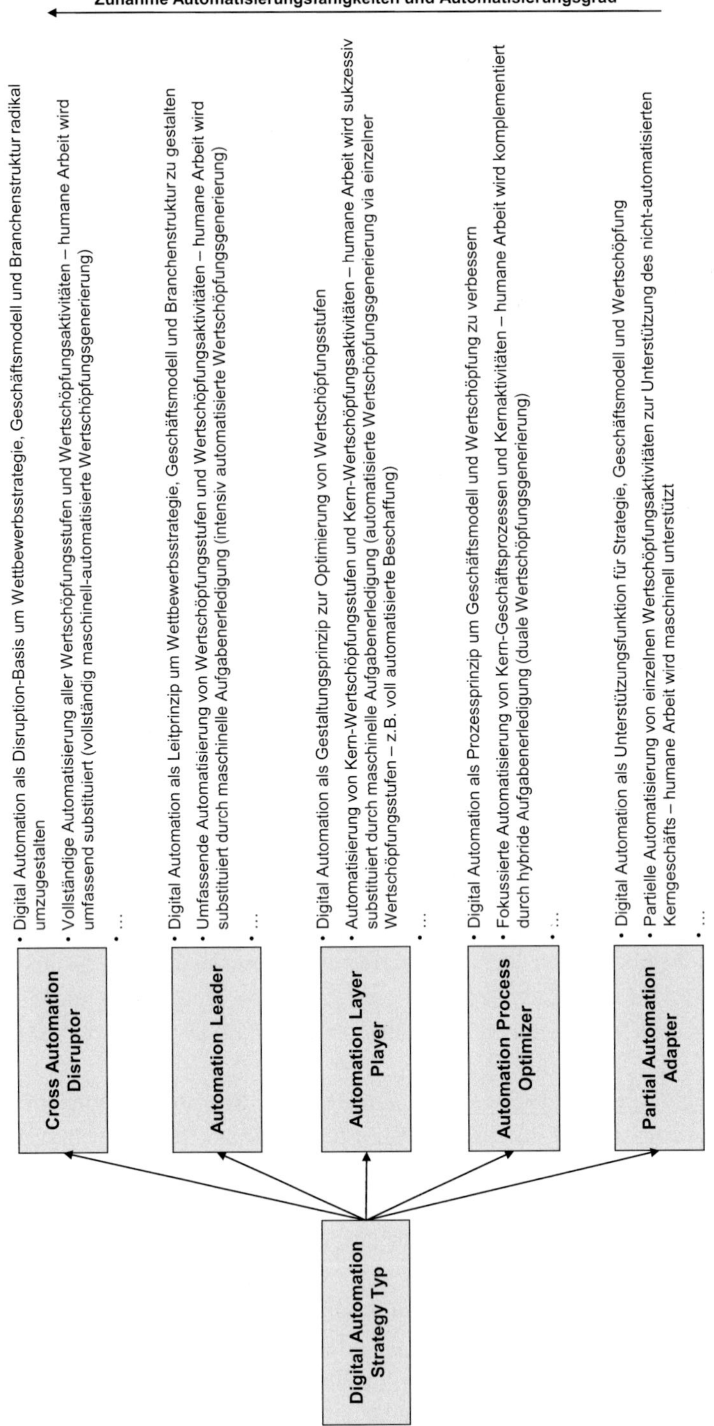

Abb. 10.18 Strategietypen der digitalen Automatisierung

Ausgehend von den beiden Grundformen der Software-Automatisierung und der robotergestützten, mechatronischen Automatisierung bildet das 4-Ebenen-Modell der digitalen Automatisierungsintensität verschiedene Substitutionsintensitäten menschlicher Arbeitskraft ab. Grundsätzlich können bei diesem Substitutionsprozess sieben menschliche Basisfähigkeiten im unterschiedlichen Ausmaß durch die digitale Automatisierung ersetzt werden.

Das 5-Phasen-Modell der digitalen Automatisierung skizziert aufbauend hierauf wie eine mögliche, zukünftige Entwicklung über mehrere Phasen ablaufen kann und welche Entwicklungsszenarien möglich sind. Unternehmen können in diesen Entwicklungsphasen unterschiedliche Strategietypen verfolgen, die sich in fünf strategische Basismuster einteilen lassen. In Abb. 10.19 wird das 5-Komponenten-Modell der digitalen Automatisierung zusammenfassend dargestellt.

Formen der digitalen Automatisierung
• Digitale Automatisierung weist zwei Grundformen auf: zum einen ist dies die digitale Software-Automatisierung und zum anderen die robotergestützte, mechatronische Automatisierung • Beide Formen haben erheblichen Einfluss auf die Substitutionsintensität humaner Arbeit

↓ ↓ ↓

4-Ebenen-Modell der digitalen Automatisierungsintensität
• Digitale Automatisierung weist vier Ebenen der Substitutionsintensität humaner Arbeit auf: Basis-Automatisierung, moderate Automatisierung, hybride Automatisierung und die totale Automatisierung • Die vier Ebenen führen in unterschiedlicher Intensität zur Substitution menschlicher Fähigkeiten

↓ ↓ ↓

Humane Fähigkeitspyramide der digitalen Automatisierung
• Digitale Automatisierung substituiert sieben grundsätzliche humane Basisfähigkeiten in zunehmenden Maße • Dabei sind drei Automatisierungsformen in den Basisfähigkeitsbereichen dominant: Primär mechatronische Roboter-Automatisierung, primär softwarebasierte AI-Automatisierung und primär hybride AI-Automatisierung

↓ ↓ ↓

5-Phasen-Modell der digitalen Automatisierung
• Digitale Automatisierung kann in fünf Entwicklungsphasen eingeteilt werden: 1. Basic Robot Automation, 2. Advanced Robot Automation, 3. Algorithm Automation, 4. Hybrid Augmentation Automation, 5. Superior Autonomy Automation • In den fünf Entwicklungsphasen verfolgen Unternehmen unterschiedliche Strategien der Automatisierung

↓ ↓ ↓

Strategietypen der digitalen Automatisierung
• Bei der digitalen Automatisierung sind insbesondere fünf Strategietypen anzutreffen: Partial Automation Adapter, Automation Process Optimizer, Automation Layer Player, Automation Leader, Cross Automation Disruptor • Die digitale Automatisierungsintensität der Wertschöpfungsstufen und der Wertschöpfungsaktivitäten differiert je nach Strategietyp erheblich

Abb. 10.19 5-Komponenten-Modell der digitalen Automatisierung

10.6 Chancen, Risiken und Governance der digitalen Automatisierung und Robotik

Die digitale Automatisierung wird zukünftig erhebliche Vorteile für Wirtschaft und Gesellschaft hervorbringen. Diese Entwicklung bringt jedoch nicht nur Chancen hervor, sondern es sind mit der digitalen Automatisierung auch erhebliche Risiken verbunden.

Da die digitale Automatisierung in besonderem Maße durch AI-Systeme geprägt und forciert wird, sind die hier auftretenden Chancen und Risiken sowie die entsprechenden Governance-Formen eng mit den in Kap. 8 zu Artificial Intelligence aufgeführten Chancen, Risiken und Governance-Formen verbunden. In Abb. 10.20 sind die Chancen und Risiken der digitalen Automatisierung dargestellt.

Die besonderen Chancen der digitalen Automatisierung liegen vor allem in ihren ökonomischen Vorteilen. Digital hoch automatisierte Volkswirtschaften erzielen in der Regel deutliche Wettbewerbsvorteile im internationalen Wettbewerb mit substanziellen Wohlfahrtsgewinnen für die Gesellschaften.

Digitale Automatisierung / Robotik

Risiken digitaler Automatisierung

- Digitale Automatisierung (DA) wird die Arbeitswelt und die Gesellschaft drastisch verändern hin zu einer maschinengeprägten Gesellschafts- und Lebenskultur
- DA wird in erheblichen Maße menschliche Arbeitskraft substituieren
- DA wird massive humane Arbeitslosigkeit hervorrufen
- Die automatisierungsbedingte Rationalisierung und Restrukturierung der Arbeitswelt wird deutliche Verwerfungen in der Gesellschaft hervorrufen
- Soziale Spaltungsentwicklungen zwischen den „Profiteuren“ der DA und den „DA-Verlierern“ werden den gesellschaftlichen Konflikt verschärfen
- DA kann zu einer höheren Überwachung und Steuerung durch intelligente Maschinen führen und antidemokratische Prozesse verstärken
- Big Brother is watching you – Orwell´s 1984-Szenario
- Rechtliche Regulierung und Governance einer hochautomatisierten "Machine World“ stellt komplexe Anforderungen (autonome, selbstlernende Black-Box-Systeme)
- Geringere humane Opferanzahl im Kriegs-/Konfliktfall senkt „Kriegsschwelle“
- …

Chancen digitaler Automatisierung

- Digitale Automatisierung (DA) wird erhebliche ökonomische Vorteile für bestimmte Wirtschaftsakteure erbringen
- Staaten mit hochautomatisierten "Maschinenarmeen“ können machtpolitische Überlegenheit erzeugen
- DA wird demografische Fachkräfteprobleme verringern
- Ökonomische Wohlfahrtsgewinne durch hochautomatisierte Volkswirtschaften: Rent Seeking & Transfer
- Automatisierung gefährlicher physischer Arbeitsaktivitäten verbessert Gesundheitsniveau
- …

Abb. 10.20 Risiken und Chancen der digitalen Automatisierung

Die besonderen Risiken der digitalen Automatisierung liegen insbesondere in ihrem Missbrauchspotenzial. Die digitale Automatisierung kann dort wo sie restriktiv im Sinne antidemokratischer Anwendungsfelder genutzt wird, wie etwa bei der Überwachung und Steuerung öffentlicher Meinungsbildungs- und Kommunikationsprozesse ein hohes Risikopotenzial aufweisen. Dabei kann die digitale Automatisierung totalitäre Gesellschaftssysteme, die heute schon durch digitale Automatisierungssysteme den freiheitlichen Diskurs manipulieren oder unterdrücken, durch die zukünftige weitere Optimierung der technologischen Möglichkeiten und Fähigkeiten weiterbefördern.

Die besonderen Risiken der digitalen Automatisierung liegen vor allem in ihrem Rationalisierungs- und Substitutionspotenzial. Die automatisierungsbedingte Rationalisierung und Restrukturierung der Arbeitswelt wird deutliche Konflikte in der Gesellschaft hervorrufen. Es ist bereits heute absehbar, dass die digitale Automatisierung die humane Arbeitswelt und Gesellschaft erheblich verändern wird hin zu einer digitalen maschinen- und automationsgeprägten Gesellschafts- und Lebenskultur.

Beide wesentlichen Risikofelder der digitalen Automatisierung müssen daher einer besonderen Aufsichts- und Steuerungsgestaltung unterliegen. Hier ist eine systematische und vorausschauende Governance der digitalen Automatisierung sinnvoll und notwendig zugleich.

Governance der digitalen Automatisierung

Die Governance der digitalen Automatisierung umfasst in der Regel vier verschiedene Stufen beziehungsweise Subprozesse.[37] Die erste Stufe dieses Prozesses ist das Formulieren der Rahmenbedingungen, indem das Regulierungsziel und der Geltungsbereich festgelegt werden.Die zweite Stufe ist die DA-Chancen/-Risiken- und Leitlinien-Auditierung, die darauf abzielt, das Ausmaß und die Auswirkungen potenzieller Risiken in den jeweiligen Anwendungsfeldern zu ermitteln. Der Schwerpunkt liegt dabei auf der Identifizierung von Schwachstellen durch die Bewertung des Gefahren- und Schadenspotenzials in Form von Eintrittswahrscheinlichkeit und Schadensausmaß. Dies führt zu einer detaillierten Feststellung der potenziellen Risiken und der bestehenden Regulierungsmöglichkeiten.

Die dritte Stufe ist die Evaluation von DA-Chancen/-Risiken und Leitlinien, wobei nicht nur Chancen, Risiken und Leitlinien in Bezug auf betroffene Personen oder Anwendungsbereiche bewertet werden, sondern auch, ob und inwieweit Maßnahmen zur Beseitigung oder Minimierung der identifizierten DA-Risiken erforderlich sind. Diese Bewertung dient dann als Grundlage für die letzte Stufe des Prozesses, die sich mit der Erarbeitung von generellen DA-Leitlinien und Regulierungsansätzen für die DA-Risiken befasst. Diese Ergebnisse dienen als Grundlage für die Formulierung von konkreten DA-Leitlinien innerhalb der nachfolgenden DA-Leitlinien-Ebene.

Die spezifischen DA-Leitlinien können in zwei Bereiche unterteilt werden. Dies sind die Bereiche der wirtschaftlichen und technologischen Automatisierungs-Leitlinien sowie

[37] Vgl. zu den folgenden Ausführungen auch Kap. 8.

der gesellschaftlichen und rechtlichen Automatisierungs-Leitlinien. Diese sind in Abb. 10.21 dargestellt.

Zusammenfassend kann konstatiert werden, dass die digitale Automatisierung in den nächsten Dekaden eine erhebliche Bedeutung für Wirtschaft und Gesellschaft erhalten wird. Unternehmen, Institutionen oder Staaten die bei der digitalen Automatisierung führend sein werden, werden wahrscheinlich deutliche Wettbewerbsvorteile im internationalen Wettbewerb erzielen.

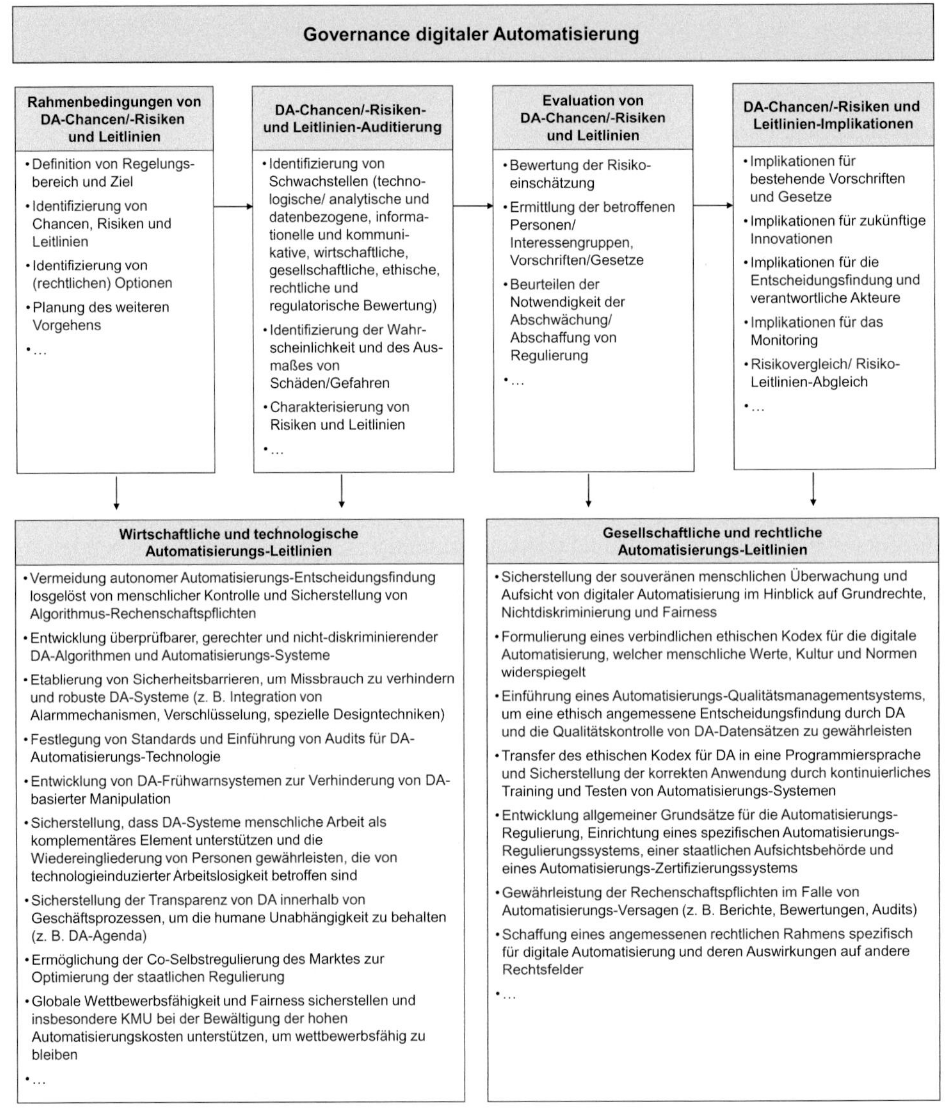

Abb. 10.21 Governance der digitalen Automatisierung

Diese Entwicklung birgt jedoch nicht nur wirtschaftliche Prosperitätsvorteile, sondern weist auch erhebliche Risikopotenziale auf. Diese Risikopotenziale sind insbesondere für freiheitlich geprägte und demokratisch geführte Gesellschaftssysteme hoch. Die Verantwortung einer gerechten und freiheitlichen Ausgestaltung der digitalen Automatisierung für Wirtschaft und Gesellschaft stellt eine besondere Herausforderung für alle Akteure in den nächsten Dekaden dar.

10.7 Inhaltliche Kernpunkte von digitaler Automatisierung und Robotik

- Unter Automatisierung versteht man die teilweise oder vollständige Substitution menschlicher Arbeit durch maschinengestützte Anwendungen. Hierzu zählt sowohl die rein softwarebasierte Automatisierung als auch die mechatronische Automatisierung. Kennzeichnend für die Automatisierung ist, dass die Prozesse bzw. Anwendungen in der Regel keine oder nur eine geringe Kontrolle und Steuerung durch den Menschen erfordern. Wesentliches Ziel der Automatisierung ist es, die Qualität menschlicher Arbeitsprozesse zu verbessern oder Kostenvorteile zu erzielen, um letztlich die Wettbewerbsfähigkeit zu erhöhen.
- Robotik umfasst die Entwicklung und Herstellung von mechatronischen Systemen, die menschliche Arbeitskraft teilweise oder vollständig ersetzen können. Robotisierung ist die Einführung und Anwendung mechatronischer Systeme in Form von Robotern, Das Hauptziel der Robotik/Robotisierung ist die Reduzierung menschlicher Arbeitskraft und die Realisierung von Automatisierungsvorteilen mit dem Ziel, Wettbewerbsvorteile zu generieren.
- Bei der digitalen Automatisierung kann zwischen der Software-Automatisierung und der robotergestützten mechatronischen Automatisierung unterschieden werden. Grundsätzlich kann festgestellt werden, dass die gemeinsame Basis für beide Bereiche AI-Algorithmen sind.
- Softwarebasierte Automatisierung kann wiederum in digitale Prozessautomatisierung (DPA), Geschäftsprozessautomatisierung (BPA) und robotergestützte Prozessautomatisierung (RPA) unterteilt werden.
- Die robotergestützte mechatronische Automation wird insbesondere durch die Etablierung immer komplexerer Sensorik und mechatronischer Funktionskomponenten ermöglicht und kann grundsätzlich sowohl nach ihrem Anwendungsgebiet als auch nach ihrer technologischen Typologie unterschieden werden. Hierbei lassen sich Industrie- und Landwirtschaftsroboter, Polizei- und Rettungsroboter, Medizinroboter, Serviceroboter, Soziale Roboter, autonome Mobilitätsroboter sowie Militär- und Kampfroboter voneinander abgrenzen.
- Neben der Einteilung von Robotern nach Anwendungsgebieten können sie auch nach ihrem Typ unterschieden werden. Hierbei wird nach der technologischen Morphologie differenziert.

- Der Automatisierungsprozess kann in verschiedene Automatisierungsstufen unterteilt werden. Dabei lassen sich sechs Entwicklungsstufen der digitalen Automatisierung unterscheiden: keine Automatisierung (Entwicklungsstufe 0), assistiert (Entwicklungsstufe 1), teilautomatisiert (Entwicklungsstufe 2), bedingt automatisiert (Entwicklungsstufe 3), hoch automatisiert (Entwicklungsstufe 4) und voll automatisiert (Entwicklungsstufe 5).
- Die Mensch-Roboter-Interaktion (Human-Robot Interaction, HRI) beschreibt den Austausch zwischen Menschen und Robotern in Bezug auf Interaktion und Kooperation bei der Ausführung von Aufgaben. Das 3-Ebenen-Modell der Mensch-Roboter-Interaktion stellt die Interaktions- und die Verarbeitungsprozesse dar. Dabei werden relevante Fähigkeiten und Eigenschaften im Kontext der Interaktion bzw. Kollaboration aus humaner und robotischer Perspektive beschrieben.
- Das 5-Komponenten-Modell der digitalen Automatisierungsentwicklung besteht aus folgenden Komponenten: 1. Formen der digitalen Automatisierung, 2. 4-Ebenen-Modell der digitalen Automatisierungsintensität, 3. Fähigkeitspyramide der digitalen Automatisierung, 4. 5-Phasen-Modell der digitalen Automatisierung und 5. Strategietypen der digitalen Automatisierung.
- Das 5-Phasen-Modell der digitalen Automatisierung setzt sich aus der (1) Basic Robot Automation, (2) der Advanced Robot Automation, (3) der Algorithm Automation, (4) der Hybrid Augmentation Automation (5) sowie der Superior Autonomy Automation zusammen.
- Die digitale Automatisierung wird zukünftig erhebliche Vorteile für Wirtschaft und Gesellschaft hervorbringen. Diese Entwicklung bringt jedoch nicht nur Chancen hervor, sondern es sind mit der digitalen Automatisierung auch erhebliche Risiken verbunden. Daher ist ein Governance-Prozess notwendig.

Kapitel 10
Wissensfragen und Diskussionsthemen

Wissensfragen

1. Beschreiben Sie die Anwendungsformen der digitalen Automatisierung und Robotik.
2. Stellen Sie die Entwicklungsstufen der digitalen Automatisierung dar.
3. Erklären Sie das 3-Ebenen-Modell der Mensch-Roboter-Interaktion.
4. Beschreiben Sie das 5-Komponenten-Modell der digitalen Automatisierung.
5. Stellen Sie die Chancen, Risiken und Governance der digitalen Automatisierung und Robotik dar.

Diskussionsthemen

1. Diskutieren Sie, inwieweit die zunehmende digitale Automatisierung und die damit verbundene Substitution von menschlicher Arbeitskraft einen gesellschaftlichen Konflikt verursachen kann.
2. Diskutieren Sie, ob der vermehrte zukünftige Einsatz von menschenähnlichen Robotern im gesellschaftlichen Umfeld die Art und Weise unseres Zusammenlebens grundlegend verändern wird.
3. Drohnenkriegseinsätze sind seit mehr als einer Dekade ein moderner kriegerischer Aktionsparameter. Diskutieren Sie, inwieweit die fortschreitende Automatisierung von Kriegsmitteln die Schwelle zur kriegerischen Auseinandersetzung herabsetzt und die Verteidigungsfähigkeit von Staaten beeinflusst.

Literatur

Associated Press (2023), RoboCop? No, RoboDog: Robotic dog rejoins New York police. Online verfügbar unter https://www.nbcnews.com/tech/tech-news/robocop-no-robodog-robotic-dogre-joins-new-york-police-rcna79306, zuletzt geprüft am 10.05.2023.

Acemoglu, D./Restrepo, P. (2019), Automation and New Tasks: How Technology Displaces and Reinstates Labor, in: Journal of Economic Perspectives, 33. Jg., Nr. 2, 2019, S. 3–30.

Bauernhansl, T. (2017), Die Vierte Industrielle Revolution – Der Weg in ein wertschaffendes Produktionsparadigma, in: Vogel-Heuser, B./Bauernhansl, T./Hompel, M. ten (Hrsg.): Handbuch Industrie 4.0 Bd. 4, Berlin, Heidelberg 2017, S. 1–31.

Baykar (2023), 600 Thousand Hours of Flight And Counting, https://baykartech.com/en/, Abruf: 09.03.2023.

BCG (2021), Robotics Outlook 2030: How Intelligence and Mobility Will Shape the Future, https://www.bcg.com/de-de/publications/2021/how-intelligence-and-mobility-will-shape-the-future-of-the-robotics-industry, Abruf: 29.11.2022.

BMW (2023), The path to autonomous driving, https://www.bmw.com/en/automotive-life/autonomous-driving.html, Abruf: 09.03.2023.

Brainlab (2023), Brainlab transformiert Medizin mit softwarebasierter Technologie, https://www.brainlab.com/de/, Abruf: 09.03.2023.

Breyer-Mayländer, T. (2022), Industrie 4.0 – Idee, Technologien, Perspektive, in: Breyer-Mayländer, T. (Hrsg.): Industrie 4.0 bei Hidden Champions, Wiesbaden 2022, S. 3–23.

Business Process Incubator (2019), Differences between DPA, RPA, BPM, BPA and DCM, https://www.businessprocessincubator.com/content/differences-between-dpa-rpa-bpm-bpa-and-dcm/, Abruf: 06.12.2022.

Chemweno, P./Torn, R.-J. (2022), Innovative robotization of manual manufacturing processes, in: Procedia CIRP, 106. Jg., 2022, S. 96–101.

Cho, J./Kim, J. (2018), Identifying Factors Reinforcing Robotization: Interactive Forces of Employment, Working Hour and Wage, in: Sustainability, 10. Jg., Nr. 2, 2018, S. 490.

Deter, A. (2021), John Deere autonome Schwarm-Roboter im Einsatz, https://www.topagrar.com/mediathek/videos/technik/john-deere-autonome-schwarm-roboter-im-einsatz-12694274.html, Abruf: 07.12.2022.

Eksko Bionics (2023), We have helped thousands of patients take over 200 million Ekso-aided steps, https://eksobionics.com/eksohealth/, Abruf: 09.03.2023.

Esdar/Torsten/Vicente/Javier/Burns, S. 2010, Design and Implementation of Automation into the EPS Mission Control Function, in: SpaceOps 2010 Conference- Huntsville, Alabama, USA, 25–30 April 2010. SpaceOps 2010 Conference Delivering on the Dream Hosted by NASA Marshall Space Flight Center and Organized by AIAA</i. American Institute of Aeronautics and Astronautics, Red Hook, NY: Curran, https://www.researchgate.net/publication/268580490_Design_and_Implementation_of_Automation_into_the_EPS_Mission_Control_Function.

FFRobotics (2023), FFRobotics, https://www.ffrobotics.com/, Abruf: 09.03.2023.

Harrast, S.A. (2020), Robotic process automation in accounting systems, in: Journal of Corporate Accounting & Finance, 31. Jg., Nr. 4, 2020, S. 209–213.

Hatoum, M.B./Nassereddine, H. (2020), Developing a Framework for the Implementation of Robotics in Construction Enterprises, in: EG-ICE 2020 Workshop on Intelligent Computing in Engineering, 2020, S. 453–462.

Hofmann, P./Samp, C./Urbach, N. (2020), Robotic process automation, in: Electronic Markets, 30. Jg., Nr. 1, 2020, S. 99–106.

Intuitive (2023), Da Vinci by Intuitive, https://www.intuitive.com/en-us/products-and-services/davinci, Abruf: 09.03.2023.

Kamaruddin, S.S./Mohammad, M.F./Mahbub, R. (2016), Barriers and Impact of Mechanisation and Automation in Construction to Achieve Better Quality Products, in: Procedia-Social and Behavioral Sciences, 222. Jg., 2016, S. 111–120.

Kaur, K./Kaur, R. (2014), Energy Management System using PLC and SCADA, in: International journal of engineering research and technology, 2014.

Knott, M. (2016), Autonomes Fahren: In fünf Stufen zum Roboterauto, https://www.netzwelt.de/automobil/159354-autonomes-fahren-fuenf-stufen-roboterauto.html, Abruf: 09.03.2023.

Kopte, T./Pai, A. (2015), A Study On Power System Automation, in: International Journal of Advanced Research in Electrical, Electronics and Instrumentation Engineering, 4. Jg., Nr. 9, 2015, S. 7605–7610.

KUKA (2023), Automatisierung in der Automobilindustrie, https://www.kuka.com/de-de/branchen/automobilindustrie, Abruf: 09.03.2023.

McKinsey Global Institute (2018), Skill Shift Automation and the Future of the Workforce, https://www.mckinsey.com/~/media/mckinsey/industries/public%20and%20social%20sector/our%20insights/skill%20shift%20automation%20and%20the%20future%20of%20the%20workforce/mgi-skill-shift-automation-and-future-of-the-workforce-may-2018.pdf, Abruf: 09.03.2023.

Mercedes-Benz (2023), Autonomous, https://www.mercedes-benz.com/en/innovation/autonomous/, Abruf: 09.03.2023.

Nakatani, R. (2022), Optimal fiscal policy in the automated economy, https://mpra.ub.uni-muenchen.de/115003/, Abruf: 07.02.2023.

Naveen Reddy, K.P./Harichandana, U./Alekhya, T./Rajesh, S. M. (2019), A Study of Robotic Process Automation Among Artificial Intelligence, in: International Journal of Scientific and Research Publications (IJSRP), 9. Jg., Nr. 2, 2019, p8651.

New York Times (2021), N.Y.P.D. Robot Dog's Run Is Cut Short After Fierce Backlash, https://www.nytimes.com/2021/04/28/nyregion/nypd-robot-dog-backlash.html, Abruf: 09.03.2023.

Pittman, E. (2016), Meet EMILY: The Remote-Controlled Buoy that May Serve as Your Next Lifeguard, https://www.govtech.com/products/meet-emily-the-remote-controlled-buoy-that-may-serve-as-your-next-lifeguard.html, Abruf: 09.03.2023.

Pratt, M.K. (2021), Technologien zur Prozessautomatisierung: RPA, BPA und DPA, https://www.computerweekly.com/de/tipp/Technologien-zur-Prozessautomatisierung-RPA-BPA-und-DPA, Abruf: 06.12.2022.

PwC (2018), Will robots really steal our jobs?, https://www.pwc.com/hu/hu/kiadvanyok/assets/pdf/impact_of_automation_on_jobs.pdf, Abruf: 09.03.2023.

Rajulu, G.G./Venkatamuni, M.V./Manimegalai, P. (2016), Development of Artificial Intelligent Skills and Techniques in Agricultural Robotics, in: Indian Journal of Science and Technology, 9. Jg., Nr. 45, 2016.

Restaurant Robots by Robot Lab (2023), Robotic Table-Service, Robotic Table-Service, Your Team Multiplier!, https://www.robotlab.com/restaurant-robots, Abruf: 09.03.2023.

Rizk, Y./Bhandwalder, A./Boag, S./Chakraborti, T./Isahagian, V./Khazaeni, Y./Pollock, F./Unuvar, M. (2020), A Unified Conversational Assistant Framework for Business Process Automation, 07.01.2020, https://arxiv.org/pdf/2001.03543.

School Robots by Robot Lab (2023), NAO ROBOT V6 EDUCATOR PACK, https://www.robotlab.com/store/nao-power-v6-educator-pack, Abruf: 09.03.2023.

Shadow Robot (2023), Dexterous Hand Series- The World's Most Dexterous Humanoid Robot Hand Helping the Advances in Robotic Research., https://www.shadowrobot.com/dexterous-hand-series/, Abruf: 16.1.23.

Softbank (2023), Robot, https://www.softbank.jp/en/robot/, Abruf: 09.03.2023.

Sri, T./Varma, R./Krishna, V.H./Chowdary, K.V. (2019), Automated Street Lighting System, in: International Journal of Innovative Technology and Exploring Engineering, 8. Jg., Nr. 7, 2019.

Stockwell, P.B. (1994), Developments in laboratory automation-just a matter of time, in: The Journal of automatic chemistry, 16. Jg., Nr. 5, 1994, S. 155–160.

Suri, V.K. (2022), Functional Automation and Digital Transformation, Pittsburgh, Pennsylvania 2022.

Talend (2022), API (Application Programming Interface) – Definition und Vorteile, https://www.talend.com/de/resources/was-ist-eine-api/, Abruf: 01.12.2022.

Tesla (2023), Future of Driving, https://www.tesla.com/autopilot, Abruf: 09.03.2023.

van der Aalst, W.M.P./Bichler, M./Heinzl, A. (2018), Robotic Process Automation, in: Business & Information Systems Engineering, 60. Jg., Nr. 4, 2018, S. 269–272.

Visser, A. (2013), UvA@Work Customer Agriculture Order- Intelligent Robotics Lab, https://staff.fnwi.uva.nl/a.visser/publications/UvAatAgricultureWork.pdf, Abruf: 07.02.2023.

Waymo (2023), Moving people, https://waymo.com/waymo-one/, Abruf: 09.03.2023.

Wirtz, B.W. (2020), Electronic Business, 7. Auflage, Wiesbaden 2020.

Wirtz, B.W. (2022), E-Government- Strategie – Organisation – Technologie, 1. Auflage, Wiesbaden 2022.

World Economic Forum (2019), Over half of the world's jobs are replaceable by a robot – is yours?, https://www.weforum.org/agenda/2019/12/automation-4ir-technology-robot-work-career, Abruf: 09.03.2023.

Digitale Plattformen, Sharing Economy und Crowd Strategien

11

Inhaltsverzeichnis

11.1 Grundlagen der digitalen Plattformökonomie 482
11.2 Sharing Economy 494
11.3 Crowd-Strategien 502
11.4 Inhaltliche Kernpunkte von digitalen Plattformen, Sharing Economy und Crowd-Strategien 506
Literatur 508

Wissensziele
Wenn Sie dieses Kapitel gelesen haben, werden Sie in der Lage sein:

1. die Kernbestandteile einer Plattform zu skizzieren,
2. die Interaktionen auf Plattformen darzustellen,
3. das SSU-Sharing-Plattform-Modell zu erläutern,
4. Sharing-Anwendungen zu beschreiben
5. Crowd-Plattformen und deren Inhalte darzustellen.

Die Entwicklungen im Bereich der modernen Informations- und Kommunikationsanwendungen im Allgemeinen und das Digital Business im Speziellen haben in den vergangenen Jahren zu grundlegenden Veränderungen innerhalb von ökonomischen Prozessen geführt. Wirtschaftliches Handeln ist heute ohne Vernetzung und die elektronisch gestützte Abwicklung von Transaktionen nicht mehr vorstellbar.

Im Rahmen dieser Entwicklung hat das Plattformgeschäftsmodell im Kontext des Digital Business erheblich an Bedeutung gewonnen. Eine digitale Plattform bietet die Infra-

B. W. Wirtz, *Digital Business*, https://doi.org/10.1007/978-3-658-41467-2_11

Abb. 11.1 Struktur des Kapitels

struktur, den Rahmen und die Regeln für einen Online-Marktplatz, auf dem Produzenten und Konsumenten die Möglichkeit haben, miteinander in Kontakt zu treten und Waren und Dienstleistungen zu tauschen.[1] Im Folgenden werden die Grundlagen von der digitalen Plattformökonomie sowie von Sharing Economy und Crowd-Strategien erläutert.[2] Abb. 11.1 stellt die Struktur des Kapitels dar.

11.1 Grundlagen der digitalen Plattformökonomie

Im Zuge der Digitalisierung und der verbreiteten Nutzung von mobilen Endgeräten haben sich auch die damit zusammenhängenden Angebote für den Nutzer verändert. Inzwischen haben Online-Marktplätze und insbesondere Plattformmodelle wie Airbnb oder eBay eine herausragende Bedeutung erlangt.

Plattformkomponenten

Abb. 11.2 stellt mittels vier Komponenten eine Plattform dar, wobei jede Komponente noch einmal unterteilt und mit Beispielen versehen ist.[3] Die Funktionsebene steht in diesem Zusammenhang für den wesentlichen Nutzen, der dem Betrieb einer Plattform zugrunde liegt. Hierbei kann unter anderem zwischen Funktionen wie Vermittlung, Pooling oder Profiling unterschieden werden. Ersteres stellt den klassischen Fall eines Plattformbetriebes dar und zielt darauf ab, zwei Parteien miteinander zu verbinden.

Unter Pooling ist im Gegensatz hierzu die Funktion des „Zusammenfassens" von spezifischen Ressourcen zu verstehen. Hierbei dient die Plattform als Sammlungsinstanz. Das

[1] Vgl. Alstyne/Parker/Choudary Sangeet Paul (2017), S. 5 ff.

[2] Vgl. zu Kap. 11 Digitale Plattformen, Sharing Economy und Crowd Strategien im Folgenden Wirtz (2020), S. 160 ff.; Wirtz (2021), S. 260 ff.

[3] Inhalte basierend auf Choudary/Alstyne/Parker (2016), S. 13 ff.; Alstyne/Parker/Choudary Sangeet Paul (2017), S. 5 ff.; Jaekel (2017), S. 45 ff.

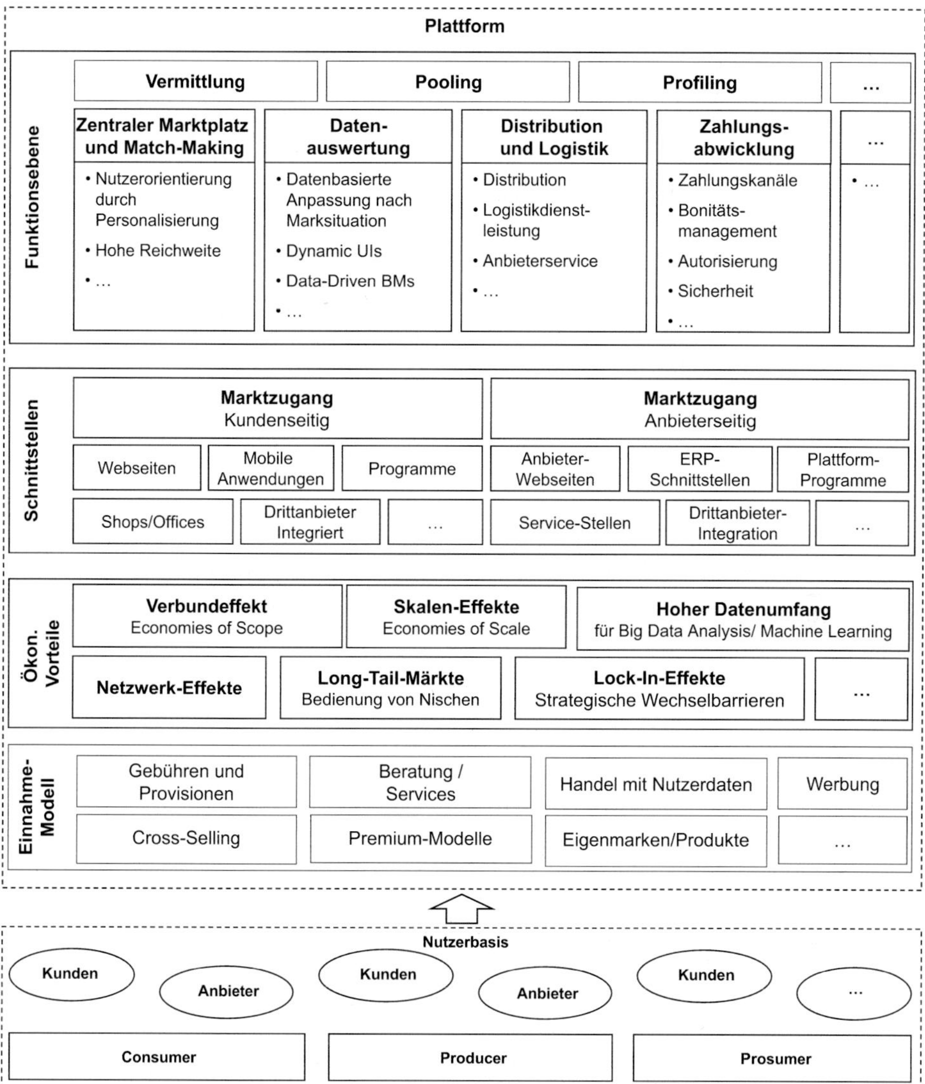

Abb. 11.2 Kernbestandteile einer Plattform. (Vgl. Wirtz (2020), S. 161; Wirtz (2021), S. 261)

Profiling hingegen verfolgt das Ziel spezifische Informationen hinsichtlich eines bestimmten Objektes oder einer menschlichen Person zu sammeln und auszuwerten. Hierbei handelt es sich beispielsweise um die Auswertung von Verhaltensmustern oder bestimmten wiederkehrenden Charakteristika.

Diese Funktionen können über einen zentralen Marktplatz (Online-Handel) oder auch durch sogenanntes Match-Making (Dating-Plattformen) umgesetzt werden. Beide

Möglichkeiten erhöhen die Reichweite und verbessern die Nutzerorientierung durch die Möglichkeit einer personalisierten Informationsbereitstellung.

Ein weiteres Beispiel ist die Datenauswertung. In diesem Zusammenhang werden gesammelte Daten dazu verwendet Anpassungen durchzuführen. Als Beispiele sind dynamische Benutzeroberflächen (dynamic User Interfaces) zu nennen. Diese dynamic UIs werden unabhängig von ihrem Entstehungsort erstellt und ermöglichen eine Multitasking-Umgebung.

Darüber hinaus entstehen auch Data-Driven Business Models im Kontext der Datenauswertung. Hierbei werden gesammelte Kunden-, Mess- oder Analysedaten für die Modellierung oder auch Anpassung von Geschäftsmodellen herangezogen.[4]

Plattformen bieten über diese Funktionen hinaus auch weitere Vorteile. So stellen digitale Plattformen mittlerweile auch Logistik und Distributionsdienstleistungen für ihre Nutzer zur Verfügung. Dementsprechend bieten zahlreiche Plattformbetreiber immer mehr Dienstleistungen an, die zuvor von den Nutzern, Betrieben oder Händlern selbst ausgeführt worden sind.

Ein weiterer wichtiger Aspekt ist die Sicherstellung von ordnungsgemäßem Zahlungsverkehr und die Gewährleistung des Datenschutzes auf den Plattformen. Plattformen übernehmen auch diese Funktionen und tragen somit dazu bei ein gewisses Maß an Gewährleistung hinsichtlich sicherem Zahlungsverkehr und persönlichen Daten zu erzielen.

Die Betrachtung der zweiten Plattformkomponente greift den Aspekt der Schnittstellen auf. Hierbei wird zwischen einem kundenseitigen und einem anbieterseitigen Marktzugang unterschieden. Der kundenseitige Marktzugang kann auf verschiedene Weisen geschehen und ist auf keinen spezifischen Ablauf oder Zugangsprozess beschränkt. Demnach kann ein Kunde auf eine Plattform sowohl mittels einer Website, verschiedener Programme oder auch mobilen Anwendungen zugreifen. Der anbieterseitige Marktzugang ist durch den Betrieb von Webseiten, ERP-Schnittstellen oder verschiedenen Service-Stellen gekennzeichnet.

Vorteile von Plattformen

Durch die Nutzung von Plattformen werden verschiedenste Synergien erzielt und Vorteile realisiert. Zum einen bieten Plattformen mit ihrer stetigen Datensammlung einen sehr großen Umfang an auswertbaren Datensätzen. Diese ermöglichen Big-Data-Analysen und können im Bereich des Machine Learning genutzt werden.

Zum anderen können insbesondere Nischenprodukte mittels Plattformen erfolgreicher abgesetzt werden. Dies ist auf geringe Kosten bei einer steigenden Anzahl an möglichen Kunden zurückzuführen. Demnach besteht der ökonomische Vorteil von Plattformen ins-

[4] Vgl. Trabucchi/Buganza (2019), S. 33 f.

besondere auch für Long-Tail-Märkte, die andernfalls Schwierigkeiten hätten genügend Kunden für ihr Nischenprodukt zu erreichen.[5]

Weitere ökonomische Vorteile, die sich durch Plattformen ergeben, sind beispielsweise Verbund-, Skalen- sowie Lock-In-Effekte. Obwohl es Plattformen schon seit geraumer Zeit gibt (z. B. Einkaufszentren, Großmarkthallen etc.), lassen sich die damit verbundenen Netzwerkeffekte und Economies of Scale erst durch die zunehmende Bedeutung des Internets verstärkt ausschöpfen.

Moderne Informations- und Kommunikationstechnologien haben den Aufbau und die Nutzung von Online-Plattformen erleichtert. Gleichzeitig haben Cloud-Technologien – im Wesentlichen aufgrund der Skalierbarkeit – zu einer deutlichen Reduzierung der damit verbundenen Kosten beigetragen. Der Skaleneffekt kann unterschiedliche Auslöser aufweisen von steigender Automatisierung bis hin zu Lernkurveneffekten.

Der wirtschaftliche Vorteil ergibt sich in diesem Zusammenhang durch sinkende Stückkosten aufgrund von Größenvorteilen. Die Online-Vernetzung von Millionen von Menschen erlaubt Plattformbetreibern wie Amazon an einer hohen Zahl an Transaktionen zu partizipieren, ohne selbst die Ware einkaufen oder vorhalten zu müssen.

Im Gegensatz zu traditionellen Unternehmen, bei denen eine steigende Kundenzahl üblicherweise zu höheren Kosten führt und deren Transaktionen von vergleichsweise hohen variablen Kosten geprägt sind, handelt es sich bei Plattformen um ein Geschäftsmodell mit sehr geringen variablen Kosten. Mit steigender Nutzerzahl steigt damit in der Regel auch der Wert der Plattform. Der Verbundeffekt kann sich beispielsweise als positiv erweisen, wenn Synergien im Hinblick auf die Kostenstruktur erzielt werden können.

Zudem erreicht Amazon mit zusätzlichen Angeboten eine Verbesserung der Long-Tail-Position. Der sogenannte Long Tail beschreibt ein betriebswirtschaftliches Phänomen in der digitalen Welt. Während Unternehmen zuvor den Großteil ihres Umsatzes mit A-Produkten bzw. den Bestsellern (Produkte, die am häufigsten nachgefragt werden) erwirtschafteten, generieren Unternehmen über Plattformen einen wesentlichen Teil ihres Umsatzes mit Nischenprodukten.

Der Lock-In-Effekt zeigt sich vor allem für den Plattformanbieter als Vorteil, da dieser eine erhöhte Kundenbindung erzielt. Dies ist darauf zurückzuführen, dass Kunden aufgrund von Wechselkosten meist bei einem Anbieter bleiben, obwohl ein anderer möglicherweise ein besseres Produkt anbietet. Jedoch entstehen durch Wechselkosten, wie beispielsweise den Verlust von personalisierten Einstellungen, erneute Suchkosten oder durch fehlende Kompatibilität von Programmen hohe Barrieren, die einen Wechsel des Kunden verhindern.[6]

Darüber hinaus können insbesondere im Zusammenhang mit Plattformen positive Netzwerkeffekte erreicht werden. Hierbei wächst der wahrgenommene Kundennutzen mit steigender Nutzeranzahl oder größerer Reichweite der Plattform.

---

[5] Vgl. Moser/Wecht/Gassmann (2019), S. 45.

[6] Vgl. Basaure/Vesselkov/Töyli (2020); Obermaier (2019), S. 181 ff.

Die vierte Komponente einer Plattform befasst sich mit dem zugrunde liegenden Einnahmemodell. Um den Betrieb einer Plattform langfristig zu sichern, ist ein wirtschaftliches Einnahmemodell notwendig, welches sich auf unterschiedliche Weise in der Realität abbilden lässt. So werden bei einigen Plattformen Gebühren und Provisionen für deren Nutzung erhoben. Ein anderes Einnahmemodell basiert auf der kostenlosen Bereitstellung der Plattform im Gegenzug für die Überlassung der Nutzerdaten. Die gesammelten Nutzerdaten werden anschließend für den Handel verwendet.

Andere Plattformen generieren hingegen ihre Einnahmen über Werbung, die sie auf ihrer Plattform darstellen und damit verbreiten. Weitere Einnahmemodelle sind zum Beispiel Cross-Selling oder Premium-Modelle. Hierbei geht es zum einen darum ein bereits bestehendes Produkt mit weiteren verwandten Produkten zu koppeln. Zum anderen kann der Nutzer sich bei Premium-Modellen beispielsweise durch einen zusätzlichen finanziellen Betrag eine gesonderte und bevorteilte Position erkaufen.[7]

Welche Ausprägungen der vier Komponenten sich bei spezifischen Plattformen ergeben ist von dem Einfluss der Nutzerbasis abhängig. Diese besteht klassischerweise aus Konsumenten und Produzenten eines Produkts. Allerdings verdeutlichen immer mehr Digital-Business-Unternehmen wie beispielsweise Airbnb, Uber oder Online-Lexika eine Veränderung hinsichtlich der klassischen Aufteilung von Produzenten und Konsumenten. So hat sich die klassische Stellung von Produzenten und Konsumenten dahingehend verändert, dass eine Vermischung der beiden Parteien hin zu sogenannten „Prosumern" stattfindet. Diese Prosumer agieren auf Plattformen als Produzenten oder Anbieter, indem sie beispielsweise ihre Wohnung zur Kurzmiete zur Verfügung stellen oder Lexika-Beiträge verfassen.

Zum anderen übernehmen sie jedoch auch die Rolle von Konsumenten oder Nutzern, indem sie selbst zum Beispiel die Mietoption über eine Plattform wahrnehmen oder von Lexika-Einträgen anderer Nutzer profitieren. Inwiefern sich die verschiedenen Komponenten einer Plattform zusammenfügen und welche Funktion oder Einnahmemodelle verfolgt werden, wird sowohl von den Anbietern als auch den Kunden durchgehend beeinflusst. Dies hat zur Folge, dass sich Plattformen im Laufe ihres Betriebes verändern und an neue Gegebenheiten anpassen.

Interaktionen auf einer Plattform

Zur Veranschaulichung der Interaktionen und der konkreten Vorteile von Plattformen auf Kunden- und Anbieterseite dient Abb. 11.3. Es wird dabei deutlich, dass die Plattformen oftmals als Gatekeeper agieren, da sie eine Schlüsselposition als zentrale Steuerungs-, Kontroll- und Selektionsinstanz für den Austausch zwischen Anbietern und Abnehmern innehaben.

Wie aus Abb. 11.3 hervorgeht, können drei inhaltliche Bereiche unterschieden werden. Der erste Bereich stellt die Plattform als solches dar, welche die Schnittstelle zwischen der

[7] Vgl. Lassnig et al. (2019), S. 206 ff.

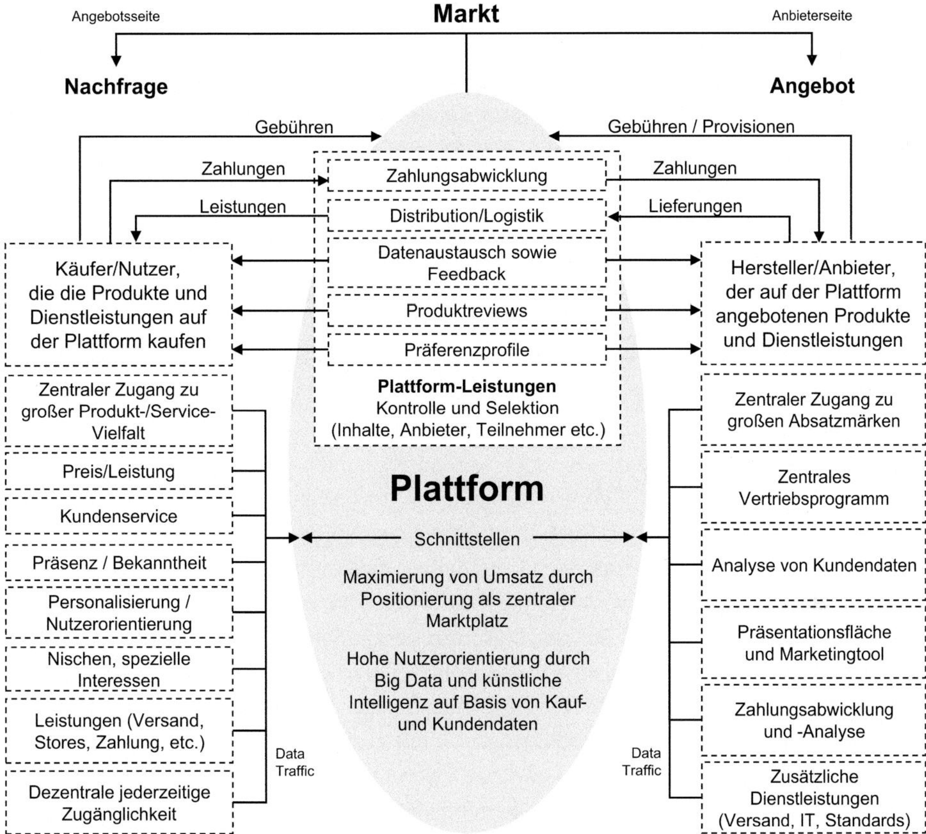

Abb. 11.3 Interaktionen auf einer Plattform. (Vgl. Wirtz (2020), S. 165; Wirtz (2021), S. 264)

Nachfrage- und der Angebotsseite bildet. Hierbei stellt die Plattform verschiedene Leistungen sowohl für den Nachfrager als auch für den Anbieter zur Verfügung.

Diese Leistungen umfassen unter anderem die Abwicklung des Zahlungsverkehrs, die Möglichkeit des Datenaustausches, die Bereitstellung einer Logistikinfrastruktur sowie die Erstellung von Präferenzprofilen und Produktreviews. Auf diese Weise übernimmt die Plattform Funktionen hinsichtlich Kontrolle und Selektion des Prozesses des Waren- und Dienstleistungsaustausches auf einem Online-Marktplatz.

Sowohl die Nachfrage- als auch die Anbieterseite finanziert größtenteils durch pauschale oder nutzungsabhängige Gebühren die Plattform. Verkaufsplattformen, wie Amazon oder eBay erheben beispielsweise lediglich auf Anbieterseite nach Abschluss eines Verkaufs eine Provision und zusätzlich für gewerbliche Nutzer eine monatliche Grundgebühr. Darüber hinaus nutzen viele Plattformanbieter ihre hervorgehobene Stellung als zentraler Marktplatz, um entsprechende Webservices anzubieten. Auf Seiten der Käufer wird meist keine Gebühr erhoben, es sei denn Kunden entscheiden sich für Premiumleistungen oder Streamingservices, die oft durch monatliche Pauschalen gezahlt werden.

Die Zahlungsabwicklung findet meist über die Plattform selbst statt, wobei häufig auch weitere Zahlungsdienstleister wie PayPal oder Skrill mit in die Transaktion eingebunden werden. Ähnliches gilt für Logistik und Distributionsleistungen. Sie werden häufig von den Plattformanbietern selbst erbracht oder zumindest vermittelt.

Die Kommunikation wird meist innerhalb der entsprechenden Plattform gehalten, damit für Kunden- und Anbieter lediglich eine zentrale Stelle zur Abwicklung der Geschäfte benötigt wird. Die Plattform als digitaler Marktplatz ermöglicht auch die Übermittlung von Feedback und den Datenaustausch zwischen Kunde und Verkäufer.

Käufer orientieren sich hinsichtlich ihrer Kaufentscheidung auf Plattformen zunehmend an Produktreviews vorheriger Käufer und deren Einschätzung hinsichtlich der Qualität und des Preis-Leistungsverhältnisses der ausgewählten Ware. Hierbei verwendet Amazon beispielsweise ein fünf Sterne-Ranking, welches je nach Produkt weitere Unterkategorien zur Bewertung einzelner Eigenschaften aufweist.

Die verschiedenen Kundenrezensionen werden gesammelt und in einfacher Darstellung anhand ausgefüllter Sterne auf der Produktseite ausgewiesen und dienen somit möglichen Käufern als Orientierung und Entscheidungshilfe hinsichtlich des eigenen Einkaufs. Diese Bewertungen basieren auf verifizierten Käufen über die Plattform und können neben einer allgemeinen schriftlichen Bewertung auch Bilder der Ware enthalten.

Darüber hinaus dienen die auf der Plattform gesammelten Daten und deren Analyse einer Erstellung von differenzierten Datenprofilen und darauf aufbauend der Ermittlung von spezifischen Konsum- und Präferenzprofilen. Diese Datenauswertung unterstützt den Nachfrager zum einen bei der Produktsuche durch gezielte und angepasste Produktvorschläge. Zum anderen können Händler die Auswertung heranziehen, um eigene Produkte oder Dienstleistungen hinsichtlich der bestehenden Nachfrage zu optimieren und somit den eigenen wirtschaftlichen Erfolg steigern.

Vergleich der Plattformanbieter

Tab. 11.1 enthält einen Vergleich von vier Plattformanbietern und zeigt anhand von vier Kategorien Unterschiede und Gemeinsamkeiten. Die Kategorien dienen zum einen der vereinfachten Darstellung der Plattformidee und zum anderen der Erläuterung des wirtschaftlichen Erfolges der jeweiligen Plattform.

Plattformen bieten als moderne Online-Marktplätze die Möglichkeit verschiedenste Produkte zu vermitteln und setzen hierbei je nach Sektorzugehörigkeit unterschiedliche Strategien ein und vermitteln somit unterschiedliche Nutzenversprechen. Zudem unterscheiden sich Plattformen hinsichtlich der Funktionsweise der Einbindung sowie möglicher Skalen- und Verbundeffekte.

Die Tab. 11.1 stellt in diesem Zusammenhang einen Vergleich der vier Plattformanbieter Uber, Airbnb, Amazon und eBay dar, wobei das Nutzenversprechen (Value Proposition) in eine Anbieter- und eine Nutzerperspektive unterteilt ist. Diese Unterteilung ist auf die Gatekeepereigenschaft der Plattformen zurückzuführen und schlüsselt die unterschiedlichen Vorteile für die Anbieter und Abnehmer auf.

Tab. 11.1 Vergleich Plattformanbieter. (Vgl. Wirtz (2020), S. 167 ff.; Wirtz (2021), S. 266 f.)

	Uber	Airbnb	Amazon	Ebay
Value Proposition	**Anbieter** • Möglichkeit, zusätzliches Einkommen zu generieren • Keinen direkten Vorgesetzten • Möglichkeit, flexible Fahrzeiten selbst festzulegen • Einfacher Beitritt/Registrierung als Fahrer • …	**Anbieter** • Versicherungsschutz durch die Buchung über die Plattform • Flexible und kurzfristige Zu- und Absagen bei Eigenbedarf • …	**Anbieter** • Große Reichweite • Vielzahl an Kunden (orts- und zeitunabhängig) • Vielzahl an zusätzlichen Serviceangeboten (Logistik, Zahlung, etc.) • …	**Anbieter** • Große Reichweite • Vielzahl an Kunden (orts- und zeitunabhängig) • Vielzahl an zusätzlichen Serviceangeboten (Logistik, Zahlung, etc.) • …
	Nutzer • Exakte Abhol- und Zielorte • Geringe Wartezeiten • Jederzeit abrufbar/mobile Verfügbarkeit • Vergleichsweise günstig (im Gegensatz zu Taxikosten) • …	**Nutzer** • Geringere Kosten als Hotel • Meist vollausgestattete Wohnungen • Authentische und individuelle Unterkünfte • Transparentes Bewertungssystem • …	**Nutzer** • Günstige Preise im Vergleich • Geringe Wartezeiten, schnelle Lieferung • Jederzeit abrufbar/mobile Verfügbarkeit (1-Click-Buy) • Vielzahl an Produkten, große Auswahl • …	**Nutzer** • Jederzeit abrufbar/mobile Verfügbarkeit • Unterschiedliche Kaufoptionen (Gebot, Sofortkauf) • Vielzahl an Produkten, große Auswahl • …
Funktionsweise der Einbindung	• Vermittlung von individuellen privaten Fahrdiensten über eine App innerhalb eines digitalen Netzwerkes • Steigerung der Auslastung von Fahrzeugen • …	• Vermittlung von privaten und authentischen Unterkünften weltweit. (Zimmer, Wohnung, Haus, etc.) • Sharing-Economy zur besseren Auslastung von Wohnraum ergänzt seit 2018 um die Einbindung des klassischen Hoteleriegewerbes • …	• Digitaler Marktplatz mit erheblicher Produktvielfalt inklusive Streamingdiensten für Video und Musik • …	• Digitaler Marktplatz und Auktionshaus mit sehr großer Produktvielfalt • …

(Fortsetzung)

Tab. 11.1 (Fortsetzung)

	Uber	Airbnb	Amazon	Ebay
Strategien	• Unternehmerische Erschließung eines individuellen Personentransportes durch Privatfahrzeuge und verfügbare Arbeitskraft • Etablierung einer globalen und zentralen Marke im Verkehrssektor • Digitale und technologische Marktführerschaft • …	• Nutzung von privatem Wohnraum als Ressource im Tourismus und für Geschäftsreisende • Zentrale und globale Marke kurzzeitige Wohnraumanmietung • …	• Globale und zentrale Retailmarke • Digitaler und technologischer Innovationstreiber • Kostenlose Einstiegsangebote für Kunden • …	• Online Marktplatz für Endkunden sowie geschäftliche und private Verkäufer • Full-Service-Provider • …
Skalen- und Verbundeffekte	• Skaleneffekte aus Nutzung privater Pkws als Flotte • Globale digitale Plattform weltweit nutzbar • Sammlung erheblicher Datensätze zur anschließenden Angebotsoptimierung • …	• Skaleneffekte aus Nutzung von privatem Wohnraum als Mietfläche • Globale digitale Plattform weltweit nutzbar • Sammlung erheblicher Datensätze und Bewertung einzelner Mietobjekte zur anschließenden Angebotsoptimierung • …	• Erhebliche Nutzeranzahl ermöglicht Skaleneffekte in den Bereichen Logistik, IT und Management • Auswertung von großen Datenmengen ermöglicht Optimierung von Suchmaschinen und -werbung • Bereitstellung von Lager- und Logistikinfrastruktur für Händler • Globale digitale Plattform weltweit nutzbar • Breite Produktvielfalt erhöht Wechselkosten für Kunden (z. B. Amazon Prime, Amazon Video, Amazon Music, etc.) • …	• Globale digitale Plattform weltweit nutzbar • Auswertung von großen Datenmengen ermöglicht Optimierung von Werbung • Erhebliche Nutzeranzahl ermöglicht Skaleneffekte IT und Management • …

Demnach verspricht Uber als Fahrdienstvermittler seinen Anbietern die Möglichkeit zu ihrem bestehenden Einkommen einen zusätzlichen Verdienst zu generieren, indem sie ihr ansonsten ungenutztes Privatfahrzeug flexibel selbst als Taxi einsetzen. Die notwendige Registrierung erfolgt unkompliziert über die Website und fehlende feste Einsatzzeiten sowie Vorgesetzte vermitteln dem Anbieter somit die Möglichkeit einer unabhängigen Verdienstquelle die sie selbst flexibel einsetzen können.

Die Nutzer dieses Fahrdienstangebotes hingegen erhalten die Möglichkeit einer dem traditionellen Taxiverkehr gleichwerten Leistung zu deutlich günstigeren Preisen. Demnach kann über eine App jederzeit an einen individuellen Abhol- und Zielort ohne lange Wartezeiten ein Fahrzeug gerufen werden.

Die Plattform Airbnb vermittelt ein ähnliches Nutzenversprechen für seine Anbieter, indem es zusätzliches Einkommen verspricht durch die Vermietung von privaten ungenutzten Wohnräumen. Hierbei kann der Anbieter sowohl einzelne Zimmer tageweise über die Plattform anbieten, als auch ganze Wohnungen oder Häuser über mehrere Wochen. Neben der Vermittlung durch Airbnb sichert die Plattform dem Anbieter auch einen Versicherungsschutz zu im Falle eines Schadens durch die Wohnraumvermietung. Darüber hinaus wird dem Anbieter die Dauer und auch Anzahl an Vermietungstagen frei gestellt und er kann flexibel und kurzfristig bei Eigenbedarf absagen.

Die Nutzer der Airbnb-Plattform hingegen profitieren von individuellen und meist vollausgestatteten Wohnungen zu, insbesondere im Vergleich zu Hotels, geringen Preisen. Darüber hinaus können sowohl Anbieter als auch Nutzer über die Airbnb-Plattform die Gegenseite bewerten. Hierbei können Anbieter vor allem auf das Verhalten und den Umgang mit den bereitgestellten Wohnräumen eingehen und Nutzer vor allem die Sauberkeit, Qualität der Unterkunft sowie die Richtigkeit der Angaben bewerten.

Im Gegenzug hierzu sichert sowohl die Plattform Amazon als auch eBay ihren Anbietern ein anderes Nutzenversprechen zu. Beide Plattformen versprechen eine große Reichweite hinsichtlich ihres Wirkungsgebietes. Demnach können beide Plattformen durchgehend verwendet werden, um als Anbieter eigene Waren oder Dienstleistungen anzubieten und abzusetzen. Beide ermöglichen ortsungebundene Kundenakquise und erhöhen somit den möglichen Absatzmarkt ihrer Anbieter. Hinzu kommen die zahlreichen Zusatzdienstleistungen seitens der Plattformen an ihre Anbieter beispielsweise hinsichtlich der Logistik oder weiteren Serviceangeboten.

Die Nutzer profitieren in diesem Zusammenhang von einer großen Menge an unterschiedlichen Produkten und Anbietern. Zudem können sie jederzeit Produkte unkompliziert und schnell vergleichen und diese sofort bestellen. Amazon bietet seinen Kunden in diesem Kontext die 1-Click Bestellung an.

Hierbei sind alle notwendigen Daten für eine kostenpflichtige Transaktion bereits gespeichert. Neben dem Sofortkauf bietet eBay darüber hinaus noch eine Online-Auktionsversion an, wobei der Anbieter die Laufzeit und auch die Mindestgebote festlegt.

Plattformfunktionalität und Strategien

Eine Betrachtung der vier Plattformen hinsichtlich der Funktionsweise der Einbindung zeigt Unterschiede auf. So liegt der Fokus bei Uber auf der Vermittlung von individuellen Fahrten via App, um auf diese Weise eine Transaktionsgebühr zu erzielen. Auch Airbnb strebt mit der Vermittlung von ungenutztem Wohnraum, insbesondere in Großstädten, eine versbesserte Auslastung und Nutzung nicht genutzter Wohnfläche an, um darüber Transaktionsgebühren zu erzielen. Darüber hinaus hat Airbnb seit 2018 seine Plattform auch für das klassische Hotelgewerbe geöffnet.

Amazon hingegen zeigt sich als digitaler Marktplatz, der mit seiner erheblichen Produktvielfalt nahezu alle Konsumwünsche erfüllen kann. Neben dem klassischen Verkauf und Versand von Waren gehören mittlerweile auch Video- und Musikstreamingdienste zu den bereitgestellten Diensten. Auch eBay positioniert sich als digitaler Marktplatz und Auktionshaus, das seinen Kunden eine große Produktvielfalt bietet.

In Anbetracht der zunehmenden Relevanz und Erfolge dieser Plattformanbieter werden nun die einzelnen zugrunde liegenden Strategien betrachtet. Uber strebt in diesem Zusammenhang die Etablierung einer globalen und zentralen Marke im Verkehrssektor an und zielt darauf ab die digitale und technologische Marktführerschaft hier zu übernehmen. Dies wird erzielt durch die unternehmerische Erschließung von ungenutzten Privatfahrzeugen für die Bereitstellung eines individuellen Personentransportes.

Auch Airbnb positioniert sich als zentrale und globale Marke, allerdings im Bereich der kurzzeitigen Vermietung von Wohnraum. Amazon hingegen verfolgt die Positionierung als globale und zentrale Retailmarke, wobei digitaler Fortschritt und technologische Innovationen wichtige Bestandteile der Strategie sind. Ziel ist es sich als primäre Einkaufssuchmaschine und Marktplatz für Kunden zu positionieren. Eine ähnliche Strategie verfolgt auch eBay, indem der Online-Marktplatz sowohl für geschäftliche als auch private Kunden eine große Produktauswahl bietet und sich selbst bereits als globale Marke etabliert hat.

Die nationalen und internationalen Erfolge sind neben den zugrunde liegenden Ideen der jeweiligen Plattformen auch durch Skalen- und Verbundeffekte gestützt. So profitiert Uber von der Nutzung privater Pkws als Einsatzfahrzeuge und muss auf diese Weise keine eigene Fahrzeugflotte bereitstellen. Darüber hinaus dienen die über die App gesammelten Daten zur Verbesserung der Angebote.

Auch Airbnb nutzt die durch ihre Plattform generierten Datensätze, um ihre eigenen Angebote zu optimieren und stetig an neue Kundenwünsche anzupassen. Darüber hinaus profitiert auch hier die Plattform von der Überlassung privater Mieträume, was eine eigene Bereitstellung und damit verbundene höhere Kosten umgeht. Auch Amazon nutzt gesammelte Daten zur Anpassung von Angeboten. Zudem werden insbesondere im Bereich Logistik, IT und Management Skaleneffekte erzielt. Amazon profitiert von einer globalen Präsenz und der erheblichen Produktvielfalt, die den Kunden geboten wird.

Je mehr Produkte und Dienstleistungen über die eigene Plattform und einen personalisierten Account getätigt werden, desto unwahrscheinlicher ist der Wechsel des Nutzers zu einem Konkurrenten. Ebenso zieht eBay einen Nutzen aus der weltweiten Präsenz und der großen Produktvielfalt in Verbindung mit den zusätzlich bereitgestellten Services für seine Anbieter.

Amazon repräsentiert sowohl für Käufer als auch für Dritthändler einen zentralen Online-Marktplatz. Die eigenen Produkte als auch die angebotenen Dienstleistungen für Händler haben erheblich an Vielfalt seit der Unternehmensgründung zugenommen. Aufgrund dessen erfolgt im Folgenden eine genauere Betrachtung der Plattform Amazon als Fallbeispiel.

Fallbeispiel Plattformökonomie: Amazon

Amazon ist eine US-amerikanische Plattform, die 1995 zunächst als Website für den Online-Buchhandel gegründet wurde. Die strategische Intention lag darin dem Kunden eine Vielzahl an Büchern zur Auswahl bereit zu stellen, und nicht wie bis dahin üblich, den Kunden aus einer bereits begrenzten Anzahl eines Bücherladens aussuchen zu lassen. Das vom Gründer Jeffrey Bezos geleitete Unternehmen hat seinen Sitz in Seattle, USA. Mittlerweile weist Amazon weltweit eine Angestelltenanzahl von 1.608.000 Personen auf.[8]

Von dem bücherorientierten Onlinevertrieb hat sich Amazon in den letzten beiden Dekaden zu einem Anbieter entwickelt, der Produkte aus fast allen Lebensbereichen anbietet. Hierzu zählen sowohl Produkte aus Haushalt, Elektrogeräte und Lebensmittel, als auch Unterhaltungsdienstleistungen wie Musik- und Videostreaming.

Seit dem Jahr 2000 ermöglicht es Amazon anderen Händlern und Privatverkäufern, ihre eigenen Produkte auf der Website anzubieten. Infolgedessen wird die Plattform heute von mehr als zwei Millionen Kleinunternehmen, Handelsmarken und Privatverkäufern genutzt.[9] Hierbei erhebt Amazon, bei mehr als 40 verkauften Artikeln pro Monat, gegenüber den Händlern zum einen eine Grundgebühr pro Monat (aktuell 39 Euro) sowie eine Verkaufsgebühr. Die Verkaufsgebühr ist variabel und berechnet sich anhand verschiedener Faktoren wie beispielsweise Anzahl der Artikel, Preis pro Artikel und jeweilige Artikelkategorie.[10]

Abb. 11.4 veranschaulicht den prozentualen Anstieg von Verkäufen für den Zeitraum 2000 bis 2021, die über die Amazon-Website von Dritthändlern abgewickelt worden sind. Hierbei wird deutlich, dass der Anteil von Verkäufen, die über Amazon von Dritthändlern getätigt wurden, von 3 % im Jahr 2000 auf 65 % im Jahr 2021 angestiegen ist.

Neben dem E-Commerce-Geschäftsmodell bietet Amazon seit 2006 mit Amazon Web Services (AWS) ein umfangreiches Angebot an Cloud-Computing-Diensten an. Diese Dienste ermöglichen es Kunden, hohe Infrastrukturkosten für eigene Server in variable Kosten umzuwandeln. Mit seinen über 200 Services versorgt Amazon nicht nur Händler, sondern auch Behörden und Start-ups. Amazon (2023).

Amazon entwickelte sich damit von einem Online-Buchhandel zu einer E-Commerce-Plattform und letztendlich zu einem integrierten Plattformanbieter. Vor dem Hintergrund

[8] Vgl. Statista (2022).

[9] Vgl. Amazon (o. J.).

[10] Vgl. Amazon (2022).

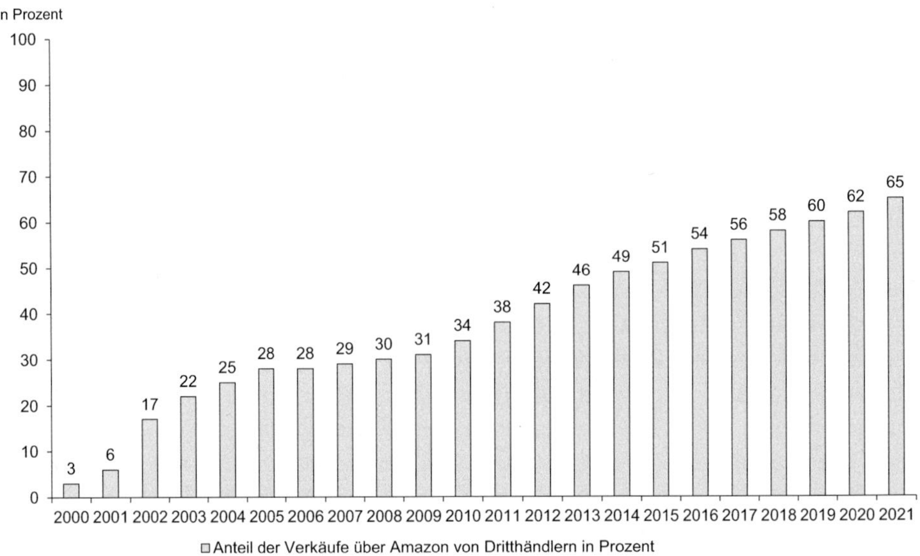

Abb. 11.4 Verkäufe über Amazon von Dritthändlern. (Datenquelle: Marketplace Pulse (2022))

der wesentlichen Aspekte von Plattformstrategien werden im folgenden Abschnitt die hierzu relevanten Sharing- und Crowd-Funding-Strategien dargestellt, die sich oftmals im digitalen Plattformkontext entfalten.

11.2 Sharing Economy

Im Zuge der Digitalisierung sind unter anderem die Kommunikations- und Koordinationskosten zur Verteilung von Gütern deutlich gesunken. Darüber hinaus tragen Trends wie die Urbanisierung, die zunehmende Mobilität und das wachsende Umweltbewusstsein dazu bei, dass neue Formen des Konsums und des Investments entstehen, die übermäßigen Verbrauch und Besitzakkumulation zur Diskussion stellen.[11]

In den vergangenen Jahren haben sich vor diesem Hintergrund internetbasierte Plattformen entwickelt, die die Organisation und Vermarktung einer kooperativen Nutzung verschiedener Ressourcen ermöglichen. In diesem Kontext ist die sogenannte Sharing-Economy oder Shareconomy als Begriff entstanden, die das Konzept der kooperativen Nutzung von Ressourcen beschreibt.

Sie bezieht sich dabei insbesondere auf Geschäftsmodelle, die sich auf die Aufbringung, Kommunikation, Vermarktung und schließlich die Übertragung von Nutzungsrechten an Ressourcen beziehen. Anders als beim klassischen Kauf und der anschließenden exklusiven Nutzung einer Ressource wie einem Auto oder einer Bohrmaschine, baut ein

[11] Vgl. Botsman/Rogers (2011), S. 41 ff.

Sharing-Ansatz auf die häufig kurzweilige Miete oder Inanspruchnahme und anschließende Rück- oder Weitergabe. Im Folgenden wird das Konzept Shareconomy beschrieben.

Shareconomy und Sharing-Strategien

Die Shareconomy, auch Share Economy oder Sharing Economy, wurde als Begriff insbesondere durch die Arbeiten von Lawrence Lessig (2009) geprägt, der den Aspekt des Teilens von Werten und Kompetenzen in der Ökonomie des Internets analysiert hat.[12]

Dabei wird das Sharen beziehungsweise Teilen hauptsächlich auf die Kooperation, Koordination und geteilte Verantwortung im Netz bezogen und beispielsweise auch die Mitarbeit bei Wikipedia oder den Verkauf von gebrauchten Gegenständen über eBay als ein Teil der Shareconomy verstanden. Im engeren Sinne geht es bei der Shareconomy aber um die meist durch Onlineplattformen organisierte geteilte Nutzung von Ressourcen.[13]

Anbieter, die der Shareconomy zugeordnet werden, verfolgen häufig Vermietungs- oder Verpachtungsmodelle, wie sie grundsätzlich bereits seit Jahrhunderten praktiziert werden.[14] Der innovative Bestandteil der Shareconomy bezieht sich insbesondere auf die online-basierten Plattformen zur kleinteiligeren und kurzweiligeren Verteilung von Ressourcen.

So treten bei der Übertragung von Nutzungsansprüchen Transaktionskosten auf, wie beispielsweise Suchkosten zur Findung eines passenden Angebots oder Abnehmers, Kosten der physischen Übertragung von Gütern oder Werten wie etwa Transport- oder Umzugskosten, Versicherungen für die Erhaltung und den pfleglichen Umgang des Gebrauchsgutes etc., die sich durch standardisierte Verträge und Plattformgeschäftsmodelle mit Hilfe des Internets deutlich senken lassen.

Suchkosten können beispielsweise reduziert werden, indem offene Plattformen einen effizienten Informationsaustausch und direkten Wettbewerb von verfügbaren Ressourcen ermöglichen. Mit der Anwendung von Standardverträgen wie AGBs können zudem große Skaleneffekte realisiert werden, die die Kosten für Anbieter und Nutzer deutlich senken. Durch diese zentrale Einbindung von Nutzern und Anbietern wird die Shareconomy auch als Access-Economy, Peer-to-Peer (P2P)-Wirtschaft, oder Collaborative-Economy bezeichnet.

Der Tausch von Ressourcen im Kontext der Shareconomy ist insbesondere in den Bereichen Immobilien, Mobilität, Gebrauchsgegenstände und Arbeitskräfte beziehungsweise Dienstleistungen relevant. Besonders sogenannte Durables, also Gebrauchsgüter, die durch eine lange Haltbarkeit gekennzeichnet sind und nicht oder nur durch einen langfristigen Verschleiß verbraucht werden, sind für eine kurzfristige Übertragung von Nutzungsrechten geeignet. Im Kontext der Shareconomy ist es von Bedeutung die Begriffe Eigentum und Besitz zu differenzieren, die umgangssprachlich oft synonym verwendet werden, wobei sie formal und insbesondere juristisch nicht denselben Sachverhalt darstellen.

[12] Vgl. Lessig (2009), S. 117 ff.

[13] Vgl. Hawlitschek/Teubner/Gimpel (2018), S. 144.

[14] Vgl. Jones/Zeitlin (2010), S. 96 ff.

Der Begriff Besitz beschreibt lediglich die Herrschaft über eine Sache. Es reicht also, dass man über eine Sache verfügt, um sie seinen Besitz zu nennen. Somit sind im juristischen Sinne, gemietete oder sogar gestohlene Sachwerte als Besitz zu bezeichnen.

Als Eigentum hingegen kann nur eine Sache bezeichnet werden, für die eine Person die Eigentumsrechte hält. Dabei ist entscheidend, dass juristisch anerkannt ist, dass neben der rechtlichen Sachherrschaft Verfügungsgewalt besteht. Die Verfügung kann jedoch, beispielsweise durch Vermietung, weitergereicht werden, wobei das Besitzrecht entfällt.

Beide Begrifflichkeiten sind für das Sharing wichtig, da immer häufiger Eigner und Besitzer nicht die gleichen Personen sind. In der Shareconomy gibt es dabei zwei Ansätze, wer Eigentümer des vermittelten Ressourcenpools ist.

Entweder ein Unternehmen übernimmt die Rolle des Eigentümers und vermittelt seine Ressourcen effizient und kurzzeitig an verschiedene Nutzer. Diesen Ansatz verfolgen etwa die Bikesharing-Anbieter von Nextbike und DB-Call-a-Bike, Carsharing-Anbieter wie ShareNow, WeShare und Stadtmobil.de aber auch Co-Working-Anbieter wie WeWork.

Oder aber der Ressourcenpool bleibt im Eigentum der Crowd, wobei der Shareconomy-Anbieter lediglich die Vermittlung organisiert. Diesen Ansatz verfolgen etwa der Short-Rentals-Anbieter Airbnb, der Fahrdienstvermittler Uber sowie die Verleihdienste frends.com, Tauschtickets.de und kleiderkreisel.de. Abb. 11.5 fasst die wesentlichen Merkmale der Begriffe Eigentum und Besitz zusammen.

	Besitz	Eigentum
Charakteristika	• Tatsächliche „Herrschaft" über einen Gegenstand • Es besteht der Zugriff auf einen Gegenstand, weshalb man ihn nutzen und über ihn verfügen kann • Gemietete (und gestohlene) Gegenstände entsprechen dem Besitz	• Rechtliche „Herrschaft" für einen Gegenstand • Eigentumsrecht als Grundlage • Es besteht die Sachherrschaft, d. h. man besitzt die alleinige Entscheidungsherrschaft über den Gegenstand • Die Verfügungsgewalt über den Gegenstand kann abgegeben werden (z. B. Vermietung)
Beispiel	• Durch die Miete eines Fahrzeugs geht dieses in den Besitz des Mieters über • Da das Fahrzeug nicht gekauft wurde, ist es kein Eigentum • Über die Miete erlangt man das Nutzungsrecht über das Fahrzeug	• Nach dem Kauf eines Fahrzeugs, ist man der Eigentümer • Durch die Vermietung erfolgt lediglich eine zeitweilige Übergabe der Verfügungsgewalt an den Mieter

Abb. 11.5 Zusammenfassung der Begriffe Besitz und Eigentum in der Sharing Economy. (Vgl. Wirtz (2020), S. 178; Wirtz (2021), S. 271)

SSU-Sharing-Plattform-Modell zur gemeinsamen Nutzung

Sharing-Plattformen sind hinsichtlich ihrer Formate vielfältig. Häufig sind ihre digitalen Formate über Websites, Programme als auch mobile Anwendungen von großer Bedeutung. Grundsätzlich bieten manche Anbieter auch die Bedienung über beispielsweise e-Kiosks oder Telefon Service an.

Die angebotenen Sharing-Plattform-Services erstrecken sich vom Anbieten von Informationen bis hin zu Big-Data-Analysen. Hinsichtlich der Funktionalität sind insbesondere die Vermittlung zwischen Sharing-Ressourcen-Anbietern und dem Nutzer zu nennen.

Darüber hinaus ist eine wichtige Funktionalität einer Sharing-Plattform das Poolen (Zusammenfassen) von verfügbaren Ressourcen. Zudem ist es wichtig die Ressourcengeber und die Plattformnutzer entsprechend zu identifizieren und zu bewerten, um entsprechend Vertrauen schaffen zu können.

Die Einnahme-Modelle der Sharing-Plattformen gehen von konventionellen Gebühren und Transaktionsprovisionen hin zu Spenden. Abb. 11.6 stellt die Rolle einer Sharing-Plattform als Intermediär zwischen Ressourcenpool und Nutzer als sogenanntes SSU-Sharing-Plattform-Modell dar. Die Bezeichnung SSU steht für Sharing-Ressourcen, die Sharing-Plattform sowie die Nutzer der Plattform.

Anwendungen der Shareconomy

Vor dem Hintergrund des Sharing-Plattform-Modells lassen sich eine Vielzahl von Anwendungen in der Shareconomy unterscheiden. In Tab. 11.2 werden Anwendungen in der Shareconomy für die Bereiche Immobilien, Mobilität, Gebrauchsgegenstände und Dienstleistungen hinsichtlich ihrer Anwendungen, Kundennutzen und mit Praxisbeispielen dargestellt. Aufbauend hierauf wird das Fallbeispiel für Immobilien in Form von Airbnb ausgeführt.

Fallbeispiel Shareconomy: Airbnb

Short-Term Rentals bezeichnen möblierte Wohnungen, die für kurze Zeiträume und teilweise auf Tagesbasis vermietet werden. Im Gegensatz zum konventionellen Wohnungsmarkt, der meist unmöblierte Objekte zum Kauf oder auf Monatsbasis zur Miete anbietet, gelten Short-Term Rentals als eine Art Mischbereich zwischen Wohnungsmiete und Hotels. Einer der größten Anbieter der Shareconomy im Bereich Short-Term Rentals ist die Plattform Airbnb. Auf der Community-basierten Plattform können Privatpersonen ihre Wohnungen oder Zimmer für andere Personen temporär anbieten.

Airbnb kümmert sich um die Abwicklung der Buchung. Gast und Gastgeber müssen für die Nutzung ein Profil anlegen und können sich nach dem Aufenthalt gegenseitig hinsichtlich verschiedener Kategorien (z. B. Freundlichkeit, Sauberkeit, Ausstattung) bewerten. Airbnb verlangt bei jeder Transaktion eine Servicegebühr in Höhe von 3–5 %. Finanziert wird daraus auch eine Immobilienhaftpflichtversicherung in Höhe von

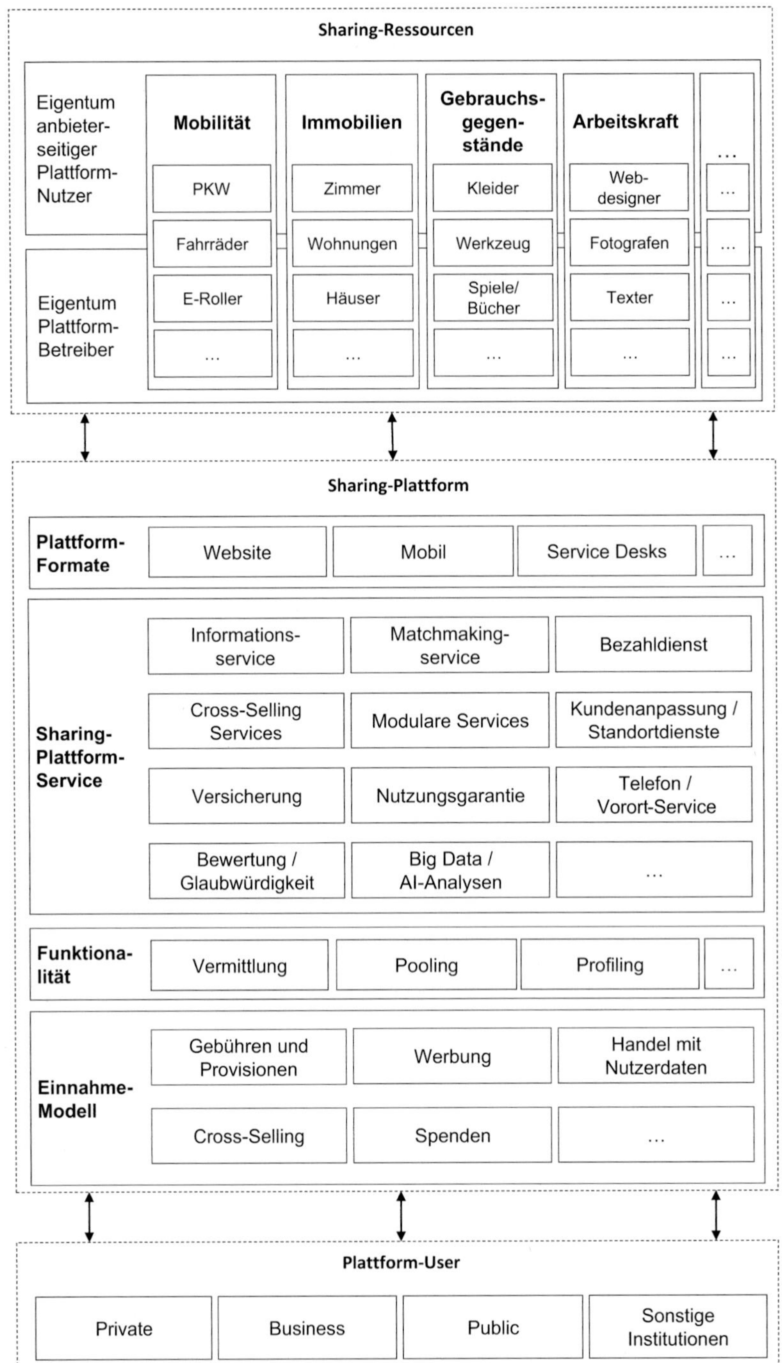

Abb. 11.6 SSU-Sharing-Plattform-Modell. (Vgl. Wirtz (2020), S. 180; Wirtz (2021), S. 272)

Tab. 11.2 Anwendungen der Shareconomy. (Vgl. Wirtz (2020), S. 181 ff.; Wirtz (2021), S. 273 f.)

Sektor	Anwendungen	Kundennutzen	Beispiele
Immobilien	• Kurzfristige Vermietung von Immobilien • Tauschangebote von Übernachtungsplätzen • …	• Hohe Flexibilität • Vergleichsweise preiswert • Keine Vertragslaufzeit • Keine Bindung von Kapital • …	• Airbnb • Couchsurfing • …
	• Kurzfristige Vermietung • Teilen von Arbeitsplätzen • …	• Hohe Flexibilität • Arbeitsatmosphäre und Ausstattung • Keine Vertragslaufzeit • Keine Bindung von Kapital • …	• WeWork • betahaus • …
Mobilität	• Fahrdienstvermittlung/-vermietung inkl. Fahrer in privaten PKWs • …	• Vergleichsweise preiswert • Entledigung der Fixkosten • Hohe Verfügbarkeit • …	• Uber • BlaBlaCar • …
	• Bikesharing/Kurzfristige Vermietung von Fahrrädern • …	• Große Flexibilität • Modulare Mobilität • Keine Wartung und Haltungskosten • …	• Nextbike • DB Call-a-Bike • …
	• Carsharing/Kurzfristige Miete von Fahrzeugen • …	• Keine Vertragslaufzeit • Keine Bindung von Kapital • …	• ShareNow • WeShare • Stadtmobil.de • …
Gebrauchs-gegenstände	• Kurzfristige Vermietung und kurzfristige Vermietung und Teilen von Haushaltsgeräten • …	• Keine Bindung von Kapital • Keine Wartung • Keine Haltungskosten • Nachhaltigkeitsaspekte • Soziale und gesellschaftsbezogene Motivation • …	• Frends.com • Fairleihen.de • …
	• Tausch von Kleidungsstücken • …	• Große Vielfalt • Vergleichsweise preiswert • Nachhaltigkeitsaspekte • Soziale und gesellschaftsbezogene Motivation • …	• Kleiderkreisel.de • Kleiderkorb.de • …

(Fortsetzung)

Tab. 11.2 (Fortsetzung)

Sektor	Anwendungen	Kundennutzen	Beispiele
Gebrauchs-gegenstände	• Tausch und Verkauf von gebrauchten Büchern und Filmen • …	• Große Vielfalt • Vergleichsweise preiswert • Nachhaltigkeitsaspekte • Soziale und gesell-schaftsbezogene Motivation • …	• Tauschticket.de • Bookcrossing.com • Öffentliche Bücherschränke • …
	• Vermietung von Spielzeug • …	• Große Vielfalt • Vergleichsweise preiswert • Keine Haltungskosten • Nachhaltigkeitsaspekte • Soziale und gesell-schaftsbezogene Motivation • …	• Meinespielzeug-kiste.de • kilenda.de • …
Arbeitskraft/ Dienstleistungen	• Plattformen zur Buchung von Projektmitarbeitern und Freelancern • …	• Hohe Flexibilität • Vergleichsweise preiswert • Keine Vertragslaufzeit • …	• Fiverr • Upwork • Gulp • freelancermap • …
	• Buchung von journalistischen Leistungen • …	• Hohe Flexibilität • Vergleichsweise preiswert • Keine Vertragslaufzeit • …	• Journalism Jobs • all-indie-writers • …
	• Kurzfristige Buchung von IT- und Design-leistungen • …	• Hohe Flexibilität • Vergleichsweise preiswert • Keine Vertragslaufzeit • …	• Envato Studios • Design Crowd • …

800.000 Euro sowie eine Unfallversicherung für die Gastgeber in Höhe von 1 Mio. US-Dollar.[15]

Airbnb wurde 2008 gegründet und verfolgt das Ziel, dem Kunden zu ermöglichen, überall ein authentisches Zuhause anmieten zu können.[16] Weltweit hat die Plattform über 6 Mio. Inserate und ist in 100.000 Städten in mehr als 220 Ländern und Regionen vertreten. Seit seiner Gründung 2008 zählt Airbnb mehr als 1 Mrd. Gästeankünfte und mehr als 4 Mio. Gastgeber.[17]

---

[15] Vgl. Airbnb (2020).

[16] Vgl. Airbnb (2022a).

[17] Vgl. Airbnb (2022a).

Ein häufiges Problem, das aus Airbnb-Vermietungen resultiert, ist die gesetzliche Grauzone, in der die kurzfristigen Vermietungen stattfinden. Vermieter melden oft das erwirtschaftete Mieteinkommen nicht vollständig an. Darüber hinaus wirken sich die verhältnismäßig hohen Airbnb-Mietraten in Großstädten oft für Ortsansässige nachteilig auf deren Mietpreise aus.

So wird Airbnb von Bürgern in Großstädten oft für eine steigende Mietpreisentwicklung verantwortlich gemacht und so auch von einigen Stadtverwaltungen politisch bekämpft. Auch die Besteuerung von Airbnb als Vermittlungsplattform wird kritisiert. Dies ist darauf zurückzuführen, dass Airbnb nicht dort steuerpflichtig ist wo die Vermittlung und Vermietung stattfindet, sondern ausschließlich dort, wo die jeweiligen Standorte registriert sind. Die Abb. 11.7 stellt die Startseite der Vermittlungsplattform Airbnb dar.

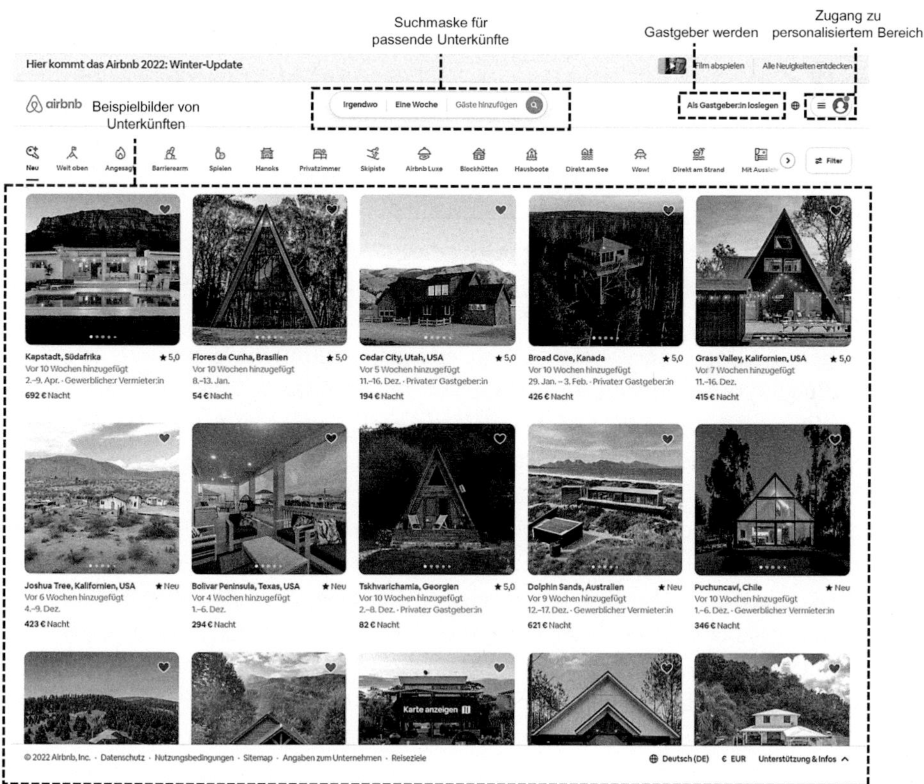

Abb. 11.7 Screenshot der Airbnb-Startseite. (In Anlehnung an Airbnb (2022b))

11.3 Crowd-Strategien

Im Gegensatz zur Shareconomy, in der es um die Überlassung von Gebrauchsgütern oder Arbeitskraft geht, ist das Konzept des Crowdfundings darauf ausgelegt, finanzielle Ressourcen von Nutzern in Projekte, Initiativen, Startups oder Einzelpersonen zu steuern. Auch hier spielen Online-Plattformen eine entscheidende Rolle, da sie als Intermediäre sowohl Geldgeber als auch -nehmer zusammenbringen.

Crowdfunding

Das Crowdfunding steht im Zusammenhang mit dem Konzept des Crowdsourcings, das ein Beschaffungsmodell beschreibt, bei dem Einzelpersonen oder Organisationen Waren und Dienstleistungen, einschließlich Ideen und Finanzen, von einer großen, relativ offenen Gruppe von Internetnutzern beziehen. Das Wort ‚Crowdsourcing' selbst kann dabei als eine Mischung aus Crowd und Outsourcing verstanden werden, welches allerdings oft als Beschaffungsmethode für Finanzierungen verstanden wird.

Die Finanzierung über die Crowd im Internet verzeichnete in den vergangenen Jahren ein erhebliches Wachstum. Von 1,5 Mio. Euro im Jahr 2011 stieg der Investment-Umsatz bis zum Jahr 2019 auf 417,7 Mio. Euro an. Lediglich im Jahr 2020 kam es erstmalig zu Einbrüchen. So erreichte der Wert im Jahr nur 327,8 Mio. Euro, von denen der Immobiliensektor mit 77,8 % den Hauptteil ausmachte, gefolgt von Finanzierungen von Unternehmen (16,6 %) und dem Energiesektor (4,1 %).[18]

Der Finanzierungsbereich des Crowdsourcings kann in vier Ansätze unterteilt werden: das konventionelle und meist ideelle Crowdfunding, das oftmals renditeorientierte Crowdinvesting, das Privatdarlehensgeschäft, welches meist als P2P-Lending bezeichnet wird, und Ansätze des Social Trading, welches den Bereich umfasst, in denen Investmententscheidungen von Usern einer Social Media Community getroffen werden.

Crowdfunding-Plattformen sind vergleichbar mit Plattformen, die der Shareconomy zugerechnet werden. Sie agieren dabei als Intermediär zwischen Geldgeber und Geldnehmer. Das GCG-Crowdfunding-Plattform-Modell in Abb. 11.8 steht für Geldgeber, Crowd-Financing-Plattform und Geldnehmer. Es stellt Crowdfunding-Plattformen sowie die verschiedenen Aspekte dar.

Das konventionelle Crowdfunding beschreibt einen typischerweise onlinebasierten Finanzierungsansatz für Projekte, Initiativen oder Startups, der darauf abzielt, durch eine Vielzahl von Personen kleine Finanzierungsbeiträge zu sammeln, um schließlich ein monetäres Ziel zu erreichen.

Das am häufigsten angewendete Crowdfunding-Modell ist das Rewards-Based-Crowdfunding. In diesem Modell können Menschen eine Projekt-, Kampagnen- oder Geschäftsidee unterstützen, indem sie noch zu entwickelnde Produkte oder Leistungen vorkaufen oder zur Umsetzung der Idee entsprechende Kleinbeträge spenden.

[18] Vgl. Crowdinvest (2021), S. 6.; Crowdfunding (2019a, b)

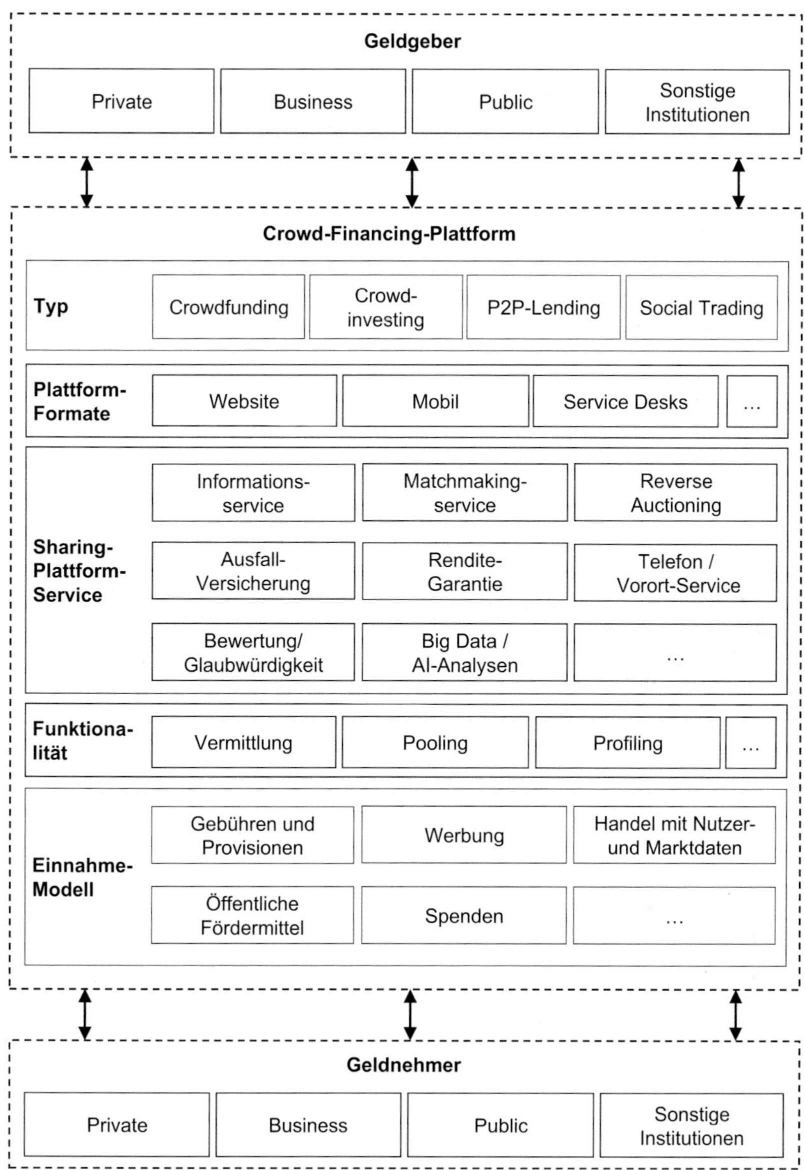

Abb. 11.8 GCG-Crowdfunding-Plattform-Modell. (Vgl. Wirtz (2020), S. 186; Wirtz (2021), S. 277)

Obwohl diese Finanzierung in einigen Fällen dazu dienen kann, ein Unternehmen zu finanzieren, soll das Ziel der Förderung nicht der finanzielle Erfolg des Unternehmens sein, sondern vielmehr die Verwirklichung des dargestellten Plans unterstützen. Einzelpersonen und Unternehmen präsentieren dabei ihre Projektvorschläge auf der ganzen Welt, indem sie entsprechende Onlineprofile erstellen, die typischerweise kurze Videos über ihre Projekte und eine Liste von Rewards enthalten.

Die Gründe, weshalb Förderer einen finanziellen Beitrag leisten, sind vielfältig. So können sie sich persönlich durch einen eigenen finanziellen Kleinbetrag mit dem übergeordneten Zweck der Kampagne verbinden und damit z. B. Teil einer unternehmerischen Gemeinschaft sein und eine innovative Idee oder ein innovatives Produkt unterstützen. Gleichzeitig können sie die Rewards vorerwerben und damit auch die neuen Produkte oder Leistungen als eine der ersten Personen in die Öffentlichkeit tragen. Diese Art des Fundings eignet sich insbesondere, um das Marktpotential von Ideen zu prüfen und teilweise schon vor größeren Investments eine Art Premarketing zu betreiben. Weitere Bezeichnungen für diesen Vorgang sind reward-based Crowdfunding, Gegenleistungs-Crowdfunding und Crowdsponsoring.

Crowdinvesting

Eine andere Form der Förderung von angehenden Projekten ist das Crowdinvesting, das überwiegend von Unternehmen betrieben wird. Der im internationalen Kontext oft als equity-crowdfunding bekannte Ansatz baut insbesondere auf die Renditeorientierung der Förderer. So liegt der entscheidende Unterschied zum Crowdfunding im Eigenkapital-Charakter der Förderung, wonach Crowdfundingteilnehmern eine Gewinnbeteiligung bei Erfolg des Projekts oder Unternehmens zugesagt wird.[19]

Die Peer-to-Peer-Kreditvergabe oder das P2P-Lending ist ein weiterer Crowdsoursingansatz, bei dem die Vermittlung von Finanzierungen über eine breite Internetöffentlichkeit im Zentrum steht.

Da P2P-Lending-Plattformen in der Regel ausschließlich online operieren, können sie mit geringeren Kosten arbeiten und den Service kostengünstiger anbieten als traditionelle Finanzinstitute wie Banken.

Oft können P2P-Lending-Plattformen Geldgebern im Vergleich zu konventionellen Spar- und Anlageprodukten höhere Renditen anbieten und gleichzeitig Kreditnehmern Geld zu niedrigeren Zinssätzen anbieten.

Die P2P-Lending-Plattform erhebt dabei meist eine Gebühr für die Bereitstellung der Matchmaking-Plattform und für die Kreditprüfung des Darlehensnehmers.

Die meisten P2P-Darlehen sind unbesicherte persönliche Kredite, wobei auch Beträge an Unternehmen verliehen werden. Manche Plattformen bieten auch die Möglichkeit Luxusgüter wie Schmuck, Uhren, Oldtimer, Kunsthandwerke, Gebäude, Flugzeuge und andere Geschäftsgüter als Sicherheit hinterlegen zu können.

Die angewendeten Zinssätze werden meist auf Grundlage einer Analyse der Plattform festgelegt.

Es gibt aber auch Plattformen, in denen Kreditnehmer nach dem Reverse-Auktionsmodell um den niedrigsten Zinssatz konkurrieren. Bei einigen Plattformen wird das Risiko von Forderungsausfällen dadurch gesenkt, dass Investitionen auf verschiedene Kreditnehmer verteilt werden. Andere Modelle bauen auf Fonds, die Kreditgeber im Falle eines Ausfalls teilweise absichern.

---

[19] Vgl. Crowdinvest (2021), S. 37 ff.

Social Trading

Die vierte Variante des Crowdsourcings im Bereich Finanzierung ist das Social Trading. Dabei geht es insbesondere um Kopierhandel oder Spiegelinvestments, die darauf setzen, dass besonders erfolgreiche Händler an Finanzmärkten von anderen Händlern auf sozialen Tradingplattformen in ihren Investmententscheidungen kopiert werden. Tab. 11.3 stellt entsprechende Anwendungsbeispiele für finanzierungsbezogene Crowdsourcingdienste dar.

Fallbeispiel Crowdfunding: Kickstarter

Kickstarter ist eine US-amerikanische reward-based Crowdfunding-Plattform, die 2009 gegründet wurde, um den Markteinstieg von Projekten und/oder Unternehmen zu ermöglichen. Das unabhängige, von den Gründern geleitete Unternehmen hat seinen Sitz in

Tab. 11.3 Kategorien und Anwendungsbeispiele für finanzierungsbezogene Crowdsourcingdienste. (Vgl. Wirtz (2020), S. 189; Wirtz (2021), S. 279)

Crowdsourcing Variante	Beschreibung	Kunden-Nutzen	Beispiele
Crowdfunding	• Eine meist ideelle finanzielle Förderung eines Projektes gegen eine nichtmonetäre Gegenleistung • …	• Große Öffentlichkeit/ Premarketing • Einfache Kapitalquelle • Mobilisierung von Stakeholdern • Kaum Kosten • …	• kickstarter.com • startnext.com • indigogo.com • …
Crowdinvesting	• Ein finanzielles Kleininvestment in ein Projekt, das sich durch eine Gewinnbeteiligung auszeichnet • …	• Große Öffentlichkeit/ Premarketing • Einfache Kapitalquelle • Zugang zu Geldgebern • …	• seedinvest.com • investiere.ch • wefunder.com • microventures.com • …
P2P-Lending (privat leihen und verleihen)	• Eine onlinebasierte Privatdarlehensmethode, in der es neben der Plattform keine weiteren Intermediäre gibt • …	• Risikotransformation • Losgrößen-Transformation • Günstige Kapitalbeschaffung • Vergleichsweise hohe Renditen • …	• auxmoney.com • smava.de • bondora.com • …
Social Trading	• Investmententscheidungen werden über die Netzöffentlichkeit diskutiert und getroffen (Kopier- und Spiegelinvestments) • …	• Austausch von Expertise • Kooperation entsprechend der Kompetenzen • Kompensation von Leistung • …	• eToro.com • dukascopy.com • …

New York City und beschäftigt 160 Angestellte. Im Jahr 2015 wurde Kickstarter zu einer Public Benefit Corporation umgewandelt, einem kommerziellen Unternehmen, dessen Fokus auf dem Gemeinwohl und zugleich auf dem Profit der Aktionäre liegt.[20]

Auf Kickstarter wird jedes Projekt von den Projektgründern oder -initiatoren selbst verwaltet. Dies bedeutet, dass sie die vollständige Kontrolle und Verantwortung über die Umsetzung und Kommunikation der Projekte haben. Dazu erstellen sie ihre Projektseiten, auf denen meist in Videoformat die Projektidee, die dahinterstehenden Personen und das finanzielle Ziel dargestellt werden. Zudem legen sie eine Reihe von Belohnungen für einen Förderbeitrag fest.

Jedes Projekt auf der Kickstarter-Plattform muss ein Finanzierungsziel sowie eine Frist für den Start des Projekts festgesetzt haben. Wenn das Projekt die Kickstarter-Community überzeugt, leisten die Teilnehmer finanzielle Beiträge zur Verwirklichung. Erst wenn das Finanzierungsziel erreicht wird, findet eine Belastung der angegebenen Konten oder Kreditkarten der Unterstützer nach Ablauf der Projektfrist statt. Damit folgt Kickstarter dem Prinzip ‚alles oder nichts'. Wird das Finanzierungsziel im angegebenen Zeitraum nicht erreicht, werden auch diejenigen, die sich bereiterklärt haben einen Beitrag zu leisten, nicht belastet.[21]

Am 21. November 2022 betrug die Summe aller Finanzierungsbeiträge von Kickstarter-Projekten insgesamt rund 7 Mrd. US-Dollar. Die Zahl aller erfolgreich finanzierten Projekte lag bei rund 230.000. Dabei zählte das Unternehmen eine Gesamtzahl an Unterstützern in Höhe von 21,6 Mio., darunter 7,4 Mio. Mehrfachunterstützer. Von den erfolgreich finanzierten Projekten gehörte die Mehrzahl der Kategorie Film und Video (81.923) an, gefolgt von den Kategorien Spielen (72.822) und Musik (67.300). Die durchschnittliche Erfolgsquote für Projekte über alle Kategorien hinweg betrug 40,19 %.[22]

11.4 Inhaltliche Kernpunkte von digitalen Plattformen, Sharing Economy und Crowd-Strategien

- Die wichtigsten Elemente einer Plattform lassen sich anhand von vier Hauptkomponenten darstellen. Die erste Komponente ist die funktionale Ebene, welche die Grundleistungen einer Plattform umfasst. Weitere Komponenten sind die Schnittstellen einer Plattform, ihre wirtschaftlichen Vorteile sowie das Erlösmodell der Plattform.
- Die spezifischen Merkmale einer Plattform in Bezug auf ihre vier Hauptkomponenten werden durch den Einfluss der Nutzerbasis bestimmt, die aus Konsumenten und Produzenten besteht. Manchmal verschmelzen diese beiden Nutzergruppen zu sogenannten Prosumers.

[20] Vgl. Kickstarter (2019a).

[21] Vgl. Kickstarter (2019b).

[22] Vgl. Kickstarter (2022).

- Plattformen bieten verschiedene Vorteile, darunter die Erstellung einer umfassenden Datenbank, verbesserte Möglichkeiten für Nischenprodukte, Größenvorteile sowie Lock-in-Effekte.
- Der Lock-in-Effekt einer Plattform ist für den Plattformanbieter besonders vorteilhaft, da er aufgrund der hohen Wechselkosten zu einer stärkeren Kundenbindung führt.
- In der Regel bieten oder erleichtern Plattformen auch weitere Dienstleistungen, wie die Abwicklung von Zahlungen oder Logistik- und Vertriebsdienstleistungen. Plattformanbieter können sich im Wertschöpfungsangebot, der Funktionalität, der Integration, den Strategien und der Realisierung von Größen- und Inhaltsvorteilen unterscheiden.
- Internetbasierte Plattformen ermöglichen die Organisation und Vermarktung einer Kooperation und damit die Nutzung verschiedener Ressourcen. Somit legen internetbasierte Plattformen den Grundstein für die sogenannte Shareconomy.
- Anbieter in der Shareconomy folgen oft traditionellen Miet- oder Leasingmodellen. Durch die Nutzung von Online-Plattformen können jedoch die Transaktionskosten, wie z. B. die Suchkosten für ein passendes Angebot, deutlich reduziert werden.
- Das SSU-Sharing-Plattform-Modell veranschaulicht die Beziehung zwischen den Sharing-Ressourcen, der Sharing-Plattform und den Nutzern der Plattform. Sharing-Ressourcen können entweder Eigentum der Plattformnutzer oder Eigentum des Plattformanbieters sein. In beiden Fällen ist die Sharing-Plattform das Bindeglied zwischen Ressourcen und Nutzern.
- Plattformen werden häufig im Rahmen von Crowd-Strategien eingesetzt. Übliche Crowd-Strategien sind zum Beispiel Crowdfunding, Crowdinvesting, P2P-Lending und Social Trading.

Kapitel 11
Wissensfragen und Diskussionsthemen

Wissensfragen

1. Skizzieren Sie die Kernbestandteile einer Plattform.
2. Stellen Sie die Interaktionen auf Plattformen dar.
3. Erläutern Sie das SSU-Sharing-Plattform-Modell.
4. Beschreiben Sie Sharing-Anwendungen.
5. Stellen Sie Crowd-Plattformen und deren Inhalte dar.

Diskussionsthemen

1. Plattformen wie Amazon, eBay oder Airbnb haben eine marktbeherrschende Position. Diskutieren Sie, ob diese marktbeherrschenden Stellungen gut für unsere freie Gesellschaft und Marktwirtschaft ist?
2. Sharing-Plattformen bieten viele Möglichkeiten und Vorteile. Diskutieren Sie, wie Sharing-Plattformen unser Umweltbewusstsein und unser soziales Verhalten in Zukunft positiv verändern können.
3. Diskutieren Sie die Vor- und Nachteile von Crowd-Strategien. Erörtern und diskutieren Sie, ob Crowdfunding und Crowdinvesting Alternativen zum traditionellen Anlagegeschäft (von Banken und Finanzdienstleistern) sind.

Literatur

Airbnb (2020), Safety, https://www.airbnb.de/b/safety, Abruf: 26.02.2020.

Airbnb (2022a), About us, https://news.airbnb.com/about-us/, Abruf: 21.11.2022.

Airbnb (2022b), Startseite, https://www.airbnb.de/, Abruf: 21.11.2022.

Alstyne, M.W./Parker, G.G./Choudary Sangeet Paul (2017), Pipelines, Platforms, and the New Rules of Strategy, 2017, https://hbr.org/2016/04/pipelines-platforms-and-the-new-rules-of-strategy?cm_sp=Magazine%20Archive-_-Links-_-Current%20Issue, Abruf: 07.07.2017.

Amazon (2023), Amazon Web Services, https://www.aboutamazon.com/what-we-do/amazon-web-services, Abruf: 31.08.2023.

Amazon (2023), Über Amazon- Geschichte und Fakten zu Amazon.de, https://amazon-presse.de/Top-Navi/Unternehmen/-ber-Amazon.html, Abruf: 10.08.2023.

Amazon (2022), Tarifoptionen, https://sell.amazon.de/preisgestaltung?ref_=sdde_soa_priov_n, Abruf: 21.11.2022.

Basaure, A./Vesselkov, A./Töyli, J. (2020), Internet of things (IoT) platform competition: Consumer switching versus provider multihoming, in: Technovation, 90–91, 2020, doi = 10.1016/j.technovation.2019.102101 .

Botsman, R./Rogers, R. (2011), What's mine is yours- How collaborative consumption is changing the way we live, Rev. and updated ed., London 2011.

Choudary, S.P./Alstyne, M.W./Parker, G. (2016), Die Revolution im E-Commerce- Wie neue Plattform-Geschäftsmodelle von airbnb und Co. den Markt verändern Methoden und Strategien für Unternehmensgründer und Start-ups, 1. Auflage, Frechen 2016.

Crowdfunding (2019a), Was ist Crowdfunding?- Definition & Erklärung, https://www.crowdfunding.de/was-ist-crowdfunding/, Abruf: 23.07.2019.

Crowdfunding (2019b), Was ist Crowdinvesting?- Crowdinvesting: Definition und begriffliche Einordung, https://www.crowdfunding.de/was-ist-crowdinvesting/, Abruf: 23.07.2019.

Crowdinvest (2021), Crowdinvest Marktreport 2020, https://www.crowdinvest.de/Crowdinvest_Marktreport_2020_Deutschland_crowdinvest.de.pdf, Abruf: 21.11.2022.

Hawlitschek, F./Teubner, T./Gimpel, H. (2018), Consumer motives for peer-to-peer sharing, in: Journal of Cleaner Production, 204. Jg., 2018, S. 144–157.

Jaekel, M. (2017), Die Macht der digitalen Plattformen 2017.

Jones, G./Zeitlin, J. (2010), The Oxford handbook of business history, Reprint, Oxford: Oxford Univ. Press.

Kickstarter (2019a), About, https://www.kickstarter.com/about, Abruf: 22.07.2019.

Kickstarter (2019b), Presse- Die Basics, https://www.kickstarter.com/press?ref=about_subnav, Abruf: 22.07.2019.

Kickstarter (2022), Kickstarter in Zahlen, https://www.kickstarter.com/help/stats?lang=de, Abruf: 21.11.2022.

Lassnig, M./Stabauer, P./Breitfuß, G./Müller, J.M. (2019), Erfolgreiche Konzepte und Handlungsempfehlungen für digitale Geschäftsmodellinnovationen, in: Meinhardt, S./Pflaum, A. (Hrsg.): Digitale Geschäftsmodelle – Band 1- Geschäftsmodellinnovationen, digitale Transformation, digitale Plattformen, Internet der Dinge und Industrie 4.0, Bd. 46, 1. Auflage 2019, Wiesbaden 2019, S. 201–219.

Lessig, Lawrence (2009), Remix. Making art and commerce thrive in the hybrid economy. New York, NY: Penguin Books.

Marketplace Pulse (2022), Marketplaces Year in Review 2021- Amazon Gross Merchandise Volume (GMV) – Share of Amazon GMV by Third-Party Sellers, https://www.marketplacepulse.com/marketplaces-year-in-review-2021#sellers, Abruf: 24.11.2022.

Moser, D./Wecht, C.H./Gassmann, O. (2019), Digitale Plattformen als Geschäftsmodell, in: ERP Management, 15. Jg., Nr. 1, 2019, S. 45–48.

Obermaier, R. (2019), Handbuch Industrie 4.0 und Digitale Transformation- Betriebswirtschaftliche, technische und rechtliche Herausforderungen, Wiesbaden: Springer Gabler.

Statista (2022), Anzahl der Mitarbeiter von Amazon weltweit in den Jahren 2007 bis 2021, https://de.statista.com/statistik/daten/studie/297593/umfrage/mitarbeiter-von-amazon-weltweit/, Abruf: 21.11.2022.

Trabucchi, D./Buganza, T. (2019), Data-driven innovation: switching the perspective on Big Data, in: European Journal of Innovation Management, 22. Jg., Nr. 1, 2019, S. 23–40.

Wirtz, B.W. (2020), Electronic Business, 7. Auflage, Wiesbaden 2020.

Wirtz, B.W. (2021), Digital business and electronic commerce- Strategy, business models and technology, 1. Auflage, Cham 2021.

Digital Ecosystems, Disintermediation und Disruption

12

Inhaltsverzeichnis

12.1 Digital Ecosystems 512
12.2 Digitale Disintermediation 520
12.3 Digitale Disruption 527
12.4 Inhaltliche Kernpunkte von Digital Ecosystems, Disintermediation und digitaler Disruption 553
Literatur 554

Wissensziele

Wenn Sie dieses Kapitel gelesen haben, werden Sie in der Lage sein:

1. die Struktur von Digital Ecosystems zu beschreiben,
2. die Auswirkungen der digitalen Disintermediation auf die Wertschöpfungsketten zu erläutern,
3. Chancen und Risiken der Disintermediation darzustellen,
4. das Neun-Ebenen-Modell der digitalen Disruption zu erläutern,
5. Unternehmensbeispiele für digitale Disruption hinsichtlich Strategie, Geschäftsmodell, Value Proposition und Markt-Impact zu erläutern.

Im Digital Business gibt es eine Vielzahl an Akteuren, Interaktionen und Serviceleistungen. Grundsätzlich kann dieses komplexe System in Form eines Ecosystems dargestellt werden. Ein Ecosystem bildet einen Verbund von mehreren Akteuren ab, die sich durch eine verbundene Wertschöpfung auszeichnen. In der Regel lassen sich fast alle Strukturen und Prozesse im Digital Business als Ecosystem abbilden. Digital Ecosystems bilden somit

B. W. Wirtz, *Digital Business*, https://doi.org/10.1007/978-3-658-41467-2_12

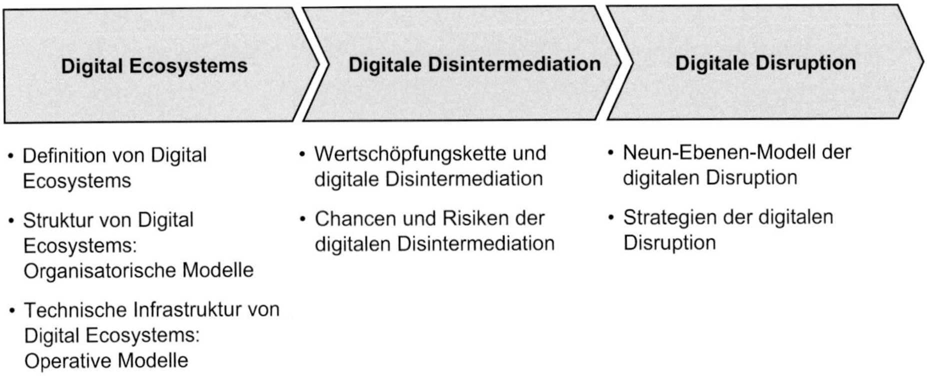

Digital Ecosystems	Digitale Disintermediation	Digitale Disruption
• Definition von Digital Ecosystems • Struktur von Digital Ecosystems: Organisatorische Modelle • Technische Infrastruktur von Digital Ecosystems: Operative Modelle	• Wertschöpfungskette und digitale Disintermediation • Chancen und Risiken der digitalen Disintermediation	• Neun-Ebenen-Modell der digitalen Disruption • Strategien der digitalen Disruption

Abb. 12.1 Struktur des Kapitels

einen konzeptionellen Rahmen für die Analyse von Veränderungsprozessen. Bei den Veränderungsprozessen sind im Digital Business insbesondere die Disintermediation und die Disruption im digitalen Wertschöpfungsgefüge als herausragende Phänomene zu kennzeichnen. In diesem Kapitel werden aufbauend auf der Darstellung von Digital Ecosystems auch die systemischen Phänomene Disintermediation und Disruption dargestellt. Abb. 12.1 zeigt die Struktur des Kapitels.[1]

12.1 Digital Ecosystems

Ein Ecosystem bildet grundsätzlich einen Verbund von mehreren Akteuren ab, die sich durch eine gemeinsame Wertschöpfung auszeichnen. In der Biologie wird ein Ecosystem zumeist als ein Lebensraum oder Habitat von Organismen mehrerer Arten verstanden. Im Digital-Business-Kontext kann man grundsätzlich das Digital Ecosystem als ein Verbund von verschiedenen Akteuren und Interaktionen in einem gemeinsamen System verstehen, das über mehrere Funktions- bzw. Objektbereiche verfügt. Das Digital Ecosystem als zentrales Konzept zur Darstellung des Wertschöpfungsprozesses wird nachfolgend näher ausgeführt.

[1] Vgl. zu Kap. 12Digital Ecosystems, Disintermediation und Disruption im Folgenden Wirtz (2020), S. 354 ff.; Wirtz (2021b), S. 283 ff.; Wirtz (2022), S. 351 ff.; Wirtz/Weyerer/Heckeroth (2022), S. 1 ff.; Wirtz/Müller (2022a), S. 19 ff.; Wirtz/Müller (2022b), S. 1 ff.

Definition Digital Ecosystems
Der Begriff Digital Ecosystem beschreibt die Konzeption einer Umgebung, die auf einem digitalen System basiert.[2] Der Begriff ist verwandt mit dem Konzept der Ökosysteme, welches auf Biologie und Ökologie basiert, und im oben genannten Kontext das Zusammenwirken zahlreicher Organisationen skizziert, die gemeinsame Fähigkeiten im Hinblick auf eine digitale Innovation entwickeln.[3]

Ein Ecosystem enthält im Gegensatz zur traditionellen Sichtweise von Wertschöpfungsketten alle prozessbeeinflussenden Akteure, auch Akteure außerhalb des linearen Wertschöpfungsprozesses.[4] Hierdurch verliert eine Wertschöpfung an Linearität und breitet sich in einem Netzwerk von miteinander verbundenen Organisationen aus, die jede einen Beitrag, oft in nichtlinearen Strukturen, erbringen.[5] Der Zusammenschluss in einem Ecosystem ermöglicht daher eine Wertschöpfung, die keiner der beteiligten Akteure individuell erreichen würde.[6]

Kooperation und Wettbewerb
Bezug nehmend auf Moore (1993) kooperieren die Teilnehmer eines digitalen Ecosystems, indem sie kollaborativ einen Wert für die Nutzer bereitstellen. Folglich kommt es zu einem Austausch zwischen den Teilnehmern, der sowohl kollaborativer als auch wettbewerbsorientierter Natur ist. Daher können die verschiedenen Digital-Ecosystem-Modelle neben interaktiven Wertschöpfungskomponenten auch typische Marktstrukturen enthalten. Eine Interaktionsebene weist den verschiedenen Parteien bestimmte Rollen zu und bestimmt letztlich die Aktivitäten der einzelnen Beteiligten in Bezug auf die Wertschöpfung sowie die Werterfassung innerhalb eines bestimmten Ecosystems.

Ecosystem-Perspektive
Die Partizipation an Ecosystems ermöglicht den Akteuren mehr Innovationen und Zugang zu neuen Partnern und Nutzern. Vielen Akteuren fällt es jedoch schwer, den strategischen Ansatz und die Ziele für ihre spezifische Rolle in einem Ecosystem zu definieren, da diese unter anderem neue Denkweisen und eine andere Verteilung von Ressourcen erfordern. Für eine erfolgreiche Zusammenarbeit innerhalb des Ecosystems müssen Führungskräfte ihre Denkweise grundlegend ändern und ihre Perspektive um die Ecosystem-Perspektive

---

[2] Vgl. Wirtz (2021b), S. 284 f.; Wirtz (2022), S. 351.

[3] Vgl. Scaringella/Radziwon (2018).

[4] Vgl. Iansiti/Levien (2004a); Clarysse et al. (2014).

[5] Vgl. Moore (1996); Christensen/Rosenbloom (1995).

[6] Vgl. Adner (2006).

Tab. 12.1 Definition Digital Ecosystem. (Vgl. Wirtz (2021b), S. 296)

Ein Digital Ecosystem ist ein integriertes Beziehungsgefüge bzw. System aus verschiedenen Akteuren, Wertschöpfungsketten und organisationalen sowie marktbezogenen Beziehungen. Das Digital Ecosystem bildet die wesentlichen Digital-Business-Aktivitäten zwischen den verschiedenen Akteuren in einem Beziehungsnetzwerk ab, welches zumeist in kollaborativer Form Wertschöpfung vollzieht, um einen Wettbewerbsvorteil zu genieren.

erweitern. Sie sollten zudem bereit sein, ihre eigenen Fähigkeiten mit ihren Ecosystempartnern zu teilen.

Es existieren unterschiedliche Verständnisse von Digital Ecosystems. Im engeren Sinne können sie als eine proprietäre Plattformumgebung mit einem hohen Grad an Kompatibilität gesehen werden. Apple stellt in diesem Kontext ein gutes Beispiel für ein proprietäres Digital Ecosystem dar.

Im weiteren Sinne beziehen sich Digital Ecosystems auf offene Plattformbeziehungsgefüge. Somit schließt das Digital Ecosystem verschiedene Anspruchsgruppen mit unterschiedlichen Interessen und Hintergründen ein. Hierzu zählen beispielsweise Unternehmen, Verbraucher, Nichtregierungsorganisationen sowie staatliche bzw. kommunale Behörden. Ein solch umfassendes Verständnis erfordert eine einheitliche Definition von Digital Ecosystems (siehe Tab. 12.1).

Diese Definition von Digital Ecosystems bezieht sich auf einen zusammenhängenden Kontext aus mehreren Digital-Business-Akteuren, Wertschöpfungsketten und Geschäftsbeziehungen. Die dynamische, komplexe und integrierte Struktur, die sämtliche digitalen Transaktionen des Digital Ecosystems umfasst, ist in der jeweiligen Konstellation produktiver und effektiver als vergleichbare Einzelstrukturen.

Aufbau von Digital Ecosystems

Um den komplexen Aufbau eines digitalen Ecosystems zu strukturieren und zu gestalten, ist es von hoher Relevanz, dessen Eigenschaften und Interdependenzen zu modellieren. Grundsätzlich besteht ein Digital Ecosystem aus einer organisatorischen und einer technischen Ebene. Abb. 12.2 stellt die jeweiligen Teilmodelle innerhalb eines Digital Ecosystems dar.

Auf der organisatorischen Ebene (Digital-Ecosystem-Struktur) lassen sich drei Teilmodelle (Organisationsmodelle) unterscheiden. Hierzu zählen das Governancemodell, das Kollaborationsmodell sowie das Interaktions- und Servicemodell. Das Governancemodell beschreibt den regulatorischen Kontext anhand von Gesetzen, Konventionen oder rechtlichen Anreizsystemen. Das Kollaborationsmodell bezieht sich auf die Zusammenarbeit zwischen relevanten Anspruchsgruppen. Das Interaktions- und Servicemodell umfasst den komplexen Prozess der Wertschöpfung innerhalb eines spezifischen Digital Ecosystems.

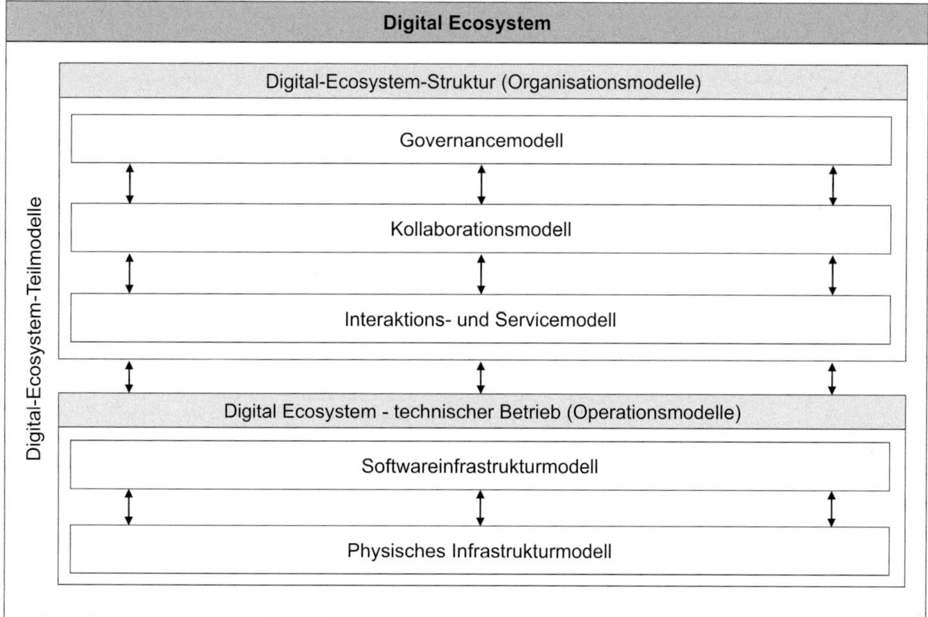

Abb. 12.2 Teilmodelle eines Digital Ecosystems. (Vgl. Wirtz (2021b), S. 286; Wirtz (2022), S. 354)

Die technische Ebene von Digital Ecosystems besteht aus dem Softwareinfrastrukturmodell und dem physischen Infrastrukturmodell. Während sich die Softwareinfrastruktur auf softwarebezogene Aspekte bezieht, besteht die physische Infrastruktur vor allem aus hardwarebezogenen Elementen.

Integriertes Digital Ecosystem Framework

Aufbauend auf der organisatorischen und der technischen Ebene kann ein integriertes Digital Ecosystem Framework konzeptualisiert werden. Dieses integrierte Framework orientiert sich an den fünf Teilmodellen und spezifiziert die komplexen Eigenschaften und Interdependenzen von Digital Ecosystems. Abb. 12.3 stellt das integrierte Digital Ecosystem Framework dar.[7]

Digital-Ecosystem-Struktur: Organisationsmodelle

Im Rahmen der Organisationsmodelle bezieht sich das Governance modell auf den Steuerungs- und Kontrollkontext eines digitalen Ecosystems, der das Management des Eco-

[7] Inhalte basierend auf Wirtz (2021b), S. 287; Wirtz/Müller (2022a), S. 24; Wirtz/Müller (2022b), S. 14.

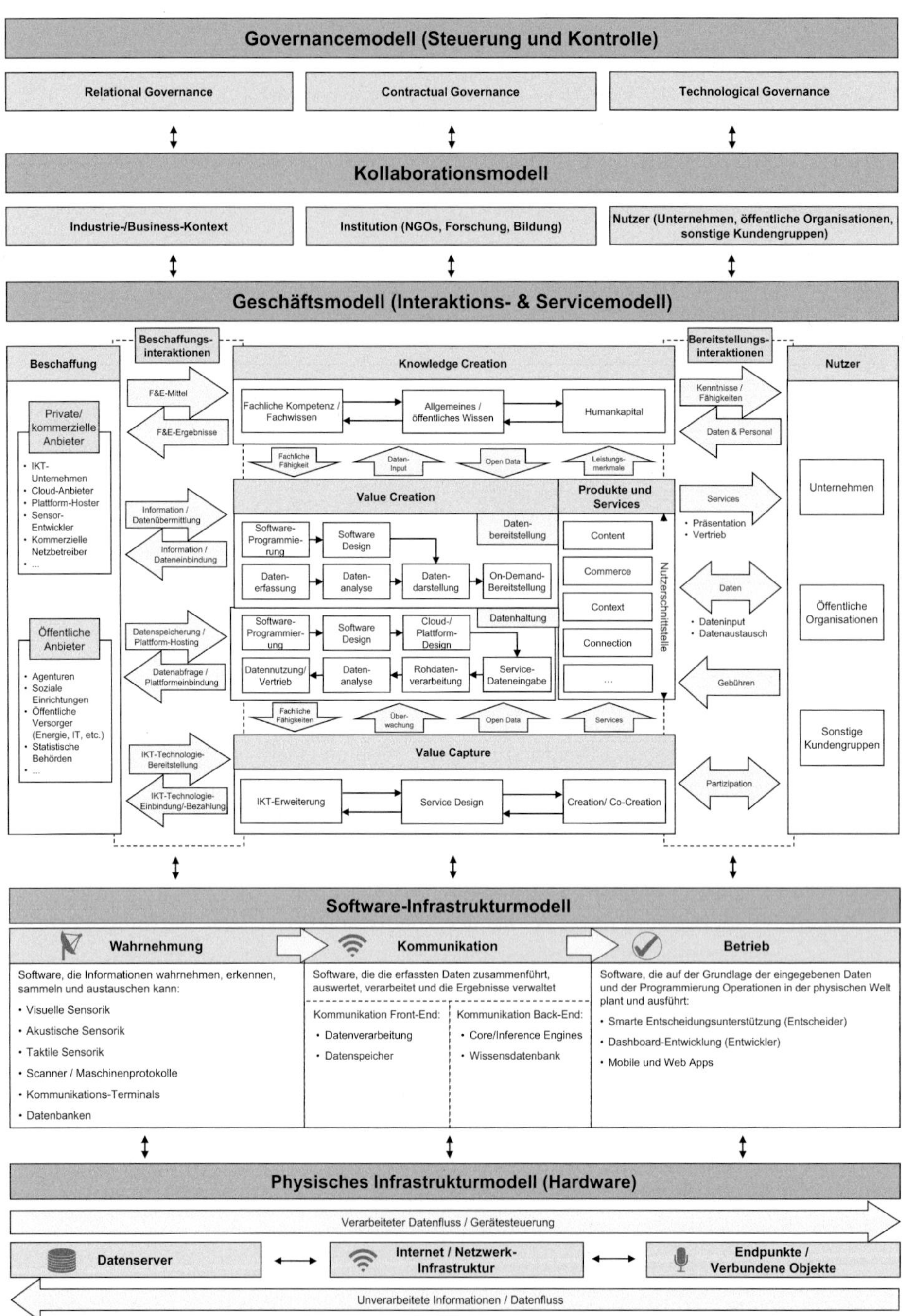

Abb. 12.3 Integriertes Digital Ecosystem Framework. (Vgl. Wirtz (2021b), S. 287; Wirtz (2022), S. 355)

systems bestimmt. Es beschreibt das Steuerungs- und Kontrollsystem im Sinne von Strukturen (Aufbau- und Ablauforganisation) des Ecosystems und betrachtet das System als eine komplexe und heterogene Einheit. Das Governance-System lässt sich in Relational Governance, Contractual Governance und Technological Governance unterteilen.[8] Relational Governance bezieht sich auf soziale Normen und Werte, kollaborative und funktionale Beziehungen, gegenseitige Vereinbarungen und Beratungen sowie Netzwerk- und Austauschkonventionen. Contractual Governance beschreibt den Bereich der rechtlichen Angelegenheiten, der vertraglichen Vereinbarungen und formalisierten Regeln sowie Richtlinien und Verfahren. Der Bereich der technologischen Governance bezieht sich auf die systematische und strategische Steuerung und Kontrolle der digitalen Soft- und Hardwareinfrastruktur.

Das Kollaborationsmodell beschreibt die Beziehungen zwischen den wichtigsten Stakeholder-Gruppen, darunter Unternehmen, Institutionen und Nutzer. Das Kollaborationsmodell zeigt, dass ein Ecosystem aus verschiedenen Akteuren und Interessen besteht, die jeweils ihren eigenen Anteil an der Wertschöpfung haben. Ecosystem-Modelle werden daher zur Veranschaulichung kollaborativer Systeme in einer vielschichtigen Umgebung verwendet, die durch Interaktionen und Dienstleistungen charakterisiert sind.

Um diese Komplexität zu verstehen, ist es notwendig, die Wechselwirkungen abzuleiten, die sich aus der Zusammenarbeit und den jeweiligen Abhängigkeiten der Akteure ergeben. Das digitale Ecosystem, das einen komplexen Wertschöpfungsprozess darstellt, beruht im Wesentlichen auf dem Geschäftsmodellansatz.[9] Geschäftsmodelle sind in der Managementliteratur seit Jahrzehnten Gegenstand der Forschung und haben sich als Methode zur Analyse von Geschäftsabläufen etabliert.[10]

Zusammenfassend lässt sich festhalten, dass die Kollaborationsstruktur und die daraus resultierenden Interaktionen die Identifizierung derjenigen Wertschöpfungsprozesse erleichtern, die für die Zielerreichung bedeutsam sind. Der integrative Ansatz ist von großer Bedeutung, da er die Darstellung des gesamten Beziehungsgeflechts und der Interaktionen der Akteure ermöglicht. Dies erleichtert die Identifizierung der für eine bestimmte Interaktion relevanten Zielgruppen durch die Analyse von Stakeholdern, ihren Interessen und Interaktionen. Daraus lassen sich dann Schlussfolgerungen über das Verfahren und die Mechanismen der Ecosystem-Governance ziehen.

Das Interaktions- und Dienstleistungsmodell eines digitalen Ecosystems lässt sich in acht Teilbereiche unterteilen: (1) Beschaffung, (2) Beschaffungsinteraktionen, (3) Knowledge Creation, (4) Value Creation, (5) Value Capture, (6) resultierende Produkte und Services, (7) Bereitstellungsinteraktionen und (8) Nutzer.

---

[8] Vgl. Lumineau/Wang/Schilke (2021).

[9] Vgl. zu Geschäftsmodellen auch Kap. 13 B2C-Geschäftsmodelle im Digital Business.

[10] Vgl. Wirtz/Müller/Langer (2023).

Beschaffung und Beschaffungsinteraktionen

Betrachtet man das Ecosystem als eine Makro-Organisationsstruktur, beinhaltet das System eine Vielzahl von Beschaffungsanbietern, die privater oder öffentlicher Natur sein können. Private Anbieter können unterschiedlicher Art sein wie Informations- und Kommunikationstechnologie-Unternehmen, Cloud-Anbieter, Plattform-Hosting-Dienste, Sensorentwickler oder Netzbetreiber. Ein Digital Ecosystem umfasst jedoch oft auch öffentliche Akteure wie Behörden, soziale Einrichtungen oder öffentliche Versorger (Energie, IT usw.). Diese unterschiedlichen Anspruchsgruppen sind im digitalen Ecosystem miteinander verbunden und haben jeweils verschiedene Interaktionsformen. Sie tragen zum grundlegenden Wertschöpfungsprozess bei, indem sie bestimmte Dienstleistungen und/oder Produkte bereitstellen. Die zugrunde liegenden Interaktionspfade können als der Beschaffungsinteraktionsbereich betrachtet werden.

Knowledge Creation

Grundsätzlich betreiben Unternehmen Forschungs- und Entwicklungsprojekte (F&E-Projekte), um bestehende Produktionstechnologien oder das Angebot von Dienstleistungen zu verbessern. Die Erweiterung von Wissen erfordert gut ausgebildete, kreative Wissenschaftler, die aus einem Pool hoch qualifizierter Personen rekrutiert werden. Die Qualität und Kreativität der Arbeitskräfte, d. h. das Humankapital, hängt im Wesentlichen vom allgemeinen Wissensstand der Bevölkerung sowie von der Qualität der Bildungseinrichtungen ab. Ein höheres Niveau des Humankapitals erhöht wiederum die Wissensproduktion und beschleunigt den Transfer von theoretischem Wissen in praktikables Fachwissen und verbessert so die innovative Wertschöpfung.

Value Creation

Die Wertschöpfung spiegelt den „traditionellen" Teil des Geschäftsmodells wider und bezeichnet den Prozess der Wertschöpfung durch die Kombination verschiedener Inputs während der Produktion, um ein gewünschtes Ergebnis für den Nutzer bzw. Kunden zu erzielen.

Die Bereitstellung von digitalen Dienstleistungen für den Markt und den jeweiligen Nutzer erfordert die Beschaffung von Software, Programmierkenntnissen und Daten. In der Value Creation werden die verschiedenen Inputs digital so weit aufbereitet, dass diese die Basis für die verschiedenen Produkte und Services bilden.

Value Capture

Der Teilbereich Value Capture dient dazu, die geschaffenen Werte für den Anbieter in Gewinnpotenziale umzusetzen. Entscheidend hierbei ist, dass die Value Capture (also die Abschöpfung des Wertes durch das Unternehmen) in einer nachhaltigen und umfassenden

Art und Weise erfolgt. Gerade im Bereich des digitalen Value Captures ist der Schutz von Wissen (etwa durch Patente) von großer Bedeutung. Der Digital Value Capture ist daher von besonderer Bedeutung, da er langfristig den Mehrwert der Wertschöpfung für das Unternehmen sichert.

Produkte und Services

Die drei Teilbereiche Knowledge Creation, Value Creation und Value Capture führen letztendlich zur Bereitstellung von digitalen Produkten und Dienstleistungen. Im Kontext des Digital Business sind verschiedene Anwendungsbereiche denkbar (z. B. Content oder Commerce). Jeder Anwendungsbereich beschreibt eine eigene Art von Dienstleistung oder Produkt, schränkt aber nicht die Vielfalt der Produkte und Dienstleistungen ein, die sich aus dem digitalen Ecosystem ergeben.

Bereitstellungsinteraktionen und Nutzer

Am Ende des Wertschöpfungsprozesses stehen die Nutzer des Ecosystems. Diese Nutzer sind Unternehmen, öffentliche Organisationen oder sonstige Nutzergruppen. Sie konsumieren Produkte und Dienstleistungen, tragen aber auch zur Wertschöpfung bei, indem sie Daten, Gebühren sowie ihre Beteiligung an Co-Creation-Ansätzen anbieten. Aus der Geschäftsmodellperspektive ist der Nutzer der zentrale Adressat aller Aktivitäten des digitalen Ecosystems. Da das Ecosystem den Nutzer jedoch in den Wertschöpfungsprozess einbezieht, wird der Nutzer zu einem integralen Bestandteil des Ecosystems und stellt somit keine externe Einheit dar.

Technische Infrastruktur von Digital Ecosystems: Operative Modelle

Um das Verständnis digitaler Ecosystems in Bezug auf die Funktionsweise und Eigenschaften der grundlegenden technologischen Infrastruktur nachzuvollziehen, ist es sinnvoll, die Infrastruktur als das Äquivalent eines Nährstoffkreislaufs zu betrachten. Die von der jeweiligen Soft- und Hardware erzeugten, gespeicherten und verarbeiteten Daten sind der kritische Nährstoff eines Systems, um die übergeordneten Funktionen der Dienste zu ermöglichen. Ein solcher Nährstoffkreislauf repräsentiert den digitalen Zyklus von der Produktion über die Speicherung bis zur Weiterverarbeitung.

In diesem Zusammenhang stellt das Software-Infrastrukturmodell einen einfachen Datenlogistikprozess dar, bestehend aus der Software für die Wahrnehmung bzw. Erfassung von Daten, die Kommunikation von Informationen und den anschließenden Betrieb digitaler Systeme. Die Wahrnehmung bzw. Erfassung von Daten erfolgt anhand von Programmen, die Informationen erkennen, sammeln und austauschen können. Dies geschieht auf der Basis von visuellen, akustischen oder taktilen Sensorsystemen, Scannern oder Maschinenprotokollen, Kommunikations-Terminals oder Datenbanken.

Der Kommunikationsteil bezieht sich auf Software, die die erfassten Daten zusammenführt, auswertet, verarbeitet und die Ergebnisse verwaltet. Dabei sind zwei Kommunikationsschnittstellen von Bedeutung: das Kommunikations-Front-End und das Kommunikations-Back-End. Das Kommunikations-Front-End verarbeitet und/oder speichert Daten. Demgegenüber stellt das Kommunikations-Back-End Daten für entsprechende Aktivitäten bereit, indem es Kern- oder Inferenzmaschinen und Wissensdatenbanken anbietet. Der Betriebsteil bezieht sich auf die Software, die auf der Grundlage der eingegebenen Daten und der Programmierung der verwendeten Softwares Software-Arbeitsprozesse in der physischen Welt plant und ausführt. Dieser Teil stellt also eine nutzerspezifische Betriebssoftware dar, die die Nutzerschnittstelle bildet.

Im Gegensatz dazu bildet die physische Infrastruktur den Datennutzungszyklus ab. Dieser besteht einerseits aus einem Downloadstream, der auf die in den Datenbanken gespeicherten Daten über das Internet/Netzwerk der Informations- und Kommunikationstechnologie-Geräte zugreift. Andererseits besteht er aus einem umgekehrten Uploadstream, der die Daten von den Endgeräten der Nutzer in die jeweiligen Datenbanken lädt.

Eine integrative Perspektive auf Digital Ecosystems zielt darauf ab, alle relevanten Akteure sowie ihre Aktivitäten und Beziehungen abzubilden. Das Digital Ecosystem Framework veranschaulicht daher in umfassender Weise Struktur- und Wirkungskomplexe in der digitalen Welt. Digital Ecosystems zeigen daher zumeist ein umfassenderes und größeres Bild von digitalen Geschäftsaktivitäten auf.

12.2 Digitale Disintermediation

Disintermediation stellt in der Regel eine Substitution von Wertschöpfungsstufen dar. Dies ist etwa der Fall, wenn Zwischenhändler innerhalb der Kunden-Händler-Beziehung durch den direkteren Zugang zum Internet substituiert werden. Hierbei wird somit die Mittlerfunktion des Zwischenhändlers von dem Kunden nicht mehr benötigt.

Wertschöpfungskette und digitale Disintermediation

Disintermediation in der Internetökonomie lässt sich am betriebswirtschaftlichen Konzept der Wertschöpfungskette veranschaulichen. Dabei handelt es sich um eine Kette, die alle Stufen abbildet, die ein Produkt oder Angebot durchläuft, bis es letztendlich zum Endverbraucher gelangt.[11] Alle Stufen beinhalten dabei einen Prozess, der dem Produkt oder Service einen zusätzlichen Wert hinzufügt.

Bei einer grundlegenden und teilweise vereinfacht aggregierten Betrachtung lassen sich die drei Stufen Zulieferung (Produktion der Komponenten), Produktion (Aggregation der Komponenten zu einem marktfähigen Produkt) und Handel (Verfügbarmachen des Produktes für Kunden) differenzieren, wobei alle Stufen vielschichtig unterteilbar sind.

[11] Vgl. Porter/Millar (1985), S. 151; Rayport/Sviokla (1996), S. 22.

Auf jeder Stufe der Wertschöpfungskette werden wichtige Teilleistungen für das Produkt erbracht, die den Wert des Produktes erhöhen. Hierbei ist davon auszugehen, dass es zwischen den einzelnen Stufen einen erheblichen Wettbewerb um die Wertschöpfung im Produktionsprozess gibt.

Im Rahmen der Wertschöpfungskette nimmt der Handel eine besondere Rolle ein, da er eine Mediatorfunktion zwischen den Herstellern und den Abnehmern von Produkten aufweist. So fügt er dem Produkt im engeren Sinne keinen zusätzlichen Wert hinzu, sondern erbringt eine Distributionsleistung, indem er das Produkt am Markt verfügbar macht. Die Verfügbarmachung ist allerdings oft verbunden mit einer erheblichen Wertsteigerung.

Der Handel übernimmt in der traditionellen Ökonomie vier elementare Distributionsaufgaben, die der Produzent selbst nicht ausführt beziehungsweise nicht effizient ausführen kann. Dies ist die räumliche, zeitliche, quantitative und qualitative Transformation der Produkte. Diese Leistungen zu erbringen ist die originäre Aufgabe des Handels.

Im Rahmen der räumlichen Transformation macht der Handel Produkte am Ort der Nachfrage verfügbar, sodass der Produzent nicht gezwungen ist, eine eigene Vertriebskette in Form eigener Verkaufsstätten für Endverbraucher aufzubauen. Eine zeitliche Transformation erbringt der Handel durch seine Lager, da er große Mengen vorhält und der Verbraucher auf diese Weise kontinuierlich mit Waren versorgt werden kann. Infolge dieser Handelsfunktion sind die Hersteller von der Lagerhaltung teilweise entbunden, da sie den Handel kontinuierlich beliefern können.

Von besonderer Relevanz für den Konsumenten ist jedoch die quantitative Transformation, da diese die Produkte erst in für den Konsumenten bedarfsgerechten, kleinen Mengen verfügbar macht. Als Letztes sei die qualitative Transformation genannt, die im Hinblick auf Convenience-Vorteile für den Konsumenten eine erhebliche Rolle spielt, da der Handel Sortimente verschiedener Produkte erstellt, sodass der Konsument umfangreich durch einen einzigen Transaktionspartner versorgt werden kann.

In der Vergangenheit hatte der Handel aufgrund seiner intermediären Stellung als Absatzmittler eine starke Machtposition. Der Handel konnte beispielsweise damit drohen, den Markt- beziehungsweise Kundenzugang zu verwehren und dadurch Druck auf die Hersteller ausüben. Durch diese starke Position konnte der Handel den eigenen Anteil an der Wertschöpfung auf Kosten der Hersteller erhöhen.

Die Internetökonomie untergräbt oft die Macht des Handels, da aufgrund der erhöhten Markttransparenz, dem damit verbundenen Friktionsabbau und den sinkenden Markteintrittsbarrieren, Hersteller neue Möglichkeiten haben in die Distribution einzutreten und diesen Wertschöpfungsprozess selbst zu übernehmen. Da es hierbei um die Eliminierung der Zwischenhändler beziehungsweise der Mediäre geht, spricht man von Disintermediation.[12] Diese wird in Abb. 12.4 dargestellt.

Disintermediation bedeutet, dass die Mittlerfunktion des Handels zwischen dem Hersteller und dem Konsumenten bedroht wird, da mithilfe von Informationsnetzwerken, wie

[12] Vgl. Wirtz (1995); Slywotzky/Morrison/Moser (1999), S. 171.

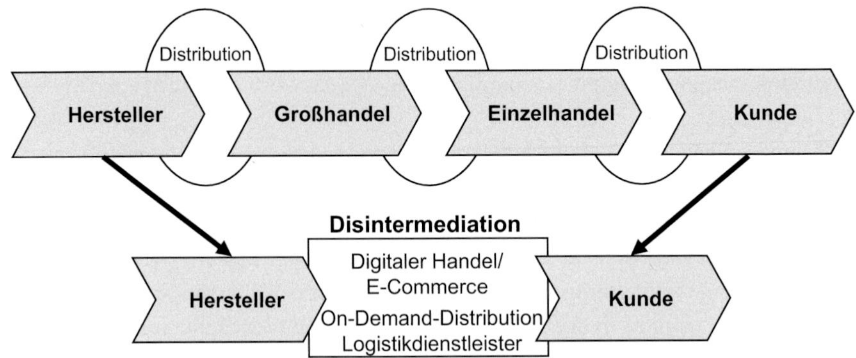

Abb. 12.4 Disintermediation. (Vgl. Wirtz (1995), S. 48; Wirtz (2020), S. 356)

dem Internet, der Hersteller einen direkten Zugang zum Kunden erreichen kann.[13] In diesem Zusammenhang ergibt sich auch die Möglichkeit des Herstellers, die Mittlerfunktion des Handels in vollem Umfang selbst zu übernehmen.[14] Langfristig wird sich die Struktur der Distribution durch die Disintermediation grundlegend verändern und der Druck auf Intermediäre weiter ansteigen.

Das Internet und dessen Disintermediationspotenzial

Im Einzelnen kann das Internet den Herstellern helfen, die vier Grundfunktionen des Handels in Form eines Direktvertriebs zu erfüllen.[15] Die räumliche Transformation wird durch das Internet immer unbedeutender, da der Konsument unabhängig von seiner geografischen Situation in der Lage ist, Produkte zu suchen, zu analysieren und auch zu kaufen.

Ein physisches Handelsgeschäft zur Präsentation der Produkte ist somit bei einer Vielzahl von Güterarten nicht mehr zwingend nötig. Die Funktion der zeitlichen Transformation kann vom Hersteller nicht vollständig übernommen werden.

Das Produkt kann nicht, wie bei einem klassischen Handelsgeschäft, vom Käufer sofort mitgenommen werden, sodass eine gewisse zusätzliche Zeitspanne zwischen Produktkauf und Lieferung liegt. Mit Hilfe moderner Paketdienste kann diese Zeitspanne jedoch so weit reduziert werden, dass dieser Nachteil durch den erheblichen Convenience-Vorteil des Kunden in den meisten Fällen kompensiert wird.

Im Zusammenhang mit der quantitativen Transformation müssen die Hersteller ihre Lagerhaltungs- und Logistikpolitik an die neuen Bedingungen des Direktvertriebs anpassen, da oft kein Outsourcing dieser Funktion an den Handel mehr möglich ist. So können die Lagerhaltungs- und Logistikkapazitäten der Hersteller durch Disintermediation deutlich ansteigen.

[13] Vgl. Wirtz (1995), S. 47.

[14] Vgl. Fritz (2004), S. 234 f.

[15] Vgl. Rayport/Sviokla (1996), S. 29.

Im Hinblick auf die qualitative Transformation bietet das Internet ebenfalls weitreichende Möglichkeiten für den Produzenten. Softwarelösungen ermöglichen es beispielsweise, Internetseiten verschiedener Anbieter zu virtuellen Marktplätzen (Virtual Malls) zu kombinieren, sodass dem Konsumenten ein umfangreiches Sortiment angeboten werden kann.

Chancen und Risiken der Disintermediation

Für die Hersteller gibt es zwei zentrale Anreize zur Disintermediation. Dies sind zum einen die Internalisierung der Marge des Handels und zum anderen der direkte Zugang zum Kunden mit der Möglichkeit, Kundendaten gezielt für die Produkt- und Dienstleistungsentwicklung zu generieren.[16] Abb. 12.5 stellt diesen Sachverhalt dar. Die Disintermediation erlaubt den Herstellern, erhebliche Kostensenkungspotenziale zu realisieren, indem sie den Groß- und Einzelhandel umgehen und dadurch die Wertschöpfungskette verkürzen.

Die vorher auf den Handel entfallende Marge teilt sich hierbei in zwei Teile auf. Den ersten Teil muss der Hersteller aufwenden, um die Distributionsleistungen selbst zu über-

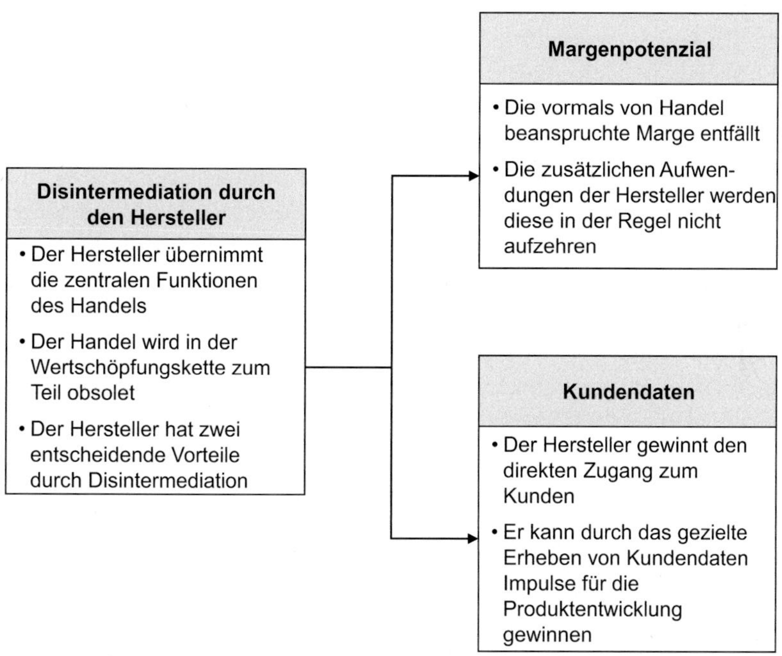

Abb. 12.5 Vorteile des Herstellers durch Disintermediation. (Vgl. Wirtz (2000), S. 117; Wirtz (2020), S. 358)

[16] Vgl. Wirtz (1995), S. 49 f.

nehmen. In diesem Kontext stehen der Aufbau und Unterhalt einer Endkundenvertriebsabteilung sowie die physische Auslieferung der Produkte an erster Stelle.

Im Allgemeinen kann man davon ausgehen, dass Hersteller nicht in der Lage sein werden, Endkunden ähnlich effizient zu bedienen wie der Handel, da dieser einen erheblichen distributiven Erfahrungsvorsprung besitzt. Kompensiert wird dieser Nachteil durch den Einsatz kostengünstiger digitaler Vertriebswege über elektronische Netzwerke und dien damit verbundenen Kostenvorteile.

Der andere Teil umfasst die durch die Disintermediation frei werdenden Margenpotenziale, für die zwei grundsätzliche Handlungsextreme auf der Seite des Herstellers bestehen. Einerseits kann er dieses Margenpotenzial internalisieren und seine Kapitalverzinsung verbessern. Andererseits besteht jedoch auch die Möglichkeit, die von den Handelsstufen aufgeschlagenen Margen an den Konsumenten weiterzugeben. Eine solche Vorgehensweise eröffnet bedeutende Preissenkungspotenziale für den Hersteller, sodass dieser in die Lage versetzt wird, deutlich unter den bisherigen Endverbraucherpreisen anzubieten. Hierdurch wird der Hersteller in der Regel sowohl seinen Absatz steigern als auch seine Position gegenüber Wettbewerbern verbessern können. Neben diesen preisinduzierten Wettbewerbsvorteilen birgt die Disintermediation für den Hersteller aber auch informationsbezogene Vorteile.[17]

In der klassischen Absatzkette wird ein erheblicher Teil der relevanten Kundeninformationen vom Handel erhoben und verarbeitet, sodass dem Hersteller im Normalfall keine umfassenden Daten über Kauf- und Konsumgewohnheiten seiner Endverbraucher vorliegen und eine Informationsasymmetrie zu konstatieren ist.

Übernimmt der Hersteller die Distributionsaufgabe selbst, erhält er Zugang zu allen relevanten Kundendaten und kann diese gezielt in die Neuentwicklung und Verbesserung von Produkten einsetzen.[18] Zudem kann er mithilfe dieser Daten neue Marktpotenziale durch gezieltes One-to-One-Marketing und selektive Individualisierung erschließen.

Trotz zahlreicher Vorteile, die die Disintermediation für den Hersteller bietet, sind zwei zentrale Risiken nicht zu unterschätzen. Zum einen besteht ein nicht unerhebliches Konfliktpotenzial mit dem Handel während der Entstehungs- und Durchdringungsphase der Distributionswege des Herstellers.

Dies liegt zu einem großen Teil daran, dass es sich bei der Entwicklung hin zum Digital Business um einen graduellen Prozess handelt. Es führt letztlich möglicherweise dazu, dass etablierte Unternehmen ihre Produkte und Dienstleistungen ausschließlich über elektronische Netzwerke anbieten und das traditionelle Distributionsnetz demzufolge vollständig aufgeben könnten.

Ein klassisches Beispiel für solche Konflikte verschiedener Vertriebskanäle stellt die Computerindustrie dar. Das Unternehmen Dell zeigte Mitte der 1990er-Jahre, dass Computer sehr effizient über das Internet vertrieben werden können. Der Mitbewerber Compaq bemühte sich, ebenfalls das Internet als Distributionskanal zu nutzen, musste jedoch er-

[17] Vgl. Harrington/Reed (1996), S. 72.

[18] Vgl. Hagel/Singer (1999), S. 139.

kennen, dass er große Teile seines traditionellen Vertriebsnetzes verlieren und damit erhebliche Teile des Umsatzes einbüßen würde, falls er wie Dell nur auf den Direktvertrieb setzen würde.

Die Händler würden damit drohen, ihren Vertrieb sofort einzustellen, wodurch der Hauptabsatzkanal von Compaq wegfiele, da der Online-Vertrieb über das Internet das etablierte Händlernetz kurzfristig nicht vollständig ersetzen kann. Mit dieser Drohung können Handelsunternehmen dementsprechend versuchen, die Disintermediation abzuwenden. Für Hersteller, die am Margenpotenzial des Handels durch Disintermediation teilhaben wollen, ist deshalb ein ausgeprägtes Vertriebskanalmanagement erfolgsbestimmend.

Eine weitere Gefahr der Disintermediation für Hersteller stellt die Prozesskomplexität in der Distribution dar. Die Hersteller besitzen in der Regel keine oder nur geringe Erfahrungen im Endkundengeschäft und weisen somit meist eine geringere Prozess- und Logistikkompetenz als der Handel auf. Durch eine ineffiziente Ausgestaltung der Distribution besteht besonders in margenarmen Branchen wie dem Lebensmitteleinzelhandel das Risiko, dass die zusätzlichen Distributionskosten die gewonnene Marge übersteigen und sich die Ergebnissituation verschlechtert.

Fallbeispiel Disintermediation: HelloFresh

HelloFresh stellt ein Unternehmensbeispiel für digitale Disintermediation dar. Es wurde im November 2011 von drei Unternehmern in Berlin gegründet. Die ersten zehn Kunden wurden persönlich von den Gründern beliefert.[19] HelloFresh war damit eines der ersten Unternehmen in der Mahlzeitenkit-Branche. Diese basiert auf dem Konzept, kochfertige und optimal portionierte Zutaten dem Kunden in einem Paket zukommen zu lassen. Der Lebensmitteleinzelhandel wird damit umgangen und es werden individualisierte Rezeptzutaten versendet. HelloFresh ist somit der einzige Intermediär zwischen Hersteller (Landwirte und andere Lebensmittelproduzenten) und dem Endkunden und kann damit potenziell hohe Margen erzielen.

Bereits in den Jahren 2012–2013 expandierte das Unternehmen in die Niederlande, Österreich, das Vereinigte Königreich, die USA und Australien.[20] Im Jahr 2014 wurden schon eine Million Mahlzeiten pro Monat ausgeliefert.[21] In den ersten Jahren wurde HelloFresh von Rocket Internet, einem deutschen Venture Capital Fund, finanziert. Trotz des erheblichen Wachstums und 250.000 Abonnenten konnte das Unternehmen im März 2015 noch keinen Gewinn vorweisen.[22] Abb. 12.6 stellt das Umsatzwachstum des Unternehmens HelloFresh dar.

---

[19] Vgl. HelloFresh (2020).

[20] Vgl. HelloFresh (2022a).

[21] Vgl. Li (2014).

[22] Vgl. Financial Times (2015).

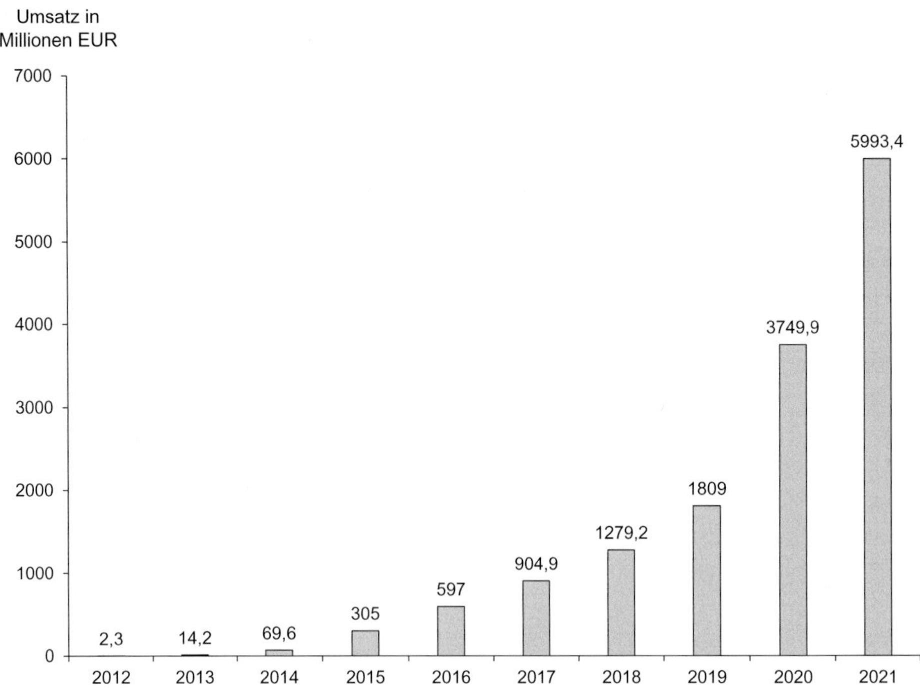

Abb. 12.6 Umsatzentwicklung des Unternehmens HelloFresh SE. (Datenquelle: HelloFresh Group (2022), S. 3 sowie vorherige Datensätze)

Am 2. November 2017 ging das Unternehmen in Frankfurt an die Wertpapierbörse und wurde mit 1,7 Mrd. Euro bewertet, womit es zu den wenigen deutschen Einhörnern gehörte (ein Start-Up, das mit mehr als einer Milliarde Dollar beziehungsweise Euro bewertet wird).[23] Zum Zeitpunkt des Börsengangs hatte das Unternehmen eine Marktkapitalisierung von mehr als dem doppelten Wert von Blue Apron, seinem größten US-amerikanischen Konkurrenten.[24]

Im Anschluss an den Börsengang wuchs das Unternehmen stark. Dies ist neben dem grundsätzlichen Erfolg der Geschäftsidee auch durch große Zukäufe bedingt. Im März 2018 erwarb HelloFresh das Unternehmen Green Chef, ein US-amerikanisches Unternehmen für Bio-Mahlzeiten-Kits.[25] Im Oktober 2018 erwarb das Unternehmen zudem das kanadische Unternehmen Chefs Plate.[26] Im Jahr 2019 verkaufte Rocket Internet seinen verbleibenden Anteil an HelloFresh durch beschleunigtes Bookbuilding mit hohem Gewinn an internationale institutionelle Investoren.[27]

[23] Vgl. Reuters (2017).

[24] Vgl. Auchard/Schütze (2017).

[25] Vgl. Molla (2018).

[26] Vgl. Redman (2018).

[27] Vgl. EQS Group (2019).

Das Unternehmen HelloFresh zeichnet sich insbesondere durch seine Kundenorientierung und Onlinevermarktung aus. Es entwickelt Kochrezepte auf Basis ausführlicher Kundenpräferenzanalysen und stellt dazu entsprechende Lebensmittel zusammen, mit denen sich die Rezepte nachkochen lassen.

HelloFresh nennt seine Pakete Kochboxen, wobei Verbraucher ihre Kochbox als Abonnement bestellen und einmal wöchentlich eine Lieferung erhalten. Damit sind eine nachhaltige Kundenbindung und ein entsprechender Cashflow sichergestellt. Zudem erhält der Kunde die Rezeptanweisungen pro Paket in handlicher Kartenform. Diese Rezeptkarten können in einer HelloFresh-Box gesammelt werden und stehen dem Kunden damit langfristig als abgewandelte Form eines Kochbuches zur Verfügung.

In Deutschland kann der Abonnent zwischen acht Rezepten wählen: Fleisch und Gemüse, familienfreundlich, unter 650 Kalorien, vegetarisch, Zeit sparen, Fisch und Gemüse, high protein, vegan.[28] Die angegebenen Kochboxen enthalten unterschiedliche auszuwählende, fertig-portionierte Mahlzeiten, wobei die Möglichkeit besteht, den Inhalt entsprechend der Kundenpräferenzen genauer anzupassen. Abb. 12.7 stellt die deutsche Website von HelloFresh dar.[29]

Neben der digitalen Disintermediation ist auch die digitale Disruption innerhalb des Marktgefüges zunehmend erkennbar, wie die bekannten Beispiele von Airbnb und Uber zeigen. Der nächste Abschnitt behandelt dementsprechend digitalbasierte umbruchartige Veränderungen von bestehenden Wertschöpfungskonstellationen.

12.3 Digitale Disruption

Die digitale Disruption beschreibt digitalbasierte umbruchartige Veränderungen von Wertschöpfungskonstellationen.[30] Dies können zum Beispiel technologie- oder prozessbezogene Innovationen sein, die das bestehende Wertschöpfungsgefüge verändern. Im Kontext der Digitalisierung sind durch technologisch- und geschäftsmodellbezogene Anpassungen häufig disruptive Marktveränderungen zu verzeichnen. Ein Beispiel hierfür ist der Erfolg des digitalen Streaminganbieters Netflix.

Digitale Disruptionen haben in den letzten Jahren erheblich an Bedeutung gewonnen. Der Begriff Disruption wird meist für eine Störung oder eine abrupte und umfassende Veränderung verwendet. Neben stetigen inkrementellen Anpassungen der Unternehmen sind diese disruptiven Marktveränderungen durch technologische und prozessbezogene Innovationen die Haupttreiber für Veränderungen im Wirtschaftsgeschehen. Sie modifizieren dabei erheblich das Anforderungsprofil erfolgreicher Unternehmensstrategien.

[28] Vgl. HelloFresh (2022b).

[29] Vgl. HelloFresh (2022b).

[30] Vgl. zum folgenden Abschnitt Wirtz (2020), S. 363 ff.; Wirtz/Langer (2021), S. 4 ff.; Wirtz/Weyerer/Heckeroth (2022), S. 3 ff.

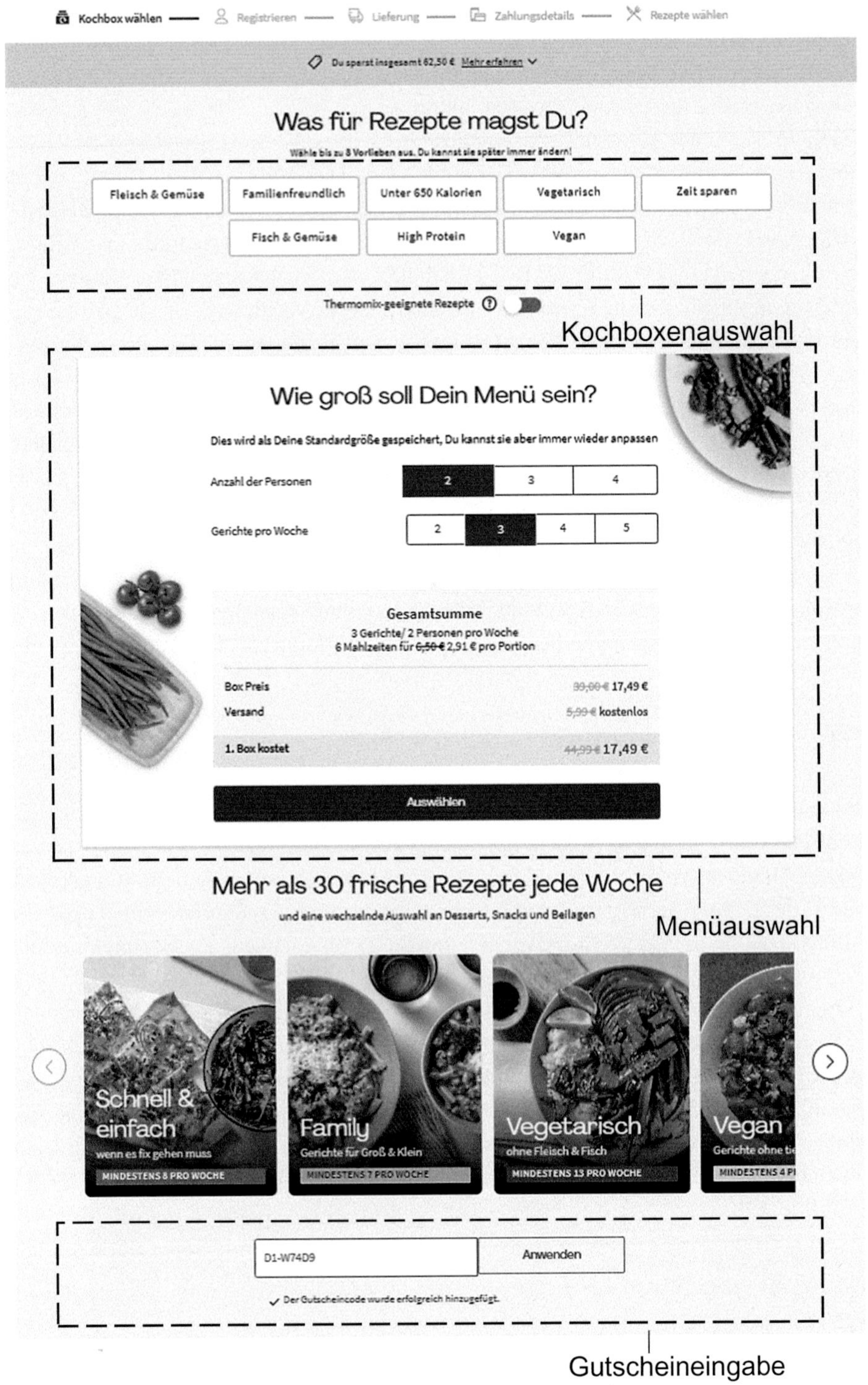

Abb. 12.7 Website von HelloFresh. (In Anlehnung an HelloFresh (2022b))

Seit den 1990er-Jahren gibt es immer wieder grundlegende Umbrüche im Kontext der Digitalisierung, wie beispielsweise die Einführung des Smartphones, welches den Alltag der Menschen nachhaltig verändert und dabei auch die Marktarchitektur in vielen Sektoren prägt. Bower/Christensen (1995) konstatieren in ihrem grundlegenden Werk zum Thema Disruptionen, dass Unternehmen, die Disruptionen vorantreiben nicht nur fortschrittliche Technologien nutzen, sondern vielmehr neue Geschäftsmodelle entwickeln und anwenden. Diese sogenannten Disruptoren nutzen dazu neuartige Kombinationen von bereits vorhandenen Standardkomponenten, die auf eine bestehende Wertschöpfungskonstellation angewendet werden.[31]

Digitale Disruptionen können als konzeptionelles und empirisches Phänomen auch in dem größeren Kontext der digitalen Transformation erklärt werden. In Abb. 12.8 ist eine Einordnung der digitalen Disruption im Kontext der digitalen Transformation dargestellt.[32]

Die digitale Transformation ist eines der meist diskutierten Konzepte im digitalen Kontext. Der Begriff der digitalen Transformation beschreibt die transformativen und disruptiven Auswirkungen digitaler Technologien auf Unternehmen und Institutionen. Im Schrifttum wird der Begriff der digitalen Transformation teilweise synonym mit dem Begriff der digitalen Disruption verwendet. Das führt zu terminologischen Ungenauigkeiten.

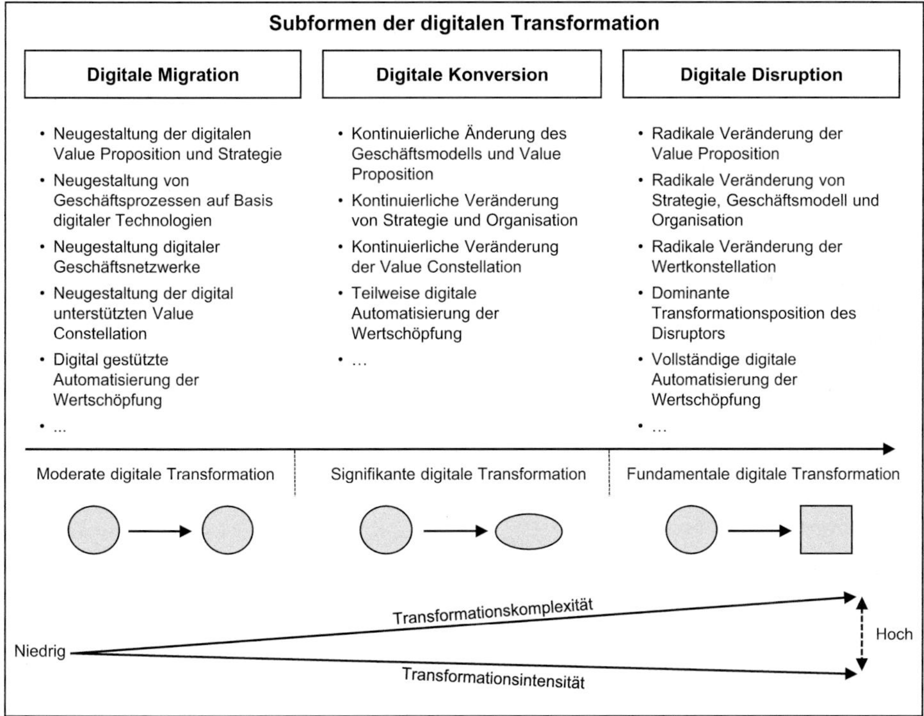

Abb. 12.8 Subformen der digitalen Transformation

[31] Vgl. Bower/Christensen (1995), S. 44.

[32] Inhalte basierend auf Wirtz/Weyerer/Heckeroth (2022), S. 4.

Vor diesem Hintergrund ist es wichtig, den Begriff der digitalen Disruption im Kontext der digitalen Transformation zu konkretisieren. Grundsätzlich beschreibt die digitale Transformation „den grundlegenden Wandel und die Umgestaltung von Wirtschaft und Gesellschaft hin zu einem digitalbasierten Wirtschafts- und Gesellschaftssystem. Hierbei werden alle wirtschaftlichen und gesellschaftlichen Strukturen und Prozesse durch digitale Technologien wesentlich unterstützt und gestaltet mit dem Ziel der Effizienz- und Effektivitätssteigerung auf einem höheren Wohlstandsniveau."[33]

Auf Unternehmensebene kann die digitale Transformation als eine dynamische und prozessuale Entwicklung betrachtet werden, die aus drei wesentlichen Subformen besteht. Die digitale Migration stellt die erste Subform der digitalen Transformation dar. Dabei werden bestehende Geschäftsmodellkomponenten bzw. Geschäftsprozesse an die Potenziale digitaler Technologien angepasst. Die Transformationskomplexität sowie die Transformationsintensität sind bei der digitalen Migration vergleichsweise gering.

Die zweite Subform der digitalen Transformation bezieht sich auf die digitale Konversion. Hier nimmt die Transformationskomplexität und -intensität zu und die zentralen Geschäftsprozesse erfolgen zunehmend automatisiert. Die digitale Konversion zeichnet sich durch kontinuierliche Adaptionen bzw. Integrationen von digitalen Anwendungen in das Geschäftsmodell, in die Strategie, in die Organisation und in die gesamte Wertschöpfung aus.

Die digitale Disruption ist die dritte Subform der digitalen Transformation. Dabei werden das Geschäftsmodell und die Wertekonstellation radikal verändert. Vor diesem Hintergrund weist die digitale Disruption den höchsten Grad an Transformationskomplexität und -intensität auf.

Neun-Ebenen-Modell der digitalen Disruption

Die digitale Disruption kann anhand des Neun-Ebenen-Modells der digitalen Disruption erklärt werden. Die erste Ebene stellt das Digital Disruption Enabling IS Technology Network dar. Die zweite Ebene beschreibt unterschiedliche Formen von digitalen Disruptionen. Die dritte Ebene stellt die Market Contestability für digitale Disruptionen dar. Die vierte Ebene beschreibt die Transition Intensity von digitalen Disruptionen. Die fünfte Ebene differenziert zwischen den verschiedenen Phasen von digitalen Disruptionen. Die sechste Ebene stellt unterschiedliche Typen von technologiegestützten digitalen Disruptionsstrategien dar.

Die siebte Ebene beschreibt die Digital Disruption-Driven Organizational/Business Model Transformation. Die achte Ebene differenziert zwischen den verschiedenen Value Constellations von digitalen Disruptionen. Die neunte Ebene beschreibt den Impact von digitalen Disruptionen. Abb. 12.9 zeigt die Ebenen eins bis vier des Neun-Ebenen Modells der digitalen Disruption.[34]

[33] Wirtz (2020), S. 381.

[34] Inhalte basierend auf Wirtz (2020), S. 365; Wirtz/Langer (2021), S. 5; Wirtz/Weyerer/Heckeroth (2022), S. 29.

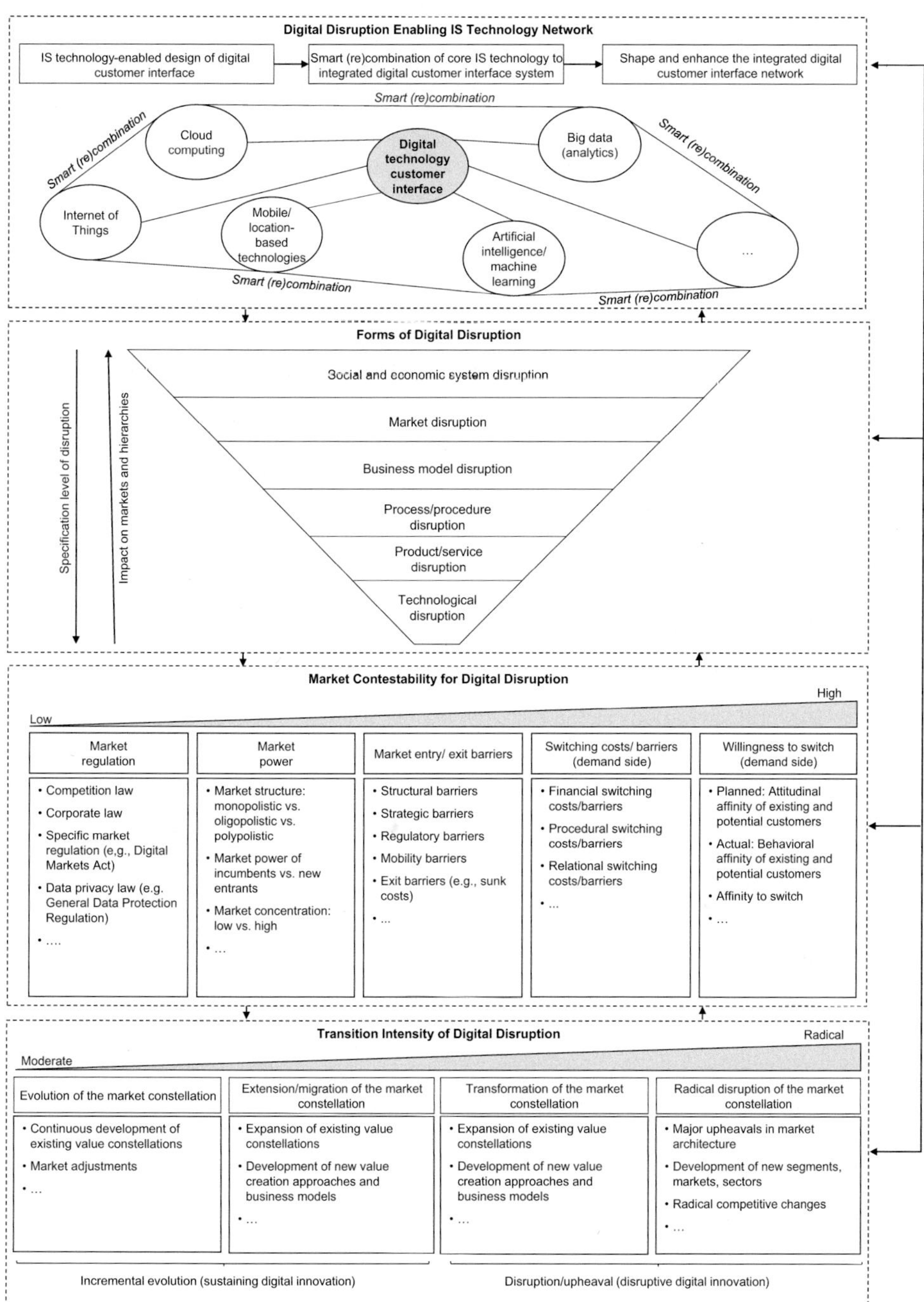

Abb. 12.9 Neun-Ebenen-Modell der digitalen Disruption (Teil 1)

Ebene 1: Digital Disruption Enabling Information Systems Technology Network
Im Kontext der digitalen Disruption ist die informationstechnologische Strategie von besonders hoher Relevanz.[35] Die informationstechnologische Strategie ist darauf gerichtet anhand informationstechnologischer Innovationen entsprechende Kundenwerte zu schaffen. Der Schwerpunkt liegt hierbei auf dem Aufbau eines Integrated Digital Customer Interfaces. Integrated Digital Customer Interfaces stellen die digitale Schnittstelle zwischen Anbietern und Nachfragern dar. Die Funktionalität dieser Schnittstellen wird von den zugrunde liegenden digitalen Technologien bestimmt. Dabei kommen digitale Technologien wie das Cloud Computing, das Internet of Things oder auch Artificial Intelligence zum Einsatz.

Die Herausforderung besteht darin diese digitalen Technologien so zu kombinieren bzw. zu rekombinieren, dass Integrated Digital Customer Interfaces entstehen, die den Anforderungen der Kunden im Hinblick auf ihre Präferenzstruktur und der digitalen technologischen Vernetzungsintegration entsprechen. Diese Anforderungen haben sich insbesondere vor dem Hintergrund der digitalen Transformation maßgeblich verändert. So erwarten die Nutzer in zunehmendem Maße automatisierte Schnittstellen, die ihnen den Zugang zu digitalen Produkten und Dienstleistungen vereinfachen und die dabei integrativ verbunden sind.

Ein Beispiel hierfür ist Google Duplex. Hierbei handelt es sich um eine automatisierte Kundenschnittstelle, die mithilfe einer Kombination von künstlicher Intelligenz und weiteren digitalen Technologien realitätsnahe Kundengespräche ermöglicht. Dieses Beispiel verdeutlicht, dass Integrated Digital Customer Interfaces auf einer intelligenten und innovativen Kombination unterschiedlicher digitaler Technologien aufbauen. Für die Umsetzung solcher automatisierter Integrated Digital Customer Interfaces bedarf es eines hoch entwickelten Information Systems Technology Network, das die smarte Kombination bzw. Rekombination unterschiedlicher digitaler Technologien ermöglicht.

Ebene 2: Formen der digitalen Disruption
Digitale Disruptionen lassen sich in verschiedene Formen unterteilen. Technologische Disruptionen entstehen durch neue Technologien, welche die Wettbewerbsbasis von Organisationen verändern. Produkt- beziehungsweise Service-Disruptionen sind neuartige Produkte oder Dienstleistungen, die den Markt nachhaltig und erheblich verändern. Bei Prozess- beziehungsweise Verfahrensdisruptionen handelt es sich hingegen um Disruptionen, die auf neuen Ansätzen in Organisations- und Wertschöpfungsprozessen basieren.

Geschäftsmodelldisruptionen nutzen oft neue Verfahren, basieren aber meist auf Kombinationen neuartiger Vertriebs- oder Managementansätze, zusammen mit innovativen

[35] Vgl. zum Neun-Ebenen-Modell der digitalen Disruption im Folgenden Wirtz/Weyerer/Heckeroth (2022), S. 14 ff.

Produkten oder Dienstleistungen. Marktdisruptionen finden zumeist auf einer Meta-Ebene der ökonomischen Betrachtung statt. Hierbei wird zumeist ein gesamter Markt im Gegensatz zu kleineren Disruptionen wie bei Produkt- oder Servicedisruptionen umfassend verändert. Eine noch größere Aggregationseben der Disruption stellen soziale und gesellschaftliche Disruptionen dar, die Umbrüche in der politischen oder sozialen Struktur einer Gesellschaft verursachen.

Ebene 3: Market Contestability von digitalen Disruptionen
Die Market Contestability bzw. die Bestreitbarkeit von Märkten hat für digitale Disruptionen eine besondere Bedeutung. Das Prinzip der Market Contestability kommt aus der Industrieökonomik und zeigt auf, wie stark Markteintritts- und Marktaustrittsbarrieren die Wettbewerbsintensität eines Marktes beeinflussen.[36] Im Kontext von digitalen Disruptionen sind insbesondere eine hohe Marktregulierung, eine hohe Marktmacht sowie ausgeprägte Markteintritts- und Marktaustrittsbarrieren von besonderer Bedeutung für die Realisierung von digitalen Disruptionen. Hoch konzentrierte Märkte mit wenigen dominanten und hoch kompetitiven etablierten Marktteilnehmern (Incumbents) reduzieren signifikant die Disruptionsaffinität für potenzielle Newcomer.

Ebene 4: Transition Intensity von Digitalen Disruptionen
Digitale Disruptionen können grundsätzlich nach ihrer Transitions- bzw. Veränderungsintensität für den Markt bzw. die Gesellschaft kategorisiert werden. Moderate Veränderungen, wie eine Evolution oder eine Erweiterung und/oder Migration der Marktkonstellationen, lassen sich von Disruptionen als umbruchartige Veränderungen abgrenzen und können somit als inkrementelle Evolution beschrieben werden. Diese umfassen Veränderungen durch kontinuierliche Weiterentwicklung und Erweiterungen bestehender Wertschöpfungskonstellationen als auch Veränderungen in der Entwicklung neuer Wertschöpfungsansätze und Geschäftsmodelle.
Radikale Veränderungen durch eine Transformation der Marktkonstellationen sind dem Bereich der Disruption zuzuordnen. Diese beinhalten Prozesse wie die Etablierung neuer Interaktionspfade zwischen Marktakteuren und/oder eine Abkehr von bestehenden Entwicklungstrends und Technologien. Dabei gehen Disruptionen oft mit wesentlichen Veränderungen der Marktarchitektur und teilweise mit dem Aufbau völlig neuer Marktsegmente und sogar Sektoren einher. Schließlich sind Disruptionen immer mit einem Wandel der Wettbewerbsposition etablierter Unternehmen verbunden. Nachdem die ersten vier Ebenen aufgezeigt wurden, werden in Abb. 12.10 die Ebenen fünf bis neun des Neun-Ebenen-Modells der digitalen Disruption dargestellt.[37]

---

[36] Vgl. Baumol (1982).

[37] Inhalte basierend auf Wirtz (2020), S. 365; Wirtz/Langer (2021), S. 5; Wirtz/Weyerer/Heckeroth (2022), S. 29.

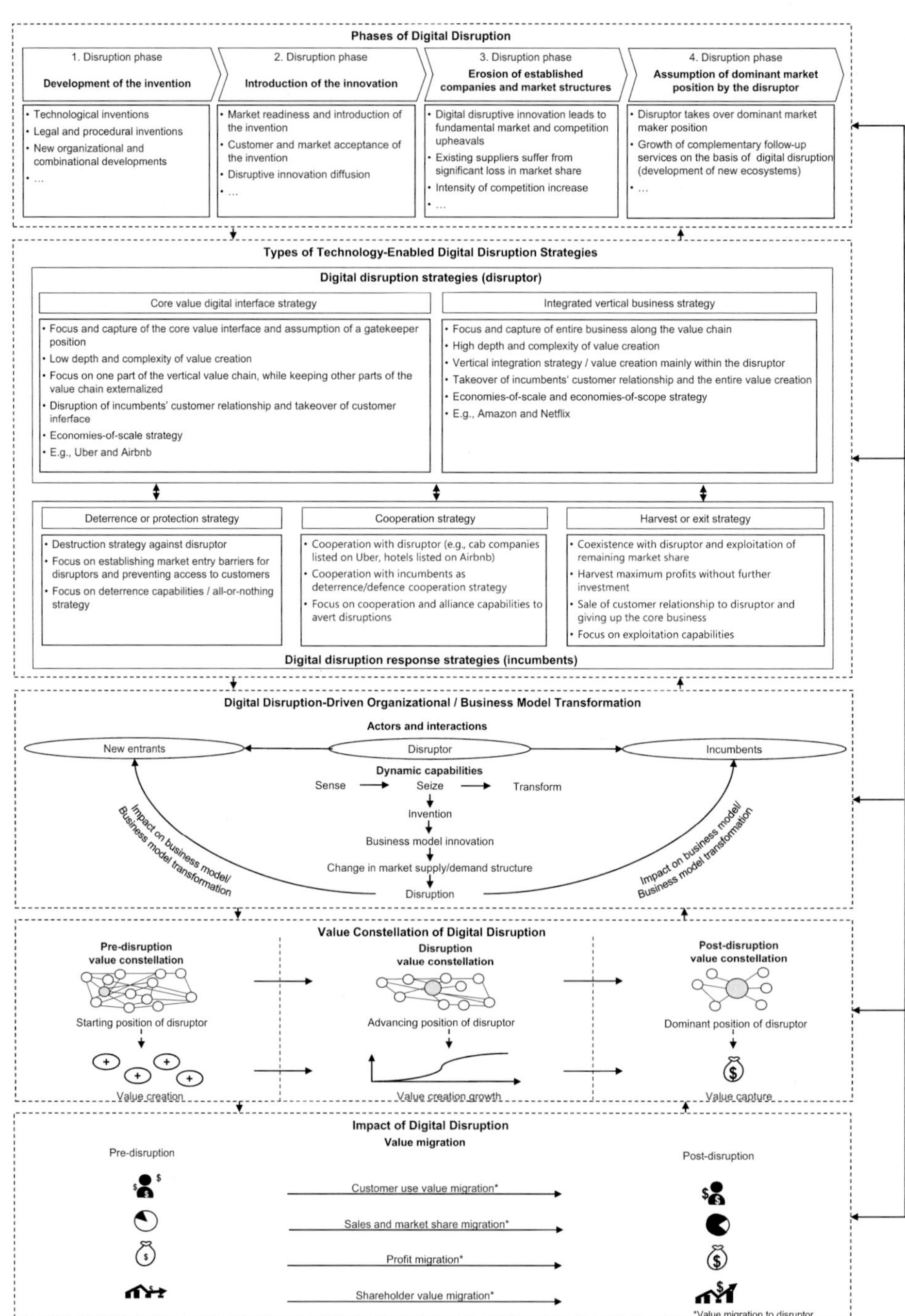

Abb. 12.10 Neun-Ebenen-Modell der digitalen Disruption (Teil 2)

Ebene 5: Phasen der digitalen Disruption

In der Regel kann bei digitalen Disruptionen ein Akteur identifiziert werden, der den Umbruch antreibt und damit eine Führungsrolle im Prozess der Disruption einnimmt. Dieser sogenannte Disruptor hat erheblichen Einfluss auf das Marktgeschehen und stellt etablierte Unternehmen unter hohen Anpassungsdruck. Gleichzeitig schafft ein Disruptor oft auch neue Geschäftsmodelle für alte sowie neue Marktakteure. Als Beispiel für die Rolle eines Disruptors kann das Unternehmen Uber angeführt werden. Uber nutzt die Standorttechnologie in Smartphones, um unter Einbindung selbstständiger Fahrer und deren Privatfahrzeuge einen neuartigen Transportservice anzubieten.

Die Einführung eines solchen Transportservices bestand nicht in der Erfindung einer neuen Technologie, sondern in der Etablierung eines neuen Geschäftsmodells auf Basis einer Shareconomy-Plattform. Etablierte Akteure, wie Taxi-Unternehmen und -Fahrer, öffentliche Nahverkehrsanbieter und auch Automobilunternehmen stehen seit der disruptiven Einführung von Uber unter zunehmendem Wettbewerbsdruck.

Am Beispiel Uber lassen sich auch die Entwicklungsphasen von Disruptionen erkennen. In der ersten Disruptionsphase kommt es zu einer Invention. Diese kann technologischer, rechtlicher, prozeduraler oder organisationaler Natur sein. Zudem kann es insbesondere im Hinblick auf digitale Disruptionen auch zu einer Kombination unterschiedlicher Inventionstypen kommen. Die digitale Disruption von Uber basiert beispielsweise auf Inventionen im Bereich der Smartphone-Technologie, der Plattformökonomie sowie der Shareconomy.

In der zweiten digitalen Disruptionsphase kommt es typischerweise zu einer Innovationsausbreitung. Dabei geht es sowohl um die Nutzbarmachung von entsprechenden Innovationen als auch um deren erfolgreiche Markteinführung. Dies ist die Phase, in welcher der Disruptor die entscheidende Rolle übernimmt. Häufig sind Disruptoren, wie das Beispiel Uber zeigt, nicht die Unternehmen die Inventionen hervorbringen, sondern diese konsequent für ihr eigenes Geschäftsmodell nutzen. Wichtig ist eine Marktreife von Inventionen herzustellen und damit entsprechend Kunden- und Marktakzeptanz zu erzielen.

Die dritte digitale Disruptionsphase bezieht sich auf die Erosion etablierter Unternehmen und Marktstrukturen. Hierbei entsteht eine veränderte oder neue Markt- und Wertschöpfungskonstellation, die erhebliche Auswirkungen auf die bestehenden Markt- und Wettbewerbsstrukturen hat. Das Beispiel Uber zeigt, dass auch globale Automobilkonzerne unter erheblichen Zugzwang geraten und sich entsprechend neu positionieren müssen.

Volkswagen führte unter anderem wegen Shareconomy-Anbietern wie Uber neue Angebote wie MOIA ein.[38] Auch Taxi-Unternehmen sehen sich teilweise existenziell durch Unternehmen wie Uber bedroht.[39] Es lässt sich grundsätzlich erkennen, dass Disruptionen

[38] Vgl. MOIA (2023).

[39] Vgl. New York Times (2020).

für bisherige Anbieter teils mit deutlichen Markanteilsverlusten verbunden sind und zu einem erheblichen Anstieg der Wettbewerbsintensität führen.
Schließlich geht die letzte Disruptionsphase meist mit der Einnahme einer dominanten Marktposition durch den Disruptor einher. Am Beispiel des Apple iPhones lässt sich erkennen, wie sich die Positionen bestehender Hersteller von Mobiltelefonen (z. B. Nokia) deutlich verschlechterten. Disruptoren fokussieren sich insbesondere im Bereich des Digital Business oftmals auf das Wachstum komplementärer Follow-Up Services. Dadurch können die Unternehmen neue Ecosystems etablieren, die ihre eigene Markt- bzw. Wettbewerbsposition stärken. Diese Strategie lässt sich insbesondere am Beispiel des Unternehmens Apple erkennen, das durch den Aufbau des Betriebssystems iOS und den Apple Appstore eine eigene Marktplattform bzw. ein proprietäres Ecosystem etabliert hat.

Ebene 6: Types of Technology-Enabled Digital Disruption Strategies
Digitale Strategien stellen ein Schlüsselelement für Unternehmen im Kontext der digitalen Transformation und Disruption dar. In der Regel folgen digitale Disruptionen zwei primären digitalen Disruptionsstrategien – der Core Value Digital Interface Strategy und der Integrated Vertical Business Strategy. Die Core Value Digital Interface Strategy ist insbesondere zu Beginn der digitalen Disruption von zentraler Bedeutung.

Die Core Value Digital Interface Strategy ist darauf ausgerichtet eine digitale Disruption an der Schnittstelle zwischen etablierten Unternehmen und ihren Nutzern herbeizuführen. Anhand dieser Strategie können digitale Disruptoren die Kundenschnittstellen etablierter Unternehmen angreifen bzw. übernehmen und eine Gatekeeper-Position aufbauen. Infolgedessen werden die zuvor etablierten Unternehmen (Incumbents) in ihrer Wettbewerbsposition stark geschwächt oder nehmen nur noch eine unterstützende, komplementäre Funktion im neuen digitalen Wertschöpfungsnetzwerk ein. Da sich diese Strategie ausschließlich auf das Digital Customer Interface bezieht, ist die Tiefe und Komplexität der Wertschöpfung bei dieser Disruptionsstrategie vergleichsweise gering. Airbnb und Uber gelten als typische Beispiele dieser Strategie.

Die zweite Primärstrategie ist die Integrated Vertical Business Strategy. Diese Strategie fokussiert sich weiterhin primär auf das digitale Kundeninterface, wobei auch andere wertschöpfende Aktivitäten graduell von dem digitalen Disruptor übernommen werden. Dabei baut der digitale Disruptor zumeist auf einem bestehenden digitalen Ecosystem auf, um die Wertschöpfung für das digitale Kundeninterface zu erhöhen und den Nutzungswert für die Kunden zu maximieren. Diese Strategie wird hauptsächlich in den späteren Phasen der digitalen Disruption verfolgt. Typische Beispiele stellen Amazon und Netflix dar, die ihr digitales Kundeninterface um die Integration der Wertschöpfungskette erweitert und im Laufe der Zeit ein neues digitales Ecosystem etabliert haben.

In den meisten digitalen Disruptionsfällen reagieren die Incumbents mit einer beachtlichen Verzögerung und Passivität gegenüber den neuen Disruptoren. Der strategische Entwicklungspfad verläuft dann häufig entlang einer mehr oder weniger stringent verfolgten Abschreckungsstrategie zu Beginn der digitalen Disruption. Sofern diese Strategie keinen Erfolg aufweist, wird mitunter eine Kooperationsstrategie mit dem Disruptor angestrebt. Beispiele sind die Kooperation zwischen dem Filmstudio Amblin Partners und Netflix oder die Kooperation zwischen Einzelhandel- und Produktionsunternehmen und Amazon. Manchmal ist die Wettbewerbsposition des etablierten Anbieters im neuen digitalen Ecosystem des Disruptors so schwach, dass eine Nischenstrategie mit Harvest-Charakter oder eine Exit-Strategie verfolgt wird.

Ebene 7: Digital Disruption-Driven Organizational/Business Model Transformation
Digitale Disruptionen können auf unterschiedlichen organisationalen Ebenen zu fundamentalen Veränderungen von Geschäftsmodellen führen. Vor diesem Hintergrund verfügen digitale Disruptoren üblicherweise über ausgeprägte dynamische Fähigkeiten. Im Schrifttum werden häufig die dynamischen Fähigkeiten Sense, Seize und Transform unterschieden.[40] Während sich Sense auf die Wahrnehmung digitaler Inventionspotenziale bezieht, umfasst Seize die Kompetenz diese digitalen Inventionspotenziale auch tatsächlich zu ergreifen. Die dritte dynamische Fähigkeit Transform ermöglicht es dem digitalen Disruptor das bestehende Geschäftsmodell bzw. die zugrunde liegende Ressourcenbasis an die Charakteristik der digitalen Invention anzupassen.

Somit gelten dynamische Fähigkeiten auf der organisationalen Ebene als eine der Grundvoraussetzungen für die digitale Disruption. Anhand dieser Fähigkeiten können digitale Inventionen in eine umfangreiche Geschäftsmodellinnovation überführt werden. Das bedeutet, dass die digitale Invention in die Architektur eines neuartigen digitalen Geschäftsmodells integriert wird.

Sofern dieses neuartige Geschäftsmodell mit einer Wertsteigerung für die Nutzer einhergeht, kann dies zu einer weitreichenden Veränderung der Nachfragestruktur führen. Aufgrund dieser disruptiven Nachfragestrukturveränderungen werden etablierte Marktteilnehmer (Incumbents) mit Kunden- bzw. Nutzerabwanderungen konfrontiert. Vor diesem Hintergrund erzeugt die digitale Disruption einen erheblichen Wettbewerbsdruck, der die anderen Marktteilnehmer zu Anpassungen und Adjustierungen bestehender Geschäftsmodelle zwingt. Darüber hinaus hat die digitale Disruption auch einen großen Einfluss auf das Markteintrittsverhalten potenzieller Newcomer und deren Geschäftsmodelle. Insgesamt lässt sich also konstatieren, dass eine digitale Disruption in der Regel mit einer umfassenden Rekonfiguration bestehender Geschäftsmodelle einhergeht.

Ebene 8: Value Constellation von digitalen Disruptionen
Digitale Disruptionen können einen starken Einfluss auf bestehende Wertschöpfungskonstellationen (Value Constellation) haben. Während sich Märkte im kontinuierlichen Wandel oft clusterartig zu komplexen Zulieferungsnetzen mit gegenseitigen Abhängigkeiten entwickeln, schaffen es Disruptionen häufig, den jeweiligen Disruptor in eine domi-

[40] Vgl. Teece (2007).

nante Stellung zu versetzen. Durch die neuen Angebote schaffen Disruptoren auf der einen Seite erhebliche Mehrwerte für ihre Kunden, auf der anderen Seite können Sie erhebliche Einbußen bei etablierten Unternehmen hervorrufen und ihre dominante Stellung oft strategisch und finanziell ausnutzen. So kann es beispielsweise in komplexen Wertschöpfungskonstellationen mit mehreren Partnern zu einer strukturellen Machtposition des digitalen Disruptors kommen, die ihm ökonomische Vorteile verschafft.

Der digitale Disruptor übernimmt in diesen komplexen Wertschöpfungskonstellationen die Aufgabe des zentralen Unternehmens, das als Orchestrator bezeichnet wird.[41] Diese Bezeichnung ist darauf zurückzuführen, dass der Disruptor eine Schlüsselposition einnimmt und verschiedene Services zu einem neuen Dienst oder Angebot für Kunden zusammenfasst. Der Disruptor verfügt somit über eine herausragende Position und prägt durch seine Aktivitäten die gesamte Wertschöpfungskonstellation.

Ebene 9: Impact von digitalen Disruptionen – Value Migration

Die Auswirkungen einer digitalen Disruption zeigen sich zumeist in Form einer Value Migration weg von etablierten Sektoren und Unternehmen hin zum Disruptor.[42] Diese Value Migration lässt sich typischerweise in vier spezifische Subformen der Value Migration unterteilen.

Ausgangspunkt einer Value Migration sind die Abwanderungsbewegungen der Nutzer (Customer Use Value Migration). Veränderte Nutzerwünsche stellen dabei einen entscheidenden Einflussfaktor dar. Erfolgreiche digitale Disruptoren gehen flexibel auf diese veränderten Präferenzen ein und passen entsprechend ihre Geschäftsmodelle an. Vor diesem Hintergrund findet zunehmend eine Customer Use Value Migration von etablierten, statischen Marktteilnehmern hin zu digitalen Disruptoren statt.

Durch die Abwanderungsbewegungen der Nutzer kommt es typischerweise zu einer Sales und Market Share Migration. Das bedeutet, dass sich parallel zu den Abwanderungsbewegungen der Nutzer auch die Markt- bzw. Verkaufsanteile zu den digitalen Disruptoren verschieben. Dadurch verlieren etablierte Geschäftsmodelle zunehmend Marktanteile, weshalb die betroffenen Unternehmen zu Reaktionen in Form von Geschäftsmodelltransformationen gezwungen werden.

Vor dem Hintergrund der Verlagerung von Markt- bzw. Verkaufsanteilen kommt es oftmals auch zu einer Profit Migration. Die Profit Migration stellt die dritte Subform der Value Migration dar und beschreibt die Verschiebung unternehmerischer Gewinnanteile von etablierten Marktteilnehmern zu digitalen Disruptoren. Die Profit Migration hängt in erheblichem Maße davon ab, ob die digitalen Disruptoren durch die hinzugewonnenen Markt- bzw. Verkaufsanteile ihre Gewinnspanne erhöhen können.

---

[41] Vgl. Wirtz/Becker (2002a), S. 9 f.; Iansiti/Levien (2004b), S. 81 ff.

[42] Vgl. Slywotzky (1996), S. 50 ff.

Die vierte Subform der Value Migration umfasst die Shareholder Value Migration. Hierbei verlagert sich der Shareholder Value zunehmend auf die digitalen Disruptoren. Das bedeutet, dass ihr Unternehmenswert zunimmt, wohingegen hier der Unternehmenswert etablierter Unternehmen abnimmt. Der Sharholder Value wird dabei vor allem von der Nachfrage nach den Unternehmensanteilen des digitalen Disruptors getrieben.

Digitale Disruptionen haben einen erheblichen Einfluss auf Geschäftsmodelle, Wertschöpfungssysteme und Wettbewerbspositionen. Zum besseren Verständnis der hier anzutreffenden Veränderungen werden im folgenden Exkurs die grundlegenden konzeptionellen Ansätze kurz dargestellt, bevor im Anschluss die verschiedenen digitalen Disruptionsstrategien aufgezeigt werden.[43]

Exkurs: Wertschöpfungsmodelle

Die Value Constellation stellt durch ihre unternehmensübergreifende Ausrichtung ein hervorragendes Rahmenkonzept zur Analyse und zum Management der Wertschöpfung dar. Das Business Model kann man als eine Konkretisierung der wesentlichen Strukturaspekte der Value Constellation interpretieren. Die Value Constellation kann in diesem Kontext folglich als ein übergeordnetes Konstrukt aufgefasst werden, das durch das jeweilige Business Model spezifiziert wird.

Value Constellations können grundsätzlich für das strategische Management der Wertschöpfung herangezogen werden. Jedoch ist die Value Constellation in der Regel stark aggregiert, sodass sie für spezielle und direkte Handlungsempfehlungen zu Design und Veränderung von Geschäftsaktivitäten nur in geringem Maße geeignet ist.

Hier setzt das Business-Model-Konzept an, das zugleich eine Konkretisierung, Herunterbrechung und Spezialisierung der Value-Constellation-Parameter zum Ziel hat, um praxisbezogenere Handlungsempfehlungen ableiten zu können. In diesem Sinne ist das Business-Model-Konzept eine logische Weiterentwicklung zur pragmatischen Analyse von Value Constellations.

Abb. 12.11 zeigt die verschiedenen Wertschöpfungsmodelle im Überblick und stellt dabei einen Bezug zwischen Value Constellation und dem Business-Model-Konzept her. Es wird deutlich, welchen Beitrag die verschiedenen Modelle bei der Erklärung der Wertschöpfung leisten. Sie sind dazu nach steigender Komplexität angeordnet. Hier wird die Entwicklung der Wertschöpfungsmodelle von linearen Systemen wie Value Chain und Value System zur netzwerkbasierten Value Constellation aufgezeigt.

Aus der Abbildung ist ersichtlich, dass das Business-Model-Konzept eine unternehmensbezogene Spezifizierung der Value Constellation bietet. Beide Ansätze lassen sich gut kombinieren, da sie von grundsätzlich gleichen Strukturparametern ausgehen. In diesem Sinne kann man den Value-Constellation-Ansatz als Meta-Ansatz verstehen. Aus dieser Verbindung heraus ergibt sich eine Reihe von Interaktionsstrukturen der Konzepte.

[43] Vgl. im Folgenden Wirtz (2021a), S. 105 ff.

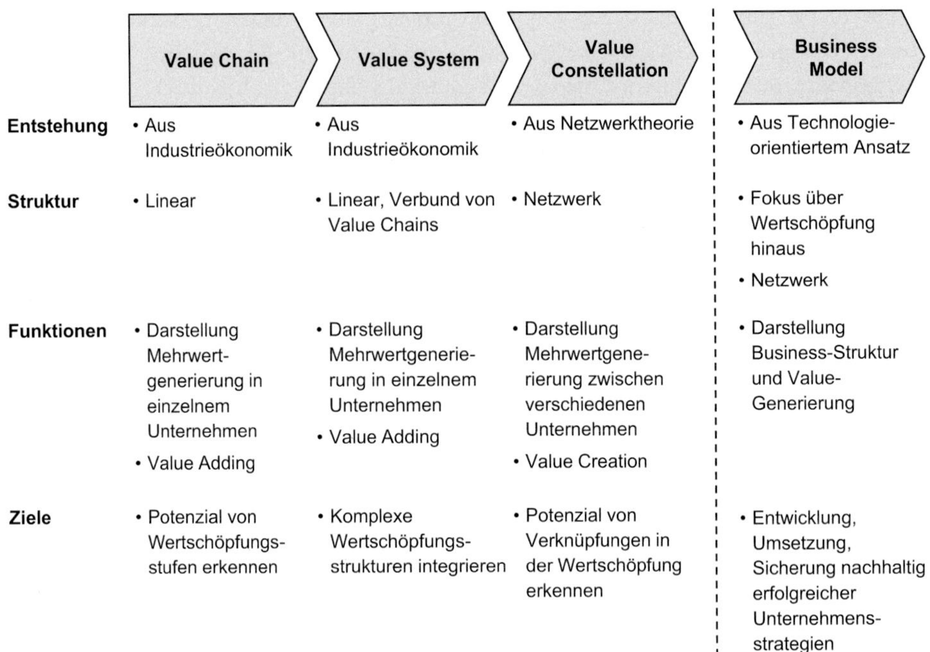

	Value Chain	Value System	Value Constellation	Business Model
Entstehung	• Aus Industrieökonomik	• Aus Industrieökonomik	• Aus Netzwerktheorie	• Aus Technologie-orientiertem Ansatz
Struktur	• Linear	• Linear, Verbund von Value Chains	• Netzwerk	• Fokus über Wertschöpfung hinaus • Netzwerk
Funktionen	• Darstellung Mehrwert-generierung in einzelnem Unternehmen • Value Adding	• Darstellung Mehrwertgenerie-rung in einzelnem Unternehmen • Value Adding	• Darstellung Mehrwertgene-rierung zwischen verschiedenen Unternehmen • Value Creation	• Darstellung Business-Struktur und Value-Generierung
Ziele	• Potenzial von Wertschöpfungs-stufen erkennen	• Komplexe Wertschöpfungs-strukturen integrieren	• Potenzial von Verknüpfungen in der Wertschöpfung erkennen	• Entwicklung, Umsetzung, Sicherung nachhaltig erfolgreicher Unternehmens-strategien

Abb. 12.11 Vergleich der Wertschöpfungsmodelle und Verknüpfung mit dem BM-Konzept. (Vgl. Wirtz (2010), S. 97; Wirtz (2021a), S. 106)

Value Constellation und Business Models sind dynamische Konzepte. Sie unterliegen somit interdependenten Veränderungen im zeitlichen Verlauf. Die Ausrichtung eines Unternehmens in einer Value Constellation und die Struktur des zugehörigen Business Models stehen dabei in wechselseitiger Abhängigkeit. Veränderungen in der Value Constellation können folglich Anpassungen des Business Models notwendig machen und vice versa. Beide Varianten von Changeprozessen werden nachfolgend dargestellt und Implikationen für die Gestaltung der Wertschöpfung abgeleitet.

Einerseits wird durch die Struktur der Value Constellation das einzelne Business Model beeinflusst. Die Position des Unternehmens im Netzwerk, die Beziehungen zu anderen Netzwerkteilnehmern und die Machtverhältnisse bei der Verteilung des generierten Wertes stellen in diesem Kontext zentrale Faktoren dar. Veränderungen in der Value Constellation wirken sich auf diese Weise direkt auf das Business Model aus.

Andererseits schlägt sich jedoch auch eine Veränderung des Geschäftsmodells in der Value Constellation nieder. Eine Modifikation des Business Models führt in diesem Fall dazu, dass sich Beziehungen zu Wertschöpfungspartnern verändern. Als sich die Encyclopaedia Britannica entschied, auf nutzergenerierten Content zurückzugreifen, wurden damit nicht nur Kostenstrukturen verändert. Vor allem die Rekonfiguration der Beziehungen zu den Kunden und dem Wert, den sie sich aus dem Angebot generieren können, prägt diese Entscheidung. Die konkrete Value Constellation hat durch die Veränderungen im Business Model eine Aktualisierung erfahren, indem die Funktion der Kunden erweitert worden ist.

Da die Ausrichtung der wertschöpfenden Aktivitäten innerhalb einer Value Constellation Veränderungen unterworfen ist, stellt die Anpassung der Wert-Faktoren eine zentrale Aufgabe des Business Model Managements dar. Dabei können Veränderungsprozesse im Gefüge von Value Constellation und Business Model in einem Unternehmen durch zwei Arten von Mustern erklärt werden:

Entweder äußere Einflüsse wirken sich in Form einer Value Migration aus oder Entwicklungen innerhalb des Unternehmens beeinflussen die Wertschöpfung in Form einer Business Migration.[44] Value Migration und Business Migration können als wesentliche Aktionsprozesse im Rahmen der Value-Constellation- und Business-Model-Beziehung interpretiert werden.

Die beiden Phänomene Value Migration und Business Migration werden nachfolgend voneinander abgegrenzt. Damit wird dargestellt, wie Veränderungsprozesse in Value Constellation und Business Model ablaufen und welche Entscheidungsspielräume sich dem Management dabei bieten. Zunächst wird die Veränderung der Wertschöpfung durch einen Einfluss von außen erklärt. Value Migration als extern induzierter Change-Prozess beschreibt Wertschöpfungsveränderungen auf verschiedenen Ebenen.

Bei der Value-Migration können externe Veränderungen in drei Kategorien auftreten: Zwischen Industrien, zwischen Unternehmen und zwischen verschiedenen Business Models innerhalb eines Unternehmens.[45] Das Konzept der Value Migration erklärt, wie sich Wertkonfigurationen in einer Value Constellation verändern können.

Mittelpunkt einer Value Migration sind dynamische Entscheidungsmuster der Kunden, da der Ansatz insgesamt kundenorientiert ausgerichtet ist. Daher stellen veränderte Kundenwünsche einen entscheidenden Einflussfaktor dar. Die Anbieterseite wird in diesem Kontext über flexible Business Models repräsentiert.

Entscheidend ist dabei für das Management eines Unternehmens, die Trends zur Value Migration zu erkennen und entsprechende Maßnahmen auf Ebene der Business Models einzuleiten. In diesem Zusammenhang ist es von hoher Relevanz, die Veränderungen im Wertschöpfungsfluss zu erfassen und gleichzeitig Wertschöpfungsaktivitäten des Unternehmens an diesen Erkenntnissen auszurichten. Die Vorhersagen der Wertschöpfungsentwicklung müssen sich dabei an dem Prozessmodell der Value Migration orientieren.

Das Modell der Value Migration ist an dem Verhältnis von Marktwert und Ertrag ausgerichtet. Der Prozess der Value Migration vollzieht sich anhand dieser Relation in drei Phasen.[46] In der Phase des Inflows steigt der Einfluss eines Geschäftsbereiches, da am Markt ein stetiges Wachstum realisiert werden kann. Die Registrierung des Inflows im

[44] Vgl. Slywotzky (1996), S. 12 ff.

[45] Vgl. im Folgenden Slywotzky (1996), S. 50 ff.

[46] Vgl. im Folgenden Slywotzky (1996), S. 6 f.

Unternehmen und eine entsprechende Ausrichtung der Business Models ist zu diesem Zeitpunkt unverzichtbar, um an einem neuen Wertschöpfungssystem zu partizipieren.

Daran schließt sich eine von Stabilität geprägte Entwicklungstendenz an, die dementsprechend als Stability bezeichnet wird. Das Wertgefüge ist gefestigt, das Marktwachstum stagniert und die Investitionen in die Entwicklung von Business Models werden zurückgefahren. Die Phase des Outflows ist schließlich gekennzeichnet durch Wertverluste und einen schrumpfenden Markt. Kunden und Ressourcen werden mit steigender Geschwindigkeit verloren. Unternehmen müssen in dieser Phase geeignete Abschöpfungs- und Ausstiegsstrategien einsetzen, um langfristige Verluste zu vermeiden. Die Business Models müssen angepasst oder neu strukturiert werden.

Die Value Migration erklärt Veränderungen von Value Constellation und Business Model durch externe Einflüsse. Die Perspektive der Wertschöpfung kann jedoch auch auf internen Faktoren liegen. Der Ausgangspunkt dieser Art von Change-Prozessen liegt damit auf Ebene des einzelnen Unternehmens. Heuskel (1999) stellt in diesem Kontext einen, an das Konzept von Slywotzky (1996) angelehnten, handlungsorientierten Ansatz dar, den er als Business Migration bezeichnet.

Ausgehend von der Entwicklung branchen- und produktgrenzenübergreifender Geschäftsfelder wird darin eine Klassifikation von Wertschöpfungsarchitekturen aufgestellt, die aus einer Dekonstruktion der klassischen Value Chain resultieren. Unternehmen überwinden klassische Produkt- und Branchengrenzen, indem sie nur einzelne Stufen einer Wertschöpfungskette herauslösen und diese gezielt bearbeiten.[47]

Daraus wird deutlich, wie einzelne Unternehmen reagieren können, wenn beispielsweise durch eine Value Migration vorhandene Wertschöpfungsmuster obsolet geworden sind. Es handelt sich folglich um eine prozessorientierte Darstellung von Wertschöpfungsstrategien, die eine Value Constellation tiefgreifend verändern. In diesem Kontext werden auf Basis von Wirtz/Becker (2002a), Edelmann (1999) und Baubin/Wirtz (1996) vier grundlegende Kategorien neuer Wertschöpfungsformen vorgestellt, die nachfolgend erläutert werden.

Der Typ des Integrators stellt den Ausgangspunkt der Betrachtungen dar. Seine Wertschöpfungslogik basiert auf der klassischen Value Chain. Durch Vorwärts- beziehungsweise Rückwärtsintegration werden möglichst alle relevanten Wertschöpfungsteile direkt im Unternehmen gehalten und können so mit maximaler Kontrolle gesteuert werden.

Diese Form der Wertschöpfung findet sich vor allem bei den diversifizierten Großkonzernen wie Procter & Gamble, Exxon und Novartis. Das Integrator-Geschäftsmodell hat aufgrund von Effizienzgewinnen, Verbundvorteilen und seiner Unabhängigkeit von Zulieferern einen potenziell hohen Ertrag. Auf diese Weise werden die Kosten niedrig gehalten. Abb. 12.12 veranschaulicht das Integratormodell.

Layer Player haben sich demgegenüber auf einen bestimmten Bereich der Wertschöpfung spezialisiert, den sie horizontal über mehrere Wertketten vermarkten. Hier kann die Beschaffung von SAP als Beispiel herangezogen werden, da sie IT-basierte Be-

[47] Vgl. Heuskel (1999), S. 16; Wirtz/Becker (2002a), S. 88.

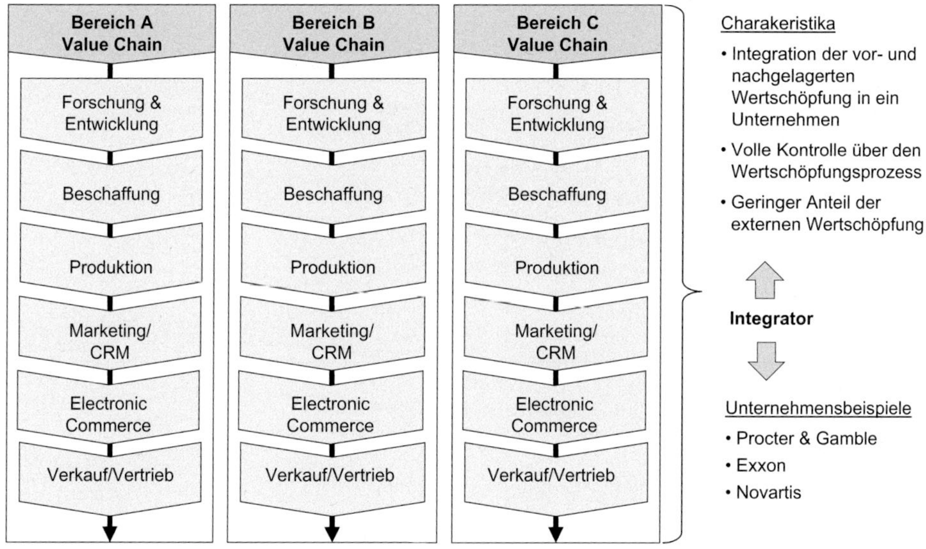

Abb. 12.12 Integration der Wertschöpfungskette. (Vgl. Wirtz/Becker (2002b), S. 13; Wirtz (2021a), S. 111)

schaffungsdienstleistungen für große Unternehmen anbieten. Eine solche Spezialisierung ermöglicht es, Größenvorteile und Know-How aufzubauen, die denen der Wettbewerber überlegen sind.

Diese beiden Faktoren dienen als Grundlage für eine branchenübergreifende Expansion.[48] Die wichtigste Aufgabe in diesem Zusammenhang ist die Bereitstellung eines Angebots, das integrierten Unternehmen überlegen ist und diese Unternehmen zwingt, sich an Spezialisten zu wenden.[49] Abb. 12.13 veranschaulicht das Modell der Layer-Spezialisten.

Die Wertschöpfung eines Orchestrators oder Koordinators erfolgt im Gegensatz zu Integrator und Layer Player nur noch teilweise im Unternehmen. Ein wesentlicher Beitrag wird stattdessen durch strategische Partner geleistet. Das Management der entsprechenden Beziehungen stellt dadurch eine zentrale Aufgabe eines Orchestrator-Unternehmens dar.

Es gilt zu klären, welche Aktivitäten zwingend im Unternehmen verbleiben müssen und welche Teile der Wertschöpfung besser durch Outsourcing erfüllt werden. Auf diese Weise minimiert der Koordinator die Kosten und profitiert gleichzeitig von den Größenvorteilen der Lieferanten, was zu einem hohen Ertrag führen kann. Beispiele für diese Form finden sich vor allem bei Herstellern wie Nike, United Internet or LVMH.[50] Abb. 12.14 zeigt das Orchestrator-Modell.

[48] Vgl. Schweizer (2005), S. 48 ff.

[49] Vgl. Edelmann (1999), S. 1 f.

[50] Vgl. Heuskel (1999), S. 66 f.

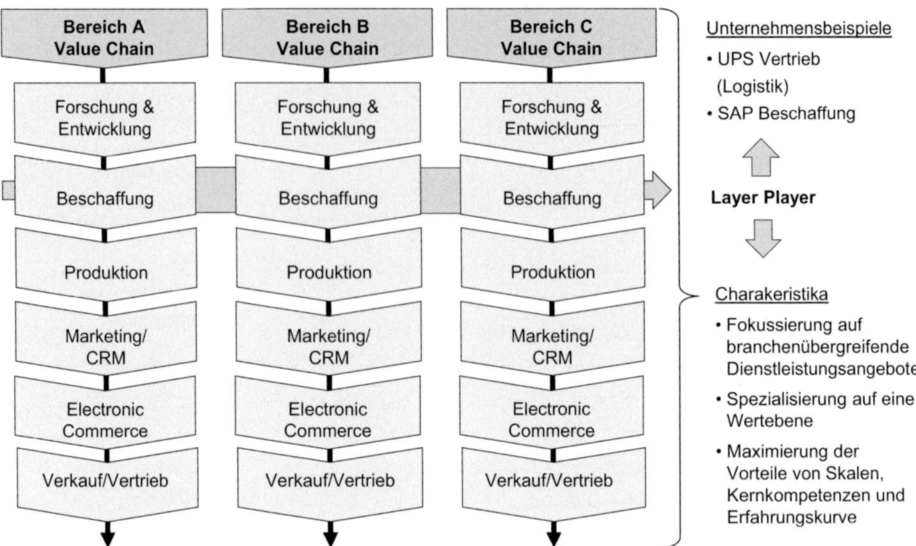

Abb. 12.13 Fokussierung auf eine Ebene der Value Chain. (Vgl. Wirtz/Becker (2002b), S. 11; Wirtz (2021a), S. 112)

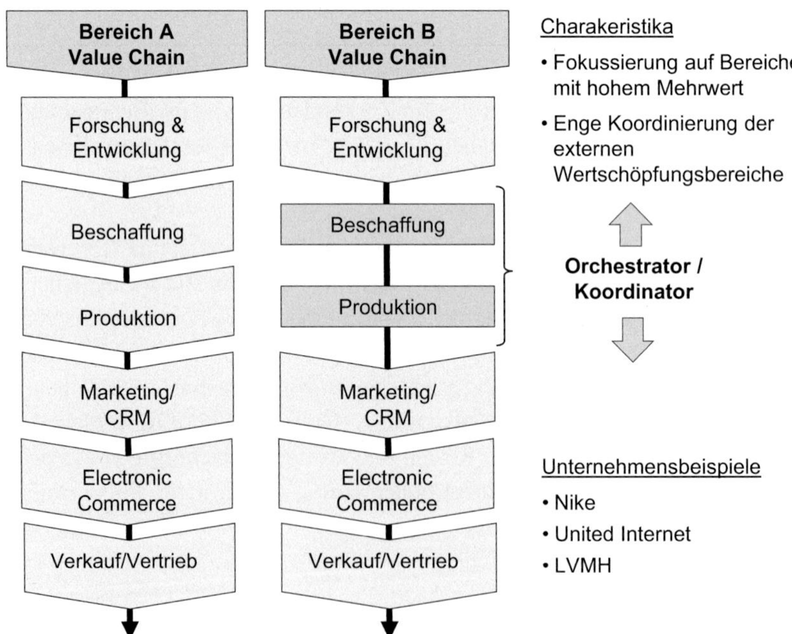

Abb. 12.14 Koordination externer Anbieter. (Vgl. Wirtz/Becker (2002b), S. 12; Wirtz (2021a), S. 113)

Der Typ des Market Maker Pioneer wirkt an der Entstehung neuer Märkte mit, indem er verschiedene Wertschöpfungsstufen auf kreative Weise neu miteinander kombiniert. Als innovativer Intermediär wird so ein Angebot aufgestellt, das Kundenwünsche besser berücksichtigt als bestehende Angebote. Market Maker Pioneer führen also eine neue Wertschöpfungsstufe ein und nutzen dazu Informationsvorteile. Mit anderen Worten: Pioniere gehen auf die Bedürfnisse von Kunden ein, die bisher unerfüllt blieben, was zu einem potenziell hohen Ertrag führt. Abb. 12.15 veranschaulicht das Pionier-Modell.

Obgleich durch die ähnliche Nomenklatur zunächst primär eine Verbindung zwischen dem Orchestrator-Modell und der Value Constellation impliziert wird, lassen sich auch die anderen Formen als Value Constellation darstellen. Im Extremfall ergibt sich dabei, zum Beispiel bei der Betrachtung eines reinen Integrators, ein Netzwerk aus lediglich zwei Knoten: Unternehmen und Kunde.

Das Konzept der Business Migration zeigt mögliche Veränderungsansätze innerhalb einer Value Constellation auf. Unternehmen können die einzelnen Teilkonzepte nutzen, um Verbesserungsmöglichkeiten der Wertschöpfung zu identifizieren. Dabei handelt es sich jedoch um harte Brüche, welche die bestehende Value Constellation ablösen, sodass eine sorgfältige Überprüfung der Optionen, Chancen und Risiken unabdingbar ist. Zwischen Unternehmen entsteht ein Wettbewerb der Wertschöpfungsarchitekturen.[51]

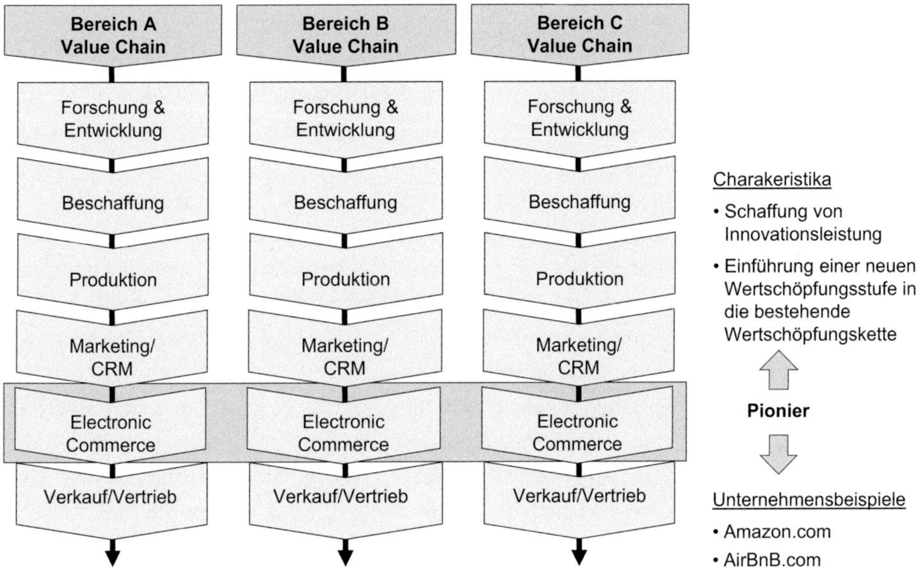

Abb. 12.15 Schaffung neuer Märkte als Pionier. (Vgl. Wirtz/Becker (2002b), S. 12; Wirtz (2021a), S. 114)

[51] Vgl. Kothandaraman/Wilson (2001), S. 380.

Zusammenfassend kann festgehalten werden, dass das Value-Constellation-Konzept besonders für Meta-Analysen der externen Interaktionsstrukturen in Bezug auf Kooperations- und Wettbewerbsprozesse geeignet ist. Das Business-Model-Konzept hat eine stärker unternehmensspezifische Ausrichtung und ist besonders für das Design von Managementaktivitäten ein besserer Ansatzpunkt.

Strategien der digitalen Disruption

Nachdem die neun Ebenen der Disruption und die Ausführungen zum Wertschöpfungskonzept dargestellt wurden, werden in Tab. 12.2 sechs digitale Disruptoren aufgeführt, die in den vergangenen Jahren bestehende Wertschöpfungskonstellationen umbruchartig verändert haben. Die Tabelle beschreibt deren Strategien, Geschäftsmodelle, die Value Proposition und den Einfluss auf die bestehenden Märkte.

Das Unternehmen Tesla, das im Jahr 2003 gegründet wurde, hat sich innerhalb weniger Jahre zum führenden Anbieter für elektrische Automobile entwickelt. Bereits im Jahr 2020 hat Tesla an den Finanzmärkten einen höheren Wert erzielt als Volkswagen und Daimler zusammen.[52] Mit seiner Strategie ist Tesla als Disruptor zum Technologieführer und maßgeblichen Wettbewerber auf dem Automobilmarkt geworden.

Auch Netflix hat sich innerhalb weniger Jahre zu einem der bedeutendsten Medienunternehmen entwickelt, indem es als erstes Unternehmen das onlinebasierte nicht-lineare Konsumieren von audiovisuellen Inhalten konsequent und kundenorientiert angeboten hat und damit die Film- und Fernseh-Branche deutlich verändert hat.

Ähnliches gilt für Airbnb, das erst im Jahr 2008 gegründet wurde und sich innerhalb kurzer Zeit zum größten Unterkunftsvermittler der Welt entwickelt hat. Amazon hat sich zum zentralen E-Commerce-Anbieter entwickelt und ist damit zum wertvollsten Handelskonzern der Welt aufgestiegen.

Das Unternehmen Apple, welches sich bereits mehrfach als Disruptor mit den Produkten Macintosh, iMac, iPod und iPad hervorgetan hat, stellte mit dem iPhone im Jahr 2007 die Produktinnovation Smartphone vor. Das Smartphone brachte mit seinen Funktionserweiterungen und neuen Anwendungsmöglichkeiten erhebliche gesellschaftliche und wirtschaftliche Umbrüche mit sich und stellt bis heute die Basis für neue Konzerne wie Uber und Facebook und deren Geschäftsmodelle dar.

Auch das Unternehmen Uber, welches erst 2009 gegründet wurde, hat sich innerhalb weniger Jahre zum größten Fahrdienstvermittler der Welt entwickelt und damit den Personenbeförderungssektor erheblich beeinflusst. Neben den hervorgerufenen Umbrüchen im Personenverkehr wird auch die Automobilbranche durch das Sharing-Angebot vor erhebliche Herausforderungen gestellt. So können Sharinganbieter in Summe mit deutlich weniger zur Verfügung stehenden Automobilen durch eine höhere Auslastung eine ähnliche Mobilität für Nutzer gewährleisten, als dies die Ausstattung mit Privat-Pkws erfordern würde. Damit ist auch der zukünftige Absatz von Automobilherstellern gefährdet.

[52] Vgl. YCharts (2020a); YCharts (2020b); YCharts (2020c).

Tab. 12.2 Unternehmensbeispiele für digitale Disruptionen. (Vgl. Wirtz (2020), S. 371 ff.)

	Aspekte			
Disruptor	Disruptor-Strategie	Disruptor-Geschäftsmodell	Disruptor Value Proposition	Markt-Impact
Tesla (E-Automobile)	• Integrated Vertical Business Strategy • First-to-Market • Einnahme Marketleader bei E-Autos • Marketleader im Bereich des autonomen Fahrens • Fahrerassistenzstrategie • Globale Skalen- und Verbundeffekte • Fokusstrategie Varianten • …	• Direktvertrieb • Greenfield Investments • Hohe Wertschöpfungstiefe • Konsequente Nutzung digitaler Innovationen/Fokus Software und Fahrdaten-Analyse • Hoher Automatisierungsgrad/intensiver Robotikeinsatz • Geringe Produktvielfalt • …	• Modernes und sicheres Elektrofahrzeug mit hoher Reichweite • (Teil-)autonome Steuerung • Ökologische Überlegenheit • Lifestyle und Fortschritts-identität/Teilhabe an technologischem Umbruch • Geringe Betriebskosten/teilweise kostenfreies Tanken • Hoher Anteil Smart technology/Internetkomponenten • …	• Angriff und partielle Erosion etablierter Automobilproduzenten • Schaffung neues Marktsegments • Radikale Strategieanpassungen und Nachahmung bei etablierten Anbietern • Shift von Kundenkaufpräferenzen im Automobilbereich • …
Netflix (Streaming)	• Integrated Vertical Business Strategy • Schaffung einer weltweiten Streaming-Plattform für audiovisuelle Medien • Marktführerschaft von Qualitätsfilmen und kundenpräferenz-orientierten Eigenproduktionen	• Sammlung, Selektion, Compilierung von audiovisuellen Inhalten • Anbahnung, Aushandlung und Abwicklung von Transaktionen in Form von kostenpflichtigen Abonnements	• Selbstgestaltete Unterhaltung mit hoher Angebotsbreite und -tiefe • Personalisiertes On-Demand-Angebot • Device-Unabhängigkeit (Smartphone, Internet-Fernseher, Laptop, etc.) • Ortsungebunden	• Erosion des linearen Unterhaltungsmodells • Deutliche Marktanteilsverluste bestehender audiovisueller Anbieter • Deutlicher Shift der User-Präferenzen hin zu On-Demand • Umbau/Fusionen großer Medienunternehmen

(Fortsetzung)

Tab. 12.2 (Fortsetzung)

	Aspekte			
Disruptor	Disruptor Strategie	Disruptor Geschäftsmodell	Disruptor Value Proposition	Markt-Impact
	• Globale Skalen- und Verbundeffekte • Verdrängung des linearen Fernsehens • …	• Möglichkeit von personalisiertem On-Demand Onlineangebot im Kontrast zu Kino, Filmverleih und Fernsehprogramm • Direktvertrieb und -zugang zu Kunden • Globale Präsenz • Zuschauer Big-Data-orientierte Film- und Serienproduktion • …	• Werbeunterbrechungsfrei • Angebotsvielfalt • Internationalität • Permanente Verfügbarkeit; anywhere and anyhow der Angebote • …	• Neue Strukturen bei Film und Serienproduktion • Streamingimpact auf Geschäftsmodelle der TV-Anbieter • …
Airbnb (Private Rentals)	• Core Value Digital Interface Strategy • Gobales Angebot von neuem/zusätzlichem Wohnraum für Reisende • Schaffung neuen Marktsegments • Globale Skalen- und Verbundeffekte • Informations-technologische Marktführerschaft • …	• Anbahnung, Aushandlung und Abwicklung von Transaktionen in Form von Unterkunftbuchungen • Substitution traditioneller Transaktionsphasen über das Internet • Information-Brokerage und Sharing Economy als komplementäres Rental-Angebot • …	• Global positioniertes Mietangebot von Rentals für Vermieter • Global zur Verfügung stehendes Angebot • Versicherungsschutz durch die Buchung über die Plattform (Wohnraumeigentümer) • Geringere Kosten als traditionelle Rentals (Hotels) • Authentische und individuelle Unterkünfte • Transparentes Bewertungssystem • …	• Erosion von Marktanteilen im Hotellerie- und Gastgewerbe • Shift bei Nutzerpräferenzen • Intensivierung des Preisdrucks und der Knappheit im Markt für Mietwohnungen in urbanen Zentren • Wachsender Tourismus durch Kostenreduzierung • Regulierungsanstrengung von staatlichen Akteuren • …

Amazon (e-Commerce)	• Integrated Vertical Business Strategy • Schaffung von Ecosystem zum partiellen Direktvertrieb zwischen Hersteller/Händler und Kunde • Etablierung globaler e-Commerce Plattform mit höchster Kundenanzahl und Produktvielfalt (longtail) • Professioneller, globaler und schneller Logistikführer • Dezentral, Device-Unabhängig, Orts- und Zeitungebunden • …	• Anbahnung, Aushandlung und Abwicklung von Transaktionen in Form von Käufen aller Art • Substitution traditioneller Transaktionsphasen über das Internet • Etablierung der zentralen Schnittstelle zwischen Käufer/Hersteller/Händler • Große Kundendatenbasis und gezielter Einsatz von KI und Big Data • …	• Hohe Angebotsbreite und -tiefe (Produktvielfalt) • Kundenzentrierte individuelle Commerce-Angebote • Verlässlicher Service und schnelle Lieferung • Preis-Leistungs-Verhätnis • …	• Erosion des Einzelhandels • Shift bei Konsumenten-präferenzen • Große Disintermediation in verschiedenen Sektoren • Monopolstrukturen • Anpassung der Preissetzungsstrategien • Etablierung eines neuen Ecosystems • …
Apple iPhone (Smart-phones)	• Integrated Vertical Business Strategy • Etablierung eines neuartigen universellen mobilen Mediengeräts (Smartphones) • Digitale und technologische Marktführerschaft • Strategische Etablierung von einem gerätebezogenem Ecosystem (neuer Software und Architektur) • …	• Ergänzung/Substitution traditioneller Transaktionsphasen über das Internet (Apple Buy) • Weltweite Verbreitung eines mobilen Medien-und Kommunikationsgerätes (Smartphone) • Aufbau neuer Software und Ecosystems • Etablierung neuer ortbezogener Dienste • …	• Universell nutzbarer individualisierter „Kleincomputer“ • Schaffung von Kommunikationsplattform • Haptische/Verbale Steuerung des Interfaces • Weltweite Vernetzung durch Internetzugang • Hohe Personalisierung durch Applikationen und Nutzerdatenauswertung • …	• Technologieaufgabe des konventionellen Mobiltelefons • Erosion etablierter Mobilfunkgerätehersteller • Aufbau eines neuen Ecosystems (Apple Welt) • Aufbau neuer Marktsegmente • Schaffung komplementärer Follow-Up Services auf Basis der Disruption • …

(Fortsetzung)

Tab. 12.2 (Fortsetzung)

	Aspekte			
Disruptor	Disruptor Strategie	Disruptor Geschäftsmodell	Disruptor Value Proposition	Markt-Impact
Uber (Ride-sharing)	• Core Value Digital Interface Strategy • Schaffung eines neuen Mobilitätssegmentes im Personentransport (Erschließung eines individuellen Personentransportes durch ungenutzte Privatfahrzeuge und verfügbare Arbeitskraft) • Digitale und technologische Marktführerschaft • Hohe Skalen und Verbundeffekte • …	• Anbahnung, Aushandlung und Abwicklung von Transaktionen in Form von Transportbuchungen • Ergänzung/Substitution traditioneller Transaktionsphasen über das Internet • Vermittlung von individuellen privaten Fahrdiensten über eine App innerhalb eines digitalen Netzwerkes • Steigerung der Auslastung von privaten Fahrzeugen • …	• Möglichkeit zusätzliches Einkommen zu generieren (Uberfahrer) • Vergleichsweise günstig (Nutzer) • Fixkostendegression • Einfacher Beitritt/ Registrierung als Fahrer (Uberfahrer) • Exakte Abhol- und Zielorte (Nutzer) • Geringe Wartezeiten (Nutzer) • Jederzeit abrufbar/mobile Verfügbarkeit (Nutzer) • …	• Erosion des Geschäftsmodells traditioneller Taxi-Anbieter und Nahverkehrsunternehmen • Shift in den Nutzerpräferenzen • Veränderung des Verkehrsaufkommens in urbanen Zentren • Umbrüche im Personennahverkehr und in der Automobilbranche durch Sharing • Regulierungsanstrengung stattlicher Akteure • …

Fallbeispiel digitale Disruption: Netflix

Netflix, Inc. ist ein amerikanisches Medienunternehmen mit Sitz in Los Gatos, Kalifornien, das 1997 gegründet wurde und heute als disruptiver Akteur in der Unterhaltungsmedienbranche betrachtet werden kann. Das Hauptgeschäft des Unternehmens ist sein Online-Streaming-Dienst auf Abonnementbasis, der das nicht-lineare Konsumieren von Filmen und Fernsehprogrammen aus einer großen Online-Bibliothek mit filmischen Inhalten anbietet.

Im dritten Quartal 2022 hatte Netflix weltweit über 223 Mio. kostenpflichtige Abonnements.[53] Es unterhält Niederlassungen in Europa (z. B. in den Niederlanden, Deutschland, Spanien, Italien), Südamerika (Brasilien), Nordamerika (USA), Asien (z. B. Taiwan, Japan, Südkorea), Afrika (z. B. Ägypten) und bietet seinen Streaming-Dienst fast weltweit an. Abb. 12.16 stellt die Umsatzentwicklung von Netflix seit dem Jahr 2009 dar.

Das ursprüngliche Geschäftsmodell von Netflix umfasste den Verkauf und den Verleih von DVDs per Post. Den Verkauf gab Netflix bereits ein Jahr nach der Gründung auf, um sich vollständig auf das DVD-Verleihgeschäft zu konzentrieren. Erst im Jahre 2007 erweiterte Netflix sein Geschäft mit der Einführung von Video-On-Demand zu Streaming-Angeboten. Dies erlaubt es Nutzern, gewünschte Inhalte von einem Onlinedienst herunterzuladen oder diese direkt im Browser zu konsumieren. Mit dieser Umstellung wurde es den Nutzern zusätzlich ermöglicht, Filme zu bewerten und individualisierte Profile anzulegen, die Netflix erlaubten, personalisierte Filmvorschläge zu machen.

Das Unterhaltungsangebot baut ausschließlich auf audiovisuelle Inhalte unterschiedlicher Genres und greift umfassend auf bereits bekannte Kino und Fernsehproduktionen zurück. Neben der freien Auswahlmöglichkeit können die Inhalte ortsunabhängig über verschiedene Endgeräte konsumiert werden, was den Nutzern eine hohe Mobilität und Flexibilität im Konsum gewährleistet.

Vor diesem Hintergrund verwenden immer mehr Nutzer den Online-Streamingdienst an Stelle des linearen Fernsehens. Durch dieses zunehmende Konsumieren von werbefreien audiovisuellen Beiträgen auf Netflix verändert sich die Wertschöpfungskonstellation (Value Constellation), die beim linearen Fernsehen deutlich komplexer aufgebaut ist, als dies bei Netflix der Fall ist.

Dies wird ersichtlich bei der Betrachtung der notwendigen Partner für die Erstellung des Fernsehprogramms. So werden bei Fernsehsendern neben verschiedenen Werbepartnern, dem Übertragungskanalanbieter (Satellit, Kabel, Funk) auch unterschiedliche Produktionspartner in die Programmerstellung eingebunden. Netflix hingegen stellt als Intermediär zwischen Produzenten und Nutzern, alleinig, den Zugang zu einer Vielzahl an Produktionen jederzeit zur Verfügung und finanziert sich nur durch die Abonnements der Nutzer.

Diese Value Migration von konventionellem Fernsehen und Kino zu Netflix resultiert auch in einem erhöhten Anteil an der finanziellen Wertschöpfung (Value Capture). Eine erhebliche Veränderung brachten die Eigenproduktionen mit sich, mit denen Netflix seit

[53] Vgl. Netflix (2022).

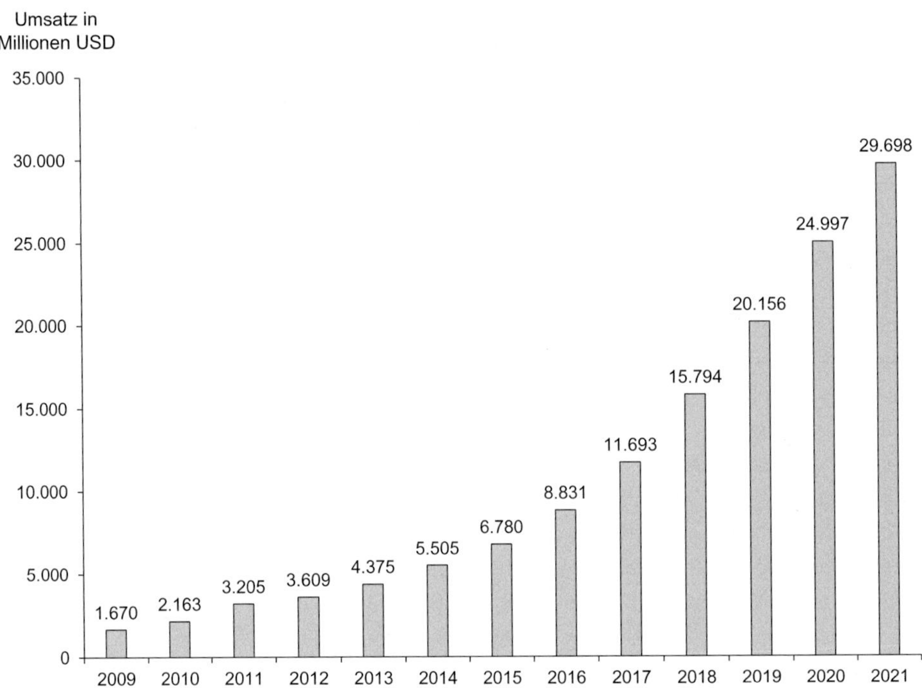

Abb. 12.16 Umsatzentwicklung von Netflix. (Datenquelle: Netflix Inc. (2020); Finanzen.net (2022))

2012 eine aktive Rolle als Produzent von Film- und Fernsehserien übernommen hat. Diese ″Netflix Original″-Inhalte werden ausschließlich über die eigene Online-Bibliothek für die eigenen Nutzer zur Verfügung gestellt.

Der damit einhergehende Komfortgewinn und Mehrwert für Nutzer und die Flexibilität des Programms gegenüber dem bis dahin dominierenden linearen Fernsehen stärkt die Marktposition von Netflix. Diese Entwicklung führt bei dem klassischen Fernsehen hingegen zu geringeren Einschaltquoten und erhöht somit den Druck hinsichtlich einer ansprechenden Programmgestaltung.[54]

Bereits im Jahr 2016 veröffentlichte Netflix 126 Originalserien und -filme, mehr als jedes andere Netzwerk oder jeder andere Kabelkanal.[55] Auf diese Weise werden zunehmend externe Produktionen aus dem Angebot durch eigene exklusive Produktionen ergänzt, wodurch sich für Netflix sowohl die Value Constellation als auch Value Capture weiterhin zum eigenen Vorteil entwickelt. Das so aufgebaute und wachsende Unterhaltungsangebot bestärkt Netflix als Disruptor und sichert die Marktmacht des Unternehmens weiter.

[54] Vgl. Jerzy (2019).

[55] Vgl. Masters (2016).

Ihre Bemühungen, neue Inhalte zu produzieren, die Rechte für zusätzliche Inhalte zu sichern und in 190 Ländern zu vermarkten, erfordern die Aufnahme hoher Schulden. Im September 2017 hatte Netflix bereits eine hohe Fremdkapitalquote mit Krediten in Höhe von 21,9 Mrd. US-Dollar.[56] Im Jahr 2018 wurde erklärt, die Strategie der Expansion durch kreditfinanzierte Neuproduktionen weiterzuführen.[57] Im Jahr 2022 führte Netflix zudem eine kostenreduzierte Abonnement-Form mit Werbeclips ein, um mehr Nutzer an sich zu binden.[58]

12.4 Inhaltliche Kernpunkte von Digital Ecosystems, Disintermediation und digitaler Disruption

- Digitale Systeme mit einer Vielzahl von Akteuren, Interaktionen und Serviceleistungen können in Form eines Digital Ecosystems dargestellt werden. Ein integriertes digitales Ecosystem besteht in der Regel aus verschiedenen Ebenen und Teilmodellen. Zu den Teilmodellen zählen das Governancemodell, Kollaborationsmodell, Geschäftsmodell, Software-Infrastrukturmodell und das physische Infrastrukturmodell (Hardware).
- Die digitale Disintermediation stellt in der Internetökonomie eine Substitution bzw. Umgehung von ökonomischen Wertschöpfungsstufen bzw. Akteuren dar. Dabei werden zumeist direkte Interaktions- und Transaktionsstrukturen zwischen Anbieter und Nachfrager geschaffen.
- Die digitale Disintermediation erlaubt, durch die direkte Interaktion einen deutlich größeren Bestand an Kundendaten und Kundenwissen zu generieren. Zudem steigt das Gewinnpotenzial durch die Umgehung der Handelsstufen.
- Die digitale Disruption beschreibt digitalbasierte umbruchartige Veränderungen von Wertschöpfungskonstellationen. Dies können zum Beispiel technologie- oder prozessbezogene Innovationen sein. Im Kontext der Digitalisierung sind durch technologisch- und geschäftsmodellbezogene Anpassungen häufig disruptive Marktveränderungen zu verzeichnen. Ein Beispiel hierfür ist der Erfolg des digitalen Streaminganbieters Netflix.
- Digitale Disruptoren nutzen hierzu neuartige Kombinationen unterschiedlicher digitaler Technologien, die auf eine bestehende Wertschöpfungskonstellation angewendet werden.
- Grundsätzlich kann die digitale Disruption anhand des Neun-Ebenen-Modells der digitalen Disruption erklärt werden. Das Neun-Ebenen-Modell beschreibt prozessartig wie digitale Disruptionen entstehen und wie sie sich auf Organisationen und Marktstrukturen auswirken.

[56] Vgl. Liedtke (2017).

[57] Vgl. Perez (2018).

[58] Vgl. March24 (2022).

Kapitel 12
Wissensfragen und Diskussionsthemen

Wissensfragen

1. Beschreiben Sie die Struktur von Digital Ecosystems.
2. Erläutern Sie die Auswirkungen der digitalen Disruption auf die Wertschöpfungsketten.
3. Stellen Sie die Chancen und Risiken der Disintermediation dar.
4. Erläutern Sie das Neun-Ebenen-Modell der digitalen Disruption.
5. Stellen Sie Unternehmensbeispiele für digitale Disruptionen hinsichtlich Strategie, Geschäftsmodell, Value Proposition und Markt-Impact dar.

Diskussionsthemen

1. Diskutieren Sie, inwieweit ein Digital Ecosystem alle relevanten Akteure, Faktoren und Wechselwirkungen repräsentiert. Können anhand von Digital Ecosystems Unternehmen wie Apple gut dargestellt werden?
2. Die digitale Disintermediation hat die Wertschöpfung von immateriellen Produkten in den letzten Jahren grundlegend verändert. Diskutieren Sie, wer die Gewinner und Verlierer dieses Prozesses aus wirtschaftlicher, ökologischer und sozialer Sicht sind.
3. Diskutieren Sie anhand des Disruptors Netflix, welche Chancen und Risiken sich aus der digitalen Disruption im Zusammenhang mit traditionellen sowie modernen Medien ergeben. Beachten Sie dabei, inwieweit die neue Wertschöpfungsstruktur wirtschaftlich und gesellschaftlich wünschenswert ist. Führt die radikale Disruption im digitalen Sektor letztlich zu Marktmonopolen?

Literatur

Adner, R. (2006), Match your innovation strategy to your innovation ecosystem, in: Harvard Business Review, 84. Jg., Nr. 4, 2006, S. 1–11.

Auchard, E./Schütze, A. (2017), UPDATE 2 – HelloFresh's bright start contrasts with Blue Apron struggles, https://www.reuters.com/article/hellofresh-ipo/update-1-hellofresh-makes-positive-debut-valuation-double-rival-blue-apron-idUSL8N1N82AT, Abruf: 21.10.2022.

Barker, C./Wiatrowski, M. (2017), The age of Netflix- Critical essays on streaming media, digital delivery and instant access, Jefferson (N.C.) 2017.

Baubin, T./Wirtz, B.W. (1996), Strategic management and transformation in converging industries – towards the information society, in: Brenner, W./Kolbe, L. (Hrsg.): The information Superhighway and Private Households- Case Studies of Business Impacts, Heidelberg 1996, S. 363–377.

Baumol, W.J. (1982), Contestable markets: An uprising in the theory of industry structure, in: American Economic Review (AER), 72. Jg., Nr. 1, 1982, S. 1–15.

Bower, J.L./Christensen, C.M. (1995), Disruptive Technologies: Catching the wave, in: Harvard Business Review, 73. Jg., Nr. 1, 1995, S. 43–53.

Christensen, C.M./Rosenbloom, R.S. (1995), Explaining the attacker's advantage: Technological paradigms, organizational dynamics, and the value network, in: Research Policy, 24. Jg., Nr. 2, 1995, S. 233–257.

Clarysse, B./Wright, M./Bruneel, J./Mahajan, A. (2014), Creating value in ecosystems: Crossing the chasm between knowledge and business ecosystems, in: Research Policy, 43. Jg., Nr. 7, 2014, S. 1164–1176.

Edelmann, D.C. (1999), "Patterns of Deconstruction: Layer Mastery.", https://www.bcg.com/documents/file 13199.pdf, Abruf: 15.05.2020.

EQS Group (2019), DGAP-News: Rocket Internet SE: Rocket Internet intends to place its entire shareholding in HelloFresh SE, https://markets.businessinsider.com/news/stocks/dgap-news-rocket-internet-se-rocket-internet-intends-to-place-its-entire-shareholding-in-hellofresh-se-1028195650, Abruf: 21.10.2022.

Financial Times (2015), Funding round values German grocery start-up HelloFresh at € 2.6bn, https://www.ft.com/content/658e86be-5d23-11e5-97e9-7f0bf5e7177b, Abruf: 28.01.2020.

Finanzen.net (2022), Netflix: GuV (in Mio. USD), https://www.finanzen.net/bilanz_guv/netflix, Abruf: 21.10.2022.

Fritz, W. (2004), Internet-Marketing und Electronic Commerce- Grundlagen – Rahmenbedingungen – Instrumente: mit Praxisbeispielen, 3. Auflage, Wiesbaden 2004.

Hagel, J./Singer, M. (1999), Unbundling the Corporation, in: Harvard Business Review, 77. Jg., Nr. 2, 1999, S. 133–141.

Harrington, L./Reed, G. (1996), Electronic commerce (finally) comes of age, in: The McKinsey Quarterly, Nr. 2, 1996, S. 68–77.

HelloFresh (2020), Our Story – Our vision is to change the way people eat – forever, https://www.hellofreshgroup.com/websites/hellofresh/English/140/our-story.html, Abruf: 27.01.2020.

HelloFresh (2022a), Unsere Entwicklung, https://www.hellofreshgroup.com/de/, Abruf: 21.10.2022.

HelloFresh (2022b), Was für Rezepte magst Du?, https://www.hellofresh.de/plans?c=D1-W74D9&gclid=Cj0KCQjwhsmaBhCvARIsAIbEbH5Zh7TRLsRgH7KCOmjO0pZ26Ol6VimvNOpvVrI-nyt6Pckk-9QqtyG0aAsx2EALw_wcB, Abruf: 21.10.2022.

HelloFresh Group (2022), Geschäftsbericht 2021, https://ir.hellofreshgroup.com/download/companies/hellofresh/Annual%20Reports/DE000A161408-JA-2021-PN-EQ-D-00.pdf, Abruf: 24.11.2022.

Heuskel, D. (1999), Wettbewerb jenseits von Industriegrenzen. Aufbruch zu neuen Wachstumsstrategien, Frankfurt am Main 1999.

Iansiti, M./Levien, R. (2004a), Strategy as ecology, in: Harvard Business Review, 82. Jg., Nr. 3, 2004, S. 68–78.

Iansiti, M./Levien, R. (2004b), The Keystone Advantage: What the New Dynamics of Business Ecosystems Mean for Strategy, Innovation and Sustainability, Boston 2004.

Jerzy, N. (2019), TV oder Streaming: So gucken die Deutschen am liebsten – Der Abgesang auf das Fernsehen ist verfrüht. Eine Umfrage zeigt: In Deutschland ist Platz für klassisches TV und Streaming-Angebote. Aber wie lange noch?, https://www.capital.de/leben/tv-oder-streaming-so-gucken-die-deutschen-am-liebsten, Abruf: 21.10.2022.

Kothandaraman, P./Wilson, D.T. (2001), The Future of Competition. Value creating networks, in: Industrial Marketing Management, 30. Jg., Nr. 4, 2001, S. 379–389.

Li, C. (2014), She's HelloFresh, exciting…Why the Berlin meal delivery startup just raised $50 million, https://tech.eu/features/2356/hellofresh-funding-profile/, Abruf: 21.10.2022.

Liedtke, M. (2017), Netflix sinking deeper into debt to fuel subscriber growth, https://apnews.com/article/d49c1143f7244967b91e449254d267d6, Abruf: 21.10.2022.

Lumineau, F./Wang, W./Schilke, O. (2021), Blockchain Governance – A New Way of Organizing Collaborations?, in: Organization Science, 32. Jg., Nr. 2, 2021, S. 500–521.

March24 (2022), Netflix steht unter Druck – und setzt auf eine neue Strategie, https://march24.ch/articles/149036-netflix-steht-unter-druck-und-setzt-auf-eine-neue-strategie, Abruf: 21.10.2022.

Masters, K. (2016), The Netflix Backlash: Why Hollywood Fears a Content Monopoly, https://www.hollywoodreporter.com/features/netflix-backlash-why-hollywood-fears-928428, Abruf: 21.10.2022.

Michel, S. (2014), Capture More Value, https://hbr.org/2014/10/capture-more-value, Abruf: 21.10.2022.

MOIA (2023), Mobilitätswende, wir kommen, https://www.moia.io/de-DE, Abruf: 25.01.2023.

Molla, R. (2018), HelloFresh is now bigger than Blue Apron in the U.S., https://www.vox.com/2018/3/26/17165030/hellofresh-blue-apron-meal-kit-delivery-marketshare-acquisition-organic-green-chef, Abruf: 21.10.2022.

Moore, J.F. (1993), Predators and prey: a new ecology of competition. In: Harvard Business Review 71 (3), S. 75–86.

Moore, J.F. (1996), The death of competition- Leadership and strategy in the age of business ecosystems, New York 1996.

Netflix (2022), Shareholder Letter, https://s22.q4cdn.com/959853165/files/doc_financials/2022/q3/FINAL-Q3-22-Shareholder-Letter.pdf, Abruf: 21.10.2022.

Netflix Inc. (2020), 2019 Quarterly Earnings – Letter to Shareholders, https://s22.q4cdn.com/959853165/files/doc_financials/2019/q4/FINAL-Q4-19-Shareholder-Letter.pdf, Abruf: 21.10.2022.

New York Times (2020), New York Is Urged to Consider Surge Pricing for Taxis – The city could become one of the first in the United States to allow yellow cabs to raise prices when demand is high, https://www.nytimes.com/2020/01/30/nyregion/surge-pricing-taxis.html, Abruf: 31.10.2020.

Perez, S. (2018), Netflix to raise $2 billion in debt to fund more original content, https://techcrunch.com/2018/10/22/netflix-to-raise-2-billion-in-debt-to-fund-more-original-content, Abruf: 21.10.2022.

Porter, M.E./Millar, V. (1985), How information gives you competitive advantage, in: Harvard Business Review (HBR), 63. Jg., Nr. 4, 1985, S. 149–160.

Rayport, J.F./Sviokla, J. (1996), Exploiting the Virtual Value Chain, in: The McKinsey Quarterly, Nr. 1, 1996, S. 21–36.

Redman, R. (2018), HelloFresh eyes bigger slice of Canadian meal kit market, https://www.supermarketnews.com/online-retail/hellofresh-eyes-bigger-slice-canadian-meal-kit-market, Abruf: 21.10.2022.

Reuters (2017), HelloFresh Just Had a Much More Successful Debut Than Chief Rival Blue Apron, https://fortune.com/2017/11/02/blue-apron-hellofresh-ipo/, Abruf: 21.10.2022.

Scaringella, L./Radziwon, A. (2018), Innovation, entrepreneurial, knowledge, and business ecosystems: Old wine in new bottles?, in: Technological Forecasting and Social Change, 136. Jg., 2018, S. 59–87.

Schweizer, L. (2005), Concept and evolution of business models, in: Journal of General Management, 31. Jg., Nr. 2, 2005, S. 37–56.

Slywotzky, A. (1996), Value Migration: How to Think Several Moves Ahead of the Competition, Boston 1996.

Slywotzky, A.J./Morrison, D.J./Moser, T. (1999), Die 30 Besten Strategien für mehr Gewinn, Landsberg am Lech 1999.

Teece, D.J. (2007), Explicating dynamic capabilities: The nature and microfoundations of (sustainable) enterprise performance., in: Strategic Management Journal, 28. Jg., Nr. 13, 2007, S. 1319–1350.

Wirtz, B.W. (1995), Technologieinnovationen, Marketingstrategie und Preismanagement im Handel, in: THEXIS, 12. Jg., Nr. 4, 1995, S. 46–51.

Wirtz, B.W. (2000), Electronic Business, 1. Auflage, Wiesbaden 2000.

Wirtz, B.W. (2010), Business Model Management- Design – Instrumente – Erfolgsfaktoren von Geschäftsmodellen, 1. Auflage, Wiesbaden 2010.

Wirtz, B.W. (2020), Electronic Business, 7. Auflage, Wiesbaden 2020.

Wirtz, B.W. (2021a), Business Model Management- Design – Instrumente – Erfolgsfaktoren von Geschäftsmodellen, 5., aktualisierte und erweiterte Auflage 2021.

Wirtz, B.W. (2021b), Digital business and electronic commerce- Strategy, business models and technology, 1. Auflage, Cham 2021.

Wirtz, B.W. (2022), E-Government- Strategie – Organisation – Technologie, 1. Auflage, Wiesbaden 2022.

Wirtz, B.W./Becker, D. (2002a), Geschäftsmodellansätze und Geschäftsmodellvarianten im Electronic Business – Eine Analyse zu Erscheinungsformen von Geschäftsmodellen, in: WiSt – Wirtschaftswissenschaftliches Studium, 31. Jg., Nr. 2, 2002, S. 85–90.

Wirtz, B.W./Becker, D.R. (2002b), „Strategische Innovation oder Imitation?“, in: Der Betriebswirt, 43. Jg., Nr. 3, 2002, S. 8–17.

Wirtz, B.W./Langer, P.F. (2021), Digitale Disruption- Bedeutung, Auswirkungen und Strategien, in: Wirtschaftswissenschaftliches Studium (WiSt), Nr. 6, 2021, S. 4–11.

Wirtz, B.W./Müller, W.M. (2022a), An Integrated Framework for Public Service Provision in Smart Cities, in: International Journal of Public Sector Performance Management, 11. Jg., Nr. 3, 2023, S. 310–340.

Wirtz, B.W./Müller, W.M. (2022b), An Integrative Collaborative Ecosystem for Smart Cities – A Framework for Organizational Governance, in: International Journal of Public Administration, 46. Jg., Nr. 7, 2023, S. 499–518.

Wirtz, B.W./Müller, W.M./Langer, P.F. (2023), The Concept of Business Models- Delevopment and Research Perspektives, in: International Journal of Innovation Management, 26. Jg., Nr. 7, 2022, S. 1–71.

Wirtz, B.W./Weyerer, J.C./Heckeroth, J.K. (2022), Digital Disruption and Digital Transformation: A Strategic Integrative Framework, in: International Journal of Innovation Management, 26. Jg., Nr. 3, 2022.

YCharts (2020a), Daimler AG (DDAIF), https://ycharts.com/companies/DDAIF, Abruf: 03.02.2020.

YCharts (2020b), Tesla Inc (TSLA), https://ycharts.com/companies/TSLA, Abruf: 03.02.2020.

YCharts (2020c), Volkswagen AG (VLKAF), https://ycharts.com/companies/VLKAF, Abruf: 03.02.2020.

B2C-Geschäftsmodelle im Digital Business 13

Inhaltsverzeichnis

13.1 Grundlagen des Leistungssystems im Digital Business 561
13.1.1 Core Assets und Kernkompetenzen 563
13.1.2 Wertschöpfungskette 571
13.1.3 Geschäftsmodelle 573
13.2 Content 583
13.2.1 Wertschöpfungskette 586
13.2.2 Core Assets und Kernkompetenzen 590
13.2.3 Leistungsangebote 593
13.2.3.1 Digital Information 594
13.2.3.2 Digital Entertainment 595
13.2.3.3 Digital Infotainment 599
13.2.3.4 Digital Education 601
13.2.4 Fallbeispiel Content: Wikipedia 603
13.3 Commerce 609
13.3.1 Wertschöpfungskette 611
13.3.2 Core Assets und Kernkompetenzen 615
13.3.3 Leistungsangebote 619
13.3.3.1 E-Attraction 619
13.3.3.2 E-Bargaining/E-Negotiation 619
13.3.3.3 E-Transaction 622
13.3.3.4 E-Tailing 623
13.3.4 Fallbeispiel Commerce: eBay 624
13.4 Context 629
13.4.1 Wertschöpfungskette 631
13.4.2 Core Assets und Kernkompetenzen 638
13.4.3 Leistungsangebote 641
13.4.3.1 Digital Search 642
13.4.3.2 Digital Catalogs 643
13.4.3.3 Social Bookmarking 644
13.4.4 Fallbeispiel Context: Bing 645

B. W. Wirtz, *Digital Business*, https://doi.org/10.1007/978-3-658-41467-2_13

13.5 Connection 651
13.5.1 Wertschöpfungskette 653
13.5.2 Core Assets und Kernkompetenzen 658
13.5.3 Leistungsangebote 661
13.5.3.1 Intra-Connection 661
13.5.3.2 Inter-Connection 664
13.5.4 Fallbeispiel Connection: LinkedIn 666
13.6 Hybride Geschäftsmodelle 671
13.6.1 Entwicklung hybrider Geschäftsmodelle 671
13.6.2 Hybridisierung des Google-Geschäftsmodells 674
13.7 Inhaltliche Kernpunkte von B2C-Geschäftsmodellen im Digital Business 683
Literatur 684

Wissensziele

Wenn Sie dieses Kapitel gelesen haben, werden Sie in der Lage sein:

1. Geschäftsmodelle im digitalen Kontext zu definieren und das integrierte digitale Geschäftsmodell anhand seiner Partialmodelle zu erläutern,
2. die Erlösmodellsystematik von digitalen Geschäftsmodellen zu beschreiben,
3. die Grundlage für die Klassifizierung sowie die Merkmale und Unterschiede der Geschäftsmodelle des 4C-Net Business Model zu erklären,
4. die Wertschöpfungsketten der Geschäftsmodellvarianten und ihre Komponenten zu beschreiben,
5. Beispiele für hybride Geschäftsmodelle zu nennen und deren Vorteile für Kunden und Unternehmen im Digital Business aufzuzeigen.

Im Rahmen des Digital Business sehen sich Unternehmen nicht nur gezwungen, bestehende Geschäftsmodelle an die Besonderheiten der digitalen Transformation anzupassen, sondern es entstehen auch gänzlich neue Geschäftsmodelle, da das Digital Business besondere Markt- und Wettbewerbsbedingungen aufweist.[1]

Geschäftsmodelle haben im Digital Business grundsätzlich eine sehr hohe Bedeutung. Das Design digitaler Geschäftsmodelle entscheidet oftmals über unternehmerischen

[1]Vgl. zu Kap. 13 B2C-Geschäftsmodelle im Digital Business im Folgenden Wirtz (2011), S. 6 ff.; Wirtz (2019), S. 1 ff.; Wirtz (2020), S. 457 ff.; Wirtz (2021b), S. 311 ff.; Wirtz (2022a), S. 373 ff.

Grundlagen des Leistungssystems	Content	Commerce	Context	Connection	Hybride Geschäfts-modelle
• Core Assets und Kernkompetenzen • Wertschöpfungs-kette • Geschäftsmodelle und Partialmodelle • 4C-Net Business Model	• Wertschöpfungs-kette • Core Assets und Kernkompetenzen • Leistungsangebote • Fallbeispiel Content: Wikipedia	• Wertschöpfungs-kette • Core Assets und Kernkompetenzen • Leistungsangebote • Fallbeispiel Commerce: eBay	• Wertschöpfungs-kette • Core Assets und Kernkompetenzen • Leistungsangebote • Fallbeispiel Context: Bing	• Wertschöpfungs-kette • Core Assets und Kernkompetenzen • Leistungsangebote • Fallbeispiel Connection: LinkedIn	• Entwicklung hybrider Geschäftsmodelle • Hybridisierung des Google-Geschäfts-modells

Abb. 13.1 Struktur des Kapitels

Erfolg und die Generierung von Wettbewerbsvorteilen. Beispiele für besonders erfolgreiche Geschäftsmodelle im digitalen Kontext sind etwa Google/Alphabet, eBay oder Facebook/Meta.

Zur Einführung in die Analyse und Beschreibung von Geschäftsmodellen des Digital Business werden im Folgenden zunächst das Leistungssystem und dessen begriffliche Grundlagen betrachtet. Anhand geschäftsmodellspezifischer Charakteristika schließt sich eine Typologisierung von Geschäftsmodellen des Digital Business an, wobei der Fokus auf den beiden Geschäftsbeziehungsarten B2C und B2B liegt. B2C wird in diesem Kapitel behandelt und B2B im darauffolgenden Kap. 14. Auch Mischformen aus den einzelnen Geschäftsmodellen, sogenannte hybride Geschäftsmodelle, werden betrachtet.

Abb. 13.1 stellt die Struktur dieses Kapitels dar. Der erste Abschnitt dieses Kapitels befasst sich mit den Grundlagen digitaler Geschäftsmodelle, gefolgt von Abschn. 13.2, der das Content-Geschäftsmodell erläutert. In Abschn. 13.3 wird das Commerce-Geschäftsmodell dargestellt, gefolgt von Abschn. 13.4, der das Context-Geschäftsmodell darstellt. Das Connection-Geschäftsmodell wird in Abschn. 13.5 erläutert: Es wird zwischen Intra-Connection- und Inter-Connection-Geschäftsmodellen unterschieden. In jedem der Abschnitte wird ein besonderer Schwerpunkt auf die jeweilige Wertschöpfungskette, die Core Assets und die Kernkompetenzen gelegt. Unternehmen des Digital Business verfolgen zunehmend hybride Geschäftsmodelle, die in Abschn. 13.6 dargestellt werden.

13.1 Grundlagen des Leistungssystems im Digital Business

Die Bedeutung strategischer Geschäftsmodelle steht auch in Zusammenhang mit den erheblichen Veränderungen der Markt- und Wettbewerbsbedingungen im Hinblick auf Digitalisierung, Globalisierung, Deregulierung und wirtschaftliche Integration.[2] Diese Veränderungen haben zu dynamischeren, wettbewerbsintensiveren und komplexeren Märkten geführt und zwingen Unternehmen dazu, sich ständig schnell, effektiv und effizient an die sich fortlaufend ändernden Marktbedingungen anzupassen.

[2] Vgl. Wirtz/Daiser (2017), S. 19; Wirtz/Daiser (2018c), S. 18.

Vor diesem Hintergrund werden Geschäftsmodelle zu einem wichtigen Führungs- und Managementinstrument, indem sie die Komplexität reduzieren und den Fokus von den gewohnten auf die wegweisenden organisationalen Aktivitäten verlagern.

Darüber hinaus unterstützt der Prozess der Gestaltung und Entwicklung von Geschäftsmodellen sowohl die Generierung neuer Geschäftsideen als auch die Bewertung bestehender Strategien, Strukturen und Aktivitäten.[3] Somit hilft das Geschäftsmodellkonzept Unternehmen dabei, ihre Erfolgsfaktoren systematisch zu analysieren und ihre Geschäftsaktivitäten zielgerichtet anzupassen.[4]

Leistungssystem

Für die Analyse von Digital-Business-Unternehmen ist das Leistungssystem von besonderer Bedeutung.[5] Im Leistungssystem werden die Elemente erfasst, die für die Wettbewerbsfähigkeit und das Leistungsangebot eines Digital-Business-Unternehmens entscheidend sind. Zu den wesentlichen Elementen zählen die Wertschöpfungskette, die Core Assets und die Kernkompetenzen, die neben anderen elementaren Bestandteilen das Geschäftsmodell eines Unternehmens abbilden.[6] Abb. 13.2 stellt das Leistungssystem dar.

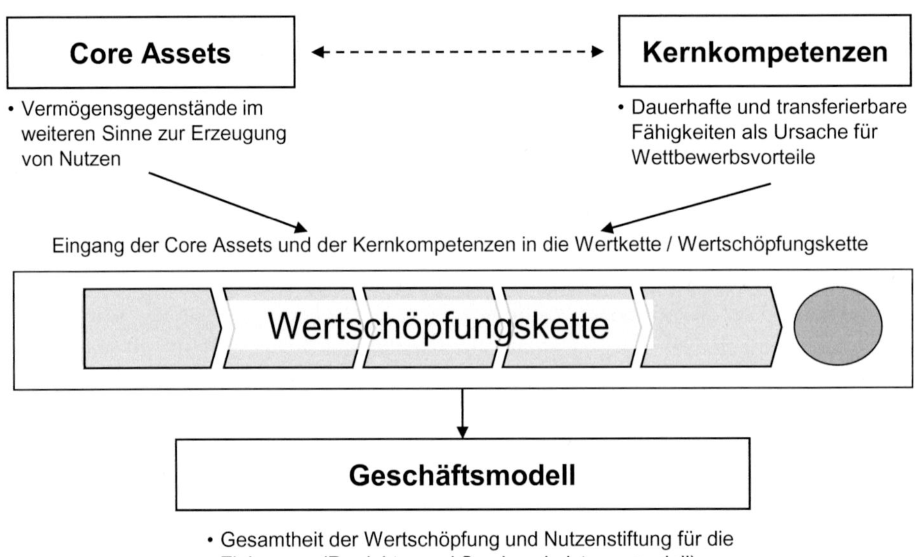

Abb. 13.2 Leistungssystem. (Vgl. Wirtz (2005), S. 49; Wirtz (2020), S. 459)

[3] Vgl. Wirtz/Göttel/Daiser (2016), S. 2; Wirtz/Daiser (2018b), S. 41.

[4] Vgl. Wirtz et al. (2016), S. 41; Wirtz (2021a); Wirtz/Müller/Langer (2022).

[5] Vgl. im Folgenden Wirtz (2005), S. 48 ff.; Wirtz (2020), S. 459 ff.

[6] Vgl. Wirtz (2019), S. 82.

Core Assets, Kernkompetenzen und Wertschöpfungsketten sind als komplementäre Untersuchungskonzepte zu betrachten. Die Wertschöpfungskette ermöglicht die differenzierte und strukturierte Darstellung und Analyse der Aktivitäten in Unternehmen, während Core Assets und Kernkompetenzen die Grundlage von Wettbewerbsvorteilen beschreiben.

Das Geschäftsmodell umfasst beide Konzepte und geht darüber hinaus, indem es noch andere, insbesondere externe Aspekte des Managements von Digital-Business-Unternehmen erfasst.[7] Ausgehend von der in Abb. 13.2 gezeigten Systematik werden in diesem Abschnitt die Grundlagen dargestellt, die für die Betrachtung der Typologien von Geschäftsmodellen relevant sind.

Dazu wird zunächst auf Vermögensgegenstände und Ressourcen (Assets) sowie Kompetenzen eingegangen, die wesentlich für die Leistungserstellung sind. Diese determinieren wiederum die Wertschöpfungsketten. Abschließend wird das integrierte Geschäftsmodell mit den relevanten Partialmodellen dargestellt. Dabei liegt ein besonderer Fokus auf dem Leistungsangebot eines Geschäftsmodells.

13.1.1 Core Assets und Kernkompetenzen

Von hoher Bedeutung für den langfristigen Erfolg eines Unternehmens im Digital Business sind dessen Core Assets und Kernkompetenzen. Diese verschaffen Unternehmen einen nachhaltigen Wettbewerbsvorteil, der sich in der Erzielung langfristig überdurchschnittlicher Kapitalrenditen niederschlägt.

Core Assets sind diejenigen materiellen und immateriellen Vermögensgegenstände, die eine zentrale Rolle bei der Leistungserstellung und -vermarktung einnehmen. Hierzu zählen im Digital Business zum Beispiel der Umfang des Kundenstamms, Nutzungsrechte und Patente.

Kernkompetenzen komplementieren Core Assets. Sie bezeichnen die Fähigkeiten des Unternehmens, insbesondere seiner Mitarbeiter und des Managements, seine Assets und Core Assets so zu kombinieren, dass dadurch ein besonderer Kundennutzen entsteht. Beispiele für die Kernkompetenzen eines Unternehmens im Digital Business sind Technologie- und Sicherheitskompetenz und eine herausragende Kompetenz im Kundenbeziehungsmanagement.

Resource-Based View

Das Konzept der Core Assets und Kernkompetenzen geht auf die ressourcentheoretischen Ansätze des strategischen Managements (Resource-Based View) zurück. Die Darstellungen des Resource-Based View und seiner Weiterentwicklungen, zum Beispiel Capability-Based View, Dynamic Capability-Based View und Knowledge-Based View, bilden

[7] Vgl. Wirtz (2016b), S. 82.

die Basis für die Diskussion der Core Assets und Kernkompetenzen von Unternehmen im Digital Business.[8]

Darauf aufbauend werden die Core Assets und Kernkompetenzen in Digital-Business-Unternehmen analysiert. Die ressourcentheoretischen Ansätze beschäftigen sich mit der Erklärung von Ergebnisunterschieden zwischen Unternehmen und der Ableitung von Handlungsstrategien, die dem Aufbau von Wettbewerbsvorteilen dienlich sein sollen.

Hierbei wird eine Inside-Out-Perspektive eingenommen, das heißt die unternehmensintern akkumulierten Assets und Fähigkeiten stehen im Mittelpunkt der Betrachtung. Nachhaltige Wettbewerbsvorteile werden auf die einzigartigen, spezifischen Assets und Kompetenzen eines Unternehmens zurückgeführt.

Dabei gehen die Ressourcenansätze von dem Beobachtungssachverhalt aus, dass sich Unternehmen auch innerhalb einer Branche hinsichtlich ihrer Asset- und Kompetenzausstattung unterscheiden. Diese Asset- und Kompetenzheterogenität konkurrierender Unternehmen begründet Erfolgsunterschiede im Wettbewerb. Verfügt Unternehmen A über wirkungsvollere Assets und Kompetenzen als Unternehmen B, dann ist A erfolgreicher als B.[9]

Assets und Core Assets im Resource-Based View

Der klassische Resource-Based View beschäftigt sich primär mit den Assets und Core Assets eines Unternehmens. Kompetenzen werden in den frühen ressourcentheoretischen Arbeiten weitgehend vernachlässigt. Unter dem Begriff des Assets oder Produktionsfaktors eines Unternehmens werden undifferenzierte Inputgüter verstanden, die frei auf Faktormärkten erwerbbar sind.[10] Sie bilden die notwendige Voraussetzung für sämtliche Aktivitäten eines Unternehmens. Zu diesen Assets zählen beispielsweise Finanzmittel und Humanressourcen.

Demgegenüber werden alle diejenigen firmenspezifischen Ressourcen und Assets als Core Assets bezeichnet, die eine besonders wichtige Rolle im Wertschöpfungsprozess des Unternehmens einnehmen. Assets werden dann zu Core Assets für ein Unternehmen, wenn sie wertvoll und von gewisser Knappheit auf dem Markt sind.

Sie dürfen zudem nicht leicht von der Konkurrenz zu imitieren sein, damit sie das Potenzial für einen nachhaltigen Wettbewerbsvorteil schaffen.[11] Solche Core Assets können beispielsweise im Rahmen von unternehmensinternen Veredelungsprozessen aus einfachen Assets und Produktionsfaktoren entwickelt werden.[12] Auf Basis dieser Ausführungen lässt sich folgende Definition für den Asset- und Core-Asset-Begriff ableiten (vgl. Tab. 13.1).

---

[8] Vgl. Wirtz/Langer/Schmidt (2021), S. 241.

[9] Vgl. Seisreiner (1999), S. 171 ff.

[10] Vgl. Teece/Pisano/Shuen (1997), S. 516.

[11] Vgl. Barney (1991a), S. 105 ff.

[12] Vgl. Freiling (2001), S. 22.

Dabei kann der Kausalzusammenhang zwischen Core Asset und Erfolg oder die Struktur des Core Assets an sich unklar sein. Verstärkt wird die kausale Mehrdeutigkeit durch ein hohes Maß an Interdependenzen zwischen verschiedenen Assets. Je stärker der Wettbewerbsvorteil auf einem komplexen und interdependenten Netzwerk aus Assets und Core Assets beruht, desto schwieriger ist die Wettbewerbsanalyse und -imitation.

Rentengenerierung durch Core Assets
Im Rahmen Core-Asset-basierter Wettbewerbsvorteile können unterschiedliche Arten von Gewinnen beziehungsweise Renten erwirtschaftet werden.[20] Ricardo-Renten werden erzielt, wenn ein Unternehmen sich einen ausreichenden Anteil an knappen Assets sichern kann, die zu einer höheren Effizienz führen. Die Quasi- oder Pareto-Rente von Assets ergibt sich aus der Differenz zwischen dem unternehmensinternen, optimalen Einsatz und dem unternehmensexternen, nächstbesten Verwendungszweck des Assets.

Monopolistische Renten basieren auf Marktmacht. Sie werden erzielt, falls einzigartige Assets zu einer starken Position am Markt führen, welche die Einschränkung der Produktionsmenge ermöglicht. Schumpeter-Renten oder auch Entrepreneurial Rents stellen Rückflüsse aus innovativen Leistungen dar, die auf der Basis von besonderen und einzigartigen Assets erbracht werden. Für die Argumentationsweisen des Resource-Based View sind Ricardo-, Quasi- und Schumpeter-Renten am bedeutsamsten.

Kompetenzperspektive
Die Antwort auf die Frage, wie ein Core-Asset-basierter Wettbewerbsvorteil in überlegene Produkte und Leistungen am Markt transferiert werden kann, liefert die Kompetenzperspektive der Ressourcentheorie. Organisationale Kompetenzen und Fähigkeiten ermöglichen die geschickte Kombination von Assets und Core Assets zu solchen verkaufsfähigen Produkten und Dienstleistungen, die sich von denen des Wettbewerbs unterscheiden und Präferenzen beim Nachfrager erzeugen.[21]

Mithilfe der Kompetenzen können Core Assets so koordiniert und verwendet werden, dass sich daraus Wettbewerbsvorteile für das Unternehmen ergeben. Organisationale Kompetenzen stellen somit eine Koordinationsleistung dar, die auf den sozialen Interaktionsmustern, dem Wissen und den Einzelfähigkeiten der Mitarbeiter basiert. Sie sind eine Form des regelbasierten kollektiven Verhaltens (Routine), das durch wiederholte Ausübung erlernt wird und sich im Zeitverlauf entwickelt.

Von weitreichender Wirkung sind in diesem Kontext Kernkompetenzen, da sie zu einem nachhaltigen Wettbewerbsvorteil und langfristigem Unternehmenserfolg führen. Das Konzept der Kernkompetenzen geht maßgeblich auf die managementorientierte Veröffent-

[20] Vgl. Bürki (1996), S. 34 ff.

[21] Vgl. Burmann (2002), S. 153 ff.

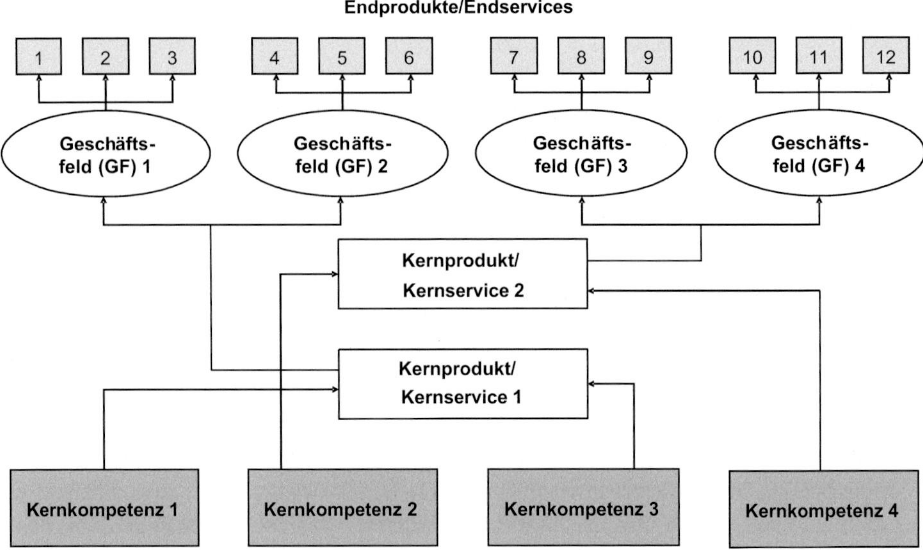

Abb. 13.3 Kernkompetenzen. (In Anlehnung an Prahalad/Hamel (2006), S. 278)

lichung der Autoren Prahalad und Hamel aus dem Jahre 1990 zurück.[22] Kernkompetenzen zeichnen sich nach Ansicht der Autoren durch drei Merkmale aus. Zunächst eröffnet eine Kernkompetenz dem Unternehmen Zugang zu verschiedenen Geschäftsfeldern.

Kernkompetenzen sind auf eine Vielzahl von Produkten, Diensten und/oder Kundengruppen transferierbar. Dabei bilden die Kernkompetenzen eines Unternehmens die Basis für dessen Kernprodukte, die wiederum Geschäftsfelder erzeugen, aus denen Endprodukte entstehen. Dies stellt Abb. 13.3 dar. Prahalad und Hamel (1990) nennen in diesem Kontext exemplarisch die Kompetenz eines Unternehmens, Displays zu erstellen. Das Unternehmen könnte mit dieser Kompetenz zum Beispiel die Märkte für Mobiltelefone, Tablets oder Fahrzeugcomputer, Taschenrechner und Fahrzeugcomputer bedienen.

Als ein ähnliches Digital-Business-bezogenes Beispiel kann die Firma Apple angeführt werden. Eine ihrer Kernkompetenzen besteht darin, die Anforderungen bestimmter Konsumentengruppen bezüglich Funktions- und Lifestyle-Werten anzusprechen.

Diese Kompetenz ermöglichte beispielsweise den Erfolg des tragbaren Mediaplayers iPod. Dieser überzeugte sowohl durch sein Design als auch durch die Verfügbarkeit von Mediendateien aus dem Portal iTunes bei den lifestyleorientierten Kundengruppen trotz hoher Preise im Vergleich zum Wettbewerb.

Beim Portal iTunes zeichnete sich Apple zudem als einer der Vorreiter beim Management der Urheberrechte aus und beweist durch die Realisierung einer leicht handhabbaren Übertragung der Mediendateien auf den tragbaren Player technische Kompetenz.

[22] Vgl. Prahalad/Hamel (1990), S. 79 ff.

Letztere hatte das Unternehmen bereits durch die Produktion von PCs und bei der Entwicklung grafischer Benutzeroberflächen noch vor Microsofts Windows bewiesen. Dies zeigt, dass die bisherigen Kernkompetenzen des Unternehmens Apple in Bezug auf Offline-Produkte dessen Digital-Business-Geschäft maßgeblich gefördert haben.

Erhöhter Kundennutzen durch Kernkompetenzen

Ein weiteres essenzielles Merkmal von Kernkompetenzen ist, dass sie wesentlich zum wahrgenommenen Kundennutzen eines Endproduktes beitragen. Auf Kernkompetenzen basierende Endprodukte vermögen die Kernbedürfnisse der Kunden auf einzigartige Weise zu befriedigen. Beispielsweise kann in diesem Kontext Sonys Fähigkeit zur Miniaturisierung von Elektronikartikeln angeführt werden.[23]

Darüber hinaus zeichnet sich eine Kernkompetenz dadurch aus, dass sie von der Konkurrenz nicht einfach zu imitieren und zu substituieren ist, wodurch die Nachhaltigkeit sichergestellt wird. Damit sind Kernkompetenzen ebenso wie Core Assets durch die vier Attribute Werthaltigkeit, Knappheit, Nicht-Imitierbarkeit und Nicht-Substituierbarkeit charakterisiert. Auf Basis der vorangegangenen Ausführungen lassen sich Kompetenzen und Kernkompetenzen zusammenfassend definieren (vgl. Tab. 13.2).

Dynamic-Capabilities-Ansatz

Die ressourcentheoretische Perspektive wurde im Rahmen des Dynamic-Capability-Ansatzes um dynamische Aspekte ergänzt. Dynamic Capabilities erklären die Ressourcen- und Kompetenzentwicklung im Zeitverlauf. Unternehmen sind aufgrund von Umweltveränderungen dazu gezwungen, ihre Asset- und Kompetenzbasis an veränderte Marktbedingungen anzupassen. Dabei müssen vorhandene Assets und Kompetenzen überprüft, weiterentwickelt oder gegebenenfalls abgebaut, neue Kompetenzen aufgebaut sowie unternehmensexterne Assets und Fähigkeiten beschafft und integriert werden.

Tab. 13.2 Definition Kompetenz und Kernkompetenz. (Vgl. Wirtz (2005), S. 53; Wirtz (2020), S. 462)

Kompetenzen bilden die Grundlage für das kollektive Handeln in einem Unternehmen und ermöglichen den Leistungserstellungsprozess, in dem Assets und Core Assets zu verkaufsfähigen Marktleistungen kombiniert werden. Kernkompetenzen sind eine spezielle Form von Kompetenzen, sie sind von relativer Knappheit und für die Konkurrenz schwer bis nicht imitierbar und substituierbar. Kernkompetenzen tragen bedeutend zum wahrgenommenen Kundennutzen eines Endproduktes bei und verschaffen Unternehmen einen nachhaltigen Wettbewerbsvorteil.

[23] Vgl. Prahalad/Hamel (1990), S. 82.

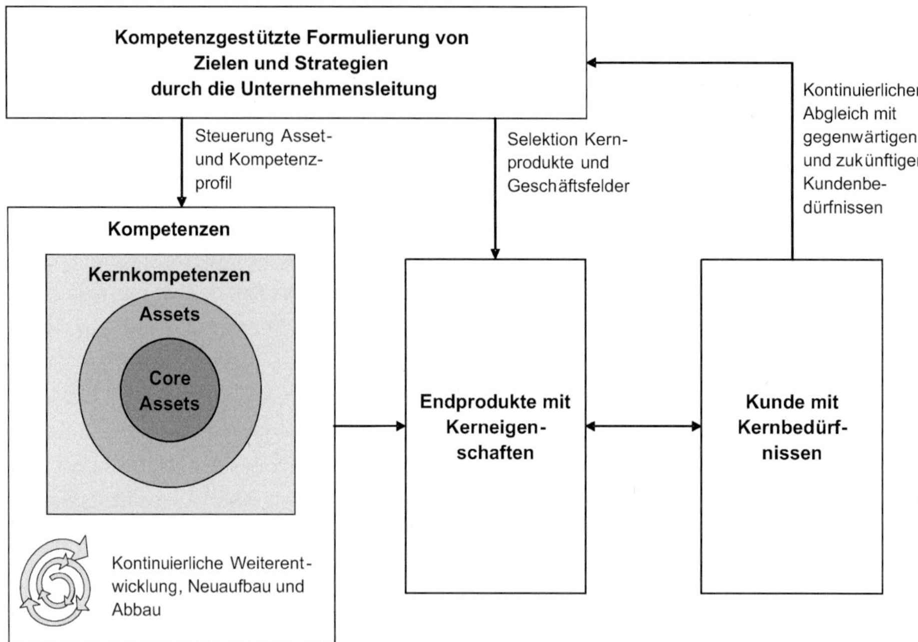

Abb. 13.4 Core-Asset- und Kernkompetenzentwicklung. (Vgl. Wirtz (2005), S. 59; Wirtz (2020), S. 468; Wirtz (2022a), S. 86)

Dynamic Capabilities stellen die organisationale Metafähigkeit dar, originäre Kompetenzen und Assets zu bilden, zu rekonfigurieren, zu integrieren und zu koordinieren.[24] Diese Prozesse können durch die Unternehmensleitung auf Grundlage kompetenzgestützter Ziele und Strategien gesteuert werden. Dabei sollten insbesondere Kundenbedürfnisse als Maßstab für die kontinuierliche Überprüfung des Core-Asset- und Kernkompetenzprofils dienen. Abb. 13.4 stellt die Core-Asset- und Kernkompetenzentwicklung dar.
Bei der Suche nach Core Assets, die die Kriterien hohe Firmenspezifität, relative Knappheit, besondere Werthaltigkeit sowie schwere Imitierbarkeit und Substituierbarkeit in starkem Maß erfüllen und damit für den Aufbau nachhaltiger Wettbewerbsvorteile genutzt werden können, wurde der Fokus vieler Forscher auf immaterielle Ressourcen – insbesondere die Wissensressource – gelenkt.[25]

Wissen als Grundlage von Core Assets und Kernkompetenzen

Im Knowledge-Based View wird Wissen als Grundlage von Core Assets und Kernkompetenzen und damit als wichtigste Quelle nachhaltiger Wettbewerbsvorteile für Unternehmen angesehen. Wissen wird von Individuen subjektiv konstruiert und repräsentiert

[24] Vgl. Teece/Pisano/Shuen (1997), S. 515 ff.

[25] Vgl. Burmann (2002), S. 185.

deren Erwartungen über Ursache-Wirkungszusammenhänge.[26] Es entsteht dann in der sozialen Interaktion und muss sich in dieser bewähren, um dann verworfen oder institutionalisiert zu werden. Wissen kann in explizites und implizites Wissen differenziert werden.

Bei explizitem Wissen handelt es sich um Faktenwissen, das in formaler systematischer Sprache artikulierbar, dokumentierbar und transferierbar ist. Implizites Wissen hingegen ist nur sehr schwer und unvollständig artikulierbar und nicht kodifizierbar. Es ist in hohem Maße personen- und kontextspezifisch und umfasst zum einen mentale Modelle sowie zum anderen praktisches Können und Fertigkeiten.[27]

Aus Unternehmensperspektive ist die Handlungsorientierung des Wissens entscheidend, denn nur dann kann es in konkrete zielorientierte Aktivitäten überführt werden und einen ökonomischen Beitrag leisten. Handlungsorientiertes Wissen ist die Basis für sämtliche organisationalen Wertschöpfungsaktivitäten.

Verfügt ein Unternehmen über seltenes und werthaltiges Handlungswissen, dann handelt es sich hierbei um ein Core Asset, das einen Wettbewerbsvorsprung begründet. Basiert dieser Wettbewerbsvorteil auf implizitem Wissen, so ist er aufgrund der hohen sozialen Komplexität in besonderem Maß vor Imitations- und Substitutionsbestrebungen der Konkurrenz geschützt.[28]

Insbesondere Content-Anbieter profitieren von explizitem organisationalem Wissen, wenn dieses Wissen Gegenstand ihrer digitalen Informationsprodukte ist. Ein Beispiel dafür sind Unternehmensinformationen, die die Firma Dun & Bradstreet bereitstellt. Die Fähigkeit der Firma Apple, auf Kundenbedürfnisse einzugehen und Lifestyletrends auszulösen, beruht hingegen auf implizitem Wissen der Entscheider darüber, wie Kundenverhalten und Marktdaten auszuwerten und zu interpretieren sind.

13.1.2 Wertschöpfungskette

Für die Entwicklung eines Geschäftsmodells empfiehlt sich zunächst eine Analyse der Wertschöpfungsaktivitäten innerhalb der Unternehmung. Damit sind die physisch und technologisch unterscheidbaren Aktivitäten im Unternehmen gemeint, die als Bausteine eines für den Abnehmer nutzenstiftenden Produkts betrachtet werden können.[29] Ein recht einfaches, aber erfolgreiches Instrument zur Darstellung der Wertschöpfung von Unternehmen bietet das Konzept der Wertschöpfungskettenanalyse von Porter (1986), deren Grundstruktur Abb. 13.5 darstellt.

---

[26] Vgl. Probst/Raub/Romhardt (2012), S. 23.

[27] Vgl. Nonaka/Takeuchi/Mader (2012), S. 72 f.

[28] Vgl. Freiling (2001), S. 116 ff.

[29] Vgl. Porter (2014), S. 65 f.

Abb. 13.5 Wertschöpfungskette der Unternehmensaktivitäten. (In Anlehnung an Porter (1986), S. 62)

Funktion der Wertschöpfungskette

Die Wertschöpfungskette dient der funktionalen Strukturierung der innerbetrieblichen Abläufe, um Ansatzpunkte für die Verbesserung der Qualität von Produkten und Prozessen zu identifizieren. In der ursprünglichen Form, die zunächst für produzierende Unternehmen entwickelt wurde, besteht die Wertschöpfungskette aus primären Aktivitäten, die sich mit der physischen Produktion und der Weiterleitung des Produkts an den Kunden befassen.

Dazu zählen der Eingang von Materialien, die Erstellung der Produkte, die Ausgangslogistik und die Produktvermarktung sowie die After-Sales-Aktivitäten. Darüber hinaus gibt es unterstützende Aktivitäten, die während des gesamten Wertschöpfungsprozesses notwendig sind und auf die einzelnen Primäraktivitäten einwirken.

Zu den unterstützenden Aktivitäten zählen die Beschaffung, die Entwicklung von Technologien, das Personalmanagement und die Infrastruktur des Unternehmens. Die sequenzielle Darstellung aller Aktivitäten verdeutlicht die konsequente Ausrichtung aller Wertschöpfungsaktivitäten auf den Kunden, wobei am Ende die Gewinnspanne steht. Diese setzt sich zusammen aus der Differenz zwischen dem Gesamtwert und der Summe der Kosten, die bei der Ausführung der Wertaktivitäten entstanden sind.[30]

Die Wertschöpfungskette versteht sich als stark vereinfachte Struktur, die für jedes Unternehmen individuell angepasst werden kann und muss. Vor allem bei der Betrachtung der primären Aktivitäten wird aber deutlich, dass sich die Struktur unter anderem nicht problemlos auf Dienstleistungsunternehmen oder gar Digital-Business-Unternehmen übertragen lässt.

Beispielsweise kann in diesem Kontext die Eingangslogistik nicht als logistische Aktivität im warenwirtschaftlichen Sinne verstanden werden, da die Input-Faktoren des Produktionsprozesses oft immaterieller Natur sind. Allerdings sind Wertschöpfungsketten gerade wegen ihres vom Einzelunternehmen abstrahierenden Wesens geeignet, grundsätzliche Charakteristika von Geschäftsmodellen darzustellen und zu vergleichen. Im Folgenden wird daher der allgemeine Begriff des Geschäftsmodells eingeführt, bevor einzelne Geschäftsmodelle anhand typischer Wertschöpfungsketten beschrieben werden.

[30] Vgl. Porter (2014), S. 66.

13.1.3 Geschäftsmodelle

Im Schrifttum wird der Begriff des Geschäftsmodells beziehungsweise des Business Models unterschiedlich verwendet.[31] Vielfach wird darunter sowohl eine illustrative, grafische Abbildung von Geschäftsprozessen und -strukturen eines Unternehmens als auch eine Erklärung der relevanten Aktivitäten der Wertschöpfung mit dem Ziel, den langfristigen Unternehmenserfolg zu sichern, verstanden.[32]

Ein Geschäftsmodell gibt demnach Auskunft über Material-, Arbeits- und Informationsflüsse sowohl zwischen Unternehmen und der Umwelt als auch spezifisch innerhalb des Unternehmens.[33] Diese Definition soll an dieser Stelle erweitert und spezifiziert werden (vgl. Tab. 13.3).

Das Geschäftsmodell geht damit über das Konzept der Wertschöpfungskette hinaus, da es nicht an einen physischen Produktionsprozess gebunden ist, sondern auch Dienstleistungsprozesse abbildet.[34] Ein Geschäftsmodell enthält damit Aussagen darüber, durch welche Kombination von Produktionsfaktoren die Geschäftsstrategie eines Unternehmens umgesetzt werden soll und welche Funktionen den involvierten Akteuren dabei zukommen.[35]

In diesem Zusammenhang werden auch die bereits besprochenen Kernkompetenzen und (Core) Assets im Geschäftsmodell abgebildet. Es schließt weiterhin Zulieferer oder strategische Partner ausdrücklich mit ein, denn „the unit of strategic analysis has moved from the single company […] to an enhanced network."[36] Das Geschäftsmodell stellt demnach ein übergeordnetes Konzept dar, um alle Unternehmensaktivitäten und die relevanten unternehmerischen Erfolgsfaktoren abzubilden und aktiv zu managen.[37] Durch die Bildung von Geschäftsmodellen werden wesentliche Aspekte betriebswirtschaftlicher Teildisziplinen miteinander verbunden.

Als Ergebnis erhält man einen komprimierten Überblick über die Geschäftsaktivitäten in Modellform, was letztlich der Steuerung und Koordination dieser Geschäftsaktivitäten dient.

Tab. 13.3 Definition Geschäftsmodell (Business Model). (Vgl. Wirtz (2000b), S. 81 f.; Wirtz (2020), S. 471)

Ein Business Model stellt eine stark vereinfachte und aggregierte Abbildung der relevanten Aktivitäten einer Unternehmung dar. Es erklärt wie durch die Wertschöpfungskomponente einer Unternehmung vermarktungsfähige Informationen, Produkte und/oder Dienstleistungen entstehen. Neben der Architektur der Wertschöpfung werden die strategische sowie die Kunden- und Marktkomponente berücksichtigt, um das übergeordnete Ziel der Generierung beziehungsweise Sicherung des Wettbewerbsvorteils zu realisieren.

[31] Vgl. Wirtz (2000b), S. 81; Papazoglou/Ribbers (2006), S. 57; Zollenkop (2006), S. 40.

[32] Vgl. Wirtz (2000b), S. 81; Amit/Zott (2001), S. 493; Afuah (2004), S. 9.

[33] Vgl. Timmers (1999), S. 4.

[34] Vgl. Amit/Zott (2001), S. 513 f.

[35] Vgl. Wirtz (2000b), S. 81 f.

[36] Prahalad/Ramaswamy (2000), S. 81.

[37] Vgl. Wirtz (2000b), S. 82 ff.

Bei Start-Up-Unternehmen, Ausgründungen (Spin Offs) oder auch bei Markteintritten in neue Geschäftsfelder erlaubt das Geschäftsmodell insbesondere eine übergreifende Ideen- und Konzeptfindung. Darüber hinaus ermöglicht es als Baustein eines Businessplans die Überprüfung dieser Ideen und Konzepte, etwa durch Investoren oder Kreditgeber.

Teilmodelle des integrierten digitalen Geschäftsmodells

Diese aggregierte und komprimierte Darstellungs- und Konzeptionsform ersetzt jedoch nicht einzelne betriebswirtschaftliche Teilanalysen. Um insbesondere alle relevanten Aspekte einer Unternehmensaktivität genau zu analysieren, haben sich im Business-Model-Kontext verschiedene Partial- oder Submodelle etabliert.[38]

Insgesamt lassen sich neun Partialmodelle heranziehen (Strategie-, Ressourcen-, Netzwerk-, Marktangebots-, Kunden-, Erlös-, Beschaffungs-, Leistungserstellung- und Finanzmodell), die wiederum drei Komponenten eines integrierten Business Models darstellen (Strategische, Kunden- und Markt- sowie Wertschöpfungskomponente).[39] Abb. 13.6 zeigt eine Übersicht der Business-Model-Komponenten und -Partialmodelle.

Strategische Komponente

Das Strategie-, das Ressourcen- und das Netzwerkmodell bilden eine übergeordnete Einheit im integrierten Business-Model-Konzept und haben somit auch eine besonders große Bedeutung bei der Analyse der Business-Model-Wertschöpfung. Die strategische Komponente gibt den Betätigungshorizont der anderen Business-Model-Partialmodelle vor und legt fest, welche Arten der Wertschöpfung im Allgemeinen möglich sind.[40]

Im Strategiemodell werden die mittel- bis langfristigen Ziele und Aktivitäten der Unternehmung festgelegt. In diesem Zusammenhang wird allgemein postuliert, dass die Inhalte des Strategiemodells die Business Vision, Mission und Goals vereinen. Damit gehen die Festlegung der Positionierung und der Definition der strategischen Geschäftsfelder einher.

Als Grundlage dient eine strategische Situationsanalyse, die mögliche Veränderungen von Rahmenbedingungen, dem Unternehmen zur Verfügung stehende Handlungsspielräume sowie Stärken und Schwächen des Unternehmens erfasst.[41]

Im Ressourcenmodell werden die für die Wertschöpfung relevanten Core Assets und Kernkompetenzen sowie deren untergeordnete Elemente abgebildet. Es stellt damit eine Zusammenfassung aller bedeutenden tangiblen und intangiblen Input-Faktoren des Business Models dar. Dabei werden sowohl unternehmensinterne als auch unternehmensexterne Ressourcen und Kompetenzen abgebildet. Es gilt jedoch zu beachten, dass nicht

---

[38] Vgl. Wirtz (2000b), S. 82; Rayport/Jaworski (2001), S. 109; Johnson/Christensen/Kagermann (2008), S. 52.

[39] Vgl. Wirtz (2010a), S. 125 ff.

[40] Vgl. Wirtz (2017), S. 191 ff.

[41] Vgl. Wirtz (2022b), S. 263.

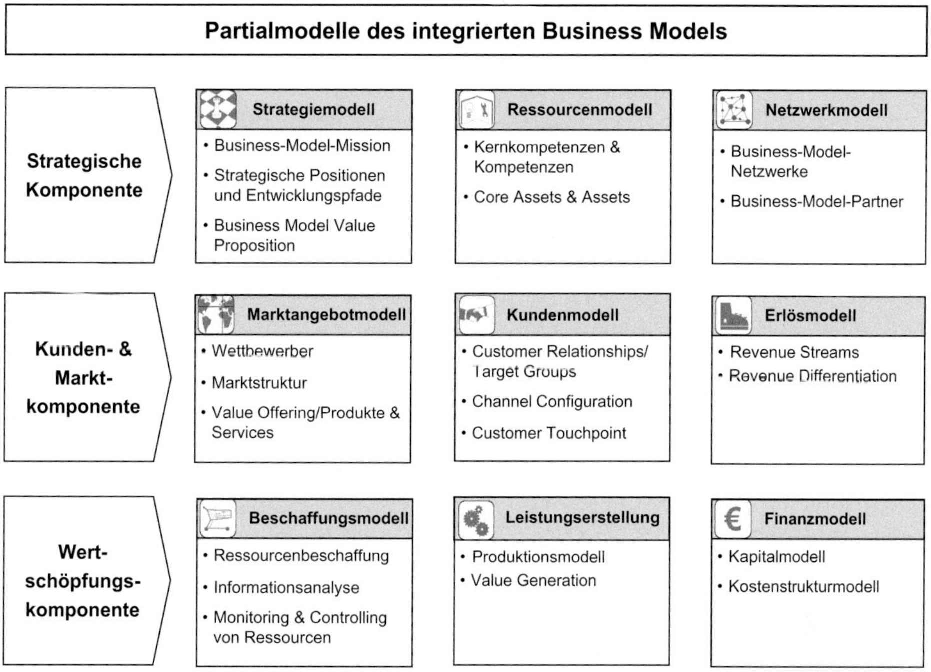

Partialmodelle des integrierten Business Models

Strategische Komponente	**Strategiemodell** • Business-Model-Mission • Strategische Positionen und Entwicklungspfade • Business Model Value Proposition	**Ressourcenmodell** • Kernkompetenzen & Kompetenzen • Core Assets & Assets	**Netzwerkmodell** • Business-Model-Netzwerke • Business-Model-Partner
Kunden- & Markt-komponente	**Marktangebotmodell** • Wettbewerber • Marktstruktur • Value Offering/Produkte & Services	**Kundenmodell** • Customer Relationships/ Target Groups • Channel Configuration • Customer Touchpoint	**Erlösmodell** • Revenue Streams • Revenue Differentiation
Wert-schöpfungs-komponente	**Beschaffungsmodell** • Ressourcenbeschaffung • Informationsanalyse • Monitoring & Controlling von Ressourcen	**Leistungserstellung** • Produktionsmodell • Value Generation	**Finanzmodell** • Kapitalmodell • Kostenstrukturmodell

Abb. 13.6 Partialmodelle eines Geschäftsmodells. (Vgl. Wirtz (2010a), S. 119; Wirtz (2020), S. 473; Wirtz (2021b), S. 316)

alle Ressourcen und Prozesse in das Modell übernommen werden. Lediglich wichtige, geschäftsrelevante Aspekte sollten abgebildet werden.[42]

Das Netzwerkmodell zeigt die Verknüpfungen zwischen den verschiedenen Business Models auf und gibt einen Überblick zu den Value-Constellation-Partnern in der Wertschöpfung. Das Netzwerkmodell kann vor diesem Hintergrund als ein Instrument des Top Managements betrachtet werden, das die Kontrolle und Steuerung der Wertverteilung bei einer gemeinschaftlichen Wertschöpfung unterstützt.[43]

Dazu werden verschiedene tangible und intangible Ströme von Informationen und Gütern analysiert. Auf diese Weise wird der eigene Wertschöpfungsanteil ermittelt und in ein Netz von Knotenpunkten und Beziehungen eingeordnet. Gleichzeitig kann das Netzwerk einer Value Constellation damit auch in ein übergeordnetes, größeres Netzwerk eingeordnet werden.[44]

Kunden- und Marktkomponente

Die Kunden- und Marktkomponente umfasst das Kunden-, Marktangebot- und Erlösmodell. Die Informationen aus diesen Bereichen bilden somit wesentliche Bestandteile

[42] Vgl. Wirtz (2016b), S. 93.

[43] Vgl. Dahan et al. (2010), S. 328 f.

[44] Vgl. Barney (2004), S. 86.

des unternehmerischen Umfelds ab und verbinden es über das Erlösmodell mit der unternehmensinternen Wertschöpfung. Die Kunden- und Marktkomponente befindet sich an der Schnittstelle zwischen Strategie und Value Generation.

Bevor strategische Vorgaben beispielsweise in den Prozess der Leistungserstellung überführt werden, werden zunächst Anpassungen an der Kunden- und Marktkomponente vorgenommen. Die Informationen, die mithilfe der Kunden- und Marktkomponente gewonnen werden, wirken dabei wieder auf die Unternehmensstrategie zurück.[45]

Das Marktangebotsmodell definiert, welchen Akteuren das Unternehmen in welchen Märkten gegenübersteht und welche Struktur die Märkte aufweisen.[46] Es bildet somit die Unternehmensumwelt im Kontext eines Business Models mit einem Fokus auf Marktstruktur und Wettbewerber ab.

Im Rahmen der Entwicklung und Weiterentwicklung des Marktangebotsmodells erfolgt daher ebenfalls eine Analyse von konkurrierenden Geschäftsmodellen, die sich auf das eigene Geschäftsmodell auswirken. Es gibt dadurch Aufschluss über die spezielle Umwelt des Unternehmens, die sich aus Value-Constellation-Partnern und Wettbewerbern zusammensetzt.[47]

Das Kundenmodell dient der Darstellung der für das Business Model relevanten Angebote (Produkte und Dienstleistungen) und der Kundenstruktur. Dabei wird eine Segmentierung der Kundschaft vorgenommen, um verschiedene Zielgruppen zu definieren. Anhand von demografischen Unterscheidungskriterien und Differenzen in Nutzungsmustern werden in diesem Kontext verschiedene Strategien abgeleitet. Im Schrifttum wird dem Kundenmodell daher auch eine besondere Bedeutung für die Entwicklung eines Business Models zugeschrieben.[48]

Leistungsfähige Datenverarbeitungs- sowie Informations- und Kommunikationsanwendungen unterstützen die dazu erforderlichen Aktivitäten und bieten somit die Möglichkeit, die Nachfragebedürfnisse kundengruppenspezifisch zu ermitteln. Die bisher verfolgte Segmentierung der Märkte anhand geografischer, soziodemografischer, psychografischer und verhaltensorientierter Kriterien kann daher verfeinert werden.

Dies führt letztlich dazu, dass einzelne Kunden wie Marktsegmente (Segment-of-One) entsprechend ihrer spezifischen Präferenzen individuell bearbeitet werden könnten. Darüber hinaus ermöglichen innovative Applikationen im Internet eine immer stärkere Einbindung von Endkunden in den Leistungserstellungsprozess. In diesem Zusammenhang erfährt ein effizientes und effektives Datenmanagement eine verstärkte Erfolgsrelevanz, um die Bedürfnisse und die Partizipationsbereitschaft der Nutzer zu erkennen.[49]

Die Konzeption von Zahlungsströmen und deren Gewichtung im Business Model wird durch das Erlösmodell gesteuert. Dieses Partialmodell bildet den Value Capture der unternehmensinternen Wertschöpfung ab. Es stellt somit dar, wie und in welchem Umfang generierter Wert für das Unternehmen monetarisiert werden kann. Das Erlösmodell ist daher

[45] Vgl. Wirtz/Weyerer/Kohler (2023), S. 17.

[46] Vgl. Wirtz/Nitzsche (2011), S. 947 ff.

[47] Vgl. Kallio/Tinnila/Tseng (2006), S. 282 f.

[48] Vgl. Magretta (2002), S. 87.

[49] Vgl. Prahalad/Ramaswamy (2004), S. 4 ff.; Wirtz/Ullrich (2008), S. 23 ff.

für die Abschöpfung eines Teils des erzeugten Mehrwertes aus der Leistungserstellung zuständig. Die Ausrichtung des Erlösmodells erfolgt im Wesentlichen durch Vorgaben aus dem Strategiemodell.

Wertschöpfungskomponente

Die Geschäftsmodell-Partialmodelle aus der Wertschöpfungskomponente erfassen die unternehmensinterne Value Generation. Dazu gehören somit das Leistungserstellungs-, Beschaffungs- und Finanzmodell. Der Fokus der Betrachtung liegt dabei darauf, wie und unter welchen Bedingungen im Business Model mit Hilfe einer zentralen Wertschöpfungslogik Mehrwert erzeugt werden kann. Die Wertschöpfungspartialmodelle stehen dabei unter dem Einfluss der strategischen sowie Kunden- und Marktkomponente des Geschäftsmodells.

Das Beschaffungsmodell zeigt, welche Produktionsfaktoren von welchen Lieferanten beschafft werden.[50] Hierzu werden ausgehend von den zu produzierenden Leistungen die Art und Menge der benötigten Inputfaktoren festgelegt. Insgesamt ist in diesem Zusammenhang auf die konkreten Beschaffungsphasen Anbahnung, Vereinbarung und Abwicklung einzugehen, um einen möglichst strukturierten Beschaffungsablauf, insbesondere durch das Electronic Procurement, sicherzustellen.

Weiterhin wirken sich die Marktstruktur und das Marktverhalten auf den Beschaffungsmärkten direkt auf das Beschaffungsmodell aus. So stehen bei einer hohen Marktkonzentration auf einem Beschaffungsmarkt nur wenige potenzielle Lieferanten zur Verfügung, die sich in ihrem Angebot zudem nur unwesentlich unterscheiden (friedliches Oligopolverhalten). Dies muss bei den verschiedenen Beschaffungsphasen berücksichtigt werden.

Das Leistungserstellungsmodell bildet die Kombination von Gütern und Dienstleistungen sowie deren Transformation in Angebotsleistungen ab. Dabei interessieren weniger die technischen Gesetzmäßigkeiten der Produktion als vielmehr die ökonomischen Beziehungen zwischen den Einsatzmengen der Produktionsfaktoren und der damit erzielbaren Ausbringungsmenge.

Aufbauend auf der Nachfragersegmentierung kann entschieden werden, welches Leistungsspektrum welchen Nachfrager- beziehungsweise Kundengruppen angeboten werden soll. Den einzelnen Nachfragergruppen soll jeweils ein bezüglich ihrer teils erheblich verschiedenen Nachfragermerkmale segmentspezifisches Angebot unterbreitet werden.

Das Internet und innovative Informations- und Kommunikationsanwendungen haben in diesem Zusammenhang die Möglichkeit zur Mass Customization eröffnet und damit eine Individualisierung des Leistungsangebots mit geringem Kostenniveau realisiert.[51]

Das Finanzmodell gibt Auskunft darüber, aus welchen Quellen das zur Finanzierung der Unternehmenstätigkeit eingesetzte Kapital stammt. Dabei steht den Unternehmen grundsätzlich eine Vielzahl von Finanzierungsmöglichkeiten zur Verfügung. Zusätzlich ermöglicht es anhand von Daten aus zurückliegenden Perioden auch die Bewertung des

[50] Vgl. Corsten/Gössinger (2016), S. 169 ff.

[51] Vgl. Wehrli/Wirtz (1997), S. 116 ff.

finanziellen Erfolgs eines Geschäftsmodells und erlaubt damit eine Prognose zum zukünftigen Finanzierungs- und Liquiditätsbedarf.

Erlösmodellsystematik

Das Erlösmodell weist in Unternehmen des Digital Business zahlreiche Besonderheiten auf. Im Rahmen der Fragestellung, auf welche Art und Weise Erlöse erzielt werden sollen, sind zahlreiche unterschiedliche Erlösformen denkbar. Um im Kontext des strategischen Managements eine grundsätzliche Entscheidung über mögliche Erlösformen treffen zu können, ist eine Systematisierung der Erlösformen hilfreich.

Die unterschiedlichen Erlösformen lassen sich anhand der Kriterien in direkte versus indirekte Erlösgenerierung sowie transaktionsabhängige versus transaktionsunabhängige Erlösgenerierung unterteilen. Direkte Erlöse werden ohne Zwischenschaltung eines Dritten direkt vom Nutzer der jeweiligen Leistung bezogen. Indirekte Erlöse haben ihre Quelle bei dritten Unternehmen.

Als transaktionsabhängig werden Erlöse dann bezeichnet, wenn sie aufgrund einer einzelnen, vermarktungsfähigen Transaktion im weitesten Sinne oder aufgrund einer Interaktion zwischen dem Nutzer einer Leistung und dem Unternehmen erhoben werden. Andernfalls gelten Erlöse als transaktionsunabhängig. In Tab. 13.4 ist die Erlösmodellsystematik des Digital Business schematisch dargestellt.

Multi-Revenue-Stream-Optimierung

Die Bedeutung der einzelnen Erlösformen variiert erheblich. Ein isolierter Einsatz von Erlösmodellen ist selten anzutreffen. In der Regel werden mehrere Erlösformen kombiniert. Eine wichtige unternehmerische Entscheidung von Internet- und Digital-Business-Unternehmen ist daher die Kombination und Gewichtung der Erlösformen, um eine Optimierung des Erlösquellenstroms, die Multi-Revenue-Stream-Optimierung, zu erreichen.

In Digital-Business-Unternehmen kann es sich bei den direkten transaktionsabhängigen Erlösformen um Transaktionsumsätze im engeren Sinne sowie um Verbindungs- und Nutzungsgebühren handeln. Transaktionsumsätze im engeren Sinne bezeichnen die Übertragung finanzieller Ressourcen durch den Nutzer an den Anbieter im Tausch für ein Produkt oder eine Dienstleistung.

Die Zahlung erfolgt dabei aufgrund quantitativer Kriterien, wie zum Beispiel nach der Anzahl der Ergebnisse einer Datenbankrecherche. Verbindungs- oder Nutzungsgebühren

Tab. 13.4 Erlösmodellsystematik. (Vgl. Wirtz (2000b), S. 86; Wirtz/Lihotzky (2001), S. 292; Wirtz (2020), S. 477; Wirtz (2021b), S. 320)

	Direkte Erlösgenerierung	Indirekte Erlösgenerierung
Transaktionsabhängig	• Transaktionserlöse im engeren Sinne • Verbindungsgebühren • Nutzungsgebühren	• Provisionen
Transaktionsunabhängig	• Einrichtungsgebühren • Grundgebühren	• Ad Sales • Big Data/Data Mining-Erlöse • Sponsorship

entstehen für den Zugang beziehungsweise für die Nutzung einer Dienstleistung, zum Beispiel die Abrechnung mobiler Internetnutzung anhand der verbrauchten Datenmenge.

Unter die direkten transaktionsunabhängigen Erlöse sind Einrichtungs- und Grundgebühren zu subsumieren. Einrichtungsgebühren sind für die Installation einer Basistechnologie, zum Beispiel in Form einer Software, die für die Nutzung eines Produktes oder einer Dienstleistung erforderlich ist, zu entrichten. Grundgebühren fallen für die Bereitstellung einer regelmäßigen, potenziellen Nutzungsmöglichkeit eines Produkts oder einer Dienstleistung an.

Provisionen gelten als indirekte transaktionsabhängige Erlöse. Sie entstehen durch die direkte Vermittlung von Transaktionen für dritte Partnerunternehmen, den Affiliates. Dies geschieht zum Beispiel über das Setzen von Links. Das Link-setzende Unternehmen erhält eine prozentuale Umsatzbeteiligung an der vermittelten Transaktion beziehungsweise erhält Zahlungen nur dann, wenn auf einen gesetzten Werbelink tatsächlich auch geklickt wird (Pay-for-Performance-Advertising).

Auch durch Maklertätigkeit können Provisionen erwirtschaftet werden. Ein Beispiel hierfür ist das Brokerage im Bereich Finanzanlagen. Indirekte transaktionsunabhängige Erlöse werden durch Ad Sales, Big Data beziehungsweise Data Mining oder Sponsorship erwirtschaftet.

Ad Sales bezeichnet die Einrichtung von Werbeflächen auf der eigenen Webseite für dritte Unternehmen. Erlöse fließen bereits durch die reine Platzierung der Werbung im Kontext der Seite, das heißt unabhängig davon, ob die Nutzer auf einen dahinterstehenden Link tatsächlich klicken. Maßgeblich für den Wert ist im Wesentlichen die Zahl der Besucher einer Seite, bewertet zum Beispiel über den klassischen Tausenderkontaktpreis.

Big-Data- beziehungsweise Data-Mining-Erlöse werden durch den Verkauf von Nutzerprofilen an dritte Unternehmen erzielt. Nutzerprofile enthalten detaillierte Daten über Eigenschaften und Internetnutzungsgewohnheiten von Konsumenten. Erlöse aus Sponsorship entstehen durch die meist temporäre, jedoch exklusive Vermietung von Werberaum im Internet an ein drittes Unternehmen.

Integriertes Geschäftsmodell

Zusammenfassend zeigt Abb. 13.7 die Aggregation der neun Partialmodelle zu einem Geschäftsmodell. Diese Übersicht stellt sowohl den Zusammenhang zwischen den einzelnen Partialmodellen untereinander als auch ihre jeweilige Funktion in der Wertschöpfungskette dar. Das Leistungserstellungs- und Marktangebotsmodell bilden den Kern des Geschäftsmodells.

Zur Realisierung der Leistungen müssen im Rahmen des Beschaffungsmodells Inputgüter bereitgestellt werden. Das Finanzmodell bildet die dazugehörigen Zahlungsströme und die damit in Verbindung stehenden Transaktionen ab.

Auf der Marktseite verbindet das Erlösmodell das Marktangebot- mit dem Kundenmodell, indem es den Leistungsaustausch und Erlösströme sowie die Interaktion zwischen Unternehmen und Kunden abbildet. Das Strategie-, Ressourcen- und Netzwerkmodell liefern wichtige Rahmenbedingungen innerhalb derer das Business Model abzubilden ist.

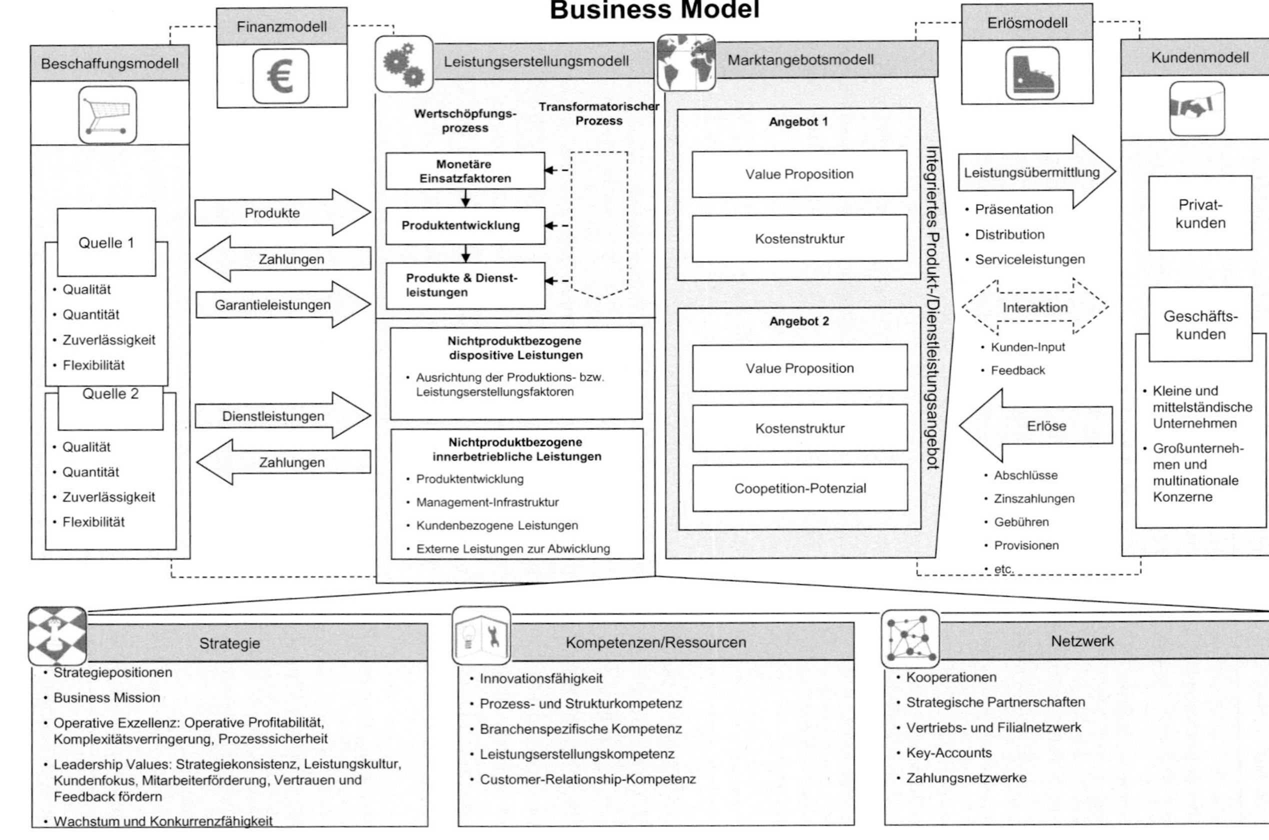

Abb. 13.7 Integriertes Geschäftsmodell mit Partialmodellen. (Vgl. Wirtz (2010b), S. 218; Wirtz (2020), S. 480; Wirtz (2021b), S. 322)

Aus dieser Darstellung wird deutlich, dass die Sichtweise auf Geschäftsmodelle als Aggregation der einzelnen Partialmodelle nicht im Widerspruch zur Darstellung mittels Wertschöpfungsketten und ihrer Determinanten steht, sondern dass die beiden Sichtweisen vielmehr ineinandergreifen.

Einteilung von digitalen B2C-Geschäftsmodellen

Um Geschäftsmodelle konsequent analysieren und nachhaltig managen zu können, ist ein Verständnis ihrer jeweiligen Charakteristika erforderlich. Zu diesem Zweck wird eine für das Internet abgestimmte Geschäftsmodelltypologie dargestellt.[52] Die Geschäftsmodelle sollten dabei innerhalb eines Typus relativ homogen und zwischen den Typen möglichst heterogen sein, damit die Typologie eine ausreichende Orientierungs-, Differenzierungs- und Klassifizierungsmöglichkeit bietet.

Zur Bildung von Geschäftsmodellgruppen bedarf es daher geeigneter Abgrenzungskriterien. Eine starre und eindeutige Abgrenzung wird in einem durch hohen Änderungs- und Anpassungsdruck geprägtem Umfeld wie dem Internet allerdings nicht immer möglich sein. So kann es vorkommen, dass ein Unternehmen zwar ein Kerngeschäftsmodell besitzt, dieses allerdings einige Überschneidungen zu den anderen Geschäftsmodellgruppen aufweist.

Grundsätzlich können Geschäftsmodelle durch ihren Leistungserstellungsprozess beziehungsweise die Wertschöpfungsketten und ihre Marktangebote beschrieben und dadurch konkretisiert und unterschieden werden.[53] Durch die hohe Komplexität von Wertschöpfungsketten sind diese jedoch für eine erste Abgrenzung von Geschäftsmodellen eher nachteilig, weshalb oft nur auf eine wesentliche Komponente aus der Wertschöpfungskette abgestellt wird.

Als Unterscheidungskriterium ist besonders das Leistungsangebot geeignet, weshalb die Geschäftsmodelle in den weiteren Darstellungen anhand dieses Kriteriums voneinander abgegrenzt werden. Die Zweckmäßigkeit dieses Kriteriums ergibt sich aus mehreren Faktoren. So folgt sie zum einen der historischen Entwicklung zahlreicher Internetunternehmen, die als Pure Player starteten, also jeweils nur eine exakt abgrenzbare Leistung angeboten haben.

Beispielsweise startete AOL als reiner Internet Service Provider (Connection), Yahoo! als reine Suchmaschine (Context) und Amazon als reiner Buchhändler (Commerce). Die Interactive Edition des Wall Street Journal bot zunächst ausschließlich Inhalte (Content) an. Ein weiterer, bedeutender Aspekt für die Wahl des Leistungsangebots als Abgrenzungskriterium ist die ermöglichte Homogenisierung der Geschäftsmodelle innerhalb der Gruppen, während sich diese zugleich untereinander deutlich unterscheiden.

Unternehmen innerhalb der Gruppen verfügen demnach über ähnliche Leistungsangebote und -prozesse. Da diese von den Nachfragern gut wahrnehmbar sind, ergeben sich

[52] Vgl. Wirtz (2000b), S. 81 ff.; Wirtz/Kleineicken (2000), S. 628 ff.; Wirtz/Loscher (2001), S. 451 ff.; Wirtz/Becker (2002), S. 85 ff.

[53] Vgl. Wirtz (2000b), S. 81 f.

hieraus Gruppen von Gütern und Dienstleistungen, die in ihrer Bewertung von den Nachfragern als gleichwertig und somit eventuell substituierbar angesehen werden.[54]

Andere Abgrenzungskriterien erlauben zumeist nur einen deutlich niedrigeren Homogenitätsgrad bei der Gruppenbildung. Bei einer Abgrenzung, beispielsweise anhand von Nachfragergruppen oder Zielgruppen (zum Beispiel B2B, B2C), kommt es in vielen Fällen zu einer Doppelerfassung von Geschäftsmodellen, da Unternehmen oftmals auf mehreren Märkten mit verschiedenen Zielgruppen aktiv sind. Unternehmen mit gleicher Zielgruppe können allerdings stark unterschiedliche Leistungs- und Wertschöpfungsprozesse und damit auch Geschäftsmodelle aufweisen.

Schließlich spricht auch die zu beobachtende hohe Nachfragebreite gegen eine Klassifizierung von Geschäftsmodellen anhand der Nachfrager- beziehungsweise Zielgruppe. Diese würde wiederum zu sehr vielen kleinen Gruppen führen und damit die Operationalisierbarkeit der Einteilung einschränken, oder aber bei einer Reduzierung der Anzahl von Gruppierungen zu sehr heterogenen Gruppen führen.[55] Zunächst wird die Klassifizierung von im Internet verfolgten Geschäftsmodellen für den B2C-Bereich dargestellt. Daran schließt sich eine Darstellung von Geschäftsmodelltypen aus dem B2B-Bereich an.

4C-Net Business Model

Die im B2C-Bereich von den Unternehmen verfolgten Geschäftsmodelle lassen sich anhand des Leistungsangebots den vier Basisgeschäftsmodellen Content, Commerce, Context und Connection zuordnen. Diese Geschäftsmodelltypologie wird als 4C-Net Business Model bezeichnet und stellt die relevantesten Geschäftsmodelle im Internet dar.[56]

Abb. 13.8 stellt das 4C-Net Business Model dar. Vom eigentlichen Leistungsangebot abstrahiert wird teilweise auch von einem 5C-Modell gesprochen, das die vier Basisgeschäftsmodelle beinhaltet und als fünftes C eine übergeordnete Koordinationsunterstützung (Coordination) des Internets postuliert.[57]

Betrachtet man die Entwicklung im Internet, so kann festgehalten werden, dass durch innovative Applikationen durchaus die Koordination ein eigenständiges Leistungsangebot darstellen kann. In diesem Zusammenhang sind beispielsweise die Angebote Doodle.com oder Teamspace.de zu nennen, die es ermöglichen, eine effiziente Terminabstimmung umzusetzen und Projekte webbasiert abzuwickeln.

Da diese Koordination allerdings in den meisten Basisgeschäftsmodellen des 4C-Net Business Model implizit integriert ist, fokussiert das weitere Vorgehen ausschließlich auf das 4C-Net Business Model. Spezifische hybride Geschäftsmodelle werden im sechsten Abschnitt dieses Kapitels behandelt.

Die vier Geschäftsmodelltypen werden zunächst am Beispiel der B2C-Beziehungen erläutert. Dabei werden die einzelnen Geschäftsmodelle des 4C-Net Business Model inklusive der relevantesten Unterkategorien dargestellt. Um eine strukturierte und um-

[54] Vgl. Berg (1999), S. 347.

[55] Vgl. Timmers (1998), S. 3 ff.; Applegate/Collura (2001), S. 3 ff.

[56] Vgl. Wirtz (2000b), S. 88; Wirtz (2010b), S. 220.

[57] Vgl. Afuah/Tucci (2003), S. 32 ff.

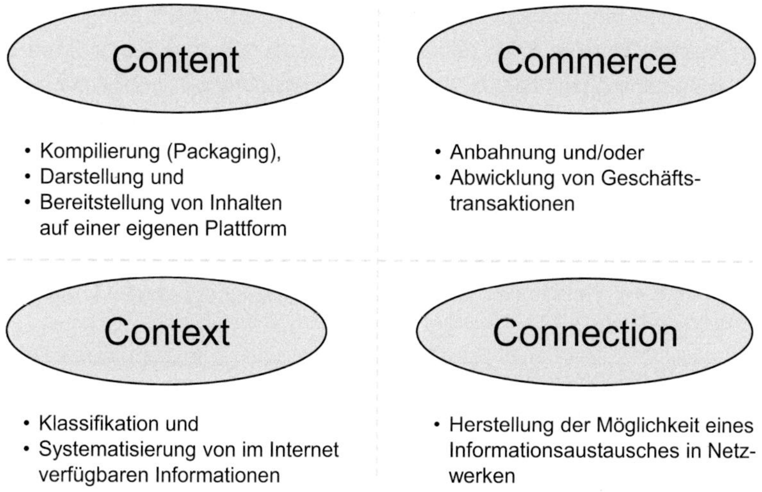

Content
• Kompilierung (Packaging),
• Darstellung und
• Bereitstellung von Inhalten auf einer eigenen Plattform
Commerce
• Anbahnung und/oder
• Abwicklung von Geschäftstransaktionen
Context
• Klassifikation und
• Systematisierung von im Internet verfügbaren Informationen
Connection
• Herstellung der Möglichkeit eines Informationsaustausches in Netzwerken

Abb. 13.8 4C-Net Business Model. (Vgl. Wirtz (2000b), S. 88; Wirtz (2020), S. 483; Wirtz (2021b), S. 324)

fassende Analyse der Geschäftsmodelle des 4C-Net Business Model zu liefern, orientieren sich die nachfolgenden Abschnitte an der geschilderten Struktur des Leistungssystems.

Dabei wird allerdings zuerst eine aggregierte Wertschöpfungskette für jedes Geschäftsmodell entwickelt, um anschließend die dafür relevanten Core Assets und Kernkompetenzen zu erläutern. Abschließend wird eine Abgrenzung der gegebenenfalls vorhandenen Unterkategorien des 4C-Net Business Model anhand des Leistungsangebots vorgenommen.

13.2 Content

Das Geschäftsmodell Content besteht aus der Sammlung, Selektion, Systematisierung, Kompilierung (Packaging) und Bereitstellung von Inhalten auf einer eigenen Plattform. Ziel des Geschäftsmodellansatzes ist es, den Nutzern Inhalte einfach, bequem und visuell aufbereitet online zugänglich zu machen.[58] Die angebotenen Inhalte können informierender, unterhaltender oder bildender Natur sein. Dementsprechend wird der Geschäftsmodelltyp Content in die idealtypischen Geschäftsmodellvarianten Digital Information, Digital Education und Digital Entertainment sowie Digital Infotainment unterteilt.

Zahlreiche Core Assets und Kernkompetenzen sind für mehrere der dargestellten Geschäftsaktivitäten relevant, um ein für die Kunden nutzenstiftendes Angebot zu realisieren. Aus einer Mischung der Leistungsangebotsvarianten könnten somit auch weitere Synergieeffekte für das eigentliche Kerngeschäftsmodell eines Content-Anbieters genutzt werden.[59]

---

[58] Vgl. Wirtz (2000b), S. 89; Wirtz/Kleineicken (2000), S. 630 f.

[59] Vgl. Wirtz/Pelz/Ullrich (2011), S. 24.

Zudem wird die Komplementarität der Leistungsspektren durch den generellen Trend begünstigt, dass die Kunden diversifizierte Leistungsangebote aus einer Hand erwarten. Insofern ist auch nachvollziehbar, dass eine scharfe Trennung zwischen den einzelnen Geschäftsmodellvarianten der Content-Anbieter nicht ausnahmslos möglich ist, was insbesondere bei den jeweils angeführten Praxisbeispielen deutlich wird.

Wie auch die grundsätzliche Unterteilung des 4C-Net Business Model dienen die Unterkategorien des Basisgeschäftsmodells Content dazu, das Tätigkeitsspektrum von verschiedenen Internetunternehmen zunächst in idealtypischen Strukturen aufzuzeigen. Abb. 13.9 stellt das Geschäftsmodell Content mit den dazugehörigen Unterkategorien dar.

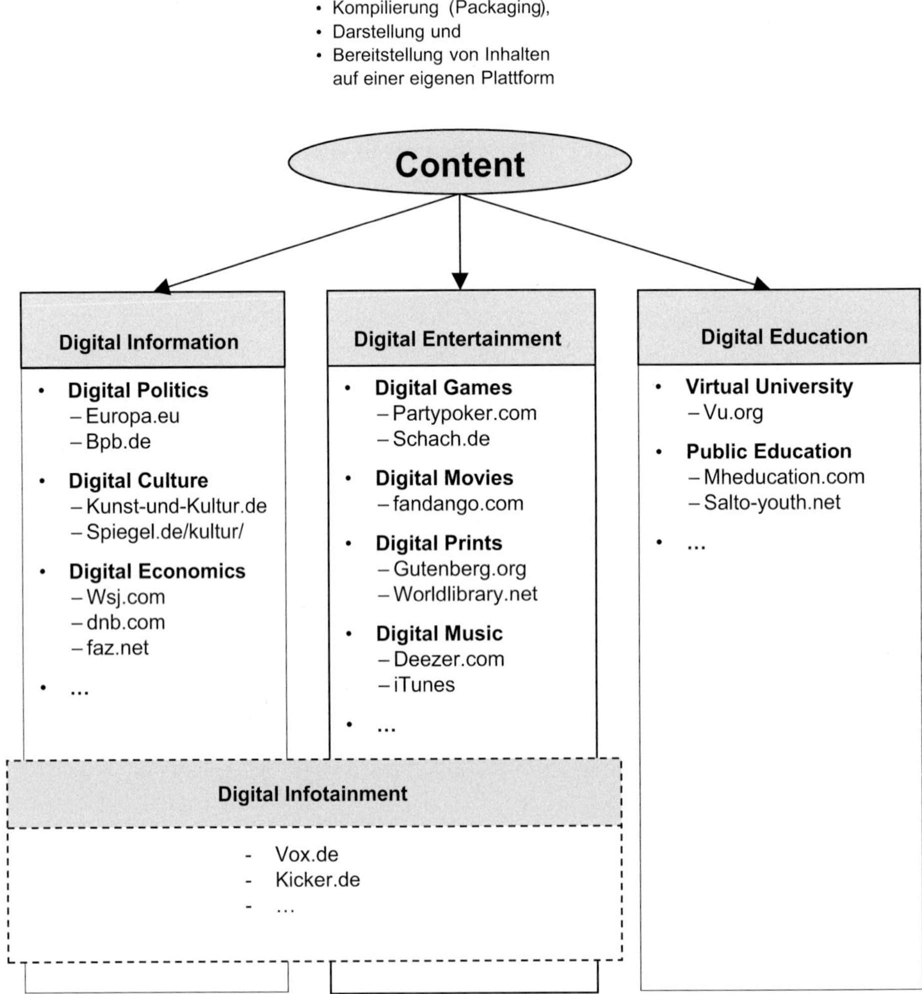

Abb. 13.9 Das Geschäftsmodell Content. (Vgl. Wirtz (2001), S. 219; Wirtz (2020), S. 485; Wirtz (2021b), S. 325)

Digital Information

Digital-Information-Anbieter stellen den informativen Charakter der Inhalte in den Vordergrund des Leistungsversprechens. Als informativ werden vom Nutzer Inhalte erachtet, die zum Beispiel Informationen zur Lösung eines Problems bieten oder aber einen allgemeinbildenden beziehungsweise gesellschaftsrelevanten Bereich abdecken.

Politiker sind beispielsweise sehr bestrebt, das Internet zur Informationsübermittlung zu nutzen, um Wähler zu gewinnen oder allgemeine, parteipolitische Informationen zu verbreiten. Eine verstärkt problemlösende Informationsnachfrage liegt unter anderem im Bereich der Wirtschaftsinformationen vor, wenn eine Kredit- oder Investitionsentscheidung getroffen werden muss.

Digital Entertainment

Unterhaltende Inhalte dienen den Nutzern als Zeitvertreib sowie Entspannung und stellen den Kern des Leistungsangebots der Digital-Entertainment-Geschäftsmodelle dar. Der Unterschied gegenüber informativen Inhalten liegt darin, dass die vom Nutzer aufgenommenen multimedialen Daten nicht direkt zur Lösung eines Problems oder einer Aufgabe jenseits der Mediennutzung selbst beitragen.

Digital Infotainment

Die Integration der Unterhaltungs- und Informationsaspekte wird durch das Digital-Infotainment-Geschäftsmodell realisiert. Diese Zusammenfassung von relevanten Informationen mit multimedialen Aspekten mit Unterhaltungswert ist zu großen Teilen dem Trend geschuldet, dass Digital-Business-Unternehmen eine Diversifizierung ihres Leistungsangebots der Rolle als Nischenanbieter vorziehen, um die aktive Nutzerzahl zu steigern. Diese Strategie geht weiterhin auf das für Content-Anbieter übliche Erlösmodell der indirekten, meist werbebasierten Erlöse zurück, um die dargebotenen Inhalte kostenlos zur Verfügung zu stellen.

Digital Education

Insgesamt können natürlich auch Bildungsinhalte einen anregenden, unterhaltsamen Rahmen besitzen. Im Rahmen der elektronischen Bildungsinhalte (Digital Education) ist jedoch als abgrenzendes Charakteristikum gemein, dass sie durch didaktische Aufbereitung gezielt auf einen Lernprozess hinwirken und durch ein Dokument, etwa ein Teilnahmezertifikat, bestätigen, dass ein Nutzer diesen Lernprozess durchlaufen hat.[60]

Aufbauend auf diesem allgemeinen Rahmen von Content-Typen werden nun die generelle Wertschöpfungskette eines Content-Anbieters sowie dessen Core Assets und Kern-

[60] Vgl. Turban et al. (2018), S. 205 ff.

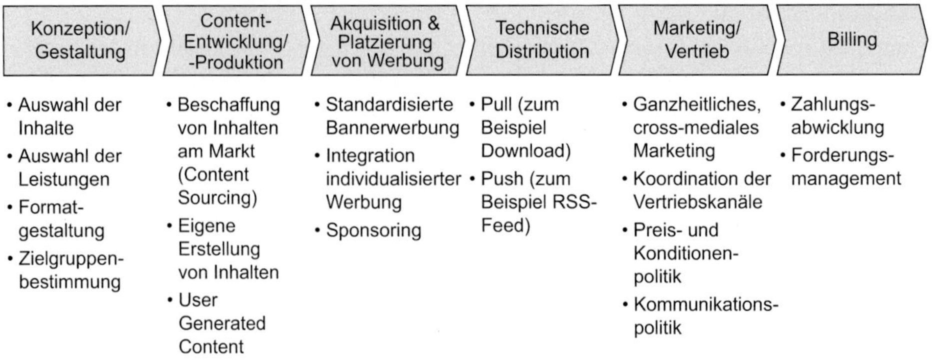

Konzeption/ Gestaltung	Content- Entwicklung/ -Produktion	Akquisition & Platzierung von Werbung	Technische Distribution	Marketing/ Vertrieb	Billing
• Auswahl der Inhalte • Auswahl der Leistungen • Formatgestaltung • Zielgruppenbestimmung	• Beschaffung von Inhalten am Markt (Content Sourcing) • Eigene Erstellung von Inhalten • User Generated Content	• Standardisierte Bannerwerbung • Integration individualisierter Werbung • Sponsoring	• Pull (zum Beispiel Download) • Push (zum Beispiel RSS-Feed)	• Ganzheitliches, cross-mediales Marketing • Koordination der Vertriebskanäle • Preis- und Konditionenpolitik • Kommunikationspolitik	• Zahlungsabwicklung • Forderungsmanagement

Abb. 13.10 Aggregierte Wertschöpfungskette Content-Geschäftsmodell. (Vgl. Wirtz (2010b), S. 225; Wirtz (2020), S. 487; Wirtz (2021b), S. 327)

kompetenzen betrachtet, um schließlich detailliert auf die spezifischen Leistungsangebote der Content-Geschäftsmodellvarianten einzugehen. Die Darstellung der Content-Geschäftsmodelle wird mit dem Praxisbeispiel Wikipedia abgeschlossen.

13.2.1 Wertschöpfungskette

Bei der Darstellung der Content-Wertschöpfungskette wird neben den relevanten Aspekten der Wertschöpfungskette auch implizit auf die jeweiligen Partialmodelle eines Geschäftsmodells eingegangen, um ein möglichst umfassendes Verständnis bezüglich der Kernaktivitäten zu erhalten. Abb. 13.10 stellt die Wertschöpfungskette eines idealtypischen Content-Anbieters dar.

Konzeption/Gestaltung

Am Beginn der Wertschöpfungskette stehen die Überlegungen zur Konzeption beziehungsweise Gestaltung der angebotenen Leistung. In diesem Zusammenhang muss ein Content-Anbieter entscheiden, welche Inhalte und Leistungen in welcher Form welchem Kunden angeboten werden sollen.[61]

So kann beispielsweise ein Anbieter von allgemeinen Informationen zum Tagesgeschehen die Leistungen in freien Content, Pay-per-View-Content oder Content für bezahlende Abonnenten unterteilen und das Leistungsangebot somit diversifizieren.

Diese unterschiedlichen Nutzungsvarianten können weiterhin mit ergänzenden Leistungen versehen werden, wobei hier der Mehrwert des Premiumangebots für die jeweilige Nutzungsvariante deutlich vom Kunden wahrgenommen werden muss. Neben der reinen Überlegung im Rahmen des Leistungsangebots und der Leistungsdifferenzierung muss ein Content-Anbieter festlegen, welche Darstellungsform beziehungsweise welches Format für welche Inhalte gewählt (Formatgestaltung) wird.

[61] Vgl. Wirtz (2013b), S. 124.

Beispielsweise wird eine spezifische Online-Lernumgebung für Schüler aus didaktischen Gründen anders aufgebaut sein als eine Webseite mit Partei- und Abgeordneteninformationen für den allgemein interessierten Wähler. Weiterhin ermöglichen die verfügbaren Breitbandkapazitäten den Einsatz von verschiedenen Formaten. Insbesondere bei den Infotainment-Anbietern kommen neben den rein textbasierten Formaten vermehrt Audio- und Videodateien zum Einsatz, um einen multimedialen Auftritt zu realisieren und dadurch die Nutzerzahl zu erhöhen.

Content-Entwicklung/-Produktion

Die zum Angebot ausgewählten Online-Inhalte können entweder am Markt eingekauft beziehungsweise beschafft oder selbst produziert werden. Der Einkauf von General Interest Content erfolgt in hohem Maß über traditionelle Nachrichtenagenturen wie Reuters oder dpa.

Diese bieten die Inhalte den Erwerbern und Verwertern meist direkt in digitaler Form an, sodass eine Einbindung in das Online-Angebot des Erwerbers technisch problemlos umzusetzen ist. Als Beispiel kann in diesem Kontext das Videoangebot von Spiegel.de angeführt werden.

Die eigene Erstellung von Inhalten, zum Beispiel durch den Betreiber des Content-Angebots, ist verstärkt bei Special-Interest-Angeboten zu beobachten. Beispielsweise liefert die Finanzplattform Finanzen.net neben den allgemeinen Finanzmarktinformationen spezifisch produzierte Videos zu ausgewählten Börsenthemen.

User Generated Content

Weiterhin hat sich im Rahmen des Content-Angebots durch das Web 2.0 beziehungsweise Social Media eine maßgebliche Änderung der Content-Produktion ergeben. Beispiele hierfür sind etwa verschiedene Formen der Meinungsbildung im Rahmen von Kundenbewertungen beim Auktionshaus eBay oder den Beiträgen der Nutzer des Online-Lexikons Wikipedia.

Diese Formen von Inhalten werden mit dem Begriff User Generated Content bezeichnet.[62] In diesem Zusammenhang muss allerdings ein Content-Anbieter verstärkt auf die Fragen des Urheber- und Verwertungsrechts dieser von Nutzern bereitgestellten Informationen beziehungsweise Inhalte achten.

Akquisition und Platzierung von Werbung

In Abhängigkeit der gewählten Leistungs- und Preisdifferenzierung eines Content-Anbieters, die Einfluss auf die direkten Erlöse haben, müssen Content-Anbieter in vielen Fällen mit indirekten Erlösen aus Werbung oder Sponsoring arbeiten.

In diesem Zusammenhang muss das Management besonders darauf achten, dass den zahlenden Nutzern nicht zu viel Werbung präsentiert wird, um das Premiumangebot zu

---

[62] Vgl. Wirtz/Ullrich (2008), S. 20 ff.

rechtfertigen.[63] Dabei kann der Content-Anbieter insgesamt aus einer Vielzahl verschiedener Werbeformen auswählen.

Beispielsweise können standardisierte Formate gewählt werden, die je nach Nutzertyp eingeblendet (zum Beispiel Banner, Buttons, Pop Ups) oder individuell gestaltet werden, beispielsweise in Form von in die Inhalte integrierten Flash-Animationen. Für User Generated Content steht Plattformanbietern in weiten Teilen nur die Erzielung indirekter Erlöse zur Verfügung.

Auf der Videoplattform YouTube wird beispielsweise die Werbung inhaltlich konkret auf das betrachtete Video abgestimmt, um so einen möglichst hohen Fit zwischen dem Interesse des Nutzers und seinen eventuell vorhandenen Konsumwünschen zu realisieren. Auch Blogs erzielen in der Regel keine direkten Erlöse durch Zahlungen der Leser, sondern finanzieren sich indirekt über Werbeerlöse. Andere Angebote im Rahmen des User Generated Content sind teilweise bewusst werbefrei und müssen sich daher über Spenden finanzieren, wie zum Beispiel die Online-Enzyklopädie Wikipedia.

Technische Distribution
Im Rahmen der technischen Distribution werden die angebotenen Leistungen schließlich an den Nutzer transferiert. Hierbei ist insgesamt festzuhalten, dass bei digitalem Content insbesondere die First Copy Costs ausschlaggebend sind und die Vervielfältigungs- und zusätzlichen Distributionskosten nur marginal ausfallen.[64]

Push versus Pull
Die Distribution von Content kann dabei grundsätzlich auf zwei Arten geschehen. Der Nutzer ruft die Inhalte aktiv ab (Pull), das heißt der Nutzer zieht sich die Inhalte direkt aus dem Internet, um sie online oder offline zu nutzen. Hierzu zählt auch die reine Betrachtung der Inhalte auf der Plattform des Content-Anbieters.

Bei der zweiten Variante bestimmt der Anbieter der Inhalte, wann dem Nutzer der Inhalt zur Verfügung gestellt wird. Der Anbieter drückt (Push) die Inhalte zum Nutzer. Der Nutzer muss sich in der Regel zu diesem Dienst angemeldet beziehungsweise seine Genehmigung zum Empfang erteilt haben.

Der Anwender liefert daraufhin den gesamten Inhalt, etwa einen Text oder eine Multimediadatei, zyklisch oder unregelmäßig je nach Aktualität auf das Endgerät des Nutzers. Dabei kann es sich neben dem PC beziehungsweise Notebook auch um mobile Endgeräte wie Tablets und Smartphones handeln. Beispiele sind automatisierte Textnachrichten, Newsletter oder RSS-Feeds, die aktuelle Nachrichten zu bestimmten Themen bei Veröffentlichung direkt versenden.

---

[63] Vgl. Prasad/Mahajan/Bronnenberg (2003), S. 16.

[64] Vgl. Wirtz (1994), S. 41 ff.; Shapiro/Varian (1999), S. 20 f.

In diesem Zusammenhang zeigt sich auch, dass das Web 2.0 beziehungsweise Social Media und die damit einhergehenden Veränderungen im Internet eine erhebliche Wirkung auf die Content-Distribution ausüben. Während der Content zunächst hauptsächlich in einem B2C-Umfeld transferiert wurde, können vermehrt C2C-Content-Übertragungen beobachtet werden.

Dabei kann der Content-Transfer über private Internetnetzwerke (VPN) oder aber direkt zwischen mobilen Endgeräten stattfinden. Für Content-Anbieter ist es daher sinnvoll, durch die Bereitstellung mehrerer unterschiedlicher Distributionskanäle und die Einbindung der C2C-Distribution weiteres Absatzpotenzial zu erschließen.

Marketing und Vertrieb

Nach Sicherstellung des Leistungsangebots und der technischen Voraussetzungen zur Distribution der Inhalte müssen Marketing und Vertrieb schließlich für die Umsetzung der entworfenen Leistungs- und Erlösmodelle sorgen. Ein diesen Schritten zugrunde liegendes, ganzheitliches Marketingverständnis beinhaltet sämtliche marktorientierte Aktivitäten eines Unternehmens sowie die Betrachtung des vollständigen Marketinginstrumentariums.

Dabei können neben den üblichen Online-Marketingaktivitäten auch cross-mediale beziehungsweise Offline-Aktivitäten durchgeführt werden, um beim potenziellen Nutzer Aufmerksamkeit zu erlangen. Das Content-Angebot von Focus.de wird beispielsweise neben der Einbindung der Nachrichtenbeiträge in Google News insbesondere in den Druckausgaben und den auf deutschen Privatsendern ausgestrahlten Focus TV-Beiträgen beworben.

Zudem muss in diesem Zusammenhang auch der Vertrieb gesteuert werden. Dieser umfasst insbesondere die Koordination der Vertriebskanäle, die Preis- und Konditionenpolitik sowie die Kommunikationspolitik, um letztlich Nutzer und potenzielle Kunden zu akquirieren.

Billing

Die letzte Wertschöpfungskomponente, die direkt aus dem Vertrieb hervorgeht, stellt das Billing dar. Es umfasst Fragen nach dem Bezahlsystem und dem Forderungsmanagement aus den akquirierten Nutzungsverträgen. Denkbar sind verschiedene, den Leistungen angemessene Zahlungsformen, wie die Zahlung per Kreditkarte, Lastschriftverfahren oder Rechnung sowie zunehmend auch über digitale Zahlungsdienstleister wie Klarna oder PayPal.

Dies kann die recht hohen Transaktionsgebühren bei Kreditkartenzahlungen, insbesondere bei kleinen Beträgen, für den Content-Anbieter mindern. Nachdem die Wertschöpfungskette eines idealtypischen Content-Anbieters dargestellt wurde, wird im nächsten Abschnitt auf die Core Assets und Kernkompetenzen eingegangen.

13.2.2 Core Assets und Kernkompetenzen

Die Core Assets und Kernkompetenzen von Content-Anbietern sind Voraussetzung dafür, dass diese erfolgreich und nachhaltig auf dem wettbewerbsintensiven Internetmarkt bestehen können.

Core Assets im Content-Geschäftsmodell
Zu den bedeutendsten Core Assets von Content-Anbietern zählen die angebotenen Inhalte selbst beziehungsweise ihre Verwertungsrechte und die zugehörigen Marken. Bei selbst produzierten Inhalten können auch die dafür verantwortlichen Mitarbeiter als Core Asset gelten. Darüber hinaus stellen insbesondere Netzwerke Core Assets von Content-Anbietern dar.

Inhalte und Verwertungsrechte
Nach der Definition des Content-Geschäftsmodelltyps sind die Inhalte zentraler Gegenstand der Wertschöpfung und des Leistungsangebots. Bei General-Interest-Anbietern ist insbesondere die Verknüpfung von eigenen mit eingekauften Inhalten als ein Core Asset zu verstehen. Die eingekauften Inhalte von Nachrichtenagenturen können prinzipiell nicht als Core Asset verstanden werden, da diese ebenfalls von konkurrierenden Anbietern erworben werden können.

Auch die Nutzung von Synergieeffekten durch die eingekauften Inhalte wird bei General-Interest-Anbietern als Core Asset verstanden. So zeigt sich, dass verschiedenste multimediale Inhalte zwischen Spiegel.de und Manager-Magazin.de geteilt werden. Auch die unterschiedlichen Internetangebote der Verlagsgruppe Holtzbrinck greifen vermehrt auf einmalig eingekaufte Inhalte zurück.

Bei Special-Interest-Anbietern hingegen stellen die selbst hergestellten Inhalte inklusive der damit zusammenhängenden Nutzungsrechte ein Core Asset dar. Diese können wiederum an andere Content-Anbieter weiterverkauft werden oder etablieren ein Alleinstellungsmerkmal des jeweiligen Content-Anbieters. Auch im Rahmen des Web 2.0 beziehungsweise Social Media und dem damit zusammenhängenden User Generated Content stellen die Inhalte ein Core Asset der Plattform dar. Ohne die rege Beteiligung der zahlreichen Nutzer weltweit würde das Angebot wie beispielsweise von YouTube.com nicht existieren.[65]

Marken
Ein meist noch wichtigerer Core Asset als die eigentlichen Inhalte sind die Marken des Content-Anbieters, unter denen die Inhalte firmieren. In diesem Zusammenhang kommen

[65] Vgl. Wirtz/Ullrich (2008), S. 29 ff.

einer Marke verschiedene Bedeutungen zu, wobei insgesamt festgehalten werden kann: „So kann eine professionelle Markenführung Präferenzen für das eigene Leistungsangebot schaffen und es damit von konkurrierenden Angeboten differenzieren."[66]

Marken stellen ein Wertversprechen dar und werden vom Kunden mit bestimmten, meist positiven Produkteigenschaften assoziiert. Bei Informationsdienstleistungen stellt die Glaubwürdigkeit der Quelle eine erhebliche Produkteigenschaft dar, um sich von der Konkurrenz abzusetzen.

Deren Bedeutung wird durch das Medium Internet, in dem sich Vertragspartner nicht persönlich, sondern nur digital gegenüberstehen, noch verstärkt. Eine gute Reputation wirkt sich dabei positiv auf den Wert der erstellten Inhalte aus, was wiederum als Core Asset verstanden werden kann.

Mitarbeiter

Mitarbeiter sind Know-How-Träger und verfügen häufig über spezifische Fähigkeiten, die ein Unternehmen von Mitbewerbern differenzieren. Die Kombination individueller Fähigkeiten in einem Team kann zu einer verbesserten Leistungserstellung und damit zu Wettbewerbsvorteilen führen.

Dabei ist im Kontext der Content-Anbieter sowohl im redaktionellen Sinne die Content-Erstellung und Auswahl von Inhalten als auch die Fokussierung der Mitarbeiter im Rahmen von Online-Lernangeboten zu nennen. Erklärt sich beispielsweise ein renommierter Professor bereit, im Rahmen einer digitalen Universität Lehrveranstaltungen zu geben, so kann dies ebenfalls als Core Asset verstanden werden.

Netzwerke

Netzwerke dienen Content-Anbietern insbesondere zur Informationsbeschaffung, um Input für die Content-Erstellung zu akquirieren. Netzwerke erfordern intensive Pflege und häufig persönliches Engagement, sie sind historisch gewachsen und deswegen nur schwer imitierbar. Darüber hinaus beschränkt die Knappheit potenzieller Netzwerkpartner die Imitationsmöglichkeiten. Sofern sie hohe Bedeutung für die Leistungserstellung haben und Content-Anbietern einen Differenzierungs- oder Kostenvorteil verschaffen, stellen Netzwerke ein Core Asset dar.[67]

Kernkompetenzen im Content-Geschäftsmodell

Zur Nutzung der Core Assets sind Kernkompetenzen erforderlich. Zu den Kernkompetenzen von Content-Anbietern zählen insbesondere die Content-Sourcing-Kompetenz, die Content-Creation-Kompetenz, die Produktentwicklungskompetenz und

[66] Meffert et al. (2019), S. 265.

[67] Vgl. Wirtz (2016b), S. 91 ff.

die Distributionskompetenz. Die Technologiekompetenz ist für Content-Anbieter nur von untergeordneter Bedeutung und kann unter Umständen am Markt eingekauft werden, weshalb sie hier nicht zu den Core Assets zählt.

Content-Sourcing-Kompetenz
Mit der Content-Sourcing-Kompetenz wird die Fähigkeit beschrieben, qualitativ hochwertige Informationen und Unterhaltungsinhalte, aber auch Autoren oder Produzenten als Input für die Inhalteproduktion zu gewinnen. Wettbewerbsvorteile entstehen vor allem dann, wenn besonders exklusive Inhalte beschafft werden können.

Dies gilt im Speziellen für die Special-Interest-Content-Anbieter, da hier eine größere Differenzierung gegenüber den Konkurrenten erreicht werden kann. In diesem Zusammenhang kann auch die Fähigkeit helfen, eine große Zahl an Nutzern zu einem Netzwerk zusammen zu schließen, und Personen beziehungsweise Unternehmen eine Plattform entsprechender Reichweite zu bieten, insbesondere wenn die Nutzer Inhalte beisteuern (User Generated Content).

Content-Creation-Kompetenz
Um Online-Inhalte erfolgreich herstellen zu können, bedarf es einer ausgeprägten Fähigkeit zur Content Creation. Dabei können verschiedene Subkompetenzen unterschieden werden, wobei insgesamt die Trend- und Veredelungskompetenz für Content-Anbieter im Internet von hoher Bedeutung sind. Die Trendkompetenz stellt die Fähigkeit dar, gesellschaftliche Entwicklungen frühzeitig aufzugreifen und somit dem interessierten Rezipienten neue Inhalte zu vermitteln.

Die Transformation von allgemeinen Informationen in hochwertige informierende oder unterhaltende Online-Produkte, zum Beispiel Podcasts oder Blogs, wird hingegen als Veredelungskompetenz bezeichnet. Insgesamt bleibt allerdings festzuhalten, dass diese Subkompetenzen hochgradig medien-, genre- und formatspezifisch sind, denn die Faktoren, die Inhalte aus Sicht der Rezipienten attraktiv machen, sind je nach Mediennutzungszweck und Zielgruppe unterschiedlich. So müssen zum Beispiel für die Herstellung von informativen Inhalten andere Fähigkeiten als für die Herstellung von Lehrmaterialien im Rahmen von Digital Education eingesetzt werden.

Die Content-Creation-Kompetenz wird in hohem Maß durch das implizite Wissen der Mitarbeiter und durch organisationsspezifische Routinen beeinflusst. Für Außenstehende und insbesondere Wettbewerber bleiben diese Wirkungsmechanismen in den meisten Fällen allerdings verborgen und sind nur schwer nachvollziehbar, sodass diese Kompetenz nur schwer imitier- oder substituierbar ist.

Produktentwicklungskompetenz
Die Produktentwicklungskompetenz trägt zur vorteilhaften Positionierung auf den Rezipienten- und Werbemärkten bei. Sie besteht aus der Fähigkeit, erfolgversprechende For-

mate zu entwickeln und auf den relevanten Märkten zu positionieren. Darüber hinaus erfordert die Produktentwicklungskompetenz großes Wissen über spezifische Marktsegmente und geht in Teilen auf die Trendkompetenz des Content-Anbieters zurück.

Das spezifische Wissen ist dabei wiederum nur als implizites Wissen im Unternehmen vorhanden und daher nicht transferierbar. Im Sinne eines Geschäftsmodells, das nachhaltige und stetige Erlösströme generieren soll, ist ein ausgewogenes Produktportfolio von erheblicher Bedeutung.

Distributionskompetenz

Ein Teil der Distributionskompetenz ist die cross-mediale Verwertungskompetenz sowie die Fähigkeit, eine C2C-Distribution aktiv in das Content-Geschäftsmodell zu integrieren. Sie bezieht sich insgesamt auf die Fähigkeit, Inhalte rechtzeitig in der gewünschten Menge und über den richtigen Kanal für die Rezipienten bereitzustellen. Zum einen müssen Inhalte häufig kanalspezifisch an die jeweilige Zielgruppe angepasst werden, zum anderen müssen Content-Anbieter im Digital Business auch in der Lage sein, die Distributionskanäle technologisch und logistisch zu beherrschen. Abb. 13.11 fasst die Core Assets und Kernkompetenzen von Content-Anbietern zusammen.

13.2.3 Leistungsangebote

Die Leistungsangebote der Geschäftsmodellvarianten Digital Information, Digital Education und Digital Entertainment sowie Digital Infotainment als Geschäftsmodelle des Typs Content werden, wie in Abb. 13.9 dargestellt, nun weiter konkretisiert. Bei der Darstellung

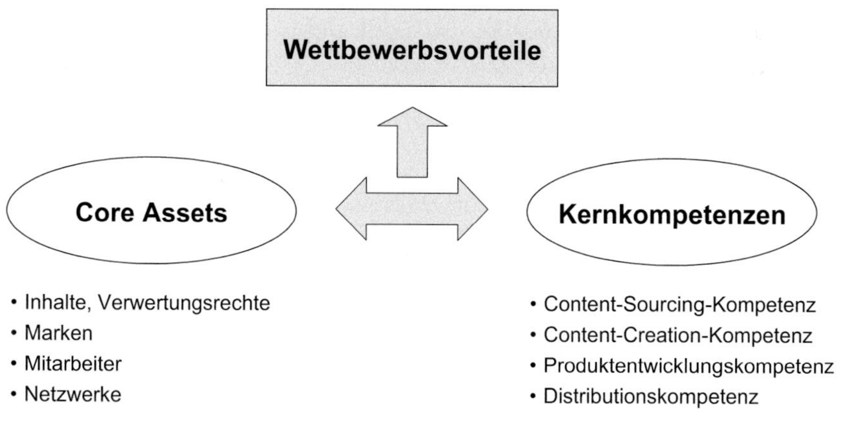

Abb. 13.11 Core Assets und Kernkompetenzen von Content-Anbietern. (Vgl. Wirtz (2010b), S. 232; Wirtz (2020), S. 494)

wird jeweils auf ihre Charakteristika und Besonderheiten als Content-Geschäftsmodell eingegangen. Weiterhin werden Praxisbeispiele zur Veranschaulichung verwendet.

13.2.3.1 Digital Information

Digital Information stellt den informativen, problemlösungsorientierten Inhalt in den Vordergrund. Konzentriert sich ein Informationsanbieter auf ein spezielles Sachgebiet, so kann man die Geschäftsmodellvariante Digital Information weiter in Leistungsanbieter mit speziellem Fokus auf beispielsweise politische, gesellschaftliche oder wirtschaftliche Inhalte (Digital Politics, Digital Society und Digital Economics) untergliedern.[68] Durch die Konzentration auf einen engen Themenbereich, beispielsweise Wirtschaftsinformationen, können Anbieter informativer Inhalte einen Zusatznutzen für die Kunden in Form von größerer Informationstiefe bieten.

Digital Politics

Als Beispiele für Anbieter politischer Inhalte sind die Seiten der Europäischen Union (Europa.eu) auf internationaler sowie die Bundeszentrale für politische Bildung (Bpb.de) auf nationaler Ebene zu nennen. Hier sind umfassende Informationen über vielfältige politische Themen erhältlich, die teilweise auch didaktisch besonders aufbereitet sind.

Kommerzielle Interessen stehen bei diesen Anbietern nicht im Vordergrund als der Informationsauftrag von überragender Bedeutung. Dennoch sind neben der Finanzierung durch öffentliche Haushaltsmittel auch Erlösformen unter Einbezug der Nutzer denkbar, zum Beispiel direkte Erlöse beim Verkauf ausgewählter Bücher in gedruckter Form.

Digital Culture

Die Webseitenangebote Kunst-und-Kultur.de und spiegel.de/kultur/ bieten gesellschaftliche Informationen an. Bei Kunst-und-Kultur.de kann der Nutzer zum Beispiel aus einer Museumsdatenbank die Öffnungszeiten und eine Kurzbeschreibung der derzeitigen Ausstellungen abfragen oder in einer Künstler- oder Denkmaldatenbank recherchieren. Die Rubrik „Kultur" des Spiegels widmet sich gesellschaftlichen und kulturellen Themen.

Digital Economics

Unter Digital Economics fallen Inhalte, die zum einen Informationen aus der beziehungsweise über die Wirtschaft zum Gegenstand haben, zum anderen solche Inhalte, die als Informationen für die Wirtschaft bestimmt sind. Die Online-Ausgabe des Wallstreet Journals (Wsj.com) repräsentiert die erste Kategorie.

Das Unternehmen Dun & Bradstreet (dnb.com), das Zeitschriften, Firmen-, Produkt-, und Finanzinformationen „für die Wirtschaft" publiziert, zählt primär zur zweiten Gruppe. Die Übergänge sind fließend, weil zum Beispiel Informationen über die Wirtschaft auch für andere Wirtschaftsakteure als Rezipient und somit Zielgruppe interessant sind.

[68] Vgl. Wirtz/Becker (2001), S. 159 ff.

Spartenübergreifende Informationsangebote

Eine Geschäftsmodellvariante muss sich allerdings nicht notwendigerweise auf nur eine Sparte von Informationen spezialisieren. Ebenso sind Geschäftsmodelle denkbar, die nicht nur eine, sondern mehrere Informationssparten anbieten. Durch eine sehr breite Informationspalette quer über alle Interessensgebiete erreichen diese Anbieter eine hohe Reichweite.

Die Interactive Edition des Wall Street Journals oder die Online-Ausgabe der Frankfurter Allgemeinen Zeitung bieten themenübergreifende Informationen aus den Bereichen Politik, Gesellschaft und Wirtschaft. Somit stellen sie ein Leistungsangebot für einen größeren Leserkreis als nur einem speziellen Fachpublikum zur Verfügung.

Fallbeispiel Digital-Information-Anbieter

Als Beispiel für einen Digital-Information-Anbieter ist das vereinfachte Geschäftsmodell des Handelsblatts in Abb. 13.12 dargestellt. Dabei deutet die Größe der Felder im Modell die Bedeutung des entsprechenden Bereiches an.

Nachrichtenagenturen melden Inhalte an die Online-Ausgabe des Handelsblatts, die anschließend gesammelt, selektiert und kompiliert werden. Daneben erfolgt auch eine redaktionelle Erstellung eigener Online-Inhalte. Diese Inhalte werden auf einer eigenen Plattform für die Kunden des Handelsblatts bereitgestellt.

Die Leistungen des Handelsblatts im Bereich Content bestehen zum Beispiel aus Public-Interest-Inhalten, Special-Interest-Inhalten, einem Live-Ticker mit aktuellen Wirtschaftsnachrichten und Aktienkursen sowie diverse Datenbanken. Ferner bietet das Handelsblatt auch Expertenforen und Empfehlungsservices im Bereich Connection an.

Erlöse werden durch Bannerwerbung und Werbekooperationen erzielt, aber auch durch Abonnements kostenpflichtiger Newsletter für die Kunden. Die Distribution erfolgt unter anderem auch über Smartphone Apps oder RSS-Feed. Bedeutende Kompetenzen des Handelsblatts sind die Kontextualisierung, Inhaltsgenerierung und Förderung von Werbemaßnahmen sowie eine hohe spezifische Technologiekompetenz.

Darüber hinaus erlauben die starke Marke und das Netzwerk – insbesondere der Zugriff auf eine große Zahl an Experten und Korrespondenten – einen umfassenden Zugang zu Informationen und eine schnelle, professionelle Aufbereitung und Bereitstellung von Daten und Informationen.

13.2.3.2 Digital Entertainment

Die Geschäftsmodellvariante Digital Entertainment unterscheidet sich von Digital Information dadurch, dass nicht informierende, sondern primär unterhaltende Inhalte angeboten werden. Die Bedeutung des Internets als Unterhaltungsmedium belegen Studien, die ausführen, dass auf dem US-amerikanischen Markt die Online-Unterhaltung bei Teenagern inzwischen sogar deutlich populärer ist als das Fernsehen.[69]

---

[69] Vgl. Turban et al. (2018), S. 103 ff.

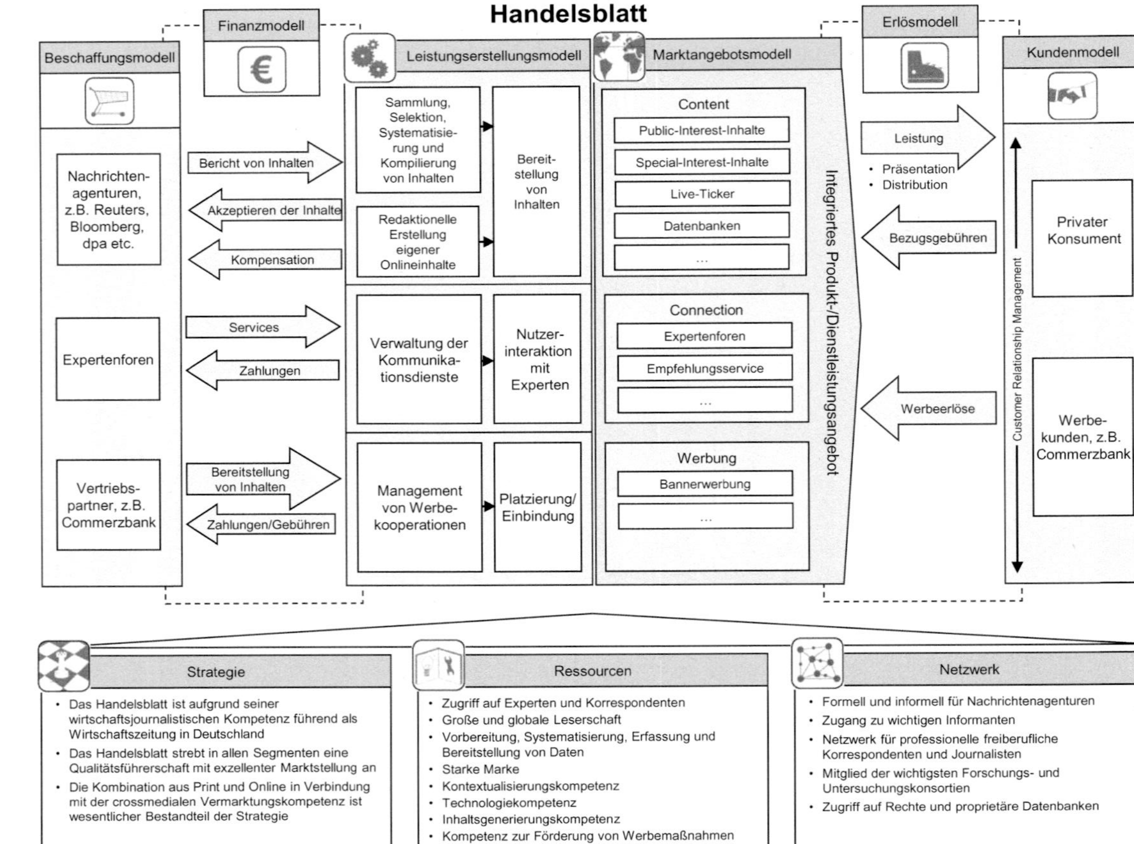

Abb. 13.12 Geschäftsmodell des Handelsblatts. (Vgl. Wirtz (2000b), S. 90; Wirtz (2013a), S. 291; Wirtz (2020), S. 496 sowie auf Basis eigener Analysen und Abschätzungen)

In Deutschland ist das Fernsehen über die gesamte Bevölkerung betrachtet zwar nach wie vor die Nummer eins, unter den Jugendlichen zeichnet sich hier allerdings ein ähnlicher Trend ab wie in den USA.[70] Digital Entertainment umfasst dabei ein weites Feld an Angeboten und kann in einer weiteren Ebene, beispielsweise in Digital Games (Spiele), Digital Music (Musik), Digital Movies (Filme) oder EE-Prints (Electronic Entertaining Prints) unterteilt werden.

Digital Games

Online-Spiele umfassen verschiedene Spielformen und Inhalte. Unterscheidbar sind dabei etwa Einzel- oder Mehrspielerangebote sowie die Art der Inhalte, etwa Abenteuer-, Karten-, Sport- oder klassische Casino-Spiele.[71] Ein Beispiel für Anbieter von Online-Spielen ist die Hamburger Firma Chessbase GmbH. Auf der Internetseite Schach.de bietet der Hersteller diverser Schach-Computerprogramme eine Plattform für digitale Schachpartien. Das Erlösmodell von Schach.de sieht jährliche Freischaltungsgebühren für die Zugangssoftware zu den Spielservern vor.

Die auf Gibraltar registrierte Gesellschaft PartyGaming Plc. bietet ebenfalls Plattformen für verschiedene Online-Casino-Spiele an. Auf der Seite Partypoker.com bietet sie beispielsweise Pokerspielern die Möglichkeit, in Turnieren gegeneinander zu spielen. Dabei gibt es sowohl Spiel- als auch Echtgeldtische mit unterschiedlichen Einsatzgrößenordnungen.

Die Seite ist mehrsprachig abrufbar und enthält auch Lehrinformationen sowohl über das Pokerspiel selbst als auch über die herunter zu ladende Software und die angebotenen Turniervarianten. Erlöse erzielt die hoch profitable Pokerplattform neben Werbung durch direkte Erlöse, zum Beispiel als Prozentanteil an ausgeschütteten Gewinnsummen oder Einsätzen.[72] Bezüglich des Rechtsrahmens des Digital Business ist erwähnenswert, dass das Unternehmen gezwungen war, alle Echtgeldspiele auf dem US-amerikanischen Markt im Jahr 2006 aufgrund des Unlawful Internet Gambling Enforcement Act (UIEGA) einzustellen.

Digital Movies

Bei fandango.com handelt es sich um einen Repräsentant für die Geschäftsmodellvariante Digital Movies. Dort werden dem Nutzer Filmsequenzen, die Rankings der laufenden Kinofilme und Hintergrundinformationen zu Schauspielern und Kinofilmen angeboten.

---

[70] Vgl. Seven.One Media (2022); vom Orde/Durner (2022), S. 8.

[71] Vgl. Wirtz (2013b), S. 644 ff.; Turban et al. (2018), S. 103 f.

[72] Vgl. PartyGaming Plc. (2011), S. 124.

Hierbei sind neben den reinen Kinofilminformationen auch professionelle beziehungsweise nutzergenerierte Kritiken zu finden, die es Nutzern ermöglichen, eine bessere Content-Auswahl zu treffen.

Ein sehr populäres Beispiel für eine Plattform, die Videoinhalte anbietet, ist die Plattform YouTube. Diese ist zugleich ein gutes Beispiel für User Generated Content im Rahmen von Web 2.0 beziehungsweise Social Media. Nutzer können private Videos auf einem Server zur Verfügung stellen. Diese sind dann per Schlagwortsuche zugänglich.

Der wesentliche Core Asset von YouTube ist die Nutzergemeinde von zuvor registrierten Nutzern, die Videos einstellen wollen. Die Community lebt dabei auch von Selbstkontrolle durch die Nutzer. Diese können Inhalte, die sie für illegal oder unangemessen halten, als solche markieren. Seitens der Plattformbetreiber wird dies dann überprüft und der Inhalt gegebenenfalls entfernt.

Die ursprünglich als Suchmaschinenbetreiber gestartete Firma Google hat das im Februar 2005 gegründete Unternehmen YouTube Inc. im November 2006 für 1,65 Mrd. US-Dollar gekauft, obwohl es zuvor keine Gewinne erwirtschaften konnte. Wesentlicher Werttreiber waren die Marke YouTube und die Nutzergemeinde.

EE-Prints

Electronic Entertaining Prints (EE-Prints) können alle lesbaren elektronischen und unterhaltenden Inhalte sein, ausgehend vom Comic in der Online-Ausgabe der Tageszeitung bis hin zu multimedialen Inhalten. Ein Beispiel für EE-Prints aus dem englischsprachigen Raum ist das Portal Worldlibrary.net. Dieses bietet eine umfangreiche Sammlung elektronischer Bücher (E-Books) an. Neben Klassikern der Literatur und Unterhaltungsliteratur gibt es dort ebenfalls Werke unbekannter Autoren aus aller Welt sowie eine Sammlung von Sachbüchern.

Audiobooks

Eine weitere Variante elektronischer Unterhaltung bieten spezielle Formate, und in diesem Zusammenhang insbesondere die Hörbücher (Audiobooks). Dabei werden Bücher ganz oder gekürzt vorgelesen. Das inhaltliche Spektrum der Audiobooks reicht mittlerweile von der Unterhaltungsliteratur bis hin zu textlastigen Sachbüchern. Dem Audiobook sind dabei unter anderem dadurch Grenzen gesetzt, dass Möglichkeiten der Visualisierung fehlen. Dies kann nur durch Kombination mit anderen Medien, etwa einem Begleitbuch, ausgeglichen werden.

Audiobooks sind, anders als Podcasts, in der Regel auch im stationären Handel erhältlich und bezüglich der Warenpräsentation ähnlich dem gedruckten Buch gestaltet. Trägermedien sind für solche Ausgaben dann üblicherweise Audio-CDs. Audiobücher zum Download aus dem Internet sind in der Regel ebenfalls kostenpflichtiger Content. Einige Werke, bei denen die Urheberrechte beispielsweise aufgrund des Alters des zu Grunde liegenden Buches nicht mehr dagegensprechen, sind auch kostenlos im Internet erhältlich.

Bedeutende Anbieter von Audiobooks auf dem deutschen Markt sind Claudio.de oder audible.de.

Digital Music

Während die Beschaffung digitaler Audiodateien in der Vergangenheit stark von, zum Teil illegalen, Online-Tauschbörsen in Peer-to-Peer-Netzwerken beeinflusst wurde, haben sich die legalen Download-Möglichkeiten inzwischen umfassend etabliert. Ein Beispiel stellt die Online-Plattform Deezer.com dar.

Vorreiter bezüglich des Geschäftsmodells Download digitaler Musik unter Beachtung des digitalen Rechtemanagement ist die Firma Apple mit ihrem Portal iTunes. Das Portal iTunes ist auf die Nutzung mit dem iPhone, iPad und iPod abgestimmt und profitiert von den Kernkompetenzen der Firma Apple im Lifestylebereich.

13.2.3.3 Digital Infotainment

Die Trennung zwischen informativen und unterhaltenden Inhalten ist nicht immer möglich. Spielerisches Lernen und die unterhaltsame Präsentation von Informationen werden angesichts der wachsenden Daten- und Informationsmengen insbesondere im Internet immer populärer. Gerade aufgrund kommerzieller Interessen von Content-Anbietern ist es wichtig, das Angebot attraktiv zu gestalten, um auch auf informationsorientierten Internetseiten möglichst viele Nutzer über einen längeren Zeitraum zu binden.

Erkennen die Nutzer dieses Format an, verbessert sich mit der gestiegenen Zahlungsbereitschaft die Chance auf direkte Erlöse. Durch die Bindung und Erweiterung des Nutzerkreises erhöhen sich gleichzeitig die Möglichkeiten für indirekte Erlöse. Zudem steigt mit der Zahl der Nutzer und der Nutzungsintensität auch der Wert eines Netzwerks. Diese Geschäftsmodellvarianten stellen somit eine Misch- beziehungsweise Hybridform zwischen Digital Information und Digital Entertainment dar und werden dementsprechend auch als „Infotainment" bezeichnet.

Beispiel „Vox": Konvergenz von Internet und Fernsehen

Ein Beispiel für die Geschäftsmodellvariante Infotainment ist die Internetseite des Fernsehsenders Vox (Vox.de). Neben Programminformationen werden dort auch Unterhaltungselemente in Form von Gewinnspielen und Hintergrundgeschichten zu beliebten Fernsehserien des Senders angeboten.

Eine sehr anschauliche Mischung aus Information und Unterhaltung sowie der Konvergenz der Medien Fernsehen und Internet ist das Tauschkonzert „Sing meinen Song". Während bei der Serie im Fernsehen die Unterhaltung im Vordergrund steht, kann man auf der Internetseite detaillierte Hintergrundinformationen zu den Künstlern und Einblicke hinter die Kulissen aus den Sendungen einsehen.

Neben Communityfunktionen wie Chat und Forum sowie eigener Postbox dienen auch Inhalte, die registrierten Nutzern vorbehalten sind, dazu, dass sich Nutzer aufgrund eines

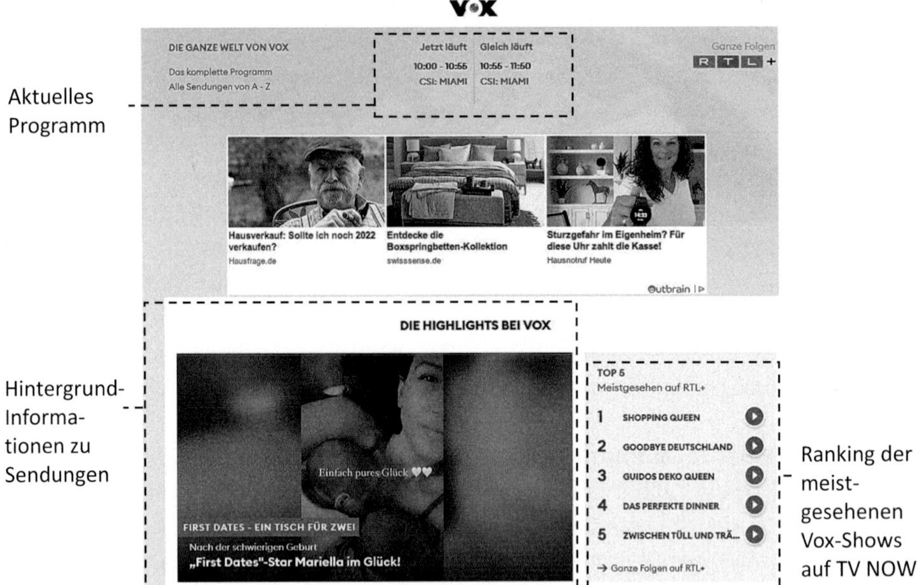

Abb. 13.13 Leistungsangebot von Vox.de. (In Anlehnung an Vox.de (2022))

erwarteten Mehrwerts registrieren. Allerdings entsteht dem Nutzer bei der erstmaligen Einrichtung des Profils ein erheblicher zeitlicher Aufwand, der als Sunk Costs interpretiert werden kann.

Vox erzielt hierdurch einen effektiven Lock-in-Effekt, der für den Kunden die Wechselkosten zu einem anderen Anbieter steigert.[73] Abb. 13.13 zeigt die Startseite von Vox.de mit den beschriebenen Leistungsangebotsmerkmalen.

Beispiel „Kicker": Sportinformation mit Spiel- und Community-Elementen
Ein weiteres Beispiel ist die Internetseite des fußballorientierten Printmagazins Kicker. Unter Kicker.de werden umfangreiche Informationen zu den deutschen Fußball-Bundesligen, Hintergrundinformationen und fußballbezogene Nachrichten dargestellt sowie Online-Spiele angeboten. Insbesondere die sogenannte Managerliga erfreut sich großer Beliebtheit. Die Spielteilnehmer können digitale Teams aus tatsächlich existierenden Sportlern zusammenstellen und online managen.

Die digitalen Teams erzielen auf Basis der individuellen Leistungen der tatsächlichen Sportler im Laufe der Sportsaison Ergebnisse. Da diese Ergebnisse auf realen Sportveranstaltungen basieren, entsteht für die Teilnehmer ein Anreiz, diese realen Ergebnisse auf den Internetseiten von Kicker zu verfolgen oder aber die Printausgabe zu erwerben.

[73] Vgl. Wirtz/Lihotzky (2001), S. 289 ff.

Somit werden die Nutzerbindungsziele der Nutzungshäufigkeit und Nutzungsdauer unterstützt. Besonders attraktiv bei diesem Angebot ist eine gruppenbezogene Komponente: Einzelpersonen, zum Beispiel Kollegen eines Unternehmens oder einer Abteilung, können sich zu Wettbewerbsgruppen zusammenschließen und so direkt ihre Expertise gegeneinander messen.

Sowohl bei der Registrierung in der Kicker-Community als auch bei der Zusammenstellung der Mannschaft für die diversen Managerspielformen entsteht dem Nutzer ein erheblicher zeitlicher Aufwand, der wiederum als Lock-in-Effekt interpretiert werden kann.

13.2.3.4 Digital Education

Eine weitere Geschäftsmodellvariante des Geschäftsmodells Content wird als Digital Education bezeichnet. Digital Education lässt sich gegenüber Digital Information und Digital Entertainment anhand zweier Merkmale abgrenzen. Erstens leistet Bildung mehr als nur die Darstellung von Informationen. Informationen sollten den Lernenden didaktisch aufbereitet vermittelt werden, um durch Lernprozesse die Internalisierung als Wissen zu erreichen.[74] Neben der Faktenvermittlung können und sollen durch Bildungsangebote in der Regel auch Kompetenzen geschult werden, zum Beispiel analytische Fähigkeiten, strukturiertes Denken und Problemlösungskompetenz.

Leistungsdokumentation

Das zweite Abgrenzungsmerkmal ist die Vergabe eines Titels beziehungsweise Zertifikats darüber, dass eine Lerneinheit absolviert worden ist. Dies ist kein Bestandteil von Digital Information oder Digital Entertainment. Die beliebten High-Score-Listen bei Computerspielen setzen zwar vergleichbare Anreize, ihre Bedeutung bleibt jedoch in der Regel auf das Spiel beziehungsweise dessen Fangemeinde beschränkt.

Diese Art dokumentierten Wissens ist somit kaum geeignet, daraus für Problemstellungen außerhalb des Spiels handlungsrelevante Informationen zu generieren und ist somit nicht der Digital Education zuzurechnen. Die Zertifikate hingegen besitzen allgemeine Gültigkeit. Zunächst bestätigen sie nur die Teilnahme an einer Bildungsmaßnahme.

Enthält ein Zertifikat hingegen auch Bewertungen, etwa in Form von Noten oder Punktwerten einer Abschlussprüfung, dienen diese auch als Nachweis oder zumindest als Indikator des Lernerfolgs. Die elektronischen Bildungsangebote lassen sich beispielsweise nach Zielgruppen aufteilen, zum Beispiel Schulen und Hochschulen (Virtual Universities) sowie die außerschulische Erwachsenenbildung (Public Education).

[74] Vgl. Wirtz/Kubin/Weyerer (2021), S. 19.

Digitale Universität

Ein Beispiel für eine digitale Universität stellt der Anbieter der Webseite vu.org dar, bei dem man nach der Einschreibung Kurse belegen und nach einer Prüfung auch einen universitären Abschluss erwerben kann. Das Kursmaterial wird per E-Mail oder postalisch den Studenten geschickt, sodass diese bequem zu Hause die gestellten Aufgaben lösen können. Diese werden nach Bearbeitung zurück zur Korrektur an den Kursleiter der Universität gesendet.

Da viele Kunden berufstätig sind, ist das internetbasierte Lernen für sie häufig die einzige Möglichkeit, einen universitären Abschluss zu erwerben. Das Geschäftsmodell ist dabei nicht neu, wie das Beispiel der FernUniversität in Hagen zeigt, die bereits seit 1975 wissenschaftliche Inhalte auf medialem Weg vermittelt.[75] Auch hier werden die klassischen Studienbriefe in Papierform durch elektronische Medien ergänzt oder sogar gänzlich abgelöst, etwa durch Klausurfragestunden oder Themenchats während eines ausschließlich digitalen Seminars.

Beispiel Bildungsnetzwerk „Winfoline"

Ein anderes Beispiel ist das digitale Bildungsnetzwerk Winfoline.[76] Studierende der vier Partneruniversitäten Saarbrücken, Göttingen, Kassel und Darmstadt können hier auf einer Online-Plattform über Web-Based Trainings (WBT) Kurse aus dem Gebiet der Wirtschaftsinformatik belegen. Die Lernplattform umfasst dabei unter anderem Übungen, Werkzeuge für die Kommunikation mit anderen Studierenden oder einem Betreuer sowie den multimedial aufbereiteten Lernstoff. Am Ende des Semesters können als Präsenzveranstaltung Klausuren abgelegt und erworbene Scheine als Studienleistung eingebracht werden.

Darüber hinaus bietet die Plattform einen kompletten digitalen Aufbaustudiengang zum „Master of Science in Information Systems" an. In einer Regelstudienzeit von 15 Monaten im Vollzeitstudium vermittelt dieses kostenpflichtige Studienprogramm vertiefte Kenntnisse der Wirtschaftsinformatik. Am Ende steht der staatlich anerkannte Abschluss des Masters of Science. Das Aufbaustudium wird komplett über Winfoline abgewickelt.

Lediglich verfahrenstechnisch ist eine Einschreibung an der Universität Göttingen erforderlich. Da das Studium für die Studenten kostenpflichtig ist, ergibt sich der monetäre Ertrag dieses Geschäftsmodells aus direkten Erlösen in Form von Nutzungs- und Prüfungsgebühren.

Außerschulische Erwachsenenbildung

Ein bekanntes Beispiel der Kategorie Erwachsenenbildung bieten die Volkshochschulen. Diese bieten immer mehr IT- und EDV-orientierte, aber auch auf die berufliche Weiterbildung gerichtete Kurse an. Das Lernen selbst findet in der Regel in gewohnter Präsenzform statt.

---

[75] Vgl. FernUniversität Hagen (2022).

[76] Vgl. Georg-August-Universität Göttingen (2022).

Anders hingegen beim Online-Portal des amerikanischen Traditionsanbieters McGraw-Hill unter mheducation.com. Dieser bietet multimediale, modulare Lerninhalte insbesondere für die Erwachsenenbildung an. Eine Initiative der Europäischen Union (Salto-youth.net) stellt die Ausbildung der Jugend in Europa in den Mittelpunkt und bietet Inhalte mit dem Fokus auf sozialen Fähigkeiten an. Dabei geht es sowohl um inhaltliche Kompetenzen als auch um die Online-Medienkompetenz zur Nutzung von Online-Lernumgebungen.

Besonderheiten der Erlösmodelle

Im Gegensatz zu den bisher beschriebenen Unterkategorien des Content-Geschäftsmodells dominieren bei den Anbietern für Digital Education direkte Erlösformen, wobei es sich in erster Linie um Kursgebühren und zusätzliche Gebühren für Korrekturen von Tests handelt. Viele Inhalte, gerade zur Medienkompetenz, werden von staatlichen Stellen angeboten, die aus Haushaltsmitteln finanziert werden. Aufgrund der Vielzahl von Bildungsangeboten ist es dabei für öffentliche Stellen schwer, dem Subsidiaritätsprinzip folgend nicht im Wettbewerb mit kommerziellen Anbietern von Bildungsprodukten zu stehen.

13.2.4 Fallbeispiel Content: Wikipedia

Wikipedia ist eine nicht-kommerzielle internetbasierte Online-Enzyklopädie, die kostenlos und frei zugänglich Informationen bereitstellt. Als Wissensplattform mit Fokus auf einem kollaborativen Informationsaustausch kann Wikipedia dem Geschäftsmodell Content und der Geschäftsmodellvariante Digital Information zugeordnet werden.

Gründung

Die Online-Enzyklopädie Wikipedia wurde im Januar 2001 gegründet. Sie beruht auf dem Internetenzyklopädieprojekt „Nupedia" von Jimmy Wales und Larry Sanger, das über die Firma Bomis realisiert worden ist. Ursprünglich nur in englischer Sprache verfügbar, wurden bereits im März 2001 Versionen in weiteren Sprachen angeboten. Mittlerweile gehört sie zu den 15 meist aufgerufenen Webseiten weltweit und umfasste im Dezember 2021 bereits über 58,1 Mio. Artikel in rund 300 Sprachen.[77]

Unter den ersten Ablegern war dabei die deutsche Variante der Online-Enzyklopädie. Mit circa 2,7 Mio. Artikeln ist sie die drittgrößte Variante nach der Englischen sowie der stark von computergenerierten Artikeln geprägten cebuanosprachigen Wikipedia-Ausgabe, die 6 Mio. Artikel verzeichnet und zugleich die einzige Enzyklopädie der Sprache darstellt, welche zuvor über keine Lexika verfügte.[78]

[77] Vgl. Wikipedia (2022c).

[78] Vgl. Wikipedia (2022b, 2022a).

Eigentumsstruktur

Wikipedia wird formell durch die im Juni 2003 von Jimmy Wales gegründete nichtkommerzielle Wikimedia Foundation Inc. betrieben. Die Wikimedia Foundation ist eine Stiftung mit Hauptsitz in San Francisco/USA, die sich der Förderung freien Wissens verschrieben hat. Neben der Stiftung gibt es in vielen Ländern zudem unabhängige Wikimedia-Vereine, die mit der Wikimedia Foundation in enger Zusammenarbeit stehen. So wird die deutsche Version von Wikipedia durch den Verein Wikimedia Deutschland – Gesellschaft zur Förderung Freien Wissens e.V. betrieben.[79]

Finanzierung

Die Wikimedia Foundation beschäftigt mehr als 550 Mitarbeiter sowie zusätzliches, von der Stiftung unabhängiges Personal in den einzelnen weltweit vertretenen Wikimedia-Vereinen.[80] Nach eigenen Angaben finanziert sich die freie und kollaborative Enzyklopädie fast ausschließlich durch Spenden. Überwiegend handelt es sich dabei um Einzelspenden von Privatpersonen sowie Unternehmen. Weitere Unterstützung, in Form von Geld- und Sachzuwendungen, erhält die Wikimedia Foundation außerdem von anderen Stiftungen.

Weitere Wiki-Projekte

Neben der freien Enzyklopädie Wikipedia betreibt die Wikimedia Foundation weitere Projekte: Wiktionary (Online-Wörterbuch), Wikibooks (Online-Bibliothek mit Lehr-, Sach- und Fachbüchern), Wikiquote (Online-Zitatesammlung), Wikisource (Online-Sammlung von Quellentexten), Wikispecies (Verzeichnis biologischer Arten), Wikimedia Commons (Online-Datenbank für Bilder, Videos, Musik und gesprochene Texte), Wikinews (Online-Nachrichtenquelle), Wikivoyage (ein Reiseführer), Wikidata (eine Datensammlung), Wikiversity (Online-Lern-, Lehr- und Forschungsplattform), Meta-Wiki (Projektkoordinations-Software) und MediaWiki (die Software-Plattform, auf der Wikimedia-Projekte gebaut werden, als kostenlose Open-Source-Software).[81]

Im März 2021 verzeichnete Wikipedia international mehr als 2,5 Mio. „Wikipedianer“. Hiervon waren etwa 190.000 „Wikipedianer“ an der deutschen Wikipedia beteiligt.[82] Die Webseite von Wikipedia verfügt über eine einfach gestaltete und übersichtliche Benutzeroberfläche mit verschiedenen Funktionen. Diese sind in Abb. 13.14 exemplarisch dargestellt. So gibt es etwa eine einfache Suchfunktion, um die gewünschte Information schnell und bequem zu generieren, einen Login-Bereich, der teilweise personalisierte Anwendungen bietet, ein Diskussionsforum sowie die Möglichkeit Artikel über den Login-Bereich zu editieren.

Darüber hinaus ist es möglich, über einen Autoren-/Versionenmodus rückzuverfolgen, welche Nutzer den Artikel erstellt haben beziehungsweise wann bestimmte Teile des Arti-

[79] Vgl. Wikimedia Deutschland (2022).

[80] Vgl. Wikimedia Foundation Inc (2022a).

[81] Vgl. Wikimedia Foundation Inc (2022b).

[82] Vgl. Grimm (2021).

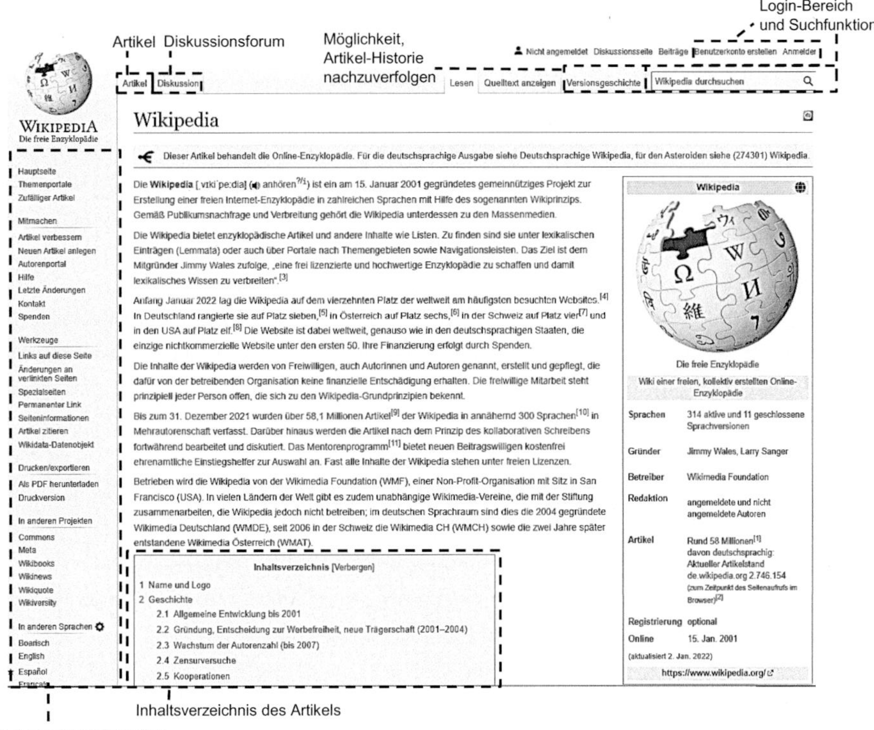

Abb. 13.14 Webseite mit Funktionen von Wikipedia. (In Anlehnung an Wikipedia (2022c))

kels editiert oder zur Diskussion gestellt worden sind. Zusätzlich kann der Nutzer jederzeit auf den gewünschten Artikel auch in anderen Sprachen zugreifen und verschiedene Werkzeuge nutzen, wie beispielsweise eine Funktion zum Erstellen von PDFs. Der Content von Wikipedia besteht vor allem aus Textinhalten, Fotos, Tabellen und Zeichnungen sowie zunehmend auch aus Animationen und Videos.

Technologischer Hintergrund

Technologisch beruht Wikipedia auf der Funktionsweise eines Wiki-Systems. Dabei handelt es sich um ein hypertextbasiertes Content-Management-System für Webseiten, das eine einfache Rezeption sowie aktive Mitwirkung an der Gestaltung des Textes im Browser durch hohe Bedienerfreundlichkeit ermöglicht. Darüber hinaus werden über eine Versionenkontrolle Veränderungen transparent und damit reversibel gehalten.[83]

Anders als das Angebot von Google verfügt Wikipedia über kein kommerzielles, erlösbasiertes Geschäftsmodell. Im Gegensatz zum Wikipedia-Konzept erwirtschaftet Google Milliardenumsätze und Gewinne mit dem Verkauf von Suchergebnissen, die für kontextintensive Online-Werbung benötigt werden. Wikipedia kann dahingegen als Gegenmodell

[83] Vgl. Wikipedia (2022c).

zum kommerziellen Primat der Verfügung über Wissen und Information verstanden werden. Dies verdeutlicht vor allem die politische und gesellschaftliche Bedeutung der Online-Enzyklopädie.

Geschäftsmodell Content mit der Variante Digital Information
Das Geschäftsmodell von Wikipedia orientiert sich an der Idee der kooperativen Informationsgenerierung durch den Nutzer und ist vordergründig dem reinen Content-Bereich zuzuordnen, obgleich gewisse Intra-Connection-Charakteristika in den auf Wikipedia integrierten Community Tools und Diskussionsseiten zu erkennen sind.

Wikipedia fokussiert vor allem die informierenden und bildenden Aspekte seiner Inhalte. Dementsprechend wird der Geschäftsmodelltyp von Wikipedia in die Geschäftsmodellvariante Digital Information eingeordnet. Digital Information stellt den informativen, problemlösungsorientierten Inhalt in den Vordergrund. Dabei konzentriert sich Wikipedia als Informationsanbieter nicht auf ein spezifisches Sachgebiet, sondern fungiert vorwiegend als kostenloser Wissensnavigator über eine große Bandbreite von Bereichen hinweg.

Wie in dem vereinfachten Geschäftsmodell von Wikipedia in Abb. 13.15 dargestellt, besteht das grundlegende Ziel des Projektes darin, den Nutzern Informationen in enzyklopädischer Form kostenlos, einfach und bequem anzubieten.

User Generated Content im Web 2.0
Darüber hinaus wird den Nutzern die Möglichkeit gegeben, diese Informationen nicht nur zu rezipieren, sondern auch zu editieren. Die Inhalte der Online-Enzyklopädie werden vorwiegend durch eine freiwillige und ehrenamtliche Autorengemeinschaft kollektiv erstellt und auf der Webseite von Wikipedia zur Verfügung gestellt.

Diese Wertschöpfung kann als Beispiel für User Generated Content im Rahmen des Web 2.0 beziehungsweise Social Media dienen. Dabei ist Wikipedia lediglich für die Aufnahme der Beiträge sowie die Bereitstellung der Hard- und Software verantwortlich.

Die Koordination der Kommunikation innerhalb der Community beziehungsweise den Diskussionsforen wird wechselseitig realisiert und vorwiegend durch die Nutzerinteraktion gestaltet. Innerhalb des Erlös- und Distributionsmodells erfolgt die Finanzierung vorwiegend auf der Grundlage von Spenden aus privaten und institutionellen Quellen.

Core Assets und Kernkompetenzen
Zu den Core Assets von Wikipedia gehört, neben der leichten Zugänglichkeit der Informationen, auch die technische Infrastruktur des Projekts. Die Webseite von Wikipedia zeichnet sich durch eine leichte Bedienbarkeit sowie eine einfach zu handhabende Benutzeroberfläche aus. Damit wird die Möglichkeit geschaffen, auch ohne technische Vorkenntnisse direkt im Webbrowser Änderungen am Text vorzunehmen.

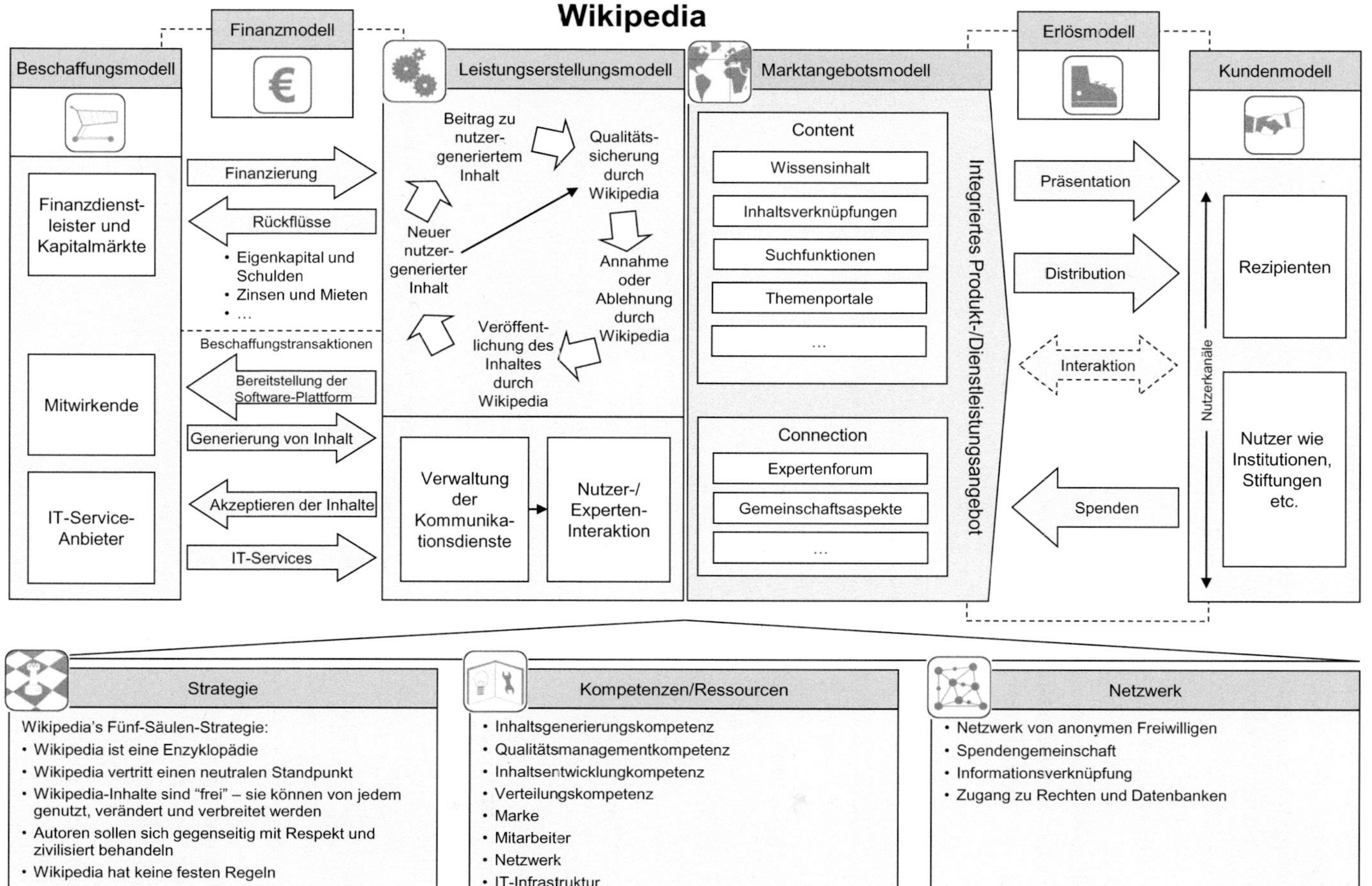

Abb. 13.15 Geschäftsmodell von Wikipedia. (Vgl. Wirtz (2010b), S. 247; Wirtz (2020), S. 508; Wirtz (2021b), S. 685 sowie auf Basis eigener Analysen und Abschätzungen)

Darüber hinaus zählen zu den grundlegenden Core Assets von Wikipedia die hohe Bekanntheit sowie die Informationsführerschaft im Wissensbereich. Dies ist mit einer umfangreichen kollektiven Wissensansammlung verbunden und erfordert eine hohe Aktivität der intrinsisch motivierten Autorenschaft.

Ein weiteres Core Asset sind die übersichtliche Skalierbarkeit der Arbeitsprozesse außerhalb der Community und die damit verbundenen geringen Personalkosten innerhalb der Stiftung. Die Kernkompetenzen von Wikipedia liegen vor allem in der Content-Sourcing-Kompetenz.

Dazu zählt die Fähigkeit, qualitativ hochwertige Informationen und Unterhaltungsinhalte, aber auch Autoren oder Produzenten als Input für die Inhalteproduktion zu gewinnen. Die strategische Ausrichtung des Unternehmens sowie das Geschäftsmodell, das Leistungsspektrum und die Erfolgsfaktoren sind zusammenfassend in Abb. 13.16 dargestellt.

	Aspekte
Strategie	• Bereitstellung von kostenlosen Informationen im Online-Enzyklopädie-Bereich • Informationsführerschaft im Wissensbereich
Geschäftsmodell	• Content-Aspekt: Sammlung, Selektion, Systematisierung, Kompilierung (Packaging) und Bereitstellung von Wissensinformationen in Form eines frei zugänglichen, kostenlosen und werbefreien Wissensportals • Geschäftsmodellvariante: Digital Information ohne spezifischen Fokus auf spezielle Sachgebiete (der informative, problemlösungsorientierte Inhalt steht im Vordergrund)
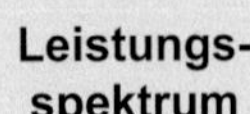 **Leistungs-spektrum**	• Umfangreiches Wissensspektrum • Erweiterte Inhalte durch andere Wiki-Tools • Zahlreiche weitere Projekte: Wiktionary, Wikibooks, Wikivoyage, Wikiquote, Wikisource, Wikidata, Wikimedia Commons, Wikinews, Wikiversity, Wikispecies, Meta-Wiki, MediaWiki
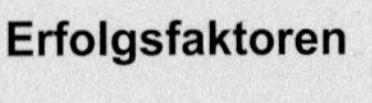 **Erfolgsfaktoren**	• Nicht-kommerzielles, werbefreies und kostenloses Online-Wissensportal • Aktivität mit intrinsisch motivierten Autoren • Hoher Bekanntheitsgrad • Hohe Nutzungsquoten (meistgenutztes Online-Nachschlagewerk) • Gesammeltes Wissen einer weltweit kollektiven Autorenschaft

Abb. 13.16 Strategische Ausrichtung von Wikipedia. (Vgl. Wirtz (2010b), S. 248; Wirtz (2020), S. 510; Wirtz (2021b), S. 686)

Wettbewerber und Ausblick

Wettbewerber versuchen, die starke Informationsführerschaft im Bereich Online-Enzyklopädien anzugreifen. So wirbt beispielsweise der Anbieter der Brockhaus Enzyklopädie mit seinem Online-Enzyklopädieprojekt, das vor allem durch den Grundsatz der geprüften, nicht-manipulierbaren Wissensinformation überzeugen soll.

Generell kann festgehalten werden, dass die an der kommerziellen Verwertung interessierten Verlage auch weiterhin innovative Projekte forcieren müssen, damit ihre kostenpflichtigen Produkte, wie zum Beispiel die Encyclopaedia Britannica oder die vielen Fachenzyklopädien, wie die des Elsevier Verlags, genutzt werden beziehungsweise damit Nutzer bereit sein werden, diese entgeltlich zu nutzen, wenn die Möglichkeit der kostenlosen Wissensbeschaffung besteht.

13.3 Commerce

Das Geschäftsmodell Commerce umfasst die Anbahnung, Aushandlung und/oder Abwicklung von Geschäftstransaktionen. Ziel ist eine Unterstützung beziehungsweise Ergänzung oder gar Substitution der traditionellen Phasen einer Transaktion durch das Internet.[84] Während Content-Anbieter versuchen, die von ihnen angebotenen Inhalte in monetären Erfolg umzusetzen, ist die geplante geldwerte Leistung von Commerce-Anbietern eine Dienstleistungsfunktion, nämlich die Vermarktung von Services und Produkten.

Da es sich um eine Dienstleistung handelt, muss einem Unternehmen mit einem Commerce-Geschäftsmodell die zu vermarktende Ware oder Leistung somit nicht zwangsläufig gehören. Wie Abb. 13.17 zeigt, lassen sich die Dienstleistungen im Rahmen des Commerce in die drei Geschäftsmodellvarianten E-Attraction, E-Bargaining/E-Negotiation und E-Transaction unterteilen. Eine vierte Variante wird mit E-Tailing bezeichnet und umfasst querschnittsartig mehrere Aspekte der drei zuvor genannten Commerce-Varianten.

E-Attraction

Unter der Geschäftsmodellvariante E-Attraction versteht man alle Maßnahmen, die die Anbahnung von Transaktionen unterstützen. Darunter fallen zum Beispiel die Bannerschaltung und die Bereitstellung von Marktplätzen. Auf diesem Marktplatz sind dann wiederum andere Commerce-Geschäftsmodelle möglich.

Zunehmend relevant wird dabei der Bereich der Geschäftsbeziehung zwischen Konsumenten, sogenannten C2C-Beziehungen. Diese ergeben sich zum Beispiel auf der Auktionsplattform eBay, wenn ein privater Anbieter an einen privaten Bieter verkauft. Da

[84] Vgl. Wirtz (2000b), S. 90.

- Anbahnung,
- Aushandlung und/oder
- Abwicklung von Geschäftstransaktionen

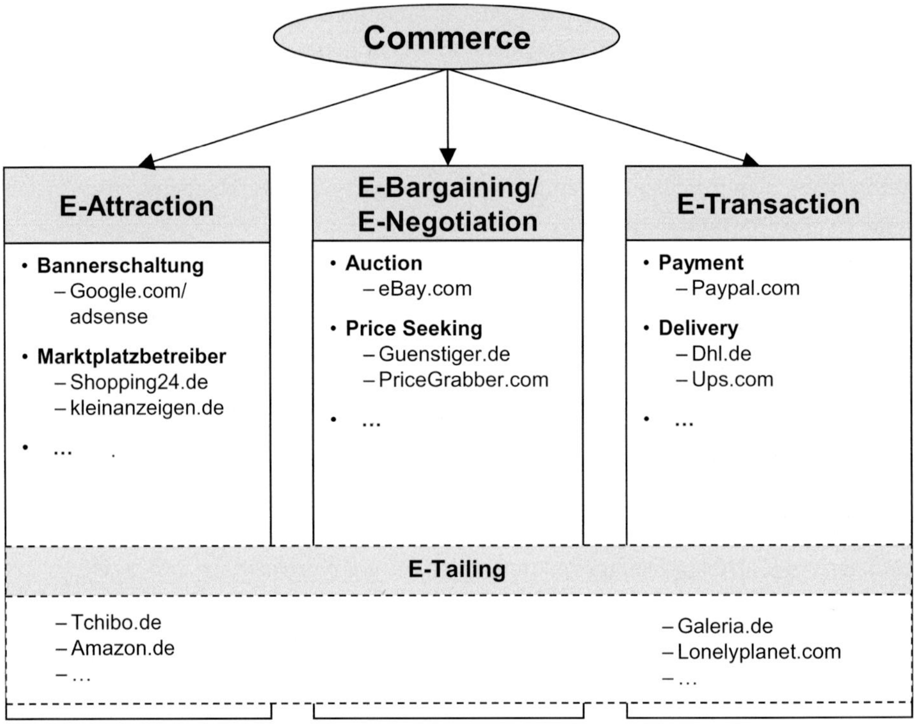

Commerce

E-Attraction
- **Bannerschaltung**
  - Google.com/adsense
- **Marktplatzbetreiber**
  - Shopping24.de
  - kleinanzeigen.de
- ...

E-Bargaining/E-Negotiation
- **Auction**
  - eBay.com
- **Price Seeking**
  - Guenstiger.de
  - PriceGrabber.com
- ...

E-Transaction
- **Payment**
  - Paypal.com
- **Delivery**
  - Dhl.de
  - Ups.com
- ...

E-Tailing
- Tchibo.de
- Amazon.de
- ...
- Galeria.de
- Lonelyplanet.com
- ...

Abb. 13.17 Das Geschäftsmodell Commerce. (Vgl. Wirtz (2010b), S. 250; Wirtz (2020), S. 512; Wirtz (2021b), S. 338)

mittlerweile jedoch auch eine große Zahl professioneller Anbieter die eBay-Plattform nutzt, werden auch B2C-Transaktionen, gegebenenfalls sogar B2B-Geschäfte abgewickelt.

E-Bargaining/E-Negotiation

Die Geschäftsmodellvariante E-Bargaining beziehungsweise E-Negotiation beschreibt die Aushandlung der Geschäftsbedingungen, wie zum Beispiel den Preis. Bei derartigen Geschäftsmodellen muss der Anbieter der Leistung nicht unbedingt selbst die moderierende oder verhandlungsführende Rolle einnehmen. Das Beispiel des Auktionshauses eBay zeigt, dass der primäre Gegenstand des Geschäftsmodells bereits die Bereitstellung der technischen Plattform sein kann, auf der es dann zwischen Anbieter und Nachfrager zu Verhandlungen kommt.

E-Transaction
Transaction Services sollen die Abwicklung von Geschäftstransaktionen erleichtern. Hierunter fallen zum Beispiel Payment (Zahlungsabwicklung) und Delivery (Auslieferung). Ersteres setzt ein hohes Maß an Vertrauen in den Leistungsanbieter voraus. Letzteres verlangt von einem Digital-Business-Unternehmen funktionierende Schnittstellen in die reale Welt physischer Produkte, etwa zu Logistikdienstleistern, sofern nicht-digitale Produkte Gegenstand einer Transaktion waren und nun ausgeliefert werden müssen.

E-Tailing
Viele dieser Funktionen, wie etwa Warenpräsentation und Transaktionsabwicklung, sind als Rolle des klassischen Einzelhandels bereits vertraut. Die Aufgabe eines Online-Einzelhändlers, der querschnittsartig mehrere dieser Funktionen in seinem Geschäftsmodell integriert hat, wird deshalb in Anlehnung an den englischen Begriff Retailing (Einzelhandelsfunktion) auch als E-Tailing bezeichnet. Wie die aggregierte Wertschöpfungskette des Geschäftsmodells Commerce im Folgenden zeigt, finden sich dort zahlreiche Funktionen und Aufgaben eines Einzelhändlers wieder.

Ergänzt werden diese Funktionen jedoch um internetspezifische Möglichkeiten und Besonderheiten. Anschließend werden die relevanten Core Assets und Kernkompetenzen betrachtet, um schließlich detailliert auf die spezifischen Leistungsangebote im Digital-Commerce-Bereich einzugehen. Das Fallbeispiel eBay schließt die Darstellung der Commerce-Geschäftsmodelle ab.

13.3.1 Wertschöpfungskette

Die im Abschn. 13.1.2 dargestellte allgemeine Wertschöpfungskette wird nun auf die Besonderheiten eines Commerce-Anbieters im Digital Business übertragen. Wie zuvor im Fall der Content-Anbieter umfasst auch die Wertschöpfungskette der Geschäftsmodellvariante Commerce Aspekte aller wesentlichen Partialmodelle (vgl. Abb. 13.18).

Angebotsgestaltung
Am Beginn der Wertschöpfungskette stehen die Überlegungen zum Leistungsmodell, das heißt welche Leistungen welcher Zielgruppe angeboten werden sollen. Das Leistungsangebot des Geschäftsmodells Commerce kann insgesamt auf die Bereiche Anbahnung, Verhandlung und Abwicklung zurückgeführt werden. Dabei kann das Leistungsangebot als Dienstleistung verstanden werden, die den Zielgruppen helfen soll, die gewünschten Produkte online zu erwerben.

In diesem Zusammenhang ist die Sortimentsgestaltung von besonderer Bedeutung, wobei generell die Strategien Differenzierung und Nischenanbieter zu beobachten sind.

Angebots-gestaltung	Angebots-präsentation	Marketing/ Transaktions-anbahnung	Abschluss/ Preisfindung	After-Sales Service/CRM
• Sortiments-gestaltung • Zielgruppen-bestimmung	• Shopgestaltung • Waren-präsentation • Service-gestaltung • Erlebnis-gestaltung	• Vernetzung • Marken-entwicklung • Kundenakquise • Vertriebs-aktivitäten	• Vertrags-abschluss • Preisbildung • Zahlungs-abwicklung • Distribution	• Kunden-beziehungs-management • Kundendaten-management

Abb. 13.18 Wertschöpfungskette Commerce. (Vgl. Wirtz (2010b), S. 252; Wirtz (2020), S. 513; Wirtz (2021b), S. 340)

Während beispielsweise Amazon als ein Allround-Anbieter im Internet auftritt, fokussiert der Anbieter Druckerzubehoer.de sein Angebot auf Produkte wie beispielsweise Drucker und Faxgeräte.

Aus der gewählten Strategie ergibt sich auch zu großen Teilen die relevante Zielgruppe des Commerce-Anbieters. Während bei Druckerzubehoer.de vorwiegend preisbewusste Kunden und eventuell Unternehmen als Käufer auftreten, sind die Zielgruppen bei Amazon heterogener und somit ist eine konkrete Zielgruppenbestimmung erheblich schwieriger.

„Long Tail"

Ein mit dem Web 2.0 beziehungsweise Social Media und dem Leistungsangebot von Commerce-Geschäftsmodellen immer häufiger in Verbindung gebrachtes Phänomen ist der „Long Tail".[85] Der „Long Tail" beschreibt, dass durch das Internet und insbesondere die Entwicklungen im Rahmen des Web 2.0 beziehungsweise Social Media Nischenprodukte einer breiten Masse von Interessenten angeboten werden können und damit klassische Leistungsangebotsmodelle in Frage gestellt werden.[86] So können möglicherweise verschiedene Nischenprodukte, insbesondere im Buch- und Musiksegment, sogar mehr Umsatz im Internet erreichen als einzelne Bestseller von Mainstream-Akteuren.[87]

Angebotspräsentation

Sind Segment, Sortiment und Zielgruppen definiert, muss im nächsten Schritt der Wertschöpfungskette das Leistungsangebot den Zielgruppen präsentiert werden. In diesem Zusammenhang ist die Shopgestaltung besonders wichtig, um im Internet erfolgreich zu sein. Zu einem erfolgreichen, digitalen Shop-Design müssen dabei insgesamt die Aspekte Produktwahrnehmung, Servicequalität, Einkaufserlebnis und Kundenrisiko berücksichtigt werden.[88]

[85] Vgl. Anderson (2011), S. 17 ff.

[86] Vgl. Wirtz/Ullrich (2008), S. 24 f.

[87] Vgl. Anderson (2011), S. 69 ff.

[88] Vgl. Liang/Lai (2002), S. 432; Turban/Pollard/Wood (2021), S. 297 ff.

Die Produktwahrnehmung hängt in einem hohen Maße von der Warenpräsentation im Internet ab. Zwingend notwendig ist in diesem Zusammenhang letztlich, dass die Warenpräsentation in einer für den Kunden ansprechenden Qualität vorgenommen wird und die Produktdetails sowie der Preis einheitlich und übersichtlich dargestellt werden.

Die Qualität der Warenpräsentation führt zur wichtigen Servicequalität bei der Angebotspräsentation. Dabei ist neben der Bedienungsfreundlichkeit und der Reaktionszeit der Webseite ebenso ein einfacher Kaufprozess zu nennen, der Kunden das Einkaufen erleichtert und die Wiederverkaufschancen erhöht.

Kauferlebnis

Die erneute Nutzung eines Commerce-Angebots hängt auch von dem Kauferlebnis selbst ab. Commerce-Anbieter müssen demnach verstärkt eine Erlebnisgestaltung mit in die Angebotspräsentation einbinden. So ist beispielsweise die Kaufpreisverhandlung auf eBay für viele Nutzer ein besonderes Erlebnis, da aktiv der Preis beeinflusst werden kann und die Auktion als aufregend empfunden wird. Andere Anbieter im Internet setzen bewusst auf die multimediale Erlebniswelt und binden Produktvideos und Feedback-Systeme in die Angebotsgestaltung mit ein, um dem potenziellen Käufer ein Erlebnis über den reinen Kauf hinweg anzubieten.

Auch die allgemeine Sicherheit beziehungsweise die konkrete Risikominimierung für den Kunden ist im Internet ein besonders wichtiger Aspekt im Rahmen der Angebotspräsentation. Hier ist neben einer positiven Reputation, die allerdings nur sehr wenige Unternehmen im Internet erreichen, insbesondere die Zertifizierung des Commerce-Angebots von Bedeutung, um als vertrauensvoller Anbieter anerkannt zu werden.

Marketing/Transaktionsanbahnung

Die Wertschöpfungsaktivität Marketing und Transaktionsanbahnung umfasst die durch das Web 2.0 beziehungsweise Social Media immer wichtiger gewordene Vernetzung, den Aufbau und die Pflege von Marken sowie Elemente der Kundengewinnung und sonstiger Vertriebsförderung. Durch eine immer stärker werdende soziale Vernetzung zwischen Nutzern ändert sich auch maßgeblich deren Konsumverhalten.[89]

Dies muss von Commerce-Anbietern berücksichtigt werden, um adäquate Marketingmaßnahmen zu ergreifen. Im Rahmen des Web 2.0 beziehungsweise Social Media ist es wichtig, dass Kunden aktiv ihre Meinung zu Produkten und Service dem Commerce-Anbieter öffentlich mitteilen können. Durch positive Kauferlebnisse und öffentliche Kundenmeinungen wird ein Referral Marketing initiiert.[90] Dies geschieht, da Internetnutzer häufig ihr Kaufverhalten an den Meinungen anderer Nutzer orientieren anstatt auf Unternehmenswerbung zu vertrauen.

---

[89] Vgl. Enderle/Wirtz (2008), S. 39.

[90] Vgl. Riegner (2007), S. 436 ff.; Villanueva/Yoo/Hanssens (2008), S. 48 ff.

Marken und Individualisierung

Ähnlich verhält es sich bei der Verwendung von Marken. Marken sind auch im Commerce-Bereich von besonderer Bedeutung, da sie Reputationseffekte erzeugen und Vertrauen schaffen, um auf diese Weise Kunden zu akquirieren. Bei Commerce-Anbietern sind in diesem Zusammenhang sowohl die eigenen als auch die vertriebenen Marken von Bedeutung.

Ein weiterer Aspekt im Rahmen der Commerce-Anbieter ist die Produktbündelung und die Individualisierung von Angeboten.[91] Dabei kann ein Commerce-Anbieter im Rahmen des Marketing und Vertriebs versuchen, die spezifischen Wünsche der Kunden durch Data Mining aufzudecken und darauf aufbauend konkrete, individualisierte Bündelangebote offerieren.

Geschäftsabschluss und Preisfindung

Sind Nutzer auf die Commerce-Plattform aufmerksam geworden und wollen eine Transaktion durchführen, kommt der nächste Wertschöpfungsprozess, der Geschäftsabschluss und die Preisfindung, zum Tragen. Dieser umfasst im Commerce-Geschäftsmodell beispielsweise die Schaffung der Möglichkeit, Willenserklärungen der Anbieter und Nachfrager zusammen zu führen, damit ein rechtskräftiger Vertrag entsteht.

Bei eBay können Käufer und Verkäufer zum Beispiel plattformunabhängig ihre Zahlung untereinander abwickeln oder das in die Plattform integrierte Online-Bezahlsystem PayPal nutzen. Um den geschlossenen Kaufvertrag zu erfüllen, muss der Commerce-Anbieter die Distribution der Ware vornehmen beziehungsweise vornehmen lassen. Bei digitalen Waren könnte dies beispielsweise durch personalisierte Zugangsdaten zu geschützten Bereichen eines Internetangebots oder Produktfreischaltcodes für Software erfolgen.

Bei der Lieferung physischer Waren muss die Verfügbarkeit der Waren und deren physische Auslieferung organisiert und verantwortet werden. Im Falle einer reinen Anbahnungs- und Verhandlungsleistung ist die Distribution von dem beteiligten externen Anbieter zu übernehmen, wobei der Vermittler in diesem Kontext auch Garantieleistungen (wie bei Amazon) übernehmen kann.

After Sales

Der After-Sales-Bereich ist für Commerce-Anbieter besonders wichtig, da eine Kundenbindung im Internet schwierig zu realisieren ist.[92] Als wichtigstes Element im Rahmen des After-Sales-Bereichs ist das Data Mining zu sehen, da Unternehmen die Bedürfnisse ihrer Kunden analysieren und im besten Fall antizipieren können.

Ein Best-Practice-Beispiel liefert in diesem Zusammenhang Amazon, das mit den personalisierten Produktempfehlungen die Kundenwünsche auf deren Kaufhistorie zurück-

[91] Vgl. Wirtz (2016a), S. 82.

[92] Vgl. Wirtz/Lihotzky (2003), S. 517 ff.

führt. Dabei werden bevorzugte Genren der Kunden oder nur die letzten betrachteten Artikel wiederholt eingeblendet, um den Nutzer zum Kauf zu animieren. Weiterhin besteht auch die Möglichkeit, Rabattaktionen und Anreize für gute Kunden zu platzieren, um das Wiederkaufverhalten zu beeinflussen.

13.3.2 Core Assets und Kernkompetenzen

Als Core Assets der Commerce-Anbieter sind neben dem Kundenstamm beziehungsweise -netzwerk die Kundendaten, die Vertriebs- und die technische Infrastruktur zu nennen, welche dazu beitragen langfristig im Internet erfolgreich zu sein.

Kundenstamm

Die Attraktivität eines Online-Marktplatzes für kommerzielle Partner ergibt sich aus der Anzahl der Besucher und damit dem potenziellen Kundenstamm des Marktplatzes. Je mehr potenzielle Kunden auf einer Commerce-Plattform registriert sind und diese regelmäßig nutzen, desto größer ist die Kaufwahrscheinlichkeit bei den jeweiligen Anbietern.

In diesem Zusammenhang kann von einem Core Asset des Commerce-Anbieters gesprochen werden, wenn der Kundenstamm eine kritische Größe erreicht hat und damit die Attraktivität für Anbieter steigt. Diese kritische Größe eines Kundenstamms hängt maßgeblich mit dem Netzwerk der Kunden zusammen.

Kundennetzwerke

Durch die permanente Verlinkung und kollektive Meinungsbildung der Nutzer im Web 2.0 beziehungsweise Social Media werden Einkaufserlebnisse oder die Servicequalität verstärkt öffentlich und darüber hinaus können Netzwerkeffekte angestoßen werden. Im Fall von positiven Rückkopplungen des Kundenstamms kann davon ausgegangen werden, dass die Nutzerzahl und damit die potenzielle Kundengemeinschaft einer Commerce-Plattform steigt. Starke eigene Marken oder zum Verkauf angebotene Marken können diesen Core Asset weiter unterstützen.

Kundendaten

Der Kundendatenbestand ist im Rahmen von Commerce-Anbietern einer der wesentlichen Core Assets.[93] Mittels Data-Mining-Verfahren können aus umfangreichen Datenbeständen ökonomisch verwertbare Strukturen, Muster und Zusammenhänge effizient aufgedeckt werden. Diese so gewonnenen Informationen können entweder verkauft oder für firmeneigene Zwecke des Kundenbeziehungsmanagement verwendet werden.[94]

---

[93] Vgl. Chaffey/Hemphill/Edmundson-Bird (2019), S. 376 f.

[94] Vgl. Wirtz (2002), S. 45.

Insbesondere die bereits angesprochene firmeninterne Verwendung zur individualisierten Angebotsunterbreitung stellt ein erheblichen Core Asset dar. Unternehmen, die Cross- und Up-Selling-Potenziale (Verkauf von ergänzenden oder hochwertigeren Produkten) beim Kunden frühzeitig erkennen, können im Marketing und Vertrieb gezielt darauf eingehen und die Verkaufschancen erhöhen.[95]

Vertriebsinfrastruktur

Schließlich sind auch die Vertriebsinfrastrukturen, etwa ein gemeinsames Bezahlsystem des Marktplatzes oder abgestimmte marktplatzübergreifende Werbemaßnahmen für die Entwicklung von Core Assets eines digitalen Commerce-Anbieters von Bedeutung.

Dies kann wiederum zu einer höheren Servicequalität und damit zu einem größeren Kundenstamm führen. Weiterhin soll die Vertriebsinfrastruktur neben der Transaktionsabwicklung auch eine zügige und zuverlässige Distribution der Produkte gewährleisten. Auch hier ist ein Core Asset der Commerce-Anbieter, eine reibungslose physische Distribution zu ermöglichen und durch langfristige Abkommen mit Logistikdienstleistern die Distributionskosten zu minimieren. Eine Alternative zu externen Dienstleistern ist der Aufbau einer eigenen Vertriebsinfrastruktur. Dies kann ein Core Asset darstellen, falls damit ein Wettbewerbsvorteil erzielt wird.

Ein Beispiel hierzu ist das Angebot von Amazon. Der Onlinehändler verfügt über ein eigenes deutschlandweites Vertriebssystem, in einigen deutschen Städten ist zudem für Amazon-Prime-Kunden das Angebot Amazon Fresh verfügbar. Hier können Lebensmittel, Produkte des täglichen Bedarfs sowie Elektronikartikel online bestellt werden und innerhalb eines vom Kunden gewählten Ein- bis Zwei-Stunden-Fensters am selben oder folgenden Tag liefert Amazon die Bestellung.[96]

Technische Infrastruktur

Ebenfalls ein Core Asset ist die technische Infrastruktur aus Hard- und Software der Commerce-Plattform, die dazu dient, den offerierten Service in erforderlicher Zuverlässigkeit anbieten zu können. Die technische Infrastruktur ist grundsätzlich ein erwerb- und kopierbares Gut und somit nicht uneingeschränkt Garant für einen nachhaltigen Wettbewerbsvorteil. In der erforderlichen Leistungsfähigkeit, Konfiguration und Entwicklungsstufe ist jedoch auch ein spezifisches, technisches System, inklusive der Personen, die für Betrieb, Wartung und Weiterentwicklung verantwortlich sind, nicht pfadunabhängig und somit auch als Core Asset anzusehen.

Zur Veranschaulichung dient beispielsweise die Handelsplattform der Firma eBay. Würde man Quellcode und Server kaufen, wäre der kurzfristige Betrieb zwar möglich, die Pflege oder gar Weiterentwicklung ohne die Programmierer und ihre Erfahrung mit diesem System jedoch mit erheblichen Schwierigkeiten behaftet.

---

[95] Vgl. Wirtz/Olderog (2000), S. 32.

[96] Vgl. Amazon (2022).

Die technische Infrastruktur ist auch für die Abwickler von Transaktionen ein entscheidender Punkt. Besonders bedeutend ist in diesem Kontext die Gewährleistung einer zuverlässigen und sicheren Transaktionsabwicklung. Vertrauen in die Seriosität der Marktakteure ist für alle Beteiligten, Plattformbetreiber ebenso wie Anbieter und Nachfrager, ein wesentlicher Faktor.[97] Ein besonders risikominimierender Teil der Transaktionsabwicklung ist der Bereich der Zahlungsabwicklung. Transparente Richtlinien und Abläufe sind dafür ebenso wichtig wie eine zuverlässige technische Verfügbarkeit und Schutz gegen Missbrauch.

Kernkompetenzen im Commerce-Geschäftsmodell

Die erfolgreiche Nutzung, Kombination und Entwicklung der Core Assets erfordert Kernkompetenzen. Commerce-Anbieter sollten insbesondere Kompetenzen in der Sortimentsgestaltung, Bündelung von Angeboten, der Erlebnisgestaltung sowie zum Aufbau und Betrieb der technischen Infrastruktur besitzen. Wie grundsätzlich für die anderen Geschäftsmodelle gilt insbesondere auch für den Bereich Commerce die Notwendigkeit, ein effizientes Kundendatenmanagement zu betreiben.

Sortimentsgestaltung

Die Sortimentsgestaltungskompetenz bezeichnet die Fähigkeit, die relevanten Produkte und Dienstleistungen für den Kunden attraktiv zu präsentieren und zu konkurrenzfähigen Preisen anzubieten. Diese Fähigkeit eines Commerce-Anbieters ist maßgeblich für die Etablierung und den Ausbau eines kritischen Kundenstamms, da die Wechselkosten zwischen Anbietern im Internet besonders gering sind und Kunden demnach sehr preis- und serviceorientiert auftreten.

Nur durch ein effizientes Preisbenchmarking mit den direkten Konkurrenten oder aber kaufrelevante Anreize, zum Beispiel Rabatte oder besondere Serviceleistungen, kann es gelingen, den Kundenstamm im Commerce-Bereich zu halten.

Ein Beispiel hierfür ist das Programm von Amazon Prime, das dem Kunden exklusiv gratis Premiumversand, unbegrenztes Streaming mit Prime Video und über einhundert Millionen Songs mit Amazon Music bereitstellt. Kunden von Amazon Prime kaufen überwiegend mehrmals im Monat und nutzen verstärkt Amazon Hardware, wie den Kindle eBook Reader oder Fire TV. Außerdem kann Amazon hierüber besonders junge Zielgruppen ansprechen.

Bündelungskompetenz

Eine mit diesem Punkt sehr eng verbundene Fähigkeit stellt die Bündelungskompetenz dar. Insgesamt kann in diesem Zusammenhang von einer zusätzlichen Serviceleistung für den Kunden gesprochen werden, wenn der Commerce-Anbieter auf Basis der historischen Konsumentendaten Vorschläge für komplementäre Produkte unterbreitet. Auch das Angebot ähnlicher Produkte beziehungsweise die Nutzung von Cross- oder Up-Selling-Potenzialen wird zu dieser Fähigkeit gerechnet. Neben der Konzeption von Produktbündeln ist im Internet auch die Preisbündelung im Commerce-Bereich von besonderer Bedeutung.

[97] Vgl. Turban et al. (2018), S. 83.

Erlebnisgestaltung

Die Fähigkeit zur Erlebnisgestaltung ist angesichts der zunehmenden Erlebnisorientierung der Konsumenten ebenfalls eine Kernkompetenz. Dies kann zum Beispiel durch eine spezielle Gestaltung des Online Shops oder durch die zuvor genannte Aggregation verschiedener Leistungsangebote geschehen.

Dazu können die speziellen Eigenschaften des Internets gezielt eingesetzt werden, etwa durch multimediale Inhalte, wie Bilder, Musik oder Videosequenzen. Im Weiteren kann durch ein Zugehörigkeits- und Gemeinschaftsgefühl, durch die Einbindung der Akteure und anderer Nutzer in das Plattformangebot, eine Identifizierung mit der Plattform erfolgen und somit ein Lock-in-Effekt geschaffen werden.[98]

Aufbau und Betrieb der technischen Infrastruktur

Für einen Commerce-Anbieter ist die Fähigkeit von Bedeutung, die vorhandene technische Infrastruktur effizient zu managen. In diesem Zusammenhang kann sowohl die Hard- als auch die verwendete Software zur technischen Infrastruktur gerechnet werden.

Durch den simultanen Zugriff verschiedener Anspruchsgruppen auf das Commerce-Angebot muss der Anbieter sicherstellen, dass die verwendete Technologie einwandfrei funktioniert. Die verwendete Software muss darüber hinaus ein fehlerfreies und zur Angebotserstellung intuitives Datenmanagement für mögliche externe Anbieter ermöglichen. Abb. 13.19 fasst die dargestellten Core Assets und Kernkompetenzen von Commerce-Anbietern zusammen.

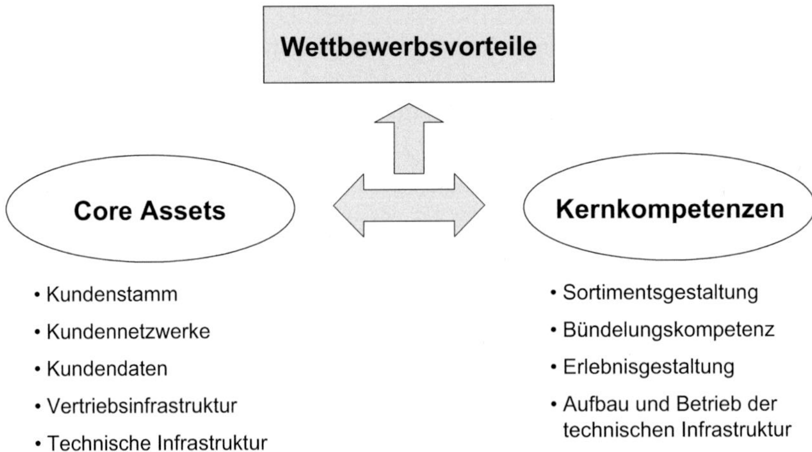

Abb. 13.19 Core Assets und Kernkompetenzen von Commerce-Anbietern. (Vgl. Wirtz (2010b), S. 260; Wirtz (2020), S. 521; Wirtz (2021b), S. 345)

[98] Vgl. Wirtz/Ullrich (2008), S. 25.

13.3.3 Leistungsangebote

Im Folgenden steht nun die Darstellung der Leistungsangebote der Commerce-Geschäftsmodellvarianten E-Attraction, E-Bargaining, E-Negotiation, E-Transaction sowie E-Tailing im Mittelpunkt der Betrachtung. Dabei kommt dem Leistungsangebot E-Tailing eine Querschnittsfunktion zu. Bei den Erläuterungen wird jeweils auf die Charakteristika und Besonderheiten der einzelnen Geschäftsmodellvarianten eingegangen und es werden Beispiele zu deren Veranschaulichung gegeben.

13.3.3.1 E-Attraction

Die Anbahnung von Transaktionen ist der Kern des Leistungsangebots E-Attraction. In diesem Zusammenhang ist insbesondere das Design, die Vermarktung und Vermittlung von Werbeflächen im Internet eine wichtige Aufgabe der E-Attraction-Anbieter.

Kontextbezogene Bannerschaltung

Dynamische, kontextbezogene Werbung liefert beispielsweise der Dienst Google AdSense. Dieser nutzt dabei seine leistungsfähige Suchtechnik, die im Sinne einer Semantic Webtechnologie Texte maschinell auszuwerten versucht. AdSense durchsucht Content von Seiten, auf denen die Werbung platziert werden soll und stellt automatisiert Anzeigen bereit, die für die Zielgruppe anhand des ermittelten Inhalts der Webseite potenziell relevant sind.

Ein ähnliches Verfahren bietet Google für Suchergebnisseiten, bei dem die Anzeigen im Kontext der Suchbegriffe ausgewählt werden. Abb. 13.20 zeigt das Beispiel einer Recherche bei Google nach dem Suchbegriff „Smartphone“. Die Recherchetreffer werden durch Anzeigen ergänzt, die auf den Suchbegriff „Smartphone“ abgestimmt sind. Die erscheinenden Anzeigen variieren, wenn man die Suchanfrage wiederholt.

Marktplatzbetreiber

Marktplatzbetreiber generieren Erlöse hauptsächlich durch die Handelsspanne oder Provisionen von den Anbietern für die über ihre Plattform gehandelten Waren (Pay-per-Transaction) und eventuell eine Grundgebühr für eingestellte Waren.

Weiterhin kommen Werbebanner und Links zu den Homepages der Hersteller von angebotenen Produkten in Frage, wobei der Shopping-Mall-Betreiber pro weitergeleiteten Kunden auf die Homepage eines Herstellers eine Gebühr verlangen kann (Pay-per-Click). Darüber hinaus lassen sich Data-Mining-Erlöse aufgrund der Tatsache realisieren, dass die Unternehmen Nutzer- und Kundenprofile auf Grundlage der mit ihnen getätigten Transaktionen generieren können.

13.3.3.2 E-Bargaining/E-Negotiation

Die Geschäftsmodellvariante E-Bargaining/E-Negotiation fokussiert auf die Aushandlung der Geschäftsbedingungen. Bei gegebenem Produkt oder gegebener Dienstleistung blei-

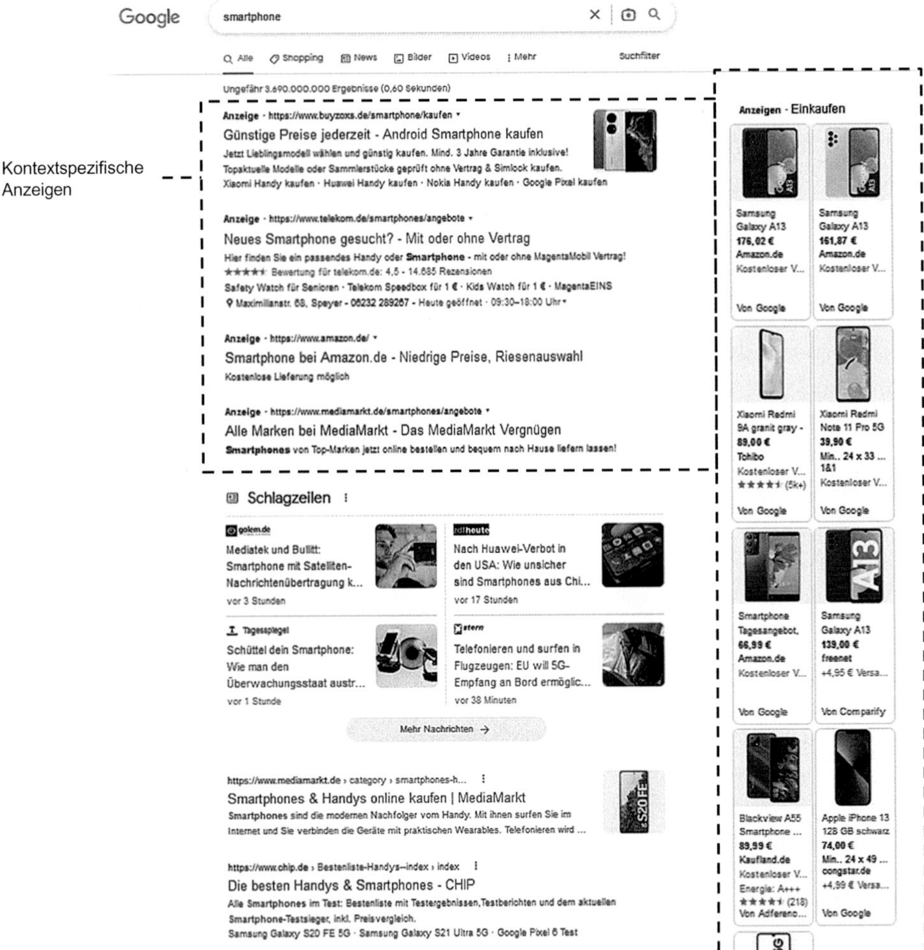

Abb. 13.20 Beispiel kontextbezogener Werbeanzeigen von Google. (In Anlehnung an Google (2022e))

ben als wichtige, zu verhandelnde Parameter oft nur der Preis beziehungsweise die Einkaufskonditionen. Wesentliche Pricing Services sind Auktionen (Auction) und die Suche nach der preiswertesten Ware beziehungsweise Dienstleistung (Price Seeking).

Auction

Der seit dem Erfolg des Internetauktionshauses eBay wohl bekannteste Pricing-Service der Geschäftsmodellvariante E-Bargaining/E-Negotiation ist die Auktion. Ein wichtiger Vorteil von Auktionen besteht darin, dass sie einen standardisierten Mechanismus bieten, der Angebot und Nachfrage auf einem Markt zentral sichtbar macht. Die Folge ist eine Erhöhung der Markttransparenz.

Tab. 13.5 Formen von Auktionen. (Vgl. Wirtz (2010b), S. 264; Wirtz (2020), S. 524; Wirtz (2021b), S. 347)

		Verkäufer	
		einer	viele
Käufer	einer	Nicht zutreffend	Umgekehrte Auktion (Reverse Auction)
	viele	Aufsteigende oder absteigende Auktion (Forward Auction)	Zweiseitige Auktion (Double Auction)

Darüber hinaus sind Auktionen geeignet, eine große Anzahl von Bietern anzuziehen. Sie stellen somit einen zusätzlichen Distributionskanal dar, der zum Teil neue Kundenschichten erreichen kann. Dabei lassen sich drei grundsätzliche Arten von Auktionen anhand der jeweils auf Käufer- und Verkäuferseite auftretenden Personen unterscheiden. Diese sind in Tab. 13.5 dargestellt.

Insgesamt sind von den dargestellten Auktionsformen nur drei als Auktionen im eigentlichen Sinne zu verstehen. Im Fall, dass mangels Alternativen nur ein Verkäufer auf einen Nachfrager trifft, entscheidet deren jeweilige Marktmacht über den Preis und es findet keine Auktion im eigentlichen Sinne statt. Diese Konstellation spielt im Internet kaum eine Rolle, da in der Regel viele potenzielle Nachfrager oder Anbieter als Alternative zur Verfügung stehen.

Der Regelfall bei Online-Auktionen ist die normale Auktion, bei der einem Anbieter viele potenzielle Nachfrager gegenüberstehen. Der Zuschlag kann auf zwei Arten erteilt werden: Im Falle der aufsteigenden Auktion geben die Nachfrager Gebote ab und am Ende der Laufzeit der Auktion erhält der Bieter mit dem höchsten Gebot den Zuschlag (englische Auktion). Bei der absteigenden Auktion sinkt in bestimmten Intervallen der Verkaufspreis, bis der erste Nachfrager zu diesem Preis ein Gebot abgibt (holländische Auktion). Bei eBay beispielsweise ist die englische Auktion das übliche Auktionsverfahren.

Die umgekehrte Auktion (Reverse Auction) lässt sich am Beispiel der Ausschreibung eines Auftrages verdeutlichen: Die nachgefragte Leistung wird umschrieben und die Anbieter geben Gebote ab, zu welchem Preis sie diese Leistung erbringen würden. Ohne Berücksichtigung sonstiger Faktoren gewinnt hier das niedrigste Gebot den Zuschlag. Als ein prominentes Beispiel kann der Internetdienst My-hammer.de angeführt werden. Auf der Plattform werden Handwerkeraufträge ausgeschrieben, die dann von teilnehmenden Handwerkern mit Angeboten versehen werden.

Das beste Beispiel für zweiseitige Auktionen (Double Auction), bei der viele Anbieter auf viele Nachfrager treffen, ist die Bildung von Aktienkursen an der Börse, die heute im Wesentlichen über elektronische Handelsplattformen abgewickelt werden. Das Internet ermöglicht hierbei eine sehr zeitnahe Information und Teilnahme am Markt für private sowie für institutionelle Investoren.

Price Seeking

Eine andere Geschäftsmodellvariante im Bereich E-Bargaining/E-Negotiation ist das Price Seeking. Beim Price Seeking gibt der Kunde ein von ihm gewünschtes Produkt vor. Anschließend ermittelt das Unternehmen das preiswerteste Angebot zum gewählten Produkt. Beispiele für diese Geschäftsmodellvariante sind die deutsche Seite Guenstiger.de sowie die US-amerikanische Seite PriceGrabber.com.

Guenstiger.de vergleicht die Preise von Händlern, die sich zuvor registriert haben und zertifiziert worden sind. Kriterien für eine Zertifizierung sind dabei unter anderem ein aktuelles Impressum, ein gültiger Gewerbeschein sowie guter Kundenservice. Auch Nutzer-Meinungen und Händler-Bewertungen auf der eigenen Seite werden von Guenstiger.de überwacht, um keine gefälschten Rezensionen zuzulassen.[99] Dieses Vorgehen von Guenstiger.de stellt ein typisches Beispiel für die beschriebenen Core Assets und Kernkompetenzen eines Commerce-Anbieters dar.

E-Bargaining-/E-Negotiation-Anbieter im Bereich Price Seeking finanzieren sich aus Werbung und durch transaktionsgebundene Händlerprovisionen. In vielen Fällen kommt es auf die jeweilige Marktmacht des E-Bargaining-/E-Negotiation-Anbieters an, wie hoch dieser die transaktionsabhängigen Provisionen ausgestalten kann. Dabei lässt sich, wie bei dem E-Attraction-Anbieter, ebenfalls zwischen einer Pay-per-Transaction- oder Pay-per-Click-Abrechnung unterscheiden. Im Rahmen der Auktionsanbieter ergeben sich die Erlöse hingegen im Wesentlichen aus transaktionsabhängigen Gebühren der Nutzer. Werbeerlöse machen nur einen marginalen Anteil der Umsätze aus.

13.3.3.3 E-Transaction

Die Geschäftsmodellvariante E-Transaction widmet sich der Abwicklung von Transaktionen im Internet. E-Transaction kann differenziert werden in Zahlungsabwicklung (Payment) und Auslieferung (Delivery).

Payment

Ein Zahlungssystem speziell für Internettransaktionen ist beispielsweise PayPal. Hiermit ist sowohl der Versand als auch der Empfang von Geld für Internetnutzer auf mehr als 200 Märkten und in mehr als 100 Währungen möglich.[100] Die Nutzer müssen sich dazu in einem ersten Schritt registrieren, um ein PayPal-Konto zu erhalten.

Die Nutzer beziehungsweise Käufer im Internet können anschließend entweder durch zuvor aufgeladenes Guthaben vom Konto bezahlen oder ihre Registrierungsdaten nutzen, um Zahlungen per Lastschrift, Kreditkarte oder Überweisung vorzunehmen. Das Geld wird dem teilnehmenden Händler wiederum auf dessen PayPal-Konto gutgeschrieben.

---

[99] Vgl. Guenstiger.de GmbH (2022).

[100] Vgl. PayPal (2022).

Das System bietet dem Käufer in mehreren Punkten Sicherheit: Grundsätzlich werden keine Bankverbindungs- oder Kreditkartendaten zwischen Käufer und Verkäufer ausgetauscht, sondern jeweils nur mit PayPal. Wird PayPal für Transaktionen verwendet, bietet das System einen sogenannten Käuferschutz. Dieser greift wenn Ware nicht versendet wird oder wesentlich von der Artikelbeschreibung abweicht. Sollte sich dies nach Prüfung bestätigen, wird der Kaufpreis zurückerstattet.

Eine auch in Deutschland immer beliebtere Variante der Zahlungsabwicklung stellt das Mobile Payment via Smartphone dar. So bieten beispielsweise Apple Pay, Google Pay, die PayPal App, Payback Pay und Samsung Pay Mobile-Payment-Lösungen. Diese nutzen als technische Grundlage zumeist NFC-Technologie, aber auch andere Lösungen, wie das Abscannen eines QR-Codes an der Supermarktkasse kommen zum Einsatz.

Delivery

Neben der Zahlungsabwicklung ist auch die Auslieferung (Delivery) zur Geschäftsmodellvariante E-Transaction zu rechnen. Bei informationsbasierten Produkten, wie beispielsweise Software, kann die Distribution direkt über das Internet erfolgen. Gegenüber monolithischen Serverstrukturen weisen Peer-to-Peer-Netzwerke technische Vorteile auf, wenn eine große Anzahl Nutzer umfangreiche Dateien, etwa Filme, herunterladen oder streamen.

Physische Produkte müssen weiterhin auf traditionellem Wege zum Kunden transportiert werden. Sofern nicht eigene Distributionskapazitäten der Hersteller beziehungsweise Händler genutzt werden, erfolgt die Übernahme der Transportdienstleistungen durch externe Dienstleister, wie zum Beispiel DHL oder United Parcel Service (UPS).

13.3.3.4 E-Tailing

Electronic Retailing (auch E-Tailing) umfasst den gesamten Prozess der Anbahnung, Verhandlung und Abwicklung von Transaktionen mit Konsumenten über das Internet. Online Retailer bieten daher oftmals ein integriertes Angebot mehrerer Commerce-Leistungen – von der Darbietung des Angebots bis hin zur Abwicklung der monetären und physischen Transaktionen. Einige der großen Online Retailer gehen inzwischen sogar dazu über, E-Bargaining-Angebote aufzunehmen.

Als Beispiel für einen erfolgreichen Online Retailer kann Amazon genannt werden. Nachdem von den verschiedenen Herstellern die Produkte oder Dienstleistungen angeliefert wurden, werden sie gesammelt und systematisiert dem Kunden präsentiert. Eingehende Kundenbestellungen werden entgegengenommen. Nach erfolgter Bezahlung werden die Bestellungen intern weitergeleitet und die Produkte verpackt und verschickt.

Auch eher traditionelle Unternehmen gehen vermehrt dazu über, Commerce-Plattformen im Internet zu etablieren. Unter Adressen wie Tchibo.de finden Käufer das aus dem klassischen Einzelhandel bekannte Angebot der Anbieter mit der Möglichkeit des direkten Einkaufs im Internet.

Geeignete Güter für den Online-Vertrieb

Potenziell besonders geeignet für den Vertrieb über das Internet sind Güter mit folgenden Eigenschaften: hoher Markenwert, zum Beispiel durch hohen Wiedererkennungswert der eigenen Marke oder durch Garantien von vertrauenswürdiger Seite; digitale Güter (Software, Musik); eher geringwertige sowie regelmäßig erworbene und standardisierte Güter (zum Beispiel Büromaterialien, Bücher), die eine physische Begutachtung vor dem Kauf entbehrlich machen.[101] Gleiches gilt für Güter in Standardverpackungen, die aus dem klassischen Einzelhandel bekannt sind und auch dort in der Regel nicht geöffnet und inspiziert werden.

13.3.4 Fallbeispiel Commerce: eBay

eBay ist die erfolgreichste Online-Plattform für Auktionen im Internet und gilt außerdem als eine der ersten Web 2.0-Anwendungen überhaupt. Das Auktionshaus ist in erster Linie das Produkt der gemeinsamen Aktivitäten seiner Nutzer, die auf dem digitalen Marktplatz Artikel käuflich erwerben und verkaufen können.

Das US-amerikanische Unternehmen eBay Inc. wurde im September 1995 von Pierre Omidyar in San José, Kalifornien, gegründet. Ursprünglich unter dem Namen AuctionWeb bekannt, hat die amerikanische eBay Inc. im Sommer 1999 die deutsche Internetauktionsplattform Alando für rund 50 Mio. US-Dollar gekauft.[102] Seitdem setzt sich der Expansionskurs von eBay kontinuierlich fort. So erwarb die eBay Inc. beispielsweise 2002 den Internetzahlungsdienstleister PayPal, der im Jahr 2015 von eBay als eigenständiges und börsennotiertes Unternehmen abgespalten wurde, und 2004 das Immobilienportal Rent.com, welches im Jahr 2012 an Primedia verkauft wurde.

Ein Jahr später folgten der Kauf von Shopping.com und Skype, dessen Anteile eBay bis auf 30 % inzwischen ebenfalls wieder verkauft hat, sowie ein kontinuierlicher Ankauf von ausländischen Auktionsseiten. In Deutschland ist eBay durch die eBay GmbH mit Sitz in Dreilinden bei Berlin vertreten und beschäftigt an diesem Standort circa 1000 Mitarbeiter.[103] Für das gesamte Unternehmen arbeiten etwa 10.800 Mitarbeiter.[104]

Nutzerzahlen und Gewinnerzielung

Seit der Gründung hat sich eBay zu einem der größten Marktplätze für den Handel im Internet und zu einem profitablen Unternehmen entwickelt. Der nach eigenen Angaben umsatzstärkste Anbieter im Online Auktionsbereich verzeichnet weltweit circa 135 Mio.

---

[101] Vgl. Turban et al. (2018), S. 83.

[102] Vgl. Rickens/Werrres (2011).

[103] Vgl. eBay (2022f).

[104] Vgl. eBay (2022a), S. 9.

aktive Käufer.[105] Im Geschäftsjahr 2021 wurden Dienstleistungen und Waren von rund 87 Mrd. US-Dollar auf der Plattform umgesetzt. Damit erwirtschaftete eBay 2021 einen Umsatz von rund 10,42 Mrd. US-Dollar. Die eBay Inc. ist ein börsennotiertes Unternehmen, dessen Anteile an der New Yorker Technologiebörse Nasdaq notiert sind.[106]

Funktionen
Die Benutzeroberfläche der eBay-Webseite ist strukturiert und übersichtlich aufgebaut. Das Suchen und Finden von spezifischen Auktionsobjekten wird dem Nutzer durch diverse Filterkriterien erleichtert. Eine Systematik, in die Auktionsobjekte eingeordnet werden können, gibt eBay selbst vor. Nur so ist eine annähernd effiziente Suche für die Bieter bei oft mehr als 10.000 Auktionsobjekten möglich.

Nach der Eingabe eines bestimmten Suchbegriffs erscheint eine Auflistung von Auktionsangeboten, Angeboten zum Sofortkauf sowie Angeboten mit der Option des Preises auf Verhandlungsbasis. Alle Angebote sind in der Regel mit einem Produktbild und einer Kurzbeschreibung versehen.

Eine Ware auf der eBay-Webseite zu verkaufen oder zu kaufen funktioniert allerdings nur über eine formale, kostenlose Mitgliedschaft. Darüber hinaus wird dem Nutzer eine Vielzahl weiterer Funktionen geboten. So gibt es neben dem Login-Bereich und einem Kaufen-/Verkaufen-Modus eine spezielle Community-Seite mit weiteren Optionen, wie beispielsweise den eBay Newsroom, Themenwelten sowie Diskussions- und Hilfeforen.

Geschäftsmodel Commerce mit der Variante E-Bargaining/E-Negotiation
Das Geschäftsmodell von eBay beruht auf der Bereitstellung einer Online-Plattform für den An- und Verkauf von beliebigen Waren. Das Unternehmen tritt nicht selbst als Anbieter auf, sondern stellt lediglich die Infrastruktur als Plattform für Anbieter und Nachfrager zur Verfügung. Die Plattform fungiert dabei als Vermittler von Verkäufen und ist somit als Dienstleistung zu betrachten.

Das digitale Gut, das eBay bereitstellt, ist folglich die Nutzung der Auktions- und Verkaufstools, die im Zusammenspiel mit der Markenbekanntheit des digitalen Marktplatzes eine hohe Zahl an potenziellen Kunden generiert. Das Geschäftsmodell von eBay ist dem Commerce zuzuordnen. Diese Form des Geschäftsmodells beruht auf der Grundlage der Anbahnung, Aushandlung oder Abwicklung von Geschäftstransaktionen. Die Dienstleistungen im Rahmen des Commerce-Geschäftsmodells lassen sich in weitere Geschäftsmodellvarianten untergliedern, wobei eBay als Auktionsplattform vorwiegend der Variante des E-Bargaining/E-Negotiation zuzuordnen ist.

---

[105] Vgl. eBay (2022b).

[106] Vgl. eBay (2022a), S. 35.

Verkaufsmuster von eBay

Zunächst als reine C2C-Plattform gestartet, wurde eBay später auch für professionelle Verkäufer geöffnet und somit zu einer B2C-Plattform erweitert. Das Verkaufsmuster gliedert sich dabei in drei mögliche Varianten: Verkauf gegen Höchstgebot (Auktion), Verkauf zum Festpreis (Sofortkauf) oder Verkauf auf Verhandlungsbasis. Die klassische und meist genutzte Variante des Verkaufs bei eBay ist die Auktion. Dabei gibt der Anbieter einen Startpreis vor und eine Zeitspanne, bis wann auf die jeweilige Ware geboten werden kann.

Neben der Auktion haben sich bei eBay aber auch weitere Angebotsarten etabliert. So kann die klassische Auktion durch die kostenpflichtige Sofortkauf-Funktion ergänzt werden, die es dem Käufer ermöglicht, das Produkt zu einem Festpreis zu erwerben, ohne das Angebotsende abzuwarten.

Zunehmend werden Angebote, insbesondere von gewerblichen Anbietern, jedoch nicht mehr als Auktionen, sondern ausschließlich als Sofortkauf angeboten. Diese Angebotsart entspricht weitgehend dem klassischen Web Shop. Beim permanenten Angebot wird die Ware auf einer Webseite von eBay angeboten, dem sogenannten eBay-Shop, und kann dort ohne einen spezifischen Endtermin käuflich erworben werden. Teilweise wird auch der Verkauf auf Verhandlungsbasis angeboten.

Finanzierung

eBay finanziert sich vorwiegend über Verkäufergebühren. Darüber hinaus werden Umsätze aus Werbeschaltungen auf der eBay-Webseite erwirtschaftet. Bei der Preisbildung der Verkäufergebühren setzt eBay einen zweiteiligen Tarif ein, der sich in eine sogenannte Einstellgebühr und eine Provision aufteilt. So muss der Anbieter je nach gewähltem Auktionsformat eine Einstellgebühr entrichten, die nicht erstattungsfähig ist und sich nach dem Startpreis richtet. Für diese Einstellgebühr erhält der Verkäufer die Angebotsfläche auf dem eBay-Server.

Zusätzliche Einstelloptionen, wie beispielsweise eine optische Hervorhebung in den Suchergebnissen, eine exponierte Platzierung der Auktion oder das Einstellen von mehreren Bildern werden dabei mit zusätzlichen Kosten belegt, können aber im Gegenzug höhere Auktionspreise generieren.

Zum anderen verlangt eBay in Abhängigkeit vom erzielten Verkaufspreis bei privaten Verkäufen bis zu einer Höhe von 1990 Euro eine Provision von 11 % sowie gegebenenfalls 2 % für den Anteil des Gesamtbetrags über 1990 Euro.[107] Bei gewerblichen Verkäufern fällt eine Transaktionsgebühr von 0,35 Euro pro Verkauf an sowie eine Kategorie-abhängige Provision zwischen 5 und 14 %. Rabatte durch die Buchung eines eBay-Shops sind möglich.[108]

[107] Vgl. eBay (2022d).

[108] Vgl. eBay (2022c).

Für Käufer ist die Standard-Nutzung von eBay kostenlos, seit 2015 bietet eBay jedoch auch den Service „eBay Plus“ an. Dieser Premiumservice kostet 19,90 Euro im Jahr und beinhaltet den kostenlosen Versand und Rückversand für eine unbegrenzte Anzahl an Artikeln. Zudem kann der Nutzer für jeden auf eBay ausgegeben Euro Punkte sammeln und erhält besondere Angebote.[109] Abb. 13.21 stellt in vereinfachter Form das Geschäftsmodell von eBay exemplarisch dar.

Core Assets

Integraler Bestandteil des Geschäftsmodells von eBay und ein wesentliches Core Asset des Unternehmens ist die Online-Community beziehungsweise das breite Kundennetzwerk und der durch diverse Zusatzdienstleistungen verbundene große Kundenstamm. Dies beruht auf der Grundvision des Unternehmens, neben dem Online-Marktplatz auch eine Webgemeinschaft zu schaffen und zu fördern. Daher verfügte bereits der Vorläufer von eBay, AuctionWeb, über Foren und Message Boards.

Die Kundenbasis von eBay ist vor allem auf die verkäuferlastige Preisstruktur für die Nutzung der Plattform zurückzuführen. Zusätzliche vertrauensbildende Maßnahmen zwischen Käufern und Verkäufern, wie das interne Bewertungssystem, haben diese noch verstärkt. Damit wurde die Grundlage für den Erfolg dieses digitalen Marktplatzes geschaffen.

Kernkompetenzen

Die Masse der Nutzer ist das zentrale Argument für die Nutzung von eBay als Verkaufsplattform. Verkäufer akzeptieren die Transaktionskosten aufgrund der erhöhten Präsenz ihrer Angebote, die mit einem klassischen Webshop nur schwer zu erreichen wäre.

Die erfolgreiche Nutzung, Kombination und Entwicklung der Core Assets erfordert Kernkompetenzen. Diese liegen bei eBay vor allem in der Bereitstellung und dem Betrieb der technischen Infrastruktur, das heißt der reibungslosen Nutzung der Internetplattform sowie der breiten Sortimentsgestaltung, die durch die große Nutzerzahl begünstigt wird.

Ein von eBay erfolgreich umgesetztes und effizientes Kundendatenmanagement kann als weitere Kernkompetenz angesehen werden. In Abb. 13.22 sind zusammenfassend die strategische Ausrichtung sowie das Geschäftsmodell, das Leistungsspektrum und die Erfolgsfaktoren des Commerce-Anbieters eBay dargestellt.

---

[109] Vgl. eBay (2022e).

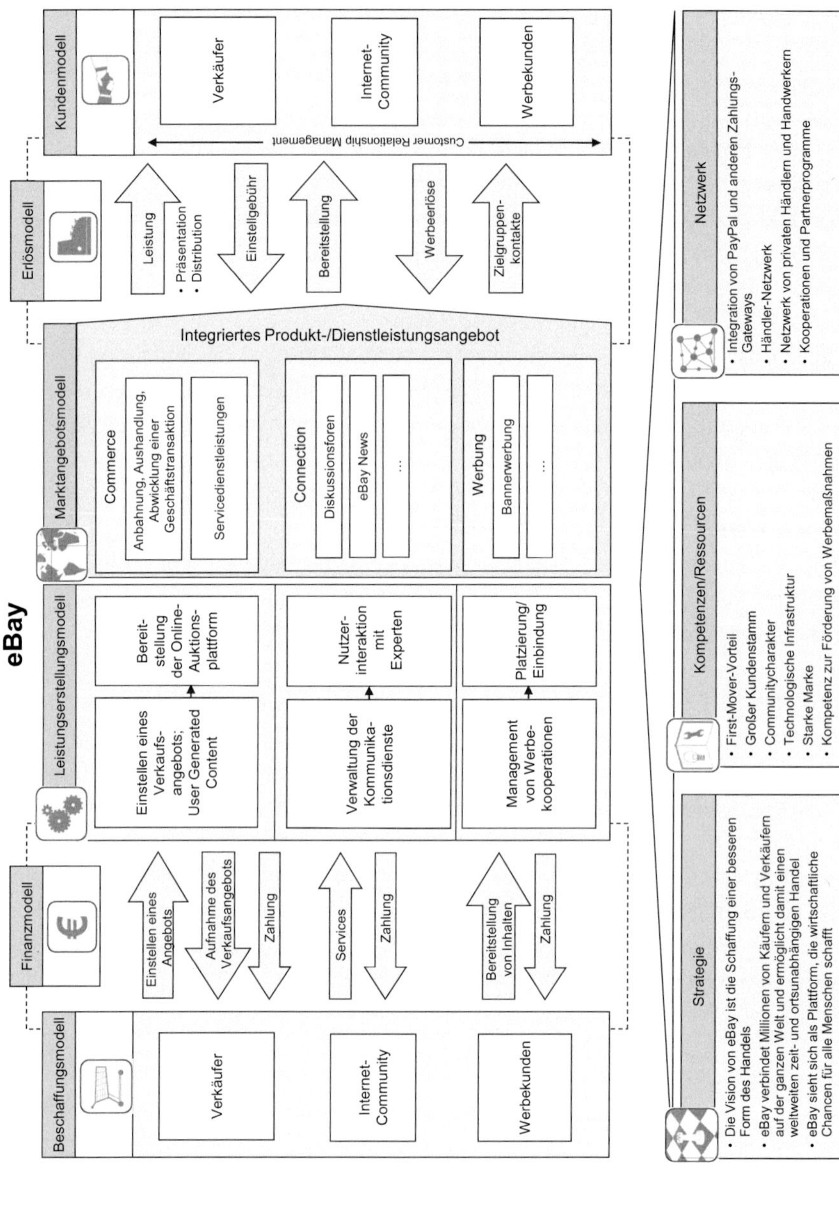

Abb. 13.21 Geschäftsmodell von eBay. (Vgl. Wirtz (2010b), S. 273; Wirtz (2020), S. 532; Wirtz (2021b), S. 690 sowie auf Basis eigener Analysen und Abschätzungen)

	Aspekte
Strategie	• Weltmarktführerschaft bei Online-Auktionsplattformen • Weitere Serviceleistungen rund um die Aushandlung und Abwicklung des Erwerbs einer Ware im Internet • Dominante intermediäre Stellung im C2C-Commerce
Geschäftsmodell	• Commerce-Aspekt: Anbahnung, Aushandlung und Abwicklung von Geschäftstransaktionen im Bereich der Online-Auktionen • Geschäftsmodellvariante: E-Bargaining/E-Negotiation
Leistungs-spektrum	• Bereitstellung einer Plattform zum Einstellen von Waren, die per Auktion, Sofort-Kauf oder auf Verhandlungsbasis käuflich erworben werden können • Community Features
Erfolgsfaktoren	• Breite Kundenbasis, hohe Nutzerzahl • Community Aspekt und weitreichende Community Features • Globale Präsenz und Skaleneffekte

Abb. 13.22 Strategische Ausrichtung von eBay. (Vgl. Wirtz (2010b), S. 274; Wirtz (2020), S. 534; Wirtz (2021b), S. 691)

13.4 Context

Der Fokus des Context-Geschäftsmodells stellt die Klassifikation und Systematisierung der im Internet verfügbaren Informationen dar. Diese Funktion lässt sich in die Kategorien Suchmaschinen (Digital Search), Webkataloge (Digital Catalogs) und letztlich Bookmarking-Dienste (Social Bookmarking) unterteilen. Abb. 13.23 stellt das Geschäftsmodell Context dar.

Die Nutzung der Context-Angebote ist dabei seit Jahren angestiegen, wobei Analysen zeigen, dass Google mit einem Marktanteil von circa 92,2 % weltweit täglich etwa 3,5 Mrd. Suchanfragen bearbeitet. Der Anteil der erstmalig gestellten Suchanfragen liegt dabei bei 15 %.[110]

Context-Anbieter im Digital Business zeichnen sich dadurch aus, dass sie nicht primär eigene Inhalte anbieten, sondern vielmehr als Navigationshilfen und zunehmend als Aggregatoren innerhalb des Internets agieren.[111] Folglich werden Context-Seiten häufig von

[110] Vgl. StatCounter (2022); Kunz (2019).

[111] Vgl. Wirtz/Kleineicken (2000), S. 632 f.

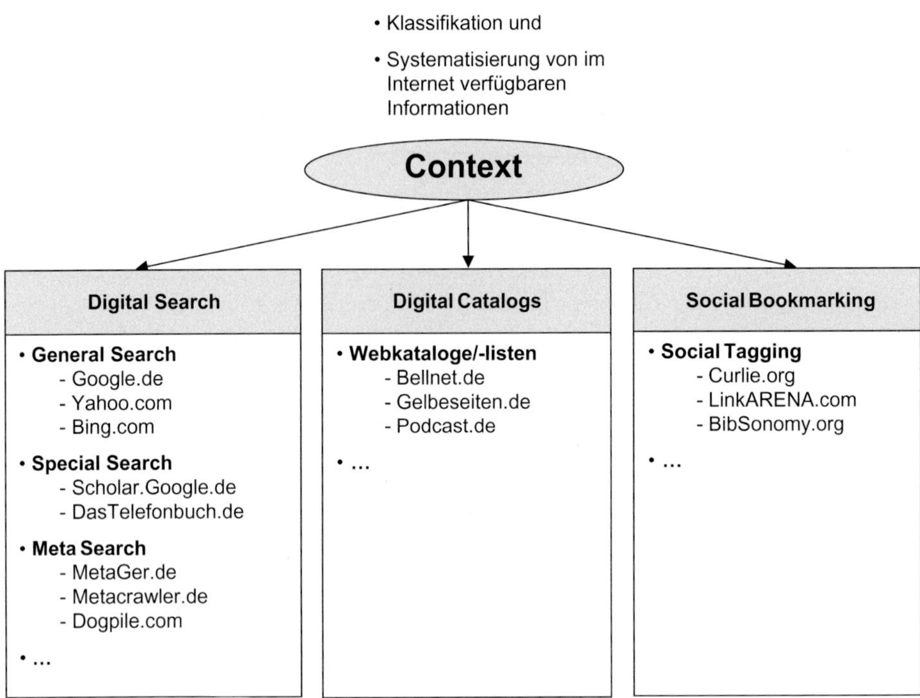

Abb. 13.23 Das Geschäftsmodell Context. (Vgl. Wirtz (2001), S. 243; Wirtz (2020), S. 535; Wirtz (2021b), S. 350)

Anwendern als Startseite eingesetzt, von der aus Informations-, Interaktions- sowie Transaktionsangebote anderer Anbieter abgerufen werden.[112]

Neben der im Internet unerlässlichen Navigationshilfe für den Nutzer ist auch die Komplexitätsreduktion eine maßgebliche Aufgabe der Context-Anbieter. Die Informationen werden vom Context-Anbieter kriterienspezifisch kompiliert und dem Nutzer übersichtlich und kontextspezifisch präsentiert. Ziel ist eine Verbesserung der Markttransparenz und eine kontinuierliche Ergebnisverbesserung der Suchanfragen.

Digital Search

Suchmaschinen im Internet werden durch das generelle Digital-Search-Geschäftsmodell dargestellt und können weiterhin in die Bereiche General Search, Special Search und Meta Search unterteilt werden. Die Grundfunktion einer Suchmaschine geht dabei auf das Information-Retrieval-System zurück. Suchanfragen gehen beim Search-Anbieter ein und liefern den indexierten Bestand der gesammelten Informationen nach Nutzungshäufigkeit der Suchtreffer angeordnet an den Informationsnachfrager. Dabei werden die gelieferten Informationen nur implizit über die Nutzungshäufigkeit anderer Nutzer nach Relevanz sortiert.

[112] Vgl. Wirtz/Lihotzky (2001), S. 287.

Im Gegensatz dazu sind Webkataloge, wie auch die Offline-Versionen, zum Beispiel ein Branchenbuch, in den meisten Fällen einer redaktionellen Kontrolle unterworfen und ermöglichen so eine durchschnittlich bessere Qualität beziehungsweise Relevanz bei Suchanfragen als die klassischen Suchmaschinen. Allerdings ist es bei vielen Digital-Catalog-Anbietern möglich, gegen Bezahlung bestimmte Positionen der Einträge im Katalog vornehmen zu lassen, was den Relevanzaspekt wiederum abschwächt.

Weiterhin können Digital-Catalog-Anbieter den Nutzern nicht die umfangreichen Informationen einer Suchmaschine bieten. Beispielsweise hält ein besonders großer Webkataloganbieter in Deutschland (Bellnet.de) über 450.000 Einträge in mehr als 15.000 Kategorien zur Abfrage bereit.[113] Dahingegen berücksichtigen Suchmaschinen je nach Suchanfrage problemlos mehr als 30 Mio. Treffer.

Eine weitere Geschäftsmodellvariante im Bereich Context wurde erst mit den Entwicklungen im Rahmen des Web 2.0 beziehungsweise Social Media besonders prominent. Das Social Bookmarking beschreibt die gemeinschaftliche Indexierung von im Internet verfügbaren Informationen durch die Nutzer.

Zu diesem Zweck können über Web 2.0- beziehungsweise Social-Media-Applikationen in den Webbrowsern Schlagwörter für Informationen vergeben werden, damit andere Nutzer bei ähnlichen Suchanfragen die Informationen schneller finden. Diese Art der Indexierung ist insbesondere bei gut abgrenzbaren Nutzergruppen erfolgreich, da diese die Informationen sehr gut nach der Zielgruppenrelevanz filtern können.

Weiterhin wird durch die dezentrale Speicherung der Lesezeichen eine vom privaten Endgerät unabhängige Nutzung möglich. Nachdem die verschiedenen Geschäftsmodellvarianten im Rahmen des Context-Geschäftsmodells dargestellt wurden, wird im Folgenden die aggregierte Context-Wertschöpfungskette erläutert.

Anschließend werden die spezifischen Core Assets und Kernkompetenzen von Context-Anbietern betrachtet und in einem nächsten Schritt die einzelnen Leistungsangebote konkretisiert. Die Darstellung der Context-Geschäftsmodelle schließt mit dem Praxisbeispiel der Suchmaschine Bing ab.

13.4.1 Wertschöpfungskette

Die verschiedenen Partialmodelle eines allgemeinen Geschäftsmodells werden implizit bei der Betrachtung der aggregierten Wertschöpfungskette der Context-Anbieter berücksichtigt.

Hierbei ist anzumerken, dass die Wertschöpfungskette insbesondere für die ersten beiden Context-Geschäftsmodellvarianten Gültigkeit besitzt und das Social Bookmarking in einigen Bereichen von dieser übergeordneten Wertschöpfungskette abweicht. Abb. 13.24 stellt die Bestandteile der Wertschöpfungskette Context dar.

[113] Vgl. Nowak (2022).

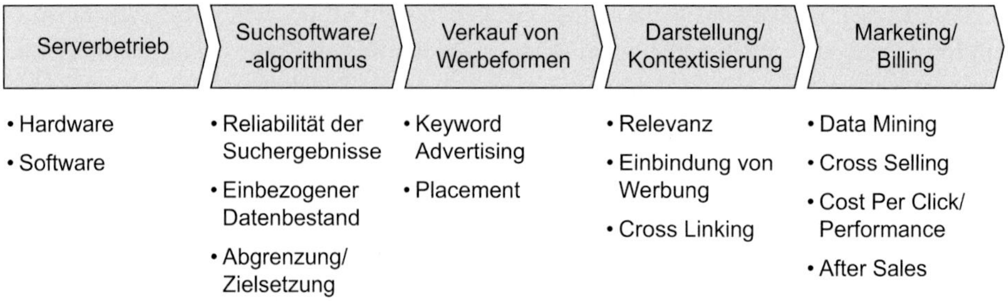

Serverbetrieb	Suchsoftware/ -algorithmus	Verkauf von Werbeformen	Darstellung/ Kontextisierung	Marketing/ Billing
• Hardware • Software	• Reliabilität der Suchergebnisse • Einbezogener Datenbestand • Abgrenzung/ Zielsetzung	• Keyword Advertising • Placement	• Relevanz • Einbindung von Werbung • Cross Linking	• Data Mining • Cross Selling • Cost Per Click/ Performance • After Sales

Abb. 13.24 Wertschöpfungskette Context. (Vgl. Wirtz (2010b), S. 277; Wirtz (2020), S. 537; Wirtz (2021b), S. 352)

Serverstrukturen
Die Wertschöpfungskette eines Context-Anbieters hängt in einem hohen Maße von der betriebenen Hard- und Software ab. Dabei sind insbesondere die Serverstrukturen von Bedeutung, um die eingehenden Suchanfragen effizient zu bearbeiten und die weiteren Wertschöpfungsprozesse durchzuführen. Abb. 13.25 stellt die Serverstruktur eines Suchmaschinenanbieters dar.[114]

Serverinteraktionen
Der Nutzer sendet eine Suchanfrage an den Webserver, woraufhin dieser mit dem Spell Check Server kommuniziert, ob die eingegebenen Suchbegriffe orthografisch richtig sind oder ob Verbesserungsvorschläge an den Nutzer versendet werden sollen. Gleichzeitig wird der Suchbegriff an die unterschiedlichen Indexserver weitergeleitet, die dem Suchbegriff Dokumentenidentifikationsnummern (Doc-IDs) zuordnen, die aus bereits durchgeführten Anfragen bekannt sind.

Diese Doc-IDs werden wiederum über den Webserver an den Dokumentenserver geleitet, der letztlich die indexierten Dokumente passend zur Suchanfrage an den Webserver und letztlich an den Nutzer liefert. Ein für die weiteren Wertschöpfungsprozesse besonders wichtiger Server ist der Ad Server, der kontextspezifische Werbung für die Suchanfrage liefert.

Softbots
Auch die eingesetzte Software für die Server beziehungsweise deren Update ist von hoher Bedeutung für Context-Anbieter. Während bei Webkatalogen und dem Tagging aktiv Menschen am Indexierungsprozess beteiligt sind, übernehmen Software Robots (Softbots), auch Webcrawler oder Spider genannt, die Indexierung bei den meisten gängigen Suchmaschinen wie beispielsweise Google.[115]

---

[114] Inhalte basierend auf Barroso/Dean/Hölzle (2003), S. 23; Desai (2011).

[115] Vgl. Turban/Pollard/Wood (2021), S. 270 f.; Chaffey/Hemphill/Edmundson-Bird (2019), S. 391.

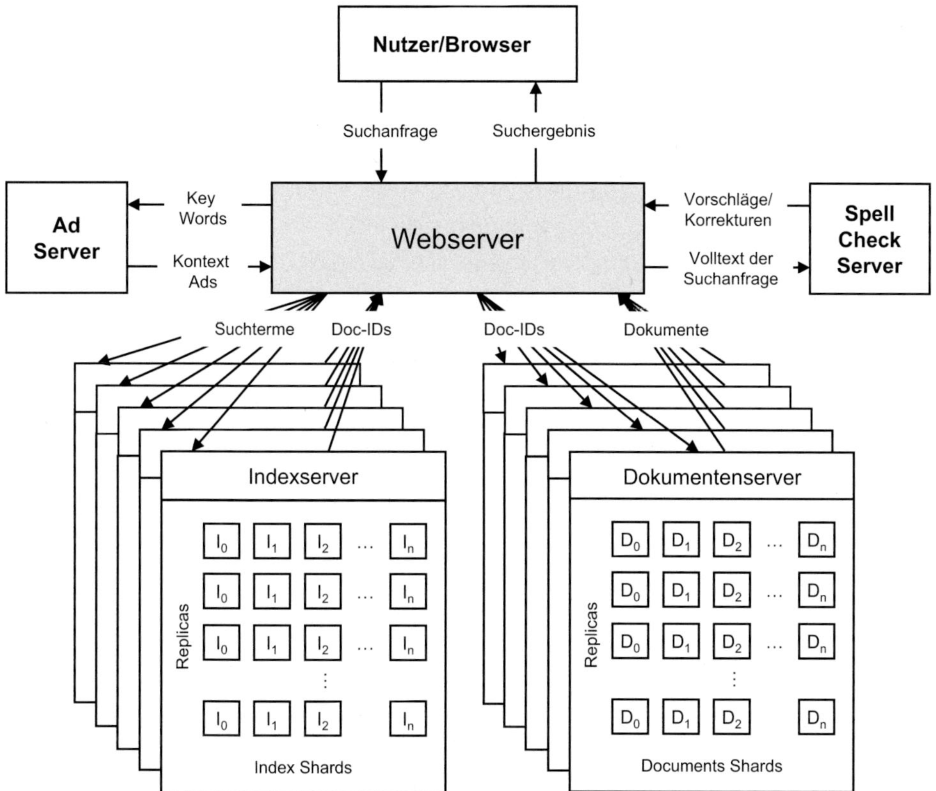

Abb. 13.25 Serverstruktur und -interaktion bei einer Suchanfrage. (Vgl. Wirtz (2010b), S. 278; Wirtz (2020), S. 538; Wirtz (2021b), S. 353)

Diese scannen in regelmäßigen Abständen die verfügbaren Dokumente im Internet und gleichen diese mit den verschiedenen relevanten Servern ab, ob sich eine maßgebliche Änderung ergeben hat. Durch diese aufwendige Pflege der Datenstruktur und des Indexes wird eine effiziente Suchanfrage mit aktuellen Suchergebnissen erst möglich.[116]

Reliabilität der Software

Eng verknüpft mit dem Serverbetrieb ist die zweite Wertschöpfungsstufe, die Suchsoftware beziehungsweise der Suchalgorithmus. In diesem Zusammenhang kann auf verschiedene Elemente der Wertschöpfung abgestellt werden, die anschließend beschrieben werden.

Eine der wichtigsten Voraussetzungen für den Erfolg eines Context-Anbieters ist die Reliabilität der eingesetzten Suchsoftware. Dabei müssen alle Begriffe, die vom Nutzer in die Suchmaske eingetragen werden, vom System erkannt und schnellstmöglich mit Ergeb-

---

[116] Vgl. Lewandowski (2005), S. 50 f.

nissen hinterlegt werden. In diesem Zusammenhang stehen für den Algorithmus verschiedene Funktionen bereit, die zur reliablen Suche eingesetzt werden können, wie zum Beispiel Boolsche Operatoren, Phrasensuche und exaktes Matching.[117]

Datenbestand

Weiterhin stellt der einbezogene Datenbestand einen wichtigen Leistungsaspekt eines Context-Anbieters dar. Ein Suchalgorithmus muss klar zwischen den von Nutzern gewünschten Informationen unterscheiden können. Fragt ein Nutzer beispielsweise konkrete Dokumente in einem spezifischen Filetyp ab, so muss der Algorithmus in der Lage sein, diese Dokumente direkt zu liefern.

Anders verhält es sich bei der Freitextsuche ohne konkrete Eingrenzung des Datenbestands. Hier zeigt sich, dass Suchmaschinen vermehrt dazu übergehen, dem Nutzer Suchergebnisse aus verschiedenen Bereichen zu präsentieren. Diese integrierte Suchfunktion ermöglicht dem Nutzer einen zusätzlichen Mehrwert, der von Context-Anbietern genutzt werden kann, um den Index für Suchanfragen zu verbessern.

Abb. 13.26 zeigt eine Freitextsuche bei der Suchmaschine Google und das integrierte Ergebnis aus einem umfangreichen Datenbestand. Es werden sowohl allgemeine Ergebnisse als auch Ergebnisse der Bildersuche präsentiert. Nach Bedarf kann der Nutzer dann über den Menüpunkt „Mehr" im oberen Bereich der Suchmaske konkrete Datenbereiche eingrenzen beziehungsweise auswählen.

Abgrenzung und Zielsetzung

Die Eingrenzung der Datenbereiche ist auch bei der Zielsetzung beziehungsweise Abgrenzung von Suchmaschinen besonders wichtig, weshalb ein Context-Anbieter diesen Aspekt bei der Wertschöpfung beachten muss. Während beispielsweise Google.de ein integriertes Angebot an Suchergebnissen liefert und als General-Interest-Suchmaschine verstanden werden kann, hat sich Google Scholar als Suchmaschine speziell für wissenschaftliche Artikel etabliert. Nutzer finden bei Google Scholar somit nur wissenschaftliche Veröffentlichungen und keine Suchergebnisse aus anderen Bereichen.

Verkauf von Werbeformen

Der bereits angesprochene Ad Server ist im Rahmen von Context-Geschäftsmodellen eine bedeutende Erlösquelle. In diesem Zusammenhang können generell eine Vielzahl verschiedener Werbeformen unterschieden werden, von denen dem Keyword Advertising und dem Placement die größte Bedeutung zukommen.[118]

[117] Vgl. Lewandowski (2005), S. 31.

[118] Vgl. Bundeskartellamt (2018), S. 4 ff.

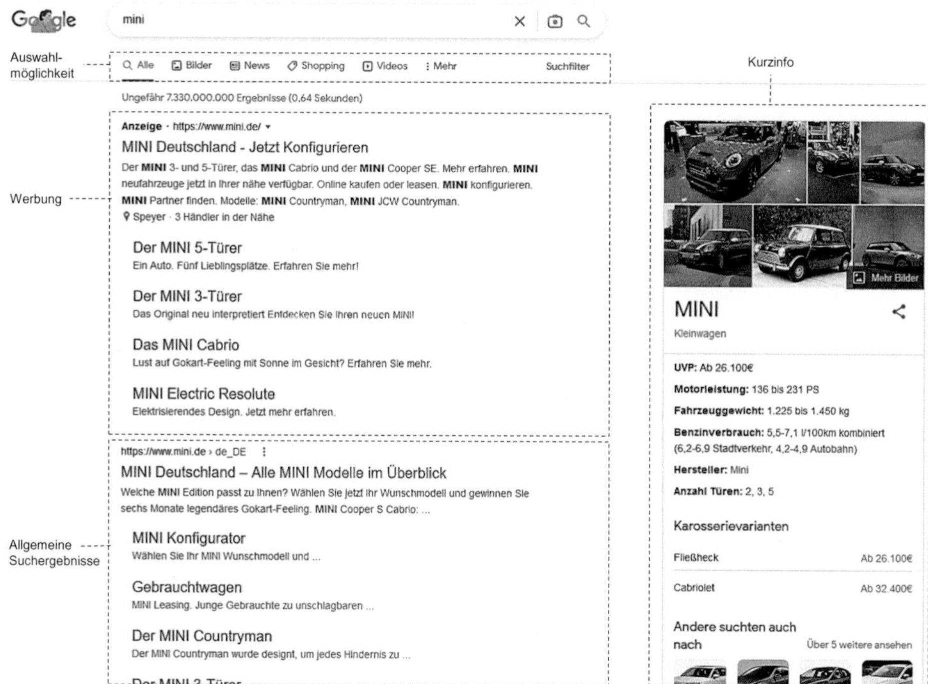

Abb. 13.26 Integriertes Suchergebnis der Suchmaschine Google. (In Anlehnung an Google (2022f))

Keyword Advertising

Keyword Advertising ist eine kontextspezifische Werbeform, die passende Werbung zur Suchanfrage liefert. Der Ad Server gleicht die Suchanfrage mit der zur Verfügung stehenden Werbung ab und liefert eine Auswahl an verschiedenen Werbeeinblendungen. Für das werbende Unternehmen entsteht durch diese Art der Werbung eine Vielzahl an Vorteilen.

Zum einen wird die Werbung nur eingeblendet, wenn ein potenzieller Kunde nach einem verwandten Begriff sucht. Es ist wahrscheinlich, dass der Nutzer die eingeblendete Werbung als relevant einstuft. Darüber hinaus ist im Rahmen des Keyword Advertising die Abrechnungsmethode Pay-per-Click üblich, das heißt das werbende Unternehmen muss, im Gegensatz zu Bannern, nur für die tatsächlich angeklickten Werbeeinblendungen zahlen.

Die Costs-per-Click sind sehr stark von dem gebuchten Keyword abhängig. Wünscht ein Kunde beispielsweise ein sehr häufig gesuchtes Keyword, ist die Konkurrenz um die Werbeeinblendung höher. Somit steigt auch der Preis für die angeklickte Werbung. Für den Context-Anbieter ergeben sich im Rahmen der Wertschöpfung ein Differenzierungspotenzial und die Möglichkeit, beim Verkauf der Keywords Preispremiums zu erzielen.

Placement
Neben den Keywords, die hauptsächlich bei Suchmaschinen eingesetzt werden, hat sich das Placement als Werbeform insbesondere bei Webkatalogen etabliert. Hierbei handelt es sich um die Einbindung von Links und Angeboten werbender Unternehmen in das Angebot des Webkatalogs.

In diesem Zusammenhang ergeben sich für Context-Anbieter zwei grundlegende Verkaufsmöglichkeiten der Werbeform. Zum einen kann ein Webkataloganbieter für die Überlegung, ein Unternehmen in den Index aufzunehmen, eine Gebühr verlangen (Pay-for-Consideration), zum anderen kann auch die Aufnahme beziehungsweise Einbindung des Unternehmens mit einer Gebühr versehen werden (Pay-for-Inclusion).

Darstellung und Kontextisierung
Nach dem Verkauf von Werbeformen sind die Darstellung und die Kontextisierung der Suchergebnisse als Wertschöpfungsstufe zu nennen. In diesem Zusammenhang ist die Relevanz der Suchergebnisse besonders hervorzuheben, da die Nutzer den Mehrwert einer Suchmaschine an den für sie relevanten Treffern festmachen. Dabei kommt den Verlinkungen der Webseiten beziehungsweise Dokumente mit anderen Webseiten beziehungsweise Dokumenten eine hohe Bedeutung zu.

Google nutzt für die Relevanz der Suchergebnisse beispielsweise den Page-Rank-Algorithmus, der angibt, wie viele Verlinkungen von beziehungsweise zu qualitativen Webseiten bestehen.[119] Durch diese Einschätzung der Relevanz wird Context-Anbietern die Möglichkeit eingeräumt, ihre Erlöse durch die Werbeeinblendungen der Keywords zu erhöhen.

Weiterhin ist bei der Kontextisierung von Suchanfragen auch das Cross Linking zu eigenen Angeboten des Context-Anbieters möglich. So binden die meisten Suchmaschinen, die beispielsweise auch E-Mail-Services oder Videoplattformen anbieten, diese Dienste mit in die Suchergebnisse ein und bieten dem Suchenden somit eine direkte Nutzungsmöglichkeit der eigenen Services.

Marketing und Billing
Die Wertschöpfungskette eines Context-Anbieters wird durch zahlreiche Marketingaufgaben und letztlich die Abrechnungsdienste für erbrachte Werbeleistungen abgeschlossen. Beim Billing stehen verschiedene Möglichkeiten für einen Context-Anbieter zur Verfügung.

Die Suchmaschine Google bietet beispielsweise für die kontextspezifische Werbung Google Ads mehrere Zahlungsmöglichkeiten, je nach Region, an. Dabei kann die Bezahlung für Deutschland per Nachzahlung vorgenommen werden, das heißt es wird der fällige Cost-per-Click-Gesamtbetrag von einer Kreditkarte oder einem deutschen Konto eingezogen.

[119] Vgl. Chaffey/Hemphill/Edmundson-Bird (2019), S. 389.

Alternativ besteht auch die Möglichkeit für Unternehmen, eine Vorauszahlung an Google zu leisten und dadurch eine bessere Kostenkontrolle der kontextspezifischen Werbung zu erlangen. Es wird durch Google nur solange Werbung geschaltet, bis das Guthaben des betreffenden Unternehmens aufgebraucht ist.[120]

Data Mining

Beim Marketing muss ein Context-Anbieter verstärkt auf die Vielzahl an Daten zurückgreifen, die durch die Suchanfragen generiert werden. Durch ein gezieltes Data Mining kann ein Context-Anbieter beispielsweise verschiedene Trends identifizieren und relevante Unternehmen darauf aufmerksam machen. Dieses Marketing zielt direkt auf den Verkauf von Werbeformen an diese Unternehmen.

Weiterhin ist das Data Mining von Context-Anbietern auch im After-Sales-Bereich besonders relevant. Die Unternehmen, die kontextspezifische Werbung schalten, bekommen sehr detaillierte Statistiken bezüglich der geschalteten Werbung und dem Nutzerverhalten. Abb. 13.27 zeigt einen Ausschnitt der Google-Ads-Webseite.

Abb. 13.27 Übersicht Google Ads Funktionsweise. (In Anlehnung an Google (2023))

[120] Vgl. Google (2022a).

13.4.2 Core Assets und Kernkompetenzen

Die Core Assets von Context-Anbietern sind vielfältig. So können beispielsweise für alle Context-Anbieter und im Speziellen bei den Suchmaschinen die Hard- und Software (insbesondere Suchalgorithmus), die Daten sowie die Marke zu den Core Assets gezählt werden.

Bei den Webkatalogen werden diese Core Assets noch um das Beziehungsnetzwerk erweitert. Letztlich ist insbesondere für die Social-Bookmarking-Geschäftsmodelle der Nutzerstamm ein bedeutender Core Asset, um überhaupt das kooperative Erstellen der Indizes zu ermöglichen. Die Gesamtheit dieser Core Assets wird im Folgenden dargestellt, bevor auf die nötigen Kernkompetenzen eingegangen wird.

Hard- und Software

Die Hardware, das heißt bei Context-Anbietern die verwendeten Server, stellt einen wichtigen Core Asset dar. Dabei ist die Zeit, die ein Server für die Verarbeitung der eingehenden Nutzeranfragen benötigt, besonders erfolgskritisch. Ein wichtiger Erfolgsfaktor von Google ist beispielsweise die Nutzung von selbstkonstruierten Spezialservern, die Suchanfragen schnell bedienen können. Durch diese spezielle Art der Server hat Google einen besonderen Core Asset gegenüber den Wettbewerbern geschaffen, da die Technologie zwar am Markt eingekauft werden kann, die konkrete Nutzung allerdings spezifisch für das Unternehmen ist.

Ähnlich verhält es sich bei der Software beziehungsweise dem Suchalgorithmus. Während die allgemeinen Suchalgorithmen wie der Page Rank von Google oder der Trust-Rank-Algorithmus öffentlich bekannt sind, ist der im Alltagsgeschäft einer Suchmaschine genutzte Algorithmus geheim. Google nutzt beispielsweise einen Suchalgorithmus, der auf dem Page-Rank-Algorithmus basiert, der gegenwärtig allerdings durch weitere Datenmengen angereichert und damit erheblich verbessert wurde.[121]

Datenmenge und Datengenerierung

Als weiterer wichtiger Core Asset sind für Context-Anbieter insgesamt die Daten zu sehen. Dabei ist die im Internet verfügbare Datenmenge grundsätzlich für die Anbieter in gleicher Weise verfügbar. Der Anbieter, der die verfügbaren Datenmengen mit dem eigenen Datenbestand am besten abgleichen und selbst geschaffene Daten reibungslos integrieren kann, entwickelt jedoch einen besonders ausgeprägten Core Asset.

Als Beispiel eines solchen Core Assets ist wiederum die Suchmaschine Google anzuführen. Neben dem ständigen Abgleich des Datenbestands mit den verfügbaren Daten im Internet generiert Google selbst Daten, um dem Nutzer noch bessere Suchergebnisse zu präsentieren. Abb. 13.28 bildet in diesem Zusammenhang das Google-Angebot Street View ab.

---

[121] Vgl. Google (2022g).

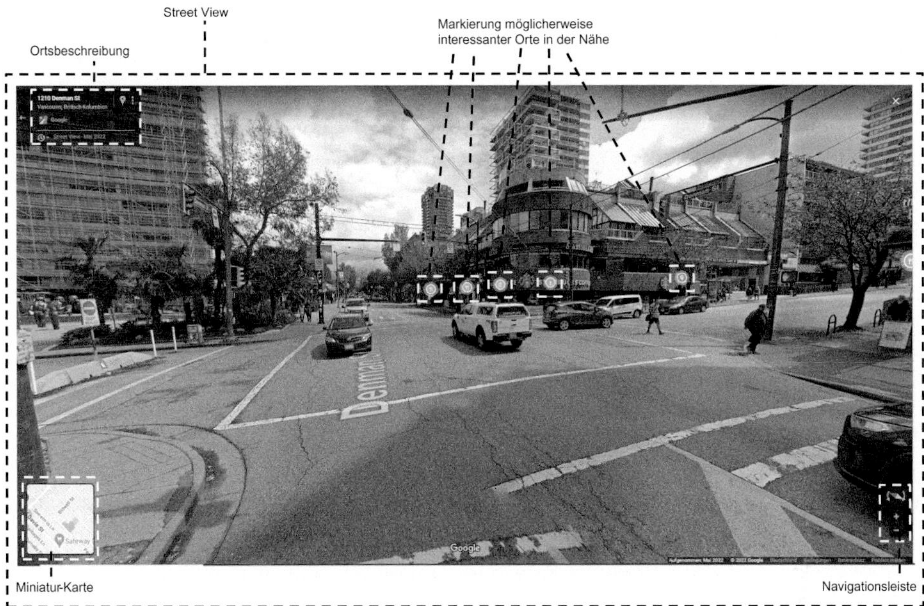

Abb. 13.28 Google Street View. (In Anlehnung an Google Street View (2022))

Google sammelt weltweit Daten in Form von digitalen Fotoaufnahmen bekannter Bauwerke oder aber von wichtigen Metropolen und integriert diese in den eigenen Datenbestand von Google Maps. Die im Screenshot dargestellten Markierungen enthalten Verlinkungen zu weiteren auf Google gespeicherten Informationen, wie beispielsweise Öffnungszeiten und Bewertungen eines Unternehmens oder einer Sehenswürdigkeit.

Die gewonnenen Daten von Google stellen in diesem Zusammenhang einen besonders einzigartigen Core Asset dar, der nur schwer imitiert werden kann. Allerdings sind bei der Datenintegration und der Datengenerierung auch negative Effekte nicht auszuschließen. Beispielsweise wird durch die Datengenerierung und -sammlung von Google in der öffentlichen Diskussion vermehrt die Befürchtung geäußert, dass zu viele Daten bei einem Anbieter konzentriert werden und es zu Datenmissbrauch kommen könnte.

Marken

Die Marke eines Context-Anbieters kann insgesamt als ein Core Asset angesehen werden, da mit der Marke insbesondere die Reliabilität und Relevanz von Suchergebnissen in Verbindung gebracht wird. Wie im Beispiel von Google Street View dargestellt, kann die Marke allerdings auch negativ belastet werden, wenn öffentliche Diskussionen bezüglich der Sicherheit der Daten beziehungsweise der Datennutzung geführt werden und Nutzer das Vertrauen in die Marke verlieren.

Insgesamt zeigt sich allerdings in den aktuellen Erhebungen zur Suchmaschinennutzung, dass Google trotz der öffentlichen Diskussionen zur Datensicherheit eindeutig

Marktführer im Suchmaschinenbereich und das Vertrauen der Nutzer somit nicht eingeschränkt ist.

Netzwerke
Obwohl auch bei Suchmaschinen die Entwicklung und Pflege mit Kooperationspartnern wichtig ist, stellt dieser Aspekt eher ein Core Asset für Webkataloge dar. Webkataloge stellen die verschiedenen Links von Kooperationspartnern übersichtlich dar und bieten somit eine Orientierungshilfe für den Nutzer. Wenn ein Webkatalogbetreiber nun ein Netzwerk an Partnern etabliert hat, die exklusiv über dessen Angebot arbeiten, kann aus diesem Beziehungsnetzwerk ein Core Asset entstehen. Den konkurrierenden Webkatalogen ist der Zugang zu diesen Partnern erschwert und eine Imitierbarkeit kaum gegeben.

Nutzerstamm
Abschließend ist auch der Nutzerstamm beziehungsweise der Kundenstamm für alle Context-Anbieter relevant. Bei Social-Bookmarking-Geschäftsmodellen ist der Nutzerstamm ein wichtiger Core Asset, um das Leistungsangebot für die Nutzer überhaupt bereitstellen zu können. Die Nutzer übernehmen hier aktiv die Aufgabe der Indexierung der relevanten Dokumente im Internet und liefern so eine Trefferliste für spezifische Suchanfragen.

Je größer die Nutzergemeinde eines Social-Bookmarking-Anbieters, desto wahrscheinlicher ist es, dass die vorgenommene Indexierung auch die passenden Ergebnisse im Rahmen einer Suchanfrage liefert und damit wiederum neue Nutzer akquiriert werden können.

Kernkompetenzen im Context-Geschäftsmodell
Kernkompetenzen eines Unternehmens sind notwendig, um Core Assets erfolgreich zu nutzen und weiterzuentwickeln. In diesem Zusammenhang müssen Context-Anbieter insbesondere eine Listing- und Strukturierungskompetenz, eine Service- und CRM-Kompetenz sowie eine allgemeine Sicherheitskompetenz aufweisen.

Listing- und Strukturierungskompetenz
Die Identifikation und Darstellung der relevanten Treffer für eine Suchanfrage wird durch die Listing- und Strukturierungskompetenz abgebildet. Context-Anbieter, die in diesem Bereich ausgeprägte Fähigkeiten besitzen, können Nutzern besonderen Mehrwert liefern und damit langfristige Nutzerbeziehungen aufbauen. Dabei geht die Listing- und Strukturierungskompetenz besonders auf die verwendete Hard- und Software zurück, die zur Suche und Ergebnislieferung eingesetzt wird.

Darüber hinaus steht die Strukturierungskompetenz besonders im Rahmen der Werbeeinblendungen im Vordergrund. In diesem Zusammenhang ist die Fähigkeit, die kontextspezifischen Werbeformen gemäß den gewünschten Suchergebnissen optimal zu strukturieren und zu platzieren, eine erfolgsentscheidende Komponente.

Service- und CRM-Kompetenz

Eine weitere wichtige Fähigkeit von Context-Anbietern stellt die Service- und CRM-Kompetenz dar. Diese ist im Hinblick auf die Nutzer allerdings in einem höheren Maße für die werbenden Unternehmen erfolgsrelevant. Für die Nutzer muss ein Context-Anbieter einen besonderen Suchservice anbieten, der insgesamt eine einfache und intuitiv verständliche Suchmaske beinhaltet und strukturierte Ergebnisse liefert.

Die erneute Nutzung einer Suchmaschine kann dabei in den meisten Fällen nur über die Zufriedenheit mit den Ergebnistreffern erzielt werden. Alternativ kann als Nutzerbindungstool auch die Integration der Suchmaschine in verschiedene Browsertypen über Add-ons angeführt werden. Neben der allgemeinen Service- und CRM-Kompetenz für Nutzer muss ein Context-Anbieter bei den geschäftlichen Kunden besondere Fähigkeiten aufweisen, um langfristig erfolgreich zu sein.

Der ganzheitliche Service, wie im Rahmen des Google-Ads-Beispiels gezeigt, ist ein besonderer Mehrwert für Unternehmen. Die Bedürfnisse von Unternehmen müssen von Context-Anbietern in diesem Zusammenhang ständig beobachtet und Marktentwicklungen genau analysiert beziehungsweise antizipiert werden. Darüber hinaus ist eine langfristige Bindung der Geschäftskunden durch eine ausgeprägte CRM-Fähigkeit notwendig. Beispielsweise bieten Webkataloge den Geschäftskunden eine detaillierte Auswertung des Nutzerverhaltens und damit die Möglichkeit, ihre Angebote besser zu platzieren.

Sicherheitskompetenz

Abschließend ist als Kernkompetenz von Context-Anbietern die Fähigkeit zum sicheren Umgang mit den verfügbaren Daten zu nennen. Sowohl Nutzer als auch Geschäftskunden hinterlassen durch die Sucheingaben beziehungsweise die Schaltung von kontextspezifischen Werbeformen Daten beim Anbieter.

Dieser kann die Daten zu Data-Mining-Zwecken nutzen, um zum einen bessere Suchergebnisse für künftige Suchanfragen zu generieren und zum anderen Unternehmen weit bessere Direktmarketingpotenziale aufzuzeigen. Werden die Daten hingegen nicht ausreichend geschützt und ergeben sich Datenpannen, verliert ein Context-Anbieter schnell das Vertrauen der Anspruchsgruppen und damit auch die Chance auf einen langfristigen Erfolg.

13.4.3 Leistungsangebote

Das Leistungsangebot der Context-Geschäftsmodellvarianten Digital Search, Digital Catalogs und Social Bookmarking wird im Rahmen der nächsten Unterabschnitte konkretisiert. Bei den Erläuterungen wird auf die Besonderheiten und Spezifika der einzelnen Geschäftsmodellvarianten eingegangen, um ein möglichst praxisorientiertes Verständnis des Angebots zu liefern.

In diesem Zusammenhang wird eine Gewichtung dahingehend vorgenommen, dass die Suchmaschinen, die im Vergleich zu den anderen Geschäftsmodellvarianten eine besondere Relevanz besitzen, detaillierter dargestellt werden und auf die Geschäftsmodelle Digital Catalogs und Social Bookmarking nur kurz eingegangen wird.

13.4.3.1 Digital Search

Suchmaschinen sind Computersysteme, die vollautomatisch Millionen von Dokumenten nach vorgegebenen Suchbegriffen durchsuchen. Die Dokumente werden dazu von Programmen (Softbots) in eine Datenbank einsortiert, die regelmäßig aktualisiert wird. Gibt ein Nutzer ein Suchwort ein, so wird dieser Begriff nicht im Internet, sondern in der Datenbank gesucht.

Insgesamt können die Suchmaschinenanbieter in diesem Zusammenhang in General Search, Special Search und Meta Search untergliedert werden. Die beschriebene Funktionsweise der Suchmaschinen bleibt hingegen in den meisten Fällen identisch.

General Search

Die gängigsten Suchmaschinen, wie zum Beispiel Google.de, Bing.com oder Yahoo.com, können auch als primäre beziehungsweise General-Search-Suchmaschinen bezeichnet werden, da der Nutzer allgemeine Informationen sucht und diese häufig direkt über die angesteuerte Suchmaschine erhält.

Diese General-Search-Suchmaschinen haben im Internet insgesamt die größte Bedeutung. Ein maßgeblicher Anteil an der Verbreitung dieser Suchmaschinen stellt auch die Integration in Partnerangebote dar.[122] Beispielsweise bietet MySpace die Möglichkeit, Nutzerprofile, Videos oder Bilder zu durchsuchen. Diese Suche wird allerdings nicht von MySpace selbst, sondern von Google als Drittanbieter durchgeführt. Durch die Integration der Suchmaschine in andere Angebote erweitert sich der Nutzerkreis. Gleichzeitig bietet dies die Möglichkeit, die Informationsqualität der Suchergebnisse zu erhöhen.

Special Search

Special-Search-Suchmaschinen zeichnen sich durch eine besondere Fokussierung aus und durchsuchen nur im Vorfeld definierte Bereiche des Internets.[123] Ein Beispiel ist die Seite DasTelefonbuch.de, die sich auf das Sammeln und Suchen von Adressen und Kontaktdaten spezialisiert hat. Somit wird hier die Funktion eines Webkatalogs mit der einer Special-Search-Suchmaschine vereint, die neben dem eigenen Verzeichnis auch frei im Internet zugängliche Informationen zu einem speziellen Themenbereich berücksichtigt.[124]

---

[122] Vgl. Turban et al. (2018), S. 52.

[123] Vgl. Turban et al. (2018), S. 53 f.

[124] Vgl. DasTelefonbuch (2022).

Meta Search
Meta-Suchmaschinen können als eine Untergruppe von originären Suchmaschinen betrachtet werden. Sie verknüpfen mehrere General- beziehungsweise Special-Search-Suchmaschinen. Da keine Suchmaschine allein das gesamte Internet abdecken kann, leiten Meta-Suchmaschinen jede Anfrage an mehrere der wichtigsten Suchdienste weiter. Dem Nutzer wird durch diese Vorgehensweise eine größere Abdeckung geboten. Dies kann insbesondere bei relativ seltenen Suchbegriffen nützlich sein. Allerdings kann durch die Verwendung verschiedener Algorithmen die Qualität der Suchergebnisse schlechter sein als bei der Nutzung von primären Suchmaschinen.

Eine bekannte Meta-Suchmaschine im internationalen Umfeld ist zum Beispiel Dogpile.com. Hierbei wird jede Suchanfrage eines Nutzers an die integrierten Suchmaschinen Google und Yahoo gesendet, welche wiederum das Suchergebnis spezifisch für Dogpile.com aufbereiten. Aus dem deutschsprachigen Bereich ist das Angebot MetaGer der Leibniz Universität Hannover hervorzuheben.

Erlösmodelle im Bereich Digital Search
Bei Unternehmen mit dem Geschäftsmodell Digital Search können sowohl direkte als auch indirekte Erlösmodelle genutzt werden, die üblicherweise alle im Bereich der Werbung angesiedelt sind. Eine Ausnahme bildet beispielsweise MetaGer, eine kostenpflichtige Mitgliedschaft ermöglicht hier die werbefreie Nutzung. Bei MetaGer handelt es sich um ein gemeinnütziges Projekt, die Finanzierung wird durch Werbeerlöse, Mitgliedsschaftsbeiträge und Spenden realisiert.[125]

Insbesondere die kontextbezogene Werbung mit Keywords stellt eine Art der direkten Erlöse dar, da Suchmaschinenbetreiber für jeden Click der Nutzer bezahlt werden. Gleichzeitig nutzen meist Meta-Suchmaschinen auch die Möglichkeit der indirekten Erlöse durch Werbung.

In diesem Kontext sind Banner und Anzeigen als die am häufigsten genutzten Werbeformen zu nennen. Wie wichtig die werbebezogenen Erlöse für Suchmaschinenanbieter sind, zeigt der Geschäftsbericht von Google. Im Geschäftsjahr 2021 erwirtschaftete Google 256,74 Mrd. US-Dollar Umsatz. Durchschnittlich werden über 80 % des Gesamtumsatzes über Werbeerlöse erzielt, der Rest des Umsatzes stammt aus Lizenzverträgen und sonstigen Erlösquellen.[126]

13.4.3.2 Digital Catalogs
Webkataloge sind Adressenverzeichnisse, die zumeist einer redaktionellen Kontrolle unterzogen werden. Die Redakteure bewerten in der Regel die Qualität einer Webseite, bevor diese in einen gegliederten Schlagwortkatalog eingeordnet wird. Nutzer können danach das Verzeichnis nach Stichwörtern oder Kategorien durchsuchen, um kommerzielle Einträge zu finden.

---

[125] Vgl. MetaGer (2022).

[126] Vgl. Alphabet (2022), S. 33.

Erlösmodell als Kritikpunkt

Insbesondere im Rahmen der kommerziellen Webkataloge wird allerdings wiederholt Kritik an der redaktionellen Kontrolle geäußert. Diese geht maßgeblich auf die Erlösmodelle der Webkataloge zurück. Zum einen verlangen manche Webkataloge eine Gebühr dafür, dass ein Angebot überhaupt zur Aufnahme berücksichtigt wird (Pay-for-Consideration).

Zum anderen verlangen Webkataloge eine Gebühr, um schließlich in den Index aufgenommen zu werden (Pay-for-Inclusion). Finanzstarke Unternehmen können dadurch die Positionierung der eigenen Links weiter beeinflussen, sodass Alternativangebote nur selten vom Webkatalognutzer gefunden werden.

13.4.3.3 Social Bookmarking

Aufgrund der Kritik am Vorgehen vieler Webkataloganbieter und der Entwicklung des Web 2.0 beziehungsweise Social Media haben sich immer stärker nutzerverwaltete Webkataloge beziehungsweise Weblistings durchgesetzt. Dabei wird die redaktionelle Arbeit von einer Vielzahl von Nutzern vorgenommen, die keine kommerziellen Interessen verfolgen. Einen kooperativ aufgebauten und durch Nutzer verwalteten Webkatalog stellt in diesem Zusammenhang Curlie.org dar.[127] Abgeleitet von der Open-Source-Idee, können alle Nutzer auch gleichzeitig aktive Akteure sein. Die Nutzung und Editierung dieser Plattform sind kostenlos.

Tagging

Eine ähnliche nutzerorientierte Strategie verfolgt auch das Angebot von LinkArena, bei dem Nutzer Schlagwörter (Tags) für Content aller Art vergeben und somit kooperativ einen Webkatalog erstellen können. Durch diese direkte, soziale Klassifikation beziehungsweise Indexierung von Inhalten durch die Nutzer entstehen besonders in den speziellen Zielgruppen gut strukturierte Informationen, die nicht vordergründig durch kommerzielle Interessen gesteuert werden. In diesem Zusammenhang hat sich auch das Kunstwort „Folksonomy" etabliert, das auf die Erstellung einer Systematik (Taxonomy) durch das gesamte Volk (Folk) zurückgeführt wird.

Dem Nutzer werden die aktuellen Verlinkungen der anderen Nutzer gezeigt, die er durch eine besonders einfache Menüführung auch zu seinen persönlichen Bookmarks hinzufügen beziehungsweise eigene Tags vergeben kann. Neben diesem Angebot gibt es weitere Wahlmöglichkeiten zwischen den am meisten genutzten Verlinkungen sowie einer Suchfunktion in den Schlagworten der Nutzer. Für die dauerhafte Speicherung von eigenen Bookmarks ist allerdings eine kostenlose Registrierung bei LinkArena notwendig.

---

[127] Vgl. Curlie (2022).

13.4.4 Fallbeispiel Context: Bing

Bing ist eine Internetsuchmaschine von Microsoft, die die vorherige Suchfunktion des Unternehmens, Live Search, ersetzt und durch wesentliche Verbesserungen die Marktführerschaft der Internetsuchmaschine Google angreift. Microsoft versteht seine Suchmaschine Bing als „Entscheidungsfinder", der es dem Nutzer erleichtern soll, die Informationsflut des Internets schnell und übersichtlich aufzubereiten und zu präsentieren sowie darüber hinaus bei täglichen Entscheidungen, wie beispielsweise der Reiseplanung und dem Einkaufen, zu helfen.

Entwicklung
Bing basiert auf der von Microsoft und ihrem Internetportal MSN konstruierten Suchmaschine Live Search, die gleichzeitig der Nachfolger von Microsofts früherem Internetsuchdienst MSN ist. Bing wurde am 1. Juni 2009 in Betrieb genommen. Aufgrund der geringen Reichweite der bis Mitte 2009 verfügbaren Suchmaschine Live Search von Microsoft kreierte Microsoft den neuen Suchdienst Bing, der somit als Reaktion auf die bis dato schlechten Marktanteile des Vorgängers gesehen werden kann. Zum Ende des Geschäftsjahres 2022 hat Bing einen Anteil am weltweiten Suchmaschinenmarkt von rund 3,4 % und rangiert damit an zweiter Stelle. Marktführer ist Google (92,2 %). Yahoo! kommt auf 1,2 %.[128]

Funktionen
Die Funktionen von Bing sind stark an denen des Hauptkonkurrenten Google angelehnt. So bietet Bing ebenfalls die Möglichkeit einer Kategorisierung der Suchanfrage. Der Nutzer kann zwischen den Kategorien Bilder, Videos, Shopping, Neuigkeiten, Reisen, Übersetzen und Karten wählen. Darüber hinaus stehen dem Nutzer verschiedene Personalisierungsfunktionen sowie ein Login-Bereich zur Verfügung, über den der Nutzer weitere Funktionen in Anspruch nehmen und auf sein Profil sowie seine E-Mails zugreifen kann (zum Beispiel MSN, Outlook).

Bei der Eingabe der Suchterme setzt Bing ebenfalls – wie bei Google – eine automatische Vervollständigung sowie Vorschläge für die Erweiterung von Suchtermen ein. Im Gegensatz zu Google, wo dem Nutzer üblicherweise zehn Vorschläge präsentiert werden, erhält der Nutzer bei Bing fünf Vorschläge.[129] Im Februar 2023 integrierte Bing in einer Beta-Version die künstliche Intelligenz ChatGPT in seine Suchfunktion. Auf vom Nutzer gestellte Fragen gibt der Chatbot ausführliche Antworten in natürlicher Sprache. Zusätzlich werden auch die klassischen Suchergebnisse ausgespielt. Darüber hinaus können über die Funktion Geschichten, Gedichte und ähnliches generiert werden.[130]

---

[128] Vgl. StatCounter (2022).

[129] Vgl. Google (2022e); Bing (2022b).

[130] Bing (2023).

Der augenscheinlichste Unterschied zum Marktführer Google ist das täglich wechselnde Hintergrundbild auf der Bing-Startseite, welches besonderen Ereignissen, wie beispielsweise den Olympischen Winterspielen oder dem tagesaktuellen Weltgeschehen, angepasst ist sowie eine Leiste im unteren Bildschirmbereich, die einen Direktzugriff auf eine vorgeschlagene Auswahl an Informationen zum Tagesgeschehen oder relevanten Themen abgebildet.

Das Hintergrundbild verfügt außerdem über einen Mouse-Over-Effekt, der einen Teaser und einen Link zum Weiterlesen zum Vorschein bringt. Darüber hinaus sind in der untersten Leiste der Benutzeroberfläche weitere Teaser mit Informationen zum Tagesgeschehen oder relevanten Themen abgebildet.[131]

Personalisierung

Im Vergleich zu Google weist Bing einen stärkeren Fokus hinsichtlich Personalisierung und der verfügbaren Anpassungsmöglichkeiten auf. Nutzer können auf dem Bing-Portal beispielsweise Suchergebnisse speichern und Interessen hinzufügen. Auf diese Weise kann der Nutzer spezifische Themen, die sie oder ihn interessieren, direkt über die Bing Webseite erreichen. Darüber hinaus können Nutzer das Erscheinungsbild der Webseite zu einem gewissen Grad individualisieren, indem einzelne Bausteine ein- oder ausgeblendet werden.

Ein weiteres wichtiges Feature von Bing ist das Microsoft-Reward-Programm. Über dieses Prämien- beziehungsweise Treue-Programm können Nutzer durch die Verwendung der Suchmaschine Bing oder die Nutzung von Microsoft-Shopping-Plattformen, wie zum Beispiel der Windows Store, Punkte (sogenannte Microsoft-Rewards) sammeln.

Ähnlich wie bei den Vielflieger- und Prämienprogrammen von Luftfahrtgesellschaften (zum Beispiel Miles-and-More von der Lufthansa), können die Nutzer mit steigender Menge an Rewards ein höheres Prämien-Level erreichen und die Rewards gegen Sach- und Serviceprämien, beispielsweise im Rahmen des Xbox Gamepass oder für App- oder Medienkäufe im Microsoft Store, eintauschen.[132] Damit wird den Nutzern ebenfalls ein extrinsischer Anreiz geboten, die Bing-Suchmaschine zu nutzen.

Zusammenfassend lässt sich festhalten, dass Bing großen Wert auf einen visuell ansprechendenden, unterhaltsamen Internetauftritt legt, der Nutzer anziehen soll. Darüber hinaus sollen anregende Suchtermvorschläge und Bonus-/Prämienprogramme die Nutzer dazu bewegen, die Bing-Suche zu benutzen. Darüber hinaus bietet Bing weitreichende Personalisierungs- und Individualisierungsfunktionen, mit denen Nutzer an die Webseite gebunden werden sollen.

Geschäftsmodell Context

Da sich das Hauptgeschäftsfeld von Bing mit der Klassifikation und Systematisierung der im Internet verfügbaren Informationen beschäftigt, wird das Geschäftsmodell vorder-

[131] Vgl. Bing (2022a).

[132] Vgl. Microsoft (2022b).

gründig dem Context zugeordnet. Als strategisches Ziel des Bing-Geschäftsmodells wird darauf fokussiert, die weltweit vorhandenen Informationen im Internet zu organisieren, zu systematisieren und allen Internetnutzern zugänglich zu machen sowie in benutzerfreundlicher Form zu präsentieren. Von besonderer Bedeutung ist, dass der Service für den Nutzer kostenlos ist und eine Finanzierung, ähnlich wie bei Google, fast ausschließlich über Werbung auf der Seite erfolgt.

Durch das Angebot personalisierter und selbst verfasster Inhalte, wie beispielsweise den Teasern auf der Startseite, beinhaltet das Bing-Geschäftsmodell auch Content-Elemente. Darüber hinaus führen die Einbindung der Microsoft Services MSN, ein Webportal, und des Webmail-Anbieters Outlook zu einer partiellen Erweiterung des Geschäftsmodells um Connection-Elemente. Context-Geschäftsmodelle können weiterhin nach ihren Funktionen kategorisiert werden. So zählt Bing zum Digital Search und dem Bereich General Search.

Die Grundfunktion von General-Search-Diensten geht auf das Information-Retrieval-System zurück. Suchanfragen gehen beim Search-Anbieter ein und liefern den indexierten Bestand der gesammelten Informationen, nach Nutzungshäufigkeit der Suchtreffer angeordnet, an den Informationsnachfrager.

Input bekommt Bing vorwiegend von Communities, Inhalteanbietern und Nachrichtenagenturen. Die Informationsübermittlung beziehungsweise Interaktion folgt dabei einer einfachen Struktur. Die Seiten oder Inhalte werden gemeldet und nach der Prüfung durch Bing in den Index des Unternehmens aufgenommen oder abgelehnt.

Leistungserstellung

Die Leistungserstellung von Bing ist direkt und linear aufgebaut. Im Bereich des Context-Angebots werden zuerst Informationen gesammelt, systematisiert und klassifiziert, um diese dann zu speichern und als Ergebnis von On-Demand-Anfragen den Nutzern bereitzustellen. Der Bereich des Content-Angebots ist vor allem durch die Ansammlung und Systematisierung von fremderstellten Inhalten gekennzeichnet, die dem Nutzer nach einer entsprechenden Aufbereitung zur Verfügung gestellt werden.

Die Leistungserstellung ist sowohl beim Context- als auch beim Content-Angebot, bis auf wenige Ausnahmen, linear und ohne Wechselwirkung koordiniert. Beim Connection-Angebot hingegen ist eine starke Wechselwirkung zwischen der Nutzerinteraktion und dem Kommunikationsdienstmanagement zu verzeichnen.

Finanzierung

Die Finanzierung des Unternehmens wird vor allem durch die Schaltung von Werbung von gewerblichen Kunden auf der Bing-Webseite gewährleistet. Diese Werbung wird nach dem Prinzip einer Gratiszeitung passend zur jeweiligen Suchanfrage eingeblendet, jedoch mit dem Unterschied, dass die Suchmaschine personalisiert vorgeht und anhand der Dateneingabe abgeschätzt werden kann, was den Nutzer interessiert (Keyword Advertising).

Strategie
Microsoft beabsichtigt mit der Suchmaschine Bing, künftig eine bedeutendere Rolle im von Google dominierten Suchmaschinenmarkt spielen zu können. Obwohl Bings Marktanteil derzeit noch gering ist, erwartet Microsoft, über die direkte Integration der Suche in eine Vielzahl internetfähiger Geräte sowie der Weiterentwicklung der Suche von einer reaktiven, portalorientierten hin zu einer proaktiven, vorausschauenden Dienstleistung, in Kombination mit der umfassenden Integriereung von KI-Services in die Suchfunktion, seine Position in diesem Markt ausbauen zu können.

Die Schaffung einer geräteübergreifenden Nutzer-Experience, bei der der Nutzer relevante Ergebnisse erhält, ohne dass er selbst Sucheingaben tätigen muss, ist ein Kernaspekt dieser Strategie. Abb. 13.29 stellt eine vereinfachte Form des Geschäftsmodells von Bing auf Basis der neun Partialmodelle dar.

Core Assets und Kernkompetenzen
Bing verfügt über weitreichende Kompetenzen und Ressourcen. Die Core Assets des Unternehmens sind vielfältig und werden durch das starke Unternehmen Microsoft, das hinter dem Suchdienst steht, weiter verstärkt. So ist im Speziellen die Hard- und Software zu nennen, die durch die weitreichende Erfahrung des Mutterkonzerns Microsoft begünstigt wird.

Da Bing das Ziel verfolgt, die heutige Internetsuche noch stärker in Richtung größtmögliche Effizienz für den Nutzer und Relevanz der Suchergebnisse zu entwickeln, wird in diversen Microsoft-Suchtechnologiezentren stetig an neuen Entwicklungen gearbeitet. Bing zeichnet vor allem seine spezialisierte technologische Infrastruktur aus, die sich insbesondere in einem überlegenen Softwaresystem und einer hohen Redundanzfähigkeit sowie gutem Load Balancing widerspiegelt.

Ein weiteres Core Asset von Context-Anbietern ist die Marke. Dabei dominiert Googles Markenbekanntheit den Suchmaschinenmarkt. So ist „googeln" zu einem Synonym für das Ausführen einer Internetsuche geworden. Bing hat keine vergleichbare Markenposition, greift jedoch um seine dargestellten Core Assets erfolgreich zu nutzen und weiterzuentwickeln auf diverse Kernkompetenzen zurück. In diesem Zusammenhang ist besonders auf die Listing- und Strukturierungskompetenz hinzuweisen. Darunter wird vor allem die Identifikation und Darstellung der relevanten Treffer für eine Suchanfrage verstanden.

Bing verfügt über eine gut ausgebaute und innovative Hard- und Software, die zur effizienten Suche und Ergebnislieferung eingesetzt wird. Ein weiterer erfolgsentscheidender und von Bing gut umgesetzter Core Asset ist die Strukturierungskompetenz, die vor allem für Werbekunden relevant ist. Bing versteht es, eine gute Strukturierung und Platzierung für die Werbekunden zu realisieren.

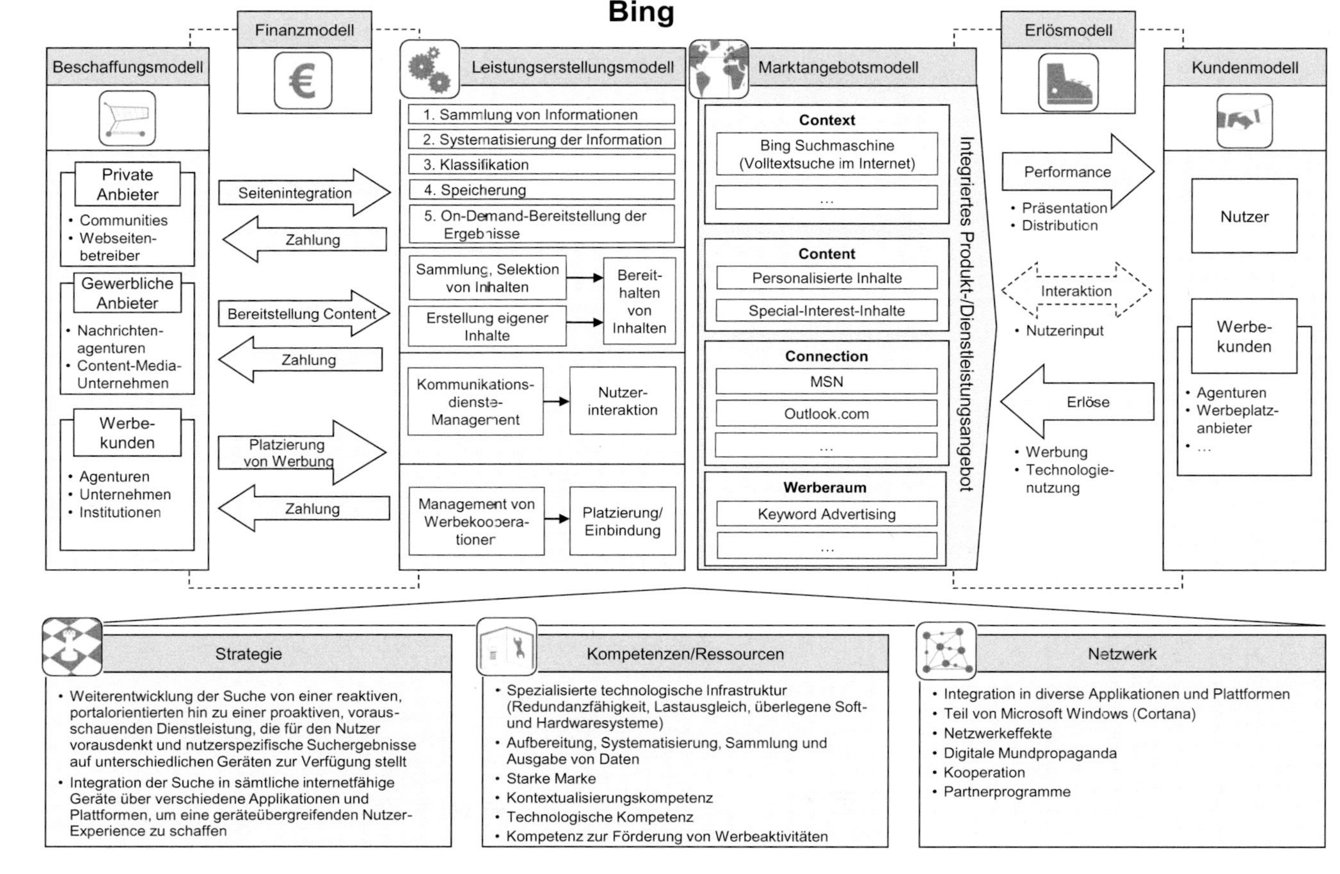

Abb. 13.29 Geschäftsmodell von Bing. (Vgl. Wirtz (2010b), S. 297; Wirtz (2020), S. 554; Wirtz (2021b), S. 695 sowie auf Basis eigener Analysen und Abschätzungen)

Eine wesentliche Kernkompetenz von Bing liegt in der Service- und CRM-Kompetenz. Die Benutzeroberfläche von Bing zeichnet sich durch eine besonders gute Handhabung und intuitive Bedienbarkeit aus. Darüber hinaus liefert sie auch einen Mehrwert in Form des wechselnden Hintergrundbilds in Kombination mit tagesaktuellem Geschehen und entsprechenden Teaser-Einblendungen.

Der dadurch generierte Zusatznutzen sowie die einfache und gut strukturierte Handhabung der Suchmaske stellen wichtige Servicefunktionen für den Nutzer dar. Durch die Möglichkeit der Einbindung der Suchmaschine in verschiedene Browsertypen über Add-ons wird außerdem eine Nutzerbindung ermöglicht. In Abb. 13.30 sind die strategische Ausrichtung, das Geschäftsmodell, das Leistungsspektrum und die Erfolgsfaktoren von Bing zusammengefasst.

	Aspekte
Strategie	• Globale Präsenz von Informationen im Internet organisieren, systematisieren und allen Nutzern auf einer benutzerfreundlichen Oberfläche zur Verfügung stellen • Schaffung einer geräteübergreifenden Nutzer-Experience
Geschäftsmodell	• Context-Aspekt: Klassifikation und Systematisierung der im Internet verfügbaren Informationen • Geschäftsmodellvariante: Digital Search mit der Klassifizierung General Search • Teilweise Content-Aspekt: Sammlung, Selektion, Systematisierung, Kompilierung (Packaging) und Bereitstellung von eigenen Inhalten und fremd generierten Inhalten • Teilweise Connection-Aspekt: Herstellung der Möglichkeit eines Informationsaustausches durch Social-Web-Applikation, Einbindung von Microsoft Services
Leistungs-spektrum	• Kostenlose Suchmaschine • Einbindung weiterer Microsoft-Services wie beispielsweise MSN und Outlook • Benutzerfreundliche Oberfläche
Erfolgsfaktoren	• Bekanntheit des Unternehmens Microsoft hinter der Suchmaschine Bing • Netzwerk/Skaleneffekte • Kooperationen und Partnerprogramme

Abb. 13.30 Strategische Ausrichtung von Bing. (Vgl. Wirtz (2010b), S. 299; Wirtz (2020), S. 556; Wirtz (2021b), S. 696)

13.5 Connection

Die Herstellung der Möglichkeit eines Informationsaustauschs in Netzwerken ist Gegenstand des Geschäftsmodelltyps Connection.[133] Das Geschäftsmodell Connection ermöglicht die Interaktion von Akteuren in digitalen Netzwerken, die aufgrund der Höhe der Transaktionskosten oder wegen Kommunikationsbarrieren in der physischen Welt nicht realisierbar wäre. Dabei können die herzustellenden Verbindungen sowohl technologischer, kommerzieller als auch rein kommunikativer Art sein.[134] Dementsprechend wird der Geschäftsmodelltyp Connection in die idealtypischen Geschäftsmodellvarianten Intra- sowie Inter-Connection unterteilt.

Zahlreiche Core Assets und Kernkompetenzen sind für die dargestellten Geschäftsaktivitäten notwendig, um für die Kunden ein nutzenstiftendes und konkurrenzfähiges Angebot zu realisieren. Dabei werden diese zusätzlich zu dem eigentlichen Kerngeschäftsmodell für weitere Leistungsangebotsvarianten sowie das Angebot von Komplementärdienstleistungen genutzt, um ein möglichst breites Leistungsspektrum aus einer Hand anbieten zu können.

Hieraus wird ersichtlich, dass eine scharfe Trennung zwischen den einzelnen Geschäftsmodellvarianten nicht immer möglich ist, aber diese dennoch dazu dienen kann, das Tätigkeitsspektrum von Internetunternehmen in idealtypischer Struktur aufzuzeigen. Abb. 13.31 stellt das Geschäftsmodell Connection mit den dazugehörigen Unterkategorien dar.

Intra-Connection

Der Geschäftsmodelltyp Intra-Connection beschreibt das Angebot von kommerziellen oder kommunikativen Dienstleistungen innerhalb des Internets. Hierunter fällt beispielsweise der Bereich Community, der sich weiter in Social Networks, Social Messages, Customer Exchanges sowie Customer Opinion Portale unterteilen lässt.

In all diesen Bereichen wird den Nutzern eine Plattform geboten, um Kontakt zu Gleichgesinnten beziehungsweise Freunden aufzunehmen und darüber Informationen, Wissen, Meinungen oder auch Daten in Form von Dateien auszutauschen. Durch die Entwicklung neuer Web 2.0- beziehungsweise Social-Media-Anwendungen erhalten die Plattformen der Kategorie soziale Netzwerke die meiste Aufmerksamkeit und können durch das große Interesse ein starkes Wachstum der Nutzerzahlen verzeichnen.

Neben der Geschäftsmodellvariante Community sind Mailing Services wie gmx.net eine weitere Untergruppe von Intra-Connection. Über diese Anbieter können E-Mails oder

[133] Vgl. Wirtz (2000b), S. 93.

[134] Vgl. Wirtz/Becker (2002), S. 85 ff.

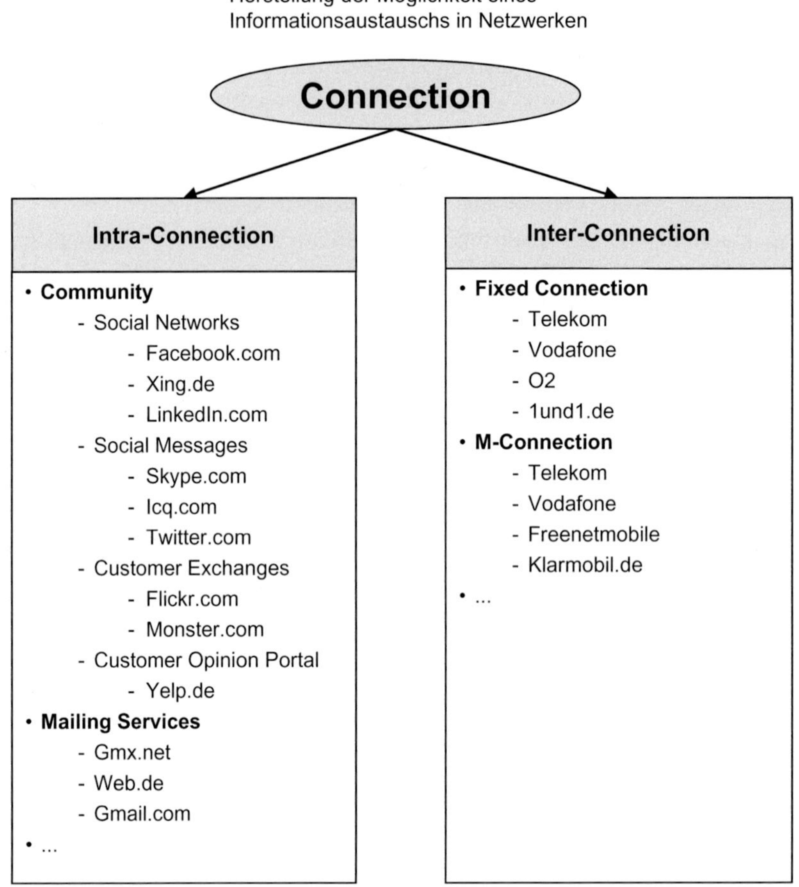

Abb. 13.31 Das Geschäftsmodell Connection. (Vgl. Wirtz (2001), S. 253; Wirtz (2020), S. 557; Wirtz (2021b), S. 363)

auch Grußkarten verschickt werden. Mailing Services finanzieren sich hauptsächlich über Werbung, die an die verschickten E-Mails angehängt wird, über Bannerwerbung oder über die Bereitstellung von sogenannten Premium-Accounts mit Zusatzfeatures wie beispielsweise einem erhöhten Speicherplatz.

Inter-Connection

Anbieter im Bereich Inter-Connection sorgen nicht für Kommunikationsmöglichkeiten innerhalb des Internet, sondern stellen den Zugang zu den physischen Netzwerken bereit. Hierunter fallen beispielsweise Internet Service Provider (ISP), die Kunden den technologischen Zugriff auf das Internet und somit den Zugang an sich ermöglichen.

Während bei einer Fixed Connection der Nutzer örtlich gebunden ist – das heißt er kann sich nur kabelgebunden an einem festen Standort ins Netz einwählen – bedeutet M-Connection, dass der Nutzer nicht ortsgebunden ist und sich beispielsweise über ein Handy von (fast) allen Orten aus in das Internet einwählen kann. Bei den physischen Konnektoren dominieren direkte Erlösmodelle.

Sie stellen sich in der Regel als transaktionsunabhängige Einrichtungs- und/oder Grundgebühren sowie als transaktionsabhängige Verbindungs- und/oder Nutzungsgebühren dar. Aufgrund der hohen Nutzungsintensität und der damit verbundenen Attraktivität als Werbeträger und Transaktionsvermittler verfolgen die Unternehmen oftmals auch indirekte Erlösmodelle.

13.5.1 Wertschöpfungskette

Bei der Darstellung der Connection-Wertschöpfungskette wird neben den relevanten Aspekten der Wertschöpfungskette auch implizit auf die jeweiligen Partialmodelle eines Geschäftsmodells eingegangen, um ein möglichst umfassendes Verständnis bezüglich der charakteristischen Kernaktivitäten zu erhalten. Abb. 13.32 stellt die Wertschöpfungskette eines idealtypischen Connection-Anbieters dar.

Serverbetrieb	Netz-infrastruktur	Marketing/ Vertrieb	Billing	CRM/After Sales Service
• Software • Hardware	• Ausbau und Wartung der Netzinfra-struktur • Implemen-tierung neuer Hardware-Standards (beispielsweise LTE, G5) • Kooperation mit Infrastruktur-partnern (bei-spielsweise Backbone-Netze)	• Management des physischen Vertriebs • Sukzessive Steigerung der Markenbekannt-heit sowie Marken-erweiterung • Up-Selling der eigenen Tarif-struktur in höherwertige Tarife	• Ausbau der Zahlungs-funktionen • Zahlungs-abwicklung • Forderungs-management • Entwicklung und Implementierung innovativer Zahlungsarten	• Kunden-beziehungs-management • Entlastung des After-Sales-Service durch „Easy To Use“-Angebote (beispielsweise FAQ, AI-Chatbots)

Abb. 13.32 Aggregierte Wertschöpfungskette Connection-Geschäftsmodell. (Vgl. Wirtz (2010b), S. 302; Wirtz (2020), S. 559; Wirtz (2021b), S. 364)

Serverbetrieb

Am Beginn der Wertschöpfungskette stehen die Planung beziehungsweise der Aufbau der für den Betrieb notwendigen Serverressourcen, um dem Kunden einen zuverlässigen Zugang zum Internet beziehungsweise die entsprechenden Anwendungen und Plattformen bereitstellen zu können.

In diesem Zusammenhang müssen viele kritische Entscheidungen bei der Auswahl der geeigneten Software- sowie Hardwarekomponenten getroffen werden, um die Qualität sowie die Verfügbarkeit der Dienste garantieren zu können. In diesem Kontext müssen beispielsweise Themen wie Skalierbarkeit oder Load Balancing abgewogen werden und in Beschaffungsentscheidungen eine ausreichende Berücksichtigung finden.

Netzinfrastruktur

Neben der Selektion der geeigneten Hard- und Software stellt die Netzinfrastruktur eine weitere wesentliche Determinante für die Wertschöpfung dar. Nur durch eine geeignete Netzinfrastruktur können dem Nutzer Dienste und Services in ausreichender Qualität angeboten werden. Besonders für den Geschäftsmodelltyp Inter-Connection sind der Ausbau und die Wartung der Netzinfrastruktur von großer Bedeutung, um im Wettbewerb mit anderen Anbietern nicht strategische Nachteile durch eine veraltete Technologie zu erlangen.

Das wesentliche Differenzierungsmerkmal der Internetprovider stellt neben dem Preis für die Produkte die eigentliche Geschwindigkeit der Internetverbindung dar. Verliert ein Anbieter im technologischen Wettrüsten den Anschluss, so kann er dem Kunden nur die maximal erreichbare (langsamere) Bandbreite der älteren Technologie und somit nur einen geringeren Nutzen bieten.

Der Aufbau und Ausbau beziehungsweise die Instandhaltung einer Netzinfrastruktur ist sehr kostenintensiv. Es kann daher sinnvoll sein, eine Kooperation mit Infrastrukturpartnern anzustreben. So gingen die beiden Mobilfunkanbieter O2 und T-Mobile eine strategische Partnerschaft bei dem Aufbau des UMTS-Netzes ein, um im Rahmen dieser Allianz Synergieeffekte und Kosteneinsparungen in Höhe von circa drei Milliarden Euro zu realisieren.[135] Auch im Bereich Glasfaserausbau kooperiert die Telekom aktuell mit Wettbewerbern in ganz Deutschland um Synergieeffekte zu realisieren.[136]

Netzwerkstrukturkomponenten des Internets

Eine Kooperation mit anderen Unternehmen kann aber nicht nur nützlich, sondern im Fall der Internet Service Provider in einigen Bereichen zwingend notwendig sein. Dies ist maßgeblich durch den Aufbau des Internets begründet, welches ein weltweites Netzwerk, bestehend aus vielen einzelnen Rechnernetzwerken, ist. Dabei bietet der Internet Service Provider (ISP) dem Endkunden einen Zugangspunkt zu diesem globalen Netzwerk.

---

[135] Vgl. Delbrouck (2002).

[136] Vgl. Telekom (2022a).

Der Anwender wählt sich mittels eines Modems bei dem Provider ein und stellt so eine Verbindung her. Damit besteht automatisch eine Verbindung zu allen anderen Anwendern, die gerade bei diesem Provider angemeldet sind. Um nicht nur einen lokalen, sondern einen weltweiten Zugriff zu ermöglichen, haben die Internet Service Provider ein Kooperationsabkommen geschlossen. Sie bilden ein eigenes Netzwerk und können hierdurch Anfragen global weiterleiten.

Marketing und Vertrieb

Nach Sicherstellung der technischen Voraussetzungen müssen Marketing und Vertrieb schließlich für die Umsetzung der entworfenen Leistungs- und Erlösmodelle sorgen. Um beim potenziellen Nutzer Aufmerksamkeit zu erlangen, können neben den üblichen Offline-Aktivitäten auch cross-mediale beziehungsweise Online-Marketingaktivitäten durchgeführt werden.[137]

Während im Bereich der Intra-Connection in den Communitys starke Netzwerkeffekte bestehen, ist dies bei den Inter-Connection-Geschäftsmodelltypen nicht der Fall. Dadurch bestehen nur geringe Lock-in-Effekte und ein Kunde ist eher bereit, den Anbieter zu wechseln, um einen geringeren Preis für das Produkt zu zahlen oder für denselben Preis eine höhere Leistung zu erhalten.

In diesem Kontext sind eine große Markenbekanntheit sowie eine Markenerweiterungsfähigkeit von großer Bedeutung, um Kunden zu halten beziehungsweise neue Kunden zu gewinnen. So bietet die Telekom Deutschland beispielsweise im Rahmen eines Cross-beziehungsweise Up-Sellings nicht mehr nur reine Internetzugänge an, sondern wertet diese mit Komplementärdienstleistungen, wie zum Beispiel IPTV, auf.

Unter dem Begriff „MagentaTV" wird das Premium-Internet-TV-Angebot vermarktet, bei dem der Kunde mittels Internet Fernsehsender empfangen und auf Online-Mediatheken zugreifen kann. Darüber hinaus ist zeitversetztes Fernsehen sowie ein direkter Zugriff auf Streamingdienste wie beispielsweise Netflix möglich. Abb. 13.33 stellt das Angebot von „MagentaTV" dar.

Cross- und Up-Selling

In diesem Zusammenhang muss besonders der Vertrieb gesteuert werden, um das angestrebte Cross- beziehungsweise Up-Selling in höherwertige Tarifstrukturen mit Premiumangeboten zu erreichen. Dieser umfasst insbesondere die Koordination der Vertriebskanäle, die Preis- und Konditionenpolitik sowie die Kommunikationspolitik, um Nutzer und potenzielle Kunden zu akquirieren.

Während die Margen in den Basistarifen der Internet Service Provider gering und dem harten Wettbewerb geschuldet sind, kann der Vertrieb maßgeblich zur Gewinnsteigerung beitragen, indem höherwertige Produkte bei den Vertriebsprozessen im Fokus stehen.

---

[137] Vgl. Wirtz (2022b), S. 22 ff.

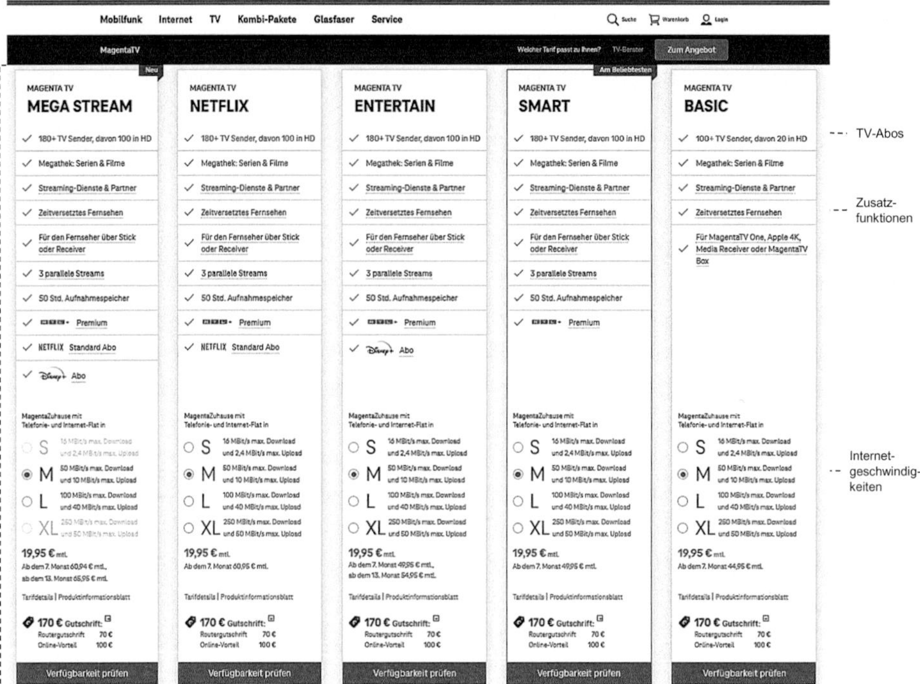

Abb. 13.33 MagentaTV-Angebot der Telekom. (In Anlehnung an Telekom (2022c))

Billing

Die Wertschöpfungskomponente des Billing geht direkt aus dem Vertrieb hervor und befasst sich mit der Thematik der Bezahlsysteme und des Forderungsmanagements der akquirierten Nutzungsverträge. Je nach Art des Geschäftsmodelltyps kommen verschiedene Zahlungsformen in Frage. Da bei den Inter-Connection-Geschäftsmodellen typischerweise regelmäßig Zahlungen erfolgen, kann der Anbieter seinen Abonnenten das Lastschriftverfahren oder Kreditkartenzahlung beziehungsweise Zahlung per Rechnung anbieten.

Im Gegensatz dazu werden bei Intra-Connection-Anbietern meist nur kleine beziehungsweise Kleinstbeträge in Rechnung gestellt, weswegen sich eine Lastschrift oder Rechnung aufgrund der hohen Transaktionskosten meist nicht lohnen. In diesem Fall wären Micro-Payment-Dienste wie PayPal aufgrund der niedrigeren Transaktionsgebühren angebrachter. Weiterhin muss die Entwicklung und Implementierung innovativer Zahlungsarten forciert werden, um die Nutzung der Pay-per-Use-Angebote komfortabler zu gestalten und so die Akzeptanz beziehungsweise die daraus generierten Erlöse nachhaltig zu steigern.

CRM/After-Sales-Service

Im letzten Schritt der Wertschöpfungskette der Connection-Geschäftsmodelltypen steht das Customer Relationship Management beziehungsweise der After-Sales-Service im

Mittelpunkt. Durch aktive Kundenpflege und konsequente Ausrichtung des Unternehmens auf den Kunden beziehungsweise die systematische Gestaltung der Kundenbeziehungsprozesse sollen Kunden möglichst zufrieden gestellt und an das Unternehmen gebunden werden. Dies kann erreicht werden, indem möglichst viele Informationen aus der Kommunikation mit den Kunden dokumentiert und diesen eindeutig zugeordnet werden.

In diesem Zusammenhang sollte den Kunden ein bestmöglicher Service mit angemessenem Aufwand geboten werden, wobei dem After-Sales-Service eine bedeutende Rolle zukommt. Dieser muss den Kunden gerade in der Anfangsphase der Kundenbeziehung mit Rat und Tat zur Seite stehen, da häufig bei der Installation neuer Internetanschlüsse beziehungsweise der entsprechenden Geräte Probleme auftreten können.

Damit der After-Sales-Service jedoch nicht wegen trivialen Anfragen kontaktiert werden muss, kann das Unternehmen dem Kunden eine Reihe von Easy-to-Use-Angeboten bereitstellen. So wird der After-Sales-Service beispielsweise durch Frequently Asked Questions (FAQs) auf der Internetseite entlastet, da der Kunde sich selbstständig die Lösung zu bekannten Problemen heraussuchen kann. Auch AI-basierte Chatbots können beim Kundenkontakt unterstützen und Mitarbeiter entlasten. Abb. 13.34 stellt das After-Sales-Serviceangebot der Telekom dar.

Nachdem die Wertschöpfungskette eines Connection-Anbieters dargestellt wurde, wird im nächsten Abschnitt auf die Core Assets und Kernkompetenzen eingegangen, die Voraussetzung dafür sind, dass ein Connection-Anbieter erfolgreich und nachhaltig auf dem wettbewerbsintensiven Internetmarkt bestehen kann.

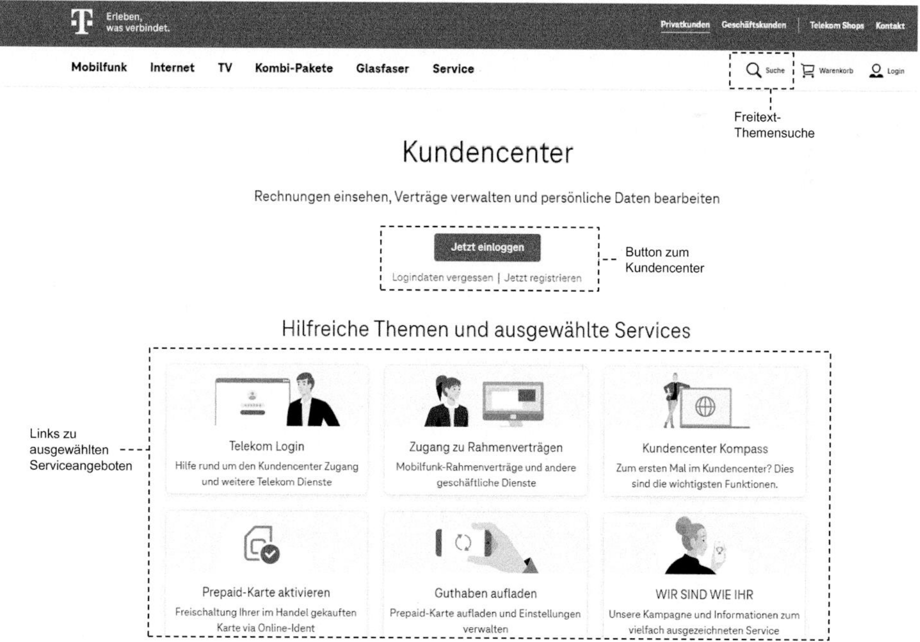

Abb. 13.34 After-Sales-Service der Telekom. (In Anlehnung an Telekom (2022b))

13.5.2 Core Assets und Kernkompetenzen

Zu den bedeutendsten Core Assets von Connection-Anbietern zählen im Wesentlichen die Netzinfrastruktur selbst beziehungsweise die zugrunde liegenden IT-Plattformen. Darüber hinaus können die dafür verantwortlichen Mitarbeiter als Core Asset gelten, da diese Spezialisten für den zuverlässigen Betrieb der Server beziehungsweise Netzwerke benötigt werden. Außerdem zählen insbesondere die Marke sowie der Kunden- beziehungsweise Nutzerstamm zu den Core Assets von Connection-Anbietern.

Netzinfrastruktur

Die Netzinfrastruktur ist insbesondere für den Inter-Connection-Anbieter ein bedeutender Core Asset, da nur so eine reibungslose, dauerhafte Verbindung zum Internet hergestellt werden kann. Beispielsweise hatte die Deutsche Telekom lange Zeit ein Monopol in der Bereitstellung des Internetzugangs.

Auch heute zeigt sich, dass Konkurrenten der Deutschen Telekom den Markt zwar etwas mobilisiert haben und damit der Core Asset der Deutschen Telekom zusehends erodiert, allerdings schneidet das Telekom-Netz in Tests immer noch besser ab als die Angebote der Konkurrenz.[138] Darüber hinaus wird dieser Core Asset auch durch alternative Verbindungsstandards, wie zum Beispiel Kabelanbieter oder mobile Zugangstechnologien, vermehrt bedroht.

IT-Plattform

Ähnlich der notwendigen Netzinfrastruktur für Internet Service Provider stellen auch die IT-Plattformen der anderen Connection-Geschäftsmodelle einen möglichen Core Asset dar. Ein Community-Betreiber muss beispielsweise dafür Sorge tragen, dass die Nutzerplattform ständig einen einwandfreien Betrieb zulässt.

Dazu gehören allgemein auch die Ladezeiten der Plattform sowie die Minimierung der notwendigen Updates beziehungsweise Restrukturierungsmaßnahmen. Wenn es einem Anbieter gelingt, die notwendigen IT-Plattformen effizient zu managen und für den Nutzer keine Einschränkungen eintreten, kann die IT-Plattform als Core Asset des Anbieters verstanden werden.

Mitarbeiter

Eng verknüpft mit diesem Core Asset sind die Mitarbeiter der Connection-Anbieter. Diese sind maßgeblich an dem effizienten Betrieb der Plattform beteiligt und müssen sicherstellen, dass neben den technischen Komponenten auch eventuell aufkommende Probleme mit oder zwischen den Nutzern schnellstmöglich behoben werden. Insbesondere der Kundenservice ist bei den Inter-Connection-Anbietern hervorzuheben. Dieser variiert deutlich zwischen den Anbietern.

[138] Vgl. Düsterhöft/Pöhler (2022).

Allerdings ist auch im Rahmen der Intra-Connection wichtig, dass, wenn zum Beispiel unberechtigte Zugriffe auf ein E-Mail- oder Chat-Profil stattgefunden haben, diese von den Mitarbeitern schnellstmöglich erkannt und behoben werden. Alle diese Maßnahmen führen in der Summe dazu, dass der Nutzer beziehungsweise Kunde ein besonderes Vertrauen in den Anbieter setzt und somit langfristig gebunden wird.

Marke

Dieses Vertrauen ist auch sehr stark gegenüber der Marke des Connection-Anbieters zu erkennen. Die Marke, wie auch bei anderen Geschäftsmodellvarianten des 4C-Net Business Model, stellt ein Wertversprechen dar und wird vom Kunden mit bestimmten Produkteigenschaften assoziiert. Während bei den bekannten Internet Service Providern der Markenname auch teilweise mit einer wenig ausgereiften Servicepolitik verbunden wird, zeigt sich insbesondere im Rahmen der Community-Anbieter, dass die Marke einen entscheidenden Anteil daran hat, ob der Plattform insgesamt vertraut wird.

Beispielsweise ist Facebook vermehrt in die Kritik geraten, da Nutzer mit verschiedenen Datenschutzbestimmungen nicht zufrieden waren. Als Konsequenz haben sich teilweise weniger Nutzer neu registriert beziehungsweise bestehende Nutzer haben sensible Daten aus ihren Profilen gelöscht. Der Netzwerkeffekt ist weiterhin ein mit der Marke als Core Asset in Verbindung zu bringender Aspekt. Sobald sich eine Marke im Community-Bereich etabliert hat, steigt durch die zunehmende Nutzerzahl auch die Bekanntheit. Dies steigert wiederum den Markenwert.

Kunden- und Nutzerstamm

Somit kommt auch dem Kunden- beziehungsweise Nutzerstamm eine Core Asset-Funktion zu. Nicht nur durch die positiven Netzwerkeffekte, zum Beispiel im Rahmen von Weiterempfehlungen, sondern auch über die insgesamt aktiven Nutzer wird eine Plattform beziehungsweise ein Service für andere Nutzer interessant.

Beispielsweise sind insbesondere die aktiv partizipierenden Nutzer auf der Community-Plattform MySpace ein Core Asset, da diese vermehrt selbst generierte Inhalte bereitstellen, die von anderen Nutzern rezipiert werden. Die passiven Rezipienten werden dadurch eventuell angeregt, selbst aktiv und damit zum Core Asset des Anbieters zu werden.

Kernkompetenzen

Neben den wichtigen Core Assets sind Kernkompetenzen erforderlich, um das Potenzial der Core Assets für die Anbieter optimal auszuschöpfen. Im Rahmen von Connection-Anbietern sind insbesondere die Technologie- und Integrationskompetenz als auch die Kundengewinnungs- und Kundenbindungskompetenz zu nennen.

Technologie- und Integrationskompetenz

Die Technologie- und Integrationskompetenz ist für alle Connection-Anbieter von besonderer Bedeutung. Neben der Sicherstellung des beschriebenen reibungslosen

Internet- beziehungsweise Plattformzugangs (Technologiekompetenz) ist in diesem Zusammenhang auch die Nutzung verschiedener Zugangstechnologien zu nennen (Integrationskompetenz). So bieten die bekannten Internet Service Provider in Deutschland bereits seit einiger Zeit sogenannte Bundling-Angebote an, mit denen Kunden über verschiedene Wege im Internet aktiv werden können.

Kundengewinnungs- und Kundenbindungskompetenz
Bei der Kundengewinnungs- und Kundenbindungskompetenz stehen insbesondere die Fähigkeiten der Mitarbeiter im Vordergrund. Die Kundengewinnung ist bei den Inter-Connection-Anbietern mit einer klassischen Vertriebskompetenz gekoppelt, die es ermöglicht, Neukunden zu gewinnen beziehungsweise Up-Selling-Potenziale zu nutzen. Auch im Rahmen der Kundenbindung stehen den Internet Service Providern sowohl online als auch offline CRM-Maßnahmen zur Verfügung.

Anders ist die Kundengewinnungskompetenz bei den Intra-Connection-Anbietern zu verstehen. Bei den meisten Community- beziehungsweise Mailing-Angeboten findet keine direkte Kundenakquise statt. Vielmehr wird durch indirekte Verweise auf den Service oder durch Referral Marketing versucht, neue Kunden zu gewinnen.

Beispielsweise bietet Google den Nutzern seines E-Mail-Services einen Einladungsservice an. Nutzer können somit Freunde oder Bekannte zur Nutzung von Gmail einladen. Abb. 13.35 fasst die Core Assets und Kernkompetenzen von Connection-Anbietern zusammen.

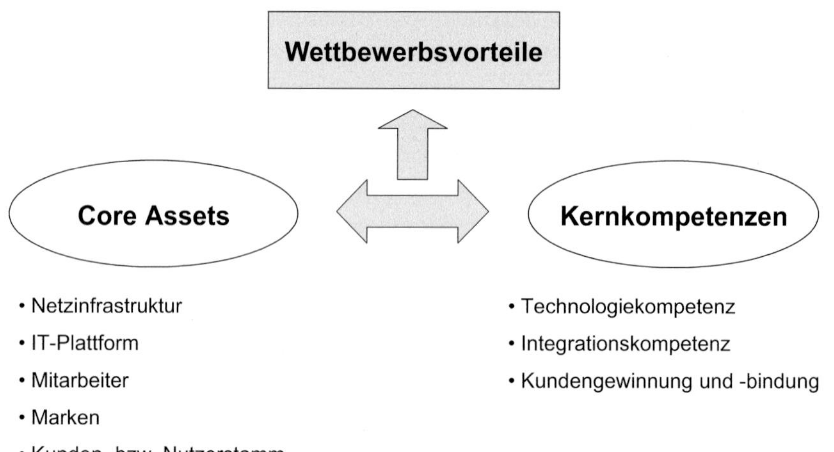

Abb. 13.35 Core Assets und Kernkompetenzen von Connection-Anbietern. (Vgl. Wirtz (2010b), S. 310; Wirtz (2020), S. 568; Wirtz (2021b), S. 369)

13.5.3 Leistungsangebote

Die Leistungsangebote der Geschäftsmodellvarianten Intra- sowie Inter-Connection als Geschäftsmodelle des Typs Connection werden im Folgenden weiter konkretisiert. Bei der Darstellung wird jeweils auf ihre Charakteristika und Besonderheiten als Connection-Geschäftsmodell eingegangen. Weiterhin werden Praxisbeispiele zur Veranschaulichung verwendet.

13.5.3.1 Intra-Connection

Intra-Connection-Geschäftsmodelltypen bieten kommerzielle und/oder kommunikative Dienstleistungen innerhalb des Internets an. Wie bereits angeführt, können innerhalb dieses Geschäftsmodelltyps zwischen dem sehr ausdifferenzierten Community-Bereich und den für das Internet typischen Mailing Services unterschieden werden. Der Community-Bereich lässt sich in diesem Zusammenhang weiterhin in die Sub-Geschäftsmodelle soziale Netzwerke, Social Messages, Customer Exchanges und Customer-Opinion-Portale differenzieren.

Soziale Netzwerke

Soziale Netzwerke haben durch die Entwicklungen im Rahmen des Web 2.0 beziehungsweise Social Media eine besondere Prominenz erreicht.[139] Die gängigsten sozialen Netzwerke für den vorwiegend privaten Bereich sind Facebook, TikTok und Snapchat. Ein Netzwerk für verstärkt professionelle Auftritte der Mitglieder in einem seriöseren Umfeld stellt die Plattform Xing dar. Das Leistungsangebot der Plattformen ist dabei allerdings meist ähnlich.

Dem Nutzer wird ermöglicht, ein eigenes Profil anzulegen und verschiedenen Content, beispielsweise Fotos, Musik oder auch einen Lebenslauf, freizugeben. Bei manchen Netzwerken, wie zum Beispiel Xing, LinkedIn oder Facebook, ist es möglich, die kreierten Profile für Nicht-Mitglieder öffentlich zu schalten, sodass diese von Suchmaschinen gefunden werden können. Ein weiterer wichtiger Aspekt der sozialen Netzwerke ist der Vernetzungsgedanke, das heißt die Nutzer verbinden sich mit anderen Nutzern und bilden damit ein Interaktions- und Kommunikationsgefüge.

Aktive Partizipation

Dieses Interaktions- und Kommunikationsgefüge stellt hauptsächlich auf die aktive Partizipation der Nutzer in diesen Netzwerken ab.[140] Die Plattformen ziehen einen Großteil

[139] Vgl. Wirtz/Nitzsche/Ullrich (2014), S. 65.

[140] Vgl. Wirtz/Elsäßer (2012), S. 518.

ihres Angebots für die Nutzer aus den Beiträgen beziehungsweise dem allgemeinen Content, den die registrierten Nutzer bereitstellen. In diesem Zusammenhang sind insbesondere Vertrauen, das Zugehörigkeitsgefühl sowie der Drang zur Selbstdarstellung für die sehr hohe Aktivität auf den Plattformen verantwortlich.

All diese Elemente werden auch in der selbstformulierten Mission der Plattform Facebook deutlich. Diese war bis 2017: „Give people the power to share and make the world more open and connected" und lautet für Facebooks Mutterkonzern Meta aktuell "giving people the power to build community and bring the world closer together".[141]

Ein ähnliches Leistungsangebot wie die sozialen Netzwerke verfolgen auch die Social-Messages-Anbieter. Hierbei steht allerdings nicht wie im Facebook-Beispiel die Content-Generierung beziehungsweise -Verlinkung im Vordergrund, sondern vielmehr der kommunikative Aspekt.

Während in den Anfängen des Internets öffentlichen Chaträumen eine besondere Bedeutung für die interaktive Kommunikation zukam, hat sich dieser Trend deutlich zu privaten Chats beziehungsweise Messenger-Diensten gewandelt. Die in Deutschland am weitesten verbreiteten Dienste in diesem Zusammenhang sind die Dienste des Meta-Konzerns WhatsApp und Facebook Messenger, Apples FaceTime sowie der Messenger-Dienst Skype, der zu Microsoft gehört.[142] Messenger-Dienste bieten dem Nutzer die Möglichkeit, über Textnachrichten und Online- und Videotelefonie zu kommunizieren und Dateien zu tauschen.

Twitter/X

Einen vergleichbaren Dienst, allerdings in einem höheren Maße öffentlich, stellt der Anbieter Twitter/X zur Verfügung. Twitter/X ermöglicht es, Kurznachrichten an die Plattform und damit an andere Nutzer der Plattform zu verschicken, um über aktuelle Themen zu diskutieren oder aber Aktualisierungen zum Alltag zu veröffentlichen („Microblogging").

Customer-Exchange-Plattformen

Ein Leistungsangebot im Rahmen der Intra-Connection, das in vielen Fällen mit dem illegalen Gebrauch des Internets zum Austausch von Daten aller Art in Verbindung gebracht wird, sind Customer-Exchange-Plattformen. Eines der größten Netzwerke in diesem Bereich stellte die Plattform Rapidshare dar. Rapidshare bot einen 1-Click File Hosting-Service an, wobei damit geworben wurde, dass das Unternehmen eine besonders hohe Datenübertragungsgeschwindigkeit ermöglicht, damit Daten weltweit schnell und sicher verteilt werden können.

Weiterhin unterschied das Unternehmen zwischen einem kostenlosen und einem Premium-Account. Der kostenlose Account stand jedem Nutzer ohne Registrierung zur Verfügung und war bezüglich der Datenübertragungsservices limitiert. Der Premium-Account ermöglichte hingegen eine schnellere Up- sowie Download-Geschwindigkeit und ein erhöhtes Datenübertragungsvolumen.

---

[141] Meta (2022).

[142] Vgl. Statista Global Consumer Survey (2022).

Welche Dateien hoch- beziehungsweise heruntergeladen werden, war bei Rapidshare nicht limitiert, weshalb es auch vermehrt zu illegalen Down- beziehungsweise Uploads kam. Der Geschäftsbetrieb von Rapidshare wurde zum 31. März 2015 eingestellt.

Legales Content Sharing

Ein Beispiel für Customer-Exchange-Plattformen, die insgesamt verstärkt den privaten und damit urheberrechtlich unbedenklicheren Content fokussieren, war beispielsweise Picasa oder ist immer noch der Dienst Flickr. Die Anbieter offerieren den Nutzern einen Speicherplatz im Internet, um insbesondere Fotos oder Videos zu tauschen beziehungsweise zu verlinken.

Auch in diesem Zusammenhang bieten die Unternehmen einen kostenlosen Service sowie einen Premium-Account an. Der kostenlose Account ist wiederum bezüglich der Datenmenge limitiert, bei den Premium-Accounts kann zwischen verschiedenen Datenvolumen gewählt werden. Abb. 13.36 zeigt ein Beispiel der Google One Abo-Kostenstruktur des Customer-Exchange-Anbieters Google.

Customer-Opinion-Portale

Als weitere Variante der Intra-Connection-Submodelle sind die Customer-Opinion-Portale zu nennen. Die Entwicklungen im Rahmen des Web 2.0 beziehungsweise Social Media haben auch bei dieser Geschäftsmodellvariante einen besonderen Wachstumseffekt generiert.

Durch die vermehrt öffentliche Kommunikation der Web 2.0-Nutzer und der damit zusammenhängenden öffentlichen Meinungsbildung kommen den Opinion-Portalen eine besondere Bedeutung zu, da Internetnutzer Bewertungen auf Unternehmenswebseiten weniger Vertrauen schenken, als Erfahrungsberichten auf unabhängigen Portalen.[143]

Abb. 13.36 Kostenlose versus kostenpflichtige Abo-Pakete. (In Anlehnung an Google (2022c))

[143] Vgl. Dong/Li/Sivakumar (2019), S. 537.

- Erfahrungsberichte

Das Angebot der Plattformen ist primär auf den Kundennutzen ausgerichtet. Neben allgemeinen Produktbeschreibungen sind die wichtigen Produktreviews und -bewertungen Kernbestandteile des Leistungsangebots. Durch diese zum Teil mehrere Seiten langen multimedialen Produktbeschreibungen können potenzielle Käufer eine detaillierte Übersicht zu dem gewünschten Produkt erlangen und die Kaufentscheidung mit größerer Sicherheit treffen.

Mailing

Das Geschäftsmodell Mailing beinhaltet die klassischen E-Mail-Dienste, die in den letzten Jahren insbesondere durch die Zunahme der Speichermöglichkeiten einen Wandel erfahren haben. Die Funktionalität und das Leistungsangebot der meisten E-Mail-Accounts sind hingegen gleichgeblieben.

So können Nutzer Nachrichten in Briefform an andere E-Mail-Adressen kostenlos digital verschicken. Insgesamt zeigt sich bei vielen Anbietern allerdings eine Integration der E-Mail-Dienste mit weiteren, meist Web 2.0- beziehungsweise Social-Media-Applikationen. Beispiele sind Gmail und Outlook.

Während die klassischen E-Mails nur wenige Kilobytes umfassen, hat sich insbesondere durch die dynamische Leistungsentwicklung des Breitbandinternet auch das Versenden von Videos und Bildern immer weiter etabliert. Mit der Zunahme der großen E-Mail-Anhänge ist auch die Speicherkapazität der meisten Postfächer gestiegen. So bieten mittlerweile beispielsweise der Anbieter Outlook von Microsoft sowie Googles Gmail 15 Gigabyte Speicherplatz. Andere Anbieter wie Gmx.de offerieren hingegen nur ein Gigabyte.[144]

13.5.3.2 Inter-Connection

Die Geschäftsmodellvariante Inter-Connection wird in die beiden Typen Fixed und M-Connection unterteilt, wobei eine klare Differenzierung insbesondere bei den großen Anbietern in Deutschland nicht immer möglich ist. So bieten beispielsweise die Telekom und Vodafone Fixed-Connection- als auch M-Connection-Leistungen an.

Insgesamt zeigt sich, dass bei den Inter-Connection-Anbietern ein Trend zur Leistungsbündelung gegeben ist und die Verbindung zum Internet über mehrere Wege realisiert wird.[145] Diese Leistungsbündel, auch Triple Play genannt, kombinieren dabei beispielsweise Telefon-, Internet- und Fernsehangebote. Bei der erweiterten Variante Quadruple Play wird dieses Leistungsbündel noch um ein mobiles Angebot erweitert, womit schließlich die Grenzen zwischen Fixed und M-Connection verschwimmen.

[144] Vgl. Microsoft (2022c); Google (2022b); GMX (2022).

[145] Vgl. Schilke/Wirtz (2012), S. 81.

Spezialisierte Unternehmen

Neben den großen Allround-Anbietern existiert in Deutschland auch eine Vielzahl kleinerer Unternehmen des Inter-Connection-Typs, die eine Fokussierung auf spezielle Services oder regionale Angebote legen, wie zum Beispiel NetCologne oder Deutsche Glasfaser.

Während die klassischen Telekommunikationsunternehmen verstärkt auf technische Netze wie DSL oder Glasfaser bauen, nutzen kleinere Anbieter das Kabelnetz, um Telefon- und Internetdienste anzubieten. Bei der Nutzung dieser Verbindungstechnologie können die Unternehmen dann eindeutig dem Fixed-Connection-Typ zugeordnet werden.

Im Rahmen der reinen M-Connection-Anbieter ist eine erhebliche Vielfalt festzustellen, obwohl das eigentliche Leistungsangebot der M-Connection-Unternehmen, die Verbindung des Kunden mit dem mobilen Internet, insgesamt identisch ist.

Es kann im Allgemeinen zwischen wenigen Mobilfunkanbietern mit eigenen Netzen, wie zum Beispiel Vodafone oder O2, und den reinen Service-Providern, die die Netze für ihren Service nutzen, unterschieden werden. Dabei sind die Service-Provider im M-Connection-Bereich mittlerweile sehr zahlreich in Deutschland vertreten.

Abb. 13.37 zeigt einen Überblick über den M-Connection-Markt in Deutschland. Dabei sind die einzelnen Service-Provider den jeweiligen Mobilfunkanbietern zugeordnet. Als vierter Netzanbieter plant 1&1 2023 in Deutschland ans Netz zu gehen, bis es soweit ist nutzen 1&1-Kunden das O2-Netz.

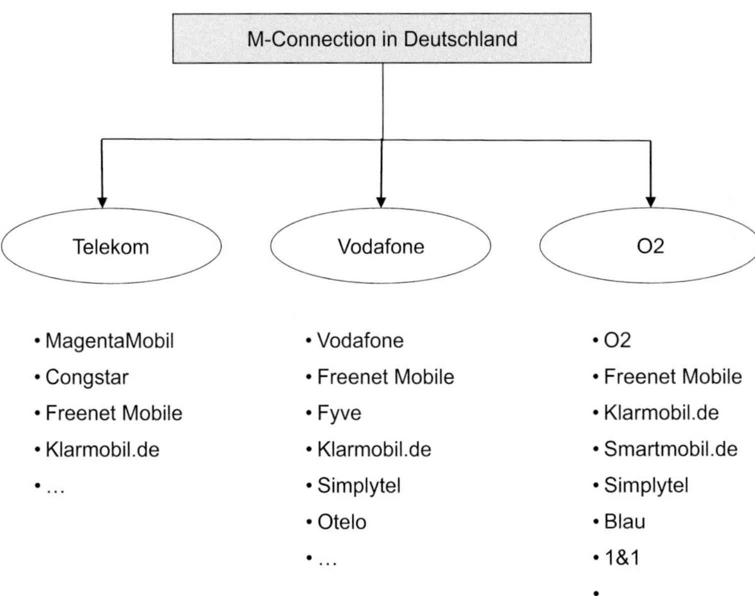

Abb. 13.37 M-Connection-Anbieter in Deutschland. (Vgl. Wirtz (2010b), S. 318 ff.; Wirtz (2020), S. 574, Stand: Januar 2023)

13.5.4 Fallbeispiel Connection: LinkedIn

LinkedIn ist einer der Pioniere auf dem Gebiet der professionellen Vernetzung von Fach- und Führungskräften. Es wurde am 28. Dezember 2002 von Reid Hoffman, Allen Blue, Konstantin Guericke, Eric Ly und Jean-Luc Vaillant gegründet und ging am 5. Mai 2003 online.

LinkedIn ist in erster Linie eine professionelle Networking-Webseite, die Lebensläufe von Fachleuten und Führungskräften präsentiert, Arbeitgeber vorstellt und Stellenangebote anzeigt. Daneben hat sich LinkedIn auch zu einer Plattform zum Austausch von Inhalten entwickelt. Die LinkedIn-Webseite ist die weltweit größte professionelle Netzwerkplattform für Fach- und Führungskräfte. In seiner Mission gibt LinkedIn als Ziel an „Mitglieder rund um den Globus miteinander vernetzen, um sie produktiver und erfolgreicher zu machen".[146]

Geschichte von LinkedIn

Als Start-Up wurde LinkedIn insbesondere durch Sequoia Capital mit Venture Capital finanziert. Im Januar 2011 hatte LinkedIn seinen Börsengang und Ende 2016 wurde LinkedIn von Microsoft für circa 26 Mrd. US-Dollar erworben. Der Erwerb von LinkedIn durch Microsoft zeigt in besonderem Maße die sehr erfolgreiche Entwicklung von LinkedIn auf. In den ersten zwei Jahren konnte LinkedIn nicht mehr als 100.000 Mitglieder gewinnen. Bereits 2008 hatte LinkedIn über 15 Mio. Nutzer und eröffnete das erste Büro außerhalb der USA in London.

Im Jahr 2011 erreichte LinkedIn die Marke von 100 Mio. Mitgliedern und hat über 1000 Mitarbeiter in 10 Standorten weltweit. Mit seinem zehnjährigen Jubiläum im Jahr 2013 hat LinkedIn über 300 Mio. Nutzer und stieg auf Rang 24 der populärsten Webseiten weltweit auf. Im Jahr 2016 hat LinkedIn rund 433 Mio. Mitglieder in mehr als 200 Ländern.[147] 2017 verzeichnet das Unternehmen 467 Mio. Nutzer, wovon 106 Mio. Nutzer monatlich aktiv im Netzwerk sind.[148] Der Wachstumskurs von LinkedIn hält weiter an, im Jahr 2022 hat LinkedIn weltweit mehr als 875 Mio. Mitglieder.[149]

Erlösquellen von LinkedIn

Vor dem Hintergrund des erheblichen Mitgliederwachstums konnte LinkedIn auch seine Umsätze und Gewinne deutlich steigern. LinkedIn erzielte 2006 erstmals Gewinne. Im Jahr 2009 hatte LinkedIn lediglich Umsätze in Höhe von 120 Mio. US-Dollar. Vier Jahre später wurden bereits Umsätze in Höhe von 1,53 Mrd. US-Dollar gemacht. 2015 stieg der

[146] LinkedIn (2022c).

[147] Vgl. LinkedIn (2017).

[148] Vgl. Chaudhary (2017).

[149] Vgl. LinkedIn (2022a).

Umsatz auf nahezu drei Milliarden wobei der EBITDA 780 Mio. beziehungsweise 26 % des Umsatzes betrug.[150]

LinkedIn hat dabei fünf verschiedene Erlösquellen, Talent Solutions, Marketing Solutions, Premium Subscriptions, Sales Solutions und Learning Solutions. Der Bereich Talent Solutions hat große Bedeutung und machte bereits 2015 mit 1,8 Mrd. US-Dollar den größten Anteil am Umsatz aus.

Im Jahr 2022 gab Microsoft bekannt, dass der Bereich Talent Solutions innerhalb von 12 Monaten mehr als 6 Mrd. US-Dollar Umsatz erzielte. Auch der Bereich Marketing Solutions erzielte mit 5 Mrd. Jahresumsatz ein Rekordhoch und machte LinkedIn zum Marktführer im Bereich digitaler B2B-Werbung.[151] Insgesamt erzielte LinkedIn im Geschäftsjahr 2022 einen Gesamtumsatz von 13,8 Mrd. US-Dollar.[152]

Aus den Daten ist erkennbar, dass der LinkedIn-Umsatz vor allem aus den zwei Produkten des B2B-Bereichs besteht. Die Lösungen für die Personalsuche (LinkedIn Talent Solutions) machen mit 43 % den größten Anteil aus. Die Marketinglösungen (LinkedIn Marketing Solutions) machen 36 % aus.

Talent Solutions ist der LinkedIn Bereich, der sich zur Aufgabe macht Arbeitnehmer und Arbeitgeber entsprechend zu vernetzen. Neben dem klassischen Einstellen von Stellenanzeigen, gibt es dabei auch Möglichkeiten für Head Hunter und Personalberatungsagenturen in der Datenbank potenzielle Fachkräfte für die eigenen Kunden ausfindig zu machen. Der Bereich Marketing Solutions fokussiert sich auf das Schalten von personalisierter Werbung.

Der dritte Bereich Premium Subscriptions bietet Mitgliedern ein kostenpflichtiges Mitgliedschaftsmodell an, welches ein erweitertes Serviceangebot für Privatkunden mit sich bringt. So sind Premium-Nutzer beispielsweise berechtigt Einladungen und Nachrichten an Mitglieder zu verschicken, die nicht im Umfeld, also in einer mittelbaren Beziehung, zur eigenen Person stehen. Als Marktführer im Bereich Professional Social Networking zeichnet sich LinkedIn durch sein umfassendes Nutzungsangebot aus.

Die Startseite für Standard-Nutzer ist sehr bedienungsfreundlich und mit umfangreichen Funktionen ausgestattet. Die Startseite ist modular aufgebaut, wobei es wie bei vielen Social-Networking-Webseiten einige klassische Funktionen gibt: Es wird eine Suchfunktion, entsprechende Kontofunktionen, ein Newsfeed, in dem personalisierte Posts angezeigt werden, ein Messenger- beziehungsweise Chat-Feld, ein Beitragsfeld, in das eigener Content eingestellt werden kann, und schließlich auch Felder um Kontakte hinzuzufügen, angeboten.

In dem Bereich Stay Connected & Informed stellt LinkedIn als kostenlose Dienste die folgenden Funktionen zur Verfügung: Bearbeitung und Präsentation des Profils, Empfang und Erstellung von Postings, Messaging, Netzwerk- und Suchfunktion, Kontaktvorschläge

---

[150] Vgl. LinkedIn (2016), S. 50.

[151] Vgl. LinkedIn (2022b).

[152] Vgl. Microsoft (2022a), S. 95.

und Adressbuch-Import, Zugang zu Influencer-Content, Groups und der Publishing Plattform und die Arbeit in Themen-Gruppen.

Daneben gibt es im kostenfreien Kundenaccount auch den Bereich Advance My Career: Die Jobsuche, die Firmenprofile, die Universitäts-Seiten und die Funktion Referenzen für andere zu schreiben und Kompetenzen anderen Personen zuzuschreiben. Zudem wird eine kostenlose LinkedIn mobile App für alle gängigen mobilen Systeme bereitgestellt und darüber hinaus mehrere Schnittstellen bereitgestellt, mit denen ein LinkedIn Datenaustausch mit anderen Softwares ermöglicht wird.

LinkedIn bietet seinen Unternehmenskunden spezifische Zielgruppenkontakte und eine genaue Ansprache bestimmter Zielgruppen. So können spezifische Eigenschaften der Nutzer, die aus dem Nutzungsverhalten (z. B. aus dem Lesen spezifischer Inhalte) oder aus konkreten Hinweisen im Profil resultieren, eine nutzerspezifische Anzeigenschaltung ermöglichen (Micro-Targeting). Zudem bietet LinkedIn Arbeitgebern die Möglichkeit Datamining und Big-Data-Analysen zu erwerben. Das vereinfachte Geschäftsmodell von LinkedIn ist in Abb. 13.38 dargestellt.

Strategische Ausrichtung und Value Proposition

Als strategische Ausrichtung und Value Proposition von LinkedIn können die drei Kernbestandteile Stay Connected & Informed, Advance My Career und Work Smarter identifiziert werden. LinkedIn hat sich als grundsätzliches strategisches Ziel gesetzt das umfangreichste, genaueste und zugänglichste Netzwerk für Fachkräfte auf der ganzen Welt zu sein. Der Kern der Wertschöpfung basiert also auf der Bereitstellung einer Plattform, die das Matching von Personen und deren Austausch ermöglicht.

Core Assets

Als wesentliche Core Assets von LinkedIn sind neben der am Markt etablierten Marke insbesondere die aktiv partizipierenden Nutzer der Community-Plattform zu nennen. Jeder LinkedIn-Nutzer generiert in der Regel selbstständig Inhalte, die von anderen Nutzern und Personalsuchenden rezipiert werden können.

Als wesentliche Kernkompetenzen von LinkedIn sind insbesondere eine ausgeprägte Technologie- und Integrationskompetenz zu nennen. Neben der Sicherstellung des reibungslosen Internet- beziehungsweise Plattformzugangs (Technologiekompetenz) und der damit zusammenhängenden Sicherstellung des Zugriffs auf die Netzinfrastruktur ist in diesem Zusammenhang auch die Nutzung verschiedener Zugangstechnologien zu nennen (Integrationskompetenz).

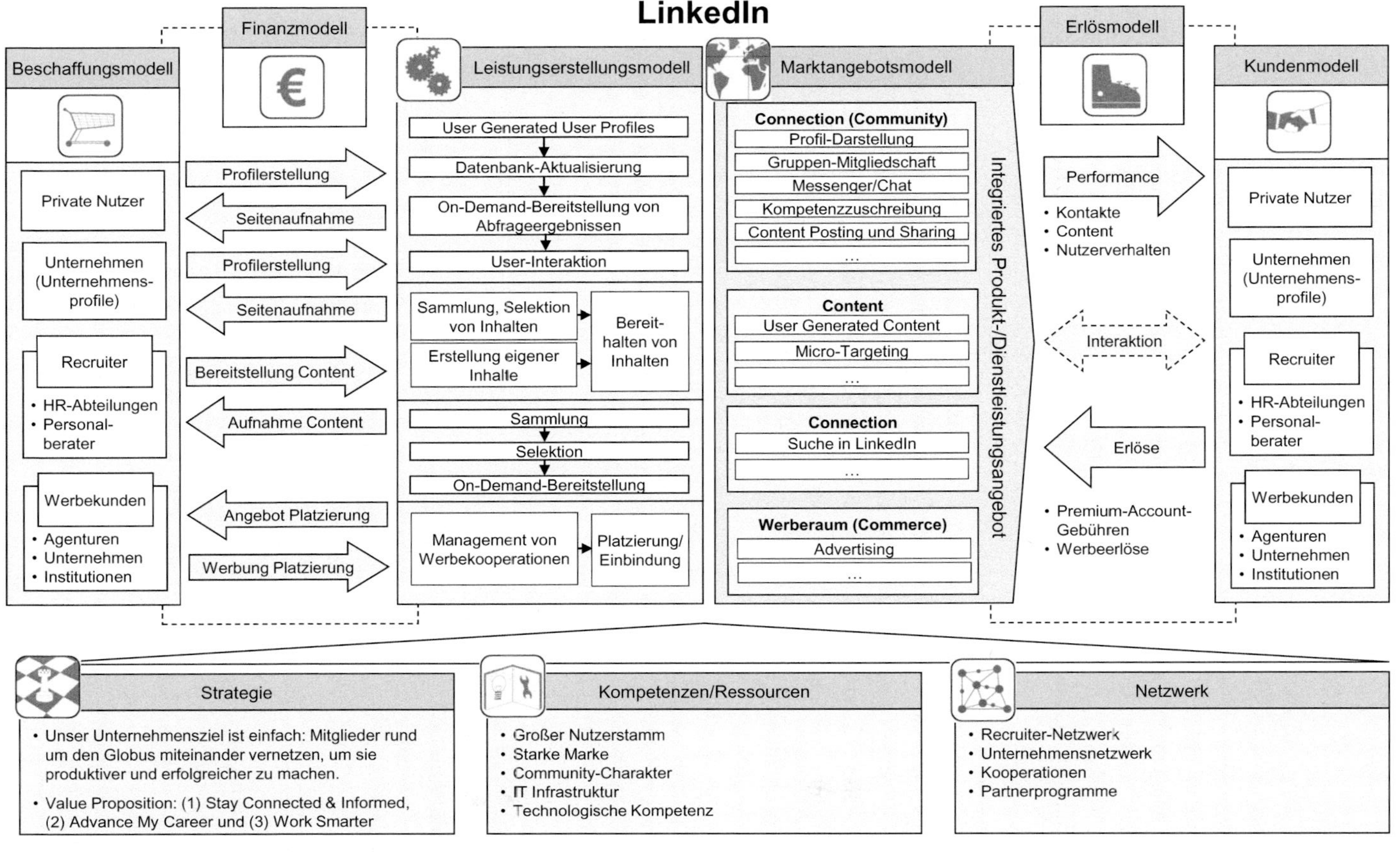

Abb. 13.38 Geschäftsmodell von LinkedIn. (Vgl. Wirtz (2018), S. 411; Wirtz (2020), S. 577 sowie auf Basis eigener Analysen und Abschätzungen)

Geschäftsmodell von LinkedIn

LinkedIn ist als Social-Networking-Plattform grundsätzlich dem Geschäftsmodell Connection zuzuordnen. Wie im vorherigen Abschnitt dargelegt, kann das Geschäftsmodell Connection in zwei idealtypische Geschäftsmodellvarianten unterteilt werden: Intra- sowie Inter-Connection. LinkedIn zählt mit seinem Angebot zur Variante der Intra-Connection. Diese beschreibt das Angebot von kommunikativen Dienstleistungen innerhalb des Internet.

Im Speziellen ist LinkedIn dem Bereich Community zuzuordnen und innerhalb dessen den Social Networks, wozu beispielsweise auch Xing oder Facebook zählen. Da die LinkedIn-Plattform sowohl User-Generated Content als auch eigene Inhalte auf der Plattform bereitstellt, kann das Geschäftsmodell auch in Teilen dem Geschäftsmodell Content zugeordnet werden. LinkedIn übernimmt dabei insbesondere die Sammlung und Selektion von Inhalten.

Die Suchfunktion und die komplexe Verknüpfung von Inhalten aus der LinkedIn-Datenbank kann dem Geschäftsmodel Context zugeordnet werden. In Bezug auf die Werbemöglichkeiten auf LinkedIn können mit der Bereitstellung von Anbahnungs- beziehungsweise Aushandlungsfunktionen zudem Aspekte des Geschäftsmodells Commerce erkannt werden. Abb. 13.39 fasst die strategische Ausrichtung, das Geschäftsmodell, das Leistungsspektrum und die Erfolgsfaktoren von LinkedIn zusammen.

	Aspekte
Strategie	• Unser Unternehmensziel ist einfach: Mitglieder rund um den Globus miteinander vernetzen, um sie produktiver und erfolgreicher zu machen
Geschäftsmodell	• Schwerpunkt Intra-Connection mit Angebot von kommerziellen und kommunikativen Dienstleistungen innerhalb des Internets. LinkedIn ist dem Bereich Community zuzuordnen und innerhalb dessen den Social Networks • Teilweise Content durch die Bereitstellung von User Generated Content in Kunden- und Unternehmensprofilen, dabei ist insbesondere die Sammlung und Selektion von Inhalten relevant • Teilweise Commerce durch den Verkauf von Services an Unternehmenskunden und die Bereitstellung von Anbahnungs- bzw. Aushandlungsfunktionen
Leistungs-spektrum	• Angebot von Berufs- und Unternehmensprofilen und Vermittlung von Kontakten • Bereitstellung von personalisierten Werbemaßnahmen • Bereitstellung von Analyse-Services
Erfolgsfaktoren	• Bekanntheit des Unternehmens und hohe Nutzerzahl • Globale Präsenz und ausgeprägte Skalen- und Netzwerkeffekte • Umfassende und differenzierte Recruiting Services

Abb. 13.39 Strategische Ausrichtung von LinkedIn. (Vgl. Wirtz (2018), S. 413; Wirtz (2020), S. 579 sowie auf Basis eigener Analysen und Abschätzungen)

13.6 Hybride Geschäftsmodelle

In der Anfangsphase des Digital Business verfolgten die im Internet vertretenen Unternehmen die im 4C-Net Business Model dargestellten Geschäftsmodelle in ihrer Reinform. In der weiteren Entwicklung des Internets stellten sich diese reinen, unifunktionalen Geschäftsmodelle allerdings als zu fokussiert heraus, weshalb sie sukzessive um Aspekte anderer Geschäftsmodellvarianten erweitert wurden.

Somit sind die Geschäftsmodelle zunehmend hybrid und multifunktional. In diesem Abschnitt werden die Gründe für diese Entwicklung dargestellt. Der Abschnitt schließt mit der Erläuterung zur Entwicklung und Hybridisierung des Geschäftsmodells von Google.

13.6.1 Entwicklung hybrider Geschäftsmodelle

Für die Entwicklung hybrider Geschäftsmodelle gibt es vier Gründe: Verbundeffekte, multiple Kundenbindung, Preisbündelung und Diversifikation der Erlösquellen. Diese werden im Folgenden dargestellt.

Verbundeffekte
Verbundeffekte (Economies-of-Scope) können von Unternehmen in der Internetökonomie vor allem dadurch genutzt werden, dass einmal akquirierten Kunden nicht nur Angebote aus dem Kerngeschäft gemacht werden, sondern auch Angebote aus angrenzenden Geschäftsfeldern (Cross Selling). Der auf der originären Webseite generierte Traffic kann folglich auch für Angebote aus anderen Geschäftsfeldern genutzt beziehungsweise auf diese übertragen werden. Ein großer Kundenstamm ist für alle Geschäftsmodelle der Internetökonomie ein wichtiger Core Asset, da hierdurch zum einen Skaleneffekte und zum anderen Netzwerkeffekte realisiert werden können.

Skaleneffekte
Die besondere Bedeutung der Skaleneffekte im Rahmen der Internetökonomie ergibt sich aus der Kostenstruktur von Informationsprodukten und digitalisierbaren Gütern. Diese sind durch sehr hohe Fixkosten und relativ geringe variable Kosten gekennzeichnet. Je höher die Fixkosten im Verhältnis zu den variablen Kosten sind, desto höher ist die Stückkostendegression bei steigender Absatzmenge.

Demnach sinken die Stückkosten des dominierenden Anbieters bei steigenden Absatzzahlen schneller als die der Wettbewerber, wodurch ihm die Möglichkeit eröffnet wird, höhere Gewinne zu realisieren oder seinen Marktanteil durch Preissenkungen noch weiter auszubauen. Eine Ausweitung des Marktanteils führt wiederum zu einer Erhöhung der Absatzmenge, die die Stückkostendegression noch verstärkt und dadurch weitere Preissenkungsspielräume eröffnet.

Netzwerkeffekte

Auch Netzwerkeffekte begründen die hohe Bedeutung eines großen Kundenstamms in der Internetökonomie. Netzwerkeffekte beschreiben externe Effekte, die in Netzwerken durch eine steigende Anzahl von Nutzern entstehen.[153] Als externe Effekte oder Externalitäten werden positive und negative Nebenwirkungen individueller Konsum- beziehungsweise Produktionsakte bezeichnet, die dem Verursacher nicht über den Markt abgegolten (positive Effekte) beziehungsweise angelastet (negative Effekte) werden. Im Fall der Netzwerkeffekte sind damit die Auswirkungen der Teilnahme einer Person an einem Netzwerk auf die übrigen Teilnehmer gemeint.

In der Regel sind Netzwerkexternalitäten positiv. Durch die steigende Teilnehmerzahl eines Netzwerks steigt auch der Nutzen für den einzelnen Teilnehmer. Dies erhöht gleichzeitig den Anreiz für neue Nutzer, dem Netzwerk beizutreten, wodurch sich ein Kreislauf aufbaut, der zu steigenden Erlösen führt. Allerdings sind mit den positiven Feedbacks eines Netzwerks auch negative Feedbacks bei anderen Netzwerken verbunden.

Wenn der Nutzen eines Netzwerks aufgrund sinkender Teilnehmerzahlen zurückgeht, wird ein Austritt aus diesem Netzwerk für den einzelnen Teilnehmer immer attraktiver: „Positive feedback makes the strong grow stronger […] and the weak grow weaker!“[154]

Multiple Kundenbindung

Neben Verbundeffekten kann auch die multiple Kundenbindung ein Argument für die Verfolgung eines hybriden Geschäftsmodells sein. Unter der multiplen Kundenbindung ist die Kundenbindung auf mehreren Geschäftsmodellebenen zu verstehen.

Der Kunde wird demnach nicht nur über eine Geschäfts- beziehungsweise Kundenbeziehung an das Unternehmen gebunden, sondern es wird eine größere Anzahl an Geschäfts- beziehungsweise Kundenbeziehungen aufgebaut.[155] Die Generierung solcher Beziehungsbündel kann Verbund- beziehungsweise Convenience-Vorteile sowohl für den Kunden als auch für das Unternehmen hervorbringen. Diese erhöhen das Bindungspotenzial.

Lock-in-Effekte

Bei verbundenen beziehungsweise vernetzten Formen der Kundenbeziehungen ist zudem die Austrittsbarriere für den Kunden (Lock-in-Phänomen) komparativ deutlich höher als im Fall des Vorliegens einer singulären Geschäftsbeziehung. Ein Internetunternehmen kann zum Beispiel durch das zusätzliche Anbieten von Produkten aus dem Bereich Intra-Connection eine Kundenbindungswirkung beziehungsweise einen Lock-in-Effekt für den Kunden aufgrund erhöhter Wechselkosten erzielen.

---

[153] Vgl. Wirtz/Vogt/Denger (2001), S. 164 f.

[154] Shapiro/Varian (1999), S. 174.

[155] Vgl. Wirtz (2000c), S. 290 ff.

Lock-in-Effekte beschreiben somit den Sachverhalt, dass Kunden, die in die Integration eines Guts investiert haben, an das zugehörige System gebunden sind. Sie beruhen auf den Wechselkosten, die bei einer Entscheidung für ein anderes System oder Gut entstehen. Je höher die bei einem Systemwechsel entstehenden Kosten sind, desto stärker ist der Kunde an das System gebunden.

Eine weitere Möglichkeit zur Steigerung der Wechselkosten und Generierung von Lock-in-Effekten ist die Bereitstellung von One-Stop-Interfaces. Über One-Stop-Interfaces hat der Nutzer über eine standardisierte Schnittstelle Zugriff auf unterschiedliche Leistungsangebote und/oder Geschäftsmodelle. Auf diese Weise wird eine multiple Kundenbeziehung aufgebaut, die dem Nutzer über ein ihm bekanntes System unterschiedliche Leistungen bietet.

Sollte der Nutzer eines One-Stop-Interfaces beabsichtigen, den Anbieter für eine oder mehrere der angebotenen Leistungen zu wechseln, erhöhen sich im Fall der multiplen Kundenbindung dessen Wechselkosten, da er über das bisherige System über eine Schnittstelle komfortabel auf unterschiedliche Leistungen zugreifen konnte.

Preisbündelung

Durch die Schaffung hybrider Geschäftsmodelle ergeben sich für die Unternehmen zusätzlich auch Möglichkeiten zur Kombination verschiedener Einzelleistungen zu Leistungsbündeln. Hieraus erwachsen nicht nur Vorteile bezüglich des Kundennutzens infolge reduzierter Suchkosten und Convenience-Vorteile, sondern es entsteht zudem die Möglichkeit, durch die Einführung eines Bündelpreises für ein Leistungsbündel zusätzliche Gewinnpotenziale zu erschließen.

Mithilfe der Preisbündelung gelingt es, die Heterogenität der Nachfrage durch die Übertragung von Konsumentenrenten zu senken und auf diese Weise die Zahlungsbereitschaften der Konsumenten effizienter abzuschöpfen. Gleichermaßen führt die Automatisierung von Vorgängen zu einer Verschiebung von Offline- und Onlinekosten.

Die Kostenstruktur digitalisierter Leistungen ist in der Regel geprägt von hohen Fixkosten und geringen variablen Kosten. Daraus resultiert ein bedeutender Vorteil bei einer hohen Anzahl an Leistungseinheiten. Sobald die Fixkosten gedeckt sind, profitiert das Unternehmen überproportional an jeder weiteren Leistungseinheit (im Vergleich zur traditionellen, analogen Leistungserbringung). Da die Stückkosten mit zunehmender Anzahl an Leistungseinheiten inkrementell sinken, profitieren Unternehmen mit digitalen Services in stärkerem Maße von Skaleneffekten.

Der wesentliche Teil der Fixkosten bei der Digitalisierung von Leistungen entsteht bei der initialen Installation. Die Digitalisierung weiterer Leistungen ist üblicherweise weniger kostenintensiv, da sie auf der initialen Installation aufsetzen können beziehungsweise oft nur eine Erweiterung darstellen. Daher steigt mit der Größe/Bandbreite des digitalen Leistungsangebots und der Anzahl der angebotenen digitalen Leistungen das Bündelungspotenzial.

Diversifikation

Der vierte Grund für eine Expansion in fremde Geschäftsfelder ist die Diversifizierung und Erschließung neuer Erlösströme. Durch Diversifikation kann das Gesamtrisiko des Erlösstroms reduziert werden, wenn die verschiedenen Erlösströme nicht vollständig miteinander korrelieren. Die ökonomische Grundlage kann demnach durch Kombination, Adaption und Aggregation der grundlegenden Geschäftsmodelle hin zu einem hybriden, multifunktionalen Geschäftsmodell gestärkt werden.[156]

Die Notwendigkeit zur Diversifikation ist vor allem vor dem Hintergrund einer erheblichen Komplexität und Dynamik im Rahmen der Internetökonomie zu sehen. Aus dieser ergeben sich für die Marktakteure nur schwer überschaubare und (qualitativ sowie quantitativ) abschätzbare Entwicklungen, die den Erfolg einzelner Geschäftsmodelle beeinflussen können. Hieraus resultiert ein erhebliches Unsicherheitspotenzial hinsichtlich der Chancen und Risiken für einzelne Geschäftsmodelle, dessen unsystematisches Risiko nach Möglichkeit diversifiziert werden sollte.

Erschließung neuer Erlösquellen

Ein weiterer Grund für die Expansion in neue Geschäftsfelder ist neben der Diversifikation auch die Erschließung neuer Erlösquellen. In der Vergangenheit hat sich gezeigt, dass Werbung als einzige Erlösquelle bei den meisten Unternehmen im Internet nicht ausreicht, um dauerhaft zu bestehen. Die Integration neuer Erlösmodelle und -ströme (Multi Revenue Streaming) in das vorhandene Geschäftsmodell verbreitert somit den Erlösstrom und sichert unter Umständen die Existenz eines Unternehmens.

Die Verfolgung von hybriden Geschäftsmodellen kann demnach zum einen als eine Form der Risikodiversifizierung, zum anderen als eine Art der Erschließung neuer Erlösquellen interpretiert werden. Abb. 13.40 fasst die beschriebenen Aspekte, die zu einer Hybridisierung von Geschäftsmodellen im Internet führen, zusammen.

13.6.2 Hybridisierung des Google-Geschäftsmodells

Google ist ein weltweit agierender Internetdienstleister und Marktführer in den Bereichen der Online-Suche und der textbasierten Online-Werbung. Bekannt wurde Google, mit dem Hauptsitz im US-amerikanischen Mountain View in Kalifornien, vor allem durch die gleichnamige Suchmaschine Google. Die Suchmaschine ist heute in 150 Sprachen und in ebenso vielen verschiedenen Domains verfügbar.[157] Im Juni 2001, also bereits drei Jahre

156 Vgl. Wirtz (1999), S. 19; Wirtz (2000a), S. 295.

157 Vgl. Google (2022d).

Abb. 13.40 Gründe für die Entwicklung hybrider Geschäftsmodelle. (Vgl. Wirtz (2001), S. 280.; Wirtz (2020), S. 583; Wirtz (2021b), S. 376)

nach der Gründung des Unternehmens, waren im Google-Index über eine Milliarde Seiten gespeichert, die Suchmaschine wurde damit zum Marktführer.[158]

Google Historie
Bereits im Dezember 2001 hatte Google mehr als drei Milliarden Dokumentenzugriffe. Nach der offiziellen Beendigung der Testphase der Suchmaschine Google, Ende 1999, konzentrierte sich das Unternehmen von 2000 bis 2004 auf den Ausbau weiterer Dienstleistungsangebote. In diesem Kontext ist vor allem der seit 2004 verfügbare kostenlose E-Mail-Service Gmail hervorzuheben.

Übernahmen durch Google
Darüber hinaus erweiterte Google das Angebots- und Aktivitätenspektrum durch verschiedene Übernahmen. In diesem Zusammenhang sind vor allem die Übernahmen der Blogseite Blogger.com, Anfang Februar 2003, und die Akquisition des weltweit größten Internetvideoportals YouTube für 1,8 Mrd. US-Dollar Ende 2006 zu nennen. Weiterhin erwarb Google 2007 das Unternehmen Double Click für 3,1 Mrd. US-Dollar, das grafische Werbeanzeigen auf Webseiten schaltete und sehr gute Beziehungen zu finanzstarken Werbekunden besaß.

[158] Vgl. Google (2011).

Mit dem Börsengang im August 2004 setzte Google den beispiellosen Aufstieg fort. In wenigen Jahren entwickelte sich das Unternehmen von einem einfachen Start-Up zum größten Internetdienstleister der Welt. Google beziehungsweise die neu gegründete Dachgesellschaft Alphabet beschäftigt heute rund 156.500 Mitarbeiter und ist klarer Marktführer in den Bereichen Online-Suche und textbasierter Werbung.[159] Das Unternehmen zählt vor allem aufgrund der Suchmaschine Google zu einer der weltweit bekanntesten Marken.

Unternehmensziele

Im Fall von Google kann man von einem hybriden Geschäftsmodell sprechen, da es durch zahlreiche Dienstleistungen alle vier Geschäftsmodelltypen einschließt. Nach eigenen Angaben verfolgt Google das übergeordnete strategische Ziel, die weltweit vorhandenen Informationen im Internet zu organisieren, systematisieren und allen Internetnutzern allgemein zugänglich zu machen.[160]

Damit formuliert das Unternehmen eine klare Business Mission, die einen wichtigen Bestandteil des Strategiemodells bildet. Dabei hat sich Google im Laufe der Zeit zu einem integrativen Internet Player und somit auch zu einem der bedeutendsten Gatekeeper für Informationen im Internet entwickelt.

Google als Gatekeeper

Der Begriff Gatekeeper beschreibt in diesem Kontext die Möglichkeit eines Suchmaschinenanbieters, Kontrolle darüber auszuüben, welches Angebot gefunden und damit überhaupt abgerufen werden kann. Aufgrund der unüberschaubaren Menge an Informationen und dem Nutzerverhalten im Internet sind die meisten Anbieter von Inhalten darauf angewiesen, dass sie über Suchmaschinen gefunden werden können. Als mit Abstand größter Suchmaschinenanbieter ist Google in diesem Kontext besonders in den Fokus gerückt. Viele Kritiker und Wettbewerber sehen hier eine zu hohe Macht gegeben.

Im Rahmen der 4C-Net-Geschäftsmodelltypologie bildet das Modell Context mit der Suchmaschine als Kerndienstleistung somit die Basis des integrierten Geschäftsmodells.[161] Durch die ständige Überarbeitungen und Erweiterungen mittels spezialisierter Suchdienste für Bilder, Nachrichten und geografischen Informationen verfügt Google heute über die weltweit meistgenutzte Suchmaschine, die stetig um innovative Dienste und Funktionen erweitert wird.[162]

Google Context-Dienste

Weitere Services innerhalb des Context-Segments sind beispielsweise Google Business Profile, Google Images, Google Books, Google Scholar, Google Lens, Google Translate,

[159] Alphabet (2022), S. 32.

[160] Vgl. Alphabet (2017), S. 2.

[161] Vgl. Wirtz (2000a), S. 87 ff.

[162] Vgl. Wirtz/Daiser (2018a), S. 33.

Google Home und zuletzt Google Assistant. Eine der ersten Services neben der Suchmaschine war Google Catalogs, das seinen Nutzern die Möglichkeit bot verschiedene Printkataloge im Internet anzuschauen. Diesen Dienst stellte Google jedoch im August 2015 ein.

Google Images ist eine Bildersuche, die es seinen Nutzern ermöglicht nach Bildern im Internet zu suchen und dabei bestimmte Suchkriterien wie Farbe, Format oder Nutzungsrecht zu definieren. Die Anwendungen Google Books und Google Scholar erlauben dem Nutzer das Internet nach Büchern oder wissenschaftlichen Publikationen zu durchsuchen.

Google Reader, ein webbasierter Feedreader, informierte seine Nutzer automatisch über neue Beiträge auf gebookmarkten Webseiten. Dieser Dienst wurde jedoch im Juli 2013 von Google eingestellt. Mit der Übernahme des Softwareherstellers ITA im Jahr 2007, erweiterte Google sein Context-Segment um Fluginformationen, die insbesondere einen Vergleich von Flugpreisen beinhalten. Der Nutzer profitiert von den verschiedenen Context-Diensten dabei insbesondere in puncto Zeitersparnis und Informationsbeschaffung.

Im Jahr 2012 veröffentlichte Google mit dem Dienst Google Now eine hauseigene Erweiterung der Google Search App, der dem Nutzer als intelligenter digitaler persönlicher Assistent mit Sprachsuche und Befehlsfunktion dient. Der Dienst wurde 2017 eingestellt und von Google Assistant abgelöst.

In ähnlicher Weise brachte Google im Jahre 2016 seinen intelligenten Lautsprecher Google Home auf den Markt, der akustische Befehle über ein integriertes Mikrofon empfangen kann und dem Nutzer so als persönlicher digitaler Assistent im Heimbereich dient. Im Prinzip überträgt Google Home die Funktionalitäten von Google Now in die Wohnumgebung und bietet dem Nutzer per Sprachbefehl Zugriff auf diverse Dienste von Google, wie beispielsweise YouTube, YouTube Music oder Chromecast.

Google Content-Dienste

Einen weiteren Schwerpunkt im Marktangebot von Google bildet der Bereich Content, der durch die Bereitstellung, Aufbereitung oder Aggregation von multimedialen Inhalten geprägt ist. Dieser Bereich beinhaltet Dienste wie Google Groups, Google News, Google Maps, Google Earth, Google Docs, Google Merchant Center und YouTube. Viele der älteren Dienste wurden mittlerweile erweitert oder zusammengefasst, um dem Nutzer ein noch größeres Leistungsangebot anzubieten. So wurde beispielsweise Google Local in Google Earth und Maps integriert.

Googles erster Content-Service war Google Groups, der es Nutzern erlaubt verschiedene Gruppen einzurichten oder zu suchen und eigene Inhalte zu veröffentlichen. Hier spielt auch der Connection-Aspekt eine ganz wichtige Rolle, weil der Service auf dem Usenet basiert und somit eine Grundlage für interaktive Kommunikation bietet.

Google Earth ist ein digitaler Globus, der Satellitenbilder und geografische Daten verwendet, um ein digitales Modell der Erde zu erschaffen. Mit Google Earth können Nutzer nach Adressen oder Orten suchen und Wegstrecken berechnen.

Google Docs ist ein weiterer Onlinedienst, der Zugriff auf ein Textverarbeitungs- und Tabellenprogramm bietet. Google Merchant Center ist der Nachfolger von Google Base und ermöglicht Händlern Produktinformationen an Google zu übermitteln, um diese in Googles Produktsuche Google Product Search zu integrieren. Googles heute wichtigster Content-Dienst ist das Online-Videoportal YouTube, der es Nutzern erlaubt Videos anzuschauen, hochzuladen und zu veröffentlichen.

Die Nutzer können dabei verschiedene Kanäle oder individuelle YouTube-Webseiten benutzen, auf denen sie neben den Videos weiterführende Informationen beziehungsweise Beschreibungen anbieten können. Die Anzahl der Unternehmen, die diesen Kanal für Marketingzwecke benutzen, nimmt erheblich zu.

YouTube gilt als die populärste Plattform für Videomaterial dieser Art. YouTube hat weltweit über 2,5 Mrd. Nutzer und ist in 80 verschiedenen Sprachen verfügbar. Mehr als 70 % der Nutzungsdauer erfolgt mittlerweile über mobile Endgeräte.[163] Zu den neuesten Content-Angeboten von Google zählen eine Serie digitaler Mediaplayer, Google One, sowie Google Stadia ein Cloud-Gaming-Service, dessen Betrieb jedoch im Januar 2023 eingestellt wurde.

Google Connection-Dienste

Angebote, die dem Geschäftsmodelltyp Connection zuzuordnen sind, zeichnen sich durch die Bereitstellung von netzwerkbasiertem Informationsaustausch aus. In diesem Segment ist Google beispielsweise mit Services vertreten wie Blogger, Gmail, Google Voice, Google Fi, Google Drive und der inzwischen eingestellten Videochat-App Google Duo.

Google+ war der konsequente Versuch Googles Geschäftsmodell im Connection-Segment zu erweitern. Es handelt sich dabei um ein soziales Netzwerk, das im September 2011 auf den Markt gebracht wurde und im Jahre 2016 über 375 Mio. aktive Mitglieder zählte.[164] Google+ vereinte zahlreiche alte und neue Connection-Services, tat sich jedoch nach wie vor schwer im Wettstreit mit dem größten sozialen Netzwerk Facebook. 2019 wurde der Dienst für private Nutzer eingestellt und Google Currents als Nachfolger für unternehmensinterne Kommunikation angeboten.

Google Commerce-Dienste

Anbahnung, Aushandlung und Abwicklung von Geschäftstransaktionen sind die Bestandteile des Geschäftsmodelltyps Commerce. Die wichtigsten Dienste in diesem Bereich sind die Werbeangebote Google Ads und AdSense, die aufgrund ihrer Bedeutung für das integrierte Geschäftsmodell von Google im nachfolgenden Erlösmodell detailliert beschrieben werden. Darüber hinaus verfügt Google im Bereich Commerce nur über ein relativ geringes Dienstleistungsangebot.

[163] Vgl. YouTube (2020); We Are Social (2022), S. 146.

[164] Vgl. Statistic Brain (2016).

In diesem Kontext ist vor allem der Zahlungsdienst Google Checkout zu nennen, der insbesondere für den Zahlungsverkehr im Android Market zum Erwerb kostenpflichtiger Applikationen genutzt wurde. Dieser Dienst wurde allerdings 2013 eingestellt und in diesem Zuge auf Google Wallet umgestellt. Mit Google Wallet verfügt Google über einen Dienst, der die Zahlung per Mobiltelefon mit Near Field Communication (NFC) ermöglicht.

Darüber hinaus baut Google sein Commerce-Angebot stetig im Bereich der Produktsuchmaschinen, Produktpräsentation und Preisvergleiche aus. Hier sind vor allem Google Product Search und Google Shopping zu nennen. Auch wenn diese Angebote ihren Ursprung im Bereich Context haben, zielen sie immer stärker auf die Anbahnung und Aushandlung von Geschäftstransaktionen ab und können daher dem Bereich Commerce zugeordnet werden.

Hybride Google-Dienste

Einige Dienste von Google können auch verschiedenen Geschäftsmodelltypen zugeordnet werden. Dies kann an der Foto-Community Picasa dargestellt werden. Der 2018 eingestellt Dienst verband zum einen verschiedene Nutzer miteinander, um Bilder auszutauschen, und kann damit dem Connection-Typ zugeordnet werden. Gleichzeitig wurden aber auch Inhalte weltweit zugänglich gemacht, sodass ebenso eine Einordnung in den Content-Typ vorgenommen werden kann.

Seit dem Jahre 2008, verfolgt Google auch Geschäftsbereiche, die außerhalb des 4C-Net (Content, Commerce, Context und Connection) liegen. Aus diesem Grund hat Google neben Informationstechnologien und Softwaresystemen wie dem mobilen Betriebssystem Android, auch eigene mobile verbraucherorientierte Elektronikgeräte wie die Google Nexus-Serie beziehungsweis ihre Nachfolgegeneration Google Pixel entwickelt.

Zudem hat Google mit Cardboard eine Virtual-Reality-Brille eingeführt sowie die VR-Plattform Daydream. Beide Angebote wurden inzwischen jedoch eingestellt. Darüber hinaus wurde mit Nest Labs ein Automatisierungsunternehmen aus dem Homebereich akquiriert, das inzwischen mit Google Home zusammenarbeitet. In den letzten Jahren hat Google vor allem Unternehmen aus dem Bereich Cloud Computing aufgekauft. Damit soll die unternehmenseigene Google-Cloud-Plattform gestärkt werden. Außerdem wurde im Sommer 2023 das faltbare Smartphone Google Pixel Fold vorgestellt.[165] Mit der Einführung des Google Pixel Tablets im Jahr 2023 steigt Google auch wieder in den Tablet-Markt ein.[166] Als Antwort auf seinen Konkurrenten OpenAI/ChatGPT stellte Google auch den PaLM-2-basierten AI-Chatbot namens Google Bard vor.[167] Die chronologischen Entwicklungspfade von Google zu einem Hybridanbieter sind in Abb. 13.41 dargestellt.

[165] Google (2023a).

[166] Google (2023a).

[167] Google (2023a).

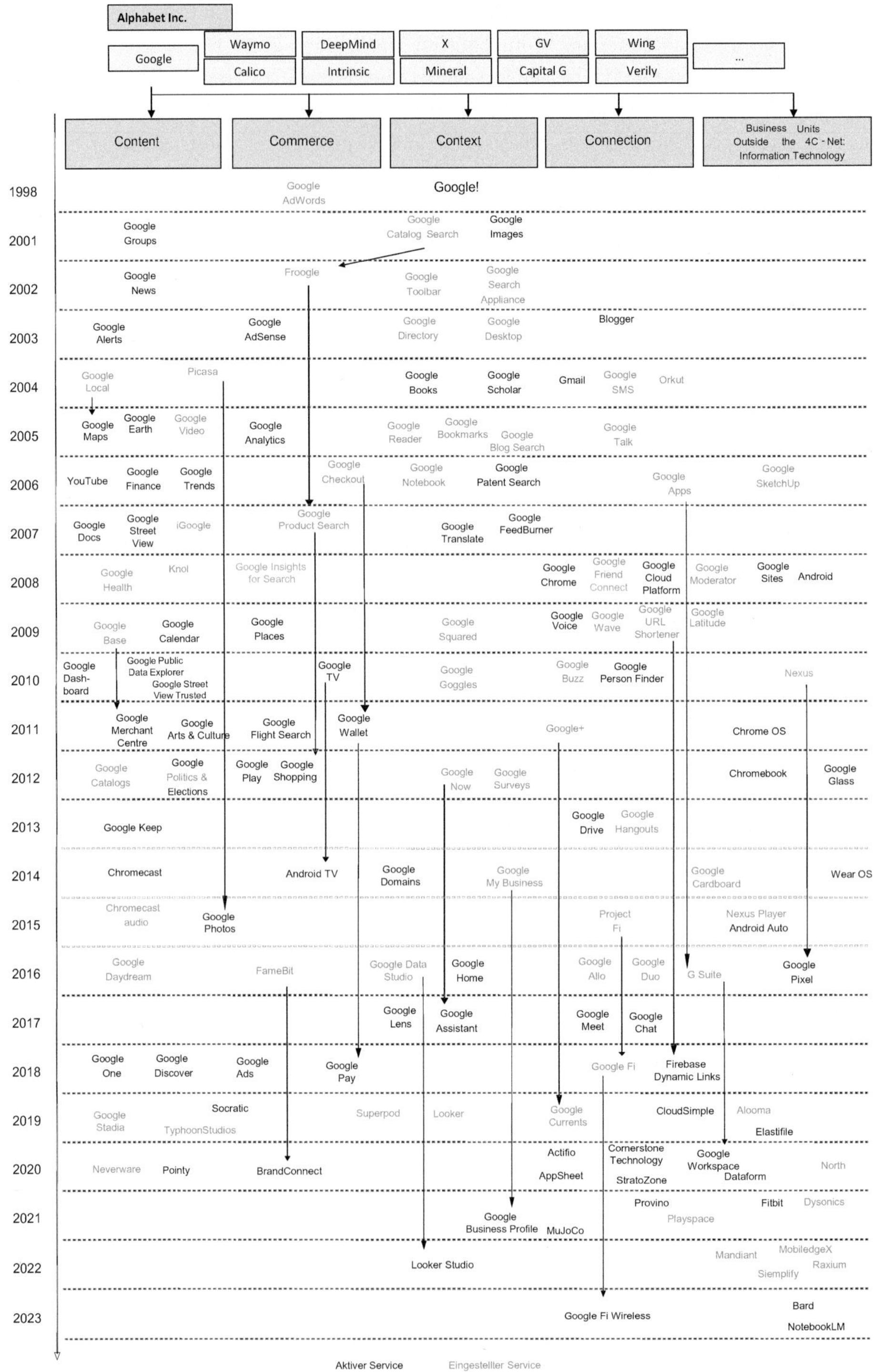

Abb. 13.41 Entwicklung des hybriden Geschäftsmodells von Google. (Vgl. Wirtz (2010b), S. 334; Wirtz (2020), S. 589; Wirtz (2021b), S. 661 sowie auf Basis eigener Analysen und Abschätzungen)

Insgesamt kann festgehalten werden, dass Google ein verstärkt hybrides Geschäftsmodell verfolgt, um in besonderem Maße die Nutzer, allerdings auch die Anbieter und hier insbesondere die werbetreibenden Unternehmen, zufrieden zu stellen. In diesem Zusammenhang kommt Google damit eine Rolle als Gatekeeper zu.

Dabei werden die Suchanfragen der Nutzer und die in den vielfältigen Kommunikations- und Content-Angeboten anfallenden Daten von Google systematisch aufbereitet und gespeichert. Die Aufbereitung mittels Data Mining eröffnet Google die Möglichkeit, spezifische Nutzerverhaltens- beziehungsweise Nutzersuchprofile zu erstellen. Diese müssen nicht zwangsläufig auch personenbezogen sein, sondern können in allgemeinen Nutzertypologien zusammengefasst werden.

Diese Nutzertypologien werden zum einen als Grundlage für das Angebot der Google Ads genutzt, um den Unternehmen die Suchbegriffe und das Verhalten der Nutzer bei spezifischen Suchanfragen zu erläutern. Zum anderen werden die Nutzertypologien mit weiteren verstärkt anbieterorientierten Datenströmen abgeglichen und zu einem umfassenden Informationsbestand verdichtet.

Durch diesen hohen Informationsbestand kann Google die Kundenschnittstelle besonders effizient in beide Richtungen (Nutzer und Anbieter) managen und eine hohe Kundenbindung schaffen. Abb. 13.42 stellt die geschilderten Zusammenhänge an einigen Beispieldiensten von Google dar.

Monetarisierung der Trafficdaten

Darüber hinaus ist die Monetarisierung der Trafficdaten und -ströme ein wichtiger Aspekt für Google. Aktuell wird die Monetarisierung verstärkt und sehr erfolgreich über die Google Ads und damit die Pay-per-Click-Abrechnung durchgeführt. Innerhalb dieses Systems erhält der Betreiber einer Webseite eine bestimmte Vergütung, wenn ein Nutzer auf eine entsprechende Werbeanzeige auf seiner Webseite klickt.

Gleichzeitig erhält Google mehr Traffic von Partnerwebseiten. Die Gebühr oder den Anteil des Werbeerlöses, den Google als Vergütung an solche Werbepartner zahlt, die Google-Anzeigen oder -Dienste auf ihren Webseiten schalten, werden als Traffic Acquisition Costs bezeichnet (TAC).

Das Unternehmen sieht sich dem Vorwurf ausgesetzt, eigene Dienste bei der Anzeige von Suchergebnissen bevorzugt auszugeben und somit Konkurrenzdienste zu benachteiligen. In diesem Kontext hat die EU-Kommission 2017 eine Wettbewerbsstrafe von 2,42 Mrd. Euro gegen Google verhängt.[168]

[168] Vgl. ZEIT ONLINE (2017).

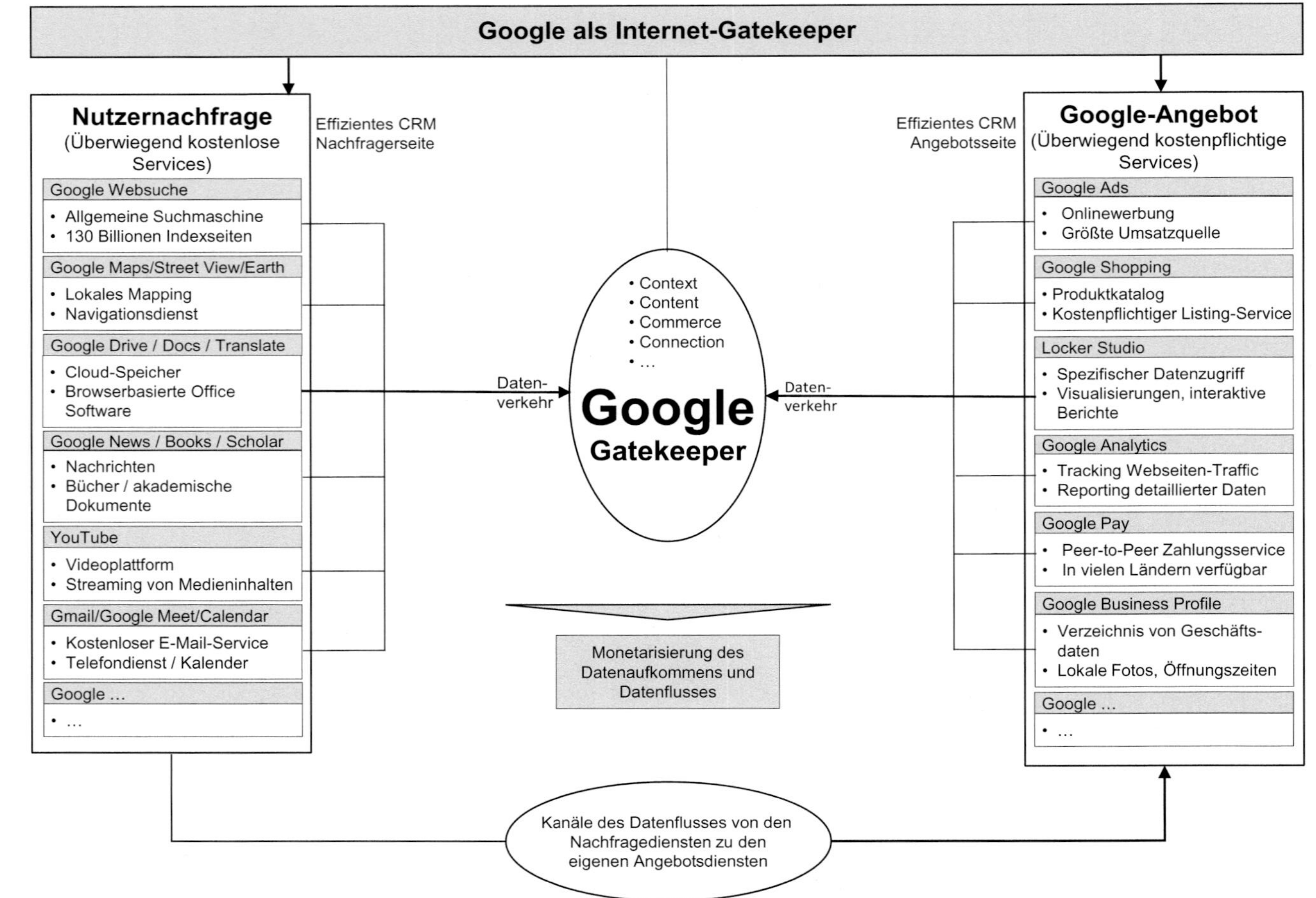

Abb. 13.42 Google als Informations-Gatekeeper im Internet. (Vgl. Wirtz (2010b), S. 337; Wirtz (2020), S. 591; Wirtz (2021b), S. 654)

13.7 Inhaltliche Kernpunkte von B2C-Geschäftsmodellen im Digital Business

- Das B2C-Geschäftsmodell eines Unternehmens ist eng mit seinem Wettbewerbsvorteil und dem Markterfolg verbunden.
- Die Einnahmeströme digitaler Unternehmen können entweder direkt oder indirekt sein, und sie sind entweder transaktionsbasiert oder transaktionsunabhängig. Eine wichtige Entscheidung digitaler Unternehmen ist daher das Management der Ertragsströme, um die Ergebnisse zu optimieren.
- Legt man das Leistungsangebot digitaler Unternehmen als Differenzierungskriterium zugrunde, lassen sich die Geschäftsmodelle im B2C-Bereich in die Geschäftsmodelle Content, Commerce, Context und Connection einteilen. Diese Geschäftsmodelltypologie wird als 4C-Net Business Model bezeichnet.
- Das Ziel des Content-Geschäftsmodells ist es, den Nutzern Inhalte auf einfache, bequeme und visuell ansprechende Weise online zugänglich zu machen. Es kann zwischen den Unterkategorien Digital Information, Digital Education und Digital Entertainment sowie Digital Infotainment unterschieden werden.
- Das Commerce-Geschäftsmodell ist ein Dienstleistungsgeschäftsmodell, das die Anbahnung, Aushandlung und meist auch die Abwicklung von Transaktionen über das Internet beinhaltet. Es zielt darauf ab, traditionelle Transaktionsphasen zu ersetzen. Unterkategorien des Commerce-Geschäftsmodells sind E-Attraction, E-Bargaining/E-Negotiation, E-Transaction und E-Tailing.
- Das Context-Geschäftsmodell befasst sich mit der Klassifizierung und Systematisierung von im Internet verfügbaren Informationen und kann in Digital-Search-, Digital-Catalog- und Social-Bookmarking-Dienste unterteilt werden.
- Das Connection-Geschäftsmodell bietet Dienste an, die eine Interaktion von Akteuren in digitalen Netzen ermöglichen, die in der physischen Welt aufgrund prohibitiv hoher Transaktionskosten oder Kommunikationsbarrieren oft nicht möglich wäre. Es zeichnet sich durch Netzwerkeffekte aus.
- Bei den Connection-Geschäftsmodellen kann zwischen Intra-Connection- und Inter-Connection-Geschäftsmodellen unterschieden werden. Die Intra-Connection-Geschäftsmodelle bieten kommerzielle oder kommunikative Dienste online an, während die Inter-Connection-Geschäftsmodelle entweder eine feste oder mobile Verbindung zum Internet anbieten.
- Digitale Unternehmen verfolgen zunehmend hybride Geschäftsmodelle, die sich auf mehr als ein Geschäftsmodell konzentrieren. Treiber dieser Entwicklung sind Verbund- und Skaleneffekte, Netzwerkeffekte, multiple Kundenbindung, Preisbündelung und die Vorteile diversifizierter Erlösquellen. Hybride Geschäftsmodelle haben das Potenzial, für Kunden sehr attraktiv zu sein und das Risiko für Unternehmen der digitalen Wirtschaft zu minimieren.

Kapitel 13
Wissensfragen und Diskussionsthemen

Wissensfragen

1. Aus welchen Partialmodellen bestehen die Geschäftsmodelle im Digital Business?
2. Stellen Sie die Erlösmodellsystematik des Digital Business schematisch dar und diskutieren Sie kurz die unterschiedliche Relevanz der einzelnen Erlösformen.
3. Stellen Sie die verschiedenen Geschäftsmodell-Grundtypen des 4C-Net Business Model dar.
4. Beschreiben Sie die Komponenten der Wertschöpfungskette der Geschäftsmodellvariante Commerce.
5. Nennen Sie Beispiele für hybride Geschäftsmodelle. Was sind die Vorteile von hybriden Geschäftsmodellen für Kunden und Unternehmen im Digital Business?

Diskussionsthemen

1. Diskutieren Sie die Vor- und Nachteile von spezialisierten Geschäftsmodellen (1C). Sind integrierte Modelle (2C, 3C oder 4C) vielleicht sinnvoller für die freie Marktwirtschaft und den Kundennutzen? (One-Stop-Shopping)
2. Diskutieren Sie die Zukunft des Content-Geschäftsmodells – werden digitale Medien zum vollständigen Verschwinden traditioneller Medien (Zeitungen, Zeitschriften, Fernsehen, ...) führen?
3. Diskutieren Sie die Vor- und Nachteile des Context-Geschäftsmodells. Inwiefern birgt die dominante Stellung von Google auf dem Markt für Suchmaschinen Risiken für unsere Gesellschaft und die freie Marktwirtschaft? Werden KI Services die klassische Online-Suche obsolet machen?

Literatur

Afuah, A. (2004), Business Models – A strategic management approach, New York 2004.

Afuah, A./Tucci, C.L. (2003), Internet Business Models and Strategies, New York 2003.

Alphabet (2017), Annual Report 2016, 2017, https://abc.xyz/investor/pdf/2016_google_annual_report.pdf, Abruf: 29.05.2017.

Alphabet (2022), Form 10-K, 2022, https://abc.xyz/investor/static/pdf/20220202_alphabet_10K.pdf?cache=fc81690, Abruf: 09.12.2022.

Amazon (2022), Über Amazon Fresh, https://www.amazon.de/fmc/m/20200001?almBrandId=QW1hem9uIEZyZXNo, Abruf: 30.11.2022.

Amit, R./Zott, C. (2001), Value creation in e-business, in: Strategic Management Journal, 22. Jg., Nr. 6, 2001, S. 493–520.

Anderson, C. (2011), The long tail- Nischenprodukte statt Massenmarkt ; das Geschäft der Zukunft, 2. Aufl., München 2011.

Applegate, L.M./Collura, M. (2001), Emerging Networked Business Models: Lessons from the Field, in: Havard Business School Background Note 801-172, 2001, S. 1–23.

Barney, D. (2004), The network society, Blackwood 2004.

Barney, J. (1986), Strategic Factor Markets: Expectations, Luck, and Business Strategy, in: Management Science, 32. Jg., Nr. 10, 1986, S. 1231–1241.

Barney, J. (1991a), Firm Resources and Sustained Competitive Advantage, in: Journal of Management, 17. Jg., Nr. 1, 1991, S. 99–120.

Barney, J. (1991b), The Resource Based View of Strategy: Origins, Implications, and Prospects, in: Journal of Management, 17. Jg., Nr. 1, 1991, S. 97–211.

Barroso, L.A./Dean, J./Hölzle, U. (2003), Web Seach for a Planet: The Google Cluster Architecture, in: IEEE Micro, 23. Jg., Nr. 2, 2003, S. 22–28.

Berg, H. (1999), Wettbewerbspolitik, in: Bender, D./Berg, H./Cassel, D./Gabisch, G./Hartwig, K.-H./Hübl, L. et al. (Hrsg.): Vahlens Kompendium der Wirtschaftstheorie und Wirtschaftspolitik, 7. Auflage, München 1999, S. 299–362.

Bing (2022a), Startseite, https://www.bing.com/, Abruf: 09.12.2022.

Bing (2022b), Suchergebnisse zu „Smartphone", https://www.bing.com/search?q=smartphone&qs=n&form=QBRE&sp=-1&pq=smartphone&sc=10-10&sk=&cvid=12C004EA60784325AC996BCADEE4B5AD&ghsh=0&ghacc=0&ghpl=, Abruf: 09.12.2022.

Bing (2023), Beispielergebnis zu: Zeige mir Bastelideen für ein Kleinkind, die nur Pappkarton, Papier und Schnur benutzen., https://www.bing.com/search?q=Zeige%20mir%20Bastelideen%20f%C3%BCr%20ein%20Kleinkind,%20die%20nur%20Pappkarton,%20Papier%20und%20Schnur%20benutzen.&iscopilotedu=1&form=MA13G7, Abruf: 15.02.2023.

Bundeskartellamt (2018), Online-Werbung, Bonn (Wettbewerb und Verbraucherschutz in der digitalen Wirtschaft), 2018, Nr. 3, https://www.bundeskartellamt.de/SharedDocs/Publikation/DE/Schriftenreihe_Digitales/Schriftenreihe_Digitales_3.pdf?__blob=publicationFile&v=5#:~:text=Zu%20den%20praktisch%20wichtigsten%20Formen,Mobile)%20deutlich%20an%20Bedeutung%20gewonnen., Abruf: 15.12.2022.

Bürki, D. (1996), Der ‚resource-based view' Ansatz als neues Denkmodell des strategischen Managements, St. Gallen 1996.

Burmann, C. (2002), Strategische Flexibilität und Strategiewechsel als Determinanten des Unternehmenswertes, Wiesbaden 2002.

Chaffey, D./Hemphill, T./Edmundson-Bird, D. (2019), Digital business and e-commerce management, Seventh edition, Harlow, England, New York 2019.

Chaudhary, M. (2017), LinkedIn By the Numbers: 2017 Statistics, 2017.

Corsten, H./Gössinger, R. (2016), Produktionswirtschaft- Einführung in das industrielle Produktionsmanagement, 14., überarbeitete und erweiterte Auflage, Berlin, Boston 2016.

Curlie (2022), About Curlie, https://curlie.org/docs/en/about.html, Abruf: 09.12.2022.

Dahan, N./Doh, J./Oetzel, J./Yaziji, M. (2010), Corporate NGO Collaboration- Co-Creating New Business Models for Developing Markets, in: Long Range Planning, 43. Jg., 2–3, 2010, S. 326–342.

DasTelefonbuch (2022), AGB und Nutzungsbedingungen, https://www.dastelefonbuch.de/AGB%20und%20Nutzungsbedingungen, Abruf: 12.12.2022.

Delbrouck, D. (2002), O2 und T-Mobile bauen UMTS-Netz zusammen auf, 2002, http://www.zdnet.de/2121300/o2-und-t-mobile-bauen-umts-netz-zusammen-auf/?inf_by=596dd4ac681db8ff4e8b49e3, Abruf: 18.07.2017.

Desai, A. (2011), Google cluster architecture, https://www.slideshare.net/abhijeetdesai/google--cluster-architecture, Abruf: 13.02.2020.

Dierickx, I./Cool, K.O. (1989), Asset stock accumulation and sustainability of competitive advantage, in: Management Science, 35. Jg., Nr. 12, 1989, S. 1504–1511.

Dong, B./Li, M./Sivakumar, K. (2019), Online Review Characteristics and Trust: A Cross-Country Examination, in: Decision Sciences, 50. Jg., Nr. 3, 2019, S. 537–566.

Düsterhöft, A./Pöhler, D. (2022), Immer im besten Handynetz unterwegs, https://www.finanztip.de/handynetze/#:~:text=In%20Deutschland%20gibt%20es%20drei,in%20einem%20dieser%20drei%20Handynetze., Abruf: 13.12.2022, Abruf: 08.04.2022.

eBAY (2022a), Annual Report- For the fiscal year ended December 31, 2021, 2022, https://d18rn0p25nwr6d.cloudfront.net/CIK-0001065088/e53ed054-ea63-4257-a12b-efee32befe77.pdf, Abruf: 02.12.2022.

eBAY (2022b), Fast Facts, https://investors.ebayinc.com/fast-facts/default.aspx, Abruf: 02.12.2022.

eBAY (2022c), Gebühren für gewerbliche Verkäufer, https://www.ebay.de/help/selling/fees-credits-invoices/selling-fees?id=4809#section3, Abruf: 02.12.2022.

eBAY (2022d), Gebühren für private Verkäufer, https://www.ebay.de/help/selling/fees-credits-invoices/gebhren-fr-private-verkufer-die-der-zahlungsabwicklung-teilnehmen?id=4822, Abruf: 02.12.2022.

eBAY (2022e), Kaufen mit eBay Plus, https://www.ebay.de/help/buying/default/kaufen-mit-ebay--plus?id=4756, Abruf: 02.12.2022.

eBAY (2022f), Über eBay, https://pages.ebay.de/aboutebay/jobs/praktika.html, Abruf: 01.12.2022.

Enderle, M./Wirtz, B.W. (2008), Weitreichende Veränderungen- Marketing im Web 2.0, in: Absatzwirtschaft, 51. Jg., Nr. 1, 2008, S. 36–39.

FernUniversität Hagen (2022), Geschichte der FernUniversität, https://www.fernuni-hagen.de/universitaet/geschichte/index.shtml, Abruf: 25.11.2022.

Freiling, J. (2001), Resource-based View und ökonomische Theorie: Grundlagen und Positionierung des Resourcenansatzes, Wiesbaden 2001.

Georg-August-Universität Göttingen (2022), Bildungsnetzwerk WINFOLine, https://www.uni-goettingen.de/de/63799.html, Abruf: 25.11.2022.

GMX (2022), Speicherplatz für Ihre E-Mails, https://hilfe.gmx.net/startseite/ueberblick/speicherplatz.html, Abruf: 14.12.2022.

Google (2011), Über Google, http://www.google.com/about/, Abruf: 20.12.2011.

Google (2022a), Abrechnungsoptionen, https://support.google.com/google-ads/answer/1704418, Abruf: 08.12.2022.

Google (2022b), Du hast Fragen zu Google One? Wir haben die Antworten., https://one.google.com/faq/storage?hl=de, Abruf: 14.12.2022.

Google (2022c), Google One – Passendes Abo auswählen, https://one.google.com/about/plans?hl=de, Abruf: 15.12.2022.

Google (2022d), Sucheinstellungen – Sprachen, https://www.google.de/preferences?hl=de#languages, Abruf: 14.12.2022.

Google (2022e), Suchergebnisse zu „Smartphone", https://www.google.com/search?q=smartphone&source=hp&ei=TlmHY9nNGI-Kxc8P6KOy4AY&iflsig=AJiK0e8AAAAAY4dnXn6HLW0G55ygsl-GGjj4ThOyG2DO&ved=0ahUKEwjZrNKTgNb7AhUPRfEDHeiRDGwQ4dUDCAk&uact=5&oq=smartphone&gs_lcp=Cgdnd3Mtd2l6EAMyCwgAEIAEELEDEIMBMggIABCABBCxAzILCAAQgAQQsQMQgwEyCAgAEIAEELEDMggIABCABBCxAzIICAAQgAQQsQMyCAgAEIAEELEDMgsIABCABBCxAxCDATIICAAQgAQQsQMyCAgAEIAEELEDOgUILhCABDoUCC4QgAQQsQMQgwEQxwEQ0QMQ1AI6CAgAELEDEIMBO-

gUIABCABDoLCC4QgAQQxwEQ0QM6EQguEIAEELEDEIMBEMcBENEDOggILhCxAx-CDAToLCC4QgAQQsQMQgwE6EQguEIMBEMcBELEDENEDEIAEOggILhCxAxCABDo-ICC4QgAQQsQM6EQguEIAEELEDEMcBENEDENQCOg4ILhCABBCxAxDHARCvAToO CC4QgAQQsQMQxwEQ0QNQAFjtEWDiFmgAcAB4AIABVYgBxwSSAQIxMJgBAKABA Q&sclient=gws-wiz, Abruf: 09.12.2022.

Google (2022f), Suchergebnisse zu Mini, https://www.google.com/search?q=mini&client=firefox--b-d&ei=1D2XY8DEKdHJkwWK1bLIBQ&ved=0ahUKEwjA_tmZqPT7AhXR5KQKHYqqD-FkQ4dUDCA8&uact=5&oq=mini&gs_lcp=Cgxnd3Mtd2l6LXNlcnAQAzIHCAAQsQM-QQzINCC4QsQMQxwEQ0QMQQzIECAAQQzIECAAQQzIECAAQQzIECAAQQzIE-CAAQQzIECAAQQzIFCAAQgAQyBAgAEEM6CggAEEcQ1gQQsAM6DQgAEEcQ1gQQy-QMQsAM6CwgAEJIDELgEELADOggIABCSAxCwA0oECEEYAEoECEYYAFCgBFigBGD eBWgBcAF4AIABTIgBTJIBATGYAQCgAQHIAQrAAQE&sclient=gws-wiz-serp, Abruf: 12.12.2022.

Google (2022g), Wie Suchergebnisse automatisch erstellt werden, https://www.google.com/intl/de/search/howsearchworks/how-search-works/ranking-results/, Abruf: 08.12.2022.

Google (2023), Google Ads Funktionsweise, https://ads.google.com/intl/de_de/getstarted/how-it-works/?subid=de-de-ha-aw-bk-c-bau!o3~EAIaIQobChMI1cevm8_p-wIVlPh3 Ch0DNgd1EAAYASAAEgKHbfD_BwE~110530999343~kwd-94527731~11441911114~591553767574, Abruf: 15.02.2023.

Google (2023a), 100 things we announced at I/O 2023. Online verfügbar unter https://blog.google/technology/developers/google-io-2023-100-announcements/, zuletzt geprüft am 19.07.2023.

Google Street View (2022), Vancouver, https://www.google.com/maps/@49.2871962,-123.142010 3,3a,75y,63.01h,89.59t/data=!3m7!1e1!3m5!1sZT50G0ZAkbQii5HYJXp_xA!2e0!6shttps:%2F%2Fstreetviewpixels-pa.googleapis.com%2Fv1%2Fthumbnail%3Fpano-id%3DZT50G0ZAkbQii5HYJXp_xA%26cb_client%3Dmaps_sv.tactile.gps%26w%3D203%26h%3D100%26yaw%3D229.09833%26pitch%3D0%26thumbfov%3D100!7i16384!8i8192?hl=de, Abruf: 08.12.2022.

Grimm, I. (2021), Zum 20. Geburtstag: 20 Dinge, die Sie noch nicht über Wikipedia wussten, https://www.rnd.de/digital/20-jahre-wikipedia-20-dinge-die-sie-noch-nicht-uber-die-internet-enzyklopadie-wussten-XOQNODGKIJAE3EN5RA2NREZ3FA.html, Abruf: 25.11.2022.

Guenstiger.de GmbH (2022), Startseite, https://www.guenstiger.de/, Abruf: 01.12.2022.

Johnson, M.W./Christensen, C.M./Kagermann, H. (2008), Reinventing Your Business Model, in: Harvard Business Review, 89. Jg., Nr. 12, 2008, S. 50–59.

Kallio, J./Tinnila, M./Tseng, A. (2006), An international comparison of operator-driven business models, in: Business Process Management Journal, 12. Jg., Nr. 3, 2006, S. 281–298.

Kunz, C. (2019), Google liefert offizielle Zahlen zum täglichen Suchevolumen, https://www.seo--suedwest.de/5431-google-liefert-offizielle-zahlen-zum-taeglichen-suchevolumen.html, Abruf: 02.12.2022, Abruf: 05.12.2019.

Lewandowski, D. (2005), Web Information Retrieval. Technologien zur Informationssuche im Internet, Frankfurt am Main 2005.

Liang, T.-P./Lai, H.-J. (2002), Effect of store design on consumer purchases: an empirical study of on-line bookstores, in: Information & Management, 39. Jg., Nr. 6, 2002, S. 431–444.

LinkedIn (2016), Annual Report 2015, 2016, http://www.annualreports.com/HostedData/AnnualReportArchive/l/NYSE_LNKD_2015.PDF, Abruf: 10.07.2017.

LinkedIn (2017), Our Story, 2017, https://ourstory.linkedin.com/, Abruf: 12.07.2017.

LinkedIn (2022a), About Us – Statistics, https://news.linkedin.com/about-us#, Abruf: 13.12.2022.

LinkedIn (2022b), LinkedIn Business Highlights from Microsoft's FY22 Q4 Earnings, https://news.linkedin.com/2022/july/linkedin-business-highlights-from-microsoft-s-fy22-q4-earnings, Abruf: 14.12.2022.

LinkedIn (2022c), Über LinkedIn, https://about.linkedin.com/de-de?lr=1, Abruf: 13.12.2022.

Magretta, J. (2002), Why Business Models Matter, in: Harvard Business Review, 80. Jg., Nr. 5, 2002, S. 86–92.

Meffert, H./Burmann, C./Kirchgeorg, M./Eisenbeiß, M. (2019), Marketing- Grundlagen marktorientierter Unternehmensführung Konzepte – Instrumente – Praxisbeispiele, 13. Aufl. 2019, Wiesbaden 2019.

Meta (2022), Our Mission, https://about.meta.com/company-info, Abruf: 13.12.2022.

MetaGer (2022), Gemeinnütziger Verein, https://metager.de/#story-ngo, Abruf: 09.12.2022.

Microsoft (2022a), Form 10-K, https://microsoft.gcs-web.com/static-files/07cf3c30-cfc3-4567--b20f-f4b0f0bd5087, Abruf: 14.12.2022.

Microsoft (2022b), Microsoft Rewards, https://www.microsoft.com/de-de/rewards, Abruf: 15.12.2022.

Microsoft (2022c), Speicherbegrenzungen in Outlook, https://support.microsoft.com/de-de/office/speicherbegrenzungen-in-outlook-com-7ac99134-69e5-4619-ac0b-2d313bba5e9e#:~:text=Microsoft%20bietet%2015%20GB%20E,Abonnenten%20erhalten%2050%20GB%20Speicherplatz., Abruf: 14.12.2022.

Nonaka, I./Takeuchi, H./Mader, F. (2012), Die Organisation des Wissens- Wie japanische Unternehmen eine brachliegende Ressource nutzbar machen, 2., um ein Vorwort erweiterte Auflage, Frankfurt am Main, New York 2012.

Nowak, A. (2022), Bellnet.com, http://www.linksuche.de/bellnet-com/, Abruf: 12.12.2022.

Papazoglou, M./Ribbers, P. (2006), E-Business- Organizational and technical foundations, Hoboken, NJ 2006.

PartyGaming Plc. (2011), 2011 First Half Results Presentation, http://www.bwinparty.com/~/media/Files/CorpWeb/Investors/Presentations/2011%20Half%20Year%20Presentation%20Final%20Version.ashx, Abruf: 27.01.2012, Abruf: 31.08.2011.

PayPal (2022), Über PayPal, https://www.paypal.com/de/webapps/mpp/about, Abruf: 01.12.2022.

Perez, S. (2019), The Google News mobile app now supports bilingual users, 2019, https://techcrunch.com/2019/11/04/the-google-news-mobile-app-now-supports-bilingual-users/, Abruf: 14.02.2020.

Porter, M.E. (1986), Wettbewerbsvorteile. Spitzenleistungen erreichen und behaupten, Frankfurt am Main 1986.

Porter, M.E. (2014), Wettbewerbsvorteile- Spitzenleistungen erreichen und behaupten, 8. durchgesehene Auflage, Frankfurt, New York 2014.

Prahalad, C.K./Hamel, G. (1990), The Core Competence of the Corporation, in: Harvard Business Review, 68. Jg., Nr. 3, 1990, S. 79–91.

Prahalad, C.K./Hamel, G. (2006), The Core Competence of the Corporation, in: Hahn, D./Taylor, B. (Hrsg.): Strategische Unternehmungsplanung- Stand und Entwicklungstendenzen, 9. Aufl., Berlin, Heidelberg 2006, S. 275–293.

Prahalad, C.K./Ramaswamy, V. (2000), Co-opting customer competence, in: Harvard Business Review, 78. Jg., Nr. 1, 2000, S. 79–87.

Prahalad, C.K./Ramaswamy, V. (2004), Co-creating unique value with customers, in: Strategy & Leadership, 32. Jg., Nr. 3, 2004, S. 4–9.

Prasad, A./Mahajan, V./Bronnenberg, B. (2003), Advertising versus pay-per-view in electronic media, in: International Journal of Research in Marketing, 20. Jg., Nr. 1, 2003, S. 13–20.

Probst, G./Raub, S./Romhardt, K. (2012), Wissen managen, Wiesbaden 2012.

Rayport, J.F./Jaworski, B.J. (2001), e-Commerce, Boston 2001.

Rickens, C./Werrres, T. (2011), Die Murks-Brothers, https://www.manager-magazin.de/magazin/artikel/a-746293.html, Abruf: 01.12.2022.

Riegner, C. (2007), Word of Mouth on the Web: The Impact of Web 2.0 on Consumer Purchase Decisions, in: Journal of Advertising Research, 47. Jg., Nr. 4, 2007, S. 436–447.

Schilke, O./Wirtz, B.W. (2012), Consumer acceptance of service bundles: An empirical investigation in the context of broadband triple play, in: Information & Management, 49. Jg., Nr. 2, 2012, S. 81–88.

Seisreiner, A. (1999), Management unternehmerischer Handlungspotentiale, Wiesbaden 1999.

Seven.One Media (2022), Weitester Nutzerkreis (Nutzung mindestens selten) ausgewählter Medien in Deutschland in den Jahren 2014 bis 2022, https://de.statista.com/statistik/daten/studie/614237/umfrage/weitester-nutzerkreis-ausgewaehlter-medien-in-deutschland/, Abruf: 24.11.2022.

Shapiro, C./Varian, H.R. (1999), Information Rules. A Strategic Guide to the Network Economy, Boston 1999.

StatCounter (2022), Search Engine Market Share Worldwide, https://gs.statcounter.com/search--engine-market-share, Abruf: 09.12.2022.

Statista Global Consumer Survey (2022), Beliebteste Messenger in Deutschland im Jahr 2022, https://de.statista.com/prognosen/999735/deutschland-beliebteste-messenger, Abruf: 13.12.2022.

Statistic Brain (2016), Google Plus Demographics & Statistics, 2016, http://www.statisticbrain.com/google-plus-demographics-statistics/, Abruf: 20.12.2016.

Teece, D.J./Pisano, G./Shuen, A. (1997), Dynamic Capabilities and Strategic Management, in: Strategic Management Journal, 18. Jg., Nr. 7, 1997, S. 509–533.

Telekom (2022a), Glasfaser-Kooperationen beim Netzausbau, https://www.telekom.com/de/konzern/details/glasfaser-kooperationen-beim-netzausbau-631492, Abruf: 15.12.2022.

Telekom (2022b), Kundencenter, https://www.telekom.de/mein-kundencenter, Abruf: 12.12.2022.

Telekom (2022c), MagentaTV mit Internet & Festnetz, https://www.telekom.de/magenta-tv/tarife--und-optionen/magenta-tv-mit-internet-festnetz#magenta-tv-preis-tabellen, Abruf: 12.12.2022.

Timmers, P. (1998), Business Models for Electronic Markets, in: Electronic Markets, 8. Jg., Nr. 2, 1998, S. 3–8.

Timmers, P. (1999), Electronic Commerce – Strategies and Models for Business-to-Business Trading, Chichester 1999.

Turban, E./Outland, J./King, D./Lee, J.K./Liang, T.-P./Turban, D.C. (2018), Electronic Commerce 2018- A Managerial and Social Networks Perspective, 9th ed. 2018, Cham 2018.

Turban, E./Pollard, C./Wood, G.R. (2021), Information technology for management- Driving digital transformation to increase local and global performance, growth and sustainability, Twelfth edition, Hoboken 2021.

Villanueva, J./Yoo, S./Hanssens, D.M. (2008), The Impact of Marketing-Induced Versus Word-of-Mouth Customer Acquisition on Customer Equity Growth, in: Journal of Marketing Research, 45. Jg., 2008, S. 48–59.

vom Orde, H./Durner, A. (2022), Grunddaten Jugend und Medien 2022, 2022, https://www.br--online.de/jugend/izi/deutsch/Grundddaten_Jugend_Medien.pdf, Abruf: 24.11.2022.

Vox.de (2022), Startseite, https://www.vox.de/cms/index.html, Abruf: 25.11.2022.

We Are Social (2022), The Global State of Digital in October 2022, 2022, Abruf: 15.12.2022.

Wehrli, H.P./Wirtz, B.W. (1997), Mass Customization und Kundenbeziehungsmanagement – Aspekte und Gestaltungsvarianten transaktionsspezifischer Marketingbeziehungen, in: Jahrbuch der Absatz- und Verbrauchsforschung, 43. Jg., Nr. 2, 1997, S. 116–138.

Wikimedia Deutschland (2022), Über uns- Wir befreien Wissen und machen es für alle zugänglich!, https://www.wikimedia.de/ueber-uns/, Abruf: 25.11.2022.

Wikimedia Foundation Inc (2022a), About, https://wikimediafoundation.org/about/, Abruf: 25.11.2022.

Wikimedia Foundation Inc (2022b), Wikimedia Projects, https://wikimediafoundation.org/our--work/wikimedia-projects/#a1-reference, Abruf: 25.11.2022.

Wikipedia (2022a), Cebuanosprachige Wikipedia, https://de.wikipedia.org/wiki/Cebuanosprachige_Wikipedia, Abruf: 25.11.2022.

Wikipedia (2022b), Deutschsprachige Wikipedia, https://de.wikipedia.org/wiki/Deutschsprachige_Wikipedia, Abruf: 25.11.2022.

Wikipedia (2022c), Wikipedia, https://de.wikipedia.org/wiki/Wikipedia, Abruf: 25.11.2022, Abruf: 02.01.2022.

Wirtz, B.W. (1994), Neue Medien, Unternehmensstrategien und Wettbewerb im Medienmarkt: Eine wettbewerbstheoretische und -politische Analyse, Frankfurt am Main 1994.

Wirtz, B.W. (1999), Convergence Processes, Value Constellations and Integration Strategies in the Multimedia Business, in: The International Media Management Journal, 1. Jg., Nr. 1, 1999, S. 14–22.

Wirtz, B.W. (2000a), eCommerce: Die Zukunft Ihres Unternehmens von @ bis z, in: Mittelstandsschriftenreihe der Deutschen Bank, Nr. 19, 2000.

Wirtz, B.W. (2000b), Electronic Business, 1. Auflage, Wiesbaden 2000.

Wirtz, B.W. (2000c), Rekonfigurationsstrategien und multiple Kundenbindung in multimedialen Informations- und Kommunikationsmärkten, in: Zeitschrift für betriebswirtschaftliche Forschung (ZfbF), 52. Jg., Nr. 5, 2000, S. 290–306.

Wirtz, B.W. (2001), Electronic Business, 2. Auflage, Wiesbaden 2001.

Wirtz, B.W. (2002), eBusiness- Gabler Kompakt, Wiesbaden 2002.

Wirtz, B.W. (2005), Medien- und Internetmanagement, 4. Auflage, Wiesbaden 2005.

Wirtz, B.W. (2010a), Business Model Management- Design – Instrumente – Erfolgsfaktoren von Geschäftsmodellen, 1. Auflage, Wiesbaden 2010.

Wirtz, B.W. (2010b), Electronic Business, 3. Auflage, Wiesbaden 2010.

Wirtz, B.W. (2011), Business Model Management- Design – Instrumente – Erfolgsfaktoren von Geschäftsmodellen, 2. Auflage, Wiesbaden 2011.

Wirtz, B.W. (2013a), Electronic Business, 4. Auflage, Wiesbaden 2013.

Wirtz, B.W. (2013b), Medien- und Internetmanagement, 8. Auflage, Wiesbaden 2013.

Wirtz, B.W. (2016a), Direktmarketing- Grundlagen – Instrumente – Prozesse, 4. Auflage, Wiesbaden: Gabler.

Wirtz, B.W. (2016b), Medien- und Internetmanagement, 9. Auflage, Wiesbaden 2016.

Wirtz, B.W. (2017), Business Model Management- Design – Instrumente – Erfolgsfaktoren von Geschäftsmodellen, 4. Auflage, Wiesbaden 2017.

Wirtz, B.W. (2018), Electronic Business, 6. Auflage, Wiesbaden 2018.

Wirtz, B.W. (2019), Digital Business Models- Concepts, Models, and the Alphabet Case Study, Cham 2019.

Wirtz, B.W. (2020), Electronic Business, 7. Auflage, Wiesbaden 2020.

Wirtz, B.W. (2021a), Business Model Management- Design – Instrumente – Erfolgsfaktoren von Geschäftsmodellen, 5., aktualisierte und erweiterte Auflage, Wiesbaden 2021.

Wirtz, B.W. (2021b), Digital business and electronic commerce- Strategy, business models and technology, 1. Auflage, Cham 2021.

Wirtz, B.W. (2022a), E-Government- Strategie – Organisation – Technologie, 1. Auflage, Wiesbaden 2022.

Wirtz, B.W. (2022b), Multi-Channel-Marketing- Grundlagen – Instrumente – Prozesse, 3. Auflage, Wiesbaden 2022.

Wirtz, B.W./Becker, D. (2001), Geschäftsmodelle im Electronic Business – Eine Analyse zu Erscheinungsformen und Entwicklungsperspektiven von Geschäftsmodellen, in: Scheer, A.-W. (Hrsg.): Die eTransformation beginnt!, Bd. 2, Heidelberg 2001, S. 159–189.

Wirtz, B.W./Becker, D. (2002), Geschäftsmodellansätze und Geschäftsmodellvarianten im Electronic Business – Eine Analyse zu Erscheinungsformen von Geschäftsmodellen, in: WiSt – Wirtschaftswissenschaftliches Studium, 31. Jg., Nr. 2, 2002, S. 85–90.

Wirtz, B.W./Daiser, P. (2017), Business Model Innovation- An Integrative Conceptual Framework, in: Journal of Business Models, 5. Jg., Nr. 1, 2017, S. 14–34.

Wirtz, B.W./Daiser, P. (2018a), Business Model Development: A Customer-Oriented Perspective, in: Journal of Business Models, 6. Jg., Nr. 3, 2018, S. 24–44.

Wirtz, B.W./Daiser, P. (2018b), Business Model Innovation Processes: A Systematic Literature Review, in: Journal of Business Models, 6. Jg., Nr. 1, 2018, S. 40–58.

Wirtz, B.W./Daiser, P. (2018c), Business Model Innovation-Management: Ein integrierter Ansatz, in: Wirtschaftswissenschaftliches Studium (WiSt), 47. Jg., Nr. 4, 2018, S. 17–22.

Wirtz, B.W./Elsäßer, M. (2012), Instrumente im Social Media Marketing, in: Wirtschaftswissenschaftliches Studium (WiSt), 41. Jg., Nr. 10, 2012, S. 512–518.

Wirtz, B.W./Göttel, V./Daiser, P. (2016), Business Model Innovation- Development, Concept and Future Research Directions, in: Journal of Business Models, 4. Jg., Nr. 2, 2016, S. 1–28.

Wirtz, B.W./Kleineicken, A. (2000), Geschäftsmodelltypologien im Internet, in: Wirtschaftswissenschaftliches Studium (WiSt), 29. Jg., Nr. 11, 2000, S. 628–635.

Wirtz, B.W./Kubin, P.R.M./Weyerer, J.C. (2021), Business model innovation in the public sector: an integrative framework, in: Public Management Review, 2021, S. 1–36.

Wirtz, B.W./Langer, P.F./Schmidt, F. (2021), Digital Government: Business Model Development For Public Value Creation – A Dynamic Capabilities Based Framework, in: Public Administratin Quarterly, 45. Jg., Nr. 3, 2021, S. 232–255.

Wirtz, B.W./Lihotzky, N. (2001), Internetökonomie, Kundenbindung und Portalstrategien, in: Die Betriebswirtschaft, 61. Jg., Nr. 3, 2001, S. 285–305.

Wirtz, B.W./Lihotzky, N. (2003), Customer Relation Management in the B2C Electronic Business, in: Long Range Planning, 36. Jg., Nr. 6, 2003, S. 517–532.

Wirtz, B.W./Loscher, B. (2001), ZP-Stichwort: Geschäftsmodelle in der Internetökonomie, in: Zeitschrift für Planung (zp), 24. Jg., Nr. 12, 2001, S. 451–458.

Wirtz, B.W./Müller, W.M./Langer, P.F. (2022), Quo Vadis Business Model Innovation? BMI Status, Development and Research Implications, in: International Journal of Innovation Management, 26. Jg., Nr. 01, 2022, S. 1–54.

Wirtz, B.W./Nitzsche, P. (2011), Integriertes Business Model, in: Das Wirtschaftsstudium (WISU), 40. Jg., Nr. 7, 2011, S. 945–951.

Wirtz, B.W./Nitzsche, P./Ullrich, S. (2014), User integration in social media: an empirical analysis, in: International Journal of Electronic Business, 11. Jg., Nr. 1, 2014, S. 63–84.

Wirtz, B.W./Olderog, T. (2000), Vom Spreu und Weizen in der New Economy, in: Financial Times Deutschland, 4.12.2000, 2000, S. 32.

Wirtz, B.W./Pelz, R./Ullrich, S. (2011), Marketing Competencies of Publishers and Ad Sales Success: An Empirical Analysis, in: Journal of Media Business Studies, 8. Jg., Nr. 1, 2011, S. 23–46.

Wirtz, B.W./Pistoia, A./Ullrich, S./Göttel, V. (2016), Business Models- Origin, Development and Future Research Perspectives, in: Long Range Planning, 49. Jg., Nr. 1, 2016, S. 36–54.

Wirtz, B.W./Ullrich, S. (2008), Geschäftsmodelle im Web 2.0 – Erscheinungsformen, Ausgestaltung und Erfolgsfaktoren, in: Praxis der Wirtschaftsinformatik, Nr. 261, 2008, S. 20–31.

Wirtz, B.W./Vogt, P./Denger, K. (2001), Electronic Business in der Versicherungswirtschaft, in: Zeitschrift für die gesamte Versicherungswirtschaft, 90. Jg., Nr. 1, 2001, S. 161–190.

Wirtz, B.W./Weyerer, J.C./Kohler, J. (2023), Public business model management: a literature review-based integrated framework, in: International Journal of Public Sector Performance Management, 11. Jg., Nr. 1, 2023, S. 1–22.

YouTube (2020), YouTube for Press- YouTube in numbers, https://www.youtube.com/intl/en-GB/about/press/, Abruf: 14.02.2020.

ZEIT ONLINE (2017), Wettbewerbsstrafe von 2,42 Milliarden Euro gegen Google, https://www.zeit.de/wirtschaft/unternehmen/2017-06/eu-kommission-wettbewerbsstrafe-von-2-42-milliarden-euro-gegen-google, Abruf: 14.02.2020.

Zollenkop, M. (2006), Geschäftsmodellinnovation, Wiesbaden 2006.

B2B-Geschäftsmodelle im Digital Business 14

Inhaltsverzeichnis

14.1 Sourcing ... 694
14.2 Sales ... 700
14.3 Supportive Collaboration ... 704
14.4 Service Broker ... 708
14.5 Inhaltliche Kernpunkte von B2B-Geschäftsmodellen im Digital Business ... 712
Literatur ... 714

Wissensziele

Wenn Sie dieses Kapitel gelesen haben, werden Sie in der Lage sein:

1. den Unterschied zwischen digitalen B2B- und B2C-Geschäftsmodellen sowie die Geschäftsmodelle des 4S-Net Business Model zu nennen,
2. die Merkmale des digitalen B2B-Geschäftsmodells Sourcing und seine Unterkategorien zu beschreiben,
3. das digitale B2B-Geschäftsmodell Sales und seine Wertschöpfungskette zu skizzieren,
4. die Unterkategorien des digitalen B2B-Supportive-Collaboration-Geschäftsmodells zu nennen und passende Beispiele zu identifizieren,
5. das Geschäftsmodell des digitalen B2B-Service-Broker zu erläutern und die jeweiligen Core Assets und Kernkompetenzen zu beschreiben.

B. W. Wirtz, *Digital Business*, https://doi.org/10.1007/978-3-658-41467-2_14

Geschäftsmodelle haben nicht nur im B2C-Bereich eine hohe Relevanz, vielmehr konnten sich auch im B2B-Bereich verschiedene Geschäftsmodelle erfolgreich etablieren.[1] Der wesentliche Unterschied liegt in dem zugrunde liegenden Beziehungsverhältnis. Ist für die B2C-Geschäftsmodelle ein Leistungsangebot an private Endabnehmer (Privatkunden) kennzeichnend, stehen bei B2B-Geschäftsmodellen ausschließlich Geschäftsbeziehungen zwischen Unternehmen im Mittelpunkt der Betrachtung.

Angelehnt an das Vorgehen zur Ableitung der B2C-Geschäftsmodelle mittels einer Differenzierung anhand der einzelnen Wertschöpfungsketten und Leistungsangebote können für den B2B-Bereich vier B2B-Basisgeschäftsmodelle abgeleitet werden: Sourcing, Sales, Supportive Collaboration und Service Broker.

- **4S-Net Business Model**

Diese Geschäftsmodelltypologie wird im Folgenden als 4S-Net Business Model bezeichnet und stellt die relevantesten B2B-Geschäftsmodelle im Internet dar. Allerdings muss im Rahmen der B2B-Geschäftsmodelltypologisierung berücksichtigt werden, dass eine starre und eindeutige Abgrenzung in einem durch hohen Änderungs- und Anpassungsdruck geprägtem Umfeld wie dem Internet nicht immer möglich ist.

So kann es vorkommen, dass ein Unternehmen zwar ein Kerngeschäftsmodell besitzt, dieses allerdings einige Überschneidungen zu weiteren B2B-Geschäftsmodelltypen aufweist. Abb. 14.1 stellt das 4S-Net Business Model dar.[2]

Die vier B2B-Geschäftsmodelltypen des 4S-Net Business Model werden nachfolgend beschrieben. Zu diesem Zweck wird zunächst jeder Geschäftsmodelltypus inklusive der relevantesten Unterkategorien des Leistungsangebots dargestellt, bevor spezifisch eine aggregierte Wertschöpfungskette entwickelt wird. Abschließend werden jeweils die für die einzelnen Geschäftsmodelltypen relevantesten Core Assets und Kernkompetenzen erläutert. Abb. 14.2 stellt die Struktur des Kapitels dar.

14.1 Sourcing

Das B2B-Geschäftsmodell Sourcing besteht aus der Anbahnung und/oder Abwicklung von B2B-Geschäftstransaktionen vom Buyer zum Seller. Ziel dieses Geschäftsmodells ist es, Geschäftstransaktionen des Beschaffungsmanagements durch Unterstützung des Internets abzuwickeln.

[1] Vgl. zu Kap. 14 B2B-Geschäftsmodelle im Digital Business im Folgenden Wirtz (2010), S. 338 ff.; Wirtz (2020), S. 592 ff.; Wirtz (2021), S. 379 ff.

[2] Inhalte teilweise basierend auf Wirtz/Bronnenmayer (2011).

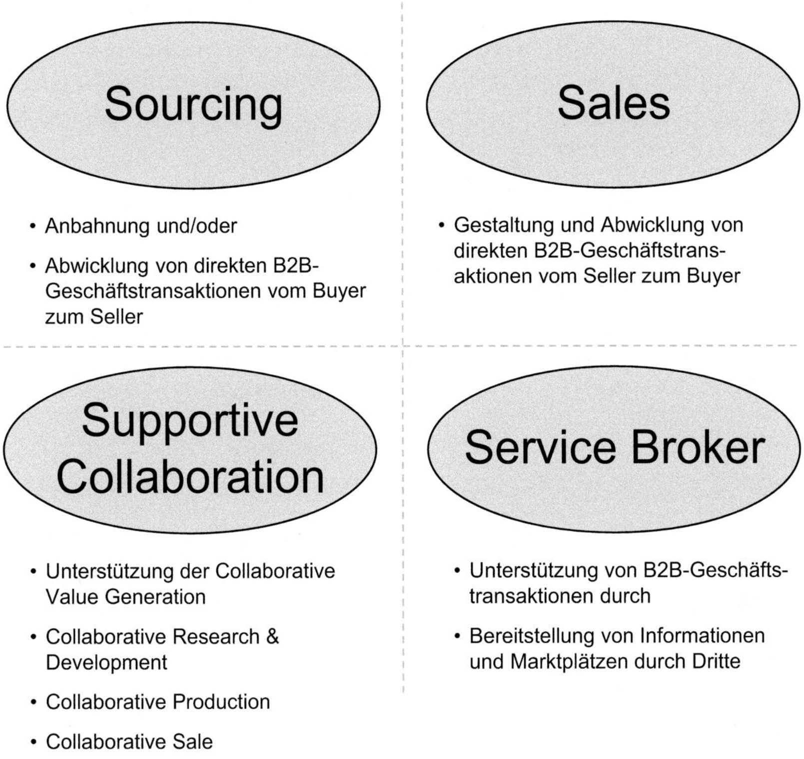

Abb. 14.1 4S-Net Business Model. (Vgl. Wirtz (2010), S. 339, S. 455; Wirtz (2020), S. 593, Wirtz (2021), S. 380)

Dabei wird eine direkte Leistungsbeziehung zwischen Käufer und Verkäufer vorausgesetzt. Abb. 14.3 stellt das Geschäftsmodell Sourcing mit den dazugehörigen Unterkategorien Private-B2B-Exchange und Buy-Side-B2B-Exchange dar.

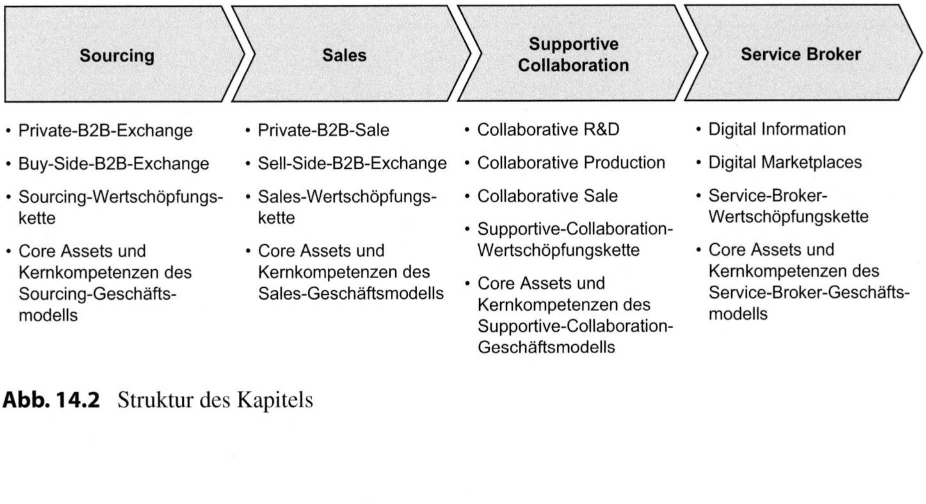

Abb. 14.2 Struktur des Kapitels

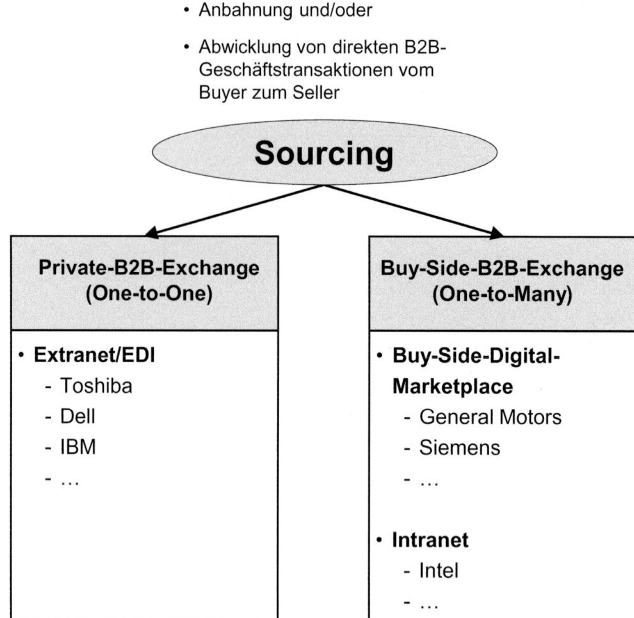

Abb. 14.3 Geschäftsmodell B2B-Sourcing. (Vgl. Wirtz (2010), S. 340; Wirtz (2020), S. 594; Wirtz (2021), S. 381)

- **Private-B2B-Exchange**

Für den Buyer ist von entscheidender Bedeutung, dass die gehandelten Produkte/Services schnell, zuverlässig und in gewohnter Qualität geliefert werden, um beispielsweise flexibel auf unvorhergesehene Nachfrageänderungen reagieren zu können. Darüber hinaus handelt es sich bei einem Private-B2B-Exchange zumeist um die Abwicklung von häufig wiederkehrenden B2B-Geschäftstransaktionen. Bei individualisierten Einzelleistungen mit geringer Wiederholungskaufrate lohnt sich der Aufbau eines Private-B2B-Exchange im Allgemeinen nicht.

- Extranet

In der Praxis werden derartige, strategisch wichtige One-to-One-Beziehungen mit Lieferanten/Zulieferern zumeist durch die Einrichtung eines entsprechenden Extranets technisch unterstützt. Das firmeninterne Intranet wird dabei um interaktive beschaffungsunterstützende Komponenten erweitert, die nur dem exklusiven strategischen Partner (One-to-One) zugänglich sind. Derartige Private-B2B-Exchanges zur Unterstützung intensiver Lieferantenbeziehungen sind im B2B-Digital-Business-Bereich weit verbreitet, beispielsweise bei Unternehmen wie Toshiba, Dell oder IBM.[3]

- Electronic Data Interchange (EDI)

Eine bekannte und bewährte Alternative zum One-to-One-Extranet ist der Electronic Data Interchange (EDI). Mithilfe dieses Datendienstes ist es möglich, eine Procurement-Bestellung in Form von strukturierten Daten papierlos vom beschaffenden Unternehmen an den Lieferanten zu senden. Die Bestellung des Kunden geht nahezu verzögerungsfrei, zuverlässig und exakt übereinstimmend als Auftrag im System des Lieferanten ein.

In diesem Kontext kommt zunehmend das Internet zur Datenübertragung zum Einsatz. Teilweise wird das Internet dabei lediglich als Plattform für bestehende EDI-Systeme genutzt. In diesem Fall werden die EDI-Daten unter Einsatz von E-Mail oder FTP-Diensten (Internet EDI) übertragen.[4]

Neben den klaren Kostenvorteilen im Vergleich zu traditionellen Methoden des Informationsaustauschs bezüglich Beschaffung (zum Beispiel Brief, Fax oder Voicemail) und der unkomplizierten und vereinheitlichten Prozessabwicklung führt die Etablierung einer Private-B2B-Exchange-Lösung in der Regel zu langfristigen Beziehungen zwischen Kunden und Lieferanten. Werden allerdings die Geschäftsbeziehungen eingestellt, kann das etablierte System für gewöhnlich nicht weiterverwendet werden und stellt somit Sunk Costs für das Unternehmen dar.

- **Buy-Side-B2B-Exchange**

Im Gegensatz zum Private-B2B-Exchange zeichnet sich der Buy-Side-B2B-Exchange durch eine One-to-Many-Beziehung zwischen dem beschaffenden Unternehmen und mehreren Lieferanten/Zulieferern aus. Ein derartiges Lieferantenverhältnis kann vom beschaffenden Unternehmen durch die Einrichtung eines Buy-Side-Digital-Marketplace umgesetzt werden.

- Digital Marketplace

In diesem Zusammenhang baut das beschaffende Unternehmen einen Digital Marketplace auf dem eigenen Server auf und lädt verschiedene Lieferanten ein, das Online-Angebot an Bestellungen zu analysieren und Aufträge entgegenzunehmen. Häufig wird hierbei die Va-

---

[3] Vgl. McIvor/Humphreys (2004), S. 245; Jelassi/Enders (2008), S. 602 f.; Turban et al. (2018), S. 525.
[4] Vgl. Wecker (2006), S. 27; Laudon/Traver (2019), S. 782.

riante der Reverse Auction verwendet, bei der derjenige Lieferant den Zuschlag erhält, der das niedrigste Angebot abgibt (Request-for-Quotation).[5]

Da der Aufbau und der Betrieb eines Digital Marketplace mit einem erheblichen Ressourceneinsatz verbunden sind, wird diese Art des Buy-Side-B2B-Exchange in der Praxis meist nur von Großkonzernen wie etwa General Motors oder Siemens verwendet.

- Intranet

Eine alternative Variante des Buy-Side-B2B-Exchange ist der Aufbau eines Multi-Supplier-Katalogs. Einzelne Lieferantenkataloge werden zu einem umfassenden Katalog zusammengefasst und im Intranet des beschaffenden Unternehmens abgelegt.[6]

Durch eine technische Vernetzung mit dem internen Finanz-/Bestellsystem und dem Auftragssystem der Lieferanten ist es relativ einfach möglich, Bestellungen auszulösen und abzuwickeln. Derartige Multi-Supplier-Kataloge sind in der Praxis industrieübergreifend weit verbreitet. Nachdem das Geschäftsmodell Sourcing mit seinen wesentlichen Unterkategorien dargestellt wurde, wird nachfolgend auf die idealtypische Wertschöpfungskette und die wesentlichen Core Assets und Kernkompetenzen des Sourcing-Geschäftsmodells eingegangen.

- **Wertschöpfungskette des Sourcing-Geschäftsmodells**

Die aggregierte Wertschöpfungskette des Sourcing-Geschäftsmodells kann in fünf Hauptstufen untergliedert werden. In einer ersten Stufe muss im Rahmen der Bedarfsermittlung zunächst konkretisiert werden, welche Objekte für den Produktionsprozess beschafft werden müssen und in welcher Menge dies geschehen soll. Bevor die eigentliche Warenauslieferung und Zahlungsabwicklung erfolgen kann, muss die Bestellung offiziell ausgelöst und an den beziehungsweise die entsprechenden Lieferanten übertragen werden. Abb. 14.4 stellt die Wertschöpfungskette eines idealtypischen Sourcing-Anbieters in aggregierter Form dar.

- **Core Assets und Kernkompetenzen des Sourcing-Geschäftsmodells**

Von hoher Bedeutung für den langfristigen Erfolg eines Unternehmens im Digital Business sind dessen Core Assets und Kernkompetenzen. Zu den bedeutendsten Core Assets des Sourcing-Geschäftsmodells zählen im Wesentlichen ein in den Sourcing-Prozess integriertes und unterstützendes Procurementsystem, ein breit aufgestelltes Zuliefernetzwerk und die verwendete IT-Plattform. Durch ein integriertes Procurement-System ist es möglich, die Beschaffung möglichst effizient zu gestalten und im Sinne einer Beschaffungs-

---

[5] Vgl. Rayport/Jaworski (2001), S. 91; Turban et al. (2018), S. 141.

[6] Vgl. Meier/Stormer (2012), S. 78 f.

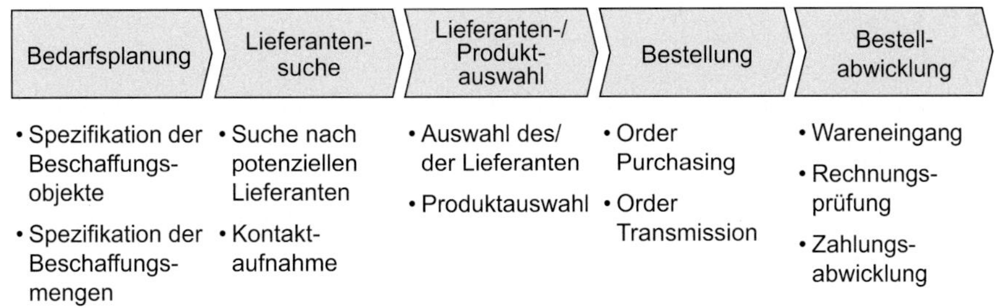

Abb. 14.4 Aggregierte Wertschöpfungskette Sourcing-Geschäftsmodell. (Vgl. Wirtz (2010), S. 342; Wirtz (2020), S. 596; Wirtz (2021), S. 383)

prozessoptimierung die Beschaffungsdauer und Beschaffungsprozesskosten gering zu halten.[7]

Darüber hinaus ist es wichtig, über ein breites und gut aufgestelltes Zuliefernetzwerk zu verfügen, um einzelne Lieferkonditionen miteinander vergleichen und möglichst gute Procurement-Bedingungen aushandeln zu können.[8] Die technische Realisation erfolgt über eine entsprechend auf die Bedürfnisse ausgerichtete IT-Plattform.

Zu den bedeutendsten Kernkompetenzen des Sourcing-Geschäftsmodells zählen im Wesentlichen ein ausgeprägtes Einkaufs-Know-How und eine gute Verhandlungskompetenz, um im hart umkämpften Markt der Beschaffungsbranche bestehen zu können.

Außerdem ist eine ausgeprägte Datenverarbeitungskompetenz von großem Nutzen, da die eingesetzten Procurement-Systeme in der Regel mit einem großen Datenvolumen umgehen müssen. Abb. 14.5 fasst die Core Assets und Kernkompetenzen des Geschäftsmodells Sourcing zusammen.

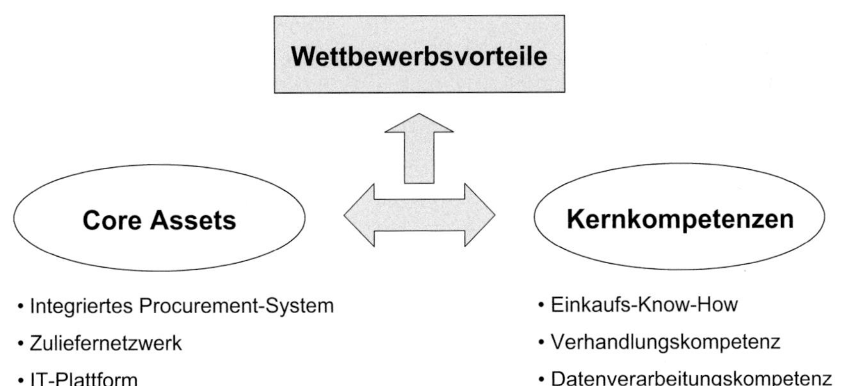

Abb. 14.5 Core Assets und Kernkompetenzen Sourcing-Geschäftsmodell. (Vgl. Wirtz (2010), S. 343; Wirtz (2020), S. 597; Wirtz (2021), S. 384)

[7] Vgl. Papazoglou/Ribbers (2006), S. 235 f.

[8] Vgl. Jelassi/Enders (2008), S. 69 ff.

14.2 Sales

Das B2B-Geschäftsmodell Sales besteht aus der Gestaltung und Abwicklung von direkten B2B-Geschäftstransaktionen vom Seller zum Buyer. Ziel dieses Geschäftsmodells ist es, Transaktionen des Verkaufsmanagements durch Unterstützung des Internets abzuwickeln.

Dabei wird eine direkte Leistungsbeziehung zwischen Käufer und Verkäufer unterstellt. Demnach können folgende Unterkategorien abgeleitet werden: Private-B2B-Sales und Sell-Side-B2B-Exchange. Abb. 14.6 stellt das Geschäftsmodell B2B-Sales dar.

- **Private-B2B-Sale**

Der Private-B2B-Sale beschreibt analog zum Private-B2B-Exchange des Sourcing-Geschäftsmodells eine One-to-One-Beziehung zwischen Verkäufer und Käufer. Allerdings steht anders als beim B2B-Exchange nicht das beschaffende Unternehmen im Mittelpunkt der Betrachtung, sondern das anbietende Unternehmen (Seller). Somit ist ein B2B-Seller bestrebt, mit seinen (gemessen am Umsatz) wichtigsten Kunden eine langfristige intensive Geschäftsbeziehung aufzubauen.

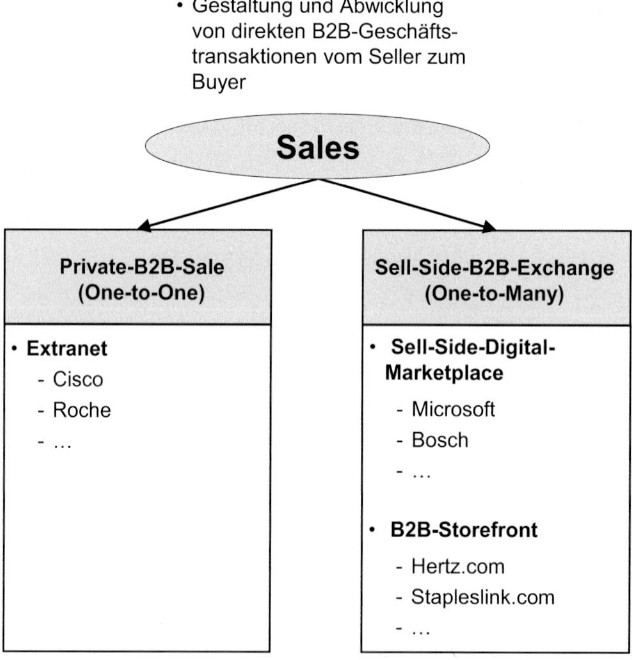

Abb. 14.6 Geschäftsmodell B2B-Sales. (Vgl. Wirtz (2010), S. 344; Wirtz (2020), S. 598; Wirtz (2021), S. 385)

Im Sinne der angestrebten langfristigen Kundenbindung empfiehlt es sich, derartige Geschäftsbeziehungen durch die Einrichtung eines entsprechenden Extranets technisch zu unterstützen und zum Beispiel für jeden wichtigen Großkunden einen hinsichtlich Produktauswahl und Preissetzung individualisierten Digital Catalog zur Verfügung zu stellen. In der Praxis sind derartige Private-B2B-Sales mittlerweile weit verbreitet. Der Verkäufer kann dabei beispielsweise ein Herstellungsunternehmen sein, das seine Produkte exklusiv an einen Wholesaler oder Retailer vertreibt. Unternehmen, die derartige Private-B2B-Sales erfolgreich anwenden, sind beispielsweise Cisco oder Roche.

- **Sell-Side-B2B-Exchange**

Der Sell-Side-B2B-Exchange zeichnet sich im Gegensatz zum Private-B2B-Sale durch eine direkte One-to-Many-Beziehung zwischen Seller und Buyer (Direct Selling) aus. Somit sind bei einem Sell-Side-B2B-Exchange immer ein B2B-Verkäufer und mehrere potenzielle B2B-Käufer involviert.[9]

Eine Zwischenstufe, beispielsweise in Form eines Intermediärs, ist hier zunächst nicht vorgesehen – diese Variante wird im Rahmen des Geschäftsmodelltypus Service Broker dargestellt. Sell-Side-B2B-Exchanges können anhand ihrer speziellen Ausgestaltungsformen, insbesondere hinsichtlich der Zugangsart, in Sell-Side-Digital-Marketplaces und B2B-Storefronts untergliedert werden. Auf beide Varianten wird im Folgenden näher eingegangen.

- Sell-Side-Digital-Marketplaces

Ein Sell-Side-Digital-Marketplace ist eine webbasierte Marktplattform, auf der ein Seller seine Produkte beziehungsweise Services mehreren potenziellen Businesskunden anbietet. Die Digital-Marketplace-Plattform wird dabei in der Regel vom Seller selbst betrieben und in Form eines Extranets umgesetzt. Es können folgende grundsätzliche Sell-Side-Digital-Marketplace-Modelle unterschieden werden: Digital Catalogs und Digital Auctions. Beispielsweise nutzt Microsoft den Direct Sale via Digital Catalogs und macht über ein auf das Extranet basierendes System jährlich rund sechs Milliarden US-Dollar Softwareumsatz mit verschiedenen Channel-Partnern.[10]

Für große und bekannte Unternehmen besteht darüber hinaus die Alternative, eine eigene Digital Auction zu etablieren. Der firmeninterne Betrieb einer Digital Auction birgt den Vorteil, dass die Kommissionsgebühr an Intermediäre entfällt.

Allerdings fallen Kosten für die Bereitstellung der technischen Infrastruktur und Wartung an, die sich jedoch für ein Unternehmen, das bereits Digital Catalogs erfolgreich betreibt, in einem überschaubaren Rahmen halten. Von Nachteil ist hingegen, dass Inter-

[9] Vgl. Papazoglou/Ribbers (2006), S. 206.

[10] Vgl. Turban et al. (2018), S. 133.

mediäre in der Regel über eine breitere Kundenbasis verfügen und somit mehr potenzielle Bieter angesprochen werden können, als dies beim firmeninternen Betrieb der Fall ist.[11]

- B2B-Storefronts

B2B-Storefronts können als eine Abwandlung beziehungsweise Weiterentwicklung der Sell-Side-Digital-Marketplaces angesehen werden. Der Hauptunterschied besteht darin, dass B2B-Storefronts nicht mithilfe der Einrichtung eines Extranets technisch realisiert werden, sondern durch die Programmierung einer allgemein aufrufbaren Homepage.[12]

Um sicherzustellen, dass auf das Onlineangebot nur ausgewählte Business User zugreifen können, ist der Zugang zu B2B-Storefronts durch eine Company ID/User ID und ein Passwort geschützt. Als Beispiel kann in diesem Kontext Stapleslink.com angeführt werden. Dies hat den Vorteil, dass neue B2B-Kunden nach einer entsprechenden Registrierung relativ einfach Zugang zu dem Storefront erhalten können.

Außerdem kann durch die Nutzung individueller Business-User-Profile auf die Wünsche und Bedürfnisse der einzelnen Business-Kunden explizit eingegangen werden und vereinbarte Produkt- beziehungsweise Preisbedingungen können somit in den Storefront integriert werden (zum Beispiel Businesskundentarife bei Hertz). Nachfolgend wird auf die idealtypische Wertschöpfungskette und die wesentlichen Core Assets und Kernkompetenzen des Sales-Geschäftsmodells eingegangen.

- **Wertschöpfungskette des Sales-Geschäftsmodells**

Die aggregierte Wertschöpfungskette des Sales-Geschäftsmodells kann in fünf Hauptstufen untergliedert werden. In einer ersten Stufe muss zunächst im Rahmen des Key Account Managements festgestellt werden, welche Kundensegmente am Markt existieren und für den Sales-Vorgang generell in Frage kommen. Hierauf aufbauend werden die zu bearbeitenden Kundensegmente ausgewählt und abhängig von der verfolgten Kundenbeziehungsstrategie kann die entsprechende Sales-Plattform aufgebaut werden (Private-B2B-Exchange oder Sell-Side-B2B-Exchange).

Nach dem erfolgreichen Aufbau der Sales-Plattform ist die Basis für die Abwicklung der elektronischen Bestellungen mit anschließender Auslieferung der Ware beziehungsweise der Bereitstellung des gehandelten Services geschaffen. Sobald die Warenauslieferung/Servicebereitstellung stattgefunden hat, erfolgt das Billing in Form der klassischen Rechnungsstellung mit elektronischer Überweisung beziehungsweise Bankeinzug.

Abgeschlossen wird die Wertschöpfungskette des Sales-Geschäftsmodells durch den After-Sales-Service, um den Kunden durch die Generierung von Zusatznutzen langfristig

[11] Vgl. McIvor/Humphreys (2004), S. 245.

[12] Vgl. Turban et al. (2015), S. 755 f.

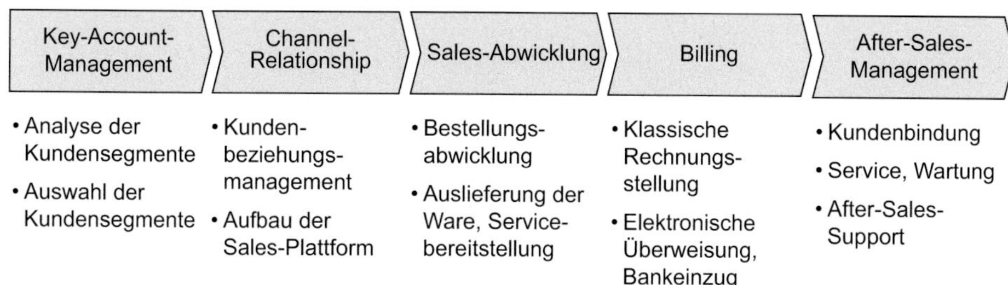

Abb. 14.7 Aggregierte Wertschöpfungskette Sales-Geschäftsmodell. (Vgl. Wirtz (2010), S. 347; Wirtz (2020), S. 601; Wirtz (2021), S. 387)

an das Unternehmen zu binden.[13] Abb. 14.7 stellt die Wertschöpfungskette eines idealtypischen Sales-Anbieters in aggregierter Form dar.

- **Core Assets und Kernkompetenzendes Sales-Geschäftsmodells**

Zu den bedeutendsten Core Assets des Sales-Geschäftsmodells zählen neben einem großen und etablierten Kundenstamm, dem Aufbau eines breiten Key-Account-Netzwerks zur Stärkung der Verhandlungsmacht und der Etablierung einer bekannten Marke insbesondere auch die verwendete Vertriebsstruktur und IT-Plattform.

Abhängig von der verfolgten Sales-Strategie ist es dabei von besonderer Bedeutung, die jeweils günstigste Sales-Geschäftsmodellvariante zu wählen und mit einer entsprechenden IT-Plattform zu realisieren. Dabei empfiehlt es sich, beispielsweise Sales-Geschäftsbeziehungen mit strategisch wichtigen Großkunden durch die Einrichtung eines Extranet (One-to-One) zu realisieren.

Sollen allerdings mehrere Businesskunden gleichzeitig auf die Sales-Plattform zugreifen können, kann dies durch einen Sell-Side-B2B-Exchange realisiert werden.[14] Zu den bedeutendsten Kernkompetenzen des Sales-Geschäftsmodells zählen im Wesentlichen eine gute Verhandlungs- und Pricing-Kompetenz, um Preisverhandlungen effizient und effektiv durchführen zu können beziehungsweise marktorientierte Preisstrategien entwickeln und umsetzen zu können.

Da der technische Aufbau und Betrieb der dargestellten Sales-Geschäftsmodellvarianten nicht durch Dritte erfolgt, sondern in Eigenverantwortung vom verkaufenden Unternehmen durchgeführt wird, kann darin eine weitere Kernkompetenz gesehen werden. Ein Unternehmen, das einen eigenen Sell-Side-Digital-Marketplace implementieren will, muss entsprechende IT-Kenntnisse vorab aufbauen beziehungsweise extern am Markt beschaffen. Abb. 14.8 fasst die Core Assets und Kernkompetenzen des Geschäftsmodells Sales zusammen.

---

[13] Vgl. Wirtz/Olderog (2002), S. 519; Gierl/Gehrke (2004), S. 203 ff.

[14] Vgl. Turban et al. (2018), S. 133.

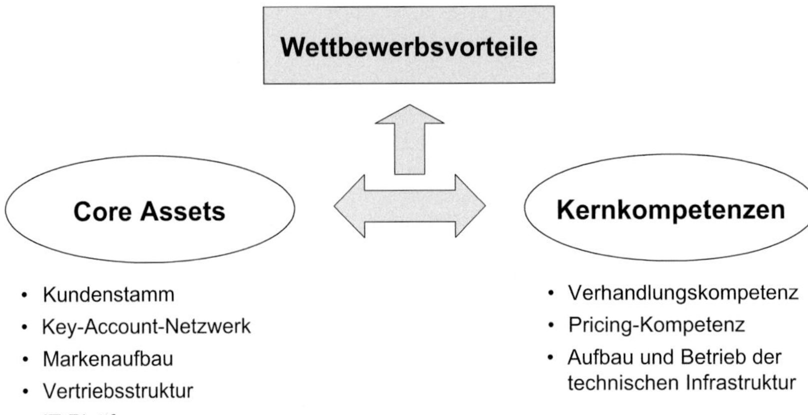

Abb. 14.8 Core Assets und Kernkompetenzen Sales-Geschäftsmodell. (Vgl. Wirtz (2010), S. 348; Wirtz (2020), S. 602; Wirtz (2021), S. 388)

14.3 Supportive Collaboration

Das B2B-Geschäftsmodell Supportive Collaboration besteht aus der Unterstützung der Collaborative Value Generation und untergliedert sich in die Bereiche Collaborative R&D, Collaborative Production und Collaborative Sale. Somit steht die gemeinsame Wertgenerierung von mehreren Unternehmen in den Bereichen Forschung und Entwicklung, Produktion und Verkauf im Mittelpunkt der Betrachtung.

Hierbei besteht eine direkte Beziehung der beteiligten Unternehmen untereinander. Der Einsatz eines Intermediärs ist nicht vorgesehen. Bevor nachfolgend auf die einzelnen Bestandteile des Geschäftsmodells Supportive Collaboration, deren aggregierte Wertschöpfungskette und wesentlichen Core Assets beziehungsweise Kernkompetenzen eingegangen wird, zeigt Abb. 14.9 das Geschäftsmodell Supportive Collaboration.

- **Collaborative R&D**

Bei der Unterkategorie Collaborative R&D des B2B-Geschäftsmodells Supportive Collaboration geht es um die gemeinschaftliche Entwicklung von neuen Produkten beziehungsweise Leistungsangeboten, die in der Praxis in der Regel durch die Einrichtung eines entsprechenden Firmennetzwerks realisiert werden (Netzwerkinnovation).

- Netzwerkinnovation

Die Netzwerkinnovation ist eine, beispielsweise in der Automobilbranche oder Pharmaindustrie, weit verbreitete Variante, die Unternehmen verwenden, um in Kooperation mit

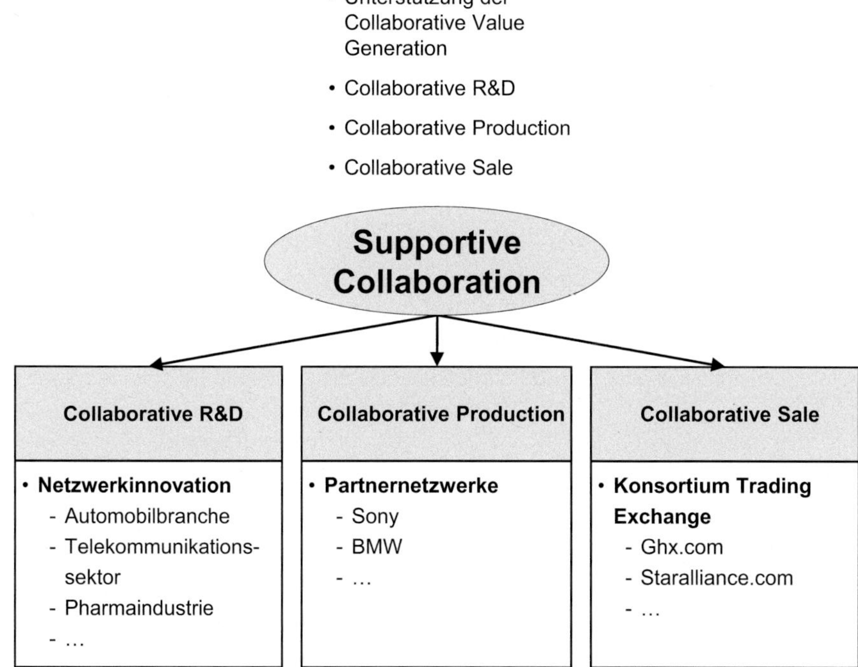

Abb. 14.9 Geschäftsmodell B2B-Supportive Collaboration. (Vgl. Wirtz (2010), S. 349; Wirtz (2020), S. 603; Wirtz (2021), S. 388)

anderen Unternehmen und unter Nutzung moderner Digital-Business-Techniken neue Produkte beziehungsweise Leistungsangebote zu entwickeln.[15]

Das von General Motors eingesetzte CAD-Programm (Computer-Aided-Design) ermöglicht es beispielsweise, 3D-Designdokumente von Prototypen online sowohl Designern (intern und extern) als auch Ingenieuren weltweit zur Verfügung zu stellen. Darüber hinaus besteht die Möglichkeit, via Webkonferenztools flexibel in Verbindung zu treten, um unternehmensübergreifendes Teamwork kostengünstig zu unterstützen.

- **Collaborative Production**

Die zweite Unterkategorie des Supportive-Collaboration-Geschäftsmodells ist die Collaborative Production. Ziel der Collaborative Production ist die gemeinschaftliche Herstellung von Produkten und Leistungen, unterstützt durch den Einsatz von Digital-Business-Technologien.[16]

[15] Vgl. Turban et al. (2018), S. 155.

[16] Vgl. Turban et al. (2018), S. 155 f.

- Partnernetzwerke

In diesem Zusammenhang erfolgt in der Praxis eine kollaborative Produktion häufig in Form einer integrierten Supply Chain von verschiedenen Partnernetzwerken. Ziel derartiger Partnernetzwerke ist die Optimierung der Produktionsprozesse, zum Beispiel in Form einer Just-in-Time-Produktion und der Einbindung von Zulieferunternehmen in den Produktionsprozess.

Unterstützt werden derartige kollaborative Produktionsprozesse durch den Einsatz von Material-Requirements-Planning-Systemen, die es ermöglichen, den Produktionsprozess integrativ zu planen, zu verfolgen und zu managen (beispielsweise Bedarfs- oder Ablaufplanung).[17] Derartige kollaborative Produktionsprozesse kommen in der Unternehmenspraxis überwiegend im produzierenden Gewerbe wie zum Beispiel bei Sony oder BMW vor.

- **Collaborative Sale**

Die letzte Unterkategorie des Supportive-Collaboration-Geschäftsmodells ist der Collaborative Sale. Das Geschäftsmodell Collaborative Sale sieht vor, dass sich mehrere Industry Player zusammenschließen, um eine eigene Sales-Exchange-Plattform zu gründen und kooperativ zu betreiben. Der Einsatz eines Intermediärs ist dabei nicht vorgesehen.

- Konsortium Trading Exchange

In der Praxis werden Collaborative-Sale-Konstellationen meist durch die Etablierung eines Konsortium Trading Exchange realisiert (Many-to-Many).[18] So gilt beispielsweise das Unternehmen GHX als ein Pionier in diesem Bereich für die Healthcare-Industrie. Das Unternehmen wurde im Jahr 2000 von verschiedenen großen Herstellern medizinischer Produkte gegründet und gilt mittlerweile weltweit als der größte Trading Exchange im Healthcare-Bereich. Nachfolgend wird wieder auf die idealtypische Wertschöpfungskette und die wesentlichen Core Assets und Kernkompetenzen des Supportive-Collaboration-Geschäftsmodells eingegangen.

- **Wertschöpfungskette des Supportive-Collaboration-Geschäftsmodells**

Die Wertschöpfungskette des Supportive-Collaboration-Geschäftsmodells kann in fünf Hauptstufen untergliedert werden. In einer ersten Stufe, dem Collaboration Planning, wird zunächst die Wertschöpfungskette hinsichtlich möglicher Collaboration-Potenziale untersucht. Hierauf aufbauend können mögliche Collaboration-Partner identifiziert und

---

[17] Vgl. Papazoglou/Ribbers (2006), S. 272 ff.; Laudon/Traver (2019), S. 822.

[18] Vgl. GHX (2023).

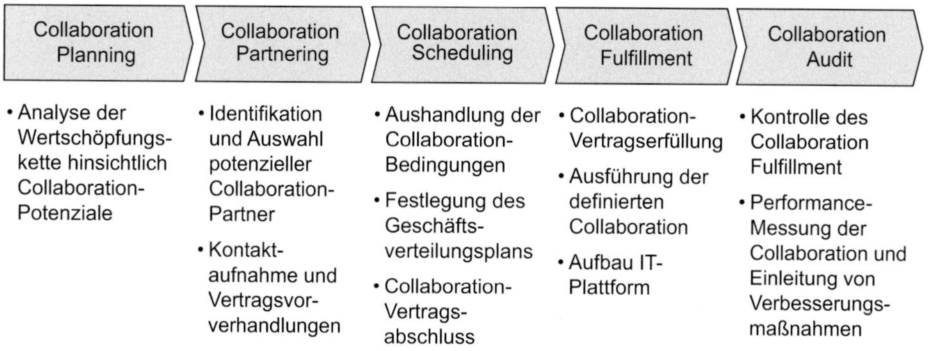

Collaboration Planning	Collaboration Partnering	Collaboration Scheduling	Collaboration Fulfillment	Collaboration Audit
• Analyse der Wertschöpfungs-kette hinsichtlich Collaboration-Potenziale	• Identifikation und Auswahl potenzieller Collaboration-Partner • Kontakt-aufnahme und Vertragsvor-verhandlungen	• Aushandlung der Collaboration-Bedingungen • Festlegung des Geschäfts-verteilungsplans • Collaboration-Vertrags-abschluss	• Collaboration-Vertragserfüllung • Ausführung der definierten Collaboration • Aufbau IT-Plattform	• Kontrolle des Collaboration Fulfillment • Performance-Messung der Collaboration und Einleitung von Verbesserungs-maßnahmen

Abb. 14.10 Aggregierte Wertschöpfungskette Supportive-Collaboration-Geschäftsmodell. (Vgl. Wirtz (2010), S. 351; Wirtz (2020), S. 605; Wirtz (2021), S. 390)

im Rahmen der Vorvertragsverhandlungen erste Rahmenbedingungen abgeklärt werden (Collaboration Partnering).

Die konkrete Aushandlung und Fixierung des Collaboration-Vertrags inklusive der Definition des Geschäftsverteilungsplans erfolgt im Rahmen des Collaboration Scheduling. Schließlich folgt die Ausführung der vorab definierten Collaboration inklusive des Aufbaus der IT-Plattform (Collaboration Fulfillment) und die Effizienz der durchgeführten Kollaboration wird durch ein entsprechendes Collaboration Audit inklusive der Eruierung von Verbesserungsmaßnahmen sichergestellt. Abb. 14.10 stellt die Wertschöpfungskette des Supportive-Collaboration-Geschäftsmodells in aggregierter Form dar.

- **Core Assets und Kernkompetenzen des Supportive-Collaboration-Geschäftsmodells**

Zu den bedeutendsten Core Assets des Supportive-Collaboration-Geschäftsmodells zählen neben einer auf die jeweiligen Bedürfnisse der einzelnen Akteure ausgerichteten IT-Plattform im Wesentlichen das Collaboration-Netzwerk als Voraussetzung, um langfristige Kooperationsbeziehungen aufbauen zu können. Darüber hinaus ist eine effiziente und zielorientierte Allokation der Collaboration-Ressourcen notwendig, um Synergieeffekte effizient nutzen zu können.[19]

Zu den bedeutendsten Kernkompetenzen des Supportive-Collaboration-Geschäftsmodells zählt hauptsächlich eine gute Verhandlungskompetenz, um Kollaborationsverhandlungen effizient und effektiv durchführen zu können. Außerdem ist es für die effiziente Nutzung von Supportive Collaborations von entscheidender Bedeutung, dass die kollaborierenden Unternehmen neben einer entsprechenden Kooperationskompetenz insbesondere über eine ausgeprägte Integrationskompetenz verfügen.

[19] Vgl. Turban et al. (2018), S. 156 f.

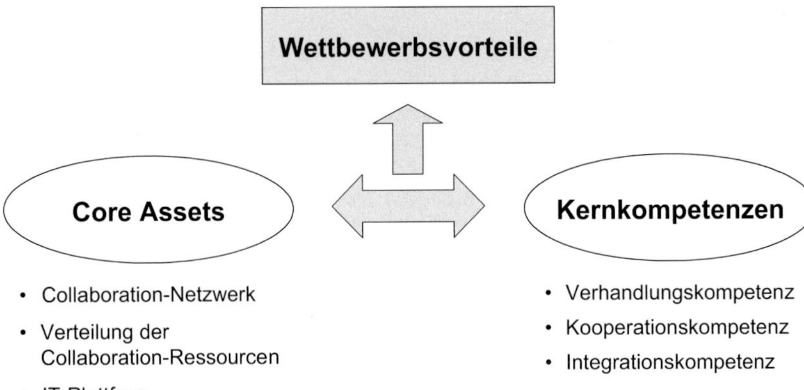

Abb. 14.11 Core Assets und Kernkompetenzen Supportive-Collaboration-Geschäftsmodell. (Vgl. Wirtz (2010), S. 352; Wirtz (2020), S. 606; Wirtz (2021), S. 390)

Dies betrifft sowohl die Abstimmung der einzelnen Wertschöpfungsketten hinsichtlich der Kooperationsstufen als auch eine systemtechnische IT-Integration. Abb. 14.11 fasst die Core Assets und Kernkompetenzen des Geschäftsmodells Supportive Collaboration zusammen.

14.4 Service Broker

Bei dem B2B-Geschäftsmodell Service Broker geht es um die Unterstützung von B2B-Geschäftstransaktionen durch die Bereitstellung von Informationen und Marktplätzen. Die Bereitstellung derartiger Services erfolgt beim Service-Broker-Geschäftsmodell im Gegensatz zu den restlichen Geschäftsmodellen des 4S-Net Business Model durch dritte Anbieter beziehungsweise Intermediäre.

Somit besteht keine direkte Beziehung mehr zwischen den betroffenen B2B-Unternehmen, sondern nur über den entsprechenden Intermediär. Das Geschäftsmodell B2B-Service Broker kann in die Kategorien Digital Information und Digital Marketplaces untergliedert werden. Abb. 14.12 stellt das Business Model Service Broker mit den dazugehörigen Unterkategorien dar.

- **Digital Information**

Bei der Unterkategorie Digital Information des B2B-Geschäftsmodells Service Broker handelt es sich um reine Business-Information-Portale. Hierbei steht die Bereitstellung von unternehmensspezifischen Informationen im Vordergrund, wie zum Beispiel Produktverzeichnisse, Verkäuferübersichten oder generelle Unternehmensinformationen beziehungsweise Industrieinformationen.[20]

[20] Vgl. Turban et al. (2015), S. 190 f.

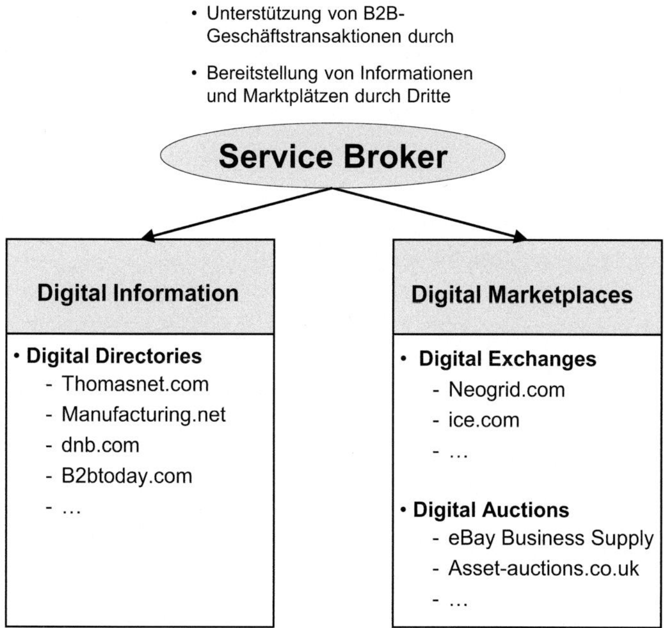

Abb. 14.12 Geschäftsmodell B2B-Service Broker. (Vgl. Wirtz (2010), S. 353; Wirtz (2020), S. 607; Wirtz (2021), S. 391)

Eine Trading-Exchange-Funktion zwischen Käufer und Verkäufer wird hierbei nicht angeboten, sondern es handelt sich um einen Information-Only-Service. Realisiert werden derartige Informationsangebote in der Regel durch die Bereitstellung von Digital Directories im Internet.

Beispielsweise stellt Thomasnet.com große Online-Verzeichnisse beziehungsweise Datenbanken zur Verfügung, die untergliedert nach Produkt/Service beziehungsweise Industriezweig eine Recherche nach Herstellern, Großhändlern oder Service Providern unterstützen.[21] Andere Informationsportale, wie zum Beispiel dnb.com, konzentrieren sich nicht auf die Verknüpfung von beschaffenden Unternehmen und Lieferanten, sondern stellen ihren Kunden übersichtliche Unternehmensprofile inklusive finanziellen Daten von über 500 Mio. Firmen zur Verfügung, um beispielsweise die Liquidität eines Geschäftspartners einschätzen zu können.[22]

- **Digital Marketplaces**

Im Gegensatz zu Digital Information steht bei Digital Marketplaces nicht der reine Informationsgedanke im Vordergrund. Es handelt sich bei Digital Marketplaces um elek-

[21] Vgl. ThomasNet (2023).

[22] Vgl. Dun & Bradstreet (2023).

tronische Trading Exchanges, die weder vom Seller noch vom Buyer betrieben werden. Im Gegensatz zu Sell-Side- beziehungsweise Buy-Side-B2B-Exchanges sind Digital Marketplaces für Unternehmen in der Regel öffentlich zugänglich und werden von einer dritten Partei (Intermediär) betrieben und verwaltet.

Interessierte Unternehmen (Käufer und Verkäufer) treffen sich auf einer gemeinsamen elektronischen Plattform zum Handel von Waren und Dienstleistungen (Many-to-Many). Die meistgenutzten Digital-Marketplaces-Arten sind Digital Exchanges und Digital Auctions, auf die nachfolgend näher eingegangen wird.

- Digital Exchanges

In einem Digital Exchange werden die Angebote verschiedener Produkt- beziehungsweise Serviceanbieter durch einen Intermediär gesammelt, standardisiert und auf einer zentralen Plattform online potenziellen Käufern präsentiert.

Dabei erfolgt nicht nur eine reine Produkt- beziehungsweise Servicepräsentation, sondern der Intermediär unterstützt den Transaktionsprozess zwischen Käufer und Verkäufer wesentlich, indem beispielsweise spezielle Trading Rooms und Unterstützungsleistungen in der Zahlungsabwicklung angeboten werden. Erfolgsvoraussetzung für einen derartigen Digital Exchange ist neben der Lieferantenwerbung insbesondere auch die Reichweite der IT-Plattform.

- Digital Auctions

Digital Auctions können als eine Sonderform von Digital Exchanges angesehen werden und sind insbesondere im B2B-Bereich eine häufig angewandte Ausgestaltungsform des Digital Marketplace.[23] Bei Digital Auctions wird das Konzept der dynamischen Preisfindung angewendet. Der Bieter mit dem höchsten Angebot erhält den Zuschlag. Bei Digital Marketplaces können Digital Auctions in zwei Ausgestaltungsformen zur Anwendung kommen. Entweder integriert in Digital Exchanges in Form von Private Trading Rooms oder als eigenes Geschäftsmodell.

Der bekannteste Betreiber von Digital Auctions als eigenständiges Geschäftsmodell im B2C-Bereich ist eBay. Mittlerweile ist eBay allerdings nicht nur im B2C-Bereich tätig, sondern stellt auch B2B-Kunden eine hierfür extra ausgerichtete Auktionsplattform zur Verfügung. Nachfolgend soll auf die idealtypische Wertschöpfungskette und die wesentlichen Core Assets und Kernkompetenzen des Service-Broker-Geschäftsmodells eingegangen werden.

- **Wertschöpfungskette des Service-Broker-Geschäftsmodells**

Die aggregierte Wertschöpfungskette des Service-Broker-Geschäftsmodells kann in fünf Hauptstufen untergliedert werden. Zunächst muss der Service Broker im Rahmen der

[23] Vgl. Papazoglou/Ribbers (2006), S. 61 f.

Konzeption/Gestaltung festlegen, welche Leistungen er anbietet und welche Kunden er damit ansprechen will.

Hierauf aufbauend kann neben dem Aufbau und der Pflege der IT-Plattform damit begonnen werden, den hierfür benötigten Content zu beschaffen. Für einen Digital-Information-Anbieter bedeutet dies im Wesentlichen die Sammlung beziehungsweise Produktion der gemäß der verfolgten Konzeption notwendigen Informationen.

Für einen Digital-Marketplace-Anbieter geht es in diesem Zusammenhang insbesondere um die Akquisition von Produkt- beziehungsweise Serviceangeboten, die über die Plattform vertrieben werden sollen. Hieran anschließend erfolgt im Rahmen des Marketing/Vertriebs die Kundenakquisition durch ein zielgruppenspezifisches Marketing. Darüber hinaus wird der Service den Kunden zur Verfügung gestellt.

Nach einem erfolgreichen Geschäftsabschluss erfolgt im Rahmen des Billing die Zahlungsabwicklung beziehungsweise das Forderungsmanagement. Eine gängige Abrechnungsmethode bei Digital Auctions ist beispielsweise die Erhebung einer Kommissionsgebühr pro erfolgreich durchgeführter Versteigerung.

Als wichtigstes Element im Rahmen des After-Sales-Bereichs ist das Data Mining zu sehen, da Unternehmen dadurch die Bedürfnisse ihrer Kunden analysieren und im besten Fall antizipieren können. Abb. 14.13 stellt die Wertschöpfungskette des Service-Broker-Geschäftsmodells in aggregierter Form dar.

- **Core Assets und Kernkompetenzen des Service-Broker-Geschäftsmodells**

Zu den bedeutendsten Core Assets des Service-Broker-Geschäftsmodells zählt neben den angebotenen Service-Broker-Inhalten und der dafür entsprechend ausgerichteten IT-Plattform insbesondere der Kundenstamm. Die Attraktivität eines Digital Marketplace ergibt sich beispielsweise aus der Anzahl der Besucher und damit dem potenziellen Kundenstamm des Marktplatzes. Je mehr potenzielle Kunden als User der Marketplace-Plattform registriert sind und diese regelmäßig nutzen, desto größer ist die Reichweite und damit die Kaufwahrscheinlichkeit bei den jeweiligen Service Brokern.[24]

Abb. 14.13 Aggregierte Wertschöpfungskette Service-Broker-Geschäftsmodell. (Vgl. Wirtz (2010), S. 355; Wirtz (2020), S. 610; Wirtz (2021), S. 393)

[24] Vgl. Arthur (1996), S. 100 ff.; Turban et al. (2015), S. 663 ff.

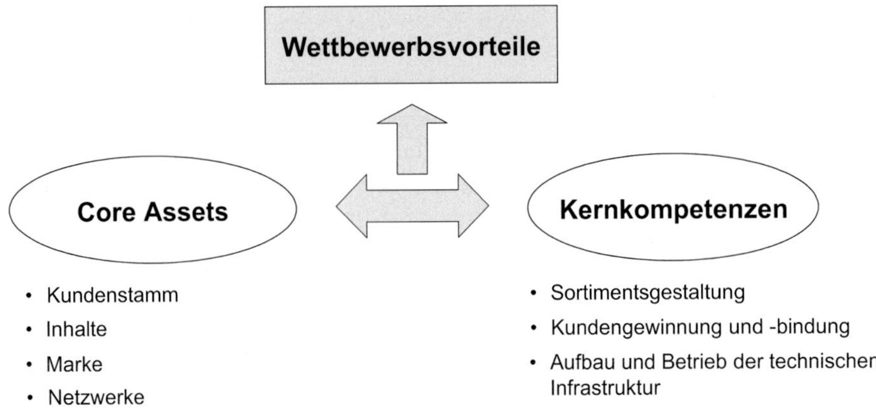

Abb. 14.14 Core Assets und Kernkompetenzen Service-Broker-Geschäftsmodell. (Vgl. Wirtz (2010), S. 356; Wirtz (2020), S. 611; Wirtz (2021), S. 394)

Unterstützt wird dies außerdem durch den Aufbau und die Pflege einer etablierten Marke. Eine gute Reputation wirkt sich positiv auf den Wert der erstellten Inhalte aus, was wiederum als Core Asset verstanden werden kann. Letztlich ist es insbesondere im B2B-Bereich für einen Service Broker von entscheidender Bedeutung, industriespezifische Netzwerke aufzubauen und zu pflegen, um sich hierdurch Differenzierungs- oder Kostenvorteile gegenüber der Konkurrenz zu verschaffen.

Zu den bedeutendsten Kernkompetenzen des Service-Broker-Geschäftsmodells zählen neben dem Aufbau und dem Betrieb der technischen Infrastruktur insbesondere eine ausgeprägte Sortimentsgestaltungs- und Kundengewinnungs- beziehungsweise Kundenbindungskompetenz.

Darunter versteht man die Fähigkeit, die relevanten Produkte und Dienstleistungen für den Kunden attraktiv zu präsentieren und zu kategorisieren beziehungsweise den Kunden durch den Einsatz von CRM-Maßnahmen langfristig an das Unternehmen zu binden.

Diese Fähigkeit ist maßgeblich für die Etablierung und den Ausbau eines kritischen Kundenstamms, da die Wechselkosten zwischen Anbietern im Internet besonders gering sind und insbesondere B2B-Kunden sehr preis- und serviceorientiert auftreten. Abb. 14.14 fasst die Core Assets und Kernkompetenzen des Geschäftsmodells Supportive Collaboration abschließend zusammen.

14.5 Inhaltliche Kernpunkte von B2B-Geschäftsmodellen im Digital Business

- Digital-Business-Geschäftsmodelle haben sich auch im B2B-Bereich erfolgreich etabliert, wobei der Hauptunterschied zum B2C-Bereich der ausschließliche Fokus auf Geschäftsbeziehungen zwischen Unternehmen ist.

- Das 4S-Net Business Model stellt die relevantesten digitalen B2B-Geschäftsmodelle dar. Allerdings ist eine starre und klare Abgrenzung in einem sich ständig verändernden Umfeld wie dem Internet nicht immer möglich.
- Das digitale B2B-Sourcing-Geschäftsmodell besteht aus der Anbahnung und/oder Abwicklung von B2B-Geschäftstransaktionen vom Buyer zum Seller und zielt auf die Abwicklung von Geschäftstransaktionen des Beschaffungsmanagements über das Internet ab. Dabei werden zwei Ansätze betrachtet: der Private-B2B-Exchange (One-to-One) und der Buy-Side-B2B-Exchange (One-to-Many).
- Die aggregierte Wertschöpfungskette des digitalen Sourcing-Geschäftsmodells besteht aus fünf Hauptstufen: Bedarfsplanung, Lieferantensuche, Lieferanten-/Produktauswahl, Bestellung und Bestellabwicklung. Zu den wichtigsten Core Assets des Sourcing-Geschäftsmodells zählen ein integriertes Procurement-System, ein großes Zuliefernetzwerk und die IT-Plattform.
- Das digitale B2B-Geschäftsmodell Sales umfasst die Anbahnung und Abwicklung von direkten B2B-Geschäftstransaktionen zwischen Seller und Buyer mit Unterstützung des Internets. Im Unterschied zum Sourcing-Geschäftsmodell wird das Sales-Geschäftsmodell durch den Seller initiiert. Die aggregierte Wertschöpfungskette besteht aus fünf Hauptstufen: Key-Account-Management, Channel-Relationship, Sales-Abwicklung, Billing und After-Sales-Management.
- Zu den Kernkompetenzen des digitalen Sales-Geschäftsmodells gehört eine gute Verhandlungs- und Pricing-Kompetenz sowie der erfolgreiche Aufbau und Betrieb einer eigenen technischen Infrastruktur.
- Das digitale B2B-Geschäftsmodell Supportive Collaboration fokussiert auf die Unterstützung der Collaborative Value Generation und untergliedert sich in die Bereiche Collaborative R&D, Collaborative Production sowie Collaborative Sale. Die aggregierte Wertschöpfungskette umfasst fünf Hauptstufen: Collaboration Planning, Collaboration Partnering, Collaboration Scheduling, Collaboration Fulfillment und Collaboration Audit.
- Zu den wichtigsten Core Assets des Supportive-Collaboration-Geschäftsmodells zählen das Collaboration-Netzwerk, die effiziente und zielorientierte Verteilung der Collaboration-Ressourcen sowie eine IT-Plattform, die auf die Bedürfnisse der Akteure ausgerichtet ist, um eine langfristige Kooperationsbeziehung aufbauen zu können. Die Kernkompetenzen umfassen Verhandlungskompetenz, Kooperationskompetenz und Integrationskompetenz.
- Das digitale B2B-Geschäftsmodell Service Broker beinhaltet die Unterstützung von B2B-Geschäftstransaktionen durch die Bereitstellung von Informationen und Marktplätzen. Die Bereitstellung dieser Services erfolgt bei diesem Geschäftsmodell durch Dritte beziehungsweise durch Intermediäre. Das Modell umfasst die Kategorien Digital Information und Digital Marketplaces. Während Digital Information die Bereitstellung von reinen Wirtschaftsinformationsportalen beschreibt, bieten Digital Marketplaces auch den Zugang zu Produkten und Dienstleistungen beziehungsweise deren Vermittlung an.

- Die wichtigsten Core Assets des Service-Broker-Geschäftsmodells sind der bereitgestellte Service-Broker-Content, die spezifische IT-Plattform und insbesondere der Kundenstamm. Die Kernkompetenzen des Service-Broker-Geschäftsmodells sind die Angebotsgestaltung, die Kundengewinnung und -bindung sowie der Aufbau und Betrieb der technischen Infrastruktur.

Kapitel 14
Wissensfragen und Diskussionsthemen

Wissensfragen

1. Beschreiben Sie das 4S-Net Business Model im B2B-Bereich.
2. Erläutern Sie die jeweiligen aggregierten Wertschöpfungsketten der vier digitalen B2B-Geschäftsmodelle.
3. Fassen Sie die Core Assets der vier digitalen B2B-Geschäftsmodelle zusammen.
4. Beschreiben Sie die Kernkompetenzen der vier digitalen B2B-Geschäftsmodelle.
5. Nennen Sie relevante Unternehmensbeispiele für die vier Grundmodelle des 4S-Net Business Model und ordnen Sie diese Beispiele einem Geschäftsmodell zu.

Diskussionsthemen

1. Diskutieren Sie die Relevanz von digitalen Geschäftsmodellen im B2B-Bereich, insbesondere im Hinblick auf die digitale Transformation der Wirtschaft und die Verlagerung vom Offline- zum Online-Geschäft.
2. Diskutieren Sie die Hauptunterschiede zwischen dem 4C- und dem 4S-Net Business Model. Erklären Sie, worin sich die B2B- und B2C-Beziehungen im digitalen Kontext unterscheiden.
3. Diskutieren Sie, inwieweit die Ihnen bekannten B2B-Beispiele aus dem digitalen Kontext vom 4S-Net Business Model abgedeckt werden. Nennen Sie Beispiele von Unternehmen, die mehrere der Grundmodelle des 4S-Net Business Model umfassen.

Literatur

Arthur, B. (1996), Increasing Returns and the New World of Business, in: Harvard Business Review (HBR), 74. Jg., Nr. 4, 1996, S. 100–109.

Dun & Bradstreet (2023), Accelerate Growth. Reduce Cost. Manage Risk. Transform Business.-Database Features, https://dnbsame.com/global-database/, Abruf: 20.01.2023.

GHX (2023), Über GHX, unsere Ziele und unsere Vision, https://www.ghx.com/de/ueber-ghx/, Abruf: 20.01.2023.

Gierl, H./Gehrke, G. (2004), Kundenbindung in industriellen Zuliefer-Abnehmer-Beziehungen, in: Zeitschrift für betriebswirtschaftliche Forschung (ZfbF), 56. Jg., Nr. 5, 2004, S. 203–236.

Jelassi, T./Enders, A. (2008), Strategies for e-business- Creating Value through Electronic and Mobile Commerce, 2. Auflage, Harlow, Essex 2008.

Laudon, K.C./Traver, C.G. (2019), E-commerce- Business. technology. society, Fifteenth Edition, Hoboken 2019.

McIvor, R./Humphreys, P. (2004), The implications of electronic B2B intermediaries for the buyer-supplier interface, in: International Journal of Operations &Production Management, 24. Jg., Nr. 3, 2004, S. 241–269.

Meier, A./Stormer, H. (2012), eBusiness & eCommerce- Management der digitalen Wertschöpfungskette, 3. Auflage, Berlin, Heidelberg 2012.

Papazoglou, M./Ribbers, P. (2006), E-Business- Organizational and technical foundations, Hoboken, NJ 2006.

Rayport, J.F./Jaworski, B.J. (2001), e-Commerce, Boston 2001.

ThomasNet (2023), Thomas. For Industry.- Search and Buy with The Industrial Buying Engine, https://www.thomasnet.com/, Abruf: 20.01.2023.

Turban, E./King, D./Lee, J.K./Liang, T.-P./Turban, D.C. (2015), Electronic commerce- A managerial and social networks perspective, 8. Auflage, Cham 2015.

Turban, E./Outland, J./King, D./Lee, J.K./Liang, T.-P./Turban, D.C. (2018), Electronic Commerce 2018- A Managerial and Social Networks Perspective, 9th ed. 2018, Cham 2018.

Wecker, R. (2006), Internetbasiertes Supply Chain Management. Konzeptionalisierung, Operationalisierung und Erfolgswirkung, Wiesbaden 2006.

Wirtz, B.W. (2010), Electronic Business, 3. Auflage, Wiesbaden 2010.

Wirtz, B.W. (2020), Electronic business, 7. Auflage, Wiesbaden 2020.

Wirtz, B.W. (2021), Digital business and electronic commerce- Strategy, business models and technology, Cham 2021.

Wirtz, B.W./Bronnenmayer, M. (2011), B2B-Geschäftsmodelle im E-Business, in: Wirtschaftswissenschaftliches Studium (WiSt), 40. Jg., Nr. 9, 2011, S. 454–461.

Wirtz, B.W./Olderog, T. (2002), Kundenbindungsmanagement für elektronische Dienstleistungen, in: Bruhn, M./Stauss, B. (Hrsg.): Electronic Services, Wiesbaden 2002, S. 513–535.

Teil III

Digitale Strategie, digitale Organisation und digitales Marketing

Digital Business Strategie

15

Inhaltsverzeichnis

15.1 Grundlagen der Digital Business Strategie ... 721
15.2 Konvergenz ... 729
  15.2.1 Konvergenz im IuK-Bereich ... 732
  15.2.2 Konvergenz im Breitband-Internet ... 735
15.3 Digitalisierung und Innovationsdynamik ... 736
  15.3.1 Zunahme der Innovationsgeschwindigkeit und Open Innovation ... 736
  15.3.2 Zunahme des Digitalisierungsgrades ... 742
15.4 Komplexität von Markt und Wettbewerb ... 747
  15.4.1 Zunahme der Markttransparenz ... 747
  15.4.2 Fragmentierung der Märkte ... 750
  15.4.3 Abbau von Markteintrittsbarrieren ... 752
15.5 Customer Empowerment und Social Networking ... 755
  15.5.1 Abbau von Wechselbarrieren ... 756
  15.5.2 Zunahme der Marktmacht der Nachfrager ... 758
15.6 Strategieentwicklung im Digital Business ... 762
  15.6.1 Digital Business-Zielplanung ... 762
  15.6.2 Digital Business-Analyse ... 767
  15.6.3 Digital Business-Strategieformulierung ... 774
  15.6.4 Digital Business-Strategieimplementierung ... 786
  15.6.5 Digital Business-Strategieaudit ... 790
15.7 Inhaltliche Kernpunkte der Digital Business Strategie ... 791
Literatur ... 793

B. W. Wirtz, *Digital Business*, https://doi.org/10.1007/978-3-658-41467-2_15

Wissensziele
Wenn Sie dieses Kapitel gelesen haben, werden Sie in der Lage sein:

1. das Vier-Kräfte-Modell der Digital Business Strategie zu erklären,
2. die Determinanten und Ebenen der Konvergenzentwicklung darzustellen,
3. die Formen von Open Innovation zu beschreiben,
4. die unterschiedlichen Wettbewerbsstrategien im Digital Business darzustellen,
5. die verschiedenen Phasen der digitalen Strategieentwicklung zu beschreiben.

Die Internetökonomie hat mit dem Digital Business die Grundregeln der traditionellen Ökonomie in einem deutlichen Maß verändert.[1] Dadurch wurde zugleich das Anforderungsprofil für eine erfolgreiche Unternehmensstrategie in der Internetökonomie modifiziert. Eine strategische Unternehmensführung, die sich weiterhin ausschließlich an den ökonomischen Wirkungszusammenhängen, Gesetzmäßigkeiten und Umfeldannahmen der traditionellen Ökonomie ausrichtet, läuft deshalb Gefahr, die eigene Wettbewerbsfähigkeit zu vermindern beziehungsweise einzubüßen.

Die umfassende Diffusion der Internetökonomie und des Digital Business bedingt daher eine strategische Neuausrichtung der Marktakteure. Um diese Neuausrichtung für Unternehmen in Form und Richtung festlegen zu können, müssen in erster Linie die durch das Digital Business veränderten Faktoren und Gesetzmäßigkeiten im Unternehmensumfeld erkannt und analysiert werden, um im Anschluss die neuen, für das Digital Business relevanten Erfolgsfaktoren integrieren zu können.

Daher wird im folgenden Kapitel zunächst eine allgemeine Abgrenzung des strategischen Umfelds im Digital Business vorgenommen. Es erfolgt eine Analyse der durch Digital Business induzierten Veränderungen des allgemeinen Unternehmensumfelds, um auf Basis dieser Veränderungen die neuen strategischen Erfolgsvoraussetzungen und Handlungsoptionen im Digital Business zu entwickeln.

Dabei kommen der Konvergenz, dem deutlich gestiegenen Digitalisierungsgrad von Produkten, der gestiegenen Komplexität von Markt und Wettbewerb im Internet sowie der Zunahme von Customer Empowerment eine erhebliche Bedeutung zu.

Daran anschließend wird die Strategieentwicklung im Digital Business dargestellt. Nach einer Definition und Einordnung von spezifischen Digital Business-Strategiegrundlagen wird ein systematischer Strategieentwicklungsprozess dargestellt. Abb. 15.1 stellt die Struktur des Kapitels dar.

[1] Vgl. zu Kap. 15 Digital Business Strategie im Folgenden Wirtz (2001a), S. 141; Wirtz (2020), S. 317 ff.; Wirtz (2021), S. 399 ff.

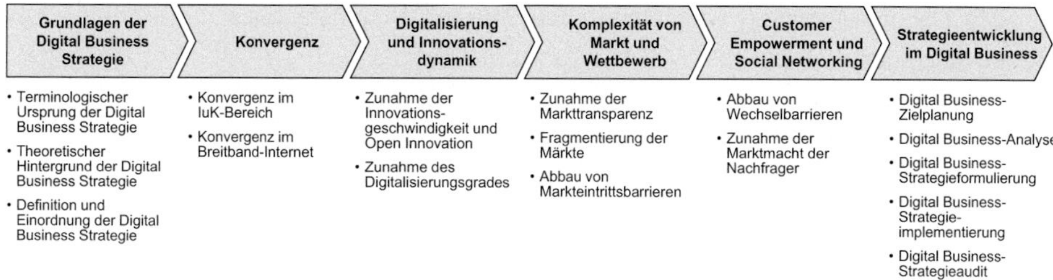

Abb. 15.1 Struktur des Kapitels

15.1 Grundlagen der Digital Business Strategie

Der Begriff der Strategie kommt ursprünglich aus dem Griechischen und steht in engem Zusammenhang mit militärischen Handlungen. Strategie bedeutete in diesem Zusammenhang die Führung eines Heeres bis zum ersten Zusammenstoß mit dem Feind, da ab diesem Zeitpunkt die Heeresführung taktisch wird. Dieses militärisch geprägte Strategieverständnis ist nur noch rudimentär im heutigen betriebswirtschaftlichen Strategieverständnis wiederzufinden. Der modernen strategischen Unternehmensführung liegt als wesentliches Desideratum die Schaffung einer dauerhaften, strategiebedingten Rente zugrunde: „Strategy can be viewed as a continuing search for rent."[2]

Insbesondere in den 1980er- und 1990er-Jahren haben sich aus der angloamerikanischen Managementforschung zwei dominierende Strategieparadigmen entwickelt. Zum einen ist dies der Market Based View, der sich im Wesentlichen auf das von Michael Porter weiterentwickelte Gedankengut der Industrial-Organization-Forschung stützt.[3]

Zum anderen ist dies der Resource Based View, der dauerhaften Unternehmenserfolg auf die Besonderheit von Unternehmensressourcen zurückführt.[4] Dem Market Based View liegt das aus der Industrial-Organization-Forschung bekannte Structure-Conduct-Performance-Paradigma zugrunde, welches das Marktergebnis (zum Beispiel die erzielte Unternehmensrente) als eine deterministische Funktion der Marktstruktur und des Marktverhaltens interpretiert.[5] Der Market Based View integriert für die Strategieformulierung Marktstruktur- und Marktverhaltenselemente: „To explain the competitive success of firms,

[2] Mahoney/Pandian (1992), S. 364.

[3] Vgl. Porter (1980); Porter (1985); Porter (1987).

[4] Vgl. Wernerfelt (1984); Barney (1991); Barney (1999).

[5] Vgl. Bain (1968); Sheperd (1985); Scherer/Ross (1990).

we need a theory of strategy which links environmental circumstances and firm behavior to market outcomes."[6]

Das 5-Forces-Model von Porter betrachtet als wichtigsten Umweltaspekt die Branche, in welcher sich ein Unternehmen bewegt und den Wettbewerb in dieser Branche, der durch aktuelle und potenzielle Kunden, Konkurrenten, Abnehmer, Substitutionsprodukte und Lieferanten bestimmt wird. Hierauf aufbauend werden marktinduzierte generische Strategieoptionen in Form der Kostenführerschaft und Differenzierung, die branchenweit beziehungsweise segmentspezifisch angewendet werden können, abgeleitet.

Der Resource Based View hingegen versucht, die Entstehung von Wettbewerbsvorteilen, die zu langfristig überdurchschnittlichen Kapitalrenditen führen (Abnormal Rents), durch Ressourcenheterogenitäten zu erklären: „Regardless of the nature of the rents, sustained competitive advantage requires that the condition of heterogeneity be preserved."[7]

Unter Unternehmensressourcen werden „[…] all assets, capabilities, organizational processes, firm attributes, information, knowledge, etc. controlled by a firm that enable the firm to conceive of and implement strategies"[8] verstanden. Unternehmensressourcen führen jedoch nur dann zu Wettbewerbsvorteilen, wenn sie die vier Eigenschaften Verwertbarkeit (Valuable), begrenzte Verfügbarkeit/Handelbarkeit (Rareness; Access Barriers), begrenzte Substituierbarkeit (Lacking Substitute) und fehlende Imitierbarkeit (Imperfectly mutable) aufweisen sowie erfolgsrelevant koordiniert und kombiniert werden. Letztlich basieren strategiebedingte Renten auf dem Zugang und der Verwertung von Asymmetrien in der unternehmensspezifischen Ressourcenausstattung.

Die strategische Unternehmensführung ist wesentlich durch das duale Strategieverständnis auf der Basis des Market Based View und des Resource Based View geprägt. Zunehmend finden sich jedoch auch Annäherungen der beiden Strategieschulen: „Strategy is the direction and scope of an organization over the long term. It ideally matches its ressources to its changing environment, and in particular its markets, customers and clients so as to meet stakeholders' expectations."[9]

Eine isolierte Entwicklung von Strategien scheint zunehmend obsolet zu werden, da eine einseitige Ausrichtung auf ressourcenorientierte Kompetenzen oder auf markstrukturelle und marktverhaltensbedingte Faktoren die jeweils anderen strategierelevanten Aspekte negiert. Daher dürfte ein integratives Strategieverständnis, welches die wesentlichen, erfolgsrelevanten Elemente des Market Based View und des Resource Based View zusammenführt, zukünftig eine vitale Basis für die Strategieformulierung darstellen.[10]

---

[6] Porter (1991), S. 99.

[7] Peteraf (1993), S. 182.

[8] Barney (1991), S. 101.

[9] Johnson/Scholes (1993), S. 10.

[10] Vgl. Schoemaker (1993); Rühli (1994), S. 51.

Diese integrative Sichtweise ist insbesondere für die Internetökonomie und das Digital-Business von besonderer Bedeutung. Zum einen stellt die Hervorbringung, Kombination und Koordination innovativer Ressourcenbündel ein zentrales Element der Unternehmensaktivitäten dar. Zum anderen ist es sinnvoll, diese ressourcenorientierte und primär unternehmensinterne Entwicklungssicht durch den Abgleich und die Integration mit unternehmensexternen Aspekten und Faktoren durchzuführen.

Die Internetökonomie und das Digital Business sind in besonderem Maße durch strategische Marktverhaltensweisen (zum Beispiel Innovationsverhalten und Kollisionsstrategien) und Marktstrukturfaktoren (zum Beispiel Markteintrittsbarrieren sowie Economies of Scale informationsbasierter Güter) sowie durch eine erhebliche Evolutionsdynamik und einen ausgeprägten Zeitwettbewerb gekennzeichnet. Hier wird von namhaften Experten proklamiert, dass während eines „normalen" Wettbewerbsjahres in der traditionellen Wirtschaft vier „Internetjahre" in der Internet-Ökonomie vergehen.

Die hiermit einhergehende Veränderungs- und Innovationsgeschwindigkeit führt letztendlich zu einem Markt- und Wettbewerbssystem mit einer außerordentlich hohen Evolutionsdynamik, in der die Abfolge von Invention, Innovation, Variation, Adaption, Imitation und Substitution eine bisher nicht bekannte, komprimierte Selektionsintensität hervorbringt.

Dies bedeutet: Die Internetökonomie ist durch eine extreme Variante des evolutorischen Wandels geprägt. Vor diesem Hintergrund erscheint die Betrachtung von evolutionstheoretisch beziehungsweise -ökonomisch orientierten Aspekten für das strategische Management der Internetökonomie sinnvoll.[11] In Abb. 15.2 ist ein Evolutions- und Wandlungs-

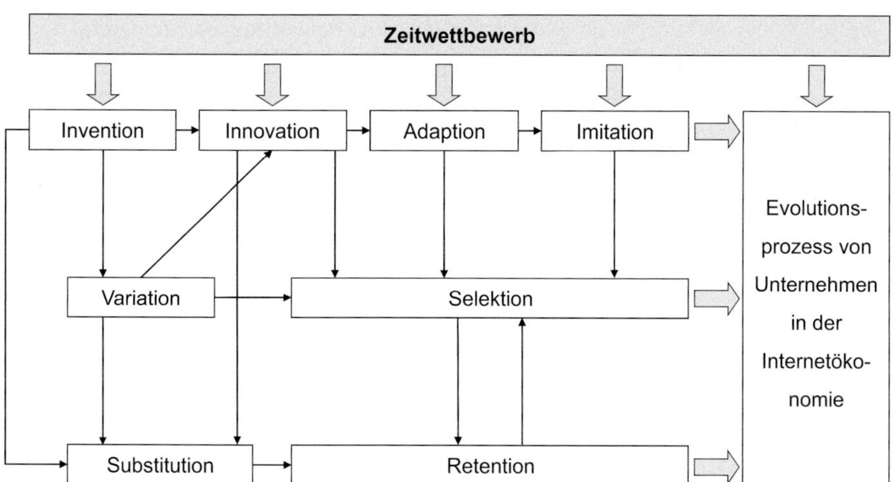

Abb. 15.2 Evolutions- und Wandlungsprozessschema in der Internetökonomie. (Vgl. Wirtz (2000c), S. 138; Wirtz (2020), S. 417; Wirtz (2021), S. 439)

[11] Vgl. Darwin (1963); Mayr (1970); Wieland (1975); Freeman/Boeker (1984).

prozessschema für Unternehmensaktivitäten in der Internetökonomie in stark vereinfachter Form dargestellt.

Der Strategiebegriff findet darüber hinaus Anwendung im Bereich der Marken- oder Produktführung (Produkt- und Markenstrategien). In diesem Zusammenhang wird insbesondere im Marketing von Instrumentalstrategien gesprochen, die den Instrumenteneinsatz im Marketingmix steuern sollen.[12]

Im Bereich interorganisationaler Unternehmensbeziehungen fand der Strategiebegriff vor allem im Zusammenhang mit strategischen Allianzen Anwendung.[13] Aber auch bei Kooperationsbeziehungen oder Joint Ventures wird von Cooperative Strategies gesprochen.[14]

Es ist ersichtlich, dass der Strategiebegriff in verschiedener Art und Weise und auf unterschiedlichen unternehmerischen Aggregationsstufen (von der Gesamtunternehmens- bis zur Produktebene) Verwendung findet. Dies liegt zum einen an der weiterhin uneingeschränkten Popularität der Begriffe „Strategie" oder „strategisch" und zum anderen an einer sehr unterschiedlichen Inhaltsbestimmung.

Grundsätzlich sind im Schrifttum gewisse Kerncharakteristika beziehungsweise -kriterien des Strategiebegriffs vorzufinden, die eine nähere terminologische Präzisierung und Einordnung zulassen. Insbesondere in terminologischen Definitionsbemühungen hinsichtlich der Marketingstrategie sind etwa bei Becker (2013) entsprechende Definitionskriterien genannt.[15] Hier werden zum Beispiel der mittel- bis langfristige Charakter, die Lenkungsleistung oder die strukturbestimmenden Eigenschaften als Kriterien hervorgehoben. Kotler/Keller/Opresnik (2015) zielen beispielsweise verstärkt auf die Bedeutung praktisch anwendbarer Grundsätze im Rahmen der Zielerreichung als Begriffsinhalt.[16]

Ansoff (1965) führt den extern gerichteten Charakter im generellen als Merkmal an.[17] Hofer/Schendel (1978) sehen ein Muster zur Ressourcenentfaltung und die Interaktion mit der Umwelt als Kerncharakteristika des Strategiebegriffs an.[18] Integriert man nun die hier aufgeführten Kriterien zur Präzisierung des Strategiebegriffs mit den vorherigen Ausführungen zum Strategieverständnis, kann dieser folgendermaßen gefasst werden (Tab. 15.1):

Die Entwicklung einer Digital Business-Strategie erfordert somit die Integration existierender Strategiekonzepte innerhalb des Unternehmens mit den Umfeldbedingungen. Im Gegensatz zum klassischen strategischen Management sind im Digital Business zudem

[12] Vgl. Becker (2013), S. 139.

[13] Vgl. Albach (1992), S. 664.

[14] Vgl. Harrigan (1985); Contractor/Lorange (1998).

[15] Vgl. Becker (2013), S. 139 ff.

[16] Vgl. Kotler/Keller/Opresnik (2015), S. 52 f.

[17] Vgl. Ansoff (1965), S. 5.

[18] Vgl. Hofer/Schendel (1978).

Tab. 15.1 Definition Strategie im Digital Business. (Vgl. Wirtz (2001a), S. 147)

Eine Strategie im Digital Business kann vor dem Hintergrund der erheblichen Evolutionsdynamik als zumeist mittelfristige Zielrichtung von Unternehmensverhalten unter Berücksichtigung der externen Markt- und Wettbewerbsbedingungen, der Ressourcendispositionen und der Kernkompetenzen interpretiert werden, die der Erzielung eines nachhaltigen Wettbewerbsvorteils dient.

auch innovative, technologiebasierte Methoden und Tools relevant, die nutzbringend eingesetzt werden müssen.[19]

Die Unternehmensstrategie wird in erheblichem Maße von der Unternehmensvision, Unternehmensmission und Unternehmenszielen beeinflusst. Die Digital Business Strategie wird grundsätzlich auf Basis der Unternehmensstrategie entwickelt und fortgeschrieben. Dabei kann für die -Business Strategie analog für die Vision, die Mission und die Ziele auf der Gesamtunternehmensebene eine spezifische Digital Business Vision, eine Digital Business Mission und Digital Business Ziele definiert werden.

Die Digital Business Vision, die Digital Business Mission und die Digital Business Ziele bilden die Grundlage für die Digital Business Strategie, die wiederum die Funktionsstrategie im digitalen Umfeld beeinflusst. Abb. 15.3 stellt die Einordnung der Digital Business Strategie im Unternehmenskontext dar.

Im Zuge der Entwicklung innovativer Informations- und Kommunikationstechnologien hat das Digital Business zunehmend an Bedeutung gewonnen. Die kontinuierlich gestiegenen Datenverarbeitungs- und Netzwerkkapazitäten sowie die zunehmende Nachfrage nach digital zur Verfügung gestellten Informationen und Dienstleistungen führten Mitte der 1990er-Jahre zu ersten Internet-Angeboten. Ab diesem Zeitpunkt hat sich das Digital Business aufgrund seiner erheblichen ökonomischen Vorteile fest in der Geschäftsaktivität von Unternehmen und ihren Kunden etabliert.

Heutzutage ist das Digital Business ein Kernbestandteil aller ökonomischen Aktivitäten. Die durch Digital Business induzierten Veränderungen im Unternehmensumfeld konzentrieren sich im Wesentlichen auf vier Kräfte, die ihrerseits durch spezielle Treiber hervorgerufen werden. Diese sind in Abb. 15.4 dargestellt.

Konvergenz

Eine wichtige und strategisch relevante Entwicklung in der Internetökonomie ist die Konvergenz auf den Märkten des Digital Business. Konvergenz beschreibt in diesem Zusammenhang die Annäherung der zugrunde liegenden Technologien, die Zusammenführung einzelner Wertschöpfungsbereiche aus informationstechnologiegetriebenen Branchen sowie letztendlich ein Zusammenwachsen der Märkte insgesamt. Die Kon-

[19] Vgl. Chaffey (2019), S. 187 f.

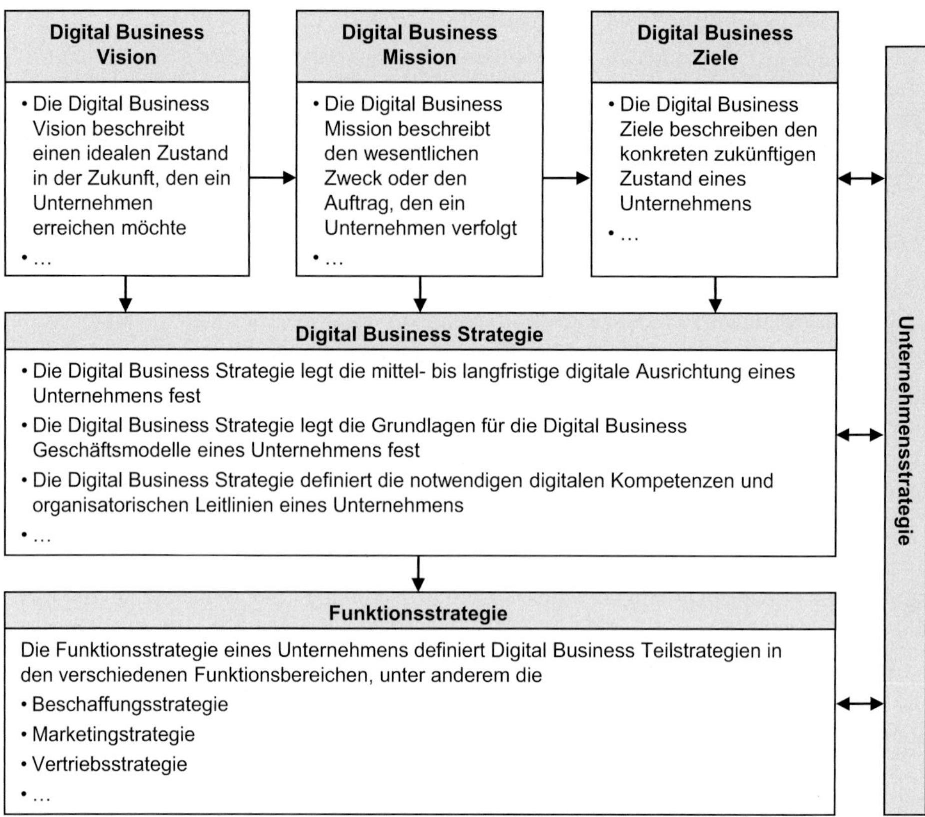

Abb. 15.3 Einordnung der Digital Business-Strategie im Unternehmenskontext. (Vgl. Wirtz (2020), S. 419; Wirtz (2021), S. 441)

vergenzströme lassen sich damit sowohl auf technischer und inhaltlicher als auch auf Branchenebene beobachten.[20]

Aus technologischer Sicht beschreibt Konvergenz im Informations- und Kommunikationsbereich (IuK-Bereich) das Zusammenwachsen von bestehenden Technologien zu neuen, multifunktionalen Produkten und Dienstleistungen. Die Grenzen zwischen Medien-, Computer- und Telekommunikationsprodukten und -dienstleistungen werden dadurch zunehmend fließender. Die wesentlichen Determinanten für diese Entwicklung sind die Digitalisierung, Deregulierung und Veränderung der Nutzerpräferenzen.[21]

Insbesondere die Digitalisierung von Dienstleistungen und die technologiegetriebene Vernetzung haben zu dem bedeutenden strategischen und operativen Wandel beigetragen. Dieser Wandel ist allerdings noch nicht abgeschlossen. Die kontinuierliche Entwicklung

[20] Vgl. Denger/Wirtz (1995), S. 20 f.

[21] Vgl. Wirtz (2000e), S. 291 ff.

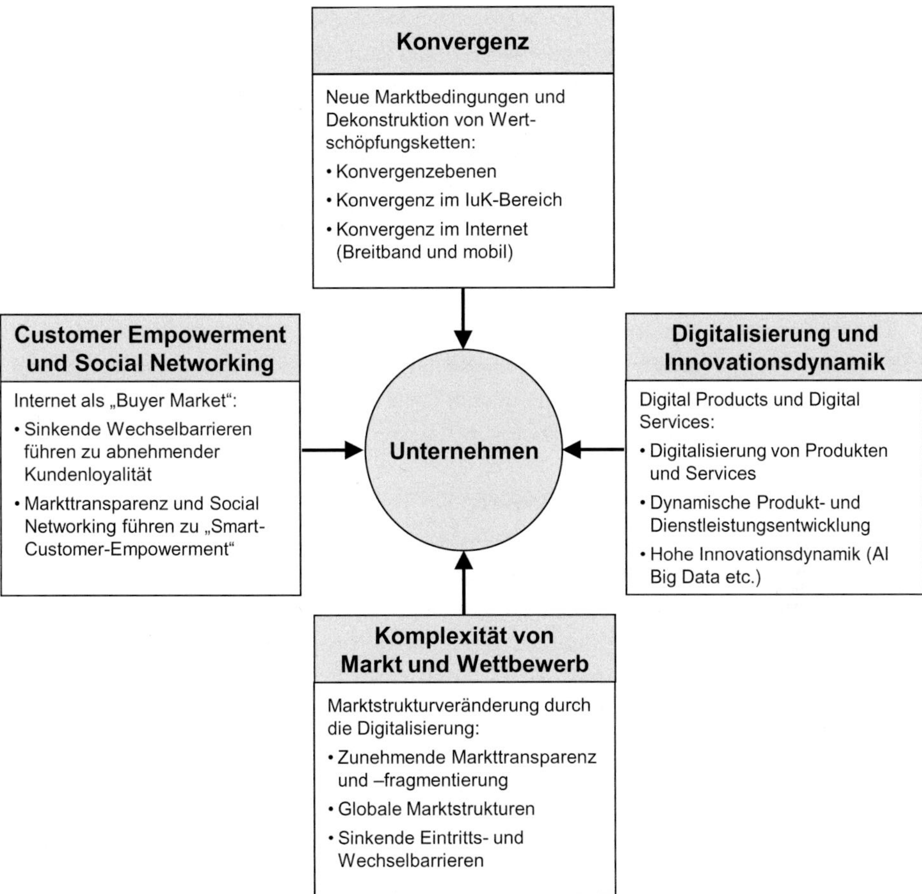

Abb. 15.4 4 Forces des Digital Business. (Vgl. Wirtz (2000c), S. 106; Wirtz (2020), S. 320; Wirtz (2021), S. 402)

und Weiterentwicklung leistungsfähiger Breitband- und Mobilfunkinfrastruktur fördert die Evolution und Innovation bestehender und neuer Netzwerkanwendungen. Zeitgleich mit der technologischen Konvergenz und der zunehmenden Vernetzung im Breitbandinternet, ist eine Verschiebung hin zur mobilen Vernetzung zu beobachten.

Digitalisierung und Innovationsdynamik

Die zweite bedeutende Umfeldveränderung „Digitalisierung und Innovationsdynamik“ betrifft die Produkte und Dienstleistungen auf den digitalbasierten Märkten. Zum einen ist eine grundlegende digitale Transformation zu beobachten.[22] Zum anderen zeichnet sich in

[22] Vgl. Wirtz/Vogt/Denger (2001), S. 166.

der Internetökonomie eine deutliche Zunahme der Innovationsgeschwindigkeit und -dynamik ab. Der Innovation kommt damit eine zentrale Rolle in der Internetökonomie und im Digital Business zu.

Die zunehmende Bedeutung der Innovation in der Internetökonomie basiert im Wesentlichen auf dem schnellen technologischen Fortschritt der Soft- und Hardware und der steigenden Nutzung und Anwendung digitaler Netzwerke. Hier ist insbesondere die Innovationsentwicklung durch Künstliche Intelligenz zu nennen. Dies fördert eine schnelle Produkt- und Dienstleistungsentwicklung und führt zu neuen Formen und Möglichkeiten der Informationsverarbeitung.

Die daraus resultierenden dynamischen Veränderungen im Geschäftsumfeld in der Internetökonomie führen zu Innovationen, die in zunehmend kürzeren und diskontinuierlicheren Intervallen auftreten. Deshalb müssen Unternehmen in der Lage sein, sich schnell und flexibel auf neue Marktgegebenheiten anzupassen.

Komplexität von Markt und Wettbewerb

Die dritte Entwicklung ist die zunehmende Markt- und Wettbewerbskomplexität. Diese Entwicklung ist im Wesentlichen auf die durch die Internetökonomie gestiegene Markttransparenz und -fragmentierung, die Erosion von Markteintritts- und Wechselbarrieren sowie eine allgemeine Tendenz zur Disintermediation zurückzuführen. In der traditionellen Ökonomie sind Märkte in der Regel durch einen geringen bis mittleren Grad der Markttransparenz gekennzeichnet. Die niedrige Markttransparenz führt zu Informationsasymmetrien zwischen Käufern und Verkäufern, die aufgrund ihres Informationsvorteils und ihrer überlegenen Marktposition in den traditionellen Märkten höhere Preise als in digitalen Märkten durchsetzen können.

In der Internetökonomie hat sich diese Situation aufgrund des weitgehend freien Informationsflusses grundlegend verändert. Die hohe Verfügbarkeit von Information im digitalen Geschäftsumfeld sorgt für eine deutlich höhere Markt- und Wettbewerbstransparenz und damit für eine bessere Vergleichbarkeit von Produkt- und Dienstleistungsangeboten.[23] Darüber hinaus erlaubt die Internetökonomie einen deutlich erleichterten Zugang zu neuen Absatzmärkten und Zugriff auf Bezugsquellen, die bisher nur schwer genutzt werden konnten.

Der Zugang zu internationalen Märkten und die Möglichkeit, Produkte und Dienstleistungen weltweit über das Internet zu beschaffen, reduzieren die Markteintrittsbarrieren für neue Unternehmen in vielen Sektoren. Gleichzeitig haben Unternehmen heute die Möglichkeit, Produkte und Dienstleistungen direkt vom Hersteller zu kaufen. Auf diese Weise können sie traditionelle Intermediäre (zum Beispiel Importeure, Großhändler etc.) umgehen, die in der traditionellen Ökonomie aufgrund ihres Marktzugangs eine bedeutende Position einnehmen.

[23] Vgl. Wirtz (2000b), S. 31; Jelassi/Enders (2005), S. 69.

Customer Empowerment und Social Networking
Die letzte im Zusammenhang mit Digital Business relevante Entwicklung betrifft die Marktteilnehmer, insbesondere deren verändertes Nachfrageverhalten. Durch den gestiegenen Informationsgrad der Nachfrager, ihre abnehmende Bindung an einen Anbieter und ihre zunehmende Marktmacht werden Unternehmen vor große Herausforderungen gestellt.[24]

Kunden erwarten heute eine zunehmende Beteiligung am Produkt- und Dienstleistungsdesign sowie am Produktentstehungsprozess und legen großen Wert auf eine effiziente und effektive B2C-Interaktion. Um diese Erwartungen zu erfüllen, sind viele Unternehmen dazu übergegangen, die Transparenz für den Kunden sowie die Integration des Kunden hinsichtlich Entwicklung, Produktion und Management deutlich zu optimieren.[25]

Insbesondere bei austauschbaren Produkten und Dienstleistungen führen geringe Wechselkosten und -barrieren dazu, dass Kunden, die unzufrieden sind oder ein vergleichsweise besseres Angebot finden, den Anbieter wechseln. Die reduzierten Wechselkosten und -barrieren stehen auch in engem Zusammenhang mit der bereits beschriebenen Erhöhung der Markttransparenz. Die im Rahmen der Internetökonomie geschaffene Markttransparenz ermöglicht es den Kunden, sich einen Überblick über den Markt zu schaffen und dadurch kompetente und informierte Kaufentscheidungen zu treffen.

Aufgrund der Homogenisierung des Produkt- und Dienstleistungsangebots in der Internetökonomie hat sich der Preis zu einem wichtigen Selektionskriterium entwickelt.[26] Darüber hinaus führt die Vernetzung von Kunden in sozialen Netzwerken und virtuellen Communities zu einer gestiegenen Marktmacht der Kunden. Über diese digitalen Netzwerke können Nachfrager Informationen teilen, sich gegenseitig zu ihren Bedürfnissen und Meinungen austauschen und sich zu Gruppen zusammenschließen. Dadurch steigt der Informationsgrad der Nachfrager – sie werden zu Smart-Customers – und deren Marktmacht (Smart-Customer-Empowerment).

In den folgenden Abschnitten werden die vier aufgezeigten Forces des Digital Business (Konvergenz, Digitalisierung und Innovationsdynamik, Komplexität von Markt und Wettbewerb sowie Customer Empowerment und Social Networking) sowie damit in Zusammenhang stehende Folgen und Effekte beschrieben.

15.2 Konvergenz

Die geschilderten Entwicklungen, die sich im Bereich des Digital Business vollziehen beziehungsweise bereits vollzogen haben, führen zu einer erheblichen Dynamik auf diesem Gebiet. So sind die Märkte, auf denen die Unternehmen des Digital Business agieren, von einer zunehmenden Konvergenz gekennzeichnet. Unter Konvergenz im

[24] Vgl. Wirtz (2000b), S. 29 ff.
[25] Vgl. Wehrli/Wirtz (1996), S. 96 ff.; Wirtz (2000b), S. 75 ff.
[26] Vgl. Shapiro/Varian (1999), S. 24.

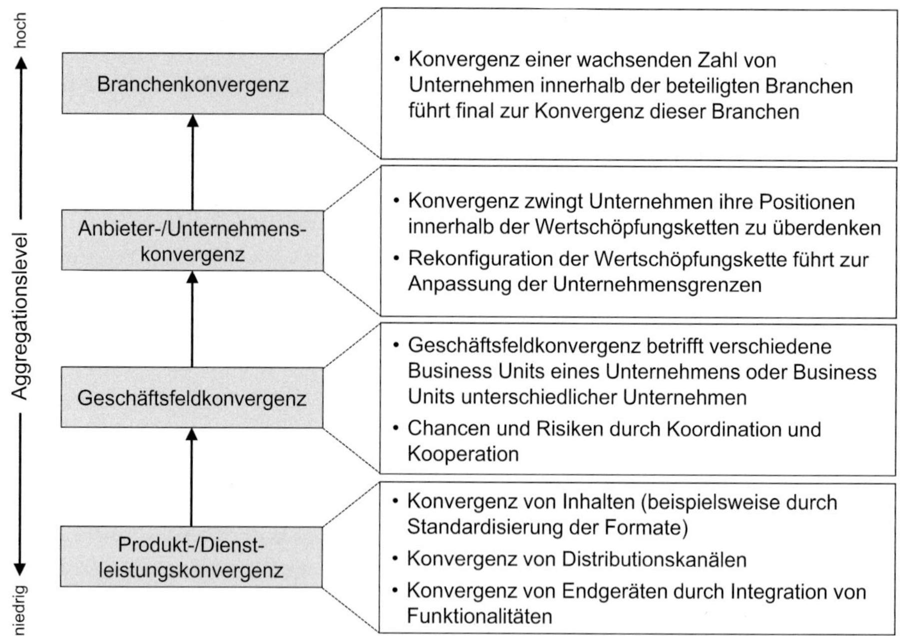

Abb. 15.5 Konvergenzebenenmodell. (Vgl. Wirtz (2006), S. 46; Wirtz (2020), S. 325; Wirtz (2021), S. 404)

Informations- und Kommunikationsbereich wird die Annäherung der zugrunde liegenden Technologien, die Zusammenführung einzelner Wertschöpfungsbereiche aus informationstechnologiegetriebenen Branchen und letztendlich ein Zusammenwachsen der Märkte insgesamt verstanden.[27] Innerhalb des Konvergenzsektors im Digital Business lassen sich jedoch, in Abhängigkeit vom Aggregationsniveau, unterschiedliche Typen von Konvergenz beobachten.

Neben der Konvergenz auf Produkt- und Dienstleistungsebene, Geschäftsfeldebene und auf Unternehmensebene lassen sich Konvergenztendenzen auch auf sektoraler beziehungsweise Branchenebene erkennen. Abb. 15.5 stellt die verschiedenen Ebenen von Konvergenz dar.

Produkt-/Dienstleistungskonvergenz

Die Digitalisierung von Daten in Verbindung mit der Möglichkeit, diese ohne Qualitätsverlust zeit- und ortsunabhängig über Kanäle, die auf dem Internetprotokoll basieren, beliebig zu distribuieren, stellt den Ausgangspunkt der Konvergenz von Produkten und Dienstleistungen dar. Gab es zum Beispiel für den Musikkonsum und für das mobile Telefonieren ehemals jeweils eigene Endgeräte, so führt die zunehmende technologische Leistungsfähigkeit dazu, dass Mobiltelefone auch für die Wiedergabe und den Erwerb von

[27] Vgl. Denger/Wirtz (1995), S. 20 ff.; Wirtz (2020), S. 325.

Musik geeignet sind, wie zum Beispiel das populäre iPhone von Apple. Anhand der Konvergenz unterschiedlicher Funktionalitäten in einem neuen Produkt oder einer neuen Dienstleistung lässt sich Produkt-/Dienstleistungskonvergenz erkennen.

Als ein weiteres Beispiel für Produkt-/Dienstleistungskonvergenz lassen sich Multiple-Play-Angebote anführen. Unter Multiple-Play versteht man ein gebündeltes Angebot von Internet, Telefonie, Entertainment und/oder Mobilfunk. Musste der Verbraucher früher für alle Komponenten verschiedene Anbieter auswählen, was mit einem relativ komplexen Auswahlprozess und einem nicht zu unterschätzenden Aufwand einhergeht, liegen die zentralen Vorteile von Multiple-Play-Angeboten in der Attraktivität des Produktbündels sowie in den Preisvorteilen des Gesamtprodukts gegenüber den Einzelprodukten.

Multiple-Play lässt sich unterteilen in Double-, Triple- und Quadruple-Play sowie Individual-Multiple-Play. Unter Double-Play wird ein kombiniertes Angebot aus Internetzugang und Telefonie verstanden. Triple-Play kombiniert Internet, Telefonie und Entertainment. Im Quadruple-Play ist zusätzlich ein Mobilfunkangebot integriert und Individual-Multiple-Play bezeichnet einen individuellen Mix von einzelnen Angeboten aus den Bereichen Internet, Telefonie, Entertainment und Mobilfunk. Komplementäre Konvergenz ist in diesem Kontext offensichtlich, da Telekommunikationsprodukte (Internetzugang, Sprachkommunikation) mit inhaltlichen Angeboten angereichert werden, um dem Konsumenten einen Zusatznutzen zu stiften.

Geschäftsfeldkonvergenz

Wenn Konvergenz über verschiedene Business Units eines Unternehmens oder Business Units verschiedener Unternehmen auftritt, bezeichnet man dies als Geschäftsfeldkonvergenz. Damit können einerseits Skalen- und Verbundvorteile realisiert werden, andererseits lassen sich durch die Rekombination von Leistungsmerkmalen der Produkte und Dienstleistungen aus den unterschiedlichen Geschäftsfeldern neue, innovative Produkte und Dienstleistungen generieren. Der Unterschied zur Produkt-/Dienstleistungskonvergenz liegt in den erhöhten Anforderungen bezüglich des Umfangs der betroffenen Wertschöpfungsbereiche und der Koordination der Wertschöpfungsprozesse.

Ein Beispiel hierzu ist die Zusammenführung der Festnetzsparte T-Home und Mobilfunksparte T-Mobile des Telekomkonzerns in die Telekom Deutschland GmbH im Jahr 2010. 85.160 Mitarbeiter kümmern sich in Deutschland um 17,5 Mio. Festnetz- und 14,5 Mio. Breitbandanschlüsse sowie 53,2 Mio. Mobilfunkkunden.[28] Die Telekom Deutschland GmbH kann aufgrund der organisatorischen Zusammenführung Privat- und Geschäftskunden Festnetz- und Mobilfunklösungen aus einer Hand anbieten. Die Integration der früher organisatorisch getrennten Geschäftsfelder erlaubt ein durchgängiges Angebot der gesamten Multiple-Play-Produkt- und Dienstleistungspalette.

[28] Vgl. Deutsche Telekom AG (2022), S. 59.

Anbieter-/Unternehmenskonvergenz

Betrifft die Konvergenz ehemals getrennter Angebote nicht Geschäftseinheiten innerhalb eines Unternehmens, sondern bezieht sich auf vollständig unterschiedliche Unternehmen, so kann es im Zuge des Konvergenzprozesses zu Kooperationen bis hin zur Verschmelzung dieser ehemals getrennten Unternehmen kommen. In diesem Fall spricht man von Anbieter- oder Unternehmenskonvergenz.[29]

Ein Beispiel für Anbieter-/Unternehmenskonvergenz ist der Zusammenschluss von Vodafone und Kabel Deutschland. Das Unternehmen, das unter der Marke Vodafone firmiert, vereint das Mobilfunknetz von Vodafone mit dem Glasfasernetz von Kabel Deutschland. Das Ziel des Zusammenschlusses: „Ein starker Auftritt als konvergenter Premiumanbieter unter der Marke Vodafone – über alle Kanäle hinweg".[30]

Branchenkonvergenz

Die Branchenkonvergenz im IuK-Bereich beruht auf der tief greifenden Veränderung des Wettbewerbsumfelds durch den Eintritt neuer Marktteilnehmer. Die Ursache für diese Situation liegt in der zunehmenden Vernetzung und Verschmelzung der Bereiche Medien, Informationstechnologie und Telekommunikation. Wichtig ist in diesem Kontext nicht nur die Zusammenführung einzelner Wertschöpfungsbereiche aus der Telekommunikations-, der Medien- und der Informationstechnologiebranche, sondern auch die Annäherung der Technologien und Märkte insgesamt.[31]

Diese Form der Konvergenz ist als finale Stufe im Konvergenzprozess anzusehen. Als Resultat der Branchenkonvergenz werden Wertschöpfungsketten und klassische Geschäftsmodelle entflochten beziehungsweise rekombiniert. Ein solches „Delayering" führt zur Verschiebung oder Elimination von Branchengrenzen.[32]

15.2.1 Konvergenz im IuK-Bereich

Konvergenz bezeichnet das Zusammenwachsen von bestehenden Technologien zu neuen, multifunktionalen Produkten und Dienstleistungen. So werden die Grenzen zwischen Medien-, Computer- und Telekommunikationsprodukten immer fließender. Dies äußert sich zum Beispiel in einer Ergänzung bereits etablierter Print- und TV-Produkte durch neue Angebote aus dem Internet- und Multimedia-Bereich oder dem Zusammenwachsen bestehender Angebote. Als Determinanten der Konvergenzentwicklung können im Wesent-

[29] Vgl. Pennings/Puranam (2000), S. 10 ff.

[30] Vodafone (2015).

[31] Vgl. Baubin/Wirtz (1996), S. 365; Wirtz (1999), S. 15.

[32] Vgl. Krüger (2002), S. 71.

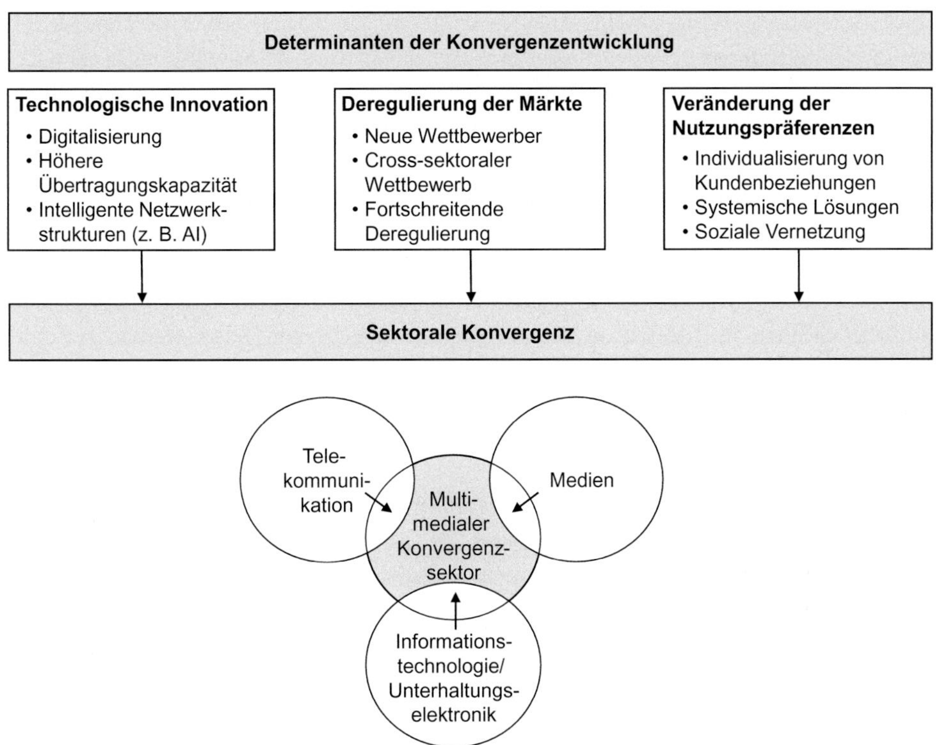

Abb. 15.6 Determinanten der Konvergenzentwicklung. (Vgl. Wirtz (2000e), S. 294; Wirtz (2020), S. 328; Wirtz (2021), S. 407)

lichen drei Sachverhalte angeführt werden: Digitalisierung, Deregulierung und die Veränderung der Nutzerpräferenzen.[33] Diese sind in Abb. 15.6 dargestellt.

Technologische Innovation

Die Digitalisierung eröffnet neue Darstellungs-, Speicherungs- und Distributionsmöglichkeiten für Produkte. Sie bildet die technologische Basis der Konvergenz.[34] Die Vereinheitlichung bisher getrennter Speichermedien, zum Beispiel durch die Speicherung von Filmen, Musik und Text auf Festplatten, ermöglicht die Ausnutzung von Economies-of-Scope (Verbundvorteile) in vor- und nachgelagerten Wertschöpfungsstufen.

Die Digitalisierung hat auch Auswirkungen auf die technologische Infrastruktur. Mit der Umstellung von analogem auf digitalen Datenverkehr werden unterschiedliche Kommunikationsnetzwerke für die Datenübertragung nutzbar und damit untereinander substituierbar. So kann ein Internetzugang inzwischen über Festnetz-, Kabel-, Strom- und Mobilfunknetze

[33] Vgl. Wirtz (2000e), S. 291 ff.

[34] Vgl. Rayport/Jaworski (2001), S. 366.

sowie Satellit und Wireless-Wide-Area-Network erfolgen. Damit gehen Leistungssteigerungen bei Datenübertragungsleistungen und -kapazitäten sowie die Entwicklung neuer Interaktionsformate einher. Zudem wird zukünftig eine erhebliche Innovationsdynamik durch die umfassende Anwendung der Künstlichen Intelligenz stattfinden.

Deregulierung der Informations-, Medien- und Kommunikationsmärkte
Seit Mitte der 1990er-Jahre sind in den USA umfangreiche Deregulierungen durchgeführt worden (Einführung cross-sektoralen Wettbewerbs und Liberalisierung der vertikalen Integrationsregeln). Auch in der EU führten Deregulierungsbestrebungen, wie beispielsweise die Liberalisierung des Telekommunikationssektors, zur Entstehung wettbewerblicher Strukturen in der Informations-, Medien- und Kommunikationsindustrie. Ohne diese Entwicklungen hätte dem Konvergenzprozess in dieser Form der marktwirtschaftliche Rahmen gefehlt.

Veränderungen der Nutzerpräferenzen
Das zunehmende Angebot an medialen Dienstleistungen hat zu einer Fragmentierung des Informations- und Medienkonsums geführt. Vor allem junge Konsumenten nutzen eine Vielzahl unterschiedlicher Angebote, um ihre Informations- und Unterhaltungsbedürfnisse zu befriedigen. Gleichzeitig ist eine Veränderung der Nutzerpräferenzen hin zu einem verstärkten Einsatz von persönlichen Informations- und Kommunikationsinstrumenten und eine eng an diese Entwicklung gekoppelte Personalisierung und Individualisierung der genutzten Medien (insbesodnere der sozialen Medien) festzustellen (zum Beispiel personalisierte Zeitungen wie wsj.com (The Wall Street Journal Online) oder personalisierte Facebook-Seite).

Diese Vernetzung zeigt letztendlich einen Trend zu systemischen Lösungen, indem Unternehmen durch Funktionsintegration und Leistungsbündelung integrierte Informations- und Kommunikationsangebote schaffen. Ein gutes Beispiel für eine systemische Lösung ist das integrative Angebot von iTunes, iPhone, iPod, iPad etc. Darüber hinaus werden Social-Networking-Services von fast allen Nutzern intensiv genutzt. Sie ermöglichen die Vernetzung zwischen Konsumenten untereinander, aber auch zwischen Unternehmen und Kunden beziehungsweise Unternehmen und Unternehmen. Beispiele hierfür sind Instagram, Facebook, YouTube oder LinkedIn. Je attraktiver die Plattform, desto eher können Unternehmen verwertbaren Input aus den Interaktionen der Nutzer ziehen.

Diese Entwicklungen verändern die Wettbewerbsbedingungen für Unternehmen im Digital Business erheblich. Die technologische Konvergenz führt zu einer Annäherung beziehungsweise einem partiellen Zusammenwachsen von Märkten, die vormals voneinander abgegrenzt waren. Auf dem Markt für Kommunikationsdienstleistungen konkurrieren inzwischen Kabelnetzbetreiber, Telekommunikationsunternehmen aus dem Mobil- und Festnetzbereich und Satellitenanbieter miteinander.

Um sich von ihren Wettbewerbern zu differenzieren, diversifizieren sie sich durch Integrationsstrategien im Bereich der Content-Produktion und sind damit ein direkter Konkurrent zu Medienunternehmen (ein Beispiel ist hier die Telekom mit dem Angebot MagentaTV). Darüber hinaus stellt das Internet einen Kommunikationsraum dar, der sich durch seine Zeit- und Ortlosigkeit von anderen unterscheidet und die Möglichkeit bietet, auf Basis von Prozessinnovationen völlig neue Geschäftsmodelle zu entwickeln.

Das Ergebnis dieses Prozesses führt zur partiellen Integration einzelner Branchen, aus der ein neues Marktsegment entsteht. In diesem werden neue Produkte und Dienstleistungen angeboten und nachgefragt.[35] Dies geschieht sowohl auf Technologie- und Inhalts- als auch auf Branchenebene in den internetnahen Geschäftsfeldern.

15.2.2 Konvergenz im Breitband-Internet

Integration ist einer der wichtigsten Faktoren im Breitband-Internetmarkt geworden. Die Strategien der Wettbewerber werden deutlich durch das Zusammenwachsen verschiedener Medienformen geprägt. Zeitgleich mit der technologischen Konvergenz und der zunehmenden Vernetzung im Festnetzbereich ist seit zwei Jahrzehnten eine umfassende Entwicklung zur mobilen Vernetzung zu beobachten. Damit verbunden sind systemische Lösungen, die durch verbesserte Interaktions- und Verbundmöglichkeiten einen erhöhten Kundennutzen erzeugen und Convenience-Vorteile generieren.

Für die Vernetzung beziehungsweise Integration der Information und Kommunikation können als Beispiele die Funktionsintegration von Internetleistungen bei Mobiltelefonen oder die Zusammenführung mobiler und stationärer Telekommunikationsprodukte („Fixed Mobile Convergence") angeführt werden. Die Etablierung digitaler Technologie in den Telekommunikationssektor und den Mediensektor bildet die technologische Basis der Konvergenz im Breitband-Internetmarkt, da hierdurch alle Informationen sektorübergreifend verarbeitet werden können.

Ein Beispiel für den ubiquitären Konvergenzprozess ist die mobile Internet-Protocol-Television (IPTV). IPTV ist nach der Internationalen Fernmeldeunion definiert als Multimediaangebote, die über IP-basierte Netzwerke bereit gestellt werden und ein ausreichendes Maß an Servicequalität, Erlebnisqualität, Sicherheit, Interaktivität und Zuverlässigkeit garantieren.[36]

Beim mobilen IPTV handelt es sich demnach um Multimediaangebote, die auf mobilen Geräten (zum Beispiel Smartphone oder Tablet) verfügbar sind. Das Produkt- und Dienstleistungsangebot von Fernsehen sowie Breitband- und Mobilfunkinternet fließen zusammen und werden als mobile IPTV-Lösung vermarktet.

In diesem veränderten Wettbewerbsumfeld reagieren die Unternehmen durch die Aufspaltung (Unbundling) und Neukombination (Rebundling) ganzer Wertschöpfungsketten.[37] Vormals getrennte Aktivitäten wie Distribution und Produktion werden durch neue, internetbasierte Geschäftsmodelle ersetzt.

---

[35] Vgl. Denger/Wirtz (1995), S. 21; Baubin/Wirtz (1996), S. 366 ff.

[36] Vgl. International Telecommunication Union (2006), S. 1.

[37] Vgl. Wirtz (2001b), S. 495 ff.

Andere Unternehmen erweitern durch Fusionen ihre Content-Basis und nutzen mehrere Vertriebsformen, um neue Nutzergruppen zu erschließen. Diese Entwicklung hat in den letzten Jahren zu einer starken und immer noch nicht abgeschlossenen Umstrukturierung der Wettbewerbslandschaft im Bereich der IuK-Unternehmen beigetragen.

15.3 Digitalisierung und Innovationsdynamik

Die Produkte und Services im Bereich des Digital Business werden im Kontext des strategischen Umfelds maßgeblich durch zwei Trends beeinflusst. Zum einen erfordert die Dynamik von Innovationen eine Anpassung der Produktpolitik und zum anderen ermöglicht die Digitalisierung eine neue Form von Produkten, Dienstleistungen und Organisationen, die durch ihre Flexibilität und Skalierbarkeit eine hohe Relevanz im Digital Business-Sektor aufweisen. Beide Phänomene werden nachfolgend dargestellt.

15.3.1 Zunahme der Innovationsgeschwindigkeit und Open Innovation

Im Rahmen der digitalen Transformation nehmen die Innovationsgeschwindigkeit und die Innovationsaktivitäten in erheblichem Maße zu. Hierbei entwickeln sich Marktdynamiken die Veränderungen in der traditionellen als auch digitalen Wertschöpfungskonstellation nach sich ziehen.

Neben der hohen Innovationsgeschwindigkeit im Rahmen der digitalen Transformation ist insbesondere die Open Innovation, also die offene Innovation mit Kunden, Partnern, Zulieferern und anderen Akteuren, von besonderer Bedeutung.

Zunahme der Innovationsgeschwindigkeit

Innovationen sind ein zentraler Bestandteil der Internetökonomie und des Digital Business. Die Dynamik der Veränderungen im Unternehmensumfeld in der Internetökonomie ist hierbei so groß, dass man nicht mehr von einem partiellen Fortschreiten der technologischen Entwicklung sprechen kann, sondern zunehmend festzustellen ist, dass Innovationen von erheblicher Tragweite in immer kürzeren und zunehmend diskontinuierlichen Abständen auftreten.

Hierdurch wird den am Markt agierenden Unternehmen eine erhebliche Anpassungsfähigkeit abverlangt. In einem solchen Umfeld besitzen insbesondere solche Unternehmen, die eine Kultur des Wandels in ihrer Unternehmensphilosophie implementiert haben, einen entscheidenden Wettbewerbsvorteil.

Primärer Ausgangspunkt dieser zunehmenden Innovationsgeschwindigkeit ist der technologische Fortschritt, wobei sich zwei wesentliche Katalysatoren für diese Entwicklung identifizieren lassen. In diesem Kontext sind einerseits die hohe Geschwindigkeit, mit der sich die verfügbare Hard- und Software weiterentwickelt, und andererseits die vollständige Durchdringung von gesellschaftlichen und wirtschaftlichen Aktivitäten mit digitaler Technologie zu nennen.

Diese Entwicklungsdynamik im Bereich der Mikroprozessoren wird von dem Unternehmer Gordon Moore 1965 mit dem Mooreschen Gesetz beschrieben. Hierbei stellt Moore die Gesetzmäßigkeit auf, dass sich die Entwicklung von integrierten Schaltkreisen jedes Jahr verdoppelt. Seine Behauptung geht auf Beobachtungen der damaligen Halbleiterindustrie zurück.

Später revidierte Moore diese Einschätzung auf den Zeitraum der Verdopplung von zwei Jahren. Eine Betrachtung der Hardwareentwicklung zeigt, dass in der jüngeren Vergangenheit eine exponentielle Entwicklung im Bereich der Leistungsfähigkeit von Prozessoren immer noch festzustellen ist. Diese Dynamik digitaler Systeme wird in Abb. 15.7 dargestellt.[38]

Diese technologische Entwicklung hat zu völlig neuen Formen und Möglichkeiten der Informationsverarbeitung geführt, sodass es möglich wird, immer größere Datenmengen zu erfassen, zu speichern und zu verarbeiten. Verstärkt wird dieser Effekt zusätzlich durch die immer breiter werdende installierte Basis von Computerhardware. Die Potenziale, die dadurch im Bereich der Forschung und Entwicklung erschlossen werden können, unterliegen somit einer dynamischen Erweiterung.

Dieser Effekt wird durch die weltweite Vernetzung verstärkt. Das gesamte Wissen der Menschheit stand vor der Ausbreitung digitaler Netze nicht in strukturierter Form zur Verfügung, sodass Entwicklungsarbeiten nicht notwendigerweise auf dem letzten Stand der Forschung aufbauten. Durch digitale Netze und digitale Speichermedien ist Wissen zunehmend global verfügbar, sodass sich Entwicklungen grundsätzlich Neuem widmen können.

Ein Beispiel für diese Art der Forschung ist die Entschlüsselung des menschlichen Erbgutes. Die auf diesem Gebiet forschenden Gruppen – im Wesentlichen das Human Genom Project (HGP) – haben alle Ergebnisse in einer Datenbank im Internet für eine sogenannte Digital Collaboration frei zur Verfügung gestellt.

Damit sollten Doppelarbeiten vermieden, Ergebnisse anderen Forscher präsentiert und das Projekt möglichst schnell zu Ende gebracht werden. Durch diese Vorgehensweise konnten die Arbeiten bereits 2003 erfolgreich abgeschlossen werden.

Eric Lander, Genforscher am Whitehead Institute in Cambridge, fasste die Vorteile der Veröffentlichung im Internet für die Forschung zusammen: „Eighteen months ago, only 15 percent of the genome was available. If you were studying a disease then, the odds were very good that the correct (gene) sequence was not available. But now, for whatever project you're working on, the sequence is likely to be freely available on the World Wide Web.“[39]

---

[38] Inhalte basierend auf Picot et al. (2000), S. 591; Wirtz (2013), S. 181; Rupp (2015); OurWorldinData (2017); Moring/Maiwald/Kewitz (2018), S. 11; Roser (2018).

[39] Herald Times Online (2000).

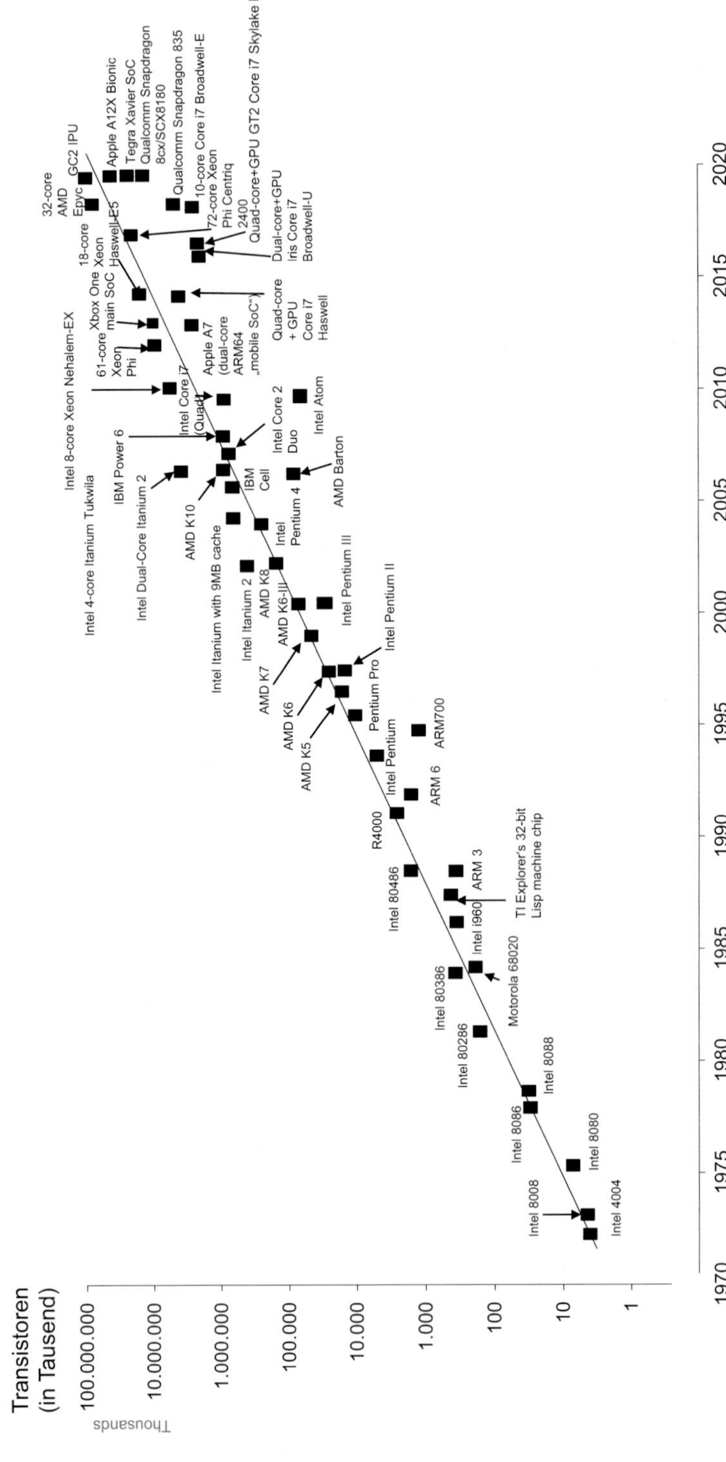

Abb. 15.7 Leistungsfähigkeit von Mikroprozessoren. (In Anlehnung an Wirtz (2013), S. 181; Wirtz (2020), S. 333; Wirtz (2021), S. 411)

Dieses Zitat verdeutlicht, dass es auch im Forschungs-, Entwicklungs- und Wissenschaftsbereich möglich wird, weitere Spezialisierungspotenziale auszunutzen, sodass auch dieser Wertschöpfungsprozess in einzelne Teilprozesse aufgeteilt und von den am besten geeigneten Spezialisten bearbeitet werden kann.

So werden auch in der Fortsetzung des Human Genome Projects die weiteren Arbeitsschritte in der Erforschung der DNA unter verschiedenen Spezialisten aufgeteilt und die Ergebnisse veröffentlicht. Zudem wird mit Hilfe digitaler Netzwerke ein „Process That Never Sleeps" ermöglicht, sodass die Bearbeitung eines Prozesses oder einer Aufgabe mit dem Tageslicht um den Erdball wandert. Dies ermöglicht einen kontinuierlichen Fortschritt ohne zeitliche Restriktionen. Ein weiteres Beispiel für die Innovationsdynamik stellt die Anwendung der Künstlichen Intelligenz dar. Hier kann die Proteinfaltungstechnik auf basis der KI von DeepMind angeführt werden.

Ähnliche Projekte beziehen mittlerweile auch Privatleute in die Generierung neuen Wissens ein. Hinter dem Schlagwort Distributed Computing (verteiltes Rechnen) steht die Idee, dass privat genutzte Computer in der Regel nicht ständig ihr volles Leistungspotenzial entfalten, sodass ein Teil der freien Leistung vom Computerbesitzer für rechenintensive Forschungsprojekte zur Verfügung gestellt werden kann. Dabei erhält jeder Computer nur eine kleine Portion der zu untersuchenden Daten über das Internet zugesendet. Nach deren Analyse wird das Ergebnis auf gleichem Wege zurückgeschickt.

Aufgrund der Tatsache, dass viele einzelne Computer gleichzeitig an der Bearbeitung beteiligt sind, können komplexe Projekte wie beispielsweise Folding@Home, mit dem die Stanford University die Faltung von Proteinen im Kampf gegen schwerwiegende Krankheiten untersucht, überhaupt erst bearbeitet werden. Ein weiteres erwähnenswertes Beispiel ist das SETI@Home-Projekt der Berkeley Universität, die überschüssige Rechenleistung von Privat-Computern für die Suche nach außerirdischer Intelligenz verwendet.

Neben solchen eher passiven Projekten setzt die Online-Enzyklopädie Wikipedia hingegen auf das aktive Mitwirken ihrer Nutzer. Diese können selbst Einträge erstellen, modifizieren und aktualisieren. Eine Kontrolle seitens Wikipedia findet in aller Regel nicht statt, sodass die Nutzer auch für das Einhalten von Qualitätsstandards selbst in der Verantwortung stehen. Da es sich bei Wikipedia um ein nicht kommerzielles Projekt handelt, stehen alle innerhalb der Plattform veröffentlichten Artikel zur uneingeschränkten und kostenlosen Nutzung grundsätzlich jedermann offen.

Die dargestellte Entwicklung stellt die Unternehmen in der Internetökonomie vor eine zentrale Herausforderung. Sie werden einerseits durch die beschriebenen Möglichkeiten in die Lage versetzt, neue Produkte, Dienstleistungen, Lösungen und Konzepte immer schneller zu entwickeln und den Zeitraum vom Beginn einer Produkt- und Dienstleistungsentwicklung bis zur endgültigen Marktreife immer weiter zu verkürzen.

Durch diese immer schneller entwickelten Innovationen reduziert sich jedoch auf der anderen Seite der Zeitraum, in dem Produkte am Markt konkurrenzfähig bleiben, erheblich. Die Produktlebenszyklen werden auf diese Weise stark verkürzt, sodass den Unternehmen immer weniger Zeit zur Verfügung steht, die getätigten Investitionen für Forschung und Entwicklung durch den Absatz der geschaffenen Marktlösung zu amortisieren.

Die Digitalisierung von Wirtschaft und Gesellschaft zeichnet eine erhebliche Innovationsdynamik aus, die durch die Einbindung einer Vielzahl an Akteuren gekennzeichnet ist. Hierbei kommt insbesondere dem Ansatz von Open Innovation im digitalen Kontext eine herausragende Bedeutung zu.

Open Innovation

Open Innovation ist ein offener Innovationsansatz der die Einbindung unternehmensexterner Akteure in den Innovationsprozess zum Gegenstand hat. Dabei widerspricht er der Geheimhaltung und der Silo-Mentalität traditioneller Forschungs- und Entwicklungsabteilungen von Unternehmen.

Der Nutzen der verstärkten Offenheit wurde bereits in den 1960er-Jahren festgestellt und diskutiert, insbesondere im Kontext der zwischenbetrieblichen Zusammenarbeit im Bereich Forschung und Entwicklung. Die Verwendung des Begriffs „offene Innovation" (Open Innovation), in Bezug auf die zunehmende Akzeptanz externer Zusammenarbeit in einer komplexen Welt, wurde insbesondere von Henry Chesbrough geprägt.[40]

Open Innovation beschreibt den Aspekt, dass Unternehmen sowohl externe als auch interne Ideen sowie interne und externe Wege zum Markt nutzen können. Inzwischen wird Open Innovation als Innovationsprozess betrachtet, der auf der Einbindung verschiedener Akteure basiert.

Das hat zur Folge, dass der Innovationsprozess auf einen zielgerichteten und gesteuerten Wissensaustausch, über Organisationsgrenzen hinweg, beruht. Für eine aktive Integration von externen und internen Akteuren in den Innovationsprozess können verschiedene Anreizmechanismen, in Übereinstimmung mit dem entsprechenden Geschäftsmodell der Organisation, eingesetzt werden.

Ein Sportschuhhersteller kann beispielsweise einen Wettbewerb ausschreiben, der darauf abzielt Designvorschläge für ein neues Modell über ein Online-Interface (z. B. Social-Media Plattform) von den eignen Kunden zu erhalten.

Dabei können Kunden Ideen, Fotos und Zeichnungen digital dem Unternehmen zur Verfügung stellen und sich hierüber austauschen. Der für den Kunden gesetzte Anreiz besteht neben der kreativen Erstellung eines Designs und der damit verbundenen Aufmerksamkeit beispielsweise auch in Rabatt- oder Gutscheincodes für Produkte des Unternehmens.

Dieser Ansatz zeigt auf, dass Ergebnisse aus Open Innovation-Prozessen nicht unternehmenszentriert entstehen, sondern Wissen und Informationen von externen Akteuren, wie beispielsweise kreativen Konsumenten, Internetcommunities, Wissenschaftsforen sowie Innovationsplattformen, einschließt.

Die Grenzen zwischen einem Unternehmen und seinem Umfeld können so durchlässiger werden; Innovationen werden innerhalb und zwischen verschiedenen Unternehmen transferiert. Dies hat deutliche Auswirkungen für die Innovationsdynamik von Unternehmen, Branchen und die Gesellschaft.[41]

---

[40] Vgl. Chesbrough (2003a), S. 24; Grönlund/Sjödin/Frishammar (2010), S. 106; Wolfert et al. (2010), S. 395.

[41] Vgl. van de Vrande/Vanhaverbeke/Gassmann (2010), S. 222 f.

Das Open-Innovation-Paradigma geht somit über die Nutzung externer Innovationsquellen wie Kunden, Unternehmen und sonstigen Organisationen hinaus. Vielmehr stellt es eine Veränderung in der Nutzung, Verwaltung und Beschäftigung von geistigem Eigentum, als auch in der technischen und forschungsgetriebenen Generierung von geistigem Eigentum dar.

In diesem Sinne wird es als systematische Förderung und Erforschung einer Vielzahl von internen und externen Quellen für innovative Möglichkeiten verstanden.

Da Innovationen häufig von Außenstehenden und Gründern in Start-ups generiert werden, haben etablierte Unternehmen einen erkennbaren Nachteil bezüglich ihrer Innovationsdynamik. Allerdings können sich diese Unternehmen mit Hilfe von Open Innovation Ansätzen externe Ideen, Inventionen und Informationen zu Nutze machen.

So ergeben sich durch veränderte Interaktionsmöglichkeiten zwischen Unternehmen und Kunden neue Formen von Innovationen im Digital Business. Hierbei wird zwischen der vollständig geschlossenen Innovation, der partiell offenen Innovation und der vollständig offenen Innovation im Kontext der digitalen Transformation unterschieden.

Während die vollständig geschlossene und die vollständige offene Innovation die Durchlässigkeit von Ideentransfers nicht vorsehen, stellt die partiell offene Innovation eine Kombination dieser beiden Formen dar.

Die vollständig geschlossene Innovation stellt den klassischen Innovationsprozess dar, der die individuellen Unternehmensgrenzen nicht überschreitet. Hierbei verbleiben alle Ideen sowie mögliche Innovationsansätze und -entwicklungen im Unternehmen, womit auch die Einbeziehung von externen Akteuren in den Innovationsprozess ausgeschlossen wird.

Die Innovation beruht somit nur auf internen Innovationswertbeiträgen. Erst im Zuge der Einführung in einen bestehenden Markt oder die mögliche Erschließung neuer Märkte wird die Innovation über die Unternehmensgrenzen hinweg transferiert.

Die partiell offene Innovation hingegen schließt die Einbeziehung von externen Akteuren aus dem Innovationsprozess nicht grundsätzlich aus. Obgleich die Entwicklung innerhalb der Unternehmensgrenzen erfolgt, werden hierbei auch externe Ideen auf spezifischen Innovationstufen zugelassen und aufgegriffen.

Diese Ideen werden mit den unternehmensinternen Innovationsansätzen vereint und beeinflussen infolgedessen den weiteren Verlauf des unternehmensinternen Innovationsprozesses. Die partiell offene Innovation weist zu einem großen Teil einen internen Innovationswertbeitrag auf der durch einen kleineren externen Innovationswertbeitrag ergänzt wird. Die vollendete, für den Markt reife, Innovation stellt somit eine Mischform aus unternehmensinternen Ansätzen und externen Ideen aus dem Unternehmensumfeld dar.

Die vollständig offene Innovation, Open Innovation, bezeichnet die Form in welcher sowohl Unternehmen als auch Kunden beziehungsweise Nutzer eine Innovation gemeinsam generieren. Im Kontext der Digitalisierung wird dies vor allem von Informations- und Kommunikationstechnologien unterstützt, da diese einen effizienten, flexiblen und direkten Austausch zwischen Unternehmen und Nutzer, beispielsweise über Online-Plattformen, ermöglichen.

Insbesondere hinsichtlich der Integration von Nutzern oder unternehmensexternen Akteuren erfolgt deren Einbeziehung hierbei auf allen Stufen des Innovationsprozess. Somit ergibt sich ein ständiger Austausch hinsichtlich der Ideen und Innovationsansätze über die Unternehmensgrenzen hinweg. Die internen als auch externen Akteure tragen in etwa zu gleichen Teilen einen Innovationswertbeitrag bei.

Die vollständig offene Innovation schreibt dem Kunden beziehungsweise den externen Akteuren somit über den ganzen Innovationsprozess eine aktive Rolle zu. Die hierbei erzielte Einbeziehung unternehmensexterner Ideen und mögliche Auslagerung von Innovationsprozessen erlauben den Zugriff auf ein breites Spektrum an Kompetenzen und Wissen. Abb. 15.8 stellt die Formen von Open Innovation dar.[42]

Neben der eigenen Entwicklungstätigkeit ist somit die Integration von externen Erfindungen (beispielsweise Patente) von anderen Akteuren auch eine Strategie zur Sicherung der Wettbewerbsfähigkeit. Dabei wird dieser Ansatz als eingehende offene Innovation (Inbound Open Innovation) bezeichnet.[43]

Darüber hinaus können eigene Entwicklungen, die unternehmerisch nicht genutzt werden, außerhalb des Unternehmens beispielsweise durch Lizenzierung, Joint Ventures oder Ausgliederungen für die Öffentlichkeit zugänglich gemacht werden und auch damit wirtschaftlich verwertet werden. Dies wird als ausgehende offene Innovation (Outbound Open Innovation) bezeichnet.[44]

Open Innovation bietet zusammenfassend eine Reihe von bedeutenden Vorteilen. Aufgrund verschiedener Perspektiven entstehen innovative Ansätze durch die Einbeziehung interner und externer Akteure. Dabei kann insbesondere Wissen zu bestehenden Kundenbedürfnissen oder Marktveränderungen stärker einbezogen werden. Darüber hinaus werden durch den Rückgriff auf bestehende Technologien oder vorhandenes Expertenwissen von externen Akteuren notwendige Forschungs- und Entwicklungszeiten verkürzt.

In diesem Zusammenhang werden auch potenzielle Entwicklungsrisiken minimiert, beispielsweise durch den Einsatz bereits erfolgreich angewendeter Technologien oder die Aufteilung von Verantwortung auf verschiedene Partner. Zudem können durch Open Innovation, ansonsten ungenutzte, Entwicklungen und Konzepte gewinnbringend für das Unternehmen, als auch die Öffentlichkeit, zugänglich gemacht werden.[45]

15.3.2 Zunahme des Digitalisierungsgrades

Die Zunahme des Digitalisierungsgrades in der Internetökonomie bezieht sich grundsätzlich auf zwei Phänomene. Einerseits auf die Digitalisierung der Produkte/Dienstleistungen,

---

[42] Inhalte basierend auf Chesbrough (2003b), S. 36 ff.; Chesbrough/Crowther (2006), S. 21 ff.; Enkel/Gassmann/Chesbrough (2009), S. 314 f.; Noé (2013), S. 3.

[43] Vgl. Nitzsche/Wirtz/Göttel (2016), S. 6 ff.

[44] Vgl. Chesbrough/Crowther (2006), S. 229; Bianchi et al. (2011), S. 23.

[45] Vgl. Vanhaverbeke/van de Vrande/Chesbrough (2008), S. 251 ff.; Hengsberger (2018).

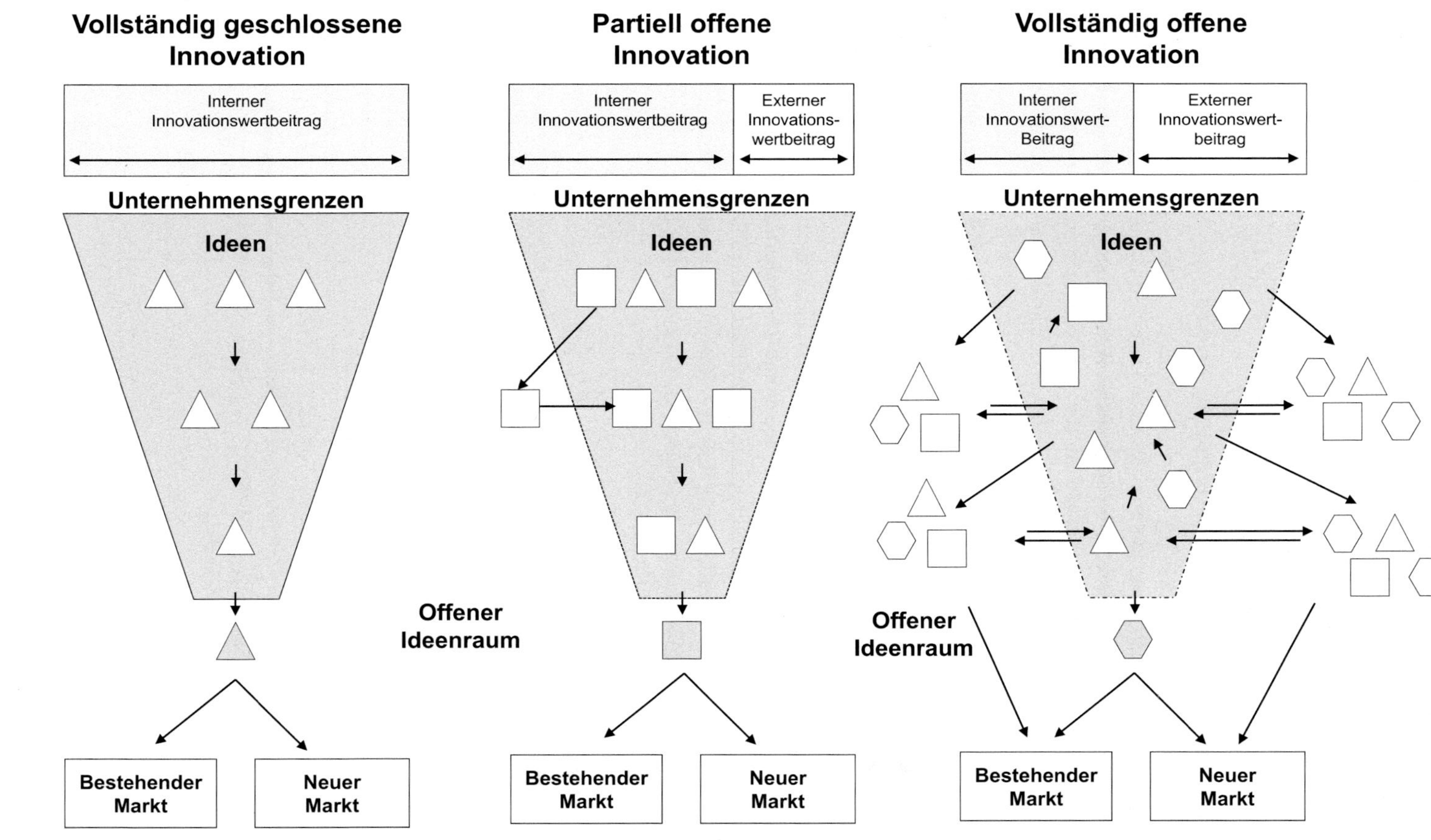

Abb. 15.8 Formen von Open Innovation. (Vgl. Wirtz (2020), S. 339; Wirtz (2021), S. 415)

andererseits auf die Digitalisierung von Organisationsstrukturen. Betrachtet man zunächst die Produkte/Dienstleistungen, so bezieht sich deren Wandel wiederum auf zwei Dimensionen. Zum einen auf die Kostenstruktur digitaler Güter und zum anderen auf ihre allgemeine, immaterielle Struktur.

Letztere besitzt ihrerseits Implikationen für die Distribution und die Produktion beziehungsweise die Produktionsregeln, nach denen Produkte hergestellt sowie Dienstleistungen angeboten werden. Hieraus folgen wiederum Veränderungen für die Organisationsstrukturen innerhalb von Unternehmen. Abb. 15.9 stellt diese Zusammenhänge dar.

Die zunehmende Bedeutung von immateriellen Gütern in den entwickelten Volkswirtschaften führt zu einem höheren Anteil virtueller beziehungsweise digitaler Produkte/Dienstleistungen. Er bezieht sich sowohl auf die – im Vergleich zu nicht-digitalen, materiellen Produkte/Dienstleistungen – andere physische Struktur als auch auf die grundlegend veränderte Kostenstruktur.

In diesem Kontext sollen in den folgenden Darstellungen die Begriffe immaterielle und digitale Güter synonym verwendet werden. Die veränderte Struktur von Produkten/Dienstleistungen in der Internetökonomie im Vergleich zu jenen der traditionellen Ökonomie bezieht sich in erster Linie auf die physische Dimension von Produkten/Dienstleitungen.

In der traditionellen Ökonomie dominieren physische Produkte und physisch erbrachte Dienstleistungen das wirtschaftliche Geschehen. Durch die steigende Bedeutung digitaler Netze haben immaterielle Güter stark an Bedeutung gewonnen, da sie über die neuen Netze ohne Zeitverzögerung übertragbar und damit im gesamten Netz verfügbar sind. So können Informationen in digitaler Form über das Internet problemlos versendet werden, während die gleichen Informationen als Buch – also in materieller Form – physisch transportiert werden müssen.

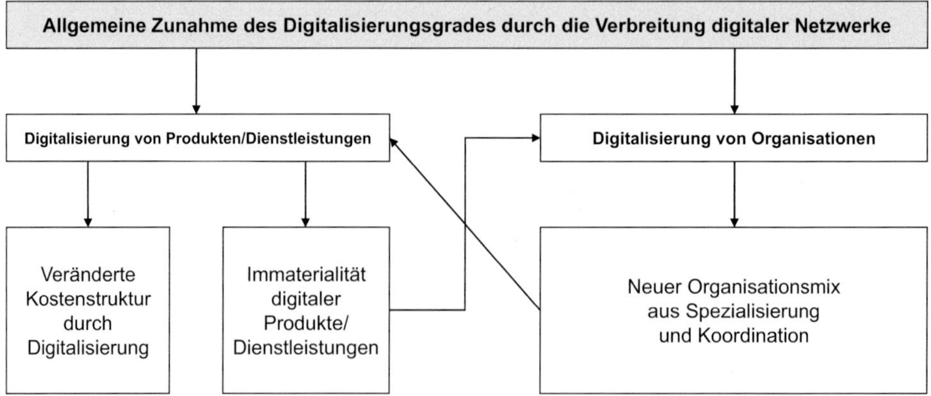

Abb. 15.9 Einflüsse der Digitalisierung. (Vgl. Wirtz (2000c), S. 119; Wirtz (2020), S. 341; Wirtz (2021), S. 416)

Dieser Bedeutungswandel spiegelt sich in der Entwicklung der Industrie wider. In der traditionellen Ökonomie wird meist unter Einsatz physischer Inputfaktoren ein vornehmlich physischer Output erzeugt. In der Internetökonomie dagegen ist es häufig so, dass sowohl die eingesetzten Inputfaktoren als auch der daraus erzeugte Output überwiegend immaterieller Natur sind und auf digitalen Datenträgern gespeichert werden.

Heute befinden sich viele Unternehmen zwischen diesen beiden Extremen. Sie stellen zwar materielle Produkte her oder Erbringen Dienstleistungen physisch, der immaterielle Anteil an der Wertschöpfungsleistung vergrößert sich jedoch ständig, wie am Beispiel der Automobilindustrie zu erkennen ist. War ein normales Auto vor 25 Jahren noch überwiegend in seinen Steuerelementen mechanikbasiert, ist das Verhältnis von Mechanik zu Elektronik in heutigen Fahrzeugen ein grundlegend anderes.

So basieren nahezu alle Innovationen im Kfz-Bereich der letzten Jahrzehnte – wie zum Beispiel ABS, der Airbag, das Elektronische Stabilitätsprogramm ESP, Bremsassistenten, Spurhaltesysteme, autonome Einparksysteme, Fahrzeugvernetzung – auf digitaler Technologie. Aber auch ehemals mechanische Funktionen wie die Motorsteuerung werden seit langem von der Elektronik geregelt. In einem modernen Fahrzeug der Mittelklasse werden teilweise hunderte Mikrochips und -controller verbaut, die mit mehreren Kilometern Kabel verbunden sind.

Die hierfür notwendige Steuerungssoftware macht einen nennenswerten Teil der Entwicklungs- und Herstellungskosten für ein Fahrzeug aus. Die Attraktivität immaterieller Güter für die Industrie resultiert zu großen Teilen aus zwei Eigenschaften digitaler Güter, nämlich der Individualisierung und der kostenfreien Auslieferung.

Individualisierung von Leistungsangeboten

Digitale Produkte und Dienstleistungen sind ohne großen Aufwand maschinell modellierbar und ermöglichen hierdurch die Individualisierung von Leistungsangeboten. Die gehandelten Produkte und Dienstleistungen können somit optimal auf die individuellen Bedürfnisse, Anforderungen und Präferenzen der Kunden hinsichtlich der zu erbringenden Leistung abgestimmt werden.

Hierdurch wird für den Kunden ein erheblicher Mehrwert erbracht und ein Differenzierungskriterium auf den wettbewerbsintensiven Märkten der Internetökonomie erreicht. Man spricht in diesem Zusammenhang auch von intelligenten Produkt- sowie Dienstleistungslösungen, die zu einer eindeutigen Nutzenerhöhung in zeitlicher, finanzieller und anwendungsorientierter Hinsicht für den Anwender führen.

Kostenfreie Auslieferung über digitale Netzwerke

Digitale Güter können über digitale Netze ausgeliefert werden, sodass klassische Probleme der physischen Distribution in den Hintergrund rücken. Ein Hersteller immaterieller Produkte/Dienstleistungen muss im Rahmen der Auslieferung seine Produkte/Dienstleistungen lediglich auf seiner Internetseite zum Abruf beziehungsweise Download bereitstellen; der Kunde übernimmt die eigentliche Vervielfältigung.

Auf diesem Weg entstehen keine nennenswerten Kosten, die mit denen eines Transports bei physischen Produkten/Dienstleistungen vergleichbar wären. Neben dieser erheblichen Kostenreduktion besteht eine signifikante Erhöhung der Zeiteffizienz der Auslieferung. Digitale Produkte/Dienstleistungen können in diesem Kontext nahezu ohne Zeitverlust von Anbietern zu Nachfragern übertragen werden.

Der in der Internetökonomie gestiegene Digitalisierungsgrad von Produkten/Dienstleistungen betrifft jedoch nicht nur die physische Struktur von Produkten/Dienstleistungen, sondern hat ebenso weitreichende Konsequenzen für deren Kostenstruktur. Die Kostenstruktur digitaler Güter unterscheidet sich wesentlich von der materieller Güter.[46] Bei materiellen Gütern entstehen neben teilweise erheblichen Entwicklungskosten zusätzlich variable Kosten für die Erzeugung der einzelnen Produkt- bzw. Dienstleistungseinheiten.

Bei der Kalkulation der Preise müssen Unternehmen sicherstellen, dass kurzfristig mindestens die variablen und langfristig die vollen Kosten gedeckt werden. Bei immateriellen Produkten/Dienstleistungen verändert sich dieses Schema. Während die Entwicklungskosten im Wesentlichen unverändert bestehen bleiben – abgesehen von eventuellen Effizienzvorteilen und Kostensenkungspotenzialen durch die Möglichkeiten der Informations- und Kommunikationsanwendungen – ergibt sich für die variablen Kosten der Produkterstellung bzw. Dienstleistungserbringung eine deutliche Veränderung.

Bei der Vervielfältigung und der Erzeugung der einzelnen Produkt- bzw. Dienstleistungseinheiten fallen nur sehr geringe variable Kosten an, die je nach Medium stark abweichen und in vielen Fällen sogar gegen null konvergieren. So entstehen für die Herstellung und den Versand einer Softwareversion auf einer CD zwar nur geringe variable Kosten, hingegen ist ein Download für den Hersteller nahezu vollständig kostenfrei. Die Digitalität der Internetökonomie trägt folglich zu einer erheblichen Erosion der variablen Kostenanteile von Produkten/Dienstleistungen bei. Für die Preissetzung ergeben sich hieraus weitreichende Konsequenzen.

Da keine nennenswerten variablen Kosten entstehen, können Unternehmen ihre Produkte/Dienstleistungen zumindest kurzfristig kostenfrei anbieten. Darüber hinaus bieten Informationsprodukte ein erhebliches Potenzial, um Skaleneffekte zu realisieren, da sich die Entwicklungskosten mit steigender Absatzmenge auf immer mehr Einheiten verteilen und auf diese Weise die Durchschnittskosten pro Stück sinken.[47] Dies stellt Abb. 15.10 dar. Vor diesem Hintergrund sind Informationsprodukte darauf angelegt, eine sehr breite Diffusion zu erreichen, um diese Skaleneffekte realisieren zu können.

Eine Virtualisierung von Organisationen ist maßgeblich von der steigenden Bedeutung digitaler Produkte und Dienstleistungen sowie der zunehmenden Verbreitung digitaler Netzwerke getrieben. In diesem Zusammenhang wird oft von virtuellen Organisationsnetzwerken gesprochen: „Ein virtuelles Organisationsnetzwerk kann als eine temporäre Kooperationsform von unabhängigen Unternehmen (Zulieferern, Koproduzenten, Distributoren, Kunden oder Konkurrenten) verstanden werden, das über moderne Informati-

[46] Vgl. Shapiro/Varian (1999), S. 3.

[47] Vgl. Shapiro/Varian (1999), S. 108.

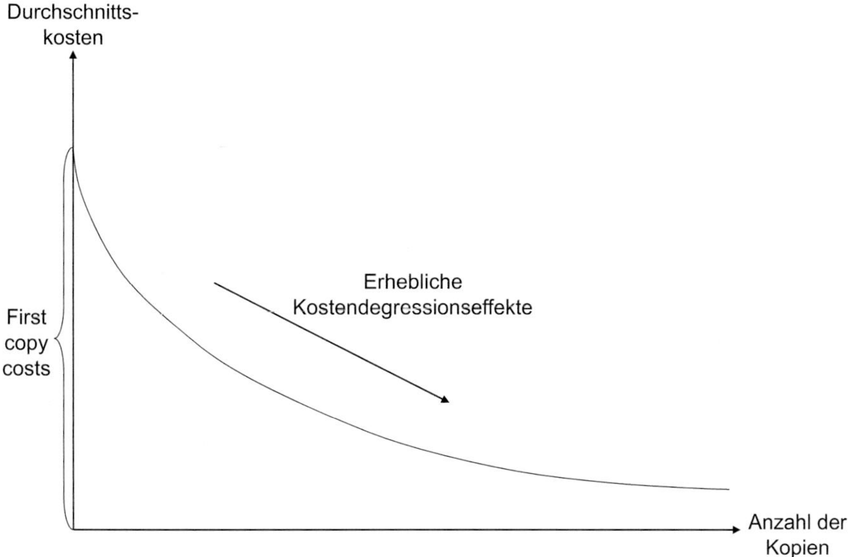

Abb. 15.10 Abnahme der durchschnittlichen Copy Costs mit steigender Ausbringungsmenge. (Vgl. Wirtz (2000d), S. 23; Wirtz (2020), S. 344; Wirtz (2021), S. 419)

ons- und Kommunikationsanwendungen verknüpft ist und polyzentrische, komplex-reziproke Beziehungen unterhält, um Wissen (Know-How) zu transferieren, Fähigkeiten zu ergänzen und Kosten zu teilen, um hierüber bisherige und neue Produkträume und Märkte zu erschließen.“[48]

15.4 Komplexität von Markt und Wettbewerb

In Bezug auf das Markt- und Wettbewerbsumfeld im Digital Business sind im Wesentlichen vier Entwicklungen zu beobachten, die zu einer Intensivierung des Wettbewerbs auf digitalen Märkten führen: zunehmende Markttransparenz, gestiegene Marktfragmentierung, sinkende Markteintritts- und Wechselbarrieren sowie eine allgemeine Tendenz zur Disintermediation. Diese vier Entwicklungen werden im Folgenden beschrieben.

15.4.1 Zunahme der Markttransparenz

In der traditionellen Ökonomie sind Märkte in der Regel durch einen geringen bis mittleren Grad der Markttransparenz gekennzeichnet. Es existiert immer ein Unterschied im

[48] Wirtz (2000g), S. 99 f.

Informationsgrad von Verkäufer und Käufer, da der Verkäufer aufgrund seiner Stellung im Markt meist in der Lage ist, einen Informationsvorsprung aufzubauen. Man spricht in diesem Zusammenhang von Informationsasymmetrie zwischen Käufer und Verkäufer. Diesen Vorsprung kann der Verkäufer ausnutzen, um durch Preisdifferenzierung die unterschiedliche Zahlungsbereitschaft der Käufer und damit deren Konsumentenrente größtenteils abzuschöpfen.

In der Internetökonomie hat sich diese Situation grundlegend geändert. Zu den bedeutendsten Charakteristika der Internetökonomie gehört der weitgehend freie Fluss von Informationen, der durch das Digital Business zu einer immer größer werdenden Transparenz der Märkte und zu einem deutlichen Friktionsabbau beiträgt. Von gestiegener Transparenz spricht man, da auf digitalen Märkten die gehandelten Produkte und angebotenen Dienstleistungen überschaubar sind und diese Märkte durch leicht zugängliche Informationen eine bessere Vergleichbarkeit als herkömmliche Märkte aufweisen.

Als Friktionen bezeichnet man Faktoren, die Nachfrager an einen Anbieter binden und ihn damit von einem Wechsel zu einem anderen Anbieter abhalten. Die Kosten der Informationsbeschaffung in der traditionellen Ökonomie sind ein wesentlicher Bestandteil der Friktionen. So müssen Nachfrager bei einer Kaufentscheidung den Nutzen eines zusätzlichen Angebotsvergleichs gegen die mit der Informationsbeschaffung verbundenen Kosten abwägen. In der traditionellen Ökonomie sind diese Kosten aber ungleich höher als in der Internetökonomie.

Ermöglicht wurden die Zunahme der Transparenz und der Abbau informationsinduzierter Friktionen durch die innovativen Entwicklungen in der Informations- und Kommunikationsanwendungen. Die Eigenschaften von Computernetzwerken sind hierbei die treibende Kraft in der Entwicklung hin zu einem Markt, der von so hoher Transparenz gekennzeichnet ist, dass jegliche Information zu jeder Zeit und von jedem Ort aus durch jede Person abgerufen werden kann.

Dies bedeutet, dass ein Markt einfacher und vor allem auch weniger kosten- und zeitintensiv durchdrungen werden kann. Marktteilnehmer werden in die Lage versetzt, zu sehr geringen Suchkosten einen Markt zu analysieren und zu beobachten. Die auf klassischen Märkten bestehende Informationsasymmetrie zwischen Anbieter und Nachfrager wird durch diese Entwicklungen deutlich abgeschwächt. Hierbei nimmt der Informationsgrad der Nachfrager sowohl in sachlicher als auch in preisbezogener Hinsicht deutlich zu.

Die Steigerung des Informationsgrades in sachlicher Hinsicht bezieht sich vor allem auf die Kenntnisse der Nachfrager in Bezug auf die Produkte und Leistungen. Basieren die produktbezogenen Informationen, die ein Nachfrager in der traditionellen Ökonomie erhält, im Wesentlichen auf dem Beratungsgespräch mit dem Verkäufer, so kann er sich auf digitalen Märkten ohne großen Aufwand selbst informieren.

Für diese Informationen kann er entweder auf Expertenrat, zum Beispiel unter www.test.de (Stiftung Warentest), Produktübersichten in digitalen Kaufhäusern wie Amazon.de oder die Erfahrungen anderer Kunden im Rahmen von online abrufbaren Produktbewertungen zurückgreifen. Auf diese Weise kann der Kunde seinen Informationsgrad bezüglich des gewünschten Produktes dem des Verkäufers anpassen und ist nicht mehr auf möglicherweise gefilterte Informationen angewiesen. Man spricht in diesem Zusammenhang auch von reversen Märkten.[49]

Trotz der gestiegenen Informationsmöglichkeiten haben die Kunden in der Regel keine vollständige Markttransparenz. Einerseits erlauben die technologischen Möglichkeiten, einen für alle Teilnehmer transparenten Markt zu schaffen. Andererseits bietet dieser Grad an Transparenz dem Konsumenten häufig eine so umfangreiche Auswahl, die nicht mehr vollständig erfasst oder überblickt werden kann. Man spricht in diesem Zusammenhang von einem Information Overload, der die aus der zusätzlichen Transparenz gewonnenen Vorteile teilweise wieder kompensiert.[50]

Ebenso wie Produktinformationen sind in der Internetökonomie auch Preisinformationen für Kunden leicht recherchierbar. Insbesondere aufgrund von Preisvergleichsportalen (zum Beispiel Check24.de oder Billiger.de), die sich auf Preisrecherchen im Internet spezialisiert haben, wird den Kunden der Preisvergleich zwischen verschiedenen Anbietern erheblich erleichtert.

Der Nutzer trägt hierfür ein genau spezifiziertes Produkt auf dem Preisvergleichsportal ein, das den Preis für das Produkt automatisiert bei einer Vielzahl von Online-Shops abfragt. Diese Abfrage wird dem Nutzer dann in aufbereiteter Version mit den notwendigen Daten dargestellt. Auf diese Weise erhält der Nutzer mit einer Abfrage einen guten Überblick, wo und zu welchem Preis das gewünschte Produkt angeboten wird.

Preisvergleichsportale gibt es in unterschiedlichen Formen und Ausprägungen. Bekannte Portale sind zum Beispiel Check24.de, Idealo.de, Ciao.de, Guenstiger.de, Preissuchmaschine.de und Billiger.de. Über den Preisvergleich bei verschiedenen Anbietern lassen sich zum Teil erhebliche Einsparungen erzielen. Ein bei Idealo.de exemplarisch durchgeführter Preisvergleich für ausgewählte Produkte kann zu einem substanziellen Einsparpotenzial führen. Abb. 15.11 stellt die Ergebnisse dar.

Die Preiselastizität der Nachfrage, also das Ausmaß, in dem die Nachfrager auf die Preisvariation eines Unternehmens mit einer Anpassung der Nachfragemenge reagieren, ist im Digital Business deutlich höher als in konventionellen Märkten, da aufgrund der hohen Markttransparenz Substitute mit geringen Informationskosten zu beschaffen sind und somit ein erheblicher Anreiz besteht, bereits bei geringfügigen Preisänderungen den Anbieter zu wechseln.

Unternehmen sind daher gezwungen, ihre Produkte und Dienstleistungen zu kompetitiven Preisen anzubieten, sodass sich das allgemeine Preisniveau nivelliert und ein erhöhter Wettbewerbsdruck im Sinne eines zunehmenden Preiswettbewerbs auf die Unternehmen einwirkt. Dies gilt auch für die Einzelhändler, die keine Produkte herstellen, diese aber verkaufen. Falls die angebotenen Produkte und/oder Dienstleistungen ähnlich sind, wird der Preis zum primären Selektionskriterium.[51]

[49] Vgl. Slywotzky/Morrison/Moser (1999), S. 150.

[50] Vgl. Clemens/Schinzer (2000), S. 213.

[51] Vgl. Shapiro/Varian (1999), S. 24.

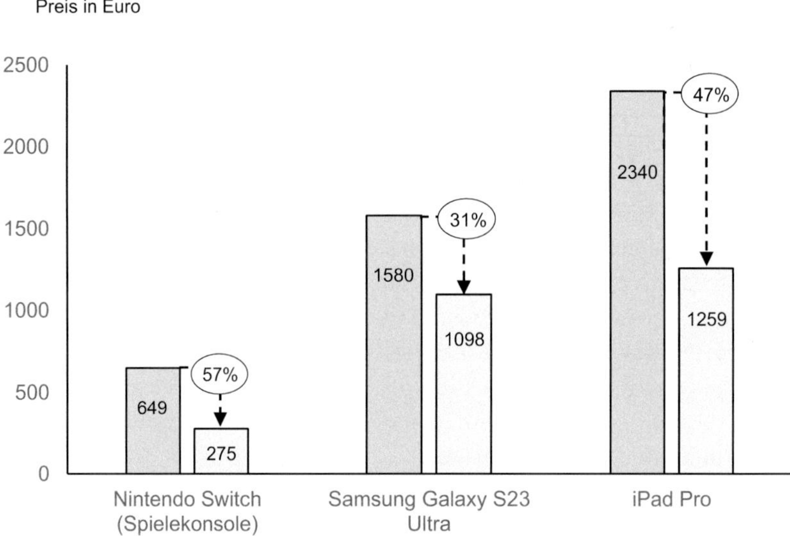

Abb. 15.11 Exemplarische Darstellung der Preisspannen im Anbietervergleich durch Idealo.de. (Datenquelle: Idealo.de (2023))

Diese Entwicklung birgt die Gefahr einer abwärts gerichteten Preisspirale. Trotz der teilweise erheblichen Kosten der Kundenakquisition im Digital Business unterbieten sich die Unternehmen gegenseitig, um Kunden zu binden oder zu akquirieren. Hierdurch lässt die Attraktivität von Märkten für Unternehmen nach.

Ausnahmen stellen in diesem Kontext etablierte Unternehmen dar, die aufgrund ihres Alters anderen Unternehmen gegenüber Vorteile aufgrund von beispielsweise Markenpräsenz und Anlagevermögen haben. So sind Produkte bei anderen Anbietern im Internet oft günstiger als bei Amazon erhältlich. Jedoch vertrauen Nutzer dem Unternehmen, genießen die Vorteile der 1-Klick-Bestellung und erwerben das Produkt trotzdem bei Amazon – insbesondere wenn der Preisunterschied gering ist.

15.4.2 Fragmentierung der Märkte

Unter der Fragmentierung von Märkten soll die, insbesondere seit der Entstehung der Internetökonomie, zunehmende Zersplitterung der Gesellschaft und damit auch die Individualisierung der Marktteilnehmer und ihrer Konsumpräferenzen verstanden werden. Das Konsumentenverhalten individualisiert sich in dem Sinne, dass verstärkt Produkte und Dienstleistungen nachgefragt werden, die in einer für den Konsumenten relevanten Beziehung eine gewisse Einzigartigkeit aufweisen beziehungsweise auf die individuellen Präferenzen des Konsumenten abgestimmt sind.

Diese Individualisierungstendenzen haben in Unternehmen sowohl für das Marketing als auch für die Produktentwicklung und -gestaltung weitreichende Implikationen.

Das Marketing in der Internetökonomie ist in erster Linie durch eine gestiegene Komplexität der Marktbearbeitung gekennzeichnet. Die zunehmend individuellen Kundenpräferenzen müssen in der neuen Vielfalt erfasst und analysiert werden, um die anvisierten Marktsegmente und Zielgruppen enger fassen und genauer spezifizieren zu können.

Für die Bindung bestehender Kunden und die Neukundenakquisition ist es daher erforderlich, deren Individualität als Grundkonzept in der Strategie der Marktbearbeitung zu verankern. Dies gelingt durch gezieltes One-to-One-Marketing, in dem nicht mehr die massen- oder gruppenweise Ansprache von Kunden im Mittelpunkt steht, sondern die individuelle Kundenbeziehung.[52]

One-to-One-Marketing bezieht sich jedoch nicht ausschließlich auf eine individuelle Kundenansprache, sondern insbesondere auch auf eine möglichst individualisierte Produktentwicklung und -gestaltung. Diese Tendenzen werden unter dem scheinbar widersprüchlichen Schlagwort Mass Customization zusammengefasst.[53] Mit Mass Customization versuchen Unternehmen auf der einen Seite, die Kostenvorteile der Massenproduktion zu nutzen und auf der anderen Seite, ihren Produkten einen individuellen Charakter zu geben.

Erste Ansätze von Mass Customization wurden bereits in den 1980er-Jahren deutlich. So haben einige Jeanshersteller damals begonnen, ihren in Massenproduktion hergestellten Hosen mit Hilfe einer auf dem Etikett eingestanzten Seriennummer eine gewisse Individualität zu verleihen. Allerdings kann man in diesem Fall nicht von weitreichender Individualisierung sprechen.

Mithilfe digitaler Technik wird es jedoch für die Anbieter von Waren und Dienstleistungen immer leichter, ihre Produkte im Rahmen der Mass Customization an die individuellen Wünsche von kleinen Kundengruppen oder sogar einzelnen Kunden anzupassen.

Wird diese Individualisierung soweit betrieben, dass für jeden Kunden eine eigene Version des Produkts angeboten wird, so spricht man von der Bearbeitung eines Segment-of-One. Besonders relevant und bereits weitestgehend umgesetzt ist dieser Ansatz bei Informationsgütern. Hier werden Informationen genau auf die Kundenbedürfnisse abgestimmt und in spezieller Form dargeboten.

Ein Beispiel für einen derartigen Service ist das Unternehmen Spreadshirt.net, bei dem die Kunden ihr eigenes T-Shirt gestalten können. Ein weiteres Beispiel ist Mymuesli.com. Kunden können sich aus circa 80 Zutaten eine eigene Müslivariante individuell konfigurieren. Diese Services ermöglichen es den Kunden, ein spezifisch auf ihre Vorstellungen angepasstes Produkt zu erhalten.

Ein solcher Service trägt in erheblichem Umfang zu einer Steigerung der Bequemlichkeit, einer Reduktion der Kosten und einer Erhöhung des Nutzens für den Kunden bei. Somit

---

[52] Vgl. Wirtz (1995), S. 19.

[53] Vgl. Wehrli/Wirtz (1997), S. 123 ff.

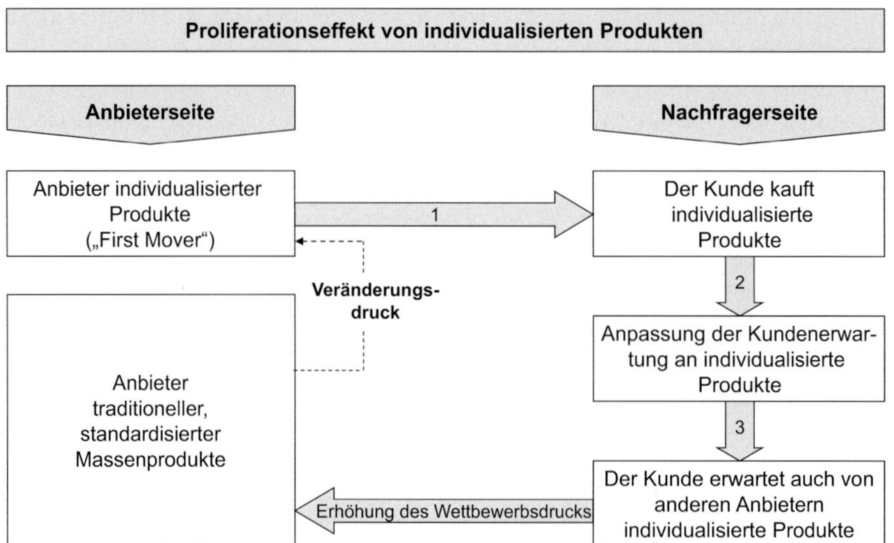

Abb. 15.12 Der Proliferationseffekt bei individualisierten Produkten. (Vgl. Wirtz (2000c), S. 128; Wirtz (2020), S. 350; Wirtz (2021), S. 423)

besitzen Anbieter individualisierter Produktlösungen einen erheblichen Wettbewerbsvorteil, den auch andere Anbieter im gleichen Marktsegment zu realisieren versuchen werden. Auf diese Weise unterliegt die Individualisierung von Produkten dem in Abb. 15.12 dargestellten Proliferationseffekt, der dazu führt, dass sich eine gut durchdachte, von den Kunden akzeptierte Individuallösung am Markt etabliert und somit weiterentwickelt.

15.4.3 Abbau von Markteintrittsbarrieren

Markteintrittsbarrieren sind Eigenschaften eines Markts beziehungsweise eines Marktsegments, die tendenziell dazu geeignet sind, neue Wettbewerber von einem Markteintritt abzuhalten beziehungsweise diesen Eintritt mit erheblichen Hindernissen zu verbinden. Baumol/Panzar/Willig (1988) definieren eine Markteintrittsbarriere als „anything that requires an expenditure by a new entrant into an industry, but imposes no equivalent cost upon an incumbant."[54] Markteintrittsbarrieren reduzieren die Attraktivität eines Marktes für potenzielle Newcomer deutlich und werden in drei Kategorien unterschieden:[55]

- strukturelle Barrieren,
- strategische Barrieren,
- institutionelle Barrieren.

[54] Baumol/Panzar/Willig (1988), S. 282.

[55] Vgl. Wirtz (1994), S. 40 ff.

Bei strukturellen Barrieren handelt es sich um marktstrukturbedingte Besonderheiten. Diese können beispielsweise die Fixkosten- und Anfangsinvestitionsintensität in einigen Märkten darstellen. Ist ein Markt, wie zum Beispiel der Automobilmarkt, von einer derartigen Kostenstruktur geprägt, wird es für potenzielle Neueinsteiger sehr schwer, die erforderliche Infrastruktur für einen erfolgreichen Eintritt aufzubauen.

Strategische Markteintrittsbarrieren zielen dagegen weniger auf physische Probleme als auf Fragestellungen bezüglich strategischer Absprachen sowie kollusiven Verhaltens ab. Newcomer sind in diesem Zusammenhang mit einem erheblichen strategischen Abwehrverhalten konfrontiert, sodass ein Eintritt in den Markt – durch das Verhalten von bereits am Markt etablierten Unternehmen – deutlich erschwert wird.

Institutionelle Barrieren beziehen sich in erster Linie auf regulatorische Gegebenheiten, die zumeist gesetzliche Normen betreffen. Zum Beispiel ist es für viele nationale Online Shops mit einem sehr hohem Aufwand verbunden, Transaktionen mit ausländischen Kunden durchzuführen, da hierbei viele Formalien bezüglich Import- und Exportbestimmungen oder auch Zollregelungen beachtet werden müssen. Aber auch die Akkreditierung als geprüfter Online Shop von einem seriösen Gutachtungsunternehmen oder die Möglichkeit der Akzeptanz von Kreditkarten stellen institutionelle Markteintrittsbarrieren dar. Auf die Vielzahl der in diese drei Kategorien fallenden Arten von Eintrittsbarrieren soll an dieser Stelle nicht explizit eingegangen werden.

In Bezug auf die Internetökonomie kann jedoch festgehalten werden, dass ein wesentlicher Wandel vornehmlich im Bereich der strukturellen Barrieren stattgefunden hat. So hat Digital Business insbesondere die technologischen und finanziellen Hindernisse des Markteintritts deutlich verändert.

Zwei Entwicklungen haben im Wesentlichen zu diesem grundlegenden Wandel der Markteintrittsbarrieren in der Internetökonomie geführt. Zum einen ist die Internetökonomie dadurch gekennzeichnet, dass viele Anbieter ähnliche und somit substituierbare Produkte und Dienstleistungen anbieten, die auf Basis einer meist einheitlichen Technologie erstellt werden.

Während in der traditionellen Ökonomie viele Unternehmen ihre Marktstellung auf spezielle Technologien, Verfahren und Produktions-Know-How aufbauen, kann man in der Internetökonomie von einer zunehmend homogenen Technologie sprechen, die ein hohes Diffusionsniveau im Markt erreicht hat und leicht zugänglich ist.

Technische Lösungen werden zum Common-Knowledge, sodass technologische Markteintrittsbarrieren nur noch bedingt existieren. Dies hat zur Folge, dass der Markteintritt aus technologischer Sicht deutlich weniger komplex ist und somit einfacher gehandhabt werden kann.

Eng verbunden mit dieser Thematik sind die digitalitätsinduzierten Kostenvorteile bei der Produktpräsentation und Kundenansprache in der Internetökonomie. Hierin liegt der Ausgangspunkt des Abbaus der finanziellen Markteintrittsbarrieren, da Kundenkontakte im Internet zu erheblich geringeren Kosten realisiert werden können. Zurückzuführen ist dies vorrangig auf grundlegende Eigenschaften der Internetökonomie, nämlich auf den hohen Grad der Digitalität sowie die Vernetzung.

Um in der traditionellen Ökonomie eine flächendeckende Kundenansprache in Deutschland zu erreichen, müsste ein Unternehmen in allen mittleren und großen Städtezentren Filialen aufbauen. In der Internetökonomie bedarf es nur einer zentralen digitalen Präsenz, auf die landesweit – und abgesehen von Sprachbarrieren auch weltweit – zugegriffen werden kann. Der Investitionsbedarf reduziert sich hierdurch auf einen Bruchteil der früher nötigen Summe.

Da die Nutzung des Internets stetig zunimmt, reduzieren sich im Zuge dieser Entwicklung zusätzlich die Investitionen pro potenziell ansprechbarem Kunden. Zugleich steigt die Qualität der Kundenansprache, da Unternehmen durch digitale, interaktive Kommunikationsanwendungen in die Lage versetzt werden, Kunden gezielter und umfassender anzusprechen.

Durch diese Entwicklung wird es Unternehmen zudem möglich, Nachfrager als potenzielle Kunden in vollkommen neuen Märkten zu erreichen. Werden in der traditionellen Ökonomie zum Beispiel Märkte in stark unterschiedlichen geografischen Regionen als getrennt und voneinander unabhängig betrachtet, sodass ein Eintritt in einen geografisch fremden Markt mit erheblichem Aufwand und Kosten verbunden wäre, so reduzieren sich in der Internetökonomie diese geografischen Hürden durch den Einsatz moderner Informations- und Kommunikationsanwendungen.

Das Verhältnis der Kosten des Markteintritts zu den damit verbundenen Chancen, das die bestimmende Größe für den Markteintritt eines Unternehmens darstellt, verändert sich daher signifikant. Gibt es beispielsweise in der traditionellen Ökonomie nur eine geringe Anzahl an Märkten, auf denen die Chancen die Kosten eines Markteintritts übertreffen, so ergibt sich in der Internetökonomie aufgrund der abnehmenden Kosten eines Markteintrittes die Tendenz, dass zunehmend die Chancen überwiegen. Abb. 15.13 verdeutlicht bei-

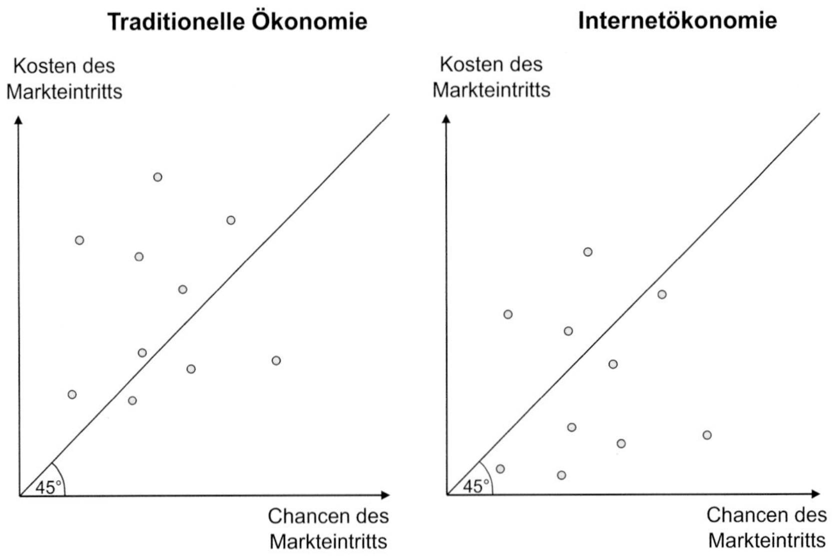

Abb. 15.13 Verändertes Kosten-/Chancenverhältnis des Markteintritts in der Internetökonomie. (Vgl. Wirtz (2000c), S. 114; Wirtz (2020), S. 353; Wirtz (2021), S. 425)

spielhaft diesen Zusammenhang. Dargestellt sind die Kosten und Chancen verschiedener Märkte jeweils in der traditionellen Ökonomie und der Internetökonomie.

Anhand der Verschiebung der Punktewolke nach rechts unten wird die Tendenz deutlich. Es befinden sich somit nun mehr Märkte unterhalb der Grenzlinie, auf der sich Chancen und Kosten ausgleichen, sodass ein Markteintritt sinnvoll wird.

Zusammenfassend ist festzuhalten, dass eine Erosion klassischer Eintrittsbarrieren in der Internetökonomie in technologischer und finanzieller Hinsicht zu konstatieren ist. Dadurch nimmt das Risiko eines Markteintritts ab und es entsteht ein signifikanter Anreiz, die Penetration eines lukrativen Markts anzustreben. Dies erhöht die Anzahl der an einem Markt agierenden Unternehmen, sodass der Wettbewerbsdruck verstärkt wird.

15.5 Customer Empowerment und Social Networking

Die beschriebene Zunahme der allgemeinen Transparenz auf den Märkten der Internetökonomie macht es Kunden zunehmend leichter, kompetente und fundierte Kaufentscheidungen zu fällen. Obgleich auch Unternehmen auf diese umfassenden Informationen zugreifen können, werden für sie die Vorteile teilweise durch eine gegenläufige Entwicklung kompensiert.

So bietet die zunehmende Verbreitung von Digital Business zwar die Möglichkeit, Marktübersicht zu schaffen, zugleich nimmt jedoch auch die Komplexität der Märkte in der Internetökonomie stetig zu. Grundsätzlich lässt sich diese Komplexitätssteigerung aus Sicht der Unternehmen auf zwei Phänomene zurückführen.[56]

Dies ist zum einen die stetig wachsende Innovationsgeschwindigkeit, die die Produktlebenszyklen deutlich verkürzt, und zum anderen eine zunehmende Fragmentierung der Märkte. Wie diese Phänomene entstanden sind, wie sie wirken und was sie für die Unternehmen der Internetökonomie bedeuten, wird nachfolgend dargestellt.

Ein aus Anbietersicht erhebliches Unsicherheits- und Risikopotenzial stellt das sich in zunehmendem Maße verändernde Kundenverhalten dar. Konsumenten zeigen immer weniger klare Verhaltensmuster, die über einen längeren Zeitraum konsistent und beobachtbar und somit auch prognosefähig sind. Sie verhalten sich opportunistisch und nutzen die sich ändernde Situation bezüglich ihrer Marktposition bestmöglich aus.

Diese geänderte Marktposition der Konsumenten liegt dabei in einem Wandel der klassischen Marktstrukturen in nahezu allen Wirtschaftsbereichen von Verkäufermärkten (Seller Markets) hin zu Käufermärkten (Buyer Markets) begründet. Die Macht der Konsumenten hat somit erheblich zugenommen, sodass sie in zunehmendem Ausmaß die transaktionsbestimmende Größe darstellt.[57]

Die veränderten Machtstrukturen auf Märkten der Internetökonomie sind in diesem Zusammenhang vornehmlich auf zwei Phänomene zurückzuführen. Einerseits steigt das

[56] Vgl. Meffert et al. (2019), S. 896 ff.

[57] Vgl. Slywotzky/Morrison/Moser (1999), S. 148.

Informationsniveau der Konsumenten, das in der Internetökonomie nahezu dem des Anbieters entspricht, sodass der Konsument als fast gleichwertiger Transaktionspartner betrachtet werden kann.

Andererseits ist das Kooperations- und Koordinationsniveau der Nachfrager gestiegen. Ein schönes Beispiel hierfür ist die Informations- und Reaktionsverbundenheit in Sozialen Netzwerken. Wie das höhere Informationsniveau der Konsumenten sowie deren koordinierte und organisierte Vorgehensweise Märkte beeinflussen, wie sich dadurch das Machtgefüge konkret verändert und was das für die Marktbeteiligten bedeutet, ist Gegenstand der folgenden Ausführungen.

15.5.1 Abbau von Wechselbarrieren

Der Abbau bestehender Wechselbarrieren für Kunden in der Internetökonomie steht in engem Zusammenhang mit der Zunahme der Markttransparenz. Unter Wechselbarrieren versteht man alle von Unternehmen generierten beziehungsweise durch systemimmanente Eigenschaften von Märkten oder Branchen entstandenen Faktoren, die einen Kunden an einen spezifischen Anbieter binden und das friktionslose Wechseln eines Kunden zu einem anderen Anbieter verhindern. Wechselbarrieren können in der Internetökonomie in drei wesentliche Klassen unterteilt werden:

- technologische Wechselbarrieren,
- qualifikationsbezogene Wechselbarrieren,
- psychologische Wechselbarrieren.

Auf Basis der sich ergebenden Konsequenzen können die technologischen und qualifikationsbezogenen Barrieren zu wertmäßigen Wechselbarrieren zusammengefasst werden. Zum besseren Verständnis sollen sie an dieser Stelle jedoch getrennt betrachtet werden. Technologische Wechselbarrieren entstehen, wenn Kunden durch mangelnde technologische Kompatibilität zu anderen am Markt angebotenen Produkten und Standards an einen Anbieter gebunden werden. Dies ist etwa dann der Fall, wenn im Rahmen eines Systemprodukts Komponenten von verschiedenen Unternehmen nicht zusammen verwendet werden können.

Ein bekanntes Beispiel für diese Situation ist das Computerbetriebssystem Linux. Dadurch, dass Linux kostenlos erhältlich ist, besteht ein Vorteil gegenüber Microsoft, das mit seinem Windowsbetriebssystem einen Marktstandard etabliert hat. Eine nicht unbeträchtliche Anzahl an Unternehmen und Verwaltungen sind daher zu Linux gewechselt.

Allerdings bringt solch ein Wechsel auch Nachteile mit sich. Speziell für Windows programmierte Anwendungen sind auf Linux nicht lauffähig, sodass, sofern überhaupt vorhanden, auf alternative Programme zurückgegriffen werden muss. Hierbei kann es jedoch zu Inkompatibilitäten kommen, wenn Daten zwischen Linux- und Windowssystemen ausgetauscht werden müssen.

In der Internetökonomie ist ein erheblicher Wandel in der Bedeutung von technologischen Wechselbarrieren zu konstatieren. Sie können zwar auch in der Internetökonomie auftreten, jedoch bestehen seitens des Kunden Möglichkeiten, diese Situationen abzuschwächen oder zu vermeiden.

Dies geschieht insbesondere durch umfassende Informationen, die es dem Kunden gestatten, eine Lock-in-Situation frühzeitig zu erkennen und gegebenenfalls nicht einzugehen. Folglich trägt die geschilderte Zunahme der Markttransparenz aufgrund der zu konstatierenden Suchkostendegression zur Abnahme der Wechselbarrieren bei.

Qualifikationsbezogene Wechselbarrieren basieren auf den Investitionen, die in eine systemspezifische Ausbildung getätigt wurden. Hierbei handelt es sich nicht nur um im Rahmen von Ausbildungsgängen erworbenes Wissen, sondern insbesondere auch um Erfahrungen, die mit einem System gewonnen worden sind. Diese Wechselbarrieren wirken analog zu den aus der Produktionswirtschaft bekannten Lerneffekten, da sie stetige Effizienzsteigerungen bei der Verwendung des Systems ermöglichen.

Bei einem Wechsel des Systems gehen sowohl erlerntes Wissen als auch die Erfahrungen teilweise verloren, da diese in der Regel nicht oder nur in geringem Maß übertragbar sind. Die Entstehung der Internetökonomie wirkt degenerierend auf die qualifikationsbezogenen Wechselbarrieren, da in der Informationsgesellschaft eine deutlich breitere Diffusion von Wissen zu konstatieren ist und man von einem, im Allgemeinen, höheren Ausbildungsniveau der Mitarbeiter bezüglich der für Digital Business relevanten Informations- und Kommunikationstechnik ausgehen kann.

Ebenso ist die Verfügbarkeit fortbildungsrelevanter Informationen deutlich angestiegen und deren Preis gefallen. Dies ermöglicht eine bedeutend preiswertere Aus- und Weiterbildung der Mitarbeiter, sodass die Anpassung an ein neues System schneller und weniger kostenintensiv vollzogen werden kann. Dieser Entwicklung stehen bereits getätigte spezifische und systemgebundene Ausbildungsinvestitionen für etablierte Systeme gegenüber.

Diese müssen als Sunk Costs angesehen werden, da sie irreversibel sind und nach der Einführung eines neuen Systems nicht mehr genutzt werden können. Diese Sunk Costs können zum Teil erheblich sein, da die angesprochene Degression der Ausbildungskosten erst beginnt und daher auf die Implementierungskosten vorhandener, in der Vergangenheit eingeführter Systeme wenig Einfluss hatte. Zusammenfassend kann festgehalten werden, dass qualifikationsbezogene Wechselbarrieren in der Internetökonomie zwar abnehmen, jedoch mit einer deutlich geringeren Geschwindigkeit, als dies bei technologischen Wechselbarrieren der Fall ist.

Neben diesen objektiv messbaren, auf Technologie und Ausbildungskosten basierenden Wechselbarrieren existiert noch eine dritte Art von Wechselbarrieren, die nicht zu der Hauptgruppe der wertmäßigen Barrieren gehört. Es handelt sich dabei um psychologische Wechselbarrieren wie zum Beispiel die Bindung an eine Marke oder ein Unternehmen aus Identifikationsgründen.[58] Diese psychologischen Wechselbarrieren haben in der traditionellen Ökonomie eine besondere Relevanz, da sie die Bindung eines Kunden an die Marke

[58] Vgl. Wirtz (2000a), S. 31; Wirtz/Lihotzky (2001), S. 289 f.

eines Unternehmens trotz eines Preisaufschlags (Price Premium) sicherstellen und eine emotionale Verbundenheit des Kunden bewirken.

In der Internetökonomie ist zunehmend die Tendenz zu beobachten, dass auch diese psychologischen Barrieren zu erodieren beginnen. Vor allem die klassischen Wechselbarrieren wie Loyalität zu und Bindung an einen Händler sind in diesem Zusammenhang zu nennen. Dies ist zurückzuführen auf eine zunehmende Homogenisierung des Produktangebots auf Märkten, die verbesserte objektive Vergleichbarkeit der Produkte und Dienstleistungen sowie die Anonymität im Kunden-/Anbieterverhältnis.

Ein Kunde wird in der Regel das Produkt oder die Dienstleistung mit dem besten Preis-/Leistungsverhältnis wählen. Da Produkte und Dienstleistungen durch das homogenisierte Angebot auf den neuen Märkten der Internetökonomie oft von ähnlicher Leistung sind, wird der Preis zum primären Selektionskriterium.[59] Die daraus resultierende Abnahme der Kundenloyalität und die damit einhergehenden Probleme der Kundenbindung in der Internetökonomie definieren die Kernaufgabe des Marketing und des Kundenbeziehungsmanagement im Digital Business.[60] Ein Hauptziel des Marketings ist daher der Aufbau starker Markenidentitäten und die Identifikation von neuen psychologischen Wechselbarrieren, um das Problem der abnehmenden Kundenloyalität zu kompensieren und den Wechsel eines Nachfragers wieder mit signifikanten Kosten zu verbinden.

15.5.2 Zunahme der Marktmacht der Nachfrager

In den vorangegangenen Abschnitten wurde bereits auf die im Zuge der Ausbreitung digitaler Technologien gestiegenen Möglichkeiten von Unternehmen, Prozesse zu koordinieren, eingegangen. Die Nutzung verbesserter Koordinationsmechanismen ist jedoch nicht auf Unternehmen beschränkt, sondern betrifft ebenso die Konsumenten, die sich mithilfe digitaler Netze koordinieren und auf diese Weise ihre Marktmacht deutlich steigern können. Die Steigerung der Marktmacht der Nachfrager bezieht sich in erster Linie auf die Koordination und Kooperation von Nachfragepotenzial zur Realisierung von Vorteilen am Markt.

In diesem Zusammenhang spielen Social Media eine wichtige Rolle. Bei Social Media handelt es sich um eine Gruppe von Internetanwendungen, die technologisch und ideologisch auf Web 2.0 basieren und das Einstellen und den Austausch von nutzergenerierten Inhalten ermöglichen.[61] Über Social Media können sich Nutzer im Internet präsentieren und mit anderen Nutzern interagieren beziehungsweise sich mit diesen vernetzen. Bekannte Beispiele für Social Media sind Facebook, Instagram, Twitter, YouTube, Snapchat, WhatsApp oder Wikipedia.

[59] Vgl. Shapiro/Varian (1999), S. 24.

[60] Vgl. Timmers (1999), S. 26.

[61] Vgl. Wirtz/Ullrich (2008).

Die zunehmende Marktmacht der Nachfrager basiert zu großen Teilen auf der Verbreitung und Nutzung von Social-Media-Anwendungen, die eine zeit- und ortsunabhängige Koordination und Kooperation der Nutzer erlauben. Darüber hinaus eröffnet der Multiplikatoreffekt die Möglichkeit, Informationen schnell und dynamisch zu verbreiten. Der Multiplikatoreffekt ergibt sich bei Social-Media-Netzwerken mit hohen Nutzerzahlen durch das Teilen und Verlinken von Inhalten.

Bei Multiplikatoren handelt es sich häufig um Meinungsführer (sogenannte „Opinion Leaders" oder „Influencer"), die innerhalb einer Social-Media-Community bekannt sind und als Experte gelten. Ihre Beiträge haben daher in der Regel eine große Reichweite und werden von den Nutzern weiter verbreitet. Die ursprüngliche Nachricht einer Person wird somit innerhalb eines Netzwerks geteilt und verbreitet sich in exponentieller Art und Weise. Diesen Multiplikatoreffekt, versuchen auch Unternehmen in den sozialen Medien zu nutzen.[62]

Die hohe Interaktions- und Reaktionsgeschwindigkeit der Nutzer auf Social-Media-Plattformen ermöglicht eine hohe Markttransparenz, da sich die Nutzer über die jeweiligen Themen austauschen können. Dies kann zu gleich gerichteten Verhaltensstrategien bei einer großen Zahl von Nutzern führen, die damit ihre Machtposition gegenüber den Unternehmen stärken.

Der Lebensmittelkonzern Nestlé hat im Jahr 2015 beispielsweise versucht, sein Image durch eine Social-Media-Kampagne zu verbessern. Über die interaktiven Kommunikationsmöglichkeiten, die Social Media bieten, wollte das Unternehmen in einen konstruktiven Dialog mit der Öffentlichkeit treten. Diese Strategie ging allerdings nicht auf. In kurzer Zeit stellten engagierte Nutzer sehr kritische Fragen und sprachen dabei mehrere Aspekte an, für die Nestlé bereits seit geraumer Zeit in der Kritik steht (zum Beispiel Kinderarbeit, Milchpulverpreise in Afrika, Privatisierung von Wasser oder den ausschließlichen Fokus auf finanzielle Interessen).

Diese Fragen verbreiteten sich über den Kurznachrichtendienst Twitter in kurzer Zeit um die ganze Welt. Die hohe Interaktions- und Reaktionsgeschwindigkeit sowie die Schnelligkeit und Dynamik des Informationsaustausches und der Informationsverbreitung haben das Machtverhältnis zwischen den Social-Media-Nutzern und dem Konzern verschoben. Die ursprünglich geplante Social-Media-Kampagne, die zu einer Verbesserung des Images von Nestlé beitragen sollte, entwickelte sich aufgrund der kritischen Beiträge einzelner Nutzer in kurzer Zeit zu einem Sturm der Entrüstung in der Internetgemeinde. Nestlé war dadurch geballter Kritik in den sozialen Medien (einem sogenannten Shitstorm) ausgesetzt, der dem Image des Unternehmens weiter geschadet hat.[63]

Für das Digital Business sind vor allem Social-Media-Communities relevant. Insbesondere Brand-Communities, deren Grundthematik auf ein spezielles Thema, ein Produkt, eine Produktgattung oder einen Produktanbieter selbst bezogen ist. Informationen über ein Produkt beziehungsweise den Anbieter verbreiten sich sehr schnell, sodass posi-

---

[62] Vgl. Wirtz (2016), S. 382.

[63] Vgl. Stern (2015).

tive wie auch negative Erfahrungen auf die anderen Community-Mitglieder wirken und große Auswirkungen auf die Position des Anbieters oder des Produkts haben können.

Social-Media-Communities sind hierdurch in der Lage, Angebotskonzepte oder sogar Marktbearbeitungsstrategien eines Anbieters durch ihr kollektives Feedback zu verändern. Social-Media-Communities sind daher nicht ausschließlich als Chance und Potenzial zu verstehen, sondern bergen auch eine gewisse Gefahr für die betroffenen Unternehmen.

Obwohl es auch in der traditionellen Ökonomie Communities gibt, bieten diese nicht die hohe Interaktions- und Reaktionsgebundenheit, die Multiplikatoreneffekte und die Schnelligkeit und Dynamik, die Social-Media-Communities bieten. Nicht zuletzt vor diesem Hintergrund gelten Social-Media-Brand-Communities als innovatives Instrument, um mit bestehenden und/oder neuen Zielgruppen eines Unternehmens über soziale Medien zu kommunizieren.[64]

Die in den Social-Media-Communities verfügbaren Informationen bergen erhebliches Potenzial für den Hersteller, repräsentative Kundenpräferenzen kennenzulernen und frühzeitig aus den Nachfragerwünschen die Bedürfnisse für künftige Produktinnovationen abzuleiten. Eine gezielte Beobachtung von Social-Media-Brand-Communities kann auf diese Weise Erkenntnisse über die Zielgruppe liefern, die einen wichtigen Beitrag zur Vertriebs- und Geschäftsentwicklung leisten.[65]

Der entscheidende Vorteil von Social-Media-Communities ist, dass die Zielgruppe sehr genau nach der Interessenlage eingeschätzt und entsprechend zielgerichtet beworben werden kann. Andererseits können Unternehmen Social-Media-Communities als Plattform für die gezielte Weitergabe und Diffusion von Experten- und Insiderwissen bezüglich ihrer Produkte und Dienstleistungen nutzen. Dies ermöglicht – wenn auch nur in beschränktem Umfang – eine aktive Steuerung der Informationsflüsse sowie eine Einflussnahme auf mögliche unerwünschte Entwicklungen in der Zielgruppe.

Die Gründung eigener Communities hat für Unternehmen den besonderen Reiz, dass sie die thematische Ausrichtung eigenständig festlegen können, da sie selbst als Initiator auftreten. Auf diese Weise können sie einerseits zu sehr speziellen Themen – wie zum Beispiel zur Funktionalität der Produkte – Marktforschung betreiben und andererseits den Kunden eine Gemeinschaft Gleichgesinnter bieten, wodurch die Bindung an das Unternehmen auf einen emotionalen Bereich ausgedehnt und damit tendenziell erhöht wird. Zudem bieten von Unternehmen betriebene Communities Kunden die Möglichkeit, Probleme beziehungsweise Unzufriedenheit bezüglich der Produkte und Dienstleistungen des Unternehmens zu kommunizieren.

Dadurch geben die Kunden Unternehmen einerseits die Chance, auf die Unzufriedenheit zu reagieren und Kunden zu halten, andererseits helfen sie, die Defizite der eigenen Produkte und Dienstleistungen zu erkennen und zu beheben. In der traditionellen Ökonomie ist es regelmäßig ein Problem innerhalb des Kundenbindungsmanagement, Kunden zur offenen Kritik an der Unternehmensleistung zu bewegen, weswegen sich ein nicht un-

[64] Vgl. Naylor/Lamberton/West (2012), S. 105.

[65] Vgl. Naylor/Lamberton/West (2012), S. 115.

bedeutender Teil des kundenbindungsorientierten Schrifttums der Betriebswirtschaftslehre dem Problem widmet, wie Kunden bei Unzufriedenheit zum Widerspruch anstelle der kommentarlosen Abwanderung zu bewegen sind.[66]

Ein gutes Beispiel für die Implementierung einer unternehmenseigenen Social-Media-Community ist der Sportartikelhersteller Adidas, der die Möglichkeiten von Social-Media-Communities zur Kommunikation mit seinen Kunden nutzt.[67] Adidas stellt mit seiner Facebook-Social-Media-Community, Interessierten eine Plattform zur Verfügung, auf der sie sich mit anderen Teilnehmern austauschen und ihre Gedanken und Ideen teilen können. Darüber hinaus nutzt das Unternehmen die Plattform für den Dialog mit bestehenden und potenziellen Käufern, um Markenbotschaften sowie Fotos und Videos zu verbreiten und die Konsumenten über Veranstaltungen zu informieren.

Zusammenfassend kann festgehalten werden, dass Social-Media-Communities einerseits die Marktmacht der Nachfrager steigern, andererseits jedoch auch marketingrelevante Chancen für Unternehmen bieten.[68] Durch den kommunikativen Faktor des Internets ist es den Nachfragern durch Social Media möglich, sich in ihren gemeinsamen Kaufabsichten zu organisieren und ihre Nachfrage zu bündeln. Auf diese Weise können gemeinschaftlich bessere Konditionen erzielt werden, als die Nachfrager einzeln hätten aushandeln können.

Unterstützt wird dies zusätzlich, wenn die Anbieter isoliert für sich handeln. Insbesondere ein starker Preiswettbewerb in der jeweiligen Plattform führt dazu, dass sich die Anbieter häufig in ihren Preisen unterbieten. Dies kommt wiederum der Nachfragerseite zugute. Ebenso ermöglicht das Internet eine hohe Markttransparenz. Für die Nachfrager ist es einfach, im Internet die Preise zu vergleichen und das jeweils beste Angebot auszuwählen.

Unterstützt wird dies dadurch, wenn angebotene Produkte und Dienstleistungen auf dem Markt austauschbar sind und Zusatzleistungen, wie beispielsweise der After-Sales-Service, nicht benötigt werden. Geringe Wechselkosten und schwach ausgeprägte Netzwerkeffekte machen es der Nachfrageseite zudem einfach, den Anbieter zu wechseln.

Darüber hinaus erlaubt das Internet, insbesondere über soziale Medien, eine schnelle und dynamische Verbreitung von Information, mit der sich Konsumenten unabhängig von traditionellen Medien (zum Beispiel Presse oder Unternehmensinformationen) informieren können. In Summe führt dies zu deutlich aufgeklärteren Konsumenten (Smart-Customers), die unabhängiger von den Informationen der traditionellen Medien agieren.

Ihr hoher Wissens- und Informationsgrad unter ihresgleichen in Kombination mit der hohen gleich gerichteten Reaktionsverbundenheit und den schwach ausgeprägten Wechselbarrieren stärkt den Einfluss der Nachfrager und erhöht damit ihre Marktmacht (Smart-Customer-Empowerment).

[66] Vgl. Peter (1997), S. 83 ff.

[67] Vgl. Wirtz/Elsäßer (2016a), S. 453 ff.; Wirtz/Elsäßer (2016b), S. 508 ff.

[68] Vgl. Naylor/Lamberton/West (2012), S. 105.

15.6 Strategieentwicklung im Digital Business

Die Digital Business-Strategieentwicklung umfasst alle Aktivitäten eines Unternehmens hinsichtlich Bestimmung, Formulierung und Beschreibung sowie Planung, Implementierung und Audit der Digital Business-Strategie. Sie erfolgt vor dem Hintergrund der Digital Business-Vision, der Digital Business-Mission, der Digital Business-Ziele und der konkreten Unternehmenssituation. Das Zustandekommen einer Digital Business-Strategie basiert auf strategischen Initiativen in Unternehmen und Impulsen, welche die Entwicklung des Unternehmens maßgeblich beeinflussen.[69] Die Systematik der Digital Business-Strategieentwicklung ist in Abb. 15.14 dargestellt. In den folgenden Abschnitten wird jeweils dargelegt, wie die einzelnen Schritte ablaufen und welche Kerninhalte dabei berücksichtigt werden müssen. Zudem erfolgt eine Verdeutlichung anhand von ausgewählten Praxisbeispielen.

15.6.1 Digital Business-Zielplanung

Ausgangspunkt der Digital Business-Zielplanung ist die Formulierung einer Digital Business-Vision. Unter einer Unternehmensvision versteht man allgemein die Leitidee der unternehmerischen Tätigkeit, eine Vorstellung, wie ein Unternehmen zukünftig aussehen soll und welche zukünftige Positionierung durch das Unternehmen angestrebt wird. Die Unternehmensvision gilt somit als Orientierung hinsichtlich der strategischen Unternehmensentwicklung.[70]

Digital Business-Zielplanung	Digital Business-Analyse	Digital Business-Strategie-formulierung	Digital Business-Strategie-implementierung	Digital Business-Strategieaudit
• Digital Business-Vision • Digital Business-Mission • Digital Business-Ziele	• Betrachtung interner Einflussfaktoren • Betrachtung externer Einflussfaktoren • SWOT-Analyse	• Ableitung von strategischen Optionen • Bewertung der strategischen Optionen • Auswahl und Festlegung der Digital Business-Strategie	• Umsetzungs-/Realisierungs-planung • Zuteilung von Ressourcen auf ausgewählte Handlungs-alternative(n) • Change Management	• Performance Messung und strategische Kon-trolle • Scorecard-Ansatz

Abb. 15.14 Systematik der Digital Business-Strategieentwicklung. (Vgl. Wirtz (2001a), S. 148; Wirtz (2020), S. 420; Wirtz (2021), S. 442)

---

[69] Vgl. Müller-Stewens/Lechner (2016), S. 16 f.

[70] Vgl. Hill/Schilling/Jones (2017), S. 10.

Darüber hinaus handelt es sich um eine Unternehmensvision, wenn diese eine sinnstiftende, motivierende und gleichzeitig handlungsleitende Funktion erfüllt. Abhängig vom genauen Inhalt einer Vision kann diese darüber hinaus in folgende vier Kategorien eingeteilt werden: Anstrebung eines zukünftigen Zielzustandes (Zielfokus), Änderung von grundlegenden Geschäftsideen (Wandelfokus), Übertreffen eines Konkurrenten (Feindfokus) und Erfüllung einer Vorbildcharakterfunktion (Rollenfokus).[71] Als wesentliche Funktionen einer Unternehmensvision werden in der Regel die in Abb. 15.15 dargestellten Aspekte genannt.[72]

Für die Formulierung einer Digital Business-Vision ist neben den bereits genannten Punkten insbesondere die Einschätzung der Manager hinsichtlich der zukünftigen Relevanz des Internets für die betrachtete Industrie von besonderer Relevanz.

Beispielsweise muss dabei berücksichtigt werden, inwieweit die Konkurrenz Wettbewerbsvorteile durch die Nutzung des Internets erzielen kann, inwieweit die Industrie geprägt ist durch Intermediäre und/oder B2B-Marktplätze, welche technologischen Entwicklungen relevant für die Produktentwicklung sind oder inwieweit Gefahr durch neue Marktteilnehmer beziehungsweise Substitute besteht.[73]

Ein prominentes Beispiel für eines der erfolgreichsten Digital Business-Unternehmen ist Google/Alphabet. Google/Alphabet ist ein weltweit agierender Internetdienstleister und Marktführer der Online-Suche und textbasierten Online-Werbung. Das Hauptgeschäftsfeld des Unternehmens stellt die Suchmaschine Google.com dar.

Die Nutzung dieses Services kommerzialisiert das Unternehmen durch die Einblendung kontext-sensitiver Werbung, die im Pay-for-Perfomance-Modell abgerechnet wird. Bei

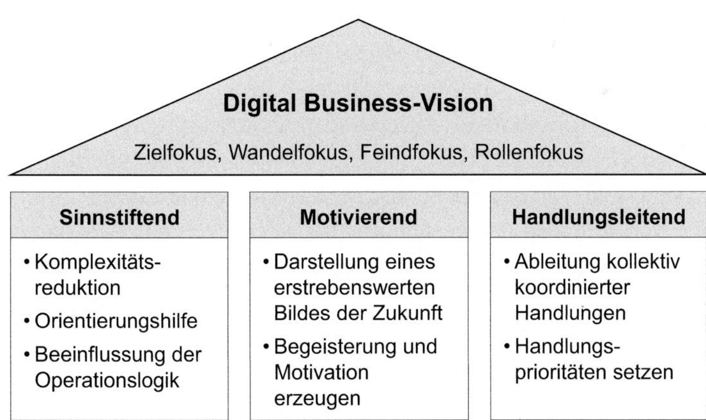

Abb. 15.15 Digital Business-Vision. (Vgl. Wirtz (2010b), S. 167; Wirtz (2020), S. 421; Wirtz (2021), S. 443)

---

[71] Vgl. Müller-Stewens/Lechner (2016), S. 222 f.

[72] Inhalte basierend auf Müller-Stewens/Lechner (2016), S. 221 ff.; Welge/Al-Laham/Eulerich (2017), S. 199 ff.

[73] Vgl. Chaffey (2019), S. 206 f.

diesem System zahlt der Werbekunde lediglich für die direkt erbrachte Leistung, das heißt für angeklickte Werbelinks.

Das Unternehmen zählt derzeit vor allem aufgrund der hohen Benutzerfreundlichkeit und praktischen Relevanz seiner Dienste, besonders durch die Suchmaschine Google/Alphabet, zu einer der weltweit bekanntesten Marken. Dieser Erfolg spiegelt sich nicht zuletzt auch in der von Google/Alphabet verfolgten Vision wieder. Die Digital Business-Vision von Google/Alphabet besteht nach eigenen Angaben darin, „to organize the world's information and make it universally accessible and useful."[74]

Zusätzlich zur Digital Business-Vision muss im Rahmen der Digital Business-Strategieentwicklung eine Digital Business-Mission erarbeitet werden. Die Digital Business-Mission grenzt sich von der Digital Business-Vision dahingehend ab, dass nicht ein zukünftiger angestrebter Zustand des Unternehmens im Mittelpunkt steht, sondern vielmehr mit Hilfe der Digital Business-Mission zentrale Aussagen hinsichtlich des gültigen Digital Business-Zwecks, der Digital Business-Werte und Verhaltensstandards getroffen werden.[75]

Durch die Formulierung von zentralen Maximen wird somit festgelegt, worin die Daseinsberechtigung des Digital Business-Unternehmens besteht und welche Digital Business-Leistungen vom Unternehmen angeboten beziehungsweise vollbracht werden. Diese Maxime kann auch als Ausdruck dauerhafter, handlungsleitender Werte angesehen werden, die für die Mitarbeiter einen Rahmen vorgeben, welches Verhalten als angemessen erachtet wird. Folglich kann die Digital Business-Mission als der primäre Leitgedanke angesehen werden, der zur Erfüllung der Kundenbedürfnisse im Internet beiträgt. Dies soll nachfolgend anhand der Digital Business-Mission von Amazon verdeutlicht werden.

Das 1995 gegründete amerikanische E-Commerce-Versandhaus Amazon gilt als eines der führenden Unternehmen im E-Commerce-Bereich. Das Produktangebot reicht von Büchern, CDs, DVDs und MP3-Downloads über Elektronikartikel jeglicher Art bis hin zu Schmuck, Sport- und Freizeitartikel. Amazon verfolgt dabei die Digital Business-Mission „to be Earth's most customer-centric company."[76] Durch die Formulierung dieser Digital Business-Mission stellt Amazon den Kunden in den Mittelpunkt seines Geschäftes. Damit sind klare Wertvorstellungen vorgegeben, die für jeden Mitarbeiter als handlungsleitend anzusehen und umzusetzen sind, unabhängig davon, in welchem Unternehmensbereich dieser tätig ist.

Aufbauend auf der Digital Business-Vision und der Digital Business-Mission gilt es im nächsten Schritt der Digital Business-Zielplanung konkrete zu verfolgende Unternehmensziele abzuleiten und zu operationalisieren. Mithilfe der Formulierung von Zielen kann Einfluss auf die langfristige Unternehmensentwicklung genommen werden. Somit erfüllen konkrete Ziele im Unternehmen eine koordinierende Funktion, wodurch das unternehmerische Handeln in Bezug auf bestimmte Planvorgaben fokussiert werden kann. In

---

[74] Alphabet (2017), S. 2.

[75] Vgl. Grant (2016), S. 52 ff.

[76] Amazon (2023).

diesem Zusammenhang können Ziele allgemein als eine normative Vorstellung über einen zukünftigen Zustand des Unternehmens definiert werden. Neben der korrekten Zielformulierung sind hierbei insbesondere die Zielinhalte von besonderem Interesse.

Bei der Zielformulierung haben sich im Schrifttum und in der Praxis durchgesetzt, präzise definierte, realistische und akzeptanzfähige Ziele zu formulieren, die der SMART-Formel entsprechen.[77] Der Begriff SMART setzt sich dabei aus den Anfangsbuchstaben der Worte **S**pecific – **M**easurable – **A**chievable – **R**elevant – **T**imely zusammen. Betrachtet man hingegen die Diskussion der Zielinhalte, bleibt festzuhalten, dass diesbezüglich noch kein eindeutiger Konsens gefunden werden konnte.[78] Die zwei bekanntesten Ströme hinsichtlich der Zielinhaltsdiskussion – der Shareholder Value-Ansatz und der Stakeholder Value-Ansatz – werden nachfolgend dargestellt.

Hinsichtlich der Unternehmensziele gelten auch für das Digital Business die unternehmerischen Fundamentalziele, wie zum Beispiel Gewinn, Umsatz, Cash-Flow, Return-on-Assets (RoA), Return-on-Investment (RoI) und Wertsteigerung als übergeordnete Zielsetzung für alle Digital Business-Aktivitäten. Hintergrund dieses Strebens ist gemäß dem Shareholder Value-Ansatz die Tatsache, dass effiziente, profitable Unternehmen eine bessere Zukunfts- und Überlebensaussicht haben, langfristig höhere Dividenden auszahlen und somit auch eine höhere Nachfrage nach Unternehmensanteilen besteht, was letztlich eine Kapitalaufwertung zur Folge hat.[79]

In diesem Zusammenhang ist es also primäre Aufgabe eines Unternehmens, die finanziellen Interessen der Shareholder zu befriedigen. Unter Shareholdern versteht man dabei die rechtmäßigen Unternehmensanteileigner, also beispielsweise Aktionäre, Teilhaber oder Gesellschafter, die das benötigte Unternehmenseigenkapital zur Verfügung stellen. Beim Shareholder Value-Ansatz kommt dem langfristigen Denken eine wichtige Bedeutung zu. Dies gilt insbesondere für Unternehmen, die im Digital Business tätig sind.

Welche fatalen Folgen es haben kann, wenn ein Digital Business-Unternehmen nicht langfristig auf Erfolg ausgerichtet ist, konnte im Jahr 2000 eindeutig im Rahmen der so genannten geplatzten Dotcom-Blase beobachtet werden. Im Gegensatz zum Shareholder-Value-Ansatz berücksichtigt der Stakeholder- Value-Ansatz explizit durch eine pluralistische Zielausrichtung neben den Shareholder-Bedürfnissen auch die Interessen der übrigen Anspruchsgruppen des Unternehmens (Mitarbeiter, Lieferanten, Gesellschaft, Staat). Um die Interessen der unterschiedlichen Stakeholder systematisch in den Unternehmenszielen berücksichtigen zu können, ist es zunächst notwendig, die für das betrachtete Unternehmen in Frage kommenden Stakeholder zu identifizieren.

Aus Systematisierungsgründen erfolgt in diesem Kontext meist eine Einteilung der Stakeholder in primäre (marktbezogene) Stakeholder und sekundäre Non Market-

---

[77] Vgl. Hill/Schilling/Jones (2017), S. 16 ff.

[78] Vgl. Grant (2016), S. 33 ff.

[79] Vgl. Hill/Schilling/Jones (2017), S. 16 f.

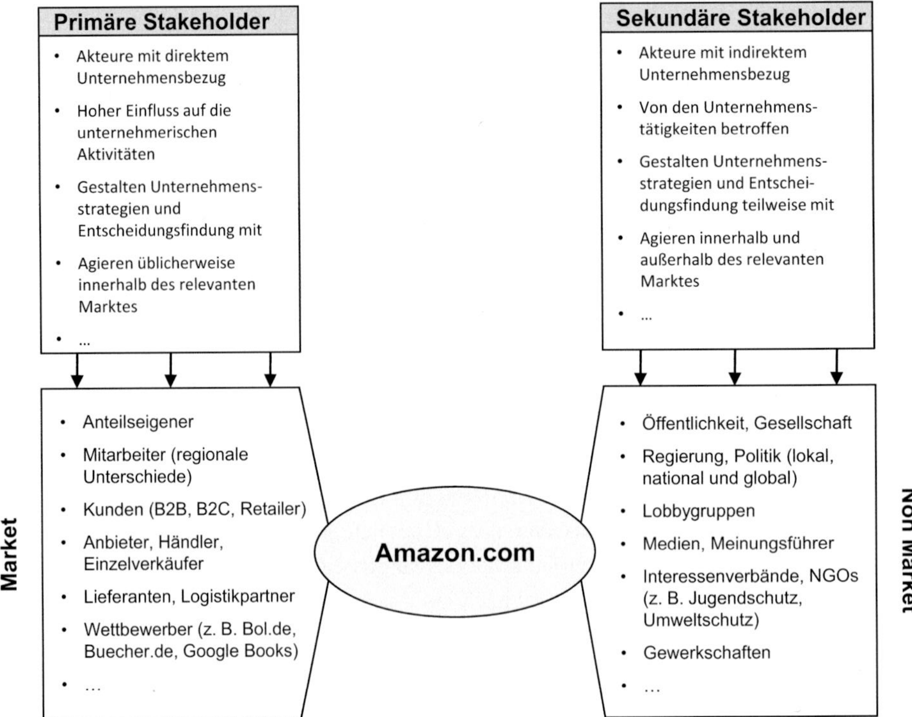

Abb. 15.16 Primäre und Sekundäre Stakeholder von Amazon. (Vgl. Wirtz (2020), S. 424; Wirtz (2021), S. 444)

Stakeholder.[80] Abb. 15.16 stellt in diesem Zusammenhang die Unterscheidung von primären und sekundären Stakeholdern am Beispiel von Amazon dar.[81]

Da eine Berücksichtigung aller Interessengruppen im Rahmen der Digital Business-Zielformulierung zumeist weder zielführend noch realistisch umsetzbar ist, müssen die identifizierten Stakeholder anhand ihrer jeweiligen Ziel- und Machtstruktur weiter spezifiziert werden.[82] Dabei geht es insbesondere darum herauszufinden, welche Ziele die einzelnen Anspruchsgruppen verfolgen. Außerdem gilt es – abhängig von deren jeweiligen Machtstruktur – abzuschätzen, welchen Einfluss die Stakeholder auf das Unternehmen nehmen können.

Hierauf aufbauend kann in einem letzten zusammenfassenden Schritt bestimmt werden, in welcher Beziehung die identifizierten Stakeholder mit ihren eigenen Zielen zu den Unternehmenszielen stehen (positive versus negative Zielbeziehung) und insofern bei der eigenen Zielformulierung berücksichtigt werden müssen.

[80] Vgl. Post et al. (2002), S. 10 ff.

[81] Inhalte basierend auf Post/Lawrence/Weber (1999), S. 9 ff.; Wirtz (2010b), S. 176.

[82] Vgl. Welge/Al-Laham/Eulerich (2017), S. 265 ff.

Im Hinblick auf die Zielinhaltsgestaltung kann zusammenfassend festgehalten werden, dass das oberste strategische Ziel eines Unternehmens in der Sicherstellung der Überlebensfähigkeit und somit in einer langfristigen Profitabilität zu sehen ist.[83] Allerdings zeigen Untersuchungen in der deskriptiven Zielforschung, dass eine Fokussierung auf rein finanzielle Ziele und die damit zusammenhängende Gewinnmaximierung zu kurz gegriffen ist.

Vielmehr müssen in den Zielinhalten auch legitime Ansprüche aller Stakeholder des Unternehmens Berücksichtigung finden.[84] So bekennt sich beispielsweise Google/Alphabet durch die Initiative „Accelerating climate action at Google and beyond" klar zur seiner gesellschaftlichen Verantwortung im Hinblick auf den Umweltschutz.[85] Im Rahmen dieser Initiative strebt Google/Alphabet an, negative Auswirkungen seines Business auf die Umwelt zu minimieren.

So fokussiert Google/Alphabet zum Beispiel im Rahmen seiner Kampagne Efficient Computing auf eine effiziente Nutzung von Energie- und Datenzentren. Außerdem engagiert sich Google/Alphabet maßgeblich im Bereich der Energieumstellung von Kohle und Öl auf erneuerbare, grüne Energien.

Abschließend stellt Abb. 15.17 beispielhaft Ziele digitaler Strategien im Digital Business dar. Hierzu zählen beispielsweise die Erhöhung des digitalen Datenschutzes, die Verbesserung digitaler Transparenz, Übernahme digitaler Verantwortung sowie die Förderung digitaler offener Innovation. Darüber hinaus ist auch die digitale Kundenbindung und deren Verbesserung ein weiteres Ziel im Digital Business.

Hinsichtlich unternehmensinterner Prozesse sind zum Beispiel die Entwicklung von digitalen Kompetenzen bei Mitarbeitern und die Förderung der digitalen Kollaboration innerhalb des Unternehmens zu nennen. Zudem stellt die Sicherung von digitalem Know-How ein weiteres Ziel im Digital Business dar.

Diese Ziele sollten sowohl in der Unternehmenskultur, der Unternehmensstruktur als auch der verschiedenen Unternehmensprozesse abgebildet und umgesetzt werden. Bevor detaillierter auf die Ableitung und Bewertung von strategischen Optionen beziehungsweise Digital Business-Strategien eingegangen wird, erfolgt im nächsten Schritt des Digital Business-Strategieentwicklungsprozesses eine Analyse der internen und externen Einflussfaktoren im Digital Business.

15.6.2 Digital Business-Analyse

Aufgrund der Bedeutung der Situationsanalyse als fundamentale Basis im Rahmen der Strategieentwicklung im Digital Business ist es erforderlich, diesen Schritt besonders zu beachten. Die Situationsanalyse erfolgt grundsätzlich in zwei Dimensionen, zum einen extern ausgerichtet und zum anderen intern orientiert.[86]

[83] Vgl. Grant (2016), S. 90 f.

[84] Vgl. Müller-Stewens/Lechner (2016), S. 237.

[85] Google (2023).

[86] Vgl. Andrews (2003), S. 77 f.

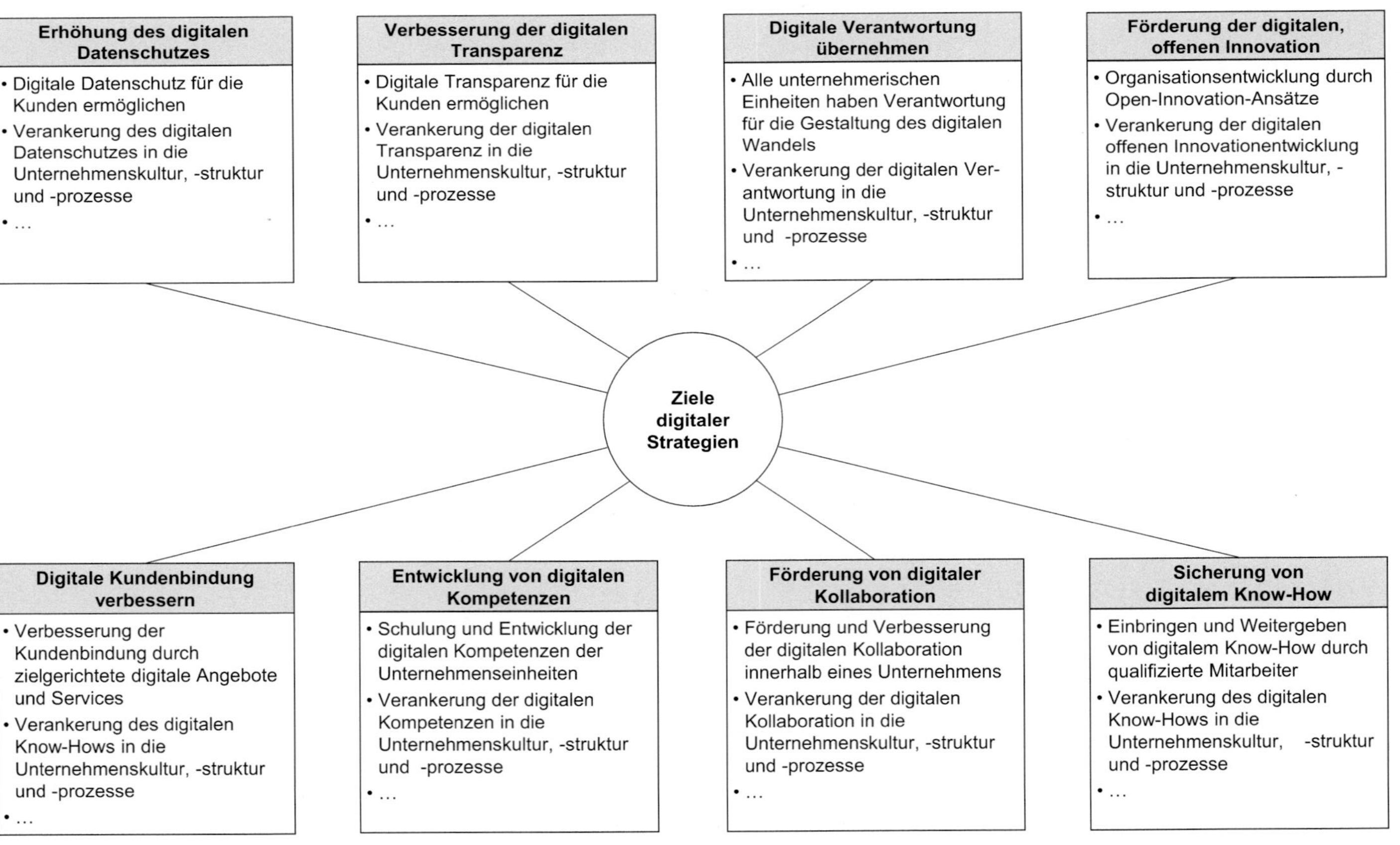

Abb. 15.17 Strategieziele im Digital Business. (Vgl. Wirtz (2020), S. 426; Wirtz (2021), S. 446)

Die interne Analyse umfasst die Untersuchung der unternehmensinternen Ressourcen und Prozesse sowie der Aktivitäten am Markt. Die externe Analyse beinhaltet eine Betrachtung des Unternehmensumfelds auf Mikro- und Makroebene. Im Mikroumfeld gilt es, die Kundenbedürfnisse und das Kundenverhalten zu evaluieren sowie das Verhalten der Wettbewerber zu beurteilen. Auf Makroebene sind Marktstrukturen und regulative Rahmenbedingungen von Bedeutung.[87]

Die internen Analysen sowie die Analyse der Wettbewerbssituation kann dann zu einer unternehmensorientierten Stärken- und Schwächenanalyse verdichtet werden, die die Competence-Pull-Einflusskräfte des relevanten Unternehmens aufzeigt. Umfeld- und Marktanalyse werden zu einer Chancen- und Risikenanalyse zusammengeführt, die die Market-Push-Kräfte im Unternehmenskontext aufzeigt.[88]

Ein Abgleich der beiden Analysen erlaubt schließlich die fundierte Einschätzung der Unternehmenssituation und danach die Wahl grundlegender Strategieoptionen. Abb. 15.18 gibt einen Überblick über die Elemente der Digital Business-Situationsanalyse.

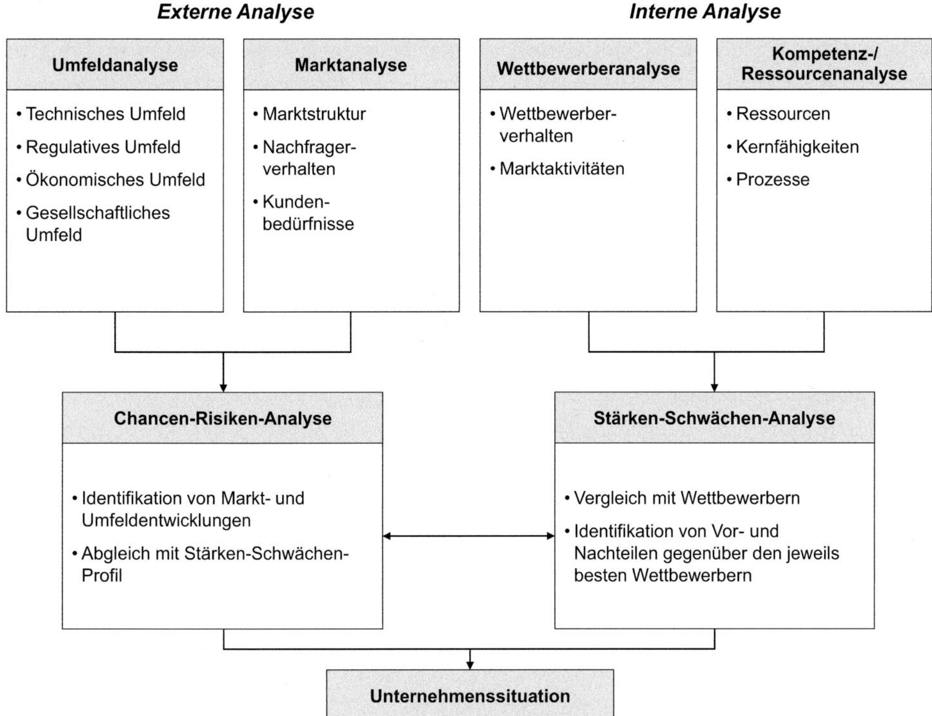

Abb. 15.18 Elemente der Digital Business-Situationsanalyse. (Vgl. Wirtz (2001a), S. 149; Wirtz (2020), S. 428; Wirtz (2021), S. 448)

---

[87] Vgl. Chaffey (2019), S. 192 ff.

[88] Vgl. Müller-Stewens/Lechner (2016), S. 207 f.

Die interne Analyse ist auf die unternehmenseigenen Kompetenzen und Ressourcen gerichtet. Im Rahmen dieser Betrachtungen wird versucht, die eigenen marktrelevanten Ressourcen und Fähigkeiten zu identifizieren und voneinander abzugrenzen.[89] Unter Ressourcen werden in diesem Kontext die klassischen produktiven Faktoren nach Gutenberg verstanden, also Arbeitsleistung, Betriebsmittel und Werkstoffe.

Als Fähigkeiten bezeichnet man in diesem Zusammenhang den sogenannten dispositiven Faktor, der die wertschaffende Kombination der Produktionsfaktoren ermöglicht. Von besonderer Bedeutung sind hier die Kernfähigkeiten, ohne die die Leistungserstellung der Unternehmung nicht möglich wäre und die daher intern vorhanden sein müssen.

Für das Digital Business von besonderer Bedeutung sind fokal die existierenden und möglichen Digital Business-Produkte und -Leistungen des Unternehmens (Digital Business-Fit der Produkte und Leistungen). Existiert bereits eine vertretbare Online-Position, so kann auf dieser aufgebaut werden.

Falls nicht, gilt es zu beurteilen, inwieweit das Produktprogramm eines Unternehmens für das Digital Business geeignet ist. So können beispielsweise rezeptfreie Arzneimittel einfach und schnell über das Internet vertrieben werden. Ebenso wie die Ressourcen und Kompetenzen im eigenen Unternehmen untersucht werden, müssen in einem weiteren Analyseschritt auch die Kompetenzen und Ressourcen der Wettbewerber in die Analyse miteinbezogen werden. In diesem Kontext sind das Wettbewerbsverhalten sowie die Marktaktivitäten der Wettbewerber von besonderer Bedeutung.[90]

Jeder Konkurrent sollte, sofern dies unter Berücksichtigung eventuell nicht verfügbarer Informationen und Intransparenzen möglich ist, im Hinblick auf seine Ziele, Strategien und Fähigkeiten analysiert werden. In einem stark fragmentierten Markt ist eine Fokussierung auf die stärksten, bekanntesten und aufgrund ihrer Innovativität neuesten Konkurrenten angebracht.

Im Digital Business stellen in diesem Zusammenhang neben den klassischen Kriterien Unternehmenskennzahlen und Kundenmeinungen auch Homepages, Communities, Chatrooms und Blogs eine bedeutende Informationsquelle dar. Ergebnis der Wettbewerbsanalyse sollte ein Wettbewerberprofil sein, das konkrete Aussagen bezüglich der erfolgsrelevanten Bereiche Produkt, Technologie, Management, Prozesse, Strategie, Finanzen, Marketing, Marktzugang, Kundenservice und Netzwerke zulässt.

Auf Basis der Wettbewerberanalyse und der Kompetenz-/Ressourcenanalyse kann eine Stärken- und Schwächenanalyse erfolgen, die dem Vergleich zwischen der eigenen Unternehmung und den relevanten Wettbewerbern dient. Ziel ist es, die im Vergleich zu diesen Wettbewerbern bestehenden Vor- und auch Nachteile zu identifizieren und zu bewerten, um Handlungsspielräume offensiver und defensiver Art abzuleiten.

Im Rahmen der Analyse der Mikroumgebung des Unternehmens müssen zuerst die Kundenbedürfnisse und das Kundenverhalten betrachtet werden, da diese die Nachfrage grundlegend mitbestimmen. Eine derartige Nutzersegmentierung ist im Digital

[89] Vgl. Wirtz (2000f), S. 108 f.

[90] Vgl. Müller-Stewens/Lechner (2016), S. 169 ff.

Business von besonderer Bedeutung, da die Kunden hier ein sehr spezifisches Kaufverhalten aufweisen.

Ziel solch einer Nutzersegmentierung ist das Schaffen von Transparenz hinsichtlich der Wirkung von Marketingmaßnahmen und Umweltfaktoren auf das faktische Kaufverhalten der Nutzer. Das übergeordnete Ziel einer Nutzersegmentierung ist demnach eine gezieltere Ansprache der Kunden im Hinblick auf ihre speziellen Kundenbedürfnisse. Bei der Einteilung von Kunden in Marktsegmente ist darauf zu achten, dass in sich möglichst homogene, voneinander aber stark heterogene Kundengruppen abgegrenzt werden. In Tab. 15.2 ist eine Übersicht mit für diesen Zweck geeigneten Abgrenzungskriterien dargestellt, der mit für das Digital Business relevanten Aspekten angereichert wurde.

Tab. 15.2 Kriterien für die Kundensegmentierung. (Vgl. Wirtz (2020), S. 430 f.; Wirtz (2021), S. 450)

Art des Kriteriums	Abgrenzungskriterien für den Digital Business-Konsumgütermarkt
Sozio-demografische Kriterien	• Geschlecht • Alter • Familienstand • Beruf • Bildung • Einkommen • Haushaltsgröße/Anzahl der Kinder • Lebensstil • Religion • Nationalität • …
Psychografische Kriterien	• Persönlichkeitsmerkmale • Einstellung • Verhalten • Nutzenerwartung • Nutzungsrate • Nutzungsstatus • Risikofreudigkeit • …
Verhaltens-orientierte Kriterien	• Nutzungsrate • Nutzungsstatus • Preisverhalten • Medienverhalten • Markentreue • …
Geographische Kriterien	• Land • Bundesland • Wohnort, • Regierungsbezirk • Kaufkraftbezirk • Funktionsraum • Einzugsgebiet • …

Auf Makroebene der Umfeldanalyse sind die Marktstrukturen und die regulativen Rahmenbedingungen von Bedeutung. Betrachtet man in diesem Kontext zuerst die Marktstrukturen, so besteht der Analysegegenstand in der Untersuchung von Rahmenbedingungen, auf welche das Unternehmen einen direkten oder zumindest indirekten Einfluss hat. Es handelt sich dabei um die Strukturen aller für das betrachtete Unternehmen relevanten Märkte, wie den Beschaffungsmarkt, den Absatzmarkt oder den Markt für Mitarbeiter sowie um die auf diesen Märkten zu beobachtenden Angebots- und Nachfragemuster.

In diesem Kontext kann auf das von Porter (1980) vorgeschlagene 5-Forces Framework zurückgegriffen werden, das die maßgeblichen marktwirtschaftlichen Einflussfaktoren für Wertschöpfung und Unternehmenserfolg darstellt. Porter fokussiert hierbei lediglich auf unternehmensexterne Faktoren (Market Based View) und ergänzt somit das unternehmensinterne Konzept der Ressourcen- und Fähigkeitenperspektive um eine externe Sichtweise. Porter differenziert fünf zentrale Wettbewerbskräfte, die in Abb. 15.19 dargestellt sind.

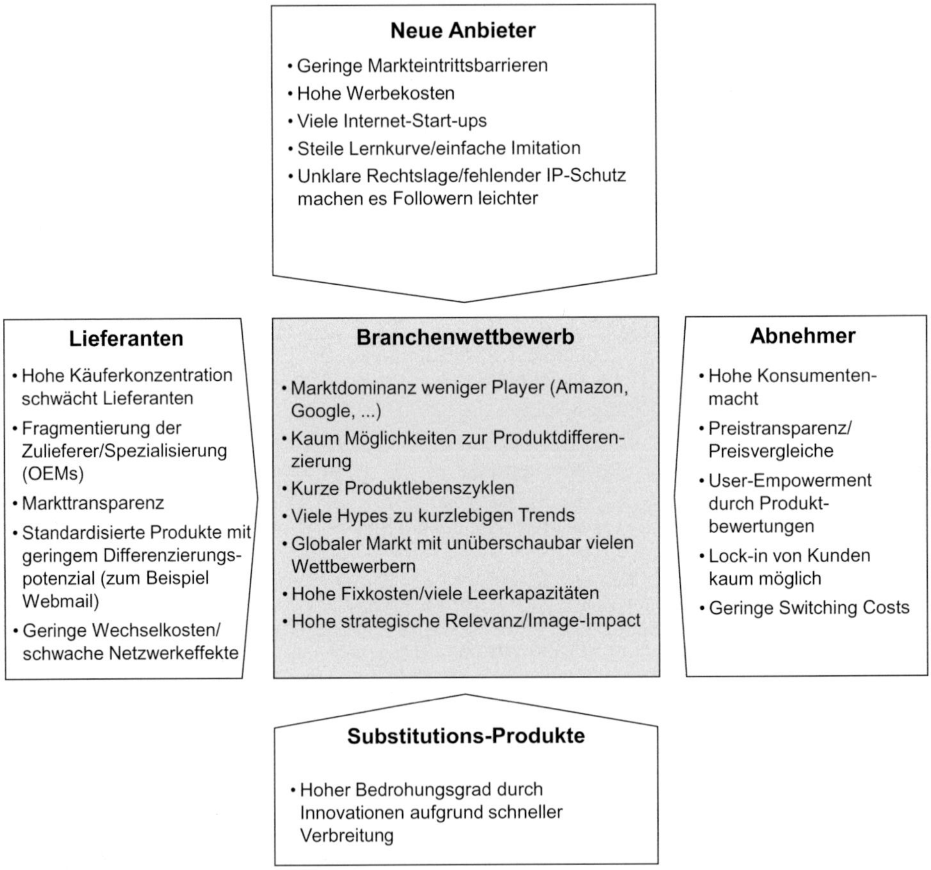

Neue Anbieter
• Geringe Markteintrittsbarrieren
• Hohe Werbekosten
• Viele Internet-Start-ups
• Steile Lernkurve/einfache Imitation
• Unklare Rechtslage/fehlender IP-Schutz machen es Followern leichter
Lieferanten
• Hohe Käuferkonzentration schwächt Lieferanten
• Fragmentierung der Zulieferer/Spezialisierung (OEMs)
• Markttransparenz
• Standardisierte Produkte mit geringem Differenzierungspotenzial (zum Beispiel Webmail)
• Geringe Wechselkosten/ schwache Netzwerkeffekte
Branchenwettbewerb
• Marktdominanz weniger Player (Amazon, Google, ...)
• Kaum Möglichkeiten zur Produktdifferenzierung
• Kurze Produktlebenszyklen
• Viele Hypes zu kurzlebigen Trends
• Globaler Markt mit unüberschaubar vielen Wettbewerbern
• Hohe Fixkosten/viele Leerkapazitäten
• Hohe strategische Relevanz/Image-Impact
Abnehmer
• Hohe Konsumentenmacht
• Preistransparenz/ Preisvergleiche
• User-Empowerment durch Produktbewertungen
• Lock-in von Kunden kaum möglich
• Geringe Switching Costs
Substitutions-Produkte
• Hoher Bedrohungsgrad durch Innovationen aufgrund schneller Verbreitung

Abb. 15.19 Wettbewerbskräfte im Digital Business. (Vgl. Wirtz (2010b), S. 177; Wirtz (2020), S. 432; Wirtz (2021), S. 451)

Die Abbildung zeigt zudem die grundlegenden strukturellen Rahmenbedingungen des Digital Business.[91]

Als letzter Schritt der strategischen Analyse sind solche Rahmenbedingungen zu analysieren, auf die das Unternehmen zumindest weitgehend keinen Einfluss ausüben kann. Dabei handelt es sich um jegliche Form regulativer, ökonomischer, gesellschaftlicher, technischer und sozialer Größen, die den Handlungsspielraum des Unternehmens bedingen.

Für das Digital Business finden sich auf regulativer Ebene beispielsweise Datenschutzrichtlinien und Sorgfaltspflichten, insbesondere zum Umgang mit Minderjährigen. Auf technischer Ebene sind beispielsweise die unterschiedlichen Protokolle zur Verschlüsselung zu erwähnen. Als soziale Einflussgröße ließe sich die Kaufkraft der Internetbenutzer identifizieren, gesellschaftlich das relativ junge Alter der Internetbenutzer.

Aus den Kundenbedürfnissen, der Marktstruktur und der Umfeldanalyse lassen sich Chancen und Risiken am Markt herausarbeiten. Eine solche Chancen- und Risikenanalyse gibt Aufschluss über die markt- und wettbewerbsinduzierten Gelegenheiten und Gefahren.

Ziel dabei ist es, frühzeitig Entwicklungstendenzen des Umfelds und der relevanten Märkte zu identifizieren, um zu evaluieren, ob diese Entwicklungen auf eine Stärke oder eine Schwäche der Unternehmung treffen und daraus Hinweise für eventuell notwendigen Handlungsbedarf abzuleiten. Abb. 15.20 zeigt eine SWOT-Analyse (Akronym für Strengths/Weaknesses/Opportunities/Threats) für das Unternehmen Amazon.

Stärken	**Schwächen**
• Profitables Unternehmen • Ausgezeichnetes Customer Relationship Management • Zuverlässige IT-Infrastruktur • Globale Marke	• Gefahr der Markenverwässerung durch breite Produktpalette • Reiner Versandhandel bedingt hohe Versandkosten • Abhängigkeit von Lieferdiensten
Chancen	**Risiken**
• Kooperationspotenziale (zum Beispiel mit Telekom und T-Mobile US) • Marktchancen in Asien und Osteuropa	• Viele Wettbewerber (Otto, Bücher.de, …) • Bedrohung durch Google Books, Google Shopping etc.

Abb. 15.20 SWOT-Analyse für Amazon. (Vgl. Wirtz (2010b), S. 179; Wirtz (2020), S. 433; Wirtz (2021), S. 452)

[91] Inhalte basierend auf Porter (2001), S. 67; Jelassi/Enders (2008), S. 53 ff.; Wirtz (2010b), S. 177; Chaffey (2019), S. 202 ff.

15.6.3 Digital Business-Strategieformulierung

Auf Basis der expliziten Unternehmenssituation, der Ergebnisse der SWOT-Analyse, der Digital Business-Vision, Digital Business-Mission und Digital Business-Ziele ist es in einem nächsten Schritt möglich, die angestrebte Digital Business-Strategie zu formulieren.

Zu diesem Zweck ist es zunächst erforderlich, die grundlegenden zur Verfügung stehenden Möglichkeiten zu kennen, wie das Digital Business-Leistungsangebot am Markt und im Wettbewerb durch jeweils geeignete Markt- beziehungsweise Wettbewerbsstrategien positioniert werden kann. Hieran anschließend können die relevanten strategischen Optionen bewertet und die Strategie formuliert werden.

Eine Marktstrategie bezeichnet das Vorgehen, das ein Unternehmen wählt, um den Markt zu bedienen. Ausschlaggebend ist in diesem Kontext die Breite des Tätigkeitsfelds, also der bediente Marktanteil.

In diesem Rahmen sind zwei Extreme denkbar: Eine nach Porter (1985) idealtypische Unternehmung richtet ihre Angebote entweder auf ein weites oder ein enges Marktfeld aus, bedient also entweder den Gesamtmarkt oder konzentriert sich auf eine Marktnische.[92] Die Wettbewerbsstrategie bezeichnet den Fokus, den ein Unternehmen im Hinblick auf die Quelle seines Wettbewerbsvorteils einnimmt.

Die Marktspezifika des Digital Business wie schnelle Innovationszyklen, geringe Wechselbarrieren und niedrige variable Kosten legen in Verbindung mit den sich schnell verändernden Kundenpräferenzen nahe, Wettbewerbsstrategien zu verfolgen, die eine möglichst schnelle Erzielung von Kostendegressionseffekten und den damit verbundenen Skalenerträgen versprechen. Porter unterscheidet in diesem Rahmen zwei Arten von Wettbewerbsvorteilen: Niedrigere Kosten und Differenzierung.

Beachtet man die möglichen Kombinationen, resultieren sechs Idealtypen der Markt- und Wettbewerbsstrategie. Die Strategieoptionen in den „Ecken" der Matrix werden von Porter als „generische" Strategien bezeichnet. Die hybriden Strategien, bei denen der Wettbewerbsvorteil nicht durch Kostenführerschaft oder Differenzierung, sondern durch eine irgendwie geartete Kombination entsteht, verfügen nach Porter meist nicht über einen Wettbewerbsvorteil.[93]

Er bezeichnet dies – genau wie auch die Unternehmen, die sich hinsichtlich des Marktes nicht festlegen können – als „Stuck In The Middle". Abb. 15.21 stellt die Typologisierung von Markt und Wettbewerbsstrategien dar.

Die beiden generischen Strategietypen Kostenführerschaft und Differenzierung können sowohl im Gesamt- als auch im Nischenmarkt geplant und realisiert werden. Ein Unternehmen, das günstiger herstellen kann als andere und dabei dieselben Verkaufspreise erzielt, erwirtschaftet überdurchschnittliche Renditen. Als Beispiel für eine solche Strategie können Onlineshops dienen, die immer nur ein Produkt pro Tag für einen günstigen Preis anbieten (z. B. 1dayfly.com).

[92] Vgl. Porter (1985), S. 11.

[93] Vgl. Porter (1985), S. 16.

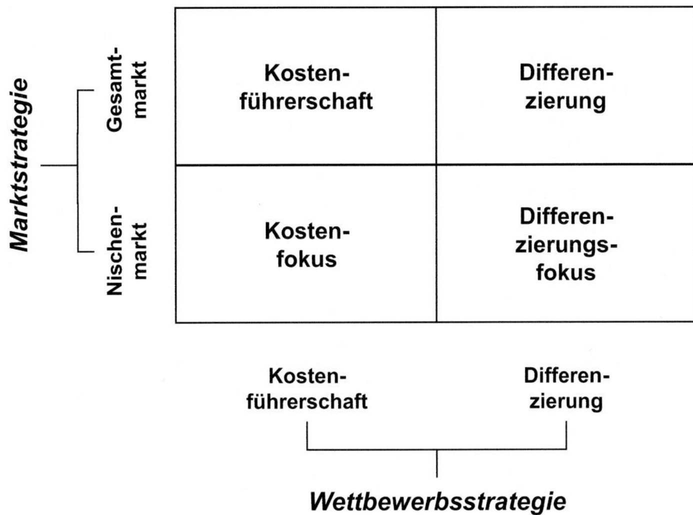

Abb. 15.21 Typologisierung von Markt- und Wettbewerbsstrategien. (In Anlehnung an Porter (1986), S. 32)

Unternehmen, die eine Differenzierungsstrategie verfolgen, können überdurchschnittlich erfolgreich sein, weil sie die Kundenbedürfnisse besser befriedigen als Konkurrenten. Dies führt zu einer erhöhten Kaufpräferenz und ermöglicht einen Preiszuschlag. Während im Internet besonders Informationen ubiquitär und in der Regel kostenlos zur Verfügung gestellt werden, können inhaltlich spezialisierte und renommierte Nischenanbieter für den Abruf von Informationen Gebühren erheben.

Nach Porter führen Differenzierungsmaßnahmen im Regelfall zu Mehrkosten, während das Ziel der Kostenführerschaftsstrategie genau darin besteht, solche produktfernen Mehrkosten zu vermeiden. Kombiniert ein Unternehmen eine Differenzierungs- mit einer Kostensenkungsstrategie, so heben sich deren (gegenläufige) Wirkungen meist wieder auf und das Unternehmen hat keinen Wettbewerbsvorteil. Von dieser Regel gibt es aber Ausnahmen: Nach Porter kann ein Unternehmen mit einer hybriden Strategie erfolgreich sein, wenn (1) starke Skalen- oder Verbundeffekte auftreten oder (2) das Unternehmen über eine bedeutende Innovation verfügt.

Es ist daher nicht verwunderlich, dass in einem Digital Business-Markt mit stark degressiven oder nicht existenten Stückkosten wie bei digitalen Produkten hybride Strategien erfolgreich sein können. So existiert eine Vielzahl von Unternehmen, die aufgrund der Möglichkeiten des Internets mit einer hybriden Strategie erfolgreich sind.

Beispielsweise bietet Dell eine breite Palette an Computersystemen für Privat- und Geschäftskunden, die sich von Konkurrenzprodukten maßgeblich dadurch unterscheiden, dass die Systeme frei konfigurierbar sind. Durch eine Optimierung von Lagerhaltung, Montage und Versand können die Kosten dabei so niedrig gehalten werden, dass die Endgeräte sehr preisgünstig sind.

Das strategische Umfeld des Digital Business ist zudem von einer hohen Innovativität geprägt, was die Unternehmen nicht nur zu konsequenter Innovation zwingt, sondern ihnen damit auch die Möglichkeiten einer hybriden Strategie eröffnet.

Exemplarisch kann hier Threadless.com erwähnt werden, ein Unternehmen, das individuelle, von Nutzern kreierte T-Shirt-Layouts von seiner Community bewerten lässt, in größeren Stückzahlen fertigt und dann für einen Preis von rund 25 US-Dollar verkauft. Es ist damit nicht Kostenführer – vergleichbare Grafik-T-Shirts der Marke Old Navy kosten ab 15 US-Dollar – und auch nicht Differenzierungsführer, denn das deutsche Unternehmen Spreadshirt bietet beispielsweise individuell gestaltete T-Shirts auch einzeln an.[94]

Da Porters Konzept, das in der klassischen Betriebswirtschaftslehre als zentrales Strategieparadigma gilt, auf die für das Digital Business besonders relevanten hybriden Strategien kaum eingeht, haben sich seit dem New Economy Boom eine Vielzahl von Ansätzen und Systematiken für Strategien im Digital Business-Kontext herausgebildet. Tab. 15.3 stellt diese neuen Strategieoptionen dar.

Digitale Serviceführer zeichnen sich durch eine kundenorientierte und verlässliche Erbringung von Dienstleistungen aus. Ihre Kernkompetenzen liegen in der Bereitstellung eines breiten und tiefen Angebots an digitalen Serviceleistungen sowie in der nutzerorientierten Durchführung der jeweiligen Dienstleistung. Unternehmen, welche die Strategie der Serviceführerschaft verfolgen, nutzen neben direkten Erlösen und leistungsbezogener Vergütung unter anderem auch Nutzungs-, Grund- und Einrichtungsgebühren für ihre Erlösgenerierung.

Der Erfolg dieser Unternehmen hängt im Wesentlichen von den Servicekompetenzen sowie der Interaktionsfähigkeit des Dienstleistungserbringers ab. In diesem Zusammenhang lässt sich der Car-Sharing Anbieter SHARE NOW als Joint Venture von BMW und Daimler nennen. SHARE NOW verfolgt eine Serviceführerstrategie, indem es die technischen Kompetenzen zweier Automobilkonzerne bündelt und für die Bereitstellung eines umfassenden, kundenorientierten und verlässlichen Car-Sharing Service nutzt.

Bei digitalen Qualitätsführern liegt der primäre Fokus auf der Wertigkeit des Leistungsangebots. Die Premiumqualität der Produkte und Dienstleistungen kann sich auf die digitale Prozess-, Produkt- oder Servicequalität beziehen und geht in der Regel mit einem entsprechenden Markenimage einher. Der digitale Qualitätsführer erzielt unter anderem Transaktionserlöse, Ad Sales oder Big Data/Data Mining Erlöse. Somit beruht der Erfolg digitaler Qualitätsführer in erster Linie auf der effektiven Realisierung von Premiumpreisen sowie der kundenorientierten Qualitätsentwicklung, -planung und – verbesserung. Im digitalen Kotext zeichnet sich insbesondere die Suchmaschine von Google durch ihre qualitativ hochwertige Funktionsweise aus.

Die Strategie der digitalen Preisführerschaft lässt sich über den niedrigen Preis von anderen strategischen Stoßrichtungen abgrenzen. Ein digitaler Preisführer fokussiert sich auf ein striktes Kostenmanagement. Erlöse können hier unter anderem durch die Erzielung von Transaktionserlösen oder Nutzungsgebühren generiert werden. Dies impliziert, dass

---

[94] Vgl. threadless (2023).

Tab. 15.3 Wettbewerbsstrategien im Digital Business. (Vgl. Wirtz (2020), S. 437 ff.; Wirtz (2021), S. 455 ff.)

Strategie	Kernaspekte	Erlösgenerierung	Erfolgsfaktoren	Beispiele
Serviceführer	• Sehr hoher Kundenfokus/ Kundenausrichtung • Verlässliche Dienstleistungserbringung • Dienstleistungsorientierung als Kernkompetenz • Nutzerorientierte Breite und Tiefe des Angebots • …	• Direkte Erlöse durch value-added services • Pay-for-performance • Nutzungsgebühren • Einrichtungsgebühren • Grundgebühren • …	• Zuverlässigkeit der Dienstleistung • Servicekompetenz • Verständnis des Dienstleistungserbringers • Serviceinteraktionsfähigkeit • …	• share-now.com • lieferando.de • …
Qualitätsführer	• Fokus auf die Wertigkeit des Leistungsangebots • Markenimage Premiumqualität • Hauptaugenmerk auf Prozess-, Produkt- und Servicequalität • Breite und Tiefe qualitativer Angebote • …	• Transaktionserlöse • Verbindungsgebühren • Nutzungsgebühren • Einrichtungsgebühren • Grundgebühren • Ad Sales • Big Data/Data Mining-Erlöse • …	• Realisierung von Premiumpreisen durch Leistungsvorteile • Kundenorientierte Qualitätsentwicklung und -planung • Kontinuierliche Qualitätsverbesserung • Qualitätsorientierte Organisationspraktiken • …	• google.com • sap.com • …
Preisführer	• Skalen- und verbundorientiertes Geschäftsmodell • Differenzierung über den niedrigsten/besten Preis • Koinzident mit Kostenführerschaft • Fokus auf Kostensenkung • No Frills Konzepte • …	• Transaktionserlöse • Verbindungsgebühren • Nutzungsgebühren • Einrichtungsgebühren • Grundgebühren • …	• Konsequente Nutzung von Kostensenkungspotenzialen • Hohe Marktanteile • Effiziente Nutzung von Kostendegressionseffekten durch große Mengen • …	• congstar.de • 1und1.de • …

(Fortsetzung)

Tab. 15.3 (Fortsetzung)

Strategie	Kernaspekte	Erlösgenerierung	Erfolgsfaktoren	Beispiele
Sortimentsführer	• Fokus auf ein möglichst diversifiziertes Produkt- bzw. Dienstleistungsspektrum für eine Vielzahl unterschiedlicher Zielgruppen • „Long Tail" Effekt • …	• Transaktionserlöse • Nutzungsgebühren • Grundgebühren • Ad Sales • …	• Breites und tiefes Sortimentsangebot • Berücksichtigung der Bedürfnisse unterschiedlicher (auch kleinerer) Zielgruppen/Kundensegmente • Variable und vielseitige Kundenansprache • …	• amazon.de • spotify.com • netflix.com • …
Personalisierungsführer	• Auszeichnung durch einen hohen Grad an benutzerdefinierten und individualisierbaren Angeboten • Individuelle Kundenansprache und -orientierung • Individual/Gruppen Data Mining • …	• Transaktionserlöse (individuelle Preise) • …	• Bereitstellung von kundenorientierten Produkt-/ Dienstleistungskonfiguratoren • Effektive Nutzung technologischer Möglichkeiten bei der Produkt- und Dienstleistungskonfiguration • …	• mymuesli.com • nike.com/de/nike-by-you • …
Informationsführer	• Dominante Stellung in Bezug auf die Vollständigkeit, Relevanz und Glaubwürdigkeit der angebotenen Informationen • Fokus auf Zugänglichkeit, Sicherheit und Benutzerfreundlichkeit der Informationen • …	• Nutzungsgebühren (in Form von pay-per-use) • Grundgebühren (in Form von Abonnements) • Ad Sales • …	• Effektive und effiziente Bereitstellung von informativen Inhalten • Kundenzentriertes/ personalisiertes Informationsangebot • Nutzung unterschiedlicher Distributionsmedien (Multichannel) • …	• reuters.com • dpa.com • …

Kommunikationsführer	• Fokus auf die Verständigung mit den Kunden-/Anspruchsgruppen • Kommunikations-Touchpoints • Customer/User Interface Formen • …	• Ad Sales • Big Data/Data Mining-Erlöse • …	• Benutzerorientierte Gestaltung der grafischen Benutzeroberfläche • Multiple Kommunikation • Gewährleistung der Datensicherheit • Hohe Kommunikations-Responsiveness • …	• twitter.com • instagram.com • …
Interaktionsführer	• Fokus auf interaktive Kundenbedürfnisse • Steuerung der Interaktionen von Drittanbietern und mehreren Kunden • Traditionelle Anbieter sind gezwungen Informationen beim Interaktionsführer zu kaufen • …	• Provisionen • …	• Effektive und effiziente Abwicklung der Leistungsbeziehung zwischen Drittanbietern und deren Kunden • Bereitstellung und Entwicklung interaktionsorientierter Interfaces • Erzielung hoher Marktanteile • …	• uber.com • check24.de • airbnb.de • …
Kooperations-/ Netzwerkführer	• Steuerung und Vermittlungskompetenz in kooperativen Netzwerken • Fokus auf interorganisationale Beziehungen • Herstellung der Möglichkeit eines Informationsaustausches in organisationsübergreifenden Netzwerken •…	• Ad Sales • Big Data/Data Mining-Erlöse • Grundgebühren (für Premiumnutzer/ professionelle Anwender) • …	• Bedarfsgerechte Bereitstellung und Entwicklung effektiver und effizienter Kooperationsplattformen • Gestaltung der Kooperationsinterfaces • Gewährleistung der Zugänglichkeit und Sicherheit des Netzwerks • …	• dropbox.com • google.com/ drive • …

(Fortsetzung)

Tab. 15.3 (Fortsetzung)

Strategie	Kernaspekte	Erlösgenerierung	Erfolgsfaktoren	Beispiele
Skalenführer	• Massenmarktfokus • Hohe Automatisierung bei Dienstleistungen und Produktion • Hohe Verbund- und Größenvorteile • Produktionsmenge steigt stärker als die Produktionskosten • …	• Transaktionserlöse • Grundgebühren • Lizenzgebühren • …	• Konsequente Nutzung von Kostensenkungspotenzialen • Hohe Marktanteile • Effiziente Nutzung von Kostendegressionseffekte durch große Mengen • Breites und tiefes Sortimentsangebot • …	• microsoft.com/de-de/windows • sap.com/germany/products/cloud-platform.html • …
Innovationsführer	• Hohes Maß an Kreativität und Innovationskraft • Innovationsvorteile • First-to-Market Strategie • First Mover Advantage • …	• Transaktionserlöse • Nutzungsgebühren • Patent-/Lizenzgebühren • …	• Innovationsorientierte Organisationspraktiken • Kundenorientierte Innovationen • Innovationsförderung • Hoher F & E Anteil • Innovationskooperationen • …	• apple.com • tesla.com • …

digitale Preisführer sowohl digitale Produkte als auch digitale Dienstleistungen anbieten können. Der Erfolg von Unternehmen, die eine Preisführerschaft anstreben, hängt unter anderem von hohen Marktanteilen sowie der effizienten Nutzung von Kostendegressionseffekten ab. Ein Beispiel für einen digitalen Preisführer ist der Mobilfunkanbieter Congstar (Unternehmen der Telekom), der im Mobilfunkmarkt die Strategie der digitalen Preisführerschaft verfolgt.

Die digitale Sortimentsführerschaft beschreibt eine strategische Stoßrichtung, bei der auf die größtmögliche Sortimentsbreite abgestellt wird. Sortimentsführerschaft kann sowohl in einem Nischenmarkt als auch im Gesamtmarkt angestrebt werden. Charakteristisch für einen digitalen Sortimentsführer ist die sogenannte Long Tail These, wonach digitale Anbieter ihren Umsatz mit einer Vielzahl an Nischenprodukten erzielen.

Die Erlösgenerierung kann sowohl durch Transaktionserlöse als auch durch Grund- oder Nutzungsgebühren erfolgen. Von erfolgsrelevanter Bedeutung sind hierbei ein breites und tiefes Sortimentsangebot sowie die Berücksichtigung unterschiedlicher Kundensegmente. Darüber hinaus kann eine variable und vielseitige Kundenansprache den Markterfolg unterstützen. Ein typisches Beispiel ist der Musik-Streaming-Dienst Spotify, der eine ganze Bandbreite unterschiedlicher Musikrichtungen und Genres für große und kleine Zielgruppen anbietet.

Digitale Personalisierungsführer zeichnen sich durch einen hohen Grad an benutzerdefinierten und individualisierbaren Produkten oder Dienstleistungen aus. Dementsprechend sind Unternehmen, welche die Strategie einer Personalisierungsführerschaft verfolgen, auf eine bestmögliche Anpassung an die Kundenbedürfnisse ausgerichtet. In der Regel erzielen Personalisierungsführer ihre Erlöse anhand klassischer Transaktionen. Dabei ist vor allem die Bereitstellung eines kundenorientierten Produkt- beziehungsweise Dienstleistungs-Konfigurators von erfolgsrelevanter Bedeutung. Vor diesem Hintergrund wirbt beispielsweise Mymuesli.com mit der individuellen Zusammenstellungsmöglichkeit eines Frühstückmüslis. Hierbei kann der Kunde online aus über 80 Bio-Zutaten auswählen und hat somit eine Vielzahl verschiedener Müslivariationen zur Auswahl.

Allerdings stellen insbesondere neue Marktteilnehmer, die beispielsweise durch den Einsatz neuerer Technologien ein individuelleres und umfangreicheres Produkterlebnis anbieten können, ein zentrales Risiko der Personalisierungsführerschaft dar. Aus diesem Grund sollten digitale Personalisierungsführer ihre Produkt- beziehungsweise Dienstleistungs-Konfiguratoren kontinuierlich an die gebotenen technologischen Möglichkeiten anpassen, um die Individualisierbarkeit ihrer Produkte oder Dienstleistungen auszubauen.

Die Strategie der digitalen Informationsführerschaft zielt darauf ab, Kunden jederzeit die aktuellsten, umfassendsten und verlässlichsten Informationen zu liefern. Die Kernaspekte dieser strategischen Ausrichtung bilden die Informationsqualität sowie der Fokus auf die Zugänglichkeit und Sicherheit dieser Informationen. Als Revenue-Modell sind sowohl Werbeeinnahmen als auch Nutzungsgebühren (in Form von pay-per-use Angeboten) oder Grundgebühren (in Form von Abonnements) denkbar.

Ausschlaggebend für den Erfolg dieser strategischen Ausrichtung sind neben der effektiven und effizienten Bereitstellung qualitativer Inhalte, ein kundenzentriertes Informationsangebot sowie die Nutzung unterschiedlicher Distributionsmedien. So greifen beispielsweise digitale Zeitungen in umfassendem Maße auch auf Podcasts oder Online Live-Sendungen zurück. Die Nachrichtenseite reuters.com ist in diesem Zusammenhang für ihre aktuelle, qualitative und seriöse Berichterstattung bekannt. Zur Aufrechterhaltung dieser Marktposition ist ein schneller und verlässlicher Zugang der digitalen Informationsführer zu adäquaten Informationen unabdingbar.

Digitale Kommunikationsführer grenzen sich hingegen über ihren engen Austausch mit den jeweiligen Kunden- beziehungsweise Anspruchsgruppen ab. Charakteristisch sind sogenannte Kommunikations-Touchpoints, die Kunden die Möglichkeit bieten mit dem Unternehmen beziehungsweise anderen Kunden unmittelbar in Kontakt zu treten. Bei digitalen Kommunikationsführern sind diese Kontaktpunkte besonders ausgeprägt und bilden ein wesentliches Element der Wertschöpfung. Die Erlösgenerierung erfolgt dabei typischerweise durch Werbeeinnahmen oder Big Data/Data-Mining Einnahmen.

Da diese Form der Erlösgenerierung eine Vielzahl von Nutzern voraussetzt, bedarf es einer adäquaten Gestaltung der grafischen Benutzeroberfläche sowie der angemessenen Nutzung multipler Kommunikationswege. Sofern diese Faktoren den Erwartungen der Kunden gerecht werden, entsteht eine besondere Nutzungserfahrung, die letztendlich den Erfolg digitaler Kommunikationsführer determiniert. Typische Beispiele für digitale Kommunikationsführer sind twitter.com, die den Austausch mit den Kunden sowie der Kunden untereinander über interaktive Plattformen fördern.

Unternehmen, die eine digitale Interaktionsführerschaft anstreben, fokussieren sich auf die Steuerung der Interaktionen zwischen dem eigenen Unternehmen, Drittanbietern und Kunden. Dementsprechend sorgen sie dafür, dass eine Leistungsbeziehung zwischen diesen Parteien zustande kommt und entsprechend abgewickelt wird. Drittanbieter, die auf die Reichweite und die Kompetenzen der Interaktionsführer zurückgreifen möchten, sind in der Regel zur Zahlung einer Provision verpflichtet.

Der Erfolg digitaler Interaktionsführer hängt im Wesentlichen von der effektiven und effizienten Abwicklung der Leistungsbeziehungen zwischen Drittanbietern und deren Kunden sowie der Bereitstellung interaktionsorientierter Interfaces ab. So bietet beispielsweise Uber eine Online-Plattform, die Fahrgäste an private oder kommerzielle Taxifahrer vermittelt und für die reibungslose Abwicklung der Dienstleistung sorgt.

Bei digitalen Kooperations- beziehungsweise Netzwerkführern liegt der Fokus auf der Steuerung und der Vermittlung in kooperativen Netzwerken. Außerdem wird in der Regel ein organisationsübergreifender Informationsaustausch ermöglicht, der die Verständigung über Unternehmensgrenzen hinaus erleichtert. Digitale Kooperations- beziehungsweise Netzwerkführer erzielen ihre Erlöse insbesondere über Werbeeinnahmen, Big Data/Data Mining Einnahmen sowie Grundgebühren für Premiumnutzer oder professionelle Anwender.

Von erfolgsrelevanter Bedeutung sind unter anderem die bedarfsgerechte Bereitstellung und Entwicklung effektiver und effizienter Kooperationsplattformen sowie die Gewährleistung von Sicherheit innerhalb des Netzwerks. So basiert beispielsweise der Filehosting-Dienst Dropbox auf mehreren Sicherheitsebenen, um relevante Daten lediglich für das vorgesehene Netzwerk beziehungsweise einen bestimmten Personenkreis sichtbar zu machen und den Datenschutz der Netzwerkteilnehmer sicherzustellen.

Digitale Skalenführer nutzen Verbund- sowie Größenvorteile und fokussieren sich auf Massenmärkte. Grundsätzlich generieren sie ihre Einnahmen über Transaktionserlöse oder Grundgebühren. So fordern Softwarehersteller in der Regel Grund- beziehungsweise Lizenzgebühren für die zeitliche Nutzung ihrer Softwarepakete. Der Erfolg digitaler Skalenführer hängt in erster Linie von hohen Marktanteilen sowie der effizienten Nutzung von Kostendegressionseffekten durch die Produktion großer Mengen ab. Die Strategie der digitalen Skalenführerschaft wird häufig von Softwareunternehmen wie SAP oder Microsoft verfolgt. Da die Grenzkosten der Softwareproduktion relativ gering sind, eignet sie sich für die Erzielung von Verbund- und Größenvorteilen.

Digitale Innovationsführer zeichnen sich durch ihr hohes Maß an Kreativität und Innovationskraft aus. Um den Erstanbietervorteil zu erlangen, versuchen sie mit ihrer Innovation die Ersten am Markt zu sein. Neben Transaktionserlösen und Nutzungsgebühren greifen digitale Innovationsführer oftmals auch auf Patent- beziehungsweise Lizenzgebühren zurück, um Einnahmen zu generieren.

Von erfolgsrelevanter Bedeutung sind innovationsorientierte Organisationspraktiken sowie die kontinuierliche Kundenorientierung entlang des Innovationsprozesses. Ein typisches Beispiel für einen digitalen Innovationsführer ist Apple. Apple hat sich sehr erfolgreich mit innovativen Produkten und Services wie iTunes dem iPhone oder dem iPad als First-Mover in vielen digitalbasierten Märkten etabliert.

Neben den dargestellten Wettbewerbsstrategien im Digital Business ist es darüber hinaus möglich, verschiedene Dimensionen einer Digital Business-Strategie zu differenzieren. In diesem Kontext wurde das Strategiekonstrukt im Digital Business von Wirtz/Mathieu/Schilke (2007) genauer untersucht.[95] Aufbauend auf der Industrieökonomik und dem Streben eines Digital Business-Unternehmens nach einer attraktiven Branchenstruktur beziehungsweise einer entsprechenden strategischen Positionierung in der Digital Business-Branche wurden die Dimensionen Produktdifferenzierung, Imagedifferenzierung, Aggressivität und Fokus abgeleitet.

Parallel konnten, aufbauend auf der Ressourcentheorie und dem Streben eines Digital Business-Unternehmens nach einer überlegenen Ressourcenausstattung beziehungsweise wettbewerbsabgrenzenden organisationalen Fähigkeiten/Prozessen, die Dimensionen Proaktivität, Replikation, Rekonfiguration und Kooperation als weitere Dimensionen der Digital Business-Strategie abgeleitet werden. Abb. 15.22 gibt einen Überblick über die zu Grunde liegende Konzeptionalisierung des Konstrukts Strategie im Digital Business.[96]

Um eine sinnvolle Auswahl der strategischen Optionen durchführen zu können, ist vorab eine entsprechende Bewertung anhand ausgewählter Kriterien notwendig. Als Be-

[95] Vgl. Wirtz/Mathieu/Schilke (2007), S. 295 ff.

[96] Inhalte basierend auf Wirtz/Mathieu/Schilke (2007), S. 296.

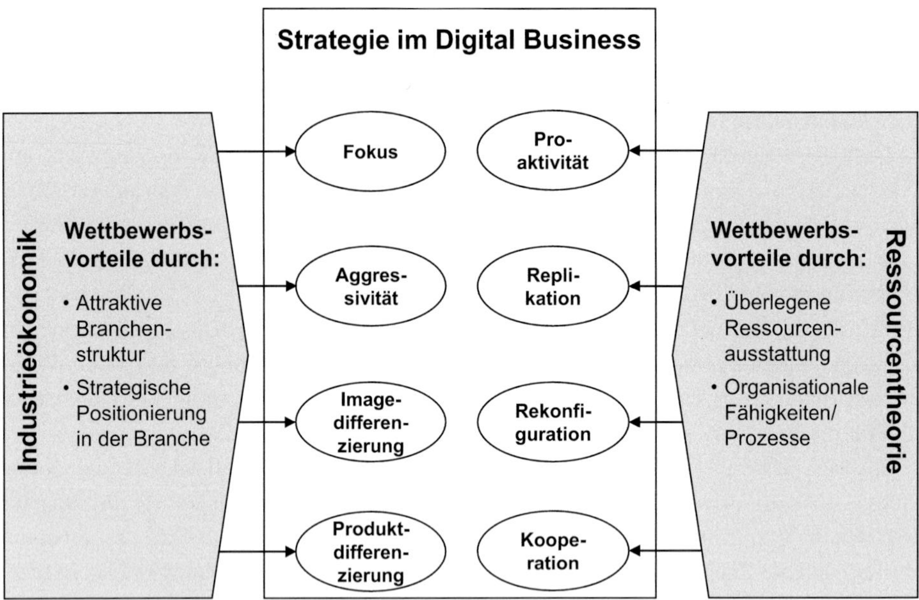

Abb. 15.22 Strategie im Digital Business. (Vgl. Wirtz (2020), S. 445; Wirtz (2021), S. 461)

wertungskriterien kommen in diesem Kontext im Schrifttum und in der Praxis am häufigsten Zweckmäßigkeit, Zielerreichung, Machbarkeit und der Fit der Digital Business-Strategie zur Anwendung.[97]

Mithilfe des Bewertungskriteriums Zweckmäßigkeit soll abgeschätzt werden, inwieweit die zu untersuchenden Digital Business-Strategien geeignet sind, die angestrebten Digital Business-Ziele zu erreichen. Insbesondere geht es dabei darum, festzustellen, welche Stärken beziehungsweise Schwächen die betrachtete Digital Business-Strategie aufweist.

Geprüft werden muss unter anderem, ob durch die Digital Business-Strategie die Interessen aller relevanten Stakeholder berücksichtigt werden und die Digital Business-Strategie mit der Unternehmenslogik vereinbar ist. Hierbei wird somit unter anderem auch berücksichtigt, inwieweit die Digital Business-Strategie mit der verfolgten Digital Business-Vision und Digital Business-Mission übereinstimmt.

Im Gegensatz zur Zweckmäßigkeit wird mit Hilfe des Bewertungskriteriums Zielerreichung in der Regel ausnahmslos auf die Einschätzung bezüglich der Erreichung finanzieller Ziele fokussiert. Zu diesem Zweck existiert eine Reihe unterschiedlicher Verfahren, denen fast allen gemeinsam ist, den finanziellen Erfolg einer Strategie mithilfe verschiedener Kennzahlen zu berechnen. Die in diesem Zusammenhang am weitesten

[97] Vgl. Müller-Stewens/Lechner (2016), S. 314 ff.

verbreitete Methode ist der Discounted-Cashflow-Ansatz. Hierbei werden zukünftig erwartete Zahlungsüberschüsse mithilfe von Kapitalkosten auf den Bewertungsstichtag diskontiert (Barwert).

Ein wesentlicher Vorteil einer derartigen Analyse sind die guten Vergleichsmöglichkeiten, die aufgrund eindeutig festgelegter Berechnungsformeln gewährleistet sind. Problematisch ist allerdings die Tatsache, dass derartige Wertanalysen nur sehr schwer zukünftige Markt- und Unternehmensentwicklungen antizipieren können. Dieser Kritikpunkt fällt besonders in der Internetökonomie aufgrund der stark vorherrschenden Dynamik des Digital Business ins Gewicht.[98]

Das Bewertungskriterium Machbarkeit bezieht sich auf die elementare Frage der notwendigen Ressourcenbeanspruchung, um die verfolgte Strategie erfolgreich durchführen zu können. Neben materiellen Ressourcen geht es hierbei insbesondere im Digital Business um die unternehmerischen Fähigkeiten und Kenntnisse, die benötigt werden, um eine Digital Business-Strategie erfolgreich am Markt durchzusetzen.

Will beispielsweise ein Unternehmen im Bereich des E-Commerce global expandieren, sind hierfür neben entsprechenden IT-Fähigkeiten insbesondere auch landesspezifische Kenntnisse und Fähigkeiten notwendig (zum Beispiel Gesetzeslage, Zoll, Sprachkenntnisse, Distributionsfähigkeit).

Das letzte Bewertungskriterium betrifft den Fit der Digital Business-Strategie. Dabei geht es um die durchgängige und widerspruchsfreie Konsistenz der Digital Business-Strategie mit den zusammenhängenden Maßnahmen. Insbesondere Digital Business-Strategien, die aus mehreren Elementen bestehen, sind entsprechend ihres Fits zu analysieren und zu bewerten.

Hierbei muss untersucht werden, inwieweit die einzelnen Elemente der Digital Business-Strategie in sich zusammen passen (Intra Digital Strategie Fit), inwieweit die Elemente der Digital Business Strategie mit den verbundenen Systemkomponenten harmonieren (Digital Strategie System Fit) und letztlich muss geprüft werden, ob die Digital Business-Strategie-Elemente des gesamten Systems sowohl nach innen als auch nach außen konsistent sind (Intra System Fit).

Abschließend können die einzelnen zur Verfügung stehenden strategischen Optionen anhand der dargestellten Bewertungskriterien evaluiert werden. In Abb. 15.23 ist beispielhaft eine Bewertungsmatrix dargestellt, mit deren Hilfe die relevanten Digital Business-Strategien systematisch bewertet und verglichen werden können. Auf dieser Basis kann eine Auswahl der zu verfolgenden Digital Business-Strategie erfolgen, die es in einem nächsten Schritt des Digital Business-Strategieentwicklungsprozesses zu implementieren gilt.

[98] Vgl. Welge/Al-Laham/Eulerich (2017), S. 736 ff.

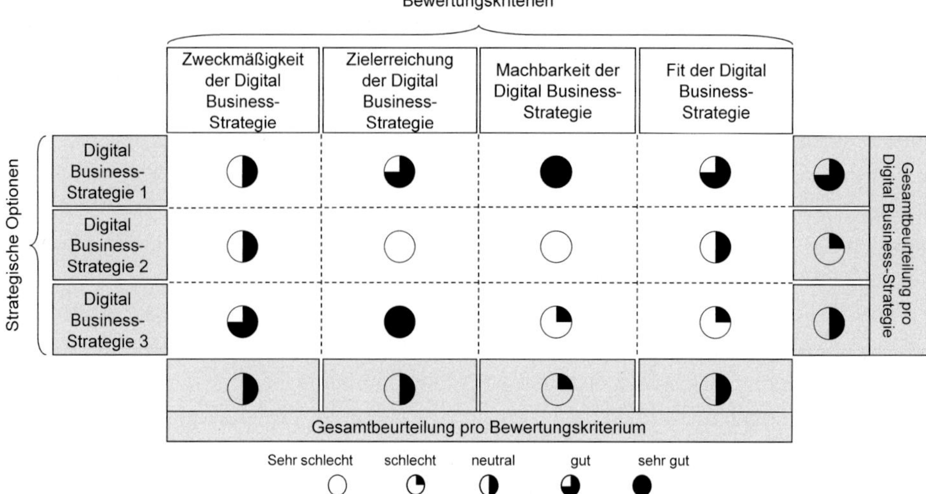

Abb. 15.23 Digital Business-Strategiebewertungsmatrix. (Vgl. Wirtz (2010b), S. 187; Wirtz (2020), S. 447; Wirtz (2021), S. 462)

15.6.4 Digital Business-Strategieimplementierung

Der nächste Schritt der Digital Business-Strategieentwicklung, der an die Digital Business-Strategieformulierung anschließt, ist die Digital Business-Strategieimplementierung. Im Rahmen der Digital Business-Strategieimplementierungsphase wird die festgelegte Digital Business-Strategie umgesetzt beziehungsweise derart realisiert, dass die angestrebten Ziele der Digital Business-Strategie erreicht werden können. Somit gilt die Digital Business-Strategieimplementierungsphase als eine zentrale Phase im Rahmen der Digital Business-Strategieentwicklungssystematik.[99]

Der Ablauf der Digital Business-Strategieimplementierung ist ein interdisziplinärer und hierarchieübergreifender Prozess. Um diesen zu koordinieren, ist analog zum klassischen Strategieimplementierungsprozess eine Einteilung in verschiedene Phasen notwendig. Diese Phasen werden dabei iterativ durchlaufen. Im Schrifttum zur Strategieimplementierung finden sich hierzu verschiedene Ansätze. Diese unterscheiden sich vor allem hinsichtlich ihrer Bestandteile, bauen jedoch alle auf einem ähnlichen Ablaufmuster auf.

Im Digital Business-Kontext erweist sich eine Unterteilung in die drei klassischen Phasen Planning, Execution und Control als erfolgversprechend.[100] Allerdings ergeben sich aufgrund der charakteristischen Eigenschaften der Internetökonomie einige spezifische

[99] Vgl. Chaffey (2019), S. 194.

[100] Vgl. Chaffey (2019), S. 223 f.

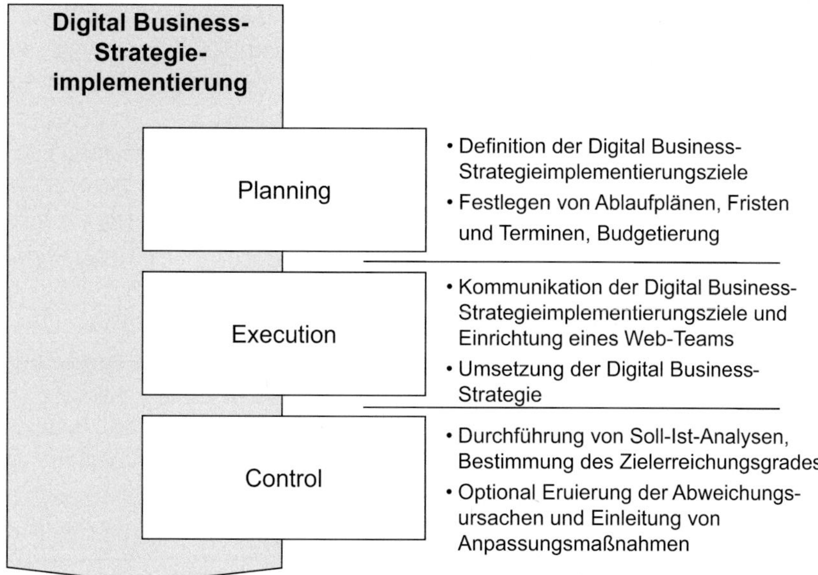

Abb. 15.24 Digital Business-Strategieimplementierungsphasen. (Vgl. Wirtz (2010b), S. 188; Wirtz (2020), S. 448; Wirtz (2021), S. 463)

Erfolgsfaktoren, die es im Rahmen der Digital Business-Strategieimplementierung zu berücksichtigen gilt.

Im Anschluss an eine kurze Darstellung der Digital Business-Strategieimplementierungsphasen wird auf die Digital Business-Strategieimplementierungserfolgsfaktoren eingegangen. Abb. 15.24 zeigt die Digital Business-Strategieimplementierungsphasen auf.

In der Planungsphase der Digital Business-Strategieimplementierung werden die zentralen Ziele der Digital Business-Strategieimplementierung festgelegt. Neben der Bestimmung des spezifischen Implementierungsvorgehens werden im Sinne einer Abschätzung von Aufwandsgrößen insbesondere Entscheidungen hinsichtlich Budgetierung, Fristen, Terminen, Ressourcen und Meilensteinen getroffen.

Zur Umsetzung dieser Pläne existieren verschiedene Instrumente, wie zum Beispiel Netzpläne oder ein detaillierter Ablaufplan. Aufgrund des üblicherweise hohen Planungsaufwands ist die Konzeption nur mit IT-Unterstützung effizient umsetzbar. Die entsprechenden Ressourcen sind daher ebenfalls zu berücksichtigen.

Nach abgeschlossener Planning-Phase müssen im Zuge der Execution-Phase zunächst die zu implementierenden Strategieinhalte (Implementierungsziele) und das Implementierungsvorgehen kommuniziert werden. Eine frühzeitige Kommunikation kann dabei unterstützend eingesetzt werden, um die Akzeptanz für die verfolgte Digital Business-Strategie bei den eigenen Mitarbeitern zu erhöhen.

Sobald die grundlegenden Strukturen für die Strategieimplementierung geschaffen worden sind, muss ein Web-Projektteam zusammengestellt werden, dem die Aufgabe der

Realisierung der Digital Business-Strategieimplementierungspläne übertragen wird. Dabei müssen neben den klassischen Rollen Team Leader und Team Member insbesondere auch technische Rollen wie zum Beispiel Web Master oder Technical Stuff berücksichtigt werden.

Jedoch stellt die Auswahl eines geeigneten Team Leaders den bedeutendsten Faktor für den Erfolg des Digital Business-Strategieimplementierungsprozesses dar.[101] Denn der Kernprozess der Execution-Phase bildet die konkrete Umsetzung der Digital Business-Strategieimplementierungspläne im Unternehmen und repräsentiert den Übergang von der Planung zur Realisierung.

Ziel der letzten Phase der Digital Business-Strategieimplementierungsphase Control ist es, festzustellen, inwieweit die gesetzten Digital Business-Strategieimplementierungsziele tatsächlich umgesetzt beziehungsweise realisiert wurden. In diesem Kontext müssen Zwischenergebnisse und Projektfortschritte ständig (nicht nur zu den Meilensteinterminen) kritisch hinterfragt und gegebenenfalls einzelne Projektabschnitte wiederholt werden.

Zu diesem Zweck werden fortlaufend Soll-Ist-Analysen durchgeführt und der jeweilige Zielerreichungsgrad bestimmt. Hierauf aufbauend können die einzelnen Abweichungsursachen eruiert werden, und es können gegebenenfalls entsprechenden Anpassungsmaßnahmen eingeleitet werden.

Der Erfolg der Implementierung einer Digital Business-Strategie hängt stark vom konkreten Unternehmen, zahlreichen Umweltfaktoren und letztlich der zu implementierenden Digital Business-Strategie ab. Dennoch können grundlegende Faktoren und Parameter identifiziert werden, deren Kenntnis und gewissenhafte Beachtung den Digital Business-Strategieimplementierungserfolg nachhaltig steigern.

Insbesondere aufgrund des vorherrschenden dynamischen Wettbewerbs- und Marktumfeldes ist darauf zu achten, dass die Strategieimplementierung mit einer gewissen Geschwindigkeit erfolgt und das Ergebnis trotzdem flexibel anpassbar bleibt.[102]

Neben der Berücksichtigung des für das Digital Business charakteristischen dynamischen Wettbewerbs- und Marktumfeldes können darüber hinaus die in Abb. 15.25 aufgeführten Erfolgsfaktoren der Digital Business-Strategieimplementierung genannt werden.

Abschließend ist in Abb. 15.26 der idealtypische Verlauf eines Digital Business-Strate gieimplementierungsvorhabens dargestellt. In der Regel durchläuft ein Digital Business-Strategieimplementierungsprojekt dabei die sechs Phasen Conceptual Design (Konzipierung des Digital Business-Projektvorhabens), Technical Design (technische Übersetzung des Conceptual Designs), Pilot (Entwicklung eines Prototypen), Rollout, Go Live, After Go Live Support und Closing (Projektabschluss). Außerdem ist ein phasenübergreifendes Projektmanagement auf Projektleiterebene notwendig.

---

[101] Vgl. Turban et al. (2015), S. 617.

[102] Vgl. Rayport/Jaworski (2001), S. 218.

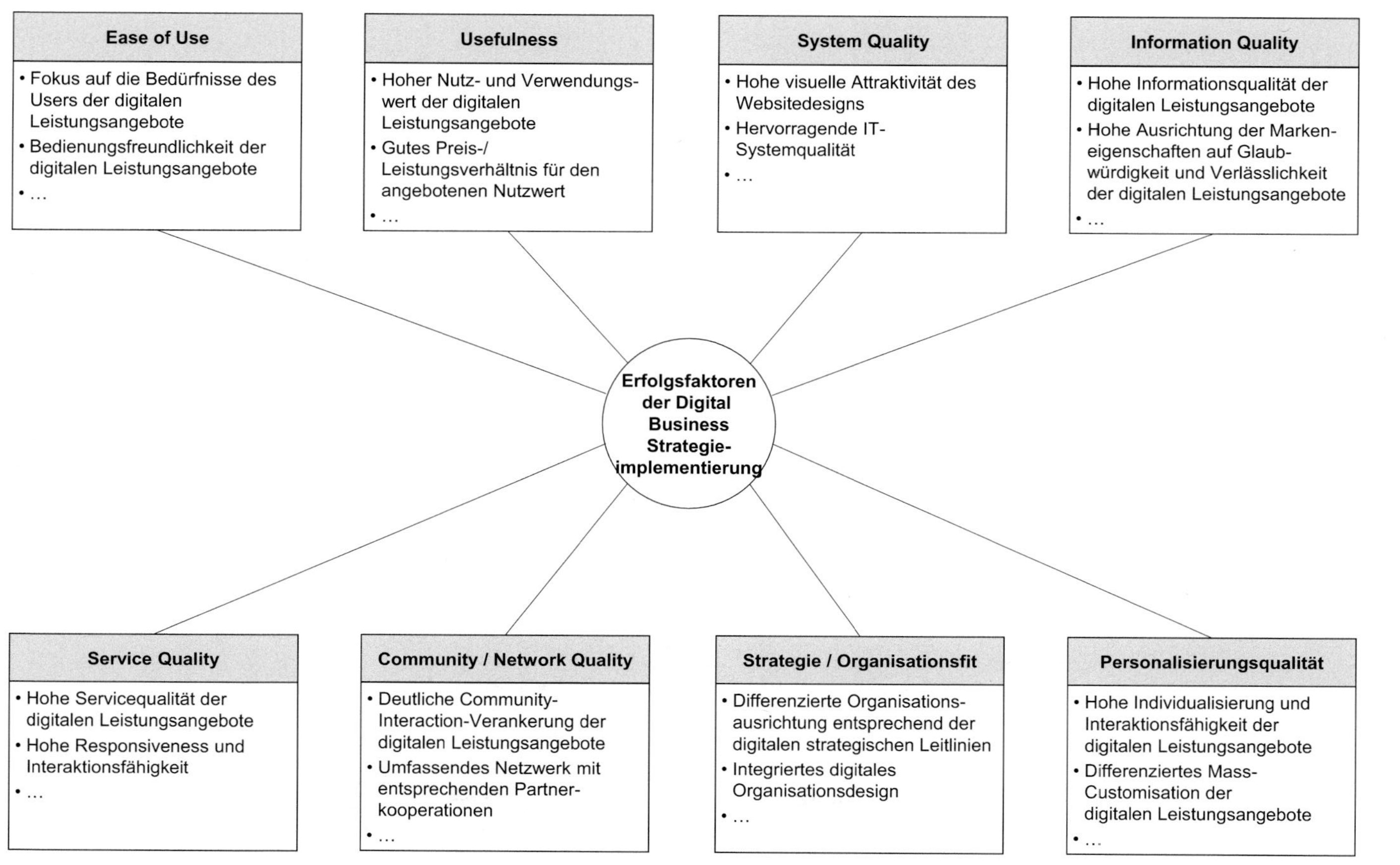

Abb. 15.25 Erfolgsfaktoren der Digital Business-Strategieimplementierung. (Vgl. Wirtz (2020), S. 451; Wirtz (2021), S. 465)

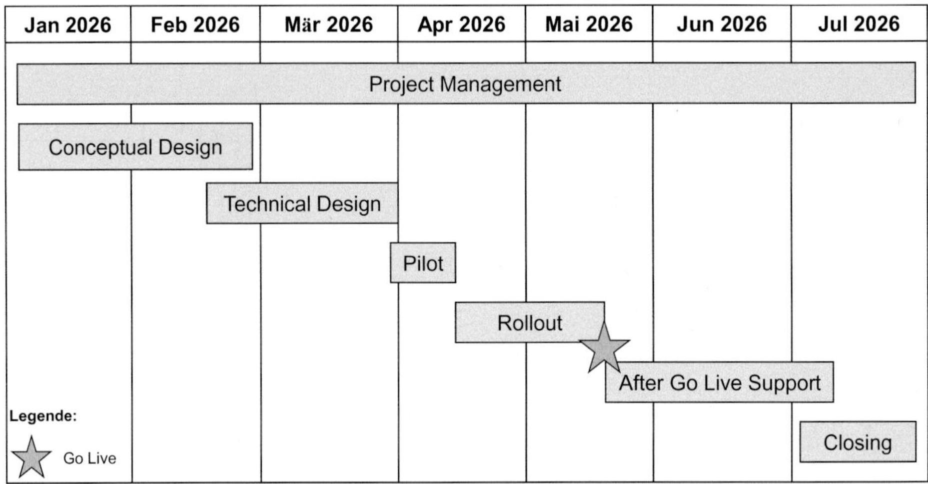

Abb. 15.26 Idealtypischer Digital Business-Strategieimplementierungsablaufplan. (Vgl. Wirtz (2010b), S. 192; Wirtz (2020), S. 452; Wirtz (2021), S. 466)

15.6.5 Digital Business-Strategieaudit

Die letzte Phase der Digital Business-Strategieentwicklung umfasst ein spezifisches Digital Business-Strategieaudit. Im Rahmen dieses Digital Business-Strategieaudit soll geprüft werden, inwieweit die zuvor definierten und implementierten Strategien die gewünschte Wirkung aufweisen. Somit richtet sich das Digital Business-Strategieaudit auf die Prämissen, die Durchführung und die Wirksamkeit von Digital Business-Strategien.

Genauso wie für klassische Unternehmen gelten für Unternehmen der Internetökonomie die unternehmerischen finanziellen Fundamentalziele, wie zum Beispiel Gewinn, Umsatz, EBIT, Cash-Flow, Return-on-Investment (RoI) und Wertsteigerung. Als übergeordnete Zielsetzung für alle Digital Business-Aktivitäten steht somit die Sicherstellung einer langfristigen Profitabilität des Digital Business-Unternehmens im Fokus der Betrachtung, um die finanziellen Interessen der Shareholder dauerhaft zu befriedigen.[103] Um den Beitrag einer Digital Business-Strategie zur Steigerung der Profitabilität eines Digital Business-Unternehmens im Sinne einer Performance-Messung bewerten und kontrollieren zu können, stehen unterschiedliche Profitabilitätskennzahlen zur Verfügung. Abb. 15.27 gibt einen Überblick über die in der Praxis gängigsten Profitabilitätskennzahlen, die für ein Digital Business-Strategieaudit verwendet werden können.

[103] Vgl. Hill/Schilling/Jones (2017), S. 362 ff.; Grant (2016), S. 58 f.

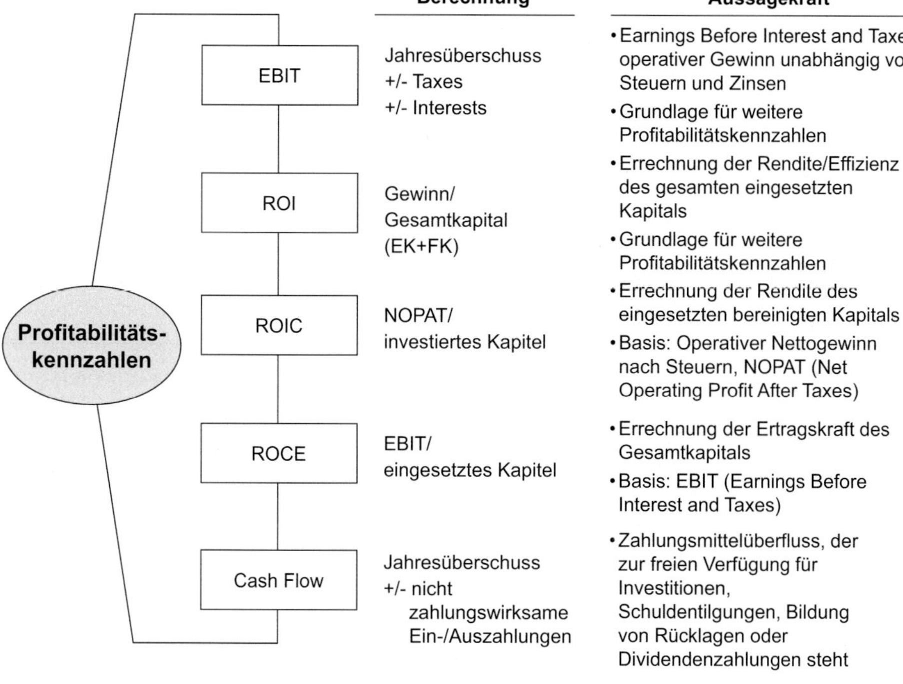

Abb. 15.27 Digital Business-Profitabilitätskennzahlen. (Vgl. Wirtz (2010a), S. 280; Wirtz (2020), S. 453; Wirtz (2021), S. 467)

Wie bereits im Rahmen der Diskussion der Zielinhalte des Digital Business herausgestellt wurde, greift eine Fokussierung auf rein finanzielle Ziele und die damit zusammenhängende Gewinnmaximierung zu kurz. Dies gilt insbesondere auch für ein erfolgreiches Strategieaudit von Unternehmen, die in der Internetökonomie tätig sind. Um neben finanziellen Zielen auch weitere Dimensionen systematisch berücksichtigen zu können, bietet es sich an, das Digital Business-Strategieaudit mithilfe eines Scorecard-Ansatzes zu realisieren. Dadurch ist es möglich, die Leistung eines Digital Business-Unternehmens entlang mehrerer Dimensionen zu bewerten, die jeweils über eine begrenzte Anzahl von Indikatoren erfasst werden.[104]

15.7 Inhaltliche Kernpunkte der Digital Business Strategie

- Die vier Kräfte der Digital Business Strategie sind Konvergenz, Digitalisierung und Innovationsdynamik, Markt- und Wettbewerbskomplexität sowie Customer Empowerment und Social Networking.

[104] Vgl. Müller-Stewens/Lechner (2016), S. 590 ff.

- Konvergenz kann in Produkt-/Dienstleistungskonvergenz, Geschäftsfeldkonvergenz, Unternehmenskonvergenz und Branchenkonvergenz unterteilt werden.
- Die Produkte und Dienstleistungen des Digital Business werden maßgeblich von zwei Trends beeinflusst. Zum einen erfordert die Innovationsdynamik eine Anpassung der Produktpolitik. Zum anderen ermöglicht die Digitalisierung neue Produkt-, Dienstleistungs- und Organisationsformen, die im Bereich des Digital Business von hoher Relevanz sind.
- Typische Markteintrittsbarrieren, die zu Marktkomplexität führen, können auf struktureller, strategischer und institutioneller Ebene auftreten.
- Das Customer Empowerment wird durch die Möglichkeit, dass Kunden ihre Wünsche und Meinungen austauschen und sich in sozialen Netzwerken und Gemeinschaften zusammenschließen können, ermöglicht. Dies wurde durch die modernen Informations- und Kommunikationstechnologien weiter vereinfacht.
- Die wichtigsten Elemente der Digital Business Strategieentwicklung sind die Digital Business-Zielplanung, die Digital Business-Analyse, die Digital Business-Strategieformulierung, die Digital Business-Strategieimplementierung sowie der Digital Business-Strategieaudit.
- Eine situative Digital Business-Analyse umfasst eine Umweltanalyse, die aus einer Untersuchung der politischen, rechtlichen, wirtschaftlichen, sozialen und technologischen Aspekte besteht. Zudem umfasst sie eine Kompetenz-/Ressourcen- sowie eine Nachfrage- und eine Angebotsanalyse. Die Umwelt- und die Nachfrageanalyse beziehen sich auf eine Chancen-Risiko-Analyse, während die Angebots- und die Kompetenz-/Ressourcenanalyse für die Stärken-Schwächen-Analyse bedeutsam sind.
- Die SWOT-Analyse stellt eine strategische Bewertung der Stärken, Schwächen, Chancen und Risiken dar.
- Die Erfolgsfaktoren für die Digital Business-Strategieimplementierung sind Ease of Use, Usefulness, System Quality, Information Quality, Service Quality, Community/ Network Quality, Strategie/Organisationsfit sowie Personalisierungsqualität.

Kapitel 15
Wissensfragen und Diskussionsthemen

Wissensfragen

1. Erklären Sie das vier Kräfte Modell des Digital Business.
2. Stellen Sie die Determinanten und Ebenen der Konvergenzentwicklung dar.
3. Stellen Sie die unterschiedlichen Formen von Open Innovation dar.
4. Stellen Sie die unterschiedlichen Wettbewerbsstrategien im Digital Business dar.
5. Beschreiben Sie die verschiedenen Phasen der digitalen Strategieentwicklung.

Diskussionsthemen

1. Erörtern Sie auf der Grundlage der vier Kräfte des Digital Business, welche Kraft die Wichtigste ist.
2. Diskutieren Sie, ob der sich schnell verändernde digitale Markt überhaupt eine langfristige Strategie erfordert. Ist eine kurzfristige Anpassung nicht der effektivere Ansatz?
3. Diskutieren Sie, ob die Innovationsstrategie die wichtigste Wettbewerbsstrategie ist und welche Vor- und Nachteile eine systematische Innovationsstrategie hat.

Literatur

Albach, H. (1992), Strategische Allianzen, strategische Gruppen und strategische Familien, in: Zeitschrift für Betriebswirtschaft (ZfB), 62. Jg., Nr. 6, 1992, S. 663–670.

Alphabet (2017), Annual Report 2016, 2017, https://abc.xyz/investor/pdf/2016_google_annual_report.pdf, Abruf: 29.05.2017.

Amazon (2023), Who We Are, https://www.aboutamazon.com/about-us, Abruf: 03.03.2023.

Andrews, K. (2003), The Concept of Corporate Strategy, in: Mintzberg, H./Lampel, J./Quinn, J./ Ghoshal, S. (Hrsg.): The Strategy Process, Bd. 4, Essex 2003, S. 72–79.

Ansoff, H.I. (1965), Corporate Strategy, New York 1965.

Bain, J.S. (1968), Industrial Organizations, New York 1968.

Barney, J. (1991), Firm Resources and Sustained Competitive Advantage, in: Journal of Management, 17. Jg., Nr. 1, 1991, S. 99–120.

Barney, J. (1999), How a firm's capabilities affect boundary decisions, in: Sloan Management Review, 41. Jg., Nr. 3, 1999, S. 137–145.

Baubin, T./Wirtz, B.W. (1996), Strategic Management and Transformation in Converging Industries Towards the Information Society, in: Brenner, W./Kolbe, L. (Hrsg.): The Information Superhighway and Private Households Cases of Business Impact, Heidelberg 1996, S. 363–427.

Baumol, W./Panzar, J./Willig, R. (1988), Contestable Markets and the Theory of Industry Structure, New York 1988.

Becker, J. (2013), Marketing-Konzeption- Grundlagen des ziel-strategischen und operativen Marketing-Managements, 10. Auflage, München 2013.

Bianchi, M./Cavaliere, A./Chiaroni, D./Frattini, F./Chiesa, V. (2011), Organisational modes for Open Innovation in the bio-pharmaceutical industry: An exploratory analysis, in: Technovation, 31. Jg., Nr. 1, 2011, S. 22–33.

Chaffey, D. (2019), Average display advertising clickthrough rates- US, Europe and Worldwide display ad clickthrough rates statistics summary, https://www.smartinsights.com/internet-advertising/internet-advertising-analytics/display-advertising-clickthrough-rates/, Abruf: 13.12.2019.

Chesbrough, H./Crowther, A.K. (2006), Beyond high tech: early adopters of open innovation in other industries, in: R&D Management, 36. Jg., Nr. 3, 2006, S. 229–236.

Chesbrough, H.W. (2003a), Open Innovation: The New Imperative for Creating and Profiting from Technology, Boston, Massachusetts 2003.

Chesbrough, H.W. (2003b), The era of open innovation, in: MIT Sloan Management Review, 44. Jg., Nr. 3, 2003, S. 35–41.

Clemens, O./Schinzer, H. (2000), Software-Agenten im Internet, in: Das Wirtschaftsstudium (WISU), 29. Jg., Nr. 2, 2000, S. 213–225.

Contractor, F.J./Lorange, P. (1998), Cooperative Strategies in International Business, Lexington 1998.

Darwin, C. (1963), Die Entstehung der Arten, Stuttgart 1963.

Denger, K.S./Wirtz, B.W. (1995), Innovatives Wissensmanagement und Multimedia, in: Gablers Magazin, 9. Jg., Nr. 3, 1995, S. 20–24.

Deutsche Telekom AG (2022), Das Geschäftsjahr 2021, Bonn, 2022, https://www.telekom.com/de/medien/medieninformationen/detail/bericht-zum-geschaeftsjahr-2021-646698#:~:text=Im%20Gesch%C3%A4ftsjahr%202021%20kletterte%20der,auf%2037%2C3%20Milliarden%20Euro., Abruf: 03.03.2023.

Enkel, E./Gassmann, O./Chesbrough, H. (2009), Open R&D and open innovation: exploring the phenomenon, in: R&D Management, 39. Jg., Nr. 4, 2009, S. 311–316.

Freeman, J./Boeker, W. (1984), The ecological analysis of business strategy, in: California Management Review, 26. Jg., Nr. 3, 1984, S. 73–86.

Google (2023), Accelerating climate action at Google and beyond, https://sustainability.google/, Abruf: 03.03.2023.

Grant, R.M. (2016), Contemporary strategy analysis, 9. Auflage, Hoboken, New Jersey 2016.

Grönlund, J./Sjödin, D.R./Frishammar, J. (2010), Open Innovation and the Stage-Gate Process: A Revised Model for New Product Development, in: California Management Review, 52. Jg., Nr. 3, 2010, S. 106–131.

Harrigan, K.R. (1985), Strategies for Joint ventures, Lexington 1985.

Hengsberger, A. (2018), Best Practice Open Innovation – so machen es die Besten, Lead Innovation Blog, 2018, https://www.lead-innovation.com/blog/best-practice-open-innovation, Abruf: 05.02.2020.

Herald Times Online (2000), Scientists to announce Monday completion of human genome map, 2000, http://www.heraldtimesonline.com/stories/2000/06/24/news.000624_HT_A3_JPS14514.sto, Abruf: 23.05.2012.

Hill, C.W.L./Schilling, M.A./Jones, G.R. (2017), Strategic management- An integrated approach : theory & cases, 12. Auflage, Boston, MA 2017.

Hofer, C.W./Schendel, D. (1978), Strategy Formulation: Analytical Concepts, St. Pauli 1978.

Idealo.de (2023), Startseite, 2023, https://www.idealo.de/, Abruf: 27.02.2023.

International Telecommunication Union (2006), Telecommunication Standardization Sector-Study Period 2005–2008, 2006, http://www.itu.int/md/dologin_md.asp?lang=en&id=T05-FG. IPTV-C-0132!!MSW-E, Abruf: 06.07.2017.

Jelassi, T./Enders, A. (2005), Strategies for e-Business- Creating Value through Electronic and Mobile Commerce, 1. Auflage, Edinburgh 2005.

Jelassi, T./Enders, A. (2008), Strategies for e-business- Creating Value through Electronic and Mobile Commerce, 2. Auflage, Harlow, Essex 2008.

Johnson, G./Scholes, K. (1993), Exploring Corporate Strategy – Text and Cases, New York 1993.

Kotler, P./Keller, K.L./Opresnik, M.O. (2015), Marketing-Management- Konzepte – Instrumente – Unternehmensfallstudien, 14. Auflage, Hallbergmoos 2015.

Krüger, W. (2002), Auswirkungen des Internets auf Wertketten und Geschäftsmodelle, in: Frese, E./ Stöber, H. (Hrsg.): E-Organisation, Wiesbaden 2002, S. 63–89.

Mahoney, J./Pandian, J.R. (1992), The Resource-based View within the Conversation of Strategie Management, in: Strategic Management Journal, 13. Jg., Nr. 6, 1992, S. 363–380.

Mayr, E. (1970), Population, Species, and Evolution, Cambridge 1970.

Meffert, H./Burmann, C./Kirchgeorg, M./Eisenbeiß, M. (2019), Marketing- Grundlagen marktorientierter Unternehmensführung Konzepte – Instrumente – Praxisbeispiele, 13. Auflage, Wiesbaden 2019.

Moring, A./Maiwald, L./Kewitz, T. (2018), Bits and Bricks: Digitalisierung von Geschäftsmodellen in der Immobilienbranche, Wiesbaden 2018.

Müller-Stewens, G./Lechner, C. (2016), Strategisches Management- Wie strategische Initiativen zum Wandel führen, 5. Auflage, Stuttgart 2016.

Naylor, R.W./Lamberton, C.P./West, P.M. (2012), Beyond the "Like" Button- The Impact of Mere Virtual Presence on Brand Evaluations and Purchase Intentions in Social Media Settings, 2012, S. 105–120.

Nitzsche, P./Wirtz, B.W./Göttel, V. (2016), Innovation Success in the Context of Inbound Open Innovation, in: International Journal of Innovation Management, 20. Jg., Nr. 02, 2016, S. 1–38.

Noé, M. (2013), Innovation 2.0, Wiesbaden 2013.

OurWorldinData (2017), Moore's Law: Transistors per microprocessor- 2015–2017, https://ourworldindata.org/, Abruf: 10.02.2020.

Pennings, J.M./Puranam, P. (2000), Market Convergence & Firm Strategies- Towards a systematic analysis, Keystone 2000.

Peter, S.I. (1997), Kundenbindung als Marketingziel: Identifikation und Analyse zentraler Determinanten, Wiesbaden 1997.

Peteraf, M.A. (1993), The Cornerstones of Competitive Advantage: A Resource-based View, in: Strategie Management Journal, 14. Jg., Nr. 2, 1993, S. 179–191.

Picot, N./Neuburger, R./Prinz, A./Esser, J./Hoeren, T. (2000), Die Bedeutung des Internet, in: Wirtschaftsdienst: Zeitschrift für Wirtschaftspolitik, Nr. 80, 2000, S. 591–606.

Porter, M.E. (1980), Competitive Strategy. Techniques for Analyzing Industries and Competitors, New York 1980.

Porter, M.E. (1985), Competitve Advantage, New York 1985.

Porter, M.E. (1986), Wettbewerbsvorteile. Spitzenleistungen erreichen und behaupten, Frankfurt am Main 1986.

Porter, M.E. (1987), From Competitive Advantage to Corporate Strategy, in: Harvard Business Review (HBR), 65. Jg., Nr. 3, 1987, S. 43–59.

Porter, M.E. (1991), Towards a Dynamic Theory of Strategy, in: Management Journal, 12. Jg., S2, 1991, S. 95–117.

Porter, M.E. (2001), Strategy and the Internet, in: Harvard Business Review, 79. Jg., Nr. 3, 2001, S. 63–78.

Post, J.E./Frederick, W.C./Lawrence, A.T./Weber, J. (2002), Business and Society, Boston 2002.

Post, J.E./Lawrence, A.T./Weber, J. (1999), Business and Society: corporate strategy, public policy, ethics, Boston, Ma., Irwin 1999.

Rayport, J.F./Jaworski, B.J. (2001), e-Commerce, Boston 2001.

Roser, M. (2018), Moore's Law – The number of transistors on integrated circuit chips (1971–2018), https://upload.wikimedia.org/wikipedia/commons/8/8b/Moore%27s_Law_Transistor_Count_1971-2018.png, Abruf: 10.02.2020.

Rühli, E. (1994), Die Resource based View of Strategy – Ein Impuls für einen Wandel im untemehmungspolitischen Denken und Handeln?, in: Gomez, P./et al (Hrsg.): Unternehmerischer Wandel – Konzepte zur organisatorischen Erneuerung, Wiesbaden 1994, S. 31–57.

Rupp, K. (2015), 40 Years of Microprocessor Trend Data, https://www.karlrupp.net/2015/06/40-years-of-microprocessor-trend-data/, Abruf: 10.02.2020.

Scherer, F.M./Ross, D. (1990), Industrial Market Structure and Economic Performance, Chicago 1990.

Schoemaker, P.J.H. (1993), Strategic Decisions in Organizations: Rational and Behavioral Views, in: Journal of Management Studies, 30. Jg., Nr. 1, 1993, S. 107–128.

Shapiro, C./Varian, H.R. (1999), Information Rules. A Strategic Guide to the Network Economy, Boston 1999.

Sheperd, W.G. (1985), The Economics of Industrial Organizations, Englewood Cliffs 1985.

Slywotzky, A.J./Morrison, D.J./Moser, T. (1999), Die 30 Besten Strategien für mehr Gewinn, Landsberg am Lech 1999.

Stern (2015), Nestlé und der hausgemachte Shitstorm, 2015, http://www.stern.de/wirtschaft/nestlé-loest-shitstorm-auf-twitter-aus-6464058.html, Abruf: 06.07.2017.

threadless (2023), Startseite, 2023, https://www.threadless.com/search/?sort=popular&style=t-shirt&type=extra-soft&filters=onsale&departments=womens, Abruf: 03.03.2023.

Timmers, P. (1999), Electronic Commerce – Strategies and Models for Business-to-Business Trading, Chichester 1999.

Turban, E./King, D./Lee, J.K./Liang, T.-P./Turban, D.C. (2015), Electronic commerce- A managerial and social networks perspective, 8. Auflage, Cham 2015.

van de Vrande, V./Vanhaverbeke, W./Gassmann, O. (2010), Broadening the scope of open innovation: past research, current state and future directions, in: International Journal of Technology Management, 52. Jg., 3/4, 2010, S. 221.

Vanhaverbeke, W./van de Vrande, V./Chesbrough, H. (2008), Understanding the Advantages of Open Innovation Practices in Corporate Venturing in Terms of Real Options, in: Creativity and Innovation Management, 17. Jg., Nr. 4, 2008, S. 251–258.

Vodafone (2015), Vodafone und Kabel Deutschland werden eins, 2015, https://www.vodafone.de/unternehmen/presse/pressearchiv2015-305680.html, Abruf: 06.07.2017.

Wehrli, H.P./Wirtz, B.W. (1996), Geschäftspartnerintegration und Beziehungsmarketing im Business-to-Business-Bereich, in: Marktforschung & Management, Zeitschrift für marktorientierte Untemehmensführung, 24. Jg., Nr. 3, 1996, S. 96–101.

Wehrli, H.P./Wirtz, B.W. (1997), Mass Customization und Kundenbeziehungsmanagement – Aspekte und Gestaltungsvarianten transaktionsspezifischer Marketingbeziehungen, in: Jahrbuch der Absatz- und Verbrauchsforschung, 43. Jg., Nr. 2, 1997, S. 116–138.

Welge, M.K./Al-Laham, A./Eulerich, M. (2017), Strategisches Management, Wiesbaden 2017.

Wernerfelt, B. (1984), A Resource-based View of the Firm, in: Strategic Management Journal, 5. Jg., Nr. 5, 1984, S. 171–180.

Wieland, W. (1975), Entwicklung, Evolution, in: Brunner, O./Conze, W./Kosselleck, R. (Hrsg.): Geschichtliche Grundbegriffe. Historisches Lexikon zur politisch-sozialen Sprache in Deutschland, Band 2, Stuttgart 1975, S. 199–228.

Wirtz, B.W. (1994), Neue Medien, Unternehmensstrategien und Wettbewerb im Medienmarkt: Eine wettbewerbstheoretische und -politische Analyse, Frankfurt am Main 1994.

Wirtz, B.W. (1995), Transaktionales Marketingmanagement und Virtualisierung, in: Der Betriebswirt, 36. Jg., Nr. 4, 1995, S. 15–20.

Wirtz, B.W. (1999), Convergence Processes, Value Constellations and Integration Strategies in the Multimedia Business, in: The International Media Management Journal, 1. Jg., Nr. 1, 1999, S. 14–22.

Wirtz, B.W. (2000a), Der virtuelle Kunde im Internet ist flüchtig, in: Frankfurter Allgemeine Zeitung (FAZ), 14. Dezember 2000, S. 31.

Wirtz, B.W. (2000b), eCommerce: Die Zukunft Ihres Unternehmens von @ bis z, in: Mittelstandsschriftenreihe der Deutschen Bank, Nr. 19, 2000.

Wirtz, B.W. (2000c), Electronic Business, 1. Auflage, Wiesbaden 2000.

Wirtz, B.W. (2000d), Medien- und Internetmanagement, 1. Auflage, Wiesbaden 2000.

Wirtz, B.W. (2000e), Rekonfigurationsstrategien und multiple Kundenbindung in multimedialen Informations- und Kommunikationsmärkten, in: Zeitschrift für betriebswirtschaftliche Forschung (ZfbF), 52. Jg., Nr. 5, 2000, S. 290–306.

Wirtz, B.W. (2000f), Schöne neue Welt. Über den Aufstieg und Fall der dotcom-Unternehmen, in: Wirtschaftswoche, Nr. 24, 28. Juni 2000, S. 108–109.

Wirtz, B.W. (2000g), Wissensmanagement und kooperativer Transfer immaterieller Ressourcen in virtuellen Organisationsnetzwerken, in: Zeitschrift für Betriebswirtschaft (ZfB), ZfB-Ergänzungheft Virtuelle Unternehmen, 70. Jg., Nr. 2, 2000, S. 97–115.

Wirtz, B.W. (2001a), Electronic Business, 2. Auflage, Wiesbaden 2001.

Wirtz, B.W. (2001b), Reconfiguration of Value Chains in Converging Media and Communications Markets, in: Long Range Planning, 34. Jg., Nr. 4, 2001, S. 489–506.

Wirtz, B.W. (2006), Medien- und Internetmanagement, 5. Auflage, Wiesbaden 2006.

Wirtz, B.W.; Ullrich, S. (2008), Geschäftsmodelle im Web 2.0 - Erscheinungsformen, Ausgestaltung und Erfolgsfaktoren. In: Praxis der Wirtschaftsinformatik (261), S. 20–31.

Wirtz, B.W. (2010a), Business Model Management- Design – Instrumente – Erfolgsfaktoren von Geschäftsmodellen, 1. Auflage, Wiesbaden 2010.

Wirtz, B.W. (2010b), Electronic Business, 3. Auflage, Wiesbaden 2010.

Wirtz, B.W. (2013), Electronic Business, 4. Auflage, Wiesbaden 2013.

Wirtz, B.W. (2016), Direktmarketing- Grundlagen – Instrumente – Prozesse, 4. Auflage, Wiesbaden: Gabler.

Wirtz, B.W. (2020), Electronic Business, 7. Auflage, Wiesbaden 2020.

Wirtz, B.W. (2021), Digital business and electronic commerce- Strategy, business models and technology, 1. Auflage, Cham 2021.

Wirtz, B.W./Elsäßer, M. (2016a), Social Media Marketing- Das Fallbeispiel Adidas – Aufgaben, in: Wirtschaftswissenschaftliches Studium (WiSt), 45. Jg., Nr. 8, 2016, S. 453–458.

Wirtz, B.W./Elsäßer, M. (2016b), Social Media Marketing- Das Fallbeispiel Adidas – Lösungen, in: Wirtschaftswissenschaftliches Studium (WiSt), 45. Jg., Nr. 9, 2016, S. 508–514.

Wirtz, B.W./Lihotzky, N. (2001), Internetökonomie, Kundenbindung und Portalstrategien, in: Die Betriebswirtschaft, 61. Jg., Nr. 3, 2001, S. 285–305.

Wirtz, B.W./Mathieu, A./Schilke, O. (2007), Strategy in High-Velocity Environments, in: Long Range Planning Journal, 40. Jg., Nr. 3, 2007, S. 295–313.

Wirtz, B.W./Vogt, P./Denger, K. (2001), Electronic Business in der Versicherungswirtschaft, in: Zeitschrift für die gesamte Versicherungswirtschaft, 90. Jg., Nr. 1, 2001, S. 161–190.

Wolfert, J./Verdouw, C.N./Verloop, C.M./Beulens, A. (2010), Organizing information integration in agri-food – A method based on a service-oriented architecture and living lab approach, in: Computers and Electronics in Agriculture, 70. Jg., Nr. 2, 2010, S. 389–405.

Digitale Transformation und digitale Organisation

16

Inhaltsverzeichnis

16.1 Digitale Transformation 801
16.2 Digital Leadership 809
16.3 Digitale Organisation 813
16.4 Digitale Teams 821
16.5 Inhaltliche Kernpunkte der digitalen Transformation und digitalen Organisation 830
Literatur 832

Wissensziele
Wenn Sie dieses Kapitel gelesen haben, werden Sie in der Lage sein:

1. das Modell der digitalen Transformations-Pyramide zu beschreiben,
2. das Fünf-Komponenten-Modell der digitalen Transformation zu erläutern,
3. die Unterschiede zwischen Digital Leadership und traditioneller Führung zu erklären,
4. die Entwicklungsstufen der digitalen Organisation zu beschreiben sowie deren technologische und organisatorische Merkmale zu nennen,
5. den Scrum-Prozess zu erklären.

Seit den Anfängen des Internets in den frühen 1990er-Jahren hat sich die Diffusion von digitalen Anwendungen in erheblichem Maße beschleunigt. Inzwischen ist die Digitalisierung von Wirtschaft und Gesellschaft fast vollständig erfolgt. Die neuen technologischen Möglichkeiten im Rahmen dieser fortschreitenden Digitalisierung sowie die teilweise

B. W. Wirtz, *Digital Business*, https://doi.org/10.1007/978-3-658-41467-2_16

radikalen Umbrüche durch neue Technologien im Marktgeschehen führen auch zu einer grundlegenden Veränderung der Unternehmensstrukturen und -prozesse.[1]

Diese digitale Transformation ist gekennzeichnet durch eine digitale Veränderung der Wertschöpfungskonstellation sowie eine digitale Durchdringung sämtlicher Systemelemente und Prozesse. Dabei erfasst die digitale Transformation besonders die Führungsebene (Digital Leadership), welche im Folgenden die Ausgestaltung der Organisationsebene (Digital Organisation) und schließlich auch die Interaktionsebene (Digital Teams) in Unternehmen beeinflusst. Abb. 16.1 gibt einen Überblick über die wesentlichen Aspekte im Zusammenhang mit der digitalen Transformation und Organisation von Unternehmen.

Den Ausgangspunkt bildet dabei die digitale Transformation, die als initiale Triebkraft zunächst eine veränderte Führung der Organisation und eine Etablierung digitaler Mindsets (Werte und Einstellungen) auf der Führungsebene im Sinne eines Digital Leadership begründet. Diese digitalbasierte Führung von Unternehmen wirkt sich wiederum auf die Arbeitsgestaltung in Unternehmen aus und ist gekennzeichnet durch die Entwicklung und Einführung neuer digitalbasierter Organisationsformen und -strukturen, die mit der Zeit in der Etablierung einer digitalen Organisationskultur in Unternehmen resultieren.

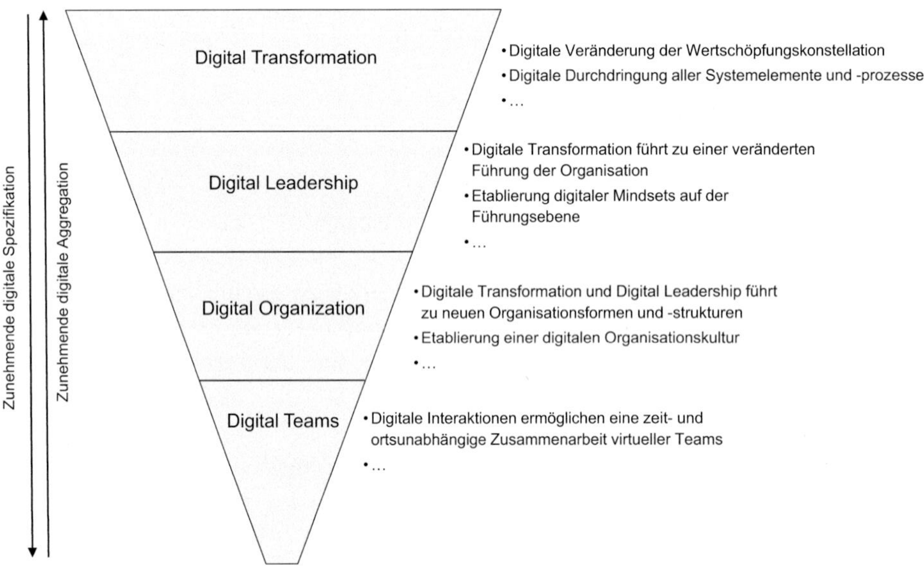

Abb. 16.1 Digitale Transformations-Pyramide. (Vgl. Wirtz (2020), S. 378; Wirtz (2021), S. 472; Wirtz (2022), S. 108)

[1] Vgl. zu Kap. 16 Digitale Transformation und digitale Organisation im Folgenden Wirtz (2020), S. 378 ff.; Wirtz (2021), S. 471 ff.; Wirtz (2022), S. 107 ff.

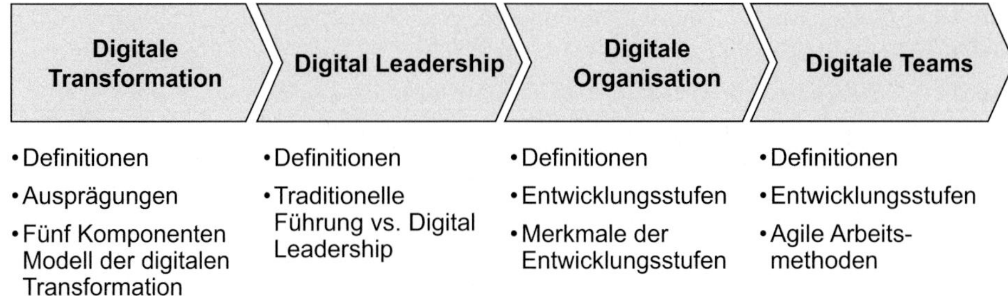

Abb. 16.2 Struktur des Kapitels

Auf der Interaktionsebene führt die zunehmende digitale Vernetzung der Organisationseinheiten und Mitarbeiter zu einer Herausbildung digitaler beziehungsweise virtueller Teams. Die digitalen Interaktionen ermöglichen dabei eine zeit- und ortsunabhängige Zusammenarbeit dieser Teams. Die folgenden Abschnitte widmen sich diesen bedeutenden Aspekten der digitalen Transformation und Organisation von Unternehmen. Abb. 16.2 stellt die Struktur des Kapitels dar, die sich an der digitalen Transformations-Pyramide orientiert.

16.1 Digitale Transformation

Die digitale Transformation ist für Unternehmen von zentraler Bedeutung und bietet ihnen ein erhebliches Chancenpotenzial. Sie eröffnet Unternehmen dabei neue Märkte und Geschäftsmodelle und ermöglicht neben einem agilen Management auch die Verbesserung bestehender sowie die Entwicklung neuer Produkte und Services. Gleichzeitig stellt die digitale Transformation für Unternehmen eine dynamische und komplexe Herausforderung dar, die beträchtliche Auswirkungen auf ihre Organisationsstrukturen und Aktivitäten haben. Im Schrifttum existieren zahlreiche unterschiedliche Begriffserklärungen der „Digital Transformation“, jedoch noch kein einheitliches Verständnis des Begriffs. Tab. 16.1 stellt relevante Definitionen der digitalen Transformation dar.

Um eine systematische Definition des Begriffs digitale Transformation ableiten zu können, ist es erforderlich die dargestellten Definitionsansätze anhand sujektbezogener, funktionaler und teleologischer Aspekte zu unterscheiden und auf der jeweiligen Ebene inhaltliche Gemeinsamkeiten zu identifizieren.

Beim Vergleich der verschiedenen Definitionen hinsichtlich ihrer subjektbezogenen Aspekte fällt die überwiegend durchgängige Übereinstimmung einiger zentraler Definitionscharakteristika auf. Viele Definitionen sehen in der Anwendung von Technologie beziehungsweise in einem technologiebedingten Wandel einen zentralen Aspekt. Dabei wird insbesondere auch der universelle und allgegenwärtige Anwendungscharakter

Tab. 16.1 Definitionen von Digital Transformation. (Vgl. Wirtz (2020), S. 379 f.; Wirtz (2021), S. 474; Wirtz (2022), S. 110)

Autor	Definition
Capgemini Consulting (2011)	Digital transformation (DT) – the use of technology to radically improve performance or reach of enterprises – is becoming a hot topic for companies across the globe. Executives in all industries are using digital advances such as analytics, mobility, social media and smart embedded devices – and improving their use of traditional technologies such as ERP – to change customer relationships, internal processes, and value propositions.
Bouée/ Schaible (2015)	Digitale Transformation verstehen wir als durchgängige Vernetzung aller Wirtschaftsbereiche und als Anpassung der Akteure an die neuen Gegebenheiten der digitalen Ökonomie. Entscheidungen in vernetzten Systemen umfassen Datenaustausch und -analyse, Berechnung und Bewertung von Optionen sowie Initiierung von Handlungen und Einleitung von Konsequenzen.
Berghaus/ Back (2016)	Digital transformation is a technology-induced change on many levels in the organization that includes both the exploitation of digital technologies to improve existing processes, and the exploration of digital innovation, which can potentially transform the business model.
Schwertner (2017)	Digital Business Transformation is the application of technology to build new business models, processes, software and systems that results in more profitable revenue, greater competitive advantage, and higher efficiency. Businesses achieve this by transforming processes and business models, empowering workforce efficiency and innovation, and personalizing customer/citizen experiences.
Kofler (2018)	Die digitale Transformation, in einer gesamtgesellschaftlichen Betrachtung, ist allgegenwärtig und betrifft jeden Einzelnen – sie ist unumstößlich. Wir alle sind betroffen und treiben diese kontinuierliche Veränderung in unterschiedlichen Rollen (zum Beispiel als Kunden, Entwickler, Mitarbeiter, Wissenschaftler) aktiv und ohne vorhersehbares Ende voran.

der Technologie betont, der sich auf sämtliche wirtschaftliche und gesellschaftliche Bereiche bezieht. Zudem wird auch eine Anpassung an die neuen Gegebenheiten der digitalen Ökonomie impliziert.

Auf funktionaler Ebene wird gleichermaßen die tiefgreifende Wirkungsweise von Technologie in Wirtschaft und Gesellschaft hervorgehoben. Einige Definitionsansätze berücksichtigen in diesem Zusammenhang auch die Wirkungsweise auf organisationaler Ebene und adressieren die Veränderung von Geschäftsmodellen, Kundenbeziehungen und Value Propositions (Werteversprechen) sowie die Entwicklung neuer Geschäftsmodelle, Prozesse, Software und Systeme.

Hinsichtlich der teleologischen Aspekte weisen die Definitionen eine gewisse Heterogenität auf. Während die meisten Ansätze teleologische Aspekte ausblenden oder oberflächlich im Sinne einer Leistungs- oder Reichweitenverbesserung von Unternehmen thematisieren, nennen andere auch konkrete Zielsetzungen und Zweckbestimmungen wie etwa Umsatzsteigerungen, Wettbewerbsvorteile, Effizienzgewinne, Innovation und Personalisierung des Kundenerlebnisses.

Tab. 16.2 Definition Digitale Transformation. (Vgl. Wirtz (2020), S. 381; Wirtz (2021), S. 474 f.; Wirtz (2022), S. 111)

Digitale Transformation kennzeichnet den grundlegenden Wandel und die Umgestaltung von Wirtschaft und Gesellschaft hin zu einem digitalbasierten Wirtschafts- und Gesellschaftssystem. Hierbei werden alle wirtschaftlichen und gesellschaftlichen Strukturen und Prozesse durch digitale Technologien wesentlich unterstützt und gestaltet mit dem Ziel der Effizienz- und Effektivitätsverbesserung auf einem höheren Wohlfahrtsniveau.

Aus diesem Überblick gehen die unterschiedliche Fokussierung sowie die Gemeinsamkeiten der Autoren bezüglich der Inhalte und des Umfangs hervor. Zudem weisen viele der aufgeführten Definitionsansätze einen spezialisierten Charakter und damit ein eng gefasstes Begriffsverständnis auf. Insgesamt betrachtet adressiert keiner der Definitionsansätze die subjektbezogenen, funktionalen und teleologischen Aspekte umfassend. Vor diesem Hintergrund wird an dieser Stelle eine weit gefasste, integrierte Definition von digitaler Transformation verwendet (vgl. Tab. 16.2).

Ausprägungen der digitalen Entwicklung und Transformation

Um ein grundlegendes Verständnis für die digitale Transformation und deren Auswirkungen auf Unternehmen zu entwickeln, soll im Folgenden der allgemeine digitale Entwicklungsprozess betrachtet werden und die digitale Transformation darin eingeordnet werden. Abb. 16.3 stellt die Ausprägungen der digitalen Entwicklung und Transformation dar.

Der digitale Entwicklungsprozess kann dabei in vier aufeinanderfolgende Ausprägungen unterteilt werden: digitale Evolution und Adaption, digitale Migration, digitale Konversion und digitale Disruption. Den Ausgangspunkt des digitalen Entwicklungsprozesses bildet ein weitgehend stabiles System an dem die Ausprägung der digitalen Evolution und Adaption ansetzt. Die digitale Evolution und Adaption ist gekennzeichnet durch eine beginnende digitale Entwicklung und sukzessive digitale Anpassung, die mit vergleichsweise moderaten Umweltveränderungen und -dynamiken einhergehen. Moderne Informations- und Kommunikationstechnologien spielen in diesem Zusammenhang noch eine untergeordnete Rolle und der technologische Fortschritt sowie Automatisierungsgrad sind dabei sehr gering. Die Steuerung und Kontrolle der Technologien obliegt vollkommen dem Menschen.

In der darauffolgenden Ausprägung der digitalen Migration erfolgt eine digitale Erweiterung des aktuellen Systems. Die Aktivitäten von Unternehmen werden durch eine Vielzahl von modernen Informations- und Kommunikationstechnologien unterstützt. und es kommt zur Entwicklung neuer Geschäftsmodellausprägungen wie etwa einem neuen Online-Distributionskanal. Zum Teil erfolgt die Unterstützung durch die Technologie dabei bereits teilautomatisiert. Das heißt die Technologie übernimmt zentrale Funktionen für das Unternehmen, während der Mensch den Technologieeinsatz lediglich überwacht und andere Funktionen steuert.

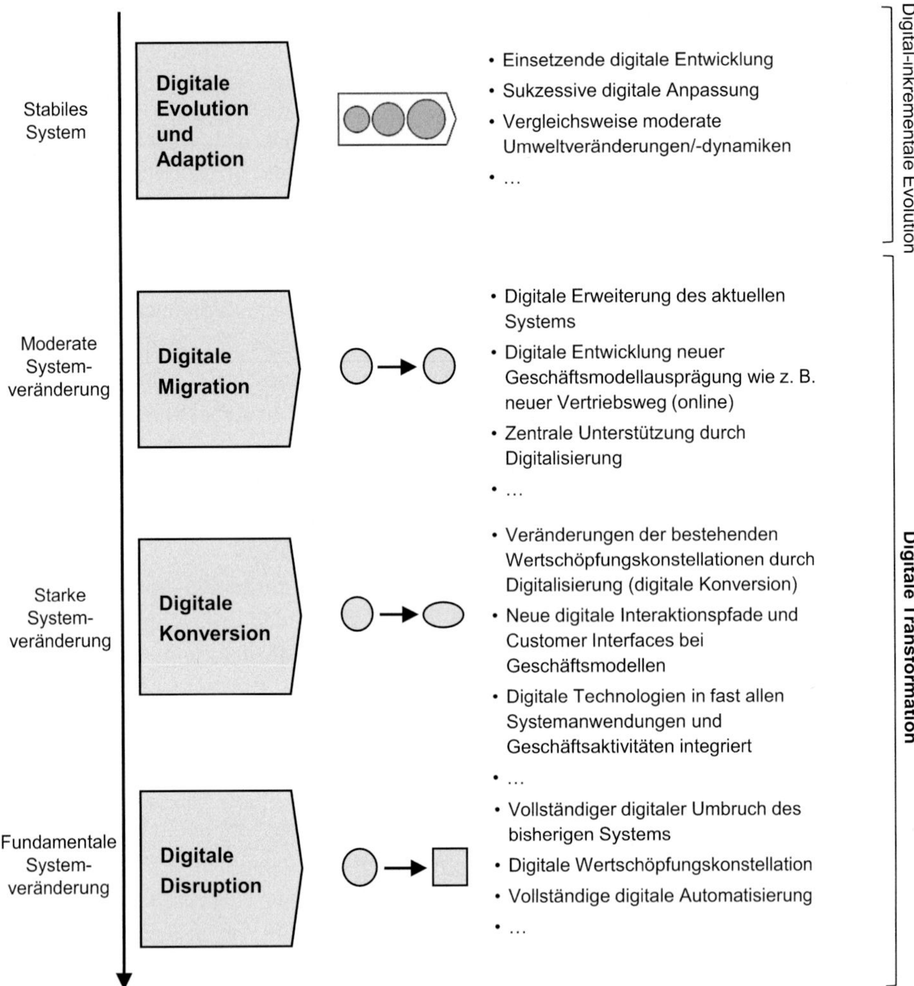

Abb. 16.3 Ausprägungen der digitalen Entwicklung und Transformation. (Vgl. Wirtz (2020), S. 382; Wirtz (2021), S. 475; Wirtz (2022), S. 112)

Der technologische Fortschritt ist moderat und das technologie-gestützte Optimierungsvermögen für die Entscheidungsfindung und Aktivitäten von Unternehmen entsprechend beschränkt. Insgesamt führt die Digitalisierung zu einer moderaten Systemveränderung und bedingt eine zentrale Steuerung innerhalb des Unternehmens. Während die erste Ausprägung des digitalen Entwicklungsprozesses als digital-inkrementelle Evolution bezeichnet werden kann, stellen die nächsten drei Ausprägungen die digitale Transformation dar.

Die dritte Ausprägung der digitalen Entwicklung, in Form der digitalen Konversion, ist dabei gekennzeichnet durch Veränderungen der bestehenden Wertschöpfungskonstellationen sowie neue digitale Interaktionspfade und Customer Interfaces bei Geschäftsmodellen durch zunehmende Digitalisierung. Zudem sind digitale Technologien in fast allen Systemanwendungen und Geschäftsaktivitäten integriert.

Die Entscheidungsfindung und Aktivitäten der Unternehmen erfolgen technologiegesteuert und in weiten Teilen hochautomatisiert unter menschlicher Bewertung und Führung. Die Technologie kann somit sämtliche Funktionen in einem spezifischen Anwendungsfall steuern. Mensch und Technologie überwachen und kontrollieren dabei gegenseitig ihre Aktivitäten. Insgesamt weist diese Ausprägung eine starke Systemveränderung auf.

Die letzte Ausprägung der digitalen Entwicklung besteht in einer digitalen Disruption, die mit einer fundamentalen Systemänderung von Unternehmen verbunden ist. Hierbei kommt es zu einem vollständigen digitalen Umbruch des bisherigen Systems und der Etablierung einer digitalen Wertschöpfungskonstellation.

Zudem ist diese Ausprägung durch die optimierte, technologie- und maschinengesteuerte Erkenntnisgewinnung, Bewertung, Entscheidungsfindung und Steuerung von Maschine und Mensch gekennzeichnet. Technologie und Maschine handeln dabei in vielen Bereichen vollautomatisch ohne wesentliche Aufsicht des Menschen. Die Technologie beziehungsweise Maschine kann somit viele Funktionen unter einer Vielzahl an Bedingungen steuern und es ist kein Mensch hierfür erforderlich.

Gerade im Bereich zwischen der dritten Ausprägung der digitalen Konversion und der vierten Ausprägung der digitalen Disruption kommt es zu erheblichen Umbrüchen von organisationalen Gebilden und Systemen, weil die digitale Transformation die analogen Strukturen und Prozesse des Unternehmens aufbricht.

Fünf-Komponenten-Modell der digitalen Transformation

Grundsätzlich kann der Prozess der digitalen Transformation in mehrere Schritte bzw. Transformationskomponenten unterteilt werden. Als Ausgangsbasis für solch eine Betrachtung kann das Fünf-Komponenten-Modell der digitalen Transformation dienen. Dieses besteht aus den Komponenten (1) Customer, Market and Digital Technology Centricity, (2) Digital Transformation Strategy Design, (3) Digital Organization Design, (4) Digital Technology Design sowie (5) Digital Transformation Implementation. Abb. 16.4 stellt das Fünf-Komponenten-Modell der digitalen Transformation dar.

Customer, Market and Digital Technology Centricity

Der erste Bereich des Fünf-Komponenten-Modells der digitalen Transformation bezieht sich auf die Customer, Market and Digital Technology Centricity. Grundsätzlich besteht die Digital Customer Base eines Unternehmens aus drei unterschiedlichen Kundengruppen. Hierzu zählen die Steady Customer (Stammkunden), New Customers (Neukunden) sowie die potenziellen Kunden. Vor dem Hintergrund der digitalen Transformation sollte ein besonderes Augenmerk darauf liegen über Integrated Digital Interfaces die Präferenzen und den Digitalisierungsbedarf der unterschiedlichen Kundengruppen festzustellen.

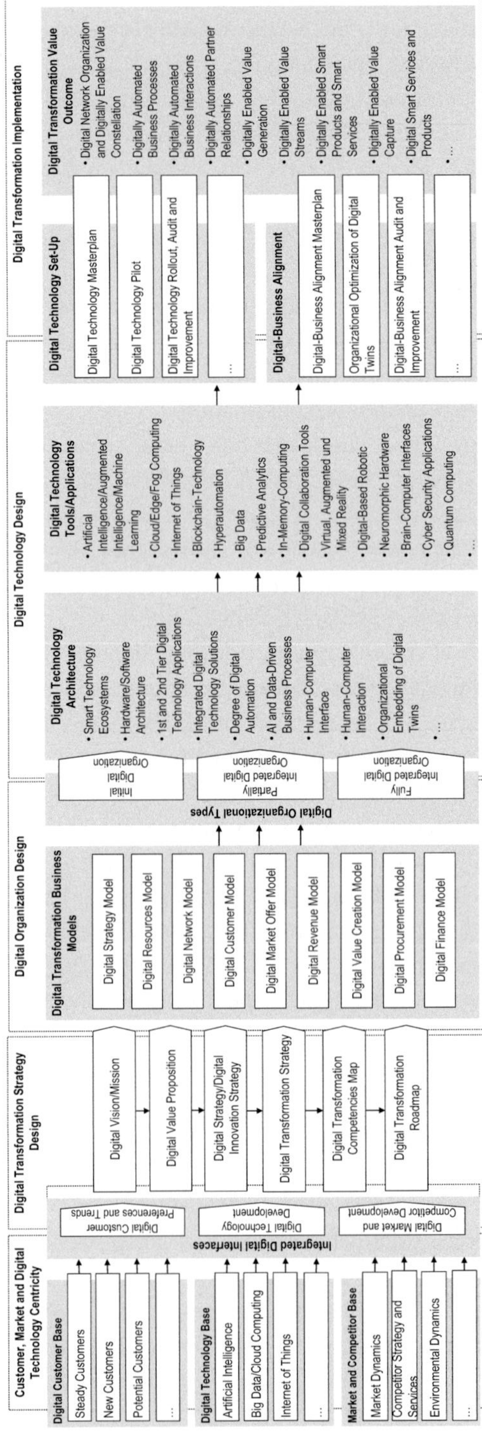

Abb. 16.4 Fünf-Komponenten-Modell der digitalen Transformation

Darüber hinaus ist ein kontinuierliches Monitoring der Digital Technology Base Entwicklungen notwendig. Hierbei sollten insbesondere innovative digitale Technologien wie Artificial Intelligence, Big Data, Cloud Computing sowie Internet of Things auf deren Integrationspotenzial in die Geschäftsprozesse und Organisationsstrukturen hin analysiert werden. Die Entwicklungen dieser digitalen Technologien können sowohl die Bedürfnisse und Anforderungen von Steady Customers als auch von New Customers und Potenzial Customers verändern bzw. prägen.

Neben dem Fokus auf Kunden und digitale Technologien erfordert die digitale Transformation auch eine kontinuierliche Analyse der Market und Competitor Base. Hierbei können über Integrated Digital Interfaces die digitalen Strategien und Services der Wettbewerber analysiert und eine dynamische Markt- bzw. Umgebungsentwicklung frühzeitig antizipiert werden. In diesem Zusammenhang ist es besonders wichtig die Aktivitäten digitaler Disruptoren im Geschäftsfeld zu erkennen, um die Disruptoraktivitäten hinreichend zu berücksichtigen. Da die digitalen Disruptoren technologische Inventionen nutzen, um grundlegend neue Geschäftsmodelle zu konzipieren, kann die Analyse der Market und Competitor Base auch eine veränderte Interpretation und Analyse der Digital Technology Base nach sich ziehen.

Digital Transformation Strategy Design

Der zweite Bereich des Fünf-Komponenten-Modells der digitalen Transformation umfasst das Digital Transformation Strategy Design. Hierbei wird anhand der vorherigen Analyse von digitalen Markt- bzw. Wettbewerbsentwicklungen, digitalen Technologieentwicklungen sowie digitalen Kundenpräferenzen und Trends eine integrierte digitale Transformationsstrategie entwickelt.

Den Ausgangspunkt dieser digitalen Transformationsstrategie bildet die digitale Vision bzw. Mission, die sich auf alle anderen Strategieelemente auswirkt. Somit bestimmt die digitale Vision bzw. Mission in erheblichem Maße die digitale Value Proposition (Wertversprechen für das Leistungsangebot) des jeweiligen Unternehmens. Aus dieser Value Proposition lässt sich dann eine umfassende Digitalstrategie bzw. Innovationsstrategie ableiten, die ihrerseits die Grundlage für die digitale Transformationsstrategie bildet. Anschließend werden in einer Digital Transformation Competencies Map die erforderlichen Fähigkeiten und Ressourcen festgelegt, bevor in einer Digital Transformation Roadmap die einzelnen Prozessschritte der digitalen Transformation auf organisationaler und informationstechnologischer Ebene formuliert werden.

Digital Organization Design

Der dritte Bereich des Fünf-Komponenten-Modells der digitalen Transformation bezieht sich auf das Digital Organization Design. Dieses Design wird in erheblichem Maße von der Digital Transformation Strategy, der Digital Transformation Competencies Map sowie der Digital Transformation Roadmap geprägt. In diesem Zusammenhang sind die Digital

Transformation Business Models von besonderer Bedeutung, um die strategischen Prämissen in entsprechende organisationale Designs, Strukturen und Prozesse zu überführen.

Die Entwicklung dieser Digital Transformation Business Models bietet gleichzeitig die Basis zur Überprüfung der Business Cases im Sinne des Aufwands und des Ertrags der digitalen Transformation und dient als Entscheidungsgrundlage für die Wahl des Digital Organizational Types (DOT).

Die Wahl des DOT wird maßgeblich dadurch geprägt wie stark der Digitalisierungsgrad in dem jeweiligen Geschäftsfeld ist bzw. wie sich dieser Digitalisierungsgrad zukünftig entwickeln wird. Je nach Digitalisierungsgrad lassen sich dabei die Initial Digital Organization, die Partially Integrated Organization sowie die Fully Integrated Organization unterscheiden. Auf die organisationalen und technologischen Merkmale dieser Organisationstypen wird in Abschn. 16.3 näher eingegangen.

Digital Technology Design

Mit dem Digital Organizational Design werden also die wesentlichen Geschäftsstrukturen, Value Streams sowie Geschäftsprozesse definiert, die anschließend durch das Digital Technology Design unterstützt werden. Das Digital Technology Design besteht im Wesentlichen aus vier Bereichen.

Zunächst wird im Bereich der Digital Technology Architecture die grundsätzliche IT-Struktur für die digitale Transformation entwickelt. Dabei liegt der Fokus darauf, eine IT-Struktur zu schaffen, die den Anforderungen der jeweiligen DOT entspricht. So ist es beispielsweise bei einer Fully Integrated Digital Organization von erheblicher Bedeutung, eine Digital Technology Architecture aufzubauen, die auf einem Smart Technology Ecosystem mit integrierten Technologielösungen basiert, das einen hohen digitalen Automatisierungsgrad ermöglicht. Hierfür bedarf es hoch entwickelter Hard- sowie Softwarearchitekturen, welche insbesondere eine weitreichende Automatisierung an der Schnittstelle von Menschen und Computern zulassen.

Aufbauend auf der Digital Technology Architecture werden konkrete Digital Technology Tools/Applications ausgewählt und anschließend in die IT-Struktur integriert. Beispiele hierfür sind Artificial Intelligence, Augmented Intelligence, Machine Learning, Cloud Computing und auch das Internet of Things sowie Quantum Computing. Insbesondere bei Fully Integrated Digital Organizations kommen diese Digital Technology Tools/Applications nicht alleine, sondern in kombinierter Form zum Einsatz.

Abgeschlossen wird der Bereich Digital Technology Design durch das Digital Technology Set-Up sowie das Digital-Business Alignment. Im Hinblick auf das Digital Technology Set-Up ist zunächst ein Digital Technology Masterplan erforderlich. Dieser Masterplan umfasst alle notwendigen Schritte, um die Digital Technology Architecture und die Digital Technology Tools/Applications bestmöglich zu integrieren.

Anschließend wird der Masterplan in einem Pilotprojekt initial umgesetzt. Hierbei kommt es zu einer informationstechnologischen Integration der Digital Technology Architecture und der Digital Technology Tools/Applications, sodass eine effektive und effiziente Funktionsweise des gesamten Systems sichergestellt werden kann. Auf Basis dieses Pilotprojekts erfolgt der Rollout. Danach werden die Effektivität, Effizienz und Qualität des Digital Technology Set-Ups im Rahmen eines Audits überprüft, bevor gegebenenfalls Verbesserungen am Set-Up vorgenommen werden.

Das Digital-Business Alignment ist eine zusätzliche Qualitätssicherungsstufe, welche durch die digitale Transformation grundsätzlich erforderlich wird. Hier steht die finale Prüfung bzw. Qualitätssicherung im Fokus aller Aktivitäten, um eine bestmögliche Übereinstimmung und Integration des strategischen und organisationalen Designs mit der IT-Infrastruktur/Digital Architecture zu gewährleisten.

Auf Basis eines Masterplans werden unterschiedliche Maßnahmen umgesetzt, um das Digital-Business Alignment zu optimieren. Abschließend kommt es auch bei dem Digital-Business Alignment zu einer umfassenden Überprüfung, die mögliche Verbesserungspotenziale aufzeigen soll.

Digital Transformation Implementation

Insgesamt zielt der Prozess des Fünf-Komponenten-Modells der digitalen Transformation darauf ab, den Digital Transformation Value Outcome der gesamten Organisation zu verbessern. Dabei können Digitally Enabled Value Generation, Digitally Enabled Value Streams oder auch Digitally Enabled Smart Products and Smart Services als Bestandteile einer erfolgreichen digitalen Transformation auf organisationaler Ebene gesehen werden.

Der gesamte Prozess des Fünf-Komponenten-Modells der digitalen Transformation muss stringent, effektiv und effizient geführt und umgesetzt werden. Dies erfordert grundsätzliche Digital Leadership Capabilities. Hierzu eignet sich am besten der Chief Digital Officer (CDO), um in Kombination mit anderen Mitgliedern der Geschäftsführung die digitale Transformation des jeweiligen Unternehmens voranzutreiben. Diese neue Form der Führung wird auch als Digital Leadership bezeichnet und wird im folgenden Abschnitt dargestellt.

16.2 Digital Leadership

Die zunehmende Digitalisierung und damit einhergehende digitale Transformation von Wirtschaft und Gesellschaft stellt eine Vielzahl neuer komplexer Anforderungen an die Führung von Unternehmen. Um die digitale Transformation erfolgreich zu bewältigen und im Sinne der Unternehmensziele zu steuern, bedarf die Führung von Unternehmen spezifischer Fähigkeiten und Kompetenzen.

Dazu gehören zum einen die technischen und technologischen Fähigkeiten für das Verständnis und die Anwendung digitaler Technologien. Zum anderen erfordert die digitale Transformation insbesondere ein strategisches digitales Management-Mindset auf der Führungsebene, um die mit den digitalen Technologien zusammenhängenden Potenziale und Herausforderungen zu erkennen und erfolgreich zu adressieren sowie die Gestaltung der Unternehmensstrukturen und Mitarbeiterführung entsprechend daran anzupassen.

Vor diesem Hintergrund gewinnt der Ansatz des Digital Leadership zunehmend an Bedeutung in Wissenschaft und Praxis. Im Schrifttum gibt es bislang noch keine allgemein anerkannte Definition des Begriffs „Digital Leadership". Die zahlreichen bisherigen Definitionsansätze von Digital Leadership sind durch ein heterogenes Begriffsverständnis gekennzeichnet. Dies verdeutlichen die Definitionsbeispiele in Tab. 16.3.

Auch hier erfordert die Ableitung einer systematischen Definition des Begriffs Digital Leadership eine Unterscheidung der dargestellten Definitionsansätze nach subjektbezogenen, funktionalen und teleologischen Aspekten sowie die Analyse inhaltlicher Gemeinsamkeiten auf der jeweiligen Ebene.

Auf subjektbezogener Ebene stimmen die Definitionsansätze darin überein, dass Digital Leadership eine bestimmte Form der Führung kennzeichnet. Die weitere subjektbezogene Charakterisierung durch die verschiedenen Ansätze fällt jedoch recht heterogen und generisch aus. Dabei wird Digital Leadership unter anderem als zeitgemäße, ganzheitliche, dezentrale oder reziproke Form der Führung bezeichnet.

Im Rahmen der funktionalen Aspekte wird die integrative Wirkung des Digital Leadership hervorgehoben, sowohl im Hinblick auf die Anforderungen der Digitalisierung als auch in Bezug auf die Mitarbeiter im Unternehmen. Eine besondere Betonung liegt dabei auf der Funktion des Digital Leadership die Mitarbeiter im Unternehmen zu vernetzen und partizipativ einzubinden.

Tab. 16.3 Definitionen von Digital Leadership. (Vgl. Wirtz (2020), S. 385; Wirtz (2021), S. 478; Wirtz (2022), S. 115)

Autor	Definition
Buhse (2012)	Digital Leadership als eine Führung, die nicht nur das alte Management-Einmaleins beherrscht, sondern in der Lage ist, alte Führungskonzepte und Erfolgsrezepte zu abstrahieren, sie mit den neuen Werten und Erfolgsmodellen aus der digitalen Welt abzugleichen und diese dann zu nutzen (Beidhändige Führung). Digital Leader sind hierbei neben ihrer klassischen Rolle zusätzlich gefordert – als Moderatoren, Brückenbauer und Organisatoren der Vernetzung
El Sawy et al. (2016)	We define digital leadership as doing the right things for the strategic success of digitalization for the enterprise and its business ecosystem.
Petry (2018)	The five characteristics of network, openness, participation, agility plus trust form the so called NOPA+ model of digital leadership.
Hensellek (2019)	Digital Leadership ist insofern ein reziprokes Konzept und nicht allein an die obersten Führungspositionen im Sinne eines top-down Ansatzes gebunden, sodass auch Mitarbeiter auf niedrigeren Hierarchieebenen in einem ganzheitlichen Ansatz eines Digital Leadership aktiv mit einbezogen werden sollten.
Kollmann (2019)	Insgesamt kann demnach unter Digital Leadership ein Führungsverhalten zusammengefasst werden, welches die äußeren Einflüsse und Muster der Digitalisierung integriert und in einen zeitgemäßen Führungsstil transferiert.
Doyé (2020)	Digital Leadership bedeutet, mit dezentraler Führung die kollektive Intelligenz der Mitarbeiter und der Peers (swarm intelligence) zu nutzen.

Darüber hinaus werden teleologische Aspekte in den verschiedenen Definitionsansätzen kaum berücksichtigt. Die einzigen genannten Zielsetzungen und Zweckbestimmungen beziehen sich dabei auf den strategischen Digitalisierungserfolg des Unternehmens sowie die Nutzung der kollektiven Intelligenz der Mitarbeiter.

Der Überblick verdeutlicht die unterschiedlichen Schwerpunkte und Gemeinsamkeiten der Begriffserklärungen im Hinblick auf Inhalt und Umfang. Es ist ersichtlich, dass viele der dargestellten Definitionen einen spezifischen Charakter aufweisen und keiner der Definitionsansätze die subjektbezogenen, funktionalen und teleologischen Aspekte umfassend integriert. Um dem Defizit dieses eng gefassten und unvollständigen Begriffsverständnisses Rechnung zu tragen, wird auf Basis der Definitionsansätze im Folgenden eine weit gefasste, integrierte Definition von Digital Leadership verwendet (vgl. Tab. 16.4).

Ausgehend von dieser Definition, soll im Folgenden Digital Leadership von traditionellen Formen der Führung abgegrenzt werden und die mit Digital Leadership verbundenen Kernaspekte und -kompetenzen beschrieben werden. Auf diese Weise soll ein grundlegendes Verständnis von Digital Leadership und seiner Implikationen für Unternehmen vermittelt werden. Abb. 16.5 stellt die traditionelle Führung der innovativen Führungsform des Digital Leadership vergleichend gegenüber.

Im Rahmen der traditionellen Führung spielen digitale Technologien keine oder nur eine untergeordnete Rolle. Dementsprechend ist traditionelle Führung durch eine gewisse Distanz bei der Nutzung digitaler Technologien und ein entsprechend analoges Mindset geprägt. Digital Leadership hingegen beinhaltet neben einer hohen Affinität zu digitalen Technologien und einer grundsätzlichen Technologieoffenheit auch umfassende digitale Fähigkeiten und Kompetenzen.

In diesem Zusammenhang sind die technischen und technologischen Fähigkeiten von zentraler Bedeutung, um digitale Technologien zu verstehen und im Sinne der Unternehmensziele effektiv anzuwenden. Zudem spielen auch digitalspezifische strategische Managementfähigkeiten eine entscheidende Rolle. Diese sind sowohl zur Identifikation, Bewertung und Erschließung der Potenziale und Herausforderungen im Rahmen der Digitalisierung erforderlich als auch um die organisationalen Strukturen und Prozesse sowie die Mitarbeiterführung entsprechend anzupassen und auszurichten.

Neben diesem Fokus auf digitale Technologien unterscheidet sich Digital Leadership von traditioneller Führung auch im Hinblick auf den Führungsstil und die Führungskultur

Tab. 16.4 Definition Digital Leadership. (Vgl. Wirtz (2020), S. 386; Wirtz (2021), S. 478; Wirtz (2022), S. 116)

Digital Leadership kennzeichnet die Führung von organisationalen Systemen und Akteuren auf Basis der umfassenden Verwendung digitaler Technologien. Besondere Kennzeichen der Digital Leadership sind hohe Agilität, Vernetzung, Partizipation, Flexibilität und Responsiveness gegenüber organisationsexternen/umweltbedingten und organisationsinternen Veränderungen. Das Ziel des Digital Leadership ist eine höhere Effektivität und Effizienz der Geschäftsaktivitäten zu erzielen.

Traditionelle Führung		Digital Leadership
• Konventioneller Führungsstil • Keine Affinität zu digitalen Technologien • Analoges Mindset • Distanz bei der Nutzung digitaler Technologien • Formale vertikale Kommunikation mit den Mitarbeitern • Führung im Sinne von Anleiten und Überwachung • Reaktive Entscheidungskultur • …	⇔	• Agile und flexible Führung • Starke Affinität zu digitalen Technologien • Digitale Kompetenzen • Technologieoffenheit • Hohe Partizipation und Integration der digitalen Mitarbeiterfähigkeiten • Führungskräfte setzen Visionen für die Nutzung digitaler Technologien innerhalb der Organisation • Etablierung einer digitalen Leitkultur • Digitale Sinnvermittlung • Offene, informelle, vernetzte und selbstorganisierte Teams • …

Abb. 16.5 Traditionelle Führung vs. Digital Leadership. (Vgl. Wirtz (2020), S. 387; Wirtz (2021), S. 479; Wirtz (2022), S. 117)

im Unternehmen. Während die traditionelle Führung durch einen konventionellen Führungsstil gekennzeichnet ist, betont Digital Leadership einen agilen und flexiblen Führungsansatz.

Agilität und Flexibilität stellen dabei essenzielle Führungsqualitäten beziehungsweise Voraussetzungen für Unternehmen dar, um sich der sehr dynamischen Entwicklung der Digitalisierung und ihren Anforderungen schnell anpassen zu können. Diese beiden Merkmale spiegeln sich im Rahmen des Digital Leadership auch auf der Interaktionsebene in der Zusammenarbeit im Unternehmen wider, die durch die Bildung offener und informeller selbstorganisierter Teams gekennzeichnet ist.

Im Gegensatz zur traditionellen Führung, die eine formale vertikale Kommunikation mit den Mitarbeitern vorsieht und Führung im Sinne von Anleiten und Überwachung versteht, verfolgt Digital Leadership einen visionären partizipativ-integrativen Führungsstil. Danach vermitteln Führungskräfte Visionen für die Nutzung digitaler Technologien innerhalb der Organisation und setzen sich für eine hohe Partizipation und Integration der digitalen Mitarbeiterfähigkeiten ein. Während der autoritäre traditionelle Führungsansatz eine reaktive Entscheidungskultur im Unternehmen begünstigt, zielt Digital Leadership mit diesen Führungsprinzipien darauf ab eine digitale Leitkultur zu etablieren und eine digitale Sinnvermittlung (Digitally enabled purpose) zu erreichen.

Zusammenfassend kann konstatiert werden, dass die digitale Transformation eine digitale Führung im Sinne des Digital Leadership in Unternehmen erfordert und mit sich bringt. Diese digitale Führung hat erhebliche Auswirkungen auf das Unternehmen und führt zu einer grundlegenden digitalbasierten Neuausrichtung der Organisation. Vor diesem Hintergrund sollen im folgenden Abschnitt zentrale Aspekte der digitalen Organisation dargestellt werden.

16.3 Digitale Organisation

Die erhebliche Dynamik technologischer Entwicklungen und der digitalen Transformation erfordert nicht nur eine neue digitale Form der Führung, sondern auch eine Neugestaltung organisationaler Strukturen und Prozesse. Die digitale Führung muss das Unternehmen dynamischer und anpassungsfähiger gestalten, um die Potenziale und Herausforderungen der Digitalisierung schnell und im Sinne der Unternehmensziele erfolgreich zu adressieren.

Vor diesem Hintergrund gewinnt die digitale Organisation von Unternehmen zunehmend an Bedeutung in Wissenschaft und Praxis. Digitale Organisationen blicken dabei auf eine längere Entwicklungsgeschichte zurück, die bereits Anfang der 1990er-Jahre begann und zunächst durch den Begriff der virtuellen Organisation geprägt war. Im Schrifttum existiert bislang kein einheitliches Verständnis des Begriffs der digitalen beziehungsweise virtuellen Organisation. Dies verdeutlichen die Definitionsbeispiele in Tab. 16.5.

Den Vorläufer der digitalen Organisation bildet die virtuelle Organisation, die vor dem Hintergrund der frühen Entwicklungsphase der Informations- und Kommunikationstechnologien vor allem auf die zwischenbetriebliche Zusammenarbeit und Organisation auf Basis innovativer Informations- und Kommunikationstechnologien fokussiert war.

Tab. 16.5 Definitionen von digitaler/virtueller Organisation. (Vgl. Wirtz (2020), S. 389; Wirtz (2021), S. 480; Wirtz (2022), S. 119)

Autor	Definition
Wirtz (1995)	Eine virtuelle Organisation kann als ein temporäres Netzwerk von unabhängigen Firmen (Zulieferern, Koproduzenten, Distributoren aber auch Kunden oder Konkurrenten) verstanden werden, das über moderne Informations- und Kommunikationstechnologien verknüpft ist, um Wissen (know how) zu transferieren, Fähigkeiten zu ergänzen und Kosten zu teilen, um hierüber neue Produkträume und Märkte zu erschließen.
Mertens/ Faisst (1996)	Ein virtuelles Unternehmen basiert auf einem Netzwerk von Betrieben, die sich rasch zusammenschließen (dynamisches Konfigurieren und Umkonfigurieren), um eine sich bietende Wettbewerbschance zu nutzen.
Picot/ Reichwald/ Wigand (1998)	Die virtuelle Unternehmung stellt sich als dynamisches Netzwerk dar. […] Virtuelle Unternehmen entstehen durch Vernetzung standortverteilter Organisationseinheiten, die an einem koordinierten arbeitsteiligen Wertschöpfungsprozeß beteiligt sind.
Rouse (2011)	A digital enterprise is an organization that uses technology as a competitive advantage in its internal and external operations.
Accenture Consulting (2017)	A digital enterprise is connected and dynamic, flexible enough to embrace continuous change. It uses connected platforms, analytic insights, collaboration and modular operating models to increase productivity, speed and responsiveness while putting customers at the center of whatever it does.
Snow/ Fjeldstad/ Langer (2017)	A fully digital enterprise is a powerful combination of people, technology, and organizing ability that is well suited to today's economic and social environment.

Tab. 16.6 Definition Digitale Organisation. (Vgl. Wirtz (2020), S. 390; Wirtz (2021), S. 481; Wirtz (2022), S. 120)

Die digitale Organisation ist eine Organisation, die durch digitale Informationstechnologien in allen wesentlichen Bereichen der Geschäftsaktivitäten unterstützt wird und alle geschäftlichen Kernprozesse digitalisiert. Sie verfügt somit über eine digital-organisationale End-to-End-Struktur (Wertschöpfungsorganisation von der Lieferantenschnittstelle bis zur Kundenschnittstelle). Die digitale Organisation verwendet digitale Technologien um einen nachhaltigen, technologiebasierten Wettbewerbsvorteil zu erzielen.

Der Begriff der virtuellen Organisation bezieht sich somit insbesondere auf dynamische Organisationsnetzwerke auf Basis arbeitsteiliger und partnerschaftlicher Zusammenarbeitsprozesse durch neue Informations- und Kommunikationstechnologien.

Im Zuge der fortschreitenden Digitalisierung und der digitalen Transformation ist in diesem Zusammenhang der Technologieaspekt verstärkt in den Fokus gerückt. Dabei wurde der Begriff der digitalen Organisation entwickelt und findet seither zunehmend Beachtung und Anwendung im Schrifttum. Der Überblick verdeutlicht die unterschiedlichen Schwerpunkte und Gemeinsamkeiten der Begriffserklärungen im Hinblick auf Inhalt und Umfang.

Im Kern beziehen sich dabei die unterschiedlichen Definitionsansätze digitaler Organisation auf die Nutzung von Technologie beziehungsweise die technologische Vernetzung in Unternehmen. Auf Basis dieser unterschiedlichen Begriffserklärungen kann eine integrative Definition von digitaler Organisation abgeleitet werden, welche die Grundlage für ein umfassendes Verständnis dieses Phänomens bildet und im Weiteren verwendet werden soll (vgl. Tab. 16.6).

Entwicklungsstufen der digitalen Organisation

Diese Definition ist eng verbunden mit unterschiedlichen Entwicklungsstufen der digitalen Organisation. Es können in diesem Zusammenhang vier zentrale Entwicklungsstufen unterschieden werden: traditionell-analoge Organisation, initial-digitale Organisation, partiell-integrierte digitale Organisation und vollintegrierte digitale Organisation. Mit jeder nächsthöheren Entwicklungsstufe nehmen dabei der digitale Automatisierungsgrad und der Innovationsgrad zu. Abb. 16.6 stellt die Entwicklungsstufen der digitalen Organisation dar.

Die verschiedenen Entwicklungsstufen der digitalen Organisation unterscheiden sich nicht nur in ihrem digitalen Automatisierungsgrad und Innovationsgrad, sondern lassen sich insbesondere anhand ihrer organisationalen und technologischen Merkmale charakterisieren und voneinander abgrenzen.

Traditionell-analoge Organisation

Die erste Entwicklungsstufe stellt die traditionell-analoge Organisation dar. Aus organisatorischer Sicht entspricht diese Form der Organisation im Wesentlichen einer Primärorganisation und ist durch eine stark hierarchische Grundstruktur mit einem Einlinien-

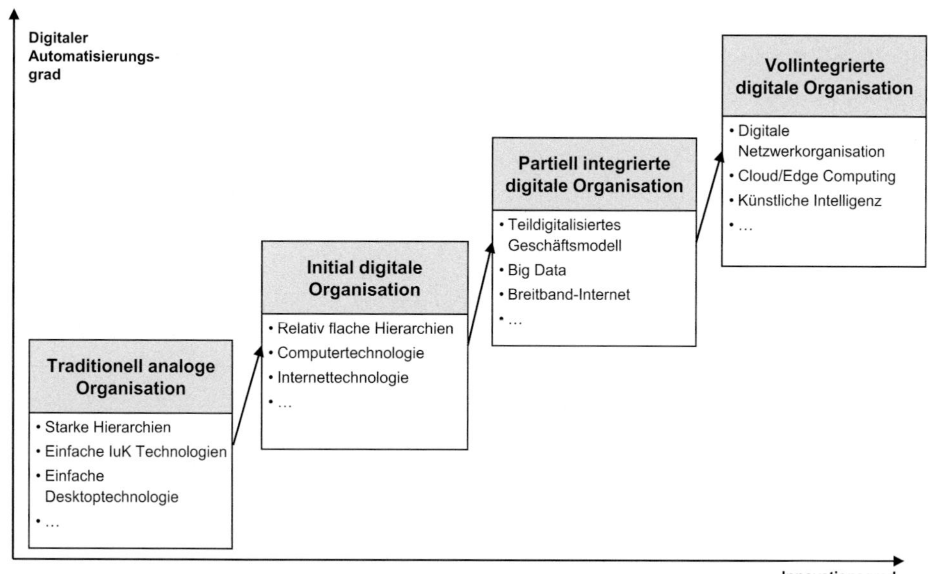

Abb. 16.6 Entwicklungsstufen der digitalen Organisation. (Vgl. Wirtz (2020), S. 391; Wirtz (2021), S. 482; Wirtz (2022), S. 120)

oder Mehrliniensystem gekennzeichnet. Das Management und Geschäftsmodell einer solchen Organisationsform weisen einen analogen Charakter auf und der Führungsstil sowie die Führungskultur entsprechen den Merkmalen traditioneller Führung.

Die technologischen Merkmale der traditionell-analogen Organisation wie Technologie, Daten und Signalübertragung sind von einfacher IuK-Natur. Dementsprechend kommen ausschließlich einfache Desktoptechnologie sowie Geräte wie etwa Fax und Telefon zum Einsatz. Die traditionell-analoge Organisation ist somit auch durch den geringsten Automatisierungsgrad und Innovationsgrad gekennzeichnet.

Initial-digitale Organisation

Die zweite Entwicklungsstufe der digitalen Organisation wird als initial-digitale Organisation bezeichnet. Organisatorisch gesehen ist diese Entwicklungsstufe durch eine hierarchieergänzende beziehungsweise hierarchieübergreifende Sekundärorganisation mit Stabliniensystem charakterisiert.

Diese Organisationstufe weist relativ flache Hierarchien auf und legt den Fokus auf Aspekte wie elektronisch-gestützte Prozessstandardisierung und organisationale Stabilität. Sie ist auch durch eine veränderte Form der Führung gekennzeichnet, welche die Mündigkeit der Arbeitnehmer in den Mittelpunkt stellt und mit kurzen sowie häufigen Kommunikationszyklen auf die Etablierung einer Kooperationskultur im Unternehmen abzielt.

Das Management übernimmt dabei die Rolle des Moderators zwischen einfachen und digitalen Technologien. Die initial-digitale Organisation bricht zwar die analogen Strukturen der traditionell-analogen Organisation auf, erreicht dabei jedoch nur eine geringe digitale Aktions-, Reaktions- und Interaktionsgeschwindigkeit. Dies ist auch ersichtlich aus ihren technologischen Merkmalen, die insbesondere die Nutzung von elektronischer Datenverarbeitung, Rechenzentren, Computer, Internet und E-Mail umfassen.

Partiell-integrierte digitale Organisation

Die dritte Entwicklungsstufe der digitalen Organisation stellt die partiell-integrierte digitale Organisation dar. Besondere organisatorische Merkmale dieser Entwicklungsstufe bestehen in ihrer flachen Organisationsstruktur und flachen Hierarchien.

Digitale Technologien nehmen hierbei erstmals auch eine zentrale Rolle im Rahmen der organisationalen Strukturen und Prozesse ein und haben einen wesentlichen Einfluss auf die Führung und Zusammenarbeit im Unternehmen. So ist diese Entwicklungsstufe insbesondere durch Merkmale wie teildigitalisierte Geschäftsmodelle, den Einsatz von Scrum, digitale Kollaboration sowie eine datengestützte Entscheidungsfindung gekennzeichnet.

Der Fokus liegt damit vor allem auf der Prozessoptimierung im Unternehmen. Darüber hinaus weist die partiell-integrierte digitale Organisation auch eine veränderte Führung auf, die sich durch eine proaktive Organisationskultur mit dezentralen Verantwortlichkeiten auszeichnet. Der Vorgesetzte fungiert dabei als digitaler Förderer und Enabler, während die Zusammenarbeit in offenen informellen und selbstorganisierten Teams stattfindet.

Insgesamt betrachtet verfügen Unternehmen mit einer partiell-integrierten digitalen Organisation über eine mittlere digitale Aktions-, Reaktions- und Interaktionsfähigkeit. Aus technologischer Sicht korrespondiert dieses digital-organisationale Leistungsniveau etwa mit der Anwendung von Big Data, Predictive Analytics, In-Memory-Computing, Breitband-Internet und Videotelefonie, etc.

Vollintegrierte digitale Organisation

Die vierte und letzte Entwicklungsstufe der digitalen Organisation bildet die vollintegrierte digitale Organisation. In dieser Entwicklungsstufe kommt es zu einer umfassenden Durchdringung sämtlicher Organisationsbereiche mit digitalen Technologien. Die Organisation wird zu einer digitalen Netzwerkorganisation, die insbesondere durch ein digitales Management-Mindset, eine digitale Organisationskultur und ein digitales Geschäftsmodell gekennzeichnet ist.

Der Fokus liegt dabei auf der digitalen Prozessautomatisierung im Unternehmen. In diesem Zusammenhang sind insbesondere organisationale Merkmale wie Big-Data-basierte Geschäftsaktivitäten und -prozesse, digitale Wertschöpfungsketten und eine digitalbasierte Nutzerorientierung von Bedeutung.

Die Führung der vollintegrierten digitalen Organisation agiert dabei vor allem nach den Prinzipien der digitalen Flexibilität sowie Agilität und treibt die digitale Kollaboration in autonomen digitalen Teams im Sinne einer selbstlernenden Organisation voran.

Dementsprechend ist die digitale Aktions-, Reaktions- und Interaktionsfähigkeit im Rahmen der vollintegrierten digitalen Organisation als hoch zu bezeichnen. Auf Technologieebene kommen in dieser Entwicklungsstufe die fortschrittlichsten und hochentwickeltsten digitalen Technologien zum Einsatz.

Dies beinhaltet insbesondere das Cloud/Edge Computing, Maschinelles Lernen, Internet of Things, Blockchain-Technologie, Artificial Intelligence und Robotik. Die vollintegrierte digitale Organisation weist somit auch den höchsten digitalen Automatisierungsgrad und Innovationsgrad aller Entwicklungsstufen der digitalen Organisation auf. Abb. 16.7 fasst wesentliche organisationale und technologische Merkmale der unterschiedlichen Entwicklungsstufen der digitalen Organisation in einem Überblick zusammen.

Die Entwicklung und Gestaltung sowie der Erfolg der digitalen Organisation wird wesentlich durch den Einsatz digitaler Technologien, Instrumente und Methoden im Unternehmen determiniert. In diesem Zusammenhang stehen Unternehmen eine Vielzahl technologischer Möglichkeiten zur Verfügung. Tab. 16.7 bietet einen Überblick über zentrale digitale Technologien, Instrumente und Methoden in digitalen Organisationen.[2]

Die wichtigsten Technologien stellen dabei konventionelle Webtechnologien, cloudbasierte Dienste, mobile Internettechnologien sowie Big Data und Big Data Architecture dar. Konventionelle Webtechnologien beziehen sich auf die aktive Nutzung beziehungsweise Bereitstellung von Webseiten und Onlineanwendungen beispielsweise auf Basis der Auszeichnungssprache HTML und der Skriptsprache JavaScript. Konventionelle Webtechnologien werden von etwa 85 % der erfolgreichen digitalen Organisationen genutzt und stellen somit die am weitesten verbreitete Technologieform im Kontext der digitalen Organisation dar.

Zudem finden auch cloudbasierte Dienste mit einem etwas geringeren Nutzungsanteil von 81 % häufig Anwendung in erfolgreichen digitalen Organisationen. Unter cloudbasierten Diensten versteht man die Nutzung externer Speicherkapazitäten, Rechenleistung und Software. Sie ermöglichen Unternehmen einen flexiblen und ortsunabhängigen Zugriff auf Daten, Software und Rechenleistung.

Ein weiterer zunehmend wichtiger Technologiebereich sind mobile Internettechnologien, die etwa zwei Drittel (68 %) der erfolgreichen digitalen Organisationen nutzen. Mobile Internettechnologien bieten einen ortsunabhängigen Zugriff auf nahezu sämtliche Inhalte und Services im Internet. Die 5G-Technologie stellt in diesem Zusammenhang den neuesten Standard des mobilen Internets dar und ist gekennzeichnet durch hohe Datenübertragungsraten von 10 Gigabit pro Sekunde.

Darüber hinaus gehört auch Big Data beziehungsweise eine Big-Data-Architektur zu den wichtigsten digitalen Technologien im Kontext der digitalen Organisation. Big Data und Big-Data-Architekturen werden von mehr als der Hälfte (56 %) der erfolgreichen di-

[2] Inhalte basierend auf McKinsey (2018), S. 3.

	Traditionell analoge Organisation	Initial digitale Organisation	Partiell integrierte digitale Organisation	Vollintegrierte digitale Organisation
Organisationale Merkmale	• Primärorganisation • Einlinien- oder Mehrliniensytem • Starke Hierarchie • Analoges Mindset • Analoges Geschäftsmodell • Zentrale Zuständigkeit • Vorgangsorientierung • Geringe Integration bzw. Partizipation der Nutzer/Kunden • Konzentration von Spezialisten • Silodenken • Formale vertikale Kommunikation • Vorgesetzter als alleiniger Richtungsgeber • Führung im Sinne von Anleiten und Überwachung • Reaktive Kultur • …	• Hierarchieergänzende/ hierarchieübergreifende Sekundärorganisation • Stabliniensystem • Fokus auf Prozessstandardisierung • Entwicklungskultur • Etablierung intensiver Feedbackloops • Relativ flache Hierarchien • Fokus auf organisationaler Stabilität • Geringe digitale Aktions-, Reaktions- und Interaktionsfähigkeit • Mündige Arbeitnehmer • Kurze und häufige Kommunikationszyklen • Kooperationskultur • Manager als Moderator zwischen analogen und digitalen Technologien • …	• Flache Organisationsstruktur • Flache Hierarchien • Teildigitalisiertes Geschäftsmodell • Digitale Integration bzw. Partizipation der Nutzer-/ Kunden • Fokus auf Prozessoptimierung • Datengestützte Entscheidungsfindung • Mittlere digitale Aktions-, Reaktions- und Interaktionsfähigkeit • Elektronische/digitale Kollaboration • Dezentrale Verantwortlichkeit • Vorgesetzter als digitaler Förderer und Enabler • Proaktive Organisationskultur • Offene informelle und selbstorganisierte Teams • …	• Digitale Netzwerkorganisation • Digitales Mindset/digitale Organisationskultur • Digitales Geschäftsmodell/digitaler Zwilling • Big Data-basierte Geschäftsaktivitäten und -prozesse • Digitale Wertschöpfungsketten • Digitale Interfaces • Digitale crossfunktionale Verbindungen • Hohe digitale Aktions-, Reaktions- und Interaktionsfähigkeit • Digitale Transparenz • Digitalbasierte Nutzer-/ Kundenorientierung • Fokus auf digitale Prozessautomatisierung • Digitale Kollaboration • Einsatz agiler Methoden • Digitale Flexibilität und Agilität • Selbstlernende Organisation • Autonome digitale Teams • …
Technologische Merkmale	• Analoge Daten • Einfache IuK Technologie • Analoge Signalübertragung • Einfache Desktoptechnologie • Fax • Telefon • Drucker • Disketten • CDs • …	• Elektronische Datenverarbeitung • Rechenzentren • Computer • Internet • E-Mail • LAN • …	• Big Data • Predictive Analytics • Rechner-Rechner-Verbindung/ Querkommunikation (Peer-to-Peer-Architektur) • In-Memory-Computing • Electronic Collaboration Tools (Cisco Webex) • Videotelefonie • Breitband-Internet • …	• Cloud/Edge Computing • Maschinelles Lernen • Internet of Things • Blockchain-Technologie • Virtual, Augmented und Mixed Reality • Künstliche Intelligenz/erweiterte Intelligenz • Hyperautomatisierung • Digital-Based Robotic • Neuromorphic Hardware • Brain-Computer Interfaces • Cyber Security Applications • Quantum Computing • Digital Twins / Industrial Metaverse • …

Abb. 16.7 Merkmale der Entwicklungsstufen der digitalen Organisation. (Vgl. Wirtz (2020), S. 394; Wirtz (2021), S. 484; Wirtz (2022), S. 123)

Tab. 16.7 Digitale Technologien, Instrumente und Methoden in digitalen Organisationen. (Vgl. Wirtz (2020), S. 395 ff.; Wirtz (2021), S. 485 ff.; Wirtz (2022), S. 124 ff.)

Digitale Technologien, Instrumente und Methoden	Beschreibung	Prozentuale Nutzung in erfolgreichen digitalen Organisationen
web **Konventionelle Webtechnologien**	• Aktive Nutzung von Webseiten oder Onlineanwendungen • Bereitstellung von Webseiten und Onlineanwendungen • HTML • JavaScript • …	85%
Cloudbasierte Dienste	• Nutzung externer Speicherkapazitäten • Nutzung externer Rechenleistung • Nutzung externer Software • Flexibler und ortsunabhängiger Zugriff auf Daten, Software und Rechenleistung • …	81%
Mobile Internettechnologien	• Ortsunabhängiger Zugriff auf nahezu sämtliche Inhalte des Internets • Hohe Datenübertragungsraten durch 5G Technologie (10 Gigabit pro Sekunde) • …	68%
Big Data und Big Data Architecture	• Effektive und effiziente Analyse und Verarbeitung von großen, komplexen und zum Teil unstrukturierten Datenmengen • Datenbasierte Entscheidungsfindung • …	56%
Internet of Things	• Vernetzung unterschiedlicher physischer und virtueller Gegenstände über das Internet • Die Gegenstände können über das Internet autonom miteinander kommunizieren und interagieren • …	45%
Design Thinking	• Methode zur Lösung komplexer Problemstellungen • Nutzung von Kreativtechniken sowie technologischen Hilfsmitteln • …	44%

(Fortsetzung)

Tab. 16.7 (Fortsetzung)

Digitale Technologien, Instrumente und Methoden	Beschreibung	Prozentuale Nutzung in erfolgreichen digitalen Organisationen
AI-Anwendungen	• Automatisierung von Intelligenz • Das System lernt anhand einer Vielzahl von Eingaben die erwarteten Lösungen für Probleme zu finden • Zum Beispiel, in Form von Sprachübersetzung • …	31%
Robotik	• Nutzung von Informationstechnik, Maschinenbauelementen und Elektrotechnik, um eine physische Verbindung zwischen einer technischen Einheit und der reellen Umgebung zu schaffen • Zusammenspiel zwischen Elektronik und Mechanik • …	21%
Fortgeschrittenes neuronales maschinelles Lernen (Deep Learning)	• Künstliche neuronale Netze als informationstechnische Nachbildung des menschlichen Gehirns • Maschinelles Lernen ist die künstliche Erzeugung von Wissen durch Maschinen • Teilgebiet der künstlichen Intelligenz • …	17%
Augmented Reality	• Virtuelle Erweiterung der menschlichen Wahrnehmung • Fiktionale Ergänzung der Umgebung durch digitale Informationen und Symbole • …	15%
3D **Additive Fertigung (3D-Druck)**	• Computergesteuerte sukzessive Erzeugung dreidimensionaler Produkte • Zum Beispiel, 3D-Druck • …	13%

gitalen Organisationen angewendet. Sie ermöglichen die effektive und effiziente Analyse und Verarbeitung von großen, komplexen und zum Teil unstrukturierten Datenmengen und erlauben Unternehmen somit eine datenbasierte Entscheidungsfindung.

Zusammenfassend betrachtet sind konventionelle Webtechnologien, cloudbasierte Dienste, mobile Internettechnologien sowie Big Data und Big Data Architecture die am weitesten verbreiteten digitalen Technologien im Kontext der digitalen Organisation und werden bereits von den meisten erfolgreichen digitalen Organisationen genutzt.

Darüber hinaus gibt es eine Vielzahl weiterer bedeutender digitaler Technologien, Instrumente und Methoden deren Potenzial im Kontext der digitalen Organisation größtenteils noch nicht ausgeschöpft ist und die durch eine sehr geringes bis moderates Nutzungsniveau in erfolgreichen digitalen Organisationen gekennzeichnet sind. Neben dem Internet of Things (45 %), Design Thinking (44 %) und AI-Anwendungen (31 %), betrifft dies insbesondere die Bereiche Robotik (21 %), fortgeschrittenes neuronales maschinelles Lernen (Deep Learning) (17 %), Augmented Reality (15 %) und additive Fertigung (3D-Druck) (13 %).

Gerade die letzteren Bereiche stellen im Rahmen der digitalen Organisation die wesentlichen Potenzialtechnologien für die Zukunft dar und werden die zukünftige Entwicklungsstufe der digitalen Organisation wesentlich beeinflussen und prägen.

Die digitalbasierten Veränderungen auf der Führungs- und Organisationsebene in Unternehmen im Rahmen der digitalen Transformation haben erhebliche Auswirkungen auf die Interaktionsebene und insbesondere die Gestaltung der Zusammenarbeit in Unternehmen. Diese veränderte beziehungsweise neue Form der digitalbasierten Zusammenarbeit findet zunehmend in sogenannten Digital Teams statt, die im folgenden Abschnitt dargestellt werden.

16.4 Digitale Teams

Die sehr dynamische Entwicklung der digitalen Transformation erfordert auch Anpassungen auf der Interaktionsebene und in der Zusammenarbeit der Mitarbeiter, um die damit verbundenen komplexen Anforderungen schnell und effektiv im Sinne der Unternehmensziele zu adressieren.

Die wesentlichen Leitprinzipien für die Zusammenarbeit sind dabei Agilität und Flexibilität in einer digitalisierten Arbeitsumgebung. Sie sind fester Bestandteil der digitalen Führung beziehungsweise des Digital Leadership und werden top-down von der Führungsebene mithilfe veränderter Organisationsformen auf die Interaktionsebene der Mitarbeiter übertragen.

Die zunehmende Digitalisierung erfordert jedoch nicht nur Veränderungen im Sinne dieser Prinzipien, sondern ermöglicht auch neue Arbeitsmodelle und Formen der Zusammenarbeit.

Vor diesem Hintergrund gewinnen digitale Teams zunehmend an Bedeutung im Rahmen der digitalen Organisation. Analog zur digitalen Organisation, blicken auch digitale Teams auf eine längere Entwicklungsgeschichte zurück, die bereits Anfang der 1990er-Jahre begann und zunächst durch den Begriff der virtuellen Teams geprägt war.

Im Schrifttum gibt es bislang noch kein umfassendes Verständnis des Begriffs der digitalen beziehungsweise virtuellen Teams. Dies zeigen die Definitionsbeispiele in Tab. 16.8.

Tab. 16.8 Definitionen von digitalen/virtuellen Teams. (Vgl. Wirtz (2020), S. 400; Wirtz (2021), S. 488; Wirtz (2022), S. 129)

Autor	Definition
Jarvenpaa/ Leidner (1999)	A virtual team is an evolutionary form of a network organization (Miles und Snow 1986) enabled by advances in information and communication technology.
Zaccaro/Bader (2003)	The "virtual" team is another phrase that has recently entered prominently into our leadership lexicon. The term "virtual" is misleading because it suggests a degree of unreality, as if such teams exist only in the nether world of electrons. These are real teams having all of the characteristics, demands, and challenges of more traditional organizational teams. The differences reside in two key features. First, members of these new forms of organizational teams either work in geographically separated work places, or they may work in the same space but at different times. Still other teams have members working in different spaces and time zones, as is the case with many multinational teams. The second feature is that most, if not all, of the interactions among team members occur through electronic communication channels.
Hertel/ Konradt/ Orlikowski (2004)	[…] virtual teams consist of two or more persons who collaborate to achieve common goals, while (at least) some of the team members work at different locations (or times) so that communication and coordination is predominantly based on electronic communication media (email, fax, phone, video conference, etc.).
Malhotra/ Majchrzak/ Rosen (2007)	Virtual teams are teams whose members are geographically distributed, requiring them to work together through electronic means with minimal face-to-face interaction.
Hewitt (2013)	Digital teams are responsible for developing, testing, and implementing a strategy to reach and engage target audiences through digital channels like web, mobile, and social.

Als Vorläuferbegriff der digitalen Teams sind virtuelle Teams vor dem Hintergrund der frühen Entwicklungsphase der Informations- und Kommunikationstechnologien sowie mit der zunehmenden Verbreitung computerbasierter Arbeitsprozesse entstanden. Der Fokus dabei liegt vor allem auf dem Aspekt der orts- und zeitunabhängigen Zusammenarbeit zwischen mehreren Mitarbeitern mithilfe von konventionellen Informations- und Kommunikationstechnologien wie etwa E-Mail, Faxgerät und Telefon. Der Begriff virtuelle Teams bezieht sich somit insbesondere auf ein dynamisches und dezentrales Informations- und Interaktionsnetzwerk der Zusammenarbeit durch Informations- und Kommunikationstechnologien.

Mit der fortschreitenden Digitalisierung sowie der damit einhergehenden Entwicklung digitalbasierter innovativer agiler Arbeitsmethoden (beispielsweise Scrum) und digitaler Kollaborationsplattformen (beispielsweise Microsoft Teams) innerhalb der letzten Dekade, wurde zunehmend der Begriff der digitalen Teams geprägt.

Dieser betont die Bedeutung und Ubiquität hoch entwickelter digitaler Informations- und Kommunikationstechnologien in der betrieblichen Zusammenarbeit und die daraus

Tab. 16.9 Definition Digitale Teams. (Vgl. Wirtz (2020), S. 401; Wirtz (2021), S. 488 f.; Wirtz (2022), S. 130)

Ein digitales Team ist ein Arbeitsverbund von Mitarbeitern, das durch digitale Informationstechnologien in allen wesentlichen Bereichen der Arbeits- und Geschäftsaktivität unterstützt wird und bei dem alle wesentlichen geschäftlichen Arbeitsprozesse digitalisiert sind. Kern des digitalen Teams sind digitale Arbeitsumgebungen und -plattformen, die eine zeit-, orts- und personenunabhängige agile und flexible Zusammenarbeit ermöglichen. Hierbei können Mitarbeiter interaktiv, simultan und in Echtzeit gemeinsam Aufgabenstellungen mithilfe der digitalen Technologien erledigen. Digitale Teams haben das Ziel auf der Arbeitsebene nachhaltige technologiebasierte Effizienz- und Effektivitätsvorteile zu generieren.

resultierenden verbesserten Möglichkeiten für Unternehmen insbesondere im Hinblick auf Vernetzung, Handlungsschnelligkeit, Agilität und Flexibilität. Vor diesem Hintergrund kann eine integrative Definition von digitalen Teams abgeleitet werden, welche die Grundlage für ein umfassendes Begriffsverständnis bildet und im Weiteren verwendet werden soll (vgl. Tab. 16.9).

Entwicklungsstufen von digitalen Teams

Diese Definition steht in engem Zusammenhang mit unterschiedlichen Entwicklungsstufen der digitalen Teams. Dabei lassen sich drei wesentliche Entwicklungsstufen unterscheiden: traditionelle Teams, partiell-digitale Teams und digitale Teams. Analog zu den Entwicklungsstufen der digitalen Organisation nehmen auch hier der digitale Automatisierungsgrad und der Innovationsgrad mit jeder nächsthöheren Entwicklungsstufe zu. Abb. 16.8 stellt die Entwicklungsstufen der digitalen Teams dar.

Traditionelle Teams

Die erste Entwicklungsstufe bilden traditionelle Teams, die durch den geringsten Automatisierungsgrad und Innovationsgrad gekennzeichnet sind. Mehrere Mitarbeiter arbeiten dabei in ortsbasierten Büros in getrennten Teams zusammen. Traditionelle Teams stellen eine Konzentration von Spezialisten dar und sind durch Silodenken geprägt.

In der Zusammenarbeit kommen überwiegend einfache Informations- und Kommunikationstechnologien zum Einsatz wie etwa Telefon und Faxgerät oder einfache Desktoptechnologie. Der technologische sowie organisationale und führungsbezogene Hintergrund dieser Entwicklungsstufe korrespondiert mit der ersten Entwicklungsstufe der digitalen Organisation, das bedeutet der traditionell-analogen Organisation.

Partiell-digitale Teams

Partiell-digitale Teams stellen die zweite Entwicklungsstufe der digitalen Teams dar und kommen in ihrer Merkmalsstruktur dem klassischen Verständnis virtueller Teams recht nahe. Der technologische sowie organisationale und führungsbezogene Hintergrund dieser Entwicklungsstufe entspricht der Entwicklungsstufe der partiell-integrierten digitalen Organisation.

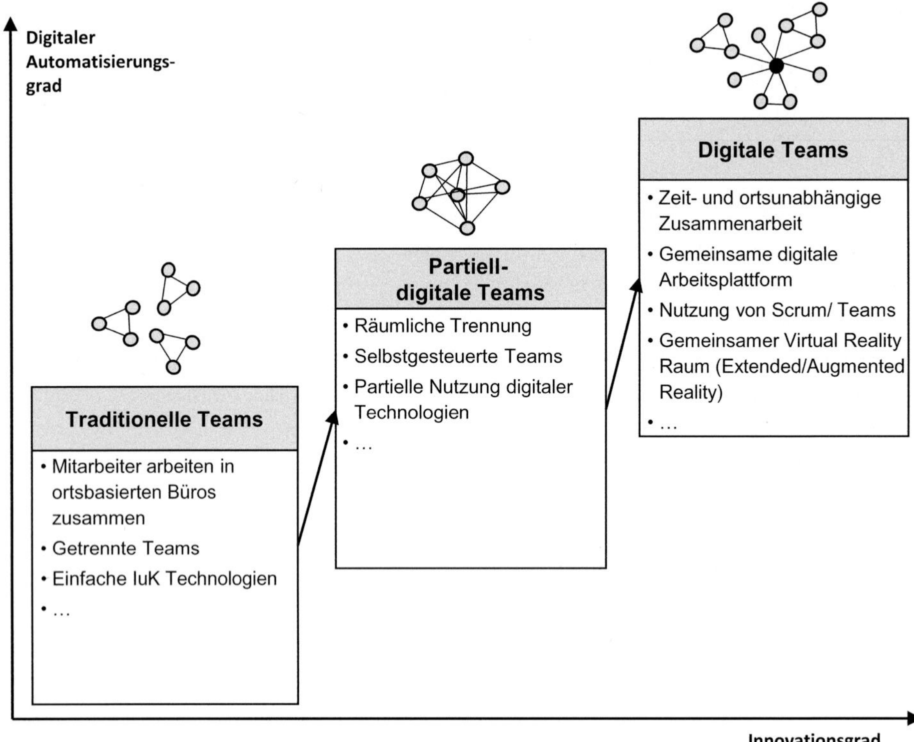

Abb. 16.8 Entwicklungsstufen von digitalen Teams. (Vgl. Wirtz (2020), S. 402; Wirtz (2021), S. 489; Wirtz (2022), S. 131)

Es handelt sich bei partiell-digitalen Teams um offene informelle Gruppen, die sich selbst organisieren und steuern. Sie bestehen aus mehreren Mitarbeitern, die räumlich voneinander getrennt agieren und zusammenarbeiten können unter teilweiser Verwendung von digitalen Informations- und Kommunikationstechnologien wie etwa Breitband-Internet, E-Mail, Videotelefonie und Rechner-Rechner-Verbindung (Peer-to-Peer-Architektur). Partiell-digitale Teams bilden somit ein dynamisches dezentrales digitales Kollaborationsnetzwerk von Mitarbeitern, die orts- und zeitunabhängig zusammenarbeiten können. Sie verfügen über eine moderate digitale Aktions-, Reaktions- und Interaktionsfähigkeit.

Digitale Teams

Die letzte Entwicklungsstufe stellen schließlich die digitalen Teams dar, die den höchsten digitalen Automatisierungsgrad und Innovationsgrad aller Entwicklungsstufen aufweisen. Der technologische sowie organisationale und führungsbezogene Hintergrund dieser Entwicklungsstufe korrespondiert mit der letzten Entwicklungsstufe der digitalen Organisation, das bedeutet der vollintegrierten digitalen Organisation.

Digitale Teams arbeiten autonom und selbstgesteuert. Sie werden in der betrieblichen Zusammenarbeit in allen zentralen Bereichen, Aktivitäten und Prozessen durch hoch entwickelte digitale Informations- und Kommunikationstechnologien wie etwa Blockchain-Technologie, AI-Technologien, sowie Virtual- und Augmented-Reality-Technologien unterstützt und miteinander vernetzt. Sämtliche Aktivitäten in der Zusammenarbeit der digitalen Teams finden somit in einer digitalen Arbeitsumgebung statt.

Im Mittelpunkt dieser digitalen Arbeitsumgebung und Zusammenarbeit stehen zentrale digitale Arbeits- und Kollaborationsplattformen wie etwa Microsoft Teams, die häufig auch als Digital Workplace (digitaler Arbeitsplatz) bezeichnet werden. Solche Kooperationsplattformen beinhalten nützliche Funktionen und Services insbesondere zur Information (beispielsweise Wikis, Push-Benachrichtigungsfunktion), Kommunikation (beispielsweise Messenger- und E-Mail-Programme) und Koordination (beispielsweise Kalenderfunktion, Prozess- und Ressourcenplanung-Tools).

Mithilfe dieser digitalen Kollaborationsplattformen können digitale Teams komplexe Projekte und Aufgaben zeit-, orts- und personenunabhängig bearbeiten. Die Mitglieder der digitalen Teams können dabei interaktiv, simultan und in Echtzeit Aufgaben gemeinsam bearbeiten und erledigen. Der Grad der digitalen Transparenz, Vernetzung und Kollaboration ist somit sehr hoch in digitalen Teams und sie verfügen über eine hohe digitale Aktions-, Reaktions- und Interaktionsfähigkeit.

Agile Arbeitsmethoden

Neben der digitalen Kollaboration zeichnen sich digitale Teams auch durch die Anwendung agiler Arbeitsmethoden aus, wie insbesondere Scrum oder Kanban. Diese sind durch einen iterativen Arbeitsprozess gekennzeichnet und ermöglichen eine flexible Anpassung von Anforderungen sowie kontinuierliche Prozessverbesserungen auch während des Projektverlaufs. Im Rahmen dieser agilen Ansätze können digitale Teams auf eine Vielzahl verschiedener agiler Techniken zurückgreifen.

Hierzu gehören beispielsweise neben dem Planning oder Scrum Poker, das eine dynamische agile Technik zur Schätzung des Arbeitsaufwands darstellt, auch Task- oder Story-Boards, die aktuelle Aktivitäten und Aufgaben in einem Überblick zusammenfassen sowie Burn-Down-Charts, die den Projektstatus und Arbeitsstand visualisieren. Die Kommunikation innerhalb digitaler Teams ist sehr effizienzorientiert und findet in häufigen kurzen Interaktionen beziehungsweise Gesprächen statt. Sie erfolgt in weiten Teilen informell sowie in täglichen kurzen Statusbesprechungen (sogenannte Daily-Standup- beziehungsweise Scrum-Meetings).

Die Kombination von agilen Arbeitsmethoden und digitalen Informations- und Kommunikationstechnologien verleiht digitalen Teams eine hohe digitale Flexibilität und Agilität, die sie in die Lage versetzt die komplexen und sich kontinuierlich verändernden Anforderungen im Digital Business schnell und effektiv zu adressieren. Vor diesem Hintergrund besteht das Ziel digitaler Teams auf der Arbeitsebene vor allem darin nachhaltige technologiebasierte Effizienz- und Effektivitätsvorteile für öffentliche Dienstleistungen zu generieren. Die folgende Tab. 16.10 stellt etablierte agile Methoden dar und beschreibt deren jeweilige Kernkomponenten.

Design Thinking

Die erste aufgeführte Methode ist Design Thinking. Dabei sollen grundsätzlich alle Projekte aus der Perspektive der Zielgruppe entwickelt werden. Design Thinking basiert auf

Tab. 16.10 Ausgewählte agile Methoden für digitale Teams. (Vgl. Wirtz (2022), S. 134 f.)

Methode	Konzept	Zentrale Aspekte
Design Thinking	Design Thinking basiert auf der Annahme, dass Probleme durch interdisziplinäre Teams besser gelöst werden können. Der Design-Thinking-Prozess lässt sich in sechs Phasen unterteilen, die interdisziplinär und meist in digitalen Teams bearbeitet werden: Verstehen, Beobachten, Definieren, Ideenfindung, Prototyp entwickeln, Testen. Diese Phasen können linear oder iterativ abgearbeitet werden. Die Visualisierung erfolgt meist in digitaler Form und ermöglicht das Arbeiten in digitalen Teams.	• Interdisziplinärer Ansatz • Förderung der kollaborativen Kreativität • Benutzer-/Kundenzentrierung • Digitale Visualisierung der Phasen • Digitale Zusammenarbeit des Teams • …
Scrum	Scrum ist eine iterative Methode der Produktentwicklung. Innerhalb festgelegter Zeiträume (Sprints) entwickelt ein Team Lösungen zu Anforderungen, die von einem Product Owner mit Unterstützung eines Scrum Masters spezifiziert werden. Am Ende des Sprints bewerten Team, Product Owner und Scrum Master, welche Lösungen ausgereift sind und welche Lösungen weiterentwickelt werden müssen. Anschließend beginnt der nächste Sprint. Scrum wird häufig im digitalen Kontext eingesetzt.	• Iterative Methode der Produktentwicklung • Innerhalb eines definierten Zeitraums (Sprint) entwickelt ein Team Lösungen zu Anforderungen des Product Owner • Nach Auswertung des Ergebnisses startet der nächste Sprint • Scrum ermöglicht die digitale Planung und den Einsatz digitaler Teams • …
Kanban	Kanban basiert auf der Annahme, dass Aufgaben in überschaubare Teilaufgaben zerlegt werden sollten. Diese Teilaufgaben werden gemäß einem definierten Zeitplan bearbeitet. Oft ist die Anzahl der Teilaufgaben, die gleichzeitig bearbeitet werden können, begrenzt. Dieser Planungsprozess wird oft in digitalen Formaten visualisiert und ermöglicht das Arbeiten in virtuellen Teams.	• Zerlegung von Aufgaben in Teilaufgaben • Begrenzung der gleichzeitig bearbeitbaren Aufgaben • Digitale Visualisierung der Teilaufgaben • Digitale Zusammenarbeit des Teams • …

(Fortsetzung)

Tab. 16.10 (Fortsetzung)

Methode	Konzept	Zentrale Aspekte
Business Model Canvas	Die Grundidee des Business Model Canvas ist, dass ein Geschäftsmodell anhand von neun Feldern effizient entwickelt werden kann: Kundensegmente, Wertangebote, Kanäle, Kundenbeziehungen, Einnahmequellen, Schlüsselressourcen, Schlüsselaktivitäten, Schlüsselpartner und Kostenstruktur. Die wichtigsten Aspekte werden diesen Feldern in Aufzählungspunkten zugeordnet. Dieser Ansatz ermöglicht einen einfachen Vergleich verschiedener Varianten und die Identifizierung von Überschneidungen. Ideen können mit diesem Ansatz in digitalen Teams visualisiert, diskutiert, entwickelt und bewertet werden.	• Zerlegung der zentralen Aspekte einer Geschäftsidee in neun Bereiche • Darstellung der Aspekte innerhalb der neun Felder • Bewertung und Weiterentwicklung von Ideen basierend auf der Visualisierung • Digitale Visualisierung • Digitale Zusammenarbeit • …
Rapid Prototyping	Im Rahmen des Rapid-Prototyping-Verfahrens wird zunächst ein Minimum Viable Product, also die erste minimal funktionsfähige Iteration eines Produktes, entwickelt. Dieses Minimum Viable Product wird ausgewählten Kunden zur Verfügung gestellt. Das erhaltene Feedback fließt direkt in die weitere Produktentwicklung ein. Der Vorteil dieser Methode ist eine schnellere Produktentwicklung. Rapid Prototyping wird insbesondere im digitalen Kontext eingesetzt.	• Entwicklung eines Minimal Viable Product • Nutzung von Feedback zur Weiterentwicklung • Reduzierte Entwicklungszeit • …
Hackathons	Schnelle Entwicklung eines Prototyps (meist innerhalb eines Zeitraums von wenigen Tagen). Diese Methode wird insbesondere im Bereich der Informations- und Kommunikationstechnologien eingesetzt. Besprechungen finden oft in digitaler Form statt.	• Entwicklung eines Prototyps innerhalb kurzer Zeit • Nutzung von Informations- und Kommunikationstechnologien für die digitale Zusammenarbeit • …

der Annahme, dass Herausforderungen in interdisziplinären Teams durch einen multiperspektivischen Ansatz meist besser gelöst werden können als in homogenen und hierarchisch organisierten Teams. Der Design Thinking-Prozess lässt sich in sechs Phasen einteilen, die interdisziplinär und häufig in digitalen Teams bearbeitet werden: Verstehen, Beobachten, Definieren, Ideenfindung, Prototyp entwickeln und Testen. Diese Phasen können linear oder iterativ abgearbeitet werden. Ein wichtiger Aspekt ist die Visualisierung der Lösungen, die häufig in digitaler Form erfolgt und somit das Arbeiten in digitalen Teams ermöglicht.

Scrum

Eine weitere weit verbreitete Methode ist der Scrum-Ansatz. Er beschreibt eine iterative Methode der Produktentwicklung. Innerhalb klar definierter Zeiträume (sogenannte Sprints) entwickelt ein Team Lösungen zu Anforderungen, die von einem Product Owner mit Unterstützung eines Scrum Masters vorgegeben werden. Am Ende des Sprints bewerten Team, Product Owner und Scrum Master, welche Lösungen ausgereift sind und welche Lösungen weiterentwickelt werden müssen. Dann beginnt der nächste Sprint. Scrum wird auch häufig im digitalen Kontext eingesetzt. Die Scrum-Methode und ihre verschiedenen Schritte und Wiederholungsschleifen sind in Abb. 16.9 detailliert beschrieben.

Kanban

Kanban ist ebenfalls eine etablierte Methode. Es basiert auf der Annahme, dass Aufgaben in überschaubare Teilaufgaben zerlegt werden müssen, um sie optimal bearbeiten zu können. Die Teilaufgaben können so in einem klar definierten Zeitplan abgearbeitet werden. Dies sorgt für eine bessere Übersicht und erleichtert die Planung der Abarbeitung. Häufig ist die Anzahl der Teilaufgaben, die gleichzeitig abgearbeitet werden können, begrenzt. Der Planungsprozess wird oft in digitalen Formaten visualisiert und ermöglicht die Arbeit in digitalen Teams.

Business Model Canvas

Die Business Model Canvas (BMC) Methode ist auch im Projektmanagement weit verbreitet. Das BMC basiert auf der Annahme, dass ein Geschäftsmodell anhand von neun Feldern effizient entwickelt werden kann: Kundensegmente, Wertangebote, Kanäle, Kundenbeziehungen, Einnahmequellen, Schlüsselressourcen, Schlüsselaktivitäten, Schlüsselpartner und Kostenstruktur. Die wichtigsten Aspekte werden diesen Feldern in Aufzählungspunkten zugeordnet. Diese Vorgehensweise ermöglicht, verschiedene Varianten zu vergleichen und Überschneidungen zu erkennen. Ideen können mit dem BMC-Ansatz in digitalen Teams visualisiert, diskutiert, entwickelt und bewertet werden.

Rapid Prototyping

Das Rapid Prototyping ist eine weitere agile Methode, die ebenfalls nicht unerwähnt bleiben soll. Bei diesem Verfahren wird zunächst ein Minimum Viable Product, also die erste minimal funktionsfähige Iteration eines Produktes, entwickelt. Dieses einfache Produkt wird ausgewählten Kunden zur Verfügung gestellt. Das erhaltene Feedback fließt dann direkt in die weitere Produktentwicklung ein. Der Vorteil dieser Methode ist eine schnellere Produktentwicklung. Rapid Prototyping wird vor allem auch im digitalen Kontext eingesetzt.

- Oft eine Person
- Definiert Anforderungen im Product Backlog in Abstimmung mit den Stakeholdern
- Ordnet die Anforderungen im Product Backlog
- Entscheidet gemeinsam mit dem Scrum Master und dem Scrum Team, ob Aufgaben abgeschlossen sind
- ...

- Oft eine Person
- Steuert die Sprints
- Unterstützt das Scrum Team bei der Ordnung der Aufgaben im Sprint Backlog
- Leitet die täglichen Scrum-Meetings
- Entscheidet gemeinsam mit dem Product Owner und dem Scrum Team, ob Aufgaben abgeschlossen sind
- ...

- Oft 5 bis 9 Personen
- Arbeiten an Aufgaben des jeweiligen Sprints
- Interdisziplinäre Teamstruktur
- Bei größeren Projekten sind mehrere Teams möglich
- Entscheidet gemeinsam mit dem Product Owner und dem Scrum Master, ob Aufgaben abgeschlossen sind
- ...

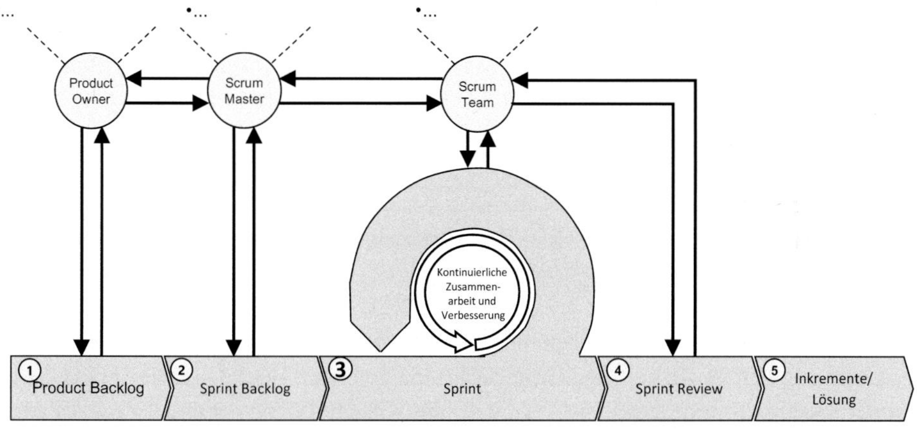

- Enthält Anforderungen , die vom Product Owner definiert und eingestuft werden
- Anforderungen werden kontinuierlich vom Product Owner aktualisiert
- ...

- Enthält abgeleitete Aufgaben aus dem Product Backlog, die vom Scrum Team ausgewählt werden
- Aufgaben können vom Product Owner kontrolliert werden
- Aufgaben können vom Scrum Master geordnet werden
- Aufgaben sind für jeden Sprint obligatorisch und können nicht geändert werden
- ...

- Die Bearbeitungszeit eines Sprints beträgt in der Regel etwa einen Monat
- Die Aufgaben werden durch das Scrum Team bearbeitet
- Der Sprint wird durch den Scrum Master gesteuert
- Tägliche Scrum-Meetings werden mit dem Scrum Master und dem Scrum Team durchgeführt
- In den Meetings berichtet das Scrum Team, welche Aufgaben erledigt sind, welche Aufgaben als nächstes bearbeitet werden und welche Schwierigkeiten auftreten
- ...

- Nach einem Sprint entscheiden Product Owner, Scrum Master und Scrum Team, welche Aufgaben aus dem Sprint abgeschlossen sind und welche Aufgaben weiter bearbeitet werden müssen
- Abgeschlossene Aufgaben werden als Inkremente zur Seite gelegt
- Weiter zu bearbeitende Aufgaben durchlaufen den Prozess erneut
- ...

- Enthält abgeschlossene Aufgaben (Inkremente)
- Enthält das Endprodukt (Lösung) nach Abschluss aller Aufgaben
- ...

Abb. 16.9 Struktur und Prozess der Scrum-Methode. (Vgl. Wirtz (2022), S. 136)

Hackathons
Nicht zuletzt sind Hackathons eine weitere effektive Methode, um Probleme mit einer teilöffentlichen Szene von Computerexperten zu lösen. Im Rahmen eines Wettbewerbsformats liegt der Fokus auf der schnellen Entwicklung eines Prototyps, meist innerhalb eines Zeitraums von wenigen Tagen. Diese Methode ist stark im Bereich der Informations- und Kommunikationstechnologien verwurzelt, weshalb digitale Teams auch hier zur täglichen Praxis gehören.

Die digitale Transformation nimmt eine hohe Bedeutung im Rahmen der Informationsgesellschaft ein. Innerhalb des digitalen Transformationsprozesses stellt das Digital Leadership für den Aufbau und die Entwicklung der digitalen Organisation eine besondere Herausforderung dar. Die digitale Organisation und die darin enthaltenen digitalen Teams müssen auf Basis des Digital Leadership kontinuierlich an die veränderten Bedingungen der digitalen Transformation angepasst werden. Dabei ist es von besonderer Bedeutung den jeweiligen Digitalisierungsgrad und dessen zukünftige Entwicklung frühzeitig im digitalen Transformationsprozess im notwendigen Maße zu berücksichtigen.

16.5 Inhaltliche Kernpunkte der digitalen Transformation und digitalen Organisation

- Die digitale Transformation kennzeichnet den grundlegenden Wandel und die Umgestaltung von Wirtschaft und Gesellschaft hin zu einem digitalbasierten Wirtschafts- und Gesellschaftssystem. Dabei werden alle wirtschaftlichen und gesellschaftlichen Strukturen und Prozesse maßgeblich durch digitale Technologien unterstützt und gestaltet, mit dem Ziel der Effizienz- und Effektivitätssteigerung auf einem höheren Wohlstandsniveau.
- Die Ausprägungen der digitalen Entwicklung und Transformation sind die digitale Evolution und Adaption, die digitale Extension und Migration, die digitale Transformation sowie die radikale digitale Transformation.
- Das Fünf-Komponenten-Modell der digitalen Transformation stellt die wesentlichen Bestandteile und Prozessphasen im Rahmen der digitalen Entwicklung dar.
- Digital Leadership kann definiert werden als die Führung von organisationalen Systemen und Akteuren auf Basis der umfassenden Verwendung digitaler Technologien. Spezifische Merkmale von Digital Leadership sind hohe Agilität, Vernetzung, Partizipation, Flexibilität und Responsiveness auf externe Umwelt- und interne Organisationsveränderungen. Das Ziel von Digital Leadership ist es, eine höhere Effektivität und Effizienz der Geschäftsaktivitäten zu erreichen.
- Im Vergleich zu traditioneller Führung zeichnet sich Digital Leadership durch einen agileren und flexibleren Führungsstil, eine hohe Affinität zu digitalen Technologien, digitale Kompetenzen, Technologieoffenheit und eine gelebte digitale Kultur der Führungskräfte aus.

- Die digitale Organisation kann als eine Organisation definiert werden, die in allen wesentlichen Bereichen der Geschäftsaktivitäten durch digitale Informationstechnologien unterstützt wird und alle Kernprozesse digitalisiert. Sie verfügt damit über eine digital-organisationale End-to-End Struktur (Wertschöpfungsorganisation von der Lieferantenschnittstelle bis zur Kundenschnittstelle). Die digitale Organisation nutzt digitale Technologien, um einen nachhaltigen, technologiebasierten Wettbewerbsvorteil zu erzielen.
- Bezüglich der Entwicklungsstufen digitaler Organisationen kann differenziert werden zwischen traditionell analogen, initial digitalen, partiell integrierten und vollintegrierten digitalen Organisationen. Diese verschiedenen Formen digitaler Organisationen unterscheiden sich durch den Grad der Innovation und den Grad der digitalen Automatisierung.
- Ein digitales Team kann als ein Arbeitsverbund von Mitarbeitern definiert werden, der in allen wesentlichen Arbeits- und Geschäftsbereichen durch digitale Informationstechnologien unterstützt wird und bei dem alle wesentlichen Geschäftsprozesse digitalisiert sind. Den Kern des digitalen Teams bilden digitale Arbeitsumgebungen und Plattformen, die eine agile und flexible Zusammenarbeit unabhängig von Zeit, Ort und Personen ermöglichen. Mitarbeiter können interaktiv, gleichzeitig und in Echtzeit zusammenarbeiten, um Aufgaben mit Hilfe digitaler Technologien zu erledigen. Digitale Teams zielen darauf ab, nachhaltige technologiebasierte Effizienz und Effektivität auf der Arbeitsebene zu erreichen.
- Digitale Teams lassen sich in traditionelle, partiell-digitale Teams und digitale Teams unterteilen. Diese verschiedenen Formen von digitalen Teams unterscheiden sich durch den Innovationsgrad und den digitalen Automatisierungsgrad.
- Digitale Teams greifen häufig auf agile Arbeitsmethoden zurück, die sich durch einen iterativen Arbeitsprozess auszeichnen und flexible Anpassungen sowie kontinuierliche Prozessverbesserungen auch während eines Projekts ermöglichen.
- Häufig verwendete agile Methoden sind Design Thinking, Scrum, Kanban, das Business Model Canvas, Rapid Prototyping und Hackathons.

Kapitel 16
Wissensfragen und Diskussionsthemen

Wissensfragen

1. Beschreiben Sie das Modell der digitalen Transformations-Pyramide.
2. Erläutern Sie das Fünf Komponenten Modell der digitalen Transformation.
3. Erklären Sie die Unterschiede zwischen Digital Leadership und traditioneller Führung.
4. Welche Entwicklungsstufen digitaler Organisationen gibt es? Nennen Sie die technologischen und organisatorischen Charakteristika der einzelnen Stufen des Modells.
5. Beschreiben und erklären Sie den Scrum-Prozess.

Diskussionsthemen

1. Diskutieren Sie die sozioökonomischen Auswirkungen der digitalen Transformation.
2. Diskutieren Sie die Vor- und Nachteile von Digital Leadership im Hinblick auf die Unterschiede zu der traditionellen Führung.
3. Erörtern Sie inwiefern die Entwicklung hin zu digitalen Organisationen unser Verständnis in Bezug auf soziale Systeme und Strukturen grundlegend verändern wird? Wird die digitale Entwicklung zur Auflösung von traditionellen Organisationsformen führen?

Literatur

Accenture Consulting (2017), Be the New Digital Enterprise, Unter Mitarbeit von Don Schulman, Shiv Iyer, Gerarda E. van Kirk und Mohammed Hajibashi, 2017, https://www.accenture.com/t20171024t083850z__w__/us-en/_acnmedia/accenture/cchange/digital-enterprise/docs/accenture-digital-enterprise-pov.pdf, Abruf: 18.02.2020.

Berghaus, S./Back, A. (2016), Stages in Digital Business Transformation: Results of an Empirical Maturity Study, in: MCIS 2016 Proceedings, 22. Jg., 2016, S. 1–17.

Bouée, C.-E./Schaible, S. (2015), Die digitale Transformation der Industrie, Berlin, 2015, https://bdi.eu/media/user_upload/Digitale_Transformation.pdf, Abruf: 14.02.2020.

Buhse, W. (2012), Changing the Mindset: Die Bedeutung des Digital Leadership für die Enterprise 2.0-Strategieentwicklung, in: Lembke, G./Soyez, N. (Hrsg.): Digitale Medien im Unternehmen, Berlin, Heidelberg 2012, S. 237–252.

Capgemini Consulting (2011), Digital Transformation: A Roadmap for Billion-Dollar Organizations, Cambridge, 2011, https://www.capgemini.com/resources/digital-transformation-a-roadmap-for-billiondollar-organizations/, Abruf: 14.02.2020.

Doyé, T. (2020), Digital Leadership, in: Fend, L./Hofmann, J. (Hrsg.): Digitalisierung in Industrie-, Handels- und Dienstleistungsunternehmen, Bd. 1, Wiesbaden 2020, S. 207–224.

El Sawy, O./Amsinck, H./Kraemmergaard, P./Lerbech Vinther, A. (2016), How LEGO Built the Foundations and Enterprise Capabilities for Digital Leadership, in: MIS Quarterly Executive, 15. Jg., Nr. 2, 2016, S. 141–166.

Hensellek, S. (2019), Digital Leadership – Ein Rahmenwerk zur erfolgreichen Führung im digitalen Zeitalter, in: Kollmann, T. (Hrsg.): Handbuch Digitale Wirtschaft, Bd. 22, Wiesbaden 2019, S. 1–19.

Hertel, G./Konradt, U./Orlikowski, B. (2004), Managing distance by interdependence: Goal setting, task interdependence, and team-based rewards in virtual teams, in: European Journal of Work and Organizational Psychology, 13. Jg., Nr. 1, 2004, S. 1–28.

Hewitt, P. (2013), How To Build a High-Performing Digital Team, in: Harvard Business Review, 2013.

Jarvenpaa, S.L./Leidner, D.E. (1999), Communication and Trust in Global Virtual Teams, in: Organization Science, 10. Jg., Nr. 6, 1999, S. 791–815.

Kofler, T. (2018), Digitale Transformationin Unternehmen- Einflusskräfte und organisatorische Rahmenbedingungen, 2018, https://zentrum-digitalisierung.bayern/wp-content/uploads/Dig-Dial_Kofler-Thomas_Digit-Transf-v12-1.pdf, Abruf: 17.02.2020.

Kollmann, T. (2019), E-Business- Grundlagen elektronischer Geschäftsprozesse in der Digitalen Wirtschaft, 7. Auflage, Wiesbaden 2019.

Malhotra, A./Majchrzak, A./Rosen, B. (2007), Leading Virtual Teams, in: Academy of Management Perspectives, 21. Jg., Nr. 1, 2007, S. 60–70.

McKinsey (2018), Unlocking success in digital transformations, 2018, https://www.mckinsey.com/~/media/McKinsey/Business%20Functions/Organization/Our%20Insights/Unlocking%20success%20in%20digital%20transformations/Unlocking-success-in-digital-transformations.ashx, Abruf: 25.02.2020.

Mertens, P./Faisst, W. (1996), Virtuelle Unternehmen – Eine Organisationsstruktur für die Zukunft?, in: Wirtschaftswissenschaftliches Studium (WiSt), 25. Jg., Nr. 6, 1996, S. 280–285.

Miles, Raymond E./ Snow, Charles C. (1986), Organizations: New concepts for new forms. In: California Management Review 28(3), S. 62–73.

Petry, T. (2018), Digital Leadership, in: North, K./Maier, R./Haas, O. (Hrsg.): Knowledge Management in Digital Change, Bd. 1, Cham 2018, S. 209–218.

Picot, A./Reichwald, R./Wigand, R. (1998), Die grenzenlose Unternehmung: Information, Organisation und Management, Wiesbaden 1998.

Rouse, M. (2011), Digital enterprise, https://searchcio.techtarget.com/definition/Digitalenterprise, Abruf: 17.02.2020.

Schwertner, K. (2017), Digital transformation of business, in: Trakia Journal of Science, 15. Jg., Suppl.1, 2017, S. 388–393.

Snow, C.C./Fjeldstad, Ø.D./Langer, A.M. (2017), Designing the digital organization, in: Journal of Organization Design, 6. Jg., Nr. 1, 2017, S. 1–13.

Wirtz, B.W. (1995), Transaktionales Marketingmanagement und Virtualisierung, in: Der Betriebswirt, 36. Jg., Nr. 4, 1995, S. 15–20.

Wirtz, B.W. (2020), Electronic Business, 7. Auflage, Wiesbaden 2020.

Wirtz, B.W. (2021), Digital business and electronic commerce- Strategy, business models and technology, 1. Auflage, Cham 2021.

Wirtz, B.W. (2022), E-Government- Strategie – Organisation – Technologie, 1. Auflage, Wiesbaden 2022.

Zaccaro, S.J./Bader, P. (2003), E-Leadership and the Challenges of Leading E-Teams, in: Organizational Dynamics, 31. Jg., Nr. 4, 2003, S. 377–387.

Digitales Marketing und Electronic Commerce 17

Inhaltsverzeichnis

17.1 Digitale Marketingstrategie ... 838
- 17.1.1 Kernaspekte des digitalen Marketing ... 838
- 17.1.2 Marktsegmentierung/Zielgruppenanalyse ... 844
- 17.1.3 Kundenwertmessung ... 847
- 17.1.4 Gestaltung der digitalen Marketingstrategie ... 851

17.2 Digital Distribution und Multi-Channel-Marketing ... 856
- 17.2.1 Grundlagen der Digital Distribution ... 857
- 17.2.2 Strukturrahmen der Digital Distribution ... 860
  - 17.2.2.1 Absatzwege ... 860
  - 17.2.2.2 Intermediation und Disintermediation ... 864
  - 17.2.2.3 Substitutionsbeziehungen in der Distribution ... 866
  - 17.2.2.4 Akteure in der digitalen Distribution ... 868
- 17.2.3 Aktionsparameter der Digital Distribution ... 870
- 17.2.4 Potenziale der Digital Distribution ... 871
- 17.2.5 Implementierung der Digital Distribution ... 875
- 17.2.6 Multi-Channel-Marketing ... 877
- 17.2.7 Fallbeispiel Digital Distribution und Multi-Channel-Marketing: Otto ... 884

17.3 Digital Pricing ... 891
- 17.3.1 Grundlagen des Preismanagements ... 892
- 17.3.2 Strukturrahmen des Digital Pricing ... 894
- 17.3.3 Aktionsparameter des Digital Pricing ... 896
  - 17.3.3.1 Preisdifferenzierung ... 896
  - 17.3.3.2 Nicht lineare Preisbildung ... 900
  - 17.3.3.3 Preisbündelung ... 903
  - 17.3.3.4 Dynamic Pricing ... 906
- 17.3.4 Potenziale des Digital Pricing ... 910
- 17.3.5 Implementierung von Digital Pricing ... 912
- 17.3.6 Fallbeispiel Digital Pricing: eBay ... 914

B. W. Wirtz, *Digital Business*, https://doi.org/10.1007/978-3-658-41467-2_17

17.4 Digital Products und Digital Services ... 915
17.4.1 Grundlagen von Digital Products und Digital Services ... 916
17.4.2 Strukturrahmen von Digital Products und Digital Services ... 917
17.4.2.1 Produkt- und Dienstleistungskategorien ... 918
17.4.2.2 Besonderheiten von Digital Services ... 920
17.4.2.3 Positionierung, Produkt- und Programmevaluation ... 921
17.4.3 Aktionsparameter ... 922
17.4.3.1 Produktinnovation ... 923
17.4.3.2 Produktvariation und -differenzierung ... 931
17.4.3.3 Produktelimination ... 938
17.4.3.4 Besondere Aktionsparameter von Digital Services ... 939
17.4.4 Potenziale von Digital Products und Digital Services ... 940
17.4.5 Implementierung von Digital Products und Digital Services ... 944
17.4.6 Fallbeispiel Digital Products und Digital Services: Spreadshirt ... 945
17.5 Digital Communication ... 948
17.5.1 Grundlagen von Digital Communication ... 949
17.5.1.1 Grundlagen der Kommunikation ... 950
17.5.1.2 Definition der Digital Communication ... 951
17.5.1.3 Ziele von Digital Communication ... 952
17.5.2 Strukturrahmen von Digital Communication ... 953
17.5.2.1 Charakteristika von Digital Communication ... 953
17.5.2.2 Kommunikation über digitale Kanäle ... 956
17.5.3 Aktionsparameter der Digital Communication ... 959
17.5.3.1 Kommunikationsinstrumente ... 959
17.5.3.2 Digital Branding ... 983
17.5.4 Potenziale der Digital Communication ... 990
17.5.5 Implementierung von Digital Communication ... 995
17.5.5.1 Webseitengestaltung und Navigation ... 997
17.5.5.2 Digitaler Markenaufbau ... 1001
17.5.6 Fallbeispiel Digital Communication: Yahoo ... 1002
17.6 Digital-Customer-Relationship-Management (DCRM) ... 1009
17.6.1 Kundenbindungsdimensionen im Digital-Customer-Relationship-Management ... 1012
17.6.2 Kundenbeziehungsprozess im DCRM ... 1014
17.6.3 Instrumente des Digital-Customer-Relationship-Management ... 1016
17.6.4 Erfolgs- und Kontrollgrößen des DCRM ... 1023
17.6.5 Fallbeispiel Digital-Customer-Relationship-Management: Amazon ... 1025
17.7 Inhaltliche Kernpunkte von digitalem Marketing und Electronic Commerce ... 1028
Literatur ... 1030

Wissensziele
Wenn Sie dieses Kapitel gelesen haben, werden Sie in der Lage sein:

1. die Bedeutung des digitalen Marketing und der Entwicklung einer digitalen Marketingstrategie im Kontext des Digital Business zu verstehen,
2. die Komponenten des digitalen Marketing-Mix zu definieren und zu beschreiben,
3. Targeting innerhalb des digitalen Marketing zu erläutern und die Bedeutung von Influencer Marketing im Digital Business zu verstehen,
4. die Phasen des strategischen Multi-Channel-Marketing-Prozesses zu beschreiben und zu diskutieren,
5. die wesentlichen Phasen des Customer-Relationship-Management-Prozesses im Digital Business, einschließlich digitaler CRM-Instrumente, zu erklären.

Das traditionelle Marketing wurde in den beiden vergangenen Dekaden in vielfältiger Weise durch das Digital Business beeinflusst. Zum einen haben durch moderne Kommunikationstechnologien – allen voran das Internet – völlig neue Vertriebswege, Produktarten und Kommunikationsmittel Einzug in den Marketing-Mix gehalten.

Zum anderen hat sich durch die Anwendung der IuK-Technologie auch das Marketing in einigen Bereichen verändert. In diesem Kontext sind insbesondere die zahlreichen Möglichkeiten zu nennen, klassische Marketingaktivitäten effizient und effektiv mithilfe des Digital Business zu unterstützen.[1] Von besonderer Bedeutung ist hierbei eine zielgerichtete digitale Marketingstrategie.

Dabei spielt das Digital Business in allen Bereichen des Marketing-Mix eine bedeutende Rolle. Im Folgenden werden Kernaspekte der digitalen Marketingstrategie dargestellt. Kriterien zur Marktsegmentierung sowie die Zielgruppenanalyse werden erläutert. Das Verfahren der Kundenwertmessung und die Gestaltung der digitalen Marketingstrategie schließen den ersten Abschnitt ab.

Im Anschluss werden das Distributionsmanagement und Multi-Channel-Marketing, die Produkt- und Servicepolitik, das Preismanagement, das Kommunikationsmanagement und das Customer-Relationship-Management im Digital Business dargestellt.

Hierbei werden insbesondere die Aspekte des Marketings betrachtet, bei denen Digital-Business-initiierte Veränderungen in der Unternehmenspraxis konstatiert werden können. Zahlreiche Praxisbeispiele verdeutlichen die Vielfalt und Relevanz des Digital Business in diesem Bereich. Abb. 17.1 stellt die Struktur des Kapitels dar.

[1] Vgl. zu Kap. 17 Digitales Marketing und Electronic Commerce im Folgenden Wirtz (2016); Wirtz (2020), S. 615 ff.; Wirtz (2021), S. 495 ff.; Wirtz (2022b).

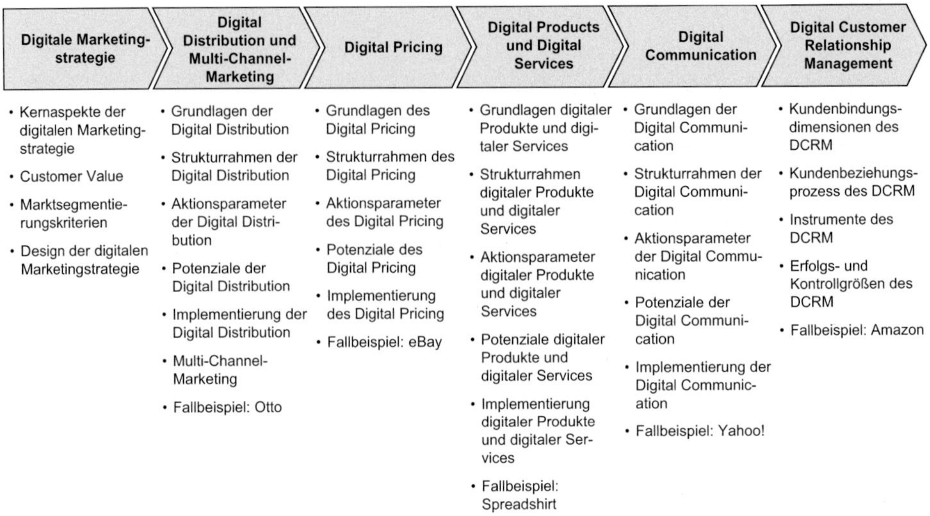

Digitale Marketing-strategie	Digital Distribution und Multi-Channel-Marketing	Digital Pricing	Digital Products und Digital Services	Digital Communication	Digital Customer Relationship Management
• Kernaspekte der digitalen Marketing-strategie • Customer Value • Marktsegmentie-rungskriterien • Design der digitalen Marketingstrategie	• Grundlagen der Digital Distribution • Strukturrahmen der Digital Distribution • Aktionsparameter der Digital Distri-bution • Potenziale der Digital Distribution • Implementierung der Digital Distribution • Multi-Channel-Marketing • Fallbeispiel: Otto	• Grundlagen des Digital Pricing • Strukturrahmen des Digital Pricing • Aktionsparameter des Digital Pricing • Potenziale des Digital Pricing • Implementierung des Digital Pricing • Fallbeispiel: eBay	• Grundlagen digitaler Produkte und digi-taler Services • Strukturrahmen digitaler Produkte und digitaler Services • Aktionsparameter digitaler Produkte und digitaler Services • Potenziale digitaler Produkte und digitaler Services • Implementierung digitaler Produkte und digitaler Ser-vices • Fallbeispiel: Spreadshirt	• Grundlagen der Digital Communi-cation • Strukturrahmen der Digital Communi-cation • Aktionsparameter der Digital Commu-nication • Potenziale der Digital Communi-cation • Implementierung der Digital Communic-ation • Fallbeispiel: Yahoo!	• Kundenbindungs-dimensionen des DCRM • Kundenbeziehungs-prozess des DCRM • Instrumente des DCRM • Erfolgs- und Kontrollgrößen des DCRM • Fallbeispiel: Amazon

Abb. 17.1 Struktur des Kapitels

17.1 Digitale Marketingstrategie

Mit den Innovationen im Bereich der Informations- und Kommunikationstechnologien hat auch das digitale Marketing im Kontext des Digital Business erheblich an Bedeutung gewonnen. In diesem Abschnitt wird der Prozess der digitalen Marketingstrategieentwicklung beschrieben, der insbesondere alle Unternehmensaktivitäten umfasst, die sich auf die Planung und Definition der digitalen Marketingstrategie konzentrieren. Dieser Entwicklungsprozess findet vor dem Hintergrund der definierten Vision, Mission und Ziele des digitalen Marketing sowie der spezifischen Situation eines Unternehmens statt.

17.1.1 Kernaspekte des digitalen Marketing

Die Entwicklung einer digitalen Marketingstrategie beruht auf strategischen Initiativen in Unternehmen sowie auf externen Faktoren, die die Entwicklung des Unternehmens bestimmen. Abb. 17.2 zeigt die allgemeine Systematik und die Kernaspekte der Strategieentwicklung im digitalen Marketing.

Im Folgenden werden die grundlegenden Schritte und Aspekte der digitalen Marketingstrategieentwicklung näher beschrieben. Vereinfacht ausgedrückt umfasst der Prozess der digitalen Marketingstrategieentwicklung die Zielplanung des digitalen Marketing und die anschließende Formulierung einer digitalen Marketingstrategie.

Planung der digitalen Marketingziele	Gestaltung der digitalen Marketingstrategie
• Bezugsrahmen und Dimensionen der digitalen Marketingziele • Formales Zielsystem des digitalen Marketing auf Grundlage des Kundenwerts • Marktsegmentierung zur Zielgruppenbestimmmung • Kundenwertmessung	• Definition und Formen der Marktbearbeitungsstrategie • Definition der konkurrenz- und abnehmergerichteten Strategie • Strategiebewertung

Abb. 17.2 Kernaspekte der Entwicklung einer digitalen Marketingstrategie. (Vgl. Wirtz (2021), S. 498)

Die Planung als strukturierter Analyse- und Gedankenprozess bildet den logischen Ausgangspunkt von Managementprozessen im Allgemeinen. Die Planung des digitalen Marketing stellt somit konsequenterweise die erste Phase im Rahmen des digitalen Marketing-Prozesses dar. Wichtige Aspekte in diesem Zusammenhang sind der Bezugsrahmen und die Dimensionen der digitalen Marketingziele.

Aufgaben und Beziehungen von Zielen

Eine sorgfältige Formulierung der digitalen Marketingziele als Soll-Zustände, die es mit Hilfe der digitalen Marketinginstrumente zu erreichen gilt, ist aus zwei Gründen wichtig. Zum einen sorgen Ziele für eine Ausrichtung und Kanalisierung der Planung und des Handelns, zum anderen dienen Ziele als Maßstäbe, an denen das Handeln und die Ergebnisse gemessen werden.

Unternehmen verfolgen dabei in der Regel gleichzeitig eine Vielzahl unterschiedlicher Ziele, die meist in komplementärer, konkurrierender und hierarchischer Beziehung zueinander stehen. Daher ist es erforderlich, diese Ziele in ein Ordnungssystem zu integrieren, das die verschiedenen Beziehungen berücksichtigt und im Falle von Zielkonflikten Prioritäten festlegt.[2]

Bezugsrahmen der digitalen Marketingziele

Hinsichtlich der hierarchischen Beziehungen ist insbesondere eine Systematisierung der Ziele nach Fristigkeit (langfristige/strategische versus kurzfristige/operative Ziele) sowie nach der organisatorischen Unternehmensstruktur üblich (z. B. übergeordnete Unternehmensziele sowie Bereichsziele für Einkauf, Produktion oder Absatz).[3]

[2] Vgl. zu den folgenden Ausführungen zu Bezugsrahmen und Dimensionen von digitalen Marketingzielen Wirtz (2016), S. 211 ff.

[3] Vgl. Adam (1996), S. 113 ff.

Dabei sind digitale Marketingziele konsistent in diese hierarchischen Zielsysteme einzubetten. Generell bedeutet dies, dass aus den Unternehmenszielen geeignete Marketingziele abzuleiten sind, wobei es auf der Marketingebene dann wiederum zu entscheiden gilt, welche der Marketingzielsetzungen über klassische Marketingmaßnahmen und welche über digitale Marketingmaßnahmen realisiert werden sollen.

Zielsystem des digitalen Marketing

Neben der Tatsache, dass mit den digitalen Marketing-Instrumenten auch rein transaktionsorientierte Ziele verfolgt werden können, weist das digitale Marketing dabei besondere Vorteile in Bezug auf Marketingziele auf, die die Kundenbindung und die Kundenbeziehung zum Inhalt haben. Folglich ist es sinnvoll, Kundenbindung, Kundenbeziehung und den damit in Zusammenhang stehenden Kundenwert in den Mittelpunkt des digitalen Marketing-Zielsystems zu stellen. So ergibt sich ein formales Zielsystem auf Basis des Kundenwerts, das sich bei seiner Ausgestaltung an den Phasen des Kundenbeziehungsprozesses zu orientieren hat.

Die Aufgabe von digitalen Marketingzielen, als Maßstab zu fungieren, macht dabei eine eindeutige Operationalisierung der Ziele notwendig. Hierfür müssen diese hinsichtlich Inhalt, Niveau (Ausmaß) und Zeitbezug präzise formuliert werden.

Vor diesem Hintergrund gibt es vier wesentliche Dimensionen digitaler Marketingziele: die digitale Kundenbindung, die Häufigkeit der digitalen Nutzung, die digitale Nutzungsdauer und die Einnahmen aus der Kundenbindung. Auf der Grundlage dieser Dimensionen werden in Abb. 17.3 beispielhaft digitale Marketingziele dargestellt, die Unternehmen verfolgen können.

Aufbauend auf dem oben genannten Bezugsrahmen und den Dimensionen digitaler Marketingziele bezieht sich ein weiterer wichtiger Aspekt der Zielplanung im digitalen Marketing auf die Entwicklung eines formalen Zielsystems auf Basis des Kundenwerts. Entsprechend kann innerhalb des digitalen Marketing-Zielsystems der übergeordnete Kundenwert als ökonomische Kennzahl über psychografische Größen wie Kundenbindung und Kundenzufriedenheit bis auf die Ebene der digitalen Marketinginstrumente (Produkt-, Preis-, Distributions- und Kommunikationspolitik) heruntergebrochen werden.

In diesem Kontext beschreibt der Kundenwert den ökonomisch bewerteten Beitrag einzelner Kunden zum Erfolg eines Unternehmens. Der Aufbau und das Aufrechterhalten von Kundenbeziehungen werden in diesem Zusammenhang als Investitionsobjekt angesehen und der Kundenwert entsprechend als Barwert der Kundenbeziehung bestimmt.[4] Dabei ist die Investition für das Unternehmen nur dann sinnvoll, wenn der Barwert positiv ausfällt.

Während die Begriffe Customer Lifetime Value oder Kundenlebenszeitwert häufig als gleichwertige Begriffe zum Kundenwert verwendet werden, sind die Begriffe Customer Equity und Customer Value vom Kundenwert zu unterscheiden. Customer Equity

[4] Vgl. Burmann (2003), S. 114 f.; Wirtz/Schilke (2004), S. 23 ff.; Helm/Günter (2006), S. 6 f.

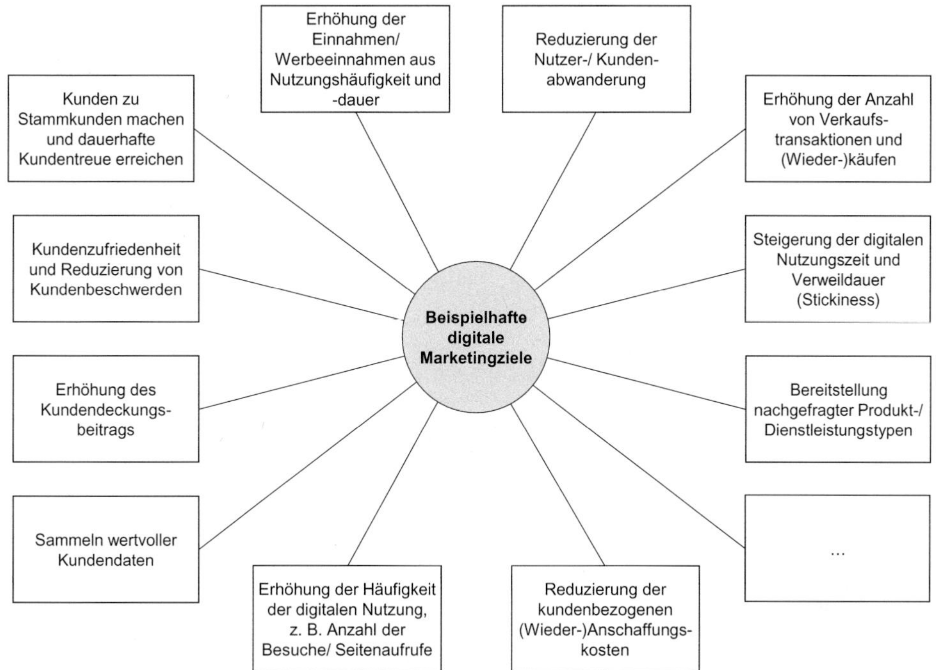

Abb. 17.3 Auswahl digitaler Marketingziele. (Vgl. Wirtz (2021), S. 500)

(Kundenstammwert) ist die Summe aller einzelnen Kundenwerte und entspricht dem Wert des gesamten Kundenstamms des Unternehmens. Der Customer Value ist dagegen der dem Produkt (oder einem anderen Bezugsobjekt) vom Kunden beigemessene Wert, der sich in der Zahlungsbereitschaft des Kunden widerspiegelt und somit ein Bestandteil des Kundenwerts ist.

Kundenwertmodell

Aufgrund der Ausrichtung des digitalen Marketing an der Interaktion mit einzelnen Kunden erscheint es sinnvoll, den Kundenwert in das Zentrum des digitalen Marketing-Zielsystems zu rücken, da diese kundenindividuelle Betrachtungsebene eine zielkonforme Auswahl von profitablen Kunden sowie die personalisierte Ausgestaltung der digitalen Marketinginstrumente fördert.[5] Eine wesentliche Voraussetzung für die Verwendung des Kundenwerts ist die Erhebung kundenindividueller Daten, eine Aufgabe, die im Rahmen des klassischen Massenmarketings nur schwierig zu bewerkstelligen ist.[6]

[5] Vgl. zu den folgenden Ausführungen zum Kundenwertmodell Wirtz (2016), S. 214 ff.

[6] Vgl. Meffert/Bruhn (2009), S. 142 ff.

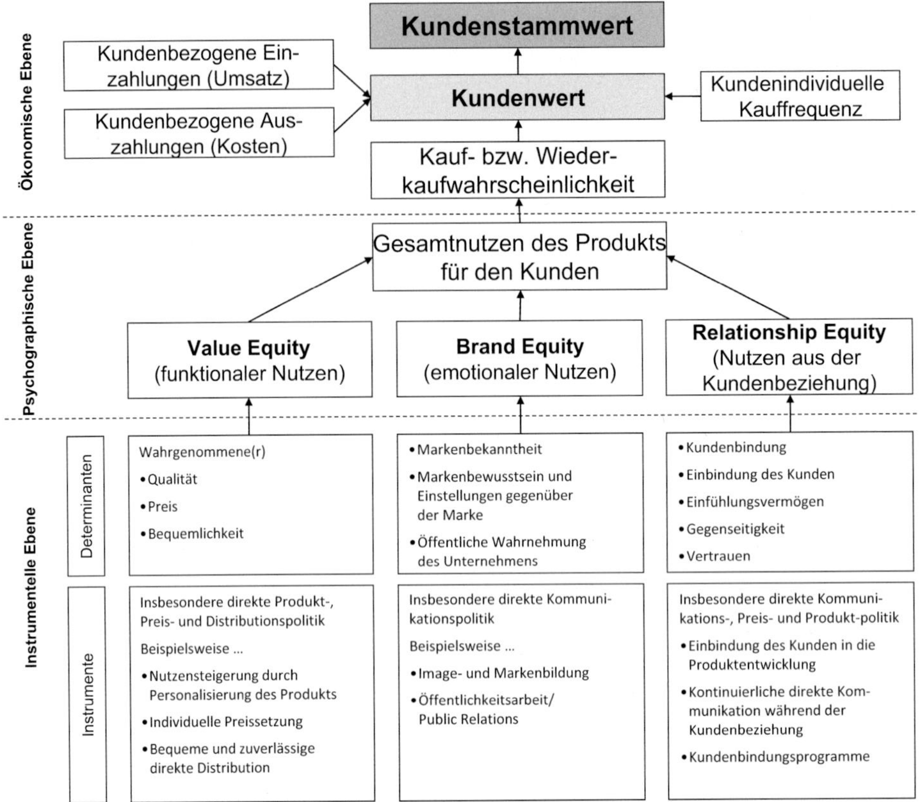

Abb. 17.4 Kundenwertmodell. (Vgl. Wirtz (2005), S. 219; Wirtz (2021), S. 502)

Im digitalen Marketing dagegen ist diese kundenbezogene Datenerhebung nicht nur erforderlich, sondern aufgrund der technischen Möglichkeiten und der ohnehin stattfindenden Interaktion mit einzelnen Kunden relativ einfach und ohne großen Mehraufwand möglich. Dies spricht ebenfalls für den Kundenwert als zentrale Größe im digitalen Marketing-Zielsystem.

Die verschiedenen Determinanten des Kundenwerts werden als modelltheoretische Konzeption in Form eines Kundenwertmodells abgebildet. Dieses Modell soll hier den Bezugsrahmen für das digitale Marketing-Zielsystem vorgeben und ist in Abb. 17.4 dargestellt.[7]

Die gewählte Darstellung ist der Gruppe der hybriden Kundenwertmodelle zuzuordnen, die explizit ökonomische und außerökonomische Größen einbeziehen. Vorteilhaft ist das dargestellte hybride Kundenwertmodell insbesondere aufgrund der möglichen Ableitung von Handlungsanweisungen hinsichtlich der Neukundenakquisition, der Investition in bestehende Kundenbeziehungen sowie des Instrumenteneinsatzes.

[7] Inhalte basierend auf Rust/Lemon/Zeithaml (2002); Burmann (2003), S. 124 ff.

Auf psychografischer Ebene wird im dargestellten Kundenwertmodell der Gesamtnutzen des Produkts aus Sicht des Kunden betrachtet, der in den funktionalen Nutzen des Produkts (Value Equity), den emotionalen Zusatznutzen (Brand Equity), der sich aus der Marke ergibt, sowie den Nutzen aus der Kundenbeziehung (Relationship Equity) unterteilt werden kann.

Aus Sicht des Unternehmens entsprechen diese drei Nutzenkomponenten Investitionsbereichen, denen sämtliche Digital-Marketing-Ausgaben zuordenbar sind. Aus dem gesamten vom Kunden wahrgenommenen Nutzen ergibt sich die Wahrscheinlichkeit, mit der der Kunde das Produkt kaufen bzw. wiederholt kaufen wird.

Auf ökonomischer Ebene errechnet sich aus dieser Kaufwahrscheinlichkeit zusammen mit der kundenindividuellen Kauffrequenz sowie den kundenbezogenen Ein- und Auszahlungen letztendlich der Kundenwert.[8]

- Determinanten der Nutzenkomponenten
  Während für die drei Nutzenkomponenten somit auf der einen Seite ein Bezug zum ökonomischen Kundenwert hergestellt werden kann, lassen sich ihnen auf der anderen Seite messbare Determinanten zuordnen. An dieser Stelle des hybriden Kundenwertmodells finden auch die für das Kaufverhalten relevanten Einstellungen Berücksichtigung, da die Determinanten der Nutzenkomponenten aus Sicht des Kunden zu beurteilen sind und dessen Wahrnehmung vom Unternehmen und dessen Produkten widerspiegeln. Folgende Determinanten lassen sich den Nutzenkomponenten zuteilen:[9]
  - Der funktionale Nutzen (Value Equity) ist abhängig von der Qualität und dem Preis des Produkts und den unter Umständen zusätzlich angebotenen Serviceleistungen. Aus der Differenz zwischen empfundener funktionaler Bedürfnisbefriedigung und dem für das Produkt zu erbringenden „Opfer" ergibt sich für den Kunden ein Nettonutzen, der positiv und größer als bei Konkurrenzprodukten sein sollte.[10] Das „Opfer" für den Kunden setzt sich dabei aus dem Produktpreis, Zeitaufwand, Suchkosten, etc. zusammen.
  - Der emotionale Zusatznutzen (Brand Equity, Markenwert) wird durch die Markenbekanntheit, das Markenbewusstsein sowie die öffentliche Wahrnehmung des Unternehmens determiniert. Über den emotionalen Zusatznutzen, der allein durch die Marke und nicht durch das Produkt selbst entsteht, soll die Attraktivität des Angebots weiter gesteigert werden.

    Dabei ist eine hinreichende Markenbekanntheit sowie das Bild des Unternehmens in der Öffentlichkeit die Voraussetzung für Markenbewusstsein und positive Einstellungen gegenüber der Marke, die idealerweise eine emotionale Bindung des Kunden an das Unternehmen zur Folge hat.[11]

[8] Vgl. Burmann (2003), S. 124 ff.

[9] Vgl. im Folgenden Rust/Zeithaml/Lemon (2000), S. 22 f.

[10] Vgl. Backhaus/Voeth (2014), S. 13 ff.

[11] Vgl. Meffert et al. (2019), S. 500 ff. und 635 ff.

Markenbekanntheit und -bewusstsein beeinflussen die Wahrscheinlichkeit, dass das Produkt Bestandteil des Evoked Set des Kunden ist, d. h. vom Kunden aus allen am Markt verfügbaren Produkten in einer Vorauswahl als für sich persönlich akzeptabel und damit als kaufentscheidungsrelevant eingestuft wurde.

- Der sich für den Kunden ergebende Nutzen aus der Fortführung einer Kundenbeziehung wird durch die Determinanten Kundenbindung bzw. Einbindung des Kunden (Bonding), Einfühlungsvermögen für den Kunden (Empathy), Gegenseitigkeit der Beziehung (Reciprocity) sowie Vertrauen (Trust) beeinflusst. Aus der Kundenbeziehung ergeben sich für den Konsumenten im Vergleich zu einer einmaligen Transaktion mit dem Unternehmen vor allem Vorteile durch bevorzugte Behandlung, Wissensvermittlung und auch monetäre Anreize im Rahmen von Loyalitäts- und Kundenbonusprogrammen.

Digitale Marketinginstrumente zur Beeinflussung des Kundenwerts
Wie in Abb. 17.4 dargestellt, sind diese Determinanten der drei Nutzenkomponenten über spezifische Maßnahmen aus den Bereichen der Produkt-, Preis-, Distributions- und Kommunikationspolitik zu beeinflussen. Auf dieser Ebene der digitalen Marketinginstrumente ist auch ein Bezug zu den Phasen des Kundenbeziehungsprozesses herzustellen, da je nach Phase bei der Wahl und der Ausgestaltung der Instrumente unterschiedliche Schwerpunkte zu setzen sind. Die Preispolitik ist hier vor allem bei der Auftrags-, Neuauftrags- bzw. Kundenrückgewinnung, die Produktpolitik zusätzlich noch bei der Produktnutzung, die Distributionspolitik dagegen in der Kauf- und Fulfillmentphase relevant.

17.1.2 Marktsegmentierung/Zielgruppenanalyse

Nach der Entwicklung eines digitalen Marketing-Zielsystems bezieht sich der nächste wichtige Aspekt der Zielplanung im digitalen Marketing auf eine marketingspezifische Situationsanalyse. Diese Situationsanalyse befasst sich mit unternehmensinternen Gegebenheiten und dem unternehmensexternen Umfeld, identifiziert die Stärken und Schwächen des Unternehmens sowie die Chancen und Risiken des Umfelds, um einen vollständigen Überblick über die Ausgangssituation zu erhalten.

Die marketingspezifische Situationsanalyse folgt der gleichen Struktur wie die allgemeine Situationsanalyse, die im Rahmen der digitalen Unternehmensstrategie dargestellt wurde. Sie soll daher hier nicht weiter erläutert werden (für eine ausführlichere Beschreibung einer Situationsanalyse siehe Abschn. 15.6).

Dennoch soll an dieser Stelle auf die Bedeutung einer Situationsanalyse im Hinblick auf das digitale Marketing hingewiesen werden, da es entscheidend ist, die spezifischen Bedürfnisse im Zusammenhang mit dem digitalen Marketing zu verstehen und gegebenenfalls die entsprechenden Zieldefinitionen und Planungsprozesse anzupassen.

Neben der marketingspezifischen Situationsanalyse ist die Marktsegmentierung ein weiterer wichtiger Aspekt der Zielplanung im digitalen Marketing.[12] Unter Marktsegmentierung ist „die Aufteilung eines Gesamtmarktes in bezüglich ihrer Marktreaktion intern homogene und untereinander heterogene Untergruppen (Marktsegmente)“[13] zu verstehen. Ziel der Marktsegmentierung ist, die Transparenz des Absatzmarkts zu erhöhen und dabei die Konsumentengruppen zu identifizieren, deren Bedürfnisse mit den vom Unternehmen angebotenen Leistungen am besten befriedigt werden können.

Eine hohe Qualität bei der Zielgruppenauswahl ist maßgeblich für die Vermeidung von Streuverlusten und damit wichtig für eine hohe Effizienz insbesondere der direkten Kommunikation, weshalb der Zielgruppenselektion im digitalen Marketing eine hohe Bedeutung beizumessen ist.[14]

Marktsegmentierungskriterien

Für die Aufteilung des relevanten Markts sind Kriterien erforderlich, anhand derer die Segmente sinnvoll abgegrenzt und beschrieben werden können. Zu diesem Zweck haben die Kriterien Anforderungen hinsichtlich Kaufverhaltensrelevanz, Messbarkeit, Erreichbarkeit (der ermittelten Segmente), Wirtschaftlichkeit und zeitlicher Stabilität zu erfüllen.[15] Abb. 17.5 gibt einen Überblick über mögliche Kriterien zur Marktsegmentierung, auf die im Folgenden kurz eingegangen werden soll.[16]

Geografische Marktsegmentierungskriterien

Es gibt vier Hauptdimensionen von Marktsegmentierungskriterien: geografische, soziodemografische, verhaltensbezogene und psychografische Kriterien. Bei der makrogeografischen Segmentierung erfolgt die Aufteilung des Markts beispielsweise nach Bundesländern, Regionen, Landkreisen und Städten, wobei der wesentliche Vorteil dieser Vorgehensweise in der einfachen und sehr kostengünstigen Datenbeschaffung liegt.

Allerdings lassen sich zwischen so ermittelter Segmentzugehörigkeit von Konsumenten und deren Kaufverhalten allenfalls indirekte Interdependenzen feststellen. Die mikrogeografische Segmentierung behebt diese Schwäche, indem sie sich auf eine detailliertere Segmentierung des Marktes auf der Grundlage von Stadtvierteln, Wohngebieten und Straßen oder Straßenabschnitten konzentriert.

[12] Vgl. zu den folgenden Ausführungen zur Marktsegmentierung Wirtz (2016), S. 219 ff.

[13] Meffert et al. (2019), S. 215.

[14] Vgl. Bruhn (2019), S. 181.

[15] Vgl. im Folgenden Meffert et al. (2019), S. 221 ff.

[16] Inhalte basierend auf Freter (1983), S. 93; Meffert et al. (2019), S. 223.

Abb. 17.5 Kriterien zur Marktsegmentierung. (Vgl. Wirtz (2005), S. 224; Wirtz (2021), S. 504)

Soziodemografische Marktsegmentierungskriterien

Im Rahmen einer soziodemografischen Marktsegmentierung erfolgt die Unterteilung der Konsumenten anhand demografischer Größen, d. h. beispielsweise Geschlecht, Alter, Familienstand oder Haushaltsgröße, und sozioökonomischer Merkmale, wie z. B. Beruf, Ausbildung und Einkommen.[17] Die Verwendung demografischer und sozioökonomischer Segmentierungskriterien ist dabei nur sehr bedingt sinnvoll, beispielsweise wenn vom Unternehmen geschlechts-, altersgruppen- oder berufsgruppenspezifische Produkte und Leistungen angeboten werden.

Verhaltensorientierte Marktsegmentierungskriterien

Bei der Verwendung verhaltensorientierter Segmentierungskriterien wird von bisherigem auf zukünftiges Kaufverhalten geschlossen. Das Kaufverhalten kann hierbei hinsichtlich der Merkmale Produktwahl, Informations- und Kommunikationsverhalten, Preisverhalten und Einkaufsstättenwahl untersucht werden.[18]

---

[17] Vgl. Meffert et al. (2019), S. 225 ff.

[18] Vgl. Meffert et al. (2019), S. 237 ff.

Die Kaufverhaltensrelevanz und daher auch die praktische Bedeutung dieser Segmentierungskriterien sind vergleichsweise hoch, da sie direkt aus dem Kaufverhalten abgeleitet werden. Zu den beobachtbaren Merkmalen zählen beispielsweise das Nutzungsverhalten von Medien, die Markenwahl und -treue, die Kauffrequenz und Nutzungsintensität (heavy user, light user) sowie das Preisbewusstsein.

Als problematisch ist allerdings anzusehen, dass die hinter dem beobachtbaren Kaufverhalten stehenden Ursachen nicht berücksichtigt werden und daher nur bedingt Anhaltspunkte für die konkrete Bearbeitung der Segmente mit dem digitalen Marketing-Instrumentarium abgeleitet werden können.

Psychografische Marktsegmentierung

Eine weitere Möglichkeit zur Segmentierung des Markts ist die Gruppierung der Nachfrager nach psychografischen Merkmalen. Diese Vorgehensweise basiert auf der Erkenntnis, dass Kaufverhalten eher von persönlichen, psychologischen Faktoren als von den bereits erläuterten geografischen oder soziodemografischen Merkmalen beeinflusst wird. Beispielsweise ist weniger das demografische als das psychologische Alter, d. h. wie alt sich die Person fühlt und mit welcher Altersgruppe sie sich identifiziert, für das Verhalten eines Konsumenten relevant.

Bei den psychografischen Faktoren handelt es sich um nicht beobachtbare Konstrukte des Käuferverhaltens. Weil eine positive Einstellung als Voraussetzung für den Kauf eines Produkts gilt, kommt dabei Motiven und der Einstellung des Konsumenten gegenüber dem gesamten Unternehmen, einer Marke oder einem Produkt eine besonders hohe Bedeutung zu. Als Vorteil bei der Verwendung von Einstellungen und anderen psychografischen Merkmalen zur Marktsegmentierung ist anzusehen, dass häufig ein Bezug zur Ausgestaltung der Marketinginstrumente hergestellt werden kann.

17.1.3 Kundenwertmessung

Hat ein Unternehmen eine Marktsegmentierung vorgenommen und Zielgruppen im digitalen Marketing identifiziert, sollte es anschließend deren Bedeutung und Wert für das Unternehmen und seinen Erfolg bestimmen. Hier gibt es eine Vielzahl von Methoden, die Unternehmen zur Messung des Kundenwerts wählen können, wobei es sich in der Regel um heuristische und quasianalytische Maßnahmen handelt.[19] Abb. 17.6 veranschaulicht diese Maßnahmen.[20]

---

[19] Vgl. zu den folgenden Ausführungen zur Kundenwertmessung Wirtz (2016), S. 227 ff.

[20] Inhalte basierend auf Bruhn et al. (2000), S. 170.

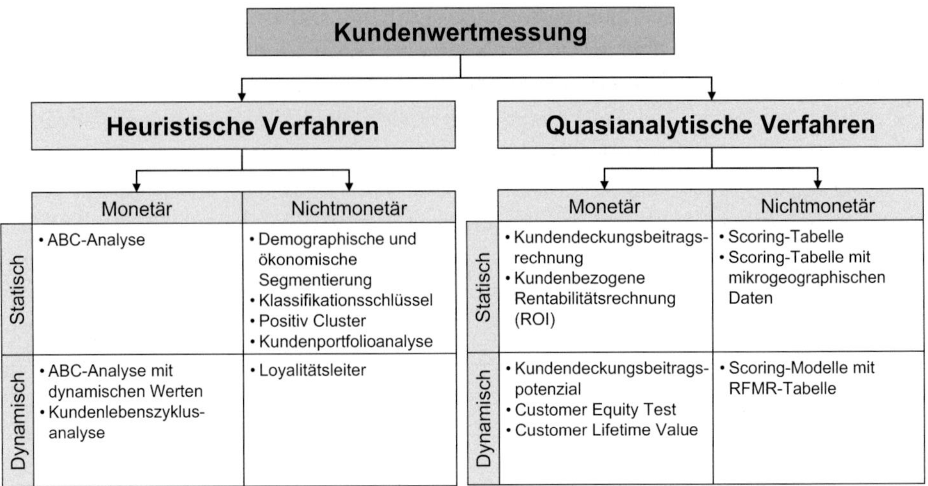

Abb. 17.6 Verfahren der Kundenwertmessung. (Vgl. Wirtz (2005), S. 230; Wirtz (2021), S. 506)

Heuristische Verfahren der Kundenbewertung

Heuristische Verfahren basieren im Gegensatz zu quasianalytischen Verfahren nicht auf mathematischen Berechnungen, sondern auf plausiblen Regeln und Annahmen, die die Kundenbewertung in relativ einfacher und effizienter Weise ermöglichen. Hierbei kann weiterhin unterschieden werden zwischen monetären Verfahren, bei denen Umsatz- und Kostengrößen berücksichtigt werden (statische und dynamische ABC-Analysen sowie Kundenlebenszyklusanalyse), und nicht monetären Verfahren, die sich auf qualitative Aussagen über den Wert einer Kundenbeziehung beschränken (demografische/ökonomische Segmentierung, Klassifikationsschlüssel, Positiv Cluster, Kundenportfolioanalyse und Loyalitätsleiter).

ABC-Analyse

Bei einer ABC-Analyse wird der Kundenstamm anhand des generierten Umsatzes in A-, B- und C-Kunden unterteilt. Hintergrund einer solchen Klassifikation ist die so genannte 80:20-Regel, nach der ca. 80 % des Unternehmensumsatzes mit lediglich 20 % des Kundenstamms, den A-Kunden, generiert wird. Die ABC-Analyse kann unter Einbezug zukunftsbezogener Umsatzschätzungen auch dynamisch durchgeführt werden.[21]

Kundenlebenszyklusanalyse

Die Kundenlebenszyklusanalyse geht in Anlehnung an das Konzept des Produktlebenszyklus von verschiedenen Phasen im Verlauf der Kundenbeziehung aus, in denen ein

[21] Vgl. Homburg/Daum (1997), S. 395; Kleinaltenkamp et al. (2011), S. 118 f.

Kunde unterschiedlich hohe Umsätze erzielt. Die Umsätze lassen sich, empirisch belegt, annähernd durch eine s-förmige Kurve darstellen. Anhand der aktuellen Position des Kunden im Kundenlebenszyklus können Aussagen über das zukünftige Umsatzpotenzial des Kunden gemacht werden.

Demografische und ökonomische Segmentierung
Bei diesem Verfahren wird versucht, von demografischen und ökonomischen Merkmalen wie Geschlecht, Alter, Beruf, Einkommen oder Vermögen auf das Kaufverhalten der bestehenden und potenziellen Kunden zu schließen. Anhand der Merkmale und des Verhaltens sollen Kunden mit hohen Erfolgsbeiträgen von für das Unternehmen weniger attraktiven Kunden unterschieden werden.[22]

Klassifikationsschlüssel
Ein Klassifikationsschlüssel beinhaltet verschiedene Informationen über einen einzelnen Kunden in kodierter Form, wobei die im Schlüssel erfassten Merkmale je nach Situation unterschiedlich sein können. Möglich ist beispielsweise eine Kodierung mit dem Aufbau 48153-20-11, die die Postleitzahl, die Kundenbedeutung nach Umsatz (z. B. 10 für weniger als 1000 € p.a., 20 für bis zu 2000 € p.a. etc.) sowie die Größe des Wohnorts beinhaltet (10 für Orte mit bis zu 50.000 Einwohnern, 11 für Orte zwischen 50.000 und 250.000 Einwohnern etc.).

Positiv Cluster
Ein Positiv Cluster ist eine Gruppe erfolgversprechender Kunden, deren über Kundenstrukturanalysen ermitteltes Merkmalsprofil als Vergleichsmaßstab genutzt werden kann, um das Potenzial möglicher Neukunden zu evaluieren. Nach diesem Konzept besteht eine überproportionale Erfolgsaussicht, wenn neue Kunden hinsichtlich relevanter Merkmale mit dem Profil des Positiv Clusters übereinstimmen.[23]

Kundenportfolioanalyse
Bei diesem Verfahren der Kundenbewertung werden Kunden in der Regel anhand der zwei Dimensionen Kundenattraktivität und unternehmenseigene Wettbewerbsposition beurteilt, wobei die Attraktivität das Potenzial des Kunden angibt und die Wettbewerbsposition die Erfolgswahrscheinlichkeit der Kundengewinnung im Vergleich zu Konkurrenzunternehmen. Anhand der Position eines Kunden im Kundenportfolio kann entschieden werden, ob eine Investition in die Kundenbeziehung für das Unternehmen interessant ist.[24]

[22] Vgl. Bach/Gronover (2000), S. 8.

[23] Vgl. Link/Hildebrand (1997b), S. 22 f.

[24] Vgl. Link/Hildebrand (1997a), S. 167.

Loyalitätsleiter
Mit Hilfe der Loyalitätsleiter werden bestehende und potenzielle Kunden nach ihrer Beziehung zum Unternehmen klassifiziert. Die Leiter beschreibt dabei den Weg vom Kunden ohne Kenntnisse des Unternehmens und seines Angebots (erste Sprosse der Leiter) über Kaufinteresse und Erstkauf bis hin zum Stammkunden. Entsprechend dem Konzept der Kundenbindung wird von zunehmender Bedeutung des Kunden von Sprosse zu Sprosse auf der Loyalitätsleiter ausgegangen. Aus diesem Konzept lassen sich insbesondere Aussagen über die erforderliche Art der Kundenansprache, die Inhalte sowie die Intensität der Interaktion mit dem Kunden ableiten.[25]

Quasianalytische Verfahren der Kundenbewertung
Im Gegensatz zu den heuristischen Methoden beruhen die quasianalytischen Verfahren der Kundenbewertung auf mathematischen Berechnungen, die einen quantitativen Vergleich der Kundenwerte und somit theoretisch optimale Entscheidungen ermöglichen. Auch hier kann zwischen monetären (Kundendeckungsbeitragsrechnung bzw. -potenzial, kundenbezogene Rentabilitätsrechnung, Customer Equity Test und Customer Lifetime Value) und nicht monetären Verfahren (verschiedene Scoring-Ansätze) unterschieden werden.

Kundendeckungsbeitragsrechnung bzw. -potenzial
Anhand einer verursachungsgerechten Zuordnung von Erlösen und Kosten wird bei der Kundenbeitragsrechnung der monetäre Kundenwert berechnet. Auf diese Weise soll der Beitrag jedes einzelnen Kunden zum Periodengewinn ermittelt werden. Bei der Bestimmung des Deckungsbeitragspotenzials wird die einperiodige Kundendeckungsbeitragsrechnung um prognostizierte zukünftige Deckungsbeiträge ergänzt, was neben einer Bewertung bestehender auch die Einschätzung potenzieller Kunden ermöglicht.[26]

Kundenbezogene Rentabilitätsrechnung
Im Rahmen der kundenbezogenen Rentabilitätsrechnung ist das dem Kunden zugeordnete Betriebsergebnis den „investiven" Kosten gegenüberzustellen. Auf Basis eines kundenbezogenen ROI (Return on Investment) kann beurteilt werden, wie rentabel das in die Kundenbeziehung investierte Kapital eingesetzt wurde.[27]

Customer Equity Test
Beim Customer Equity Test soll auf Basis unternehmenseigener Erfahrungswerte hinsichtlich Ausgaben und Erfolgsraten der Kundenakquisition und -bindung eine optimale

[25] Vgl. Link/Hildebrand (1997a), S. 161.
[26] Vgl. Link/Hildebrand (1997a), S. 163; Schirmeister/Kreuz (2006), S. 295; Krafft (2002), S. 248 f.
[27] Vgl. Palloks (1998), S. 267.

Budgetallokation erreicht werden. Durch Einbezug der durchschnittlichen Gewinnmarge pro Transaktion kann der Kundenwert bestimmt werden.[28]

Customer Lifetime Value

Zur Berechnung des Customer Lifetime Value wird mit der Kapitalwertmethode ein Verfahren der Investitionsrechnung auf die Kundenbeziehung angewendet. Der Kundenwert ergibt sich als Barwert aller zukünftigen direkt zurechenbaren Einzahlungsüberschüsse des Kunden, wobei Wiederkaufwahrscheinlichkeiten und Referenzpotenziale als nicht monetäre Größen verwendet werden können, um das Verfahren zu verbessern.[29]

Scoring-Modelle

Bei Scoring-Modellen werden Kunden anhand eines Punktesystems hinsichtlich kaufverhaltensrelevanter, quantifizierbarer Merkmale (beispielsweise Kaufhäufigkeit, Umsatz, Retourenhäufigkeit) bewertet. Die Punktwerte einzelner Merkmale werden regelmäßig unter Verwendung von Gewichtungsfaktoren zu einem Kunden-Score verdichtet.

Ein im digitalen Marketing häufig angewandtes dynamisches Scoring-Verfahren ist die RFMR-Methode (Recency, Frequency, Monetary Ratio), bei der sich die Attraktivität eines Kunden aus der Zeit seit dem letzten Einkauf (Recency), seiner bisherigen Kauffrequenz (Frequency) sowie dem kundenspezifischen Umsatz pro Transaktion (Monetary Ratio) ergibt. Investitionen in die Kundenbeziehung können beispielsweise in Form eines Punkteabzugs berücksichtigt werden.[30]

Die Ergebnisse der heuristischen und quasianalytischen Verfahren der Kundenbewertung sind eine wesentliche Voraussetzung für die Planung der digitalen Marketingstrategie. Nach der Darstellung der Zielplanungsaspekte als erstem Schritt im Prozess der Entwicklung einer digitalen Marketingstrategie wird im Folgenden der zweite Schritt dargestellt, der sich mit der eigentlichen Gestaltung der digitalen Marketingstrategie befasst.

17.1.4 Gestaltung der digitalen Marketingstrategie

Der erste Schritt in diesem Prozess befasst sich mit der Ableitung der strategischen Optionen, die einem Unternehmen im Kontext des digitalen Marketings zur Verfügung stehen.[31] Das Management muss im Rahmen des digitalen Marketings eine Entscheidung darüber treffen, auf welche Art und Weise es den Markt bearbeiten will und welche Strategien gegenüber dem Wettbewerb und den Abnehmern angewandt werden sollen.

[28] Vgl. Blattberg/Deighton (1996), S. 138 ff.;.

[29] Vgl. Link (1995), S. 110; Bruhn et al. (2000), S. 171 ff.

[30] Vgl. Homburg/Schnurr (1998), S. 179 f.

[31] Vgl. zu den folgenden Ausführungen zur Gestaltung der digitalen Marketingstrategie Wirtz (2022b), S. 287 ff.

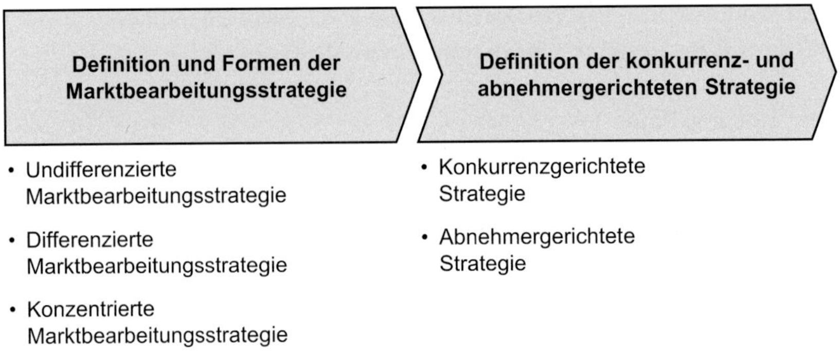

Abb. 17.7 Digitale Marketingstrategien. (Vgl. Wirtz (2008), S. 143; Wirtz (2021), S. 509)

Damit wird direkt an der Marktsegmentierung angesetzt, da in Bezug auf die Marktbearbeitung vor allem Entscheidungen getroffen werden, die die Anzahl der abzudeckenden Marktsegmente, die Art der Segmentbearbeitung und die Interdependenzen zwischen den Marketingkanälen berücksichtigen. Durch die Festlegung dieser Strategien wird der Grundstein für den Designprozess des Mehrkanalsystems gelegt.

Im Folgenden werden zuerst die unterschiedlichen Marktbearbeitungsstrategien beschrieben, auf deren Basis das Management anschließend entscheidet, wie das Unternehmen seinen Wettbewerbern und Endkunden gegenübertritt. Hierfür stehen dem Unternehmen verschiedene Strategien, die als konkurrenz- und abnehmergerichtete Strategien bezeichnet werden, zur Verfügung. Diese werden in Abb. 17.7 dargestellt.

Definition und Formen der Marktbearbeitungsstrategie

Ein Unternehmen kann in Abhängigkeit seiner Marketingziele einen Markt mit unterschiedlichen Strategien bearbeiten. Hierbei kann es zwischen einer differenzierten, einer undifferenzierten und einer konzentrierten Marktbearbeitungsstrategie wählen. Die Unterscheidung basiert auf zwei Dimensionen, die sich im Entscheidungsspielraum des Unternehmens befinden. Zum einen handelt es sich um den Grad der Differenzierung und zum anderen um die Marktabdeckung.[32] In Abb. 17.8 werden die verschiedenen Arten der Marktentwicklung anhand dieser Dimensionen dargestellt.[33]

In Bezug auf den Differenzierungsgrad muss das Management eines Mehrkanalsystems insbesondere klären, ob die verschiedenen Marketinginstrumente des Marketing-Mix für alle Marketingkanäle identisch umgesetzt werden oder ob eine segmentspezifische Ausgestaltung der Instrumente erfolgen soll. Bezüglich der Abdeckung des Markts ist zu ermitteln, wie viele der identifizierten Segmente bearbeitet werden sollen.

[32] Vgl. Meffert et al. (2019), S. 335 ff.

[33] Inhalte basierend auf Freter (1983), S. 245; Meffert et al. (2019), S. 336.

Grad der Differenzierung / Marktabdeckung	**Undifferenziert**	**Differenziert**
Vollständig	Undifferenzierte Marktbearbeitung (z. B. Facebook)	Differenzierte Marktbearbeitung des Gesamtmarktes (z. B. PayPal)
Teilweise	Konzentrierte Marktbearbeitung (z. B. Baidu)	Differenzierte Marktbearbeitung eines Teilmarktes (z. B. Walmart Online)

Abb. 17.8 Segmentspezifische Marktbearbeitungsstrategien. (Vgl. Wirtz (2008), S. 145; Wirtz (2021), S. 509)

Hierbei kann sich das Unternehmen entweder auf den Gesamtmarkt beziehen oder als Nischenanbieter in einem Teilmarkt positionieren. Eine für das digitale Marketing wesentliche Überlegung im Zusammenhang mit der Marktabdeckung ist die Frage, ob alle potenziellen Marketingkanäle benutzt werden oder ob sich das Unternehmen auf wenige Kanäle konzentrieren soll.

Undifferenzierte Marktbearbeitungsstrategie

Die undifferenzierte Marktbearbeitungsstrategie zeichnet sich dadurch aus, dass Unterschiede zwischen einzelnen Marktsegmenten vernachlässigt werden und nur ein Marketingprogramm konzipiert wird. Unterschiedliche Präferenzen der Kunden werden weitgehend ignoriert und vielmehr auf die Gemeinsamkeiten in den Bedürfnissen der Kunden eingegangen, um einen möglichst großen Markt zu erreichen.

Durch ein einheitliches Angebot, gekoppelt mit dem Einsatz von Massenvertriebswegen und -werbung, wird ein Massenmarkt bearbeitet. In diesem Zusammenhang ist Facebook ein gutes Beispiel, das sich mit einem undifferenzierten Marketingansatz an den gesamten Markt wendet.

Differenzierte Marktbearbeitungsstrategie

Bei der differenzierten Marktbearbeitungsstrategie versucht ein Unternehmen, durch eine segmentspezifische Gestaltung des Marketing-Mix alle attraktiven Marktsegmente eines relevanten Produktmarkts zu versorgen. Dies kann sich beispielsweise in unterschiedlichen Produkten, Preisen, Zahlungs- und Lieferbedingungen sowie Kommunikationsbeziehungen ausdrücken.

Grundsätzlich besteht im Rahmen der differenzierten Marktbearbeitungsstrategie die Möglichkeit, den Instrumenteneinsatz sowohl auf den Gesamtmarkt als auch auf ausgewählte Marktsegmente (Teilmärkte) anzuwenden. Demzufolge stellt der Grad der

Marktabdeckung ein Unterscheidungsmerkmal innerhalb des differenzierten Marketings dar. Beispiele in diesem Zusammenhang sind die Unternehmen PayPal und Walmart. Während PayPal einen differenzierten Ansatz auf dem globalen Gesamtmarkt verfolgt, konzentriert sich Walmart online auf den US-Teilmarkt.

Konzentrierte Marktbearbeitungsstrategie

Im Rahmen der konzentrierten Marktbearbeitungsstrategie verfolgt ein Unternehmen das Ziel, eine starke Position auf einem Teilmarkt oder in einer Marktnische zu erlangen. Die Marketinginstrumente werden daher speziell auf ein besonders lukratives Marktsegment ausgerichtet. Innerhalb des Segments wird allerdings undifferenziert vorgegangen, sodass sich eine konzentrierte Marktbearbeitungsstrategie lediglich von der undifferenzierten Marktbearbeitungsstrategie über das Ausmaß der Marktabdeckung abgrenzt.

Ein Unternehmen, das eine derartige Strategie verfolgt, muss darauf achten, dass das Produkt- und Serviceangebot genau auf das Segment abgestimmt ist. Umfassende Kenntnisse der Segmentbedürfnisse und der Aufbau einer starken Marke sind hierfür Voraussetzung. Das Unternehmen erhofft sich dadurch, eine effektivere und effizientere Marktbearbeitung zu erreichen. Ein gutes Beispiel in diesem Zusammenhang ist Baidu, das sich auf den chinesischen oder asiatischen Teilmarkt konzentriert.

Definition der konkurrenz- und abnehmergerichteten Strategien

Neben der grundsätzlichen Entscheidung für eine bestimmte Marktbearbeitungsstrategie muss ein Unternehmen entscheiden, mit welchen spezifischen Strategien es seiner Konkurrenz und seinen Endnutzern (Abnehmern) gegenübertritt. Hierzu stehen ihm mehrere Möglichkeiten offen. Im Folgenden wird daher auf mögliche konkurrenz- und abnehmergerichtete Strategien eingegangen.

Während sich konkurrenzgerichtete Strategien mit den langfristigen Plänen eines Unternehmens im Hinblick auf das eigene Verhalten gegenüber den Wettbewerbern befassen, zielen abnehmergerichtete Strategien darauf ab, eine privilegierte Stellung des Unternehmens in Bezug auf den Kunden zu erreichen, da dies die Wahrscheinlichkeit erhöht, dass der Kunde bei seiner Kaufentscheidung das jeweilige Unternehmen bevorzugt.

Welche konkurrenz- oder abnehmergerichteten Strategien letztlich angewendet werden und in welcher Art und Weise der Markt bearbeitet wird, hängt sehr stark von der Marktsituation und der firmeneigenen Überzeugungen und Ausrichtung ab. Die Festlegung der Strategien ist jedoch ein überaus wichtiger Schritt im Prozess der digitalen Marketingstrategie, da durch diese Strategien der Designprozess determiniert wird.

Strategiebewertung des digitalen Marketings

Um eine sinnvolle Auswahl der strategischen Optionen durchführen zu können, ist vorab eine entsprechende Bewertung anhand ausgewählter Kriterien notwendig. Als Bewertungskriterien kommen in diesem Kontext im Schrifttum und in der Praxis am häufigsten

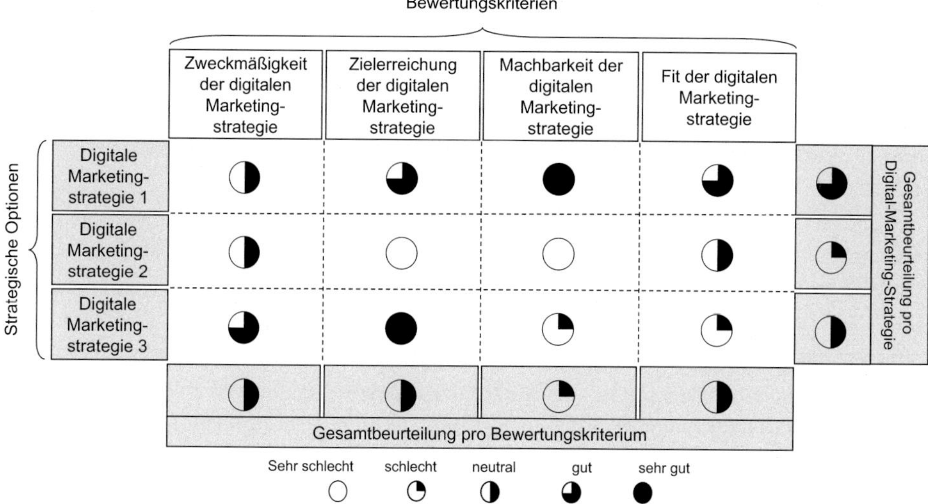

Abb. 17.9 Beispielhafte Strategiebewertungsmatrix des digitalen Marketings. (Vgl. Wirtz (2013a), S. 242; Wirtz (2021), S. 512)

Zweckmäßigkeit, Zielerreichung, Machbarkeit und der Fit der digitalen Marketingstrategie zur Anwendung.[34]

Abschließend können die einzelnen zur Verfügung stehenden strategischen Optionen anhand dieser Bewertungskriterien evaluiert werden. In Abb. 17.9 ist beispielhaft eine Bewertungsmatrix dargestellt, mit deren Hilfe die relevanten digitalen Marketingstrategien systematisch bewertet und verglichen werden können. Auf dieser Basis kann eine Auswahl der zu verfolgenden digitalen Marketingstrategie erfolgen, die es in einem nächsten Schritt des digitalen Marketingstrategieentwicklungsprozesses zu implementieren gilt.

In einem letzten Schritt des Entwicklungsprozesses für das digitale Marketing kann das Unternehmen dann die am besten geeignete digitale Marketingstrategie auswählen und festlegen, um seine Marketing- und Geschäftsziele zu erreichen.

Die digitale Marketingstrategie ist ein wichtiger Bezugspunkt für die digitalen Marketingaktivitäten eines Unternehmens und hat einen großen Einfluss auf die Gestaltung des digitalen Marketing-Mix. Die folgenden Abschnitte befassen sich daher mit dem digitalen Marketing-Mix und seinen vier Hauptkomponenten Digital Distribution, Digital Pricing, Digital Products und Services sowie Digital Communication.

[34] Vgl. Müller-Stewens/Lechner (2016), S. 314 ff.

17.2 Digital Distribution und Multi-Channel-Marketing

Dem Digital Business wird im Zusammenhang mit absatzseitigen Aktivitäten eine erhebliche Bedeutung beigemessen.[35] Lange Zeit beschränkte sich die Diskussion über das Digital Business in Theorie und Praxis ausschließlich auf die Nutzung des Internets als Absatzkanal.

In den letzten Jahren hat zudem das Multi-Channel-Marketing erheblich an Bedeutung gewonnen. Nur wenige Unternehmen bieten ihr Leistungsangebot über lediglich einen Marketing- bzw. Absatzkanal an. Zunehmend werden Produkte oder Dienstleistungen durch den gleichzeitigen Einsatz mehrerer Kanäle vertrieben. Hierbei greifen Unternehmen sowohl auf traditionelle als auch auf innovative neue Kanäle zurück.

Die zunehmende Bedeutung des Mehrkanalvertriebs ist auf verschiedene Ursachen zurückzuführen. Insbesondere durch neuere Entwicklungen im Bereich der Informations- und Kommunikationstechnologien ist der Vertrieb über das Internet für viele Unternehmen mittlerweile zu einem wichtigen Standbein geworden.

Darüber hinaus hat sich das Kundenverhalten in den vergangenen beiden Dekaden stark verändert. Demnach greift der Kunde zu Kaufanlässen zunehmend auf einen persönlichen Kanal-Mix zurück, mit dessen Hilfe er sich zunächst informiert und beraten lässt, bevor er schließlich kauft und beliefert wird. Hierzu werden nicht selten verschiedene Kanäle beansprucht.

Um den spezifischen Anforderungen in der jeweiligen Kaufphase zu entsprechen und die Informations- und Conveniencebedürfnisse gleichermaßen zu berücksichtigen, muss ein Hersteller eine breite Palette an Kanälen anbieten. Die Herausforderung für Unternehmen besteht darin, ein Mehrkanalsystem erfolgsorientiert zu managen.

In diesem Abschnitt werden zur Darstellung der Digital Distribution zunächst die Grundlagen des Distributionsmanagements ausgeführt. Darauf aufbauend wird ein Strukturrahmen mit spezifischen Aspekten hinsichtlich der Digital Distribution aufgezeigt.

Danach werden die zentralen Aktionsparameter im Rahmen der digitalen Distribution kurz dargestellt, bevor auf die wesentlichen Chancen und Risiken in Verbindung mit der Digital Distribution eingegangen wird. Anschließend wird die konkrete Umsetzung der Digital Distribution anhand von drei zentralen Handlungsfeldern dargestellt.

Darauf aufbauend wird das Multi-Channel-Marketing anhand des Service-Channel-Diversification-Modells (SCD-Modell) dargestellt. Die Kanaleigenschaften bei der Multi-Channel-Service-Bereitstellung sowie verschiedene Multi-Channel-Strategien werden erläutert. Abschließend wird der Multi-Channel-Strategieprozess aufgezeigt. Abb. 17.10 stellt die Struktur des Abschn. 17.2 dar.

[35] Vgl. Wirtz (1995b), S. 46 f.; Albers et al. (2000), S. 11.

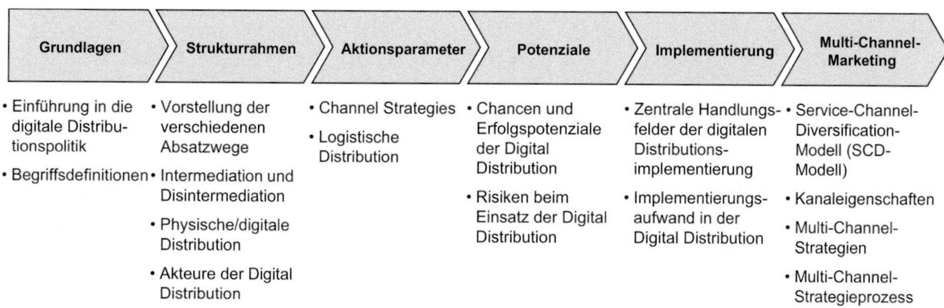

Abb. 17.10 Struktur des Abschnitts

Tab. 17.1 Definition Distributionsmanagement. (Vgl. Wirtz (2001a), S. 376; Wirtz (2020), S. 618)

Unter dem Begriff Distributionsmanagement soll die Gesamtheit aller Maßnahmen verstanden werden, die dazu dienen, die Produkte und Leistungen eines Unternehmens so bereitzustellen, dass diese den Bedürfnissen der Nachfrager in räumlicher, zeitlicher, quantitativer und qualitativer Hinsicht gerecht werden.

17.2.1 Grundlagen der Digital Distribution

Die Aufgabe des Distributionsmanagements besteht darin, eine Unternehmensleistung unter Überbrückung von räumlicher und zeitlicher Distanz vom Ort ihrer Entstehung in den Verfügungsbereich des Nachfragers zu transferieren. Dabei wird diese Leistung auf verschiedenen Ebenen transformiert. Insbesondere Entscheidungen über die Ausgestaltung des Vertriebssystems, der Absatzwege und der Absatzformen sind in diesem Zusammenhang von Bedeutung.

Im weiteren Sinne werden unter dem Begriff der Distribution auch die Logistik, also der physische Transport der Leistungen zum Verkaufsort sowie der Kundendienst subsumiert. Aufgrund der Heterogenität der Begriffsdefinitionen im Schrifttum soll in diesem Kontext folgende Definition des Distributionsmanagements Anwendung finden (Tab. 17.1):

Dieser Definition folgend bilden alle materiellen und immateriellen Realgüter, deren Erzeugung und Verbrauch institutionell auseinanderfallen, den Gegenstand der Distribution.[36] Die Aufgabe des Distributionsmanagements besteht damit letztlich in einer optimalen Gestaltung der in Abb. 17.11 dargestellten Distributionswertkette mit dem Ziel einer permanenten Präsenz der Unternehmensleistungen am Markt.

[36] Vgl. Meffert et al. (2019), S. 579; Schierenbeck/Wöhle (2016), S. 351 ff.

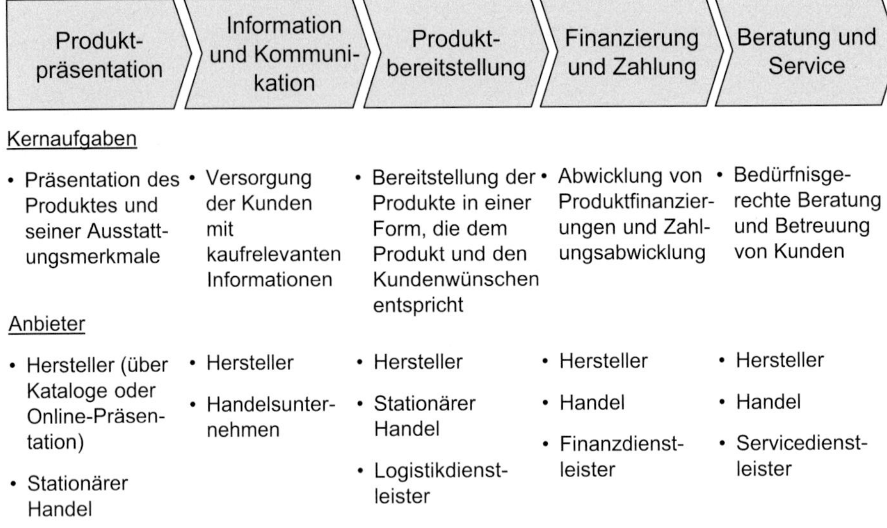
Produkt-
präsentation
Information
und Kommuni-
kation
Produkt-
bereitstellung
Finanzierung
und Zahlung
Beratung und
Service
Kernaufgaben
• Präsentation des Produktes und seiner Ausstattungsmerkmale
• Versorgung der Kunden mit kaufrelevanten Informationen
• Bereitstellung der Produkte in einer Form, die dem Produkt und den Kundenwünschen entspricht
• Abwicklung von Produktfinanzierungen und Zahlungsabwicklung
• Bedürfnisgerechte Beratung und Betreuung von Kunden
Anbieter
• Hersteller (über Kataloge oder Online-Präsentation)
• Stationärer Handel
• Versandhandel
• Hersteller
• Handelsunternehmen
• Hersteller
• Stationärer Handel
• Logistikdienstleister
• Hersteller
• Handel
• Finanzdienstleister
• Hersteller
• Handel
• Servicedienstleister

Abb. 17.11 Wertkette der Distribution. (Vgl. Wirtz (2000b), S. 63.; Wirtz (2020), S. 619; Wirtz (2021), S. 514)

Tab. 17.2 Definition Digital Distribution. (Vgl. Wirtz (2001a), S. 384; Wirtz (2020), S. 620; Wirtz (2021), S. 513)

Digital Distribution bezeichnet die Ausübung wertschöpfender Aktivitäten der Distributionswertkette in einem digital basierten Vertriebsweg. Dabei soll von digitaler Distribution im engeren Sinne gesprochen werden, wenn auch die Bereitstellung beziehungsweise die Überbringung der Unternehmensleistung zum Kunden auf digitalem Weg erfolgt. Erfolgen hingegen der Informationsaustausch und die Bestellung digital, die Bereitstellung der Ware jedoch auf physischem Wege, so soll von digitaler Distribution im weiteren Sinne gesprochen werden.

Der Einsatz des Digital Business induziert zahlreiche Veränderungen gegenüber der traditionellen Distribution. Aufbauend auf den Ausführungen zum Distributionsmanagement wird nachfolgend der Begriff der auf dem Einsatz des Digital Business basierenden Distribution (Digital Distribution) definiert (vgl. Tab. 17.2).

Moderne Informations- und Kommunikationstechnologien können die Vermarktung und Distribution von Unternehmensleistungen grundlegend verändern. Im Digital Business entsteht ein (zusätzlicher) elektronischer Absatzkanal, der es Kunden ermöglicht, Kaufentscheidungen aufgrund digital übermittelter Informationen zu treffen.

Zudem wird auch die Bestellung auf digitalem Wege initiiert. Die Bereitstellung der Ware erfolgt in Abhängigkeit von deren Eigenschaften auf traditionellem Weg oder direkt via Internet. Das Internet kann dabei als Absatzkanal sowohl zum direkten Absatz als auch zum indirekten Vertrieb genutzt werden. Die digitale Distribution kann damit wie folgt definiert werden.

Vorteile der Digital Distribution

Die spezifischen Merkmale des Mediums Internet implizieren im Rahmen der digitalen Distribution sowohl anbieter- als auch nachfragerseitig eine Reihe von Vor- und Nachteilen. Auf Seiten des Anbieters sind in diesem Kontext zunächst die globale Präsenz des Angebots und damit der Zugang zu neuen Märkten als wesentliche Vorteile zu nennen. Beispielsweise stellt die Plattform eBay für Anbieter die Möglichkeit bereit, Produkte auf verschiedenen Märkten weltweit anzubieten.

Der Eintritt in einen neuen Markt ist dabei kaum mit Eintrittsbarrieren verbunden. Einziger Wettbewerbsnachteil gegenüber Anbietern, die geografisch näher an dem jeweiligen Markt liegen, sind die aufgrund der geografischen Entfernung unter Umständen höheren Distributionskosten und die Notwendigkeit von vertrauensbildenden Maßnahmen durch den Verzicht auf persönliche Interaktion.

Das für den Kauf notwendige Vertrauen in das Unternehmen beziehungsweise dessen Produkte und Services kann jedoch unter anderem über verschiedene Bewertungs- und Vergleichssysteme gefördert werden.[37] In diesem Zusammenhang sind insbesondere Online-Bewertungen anderer Nutzer auf Webseiten sowie Bewertungsportalen (z. B. Yelp), Vergleichsportale (z. B. Check24) und Preisvergleichsportale (z. B. Idealo) von Bedeutung.

Weiterhin erlaubt es die Digital Distribution, einem Sortiment problemlos neue Waren hinzuzufügen, wohingegen im traditionellen Handel der Regalplatz oftmals einen Engpassfaktor darstellt. Damit kann die Sortimentsgestaltung deutlich flexibler erfolgen. Schließlich bildet auch die Möglichkeit, im Rahmen des Online-Vertriebs Kundendaten zu gewinnen, einen wesentlichen Vorteil der Digital Distribution auf Seiten der Anbieter, da diese Daten die Grundlage zu einem effektiven Customer Relationship Management bilden.

Auf Seiten der Nachfrager resultiert die Vorteilhaftigkeit der Digital Distribution vor allem aus der ubiquitären Verfügbarkeit des jeweiligen Angebots, sodass der Bestellvorgang jederzeit und von jedem Ort aus initiiert werden kann.[38] Zudem besteht für den Nachfrager eine deutlich erhöhte Markttransparenz aufgrund einer schnellen und einfachen Vergleichbarkeit von Produkten. Darüber hinaus können die multimedialen Eigenschaften des Internets zu verbesserten Produktbeschreibungen und somit zu einer besseren Information der Nachfrager führen.

Nachteile der Digital Distribution

Nachteile der Digital Distribution bestehen vor allem im fehlenden physischen Kontakt der Kunden mit der Ware. Dies führt insbesondere bei solchen Produkten zu Problemen, bei denen Sinneseindrücke des Kunden die Kaufbereitschaft wesentlich beeinflussen. Zudem legen Kunden oftmals auf eine persönliche Beratung im Sinne einer Face-to-Face-Kommunikation wert, die über elektronische Medien nicht erfolgen kann. Insbesondere in der Bankenbranche ist der direkte Kundenkontakt wichtig.

[37] Vgl. Turban et al. (2018), S. 106 ff.

[38] Vgl. Rayport/Jaworski (2001), S. 5 f.

Auch wenn das Internet von der Anbieterseite dazu genutzt wird, Produkte vorzustellen und zu erklären, findet der eigentliche Verkauf oft über ein persönliches Gespräch mit dem Kunden statt. Ein typisches Beispiel stellt der Abschluss von sogenannten Riesterverträgen im Rahmen der privaten Altersvorsorge dar. Viele Kunden informieren sich zwar im Vorfeld über dieses Produkt via Internet, treffen sich jedoch in der Regel persönlich mit ihrem Bankberater in einer Filiale, bevor sie einen Vertrag abschließen. Dieses Beispiel verdeutlicht, dass die digitale Distribution vor allem bei erklärungsbedürftigen Produkten nicht optimal ist.

17.2.2 Strukturrahmen der Digital Distribution

Der Strukturrahmen in der Digital Distribution umfasst im Wesentlichen vier Aspekte, auf die im Folgenden näher eingegangen wird. Zunächst werden verschiedene Arten von Absatzwegen dargestellt und den verschiedenen digitalen Absatzwegen zugeordnet. Anschließend werden die Begriffe Intermediation und Disintermediation, die im Zuge der Entwicklung des Digital Business an Bedeutung hinzugewonnen haben, erklärt. Danach wird der wichtige Aspekt der Substitutionsbeziehung zwischen physischer und digitaler Distribution thematisiert, bevor abschließend die wesentlichen Akteure in der Digital Distribution beschrieben werden.

17.2.2.1 Absatzwege

Grundsätzlich stehen Unternehmen hinsichtlich der Absatzwege verschiedene Optionen zur Verfügung. Grundlegend ist dabei die Entscheidung zu treffen, ob Handelsbetriebe einbezogen werden sollen. Es besteht also die Wahl zwischen direktem und indirektem Absatz.

Direkter und indirekter Absatz

Während beim indirekten Absatz vom Produzenten ausgewählte Handelsunternehmen die Waren an die Verbraucher weiterleiten, werden beim direkten Absatz keine Absatzorgane zwischen Hersteller und Endkunden geschaltet.[39] Dieser Sachverhalt ist in Abb. 17.12 dargestellt.

Direkter Absatz

Unternehmen stehen unterschiedliche Formen des Direktabsatzes zur Verfügung, die auch kombiniert zum Einsatz gelangen können. Eine klassische Form des Direktvertriebs ist der Verkauf über den Außendienst. Dabei stellt der Vertreterverkauf die bekannteste Form des Verkaufs über den Außendienst dar. Hierbei besucht ein Handelsreisender oder ein Handelsvertreter die Verbraucher zu Hause und bietet ihnen dort im Verlauf eines Beratungsgesprächs bestimmte Produkte und Services an (Door-to-Door-Selling).

[39] Vgl. Wirtz (2008), S. 23 ff.

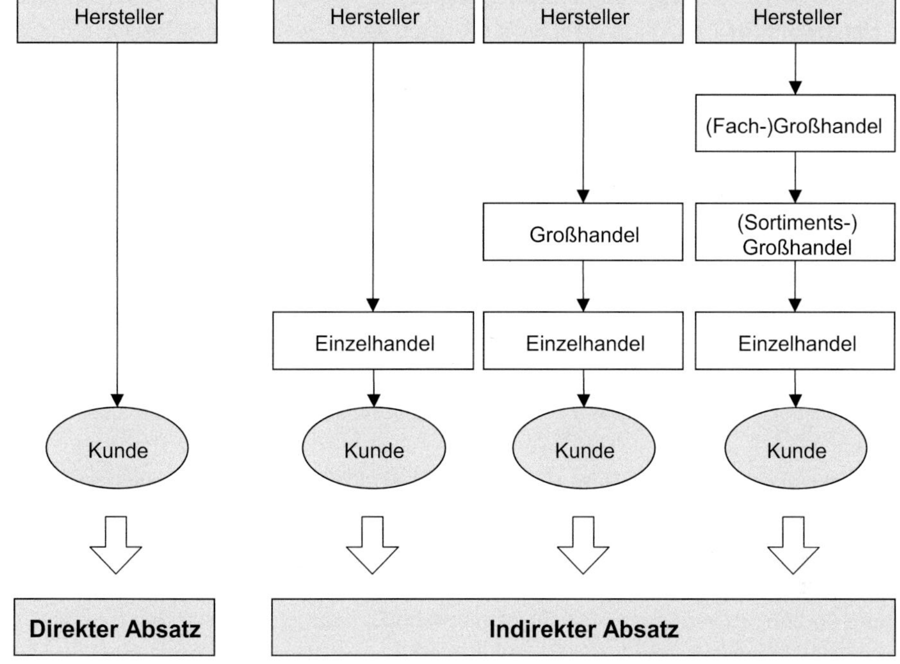

Abb. 17.12 Direkter und indirekter Absatz. (Vgl. Wehrli/Wirtz (1996b), S. 263; Wirtz (2020), S. 622; Wirtz (2021), S. 515)

Ebenfalls dem Direktvertrieb zuzurechnen ist der Absatz über Verkaufsniederlassungen, die rechtlich und wirtschaftlich in die Gesamtorganisation eingebunden sind.[40] Neben dem eigentlichen Verkauf übernehmen diese Niederlassungen häufig auch Servicefunktionen, wie beispielsweise Reparaturen, Beratungen oder Ersatzteilbevorratungen. Schließlich ist auch der Katalogversand durch Anbieter als eine Form des direkten Absatzes zu nennen. Die Kunden wählen hierbei Produkte aus den entsprechenden Katalogen aus und bestellen diese schriftlich, telefonisch, online oder unter Einschaltung eines Sammelbestellers beim Hersteller.

Indirekter Absatz

Trotz Tendenzen, auch im Konsumgüterbereich stärker zu einem direkten Vertrieb überzugehen, spielt der Handel in diesem Bereich nach wie vor eine wichtige Rolle. Ein Grund für die Bedeutung des Handels beim Vertrieb von Konsumgütern ist darin zu sehen, dass die Verkäuflichkeit vieler Produkte erst durch deren Einordnung in die Sortimente des Handels aufgrund des entstehenden Sortimentsverbunds hergestellt werden kann.

[40] Vgl. Meffert et al. (2019), S. 589 f.

Zudem ist die Nachfrage bei Konsumgütern häufig flächenmäßig weit verstreut, sodass die Hersteller oftmals nicht in der Lage sind, die Distributionsaufgabe selbstständig wahrzunehmen. Aufgrund seiner Vielzahl an Betriebsformen, Sortimentstypen und Verkaufsmethoden ist der Handel in der Lage, differenzierten Bedürfnissen und Wünschen der Kunden deutlich besser zu entsprechen, als die Hersteller hierzu in der Lage wären.

Digitale Distribution als direkter Absatzweg

Die Digital Distribution ist im Allgemeinen dem direkten Absatzweg zuzuordnen. Demnach findet ein unmittelbarer Kontakt zwischen dem Anbieter der Produkte und Services und dem Endkunden statt. Absatzmittler, wie sie beim indirekten Absatz vorkommen, werden beim Direktvertrieb nicht eingesetzt. Um das Produkt allerdings zum Kunden zu transportieren, werden so genannte Absatzhelfer eingesetzt, um verschiedene verkaufsunterstützende Funktionen, wie zum Beispiel Lagerung, Transport und Finanzierung zu erfüllen.

Darüber hinaus lassen sich im Rahmen der digitalen Distribution verschiedene Arten der Interaktion zwischen Kunde, Verkäufer und Handelsplattform nennen, wie beispielsweise die Interaktion via Webstores, Electronic Malls sowie Portals.

Während Webstores (Onlineshops/Webshops) in erster Linie dem direkten Absatz von Gütern und Dienstleistungen einzelner Unternehmen oder Privatverkäufern dienen, werden mittels Electronic Malls (Online Malls) Güter und Dienstleistungen mehrerer Verkäufer auf einer Plattform zum Kauf angeboten. Portals (Onlineportale) fungieren unterstützend als Informations-Gateways und stellen allgemeine sowie spezifische Informationen entlang diverser Webanwendungen zur Verfügung.[41]

Bricks-and-Mortar versus Clicks-and-Mortar

Zudem kann grundsätzlich zwischen Unternehmen unterschieden werden, die ausschließlich physische Absatzwege einsetzen (Bricks-and-Mortar), und solchen, die eine Mischung aus physischen und digitalen Vertriebskanälen aufweisen (Clicks-and-Mortar).[42] Erstere sind heutzutage aufgrund der mittlerweile großen Bedeutung des Internets allerdings kaum noch vorzufinden, da eine ausschließliche Verwendung von physischen Vertriebswegen in den meisten Fällen zu erheblichen Wettbewerbsnachteilen führen würde.

Dagegen vertreiben die meisten Unternehmen ihre Produkte und Services über multiple Vertriebswege, die sowohl online als auch offline ausgestaltet sind. So erschließen die klassischen Offline-Händler zusätzlich zu ihrem Kerngeschäft das Internet als neuen Vertriebsweg. Turban et al. (2018) sprechen in diesem Zusammenhang von „Click-and-Brick Retailers", zum Teil wird diese Mehrkanalstrategie auch als hybride Distribution bezeichnet.

[41] Vgl. Turban et al. (2018), S. 49.

[42] Vgl. Turban et al. (2018), S. 110 f.

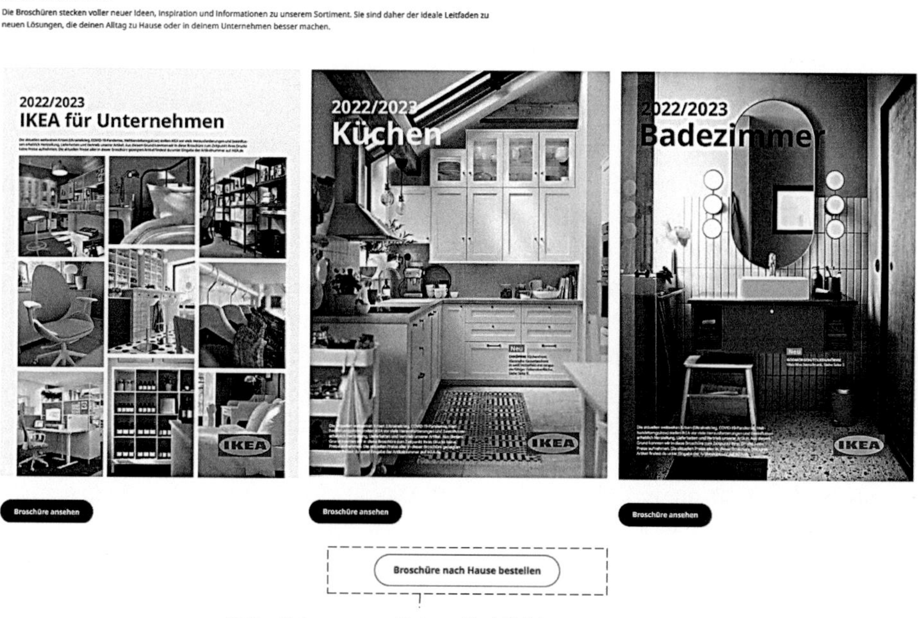

Abb. 17.13 Webseite von IKEA. (In Anlehnung an Inter IKEA Systems B.V (2023))

Mehrkanalstrategie

Ein Beispiel für ein Unternehmen, das eine Mehrkanalstrategie verfolgt, stellt IKEA dar. Bei diesem Unternehmen werden verschiedene On- und Offline-Kanäle, wie zum Beispiel der Internetvertrieb, der Katalogversand oder auch der stationäre Einzelhandel, miteinander verbunden.[43] Dem Kunden kann dadurch ein multimediales Einkaufserlebnis geboten werden, sodass er sich für den Vertriebsweg entscheiden kann, der am besten seinen Bedürfnissen entspricht.

Oftmals greift ein Kunde bei einem Einkauf auf mehrere Kanäle zurück. So kommt es häufig vor, dass er sich zunächst im Internet über ein Produkt informiert, dieses jedoch anschließend in einem stationären Geschäft erwirbt. Abb. 17.13 zeigt, wie über die Homepage von IKEA neben dem Onlineshop-Angebot auch nach der Einstellung des traditionellen Hauptkatalogs weiterhin verschiedene Fachkataloge in Printform angefordert werden können.

[43] Vgl. Wirtz (2013c), S. 279 ff.

17.2.2.2 Intermediation und Disintermediation

Durch das Digital Business haben sich die Strukturen des Vertriebs erheblich verändert. Aus den Eigenschaften der digitalen Distribution ergeben sich die zwei gegensätzlichen Entwicklungstendenzen Intermediation und Disintermediation.[44]

Beide Tendenzen resultieren insbesondere aus der Möglichkeit einer effizienten Abwicklung von Transaktionen im Digital Business und somit aus den im Vergleich zu traditionellen Austauschvorgängen niedrigen Transaktionskosten. Eine eindeutige Entwicklung in eine der beiden Richtungen ist nicht erkennbar. Es ist vielmehr zu erwarten, dass sich beide Ansätze in der Praxis durchsetzen werden.

Intermediation

Mit dem Begriff der Intermediation wird der Sachverhalt beschrieben, dass die Wertkette der Distribution durch den Einsatz moderner Informations- und Kommunikationstechnologie aufgespaltet werden kann.[45] Hierdurch wird es den Unternehmen möglich, sich auf Kernkompetenzen zu beschränken und die übrigen, strategisch weniger bedeutsamen Aktivitäten der gesamten Distributionsleistung auf Kooperationspartner auszulagern.[46]

Dabei übernehmen stark spezialisierte Einzelunternehmen jeweils nur einen engen Bereich der Wertschöpfung. Als Konsequenz aus dieser Konzentration auf Kernkompetenzen ergibt sich die Möglichkeit, Kosteneinsparungen und Spezialisierungsgewinne zu realisieren. Durch den Aufbau eines Kooperationsnetzwerks mit den Anbietern komplementärer Wertaktivitäten kann dieser Effekt noch weiter verstärkt werden. Die Aufspaltung der Distributionswertkette im Rahmen der Intermediation ist in Abb. 17.14 dargestellt.

Disintermediation

Die Disintermediation stellt eine der Intermediation entgegengesetzte Entwicklungstendenz dar. Im Kontext der Disintermediation werden innerhalb der Distributionskette zunehmend Zwischenstufen eliminiert, sodass die Distributionsaktivitäten verstärkt durch einen einzelnen Anbieter koordiniert werden.[47]

Die Möglichkeit zur Disintermediation ergibt sich damit insbesondere aus dem Einsatz moderner Informations- und Kommunikationstechnologien, da erst diese die erforderliche Koordination der Distributionsaktivitäten und damit einhergehend eine Reduktion der Distributionskosten durch eine Optimierung der Distributionswertkette ermöglichen.[48]

---

[44] Vgl. Gay/Charlesworth/Esen (2007), S. 443.

[45] Vgl. Papazoglou/Ribbers (2006), S. 288 f.

[46] Vgl. Schögel/Birkhofer/Tomczak (1999), S. 132.

[47] Vgl. Wirtz (1995b), S. 49; Gay/Charlesworth/Esen (2007), S. 53; Turban et al. (2018), S. 112 f.

[48] Vgl. Rosenbloom (2013), S. 15 f.

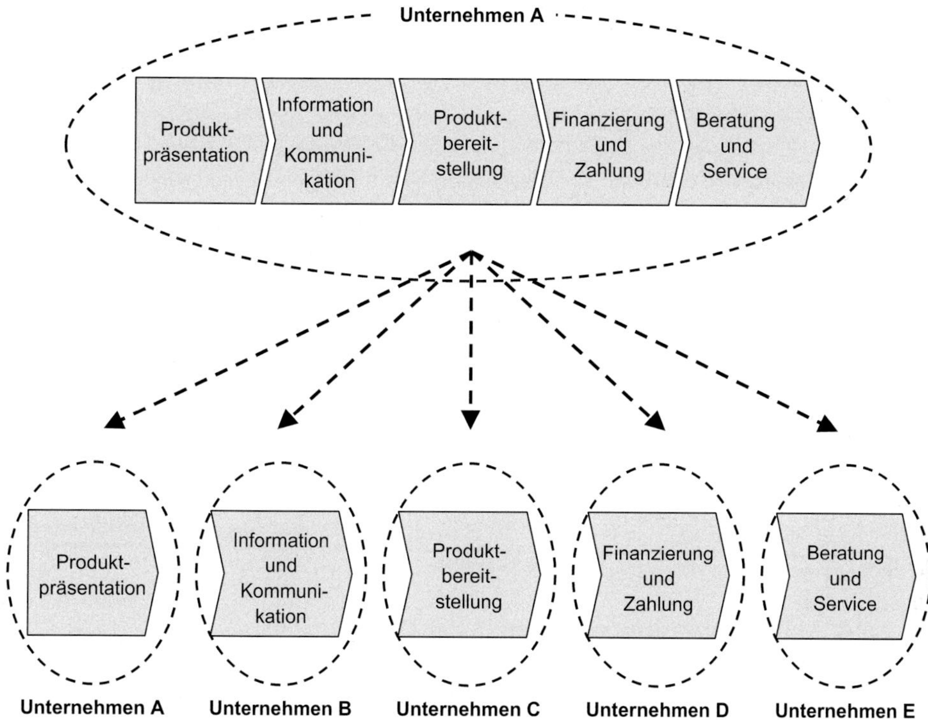

Abb. 17.14 Entwicklungstendenz Intermediation. (Vgl. Wirtz (2000b), S. 64; Wirtz (2020), S. 626; Wirtz (2021), S. 517)

Substitutionsgefahr für den Handel

Da insbesondere die Ausschaltung von traditionellen Zwischenhändlern ein typisches Beispiel für Disintermediationstendenzen ist, ergibt sich hieraus wiederum eine existenzielle Substitutionsgefahr für den gesamten Handelsbereich.[49] „The Internet can connect end users with producers directly and thereby reduce the importance of (and value extraction by) intermediaries."[50] Die Zwischenhändler übernehmen bisher die Bündelung von Aufträgen, die Bereitstellung von Lagerkapazitäten sowie die Beratung und den Warenverkauf.

Anstelle des traditionellen Handels treten heutzutage häufig sogenannte Online-Intermediäre auf. Ein bekanntes Beispiel hierfür stellt das Unternehmen Amazon dar. Dieser Online-Händler wird mittlerweile von vielen Anbietern eingesetzt, um Produkte per

[49] Vgl. Wirtz (1995b), S. 48 ff.; Fritz (1999), S. 33.

[50] Quelch/Klein (1996), S. 66.

Internet zu vertreiben. Ursprünglich startete das Unternehmen als reiner Buchhändler, erweiterte dann allerdings schrittweise sein Portfolio. Heute kann ein Käufer dort Produkte aus verschiedenen Branchen, wie beispielsweise Unterhaltungselektronik, Bekleidung und Autozubehör, erwerben.

Durch die Umgehung des Zwischenhandels und die selbstständige Koordination dieser Aktivitäten lassen sich deutliche Kosteneinsparungen realisieren. Diese wiederum ermöglichen das Angebot von Produkten zu deutlich niedrigeren Preisen und mithin einen potenziellen Wettbewerbsvorteil. Für den Hersteller ergibt sich ein erheblich höheres Margenpotenzial, das aus der Tatsache resultiert, dass der Hersteller die Wertschöpfungsfunktionen klassisch nachgelagerter Zwischenhändler nun selbst übernimmt.

On-Demand-Distribution

Die Ausschaltung des traditionellen Zwischenhandels hat zur Etablierung einer weiteren Dienstleistungsstufe geführt. In dieser übernehmen spezialisierte Anbieter eine Transportdienstleistung, die als On-Demand-Distribution und Delivery bezeichnet werden kann.[51] Typische Unternehmen für diese neue Stufe sind beispielsweise Logistikdienstleister wie United Parcel Service oder der Hermes Versand.

17.2.2.3 Substitutionsbeziehungen in der Distribution

Die vollständige Substitution der traditionellen Distribution im Sinne der oben beschriebenen Disintermediation ist nur für einen eingeschränkten Teil der Unternehmen relevant. Beispielhaft kann an dieser Stelle das Unternehmen Cisco genannt werden. Durch die Kombination von Branchenwissen und technologischem Knowhow war dieses in der Lage, neue Unternehmensleistungen zu generieren. Allerdings kann durch den Direktvertrieb nicht allen Nachfragerbedürfnissen bei der Kaufentscheidung entsprochen werden. Dies gilt insbesondere für komplexe, erklärungsbedürftige Produkte, bei denen der direkte Anbieter-Nachfrager-Austausch weiterhin eine kaufentscheidende Rolle spielt.

Physische versus digitale Distribution

Die Gestaltung der Distribution ist darüber hinaus von weiteren Charakteristika des Produkts abhängig. So können insbesondere informationsbasierte und zu einem hohen Grad standardisierbare Produkte über den digitalen Teil des Absatzkanals distribuiert werden.[52] Beispielhaft können an dieser Stelle Produkte wie Software, Zeitungen, Musik und Videosequenzen genannt werden.

[51] Vgl. Wirtz (1995a), S. 16.

[52] Vgl. Rayport/Sviokla (1995), S. 76 f.; Kiang/Raghu/Shang (2000), S. 386.

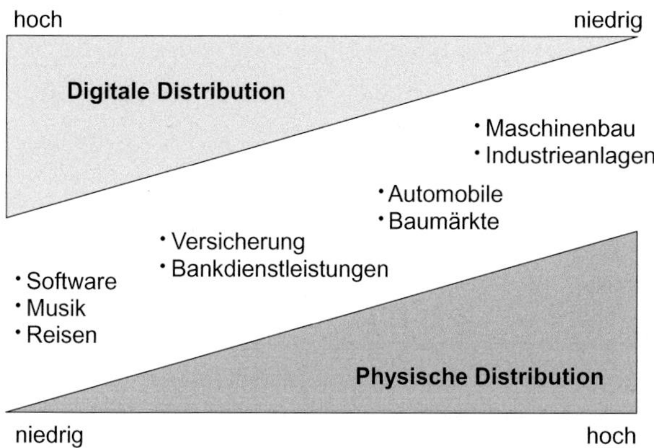

Abb. 17.15 Substitutionsbeziehung zwischen physischer und digitaler Distribution. (Vgl. Wirtz (2000b), S. 66; Wirtz (2020), S. 629; Wirtz (2021), S. 518)

Sind Produkte nicht vollständig digitalisierbar, können die informationsbasierten Komponenten vom übrigen physischen Produkt separiert und getrennt über den digitalen Distributionskanal offeriert werden. Dabei erfolgen die Informationen und der Verkauf digital, während das physische Produkt traditionell über den physischen Teil des hybriden Distributionskanals versandt wird. Abb. 17.15 stellt beispielhaft dar, in welchen Branchen die Online-Distribution als Handelsunterstützung beziehungsweise als Handelssubstitution fungieren kann.

Die zunehmende Bedeutung von digitaler Distribution kann anhand von Daten aus der Musikindustrie demonstriert werden. Während der Absatz von klassischen Tonträgern wie CDs, Kassetten oder Schallplatten rückläufig ist, steigt der Marktanteil von digital distribuierten Musikstücken. Diese werden als digitale Daten in Online-Shops und auf Plattformen wie iTunes per Stream oder Download bereitgestellt. Im Jahr 2015 wurde der weltweite digitale Musikmarkt erstmalig zum Hauptumsatzkanal für Musikaufnahmen und verwies damit den Verkauf physischer Tonträger auf den zweiten Platz.[53]

Im Jahr 2021 machten die digitalen Erlöse 69,3 % der weltweiten Gesamterlöse aus, während die physikalischen Tonträger bei 19,2 % lagen.[54] Dieser weltweite Trend spiegelt sich auch in Deutschland wider. So lagen die digitalen Erlöse mit einem Anteil von 67,96 % in etwa auf dem gleichen Niveau, wie bei der weltweiten Verteilung.[55] Abb. 17.16 stellt die Marktentwicklung bezüglich physischer und digitaler Distribution in Deutschland anhand des Umsatzes in der Musikindustrie dar.

[53] Vgl. IFPI (2016).

[54] Vgl. IFPI (2022), S. 11.

[55] Vgl. Bundesverband Musikindustrie (2022), S. 8.

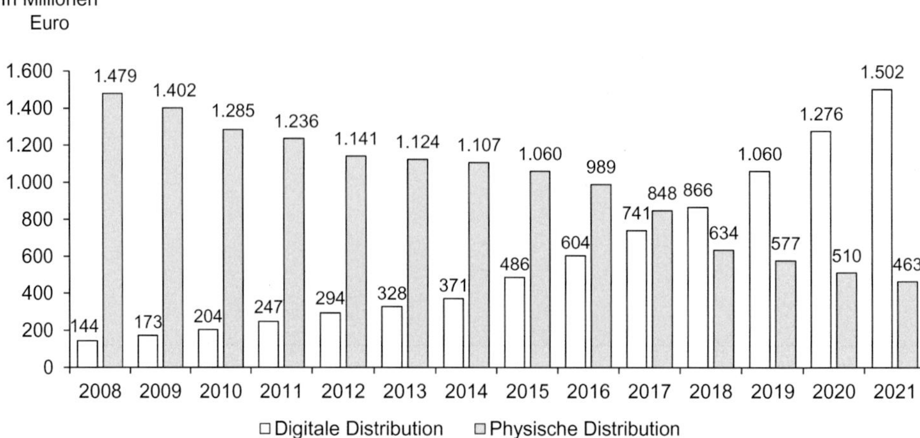

Abb. 17.16 Entwicklung der physischen versus digitalen Distribution in der deutschen Musikindustrie. (Datenquelle: Bundesverband Musikindustrie (2018), S. 9; Bundesverband Musikindustrie (2022), S. 8)

17.2.2.4 Akteure in der digitalen Distribution

An der physischen sowie digitalen Distribution eines Produkts sind verschiedene Akteure in einem Absatzkanal beteiligt. Auch wenn die traditionelle Wertkette des Handels größtenteils erhalten bleibt, sind durch das Digital Business die Rollen und Funktionen der involvierten Transaktions- und Interaktionspartner Veränderungen unterworfen. Vor diesem Hintergrund ist auch ersichtlich, dass aufgrund der Charakteristika der digitalen Distribution neue Akteure entstehen beziehungsweise sich die Rollen und Funktionen der traditionellen Player verändert haben.[56]

Traditionelle Akteure im direkten und indirekten Vertrieb

Traditionelle Akteure, die an der Distribution eines Produkts beteiligt sind, sollen anhand des direkten und indirekten Vertriebs dargestellt werden. Im Rahmen des direkten Vertriebs treten hauptsächlich zwei Akteure auf. Da es sich bei dieser Vertriebsform definitionsgemäß um einen unmittelbaren Kontakt zwischen dem Hersteller und dem Endverbraucher handelt, stellen diese die grundlegenden Akteure in einem direkten Absatzkanal dar. Neben Hersteller und Endkunden können zusätzlich Absatzhelfer auftreten, die verkaufsunterstützende Vertriebsfunktionen übernehmen und auf jeder Distributionsstufe vertreten sein können.[57]

---

[56] Vgl. Wirtz/Defren (2007), S. 11 f.

[57] Vgl. Wirtz (2008), S. 36 ff.

Darüber hinaus lassen sich im indirekten Vertrieb weitere Akteure identifizieren. Der indirekte Vertrieb eines Produkts impliziert, dass mindestens ein Absatzmittler zwischen Hersteller und Endkunde geschaltet ist. Absatzmittler sind in Abhängigkeit der Eigenschaft des Produkts und der Distributionsziele verschiedenartig. Sie lassen sich nach den Distributionsstufen Groß- und Einzelhandel differenzieren. Auch bei der indirekten Vertriebsform können Absatzhelfer auf jeder Distributionsstufe verkaufsunterstützend mitwirken.

Neue Akteure im direkten und indirekten Vertrieb

Neben diesen bereits etablierten Akteuren treten im Rahmen der Digital Distribution jedoch auch vermehrt neue Akteure auf, deren Geschäftsmodelle von den Möglichkeiten des Digital Business Gebrauch machen. Damit werden diese neuen Akteure zu potenziellen Wettbewerbern traditioneller Akteure. Sie kontrollieren einen wesentlichen Teil der distributiven Wertschöpfung und bieten Leistungen an, die zu denen traditioneller Anbieter in Konkurrenz stehen.

Ein Beispiel hierfür stellt der Onlinehändler Amazon dar. Dieser präsentiert sein breites Angebot überwiegend online und reichert es mit innovativen Dienstleistungen, beispielsweise mit individuellen Kaufempfehlungen, Kundenrezensionen oder Voice-Shopping-Lösungen an. Ursprünglich startete Amazon seinen Vertrieb ausschließlich als Internet-Buchhändler. Heute gilt Amazon als weltweit größter Onlinehändler. Die physische Lieferung übernehmen neben internen Fachabteilungen auch spezialisierte Logistikdienstleister.

On-Demand-Distributoren

Physische On-Demand-Distributoren gelten als potenzielle Geschäftspartner der traditionellen sowie neuen Akteure, da diese Serviceunternehmen sich in der Regel auf ihre jeweiligen Kernkompetenzen konzentrieren und Wertschöpfungsaktivitäten anbieten, die jene der traditionellen und neuen Akteure komplementär ergänzen. Als Konsequenz hieraus werden die Auftraggeber von der Bereithaltung notwendiger Kompetenzen und Ressourcen im Logistikmanagement entbunden.

Beispiele für On-Demand-Distributoren sind unter anderem die Logistikdienstleister United Parcel Service (UPS) und der deutsche Hermes Versand. UPS agiert weltweit und übernimmt die physische Distribution einer Vielzahl über das Internet bestellter Produkte. Der Hermes Versand sichert und koordiniert für eine Reihe von Konzernpartnern und Fremdfirmen den physischen Warenfluss, indem er ein maßgeschneidertes Auslieferungssystem mit umfassendem Service für den Versandhandel bietet.

Nach der Aufforderung (Demand) erfolgt zunächst eine Abholung der Waren vom Versandlager des Auftraggebers. Nach dem Transport zu zentralen Depots und der dortigen Disposition erfolgt die deutschlandweite Zustellung der Waren an die Kunden. Dabei erfolgt diese garantiert, korrekt, zeiteffizient und zuverlässig.

Zu den Auftraggebern des Hermes Versands zählen beispielsweise die Otto Group und die Deutsche Bahn. In Abb. 17.17 werden die Akteure der Digital Distribution, ihre Funktion und Bedeutung sowie entsprechende Beispiele zusammenfassend dargestellt.

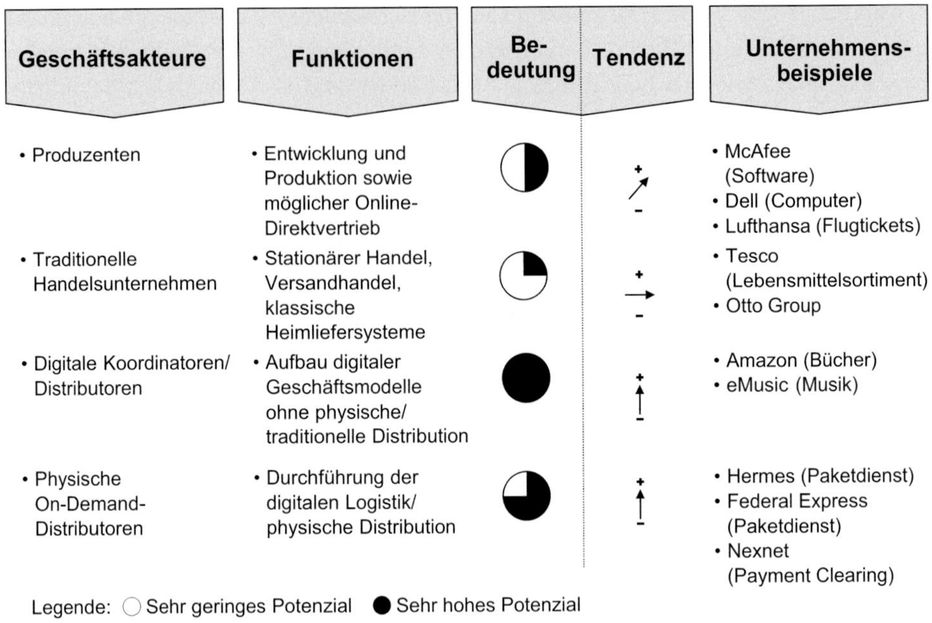

Geschäftsakteure	Funktionen	Bedeutung	Tendenz	Unternehmensbeispiele
• Produzenten	• Entwicklung und Produktion sowie möglicher Online-Direktvertrieb		+ –	• McAfee (Software) • Dell (Computer) • Lufthansa (Flugtickets)
• Traditionelle Handelsunternehmen	• Stationärer Handel, Versandhandel, klassische Heimliefersysteme		+ –	• Tesco (Lebensmittelsortiment) • Otto Group
• Digitale Koordinatoren/ Distributoren	• Aufbau digitaler Geschäftsmodelle ohne physische/ traditionelle Distribution		+ –	• Amazon (Bücher) • eMusic (Musik)
• Physische On-Demand-Distributoren	• Durchführung der digitalen Logistik/ physische Distribution		+ –	• Hermes (Paketdienst) • Federal Express (Paketdienst) • Nexnet (Payment Clearing)

Legende: ○ Sehr geringes Potenzial ● Sehr hohes Potenzial

Abb. 17.17 Geschäftsakteure der Digital Distribution. (Vgl. Wirtz (2000b), S. 68; Wirtz (2020), S. 632; Wirtz (2021), S. 519)

17.2.3 Aktionsparameter der Digital Distribution

Im Rahmen des Distributionsmanagements muss von Unternehmen eine Vielzahl von Entscheidungen zur Erarbeitung einer Channel Strategie getroffen werden.[58] Diese beziehen sich zum Beispiel auf die Wahl der Absatzwege oder Absatzorganisation.

Wenn dabei mehrere Absatzkanäle in Kombination bedient werden, spricht man im Schrifttum von einem Mehrkanalsystem. Darüber hinaus spielen Entscheidungen hinsichtlich der akquisitorischen sowie logistischen Distribution eine wichtige Rolle, worauf nachfolgend kurz eingegangen wird.

Akquisitorische Logistik

Im Rahmen der akquisitorischen Logistik wird insbesondere die Frage geklärt, wie der Kontakt zu den Nachfragern hergestellt werden soll. Hierdurch werden die Voraussetzungen für den Warenverkauf und für die Kundenbindung geschaffen. Ziel der sogenannten Verkaufsaufgabe ist es, die betrieblichen Leistungen an den Kunden so heranzutragen, dass ein Verkauf beziehungsweise ein Vertragsabschluss zustande kommt.

[58] Vgl. Gay/Charlesworth/Esen (2007), S. 457.

Über verschiedene Verkaufsorgane wird dabei der Kontakt zu den Kunden hergestellt. Daher sollte deren Wahl mit der nötigen Sorgfalt geschehen. Die Akquisition und Selektion der Verkaufsorgane wird damit zu einer zentralen Aufgabe des strategischen Distributionsmanagements.

Logistische Distribution
Die logistische Distribution, die eine taktische oder operative Ausrichtung hat, beschäftigt sich mit der Fragestellung, wie die Unternehmensleistungen an die Nachfrager ausgeliefert werden sollen. Die Bedeutung dieser Fragestellung ergibt sich unmittelbar aus der Tatsache, dass eine Leistung, die dem Kunden angeboten beziehungsweise verkauft wird, erst dann als erbracht angesehen werden kann, wenn die Produkte markt- und konzeptadäquat beim Kunden physisch angeliefert werden.[59]

Damit umfasst die logistische Distribution alle Verrichtungen, die der Überwindung räumlicher und zeitlicher Distanzen zwischen Produktionsort einer Leistung und dem Ort des Verkaufs beziehungsweise dem Konsum der Leistung in physischer Hinsicht dienen.

17.2.4 Potenziale der Digital Distribution

Der Vertrieb über das Internet bietet Anbietern auf der einen Seite vielfältige Chancen, auf der anderen Seite aber auch nicht zu vernachlässigende Risiken. Schaffen es Anbieter, die Chancen zu nutzen und die Risiken zu reduzieren, ergeben sich mit der digitalen Distribution erhebliche Potenziale. Großes Potenzial besteht vor allem in der Generierung eines Mehrwerts für den Kunden, der in direkter Relation zum Erfolg eines Unternehmens im digitalen Absatzkanal steht.

Dies gilt sowohl für eine Ergänzung als auch für die vollständige Substitution der traditionellen Kanäle durch die Online-Distribution. Der Mehrwert für den Kunden wird dabei überwiegend in Form innovativer Dienstleistungen erbracht.

Chancen der digitalen Distribution
Kundenvorteile und somit Mehrwert lassen sich generieren, indem bei der Konzeption der digitalen Distribution die Charakteristika des digitalen Absatzkanals berücksichtigt werden.[60] Vor dem Hintergrund der Eigenschaften des Internets und der möglichen Digital-Business-Aktivitäten ist die Generierung von Mehrwert beziehungsweise zusätzlichem Kundennutzen in allen Bereichen der Distributionsprozesskette möglich. Die mehrwertangereicherte Kette der Online-Distribution ist in Abb. 17.18 dargestellt.

[59] Vgl. Becker (2013), S. 556.

[60] Vgl. Burke (2000), S. 22 ff.

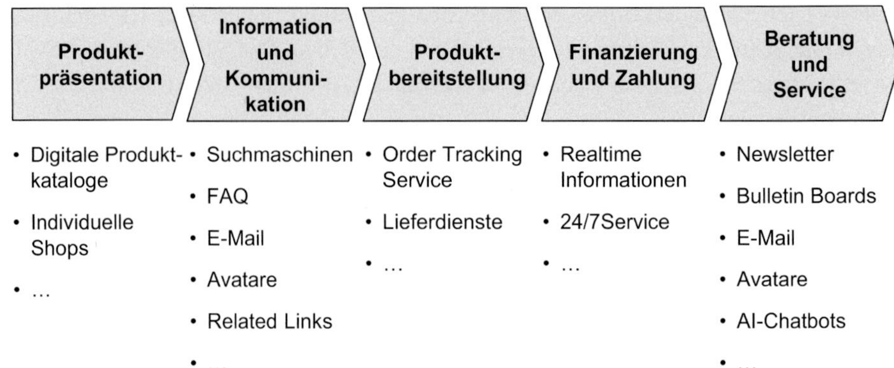

Abb. 17.18 Mehrwertangereicherte Prozesskette der Online-Distribution. (Vgl. Wirtz (2001a), S. 394; Wirtz (2020), S. 634)

Chancen bei der Produktpräsentation

Im Bereich Produktpräsentation können Mehrwertleistungen in Form der Bereitstellung informierender Inhalte die Angebotstiefe und -breite eines Unternehmens erweitern. Vorteile für den Kunden werden zum einen durch die Aufhebung logistischer Restriktionen durch digitale Produktkataloge geschaffen, zum anderen kann eine Orientierung des Leistungsprozesses an einzelnen Kundenbedürfnissen erfolgen.

Zusätzlich hat sich bei vielen Anbietern, wie zum Beispiel Amazon, ein Bewertungs- und Empfehlungssystem durchgesetzt. So können Käufer eines Produkts im Anschluss an ihren Kauf eine Bewertung hinsichtlich verschiedener Aspekte, wie zum Beispiel Lieferzeit, Produktqualität und Kommunikation des Verkäufers, abgeben. Hiermit soll potenziellen Käufern die Möglichkeit gegeben werden, ihre mit dem Kauf verbundene Unsicherheit abzubauen.

Chancen innerhalb des Informations- und Kommunikationsprozesses

Im Rahmen des Informations- und Kommunikationsprozesses kann Kundenmehrwert insbesondere durch die Lieferung entscheidungsrelevanter Zusatzinformationen geschaffen werden. Darüber hinaus kann über das Internet eine insgesamt effizientere Kommunikation mit dem Kunden erreicht werden. So lassen sich zum Beispiel Kundenanfragen schnell und unkompliziert beantworten.

In diesem Zusammenhang gibt es verschiedene Kommunikationsplattformen, die den Austausch von Wissen fördern. So können sich Internetnutzer zum Beispiel über die Webseite Wer-weiss-was.de Informationen zu verschiedenen Themen einholen oder in Foren über Themen diskutieren. Über sogenannte Experten-Chats können sich Fachleute regelmäßig zu einem festen Thema austauschen. Zusätzlich kann im Rahmen einer User-Suche nach Personen gesucht werden, die sich mit einem bestimmten Thema auskennen und die direkt per Nachricht um Rat gefragt werden können.

Chancen bei der Produktbereitstellung

Der Einsatz von Informations- und Kommunikationstechnologien im Produktbereitstellungs- und Warenwirtschaftsbereich bewirkt eine verbesserte Servicequalität für den Kunden, da die Transparenz dieses Segments wesentlich erhöht wird. Von vielen Unternehmen sind bereits Sendungsverfolgungssysteme (Order Tracking) implementiert worden.

Durch die verschiedenen Lösungen zur Sendungsverfolgung wird es dem Besteller ermöglicht, die Leistungsqualität und -bereitschaft eines Anbieters direkt zu überprüfen, indem er online den Liefer- beziehungsweise Bearbeitungsstatus abfragt. Zunehmend bieten Logistikdienstleister auch mobile Lösungen zum Order Tracking an, zum Beispiel in Form von Apps für das iPhone von Apple. Neben dem Mehrwert für den Kunden führen die Systeme auch zu Kosteneinsparungen bei den Versendern, da bei diesen ansonsten täglich eine Vielzahl von telefonischen Anfragen zum Bestellstatus eingehen und zu bearbeiten wären.

Chancen bei Finanzierung und Zahlung

Auch im Bereich Finanzierung und Zahlung garantieren innovative Dienstleistungen einen Kundenmehrwert. Dieser besteht in einer beschleunigten Prozessabwicklung sowie orts- und zeitungebundenen Beratungsleistungen. In diesem Kontext kann wiederum auf das Beispiel des Automobilhandels zurückgegriffen werden. Nach der Bearbeitung eines Online-Kriterienkatalogs durch den Antragsteller können Automobilhändler in Kooperation mit einem Finanzdienstleister interessierten Kunden Finanzierungsangebote für die nachgefragten Produkte unterbreiten.

Bei Abschluss eines Kaufvertrags wird auf die vom Kunden gewünschte Form der Anschaffungsfinanzierung zurückgegriffen, ohne dass dieser ein weiteres Finanzierungsgespräch mit seinem Kreditinstitut führen muss. Durch die sukzessive Bearbeitung einer Krediterfassungsmaske kann der Kunde Convenience-Vorteile wahrnehmen, da eine weitere kundenseitige Kontaktaufnahme mit einem Finanzdienstleister entfällt.

Darüber hinaus haben sich als Standardzahlungsmittel zahlreiche Online-Zahlungsservices etabliert, über die ein Käufer seine Einkäufe einfach und schnell bezahlen kann. Ein bekanntes Beispiel ist das Unternehmen PayPal. Durch Kooperationen mit zahlreichen Online-Shops, wie zum Beispiel eBay, können viele Transaktionen über PayPal abgewickelt werden. Dabei wird ein PayPal-Konto mit dem Referenzkonto oder der Kreditkarte des Kunden verknüpft.

Die Sicherheit ist bei diesen Transaktionen sehr hoch, da keine Bankverbindungen und Kreditkartendaten weitergegeben werden. Zudem sind Käufe zum Beispiel bei eBay für den Fall geschützt, dass der gekaufte Artikel erheblich von der Produktbeschreibung abweicht oder der Verkäufer den Artikel nicht verschickt.

Chancen im Bereich After Sales

Vielfältige Möglichkeiten, einen Zusatznutzen für den Kunden zu generieren, bestehen auch in der Beratungs- und Servicephase. Ziel ist es hierbei, dem Kunden eine bedarfsgerechte und somit individuelle Beratungs- und Serviceleistung bereitzustellen, in deren Folge zusätzliche Käufe generiert werden können.

Ein Beispiel für eine derart personalisierte Beratung ist die proaktive Zusendung entscheidungsrelevanter Informationen durch elektronische Kundenzeitschriften beziehungsweise individualisierte E-Mails.

Kanalkonflikte als Risiko der digitalen Distribution

Die Nutzung des zusätzlichen elektronischen Absatzkanals durch ein Unternehmen beinhaltet neben Profilierungsmöglichkeiten auch ein nicht zu unterschätzendes Risiko des Auftretens von Absatzkanalkonflikten.[61] Insbesondere die Eliminierung beziehungsweise eine Umgehung des traditionellen Zwischenhandels birgt oftmals ein erhebliches Konfliktpotenzial. Die Gefahr von Vertriebskanalkonflikten ist daher auch eines der meistgenannten Hemmnisse des Online-Vertriebs. Ein weiterer Grund können beispielsweise spezifische Produkteigenschaften darstellen.

Zudem halten die Hersteller in der Regel eigene traditionelle Vertriebsressourcen bereit, deren Abbau zumindest kurzfristig nur eingeschränkt möglich ist. Ein besonders deutliches Beispiel bildet hier der Vertrieb von Versicherungsprodukten. Die traditionelle Vertriebsstruktur von Versicherungsunternehmen ist zumeist durch eine Ausschließlichkeitsorganisation gekennzeichnet. Diese vertreibt exklusiv Produkte des eigenen Unternehmens.

Hieraus können sich bei der Implementierung der digitalen Distribution inhärente Konflikte in Bezug auf die Vertriebsausrichtung und die Provisionierung der Vertreter ergeben. Die zumeist starke Vertreterschaft der Unternehmen nimmt Internet-Aktivitäten eher als Bedrohung denn als Chance war.

Zudem können auch die bestehenden EDV- und Kundenverwaltungssysteme von Versicherungsunternehmen den Freiheitsgrad bei der Entwicklung einer Internet-Strategie einschränken. Zumeist wurden hier erhebliche Investitionen in eine komplexe EDV-Infrastruktur getätigt, die zumindest mit den neuen Internet-Kundendaten kompatibel gemacht werden musste.

Koordination der Absatzkanäle wichtig

Angesichts der dargestellten Probleme stehen Unternehmen vor der Herausforderung, die Aktivitäten der Online- und der traditionellen Vertriebskanäle im Sinne eines Multi-Channel-Marketing so zu integrieren, dass einerseits eine wirkungsvolle Verbindung zwischen den Kanälen geschaffen wird, dass aber andererseits die digitale Distribution nicht die durch sie realisierbaren Möglichkeiten der Effizienzsteigerung einbüßt.[62]

Die Etablierung eines Multi-Channel-Vertriebssystems unter Vermeidung von potenziellen Vertriebskanalkonflikten kann auf unterschiedliche Weise geschehen. So können die unterschiedlichen Vertriebskanäle beispielsweise für den Vertrieb verschiedener Marken, Produkte oder Produktvarianten genutzt werden.

---

[61] Vgl. Wirtz (2008), S. 75 f.

[62] Vgl. Wirtz (2001b), S. 29.

17.2.5 Implementierung der Digital Distribution

Die Umsetzung einer effizienten und effektiven Auftragsabwicklung, die das wesentliche Ziel der Distributionspolitik darstellt, ist im Rahmen der Digital Distribution mit gewissen Herausforderungen verbunden. In diesem Zusammenhang gibt es für das Management insbesondere drei logistische Handlungsfelder, die auf den spezifischen Kontext der digitalen Distribution übertragen und entsprechend ausgestaltet werden müssen. Dabei handelt es sich um die Lagerhaltung, die Kommissionierung und Verpackung sowie den Transport.[63] Diese stellen gleichzeitig die zentralen Inhalte der Distributionspolitik, auch im Bereich Digital Distribution, dar.

Implementierung bei digitalen Gütern

Das Ausmaß des Implementierungsaufwands der Digital Distribution hängt entscheidend vom jeweiligen Gütertyp ab. In diesem Kontext muss zwischen digitalen und physischen Gütern unterschieden werden.[64] Bei digitalen Gütern, wie zum Beispiel Musik- und Softwaredateien, spielen die genannten Handlungsfelder eine wesentlich geringere Rolle. Der Implementierungsaufwand für die logistische Distribution ist bei diesen Gütern demnach sehr gering, da keine Kosten für Lagerung, Verpackung oder Transport anfallen.

Implementierung bei physischen Gütern

Bei der Implementierung der Digital Distribution haben die drei Handlungsfelder eine wesentlich höhere Relevanz beim Vertrieb von physischen Gütern. Der Abschluss einer Transaktion wird zwar auf elektronischem Weg herbeigeführt, jedoch steht der Anbieter danach vor der Aufgabe, das Produkt effizient zum Endkunden zu befördern. Der logistischen Distribution wird daher bei der Umsetzung der Digital Distribution eine besondere Bedeutung beigemessen, um die Logistikleistung, wie zum Beispiel Lieferzeit, Lieferflexibilität und Liefertreue, gegenüber dem Kunden zu erfüllen.

Im Rahmen der Lagerhaltung bietet es sich für einen Digital-Business-Anbieter an, die Produkte über ein zentrales Lager zu steuern, da die Bestellungen der Kunden über das Internet ortsunabhängig eingehen. Da keine Absatzmittler beliefert werden, die möglicherweise nur regional vertreten sind, würden dezentrale Lager zu einem höheren Koordinationsaufwand und entsprechend höheren Kosten führen. Die Standortwahl des Zentrallagers kann daher vor allem in Abhängigkeit der Standortkosten erfolgen.

Weiterhin ist eine Entscheidung dahingehend zu treffen, ob die Lagerung in Eigen- oder in Fremdregie erfolgen soll. Die Kontrollmöglichkeiten sind bei der Lagerung in Eigenregie größer, jedoch wird zum einen mehr Kapital gebunden und zum anderen ist die Flexibilität bei eventuell notwendigen Standortverlagerungen geringer.

---

[63] Vgl. Gay/Charlesworth/Esen (2007), S. 460 f.

[64] Vgl. Turban et al. (2018), S. 102 f.

Ein weiterer wichtiger Aspekt im Rahmen des Lagerhaltungsmanagements in der Digital Distribution stellen die festzulegenden Bestellmengen und Bestellzeitpunkte dar. Hier bietet sich vornehmlich ein Just-in-Time-Konzept an, das heißt die Bestellung von Produkten erfolgt erst bei Nachfrage des Kunden. Dadurch sind die Bestellkosten zwar tendenziell höher, jedoch können die Lagerhaltungskosten erheblich gesenkt werden.[65]

Kommissionierung in der Digital Distribution

Im Einzelnen umfasst die Kommissionierung und Verpackung die Entnahme der benötigten Waren aus dem Lager, die auftrags- und versandbezogene Sortierung und die Übergabe der Kommissioniereinheiten an den Versand.[66] Aufgrund des hohen Individualisierungsgrads der bestellbaren Produktleistungsbündel durch das inzwischen in Teilbereichen zum Standard erhobene Prinzip der kundenindividuellen Fertigung werden an diese Kommissionierungsprozesse hohe Anforderungen gestellt. Aus einem häufig großen und heterogenen Produktsortiment müssen immer wieder neue Bestellkombinationen selektiert und verpackt werden.

Ein hoher Individualisierungsgrad liegt insbesondere in der Digital Distribution vor, da es hier zu sehr unterschiedlichen Bestellmengen seitens der Kunden kommt. Gerade bei kleinen Bestellmengen ist das Problem gegeben, dass die Abwicklungskosten zum Teil höher als die Einnahmen sind. Um diesem Problem entgegen zu wirken, kann ein Anbieter zum Beispiel bestimmte Mindestbestellmengen vorgeben.

Darüber hinaus kann durch leistungsfähige Technologien, wie zum Beispiel Barcodeleser und Mehrfachlastenaufnahmemittel, Kommissionierzeiten vermindert beziehungsweise Falschkommissionierungen reduziert und dadurch Betriebskosten eingespart werden.

Transport in der Digital Distribution

Der Transport ist das Basisproblem der Distribution, da die Wahl der Transportmittel in letzter Konsequenz den Preis, die Liefertreue, den Zustand der Ware bei Übergabe und damit auch die Kundenzufriedenheit beeinflusst. Folglich spielt dieser Aspekt auch in der Digital Distribution eine bedeutende Rolle. Die meisten Online-Shops stützen sich beim Transport ihrer Ware auf einen professionellen Dienstleister. In vielen Fällen übernimmt diese Aufgabe ein fremdes Unternehmen.

So führt zum Beispiel das Unternehmen Iloxx die Logistikdienstleistung für eBay durch. Vorteile sind eine geringere Fixkostenbelastung durch die Vorhaltung der Fahrzeuge und das entsprechend benötigte Personal sowie die Flexibilität bei Kapazitätsauslastungen.

[65] Vgl. Schierenbeck/Wöhle (2016), S. 250 f.

[66] Vgl. Günther/Tempelmeier (2016), S. 293 ff.

Im Eigentransport dagegen erfolgt die Auslieferung über den Einsatz einer unternehmenseigenen Fahrzeugflotte. Hieraus ergibt sich der Vorteil einer hohen Flexibilität bei der Ausgestaltung der Lieferungsprozesse. Weitere Vorteile des Transports in Eigenleistung gegenüber der Fremdleistung sind eine leichtere Steuerbarkeit, bessere Möglichkeiten zur Qualitätssicherung sowie ein unmittelbarer Kundenkontakt.

17.2.6 Multi-Channel-Marketing

Im Rahmen der Digitalisierung von Wirtschaft und Gesellschaft hat das Mehrkanalmanagement für Unternehmen erheblich an Bedeutung gewonnen. Insbesondere durch das Internet sind Kontaktpunkte und Kanäle entstanden, welche die traditionellen Kontaktpunkte und Kanäle ergänzt haben.[67]

Die besondere Bedeutung der Kombination von Online- und Offline-Kanälen basiert auf der spezifischen Kostenstruktur des Internets sowie den zusätzlichen Vorteilen, die mit einem internetbasierten Produkt- und Dienstleistungsangebot verbunden sind.

Das Online-Banking ist ein Beispiel für die Erbringung von Dienstleistungen im digitalen Geschäftsverkehr über mehrere Kanäle. Heutzutage können die Kunden ihre Bankgeschäfte beispielsweise über den Schalter, das Telefon, die Post oder das Internet abwickeln. Die zunehmende Verlagerung der Aktivitäten von der traditionellen persönlichen Interaktion am Schalter hin zu automatischen Online-Transaktionen bringt für die Bankinstitute essenzielle Vorteile mit sich.

Durch die Einführung des Online-Banking konnten Banken die Größe ihres kostenaufwendigen Filialnetzes verringern, was zu einer Kostensenkung bei der Erbringung von Banking-Dienstleistungen von 70 % bis 90 % führte. In Bezug auf Digital-Business-Services sind die Effizienzgewinne und Kostenvorteile im Vergleich zu der herkömmlichen Erbringung von Dienstleistungen besonders hervorzuheben.

Neben der Effizienz und den ökonomischen Vorteilen, welche die Erbringung von Digital-Business-Services über mehrere Kanäle bietet, existieren auch Vorteile für die Kunden. Dazu zählen die ständige Verfügbarkeit der Services sowie eine insgesamt höhere Servicequalität.

Das Multi-Channel Marketing im Digital Business besteht aus einer strategischen und einer operativen Komponente, die beide darauf abzielen, die unterschiedlichen Kundenpräferenzen mit den Spezifika der jeweiligen Kanäle in Einklang zu bringen.

---

[67] Vgl. zum Abschnitt Multi-Channel-Marketing im Folgenden Wirtz (2008), S. 11 ff.; Wirtz (2021), S. 558 ff.; Wirtz (2022b), S. 13 ff.; Wirtz (2022a), S. 467 ff.

Digital-Business-Service-Channel-Diversification-Modell (SCD-Modell)
Aus einer strategischen Digital-Business-Perspektive haben Unternehmen die Wahl, ihr Produkt- und Dienstleistungsangebot über neue Kanäle zu erweitern oder die bestehenden Kanäle auszubauen. In Anlehnung an den Ansatz von Ansoff (1957) hilft das Digital-Business-Service-Channel-Diversification-Modell (SCD-Modell) in Abb. 17.19 zu erklären, ob und wie die Bereitstellung von Digital-Business-Services erweitert werden sollte.

Das Digital-Business-Service-Channel-Diversification-Modell (SCD-Modell) basiert auf den beiden Dimensionen der Ausweitung der Dienste sowie der Erweiterung der Kanäle.[68] Daraus ergibt sich eine Matrix mit den folgenden vier generischen Strategien: (1) Single-Channel Service Penetration, (2) Single-Channel Service Diversifikation, (3) Lateral-Channel Service Penetration und (4) Multilateral Cross-Service Channel Expansion.

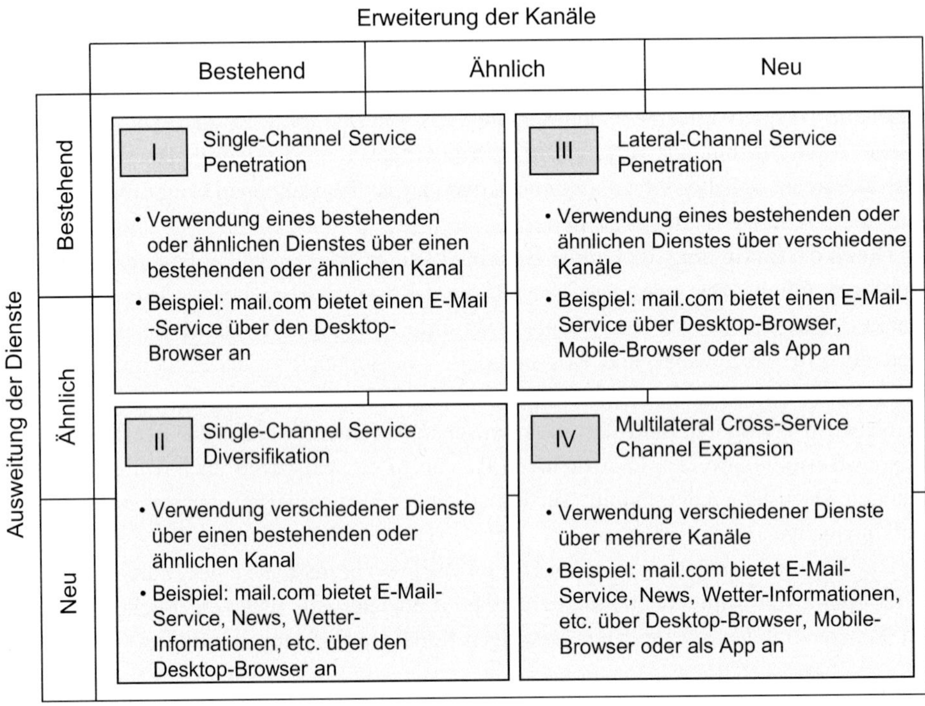

Abb. 17.19 Digital-Business-Service-Channel-Diversification-Modell (SCD-Modell). (Vgl. Wirtz (2013b), S. 839; Wirtz (2021), S. 559; Wirtz (2022a), S. 470)

[68] Die ursprüngliche Matrix von Ansoff (1957), die Produkt-Markt-Strategien für Unternehmenswachstumsalternativen aufzeigte, unterschied zwischen bestehenden und neuen Märkten sowie zwischen bestehenden und neuen Produkten.

Die (1) Single-Channel Service Penetrationsstrategie konzentriert sich auf einen bestehenden oder ähnlichen Dienst innerhalb eines bestehenden oder ähnlichen Kanals. Dies kann eine wirksame Strategie für Digital-Business-Services sein, die den Kunden bereits in der Vergangenheit erfolgreich über diesen einen Kanal angeboten wurden.

Die (2) Single-Channel Service Diversifikationsstrategie zielt hingegen darauf ab einen Dienst innerhalb eines bestehenden oder ähnlichen Kanals auszuweiten und ihn auf diese Weise noch besser auf die Bedürfnisse und Anforderungen der Kunden auszurichten.

Die (3) Lateral-Channel Service Penetrationsstrategie bezieht sich auf beste-Hände bzw. ähnliche Dienste, die über verschiedene Kanäle angeboten werden. Bei der (4) Multilateral Cross-Service Channel Expansionsstrategie werden hingegen verschiedene neue Digital-Business-Services den Kunden über mehrere neue Kanäle angeboten.

Multi-Channel-Struktur

Bevor das Thema Multi-Channel-Strategie im Digital Business dargestellt wird, werden im Folgenden die Kanaleigenschaften bei der Multi-Channel-Service-Bereitstellung aufgezeigt. Nach dem Multi-Channel-Modell von Wirtz (2001b, 2002, 2006) kann die Leistungserbringung und das Customer-Relationship-Management im Digital-Business-Kontext über mehrere Kanäle erfolgen. Abb. 17.20 gibt einen Überblick über die relevanten

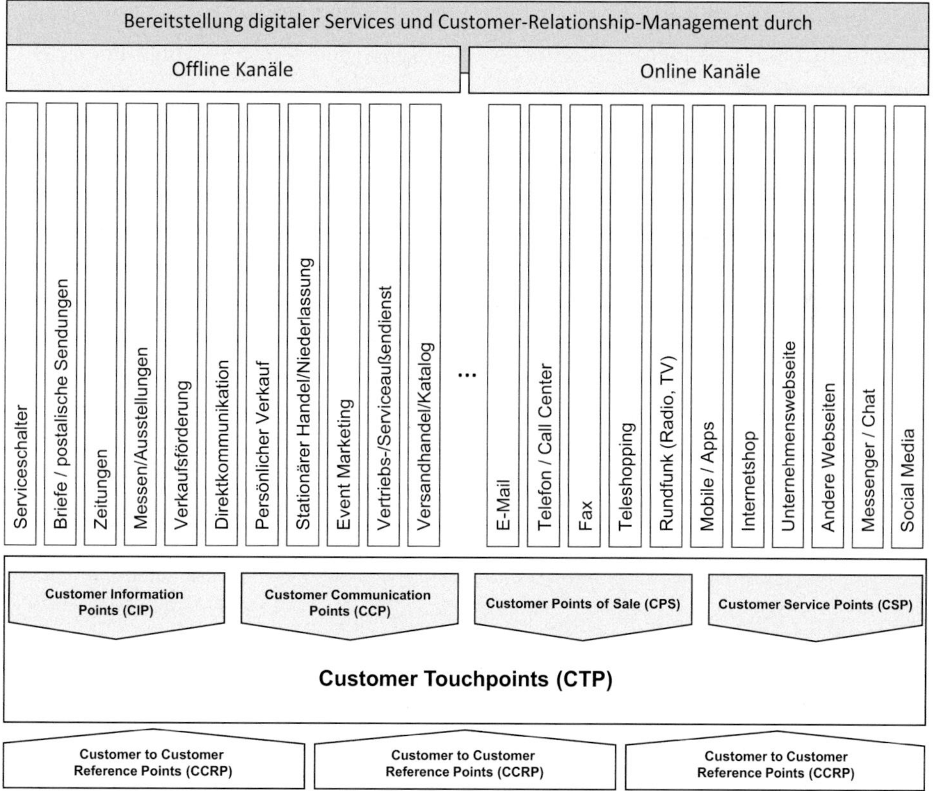

Abb. 17.20 Customer-Touchpoints-Management. (Vgl. Wirtz (2005), S. 26; Wirtz (2022b), S. 86)

Online- und Offline-Kanäle sowie die damit verbundenen Kundenkontaktpunkte (Customer Touchpoints).

Grundsätzlich kann zwischen Off- und Online-Kanälen unterschieden werden, die in verschiedenen Ausprägungen anzutreffen sind. Die Customer Touchpoints, die als Kundenschnittstellen dienen, stellen die Verbindung zwischen den Offline- und Online-Servicekanälen des Unternehmens und den Nutzern dar.

Insgesamt kann bei den Customer Touchpoints zwischen den Customer Information Points (CIP), den Customer Communication Points (CCP), den Customer Points oft Sale (CPS) und den Customer Service Points (CSP) unterschieden werden.[69] Dabei erfolgt die Abgrenzung aufgrund der primären Funktion entlang des Absatzprozesses (Pre-Sales beziehungsweise Information, Verkauf, After-Sales-Services).

Aufgabe der CIP ist primär die Informationsbereitstellung für den Kunden, Aufgabe der CCP ist die Kommunikation mit dem Kunden, wohingegen die primäre Aufgabe der CPS der Verkauf der Unternehmensleistungen darstellt. Die CSP widmen sich primär der Erbringung von Pre-Sales- und vor allem After-Sales-Service-Leistungen. Alle vier Kategorien der Customer Touchpoints können direkt durch das Unternehmen gesteuert werden.

Neben diesen vier Arten von Customer Touchpoints existieren noch die Customer to Customer Reference Points (CCRP), die sich auf die Beziehungen zwischen den Konsumenten beziehen. Obwohl die CCRP sich weitgehend einer direkten Einflussnahme durch das Unternehmen entziehen, sind sie von erheblicher Bedeutung, da hier insbesondere Werturteile über Unternehmensleistungen im Sinne der Mund-zu-Mund-Propaganda transferiert werden.[70]

Multi-Channel-Strategien

Die Konzeption und Umsetzung eines effizienten Multikanalmanagements erfordert einen strategischen und zielorientierten Ansatz. Abb. 17.21 stellt ein strategisches Mehrkanalsystem dar. Nach diesem strategischen Mehrkanalsystem können Digital-Business-Anbieter zwischen einer isolierten, kombinierten oder integrierten Kanalstrategie unterscheiden.

Isolierte Kanalstrategie

Unter einer isolierten Kanalstrategie versteht man die Situation, dass die einzelnen Kanäle des Multikanalsystems unabhängig voneinander betrieben werden und nicht miteinander verbunden sind. Das bedeutet, dass die einzelnen Kanäle miteinander konkurrieren, da die Kunden selbst entscheiden müssen, welchen Kanal sie nutzen wollen.

[69] Vgl. Wirtz (2016), S. 26 f.

[70] Vgl. Reichheld (2003), S. 46 f.

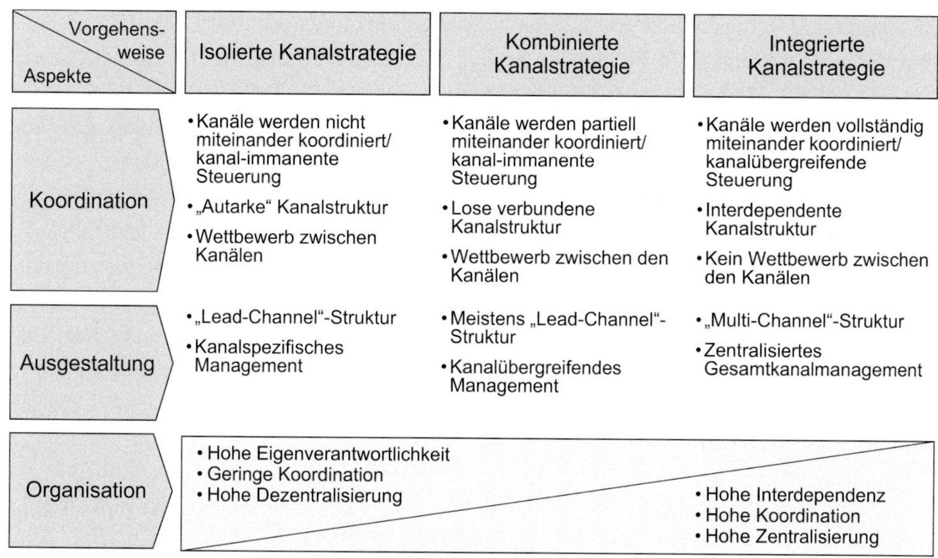

Abb. 17.21 Digital-Business-Multichannel-Strategie-Framework. (Vgl. Wirtz (2013b), S. 848; Wirtz (2022a), S. 477)

Diese Struktur ist häufig das Ergebnis eines evolutionären Multikanalmanagements, bei dem im Laufe der Zeit zusätzliche Kanäle hinzugekommen sind. Dabei dient in der Regel ein Kanal (z. B. Schalter/Serviceschalter) als Lead-Channel und die anderen Kanäle (z. B. Post, Mobile Apps, etc.) werden als eine Art Add-on-Serviceleistung betrieben. Zusammenfassend lässt sich konstatieren, dass eine isolierte Kanalstrategie den einzelnen Kanälen eine hohe Verantwortung zuweist und zumeist eine dezentrale Struktur aufweist.

Kombinierte Kanalstrategie

Im Rahmen der kombinierten Kanalstrategie werden die verschiedenen Kanäle partiell miteinander koordiniert, die Steuerung erfolgt jedoch noch kanal-immanent. Dies führt zu einer Situation in der die Kanäle sowohl ineinandergreifen als auch im Wettbewerb zueinander stehen. Diese Konstellation lässt sich als Competition unter den Kanälen bezeichnen. Zumeist existiert auch bei dieser Strategie ein übergeordneter Kanal, wobei das Management in der Regel kanalübergreifend erfolgt.

Auf diese Weise können die Vorteile der verschiedenen Kanäle in der Gesamtdienstleistung kombiniert werden. Darüber hinaus führt ein zielgerichteter, wertschöpfender Einsatz verschiedener Kanäle zu Kosten- und Komfortvorteilen für den Kunden und das Digital-Business-Unternehmen.

Integrierte Kanalstrategie

Die integrierte Kanalstrategie zielt darauf ab, Digital-Business-Services über miteinander verbundene und austauschbare Dienstleistungskanäle anzubieten. Das bedeutet, dass die Kunden im Laufe des Dienstleistungsprozesses jederzeit zu einem anderen Dienstleistungskanal wechseln können. Beispielweise beginnt ein Kunde eine Dienstleistung online von einem stationären PC aus zu nutzen, und setzt die Nutzung der Dienstleistung fort, indem bestimmte Dokumente, die der Kunde nicht per Post oder Internet übermitteln möchte, im Shop abgegeben werden. Anschließend kann der Nutzer den Status des Verfahrens auf einem mobilen Gerät, wie einem Tablet oder Mobiltelefon verfolgen.

In diesem Kontext sind die Kanäle voneinander abhängig, ihre Verwaltung erfordert einen hohen Koordinationsaufwand und das Mehrkanalsystem weist eine zentralisierte Struktur auf. Dies ist erforderlich, da das Digital-Business-Unternehmen das gesamte Angebot planen, koordinieren und kontrollieren muss. Dieser Ansatz ermöglicht es das Dienstleistungsangebot gezielt an den Bedürfnisse und Präferenzen bestimmter Kundengruppen auszurichten, um wertschöpfende Synergien zu erzielen.

Management der Kanalstrategie

Aus unternehmerischer Sicht erfordern die drei Strategien eine unterschiedliche Handhabung. Während die isolierte Kanalstrategie in der Regel einen geringeren Koordinationsaufwand aus Sicht des zentralen Managements erfordert, benötigt die integrierte Kanalstrategie einen zentralisierten Ansatz, der einen Hauptverantwortlichen oder eine Abteilung benötigt, welche die Bereitstellung der Digital-Business-Services koordiniert.

Die kombinierte Kanalstrategie liegt zwischen den anderen beiden Strategien. Es handelt sich also um einen Managementprozess des Gebens und Nehmens zwischen zentralen und dezentralen Abteilungen. Es kann konstatiert werden, dass ein zunehmender Integrationsgrad der Digital-Business-Services zu einem steigenden zentralen Koordinationsaufwand führt.

Die Konzeption und Implementierung eines Multi-Channel-Marketing-Systems erfordert ein strukturiertes Vorgehen unter Einbeziehung aller Stakeholder des Unternehmens. Aus diesem Grund wird ein systematisches Vorgehen empfohlen, das im Folgenden erläutert wird.

Multi-Channel-Strategieprozess

Der Multi-Channel-Strategieprozess besteht aus vier aufeinander aufbauenden Schritten, die den gesamten Ablauf einer Entwicklung von Mehrkanalstrategien und -systemen abbilden. Diese vier Schritte umfassen die Analyse der strategischen Ausgangssituation, eine Zielgruppen-segmentierung, die Definition der Multi-Channel-Marketing-Strategie und den Designprozess des Multi-Channel-Marketing-Systems. Abb. 17.22 stellt den Prozess des strategischen Multi-Channel-Marketing dar.

Analyze der strategischen Ausgangssituation

Die strategische Entscheidungsfindung ist langfristig ausgerichtet. Der Planungsprozess für die Strategieentwicklung beginnt mit einer Analyse der strategischen Ausgangssituation des jeweiligen Unternehmens. So müssen in einem ersten Schritt die externen und internen Einflüsse analysiert und eine Analyse der Stärken, Schwächen, Chancen und Risiken des Multi-Channel-Vorhabens durchgeführt werden.

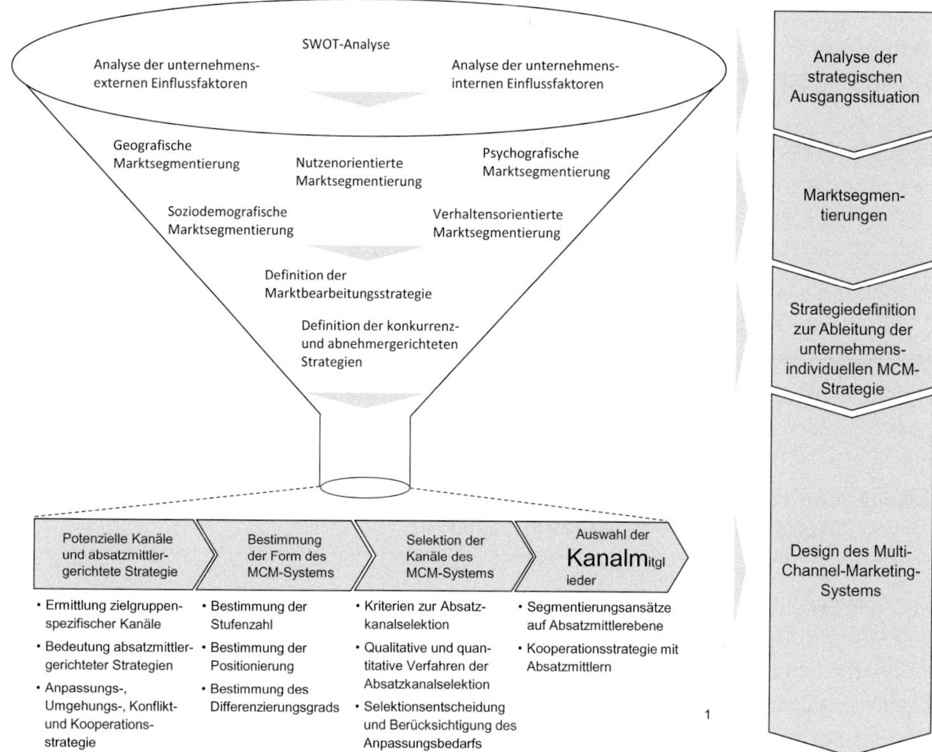

Abb. 17.22 Prozess des strategischen Multi-Channel-Marketing. (Vgl. Wirtz (2008), S. 121; Wirtz (2022a), S. 480)

Ziel dieses Schrittes ist es, einen transparenten Überblick über die spezifischen Nutzerbedürfnisse sowie die Anforderungen zu erhalten. Darüber hinaus sollte die interne Analyse, die sich auf die Kompetenzen und Ressourcen des Unternehmens konzentriert, den Status des Unternehmens in Bezug auf die personelle und technische Bereitschaft zur Umsetzung der jeweiligen Strategien liefern.

Marktsegmentierung

Ausgehend von den Ergebnissen dieser Analysen werden bei der Marktsegmentierung unterschiedliche Zielgruppen bestimmt. Diese Zielgruppen müssen so festgelegt werden, dass eine erfolgreiche, zielgruppenorientierte Bearbeitung möglich ist. Zu diesem Zweck werden häufig geografische, soziodemografische, behavioristische, psychografische und nutzungsorientierte Segmentierungsansätze verwendet.

Definition der Multi-Channel-Strategie

Der dritte Schritt der Mehrkanalstrategie und des Systemdesigns ist die Definition der Multi-Channel-Marketing-Strategie. In diesem Teil des Prozesses legen die verantwortlichen Entscheidungsträger die Stoßrichtung des Multikanalsystems fest. So sind die Definition der Zielgruppenbearbeitungsstrategie und der nutzerorientierten Strategie wesentliche Bestandteile dieses Schrittes.

Designprozess der Multi-Channel-Marketing-Strategie
Der letzte Schritt, der Designprozess des Multi-Channel-Marketing-Systems, lässt sich in vier Teilschritte untergliedern: (1) potenzielle Kanäle und nutzerorientierte Strategie, (2) Bestimmung der Form des Multi-Channel-Marketing-Systems, (3) Selektion der Kanäle des Multi-Channel-Systems und (4) Auswahl der Kanalteilnehmer.

Ein Unternehmen, das schon seit vielen Jahren ein erfolgreiches Multi-Channel-Marketing betreibt, ist die Otto Group. Im folgenden Abschnitt wird das Unternehmen im Hinblick auf seine Distributions- und Mehrkanalstrategie dargestellt.

17.2.7 Fallbeispiel Digital Distribution und Multi-Channel-Marketing: Otto

Die heutige Otto Group mit Firmensitz in Hamburg wurde 1949 als Otto Versand gegründet und hat sich zu einem der führenden Handels- und Dienstleistungskonzerne in den Wirtschaftsräumen Europa, Asien und Nordamerika entwickelt.[71] In den ersten zehn Jahren der Firmengeschichte gelang es dem Gründer Werner Otto, ausgehend von einem Vier-Mitarbeiter-Betrieb ein deutschlandweit operierendes Versandhandelsunternehmen aufzubauen.

Durch den Einsatz des Hauptkatalogs sowie verschiedener Spezialkataloge in Verbindung mit einer zielorientierten Kundenansprache schaffte sich das Unternehmen eine sehr große Kundenbasis und expandierte bis 1960 sehr stark im Inland. In den 1970er-Jahren begann die Entwicklung des Unternehmens zu einem internationalen Handels- und Dienstleistungskonzern.

Durch den Erwerb von Anteilen anderer Versandhandelsunternehmen sowie Neugründungen im In- und Ausland setzte die Otto Group ihren Wachstumskurs fort. Das Unternehmen setzt sich neben dem Otto Versand aus Beteiligungen an über 100 Gesellschaften in mehr als 30 Ländern zusammen, wie zum Beispiel Bonprix, Heine, About You und Discount24.de. Im Geschäftsjahr 2021/22 konnte die Otto Group mit 43.249 Mitarbeitern einen Umsatz von 16 Mrd. € verbuchen.[72]

Während sich das Unternehmen ursprünglich auf den Versandhandel spezialisierte, hat es sich mittlerweile zu einem erfolgreichen Multi Channel-Einzelhandelsunternehmen entwickelt. Eine wichtige Säule des Vertriebs stellt dabei die Digital Distribution dar, deren konsequente Umsetzung in nahezu allen Einzelgesellschaften als ein Hauptgrund

---

[71] Vgl. zu den folgenden Ausführungen zur Otto Group Wirtz (2010), S. 385 ff.; Wirtz (2022b), S. 409 ff.

[72] Vgl. Otto Group (2022), S. 63, 85.

für den Erfolg des Unternehmens bezeichnet werden kann. Einige besonders erfolgreiche Einzelgesellschaften der Otto Group, wie zum Beispiel About You, vertreiben ihre Produkte fast ausschließlich über das Internet.

Historische Entwicklung der Otto Group
Die Otto Group hat schon früh die Möglichkeiten der Digital Distribution genutzt und kann daher auf eine lange Erfahrung mit digitalen Vertriebslösungen zurückblicken. Abb. 17.23 stellt die historischen Entwicklungen der Vertriebswege der Otto Group dar und liefert einen Überblick, wie sich deren Vertriebssystem entwickelt hat und auf welche unterschiedlichen Einkaufsmöglichkeiten ein Kunde heute zurückgreifen kann.[73]

Entwicklung der klassischen Distribution
Mit zunehmender Verbreitung der technischen Innovationen des vergangenen Jahrhunderts erschlossen die Unternehmen der Otto Group zunehmend mehr Marketingkanäle. Bereits 1963 war es beim damaligen Otto Versand möglich, die Artikel aus dem Katalog statt wie bisher mit einer Postkarte nunmehr per Telefon zu bestellen.

1950: Katalog	Bestellung per Postkarte auf Rechnung
1963: Telefon	Bestellungen aus dem Katalog per Telefon
1991: Teleshopping	Warenpräsentation im TV, Bestellung per Telefon
1994: CD-ROM	Warenangebot Offline, verschiedene Bestellwege
1995: Internet	Warenangebot und Bestellung Online
2000: M-Commerce	Sortimentsauswahl und Bestellung via Handy
2003: T-Commerce	Auswahl und Bestellung über interaktives Fernsehen
2007: E-Shopping 2.0	Interaktives und dialogfähiges Online Warenangebot
2010: Apps	Sortimentsauswahl und Bestellung via Smartphone
2013: Apps 2.0	Personalisiertes Einkaufen via Smartphone
2018: E-Focus	Fokussierung auf digitale Absatzkanäle

Abb. 17.23 Historische Entwicklung der Einkaufsmöglichkeiten in der Otto Group. (Vgl. Wirtz (2010), S. 386; Wirtz (2020), S. 641; Wirtz (2022b), S. 413)

[73] Datenquelle: Otto Group (2023a).

1991 stieg die Einzelgesellschaft Otto, der ehemalige Otto Versand und gleichzeitig Mutterhaus der Unternehmen der Otto Group, in das Teleshopping-Geschäft ein und präsentierte seine Produkte im Werbefernsehen und im Videotext. Im Jahr 1994 machte Otto den Gesamtkatalog auf CD-ROM verfügbar, was für den Kunden viele Vorteile mit sich brachte. Beispielsweise konnte man spezifisch nach Produkten suchen, statt viele Katalogseiten durchblättern zu müssen.

Entwicklung der Digital Distribution

Im Jahr 1995 eröffnete Otto einen ersten Online-Shop, der zunächst noch nicht das gesamte Sortiment umfasste, im weiteren Verlauf der 1990er-Jahre jedoch stetig erweitert wurde. Otto zählte damit zu den Pionieren des E-Commerce und war bereits vor Einsetzen des New Economy Booms mit einer Digital-Distribution-Lösung am Markt vertreten.[74]

Im Jahr 2005 entwickelte Otto in Zusammenarbeit mit Microsoft eine T-Commerce-Plattform für interaktives Fernseh-Shopping. Auf der Cebit 2005 präsentierte das Unternehmen die weltweit erste Shopping-Anwendung für das Microsoft Media Center. Seit dem Jahr 2007 erweitert die Otto Group ihr Internetangebot unter den Aspekten Dialogfähigkeit, Interaktivität und Partizipation der Benutzer. Mit der Initiative „E-Shopping 2.0" sollen seit 2007 die Grenzen der elektronischen Vertriebskanäle verschwimmen.

Seit 2010 bietet die Otto Group interessierten Nutzern Apps an, die eine Bestellung des gesamten Sortiments auch über das Smartphone ermöglichen. 2013 entwickelt die Otto Group eine eigene Shop-Software, die schneller an Kundenwünsche und Marktanforderungen angepasst werden kann. So legt die Shopping-App für das iPad einen deutlichen Schwerpunkt auf Inspiration und ein emotionales Einkaufserlebnis. Seit 2018 liegt der Fokus maßgeblich auf dem Digital Business und digitalen Absatzkanälen, was mit der Einstellung des traditionellen Hauptkatalogs einherging.

Die Tätigkeitsfelder der Otto Group lassen sich in drei Segmente gliedern: Multi-Channel-Einzelhandel, Finanzdienstleistungen und Service. Das Digital Business und insbesondere der Teilbereich Digital Distribution spielt in allen drei Segmenten eine zentrale Rolle. Dabei kann der Einzelhandel als Kerngeschäft der Otto Group bezeichnet werden, für den die Segmente Finanzdienstleistungen und Service teilweise Supportfunktionen übernehmen. Abb. 17.24 stellt die drei Bereiche und ihre Schwerpunkte dar.[75]

Umsatzstruktur der Otto Group

Der Multi-Channel-Einzelhandel, bestehend aus den Vertriebswegen Katalog- und Stationärgeschäft sowie E-Commerce, machte im Geschäftsjahr 2021/22 etwa 14,58 Mrd. € beziehungsweise knapp 91 % des Konzernumsatzes aus.[76]

---

[74] Vgl. Otto Group (2023a).

[75] Inhalte basierend auf Otto Group (2022), S. 50 ff.

[76] Vgl. Otto Group (2022), S. 63.

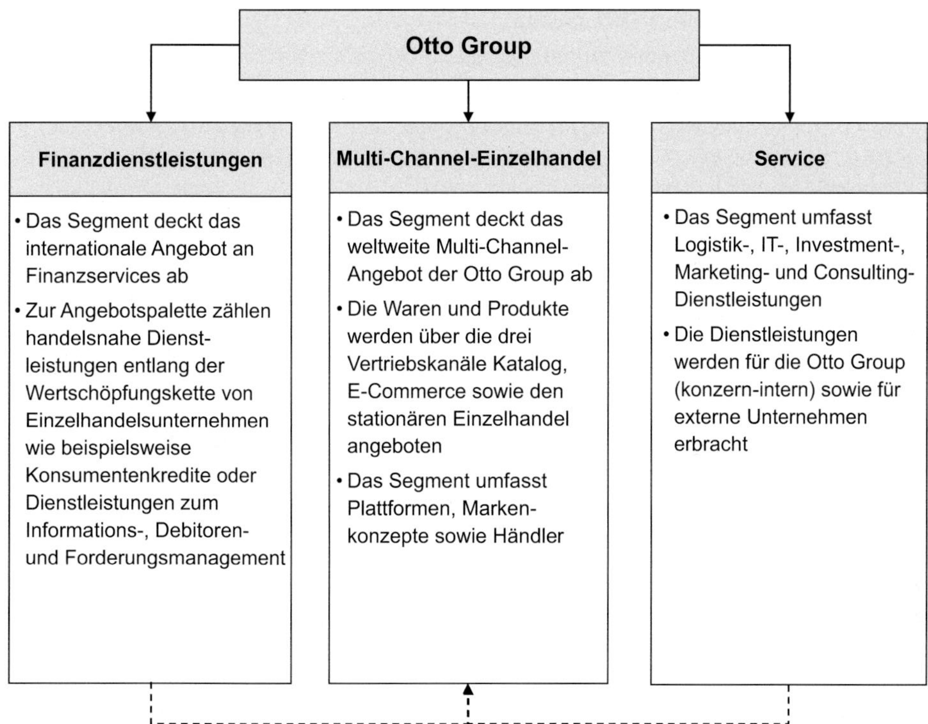

Abb. 17.24 Segmente der Otto Group. (Vgl. Wirtz (2010), S. 388; Wirtz (2020), S. 643; Wirtz (2022b), S. 411)

Das Segment umfasst die Plattformen OTTO und About You, bei denen neben dem eigenen Handelsgeschäft auch eine Marktplatzlösung angeboten wird, über welche Partner Waren und Dienstleistungen verkaufen. Darüber hinaus zählen Markenkonzepte wie Bonprix und die Witt-Gruppe zum Multi-Channel-Einzelhandel-Segment, die sowohl Produkte eigener Marken als auch Lizenzmarken verkaufen, sowie Händler, z. B. die MyToys-Gruppe, die hauptsächlich Produkte von Eigen- und Fremdmarken ein- und verkaufen.[77]

Der Einzelhandel wird durch konsumnahe Finanzdienstleistungen wie zum Beispiel Konsumentenkredite, Forderungsmanagement und Business Process Outsourcing ergänzt. Hierdurch werden etwa 0,8 Mrd. € beziehungsweise 5 % des Gesamtumsatzes erwirtschaftet. Darüber hinaus setzt der Bereich Service, in dem die Reise- und Logistikdienstleister zusammengefasst sind, etwa 0,6 Mrd. € beziehungsweise etwa 4 % des Gesamtumsatzes um.[78]

[77] Vgl. Otto Group (2022), S. 50.

[78] Vgl. Otto Group (2022), S. 63.

Mitarbeiterverteilung der Otto Group

In Bezug auf die Mitarbeiterverteilung waren im Geschäftsjahr 2021/22 mit etwa 24.311 Mitarbeitern (56 %) der Großteil der Konzernmitarbeiter im Bereich Einzelhandel beschäftigt. Der Bereich Service hat 11.138 Mitarbeiter und vereint damit rund 26 % der Belegschaft. Der Bereich Finanzdienstleistungen mit 6334 Mitarbeitern beziehungsweise rund 15 % macht den kleinsten Anteil an der Mitarbeiterzahl im operativen Geschäft aus. Bei der Otto-Holding werden weitere 1466 Mitarbeiter beziehungsweise rund 3 % der Belegschaft beschäftigt. Abb. 17.25 gibt einen Überblick über die Umsatz- und Mitarbeiterstruktur der Otto Group.

Multi-Channel-Einzelhandel

Das Segment Einzelhandel stellt das zentrale Geschäftsfeld der Otto Group dar. Neben dem Katalog- und Stationärgeschäft hat sich das Digital Business als dritter bedeutender Vertriebskanal etabliert und ist heute der Wachstumstreiber des gesamten Segments.[79] Dabei verfolgt die Otto Group in den verschiedenen Konzerngesellschaften unterschiedliche Strategien bezüglich der Digital Distribution.

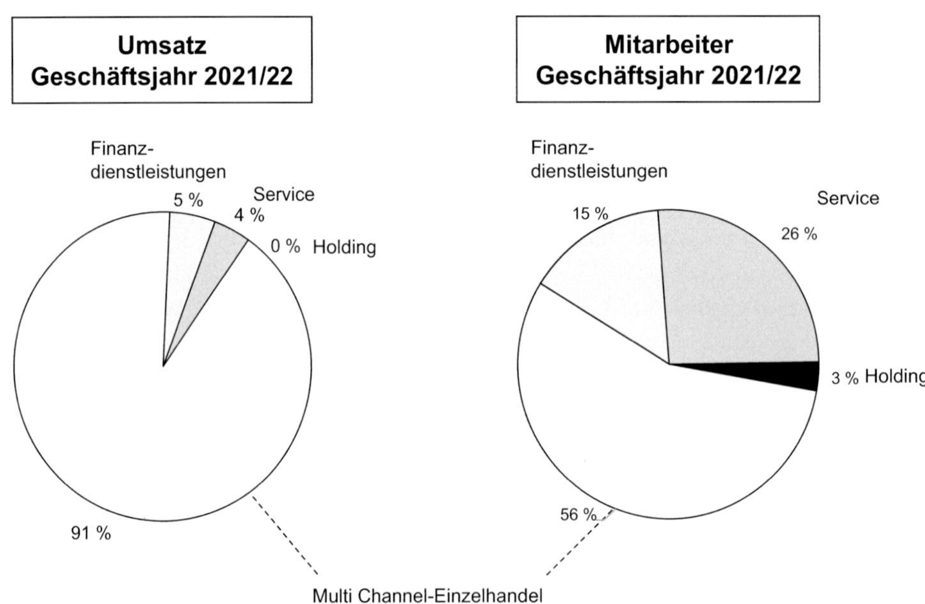

Abb. 17.25 Umsatz- und Mitarbeiterstruktur der Otto Group. (Datenquelle: Otto Group (2022), S. 63, 85)

[79] Vgl. Otto Group (2022), S. 63.

Während die Digital Distribution in den Bricks-and-Mortar-Versandhäusern wie zum Beispiel Heine oder Witt Weiden als alternativer und heute zum Teil dominierender Vertriebskanal hinzugekommen ist, stellt die digitale Distribution in Onlineshops wie About You den Ausgangspunkt des vertrieblichen Handelns dar und wird durch Ankershops der Eigenmarke Edited ergänzt. Allen Gesellschaften dieses Segments ist jedoch die physische Bereitstellung der Waren gemeinsam. Daher ist in diesem Kontext von digitaler Distribution im weiteren Sinne zu sprechen.

Webshop Otto.de

Ein Bespiel für eine besonders erfolgreiche Umsetzung des Digital Business im Segment Einzelhandel ist der Webshop des Stammhauses Otto.de. Im Jahr 2005 konnte die 15-millionste Bestellung seit Bestehen des Shops verzeichnet werden.[80] Darüber hinaus wurde Otto.de im selben Jahr zur „Besten Einkaufs-Webseite" gewählt und erhielt ein Jahr später das Gesamturteil „Beliebteste Webseite".

Für die Konzerngesellschaft Otto beträgt der Onlineanteil am Umsatz nach dem Einstellen des Kataloggeschäfts inzwischen 97 %. Auch im Hinblick auf die gesamte Otto Group ist der Onlinehandel mit einem Anteil von 75 % an den Gesamtumsätzen der mit Abstand populärste Vertriebsweg.[81] Das frühe und konsequente Erschließen dieses Vertriebswegs ist einer der Hauptgründe für den Erfolg der Otto Group in den letzten Jahren. Abb. 17.26 zeigt die Homepage Otto.de und stellt wichtige Funktionalitäten dar.

Finanzdienstleistungen

Mit den Finanzdienstleistungen verfügt die Otto Group über ein Segment, in dem die Digital Distribution besonders in den letzten Jahren erheblich an Bedeutung gewonnen hat. Die wichtigste Digital Distribution-Komponente im Bereich Finanzdienstleistungen ist mittlerweile die EOS-Gruppe, die zu den führenden internationalen Anbietern im Forderungsmanagement zählt. Mit der Hanseatic Bank und dem Hanseatic Versicherungsdienst kann die Otto Group spezifische Finanzdienstleistungen anbieten, die sich auch nahtlos in die Digital-Business-Aktivitäten eingliedern lassen.

Service

Das dritte Segment der Otto Group stellt der Bereich Service dar. Ein besonders wichtiger Bereich des Segments Service ist die Hermes Logistikgruppe. Gerade vor dem Hintergrund der digitalen Distribution stellt die physische Bereitstellung der Produkte eine zentrale Aufgabe für die Otto Group dar. Vor allem die Warenlagerung, Kommissionierung sowie die Lieferung des durch den Kunden bestellten Produkts zur gewünschten Zeit zum gewünschten Ort sind kritische Erfolgsfaktoren der digitalen Distribution im weiteren Sinne.

---

[80] Vgl. Otto Group (2009).

[81] Vgl. Otto Group (2022), S. 50 f.

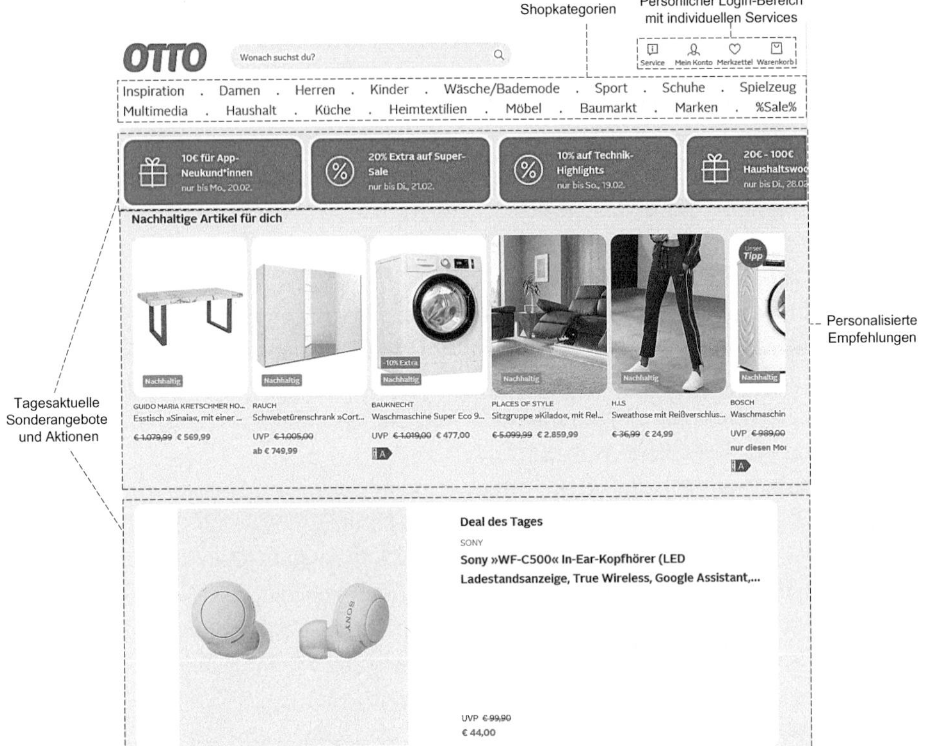

Abb. 17.26 Webshop Otto.de. (In Anlehnung an Otto Group (2023b))

Darüber hinaus besitzt die Otto Group diverse weitere Unternehmen (z. B. DBR, Otto Group Solution Provider, Risk Ident und Systain), die für den Konzern sowie externe Unternehmen Consulting-, IT-, Abwicklungs- und Marketingdienstleistungen erbringen.

Durch den Logistikdienstleister im eigenen Konzernverbund hat die Otto Group einen strategisch wichtigen Vorsprung gegenüber Wettbewerbern. Der Lieferdienst zeichnet sich insbesondere durch eine hohe Kundenorientierung aus, die durch Digital Services wie die Online-Sendungsverfolgung umgesetzt wird.

Integration des Digital Business

Der Distributionserfolg der Otto Group hängt auch vor allem davon ab, wie gut die verschiedenen Vertriebskanäle miteinander vernetzt und aufeinander abgestimmt sind. Da Kunden heute immer mehr dazu übergehen, in mehreren Kanälen Einkäufe zu tätigen oder auch Produktrückgaben zu veranlassen, müssen die einzelnen Kanäle so aufeinander abgestimmt sein, dass die Lieferungen beziehungsweise Retourenannahmen effizient und schnell erfolgen können.

Die Integration der Digital Distribution in bestehende Vertriebssysteme ist daher als einer der Erfolgsfaktoren der Otto Group zu bezeichnen. Die konsequente Erschließung elektronischer Vertriebswege und insbesondere deren Integration in eine Multi-Channel-Umgebung haben erheblichen Anteil an dem wirtschaftlichen Erfolg des Konzerns und wurden schon früh vom Unternehmen selbst als Wachstumstreiber verstanden.[82]

17.3 Digital Pricing

Das Preismanagement im Digital Business (Digital Pricing) ist ein wichtiger Aktionsparameter im digitalen Marketing. Diesem kommt eine besondere Bedeutung zu, da sowohl die Mengen- als auch die Wertkomponente des Umsatzes hiervon betroffen sind. Da die Steigerung des Umsatzes eines der obersten Unternehmensziele darstellt, geht mit dem Digital Pricing ein zweiseitiger Einfluss auf dieses Ziel einher.

Zur Darstellung des Digital Pricing werden zunächst die Grundlagen des Preismanagements im Allgemeinen und des Digital Pricing im Speziellen gelegt. Anschließend wird im Rahmen eines Strukturrahmens auf digital-spezifische Rahmenbedingungen eingegangen. Danach werden die wichtigsten Aktionsparameter im Digital Pricing erläutert.

Durch die Anwendung dieser Parameter eröffnet sich dem Anbieter ein gewisses Erfolgspotenzial, das anhand zentraler Chancen und Risiken bewertet wird. Abschließend werden die wichtigsten Aspekte bei der Implementierung des Digital Pricing thematisiert. Abb. 17.27 stellt die Struktur des Abschn. 17.3 dar.

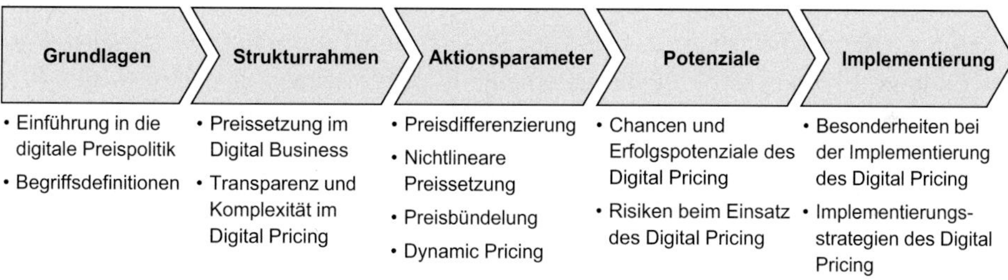

Abb. 17.27 Struktur des Abschnitts

[82] Vgl. Otto Group (2017), S. 92.

17.3.1 Grundlagen des Preismanagements

Der Preis eines Produkts stellt den meist monetären Gegenwert dar, den ein Unternehmen erhält, wenn es eines seiner Produkte dem Konsumenten überlässt. Hierbei ist es die Aufgabe des Preises, die mit der Nutzung eines Produkts oder einer Dienstleistung verbundenen Kosten darzustellen, unabhängig davon, ob es sich um pagatorische Kosten wie zum Beispiel Materialkosten oder nicht-pagatorische Kosten wie zum Beispiel Opportunitätskosten handelt.[83] Auf diese Weise kommt Preisen eine Allokationsfunktion zu.

Aufgabe des Preismanagements
Die Aufgabe des Preismanagements ist es, gemäß den strategischen Zielsetzungen eines Unternehmens den optimalen Preis zu bestimmen und am Markt durchzusetzen. Hierbei ist in besonderer Weise auch die Reaktion aktueller und potenzieller Konkurrenten einzubeziehen, da die Preise eines Unternehmens vom Nachfrager sowohl absolut als auch relativ zu den Preisen anderer Unternehmen betrachtet werden.

Das Preiswissen kann dabei explizit oder implizit als unbewusste Erinnerung vorliegen.[84] Der Preis ist für den Nachfrager ein entscheidendes Kriterium für eine Kaufentscheidung. Ein Kauf findet dann statt, wenn der geforderte Preis kleiner ist als die individuelle Zahlungsbereitschaft des Nachfragers oder diese genau abbildet. Dies entspricht einer nachfrageorientierten Preisbildung.

Problem der Preissetzung
Hieraus wird das mit der Preissetzung verbundene Risiko deutlich. Setzt ein Unternehmen seinen Preis zu niedrig an, so verlangt es für seine Produkte einen zu geringen Gegenwert und erzielt nicht den maximal möglichen Gewinn; setzt es den Preis auf der anderen Seite zu hoch an, besteht die Gefahr, dass es seine Produkte nicht absetzen kann. Verstärkt wird der Einfluss der Preispolitik durch die erhöhte Markttransparenz im Internet, globalen Wettbewerb und eine qualitative Angleichung der Produkte innerhalb bestimmter Branchen.

Die zentrale Schwierigkeit eines erfolgreichen Preismanagements stellt folglich die Tatsache dar, dass die individuellen Zahlungsbereitschaften der Nachfrager nicht bekannt sind, zugleich jedoch eine wesentliche Variable im Preissetzungsprozess darstellen. Der Prozess des Preismanagements im Digital Business kann aufgrund dieser Überlegungen wie folgt definiert werden (vgl. Tab. 17.3).

Tab. 17.3 Definition Digital Pricing. (Vgl. Wirtz (2010), S. 394; Wirtz (2020), S. 648; Wirtz (2021), S. 520)

Digital Pricing stellt das bewusste Bilden und kontinuierliche Management von Preisen innerhalb digitaler Märkte dar.

[83] Vgl. Schierenbeck/Wöhle (2016), S. 321 ff.

[84] Vgl. Rao/Bergen/Davis (2007), S. 107 f.; Homburg (2017), S. 714.

Viele Unternehmen sind der Ansicht, dass Preise auf der Basis von Faustregeln oder subjektiven Meinungen bestimmt werden sollten. Häufig werden sie auch durch das jeweilige Führungspersonal festgelegt. Bei Festhalten an intuitiven Preissetzungsverfahren im Digital Business besteht für Unternehmen die Gefahr, die großen Potenziale des strategischen Preismanagements ausschließlich den Wettbewerbern zu überlassen.[85]

Bedeutung des strategischen Preismanagement

Die Ausführungen zum strategischen Management im Digital Business verdeutlichen, dass es durch Digital Business zu einer erheblichen Zunahme des Wettbewerbs gekommen ist und es für Unternehmen zunehmend notwendig wird, ihre Leistungen zu differenzieren, Kunden an sich zu binden und Markteintrittsbarrieren durch das Setzen von Standards zu errichten.

Mithilfe eines strategischen Preismanagement können diese Ziele erreicht beziehungsweise ihr Erreichen flankierend unterstützt werden. So können Produkte nicht nur durch die Modifikation einzelner Leistungsmerkmale differenziert werden, sondern auch durch eine möglichst an den Kunden individuell angepasste Preissetzung.[86] Mithilfe geschickter Tarifgestaltung können Wechselbarrieren für Kunden errichtet werden, etwa durch die Gewährung steigender Rabatte bei zunehmender Abnahmemenge.

Standards lassen sich im Markt durch die Strategie des Follow-the-Free etablieren, da durch die kostenlose Abgabe eines Produktes in kurzer Zeit eine hohe Marktdurchdringung erreicht werden kann.[87] Dem Preismanagement kommt in diesem Zusammenhang die wichtige Aufgabe zu, eine Refinanzierung der kostenfrei abgegebenen Produkte zu gewährleisten, um die langfristige Überlebensfähigkeit des Unternehmens nicht zu gefährden.[88]

Veränderungen im Preismanagement durch Digital Business

Im Zuge der Ausbreitung des Digital Business haben sich für Unternehmen viele Veränderungen ergeben, von denen einige auch das Preismanagement tangieren. Drei Veränderungen stehen in diesem Zusammenhang im Vordergrund und bilden zentrale Aufgaben für das Preismanagement im Digital Business.

Zum einen verliert die in der Unternehmenspraxis weit verbreitete kostenbasierte Kalkulation im Zuge der wachsenden Bedeutung von immateriellen Produkten an Bedeutung, da dieser Produktgattung vielfach direkt zurechenbare Kosten fehlen. So entstehen für einen Anbieter von Aktienkursinformationen zwar Kosten bei der Recherche der Kurse, die einzelne Abgabe dieser Informationen ist jedoch in der Regel nicht mit Kosten verbunden.

---

[85] Vgl. Backhaus/Voeth (2014), S. 383 f.

[86] Vgl. Shapiro/Varian (1999), S. 37.

[87] Vgl. Kelly (1998), S. 50 ff.; Hanson/Kalyanam (2007), S. 418.

[88] Vgl. Skiera (2000), S. 98.

Integriertes Preismanagement in Netzwerken erforderlich
Darüber hinaus schließen sich Unternehmen zunehmend zu Netzwerken zusammen und erstellen eine gemeinsame Leistung.[89] Hierbei liegt der Vorteil im einheitlichen Kundenauftritt bei der gleichzeitigen Möglichkeit zur Realisierung von Spezialisierungsvorteilen.[90] Der gemeinsame Auftritt zieht jedoch auch nach sich, dass innerhalb des Netzwerks ein integriertes Preismanagement betrieben werden muss, da der Kunde in der Regel die Netzwerkleistung als Ganzes bewerten und in Relation zu Konkurrenzangeboten stellen wird.

Schon eine nicht konkurrenzfähig bepreiste Komponente kann unter Umständen die Wettbewerbsfähigkeit des gesamten Netzwerks in Frage stellen. Hintergrund eines nicht funktionierenden Preismanagements in Netzwerken ist häufig der Verteilungswettbewerb der im Netz zusammengeschlossenen Unternehmen um die Netzwertschöpfung.

Unterschiedliche Zahlungsbereitschaft der Kunden
Außerdem lassen sich deutliche Unterschiede in den Zahlungsbereitschaften der Konsumenten im Rahmen der traditionellen Wirtschaft und der Internetökonomie feststellen. Während in der traditionellen Wirtschaft von den Konsumenten in der Regel akzeptiert wird, dass alle Produkte einen positiven Preis haben, kann in der Internetökonomie beobachtet werden, dass die Konsumenten zum Teil den Produkten keinen monetären Wert beimessen und folglich keine Zahlungsbereitschaft besitzen.

Dies trifft in besonderem Maße für digitale Güter wie grundlegende E-Mail-Services im Bereich der Dienstleistungen zu. Ursache dafür sind die wahrgenommenen Grenzkosten, die für diese Güter gegen null gehen.[91]

17.3.2 Strukturrahmen des Digital Pricing

Das Digital Pricing steht aufgrund seiner spezifischen Merkmale im Vergleich zur traditionellen Preissetzung vor besonderen Herausforderungen. Diesen muss sich ein Unternehmen bewusst sein, um negative Folgen im Zusammenhang mit der Preissetzung zu beschränken. Hierfür müssen die Charakteristika des Digital Pricing sowie die damit verbundenen zentralen Problemfelder bekannt sein.[92] Diese werden nachfolgend dargestellt.

[89] Vgl. Kelly (1998), S. 65 ff.; Wirtz (2000d), S. 98 f.
[90] Vgl. Zerdick et al. (2001), S. 180 ff.
[91] Vgl. Laudon/Traver (2014), S. 411 f.
[92] Vgl. Manschwetus/Rumler (2002), S. 380 ff.

Erhöhte Komplexität im Digital Pricing
Während die drei klassischen Einflussfaktoren Wettbewerb, Kundennutzen und Kosten auch die Preissetzung im Digital Pricing determinieren, muss zusätzlich von einer erhöhten Komplexität bei der Preissetzung im Internet ausgegangen werden. Dadurch werden die Rahmenbedingungen insgesamt komplexer.

Individuelle Preise für individuelle Leistungen
Die Preissetzung im Digital Business ist im Gegensatz zur klassischen Preissetzung differenzierter. So ist eine Individualisierung der Leistungsangebote insbesondere bei digitalen Gütern für unterschiedliche Kundensegmente einfacher möglich. Dies wird auch als Versioning bezeichnet.[93] Zudem können kundenspezifische Konditionen direkt bei der Preisanfrage berücksichtigt werden, sodass auf dieser Basis individuelle Preise für einzelne Segmente festgelegt werden. Hierdurch lässt sich die kundenindividuelle Preisbereitschaft besser abschöpfen.

Spielräume bei der Preissetzung
Eine weitere Herausforderung im Digital Pricing stellt die optimale Ausnutzung von Preisspielräumen dar. Viele Kunden erwarten Preisvorteile bei einer Transaktionsabwicklung über das Internet. Eingesparten Vertriebskosten durch den Wegfall von Handelsmargen, Verkaufspersonal, Mieten oder durch die Automatisierung stehen jedoch kanalspezifische Ausgaben wie erhöhte Lager- und Logistikkosten oder Content Management entgegen.

Der Verkaufskanal Internet ist folglich für den Betreiber nicht immer günstiger. Werden die Preisspielräume jedoch richtig ausgenutzt, kann ein Unternehmen auf Marktentwicklungen und Wettbewerbsaktionen wesentlich effizienter reagieren.

Entscheidend ist dabei eine schnelle Reaktionsfähigkeit. Durch den Einsatz von IuK-Anwendungen sinken die Kosten für die Umsetzung von Preisänderungen. Daher können Preise im Online-Vertrieb besser und schneller angepasst werden. Allerdings ist bei vielen Unternehmen aufgrund der Angst vor Wettbewerbsreaktionen, Irritationen bei Handelspartnern sowie einem dauerhaften Preisverfall im Internet ein Ausspielen der Kosten- und Preisflexibilität gegenüber dem Wettbewerb nur eingeschränkt festzustellen.

Hohe Preistransparenz im Internet
Darüber hinaus kann die erhöhte Preistransparenz im Internet Unternehmen vor gewisse Probleme stellen. Durch Preisvergleiche können Konsumenten unmittelbar feststellen, ob das Produkt im Vergleich zur Konkurrenz teurer bepreist ist. Aufgrund der marginalen Kosten der Informationsbeschaffung für den Nachfrager werden Preisunterschiede oft so-

[93] Vgl. Wirtz/Mathieu (2001), S. 825 ff.

fort aufgedeckt.[94] Ein Anbieter im Digital Business muss daher permanent über das Preisniveau der Konkurrenz informiert sein. Ansonsten drohen negative Konsequenzen für die Gewinnsituation des Herstellers.

17.3.3 Aktionsparameter des Digital Pricing

Im Rahmen der Preissetzung stehen dem Anbieter verschiedene Maßnahmen zur Verfügung, die nachfolgend genauer beschrieben werden. Im Einzelnen handelt es sich dabei um die Preisdifferenzierung, die nicht lineare Preisbildung, die Preisbündelung und das Dynamic Pricing. Abb. 17.28 fasst diese Aktionsparameter des Digital Pricing zusammen.

17.3.3.1 Preisdifferenzierung

Im Rahmen der Preisdifferenzierung werden gleiche oder sehr ähnliche Produkte an unterschiedliche Gruppen von Konsumenten zu unterschiedlichen Preisen verkauft. Die Bildung der Kundengruppen kann entweder nach festen Kriterien oder implizit durch den Tarif erfolgen.

Ziel und Arten der Preisdifferenzierung

Das zentrale Ziel der Preisdifferenzierung liegt in der Gewinnsteigerung durch Abschöpfung der verschiedenen Zahlungsbereitschaften der unterschiedlichen Abnehmer. Dabei gilt, dass diese Zahlungsbereitschaften umso besser abgeschöpft werden können, je stärker eine Differenzierung möglich ist.

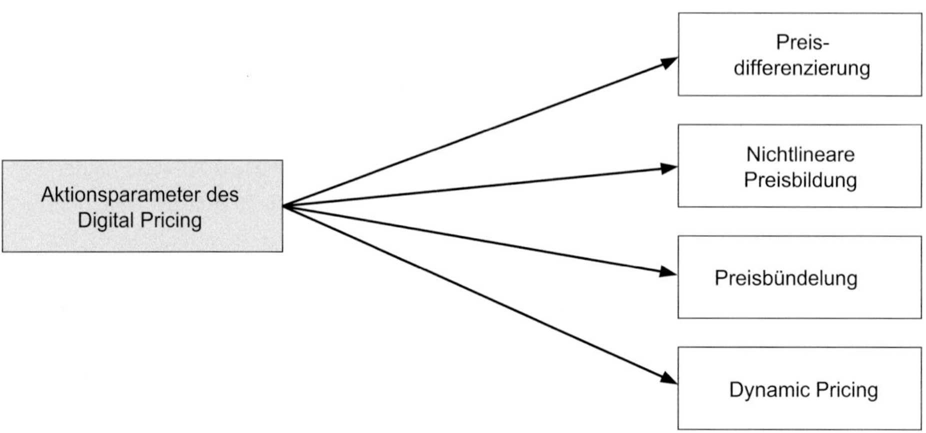

Abb. 17.28 Aktionsparameter des Digital Pricing. (Vgl. Wirtz (2021), S. 521)

[94] Vgl. Simon/Fassnacht (2016), S. 514.

Zudem kann Preisdifferenzierung helfen, die Nachfrage der Konsumenten zeitlich zu glätten und auf diese Weise die benötigten Produktionskapazitäten zu optimieren. Die Preisdifferenzierung kann allgemein anhand verschiedener Kriterien umgesetzt werden. Grundsätzlich sind dabei räumliche, zeitliche sowie mengen- und leistungsbezogene Preisdifferenzierungen zu unterscheiden.[95]

Zeitliche Preisdifferenzierung

Im Rahmen einer zeitlichen Preisdifferenzierung wird eine weitgehend identische Leistung zu unterschiedlichen Zeitpunkten zu verschiedenen Preisen angeboten. Hierbei wird implizit davon ausgegangen, dass es Kundengruppen gibt, die für die Nutzung eines Produkts oder einer Dienstleistung zu einer bestimmten Zeit eine besonders hohe beziehungsweise niedrige Zahlungsbereitschaft haben.[96]

Die zeitliche Preisdifferenzierung muss sich jedoch nicht unbedingt auf einen Zeitpunkt beziehen, sondern kann insbesondere bei Informationen auch durch eine zeitliche Verzögerung betrieben werden. In diesem Kontext spricht man auch von prioritätsbezogener Preisdifferenzierung.

Vorteil einer zeitlichen Preisdifferenzierung ist die vergleichsweise einfache Implementierung im Unternehmen. So ist eine Differenzierung der Minutenpreise beim Internetzugang technisch einfach realisierbar und eine individuelle Überprüfung der Kunden nicht nötig. Darüber hinaus haben Kunden im Normalfall keine Möglichkeit, die zeitliche Preisdifferenzierung zu umgehen, da die Produkte in der Regel nicht lagerfähig sind.

Hieraus wird gleichzeitig eine Beschränkung dieser Form der Preisdifferenzierung deutlich. Sobald Nachfrager einen Weg finden, sich der Einteilung in Gruppen zu entziehen, werden sie dieses tun und Arbitragegewinne realisieren. So ist eine zeitliche Preisdifferenzierung von lagerfähigen, leicht zu transportierenden Produkten nur schwer vorstellbar, da entweder die Nachfrager selbst oder ein Zwischenhändler dieser Differenzierung widersprechen würden. In diesen Fällen spricht man von nicht oder nur schlecht isolierten Teilmärkten.[97]

Kundenbezogene Preisdifferenzierung

Bei einer kundenbezogenen Preisdifferenzierung werden Kundengruppen nach kundentypischen Merkmalen gebildet. Hierzu kann die Zugehörigkeit zu einer sozialen Gruppe ebenso wie etwa das Geschlecht oder das Alter zählen. So erhalten zum Beispiel Studenten oftmals ermäßigte Konditionen beim Kauf einer Eintrittskarte für ein Sportereignis oder für den Abschluss eines Zeitungsabonnements. Bestimmte soziodemografische

[95] Vgl. Simon/Fassnacht (2016), S. 246.

[96] Vgl. Skiera (1999), S. 290 f.; Hanson/Kalyanam (2007), S. 408.

[97] Vgl. Simon/Fassnacht (2016), S. 255 ff.

Merkmale wie Hautfarbe oder Religionszugehörigkeit sind in diesem Kontext jedoch als Segmentierungsmerkmal illegal, unethisch oder nicht durchsetzbar.[98]

Die Implementierung einer kundenbezogenen Preisdifferenzierung gestaltet sich ungleich schwieriger als die zeitliche Preisdifferenzierung, da die Kunden belegen müssen, dass sie zu einer bestimmten Gruppe zählen.[99] So verlangen viele Unternehmen eine Schüler- beziehungsweise Studienbescheinigung, bevor der günstigere Tarif gewährt wird.

Ein weiteres Problem einer kundenbezogenen Preisdifferenzierung kann im Gerechtigkeitsempfinden der Kunden liegen. Sobald Kunden die preisliche Trennung als grob ungerecht empfinden, kann das Image des Unternehmens Schaden nehmen, sodass die Vorteile aus der Preisdifferenzierung aufgezehrt werden können.

Mengenbezogene Preisdifferenzierung

Ein sehr häufig herangezogenes Kriterium für die Preisdifferenzierung ist die Abnahmemenge. Hierbei werden Produkte umso billiger abgegeben, je größer die bestellte Menge ist, sodass kein durchgehend linear-proportionaler Zusammenhang zwischen der gelieferten Leistung und dem geforderten Preis besteht. Aus diesem Grund wird die mengenbezogene Preisdifferenzierung häufig auch unter Verfahren der nicht linearen Preisbildung subsumiert.

Da sie jedoch nicht, wie in der nicht linearen Preisbildung üblich, aus zwei Preiskomponenten besteht, erscheint es sinnvoll, sie an dieser Stelle als Methode der Preisdifferenzierung nach einem festen Kriterium zu behandeln. Man unterscheidet im Wesentlichen zwei Formen der mengenbezogenen Preisdifferenzierung. Einerseits kann sich die Preisdifferenzierung auf die bestellte Menge im Rahmen einer Transaktion beziehen. Im Digital Business ist diese Differenzierung insbesondere beim Vertrieb physischer Produkte zu beobachten.

Andererseits kann sich die mengenbezogene Preisdifferenzierung auch auf die bestellte Menge in einem festgelegten Zeitraum beziehen.[100] Diese Variante ist insbesondere im B2B-Bereich zu beobachten, da Zulieferer häufig am Ende einer Periode einen mengenabhängigen Rabatt auf die gesamte bestellte Menge gewähren.

Zwei Ziele stehen in diesem Kontext im Vordergrund: Zum einen können Händler auf diese Weise ihre Kundenmarktanteile erhöhen, da der Kunde einen Anreiz hat, seinen Bedarf nicht bei mehreren Zulieferern zu decken. Zum anderen erschwert diese Art der Preisdifferenzierung den Markteintritt für andere Unternehmen, da diese dem Kunden einen ähnlichen Rabatt gewähren müssten, ohne jedoch von der bisherigen Bestellmenge profitieren zu können.

[98] Vgl. Hanson/Kalyanam (2007), S. 419.

[99] Vgl. Choi/Stahl/Whinston (1997), S. 332 f.; Simon/Fassnacht (2016), S. 253 f.

[100] Vgl. Meffert et al. (2019), S. 526 ff.

Die Implementierung mengenbezogener Preisdifferenzierung gestaltet sich für Unternehmen vergleichsweise einfach. Die Bearbeitung erfolgt meist im Rahmen der Fakturierung und bezieht keine bedeutenden neuen Geschäftsprozesse ein, wie dies bei der Überprüfung des Kunden bezüglich seiner Zugehörigkeit zu einer bestimmten Gruppe der Fall ist.

Mengenbezogene Preisdifferenzierung stellt das Management vor verschiedene Herausforderungen. So gilt es, Verschiebungen in der Rabattstruktur aufgrund von Preisänderungen zu vermeiden, wie es insbesondere in international tätigen Unternehmen infolge von Währungsschwankungen geschehen kann. Kommt es zu einer Preissteigerung, ohne dass sich die Gewinnsituation des Unternehmens verbessert, kann es im Zuge eines umsatzbasierten Rabattsystems sogar zu einer Ergebnisverschlechterung kommen, wenn die Rabattstaffel nicht angepasst wird.

Zudem sind die Wirkungen von Kooperationen von Kunden zur Erlangung von Rabattstufen in die Preisdifferenzierung einzubeziehen. Generell ist darauf zu achten, dass die Nachlassstruktur des Unternehmens nicht zu komplex wird und den Rabatten auch tatsächliche Gegenleistungen der Abnehmer entgegenstehen.[101]

Leistungsbezogene Preisdifferenzierung

Leistungsbezogene Preisdifferenzierung bietet sich immer dann an, wenn sich der Markt in Kundensegmente einteilen lässt, die deutlich unterschiedliche Leistungserwartungen an ein Produkt haben. Um diese Unterschiede zu nutzen, werden sowohl der Leistungsumfang als auch der Preis differenziert. Ziel der leistungsbezogenen Preisdifferenzierung ist es, den Leistungsumfang eines Produkts so zu gestalten, dass einerseits die individuellen Anforderungen der Konsumenten optimal erfüllt werden und andererseits der Preis des Produkts möglichst genau die Zahlungsbereitschaften der Konsumenten abbildet.

Die Leistungsdifferenzierung kann sich hierbei auf Attribute wie Benutzerfreundlichkeit, Bequemlichkeit, Funktionalität oder die Unterstützung durch einen Service beziehen.[102] In diesem Zusammenhang ist es wichtig, dass die Preisdifferenzierung nicht in erster Linie auf die unterschiedlichen Kosten von Produkten mit unterschiedlicher Leistung zurückzuführen ist, sondern die Leistungserwartungen der Kunden in Relation zu deren Zahlungsbereitschaften im Vordergrund stehen. So liegt keine leistungsbezogene Preisdifferenzierung vor, wenn der Grund für die Preisdifferenz auf zusätzlichen Kosten für die zusätzlich gelieferte Leistung beruht.

Insbesondere bei immateriellen Produkten besitzt die leistungsbezogene Preisdifferenzierung eine große Bedeutung, da sich auch Produkte mit erheblichen Leistungsunterschieden in der Regel nicht wesentlich in ihren variablen Kosten unterscheiden. Gleichzeitig lassen sich diese Produkte relativ einfach in verschiedene Versionen mit differenzierten Leistungsspektren unterteilen.

[101] Vgl. Simon/Fassnacht (2016), S. 248.
[102] Vgl. Schröder (2005), S. 207.

Die leistungsbezogene Preisdifferenzierung ist im Digital Business jedoch nicht auf immaterielle Produkte beschränkt und wird vielfach im Bereich Dienstleistungen eingesetzt. Hierbei werden Serviceleistungen so zu Gruppen zusammengefasst, dass die Leistungserwartungen von Kunden möglichst gut abgebildet werden.

Die leistungsbezogene Preisdifferenzierung besitzt darüber hinaus einen weiteren Vorteil. Sie erlaubt es den Nutzern, zu einem günstigen Preis eine Basisleistung auszuprobieren und Erfahrungen zu sammeln. Hierdurch wird die Barriere für den Kunden deutlich niedriger sein, als wenn das Unternehmen ausschließlich umfassende Leistungspakete zu einem hohen Preis anbieten würde. Hat der Nutzer erste Erfahrungen gemacht, wird er in der Regel Vertrauen zu dem Produkt fassen und auf eine höhere Leistungsklasse umsteigen. Im Internet hat die Bedeutung dieser Vertrauensgewinnung von Seiten des Kunden deutlich zugenommen.

Sehr häufig ist im Digital Business eine Extremform der leistungsbezogenen Preisdifferenzierung anzutreffen. Hierbei wird eine Basisleistung unentgeltlich angeboten und erst die Inanspruchnahme von Zusatzleistungen ist für den Nutzer mit Kosten verbunden.

Auch diese Maßnahme dient dazu das Vertrauen der Kunden zu dem Produkt oder der Dienstleistung zu gewinnen. Jedoch sind die Eintrittsbarrieren, die häufig nur durch eine Registrierung aufgebaut werden, bei dieser Art der leistungsbezogenen Preisdifferenzierung minimal. Diese Art der leistungsbezogenen Preisdifferenzierung wird am Beispiel der Google Cloud in Abb. 17.29 verdeutlicht.

Es wird aus Abb. 17.30 ersichtlich, warum Einsteigerangebote im Digital Business besonders wichtig sind und auch die kostenlose Abgabe von Produkten im Internet eine sehr gewinnbringende Strategie sein kann. Diese Follow-the-Free-Strategie dient vornehmlich dazu, durch die Etablierung eines Produktstandards Markteintrittsbarrieren für potenzielle Konkurrenten aufzubauen. Follow-the-Free ist dabei jedoch mit dem Risiko behaftet, dass sich möglicherweise nicht genügend der kostenlosen Nutzer in zahlende Kundschaft verwandeln lassen.[103]

17.3.3.2 Nicht lineare Preisbildung

Nicht lineare Preisbildung tritt überall dort auf, wo kein proportionaler Zusammenhang zwischen einer Leistung und dem geforderten Preis besteht. Wie auch bei der Preisdifferenzierung besteht bei der nicht linearen Preisbildung das Ziel darin, durch gezieltes Abschöpfen von Zahlungsbereitschaften höhere Gewinne zu erzielen. Jedoch unterscheidet sich die Vorgehensweise deutlich.

Während bei der Preisdifferenzierung nach verschiedenen festen, vom Anbieter ausgewählten Kriterien, Segmente gebildet werden, denen Angebote zu unterschiedlichen Preisen gemacht werden und die Menge nur bei einem ausgewählten Kriterium eine Rolle spielt, basiert die nicht lineare Preisbildung ausschließlich auf der Absatzmenge.[104]

[103] Vgl. Turban et al. (2018), S. 386 f.

[104] Vgl. Simon/Fassnacht (2016), S. 248.

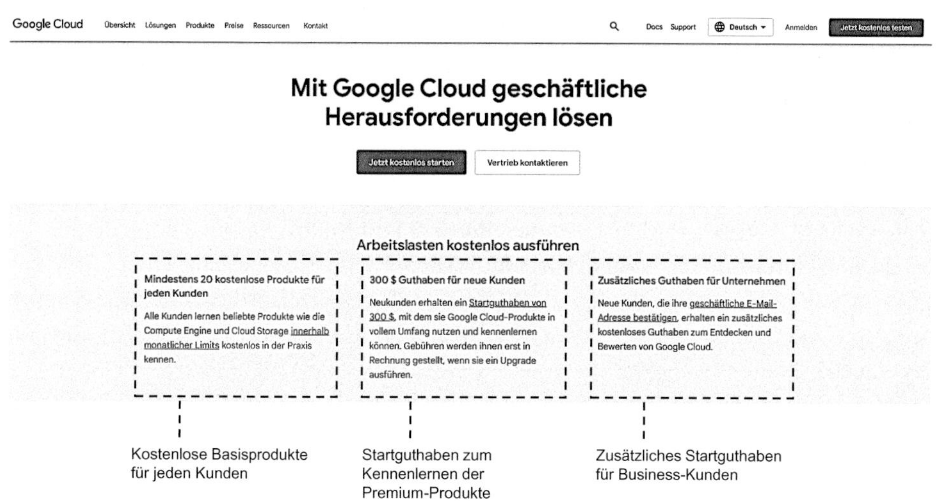

Abb. 17.29 Leistungsbezogene Preisdifferenzierung im Digital Business. (In Anlehnung an Google Cloud (2023))

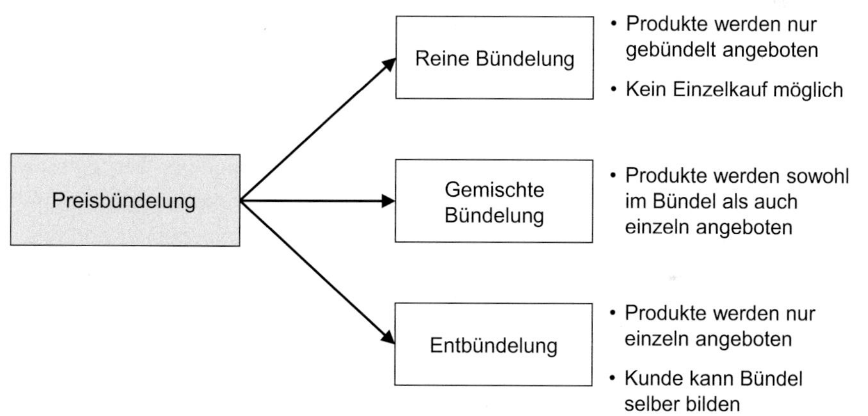

Abb. 17.30 Formen der Preisbündelung. (Vgl. Wirtz/Olderog (2001), S. 201; Wirtz (2020), S. 659)

Abschöpfung der Zahlungsbereitschaften

Basis der nicht linearen Preisbildung sind zwei Grundüberlegungen. Zum einen besagt das erste Gossensche Gesetz, dass der Grenznutzen, den ein Konsument aus einem Produkt zieht, mit wachsender Menge abnimmt. Folglich bewerten Konsumenten Produkte relativ zur Menge, die sie von diesem Produkt bereits besitzen beziehungsweise bereits konsumiert haben.

Entsprechend seinem Nutzen wird sich die Zahlungsbereitschaft des Konsumenten degressiv entwickeln. Hieraus wird deutlich, dass ein Preis, der sich mit der abgesetzten Menge ebenfalls degressiv entwickelt, sich deutlich besser an die Zahlungsbereitschaften anpasst und diese folglich besser abschöpft.

Selbstselektion der Nachfrager
Es ist ersichtlich, dass es sich bei der nicht linearen Preisbildung um eine Form der bereits behandelten Preisdifferenzierung handelt. Während jedoch im Rahmen der oben betrachteten Preisdifferenzierung die Nachfrager vom Anbieter anhand fester Kriterien in Segmente eingeteilt werden, zielt die nicht lineare Preisbildung auf eine Selbstselektion der Nachfrager ab.

Dies geschieht, indem der Anbieter eine Tarifstruktur vorgibt und die Nachfrager sich durch ihr tatsächliches Kaufverhalten selber auf Segmente verteilen. Damit fällt eine Diskriminierung seitens des Anbieters weg, da allen Kunden die gleichen Tarife angeboten werden. Im Schrifttum findet sich in diesem Zusammenhang auch die Bezeichnung Preisdifferenzierung zweiten Grades.[105]

Preisreduktion durch Kostendegressionseffekte
Zum anderen basiert die nicht lineare Preisbildung auf Kostenüberlegungen. Es ist naheliegend, dass eine aus Economies-of-Scale resultierende Kostenreduktion eine Preisreduktion ermöglicht. Die Kostenersparnisse resultieren daraus, dass fixe Kosten, wie zum Beispiel Kosten für die Kundenakquisition, auf eine größere Menge verteilt werden.

Darüber hinaus ist für die nicht lineare Preisbildung bei zweiteiligen Tarifen charakteristisch, dass sich der für eine Leistung zu zahlende Preis aus zwei oder mehr Komponenten zusammensetzt. Hierbei wird gewöhnlich zwischen einer Grundgebühr und einer variablen Nutzungsgebühr unterschieden. Abhängig davon, wie viele Kombinationsmöglichkeiten ein Unternehmen zulässt, differenziert man zwischen einem zweiteiligen Tarif und einem Blocktarif.

Zweiteilige Tarife
Als zweiteilige Tarife bezeichnet man Preise, die sich aus einer Grundgebühr und einer Nutzungsgebühr zusammensetzen. Sie sind deshalb nicht linear, weil sich die Grundgebühr bei steigender bestellter Menge auf eine steigende Anzahl von Einheiten verteilt und somit der durchschnittliche Preis pro Einheit stetig sinkt. Hierbei ist die marginale Änderung des Durchschnittspreises umso geringer, je größer die Absatzmenge ist.[106]

---

[105] Vgl. Homburg (2017), S. 726 f.

[106] Vgl. Simon/Fassnacht (2016), S. 253.

Der Vorteil eines zweiteiligen Tarifs ist die flexible Anpassung des Preises an den Nutzen, den ein Kunde aus jeder zusätzlich verbrauchten Einheit zieht. Ein zentraler Nachteil ist, dass die Etablierung eines einzelnen zweiteiligen Tarifs postulieren würde, dass die Nutzenentwicklung für alle Konsumenten gleich ist. Hiervon ist üblicherweise jedoch nicht auszugehen. Der Blocktarif überwindet diese Schwäche, indem er verschiedene zweiteilige Tarife kombiniert.

Blocktarife

Von einem Blocktarif wird gesprochen, wenn Unternehmen ihren Kunden die Wahl zwischen mehreren zweiteiligen Tarifen lassen. Damit erlauben sie eine flexible Anpassung der Tarifstruktur an die Nutzenstruktur der Kunden, denn diese werden denjenigen Tarif auswählen, bei dem sie die höchste Konsumentenrente realisieren. Sie werden aus diesem Grund auch als optionale Tarife bezeichnet. Im Allgemeinen wird man davon ausgehen können, dass höhere Grundgebühren mit einer niedrigen Nutzungsgebühr einhergehen et vice versa.

Hieraus ergibt sich, dass der optimale Tarif für den Kunden direkt von der genutzten Menge abhängt. Im Rahmen des Digital Business hat sich dieses Tarifmodell insbesondere im Bereich des Internetzugangs durchgesetzt. So bieten Unternehmen ihren Kunden die freie Wahl zwischen unterschiedlichen Tarifen, von denen meist zwei Extremtarife darstellen, da sie entweder vollständig auf die Grund- oder die Nutzungsgebühr verzichten.

Insbesondere im Bereich der Breitbandzugänge ist heute ein klarer Trend zu Festpreisangeboten ohne Nutzungsgebühr zu erkennen. Im ISDN-Bereich oder dem mobilen Internet finden sich jedoch noch variantenreiche Tarifstrukturen. Als Beispiel können in diesem Kontext die Datentarife der Deutschen Telekom angeführt werden.

17.3.3.3 Preisbündelung

Unter dem Begriff Preisbündelung wird im Schrifttum die Zusammenstellung von Produkten und die damit verbundene Preissetzung verstanden.[107] In diesem Kontext werden drei Formen der Preisbündelung unterschieden. Als reine Bündelung wird der ausschließliche Verkauf von Produkten in Bündeln bezeichnet, wohingegen im Rahmen der gemischten Bündelung zusätzlich zum Bündel die Produkte auch einzeln verkauft werden.[108]

Der Begriff der Entbündelung findet dann Anwendung, wenn Produkte nur einzeln angeboten werden, sodass es sich im engeren Sinne nicht um eine Bündelstrategie handelt. Dieser Begriff soll hier jedoch ergänzend verwendet werden, um ein geschlossenes System von Preisbündelungsstrategien darzustellen. Abb. 17.30 stellt die verschiedenen Formen der Preisbündelung dar.

[107] Vgl. Adams/Yellen (1976), S. 475; Laudon/Traver (2014), S. 412 f.

[108] Vgl. Wirtz/Lütje (2006), S. 386 f.; Homburg (2017), S. 728 ff.

Reine Bündelung

Im Rahmen der reinen Bündelung werden verschiedene Produkte nur in gebündelter Form angeboten. Im Digital Business findet man dies besonders häufig bei Informationsgütern.[109] Hierbei sind die verschiedenen Produkte nur im Bündel zu einem festen Preis erhältlich. Der Kunde kann sich folglich nicht einzelne, besonders präferierte Leistungsmerkmale heraussuchen, auch wenn er auf einzelne Leistungen nur geringen oder gar keinen Wert legt. Hierin ist eine der wesentlichen Wirkungsweisen der Preisbündelung zu sehen, da sie die Übertragung von Konsumentenrente ermöglicht.[110]

Gemischte Bündelung

Die gemischte Bündelung ist eine Möglichkeit, von den Vorteilen der Bündelung Gebrauch zu machen und gleichzeitig die Nachteile zu umgehen. Unter dem Begriff der gemischten Bündelung wird im Allgemeinen das gleichzeitige Anbieten von Einzelprodukten und Bündeln verstanden.[111]

Der Konsument hat hierbei die Wahl, welche Form er kauft. Da jedoch im Normalfall der Bündelpreis deutlich niedriger liegen wird als die Summe der Einzelpreise, werden Konsumenten in der Regel nicht alle im Bündel enthaltenen Produkte einzeln kaufen.[112]

Hierbei ist die Summe der Einzelpreise um ein Vielfaches höher als das Paket. Die gemischte Preisbündelung löst das Exclusion Problem der reinen Preisbündelung, indem es Konsumenten mit extrem unterschiedlichen Zahlungsbereitschaften die Möglichkeit bietet, nur eine der Komponenten zu erwerben.

Bedeutung der Preisbündelung im Digital Business

Der Preisbündelung wird im Digital Business insbesondere bei dem Verkauf von Informationsgütern eine große Bedeutung zugewiesen. Zentraler Grund für die besondere Eignung von Informationsgütern für die Preisbündelung sind ihre extrem geringen Grenzkosten bei der Distribution über elektronische Netzwerke. Hierdurch können die Vorteile der Preisbündelung genutzt werden, ohne dass die Gefahr substanzieller Nachteile besteht.[113]

Als Beispiel für Preisbündelung im Digital Business ist in Abb. 17.31 das Angebot Workspace von Google dargestellt. Zusätzliche Erweiterungsmöglichkeiten wie vergrößerte Speicherkapazitäten, erweiterte Supportmöglichkeiten sowie verschiedene Sicherheits- und Verwaltungsfeatures lassen die Anzahl wählbarer Bündel entstehen.

---

[109] Vgl. Wirtz/Olderog (2001), S. 202.

[110] Vgl. Schmalensee (1984), S. 220; Homburg (2017), S. 728.

[111] Vgl. Adams/Yellen (1976), S. 478; Simon/Fassnacht (2016), S. 276.

[112] Vgl. Skiera (2000), S. 155.

[113] Vgl. Skiera (2000), S. 151 f.

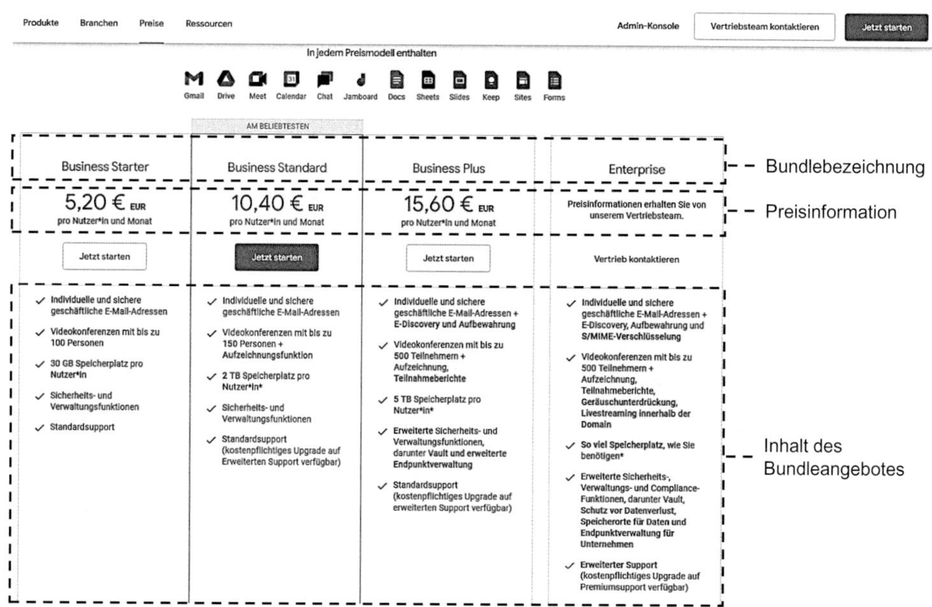

Abb. 17.31 Bundling von Service-Leistungen im Digital Business. (In Anlehnung an Google Workspace (2023))

Ziele und Umsetzung der Preisbündelung

Die Zielsetzung der Preisbündelung ist im Wesentlichen die gleiche wie bei der Preisdifferenzierung nach festen Kriterien, denn auch hier sollen die Zahlungsbereitschaften der Nachfrager möglichst vollständig abgeschöpft werden. In diesem Kontext lassen sich drei wesentliche Optimalitätsbedingungen für die Preisbündelung anführen, anhand derer die Wirkungsweise der verschiedenen Bündelstrategien dargelegt werden können:[114]

- Konsumenten, deren Zahlungsbereitschaften unterhalb der variablen Kosten liegen, sollen vom Kauf des Produkts ausgeschlossen werden (Exclusion).
- Konsumenten, deren Zahlungsbereitschaften die variablen Kosten übersteigen, sollen das Produkt kaufen (Inclusion).
- Kein Konsument soll das Produkt zu einem Preis kaufen, der unterhalb seiner Zahlungsbereitschaft liegt (Extraction).

Die Preisbündelung ist operativ in der Unternehmenspraxis gut umsetzbar und trifft aufgrund ihrer mittlerweile großen Verbreitung auf allgemein hohe Akzeptanz am Markt. Ungleich problematischer sind die Bestimmung der optimalen Bündelstrategie, die Zusammenstellung der Bündel bei Mehrproduktunternehmen und die Preisfindung.

[114] Vgl. Adams/Yellen (1976), S. 481.

Bei umfangreichen Produktangeboten ist diese Aufgabe kaum von Hand lösbar. Die Komplexität der Aufgabe entstammt zu einem bedeutenden Teil der Tatsache, dass im Rahmen der gemischten Bündelung das Bündel und die Einzelprodukte in Konkurrenz zueinander angeboten werden und unter Umständen Kannibalisierungseffekte auftreten können.

Wettbewerbsrechtliche Probleme durch Preisbündelungen

Neben diesen Problemen in der Ausgestaltung der Preisbündelung bestehen zum Teil gravierende wettbewerbsrechtliche Bedenken. Sie konzentrieren sich insbesondere auf Fälle, in denen Unternehmen eine marktbeherrschende Stellung auf einem Teilmarkt besitzen und diese mithilfe der Preisbündelung auf andere Teilmärkte zu übertragen versuchen. Als klassisches Beispiel dient hier die Praxis von IBM, seine Tabelliermaschinen im Verbund mit seinen Lochkarten zu verkaufen und auf diese Weise beide Märkte zu beherrschen.

1936 wurde IBM dies im Rahmen eines Kartellverfahrens verboten. Im Jahr 2001 stand Microsoft vor einem ähnlichen Problem. Das Unternehmen besaß mit seinem Produkt Windows eine weltweite beherrschende Stellung auf dem Markt für Betriebssysteme. Im Zuge des zunehmenden Wachstums des Internets hat Microsoft seinen Browser Internet Explorer technisch mit Windows gebündelt und damit versucht, seine Vormachtstellung vom Betriebssystememarkt auf den Browsermarkt zu übertragen. Auch diese Form der Bündelung hatte rechtlich keinen Bestand.

17.3.3.4 Dynamic Pricing

Alle bisher betrachteten Verfahren zur Preissetzung können als statisch betrachtet werden. Das heißt, sie reagieren nicht auf zeitabhängige Veränderungen im Umfeld des Kaufprozesses, wodurch insbesondere im sehr dynamischen Umfeld des Digital Business Nachteile entstehen können. Das Dynamic Pricing beseitigt diese Defizite, indem es auf Veränderungen eingeht und die Preissetzung an diese anpasst.[115]

Drei dynamische Komponenten

Im Schrifttum wird im Wesentlichen auf drei sich dynamisch verändernde Komponenten eingegangen, die den Preis beeinflussen. Dies sind die Zielfunktion eines Unternehmens, die Kosten für die Herstellung eines Produkts und die Markt- und Wettbewerbssituation.

Zielfunktion eines Unternehmens

Eine Zielfunktion wird dann als dynamisch angesehen, wenn ein Unternehmen nicht zeitindifferent bezüglich des Absatzes seiner Produkte agiert.[116] Dies ist beispielsweise dann der Fall, wenn ein Unternehmen mit einer Erhöhung der Unternehmenssteuern rechnet

---

[115] Vgl. Schwartz (1999), S. 56 f.; Gay/Charlesworth/Esen (2007), S. 374 f.

[116] Vgl. Hilke (1978), S. 16 f.

und deshalb vor dieser Erhöhung so viele Produkte wie möglich absetzen will, da deren Nachsteuerprofitabilität höher ist als die der später verkauften Produkte. Hieraus können sich Konsequenzen für die Preissetzung ergeben, die die Nachfrage auf den Zeitraum vor der Steueränderung bündelt.

Herstellungskosten eines Produktes
Für die Herstellungskosten eines Produkts wird im Allgemeinen angenommen, dass diese aufgrund von Lerneffekten im Zeitverlauf sinken und sich hieraus potenziell eine Veränderung des optimalen Preises ergibt.

Veränderungen der Markt- und Wettbewerbssituation
Die Dynamik in der Markt- und Wettbewerbssituation ergibt sich aus dem Lebenszyklus von Produkten und der allgemeinen Wettbewerbsdynamik, wodurch sich die Preisabsatzfunktion eines Produkts im Zeitverlauf dynamisch ändert. Aufgabe des dynamischen Preismanagements ist es, gezielt auf die Veränderungen zu reagieren und die Preissetzung entsprechend den Unternehmenszielen anzupassen.

Relevanz der dynamischen Komponente Markt- und Wettbewerbssituation
Von den drei genannten Komponenten kommt den Veränderungen in der Markt- und Wettbewerbssituation hier die größte Relevanz zu, da sich auf diesem Gebiet durch die Internetökonomie fundamentale Änderungen ergeben haben. Die beiden anderen Komponenten haben sich in ihrer Struktur nicht wesentlich durch das Digital Business verändert und sollen daher nicht weiter ausgeführt werden.

Bedeutung von Auktionen
Durch das sich immer schneller verändernde Umfeld steigen die Anforderungen an dynamische Preisfindungsmechanismen stetig an. Als zentrales dynamisches Preisfindungsinstrument für das Digital Business werden im Schrifttum daher in zunehmendem Maße Auktionen gesehen.[117]

Ein bedeutender Vorteil von Auktionen ist, dass sie einen standardisierten Mechanismus bieten, der Käufe und Verkäufe auf einem Markt zentral sichtbar macht. Auktionen sind zudem in der Lage, Preise flexibel beim Aufeinandertreffen von Angebot und Nachfrage in Abhängigkeit der Markt- und Wettbewerbsbedingungen zu bilden und hierbei vier wesentliche Funktionen zu erfüllen. Diese Funktionen sind in Tab. 17.4 dargestellt.[118]

Ziel von Auktionen ist es, nach Möglichkeit die Zahlungsbereitschaft der Nachfrager offenzulegen und den Preis in dieser Höhe festzulegen. Die Tauglichkeit einer Auktion richtet sich daher immer danach, inwieweit sie in der Lage ist, die Zahlungsbereitschaften

[117] Vgl. Homburg (2017), S. 741; Laudon/Traver (2019), S. 388.
[118] Inhalte basierend auf Klein (1997), S. 3.

Tab. 17.4 Funktionen von Auktionen. (Vgl. Wirtz (2000c), S. 202; Wirtz (2020), S. 664)

Koordinationsfunktion	Auktionen ermitteln markträumende Preise, die das Angebot und die Nachfrage so koordinieren, dass alle Produkte abgesetzt werden.
Preisbildungsfunktion	Auktionen können auch für kaum oder selten gehandelte Güter wie Antiquitäten Preise ermitteln, ohne auf Schätzungen zurückzugreifen.
Allokationsfunktion	Auktionen können als Allokationsmechanismus für schwer zu vermarktende Produkte wie Restplätze auf einem Linienflug dienen.
Distributionsfunktion	Auktionen sind geeignet, eine große Zahl von Bietern anzuziehen und stellen damit einen separaten Distributionskanal dar, der zum Teil neue Kundenschichten erreicht.

tatsächlich aufzudecken. Abhängig vom Preisfindungsmechanismus werden meist die drei Auktionsformen Englische Auktion, Holländische Auktion und das Reverse Pricing unterschieden.[119]

Diese werden im Folgenden kurz dargestellt und in ihrer Funktionsweise erläutert. Zudem soll ihre Tauglichkeit für die Anforderungen des Digital Business dargestellt werden. Darüber hinaus gibt es noch weitere Auktionsformen, die jedoch weniger gebräuchlich sind.[120]

Englische Auktion

Im Rahmen einer Englischen Auktion wird der Bietprozess mit einem Mindestgebot begonnen und das Gebot schrittweise gesteigert. Hierbei kann jeder Teilnehmer mehrfach bieten und auch sein eigenes Gebot überbieten. Das Ende einer solchen Auktion hängt von der Organisation ab. Auf klassischen Märkten treffen sich die Bieter an einem festgelegten Platz und geben so lange Gebote ab, bis nur noch ein Bieter übrig bleibt.

Die Höhe des Preises richtet sich dann nach dem höchsten Gebot.[121] Auf den elektronischen Märkten des Digital Business entfällt diese Form des räumlichen Treffens. Zudem ist nicht klar erkennbar, wie viele Teilnehmer bei der Auktion anwesend sind. Aus diesem Grund werden Englischen Auktionen im Internet gewöhnlich zeitliche Beschränkungen auferlegt, sodass die Auktion zu einem im Vorfeld festgelegten Zeitpunkt endet und der Preis dem bis dahin höchsten abgegebenen Gebot entspricht.

Im Rahmen einer Internetauktion ist es möglich, eine sehr große Zahl von Interessenten anzusprechen und hierdurch die Zahl der potenziellen Bieter im Vergleich zu einer echten Auktion deutlich zu vergrößern und damit die Effizienz dieses Preisbildungsmechanismus erheblich zu steigern. Hierin ist ein wesentlicher Grund für die weite Verbreitung von Englischen Auktionen im Internet zu sehen.

[119] Vgl. Homburg (2017), S. 741 ff.

[120] Vgl. Laudon/Traver (2019), S. 749 ff.

[121] Vgl. Gay/Charlesworth/Esen (2007), S. 379 f.

Holländische Auktion

Die Holländische Auktion stellt vom Verfahren her einen Gegenpol zur Englischen Auktion dar. Anfänglich wird ein sehr hoher Preis festgelegt und dann im Zuge der Auktion gemindert, bis der erste Bieter den Preissenkungsmechanismus unterbricht und den aktuellen Preis akzeptiert. Zur kontinuierlichen Preissenkung wird auf Holländischen Auktionen häufig eine Preisuhr verwendet, die die Auktionsteilnehmer bei Akzeptanz des Preises stoppen können.[122]

Aus Verkäufersicht ist die Holländische Auktion im Vergleich zum englischen Mechanismus zeiteffizienter, da ein unter Umständen langwieriges Überbieten der Teilnehmer unterbleibt. Bei einer Holländischen Auktion ist nicht sichergestellt, dass die Nachfrager zu ihren tatsächlichen Zahlungsbereitschaften kaufen. So entsteht im Verfahren ein nicht unerheblicher Konkurrenzdruck unter den Bietern, der eventuell zu einem voreiligen Zuschlag führen kann. Der Bieter würde damit einen zu hohen Preis bezahlen und das Verfahren als unfair betrachten.

Dies kann insbesondere im Bereich des Digital Business zu Problemen führen, da es die Akzeptanz und Verbreitung solcher Handelsplattformen erschwert. Auf der anderen Seite besteht bei einer Holländischen Auktion für Bieter mit ungewöhnlich hoher Zahlungsbereitschaft der Reiz, mit dem Zuschlag zu zögern und auf diese Weise die Konsumentenrente zu vergrößern. Diese Gefahr verringert sich jedoch mit der Zunahme der Bieterzahl durch das Digital Business, da große Sprünge in den Zahlungsbereitschaften immer unwahrscheinlicher werden.

Reverse Pricing

Beim Reverse Pricing geht die Preissetzung nicht vom Verkäufer, sondern vom Käufer aus. Der Verkäufer stellt also kein Mindestgebot oder Ausgangspreis zur Verfügung, sondern nimmt Angebote der Käufer entgegen.[123] Diese Form der Auktion weist Ähnlichkeiten mit Ausschreibungsverfahren auf. Dabei gibt es verschiedene Auktionsverfahren, die auf Reverse Pricing basieren.

Im Zuge einer Höchstpreisauktion macht eine Marktseite – im Allgemeinen die Nachfrager – ein verschlossenes, geheimes Gebot an die andere Marktseite. Man spricht in diesem Zusammenhang auch von einer verdeckten Auktion oder Sealed Bid First Price.[124] Am Ende der Auktion werden alle Gebote simultan geöffnet und das höchste Gebot erhält den Zuschlag. Da keinem der Bieter erlaubt wird, nach der Öffnung sein Gebot zu verändern oder ein weiteres Gebot abzugeben, zählt die Höchstpreisauktion nicht zu den dynamischen Verfahren.

---

[122] Vgl. Laudon/Traver (2019), S. 752.

[123] Vgl. Homburg (2017), S. 715 f.

[124] Vgl. Simon/Fassnacht (2016), S. 470.

Die Höchstpreisauktion kann auch dergestalt durchgeführt werden, dass ein Produkt an mehrere Bieter zu deren individuellem Höchstpreis verkauft wird. Dieser Mechanismus wurde beispielsweise vom Online-Reisebüro Priceline.com seit 1997 unter der Rubrik „Name Your Own Price" angeboten.[125] Die Funktion, die das Unternehmen berühmt machte, wurde im Jahr 2020 eingestellt.[126]

Im Internet sind Höchstpreisauktionen aufgrund ihrer vergleichsweise komplizierten Durchführung selten. Eine leichte Modifikation des Höchstpreisprinzips stellt die Vickrey-Auktion dar.[127] Sie verläuft prinzipiell wie eine Höchstpreisauktion, nur wird das Produkt an den am höchsten Bietenden zum Gebot des am zweithöchsten Bietenden verkauft. Hierdurch entsteht für den Bieter ein Anreiz, über seinem persönlichen Höchstlimit zu bieten, da er weiß, dass er bei Erhalt des Zuschlags einen geringeren Preis zahlen muss.

17.3.4 Potenziale des Digital Pricing

In den Ausführungen zum Digital Pricing konnten bereits einige Vor- und Nachteile in Verbindung mit der Preissetzung im Digital Business genannt werden. Darauf aufbauend sollen im Folgenden die zentralen Chancen und Risiken, die sich aus dem Digital Pricing ergeben, dargestellt werden. Schaffen es Unternehmen, die Chancen zu nutzen und gleichzeitig die Risiken einzugrenzen, ergibt sich im Zusammenhang mit Digital Pricing ein großes Potenzial zur Steigerung der Umsätze und Gewinne.

Umsatz- und Gewinnsteigerungen

Durch die Möglichkeit, individualisierte Leistungen in kürzester Zeit zu individuellen Preisen anzubieten, lässt sich der Geldbetrag, den ein Kunde für ein betreffendes Produkt oder eine Leistung zu zahlen bereit ist, maximieren. Dadurch eröffnet sich das Potenzial für erhebliche Umsatzsteigerungen. Da zusätzlich Vertriebskosten im Internet eingespart werden können, ergibt sich durch das Digital Pricing auch ein großes Gewinnpotenzial. Dennoch sind der Individualisierung von Preisen Grenzen gesetzt. So musste beispielsweise Amazon in Amerika ein Preismodell zurückziehen, das einen individuellen Preis anhand der Übersicht bisher gekaufter Waren erstellte.[128]

Steigerung der Kundenzahlen

Ein weiterer positiver Effekt des Digital Pricing ist in einer möglichen Steigerung der Kundenzahlen zu sehen. Aufgrund der geringeren Vertriebskosten im Digital Business können Kunden durch niedrigere Preise in Online-Kanäle gelockt werden. Sind die

[125] Vgl. Priceline (2020).

[126] Vgl. Barron (2022).

[127] Vgl. Clement et al. (2019), S. 125 f.

[128] Vgl. Gay/Charlesworth/Esen (2007), S. 375 f.

Online-Vertriebskosten eines Unternehmens im Vergleich zur Konkurrenz niedriger, können vor allem auch Kunden von Wettbewerbern abgeworben werden. Besonders kritisch gestaltet sich diesbezüglich im Online-Handel jedoch die Auszeichnung von Versandkosten, die Preisvorteile egalisieren kann und damit die Akzeptanz günstigerer Preise untergräbt.

Kurzfristige Preisänderungen möglich

Darüber hinaus steht die im Digital Business hohe Flexibilität bei der Preissetzung mit weiteren Vorteilen in Verbindung. So können Unternehmen sehr schnell auf preispolitische Maßnahmen von Wettbewerbern, wie zum Beispiel Preisaktionen, reagieren. Die dafür notwendigen Konkurrenteninformationen sind besser zugänglich und günstiger zu beschaffen als vergleichbare Daten aus der Offline-Wirtschaft.

Ebenso können Preise selbst kurzfristig so verändert werden, dass die Nachfrage im Sinne unternehmenseigener Interessen beeinflusst wird. Um zum Beispiel Bestands- oder Neukunden auf den kostengünstigeren Internetkanal zu lenken, können ihnen besondere Konditionen bei Abschluss eines Kaufvertrags im Internet zugestanden werden.

Interne und externe Konflikte

Mit den Chancen des Digital Pricing gehen gleichzeitig jedoch auch gewisse Risiken einher. So kann es durch niedrigere Preise in einem Online-Kanal sowohl zu internen als auch externen Konflikten kommen.[129] Interne Konflikte können dann entstehen, wenn es zu Kannibalisierungseffekten im Unternehmen kommt. Wird die Kundennachfrage durch ein günstigeres Preisniveau auf den Online-Kanal gezogen, gehen anderen unternehmenseigenen Kanälen, wie zum Beispiel dem Außendienst, ein Teil der Umsätze verloren.

Ähnlich kann sich dieser Konflikt auch auf unternehmensfremde Absatzorgane, wie zum Beispiel Absatzmittler ausweiten, nämlich wenn diese durch die Preisvorteile des herstellereigenen Online-Vertriebs Umsatzeinbußen erleiden müssen. In diesem Fall spricht man auch von externen Konflikten. Diese Entwicklung kann durch die Beteiligung der klassischen Vertriebswege an den Online-Umsätzen zum Teil kompensiert werden.[130]

Erosion des Preisniveaus durch Online-Vertrieb

Senkt ein Anbieter im Internet aufgrund seiner Kostenvorteile das Preisniveau, besteht jedoch unter Umständen die Gefahr, dass sich eine dauerhaft niedrige Preiserwartung bei den Konsumenten einstellt, sodass es schwierig wird, zukünftige Preiserhöhungen durchzusetzen. Eine permanente Erosion des Online-Preisniveaus kann langfristig die Margen der Anbieter belasten, insbesondere dann, wenn es zu Anstiegen auf der Kostenseite kommt, eine entsprechende Reaktion sich jedoch dann als äußerst schwierig erweist.

---

[129] Vgl. Wirtz (2008), S. 210.

[130] Vgl. Laudon/Traver (2019), S. 89 f.

Probleme durch Preistransparenz

Ein weiteres bedeutendes Risiko für Anbieter im Digital Business ist in der sehr hohen Preistransparenz im Internet zu sehen. Während in Offline-Kanälen geografische Grenzen immer noch Barrieren für den Endkunden darstellen, die dazu führen, dass sich der Kunde in der Regel auf sein Einzugsgebiet beschränkt, ergibt sich in Online-Kanälen eine ganz andere Situation. Barrieren sind in diesen Kanälen durch geringe Informationsschwellen und minimalen Suchaufwand wesentlich einfacher zu überwinden.[131]

Die hohe Preistransparenz im Internet kann zu verschiedenen negativen Konsequenzen führen. So wird die Durchsetzbarkeit von Preisunterschieden für einen Anbieter zunehmend schwieriger, da der Endkunde durch geringe Zugangshindernisse zu Preisinformationen über die Preise vergleichbarer Produkte informiert ist und damit den günstigsten Anbieter relativ einfach ausmachen kann. Zum anderen kann es nach einem Kauf zum Unmut eines Kunden kommen, wenn dieser herausfindet, dass das Produkt bei Konkurrenzunternehmen wesentlich billiger angeboten wird.

Darüber hinaus kann es bei einem Kunden zu Verwirrungen kommen, wenn sich die Preise zwischen verschiedenen Kanälen in einem Mehrkanalsystem des Anbieters unterscheiden. So ist gelegentlich zu erkennen, dass traditionelle Offline-Kanäle aufgrund ihrer Vertriebskosten ein höheres Preisniveau als Online-Kanäle haben. Auf einen Kunden kann eine so unterschiedliche Preispolitik zwischen den Kanälen negativ wirken.

Die aufgezeigten Aspekte verdeutlichen die möglichen Probleme in Verbindung mit der Preistransparenz im Internet. Aus diesem Grund wird im nächsten Abschnitt auf mögliche Strategien zum Umgang mit dieser Problematik eingegangen.

17.3.5 Implementierung von Digital Pricing

Insgesamt stehen Anbietern im Digital Business mehrere Strategien zur Verfügung, um die sich aus der Preistransparenz ergebenden Probleme abzuschwächen. In diesem Zusammenhang wird nachfolgend auf fünf konkrete Strategien eingegangen, die einen besonderen Einfluss auf die Überwindung dieser Probleme haben.[132] Zwei Strategien beziehen sich dabei auf die bewusste Steuerung des Kundenzugriffs auf Preisinformationen durch den Anbieter. Sie können danach unterschieden werden, ob der Anbieter die Preistransparenz seiner Leistungen oder Produkte aktiv oder passiv reduziert.

Aktive Zugriffssteuerung auf Preisinformationen

Im Fall der aktiven Zugriffsteuerung geht der Anbieter selektiv vor und bestimmt von sich aus, welche Kunden Zugriff auf bestimmte Preisinformationen erhalten. Neben all-

[131] Vgl. Gay/Charlesworth/Esen (2007), S. 350.

[132] Vgl. Manschwetus/Rumler (2002), S. 387 ff.

gemeinen Informationen, die einer breiten Masse zur Verfügung stehen, wird dem Kunden in Abhängigkeit seines selbst erstellten Kundenprofils eine kundenspezifische Zugriffsberechtigung gegeben.

Passive Zugriffssteuerung auf Preisinformationen
Dagegen ist bei der passiven Variante die Einflussmöglichkeit des Anbieters limitiert. Dies ist darauf zurückzuführen, dass er zwar kundenspezifische Leistungsangebote mit unterschiedlichen Preisen zur Verfügung stellt, es jedoch dem Kunden selbst überlässt, ob dieser die ihm zugeschnittenen Angebote auch wahrnimmt. Der Anbieter geht davon aus, dass sich die einzelnen Kundengruppen in ihrer Bedürfnisstruktur derart unterscheiden, dass sie ausschließlich auf ihre spezifischen Angebote Zugriff nehmen.

Vereinheitlichung von Preisen
Die übrigen drei Strategien zur Lösung des Problems der Preistransparenz beziehen sich auf das Instrument der Preisdifferenzierung. Dabei kann es für Anbieter vorteilhaft sein, keine Preisdifferenzierung zwischen verschiedenen Kanälen vorzunehmen und stattdessen einheitliche Preise für alle Kanäle, also auch den Online-Kanal, festzulegen. Zudem kann eine möglichst gute Angleichung der Preise an die der Konkurrenz angestrebt werden. Dadurch lassen sich Diskussionen auf Kundenseite über Preisunterschiede beim Anbieter vermeiden.

Versioning
Eine weitere Strategie im Rahmen der Preisdifferenzierung stellt das Versioning dar. Es beruht auf der Überlegung, unterschiedliche Preise für verschiedene Angebote zu verlangen. Entsprechend den Kundenpräferenzen werden Produkte derart modifiziert, dass sich für jedes Kundensegment ein spezifischer Preis einstellt.[133] Durch diese Angebotsdifferenzierung lassen sich die Preise in Bezug auf verschiedene Produkte seitens des Kunden nur schwierig vergleichen, sodass die Preistransparenz erheblich gesenkt werden kann.

Kundenindividuelle interaktive Preisfindung
Eine letzte Strategie stellt schließlich die kundenindividuelle interaktive Preisfindung dar. Durch die technischen Voraussetzungen des Internets können möglichst viele Kunden zu geringen Kosten in die Preisfindung einbezogen werden, sodass mit dieser Strategie vor allem individuelle Zahlungsbereitschaften abgeschöpft werden können. Ein verbreitetes Instrument im Rahmen dieser Strategie stellt beispielsweise die Auktion dar.

Besonderheiten bei digitalen Gütern
Im Bereich der digitalen Güter treten zusätzlich zwei weitere Herausforderungen für das Preismanagement auf. Räumliche Preisdifferenzierungen sind durch entsprechende Routing-Filtertechnologie zwar prinzipiell technisch möglich, aber die erhöhte Preistrans-

[133] Vgl. Wirtz (2009), S. 673; Laudon/Traver (2019), S. 387; Simon/Fassnacht (2016), S. 512 f.

parenz im Internet gestaltet ihre Durchsetzung schwierig. Darüber hinaus muss auch die Verfügbarkeit von illegalen Kopien und kostenfreien Angeboten bei der Preisbildung berücksichtigt werden. Beide Phänomene können die Preisobergrenze für zahlungspflichtige Inhalte nach unten verschieben.

Auch die Wahl der verfügbaren Zahlungsmittel fällt zum Teil in den Aufgabenbereich des Preismanagements. Verschiedene Systeme wie PayPal, Kreditkartenzahlung, Vorkasse per Überweisung und Nachnahme müssen für Ihre Eignung im konkreten Vertrieb eines Unternehmens beurteilt und anschließend implementiert werden. Dabei sind insbesondere die Implementierungs- und Transaktionskosten von Bedeutung.

17.3.6 Fallbeispiel Digital Pricing: eBay

eBay ist die erfolgreichste Onlineplattform für Auktionen im Internet. Bereits seit seiner Gründung 1995 ist das Unternehmen profitabel.[134] eBay erwirtschaftete im Jahr 2021 mit weltweit 135 Mio. aktiven Käufern einen Umsatz von rund 10,42 Mrd. US-Dollar.[135]

In Deutschland ist eBay seit der Übernahme des Auktionshauses Alando.de im Jahr 1999 von Berlin aus aktiv.[136] Zunächst als reine C2C-Plattform gestartet, wurde eBay später auch für professionelle Verkäufer geöffnet. eBay tritt jedoch nicht selbst als Verkäufer auf, sondern stellt seinen digitalen Marktplatz gegen eine Gebühr zu Verfügung. Die Plattform fungiert dabei als Vermittler von Verkäufen.

Das digitale Gut, das eBay bereitstellt, ist folglich die Nutzung der Auktions- und Verkaufstools, die im Zusammenspiel mit der Markenbekanntheit des digitalen Marktplatzes eine hohe Zahl an potenziellen Kunden generieren. Die Kosten für diesen Service trägt der Verkäufer, der diese entsprechend bei der eigenen Preisbildung berücksichtigen muss. Bei dem dynamischen Preissetzungsverfahren der Englischen Auktion und dem Gebührenmodell von eBay ist dies jedoch nur begrenzt möglich.

Preisbildung bei eBay

eBay setzt in der Preisbildung einen zweiteiligen Tarif ein, der zum einen aus einem Festpreis für das Einstellen der Auktion besteht. Zusatzleistungen wie eine optische Hervorhebung in den Suchergebnissen, eine exponierte Platzierung der Auktion oder das Einstellen von mehreren Bildern werden dabei mit zusätzlichen Kosten belegt. Durch die Gestaltung des Angebots hat der Verkäufer damit einen direkten Einfluss auf den Preis der Transaktion. Gleichzeitig hängen davon jedoch auch die Erfolgschancen des Angebots ab. So kann sich die Investition in spezielle Auktionsfeatures lohnen, wenn im Gegenzug höhere Gebote in der Auktion erreicht werden.

---

[134] Vgl. Laudon/Traver (2019), S. 81.

[135] Vgl. eBay (2022a), S. 35; eBay (2022b).

[136] Vgl. eBay (2009).

Neben der Auktion haben sich bei eBay weitere Angebotsarten etabliert. So kann die klassische Auktion durch die Sofort-Kaufen-Funktion ergänzt werden, die es dem Käufer ermöglicht, das Produkt zu einem Festpreis zu erwerben, ohne das Angebotsende abzuwarten.

Immer mehr Angebote, insbesondere von gewerblichen Anbietern, werden nicht mehr als Auktionen, sondern ausschließlich zum Sofort-Kauf angeboten. Diese Angebotsart entspricht weitgehend dem klassischen Webshop. Der Anteil dieser sogenannten Fixed Price Tradings am Gesamthandelsvolumen der über eBay gehandelten Waren liegt bei etwa 87 %.[137]

Zur Kaufabwicklung von Auktionen und Sofort-Kauf-Angeboten stehen eBay-Nutzern verschiedene Payment Gateways zur Verfügung. Ein wesentliches System ist PayPal. Sobald der Kaufbetrag von PayPal eingezogen wurde, wird der Verkäufer benachrichtigt und die Ware kann versendet werden.

Er kann so einen zügigen Zahlungseingang realisieren. Der Käufer genießt im Gegenzug bei der Abwicklung eine zusätzliche Sicherheit, da PayPal für einen eventuellen Ausfall der Lieferung haftet. Die Kosten für die Nutzung des Zahlungssystems werden wieder ausschließlich vom Verkäufer getragen.

Auswirkungen des Preismanagements
Durch die verkäuferlastige Preisstruktur für die Nutzung der Plattform konnte eBay eine breite Akzeptanz bei Käufern erreichen. Zusätzliche vertrauensbildende Maßnahmen zwischen Käufern und Verkäufern, wie das interne Bewertungssystem, haben diese noch verstärkt. Damit wurde die Grundlage für den Erfolg dieses digitalen Marktplatzes geschaffen.

Die hohe Anzahl der Nutzer ist das zentrale Argument für die Verwendung von eBay als Verkaufsplattform. Verkäufer akzeptieren die Transaktionskosten aufgrund der erhöhten Präsenz ihrer Angebote, die mit einem klassischen Webshop nur schwer zu erreichen wäre.

17.4 Digital Products und Digital Services

Die Produkt- und Programmpolitik des klassischen Marketing-Mix hat durch moderne Informations- und Kommunikationstechnologie eine digitale Veränderung erfahren. Von dieser digitalen Transformation werden zum Teil auch Dienstleistungen erfasst, die in diesem Kontext als Digital Services behandelt werden.

Im Schrifttum zum Digital Business wird dieser Aspekt jedoch nur unzureichend gewürdigt, da inhaltlich vorrangig auf absatzseitige Aktivitäten abgezielt wird. Es finden sich bezüglich der Produktpolitik häufig nur knappe Darstellungen, bei denen lediglich einzelne Aspekte herausgegriffen und thematisiert werden. Ein Schwerpunkt liegt dabei auf dem Konzept der Mass Customization.

[137] Vgl. eBay (2017).

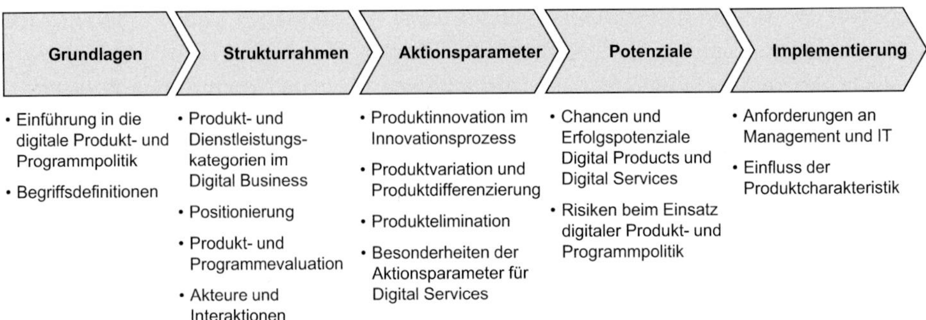

Abb. 17.32 Struktur des Abschnitts

Im Sinne einer integrierten Betrachtung des Marketing-Mix im Digital Business wird die Produkt- und Programmpolitik im Folgenden detailliert dargestellt. Dabei werden zunächst Grundlagen und ein Strukturrahmen erarbeitet, die als Basis für die nachfolgenden Abschnitte zu Aktionsparametern und Potenzialen dienen.

Daran anknüpfend wird die Integration von Digital-Business-spezifischer Produktpolitik im Unternehmen behandelt. Ein Fallbeispiel verdeutlicht abschließend die praktische Relevanz der Produktpolitik im Kontext von Digital Business. Abb. 17.32 gibt einen Überblick über die Struktur des Abschn. 17.4.

17.4.1 Grundlagen von Digital Products und Digital Services

Der Produkt- und Programmpolitik kommt im Rahmen des operativen Marketingmanagements eine zentrale Rolle zu.[138] Dabei umfasst sie alle Entscheidungen, die sich auf die Gestaltung der auf dem Markt angebotenen Leistungen beziehen. Die Produkt- und Programmpolitik betrifft damit alle Entscheidungen des Unternehmens, die einerseits das zu vermarktende Produkt sowie andererseits das Leistungsprogramm betreffen. Hierzu sind beispielsweise die Positionierung oder Einführung neuer Produkte, die Variation oder Differenzierung sowie die Elimination von Produkten zu zählen. Die Produkt- und Programmpolitik kann daher wie folgt definiert werden (vgl. Tab. 17.5).

Bedeutung von Produkt- und Programmpolitik

Hieraus ergibt sich eine erhebliche Bedeutung der Produkt- und Programmpolitik für den Erfolg des Unternehmens am Markt. Änderungen des Produktprogramms haben oftmals nicht nur eine direkte Auswirkung auf die Ertrags- und Vermögenslage einer

[138] Vgl. Meffert et al. (2019), S. 394.

Tab. 17.5 Definition Produkt- und Programmpolitik. (Vgl. Wirtz (2001a), S. 403; Wirtz (2020), S. 674)

Produkt- und Programmpolitik ist die Gesamtheit aller Entscheidungstatbestände, die sich auf marktgerechte Gestaltung der im Absatzmarkt angebotenen Leistungen sowohl auf der Produkt- als auch auf der Programmebene beziehen.

Tab. 17.6 Definition digitale Produkt- und Programmpolitik. (Vgl. Wirtz (2001a), S. 414; Wirtz (2020), S. 675; Wirtz (2021), S. 525)

Die digitale Produkt- und Programmpolitik beinhaltet die Nutzung moderner Informations- und Kommunikationstechnologien, insbesondere des Internet, in allen Phasen der Produkt- und Programmpolitik.

Unternehmung, sondern auch auf alle anderen Unternehmensbereiche. Die Produkt- und Programmpolitik dient der langfristigen Erfolgssicherung des Unternehmens. Dies zeigt insbesondere das hohe Maß, in dem der Wettbewerb über neue Produkte bestritten wird.

Moderne Informations- und Kommunikationstechnologien haben das Potenzial, die Produkt- und Programmpolitik in Unternehmen grundlegend zu beeinflussen. Diese Veränderungen erstrecken sich dabei insbesondere auf die Aktionsparameter der Produkt- und Programmpolitik. Hier ergeben sich vielfältige Möglichkeiten einer Nutzung moderner Technologien zur effizienten Gestaltung der Prozesse. Zudem können durch den Einsatz des Digital Business auch zahlreiche neue, weiterreichende Möglichkeiten im Bereich der Produkt- und Programmpolitik erschlossen werden. Die digitale Produkt- und Programmpolitik wird daher wie folgt definiert (vgl. Tab. 17.6).

17.4.2 Strukturrahmen von Digital Products und Digital Services

Ähnlich der traditionellen Produkt- und Programmpolitik bildet auch die digitale Produkt- und Programmpolitik einen spezifischen Strukturrahmen für Digital Products und Digital Services. Es ist daher zunächst notwendig, auf die Beschaffenheit von Produkten und Dienstleistungen im Digital Business einzugehen und diese zu klassifizieren.

Digital Services haben heute eine besondere Bedeutung erlangt, zu deren Verständnis auf ihre besonderen Eigenschaften im Digital Business einzugehen ist. Während die Positionierung sowie die Evaluation von digitalen Produkten und Services weitgehend dem Vorgehen der klassischen Produkt- und Programmpolitik entspricht, muss der Prozess der Bedürfniskonkretisierung unter dem Einfluss veränderter Rahmenbedingungen betrachtet werden.

17.4.2.1 Produkt- und Dienstleistungskategorien

Die im Rahmen des Digital Business behandelten Produkte und Dienstleistungen lassen sich grundlegend in drei Kategorien einteilen.[139] Es ist zwischen physischen Produkten, Dienstleistungen und digitalen Produkten zu unterscheiden, die ihrerseits weiter aufgegliedert werden können.

Eine trennscharfe Kategorisierung ist in diesem Kontext schwierig, da Produkte und Dienstleistungen in mehreren Erscheinungsformen vorliegen können und die Unterschiede zwischen Service, Produkt und Information im Digital Business oftmals fließend sind. Darüber hinaus sind Kombinationen aus Produkt und Dienstleistung oder digitale Produkte mit physisch greifbarem Element möglich. Abb. 17.33 verdeutlicht die komplexe Struktur im Digital Business handelbarer Produkte und Dienstleistungen.[140]

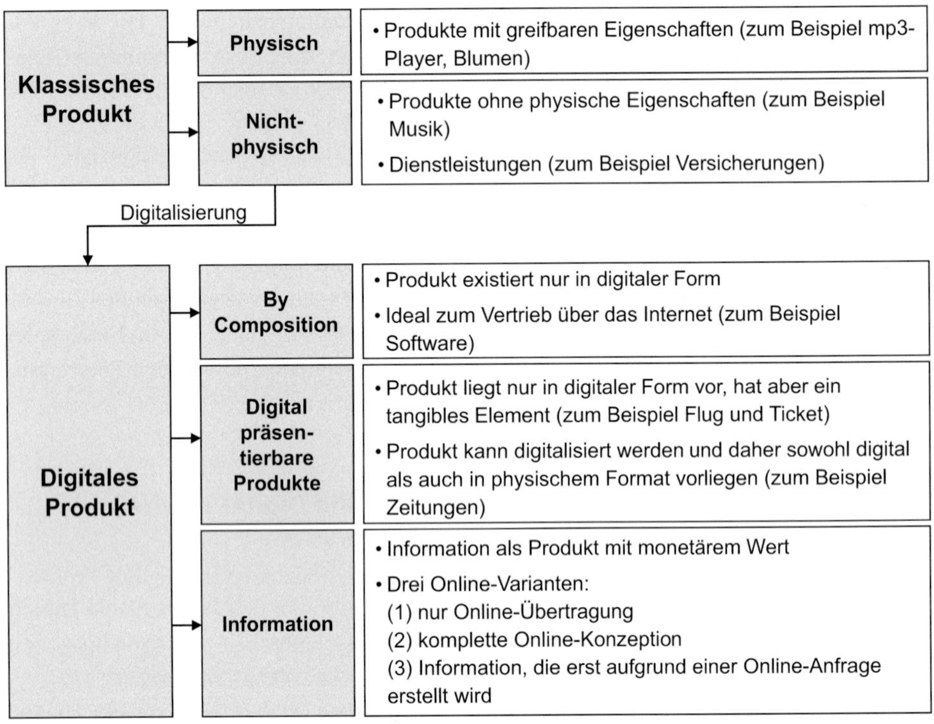

Abb. 17.33 Kategorisierung von Produkten und Dienstleistungen im Digital Business. (Vgl. Wirtz (2010), S. 426; Wirtz (2020), S. 676; Wirtz (2021), S. 525)

[139] Vgl. Gay/Charlesworth/Esen (2007), S. 316 ff.

[140] Inhalte basierend auf Gay/Charlesworth/Esen (2007), S. 316 ff.

Physische/tangible Produkte

Als physische oder tangible Produkte werden solche Produkte verstanden, die über materielle Produkteigenschaften verfügen und somit durch Sinneswahrnehmung erfassbar sind. Solche Produkte müssen aufgrund dieser Eigenschaft immer physisch bereitgestellt werden und sind prinzipiell nicht digitalisierbar, da sie durch die Digitalisierung ihre physischen Produkteigenschaften verlieren.[141]

Dennoch werden diese Produkte sehr erfolgreich über das Internet vertrieben. Im Digital Business sind an solche Produkte meist Value-Added Services, wie zum Beispiel der Produktversand, Garantien oder Online-Support, gebunden. Ein Beispiel für ein erfolgreich digital vertriebenes physisches Produkt ist das iPhone von Apple. Durch den integrierten App Store bietet das iPhone die Möglichkeit, durch App-Downloads einen erheblichen digitalen Zusatznutzen zum rein physischen Produkt Smartphone zu erwerben.

Nicht-physische/intangible Produkte

Als nicht-physische oder intangible Produkte werden solche Produkte verstanden, die keine materielle Erscheinungsform besitzen. Hierzu zählen Produkte wie Musik oder Software. Die Digitalisierung nicht-physischer Produkte ist meist unproblematisch, weshalb sie sich besonders gut für das Digital Business eignet und heute meist in digitaler Form vorliegt.

Darüber hinaus sind hier Dienstleistungen zu nennen, die im Schrifttum zur digitalen Produkt- und Programmpolitik lange vernachlässigt wurden, obwohl insbesondere Digital Services in den letzten Jahren erheblich an Bedeutung gewonnen haben. Als Beispiele für Digital Services können der Online-Vertrieb von Versicherungen und Reisen genannt werden.

Digitale Produkte

Digitale oder digitalisierte Produkte und Dienstleistungen zeichnen sich vor allem dadurch aus, dass sie auf elektronischem Weg übermittelt werden können und sich daher hervorragend für den direkten Vertrieb über das Internet eignen. Hierdurch ist die Umsetzung von Digital Distribution im engeren Sinne realisierbar. Auch bei digitalen Produkten ist eine Differenzierung möglich. Es ist zu unterscheiden, ob das digitale Produkt grundsätzlich nur in digitaler Form vorliegt, wie es bei Software oder auch Musik der Fall ist, oder ob das Produkt sowohl in digitaler als auch physischer Form vorliegen kann, wie es bei einer Zeitung mit einer Online-Ausgabe zutrifft.

[141] Vgl. Choi/Stahl/Whinston (1997), S. 60 f.

Die dritte Erscheinungsform digitaler Produkte ist die Information.[142] Information lässt sich in diesem Kontext danach unterteilen, ob sie zu Offline-Zwecken erstellt wurde und das Internet nur als Übertragungsmedium fungiert oder die Information direkt für die Online-Präsentation und Übertragung konzipiert wurde. Darüber hinaus kann eine Online-Information auch erst aufgrund einer Online-Anfrage erstellt werden. Dies kann dann der Fall sein, wenn das Internet traditionelle Formen der Kommunikation ersetzt, indem beispielsweise eine zu erstellende Information über ein Forum oder per E-Mail angefragt wird.

17.4.2.2 Besonderheiten von Digital Services

Im Digital Business ist eine zunehmende Bedeutung von Serviceleistungen zu konstatieren. Aufgrund der Vielfalt der angebotenen Services sollen diese im Folgenden klassifiziert werden. Dabei bietet sich zunächst eine Unterscheidung zwischen Serviceangeboten, die ein Produkt flankieren (Value-Added Services) und Stand-Alone Services an.[143]

Value-Added Services

Value-Added Services haben in erster Linie eine Differenzierungsfunktion. Durch ein Angebot von Serviceleistungen zusätzlich zur Kernleistung soll eine Differenzierung von Konkurrenzprodukten erreicht werden, um so einen Wettbewerbsvorteil zu realisieren.

Typische Beispiele für Value-Added Services sind Beratungs- und Informationsangebote sowie Schulungen und Weiterbildungen, die im Zusammenhang mit der Kernleistung stehen. Als Stand-Alone Services hingegen sollen primäre Dienstleistungsangebote verstanden werden, also Angebote, die nicht der Ergänzung einer anderen (Kern-)Leistung dienen. Hier bildet der Service selbst die Kernleistung. Beispiele hierfür bieten die Informationsportale Yahoo.com oder Onvista.de, die eine Online-Dienstleistung offerieren, die nicht an bestimmte Produkte gekoppelt ist.

Ein zweites Unterscheidungskriterium setzt an den mit dem Serviceangebot verbundenen Kosten an. Es kann unterschieden werden, ob die Leistung individuell erstellt werden muss und somit variable Kosten verursacht oder ob die Leistung unabhängig von der tatsächlichen Nutzerzahl erstellt werden kann und somit keine beziehungsweise vernachlässigbar geringe variable Kosten anfallen.

Als Beispiel für den ersten Fall können individuelle Schulungsangebote genannt werden, bei denen der Kursleiter mit dem Kunden direkt in Kontakt tritt, beispielsweise per E-Mail oder Videokonferenz. Stellvertretend für den zweiten Fall können wiederum Yahoo.com oder Onvista.de genannt werden. Anhand der genannten Kriterien lässt sich eine Matrix aufspannen, in deren Felder die einzelnen angebotenen Services eingeordnet werden können. Abb. 17.34 stellt diese Matrix dar.

[142] Vgl. Gay/Charlesworth/Esen (2007), S. 319 f.

[143] Vgl. Wirtz/Olderog (2002), S. 518.

	Value-Added Services	Stand-Alone Services
Keine variablen Kosten	• Kursinformationen und Wirtschaftsnews bei Online-Brokern (zum Beispiel Consorsbank.de, Comdirect.de) • FAQs • Trouble Shooting Guides • Standardisierte Newsletter • ...	• Suchmaschinen (zum Beispiel Google.com, Bing.com) • Finanzinformationen (zum Beispiel Onvista.de, Finanzen.net) • Preisvergleiche (zum Beispiel Idealo.de, Billiger.de) • ...
Variable Kosten	• Individuelle Produktschulungen • ...	• Versicherungsvergleiche (zum Beispiel Financescout24.de, Verivox.de) • Produktunabhängige, individuelle Schulungsangebote • ...

Abb. 17.34 Value-Added Services. (Vgl. Wirtz/Olderog (2002), S. 518; Wirtz (2020), S. 678; Wirtz (2021), S. 527)

Eine besondere Bedeutung kommt im Digital Business den Services zu, die keine variablen Kosten verursachen. Zurückzuführen ist dies auf die Tatsache, dass die Zahlungsbereitschaft, zumindest privater Konsumenten, als eher eingeschränkt zu beurteilen ist. Damit kommt eine Umlage der variablen Kosten auf die Konsumenten vielfach nicht in Betracht.

17.4.2.3 Positionierung, Produkt- und Programmevaluation

Ziel einer Positionierungsanalyse ist es, Hinweise darüber zu gewinnen, welche Position die eigenen Produkte in Relation zu den Idealprodukten der Nachfrager einnehmen. Hieraus lassen sich Hinweise ableiten, inwieweit das eigene Produkt- und Leistungsspektrum den Bedürfnissen der Nachfrager entspricht.

Positionierungsanalyse

Ausgangspunkt einer Analyse der Positionierung von Produkten ist die subjektive Wahrnehmung des Produkts in den Augen der Konsumenten. Dabei wird davon ausgegangen, dass die Konsumenten Produkte anhand für sie wichtiger Kriterien bewerten. Die Kaufentscheidung erfolgt dann voraussichtlich für das Produkt, das bezüglich dieser Kriterien am geringsten vom Idealprodukt der Nachfrage abweicht. Eine solche Analyse ist auch im Rahmen des Digital Business notwendig, da sie Informationen generiert, die im Rahmen von Produktinnovationen, -variationen oder -differenzierungen von Bedeutung sind.

So können beispielsweise Mängel im Angebot identifiziert werden. Zudem gibt eine Positionierungsanalyse Hinweise auf Marktlücken, die durch neue Produkte geschlossen werden können. Für die Durchführung einer Positionierungsanalyse stehen verschiedene Verfahren zur Verfügung. Beispielhaft seien an dieser Stelle das Verfahren der Eigenschaftsbeurteilung sowie die multidimensionale Skalierung genannt.[144]

Produkt- und Programmevaluation

Für die Produkt- und Programmevaluation sind insbesondere eine Bewertung von Produkten nach Maßgabe von Käuferurteilen sowie eine Beurteilung des Angebotsprogramms gemäß ökonomischer Kriterien von Wichtigkeit. Die Bedeutung einer Bewertung von Produkten nach Maßgabe von Käuferurteilen folgt dabei unmittelbar aus der Tatsache, dass einem Produkt nur dann Absatzchancen eingeräumt werden können, wenn es dazu geeignet ist, der Befriedigung von Bedürfnissen im weitesten Sinne zu dienen.

Im Rahmen der Programm- und Produktevaluation kommen im Digital Business klassische betriebswirtschaftliche Bewertungsinstrumente zum Einsatz. Dennoch ist durch digitale Instrumente hier vor allem bei großen Datenmengen ein erhebliches Effizienzsteigerungspotenzial gegeben. Insbesondere die Beschaffung und Auswertung relevanter Kennzahlen kann durch das Digital Business effizient unterstützt werden.

Betriebliche Systeme können interne Daten aggregiert bereitstellen und bieten zahlreiche automatisierte Kennzahlenanalysen. Durch einen digitalen Zugriff können zusätzlich externe Daten, zum Beispiel von Marktforschungsinstituten, effizient beschafft und in das eigene System überführt werden. Der Evaluationsprozess kann daher durch den Einsatz von Digital-Business-Instrumenten erheblich vereinfacht und zum Teil automatisiert erfolgen.[145]

17.4.3 Aktionsparameter

Den Kernaspekt der Produkt- und Programmpolitik bilden Entscheidungen bezüglich der Einführung neuer Produkte (Produktinnovationen), die Variation und Pflege bereits am Markt befindlicher Produkte (Produktvariation), die segmentspezifische Ergänzung bereits eingeführter Produkte (Produktdifferenzierung) und die Herausnahme ökonomisch nicht mehr tragfähiger Produkte aus dem Produktprogramm (Produktelimination).

Daneben bildet auch die Verpackungsgestaltung einen wesentlichen Aktionsparameter der Produkt- und Programmpolitik. Auch wenn der prinzipielle Aktionsrahmen gleich geblieben ist, haben sich die einzelnen Aktionsparameter der Produkt- und Programmpolitik durch das Digital Business zum Teil erheblich verändert.

[144] Vgl. Meffert et al. (2019), S. 424 f.

[145] Vgl. Papazoglou/Ribbers (2006), S. 259.

Effizienzsteigerung durch Digital Business

Die Aktionsparameter der digitalen Produkt- und Programmpolitik unterscheiden sich von denen der traditionellen Produkt- und Programmpolitik insbesondere dadurch, dass sich viele Prozesse durch den Einsatz moderner Informations- und Kommunikationstechnologien deutlich effizienter abwickeln lassen. Zurückzuführen ist dies insbesondere auf die verbesserte Verfügbarkeit und Verarbeitung von Informationen. Gerade in der Produkt- und Programmpolitik ist hierin ein großer Vorteil zu sehen, da viele Entscheidungen in diesem Bereich vielfältige und komplexe Informationen voraussetzen.

Im Folgenden werden die Aktionsparameter beschrieben. Abb. 17.35 stellt die vier wichtigsten Aktionsparameter der Produkt- und Programmpolitik dar.

17.4.3.1 Produktinnovation

Als Produktinnovationen werden jene Änderungsprozesse im Unternehmen bezeichnet, die zur Entwicklung neuer Produkte führen. Aufgrund zunehmender Sättigungserscheinungen und Konkurrenz kommt der Produktinnovation im Rahmen der Produkt- und Programmpolitik besonders im Digital Business eine herausragende Bedeutung zu.

Innovationen sind vor diesem Hintergrund eine notwendige Bedingung für den Erfolg und das Wachstum eines Unternehmens. Aber auch aus gesamtwirtschaftlicher Sicht nimmt die Innovationstätigkeit von Unternehmen eine wichtige Rolle ein, da Innovationen als Träger des Wirtschaftswachstums gelten.

Produktinnovation	Produktvariation	Produktdifferenzierung	Produktelimination
• Entwicklung neuer Produkte • Marktneuheit: Prinzipiell neue Problemlösung • Betriebsneuheit: Erstmalige Nutzung einer technischen Neuerung, die bereits am Markt verfügbar ist • Prozess der Produktinnovation verläuft in mehreren aufeinanderfolgenden Phasen	• Beibehaltung eines Produkts in seiner Grundkonzeption • Ersatz einer vorherigen Version durch ein modifiziertes Produkt • Anpassung von Produkten an sich wandelnde Konsumentenbedürfnisse	• Beibehaltung eines Produkts in seiner Grundkonzeption • Ergänzung der Produktpalette mit modifizierten Produkten • Anpassung von Produkten an die spezifischen Anforderungen unterschiedlicher Zielgruppen	• Herausnahme von Produkten aus dem Angebotsprogramm • Allokation knapper Ressourcen auf erfolgreiche Produkte

Abb. 17.35 Aktionsparameter der Produkt- und Programmpolitik. (Vgl. Wirtz (2010), S. 432; Wirtz (2020), S. 681; Wirtz (2021), S. 528)

Innovationsdimensionen

Zur Einteilung einer Produktinnovation können vier Neuheitsdimensionen herangezogen werden, die Subjekt-, Intensitäts-, Zeit- und Raumdimension. In diesem Kontext soll insbesondere die Subjektdimension näher erläutert werden.[146] Im Rahmen der Subjektdimension ist zwischen Marktneuheiten und Betriebsneuheiten zu unterscheiden. Marktneuheiten sind prinzipiell neue Problemlösungen, die eine Aufgabe auf eine völlig neue Weise bewältigen oder ein Bedürfnis befriedigen, für das es bisher noch kein Konzept gab.

Als Betriebsneuheiten werden hingegen Innovationen bezeichnet, in deren Rahmen ein Unternehmen eine technische Neuerung erstmals nutzt, unabhängig davon, ob andere Unternehmen diese bereits nutzen oder nicht. Dabei erfolgt zumeist eine geringfügige Modifikation der Produkte, beispielsweise in ihrer äußeren Gestaltung oder in einer verbesserten Funktionserfüllung.

Bei der Darstellung der Produktinnovation im Rahmen der digitalen Produkt- und Programmpolitik ist zwischen Produkten und Services, deren Entwicklung prinzipiell auch ohne das Digital Business denkbar wäre, und solchen Produkten und Services, deren Entwicklung erst durch das Internet angestoßen wird, zu unterscheiden.

Im ersten Fall bildet das Digital Business weder die Voraussetzung noch den Anlass für die Innovation. Gleichwohl ist der Einsatz moderner Informations- und Kommunikationstechnologien im Innovationsprozess auch hier vorteilhaft. Insbesondere wird dadurch eine effizientere Gestaltung des Prozesses ermöglicht. Der im Folgenden dargestellte Innovationsprozess lehnt sich dabei stark an den klassischen Innovationsprozess an. Jedoch bestehen auf den einzelnen Stufen des Prozesses zahlreiche Möglichkeiten zum Einsatz von Digital-Business-Instrumenten.

Unterstützungspotenzial von Digital-Business-Instrumenten im Innovationsprozess

Der Prozess der Produktinnovation in Unternehmen lässt sich in aufeinanderfolgende Phasen unterteilen.[147] Eine erste Phase dient der Ideenfindung und -selektion. Hierauf aufbauend werden Produktkonzeptionen beziehungsweise Prototypen entwickelt. Nach einer Testphase können die Produkte schließlich eingeführt werden. Die vier Phasen des Innovationsprozesses sowie ausgewählte Instrumente innerhalb der Phasen sind in Abb. 17.36 dargestellt.

Ideenfindung und -selektion

Für die Ideenfindung stehen Unternehmen grundsätzlich verschiedene Quellen offen, die nach internen und externen Quellen unterschieden werden können. Entsteht die Idee aus dem Unternehmen heraus, also durch Mitarbeiter des Unternehmens, liegt eine interne Quelle vor. Als interne Quellen für die Generierung von Ideen sind insbesondere eigene Forschungs- und Entwicklungsabteilungen, die Produktionsabteilung, Marketing und Vertrieb zu nennen.

---

[146] Vgl. Meffert et al. (2019), S. 406 ff.

[147] Vgl. Meffert et al. (2019), S. 408 f.

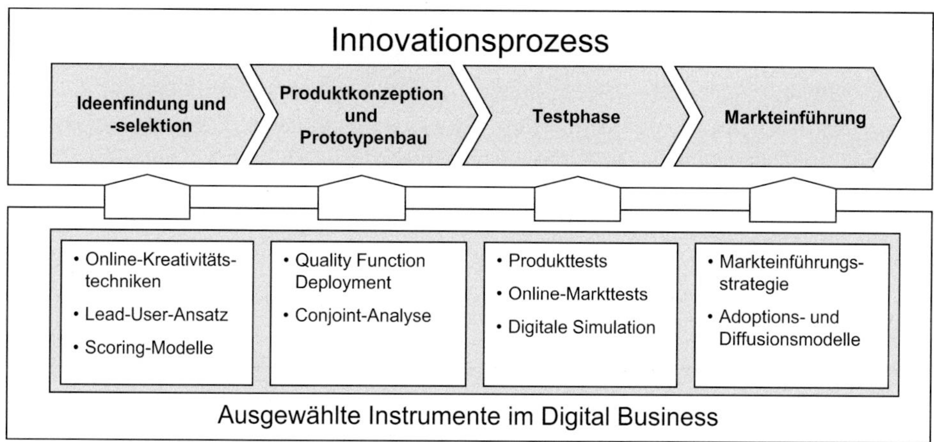

Abb. 17.36 Phasen des Innovationsprozesses. (Vgl. Wirtz (2010), S. 433; Wirtz (2020), S. 683)

Hierbei kommen alle Mitarbeiter des Unternehmens als Ideenquelle in Betracht, auch wenn sie nicht direkt mit deren Generierung betraut sind. Eine Möglichkeit zur Einbindung möglichst vieler Mitarbeiter ist in diesem Kontext das betriebliche Vorschlagswesen. Als externe Quellen sind beispielsweise Beratungsunternehmen, Forschungsinstitute, Erfinder oder Warentestinstitute zu nennen.

Eine besondere Bedeutung bei der Generierung von Neuproduktideen im Digital Business kommt den Kunden zu. Durch das Internet ergeben sich zahlreiche Möglichkeiten zu einer kostengünstigen Interaktion und Kommunikation mit den Kunden, infolgedessen die Beschaffung von Lösungsinformationen im Digital Business deutlich kostengünstiger realisiert werden kann.[148] Beispielhaft können hier E-Mail-basierte Feedback-Systeme, vom Unternehmen initiierte Diskussionsforen und verstärkt auch Social-Media-Communities sowie Messenger-Dienste angeführt werden.

Lead-User-Ansatz

Doch nicht alle Kunden eignen sich hierbei gleichermaßen für die Einbindung in den Prozess der Ideengenerierung. Je nach Branche sind 10–40 % der Kunden an aktiver Mitarbeit in den Prozessen der Produktentstehung und Weiterentwicklung interessiert und lassen sich daher vom Unternehmen in diese Prozesse einbinden.[149] Diese Kunden werden im Schrifttum als Lead User bezeichnet.

Digital-Business-Instrumente haben im Rahmen der Generierung von Neuproduktideen ein erhebliches Unterstützungspotenzial. Durch die konsequente Anwendung digitaler Instrumente können sowohl Effizienzsteigerungen als auch Kostenvorteile erreicht werden. Hervorzuheben sind die erheblich reduzierten Transaktionskosten.

[148] Vgl. Wirtz (1995b), S. 46 ff.

[149] Vgl. Reichwald/Piller (2009), S. 127 ff.

Zudem bietet das Internet den Zugriff auf eine Vielzahl von Informationen, die vorher entweder nicht verfügbar waren oder deren Beschaffung mit unverhältnismäßig hohen Kosten verbunden gewesen wäre. Besonders hervorzuheben ist das Potenzial, die verschiedenen internen und externen Quellen besser zu koordinieren. Insbesondere die Anwendung von Kreativitäts- und Gruppentechniken werden durch Digital-Business-Instrumente unterstützt.

Kreativitätstechniken

Kreativitätstechniken können im Digital Business auf der Gruppenebene zur Anwendung gelangen, ohne dass die Gruppenmitglieder tatsächlich physisch zusammenkommen.[150] Zudem ist es nicht mehr zwingend erforderlich, dass sich die Gruppenmitglieder zeitgleich an der Ideengenerierung beteiligen. Gruppenkreativitätstechniken, wie beispielsweise die Delphi-Methode, lassen sich effektiv auch über E-Mail beziehungsweise über spezielle, internetbasierte Applikationen durchführen.

Durch die so erreichte Unabhängigkeit von Ort und Zeit ergibt sich die Möglichkeit einer effizienten Anwendung von Gruppenkreativitätstechniken. Hierzu gehört einerseits, dass eventuelle Reisekosten minimiert beziehungsweise vermieden werden sowie andererseits, dass die gewohnten Arbeitsabläufe aufgrund der zeitlichen Unabhängigkeit möglichst wenig gestört werden. Abb. 17.37 zeigt das Beispiel einer Software zum Erstellen und Verwalten digitaler Mind Maps.

Ideenauswahl mit Digital-Business-Instrumenten

An die Ideengenerierung schließt unmittelbar die Bewertung und Selektion der gewonnenen Ideen an. Die Vorauswahl von Produktideen, das sogenannte Screening, dient dazu, nicht erfolgversprechende Ideen frühzeitig auszusondern. Bei der Bewertung und Selektion von Neuproduktideen wird eine Vielzahl von Daten benötigt, deren Beschaffung mithilfe des Internets deutlich kostengünstiger als auf konventionellen Wegen erfolgen kann.

Ebenso setzt die Analyse potenzieller Marktleistungen anhand ihrer Wirtschaftlichkeit vielfältige Informationen voraus. Um diese zuverlässig abzuschätzen, ist eine Vielzahl unterschiedlicher Einflussfaktoren zu berücksichtigen. In diesem Zusammenhang kann durch das Internet die Informationsbeschaffung erheblich vereinfacht werden.

Produktkonzeption und Prototypenbau

Die aus der Bewertung und Analyse der Neuproduktideen hervorgehenden Produktkonzepte müssen, bevor sie am Markt eingeführt werden können, technisch entwickelt und einer Reihe von Tests unterzogen werden. Die klassische Gewinnung von Daten zur Produktkonzeption (zum Beispiel Quality Function Deployment, Conjoint-Analyse) war jedoch stets mit einem hohen Aufwand verbunden, da hierfür eine Vielzahl (potenzieller) Kunden befragt werden mussten.

[150] Vgl. Wirtz/Storm/Ullrich (2008), S. 367.

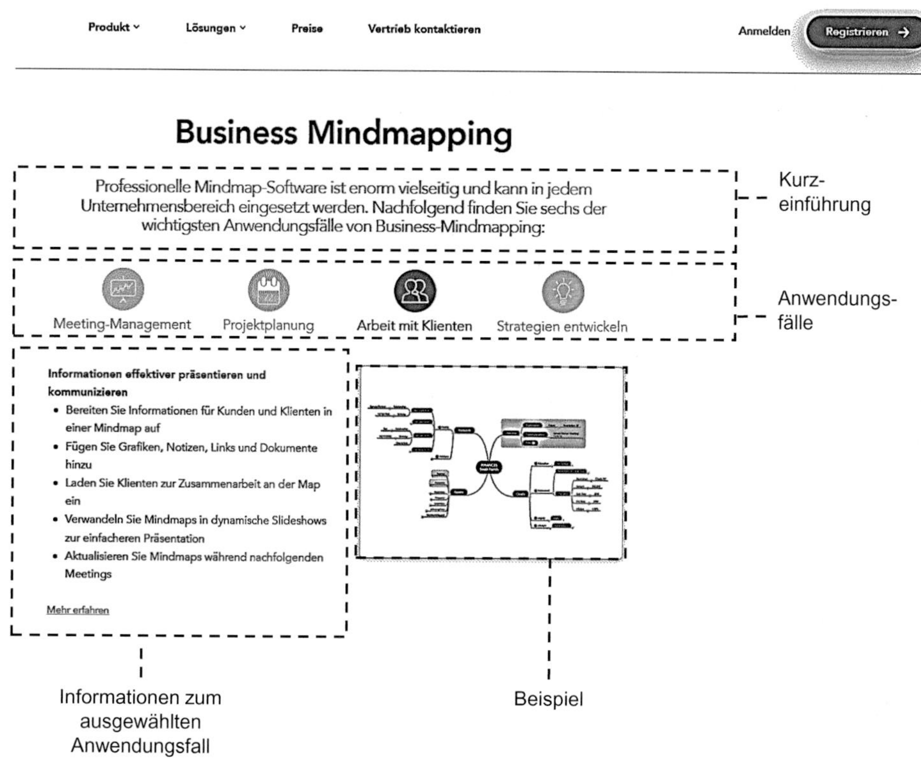

Abb. 17.37 Kreativitätstechniken im Digital Business. (In Anlehnung an Mindmeister (2023))

Diese Verfahren können nun digital leichter realisiert und dadurch erhebliche Effizienzsteigerungspotenziale generiert werden. Hierzu werden beispielsweise in einem geschützten Bereich der Unternehmenswebseite den Probanden die Produktalternativen digital präsentiert.

Testphase

Die Testphase hat das Ziel, Informationen über die Akzeptanz des Neuprodukts bei Konsumenten und Absatzmittlern zu ermitteln.[151] Auch in der Testphase kann der Einsatz von Digital-Business-Instrumenten zu deutlichen Kostenreduktionen führen. Hier ist insbesondere der Einsatz digitaler Testverfahren in den Fokus gerückt. Damit steht in Form von computersimulierten, über das Internet durchgeführten Testverfahren eine kostengünstige und zugleich umfassende Testmöglichkeit zur Verfügung.

[151] Vgl. Meffert et al. (2019), S. 436.

Markteinführung
Wird die Testphase erfolgreich abgeschlossen, kann das neue Produkt in den Markt eingeführt werden. Insbesondere festzulegen sind die Markteinführungsstrategie sowie der Markteinführungszeitpunkt. Hierbei kann auf Erkenntnisse der Diffusionsforschung zurückgegriffen werden.[152] Diese beschäftigt sich mit der Adoption von Neuerungen in sozialen Systemen.

Daher ist sie in der Lage, wertvolle Hinweise für den Einsatz von Marketingstrategien im Rahmen der Produkteinführung zu liefern. Zudem ergeben sich auch Anhaltspunkte für das Timing der Markteinführung sowie die Art der Werbe- und Verkaufsstrategie.

Das Digital Business als Innovationstreiber
Neben den dem Digital Business inhärenten Möglichkeiten zu einer Effizienzsteigerung im Produktinnovationsprozess ist das Digital Business auch der Auslöser zahlreicher Innovationen. Die Entwicklung vieler Produkte und Dienstleistungen kann direkt auf das Digital Business zurückgeführt werden, da erst hierdurch ein Bedarf an solchen Produkten und Dienstleistungen ausgelöst wird und dessen Befriedigung nur mit innovativen Produkten möglich ist.

Digital-Product-Innovationen
Es gibt zahlreiche Beispiele für Innovationen, deren Auslöser im Digital Business zu finden sind. Ein klassisches Beispiel ist das iPhone von Apple. Eingeführt im Jahr 2007 wurden inzwischen 33 verschiedene Modelle eingeführt, die neusten Modelle der Reihe stellen das iPhone 15, das iPhone 15 Plus, das iPhone 15 Pro sowie das iPhone 15 Pro Max dar.

Mit jeder neuen Version stieg nicht nur der Leistungsumfang von Hardware und Software des iPhones, auch das Design und die Funktionalitäten wurden nachhaltig verbessert. Diese Produktinnovation ist in jeder Version durch erhebliche Preisaufschläge für die nächste Generation von iPhones gezeichnet gewesen. Das iPhone ist inzwischen das meistverkaufte Premium-Smartphone weltweit.

Digital-Service-Innovationen
Schließlich besteht im Internet auch im Dienstleistungsbereich Raum für innovative Angebote. Durch die flächendeckende Verbreitung des Internets entstand zunehmend ein Bedarf an solchen Leistungen. Zudem bietet das Internet oftmals auch erst die Möglichkeit zum Angebot solcher Leistungen. Beispiele für bereits erfolgte Innovationen in diesem Bereich sind Suchmaschinen oder Software-Agenten.

Ein aktuelles Beispiel stellt die Einbindung des AI-Sprachmodells ChatGPT in die Suchmaschine Bing dar. Der bekannte Leistungsumfang der Suchmaschine wird durch die Integration einer technologischen Neuerung, in diesem Fall eines Chatbots mit Künstlicher-Intelligenz-Technologie, erheblich erweitert und hebt sich dadurch von den Leistungsangeboten der Konkurrenz ab.

[152] Vgl. Meffert et al. (2019), S. 445 ff.

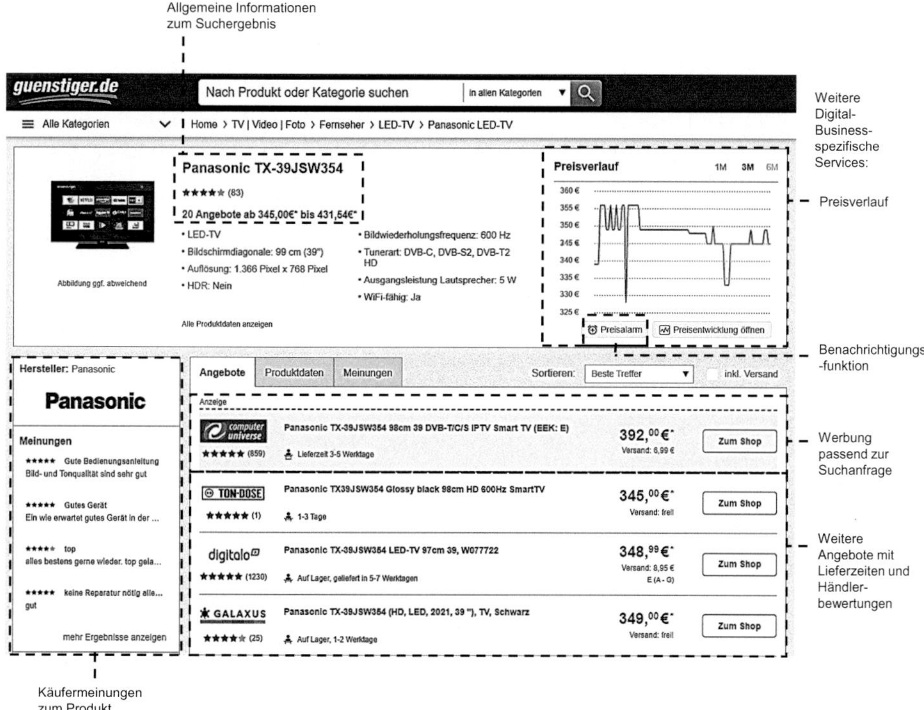

Abb. 17.38 Digital-Business-initiierte Serviceinnovationen. (In Anlehnung an Guenstiger.de (2023))

Ein weiteres Beispiel für einen solchen Digital Service sind Preissuchmaschinen, die es ermöglichen, in Online-Shops nach dem günstigsten Preis für ein Produkt oder eine Dienstleistung zu suchen. Erst die große Menge an Angeboten im Internet und die leichte maschinelle Auswertung dieser digitalen Daten ermöglichte den Service Preisvergleich.

Dabei stellt die Aggregation der großen Informationsmenge den Core Value für die Kunden dar. Heute ergänzen in der Regel weitere innovative Services wie Shopping-Agenten oder Preisalarme das Serviceprogramm einer Preissuchmaschine. Abb. 17.38 zeigt die typische Ergebnisseite, die nach einer Preisanfrage von der Preissuchmaschine erstellt wird.

Zusammenfassend kann konstatiert werden, dass durch das Digital Business sich einerseits der Innovationsprozess dergestalt verändert, dass sich in allen Phasen digitalbasierte Effizienzvorteile realisieren lassen. Andererseits bieten sich durch das Digital Business auch zahlreiche Innovationspotenziale, da durch die Verbreitung moderner Informations- und Kommunikationstechnologien, insbesondere des Internets, neue Bedürfnisse entstehen, die nur durch innovative Produkte und Dienstleistungen befriedigt werden können.

Open Innovation

Eine neue Art der Innovation im Digital Business ergibt sich durch die veränderten Interaktionsmöglichkeiten innerhalb und zwischen Unternehmen und (potenziellen) Kundengruppen. Diese neue Art der Innovation, bei der Unternehmen und Kunden beziehungsweise Nutzer Innovationen gemeinschaftlich generieren, wird als Open Innovation bezeichnet.[153]

Während sich der klassische Innovationsprozess weitgehend innerhalb des Unternehmens abspielt, erfolgt in der Open Innovation eine Integration der Kunden auf allen Stufen des Innovationsprozesses. Hier ist von einem offenen Prozess zu sprechen, der auf allen Stufen auch außerhalb der Unternehmensgrenzen ablaufen kann.

Open Innovation bedeutet daher die Abkehr vom Innovationsprozess im klassischen Sinne. Der Kunde nimmt, im Gegensatz zu Voice-of-the-Customer-Ansätzen, eine aktive Rolle im Innovationsprozess ein.[154] Während die grundsätzliche, konzeptionelle Ausgestaltung von Open Innovation sowie deren unterschiedliche Ausprägungen bereits in Kap. 15 ausführlich dargestellt und erläutert wurden, so birgt der Themenbereich der Open Innovation darüber hinaus dezidierte Chancen und Risiken in Bezug auf die Gestaltung von Produktinnovationen.

Potenziale von Open Innovation

Die Auslagerung des Innovationsprozesses oder einzelner Phasen schafft für Unternehmen beispielsweise viele zusätzliche Chancen. Involvierte externe Akteure können hierdurch zum Beispiel besondere Kompetenzen und lokales Wissen in den Prozess einbringen. Hierbei spielen Lead User eine übergeordnete Rolle. Durch die Nutzbarmachung des lokalen Wissens über Marktbedürfnisse und die Kenntnis entsprechender Lösungen von Lead Usern weist die Open Innovation ein erhebliches Potenzial zur Risikominimierung auf.[155]

Besonders das Risiko eines späten Scheiterns einer Innovation lässt sich durch Kundenintegration im Sinne der Open Innovation effektiv minimieren. Durch die Teilnahme relevanter Kundengruppen wird für eine hohe Absatzsicherheit und damit für einen Markterfolg der Innovation Sorge getragen. Zudem lässt sich durch die enge Zusammenarbeit von Kunden und Unternehmen eine sehr starke Kundenbindung realisieren.

Erst das Digital Business und die moderne Informations- und Kommunikationstechnologie machten den offenen Innovationsprozess in seiner heutigen Form möglich, da sie den Austausch von Unternehmen und Kunden sowie Kunden untereinander effektiver und effizienter gewährleistet. Die Bereitstellung einer effizienten Lösung zur Koordination, zum Beispiel in Form einer Internetplattform, ist daher erfolgskritisch für die Open Innovation.

Darüber hinaus ist die Open Innovation heute maßgeblich von Netzwerk- und Community-Gedanken geprägt. Neben einzelnen Akteuren können auch Netzwerke in den Innovationsprozess integriert werden, was sich zum Beispiel in der Phase der Ideenfindung durch einen breiten Input kollektiven Wissens auszeichnet.[156] Die Etablierung einer akti-

[153] Vgl. Reichwald/Piller (2009), S. 115 ff.; Nitzsche/Wirtz/Göttel (2016), S. 1 ff.

[154] Vgl. Reichwald/Piller (2009), S. 127.

[155] Vgl. Reichwald/Piller (2009), S. 8.

[156] Vgl. Chesbrough (2003), S. 63 ff.

ven Online-Community ist daher nicht nur zu Kundenbindungszwecken sinnvoll, sondern kann auch dabei unterstützen, Lead User Online zu identifizieren und Lösungsinformationen aus der Community zu gewinnen.

Die Open Innovation birgt aber auch Risiken für das Unternehmen. Kunden bevorzugen auch in einer interaktiven Umgebung den einfachen Weg zum Produkt. Je näher das Unternehmen den Kunden an seinen Innovationsprozess heranführt, desto größer wird auch der Betreuungs- und Koordinierungsaufwand. Das Unternehmen muss daher sehr genau abwägen, wie intensiv es den Kunden an seinem Innovationsprozess teilhaben lassen möchte.

Zudem eignen sich nicht alle Produkte gleichermaßen für die Open Innovation. Je komplexer das Produkt, desto schwieriger ist es, Kunden in den Innovationsprozess zu integrieren, da hier oft tiefgreifendes technisches Wissen erforderlich ist. Open Innovation kann daher nicht die bewährten Praktiken im Innovationsmanagement ersetzen, sondern stellt eine Ergänzung zu diesen dar.

Als Beispiel für die erfolgreiche Einbeziehung der Kunden in den Innovationsprozess mithilfe des Digital Business kann der amerikanische Speiseeisfabrikant Ben & Jerry's herangezogen werden. Das Unternehmen generiert Neuproduktideen unter anderem in enger Zusammenarbeit mit seinen Kunden und Kooperationspartnern. Über die Firmenhomepage werden Kunden dazu angeregt, eigene Eiskreationen zu entwerfen und die anderen Eiskreationen zu bewerten.[157] In Zusammenarbeit mit der F&E-Abteilung wurden so Ideen geschaffen, die sich später als Produkte erfolgreich am Markt durchsetzen konnten.

Das erfolgreiche System zur Einbindung der Kunden in den Innovationsprozess wurde von Ben & Jerry's stetig weiterentwickelt und durch neue Digital-Business-Funktionalitäten wie die Online-Zusammenstellung von Eissorten und die Einbettung von Videos ergänzt. Das Gewinnereis eines Wettbewerbs von Eiskreationen mit dem Namen „Almond Delight" wurde beispielsweise von einer US-Amerikanischen Kundin entworfen und als neue Sorte in das Produktprogramm aufgenommen und global vertrieben.

17.4.3.2 Produktvariation und -differenzierung

Mit den Begriffen Produktvariation und Produktdifferenzierung werden zwei ähnliche Aktionsparameter der Produkt- und Programmpolitik bezeichnet. Wesentliches Kennzeichen sowohl der Produktvariation als auch der Produktdifferenzierung ist es, dass das Produkt in seiner Grundkonzeption beibehalten wird.

Die Veränderungen können sowohl an bestimmten Eigenschaften des Produkts selbst (beispielsweise ästhetische, physikalische oder funktionale Eigenschaften) als auch an Zusatzleistungen beziehungsweise Value-Added Services ansetzen.[158] Insbesondere solche Zusatzleistungen spielen im Rahmen des Digital Business eine entscheidende Rolle.

[157] Vgl. Ben & Jerry's (2020); Ben & Jerry's (2023).

[158] Vgl. Meffert et al. (2019), S. 458 ff.

Unterscheidung Produktvariation und Produktdifferenzierung
Die Produktdifferenzierung unterscheidet sich von der Produktvariation dadurch, dass modifizierte Produkte die Produktpalette des Unternehmens ergänzen, das heißt es werden zusätzliche Ableger bestehender Produkte geschaffen, wohingegen bei der Produktvariation die Zahl der Produkte gleichbleibt.

Ziel dabei ist es, den spezifischen Anforderungen unterschiedlicher Zielgruppen am Markt zu entsprechen. Auch eine Produktdifferenzierung kann sowohl an bestimmten Produkteigenschaften als auch an den Value-Added Services ansetzen, sodass grundsätzlich ähnliche Möglichkeiten wie im Bereich der Produktvariation bestehen.

Die Prozesse der Produktvariation und Produktdifferenzierung ähneln dem Prozess der Produktinnovation. Ebenso wie bei der Produktinnovation kommt auch bei der Produktvariation beziehungsweise Produktdifferenzierung der Gewinnung und Bewertung von Ideen eine herausragende Bedeutung zu.

Allerdings ist die Entscheidungskomplexität hier deutlich geringer, sodass ein wesentlich geringerer Informationsbedarf vorliegt. Abb. 17.39 stellt die beiden grundlegenden Aktionsparameter im Management bereits am Markt etablierter Produkte dar und zeigt auf, welche Ansatzpunkte für Produktvariation und -differenzierung zur Verfügung stehen.[159]

Ebenso wie im Rahmen der Produktinnovation beinhaltet das Internet im Rahmen der Produktvariation beziehungsweise -differenzierung Möglichkeiten zur Effizienzsteigerung. So lässt sich auch in diesem Zusammenhang das Internet effektiv bei der

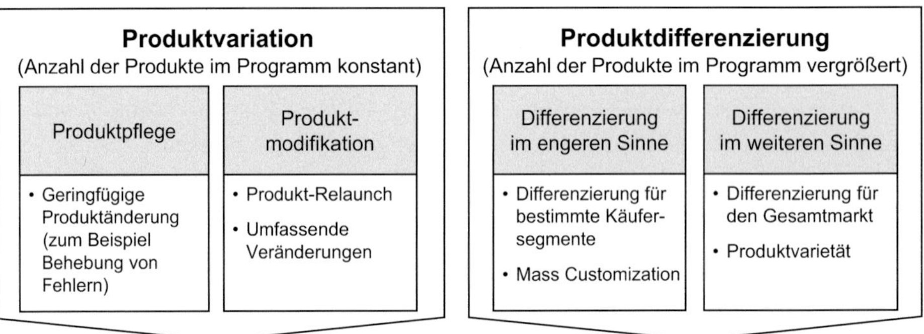

Abb. 17.39 Ansatzpunkte für Produktvariation und Produktdifferenzierung. (Vgl. Wirtz (2010), S. 444; Wirtz (2020), S. 692)

[159] Inhalte basierend auf Meffert et al. (2019), S. 458.

Ideengenerierung und -evaluation nutzen. Zudem lassen sich die benötigten Daten bezüglich Kundenanforderungen und Kundenerwartungen kostengünstig über das Internet gewinnen.

Neben der effizienten Gestaltung der Prozesse in der Produktvariation und -Differenzierung bietet das Digital Business auch die Möglichkeit, bestehenden Produkten neuartige Value-Added Services hinzuzufügen. Somit wird im Digital Business eine umfassende, an den Zusatzleistungen ansetzende Produktvariation beziehungsweise -differenzierung möglich.

Variation von Informationsprodukten

Im Fall von Informationsprodukten ergeben sich spezielle Formen der Produktvariation, die zum Teil erst durch das Digital Business möglich geworden sind. Es ist hierbei zu unterscheiden, ob die Variation nur in zeitlicher oder auch in sachlicher Hinsicht erfolgt.

Während eine zeitliche Variation von Informationsprodukten, die als Windowing bezeichnet wird, prinzipiell auch ohne moderne Informationstechnologie möglich ist, wurde die sachliche Veränderung mittels Versioning erst durch das Digital Business effizient ermöglicht.

Windowing

Eine Variation der Informationsprodukte war meist nur in zeitlicher Hinsicht in Form des Windowing möglich. Das klassische Beispiel hierfür ist die Verwertungskette von Spielfilmen, die nach ihrer Kinoverwertung auch über DVD, Pay-TV und Free-TV ausgestrahlt werden.

Das Digital Business bietet auch beim Windowing ein großes Unterstützungspotenzial, zum Beispiel durch effizientere Koordination und Vermeidung von Medienbrüchen, jedoch hat sich dessen Prinzip nicht grundlegend verändert. Allerdings konnten zusätzlich zu den klassischen Verwertungskanälen auf fast allen Verwertungsstufen neue Vertriebsmöglichkeiten durch das Internet erschlossen werden.

Versioning

Im Digital Business ist aufgrund der Digitalität der Leistung eine Differenzierung auch in sachlicher Hinsicht effizient möglich. Durch das als Versioning bezeichnete Vorgehen wird ein digitales Produkt in verschiedenen Varianten für verschiedene Zielgruppen offeriert.[160]

Das Vorgehen hierbei ist ähnlich dem Vorgehen bei einer Produktdifferenzierung bei physischen Produkten. Zunächst sind die Produkteigenschaften zu identifizieren, die bezüglich ihrer Nutzenstiftung von den Konsumenten stark unterschiedlich eingestuft werden. An diesen Eigenschaften setzt das Versioning an, indem verschiedene Abstufungen der Eigenschaften eingeführt werden.

[160] Vgl. Shapiro/Varian (1999), S. 54.; Laudon/Traver (2019), S. 387.

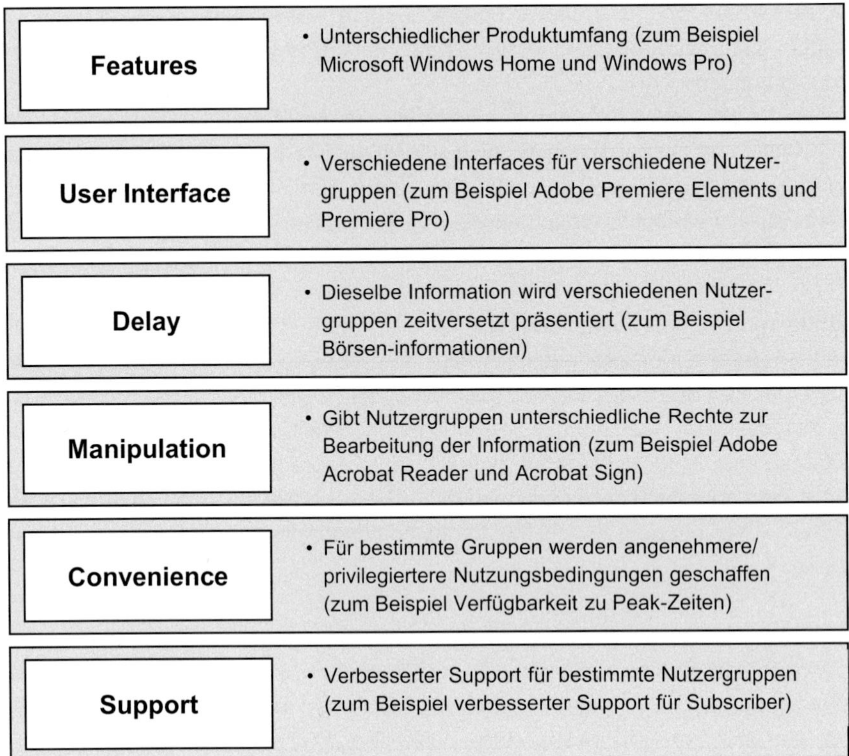

Abb. 17.40 Ausgewählte Versioning-Möglichkeiten digitaler Produkte. (Vgl. Wirtz (2010), S. 446; Wirtz (2020), S. 694; Wirtz (2021), S. 533)

Zumeist wird dabei zunächst ein Premium-Produkt erstellt, von dem Produkte für den Massenmarkt abgeleitet werden. Insgesamt ergeben sich für digitale Produkte durch Versioning zahlreiche Variationsmöglichkeiten, von denen einige in Abb. 17.40 dargestellt sind.[161]

Mass Customization

Eine besondere Form der Produktdifferenzierung stellt Mass Customization dar. Ziel hierbei ist die Produktion von Produkten und Services für den Massenmarkt, die den Bedürfnissen jedes einzelnen Konsumenten entsprechen.[162] Die Kosten sollen dabei nicht wesentlich höher sein als bei einer massenhaften Fertigung eines zugrunde liegenden Standardprodukts.

Da die Produkte entsprechend der Präferenzen der einzelnen Konsumenten erstellt werden, ergibt sich durch Individualisierung eine erhöhte Attraktivität der Produkte. Ein individualisiertes Produkt besitzt für den Konsumenten einen erhöhten Nutzen.

---

[161] Inhalte basierend auf Shapiro/Varian (1999), S. 53 ff.

[162] Vgl. Wehrli/Wirtz (1997), S. 123.

Hohe Komplexität durch Mass Customization

Zunächst scheinen mit dem Einsatz der Mass Customization steigende Kosten verbunden zu sein. Insbesondere ergibt sich aus einer hohen Vielzahl von Produktvarianten eine hohe Komplexität. Die hierdurch erforderliche hohe Flexibilität der Fertigungskonzepte führt weiter zu einer erhöhten Komplexität des Fertigungssystems.

Durch die höhere Zahl an Varianten kann auch die Anzahl der in der Produktion verwendeten Inputfaktoren stark ansteigen, sodass es auch hier zu einer höheren Komplexität kommt. Schließlich erhöht sich die Komplexität auch dadurch, dass eine intensive Interaktion mit dem Kunden Grundlage der Mass Customization ist und somit eine Vielzahl von Abstimmungsprozessen erforderlich wird.

Komplexitätsbewältigung durch Digital-Business-Instrumente

Insbesondere durch das Digital Business und den Einsatz moderner Informations- und Kommunikationstechnologien können die genannten Komplexitätsprobleme bewältigt werden.[163] Damit wird der effiziente Einsatz der Mass Customization erst durch das Digital Business ermöglicht.

Beispielsweise ermöglichen komplexe Produktionsplanungs- und -steuerungssysteme, computerintegrierte Fertigungsverfahren (CIM), computerunterstütztes Design (CAD) und Just-in-Time-Konzepte (JIT) kleinere Losgrößen, kürzere Rüst- und Durchlaufzeiten sowie flexiblere und schnellere Reaktionsmöglichkeiten auf individuelle Kundenwünsche ohne maßgebliche Kostensteigerungen.

Aufbauend auf einer weitgehend standardisierten Basisproduktion werden die Produktbestandteile erst in den letzten Fertigungsschritten kundenspezifisch kombiniert. Diese weitgehend standardisierte Fertigung von Basisproduktbestandteilen, die in großen Mengen produziert werden, führt zu niedrigen Stückkosten aufgrund von Economies-of-Scale.

Economies of Integration

Das simultane Auftreten von Economies-of-Scale und Economies-of-Scope im Konzept der Mass Customization wird auch als Economies-of-Integration bezeichnet. Economies-of-Integration ermöglichen das Anbieten individualisierter Produkte zu annähernd gleichen Preisen wie Massenprodukte.

Mass Customization bei Mymuesli.de

Eine ebenso kreative wie erfolgreiche Umsetzung der Mass Customization im Digital Business findet sich bei der Firma Mymuesli.de. Das mit verschiedenen Gründerpreisen ausgezeichnete Start Up verkauft seit 2007 individualisiertes Biomüsli mit dem Slogan „Custom-Mixed Cereals“. Der Kunde kann sich sein Müsli aus über 80 verschiedenen Zutaten nahezu frei zusammenstellen und mit Kombinationen aus verschiedenen Getreideflocken, Früchten, Schokolade und ähnlichen Zutaten sehr individuelle Geschmacksrichtungen kreieren.

[163] Vgl. Wehrli/Wirtz (1997), S. 126.

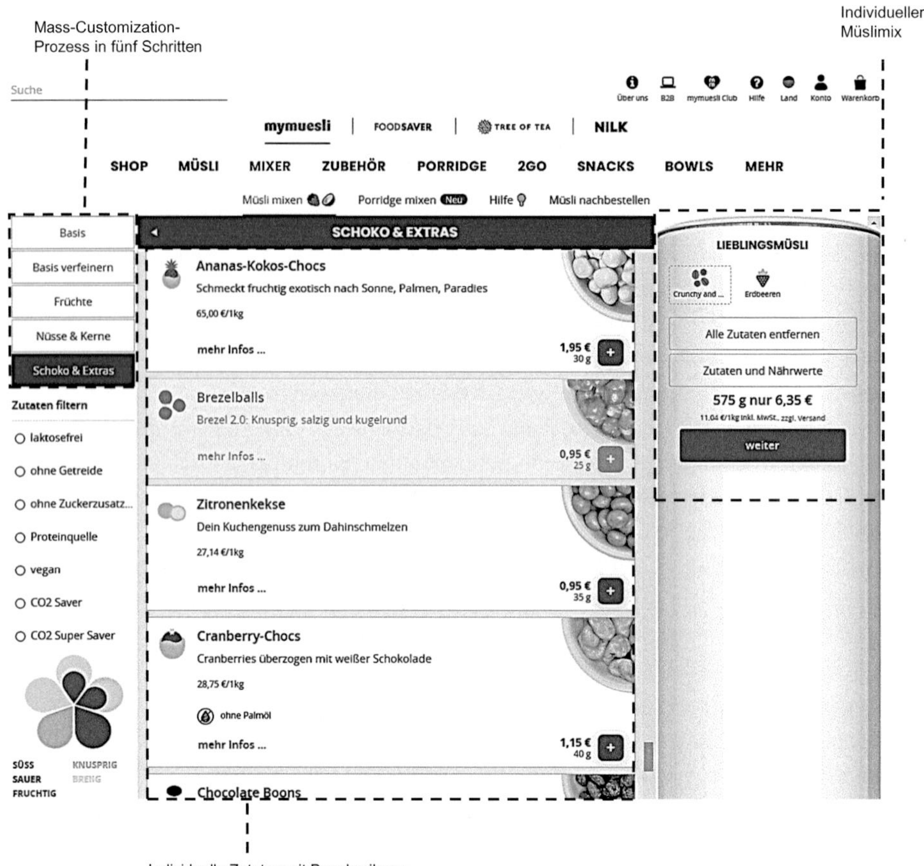

Abb. 17.41 Mass Customization im Digital Business. (In Anlehnung an Mymuesli (2023))

So ergeben sich sehr viele Möglichkeiten, ein Müsli bei Mymuesli.de zusammenzustellen. Die verschiedenen Zutaten werden nach Grammangaben gemischt und in standardisierten 575 g Dosen verschickt. Heute vertreibt Mymuesli.de erfolgreich Müsli in verschiedenen europäischen Staaten. Abb. 17.41 zeigt die Homepage von Mymuesli.de, auf der der Kunde eine individuelle Müsli-Mischung kreieren kann.

Digital Business und Mass Customization

Wie das Beispiel zeigt, unterstützt das Digital Business den Ansatz der Mass Customization in vielfältiger Art und Weise. Dabei können grundsätzlich verschiedene Funktionen unterschieden werden, die mithilfe des Internets abgewickelt werden. In einer ersten Stufe präsentiert der Anbieter sich und sein Angebot über die Unternehmenswebseite. Hierbei geht es insbesondere um einen Kontaktaufbau mit potenziellen Kunden sowie die Anbahnung von Transaktionen. Hierauf aufbauend erfolgt in einer zweiten Stufe eine systemgeführte Konfiguration der Produkte. Hierbei ist zwischen Alt- und Neukunden zu unterscheiden.

Für Altkunden kann die Bestellung dadurch besonders einfach gestaltet werden, dass ihnen ein Konfigurationsvorschlag auf Basis von zuvor gewonnenen Kundendaten (vorangegangenen Bestellungen) unterbreitet wird. Bei Neukunden hingegen ist eine ausführliche Anleitung zur Konfiguration eines individuellen Produkts erforderlich. Ist eine Konfiguration gefunden, wird den Kunden ihr individuelles Produkt digital präsentiert und es besteht die Möglichkeit, Änderungen vorzunehmen. Sollen keine Änderungen mehr vorgenommen werden, werden die Bestelldaten erhoben, wobei für Altkunden zumeist nur ein Update vorhandener Daten erforderlich ist.

In einem dritten Schritt wird die Bestellung ausgelöst. Hierzu werden die Daten automatisch an die internen Systeme des Unternehmens, wie beispielsweise die Auftragsverwaltung, das PPS-System und die Materialwirtschaft weitergegeben. Einen Value-Added Service für den Kunden kann in dieser Phase ein Ordertracking-System darstellen. Dieses erlaubt dem Kunden beispielsweise, die Position seines Auftrags in der Warteschlange oder den Zeitpunkt des Auslieferungsbeginns via Internet zu verfolgen.

Eine letzte Stufe umfasst die After-Sales-Phase. Hier ist der Dialog mit den Abnehmern aufrechtzuerhalten, um so die während der Konfiguration gewonnenen Kundenprofile laufend zu aktualisieren und eventuelle Wiederholungskäufe zu generieren. Dabei werden insbesondere auch Fragen des Kundenbeziehungsmanagements relevant. In Abb. 17.42 sind die im Rahmen der Mass Customization mithilfe des Internets abgewickelten Funktionen zusammenfassend dargestellt.

Ein Mass-Customization-Beispiel, das ohne die Möglichkeiten des Digital Business nicht denkbar wäre, findet sich bei der Firma Nike. Nike war einer der Pioniere der Mass Customization und bot seinen Kunden schon früh per Internet die Möglichkeit,

Unternehmens-webseite	Produkt-konfiguration	Auslösung der Bestellung	Kundendialog
• Unternehmens-präsentation • Produktpräsentation • Anbahnung von Transaktionen	• Altkunden: Konfigurationsvorschlag auf Basis vorangegangener Bestellungen • Neukunden: Ausführliche Anleitung und Hilfestellung • Digitale Präsentation des individuellen Produkts und Änderungsmöglichkeit • Erhebung der Bestelldaten	• Automatische Datenübergabe an interne Anwendungssysteme • Ordertracking-System als Value-Added Service	• Aufrechterhaltung des Kundendialogs in der After-Sales-Phase • Aktualisierung und Verfeinerung von Kundenprofilen • Generierung von Wiederholungskäufen

Abb. 17.42 Internet-Einsatz bei der Mass Customization. (Vgl. Wirtz (2001a), S. 442; Wirtz (2020), S. 697; Wirtz (2021), S. 535)

Sportschuhe individuell anfertigen zu lassen. Ausgehend von Basismodellen ergeben sich durch verschiedene Variationsmöglichkeiten vielfältige Kombinationen.[164]

Erst durch das Internet bietet sich die Möglichkeit, dass der Kunde seine Schuhe einfach konfigurieren und das Ergebnis unmittelbar visuell bewerten kann. Nike fordert Kunden auf, ihre Kreationen auf Social-Media-Kanälen unter dem Hashtag #NikeByYou zu teilen. Hierdurch entsteht eine hohe Interaktivität zwischen der Firma Nike und ihren Kunden sowie den Kunden untereinander, die für das Unternehmen werbewirksam genutzt werden kann.

17.4.3.3 Produktelimination

Als Produktelimination wird die Herausnahme von Produkten aus dem Angebotsprogramm bezeichnet. Die Bedeutung solcher Entscheidungen resultiert klassischerweise aus der Tatsache, dass in Unternehmen in der Regel eine Ressourcenkonkurrenz zwischen den einzelnen Produkten vorliegt. So sind beispielsweise nur begrenzte Produktionskapazitäten vorhanden. Grundlage von Eliminationsentscheidungen bilden quantitative Maßstäbe einerseits sowie qualitative Maßstäbe andererseits.[165]

Quantitative und qualitative Kriterien

Quantitative Kriterien sollen die Wirtschaftlichkeit der Produkte widerspiegeln. Zu nennen sind hier insbesondere Umsatz- und Absatzgrößen sowie Gewinn- und Deckungsbeitragsgrößen als absolute Größen. Darüber hinaus kommen auch relative Kenngrößen, wie beispielsweise Rentabilitätskennziffern, zur Anwendung. Die quantitativen Kriterien sind für eine Eliminierung nicht ausreichend, sondern sind vielmehr durch geeignete qualitative Kriterien zu ergänzen.

Diese können beispielsweise in dem Einfluss der Produkte auf das Firmenimage, im Angebot der Konkurrenz oder in der Tatsache, dass sich bestimmte, ökonomisch erfolgreiche Produkte nur im Verbund mit ökonomisch weniger erfolgreichen Produkten absetzen lassen (Verbundeffekte zwischen Produkten), bestehen.

Einfluss des Digital Business

Das Digital Business hat die Bedeutung der Produktelimination deutlich verändert. Die klassische Annahme von Ressourcenkonkurrenz ist bei Digital Products und Digital Services oft nur eingeschränkt gültig, weshalb die quantitativ motivierte Elimination in diesem Kontext nur eine untergeordnete Rolle spielt. Insbesondere wenn es sich dabei um Informationsinhalte handelt, ist der Ressourcenaufwand für Pflege, Vervielfältigung, Distribution und Lagerung der Inhalte nur marginal.

[164] Vgl. Nike (2023).

[165] Vgl. Meffert et al. (2019), S. 466 ff.

Aufgrund ihrer beliebigen Reproduzierbarkeit und der heute sehr kostengünstigen Verfügbarkeit von Speicherplatz werden solche Produkte nicht eliminiert, da sie trotz sehr geringer Nachfrage weiterhin wirtschaftlich angeboten werden können. Eine Elimination von Informationsprodukten wird daher in der Regel aufgrund qualitativer Kriterien vorgenommen. Dies ist vor allem dann der Fall, wenn ein neues Produkt das alte im Produktprogramm ersetzt.

17.4.3.4 Besondere Aktionsparameter von Digital Services

Im Bereich der Digital Services ergeben sich prinzipiell die gleichen Aktionsparameter wie bei den Digital Products, da auch eine Dienstleistung einen Lebenszyklus durchläuft, der dem eines Produkts in seinen Grundzügen entspricht. Es ist daher zwischen Aktionsparametern zur Schaffung neuer Services, dem Management bestehender Dienstleistungen durch Variation und Differenzierung sowie der Elimination von Digital Services zu unterscheiden. Dennoch ergeben sich im Rahmen der Aktionsparameter von Digital Services einige Besonderheiten. Es ist zur Klärung spezieller Aktionsparameter zwischen Stand-Alone Services und Value-Added Services zu unterscheiden.

Innovation von Stand-Alone Services

Die Innovation nimmt im Bereich der Digital Services eine Sonderstellung ein, da das Digital Business vielfach selbst der Auslöser für die Entwicklung neuer Services war. Insbesondere Stand-Alone Services stellen im Digital Business oftmals echte Marktinnovationen dar. Als prominentes Beispiel hierfür können Suchmaschinen, wie zum Beispiel Google oder Yahoo, angeführt werden, denn erst die breite Verfügbarkeit von Informationen im Internet hat den Service Suchmaschine notwendig gemacht.[166] Darüber hinaus ergibt sich, analog zur Produktinnovation, bei der Innovation von Digital Services durch das Digital Business ein hohes Unterstützungspotenzial.

Differenzierung und Kundenbindung durch Value-Added Services

Im Bereich der Servicevariation und -differenzierung ergeben sich im Digital Business durch Value-Added Services weitreichende Möglichkeiten zur Produkt- oder Servicedifferenzierung. So können zum Beispiel Digital Services in Form von Value-Added Services nicht nur selbst verändert werden, sondern Produkte oder andere Digital Services ergänzen und damit einhergehend differenzieren.

So bietet beispielsweise BMW für Kunden verschiedener Modellreihen mit „BMW Connected Drive“ exklusive digitale Dienste und Services an. Es können z. B. digitale Fahrerassistenzsysteme wie eine Active Cruise Control mit Stop&Go-Funktion gewählt werden, durch die das Fahrzeug automatisch Geschwindigkeit und Abstand zu anderen

[166] Vgl. Laudon/Traver (2019), S. 166 f.

Fahrzeugen der Fahrsituation anpasst. Auch Entertainment-Features wie IconicSounds Sport stehen zur Auswahl, wobei von Hans Zimmer komponierte Musik dem Fahrstil entsprechend eingespielt wird.[167]

Value-Added Services in digitalen Organisationen

Zudem werden Value-Added Services oftmals in Kooperation mit Partnerunternehmen in Form digitaler Organisationsnetzwerke erbracht. Hieraus ergibt sich die Möglichkeit, Kunden digitale Leistungsbündel zu offerieren, sich jedoch gleichzeitig auf Kernkompetenzen zu konzentrieren. Aufgrund des hohen Wettbewerbsdrucks im Online-Geschäft ist die Konzentration auf Kernkompetenzen, besonders im Bereich oftmals austauschbarer digitaler Dienstleistungen und Produkte, von herausragender Bedeutung. Ein Beispiel hierzu sind Mashups, in denen Value-Added Services eine zentrale Rolle spielen.

Mashups

Ein Mashup stellt eine lose Form einer digitalen Organisation dar. Medieninhalte verschiedener Anbieter können durch ein Mashup zu neuen Medieninhalten kombiniert werden (vgl. Abb. 17.43). Ein Mashup ist in diesem Kontext als eine Collage verschiedener Inhalte zu verstehen. Anbieter von digitalen Services und Inhalten stellen diese dabei über offene Programmierschnittstellen, sogenannte APIs (Application Programming Interfaces), zur Verfügung.

Auf diese Weise können in Webseiten zum Beispiel Karten über Google Maps oder Videos über YouTube eingebunden werden. Auch Anwendungen wie Real-Time-Börsenkurse oder Stellenanzeigen lassen sich so als Value-Added Services in eigene Online-Anwendungen einbinden.

17.4.4 Potenziale von Digital Products und Digital Services

Das Digital Business bietet in der Produkt- und Programmpolitik erhebliche Potenziale. Diese manifestieren sich heute unter anderem in einer großen und rapide wachsenden Menge an Produkten und Dienstleistungen, deren Erfolg vorrangig auf das Ausschöpfen der Möglichkeiten des Digital Business zurückzuführen ist. Die vielfältigen Potenziale der digitalen Produkt- und Programmpolitik werden im Folgenden näher erläutert. Hierbei ist nicht nur zwischen Digital Products und Digital Services zu unterscheiden, sondern auch, inwieweit Digital-Business-Aktionen die Produkt- und Programmpolitik unterstützt.

Unterstützung durch Digital-Business-Instrumente

Digital-Business-Instrumente bieten im Rahmen der Produkt- und Programmpolitik vor allem ein vielfältiges Unterstützungspotenzial. Dieses Potenzial kann zur Effizienz- und Effektivitätssteigerung, sowohl beim Einsatz klassischer produkt- und programm-

[167] Vgl. BMW (2023).

Abb. 17.43 Beispiel eines Mashups im Digital Business. (In Anlehnung an Stadt Speyer (2023))

politischer Instrumente als auch bei Instrumenten zu Digital Products und Digital Services abgerufen werden. Besonders die Aktionsparameter entlang des Produktlebenszyklus lassen sich durch den gezielten Einsatz von Digital-Business-Instrumenten maßgeblich unterstützen.

Der richtige Einsatz produktpolitischer Aktionen (Innovation, Variation, Differenzierung und Elimination) setzt hierbei die genaue Kenntnis von Produkt- und Marktdaten voraus. Mit den Instrumenten des Digital Business lassen sich relevante Daten effizienter gewinnen, auswerten und für weitere Analysen in Datenbanken ablegen.

Datenintensive Verfahren wie die Conjoint-Analyse, Scoring-Modelle oder Marktsimulationen zur Analyse bei Innovationsentscheidungen und Analyseverfahren, die bei der Variation und Differenzierung eingesetzt werden, profitieren in hohem Maße von moderner Informationstechnologie.[168] Auch die Bestimmung des richtigen Eliminationszeitpunkts für Produkte und Services lässt sich durch elektronische Analyseverfahren unterstützen.

Insbesondere die Gewinnung von Marktdaten zur Produkt- und Programmplanung ist mit hohem Aufwand und Kosten verbunden. In diesem Zusammenhang ergibt sich durch den konsequenten Einsatz von digitalen Hilfsmitteln ein erhebliches Kostensenkungspotenzial. Durch die direkte Ansprache der Kunden, Feedback-Systeme und Simulation von Marktszenarien lassen sich zeitnah und effizient Marktdaten beschaffen. Darüber hinaus lassen sich auch Produktschwächen aufdecken. Dies kann die Reaktionszeit zur Produktvariation erheblich verringern.

Koordinationsaufwand und Kundenintegration

Ein besonders hoher Koordinationsaufwand entsteht bei der Nutzung innovativer digitaler Möglichkeiten innerhalb der Produkt- und Programmplanung, wie Open Innovation oder Mass Customization. Dabei erzeugt die Mass Customization vor allem durch die hohe Anzahl an Kombinationen und die Nutzbarmachung der daraus entstehenden Individualisierungsmöglichkeiten für den Kunden einen erheblichen Koordinierungsbedarf. Durch konsequenten Einsatz digitaler Technik Verbindung mit modernsten Fertigungsanlagen lässt sich Mass Customization jedoch sehr erfolgreich realisieren.

Die Integration von Kunden in produktpolitische Prozesse stellt eines der größten Potenziale des Digital Business dar. Die Mass Customization und noch mehr die Open Innovation basieren auf der Interaktion mit dem Kunden. Hierdurch kann die Misserfolgsquote bei Innovationen erheblich reduziert und die Kundenbindung gestärkt werden.

Besondere Potenziale im Rahmen des Digital Business bieten digitale oder digitalisierbare Produkte und Dienstleistungen. Lässt sich ein Produkt oder eine Dienstleistung digitalisieren, kann damit Digital Distribution im engeren Sinne realisiert werden. Solche Digital Products und Digital Services sind darüber hinaus einfach reproduzierbar und können hervorragend über das Internet verfügbar gemacht werden. Als Beispiel kann in diesem Kontext der erfolgreiche Online-Vertrieb von Musik im mp3-Format angeführt werden.

---

[168] Vgl. Chen (2005), S. 143.

Potenziale von Digital Services

Das Potenzial von Dienstleistungen im Internet wird erst in den letzten Jahren verstärkt abgerufen. Gerade auf diesem Sektor haben sich jedoch durch interaktive Individualisierung und weltweite Vernetzung neue Möglichkeiten im Dienstleistungsmanagement ergeben. Services, die zuvor nur lokal angeboten werden konnten, sind heute weltweit verfügbar.

Viele klassische Dienstleistungen, zum Beispiel die Buchung von Flügen oder Kontoverwaltung werden kostengünstig durch Digital Services substituiert, woraus sich ein großes Einsparungspotenzial ergibt. Ein besonderes Wachstum konnten in den letzten Jahren Meta-Services wie zum Beispiel Suchmaschinen oder KI-Chatbots verzeichnen. Hier werden die Potenziale, die sich durch die Dezentralität und Vernetzung eines Digital Services ergeben, besonders deutlich.

Value-Added Services

Eine besondere Rolle kommt im Digital Business den Value-Added Services zu. Value-Added Services können dazu genutzt werden, die im Internet oftmals sehr austauschbaren Produkte und Dienstleistungen zu differenzieren. Hierzu eignen sich vor allem Garantieleistungen, Informationsservices, wie zum Beispiel Newsletter oder automatisierte Produkt-Updates. Auch webbasierte Beratungsdienstleistungen können einen erheblichen Einfluss auf die Kaufentscheidungen haben.[169]

Die Bedeutung der Value-Added Services für die Kaufentscheidung kann dabei sogar die des eigentlichen Kernprodukts übersteigen und spielt darüber hinaus eine wichtige Rolle bei der Kundenbindung.[170] Insbesondere durch das Digital Business haben Value-Added Services in den letzten beiden Dekaden erheblich an Bedeutung gewonnen.

Neben Value-Added Services sollten auch diejenigen Produkte, die aufgrund ihrer speziellen Produkteigenschaften nur eingeschränkt für den Vertrieb im Internet geeignet sind, so ergänzt werden, dass ein Online-Vertrieb möglich wird. Solche Services sind zum Beispiel Online-Beratung oder kostenfreie Testangebote. Value-Added Services haben daher das Potenzial, durch geschickten Einsatz die Palette über digitale Kanäle vertreibbarer Produkte und Dienstleistungen erheblich zu erweitern.

Als Beispiel hierfür kann der Verkauf von Tennisschlägern über den Online-Shop Tennis-Point.de angeführt werden. Die relevante Produktcharakteristik eines Tennisschlägers ist sein Spielverhalten, das nicht im Internet präsentierbar ist. Die Schläger sind daher im Online-Shop als Testschläger verfügbar, die sich der Kunde zuschicken lassen und über einen bestimmten Zeitraum testen kann. Die Kosten hierfür werden später mit dem Kaufpreis des gewählten Schlägers verrechnet, sodass dem Kunden durch den Service keine Mehrkosten entstehen.[171]

---

[169] Vgl. Pistoia/Wirtz/Elsäßer (2015), S. 319 ff.

[170] Vgl. Wirtz/Olderog (2002), S. 522 f.

[171] Vgl. Tennis-Point (2023).

Risiken digitaler Produkt- und Programmpolitik
Mit der digitalen Produkt- und Programmpolitik sind aber auch Risiken verbunden. Der Einsatz des Digital Business sollte stets auf die konkreten Unternehmensbedürfnisse abgestimmt werden. Werden Produkte oder Dienstleistungen an die Anforderungen des Internets angepasst, ist zum Beispiel zu prüfen, ob dies nicht die Produktqualität verringert, die Abgrenzung gegenüber Wettbewerbsprodukten erschwert oder sogar das Markenimage verwässert.

Speziell der Einsatz interaktiver Wertschöpfungsaktivitäten sollte vom Unternehmen technisch einwandfrei umgesetzt werden. Probleme können in diesem Zusammenhang sehr schnell zur Unzufriedenheit der Kunden führen und damit einer Kundenbindung entgegen laufen.

Außerdem ist es wichtig, die Möglichkeiten des Digital Business als Ergänzung zu bestehenden Kompetenzen zu betrachten und diese nicht zu vernachlässigen, da Kunden, insbesondere bei komplexen Produkten, nicht die Entwicklungsabteilung des Unternehmens ersetzen können.

Copy-Right-Verletzungen und Raubkopien
Ein Risiko, dem im Fall digitaler Produkte eine besondere Bedeutung zukommt, ist die unrechtmäßige und unkontrollierte Vervielfältigung. Das Risiko von sogenannten Copy-Right-Verletzungen gefährdet insbesondere die kommerzielle Verwertung von Informationen. Durch beliebige Reproduzierbarkeit ist es jedoch oftmals nur mit großem Aufwand möglich, Copy-Right-Verletzungen vorzubeugen.

Speziell Softwarefirmen bedienen sich heute einer breiten Palette an Instrumenten, um die illegale Vervielfältigung ihrer Produkte zu unterbinden. Dabei hat sich die Online-Verifikation in den letzten Jahren als erfolgreichstes Instrument erwiesen. In der Regel muss der Kunde das erworbene Produkt durch einen Produktschlüssel online zur Nutzung aktivieren.

Dabei spielt es meist keine Rolle, ob dieses offline auf einem Trägermedium oder online durch Download erworben wurde. Der Hersteller kann bei diesem Vorgang den Produktschlüssel überprüfen und gleichzeitig einer Mehrfachverwendung eines Schlüssels vorbeugen. Als Beispiel für einen solchen Verifikationsvorgang kann die Aktivierung des Office-Pakets von Microsoft herangezogen werden.

17.4.5 Implementierung von Digital Products und Digital Services

Die Implementierung einer geeigneten digitalen Produkt- und Programmplanung stellt einige Herausforderungen an Unternehmen. Aufgrund der schnellen technologischen Entwicklung und Veränderungen des Markt- und Wettbewerbsumfelds sind Unternehmen ständig gezwungen, ihre Produkt- und Programmpolitik anzupassen.

Als Grund hierfür lassen sich neben steigendem Innovationsdruck vor allem immer kürzer werdende Produktlebenszyklen identifizieren. Schnelle und effiziente Anpassungen in der Produktpolitik und der zugehörigen technischen Infrastruktur sind daher erfolgskritisch im Digital Business.

Implementierung digitaler Produkte

Digitale Produkte und Dienstleistungen eignen sich aufgrund ihrer Eigenschaften, wie zum Beispiel beliebiger Reproduzierbarkeit und Anpassbarkeit, optimal für das Digital Business und zeichnen sich daher durch einen geringen Implementierungsaufwand im Rahmen der digitalen Produkt- und Programmpolitik aus.[172] Produkte wie Software oder Musik haben oftmals lediglich das Medium gewechselt und sind von einem, aus Kundensicht, physischen Datenträger in das Internet übergegangen. Als Beispiel kann hier eine Software angeführt werden, die zuvor auf CD oder DVD verfügbar war und nun im Internet heruntergeladen werden kann.

Produktlebenszyklus

Neben der Produktcharakteristik ist bei der Implementierung überdies die Phase des Lebenszyklus, in der sich das Produkt befindet, zu beachten. Hierdurch werden nicht nur die Aktionsparameter der digitalen Produkt- und Programmpolitik implizit vorgegeben, sondern auch der Implementierungsaufwand determiniert. In jeder Phase des Produktlebenszyklus ergeben sich spezielle Anforderungen, bei denen eine geeignete Digital-Business-Lösung zur Unterstützung gefunden werden muss.

Implementierung interaktiver Wertschöpfungsformen

Entscheidet sich ein Unternehmen zur Anwendung interaktiver Wertschöpfung in Form der Open Innovation oder Mass Customization, steigt der Implementierungsaufwand erheblich. Die Entscheidung, ob das Unternehmen die interaktive digitale Wertschöpfung in seine Wertschöpfungslogik implementiert, muss im Rahmen des strategischen Managements getroffen werden, da sich daraus weitreichende Folgen für das Unternehmen ergeben.[173]

Neben den technologischen Herausforderungen an die IT, zu denen zum Beispiel die Schaffung einer leistungsfähigen Systemarchitektur gehört, ergeben sich neue Anforderungen an die Forschungs- und Entwicklungsabteilung (Open Innovation) beziehungsweise Produktionsabteilung (Mass Customization) des Unternehmens. Auch das Marketing sieht sich in diesem Zusammenhang mit neuen Problemstellungen konfrontiert. Mit der Identifikation geeigneter Lead User und der aufwendigen Koordination der Kunden ergeben sich neue Aufgaben im Kontext der Marketingplanung.

17.4.6 Fallbeispiel Digital Products und Digital Services: Spreadshirt

Interaktive Wertschöpfungskonzepte spielen heute im Internet eine immer wichtigere Rolle. In der digitalen Produkt- und Programmpolitik sind hierbei besonders die Ansätze der Open Innovation und der Mass Customization von Bedeutung. Obwohl die Integration des Kunden in den Innovations- und Produktionsprozess ein relativ junges Forschungsfeld darstellt,

---

[172] Vgl. Choi/Stahl/Whinston (1997), S. 70 ff.

[173] Vgl. Gay/Charlesworth/Esen (2007), S. 314.

finden sich zahlreiche Beispiele aus der Unternehmenspraxis, die die Bedeutung dieser Konzepte verdeutlichen. Ein Vorreiter für die konsequente Umsetzung digitaler Produkt- und Programmpolitik in Form der Open Innovation stellt das Unternehmen Spreadshirt dar.

Design durch Kunden

Das Unternehmen Spreadshirt verkauft europa- und nordamerikaweit individualisierte T-Shirts und weitere Bekleidungsprodukte sowie verschiedene bedruckbare Accessoires wie Tassen und Smartphonehüllen. Nicht nur die Individualisierung im Sinne der Mass Customization erfolgt durch die Kunden, sondern auch die Entwicklung der Produkte und das Corporate Design von Spreadshirt selbst werden von den Kunden in Open Innovation entwickelt. Diese Integration der Kunden geht so weit, dass Kunden wiederholt in die Entwicklung und Gestaltung des Unternehmenslogos integriert wurden.

Das Kernprodukt der Firma stellen die von Kunden entworfenen Produkte dar. Das Basisprodukt wird dabei vom Unternehmen bereitgestellt. Die Kunden haben die Möglichkeit, sowohl die farbliche Ausführung als auch die Gestaltung aufgedruckter Logos oder Schriftzüge zu übernehmen. Die Gestaltung der Logos kann über ein entsprechendes Grafikprogramm oder über ein Tool, das Spreadshirt auf der Firmenhomepage zur Verfügung stellt, erfolgen. Dieses Tool zeichnet sich durch einfache und intuitive Bedienbarkeit aus, sodass jeder Kunde in der Lage ist, am Innovationsprozess zu partizipieren.

Kunden als Anbieter

Darüber hinaus können Kunden über Spreadshirt einfache Onlineshops eröffnen und ihre Eigenkreationen gegen Provision über Spreadshirt verkaufen und auf diese Weise als Anbieter in Erscheinung treten. Hierdurch wird dem Kunden die Möglichkeit eröffnet, neben selbst entworfenen Produkten auch Kreationen anderer Kunden produzieren zu lassen.

Die Eröffnung eines Spreadshirt-Shops erfolgt dabei ebenso einfach und intuitiv wie die Gestaltung der Produkte. Dies ermöglicht einer Vielzahl an Kunden den Betrieb eines Onlineshops, was wiederum die Voraussetzung für die große Menge an Design-Innovationen darstellt.

Flexible Produktionssysteme

Die Produktion der Artikel erfolgt auf flexiblen Anlagen, mit denen eine bedarfsgerechte Einzelfertigung von T-Shirts, Tassen und mehr realisiert wird. Erst nach Auslösen einer Bestellung wird das angeforderte Produkt mithilfe des jeweils passenden Druckverfahren produziert und versendet. Die lokale Strategie und effiziente Abläufe garantieren trotz hohem Anteil an Handarbeit beim T-Shirt-Druck eine schnelle Produktion und Lieferung.[174]

Das Unternehmen Spreadshirt wurde 2002 von Lukasz Gadowski als GbR in Leipzig gegründet. Zunächst sah sich das Unternehmen starken Ressentiments gegenüber. Im Zuge des New-Economy-Abschwungs standen Öffentlichkeit und Investoren Geschäfts-

[174] Vgl. Spreadshirt (2023a).

ideen aus dem Bereich des Digital Business sehr skeptisch gegenüber, sodass sich die Finanzierung des Unternehmens anfangs recht schwierig gestaltete. Dennoch zählte Spreadshirt im Januar des Jahres 2002 bereits 100 Kundenshops.

Im Jahr 2003 stieg diese Zahl auf 5000 Kunden-Shops und die Spreadshirt GmbH wurde gegründet. Im Zuge des schnellen Wachstums erfolgte die sukzessive Weiterentwicklung der Online-Shop-Funktionalität und der Homepage. Daneben expandierte Spreadshirt 2004 in verschiedene europäische Staaten, darunter Italien, Spanien und Schweden. Ende desselben Jahres wurde die Spreadshirt Inc. in Louisville, KY gegründet, womit das Unternehmen das US-Geschäft aufnahm. Es folgte eine weitere Phase des Wachstums und der Expansion nach Ost- und Südosteuropa.

Das im Jahr 2006 in Sprd.net AG umgewandelte Unternehmen erzielte im Jahr 2022 einen Umsatz von rund 110 Mio. € und verschickte über fünf Millionen Artikel. Über 100.000 Partner vermarkten aktuell ihre Ideen über Spreadshirt auf 18 Märkten und in 12 Sprachen. Spreadshirt unterhält gegenwärtig fünf Produktionsstandorte und beschäftigt über 750 Mitarbeiter. Es gehört damit zu den weltweit führenden E-Commerce-Plattformen für On-Demand-Druck von Kleidungsstücken und Accessoires.[175]

Erfolg durch Open Innovation

Der Erfolg von Spreadshirt ist maßgeblich auf die konsequente Realisierung von Open Innovation und Mass Customization im Digital Business zurückzuführen. Sowohl Innovation als auch Variation der Produkte liegen in der Hand der Kunden. Das Unternehmen Spreadshirt kreiert lediglich eine Umgebung, in der die Kunden ihre Ideen einfach und effizient umsetzten können.

Dies bedeutet eine Grundvoraussetzung für die erfolgreiche Integration des Kunden in den Innovationsprozess. Auch Spreadshirt Gründer Lukasz Gadowski fasst die Kernstrategie des Unternehmens entsprechend zusammen: „Wir befähigen die User, ihr eigenes Ding zu machen."[176]

Lead-User-Integration

Durch die Möglichkeit, eigene Shops zu eröffnen und mit dem entsprechenden Knowhow im Bereich Grafikdesign auch kompliziertere Logos zu realisieren, bindet Spreadshirt automatisch Lead User in die Produktentwicklung ein. Die gegebenenfalls aufwendige Identifikation und Integration der Lead User entfällt, da sich diese über das Shop-System unmittelbar und autark in den Innovationsprozess eingliedern.

Neben der eigenen Bedürfnisbefriedigung erhalten Lead User durch Renards in Form von Erlösen aus dem Verkauf der eigenen Innovationen weitere Anreize, Lösungsinformationen zu generieren. Darüber hinaus verstehen sich besonders Lead User im Designbereich als Trendsetter. Spreadshirt gibt diesen Kunden die Möglichkeit, innerhalb

[175] Vgl. Spreadshirt (2023c).

[176] Spreadshirt (2009).

der Community eigene Trends zu kreieren. Hier wird die starke Community- und Netzwerkausrichtung der Spreadshirt-Plattform deutlich, die einen Erfolgsfaktor der Open-Innovation-Lösung darstellt.

Erfolgsfaktor Produkt

Ein wichtiger Erfolgsfaktor für die Umsetzung der Open Innovation im Fall Spreadshirt stellt das Produkt selbst dar. T-Shirts, wie auch die anderen einfach gehaltenen Bekleidungsprodukte der Spreadshirt-Palette, stellen ein Produkt mit hohem Bekanntheitsgrad und dadurch geringem Erklärungsbedarf dar.

Sowohl das Produkt selbst als auch das vom Nutzer beeinflussbare Design zeichnen sich durch einen geringen Grad an Komplexität aus. Die eigentliche Produktcharakteristik in der Funktion als Kleidungsstück wird durch die Kundeninnovationen nicht berührt. Ein solches Produkt eignet sich daher für die digitale Produkt- und Programmpolitik im Allgemeinen und die Open Innovation beziehungsweise Mass Customization im Speziellen.

In einer Phase, in der viele Digital-Business-Unternehmen mit wirtschaftlichen Problemen zu kämpfen hatten, zeichnete sich Spreadshirt durch starkes Wachstum aus. Entsprechend belegte das Unternehmen 2006 den sechsten Platz in einem Ranking der wachstumsstärksten europäischen Mittelständler und den ersten Platz unter deutschen mittelständischen Unternehmen.

Während die Spreadshirt Kunden – insbesondere die Kunden, die mit eigenen Shops als Verkäufer auftreten – sich in den Anfangsjahren in erster Linie aus jungen und sehr internetaffinen Kundensegmenten rekrutierten, erreicht das Unternehmen in der Zwischenzeit eine breite Masse an Kunden. Dazu trägt die Möglichkeit selbst kreierte Spreadshirt-Produkte über externe Marktplätze wie Amazon zu verkaufen erheblich bei.

Mit Kunden wie Unilever, ProSieben, Otto oder Ärzte ohne Grenzen nutzen auch etablierte Unternehmen und bekannte Organisationen den Shop-Service von Spreadshirt. Im Oktober 2022 hat die Spread Group zudem eine europaweite Lizenzkooperation mit Netflix geschlossen und erhält damit die Möglichkeit eine Vielzahl an entsprechenden Merchandising-Produkten anzubieten und ihren Erfolg weiter auszubauen.[177]

17.5 Digital Communication

Die digitale Kommunikation ist mittlerweile ein fester Bestandteil des Marketing-Mix in der Unternehmenspraxis. Kaum ein Unternehmen kann heute darauf verzichten, die vielfältigen Instrumente der digitalen Kundenkommunikation in seinen Kommunikations-Mix zu integrieren.

Vor diesem Hintergrund soll im Folgenden das Kommunikationsmanagement als vierte Komponente des Marketing-Mix dargestellt werden. Zunächst werden hierzu die Grundlagen der Kommunikation und insbesondere der digitalen Kommunikation erläutert. Auf

[177] Vgl. Mattgey (2022).

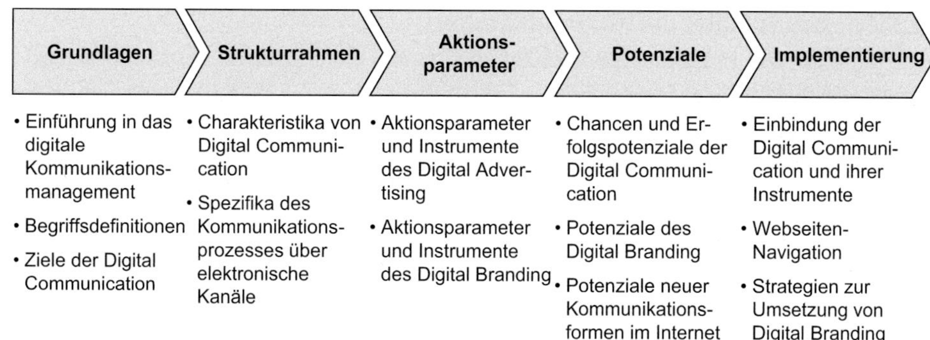

Abb. 17.44 Struktur des Abschnitts

Basis dessen lässt sich ein Strukturrahmen der digitalen Kommunikation erstellen, der die wichtigsten Komponenten der Digital Communication aufzeigt und zueinander in Beziehung setzt.

Die digitale Kommunikationspolitik zeichnet sich durch ein breites Spektrum verfügbarer Kommunikationsinstrumente im Bereich des Digital Advertising und Digital Branding aus. Diese werden im Rahmen der Aktionsparameter der Digital Communication spezifiziert. Um der besonderen Bedeutung des Digital Branding im Gesamtkontext des Digital Business Rechnung zu tragen, wird dieser Aspekt des digitalen Marketing gesondert betrachtet.

Aus dem Einsatz digitaler Kommunikationspolitik ergeben sich diverse Chancen und Erfolgspotenziale für Unternehmen. Im Hinblick auf die spezifischen Möglichkeiten digitaler Kommunikationsformen werden verschiedene Arten der Digital Communication im Internet dargestellt und deren spezifischen Potenziale erklärt.

Im Anschluss daran wird die Implementierung der digitalen Kommunikationspolitik und insbesondere die Strategien zur Umsetzung des Digital Branding dargestellt. Das Fallbeispiel Yahoo verdeutlicht abschließend die Vielfalt der instrumentellen Möglichkeiten und die große praktische Bedeutung der Digital Communication. Abb. 17.44 gibt einen Überblick über die Struktur des Abschnitts.

17.5.1 Grundlagen von Digital Communication

Im Bereich der Grundlagen wird zunächst der Begriff der Kommunikation im Marketing-Mix erläutert und die grundlegenden Formen der Kommunikation anhand des Kommunikationsmodells verdeutlicht. Darauf aufbauend werden die Besonderheiten der Digital Communication dargestellt und weiter spezifiziert. Hierzu wird eine Definition des Begriffs Digital Communication und eine Abgrenzung gegen das klassische Kommunikationsverständnis vorgenommen. Weiterführend werden die allgemeinen Ziele, die mit dem Einsatz der Digital Communication angestrebt werden können, erläutert.

17.5.1.1 Grundlagen der Kommunikation

Zur Definition des Terminus Kommunikation kann auf mehrere Kommunikationsmodelle zurückgegriffen werden, wie beispielsweise auf Shannon et al. (1998). Demzufolge findet Kommunikation statt, wenn durch einen Absender eine Botschaft an einen oder mehrere Empfänger übermittelt wird. Dieser Prozess der Übermittlung findet unter bestimmten Umweltsituationen statt.

Der Kommunikationsprozess kann dabei durch Nutzung verschiedener Kommunikationskanäle und unter der Anwendung bestimmter Abstimmungsmechanismen und Integrationsinstrumenten erfolgen.[178] Die Konsequenz eines Kommunikationsprozesses wird dabei als Kommunikationserfolg bezeichnet. Abb. 17.45 stellt das Kommunikationsmodell dar.

One-to-One-, One-to-Few- und One-to-Many-Kommunikation

Grundsätzlich kann Kommunikation in die drei Arten One-to-One-, One-to-Few- und One-to-Many-Kommunikation unterschieden werden. Als One-to-One-Kommunikation wird die individuelle Direktkommunikation bezeichnet. Bei der One-to-Few-Kommunikation findet eine Übermittlung einer Botschaft zwischen einem Absender und wenigen, ausgewählten Empfängern statt. Demgegenüber kommuniziert bei der One-to-Many-Kommunikation ein Absender mit einer Vielzahl von nicht spezifizierten Empfängern, zum Beispiel über traditionelle Massenmedien.

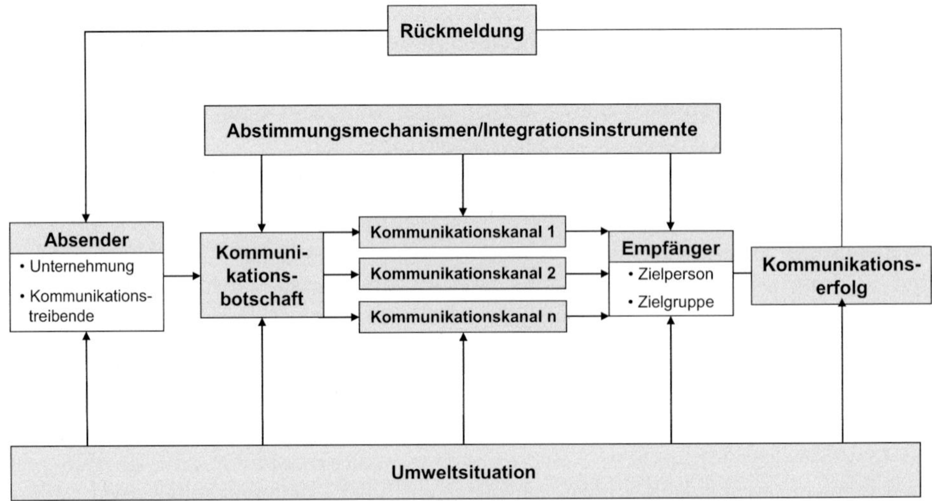

Abb. 17.45 Darstellung des Kommunikationsmodells. (Vgl. Wirtz (2001a), S. 464; Wirtz (2020), S. 715)

[178] Vgl. Meffert et al. (2019), S. 633 ff.

Einseitige und zweiseitige Kommunikation
Innerhalb dieser Unterteilung kann darüber hinaus zwischen einseitiger und zweiseitiger Kommunikation differenziert werden. Bei der einseitigen Kommunikation besteht für den Empfänger keine Möglichkeit der Rückmeldung an den Absender der Botschaft, wohingegen bei der zweiseitigen Kommunikation der Empfänger der Botschaft in einen interaktiven Dialog mit dem Absender treten kann.[179]

Unternehmenskommunikation
Als eine Spezialform der Kommunikation kann die Unternehmenskommunikation bezeichnet werden. Diese definiert sich als kommunikationsbasierte, wechselseitige Verbindung zwischen Unternehmen und der Umwelt. Unternehmen und Umwelt stehen dabei in einer Beziehung zueinander, die das Resultat beidseitiger, simultaner und aktiver Prägung ist.

Als besonders entscheidend gelten in diesem Zusammenhang die Begriffe Verbindung und Beziehung. Diese betonen die Wichtigkeit der zweiseitigen Kommunikation zwischen Unternehmen und Kunden. Vor diesem Hintergrund kann Unternehmenskommunikation als zielgerichteter und koordinierter Einsatz sämtlicher Kommunikationsaktivitäten einer Unternehmung verstanden werden, mit denen das Unternehmen sich und seine Leistung gegenüber der Umwelt darstellt.[180]

17.5.1.2 Definition der Digital Communication
Bei der Definition von Digital Communication handelt es sich im Wesentlichen um eine Erweiterung der herkömmlichen Kommunikationsdefinition. Im vorliegenden Kontext wird Digital Communication daher wie folgt definiert (vgl. Tab. 17.7).

Vereinfachung der Kommunikation im Digital Business
Die Nutzung von Digital Communication führt dazu, dass die Kontaktaufnahme zwischen Absender und Empfänger einer Botschaft wesentlich erleichtert wird. Für informationsbedürftige Kunden bedeutet dies beispielsweise, dass sie mittels digitaler Medien in die Lage versetzt werden, sich umfassend über Unternehmen beziehungsweise Produkte zu informieren. Diese Informationssammlung kann losgelöst von örtlichen und zeitlichen Restriktionen erfolgen.

Tab. 17.7 Definition Digital Communication im Marketing-Mix. (Vgl. Wirtz (2001a), S. 468; Wirtz (2020), S. 716; Wirtz (2021), S. 537)

Digital Communication beinhaltet die interaktive, multifunktionale Kommunikation unter Nutzung netzwerkbasierter und elektronischer Kommunikationsplattformen.

[179] Vgl. Rayport/Jaworski (2001), S. 146 ff.

[180] Vgl. Derieth (1995), S. 25.

Online- und Offline-Kommunikation

Neben den oben angeführten Grundarten der Kommunikation (One-to-One, One-to-Few, One-to-Many) und der Unterscheidung zwischen einseitiger und zweiseitiger Kommunikation kann weiter nach Online- und Offline-Kommunikation differenziert werden. In den Bereich der Offline-Kommunikation fallen die traditionellen Massenmedien und die Offline-Direktkommunikation. Demgegenüber sind im Online-Bereich die persönliche und die allgemeine Online-Kommunikation zu nennen.

17.5.1.3 Ziele von Digital Communication

Die Ziele der digitalen Kommunikationspolitik lassen sich direkt aus den Zielen der klassischen Kommunikationspolitik ableiten. Während die grundlegenden Ziele auch im Digital Business fortbestehen, kommt den verschiedenen Zieldimensionen im Digital Business eine veränderte Bedeutung zu. Innerhalb derer kann insbesondere zwischen ökonomischen und psychografischen Zielen unterschieden werden.

Differenzierung ökonomische und psychografische Ziele

Unter ökonomischen Kommunikationszielen werden materielle Kenngrößen wie Gewinn, Umsatz, Kosten oder Marktanteil verstanden. Demgegenüber beinhalten psychografische Ziele vor allem immaterielle Größen wie beispielsweise Image oder Markenbekanntheit.[181]

Im Digital Business kommt diesen Zielen eine besondere Bedeutung zu. Die Austauschbarkeit von Produkten und Dienstleistungen im Internet macht die Marke und das Markenimage oft zum einzigen Differenzierungsmerkmal. Noch stärker als in der klassischen Kommunikationspolitik beeinflussen die psychografischen Ziele die ökonomischen Kommunikationsziele. Ihr Erreichen ist daher als erfolgskritisch zu bezeichnen.

Segmentspezifische Kommunikation

Neben der inhaltlichen Operationalisierung sind für die Ziele der Unternehmenskommunikation auch Ausmaß, Zeit und Segmentbezug festzulegen. Aufgrund der dem Internet inhärenten Möglichkeiten zur zielgruppenspezifischen Kommunikation kommt dem Segmentbezug eine besondere Bedeutung zu. Viele digitale Kommunikationsformen erlauben eine effiziente One-to-Few- oder sogar One-to-One-Kommunikation und stehen damit im Kontrast zur klassischen Massenkommunikation.

Abgestimmte Kommunikationsstrategie

Generell kann festgehalten werden, dass die Ziele der Kommunikationspolitik – und damit auch die Ziele der digitalen Kommunikationspolitik – aus den übergeordneten Marketingzielen abgeleitet werden. Diese stehen wiederum in einem direkten Beziehungszusammenhang zu den Zielen der Gesamtunternehmung.[182] Eine geeignete Harmonisierung klassi-

[181] Vgl. Meffert et al. (2019), S. 634 f.

[182] Vgl. Meffert et al. (2019), S. 634 ff.

scher und digitaler Kommunikation ist im Sinne einer einheitlichen Kommunikationspolitik und Unternehmensdarstellung unbedingt vorzunehmen.

17.5.2 Strukturrahmen von Digital Communication

Zum Verständnis der Möglichkeiten, die die digitale Kommunikation im Kontext des modernen Marketings bietet, ist zunächst die Kenntnis des allgemeinen Strukturrahmens von Digital Communication notwendig. Die wichtigste Form der Kommunikation im Digital Business ist die Online-Kommunikation.

Online-Kommunikation
Die Online-Kommunikation verfügt über spezielle Eigenschaften, die eng mit grundlegenden Funktionalitäten des Internets korrespondieren. Diese werden im Folgenden dargestellt und ihr Einfluss auf die Marketing-Kommunikation erklärt.

Der Kommunikationsprozess im Digital Business ist stark an das klassische Kommunikationsmodell angelehnt. Dennoch ergeben sich in diesem Zusammenhang besondere Eigenschaften, die elementar für das Verständnis der Digital Communication sind. Der Prozess sowie seine spezifischen Merkmale werden daher gesondert dargestellt.

17.5.2.1 Charakteristika von Digital Communication

Die digitale und insbesondere die Online-Kommunikation zeichnet sich durch eine Reihe spezifischer Charakteristika aus, anhand derer sich eine Abgrenzung zur klassischen Kommunikation vornehmen lässt. Obgleich diese auch in einem anderen Digital-Business-Kontext eine Rolle spielen, sind sie für den Informationsaustausch über elektronische Kanäle und damit im Bereich der Digital Communication von besonderer Relevanz.

Hypermedialität des Internets
Ein maßgeblicher Unterschied zwischen herkömmlichen Kommunikationsmöglichkeiten und Digital Communication liegt in der Hypermedialität des Internets. Die Information, die der Rezipient über das Internet bezieht, liegt, im Gegensatz zur klassischen Kommunikation, in hypermedialer Form vor. Dies „bezeichnet das Prinzip der modulhaften Anordnung von verschiedenen Kommunikationsmedien (Text, Ton, Film).“[183] Durch das Anklicken vorhandener Links, die Querverbindungen zwischen zwei Internetseiten bezeichnen, eröffnen sich für den Nutzer ständig neue Inhalte, die wiederum neue Informationen enthalten.

Hingegen liegt in den traditionellen Medien, wie zum Beispiel Fernsehen oder Radio, nur eine lineare Präsentation der Kommunikationsbotschaft vor. Grundsätzlich gilt, dass innerhalb der Digital Communication der Internetnutzer überwiegend selbst entscheiden kann, welcher Kommunikationsbotschaft er sich zu welchem Zeitpunkt aussetzt. Diese

[183] Meffert et al. (2019), S. 701.

Form des Marketing erweitert den traditionellen Push-Ansatz und wird als Online-Push-Marketing bezeichnet.[184]

Charakteristika der digitalen Kommunikation

Neben der Hypermedialität lassen sich weitere Charakteristika identifizieren, anhand derer sowohl eine genauere Spezifizierung als auch Differenzierung von der klassischen Kommunikation möglich ist. Die hier genannten Faktoren decken dabei vor allem die in der Internet-Marketingpraxis relevanten Aspekte ab. Abb. 17.46 stellt charakteristische Faktoren der digitalen Kommunikation dar.[185]

Individualisierung

Das Internet bietet in vielen Teilbereichen des Marketing-Mix vielfältige Wege zur Individualisierung. In der Kommunikationspolitik drückt sich diese Individualisierung durch die Möglichkeit aus, Kommunikationsinhalte fast beliebig an die jeweiligen Kundenbedürfnisse anzupassen.

Hierbei ist nach dem Grad der Individualisierung zu unterscheiden. Die Kommunikation kann segment- oder mikro-segmentspezifisch als One-to-Few-Kommunikation erfolgen. Richtet sich die Botschaft an einzelne Kunden, wird von One-to-One-Kommunikation gesprochen. Individuell an die Kundenbedürfnisse angepasste Kommunikation wird zum

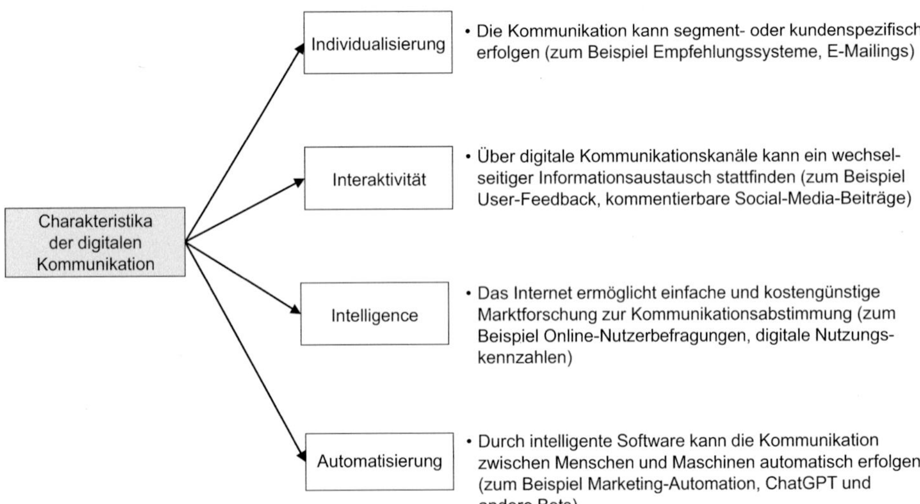

Abb. 17.46 Charakteristika der digitalen Kommunikation. (Vgl. Wirtz (2010), S. 475; Wirtz (2020), S. 719; Wirtz (2021), S. 538)

[184] Vgl. Riedl (1999), S. 267.

[185] Inhalte teilweise basierend auf Chaffey/Hemphill/Edmundson-Bird (2019), S. 336 ff.

Beispiel für Produktempfehlungen oder bei Newsletter-E-Mailings genutzt. So kann den Kunden ein relevantes und stimmiges Kundenerlebnis geboten werden.

Interaktivität

Über Digital Communication ist nicht nur die direkte individuelle Kundenansprache möglich, vielmehr kann durch die Existenz von Feedback-Kanälen ein interaktiver Dialog zwischen Absender und Empfänger einer Botschaft initiiert werden.

Diese Interaktivität zeichnet die Online-Kommunikation in besonderem Maße aus, da sie viele Vorteile, die sonst nur die persönliche Kommunikation bietet, auf globaler Ebene verfügbar macht.[186] Traditionellen Medien stehen fast ausschließlich Push-Mechanismen zur Verfügung, die nur eine einseitige Kommunikation vom Unternehmen zum Kunden erlauben.

Im Internet kann die Kommunikation dagegen sowohl vom Kunden als auch vom Unternehmen ausgehen. Gewöhnlich ist es der Kunde, der den Kontakt initiiert und Informationen anfordert. In diesem Fall spricht man von einem Pull-Mechanismus. Dieser kann über die Suche von Informationen auf Webseiten oder auch das Abonnement eines Newsletters erfolgen. Die Abb. 17.47 veranschaulicht und stellt die genannten Mechanismen einander gegenüber.

Intelligence

Der Faktor Intelligence beschreibt die Möglichkeit, Marktforschung einfach und effizient über das Internet durchführen zu können. Damit bildet er die Basis, um Kommunikation

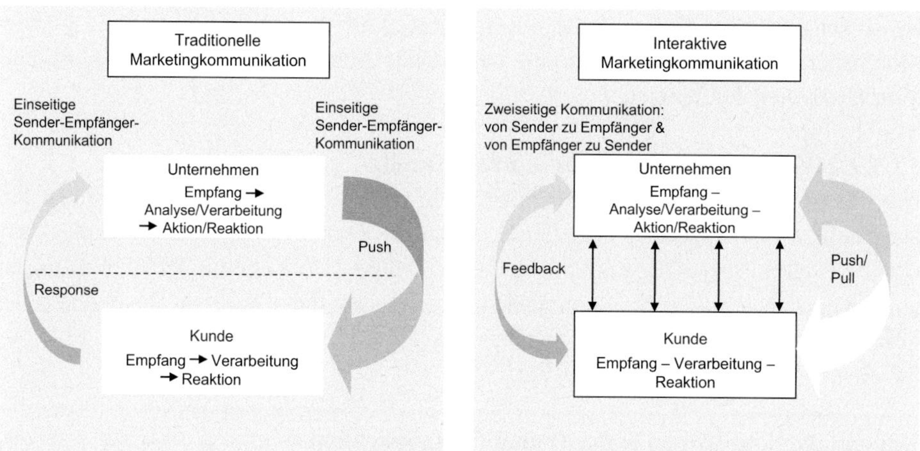

Abb. 17.47 Vergleich traditioneller und interaktiver Kommunikation. (Vgl. Wirtz (2013a), S. 531; Wirtz (2020), S. 721; Wirtz (2021), S. 539)

[186] Vgl. Laudon/Traver (2019), S. 412.

über elektronische Kanäle zielgerichtet anzuwenden. Nur durch Kenntnis der Präferenzen und des Online-Verhaltens der Kunden und Kundensegmente lassen sich alle Vorteile von Digital Communication nutzen. Die digitale Marktforschung liefert die nötigen Kundeninformationen, um moderne Kommunikationsformen, wie zum Beispiel personalisierte Empfehlungssysteme, zu realisieren.

Automatisierung

Im Digital Business können zahlreiche Marketing-Prozesse durch den Einsatz von smarten Softwarelösungen automatisiert erfolgen (Marketing-Automation). Beispielsweise können bei Preissenkungen automatisch generierte E-Mails und SMS an potenziell interessierte Kunden versendet oder Social-Media-Posts generiert werden. Die Software unterstützt dabei beim Finden der optimalen Uhrzeit für die Kundenkommunikation und ermöglicht eine automatisierte Unterscheidung zum Beispiel in der Ansprache von Erstkäufern und Stammkunden. Beispiele für automatisierte Softwarelösungen im digitalen Marketing sind emarsys, aus dem SAP-Portfolio, oder die Salesforce Marketing Cloud.

Die Integration von Künstlicher-Intelligenz-Technologie in die Unternehmenskommunikation ermöglicht darüber hinaus einen automatisierten Dialog mit dem Kunden. Als Beispiele können hier ChatGPT und andere Bots im Bereich der intelligenten Softwareautomatisierung angeführt werden. Durch die Nutzung von Chat-Bots im Kundendialog können menschliche Mitarbeiter entlastet und Kosten eingespart werden. Es ist davon auszugehen, dass in diesem Bereich der Digital Communication noch erhebliches Potenzial für künftige Anwendungen der Unternehmenskommunikation steckt.

Die intelligente Automatisierung der digitalen Kommunikation steht erst am Anfang. In den nächsten Jahren ist in diesem Bereich mit erheblichen Veränderungen zu rechnen. Insbesondere auf einer einfachen Service-Kommunikationsebene (zum Beispiel Call-Center-Mitarbeiter) wird sich in Zukunft eine umfassende Automatisierung im Marketing und Vertriebsbereich durchsetzen.

17.5.2.2 Kommunikation über digitale Kanäle

Das Digital Business hat die Kommunikation in vielerlei Hinsicht verändert. Neben den dargestellten grundlegenden Veränderungen hat das Digital Business auch Einfluss auf den klassischen Prozess der Kommunikation genommen. Die Kenntnis der Veränderungen auf den einzelnen Stufen des Kommunikationsprozesses, die oftmals im Detail liegen, ist Voraussetzung für ein Gesamtverständnis des Strukturrahmens der digitalen Kommunikation.

Kommunikationsprozess in der Digital Communication

Sowohl der Quelle als auch dem Empfänger einer Botschaft kommt in der digitalen Kommunikation dieselbe Bedeutung wie in der klassischen Kommunikation zu. Mit dem Internet hat sich allerdings das Senden einer Marketing-Botschaft erheblich vereinfacht.

Entsprechend ist die Anzahl der Sender von Marketing-Botschaften, vor allem aber die Anzahl der Botschaften selbst, gestiegen. Als Quelle oder Empfänger einer Botschaft kommen dabei sowohl Organisationen als auch Individuen in Frage, welche über verschiedene Eingabesysteme und Medien technisch verschlüsselte Botschaften senden sowie entsprechend empfangen und entschlüsselt abrufen können. Abb. 17.48 stellt den Kommunikationsprozess im Rahmen der Digital Communication dar.

Der Anstieg an Werbebotschaften im Digital Business lässt sich am besten am ebenfalls stark gestiegenen Spam-Mail-Aufkommen erkennen. Der Begriff Spam bezeichnet eine unverlangt zugesandte Massen-E-Mail, deren Inhalt oft eine Werbebotschaft ist. Studien zufolge macht Spam über die Hälfte des weltweiten E-Mail-Aufkommens aus und verursacht dabei erhebliche wirtschaftliche Schäden.[187] Da Spam ein internationales Problem ist, dem mit lokalem Recht nur schwer entgegenzuwirken ist, dienen heute vor allem aufwendige Filtersysteme zur Bekämpfung.

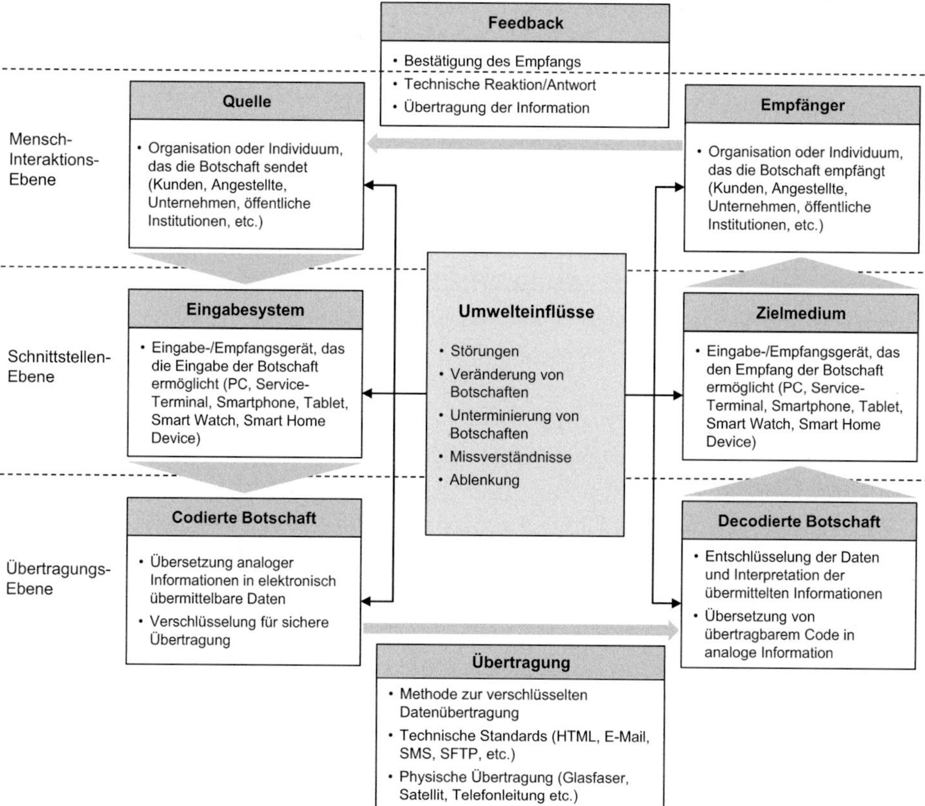

Abb. 17.48 Kommunikationsprozess in der Digital Communication. (Vgl. Wirtz (2013a), S. 533; Wirtz (2020), S. 723; Wirtz (2021), S. 541)

[187] Vgl. Kaspersky (2019).

Übertragungsebene: Codierung und Decodierung
Im Gegensatz zur klassischen Kommunikation wird die Information im Digital Business digital codiert. Auch wenn die technische Codierung einer Botschaft nicht neu ist (zum Beispiel Umwandlung in analoge Radiosignale), erhält die Information im Digital Business durch die Digitalisierung wichtige neue Eigenschaften. Hervorzuheben sind hier vor allem die Modifizierbarkeit und beliebige Reproduzierbarkeit einer digitalen Information.

Reproduzierbarkeit
So kann eine E-Mail, sofern sie nicht manipuliert wird, auf ihrem Weg durch das Internet nicht überlagert und, wenn einmal verfasst, beliebig oft versendet werden. Die beliebige Reproduzierbarkeit ermöglicht es, in Kombination mit der einfachen Modifizierbarkeit, Informationen an sehr viele Empfänger zu übermitteln, diese aber dennoch an den Empfänger anzupassen, um so die Chancen auf den Kommunikationserfolg zu erhöhen. Die Übertragung der Nachricht erfolgt verlust- und störfrei. Eine Verfälschung der Botschaft ist daher erst am Punkt der Decodierung durch den Empfänger möglich.

Schnittstellenebene: Eingabesystem und Zielmedium
Die Botschaften werden entsprechend der jeweiligen Perspektive vom Sender sowie vom Empfänger mittels Eingabe- und Empfangsgeräten initiiert respektive empfangen. Hierfür stehen Sender und Empfänger eine große Auswahl an potenziellen Eingabe- und Empfangsgeräten zur Auswahl. Beispielhaft zu nennen sind in diesem Zusammenhang neben stationären Computern und Laptops zudem Smartphones und Tablets sowie jüngere, technische Entwicklungen, wie Smart Home Devices als auch Smart Watches.

Übertragungsbestandteile
Im Rahmen der Übertragung von Botschaften in der Digital Communication sind zudem physische Übertragungsbestandteile sowie technische Standards differenzierbar. Physische Übertragungsbestandteile bilden dabei die Grundlage der Möglichkeit zur Digital Communication. Als Beispiel hierfür lassen sich Telefonleitungen, Satelliten und Glasfaser anführen. Auf Basis jener physischen Übertragungsbestandteile der Digital Communication entwickelten sich technische Standards, wie etwa das einheitliche Format von SMS oder die Gestaltung von Auszeichnungssprachen wie HTML.

Das mit Abstand wichtigste Übertragungsmedium in der digitalen Kommunikation ist das Internet. Es dient als Übertragungsmedium für Informationen in diversen Formen, wie zum Beispiel E-Mail, Webseite und Video. Die Übertragung über das Internet geht dabei ohne Medienbrüche vonstatten, sodass die Information auf dem Übertragungsweg ihre digitale Form beibehält und die Beständigkeit der Information gewährleistet wird.

Umwelteinflüsse
Negative Umwelteinflüsse können zu Störungen oder Überlagerungen der Kommunikation führen. Die Auslöser hierfür sind vielfältig und können auf technische Probleme, konkurrierende Botschaften, falsche Bereitstellungszeit oder Manipulation der Botschaft

zurückzuführen sein. Dabei kommt in der Online-Kommunikation besonders der Sicherheit eine große Bedeutung zu. Durch die technologische Eigenschaft des Internets ist die Online-Kommunikation besonders anfällig für Manipulation durch Dritte, da ein Großteil der Kommunikation über unsichere Kanäle abläuft.

Mensch-Interaktions-Ebene
Während die Reaktion des Empfängers in der klassischen Marketing-Kommunikation beispielsweise über Absatzsteigerung oder veränderte Markeneinstellung gemessen werden kann, bieten digitale Kommunikationskanäle zahlreiche Möglichkeiten zur Messung der Empfängerreaktion.

Klickraten bei Bannerwerbungen oder Empfangsmessungen bei elektronischen Nachrichten wie zum Beispiel E-Mails oder Instant Messages liefern direkt Erkenntnisse über den Empfang der Botschaft. Darüber hinaus kann der Empfänger im Digital Business aktiv Feedback an den Sender der Botschaft übermitteln. Hierzu stehen Instrumente wie Foren, E-Mail, Live Chats oder Blog-Einträge zur Verfügung.

17.5.3 Aktionsparameter der Digital Communication

Im Rahmen der Digital Communication sind die beiden wesentlichen Aktionsparameter die digitalen Kommunikationsinstrumente sowie der digitale Aufbau von Marken und die hiermit verbundene Steigerung des Markenwerts (Digital Branding).[188] In diesem Abschnitt werden daher zunächst die wichtigsten Instrumente der Digital Communication dargestellt. Aufbauend darauf wird im Anschluss auf das Digital Branding gesondert eingegangen.

17.5.3.1 Kommunikationsinstrumente

Kommunikation widmet sich besonders den mediengebundenen Botschaften eines Absenders an einen entsprechenden Empfänger. Dabei bezeichnet Kommunikation vor diesem Hintergrund die Summe aller Kommunikationsinstrumente eines Unternehmens im Innen- und Außenverhältnis, die zur Verwirklichung der Zielsetzung herangezogen werden können.[189]

Die Instrumente der Kommunikation sowie der digitalen Kommunikation können dabei in Werbung, Verkaufsförderung, Public Relations, Sponsoring, Event-Marketing und Direktkommunikation unterschieden werden. Abb. 17.49 stellt die Instrumente der Digital Communication dar und nennt ausgewählte Einsatzmöglichkeiten.

[188] Vgl. Bruhn (2019), S. 89.

[189] Vgl. Hansl (1992), S. 66.

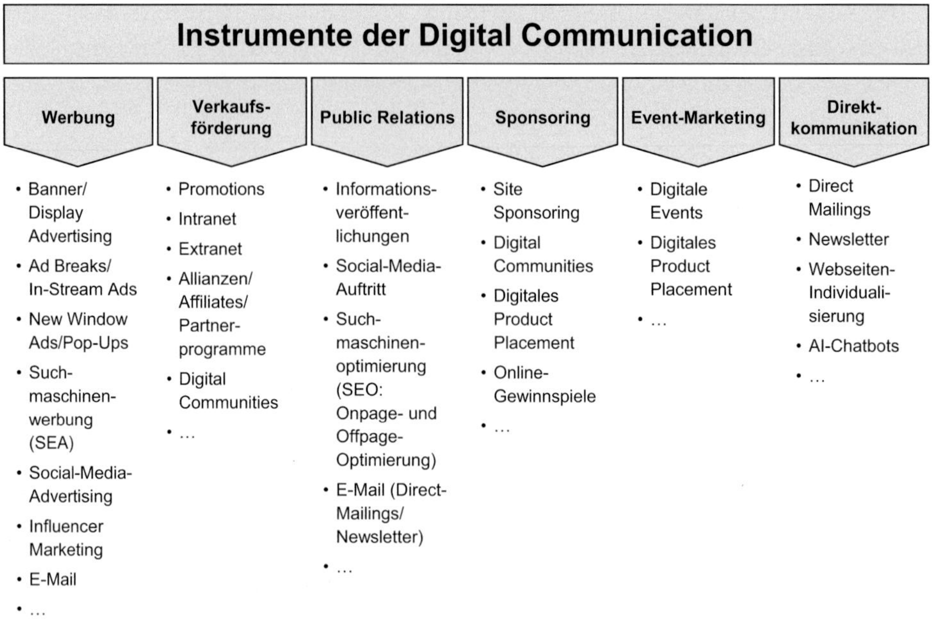

Instrumente der Digital Communication

Werbung
- Banner/ Display Advertising
- Ad Breaks/ In-Stream Ads
- New Window Ads/Pop-Ups
- Suchmaschinenwerbung (SEA)
- Social-Media-Advertising
- Influencer Marketing
- E-Mail
- …

Verkaufsförderung
- Promotions
- Intranet
- Extranet
- Allianzen/ Affiliates/ Partnerprogramme
- Digital Communities
- …

Public Relations
- Informationsveröffentlichungen
- Social-Media-Auftritt
- Suchmaschinenoptimierung (SEO: Onpage- und Offpage-Optimierung)
- E-Mail (Direct-Mailings/ Newsletter)
- …

Sponsoring
- Site Sponsoring
- Digital Communities
- Digitales Product Placement
- Online-Gewinnspiele
- …

Event-Marketing
- Digitale Events
- Digitales Product Placement
- …

Direktkommunikation
- Direct Mailings
- Newsletter
- Webseiten-Individualisierung
- AI-Chatbots
- …

Abb. 17.49 Instrumente der Digital Communication. (Vgl. Wirtz (2001a), S. 474; Wirtz (2020), S. 726; Wirtz (2021), S. 543)

Werbung im Digital Business

Das wirtschaftlich bedeutendste Instrument digitaler Kommunikation ist die Werbung. Die Besonderheiten der Internetwerbung beruhen im Vergleich zu traditioneller Werbung darauf, dass zusätzlich neue Werbemittel in Erscheinung treten. Die populärsten Werbemittel sind E-Mail, Banner beziehungsweise Display Advertising, Ad Breaks und In-Stream Ads, Suchmaschinenwerbung und Social-Media-Advertising.

Diese werden stetig durch sich weiterentwickelnde Formen der Online-Werbung, wie zum Beispiel Keyword Advertising, Advergaming, Floating Ads, oder auch durch Werbung über digitale Sprachassistenten, wie Amazons Alexa, ergänzt. Aufgrund ihrer besonderen Bedeutung im Digital Business werden ausgewählte Werbeformen im Folgenden näher erläutert.

Webseite-integrierte Werbeformen

Zu den direkt in die Webseite integrierten Werbeformen zählen sowohl klassische Textlinks als auch vielfältige Typen von Banner Ads. Als Textlinks werden Textstellen auf einer Webseite bezeichnet, die mit einem Hyperlink hinterlegt sind. Sie stellen die einfachste Form der Werbung auf der Content Site dar.

Bannerwerbung

Als Banner (Display Advertising) werden Werbeformen bezeichnet, die auf einer Webseite geschaltet und per Hyperlink mit dem Internetangebot des Werbetreibenden verknüpft sind. Im Laufe der Zeit sind viele verschiedene Bannerformen entstanden, die sich anhand ihrer Größe, ihres Interaktions- und Funktionspotenzials oder ihrer Multimedialität differenzieren lassen. Mit zunehmender Smartphone-Nutzung steht dabei vermehrt auch die Optimierung für mobile Anzeigeformen im Vordergrund.

Zu den häufigsten Formaten der Bannerwerbung zählen Skyscraper, Billboard und Medium Retinale. Skyscraper-Banner sind 600 Pixel hohe Banner in unterschiedlicher Breite, die meist am rechten Rand einer Internetseite eingesetzt werden. Eine Billboard-Ad hat standardmäßig ein Format von 970 × 250 Pixel und stellt derzeit das Standard-Webseiten-Banner dar. Als Medium Rectangle wird wiederum eine Bannerwerbung bezeichnet, die üblicherweise im handlichen Format 300 × 250 Pixel in den redaktionellen Content einer Webseite integriert ist.

Klassische Banner können entweder in statischer oder animierter Form vorliegen. Statische Banner bestehen dabei grundsätzlich nur aus einer einzelnen Grafik, während animierte Banner aus einer Serie von Einzelbildern zusammengesetzt sind, die in einem vorgegebenen Zeitintervall eine kleine Animation ergeben. Die einzige Interaktionsmöglichkeit mit einem klassischen Banner besteht darin, über den hinterlegten Hyperlink die Webseite des Werbetreibenden aufzurufen.

Transaktive Banner stellen eine Weiterentwicklung des klassischen Banners dar und finden heute weite Verbreitung. Sie verfügen in der Regel über einen erweiterten Funktionsumfang und zahlreiche Möglichkeiten zur Interaktion. Transaktive Banner erlauben die Einbettung von Dokumenten bis hin zu kleinen Spielen. Durch eingebettete Scripts ist zur Interaktion mit dem Banner ein Verlassen der eigentlichen Webseite zum Teil nicht mehr notwendig, sodass zum Beispiel eine Kaufabwicklung direkt über diesen erfolgen könnte.

Zur Gruppe der transaktiven Banner zählt neben dem HTML-Banner, der einfachsten Form eines transaktiven Banners, auch der Rich-Media-Banner. Diese Banner unterscheiden sich vornehmlich anhand der zugrunde liegenden Scriptsprachen beziehungsweise Technologien. Hierzu gehören vor allem Java-, Shockwave- oder Flash-Banner sowie Streaming Video Ads. Diese Scriptsprachen ermöglichen eine flexiblere Ausgestaltung des Banners und erlauben so die Anreicherung mit komplexen Multimediainhalten, wie Video- oder Audioinhalten.

Allerdings sind zur Darstellung von Rich-Media-Bannern meist Browser Plug Ins notwendig, wodurch Usergruppen eingeschränkt werden können. In diesem Kontext ist die Verwendung gängiger Formate üblich, die in der Regel bereits zuvor in den Browser eingebunden (zum Beispiel Macromedia Flash) oder gewöhnlich vorinstalliert wurden (zum Beispiel Java).

Das Platzieren von Bannern auf Internetseiten ist nach wie vor eine der am häufigsten anzutreffenden Werbeart im Internet. Der Erfolg dieser Form der Werbung wird anhand von quantifizierbaren Größen wie Anzahl der Page Impressions, der Klickraten und Anzahl der ausgeführten Kaufaktionen gemessen. Page Impressions bezeichnen die Anzahl der abgerufenen Internetseiten. Klickraten messen die Anzahl der ausgeführten Zugriffe auf einen bestimmten Inhalt.

Aufgrund ihrer häufigen Verwendung haben Bannerkampagnen als Urform des Online-Marketing jedoch stark an Wirksamkeit verloren. So sind die Klickraten der meisten Banner auf durchschnittlich etwa 0,05 % gesunken.[190] Um diesem Trend entgegenzuwirken, sind Banner unter anderem immer häufiger als Rich-Media-Banner ausgestaltet, wodurch die Bannerwerbung an Abwechslung gewinnt und lebendiger wird. Rich-Media-Banner erreichen dadurch im Durchschnitt etwa doppelt so viele Klicks wie Standardbanner.

Content Advertising und Native Advertising

Ein weiterer Trend, der sich mit der Zunahme von Bannerkampagnen verbreitet hat, ist das Content Advertising. Auch beim Content Advertising wird eine klassische Werbeanzeige geschaltet, jedoch steht hierbei nicht das werbende Unternehmen im Vordergrund. Vielmehr sollen dem Kunden nützliche Inhalte präsentiert werden, das werbende Unternehmen ist dabei als Urheber klar zu erkennen und positioniert sich so als Experte auf diesem Gebiet.

Eine Unterform des Content Advertising stell das Native Advertising dar. Beim Native Advertising ist die Werbeanzeige so gestaltet, dass sie sich kaum vom redaktionellen Inhalt der Webseite unterscheiden lässt. Die Inhalte der Werbeanzeige erscheinen dem Kunden dadurch besonders glaubwürdig.

Auch das aus Printmedien bekannte sogenannte Advertorial wird in diesem Kontext digital zunehmend eingesetzt. Eine Studie der Medienanstalt Berlin-Brandenburg ergab, dass nur jeder vierte Nutzer ein Online-Advertorial als Werbung erkennt.[191] Unternehmen können daher durch Native Advertising bei unzureichender Kennzeichnung schnell in den kritischen Bereich der Schleichwerbung geraten.

Ad Breaks/In-Stream Ads

Mit der Zunahme von Videoinhalten und Podcasts im Internet steigt die Bedeutung von Ad Breaks beziehungsweise In-Stream Ads. Dabei handelt es sich um Werbung, die das Video oder den Podcast unterbricht oder vor diesem abgespielt wird. Insbesondere auf YouTube oder bei Videoinhalten auf Social-Media-Plattformen wie Facebook ist diese Werbeform relevant.

New Window Ads

Als New Window Ads werden Werbeformen bezeichnet, die bei der Webseiten-Nutzung in einem neuen Browserfenster erscheinen. Bekanntester Vertreter dieser Klasse ist das klassische Pop-Up. Weitere Vertreter sind Pop-Under und das Shaped Pop-Up, beides kreative Abwandlungen des herkömmlichen Pop-Ups. Je nach ihrer Größe, dem Zeitpunkt der Werbeschaltung, der Anzahl der verwendeten multimedialen Elemente sowie der Anzahl

[190] Vgl. Chaffey (2019).

[191] Vgl. Medienanstalt Berlin-Brandenburg (2021), S. 4.

der neu im Browserfenster enthaltenen Internetseiten werden New Window Ads unterschieden in Interstitials, Superstitials, Streaming Pops und Microsites.

Pop-Ups und Pop-Unders
Das klassische Pop-Up ist ein Browserfenster, das sich über dem aktiven Content-Browserfenster öffnet und meist kleiner als das aktive Fenster gestaltet ist. Das Pendant stellt das Pop-Under dar, das unter dem aktiven Fenster angezeigt und meist erst nach Schließen der aktiven Fenster vom User wahrgenommen wird. Shaped Pop-Ups entsprechen in ihrer Funktionalität dem klassischen Pop-Up, sind jedoch in ihrer Formgebung variabel, sodass eine größere gestalterische Freiheit des Werbefensters möglich ist.

Interstitials und Superstitials
Wird ein New Window Ad unabhängig vom Nutzungsverhalten des Users eingeblendet spricht man von einem Interstitial. Diese Art des New Window Ad kann mit der klassischen Werbeunterbrechung im TV verglichen werden. Üblicherweise wird ein Interstitial nach einem vordefinierten Zeitraum, beziehungsweise nach Ablauf der Werbeschaltung, wieder ausgeblendet. Eine Extremform des Interstitials stellt das Superstitial dar. Es wird meist im Fullscreen-Format, das heißt bildschirmfüllend, dargestellt und enthält zahlreiche Rich-Media-Elemente.

Streaming Spots
Ein weiteres New Window Ad stellen Streaming Spots dar. Diese sind wie Streaming Ads Rich-Media-Werbefilme, die im Internet geschaltet werden. In Streaming Spots können Animationen sowie Ton-, Film- und Textelemente kombiniert werden. Der Unterschied zu Streaming Ads besteht darin, dass Streaming Spots in einem Pop-Up-Fenster geöffnet werden und in der Regel großflächiger als Streaming Ads gestaltet werden. Wenn Streaming Spots im Fullscreen-Format geschaltet werden, werden sie E-Mercials genannt.

Microsites
Als Microsite wird eine weniger umfangreiche und auf ein bestimmtes Thema oder ein Event fokussierte eigenständige Webseite bezeichnet, die in einem Pop-Up-Fenster geöffnet wird. Microsites enthalten üblicherweise eine Navigation und Subsides, auf denen sich wiederum Werbeinhalte, zum Beispiel in Form von Streaming Ads, platzieren lassen. In Microsites können daher wesentlich umfangreichere Inhalte als in anderen New Window Ads kommuniziert werden, ohne dass der Inhalt des eigentlichen Content-Fensters ausgetauscht werden muss.

Layer Ads
Als Layer Ads werden Werbeformen bezeichnet, die in einer Ebene über der eigentlichen Content Site liegen und nicht in einem neuen Fenster geöffnet werden. Wenn sich die Werbung oberhalb des eigentlichen Contents frei über den Bildschirm zu bewegen scheint, werden Layer Ads als Floating Ads bezeichnet. Floating Ads können beispielsweise als

DHTML-Banner, Flash Layer Ads oder Dynamites realisiert werden. Darüber hinaus zählen zu Layer Ads noch Mouse Over-Banner, Shutter, Sticky Ads und Mouse Follows.

Dynamic HTML-Banner und Flash Layer

Dynamic HTML-Banner sind eine Umsetzungsvariante von Layer beziehungsweise Floating Ads. Die Verwendung von DHTML (HTML in Verbindung mit einer clientseitigen Skriptsprache) ermöglicht die Erstellung von dynamischen Inhalten. Auf diese Weise können DHTML-Banner vielfältig animiert werden und suggerieren, dass die Werbung über der Content Site schwebt.

Außerdem erlauben DHTML-Banner die Integration diverser Interaktionsmöglichkeiten. Ähnliche Effekte können mittels Flash Layern erreicht werden. Hierbei wird über die Content Site eine Werbeebene mit transparentem Hintergrund gelegt, auf der ein Werbefilm (Flash Movie) abläuft. Aufgrund ihrer einfacheren Erstellung finden sich in der Praxis eher Flash Layer als DHTML-Banner.

Relevanz von Pop-Up-Werbung und Layer Ads

Insgesamt ist zu konstatieren, dass sowohl Pop-Ups als auch ihre Weiterentwicklung, Layer Ads, ein erhebliches Potenzial haben, die Aufmerksamkeit des Users zu gewinnen. Sowohl die multimediale Ausgestaltung der Werbung mit Animationen und hochwertigen Video- und Audiosequenzen als auch sich bewegende Werbung können die Aufmerksamkeit des Users erheblich steigern.

Dennoch sind diese Werbeformen mit Vorsicht einzusetzen, da von ihnen auch einige Gefahren ausgehen. Zahlreiche Studien haben gezeigt, dass diese Formen der Werbung im Internet bei vielen Usern dazu führen, dass sie sich in ihrem Nutzungsverhalten gestört fühlen. Es besteht das Risiko, der Marke mit dem Einsatz von Pop-Ups oder Floating Ads zu schaden.

Dem kann entgegengewirkt werden, indem dem User die Möglichkeit gegeben wird, das Werbefenster oder den Layer problemlos zu beenden. Die üblichen Standard-Browser bieten darüber hinaus die Möglichkeit, Pop-Ups zu blocken, sodass der User diese nicht angezeigt bekommt. Entsprechend hat diese Form der Werbung erheblich an Bedeutung verloren.

Suchmaschinenwerbung

Ein weiterer wichtiger Bereich des Online-Marketing ist das Suchmaschinenmarketing. Zum Suchmaschinenmarketing zählen die Suchmaschinenoptimierung (SEO: Search Engine Optimization) und die Suchmaschinenwerbung (SEA: Search Engine Advertising).

Ziel der Suchmaschinenoptimierung (SEO) ist es, die eigene Webseite so zu gestalten, dass sie von Suchmaschinen als relevantes Suchergebnis gefunden und möglichst hoch gerankt wird. Dafür ist es wichtig, relevante Suchbegriffe für das eigene Produkt zu kennen und diese auf Website-Texten sowie in Bildbeschreibungen zu verwenden (Onpage-Optimierung). Da bei der Suchmaschinenoptimierung für das Ranking nicht bezahlt wird, ist sie zur Digital PR zu zählen.

Bei der Suchmaschinenwerbung (SEA) soll wiederum bei der Eingabe eines relevanten Suchbegriffes eine Anzeige des Unternehmens auf der Trefferseite der Suchmaschine erscheinen. Damit die Anzeige zielführend geschaltet wird und tatsächlich potenziellen Käufern angezeigt wird, nutzen Unternehmen häufig Keyword Advertising.

KeywordAdvertising

Als Keyword Advertising wird das kontextsensitive Werben auf Suchmaschinen-Webseiten verstanden.[192] Hierbei erwirbt der Werbetreibende Keywords von einem Suchmaschinenanbieter. Taucht dieses Keyword in der Suchanfrage eines Users auf, wird neben den Suchergebnissen auch die (meist textbasierte) Werbung des Werbetreibenden eingeblendet.

Der Preis des Keywords wird gewöhnlich durch einen Bietprozess ermittelt und hängt daher maßgeblich von dessen Popularität ab. Werben mehrere Werbetreibende mit demselben Keyword, wird die Reihenfolge, in der die Werbung angezeigt wird, meist durch die Zahlungsbereitschaft der Werbetreibenden bestimmt. Der erfolgreichste Anbieter von Keyword Advertising ist das Unternehmen Google mit seinem Angebot Google Ads (ehemals AdWords).

Abb. 17.50 zeigt die Werbeform Keyword Advertising am Beispiel von Google Ads. Insgesamt hat sich Suchmaschinenwerbung als eine der wichtigsten Werbearten im Internet etabliert und auch andere Suchmaschinenanbieter wie Yahoo oder Microsoft bauen ihre Kompetenzen auf diesem Gebiet stark aus.

Network Keyword Advertising

Das Gegenstück zum Keyword Advertising bildet das Network Keyword Advertising. Das von Google im Jahr 2002 unter dem Namen AdSense entwickelte Verfahren basiert auf einem großen Netzwerk an Webseiten, die gegen Bezahlung von Google bereitgestellte Werbung platzieren.

Die Werbung wird dabei dem Kontext der Webseite, die wiederum über Keywords bestimmt wird, angepasst. Dafür nutzt Google Webcrawler, wie sie auch zur Indexierung der Google-Suchergebnisse zum Einsatz kommen.

Social-Media-Advertising

Neben dem Erreichen von organischer Reichweite durch den Aufbau einer Social-Media-Community sind die sozialen Medien auch für den Bereich der Online-Werbung ein wichtiger Bestandteil. Social-Media-Advertising ist multimedial und kann aus Texten, Bildern oder auch Videosequenzen bestehen.

Ein Vorteil des Social-Media-Advertising ist, dass Nutzer von Social-Media-Plattformen dort viele persönliche Informationen und Präferenzen offenbaren. Hierdurch ist eine sehr genaue und damit kostengünstige Ansprache der Zielgruppe möglich.

Exkurs: Targeting in der Digital Communication

Den zentralen Ausgangspunkt einer erfolgreichen Umsetzung von Werbung bildet das (Online-)Targeting. Unter dem Online-Targeting wird im Speziellen ein auf konkrete Zielgruppen abgestimmter Einsatz digitaler sowie automatisierter Werbemaßnahmen

[192] Vgl. Gay/Charlesworth/Esen (2007), S. 226 f.

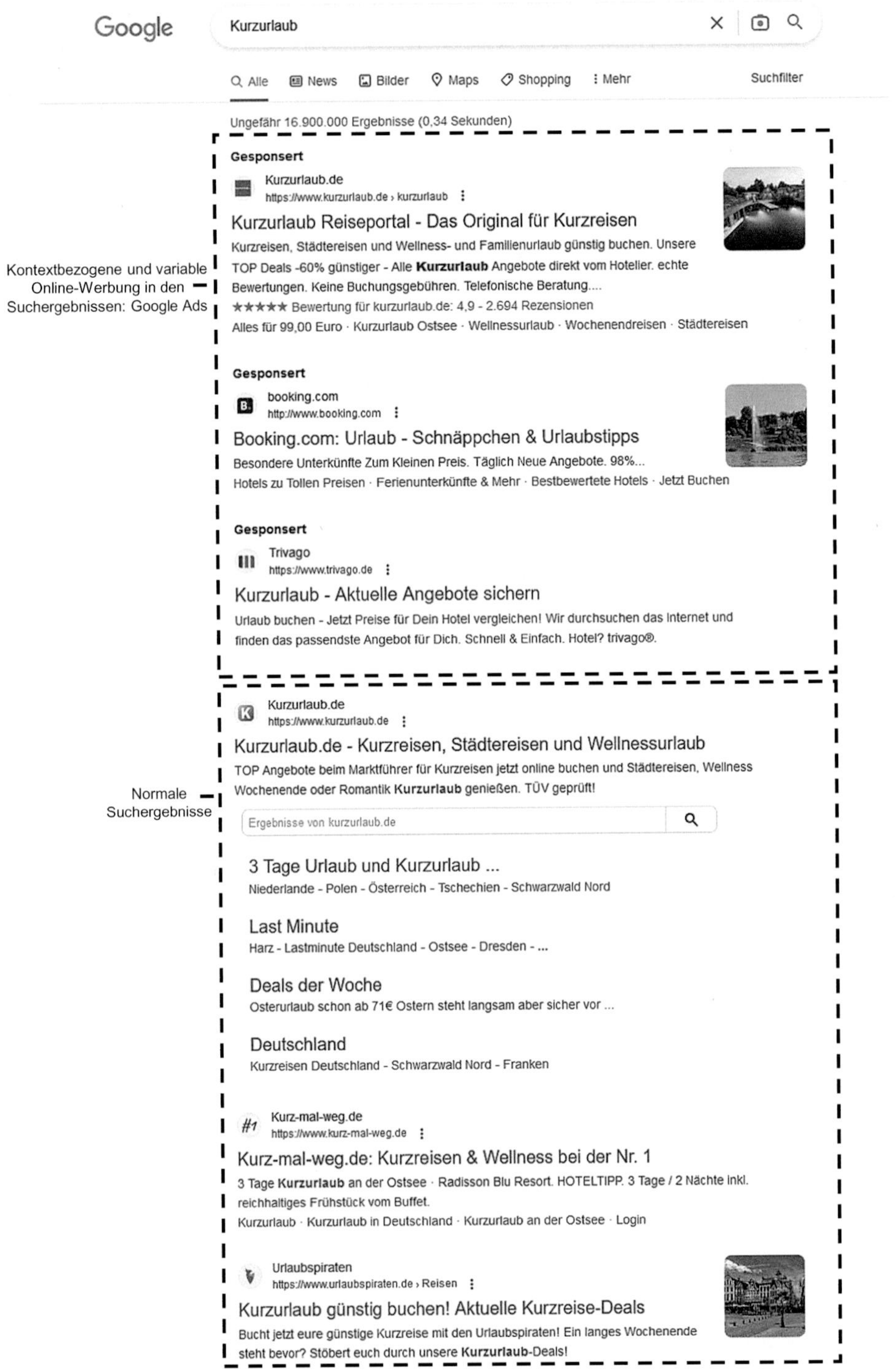

Google

Kurzurlaub

Alle News Bilder Maps Shopping Mehr Suchfilter

Ungefähr 16.900.000 Ergebnisse (0,34 Sekunden)

Kontextbezogene und variable Online-Werbung in den Suchergebnissen: Google Ads

Gesponsert

Kurzurlaub.de
https://www.kurzurlaub.de › kurzurlaub

Kurzurlaub Reiseportal - Das Original für Kurzreisen

Kurzreisen, Städtereisen und Wellness- und Familienurlaub günstig buchen. Unsere TOP Deals -60% günstiger - Alle **Kurzurlaub** Angebote direkt vom Hotelier. echte Bewertungen. Keine Buchungsgebühren. Telefonische Beratung....

★★★★★ Bewertung für kurzurlaub.de: 4,9 - 2.694 Rezensionen

Alles für 99,00 Euro · Kurzurlaub Ostsee · Wellnessurlaub · Wochenendreisen · Städtereisen

Gesponsert

booking.com
http://www.booking.com

Booking.com: Urlaub - Schnäppchen & Urlaubstipps

Besondere Unterkünfte Zum Kleinen Preis. Täglich Neue Angebote. 98%...

Hotels zu Tollen Preisen · Ferienunterkünfte & Mehr · Bestbewertete Hotels · Jetzt Buchen

Gesponsert

Trivago
https://www.trivago.de

Kurzurlaub - Aktuelle Angebote sichern

Urlaub buchen - Jetzt Preise für Dein Hotel vergleichen! Wir durchsuchen das Internet und finden das passendste Angebot für Dich. Schnell & Einfach. Hotel? trivago®.

Normale Suchergebnisse

Kurzurlaub.de
https://www.kurzurlaub.de

Kurzurlaub.de - Kurzreisen, Städtereisen und Wellnessurlaub

TOP Angebote beim Marktführer für Kurzreisen jetzt online buchen und Städtereisen, Wellness Wochenende oder Romantik **Kurzurlaub** genießen. TÜV geprüft!

Ergebnisse von kurzurlaub.de

3 Tage Urlaub und Kurzurlaub ...

Niederlande - Polen - Österreich - Tschechien - Schwarzwald Nord

Last Minute

Harz - Lastminute Deutschland - Ostsee - Dresden - ...

Deals der Woche

Osterurlaub schon ab 71€ Ostern steht langsam aber sicher vor ...

Deutschland

Kurzreisen Deutschland - Schwarzwald Nord - Franken

Kurz-mal-weg.de
https://www.kurz-mal-weg.de

Kurz-mal-weg.de: Kurzreisen & Wellness bei der Nr. 1

3 Tage **Kurzurlaub** an der Ostsee · Radisson Blu Resort. HOTELTIPP. 3 Tage / 2 Nächte inkl. reichhaltiges Frühstück vom Buffet.

Kurzurlaub · Kurzurlaub in Deutschland · Kurzurlaub an der Ostsee · Login

Urlaubspiraten
https://www.urlaubspiraten.de › Reisen

Kurzurlaub günstig buchen! Aktuelle Kurzreise-Deals

Bucht jetzt eure günstige Kurzreise mit den Urlaubspiraten! Ein langes Wochenende steht bevor? Stöbert euch durch unsere **Kurzurlaub**-Deals!

Abb. 17.50 Suchergebnisse mit Werbeanzeigen durch Google Ads. (In Anlehnung an Google (2023))

verstanden.[193] Der damit verbundene Targetingprozess kann generell in fünf aufeinanderfolgende Phasen eingeteilt werden: Scan/IST-Analyse, Ziel-/Marktfestlegung, Targetinginstrumente, Umsetzung und Evaluation. Abb. 17.51 stellt den grundlegenden Targetingprozess dar.

Scan/IST-Analyse

Den Ausgangspunkt des Targetingprozesses bildet eine Scan/IST-Analyse, in der die aktuelle Situation eines Unternehmens analysiert und bewertet wird. Dabei erfolgt insbesondere eine Abweichungsbewertung zwischen aktuellen und geplanten Geschäfts- beziehungsweise Marketingzielen. Von zentraler Bedeutung ist in diesem Zusammenhang die Aufdeckung wesentlicher Schwachstellen der aktuellen Marketingaktivitäten im Hinblick auf die Erreichung der Unternehmensziele sowie die für das Marketing zur Verfügung stehenden Kapazitäten und Ressourcen.

Ziel-/Marktfestlegung

In der nächsten Phase der Ziel- beziehungsweise Marktfestlegung erfolgt eine Lokalisierung und Segmentierung des Zielmarktes. Auf Basis der gewonnen Erkenntnisse aus der Scan/IST-Analyse werden zunächst relevante Zielmärkte identifiziert. Der Gesamtmarkt wird dabei anhand bestimmter Kriterien, die auch als Targetingvariablen bezeichnet werden, in die gewünschten Zielmärkte segmentiert. Dabei können im Wesentlichen sechs Formen von Targetingvariablen zur Segmentierung unterschieden werden: Beziehung

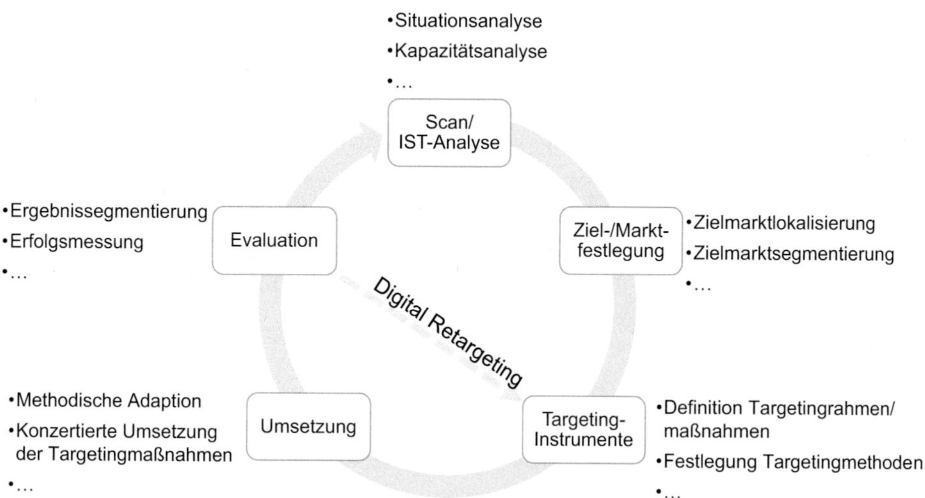

Abb. 17.51 Targetingprozess. (Vgl. Wirtz (2020), S. 735; Wirtz (2021), S. 544)

[193] Vgl. Bundesverband Digitale Wirtschaft (2014), S. 4.

zum Unternehmen, Demografika, Psychografika und Einstellungen, Wert für das Unternehmen, Phase im Lebenszyklus und Verhalten.[194]

Targeting-Instrumente
Die dritte Phase des Targetingprozesses befasst sich mit der Bestimmung und Selektion geeigneter Targetinginstrumente. Dabei wird auf Basis der Lokalisierung und Segmentierung des Zielmarktes zunächst der Targetingrahmen und die damit verbundenen Targetingmaßnahmen definiert sowie geeignete Targetingmethoden abgeleitet und festgelegt.

Umsetzung
Im Anschluss daran erfolgt in der vierten Phase die Umsetzung des Targetings unter Anwendung der zuvor festgelegten Targetingmethoden. Dabei werden die Businessanforderungen und Managementvorgaben im Hinblick auf die Zielmärkte und Segmentierung technisch umgesetzt. Dies bedeutet, dass die technisch relevanten Instrumente für das Targeting sowie die Verarbeitung und Ausspielung der Werbemittel, wie insbesondere der Adserver, entsprechend angepasst beziehungsweise programmiert werden müssen. Sobald diese technische und methodische Adaption vollzogen ist, kann eine konzertierte Umsetzung der Targetingmaßnahmen erfolgen.

Evaluation
Nach der Umsetzung erfolgt in der letzten Phase des Targetingprozesses eine Evaluation der Targetingmaßnahmen mithilfe des Adservers. Dieser erlaubt eine Ergebnissegmentierung und Erfolgsmessung des Targetings und der damit verbundenen Werbemittel.

Falls die Targetingziele und damit verbundenen Werbeziele nicht erreicht wurden, kann ein digitales Retargeting initiiert werden. Dabei werden Nutzer, die mit dem ersten Targetingversuch nicht erreicht wurden, das heißt die beispielsweise das damit verbundene Werbemittel nicht angeklickt oder das beworbene Produkt nicht gekauft haben, markiert und im Rahmen des Retargetings wiedergefunden und erneut angesprochen werden.

Die damit verbundenen Targetinginstrumente und Werbemittel können dabei zuvor modifiziert werden, um die Erfolgschancen des Retargetings zu erhöhen. Das Retargeting setzt somit in der Regel erneut bei der dritten Prozessphase ein und kann im Grunde beliebig oft wiederholt werden, bis die gewünschte Zielgruppe erfolgreich im Sinne der Targeting- und Marketingziele erreicht wurde.

Targetingmethoden
Im Zusammenhang mit den zur Verfügung stehenden Targetinginstrumenten sind mit zunehmender Entwicklung des Digital Business mit der Zeit immer mehr Targetingmethoden entstanden, die zur Erreichung einer gewünschten Zielgruppe eingesetzt werden kön-

[194] Vgl. Chaffey/Hemphill/Edmundson-Bird (2019), S. 332; Meffert et al. (2019), S. 754.

nen. Insgesamt kann dabei zwischen 16 Targetingmethoden unterschieden werden. Abb. 17.55 gibt einen Überblick über die Vielzahl unterschiedlicher Targetingmethoden im Digital Business.

Die in Abb. 17.52 dargestellten Targetingmethoden können in sechs wesentliche Kategorien eingeteilt werden: technisch-basiertes Targeting, sprachbasiertes Targeting, soziodemografisch-basiertes Targeting, einstellungs- und verhaltensbasiertes Targeting, unternehmensbasiertes Targeting und integriertes Targeting.

Technisch-basiertes Targeting

Technisch-basiertes Targeting adressiert Nutzer anhand von technischen Parametern und umfasst die Targetingmethoden Geotargeting, Time Targeting, Technical Targeting und Frequency Capping. Beim Geotargeting wird die Einblendung von Werbeanzeigen auf den Nutzer einer bestimmten geografischen Region ausgerichtet. Dies geschieht beispielsweise durch die Auswertung der IP-Adresse, die Informationen über den Standort eines Nutzers enthält.

Das Time Targeting richtet die Werbeeinblendung auf eine bestimmte Tages- oder Stundenzeit aus. Die Ansprache erfolgt beispielsweise an Nutzer, die zu einer festgelegten Zeit online sind. Technical Targeting ist eine auf die technische Ausstattung bezogene Ausrichtung der Werbemittel. Die Orientierung erfolgt dabei beispielsweise auf Basis des genutzten Betriebssystems oder Webbrowsers.

Das Frequency Capping stellt die letzte Targetingmethode im Rahmen des technisch-basierten Targetings dar und beschreibt eine auf die Häufigkeit der Nutzeransprache bezogene Ausrichtung. Diese Targetingmethode ist durch eine Limitierung der Werbeanzeige pro Nutzer mittels Einstellungen in den Adservern gekennzeichnet.

Sprachbasiertes Targeting

Sprachbasiertes Targeting erfolgt auf der Grundlage sprachlicher Aspekte und beinhaltet die Targetingmethoden Keyword Targeting, Contextual Targeting und Semantic Targeting. Das Keyword Targeting ist auf die Suchbegriffe von Nutzern im Rahmen von Suchmaschinenanfragen ausgerichtet. Der Nutzer erhält dabei Werbeinhalte, die auf die Begriffe seiner Suche abgestimmt sind.

Beim Contextual Targeting erfolgt die Ausrichtung der Werbeeinblendung auf Basis von zuvor festgelegten Schlagwörtern und dem Kontext der Webseite. Dem Besucher einer Webseite werden dabei nur Werbeanzeigen eingeblendet, wenn die dafür vorab definierten Schlagwörter im Text der Webseite enthalten sind und in dessen Kontext passen.

Eine Weiterentwicklung dieser Targetingmethode stellt das Semantic Targeting dar. Dabei erfolgt die Anzeige von Werbemitteln nicht anhand einzelner Schlagwörter, sondern basiert auf der semantischen Gesamtbedeutung der Webseiteninhalte und deren Passung zu einem zuvor festgelegten Thema. Dem Nutzer wird somit beim Besuch einer Website und der damit verbundenen Auseinandersetzung mit einem bestimmten Thema eine themenspezifische Werbung eingeblendet.

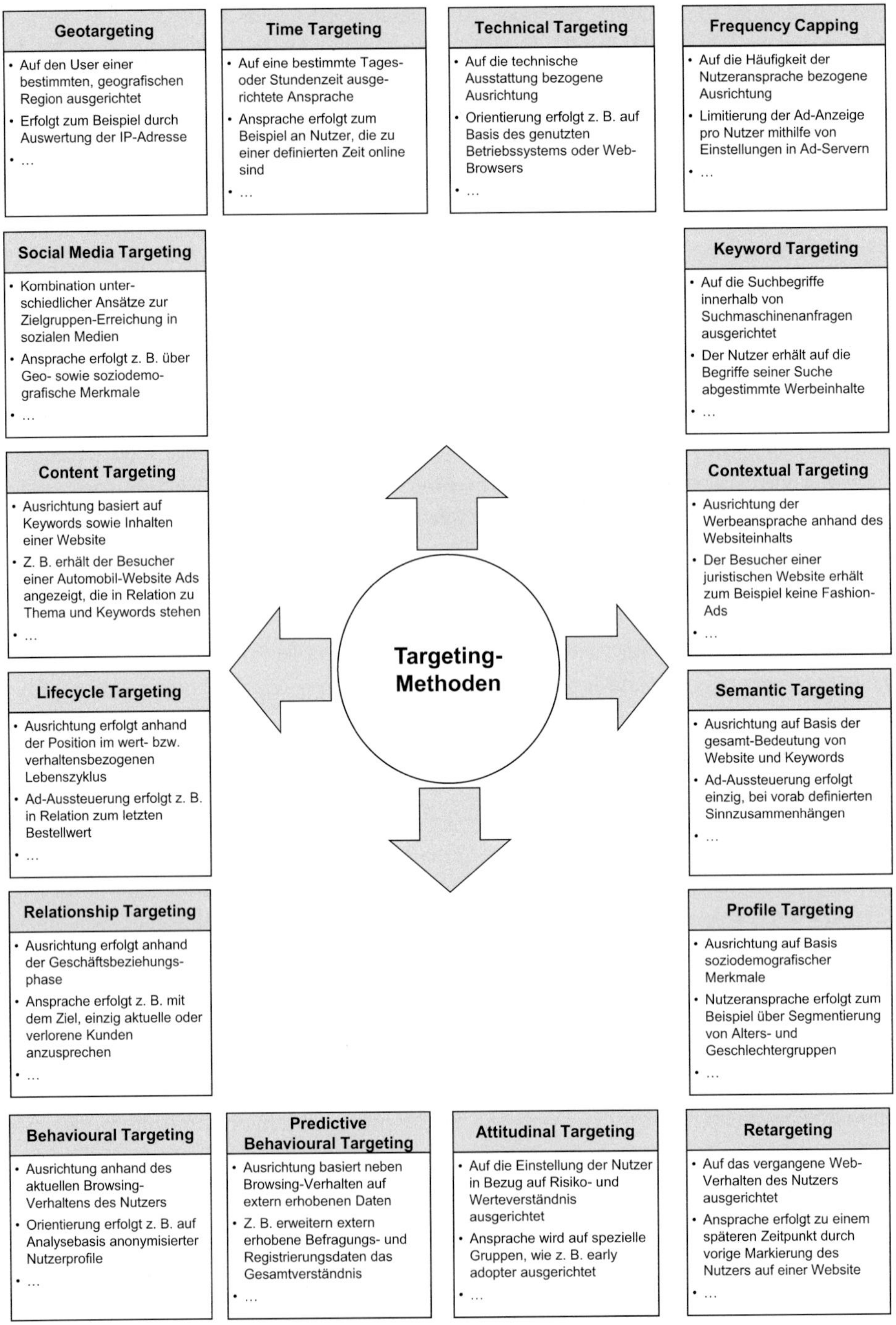

Geotargeting
- Auf den User einer bestimmten, geografischen Region ausgerichtet
- Erfolgt zum Beispiel durch Auswertung der IP-Adresse
- …

Time Targeting
- Auf eine bestimmte Tages- oder Stundenzeit ausgerichtete Ansprache
- Ansprache erfolgt zum Beispiel an Nutzer, die zu einer definierten Zeit online sind
- …

Technical Targeting
- Auf die technische Ausstattung bezogene Ausrichtung
- Orientierung erfolgt z. B. auf Basis des genutzten Betriebssystems oder Web-Browsers
- …

Frequency Capping
- Auf die Häufigkeit der Nutzeransprache bezogene Ausrichtung
- Limitierung der Ad-Anzeige pro Nutzer mithilfe von Einstellungen in Ad-Servern
- …

Social Media Targeting
- Kombination unterschiedlicher Ansätze zur Zielgruppen-Erreichung in sozialen Medien
- Ansprache erfolgt z. B. über Geo- sowie soziodemografische Merkmale
- …

Keyword Targeting
- Auf die Suchbegriffe innerhalb von Suchmaschinenanfragen ausgerichtet
- Der Nutzer erhält auf die Begriffe seiner Suche abgestimmte Werbeinhalte
- …

Content Targeting
- Ausrichtung basiert auf Keywords sowie Inhalten einer Website
- Z. B. erhält der Besucher einer Automobil-Website Ads angezeigt, die in Relation zu Thema und Keywords stehen
- …

Targeting-Methoden

Contextual Targeting
- Ausrichtung der Werbeansprache anhand des Websiteinhalts
- Der Besucher einer juristischen Website erhält zum Beispiel keine Fashion-Ads
- …

Lifecycle Targeting
- Ausrichtung erfolgt anhand der Position im wert- bzw. verhaltensbezogenen Lebenszyklus
- Ad-Aussteuerung erfolgt z. B. in Relation zum letzten Bestellwert
- …

Semantic Targeting
- Ausrichtung auf Basis der gesamt-Bedeutung von Website und Keywords
- Ad-Aussteuerung erfolgt einzig, bei vorab definierten Sinnzusammenhängen
- …

Relationship Targeting
- Ausrichtung erfolgt anhand der Geschäftsbeziehungsphase
- Ansprache erfolgt z. B. mit dem Ziel, einzig aktuelle oder verlorene Kunden anzusprechen
- …

Profile Targeting
- Ausrichtung auf Basis soziodemografischer Merkmale
- Nutzeransprache erfolgt zum Beispiel über Segmentierung von Alters- und Geschlechtergruppen
- …

Behavioural Targeting
- Ausrichtung anhand des aktuellen Browsing-Verhaltens des Nutzers
- Orientierung erfolgt z. B. auf Analysebasis anonymisierter Nutzerprofile
- …

Predictive Behavioural Targeting
- Ausrichtung basiert neben Browsing-Verhalten auf extern erhobenen Daten
- Z. B. erweitern extern erhobene Befragungs- und Registrierungsdaten das Gesamtverständnis
- …

Attitudinal Targeting
- Auf die Einstellung der Nutzer in Bezug auf Risiko- und Werteverständnis ausgerichtet
- Ansprache wird auf spezielle Gruppen, wie z. B. early adopter ausgerichtet
- …

Retargeting
- Auf das vergangene Web-Verhalten des Nutzers ausgerichtet
- Ansprache erfolgt zu einem späteren Zeitpunkt durch vorige Markierung des Nutzers auf einer Website
- …

Abb. 17.52 Targetingmethoden. (Vgl. Wirtz (2020), S. 737; Wirtz (2021), S. 546)

Soziodemografisch-basiertes Targeting
Soziodemografisch-basiertes Targeting adressiert Nutzer anhand ihrer soziodemografischen Eigenschaften und bezieht sich auf die Targetingmethode des Profile Targetings. Dabei beruht die Ausrichtung der Werbeanzeige auf soziodemografischen Merkmalen des Nutzers, wie etwa Geschlecht, Bildungsstand und Alter. Die Ansprache eines Nutzers beim Besuch einer Webseite erfolgt in der Regel auf Basis eines vorab definierten soziodemografischen Nutzerprofils, das sich aus einer Kombination solcher Merkmale zusammensetzt.

Einstellungs- und verhaltensbasiertes Targeting
Einstellungs- und verhaltensbasiertes Targeting richtet sich an Nutzer auf der Grundlage ihrer Einstellungen beziehungsweise Verhaltensweisen und umfasst die Targetingmethoden Attitudinal Targeting, Behavioral Targeting, Predictive Behavioral Targeting, und Retargeting. Beim Attitudinal Targeting basiert die Ausrichtung der Werbeeinblendung auf psychografischen Kriterien des Nutzers wie etwa Motiven und Einstellungen. Dem Nutzer wird somit beim Besuch einer Webseite Werbung angezeigt, die zu seiner Persönlichkeit und seinen Einstellungen passt, beispielsweise im Zusammenhang mit seinem Preisbewusstsein oder seiner Markenloyalität.

Beim Behavioral Targeting orientiert sich die Ausspielung von Werbung am Surfverhalten des Nutzers, das anhand von Web Analytics erfasst und analysiert wird. Der Nutzer bekommt beim Besuch einer Webseite ausschließlich Werbung angezeigt, die seinen aus dem Surfverhalten abgeleiteten Interessen entspricht. Eine Weiterentwicklung dieser Targetingmethode stellt das Predictive Behavioral Targeting dar. Hierbei basiert die Einblendung der Werbung auf einer Kombination des Surfverhaltens des Nutzers und anderen zusätzlich gewonnen Erkenntnissen wie etwa aus Nutzerbefragungen oder sonstigen Datenquellen.

Beim Retargeting, der letzten einstellungs- und verhaltensbasierten Targetingmethode, wird die Schaltung der Werbung am vergangenen Surfverhalten und damit verbundenen Aktionen des Nutzers ausgerichtet. In der Regel hat der Nutzer eine vom Werbenden gewünschte Aktion zuvor nicht abgeschlossen und wird im Rahmen des Retargetings zu einem späteren Zeitpunkt mit der Werbeeinblendung gezielt angesprochen und dazu bewegt die gewünschte Aktion auszuführen.

Unternehmensbasiertes Targeting
Unternehmensbasiertes Targeting adressiert Nutzer auf Basis von unternehmensbezogenen Merkmalen und besteht aus den Targetingmethoden Relationship Targeting und Lifecycle Targeting. Beim Relationship Targeting bezieht sich die Ausrichtung der Werbeeinblendung auf die Geschäftsbeziehung eines Nutzers zum entsprechenden Unternehmen. Die Ansprache erfolgt dabei beispielsweise mit dem Ziel potenzielle Kunden, Bestandskunden oder verlorene Kunden zu erreichen.

Das Lifecycle Targeting orientiert sich an der Position eines Nutzers im wert- und verhaltensbezogenen Lebenszyklus. Die Ausspielung der Werbung orientiert sich beispielsweise am letzten Bestellwert des Nutzers oder an der vergangenen Zeit seit seiner Registrierung.

Integriertes Targeting
Integriertes Targeting erfolgt anhand einer Kombination verschiedener Targetingmethoden und umfasst die Targetingmethoden Content Targeting und Social Media Targeting. Das Content Targeting ist eine hybride Targetingmethode, bestehend aus den verschiedenen, sprachbasierten Targetingmethoden. Die Ausrichtung der Werbeeinblendung erfolgt somit auf Basis von Keywords sowie Themen und Inhalten auf einer Webseite.

Social Media Targeting stellt auch eine Hybridform unterschiedlicher Ansätze zur Erreichung bestimmter Zielgruppen in sozialen Medien dar. Dabei werden insbesondere sprachbasierte, soziodemografisch-basierte sowie einstellungs- und verhaltensbasierte Targetingmethoden zur Nutzeransprache kombiniert.

Zusammenfassend kann konstatiert werden, dass dem Targeting eine herausragende Bedeutung im Bereich der (Online-)Werbung beigemessen wird. Durch die erheblichen technologischen Fortschritte im Bereich Big Data Analytics und Artificial Intelligence eröffnen sich Unternehmen immer intelligentere und differenziertere Targetingmöglichkeiten, die eine immer effektivere und effizientere Zielgruppenansprache ermöglichen und somit erheblich zum Kommunikationserfolg von Unternehmen in der Werbung beitragen.

Insbesondere im Social-Media-Bereich ist ein sehr zielgenaues Targeting möglich, da den Plattformen umfangreiche Daten zu ihren Nutzern und deren Online-Verhalten vorliegen. Wird nur eine sehr klein gefasste Gruppe von Nutzern gezielt angesprochen, ist in diesem Zusammenhang auch von Microtargeting die Rede. Eine wichtige Werbeform insbesondere im Bereich der sozialen Medien ist das Influencer Marketing.

Influencer Marketing
Im Rahmen der Digital Communication und der Social Media Aktivitäten haben Influencer in den letzten Jahren eine besondere Bedeutung erlangt. Unternehmen integrieren gezielt Influencer (Meinungsmacher) in ihre Marken- und Marketingkommunikation. Influencer wie insbesondere Blogger oder Vlogger (Video-Blogger) werden als vertrauenswürdige, einflussreiche und reichweitenstarke Multiplikatoren in sozialen Medien wie etwa YouTube und Instagram angesehen.

Sie stellen in ihren Beiträgen Produkte und Services von Unternehmen verkaufsfördernd vor und beschreiben diese. Die Vergütung für ihre Werbetätigkeit richtet sich dabei in der Regel nach ihrer Reichweite, beispielsweise in Form der Anzahl ihrer Abonnenten und Follower, oder nach ihrem positivem Verkaufsbeitrag gemessen an verknüpften Umsatzerlösen.

Influencer sind fast allen Internetnutzern ein vertrauter Begriff. Einer Marktforschungsstudie zu Folge kennen 93 % der befragten User Influencer. Der Begriff wird zunehmend mit gezielt erstellter und bezahlter Werbung in Verbindung gebracht.[195] Eine Umfrage des Bundesverbandes digitale Wirtschaft zeigt, dass bereits 59 % der befragten Unternehmen Influencer Marketing umsetzen und weitere 24 % über die Umsetzung nachdenken.

[195] Vgl. Wavemaker (2019), S. 14 f.

Vorteile und Relevanz von Influencer Marketing

Darüber hinaus werden dem Influencer Marketing verschiedene Vorteile zugesprochen. Demnach nennen 74 % der befragten Unternehmen eine verbesserte Authentizität gegenüber dem klassischen Marketing als Vorteil. Daneben sprechen sich 65 % dafür aus, dass Influencer Marketing eine verbesserte Kommunikation mit den gewünschten Kundengruppen ermöglicht. Ein weiterer Vorteil stellt mit 58 % die Generierung von Content dar.[196]

Influencer sind auch für Kaufentscheidungen von Usern von besonderer Relevanz. Influencer werden als dritthäufigste Quelle für Kaufentscheidungen herangezogen nach Empfehlungen von Freunden und Bekannten und Online-Bewertungen.[197] Bereits 76 % der 16- bis 19 Jährigen wurden durch Influencer auf eine Produkt oder eine Dienstleistung aufmerksam gemacht und zum Kauf angeregt.

Insbesondere diese junge Usergruppe vertraut den Empfehlungen von Influencern, die besonders mit Produktkenntnissen und Authentizität überzeugen. Dementsprechend haben Influencer bereits 29 % der Follower zu einer Kaufentscheidung beeinflusst. Hierbei haben circa ein Drittel der Follower einen Rabatt in Anspruch genommen, der ihnen aufgrund ihrer Aktivität als Follower eines bestimmten Influencers gewährt wird.[198] Abb. 17.53 stellt die grundlegende Kommunikationsstruktur zwischen Influencern und Usern dar.

Fünf Ebenen des ICF-Modells

Das Influencer-Communication-Follower (ICF) -Modell umfasst dabei fünf Ebenen. Auf der ersten Ebene befinden sich die Influencer. Hierbei kommt der steigenden Aktivität von Influencern auf verschiedenen Social Media Plattformen hinsichtlich des Marketing eine wachsende Bedeutung zu.

Influencer

Influencer bedienen sich verschiedener Kanäle wie beispielsweise YouTube, Instagram oder TikTok um ihre Follower zu erreichen. Hierbei unterscheidet man zwischen Nischen Influencer, Micro Influencer und Macro Influencer. Erstere nutzen mehrere Kanäle, die allerdings jeweils nur eine geringe Reichweite aufweisen. Sie behandeln spezifische Themenfelder wie zum Beispiel eine festgelegte Sportart oder eine bestimmte Ernährungsweise.

Ein Micro Influencer verwendet einen oder mehrere Kanäle und kann hierbei bis zu 50.000 Follower erreichen. Die Macro Influencer weisen hingegen mehr als 50.000 Follower auf und behandeln meist auf verschiedenen Kanälen unterschiedliche Themenbereiche.[199]

[196] Vgl. BVDW (2018), S. 2.

[197] Vgl. Goldmedia (2017), S. 23.

[198] Vgl. PwC (2018), S. 3.

[199] Vgl. BVDW (2018), S. 21.

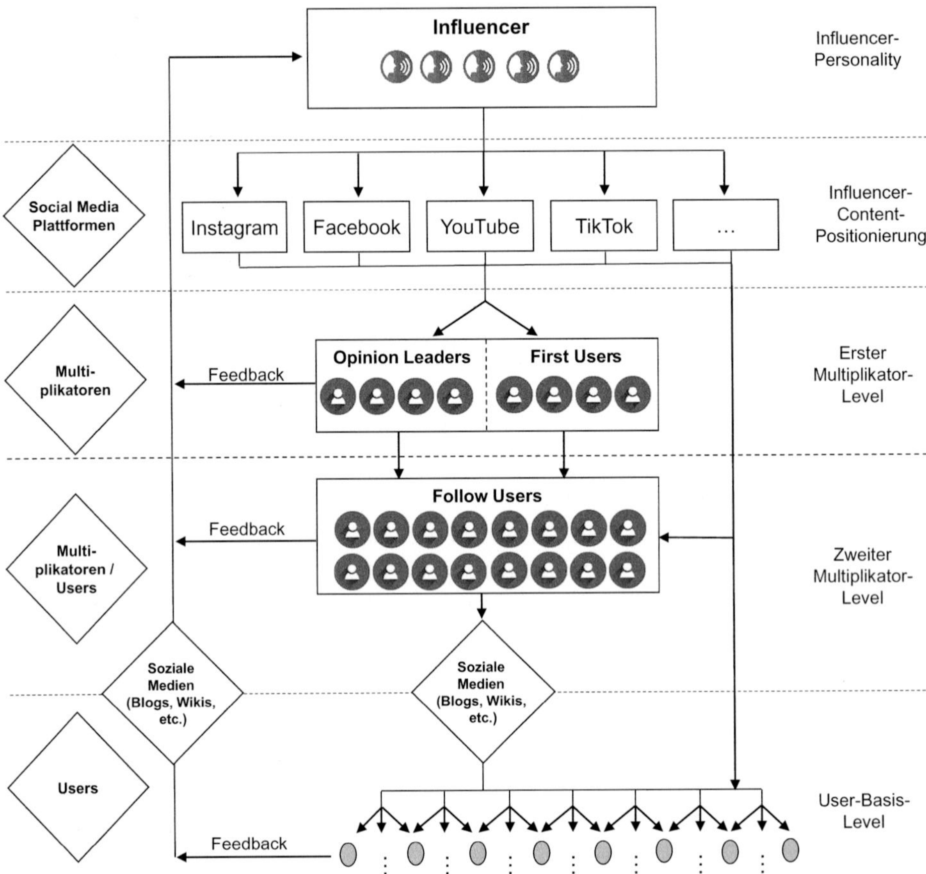

Abb. 17.53 Influencer-Communication-Follower (ICF) – Modell. (Vgl. Wirtz (2020), S. 742; Wirtz (2021), S. 550)

Influencer-Content-Positionierung

Die Influencer-Content-Positionierung stellt in diesem Zusammenhang einen entscheidenden Faktor für den Erfolg eines Influencer-Beitrags dar. So muss der Influencer die passende Social-Media-Plattform mit entsprechend großer Followeranzahl aufweisen, um für eine Marketing-Kampagne für ein Unternehmen in Frage zu kommen.

Der Influencer erzeugt an dieser Stelle einen möglichst attraktiven (viralen) Beitrag, der zugeschnitten auf die jeweiligen Follower die größtmögliche Aufmerksamkeit für das vorgestellte Produkt oder Dienstleistung erzielt. Hierbei versucht er die positiven Eigenschaften des Produkts oder der Dienstleistung für die Zielgruppen hervorzuheben und mit persönlichen Erfahrungsberichten zu unterstreichen. Auf diese Weise erzeugt er eine emotionale Beziehung zu den Followern und kann somit die praktischen und vorteilhaften Inhalte des Produktes oder der Dienstleistung vermitteln.

Erstes Multiplikator-Level

Insbesondere bei dem Verkauf von physischen Gütern und Dienstleistungen unter Vermeidung der Kosten einer physischen Präsenz stellt die gezielte Ansprache von Meinungsführern einen wichtigen Aspekt dar.[200] Wichtigstes Ziel stellt hierbei die gezielte Ansprache von Meinungsführern dar, wodurch ein Multiplikatoreffekt angestoßen werden soll.

Diese Meinungsführer sind als sogenannte „Opinion Leader" beziehungsweise „First User" in vielen Foren oder anderen sozialen Netzwerken als Experten auf einem bestimmten Fachgebiet und somit innerhalb einer sozialen Community bekannt und können aufgrund einer überdurchschnittlich hohen Anzahl verfasster Beiträge oder Bewertungen identifiziert werden. Opinion Leader oder First User stehen somit für das erste Multiplikator-Level, indem sie die von den Influencer verfassten Beiträge aufgreifen, kommentieren oder bewerten.

Zweites Multiplikator-Level

Auf Basis des ersten Multiplikator-Effektes werden verschiedene Follower auf die Aktivitäten der Opinion Leader und First User aufmerksam. Diese User greifen wiederum deren Feedback und Bewertungen hinsichtlich eines bestimmten Produktes oder einer Dienstleistung auf und verbreiten sie, gegebenenfalls mit eigenen ergänzenden Kommentaren, weiter.

Je nach Followeranzahl kann dies zu einem eigenständigen, sich selbst tragenden Kommunikationsprozess führen, der stetig wächst und eine hohe Reichweite erzielt. In diesem Kontext ermöglichen die sozialen Medien neben der Produktwerbung zusätzlich eine Beeinflussung der Zielgruppen im Sinne des Unternehmens und unterstützen somit den Aufbau beziehungsweise die Verbesserung des Images.

User-Basis-Level

Die User-Basis wird nicht notwendigerweise direkt von Abonnenten oder Followern der Influencer dargestellt, sondern wird auch indirekt über die entstandenen Kommunikationswege angesprochen. Somit besteht sowohl ein direkter als auch indirekter Weg des Influencers zum User in Bezug auf die Produkt- oder Dienstleistungsbotschaft. Sie erfahren so beispielsweise über Blogs, Wikis oder andere Kanäle von Produkten oder Services.

Aufgrund des Multiplikatoreffektes kann dies dazu führen, dass Endkunden in den sozialen Medien mehrfach das gleiche Produkt begegnet, obwohl der Influencer es in lediglich einem Beitrag thematisiert hat. Hierbei kann die richtige Influencer-Content-Positionierung in Verbindung mit den verschiedenen Multiplikatoren zu einer erfolgreichen und weiterverbreiteten Marketingkampagne führen.

---

[200] Vgl. im Folgenden Wirtz (2016), S. 384 ff.

PCRI-Modell des Influencer Marketing
Eine erfolgreiche Einbindung von Influencern wird von verschiedenen Faktoren beeinflusst. Zudem kann der Erfolg oder der Einfluss eines Influencer-Beitrages an Erfolgsgrößen gemessen werden. Das Personality-Content-Reach-Impact (PCRI) -Modell in Abb. 17.54 beschreibt diese Aspekte des Social Media Influencer Marketing.

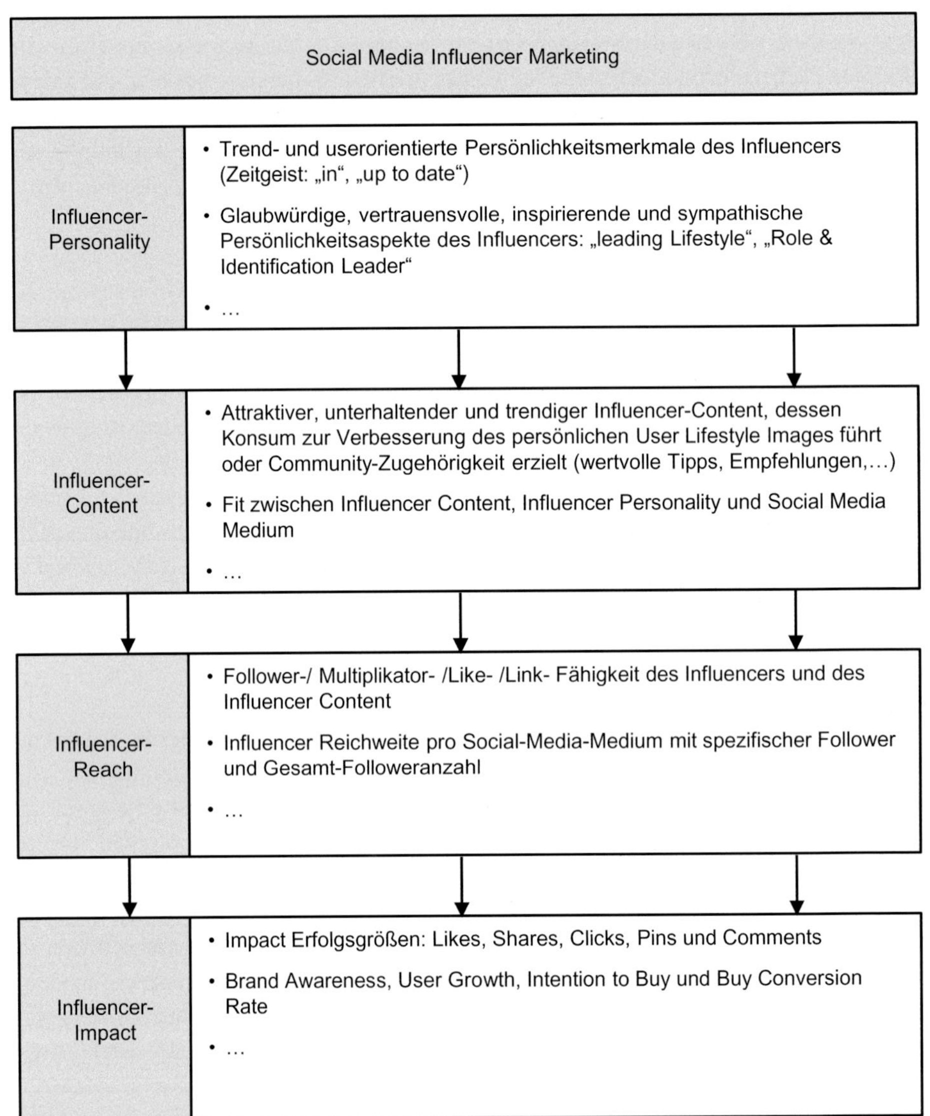

Abb. 17.54 PCRI-Modell des Influencer Marketing. (Vgl. Wirtz (2020), S. 745; Wirtz (2021), S. 552)

Influencer-Personality

Das PCRI-Modell hat vier Stufen. In der ersten Stufe, der Influencer-Personality, werden wichtige Persönlichkeitsmerkmale des Influencers verortet. Dabei hat die Influencer-Personality eine erhebliche Bedeutung für das Influencer Marketing insgesamt. Dies ist darauf zurückzuführen, dass die gewählten Kanäle von Influencern meist gezielt aufgerufen werden müssen und nicht wie bei dem klassischen, linearen Fernsehprogramm regelmäßig wiederkehrend gesendet werden. Vielmehr sind trend- und userorientierte Persönlichkeitsmerkmale entscheidende Kriterien für Follower einen Influencer-Beitrag zu rezipieren.

In diesem Zusammenhang steht auch das glaubwürdige, vertrauensvolle und sympathische Auftreten des Influencers, welches insbesondere im Kontext des „Social Trust"-Prinzips zu sehen ist. Dies bezieht sich auf die hohe Glaubwürdigkeit, die Nutzern anderen Nutzern in Bezug auf deren bereitgestellte Informationen und Inhalte entgegenbringen. Aufgrund der meist sehr persönlichen Darstellung hinsichtlich der Erfahrung mit dem ausgewählten Produkt/Dienstleistung präsentieren sich Influencer ihren Followern als „Einer von Ihnen" und nutzen auf diese Weise das Social Trust Prinzip.

Influencer-Content

Die Influencer-Personality hat erheblichen Einfluss auf die Auswahl und die Vermarktung des Influencer-Content. Darüber hinaus beeinflusst der Influencer-Content den Erfolg eines Beitrages. Hierbei sollte der Beitragsinhalt entsprechend der Zielgruppe attraktiv und trendig erscheinen und mit dem Influencer assoziiert werden. Das impliziert, dass der Influencer seinen Beitrag auf einer ausgewählten Social-Media-Plattform mit dem passenden Inhalt auf eine glaubwürdige und sympathische Art kommuniziert. Der Influencer-Content ist insbesondere relevant hinsichtlich der User Identification und der Verbesserung des User Lifestyle Images.

Influencer sind insbesondere dann erfolgreich, wenn die empfohlenen Produkte/Dienstleistungen zu einer gefühlten Verbesserung des Lebensgefühls des Users beitragen. Zudem ist entscheidend, dass ein entsprechender Fit besteht zwischen Influencer-Personality, Influencer-Content und dem Social-Media-Medium. Dies ist insbesondere wichtig, damit hier die richtige Zielgruppenansprache mit geringen Streuverlusten und hohem Impact erfolgt.

Influencer-Reach

Die Kombination von Influencer-Personality und Influencer-Content hat wesentliche Auswirkungen auf die Reichweite (Reach) bei den Usern. Hierbei ist von besonderer Bedeutung, dass der Influencer mit seinen Produkt- und Dienstleistungsempfehlungen/Content eine hohe Follower-/Multiplikator-/Like- und Linkpräsenz erzielt.

Nur durch diese Multiplikatoreneffekte kann eine hinreichende Reichweite der beworbenen Produkte und Dienstleistungen entstehen. Influencer Reichweite wird dabei zumeist pro Social-Media-Medium mit den spezifischen Followern und der Gesamt-Followerzahl erfasst. Die Reichweite des Influencers ist in Kombination mit dem attraktiven Content von hoher Relevanz für den Influencer-Impact.

Influencer-Impact

Nur die stimmige Kombination von Influencer-Personality, Influencer-Content und Influencer Reach ermöglicht die Realisierung einer erfolgreichen digitalen Kampagne. Der Erfolg der Kampagne wird zumeist in Erfolgsgrößen wie Likes, Shares, Clicks, Pins und Comments hinsichtlich der beworbenen Produkte und Dienstleistungen durch Influencer erfasst.

Darüber hinaus ist die erzielte Markenbekanntheit (Brand Awareness) in der Zielgruppe, das Wachstum der User in der Zielgruppe, die Absicht zu kaufen und die letztendliche Kaufwandlungsrate für die werbetreibenden Unternehmen von besonderer Wichtigkeit. Letztlich müssen nicht-monetäre Größen wie Likes, Shares und Clicks in eine effektive und effiziente Buy Conversion Rate umgesetzt werden, damit das Influencer Marketing erfolgreich ist.

Advergaming

Der Begriff Advergaming setzt sich aus den beiden englischen Begriffen Advertising (Werbung) und Gaming (spielen) zusammen und beschreibt die Werbung in oder mit Videospielen. Die Idee des Advergaming ist nicht neu – bereits Mitte der 1990er-Jahre existierten die ersten Werbespiele (auch: Ad-Games) für die Konsole Atari 2600.

Durch die zunehmende Verbreitung von sehr leistungsstarken Internetverbindungen können immer aufwendigere und grafisch ansprechendere Spiele (heute meist Flash Games) direkt in die Webseite des Werbetreibenden integriert oder sehr aufwendige Spiele zum Download angeboten werden. Meist können User Freunde zu diesen Spielen einladen, um so eine durch den User initiierte Verbreitung des Spiels zu erreichen.

E-Mail-Werbung

Schließlich bietet sich für die Werbung auch der Einsatz von E-Mails an, da diese sowohl individuell, segmentspezifisch oder auch als Massen-E-Mails eingesetzt werden können. Dabei verursachen E-Mails im Vergleich zu traditionellen Briefen einen reduzierten Zeit- und Kostenaufwand. Durch intelligente Softwarelösungen erfolgt selbst der individuelle E-Mail-Versand im Digital Business inzwischen größtenteils voll automatisiert.

Insgesamt haben sich durch das Digital Business zahlreiche neue Werbemöglichkeiten für Unternehmen ergeben. Einige dieser Werbeformen sind der klassischen Werbung entlehnt, wie zum Beispiel der statische Banner oder der Interstitial, wohingegen andere erst durch das Internet und seine multimedialen Möglichkeiten umgesetzt werden konnten. In diesem Zusammenhang sind vor allem Rich-Media-Werbeformen, Advergaming und kontextsensitive Suchmaschinenwerbung zu nennen.

Der Trend hin zu stärkerer Multimedialität in den Werbeformen wird gefördert durch die immer leistungsstärkeren Internetverbindungen. Hierdurch spielen Ladezeiten von multimedialen Inhalten keine Rolle mehr. Tab. 17.8 führt die verschiedenen Formen der Internetwerbung auf.

Tab. 17.8 Einteilung von Online-Werbeformen. (Vgl. Wirtz (2010), S. 494; Wirtz (2020), S. 734)

	Werbeformen	Unterscheidung durch Interaktivität und Multimedialität
Direkt in die Content Site integrierte Werbung	• Skyscraper-Banner • Billboard-Ad • Medium Rectangle • …	• Statische • Animierte • Transaktive • Rich Media • Streaming Video Ads • …
Ad Breaks/In-Stream Ads	• Überspringbare In-Stream Ads • Nicht-überspringbare In-Stream Ads (Bumper Ads) • Vorgeschaltete (Pre-Roll Ads) • Unterbrechende (Mid-Roll Ads) • Nachgeschaltete (Post-Roll Ads) • …	• Call-to-Action-Schaltflächen • Sitelink-Assets • Produktfeeds • …
New Window Ads	• Pop-Ups • Pop-Under • Shaped Pop-Ups • Microsites • Interstitials • Superstitials • …	• Statische • Animierte • Transaktive • Rich Media • Streaming Spots • …
Layer Ads	• Floating Ads • DHTML-Banner • Flash Layer • Dynamites • Mouse Over-Banner • Shutter • Sticky Ads • …	• Statische • Animierte • Transaktive • Rich Media • Streaming Layer Ads • …
Suchmaschinen-werbung	• Textbasiert • Produktlistenanzeige (PLA)/ Shopping Ad • Video (zum Beispiel auf YouTube) • …	• Statisch • Animiert • Call-to-Action-Schaltflächen • Drop-Down-Menüs zu bspw. Öffnungszeiten • Google-Maps-Verlinkung • …
Social-Media-Advertising	• Textbasiert • Bilder • Videos • …	• Gefällt-Mir-Button • Teilbar • Kommentierbar • Call-to-Action-Schaltflächen • …

(Fortsetzung)

Tab. 17.8 (Fortsetzung)

	Werbeformen	Unterscheidung durch Interaktivität und Multimedialität
Influencer Marketing	• Produktvorstellung • Produkttest • Event-Hosting • Live-Shopping • …	• Gefällt-Mir-Button • Teilbar • Kommentierbar • Call-to-Action-Schaltfläche • Nachrichtenfunktion • …
Advergaming	• Download Games • Plug In Games • In Game Advertising • …	• Videospiel immer multimedial und interaktiv, aber differenzierte Qualität der Umsetzung • Komplexität der digitalen Umgebung • Spielkomplexität • …
E-Mail	• Massen-E-Mail • Personalisierte E-Mail • Newsletter • …	• Statische • Animierte • Rich Media Mail • …

Verkaufsförderung

Ein weiteres Instrument der Digital Communication ist neben der Werbung die Verkaufsförderung. Das Instrument der Verkaufsförderung findet in der Digital Communication zahlreiche Anwendungsmöglichkeiten, wie beispielsweise durch Preis-Promotions, Produktbündelung oder Finanzierungsangebote. Die häufigste Art von verkaufsfördernden Maßnahmen im Digital Business sind Preis-Promotions in Form von Rabatten und Gutscheinen sowie Warenproben oder Werbegeschenke.

Ein Beispiel für Verkaufsförderung im Digital Business ist die mobile Coupon-Plattform Coupies. Das Unternehmen bietet Handels-, Gastronomie- und Dienstleistungsunternehmen die Möglichkeit, digitale Coupons an Coupie-Nutzer auszugeben.[201] Diese Coupons erhält der Nutzer mittels eines herunterladbaren Programms direkt auf sein Smartphone und kann sie unterwegs jederzeit nutzen. Der Service ist deutschlandweit für iPhone und iPad sowie für Android und Windows Mobile-Geräte verfügbar.

Ferner sind Affiliate-Programme ein wirksames und zunehmend genutztes Mittel zur Förderung des Absatzes. Durch Affiliate-Programme wird der Besucher einer Internetseite mithilfe von Links direkt zur Internetseite eines verbundenen Unternehmens geleitet. Führt er daraufhin eine Transaktion aus, wird das Partnerunternehmen prozentual an diesem Umsatz beteiligt. Zur Förderung des Absatzes besteht aber auch die Möglichkeit, weitere Partnerschaften oder Allianzen mit anderen Unternehmen einzugehen.

[201] Vgl. Coupies (2023).

Public Relations

Die digitalen Medien können auch als zusätzlicher Informationskanal für Public Relations (PR) verwendet werden. Im Rahmen des Digital Business beziehungsweise der Digital Communication wird daher häufig auch analog von Digital PR oder Online-PR gesprochen. Grundsätzlich ist dabei das Ziel, positive Erwähnungen des eigenen Unternehmens, seiner Marken sowie Produkte und Services zu erreichen und so die Netzwerkeffekte des Internets für eine bessere öffentliche Wahrnehmung zu nutzen.[202] So besteht beispielsweise die Möglichkeit, Unternehmensnachrichten und Geschäftsberichte über unternehmenseigene sowie fremde Webseiten zu veröffentlichen.

Zur sogenannten Offpage-Optimierung der Suchmaschinenoptimierung (SEO) zählt außerdem das Gewinnen von Backlinks auf unternehmensfremden Webseiten. Wird häufig von anderen Webseiten auf die eigene Webseite referiert, so erhöht dies die Unternehmensposition im Ranking von Suchmaschinen und führt zu einer verbesserten Auffindbarkeit der Unternehmens-Webseite durch Suchergebnisse.

Die digitale PR kann darüber hinaus die aktive (Mit-)Gestaltung von Blogs und Podcasts als auch die Kommunikation in Online-Communities und Social-Media-Plattformen beinhalten. Zu den aktuellen Trends in der digitalen PR zählen Mobile, d. h. die Anzeige über Smartphones und andere mobile Geräte, Video-Content sowie die sozialen Medien. Als Beispiel, das diese drei Trends vereint, können die Story-Formate auf Instagram über den unternehmenseigenen Account angeführt werden. Dieses Format kann auch als Form der Display-Werbung als Story-Ad gebucht werden.

Sponsoring

Viele Internet-Portale offerieren Unternehmen die Möglichkeit, als Exklusivpartner oder Sponsor aufzutreten. Dieses Webpage-Sponsoring gewinnt in Deutschland zunehmend an Bedeutung. Es dient der Absicht, die Marke des Sponsors unter Zuhilfenahme des Contents der gesponserten Seite zu präsentieren und einen Zusatznutzen für den Internetnutzer bereitzustellen. Der Zusatznutzen kann in diesem Zusammenhang generiert werden, indem der Content umfassender oder kostenlos zur Verfügung gestellt wird. Formen des digitalen Sponsoring sind darüber hinaus die finanzielle Unterstützung von Foren und Communities oder das Anbieten des eigenen Produktes für Online-Gewinnspiele über fremde Internetseiten oder Social-Media-Influencer.

Event-Marketing

Neben dem Sponsoring ist Event-Marketing ein ähnliches Instrument der Digital Communication. Event-Marketing bezeichnet sowohl die Veranstaltung digitaler Events als auch das Product Placement im Internet. Das Internet wird häufig dazu verwendet, Offline Events zu promoten und nachzubereiten. Jedoch bietet das Internet auch selbst Möglichkeiten für digitale Events. Diese Online Events können Gesprächsrunden in Chat Rooms

---

[202] Vgl. Chaffey/Hemphill/Edmundson-Bird (2019), S. 397.

mit Persönlichkeiten, Experten und Nutzern sowie Künstleraktionen oder Konzertübertragungen sein.[203]

Ein Beispiel, das von der Financial Times als „classical music's most advanced response to the digital revolution" bezeichnet wurde, ist die von der Deutschen Bank geförderte Online-Übertragung von Konzerten der Berliner Philharmoniker.[204]

Direktkommunikation

Erhebliche Potenziale bietet der Einsatz des Internets für die Direktkommunikation. Hier wird der gewünschte Kontakt zum Konsumenten stark erleichtert, da die anvisierte Zielgruppe genau zu erreichen ist. Dies kann online mithilfe von gezielten Social-Media-Beiträgen, Direct-E-Mails, Newslettern oder individuell gestalteten Internetseiten durchgeführt werden.

Ziel dieser digitalen Aktionen ist der Kundenkontakt und die Erhöhung der Kundenbindung. Die Basis für die erfolgreiche Anwendung der Online-Direktkommunikation ist ein systematisch organisiertes und ständig aktualisiertes Marketingdatenbanksystem, das Daten über Kunden, Interessenten und Konsumgewohnheiten beinhaltet. Die Einrichtung und Pflege einer detaillierten Datenbank erfordert auf der einen Seite Zeit und Kosten, auf der anderen Seite führt sie jedoch im Unternehmen zu einer weitaus höheren Marketingproduktivität.[205]

Zusammenfassend kann konstatiert werden, dass die Digital Communication eine Vielzahl an Instrumenten beinhaltet, die teils traditionellen Kommunikationsinstrumenten entsprechen, jedoch auf digitalem Weg deutlich effizienter, zielgenauer und kostengünstiger genutzt werden können. Zum anderen ergeben sich durch digitale Kommunikation zum Teil neue Instrumente.

Dabei sind die Instrumente der Digital Communication nicht immer trennscharf zu unterscheiden und weisen Überschneidungen auf. Insbesondere im Bereich der Werbung und hier im Anwendungsbereich der sozialen Medien hat sich zudem das Targeting durch die Digitalisierung erheblich verändert und vereinfacht.

Zudem unterliegen die digitalen Kommunikationsinstrumente einem Wandlungsprozess vor dem Hintergrund sich ändernder Nutzungsgewohnheiten der Konsumenten. Zu den aktuellen Trends können beispielsweise Digital Out-of-Home (DOOH), Location-Based Advertising und Voice Search über digitale Sprachassistenten gezählt werden.

Im Rahmen der Digital Communication ist auf einen ganzheitlichen Unternehmensbeziehungsweise Produkt- oder Produktlinienauftritt über alle Kanäle zu achten. Eine wichtige Komponente ist hierbei der Markenauftritt. Der folgende Abschnitt stellt daher den Bereich des Digital Branding dar.

---

[203] Vgl. Christensen/Overdorf (2000), S. 72; Fritz (2004), S. 234.

[204] Vgl. Deutsche Bank (2020).

[205] Vgl. Kotler/Keller/Opresnik (2015), S. 182 ff.

17.5.3.2 Digital Branding

Das Digital Business beeinflusst traditionelle ökonomische Gesetzmäßigkeiten nachhaltig. So benötigte beispielsweise Coca-Cola mehr als 50 Jahre, um weltweiter Markenführer zu werden. Demgegenüber brauchte Google nur circa vier Jahre, um die Markenführerschaft im Internet zu erlangen. Dynamische technische Entwicklungen und Erneuerungen führen dazu, dass die Märkte zunehmend globaler werden und die Anzahl der Wettbewerber ständig steigt.

Folgen hiervon sind Reizüberflutungen der Konsumenten und eine wachsende Substituierbarkeit vieler Angebote. Vor diesem Hintergrund gewinnt das Thema Markenbildung verstärkt an Bedeutung. Tab. 17.9 gibt einen Überblick über zehn relevante Marken im Internet.

Grundlagen des Digital Branding

Eine Marke stellt einen Namen, eine Bezeichnung, ein Zeichen, ein Symbol, ein Design, oder eine Kombination aus diesen Elementen dar. Die Intention einer Marke besteht darin, Personen, Organisationen, Güter oder Dienstleistungen eines Verkäufers oder Verkäufergruppe zu identifizieren und sich von Konkurrenten beziehungsweise Konkurrenzprodukten zu differenzieren.[206]

Das Branding befasst sich mit dem Aufbau von Marken und der Steigerung des Markenwerts. Dabei gewinnt die Bedeutung der Marke im Digital Business aufgrund der Vielzahl an verfügbaren Produkten und Dienstleistungen immer mehr an Gewicht. Vor diesem Hintergrund versucht das Digital Branding, die Besonderheiten des Internets beim Aufbau von Marken zu integrieren. Dabei wird einerseits auf die Besonderheiten von Internetmarken, andererseits auf das Internet als neuen Kommunikationskanal für das traditionelle Branding eingegangen. Tab. 17.10 stellt die Definition von Digital Branding dar.

Tab. 17.9 Wahrnehmung von Marken im Internet. (Datenquelle: Infegy (2020))

	Prominenteste Marken Online	Positiv wahrgenommene Marken Online	Negativ wahrgenommene Marken Online
1	Facebook	Pinterest	CNN
2	YouTube	Uber	BBC
3	Instagram	Elle	NFL
4	Google	Porsche	ABC
5	Twitter	Canon	Reddit
6	Apple	Adidas	Twitter
7	Amazon.com	LinkedIn	Marks & Spencer
8	Disney	Nike	Wikipedia
9	WhatsApp	Instagram	Intel
10	Uber	Spotify	Snapchat

[206] Vgl. Rayport/Jaworski (2001), S. 185.

Tab. 17.10 Definition Digital Branding. (Vgl. Wirtz (2001a), S. 477; Wirtz (2020), S. 751)

Digital Branding umfasst den Aufbau, die Entwicklung/Erweiterung und die Pflege von Marken auf Basis moderner Informations- und Kommunikationstechnologien.

Markenerweiterung durch Digital Business

Zu Beginn der Internetökonomie war es noch möglich, eine klare Trennung zwischen reinen Offline- und Online-Marken, je nach ihrem Betätigungsfeld, zu vollziehen. Mit dem fortschreitenden Wachstum der Internetökonomie wurden die Grenzen jedoch zunehmend unschärfer. Es kann inzwischen oft nur noch aufgrund des ursprünglichen Entstehungsmarkts differenziert werden. Beispiele für Unternehmen oder Dienstleistungen, deren Marke in der Online-Welt kreiert wurde, sind Amazon, AOL oder Yahoo.

Einige der ehemals reinen Online-Unternehmen haben ihre Geschäftsfelder und Aktivitäten heute auch auf den Offline-Bereich ausgedehnt. Im Gegenzug haben die Unternehmen der traditionellen Wirtschaft, in Anspielung auf ihre physische Erscheinungsform im Digital Business auch als Bricks And Mortar bezeichnet, das Potenzial und die vielfältigen Nutzungsmöglichkeiten des Internets erkannt und sind heute auch digital sehr erfolgreich.

Solche ehemals reine Offline-Unternehmen, die in der Online-Welt aktiv sind, werden im englischsprachigen Schrifttum häufig mit dem Begriff Clicks And Mortar beschrieben, der die Symbiose aus klassischem und Online-Unternehmen andeutet. Als Beispiele für Online-Ableger klassischer Unternehmen können Comdirect oder T-Online genannt werden.

Ziele des Digital Branding

Entsprechend ist das Ziel des Digital Branding die Steigerung des Gesamtunternehmenswerts durch die Steigerung des Markenwerts. Dabei kann der Einsatz der Informations- und Kommunikationstechnologie im Allgemeinen und der Internet-Technologie im Besonderen zur dauerhaften Steigerung des Markenwerts beitragen. Der Online-Markenaufbau bezieht sich dabei nicht nur auf den Aufbau des Kernprodukts oder der Kerndienstleistung, sondern erweitert diese um Zusatzservices und Kommunikation mit dem Markt. Dabei soll die Marke einerseits zur Präferenzbildung bei den Konsumenten, andererseits zur Differenzierung gegenüber der Konkurrenz dienen.[207]

Die Verfolgung einer aktiven Markenpolitik im Internet unterstützt das Unternehmen beim Erreichen der genannten markenpolitischen Ziele. Die Kommunikation über die traditionellen Massenmedien ist ein schnelles und wirksames Mittel zum Markenaufbau, doch seine Rolle wird durch die neuen Medien immer weiter eingeschränkt.

Das Internet hat sich zu einer gleichwertigen Alternative entwickelt, die gezielter und effizienter eingesetzt werden kann. Dabei stellt die Dynamik des Internets große Heraus-

[207] Vgl. Meffert et al. (2019), S. 265.

forderungen an den Markenaufbau, also Markenbekanntheit zu schaffen und die Marke auf dem Zielmarkt zu positionieren, um Loyalität der Kunden zu erzeugen.

Markenführungsstrategien im Digital Branding
Das Digital Business hat für die Markenführung zahlreiche neue Möglichkeiten eröffnet, die neben Potenzialen auch veränderte Bedingungen für das Unternehmen bedeuten.[208] Die zentralen Herausforderungen für die Markenführung im Digital Business sind wachsende Wettbewerbsintensität, steigende Produkt- und Marktkomplexität, stetig zunehmende Virtualisierung sowie das dynamische Kundenverhalten. Diese Rahmenbedingungen definieren den markenpolitischen Handlungsspielraum sowie das erreichbare Zielspektrum.

Berücksichtigung der Ausgangssituation im Unternehmen
Neben den Rahmenbedingungen spielen auch die individuellen Voraussetzungen des Unternehmens eine wichtige Rolle bei der Wahl der Markenführungsstrategien. Hinsichtlich der unternehmens- oder allianzspezifischen Ausgangssituation können drei grundlegende Szenarien, die die strategische Stoßrichtung prägen, unterschieden werden.

In diesem Kontext kann zwischen dem Vorliegen keiner Marke, der Existenz einer etablierten Marke oder dem Bestehen mehrerer Marken von wirtschaftlich unabhängigen Unternehmen differenziert werden. Abb. 17.55 zeigt die relevanten Rahmenbedingungen sowie Ausgangsituationen und erklärt die zentralen Markenführungsstrategien im Digital Business.

Online-Neumarken-Strategie
Unternehmen, deren Geschäftsmodell ausschließlich auf dem Digital Business beruht, haben keine bestehende Marke aus der Offline-Welt und müssen demnach eine neue Marke aufbauen und entsprechend positionieren (Option A: Online-Neumarkenstrategie). Vergleichbar hierzu erfolgt die Strategie der Positionierung einer neuen Marke, wenn klassische, also nicht internetbasierte Geschäftsbereiche um Digital Business erweitert und eigenständig markiert werden sollen.

Die grundsätzlichen Tätigkeitsbereiche des Markenaufbaus müssen im Kontext des Digital Business neu gestaltet werden. Insbesondere die dominanten Charakteristika des Internets wie Vernetzung, Transparenz/Vergleichbarkeit, Interaktivität und allgegenwärtige Verfügbarkeit wirken auf die Gestaltungsmöglichkeiten des Markenaufbaus. Neben dem World Wide Web als Instrument für die Markierung des Produkts ermöglicht die Einbindung des Internets als personalisierte Kommunikations- und Interaktionsplattform ein hohes Ausmaß an Kundenbindung und die Steigerung der Beziehungsintensität trotz der Virtualität von Produkten und Organisationen.

Klassische Zyklen von Aufbau und Niedergang, Relaunch und Wiederaufstieg erfolgen hinsichtlich der Entwicklungen im Digital Business in veränderter Form. Die Neumarken-

[208] Vgl. Wirtz/Storm (2004), S. 1063 ff.

Bezugsrahmen für Markenführungsstrategien im Digital Business				
Rahmenbedingungen	Verstärkter Wettbewerb	Zunehmende Digitalisierung	Steigende Komplexität	Dynamisches Kundenverhalten
Ausgangssituation	Keine bestehende Marke	Existenz einer bestehenden Marke in der Offline-Welt		Existenz mehrerer, unabhängiger Marken
Strategietyp	Ⓐ Online-Neumarkenstrategie	Ⓑ Offline-/Online-Markenadaptionsstrategie	Ⓒ Offline-/Online-Stammmarkentransfer	Ⓓ Online-Markenallianz
Merkmale	• Eigenständige, unabhängige Digital-Business-spezifische Marke	• Adaption/ Kombination vorhandener Elemente der traditionellen Marke aus der Offline-Welt • Ergänzung um neue internet-affine Bestandteile	• Vollständiger Transfer der klassischen Marke aus der Offline-Welt ins Internet	• Neumarke, die aus einer Markenallianz hervorgeht. • Partieller Stammmarkentransfer der Kooperationsmarken
Beispiele	• eBay • Yahoo • Consorsbank	• Comdirect • T-Online • Spiegel-Online	• Otto • Tchibo	• Sport1.de

Abb. 17.55 Markenführungsstrategien im Digital Business. (Vgl. Wirtz/Storm (2004), S. 1063; Wirtz (2020), S. 753; Wirtz (2021), S. 556)

strategie entspricht durch ein hohes Ausmaß an Positionierungsflexibilität und die zügige Durchdringung eindeutiger Markenkommunikation über das Internet diesem Wandel besonders.

Unabhängig von einer markenrelevanten Historie kann eine Markenwelt aufgebaut werden, die, ohne Kompromisse eingehen zu müssen, ausschließlich Digital-Business-spezifische Inhalte vermittelt. Dieser Vorteil wird jedoch nur mithilfe eines vergleichsweise hohen Budgetbedarfs für die Gestaltung, Positionierung und Penetration der Marke erreicht.

Offline-/Online-Markenadaptionsstrategie

Als alternative Markenführungsstrategie kann bei einer bereits etablierten Marke die Offline-/Online-Markenadaptionsstrategie verfolgt werden (Option B). Hierbei wird die etablierte Marke um Internet-spezifische Elemente ergänzt. Diese Ergänzung kann in Form der Markengestaltung, zum Beispiel Logo oder Name, und Markenpositionierung mit einer entsprechenden Erweiterung der Markenpersönlichkeit umgesetzt werden. Als Beispiel hierfür können die Marken Comdirect, T-Online und Spiegel Online genannt werden, deren klassischen Markenelemente jeweils mit Synonymen des Digital Business, zum Beispiel E-, Net, Com oder Online, ergänzt werden.

Durch den teilweisen Transfer von Kerninhalten und Werten der bereits am Markt verankerten Marke kann die adaptierte Marke mit vergleichsweise geringen Investitionskosten aufgebaut werden. Es besteht jedoch die Gefahr, dass der markenpolitische Gestaltungsspielraum für die Digital-Business-spezifische Marke durch die Dominanz klassischer Komponenten stark eingeschränkt wird beziehungsweise durch negative Ausstrahlungen Nachteile hinsichtlich Differenzierung oder Markenpersönlichkeit erfährt.

Offline-/Online-Stammmarkentransfer

Als dritte strategische Option kann durch die Umsetzung des Offline-/Online-Stammmarkentransfers (Option C) eine vollständige Übertragung einer bestehenden Marke in den Digital-Business-spezifischen Geschäftsbereich durchgeführt werden. Versandunternehmen wie zum Beispiel Otto oder Tchibo, die diese Strategie verfolgen, vermitteln dadurch die ganzheitliche Einbindung des Digital Business als eine zu den traditionellen Versand- beziehungsweise Vertriebskanälen gleichwertige Alternative.

Bei der Strategie des Offline-/Online-Stammmarkentransfers ist das Handlungsspektrum durch die komplette Übernahme der traditionellen Marke vorgegeben und kann nur bedingt ausgedehnt werden. Im Kontext des Digital Business bedeutet dies, dass Unternehmen ihren gegebenenfalls stark traditionell und klassisch ausgerichteten Markenkern mit modernen, dynamischen Inhalten kombinieren müssen. Die von der Stammmarke übertragenen Markenattribute müssen für die Digital-Business-basierten Geschäftsbereiche von Relevanz sein beziehungsweise keine konträren Inhalte vermitteln.

Fehlt diese inhaltliche Übereinstimmung, droht eine Markenverwässerung und -erosion für die etablierte Marke. Neue strategische Geschäftsfelder können mittels dieser Strategie mit einem geringen Markteintrittsbudget erschlossen werden, wobei in diesem Kontext insbesondere die Kostenersparnisse bei der Markengestaltung zu erwähnen sind.

Online-Markenallianz

Eine ergänzende Strategie stellt die Online-Markenallianz (Option D) dar, bei der mehrere unabhängige Unternehmen aufbauend auf ihren etablierten Marken eine gemeinsame Neumarke positionieren. Diese Mischform aus Neumarken- und Stammmarkentransferstrategie sieht die systematische Markierung einer gemeinsamen Leistung durch mindestens zwei Marken vor, wobei diese auch weiterhin separiert für Dritte wahrnehmbar sein müssen. Sie zielt auf den Aufbau und die Positionierung einer Neumarke, die mit den Kooperationsmarken assoziiert und mit verwandten Kernattributen aufgeladen wird.

Das Online-Angebot Sport1.de beispielsweise entstand als Mega-Brand aus einem intramedialen Joint Venture von SAT1 ran und DSF. Vorteile zusätzlicher Umsatzpotenziale für die Kooperationspartner sowie der gegenseitige Transfer positiver Eigenschaften stehen der Gefahr des fehlenden Identitäts-Fits zwischen den Marken und dem Verlust an Exklusivität gegenüber. Aufgrund der bereits etablierten Marken kann zügig und mit geringem Ressourcenaufwand Vertrauen beim Konsumenten aufgebaut werden.

Während eine Positionierung schnell sichergestellt werden kann, bedeutet die Aufrechterhaltung einer intakten Markenallianz ebenfalls, wie die reine Online-Neumarkenstrategie, einen erhöhten Koordinationsaufwand, wobei insbesondere die Sicherstellung von Flexibilität und Kontrolle von Quereffekten im Mittelpunkt stehen.

Instrumente des Digital Branding

Digital Branding erfordert eine detaillierte Planung der Marketingmaßnahmen, da es multidimensionale Eigenschaften aufweist. Das Internet ist Medium und Marktplatz zugleich und vereint Qualitäten eines Informations-, Kommunikations- und Transaktionskanals in sich. Diese spezifischen Charakteristika des Internets sind bei der Entwicklung einer Digital-Branding-Strategie und der Auswahl der geeigneten Instrumente gesondert zu beachten.

Mit der dynamischen Entwicklung des Internets wird die Markenführung im Internet zu einem erfolgskritischen Faktor. Der Aufbau einer starken Marke über das Internet kann nur zum Erfolg führen, wenn Markenversprechen und Markenbotschaft des Anbieters gegenüber den Nachfragern auf der Basis der entsprechenden technologischen, personellen und logistischen Ressourcen erfüllt werden können.

Ein wichtiges Instrument zum Markenaufbau im Internet stellt die Markenpräsentation auf einer Internetseite dar. Weitere Instrumente sind etwa Online-Werbung und Sponsoring, E-Mail, Digital Public Relations, Intranet und Extranet.

Internetseite

Eine Internetseite zur Produktpräsentation kann zielgerecht auf das Produkt und die Kundenbeziehung angelegt werden. Mittels der Internetseite werden Unternehmens- und Produktinformationen übermittelt, die zur Markenbekanntheit beitragen.

Um einen erfolgreichen Internetauftritt zu schaffen, muss die Internetseite für den Nutzer einfach zu navigieren sein und inhaltlichen Wert vermitteln. Eine Internetseite sollte kontinuierlich aktualisiert werden sowie die Möglichkeit zur Interaktion und Vernetzung zwischen Unternehmung und Kunden bieten. Darüber hinaus sollte auf eine individuelle Gestaltung der Webseite geachtet werden, da sie nur so den persönlichen Interessen und Vorlieben des Nutzers entsprechen kann.

Diese Individualität macht es jedoch schwierig allgemeingültige Gestaltungsempfehlungen für Internetseiten zu geben. In diesem Fall können die Empfehlungen des W3C (World Wide Web Consortium), einem Gremium zur Standardisierung im Internet, zur Gestaltung von Webseiten herangezogen werden.[209] Hierzu zählt zum Beispiel die Forderung nach Barrierefreiheit im World Wide Web. Dennoch erfreuen sich multimedial gestaltete Internetseiten (insbesondere mit Flash-Inhalten), die oft gegen diese Standards verstoßen, großer Beliebtheit.

[209] Vgl. World Wide Web Consortium (2023).

E-Mail

E-Mail ist als Instrument der Digital Communication ein weiterer Baustein innerhalb des Digital Branding. Fast jeder Internetnutzer besitzt eine Internetadresse, über die er persönlich und direkt erreichbar ist. Über E-Mail wird nicht nur der Kontakt zwischen Unternehmung und Kunden hergestellt, sondern gleichzeitig die Marke und ihre Charakteristika beziehungsweise Nutzen propagiert.

Der so entstandene Kundenkontakt kann mittels E-Mail ausgebaut und zum Kundenservice sowie zur Kundenpflege herangezogen werden. Doch auch im Digital Branding besteht die Gefahr, durch unnötige und übermäßig viele E-Mails das Verhältnis zum Kunden zu gefährden und eine negative Einstellung gegenüber dem Unternehmen oder dem Produkt zu erzeugen.

Digital Public Relations

Für den erfolgreichen Online-Markenaufbau ist Digital Public Relations ein weiteres Instrument, das im Gegensatz zu den anderen Instrumenten allerdings nur in bedingtem Maße vom Unternehmen gesteuert werden kann. Als nicht steuerbar erweisen sich private Internetseiten, Nachrichtenseiten, öffentliche Diskussionsforen und öffentliche Chat Rooms, da sie die persönliche Meinung über Unternehmensinformationen widerspiegeln.

Diskussionsforen und Chats, die vom Unternehmen initiiert wurden und sich mit der Marke befassen, eignen sich dagegen ausgezeichnet für den Markenaufbau und zur Verkaufsförderung. Eine andere Art der Beeinflussung besteht darin, Angestellte des eigenen Unternehmens in Diskussionen oder Chats (anonym) partizipieren zu lassen.[210] Auch können Unternehmen versuchen, Einfluss auf öffentliche Plattformen und Blogs zu nehmen.

Dieser Einsatz des Digital-Branding-Instruments Public Relations birgt jedoch zahlreiche Risiken. Identifizieren Nutzer einen anonymen Diskussionsteilnehmer als Unternehmensmitarbeiter oder gewinnt eine Community den Eindruck, manipuliert zu werden, kann dies der Marke nachhaltig schaden. In solchen Fällen können Vorteile der Markenkommunikation im Internet, wie zum Beispiel die schnelle Verbreitung von Informationen, Nachteile für die Marke implizieren.

Intra- und Extranet

Neben dem Internet können auch Intra- und Extranets als wirksame Kommunikationskanäle für das Digital Branding angesehen werden. Intranets erweisen sich als effektive Möglichkeit zum Markenaufbau innerhalb des Unternehmens. Über Extranets wird – zusätzlich zu den Mitarbeitern – auch ausgewählten Kunden oder Partnerunternehmen die Möglichkeit zum Informationszugang und zur internen Kommunikation eingeräumt.

Für die Gestaltung von Extranets sind die gleichen Grundsätze wie für Internetseiten anzuwenden, allerdings mit dem Zusatz der individuellen Registrierung. Dadurch wird

---

[210] Vgl. Aaker/Joachimsthaler (2009), S. 240.

dem Nutzer das Gefühl vermittelt, Teil des Unternehmens zu sein. Mit der gesteigerten Identifikation wird der Markenaufbau forciert und Markenloyalität erzeugt.[211]

Besonderheiten des Digital Branding
Die wesentlichen Unterschiede und Besonderheiten des Digital Branding im Vergleich zum traditionellen Markenaufbau können unter folgenden Aspekten zusammengefasst werden. Der zügige Wandel der technologischen Rahmenbedingungen, gepaart mit der schnellen Reaktion der Konkurrenz sowie der Veränderung der Bedürfnisse und der Struktur der Internetnutzer, erfordern die Definition eines klaren Markenkerns, der enger als im traditionellen Marketing zu fassen ist.

Mitgestaltung der Marke durch den Kunden
Der Einfluss der Kunden auf die Markenentwicklung erweist sich verglichen mit der traditionellen Ökonomie als stärker, da der Kunde den Markenaufbau selbst mitgestalten kann. Dies geschieht beispielsweise durch individuell entworfene Internetseiten, Mund-zu-Mund-Kommunikation oder digitale Communities.

Der Aufbau einer Marke erfordert folglich eine intensivere Kundenbeziehung, die durch individuellen und personalisierten Dialog über verschiedene Kommunikationskanäle gepflegt wird. Erfolgreicher Markenaufbau und Markenpflege im Internet setzen hohe Qualitätsansprüche und Zuverlässigkeit voraus, die beim Kunden positive Erfahrungswerte und Vertrauen generieren sollen.

17.5.4 Potenziale der Digital Communication

Die digitale Kommunikation bietet exklusive Möglichkeiten zur Umsetzung von Kommunikationsstrategien im Kontext des Marketing-Mix. Das Internet hat die Kommunikation im Allgemeinen derart verändert, dass von einer Revolutionierung der Kommunikation gesprochen werden kann. Dadurch entstanden auch innerhalb der Marketingkommunikation völlig neue Träger und Instrumente, die ein breites Spektrum an Potenzialen ergeben. In diesem Kontext spielen die Charakteristika der digitalen Kommunikation und insbesondere der Online-Kommunikation eine wichtige Rolle.

Interaktivität
Maßgebliches Potenzial hat die Digital Communication durch die ihr inhärente Interaktivität und die daraus entstehenden Dialogmechanismen. Diese gestalten die Kommunikation aktiv und besitzen eine hohe Intensität, sodass der Nutzer stärker in den Kommunikationsprozess einbezogen wird, als es im Rahmen der traditionellen Kommunikationsmedien der Fall ist. Interaktivität in der Kommunikation lässt sich im Internet auf viele verschiedene Arten erreichen.

[211] Vgl. Aaker/Joachimsthaler (2009), S. 237 ff.

Über E-Mail, Kontaktformulare und Messengerdienste kann dem Kunden ein direkter Rückkanal zur Verfügung gestellt werden. Die Digital Communication lässt aber noch deutlich dialog- und kundenorientiertere Kommunikationsmethoden zu. In Foren, Live Chats oder auf Social-Media-Plattformen kann sowohl das Unternehmen als auch der Kunde Kommunikation initiieren. Hierin liegt ein starkes Potenzial zur Kundenbindung. Eine weitere Besonderheit ist, dass auch Kunden untereinander viel einfacher in Kommunikation treten können, wodurch auch neue Verbreitungsformen der Unternehmenskommunikation entstehen.

Virales Marketing

Dies macht sich eine besondere Form der Marketingkommunikation über elektronische Kanäle, das sogenannte virale Marketing, zunutze. Der Begriff virales Marketing ist darauf zurückzuführen, dass sich die Information ähnlich einem Virus verbreitet.[212] Dabei ist das virale Marketing die elektronische Adaption des Word-of-Mouth-Marketing der klassischen Kommunikation.

Durch die Vernetzung und effiziente Informationsübertragung im Internet hat die Kommunikation zwischen Kunden allerdings so an Bedeutung gewonnen, dass auch die globale Verbreitung einer Information durch virales Marketing innerhalb kürzester Zeit möglich ist. Die Digital Communication bietet daher das Potenzial, das Word-of-Mouth-Marketing über elektronische Kanäle einzusetzen.

Das virale Marketing kann dabei nur begrenzt vom Unternehmen gesteuert werden. Das Unternehmen kann lediglich Anreize setzen, die Information weiterzuleiten oder die Weitergabe für den Nutzer möglichst einfach zu gestalten. So werden für eine möglichst einfache Weitergabe beispielsweise vorgefertigte Empfehlungs-E-Mails eingesetzt, in die der Kunde nur noch die E-Mail-Adresse des Empfängers eintragen muss.

Die Anreize zur Verbreitung der Information können vielfältiger Natur sein. Populär ist der Einsatz von Gewinnspielen oder an die Weitergabe gekoppelte Gimmicks, wie zum Beispiel Wallpaper oder Einkaufsgutscheine. Allerdings kann die eigentliche Werbebotschaft auch durch eine interessante Aufmachung Kunden zur Weitergabe veranlassen. Während die Bedeutung von E-Mails in Verbindung mit viralem Marketing abnimmt, werden inzwischen primär Social-Media-Beiträge oder Bilder und Videos, die einfach über Messengerdienste verschickt werden können, in diesem Kontext eingesetzt.

Als Beispiel hierfür können Werbespots angeführt werden, die die Firma EDEKA speziell für YouTube erstellt und damit deutschlandweit Kommunikationserfolge erzielt. In einem Spot an Weihnachten gehen in einer EDEKA-Filiale die Lichter aus und neun Kassierer stimmen mit den Pieptönen ihrer Scanner die Melodie „Jingle Bells" an. Nach und nach stimmen die gesamte Filiale und deren Kunden in die Melodie mit ein. Der Spot wurde über 40 Mio. Mal aufgerufen und brachte EDEKA während der umsatzstarken Weihnachtszeit ins öffentliche Gespräch.

[212] Vgl. Gay/Charlesworth/Esen (2007), S. 411 f.

Individualisierung
Ein weiteres Potenzial der digitalen Kommunikation ist die Möglichkeit zur individuellen Kundenansprache. Wie kein anderes Medium bietet das Internet Instrumente zur kunden- oder segmentspezifischen Anpassung der Kommunikation. Neben der besseren Aufnahme einer angepassten Botschaft lässt sich hierdurch eine sehr viel stärkere Identifikation mit dem Unternehmen oder der Marke realisieren. In Kombination mit der Interaktivität der Online-Kommunikation kann die Individualisierung von Inhalten sogar in Zusammenarbeit mit dem Kunden erfolgen, wodurch eine nochmals verbesserte Werbewirkung erreicht werden kann.

Integrationspotenzial der Digital Communication
Ein Vorteil der Digital Communication ist, dass sie sich hervorragend in eine bestehende Kommunikationspolitik eingliedern lässt. Eine im Unternehmen eingesetzte Kommunikationspolitik muss durch den Einsatz der Digital Communication nicht komplett erneuert, sondern lediglich ergänzt werden.

Das Digital Business bietet demzufolge im Rahmen der Marketingkommunikation ein erhebliches Integrationspotenzial. Oft lassen sich Offline-Kampagnen hervorragend durch Online-Strategien ergänzen und auf diesem Weg die Stärken beider Medienarten miteinander verbinden. Als Beispiel kann ein TV-Werbespot mit hoher Reichweite angeführt werden, in dem auf eine Webseite hingewiesen wird, auf der sich Kunden individuell über Produkte informieren können.

Durch die Einbindung von Multimediainhalten ist heute auch zunehmend die Integration von Offline-Marketingaktivitäten in Webseiten zu beobachten. So kann man sich auf vielen Webseiten Werbespots ansehen, die eigentlich als TV-Spots konzipiert wurden. Darüber hinaus ist es üblich, einen Spot zusätzlich zu seiner Schaltung im TV auch online auf Videoplattformen wie YouTube zu veröffentlichen. Oftmals sind diese Spots im Gegensatz zum TV in voller Länge oder mehreren Varianten zu sehen.

Globalität
In einer globalisierten Wettbewerbsumgebung sind immer mehr Unternehmen gezwungen, ihre Marketingaktivitäten zu internationalisieren. Durch die Ubiquität digitaler Kommunikation können Informationen unabhängig von Ort und Zeit ausgetauscht werden. Die Digital Communication bietet daher das Potenzial einer internationalen Kommunikationsorientierung.

Wo in der klassischen Kommunikationspolitik meist aufwendige Lokalisierungsmaßnahmen notwendig waren, kann in der Digital Communication häufig mit geringem Anpassungsaufwand globale Kommunikation betrieben werden. Als Beispiel kann eine Online-Banner-Kampagne mit einem animierten Banner genannt werden, bei der lediglich der Hyperlink auf die entsprechende Landesseite angepasst werden muss.

Risiken der Digital Communication

Dennoch birgt der Einsatz der Digital Communication auch verschiedene Risiken. Wird die digitale Kommunikation in eine bestehende Kommunikationspolitik integriert, sind klassische und digitale Kommunikation umfassend aufeinander abzustimmen, da sonst das Risiko differierender Kommunikationsbotschaften auftritt.

Die dadurch entstehende Irritation beim Kunden kann die Vorteile der Erschließung neuer Kommunikationskanäle vollständig aufzehren. Darüber hinaus wird Online-Kommunikation in Abhängigkeit des eingesetzten Kommunikationsinstruments sehr schnell als störend empfunden. Besonders Instrumente der digitalen Werbung erzeugen bei falschem Einsatz schnell eine negative Einstellung des Kunden gegenüber dem werbenden Unternehmen. Zu diesen zählen vor allem Pop-Ups, bestimmte Arten von Bannern und Layern, die den User in seiner Navigation einschränken sowie Werbe-Mailings und Benachrichtigungen.

Darüber hinaus können heute zahlreiche Programme digitale Werbung ausblenden oder den Ladevorgang komplett unterbinden. Auch moderne Kommunikationsformen wie beispielsweise virales Marketing müssen mit großer Umsicht eingesetzt werden, da sich auch missverständliche oder falsche Inhalte im Internet sehr schnell verbreiten und hierdurch unkalkulierbare Risiken entstehen, die das Unternehmen oder die Marke nachhaltig schädigen können.

Besondere Potenziale des Digital Branding

Ein relevanter Faktor, der die Potenziale des Digital Branding verdeutlicht, ist die mangelnde Möglichkeit des Kunden, den Leistungskern von Internet-Produkten zu beurteilen. Dies ist sowohl bei internetspezifischen digitalen Produkten wie beispielsweise Informationsprodukten als auch bei physischen Produkten, die lediglich über das Internet vertrieben werden, der Fall.

Kompensierung mangelnder Prüfqualitäten

Ein sehr wichtiger Bestandteil des Leistungskerns bildet die Qualität des Produkts. Diese kann in der traditionellen Wirtschaft vor dem Produktkauf meist überprüft werden, sodass in diesem Zusammenhang von Prüfqualitäten gesprochen wird. Daneben existieren jedoch auch Erfahrungsqualitäten, die erst nach dem Konsum eines Produkts beurteilt werden können. Die Vertrauensqualitäten umschreiben die Tatsache, dass bei bestimmten Produkten weder vor dem Kauf noch nach dessen Konsum die Qualität des Produkts festgestellt werden kann.

In der Internetökonomie sind die Prüfqualitäten des Produkts größtenteils vernachlässigbar, da physische Qualitäten von Produkten im Internet kaum nachprüfbar beziehungsweise nicht vorhanden sind. Daher gewinnen Vertrauen und Erfahrung stark an Bedeutung. Das Digital Branding besitzt hierbei das Potenzial, das Vertrauen, das zur Kompensation der fehlenden Prüfqualitäten notwendig ist, herzustellen. Das Verhältnis dieser drei Qualitätsausprägungen wird in Abb. 17.56 dargestellt.

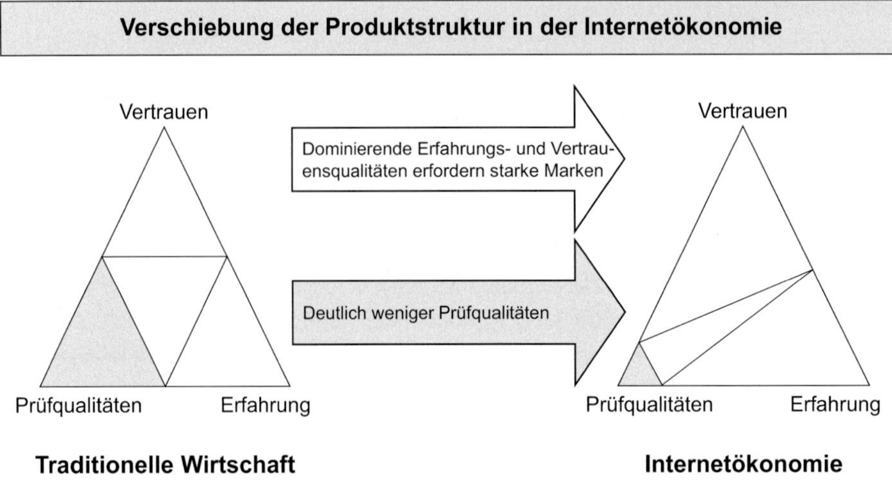

Abb. 17.56 Qualitätsbewertung von Sachgütern und Dienstleistungen im Digital Business. (Vgl. Wirtz (2001a), S. 478; Wirtz (2020), S. 762)

Neben den mangelnden Prüfqualitäten muss ein Online-Brand weitere Risiken kompensieren. Beim Kauf von Produkten oder Dienstleistungen ist der Expertenrat oder die persönliche Beratung für die Kaufentscheidung oft von elementarer Bedeutung. Diese zusätzlichen Leistungen können im Digital Business häufig nur in sehr eingeschränktem Maße angeboten werden, sodass für den Kunden die Kaufentscheidung mit einem höheren Risiko verbunden ist. Diese Risikoerhöhung muss in der Internetökonomie kompensiert werden und kann mithilfe einer starken Marke ermöglicht werden.

Kundenbindungspotenzial

Das Kundenbeziehungsmanagement wird im digitalen Kontext immer relevanter, da sich die Markttransparenz aufgrund der hervorragenden Vergleichsmöglichkeiten im digitalen Kontext deutlich erhöht.[213] Darüber hinaus reduzieren sich durch das Internet die Transaktionskosten und die Wechselbarrieren der Nachfrager sinken. Hier liegen die besonderen Herausforderungen des Digital Branding: Eine starke Internetmarke aufbauen, den psychologischen Lock-In des Kunden erhöhen und somit neue Wechselbarrieren schaffen. In Abb. 17.57 werden die Erfolgsfaktoren der Kundenbindung durch Digital Branding, mit denen sich eine erhöhte Kundenbindung im Internet generieren lässt, dargestellt.

Risiken des Digital Branding

Ein Scheitern in der Internetökonomie kann sich aber im Gegenzug auch negativ auf die Marke im Bereich der traditionellen Wirtschaft auswirken. Von grundlegender Bedeutung ist

[213] Vgl. Wirtz (2000a), S. 31.

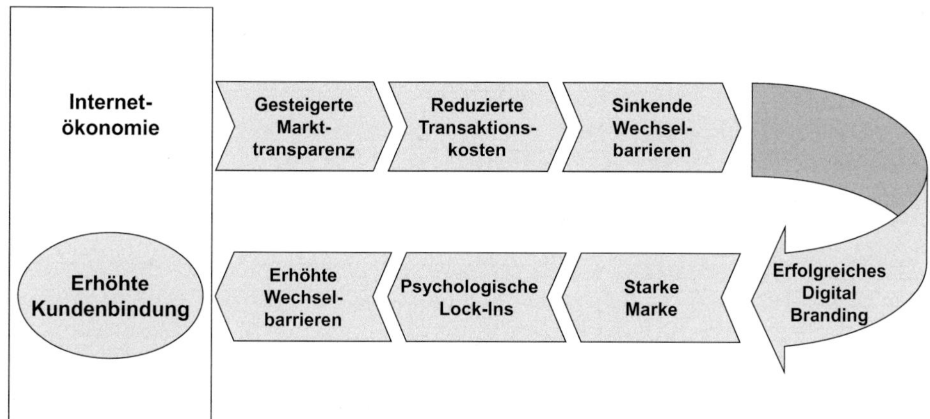

Abb. 17.57 Kundenbindung durch Digital Branding. (Vgl. Wirtz (2001a), S. 486; Wirtz (2020), S. 763)

es dabei, Abweichungen von Online-Produkten und Offline-Produkten unter einer gemeinsamen Marke zu vermeiden, da sonst das Vertrauen der Kunden erheblich erodieren kann.

Mit einem Verlust der Markenidentität ist zu rechnen, wenn Stamm- und Transferprodukte unterschiedliche Zielgruppen ansprechen. Der Markenauftritt im Internet ist in die Marketingstrategie einzubeziehen, um die aufgebaute Kundenbeziehung nicht zu gefährden.

17.5.5 Implementierung von Digital Communication

Die Implementierung einer geeigneten digitalen Kommunikationspolitik stellt eine der Kernaktivitäten der Planung im Kontext des Marketing-Mix im Digital Business dar. Aufgrund der Vielfalt der Kommunikationsinstrumente und der kontinuierlich steigenden Bedeutung der digitalen Kommunikation für die gesamte Marketingstrategie eines Unternehmens ist ihre Implementierung als erfolgskritisch zu bezeichnen. Eine der Hauptaufgaben ist die Schaffung einer integrierten Kommunikationspolitik.

Darüber hinaus muss die digitale Kommunikation auf das veränderte Konsumentenverhalten im Internet abgestimmt werden. Da die Unternehmenswebseite heute besondere Bedeutung erlangt hat, wird gesondert auf Webseitendesign und -navigation eingegangen. Abschließend wird die Implementierung des Digital Branding betrachtet.

Integration von Digital Communication

Eine der Stärken der Digital Communication ist ihre Integrationsfähigkeit. Allerdings sind für ihre Integration in eine bestehende klassische Kommunikationspolitik wie auch in eine bestehende digitale Kommunikation genaue Abstimmungen erforderlich. Ziel der Integration ist dabei stets, durch alle Kommunikationsmaßnahmen ein konsistentes Erscheinungs-

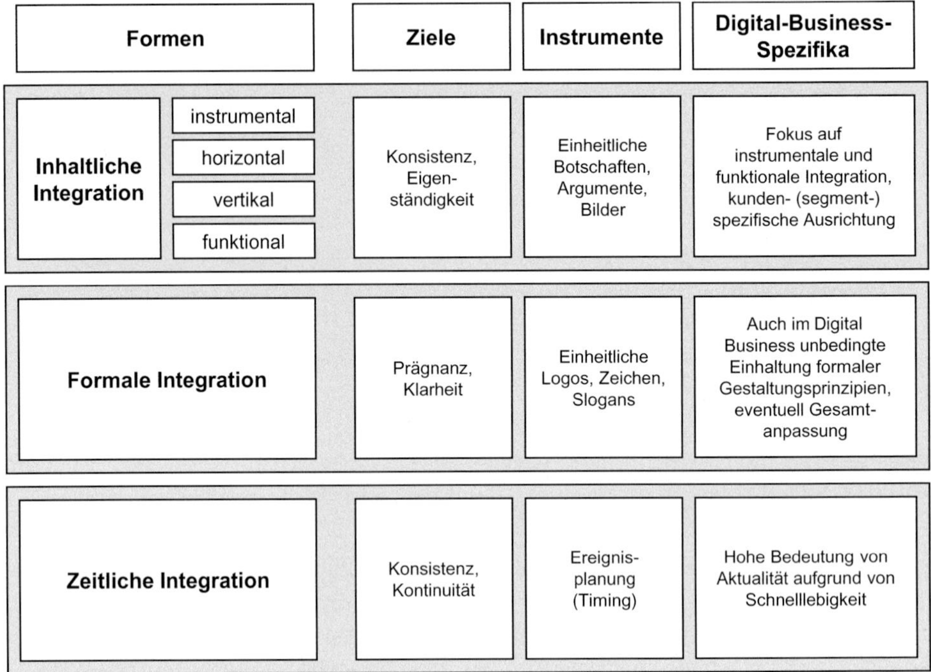

Abb. 17.58 Formen der Integration in der Kommunikationspolitik. (Vgl. Wirtz (2010), S. 515; Wirtz (2020), S. 764)

bild vom Kommunikationsobjekt zu vermitteln.[214] Hierbei ist analog zur klassischen Kommunikationspolitik nach verschiedenen Formen der Integration zu unterscheiden. Abb. 17.58 stellt diese Formen dar und nennt Ziele sowie Instrumente und Spezifika des Digital Business.[215]

Inhaltliche Integration

Die inhaltliche Integration der Kommunikationspolitik spielt im Digital Business eine entscheidende Rolle. Zum einen muss die Konsistenz der verschiedenen Kommunikationsformen gewahrt bleiben, zum anderen soll eine Eigenständigkeit im Hinblick auf die verschiedenen Instrumente gewährleistet sein. Die Integration der verschiedenen Instrumente der Digital Communication ist daher als einer der zentralen Aspekte des Kommunikationsmanagements im Digital Business zu bezeichnen.

Formale Integration

Die horizontale und vertikale Integration differiert in der Digital Communication speziell dann, wenn das Digital Business zu Veränderungen in der Wertschöpfungslogik des Unter-

[214] Vgl. Meffert et al. (2019), S. 636.

[215] Inhalte basierend auf Meffert et al. (2019), S. 637.

nehmens geführt hat. Da die Online-Kommunikation stets in einem starken Segmentbezug steht, spielt die funktionale Integration ebenfalls eine wichtige Rolle. Bei der Implementierung muss gewährleistet sein, dass die verschiedenen Kommunikationsinstrumente so eingesetzt werden, dass sie ihre zielgruppenspezifischen Funktionen erfüllen können.

Die Einhaltung formaler Gestaltungsprinzipien ist ein zentraler Aspekt bei der Ergänzung der Kommunikationspolitik durch digitale Kanäle. Bei der Implementierung ist auf eine einheitliche Verwendung von Logos, Zeichen oder Slogans im Online- und Offline-Marketing zu achten. Andernfalls besteht die Gefahr der Kundenirritation, infolge derer eine Markenerosion auftreten kann.

Doch auch bei reinen Online-Strategien müssen die verschiedenen Instrumente einheitliche Gestaltungsmerkmale aufweisen. Aufgrund der Vielzahl und Austauschbarkeit von Informationen ist im Internet eine klare und prägnante Kommunikation erforderlich. Nur so besteht die Möglichkeit, sich erfolgreich von der Konkurrenz zu differenzieren.

Zeitliche Integration

Die zeitliche Integration der Online-Kommunikation verfolgt vor allem die Ziele der Kontinuität sowie Konsistenz und unterscheidet sich in diesen nicht wesentlich von der klassischen Kommunikation. Schwerpunkt der Implementierung ist die Planung des richtigen Zeitpunkts für den Einsatz eines Kommunikationsinstruments und die Abstimmung in Form einer Ereignisplanung. Die Online-Kommunikation stellt darüber hinaus einen besonderen Anspruch an die Aktualität von Informationen, da der Informationsaustausch im Internet in Echtzeit abläuft.

Implementierungsaufwand

Insgesamt ist die Implementierung der digitalen Kommunikation immer in engem Zusammenhang mit den anzusprechenden Kundensegmenten zu sehen. Hierbei spielen sowohl die Präferenzen der einzelnen Segmente als auch ihre Größe eine wichtige Rolle. Im Extremfall kann die Digital Communication kundenspezifisch erfolgen, was einen deutlich erhöhten Implementierungsaufwand gegenüber einer Massenkommunikation aufweist.

Genaue Kunden- und Marktdaten sind die Grundvoraussetzung um die Potenziale der Digital Communication umfassend zu nutzen. Moderne Marktforschungsmethoden haben ein erhebliches Unterstützungspotenzial und können die Implementierung einer geeigneten Kommunikationsstrategie deutlich vereinfachen.

17.5.5.1 Webseitengestaltung und Navigation

Die Webseite hat sich in nahezu allen Branchen zum wichtigsten Kontaktpunkt mit dem Kunden etabliert. Selbst Kunden, die planen, Produkte über klassische Distributionswege zu erwerben, informieren sich immer häufiger vorab online über den Anbieter beziehungsweise Hersteller, die Marke sowie das Produkt beziehungsweise die Dienstleistung.

Durch die erhebliche Wettbewerbsintensität im World Wide Web sind insbesondere die Anforderungen an die Qualität kommerzieller Webseiten deutlich gestiegen. Diese muss heute individuell und zielgruppengerecht gestaltet sein und darf dabei wichtige funktionelle Aspekte, wie Struktur und Nutzbarkeit, nicht außer Acht lassen.

Webseiten-Design

Viele Nutzer-Umfragen konstatieren, dass das Aussehen einer Webseite der wichtigste Faktor bei deren Bewertung (46,1 % Zustimmung) ist.[216] Allerdings sind besonders im Hinblick auf die kreative Umsetzung einer Webseite keine einheitlichen Gestaltungsrichtlinien möglich, da das Aussehen sehr stark an die Bedürfnisse der einzelnen Kundengruppe angepasst werden muss.

Die Gestaltungsfreiheiten beim Webdesign haben sich mit der zunehmenden Verwendung von Plug-Ins (vor allem Flash) deutlich erhöht, sodass heute zunehmend auch unkonventionelle Designs zu beobachten sind. Trotz gestalterischer Freiheit findet sich im Schrifttum eine Vielzahl von Empfehlungen für gutes Webseiten-Design:[217]

- Kohärenz: Einfaches, klares Design, leicht zu lesen, Benutzung von Kategorien, kein Information-Overload, angepasste Schriftgrößen, nicht überladen.
- Komplexität: Verschiedene Elemente und Textkategorien, das heißt keine triviale Textdarstellung, sondern Unterteilungen in beispielsweise Titel, Untertitel und Textblöcke sowie Verwendung weiterer visueller Elemente, wie zum Beispiel Bilder.
- Lesbarkeit: Einheitliches Menüdesign auf allen Unterseiten, Verwendung einer Site Map.

In diesem Kontext gilt es zu beachten, dass die gesamte Webseite eine einheitliche Designlinie verfolgt, um eine leichte Wiedererkennung und einfache Orientierung zu gewährleisten. Außerdem sollte das Web-Design mit der Corporate Identity in Einklang gebracht und mit der übergeordneten Marketingstrategie abgestimmt werden.

Webseiten-Navigation und Flow

Neben dem Aussehen einer Webseite existieren jedoch weitere Faktoren, die die Qualität des Web-Designs beeinflussen. Hierzu zählt vor allem die Struktur der Webseite, die maßgeblich bestimmt, wie gut der User auf der Seite navigieren kann. In diesem Zusammenhang spricht man auch vom sogenannten Flow.

Dabei beschreibt der Flow einer Webseite nicht nur, wie einfach ein User die von ihm gesuchte Information auf einer Webseite findet, sondern auch, wie angenehm dieser Vorgang für den User abläuft.[218] Der Flow ist daher insbesondere für Shopping-Seiten von großer Wichtigkeit, um den Kunden bei seinem digitalen Kaufvorgang nicht unnötig zu unterbrechen oder zu verwirren.

---

[216] Vgl. Chaffey/Hemphill/Edmundson-Bird (2019), S. 494.

[217] Vgl. Rosen/Purinton (2004), S. 789 f.

[218] Vgl. Chaffey/Hemphill/Edmundson-Bird (2019), S. 494 f.

Navigations- und Interaktionsstruktur
Die meisten Webseiten bauen ihre Navigation auf einer hierarchischen Struktur auf. Dabei lassen sich zwei grundlegende Strukturen für den Aufbau einer Webseite identifizieren. Weist eine Webseite eine tiefe und enge Struktur auf, so muss der User sich in seiner Navigation nur zwischen einer geringen Auswahl an weiterführenden Alternativen entscheiden, benötigt jedoch viele Klicks, um den gewünschten Inhalt zu erreichen.

Bei einer breiten und flachen Struktur stehen dem User hingegen viele Alternativen zur Wahl, die ihn aber sehr rasch zu der gewünschten Seite navigieren. Bei beiden Strukturalternativen ist darauf zu achten, dass der User weiß, wo er sich auf der Seite befindet, wo er gewesen ist und was seine nächsten Optionen sind.

Die inhaltliche Verknüpfung beziehungsweise Interaktion innerhalb dieser Websitestrukturen kann dabei unterschiedlich aufgebaut werden. So erlaubt eine lineare Linkstruktur beim Click-Through der Website beispielsweise einzig einen eindeutig vorgegebenen Weg und ist durch diese vorgegebene Struktur sehr restriktiv in Bezug auf eine flexible Nutzung des Interfaces.

Eine nicht-lineare Linkstruktur ermöglicht aufgrund der flexiblen Gestaltung mit diversen Verknüpfungen hingegen ein deutlich größeres Maß an flexibler Nutzung. Die hierarchische Verknüpfung kann in ihrer Ausgestaltung mit einem Stammbaum verglichen werden. Annähernd jede Seite weist Verlinkungen zu ihrer jeweilig unter- beziehungsweise übergeordneten Seite auf, was aus einer starren Verästelung resultiert und im Ergebnis eine geringere Interaktion bedeutet.

Ein integrierter Aufbau verknüpft wiederum verschiedene Gestaltungselemente, sodass beispielsweise eine hierarchische Verknüpfungsstruktur um zusätzliche, frei auswählbare Verlinkungen ohne Pfadabhängigkeiten erweitert werden kann. Die Abb. 17.59 stellt die Strukturen nachfolgend exemplarisch und schematisch dar.[219]

Accessibility
Gutes Webseiten-Design zeichnet sich darüber hinaus dadurch aus, dass dem User eine gute Zugänglichkeit (Accessibility) zur Webseite ermöglicht wird. Die Accessibility verfügt dabei über zwei verschiedene Kernaspekte. Zum einen sollte dafür Sorge getragen werden, dass der User unabhängig von körperlichen Einschränkungen die Seite besuchen kann. Eine Seite, die diese Anforderung erfüllt, wird im Digital Business als barrierefrei bezeichnet.

Das W3 Consortium hat eine Vielzahl von Standards festgelegt, die bei der Umsetzung barrierefreier Seiten unterstützend wirken.[220] In vielen Ländern ist die Bereitstellung einer barrierefreien Webseite für kommerzielle Anbieter sogar gesetzlich verankert.[221]

---

[219] Inhalte basierend auf Coordes (2014); Chaffey/Hemphill/Edmundson-Bird (2019), S. 495; Schürmann (2020).

[220] Vgl. World Wide Web Consortium (2023).

[221] Vgl. Chaffey/Hemphill/Edmundson-Bird (2019), S. 502.

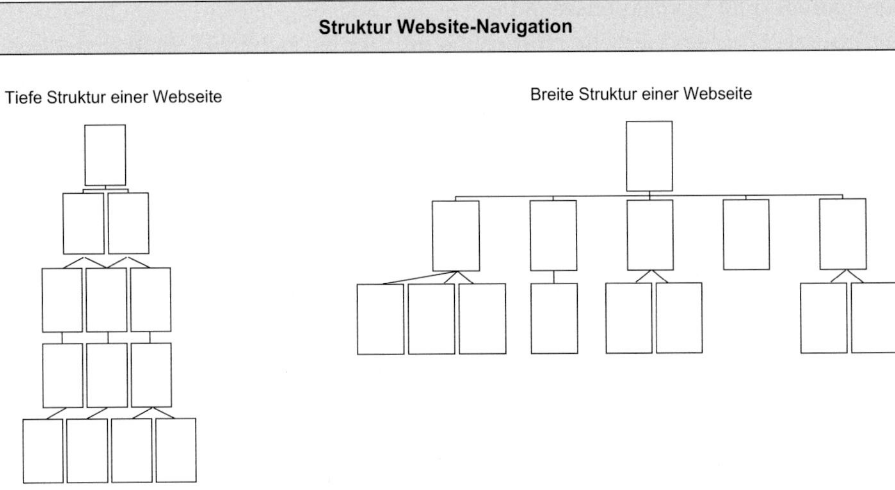

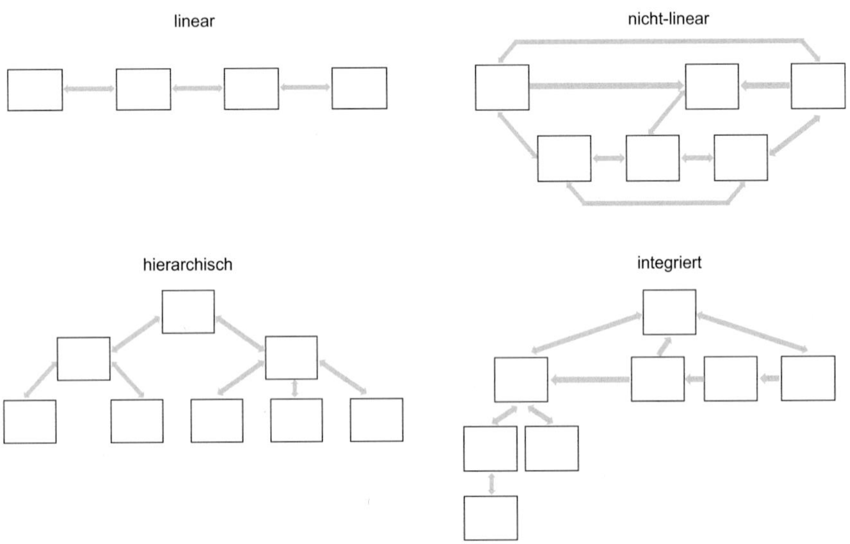

Abb. 17.59 Navigations- und Interaktionsstrukturen von Webseiten. (Vgl. Wirtz (2020), S. 768)

Der zweite Aspekt der Accessibility bezieht sich auf die technischen Voraussetzungen beim User. Die Webseite sollte in allen gängigen Browsern (Microsoft Edge, Firefox, Opera, Chrome, Safari) und auf allen gängigen Systemen darstellbar sein. Hier spielen heute insbesondere mobile Geräte wie Smartphones oder Tablets eine zentrale Rolle.

17.5.5.2 Digitaler Markenaufbau

Für die Implementierung von Digital Branding sind zwei Unternehmenskategorien zu unterscheiden. In diesem Kontext sind einerseits Unternehmen der traditionellen Wirtschaft zu nennen, die ihre Geschäftsfelder auf die Internetökonomie ausdehnen. Andererseits gibt es aber auch Unternehmen der Internetökonomie, die sich ausschließlich mit Digital Business beschäftigen.

Implementierung gemischter Online- und Offline-Markenstrategien

Traditionelle Unternehmen, die ihre Wirtschaftstätigkeiten auf den Bereich der Internetökonomie erweitern, haben das Digital Branding darauf auszurichten, ob es sich bei ihrer Markenstrategie um eine Markentransferstrategie oder eine Neumarkenstrategie handelt. Im Rahmen einer Markentransferstrategie wird ein bestehendes Markenzeichen für ein neues Produkt verwendet, wohingegen bei einer Neumarkenstrategie für den Konsumenten eine völlig neuartige Marke konzipiert wird.

Beim Markentransfer einer bestehenden Marke ins Internet kann deren Bekanntheit und das Vertrauen des Kundenstamms genutzt werden, um einen erfolgreichen Eintritt in die Online-Welt zu vollziehen. Diese Vorteile reduzieren das Risiko des Scheiterns und erleichtern den Einstieg in den völlig neuen Bereich der Internetökonomie.

Bei der Neumarkenstrategie wird für ein neues Produkt im Internet eine eigene Marke aufgebaut, die von den übrigen Marken des Unternehmens losgelöst und eigenständig am Markt positioniert wird. Der Vorteil dieser Strategie besteht in der Möglichkeit, für die Online-Marke eine eigene Persönlichkeit mit spezifischen Kompetenzen zu schaffen. Das aufgebaute Markenimage ist dabei frei von Einflüssen der anderen Produkte des Unternehmens, wodurch weder Goodwill noch Badwill entsteht.

Der Nachteil einer Neumarkenstrategie liegt darin, dass die neue Internetmarke in allen Produktlebenszyklen allein die gesamten Marketingaufwendungen zu tragen hat. Dies ist, im Vergleich zu der Markentransferstrategie, mit höheren Kosten verbunden, da nicht auf die Bekanntheit und Akzeptanz im Markt zurückgegriffen werden kann.

Implementierung reiner Digital-Branding-Strategien

Im Rahmen dieser Strategien traditioneller Unternehmen müssen Unternehmen, die ihre Leistungen ausschließlich im Internet anbieten, eine andere Branding-Strategie verfolgen. Erfolgsfaktoren dieser Unternehmen sind vor allem der Aufbau einer erfolgreichen Internetmarke, die richtige Gestaltung des Internetauftritts, das individuelle Kundenbeziehungsmanagement und die Optimierung der Geschäftsprozesse aus Kundensicht. Bei allen Punkten steht der Kunde im Mittelpunkt, um den sich die Erfolgsfaktoren drehen.

Der Aufbau einer erfolgreichen Internetmarke ist notwendig, um Markeninteresse zu schaffen und die Aufmerksamkeit von Kunden zu wecken. Dafür ist die Gestaltung des Internetauftritts von elementarer Bedeutung. Angefangen vom Design über die Zusammensetzung des Inhalts bis hin zur Vermarktung der Webseite müssen alle Details auf

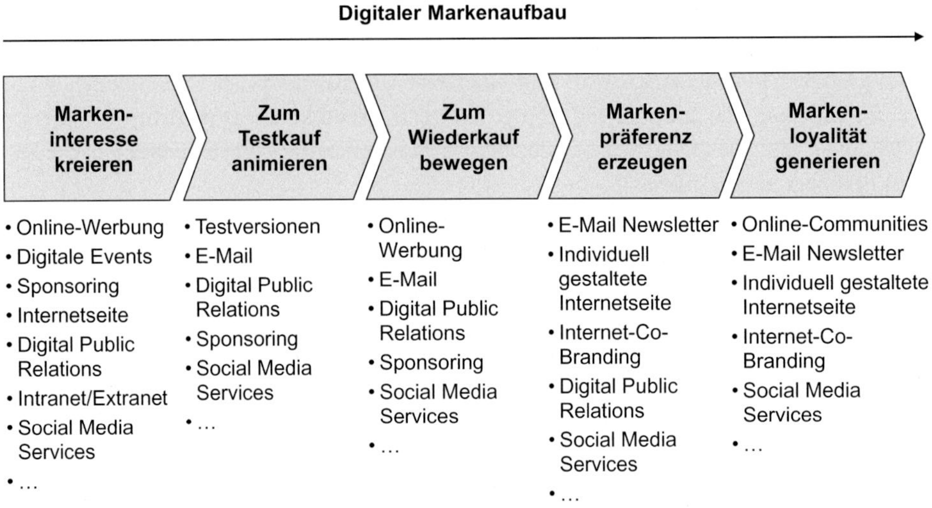

Digitaler Markenaufbau

Markeninteresse kreieren	Zum Testkauf animieren	Zum Wiederkauf bewegen	Markenpräferenz erzeugen	Markenloyalität generieren
• Online-Werbung • Digitale Events • Sponsoring • Internetseite • Digital Public Relations • Intranet/Extranet • Social Media Services • …	• Testversionen • E-Mail • Digital Public Relations • Sponsoring • Social Media Services • …	• Online-Werbung • E-Mail • Digital Public Relations • Sponsoring • Social Media Services • …	• E-Mail Newsletter • Individuell gestaltete Internetseite • Internet-Co-Branding • Digital Public Relations • Social Media Services • …	• Online-Communities • E-Mail Newsletter • Individuell gestaltete Internetseite • Internet-Co-Branding • Social Media Services • …

Abb. 17.60 Prozess des digitalen Markenaufbaus. (Vgl. Wirtz (2001a), S. 484; Wirtz (2020), S. 771)

den Kunden zugeschnitten sein, um diesen zu begeistern und zu gewinnen. Durch eine individuelle Kundenbeziehung wird der Kunde an das Unternehmen gebunden.

Die Instrumente des Digital Branding müssen sinnvoll eingesetzt werden und können nur im gemeinsamen Zusammenspiel dazu beitragen, eine Marke online aufzubauen. Ein erfolgreicher Markenaufbau im Internet durchläuft mehrere Teilschritte, die mit den oben angeführten Instrumenten des Digital Branding vorangetrieben werden können. In Abb. 17.60 wird der Markenaufbau mithilfe von Branding-Instrumenten anhand einer Schrittfolge verdeutlicht. Zu beachten ist, dass es zu Überschneidungen kommt, da eine eindeutige Abgrenzung der einzelnen Prozessschritte nicht möglich ist.

17.5.6 Fallbeispiel Digital Communication: Yahoo

Als Beispiel für ein Unternehmen, das seit vielen Jahren Digital Communication und insbesondere Digital Branding betreibt, kann Yahoo angeführt werden. Yahoo ist ein multinationaler Internetdienstanbieter, der unter einer Dachmarke weltweit täglich mehr als einer Milliarde Nutzern ein weitreichendes Angebot im Internet bereitstellt.[222]

Obwohl die Entwicklung von Yahoo seit Ende der 2000er-Jahre durch zahlreiche Rückschläge und tiefgreifende Um- und Neustrukturierungen gekennzeichnet ist, kann der umfassende Kommunikationsansatz sowie die daraus resultierende Markengeschichte als besonders bezeichnet werden.

Yahoo startete als Pure Player, das heißt als Unternehmen, das nur eine einzelne, exakt abgrenzbare Leistung anbot, die aus einer reinen Suchmaschine (Context) bestand. Mit

[222] Vgl. Yahoo (2023a).

der Zeit erweiterte Yahoo sukzessive sein Angebotsspektrum und deckte relativ schnell alle wesentlichen Geschäftsmodelltypen im Digital Business ab.

Das globale Netzwerk des Unternehmens unterhält Niederlassungen in Europa, Asien/Pazifik, Lateinamerika, Kanada und den USA. Der Stammsitz dieses globalen Commerce- und Brand-Netzwerkes, das im Jahr 2016 von der Verizon-Unternehmensgruppe übernommen wurde, ist in Sunnyvale, Kalifornien angesiedelt.

Seit der Unternehmensgründung 1994 an der Stanford-Universität hat die Marke Yahoo einen erheblichen Bekanntheitsgrad erfahren und ein ausgeprägtes Markenbewusstsein generiert, da nicht nur die Marke, sondern auch der Kundenstamm erheblich erweitert wurde. Dieser Markenerfolg des Portals ist vor allem auf eine klare Digital-Branding-Strategie zurückzuführen, die Yahoo an die sich verändernden Herausforderungen im Markt und seine damit einhergehende Marktposition angepasst hat.

Die Aufsplittung von Yahoo und Übernahme durch Verizon im Jahr 2016 bedeutete einen Einschnitt in Bezug auf Yahoo's Produkt- und Serviceangebot und die damit verbundene Digital-Branding-Strategie. Während der Fokus von Yahoo's Markenidentität in der Vergangenheit darauf lag, die bedeutendste Internetseite zu sein, die dem Kunden neben Content auch Commerce, Connection und Context Services bietet, positioniert sich die Marke heute als „amplification brand". Die neue Markenstrategie dahinter konzentriert sich darauf die Onlineerfahrung der Nutzer individueller und personalisierter zu machen.

Angesichts des Überangebots und der Informationsüberflutung im Internet möchte Yahoo die Inhalte verstärken, die für den Nutzer von Bedeutung sind. Dieser Strategiewechsel zeigt sich auch visuell im Rebranding des neuen Yahoo-Logos, das Ende 2019 eingeführt wurde und als Vorbote für eine Vielzahl neuer Produkte in den nächsten Jahren genutzt wurde.[223]

Angebotsspektrum

Im Einklang mit seiner neuen Strategie hat Yahoo sein zuvor sehr breites Angebotsspektrum deutlich reduziert. Die Marke deckt dabei zwar nach wie vor alle wesentlichen Geschäftsmodelle (Content, Commerce, Connection und Context) im Digital Business ab, konzentriert sich dabei jedoch verstärkt auf die für Nutzer besonders bedeutenden Inhalte und Services in den jeweiligen Zielmärkten. Dieses ausgewogene Leistungsangebot soll sich zu einem neuen Core Asset von Yahoo entwickeln und bildet die Basis für Yahoo's neue Markenidentität und die zunehmend individualisierten und personalisierten Digital-Communication-Angebote des Unternehmens.

Die Kernprodukte und -services von Yahoo stellen dabei der E-Mail-Dienst Yahoo Mail (Connection), die Suchmaschine Yahoo Search (Context), das Yahoo Informations-, Nachrichten- und Unterhaltungsportal (Content) sowie das Shopping-Portal Yahoo Shopping (Commerce) dar.

[223] Vgl. Schaffrinna (2019); Pentagram (2020).

Connection

Der Bereich Kommunikation beziehungsweise Connection hat bei Yahoo eine große Bedeutung, da er sich als Kernbereich des Angebotsmodells darstellt. Den Schwerpunkt von Yahoo's Digital-Communication-Angebot bildet die E-Mail-Kommunikation. Dies spiegelt sich insbesondere in der regelmäßig überarbeiteten E-Mail-App wider.

Neben einem grafischen Redesign mit dem neuen Yahoo-Logo und einer neuen Bedienoberfläche, wurde in den letzten Jahren insbesondere die Ordnungs- und Organisationsstruktur der E-Mail-Postfächer verbessert. Die Individualisierungs- und Personalisierungsstrategie von Yahoo spiegelt sich dabei vor allem in der neuen Bedienoberfläche wider. Diese beinhaltet eine Vielzahl verbesserter Anpassungsmöglichkeiten für den Nutzer, wie etwa die Einbindung von E-Mail-Accounts von Drittanbietern, individualisierbare Push-Benachrichtigungen sowie personalisierbare Farb- und Toneinstellungen.

Context

Der Bereich Context stellt einen weiteren zentralen Aspekt von Yahoo's Angebotsmodell dar. Die Suchmaschine Yahoo Search gehört zu den ältesten Suchmaschinen im Internet und kann somit als Vorreiter von Google gesehen werden. Yahoo Search ist gemessen an ihrem Marktanteil nach Google und Bing die bedeutendste Suchmaschine weltweit.[224] Der Leistungsumfang von Yahoo Search ist vergleichbar mit dem von Google und Bing und beinhaltet neben der allgemeinen Websuche auch spezielle Suchen, wie etwa Bilder-, Video- und Nachrichtensuche.

Die Individualisierungs- und Personalisierungsstrategie von Yahoo spiegelt sich dabei in den zahlreichen Anpassungsmöglichkeiten für die Websuche wider. So können Nutzer etwa mit dem Yahoo Familienfilter SafeSearch anstößige Inhalte aus den Suchergebnissen herausfiltern oder sich mittels des SuchScan bei potenziell schädlichen Webseiten warnen lassen.

Darüber hinaus bietet Yahoo Search den Nutzern auch Anpassungsmöglichkeiten, die über das Angebot anderer Suchmaschinen, wie von Marktführer Google, hinausgehen, wie etwa eine Bildersuche nach Farbpräferenzen oder die Filterung von Nachrichtensuchergebnissen nach Quelle. Ein weiterer, wichtiger Aspekt ist der integrierte Schnellzugriff von der Yahoo Suchwebseite auf die anderen Kernprodukte und – services, wie insbesondere E-Mail und das umfassende Content-Angebot.

Content

Der Bereich Content spielt bei Yahoo eine herausragende Bedeutung und bildet das Zentrum des Yahoo-Onlineportals. Ein besonderer Fokus wird dabei auf die Bereiche Nachrichten (Yahoo News), Sport (Yahoo Sports), Finanzen (Yahoo Finance), Unterhaltung (Yahoo Entertainment) und Lifestyle (Yahoo Lifestyle) gelegt.

[224] Vgl. StatCounter (2022).

Yahoo News stellt die wichtigsten Schlagzeilen und Nachrichten aus aller Welt auf Basis angesehener und glaubwürdiger lokaler und nationaler Nachrichtenquellen dar. Yahoo Sports stellt einen weiteren wichtigen Content-Bereich dar und ist der umfassende Sportnachrichten- und Ergebnisdienst von Yahoo. Damit verbunden ist auch Yahoo's populäres Fantasy-Sport-Angebot bei dem die Nutzer ein virtuelles Team aus in der Realität existierenden Sportlern einer Profiliga entsprechender Mannschaftssportarten zusammenstellen und in einem Wettbewerb gegeneinander antreten können.

Ein weiterer bedeutsamer Content-Bereich ist die Medienplattform für Finanzen Yahoo Finance, die dem Nutzer Finanznachrichten, Pressemitteilungen, Analysen und Finanzdaten, wie etwa Aktienkurse etc., bietet. Zudem stellt es Nutzern auch einige Onlinetools für ihr persönliches Finanzmanagement bereit. Darüber hinaus stellt Yahoo Entertainment die Unterhaltungssparte von Yahoo im Content-Bereich dar und bietet Berichterstattung zu Film, TV, Musik und Prominenten sowie entsprechende Interviews, Bilder, Videos und Trailer. Den letzten wichtigen Content-Bereich bildet Yahoo Lifestyle, der Informationen und Trends zu Themen wie Mode, Gesundheit, Wellness und Beauty bereitstellt.

Commerce

Der Bereich Commerce ist ein weiterer bedeutender Teil von Yahoo's Angebotsmodell und baut teilweise stark auf Yahoo's Content-Angebot auf. Hier bietet Yahoo mit Yahoo Shopping dem Nutzer ein komplettes Shopping-Portal mit vielen verschiedenen Shop-Kategorien und Funktionalitäten, wie etwa Preisvergleich, Cashback-Programm oder Shopping-Empfehlungen. Auch hier finden sich personalisierbare beziehungsweise individualisierbare Elemente für den Nutzer, wie insbesondere die Wunschzettel-Funktion oder verschiedene Suchfilter im Rahmen der Produktsuche.

Darüber hinaus stellt Yahoo mit dem Yahoo Sports Shop eine eigene Verkaufsplattform für Sportartikel bereit und vertreibt über seinen Yahoo Purple Shop eine eigene Yahoo-Markenkollektion mit Bekleidung, Bürozubehör, Sportartikel und vielen weiteren Produktgruppen.[225] Zudem bietet Yahoo mit dem Yahoo Lifestyle Shop eine weitere Digital-Commerce-Plattform an, die eng mit dem entsprechenden Content-Bereich verknüpft ist und Produkte und Services zu den verschiedenen Lifestyle-Themen vertreibt.

Globalität

Um der Internationalität des Unternehmens und dem eigenen Anspruch einer globalen Markenidentität gerecht zu werden, können wesentliche Inhalte und Services von Yahoo in einer Vielzahl von Sprachen abgerufen und mit einem Klick auf die individuelle Internetseite des Landes gewechselt werden. Dies zeigt ein weiteres Prinzip der Branding-Strategie von Yahoo, indem es global agiert und zu nutzen ist, aber gleichzeitig sein Angebot länderspezifisch modifiziert und somit zielmarktorientiert anbietet.

---

[225] Vgl. Yahoo (2020b, 2020a).

Lock-in-Effekt durch Personalisierung

Darüber hinaus schafft Yahoo im Rahmen der diversen Personalisierungsangebote Lock-in-Effekte.[226] Dies kann am Beispiel von Yahoo's My Channel verdeutlicht werden. My Channel ermöglicht dem Nutzer, seinen eigenen Videokanal zusammenstellen. Der Nutzer kann dabei bevorzugte Sportmannschaften, Prominente und Unternehmen auswählen und erhält darauf basierend täglich sein personalisiertes Videoprogramm. Da für den Nutzer ein gewisser Aufwand im Rahmen dieser Personalisierung entsteht, generiert Yahoo hierdurch einen effektiven Lock-in-Effekt. Für den Kunden steigen dadurch die Wechselkosten zu einem anderen Anbieter und binden ihn so an das Unternehmen beziehungsweise die Marke Yahoo.

Zusammenfassend lässt sich im Hinblick auf das Angebot von Yahoo konstatieren, dass die Einstellung vieler Produkte und Services das Angebotsspektrum zwar deutlich verringert hat, Yahoo aber durch die Abdeckung der wesentlichen digitalen Geschäftsmodellbereiche Connection, Context, Content und Commerce den Nutzern nach wie vor ein integriertes und ausgewogenes Produkt- und Serviceangebot bietet. Im Zuge ihrer Amplification-Strategie legt Yahoo dabei den Fokus auf eine Stärkung und Verbesserung ihrer zentralen Produkte und Services und somit auf die Aspekte, die für die Nutzer am wichtigsten sind.

Dadurch, dass alle Services von der Yahoo-Portalseite aus angesteuert werden können, erhöht das die einheitliche Übersicht und einfache Navigation für den Nutzer. Dadurch wird die Marke hervorgehoben und gestärkt, woraus eine erhöhte Kundenbindung und hohe Nutzerzahlen resultieren. Neben dem ausgewogenen Angebotsspektrum ist es stets der Kern der Markenstrategie von Yahoo, den Kunden beziehungsweise die Community in den Mittelpunkt zu stellen.

Brand Advertising

Um einerseits ein Bewusstsein für die Marke Yahoo sowie die damit verbundenen Produkte und Services zu schaffen und andererseits deren Identität und Vertrauenswürdigkeit zu stärken, setzt Yahoo auf ein langfristiges und nachhaltiges Brand Advertising. Im Rahmen dessen grenzt Yahoo insbesondere die Angebote Yahoo Mail, Yahoo Search, Yahoo Shopping, Yahoo News, Yahoo Sports, Yahoo Finance, Yahoo Entertainment und Yahoo Lifestyle ab.

Werbung

Zur Etablierung der Marke betrieb Yahoo in der Vergangenheit konsequent Werbung in On- und Offline-Medien sowie ausgewähltes Online-Sponsoring und führte umfangreiche Affiliate-Programme ein. Dadurch konnte ein individuelles Markeninteresse geschaffen werden, das durch den gezielten Einsatz der Digital-Communication-Instrumente weiter ausgebaut werden konnte. Vor dem Hintergrund des daraus resultierenden hohen Bekanntheitsgrades der Marke und der hohen Nutzerzahlen, bewirbt Yahoo inzwischen seine Angebote und Neuheiten vorwiegend auf dem eigenen Onlineportal. Zudem wird durch

[226] Vgl. Wirtz/Lihotzky (2001), S. 289 ff.

Direktkommunikation mittels E-Mail und Newsletter sowie durch geschickte Public Relations auch eine nachhaltige Kundenpflege betrieben.

Co-Branding

Darüber hinaus setzt Yahoo im Rahmen des Brand Advertising auf die Zusammenarbeit mit anderen etablierten Marken, um die eigenen Produkte und Services besser zu vermarkten. So kooperiert Yahoo weltweit mit namhaften Unternehmen aus fast allen Branchen, um den eigenen Kunden erweiterte Inhalte und Services anzubieten. Als Beispiel dafür können ABC News, NBC Sports und Microsoft Bing angeführt werden. Innovative Unternehmen können durch eine Digital-Commerce-Partnerschaft mit Yahoo in kurzer Zeit eine hohe Präsenz im Internet erlangen. Durch die Strategie des Co-Brandings wird die Marke Yahoo durch die Kombination mit anderen namhaften Produkten und Unternehmen weiter in seiner Bekanntheit gesteigert. Co-Branding wird dabei insbesondere bei konträren Produkten angewandt, um die Zielgruppe mithilfe der jeweils anderen Marke auszudehnen.

Yahoo als Werbeplattform

Yahoo selbst stellt für andere Unternehmen aber nicht nur einen interessanten Co-Branding-Partner dar, sondern wird vor allem aufgrund der hohen Reichweite als attraktive und erfolgversprechende Werbeplattform angesehen. Dementsprechend wird das Yahoo Onlineportal von Verizon Media aktiv als Werbeplattform vermarktet. Mit dem Werbenetzwerk Yahoo ad.com können dabei weltweit etwa eine Milliarde Kunden erreicht werden auf Yahoo, AOL und anderen Webseiten von Verizon Media. In der Werbevermarktung hebt Verizon Media neben der Dachmarke Yahoo auch Yahoo Mail, Yahoo Finance, Yahoo Entertainment, Yahoo Lifestyle, Yahoo News, Yahoo Fantasy und Yahoo Sports als Werbeplattformen hervor.

Einen Kernservice von Yahoo ad.com für seine Werbekunden stellt dabei neben der einfachen Erstellung von Werbemitteln insbesondere das hoch entwickelte Targeting- und Trackingsystem dar. Dies erlaubt nicht nur eine adäquate Zielgruppenbestimmung und -ansprache im Rahmen der Werbekampagnen, sondern ermöglicht auch eine Analyse der Kampagnenperformance und die Kontrolle des Werbeerfolgs.[227]

Dieses integrierte Vermarktungsangebot von Yahoo eröffnet Werbekunden die Möglichkeit, flexible und effiziente Werbekampagnen schnell und einfach durchzuführen und bietet ihnen somit einen erheblichen Mehrwert. Vor dem Hintergrund der zunehmenden Banner Blindness bei Onlinenutzern und der damit einhergehenden sinkenden Klickzahlen auf Online-Werbebanner, setzt Yahoo verstärkt auch auf Native Advertising. Im Jahr 2014 gründete Yahoo mit der Werbeplattform Yahoo Gemini, inzwischen auch bekannt als Verizon Media Native, die erste einheitliche Plattform für Native Advertising und Mobile Search Advertising.

[227] Vgl. Yahoo (2023c).

Gerade das Native Advertising gewinnt im Onlinemarketing zunehmend an Bedeutung, da die damit verbundenen Werbemittel sich kaum von redaktionellen Inhalten unterscheiden lassen und so mehr Beachtung bei den Nutzern finden als klassische Onlinewerbung. Yahoo Gemini verfügt in diesem Zusammenhang über eine erhebliche Reichweite im Internet und erreicht über sein Netzwerk etwa 1 Mrd. monatlich aktiver Onlinenutzer, die über 60 Mrd. Seitenaufrufe pro Monat weltweit generieren.[228]

Yahoos Suchmaschinen-Kooperation

Darüber hinaus stellt auch Yahoos Suchmaschine eine attraktive Werbeplattform für Unternehmen dar. Im Search Business verbindet Yahoo dabei eine lange Partnerschaft mit Microsoft Bing. Inzwischen stammen nicht nur die organischen Suchergebnisse in Yahoo's Suchmaschine von Microsoft Bing, sondern auch die bezahlten Suchergebnisse, das heißt die Werbeanzeigen auf Yahoo's Suchergebnisseiten.

Microsoft Bing Ads ist somit die exklusive Search-Werbeplattform für Yahoo, das von den generierten Werbeeinnahmen im Rahmen dieser Partnerschaft profitiert.[229] Darüber hinaus werden auch die Suchergebnisse der Yahoo Suchmaschine selbst durch Verizon Media vermarktet, indem sie anderen Unternehmen den Yahoo Search XML Feed zur Nutzung anbieten.[230]

Zusammenfassend lässt sich in Bezug auf das Brand Advertising und die Werbevermarktung von Yahoo konstatieren, dass Yahoo beziehungsweise Verizon Media die Strategie verfolgt, alle Serviceangebote unter der Dachmarke Yahoo zu führen, was anhand der Beispiele von Yahoo Mail, Yahoo Finance, Yahoo News und Yahoo Sports ersichtlich ist.

Dachmarkenstrategie

Diese Dachmarkenstrategie hat den Vorteil, dass das Risiko des Scheiterns bei Produktneueinführungen reduziert und die Akzeptanz beim Kunden schneller erreicht wird. Dadurch kann eine unverwechselbare Markenidentität generiert werden. Jedes einzelne Produkt beziehungsweise jeder einzelne Service trägt in der Konsequenz zur Profilierung und Unterstützung der Dachmarke Yahoo bei. Mit dem Ergebnis, dass alle Produkte unter einer Dachmarke gebündelt sind, schafft Yahoo Vertrauen, Sicherheit und Loyalität bei seinen Kunden. Diese Qualitätsfaktoren erweisen sich für Online-Marken als essenziell im Vergleich zu Marken der traditionellen Wirtschaft, bei denen deutlich mehr Prüfqualitäten und eine Tangibilität der Produkte vorhanden sind.

Risiken

Die kontinuierliche Erweiterung der Serviceangebote für den Kunden birgt jedoch auch kommunikations- und markenbezogene Gefahren. Bei einer Vielzahl von Angeboten kann

---

[228] Vgl. Yahoo (2023b).

[229] Vgl. Third Door Media (2019).

[230] Vgl. Verizon Media (2020).

es dazu kommen, dass die Kernmarke verwässert wird, da der Besucher nicht mehr erkennen kann, für welches Produkt die Marke Yahoo steht. Es besteht die Gefahr der Markenerosion, wenn der Kunde den Kompetenzanspruch des Unternehmens nicht mehr für alle Produkte akzeptiert.

Ebenso kann die Gefahr eines Badwill-Transfers entstehen, indem negative Ausstrahlungseffekte durch Produkte unterschiedlicher Qualität verursacht werden. Diesen Risiken wirkt sowohl die gezielte Reduktion des Angebotsspektrums von Yahoo in den letzten Jahren als auch der bei Yahoo vollzogene Strategiewechsel – im Sinne einer Verstärkung der wichtigsten Inhalte und Services – entgegen.

Insgesamt gelang es Yahoo, losgelöst von kommerziellen Bewertungskriterien, durch den richtigen Einsatz von Digital-Communication-Instrumenten und mittels zahlreicher strategischer Partnerschaften ein ausgewogenes und integriertes Produkt- und Serviceangebot aufzubauen und dabei eine der weltweit bekanntesten Online-Marken zu etablieren.

17.6 Digital-Customer-Relationship-Management (DCRM)

Customer-Relationship-Management (CRM) kommt zunehmend eine herausgehobene Bedeutung im Rahmen der marktorientierten Unternehmensführung zu.[231] Dem CRM wird dabei vielfach eine besondere Erfolgsrelevanz hinsichtlich der Kundenbindung zugebilligt. Kotler (1994) merkt hierzu an: „The task of creating strong customer loyalty is called relationship marketing."[232]

Der Kundenbindung wiederum werden vielfältige positive Auswirkungen auf quantitative unternehmerische Zielgrößen, wie etwa Umsatz und Gewinn, zuerkannt. Vor diesem Hintergrund wird die besondere Erfolgsrelevanz des CRM nicht nur für die Kundenbindung deutlich.[233]

Diese Entwicklung hin zu einem erfolgsorientierten, systematischen Management der Kundenbeziehung wurde in der zweiten Hälfte der 1990er-Jahre durch die fortschreitende Diffusion moderner Informations- und Kommunikationstechnologien in Form des internetbasierten Digital Business in besonderer Weise ergänzt.

Das Internet und hiermit verbundene digitale Medien haben inzwischen einen erheblichen Stellenwert sowohl in der Wirtschaft als auch in der Gesellschaft erlangt. Nach dem anfänglichen E-Commerce-Hype werden zunehmend die Möglichkeiten und Grenzen des Internets realistischer bewertet. Hierbei wird insbesondere das Management der Kundenbeziehungen über das Internet differenzierter beurteilt.

[231] Vgl. Bruhn (2016), S. 1.

[232] Kotler (1994), S. 48.

[233] Vgl. Wirtz (2003), S. 373 ff.

Risiko der Kundenabwanderung

Neben zahlreichen Potenzialen zur Effizienzsteigerung des Customer-Relationship-Management birgt die zunehmende Verbreitung des Internets für Unternehmen jedoch auch eine nicht zu unterschätzende Gefahr hinsichtlich der Kundenabwanderung. So wird beispielsweise durch die Intermediationsleistungen vielfältiger Internetangebote eine erhebliche Steigerung der Markttransparenz aus Sicht der Nachfrager hervorgerufen.

Durch Senkung der Informationskosten resultiert diese in einer deutlichen Senkung der Wechselbarrieren für die Kunden. Zudem bedingt die hohe Markttransparenz in elektronischen Märkten eine höhere Preiselastizität der Nachfrage als auf herkömmlichen Märkten.[234]

Erhöhung der Kundenbindung

Andererseits ergeben sich, bedingt durch die Strukturfaktoren des Internets, vielfältige Möglichkeiten, der Gefahr der Kundenabwanderung entgegenzuwirken und die Kundenbindung zu steigern.[235] Netzeffekte, besondere Kostenstrukturen von Informationsprodukten und der Trend zur Individualisierung lassen sich im Rahmen eines Digital-Customer-Relationship-Managements (DCRM) gezielt einsetzen, um für Kunden neue Wechselbarrieren entstehen zu lassen und die Kundenbindung zu erhöhen.

Obwohl das Internet vom Grundsatz her ein Massenmedium darstellt, sind ihm zugleich zahlreiche Interaktionsmöglichkeiten inhärent, die eine effiziente One-to-One-Kommunikation und -Interaktion eröffnen. Hierbei nimmt die moderne Informations- und Kommunikationstechnologie vielfach die Rolle eines Enablers ein. Erst durch den Einsatz der Informationstechnologie können wichtige Aspekte des Kundenbeziehungsmanagements effizient und effektiv gestaltet beziehungsweise überhaupt erst ermöglicht werden.

Definition Digital-Customer-Relationship-Management

Der Kundenbindung und mithin dem Kundenbeziehungsmanagement im Digital Business kommt daher eine wichtige Erfolgsbedeutung zu. Schon im Jahr 2000 konstatieren Reichheld/Schefter (2000) hierzu: „E-Loyalty: Your Secret Weapon on the Web."[236] Inzwischen gibt es eine größere Anzahl von Inhaltsbestimmungen des CRM. In Tab. 17.11 sind einige Definitionen dargestellt.

Fast alle Definitionsansätze sehen in der Gestaltung von Geschäftsbeziehungen durch das Management des Eingangs, der Entwicklung, der Aufrechterhaltung und gegebenenfalls der Auflösung von Beziehungen eine zentrale Bedeutung. Vor diesem Hintergrund soll folgende spezifizierte Definition für das DCRM herangezogen werden (vgl. Tab. 17.12).

---

[234] Vgl. Harrington/Reed (1996), S. 72.

[235] Vgl. Krafft/Bromberger (2001), S. 160; Rayport/Jaworski (2001), S. 350.

[236] Reichheld/Schefter (2000), S. 106.

Tab. 17.11 Defvnt. (Vgl. Wirtz (2000c), S. 157 f.; Wirtz (2020), S. 781)

Autor	Definition	Kernaspekte
Morgan/ Hunt (1994)	Relationship marketing refers to all marketing activities directed toward establishing, developing, and maintaining successful relationall exchanges.	Eingang, Entwicklung und Aufrechterhaltung von Beziehungen
Sheth/ Parvatiyar (1995)	Relationship marketing attempts to involve and integrate customers, suppliers and other infrastructural partners into a firm's developmental and marketing activities. Such involvement results in close interactive relationships with suppliers, customers or other value chain partners of the firm.	Einbeziehung und Integration der Beziehungspartner in Unternehmensaktivitäten
Wehrli/ Wirtz (1996a)	Die Kernidee des Relationship Marketing war und ist es, durch den Aufbau und die Entwicklung langfristiger Geschäftsbeziehungen mit ausgewählten Kunden einen Wettbewerbsvorteil zu erzielen.	Etablierung langfristiger Geschäftsbeziehungen, interaktive Wertgenerierung und Kundenintegration
Homburg/ Sieben (2003)	… umfasst ein Customer Relationship Management die Planung, Durchführung, Kontrolle sowie Anpassung aller Unternehmensaktivitäten, die zu einer Erhöhung der Profitabilität der Kundenbeziehung und damit zu einer Optimierung des Kundenportfolios beitragen.	Planung, Durchführung, Kontrolle und Anpassung von CRM-Maßnahmen
Bruhn (2016)	Relationship Marketing umfasst sämtliche Maßnahmen der Analyse, Planung, Durchführung und Kontrolle, die der Initiierung, Intensivierung und Wiederaufnahme von Geschäftsbeziehungen zu den Anspruchsgruppen – insbesondere zu den Kunden – des Unternehmens mit dem Ziel des gegenseitigen Nutzens dienen.	Analyse, Planung, Durchführung und Kontrolle von CRM-Maßnahmen

Tab. 17.12 Definition Digital-Customer-Relationship-Management. (Vgl. Wirtz (2010), S. 532; Wirtz (2020), S. 782; Wirtz (2021), S. 568)

Digital-Customer-Relationship-Management umfasst die digital basierte Analyse, Planung, Steuerung, Gestaltung und das Controlling von Geschäftsbeziehungen zu den Kunden mit dem Ziel, einen unternehmerischen Erfolgsbeitrag zu leisten.

Im Folgenden soll zuerst auf mögliche Kundenbindungsdimensionen im Digital Business eingegangen werden. Aufbauend hierauf sollen anhand des Kundenbeziehungsprozesses mögliche Ansatzpunkte für ein DCRM aufgezeigt werden, die dann durch die Darstellung instrumenteller Gestaltungsoptionen konkretisiert werden. Sodann sollen Erfolgs- und Kontrollgrößen des DCRM ausgeführt werden. Abschließend wird ein praktisches Fallbeispiel anhand von Amazon angeführt. Abb. 17.61 stellt die Struktur des Abschnitts dar.

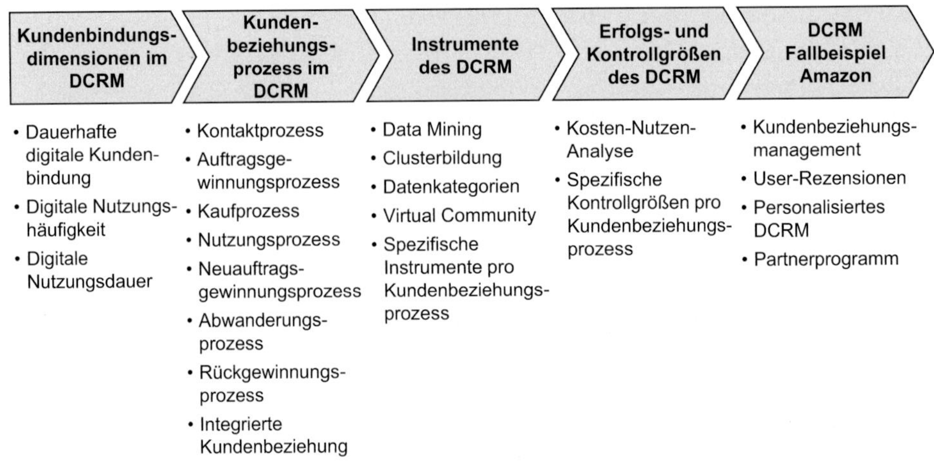

Abb. 17.61 Struktur des Abschnitts

17.6.1 Kundenbindungsdimensionen im Digital-Customer-Relationship-Management

Aufgrund der strukturellen Unterschiede zwischen traditioneller Ökonomie und internetbasiertem Digital Business sind bezüglich der Zieldimensionen der Kundenbindung einige spezifische Modifikationen geboten.[237] Einen Überblick über die vier Dimensionen der Kundenbindung gibt Abb. 17.62. Die vier Zielsetzungen sind nicht substitutiv beziehungsweise konkurrierend zu verstehen, sondern werden in unterschiedlichen Ausprägungen oft parallel verfolgt.

Digitale Kundenbindung

Die ferste mit dem Begriff der Kundenbindung verbundene Dimension verfolgt das Ziel der dauerhaften Bindung (gleichbedeutend mit der Dauerhaftigkeit der Kundenbeziehung), das auch in der traditionellen Wirtschaft von großer Bedeutung ist. Diese Dimension bildet die Grundlage für alle anderen mit Kundenbindung assoziierten Zielsetzungen und nimmt damit eine Sonderstellung insoweit ein, dass sie entweder explizit oder implizit stets mitverfolgt wird, wenn Kundenbindungsmaßnahmen ergriffen werden.

Digitale Nutzungshäufigkeit

Bei der zweiten Dimension handelt es sich um die Nutzungshäufigkeit eines Angebots innerhalb eines gegebenen Zeitraumes, in der traditionellen Wirtschaft in etwa vergleichbar mit der Wiederkaufrate. Hier können eine absolute und eine relative Perspektive eingenommen werden.

[237] Vgl. im Folgenden Wirtz/Lihotzky (2001), S. 291.

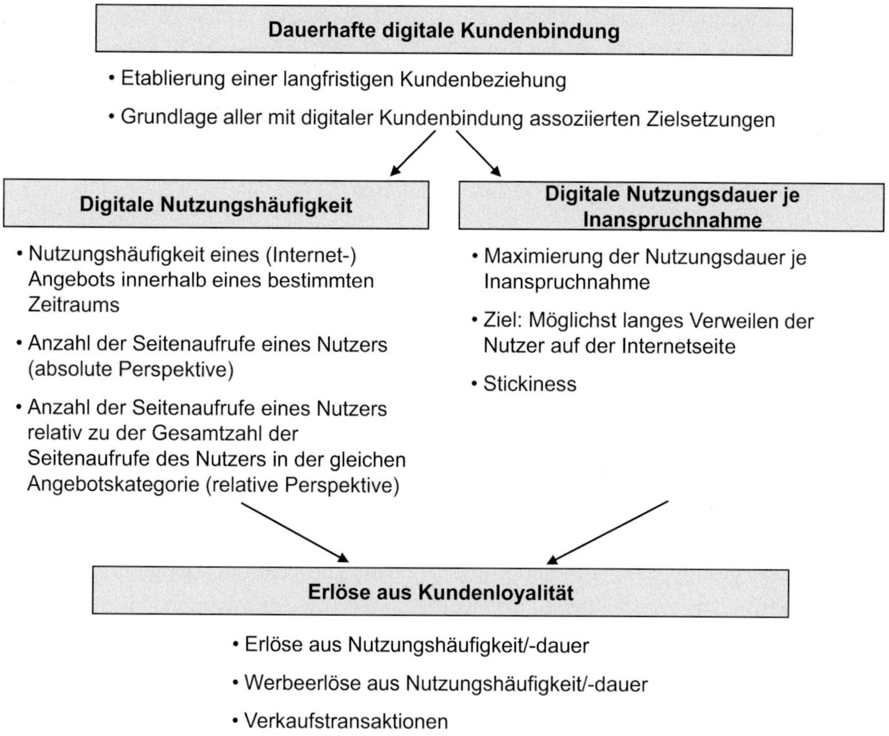

Dauerhafte digitale Kundenbindung
• Etablierung einer langfristigen Kundenbeziehung
• Grundlage aller mit digitaler Kundenbindung assoziierten Zielsetzungen
Digitale Nutzungshäufigkeit
• Nutzungshäufigkeit eines (Internet-) Angebots innerhalb eines bestimmten Zeitraums
• Anzahl der Seitenaufrufe eines Nutzers (absolute Perspektive)
• Anzahl der Seitenaufrufe eines Nutzers relativ zu der Gesamtzahl der Seitenaufrufe des Nutzers in der gleichen Angebotskategorie (relative Perspektive)
Digitale Nutzungsdauer je Inanspruchnahme
• Maximierung der Nutzungsdauer je Inanspruchnahme
• Ziel: Möglichst langes Verweilen der Nutzer auf der Internetseite
• Stickiness
Erlöse aus Kundenloyalität
• Erlöse aus Nutzungshäufigkeit/-dauer
• Werbeerlöse aus Nutzungshäufigkeit/-dauer
• Verkaufstransaktionen

Abb. 17.62 Zieldimensionen der digitalen Kundenbindung. (Vgl. Wirtz (2003), S. 376; Wirtz (2020), S. 783; Wirtz (2021), S. 569)

Während die absolute Perspektive lediglich die Anzahl der Seitenaufrufe je Nutzer erfasst, werden die entsprechenden Seitenaufrufe bei der relativen Perspektive ins Verhältnis zu den gesamten Seitenaufrufen eines Nutzers zur gleichen Angebotskategorie gesetzt, zum Beispiel Suchanfragen eines Nutzers bei einem Anbieter im Verhältnis zu allen Suchanfragen des Nutzers. Auf diese Weise wird die individuelle Kundendurchdringungsrate ermittelt.

Digitale Nutzungsdauer

Die Zielsetzung der dritten Dimension wird verfolgt, wenn ein Internetanbieter anstrebt, die Nutzungsdauer je Inanspruchnahme zu maximieren und deshalb versucht, die Nutzer möglichst lange auf seiner Internetseite zu halten. In der Praxis wurde dafür der Begriff Stickiness geprägt. Ein entsprechendes Konzept der traditionellen Wirtschaft existiert in nutzungsabhängigen Tarifen. In der Güterwirtschaft kommt dem das Konzept des Intensivierungsnutzens am nächsten.

Kundenloyalität

Die vierte Dimension bezieht sich auf Verkäufe, Einnahmen und Erlöse aus Kundenloyalität. Basierend auf der Nutzungshäufigkeit und/oder der Nutzungsdauer können durch loyale Kunden Einnahmen erzielt werden, die Aufenthaltserlöse, Werbeeinnahmen und Verkaufstransaktionen beinhalten. Diese Einnahmen steigern sich mit der Nutzungshäufigkeit innerhalb einer gewissen Zeit, der Einstellung des Kunden zur Seite und der Nutzungsdauer.

17.6.2 Kundenbeziehungsprozess im DCRM

Die Gestaltung einer Kundenbeziehung ist zumeist ein komplexer Prozess. Um die Instrumente und deren Wirkung auf die effiziente und effektive Gestaltung einer Geschäftsbeziehung zu erläutern, erscheint es sinnvoll, diese Entwicklung zu strukturieren. Der Kundenbeziehungsprozess wird hierzu in mehrere Phasen differenziert. Abb. 17.63 stellt den integrierten Kundenprozess dar.

Kontakt und Auftragsgewinnungsprozess

Im Rahmen des Kontaktprozesses sind insbesondere die Identifikation und Analyse von potenziellen Kunden und deren Nachfragebedürfnissen sowie eine dementsprechende Positionierung der eigenen Produkte und Dienstleistungen bei erfolgversprechenden potenziellen Kunden entscheidend. Die Kernaufgabe des Auftragsgewinnungsprozesses besteht hingegen in der Vermittlung der Vorteile des eigenen Leistungsangebots.

Hiermit verbunden ist der Aufbau von Präferenzen beim Kunden hinsichtlich der Produkte und Dienstleistungen. Marketingbotschaften sind an die relevanten Interessenslagen

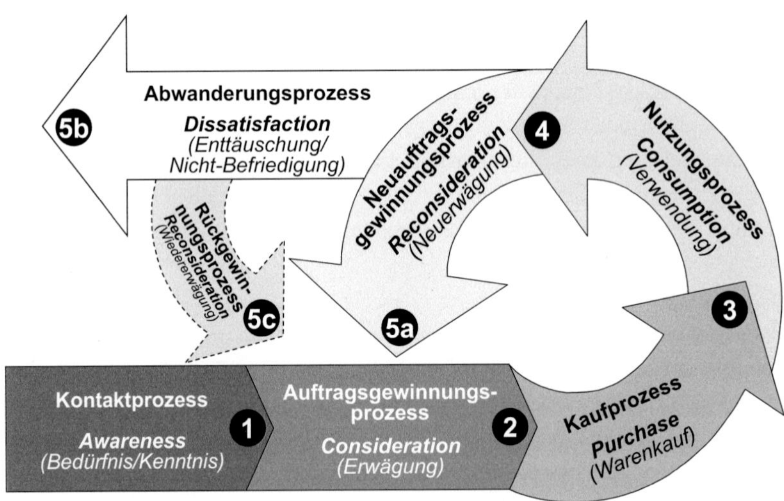

Abb. 17.63 Integrierter Kundenbeziehungsprozess. (Vgl. Wirtz (2003), S. 377; Wirtz (2020), S. 785; Wirtz (2021), S. 570)

des Einzelnen anzupassen, um so beim Empfänger die beabsichtigte Wirkung zu erzielen. Hierfür ist ein möglichst detailliertes Wissen über Interessen und Präferenzen der Interessenten erforderlich.

Kauf- und Nutzungsprozess
Eine wesentliche Aufgabe im Rahmen des Kaufprozesses besteht aus Sicht des Anbieters in der Erkennung des Kaufzeitpunkts beim Interessenten. Von zentraler Bedeutung ist jedoch, die Verfügbarkeit der Produkte oder Dienstleistungen sicherzustellen. Die Abwicklungsprozesse der Bestellannahme, der Logistik und der Zahlung sind schnell und kundengerecht abzuwickeln. Zentrale Aufgabe im Rahmen des Nutzungsprozesses ist die Unterstützung der Leistungsverwertung durch den Kunden.

Durch entsprechende Informationen rund um die Kernleistungen des Unternehmens und überlegene Serviceleistungen sollen die Zufriedenheit der Kunden und damit einhergehend die Kundenbindung verbessert werden. In diesem Kontext ist erfahrungsgemäß ein qualitativ hochwertiger After-Sales-Service von hoher Erfolgsbedeutung.

Neuauftragsgewinnungsprozess
Im Rahmen des Neuauftragsgewinnungsprozesses ist insbesondere die Aufrechterhaltung beziehungsweise Intensivierung der wahrgenommenen Vorteile des eigenen Leistungsangebots und der bestehenden Kundenpräferenzen hinsichtlich der eigenen Produkte und Dienstleistungen entscheidend. Ziel ist es, aus einem Erstkäufer einen loyalen Kunden zu machen.

Abwanderungsprozess
Sofern der Kunde mit dem Leistungsangebot oder einigen Teilaspekten von diesem, zum Beispiel dem After-Sales-Service, nicht zufrieden war, besteht die Gefahr der Kundenabwanderung. In dieser Phase ist das Unzufriedenheitspotenzial beim Kunden zumeist so hoch ausgeprägt, dass ein entsprechender Leistungsbezug ganz eingestellt wird oder eine Abwanderung zu Konkurrenzangeboten erfolgt.

Das Erkennen der Kundenunzufriedenheit und die Verhinderung der endgültigen Kundenabwanderung stellt in diesem Kontext eine wichtige Aufgabe dar. Zur Verhinderung der Kundenabwanderung ist ein Monitoring der Zufriedenheit beziehungsweise Unzufriedenheit der Kunden mit entsprechenden Feedback-Systemen schon in der Kauf- und Nutzungsphase unbedingt erforderlich. Dem Beschwerdemanagement, das insbesondere in der späten Nutzungsphase und in der beginnenden Abwanderungsphase gezielt eingesetzt werden muss, kommt hierbei eine besondere Bedeutung zu.

Rückgewinnungsprozess
Ein wichtiger Erfolgsfaktor im Rahmen des CRM ist das Rückgewinnungsmanagement. Im Falle der Abwanderung können umfangreiche Rückgewinnungsmaßnahmen initiiert

werden, um den Kunden doch noch in der Geschäftsbeziehung zu halten beziehungsweise diesen wieder bereit zur Aufnahme der Geschäftsbeziehung zu machen.

Beim Rückgewinnungsmanagement können etwa Preisnachlässe, verbesserter Lieferservice oder ausgeweitete Garantiezusagen helfen, den Kunden erfolgreich wieder zu binden. Das Rückgewinnungsmanagement sollte auf aussagefähigen Ergebnissen einer entsprechenden Kundenwertanalyse beruhen, da nur ertragsmäßig attraktive Kunden rückgewonnen werden sollten.[238]

Integrierte Kundenbeziehung

Die Beziehungen sind auf allen Stufen des Kundenbeziehungsprozesses aktiv zu gestalten. Hierbei kommt ein Mix aus bisher verwendeten, traditionellen Methoden des CRM und innovativen Instrumenten des Digital Business zum erfolgreichen Management digitaler Geschäftsbeziehungen zur Anwendung. Darüber hinaus ist es wichtig, dass Customer Interfaces integriert aufgebaut sind und demnach eine integrierte Kundenbeziehung aufgebaut werden kann, um „Ownership" in den Kundenbeziehungen/Kundenbedürfnissen zu generieren.

Bevor im Folgenden auf die Gestaltungsaspekte im Digital Business zum Kundenbeziehungsmanagement eingegangen wird, zeigt Abb. 17.64 beispielhaft das integrierte Kundenbeziehungsverhältnis der Digital-Business-Unternehmen Facebook/Meta, Microsoft und Google/Alphabet im Vergleich.

17.6.3 Instrumente des Digital-Customer-Relationship-Management

Auf Basis des integrierten Kundenbeziehungsprozesses verfügen die Unternehmen des Digital Business über verschiedene DCRM-Instrumente, um effiziente Beziehungen zu potenziellen und bestehenden Kunden zu gestalten. Für jede Phase des oben beschriebenen Prozesses sind die Unternehmen mit komplexen Aufgaben und Herausforderungen im Rahmen ihres Kundenbeziehungsmanagements konfrontiert. Die Werkzeuge und Instrumente zur Bewältigung der Herausforderungen werden im Folgenden beschrieben.

Data Mining

Das wohl bedeutendste DCRM-Instrument dürfte das Data Mining darstellen, da sich Verfahren des Data Minings in allen Phasen des Kundenbeziehungsprozesses einsetzen lassen. Für das DCRM ist insbesondere die Anwendung von Data-Mining-Methoden auf Kundendaten von Interesse. Unter dem Begriff Data Mining werden Verfahren subsumiert, mit deren Hilfe große Datenbestände auf wertvolle Informationen untersucht werden. Data-Mining-Methoden werden heutzutage insbesondere bei der Auswertung von Big

[238] Vgl. Stauss/Friege (2017), S. 453.

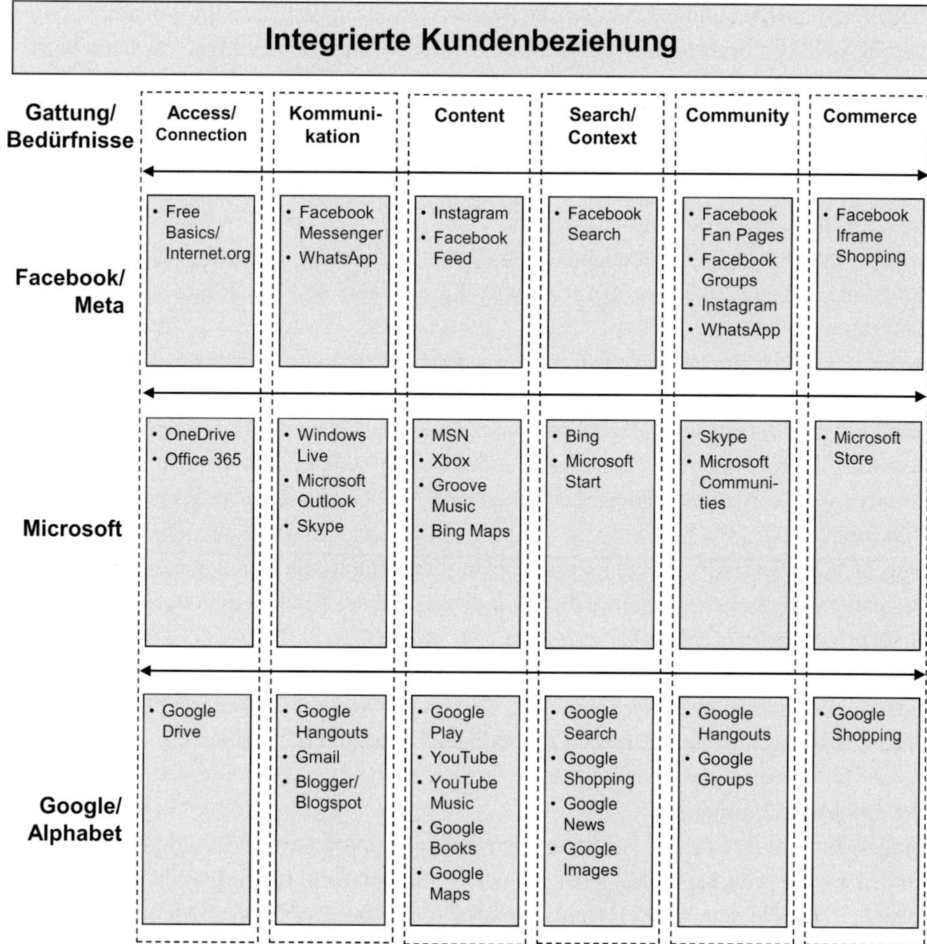

Abb. 17.64 Integrierte Kundenbeziehung im Digital Business. (Vgl. Wirtz (2010), S. 538; Wirtz (2020), S. 787; Wirtz (2021), S. 577)

Data angewendet, d. h. bei großen unstrukturierten Datenbeständen, die sich aus vielen unterschiedlichen Datenquellen zusammensetzen.

Im Rahmen solcher Big-Data-Analysen spielen zunehmend Cognitive-Computing bzw. Artificial-Intelligence-basierte Verfahren (z. B. Machine Learning und Natural Language Processing) eine zentrale Rolle, die eine intelligente und automatisierte Analyse großer und unstrukturierter Datenmengen in Echtzeit ermöglichen. In diesem Zusammenhang hat insbesondere der Bereich Predictive Analytics an Bedeutung gewonnen. Diese Form der Analyse bezieht sich auf die Verarbeitung und Auswertung von Big Data zu Prognosezwecken komplexer wirtschaftlicher Zusammenhänge und zielt darauf ab das daraus gewonnene Wissen zu nutzen, um die Entscheidungsfindung im Rahmen des DCRM zu optimieren.

Durch die Anwendung Artificial-Intelligence-basierter Verfahren im Rahmen von Predictive Analytics erübrigt sich beispielsweise die Auswahl des richtigen mathematischen Algorithmus, weil die Maschine auf Basis ihrer Artificial-Intelligence-Algorithmen die richtige Lösung liefert. Bereits während des Kontaktprozesses lassen sich Verfahren des Data Minings und Big-Data-Analysen in besonderem Maße für das DCRM einsetzen.

In diesem Kontext ermöglicht dieses Verfahren insbesondere eine gezielte Interessentenauswahl für Direct-Mailing-Aktivitäten. Basierend auf multidimensionalen Kundenprofilen aus der eigenen Kundendatenbank werden mithilfe komplexer Such- und Vergleichsalgorithmen Interessenten mit hoher Kaufwahrscheinlichkeit aus fremden Datenbanken ausgewählt.

Clusterbildung

Während des Auftragsgewinnungsprozesses kann Data Mining dazu eingesetzt werden, eine Vielzahl individueller Kundenprofile auf einige wenige, dafür jedoch hochrelevante Gruppen (Cluster) zu reduzieren. Die einzelnen Gruppen können jeweils mit individuellen Botschaften angesprochen werden. Über kollaboratives Filtern im Rahmen des Data Mining können Unternehmen den Kunden maßgeschneiderte beziehungsweise individuelle Angebote unterbreiten. Dabei wird das Kaufverhalten der Kunden mit dem Kaufverhalten anderer Kunden verglichen.

Auf diese Weise können Kunden mit ähnlichen Interessen identifiziert werden. So können dem Kunden Hinweise auf Produkte, die von Kunden mit ähnlichen Interessen bereits gekauft wurden, von ihm selbst jedoch noch nicht, unterbreitet werden.

Produktempfehlungen

Eingesetzt wird ein solches System beispielsweise von Amazon. Dort führen die Empfehlungen oft zu weiteren Absätzen und gelten als Amazons schlagkräftigste Marketingtechnik. Der Erkennung des Kaufzeitpunkts können Data Mining-Methoden bei bestehenden Kundenbeziehungen während des Kaufprozesses dienen. Dieses Zeitfenster kann durch eine Analyse der Kaufhistorie identifiziert werden. Werden Neukunden bestimmten vordefinierten Klassen zugeordnet, die aus der Analyse bestehender Kundenbeziehungen gewonnen werden, so können Big-Data-Analysen und Data Mining auch hier eine Hilfestellung zur Identifikation des Kaufzeitpunkts liefern.

Datenkategorien

Während des Neuauftragsgewinnungsprozesses dienen Big-Data-Analysen und Data Mining insbesondere der Generierung eines verfeinerten Kundenprofils aus den im Rahmen der Kundenbeziehung gewonnenen Informationen sowie der Bestimmung des Verkaufs- und Ersatzzeitpunkts beim Kunden. Für das DCRM ist dies insbesondere vor dem Hintergrund des Bedarfs an gebündelten Kundeninformationen im abteilungsübergreifenden Kontext von Bedeutung. Dabei lassen sich die Kundendaten vier Datenkategorien zuordnen.[239]

---

[239] Vgl. Link/Hildebrand (1995), S. 36.

Stammdaten und Aktionsdaten
Stammdaten enthalten die Adresse sowie andere längerfristig gleichbleibende und von Angeboten und Aktionen des Unternehmens unabhängige Informationen. Informationen über kundenbezogene Maßnahmen des Unternehmens hingegen, die bisher an die entsprechende Person gerichtet wurden, werden unter den Aktionsdaten erfasst.

Reaktionsdaten und Potenzialdaten
Die Reaktionsdaten enthalten Informationen über die Auswirkungen dieser Maßnahmen. Die Potenzialdaten beinhalten Informationen über das Nachfrageverhalten und hier insbesondere darüber, welche Produkte der Kunde wann nachgefragt hat. Sie dienen der Prognose des zukünftigen Kundenwerts.

Digital Communities
Das zweite phasenübergreifende DCRM-Instrument stellen Digital Communities dar. In Digital Communities treffen sich Nutzer mit ähnlichen Interessen und Bedürfnissen. Der Kontakt findet online statt, in Communities, in denen Nutzer die Möglichkeit haben, ihre Meinungen austauschen und über Posts und Nachrichten miteinander zu kommunizieren.

Den Kern einer Digital Community bildet ein zentrales Thema, der Themenfokus. Zu diesem Thema wird üblicherweise eine große Menge an Information geboten. Ausgehend von den Basisinhalten besteht zudem eine Vielzahl von Interaktionsmöglichkeiten. So können die Nutzer beispielsweise Erfahrungen und Wissen beisteuern, eigene Ideen für Unterhaltungsangebote entwickeln oder Diskussionsgruppen moderieren. Hieraus entwickelt sich ein Netzwerk persönlicher Beziehungen, das die Mitglieder an andere Nutzer und damit an die Community bindet.

Homogene Zielgruppen
Die Implementierung einer eigenen Digital Community durch ein Unternehmen unterstützt das DCRM in allen Phasen des Kundenbeziehungsprozesses. Da die Mitglieder einer Digital Community ähnliche Interessen und Präferenzen aufweisen, lässt sich die Kaufkraft in homogene Zielgruppen bündeln.

Dies ermöglicht eine einfache Identifikation potenzieller Kunden im Rahmen des Kontaktprozesses. Streuverluste, wie sie bei der Werbung in traditionellen Medien und auch bei der Bannerwerbung im Internet auftreten, werden dadurch nachhaltig reduziert. Dies führt zusammen mit der Möglichkeit einer direkten zweiseitigen Kommunikation mit Interessenten zu einer äußerst effektiven Gestaltung des Kontaktprozesses.

Individualisierung von Marketingbotschaften
Digital Communities erlauben die während des Auftragsgewinnungsprozesses angestrebte Individualisierung von Marketingbotschaften. Zudem lassen sich die gewonnenen Informationen zur Generierung verfeinerter Kundenprofile nutzen. Zur Förderung von Mund-zu-Mund-Propaganda und somit zur Generierung von Cross-Selling-Gelegenheiten die-

nen Diskussionsforen innerhalb der Community. Zudem ermöglicht die Kommunikation mit und zwischen den Nutzern Rückschlüsse auf Schwachstellen im Leistungsangebot.

Instrumente der Kontaktphase

Neben den phasenübergreifenden DCRM-Instrumenten gibt es auch phasenspezifische Anwendungen. Während des Kontaktprozesses bietet sich beispielsweise der Einsatz von Online-Werbung an. Online-Werbung bietet den Vorteil, dass die Interessenten mit einem Klick (ohne Medienbruch) auf das Online-Angebot des Anbieters zugreifen können. In traditionellen Massenmedien, wie Print oder Rundfunk, besteht diese Möglichkeit nur eingeschränkt, da hier immer eine natürliche Interaktionsbarriere in Form eines Medienbruchs vorliegt.

Qualifizierte Kontakte zu potenziellen Kunden können jedoch auch durch Sponsoring von Diskussionsforen im Internet hergestellt werden. Hierunter wird eine exklusive Platzierung von Werbung auf den entsprechenden Internetseiten verstanden.

Da Diskussionsforen immer einen thematischen Bezug aufweisen, werden gezielt Personen mit relevanten Interessen und Präferenzen angesprochen. Zusätzlich besteht hier die Möglichkeit, durch die Interaktivität des Mediums Internet, einen direkten zweiseitigen Kontakt mit Interessenten aufzunehmen. Unternehmen können ebenfalls virtuelle Communities und Social-Media-Portale (zum Beispiel Fanseiten bei Facebook) nutzen, um darüber mit potenziellen Kunden in Kontakt zu treten.

Hierbei können die Unternehmen im interaktiven Dialog Vertrauen bei (potenziellen) Kunden aufbauen und Erkenntnisse über deren Interessen und Bedürfnisse gewinnen. Virtuelle Communities und Social-Media-Portale tragen damit zur Identifizierung potenzieller Kunden bei und unterstützen die Ein- und Abgrenzung von spezifischen Zielgruppen.

Instrumente des Auftragsgewinnungsprozesses

Um ein möglichst detailliertes Wissen um Interessen und Präferenzen potenzieller Kunden aufzubauen und diese so im Rahmen des Auftragsgewinnungsprozesses mit individualisierten Marketingbotschaften anzusprechen, bietet sich neben der Big-Data-Analyse und dem Data Mining der Einsatz interaktiver Webformulare an. In diesen werden neben den Adressdaten potenzieller Kunden auch deren Interessen und Präferenzen abgefragt.

Durch eine frühzeitige Registrierung der Interessenten auf der Online-Präsenz des Unternehmens kann zudem analysiert werden, welche Informationen von den Interessenten aktiv abgerufen werden. Dies geschieht mithilfe sogenannter Server-Log-File-Analysen. Diese ermöglichen eine Auswertung der Nutzung der Webseite. Spezielle Software liefert Statistiken darüber, was wann in welcher Reihenfolge abgerufen wurde.

Cookies

Neben einer Registrierung der Nutzer können zu deren Identifikation auch sogenannte Cookie Files eingesetzt werden. Hierunter werden kleine Dateien verstanden, die auf der

Festplatte des Nutzers angelegt werden und in denen vom Server Informationen über erfolgte Besuche abgelegt werden. Diese lassen beim nächsten Zugriff Rückschlüsse auf Interessen und Präferenzen zu. Sind die Interessen potenzieller Kunden bekannt, so können ihnen personalisierte Informationen per E-Mail zugesandt werden.

Individualisierung des Produkt- und Serviceangebots
Neben der Individualisierung der Kommunikation ist ein weiterer wichtiger Aspekt die Möglichkeit der Individualisierung des eigentlichen Produkt- und Serviceangebots. Besonders in Märkten mit einem hohem Medialisierung- oder Modularisierungsgrad können hier wertvolle Kundenbindungspotenziale ausgeschöpft werden. Ein bedeutendes Potenzial für den Auftragsgewinnungsprozess liegt in der Big-Data-Analyse und dem Data Mining. Die systematische Verknüpfung und Auswertung der verfügbaren Daten erlaubt die Erstellung spezieller Nutzerprofile und -gruppen, die individuell angesprochen werden können.

Beispielsweise können Unternehmen über den Einsatz kollaborativer Filter das Kaufverhalten von Nutzergruppen analysieren und dadurch Nutzern mit einem ähnlichen Kaufverhalten zielgruppenspezifische Angebote unterbreiten. Amazon empfiehlt beispielsweise Kunden während des gesamten Einkaufsprozesses Produkte, die von anderen Nutzern, die sich für ähnliche Produkte interessiert haben, bereits gekauft wurden.

Instrumente des Kaufprozesses
Ein kontinuierlicher (digitaler) Dialog mit dem Interessenten während des Kaufprozesses kann dem Unternehmen dazu dienen, Informationen über den Kaufzeitpunkt zu gewinnen. Zudem bietet das Internet vielfältige Möglichkeiten für die Abwicklungsprozesse der Bestellannahme, der Logistik und der Zahlung. So lassen sich informationsbasierte Produkte elektronisch distribuieren, zum Beispiel Software oder Medieninhalte. Auch die Bestellannahme und die Zahlungsabwicklung finden häufig elektronisch statt.

B2B-Kaufprozess
Im B2B-Bereich bestehen noch weitreichendere Möglichkeiten der Kundenbindung während des Kaufprozesses. Insbesondere besteht die Möglichkeit einer integrierten Wertschöpfungskette. Durch diese Form der elektronischen Vernetzung kann der Kunde auf verschiedenen Stufen des Wertschöpfungsprozesses aktiv gestaltend tätig werden.

Beispielsweise besteht die Möglichkeit, Lager der Kunden direkt an das unternehmensinterne Netzwerk anzuschließen. Dies erleichtert dem Kunden die Beschaffung und senkt dessen Beschaffungskosten, wodurch eine starke Bindung des Kunden an das Unternehmen erreicht werden kann. Ein Beispiel hierfür bildet das amerikanische Handelsunternehmen Wal-Mart, dessen Lager direkt an das Unternehmensnetzwerk von Procter & Gamble angeschlossen ist.

Instrumente der Nutzungsphase

Das Konzept einer Service-Webseite bietet sich insbesondere als Instrument der Kundenbindung während der Nutzungsphase an. Auf der Service-Webseite werden durch den Anbieter relevante Informationen zu den angebotenen Produktgruppen zusammengestellt. Dies geschieht oftmals in Form der sogenannten Frequently Asked Questions (FAQs). Zudem kann für den Kunden die Möglichkeit zu einer Kontaktaufnahme mit der Serviceabteilung per E-Mail geschaffen werden.

Hierbei erlauben es moderne Lösungen, direkt von der Webseite telefonischen Kontakt zu Mitarbeitern des Servicezentrums oder AI basierter CHatbots herzustellen. Somit stellen diese Lösungen eine technische Weiterentwicklung vielfach bereits bestehender Customer Call Center dar. Bei sämtlichen E-Mail-basierten Interaktionsangeboten ist jedoch zu beachten, dass die zeitnahe Kommunikation per E-Mail schnelle Reaktionszeiten seitens des Unternehmens erfordert.

Value-Added Services

Eine weitere Möglichkeit der Kundenbindung während der Nutzungsphase ist das Angebot kostenloser Value-Added Services, durch die das Kernprodukt ergänzt oder erweitert wird. Hierdurch kann auch die direkte Preisvergleichbarkeit mit Konkurrenzprodukten verringert werden. Zudem kann bei Zufriedenheit des Kunden mit den Value-Added Services auch das Interesse an weiteren kostenpflichtigen Produkten des Herstellers geweckt werden.

Kundenforen

Internetbasierte Kundenforen bieten eine Möglichkeit, Mund-zu-Mund-Propaganda innerhalb der bestehenden Kundenbasis zu fördern und damit einhergehend Cross-Selling-Gelegenheiten zu schaffen. Gleichzeitig können derartige Kundenforen auch einen Teil der Servicefunktionen übernehmen und so die Servicekosten für Anbieter und Kunden senken. Allerdings muss in diesem Zusammenhang auch die Möglichkeit der Entstehung inverser Netzwerkeffekte innerhalb der Kundenforen in Betracht gezogen werden.

Instrumente des Neuauftragsgewinnungsprozesses

Neben der Generierung verfeinerter Kundenprofile mithilfe von Big-Data-Analyse und Data-Mining-Methoden bietet sich im Rahmen des Neuauftragsgewinnungsprozesses der Einsatz sogenannter Electronic Product Clinics (Testmärkte) an. Hier können bestehende Kunden Urteile und Verbesserungsvorschläge über Prototypen neuer Produkte und über bestehende Produkte abgeben.

Dies ermöglicht eine stärkere Ausrichtung des eigenen Angebots auf Kundenwünsche und -präferenzen, sodass eine weitere Möglichkeit besteht, die Kundenbindung und -zufriedenheit zu erhöhen. Aufgrund der mithilfe von Big-Data-Analysen und Data Mining-

Methoden generierten und verfeinerten Kundenprofile können dem Kunden individualisierte elektronische Angebote, beispielsweise per E-Mail, unterbreitet werden, um so zu einem erneuten Kauf zu motivieren.

Abwanderungs- und Rückgewinnungsprozess
Insbesondere vor dem Hintergrund der relativ hohen Unzufriedenheit des Kunden in der Abwanderungsphase sind detaillierte Analysen, zum Beispiel in Form einer spezifischen Kundendatenbank, zur Kundenhistorie und dem Geschäftsbeziehungsverlauf, wichtig für die Erkennung der Abwanderungsursachen. Auch entsprechende Digital Communities zur Kundenartikulation der empfundenen Unzufriedenheit liefern wichtige Informationen und Ansatzpunkte, um der Abwanderung entgegenzuwirken.

Die Rückgewinnung bestimmter Kunden beziehungsweise Kundensegmente kann auch auf der Basis von Big-Data-Analysen und Data Mining vorgenommen werden. Ziel dieser Analysen sollte die Generierung von Erkenntnissen zur Kundenwertanalyse sowie hinsichtlich möglicher Rückgewinnungspotenziale liefern. Nicht zuletzt können auch kostenlose elektronische Pre- und After-Sales-Services im Rahmen der Rückgewinnung angeboten werden.

Ein weiterer wichtiger Aspekt ist die Interaktion beziehungsweise direkte Kommunikation mit den Kunden. Hierzu bieten sich Plattformen zum Kundendialog oder Kundenforen an. Gleichermaßen können Service-Webseiten, virtuelle Communities und Social-Media-Portale genutzt werden, um den Kunden entsprechende Pre- und After-Sales-Leistungen anzubieten.

In Summe sollten Unternehmen darauf achten, dass sie die Kundenbeziehung in allen Phasen des Kundenbeziehungsprozesses proaktiv gestalten. Hierbei bietet sich ein Mix aus traditionellen und digitalen Methoden und Kanälen an. Darüber hinaus ist es wichtig, dass Unternehmen integrierte Schnittstellen zu den Kunden schaffen. In Abb. 17.65 sind die DCRM-Möglichkeiten zusammenfassend dargestellt.

17.6.4 Erfolgs- und Kontrollgrößen des DCRM

Grundsätzlich sollten alle Formen des DCRM einer Kosten-/Nutzen-Analyse unterliegen. Insbesondere vor dem Hintergrund zum Teil erheblicher Investitionen in Informations- und Kontrollsysteme zur Realisierung des DCRM sollten für die Anwendung der DCRM-Instrumente Erfolgs- und Kontrollgrößen definiert werden. Hierzu bietet sich wiederum eine phasenbezogene Überprüfung anhand ausgewählter Kennziffern an. In Abb. 17.66 sind wesentliche Erfolgs- und Kontrollgrößen hierzu im Detail aufgeführt.

In einer weiterführenden Kosten-/Nutzen-Betrachtung sollten aufbauend auf der Identifikation und dem Monitoring der DCRM-Kontrollgrößen differenziertere Investitionsana-

Kontaktprozess Awareness (Bedürfnis/Kenntnis)	Auftragsgewinnungsprozess Consideration (Erwägung)	Kaufprozess Purchase (Warenkauf)	Nutzungsprozess Consumption (Verwendung)	Neuauftragsgewinnungsprozess Reconsideration (Neuerwägung)	Abwanderungsprozess Dissatisfaction (Enttäuschung/ Nicht Befriedigung)	Rückgewinnungsprozess Reconsideration (Wiedererwägung)
Aufgaben/Herausforderungen						
• Produkt bei potenziellen Käufern bekannt machen • Produkt im Markt positionieren • Potenzielle Kunden erkennen	• Präferenz erzeugen • Produktvorzüge aufzeigen • Interessierte Kunden erkennen	• Kaufzeitpunkt erkennen • Angebot erstellen • Produkt bereitstellen	• Verhinderung kognitiver Dissonanz • Serviceleistungen • Zufriedenheit erzeugen	• Präferenz erhalten • Information über Produktverbesserungen • Kaufzeitpunkt erkennen • Angebot • Produkt bereitstellen	• Verhinderung der Kundenabwanderung • Analyse der Abwanderungsgründe • Beschwerdemanagement optimieren • Verbesserung der Leistungslücken	• Auswahl der Rückgewinnungs-Targets • Kundenvertrauen wiederherstellen • Gezielte/ individualisierte Leistungsoptimierung • Gewährung von Rückgewinnungsanreizen (zum Beispiel Rabatte, Garantiezusagen)
Digital-Business-Einsatzmöglichkeiten						
• Big Data Analysis/ Mining/Cloud Services • Online-Werbung • Direktansprache • Virtual Community/ Social-Media-Seiten • Sponsoring von Diskussionsforen • Social Media Influencer	• Big Data Analysis/ Mining/Cloud Services • Web Forms (für E-Mail-Anfragen) zur Datensammlung • E-Mail-Informationen • AI-Chatbots • Virtual Community/ Social-Media-Seiten	• Big Data Analysis/ Mining/Cloud Services • E-Mail-Informationen • Elektronisches Angebot • Direktvertrieb (Disintermediation) • Integrierte Supply Chain	• Service-Webseite • Kundenforum • E-Mail • AI-Chatbots • Virtual Community/ Social-Media-Portale • Eventuell elektronische Bereitstellung des Produkts (zum Beispiel Software)	• Big Data Analysis/ Mining/Cloud Services • Web Forms • Digitales Angebot • Digitale Testmärkte	• Analyse der Kundenhistorie aus Kundendatenbank • Kundenforum • Virtual Community/ Social-Media-Portale • AI-Chatbots	• Big Data Analysis/ Mining/Cloud Services • Digitaler Kundendialog • Kundenforum • Service-Webseite • Incentive-System • Virtual Community/ Social-Media-Portale

Abb. 17.65 DCRM-Möglichkeiten im Kundenbeziehungsprozess. (Vgl. Wirtz (2003), S. 384; Wirtz (2020), S. 795; Wirtz (2021), S. 573)

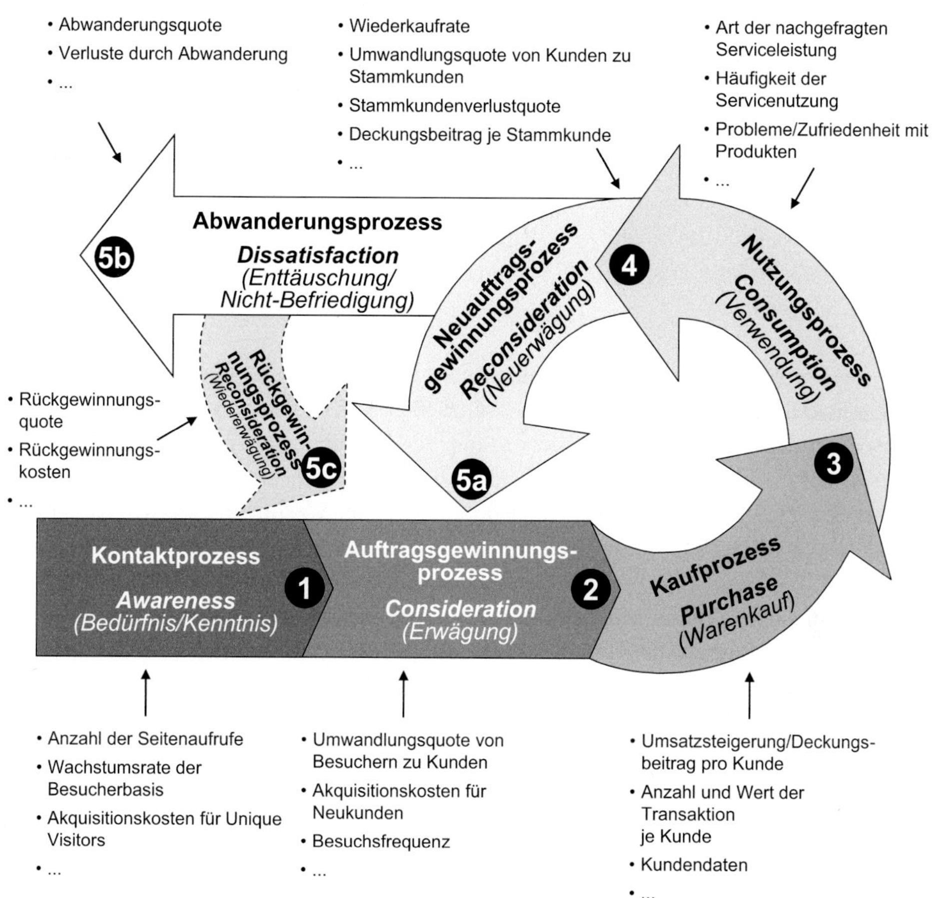

Abb. 17.66 Erfolgs- und Kontrollgrößen des DCRM. (Vgl. Wirtz (2003), S. 385; Wirtz (2020), S. 796)

lysen und Business Cases erfolgen, aus denen der letztendliche Erfolgsbeitrag des DCRM sowie des jeweiligen digitalen Instrumente sichtbar werden.

17.6.5 Fallbeispiel Digital-Customer-Relationship-Management: Amazon

Amazon startete im Juli 1995 mit dem Verkauf von Büchern über das Internet. Das Unternehmen entwickelte sich schnell zu einem der führenden Online-Shopping-Anbieter, dessen Angebot neben Büchern über CDs, Videos, DVDs, Spielwaren, Elektroartikel und Software bis hin zu Kosmetikartikeln, Küchenzubehör und Schmuck reicht.

Mittlerweile gilt Amazon als weltweit größter Onlinehändler und Anbieter von Cloud Computing-Infrastruktur. Das Unternehmen bietet dabei nicht nur ein breites Produktsortiment über ihren Marktplatz an, sondern ermöglicht auch Herstellern den Verkauf ihrer Produkte über diese Plattform. In diesem Zusammenhang bietet Amazon auch Zahlungs-, Verpackungs- und Logistikdienstleistungen an.

Die Leistungen werden dabei zum Teil in Zusammenarbeit mit Partnerunternehmen, wie beispielsweise Siemens und Volkswagen für den Bereich der Cloud-Dienstleistungen erbracht. Für das Geschäftsjahr 2022 verzeichnete Amazon einen Rekordumsatz von rund 514 Mrd. US-Dollar.[240]

Rolle des Kundenbeziehungsmanagements

Seine Entwicklung zu dem führenden Online-Shopping-Anbieter verdankt das Unternehmen zu einem nicht unwesentlichen Teil der konsequenten Implementierung und Durchführung von Aktivitäten im Kundenbeziehungsmanagement. Dabei werden von Amazon verschiedene Instrumente zu einem umfassenden Customer-Care-Mix integriert. Eines der wohl hervorstechendsten Instrumente ist dabei das Empfehlungssystem.

Dieses Empfehlungssystem beruht auf dem kollaborativen Filtern und mithin dem Data Mining. Um einem Kunden individuelle Empfehlungen unterbreiten zu können, wird dessen Kaufverhalten analysiert, insbesondere wird festgehalten, welche Artikel er erwirbt. Das Kaufverhalten des Kunden wird daraufhin mit dem Kaufverhalten anderer Kunden verglichen, um so andere Kunden mit ähnlichen Interessen zu identifizieren.

Impulskäufe durch Produktempfehlungen

Basierend auf Daten über das Kaufverhalten, insbesondere über die erworbenen Artikel dieser anderen Kunden in der Vergangenheit, kann dem Kunden eine Empfehlung unterbreitet werden. Bei einem Großteil der Fälle entspricht die Empfehlung hierbei tatsächlich den Interessen der Kunden, sodass es die Technik des kollaborativen Filterns dem Unternehmen erlaubt, seinen Kunden tatsächlich individualisierte Angebote zu unterbreiten. Vielfach wird das Empfehlungssystem sogar als das schlagkräftigste Marketinginstrument und einer der Hauptgründe für das Umsatzwachstum von Amazon angesehen.

User-Rezensionen

Ein weiteres Instrument der Kundenbindung bei Amazon sind die User-Rezensionen. Hierbei schreiben Kunden Rezensionen, beispielsweise über von ihnen gelesene Bücher oder verwendete Elektronikgeräte, die anderen Kunden als Entscheidungsgrundlage dienen sollen. Im Rahmen der Kundenbindungsaktivitäten dienen diese Rezensionen einerseits einer Etablierung von Community-Elementen sowie andererseits einer direkten Initiierung von (zusätzlichen) Verkäufen.

[240] Vgl. Amazon (2023a).

Community-Elemente werden mithilfe der Rezensionen insbesondere dadurch etabliert, dass Kunden eigene Inhalte aktiv beisteuern können. Dies führt zu einer verstärkten Kommunikation der Kunden untereinander und letztlich zu einer engen (sozialen) Bindung an Amazon.

Neben einer Etablierung von Community-Elementen können durch die User-Rezensionen jedoch auch zusätzliche Verkäufe initiiert werden. Werden Produkte anstatt von Amazon selbst von privaten Usern rezensiert, so wird die Rezension vielfach als glaubwürdiger empfunden. Durch die Rezensionen können somit noch unschlüssige Kunden oftmals zu einem Kauf bewegt werden.

Zudem sind die Rezensionen für viele auch ein Grund, die Webseite von Amazon zu besuchen, um sich so über bestimmte Produkte zu informieren. Vielfach werden im Anschluss an die Information die Produkte auch über Amazon erworben.

Personalisierte Ansprache

Über diese besonderen Instrumente des Kundenbeziehungsmanagements hinaus verfolgt Amazon weitere Instrumente des DCRM. Beispielsweise wird ein einmal registrierter Kunde bei einem erneuten Besuch der Webseite namentlich angesprochen und begrüßt. Auch Features wie der persönliche Wunschzettel oder der Geschenkservice unterstützen das Kundenbeziehungsmanagement.

Wunschzettel

Der persönliche Wunschzettel erlaubt es Nutzern, sich aus dem Angebot Artikel auszuwählen, die sie gerne als Geschenk erhalten würden. Freunde und Verwandte können Artikel direkt von dieser Liste kaufen und an den entsprechenden Adressaten versenden lassen. Darüber hinaus erlaubt der Geschenkservice das Versenden von Geschenkgutscheinen bei Amazon. Zudem können Sendungen als Geschenk verpackt und direkt dem Empfänger zugestellt werden.

Partnerprogramm

Schließlich kann auch das Partnerprogramm von Amazon als Instrument des DCRM betrachtet werden. Im Rahmen dieses Programms werden Content Creator, Publisher und Blogger ermuntert, auf ihren persönlichen Webseiten mit Hilfe sogenannter Affiliate-Links einen Internet-Shop für Amazon einzurichten. Als Motivation dient eine bis zu zwölfprozentige Prämie für über diese Seiten abgewickelte Verkäufe sowie eine erhöhte Attraktivität des eigenen Internetauftritts. Mit diesem Angebot bindet Amazon die Partner selbst und profitiert zudem von der Multiplikation von Weiterempfehlungen über Partner-Webseiten.

Mit Amazon Prime entwickelte Amazon ein weiteres Instrument des Kundenbindungsmanagements.[241] Es handelt sich dabei um einen zusätzlichen Leistungsbereich von Ama-

[241] Vgl. Amazon (2023b).

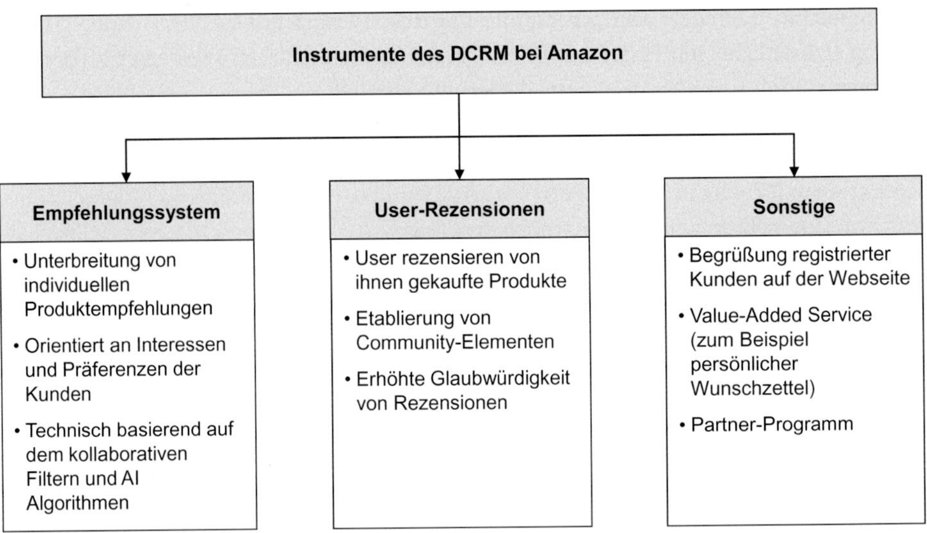

Abb. 17.67 DCRM bei Amazon. (Vgl. Wirtz (2010), S. 548)

zon, für den eine monatliche Nutzungsgebühr anfällt. Die Mitgliedschaft bei Amazon Prime liefert den Kunden beispielsweise die Vorteile, dass Bestellgebühren entfallen und sie einen Zugriff auf umfangreiche Zusatzangebote, wie Filme, Musik und Bücher, haben. Dies erhöht die Kundenbindung.

Die Vielzahl der Kundenbindungsmaßnahmen bei Amazon hat wesentlich zum Erfolg des Unternehmens beigetragen. Im Gegensatz zu vielen anderen Unternehmen setzt Amazon nicht ausschließlich auf die Akquisition von Neukunden, die mit hohen Kosten verbunden ist, sondern auf eine starke Kundenbindung. Einen zusammenfassenden Überblick über die bei Amazon eingesetzten Instrumente des DCRM gibt Abb. 17.67.

17.7 Inhaltliche Kernpunkte von digitalem Marketing und Electronic Commerce

- Digitales Marketing hat im Rahmen des Digital Business erheblich an Bedeutung gewonnen.
- Eine digitale Marketingstrategie basiert auf strategischen Initiativen in Unternehmen und externen Impulsen der Umwelt, wobei der Entwicklungsprozess die Zielplanung und die anschließende Formulierung einer digitalen Marketingstrategie umfasst.
- Die Zielgruppenauswahl erfordert die Unterteilung eines relevanten Marktes nach Kriterien wie Relevanz des Kaufverhaltens, Rentabilität und zeitliche Stabilität. Es gibt vier Hauptdimensionen von Marktsegmentierungskriterien, nämlich geografische, soziodemografische, verhaltensbezogene und psychografische Kriterien.

- Das Digital Business spielt in allen Bereichen des Marketing-Mix eine wichtige Rolle. Dazu gehören die Komponenten Digital Distribution, Digital Pricing, Digital Products und Services sowie Digital Communication.
- Die Erbringung von Dienstleistungen und das Management von Kundenbeziehungen im Digital Business kann über mehrere Kanäle erfolgen. Die Gestaltung und Umsetzung eines effizienten Multi-Channel-Marketing erfordert ein strategisches und zielorientiertes Vorgehen.
- Der Prozess der Gestaltung eines Mehrkanalsystems besteht aus vier aufeinanderfolgenden Schritten, nämlich der Analyse der strategischen Ausgangssituation, einer Marktsegmentierung, der Strategiedefinition zur Ableitung der unternehmensindividuellen Multi-Channel-Marketing-Strategie und der Gestaltung des Multi-Channel-Marketing-Systems.
- Zentraler Ansatzpunkt für eine erfolgreiche Umsetzung von Werbung im Digital Business ist das (Online-) Targeting, also der Einsatz von digitalen und automatisierten, zielgruppenspezifischen Werbemaßnahmen. Der damit verbundene Targeting-Prozess lässt sich in fünf Phasen unterteilen: Scan/IST-Analyse, Ziel-/Marktfestlegung, Targeting-Instrumente, Umsetzung und Evaluation.
- Es gibt 16 verschiedene Targeting-Methoden, die sich in 6 Hauptkategorien unterteilen lassen: technisch-basiertes Targeting, sprachbasiertes Targeting, soziodemografisch-basiertes Targeting, einstellungs- und verhaltensbasiertes Targeting, unternehmensbasiertes Targeting und integriertes Targeting.
- Influencer wie Blogger und Vlogger haben in der Marken- und Marketingkommunikation zunehmend an Bedeutung gewonnen. Sie gelten als vertrauenswürdige, einflussreiche und reichweitenstarke Multiplikatoren in sozialen Medien wie beispielsweise auf YouTube oder Instagram.
- Das Kundenbeziehungsmanagement im Digital Business (Digital-Customer-Relationship-Management) zielt darauf ab, die Kundenbeziehungen zu pflegen, um Kunden, die beispielsweise bereits einen Service in Anspruch genommen haben, dazu zu bewegen, diese oder eine andere Dienstleistung wieder zu nutzen. Dieser DCRM-Prozess besteht aus einer Abfolge von fünf Phasen: Kontakt, Auftragsgewinnung, Kauf, Nutzung, Neuauftrag oder Unzufriedenheit und Rückgewinnung.
- Das wichtigste DCRM-Instrument ist das Data Mining, da seine Methoden in fast allen Phasen des Kundenbeziehungsprozesses eingesetzt werden können. Bei diesem Prozess werden große Datenmengen analysiert, die wertvolle Informationen liefern.

Kapitel 17
Wissensfragen und Diskussionsthemen

Wissensfragen

1. Nennen Sie die wichtigsten Ziele des digitalen Marketing und erläutern Sie diese.
2. Skizzieren Sie die Wertkette der digitalen Distribution.
3. Beschreiben Sie sowohl das ICF-Modell als auch das PCRI-Modell.
4. Erläutern Sie den strategischen Multi-Channel-Management-Prozess.
5. Beschreiben Sie den digitalen Kundenbeziehungsprozess und die damit verbundenen Aufgaben und Herausforderungen.

Diskussionsthemen

1. Diskutieren Sie die Vor- und Nachteile des digitalen Marketing im Hinblick auf die Identifizierung und Nutzung Ihrer persönlichen Daten auf Basis der verschiedenen Targeting-Methoden.
   Welche gesellschaftlich und rechtlich problematischen Aspekte sind dabei besonders relevant?
2. Diskutieren Sie die Bedeutung von Influencer Marketing in den sozialen Medien. Diskutieren Sie, inwieweit Influencer Marketing kritisch ist und ob Influencer Marketing eine neue Methode der Schleichwerbung ist.
3. Die Kombination von Offline- und Online-Marketingkanälen führt zu einer Vielzahl von Informations-, Transaktions- und Servicepunkten. Die Kunden werden nahezu jederzeit und umfassend durch Customer Touch Points erfasst und angesprochen. Diskutieren Sie die Vor- und Nachteile dieser kompletten "Kundenabwicklung" für den einzelnen Verbraucher (transparenter Mensch, 24/7-erreichbar) und inwieweit dies für den individuellen Verbraucher und gesellschaftlich wünschenswert ist unter dem Gesichtspunkt einer "Kommerzialisierung".

Literatur

Aaker, D.A./Joachimsthaler, E. (2009), Brand leadership, London 2009.

Adam, D. (1996), Planung und Entscheidung- Modelle – Ziele – Methoden, 4., Aufl., Wiesbaden 1996.

Adams, W.J./Yellen, J.L. (1976), Commodity Bundling and the Burden of Monopoly, in: Quarterly Journal of Economics, 90. Jg., Nr. 8, 1976, S. 475–498.

Adobe Systems GmbH (2023), Abos und Preise für die Desktop-Programme, Mobile Apps und Services von Creative Cloud., https://www.adobe.com/de/creativecloud/plans.html, Abruf: 17.02.2023.

Albers, S. (2000), Was verkauft sich im Internet? – Produkte und Leistungen, in: Albers, S./Clement, M./Peters, K./Skiera, B. (Hrsg.): eCommerce: Einstieg, Strategie und Umsetzung im Unternehmen, Frankfurt 2000, S. 21–36.

Albers, S./Clemens, M./Peters, K./Skiera, B. (2000), Warum ins Internet? – Erlösmodelle für einen neuen Kommunikations- und Distributionskanal, in: Albers, S./Clement, M./Peters, K./Skiera, B. (Hrsg.): eCommerce: Einstieg, Strategie und Umsetzung im Unternehmen, Frankfurt 2000, S. 9–19.

Amazon (2023a), Amazon.com announces fourth quarter results, https://s2.q4cdn.com/299287126/files/doc_financials/2022/q4/Q4-2022-Amazon-Earnings-Release.pdf, Abruf: 06.03.2023.

Amazon (2023b), Bei Prime ist für jeden etwas dabei!, https://www.amazon.de/amazonprime, Abruf: 06.03.2023.

Ansoff, H.I. (1957), Strategies for Diversification, in: Harvard Business Review, 35. Jg., Nr. 5, 1957, S. 113–124.

Bach, V./Gronover, S. (2000), Kundensegmentierung, St. Gallen, 2000.

Backhaus, K./Voeth, M. (2014), Industriegütermarketing, 10. Auflage, München 2014.

Barron, J. (2022), Need a Haircut? Pay What You Wish at This Barbershop, https://www.nytimes.com/2022/03/14/nyregion/fellow-barber-haircuts.html, Abruf: 07.02.2023.

Becker, J. (2013), Marketing-Konzeption- Grundlagen des ziel-strategischen und operativen Marketing-Managements, 10. Auflage, München 2013.

Ben & Jerry's (2020), QUIZ: Baue deinen perfekten Sundae und wir sagen dir, wo du in den Urlaub fahren solltest!, https://www.benjerry.de/blog/2020/08/sundae-vacation-quiz, Abruf: 10.02.2023.

Ben & Jerry's (2023), Contact Us- Suggest a Flavor, https://www.benjerry.com/about-us/contact-us?selectedForm=suggest#selectForm, Abruf: 10.02.2023.

Berliner Philharmoniker (2023), Die Digital Concert Hall der Berliner Philharmoniker, https://www.digitalconcerthall.com/de, Abruf: 01.03.2023.

Blattberg, R.C./Deighton, J. (1996), Manage marketing by the customer equity test, in: Harvard Business Review, 74. Jg., Nr. 4, 1996, S. 136–144.

BMW (2023), Connected Drive, https://www.bmw.de/de/shop/ls/cp/connected-drive, Abruf: 20.02.2023.

Brown, S.J./Sibley, D.S. (1994), The Theory of Public Utility Pricing, Cambridge 1994.

Bruhn, M. (2016), Relationship Marketing- Das Management von Kundenbeziehungen, 5. Auflage, München 2016.

Bruhn, M. (2019), Kommunikationspolitik- Systematischer Einsatz der Kommunikation für Unternehmen, 9., vollständig überarbeitete Auflage, München 2019.

Bruhn, M./Georgi, D./Treyer, M./Leumann, S. (2000), Wertorientiertes Relationship Marketing: Vom Kundenwert zum Customer Lifetime Value, in: Die Unternehmung, 54. Jg., Nr. 3, 2000, S. 167–187.

Bundesverband Digitale Wirtschaft (2014), Targeting – Begriffe und Definitionen- BVDW-Studienergebnisse, https://www.bvdw.org/fileadmin/bvdw/upload/publikationen/content_marketing/leitfaden_targeting_defintionen_2014.pdf, Abruf: 30.01.2020.

Bundesverband Musikindustrie (2018), Musikindustrie in Zahlen 2017, https://www.musikindustrie.de/fileadmin/bvmi/upload/02_Markt-Bestseller/MiZ-Grafiken/2017/BVMI_ePaper_2017.pdf, Abruf: 30.01.2023.

Bundesverband Musikindustrie (2022), Musikindustrie in Zahlen 2021, https://miz.org/de/dokumente/musikindustrie-in-zahlen-2021#:~:text= %20der%20Bundesverband%20Musikindustrie%20in,1%2C96%20Milliarden%20Euro%20verzeichnen., Abruf: 27.10.2022.

Burke, R. (2000), Neue Techniken – mal nützlich, mal unnütz, in: Harvard Business Manager, 22. Jg., Nr. 2, 2000, S. 20–32.

Burmann, C. (2003), „Customer Equity" als Steuerungsgröße für die Unternehmensführung, in: Zeitschrift für Betriebswirtschaft, 73. Jg., Nr. 2, 2003, S. 113–138.

BVDW (2018), Umfrage zur Nutzung von Influencer Marketing, https://www.bvdw.org/fileadmin/user_upload/BVDW_Umfrage_Influencer_Marketing__112018.pdf, Abruf: 26.02.2020, Abruf: November 2018.

CatForum (2023), Cat attacks me when I got to leave the house, https://www.catforum.com/threads/cat-attacks-me-when-i-go-to-leave-the-house.402741/, Abruf: 27.02.2023.

Chaffey, D. (2019), Average display advertising clickthrough rates- US, Europe and Worldwide display ad clickthrough rates statistics summary, https://www.smartinsights.com/internet-advertising/internet-advertising-analytics/display-advertising-clickthrough-rates/, Abruf: 13.12.2019.

Chaffey, D./Hemphill, T./Edmundson-Bird, D. (2019), Digital business and e-commerce management, Seventh edition, Harlow, England, New York 2019.

Chen, S. (2005), Strategic Management of e-Business, Chichester 2005.

Chesbrough, H.W. (2003), Open Innovation: The New Imperative for Creating and Profiting from Technology, Boston, Massachusetts 2003.

Choi, S./Stahl, D.O./Whinston, A.B. (1997), The Economics of Electronic Commerce, Indianapolis 1997.

Christensen, C. M.; Overdorf, M. (2000), Meeting the Challenge of Disruptive Change. In: Harvard Business Review 78 (2), S. 67–76.

Clement, R./Schreiber, D./Bossauer, P./Pakusch, C. (2019), Internet-Ökonomie, Berlin, Heidelberg: Springer Berlin Heidelberg.

Coordes, D. (2014), Onpage SEO Teil 9: Die richtige Website Struktur erstellen, https://www.clicks.de/blog/onpage-seo-teil-9-die-richtige-website-struktur-erstellen, Abruf: 26.02.2020.

Coupies (2023), Über uns, https://coupies.de/ueber-uns, Abruf: 01.03.2023.

Derieth, A. (1995), Unternehmenskommunikation – Eine Analyse zur Kommunikationsqualität von Wirtschaftsorganisationen, Opladen 1995.

Deutsche Bank (2020), Partnerschaft Deutsche Bank & Berliner Philharmoniker, https://www.db.com/cr/de/konkret-berliner%2D%2Dphilharmoniker.htm?kid=bphil.inter-ghpde.special, Abruf: 17.01.2020.

eBay (2009), 10 Jahre eBay in Deutschland – Meilensteine, http://presse.ebay.de/sites/presse.ebay.de/files/20090226_meilensteine_produkte.pdf, Abruf: 25.05.2012.

eBay (2017), Fast Facts- Q1 2017, 2017, https://www.ebayinc.com/stories/press-room/#assets-fact-sheets-infographics, Abruf: 22.06.2017.

eBay (2022a), Annual Report- For the fiscal year ended December 31, 2021, 2022, https://d18rn0p25nwr6d.cloudfront.net/CIK-0001065088/e53ed054-ea63-4257-a12b-efee32befe77.pdf, Abruf: 02.12.2022.

eBay (2022b), Fast Facts, https://investors.ebayinc.com/fast-facts/default.aspx, Abruf: 02.12.2022.

Freter, H. (1983), Marktsegmentierung. Stuttgart: Kohlhammer.

Fritz, W. (1999), Elektronischer Handel: Goldgrube oder Cyber-Flop, in: Markenartikel, 1999, S. –35.

Fritz, W. (2004), Internet-Marketing und Electronic Commerce- Grundlagen – Rahmenbedingungen – Instrumente: mit Praxisbeispielen, 3. Auflage, Wiesbaden 2004.

Gay, R./Charlesworth, A./Esen, R. (2007), Onlinemarketing. A customer-led approach, Oxford 2007.

Goldmedia (2017), Bedeutung von Influencer Marketing in Deutschland 2017, https://www.bvdw.org/fileadmin/bvdw/upload/studien/171128_IM-Studie_final-draft-bvdw_low.pdf, Abruf: 26.02.2020.

Google (2023), Suchergebnisse zu Kurzurlaub, Abruf: 27.02.2023.

Google Cloud (2023), Mit Google Cloud geschäftliche Herausforderungenlösen- Jetzt kostenlos starten, https://cloud.google.com/free?hl=de, Abruf: 07.02.2023.

Google Workspace (2023), Die Preismodelle im Vergleich – 14 Tage kostenlos testen, https://workspace.google.com/intl/de/pricing.html, Abruf: 07.02.2023.

Guenstiger.de (2023), Panasonic TX-39JSW354, https://www.guenstiger.de/Produkt/Panasonic/TX_39JSW354.html, Abruf: 10.02.2023.

Günther, H.-O./Tempelmeier, H. (2016), Produktion und Logistik, 12. Auflage, Norderstedt 2016.

Hansl, R. (1992), Unternehmensidentität von Banken – Grundlagen, Politik und empirische Untersuchung, Wiesbaden 1992.

Hanson, W./Kalyanam, K. (2007), Internet Marketing & eCommerce, Mason 2007.

Harrington, L./Reed, G. (1996), Electronic commerce (finally) comes of age, in: The McKinsey Quearterly, Nr. 2, 1996, S. 68–77.

Helm, S./Günter, B. (2006), Kundenwert – eine Einführung in die theoretischen und praktischen Herausforderungen der Bewertung von Kundenbeziehungen, in: Günter, B./Helm, S. (Hrsg.): Kundenwert, Wiesbaden 2006, S. 3–38.

Hilke, W. (1978), Dynamische Preispolitik, Wiesbaden 1978.

Homburg, C. (2017), Marketingmanagement- Strategie – Instrumente – Umsetzung – Unternehmensführung, 6. Auflage, Wiesbaden 2017.

Homburg, C./Daum, D., Die Kundenstruktur als Controlling-Herausforderung, in: Controlling, 9. Jg., Nr. 6.

Homburg, C./Schnurr, P. (1998), Kundenwert als Instrument der Wertorientierten Unternehmensführung, in: Bruhn, M./Lusti, M./Müller, W.R./Schierenbeck, H./Studer, T. (Hrsg.): Wertorientierte Unternehmensführung- Perspektiven und Handlungsfelder für die Wertsteigerung von Unternehmen, Wiesbaden, s.l. 1998, S. 169–189.

Homburg, C./Sieben, F.G. (2003), Customer Relationship Management (CRM)- Strategische Ausrichtung statt IT-getriebenem Aktivismus, in: Bruhn, M./Homburg, C. (Hrsg.): Handbuch Kundenbindungsmanagement, 4. Auflage, Wiesbaden 2003, S. 423–450.

IFPI (2016), Global Music Report 2016, 2016, http://www.ifpi.org/news/IFPI-GLOBAL-MUSIC-REPORT-2016, Abruf: 06.06.2017.

IFPI (2022), Global Music Report 2022, https://cms.globalmusicreport.ifpi.org/uploads/Global_Music_Report_State_of_The_Industry_5650fff4fa.pdf, Abruf: 30.01.2023.

Inter IKEA Systems B.V. (2023), IKEA Kaufhilfen & Broschüren, https://www.ikea.com/de/de/customer-service/brochures/, Abruf: 17.02.2023.

Infegy (2020), Wahrnehmung von Marken im Internet, Ranking, https://top50.infegy.com/, Abruf: 06.02.2020.

Kaspersky (2019), Spam and phishing in 2018, https://securelist.com/spam-and-phishing-in-2018/89701/?utm_source=securelist&utm_medium=blog&utm_campaign=dach_kdaily_mr0089_organic&utm_content=sm-post&utm_term=dach_securelist_organic_mr0089_sm-post_blog_kdaily, Abruf: 17.01.2020.

Kelly, K. (1998), New Rules for the New Economy – 10 Radical Strategies for a Connected World, New York 1998.

Kiang, M.Y./Raghu, T.S./Shang, K.H.-M. (2000), Marketing on the Internet – who can benefit from an online marketing approach?, in: Decision Support Systems, 27. Jg., Nr. 4, 2000, S. 383–393.

Klein, S. (1997), Introduction to Electronic Auctions, in: Electronic Markets (EM), 7. Jg., Nr. 4, 1997, S. 3–6.

Kleinaltenkamp, M./Plinke, W./Geiger, I./Jacob, F./Söllner, A. (2011), Geschäftsbeziehungsmanagement, Wiesbaden: Gabler Verlag.

Kotha, S. (1995), Mass Customization: Implementing the Emerging Paradigm for Competitive Advantage, in: Strategic Management Journal, 16. Jg., Special Issue, Summer, 1995, S. 21–42.

Kotler, P. (1994), Marketing Management, 8. Auflage, Engelwood Cliffs 1994.

Kotler, P./Keller, K.L./Opresnik, M.O. (2015), Marketing-Management- Konzepte – Instrumente – Unternehmensfallstudien, 14. Auflage, Hallbergmoos 2015.

Krafft, M. (2002), Kundenbindung und Kundenwert, 1. Auflage, Heidelberg 2002.

Krafft, M./Bromberger, J. (2001), Kundenwert und Kundenbindung, in: Albers, S./Clement, M./ Peters, K./Skiera, B. (Hrsg.): Marketing mit interaktiven Medien, 2. Auflage, Frankfurt a. M. 2001, S. 160–174e.

Laudon, K.C./Traver, C.G. (2014), E-Commerce 2014- business. technology. society, 10. Auflage, Harlow, England 2014.

Laudon, K.C./Traver, C.G. (2019), E-Commerce- Business. Technology. Society, Fifteenth Edition, Hoboken 2019.

Lee, H.G. (1996), Electronic Brokerage and Electronic Auction: The Impact of IT on Market Structures, in: Nunamaker, J./Sprague, R. (Hrsg.): Proceedings of the 29th HICSS, Vol. IV: Information Systems – Organizational Systems and Technology, Los Alamitos 1996, S. 393–421.

Link, J. (1995), Welche Kunden rechnen sich?, in: Absatzwirtschaft – Zeitschrift für Marketing, 38. Jg., Nr. 10, 1995, S. 108–110.

Link, J./Hildebrand, V. (1995), Database-Marketing und Computer Aided Selling: Kundenorientierte Informationssysteme, in: Gablers Magazin, 9. Jg., Nr. 4, 1995, S. 36–39.

Link, J./Hildebrand, V. (1997a), Ausgewählte Konzepte der Kundenbewertung im Rahmen des Database Marketing, in: Link, J./Brändli, D./Schleuning, C./Kehl, R.E. (Hrsg.): Handbuch Database Marketing, 2. Auflage, Ettlingen 1997, S. 158–172.

Link, J./Hildebrand, V. (1997b), Grundlagen des Database Marketing, in: Link, J./Brändli, D./ Schleuning, C./Kehl, R.E. (Hrsg.): Handbuch Database Marketing, 2. Auflage, Ettlingen 1997, S. 15–36.

Manschwetus, U./Rumler, A. (2002), Strategisches Internetmarketing, Entwicklungen in der Net-Economy, Wiesbaden.

Mattgey, A. (2022), Netflix-Merchandise läuft ab sofort über Spreadshirt, https://www.wuv.de/Themen/Media/Netflix-Merchandise-laeuft-ab-sofort-ueber-Spreadshirt, Abruf: 21.02.2023.

Medienanstalt Berlin-Brandenburg (2021), „Quelle: Internet"?- Digitale Nachrichten- und Informationskompetenzen der deutschen Bevölkerung im Test, Unter Mitarbeit von Anna-Katharina Meßmer, Alexander Sängerlaub und Leonie Schulz, 2021, Abruf: 09.03.2023.

Meffert, H./Bruhn, M. (2009), Dienstleistungsmarketing: Grundlagen – Konzepte – Methoden, Wiesbaden 2009.

Meffert, H./Burmann, C./Kirchgeorg, M./Eisenbeiß, M. (2019), Marketing- Grundlagen marktorientierter Unternehmensführung Konzepte – Instrumente – Praxisbeispiele, 13. Auflage, Wiesbaden 2019.

Mindmeister (2023), Business Mindmapping, https://www.mindmeister.com/de/content/business, Abruf: 08.02.2023.

Morgan, R.M./Hunt, S.D. (1994), The Commitment-Trust Theory of Relationship Marketing, in: Journal of Marketing, 58. Jg., Nr. 7, 1994, S. 20–38.

Müller-Stewens, G./Lechner, C. (2016), Strategisches Management- Wie strategische Initiativen zum Wandel führen, 5. Auflage, Stuttgart 2016.

Mymuesli (2023), Mixer, https://www.mymuesli.com/mixer/ingredients/1931,117, Abruf: 10.02.2023.

Nike (2023), Nike By You, https://www.nike.com/de/nike-by-you?cp=58194921917_search_%7cgestalten%20nike%7c10593044374%7c103056739605%7ce%7cc%7cDE%7cextended%7c452289945734&ds_rl=1252249&gclid=EAIaIQobChMIiOHTuJik_QIVZYxoCR1PKA6AEAAYASAAEgJeGfD_BwE&gclsrc=aw.ds, Abruf: 20.02.2023.

Nitzsche, P./Wirtz, B.W./Göttel, V. (2016), Innovation Success in the Context of Inbound Open Innovation, in: International Journal of Innovation Management, 20. Jg., Nr. 02, 2016, S. 1–38.

Otto Group (2009), Profil, 2009, http://www.otto.com/Profil.profil.0.html, Abruf: 26.01.2010.

Otto Group (2017), Geschäftsbericht 2016/17, 2017, https://www.ottogroup.com/media/docs/de/geschaeftsbericht/Otto_Group_Geschaeftsbericht_2016_17_Finanzteil_DE.pdf, Abruf: 23.05.2017.

Otto Group (2022), Geschäftsbericht 2021/22, Hamburg, 2022.

Otto Group (2023a), Über uns: Historie und Gründer, https://www.ottogroup.com/de/ueber-uns/historie-und-gruender.php, Abruf: 01.02.2023.

Otto Group (2023b), Web-Shop, https://www.otto.de/, Abruf: 03.02.2023.

Palloks, M. (1998), Controlling langfristiger Geschäftsbeziehungen: Konzeption eines kennzahlengestützten Kundenbindungsmanagement im modernen Beziehungsmarketing, in: Lachnit, L. (Hrsg.): Zukunftsfähiges Controlling- Konzeption, Umsetzungen, Praxiserfahrungen; Prof. Dr. Thomas Reichmann zum 60. Geburtstag, München 1998, S. 245–274.

Papazoglou, M./Ribbers, P. (2006), E-Business- Organizational and technical foundations, Hoboken, NJ 2006.

Pentagram (2020), Yahoo Story- Brand Identity, https://www.pentagram.com/work/yahoo/story, Abruf: 18.02.2020.

Pistoia, A./Wirtz, B.W./Elsäßer, M. (2015), Perceived quality of web-based financial advice and its impacts, in: International Journal of Electronic Business, 12. Jg., Nr. 4, 2015, S. 319–344.

Priceline (2020), Website, https://www.priceline.com/, Abruf: 06.02.2020.

PwC (2018), Zwischen Entertainer und Werber – Wie Influencer unser Kaufverhalten beeinflussen, https://www.pwc.de/de/handel-und-konsumguter/pwc-zwischen-entertainer-und-werber.pdf.

Quelch, J.A./Klein, L.R. (1996), The Internet and International Marketing, in: Sloan Management Review, 37. Jg., Nr. 3, 1996, S. 60–75.

Rao, A.R./Bergen, M.E./Davis, S. (2007), How to Fight a Price War, in: Harvard Business Review (HBR), 78. Jg., Nr. 2, 2007, S. 107–116.

Rayport, J.F./Jaworski, B.J. (2001), e-Commerce, Boston 2001.

Rayport, J.F./Sviokla, J. (1995), Exploiting the Virtual Value Chain, in: Harvard Business Review (HBR), 73. Jg., Nr. 6, 1995, S. 75–85.

Reichheld, F.F. (2003), The one number you need to grow, in: Harvard Business Review, 81. Jg., Nr. 12, 2003, S. 46–59.

Reichheld, F.F./Schefter, P. (2000), E-Loyalty – Your Secret Weapon on the Web, in: Harvard Business Review (HBR), 78. Jg., Nr. 4, 2000, S. 105–113.

Reichwald, R./Piller, F.T. (2009), Interaktive Wertschöpfung- Open Innovation, Individualisierung und neue Formen der Arbeitsteilung, 2., vollständig überarbeitete und erweiterte Auflage, Wiesbaden 2009.

Riedl, J. (1999), Rahmenbedingungen der Online-Kommunikation, in: Bliemel, F./Fassot, G./Theobald, A. (Hrsg.): Electronic Commerce, 2. Auflage, Wiesbaden 1999, S. 261–280.

Rosen, D./Purinton, E. (2004), Website design: Viewing the web as a cognitive landscape, in: Journal of Business Research, Nr. 57, 2004, S. 787–794.

Rosenbloom, B. (2013), Marketing channels- A management view, 8. Auflage, Australia, United Kingdom 2013.

Rust, R.T./Lemon, K.N./Zeithaml, V.A. (2002), Increasing marketing effectiveness: A decision support system for building customer equity. Working Paper, 2002, https://scholar.google.de/citations?user=_k8md9oaaaaj&hl=de&oi=sra.

Rust, R.T./Zeithaml, V.A./Lemon, K.N. (2000), Driving customer equity- How customer lifetime value is reshaping corporate strategy, New York 2000.

Schaffrinna, A. (2019), Rebranding Yahoo!- Der Internetpionier schlägt ein neues Kapitel auf, https://www.designtagebuch.de/rebranding-yahoo-der-internetpionier-schlaegt-ein-neues-kapitel-auf/, Abruf: 18.02.2020.

Scheuch, F. (2007), Marketing, 6. Auflage, München 2007.

Schierenbeck, H./Wöhle, C.B. (2016), Grundzüge der Betriebswirtschaftslehre, 19. Auflage, München 2016.

Schirmeister, R./Kreuz, C. (2006), Der investitionsrechnerische Kundenwert, in: Günter, B./Helm, S. (Hrsg.): Kundenwert, Wiesbaden 2006, S. 311–333.

Schmalensee, R. (1984), Gaussian Demand and Commodity Bundling, in: Journal of Business, 57. Jg., Nr. 1, 1984, S. 211–230.

Schögel, M./Birkhofer, B./Tomczak, T. (1999), A typology of business models in electronic commerce for marketing consumer goods, in: COTIM Proceedings Electronic Commerce: Behaviors of Suppliers, Producers, Intermediaries & Consumers, 1999.

Schröder, H. (2005), Multichannel-Retailing. Marketing in Mehrkanalsystemen des Einzelhandels, Berlin 2005.

Schürmann, S. (2020), Praktische Tools für die Website Konzeption, https://cmsstash.de/website-praxis/website-konzeption, Abruf: 26.02.2020, Abruf: 05.01.2020.

Schwartz, E.I. (1999), Digital Darwinism, New York 1999.

Shannon, C. E.; Weaver, W.; Blahut, R. E.; Hajek, B. (1998), The mathematical theory of communication. Urbana: University of Illinois Press.

Shapiro, C./Varian, H.R. (1999), Information Rules. A Strategic Guide to the Network Economy, Boston 1999.

Sheth, J.N./Parvatiyar, A. (1995), The Evolution of Relationship Marketing, in: International Business Review, 4. Jg., Nr. 4, 1995, S. 397–418.

Simon, H./Fassnacht, M. (2016), Preismanagement, 4. Auflage, Wiesbaden 2016.

Skiera, B. (1999), Preisdifferenzierung, in: Albers, S./Clement, M./Peters, K. (Hrsg.): Marketing mit interaktiven Medien, Frankfurt am Main 1999, S. 283–296.

Skiera, B. (2000), Wie teuer sollen die Produkte sein? – Preispolitik, in: Albers, S./Clement, M./Peters, K./Skiera, B. (Hrsg.): eCommerce: Einstieg, Strategie und Umsetzung im Unternehmen, Frankfurt 2000, S. 97–110.

Spreadshirt (2009), Spreadshirt – Pressemitteilungen, 2009, http://www.spreadshirt.net/de/DE/Unternehmensgeschichte/Unternehmensgeschichte-5367/, Abruf: 04.02.2010.

Spreadshirt (2023a), Der Produktionsprozess, https://www.spreadshirt.de/produktionsprozess-C4337, Abruf: 21.02.2023.

Spreadshirt (2023b), RubiksCube-Shop, https://www.spreadshirt.de/shop/user/rubikscube/, Abruf: 21.02.2023.

Spreadshirt (2023c), Unternehmen, https://www.spreadshirt.de/unternehmen-C2410, Abruf: 21.02.2023.

Spremann, K./Kinkhammer, M. (1985), Grundgebühren und zweiteilige Tarife, in: Zeitschrift für Betriebswirtschaft (ZfB), 55. Jg., Nr. 8, 1985, S. 790–820.

Stadt Speyer (2023), Anreise, https://www.speyer.de/de/tourismus/service/service/anreise/, Abruf: 01.03.2023.

StatCounter (2022), Search Engine Market Share Worldwide, https://gs.statcounter.com/search-engine-market-share, Abruf: 09.12.2022.

Stauss, B./Friege, C. (2017), Kundenwertorientiertes Rückgewinnungsmanagement, in: Helm, S./Günter, B./Eggers, B. (Hrsg.): Kundenwert- Grundlagen – Innovatiove Konzepte – Praktische Umsetzungen, 4. Auflage, Wiesbaden 2017, S. 451–470.

Tennis-Point (2023), Testschläger, https://www.tennis-point.de/tennis-point-mietgebuehr-testschlaeger-03175789141000000.html, Abruf: 20.02.2023.

Third Door Media (2019), Bing Ads will serve all Yahoo search ads in new Microsoft-Verizon Media deal, https://searchengineland.com/bing-ads-will-serve-all-yahoo-search-ads-in-new-microsoft-verizon-media-deal-310651, Abruf: 18.02.2020.

Turban, E./Outland, J./King, D./Lee, J.K./Liang, T.-P./Turban, D.C. (2018), Electronic Commerce 2018- A Managerial and Social Networks Perspective, 9th ed. 2018, Cham 2018.

Verizon Media (2020), Yahoo Search XML Feed, https://www.verizonmedia.com/partners/yahoo-search-xml-feed?guccounter=1, Abruf: 18.02.2020.

Wavemaker (2019), Spotlight Influencer 4.0, https://www.schau-hin.info/fileadmin/content/Downloads/Sonstiges/_m_SCIENCE_Spotlight_Influencer_4.0.pdf, Abruf: 26.02.2020, Abruf: Oktober 2019.

Weber, J./Lissautzki, M. (2004), Kundenwertcontrolling- Für Manager und Controller, Vallendar 2004.

Wehrli, H.P./Wirtz, B.W. (1996a), Relationship Marketing – Auf welchem Niveau bewegt sich Europa?, in: Absatzwirtschaft – Zeitschrift für Marketing, 32. Jg., 1996, S. 24–30.

Wehrli, H.P./Wirtz, B.W. (1996b), Virtualisierungspotentiale im Handel, in: Markenartikel – Zeitschrift für Markenführung, 58. Jg., Nr. 6, 1996, S. 259–265.

Wehrli, H.P./Wirtz, B.W. (1997), Mass Customization und Kundenbeziehungsmanagement – Aspekte und Gestaltungsvarianten transaktionsspezifischer Marketingbeziehungen, in: Jahrbuch der Absatz- und Verbrauchsforschung, 43. Jg., Nr. 2, 1997, S. 116–138.

Wirtz, B.W. (1995a), Real-Time statt Just-in-Time Prozesse- Virtualisierung in der Logistik, in: Handelsblatt, in: Handelsblatt, Wirtschafts- und Finanzzeitung, 20.04.1995, 1995, S. 16.

Wirtz, B.W. (1995b), Technologieinnovationen, Marketingstrategie und Preismanagement im Handel, in: THEXIS, 12. Jg., Nr. 4, 1995, S. 46–51.

Wirtz, B.W. (2000a), Der virtuelle Kunde im Internet ist flüchtig, in: Frankfurter Allgemeine Zeitung (FAZ), 14. Dezember 2000, S. 31.

Wirtz, B.W. (2000b), eCommerce: Die Zukunft Ihres Unternehmens von @ bis z, in: Mittelstandsschriftenreihe der Deutschen Bank, Nr. 19, 2000.

Wirtz, B.W. (2000c), Electronic Business, 1. Auflage, Wiesbaden 2000.

Wirtz, B.W. (2000d), Wissensmanagement und kooperativer Transfer immaterieller Ressourcen in virtuellen Organisationsnetzwerken, in: Zeitschrift für Betriebswirtschaft (ZfB), ZfB-Ergänzungheft Virtuelle Unternehmen, 70. Jg., Nr. 2, 2000, S. 97–115.

Wirtz, B.W. (2001a), Electronic Business, 2. Auflage, Wiesbaden 2001.

Wirtz, B.W. (2001b), Multi-Kanal-Management vereint Online- und Offline-Welt- Im Internet ist das Management multipler Vertriebskanäle ein zentraler Erfolgsfaktor, in: Frankfurter Allgemeine Zeitung (FAZ), 15.11.2001, 2001.

Wirtz, B.W. (2002), eBusiness- Gabler Kompakt, Wiesbaden 2002.

Wirtz, B.W. (2003), Kundenbindung durch E-Customer Relationship Management, in: Bruhn, M./Homburg, C. (Hrsg.): Handbuch Kundenbindungsmanagement, 4. Auflage, Wiesbaden 2003, S. 371–387.

Wirtz, B.W. (2005), Integriertes Direktmarketing- Grundlagen, Instrumente, Prozesse, 1. Aufl., Wiesbaden 2005.

Wirtz, B.W. (2006), Medien- und Internetmanagement, 5. Auflage, Wiesbaden 2006.

Wirtz, B.W. (2008), Multi-Channel-Marketing. Grundlagen – Prozesse – Instrumente, Wiesbaden 2008.

Wirtz, B.W. (2009), Medien- und Internetmanagement, 6. Auflage, Wiesbaden 2009.

Wirtz, B.W. (2010), Electronic Business, 3. Auflage, Wiesbaden 2010.

Wirtz, B.W. (2013a), Electronic Business, 4. Auflage, Wiesbaden 2013.

Wirtz, B.W. (2013b), Medien- und Internetmanagement, 8. Auflage, Wiesbaden 2013.

Wirtz, B.W. (2013c), Multi-Channel-Marketing- Grundlagen – Instrumente – Prozesse, 2. Auflage, Wiesbaden 2013.

Wirtz, B.W. (2016), Direktmarketing- Grundlagen – Instrumente – Prozesse, 4. Auflage, Wiesbaden: Gabler.

Wirtz, B.W. (2020), Electronic Business, 7. Auflage, Wiesbaden 2020.

Wirtz, B.W. (2021), Digital business and electronic commerce- Strategy, business models and technology, 1. Auflage, Cham 2021.

Wirtz, B.W. (2022a), E-Government- Strategie – Organisation – Technologie, 1. Auflage, Wiesbaden 2022.

Wirtz, B.W. (2022b), Multi-Channel-Marketing- Grundlagen – Instrumente – Prozesse, 3. Auflage, Wiesbaden 2022.

Wirtz, B.W./Defren, T. (2007), Akteursbeziehungen, Konflikte und Lösungsansätze im Multi-Channel-Marketing, in: Wirtz, B.W. (Hrsg.): Handbuch Multi-Channel-Marketing, Wiesbaden 2007, S. 9–12.

Wirtz, B.W./Lihotzky, N. (2001), Internetökonomie, Kundenbindung und Portalstrategien, in: Die Betriebswirtschaft, 61. Jg., Nr. 3, 2001, S. 285–305.

Wirtz, B.W./Lütje, S. (2006), Instrumente des integrierten Direktmarketings, in: Wirtz, B.W./Burmann, C. (Hrsg.): Ganzheitliches Direktmarketing, Wiesbaden 2006, S. 377–401.

Wirtz, B.W./Mathieu, A. (2001), B2B-Marktplätze – Erscheinungsformen und ökonomische Vorteile, in: Das Wirtschaftsstudium (WISU), 30. Jg., Nr. 10, 2001, S. 1332–1343.

Wirtz, B.W./Olderog, T. (2001), E-Pricing: Die neue Herausforderung für das Preismanagement, in: Hutter, M. (Hrsg.): E-conomy 2.0, Management und Ökonomie in digitalen Kontexten, Marbug 2001, S. 187–219.

Wirtz, B.W./Olderog, T. (2002), Kundenbindungsmanagement für elektronische Dienstleistungen, in: Bruhn, M./Stauss, B. (Hrsg.): Electronic Services, Wiesbaden 2002, S. 513–535.

Wirtz, B.W./Schilke, O. (2004), Ansätze des Kundenwertmanagements, in: Wirtz, B.W./Göttgens, O. (Hrsg.): Integriertes Marken- und Kundenwertmanagement, Wiesbaden 2004, S. 19–55.

Wirtz, B.W./Storm, B. (2004), Markenführungsstrategien im Electronic Business, in: Bruhn, M. (Hrsg.): Handbuch Markenführung, Wiesbaden 2004, S. 1049–1069.

Wirtz, B.W./Storm, B./Ullrich, S. (2008), Internet-Kooperation im Innovationsmanagement, in: Die Unternehmung, 62. Jg., Nr. 4, 2008, S. 361–398.

World Wide Web Consortium (2023), Accessibility Principles, https://www.w3.org/WAI/fundamentals/accessibility-principles/, Abruf: 02.03.2023.

Wortmann, S. (1996), Measure marketing efforts with customer equity test, in: Marketing News, 32. Jg., Nr. 11, 1996, S. 7–8.

Yahoo (2020a), The Yahoo Purple Shop, https://thepurpleshop.verizonmediashop.com/, Abruf: 19.02.2020.

Yahoo (2020b), Yahoo! Shopping Portal, https://shopping.yahoo.com/, Abruf: 19.02.2020.

Yahoo (2023a), Analytics, Abruf: 03.03.2023, Abruf: https://legal.yahoo.com/us/en/yahoo/privacy/topics/analytics/index.html.

Yahoo (2023b), Native Advertising, https://gemini.yahoo.com/advertiser/home, Abruf: 03.03.2023.

Yahoo (2023c), Why Yahoo, https://www.adtech.yahooinc.com/about, Abruf: 03.03.2023.

Zerdick, A./Picot, A./Schrape, K./Artopé, A./Goldhammer, K./Heger, D.K./Lange, U.T./Vierkant, E./López-Escobar, E./Silverstone, R. (2001), Die Internet-Ökonomie: Strategien für die digitale Wirtschaft, Berlin 2001.

Digital Supply Chain Management und Digital Procurement

18

Inhaltsverzeichnis

18.1 Grundlagen des Digital Procurements 1041
18.2 Strukturrahmen des Digital Procurements 1053
18.3 Potenziale des Digital Procurements 1079
18.4 Implementierung des Digital Procurements 1086
18.5 Inhaltliche Kernpunkte von Digital Supply Chain Management und Digital Procurement 1094
Literatur 1096

Wissensziele

Wenn Sie dieses Kapitel gelesen haben, werden Sie in der Lage sein:

1. das Digital Supply Chain Management und das Digital Procurement zu definieren,
2. die Entwicklung der digitalen Beschaffung zu beschreiben und ihre Eignung zu bewerten,
3. die zentralen Akteure zu identifizieren und die verschiedenen Interaktionsformen innerhalb der digitalen Beschaffung zu veranschaulichen,
4. die verschiedenen Phasen des digitalen Beschaffungsprozesses zu beschreiben und die Potenziale der digitalen Beschaffung entlang dieser Phasen zu identifizieren,
5. den Implementierungsprozess der digitalen Beschaffung zu erläutern.

B. W. Wirtz, *Digital Business*, https://doi.org/10.1007/978-3-658-41467-2_18

Die fortschreitende Globalisierung der Weltwirtschaft führt zu einer zunehmenden Wettbewerbsintensität, kürzer werdenden Produktlebenszyklen und einem Wandel von Produzenten- zu Käufermärkten. Diese Entwicklung hat auch einen deutlichen Einfluss auf die Bedeutung und Ausrichtung des Beschaffungsmanagements.[1]

Während die Beschaffung früher vorrangig das Ziel verfolgte, möglichst geringe Einstandspreise auszuhandeln, sind die Anforderungen heute deutlich komplexer. Um die Gesamtkosten der Beschaffung zu reduzieren, werden niedrige Lagerbestände, eine kleine Anzahl von vertrauten Lieferanten sowie globale Einkaufsquellen angestrebt.

Dabei spielt die ganzheitliche Betrachtung von Wertschöpfungsprozessen in der Beschaffung, das Supply Chain Management (SCM), eine zentrale Rolle. Die Grundidee beim SCM ist eine überbetriebliche Vernetzung von Prozessen, die sich in Material-, Informations- und Finanzflüssen äußert. Durch eine Optimierung der Beziehungen zu den Unternehmen, die in der Supply Chain vor- oder nachgelagert sind, soll das Endprodukt besser, schneller oder günstiger gefertigt werden.

Die Beschaffung ist in diesem Zusammenhang das zentrale Teilelement des SCM. Sie stellt die Versorgung mit Produktionsgütern sicher. Durch den Einsatz moderner Informations- und Kommunikationsanwendungen kann die Beschaffung insofern unterstützt werden, als dass eine effizientere Durchführung erreicht wird. In diesem Fall spricht man von digitaler Beschaffung (Digital Procurement).

Im Schrifttum findet sich im Zusammenhang mit Digital Procurement eine Vielzahl von Konzeptionen und Definitionen. Damit verbunden ist eine gewisse Begriffsunschärfe. Dementsprechend sollen im Folgenden zwei Definitionen dargestellt und voneinander abgegrenzt werden.

Dabei bilden das SCM, das als Rahmen fungiert, und die Beschaffung den Ausgangspunkt der Betrachtungen. Synoptisch wird anschließend aus den Gemeinsamkeiten und Unterschieden zwischen den verschiedenen Auffassungen zu Digital Procurement eine Definition abgeleitet, die als Basis für die weiteren Ausführungen dient.

Anhand dieses terminologischen Ausgangspunkts werden zunächst die Ziele des Digital Procurements und die entsprechende Eignung von Beschaffungsprozessen diskutiert. Aus diesen Überlegungen wird wiederum ein Strukturrahmen für das Digital Procurement abgeleitet. Es werden hierbei Verfahren dargestellt, nach denen Güter auf ihre Eignung zur Beschaffung über das Digital Procurement geprüft werden können.

Danach werden die Phasen des Beschaffungsvorgangs und die entsprechenden Möglichkeiten zur digitalen Unterstützung der Prozesse beschrieben. Schließlich werden Aufgaben und Interaktionen der verschiedenen Akteure des Digital Procurements dargelegt, um daraus Chancen und Risiken einer Implementierung von Digital Procurements abzuleiten. Dabei wird zudem geklärt, welche kritischen Faktoren bei der Einführung von

[1] Vgl. zu Kap. 18 Digital Supply Chain Management und Digital Procurement im Folgenden Wirtz (2020), S. 805 ff.; Wirtz (2021), S. 581 ff.

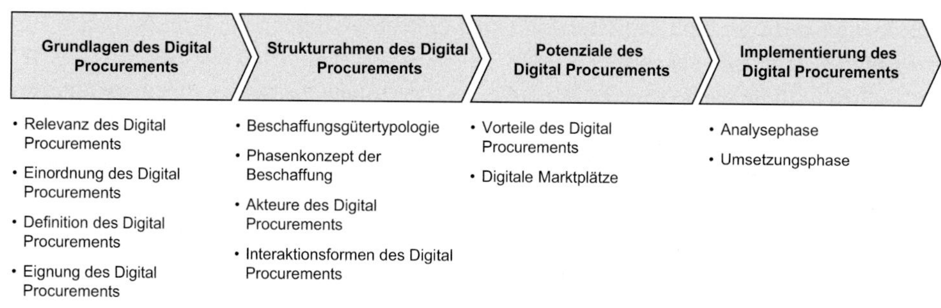

Abb. 18.1 Struktur des Kapitels

digital gestützter Beschaffung zu beachten sind und welche Entscheidungen in diesem Kontext getroffen werden müssen. Abb. 18.1 zeigt die Struktur des Kapitels.

18.1 Grundlagen des Digital Procurements

Bei dem Digital Procurement handelt es sich um ein komplexes Managementinstrument. Für ein umfassendes Verständnis ist eine detaillierte Darstellung der Grundlagen des Digital Procurements sinnvoll. Im Folgenden wird auf die Relevanz des Digital Procurements für die Unternehmenspraxis eingegangen und der Begriff in den betriebswirtschaftlichen Kontext eingeordnet. Darüber hinaus folgt eine terminologische Abgrenzung des Digital Procurements zu verwandten Begriffen wie Supply Chain Management. Abschließend werden die Ziele des Digital Procurements und dessen Eignung für bestimmte Beschaffungsvorgänge betrachtet.

Relevanz des Digital Procurements

Als Gestaltungsmittel der Beschaffung hat das Digital Procurement nach dem Ende des ersten Internethypes um die Jahrtausendwende einen Entwicklungsprozess erfahren. Während früher meist proprietäre, bilaterale Systeme im Einsatz waren, die wegen der notwendigen Eigenentwicklung zu hohen Kosten führten und aufgrund ihrer Spezifität Probleme beim Anbieterwechsel verursachten, werden heute weitgehend offene Anwendungen mit standardisierten Datenformaten eingesetzt. In diesem Rahmen wird durch offene Standards die Integration von neuen Anbietern und Lieferanten erleichtert.

Unternehmen messen der Digitalisierung der Beschaffung eine erhebliche Bedeutung zu. Einer Befragung der Unternehmensberatung PricewaterhouseCoopers, die sich auf Aussagen von Einkäufern in mehr als 800 Unternehmen aus 64 unterschiedlichen Ländern stützt, zeigt, dass der digitalen Transformation eine hohe strategische Priorität in den Beschaffungsabteilungen zukommt.[2]

Nach der Studie von PricewaterhouseCoopers verfolgen die Beschaffungsabteilungen das Ziel im Durchschnitt eine Digitalisierungsquote von 72 % zu erreichen.[3] Im Jahr 2022 lag die durchschnittliche Digitalisierung der Beschaffung jedoch lediglich bei 41 %.[4]

Das Digital Procurement hat im Kontext der zunehmenden Digitalisierung erheblich an Komplexität gewonnen. Während das Digital Procurement anfänglich darauf basierte den Austausch zwischen Einkäufern und Verkäufern durch digitale Kommunikationsmittel zu unterstützen, finden heute teilweise völlig autonomisierte digitale Prozesse statt, die nach Bedarf teilautonom Bestellaufträge tätigen und somit lediglich eine steuerungsbezogene Einbindung der verantwortlichen Akteure bedürfen.

Die Abwicklung des gesamten Beschaffungsprozesses von Identifizierung von Bedarf bis hin zur Zahlung und Empfang der Güter wird auch End-to-End-Prozess genannt. Wird dieser Prozess digital abgebildet, so wird häufig von Source-to-Pay oder S2P gesprochen, was alle Prozesse, wie beispielsweise die Preisfindung, die Kreditorenbuchhaltung und das Ausgaben-, Lieferanten-, Einkauf- und Leistungsmanagement umfasst. Da zielgenaue und effiziente Bestellvorgänge auf einer Vielzahl von Informationen basieren, ist es wichtig eine umfassende Datengrundlage zu generieren.

Digital Procurement ist damit auf eine ausführliche Datenanalyse von Unternehmens- und Marktdaten angewiesen. Um den Beschaffungsprozess insbesondere hinsichtlich des Personalaufwandes günstiger zu gestalten und gleichzeitig eine hohe Zuverlässigkeit gewährleisten zu können, wird dieser zunehmend automatisiert. Dabei werden auch Algorithmen eingesetzt, die aus gegebenen Datensätzen selbstständig lernen und damit einer künstlichen Intelligenzanwendung im Digital Procurement darstellen.

In der Industrie sind Beschaffungsprozesse stark mit dem Produktionsprozess verbunden. Ein globaler Wettbewerbsdruck, hohe Kundenerwartungen sowie wechselnde Umweltgegebenheiten lassen oftmals eine hohe Flexibilisierung der Herstellungs- und entsprechend Beschaffungsprozesse erwarten. Um diese Prozesse zuverlässig und effizient steuern zu können müssen alle wesentlichen Informationen in Echtzeit durch Sensoren und Datenbankverknüpfungen generiert werden. Die Verknüpfung von Mess- und Steuerungspunkten lässt eine bedarfsgerechte autonomisierte Steuerung der Produktion und Beschaffung zu. Der Begriff Industrie 4.0 beschreibt diese autonome Steuerung der industriellen Beschaffungs- und Herstellungsprozesse.

Schließlich basiert die digitale Beschaffung auf einem erfolgskritischen Austausch zwischen Unternehmen, die zumeist höchste Sicherheit erfordert, da sensible Daten zu Preisen und Produkten ausgetauscht werden. Mit zunehmender globaler Vernetzung, stei-

[2] Vgl. PriceWaterhouceCoopers (2022), S. 6.

[3] Vgl. PriceWaterhouceCoopers (2022), S. 4.

[4] Vgl. PriceWaterhouceCoopers (2022), S. 4.

gen auch die Risiken im Bereich Cyberkriminalität und Industriespionage. Umso wichtiger ist es den Austausch zwischen Firmen und Standorten optimal vor externen Einflüssen zu sichern. Dabei spielen zunehmend neue kryptografische Ansätze wie die Blockchain eine bedeutende Rolle.

Die Befragung von PricewaterhouseCoopers zeigt, dass die Beschaffungsabteilungen der Unternehmen bis zum Jahr 2025 vor allem in die Bereiche Source-to-Pay, Data Analytics, Robotics, künstliche Intelligenz, Process Mining sowie Blockchain investieren möchten.[5] Dabei liegt der Fokus auf Source-to-Pay Lösungen und Data Analytics, wohingegen das Interesse an der Blockchain-Technologie im Vergleich zu den Vorjahren abgenommen hat.[6] Abb. 18.2 stellt die geplanten Technologieinvestitionen im Beschaffungsbereich.

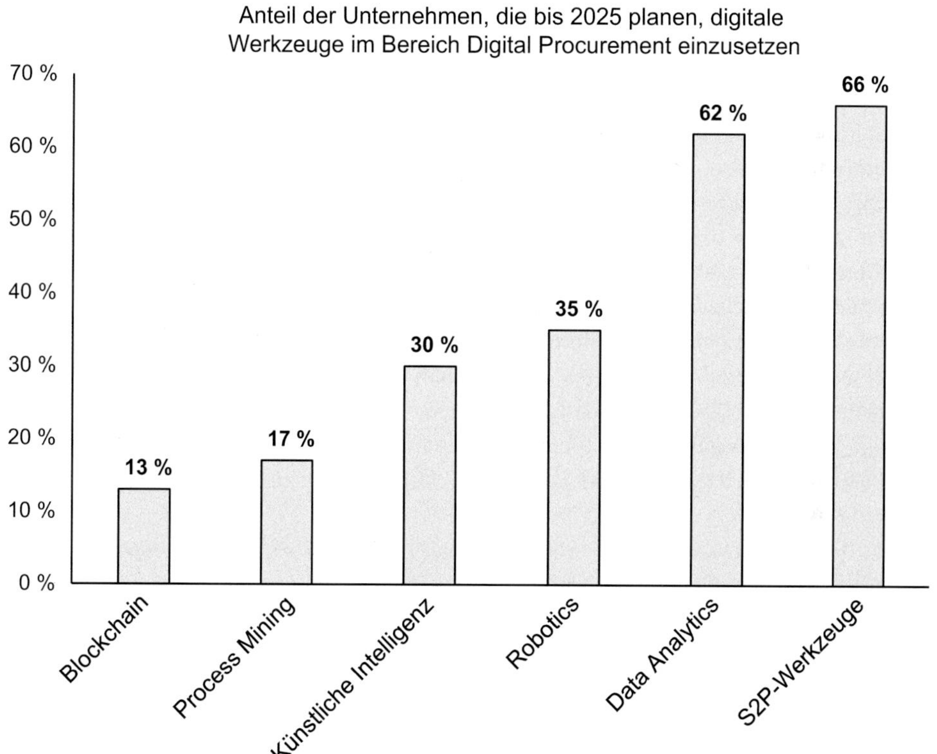

Abb. 18.2 Geplanter Einsatz digitaler Technologien im Digital Procurement. (Datenquelle: PriceWaterhouceCoopers (2022), S. 19)

[5] Vgl. PriceWaterhouceCoopers (2022), S. 19.

[6] Vgl. PriceWaterhouceCoopers (2022), S. 19.

Einordnung des Digital Procurements

Digital Procurement baut inhaltlich und strukturell auf der klassischen Beschaffung auf. Dementsprechend teilt es mit diesem Bereich Ziele, Anforderungen, Problemstellungen und Potenziale. Daher soll an dieser Stelle der Begriff Beschaffung erörtert werden. Die in der Unternehmenspraxis und im Schrifttum vertretenen Auffassungen des Begriffs der Beschaffung sind vielfältig. So findet man teilweise die weitgehend synonyme Verwendung der Begriffe Beschaffung, Einkauf, Logistik oder Materialwirtschaft.[7] Diese nicht trennscharfe Verwendung der Begriffe hat zu Verständnisschwierigkeiten geführt, die durch den Umstand verstärkt werden, dass die unternehmerische Praxis zum Teil einen anderen definitorischen Inhalt mit diesen Begriffen verbindet als die Wissenschaft.[8] Tab. 18.1 stellt die Definition von Beschaffung dar, die diesem Kapitel zugrunde liegt.

Der in dieser weiten Definition verwendete Begriff Inputfaktoren macht deutlich, dass zur weiteren Präzisierung des Beschaffungsbegriffs auf das spezifische Beschaffungsobjekt eingegangen werden muss. Als Beschaffungsobjekte kommen grundsätzlich alle fremdbezogenen Leistungen in Betracht. Im Hinblick auf den betrieblichen Leistungserstellungsprozess können Material, Anlagen, Energie, Rechte, Dienstleistungen, Arbeitskräfte, Informationen und Kapital als wichtigste Beschaffungsobjekte genannt werden.

Aufgrund der Heterogenität der genannten Beschaffungsobjekte und den daraus resultierenden Anforderungen an die Beschaffung wird gewöhnlich nicht die gesamte Bereitstellung aller Güter der Beschaffungsabteilung zugeordnet. Stattdessen übernehmen andere Unternehmensbereiche einzelne Beschaffungsfunktionen.

So wird beispielsweise die Beschaffung oder Einstellung, der für die betriebliche Leistungserstellung benötigten Mitarbeiter, vom Personalwesen übernommen. Für die Beschaffung des Kapitals ist dagegen in der Regel das Finanzwesen verantwortlich. Die Wahrnehmung von Beschaffungsaufgaben, die von herausragender Bedeutung für die zukünftige Entwicklung des Gesamtunternehmens sind – wie zum Beispiel die Beschaffung von Patenten, Konzessionen oder Lizenzen – fällt vielfach in den Bereich der Unternehmensleitung.[9]

Aus diesem Grund wird der Beschaffungsbegriff oft auf die Bereitstellung von Gütern mit speziellen Charakteristika beschränkt. Somit sind für Unternehmen eigenständige or-

Tab. 18.1 Definition Beschaffung. (Vgl. Wirtz (2010), S. 560; Wirtz (2020), S. 811; Wirtz (2021), S. 585)

Unter Beschaffung versteht man alle Prozesse zur Versorgung der Bedarfsträger mit Inputfaktoren, die von der Unternehmung (Abnehmer) nicht selbst erstellt werden.

[7] Vgl. Roland (1993), S. 3.

[8] Vgl. Arnolds et al. (2016), S. 2.

[9] Vgl. Tempelmeier (1995), S. 313.

ganisatorische Einheiten, für die Beschaffung, nur dann gerechtfertigt, wenn spezifische Güter häufig oder in großem Umfang beschafft werden müssen.[10]

Daher sollen unter Beschaffung im engeren Sinne „alle diejenigen Aktivitäten verstanden werden, die darauf gerichtet sind, den Bedarfsträgern in der Unternehmung die von diesen benötigten, nicht von der Unternehmung selbst produzierten Verbrauchsgüter (Roh-, Hilfs- und Betriebsstoffe, Kaufteile sowie Energie), Gebrauchsgüter (Anlagen, Werkzeuge) sowie Dienstleistungen (zum Beispiel Transport- und Bauleistungen) aus den Beschaffungsmärkten verfügbar zu machen."[11]

Nachdem der Begriff der Beschaffung abgegrenzt wurde, kann im Folgenden auf die digitale Beschaffung, das Digital Procurement, eingegangen werden. Digital Procurement kann aber nicht ausschließlich mit einer Verlagerung der Beschaffung in Online-Systeme gleichgesetzt werden. Die adäquate Nutzung des Konzepts erfordert eine umfassende Analyse von Beschaffungsprozessen und -instrumenten. Daher wird häufig das Konzept des SCM als übergeordneter Rahmen der Beschaffung mit dem Digital Procurement verbunden.

Dabei stellt Digital Procurement lediglich einen Teil der Supply Chain dar. Das SCM zielt als integrativer Ansatz auf eine ganzheitliche Darstellung der Lieferantenbeziehungen eines Unternehmens ab. Es ist durch Material-, Daten- und Finanzströme gekennzeichnet, die über Unternehmensgrenzen hinweg eine Lieferkette vom Vorproduktproduzenten bis zum Endverbraucher abbilden. In seiner Bedeutung für den Wertschöpfungsprozess geht das Konzept folglich über Digital Procurement hinaus.

Obgleich Digital Procurement ein untergeordneter Bestandteil von SCM ist, weist es strukturelle Besonderheiten auf, die über dieses hinausgehen. So konzentriert sich SCM lediglich auf die direkte Beschaffung, während Digital Procurement auch indirekte Beschaffungsprozesse erfasst. Bei der Herstellung von Leuchtmittel stellt das SCM zum Beispiel sicher, dass alle Rohstoffe, wie Glas und Draht, und vorgefertigte Teilprodukte, wie Schraubwindungen, die unmittelbar zur Produktion benötigt werden, vorhanden sind. Dazu können Instrumente des Digital Procurement eingesetzt werden. Neben der Beschaffung sorgt das SCM jedoch auch dafür, dass ein Teil der Leuchtmittel möglichst effizient an einen Hersteller von Beleuchtungsanlagen geliefert wird, der diese in seine Produkte einbaut.

Dabei ist das Digital Procurement zusätzlich zur Beschaffung von Glas und Draht dafür zuständig, dass die Mitarbeiter im Vertrieb über geeignete PCs und Drucker zum Ausfertigen von Verträgen mit Handelspartnern verfügen. Diese Ressourcen sind nicht direkt für die Herstellung von Leuchtmittel relevant, doch mittelbar wäre eine Produktion ohne sie und die mit ihnen verbundenen Aufgaben und Prozesse nicht möglich. Der Fokus liegt bei Digital Procurement also nicht nur auf der Unterstützung der primären Wertschöpfungskette, sondern berücksichtigt auch sekundäre Beschaffungsgüter, die im Rahmen der Produktion benötigt werden.

[10] Vgl. Günther (1993), S. 340.

[11] Fieten (1992), S. 340.

Der Verbrauch dieser indirekten Güter weist nicht zwingend eine direkte Verbindung mit der Kundennachfrage oder der Produktion auf. Wenn im Winter durch den erhöhten Einsatz von Lampen mehr Leuchtmittel verkauft werden, bedeutet dies nicht automatisch, dass beispielsweise im Vertrieb des Herstellers mehr PCs angeschafft werden müssen.

Diese Ausführungen zeigen, dass sich beide Termini inhaltlich zwar überschneiden, aber darüber hinaus jeweils tiefergreifende Prozesse abbilden. Während Digital Procurement alle Beschaffungsgüter umfasst, bildet das SCM den gesamten Wertschöpfungsprozess ab. Abb. 18.3 stellt die Verflechtung und Differenzierung der Geltungsbereiche beider Begriffe dar.

Definition des Digital Procurements

Bei der Verwendung des Begriffs Digital Procurement in der Unternehmenspraxis und in Publikationen kann eine ähnliche definitorische Unschärfe wie bei der Verwendung von

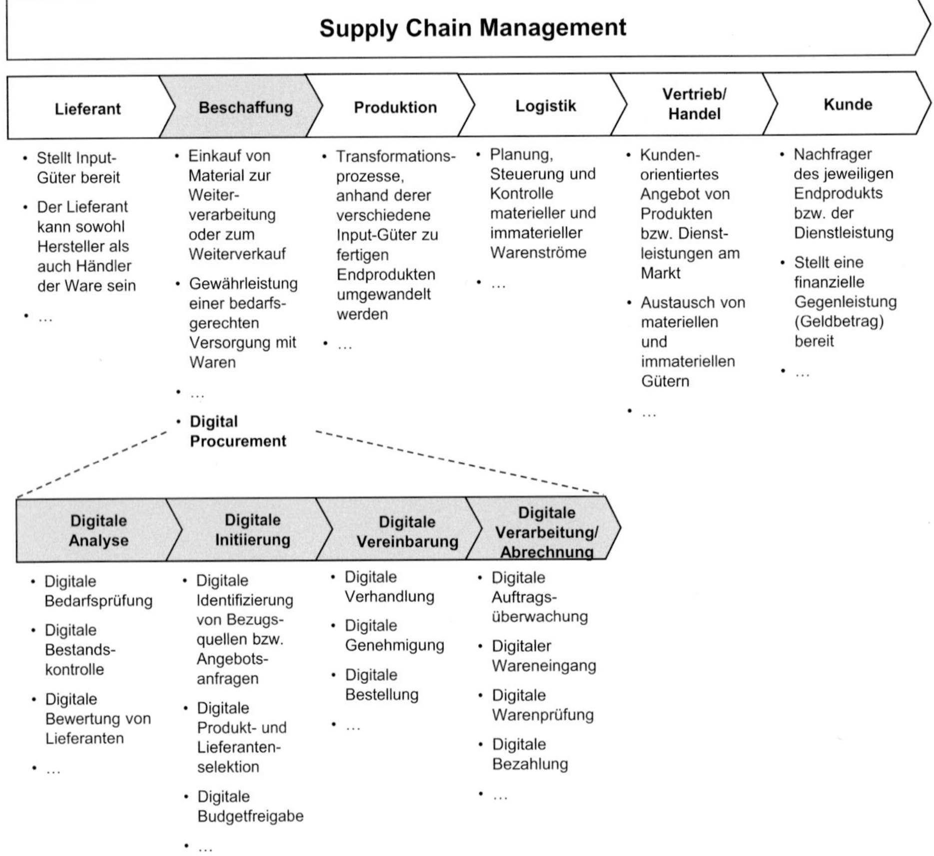

Abb. 18.3 Überlappung und Abgrenzung von Digital Procurement und SCM. (Vgl. Wirtz (2020), S. 814; Wirtz (2021), S. 587)

traditionellen beschaffungsrelevanten Begriffen konstatiert werden. Diese Unschärfe wird exemplarisch in Tab. 18.2 verdeutlicht, die einen Überblick über wissenschaftliche und praxisbezogene Definitionen des Digital Procurements/E-Procurements gibt.

Ein Vergleich der Definitionen zeigt deutlich verschiedene Bezugsrahmen und differierende inhaltliche Schwerpunkte. Subjektbezogen unterscheidet sich der Gebrauch des Begriffs Digital Procurement vor allem dadurch, dass Schubert (2002), Meier/Stormer (2012) und Chaffey/Hemphill/Edmundson-Bird (2019) auf Beziehungen und Prozesse im Rahmen der Beschaffung rekurrieren, während Papazoglou/Ribbers (2006), Turban et al. (2015) und Kollmann (2016) direkt auf die Beschaffung selbst abstellen. In diesem Punkt ist ihre Definition also enger gefasst, da Prozesse, die nur unterstützenden Charakter haben, nicht miteinbezogen werden. Daraus ergeben sich als Folge unterschiedliche teleologische Implikationen, also Differenzen in der Ziel- beziehungsweise Zweckgerichtetheit.

Tab. 18.2 Definitionen von Digital Procurement/E-Procurement. (Vgl. Wirtz (2001), S. 309; Wirtz (2020), S. 815; Wirtz (2021), S. 588)

Autor	Definition
Bogaschewsky (1999)	Electronic Procurement (EP) stellt letztlich einen Sammelbegriff für die elektronisch unterstützte Beschaffung dar, ohne dass eindeutig definiert werden kann, was alles darunter zu verstehen ist. Einigkeit herrscht lediglich darin, daß der Einsatz von Technologien, die mit dem Internet in Verbindung stehen – TCP/IP, HTML, XML – und von Internet-Diensten wie E-Mail, FTP, Telnet, Newsgroups und das WWW Kernelement von EP-Konzepten sind.
Wirtz/Eckert (2001)	Im vorliegenden Beitrag wird Electronic Procurement als internetbasierte Beschaffung verstanden.
Schubert (2002)	Electronic Procurement unterstützt die Beziehungen und Prozesse eines Unternehmens zu seinen Lieferanten mithilfe von elektronischen Medien.
Wirtz/Kleineicken (2005)	Electronic Procurement (kurz E-Procurement) wird als die Unterstützung organisationaler Beschaffungsaktivitäten durch das Internet zur Steigerung des Beschaffungserfolges definiert.
Papazoglou/Ribbers (2006)	Electronic Procurement is characterized by the purchase of supplies and services over the internet.
Meier/Stormer (2012)	Unter eProcurement versteht man sämtliche Beziehungsprozesse zwischen Unternehmen und Lieferanten mithilfe elektronischer Kommunikationsnetze. eProcurement umfasst sowohl strategische, taktische wie operative Elemente des Beschaffungsprozesses.
Turban et al. (2015)	E-procurement (electronic procurement) is the online purchase of supplies, materials, energy, work and services.
Kollmann (2016)	Das Electronic Procurement steht allgemein als Begriff für den elektronischen Einkauf von Produkten beziehungsweise Dienstleistungen durch ein Unternehmen über digitale Netzwerke.
Chaffey/Hemphill/ Edmundson-Bird (2019)	The electronic integration and management of all procurement activities, including purchase request, authorization, ordering, delivery and payment, between a purchaser and a supplier.

Die Vertreter der Idee von Digital Procurement als beziehungs- und prozessorientiertes Konstrukt zielen eher auf die Unterstützung oder Ergänzung der traditionellen Beschaffungsprozesse ab, sehen also vornehmlich eine Unterstützungsfunktion des Digital Procurement für bestehende Prozesse. Im Gegensatz dazu grenzen Papazoglou/Ribbers (2006), Turban et al. (2015) und Kollmann (2016) Digital Procurement stärker von klassischen Beschaffungsinstrumenten ab.

Auch unter funktionalen Aspekten ist der Geltungsanspruch der Definitionen verschieden. Dies äußert sich besonders in der erfassten Technologie. So wird im Großteil der Definitionen von einer allgemeinen elektronischen Form der Unterstützung von Beschaffung gesprochen, die bei Meier/Stormer (2012) sogar noch um einen Netzwerkaspekt erweitert wird.

Wirtz/Eckert (2001), Wirtz/Kleineicken (2005) und Papazoglou/Ribbers (2006) betonen explizit den unterstützenden Einsatz der Internettechnologie und schränken damit den Geltungsbereich stärker ein. Dies erscheint insofern sinnvoll, als dass das Internet unter pragmatischen Aspekten die Infrastruktur für die Mehrheit an aktuellen Digital Procurement Anwendungen bereitstellt.

Vor dem Hintergrund einer ganzheitlichen Betrachtung wird diese Beschränkung auf Internettechnologie in diesem Kontext jedoch nicht vorgenommen. Stattdessen wird der Netzgedanke von Meier/Stormer (2012) aufgegriffen, da dieser charakteristisch ist für die Interaktionsmöglichkeiten innerhalb von Digital Procurement Systemen.

Zudem sind an jedem Beschaffungsprozess zumindest zwei Parteien beteiligt (Käufer und Lieferant), sodass diese bei einer vollständigen digitalen Beschaffung in zumindest rudimentärer Weise vernetzt sein müssen. Darüber hinaus wird, ähnlich wie bei Schubert (2002) oder Meier/Stormer (2012), eine unterstützende Funktion des Digital Procurement definiert. Dadurch können auch Anwendungen berücksichtigt werden, die den Beschaffungsprozess nicht vollständig abbilden, sondern lediglich für Teilprozesse verantwortlich sind. Nachfolgend wird die Definition des Begriffs Digital Procurement auf Basis der vorangegangenen Ausführungen zusammengefasst (vgl. Tab. 18.3).

Anhand dieser Definition kann nach technologischen Aspekten die vollständige Breite von Digital Procurement Anwendungen betrachtet werden. Sie erlaubt zudem eine spezifische Analyse auf verschiedenen Handlungsebenen einer Unternehmung, sodass ein Überblick zu relevanten Instrumenten gegeben werden kann. Die teleologische Aus-

Tab. 18.3 Definition Digital Procurement. (Vgl. Wirtz (2001), S. 309; Wirtz (2020), S. 817; Wirtz (2021), S. 589)

Digital Procurement ist die Integration von netzwerkbasierter Informations- und Kommunikationstechnologie zur Unterstützung der operativen Tätigkeiten und strategischen Aufgaben in den Beschaffungsbereichen von Unternehmen. Dabei soll Digital Procurement die Effektivität und Effizienz der Geschäftsaktivitäten verbessern.

richtung auf Unterstützung der Beschaffung lässt darüber hinaus auch eine Betrachtung von relevanten Prozessen zu, die sich zwar im entsprechenden Einflussbereich befinden, jedoch nicht direkt beschaffenden Charakter aufweisen. Das Digital Procurement soll also die Effektivität und Effizienz der Geschäftsaktivitäten verbessern.

Die Ziele des Digital Procurement lassen sich in zwei grundlegende Kategorien unterscheiden. Zum einen werden mit Maßnahmen, die im Rahmen von Digital Procurement durchgeführt werden, allgemeine Ziele der klassischen Beschaffung verfolgt. Zum anderen können jedoch auch spezifische Ziele konstatiert werden. Nachfolgend werden beide Aspekte herausgearbeitet und in Beziehung zueinander gesetzt.

Die Ziele einer Unternehmung lassen sich zunächst in Sach- und Formalziele differenzieren.[12] Während das Sachziel einer Unternehmung beispielsweise in der Leistungserstellung für den Absatzmarkt besteht, können sich die Formalziele der Unternehmung auf die Gewinn- oder Umsatzmaximierung erstrecken. Aus diesen Sach- und Formalzielen der Unternehmung leitet wiederum die Beschaffung – als Teilfunktion der Unternehmung – ihre eigenen Sach- und Formalziele ab.

Die Zielsetzung der Beschaffung erfolgt daher nicht autonom. Vor diesem Hintergrund besteht das oberste Sachziel der Beschaffung in der Sicherstellung der betrieblichen Versorgung. Produktionsrelevante Ressourcen müssen der Unternehmung zugänglich gemacht und verwaltet werden. Die Formalziele der Beschaffung stellen sich in Form von Kostenreduktion, Qualitäts- und Leistungsverbesserung, Zeitvorteilen und dem Streben nach Autonomieerhaltung dar.

Neben der analytischen Ableitung der Beschaffungsziele aus den Sach- und Formalzielen der Gesamtunternehmung können diese auch nach dem zeitlichen Bezugsrahmen klassifiziert werden. In diesem Zusammenhang kann von strategischen und operativen Zielen der Beschaffung gesprochen werden. Strategische Beschaffungsziele dienen dazu, die Erfolgspotenziale zu stärken sowie Wettbewerbsvorteile zu erzielen und abzusichern. Als strategische Ziele können unter anderem die Sicherung der Beschaffungsmarktposition, die Qualitätssicherung, die Versorgungssicherung oder die Wahrung der Flexibilität genannt werden.

Aus den strategischen Zielen erfolgt die Ableitung der operativen Ziele. Grundsätzlich ist ein operatives Beschaffungsziel die Erreichung des materialwirtschaftlichen Optimums. Exemplarisch können an dieser Stelle die Optimierung der Beschaffungskosten, die Reduktion von Lagerhaltungs- und Kapitalbindungskosten, die Sicherung der Beschaffungsobjektqualität, die Sicherung der Lieferbereitschaft oder die Sicherung des Lieferantenpotenzials angeführt werden.[13]

Spezifisches Ziel des Digital Procurements ist es, die Tätigkeiten der Beschaffung zeit- und kosteneffizienter zu gestalten, um eine Konzentration auf strategische Aufgaben mit

[12] Vgl. Töpfer (2007), S. 443 ff.

[13] Vgl. Roland (1993), S. 7 ff.

höherem Wertschöpfungsanteil zu ermöglichen. Routinetätigkeiten können etwa durch digitale Systeme weitgehend automatisiert werden.

Neben der Reduktion von Personalbedarf für sekundäre Beschaffungsobjekte ist dabei auch die Einsparung von materiellen Ressourcen relevant. Auch zeitliche Effizienzsteigerungen sind erstrebenswert, sie können nicht nur den Beschaffungsprozess selbst optimieren, sondern auch die davon abhängige Produktion.

In diesem Kontext können zusätzlich auch Qualitätsvorteile in der Produktion angestrebt werden, beispielsweise dadurch, dass die Qualität der angelieferten Ausgangsprodukte eines Anbieters höher ist und erst im Rahmen der digitalen Beschaffung zugänglich wurde. Darüber hinaus können auch Effizienzsteigerungen mit Hilfe der Daten erzielt werden, die im Rahmen der Digital Procurement Aktivitäten generiert werden.

Die automatisierte und umfassende Sammlung und Analyse von Daten beziehungsweise Big Data ermöglicht es Unternehmen die Aktivitäten im Rahmen des Digital Procurement zu erfassen und zu verfolgen. Auf diese Weise können Ineffizienzen identifiziert und korrigiert werden und die Aktivitäten entsprechend optimiert werden.

Eignung des Digital Procurements

Beschaffungsgüter sind aufgrund ihrer Produktcharakteristika sowie der Eigenschaften der ihnen zugeordneten Beschaffungsmärkte in unterschiedlicher Weise für verschiedene Arten der Beschaffung geeignet, insbesondere in Bezug auf das Digital Procurement. Grundlegend soll zunächst zwischen Digital Procurement für direkte und indirekte Beschaffungsgüter differenziert werden.[14] Direkte Güter werden zu Produktionszwecken genutzt. Sie gehen im Rahmen der Weiterverarbeitung in das Endprodukt ein. Als Beispiele können in diesem Kontext Rohmaterialien, Einzelteile oder Systemkomponenten genannt werden.

Indirekte Güter haben lediglich einen produktionsunterstützenden Charakter. Sie werden im angloamerikanischen Schrifttum häufig als MRO-Güter (Maintenance, Repair, Operation) bezeichnet.[15] Indirekte Güter werden in der Regel konsumiert, also nicht verarbeitet. Als Beispiele können Werkzeuge, Ersatzteile, Reinigungsmittel oder Büroartikel angeführt werden.

Durch die hohe Standardisierung der Produkte sind die Lieferanten indirekter Güter meist austauschbar. Hinsichtlich ihrer strategischen Bedeutung sind die direkten Güter von hoher Relevanz, während die indirekten Güter dagegen durch eine nachrangige Bedeutung gekennzeichnet sind. Dennoch ist ihr Anteil an den Unternehmenskosten, insbesondere bei Dienstleistungs- und Verwaltungsorganisationen, relativ hoch.[16]

---

[14] Vgl. Tripp (2002), S. 114 ff.; Schubert (2002), S. 3 f.; Kollmann (2019), S. 184 f.

[15] Vgl. Kalakota/Robinson (2001), S. 237.

[16] Vgl. Dolmetsch (2000), S. 14.

Strukturierte respektive unstrukturierte Beschaffungen beeinflussen auch die Erfolgswahrscheinlichkeit von Implementierungen im Digital Procurement.[17] Während strukturierte Beschaffungsprozesse Planungs- und Automationsmöglichkeiten aufweisen und eine entsprechende Implementierung begünstigen, gestaltet sich dies bei unstrukturierter Beschaffung weitaus schwieriger.

Dort ist ein erhöhtes Maß an menschlichem Eingreifen nötig, das sich unter anderem in der Form von Produktrecherchen, Bestellanforderungen, Genehmigungsprozessen oder Lieferantenauswahl äußern kann. Folglich müssen bei der Umsetzung von Digital Procurement diese Prozessgrundlagen bei der Systemgestaltung berücksichtigt werden.

Bevor Digital Procurement in die Beschaffung eines Unternehmens integriert wird, muss zunächst eine Bewertung der aktuellen Beschaffungssituation erfolgen. Dabei werden die Beschaffungsgüter systematisch auf ihre Eignung untersucht. In diesem Zusammenhang kann von einem Entwicklungspfad gesprochen werden. Entlang dieses Entwicklungspfads können die zu beschaffenden Güter hinsichtlich der Kriterien „Standardisierbarkeit der Produkte" und „Bedeutung des Produkts in Relation zu den Prozesskosten" klassifiziert werden. Abb. 18.4 stellt diesen Entwicklungspfad dar.

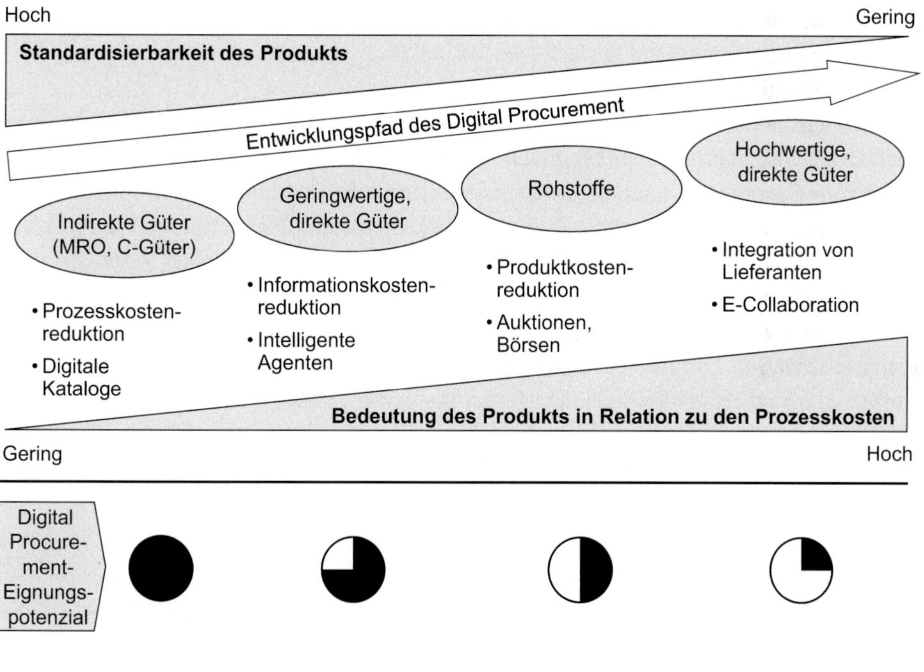

Abb. 18.4 Entwicklungspfad des Digital Procurement. (Vgl. Wirtz (2001), S. 318; Wirtz (2020), S. 820; Wirtz (2021), S. 591)

[17] Vgl. Kollmann (2019), S. 222.

Die klassischen Beschaffungsprozesse unterscheiden sich für beide Güterarten aufgrund ihrer Merkmale. Für direkte Güter lassen sich meist strukturierte Prozesse feststellen, wohingegen bei indirekten Gütern häufig unstrukturierte Beschaffungsprozesse vorherrschen.[18] Strukturierte Beschaffungsprozesse sind durch großes Nachfragevolumen und Risiko bei Lieferausfällen geprägt. Daher streben Unternehmen in diesem Bereich Nachfragestandardisierung und -sicherheit auf hohem Niveau an. Bei unstrukturierter Beschaffung sind diese Aspekte von geringerer Bedeutung.

Ausgangspunkt der Entwicklung sind die indirekten Güter. Diese Güter gelten als sehr gut geeignet für das Digital Procurement.[19] Dies kann mit der hohen Standardisierbarkeit ihrer Produkteigenschaften begründet werden. In diesem Bereich lassen sich durch Digital Procurement vor allem Prozesskostenreduktionen erzielen. Der überwiegende Teil der indirekten Güter wird repetitiv beschafft. Dieser wiederkehrende Bedarf legt das Bestreben nahe, das Einkaufsvolumen und in dessen Folge die Einkaufsmacht des Unternehmens zu bündeln.

Folglich bietet es sich für die Unternehmen an, mit ihren Lieferanten Rahmenverträge abzuschließen, in denen bestimmte Lieferkonditionen wie etwa der Preis in Abhängigkeit vom Beschaffungsvolumen, der Beschaffungshäufigkeit oder der Volatilität der Marktpreise fixiert werden.[20] Der wiederholte Beschaffungsprozess kann anschließend auf der Basis digitaler Produktkataloge erfolgen. Beschaffungsprozesskosten werden auf diese Weise nachhaltig reduziert.

Als nächsthöhere Entwicklungsstufe können geringwertige, direkte Güter in den digitalen Beschaffungsprozess eingebunden werden. Das Einsparungspotenzial dieser Güter ist aber aufgrund ihrer abnehmenden Standardisierbarkeit geringer. Dennoch sind neben Prozesskostenreduktionen auch Informationskostenreduktionen zu realisieren. Die Kostenreduktionen sind beispielsweise über die Verwendung intelligenter Agenten erzielbar, welche automatisch die preisgünstigste Produktalternative identifizieren.

Aufgrund der Erfahrung in der Nutzung von Digital Procurement und der zunehmenden Funktionalität von Digital Procurement Software können in erhöhtem Maße auch Rohstoffe und hochwertige direkte Güter digital beschafft werden. Ziel ist in diesem Kontext die Produktkostenreduktion sowie die Integration von Lieferanten in die eigene beschaffungsbezogene Wertschöpfungskette im Sinne eines digitalen Supply Chain Managements.

Die Bewertung von Digital Procurement Maßnahmen setzt ein Verständnis über relevante Prozesse, die beteiligten Akteure sowie deren Interaktionen voraus. Nachfolgend wird daher einführend ein allgemeiner struktureller Rahmen von Einflussfaktoren des Digital Procurement dargestellt.

---

[18] Vgl. Subramaniam/Shaw (2004), S. 170.

[19] Vgl. Nenninger (1999), S 6.

[20] Vgl. Hamm/Brenner (1999), S. 137; Dolmetsch (2000), S. 134.

18.2 Strukturrahmen des Digital Procurements

Ähnlich wie bei der klassischen Beschaffung findet sich bei Digital Procurement ein komplexes Netzwerk von Komponenten, die sich anhand ihrer Beziehungen zu einem Strukturrahmen fügen. Dieser strukturelle Rahmen wird zum Teil analog zu dem Strukturrahmen der traditionellen Beschaffung gebildet. Darüber hinaus werden die Strukturelemente der Beschaffung jedoch spezifisch dem Kontext von Digital Procurement angepasst und erfahren daher eine konzeptionelle Konkretisierung.

Im Vergleich zu dem Kaufklassenansatz, der von einer Unterscheidung zwischen Neukauf, modifiziertem Wiederholungskauf und Routinekauf ausgeht, beschäftigt sich die Beschaffungsgütertypologie mit einer Klassifizierung der zu beschaffenden Güter.[21] Dabei wird die Eignung für das Digital Procurement durch verschiedene Verfahren geprüft.

Im Abschnitt Beschaffungsprozess des Digital Procurement wird der Ablauf eines viergliedrigen Beschaffungsvorgangs, der von Digital Procurement unterstützt wird, dargestellt. Dabei wird in besonderem Maße auf das Unterstützungspotenzial des Digital Procurements innerhalb der Detailphasen Anbahnung, Vereinbarung und Abwicklung eingegangen.

Die veränderte personelle Verantwortlichkeit im Zuge von Beschaffungsvorgängen sowie die neue Rollenverteilung der traditionellen Beschaffungsakteure werden durch das Strukturelement „Akteure des Digital Procurements" verdeutlicht. Die Akteure sind direkt mit den möglichen Interaktionsformen verbunden, die wiederum in einer Wechselbeziehung zum Digital Procurement stehen.

Daher sind auch sie Gegenstand der folgenden Ausführungen. Abb. 18.5 gibt den aggregierten strukturellen Rahmen des Digital Procurement wieder. Dieser Strukturrahmen wird im Folgenden einer näheren Betrachtung unterzogen.

Beschaffungsgütertypologie

Unternehmen beschaffen in der Regel eine Vielzahl von materiellen und immateriellen Gütern, die sie zur Aufrechterhaltung der Leistungserstellungsprozesse sowie zur Leistungserstellung selbst benötigen. Die traditionelle Beschaffungsfunktion ist dabei durch viele Problemkomplexe gekennzeichnet. In diesem Zusammenhang muss insbesondere die Disproportionalität von strategischen und operativen Beschaffungstätigkeiten hervorgehoben werden.[22]

Die Akteure der Beschaffung sind überwiegend durch operative Tätigkeiten gebunden, da ein Großteil der zeitlichen Ressourcen dem Ordern strategisch unwichtiger Güter gewidmet wird. Dies führt zur Vernachlässigung strategischer Beschaffungsaufgaben, die in

[21] Vgl. Robinson/Faris/Wind (1967), S. 25.

[22] Vgl. Dolmetsch (2000), S. 11.

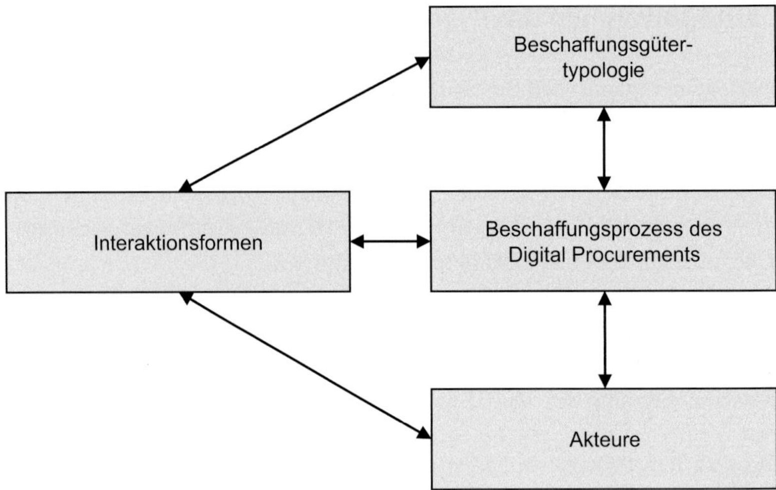

Abb. 18.5 Strukturrahmen des Digital Procurements. (Vgl. Wirtz (2001), S. 312; Wirtz (2020), S. 823; Wirtz (2021), S. 592)

der Regel einen höheren Wertbeitrag zum Unternehmenserfolg leisten. So herrscht eine Asymmetrie von strategischen und operativen Beschaffungstätigkeiten im Verhältnis 30:70.[23]

Es muss daher versucht werden, operative Beschaffungstätigkeiten vermehrt zu standardisieren und zu automatisieren. Dabei ist aufgrund von Beobachtungen in der Unternehmenspraxis festzustellen, dass sich die klassischen Beschaffungsprozesse trotz der unterschiedlichen Charakteristika der zu beschaffenden Güter kaum unterscheiden.[24] Damit werden weniger wichtige Güter mit dem gleichen Aufwand beschafft wie zentrale Produktionsbestandteile.

Diese Vorgehensweise ist jedoch ineffizient. So ist es beispielsweise für einen Autohersteller nicht sinnvoll, für die Beschaffung von gut verfügbaren Kleinteilen wie zum Beispiel Schrauben die gleichen Maßnahmen einzusetzen wie bei der Beschaffung von Fahrzeugelektronik. Das liegt darin begründet, dass erstere von einer großen Anzahl an Lieferanten zu beziehen sind, während für spezialisierte Produkte nur wenige Anbieter existieren.

Gerade aufgrund dieser Tatsache bestehen im Rahmen des Digital Procurement erhebliche Effizienz- und Effektivitätssteigerungspotenziale. So sollten Unternehmen zwischen strategisch wichtigen und unwichtigen Gütern differenzieren, da die Anforderungen an die Beschaffung und die Ausgestaltung der konkreten Beschaffungsprozesse von den Eigenschaften der zu beschaffenden Güter abhängen.[25] Die Typologisierung der Beschaffungs-

[23] Vgl. Mattes (1999), S. 64.

[24] Vgl. Kollmann (2019), S. 222.

[25] Vgl. Dolmetsch (1999), S. 37.

güter kann anhand verschiedener Kriterien erfolgen. Eine Methode dazu liefert die im Folgenden beschriebene ABC-Analyse.

ABC-Analyse

Zum einen bietet sich eine Systematisierung nach Menge und Wert für die Produktion an. Die ABC-Analyse unterteilt die zu beschaffenden Güter entsprechend ihrem relativen Wertanteil am Gesamtwert der zu beschaffenden Güter. Dabei kann eine Einteilung der Güter in A-, B- oder C-Güter vorgenommen werden.

Nach diesem Konzept stellen sich die A-Güter mit ihrem geringen mengenmäßigen Anteil und hohem Wertanteil als die strategisch wichtigen Güter dar. Sie werden jedoch nur relativ selten beziehungsweise in geringen Mengen beschafft. Daher sollten sich die strategischen Beschaffungsaktivitäten aufgrund des hohen Wertanteils insbesondere auf den Bereich der A-Güter konzentrieren. Ziel ist dabei eine breitere Lieferantenbasis und die Intensivierung der Lieferantenbeziehungen zu erreichen, um niedrige Einstandspreise bei hoher Qualität zu erzielen.

Anders stellt sich die Lage im Bereich der C-Güter dar. Bei diesen handelt es sich um strategisch eher unwichtige Güter, die sich durch einen hohen Mengen-, aber geringen Wertanteil auszeichnen. Daher stellen die Prozesskosten der Beschaffung in diesem Bereich den bedeutendsten Faktor dar. Zum Teil liegen die Kosten für den Bestellvorgang sogar über dem effektiven Bestellwert.[26]

Ziel ist in Bezug auf die C-Güter folglich die Reduktion der Prozesskosten durch Standardisierung und Automation. Da die C-Güter den größten Teil aller Beschaffungsgüter repräsentieren, belasten sie die Personalressourcen der Beschaffung überproportional.

B-Güter liegen in ihrem Wertanteil, der Bestellhäufigkeit und dem Bestellvolumen zwischen A- und C-Gütern. Daher ist in diesem Bereich eine selektive Vorgehensweise erfolgversprechend, die sich nach der Analyse des Einzelfalls am Management für A- oder C-Güter orientiert.[27]

Komplexe oder hoch spezialisierte B-Güter, wie Speicherbausteine, sollten dabei produktkostenoptimiert beschafft werden, häufig oder in hohen Mengen notwendige B-Güter, wie beispielsweise Reifen, eher prozesskostenoptimiert. Während bei A-Gütern die Produktkosten entscheidend sind, stehen bei C-Gütern die Prozesskosten im Vordergrund.[28]

Am Beispiel der Komponenten eines Computers lässt sich zeigen, wie sich Wert- und Mengenanteil bezüglich der A-, B- und C-Güter unterscheiden.[29] Ein A-Gut eines Computers ist der Prozessor, der mit einem sehr hohen Wertanteil von etwa 80 % hohe Stück-

[26] Vgl. Eyholzer/Hunziker (1999), S. 8; Schäffer/Höll/Schönberg (1999), S. 506 f.

[27] Vgl. Wannenwetsch (2002), S. 95.

[28] Vgl. Stoll (2007), S. 13.

[29] Vgl. Wöhe/Döring/Brösel (2016), S. 323.

kosten verursacht, allerdings meist nur einmal pro Computer benötigt wird.[30] Damit kann einem Prozessor ein geringer Mengenanteil zugeordnet werden.

Als B-Güter können im Kontext der Computerherstellung beispielsweise Speicherchips betrachtet werden, diese haben einen deutlich geringeren Wertanteil (ca. 15 %) jedoch einen vergleichsweise höheren Mengenanteil (ca. 20 %). Schließlich können Komponenten wie Steckverbindungen bei der Herstellung von Computern als C-Güter betrachtet werden. Diese gelten mit einem Wertanteil von etwa 5 % als günstig, werden aber auch in größeren Mengen benötigt (Mengenanteil von ca. 70 %).

Die Vorteile der ABC-Analyse liegen darin, dass sie sich leicht anwenden lässt und eine grafische Aufbereitung der Ergebnisse begünstigt. Demgegenüber muss jedoch berücksichtigt werden, dass die ermittelte Übersicht nur eine sehr grobe Einteilung darstellt und häufig weiterführend spezifiziert werden muss. Dies kann zum Beispiel durch eine XYZ-Analyse vollzogen werden, die den Bereich der C-Güter dann nach der Regelmäßigkeit des Verbrauchs tiefgreifend analysiert.

Einordnung des Beschaffungsmarktes

Um eine Systematisierung der Beschaffungsgüter zu ermöglichen, die über eine Mengen-/Wertrelation hinausgeht, bietet sich zudem die Einordnung der Güter nach konkreten Kriterien an. So können Güter nach Bedeutung für den eigenen Wertschöpfungsprozess und entsprechend der Komplexität des jeweiligen Beschaffungsmarktes verortet werden. Demzufolge können zusätzliche Informationen darüber gewonnen werden, inwiefern ein Beschaffungsgut für eine Abwicklung per Digital Procurement geeignet ist.

Manche Güter weisen für die Wertschöpfung eines Unternehmens einen sehr hohen Wert auf und beeinflussen das Produkt maßgeblich. Der Einkaufspreis ist dabei nur von untergeordneter Bedeutung. Exemplarisch kann hier auf ein Display für die Smartphone-Produktion verwiesen werden. Bei dieser Art von Gütern sollten möglichst langfristige Lieferantenbeziehungen durch ein entsprechendes Supply Chain Managements anvisiert werden.

Der Wert des Gutes ist dabei weniger relevant als die Verfügbarkeit auf den Beschaffungsmärkten. So weisen manche Güter einen geringen Wert auf und sind trotzdem nur schwer zu beschaffen. Spezielle Chemikalien sind beispielsweise oft nur von ausgewählten und entsprechend instruierten Unternehmen zu erhalten und können von kritischer Bedeutung sein, da eine Unterbrechung der Versorgung zu Produktionsausfällen führen könnte.

Andere Güter sind deutlich leichter und in standardisierter Form zu beschaffen. Routineteile wie beispielsweise MRO (Maintenance, Repair and Operations) -Güter, die nicht direkt in den Wertschöpfungsprozess eingehen zeichnen sich durch ihren geringen Wert als auch durch die Einfachheit der Beschaffung aus. Ziel ist in diesem Bereich eine Reduktion der Kosten für den Beschaffungsprozess.

[30] Vgl. Wöhe/Döring/Brösel (2016), S. 323.

Für diese Klasse von Gütern bietet sich auch die Implementierung eines Desktop Purchasing-System (DPS) an. Ein DPS ist eine netzwerkbasierte Software, die es Mitarbeitern von Unternehmen erlaubt, über eine einheitliche Schnittstelle in Form eines digitalen Katalogs Informationen zu Beschaffungsgütern zu erhalten und diese direkt zu bestellen.

Darüber hinaus wird auch die Bezahlung und Lieferung unterstützt.[31] Die Bedarfsträger im Unternehmen nehmen ihre Bestellungen dabei über ein digitales Katalogsystem selbst vor.

Neben der Analyse nach Komplexität des Beschaffungsmarkts und Bedeutung der Beschaffung kann auch eine Betrachtung des Automatisierungspotenzials und der strategischen Bedeutung erfolgen.[32]

In diesem Zusammenhang wird besonders das strategische Potenzial spezieller indirekter Güter hervorgehoben. So kann beispielsweise ein indirektes Gut wie ein Fabrikgebäude einen hohen strategischen Wert aufweisen. Indirekte Güter können also nicht zwangsläufig mit nachgeordneter Bedeutung gleichgesetzt werden.

Das Digital Procurement eignet sich insbesondere dann, wenn die Standardisierung des Beschaffungsprozesses möglich ist, entsprechende Marktakteure durch digitale Wege zugänglich sind und der Einkauf häufig stattfindet. Hierunter lassen sich vor allem die indirekten Güter zusammenfassen. Das Automatisierungspotenzial wird meist aus dem Grad der Standardisierung abgeleitet.

Ein Büroartikel, beispielsweise ein Locher, ist genormt und kann problemlos automatisiert bestellt werden. Es müssen nicht bei jedem Bestellvorgang erneut die Anforderungen an den Locher formuliert werden. Doch auch weniger stark standardisierte Güter lassen sich nach einer einmaligen Spezifikation zumindest für Wiederholungskäufe per Digital Procurement abwickeln.

Wenn beide inhaltlichen Dimensionen kombiniert werden, ergibt sich eine Bewertungsmatrix mit vier Typen von Einkaufssituationen. Abb. 18.6 stellt diesen Ansatz zur Analyse von Beschaffungsgütern dar. Dabei werden jeweils konkrete Handlungsempfehlungen für die Implementierung von Digital Procurement abgeleitet.

Im Quadranten „Investitionskauf" befinden sich Güter von hohem strategischen Wert und geringen Automatisierungsmöglichkeiten in der Beschaffung. Dazu zählen etwa Produktionshallen. Digital Procurement kann in diesem Kontext nur insofern eingesetzt werden, als dass über Online-Ausschreibungen im konkreten Bedarfsfall eine möglichst große Zahl von Angeboten generiert werden kann.

Die relevanten Instrumente werden dabei als Request For Proposal (RFP) für unverbindliche Vorschläge beziehungsweise Request For Quotation (RFQ) für konkrete Angebote bezeichnet.[33]

[31] Vgl. Meier/Stormer (2012), S. 36 f.

[32] Vgl. Kollmann (2019), S. 190 f.

[33] Vgl. Bogaschewsky (2002), S. 32 f.

Abb. 18.6 Strategie-/Automatisierungspotenzialmatrix. (Vgl. Nenninger/Lawrenz (2002), S. 4)

Der Bereich „Auswahleinkauf" ist sowohl in der strategischen Bedeutung als auch im Automatisierungsgrad durch niedrige Werte gekennzeichnet. Die Bedarfsgüter sind sehr unterschiedlich und müssen in unregelmäßigen Abständen bestellt werden.

Exemplarisch sei dazu auf einen zusätzlichen Dienstwagen verwiesen, der für eine neu eingerichtete Stelle beschafft werden muss. Zur Beschaffung können wieder Online-Ausschreibungen oder individuelle Lösungen wie ein Auktionsportal verwendet werden.

Hohen strategischen Wert und gleichzeitig hohes Automatisierungspotenzial weisen die Güter des Quadranten „Logistikeinkauf" auf. Sie sind meist den direkten Produktionsgütern zuzurechnen und müssen daher regelmäßig in großer Stückzahl beschafft werden. Ein Beispiel dafür sind Prozessoren bei der Herstellung von PC-Komplettsystemen. Die Strategie des Einkaufs sollte in diesem Bereich auf eine automatisierte digitale Abwicklung der Beschaffung im Sinne eines SCM abzielen.

Im Bereich „Bedarfseinkauf" finden sich schließlich Güter, die zwar einen hohen Automatisierungsgrad aufweisen, aber nur von geringer strategischer Relevanz sind. Damit werden vor allem die klassischen MRO-Güter, zum Beispiel Artikel des Bürobedarfs, erfasst. Die Reduzierung von Prozesskosten ist in diesem Bereich wichtiger als die Reduzierung der Produktkosten. Für diese Klasse eignet sich die Einführung von Desktop-Purchasing-Systemen, bei denen der jeweilige Bedarfsträger seine Bestellung selbst vornehmen kann.

In diesem Zusammenhang empfehlen sich Rahmenverträge mit den Lieferanten, beispielsweise Sonderkonditionen für die Abnahme von Druckerpapier in jeweils kleinen, kumuliert aber sehr großen Mengen. Insgesamt fällt bei der Auswertung des Schemas auf, dass Güter mit hohem Automatisierungsgrad tendenziell besser für eine Abwicklung über Digital Procurement geeignet sind.

Neben der Eignung von Beschaffungsgütern müssen während der Konzeption eines Digital Procurement-Systems auch die einzelnen Phasen der Beschaffung berücksichtigt werden. Digital Procurement kann in den jeweiligen Prozessschritten eine Vielzahl von Funktionen übernehmen. Der folgende Abschnitt behandelt daher das Phasenkonzept der Beschaffung und die Implikationen für das Digital Procurement.

Phasenkonzept der Beschaffung

Im Rahmen des Phasenkonzeptes der Beschaffung wird die Kaufentscheidung als ein Gesamtprozess verstanden, der teilphasenspezifisch strukturiert werden kann. Zu diesem Zweck sind im Schrifttum zahlreiche Phasenkonzepte entwickelt worden, die unterschiedliche Aktivitäten des Beschaffungsprozesses analysieren und systematisieren.[34] In der Regel wird dabei, ausgehend von einer Grobeinteilung der Beschaffungsphasen, sukzessiv eine feingliedrigere Unterteilung der Phasen entwickelt. Folglich ergeben sich die Unterschiede zwischen den Phasenkonzepten insbesondere aus dem Detaillierungsgrad der Phasen. Abb. 18.7 stellt ein umfassendes und zugleich differenziertes Phasenkonzept dar, das im Folgenden als exemplarisches Phasenkonzept erläutert wird. Dem Phasenkonzept liegt eine viergliedrige Einteilung zugrunde, die wiederum in Detailphasen erweitert wird. Die Grobphasen der Analyse, der Initiierung, der Vereinbarung und der Verarbeitung/Abrechnung bilden dabei den Ausgangspunkt der Betrachtungen.

Die möglichen Varianten von Beschaffungsprozessen innerhalb dieses Modells sind unbeschränkt, da nahezu jede Phase in weitere untergeordnete Einheiten unterteilt werden kann. Aus diesem Grund soll im Folgenden ein idealtypischer Ablauf der Beschaffung von C-Güter beziehungsweise indirekten Gütern durch ein Desktop-Purchasing-System dargestellt werden. Anhand dieses Rahmens werden der Grobphaseneinteilung des Beschaffungsprozesses zunächst entsprechende Abbildungen mit den zu betrachtenden Detailphasen vorangestellt. Anschließend soll im Rahmen eines Vergleichs mit dem traditionellen Beschaffungsprozess untersucht werden, in welchen Detailphasen der Einsatz von Digital Procurement erfolgen kann und welche Effizienzsteigerungen damit möglich sind.

---

[34] Vgl. Backhaus/Voeth (2014), S. 44.

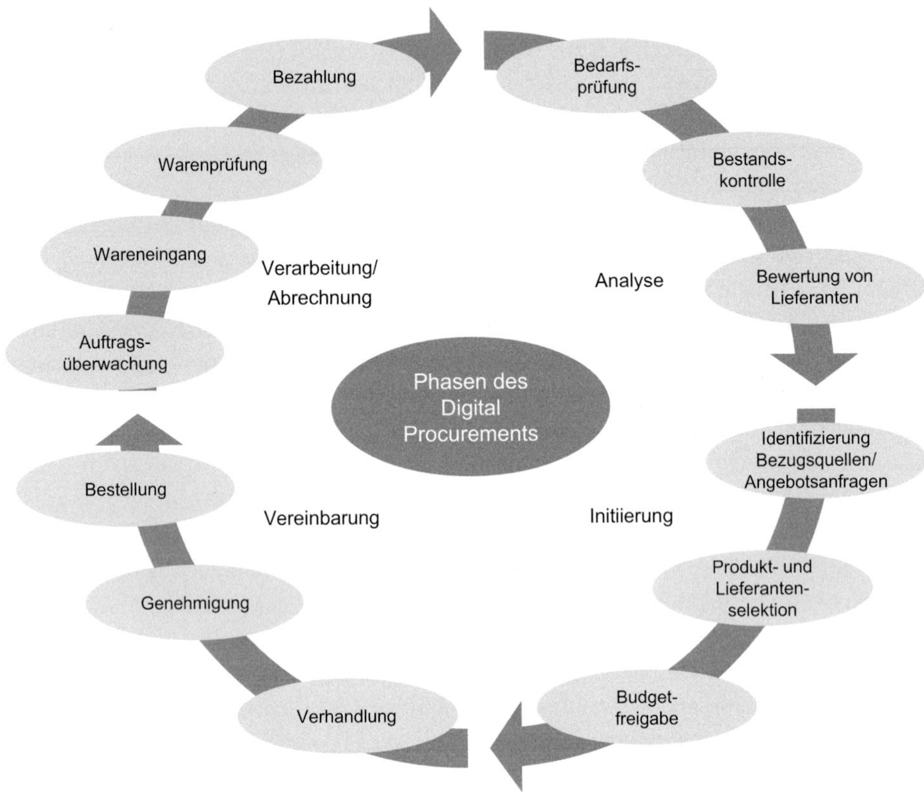

Abb. 18.7 Phasenkonzept des Digital Procurements. (Vgl. Wirtz (2020), S. 830; Wirtz (2021), S. 597)

Digital Procurement-Analysephase

Die Analysephase ist dadurch gekennzeichnet, dass ein betrieblicher Beschaffungsprozess durch eine Identifizierung eines Beschaffungsbedarfs begonnen wird. Dabei wird ein Erfordernis festgestellt und nach Quellen für eine Lösung gesucht.[35] In diesem Kontext lassen sich drei Detailphasen festhalten: Bedarfsprüfung, Bestandskontrolle und Bewertung von Lieferanten. Abb. 18.8 zeigt die Analysephase des Beschaffungsprozesses.

In der Detailphase „Bedarfsprüfung" wird zunächst ein potenzielles Defizit an benötigten Gütern in quantitativer oder qualitativer Hinsicht festgestellt. Dies kann zum Beispiel im Rahmen der zyklischen Bedarfsplanung, des Qualitätsmanagements oder durch den Bedarfsträger selbst geschehen. Der festgestellte Bedarf wird anschließend im Rahmen der „Bestandskontrolle" mit dem Lagerbestand des Unternehmens abgeglichen.

[35] Vgl. Koppelmann (2004), S. 152; Papazoglou/Ribbers (2006), S. 231.

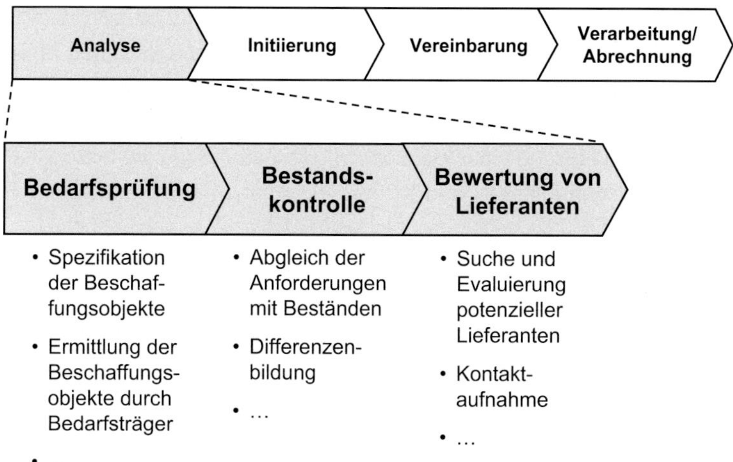

Abb. 18.8 Analysephase des Beschaffungsprozesses. (Vgl. Wirtz (2001), S. 317; Wirtz (2020), S. 831; Wirtz (2021), S. 598)

Es erfolgt der digitale Zugriff auf das Lagerverwaltungsprogramm des Unternehmens sowie ein Abgleich von Anforderung und aktuellem Warenbestand. Falls die benötigten Güter nicht im Lager vorhanden sind, wird in die Detailphase der „Bewertung von Lieferanten" übergeleitet.

Am Beispiel eines Desktop Purchasing-Systems laufen diese Vorgänge wie folgt ab: Die Mitarbeiter der Fachabteilungen eines Unternehmens und die Beschaffungsabteilung erarbeiten eine Übersicht der zukünftig automatisiert zu beschaffenden Güter. Dabei wird auf Bedarfserfahrungen aus vergangenen Jahren zurückgegriffen. Zusätzlich wird der Lagerbestand der betreffenden Güter geprüft.

Schließlich werden anhand der gebündelten Bedarfsdaten Rahmenverträge mit Lieferanten geschlossen. Sofern es sich bei diesem Beschaffungsprozess um die Situation eines Neu- beziehungsweise modifizierten Wiederkaufs handelt, werden durch die Beschaffung dabei zunächst mögliche Bezugsquellen beziehungsweise Lieferanten gesucht.

Bezüglich der Recherche neuer Bezugsquellen, dem sogenannten Sourcing, besitzt das Digital Procurement erhebliche Vorteile gegenüber der traditionellen Beschaffung. Zum einen wird es dem beschaffenden Unternehmen durch das Internet erleichtert, sich eine verbesserte und nahezu weltweite Markttransparenz hinsichtlich der zu beschaffenden Güter und Dienstleistungen zu verschaffen. Software-Agenten unterstützen in diesem Zusammenhang die Beschaffungsakteure, die dabei entstehende immense Informationsvielfalt zu bewältigen. Bei Software-Agenten handelt es sich um Computerprogramme, die das Internet nach potenziellen Lieferanten durchsuchen und Angebote herausfiltern.

Zum anderen versetzt das Internet den Käufer während der Analysephase in die Lage, durch den Weg der Ausschreibung eine aktive Rolle bei der Gewinnung von neuen Bezugsquellen und -daten einzunehmen. So können Unternehmen ihren Bedarf an Gütern auf der eigenen Homepage veröffentlichen und durch die Angabe von relevanten Informationen, beispielsweise der gewünschten Produktqualität oder den Lieferkonditionen, komplexe Verhandlungsmechanismen in Anspruch nehmen.

Zum Beispiel kann anstelle einer klassischen Ausschreibung eine Online-Auktion eingesetzt werden. Ausschreibungen sind insbesondere im öffentlichen Sektor üblich, wo ebenfalls zunehmend auf Digital Procurement zurückgegriffen wird.[36]

Neben dem Sourcing hat eine Beschaffungs-Webseite auch die Funktion, das Unternehmen als einen attraktiven Transaktionspartner darzustellen und eine Vorselektion von qualifizierten Lieferanten zu begünstigen.[37] In diesem Rahmen gilt es aber zu beachten, dass auf einer offenen Unternehmensseite auch Konkurrenzunternehmen die Ausschreibungen sehen und daher neue Produkte frühzeitig antizipieren können.

Wenn wie in diesem Fall eine Offenlegung des gesamten Einkaufsspektrums des Unternehmens zu riskant erscheint, kann zunächst eine Auswahlstufe zwischengeschaltet werden. Die potenziellen Lieferanten erhalten in diesem Fall die genauen Ausschreibungsdaten erst nach einem Auswahlverfahren, dem Request for Information (RFI).[38] Zur Optimierung der darauf folgenden Prozessschritte in der Beschaffung ist im Zuge der Ausschreibung darauf zu achten, möglichst exakte technische Spezifikationen bereitzustellen.

Der Vorteil der Veröffentlichung von Ausschreibungsinformationen auf diesen digitalen Marktplätzen ergibt sich durch das technische und organisationale Know-How einer Vielzahl von Anbietern, das kumuliert deutlich größer ist als das einzelner Anbieter. In Verbindung mit einer hohen Detaillierung der Leistungsspezifikation lassen sich beachtliche Vorteile erzielen. Damit können insbesondere mittelständische und kleine Unternehmen potenziell eine höhere Anzahl von Bewerbern bei geringeren Prozesskosten und damit insgesamt günstigere Konditionen erreichen.[39]

Digital Procurement-Initiierungsphase

Die Initiierungsphase beginnt mit der Identifizierung von konkreten Bezugsquellen und der Stellung von Angebotsanfragen. Dabei werden die in der Analysephase gewonnenen Erkenntnisse als Grundlage für eine Selektion potenzieller Lieferanten genommen. So können Lieferanten aufgrund ihrer bisherigen Leistungen und anderweitig gewonnen Informationen bewertet und gegebenenfalls ausgeschlossen werden.

Diese Eingrenzung ist für Unternehmen besonders wichtig, wenn es um Güter geht die das operative Geschäft gefährden, da potenziell unzuverlässige Lieferanten von Beginn an aus dem Beschaffungsprozess aussortiert werden können. Wenn eine Auswahl potenziel-

[36] Vgl. Wirtz/Lütje/Schierz (2010), S. 2.

[37] Vgl. Kleineicken (2004), S. 108; Wirtz/Kleineicken (2005), S. 342 f.

[38] Vgl. Block (2001), S. 93 ff.; Kollmann (2016), S. 194.

[39] Vgl. Bogaschewsky (2002), S. 34 f.

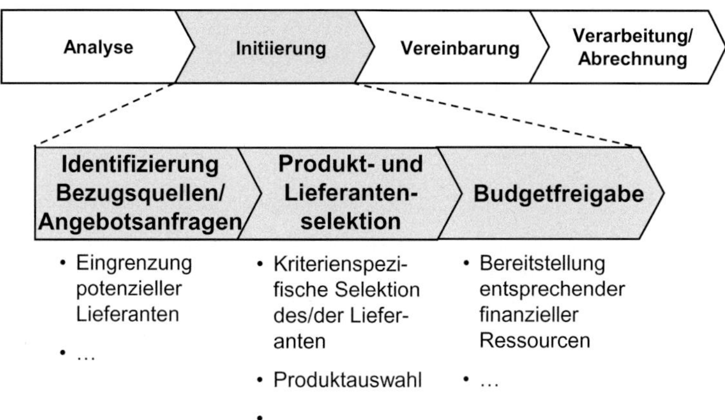

Abb. 18.9 Initiierungsphase des Beschaffungsprozesses. (Vgl. Wirtz (2001), S. 319; Wirtz (2020), S. 834; Wirtz (2021), S. 600)

ler Lieferanten getroffen wurde, kann auf Unternehmens- und Produktebene ein Kriterienkatalog erstellt werden, um eine Bewertung der Lieferungsart als auch der Güter stattfinden zu lassen.

In diesem Kontext können auch spezifische Güter beauftragt oder aus dem Angebotskatalog des gewählten Lieferanten ausgewählt werden, die schließlich beschafft werden. Eine kriterienbasierte Selektion von Lieferungen basiert häufig auf Indikatoren, die Aufschluss über die Leistung eines Lieferanten geben kann. Diese können auf Stichproben oder Muster basieren, die von der jeweiligen auftragsgebenden Abteilung geprüft werden kann.

Die Beschaffung eines Produktes geht auch immer mit der Sicherstellung ausreichend finanzieller Ressourcen einher. Im Beschaffungsprozess muss demnach mit der Lieferanten- und Produktauswahl auch die Freistellung eines entsprechenden Budgets für die Beschaffung einhergehen. Dabei wird deutlich, dass die Beschaffungsabteilung nicht nur eng mit den Einheiten der Produktion und Logistik, sondern auch eng mit dem Finanz- und Buchführungsbereich eines Unternehmens verbunden sein muss. Abb. 18.9 zeigt die Initiierungsphase des Beschaffungsprozesses.

Digital Procurement-Vereinbarungsphase

Die Vereinbarungsphase beginnt mit der Bestellung. Diese beinhaltet die Verhandlungen um Preis und Umfang der Bestellung. Nachdem zur Implementierung des Desktop-Purchasing-Systems mit potenziellen Lieferanten Rahmenverträge geschlossen werden, tätigen die Bedarfsträger ihre Beschaffungsvorgänge durch Zugriff auf digitale Produktkataloge selbstständig.

Diese sind nur teilweise mit einem konventionellen Papierkatalog vergleichbar, da der digitale Produktkatalog – neben der textlichen und grafischen Präsentation der lieferbaren

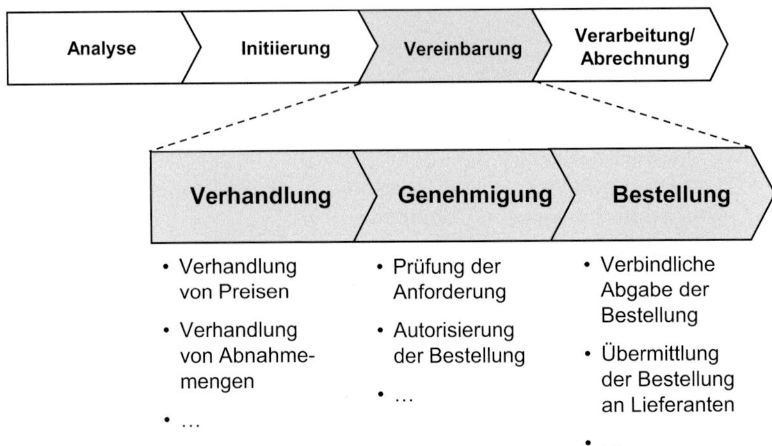

Abb. 18.10 Vereinbarungsphase des Beschaffungsprozesses. (Vgl. Wirtz (2001), S. 319 ff.; Wirtz (2020), S. 835; Wirtz (2021), S. 601)

Güter – weitere Eigenschaften aufweist. So ist zum Beispiel die multimediale Darstellung der Güter in Form von dreidimensionalen Zeichnungen, Videosequenzen oder Sprache möglich.

Darüber hinaus bieten die digitalen Kataloge Suchfunktionen, die eine Produktsuche nach Schlüsselworten oder Produktattributen sowie das Suchen entlang der Produkthierarchie des Kataloges ermöglichen.[40] Dabei existieren grundsätzlich drei verschiedene Lösungsansätze für die Erstellung und das Management dieser digitalen Produktkataloge:[41] Buy Side, Sell Side und digitaler Marktplatz. Abb. 18.10 zeigt die Vereinbarungsphase des Beschaffungsprozesses.

Der Zugriff der Bedarfsträger auf die digitalen Produktkataloge erfolgt durch eine bedienungsfreundliche grafische Nutzeroberfläche, die über einen Webbrowser im Intranet oder Internet erreicht wird. Dabei besteht die Möglichkeit, die Benutzeroberfläche sowie die Art und die Anzahl möglicher Beschaffungsobjekte nutzerspezifisch anzupassen.

Dadurch wird dem beschaffenden Mitarbeiter eine Produktauswahl ermöglicht, die einerseits seinem Tätigkeits- und Funktionsbereich sowie andererseits seinen Kompetenzen im Rahmen der Beschaffung entspricht.[42] Ein persönlicher Login ermöglicht in diesem Rahmen die Zuordnung von Mitarbeitern zu Berechtigungsgruppen.

Darüber hinaus ist es möglich, durch die Vorgabe einer Reihenfolge bestimmte Produkte beziehungsweise Anbieter zu favorisieren. Für eine Reihenfolge können dabei Kriterien wie der niedrigste Einkaufspreis, die schnellste Lieferzeit oder die bevorzugte Be-

[40] Vgl. Dolmetsch (2000), S. 156.

[41] Vgl. Walser/Zimmer (1999), S. 17 ff.; Tripp (2002), S. 70 ff.

[42] Vgl. Hartmann (1999), S. 48.

schaffung bei speziellen Lieferanten ausschlaggebend sein.[43] Durch diese Maßnahmen kann die Einhaltung der Beschaffungspolitik beziehungsweise der Beschaffungsrichtlinien proaktiv unterstützt werden. Es wird gewährleistet, dass nur gelistete Artikel von registrierten Lieferanten beschafft werden können.

Auch das in der Praxis oftmals zu beobachtende Phänomen des Maverick Buying, eine Beschaffung von Gütern bei inoffiziellen Lieferanten oder unter Umgehung des vorgeschriebenen Bestellweges, kann durch die informationstechnologische Unterstützung des Beschaffungsprozesses verringert werden.[44] Maverick Buying ist insbesondere deswegen problematisch, da die mit dem Lieferanten im Vertrag zugrunde gelegte Abnahmemenge möglicherweise nicht ausgeschöpft wird oder bestimmte Akteure begünstigt werden. Maverick Buying tritt aber auch auf, wenn Produkte beispielsweise schneller benötigt werden, als die üblichen Lieferanten liefern können. Digital Procurement verringert die Beschaffungszeit und schließt eine manuelle Abrechnung aus, sodass das Maverick Buying weitgehend vermieden wird.

In der Detailphase der Budgetfreigabe durchläuft die Bestellanfrage des Bedarfsträgers in Abhängigkeit vom definierten Benutzerprofil einen Genehmigungsprozess. Der Bedarfsträger kann nur die für ihn konfigurierte Vorauswahl an Artikeln im Rahmen seines Budgets automatisiert beschaffen. Bleibt die Bestellung im Rahmen der definierten Regeln des Budgets, so erfolgt die Genehmigung direkt vom System. Im Fall der Überschreitung der Beschaffungsgrenzen wird dagegen ein digitales Genehmigungsverfahren ausgelöst. Dabei wird den jeweiligen Genehmigungsinstanzen die Bestellanforderung systemseitig zur Autorisierung zugesendet. Bei den Genehmigungsinstanzen handelt es sich meist um den Fachvorgesetzten, den Facheinkauf oder das Beschaffungs-Controlling.[45]

Nach der Genehmigung der Bestellanforderung wird diese in eine Bestellung transformiert. In diesem Kontext handelt es sich bei einer Bestellung um die „formale Aufforderung an einen Lieferanten, bestimmte Güter und Dienstleistungen zu den angegebenen Bedingungen bereitzustellen."[46] Die Bestellung stellt folglich den Abschluss der getroffenen Beschaffungsentscheidung dar und dient als Grundlage für den Wareneingang und die Rechnungsprüfung.

ERP-Systeme (Enterprise Resource Planning) sind Softwarelösungen (zum Beispiel SAP ERP), die der unternehmensweiten Steuerung und Auswertung von Prozessen in den Bereichen Produktion, Vertrieb, Logistik, Finanzen und Personal dienen. Darüber hinaus werden die Daten an den entsprechenden Lieferanten übergeben. Diese automatisierte Übermittlung der Bestellungen reduziert neben dem administrativen Aufwand auch die Bestellzeit.

Darüber hinaus werden durch den Abgleich der Daten die Bestellungen nicht nur automatisch übermittelt. Sie können auch direkt in das Bestellwesen des Lieferanten über-

[43] Vgl. Dolmetsch (2000), S. 156.

[44] Vgl. Mattes (1999), S. 61; Eyholzer (2000), S. 3.

[45] Vgl. Hartmann (1999), S. 49; Dolmetsch (2000), S. 131 f.

[46] Dolmetsch (2000), S. 126.

nommen werden. Dadurch wird die Abwicklungszeit reduziert sowie das Risiko der manuellen Eingabe von falschen Bestelldaten im Zuge eines Medienbruchs vermieden.[47]

Digital Procurement-Verarbeitungs- und Abrechnungsphase

Die Verarbeitungs- und Abrechnungsphase beginnt mit der Auftragsüberwachung. Ähnlich wie die Lieferanten- beziehungsweise Produktauswahl findet auch die Auftragsüberwachung in einem Desktop-Purchasing-System dezentral durch den Bedarfsträger statt. Durch Tracking-Funktionen können die Bedarfsträger vom Arbeitsplatz aus sowohl den Genehmigungsstatus der Bestellanforderung als auch den aktuellen Status einer bereits erfolgten Bestellung kontrollieren. Abb. 18.11 stellt die einzelnen Phasen der Verarbeitungs- und Abrechnungsphase innerhalb des Beschaffungsprozesses dar.

Dabei ist neben der Abfrage des Bearbeitungsstatus der Bestellung beim Lieferanten teilweise auch der Zugriff auf die Tracking-Informationen von Logistikdienstleistern wie DHL oder UPS möglich.[48] Darüber hinaus bietet die Reporting-Funktion von digitalen Beschaffungssystemen die Möglichkeit der Lieferantenbewertung.

Im Rahmen der Auftragsüberwachung verwenden Unternehmen zunehmend auch RFID (Radio Frequency Identification), eine digitale elektromagnetische Technologie für Sender-Empfänger-Systeme. Mit dieser Technologie können an Gütern angebrachte Erkennungsmarken (Tags) automatisch identifiziert und verfolgt werden.

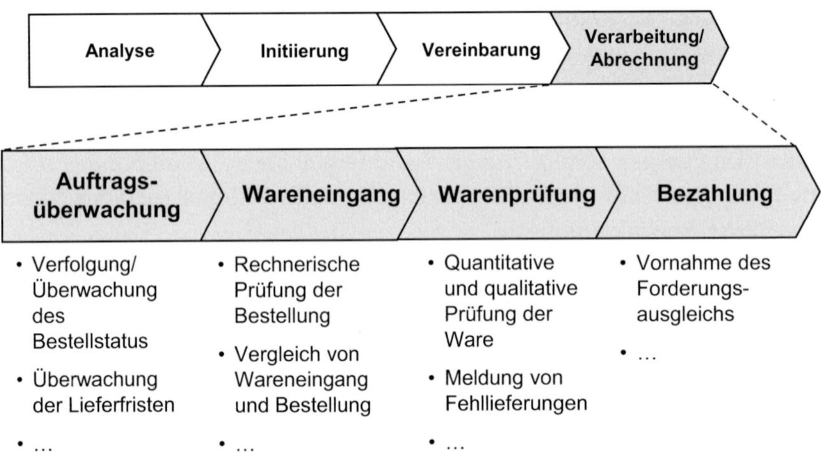

Abb. 18.11 Verarbeitungs- und Abrechnungsphase des Beschaffungsprozesses. (Vgl. Wirtz (2001), S. 322; Wirtz (2020), S. 837; Wirtz (2021), S. 603)

[47] Vgl. Tripp (2002), S. 4.

[48] Vgl. Meier/Stormer (2012), S. 89.

Generell spielt das Internet of Things (IoT, Internet der Dinge) und dessen Technologien eine zunehmend wichtige Rolle im Beschaffungsmanagement und stellt die jüngste Entwicklung in Richtung Prozessautomatisierung dar. In diesem Zusammenhang ist insbesondere die automatische Nachbestellung des Warenbestandes von großer Bedeutung, also die Fähigkeit den Bestellbedarf automatisch zu erkennen und Güter entsprechend wieder aufzufüllen.

Das Unternehmen SAP beispielsweise hat einen Warenautomat entwickelt, der sowohl Konsumtrends erfasst beziehungsweise verfolgt, als auch alternative Kaufempfehlungen gibt und automatisch Bestellungen für neue Warenbestände aufgibt. Über die Zusammenstellung historischer Lieferinformationen wie zum Beispiel der durchschnittlichen Lieferzeit und -qualität lassen sich Lieferantenprofile erstellen.

Diese können zur Beurteilung der Lieferantenperformance im Rahmen von strategischen Beschaffungstätigkeiten herangezogen werden.[49] Erfolgt der Wareneingang, das heißt die Anlieferung der bestellten Güter, dezentral beim Bedarfsträger, wird vom Desktop Receiving gesprochen.[50]

Der Bedarfsträger übernimmt in diesem Fall auch die Tätigkeiten der Eingangskontrolle. Durch die digitale Erfassung mittels der Beschaffungssoftware kann eine Lieferung kontrolliert, akzeptiert und als eingegangen registriert werden. Darüber hinaus können im Falle von Fehl-, Über- oder Unterlieferungen Reklamationen oder Rücksendungen initiiert oder Teillieferungen erfasst werden.[51]

Die Aufgabe der Rechnungsprüfung liegt in der Prüfung der rechnerischen Korrektheit von eingegangen Lieferantenrechnungen. Im Gegensatz zur traditionellen Beschaffung obliegt diese Prüfung nicht mehr der Kreditorenbuchhaltung, sondern wird in den Verantwortungsbereich des Bedarfsträgers übergeben.

Nur im Falle von fehlerhaften Rechnungen wird die Buchhaltung hinzugezogen, deren diesbezügliche Aufgaben sich im Rahmen des Digital Procurements auf Stichprobenkontrollen sowie der buchhalterischen Behandlung von im Rahmenvertrag vereinbarten Sammelrechnungen reduzieren.[52] Zur Zahlungsabwicklung können die bereits im Unternehmen etablierten Zahlungsformen wie die traditionelle Überweisung oder der Electronic Funds Transfer (EFT) beibehalten werden.

Eine weitere Möglichkeit ist die Inanspruchnahme von Purchasing Cards. Dieses kreditkartenähnliche System autorisiert den Bedarfsträger im Rahmen eines festgelegten Transaktionslimits, Bestellungen zu tätigen und nach Erhalt der Rechnung die Zahlung auf das Konto des Lieferanten auszulösen.

Damit wird wiederum eine Dezentralisierung von Prozessen und Kompetenzen vorgenommen, da jeder Bedarfsträger selbst in die Zahlungsabwicklung eingebunden ist und

[49] Vgl. Dolmetsch (2000), S. 158.

[50] Vgl. Kleineicken (2004), S. 116.

[51] Vgl. Eyholzer/Hunziker (1999), S. 16; Dolmetsch (2000), S. 126.

[52] Vgl. Hamm/Brenner (1999), S. 137.

die Verantwortung für seine Beschaffungsausgaben zu tragen hat. Purchasing Cards werden vorrangig für Transaktionen mit geringem Wert eingesetzt.[53]

Die Purchasing-Card-Dienstleister gehören häufig zu Banken oder Kreditkartenunternehmen und unterstützen ihre Firmenkunden bei Buchung, Abrechnung und Reporting. Als Beispiel hierfür kann die Purchasing Card von AirPlus International genannt werden.

Die Gesellschafter von Airplus International sind die Bayerische Landesbank und Lufthansa. Der Schwerpunkt der Dienstleistung liegt dementsprechend im Bereich Dienstreisen beziehungsweise Business Travel Management. Auch die Shell Corporate Card, eine persönliche Tankkarte für Mitarbeiter mit Dienstwagen, stellt ein solches Beispiel dar.

Abb. 18.12 zeigt auf, innerhalb welcher Teilphasen des Beschaffungsprozesses die Integration der Informations- und Kommunikationsanwendungen zur Unterstützung des Beschaffungsprozesses erfolgen kann.

Zusammenfassend kann festgehalten werden, dass die potenzielle Einsatzfähigkeit von Digital Procurement in jeder Phase des Beschaffungsprozesses gegeben ist. Durch die gezielte und individuelle Analyse der Teilprozesse hinsichtlich ihrer Integrationsmöglichkeit in das Digital Procurement wird es möglich, im Unternehmen gezielt Möglichkeiten zur Automatisierung zu identifizieren. Diese lassen sich wiederum in Nutzenpotenziale in Form von Effizienzgewinnen oder Kosteneinsparungen umwandeln. Dabei bieten ins-

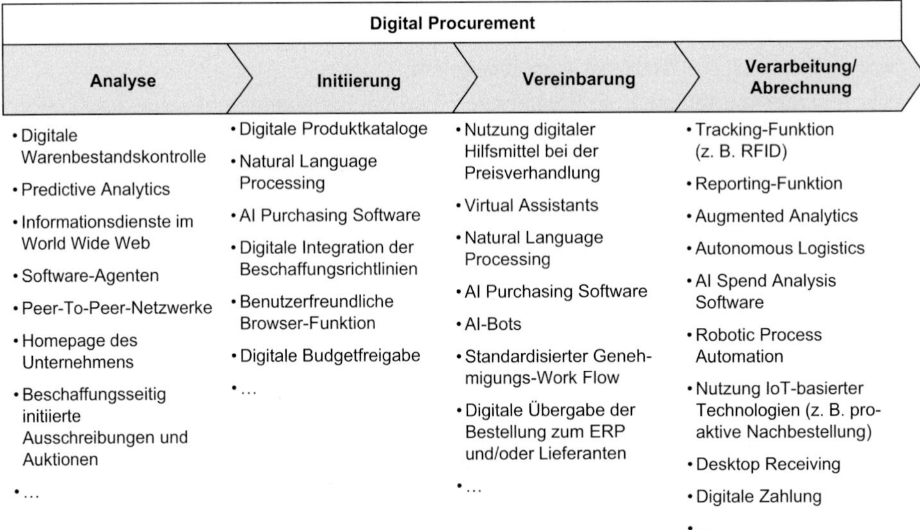

Abb. 18.12 Beschaffungsprozess durch Digital Procurement. (Vgl. Wirtz (2001), S. 324; Wirtz (2020), S. 840; Wirtz (2021), S. 604)

[53] Vgl. Laudon/Traver (2010), S. 344.

besondere AI-Applikationen bzw. Informationssysteme wie Natural Language Processing, AI-Bots oder AI Purchasing Software erhebliche Potenziale für eine vollständige Automatisierung des Digital Procurements.

Akteure des Digital Procurements

Der Beschaffungsprozess erfordert in der Regel das koordinierte Zusammenwirken mehrerer Personen, die auf unterschiedlichen hierarchischen Ebenen angesiedelt und verschiedenen Funktionsbereichen zugehörig sind. Er kann nicht isoliert vom Unternehmen betrachtet werden. Vor diesem Hintergrund versetzt Digital Procurement ein Unternehmen in die Lage, personelle Ressourcen in einer effektiveren Form zu nutzen.

Dies wird dadurch erreicht, dass eine Trennung von strategischen und operativen Beschaffungsaufgaben erfolgt. So findet die konkrete Ausführung von Beschaffungsaufgaben an dem Ort statt, an dem sie am wirkungsvollsten wahrgenommen werden kann.

Während der Bedarfsträger durch Digital Procurement befähigt wird, insbesondere operative Beschaffungstätigkeiten durchzuführen, können sich die Mitarbeiter der Einkaufsabteilung auf die Wahrnehmung strategischer Tätigkeiten des Beschaffungsmanagements konzentrieren. Es werden also Freiräume für die Intensivierung des Managements von Lieferanten oder die Beschaffungsmarktforschung geschaffen.[54] Die Transferierung der operativen Beschaffungstätigkeiten in den Verantwortungsbereich des Bedarfsträgers wird beschleunigt und vereinfacht den Beschaffungsprozess.

Für eine erfolgreiche Implementierung von Digital Procurement muss folglich zunächst die Kooperation verschiedener Fachabteilungen innerhalb des Unternehmens sichergestellt werden. Preißner (2002) führt dies exemplarisch am Katalogmanagement aus.[55]

Die Wechselbeziehungen zwischen den Akteuren gelten jedoch in ähnlicher Weise auch für das Digital Procurement allgemein. Der Einkauf wählt die digital zu beschaffenden Produkte sowie passende Lieferanten aus, legt Entscheidungskriterien fest und handelt Konditionen für Rahmenverträge aus.

Die IT-Abteilung klärt die erforderlichen Systemressourcen und Betriebsfragen, zum Beispiel die Integration in ein Warenwirtschafts- oder ERP-System. Schließlich müssen die Bedarfsträger für die Planung ihre Anforderungen erheben, Nutzerverhalten beobachten und eventuell im Umgang mit dem System geschult werden.

Darüber hinaus sind für Digital Procurement jedoch auch Akteure relevant, die sich außerhalb des Unternehmens befinden. Von besonderer Bedeutung sind in diesem Zusammenhang die Lieferanten, die ihre technischen Voraussetzungen mit dem Unternehmen abstimmen müssen. Im Mittelpunkt steht dabei die automatisierte Übernahme und Übermittlung von Daten.

---

[54] Vgl. Eyholzer (2000), S. 11 f.

[55] Vgl. Preißner (2002), S. 93.

Zum Teil muss jedoch zuvor eine Anwendungsberatung erfolgen, wenn die entsprechenden Systeme noch nicht vorhanden sind. Ziel der Bemühungen ist eine möglichst weitreichende Integration des Lieferanten im Sinne eines internetbasierten SCM.[56] Als weiterer externer Akteur des Digital Procurements können die entsprechenden Softwarehersteller identifiziert werden. Sie definieren die Anforderungen der Software, führen diese im Unternehmen ein und entwickeln sie anhand des Kunden-Feedback weiter.

Das Verständnis von Interdependenzen zwischen den Akteuren soll nachfolgend als Ausgangspunkt für die Betrachtung der Interaktionsformen des Digital Procurements dienen. Dabei wird vor allem geklärt, welche Instrumente zur Verfügung stehen und inwiefern diese bestimmten Unternehmenssituationen angemessen sind. Insbesondere wird in diesem Zusammenhang auf die spezifischen Vor- und Nachteile von Lösungen eingegangen, die durch Beispiele aus der Praxis ergänzt werden.

Interaktionsformen des Digital Procurements

Die Nutzung von Digital Procurement lässt hinsichtlich der Interaktion zwischen beschaffendem Unternehmen und Lieferanten mehrere Alternativen zu. Diese können anhand der Zahl der involvierten Transaktionspartner typologisiert werden. Abb. 18.13 gibt einen Überblick zu den Gestaltungsalternativen.

One-to-One-Beziehungen stellen einen bilateralen Austausch zwischen Lieferant und beschaffendem Unternehmen dar, der entweder per Internet oder EDI realisiert wird. Ein Beispiel für diese Interaktionsform ist die strategische Partnerschaft im Bereich der Navigation zwischen den Unternehmen Google und Mercedes.

One-to-Many-Beziehungen sind dagegen grundsätzlich dadurch gekennzeichnet, dass sich eine Marktseite der Beschaffung für eine Vielzahl von potenziellen Kontrahierungspartnern öffnet. In Abhängigkeit von der initiierenden Marktseite wird dabei zwischen Buy-Side- und Sell-Side-Lösungen differenziert.[57] Steht im Rahmen des Digital Procurements ein Lieferant mehreren beschaffenden Unternehmen gegenüber, wird von einer Sell-Side-Lösung gesprochen. Eine Sell-Side-Lösung stellt beispielsweise die Software SAP ERP dar, die zahlreiche Unternehmen weltweit nutzen.

Gestattet ein beschaffendes Unternehmen einer Vielzahl von möglichen Lieferanten den Zugriff auf die unternehmenseigene Digital Procurement-Lösung, handelt es sich um eine Buy-Side-Lösung. Ein Beispiel hierfür ist die B2B Digital Procurement-Plattform VW Group Supply auf der sich Zulieferer registrieren können, um Geschäfte mit VW zu machen. Die dritte Alternative der Interaktion wird als Many-to-One-to-Many bezeichnet.

Dort findet die Interaktion von mehreren Lieferantenunternehmen und mehreren Käuferunternehmen über eine dritte Partei, einen digitalen Marktplatz, statt.[58] Ein Beispiel für diese Interaktionsform ist eBays B2B-Marktplatz eBay Business Supply auf dem

[56] Vgl. Wecker (2006), S. 39.

[57] Vgl. Papazoglou/Ribbers (2006), S. 239.

[58] Vgl. Turban et al. (2018), S. 137 f.

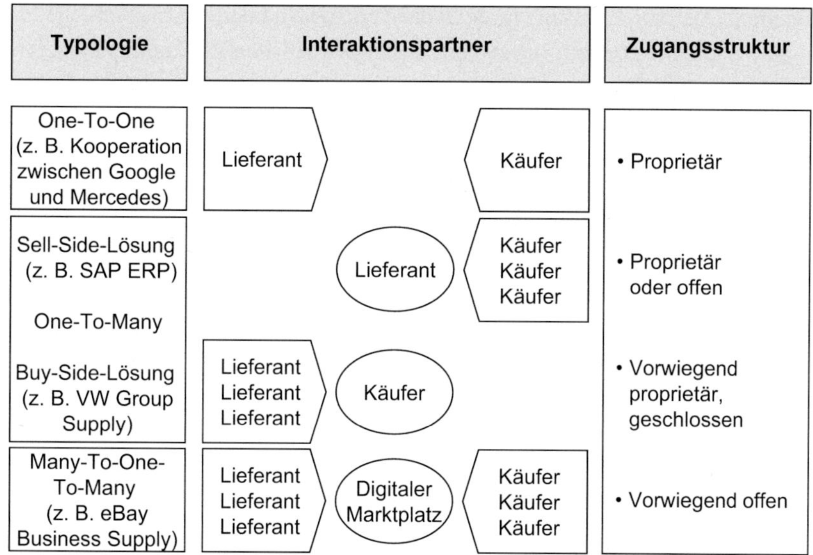

Abb. 18.13 Interaktionsformentypologie des Digital Procurement. (Vgl. Wirtz (2001), S. 329.; Wirtz (2020), S. 842; Wirtz (2021), S. 606)

Unternehmen eine Vielzahl an Gütern unterschiedlicher Produktkategorien wie Produktion oder Bürobedarf erwerben können.

In Abhängigkeit vom Interaktionstypus können unterschiedliche Arten von Zugangsstrukturen identifiziert werden. Als Alternativen kommen zum einen offene Systeme in Betracht, bei denen potenzielle Käufer oder Verkäufer keinen Zugangsbeschränkungen unterliegen. Zum anderen gibt es geschlossene Systeme, bei denen der Zugang kontrolliert wird.[59]

Das Spektrum der Methoden reicht in diesem Kontext von der einfachen Registrierung bis zur Bewerbung für die Teilnahme am Digital Procurement. Die letztgenannte Variante kann etwa bei dem Trägerkonsortium eines Marktplatzes oder zur Aufnahme von Produkten in den internen Produktkatalog eines Großunternehmens erfolgen. Diese Interaktionsalternativen werden im Folgenden einer näheren Betrachtung unterzogen.

One-to-One

One-to-One-Systeme etablieren eine bilaterale Beziehung zwischen einem beschaffenden Unternehmen und einem Lieferanten. Diese Point-to-Point-Verbindungen basieren häufig auf der Technologie des Electronic Data Interchange (EDI).[60] Bei EDI handelt es sich um einen Datendienst für den papierlosen Austausch von strukturierten Daten zwischen

[59] Vgl. Preißner (2002), S. 101 f.; Tripp (2002), S. 75 f.

[60] Vgl. Dolmetsch (2000), S. 35.

Unternehmen. Das EDI-Konzept wurde in der Transportindustrie entwickelt und hatte zunächst die Logistiksteuerung zwischen Transportdienstleistern und Finanzinstituten zum Ziel.

Eine weite Verbreitung dieser Lösung wurde jedoch durch die komplexen und kostenintensiven technologischen Anforderungen verhindert, die EDI an die Hardware und Software der Unternehmen stellt. So müssen beispielsweise die Übertragungsformate zwischen dem beschaffenden Unternehmen und dem Lieferant synchronisiert werden.

Darüber hinaus ist eine Kompatibilität zwischen unterschiedlichen Lieferanten häufig nicht gegeben, da viele proprietäre Systeme eingesetzt werden. Bei Weiterentwicklungen des traditionellen EDI kommt das Internet zur Datenübertragung zum Einsatz. Teilweise wird das Internet dabei lediglich als Plattform für bestehende EDI-Systeme genutzt. In diesem Fall werden die EDI-Daten unter Einsatz von E-Mail oder FTP-Diensten (Internet-EDI) übertragen.[61]

Heute werden Daten vermehrt im sogenannten XML-Format gespeichert, das neben der systemübergreifenden Verwendbarkeit weitere Vorteile gegenüber dem klassischen EDI bietet. So werden die Inhalte mittels XML aus einer Rohdaten-Datenbank ausgelesen und für die Bedürfnisse des Unternehmens entsprechend dem Verwendungszweck aufbereitet. Durch die unspezifische Speicherung der Inhalte sind diese einfacher integrier- und austauschbar. So wird beispielsweise durch den Einsatz von XML-Sprachen die Übertragung von Grafiken denkbar. Dies war mit EDI-Systemen bisher nicht möglich.

Als Vorteile von One-to-One-Beziehungen auf EDI-Basis kann zum einen die optimale Abstimmung der verwendeten Systeme zwischen den Transaktionspartnern genannt werden. Zum anderen führt die Etablierung einer solchen Lösung in der Regel zu langfristigen Kunden-/Lieferantenbeziehungen. Nachteilig gestaltet sich insbesondere die Tatsache, dass das implementierte System bei einer Auflösung der Beziehung gegebenenfalls Sunk Costs darstellt. Zudem muss bei neuen Lieferbeziehungen eine erneute Einigung auf den anzuwendenden Übertragungs- und Datenstandard erfolgen.

One-to-Many – Sell-Side

Sell-Side-Lösungen fokussieren auf das Lieferantenunternehmen. Der Lieferant implementiert, in der Regel auf der eigenen Webseite, einen digitalen Katalog, der Informationen zur lieferbaren Produktpalette des Unternehmens, deren Verfügbarkeit und voraussichtliche Liefertermine des jeweiligen Artikels enthält. Beschaffende Unternehmen haben die Möglichkeit, via Internet auf diesen Produktkatalog zuzugreifen und Artikel online zu bestellen.

Diese Alternative der Beschaffung bedeutet für den Einkäufer in erster Linie eine Beschleunigung und Informationsverbesserung. Durch den direkten Zugriff auf Datenbanken des Verkäufers kann festgestellt werden, welche Produkte vorhanden und wann diese lieferbar sind.

---

[61] Vgl. Wecker (2006), S. 27; Laudon/Traver (2010), S. 695.

Neben den Kosten zur Informationsbeschaffung bestehen keine Implementierungs- und Wartungskosten für die Produktkataloge.[62] Sell-Side-Lösungen sind für das beschaffende Unternehmen aber dennoch mit Nachteilen verbunden, insbesondere wenn auf die digitalen Kataloge mehrerer Lieferanten zugegriffen wird. So ist weder der Zugriff noch die Benutzerführung innerhalb der verschiedenen Lieferantensysteme standardisiert.

Zudem lässt sich eine Verbindung dieser Systeme zu dem ERP-System des beschaffenden Unternehmens meist nur mit großem Aufwand erreichen. Hierfür sind mitunter teure Spezialsoftwarelösungen notwendig. Darüber hinaus reduziert die Existenz verschiedener Passwörter, uneinheitlicher Systematisierungen der Artikel sowie unterschiedlicher Bestellmodalitäten die Vergleichbarkeit von Angeboten und somit die Nutzenpotenziale dieser Systeme.

One-to-Many – Buy-Side

Bei den Buy-Side-Lösungen steht das beschaffende Unternehmen im Fokus der Betrachtung. Es erstellt aus einzelnen Lieferantenkatalogen einen Multi Supplier-Katalog, der in der Regel im Intranet des Unternehmens abgelegt wird.[63] In diesem Fall können die digitalen Kataloge über eine Schnittstelle relativ problemlos mit dem ERP- oder Finanzmanagementsystem verbunden werden.[64] Dies ermöglicht die unternehmensinterne Weiterverarbeitung getätigter Bestellungen. Als Vorteil der Buy-Side-Lösung kann zum einen die Senkung des Einstandspreises der nachgefragten Artikel genannt werden. Hier besteht auch die Möglichkeit, durch Ausschreibungen Kosteneinsparungen zu realisieren. Ein weiterer Vorteil ist die Abstimmung der Buy-Side-Lösung auf die unternehmenseigenen Bestellprozesse.

So kann die Auswahl der verfügbaren Produkte, die bestellt werden können, genau auf die Bedürfnisse der Bedarfsträger angepasst werden. Es werden dabei ausschließlich relevante Bedarfsgüter in den Katalog aufgenommen. Allerdings erfordert der Aufbau und Betrieb einer Buy-Side-Lösung erhebliche Ressourcen.

So wurde festgestellt, dass durch die Erstellung und die kontinuierliche Aktualisierung eines Multi-Supplier-Katalogs Kosten von bis zu zwei US-Dollar pro Katalogzeile entstehen.[65] Daher kann diese Variante des Digital Procurements nur in größeren Unternehmen sinnvoll betrieben werden. Zudem konzentriert sich das Instrument Buy-Side häufig auf die Beschaffung indirekter Güter aus dem Kreis der etablierten Lieferanten. Die aktive Gewinnung neuer Lieferanten ist dagegen nicht vorgesehen.

[62] Vgl. Papazoglou/Ribbers (2006), S. 239.

[63] Vgl. Meier/Stormer (2012), S. 78 f.

[64] Vgl. Papazoglou/Ribbers (2006), S. 239.

[65] Vgl. Walser/Zimmer (1999), S. 19.

Many-to-One-to-Many – Digitale Marktplätze

Die Lösungen der Alternative One-to-Many haben den Fokus entweder allein auf der Lieferantenseite (Sell-Side-Lösung) oder auf der Seite des beschaffenden Unternehmens (Buy-Side-Lösung). Demgegenüber finden bei einer Many-to-One-to-Many-Beziehung Lieferanten und beschaffende Unternehmen unter Einschaltung eines neutralen Intermediärs zusammen.

Dabei handelt es sich um einen digitalen Marktplatz. Dieser wird in der Regel von unabhängigen Drittunternehmen etabliert und unterhalten. Sowohl Einkäufer als auch Lieferanten greifen folglich auf ein unternehmensexternes System zu.

Hinsichtlich der Charakteristika der digitalen Marktplätze kann zwischen den angewandten Transaktionsmechanismen sowie der Ausrichtung des Marktplatzes differenziert werden. Die typischen Transaktionsmechanismen solcher digitalen Marktplätze sind digitale Kataloge sowie digitale Branchenbücher, Schwarze Bretter, Auktionen und Börsen.[66] Diese sind in Abb. 18.14 mit ihren wesentlichen Charakteristika dargestellt.

Digitale Branchenbücher können als Kontaktverzeichnis einen idealen Ausgangspunkt für die Recherche von Lieferanten darstellen. Das Produktportfolio wird dabei kurz vorgestellt und für weiterführende Informationen auf die Webseite des Herstellers verwiesen. Durch die Einbindung einer Suchmaschine kann dieser Service auch branchenübergreifend angeboten werden. Der Anbieter Wlw.de etwa bietet eine derartige Meta-Suche an.

Schwarze Bretter beziehungsweise Bulletin Boards funktionieren ähnlich wie traditionelle Zeitungskleinanzeigen. Angebote und Nachfrage werden nach Produktkategorien klassifiziert dargestellt. Auf Angebotsseite erfolgt dies oftmals in Form einer Ausschreibung. Diejenigen Unternehmen, die sich für eine bestimmte Kategorie registriert haben, werden dabei automatisch über neue Ausschreibungen informiert. Als Beispiel kann in diesem Kontext die Plattform MyHammer.de genannt werden, auf der Privatpersonen und Unternehmen Handwerksleistungen ausschreiben und Nachfrager entsprechende Angebote einreichen können.

Im Rahmen von Auktionen findet eine Versteigerung eines Guts oder einer Dienstleistung unter Anwendung eines dynamischen Preisfindungsprozesses statt. Diese Auktionen werden in der Regel innerhalb eines genau definierten Zeitrahmens durchgeführt. Ein Beispiel für eine E-Auction-Plattform ist eBay Business Supply, auf der Unternehmen für eine Vielzahl von Gütern mehrerer Produktkategorien, wie beispielsweise Brennstoffe und Energie oder Land- und Forstwirtschaft, Gebote abgeben können.

Bei Börsen werden das Angebot und die Nachfrage durch den Marktplatzbetreiber koordiniert. Dieser nimmt sowohl Kauf- als auch Verkaufsangebote entgegen und gleicht sie automatisch anhand der durch die Teilnehmer definierten Kriterien ab. Kennzeichnend sind in diesem Zusammenhang eine dynamische Preisfluktuation, die in Echtzeit dar-

[66] Vgl. Schneider/Schnetkamp (2000), S. 98 f.; Wirtz/Vogt (2001), S. 192.

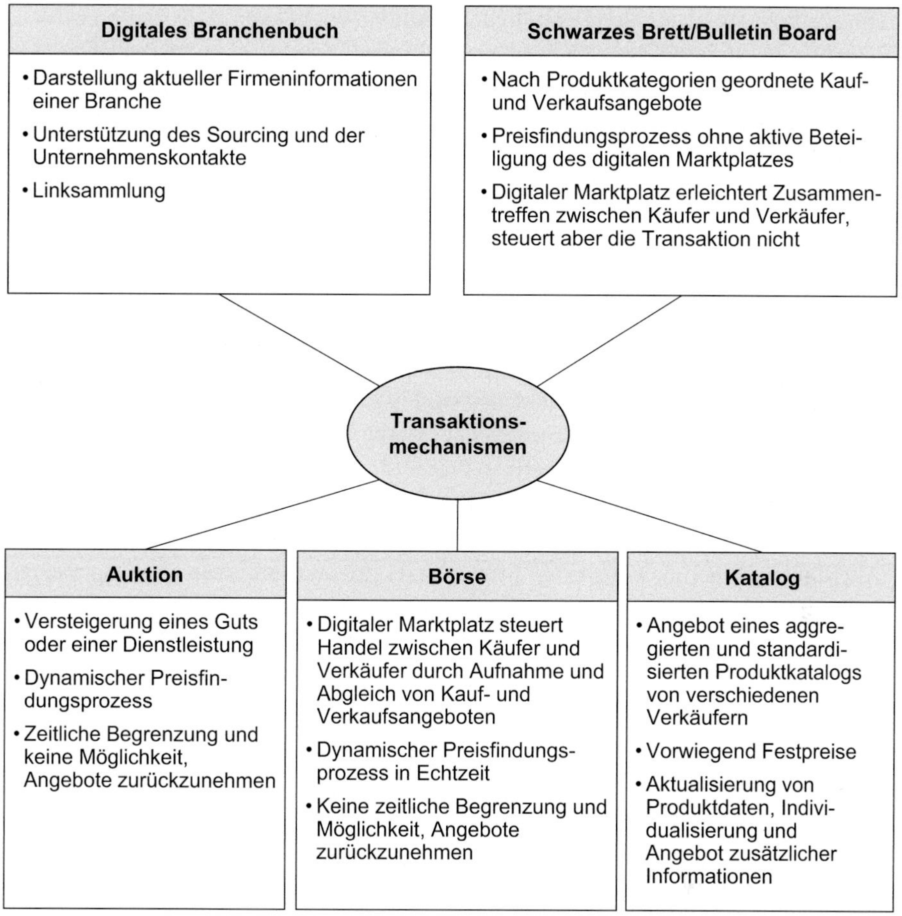

Digitales Branchenbuch
• Darstellung aktueller Firmeninformationen einer Branche
• Unterstützung des Sourcing und der Unternehmenskontakte
• Linksammlung
Schwarzes Brett/Bulletin Board
• Nach Produktkategorien geordnete Kauf- und Verkaufsangebote
• Preisfindungsprozess ohne aktive Beteiligung des digitalen Marktplatzes
• Digitaler Marktplatz erleichtert Zusammentreffen zwischen Käufer und Verkäufer, steuert aber die Transaktion nicht
Transaktions-mechanismen
Auktion
• Versteigerung eines Guts oder einer Dienstleistung
• Dynamischer Preisfindungsprozess
• Zeitliche Begrenzung und keine Möglichkeit, Angebote zurückzunehmen
Börse
• Digitaler Marktplatz steuert Handel zwischen Käufer und Verkäufer durch Aufnahme und Abgleich von Kauf- und Verkaufsangeboten
• Dynamischer Preisfindungsprozess in Echtzeit
• Keine zeitliche Begrenzung und Möglichkeit, Angebote zurückzunehmen
Katalog
• Angebot eines aggregierten und standardisierten Produktkatalogs von verschiedenen Verkäufern
• Vorwiegend Festpreise
• Aktualisierung von Produktdaten, Individualisierung und Angebot zusätzlicher Informationen

Abb. 18.14 Transaktionsmechanismen digitaler Marktplätze. (Vgl. Wirtz (2001), S. 332; Wirtz (2020), S. 848; Wirtz (2021), S. 609)

gestellt wird, sowie das Angebot von Mehrwertdiensten.[67] Ein Beispiel für solch eine Börse ist die Plattform Ec21.com.

Online-Kataloge sind Datenbanken mit Produkten oder Services mit festen Preisen. Microsoft zum Beispiel benutzt für seinen Direktverkauf einen auf einem Extranet-System basierenden Online-Katalog und realisiert auf diese Weise erfolgreich Softwareverkäufe mit mehreren Channel-Partnern. Interessierte Unternehmen können nach den in den Online-Katalogen gelisteten Produkten und Services suchen und diese bestellen. Dabei heben sich Online-Kataloge von traditionellen Offline-Katalogen insbesondere durch ihre schnelle und einfache Aktualisierbarkeit der angebotenen Produkte und Services ab.

[67] Vgl. Schneider/Schnetkamp (2000), S. 98.

Hinsichtlich der Ausrichtung von digitalen Marktplätzen kann zwischen horizontalen und vertikalen Marktplätzen unterschieden werden.[68] Horizontale Marktplätze bieten Güter beziehungsweise Dienstleitungen an, die branchenübergreifend nachgefragt werden. Als Beispiele sind in diesem Kontext C-Artikel beziehungsweise MRO-Güter zu nennen.

Demgegenüber richten vertikale Marktplätze ihr Portfolio an den Bedürfnissen einer speziellen Branche, zum Beispiel der Stahl- oder der Chemiebranche, aus.[69] Hier werden branchenspezifische A-, B- und C-Artikel gehandelt. Hauptziel vertikaler Marktplätze ist die Identifikation und Lösung industriespezifischer Problemstellungen. Abb. 18.15 stellt die Ausrichtung von digitalen Marktplätzen dar.

Der Vorteil der Inanspruchnahme eines digitalen Marktplatzes liegt für das beschaffende Unternehmen in geringeren Implementierungskosten als bei einer Buy-Side-Lösung.[70] Somit bietet sich die Teilnahme an digitalen Marktplätzen insbesondere für diejenigen Unternehmen an, die nicht über die Ressourcen zur Implementierung einer proprietären Beschaffungslösung verfügen. Darüber hinaus kann die Neutralität der Marktplatzbetreiber einseitiger Dominanz marktbeherrschender Unternehmen vorbeugen.

Allerdings gibt es auch spezielle Marktplätze, die von einzelnen Großunternehmen oder Gruppen von Unternehmen gegründet worden sind. Sie werden im Schrifttum auch

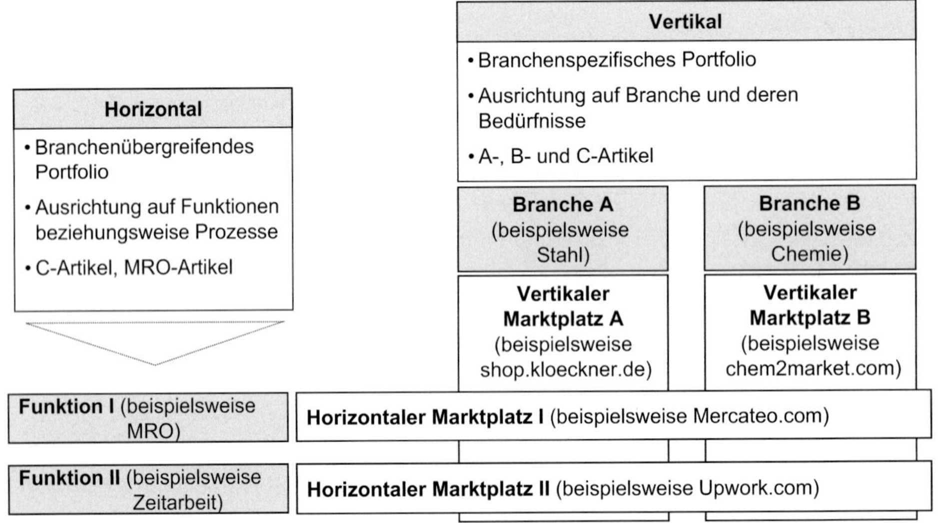

Abb. 18.15 Ausrichtung von digitalen Marktplätzen. (Vgl. Wirtz (2001), S. 334; Wirtz (2020), S. 850; Wirtz (2021), S. 611)

[68] Vgl. Schneider/Schnetkamp (2000), S. 102 ff.

[69] Vgl. Meier/Stormer (2012), S. 76; Turban et al. (2015), S. 168.

[70] Vgl. Papazoglou/Ribbers (2006), S. 240.

als Industriekonsortien bezeichnet.[71] Diese Plattformen versuchen den Markteinfluss der betreffenden Organisationen zu bündeln.

Daher weisen sie eher eine Buy-Side- oder Sell-Side-Orientierung auf. Trotz der geringeren Implementierungskosten stellt sich auch bei Marktplätzen für das beschaffende Unternehmen das Problem der Integration der Einkaufsdaten in die bestehende ERP-Landschaft.

Die Relevanz von digitalen Marktplätzen, insbesondere der Konsortien, ist in den vergangenen Jahren zurückgegangen. Einige Großprojekte branchenumfassender Plattformen, wie Covisint in der Automobilindustrie oder MetalSite in der Metallindustrie, sind in ihrer ursprünglichen Form nicht mehr existent.

Sie haben sich entweder verkleinert, den Betrieb eingestellt oder ihre Softwaretools auf einen spezifischen Bereich eingeschränkt. Die Ursache für diese Entwicklung waren überhöhte Erwartungen an Einsparungspotenziale. Beispielhaft wird dies im Folgenden anhand des Marktplatzes Covisint erklärt.

Covisint ist 1999 als Gemeinschaftsprojekt der Automobilhersteller Ford, Daimler, General Motors, Nissan und Renault gegründet worden. Durch Mitglieds-, Service- und Transaktionsgebühren sollte Covisint als selbstständige Organisation finanziert werden.[72] Dem Online-Marktplatz wurden durch die Bündelung der Einkaufsmacht und Vereinfachung der Beschaffungsprozesse Einsparungen in Höhe von etwa 1000 € pro PKW prognostiziert.[73]

Die hohen Erwartungen der Hersteller wurden jedoch nicht erfüllt. Obwohl eine Vielzahl von Tools und Schnittstellen integriert worden ist, konnten diese Einsparpotenziale nicht in vollem Umfang realisiert werden. So waren in der Plattform etwa katalogbasierte Beschaffung, Auktionen von Beschaffungsaufträgen, aber auch Qualitätsplanung und ein Kommunikationstool zur Problemlösung integriert.

Die Ursachen für den Misserfolg liegen zum einen in den Vorbehalten der Zulieferer begründet, die eine einseitige Belastung durch erhöhten Preisdruck und die Implementierungskosten befürchteten. So ging etwa das Vertrauen der Zulieferer frühzeitig verloren, weil in der Unternehmenskommunikation der Gründungsunternehmen stets die auktionsbasierte Beschaffung über Covisint betont wurde. Andere Instrumente, die auch den Zulieferern Vorteile verschaffen, wurden daher nur eingeschränkt wahrgenommen.

Zum anderen haben die Automobilhersteller entgegen ihrer Ankündigungen Covisint nicht durchgängig zur Beschaffung und den damit verbundenen Aufgaben, zum Beispiel dem Qualitätsmanagement, genutzt. So wurden etwa weiterhin unternehmenseigene Tools oder Plattformen eingesetzt, da diese einfacher an die Unternehmensstruktur angepasst und mit dem jeweiligen ERP verbunden werden konnten.

Die Anforderungen der Beschaffung ließen sich dadurch nicht weit genug angleichen, um Skaleneffekte zu erzielen. Dementsprechend konnte kein hinreichender Zuwachs der

---

[71] Vgl. Laudon/Traver (2017), S. 354.

[72] Vgl. Jelassi/Enders (2008), S. 509.

[73] Vgl. Bogaschewsky (2002), S. 38.

Einkaufsmacht erzielt werden. Diese Situation wurde durch den harten Wettbewerb im Bereich der digitalen Marktplätze mit Ausrichtung auf die Automobilindustrie noch verstärkt.[74]

Darüber hinaus haben technische Mängel bei der Implementierung zum Misserfolg beigetragen. Beispielsweise sollte die einmalige Registrierung Zugang zu allen Applikationen und Herstellern bieten. In der Praxis mussten jedoch häufig Informationen nachgepflegt werden. Außerdem mussten Aufträge zum Teil manuell neu vergeben werden, da Lieferantenunternehmen Beschaffungsauktionen gewannen, deren Produkte jedoch den Qualitätsanforderungen nicht genügten. Die Vorauswahl der Lieferanten war in diesem Zusammenhang nicht restriktiv genug.

2004 wurde Covisint schließlich von seinen Gesellschaftern an den Softwarehersteller Compuware verkauft. Im Jahr 2017 wurde das Unternehmen von dem kanadischen Unternehmen OpenText gekauft. Die Plattform ist heute nicht mehr ausschließlich auf die Automobilindustrie ausgerichtet, sondern bietet ihre Dienste vor allem auch in den Bereichen Gesundheitswesen und Finanzdienstleistungen sowie im öffentlichen Sektor an. Dennoch bestehen auch mit den ehemaligen Gesellschaftern noch Geschäftsbeziehungen.

Als Fazit zu den Erfahrungen mit dem Covisint-Marketplace lässt sich feststellen, dass der aus einer Teilnahme an Industriekonsortien resultierende Nutzen in Unternehmen sorgfältig abgewogen werden muss. Dabei sollten Aspekte wie die Kosten der Implementierung, Nutzungsgebühren, die Marktmacht der jeweiligen Betreiber und ein eventuelles Engagement von direkten Konkurrenten berücksichtigt werden. Eine Alternative zu digitalen Marktplätzen stellt ein Punch-Out-System dar. Diese Variante der Interaktion im Digital Procurement wird nun im Folgenden betrachtet.

Punch-Out-Lösungen

Über eine spezielle Software können Unternehmen die Charakteristika von Buy Side, Sell Side und Marketplace kombinieren. Dieses Verfahren wird als Punch-Out oder Round Trip bezeichnet.[75] Ein internes System bildet dabei eine künstliche Buy Side und verwaltet den Zugang zu den verschiedenen externen Schnittstellen. Gleichzeitig ist es mit dem unternehmenseigenen ERP verbunden, sodass Bestellungen auch direkt in der Warenwirtschaft erfasst werden können. Das Unternehmen verwaltet also nicht selbst die Kataloge verschiedener Lieferanten, sondern speist diese automatisch in ein internes System ein.

Wenn in diesem Fall ein Bedarfsträger auf das System zugreift, um Klebeband und Schreibgeräte zu bestellen, wird er zunächst per Punch-Out vom internen System auf den externen Katalog des Lieferanten weitergeleitet. Dabei bleibt eine Verbindung zum System des beschaffenden Unternehmens bestehen, die jedoch für den Bedarfsträger nicht sichtbar ist. Er füllt den Warenkorb mit den entsprechenden Artikeln und führt die Bestellung im externen Katalog aus.

---

[74] Vgl. Jelassi/Enders (2008), S. 511 f.

[75] Vgl. Schubert (2002), S. 16.

Diese wird nicht direkt an den Lieferanten geschickt, sondern zurück in das Procurement-System des beschaffenden Unternehmens geleitet. Dort wird eventuell ein Genehmigungsprozess durchlaufen, die Bestellung im ERP erfasst und in einem abschließenden Schritt an den Lieferanten geschickt. Digitale Marktplätze können in diesen Prozess nur dann integriert werden, wenn auch sie die Punch-Out-Lösung unterstützen. In diesem Fall wird die Anfrage des Bedarfsträgers über den Marktplatz zum Lieferanten und zurück geleitet. Dies bietet den Vorteil, dass auf eine größere Anzahl von Lieferanten zugegriffen werden kann, da proprietäre Systeme sehr teuer sind und daher nicht jedes Unternehmen alle Informationen gemäß verschiedener technischer Standards zur Verfügung stellt beziehungsweise stellen kann.

Der durchgängige Einsatz von Datenstandards wie cXML oder OBI bei den beschaffenden Unternehmen, dem Marktplatz und dem Lieferant ist die zentrale Voraussetzung für ein solches System.[76] Es muss daher vor der Implementierung geklärt werden, inwiefern diese Bedingung erfüllt ist. Es besteht für das beschaffende Unternehmen ein dauerhafter Zugang zu aktuellen Daten des Zulieferers, ohne Kosten für das entsprechende eigene Content Management-System zu verursachen. Bei Zugriff auf verschiedene Kataloge mehrerer Lieferanten treten jedoch die Nachteile einer Punch-Out-Lösung auf.

Die einzelnen Kataloge der verschiedenen Lieferanten sind in der Regel unterschiedlich gestaltet und verfügen damit nicht über eine einheitliche Bedienungsoberfläche. Zusätzlich müssen die Bedarfsträger irrelevante Beschaffungsgüter selbst herausfiltern. Darüber hinaus ist die Anordnung der einzelnen Produkte auf der Bestellseite für den Beschaffer zum Teil suboptimal. So können etwa günstigere Anbieter von Schreibgeräten in einer Liste hinter teuren Markenherstellern positioniert sein, sodass letztere häufiger ausgewählt werden. Lieferanten profitieren von einer Punch-Out-Lösung, indem sie nur einen zentralen Katalog pflegen und nicht einzeln aktualisierte Daten und Kataloge verschicken müssen. Die genannten Vor- und Nachteile dieser Variante des Digital Procurements sind folglich sorgfältig gegeneinander abzuwägen, bevor eine Punch-Out-Lösung umgesetzt wird.

18.3 Potenziale des Digital Procurements

Die vorangegangenen Ausführungen zeigen, dass durch die Nutzung von Digital Procurement zum Teil erhebliche Effektivitäts-, Flexibilitäts- und Effizienzpotenziale in der unternehmerischen Beschaffungsfunktion realisiert werden können.

Dies trifft sowohl für den intra- als auch für den interorganisationalen Bereich der Beschaffung zu. Im intraorganisationalen Bereich gelten vor allem die Automatisierung von Beschaffungsabläufen, die damit verbundene Verkürzung von Durchlaufzeiten und als Folge die Reduktion der Beschaffungsprozesskosten als Vorteile.[77]

[76] Vgl. Papazoglou/Ribbers (2006), S. 241.

[77] Vgl. Papazoglou/Ribbers (2006), S. 236.

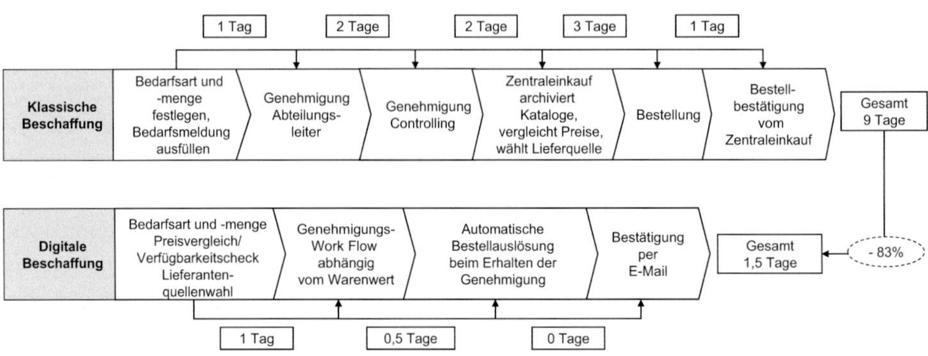

Abb. 18.16 Beschaffungsprozessoptimierung durch Digital Procurement. (Vgl. Wirtz (2001), S. 339; Wirtz (2020), S. 855; Wirtz (2021), S. 613)

Operative Beschaffungstätigkeiten können aufgrund ihrer computerbasierten Unterstützung direkt an den Bedarfsträger delegiert werden. Die Verringerung der Beschaffungsprozessdauer wird erreicht, indem zuvor manuelle Bearbeitungsprozesse digitalisiert, automatisiert und standardisiert werden.[78]

So kann die durchschnittliche Dauer eines intraorganisationalen Beschaffungsprozesses von durchschnittlich neun Tagen auf eineinhalb Tage reduziert werden.[79] Abb. 18.16 verdeutlicht diese zeitliche Verkürzung des Beschaffungsprozesses.[80]

Die Entlastung der Beschaffungsfunktion schafft entsprechende Freiräume für eine Konzentration auf strategische und interorganisationale Aspekte. Im interorganisationalen Bereich ist besonders die Minimierung von Prozessschnittstellen zu erwähnen.

Aufgrund digital basierter Transaktionen können redundante Tätigkeiten eliminiert und Prozesse optimiert werden. So führt zum Beispiel die Inanspruchnahme von automatisierten Transaktionen über eine Marktplatzplattform zu einer quantitativen beziehungsweise qualitativen Verbesserung bei der Recherche von Bezugsquellen. Als Folge ist oftmals eine Verringerung der Einstandspreise festzustellen.

Vorteile des Digital Procurements

Darüber hinaus wird die Beschaffungsfunktion aufgrund ihrer Entlastung von operativen Aufgaben verstärkt in die Lage versetzt, strategische Tätigkeitsfelder wie zum Beispiel die Beschaffungsmarktforschung oder das Beziehungsmanagement zu bearbeiten.[81] Abb. 18.17 stellt die Kosten-, Zeit- und Qualitätsvorteile sowie die integrierten Vorteile des Digital Procurement dar.

[78] Vgl. Turban et al. (2018), S. 139.

[79] Vgl. KPMG Consulting (1999), S. 17.

[80] Inhalte basierend auf KPMG Consulting (1999); Nenninger/Lawrenz (2002).

[81] Vgl. Puschmann/Alt (2005), S. 123; Turban et al. (2018), S. 140.

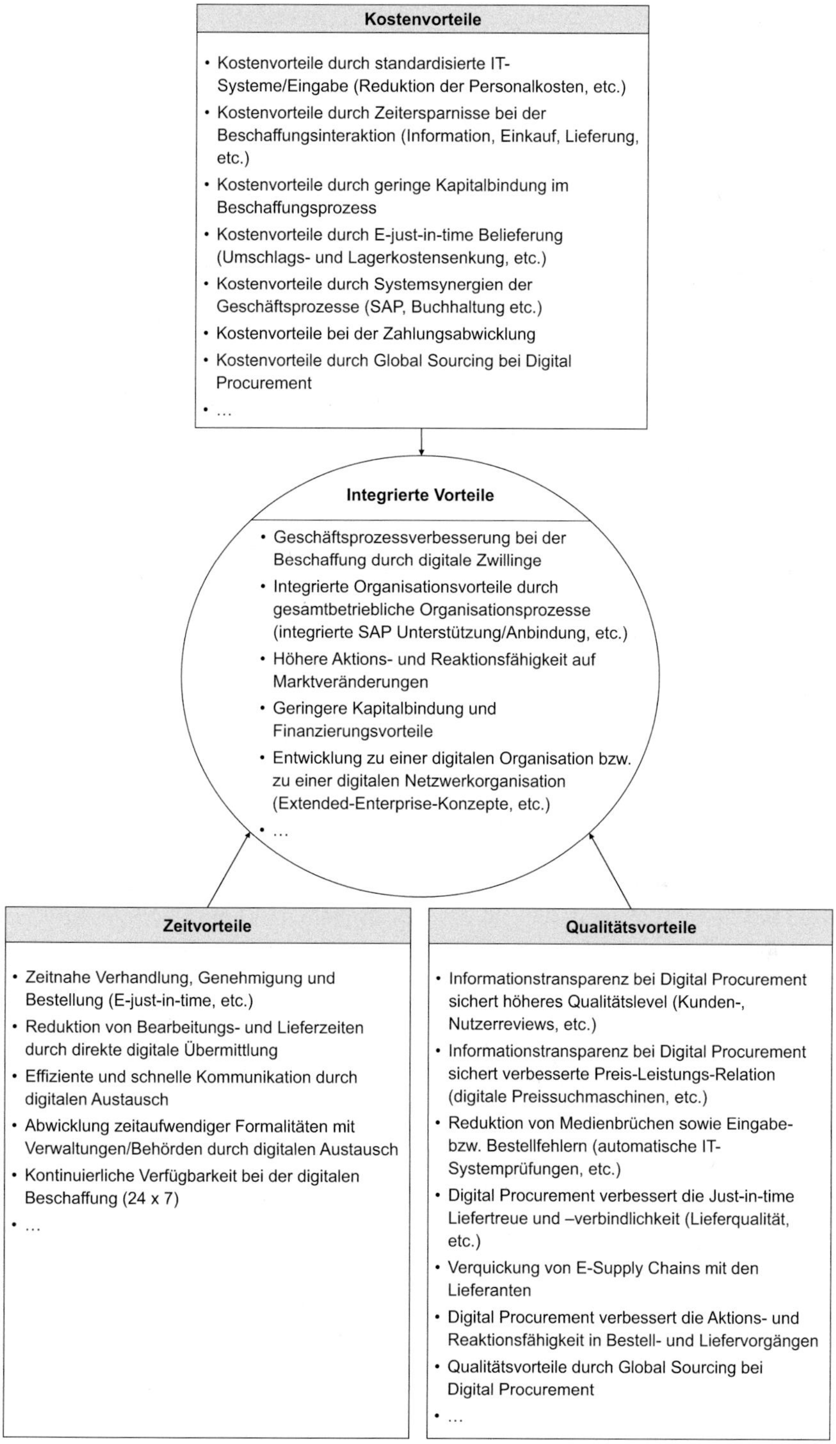

Kostenvorteile
• Kostenvorteile durch standardisierte IT-Systeme/Eingabe (Reduktion der Personalkosten, etc.)
• Kostenvorteile durch Zeitersparnisse bei der Beschaffungsinteraktion (Information, Einkauf, Lieferung, etc.)
• Kostenvorteile durch geringe Kapitalbindung im Beschaffungsprozess
• Kostenvorteile durch E-just-in-time Belieferung (Umschlags- und Lagerkostensenkung, etc.)
• Kostenvorteile durch Systemsynergien der Geschäftsprozesse (SAP, Buchhaltung etc.)
• Kostenvorteile bei der Zahlungsabwicklung
• Kostenvorteile durch Global Sourcing bei Digital Procurement
• ...
Integrierte Vorteile
• Geschäftsprozessverbesserung bei der Beschaffung durch digitale Zwillinge
• Integrierte Organisationsvorteile durch gesamtbetriebliche Organisationsprozesse (integrierte SAP Unterstützung/Anbindung, etc.)
• Höhere Aktions- und Reaktionsfähigkeit auf Marktveränderungen
• Geringere Kapitalbindung und Finanzierungsvorteile
• Entwicklung zu einer digitalen Organisation bzw. zu einer digitalen Netzwerkorganisation (Extended-Enterprise-Konzepte, etc.)
• ...
Zeitvorteile
• Zeitnahe Verhandlung, Genehmigung und Bestellung (E-just-in-time, etc.)
• Reduktion von Bearbeitungs- und Lieferzeiten durch direkte digitale Übermittlung
• Effiziente und schnelle Kommunikation durch digitalen Austausch
• Abwicklung zeitaufwendiger Formalitäten mit Verwaltungen/Behörden durch digitalen Austausch
• Kontinuierliche Verfügbarkeit bei der digitalen Beschaffung (24 x 7)
• ...
Qualitätsvorteile
• Informationstransparenz bei Digital Procurement sichert höheres Qualitätslevel (Kunden-, Nutzerreviews, etc.)
• Informationstransparenz bei Digital Procurement sichert verbesserte Preis-Leistungs-Relation (digitale Preissuchmaschinen, etc.)
• Reduktion von Medienbrüchen sowie Eingabe- bzw. Bestellfehlern (automatische IT-Systemprüfungen, etc.)
• Digital Procurement verbessert die Just-in-time Liefertreue und –verbindlichkeit (Lieferqualität, etc.)
• Verquickung von E-Supply Chains mit den Lieferanten
• Digital Procurement verbessert die Aktions- und Reaktionsfähigkeit in Bestell- und Liefervorgängen
• Qualitätsvorteile durch Global Sourcing bei Digital Procurement
• ...

Abb. 18.17 Vorteile des Digital Procurements. (Vgl. Wirtz (2020), S. 856; Wirtz (2021), S. 615)

Zeiteinsparungen sind insbesondere auf die Möglichkeiten einer beschleunigten Bestellabwicklung und einer Verminderung von Durchlauf- und Lieferzeiten zurückzuführen. Eine potenzielle Senkung der Einstandspreise sowie die Senkung von Personal-, Lager- und Logistikkosten führen zu einer Reduktion der Gesamtkosten.

Die Erhöhung der Beschaffungsqualität drückt sich unter anderem durch die Reduzierung von Erfassungsfehlern und ein verbessertes Beschaffungsmarketing aus. Die strategischen Nutzenpotenziale finden ihren Ausdruck auch in einer Verbesserung von Outsourcing-Entscheidungen und Lieferantenbeziehungen.[82] Dies kann mit der Erhöhung der Informationsqualität begründet werden. Zusätzlich führt der digital unterstützte Support von Lieferketten zu einer besseren Anbindung beziehungsweise Integration der Zulieferer.[83]

Dennoch bestehen bei der Implementierung von Digital Procurement auch Risiken, die bei der Konzeption berücksichtigt werden müssen. So wird beispielsweise häufig der Return-on-Investment (RoI) von Digital Procurement-Lösungen zu hoch angesetzt. Damit verbunden sind unrealistische Einsparungsziele bei der langfristigen Bewertung der Systeme.

Ursache für diese Fehlplanung ist der Umstand, dass zeitliche Prozesskosteneinsparungen dem zu erwartenden RoI zugerechnet werden, obwohl meist keine Beschaffungsmitarbeiter freigesetzt werden und damit in diesem Bereich keine buchhalterisch relevanten Auswirkungen auftreten.[84] Das Potenzial der Verlagerung von Beschaffungsaktivität auf strategische Bereiche lässt sich aufgrund der Dauer von Rahmenverträgen jedoch nicht in jedem Fall sofort nachweisen.

Es ist dementsprechend von besonderer Relevanz, direkte und indirekte Einsparpotenziale voneinander zu unterscheiden. Während die Erstgenannten sich in einer Reduktion der Produktkosten zeigen, senken indirekte Einsparpotenziale die Prozesskosten der Beschaffung. Diese Prozesskostensenkung ist meist jedoch nicht direkt messbar. Problematisch ist in diesem Zusammenhang, dass ein Großteil direkt messbarer Kosten zur Implementierung von Digital Procurement zu Beginn der Umsetzung anfällt, wohingegen der Großteil der messbaren Einsparungen erst nach einer gewissen Laufzeit erreicht wird.[85] Als kritisch kann sich bei der Implementierung von Digital Procurement auch die Wahl von Software und Übertragungsprotokollen erweisen.[86]

Trotz zunehmender Standardisierung und Möglichkeiten zur Konvertierung von Daten kann es bei einem Wechsel von Transaktionspartnern zu einem Neuinvestitionsbedarf kommen. Besonders kleinere Unternehmen können damit überfordert sein. Oftmals wer-

[82] Vgl. Puschmann/Alt (2005), S. 123.

[83] Vgl. Wecker (2006), S. 2 ff.

[84] Vgl. Peukert/Ghazvinian (2001), S. 216; Chaffey/Hemphill/Edmundson-Bird (2019), S. 289 ff.

[85] Vgl. Peukert/Ghazvinian (2001), S. 217.

[86] Vgl. Davila/Gupta/Palmer (2003), S. 19.

den die Transaktionen jedoch von der stärkeren Marktseite (zum Beispiel einem Großunternehmen) dominiert, indem der schwächeren Seite (zum Beispiel in Form von klein- und mittelständischen Unternehmen) das zu nutzende Handelssystem und die damit verbundenen Transaktionsmodalitäten diktiert werden.[87]

Darüber hinaus ist darauf zu achten, dass die Implementierung nicht technologiegesteuert, sondern unternehmensgesteuert erfolgt. Häufig können Potenziale von Digital Procurement nicht abgerufen werden, weil eine Abstimmung der Tools auf die Unternehmensziele fehlt oder nur unzureichend vorgenommen worden ist. In diesem Fall stehen zwar technische Hilfsmittel zur Verfügung, doch sie dienen nicht der Lösung relevanter Probleme in der konkreten Beschaffungsabteilung. Der Fokus sollte jedoch nicht darauf liegen, möglichst viele verfügbare Technologien einzusetzen oder Systeme der Konkurrenz zu kopieren, sondern einen Mix an passenden Tools zusammenzustellen, der auf die Bedürfnisse des betreffenden Unternehmens zugeschnitten ist.

Als problematisch ist der Verlust von Einsparungen zu betrachten. Für diesen Prozess können verschiedene Ursachen verantwortlich sein.[88] Beispielsweise werden Einsparmöglichkeiten häufig bei der Budgetierung der einzelnen Unternehmensabteilungen verwässert. Dies geschieht aus Sicht der Abteilung mit dem Ziel, das Budget möglichst problemlos einhalten zu können. Als Konsequenz werden die Budgets gerne hoch angesetzt. Dadurch bleibt jedoch das vollständige Kostensenkungspotenzial verborgen.

Als weitere Folge dieses Ressortegoismus werden über die budgetierten Einsparungsziele hinausgehende eingesparte Mittel für andere Beschaffungsgüter ausgegeben, was die messbare Kostensenkung weiter reduziert. Zusätzlich ist als Ursache für einen Verlust der Einsparungen auch eine Veränderung im Bereich der Grundannahmen der Beschaffungsprognose denkbar. So können sich beispielsweise in einer Rohstoffkrise Produktionsressourcen stark verteuern, sodass die erreichten Einsparpotenziale des Digital Procurements durch die Preissteigerung überlagert werden.

Zum anderen bleibt das Phänomen des Maverick Buying in bestimmten Bereichen auch nach Einführung von Digital Procurement bestehen. Es kann lediglich abgeschwächt werden. Dies gilt besonders für schwer zu automatisierende Beschaffungsprozesse, wie beispielsweise bei der Beschaffung eines Werbebanners in der Marketingabteilung.[89] Darüber hinaus kann das Problem des Verfehlens von Einsparungszielen jedoch auch in der Einsparprognose selbst liegen. Wenn die Einsparungspotenziale anhand unzureichender Ausgangsdaten oder eines übersimplifizierten Beschaffungsmodells zu optimistisch for-

[87] Vgl. Papazoglou/Ribbers (2006), S. 240.

[88] Vgl. Hawkes/Houston/Turner (2005), S. 1 ff.

[89] Vgl. Hawkes/Houston/Turner (2005), S. 2.

muliert worden sind, können sie nicht erreicht werden.[90] Für die Bewertung von digitalen Marktplätzen können spezielle Potenziale herangezogen werden. Diese werden nachfolgend dargestellt.

Digitale Marktplätze

Die Teilnahme an digitalen Marktplätzen wird in der Regel mit der Nutzung von Effizienzsteigerungspotenzialen im Bereich der Beschaffung in Verbindung gebracht. Es kann aber konstatiert werden, dass die Beschaffung über digitale Marktplätze neben den Chancen auch diverse Risiken bereithält. Diese werden in Abb. 18.18 dargestellt.

Hinsichtlich der Chancen kann insbesondere auf eine erhöhte Beschaffungsmarkttransparenz hingewiesen werden. Dadurch besteht die Möglichkeit, neue Lieferquellen zu eru-

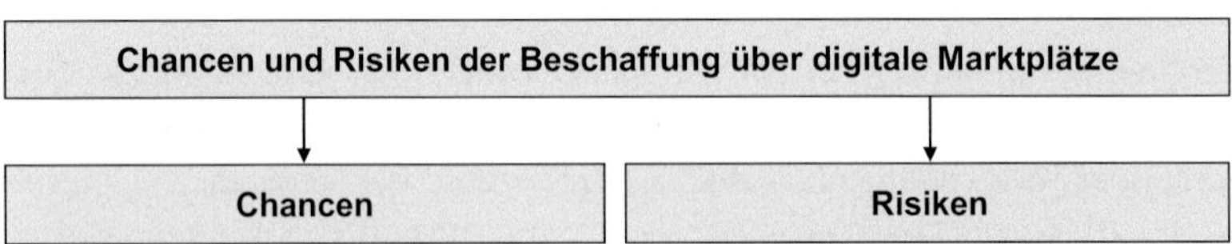

Chancen

- Erhöhte Markttransparenz und Reduktion der Einkaufspreise
- Bessere Vergleichsmöglichkeiten durch Suchfunktionen und intelligente Agenten
- Geringere Anbahnungskosten durch Vorselektion per digitalem Lieferantenkatalog
- Geringere Vereinbarungs-/Anpassungskosten durch digitale Kommunikation
- Erweiterung der Lieferantenbasis und der Transaktionsformen
- Stärkere Verhandlungsposition durch Nachfragebündelung
- Automatisierung der Beschaffung von C-Artikeln und MRO-Gütern
- Outsourcing von Funktionen an Betreiber des digitalen Marktplatzes
- Schnellere Reaktionsmöglichkeit durch gestiegene Informationseffizienz
- …

Risiken

- Anpassung an individuelle Anforderungen nicht vollständig möglich: Bisher genutzte, proprietäre Beschaffungssysteme (beispielsweise EDI) sind eventuell Sunk Costs
- Gefahr der Abhängigkeit gegenüber marktbeherrschenden digitalen Marktplätzen
- Gefahr eines Lock In bei bilateralen digitalen Marktplätzen nach Investitionen in spezifische Technologie des digitalen Marktplatzes
- Abhängigkeit von technologischer Funktionsfähigkeit und Liquidität des digitalen Marktplatzes bei erfolgskritischen A-Gütern
- Bestimmte Transaktionsformen bewirken eventuell Zahlung höherer Preise (beispielsweise Auktionen)
- Marktplatzbetreiber kennt Beschaffungsverhalten und verdient an den Transaktionen des Unternehmens
- Digitale Marktplätze decken nur einen Teil der Beschaffung ab
- …

Abb. 18.18 Chancen und Risiken digitaler Marktplätze. (Vgl. Wirtz (2001), S. 337; Wirtz (2020), S. 859; Wirtz (2021), S. 617)

[90] Vgl. Hawkes/Houston/Turner (2005), S. 1 f.

ieren und in Anspruch zu nehmen. Auf diese Weise ist die Reduktion von Beschaffungsobjektkosten realisierbar.

Die Inanspruchnahme von Suchfunktionen beziehungsweise intelligenten Agenten schafft eine bessere und schnellere Vergleichsmöglichkeit von Produkteigenschaften, Preisen oder Lieferkonditionen. Darüber hinaus sind Kostenreduktionen im Bereich der Anbahnung, Vereinbarung und Anpassung im Rahmen von Beschaffungsbeziehungen zu erwähnen. Im Gegensatz zu unternehmensinternen Digital Procurement-Lösungen sind zur Teilnahme an digitalen Marktplätzen zudem weniger IT-Infrastruktur und technisches Know-How notwendig, sodass Ressourcen eingespart werden können.[91]

Außerdem kann durch den vergrößerten Beschaffungsradius eine Erweiterung der Lieferantenbasis erfolgen. Es gelangen nun beispielsweise auch internationale Lieferanten in das Blickfeld der beschaffenden Unternehmen, auf die zuvor, beispielsweise wegen ihrer geografischen Distanz, nicht Bezug genommen wurde oder werden konnte.[92]

Allgemein ergibt sich durch die Nutzung des Internets zur digitalen Beschaffung eine verbesserte Möglichkeit, auf Markt- oder Lieferantenstrukturveränderungen zu reagieren, da diese Informationen via Internet schneller und effizienter verfügbar sind. Damit erhöht sich für das beschaffende Unternehmen die Flexibilität des Beschaffungsprozesses.[93]

Die Beschaffung über digitale Marktplätze birgt aber auch nicht zu unterschätzende Risiken. In diesem Kontext können als Gefahren die Anbindung an das unternehmenseigene ERP-System und die Realisierung von Sunk Costs im Hinblick auf bereits bestehende, aber inkompatible digitale Beschaffungssysteme genannt werden.[94] Zusätzlich besteht das Risiko der Abhängigkeit gegenüber marktbeherrschenden digitalen Marktplätzen, denn der Marktplatzbetreiber hat umfassenden Einblick in das Beschaffungsverhalten der Unternehmen.

Um die Chancen nutzen und die Risiken vermeiden zu können, gilt es, eine Eignungsanalyse von Marktplätzen anhand unternehmensindividueller Kriterien durchzuführen. Als solche kommen in diesem Zusammenhang unter anderem die Liquidität des Marktplatzes, die Leistungsfähigkeit der Software, die angebotenen Zusatzleistungen oder das fach- und managementbezogene Wissen der Marktplatzbetreiber in Betracht. Abb. 18.19 stellt ein mögliches Bewertungsschema dar, anhand dessen die Leistungsfähigkeit eines digitalen Marktplatzes beurteilt werden kann.

Nachdem die Chancen und Risiken verschiedener Digital Procurement-Lösungen allgemein bewertet worden sind, steht in einem Unternehmen als nächster Schritt die Implementierung der neuen Beschaffungsinstrumente an. Um dabei Fehler zu vermeiden, gilt es, eine fundierte Planung aufzustellen und organisatorische Besonderheiten zu beachten. Die Grundlagen für diesen Prozess werden im nächsten Abschnitt behandelt.

[91] Vgl. Tripp (2002), S. 135.

[92] Vgl. Papazoglou/Ribbers (2006), S. 237.

[93] Vgl. Stoll (2007), S. 38.

[94] Vgl. Preißner (2002), S. 119.

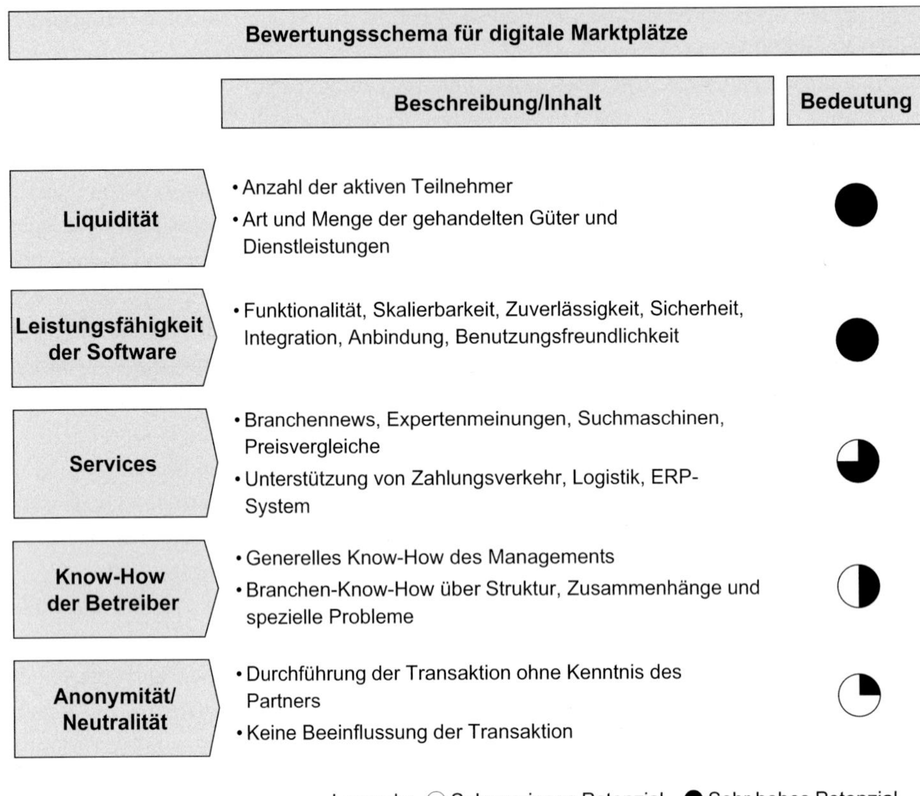

Abb. 18.19 Bewertungsschema für digitale Marktplätze. (Vgl. Wirtz (2001), S. 338; Wirtz (2020), S. 861; Wirtz (2021), S. 619)

18.4 Implementierung des Digital Procurements

Entscheidend bei dem Prozess der Implementierung von Digital Procurement ist die Erkenntnis, dass es sich dabei nicht ausschließlich um einen technischen Prozess handelt.[95] Darauf zielt auch Preißner (2002) ab, der konstatiert, dass „elektronische Beschaffung nicht mit der Software beginnt, sondern mit dem Kopf“.[96] Bevor ein System eingeführt wird, sollte folglich ein zielgerichteter Analyse- und Planungsprozess durchgeführt werden.

[95] Vgl. Wirtz/Lütje/Schierz (2010), S. 38 f.

[96] Preißner (2002), S. 67.

In diesem Zusammenhang sind teilweise umfangreiche Veränderungsprozesse notwendig, die neben der Technologie auch die Organisation, die Lieferanten, die Qualifizierung der Mitarbeiter und das Projektteam der Implementierung berücksichtigen müssen.

Diese Punkte können folglich als Erfolgsfaktoren für die Implementierung von Digital Procurement angesehen werden.[97] Ein umfassendes Change Management ist somit Grundlage für eine erfolgreiche Implementierung von Digital Procurement.

In diesem Zusammenhang ist eine strukturierte und systematische Herangehensweise zur Digital Procurement-Implementierung empfehlenswert. Hierfür wird im Folgenden ein aus neun Schritten bestehender Digital Procurement-Implementierungsprozess beschrieben. Abb. 18.20 stellt den Digital Procurement-Implementierungsprozess dar.

Das Ablaufmodell der neun Schritte der Digital Procurement-Implementierung lässt sich in eine Analysephase und eine Implementierungsphase unterteilen. Die Analysephase, in der vorbereitende Maßnahmen in Form von verschiedenen Analysen durchgeführt werden, dient im Wesentlichen der Vorbereitung der Implementierung.

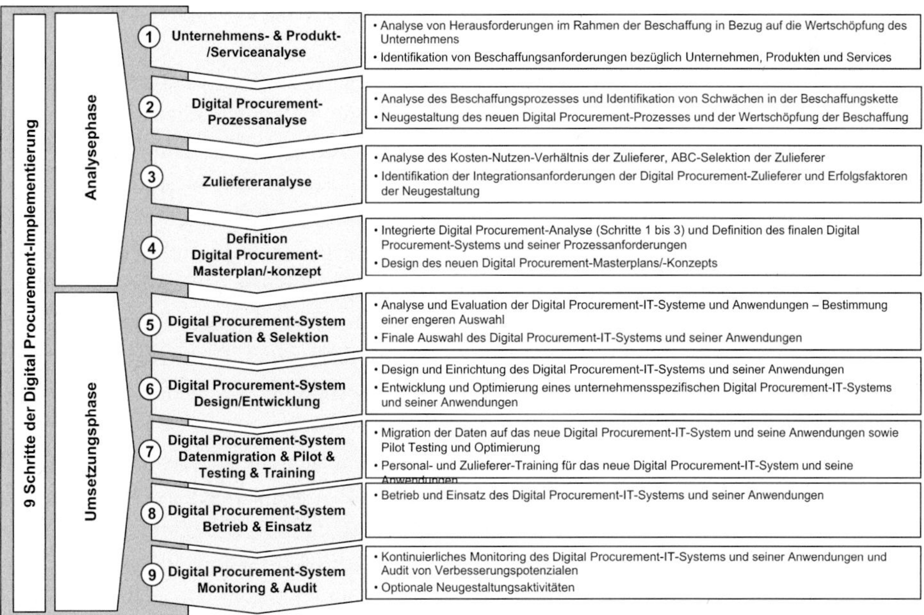

Abb. 18.20 Schema der Digital Procurement-Implementierung. (Vgl. Wirtz (2018), S. 689; Wirtz (2020), S. 863; Wirtz (2021), S. 620)

[97] Vgl. Peukert/Ghazvinian (2001), S. 214 f.

Die Umsetzungsphase beschäftigt sich mit der Realisierung des Digital Procurement-Systems. Die Analysephase und Umsetzungsphase werden in den folgenden zwei Abschnitten behandelt.

Analysephase

Zu Beginn jedes Digital Procurement-Implementierungsprozesses steht die Betrachtung der Ausgangsposition. Dabei geht es vor allem darum, einen Überblick zu den relevanten Produkten, Dienstleistungen, Prozessen, Zulieferern und Entscheidungsträgern zu erstellen.

Den ersten Schritt der Analysephase bildet die Unternehmens- und Produkt- beziehungsweise Serviceanalyse. Hierbei sollte das Digital Business-Unternehmen potenzielle Herausforderungen evaluieren, die im Rahmen der Beschaffung in Bezug auf die Wertschöpfung des Unternehmens auftreten können. Darüber hinaus spielt die Bestimmung relevanter Beschaffungsanforderungen in Bezug auf das Unternehmen, sowie deren Produkte und Services eine wichtige Rolle.

Der nächste Schritt bezieht sich auf die Analyse der Digital Procurement-Prozesse, die neben der Untersuchung des Beschaffungsprozesses und der Identifizierung von Schwächen in der Beschaffungskette, auch die Neugestaltung des neuen Digital Procurement-Prozesses und der Wertschöpfung umfasst.

Der dritte Schritt der Analysephase beinhaltet die Analyse der Zulieferer. In diesem Zusammenhang bewertet die Procurement-Abteilung die entsprechenden Zulieferer im Hinblick auf ihr Kosten-Nutzen-Verhältnis sowie anhand einer ABC-Selektion. Ein weiterer wichtiger Aspekt im Rahmen der Zuliefereranalyse ist die Identifizierung von Integrationsanforderungen der Zulieferer und Erfolgsfaktoren der Neugestaltung.

Den letzten Schritt der Analysephase stellt die Definition eines Masterplans und Konzepts in Bezug auf das Digital Procurement dar. Dieser Schritt setzt eine angepasste Digital Procurement-Analyse voraus, die durch Integration der ersten drei Schritte und der Definition des finalen Digital Procurement-Systems und seiner Prozessanforderungen durchgeführt wird. Diese Vorarbeiten dienen der Gestaltung des neuen Masterplans und -konzepts des Digital Procurement.

Die nachfolgende Prozessanalyse untersucht den traditionellen Beschaffungsprozess und identifiziert kritische Erfolgsfaktoren.[98] Damit sollen Verbesserungs- und Einsparpotenziale durch die neuen Beschaffungsinstrumente herausgearbeitet werden. Die abschließende Lieferantenanalyse beurteilt die bestehende Lieferantenbeziehung hinsichtlich ihrer Eignung für Digital Procurement. Es wird eine Übersicht zur technischen Anbindung und den entsprechenden Kosten angefertigt.[99]

---

[98] Vgl. Kalakota/Robinson (2001), S. 338 f.; Möhrstädt/Bogner/Paxian (2001), S. 68.

[99] Vgl. Kalakota/Robinson (2001), S. 341 f.

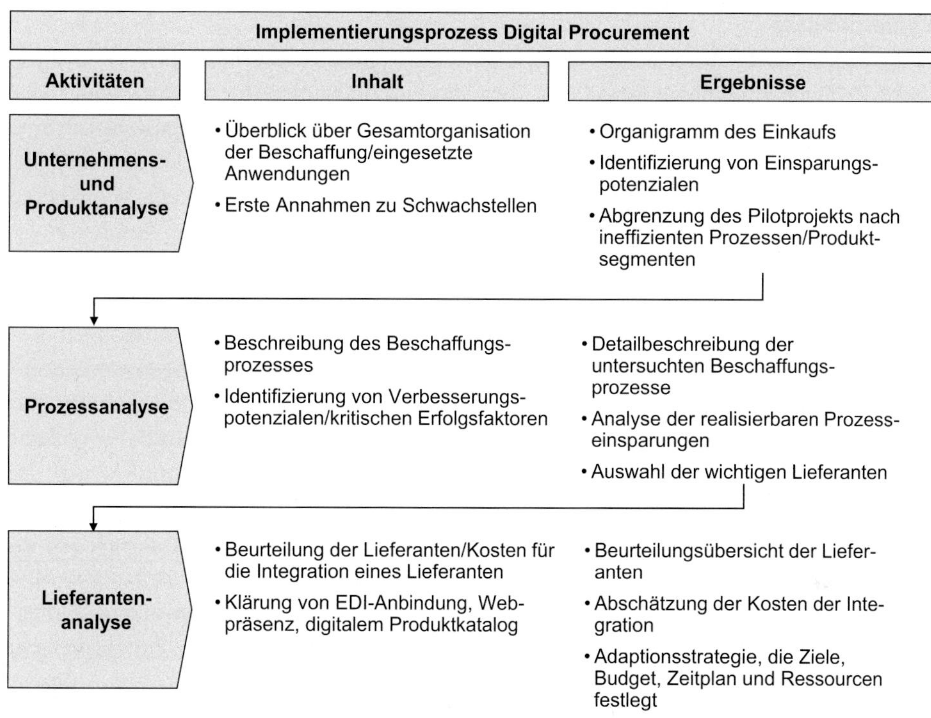

Abb. 18.21 Implementierungsprozess für Digital Procurement. (Vgl. Wirtz (2001), S. 326; Wirtz (2020), S. 865; Wirtz (2021), S. 620)

Basierend auf diesen Ausgangsdaten und bereits erkannten Verbesserungspotenzialen kann eine Implementierung des Digital Procurements erfolgen. Abb. 18.21 stellt den Ablauf der Analysephasen komprimiert dar.

Unternehmens- und Produktanalyse

Als erster Schritt in der Analysephase wird zunächst die einkaufende Organisation selbst betrachtet. Dabei stehen die Unternehmensstruktur und die strategischen Aspekte der Implementierung im Mittelpunkt. So kann etwa zu diesem Zeitpunkt die Abstimmung des Digital Procurement auf die Unternehmensstrategie im Bereich E-Commerce erfolgen.[100]

Basierend auf der Analyse von Schwachstellen im Beschaffungsprozess werden unternehmenseigene Ziele und Potenziale entwickelt. Dabei werden auch die digital zu beschaffenden Produktsegmente ausgewählt. Dies geschieht anhand der Verfahren zur Beschaffungsgütertypologie. Zusätzlich wird der Rahmen des Pilotprojekts festgelegt.

[100] Vgl. Turban et al. (2015), S. 179.

Prozessanalyse

In der Prozessanalyse werden die klassischen Beschaffungsprozesse beschrieben und kritische Erfolgsfaktoren herausgearbeitet. Entscheidend ist in diesem Zusammenhang, dass nicht nur Teilprozesse erfasst werden, sondern ein ganzheitliches Abbild entsteht, um eine möglichst durchgängige digitale Beschaffung sicherzustellen. Damit werden Doppelbearbeitungen und die Verschwendung von Zeit und Ressourcen verhindert. Wenn keine Prozessanalyse durchgeführt wird, werden möglicherweise ineffiziente Beschaffungsprozesse in das neue System übertragen und damit das volle Potenzial von Digital Procurement nicht ausgeschöpft.

Im Zuge der Prozessanalyse muss entschieden werden, welche Teilprozesse der Beschaffung konkret digital unterstützt werden sollen. Dabei muss abgewogen werden, inwiefern die Unterstützung eines Teilprozesses durch geringere Barrieren bei der Implementierung einer Komplettlösung vorzuziehen ist. Ebenso kann die Zahl der im Einkauf tätigen Mitarbeiter, ihre geografische Verteilung, der Genehmigungs-Workflow und der Grad der Zentralisierung der Beschaffung bewertet werden.[101] Abb. 18.22 zeigt den Beschaffungsprozess und verschiedene Instrumente des Digital Procurements, die sich im Umfang der unterstützten Beschaffungsphasen unterscheiden.

Während Work-Flow-Systeme den Prozessablauf beschleunigen können und Buchungssysteme eine integrierte Kaufabwicklung gewährleisten, zeigt Abb. 18.22, dass nur ein umfassendes Digital Procurement- oder ERP-Systems den gesamten Beschaffungsprozess abdecken kann, indem es zumindest diese beiden Komponenten integriert. Online-Kataloge und Online-Bestellmöglichkeiten, die nur einzelne Elemente des Beschaffungsprozesses digital unterstützen, können dabei integriert werden. Die Analyse der Beschaffungsprozesse ist eng mit der Auswahl und Bewertung der Lieferanten verknüpft. Diesem Aspekt wird durch die nachfolgende Lieferantenanalyse Rechnung getragen.

Lieferantenanalyse

Neben technischen Faktoren wie beispielsweise den Übertragungs- und Datenstandards und den damit verbundenen Kosten wird in dieser Phase vorrangig die Integrationsfähigkeit der Lieferanten in das Digital Procurement-System bewertet. In diesem Zusammenhang sind Produktdaten in gewünschter Qualität sowie Schnittstellen für die digitale Bestellung, Bezahlung und den Austausch von Geschäftsdokumenten von besonderer Relevanz.[102]

Zusätzlich wird häufig evaluiert, inwiefern der Lieferant Kosten für die Implementierung übernimmt oder Preiszugeständnisse macht und wie hoch sein Engagement für die Beschaffung per Digital Procurement eingeschätzt wird. Aus den gewonnenen Daten wird

[101] Vgl. Turban et al. (2015), S. 185.

[102] Vgl. Kollmann (2019), S. 194.

Bedarfsermittlung/ Bestellgenehmigung	Auftragserteilung/ Bestellausführung	Warenlieferung/ Warenempfang	Bestellbezahlung
Aufgaben			
• Bedarfsfeststellung • Vergleich von Einkaufsmöglichkeiten • Identifikation von Bestellmöglichkeiten • …	• Auftragserteilung • Durchführung der Bestellung • …	• Warenlieferung • Warenempfang • Warenempfangsprüfung • Wareneingangsweiterleitung • …	• Durchführung der finanziellen Transaktion • Optimierung des Zahlungsmanagements • …
Einsatzmöglichkeiten von Informationssystemen			
• Integriertes Digital Procurement oder ERP System • Virtual Assistants • Natural Language Processing • AI-Bots • Lagerverwaltungskatalog • Webkatalog • E-Mail/ Arbeitsablaufsystem • …	• Integriertes Digital Procurement oder ERP System • Cognitive Procurement • Data Mining • Internet Web Crawler • AI Purchasing Software • E-Mail/ Arbeitsablaufsystem • Auftragserfassung auf der Website • Digitales Buchungssystem • …	• Integriertes Digital Procurement oder ERP System • Augmented Analytics • Autonomous Logistics • E-Mail/Arbeitsablaufsystem • Digitales Buchungssystem • Eventuell digitale Bereitstellung des Produkts (zum Beispiel Software) • …	• Integriertes Digital Procurement oder ERP System • Robotic Process Automation • Machine Learning • AI Spend Analysis Software • Digitales Buchhaltungssystem • …

Abb. 18.22 Digitale Unterstützungssysteme für den Beschaffungsprozess. (Vgl. Wirtz (2010), S. 321; Wirtz (2020), S. 867; Wirtz (2021), S. 623)

eine Adaptionsstrategie abgeleitet, die den Zeitplan und die notwendigen Ressourcen festlegt.[103] Damit ist die Analysephase zunächst abgeschlossen und ein Soll-Konzept für die Umsetzung erstellt. Abb. 18.22 stellt die digitalen Unterstützungssysteme für den Be-

[103] Vgl. Dolmetsch (2000), S. 245.

schaffungsprozess dar. Dabei kommen in zunehmendem Maße auch AI-basierte Informationssysteme wie AI Purchasing Software, Autonomous Logistics oder auch AI Spend Analysis Software zum Einsatz. Durch die Nutzung von Artificial Intelligence können bis zu 95 % der Beschaffungsprozesse automatisiert werden.[104] Dadurch lassen sich die administrativen Kosten um 30 % reduzieren.[105]

Umsetzungsphase

In der Umsetzungsphase wird das erarbeitete Soll-Konzept in die Unternehmensrealität übertragen. Dabei können verschiedene Probleme auftreten, die zum Scheitern der Implementierung führen können.[106] So kann es beispielsweise vorkommen, dass Manager, die nicht der Einkaufsabteilung angehören, den Nutzen von Digital Procurement nicht erkennen oder es als suboptimales Einkaufsmanagement wahrnehmen. Dies kann durch eine fehlende strategische Ausrichtung des Digital Procurements hervorgerufen werden, die digitale Beschaffung als isoliertes Werkzeug anwendet und damit traditionelles Abteilungsdenken fördert.

Wenn Änderungen an den Work Flows und Mitarbeiteraufgaben erst nach der Implementierung vorgenommen werden, verzögern sich die positiven Auswirkungen des Projekts. Zusätzlich kann eine mangelhafte interne Unternehmenskommunikation dazu führen, dass Mitarbeiter die Ziele und Vorteile des Projektes nicht verstehen und es daher nicht vollständig unterstützen. Im Extremfall kann dies sogar zu einem Akzeptanzproblem führen, wenn Mitarbeiter Vorbehalte gegenüber der neuen Technologie entwickeln. Diesen Herausforderungen kann durch ein erfolgreiches Change Management begegnet werden.

Die Implementierungsvorbereitungen mittels der Analysephase schaffen die Grundlage, um mit der eigentlichen Implementierung des neuen Digital Procurement-Systems beginnen zu können. In diesem Zusammenhang bezieht sich der fünfte Schritt der neun Schritte des Ablaufmodells der Digital Procurement-Implementierung auf die Evaluation und Selektion des Digital Procurement-Systems.

Dieser Schritt beinhaltet die Bestimmung relevanter IT-Systeme und Anwendungen für das Digital Procurement. Das Ziel dabei ist es, eine Liste mit einer engeren Auswahl an IT-Systemen und Anwendungen für das Digital Procurement zu erstellen, die als Grundlage für die Analyse und Evaluation selbiger dient. Anhand dieser Analyse kann das Unternehmen dann ein passendes System auswählen.

Aufbauend auf die Definition des Digital Procurement-Masterplans beziehungsweise -konzeptes sind die am Markt verfügbaren Software-Produkte auf ihren Fit zur

[104] Vgl. Softengi (2023).

[105] Vgl. Softengi (2023).

[106] Vgl. Neef (2001), S. 138 f.

Unternehmenssituation hin zu prüfen. Dazu sollte das Implementierungsprojektteam die angebotenen Lösungen anhand von gewichteten Kriterien vergleichen.[107]

Diese Kriterien können beispielsweise Implementierungs- und Wartungskosten, Kompatibilität zu unternehmensinternen und -externen Schnittstellen, Usability sowie Erfahrungen und Referenzen des Herstellers darstellen. Die Auswahl der Kriterien ist stark von den spezifischen Anforderungen der Unternehmen geprägt. Als Ergebnis wird das am besten geeignete System zur Verwendung ausgewählt.

Der sechste Schritt bezieht sich auf das Design und die Entwicklung des Digital Procurement-Systems. Dieser Schritt umfasst insbesondere die Gestaltung, Einrichtung und Optimierung unternehmensspezifischer IT-Systeme und Anwendungen für das Digital Procurement System. Im Mittelpunkt steht die Integration der geforderten Schnittstellen und Datenformate. Es muss folglich geklärt werden, welche Anforderungen durch das System bereits erfüllt sind oder als zusätzliches Modul erworben werden können und welche Anforderungen individuelle Anpassungen erfordern.[108]

Nach der Entwicklung und Optimierung des Systems müssen im siebten Schritt die Datenmigration sowie das Testing und Training in Bezug auf das Digital Procurement-System durchgeführt werden. Dementsprechend müssen die verantwortlichen Personen die Daten auf das neue System migrieren, welches anschließend getestet und optimiert werden muss. Eine wichtige Aufgabe im Rahmen dieses Schrittes der Digital Procurement-Implementierung ist das Training des Personals und der Zulieferer in Bezug auf die neuen IT-Systeme und Anwendungen für das Digital Procurement.

Im achten Schritt werden das Digital Procurement-System und seine Anwendungen in den Echtbetrieb genommen, was bedeutet, dass das System in der Arbeitsumgebung eingesetzt wird und somit im Alltagsgeschäft abgerufen und benutzt werden kann. Dieser Schritt wird auch als Go-Live bezeichnet. Der Vorteil eines Digital Procurement-Systems gegenüber einem ERP-System beim Go-Live liegt darin, dass es auf bestehenden Systemen aufbaut und nicht per Komplettumstellung eingeführt werden muss. Stattdessen können Unternehmensabteilungen und Lieferanten schrittweise in die Nutzung einbezogen werden.[109]

Die Erfahrungen aus den Teilimplementierungen erhöhen die Handhabbarkeit des Gesamtprozesses und damit die Erfolgschancen der Einführung des Digital Procurements. Dementsprechend ist es sinnvoll, zunächst ein Pilotprojekt zu starten und dann in einem phasenweisen Roll-Out weitere Abteilungen an das neue System anzuschließen.[110]

---

[107] Vgl. Dolmetsch (2000), S. 247.

[108] Vgl. Dolmetsch (2000), S. 249.

[109] Vgl. Peukert/Ghazvinian (2001), S. 213.

[110] Vgl. Dolmetsch (2000), S. 251 f.

Der letzte Schritt des Digital Procurement-Implementierungsschemas betrifft das Monitoring und die Kontrolle des Digital Procurement-Systems. Hierbei werden das IT-System und seine Anwendungen durchgehend überwacht. Darüber hinaus werden regelmäßig Audits durchgeführt, um Verbesserungspotenziale zu identifizieren. Diese Phase erlaubt fortwährend, Optimierungspotenzial in Bezug auf das implementierte Digital Procurement-System zu entdecken. Man spricht hierbei von einem kontinuierlichen Verbesserungsprozess.[111]

18.5 Inhaltliche Kernpunkte von Digital Supply Chain Management und Digital Procurement

- Unter dem Digital Procurement versteht man die Integration von netzwerkbasierten Informations- und Kommunikationstechnologien zur Unterstützung von operativen Tätigkeiten und strategischen Aufgaben in den Beschaffungsabteilungen von Unternehmen.
- Während die traditionelle Beschaffung vor allem durch bilaterale Systeme geprägt ist, handelt es sich bei dem Digital Procurement um offene Anwendungen mit standardisierten Formaten. Die geringere Komplexität senkt die Kosten, da offene Anwendungen mit standardisierten Datenformaten die Integration neuer Anbieter und Lieferanten erleichtern.
- Das Digital Procurement ist ein integraler Bestandteil der Lieferkette. Als integrativer Ansatz ist das Supply Chain Management die holistische Darstellung der Lieferantenbeziehungen eines Unternehmens. Obwohl das Digital Procurement ein untergeordneter Bestandteil des Supply Chain Managements ist, zeichnet es sich durch strukturelle Merkmale aus, die über das Supply Chain Management hinausgehen.
- Beschaffungsgüter können nach ihren spezifischen Eigenschaften unterschieden werden. Es kann grundsätzlich zwischen direkten und indirekten Gütern unterschieden werden. Direkte Güter sind Inputfaktoren, die mit anderen Komponenten kombiniert und somit verarbeitet werden. Indirekte Güter hingegen haben einen produktionsunterstützenden Charakter und werden oft als MRO-Güter bezeichnet.
- Die unterschiedlichen Beschaffungssituationen können anhand einer Bewertungsmatrix evaluiert werden. Diese Matrix unterscheidet zwischen selektivem Einkauf mit geringer strategischer Bedeutung und geringem Automatisierungspotenzial, investivem Einkauf mit hoher strategischer Bedeutung und geringem Automatisierungspotenzial, bedarfsorientiertem Einkauf mit geringer strategischer Bedeutung und hohem Auto-

[111] Vgl. Peukert/Ghazvinian (2001), S. 213; Budde (2007), S. 88 f.

matisierungspotenzial sowie logistischem Einkauf mit hoher strategischer Bedeutung und hohem Automatisierungspotenzial.

- Der Beschaffungsprozess besteht aus vier übergreifenden Phasen. Diese sind die Analyse-, die Initiierungs-, die Vereinbarungs- und die Abwicklungs-/Clearingphase. Jede Phase hat ihren eigenen Prozess, der mit spezifischen Aktivitäten verbunden ist.
- Das Digital Procurement bietet Kostenvorteile (z. B. durch standardisierte IT-Systeme), Zeitvorteile (z. B. durch zeitnahe Verhandlungen, Genehmigungen und Bestellungen), Qualitätsvorteile (z. B. durch Informationstransparenz) und integrierte Vorteile (z. B. durch digitale Zwillinge).
- Im weiteren Sinne umfasst die Implementierung des Digital Procurements zwei Phasen, die aus neun Schritten bestehen. Dabei dient die Analysephase als Vorbereitungsphase für die Umsetzungsphase. Sie besteht aus (1) der Unternehmens- & Produkt- bzw. Serviceanalyse, (2) Digital Procurement-Prozessanalyse, (3) der Zuliefereranalyse sowie (4) der Definition eines Digital Procurement Masterplans/-konzepts.
- Die eigentliche Umsetzungsphase besteht aus (1) der Digital Procurement-System Evaluation und Selektion, (2) dem Digital Procurement-System Design und der Entwicklung, (3) der Digital Procurement Datenmigration des digitalen Beschaffungssystems, der Pilotierung, dem Testen und der Schulung, (4) dem Digital Procurement-System Betrieb und Einsatz sowie (5) des Digital Procurement-System Monitoring & Audit.

Kapitel 18
Wissensfragen und Diskussionsthemen

Wissensfragen

1. Definieren Sie das Digital Supply Chain Management und das Digital Procurement.
2. Beschreiben Sie die Entwicklung der digitalen Beschaffung und bewerten Sie ihre Eignung.
3. Identifizieren Sie die die zentralen Akteure und veranschaulichen Sie die verschiedenen Interaktionsformen innerhalb der digitalen Beschaffung.
4. Beschreiben Sie die verschiedenen Phasen des digitalen Beschaffungsprozesses und identifizieren Sie die Potenziale der digitalen Beschaffung entlang dieser Phasen.
5. Erläutern Sie den Implementierungsprozess des Digital Procurements.

Diskussionsthemen

1. Diskutieren Sie, ob das Digital Procurement für jedes Unternehmen geeignet ist oder ob es Unterschiede in der Branchenzugehörigkeit gibt.
2. Erörtern Sie, ob das Digital Procurement zu einer grundlegenden Veränderung der Lieferketten führt. Welche Auswirkungen hat das Digital Procurement auf die angeschlossenen Unternehmen?
3. Diskutieren Sie, ob das Digital Procurement mit signifikanten Prozessverbesserungen im Vergleich zum traditionellen Procurement verbunden ist und ob dies zu einem Personalabbau führen wird. Analysieren Sie in diesem Zusammenhang auch die allgemeinen Auswirkungen der Beschaffungsautomatisierung auf den Arbeitsmarkt.

Literatur

Arnold, U. (1993), Beschaffungsinformation, in: Wittmann, W./Kern, W./Köhler, R./Küpper, H.-U./ Wysocki, K. von (Hrsg.): Handwörterbuch der Betriebswirtschaft, Stuttgart 1993, S. 325–338.

Arnolds, H./Heege, F./Röh, C./Tussing, W. (2016), Materialwirtschaft und Einkauf- Grundlagen – Spezialthemen – Übungen, 13. Auflage, Wiesbaden 2016.

Backhaus, K./Voeth, M. (2014), Industriegütermarketing, 10. Auflage, München 2014.

Block, C.H. (2001), Professionell einkaufen mit dem Internet. E-Procurement – Direct Purchasing, München 2001.

Bogaschewsky, R. (1999), Electronic Procurement – Neue Wege der Beschaffung, in: Bogaschewsky, R. (Hrsg.): Elektronischer Einkauf: Erfolgspotentiale, Praxisanwendungen, Sicherheits- und Rechtsfragen, Gernsbach 1999, S. 13–40.

Bogaschewsky, R. (2002), Electronic Procurement. Katalog-basierte Beschaffung, Marktplätze, B2B-Netzwerke, in: Gabriel, R./Hoppe, U. (Hrsg.): Electronic Business. Theoretische Aspekte und Anwendungen in der betrieblichen Praxis, Heidelberg 2002, S. 23–43.

Budde, L. (2007), Planung, Steuerung und Kontrolle von katalogbasierten Beschaffungslösungen. Entwicklung eines ganzheitlichen Controllingkonzepts, Estenfeld 2007.

Chaffey, D./Hemphill, T./Edmundson-Bird, D. (2019), Digital business and e-commerce management, 7. Auflage, Harlow, England, New York 2019.

Davila, A./Gupta, M./Palmer, R. (2003), Moving Procurement Systems to the Internet. The Adoption and Use of E-Procurement Technology Models, in: European Management Journal, 21. Jg., Nr. 1, 2003, S. 11–23.

Dolmetsch, R. (1999), Desktop Purchasing – IP-Netzwerkapplikationen in der Beschaffung, St. Gallen 1999.

Dolmetsch, R. (2000), eProcurement: Einsparungspotenziale im Einkauf, München 2000.

Eyholzer, K. (2000), E-Procurement in Schweizer Unternehmen – eine Analyse anhand von Fallbeispielen, Arbeitsbericht Nr. 124 des Instituts für Wirtschaftsinformatik der Universität Bern, Bern 2000.

Eyholzer, K./Hunziker, D. (1999), Internet-Einsatz in der Beschaffung – Eine empirische Untersuchung in Schweizer Unternehmen, Arbeitsbericht Nr. 118 des Instituts für Wirtschaftsinformatik der Universität Bern, Bern 1999.

Fieten, R. (1992), Organisation der Beschaffung, in: Frese, E. (Hrsg.): Handwörterbuch der Organisation, 3. Auflage, Stuttgart 1992, S. 340–353.

Günther, H.O. (1993), Beschaffungsorganisation, in: Wittmann, W./Kern, W./Köhler, R./Küpper, H.-U./Wysocki, K. von (Hrsg.): Handwörterbuch der Betriebswirtschaft, Bd. 5, Stuttgart 1993, S. 339–347.

Hamm, V./Brenner, W. (1999), Potentiale des Internet zur Unterstützung des Beschaffungsprozesses, in: Strub, M. (Hrsg.): Der Internet-Guide für Einkaufs- und Beschaffungsmanager, Landsberg am Lech 1999, S. 123–151.

Hartmann, D. (1999), Wettbewerbsvorteile durch Electronic Procurement, in: Bogaschewsky, R. (Hrsg.): Elektronischer Einkauf: Erfolgspotentiale, Praxisanwendungen, Sicherheits- und Rechtsfragen, Gernsbach 1999, S. 41–55.

Hawkes, H./Houston, P./Turner, M. (2005), “Off the table, Into the Pocket”. Driving Procurement Savings to the Bottom Line, Boston, Chicago 2005.

Jelassi, T./Enders, A. (2008), Strategies for e-business- Creating Value through Electronic and Mobile Commerce, 2. Auflage, Harlow, Essex 2008.

Kalakota, R./Robinson, M. (2001), e-Business 2.0. Roadmap for Success, Boston 2001.

Kleineicken, A. (2004), eProcurement, in: Wannenwetsch, H./Nicolai, S. (Hrsg.): E-Supply-Chain-Management, 2. Auflage, Wiesbaden 2004, S. 90–118.

Kollmann, T. (2016), E-Business- Grundlagen elektronischer Geschäftsprozesse in der Digitalen Wirtschaft, 6. Auflage, Wiesbaden 2016.

Kollmann, T. (2019), E-Business- Grundlagen elektronischer Geschäftsprozesse in der Digitalen Wirtschaft, 7. Auflage, Wiesbaden 2019.

Koppelmann, U. (2004), Beschaffungsmarketing, 4. Auflage, Berlin 2004.

KPMG Consulting (1999), Electronic Procurement – Neue Beschaffungsstrategien durch Desktop Purchasing Systeme, Berlin 1999.

Laudon, K.C./Traver, C.G. (2010), E-Commerce 2010- business. technology. society, 6. Auflage, Harlow, England 2010.

Laudon, K.C./Traver, C.G. (2017), E-Commerce 2016- business. technology. society, 12. Auflage, Upper Saddle River 2017.

Mattes, F. (1999), Electronic Business-to-Business: E-Commerce mit Internet und EDI, Stuttgart 1999.

Meier, A./Stormer, H. (2012), eBusiness & eCommerce- Management der digitalen Wertschöpfungskette, 3. Auflage, Berlin, Heidelberg 2012.

Möhrstädt, D.G./Bogner, P./Paxian, S. (2001), Electronic Procurement planen, einführen, nutzen, Stuttgart 2001.

Neef, D. (2001), e-Procurement. From Strategy to Implementation, Upper Saddle River 2001.

Nenninger, M. (1999), Electronic Procurement. Neue Beschaffungsstrategien durch Desktop Purchasing Systeme, Berlin 1999.

Nenninger, M./Gerst, M. (1999), Wettbewerbsvorteile durch Electronic Procurement – Strategien, Konzeption und Realisierung, in: Hermann, A./Sauter, M. (Hrsg.): Management-Handbuch Electronic Commerce, München 1999, S. 283–295.

Nenninger, M./Lawrenz, O. (2002), B2B-Erfolg durch eMarkets und eProcurement, Wiesbaden 2002.

Papazoglou, M./Ribbers, P. (2006), E-Business- Organizational and technical foundations, Hoboken, NJ 2006.

Peukert, J./Ghazvinian, A. (2001), E-Procurement als neue Beschaffungsstrategie, in: Eggers, B./ Hoppen, G. (Hrsg.): Strategisches E-Commerce-Management, Wiesbaden 2001, S. 187–218.

Preißner, A. (2002), Electronic Procurement in der Praxis, München 2002.

PriceWaterhouceCoopers (2022), PwC Global Digital Procurement Survey 2022, https://www.pwc.de/de/content/ca4cd733-4fb8-4297-9fba-22c50793c6fe/pwc-global-digital-procurement-survey-2022-en.pdf, Abruf: 26.01.2023.

Puschmann, T./Alt, R. (2005), Successful Use of eProcurement in Supply Chains, in: Supply Chain Management, 10. Jg., Nr. 2, 2005, S. 122–133.

Robinson, P.J./Faris, C.W./Wind, Y. (1967), Industrial Buying and Creative Marketing, Boston 1967.

Roland, F. (1993), Beschaffungsstrategien: Voraussetzungen, Methoden und EDV-Unterstützung einer problemadäquaten Auswahl, Köln 1993.

Schäffer, H./Höll, S./Schönberg, T. (1999), Buy Direct – eine Intranet-basierende Geschäftsprozessoptimierung im Einkauf, in: Scheer, A./Nüttgens, M. (Hrsg.): Electronic Business Engineering, Heidelberg 1999, S. 505–519.

Schneider, D./Schnetkamp, G. (2000), E-Markets, Wiesbaden 2000.

Schubert, P. (2002), E-Procurement. elektronische Unterstützung der Beschaffungsprozesse in Unternehmen, in: Schubert, P./Wölfle, R./Dettling, W. (Hrsg.): Procurement im E-Business. Einkaufs- und Verkaufsprozesse elektronisch optimieren, München 2002, S. 1–28.

Softengi (2023), AI in Procurement Management: Enhancing Every Module, https://softengi.com/projects/artificial-intelligence-software-for-procurement-management/, Abruf: 13.02.2023.

Stoll, P.P. (2007), E-Procurement. Grundlagen, Standards und Situation am Markt, Wiesbaden 2007.

Subramaniam, C./Shaw, M.J. (2004), The Effects of Process Characteristics on the Value of B2B E-Procurement, in: Information Technology and Management, 5. Jg., Nr. 1, 2004, S. 161–180.

Tempelmeier, H. (1995), Beschaffung, Materialwirtschaft, Logistik, in: Wittmann, W./et al (Hrsg.): Handwörterbuch der Betriebswirtschaft, Teilband 1 (A-H), Bd. 5, Stuttgart 1995, S. 312–325.

Töpfer, A. (2007), Betriebswirtschaftslehre: Anwendungs- und prozessorientierte Grundlagen, 2. Auflage, Berlin, Heidelberg, New York 2007.

Treis, B. (1986), Beschaffungsmarketing, in: Theuer, G./Schiebel, W./Schäfer, R. (Hrsg.): Beschaffung – ein Schwerpunkt der Unternehmensführung, Landsberg am Lech 1986, S. 133–148.

Tripp, H. (2002), Electronic Procurement Services. E-Procurement Dienstleistungsmodelle in offenen Elektronischen Markzplätzen, Lohmar, Köln 2002.

Turban, E./King, D./Lee, J.K./Liang, T.-P./Turban, D.C. (2015), Electronic commerce- A managerial and social networks perspective, 8. Auflage, Cham 2015.

Turban, E./Outland, J./King, D./Lee, J.K./Liang, T.-P./Turban, D.C. (2018), Electronic Commerce 2018- A Managerial and Social Networks Perspective, 9th ed. 2018, Cham 2018.

Walser, M./Zimmer, A. (1999), E-Procurement – C-Teile-Beschaffung via Internet, in: PricewaterhouseCoopers (Hrsg.): Leitfaden E-Business: Erfolgreiches Management, Bd. 5, Frankfurt am Main 1999,

Wannenwetsch, H. (2002), E-Logistik und E-Business, Stuttgart 2002.

Wecker, R. (2006), Internetbasiertes Supply Chain Management. Konzeptionalisierung, Operationalisierung und Erfolgswirkung, Wiesbaden 2006.

Wirtz, B.W. (2001), Electronic Business, 2. Auflage, Wiesbaden 2001.

Wirtz, B.W. (2010), Electronic Business, 3. Aufl. Wiesbaden: Gabler.

Wirtz, B.W. (2018), Electronic Business, 6. Auflage, Wiesbaden 2018.

Wirtz, B.W. (2020), Electronic Business, 7. Auflage, Wiesbaden 2020.

Wirtz, B.W. (2021), Digital business and electronic commerce- Strategy, business models and technology, 1. Auflage, Cham 2021.

Wirtz, B.W./Eckert, U. (2001), Electronic Procurement – Einflüsse und Implikationen auf die Organisation der Beschaffung, in: Zeitschrift Führung und Organisation (zfo), 70. Jg., Nr. 3, 2001, S. 44–51.

Wirtz, B.W./Kleineicken, A. (2005), Electronic Procurement. Eine Analyse zum Erfolgsbeitrag der internetbasierten Beschaffung, in: Zeitschrift Führung und Organisation (zfo), 74. Jg., Nr. 6, 2005, S. 339–347.

Wirtz, B.W./Lütje, S./Schierz, P.G. (2010), An Empirical Analysis of the Acceptance of E-Procurement in the German Public Sector, in: International Journal of Public Administration, 33. Jg., Nr. 1, 2010, S. 26–42.

Wirtz, B.W./Vogt, P. (2001), Zukunftsperspektiven des E-Business, in: DG Bank (Hrsg.), E-Business: Potenziale und Risiken für den Mittelstand, Frankfurt am Main, 2001, S. 147–201.

Wöhe, G./Döring, U./Brösel, G. (2016), Einführung in die Allgemeine Betriebswirtschaftslehre, 26. Auflage, München 2016.

Digital Business Implementierung 19

Inhaltsverzeichnis

19.1 Analysephase 1102
19.2 Implementierungsphase 1105
19.3 3+3-Prüfungs- und Evaluationssystem für das Digital Business 1113
19.4 Inhaltliche Kernpunkte der Digital Business Implementierung 1116
Literatur 1118

Wissensziele

Wenn Sie dieses Kapitel gelesen haben, werden Sie in der Lage sein:

1. die Analysephase vor der Implementierung von Digital Business zu beschreiben,
2. die einzelnen Implementierungsschritte zu erklären,
3. die drei Bewertungsbereiche des 3+3 Prüfungs- und Evaluationssystems sowie deren Wechselwirkungen zu erklären,
4. die drei Bewertungsebenen des 3+3 Prüfungs- und Evaluationssystems zu beschreiben,
5. die Erfolgsfaktoren der Digital Business Implementierung zu erklären.

B. W. Wirtz, *Digital Business*, https://doi.org/10.1007/978-3-658-41467-2_19

Die Entwicklung und Gestaltung eines hochwertigen Digital Business Angebots ist eine anspruchsvolle Herausforderung.[1] Vor allem für kleinere Unternehmen ist es oft schwierig, die erforderlichen Ressourcen und Kompetenzen bereitzustellen. In diesem Fall ist es in der Regel sinnvoll, bereits in einem frühen Stadium der Digital Business-Implementierung Kooperationspotenziale mit anderen Unternehmen zu berücksichtigen. Auf diese Weise können zusätzliche Skaleneffekte und Synergievorteile hinsichtlich wesentlicher Kostenpositionen erschlossen werden.

Eine erfolgreiche Digital Business-Implementierung sollte aus zwei zentralen Bestandteilen bestehen: Erstens ist eine systematisch entwickelte Digital Business-Roadmap erforderlich, die einen transparenten Überblick über die notwendigen Umsetzungsaktivitäten und Meilensteine gibt. Zweitens braucht es ein Digital Business Audit- und Evaluierungskonzept, das die jeweiligen Leistungsindikatoren sowie die Monitoring- und Controlling-Prozesse festlegt und ein frühzeitiges Eingreifen ermöglicht.

Vor diesem Hintergrund werden in Abschn. 19.1 die vier Schritte der Analysephase beschrieben, die als Grundlage für einen systematischen und gut vorbereiteten Implementierungsprozess dienen. Abschn. 19.2 stellt die folgenden sechs Schritte der Implementierungsphase vor, bevor sich Abschn. 19.3 mit der Evaluierung und der Steuerung der Implementierungsphase befasst. Dabei wird insbesondere das 3+3 Prüfungs- und Evaluationssystem als Managementansatz für die erfolgreiche Digital Business Implementierung dargestellt. Abb. 19.1 stellt die Struktur des Kapitels dar.

19.1 Analysephase

Der Start einer Digital Business-Implementierung erfordert eine solide Informationsbasis. Daher ist die Analysephase vor der Implementierung essenziell und dient als Grundlage für einen systematischen und gut vorbereiteten Implementierungsprozess. Die Analysephase vor der Implementierung besteht aus vier Schritten: (1) der SWOT-Analyse, (2) dem Benchmarking mit Best-Practice Analyse, (3) der Analyse der Kundennachfrage und -präferenzen sowie (4) der Digital Business Strategie- bzw. Konzeptentwicklung. Abb. 19.2 veranschaulicht die einzelnen Schritte der Analysephase.

Schritt 1: SWOT-Analyse

Im ersten Schritt müssen Digital Business Anbieter ein klares Verständnis der Stärken und Schwächen sowie der Chancen und Risiken (SWOT) in Bezug auf ihr bestehendes Digital Business-Angebot entwickeln.

Das generelle Vorgehen beginnt mit der Umwelt- und Organisationsanalyse, die in einer Matrix dargestellt werden kann und die jeweiligen Stärken und Schwächen den

[1] Vgl. zu Kap. 19 Digital Business Implementierung im Folgenden Wirtz (2015), S. 201 ff.; Wirtz/Daiser (2017), S. 210 ff.; Wirtz (2021), S. 629 ff.; Wirtz (2022), S. 507 ff.

Analysephase
Implementierungsphase
3+3 Prüfungs- und Evaluationssystem
• SWOT-Analyse
• Benchmarking
• Analyse der Kundennachfrage
• Strategieentwicklung
• Definition des Masterplans
• Optionsauswahl
• Modellentwicklung
• Datenmigration
• Modelleinführung
• Überwachung
• Bewertungsbereiche
• Bewertungsebenen

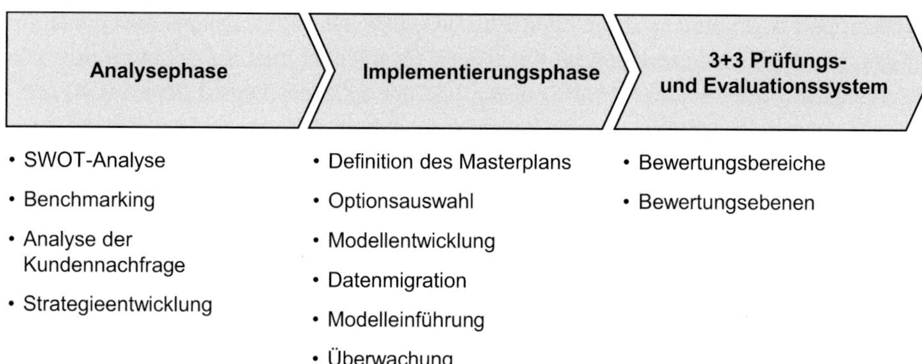

Abb. 19.1 Struktur des Kapitels

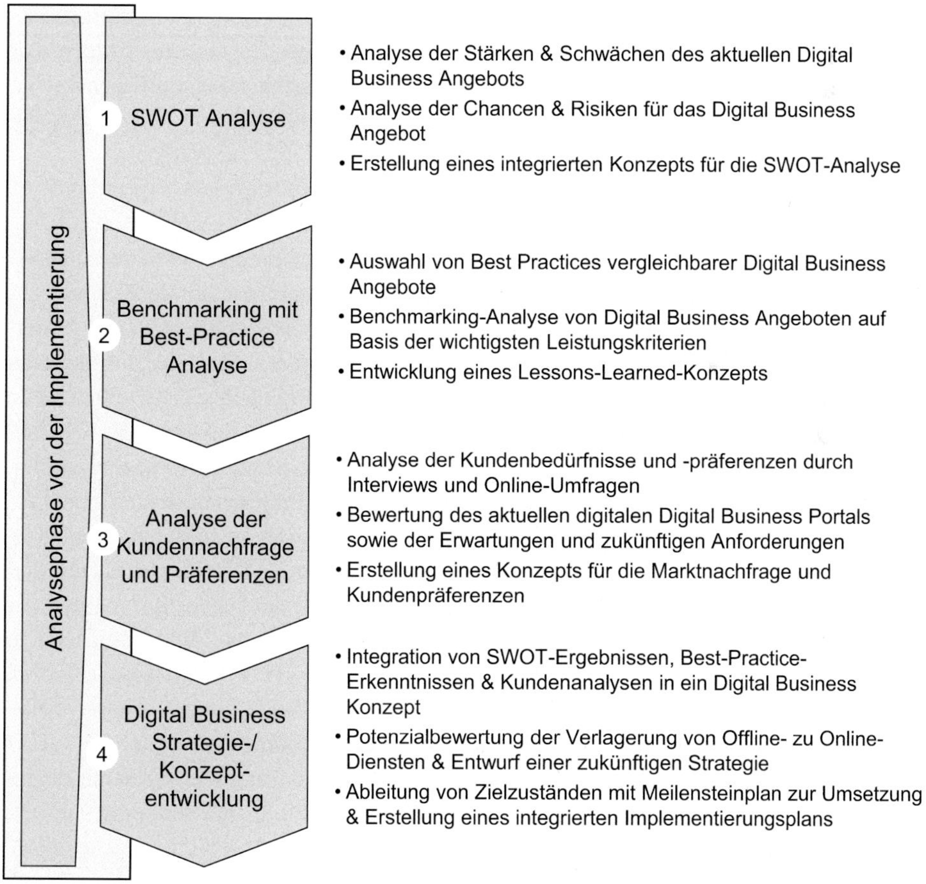

Analysephase vor der Implementierung
1 SWOT Analyse
• Analyse der Stärken & Schwächen des aktuellen Digital Business Angebots
• Analyse der Chancen & Risiken für das Digital Business Angebot
• Erstellung eines integrierten Konzepts für die SWOT-Analyse
2 Benchmarking mit Best-Practice Analyse
• Auswahl von Best Practices vergleichbarer Digital Business Angebote
• Benchmarking-Analyse von Digital Business Angeboten auf Basis der wichtigsten Leistungskriterien
• Entwicklung eines Lessons-Learned-Konzepts
3 Analyse der Kundennachfrage und Präferenzen
• Analyse der Kundenbedürfnisse und -präferenzen durch Interviews und Online-Umfragen
• Bewertung des aktuellen digitalen Digital Business Portals sowie der Erwartungen und zukünftigen Anforderungen
• Erstellung eines Konzepts für die Marktnachfrage und Kundenpräferenzen
4 Digital Business Strategie-/ Konzept-entwicklung
• Integration von SWOT-Ergebnissen, Best-Practice-Erkenntnissen & Kundenanalysen in ein Digital Business Konzept
• Potenzialbewertung der Verlagerung von Offline- zu Online-Diensten & Entwurf einer zukünftigen Strategie
• Ableitung von Zielzuständen mit Meilensteinplan zur Umsetzung & Erstellung eines integrierten Implementierungsplans

Abb. 19.2 Analysephase vor der Implementierung. (Vgl. Wirtz (2021), S. 631; Wirtz (2022), S. 509)

Chancen und Bedrohungen des Digital Business gegenüberstellt. Daraus lassen sich im Anschluss verschiedene strategische Konsequenzen ableiten. Dazu ist es notwendig, eine zusammenhängende Analyse sowohl aus der internen Sicht des Digital Business als auch aus der externen Perspektive der Kunden durchzuführen. Die Ergebnisse dieser beiden Perspektiven werden dann zu einem integrierten Konzept zusammengeführt, das sowohl die Stärken und Schwächen als auch die Chancen und Risiken des Digital Business beinhaltet.

Schritt 2: Benchmarking mit Best-Practice Analyse
Der zweite Schritt der Digital Business-Roadmap-Entwicklung ist das Benchmarking. Dieser Schritt dient dazu, bestehende Digital Business-Services, -Prozesse und -Leistungen mit Best Practices von anderen Digital Business Ansätzen zu vergleichen, um weiteres Optimierungspotenzial für das bestehende Digital Business Angebot zu identifizieren. Zunächst ist es wichtig, Best-Practice-Digital-Business-Organisationen zu selektieren, um diese im zweiten Schritt anhand bestimmter vordefinierter Leistungskriterien zu analysieren, zu vergleichen und zu bewerten. Dabei sollten ähnliche Organisationen ausgewählt werden, um eine Vergleichbarkeit zu gewährleisten. Zusätzlich erfordert das Benchmarking die Entwicklung eines Lessons-Learned-Konzepts, das die Erkenntnisse, Implikationen und Schlussfolgerungen für das eigene Digital Business Angebot zusammenfasst.

Schritt 3: Analyse der Kundennachfrage und Präferenzen
Der dritte Schritt ist die Analyse der Kundennachfrage und deren Präferenzen. Dabei sollte ein Konzept erstellt werden, das die aktuellen und erwarteten Bedürfnisse zusammenfasst. Um diese Informationen zu erhalten, müssen Digital Business Unternehmen den Bedarf und die Präferenzen der Kunden mit Hilfe von analytischen Ansätzen wie Interviews und Online-Umfragen erheben. Dabei ist es nicht nur wichtig, die aktuelle Situation zu erkunden, sondern auch Informationen über die zukünftigen Kundenerwartungen zu sammeln. Um mit neuen Digital Business Angeboten erfolgreich zu sein, benötigen Digital Business Unternehmen multifaktorielle Präferenzanalysen und Prognosen in Echtzeit. Nur wenn lokal differenzierte Präferenzen richtig eingeschätzt werden, kann die Kundennachfrage nachhaltig befriedigt werden. Mit den richtigen Ansätzen sind Digital Business Unternehmen in der Lage, ihre Strategie an die gegenwärtigen und zukünftigen Präferenzen anzupassen und auf diese Weise den Business Value langfristig zu maximieren.

Schritt 4: Digital Business Strategie- bzw. Konzeptentwicklung
Nach Abschluss des dritten Schritts können Digital Business Unternehmen damit beginnen Digital Business-Strategien bzw. Konzepte zu entwickeln. Dabei sollte ein Zielzus-

tand für das Digital Business mit einem klar definierten Implementierungskonzept und Aktionsplan konzipiert werden. Zu diesem Zweck sollten Digital Business Unternehmen die Ergebnisse der vorangegangenen Schritte in ein grundlegendes Digital Business Konzept integrieren, das die zukünftige Digital Business Strategie widerspiegelt.

19.2 Implementierungsphase

Die zweite Hauptphase befasst sich mit dem Implementierungsprozess und umfasst die folgenden sechs Schritte: (5) Definition des Masterplans für die Digital Business Implementierung, (6) Auswahl der Optionen für die Digital Business Implementierung, (7) Entwurf/Entwicklung eines Digital Business Implementierungsmodells, (8) Digital Business Datenmigration sowie Pilottests und Schulungen, (9) Einführung des Digital Business Implementierungsmodells und (10) Überwachung und Kontrolle der Digital Business Implementierung. Abb. 19.3 veranschaulicht die gesamte Implementierungsphase mit ihren sechs Schritten.

Schritt 5: Definition des Masterplans für die Digital Business Implementierung
In der Implementierungsphase wird das entwickelte Sollkonzept umgesetzt. Dabei können verschiedene Probleme auftreten, die zum Scheitern der Implementierung führen. So kann es beispielsweise vorkommen, dass einzelne Führungskräfte den Nutzen des Projekts nicht erkennen oder alternative Konzepte bevorzugen. Außerdem ist es möglich, dass das Management technologische Potenziale isoliert betrachtet. Da diese isolierte Perspektive traditionelles Silodenken fördert, ist eine holistische Analyse des Digital Business (erste vier Schritte) erforderlich, um die endgültigen Anforderungen an die Digital Business Implementierung definieren zu können. Vor diesem Hintergrund wird in Schritt 5 ein Masterplan für die Digital Business Implementierung abgeleitet und eine entsprechende Strategie festgelegt.

Schritt 6: Auswahl der Optionen für die Digital Business Implementierung
Darauf aufbauend bezieht sich Schritt sechs auf die Auswahl der Optionen für die Digital Business Implementierung. Dieser Schritt umfasst die Identifizierung relevanter IT-Systeme und -Anwendungen für das Digital Business. Ausgehend von der Definition des Masterplans sind die auf dem Markt verfügbaren Softwareprodukte auf ihre Eignung für die Organisation zu prüfen. Zu diesem Zweck sollte das Implementierungsprojektteam die angebotenen Lösungen auf der Grundlage gewichteter Kriterien vergleichen. Diese Kriterien können z. B. Implementierungs- und Wartungskosten, Kompatibilität mit organisationsinternen und -externen Schnittstellen, Benutzerfreundlichkeit sowie Erfahrungen und Referenzen des Herstellers umfassen. Die Auswahl der Kriterien wird stark von den spezi-

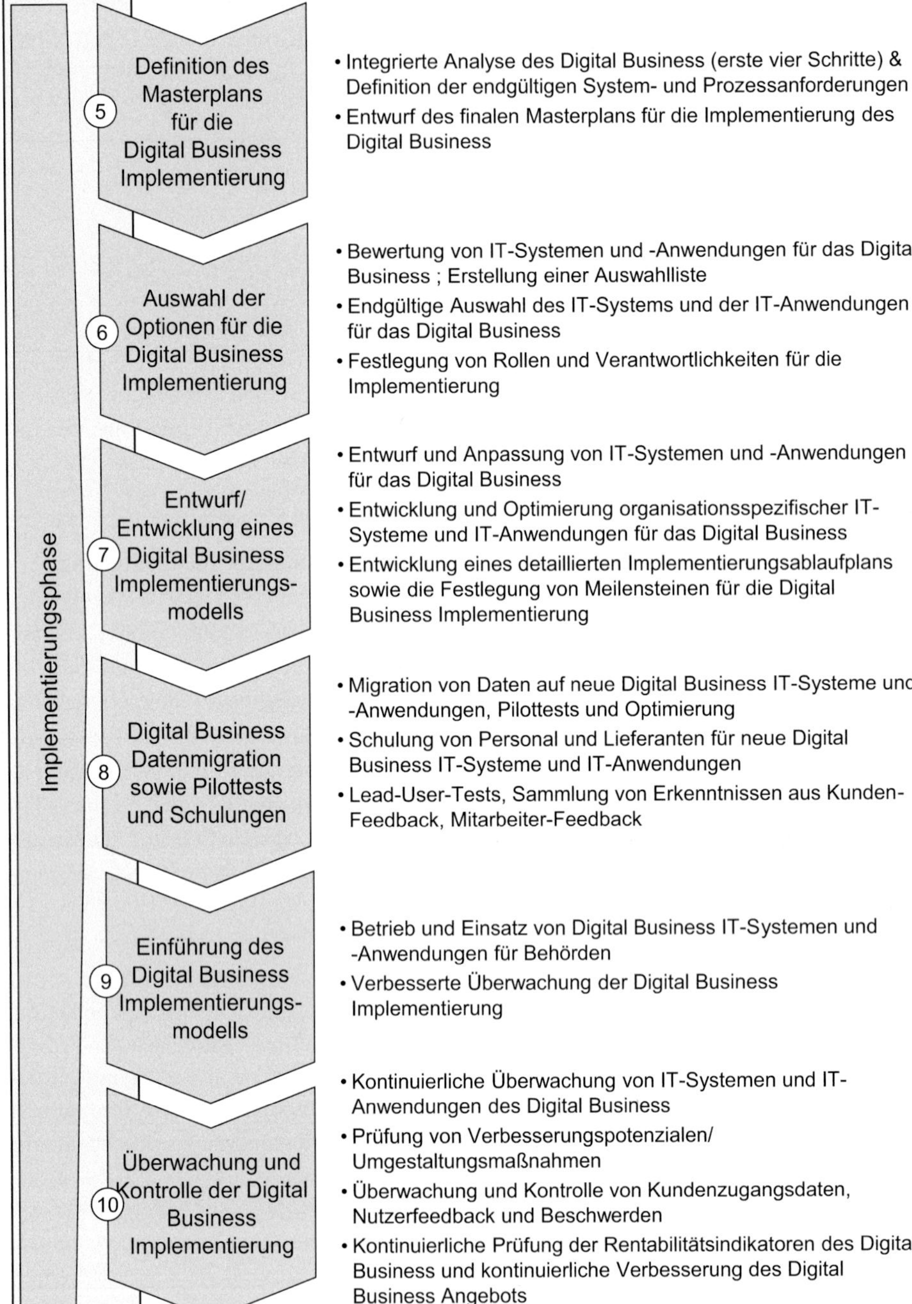

Abb. 19.3 Implementierungsphase. (Vgl. Wirtz (2021), S. 633; Wirtz (2022), S. 511)

fischen Anforderungen der Organisation beeinflusst. Als Ergebnis wird das am besten geeignete System für den Einsatz ausgewählt.

Schritt 7: Entwurf/Entwicklung eines Digital Business Implementierungsmodells
Der siebte Schritt bezieht sich auf den Entwurf bzw. die Entwicklung eines Digital Business Implementierungsmodells. Dieser Schritt umfasst insbesondere die Konzeption, Einrichtung und Optimierung der organisationsspezifischen IT-Systeme und Anwendungen. Der Fokus liegt auf der Integration der benötigten Schnittstellen und Datenformate. Es ist daher zu klären, welche Anforderungen bereits durch das System erfüllt werden oder als zusätzliches Modul erworben werden können und welche Aspekte individuell angepasst werden müssen.

Eine weitere Aufgabe in diesem Schritt ist die Ableitung von Zielzuständen und Meilensteinen in einem Digital Business Implementierungsablaufplan. Abb. 19.4 zeigt den beispielhaften Zeitplan für ein Digital Business Projekt.

Bei dem Digital Business Implementierungsablaufplan werden in der Regel sechs Phasen durchlaufen. Während die konzeptionelle Designphase die Konzipierung des Digital Business Implementierungsvorhabens umfasst, zielt die technische Designphase darauf ab, das konzeptionelle Design technisch umzusetzen. In der Pilotphase wird anschließend der erste Prototyp des Digital Business-Systems entwickelt. Nach erfolgreicher Erprobung dieses Prototyps wird das Pilotprojekt auf andere Abteilungen der Digital Business Organisation übertragen („Rollout“), bevor der „Go-Live“-Termin den Zeitpunkt angibt, zu dem das neue System aktiviert wird. Der „After Go-Live-Support“ ist ein bestimmter Zeitraum, in dem den Mitarbeitern besondere Unterstützung von Digital Business Experten

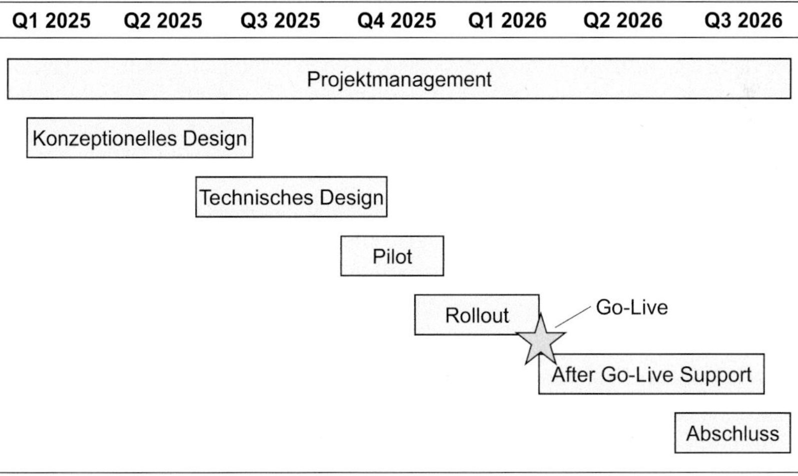

Abb. 19.4 Beispielhafter Digital Business Implementierungsablaufplan. (Vgl. Wirtz (2010), S. 192; Wirtz (2021), S. 635; Wirtz (2022), S. 513)

zur Verfügung steht. Die Abschlussphase bestimmt das offizielle Ende des Projekts. Darüber hinaus ist während des gesamten Implementierungsablaufs ein phasenübergreifendes Projektmanagement auf Projektleiterebene notwendig.

Schritt 8: Digital Business Datenmigration sowie Pilottests und Schulungen
Nach dem Entwurf bzw. der Entwicklung eines Digital Business Implementierungsmodells folgt mit Schritt acht die Digital Business Datenmigration sowie Pilottests und Schulungen. Dabei müssen die Verantwortlichen die Daten in das neue System migrieren, bevor das neue System anhand von Pilottests geprüft und optimiert werden kann. Ein weiterer wichtiger Aspekt in diesem Zusammenhang ist die Schulung des Personals und der Lieferanten im Hinblick auf die neuen IT-Systeme und Anwendungen. Dabei ist es wichtig, alle Interessengruppen wie beispielsweise Mitarbeiter und Lieferanten einzubeziehen.

Außerdem muss das Kundenerlebnis bewertet werden. So können Lead-User-Tests wertvolle Erkenntnisse bringen. Dabei ist es wichtig die Erkenntnisse aus dem Kundenfeedback und dem Feedback der Mitarbeiter einzubeziehen. Im Gegensatz zu Schritt drei bei der Analysephase ist es nun möglich, das Ergebnis des neuen Ansatzes zu erkennen. Daher kann der Digital Business Anbieter nun quasi in Echtzeit testen, ob die multifaktorielle Präferenzanalyse und die Prognosen aus Schritt drei zutreffen. Darüber hinaus helfen Pilottests, die Kundenreaktion zu bewerten und erlauben, die lokal differenzierte Nachfrage zu überprüfen. Außerdem ist es durch Pilottests möglich, die Strategie an die spezifischen Kundenpräferenzen anzupassen und auf diese Weise den zukünftigen Erfolg des Digital Business durch genaue Kundenprognosen zu maximieren.

Schritt 9: Einführung des Digital Business Implementierungsmodells
Im neunten Schritt wird das Digital Business Implementierungsmodells eingeführt. Das bedeutet, dass das neue System in der tatsächlichen Arbeitsumgebung eingesetzt und fortan im Tagesgeschäft genutzt wird. Dieser Schritt wird auch als „Go-Live" bezeichnet. Der Vorteil eines digitalen Systems in Bezug auf das „Go-Live" ist, dass es auf bestehenden Systemen aufbaut und in der Regel keine vollständige Umstellung erfordert. Stattdessen können die Organisationsabteilungen schrittweise in die Nutzung einbezogen werden. Die Erfahrungen aus den Teilimplementierungen erhöhen die Handhabbarkeit des Gesamtprozesses und damit die Erfolgschancen der Einführung des neuen Digital Business Systems. Vor diesem Hintergrund ist es bei der Einführung sinnvoll, zunächst mit einer Abteilung zu starten und dann in einem schrittweisen „Rollout" weitere Abteilungen an das neue Digital Business System anzuschließen.

Schritt 10: Überwachung und Kontrolle der Digital Business Implementierung
Der letzte Schritt des gesamten Implementierungsschemas bezieht sich auf die Überwachung und Kontrolle der Digital Business Implementierung. Hier werden das Digital Business IT-System und dessen Anwendungen kontinuierlich überwacht. Darüber hinaus werden regelmäßige Audits durchgeführt, um Verbesserungspotenziale zu identifizieren.

Dieser Schritt ermöglicht eine kontinuierliche Identifizierung von Optimierungspotenzialen in Bezug auf das implementierte System. Diese Aktivitäten sollten mit einer kontinuierlichen Verbesserung der Digital Business Services einhergehen.

In diesem Zusammenhang stellen die Indikatoren der Digital Business-Strategie ein entscheidendes Überwachungsinstrument dar, das die Digital Business Unternehmen kontinuierlich anwenden sollten, um ihr Digital Business Angebot zu verbessern. Darüber hinaus sollten sie prüfen, inwieweit die zuvor definierten und umgesetzten Strategien den gewünschten Effekt erzielt haben. Das Digital Business-Strategie-Audit zeigt also die Wirksamkeit der umgesetzten Digital Business-Strategien auf und identifiziert potenzielle Schwachstellen oder Verbesserungspotenziale.

Der letzte Schritt ist von erheblicher Bedeutung, da er auf den langfristigen Erfolg des Projekts abzielt. Viele Projekte scheitern, weil sie nicht langfristig überwacht und gesteuert werden. Vor diesem Hintergrund wird in Abschn. 19.3 ein systematisches Audit- und Bewertungssystem für Digital Business dargestellt. Die gesamten zehn Schritte des Implementierungsplans, bestehend aus der Analyse- und Implementierungsphase sind in Abb. 19.5 dargestellt.

Erfolgsfaktoren der Digital Business Implementierung

Der Erfolg des gesamten Implementierungsprozesses basiert auf einer Vielzahl unterschiedlicher Erfolgsfaktoren und wird durch die Erreichung verschiedener Ziele bestimmt. Dabei lassen sich acht zentrale Erfolgsfaktoren der Digital Business Implementierung identifizieren. Dazu zählen die Zielorientierung, ein geeignetes Projektteam, eine organisationsbezogene Werte- und Kulturorientierung, die Unterstützung durch das Top-Managements, eine unterstützende Change-Management-Strategie, zielgerichtete Schulungen und Trainings, ein offener Innovationsansatz und schließlich eine angemessene Ressourcenausstattung.

Zielorientierung

Zielorientierung bedeutet, dass alle Implementierungsansätze auf ein klares, konkretes und realisierbares Ziel des Digital Business ausgerichtet sind. Hierbei ist es wichtig, dass die Zielorientierung auch klare quantitative Zielvorgaben enthält.

Projektteam

Ein geeignetes Projektteam besteht aus Personen mit erfolgsrelevanten Kompetenzen für das Digital Business. Darüber hinaus ist es notwendig, dass diese Einzelpersonen effizient und effektiv zusammenarbeiten. Bei der Zusammenstellung des Projektteams ist die Auswahl eines kompetenten Projektleiters von überragender Bedeutung.

Organisationsbezogene Werte- und Kulturorientierung

Die organisationsbezogene Werte- und Kulturorientierung einer Digital Business Implementierung ist gegeben, wenn der Implementierungsprozess an die organisationsbezogenen Werte und Kultur der jeweiligen Digital Business Organisation angepasst wird. Es ist

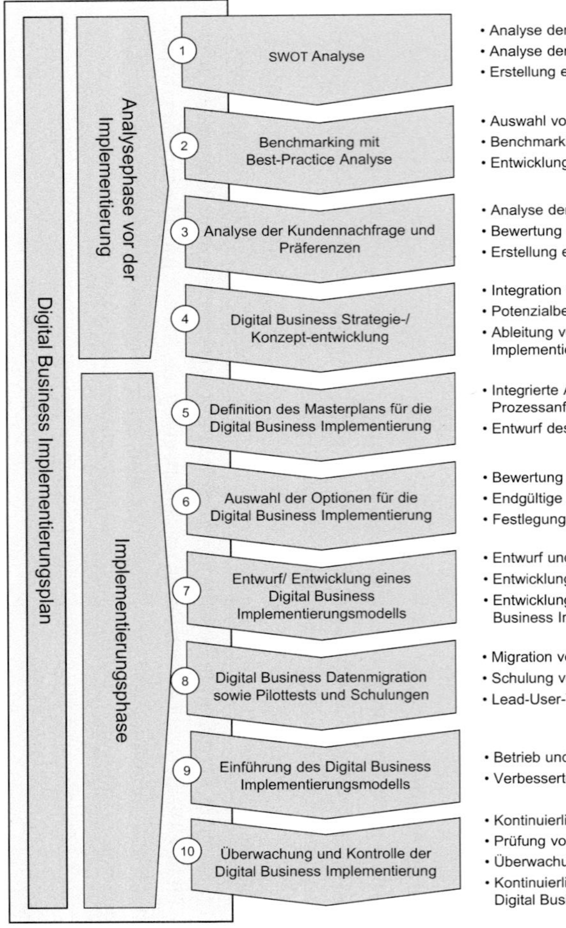

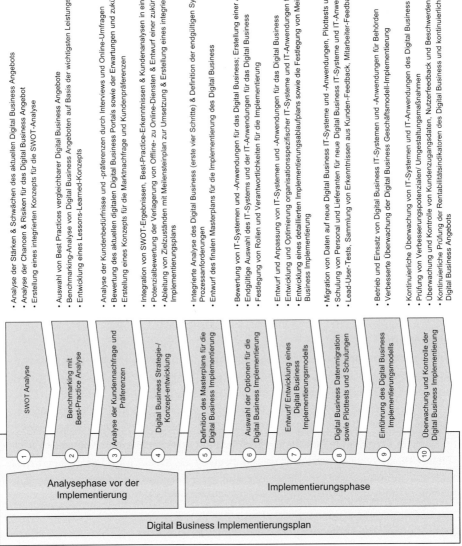

Abb. 19.5 10 Schritte der Digital Business Implementierung. (Vgl. Wirtz (2018), S. 689; Wirtz (2021), S. 638; Wirtz (2022), S. 516)

wichtig, dass alle beteiligten Personen die kulturellen Aspekte der Digital Business Organisation während der gesamten Digital Business Implementierung respektieren und berücksichtigen.

Unterstützung durch das Top-Managements
Die Unterstützung durch das Top-Management bezieht sich darauf, dass die Digital Business Implementierung von der obersten Führungsebene unterstützt wird. Das bedeutet, dass Entscheidungen, welche die Implementierung des Digital Business betreffen, von der obersten Führungsebene umfassend mitgetragen werden.

Change Management
Ein weiterer Erfolgsfaktor ist das Vorhandensein eines umfassenden Change-Management-Plans. Es ist von entscheidender Bedeutung, dass alle Änderungen im Zusammenhang mit der Digital Business Implementierung berücksichtigt und von einer Change-Management-Strategie begleitet werden.

Schulungen und Trainings
Ein weiterer wichtiger Faktor ist die Schulung und Einarbeitung aller betroffenen Mitarbeiter in entsprechenden Trainings- bzw. Weiterbildungsprogrammen. Neue Projekte erfordern gut geschultes Personal sowie ausreichend Raum und Zeit, um sich mit den neuen Verfahren und Technologien vertraut zu machen.

Offener Innovationsansatz
Eine weitere wichtige Erfolgskomponente ist ein offener Innovationsansatz während der Digital Business Implementierung. Dies kann durch die strategische Einbeziehung externer und interner kreativer Quellen erreicht werden. Ein solcher Ansatz wird dem Projekt Vorteile bringen, da es von neuen Ideen profitiert und die Akzeptanz der beteiligten Interessengruppen gewinnt.

Angemessene Ressourcenausstattung
Schließlich ist es wichtig, dass die Digital Business Implementierung über eine angemessene Ressourcenausstattung verfügt. Das Umsetzungsprojekt muss mit einem angemessenen Budget und ausreichenden zeitlichen und personellen Ressourcen ausgestattet sein. Abb. 19.6 beschreibt die acht zentralen Erfolgsfaktoren der Digital Business Implementierung.

Das implementierte Digital Business System sollte regelmäßigen Prüfungen und Evaluationen unterzogen werden, um sicherzustellen, dass es den Bedürfnissen und Anforderungen der Kunden sowie der Anbieter gerecht wird. Die wichtigsten Aspekte dieser Prüfungen und Evaluationen werden im folgenden Abschnitt dargelegt.

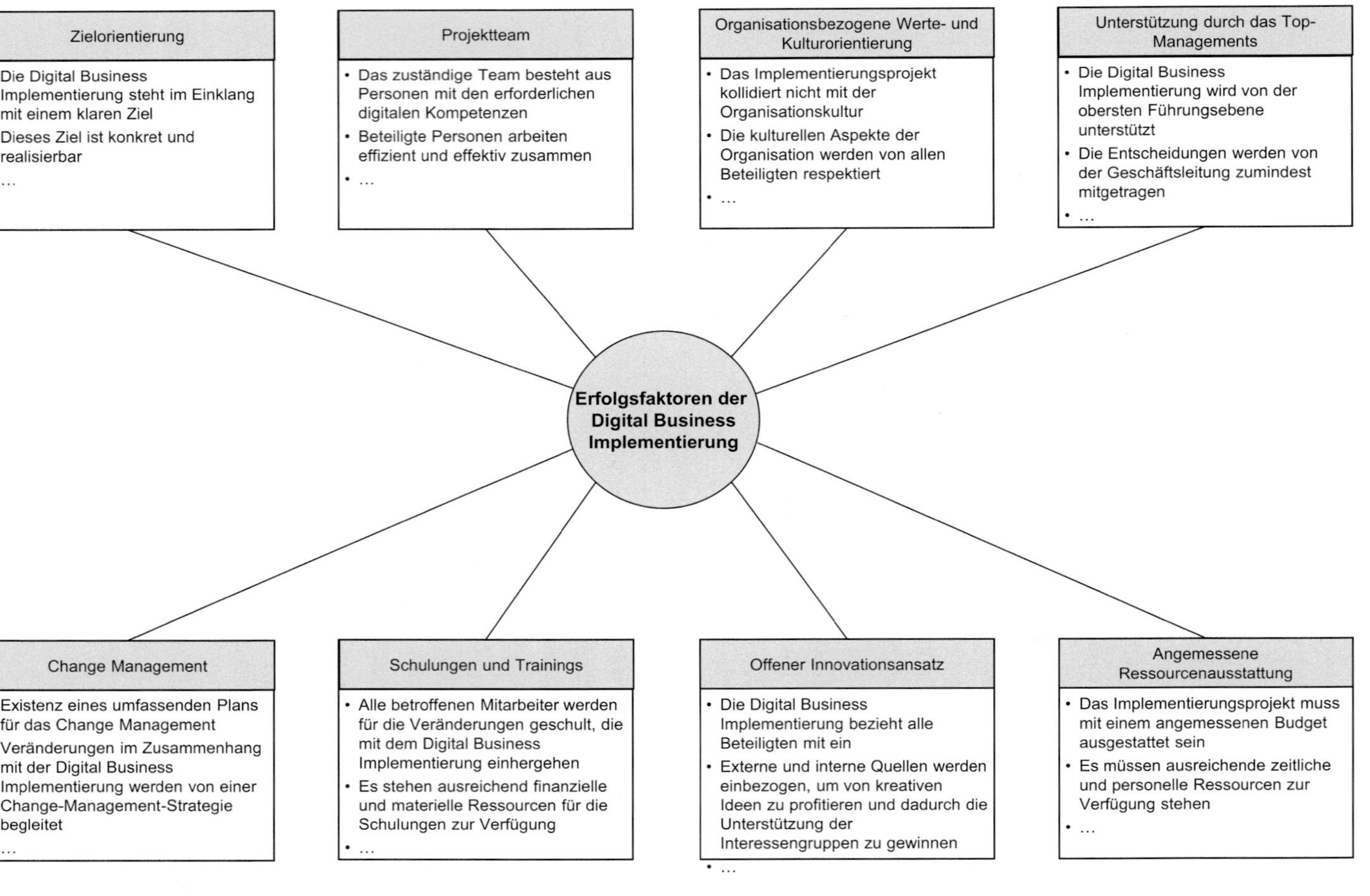

Abb. 19.6 Erfolgsfaktoren der Digital Business Implementierung. (Vgl. Wirtz (2021), S. 640; Wirtz (2022), S. 518)

19.3 3+3-Prüfungs- und Evaluationssystem für das Digital Business

Die Prüfung und Evaluation des Digital Business bezieht sich grundsätzlich auf eine systematische und transparente Evaluation sämtlicher Digital Business Aktivitäten. Um ein umfassendes Bild des Zustands des Digital Business zu erhalten, ist der Prüfungsansatz in zwei Hauptkomponenten unterteilt: Bewertungsbereiche und Bewertungsebenen. Die Bewertungsbereiche verfolgen das Ziel, das Digital Business aus einer Workflow- und Leistungsperspektive zu kontrollieren, während die Bewertungsebenen die verschiedenen Digital Business Ebenen betrachten. Dieses Vorgehen ermöglicht eine umfassende Prüfung und Evaluation des Digital Business und der zugrunde liegenden Wertschöpfungskette.

Bewertungsbereiche
In Bezug auf das Digital Business existieren drei Bewertungsbereiche, die sich durch systematische Rückkopplungen gegenseitig beeinflussen: Design-, Prozess- und Ergebnisevaluation. Obwohl die Abfolge dieser drei Bereiche im Allgemeinen linear ist, kann es während des Prüfungs- und Evaluationsprozesses kontinuierlich zu nachträglichen Änderungen in den vorhergehenden Bereichen kommen (siehe Abb. 19.7).

Designevaluation
Das Design befasst sich mit Faktoren, die mit der Entwicklung und den Zielen des Digital Business zusammenhängen. Das bedeutet, dass der Prüfer bewerten muss, ob das Digital Business die richtigen Ziele verfolgt und ob das Design des Digital Business das Erreichen der Ziele unterstützt. Dabei ist insbesondere zu prüfen, ob das Digital Business System auf dem aktuellen Stand ist und angemessen gewartet wird.

Prozessevaluation

Der Bereich der Prozessevaluation deckt in logischer Fortsetzung der Designevaluation die technische Realisierung bzw. Umsetzung des Digital Business ab. Hier bewertet der Prüfer, ob die technische Ausführung (in der Regel das Digital Business Portal oder die Digital Business Website) und der Prozess der Leistungsbereitstellung den ursprünglich definierten Erwartungen gerecht werden. Abb. 19.7 zeigt das Digital Business 3+3-Prüfungs- und Evaluationssystem mit den drei Bewertungsbereichen und den drei Bewertungsebenen.

Ergebnisevaluation
Der Bereich der Ergebnisevaluation befasst sich mit der Leistungsfähigkeit der Digital Business Services sowie der Erfüllung der angebots- und nachfrageorientierten Erfolgsfaktoren. Zu diesem Zweck bewertet der Prüfer die tatsächliche Leistung der bereit-

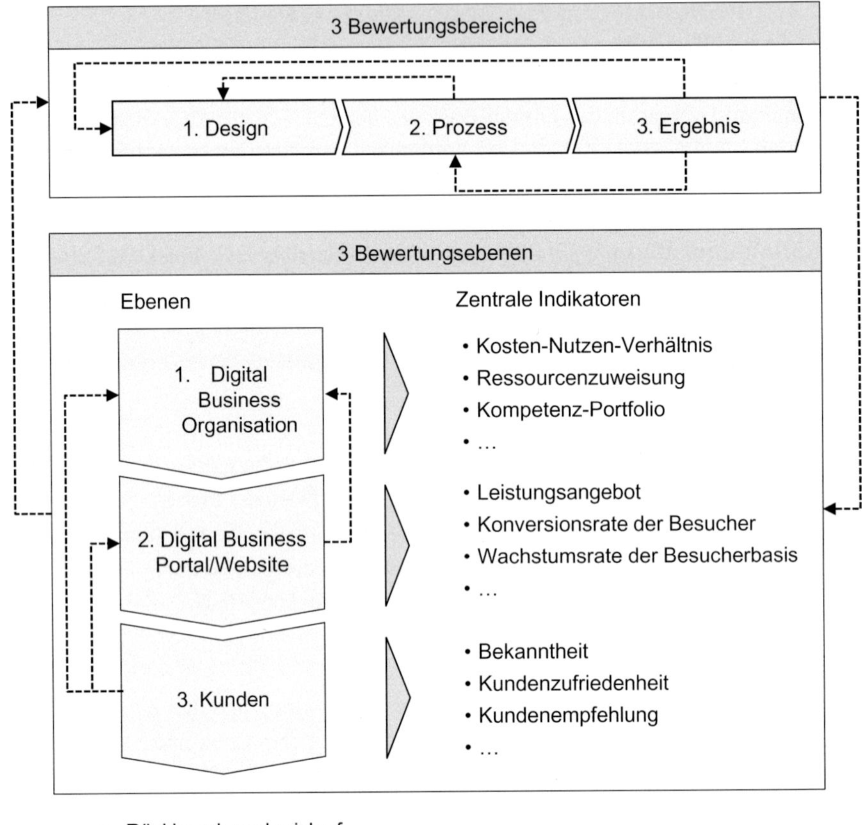

Abb. 19.7 Digital Business 3+3-Prüfungs- und Evaluationssystem. (Vgl. Wirtz (2015), S. 205; Wirtz (2021), S. 642; Wirtz (2022), S. 520)

gestellten Digital Business Services aus Kunden- und Anbieterperspektive. Das bedeutet, dass geprüft wird, ob die entsprechenden Erfolgsfaktoren ausreichend erfüllt sind. Sollten wiederum Ergebnislücken zwischen dem Ist- und dem Soll-Zustand des Digital Business festgestellt werden, kann dies zu einer Neubewertung des Prozess und Designbereichs führen.

Bewertungsebenen

Neben den drei Bewertungsbereichen zeigt das Digital Business 3+3-Prüfungs- und Evaluationssystem auch drei Bewertungsebenen. Diese drei Ebenen sind die Digital Business Organisation, das Digital Business Portal/Website sowie die Kunden. Dabei stehen die drei Ebenen in einem wechselseitigen Abhängigkeitsverhältnis zueinander. Vor diesem Hintergrund kann die Ebene der Digital Business Organisation die Portalebene beeinflussen, während diese über die jeweiligen Rückkopplungskreise wiederum die Kundenebene beeinflussen kann und umgekehrt.

Ebene der Digital Business Organisation

Die Ebene der Digital Business Organisation dient der Bewertung der Digital Business Leistung aus der Sicht von Digital Business Organisationen. Dabei müssen wichtige organisatorische Leistungsindikatoren, wie das Kosten-Nutzen-Verhältnis des implementierten Digital Business Systems, die Ressourcenallokation zwischen Offline- und Online-Leistungserbringung und das verfügbare Kompetenzportfolio, entsprechend der Gestaltungs-, Prozess- und Ergebnislogik gesteuert werden.

Digital Business Portal-/Websiteebene

Die Portalebene bezieht sich auf direkt messbare Indikatoren der Portal- oder Website-Ebene. Wichtige Leistungsindikatoren sind z. B. das Serviceangebot, das die Tiefe und Breite der angebotenen Dienstleistungen anzeigt, die Konversionsrate von Besuchern zu aktiven Kunden des Digital Business Portals oder die Wachstumsrate der Besucherbasis.

Diese Indikatoren sind von besonderer Bedeutung, da sie sich direkt auf das Ziel der Verlagerung von Kunden aus der Offline- in die Online-Umgebung und damit auf das Gesamtziel der Steigerung des Kundenwerts beziehen. Die Messung der zugrunde liegenden Indikatoren kann direkt mithilfe der Daten des Digital Business Portals erfolgen.

Kundenebene

Die Evaluation auf der Kundenebene ist aufwändiger und komplexer und damit in der Regel auch kostenintensiver, da die entsprechenden Leistungsindikatoren nicht direkt aus dem Digital Business System erfasst werden können. Entscheidende Indikatoren für diese Ebene sind zum Beispiel die Bekanntheit, die Kundenzufriedenheit sowie die Bereitschaft der Kunden das Digital Business Portal weiterzuempfehlen. Der Bekanntheitsgrad ist der erste Schritt, um Besucher für das Digital Business Portal zu gewinnen. Wenn sie mit dem Informations- und Dienstleistungsangebot zufrieden sind, können sie zu regelmäßigen Kunden werden. In diesem Zusammenhang sind Empfehlungen von Kunden ein wertvolles Gut, da sie wiederum die Bekanntheit des Digital Business Portals/Websites fördern können.

Die Erhebung dieser Daten erfordert in der Regel zusätzliche Untersuchungen, wie die Befragung von Kunden oder die Durchführung von Nutzerpanels. Dieser Aufwand ist jedoch unvermeidbar, da diese Informationen ein elementarer Bestandteil eines kundenorientierten Digital Business Angebots sind.

Zusammenfassend lässt sich konstatieren, dass die Prüfung und Evaluation des Digital Business profunde Prüfungskompetenz, technisches Wissen und Managementerfahrung erfordert. Darüber hinaus können einige Leistungsindikatoren schwer messbar sein. Ungeachtet dieser Herausforderungen muss das Digital Business Unternehmen angemessene ex-ante- und ex-post-Vergleiche zur Bewertung und Rechtfertigung des Systems anstellen, was die Prüfung und Evaluation des Digital Business zu einer unverzichtbaren Aufgabe macht.

Die systematische Untersuchung der drei Bewertungsbereiche (Design, Prozess und Ergebnis) sowie der drei Bewertungsebenen (Digital Business Unternehmen, Portal und Kunden) bietet eine klare Anleitung für eine Prüfung und Evaluation des Digital Business. Abgesehen davon kann man durch den Vergleich und das Benchmarking bestehender Digital Business Ansätze lernen. Aus diesem Grund werden im folgenden Kapitel drei Best-Practice-Beispiele für das Digital Business dargestellt.

19.4 Inhaltliche Kernpunkte der Digital Business Implementierung

- Eine erfolgreiche Implementierung des Digital Business sollte im Allgemeinen aus der Analysephase und der Implementierungsphase bestehen und ein solides Prüfungs- und Evaluationskonzept beinhalten.
- Die Analysephase besteht aus vier Schritten. Im ersten Schritt sollten die Digital Business Anbieter eine SWOT-Analyse aus interner und externer Sicht durchführen. Im zweiten Schritt sollten die bestehenden Digital Business Services, Prozesse und Leistungen in einem Benchmarking mit Best-Practices verglichen werden, um weiteres Optimierungspotenzial zu identifizieren.
- Die zentrale Aufgabe des dritten Schritts ist die Erstellung eines Konzepts, das den aktuellen und erwarteten Bedarf und die Präferenzen der Kunden zusammenfasst. Im vierten Schritt werden dann die Ergebnisse der vorangegangenen drei Schritte zu einem Digital Business Grundkonzept zusammengeführt.
- Die anschließende Implementierungsphase besteht aus sechs Schritten. Hierbei wird das in der Analysephase entwickelte Soll-Konzept in die Realität der Digital Business Organisation übertragen.
- In Schritt fünf (dem ersten Schritt der Implementierungsphase) wird der Entwurf des neuen Digital Business Masterplans abgeleitet und eine entsprechende Strategie festgelegt.
- Der sechste Schritt bezieht sich auf die Auswahl der Optionen für das Digital Business. Das umfasst die Identifizierung geeigneter IT-Systeme und -Anwendungen. Ziel ist es, eine Liste mit einer engen Auswahl von IT-Systemen zu erstellen, um dann das geeignetste System auszuwählen.
- Der siebte Schritt umfasst den Entwurf und die Entwicklung eines Digital Business Implementierungsmodells. Zu diesem Schritt gehört auch die Ableitung von Zielzuständen in einem idealtypischen Implementierungsablaufplan.
- Schritt acht widmet sich der Datenmigration, den Pilottests und der Schulung. Dabei ist es erforderlich, alle relevanten Interessengruppen einzubeziehen. Außerdem sollten die Erkenntnisse und das Feedback der Nutzer des Pilottests in das neue Digital Business System einfließen.
- Im neunten Schritt wird das Digital Business Implementierungsmodell in die Praxis eingeführt. Dabei ist es sinnvoll, mit einer Abteilung zu beginnen und dann in einem schrittweisen Rollout weitere Abteilungen an das neue System anzuschließen.

- Der letzte Schritt bezieht sich auf die Überwachung und Kontrolle der Digital Business Implementierung. Dieser Schritt ist von besonderer Bedeutung, da er den langfristigen Erfolg des Digital Business sicherstellt.
- Zu den Erfolgsfaktoren einer erfolgreichen Digital Business Implementierung gehören insbesondere die Zielorientierung, ein geeignetes Projektteam, eine organisationsbezogene Werte- und Kulturorientierung, die Unterstützung durch das Top- Management, eine unterstützende Change-Management-Strategie, entsprechende Schulungen und Trainings, ein offener Innovationsansatz sowie eine angemessene Ressourcenausstattung. Die Implementierung des Digital Business kann anhand des 3+3-Prüfungs- und Evaluationssystems analysiert werden.

Kapitel 19
Lernfragen und Diskussionsthemen

Lernfragen

1. Erläutern Sie alle vier Schritte der Analysephase vor der Implementierung.
2. Beschreiben Sie alle sechs Schritte der Implementierungsphase.
3. Nennen Sie einige der wichtigsten Erfolgsfaktoren der Digital Business Implementierung.
4. Beschreiben Sie die drei Bewertungsbereiche und die damit verbundenen Rückkopplungsschleifen des Digital Business 3+3-Prüfungs- und Evaluationssystems für das Digital Business.
5. Erklären Sie die Erfolgsfaktoren der Digital Business Implementierung.

Diskussionsthemen

1. Diskutieren Sie, ob eine Implementierungsphase immer eine Analysephase erfordert. Was sind die Vor- und Nachteile einer Analysephase vor der Implementierung für eine erfolgreiche Implementierung?
2. Diskutieren Sie, ob die sechs Schritte der Implementierungsphase unbedingt in der beschriebenen Weise durchgeführt werden müssen und welche der aufgezeigten Schritte für den Erfolg der Implementierung besonders wichtig sind.
3. Diskutieren Sie, inwieweit das Digital Business 3+3-Prüfungs- und Evaluationssystem alle relevanten Überwachungs- und Prüfungsbereiche abdeckt, die für die Umsetzung wichtig sind, und ob Ihrer Meinung nach relevante Bereiche fehlen.

Literatur

Wirtz, B.W. (2010), Electronic Business, 3. Auflage, Wiesbaden 2010.

Wirtz, B.W./Daiser, P. (2015), E-Government- Strategy process instruments, 1. Auflage, Speyer 2015.

Wirtz, B.W. (2018), Electronic Business, 6. Auflage, Wiesbaden 2018.

Wirtz, B.W. (2021), Digital business and electronic commerce- Strategy, business models and technology, 1. Auflage, Cham 2021.

Wirtz, B.W. (2022), E-Government- Strategie – Organisation – Technologie, 1. Auflage, Wiesbaden 2022.

Wirtz, B.W./Daiser, P. (2017), E-Government- Strategy process instruments, 2. Auflage, Speyer 2017.

Teil IV

Ausblick

Google/Alphabet Fallstudie

20

Inhaltsverzeichnis

20.1 Google Unternehmensentwicklung ... 1122
 20.1.1 Gründungs- und Entwicklungsphase von Google 1998 ... 1122
 20.1.2 Expansionsphase von Google ... 1123
20.2 Google Business Model ... 1125
 20.2.1 Google als Internet Gatekeeper ... 1126
 20.2.2 Kernkompetenzen und Ressourcen von Google ... 1128
 20.2.3 Die Entwicklung des Google-Geschäftsmodells ... 1130
 20.2.4 Entwicklung der Einnahmen ... 1133
20.3 Marktstruktur und Wettbewerb ... 1137
20.4 Fallstudien und Lösungsansätze ... 1139
 20.4.1 Charakteristik von Fallstudien ... 1139
 20.4.2 Situationsanalyse und SWOT-Analyse ... 1140
 20.4.3 Spezifizierung des Problems ... 1142
 20.4.4 Ableitung von strategischen Handlungsoptionen ... 1142
 20.4.5 Bestimmung der entscheidenden Erfolgsfaktoren ... 1143
 20.4.6 Entscheidung über strategische Alternativen ... 1143
 20.4.7 Ableitung von Empfehlungen ... 1143
20.5 Aufgaben zur Google Fallstudie ... 1144
20.6 Lösungshinweise zur Google Fallstudie ... 1144
20.7 Diskussionsthemen ... 1153
Literatur ... 1153

B. W. Wirtz, *Digital Business*, https://doi.org/10.1007/978-3-658-41467-2_20

Google/Alphabet ist ein weltweit agierender Internetdienstleister und Marktführer in den Bereichen der Online-Suche und der textbasierten Online-Werbung.[1] Bekannt wurde Google, mit dem Hauptsitz im US-amerikanischen Mountain View/Kalifornien, vor allem durch die gleichnamige Suchmaschine Google. Die Suchmaschine ist heute in 149 Sprachen und über 180 verschiedene Domains verfügbar ist und deckt nach eigenen Angaben dreimal mehr Informationen als jede andere Suchmaschine ab.[2] Im Folgenden soll in Abschn. 20.1 zunächst die Entwicklung des Unternehmens skizziert und darauf aufbauend in Abschn. 20.2 das integrierte Geschäftsmodell von Google beschrieben werden. Abschn. 20.3 setzt sich mit dem Marktumfeld von Google und den wichtigsten Wettbewerbern auseinander. In Abschn. 20.4 werden der grundsätzliche Aufbau von Fallstudien und deren Lösungsansätze dargestellt. Im Anschluss an die Unternehmensinformationen werden in Abschn. 20.5 Aufgaben gestellt, zu denen sich in Abschn. 20.6 Lösungshinweise finden.

20.1 Google Unternehmensentwicklung

Das Unternehmen Google wurde im Jahr 1998 von den Informatikstudenten der Stanford-Universität Lawrence Eduard Page und Sergej Michailowisch Brin gegründet. Im Vorfeld hatten die beiden Studenten an einem Forschungsprojekt zum Data Mining teilgenommen, in dessen Rahmen sie die Suchmaschine BackRub entwickelten, den Vorläufer der Suchmaschine Google. Zu dieser Zeit war Backrub die einzige Suchmaschine, die die Querverweise einer Webseite analysieren konnte. Obwohl die innovative Suchmaschine im akademischen Umfeld schnell Anerkennung erlangte, fanden Page und Brin in der freien Wirtschaft zunächst kein Internetportal, das ihre Suchmaschine verwenden wollte.

20.1.1 Gründungs- und Entwicklungsphase von Google 1998

Daher gründeten die beiden Entwickler am 7. September 1998 die Google Inc. Als Startkapital dienten Page und Brin private Investments von rund 1.100.000 US-Dollar, die aus ihrem Verwandten- und Freundeskreis sowie dem Risikokapital des Sun Microsystems Mitgründers Andreas von Bechtolsheim stammten.

[1] Vgl. zu Kap. 20 Google/Alphabet Fallstudie im Folgenden Wirtz (2013), S. 273 ff.; Wirtz (2019), S. 852 ff.; Wirtz (2021), S. 649 ff.

[2] Vgl. im Folgenden Google (2022).

Noch am Gründungstag ging mit Google Beta die Testversion der Suchmaschine online. Wenige Monate später bezog das junge Unternehmen mit 5 Mitarbeitern die ersten Büroräume in Palo Alto im sogenannten Silicon Valley, unweit der Universität Stanford und des heutigen Firmensitzes. Bereits im Februar 1999 hatte Google acht Angestellte und 500.000 Suchanfragen pro Tag. Im September 1999 ging Google eine Partnerschaft mit AOL und Netscape ein. Die Suchanfragen stiegen dadurch auf 3 Mio. pro Tag und die Testphase der Suchmaschine wurde beendet.

20.1.2 Expansionsphase von Google

Im Juni 2001 waren im Google-Index über 1 Mrd. Seiten gespeichert, die Suchmaschine wurde damit zum Marktführer. Bereits im Dezember 2001 hatte Google mehr als 3 Mrd. Dokumentenzugriffe. Nach der offiziellen Beendigung der Testphase der Suchmaschine Google Ende 1999, konzentrierte sich das Unternehmen von 2000 bis 2004 auf den Ausbau weiterer Dienstleistungsangebote. Hier ist vor allem der seit 2004 verfügbare kostenlose E-Mail Service Gmail hervorzuheben. Darüber hinaus erweiterte Google das Angebots- und Aktivitätenspektrum durch verschiedene Übernahmen. Hier sind vor allem die Übernahmen der Blogseite Blogger.com Anfang Februar 2003 und die Akquisition des weltweit größten Internetvideoportals YouTube für 1,8 Mrd. USD Ende 2006 zu nennen. Weiterhin erwarb Google 2007 das Unternehmen Double Click für 3,1 Mrd. US-Dollar, das grafische Werbeanzeigen auf Webseiten schaltete und sehr gute Beziehungen zu finanzstarken Werbekunden besaß.

Seit der Gründung im Jahr 1998 expandierte Google somit erheblich und erweiterte kontinuierlich ihr Angebotsspektrum. Dabei lassen sich die verschiedenen Dienste im Rahmen des 4C Net Business Models in die Bereiche Content (Zusammenstellung, Darstellung und Bereitstellung von Inhalten auf eigenen Plattformen), Commerce (Anbahnung, Verhandlung und/oder Abwicklung von Geschäftsvorgängen), Context (Klassifizierung und Systematisierung der im Internet verfügbaren Informationen) und Connection (Schaffung von Informationsaustausch in Netzwerken) einordnen. Im Context-Bereich wurden unter anderem Dienste wie Google Image Search, Google Toolbar, Google Book Search und Google Scholar veröffentlicht. Im Connection-Segment entstanden zum Beispiel Google Mail, Google Voice und Google Person Finder. Im besonders wichtigen Commerce-Sektor wurden Dienste wie Google AdWords, Google Pay oder Google Product Search etabliert. Im Content-Bereich entstanden unter anderem Google Groups, Google News, Google Maps, oder Google Earth. Darüber hinaus unterhält Google auch Dienste, die mehrere Bereiche des 4C-Modells tangieren, wie beispielsweise YouTube.

Daneben engagiert sich Google seit Gründung der Open Handset Alliance Ende 2007 verstärkt im Mobilfunkbereich. Ziel dieser Allianz, der zahlreiche große Netzbetreiber (beispielsweise T-Mobile, Telefonica), Software Unternehmen (beispielsweise eBay), Gerätehersteller (beispielsweise Samsung, LG), Marketing Dienstleister und Unternehmen der Halbleiterindustrie (beispielsweise Texas Instruments, Broadcom, Nvidia) angehören, ist die Entwicklung des freien Smartphone- und Tablet-Betriebssystems Android. Zahlreiche der zuvor genannten Dienste (unter anderem Google Maps, YouTube) wurden mittlerweile in den Mobilfunkbereich portiert. Darüber hinaus steht mit dem Android Market ein Marktplatz für Mobile Apps zur Verfügung.

Die Bedeutung, die der Mobilfunkmarkt für Googles Entwicklungsstrategien hat, verdeutlicht die bislang größte Akquisition des Unternehmens. Im Jahr 2011 gab Google die Übernahme der Mobilfunksparte von Motorola Mobility für 12,5 Mrd. US-Dollar bekannt. Google erhält damit insbesondere Zugang zu einem der größten Patentportfolios der Mobilfunkbranche und darüber hinaus zu Produktionskapazitäten, um eigene Smartphones für Android, Googles Betriebssystem für mobile Endgeräte, herzustellen. Mit rund 180 Mio. verkaufter Geräte in 2011 *dominierte* Android bereits den Markt für Smartphones und verfügte im dritten Quartal 2011 bereits über 52,3 % Marktanteil.[3] Dieser Marktanteil hat sich bis zum Jahr 2020 auf 84,1 % gesteigert.[4]

Insgesamt besitzt Google damit ein sehr breites Dienstleistungsangebot. Ende 2011 plante Google jedoch, dieses Spektrum zu reduzieren, um sich auf die rentablen Geschäftsbereiche konzentrieren zu können.[5] Vorangetrieben wurde diese Initiative vor allem durch Larry Page, der Ende 2011 wieder an die Spitze des Unternehmens zurückkehrte. Der langjährige CEO Eric Schmidt wechselte im Zuge dessen in den Verwaltungsrat des Unternehmens. Im Jahr 2011 wurden bis zum Oktober bereits 20 Angebote entfernt, u. a. Google Notebooks und Google Desktop. Analysten gegenüber äußerte Page sich hierzu folgendermaßen: „We have to make tough decisions about what to focus on."[6]

Seit dem Börsengang im August 2004 setzte Google den beispiellosen Aufstieg fort. In wenigen Jahren entwickelte sich das Unternehmen von einem einfachen Start Up zum größten Internetdienstleister der Welt. Google beschäftigte im Jahr 2019 rund 102.000 Mitarbeiter ca. 121.000 Werkvertragsnehmer.[7]

Aufgrund des hohen Bekanntheitsgrades der gleichnamigen Suchmaschine ist Google zu einer weltweit etablierten Marke geworden. Diese Entwicklung spiegelt sich in den steigenden Umsätzen und Gewinnen von Google wider. Die zunehmende Diversifizierung des Portfolios führte schließlich dazu, dass Google am 2. Oktober 2015 eine Dachgesellschaft namens Alphabet gründete. Alphabet fungiert nun als branchenübergreifende Holding, die es ihren Tochtergesellschaften ermöglicht, freier zu agieren als innerhalb eines

[3] Vgl. Business Insider (2011); Gartner (2011).

[4] Vgl. Statista (2022).

[5] Vgl. Manager Magazin (2011).

[6] Reuters (2011).

[7] Vgl. Wakabayashi (2019).

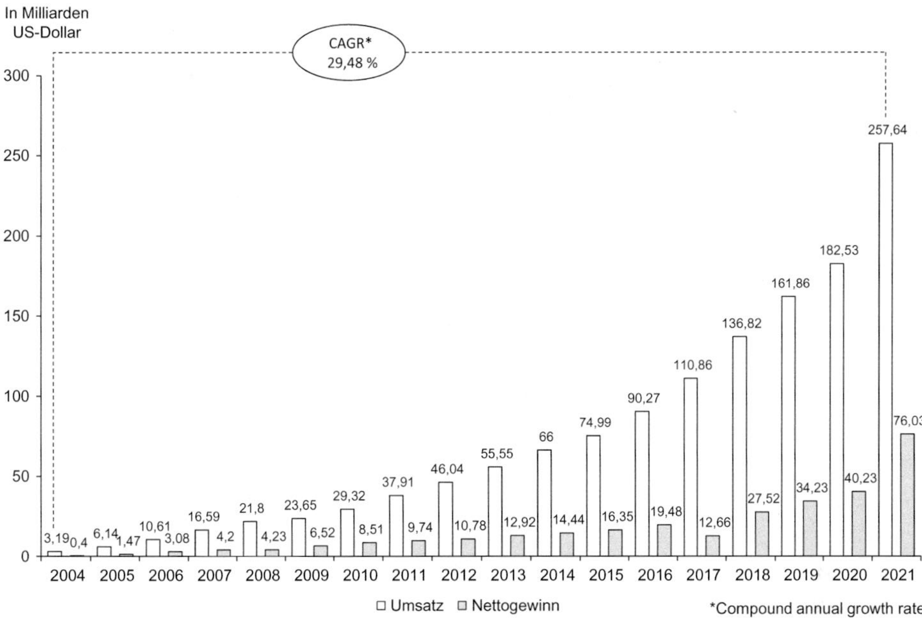

Abb. 20.1 Entwicklung der Umsätze und des Nettogewinns von Google/Alphabet von 2004 bis 2021. (Datenquelle: Alphabet (2022b) sowie vorherige Datensätze)

einzigen Unternehmens, was für Google notwendig war, um agil und innovativ zu bleiben. Im Jahr 2021 erwirtschaftete Google einen Umsatz von 257,64 Mrd. USD und erzielte einen Nettogewinn von 76,03 Mrd. USD. Abb. 20.1 stellt die Entwicklung der Umsätze und des Nettogewinns von Google/Alphabet von 2004 bis 2021 dar.

Abgesehen von einer leichten Stagnation der Gewinne im Zuge der weltweiten Finanzkrise im Jahr 2008 sind sowohl Umsatz als auch Gewinn des Unternehmens kontinuierlich gestiegen. Insgesamt zeigt sich Google damit auch in Zeiten sinkender Werbebudgets als relativ stabil. Dies lässt sich vor allem darauf zurückführen, dass Kürzungen des Werbebudgets werbetreibender Unternehmen sich vor allem auf klassische Werbeformen beschränkt haben.[8]

20.2 Google Business Model

Nach der Umbenennung der Holding von Google in Alphabet werden trotzdem die meisten internetbezogenen Aktivitäten mit dem Markenzeichen Google verbunden. Daher wird dieser Markenname auch in dieser Fallstudie verwendet. Die 4C Net-Geschäftsmodelltypologie identifiziert vier übergeordnete Geschäftsmodelltypen: Content (Kompilierung, Dar-

[8] Vgl. Manager Magazin (2011).

stellung und Bereitstellung von Inhalten auf einer eigenen Plattform), Commerce (Anbahnung, Aushandlung und/oder Abwicklung von Geschäftstransaktionen), Context (Klassifizierung und Systematisierung von im Internet verfügbaren Informationen) und Connection (Herstellung der Möglichkeit eines Informationsaustausches in Netzwerken). Obwohl Google mit der gleichnamigen Suchmaschine ursprünglich dem Bereich Context zuzuordnen war, verfügt das Unternehmen heute über ein stark differenziertes Geschäftsmodell.[9]

20.2.1 Google als Internet Gatekeeper

Dabei lässt sich im Fall von Google von einem hybriden Geschäftsmodell sprechen, da es durch zahlreiche Dienstleistungen heute alle vier Geschäftsmodelltypen einschließt. Dieses hybride Geschäftsmodell von Google soll im Folgenden beschrieben werden. Hierzu wird zunächst ein Überblick über die verschiedenen Geschäftsmodellkomponenten gegeben und das komplexe Gesamtgeschäftsmodell dargestellt. Im Anschluss daran werden mit dem Marktangebots- und dem Erlösmodell zwei zentrale Komponenten herausgegriffen und detailliert analysiert.

Nach eigenen Angaben verfolgt Google das übergeordnete strategische Ziel die weltweit vorhandenen Informationen im Internet zu organisieren, systematisieren und allen Internetnutzern allgemein zugänglich zu machen. Damit formuliert das Unternehmen eine klare Business Mission, die einen wichtigen Bestandteil des Strategiemodells bildet. Dabei hat sich Google im Laufe der Zeit zu einem integrierten Internet Player und somit auch zu einem der bedeutendsten Gatekeeper für Informationen im Internet entwickelt.

Der Begriff Gatekeeper beschreibt in diesem Kontext die Möglichkeit eines Suchmaschinenanbieters Kontrolle darüber auszuüben, welches Angebot gefunden und damit überhaupt abgerufen werden kann. Aufgrund der unüberschaubaren Menge an Informationen und dem Nutzerverhalten im Internet sind die meisten Anbieter von Inhalten darauf angewiesen, dass sie über Suchmaschinen gefunden werden können. Als mit Abstand größter Suchmaschinenanbieter ist Google in diesem Kontext besonders in den Fokus gerückt. Viele Kritiker und Wettbewerber sehen hier eine zu hohe Macht gegeben. Abb. 20.2 stellt dar wie sich Google als Gatekeeper von Informationen im Internet etabliert.

Aufgrund der großen Menge an vorhandenen Informationen und der jüngsten Entwicklungen des Nutzerverhaltens sind die Anbieter zunehmend auf die Transparenz des Internets angewiesen, um von allen Nutzern leicht gefunden zu werden. Die Value Proposition von Google liegt vor allem in der kostenlosen Zusammenstellung und Ordnung der Informationsvielfalt im Internet sowie deren übersichtliche Darstellung. Diese hat sich

[9] Vgl. Wirtz/Göttel (2014c).

ILLUSTRATIVE EXAMPLE

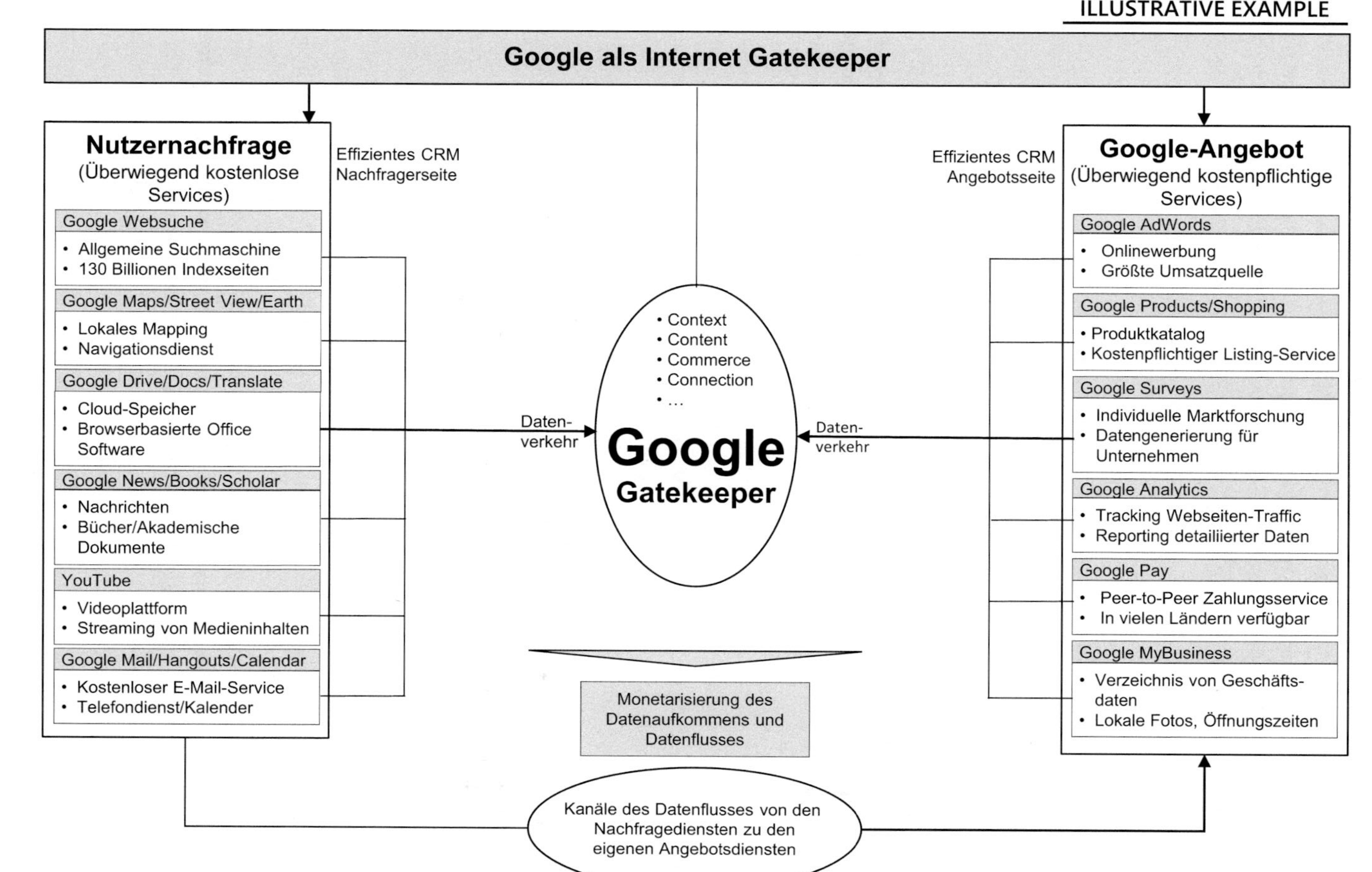

Abb. 20.2 Google als Gatekeeper von Informationen im Internet. (Vgl. Wirtz (2010), S. 337; Wirtz (2021), S. 654 sowie auf Basis eigener Analysen und Abschätzungen)

in der Entwicklung kaum verändert und verfügt somit über einen hohen Wiedererkennungswert und eine ausgeprägte Bedienerfreundlichkeit. Darüber hinaus werden die Nutzer durch kostenlose Anwendungsprogramme wie beispielsweise E-Mail, Bildverwaltung oder Textverarbeitung, die über die Google-Website genutzt werden können, an das Unternehmen gebunden. Die grundlegende Value Proposition für gewerbliche Kunden liegt vor allem in der hohen Reichweite, die durch die Schaltung von Werbung auf der Google Website erreicht wird.

20.2.2 Kernkompetenzen und Ressourcen von Google

Google verfügt über weitreichende Kompetenzen und Ressourcen. Als Core Asset des Unternehmens ist vor allem die spezialisierte technologische Infrastruktur zu nennen, die sich in hohen Redundanzen, gutem Load Balancing sowie einem überlegenen Softwaresystem widerspiegelt. Ein weiteres Core Asset des Unternehmens ist die starke Marke „Google", die sich vorrangig durch Deonymisierung manifestiert hat. Deonymisierung bezeichnet in diesem Zusammenhang den Übergang des Markennamens Google zu einem Synonym für den Begriff für eine Internetsuchmaschine im alltäglichen Sprachgebrauch.

Eine zentrale Kernkompetenz des Unternehmens liegt in der Kontextisierungskompetenz. Dabei sind vor allem die kriterienspezifische Lokalisierung, Klassifizierung und Systematisierung der Suchmaschine zu nennen sowie zahlreiche Erweiterungen der Dienste im Bereich der Context-Abbildungen. Die Ausweitung der Kompetenzen des Unternehmens auf den Content- und Connection-Bereich wurde vor allem nach 2004 durch die Intensivierung von Geschäftsbeziehungen sowie Übernahmeaktivitäten erreicht. Weitere Kernkompetenzen des Unternehmens sind die Technologiekompetenz, Content Creation-Kompetenz sowie eine ausgereifte Werbemaßnahmenvermarktungs-Kompetenz.

Das Netzwerkmodell von Google ist vor allem durch weitreichende Kooperationen gekennzeichnet, die sich sowohl in einem flächendeckenden Business To Business-Netzwerk als auch im Business To Consumer-Bereich finden. Insbesondere die unentgeltliche Bereitstellung der Google-Suchfunktion für Dritte ist in diesem Kontext als wichtiges Instrument zu nennen. So können Unternehmen und Privatpersonen über Google AdSense ein Suchfenster auf ihrer eigenen Webseite integrieren und werden bei der über ihre Seite angewählten Werbung sogar am Gewinn beteiligt.

Ohne ein innovatives Netzwerk aus Business-Partnern und gewinnbringenden Kooperationen im Business To Business-Bereich wäre Google heute nicht so erfolgreich und leistungsstark. Allerdings verfügt das Unternehmen auch im Consumer-Bereich über ein flächendeckendes Netzwerk, das insbesondere in den Anfängen der Unternehmensgeschichte durch den Effekt des Virtual Word Of Mouth begünstigt worden ist. Die Güte der Suchalgorithmen wurde von zufriedenen Nutzern im direkten Umfeld persönlich weiterempfohlen.

Die Leistungserstellung von Google ist direkt und linear aufgebaut. Im Bereich des Context-Angebots werden zuerst Informationen gesammelt, systematisiert und klassifiziert, um diese dann zu speichern und als Ergebnis von On Demand-Anfragen für den Nutzer bereitzustellen. Der Bereich des Content-Angebots ist vor allem gekennzeichnet durch die Ansammlung und Systematisierung von fremderstellten und eigenen Inhalten, die dem Nutzer nach einer entsprechenden Aufbereitung zur Verfügung gestellt werden. Beim Connection-Angebot hingegen ist eine starke Wechselwirkung zwischen Nutzerinteraktion und dem Kommunikationsdienste-Management zu verzeichnen.

Die für das Leistungserstellungsmodell benötigten Inhalte erhält das Unternehmen vorwiegend von Communities, Inhalteanbietern und Nachrichtenagenturen. Die Informationsübermittlung beziehungsweise Interaktion folgt dabei einer einfachen Struktur. Entweder werden Seiten oder Inhalte gemeldet und nach der Prüfung durch Google in den Index des Unternehmens aufgenommen beziehungsweise verwertet oder abgelehnt beziehungsweise als nicht relevant eingestuft. Weitere Inhalte bekommt Google außerdem von Medienunternehmen, die in einer Art Wechselwirkung für die Koordination externer Kommunikation verantwortlich sind.

Ein weiteres Partialmodell des Google Business Models stellt das Finanzmodell dar. Einer der wichtigsten monetären Ströme erzeugt in diesem Kontext das AdSense-Partnerprogramm, durch das als Gegenstück zu AdWords kontextabhängige Werbung auf unternehmensfremden Websiten platziert wird. Bei diesem System wird der Inhaber der Website finanziell entlohnt, wenn ein Benutzer auf die jeweilige Anzeige klickt. Google erwirbt auf diese Weise zusätzlichen Traffic von Partnerseiten. Die zugehörigen Kosten werden als Traffic Acquisition Costs (TAC) bezeichnet.

Das Marktangebotsmodell stellt in diesem Kontext ein besonders wichtiges Partialmodell innerhalb des Business Models von Google dar. Die angebotenen Dienstleistungen lassen sich hinsichtlich der 4C Net-Businessmodelltypologie in Context-, Content- und Connection-Angebote untergliedern. Für gewerbliche Kunden des Unternehmens ist vordergründig das weitreichende Angebot an technologisch ausgereiften Funktionen von Bedeutung sowie eine hohe Nutzerzahl, die mit einem hohen Bekanntheitsgrad und Gebrauch der Suchmaschine einhergeht. Einen Anreiz für private Konsumenten schafft vor allem die kostenlose Nutzung vieler Online-Dienstleistungen von Google.

Die Basis des Google Business Models bildet nach wie vor die Suchmaschine Google, die Informationen des Internets über ein möglichst intuitives Suchwerkzeug aufbereitet und zugänglich macht. Dabei kommt vor allem der von Page und Bryn entwickelte PageRank-Algorithmus zum Einsatz, der die Relevanz einer Seite anhand der auf sie verweisenden Links bewertet. Die Einführung des PageRanks revolutionierte Suchmaschinen, die vorher lediglich nach Suchwörtern im Text und in den Metatags bewerteten. Heute bezieht Google weit über 200 verschiedene Bewertungskriterien in das Ranking ein. Mit dem jüngsten Update des Suchalgorithmus namens „mobilefriendly 2“ hat Google ein weiteres Ranking-Signal eingeführt, das mobilfreundliche Websites bei der mobilen Suche begünstigt.

20.2.3 Die Entwicklung des Google-Geschäftsmodells

Im Rahmen der 4C Net-Geschäftsmodelltypologie bildet das Modell Context mit der Suchmaschine als Kerndienstleistung somit die Basis des integrierten Business Models. Durch die ständigen Überarbeitungen und Erweiterungen mittels spezialisierter Suchdienste für Bilder, Nachrichten und geographische Informationen verfügt Google heute über die weltweit meistgenutzte Suchmaschine, die stetig um innovative Dienste und Funktionen erweitert wird. Weitere Angebote im Bereich Context sind Google Images, Google Toolbar, Google Book Search, Google Scholar, Google Translate und Google Blog Search, Google Home sowie in jüngster Zeit Google Assistant und Locker.

Einer der ersten Dienste nach der Suchmaschine Google war Google Catalogs, der den Internetnutzern die Möglichkeit bietet, verschiedene Printkataloge über Google einzusehen. Mittels Google Image Search kann das Internet nach Bildern durchsucht werden. Hierbei können verschiedene Suchkriterien festgelegt werden, wie zum Beispiel der Bild- und Dateityp, die Nutzungsrechte oder die Farben im Bild. Google Toolbar ist eine Symbolleiste für den Webbrowser, wodurch man von jeder beliebigen Seite aus die Google-Suche starten kann, ohne dabei vorher auf die Hauptseite wechseln zu müssen. Abb. 20.3 stellt das Geschäftsmodell von Google dar.

Die Anwendungen Google Book Search, Google Scholar und Google Blog Search durchsuchen das Internet nach veröffentlichten, wissenschaftlichen Artikeln und Bücher sowie Blogseiten. Mittels des Google Readers, einem webbasierten Feedreader, werden Internetnutzer automatisch über neue Beiträge auf ihren favorisierten Webseiten informiert. Mit der Übernahme des Softwareherstellers ITA im Jahr 2007 erweiterte Google den Bereich Context darüber hinaus um einen Dienst zur Auswertung von Fluginformationen. Hiermit können zum Beispiel die Preise verschiedener Anbieter verglichen werden. Durch die verschiedenen Context-Dienste entstehen entscheidende Zeitersparnisse und Informationsbeschaffungsvorteile für Internetnutzer.

Einen weiteren Schwerpunkt im Marktangebot von Google bildet der Bereich Content, der durch die Bereitstellung, Aufbereitung oder Aggregation von multimedialen Inhalten geprägt ist. Dieser umfasst die Angebote Google Groups, Google News, Google Maps, Google Earth, Google Docs, Google One, Google Discover und YouTube. Viele frühere Dienste wurden außerdem erweitert oder verschiedene Dienste zusammengeführt, um den Nutzern ein noch umfassenderes Angebot zu liefern. Beispielsweise wurde der Dienst Google Local in Google Earth und Google Maps integriert.

Der erste Dienst des Content-Segments war dabei Google Groups. Dieser Online-Dienst ermöglicht es Internetnutzern, verschiedene Interessengruppen im Internet zu erstellen, zu suchen sowie eigenen Content zu veröffentlichen. Im Rahmen von Google Groups ist besonders der Connection-Aspekt bedeutungsvoll, da der Dienst auf dem Usenet basiert und somit eine interaktive Kommunikation möglich ist. Nach Google Groups folgte Google News, eine automatische Content Aggregation-Plattform, die in über 35 Sprachen verfügbar ist. Google Earth ist wiederum ein virtueller Globus, der Satelliten- und Luftbilder mit Geodaten überlagert und so ein digitales Modell der Erde erschafft.

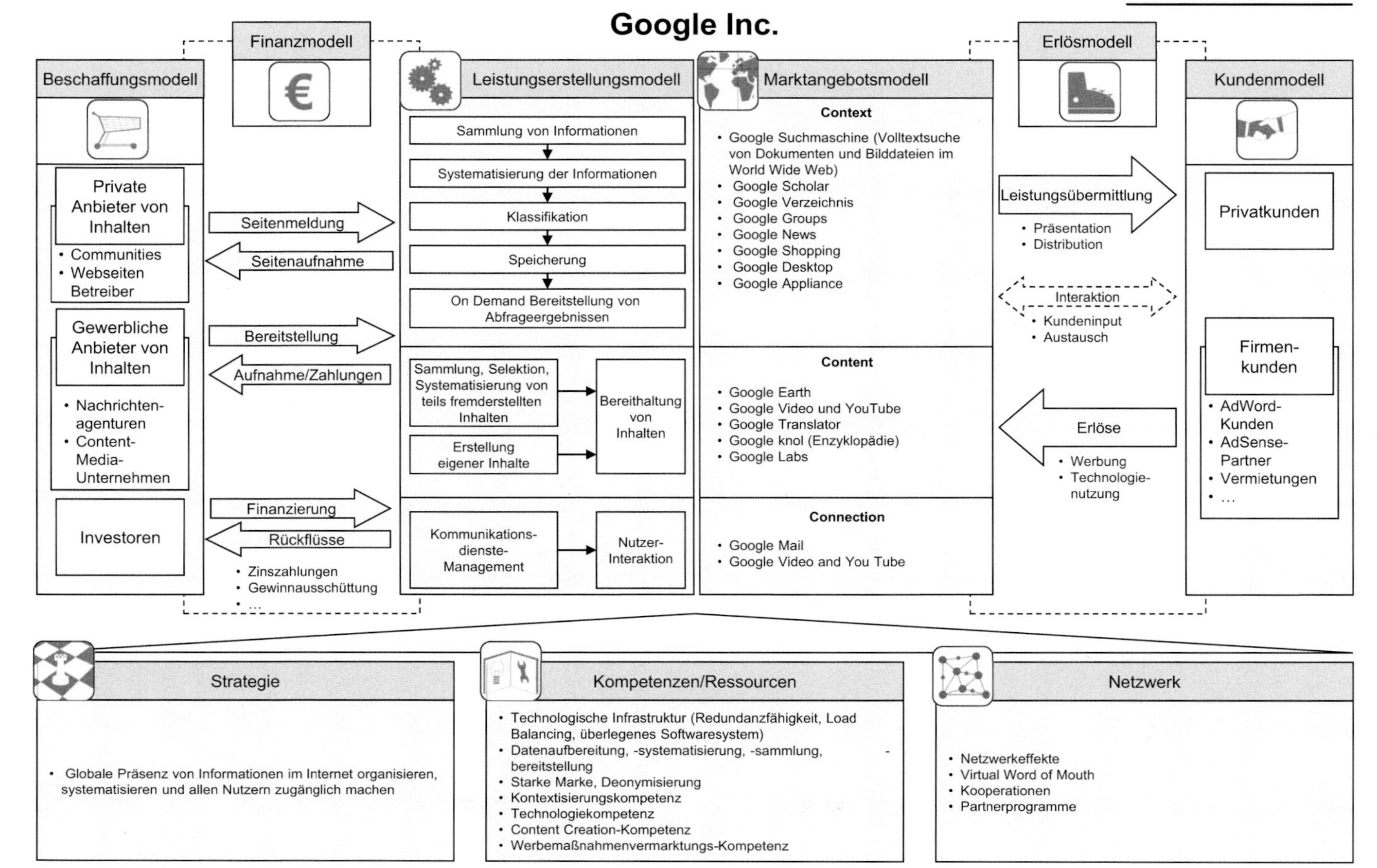

Abb. 20.3 Google Business Model. (Vgl. Wirtz (2013), S. 280; Wirtz (2019), S. 858; Wirtz (2021), S. 658 sowie auf Basis eigener Analysen und Abschätzungen)

Im Rahmen von Google Maps können die Luft- und Satellitenbilder genutzt werden, um Orte, Gebäude oder Straßen zu suchen und Routen zu planen. Mittels Google Sketch Up, einer Software zur Erstellung dreidimensionaler Modelle, können Bilder und Animationen gestaltet werden. Google Docs ist wiederum ein im Web anwendbarer Dienst für die Textverarbeitung und die Tabellenkalkulation. Das Google Merchant Center, der Nachfolger von Google Base, erlaubt es Händlern Produktinformationen direkt an Google zu übermitteln und diese mit anderen Diensten des Unternehmens zu verknüpfen beziehungsweise in Googles Produktsuche zu integrieren.

Der heute wichtigste Content-Dienst des Unternehmens und einer der größten Content-Provider weltweit stellt das Internet-Videoportal YouTube dar. Auf YouTube können Nutzer Videos ansehen und archivieren sowie selber Videos publizieren. Hierzu stehen sogenannte Kanäle, individuelle YouTube Webseiten, zur Verfügung, über die der Nutzer neben dem Video auch noch andere Informationen anbieten kann. Immer mehr Unternehmen nutzen solche Kanäle zu Marketingzwecken. Im Jahr 2020 hatte YouTube weltweit über 1,9 Mrd. monatlich aktive Nutzer, die insgesamt mehr als 400 h Videoinhalte pro Minute auf YouTube hochgeladen haben.[10] Zu den jüngsten Inhaltsangeboten von Google gehören Chromecast, eine Reihe digitaler Medienplayer, sowie die Virtual-Reality-Plattform Google Daydream.

Angebote, die dem Geschäftsmodelltyp Connection zuzuordnen sind, zeichnen sich durch die Bereitstellung von netzwerkbasiertem Informationsaustausch aus. In diesem Segment ist Google mit den Diensten Blogger, Google Mail, Google Voice, Google Drive, Google Talk und zuletzt mit dem Telekommunikationsdienst Google Fi und der Software für die interne Unternehmenskommunikation Google Currents. Diese werden durch mobile Kommunikationsdienste wie Google Voice erweitert.

Das soziale Netzwerk Google+ zum Beispiel war der konsequente Versuch, Googles Geschäftsmodell im Bereich der Connection zu erweitern. Im September 2011 gestartet, zählte es im Jahr 2017 rund 3,36 Mrd. registrierte Mitglieder.[11] (Statista 2017). Google+ integrierte verschiedene alte und neue Vernetzungsdienste, hatte aber immer noch Schwierigkeiten, mit dem größten sozialen Netzwerk Facebook zu konkurrieren. Im Jahr 2019 wurde der Dienst für private Nutzer eingestellt und durch Google Currents für den Unternehmensbereich ersetzt.

Anbahnung, Aushandlung und Abwicklung von Geschäftstransaktionen sind Bestandteile des Business Model-Typs Commerce. Die wichtigsten Dienste in diesem Bereich sind die Werbeangebote AdWords und AdSense, die aufgrund ihrer Bedeutung für das integrierte Business Model von Google im nachfolgenden Erlösmodell detailliert beschrieben werden. Weiterhin verfügt Google im Bereich Commerce nur über ein relativ geringes Dienstleistungsangebot. Hier ist vor allem der Zahlungsdienst Google Checkout zu nennen, der insbesondere für den Zahlungsverkehr im Android Market (zum Erwerb kostenpflichtiger Applikationen) genutzt wird. Mit Google Wallet verfügt Google darüber

[10] Vgl. YouTube (2020).

[11] Vgl. Statista (2017).

hinaus über einen Dienst, der die Zahlung per Mobiltelefon mit NFC (Near Field Communication) ermöglicht. Dieser Dienst wurde 2013 eingestellt und durch Google Pay ersetzt.

Darüber hinaus baut Google sein Commerce Angebot stetig im Bereich der Produktsuchmaschinen, Produktpräsentation und Preisvergleiche aus. Hier sind vor allem Google Product Search und Google Shopping zu nennen. Auch wenn diese Angebote ihren Ursprung im Bereich Context haben, zielen sie immer stärker auf die Anbahnung und Aushandlung von Geschäftstransaktionen ab und können daher dem Bereich Commerce zugeordnet werden. Damit tritt Google, insbesondere in Verbindung mit dem Google Merchant Center, in Zukunft stärker in Konkurrenz zu klassischen Online-Händlern. Google hat außerdem FameBit übernommen. Dabei handelt es sich um eine führende Marketingplattform, die Marken mit Creators für die Erstellung von Branded Content zusammenbringt.

Einige Dienste von Google können auch verschiedenen Geschäftsmodelltypen zugeordnet werden. Dies kann an der Foto-Community Picasa illustriert werden. Picasa verbindet zum einen verschiedene Nutzer miteinander, um Bilder auszutauschen, und kann damit dem Connection-Typ zugeordnet werden. Gleichzeitig werden aber auch Inhalte weltweit zugänglich gemacht, sodass ebenso eine Einordnung in den Content-Typ vorgenommen werden kann. Seit 2008 verfolgt Google auch Geschäftsbereiche außerhalb des 4C-Netzes (Content, Commerce, Context und Connection). Zu diesem Zweck hat es Informationstechnologien wie das mobile Betriebssystem Android sowie eigene mobile Unterhaltungselektronikgeräte wie die Google Nexus-Serie und die nächste Generation des Google Pixel entwickelt. Darüber hinaus hat Google auch seine Augmented-Reality-Brille Google Glass und seine Virtual-Reality-Brille Google Cardboard eingeführt. Zudem hat es Nest Labs übernommen, einen Hersteller von intelligenten Geräten für die Hausautomatisierung, die nun mit dem Google Home zusammenarbeiten. In den letzten Jahren hat Google insbesondere Unternehmen im Bereich des Cloud Computing akquiriert. Dadurch soll die eigene Google Cloud Platform gestärkt werden. Abb. 20.4 stellt die Entwicklung des Geschäftsmodells und des Marktangebots von Google dar.

Aus der Entwicklung des hybriden Geschäftsmodells von Google ist die besondere Bedeutung von Geschäftsmodellinnovationen zu erkennen. Google hat seit Gründung sein Geschäftsmodell durch vielfältige Innovationen weiterentwickelt und verbessert. Dabei hat sich gezeigt, dass die Geschäftsmodellinnovationen einen zentralen Erfolgsfaktor darstellen.[12]

20.2.4 Entwicklung der Einnahmen

Die zweite zentrale Komponente des Geschäftsmodells von Google, die in diesem Kontext vorgestellt werden soll, ist das Erlösmodell. Hierzu werden im Folgenden die einzelnen Erlösquellen des Unternehmens gezeigt und analysiert. Die mit Abstand wichtigste Erlösquelle von Google sind Werbeerlöse. Google generiert diese im Rahmen seiner integrier-

[12] Vgl. Wirtz/Göttel (2014a); Wirtz/Göttel (2014b); Wirtz/Müller/Langer (2022).

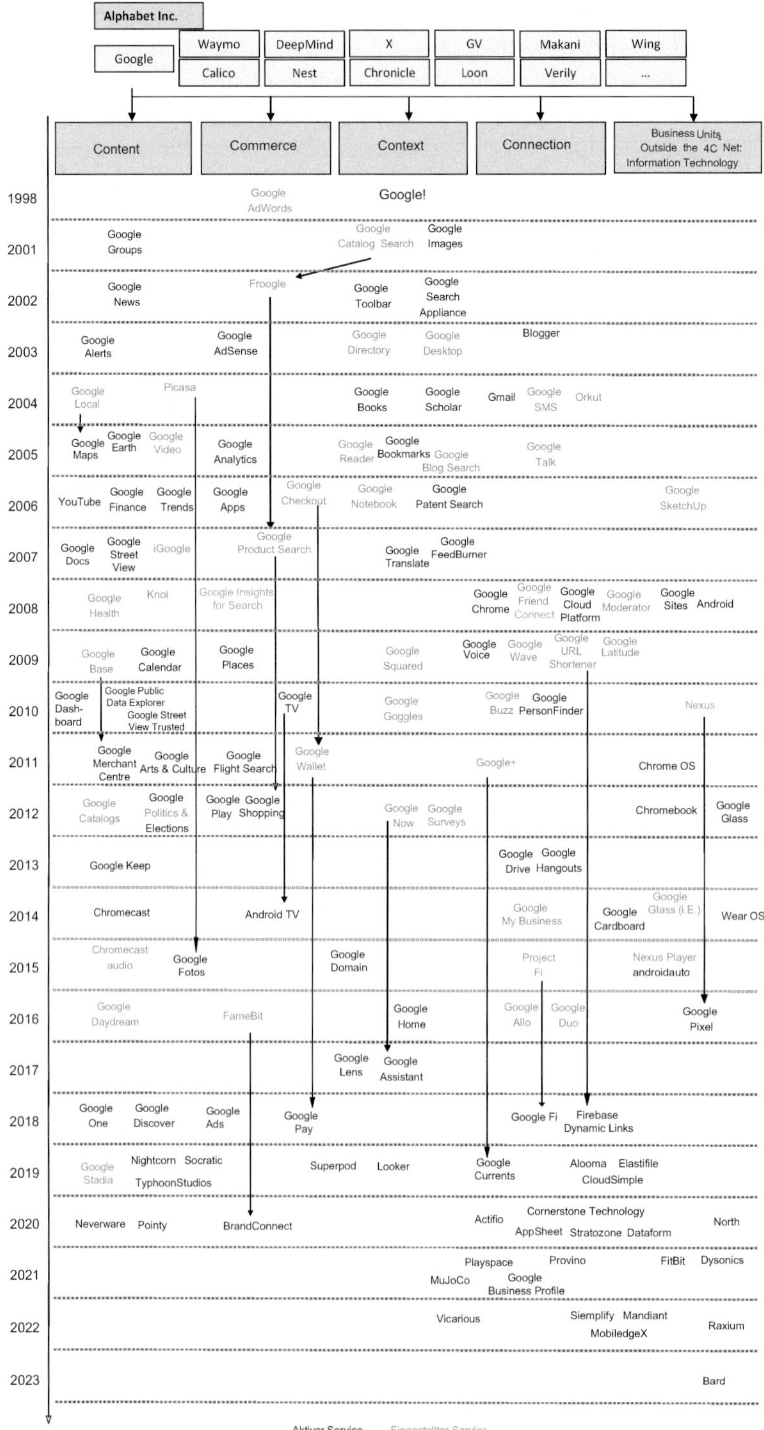

Abb. 20.4 Entwicklung des hybriden Geschäftsmodells von Google. (Vgl. Wirtz (2010), S. 334; Wirtz (2019), S. 857; Wirtz (2021), S. 661 sowie auf Basis eigener Analysen und Abschätzungen)

ten Werbelösung AdWords. Dabei beschreibt AdWords das Internetwerbeangebot von Google mittels Keyword Advertising.

Der Werbekunde wählt hierzu verschiedene Stichworte (Keywords), die das zu bewerbende Produkt oder den zu bewerbenden Service beschreiben, beziehungsweise zu denen das Produkt oder der Service angezeigt werden soll. Der Inserent legt darüber hinaus einen Maximalpreis fest, den er für einen Klick auf seine Anzeige zu zahlen bereit ist. Dieser CPC (Cost Per Click) genannte Preis bestimmt zusammen mit zahlreichen Qualitätskriterien (zum Beispiel die Qualität des Keywords oder der Zielseite) den Rang der Anzeige – also die Position, an der die Anzeige geschaltet wird. Darüber hinaus definiert der Werbende ein Monatsbudget und kann Einstellungen hinsichtlich der zu nutzenden Werbenetzwerke, Spracheinstellungen etc. vornehmen.

Als mögliche Werbenetzwerke stehen dabei neben den Google-eigenen Suchseiten (google.com, google.de, etc.) auch das Google Search Network und das Google Display Network zur Verfügung. Das Google Search Network beinhaltet Seiten, die die Google Suche für eigene Suchfunktionen lizenziert haben. Das Display Network umfasst eine große Anzahl verschiedener Internetseiten, auf denen die Display-Werbung eingeblendet wird. Dabei ist jedoch zu beachten, dass Google in den Netzwerken auch erhebliche Kosten in Form sogenannter TACs (Traffic Acquisition Costs) entstehen.

Darüber hinaus erstreckt sich das Keywordadvertising von Google auch auf andere Dienste wie Product Search und Google Mail. Neben der klassischen Textanzeige sind in den Display Netzwerken auch multimediale Werbeformate, wie zum Beispiel Bilder oder Videos, möglich. Weiterhin können heute auch Standortinformationen einbezogen werden und Werbung damit auf Google Maps oder Google Earth geschaltet werden.

Die Umsätze von Google resultieren demzufolge fast ausschließlich aus Werbeeinnahmen. Erst seit 2007 erzielt das Unternehmen auch nennenswerte Umsätze aus anderen Erlösquellen, die im Folgenden erläutert werden. Dennoch betrug der Anteil der Werbeerlöse im Jahr 2021 über 81 % an den Gesamterlösen. Die Entwicklung der verschiedenen Erlöse von Google ist in Abb. 20.5 dargestellt.

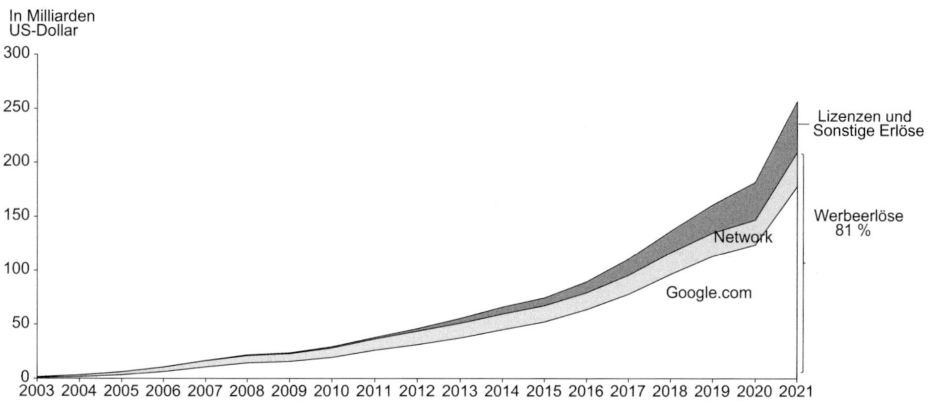

Abb. 20.5 Entwicklung der Erlösstruktur von Google. (Datenquelle: Alphabet (2022a), S. 29 sowie vorherige Datensätze)

Als weitere Erlösquelle sind vor allem Lizenzgebühren für die Nutzung von Software zu nennen. So bietet Google von zahlreichen Softwarelösungen kostenpflichtige Versionen mit erweitertem Nutzungsumfang an. Hier sind zum Beispiel ScetchUp Pro, Google Earth Plus und Google Earth Pro zu nennen, die vor allem für professionelle Nutzer Zusatzfunktionen bereitstellen. So erlauben die Premium Versionen von Google Earth unter anderem die Integration von GPS sowie die Erstellung von Gebäuden.

Darüber hinaus verkauft Google die Server Hardware Search Appliance, die Unternehmen zum Dokumentenmanagement und zur Indexierung nutzen können. Mit den von LG beziehungsweise Huawei produzierten Google Smartphones (Nexus 5X und Nexus 6P), ist Google auch im Smartphone-Segment mit Hardware vertreten, generiert hier jedoch nur geringe Erlöse. Laut Google sind die Nexus-Geräte jedoch nicht in erster Linie als Umsatzbringer gedacht, sondern vielmehr als Experimentierträger für Googles Innovationen für Android.[13]

Weiterhin generiert Google Erlöse auf dem Android Market, indem Entwickler von kostenpflichtigen Applikationen eine Transaktionsgebühr in Höhe von 30 % des Verkaufspreises bezahlen. Im Kontext von Erlösformen weist Google aufgrund des stark diversifizierten Serviceangebots einige Besonderheiten auf. Die unterschiedlichen Erlösformen lassen sich in diesem Zusammenhang nach direkter beziehungsweise indirekter Erlösgenerierung sowie transaktionsabhängiger beziehungsweise transaktionsunabhängiger Erlösgenerierung differenzieren. Die verschiedenen Erlösarten sind in Abb. 20.6 dargestellt. Dabei wird ersichtlich, dass sich Google zahlreicher, unterschiedlich strukturierter Erlösquellen bedient. Die überproportionale Bedeutung des Keyword Advertising ist dabei jedoch stets zu beachten.

	Direkte Erlösgenerierung	**Indirekte Erlösgenerierung**
Transaktionsabhängig	• Hardwareverkäufe • Transaktionsgebühren im Android Market	• Cost Per Click – Keyword Advertising • Cost Per View – YouTube Video Ads
Transaktionsunabhängig	• Lizenzgebühren. Z. B. Gebühren für die Nutzung erweiterte Programmpakete • AdWords Aktivierungsgebühren	• YouTube Custom Brand Channel

Abb. 20.6 Erlösstruktur von Google. (Vgl. Wirtz (2013), S. 287; Wirtz (2021), S. 663)

[13] Vgl. Fortune (2015).

20.3 Marktstruktur und Wettbewerb

Als eines der größten Internetunternehmen weltweit, das über ein sehr breites Dienstleistungsangebot verfügt, konkurriert Google mit zahlreichen Wettbewerbern auf verschiedenen Märkten. Dennoch lassen sich im Hinblick auf ihre strategische Bedeutung für das Unternehmen zentrale Märkte identifizieren, die nachfolgend erläutert werden.

Ein zentraler Markt für Google ist der Suchmaschinenmarkt. Hier liegen nicht nur die Wurzeln und das Kerngeschäft des Unternehmens, sondern werden auch über 70 % (über 90 % unter Einbezug des Netzwerks) der Umsätze des Unternehmens generiert. Google ist die mit 85 % Marktanteil heute weltweit am meisten genutzte Suchmaschine. In Deutschland ist das Unternehmen mit rund 90 % Marktanteil am Suchmaschinenmarkt besonders gefestigt. Abb. 20.7 zeigt die größten Anbieter auf dem deutschen Suchmaschinenmarkt.

Dabei ist jedoch zu beachten, dass der Suchmaschinenmarkt für Google einen Teil des übergeordneten Werbemarktes repräsentiert. Auf dem Werbemarkt ist neben der Qualität der Kommunikation – Suchmaschinenmarketing hat sich als sehr effektiv und werbewirksam erwiesen – auch die Reichweite beziehungsweise die Seitenaufrufe entscheidend. Diesbezüglich hat sich Facebook als wichtigster Konkurrent entwickelt. Insbesondere im Bereich des Social Advertising sowie der Display Werbung konnte Facebook daher zuletzt starke Zuwächse zu verzeichnen.

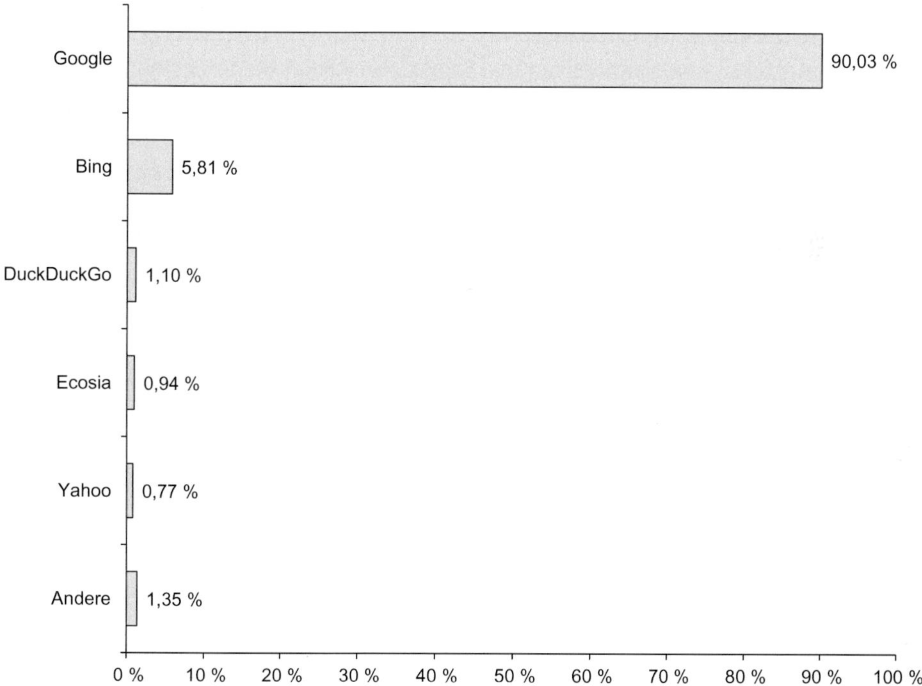

Abb. 20.7 Anteile am deutschen Suchmaschinenmarkt. (Datenquelle: StatCounter (2022b))

Ein weiterer wichtiger Markt, auf dem Google sowohl als Anbieter von Werbeleistungen als auch als Content-Provider auftritt, ist das mobile Internet. Wie im klassischen Internet hat sich Google auch im Mobile-Bereich mit seiner Suchmaschine positioniert. Dabei kommt der ortsbasierten Suche und damit auch dem ortsbasierten Marketing eine noch stärkere Bedeutung zu. Eine wichtige Dienstleistung ist in diesem Zusammenhang vor allem Google Maps. Der Marktanteil der mobilen Suchmaschine Google liegt mit 95 % im Jahr 2020 sogar deutlich über dem ihres klassischen Pendants.[14] Google nimmt damit auch im mobilen Werbemarkt eine dominierende Stellung ein.

Jenseits des Suchmaschinenmarketings herrscht im mobilen Bereich – nicht zuletzt aufgrund verschiedener proprietärer Systeme – jedoch eine größere Konkurrenzsituation vor als im Bereich klassischer Onlinewerbung. Hier ist insbesondere Apple mit der Marketingplattform iAd zu nennen. Werbebotschaften können mit Hilfe von iAd nahtlos in Applikationen eingebunden werden. Mit AdMob verfügt Google jedoch über ein ähnliches System. Auch soziale Netzwerke wie foursquare und Facebook nehmen eine wichtige Position im Mobile-Bereich ein und setzten dabei stark auf lokalisierte Social Advertisement-Angebote.

Im Bereich des Content Providing ist Apple mit der Plattform iTunes, die bereits im Jahr 2003 gestartet wurde, Marktführer und der größte Konkurrent Googles. Daher diente iTunes auch als Vorbild für den Android Marketplace, über den die Inhalte für das Betriebssystem Android vertrieben werden. Darüber hinaus baut Google sein mobiles Angebot mit Google Music weiter als Konkurrenzplattform zu iTunes aus und verfügt mit One Pass über ein geeignetes Bezahlsystem.

Aufgrund starker Wachstumszahlen und Marktführerschaft bei Smartphones, ist Android mit rund 72 % Marktanteil bei mobilen Endgeräten (Mobiltelefone, Smartphones, Tablets etc.) insgesamt deutlich vor Apples iOS mit rund 27,5 % Marktanteil einzuordnen.[15]

Neben diesen Kernmärkten unternimmt Google stetig Anstrengungen in weitere Märkte vorzudrängen beziehungsweise seinen Einfluss im Internet auszubauen. Als besonders erfolgsbedeutend wird hierbei das Vordringen Googles in das E-Commerce gesehen. Durch die Aggregation von Produktinformationen kommt Google eine immer wichtigere Rolle als Intermediär im Online-Handel zu. Damit begibt sich Google zunehmend in Konkurrenz zu Anbietern von Preisvergleichen aber auch großen Shoppingportalen wie Amazon. Darüber hinaus tritt Google sowohl im mobilen als auch im klassischen Internet mit der Plattform YouTube als einer der größten Anbieter von Inhalten auf. Im Hinblick auf die Präsenz von Google via YouTube im klassischen und mobilen Internet konkurriert Google z. B. mit dem Content-Aggregator Hulu.

[14] Vgl. StatCounter (2020).

[15] Vgl. StatCounter (2022a).

20.4 Fallstudien und Lösungsansätze

Fallstudien haben ihren Ursprung in den so genannten „Harvard Case Studies" und sind heute eine häufig angewandte und weithin akzeptierte wissenschaftliche Methode im Bereich der Betriebswirtschaft und der entsprechenden Lehre. Ein besonderes Merkmal der Fallstudienanalyse ist, dass es oft keine eindeutige Lösung gibt. Stattdessen betrachtet man ein spezifisches Problem und sucht nach einer annähernd optimalen Lösung. Diese Eigenschaft ist zugleich das Kriterium zur Abgrenzung der Fallstudienanalyse von normalen Übungen, die durch richtige und falsche Lösungen gekennzeichnet sind. In diesem Abschnitt wird die Bedeutung einer Fallstudie definiert und ein methodischer Ansatz für die Bearbeitung und Lösung von Fallstudien dargestellt.

20.4.1 Charakteristik von Fallstudien

Die Fallstudienanalyse ist eine heuristische Methode und damit eine Methode des selbstgesteuerten Lernens für die jeweilige Person, die sich mit der Fallstudie auseinandersetzt und anhand von Analysen Schlussfolgerungen erarbeitet. Im Rahmen dieser Untersuchungsstrategie untersucht man ein bestimmtes Phänomen im jeweils real existierenden Kontext anhand eines oder mehrerer Untersuchungsobjekte, wie Individuen, Gruppen und Organisationen.

Die Betrachtung einer Fallstudie aus mehreren Perspektiven führt zu unterschiedlichen Lösungsansätzen. Die Fallstudienanalyse ermöglicht es, eine Vielzahl von unterschiedlichen Lern- und Lehrzielen zu erreichen. Der primäre Fokus des Interesses bezieht sich jedoch auf die Verbindung von Theorie und Praxis. Dabei kann man zum einen von der Theorie auf die Praxis schließen und zum anderen von praktischen Überlegungen zu Theorien übergehen.

Aufgrund der umfassenden Betrachtung des Forschungskontextes und des induktiven Vorgehens der Fallstudienforschung bezieht sich dieser Ansatz im Allgemeinen auf die qualitative Forschung. Die folgenden drei Merkmale einer Fallstudie verdeutlichen die Nähe zur qualitativen Forschung:[16]

- Kontextbezogen: Die Fallstudie konzentriert sich auf eine Gruppe oder ein Individuum, ein Programm, ein Phänomen oder ein Ereignis.
- Deskriptiv: Das Endprodukt oder Ergebnis der Fallstudie enthält eine detaillierte und vielschichtige Betrachtung des Untersuchungsgegenstandes.
- Heuristisch: Die Fallstudie prüft nicht bereits bestehende Hypothesen, sondern generiert neue Erkenntnisse über den Untersuchungsgegenstand, z. B. über Bedingungen, Folgen und kausale Zusammenhänge.

[16] Vgl. Merriam (1998).

Da man jede Fallstudie individuell betrachten sollte, können spezifische Fälle nicht verallgemeinert werden. Sind jedoch die Rahmenbedingungen oder Merkmale der Untersuchungsobjekte ähnlich, kann man sie zumindest teilweise übertragen. Der Fallstudienansatz eignet sich daher besonders gut, wenn es darum geht, komplexe, bisher wenig erforschte Phänomene in der Breite und vor dem Hintergrund ihrer Kontextabhängigkeit zu betrachten. Im Folgenden wird ein methodischer Ansatz zur Bearbeitung und Lösung von Fallstudien dargestellt.

Das Vorgehen bei der Bearbeitung von Fallstudien umfasst in der Regel sechs aufeinander aufbauende Schritte: (1) Ist-Analyse und SWOT-Analyse, (2) Problemspezifikation, (3) Ableitung von strategischen Handlungsoptionen, (4) Bestimmung der entscheidenden Erfolgsfaktoren, (5) Entscheidung über strategische Alternativen und (6) Ableitung von Empfehlungen. Der erste Schritt sollte die Analyse der Ist-Situation zum Ziel haben. Eine SWOT-Analyse berücksichtigt interne Aspekte (z. B. Strategie, Struktur und Ressourcen) des Unternehmens, aber auch die externen Rahmenbedingungen (z. B. Marktstruktur, Kunden- und Lieferantenpotenzial).

Der zweite Schritt bei der Bearbeitung von Fallstudien besteht in der Spezifizierung des jeweiligen Problems. Mögliche Fragestellungen können z. B. auf die Beschaffung, die Produktion oder die Unternehmensstrategie zurückgehen. Ausgehend von dieser Problemstellung lassen sich in einem dritten Schritt strategische Handlungsoptionen ableiten, zum Beispiel Diversifikations-, Kooperations- und Markteintrittsstrategien.

Der vierte Schritt der Lösungsmethode der Fallstudien beinhaltet die Ermittlung bzw. Definition der entscheidenden Erfolgsfaktoren, um anschließend im fünften Schritt über die strategischen Alternativen zu entscheiden. Dabei werden die identifizierten Handlungsalternativen z. B. auf spezifische Vor- und Nachteile bzw. ihre Machbarkeit hin untersucht. Der sechste und letzte Schritt dieses Ansatzes besteht in der Ableitung von strategischen und/oder operativen Empfehlungen. Abb. 20.8 stellt einen Überblick über die Bearbeitung von Fallstudien dar.

20.4.2 Situationsanalyse und SWOT-Analyse

Im Rahmen einer Fallstudienanalyse kann man die Systematik der Strategieentwicklung anwenden, um die aktuelle Situation eines Unternehmens zu untersuchen. Ein wichtiger Teil der Strategieentwicklung ist die Situationsanalyse, die Analysen von Umfeld, Markt, Wettbewerbern sowie Kompetenzen und Ressourcen umfasst. Die Wettbewerbsanalyse und die Kompetenz-Ressourcen-Analyse verschmelzen zu einer Stärken-Schwächen-Analyse. Diese wiederum verbindet sich mit einer Umfeldanalyse und einer Marktanalyse zu einer Chancen- und Risikoanalyse. Im folgenden Abschnitt wird diese Vorgehensweise erläutert.

Im Rahmen einer Situationsanalyse wird zunächst das Umfeld untersucht, um die Rahmenbedingungen zu beschreiben, unter denen das jeweilige Unternehmen agiert. Dabei spielt das gesellschaftspolitische, technische, regulatorische und wirtschaftliche Umfeld eine wichtige Rolle. Nach der Umfeldanalyse ist es notwendig, die Branche und den

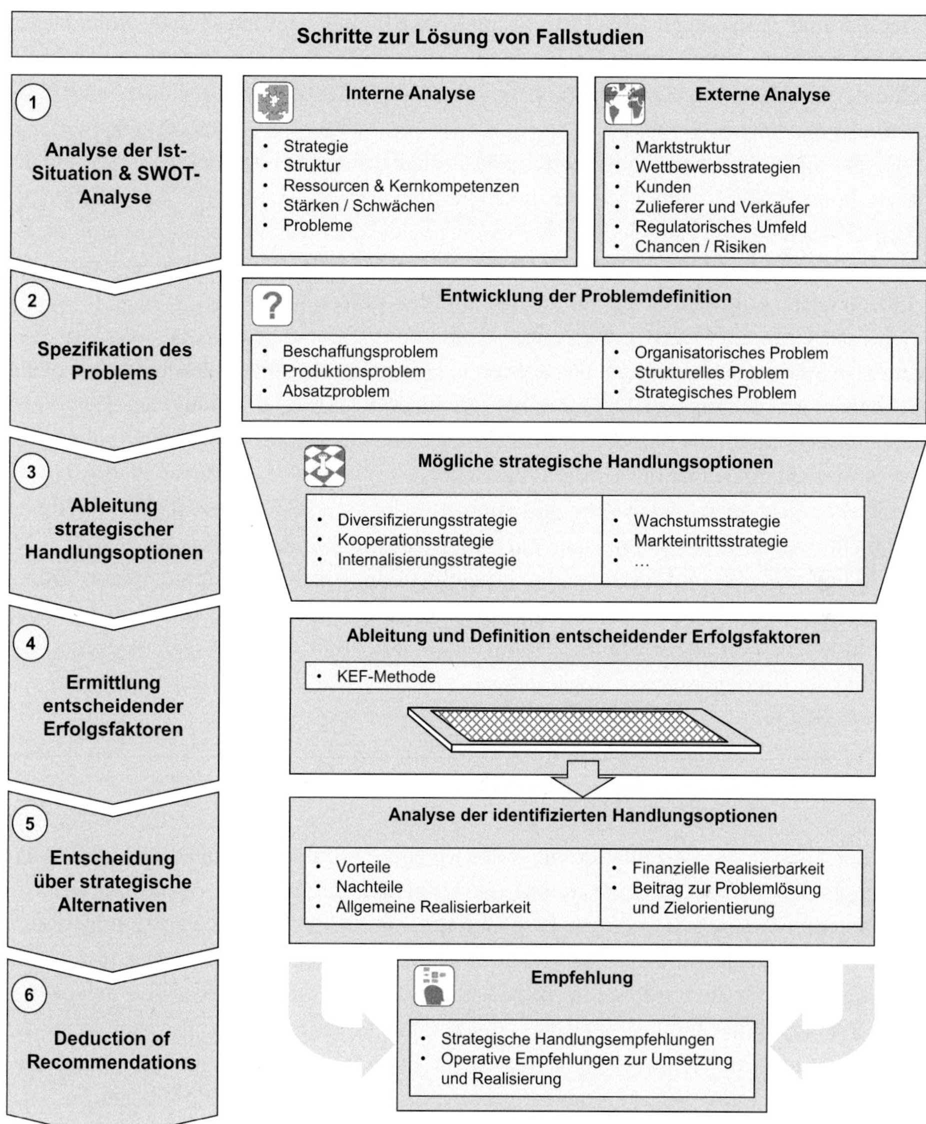

Abb. 20.8 Lösungsmethode von Fallstudien. (Vgl. Wirtz (2021), S. 667)

Markt, in dem das jeweilige Unternehmen tätig ist, zu analysieren, insbesondere die Marktstruktur und das Verhalten der nachfragenden Akteure.

Im nächsten Schritt sollte eine Wettbewerbsanalyse durchgeführt werden, die darauf abzielt, relevante tatsächliche und potenzielle Wettbewerber zu identifizieren und deren Verhalten auf dem Markt zu untersuchen. Anschließend sind die Ressourcen der Wettbewerber zu betrachten. Neben dieser Wettbewerbsanalyse sollten auch die eigenen Kompetenzen und Ressourcen des Unternehmens untersucht werden. Diese Kompetenz-Ressourcen-Analyse muss wesentlich detaillierter erfolgen als die Wettbewerbsanalyse und unterscheidet zwischen Kernkompetenzen, komplementären Kompetenzen und peripheren Kompetenzen.

Kernkompetenzen sind obligatorische Ressourcen, die das Unternehmen in internalisierter Form benötigt, um Produkte und Dienstleistungen anzubieten. Komplementärkompetenzen sind dagegen notwendige Ressourcen, die auch von Kooperationspartnern bereitgestellt werden können. Periphere Kompetenzen beziehen sich auf Ressourcen, die nicht zwingend erforderlich sind und daher am Markt erworben werden können.

Auf der Grundlage der Wettbewerbsanalyse und der Kompetenz-Ressourcen-Analyse kann man Stärken und Schwächen analysieren. Hier geht es darum, Vorteile und Nachteile gegenüber den wichtigsten Konkurrenten zu identifizieren und daraus den jeweiligen Handlungsspielraum abzuleiten. Die Ergebnisse dieser Stärken-Schwächen-Analyse bilden zusammen mit denen der Umfeld- und Marktanalyse eine Chancen-Risiken-Analyse. Dabei vergleicht man die externe Situation mit der internen Situation des jeweiligen Unternehmens, um Entwicklungstendenzen der Umwelt und der Märkte frühzeitig zu erkennen und anschließend festzustellen, ob diese zukünftigen Entwicklungen eine Stärke oder Schwäche des Unternehmens darstellen. Auf dieser Basis kann man Hinweise auf einen möglichen strategischen Handlungsbedarf ableiten und die Ergebnisse zur Entwicklung der Unternehmensstrategie nutzen.

20.4.3 Spezifizierung des Problems

Nach der Analyse der Ist-Situation muss das jeweilige Problem der Fallstudie spezifiziert werden. In diesem Schritt geht es darum, alle problematischen Punkte des Fallbeispiels zu identifizieren. Treten z. B. mehrere Probleme auf, empfiehlt es sich, diese zu priorisieren oder eine Bearbeitungsreihenfolge zu bilden und ihre Beziehungen untereinander zu beschreiben. Bei der Herausarbeitung der Grundprobleme darf man nicht den Fehler machen, Symptome als Indikatoren oder Folgen eines Grundproblems als das eigentliche Problem zu identifizieren, weil man sonst nicht zu adäquaten Lösungsvorschlägen kommen kann. Man muss die Symptome zusammenfassen und die Gründe untersuchen, um das kausale Hauptproblem aufzudecken. Falls es mehrere zentrale Probleme gibt, sollte man sie zusammenfassen und nach ihrer Bedeutung und Wichtigkeit ordnen.

20.4.4 Ableitung von strategischen Handlungsoptionen

Nach der Analyse der Ist-Situation und der Problembeschreibung gilt es, strategische Handlungsoptionen abzuleiten. Ausgehend von der fallstudienspezifischen Problemstellung entwickelt man zunächst verschiedene alternative Lösungsansätze, die sogenannten strategischen Handlungsoptionen. Die anschließende Bewertung dieser Optionen erfolgt unter Unsicherheit, da Fallstudien oft keine vollständigen Informationen liefern und daher

Annahmen getroffen werden müssen. Beispiele für strategische Handlungsoptionen sind Markteintritts-, Diversifikations-, Wachstums-, Kooperations- und Internalisierungsstrategien. Nach der Ableitung strategischer Handlungsoptionen können die zentralen Erfolgsfaktoren des Unternehmens bestimmt werden. Im folgenden Abschnitt wird daher die Vorgehensweise bei der Identifizierung der entscheidenden Erfolgsfaktoren erläutert.

20.4.5 Bestimmung der entscheidenden Erfolgsfaktoren

Crucial Success Factors (CSF) sind eine kleine Anzahl von Faktoren, die den Erfolg von Unternehmen maßgeblich beeinflussen. Sie unterscheiden sich von Geschäftseinheit zu Geschäftseinheit, da sie sowohl von internen als auch externen Bedingungen beeinflusst werden. CSF müssen eine bestimmte Mindestausprägung haben, um den gewünschten Grad der Zielerreichung zu ermöglichen. Das Verfahren zur Ermittlung der CSF und ihrer Anwendung umfasst nicht nur die Identifizierung der CSF, sondern auch die Messung des Zielerreichungsgrades sowie einen laufenden Soll-Ist-Vergleich. Die CSF-Methode beinhaltet neben der Schaffung eines strategischen Bezugsrahmens auch die Analyse der eigenen Ziele, um anschließend die CSF zu identifizieren. Im Folgenden gilt es, Messkriterien zu entwickeln und sogenannte kritische Schwellenwerte als Maßstäbe festzulegen. Anschließend kann man die Steuerungsgrößen identifizieren und auftretende Veränderungen erfassen. Nach der Bestimmung der CSF muss man über die verschiedenen strategischen Alternativen entscheiden, was im folgenden Abschnitt näher beschrieben wird.

20.4.6 Entscheidung über strategische Alternativen

Im Rahmen der Entscheidung über die identifizierten strategischen Alternativen sollte zunächst für jede strategische Handlungsoption der Erfüllungsgrad der CSF analysiert und bewertet werden. Anschließend ist die Kongruenz zwischen den Geschäftspotenzialen und den marktspezifischen Anforderungen mittels einer Strategic Fit-Analyse (z. B. SWOT-Analyse) zu untersuchen. Schließlich zeigen die Kriterien der Machbarkeit, ob das jeweilige Unternehmen über die notwendigen Ressourcen und Fähigkeiten verfügt, um die jeweilige strategische Option zu realisieren. Die Analyse der einzelnen Aspekte führt zu einer so genannten strategischen Bewertungsmatrix, die es erlaubt, die beste strategische Alternative auszuwählen. Auf der Grundlage dieser Bewertung und Auswahl lassen sich Handlungsempfehlungen ableiten, die im folgenden Abschnitt erläutert werden.

20.4.7 Ableitung von Empfehlungen

Bei der Ableitung von Empfehlungen geht es darum, die gewählte optimale strategische Vorgehensweise im Hinblick auf das zuvor identifizierte Problem explizit zu verbalisieren und darzustellen. Anschließend gilt es, die strategische Entscheidung zu operationalisieren und in konkrete Handlungsempfehlungen zu überführen. In diesem Zusammenhang sind zunächst die konkreten Maßnahmen und Konsequenzen der gewählten Alternative aufzuzeigen, bevor die operativen Maßnahmen angepasst werden.

Der letzte Schritt ist die Planung der finanziellen Umsetzung der gewählten strategischen Option. Dazu ist ein detaillierter Finanzplan zu erstellen, der nach der Analyse der generellen Machbarkeit nicht nur die tatsächliche Finanzierung sicherstellt, sondern auch aufzeigt, dass die Kosten im Verhältnis zum erwarteten Nutzen stehen.

20.5 Aufgaben zur Google Fallstudie

1) Skizzieren Sie die Ausgangssituation von Google anhand einer SWOT-Analyse vor dem Hintergrund der aktuellen Erlössituation. Welche Problemstellung ließe sich hieraus ableiten?
2) Leiten Sie aus dieser Analyse strategische Handlungsoptionen sowie kritische Erfolgsfaktoren für das Management von Google ab. Nennen Sie bisherige Erfolgsfaktoren des Unternehmens.
3) Entscheiden Sie über die potenziellen Strategiealternativen aus der zuvor erstellten SWOT-Analyse und wählen Sie eine dominierende Strategie aus.
4) Diskutieren Sie verschiedene Differenzierungsmöglichkeit von Google im Kontext der Erlösoptimierung. Welche Handlungsempfehlungen würden Sie dem Management von Google geben?

20.6 Lösungshinweise zur Google Fallstudie

Im Folgenden werden Lösungshinweise zu den Aufgaben der Google-Fallstudie dargestellt. Vor dem Hintergrund der aktuellen Erlössituation wird zunächst anhand einer SWOT-Analyse die Ausgangssituation von Google dargestellt. Anschließend werden strategische Handlungsoptionen und kritische Erfolgsfaktoren abgeleitet sowie die Strategiealternativen kritisch analysiert und bewertet. Darauf aufbauend werden verschiedene Möglichkeiten der Erlösdifferenzierung beziehungsweise Ausweitung des Dienstleistungsportfolios diskutiert. Diesbezüglich stellt Abb. 20.9 einen schematischen Überblick dar.

1) **Skizzieren Sie die Ausgangssituation von Google anhand einer SWOT-Analyse vor dem Hintergrund der aktuellen Erlössituation. Welche Problemstellung ließe sich hieraus ableiten?**

Der SWOT-Analyserahmen enthält eine interne und eine externe Dimension. Während die interne Dimension die Stärken und Schwächen eines Unternehmens umfasst, beinhaltet die externe Dimension die Chancen und Risiken des Unternehmens. Die Stärken von Google sind insbesondere die dominante Stellung auf dem Markt für Online- und Mobilwerbung, einschließlich eines breiten Werbenetzes, sowie die starke Position als Anbieter von Online-

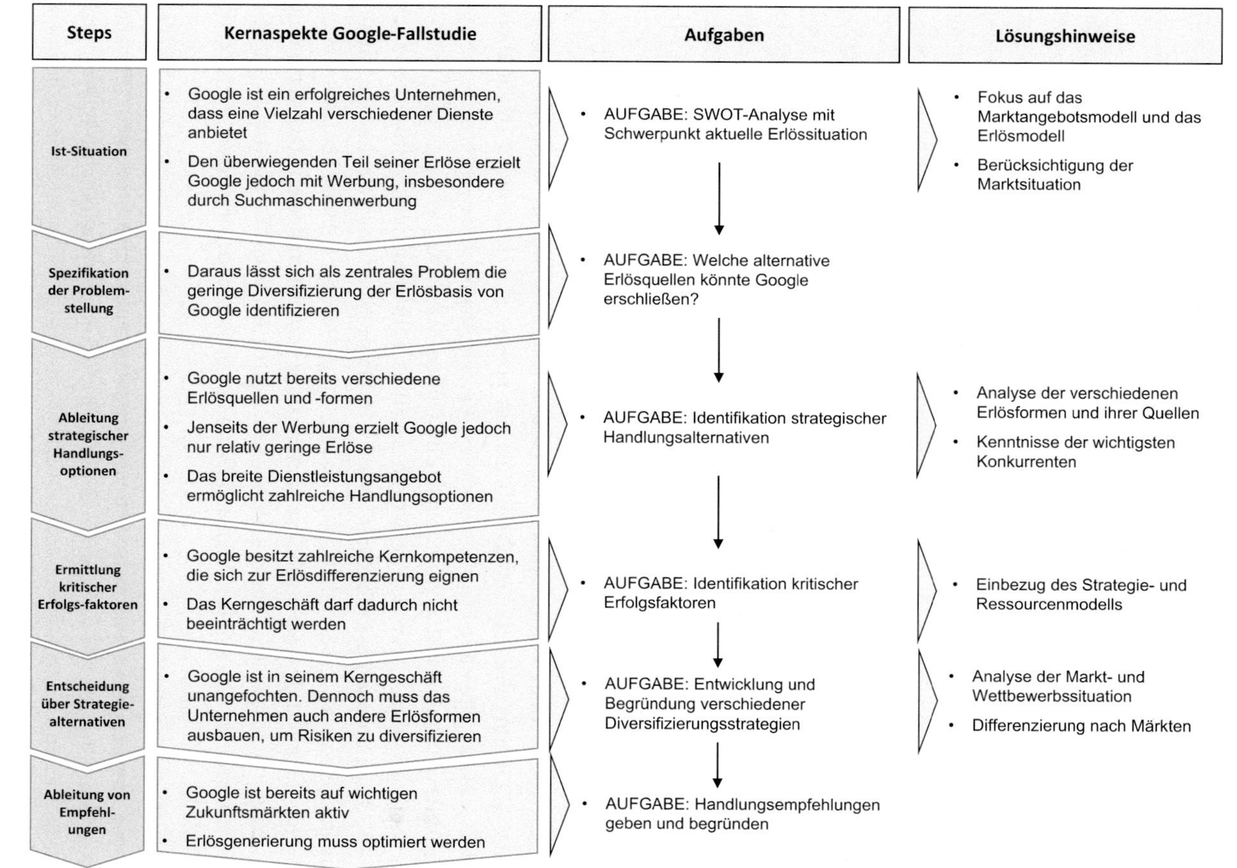

Abb. 20.9 Key Facts, Aufgaben und Lösungshinweise zur Google-Fallstudie. (Vgl. Wirtz (2013), S. 292; Wirtz (2021), S. 671)

und Mobilinhalten. Weitere Stärken sind das sehr breite Angebot an Online-Diensten und die Technologieführerschaft. Zudem verfügt Google über Services wie Google Maps und YouTube, die weiter ausgebaut werden können, um neue Marktanteile zu gewinnen und bestehende Marktanteile langfristig zu erhalten. Darüber hinaus hat Google bereits eine leistungsfähige Google Cloud Plattform, die auch als technologische Infrastruktur für weitere Google Dienste genutzt werden kann. Auch im Bereich der künstlichen Intelligenz verfügt Google seit der Übernahme von DeepMind über herausragende Kompetenzen.

Zu den Schwächen von Google gehören die fehlende Umsatzdifferenzierung und das unklare Angebot an Diensten. Außerdem haben viele Dienste keinen klaren Umsatzzweck oder ein ungenutztes Umsatzpotenzial. Weitere Schwächen sind die unterschiedlich starken Positionen von Google in verschiedenen geografischen Märkten und die generell schwache Position im Social-Media-Markt. Zudem werden einige Projekte voraussichtlich noch lange brauchen, bis sie Erlöse generieren können. Hierzu zählt beispielsweise die Tochtergesellschaft „Waymo", die Technologien für das autonome Fahren entwickelt.

Chancen für Google liegen in der Einführung neuer oder der Ausweitung bestehender Umsatzströme für das aktuelle Dienstleistungsangebot oder in wachsenden Märkten. Vielversprechende Wachstumsmärkte sind in diesem Zusammenhang insbesondere die Bereiche Mobile Business (z. B. Google Nexus, Google Pixel, Google Duo), Internet der Dinge und Automatisierung (z. B. Google Home, Übernahme von Nest Labs), Augmented und Virtual Reality (z. B. Google Cardboard), Künstliche Intelligenz (DeepMind), Machine Learning und Big Data. Zudem könnte Google Maps zu einer umfangreichen geografischen Suchmaschine erweitert werden oder YouTube zu einem umfassenden Streaming Anbieter ausgebaut werden. Weitere Chancen bestehen darin Google Dienste in Autos einzusetzen, die Google Cloud Services zu erweitern sowie die künstliche Intelligenz (der Tochtergesellschaft DeepMind) als ein universelles Instrument in sämtliche Google Dienste zu integrieren (insbesondere bei Google Maps). Eine weitere Chance für Google ist der Ausbau der Marktführerschaft im Online-Marketing.

Ein zentrales Risiko von Google ist die anfällige Einnahmemonokultur, die durch einen Werbeeinnahmenrückrückgang oder Marktanteilsverluste an andere Suchmaschinenanbieter zu einer erheblichen Bedrohung werden könnte. Darüber hinaus könnte Google durch zu viele erfolglose Dienste eine Verwässerung der Marke erfahren. Zudem hat Google auch in neueren Bereichen wie dem Cloud Computing leistungsstarke Konkurrenten wie Amazon (Amazon Web Services), Microsoft (Microsoft Azure) oder IBM (IBM Cloud).

Aus der kombinierten Betrachtung der einzelnen Aspekte der internen und externen Dimensionen ergeben sich vier verschiedene Grundstrategien: SO-Strategien (Stärken-Chancen-Kombination), ST-Strategien (Stärken-Bedrohungen-Kombination), WO-Strategien (Schwächen-Chancen-Kombination) und WT-Strategien (Schwächen-Bedrohungen-Kombination). Abb. 20.10 beschreibt die spezifischen Elemente der SWOT-Analyse, angepasst an die Fallstudie von Google.

Aus den Ergebnissen der SWOT-Analyse lässt sich folgende Problemstellung ableiten: Trotz der Marktführerschaft von Google im Suchmaschinenmarkt ist es dem Unternehmen bisher nicht gelungen, die Einnahmebasis durch multiple Einkommensströme zu er-

Externe Dimension / Interne Dimension	**Opportunities (Chancen)** Chancen liegen in der Erschließung neuer Erlösquellen im bestehenden Angebot sowie in der Erschließung neuer beziehungsweise dem Ausbau bestehender Erlösquellen auf aktuellen Wachstumsmärkten. So könnte beispielsweise Google Maps zu einer umfangreichen geografischen Suchmaschine erweitert werden oder YouTube zu einem umfassenden Streaming Anbieter ausgebaut werden. Weitere Chancen bestehen darin Google Services in Autos zu integrieren, die Google Cloud Services zu erweitern sowie die künstliche Intelligenz (DeepMind) als ein universelles Instrument in sämtlichen Google Diensten einzusetzen (insbesondere bei Google Maps).	**Threats (Risiken)** Google weist eine anfällige Erlösmonokultur auf. Großes Risiko besteht durch einen Rückgang der Werbeerlöse z. B. durch Abwanderung zur Konkurrenz (z. B. Facebook) oder rezessionsbedingte Einbrüche. Diesbezüglich besteht insbesondere das Risiko, dass durch spezifische vertikale Suchmaschinen wie Booking.com die Marktanteile von Google weiter abnehmen. Zudem hat Google auch in neueren Bereichen wie dem Cloud Computing leistungsstarke Konkurrenten wie Amazon (Amazon Web Services), Microsoft (Microsoft Azure) oder IBM (IBM Cloud).
Strengths (Stärken) Google weist eine dominierende Position im Online- und Mobile-Werbemarkt, insbesondere im Suchmaschinenmarketing auf. Das Unternehmen besitzt ein großes Werbenetzwerk und ein sehr breites Online-Dienstleistungsangebot. Als Technologieführer nimmt Google eine führende Position als Online und Mobile Content Provider ein. Zudem verfügt Google über Services wie Google Maps und YouTube, die weiter ausgebaut werden können, um neue Marktanteile zu gewinnen und bestehende Marktanteile langfristig zu erhalten. Darüber hinaus hat Google bereits eine leistungsfähige Google Cloud Plattform, die auch als technologische Infrastruktur für weitere Google Dienste genutzt werden kann.	**SO-Strategien** (Strengths Opportunities-Kombination)	**ST-Stragien** (Strengths Threats-Kombination)
Weaknesses (Schwächen) Schwächen von Google sind die mangelnde Erlösdifferenzierung (Erlöse stammen zu über 96 % aus Werbung) und ein unübersichtliches Dienstleistungsangebot. Zahlreiche Dienste weisen keine klare Erlösabsicht beziehungsweise ungenutzte Erlösmöglichkeiten auf. Zudem werden einige Projekte voraussichtlich noch lange brauchen bis sie Erlöse generieren können. Hierzu zählt beispielsweise die Tochtergesellschaft „Waymo" die Technologien für das autonome Fahren entwickelt.	**WO-Strategien** (Weaknesses Opportunities-Kombination)	**WT-Strategien** (Weaknesses Threats-Kombination)

Abb. 20.10 Analyse der Stärken, Schwächen, Chancen und Risiken von Google. (Vgl. Wirtz (2013), S. 293; Wirtz (2021), S. 673 sowie auf Basis eigener Analysen und Abschätzungen)

weitern. Die unsystematische und unklare Ausweitung des Leistungsangebots von Google durch Trial and Error hat keine nachhaltigen Einnahmemöglichkeiten hervorgebracht.

2) **Leiten Sie aus dieser Analyse strategische Handlungsoptionen sowie kritische Erfolgsfaktoren für das Management von Google ab. Nennen Sie bisherige Erfolgsfaktoren des Unternehmens.**

Wie bereits erwähnt, gibt es nach der SWOT-Analyse vier grundlegende strategische Handlungsmöglichkeiten. Zunächst kann Google eine SO-Strategie (Strengths-Opportunities) verfolgen, bei der die vorhandenen Chancen durch eigene Stärken genutzt werden. Konkret kann es das bestehende Dienstleistungsangebot zur Umsatzdifferenzierung nutzen oder die Aktivitäten in wachsenden Märkten ausbauen, um neue Umsatzformen zu etablieren und bestehende auszubauen. Dazu gehören insbesondere das Mobile Business (z. B. Google Nexus, Google Pixel, Google Duo), Internet der Dinge und Automatisierung (z. B. Google Home, Übernahme von Nest Labs), Augmented und Virtual Reality (z. B. Google Cardboard), Künstliche Intelligenz (DeepMind), Machine Learning und Big Data. Dabei ist Google aufgrund der technologischen Kompetenzen der Tochtergesellschaft DeepMind in der Lage die künstliche Intelligenz als universelles Instrument in das gesamte Dienstleistungsspektrum zu integrieren. Darüber hinaus hat Google auch weitere Möglichkeiten durch die Monetarisierung seiner breiten Palette von Diensten (insbesondere seiner Inhaltsangebote).

Google kann auch ST-Strategien (Stärken-Bedrohungen-Strategien) verfolgen, indem es seine eigenen Stärken nutzt, um bestehende Bedrohungen abzuwehren. So kann es Risiken begegnen, indem es das derzeitige Dienstleistungsspektrum verbessert und erweitert. Darüber hinaus kann Google seine dominante Stellung auf dem Suchmaschinenmarkt und seine Technologieführerschaft nutzen, um seine Konkurrenten zu übertreffen. Es kann sich auch auf Kernmärkte konzentrieren, um nachhaltige Marktpositionen zu sichern.

Darüber hinaus kann Google eine WO-Strategie (Weaknesses-Opportunities) verfolgen, bei der die eigenen Schwächen beseitigt werden, um die Chancen zu nutzen. Google kann seinen Schwächen begegnen, indem es vorhandene Umsatzpotenziale ausschöpft, das Dienstleistungsangebot strafft und Dienstleistungen mit keinen oder geringen Einnahmen monetarisiert. Darüber hinaus kann Google seine Marktführerschaft im Online-Marketing durch Markterweiterung ausbauen.

Schließlich kann Google eine WT-Strategie (Schwächen-Bedrohungen) verfolgen, bei der die eigenen Schwächen beseitigt werden, um den Bedrohungen begegnen zu können. Um die eigenen Schwächen zu beseitigen, kann Google jene Dienste aufgeben, die keine oder nur geringe Einnahmen generieren, und das Marktangebotsmodell neu ausrichten. Darüber hinaus sollte Google nicht nur den Erlöszweck aller Dienste definieren, um seine Erlösbasis zu erweitern, sondern auch seine Online-Marketing-Aktivitäten selbst in schwachen Märkten ausbauen, um nicht vollständig von Konkurrenten aus dem Markt verdrängt zu werden. Abb. 20.11 fasst die strategischen Optionen für Google auf Basis einer SWOT-Analyse zusammen.

Darüber hinaus verfügt Google über die folgenden Kernkompetenzen:

- Zentraler Erfolgsfaktor des Unternehmens ist der technologisch gut ausgereifte und stets weiterentwickelte Suchalgorithmus → Technologiekompetenz.
- Google hat sich im Rahmen seines Business Model-Managements (im Gegensatz zur Konkurrenz wie z. B. Yahoo) lange Zeit bewusst auf das Kerngeschäft Suchmaschine

Externe Dimension / Interne Dimension	Opportunities (Chancen)	Threats (Risiken)
Strengths (Stärken)	**Mit eigenen Stärken bestehende Chancen Nutzen** Die Chancen für Google eröffnen sich durch die Nutzung des vorhanden Dienstleistungs-angebots wie Google Maps, YouTube und die Google Cloud Plattform zur Erlösdifferenzierung sowie zur Etablierung neuer Erlösquellen. Zudem ist Google aufgrund der technologischen Kompetenzen der Tochtergesellschaft DeepMind in der Lage die künstliche Intelligenz als universelles Instrument in das gesamte Dienstleistungsspektrum zu integrieren.	**Mit eigenen Stärken bestehende Gefahren abwehren** Google kann durch eine Verbesserung und einen Ausbau des Leistungsangebots bestehenden Risiken begegnen. Darüber hinaus kann es seine dominierende Position im Suchmaschinenmarkt sowie seine Technologieführerschaft nutzen, um potenziellen Konkurrenten zu begegnen. Durch eine Fokussierung auf Kernmärkte kann Google seine Marktpositionen dauerhaft sichern.
Weaknesses (Schwächen)	**Eigene Schwächen beseitigen, um Chancen zu Nutzen** Google kann seinen Schwächen durch eine Erschließung bestehender Erlöspotenziale über eine Straffung des Dienstleistungsangebots sowie einer Monetarisierung erlösarmer Dienstleistungen begegnen. Außerdem kann der Ausbau der Marktführerschaft im Online-Marketing durch eine Marktausweitung erfolgen.	**Eigene Schwächen beseitigen, um Bedrohungen begegnen zu können** Im Rahmen der Beseitigung eigener Schwächen kann Google eine Elimination ertragsarmer Dienstleistungen und eine Fokussierung des Marktangebotsmodells vornehmen. Um die Erlösbasis zu erweitern, sollte die Erlösabsicht für alle Dienste definiert werden. Schließlich sollte der Ausbau des Online-Marketings auch auf schwachen Märkten erfolgen, um vollständiger Verdrängung durch Konkurrenten zu begegnen.

Abb. 20.11 Strategische Optionen für Google anhand der SWOT-Analyse. (Vgl. Wirtz (2013), S. 295; Wirtz (2021), S. 675 sowie auf Basis eigener Analysen und Abschätzungen)

und Suchmaschinenmarketing fokussiert → Fokussierungskompetenz und Business Model-Management Kompetenz.

- Google hat ein großes Netzwerk aufgebaut, über das heute ein großer Teil der Erlöse erwirtschaftet wird → Networking-Kompetenz.
- Die hohe Verbreitung sowie die Akzeptanz der Suchmaschine Google führte dazu, dass Google im Bereich der Suchmaschinen zu dem dominierenden Unternehmen wurde. Diese Stellung nutzt Google bis heute dazu, um im Rahmen des Markenmanagement ein eindeutiges und einzigartiges Unternehmensprofil zu generieren → Markenführungskompetenz.

3) **Entscheiden Sie über die potenziellen Strategiealternativen und wählen Sie eine dominierende Strategie aus.**

Aufgrund der Dominanz von Google im Online-Business (insbesondere dem Werbemarkt) und einer starken Position auf weiteren Märkten, scheint die SO-Strategie, also die Nutzung von Chancen mittels eigener Stärken, geeignet. Kernelement dieser Strategie ist die Erlösdifferenzierung:

- Nutzung des vorhandenen Dienstleistungsangebots zur Erlösdifferenzierung.
- Ausbau des Mobile-Bereichs, um neue Erlösquellen zu etablieren und bestehende auszubauen.
- Monetarisierung des umfangreichen Dienstleistungsangebots.

4) **Diskutieren Sie verschiedene Differenzierungsmöglichkeiten von Google im Kontext der Erlösoptimierung. Welche Handlungsempfehlung würden Sie dem Management von Google geben?**

Google verfügt über ein großes Potenzial zur Umsatzdifferenzierung, das sich aus verschiedenen Maßnahmen zur Umsatzgenerierung ergibt. Diese lassen sich in verschiedene Umsatzkategorien einteilen, die direkte transaktionsabhängige, direkte transaktionsunabhängige und indirekte transaktionsunabhängige Umsätze umfassen. Zu den Maßnahmen zur Generierung direkter transaktionsabhängiger Umsätze zählen Softwareverkäufe, Hardwareangebote für den mobilen Bereich (z. B. Smartphones oder Tablets) sowie der weitere Ausbau des Hardwareangebots im Serverbereich und das Angebot von Zahlungsdienstleistungen.

Softwareverkäufe haben ein geringes Umsatzpotenzial, da viele Produkte auf Open Source basieren und daher mit der derzeitigen Struktur der Serviceangebote schwer zu realisieren sind. Darüber hinaus birgt dies ein hohes Risiko aufgrund der geringeren Reichweite und der negativen Auswirkungen auf das Kerngeschäft (Werbung). Folglich eignet sich der Softwareverkauf nicht zur Umsatzdifferenzierung.

Hardware-Angebote für den Mobilfunkbereich weisen ein sehr hohes Umsatzpotenzial, aber auch ein hohes Risiko des Verlustes wichtiger Netzpartner und wettbewerbsrechtliche Risiken auf. Die Ausweitung des Hardwareangebots im Serverbereich hat aufgrund des wettbewerbsintensiven Marktes und der speziellen Vertriebsstrukturen ein geringes bis mittleres Umsatzpotenzial. Aufgrund der hohen technologischen Kompetenz von Google birgt diese Maßnahme lediglich ein mittleres Risiko. Daher erscheint diese Maßnahme der Umsatzgenerierung als mäßig geeignet zur Umsatzgenerierung und -differenzierung.

Die Erweiterung des Angebots an Zahlungsdiensten birgt insbesondere im mobilen Bereich ein hohes Umsatzpotenzial. Obwohl ein starker Wettbewerb mit Anbietern wie PayPal besteht, birgt diese Maßnahme ein geringes Risiko, da Google bereits über eine entsprechende Infrastruktur verfügt.

Der Ausbau der Hard- und Softwareangebote im Bereich Internet der Dinge, Automatisierung, künstliche Intelligenz und maschinelles Lernen birgt vor allem im Hinblick auf Smart Home-Geräte ein hohes Umsatzpotenzial. Aufgrund der Technologieführerschaft von Google, der Tochtergesellschaft DeepMind und des moderaten Wettbewerbs auf dem Markt besteht ein geringes Risiko. Daher ist diese Maßnahme sehr gut zur Umsatzgenerierung und Differenzierung geeignet.

Darüber hinaus sind erweiterte Hardwareangebote im Bereich Augmented oder Virtual Reality durch ein geringes bis mittleres Umsatzpotenzial und ein mittleres Risiko aufgrund des mäßig bis stark umkämpften Marktumfeldes gekennzeichnet. Daher ist diese Maßnahme nur bedingt zur Umsatzdifferenzierung geeignet.

Zu den Maßnahmen zur Generierung von indirekten transaktionsunabhängigen Umsätzen zählen darüber hinaus die Provisionen, die Google in seiner Rolle als Digital-Commerce-Vermittler erhält (z. B. Google Product Search, Google Merchant Center und Google Shopping). Hier hat Google aufgrund der Rolle als Gatekeeper im Online-Shopping ein hohes Umsatzpotenzial, gleichzeitig aber auch ein mittleres bis hohes Risiko, in Wettbewerb mit Bestandskunden zu treten. Insgesamt eignet sich diese Maßnahme sehr gut zur Umsatzdifferenzierung. Zudem kann auch der Dienst Google Maps zunehmend dazu genutzt werden um Vermittlungserlöse zu generieren.

Weitere Maßnahmen zur Generierung direkter transaktionsunabhängiger Umsätze sind die Preisdifferenzierung für Lizenzen von Premiumprodukten oder für Geschäftskunden sowie kostenpflichtige Lizenzen und die Vermietung von Serverkapazitäten (Cloud Computing). Preisdifferenzierungen für Lizenzen von Premium-Produkten haben ein geringes bis mittleres Umsatzpotenzial, da sich nur wenige Dienste für dieses Modell eignen. Da es sich um einen Zusatznutzen handelt, besteht ein relativ geringes Risiko, nicht zuletzt weil es sich um ein bewährtes Instrument handelt (siehe YouTube Premium). So könnte beispielsweise YouTube zu einem vollwertigen Streaming Anbieter ausgebaut werden. Allerdings bergen solche Preisdifferenzierungen angesichts der ehemals kostenlosen Funktionen auch ein hohes Risiko der Nutzerabwanderung. Insgesamt ist diese Maßnahme zur Umsatzdifferenzierung mäßig geeignet.

Die Preisdifferenzierung bei Lizenzen für Geschäftskunden hat ein mittleres Umsatzpotenzial, da das Modell zwar recht etabliert ist, aber nicht für alle Dienste geeignet ist. Ebenso besteht ein mittleres Risiko, da es sich um ein etabliertes Modell im Online-Geschäft handelt, sodass es sich insgesamt um eine mäßig geeignete Maßnahme zur Erlösdifferenzierung handelt. Gebührenpflichtige Lizenzen haben aufgrund der hohen Nutzerzahlen ein hohes Umsatzpotenzial. Es besteht jedoch nicht nur ein sehr hohes Risiko der Abwanderung von Endnutzern und ein gewisses Risiko der Markenerosion, sondern auch ein mittleres Risiko im Business-Bereich, da es hier bereits teilweise etabliert ist (Google Maps API).

Die Vermietung von Serverkapazitäten (Cloud Computing) birgt für Google ein sehr hohes Umsatzpotenzial, da die notwendigen Strukturen in dem aufstrebenden Markt bereits etabliert sind. Während diese Maßnahme im Privatkundensegment aufgrund konkurrierender kostenloser Angebote durch ein mittleres bis hohes Risiko gekennzeichnet ist, birgt sie im Geschäftskundensegment nur ein geringes Risiko und ist daher sehr gut zur Umsatzgenerierung und Differenzierung geeignet.

Abb. 20.12 zeigt verschiedene Maßnahmen zur Erlösgenerierung auf und bewertet diese nach ihrem Erlöspotenzial und dem daraus entstehenden Risiko. Werbeerlöse aller Art wurden im Hinblick auf eine stärkere Differenzierung nicht betrachtet.

	Maßnahme zur Erlösgenerierung	Erlöspotenzial	Risiko	Bewertung
direkt transaktionsabhängig	**Softwareverkauf**	Gering, da viele Produkte von Google basieren auf Open Source, daher nur schwer Umsetzbar mit aktueller Angebotsstruktur	Hohes Risiko durch Reichweitenreduktion, negativer Einfluss auf das Kerngeschäft (Werbemarkt)	○
	Hardwareangebot im Mobile Bereich (Smartphones, Tabs etc.)	Sehr hoch (Vorbild Apple)	Hohes Risiko, da die Gefahr besteht, wichtige Netzwerkpartner zu verlieren Wettbewerbsrechtliche Risiken	◕
	Ausbau des Hardwareangebots im Serverbereich	Gering bis mittel, da sehr stark umkämpfter Markt mit eigenen Vertriebsstrukturen	Mittleres Riskiko, da Google bereits Technologiekompetenz jedoch keine etablierten Strukturen hierfür besitzt	◑
	Ausbau des Zahlungs-dienstleistungsangebots	Hoch, besonders im Mobile Bereich	Gering, da Infratruktur bereits steht, jedoch starker Wettbewerb mit Anbietern wie PayPal	●
indirekt transaktions-unabhängig	**Provisionsgebühren als E-Commerce Intermediär (z. B. durch Google Maps, Google Product Search, Google Merchant Center und Google Shopping)**	Hoch, da Google eine Position als Gatekeeper im Online-Shopping einnehmen kann	Mittleres bis hohes Risiko, da Google gegebenenfalls in Konkurrenz zu bisherigen Kunden tritt	◕
direkt transaktionsunabhängig	**Preisdifferenzierung bei Lizenzen (Premiumangebote)**	Gering – mittel	Relativ geringes Risiko, wenn ein erkennbarer Zusatznutzen gegeben ist. Erprobtes Instrument (siehe Earth Plus) Hohes Riskio der Abwanderung bei bisher kostenlosen Funktionen.	◑
	Preisdifferenzierung bei Lizenzen (Kostenpflicht für gewerbliche Nutzer)	Mittel	Mittleres Risiko Im Online-Business etabliertes Modell	◑
	Kostenpflichtige Lizenzen	Hoch	Sehr hohes Risiko der Nutzerabwanderung im Endkundenbereich, Gefahr der Markenerosion	◔
	Kostenpflichtige YouTube Streaming Abonnements	Mittel	Sehr hohes Risiko, da bereits einige Konkurrenten wie Netflix, Amazon Prime, oder Spotify am Markt etabliert sind	◑
	Vermietung von Serverkapazitäten (Cloud Computing)	Sehr Hoch, da starker Wachstumsmarkt, Strukturen bereits vorhanden	Mittel-Hoch im Privatkundenbereich, da Konkurrenzangebote kostenlos Gering im gewerblichen Bereich	●

Abb. 20.12 Differenzierungsmöglichkeiten im Rahmen der Erlösgenerierung. (Vgl. Wirtz (2013), S. 296; Wirtz (2021), S. 679 sowie auf Basis eigener Analysen und Abschätzungen)

20.7 Diskussionsthemen

Kapitel 20
Diskussionsthemen

Diskussionsthemen

1. Googles Ziel ist es, alle Informationen weltweit verfügbar zu machen, während Einnahmen von personalisierter, zielgerichteter Werbung generiert werden. Diskutieren Sie diese Spannungsfeld zwischen Googles Vision und Googles Erlösmodell.
2. Google ist der zentrale Gatekeeper im Internet und hat Milliarden von personalisierten und nicht-personalisierten Daten von Menschen weltweit gesammelt. Debattieren Sie, in welchem Ausmaß diese zentrale Gatekeeper-Funktion von Google sinnvoll ist vor dem Hintergrund einer demokratischen und vielfältigen Meinungsbildung und - entwicklung. Betrachten Sie bei der Diskussion insbesondere den Marktmachtaspekt von Google für die zukünftige wirtschaftliche und gesellschaftliche Entwicklung.
3. Google hat eine Monopol-ähnliche Marktposition weltweit. Vor diesem Hintergrund ist eine Aufspaltung von Google in der Diskussion. Diskutieren Sie die Vor- und Nachteile der Aufspaltung von Google unter Berücksichtigung wirtschafts- und wettbewerbspolitischer Aspekte, insbesondere vor dem Hintergrund der erheblichen Machtposition und der bedeutenden Gewinnsituation von Google.

Literatur

Alphabet (2022a), Annual Report 2021, https://abc.xyz/investor/static/pdf/20220202_alphabet_10K.pdf?cache=fc81690, Abruf: 29.07.2022.

Alphabet (2022b), Investor Relations, https://abc.xyz/investor/news/releases/previous/, Abruf: 29.07.2022.

Business Insider (2011), Android Market Share Doubles, iOS Drops In Q3, http://articles.businessinsider.com/2011-11-15/tech/30400455_1_ios-iphone-smartphone-market, Abruf: 02.02.2012.

Fortune (2015), Nexus phones will never see huge sales – but here's why they don't need to., http://fortune.com/2015/09/30/google-nexus-smartphones-aboutinnovation-, Abruf: 20.12.2016.

Gartner (2011), Gartner Says Android to Command Nearly Half of Worldwide Smartphone Operating System Market by Year-End 2012, http://www.gartner.com/it/page.jsp?id=1622614, Abruf: 02.02.2012.

Google (2022), Über Google, https://about.google/, Abruf: 04.08.2022.

Manager Magazin (2011), Google steigert Umsatz um 37 Prozent, https://www.manager-magazin.de/digitales/it/a-791793.html, Abruf: 07.09.2022.

Merriam, S. (1998), Qualitative Research and Case Study Applications in Education, San Francisco 1998.

Reuters (2011), Reuters Top News – Google's Q3 eases fears over ad market, costs, http://mobile.reuters.com/article/topNews/idUSTRE79A3ZL20111013, Abruf: 20.12.2011.

StatCounter (2020), Mobile search engine market United States of America., https://gs.statcounter.com/search-engine-market-share/mobile/united-states-ofamerica, Abruf: 28.07.2020.

StatCounter (2022a), Mobile Operating System Market Share Worldwide, https://gs.statcounter.com/os-market-share/mobile/worldwide, Abruf: 07.08.2022.

StatCounter (2022b), Search Engine Market Share in Germany – July 2022, https://gs.statcounter.com/search-engine-market-share/all/germany/#monthly-202107-202107-map, Abruf: 08.08.2022.

Statista (2017), Anzahl der weltweit registrierten Nutzer von Google+ in den Jahren 2012 bis 2017,. https://de.statista.com/statistik/daten/studie/215589/umfrage/prognose-zu-den-weltweiten-nutzerzahlen-von-google-plus/, Abruf: 07.08.2022.

Statista (2022), Marktanteile der Betriebssysteme am Absatz vom Smartphones weltweit in den Jahren 2010 bis 2020 und Prognose bis 2025, https://de.statista.com/statistik/daten/studie/182363/umfrage/prognostizierte-marktanteile-bei-smartphone-betriebssystemen/, Abruf: 03.08.2022.

Wakabayashi, D. (2019), Goolge's Shadow Work Force: Temps Who Outnumber Full-Time Employees, https://www.nytimes.com/2019/05/28/technology/google-temp-workers.html, Abruf: 03.08.2022.

Wirtz, B./Göttel, V. (2014a), Business Model Innovation, in: Wirtschaftswissenschaftliches Studium (WiSt), 43. Jg., Nr. 10, 2014, S. 529–535.

Wirtz, B.W. (2010), Electronic Business, 3. Auflage, Wiesbaden 2010.

Wirtz, B.W. (2013), Übungsbuch Medien- und Internetmanagement- Fallstudien – Aufgaben – Lösungen, Wiesbaden 2013.

Wirtz, B.W. (2019), Medien- und Internetmanagement, 10. Auflage, Wiesbaden, Heidelberg 2019.

Wirtz, B.W. (2021), Digital Business and Electronic Commerce, Cham 2021.

Wirtz, B.W./Göttel, V. (2014b), Business Model Innovation- Das Fallbeispiel Google – Teil 1: Fallbeschreibung und Aufgaben, in: Wirtschaftswissenschaftliches Studium (WiSt), 43. Jg., Nr. 10, 2014, S. 566–570.

Wirtz, B.W./Göttel, V. (2014c), Business Model Innovation: Das Fallbeispiel Google, in: Wirtschaftswissenschaftliches Studium (WiSt), 43. Jg., Nr. 10, 2014, S. 566–568.

Wirtz, B.W./Müller, W.M./Langer, P.F. (2022), Quo Vadis Business Model Innovation? BMI Status, Development and Research Implications, in: International Journal of Innovation Management, 26. Jg., Nr. 01, 2022, S. 1–54.

YouTube (2020), YouTube in Zahlen. Mehr alszwei Milliarden Nutzer. YouTube., https://www.youtube.com/about/press/, Abruf: 22.06.2022.

Digital-Business-Ausblick 21

Inhaltsverzeichnis

Literatur 1159

Dieses Buch beginnt mit einem historischen Rückblick:[1] „Seit Beginn des letzten Jahrzehnts vollzieht sich eine Transformation in Wirtschaft und Gesellschaft, die durch die dynamischen Weiterentwicklungen der Informations- und Kommunikationstechnologien vorangetrieben wird.“ Dieser Wandel wird vor allem durch die zunehmende Digitalisierung verursacht: „Das durch die Entwicklung des Multimedia-Marktes beginnende „digitale Zeitalter“, auch als „digitale Revolution“ bezeichnet, wird einen fundamentalen Wandel bestehender Strukturen in der Telekommunikation, der Computer-, der Unterhaltungs- und der Medienindustrie bewirken.“[2] Diese Einschätzung aus dem Jahr 1995 verdeutlicht treffend den weitreichenden Einfluss der Digitalisierung.[3]

Damals arbeitete ich als Berater in der Strategieberatung von Accenture und war voller Begeisterung über die großen Potenziale und Chancen der digitalen Revolution. Im Laufe des digitalen Wandels zur Informationsgesellschaft in den letzten zwei Jahrzehnten haben sich auch meine Wahrnehmungen und Ansichten deutlich verändert. Seit der ersten Auflage meines deutschen Lehrbuchs Electronic Business im Jahr 2000 hat die Digitalisierung einen ungeahnten Siegeszug in Wirtschaft und Gesellschaft vollzogen.

[1] Vgl. zu Kap. 21 Digital Business Ausblick im Folgenden Wirtz (2021), S. 717 ff.; Wirtz (2022), S. 543 ff.

[2] Denger/Wirtz (1995), S. 20.

[3] Wirtz (2023), S. 4.

B. W. Wirtz, *Digital Business*, https://doi.org/10.1007/978-3-658-41467-2_21

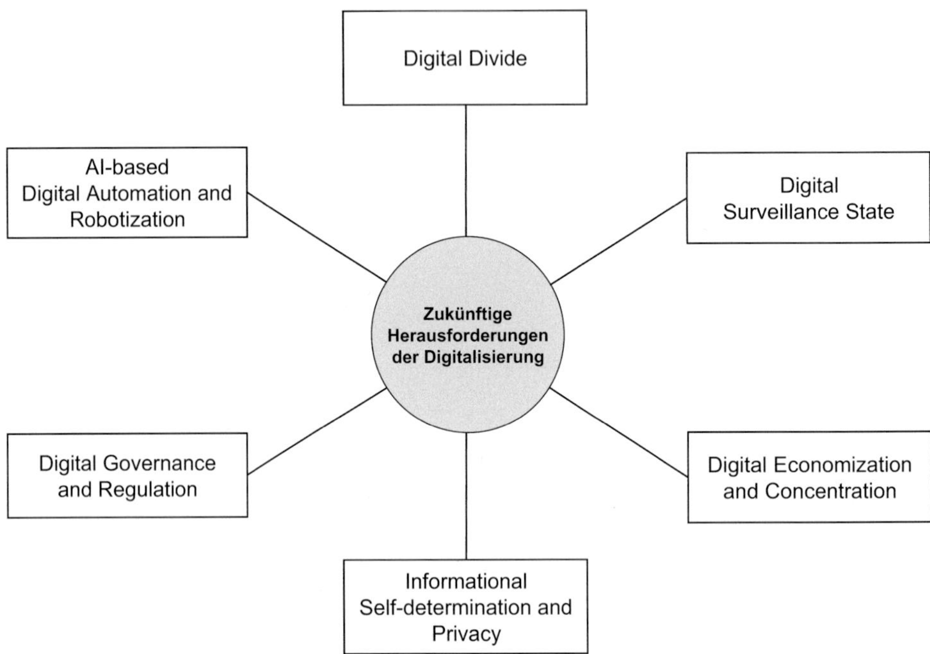

Abb. 21.1 Zukünftige Herausforderungen der Digitalisierung für Wirtschaft und Gesellschaft. (Vgl. Wirtz (2021), S. 718; Wirtz (2022), S. 544)

Die umfassende und tiefgreifende Digitalisierung unserer Lebensbereiche hat eine Vielzahl an Vorteilen für unser Leben bereitgestellt. Jedoch gibt es auch grundlegende Entwicklungen im Digitalbereich, die Anlass zur Sorge geben. Abb. 21.1 zeigt sechs zukünftige Herausforderungen der Digitalisierung für Wirtschaft und Gesellschaft.

Herausforderung 1: Digital Divide

Ein erster Punkt, der hier wichtig ist, betrifft die digitale Spaltung in unserer Gesellschaft. Der Zugang zum Internet und die Nutzung der digitalen Entwicklungsoptionen sollten unabhängig von sozialen und ökonomischen Verhältnissen für jeden in unserer Gesellschaft offen und uneingeschränkt möglich sein. Bildung, Information und Kommunikation sind heute essenzielle digitale Güter, die einen grundlegenden und fairen Zugang zu digitalen Technologien und Anwendungen voraussetzen. Dieser offene Zugang ist für eine partizipative und demokratische Gesellschaft konstitutiv.

Herausforderung 2: Digital Surveillance State

Ein zweiter Punkt bezieht sich auf die Gefahr eines digitalen Überwachungsstaats. Die Möglichkeiten einer digitalen Überwachung durch staatliche Institutionen sind in einer digital geprägten Gesellschaft allgegenwärtig. In vielen Staaten existiert bereits eine umfassende digitale Überwachung von Bürgern.

Durch die flächenmäßige Etablierung von Überwachungskameras mit Gesichtserkennungssoftware und deren Auswertung über Big Data und künstliche Intelligenz in Kombination mit der Analyse digitaler Kommunikation in Form von E-Mails, Blogs oder Messenger Chats können staatliche Institutionen ein umfassendes Bild von jedem Bürger erhalten. Auf dieser Basis kann durch staatliche Institutionen über entsprechende Sanktionsmechanismen (etwa auf Basis eines Social Credit Systems) eine sehr restriktive Verhaltenssteuerung erfolgen. Hier zeigt sich, dass die Digitalisierung autoritäre Regime begünstigen kann.[4]

Herausforderung 3: Digital Economization and Concentration
Ein dritter Punkt betrifft die digitale Ökonomisierung und Marktkonzentration. In den letzten fünfzehn bis zwanzig Jahren haben sich weltweit sehr mächtige digitale Champions wie Google/Alphabet, Facebook/Meta, Amazon, Microsoft, Apple, Alibaba oder Tencent etabliert. Diese Unternehmen verfolgen datengetriebene Geschäftsmodelle. Dabei werden in der Regel private Daten von Nutzern gesammelt, um diese zum ökonomischen Vorteil einzusetzen.[5]

Über Big Data und künstliche Intelligenz werden hier häufig Daten über persönliche Präferenzen sowie das Verhalten von Individuen gesammelt und analysiert, um prädiktive Verhaltensmuster zu modellieren und das tatsächliche Verhalten anschließend gezielt zu beeinflussen (digitale Verhaltensänderung). Hierbei kommt den digitalen Suchmaschinen, den großen digitalen Marktplätzen und den sozialen Medien eine erhebliche Bedeutung zu. Ein Beispiel ist etwa die gezielte Beeinflussung von Wählern bei der US-Wahl 2016 mithilfe der Daten von Facebook und Cambridge Analytica.

Aufgrund der enormen Marktmacht digitaler Unternehmen entstehen zukünftig vermehrt gefährliche Marktkonzentrationen. Diese Konzentrationen führen zu einer erheblichen Gewinn- und Wertmigration auf einige wenige hochprofitable Unternehmen. Insbesondere digitale Intermediäre wie Uber oder Airbnb sorgen für eine Disruption von Wertschöpfungskonstellationen, die nachhaltig unsere Wirtschaft und Gesellschaft verändern.

Herausforderung 4: Informational Self-determination and Privacy
Ein vierter Punkt betrifft die informationelle Selbstbestimmung und den Datenschutz von Bürgern und Nutzern. Insbesondere digitale Champions wie Facebook oder Google sammeln eine Vielzahl von Daten als Gegenleistung für die Bereitstellung kostenloser Dienstleistungen. Hierbei werden systematisch und ohne eine umfassende Zustimmung der „Dateneigentümer" deren Daten gesammelt, analysiert und kommerzialisiert. In diesem Zusammenhang ist es notwendig, das digitale Bewusstsein der Menschen durch Aufklärung und Bildung zu verbessern und digitale Governance-Strukturen zu etablieren.

---

[4] Als weiterführende Literatur zur Thematik empfehle ich: „1984" von George Orwell (2008).

[5] Als weiterführende Literatur zur Thematik empfehle ich: „The Age of Surveillance Capitalism: The Fight for the Future at the New Frontier of Power" von Shoshana Zuboff (2019).

Herausforderung 5: Digital Governance and Regulation

Dies führt zum fünften wichtigen Punkt, der sich auf die digitale Governance und Regulierung bezieht. Die digitale Welt konnte sich in den letzten zwanzig Jahren weitgehend frei von Public Governance und öffentlicher Regulierung entwickeln. Inzwischen hat die rechtliche Ausgestaltung und Regulierung des Internets in Ansätzen begonnen. Beispiele hierfür sind die EU-Datenschutz-Grundverordnung, der EU Digital Markets Act, der EU Digital Services Act oder die Diskussion zur Marktmachtregulierung von digitalen Champions wie Google oder Facebook.

In diesem Zusammenhang sind insbesondere die Regulierungsbemühungen in Bezug auf digitale Persönlichkeitsdaten, digitale Desinformation (Fake News) sowie digitale Hackerangriffe (digitale Verbrechen, digitaler Terrorismus, digitale hybride Kriegsführung) von überragender Bedeutung für unsere Gesellschaft. Außerdem sollte eine gerechte Besteuerung digital erzielter Unternehmensgewinne sichergestellt werden.

Herausforderung 6: AI-based Digital Automation and Robotization

Der sechste Punkt, der von zentraler zukünftiger Tragweite ist, bezieht sich auf die digitale Automatisierung und Robotisierung. Durch Big Data und zunehmend leistungsfähigere künstliche Intelligenz in Kombination mit Entwicklungssprüngen in der Roboterentwicklung werden sich zukünftig erhebliche Teile unserer Arbeitswelt radikal verändern. Die Substitution von Arbeitsaufgaben, die bisher von Menschen erledigt wurden, durch künstliche Intelligenz und intelligente Robotik wird zu einer Freisetzung von Arbeitskräften in einem nie dagewesenen Ausmaß führen.

Die hier möglicherweise entstehende Massenarbeitslosigkeit wird zu erheblichen Problemen für unsere Gesellschaft führen, die vorausschauende und intelligente Governance-Strukturen erfordern. In einer nicht allzu fernen Zukunft wird sich auch zunehmend die Frage stellen, wie unsere Gesellschaft mit (unabhängigen) intelligenten Maschinen und Robotern umgehen soll.

Nicht nur die Filme der Terminator-Reihe von James Cameron machen deutlich, welche Gefahren mit digitalbasierter autonomer Technologie einhergehen. Auch sogenannte Cyberwars bzw. Drohnen oder Roboterkriege sind Szenarien, die angesichts erheblicher technologischer Fortschritte wie etwa von dem weltweit führenden Robotik-Unternehmen Boston Dynamics oder dem AI-Unternehmen OpenAI durchaus zur Realität werden könnten.

OpenAI mit seinem Sprachmodell ChatGPT ist zudem ein herausragendes Beispiel, wie schnell, leistungsfähig und disruptiv die Entwicklung der künstlichen Intelligenz sich in Zukunft vollziehen wird. Die anstehende Transformation durch künstliche Intelligenz wird unsere Gesellschaft so grundlegend verändern wie kaum eine Technologie zuvor.

Vor dem Hintergrund dieser sechs wichtigen Aspekte sollte die zukünftige digitale Entwicklung umfassend und zugleich integrativ durch gesellschaftliche und staatliche Institutionen in einem offenen und demokratischen Gesellschaftskontext begleitet und aktiv gestaltet werden. Nur durch größtmögliche Transparenz, Partizipation und Gerechtigkeit ist eine Informationsgesellschaft funktionsfähig.

Literatur

Denger, K.S./Wirtz, B.W. (1995), Die digitale Revolution, in: Gablers Magazin, 9. Jg., Nr. 3, 1995, S. 20–24.

Orwell, G. (2008), 1984, Repr, London 2008.

Wirtz, B.W. (2021), Digital business and electronic commerce- Strategy, business models and technology, 1. Auflage, Cham 2021.

Wirtz, B.W. (2022), Digital Government- Strategy, government models and technology, 1. Auflage, Cham 2022.

Wirtz, B.W. (2023), Digital Business, 8. Auflage, Wiesbaden 2023.

Zuboff, S. (2019), The age of surveillance capitalism- The fight for a human future at the new frontier of power, Paperback edition, London 2019.

Printed by Printforce, the Netherlands